DDR Handbuch

DDR Handbuch

Wissenschaftliche Leitung:
Hartmut Zimmermann
unter Mitarbeit von Horst Ulrich und
Michael Fehlauer

Band 1 A–L / Band 2 M–Z
3., überarbeitete und erweiterte Auflage

Herausgegeben vom
Bundesministerium für innerdeutsche
Beziehungen

Verlag Wissenschaft und Politik · Köln

Titelgestaltung: Redactor GmbH, Frankfurt (Main)
Graphische Darstellungen: Walter Prangenberg, Bonn
Gesamtherstellung: A. Bernecker, Melsungen
ISBN 3–8046–8642–7

Vorwort zur dritten Auflage

Die Einheit der Nation zu wahren, bis das deutsche Volk in freier Selbstbestimmung und im Einvernehmen mit seinen Nachbarn über seine Zukunft entscheiden kann, ist die grundlegende Aufgabe der Deutschlandpolitik unserer Zeit. Dazu gehört eine Politik, die innerdeutsche Beziehungen immer wirksamer in den Dienst der Menschen stellt, um die Folgen der Teilung zu mildern. Der einzelne Bürger sollte helfen, durch Beschäftigung mit der deutschen Frage und durch persönliche Begegnungen mit den Menschen in der DDR das Bewußtsein von der Einheit der Nation wachzuhalten. Dazu braucht er nicht nur die notwendige Kenntnis von den bestehenden Gemeinsamkeiten, sondern auch von den weltanschaulichen, politischen und sozialen Unterschieden zwischen den Lebens- und Rechtsordnungen der beiden Staaten in Deutschland. Darauf hat auch das Bundesverfassungsgericht 1973 im Urteil zum Grundlagenvertrag eindringlich hingewiesen.

Das „DDR Handbuch", dessen 3. Auflage hiermit vorgelegt wird, soll in diesem Sinne Grundwissen über die DDR vermitteln und sie transparenter machen. Die Arbeiten für die 3. Auflage standen unter der wissenschaftlichen Leitung von Dr. Hartmut Zimmermann, während die beiden ersten Auflagen von Prof. Peter Christian Ludz (†) bearbeitet worden waren.

Entsprechend unserem pluralistischen Wissenschaftsverständnis haben bei dem Nachschlagewerk zahlreiche namhafte Autoren zusammengearbeitet. Allen, die am „DDR Handbuch" mitgewirkt haben – der wissenschaftlichen Leitung und den Autoren, den Mitarbeitern meines Hauses und des mir nachgeordneten Gesamtdeutschen Instituts sowie des mit der Herstellung betrauten Unternehmens – danke ich.

Die Benutzer des Handbuches bitte ich um kritische Lektüre. Für Hinweise auf mögliche Verbesserungen und Ergänzungen bin ich dankbar.

Heinrich Windelen

Bundesminister für innerdeutsche Beziehungen

Bonn, im Dezember 1984

Inhaltsverzeichnis

Band 1

Band 2

Einleitung

Die 3. völlig überarbeitete und erweiterte Auflage des „DDR Handbuches" setzt die vor allem von Peter Christian Ludz unter Mitarbeit von Johannes Kuppe sowie den Autoren begründete Form dieses Nachschlagewerks fort. Herausgeber und wissenschaftliche Leitung waren – gestützt auf die grundsätzlich positive Aufnahme des „DDR Handbuches" durch die Benutzer – übereinstimmend der Meinung, daß sich das bestehende Konzept bewährt hat und daher beibehalten werden sollte. Daraus folgt, daß auch die neue Auflage in erster Linie über die aktuelle Situation in der DDR informieren soll. Allerdings wurde zugleich angestrebt – und auch darüber bestand bei den Beteiligten Einvernehmen – die in dem Handbuch bereits vorhandenen zeitgeschichtlichen Informationen nicht nur zu erhalten, sondern soweit möglich zu verstärken. Immerhin umfaßt die Geschichte der SBZ/DDR nunmehr fast 40 Jahre, und viele Ereignisse, die vor 10 oder gar 20 Jahren noch unmittelbar gegenwärtig waren, sind heute verblaßt und nur noch wenigen bewußt. Die verschiedenen Institutionen, Organisationen und Bereiche des politisch-sozialen Systems der DDR haben zudem selbst eine „eigene Geschichte", die ihre gegenwärtige Aufgabenstellung mit prägt. Der notwendig beschränkte räumliche Rahmen des Handbuches hat diesen Bemühungen jedoch enge Grenzen gezogen. Ferner waren eine Reihe neuer Beiträge aufzunehmen, da neue Organisationen, Institutionen, rechtliche Regelungen usw. berücksichtigt und einige Lücken – aufgrund von Anregungen von Lesern – geschlossen werden mußten.

Das Bestreben, die Kontinuität des Handbuches zu wahren, manifestiert sich nicht zuletzt darin, daß der Kreis der Autorinnen und Autoren im wesentlichen unverändert gehalten werden konnte. Für einige Beiträge mußten indes neue Mitarbeiter gewonnen werden. Soweit wesentliche Textteile von verstorbenen bzw. ausgeschiedenen Autoren auch in dieser Auflage des Handbuches erhalten geblieben sind, finden sich deren Namen in Klammern gesetzt im „Verzeichnis der Mitarbeiterinnen und Mitarbeiter". Damit soll deren Autorenschaft dokumentiert werden, aber auch zugleich zum Ausdruck kommen, daß die inhaltliche Verantwortung bei den gegenwärtigen Bearbeitern liegt.

Die in den „Hinweisen für den Benutzer" genannten Verbesserungen und Ergänzungen hatten notwendig eine Erweiterung des Umfangs des Handbuches zur Folge. Um den seitenmäßigen Zuwachs trotzdem in Grenzen zu halten, hat sich die Redaktion bemüht, die Doppelbehandlung bestimmter Phänomene möglichst zu vermeiden bzw. zu tilgen, Stichworte zusammenzulegen usw. Das war nicht in jedem Fall zu erreichen, weil der gedankliche, politische oder historische Zusammenhang bestehen bleiben mußte. Zusätzlich wurden diese Bemühungen dadurch erschwert, daß ein Teil der Beiträge später und schleppender als geplant einging, so daß ein wesentlicher Teil der Artikel bereits zu dem Zeitpunkt im Satz war, zu dem die letzten Texte die Redaktion erreichten.

Die sich über einen größeren Zeitraum hinziehende Abfassung der verschiedenen Stichwörter und Hauptartikel hat leider die Vereinheitlichung des Verweissystems behindert und z. T. unmöglich gemacht. Ferner erklärt sich aus dem gleichen Umstand, daß kein eindeutiges Datum für den Redaktionsschluß genannt werden kann.

Der weit überwiegende Teil der Handbuchbeiträge lag in der Jahresmitte 1983 vor. Die Autorinnen und Autoren waren jedoch gebeten, zusammen mit den Fahnenkorrekturen (März–Juli 1984) die Angaben aus dem Statistischen Jahrbuch der DDR 1983 ebenso nachzutragen, wie sonstige wichtige Ereignisse bzw. Veränderungen.

Im Ergebnis der Neuaufnahmen und Streichungen umfaßt die 3. Auflage nunmehr etwas über 1000 Beiträge, davon 90 Hauptartikel. Die Unterteilung in Hauptartikel und Stichwörter hat sich einerseits grundsätzlich bewährt: Hauptartikel behandeln entweder einen größeren Themenkomplex umfassend und abschließend oder geben einen Überblick über einen größeren Bereich, in den sich die in Stichwörtern dargestellten Einzelprobleme einordnen lassen. Andererseits haben jedoch verschiedene Stichwörter nach ihrem Umfang und entsprechend der Bedeutung des in ihnen behandelten Themas inzwischen ebenfalls den Stellenwert eines Hauptartikels erreicht. Eine generelle Überprüfung der Unterteilung in Hauptartikel und Stichwortbeitrag war im Rahmen dieser Auflage jedoch nicht möglich. Sie wäre gegebenenfalls mit einer Beurteilung der proportionalen Berücksichtigung der im Handbuch vertretenen Sachgebiete zu verbinden. Eine alle Benutzer gleichermaßen befriedigende Lösung werden aber auch die denkbaren Korrekturen kaum hervorbringen: Je nach den speziellen Interessen der Benutzer werden auch zukünftig die Meinungen über das, was „auf jeden Fall" zusätzlich zu behandeln wäre, und über das, was als „zu speziell" entfallen kann, auseinandergehen. Jede Redaktion kann nur immer erneut versuchen, die divergierenden und in sich durchaus wohlbegründeten Sichtweisen zu einem optimalen Ausgleich zusammenzuführen. Dabei sind die aufgrund der schlechten Quellenlage fortbestehenden Informationslücken ebenso in die Überlegungen einzubeziehen wie die geringe Zahl von Fachleuten, die als Autoren gebeten werden können.

Da sich der Kreis der Autoren aus Vertretern sehr unterschiedlicher Disziplinen und aus Fachjournalisten zusammensetzt, ergeben sich notwendig unterschiedliche Sichtweisen auf die jeweils analysierten Einzelphänomene. So gelang es auch diesmal nicht, die statistischen Angaben in allen Fällen zu vereinheitlichen, weil sich die Autoren z. T. auf unterschiedliche Quellen aus der DDR stützten sowie gelegentlich Eigenberechnungen anstellten. Daneben finden sich aber ebenso auch unterschiedliche Nuancen in der Bewertung der DDR-Wirklichkeit. Diese Pluralität ist Kennzeichen und Vorzug der Wissenschaft in der Bundesrepublik Deutschland. Aus ihr folgt nicht zuletzt die Aufforderung an die Benutzer des Handbuches, auf der Grundlage der im Handbuch ausgebreiteten Materialien und unter Benutzung weiterer Quellen, zu denen die im Handbuch enthaltenen bibliographischen Angaben den Weg ebnen sollen, sich eine eigene Meinung zu bilden.

Zusammenfassend gilt auch für die 3. Auflage das, was Peter Christian Ludz in der Einleitung zu der voraufgegangenen schrieb: „. . . trotz großer Anstrengung der Autoren, der wissenschaftlichen Leitung und Redaktion [läßt auch diese überarbeitete Neuauflage] gewiß noch manchen Wunsch offen."

Wissenschaftliche Leitung und Redaktion haben den Autorinnen und Autoren für die gute Zusammenarbeit zu danken. Die von uns geäußerten Wünsche und Anregungen trafen in aller Regel auf großes Verständnis und auf die Bereitschaft, ihnen Rechnung zu tragen. Ebenso erhielt die Redaktion selbst zahlreiche Hinweise und Hilfen, sowohl aus dem Kreis der Mitarbeiter als auch von einzelnen Benutzern sowie sonstigen Interessierten. Ihnen allen kann an dieser Stelle nur ohne Nennung einzelner Namen Dank gesagt werden. Besonders herausgehoben zu werden verdient jedoch Günter Fischbach, der weit über seine redaktionelle Arbeit hinaus die wissenschaftliche Leitung jederzeit in selbstloser Weise an seinem reichen Wissens- und Erfahrungsschatz teilhaben ließ, in vielen Engpässen einen gangbaren Ausweg fand und immer bereit war, uns mit Rat und Tat zu unterstützen. – Persönlich bin ich Horst Ulrich und Michael Fehlauer verpflichtet, die zuverlässig und mit großem Engagement für dieses Handbuch gearbeitet sowie durch ihre Anregungen wesentliches zur endgültigen Gestaltung dieses Handbuches beigetragen haben. Um es weiter zu verbessern, bedarf es der Erfahrungen, der Anregungen und der Kritik seiner Benutzer.

Berlin, im Juni 1984

Hartmut Zimmermann

Hinweise für den Benutzer

1. Einzelne Benutzer hatten vorgeschlagen, den Inhalt des Handbuches durch ein zusätzliches Sach- und Personenregister zu erschließen. In der Tat war in den früheren Auflagen, trotz der großen Zahl der Hinweise, nur schwer ein Gesamtüberblick über den Bestand an Beiträgen und über die behandelten Sachgebiete zu erhalten. Herausgeber und Redaktion haben sich daher für diese Auflage dazu entschlossen, dem DDR Handbuch ein *Gesamtverzeichnis* der *Handbuchbeiträge* voranzustellen. Es enthält neben den im Handbuch behandelten Stichwörtern und Hauptartikeln in Form von *Hinweisen* eine Vielzahl weiterer einschlägiger Begriffe zur DDR, die im Rahmen der vorhandenen Stichwörter erläutert werden. Innerhalb der Stichwörter, auf die verwiesen wird, sind die Hinweise zur leichteren Auffindbarkeit in aller Regel durch Fettdruck hervorgehoben. Die Zahl dieser Hinweise, die in der letzten Auflage noch im Textteil enthalten waren, wurde bei der Überarbeitung erheblich vermehrt, während gleichzeitig versucht wurde, sich auf wirklich relevante Begriffe zu beschränken. In diesem Zusammenhang wurde auf eine Reihe von Einzelhinweisen zugunsten von gebräuchlicheren Oberbegriffen verzichtet. Mit Hilfe des Gesamtverzeichnisses sollte es den Benutzern leichter möglich sein, interessierende Bereiche, Institutionen usw. auch dann aufzufinden, wenn ihnen z. B. die genaue Bezeichnung einer Organisation bzw. eines Sachverhaltes nicht bekannt ist oder konkurrierende Benennungen bestehen.

2. Für die Bezeichnung der Handbuchbeiträge ist fast ausschließlich die in der DDR übliche Terminologie verwendet worden. Westliche Bezeichnungen zu gleichen oder ähnlichen Tatbeständen wurden jedoch vielfach durch entsprechende Hinweise berücksichtigt. Im Interesse eines einheitlichen und präzisen Verfahrens wurde die Verwendung von Abkürzungen als Titulatur von Stichwörtern und Hauptartikeln in dieser Auflage grundsätzlich vermieden. Abkürzungen wurden in der Überschrift in Klammern nachgestellt.
Bei Begriffen, die sich aus Substantiv und Adjektiv zusammensetzen, wurde in aller Regel das Substantiv als Ordnungswort vorangestellt. Ausnahmen hiervon bilden nur einige in der DDR als feste Begriffspaare oder -gruppen gebräuchliche Bezeichnungen.

3. Als weitere Orientierungshilfe wurde ebenfalls die Zahl der *Verweise in den Handbuchbeiträgen* auf andere Stichwörter und Hauptartikel, in denen das Verweiswort eingehender dargestellt wird oder angrenzende Problembereiche behandelt werden, vermehrt. Die Einordnung von Einzelphänomenen in größere Zusammenhänge soll auf diesem Wege erleichtert werden. – Im allgemeinen wird in den Stichwörtern nur einmal, in den Hauptartikeln – gemäß ihrer Gliederung in mehrere Kapitel – auch mehrfach auf den selben Handbuchbeitrag verwiesen.

Um das Auffinden interessierender Informationen in *längeren Stichwörtern* zu erleichtern und deren Gliederung durchsichtiger zu machen, wurden – in Fortsetzung dessen, was in den voraufgegangenen Auflagen in Angriff genommen worden war – derartige *Beiträge* mit arabischen Ziffern *untergliedert* und kursiv gesetzte *Überschriften* eingefügt. Da in den früheren Auflagen des Handbuches nicht wenige Beiträge mehrfach lediglich aktualisiert worden waren, ist die Neustrukturierung der Stichwörter und Hauptartikel in zahlreichen Fällen mit einer teilweisen oder völligen Neufassung der Texte verbunden worden. Die Redaktion glaubt hierbei einen erkennbaren Fortschritt erzielt zu haben, ohne daß diese Arbeiten bereits voll zum Abschluß gebracht werden konnten.

4. Es war ein besonderer Wunsch des Herausgebers, die Zahl der *graphischen Darstellungen* wie auch der *Tabellen* zu *vermehren.* Die Redaktion hat diesen Wunsch gern aufgegriffen und an die Autoren herangetragen. Zusammenhänge, Veränderungen im Zeitablauf usw. lassen sich auf diese Weise häufig leichter einsichtig machen als durch die schriftliche Explikation. Von den neu aufgenommenen Schaubildern, Strukturskizzen, Tabellen usw. erhofft sie sich nicht nur einen belebenden illustrativen, sondern wesentlich einen zusätzlichen informativen Effekt.

5. Das *Abkürzungsverzeichnis* umfaßt alle im Handbuch verwendeten offiziellen Abkürzungen für Institutionen und Organisationen sowie sonstige ungebräuchliche Kurzbezeichnungen. Bei der Bearbeitung zeigte sich, daß insbesondere die Namen ausländischer und internationaler Organisationen und deren deutsche Übersetzung nicht selten in verschiedenen Quellen unterschiedlich geschrieben werden. Da die in der DDR erschienene Monographie von Heinz Koblischke, Großes Abkürzungsbuch. Abkürzungen – Kurzwörter – Zeichen – Symbole (3. durchges. Aufl., Leipzig 1983) verständlicherweise den überwiegenden Anteil der im Handbuch verwendeten Abkürzungen enthält, wurde in Zweifelsfällen die in dieser Arbeit nachgewiesene Langschrift in das Abkürzungsverzeichnis übernommen.

6. Die *Literaturhinweise* sind neu gestaltet worden. Eine verfeinerte Systematik sowie die ungefähre Verdoppelung der Zahl der aufgenommenen Titel sollen dem Benutzer helfen, sich noch gezielter und zugleich umfassender in die ihn interessierenden Sachgebiete einzulesen. Die Sachgruppe „Die DDR im Vergleich“ wurde in dieser Auflage aufgelöst, und die bisher in ihr enthaltenen Monographien wurden den thematischen Gruppen zugeordnet. Um trotzdem denjenigen Lesern, die am

Vergleich ein besonderes Interesse haben, das Auffinden entsprechender Arbeiten zu ermöglichen, sind derartige Studien besonders gekennzeichnet worden. – Von verschiedenen Seiten gab es die Anregung, auch *Literatur, die in der DDR erschienen* ist, aufzunehmen. Herausgeber und wissenschaftliche Leitung sahen jedoch keine Möglichkeit, diesen durchaus verständlichen Wünschen innerhalb des Handbuches zu entsprechen. Eine umfassende Bibliographie von Literatur aus der und über die SBZ/DDR ist letztlich nur in einer eigenständigen Veröffentlichung zu verwirklichen. Um trotzdem interessierten Lesern einen Einstieg in die Materialien aus der DDR zu ermöglichen, sind die Verfasser der Hauptartikel gebeten worden, jeweils für ihren Beitrag die wichtigste Literatur zu nennen (max. 20 Titel) und dabei besonders Veröffentlichungen aus der DDR zu berücksichtigen. Trotz der gemeinsamen Bemühungen von Autoren und Redaktion befriedigen die Ergebnisse nicht in jedem Fall: vielfach fehlt es an einschlägigen Monographien aus der DDR, die den gegenwärtigen Stand wiedergeben. Noch immer bedeutet die wissenschaftliche Beschäftigung mit DDR-Themen nicht selten das Zusammentragen außerordentlich verstreuter Einzelinformationen aus den unterschiedlichsten Quellen. – Im übrigen enthalten die in der Bundesrepublik Deutschland und im westlichen Ausland veröffentlichten wissenschaftlichen Studien in der Regel ausführliche Quellennachweise und Bibliographien, die dem Interessierten die weiterführende Beschäftigung mit den Originalquellen aus der DDR ermöglichen.

7. Die *Chronik* wurde bis zum 30. Juni 1984 fortgeführt. Um dem Benutzer die Einordnung des einzelnen Ereignisses bzw. des isolierten Datums in einen größeren Zusammenhang zu erleichtern, wurde in der Chronik die Zahl der Verweise auf die verschiedenen Stichwörter bzw. Hauptartikel im Handbuch wesentlich vermehrt. Ferner wurde der Versuch unternommen, durch Kursivdruck der wichtigsten Begriffe in den Erläuterungen, eine schnellere Orientierung zu ermöglichen.

Verzeichnis der Mitarbeiterinnen und Mitarbeiter nach Sachgebieten

1. Geschichte, Geographie:
Johannes Kuppe; Hans-Heinrich Mahnke; Siegfried Mampel; Manfred Rexin; Dieter Richter; Walther Rosenthal; Walter Völkel; Hermann Weber; Hartmut Zimmermann.

2. Staat, Verfassung, Recht:
Jochen Bethkenhagen; Georg Brunner; Ulrich Dietsch; Karl Wilhelm Fricke; Gert-Joachim Glaeßner; Alois Heider; Horst Hildebrand; Rainer Hopf; Erwin Jahn; Paul Kalinowski; Heinz Kersten; Willi Knecht; Johannes Kuppe; Siegfried Mampel; Manfred Melzer; Gero Neugebauer; Bernd Niedbalski; Peter Plötz; Walther Rosenthal; Maria Elisabeth Ruban; Ralf Rytlewski; Bernd Spindler; Horst Ulrich; Martin Virchow; Hartmut Vogt; Klaus Westen; Uwe Ziegler; Hartmut Zimmermann.

3. Bewaffnete Kräfte, Militärpolitik:
Bernd Eisenfeld; Karl Wilhelm Fricke; Johannes Kuppe; Siegfried Mampel; Gero Neugebauer; Horst Ulrich; Walter Völkel.

4. SED, Blockparteien, Massenorganisationen, Widerstand:
Arnold Freiburg; Karl Wilhelm Fricke; Gabriele Gast; Gert-Joachim Glaeßner; Edda Hanisch; Erwin Jahn; Ernst-Alfred Jauch; Peter Juling; Heinz Kersten; Willi Knecht; Johannes Kuppe; Julian Lehnecke; (Peter Christian Ludz †); Ursula Ludz; Gero Neugebauer; Bernd Niedbalski; Gisela Rüß; Dietrich Staritz; Hannelore Thiemer; Karin Thomas; Horst Ulrich; Walter Völkel; Hermann Weber; Uwe Ziegler; Hartmut Zimmermann.

5. Außenpolitik, Deutschlandpolitik, Berlin:
Heidelinde Cloninger; Gerhard Finn; Horst Hildebrand; Norbert Kassel; Otto Kringe; Erich Kristof; Johannes Kuppe; Hans-Heinrich Mahnke; Anita Mallinckrodt; Klaus-Eberhard Murawski; Manfred Rexin; Gisela Rüß; Martin Virchow; Walter Völkel.

6. Wirtschaftssystem, Industrie, Bau- und Wohnungswesen, Handwerk, Binnenhandel und Außenwirtschaft
Manfred Ackermann; Hans Georg Bauer; Jochen Bethkenhagen; Heidelinde Cloninger; Ulrich Dietsch; Kurt Erdmann; Wolfgang Förster; Herwig Haase; Maria Haendcke-Hoppe; Wilhelm Hohmann; Rainer Hopf; Klaus Krakat; Otto Kringe; Siegfried Kupper; Heinrich Machowski; Manfred Melzer; Peter Plötz; Maria Elisabeth Ruban; Ralf Rytlewski; Siegfried G. Schoppe; Cord Schwartau; Bernd Spindler.

7. Land-, Forst- und Fischwirtschaft, Gartenbau:
Karl Hohmann; (Christian Krebs); Andreas Kurjo; Konrad Merkel; Bernd Spindler; Dietrich Staritz.

8. Verkehrs-, Post- und Fernmeldewesen:
Alois Heider; Rainer Hopf; Paul Kalinowski; Dieter Mönnich.

9. Geld, Banken, Versicherungen, Finanzsystem, Staatshaushalt und Steuern:
Klaus Bolz; Hannsjörg F. Buck; Heidelinde Cloninger; Herwig Haase; Alois Heider; Otto Kringe; Heinrich Machowski; Manfred Melzer; Maria Elisabeth Ruban; Heinz Vortmann; Immo Wernicke; Klaus Westen.

10. Arbeits- und Lohnpolitik, Technologie:
Kurt Erdmann; Arnold Freiburg; Klaus Krakat; Johannes Kuppe; Siegfried Mampel; Manfred Melzer; Ralf Rytlewski; Jürgen Straßburger; Horst Ulrich; Heinz Vortmann; Hartmut Zimmermann.

11. Preise, Einkommen, Lebensstandard:
Herwig Haase; Manfred Melzer; Heinz Vortmann.

12. Sozialpolitik, Gesundheitswesen, Umweltschutz:
Gerda Freiburg; Erwin Jahn; Wolf-Rainer Leenen; Siegfried Mampel; Manfred Melzer; Cord Schwartau; Rüdiger Thomas; Heinz Vortmann.

13. Bevölkerung, Sozialstruktur, Arbeitskräfte, Freie Berufe:
Hans Lindemann; (Peter Christian Ludz †); Ursula Ludz; Ralf Rytlewski; Rüdiger Thomas; Martin Virchow; Heinz Vortmann; Hartmut Zimmermann.

14. Familie, Frauen, Jugend, Altenpolitik:
Arnold Freiburg; Gabriele Gast; Gisela Helwig; Barbara Hille; Klaus Westen.

15. Freizeit, Sport, Tourismus:
Arnold Freiburg; Horst Hildebrand; Norbert Kassel; Willi Knecht; Johannes Kuppe; Christiane Lemke; Hartmut Vogt; Immo Wernicke; Hartmut Zimmermann.

16. Ideologie, Politische Ökonomie:
Georg Brunner; Heinrich Heiter; Hasko Hüning; Johannes Kuppe; Christiane Lemke; Peter Lübbe; (Peter Christian Ludz †); Ursula Ludz; Manfred Rexin; Ralf Rytlewski; Horst Ulrich; Walter Völkel; Hermann Weber; Hartmut Zimmermann.

17. Medien, Journalismus:
Arnold Freiburg; Alois Heider; Klaus Saur; Wolfgang Schmidt; Wilfried Schulz; Walter Völkel.

18. Bildungssystem, Wissenschaften, Forschung, Information:
Achim Beyer; Arnold Freiburg; Gert-Joachim Glaeßner; Lutz Götze; Barbara Hille; Klaus Krakat; Johannes Kuppe; (Peter Christian Ludz †); Ursula Ludz; Gero Neugebauer; Ralf Rytlewski; Hans-Dietrich Sander; Hannelore Thiemer; Martin Virchow; Hartmut Vogt; Roland Wiedmann; Uwe Ziegler; Hartmut Zimmermann.

19. Kultur, Künste, Sprache:
Manfred Ackermann; Willi Boelcke; Rainer Haarmann; Manfred Hellmann; Rüdiger Henkel; Reinhard Henkys; Jörg Höber; Heinz Kersten; Harald Kleinschmidt; (Peter Christian Ludz †); Ursula Ludz; Gisela Rüß; Klaus Saur; Hannelore Thiemer; Karin Thomas; Martin Virchow; (Wilfriede Werner †).

20. Kirchen, sonstige Religionsgemeinschaften:
Reinhard Henkys; Ernst-Alfred Jauch; Hans Lindemann.

21. Chronik:
Bernd Niedbalski.

22. Literaturhinweise:
Walter Völkel.

Schlußredaktion:
Günter Fischbach.

Verzeichnis der Hauptartikel, Stichwörter und Hinweise

Abkürzungsverzeichnis

ABF Arbeiter-und-Bauern-Fakultät
ABI Arbeiter-und-Bauern-Inspektion
ÄBK Ärzteberatungskommission
ABM Arbeiter-und-Bauern-Macht
ABV Abschnittsbevollmächtigter
ACFV Allchristliche Friedensversammlung
ACZ Agrochemisches Zentrum
ADAG Automatische Disposition und Abrechnung des Fahrzeugparks im Güterverkehr
ADF Aktion Demokratischer Fortschritt
AdK Akademie der Künste der DDR
AdL Akademie der Landwirtschaftswissenschaften der DDR
ADN Allgemeiner Deutscher Nachrichtendienst
AdW Akademie der Wissenschaften
AE Arbeitseinheit
AfA Amt für Arbeit
AfG Akademie für Gesellschaftswissenschaften beim ZK der SED
AfJ Amt für Jugendfragen
AG 1. Aktiengesellschaft; 2. Arbeitsgemeinschaft
AGB Arbeitsgesetzbuch
AgCK Arbeitsgemeinschaft Christlicher Kirchen in der DDR
AGL Abteilungsgewerkschaftsleitung
agra Kurzbezeichnung für die Landwirtschaftsausstellung der DDR in Markkleeberg bei Leipzig
AHB 1. Arbeitshygienische Beratungsstelle; 2. Außenhandelsbetrieb
AHZ Arbeitshygienezentrum
AICCF Association internationale du congrès des chemins de fer – Internationale Eisenbahn-Kongreß-Vereinigung
AIDOS Automatisiertes Informations- und Dokumentations-System
AIK 1. Akademie-Industrie-Komplex; 2. Agrar-Industrie-Komplex
AIS Automatisiertes Informationssystem
ALS Automatisiertes Leitungssystem
ANC African National Congress – Afrikanischer Nationalkongreß
AO 1. Anordnung; 2. Abteilungsorganisation
AOF Arbeitsorganisation Fisch
APO Abteilungsparteiorganisation
APW Akademie der Pädagogischen Wissenschaft der DDR
ASG Armeesportgemeinschaft
ASK Armeesportklub
ASSITEJ Association internationale du théâtre pour l'enfance et la jeunesse – Internationale Vereinigung der Kinder- und Jugendtheater
ASAO Arbeitsschutzanordnung
ASMW Amt für Standardisierung, Meßwesen und Warenprüfung
ASV Armeesportvereinigung
ASVO Arbeitsschutzverordnung
AUTEVO System der automatisierten technologischen Vorbereitung der Produktion
AWA Anstalt zur Wahrung der Aufführungsrechte auf dem Gebiet der Musik
AWG Arbeiterwohnungsbaugenossenschaft
AwG/AwiG Agrarwissenschaftliche Gesellschaft der DDR

BA/DDR Bauakademie der DDR
Baukema Bau-, Baustoff- und Keramikmaschinen
BBZ Berufsberatungszentrum
BdA/DDR Bund der Architekten der DDR
BDA Bund Deutscher Architekten
BDC Bureau international de documentation des chemins de fer – Internationales Büro für Eisenbahn-Dokumentation (der UIC)
BdDB Börsenverein der Deutschen Buchhändler zu Leipzig – Verband der Verleger und Buchhändler in der DDR
BDK Bezirksdirektion für den Kraftverkehr
BDP Bezirksdirektion der Deutschen Post
BDVP Bezirksbehörde der Deutschen Volkspolizei
BFC 1. Berliner Fußballclub; 2. Bureau international du film des chemins de fer – Internationales Eisenbahnfilmbüro
BfI Büro für Industrie und Bauwesen
BfL Büro für Landwirtschaft
BfN Betriebsbüro für die Neuererbewegung
BG Bezirksgericht
BGB Bürgerliches Gesetzbuch
BGL Betriebsgewerkschaftsleitung
BGO Betriebsgewerkschaftsorganisation
BHG Bäuerliche Handelsgenossenschaft
BHT-Koks Braunkohlenhochtemperaturkoks
BIMCO Baltic and International Maritim Conference – Vereinigung von Reedern, Schiffsmaklern und Fachverbänden für deren Zusammenwirken in Fragen des internationalen Seeverkehrs

BIS Beratungs- und Informationsstelle
BITEJ Bureau international pour le tourisme et les échanges de la jeunesse – Büro für Tourismus und Jugendaustausch (WBDJ)
BIZ Bank für Internationalen Zahlungsausgleich
BK Berliner Konferenz europäischer Katholiken
BKV Betriebskollektivvertrag
BL Bezirksleitung
BLN Bank für Landwirtschaft und Nahrungsgüterwirtschaft
BMK Bau- und Montagekombinat
BNZ Bezirksneuererzentrum
BPK Bezirksplankommission
BPKK Bezirksparteikontrollkommission
BPL Betriebsparteileitung
BPO Betriebsparteiorganisation
BRK Bezirksrevisionskommission
BRT Bruttoregistertonne
BS Betriebssektion
BSB Betrieb mit staatlicher Beteiligung
BSG Betriebssportgemeinschaft
BTA Bezirkstransportausschuß
BV 1. Bezirksverwaltung; 2. Bezirksvorstand; 3. Bundesvorstand
BVG Berliner Verkehrs-Gesellschaft
BVO Bibliothekenverordnung
BWR Bezirkswirtschaftsrat
BZG Beiträge zur Geschichte der Arbeiterbewegung
BZL Bezirksleitung

CDU Christlich-Demokratische Union Deutschlands
CEH Conférence européenne des horaires des trains de voyageurs et des services directs – Europäische Reisezug-Fahrplan- und Wagenbeistellungskonferenz
CFK Christliche Friedenskonferenz
CGIL Confederazione Generale Italiana del Lavoro – Allgemeiner Italienischer Gewerkschaftsbund
CGT Confédération générale du travail – Allgemeiner Französischer Gewerkschaftsbund
CIM Convention internationale concernant le transport des marchandises par chemins de fer – Internationales Übereinkommen über den Eisenbahnfrachtverkehr
CIMEA Comité international des mouvements d'enfants et d'adolescents – Internationaler Ausschuß der Kinder- und Jugendbewegungen bzw. Internationales Kinderbüro
CIPS Confédération internationale de la pêche sportive – Internationaler Sportfischerverband bzw. Weltverband der Sportangler
CISAC Confédération internationale des sociétés d'auteurs et compositeurs – Internationaler Autoren- und Komponistenverband bzw. Internationale Urheberschutzkonföderation
CIT Comité international des transports par chemins de fer – Internationales Eisenbahn-Transportkomitee
CIV Convention internationale concernant le transport des voyageurs et des bagages par chemins de fer – Internationales Übereinkommen über den Eisenbahn-Personen- und Gepäckverkehr
C.M.E.A. Council for Mutual Economic Assistance – Rat für Gegenseitige Wirtschaftshilfe
CMI Comité maritime international – Internationales Seeschiffahrtskomitee
Comecon Council for Mutual Economic Assistance – Rat für Gegenseitige Wirtschaftshilfe
COPWE Commission for Organizing the Party of the Working People of Ethopia – Kommission zur Organisierung der Partei der Werktätigen Äthiopiens
COSPAR Committee on Space Research – Komitee für Weltraumforschung
ČSSR Československá socialistická republika – Tschechoslowakische Sozialistische Republik
CTS Container-Transportsystem

DABA Deutsche Außenhandelsbank AG
DAL Deutsche Akademie der Landwirtschaftswissenschaften zu Berlin
DAMW Deutsches Amt für Material- und Warenprüfung/Deutsches Amt für Meßwesen und Warenprüfung
DARAG Deutsche Auslands- und Rückversicherungs-AG der DDR
DASR Deutsche Akademie für Staats- und Rechtswissenschaft „Walter Ulbricht"
DAV Deutscher Anglerverband der DDR
DAW Deutsche Akademie der Wissenschaften zu Berlin
DB Durchführungsbestimmung
DBA Deutsche Bauakademie
DBB Deutsche Bauernbank
DBD Demokratische Bauernpartei Deutschlands
DDR Deutsche Demokratische Republik
DDR-Cont DDR-Transcontainerorganisation
DEFA Deutsche Film-AG
DERUTRA AG Deutsch-Russische Transport AG

Deutrans	Deutsch + Transport (VEB Deutrans Internationale Spedition)
DFD	Demokratischer Frauenbund Deutschlands
DFU	Deutsche Friedens-Union
DGB	Deutscher Gewerkschaftsbund
DHB	1. Deutsche Handelsbank AG; 2. Dringlicher Hausbesuchsdienst
DHfK	Deutsche Hochschule für Körperkultur
DHG	Deutsche Handelsgesellschaft
DHZ	Deutsche Handelszentrale
Diamat	Dialektischer Materialismus
DIB	Deutsche Investitionsbank
DIN	Deutsche Industrie-Norm
DIW	Deutsches Institut für Wirtschaftsforschung
DIZ	Deutsches Institut für Zeitgeschichte
DKA	Deutsche Künstler-Agentur
DKGD	Deutsche Konzert- und Gastspieldirektion
DKP	Deutsche Kommunistische Partei
DLB	Dienstleistungsbetrieb
DLZ	Deutsche Lehrerzeitung
DMH	Dringliche medizinische Hilfe
DNA	Deutscher Normenausschuß
DNB	Deutsche Notenbank
DOSAAF	Dobrowolnoje obschtschestwo sodeistwija armii, awiazii i flotu SSSR – (Allunions-) Freiwilligen-Organisation zur Unterstützung von Armee, Luftwaffe und Flotte der UdSSR
DP	Deutsche Post
DPZI	Deutsches Pädagogisches Zentralinstitut
DR	Deutsche Reichsbahn
DRK	Deutsches Rotes Kreuz
DSA	Deutscher Sportausschuß
DSB	Deutscher Sportbund
DSF	Gesellschaft für Deutsch-Sowjetische Freundschaft
DSR	Deutsche Seereederei bzw. (seit Ende 1973) VEB Deutfracht/Seereederei Rostock
DSRK	Deutsche Schiffs-Revision und -Klassifikation bzw. (seit 1973) DDR Schiffs-Revision und -Klassifikation
DTSB	Deutscher Turn- und Sportbund
DV	Dienstvorschrift
DVA	Deutsche Versicherungsanstalt
DVO	Durchführungsverordnung
DVP	Deutsche Volkspolizei
DVR	Demokratische Volksrepublik
DVZ	Datenverarbeitungszentrum
DWI	Deutsches Wirtschaftsinstitut
DWK	Deutsche Wirtschaftskommission
DZA	1. Deutsches Zentralarchiv; 2. Deutsches Zentralinstitut für Arbeitsmedizin
ECE	(United Nations) Economic Commission for Europe – Wirtschaftskommission (der Vereinten Nationen) für Europa
ECOSOC	(United Nations) Economic and Social Council – Wirtschafts- und Sozialrat (der Vereinten Nationen)
EDV	Elektronische Datenverarbeitung
EDVA	Elektronische Datenverarbeitungsanlage
EFK	Europäische Reisezug-, Fahrplan- und Wagenbeistellungskonferenz
EFTA	European Free Trade Association bzw. Area – Europäische Freihandels-Assoziation bzw. -zone
EG	1. Europäische Gemeinschaft; 2. Einführungsgesetz
EGBGB	Einführungsgesetz zum Bürgerlichen Gesetzbuch
EGFGB	Einführungsgesetz zum Familiengesetzbuch
eGmbH	eingetragene Genossenschaft mit beschränkter Haftung
EGZGB	Einführungsgesetz zum Zivilgesetzbuch
EKD	Evangelische Kirche in Deutschland
EKKI	Exekutivkomitee der Kommunistischen Internationale
EKO	1. Eisenhüttenkombinat Ost; 2. Exekutiv-Komitee
EKRI	Einheitskontenrahmen der Industrie
EKU	Evangelische Kirche der Union
ELG	Einkaufs- und Liefergenossenschaften
ELN	Erzeugnis- und Leistungsnomenklatur
EMPT	Jediny meshdunarodny passashirski tarif – Einheitlicher Internationaler Personentarif
EMS	Einheitliches Mikrofilm-System
ena	Evangelischer Nachrichtendienst der DDR
EOS	Erweiterte Oberschule
EPAG	Entwicklungs- und Anwendungsgemeinschaft Industrieroboter
epd	Evangelischer Pressedienst
ESER	Einheitssystem für elektronische Rechentechnik
ESG	Evangelische Studentengemeinde
ESKD	Einheitliches System der Konstruktionsdokumentation
ESS	Entwickeltes gesellschaftliches System des Sozialismus
ETT	Einheitlicher Transittarif
EUROP	Europäische Güterwagen-Gemeinschaft
EVG	Europäische Verteidigungsgemeinschaft
EVP	Einzelhandelsverkaufspreis
EWK	Europäische Wagenbeistellungskonferenz
EZ	Epidemiologisches Zentrum

FA	Fachausschuß
FAI	Fédération aéronautique internationale – Internationaler Luftfahrt-Verband
FAO	(United Nations) Food and Agriculture Organization – Organisation (der Vereinten Nationen) für Ernährung und Landwirtschaft
FBK	Forschungsinstitut für Balneologie und Kurortwissenschaft
FDGB	Freier Deutscher Gewerkschaftsbund
FDJ	Freie Deutsche Jugend
FEFC	Far Eastern Freight Conference – Fernöstliche Fracht-Konferenz
FGB	Familiengesetzbuch
FGGE	First Global GARP Experiment – Weltklimaprogramm
FIA	Fédération internationale des acteurs – Internationaler Schauspielerverband
FIAF	Fédération internationale des archives du film – Internationaler Verband der Filmarchive
FIATA	Fédération internationale des associations de transitaires et assimilés – Internationale Föderation der Spediteurvereinigungen
FICC	Fédération internationale des ciné-clubs – Internationaler Verband der Filmclubs
FID	Fédération internationale de documentation – Internationale Vereinigung für Dokumentation
FIFA	Fédération internationale de football association – Internationaler Fußballverband
FIR	Fédération internationale des résistants – Internationale Vereinigung der Widerstandskämpfer
FIRT	Fédération internationale pour la recherche théâtrale – Internationale Vereinigung für Theaterforschung
FLT	Forschungsinstitut für Hygiene und Mikrobiologie
FMD	Forschungsinstitut für Medizinische Diagnostik
FN	Forstwirtschaftliche Nutzfläche
FPG	Fischerei-Produktionsgenossenschaft
FRELIMO	Frente de Liberatação de Moçambique – Befreiungsfront von Moçambique
F.S.M.	Fédération syndicale mondiale – Weltgewerkschaftsbund
FUA	Fachunterausschuß
FV	Fachverband
FVerfO	Familienverfahrensordnung
FZR	Freiwillige Zusatzrentenversicherung
GAN	Generalauftragnehmer
GARP	Global Atmosphere Research Programm – Globales Programm zur Erforschung der Atmosphäre
GATT	General Agreement on Tariffs and Trade – Allgemeines Zoll- und Handelsabkommen
GBA	Gesetzbuch der Arbeit
GBl.	Gesetzblatt
GEFI	Gesellschaft zur Finanzierung von Industrieanlagen
GenStA	Generalstaatsanwalt
GfS	Gesellschaft für Standardisierung
GG	Gesellschaftliches Gericht
GGG	Gesetz über die Gesellschaftlichen Gerichte
GHG	Großhandelsgesellschaft
GID	Gesellschaftswissenschaftliche Information und Dokumentation
GISAG	(Kombinat) Gießereianlagenbau und Gußerzeugnisse
GIW	Gesetz über internationale Wirtschaftsverträge
GK	1. Generalkonsulat; 2. Genossenschaftskasse
GKA	Gebrauchswert-Kosten-Analyse
GL	Gewerkschaftsleitung
GmbH	Gesellschaft mit beschränkter Haftung
GMS	Gesellschaftlicher Mitarbeiter Sicherheit
GO	Grundorganisation
GOL	Grundorganisationsleitung
GOST	Gossudarstwenny obschtschessojusny standart – Staatlicher Allunionsstandard bzw. Gesamtstaatliche Norm (UdSSR)
GÖVV	Gesetz über die örtlichen Volksvertretungen und ihre Organe in der DDR
GPG	Gärtnerische Produktionsgenossenschaft
GSSD	Gruppe der sowjetischen Streitkräfte in Deutschland
GST	Gesellschaft für Sport und Technik
GT	Grenztruppen
GTVO	Gütertransportverordnung
GVG	Gerichtsverfassungsgesetz
GWV	Geflügelwirtschaftsverband
HA	1. Hauptabteilung; 2. Handelsabgabe
HfÖ	Hochschule für Ökonomie
HfV	Hochschule für Verkehrswesen
HGB	Handelsgesetzbuch
HGL	Hausgemeinschaftsleitung
Histomat	Historischer Materialismus
HO	(staatliche) Handelsorganisation
HSG	Hochschulsportgemeinschaft
Hu	(unterer) Heizwert
HUK	Haftpflicht-Unterstützungskasse
HV	Hauptverwaltung

HVA Hauptverwaltung Aufklärung
HVPF Hauptverwaltung Post- und Fernmeldewesen
Hz Hertz

IACS International Association of Classification Societies – Internationale Vereinigung der (Schiffs-)Klassifikationsgesellschaften
IAEA International Atomic Energy Agency – Internationale Atomenergie-Agentur (früher Atombehörde)
IAF International Astronautical Federation – Internationale Astronautische Föderation
IAP Industrieabgabepreis
IATA International Air Transport Association – Internationale Lufttransportvereinigung
IATUL International Association of Technological University Libraries – Internationale Vereinigung der Bibliotheken Technischer Hochschulen
IAV Institut für Angewandte Virologie
IB Informationsbeauftragte(r)
IBFG Internationaler Bund Freier Gewerkschaften
IBI Institut für Bibliothekswissenschaft und wissenschaftliche Information
IBWZ Internationale Bank für wirtschaftliche Zusammenarbeit
ICAA International Civil Airport Association – Internationale Flughafen-Vereinigung
ICAO International Civil Aviation Organization – Internationale Zivilluftfahrt-Organisation bzw. Internationale Organisation für Zivilluftfahrt
ICBM Intercontinental ballistic missile – Interkontinentalrakete
ICHCA International Cargo Handling Coordination Association – Internationale Vereinigung zur Koordinierung und Förderung der Umschlagtechnik in den Seehäfen
ICNAF International Commission for the North-West-Atlantic Fisheries – Internationale Kommission für die Fischerei im Nord-West-Atlantik
ICOM International Council of Museums – Internationaler Museumsrat
ICOMOS International Council of Monuments and Sites – Internationaler Rat für Denkmalspflege
ICSU International Council of Scientific Unions – Internationaler Rat der wissenschaftlichen Vereinigungen bzw. Internationaler Rat der Wissenschaften
ID Information und Dokumentation
IDFF Internationale Demokratische Frauenföderation
IDW Informations- und Dokumentationswissenschaft
IF Interflug
IFA 1. Industrieverwaltung Fahrzeug- und Automobilbau, (jetzt:) Industrieverband Fahrzeugbau der DDR; 2. Internationaler Fortsetzungsausschuß
IFAP Institut für Apothekenwesen
IFAR Institut für Arzneimittelwesen
IfD Institut für Dokumentation
IFE Institut für Forstwissenschaften Eberswalde
IfF Ingenieurbüro für Forstwirtschaft
IfG Institut für Gesellschaftswissenschaften beim ZK der SED
IFLA International Federation of Library Associations – Internationaler Verband der Bibliothekar-Vereine
IG Industriegewerkschaft
iga Internationale Gartenbauausstellung der DDR
IHB 1. (VEB) Ingenieurhochbau; 2. Industrie- und Handelsbank
IHK Industrie- und Handelskammer
IHKJ Institut für Hygiene des Kindes- und Jugendalters
IHS Ingenieurhochschule
IIB 1. Institut für Internationale Beziehungen; 2. Internationale Investitionsbank
IISS International Institute for Strategic Studies – Internationales Institut für Strategische Studien
IK Ideologische Kommission
ILID Institut für Landwirtschaftliche Information und Dokumentation
ILO International Labour Organization – Internationale Arbeitsorganisation
IM Inoffizieller Mitarbeiter (des Staatssicherheitsdienstes)
IMB Internationale Musikbibliothek
IMCO Inter-Governmental Maritime Consultative Organization – Internationale Seeschiffahrtsorganisation der UNO
IMEMO Institut Mirovoj Ekonomiki i Meždunarodnych Otnošenij – Institut für Weltwirtschaft und Internationale Beziehungen (UdSSR)
IMF International Monetary Fund – Internationaler Währungsfonds
IML Institut für Marxismus-Leninismus beim ZK der SED
IMSF Institut für Marxistische Studien und Forschungen
INER Institut für Informationswissenschaft, Erfindungswesen und Recht

Inf. Infanterie
INF Intermediate range Nuclear Forces – Nukleare Mittelstreckensysteme
INION Institut nancoj informacij obscestvennym – Institut für Gesellschaftswissenschaftliche Information der Akademie der Wissenschaften der UdSSR
Interfrigo Société ferroviaire internationale de transports frigorifiques – Internationale Gesellschaft der Eisenbahn für Kühltransporte
IOC International Olympic Committee – Internationales Olympisches Komitee
IOJ International Organization of Journalists – Internationale Organisation der Journalisten
IPKIR Institut povysenija kvalifikacii informacionnych rabotnikov – Institut für Weiterbildung von Informationsfachkräften
IPSA International Political Science Association – Internationale Vereinigung für die politische Wissenschaft
IPU Interparlamentarische Union
IPW Institut für Internationale Politik und Wirtschaft
IQIS Internationales quellenorientiertes Informationssystem
IRBM Intermediate range ballistic missile – Mittelstreckenrakete
IS 1. Informationsstelle; 2. Institutssektion
ISA International Sociological Association – Internationale Soziologische Vereinigung
ISAIV Integriertes System der automatisierten Informationsverarbeitung
ISB Internationales Signalbuch
IsF Informationen zur soziologischen Forschung in der Deutschen Demokratischen Republik
ISGI Internationales System für gesellschaftswissenschaftliche Information
ISOG Institut für Sozialhygiene und Organisation des Gesundheitsschutzes
ISRD International Society for Rehabilitation of the Disabled – Internationale Gesellschaft für die Rehabilitation Geschädigter bzw. Internationale Vereinigung für Rehabilitation
ISWTI Internationales System für Wissenschaftliche und Technische Information
ITG Institut für Technologie der Gesundheitsbauten
ITO Institut für Technologie und Organisation des Maschinenbaus
ITU International Telecommunication Union – Internationaler Fernmeldeverein
IUGG International Union of Geodesy and Geophysics – Internationale Union für Geodäsie und Geophysik
IUPS International Union of Psychological Science – Internationale Vereinigung für Psychologie
IVG Internationale Vereinigung der Gewerkschaften
IWIM Institut für Wissenschaftsinformation in der Medizin
IWT Informationssystem Wissenschaft und Technik
IZIS Internationales zweigorientiertes Informationssystem
IZWTI Internationales Zentrum für wissenschaftliche und technische Information

JG Junge Generation
JGG Jugendgerichtsgesetz

KAP Kooperative Abteilung Pflanzenproduktion
KAPD Kommunistische Arbeiterpartei Deutschlands
KAT Kooperative Abteilung Tierproduktion
KB Kulturbund der DDR
KBV Komitee der Bevollmächtigten Vertreter
KBW Kommunistischer Bund Westdeutschlands
Kcal Kilokalorien
KdgH Kasse der gegenseitigen Hilfe
KDT/KdT Kammer der Technik
KE Kooperative Einrichtung
KfA 1. Kammer für Außenhandel; 2. Kommission für Agitation
KfL Kreisbetrieb für Landtechnik
KG Konsumgenossenschaft
KGD Konzert- und Gastspieldirektion
KIM Kombinat industrielle Mast
KIZ Kultur- und Informationszentrum
KJS Kinder- und Jugendsportschule
KJVD Kommunistischer Jugendverband Deutschlands
KK Konfliktkommission
KKO Konfliktkommissionsordnung
KKW Kernkraftwerk
KL Kreisleitung
KLI Kombinat der Landtechnischen Instandhaltung (und materiell-technischen Versorgung)
KOE Kooperative Einrichtung
KOG Kooperationsgemeinschaft
KOV Kooperationsverband
KP Kommunistische Partei

KPD	Kommunistische Partei Deutschlands
KPD/ML	Kommunistische Partei Deutschlands/ Marxisten-Leninisten
KPdSU	Kommunistische Partei der Sowjetunion
KPdSU (B)	Kommunistische Partei der Sowjetunion (Bolschewiki)
KPF	Kommunistische Partei Frankreichs
KPI	Kommunistische Partei Italiens
KPJ	Kommunistische Partei Jugoslawiens
KPK	Kreisplankommission
KPKK	Kreisparteikontrollkommission
KPM	Konsultationspunkt Mikroelektronik
kPP	konstanter Planpreis
KPSp	Kommunistische Partei Spaniens
KrG	Kreisgericht
KRK	Kreisrevisionskommission
KSZE	Konferenz für Sicherheit und Zusammenarbeit in Europa
KTA	Kreistransportausschuß
KV	Kreisvorstand
KVP	Kasernierte Volkspolizei
KWV	Kommunale Wohnungsverwaltung
LDPD	Liberal-Demokratische Partei Deutschlands
LEW	Lokomotivbau-Elektronische Werke (Henningsdorf)
LFN	Land-, Forst- und Nahrungsgüterwirtschaft
LHA	Landeshauptarchiv
LID	Leitstelle für Information und Dokumentation
LIM	Livret-indicateur international-marchandises – Internationales Güterkursbuch
LIS/R	Leitungsinformationssystem/Robotron
LKG	Leipziger Kommissions- und Großbuchhandel
LN	Landwirtschaftliche Nutzfläche
LPG	Landwirtschaftliche Produktionsgenossenschaft
LPG (P)	Landwirtschaftliche Produktionsgenossenschaft (Pflanzenproduktion)
LPG (T)	Landwirtschaftliche Produktionsgenossenschaft (Tierproduktion)
LR	Landwirtschaftsrat
LSK	Luftstreitkräfte
LTI	Landtechnisches Instandsetzungswerk
LV	Luftverteidigung
LVO	Lieferverordnung
MAH	Ministerium für Außenhandel
MAK	Material-, Ausrüstungs- und Konsumgüterbilanz
MAS	Maschinen-Ausleih-Station
MASCH	Marxistische Arbeiterschule
MAVO	Militärabnehmerverordnung
MD	Meteorologischer Dienst
MdF	Ministerium der Finanzen
MdI	Ministerium des Innern
MdJ	Ministerium der Justiz
MDN	Mark der Deutschen Notenbank
MDV	Medizinischer Dienst des Verkehrswesens
MEGA	Marx-Engels-Gesamtausgabe
MEL	Marx-Engels-Lenin(-Institut)
MELS	Marx-Engels-Lenin-Stalin(-Institut)
MEW	Marx-Engels-Werkausgabe
MfAA	Ministerium für Auswärtige Angelegenheiten
MfB	Ministerium für Bauwesen
MfC	Ministerium für Chemische Industrie
MfG	1. Ministerium für Gesundheitswesen; 2. – für Geologie; 3. – für Grundstoffindustrie
MfGuK	Ministerium für Glas- und Keramikindustrie
MfHV	Ministerium für Handel und Versorgung
MfK	Ministerium für Kultur
MfKE	Ministerium für Kohle und Energie
MfL	Ministerium für Leichtindustrie
MfLFN	Ministerium für Land-, Forst- und Nahrungsgüterwirtschaft
MfM	Ministerium für Materialwirtschaft
MfNV	Ministerium für Nationale Verteidigung
MfS	Ministerium für Staatssicherheit
MfSchuA	Ministerium für Schwermaschinen- und Anlagenbau
MfUW	Ministerium für Umweltschutz und Wasserwirtschaft
MfV	1. Ministerium für Verkehrswesen; 2. – für Volksbildung
MfWT	Ministerium für Wissenschaft und Technik
MHF	Ministerium für Hoch- und Fachschulwesen
MHO	Militärhaushaltsorganisation
MIK	Maximale Immissionskonzentration
MilG	Militärgericht
MilGO	Militärgerichtsordnung
MilOG	Militärobergericht
Mitropa	Mitteleuropäische Schlafwagen- und Speisewagen-AG
M.-L.	Marxismus-Leninismus
MLO	Marxistisch-leninistische Organisationswissenschaft
MLPD	Marxistisch-Leninistische Partei Deutschlands
MPF	Ministerium für Post- und Fernmeldewesen
MPLA	Movimento Popular da Libertação de Angola – Volksbefreiungsbewegung Angolas
MRBM	Medium range ballistic missile – Raketen mittlerer Reichweite
MSB „Spartakus“	Marxistischer Studentenbund „Spartakus“

MTS Maschinen- (und) Traktoren-Station
MTT Multilateraler Transittarif
MW Megawatt
MWG Montanwissenschaftliche Gesellschaft

NAFO North-West-Atlantic Fisheries Organization – Organisation für die Fischerei im Nord-West-Atlantik
NATO North Atlantic Treaty Organization – Nord-Atlantik-Pakt
NAW Nationales Aufbauwerk
NBI Neue Berliner Illustrierte
ND Neues Deutschland
NDP Neue Deutsche Presse
NDPD National-Demokratische Partei Deutschlands
NE Nicht-Eisen(-Metalle)
NEAFC North-East-Atlantic Fisheries Commission – Kommission für die Fischerei im Nord-Ost-Atlantik
NEP Nowaja ekonomitscheskaja politika – Neue Ökonomische Politik
NKFD Nationalkomitee Freies Deutschland
Nm^3 Normalkubikmeter
NOK Nationales Olympisches Komitee
NÖS Neues Ökonomisches System
NÖSPL Neues Ökonomisches System der Planung und Leitung der Volkswirtschaft
NPT Netzplantechnik
NS Nationalsozialismus, nationalsozialistisch
NSDAP Nationalsozialistische Deutsche Arbeiterpartei
NSW Nichtsozialistisches Wirtschaftsgebiet
NVA Nationale Volksarmee

OECD Organization for Economic Co-operation and Development – Organisation für wirtschaftliche Zusammenarbeit und Entwicklung
ÖFI Ökonomisches Forschungsinstitut (bei der Staatlichen Plankommission)
OG Oberstes Gericht
OGL Ortsgewerkschaftsleitung
OGO Ortsgewerkschaftsorganisation
OGS (Wirtschaftsvereinigung) Obst, Gemüse, Speisekartoffeln
OGZ Entscheidungen des Obersten Gerichts der DDR in Zivilsachen
OIML Organisation internationale de métrologie légale – Internationale Organisation für das gesetzliche Meßwesen
OIRT Organisation internationale de radiodiffusion et télévision – Internationale Rundfunk- und Fernsehorganisation
OISTT Organisation internationale des szenographes et des techniciens du théatre – Internationale Organisation der Szenographen, Theaterarchitekten und Theatertechniker
OJM Olympiade Junger Mathematiker
OL Ortsleitung
ÖLB Örtlicher Landwirtschaftsbetrieb
OMR Obermedizinalrat
OPO Ortsparteiorganisation
OPW Obschtschi park wagonow – Gemeinsamer Güterwagenpark (innerhalb der OSShD)
ORE Office de recherches et d'essais – Forschungs- und Versuchsamt (der UIC)
ÖRK Ökumenischer Rat der Kirchen
ORZ Organisations- und Rechenzentrum
OSS Organisazija sotrudnitschestwa sozialistitscheskich stran w oblasti elektritscheskoi i potschtowoi swjasi – Organisation für die Zusammenarbeit der sozialistischen Länder auf dem Gebiet des Post- und Fernmeldewesens
ÖSS Ökonomisches System des Sozialismus
OSShD Organisazija sotrudnitschestwa shelesnych dorog – Organisation für die Zusammenarbeit der Eisenbahnen
OTAK Organisation der technischen Aufsichts- und Kontrollorgane (der schiffsbaubetreibenden sozialistischen Staaten)
ÖVW Örtliche Versorgungswirtschaft
OWG Gesetz zur Bekämpfung von Ordnungswidrigkeiten

PB Politbüro
PBA Politisch Beratender Ausschuß (des Warschauer Paktes)
PDVO Post-Dienst-Verordnung
PEN/International PEN (Poets, Essayists, Novelists) Internationale Schriftstellervereinigung PEN
PG Produktionsgenossenschaft
PGB Produktionsgenossenschaft der Binnenfischerei
PGH Produktionsgenossenschaft des Handwerks
PHKM Parteihochschule „Karl Marx" beim ZK der SED
PHS Parteihochschule „Karl Marx" beim ZK der SED
PHV Politische Hauptverwaltung
PIANC Permanent International Association of Navigation Congresses – Internationaler Ständiger Verband für Schiffahrtskongresse
PKK Parteikontrollkommission
Pkm Personen-Kilometer
PKM Projektierungs-, Konstruktions- und Montagebüro bzw. -betrieb

PLO Palestine Liberation Organization – Palästinensische Befreiungsorganisation
PO Parteiorganisation
POS Polytechnische Oberschule
PPA Personalpolitische Abteilung
PPW Prawila polsowanija wagonami – Internationales Wagenabkommen
PRK Paritätische Regierungskommission für ökonomische und wissenschaftlich-technische Zusammenarbeit DDR–UdSSR
PRON Patriotische Bewegung der Nationalen Wiedergeburt der Volksrepublik Polen
PV Parteivorstand
PVAP Polnische Vereinigte Arbeiterpartei
PwF/PWF Produktionsgenossenschaft werktätiger Fischer
PwP Produktionsgenossenschaft werktätiger Pelztierzüchter
PWT Plan Wissenschaft und Technik
PwZ Produktionsgenossenschaft werktätiger Zierfischzüchter
PZV Postzeitungsvertrieb

QIS Quellenorientiertes Informationssystem
QIZ Quellenorientiertes Informationszentrum
QSS Qualitätssicherungssystem

Rba. Reichsbahnamt
Rbd. Reichsbahndirektion
RBI Radio Berlin International
RdB Rat des Bezirks
RdF Rat der Freunde der Pionierorganisation „Ernst Thälmann"
RdK Rat des Kreises
RFB Roter Frontkämpferbund
RGO Revolutionäre bzw. Rote Gewerkschaftsopposition
RGW Rat für Gegenseitige Wirtschaftshilfe
RIAS Rundfunk im Amerikanischen Sektor
RIC Réglement internationale pour l'emploi réciproque des convois – Internationaler Personen- und Gepäckwagenverbund
RIV Regolamento Internazionale per Veicoli – Internationaler Güterwagenverbund
RK Revisionskommission
RKV Rahmenkollektivvertrag
RKW Rationalisierungskuratorium der deutschen Wirtschaft e. V.
RLN (B)/(K)/(Z) Rat für Landwirtschaft und Nahrungsgüterwirtschaft (des Bezirks bzw. Kreises) – (zentraler) Rat für landwirtschaftliche Produktion und Nahrungsgüterwirtschaft
Ro/Ro roll-on/roll-off – an und von Bord rollen (auf und von Spezialschiffen)
RSFSR Rossiskaja Sowjetskaja Federatiwnaja Sozialistitscheskaja Respublika – Russische Sozialistische Föderative Sowjetrepublik
RSIL Rechnergestützte Systeme zur Information der Leitung
RT Registertonne
RVO Reichsversicherungsordnung

SAG Sowjetische Aktiengesellschaft
SAI Sozialistische Arbeiterinternationale
SAW Sächsische Akademie der Wissenschaften zu Leipzig
SBBI Staatliches Büro für die Begutachtung von Investitionen
SBZ Sowjetisch besetzte Zone
SC Sportclub
SchK Schiedskommission
SchKO Schiedskommissionsordnung
SDAG Sowjetisch-Deutsche Aktiengesellschaft
SDAJ Sozialistische Deutsche Arbeiterjugend
SDAPR Sozialdemokratische Arbeiterpartei Rußlands
SDr. Sonderdruck
SED Sozialistische Einheitspartei Deutschlands
SERO (Kombinat) Sekundärrohstoffwirtschaft
SEW Sozialistische Einheitspartei Westberlins
SfS Staatssekretariat für Staatssicherheit
SGL Schulgewerkschaftsleitung
SGO Schulgewerkschaftsorganisation
SHSG Seehandelsschiffahrtsgesetz
SI Système international d'unités – Internationales Einheitensystem
SIFIN Staatliches Institut für Immunpräparate und Nährmedien
SITA Société internationale de télécommunications aéronautiques – Internationale Vereinigung für den Nachrichtenverkehr in der Zivilluftfahrt
SKAV Staatliches Komitee für Aufkauf und Verarbeitung landwirtschaftlicher Erzeugnisse
SIVSAJ Service internationale volontaire de solidarité et de l'amitié de la jeunesse – Internationaler Freiwilligendienst für Solidarität und Freundschaft der Jugend
SKE Steinkohleeinheit
SKF Staatliches Komitee für Forstwirtschaft
SKISI Staatliches Kontrollinstitut für Seren und Impfstoffe
SKK Sowjetische Kontrollkommission

SKL	Staatliches Komitee für Landtechnik (und materielle Versorgung der Landwirtschaft)
SKR	System der Kleinrechner
SMAD	Sowjetische Militäradministration in Deutschland
SMGS	Soglaschenije o Meshdunarodnom Shelesnodoroshnom Grusowom Soobschtschenii – Abkommen für den Internationalen Eisenbahngüterverkehr
SMH	Schnelle Medizinische Hilfe
SMPS	Soglaschenije o Meshdunarodnom Passashirskom Soobschtschenii – Abkommen für den Internationalen Personen-, Gepäck- und Expreßgutverkehr
SMT	Sowjetisches Militärtribunal
SOPS/AIDOS	Sachgebietsorientiertes Programmiersystem/Automatisiertes Informations- und Dokumentationssystem
SPD	Sozialdemokratische Partei Deutschlands
SPK	Staatliche Plankommission
SSD	Staatssicherheitsdienst
SSG	Schulsportgemeinschaft
SSOAG	Sowjetische Staatliche Oderschiffahrt AG
SSSR	Sojus Sowjetskich Sozialistitscheskich Respublik – Union der Sozialistischen Sowjetrepubliken (UdSSR)
STA	Stadttransportausschuß
StAGes.	Gesetz über die Staatsanwaltschaft der DDR
StEG	Strafrechtsergänzungsgesetz
StFB	Staatlicher Forstwirtschaftsbetrieb
StGB	Strafgesetzbuch
StPB	Ständige Produktionsberatung
StPO	Strafprozeßordnung
StV	Staatliche Versicherung
StVA	Strafvollzugsanstalt
StVG	Staatliches Vertragsgericht
StVO	Straßenverkehrsordnung
StVZO	Straßenverkehrs-Zulassungsordnung
SU	Sowjetunion
SV	1. Sozialversicherung; 2. Sportvereinigung
SVWG	Strafvollzugs- und Wiedereingliederungsgesetz
SW	Sozialistisches Wirtschaftsgebiet
SWAPO	South-West African People's Organization – Südwestafrikanische Befreiungsorganisation
SZS	Staatliche Zentralverwaltung für Statistik
TAKRAF	(Kombinat bzw. Außenhandelsbetrieb) Tagebauausrüstungen, Krane und Förderanlagen
TAN	Technisch begründete Arbeitsnorm
TBAO	Transportbilanzanordnung
tdw	tons deadweight – Tonnen Trag- bzw. Ladefähigkeit
TG	Technische Gemeinschaft
TGA	Technische Grundausstattung
TGL	Technische Normen, Gütervorschriften und Lieferbedingungen
TH	Technische Hochschule
TKO	Technische Kontrollorganisation
TÖK	Technisch-ökonomische Kennziffer
TOM	Technisch-organisatorische Maßnahme
TP	Territorialplanung
TPA	Transportausschuß
TSI	Treuhandstelle für Industrie und Handel
TUC	1. Trade Union Congress – Gewerkschaftskongreß; 2. Trade Union Council – Gewerkschaftsrat
TVA	Tarif- und Verkehrsanzeiger
TVO	Transportverordnung
UdSSR	Union der Sozialistischen Sowjetrepubliken
UFTAA	Universal Federation of Travel Agents' Associations – Weltvereinigung der Reisebüroverbände
UGO	Unabhängige Gewerkschaftsopposition bzw. -organisation
UIA	Union internationale des architectes – Internationaler Architektenverband
UIC	Union internationale des chemins de fer – Internationaler Eisenbahnverband
UIMC	Union internationale des services médicaux des chemins de fer – Internationaler Verband für den Bahnärztlichen Dienst
UIT	Union internationale des télécommunications – Internationaler Fernmeldeverein
UKW	Ultrakurzwelle
UN	United Nations – Vereinte Nationen
UNCITRAL	United Nations Commission on International Trade Law – Kommission der Vereinten Nationen für internationales Handelsrecht
UNCTAD	United Nations Conference on Trade and Development – Welthandelskonferenz
UNDP	United Nations Development Programme – Entwicklungshilfeprogramm der Vereinten Nationen
UNEP	United Nations Environment Programme – Umweltprogramm der Vereinten Nationen
UNESCO	United Nations Educational, Scientific and Cultural Organization – Organisation der Vereinten Nationen

	für Erziehung, Wissenschaft und Kultur
UNICEF	United Nations International Children's Emergency Fund – Weltkinderhilfswerk der Vereinten Nationen
UNIDO	United Nations Industrial Development Organization – Organisation der Vereinten Nationen für industrielle Entwicklung
UNIDROIT	Institut international pour l'unification du droit privé – Internationales Institut für die Vereinheitlichung des Privatrechts
UNIMA	Union internationale des marionettes – Internationale Vereinigung für Puppenspiel
UNO	United Nations Organization – Organisation der Vereinten Nationen
UOrg.	Unternehmensorgan
UPU	Union postale universelle – Weltpostverein
UV	Ultraviolett
UZ	Unsere Zeit
VAN	Vorläufige Arbeitsnorm
VAR	Vereinigte Arabische Republik
VbE	Vollbeschäftigteneinheit
VBK	Verband Bildender Künstler der DDR
VBWGZ	Volks-, Berufs-, Wohnraum- und Gebäudezählung
VdgB	Vereinigung der gegenseitigen Bauernhilfe
VdJ	Vereinigung der Juristen der DDR
VDJ	Verband der Journalisten der DDR
VDJD	Vereinigung Demokratischer Juristen Deutschlands
VDK/VdK	Verband Deutscher Konsumgenossenschaften
VDR	Volksdemokratische Republik
VEB	Volkseigener Betrieb
VEB-L	Volkseigener Betrieb – landgeleitet
VEB-Z	Volkseigener Betrieb – zentral geleitet
VEG	Volkseigenes Gut
VEG (P)	Volkseigenes Gut (Pflanzenproduktion)
VEG (T)	Volkseigenes Gut (Tierproduktion)
VEH	Volkseigener Handel
VEK	Vereinigte Evangelische Kirche in der DDR
VELK	Vereinigte Evangelisch-Lutherische Kirche in der DDR
VELKD	Vereinigte Evangelisch-Lutherische Kirche Deutschlands
VERSINA	Versorgungsbetrieb Inland/Ausland
VES	Versuchs- und Entwicklungsstelle
VG	1. Vertragsgesetz; 2. Verwaltungsgericht
VIS	Volkswirtschaftliches Informationssystem
VKM	Verband der Komponisten und Musikwissenschaftler der DDR
VKSK/VdKSK	Verband der Kleingärtner, Siedler und Kleintierzüchter der DDR
VM	1. Valutamark; 2. Volksmarine
VO	Verordnung
VOB	Vereinigung organisationseigener Betriebe
VOBl.	Verordnungsblatt
VP	Volkspolizei
VPKA	Volkspolizei-Kreisamt
VR	Volksrepublik
VS	Volkssolidarität
VSV	Verordnung über die Sozialpflichtversicherung
VuM	Verfügungen und Mitteilungen
VVB	Vereinigung Volkseigener Betriebe
VVB-Z	Vereinigung Volkseigener Betriebe – zentralgeleitet
VVEAB	Vereinigung Volkseigener Erfassungs- und Aufkaufbetriebe
VVG	Verwaltung bzw. Vereinigung Volkseigener Güter
VVK	Verwaltung Vermessungs- und Kartenwesen
VVMAS	Vereinigung Volkseigener Maschinen-Ausleih-Stationen
VVN	Vereinigung der Verfolgten des Naziregimes
VWR	Volkswirtschaftsrat
WAO	Wissenschaftliche Arbeitsorganisation
WBA	Wohnbezirksausschuß
WBDJ	Weltbund der Demokratischen Jugend
WBK	Wohnungsbaukombinat
WBS	Wohnungsbauserie
WEU	Western European Union – Westeuropäische Union
WFC	World Food Council – Welternährungsrat (der Vereinten Nationen)
WFDY	World Federation of Democratic Youth – Weltbund der Demokratischen Jugend
WFEO	World Federation of Engineering Organizations – Weltvereinigung der Ingenieurverbände
WFTU	World Federation of Trade Unions – Weltgewerkschaftsbund
WGB	Weltgewerkschaftsbund
WGMA	Wissenschaftliche Gesellschaft für Meßtechnik und Automatisierung
WHO	World Health Organization – Weltgesundheitsorganisation
wI.	Wissenschaftliche Information
WIB	Wissenschaftliche Industriebetriebe
WIPO	World Intellectual Property Organization – Weltorganisation zum Schutz des geistigen Eigentums

WMO	World Meteorological Organization – Weltorganisation für Meteorologie
WPS	Weltbund der Partnerstädte
WS	Wissenschaftliche Sektion
WtB	Waren des täglichen Bedarfs
WTG	Wissenschaftlich-technische Gesellschaft
WTGEW	Wissenschaftlich-technische Gesellschaft Energiewirtschaft
WTGG	Wissenschaftlich-technische Gesellschaft für Geodäsie
WTGPK	Wissenschaftlich-technische Gesellschaft für Photogrammetrie und Kartographie
wtI.	Wissenschaftlich-technische Information
WTO	World Tourism Organization – Weltvereinigung für Tourismus
WTR/wtR	Wissenschaftlich-technische Revolution
WTZ	1. Wissenschaftlich-technische Zusammenarbeit; 2. Wissenschaftlich-technisches Zentrum
WWW	World Weather Watch – Welt-Wetter-Überwachung
ZA	Zentralausschuß
ZAG	Zentrale Arbeitsgemeinschaft
ZAK	Zentraler Arbeitskreis für Forschung und Technik
ZAM	Zentralinstitut für Arbeitsmedizin
ZBE	Zwischenbetriebliche Einrichtung
ZBK	Zugbegleitkommando
ZBl.	Zentralblatt der DDR
ZBO	Zwischengenossenschaftliche Bauorganisation
ZDV	Zentrale Dispatcherverwaltung
ZEFBA	Zentrale Frachtbe- und -abrechnung
ZEK	Zentrales Entwicklungs- und Konstruktionsbüro
Zentrag	Zentrale Druckerei-, Einkaufs- und Revisionsgesellschaft
ZEW	Zwischengenossenschaftliche Einrichtung der Waldwirtschaft
ZFA	Zentrales Forschungsinstitut für Arbeit
ZGA	Zentraler Gutachterausschuß für Arzneimittelverkehr
ZGB	Zivilgesetzbuch
ZGE	Zwischengenossenschaftliche Einrichtung
ZIA	Zentralinstitut für Automatisierung
ZIAS	Zentralinstitut für Arbeitsschutz
ZIF	Zentralinstitut für Fertigungstechnik des Maschinenbaus der DDR
ZID	Zentralinstitut für Diabetes-Forschung und Behandlung
ZIID	Zentralinstitut für Information und Dokumentation
ZIJ	Zentralinstitut für Jugendforschung
ZIS	1. Zweigorientiertes Informationssystem; 2. Zentralinstitut für Schweißtechnik
ZISW	Zentralinstitut für Sprachwissenschaft (an der AdW)
ZIZ	Zweigorientiertes Informationszentrum
ZFIV	Zentrales Forschungsinstitut des Verkehrswesens
ZK	Zentralkomitee
ZKD	Zentraler Kurierdienst
ZKHL	Zentralklinik für Herz- und Lungenkrankheiten
ZKSK	Zentrale Kommission für Staatliche Kontrolle
ZLGID	Zentrale Leitung für gesellschaftswissenschaftliche Information und Dokumentation
ZLID	Zentrale Leitstelle für Information und Dokumentation
ZPD	Zentralstelle für Primärdokumentation
ZPKK	Zentrale Parteikontrollkommission
ZPL	Zentrale Parteileitung
ZPO	Zivilprozeßordnung
ZR	Zentralrat
ZRK	Zentrale Revisionskommission
ZS	Zentralsekretariat
ZSW	Zentralinstitut für Sozialistische Wirtschaftsführung beim ZK der SED
ZStA	Zentrales Staatsarchiv
ZTA	Zentraler Transportausschuß
ZTK	Zentrale Therapiekommission
ZVA	Zeitungsvertriebsamt
ZVdgB	Zentralvereinigung der gegenseitigen Bauernhilfe
ZVPF	Zentralverwaltung für das Post- und Fernmeldewesen in der sowjetischen Besatzungszone Deutschlands
ZWK	Zentrales Warenkontor

A

Abgabenverwaltung: Ein Begriff, der in der DDR nur noch historische Bedeutung hat. Bis 1949 lag das Recht, Steuern und Abgaben zu erheben, bei den 5 Ländern der SBZ und der von ihnen wiedererrichteten Finanzverwaltung. Der zentrale zonale Haushalt hatte demgemäß keine eigenen Einnahmequellen, sondern wurde aus den Länderhaushalten finanziert. Nach Gründung der DDR 1949 schuf die neugebildete Staatsführung unter Bezug auf Artikel 119 der Verfassung vom 7. 10. 1949 vorübergehend eine allgemeine A. Diese umfaßte die Deutsche Zentralfinanzdirektion und die Länderfinanzdirektionen mit ihren Finanzämtern. Durch das Abgabengesetz vom 9. 2. 1950 wurde die Abgabenhoheit der Republik zuerkannt.
Aufgrund des Gesetzes über die weitere Demokratisierung des Aufbaus und der Arbeitsweise der staatlichen Organe in den Ländern der DDR vom 23. 7. 1952 (GBl. 1952, S. 613) wurde jedoch die Finanzverwaltung endgültig mit dem System der staatlichen Verwaltung verschmolzen und existiert seither nicht mehr als eigener Verwaltungszweig. Die Aufgaben der A. wurden vom → **Ministerium der Finanzen (MdF)** und den Abt. Finanzen der Räte der → **Bezirke** und → **Kreise** übernommen. Die Gemeinden verloren die noch verbliebenen Reste einer eigenen „Finanzhoheit" endgültig durch die am 17. 2. 1954 erlassene „Staatshaushaltsordnung" (GBl. 1954, S. 207ff.). → **Finanzsystem; Staatshaushalt; Steuern.**

Abgrenzung: Von der SED-Führung seit Herbst 1970 verwendeter zentraler politischer Begriff zur Kennzeichnung ihrer Politik gegenüber der Bundesrepublik Deutschland. Nachdem H. Axen am 13. 9. 1970 erklärt hatte, der „antifaschistische Grundzug der DDR" verpflichte sie, in Gegenwart und Zukunft den „sozialistischen Arbeiter-und-Bauern-Staat weiterhin auf allen Gebieten von der imperialistischen Bundesrepublik abzugrenzen", bezeichnete W. Stoph am 6. 10. 1970 die A. als einen „objektiven Prozeß", der sich „angesichts der Gegensätzlichkeit der Staats- und Gesellschaftssysteme unvermeidlich" vollziehe.
Erkenntnis und Anerkennung der A. als einer historischen Gesetzmäßigkeit im Sinne des zeitgenössischen Marxismus-Leninismus gelten als Voraussetzung einer Politik der → **Friedlichen Koexistenz**. Das Verhältnis zwischen den beiden deutschen Staaten wird dabei als Widerspiegelung eines weltweiten Gegensatzes zweier fundamental verschiedener Gesellschaftssysteme gedeutet: „Die Abgrenzung zwischen → **Imperialismus** und Sozialismus vollzieht sich im Weltmaßstab und damit genauso zwischen der sozialistischen Deutschen Demokratischen Republik und der kapitalistischen BRD." Maßgebliche Politiker der DDR betonen, daß A. nicht als Verzicht auf Zusammenarbeit mit „fortschrittlichen Kräften" in den westlichen Ländern aufzufassen sei.
Auf der 9. Tagung des ZK der SED im Mai 1973 erklärte E. Honecker, nicht Sprache und Kultur hätten die Grenze zwischen der DDR und der Bundesrepublik Deutschland gezogen, sondern „die unterschiedliche, ja, gegensätzliche soziale Struktur" der beiden deutschen Staaten: „Gemeinsamkeiten in der Sprache können diese Realitäten nicht hinwegzaubern. Abgesehen davon, daß solche Gemeinsamkeiten noch lange nicht identisch sind mit einem gemeinsamen Staatswesen, mit einer gemeinsamen Nation". (→ **Nation und nationale Frage**). Nach Honecker gilt das gleiche auch für Geschichte und Kultur (→ **Nationale Geschichtsbetrachtung; Kulturpolitik**). „Gemeinsame Geschichte? Dafür seien nur die Geschichtsbücher in beiden deutschen Staaten herangezogen. Es gibt zweierlei Geschichte . . . Gemeinsame Kultur? Stets gab es auch in Deutschland zwei Kulturen, die der herrschenden Ausbeuterklasse und die der werktätigen Massen." Letztere sei zur „aufblühenden sozialistischen Nationalkultur der DDR geworden" – geschieden durch eine „unüberbrückbare Kluft zum spätbürgerlichen Kulturverfall, zur Entstellung des Menschenbildes, zu Pornographie, Brutalität und bewußt betriebener Verdummung im imperialistischen Staat".
A., in der Entschließung des VIII. SED-Parteitages (1971) als „gesetzmäßiger Prozeß" bestätigt, schließt jedoch im Verständnis der DDR die Herstellung und Aufrechterhaltung normaler zwischenstaatlicher Beziehungen auf völkerrechtlicher Grundlage nicht aus.
Die Politik der A. muß als eine Abwehrstrategie gegenüber westlichen Einflüssen verstanden werden. Sie nahm daher an Bedeutung und Intensität zu, als sich die DDR der internationalen Entspannung anpassen mußte und durch vertragliche Regelungen (→ **Grundlagenvertrag**) die Kommunikationsmöglichkeiten zwischen den Bürgern beider deutscher Staaten wesentlich erleichtert wurden.
Auch in den Reden und Beschlüssen des IX. Parteitages der SED (1976) ist die A.-Politik erneut bekräftigt und als ein – im Hinblick auf die KSZE-Konferenz von Helsinki (1975) – völkerrechtlich bestätigtes – Grundelement in den Beziehungen zwischen beiden deutschen Staaten bezeichnet worden. Ohne den vermeintlich „objektiven Prozeß" der A. noch einmal ausdrücklich zu charakterisieren, gab Honecker in seiner Geraer Rede am 13. 10. 1980 zu verstehen, daß die SED in der politischen Praxis an der Politik der A. festzuhalten gedenke. → **Außenpolitik; Deutschlandpolitik der SED.**

Abrüstung: Von der DDR wird A. als Prinzip des Völkerrechts (Art. 1, 11, 26 und 47 der UN-Charta) und der Politik der → **Friedlichen Koexistenz** zwischen Staaten unterschiedlicher Gesellschaftsordnung verstanden, das die Einschränkung (Teil-A.) bzw. Abschaffung der Rüstungen und Streitkräfte (allgemeine oder vollständige A.) fordert. Die A. gilt als Mittel der Begrenzung bzw. Beseitigung der Kriegsgefahr und der Befreiung der Völker von den Rüstungslasten. Die DDR betreibt ihre A.-Politik im Rahmen des → **Warschauer Pakts**. Dessen Politischer Beratender Ausschuß und die seit 1970 jährlich stattfindenden Krimkonferenzen der führenden Partei- und Staatsfunktionäre der sozialistischen Staaten fungieren als wichtige Gremien zur Koordinierung der → **Außenpolitik** und zur Formulierung von A.-Initiativen der Mitgliedsländer. Für die Warschauer-Vertrags-Staaten ist das Bemühen um A., als deren zentrales Anliegen das Verbot der Massenvernichtungsmittel, vor allem der Kernwaffen, gilt, Bestandteil ihrer umfassenderen → **Sicherheitspolitik**.

Von 1950 bis 1955 hat sich die DDR mit zahlreichen Vorschlägen an die Regierung der Bundesrepublik Deutschland gewandt, um sich über Schritte, Maßnahmen und Verpflichtungen hinsichtlich einer Wiedervereinigung Deutschlands unter den Bedingungen militärischer Neutralität und einer Begrenzung der Streitkräfte nach Anzahl und Bewaffnung zu verständigen. Um die befürchtete nukleare Aufrüstung der Bundesrepublik zu verhindern, trat die DDR seit 1956/57 mit der Forderung und entsprechenden Vorschlägen zur Gewährleistung eines umfassenden Verzichts beider deutscher Staaten auf **Atomwaffen**, deren Produktion, Stationierung und Anwendung hervor. Besondere Bedeutung erlangte der von ihr unterstützte Rapacki-Plan für eine atomwaffenfreie Zone in Mitteleuropa. Im September 1960 unterbreitete die DDR der XV. UN-Vollversammlung Vorschläge zur etappenweisen allgemeinen und vollständigen A. der beiden deutschen Staaten. Die A.-Politik der DDR hatte bis zum Abschluß des → **Grundlagenvertrages** mit der Bundesrepublik Deutschland neben dem primären Anliegen äußerer Sicherheit auch eine wichtige Funktion in der → **Deutschlandpolitik der SED** und dem Bemühen um internationale Anerkennung. Dies gilt auch für ihren Beitritt zum Vertrag über das Verbot der Kernwaffenversuche (Teststoppvertrag vom 8. 8. 1963), den Entwurf eines Vertrages zwischen der DDR und der Bundesrepublik Deutschland über den „umfassenden Verzicht auf Kernwaffen“ (6. 1. 1964) und die Erklärung an die UNO zur Nichtweiterverbreitung und zum Verbot der Anwendung von Kernwaffen (27. 10. 1966). Die DDR unterschrieb und ratifizierte bisher alle Verträge über A. und Rüstungsbegrenzung, die interessierten Staaten zum Beitritt offenstehen, soweit sie für sie politisch bedeutsam sind.

Eine besondere Rolle spielte der **Atomwaffensperrvertrag**, zu dessen ersten Unterzeichnerstaaten die DDR am 1. 7. 1968 gehörte. Die Tatsache, daß die Unterzeichnung des Vertrages durch die Bundesrepublik Deutschland erst im November 1969 und die Ratifizierung nicht vor März 1974 erfolgten, lieferte der DDR lange Zeit den propagandistischen Vorwand, ihr „Bemühen um Frieden und Sicherheit“ einerseits und die „friedensgefährdende Politik“ der Bundesrepublik andererseits herauszustellen.

Am 7. 3. 1972 hat die DDR mit der Internationalen Atomenergiebehörde (IAEA) ein Abkommen über die Anwendung von Sicherheitskontrollen geschlossen, das im Kernwaffensperrvertrag gefordert wird. Zuständig für die Wahrnehmung der Mitgliedschaft in der IAEA ist das → **Staatliche Amt für Atomsicherheit und Strahlenschutz** beim Ministerrat der DDR. In Art. 5 des Grundlagenvertrages haben sich DDR und Bundesrepublik zur Unterstützung der Bemühungen um Rüstungsbegrenzung und A. sowie deren wirksame Kontrolle verpflichtet. Die DDR – in ihrer Verfassung von 1968 hat sie das Eintreten für allgemeine A. zur Verfassungsnorm erhoben und auch nach der Verfassungsänderung von 1974 den entsprechenden Art. 6 Abs. 4 unverändert beibehalten – sieht in der seit Ende der 60er Jahre eingetretenen politischen Entspannung die Chance, die politische durch die militärische Entspannung, die A., zu ergänzen.

Konkret spielen die 1973 aufgenommenen Wiener Verhandlungen über die gegenseitige ausgewogene Reduzierung der Streitkräfte und Rüstungen in Mitteleuropa (Mutual Balanced Force Reduction – MBFR) eine besondere Rolle. Die DDR wie ihre Verbündeten betrachteten es längere Zeit als eine Beeinträchtigung des von ihnen vertretenen Prinzips der „gleichen Sicherheit“, daß die westlichen Staaten – wobei diese vom konventionellen Übergewicht der Warschauer-Pakt-Truppen in Mitteleuropa ausgehen – von den sozialistischen Staaten eine 3fach höhere Reduzierung ihrer Streitkräfte fordern, als sie selbst vorzunehmen bereit sind. Vorschläge der in Wien vertretenen sozialistisch regierten Staaten sahen daher eine Verringerung der Streitkräfte beider Militärbündnisse um einen gleichen Prozentsatz vor.

Eine zwischenzeitlich vollzogene Annäherung verdeutlichte der Entwurf der sozialistischen Staaten vom 18. 2. 1982 über eine von Warschauer Pakt und NATO vorzunehmende Reduzierung auf je 900000 Mann. Als eine demonstrative Geste hatte Breschnew am 2. 10. 1979 den Abzug von 20000 Mann und 1000 Panzern der → **Gruppe Sowjetischer Streitkräfte in Deutschland (GSSD)** angekündigt, der am 1. 8. 1980 abgeschlossen wurde und von der DDR als Beweis für die Ernsthaftigkeit der A.-Bestrebungen der sozialistischen Staaten herausgestellt wurde. Das Mitte April 1982 zwischen der Bundesrepublik Deutschland und den USA geschlossene Abkommen über die Zuführung und Unterstützung amerikanischer Verstärkungskräfte wurde hingegen als schwere Beeinträchtigung der MBFR-Verhandlungen kritisiert. Während der 2. UNO-Sondertagung zu Fragen der A. im Juni 1982 unterstützte die DDR die einseitige Erklärung der UdSSR vom 15. 6. 1982, nicht als erste Kernwaffen einzusetzen. Als eigenen Beitrag brachte sie Vorschläge für das Verbot der Neutronenwaffe, für das Verbot der chemischen Waffen und für die Intensivierung der A.-Verhandlungen ein.

Die Hauptkritik der sozialistischen Staaten richtete sich in der jüngsten Vergangenheit gegen den NATO-Dop-

pelbeschluß, auf dessen Grundlage seit dem Herbst 1983 in der Bundesrepublik Deutschland und in anderen europäischen Mitgliedsstaaten der NATO atomare Mittelstreckenraketen aufgestellt werden, nachdem es bis dahin nicht gelang, die UdSSR zum Abbau ihrer entsprechenden, gegen den Westen gerichteten Waffensysteme zu bewegen. Bei den diesbezüglichen Genfer Verhandlungen wird die Sowjetunion vorbehaltlos von der DDR in ihrer Position unterstützt.
Die DDR betreibt ihre A.-Politik nicht nur in dieser Frage grundsätzlich in engster Abstimmung mit der UdSSR und den anderen Mitgliedsstaaten des Warschauer Vertrages, für den als Leitlinie in der Frage der A. und Rüstungskontrolle die Prager Deklaration vom 5. 1. 1983 maßgeblich ist. In ihr rückte der Politische Beratende Ausschuß des Warschauer Vertrages die Festigung der Sicherheit in Europa als vordringlich und unabdingbar für die Wahrung des Weltfriedens in den Vordergrund. Die Deklaration setzte sich in diesem Zusammenhang insbesondere mit der Möglichkeit der Stationierung amerikanischer Mittelstreckenwaffen in Europa auseinander.
Im Einklang mit der Prager Deklaration wandte sich Honecker am 4. 2. 1983 mit einem Brief an Bundeskanzler Kohl. Er bezog sich darin auf den schwedischen Vorschlag vom Dezember 1982, 150 km beiderseits der Grenze zwischen Warschauer Pakt und NATO in Mitteleuropa eine von nuklearen Gefechtsfeldwaffen freie Zone zu errichten, und bot darüber hinausgehend an, das gesamte Gebiet der DDR für eine solche Zone zur Verfügung zu stellen. Ausgehend von der Verantwortung beider Staaten für den Frieden, sei es von großem Gewicht, wenn auch die Bundesregierung die schwedische Initiative unterstützen würde. Kohl antwortete, die Initiative verfehle das Ziel der Kriegsverhütung, und schlug einen direkten und sachlichen Meinungsaustausch über Grundsatzfragen der laufenden A.-Verhandlungen vor. → **Außenpolitik**, IV.

Absatz: Wertmäßige Realisierung der Produktion. Der A. ist Bestandteil der Zirkulation und übt direkt oder über den Handel Vermittlerfunktionen zwischen Produktions- und Konsumtionssphäre aus. Zur Vorbereitung des A. gehören u. a. Bedarfsforschung, Bilanzierung des Bedarfs, A.-Planung, die vertragliche Vorbereitung und Sicherung des A.
Die Organisation des A. besteht aus staatlichen Leitungs- und Planungsorganen, wie die Staatlichen Kontore mit ihren Versorgungskontoren, den A.-Abteilungen der VEB und VVB sowie aus Großhandelsorganen. Die VVB und Kombinate schaffen in Vereinbarung mit dem Großhandel eigene A.-Organisationen für den betreffenden Zweig, zentralisieren den A. und organisieren den → **Industrievertrieb** sowie den Direktbezug. Der Außenhandel hat spezielle A.-Organisationen. → **Außenwirtschaft und Außenhandel; Binnenhandel; Planung.**

Abschreibungen: A. sind Kostenbestandteile für den Verschleiß der Anlagemittel. Hiermit wird in jeder Periode der in Geld ausgedrückte Wert erfaßt, um den sich der Gebrauchswert des jeweiligen Anlagegutes während des Produktionsprozesses im Zeitverlauf mindert. Dadurch, daß die A. Bestandteil der Produktionskosten sind, fließt der mit ihnen ausgedrückte Geldbetrag über den Erlös wieder an den Betrieb zurück und ermöglicht so zu gegebener Zeit eine Wiederbeschaffung des abgenutzten Anlagemittels. Nur über eine möglichst genaue Erfassung der laufenden Wertminderung wird sowohl eine genaue Kostenrechnung als auch die Reproduktion des jeweiligen Grundmittels ermöglicht.
A.-Gründe sind 1. der „physische Verschleiß“ (darunter a) der natürliche Verschleiß durch klimatische Einwirkungen, Verkehrserschütterungen u. ä. und b) der technische Verschleiß durch extensive und intensive Nutzung der Anlagegüter im Produktionsprozeß); 2. der „moralische Verschleiß“ infolge der Überalterung der Anlagen durch den technischen Fortschritt.
Die Forderung nach „abnutzungsgerechter“ A. ist in der Wirtschaftspraxis der DDR nur z. T. erreichbar, da Methode und Umfang der A. – durch Vorgabe des A.-Satzes und der voraussichtlichen Nutzungsdauer der Grundmittel – den Betrieben im gesamten Wirtschaftsgebiet grundsätzlich einheitlich durch Gesetz ohne Berücksichtigung der individuellen Produktionsbedingungen vorgeschrieben sind.
Vor den Wirtschaftsreformen des → **Neuen Ökonomischen Systems (NÖS)** waren die A. zu niedrig und auch durch einige andere Mängel gekennzeichnet: Das mit der A.-Verordnung von 1956 (GBl. I, 1956, S. 623f.) vorgeschriebene Verfahren der *Globalabschreibung* erfaßte nicht jenen Wert, der sich als Summe der nach der voraussichtlichen Lebensdauer der einzelnen Anlagemittel eines Betriebes zu ermittelnden Einzel-A. ergeben hätte. Vielmehr wurde vom gesamten betrieblichen Anlagenbestand – entsprechend einem festgesetzten Durchschnittssatz – ein „globaler“ Betrag errechnet, der dann auf die einzelnen Grundmittel – gemäß ihrem Verschleißgrad – verteilt wurde. Dieser Betrag erwies sich häufig als zu gering, um eine volle Kostenverrechnung der Anlagen innerhalb ihrer Nutzungsdauer zu gewährleisten. Da zudem die Generalreparaturen zu laufenden Preisen zu Lasten der A. verrechnet werden mußten, ergaben sich auch hieraus zunehmende Verzerrungen der Buchwerte der Anlagen: Denn die ursprünglich nur mit Stopppreisen des Beschaffungszeitpunktes bewerteten Anlagen erhöhten mit zunehmenden Generalreparaturen ihren Wert beträchtlich. Folge dieser Mängel war, daß auszusondernde Anlagen häufig noch mit hohen Werten zu Buche standen und zu Lasten des Gewinns ausgebucht werden mußten.
Gleichzeitig mit der → **Grundmittelumbewertung** erfolgte deshalb eine Korrektur der A. Mit dieser A.-Reform wurden neue, auf die einzelnen Anlagen bezogene A.-Raten entwickelt (GBl. II, 1964, S. 120 f.). Ergebnis war die Schaffung eines A.-Kataloges für rund 10000 Anlagearten, wobei auch gewisse Unterschiede des Auslastungsgrades Berücksichtigung fanden.
Als Gesamtergebnis resultierte daraus überraschender-

weise allerdings eine Minderung der durchschnittlichen A.-Raten und damit eine Erhöhung der mittleren Lebensdauer. Der Grund lag darin, daß die starke Anhebung der Werte des Brutto-Anlagevermögens durch die Umbewertung stark erhöhte A.-Beträge auch bei geminderten A.-Raten mit sich brachte. Offensichtlich sollten höhere Kostensteigerungen vermieden werden – wie sie bei gleichen oder erhöhten A.-Raten eingetreten wären; denn dann hätte die Industriepreisreform noch stärkere Preissteigerungen zur Folge gehabt. Möglicherweise hätten dann Preiserhöhungen bei Konsumgütern nicht mehr vermieden werden können. Damit blieb aber der „moralische Verschleiß" der Anlagen (infolge technischer Veraltung) noch immer unberücksichtigt.
Die für die Betriebe verbindlichen A.-Sätze sind für jedes Anlagenteil oder für Gruppen von Anlagegütern im staatlichen Verzeichnis der A.-Sätze für Grundmittel (GBl., SDr. Nr. 550 von 1968 und der dazugehörigen Änderungen – SDr. Nr. 550/1 von 1970, SDr. Nr. 550/2 von 1973, SDr. Nr. 550/3 von 1976 sowie SDr. Nr. 550/4 von 1979) festgelegt. Der A.-Satz wird in Abhängigkeit vom Inventarobjekt und der Schichtauslastung des Anlagegutes, die beide wiederum die geschätzte „normative Nutzungsdauer" bestimmen, variiert. Der aus dem staatlichen Verzeichnis der A.-Sätze für Grundmittel entweder direkt zu entnehmende oder errechenbare A.-Satz ergibt, bezogen auf den Anschaffungs- oder Zeitwert des Anlagegutes, die A.-Quote. Um den „moralischen Verschleiß" zu berücksichtigen, können heute durch das Ministerium der Finanzen auch Sonder-A. bestätigt werden (vgl. GBl. I, 1975, S. 574f.).
Da in den 80er Jahren in der DDR eine sehr restriktive Investitionspolitik betrieben wird, sah man sich gezwungen, die Aussonderung alter Anlagen hinauszuzögern. Mit einer entsprechenden VO (GBl. I, 1983, S. 236ff.) wird den Kombinaten auferlegt, die normative Nutzungsdauer wichtiger Ausrüstungen um mindestens 30 v.H. zu erhöhen. Dies wird eine deutliche Minderung der A.-Sätze zur Folge haben.
An A.-Methoden sind die *zeitabhängige* A., die in lineare, degressive und progressive A. unterteilt ist, sowie die *leistungsabhängige* A. zu trennen. Während bei der linearen A. bei konstantem A.-Satz auf den Bruttowert des Grundmittels für die Nutzungsperiode jährlich eine gleich große A.-Quote auftritt, wird bei der degressiven A. die jährliche A. (entweder Multiplikation eines jährlich abnehmenden A.-Satzes mit dem Bruttowert oder eines konstanten A.-Satzes mit dem jeweiligen Restwert) geringer. Die Form der degressiven A. wird in der sozialistischen Wirtschaft nicht angewendet. Bei der progressiven A. – in der Regel steigende A.-Sätze bezogen auf den Bruttowert – steigen die A.-Quoten (als Ausgleich für eine temporär überproportional zunehmende Wertminderung) zum Ende des Nutzungszeitraumes immer mehr an.
Bei der leistungsabhängigen A. geht man nicht von der zu erwartenden Nutzungsdauer des Grundmittels aus. Vielmehr wird die gesamte zu erwartende Leistung in Mengen oder Maschinenstunden zugrunde gelegt. Zur Anwendung dieser Methode ist einmal die genaue Leistungsfeststellung und zum anderen das Vorliegen einer geringen Sortimentsbreite Voraussetzung.
In der DDR findet vermehrt auch die sog. *Kollektivabschreibung* (Pauschal- oder Global-A.) Anwendung. Zur Vereinfachung des A.-Verfahrens wird für eine Gruppe von Anlagemitteln etwa gleicher Nutzungsdauer ein durchschnittlicher A.-Satz angewandt. Das bedeutet in der Realität aber zuviel A. bei Gebäuden und zuwenig bei Ausrüstungen, weil häufig Gebäude und bauliche Anlage mit einbezogen werden, statt sie gesondert zu behandeln. Angesichts der Preisverzerrungen, die bei neueren Gütern mit ebenfalls neueren Preisen geringer und bei schon seit langer Zeit in der Produktion befindlichen Kapitalgütern größer sind, dürfte die Kollektiv-A. auch bei Grundmitteln mit formal noch gleicher Nutzungsdauer zu erheblichen Fehlbewertungen führen. → **Amortisationen; Grundmittel; Preissystem und Preispolitik.**

Abweichung: Begriff zur Kennzeichnung ideologisch-theoretischer Ansichten sowie politischer Aktivitäten, die der herrschenden Interpretation des → **Marxismus-Leninismus** bzw. der Parteilinie zuwiderlaufen.
Der Marxismus-Leninismus versteht sich als eine verbindliche Lehre und als ein verpflichtendes Programm. Seine Auslegung und Anwendung gemäß den sich wandelnden politischen Bedingungen und Zielsetzungen obliegen den Führungen der kommunistischen Parteien. Die jeweils gültige Fassung des Marxismus-Leninismus findet sich in Parteitags- und ZK-Beschlüssen, in Reden der Parteiführung sowie in autoritativen Lehr- und Handbüchern. Diese Texte bestimmen zugleich die Auslegung der Werke der „Klassiker" des Marxismus-Leninismus: Marx, Engels, Lenin; bis zum XX. Parteitag der KPdSU (1956) wurden auch Stalin, bis zum Bruch zwischen der KPdSU und der KP Chinas Mao Tse-tung zu den „Klassikern" gerechnet.
Der Marxismus-Leninismus und die jeweilige Programmatik der Partei binden nicht nur die Parteimitglieder, sondern alle Teile und Ebenen des politischen Systems. Nicht damit übereinstimmende, eigenständige theoretisch-ideologische Interpretationen bzw. politische Verhaltensweisen werden als A. gewertet. A. können „rechter" (→ **Revisionismus; Reformismus; Sozialdemokratismus**) oder „linker" (→ **Dogmatismus; Maoismus; Trotzkismus; Sektierertum**) Natur sein. Die Zurechnung der einzelnen konkreten A. zu der einen oder anderen „Richtung" ist vielfach willkürlich und erfolgt nicht selten unter Gesichtspunkten aktueller politischer Opportunität. Üben „Abweichler" nicht hinreichend Selbstkritik (→ **Kritik und Selbstkritik**), werden sie aus der kommunistischen Partei ausgeschlossen und verlieren ihre politische bzw. berufliche Position. → **Demokratischer Zentralismus; Fraktion, Fraktionsbildung; Linie; Opposition und Widerstand; Rehabilitierungen; Subjektivismus.**

Aeroklub der DDR: Zeitweilige Tarnbezeichnung („Aero-Club") für die im Dezember 1951 aufgestellten ersten Verbände der Luftstreitkräfte der → **Kasernier-**

ten Volkspolizei (ca. 9000 Mann). Sie wurden im Januar 1956 in die → **Nationale Volksarmee (NVA)** eingegliedert. Seit Mai 1960 ist der A. die Dachorganisation aller Flugsportsektionen, -disziplinen, -arbeitsgemeinschaften u. ä., die bei verschiedenen Organisationen (ASV Vorwärts, SV Dynamo, → **Pionierorganisation „Ernst Thälmann“** und vor allem der → **Gesellschaft für Sport und Technik [GST]**) geführt werden. Der von der zentralen bis auf die Kreisebene gegliederte A. umfaßt die Kommissionen für Segelflug-, Motorflug-, Fallschirm- und Modellflugsport. Während die Sektion Flugsport der Gesellschaft für Sport und Technik den Nachwuchs für die Luftstreitkräfte/Luftverteidigung der Nationalen Volksarmee heranbilden soll, dient der A. als Ausbildungs- und Leistungszentrum im Hinblick auf internationale Flugsport- und Fallschirmsportwettkämpfe. Der A. vertritt die Interessen der Sportler im internationalen Sportverkehr und veranstaltet internationale sowie DDR-Wettkämpfe. Seit 1960 Mitglied der Fédération Aéronautique Internationale (FAI).

Aggressionsverbrechen: Nach einer Definition des derzeitigen Generalstaatsanwalts Streit (SED), der sich dabei auf eine sowjetische Begriffsbestimmung aus dem Jahre 1933 stützt, ist Aggressor „derjenige Staat, der als erster einen bewaffneten Angriff auf das Territorium oder die Streitkräfte eines anderen Staates durchführt. Keinerlei Erwägungen politischer, wirtschaftlicher oder strategischer Art und keine Motive, die sich auf die innere Lage des Staates beziehen, können als Rechtfertigung einer bewaffneten Einmischung dienen“ (Neue Justiz, 1967, S. 169). An dieser Auffassung haben Sowjetunion und sozialistische Staaten bis heute festgehalten (vgl. Seidel, „Die Definition des Begriffs der Aggression, Geschichte und aktuelle Probleme“ in: Neue Justiz, 1974, S. 509). Danach ist die versteckte oder offene Unterstützung oder gar Entfachung kommunistischer Umsturzversuche keine A., während militärische Hilfe gegen solche Versuche A. wäre.
Durch Beschluß des Präsidiums des Ministerrates vom 22. 10. 1962 (GBl. II, S. 751) war beim Generalstaatsanwalt eine „Arbeitsgruppe zur Verfolgung von Aggressionshandlungen“ gebildet worden. Sie sollte, „gestützt auf die Charta der Vereinten Nationen, alle friedensgefährdenden direkten oder indirekten Aggressionshandlungen gegen die DDR erfassen und die Voraussetzungen für deren systematische Ahndung schaffen“. Nachdem A. Gegenstand des neuen Strafgesetzbuchs geworden sind, wurde die Tätigkeit der Arbeitsgruppe in eine staatsanwaltschaftliche Tätigkeit umgewandelt.
Das StGB behandelt die A. im 1. Kapitel des Besonderen Teils (§§ 85ff.). Unter Strafandrohung bis zur Todesstrafe stehen die „Androhung, Planung, Vorbereitung oder Durchführung eines Aggressionskrieges“, Durchführung von oder Mitwirkung an einem „Aggressionsakt gegen die territoriale Integrität oder politische Unabhängigkeit der DDR oder eines anderen Staates“, die „Anwerbung von Bürgern der DDR für imperialistische Kriegsdienste“ und die Teilnahme von Bürgern der DDR an „kriegerischen Handlungen zur Unterdrükkung eines Volkes“. Wegen **Kriegshetze** wird mit Freiheitsstrafe von 2 bis 8 Jahren bestraft, „wer einen Aggressionskrieg, einen anderen Aggressionsakt oder die Verwendung von Atomwaffen oder anderen Massenvernichtungsmitteln zu Aggressionszwecken propagiert“, „wer zum Bruch völkerrechtlicher Vereinbarungen, die der Wahrung und Festigung des Friedens dienen, auffordert“ oder „wer in diesem Zusammenhang zur Verfolgung von Anhängern der Friedensbewegung aufreizt, gegen diese Personen wegen ihrer Tätigkeit Gewalt anwendet, sie verfolgt oder verfolgen läßt“. Mit der Schaffung dieses Tatbestandes sollte der von der UN-Vollversammlung am 16. 12. 1966 bestätigten Konvention über Bürgerrechte und politische Rechte entsprochen werden. Schließlich werden im Zusammenhang mit den A. noch die faschistische Propaganda, Völker- und Rassenhetze, **Kriegsverbrechen** (Verletzung völkerrechtlicher Normen bei bewaffneten Auseinandersetzungen, die „völkerrechtswidrige Verfolgung von Bürgern der DDR“ [§ 90]) sowie die **Verbrechen gegen die Menschlichkeit** behandelt. Zu letzteren zählt § 91 StGB die Verfolgung, Vertreibung oder Vernichtung von nationalen, ethnischen, rassischen oder religiösen Gruppen oder andere unmenschliche Handlungen gegen diese Gruppen und droht Freiheitsstrafe von nicht unter 5 Jahren an. Bei vorsätzlicher Verursachung besonders schwerer Folgen kann lebenslange Freiheitsstrafe oder die Todesstrafe verhängt werden.
Mit dem 2. Strafrechtsänderungsgesetz vom 7. 4. 1977 (GBl. I, 1977, S. 100) wurde die Strafandrohung für „völkerrechtswidrige Verfolgung von Bürgern der DDR“ auf Freiheitsstrafe bis zu 10 Jahren erhöht. Gleichzeitig wurden das Friedensschutzgesetz und das Staatsbürgerrechtsschutzgesetz aufgehoben. Nach § 95 StGB ist es bei objektiver Erfüllung dieser Straftatbestände ausgeschlossen, daß sich der Täter auf Befehlsnotstand berufen kann; er bleibt in jedem Falle strafrechtlich verantwortlich. → **Friedensgefährdung; Staatsbürgerschaft; Strafrecht**, VI., VII.

Agitation und Propaganda

I. Funktion
II. Inhalte
III. Organisation und Schulungssystem
IV. Massenagitation und Massenpropaganda
V. Wertung

I. Funktion

AuP. – im Selbstverständnis der → **Sozialistischen Einheitspartei Deutschlands (SED)** „untrennbar miteinander verbunden“ – spielen in der Theorie und Praxis kommunistischer Parteien sowjetischen Typs eine besondere Rolle. Sie sind „unlöslicher“ Bestandteil der Partei- und Staatspolitik zur permanenten, systematischen Beeinflussung und Lenkung des Denkens (Bewußtseins) und Handelns (Verhaltens) der Bevölkerung im Sinne der Ideologie des → **Marxismus-Leninismus**: „Das Grundanliegen von Agitation und Propaganda der Partei ist es, die → **Arbeiterklasse** und alle → **Werktätigen** mit den revolutionären Ideen des Marxismus-Leninismus auszurüsten, ihnen die erfolgreiche Verwirklichung unserer Ideen in der Welt vor Augen zu führen, sie im Geiste der kommunistischen Ideale zu standhaften und streitbaren Kämpfern zu erziehen, sie zur Erfüllung der Parteibeschlüsse zu mobilisieren und sie noch besser zum Kampf gegen die Politik und Ideologie des Imperialismus zu befähigen." (Beschluß des → **Politbüros des ZK der SED** vom 7. 11. 1972 über die Aufgaben der AuP. bei der weiteren Verwirklichung der Beschlüsse des VIII. Parteitages) Zur Indoktrinierungsfunktion tritt die Abschirmungsfunktion: „Agitation und Propaganda haben die Aufgabe, den → **Antikommunismus**, dieses politisch-ideologische Hauptinstrument der imperialistischen Bourgeoisie, den bürgerlichen Nationalismus, den → **Sozialdemokratismus**, den → **Revisionismus** und den ‚linken' → **Opportunismus** mit unseren überlegenen geistigen Waffen aus dem Felde zu schlagen. Die Einheit und Reinheit des Marxismus-Leninismus ist gegen alle Angriffe konsequent zu verteidigen." (a. a. O.) Die „überragende Bedeutung", die der AuP. im gesellschaftlichen Entwicklungsprozeß beigemessen wird, ergibt sich aus der leninistischen Theorie von der Rolle der kommunistischen Partei („Partei neuen Typus") als der politisch-ideologischen und organisatorischen Kraft, die die Ideen des Klassenkampfes und seine politische Zielsetzung in die Arbeitermassen trägt. Aus Lenins Analyse der russischen Situation und seinen Schlußfolgerungen für die Rolle der Partei wurde – von Stalin in der Lehre von der „aktiven revolutionären Rolle des Überbaus" weiterentwickelt und in der politischen Praxis ausgebaut – die gegenwärtig noch geltende dogmatisierte These abgeleitet, „daß sozialistisches Bewußtsein nicht spontan, außerhalb der lenkenden politisch-ideologischen Arbeit der Partei entstehen kann" (dagegen Marx: „Das gesellschaftliche Sein bestimmt das Bewußtsein"). Diese Erkenntnis verlange „die sozialistische Erziehung der Massen, eine breite mündliche und schriftliche Massenpropaganda und -agitation", die in unserer Zeit „einer nie dagewesenen Verschärfung des ideologischen Kampfes im internationalen Maßstab" besonders aktuell sei.

II. Inhalte

Die jeweils zu vermittelnden Inhalte setzt die Partei fest (Ausschließlichkeitsanspruch): „Die allgemeinen Einsichten in den Gang der gesellschaftlichen Entwicklung werden für den einzelnen durch die Programme, Beschlüsse und Dokumente der marxistisch-leninistischen Partei und des sozialistischen Staates konkretisiert. Sie setzen sich über diesen Weg in Normen und Handlungsappelle um." (G. Heyden, Direktor des → **Instituts für Marxismus-Leninismus beim ZK der SED [IML]**) Erst in der Art und Weise der Vermittlung wird zwischen Agitation (A.) und Propaganda (P.) unterschieden:
P. vermittelt die „allgemeinen Einsichten", die Theorie („wissenschaftliche Weltanschauung") des Marxismus-Leninismus sowie die Strategie und Taktik der kommunistischen Parteien und Staaten auf der Grundlage der Werke der „Klassiker" (Marx, Engels, Lenin, früher auch Stalin) in der jeweiligen Interpretation der „Dokumente und Beschlüsse" der → **Kommunistischen Partei der Sowjetunion (KPdSU)** und der SED. Sie erläutert systematisch die marxistisch-leninistischen „Grundwahrheiten"; von zentraler Bedeutung ist hierbei die Schulung der Parteimitglieder und speziell der Propagandisten und Agitatoren der Partei. A. soll dagegen die daraus abgeleiteten konkreten, tagesaktuellen „Normen und Handlungsappelle" auf der Grundlage der jüngsten Beschlüsse von Partei und Regierung verbreiten: „Im Mittelpunkt der Agitation steht die weitere Herausbildung der marxistisch-leninistischen Weltanschauung bei den Werktätigen, ihre Erziehung zum sozialistischen → **Patriotismus** und **proletarischen** → **Internationalismus**, zur sozialistischen Einstellung zur Arbeit und zum Haß gegen die Feinde des Friedens und des Sozialismus." Begriffliche und inhaltliche Überschneidungen ergeben sich dabei zwangsläufig.
Hauptinhalt der politischen AuP. ist seit dem VIII. Parteitag der SED (1971) die „allseitige Stärkung der DDR für ihre immer festere Verankerung in die sozialistische Staatengemeinschaft" unter besonderer Berücksichtigung der „führenden Kraft der KPdSU", der Führungs-, Vorbild- und Pionierrolle der Sowjetunion; die politische, sozialökonomische, kulturelle und geistige → **Abgrenzung** gegenüber der Bundesrepublik Deutschland und die „unversöhnliche Auseinandersetzung", der „Kampf gegen alle Erscheinungsformen der bürgerlichen Ideologie". Zu diesem Zweck wird auch eine verstärkte Koordinierung der AuP. der von Moskau geführten kommunistischen Staaten u. a. durch regelmäßige Treffen der ZK-Sekretäre für AuP. vorgenommen. An diesen AuP.-Grundsätzen wird auch in den 80er Jahren festgehalten. Als → **Linie** für die deutschlandpolitische (→ **Friedliche Koexistenz**) AuP. gilt die Rede Honeckers vor Parteiaktivisten in Gera zur Eröffnung des Parteilehrjahres 1980/81 (ND 14. 10. 1980); sie wurde von ihm im Rechenschaftsbericht an den X. Parteitag der SED im April 1981 als prinzipielle Stellungnahme „für heute und alle Zukunft" zur Innen- und → **Außenpolitik** der DDR gewertet. In der internationalen kommunistischen AuP. liegen die Schwerpunkte auf dem Verdikt

gegen „konterrevolutionäre" Bestrebungen (Polen), auf dem Kampf gegen neue, „pluralistische" Gesellschaftsmodelle des Sozialismus und gegen den Antisowjetismus → **Antikommunismus; Deutschlandpolitik der SED; Eurokommunismus; Maoismus.**

III. Organisation und Schulungssystem

Da AuP. alle gesellschaftlichen Bereiche durchdringen und alle Bevölkerungsschichten erreichen soll, ist ein umfangreiches Organisations- und Schulungssystem aufgebaut worden:
Oberstes Lenkungs- und Leitungsorgan ist das Politbüro der SED („die politisch-ideologische Arbeit ist wichtigster Bestandteil der Führungstätigkeit der Partei"). Direkt verantwortlich sind 2 Politbüromitglieder, die gleichzeitig hauptamtlich Sekretäre des ZK (→ **Sekretariat des Zentralkomitees [ZK] der SED**) sind:
Kurt Hager für Ideologie, „wissenschaftliche Weltanschauung", Wissenschaft, Kultur, Volksbildung.
Joachim Herrmann, seit März 1978 als Nachfolger des in Libyen tödlich verunglückten Werner Lamberz Sekretär für AuP., zuständig auch für die → **Medienpolitik** (→ **Presse,** → **Rundfunk** und → **Fernsehen** als „kollektive Agitatoren und Propagandisten", die die „kollektive Weisheit der Partei regelmäßig und in kürzester Frist in alle Schichten des Volkes tragen").
Zum AuP.-Bereich gehören u. a. die ZK-Abteilungen: Propaganda unter Dr. Klaus Gäbler, Agitation unter Heinz Geggel, die Agitationskommission beim Politbüro und die West-Abteilung unter Prof. Herbert Häber.
Zentrale Institute, die eine wesentliche Funktion in der AuP. ausüben, sind:
Die → **Akademie für Gesellschaftswissenschaften beim ZK der SED (AfG)**, Rektor: Prof. Dr. Otto Reinhold;
das IML, Direktor: Prof. Dr. Günter Heyden;
die → **Parteihochschule „Karl Marx" beim ZK der SED (PHS)**, Rektor: Kurt Tiedke;
das → **Zentralinstitut für Sozialistische Wirtschaftsführung beim ZK der SED (ZSW)**, Direktor: Prof. Dr. Helmut Koziolek;
das → **Institut für Internationale Politik und Wirtschaft (IPW)**, Direktor: Prof. Dr. Max Schmidt.
In den SED-Bezirksleitungen gibt es unter dem zuständigen Sekretär eine Abteilung AuP., in den Kreisleitungen den Sekretär für AuP.
Das Parteischulungssystem umfaßt neben dem Parteilehrjahr (→ **Parteischulung der SED**) die marxistisch-leninistische Aus- und Weiterbildung von Funktionären, Propagandisten und Agitatoren der Partei an den Zentralinstituten in Drei-, Zwei- und Einjahrlehrgängen sowie das Fernstudium und mehrmonatige Lehrgänge an den Sonderschulen des ZK in Kleinmachnow (z. B. Agitprop-Lehrgänge für Abteilungsleiter der Bezirksleitungen und AuP.-Kreissekretäre) und in Woltersdorf (für Kulturfunktionäre) sowie an den Bezirksparteischulen und Sonderschulen und den Kreis- und Betriebsschulen des Marxismus-Leninismus. Die Partei- und Sonderschulen der SED unterweisen auch die Funktionäre der → **Massenorganisationen** auf dem Gebiet der AuP.
Spezielle AuP.-Publikationen sind, neben den marxistisch-leninistischen Standardwerken und Lehrbüchern sowie Studienmaterialien des Parteilehrjahres der Abteilung P. des ZK, die Schriftenreihen: „ABC des Marxismus-Leninismus" der AfG; „Zur Kritik der bürgerlichen Ideologie" der → **Akademie der Wissenschaften der DDR (AdW)** und „Der Parteiarbeiter" des SED-eigenen Dietz-Verlages.
Interne AuP.-Argumentationsanleitungen des ZK sind die vertraulichen „Informationen" (zentrale Sprach- und Unterweisungsregeln für Funktionäre).
Die Abteilung A. des ZK gibt daneben die monatliche Publikation „Was und Wie – Informationen, Argumente, Übersichten für den Agitator" über den 1975 gegründeten „Verlag für Agitations- und Anschauungsmittel" heraus, der auch Plakate, Fotos, Dia-Serien (vertont) usw. für die AuP.-Arbeit von SED und Massenorganisationen vertreibt.
Als Lehrbuch für Agitatoren und Propagandisten (über die Parteilichkeit und Kunst der P.) gilt das aus dem Russischen übersetzte, von der Abteilung des ZK der SED herausgegebene Buch „Methodik der politischen Bildung", Dietz Verlag, Berlin (Ost), 1974.
Eine den Richtlinien der SED für AuP. angepaßte Parteischulung bzw. Studienjahre gibt es auch in den sog. bürgerlichen Parteien der DDR.

IV. Massenagitation und Massenpropaganda

Neben den → **Parteien** und Massenorganisationen sind die → **Nationale Front**, die → **Urania**, die → **Kammer der Technik**, die Künstler-Verbände, staatliche Einrichtungen und universitäre Fachbereiche sowie die Massenmedien zu ständiger AuP. verpflichtet.
Die wichtigsten Formen und Mittel sind: Bücher und Broschüren; Film, Flugblätter; Ausstellungen, Transparente, Plakate, Fotos (Sicht-A.). Nach Meinung der Partei ist jedoch die mündliche A. „Hunderttausender Agitatoren und Propagandisten, die täglich mit Leidenschaft und Können die Politik der SED im ganzen Volk verbreiten . . . durch nichts zu ersetzen". Als Schwerpunkte gelten der Betrieb, das angestrebte „tägliche politische Gespräch im Arbeitskollektiv", in der Abteilung, in der Brigade mit Tages-A. und Produktions-P. zum → **Sozialistischen Wettbewerb**, unterstützt durch Betriebsfunk, Betriebszeitung, Wandzeitung, Kommentatorengruppen und zeitweilige A.-Gruppen zu aktuellen Problemen des Betriebes.

Zur Organisierung des von der SED geforderten „Massenstudiums des Marxismus-Leninismus“ in den Arbeitskollektiven sind nach dem Vorbild der sowjetischen „Schulen der kommunistischen Arbeit“ vom → **Freien Deutschen Gewerkschaftsbund (FDGB)** die → **Schulen der sozialistischen Arbeit** eingerichtet worden.
In den Wohngebieten sollen vor allem die Ausschüsse der Nationalen Front eine „offensive politische Massenarbeit bis in die → **Hausgemeinschaften** und Familien hinein“ leisten.
Verantwortlich für die gesamte A. und Massen-P. sind die Parteileitungen der SED. Auch staatliche und wirtschaftsleitende Organe sind angehalten, in Beschlüssen festzulegen, „durch wen, in welcher Weise und mit welchen Argumenten“ die Bürger zur Unterstützung bereits beschlossener Maßnahmen gewonnen werden können.
An den Universitäten (→ **Universitäten und Hochschulen**) und → **Fachschulen** der DDR sind z. T. (1978) „Schulen der Propagandisten“ eingerichtet worden, um FDJ-Studenten für AuP.-Einsätze in Betrieben und in den 9. und 10. Klassen der Polytechnischen Oberschulen auszubilden.
Orientierungsrichtlinie für die Massen-AuP. ist der Beschluß des Politbüros des ZK der SED vom 18. 5. 1977 über „Die weiteren Aufgaben der politischen Massenarbeit der Partei“ (ND 21. 5. 1977). Einige Zielsetzungen lauten: 1. Massenverbundenheit: „Die Partei lehrt die Massen den revolutionären Wandel der gesellschaftlichen Verhältnisse zu vollziehen. Zugleich lernt sie von den Massen.“ 2. „Die brüderliche Verbundenheit mit der Sowjetunion ist und bleibt der Prüfstein internationalistischer Haltung.“ 3. „Es kommt darauf an, solche Denk- und Verhaltensweisen zu fördern wie: gute Einstellung zur Arbeit und zum sozialistischen → **Eigentum**, hohes gesellschaftliches Verantwortungsbewußtsein, Schöpfertum, Leistungswille, Sparsamkeit, bewußte Disziplin, Verteidigungsbereitschaft, Gemeinschaftssinn, Unduldsamkeit gegenüber Mängeln und Mißständen.“ 4. Offensiv und streitbar sollen alle antikommunistischen Angriffe zerschlagen werden: „Das verlangt die Erziehung von Staatsbürgern, die gegen alle Einflüsse der imperialistischen Politik und bürgerlicher Ideologie gewappnet sind“ (gegen „nationalistische Demagogie“ und „Verbesserer des Sozialismus“).
Aktuelle Ausformungen dieser grundsätzlichen Forderungen an die Massen-AuP. der 80er Jahre lauten: „Die Überlegenheit unserer marxistisch-leninistischen Ideologie [ist] anhand unserer erfolgreichen Innen- und Außenpolitik zu beweisen“; dabei wird von den Agitatoren und Propagandisten „ideologische Wachsamkeit, Standhaftigkeit und die Fähigkeit“ westlichen Anschauungen „unseren Klassenstandpunkt entgegenzusetzen“ erwartet.
Vorrangig ist die Massen-A. auf die ökonomische Leistungssteigerung gerichtet; die „Werktätigen [sind] mit dem Inhalt unserer Wirtschaftsstrategie zu rüsten, um sie für einen hohen ökonomischen Leistungsanstieg zu motivieren und zu mobilisieren“ (Rechenschaftsbericht, X. Parteitag 1981 und folgende ZK-Tagungen).
Eine Variante der Massen-AuP. ist die gezielte Geschichtspropaganda, z. B. Preußen, Luther, gestützt auf eine bewußte Pflege des „historischen Erbes“, der „sozialistischen“ Traditionen und eines Heimatgefühls (z. B. die „Pionierexpedition – Meine Heimat DDR“). → **Heimatgeschichte; Kulturelles Erbe; Nationale Geschichtsbetrachtung.**
Verstärkt wurde die Friedens- und Wehr-AuP. in der Ost-West-Auseinandersetzung um die Nachrüstungen, z. B. 7. ZK-Tagung und Kurt Hager auf der Gesellschaftswissenschaftlichen Konferenz des ZK der SED am 15./16. 12. 1983: „Angesichts der Bedrohung des Friedens durch den Imperialismus sind Optimismus, Zuversicht, Mut der Werktätigen in den sozialistischen Ländern im Kampf um den Frieden besonders wichtig . . . Hand in Hand damit geht die notwendige Erhöhung der Verteidigungsfähigkeit unserer Republik und der sozialistischen Gemeinschaft . . . Wie jede andere sozialistische Grundhaltung, so entwickelt sich auch die Verteidigungsbereitschaft nicht spontan. Sie bei jeder heranwachsenden Generation zu wecken und zu festigen, die → **Wehrerziehung** als untrennbaren Bestandteil der kommunistischen Erziehung der jungen Generation zu verwirklichen, ist Aufgabe aller Erziehungsträger in unserer Gesellschaft“ (ND 16. 12. 1983).

V. Wertung

Kritisches zur Wirkung von AuP. hat aus systemimmanenter Sicht der Philosoph Georg Klaus in seiner Monographie „Sprache der Politik“, Berlin (Ost) 1971, geäußert. Zur grundsätzlichen Auseinandersetzung über die Politik der SED im ideologisch-propagandistischen Bereich ist es zwischen Robert Havemann („Dialektik ohne Dogma?“, Hamburg 1964, u. a. S. 109ff. und 153ff.) und der Parteiführung gekommen. Selbstkritisches zur Wirksamkeit von AuP. findet sich auch bei Werner Lamberz, in „Einheit“ Nr. 11/1974: „Zwar ist es richtig, daß Masseneinfluß und Überzeugungskraft von Agitation und Propaganda eingeschränkt werden, wenn ihre Aussagen im Gegensatz zu den Erfahrungen der Menschen zu stehen scheinen. Aber Agitation und Propaganda wirken auch dann nicht in die Tiefe und Breite, wenn ihre Aussagen lediglich das enthalten, was man schon aus Erfahrung weiß.“
Die Entwicklung von AuP. in den letzten Jahren zeigt, daß sie bisher trotz eines stets hohen personellen, finanziellen und materiellen Aufwandes die Kluft zwischen Ideologie und Wirklichkeit in der DDR weder überwinden noch verdecken können (Mauerbau). Die zur Rechtfertigung des absoluten

Machtanspruches der Partei in dogmatischer Form vertretene These, daß sozialistisches Bewußtsein nicht spontan entstehen, sondern nur durch die leninistische Partei den „werktätigen Massen" vermittelt werden kann, teilt von vornherein die Gesellschaft in Wissende und Unwissende, schließlich in Gläubige und Ungläubige. Letztere sind von der marxistisch-leninistischen Partei, die sich allein im Besitz der Kenntnis vom „richtigen" gesellschaftspolitischen Entwicklungsprozeß glaubt, zu bekehren. P. wird damit oft zur Verkündung von Glaubenssätzen, A. zur Zwangsbekehrung (Agitationskampagne zur Vollkollektivierung der Landwirtschaft 1960). Andersdenkende werden zu Ketzern, zu „Feinden" gestempelt. Obwohl der AuP.-Stil in den letzten Jahren im Werben um die Loyalität der Bevölkerung differenzierter wurde, sind die Grundwidersprüche dieselben geblieben. Die SED-Führung offenbarte dies selbst durch eine Reihe administrativer Maßregelungen von Schriftstellern, durch politische Strafprozesse und Verurteilungen, durch SSD- und Polizeieinsätze gegen Kritiker aus den eigenen Reihen (Biermann, Havemann, Bahro) wie gegen Protestaktionen von Jugendlichen und Erwachsenen aller Schichten der Bevölkerung, die sich auf die Schlußakte von Helsinki beriefen und gegen politische Bevormundung sowie die Unterdrückung von → **Bürgerrechtlern** und aktiven Anhängern einer kritischen → **Friedensbewegung**.

Wilfried Schulz

Literaturangaben

Massenwirksame **Agitation** und Propaganda für hohen ökonomischen Leistungsanstieg, erarb. auf der Grundlage von Erfahrungen im VEB Kombinat Carl-Zeiss Jena. Berlin (Ost): Dietz 1983. (Der Parteiarbeiter)

Dasbach-Mallinckrodt, Anita: Propaganda hinter der Mauer. Stuttgart: Kohlhammer 1971.

Loeser, Franz: Interessieren – Überzeugen – Begeistern. Anregungen für massenwirksames Schreiben. Berlin (Ost): Die Wirtschaft 1982.

Picaper, Jean Paul: Kommunikation und Propaganda in der DDR. Stuttgart: Bonn Aktuell GmbH 1976.

Kleines Politisches **Wörterbuch.** 4., überarb. und erg. Aufl. Berlin (Ost): Dietz 1983.

Agnostizismus: Die philosophische Lehre von der Unerkennbarkeit (griech. agnostos = unbekannt) des wahren Seins. Im → **Marxismus-Leninismus** der DDR wird A. eingeengt auf solche erkenntnistheoretischen Lehren, „welche die Fähigkeit des Menschen, die objektive Realität zu erkennen, bezweifeln, einschränken oder völlig leugnen und die objektive Realität entweder für nur teilweise erkennbar oder überhaupt für unerkennbar halten" (Kleines Politisches Wörterbuch, 3., überarb. Aufl., Berlin [Ost] 1978, S. 19).
Als Begründer dieses A. gelten D. Hume und I. Kant, an die im 19. Jahrhundert vor allem die Naturphilosophen T. H. Huxley und E. Du Bois-Reymond, ferner J. St. Mill und H. Spencer anknüpfen. Aber auch der heutige Neo- → **Positivismus** ist vom A. beeinflußt.
Die Vertreter des Historischen und Dialektischen Materialismus, angeführt von F. Engels und vor allem W. I. Lenin (Materialismus und Empiriokritizismus, 1909), kritisieren den A. als „geschichtlich bedingt" und „theoretisch falsch". Er sei eine Ausprägung der bürgerlichen Philosophie, die nicht erkennen will und kann, daß es eine objektive Realität und historisch-gesellschaftliche Gesetzmäßigkeiten gibt. Im einzelnen werden dem A. besonders „Perspektivlosigkeit", „Relativismus" und „weltanschaulicher Skeptizismus" vorgeworfen.

Agrarflug: Der Begriff A. umfaßt den Einsatz von Flugzeugen zur Durchführung von Düngungs-, Pflanzenschutz- und sonstigen Arbeiten in der → **Landwirtschaft,** → **Forst- und Holzwirtschaft** und → **Wasserwirtschaft** (sonstige Arbeiten dienen der Aussaat landwirtschaftlicher Kulturen oder deren Entlaubung, zur Samengewinnung, dem Gewässerschutz, der Waldbrandbekämpfung, der Luftbildtechnik usw.).

Seit der Einführung aviotechnischer und aviochemischer Verfahren im Jahr 1957 hat die A.-Leistung in der DDR relativ und absolut ständig zugenommen.

Entwicklung der Agrarflugleistung in der DDR (in 1000 ha)

Jahr	Düngung absolut	Pflanzen-schutz	Sonstige	Jahres-leistung
1957	1,0	18,5	–	19,5
1960	30,4	136,8	0,4	167,6
1965	233,0	127,8	8,1	469,6
1970	459,0	921,0	50,0	1 330,0
1975	1 320,0	1 531,0	162,0	3 013,0
1980	2 389,6	2 132,4	280,0	4 802,0
1981	2 483,7	2 093,8	295,0	4 873,5
1982	2 566,8	–	–	–

Quelle: Statistische Jahrbücher der DDR, Berlin (Ost) 1976, S. 231, und 1983, S. 188. Presseamt beim Vorsitzenden des Ministerrates der DDR, Presse-Information 12. 1. 1978, S. 6.

Bis zum Jahr 1985 soll die pro Jahr beflogene Fläche auf rd. 6,0 Mill. ha erweitert werden. Gemessen an der pro Jahr beflogenen Fläche nimmt die DDR in der Rangfolge der europäischen Staaten hinter der Sowjetunion und Bulgarien die 3. Position ein. Setzt man die beflogene Fläche ins Verhältnis zur vorhandenen Nutzfläche, so steht die DDR in Europa (einschließlich der UdSSR) an 1. Stelle. (In der Bundesrepublik Deutschland werden jährlich rd. 40 000 ha LN beflogen.)
Die bisher erzielte und künftig geplante Zunahme der Flächenleistung ist ein Ergebnis der Erweiterung des Flugzeugparkes, der Erhöhung der technischen Leistungsfähigkeit der Maschinen und der mehrfachen Rationalisierung der Einsatzorganisation.

Rund 10 Jahre nach Aufnahme des Flugbetriebes (1966) setzte die DDR bereits 66 Maschinen ein. Die Anzahl wurde kontinuierlich erhöht; sie erreichte 1970 mehr als 100 und sollte bis 1975 auf 200 Maschinen anwachsen. Dieses Ziel wurde jedoch zunächst nicht weiter verfolgt, nachdem seit 1973 zunehmend Maschinen der sowjetischen, vereinzelt auch der polnischen A.-Gesellschaft zur Brechung der Arbeitsspitzen (N-Spätdüngung bei Getreide) herangezogen werden. Die Anzahl der eingesetzten ausländischen Maschinen stieg von 5 (1973 und 1974) auf 20 (1975) und erreichte in den Jahren 1977 und 1983 59 bzw. 63. Gleichzeitig setzte die DDR rd. 210 eigene Maschinen, darunter 15 Hubschrauber des sowjetischen Typs Kamov ein. Im übrigen sind ausschließlich Starrflügler folgender Typen im Gebrauch: L 60 (Brigadyr), Omnipol ČSSR; AN-2, Antonow, SU, Doppeldecker; Z.37 (Czmelak), Omnipol ČSSR, Tiefdekker; PLZ-106, Delta-Mielex, Polen, Tiefdecker (ab 1980 eingeführt).

Die Einführung des A.-Wesens ist vorrangig struktur- und produktionspolitisch bedingt. Wirtschaftliche Vorteile, die anfangs unterstellt bzw. erwartet wurden, konnten dagegen bisher nicht verzeichnet werden.

Der strukturpolitische Effekt ergab sich insbesondere während der Endphase der Kollektivierung (→ **Agrarpolitik**) in den Jahren 1958–1960. Das Agrarflugzeug diente als eindrucksvolles Demonstrationsobjekt für die Möglichkeiten einer großflächigen Wirtschaftsweise. Später wurden die Preise für die Behandlung von Flächen unter 50 ha mit Zuschlägen und von Flächen mit mehr als 75 ha mit Abschlägen differenziert, um Flächen- und Betriebszusammenlegungen zu fördern. Schließlich ist die seit 1970 zu verzeichnende Verdoppelung der beflogenen Fläche eng an die Ausgliederung aller agrochemischen Arbeiten aus den Pflanzenbaubetrieben und deren Wahrnehmung durch die hierfür eingerichteten Spezialbetriebe Agro-Chemische Zentren (ACZ) gebunden (→ **Landwirtschaftliche Betriebsformen**).

Die produktionspolitischen Aspekte des A.-Wesens ergeben sich daraus, daß Mehrerträge erwartet werden, weil

- als Folge der hohen Flächenleistung der Flugzeuge die Arbeiten u. U. termingerechter durchgeführt werden,
- die Unabhängigkeit der Flugzeuge von der Exposition und dem Zustand der Flächen aviochemische Arbeiten auch dann erlaubt, wenn der Einsatz von Bodengeräten nicht möglich ist,
- schließlich die beim Einsatz von Bodengeräten unvermeidbaren Pflanzenschäden unterbleiben.

Insofern kann der Einsatz von Agrarflugzeugen als Maßnahme zur Intensivierung der Agrarproduktion bezeichnet werden.

Die mit dem A. verbundenen Kosten werden ungeachtet des bisher nicht nachweisbaren Mehrertrages von den Landwirtschaftsbetrieben nur etwa in dem gleichen Umfang getragen, wie er beim Einsatz von Bodengeräten entstehen würde. (Andernfalls entfiele jeder Anreiz zum Flugzeugeinsatz.) Diese Regelung hat zur Folge, daß die staatlichen Subventionsleistungen für den A. ständig steigen. Diese betragen gegenwärtig (1982) in der Stickstoffdüngung je nach Aufwandmenge und Einsatzgebiet ca. 50 bis 80 v. H. der Gesamtkosten. Bei der Ausbringung sonstiger Mineraldünger werden ca. 43 bis 79 v. H., bei Pflanzenschutzarbeiten ca. 20 bis 60 v. H. und bei der Getreideaussaat ca. 43 bis 63 v. H. der Gesamtkosten durch Subventionen gedeckt.

Die Kosten je ha beflogene Fläche ergeben sich einerseits aus den Kosten pro Flugstunde und andererseits aus der Flächenleistung pro Flugstunde. Beide Kostenfaktoren mußten zwangsläufig zu Interessengegensätzen führen, solange der Flugzeughalter (Betrieb Agrarflug der Interflug) und die Flugzeugnutzer (Pflanzenbaubetriebe) nicht identisch sind. Zur Aufhebung der Interessengegensätze wurde ab 1973 das Chartersystem eingeführt. Die Flugzeuge wurden den ACZ mit der Auflage übergeben, sie mindestens 530 Flugstunden (Fh) pro Jahr produktiv einzusetzen. Die durchschnittliche Flugleistung konnte auf diese Weise von 460 Fh/Jahr im Jahr 1970 auf 540 Fh im Jahr 1975 erhöht werden. Im Jahr 1977 sind 565 Fh pro Flugzeug geflogen worden. Für 1982 wurden 650 Fh angestrebt. Eine Auslastung in diesem Umfang ist jedoch nur möglich, wenn die Flugzeuge auch zu Arbeiten herangezogen werden, die mit Bodengeräten beträchtlich billiger erledigt werden können. Bisher wurden mit 156 ACZ langfristige Charterverträge für 1–3 Flugzeuge abgeschlossen. Der Flugzeugeinsatz soll weiter rationalisiert werden durch ein optimales Netz von Arbeitsflugplätzen, den Bau von Flugzeughallen (für Wartungsarbeiten) in den ACZ, durch den Schichteinsatz während der Getreidedüngung und durch die Verringerung der Beladezeit.

Für das A.-Wesen bestehen folgende Leitungsorgane:

1. Zentrale Leitung des Betriebs Agrarflug Berlin-Schönefeld; sie unterhält Stabsabteilungen für Fragen der Ökonomie, für die technische Leitung, für die Produktionsleitung und den Flugbetrieb und für die Anleitung der Produktionsbereiche. Sie wird beraten durch eine beim → **Ministerium für Land-, Forst- und Nahrungsgüterwirtschaft (MfLFN)** gebildete „Ständige Arbeitsgruppe Agrarflug", der Vertreter der Ministerien für Chemische Industrie und Verkehrswesen sowie der Institute für Düngungsforschung und Pflanzenschutzforschung der Akademie für Landwirtschaftswissenschaften angehören (→ **Agrarwissenschaften**, 2. a).

2. Die 4 Produktionsbereiche wurden aus den früheren Flugstützpunkten entwickelt. Sie haben die Instandhaltung der Maschinen einschließlich der Ersatzteilversorgung und der Treibstoffversorgung zu gewährleisten. Sie sind für die Erfüllung der Produktionspläne (Organisation der Produktion, Vertragsgestaltung und -kontrolle) verantwortlich und leiten die seit 1976 eingerichteten Bezirksstaffeln an.

3. Die Bezirksstaffeln umfassen je nach befliegbarer Nutzfläche 10–20 Maschinen. Bei den Bezirken sind Arbeitsgruppen eingerichtet, die den Produktionsleitern für Land- und Nahrungsgüterwirtschaft bei den Räten der Bezirke Entscheidungshilfe leisten sollen.

Für den Einsatz der Maschinen und des Flugpersonals gelten strenge Sicherheits- und Gesundheitsschutzbe-

stimmungen. Da die Zahl der Starts und Landungen pro Tag, Woche und Monat begrenzt ist, wird die Besetzung jeder Maschine mit 2 Besatzungen angestrebt.
Die Ausbildung von Agrar-Ingenieuren zu Piloten erfolgt an der Betriebs-Akademie Leipzig-Mockau in 12monatigen Lehrgängen. Jährlich werden 30–40 Piloten ausgebildet. Mehr als 80 v. H. des fliegenden Personals besaßen 1980 eine landwirtschaftliche Fach- oder Hochschulbildung.

Agrar-Industrie-Komplex (AIK): Der AIK umfaßt einen volkswirtschaftlichen Teilbereich, dessen einzelne Elemente wirtschaftlich, technologisch und organisatorisch eng ineinander verflochten sind. In den AIK einbezogen sind Wirtschaftsbereiche bzw. -zweige, die an der Herstellung von Produktionsmitteln für die Land- und → **Nahrungsgüterwirtschaft**, an der Erzeugung von Nahrungsmitteln und landwirtschaftlichen Rohstoffen sowie deren Weiterbe- und -verarbeitung zu Nahrungs- und Genußmitteln oder Produktionsmitteln auch für andere Wirtschaftsbereiche beteiligt sind. Zum AIK gehören ebenso die Arbeitsbereiche der Lagerung, des Transportes und des Absatzes der Zwischen- und Endprodukte. Nach sowjetischem Vorbild werden dem AIK dabei all jene Zweige, Betriebe und Einrichtungen zugerechnet, die der unmittelbaren landwirtschaftlichen Produktion direkt vor- bzw. nachgelagert sind.
Nach marxistisch-leninistischem Verständnis ist die Herausbildung des AIK eine notwendige Entwicklungsstufe in der Fortentwicklung der → **Produktivkräfte** und der Höherentwicklung der → **Produktionsverhältnisse** in der → **Landwirtschaft**, insbesondere der Eigentumsverhältnisse und der → **landwirtschaftlichen Betriebsformen**.
Der Begriff AIK wurde Anfang der 70er Jahre in der Agrarökonomie (→ **Agrarwissenschaften**) für die DDR gebräuchlich. In der UdSSR wird inhaltsgleich der Begriff „Industrie-Agrar-Komplex" verwendet. Der AIK hat eine völlig andere inhaltliche Begriffsbestimmung als die → **Agrar-Industrie-Vereinigung (AIV)**, die eine Organisationsform der Kooperation mit regionalem Bezug ist. Der AIK ist dagegen eine Einheit im Rahmen der einheitlichen Leitung und Planung der Volkswirtschaft. Er soll es ermöglichen, Landwirtschaft und Nahrungsgüterproduktion so zu planen, daß keine Disproportionen zwischen beiden Bereichen auftreten, die Produktion effektiv organisiert und die Versorgung der Bevölkerung mit Nahrungsgütern und der Industrie mit Rohstoffen planmäßig verbessert werden kann.
Der AIK wird im allgemeinen in der sozialistischen Agrarökonomie in drei „Sphären" (auch „Grundbereiche" oder „Blöcke") eingeteilt:
Sphäre I: Der Vorleistungsbereich, zu dem Betriebe, Einrichtungen und Zweige der Volkswirtschaft gehören, die Produktionsmittel für die Landwirtschaft, → **Fischwirtschaft**, Kühl- und Lagerwirtschaft sowie die → **Lebensmittelindustrie** erzeugen. Dazu zählen auch Betriebe und Einrichtungen der Landwirtschaft, die Vorleistungen für die landwirtschaftliche Rohstoffproduktion liefern (z. B. Agrochemische Zentren, Meliorationsgenossenschaften, Kreisbetriebe für Landtechnik).
Sphäre II: Der Primärproduktionsbereich mit Betrieben und Einrichtungen der Tier- und Pflanzenproduktion sowie der Binnenfischerei.
Sphäre III: Der Verarbeitungs- und Handelsbereich mit allen Betrieben und Einrichtungen, die landwirtschaftliche, gärtnerische und (binnen-)fischwirtschaftliche Produkte aufkaufen, transportieren, lagern, manuell oder maschinell be- und verarbeiten sowie dem Endverbraucher zum Kauf anbieten.
Das nachstehende Strukturschema (s. S. 12) gibt einen Überblick über die Verflechtungsbeziehungen des AIK.
Bedeutung und Anteil des AIK werden durch seinen Beitrag zur Bruttoproduktion, den Anteil der Beschäftigten im AIK an der Gesamtbeschäftigtenzahl sowie dem Ausgabenanteil der Bevölkerung für Erzeugnisse des AIK gemessen. Da Kosten- und Preisänderungen das volkswirtschaftliche Gewicht des AIK verändern, wird die Agrarpreisreform des Jahres 1984 zu einer Aufwertung des AIK führen. Bis dahin war der AIK mit einem Anteil von rd. 30 v. H. an der gesamten Bruttoproduktion der DDR beteiligt.

Agrar-Industrie-Vereinigung (AIV): Die AIV faßt Betriebe der → **Landwirtschaft** und → **Industrie** in einer Organisationsform zusammen, in der auf kooperative Weise in der Regel juristisch selbständige Betriebe unterschiedlicher Eigentumsformen zusammenarbeiten. Die AIV gilt als folgerichtige Weiterentwicklung der → **Produktionsverhältnisse** in der sozialistischen Landwirtschaft (→ **Agrarpolitik**). Die AIV sind eine konsequente Fortentwicklung des Kooperationswesens in der Landwirtschaft der DDR (→ **Kooperation in der Landwirtschaft**).
Einer AIV gehören z. Z. (1984) im allgemeinen 8–12 Betriebe an, davon meist 4–6 LPG oder VEG Pflanzenproduktion, ein Agrochemisches Zentrum, eine Meliorationsgenossenschaft sowie – je nach Produktionseinrichtung – ein oder mehrere Verarbeitungsbetriebe (→ **Landwirtschaftliche Betriebsformen**). Industriebetriebe, deren Verarbeitungskapazitäten die Rohstoffproduktion einer AIV weit übertreffen (z. B. Zuckerfabriken oder Großmühlen), werden nicht in AIV einbezogen. Auch Kreisbetriebe für Landtechnik sind nicht Mitgliedsbetriebe, da ihnen übergeordnete Funktionen – auch außerhalb der agrarindustriellen Kooperation – zugewiesen werden.
Die erste AIV wurde nach dem IX. Parteitag der SED (1976) gebildet. 1983 gab es 14 AIV, die meistens auch über die politisch-organisatorischen Grenzen (Kreise und Bezirke) hinaus wirken. Ziel der Tätigkeit der AIV ist die bessere Auslastung der Grundfonds sowie die Senkung von Produktionskosten durch eine übergreifende Abstimmung von Leitung und Planung.
Die AIV ist ein rechtsfähiges Organ, arbeitet nach dem Prinzip der → **wirtschaftlichen Rechnungsführung** und besitzt eine wirtschaftsleitende Funktion gegenüber den kooperierenden Betrieben und Genossenschaften. Diese entsenden Vertreter in die Delegiertenversammlung, die ihrerseits den Beirat der AIV wählt. Ihm

Strukturschema eines Agrar-Industrie-Komplexes (AIK)

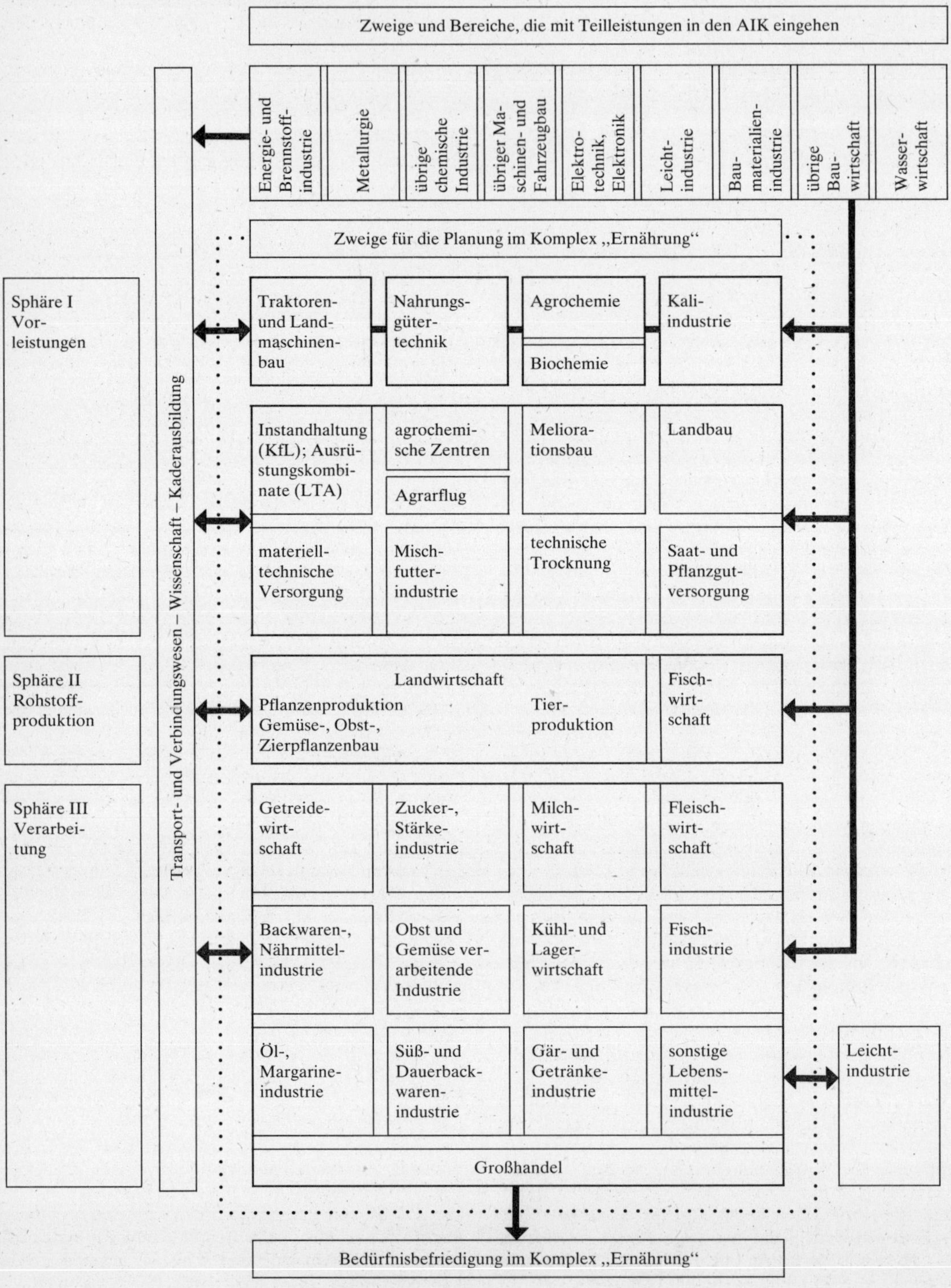

Quelle: Die Landwirtschaft der DDR, Autorenkollektiv, Dietz Verlag, Berlin (Ost) 1980, S. 440.

gehören in der Regel an: der Leiter der AIV und sein Stellvertreter, der Hauptbuchhalter, der Parteisekretär der AIV, die über eine eigene Parteiorganisation verfügt, die Direktoren der VEG und die Vorsitzenden der LPG Pflanzenproduktion. Der Direktor des Kreisbetriebes für Landtechnik nimmt mit beratender Stimme teil. Beschlüsse müssen einstimmig gefaßt werden. Für die fachliche Koordinierung können für einzelne Haupterzeugnisse – in der Regel für einen begrenzten Zeitraum – Kommissionen gebildet werden.

Agrarpolitik

I. Theoretische Grundlagen
II. Ziele und Instrumente der Agrarpolitik
III. Entwicklungsetappen bei der Verfolgung der agrarpolitischen Ziele
IV. Neue Akzente in der Gegenwart

I. Theoretische Grundlagen

Mit der Errichtung eines auf den Prinzipien des → **Marxismus-Leninismus** beruhenden Wirtschaftssystems wurde nach 1945 in der SBZ/DDR auch die marxistisch-leninistische Agrartheorie in ihrer sowjetischen Ausformung für die praktische A. der → **Sozialistischen Einheitspartei Deutschlands (SED)** verbindlich.

Karl Marx war in der Begründung seiner Agrartheorie davon ausgegangen, daß in der Landwirtschaft der wissenschaftlich-technische Fortschritt zwangsläufig (gesetzmäßig) zu den gleichen Effekten führe (Überlegenheit des Großbetriebes), die er für die Entwicklung der Industrie des frühen 19. Jahrhunderts festgestellt zu haben meinte. Nach seinen Überlegungen sollten daher in der Landwirtschaft die gleichen Konzentrations- und Spezialisierungsprozesse wie in der Industrie eintreten, d. h. die gesamte bisherige Art und Weise der Erzeugung pflanzlicher und tierischer Produkte nach dem Beispiel der industriellen Großproduktion umgestellt werden. Dieser kapitalaufwendige Prozeß mußte nach seiner Meinung unter privatwirtschaftlichen (kapitalistischen) Verhältnissen dazu führen, daß die Masse der Agrarproduzenten (Klein- und Mittelbauern) zunehmend verelendete, zu eigentumslosen Landarbeitern würde oder gar gänzlich aus dem Produktionsprozeß ausschiede. Er sah jedoch gleichzeitig, daß selbst das auf diesem Weg entstandene „Landproletariat" kein sicherer „Bündnispartner" (→ **Bündnispolitik**) einer proletarischen Revolution sein würde, und riet deshalb, die Bauern durch materielle Anreize für die Sache der Arbeiterklasse zu gewinnen oder zumindest neutral zu halten.

Die Schwierigkeit einer derartigen Politik bestand jedoch darin, daß fast alle Marxisten aus gesellschaftspolitischen Gründen und aus Rentabilitätsüberlegungen die Errichtung nichtprivater landwirtschaftlicher Großbetriebe als unabdingbare Voraussetzung für das Funktionieren einer sozialistischen Gesellschaftsordnung ansahen. Eine proletarische Revolution konnte gerade aus diesen Gründen keine Garantie für die Beibehaltung oder gar Wiederherstellung privatbäuerlicher Betriebe geben. – Friedrich Engels, der sich intensiver als Marx mit der Agrarfrage beschäftigte und die emotionale Bindung der Bauern an ihren Grund und Boden realistischer bewertete, warnte aus diesen Gründen davor, die Bauern durch die Forderung nach einer Vergesellschaftung von Grund und Boden zu Gegnern der Revolution werden zu lassen. Als Ausweg aus diesem Dilemma entwickelte Engels den schon von Marx erwogenen Gedanken, materielle Anreize für die Gewinnung der Bauern einzusetzen, weiter. Er ging davon aus, daß insbesondere die Kleinbauern für einen kollektiven Zusammenschluß gewonnen werden müßten und könnten, und schlug deshalb eine differenzierte Behandlung der Bauernschaft vor: lediglich der Großgrundbesitz sollte wegen seiner „kapitalistischen" Produktionsweise enteignet werden; bei den selbst noch unmittelbar in der landwirtschaftlichen Produktion tätigen Groß- und Mittelbauern könne dagegen von einer Enteignung abgesehen werden, um diese im revolutionären Prozeß neutral zu halten; dagegen seien die Kleinbauern aufgrund ihrer schwierigen wirtschaftlichen Situation von vornherein für die Sache der Revolution zu gewinnen. Mit dem wirtschaftlichen Erstarken der kollektiv bewirtschafteten Betriebe nach erfolgter Revolution ergäbe sich zwangsläufig ein Niedergang der Groß- und Mittelbauern, dem diese auf Dauer nur durch den Anschluß an die Kollektivwirtschaften entgehen könnten.

Lenin hat nach der russischen Oktoberrevolution die von Marx und Engels für die Revolution in einem Industriestaat entwickelten Agrarthesen weitergeführt und versucht, die im damaligen Agrarstaat Rußland bestehenden Verhältnisse zu berücksichtigen. Er unterschied – einschließlich der Landarbeiter – bis zu 6 Klassen/Schichten der ländlichen Bevölkerung, die ihren unterschiedlichen Interessen entsprechend in verschiedener Weise behandelt werden sollten. Großgrundbesitzer und Großbauern sollten enteignet und der politische und sozialökonomische Einfluß der Mittelbauern beseitigt werden, da diese sozialen Gruppen als Gegner der Revolution angesehen wurden.

Kennzeichnend für die frühe sowjetische A. war, daß Lenin die enteigneten Betriebe mit ihrem Grund und Boden zwar verstaatlichte, die Flächen und das Inventar aber zunächst noch Landarbeitern, Heuerlingen und landarmen Bauern zur privatwirtschaftlichen Nutzung überließ. Erst zu einem späteren Zeitpunkt sollten die kleinbäuerlichen Betriebe auf genossenschaftlicher Basis organisiert und mit dem

Aufbau großer Kollektivbetriebe begonnen werden. Von der fortschreitenden Mechanisierung wurde ferner die Angleichung der Arbeits- und Lebensbedingungen der Landbevölkerung an die der Stadt erwartet. Versuche, sofort zum Aufbau von Kollektivwirtschaften überzugehen, wurden 1921 – wegen des im Gefolge des Bürgerkrieges eingetretenen wirtschaftlichen Chaos – vorläufig aufgegeben. Über die stufenweise Einrichtung von Kollektivwirtschaften veröffentlichte Lenin 1923 in der „Prawda" mehrere Aufsätze, die gemeinsam mit anderen Veröffentlichungen aus den Jahren 1917–1922 als „Leninscher Genossenschaftsplan" bekannt geworden sind. Dieser Genossenschaftsplan bzw. die „schöpferische Auslegung und Anwendung der theoretischen, praktischen und taktischen Hinweise Lenins zur Führung der Bauernschaft bei der sozialistischen Umgestaltung der Landwirtschaft und bei der Weiterentwicklung der sozialistischen Produktionsverhältnisse auf dem Lande" ist in der Folgezeit zur Grundlage der A. aller sozialistischen Staaten geworden. (Der Leninsche Genossenschaftsplan, Kernstück der Bündnis- und Agrarpolitik der KPdSU. – Chrestomathie, Autorenkollektiv u. Ltg. von J. Müller, Markkleeberg 1978, S. 5.)

II. Ziele und Instrumente der Agrarpolitik

Die agrarpolitische Zielsetzung in der SBZ/DDR richtete sich seit 1945 vornehmlich auf eine möglichst weitgehende Versorgung der Bevölkerung mit Nahrungsmitteln sowie auf die Belieferung der Industrie mit landwirtschaftlichen Rohstoffen aus einheimischer Produktion (hoher Selbstversorgungsgrad). Der Nahrungsgüterimport sollte zunehmend auf Produkte, die aus klimatischen Gründen nicht in der DDR erzeugt werden konnten, sowie auf die Einfuhr von Zuchtmaterial beschränkt werden.

Bereits 1945 wurde mit der Umgestaltung der Agrarverfassung auf der Grundlage der marxistisch-leninistischen Agrartheorie, d. h. mit einer Änderung der bestehenden Eigentumsordnung, der Besitz- und Betriebsgrößenstruktur sowie der Arbeitsverfassung begonnen. Langfristig strebte die SED die Entwicklung spezialisierter Großbetriebe auf der Grundlage kollektiven Eigentums und die Angleichung der ländlichen Arbeits- und Lebensbedingungen an die der Stadt an.

Soweit in der Verfolgung der beiden genannten Hauptziele Konflikte auftraten, wurde dem Streben nach hohen Erzeugungsleistungen Vorrang gegeben, sofern dadurch keine Gefährdung der gesellschaftspolitischen Ziele eintrat. Andererseits nahm die SED jedoch auch Produktionseinbußen in Kauf, wenn Verzögerungen oder Einschränkungen bei der Durchsetzung ihrer gesellschaftspolitischen Vorstellungen drohten.

Für die Erreichung der genannten Ziele wurde das traditionelle agrarpolitische Instrumentarium (Preisgestaltung, Steuern, Agrarkredite, Subventionen usw.; → **Agrarpreissystem; Agrarsteuern**) um zahlreiche mehr oder weniger administrative Maßnahmen erweitert. Zu diesen zählten die entschädigungslose Enteignung von Betrieben und Betriebsmitteln, Auflagen für die Ausgestaltung der Betriebsorganisation, Vorschriften über die Verwendung der Erzeugnisse und der Betriebseinkommen sowie die Investitionsmittellenkung, die Auflösung, Umbildung und/oder Neueinrichtung von landwirtschaftlichen Dienstleistungsbetrieben und -organisationen. Um ihren organisatorischen Einfluß sicherzustellen, gründete die SED außer in den Gemeinden auch sehr bald in den Landwirtschaftsbetrieben eigene Parteigruppen. Diese waren und sind mit Kontrollrechten gegenüber den Betriebsleitungen ausgestattet (→ **Grundorganisationen der SED**). Daneben wurde und wird die SED in ihrer A. und Agrarpropaganda auch von den anderen → **Parteien** und → **Massenorganisationen** unterstützt. Gleichen Zielen dienen zahlreiche Schulungs- und Ausbildungseinrichtungen, die sowohl auf produktionstechnische als auch auf gesellschaftspolitische Ziele ausgerichtet sind (→ **Bauernkongreß der DDR; Berufsausbildung, landwirtschaftliche; Genossenschaftsbauer; Vereinigung der gegenseitigen Bauernhilfe [VdgB]**).

III. Entwicklungsetappen bei der Verfolgung der agrarpolitischen Ziele

Der Aufbau sozialistischer Großbetriebe mit spezialisierter Produktionsrichtung in der Landwirtschaft der DDR folgte dem Vorbild der UdSSR und damit dem Leninschen „Genossenschaftsplan". Ebenso wie in der UdSSR wurden die aus gesellschaftspolitischen Gründen zuvor künstlich geschaffenen und vielfach nicht existenzfähigen Kleinbetriebe zu kollektiven Großbetrieben zusammengefaßt, wobei nicht selten die wirtschaftlichen Zielkonflikte zwischen hoher Arbeits- und Flächenproduktion sowie zwischen hoher Nutzungsintensität und Betriebsgröße nur ungenügend berücksichtigt wurden. Auf dem Wege zur sozialistischen Agrarverfassung sind in der SBZ/DDR folgende Phasen zu unterscheiden, die sich allerdings teilweise überlappen bzw. fließend ineinander übergehen:

A. Die Bodenreform 1945–1949;
B. Die erste Zuspitzung des Klassenkampfes auf dem Lande 1949–1952/53;
C. Die Kollektivierung 1952–1960;
D. Konsolidierung und Konzentration durch Kooperation 1960–1968;
E. Die Industrialisierung der Landwirtschaft 1968–1983.

A. Die Bodenreform 1945–1949

Gestützt auf eine gemeinsame Erklärung der nach Kriegsende zugelassenen Parteien ergingen in den

→ **Ländern** der SBZ zwischen dem 3. und 10. 9. 1945 gleichlautende „Verordnungen über die Bodenreform“, die kurz zuvor aus dem Russischen übersetzt worden waren und mit den Texten ähnlicher VO in anderen osteuropäischen Staaten zumindest in einzelnen Passagen wörtlich übereinstimmten. Als die Außenminister der 4 Besatzungsmächte den Plan einer Bodenreform für ganz Deutschland am 12. 4. 1947 billigten, war diese deshalb in der damaligen SBZ schon fast abgeschlossen.

Die VO über die Bodenreform hatten vornehmlich zum Inhalt, daß

– sämtliche Betriebe mit mehr als 100 ha Betriebsfläche einschl. des gesamten Inventars und
– sämtliche Betriebe auch unter 100 ha, deren Eigentümer als aktive Vertreter der NSDAP bzw. als Kriegsschuldige oder Kriegsverbrecher eingestuft wurden, entschädigungslos zu enteignen waren.

Der Großgrundbesitz hatte in den 5 Ländern der SBZ unterschiedliches Gewicht. Während in Thüringen und Sachsen nur 10 bzw. 13 v. H. der landwirtschaftlichen Nutzfläche (LN) von Betrieben mit mehr als 100 ha bewirtschaftet wurden, waren es in Sachsen-Anhalt 27 v. H., in Brandenburg 30 v. H. und in Mecklenburg 48 v. H. Die Durchführung der Bodenreform erfolgte – unter Anleitung der Länderverwaltungen – durch die Kreis- und Gemeindeverwaltungen. Auf sämtlichen Verwaltungsebenen wurden insgesamt rd. 10000 Bodenreformkommissionen mit 52292 Mitgliedern gebildet (Zusammensetzung: Parteilose 56,8 v. H.; KPD 23,9 v. H.; SPD 17,5 v. H.; LDP und CDU zusammen 1,8 v. H.). Das Grundeigentum der → **Kirchen** wurde von der Bodenreform nicht betroffen.

Die enteigneten Flächen wurden gemeinsam mit denen der landeseigenen Betriebe sowie anderer Körperschaften einem Bodenfonds zugeführt. Die in den enteigneten Betrieben vorhandenen Maschinen und Gerätschaften bildeten den Grundstock für die sehr bald geschaffenen Maschinen-Ausleih-Stationen (MAS), aus denen die Maschinen-Traktoren-Stationen (MTS) hervorgehen sollten.

In den Bodenfonds eingebracht wurden aus:

Großgrundbesitz über 100 ha	2,517 Mill. ha =	76,3 v. H.
Privatbesitz über 100 ha	0,132 Mill. ha =	4,0 v. H.
Öffentlichem und sonstigem Besitz	0,649 Mill. ha =	19,7 v. H.
Insgesamt	3,298 Mill. ha =	100,0 v. H.
Hiervon wurden verteilt an:		
Privatbetriebe	2,190 Mill. ha =	66,4 v. H.
VEG und sonstige volkseigene bzw. öffentliche Betriebe	1,108 Mill. ha =	33,6 v. H.

Quelle: Ulbricht, W., Die Bauernbefreiung in der DDR, Bd. 1, Berlin (Ost) 1961, S. 126.

Von den in Volkseigentum überführten rd. 1,1 Mill. ha waren 0,61 Mill. ha forstwirtschaftliche und 0,498 Mill. ha landwirtschaftliche Nutzflächen; bei den an Private verteilten rd. 2,2 Mill. ha entfielen 0,433 Mill. ha auf Waldflächen und 1,757 Mill. ha auf LN. Auf den in Privatbesitz vergebenen Flächen entstanden rd. 210000 Neubauernstellen. Rd. 122000 bereits bestehende Betriebe (landarme Bauern, Pächter) erhielten zusätzliches Land (im Durchschnitt 2,8 ha). 460000 Altbauern bekamen eine „Waldzulage“ und mehr als 183000 Personen Gartenland.

Mit der Bodenreform stieg die Zahl der Betriebe, die vor dem II. Weltkrieg auf dem Gebiet der heutigen DDR bei rd. 570000 gelegen hatte, auf fast 800000 an. Diese Zahlenangaben belegen, daß die Bodenreform vor allem die Zahl der wirtschaftlich schwachen, weil in der Regel unzureichend mit Maschinen, Inventar und Vieh ausgestatteten Betriebe unter 20 ha (d. h. die Gruppe der „werktätigen Bauern“) vermehrte. Es waren im wesentlichen Flüchtlinge und Umsiedler aus den Gebieten östlich von Oder und Neiße sowie ehemalige Landarbeiter, die Neubauernstellen erhielten. Im Unterschied zur Veränderung der Agrarstruktur in Rußland in der Folge der Oktoberrevolution war mit der Bodenreform in der SBZ keine generelle Verstaatlichung von Grund und Boden vorgenommen worden. Lediglich ein Drittel der enteigneten Flächen war den bestehenden Staatsgütern und landeseigenen Betrieben (die in „Volkseigentum“ überführt wurden) zugeschlagen worden. Der Bodenreform fielen jedoch die ökonomisch stärksten agrarischen Wirtschaftseinheiten zum Opfer, allerdings ohne daß zunächst die Masse der Bauern in ihrem Besitzstand angegriffen worden wäre. Es wurden sogar für diese Bauern Eigentumsgarantieren ausgesprochen und noch in die DDR-Verfassung vom 7. 10. 1949 aufgenommen. Immer erneut leugneten in jenen Jahren die für die A. der SED Verantwortlichen die Absicht einer späteren Kollektivierung.

Zur Sicherung der Nahrungsmittelversorgung wurde eine **Ablieferungspflicht** eingeführt und **Ablieferungsnormen** (je ha LN) festgesetzt. Die über die Ablieferungsnormen hinaus erzeugten Produkte durften auf hierfür eingerichteten „Bauernmärkten“ zu frei ausgehandelten (und deshalb höheren) Preisen verkauft werden.

Bereits 1945 waren auf Anweisung der Sowjetischen Militäradministration in Deutschland (SMAD) die Bäuerlichen Raiffeisengenossenschaften wieder zugelassen worden, die bis zur Bildung der Vereinigung Volkseigener Erfassungs- und Aufkaufbetriebe (VVEAB) im Jahre 1949 über die Bäuerlichen Handelsgenossenschaften (BHG) (→ **Vereinigung der gegenseitigen Bauernhilfe [VdgB]**) den Aufkauf von Agrarerzeugnissen organisierten. Als Massenorganisation für die Bauern war zugleich mit der Bodenreform die VdgB gegründet worden, die u. a. die in den Maschinen-Ausleih-Stationen (MAS) zusammengefaßten Maschinen verwaltete. (Die MAS wurden nach 1949 zu selbständigen Betrieben mit Produktions-, Reparatur- und Lagereinrichtungen ausgebaut.)

B. Die erste Zuspitzung des Klassenkampfes auf dem Lande 1949–1952/53

Die kurz nach Kriegsende ausgesprochene Eigentumsgarantie für die privatbäuerlichen Betriebe galt bereits 1949 – als sie ausdrücklich in die DDR-Verfassung aufgenommen wurde – faktisch nur noch für den Besitz der Klein- und Mittelbauern. Auch für diese Gruppe wurde sie spätestens mit der Kollektivierung bis zur Unkenntlichkeit eingeschränkt, als die privaten Eigentümer aller Betriebsgrößen den neu entstehenden Kollektivwirtschaften (Genossenschaften) das uneingeschränkte und dauernde Nutzungsrecht an den eingebrachten Produktionsmitteln und -flächen übertragen mußten.

Der nach der Bodenreform eingeleitete „Klassenkampf auf dem Lande" hatte zum Ziel, die mit der Bodenreform entstandene Mehrheit der „werktätigen Bauern" als Bündnispartner für die A. der SED zu gewinnen und gleichzeitig die Großbauern (Betriebe über 50 ha, später über 20 ha) und im weiteren auch die Mittelbauern sozial zu isolieren und deren wirtschaftlichen Niedergang zu betreiben. Zur Förderung dieser Ziele wurde ein Unterstützungsprogramm für die Klein- und Neubauern ausgearbeitet, auf dessen Grundlage mit Hilfe von Staatszuschüssen (1,35 Mrd. Mark in den Jahren bis 1953) rd. 95000 Wohngebäude, 104000 Kleinställe und 39000 Scheunen neu errichtet wurden, während gleichzeitig Bauern mit mehr als 20 ha LN vielfältigen restriktiven Maßnahmen ausgesetzt wurden.

Das Ablieferungssystem wurde mit der Schaffung der VVEAB so gestaffelt, daß Betriebe mit mehr als 50 ha (später auch mit mehr als 20 ha) erheblich höhere Mengen je ha zu niedrigeren **Erfassungspreisen** abliefern mußten als Betriebe unter 10 ha LN. Damit hatten die meist vieharmen Großbetriebe kaum noch die Möglichkeit, Teile ihrer Produktion (die das Abgabesoll übersteigenden „Freien Spitzen") zu den weit höheren Aufkaufpreisen zu liefern bzw. auf den Bauernmärkten zu verkaufen (→ **Agrarpreissystem**).

Eine bedeutende Rolle im Kampf gegen die Groß- und Mittelbauern spielten die **Maschinen-Ausleih-Stationen (MAS)** (1952 in die **Maschinen-Traktoren-Stationen [MTS]** umbenannt), die ausdrücklich als „Stützpunkte der Arbeiterklasse auf dem Lande" bezeichnet wurden. Die Tarife der MAS wurden 1949 so gestaffelt, daß mit zunehmender Betriebsgröße höhere Ausleihgebühren je ha entrichtet werden mußten. Gleichzeitig wurden darüber hinaus die Betriebsmittel-, Maschinen- und Ersatzteilversorgung für die größeren Betriebe eingeschränkt und erschwert. Die Ersatzteil- und Produktionsmittelbeschaffung auf dem „Schwarzmarkt" gegen höhere als die amtlich festgesetzten Preise wurde ebenso wie die Nichterfüllung der Ablieferungspflichten als Wirtschaftsverbrechen bestraft. Die Inhaftierung von Groß- und Mittelbauern mußte deren Betriebe in große zusätzliche Schwierigkeiten bringen.

Ferner wurden die traditionellen Selbsthilfeorganisationen der Bauern, die Raiffeisengenossenschaften bzw. Genossenschaftskassen, unter staatliche Kontrolle gestellt und 1950 als BHG der VdgB angeschlossen.

Diese wirtschaftlichen und gesellschaftlichen Diskriminierungen der Groß- und Mittelbauern führten schließlich dazu, daß bereits bis 1953 rd. 24000 bäuerliche Betriebe mit rd. 700000 ha LN (11 v. H. der LN der DDR) aufgegeben, verlassen oder beschlagnahmt wurden.

C. Die Kollektivierung 1952–1960

Im Gegensatz zu zahlreichen früheren Beteuerungen beschloß die SED auf ihrer 2. Parteikonferenz im Juli 1952 die „freiwillige Vorbereitung des Sozialismus auf dem Lande" durch Gründung Landwirtschaftlicher Produktionsgenossenschaften (LPG). Um den Bauern den Zugang zur kollektiven Betriebsweise zu erleichtern, wurden drei Typen von LPG konzipiert, die sich durch einen unterschiedlichen Grad der Vergesellschaftung der Produktionsmittel voneinander unterschieden (→ **Landwirtschaftliche Betriebsformen**, III. A.). Trotz dieser Zugeständnisse bedeutete die Vorbereitung zur Gründung von LPG die Ausdehnung des „Klassenkampfes auf dem Lande" auf *alle* privaten Landwirtschaftsbetriebe.

An der Gründung der LPG war die alteingesessene bäuerliche Bevölkerung bis zum Jahre 1957 nur in geringem Umfang beteiligt. Mitglieder wurden vielmehr in diesen Jahren fast ausnahmslos Neubauern, Arbeiter und Inhaber wirtschaftsschwacher Betriebe, was zur Folge hatte, daß auch die Wirtschaftsleistung der LPG unbefriedigend blieb. Am Jahresende 1952 gab es 1906 LPG mit rd. 218000 ha LN (3,3 v. H. der LN der DDR). Ihre Zahl wuchs bis 1955 auf 6047 (19,7 v. H. der LN der DDR) und bis 1957 auf 6691 (25,2 v. H. der LN der DDR). Die anhaltende Ablehnung der Bauernschaft gegenüber den LPG, wie sie in dieser relativ geringen zahlenmäßigen Zunahme zum Ausdruck kommt, wurde offiziell mit den negativen Einflüssen des „Klassenfeindes" erklärt (→ **Juni-Aufstand** 1953 in der DDR, 1956 Unruhen in Polen und Ungarn usw.); dieser Widerstand führte aber auch zeitweise zu einer Mäßigung der Kollektivierungskampagnen der SED.

Die LPG-Mitglieder setzten sich 1957 wie folgt zusammen: 28,5 v. H. Neubauern, 42,5 v. H. Landarbeiter, 11,3 v. H. Industriearbeiter, 5,1 v. H. Parteifunktionäre, Mitglieder der Landintelligenz u. a. Altbauern waren dagegen nur mit 12,6 v. H.

(10,3 v.H. Kleinbauern, 2,3 v.H. Bauern mit Wirtschaften von mehr als 20 ha LN) vertreten. Die von den LPG bewirtschafteten Flächen stammten zu 54 v.H. aus den 1953 gebildeten „Örtlichen Landwirtschaftsbetrieben" (→ **Landwirtschaftliche Betriebsformen**, III. C.), die überwiegend den Boden von verlassenen bäuerlichen Betrieben bewirtschafteten.

Die ausschließlich den MTS zur Verfügung gestellten neuen Maschinenkapazitäten wurden bereits 1955 zu 64 v.H., später zu 80–90 v.H. in den LPG eingesetzt. Demgegenüber hatten die privaten Bauernwirtschaften nicht nur die hohen Tarife für Arbeiten der MTS zu entrichten, sondern konnten auch selbst keine neuen Maschinen anschaffen. Darüber hinaus wurden die LPG trotz ihrer vergleichsweise beachtlichen Größe in ihren Ablieferungsnormen um 10–20 v.H. niedriger eingestuft als private Betriebe mit 5–10 ha LN. Ferner erhielten die LPG Sonderkredite, Wirtschaftsbeihilfen u. a. Der Aufbau der LPG war mit der Gründung von → **Grundorganisationen der SED** verbunden, die in Zusammenarbeit mit den in den MTS bestehenden politischen und kulturellen Abteilungen der SED die „Umgestaltung des Dorfes auf sozialistischer Grundlage" vorantreiben sollten.

Nachdem in den Jahren 1958 und 1959 der wirtschaftliche und psychologische Druck gegen die verbliebenen privaten Betriebe (rd. 530000 Betriebe mit rd. 66 v.H. der LN) mit nur mäßigem Ergebnis außerordentlich verstärkt worden war, ging die SED im Frühjahr 1960 unter Einsatz aller Mittel gegen die zu diesem Zeitpunkt noch vorhandenen rd. 450000 Einzelbauern vor. Innerhalb von nur 3 Monaten wurden fast 2,5 Mill. ha (ca. 39 v.H. der LN) kollektiviert – fast ebensoviel wie in den 7½ Jahren zuvor.

D. Konsolidierung und Konzentration durch Kooperation 1960–1968

In den folgenden Jahren ging es der SED zunächst darum, die während der Kollektivierungskampagne des Jahres 1960 vielfach überhastet gebildeten LPG, die mehr einer Agglomeration von Einzelwirtschaften denn einem organisierten Großbetrieb entsprachen, mit einer funktionsfähigen inneren Organisation zu versehen, die Produktionseinbrüche der Jahre 1961/62 wettzumachen und diese neuen Genossenschaften in gefestigte LPG des Typs III zu überführen. Der – insbesondere 1960 – überwiegend unfreiwillige Eintritt der Bauern in die LPG hatte nämlich zur Folge gehabt, daß fast ausschließlich LPG des Typs I gebildet worden waren. Damit befanden sich jedoch auch nach der Vollkollektivierung noch wesentliche Teile der Nutzflächen (Grünland, Wald) und des Besatzkapitals (Gebäude, Maschinen, Vieh) in privat-bäuerlicher Nutzung.

Die → **Kooperation in der Landwirtschaft** erwies sich als ein geeignetes Mittel zur Transformation dieser gesellschaftspolitisch nicht erwünschten Formen der LPG I und II in solche des Typs III sowie zur Vergrößerung der bestehenden Betriebe. Insbesondere die zunächst im Vordergrund stehende horizontale Kooperation führte in der Regel zu einem Zusammenschluß der kooperierenden LPG, wobei gleichzeitig die LPG der Typen I und II in LPG des Typs III überführt wurden. Später erstreckte sich die Kooperation auch auf Investitionen von LPG zur Errichtung gemeinsamer Nebenbetriebe (→ **Meliorationen**; Bauwesen).

In den Jahren 1965–1970 wurden im Zuge der horizontalen Kooperation die Betriebe angehalten, Kooperationsgemeinschaften (KOG) zu bilden. Mit dem Übergang zur Industrialisierung wurden diese KOG dann jedoch wieder aufgelöst. Dagegen wurde die gleichfalls begonnene vertikale Integration der Betriebe in → **Kooperationsverbände (KOV)** weitergeführt.

Um die Richtigkeit ihrer Kollektivierungspolitik unter Beweis zu stellen, schuf die Parteiführung für die LPG günstige Rahmenbedingungen bei der Produktionsmittelversorgung, der Subventions-, Preis- und Steuerpolitik, der Entwicklung von Forschung, Lehre und Ausbildung sowie in Form zahlreicher weiterer leistungsfördernder, z. T. auch vertrauensbildender Maßnahmen. – Die MTS wurden aufgelöst und der Maschinenpark den LPG vorerst leihweise, dann später zu verbilligten Preisen übergeben, wobei die LPG der Typen I und II in der Preisgestaltung und in den Finanzierungsmöglichkeiten gegenüber den LPG des Typs III benachteiligt wurden. Das Recht der LPG, ihren Maschinenbedarf eigenverantwortlich zu planen, zu bestellen und zu erwerben, wurde jedoch bald wieder eingeschränkt.

Zur Finanzierung der → **Investitionen** und des steigenden Produktionsmitteleinsatzes wurden die Erzeugerpreise im Rahmen des → **Neuen Ökonomischen Systems (NÖS)** mehrfach verändert und bis zum Ende der 60er Jahre weitgehend vereinheitlicht (→ **Agrarpreissystem**). Die auf diese Weise ermöglichten Mehreinnahmen der Betriebe konnten jedoch nur teilweise an die LPG-Mitglieder weitergegeben werden. Zur Vermeidung zu hoher persönlicher Einkommen wurden diese Auszahlungen nämlich davon abhängig gemacht, daß die Betriebe angemessene Rücklagen zur Investitionsfinanzierung bildeten, deren Höhe vor Beginn des Wirtschaftsjahres mit den Kreislandwirtschaftsräten vereinbart werden mußte. Das Jahr 1969 brachte die Einführung eines für jeden Betrieb gesondert zu ermittelnden „Rückführungsbetrages", der 1971 zur „ökonomisch begründeten Abgabe" weiterentwickelt wurde (→ **Agrarsteuern**). Für ganzjährig mitarbeitende LPG-Mitglieder war bereits 1962 ein staatlich garantiertes Mindesteinkommen von 3120

Mark/Jahr festgelegt worden. Zugleich wurde die Höhe der jährlichen → **Einkommen** nach oben begrenzt: für die 8000 Mark (später 7500 Mark) übersteigenden Einkommen war von den LPG eine progressiv gestaffelte Konsumtionsabgabe zu zahlen. Diese Preis- und Steuerpolitik ermöglichte es, in den Betrieben steigende Beträge zur Finanzierung der Investitionen zu akkumulieren.
Die im NÖS angestrebte Leitung und Planung durch sog. „ökonomische Hebel" erforderte einschneidende Reorganisationsmaßnahmen in der Wirtschaftsverwaltung (→ **Ministerium für Land-, Forst- und Nahrungsgüterwirtschaft [MfLFN]; Rat für Landwirtschaft und Nahrungsgüterwirtschaft [RLN]**), die mit ihrem aus der Zeit der Kollektivierung stammenden Aufbau und ihrer Arbeitsweise den neuen Anforderungen der Wirtschaftsreformen nicht mehr entsprachen. Durch die Einbeziehung und Beteiligung der Betriebsleiter und sonstiger Angehöriger der landwirtschaftlichen Bevölkerung auf allen Ebenen der staatlichen Leitung ergab sich eine sinnvolle Zusammenarbeit von Wissenschaft, Praxis und Politik, die gemeinsam mit der flexiblen Anwendung der ökonomischen Hebel und der verbesserten Produktionsmittelversorgung zur bisher erfolgreichsten Entwicklungsphase der Landwirtschaft der DDR beitrug.
Die neue Leitungsorganisation bewirkte einerseits, daß die konkreten Verhältnisse auf dem Lande und die wissenschaftlichen Ergebnisse der Agrarforschung in den Beschlüssen der staatlichen Leitung berücksichtigt wurden. Andererseits war es den in den neu geschaffenen Räten mitwirkenden Vertretern der Landwirtschaftsbetriebe möglich, sich mit den von der Partei- und Staatsführung gefaßten Beschlüssen stärker zu identifizieren. Diese Identifikation mußte jedoch zwangsläufig zu einem Hemmnis werden, sobald die neu entstandenen Betriebsformen im Zuge der Spezialisierung erneut umgestaltet wurden.

E. Die Industrialisierung der Landwirtschaft 1968–1983

1. Ziele. 1964 waren auf dem VIII. → **Bauernkongreß** und der 12. Landwirtschaftsausstellung der DDR (→ **Landwirtschafts- und Gartenbauausstellung der DDR [LuG; agra]**) erste Beispiele einer industriemäßigen Agrarproduktion vorgestellt worden, ohne daß diese jedoch zunächst weiter verfolgt worden wären. Erst auf dem X. und XI. Bauernkongreß (1968 bzw. 1972) sowie dem VII. und VIII. → **Parteitag der SED** (1967 bzw. 1971) wurde der Übergang zu industriemäßigen Produktionsmethoden in der Landwirtschaft zum agrarpolitischen Hauptziel der SED erklärt.
Die industriemäßige Agrarproduktion sollte der letzte Schritt des von den Klassikern des Marxismus-Leninismus vorgezeichneten gesetzmäßigen Entwicklungsweges der Landwirtschaft sein. Die industrielle Großproduktion sollte auch in der Landwirtschaft gewährleisten, daß durch sie Handarbeit zunehmend durch Maschinenarbeit ersetzt wird, große einheitliche Partien landwirtschaftlicher Produkte erzeugt, neueste Erkenntnisse der Gesellschafts-, Wirtschafts- und Naturwissenschaften angewendet und die wesentlichen Unterschiede in den Arbeits- und Lebensbedingungen zwischen Stadt- und Landbevölkerung endgültig beseitigt werden. Als auslösende und zugleich vorantreibende Faktoren dieser Entwicklung galten der wissenschaftlich-technische Fortschritt – bzw. allgemeiner – der erreichte Stand der → **Produktivkräfte**. Deren Zusammenwirken erfordere „gesetzmäßig" die weitere Konzentration von Nutzflächen und Besatzkapital sowie die Spezialisierung der Betriebe auf bestimmte Produkte, um die in der Industrie nachgewiesenen Vorteile der Serien- bzw. Massenproduktion auch in der Landwirtschaft wirksam werden zu lassen.
Im Zuge der daraus resultierenden Intensivierung, d. h. des Einsatzes ertragssteigernder Mittel und Maßnahmen (Düngung, Pflanzenschutz, Veterinärpharmaka, Züchtung, Mechanisierung, Meliorationen usw.), sollte auch die Abhängigkeit der Landwirtschaft von negativen Witterungseinflüssen eingeschränkt und die Nahrungsgütererzeugung in einen wissenschaftlichen Prozeß überführt werden, der die Naturgewalten in seinen Dienst zu stellen weiß. Zu diesem Zweck wurde u. a. damit begonnen, eine Vielzahl landwirtschaftlicher Trocknungs- und Pelletieranlagen aufzubauen, die Be- und Entwässerungsnetze auszubauen sowie die Beregnungsflächen auszudehnen (→ **Meliorationen**).
2. Maßnahmen. Die nach 1965 gebildeten bzw. im Entstehen begriffenen KOG wurden aufgelöst und die ihnen angehörenden Betriebe dazu aufgefordert, andere Formen der → **Kooperation in der Landwirtschaft** einzugehen. Zunächst wurden sie dazu angehalten, ihre gesamte pflanzliche Erzeugung in Kooperativen Abteilungen Pflanzenproduktion (KAP), aus denen später selbständige Betriebe (LPG und VEG Pflanzenproduktion) hervorgingen, gemeinsam zu erledigen (→ **Landwirtschaftliche Betriebsformen**, IV. B.). Parallel dazu entstanden als Kooperative Einrichtungen (KOE) weitere spezialisierte „Dienstleistungsbetriebe", die für jeweils mehrere Betriebe bestimmte Arbeiten, wie Düngung und Pflanzenschutz, technische Trocknung und Strohpelletierung übernahmen. Die aus den MTS hervorgegangenen Kreisbetriebe für Landtechnik (KfL) wurden zu zentralen Reparatur- und Pflegestützpunkten ausgebaut. Die ursprünglichen LPG und VEG, die dadurch fast alle Funktionen eines landwirtschaftlichen Betriebes mit Ausnahme der tierischen Erzeugung verloren hatten, wurden in LPG bzw. VEG Tierproduktion (LPG [T] bzw. VEG [T]) umbenannt.

Überdies galt in der tierischen Erzeugung der Neubau hochtechnischer, z. T. automatisierter Großanlagen als nahezu einzige Möglichkeit, um auch in diesem Produktionsbereich zur „industrialisierten Produktion" überzugehen. Aufgrund der damit verbundenen hohen Investitionen für Gebäude und Infrastruktur (Strom, Wasser, Wegenetz) war dieses Ziel nur in Form volkseigener Betriebe oder als gemeinsames Investitionsvorhaben mehrerer LPG als „Kooperative Einrichtung" zu erreichen. Ein durchaus erwünschter Nebeneffekt war, daß mit dieser Weiterentwicklung des genossenschaftlichen Eigentums dessen Annäherung an die Form des Volkseigentums gefördert wurde.

Die Ende der 60er Jahre angestrebten Stallkapazitäten wurden 1974 nochmals erhöht und im Ergebnis für die einzelnen Tierarten folgende Richtgrößen für den Neubau von Stallanlagen vorgegeben:

Milchkühe	ab 1930 Tierplätzen
Kälberhaltung	ab 3200 Tierplätzen
Rinderaufzucht und -mast	ab 4480 Tierplätzen
Sauenhaltung	ab 5600 Tierplätzen
Schweinemast	ab 24000 Tierplätzen
Legehennen	ab 100000 Tierplätzen
Broiler (Hähnchen)-mast	ab 240000 Tierplätzen

Quelle: Kooperation, Berlin (Ost), H. 7/1974, S. 313.

Daneben entstanden aber auch Anlagen mit weit höheren Tierkonzentrationen als Volkseigene Kombinate für industrielle Mast (KIM), die – anders als die industriemäßigen Anlagen – in einem geschlossenen Produktionszyklus wirtschaften. Diese KIM sind in der VVB Industrielle Tierproduktion (ab 1. 1. 1984 VE Kombinat Industrielle Tierproduktion) zusammengeschlossen.

Mit der Begründung, die industriemäßige Produktion erfordere den Einsatz von Maschinenkomplexen (→ **Landtechnik**), erfolgte mit dem Übergang zu den KAP – nach Bodenreform und Kollektivierung – eine dritte Neuordnung der Flur- und Schlageinteilung, um die leistungsfähigen Maschinensysteme auf möglichst großen Schlägen undifferenziert einsetzen zu können. Durch verstärkte → **Melioration**, die Rodung von Hecken und Feldgehölzen sowie die Begradigung von Schlägen sollte insgesamt die „technologische Eignung der Böden" verbessert werden. Züchtung und Forschung wurden darauf orientiert, für die industriemäßige Produktion geeignete Pflanzensorten und Tierrassen bereitzustellen.

3. Ergebnisse. Diese Zielsetzungen und die zu ihrer Erreichung ergriffenen Maßnahmen stimmten weitgehend mit den von den Klassikern des Marxismus-Leninismus entwickelten theoretisch-ideologischen Vorstellungen überein. Ihre Verwirklichung hat aber gleichzeitig eine Fülle neuer Probleme mit sich gebracht, die zu ihrer Lösung erneut besonderer agrarpolitischer Maßnahmen bedurft hätten. Diese mit der Industrialisierungskonzeption verbundenen Probleme und Schwierigkeiten fanden in jener Zeit jedoch kaum die notwendige Beachtung. Insbesondere wurde zuwenig in Rechnung gestellt, daß die Agrarproduktion ein biologischer und deswegen nur in engen Grenzen manipulierbarer Prozeß ist und die Pflanzenproduktion saisonabhängig verläuft (Arbeitsausgleich). Außerdem läßt sich die jeweils zu bewirtschaftende Fläche in ihrer räumlichen Ausdehnung nicht konzentrieren, d. h. entsprechend der zunehmenden Größe der zu bewirtschaftenden Schläge stiegen die innerbetrieblichen Transportentfernungen zur Beförderung von Personen und Gütern. Selbst bei den weitgehend flächenunabhängigen Zweigen der Landwirtschaft (vor allem bei der Tierproduktion, z. B. Schweinemast und Geflügelhaltung) führte ein höherer Transportaufwand zu Kostensteigerungen. Weiter mußte eine derart konzentrierte Tierhaltung zu zusätzlichen infrastrukturellen Aufwendungen führen und darüber hinaus erhebliche veterinärhygienische, seuchenprophylaktische und ökologische Probleme mit sich bringen. Die sich daraus ergebenden Folgekosten (zusammen mit den größeren Transportaufwendungen) übertreffen bis heute vielfach die bei der technischen Ausstattung von Großanlagen realisierbaren Kostensenkungen.

Um dennoch den Nachweis einer ökonomischen Überlegenheit der aus vorwiegend gesellschaftspolitischen Gründen (z. B. Annäherung der → **Genossenschaftsbauern** an die Lebensweise der Arbeiterklasse, Abbau der Unterschiede zwischen Stadt und Land) begonnenen Industrialisierung zu erbringen, wurden jene Betriebe und Anlagen, die den agrarpolitischen Vorstellungen der SED von einer „industriell produzierenden Landwirtschaft" am nächsten kamen, bevorzugt mit günstigen Krediten und Zuschüssen bedacht, mit neuen Maschinen und Saatgutsorten bzw. Konzentratfuttermitteln sowie besonders leistungsfähigen Zuchttieren beliefert. Außerdem wurden den industriemäßig arbeitenden Tierproduktionsanlagen höhere Erzeugnispreise zugestanden (→ **Agrarpreissystem**). Auf diese Weise gelang es in den ersten Jahren tatsächlich, in diesen Betrieben höhere Erträge und Rentabilitäten nachzuweisen, zumal weiterhin die verbesserten Ergebnisse aus den betriebsgrößenunabhängig wirkenden Intensivierungsfaktoren (Dünger, Pflanzenschutz, Züchtung) ebenfalls als Folge der Konzentration gewertet wurden. In dem Maße, in dem diese allgemeinen Intensivierungsfaktoren jedoch in allen Betrieben unabhängig von deren Größe wirksam werden konnten, wurden die Nachteile der forcierten Industrialisierung deutlich, ohne daß diese Erfahrungen jedoch zunächst die Konzentrationsbemühungen geschwächt hätten.

Die Spezialisierung der Pflanzenproduktionsbetriebe (LPG [P] und VEG [P]) auf bestimmte Hauptkulturen und deren Trennung von den Betrieben der

Tierproduktion führte ferner zu Arbeitsspitzen im Jahresablauf, die nur durch den Einsatz einer wachsenden Zahl „freiwilliger Helfer“ aus anderen Bevölkerungsgruppen (NVA, Schüler, Studenten, Hausfrauen) bewältigt werden konnten und können, während außerhalb der Saison und in den Wintermonaten eine Tendenz zur Unterbeschäftigung besteht, derentwegen ein Teil der in den Landwirtschaftsbetrieben Tätigen in andere Volkswirtschaftsbereiche delegiert werden muß (Forst, Straßenwinterdienst, Industriebetriebe). Zudem sind der Spezialisierung in der Pflanzenproduktion aus phytosanitären Gründen (Fruchtfolge) Grenzen gesetzt, sollen nicht Ertragsdepressionen entstehen. Schließlich erforderte die „Überwindung der unmittelbaren technologischen, organisatorischen und ökonomischen Verflechtung“ von Pflanzen- und Tierproduktion in *einem* Betrieb die Errichtung zusätzlicher Leitungsebenen sowohl innerhalb als insbesondere zwischen den spezialisierten Betrieben. Diese überbetrieblichen Koordinationsaufgaben werden von sog. → **Kooperationsräten** wahrgenommen, die u. a. Art, Umfang und Zeitpunkt von Lieferungen bzw. Leistungen vereinbaren und Abrechnungsmodalitäten festlegen.

IV. Neue Akzente in der Gegenwart

Die Preissteigerungen für Energie, Getreide und Rohstoffe auf den Weltmärkten und innerhalb des → **Rates für Gegenseitige Wirtschaftshilfe (RGW)** führten dazu, daß die geschilderten Nachteile der Industrialisierung der Landwirtschaft (Vervielfachung der Transportentfernungen und -entgelte, überhöhte Produktionskosten, stagnierende Erträge) auch von der SED nicht mehr geleugnet werden konnten. Eine Flucht in noch größere organisatorische Einheiten, wie sie die 1976 vorgestellten → **Agrar-Industrie-Vereinigungen (AIV)** darstellten (sie sollten 30000–40000 ha LN zusammenfassen), bot jedenfalls keine überzeugende Problemlösung.

Der Beginn einer Kurskorrektur in der A. der SED ist in der 1978 ergangenen Aufforderung zu sehen, der Modernisierung bereits bestehender Stallanlagen wieder mehr Aufmerksamkeit zu schenken. In der Folge wurden die übertriebenen Spezialisierungs- und Konzentrationsbestrebungen der frühen 70er Jahre Zug um Zug zurückgenommen. Die auf dem X. Parteitag der SED (1981), der 3. ZK-Tagung der SED (1981) und dem XII. → **Bauernkongreß** (1982) erhobenen Forderungen nach einer verbesserten territorialen Organisation der Betriebe, nach der Verkleinerung der Schläge und nach einem besseren Zusammenwirken der Tier- und Pflanzenproduktionsbetriebe im „einheitlichen Reproduktionsprozeß“ sowie der Baustopp für die Errichtung neuer industriemäßiger Anlagen und die generelle Verminderung der bei Neubauten anzustrebenden Stallkapazitäten auf etwa 30 v.H. der noch 1974 vorgeschlagenen Größen, belegen die Bemühungen der SED, zumindest die extremen Auswüchse der Konzentration und Spezialisierung der 70er Jahre zu korrigieren.

Die gesellschaftspolitischen Zielsetzungen der A. der SED sind indes im Unterschied zu den verfehlten ökonomischen Zielen annähernd erreicht worden. Die auf eine Annäherung der Genossenschaftsbauern an die Arbeiterklasse ausgerichtete A. hat die in den 60er Jahren bestehenden Einkommensunterschiede zwischen Genossenschaftsmitgliedern und Arbeitern weitgehend aufgehoben (→ **Einkommen**). Die in den 70er Jahren vorhandenen Bestrebungen zur Einführung einheitlicher Lohnformen in der Landwirtschaft, d. h. die Entlohnung auch der Genossenschaftsbauern nach den im → **Rahmenkollektivvertrag (RKW)** für Landarbeiter geltenden Regelungen, wurden Anfang der 80er Jahre jedoch nicht weiter verfolgt (→ **Arbeitseinheit**).

Die mit steigenden Zuschüssen aus dem Staatshaushalt zur Sozialversicherung für Genossenschaftsbauern (1971 = 401 Mill. Mark; 1978 = 909 Mill. Mark) erreichte soziale Absicherung ist in Art und Umfang der von Landarbeitern in jeder Hinsicht vergleichbar. Ebenso wurde den Genossenschaftsbauern das für Arbeiter gesetzlich festgelegte Mindesteinkommen garantiert. Nur noch in den Entlohnungsformen und den gewerkschaftlichen Vertretungen im Betrieb (→ **Betriebsgewerkschaftsorganisation [BGO]**) bestehen weiterhin Unterschiede, nachdem mit den 1977 beschlossenen Musterstatuten für die LPG der Pflanzen- und Tierproduktion auch den Arbeitern und Angestellten das volle Stimmrecht in den Gremien der LPG zugestanden worden war und ihnen ebenfalls die vorher nur den Genossenschaftsbauern zugestandene Führung einer **persönlichen** → **Hauswirtschaft** ermöglicht wurde.

Die seit dem X. Parteitag der SED in den Ausführungen maßgeblicher Politiker festzustellende Tendenz zur besonderen Betonung des „einheitlichen Reproduktionsprozesses“ von Tier- und Pflanzenproduktion und der besonderen Bedeutung der Kooperationsräte haben auf der 7. ZK-Tagung (1983) eine weitere Verstärkung erfahren, nachdem bereits das 1982 neugefaßte Gesetz über die Landwirtschaftlichen Produktionsgenossenschaften (LPG-Gesetz) die Kooperation ausführlich behandelt hatte. Diese Äußerungen könnten den Versuch andeuten, unter Beibehaltung der juristischen Selbständigkeit der einzelnen Betriebe die in ihren ökonomischen Auswirkungen verhängnisvolle Spezialisierung der 70er Jahre auf einer höheren Ebene der Leitungs- und Planungshierarchie durch die Bildung ökonomisch (nicht flächenhaft) größerer Einheiten dadurch wieder aufzuheben, daß künftig ein „territorial organisierter“ Pflanzenproduktionsbetrieb gemeinsam mit den von ihm mit Futter versorgten 3–4

Tierproduktionsbetrieben als „Kooperation“ einem als eine Art Unternehmensleitung fungierenden → **Kooperationsrat** untersteht. → **Landwirtschaft.**

Karl Hohmann

Literaturangaben

Zur **Agrar-** und Bündnis**politik** der SED bei der Gestaltung der entwickelten sozialistischen Gesellschaft. Autorenkoll. u. Ltg. v. D. Sachse. Berlin (Ost): Dietz 1977.

Arbeiter und Bauern im Bündnis. Autorenkoll. u. Ltg. v. D. Sachse. Berlin (Ost): Dietz 1981.

Hoell, G.: Die Agrarverhältnisse im Sozialismus. Berlin (Ost): Dietz 1980. (Lehrhefte: Politische Ökonomie des Sozialismus.)

Intensivierung der landwirtschaftlichen Produktion. Grundprobleme der weiteren Intensivierung der landwirtschaftl. Produktion u. d. schrittweisen Übergangs zu industriemäßigen Produktionsmethoden. Berlin (Ost): Akademie-Verl. 1979. (Abhandlungen der Akademie der Wissenschaften der DDR. W 2.)

Agrar-industrielle **Kooperation** in der Tierproduktion. Autorenkoll. u. Ltg. v. C. Howitz u. J. Ilgner. Berlin (Ost): Deutscher Landwirtschaftsverl. 1981.

Staatliche **Leitung** der Landwirtschaft in der DDR und der UdSSR. Autorenkoll. aus der DDR u. der UdSSR u. Ltg. v. R. Arlt. Berlin (Ost): Staatsverl. d. DDR 1980.

Lemcke, W.: Sozialistisches Eigentum in der Landwirtschaft der DDR. Berlin (Ost): 1980. (Thematische Information und Dokumentation. 16.)

Lexikon – Recht der Landwirtschaft der DDR. Autorenkoll. u. Ltg. v. R. Arlt. Berlin (Ost): Staatsverl. d. DDR 1975.

Industriemäßige **Produktionsmethoden** in der sozialistischen Landwirtschaft der DDR. Entwicklung und gesellschaftliche Organisation der Arbeitsteilung. Autorenkoll. u. Ltg. v. K. Groschhoff u. R. Heinrich. Berlin (Ost): Dietz 1976.

Industriemäßige **Tierproduktion**-Grundlagen. Lehrbuch. Autorenkoll. u. Ltg. v. K. Pilz. Berlin (Ost): Deutscher Landwirtschaftsverl. 1978.

Agrarpreissystem: *1. Funktion und Geschichte des A.* Stärker als in anderen Wirtschaftsbereichen hat die → **Sozialistische Einheitspartei Deutschlands (SED)** im Agrarsektor die Preise (→ **Preissystem und Preispolitik**) dazu benutzt, die Durchsetzung gesellschaftspolitischer Zielvorstellungen zu beschleunigen bzw. zu unterstützen. Zusammen mit entsprechenden Steuer-, Kredit- und Subventionsregelungen wurden die administrativ festgesetzen Preise (Erzeuger- und Produktionsmittelpreise) im Agrarsektor zu einem für die SED wichtigen Hebel bei der Überführung der privaten Betriebe in kollektive Bewirtschaftungsformen, der Veränderung der landwirtschaftlichen Sozialstrukturen und der Industrialisierung der Landwirtschaft (→ **Agrarsteuern; Kredit**).

In den Jahren zwischen 1949 und 1960 sind hier vornehmlich die nach Eigentumsformen und/oder Betriebsgrößen gestaffelten **Ablieferungsnormen** und Leistungstarife zu nennen, die als Kampfmittel gegen die (größeren) privaten Landwirtschaftsbetriebe eingesetzt wurden (→ **Agrarpolitik**, III.). Sie führten z. B. dazu, daß private Betriebe über 20 ha LN je Hektar zwischen 50 v. H. und 100 v. H. höhere Gebühren für Leistungen der Maschinen-Traktoren-Stationen (MTS) entrichten mußten als LPG und private Betriebe mit weniger als 10 ha LN und dadurch höheren Produktionskosten ausgesetzt waren. Gleichzeitig hatten sie im Rahmen der **Ablieferungspflicht** auch weit höhere Anteile (meist über 85 v. H.) ihrer Produktion zu niedrigeren **Erfassungspreisen** an den Staat abzuliefern als LPG und private Kleinbetriebe, deren Ablieferungsnormen nur knapp 50 v. H. ihrer Produktion ausmachten. Die Bedeutung einer derartigen Regelung zeigte sich u. a. darin, daß die **Aufkaufpreise** bei den über die Ablieferungsnorm hinausgehenden Mengen für pflanzliche Produkte das 1,5–3fache und für tierische Erzeugnisse das 3–4fache der Erfassungspreise betrugen.

Dieses gespaltene Erzeugerpreisniveau wurde nach Abschluß der Kollektivierung in der Zeit des → **Neuen Ökonomischen Systems (NÖS)** mehrfach modifiziert und zunehmend durch einheitliche Erzeugerpreise ersetzt. 1964 wurden erstmals einheitliche Erzeugerpreise für pflanzliche Produkte, Eier und Geflügel festgesetzt. Sie entsprachen in ihrem Niveau annähernd dem Durchschnitt aus den ursprünglichen Aufkauf- und Erfassungspreisen. In der Folgezeit wurden einheitliche Erzeugerpreise auch für (fast) alle anderen Agrarprodukte festgelegt, so daß nach 1969 mit Ausnahme des Erzeugerpreises für Milch, der weiterhin nach LPG-Typen und Eigentumsformen gestaffelt blieb, einheitliche Erzeugerpreise existierten. Der Index der Erzeugerpreise stieg damit – bei unveränderten Verbraucherpreisen – zwischen 1960 und 1970 auf 136 v. H.

Neben der Festsetzung einheitlicher Erzeugerpreise wurden nach 1964 zahlreiche Preiszuschläge für Lieferungen zu bestimmten Terminen, für Qualitätsprodukte und für den zukaufsfreien Produktionszuwachs gewährt, um Anreize für Leistungssteigerungen in der Landwirtschaft zu geben. Mit dem Einsetzen der Bemühungen zur Industrialisierung der Landwirtschaft (→ **Agrarpolitik**, III. E.) wurden die Zuschläge zunehmend auf die Produktion in industriemäßigen Anlagen ausgerichtet. Die unzureichende Rentabilität dieser Anlagen machte es jedoch zwingend erforderlich, die ursprünglich befristet („bis zur Dauer von drei Jahren nach Inbetriebnahme“) vorgesehenen Zuschläge auf Dauer zu zahlen (GBl. II, 1972, S. 603, und GBl. I, 1975, S. 648) und besonders in der Rinderhaltung weiter auszubauen. Mit diesen Regelungen wurde demzufolge erneut ein nunmehr nach „Industrialisierungsmerkmalen“ gespaltenes Niveau der Erzeugerpreise eingeführt.

Parallel dazu wurden 1973 die Preise der wichtigsten landwirtschaftlichen Produktionsmittel (Energie, Dünge- und Pflanzenschutzmittel, Maschinen und Ersatzteile) festgeschrieben, die Preise für wichtige Ausrüstungen industriemäßiger Betriebe (Großtraktoren, Stallausrüstungen u. ä.) sogar gesenkt (GBl. II, 1972, S. 603). Diese Maßnahmen führten dazu, daß die aus dem → **Staatshaushalt** bereitgestellten Subventionen für landwirtschaftliche Produktionsmittel zwischen 1974 und 1982 von rd. 0,4 Mrd. Mark auf rd. 6,9 Mrd. Mark anstiegen.

Die 1976 und 1981 erfolgten Anhebungen der Erzeugerpreise und die gestiegenen Energiekosten in der → **Nahrungsgüterwirtschaft** und der → **Lebensmittelindustrie** hatten zur Folge, daß die zur Aufrechterhaltung stabiler Verbraucherpreise notwendigen Subventionen für Grundnahrungsmittel im gleichen Zeitraum von rd. 7 Mrd. Mark auf fast 12 Mrd. Mark zunahmen.

Eine Besonderheit des A. ist die 1978 beschlossene Erhöhung der Erzeugerpreise bei Obst und Gemüse für private nebenberufliche Erzeuger (**persönliche → Hauswirtschaften; → Verband der Kleingärtner, Siedler und Kleintierzüchter [VKSK]**). Erstmals in der DDR-Geschichte wurden damit privaten Produzenten höhere Erzeugerpreise zugestanden als sozialistischen Betrieben (GBl. SDr. Nr. 950), um die private Erzeugung landwirtschaftlicher und gärtnerischer Produkte – soweit sie nicht gewerblich erfolgte – zu fördern.

2. Die Agrarpreisreform von 1984. Die am 1. 1. 1984 in Kraft getretene Agrarpreisreform soll künftig sowohl den Landwirtschaftsbetrieben als auch den Beschäftigten mehr Anreize bieten, die Produktion zu steigern und die verfügbaren Produktionsmittel sparsamer als bisher einzusetzen. Die bisher gezahlten Subventionen für Produktionsmittel wurden ersatzlos gestrichen, um den Landwirtschaftsbetrieben die gleichen Kosten für Energie und industrielle Vorleistungen aufzuerlegen, die auch von anderen Wirtschaftsbereichen zu tragen sind. Die daraus resultierenden, höheren Produktionskosten der Landwirtschaft werden jedoch durch entsprechende Preiserhöhungen für landwirtschaftliche Erzeugnisse mehr als kompensiert. Die Erzeugerpreise für die privaten, nicht gewerblichen Erzeuger wurden allerdings mit der Begründung, daß diese nur für Futtermittel und Jungtiere die neuen, höheren Produktionsmittelpreise bezahlen müssen, weniger stark angehoben als die der sozialistischen Betriebe. Das bedeutet, daß die SED wieder voll zu einem gespaltenen Preisniveau zurückgekehrt ist, das sowohl bei den Erzeugerpreisen als auch bei den Produktionsmittelpreisen nach Produzentengruppen gestaffelt ist – ohne daß von einer Benachteiligung der privaten, nebenberuflichen Produzenten gesprochen werden kann. Auch sind erstmals die privaten gewerblichen Agrarproduzenten (die schätzungsweise rd. 3500 [andere Schätzungen sprechen von ca. 5000] noch existierenden privaten Bauern und Gärtner) den sozialistischen Betrieben gleichgestellt (GBl. SDr. Nr. 1101).

Selbst wenn berücksichtigt wird, daß die Festsetzung der neuen Erzeugerpreise – um deren jährliche Anhebung oder erneute Produktionsmittelsubventionen zu vermeiden – sich an den Ende der 80er Jahre erwarteten Produktionskosten orientieren und die Betriebe die dadurch in den ersten Jahren entstehenden Mehreinnahmen an den Staatshaushalt abführen müssen, sind mit der Agrarpreisreform insgesamt höhere Nettozuschüsse aus dem Staatshaushalt verbunden als bisher für Produktionsmittel- und Nahrungsmittelsubventionen entstanden sind. Überdies führt die Orientierung an den Ende der 80er Jahre erwarteten Produktionskosten bei der Festsetzung der landwirtschaftlichen Erzeugerpreise (unter Beibehaltung stabiler Verbraucherpreise für Grundnahrungsmittel) in den ersten Jahren zu höheren Subventionen für Nahrungsmittel, als sie eigentlich erforderlich wären.

Agrarstatistik: Die A. ist Teildisziplin der allgemeinen Wirtschafts- und Sozialstatistik (→ **Sozialstruktur**; System von → **Rechnungsführung und Statistik**). Aufgabe der A. ist die mathematisch-statistische Erfassung, Aufbereitung und Darstellung der Agrarproduktion sowie

Entwicklung der Erzeugerpreise für ausgewählte Agrarprodukte sozialistischer Betriebe in den Jahren 1964–1984 in Mark/dt

Produkt	1964	1970	1976	1981	1984[1]
Roggen	40,00	40,00	40,00	45,00	66,00
Braugerste	62,50	55,00	55,00	55,00	90,00
Kartoffeln	13,00	13,00	24,00	27,00	47,00
Zuckerrüben	8,00	8,50	8,50	8,50	13,80
Milch	E = 27,00				
(3,5 v.H. Fett)	A = 68,00	76,00	84,00	92,00[2]	150,00[3]
Schlachtschwein	E = 200,00				
(lebend)	A = 515,00	500,00	490,00	490,00	760,00
Schlachtrind	E = 106,00				
(lebend)	A = 212,00	380,00	440,00	520,00	915,00
Broiler	E = 200,00				
(Hähnchen)	A = 490,00	430,00	370,00	370,00	620,00

E = Erfassungspreis; A = Aufkaufpreis
1 Vorläufige Angaben.
2 Entspricht 105,– Mark/dt (4 v.H. Fett).
3 Entspricht 172,– Mark/dt (4 v.H. Fett).

Quellen: Statistische Jahrbücher der DDR 1969, S. 345/346; 1972, S. 345; 1982, S. 259, und GBl. SDr. 1099 und 1101.

der technischen, ökonomischen und gesellschaftlichen Entwicklungsprozesse im Agrarsektor. Im Unterschied zu westlichen Ländern erfolgt die Erfassung des Datenmaterials in der DDR nicht durch Erhebungen neutraler Gutachter, sondern durch Meldesystem der Betriebe sowie der Räte der Kreise und Bezirke nach den Kennziffern, die in den Planvorgaben festgelegt sind. Dieses Erfassungssystem, verbunden mit der meist propagandistischen Zielsetzung der A., dürfte die Tendenz zur Meldung und Weitergabe beschönigter Zahlen zumindest fördern.

Im Gegensatz zur Bundesrepublik Deutschland werden in der DDR keine landwirtschaftlichen Einzelstatistiken, die hier wie dort Grundlage agrarpolitischer Entscheidungen sind, veröffentlicht. Die im Statistischen Jahrbuch der DDR ausgewiesenen Angaben zur Landwirtschaft (Arbeitskräfte- und Maschinenbesatz, Viehbestände, Erträge, Anbauflächen usw.) können zudem aufgrund der unterschiedlichen Erfassungsmethoden sowie in der Regel nicht bekannter, abweichender Umrechnungsfaktoren und Zuordnungsschlüssel nur selten direkt mit den statistischen Angaben aus der Bundesrepublik Deutschland verglichen werden. Für die Erntestatistik lassen sich z. B. allein dadurch, daß die DDR, wie auch die anderen Mitgliedsländer des → **Rates für Gegenseitige Wirtschaftshilfe (RGW)**, die Ernteergebnisse in Bruttowerten („nach Drusch und Rodung") ausweist, die bundesrepublikanische Erntestatistik dagegen die tatsächlich verwertbare Ernte in Rechnung stellt, methodisch bedingte Abweichungen zugunsten der DDR konstatieren, die je nach Fruchtart und Witterungsverlauf im Erntezeitraum zwischen 5 v. H. und 10 v. H. liegen.

Agrarsteuern: Anders als die Betriebe der staatseigenen Industrie waren die Landwirtschaftlichen Produktionsgenossenschaften (LPG) bis zum Jahre 1971 von der Zahlung von Betriebssteuern befreit. Zu diesem Zeitpunkt hatte sich die Ertragslage eines größeren Teils der LPG durch ständige staatliche Subventionen und die Zubilligung von vergleichsweise hohen Erzeugerpreisen so verbessert, daß diese Produktionsorganisationen nun zur Zahlung von Abgaben an den Staat verpflichtet werden konnten.

Mit Wirkung vom 1. 1. 1971 wurden alle LPG vom Typ III, die zwischenbetrieblichen (kooperativen) Produktionsorganisationen (Abteilungen) der LPG und die Volkseigenen Güter (VEG) verpflichtet, dann eine ökonomisch begründete Abgabe an den Fiskus zu leisten, wenn sie die Zahlungsvoraussetzungen des neuen Steuergesetzes erfüllten. Die damals eingeführte Abgabe setzte sich in den Jahren von 1971 bis 1975 aus zwei Steuerarten zusammen:

a) einer Abgabe auf das Bruttoeinkommen;
b) einer Konsumsteuer.

Das Bruttoeinkommen der LPG ergibt sich durch den Abzug der Sachkosten (Materialverbrauch plus Abschreibungen) vom Umsatzerlös. Diese Einkommensgröße enthält also noch die an die LPG-Mitglieder zu zahlenden Arbeitsvergütungen.

Abweichend von den auf die Pflanzenproduktion spezialisierten LPG wurden die industriemäßig produzierenden Betriebe der Tiererzeugung im August 1975 einer Spezialbesteuerung unterworfen. Mit Wirkung vom 1. 1. 1976 besteht die von ihnen verlangte ökonomisch begründete Abgabe in einer Steuer vom Gewinn. Mit der Einführung dieser beiden neuen Abgaben im Jahre 1971 und 1975 wurde die bis dahin von den einzelnen Genossenschaftsbauern erhobene Landwirtschaftssteuer abgeschafft. (Für die wenigen noch existierenden Einzelbauern blieb sie allerdings weiterhin in Kraft.)

1. Die bis 1971 erhobenen Agrarsteuern. Die **Landwirtschaftssteuer** vereinigte in einem Betrag die Steuerverpflichtungen aus drei Steuern, und zwar aus der **Einkommensteuer**, der **Umsatzsteuer** und der **Vermögensteuer**.

Für die aus der Entlohnung für ihre Arbeitsleistungen und aus der Gewinnbeteiligung (entsprechend den in die LPG eingebrachten Bodenanteilen) fließenden Einkommen mußten die Genossenschaftsbauern Einkommensteuer entrichten. Darüber hinaus unterlagen ihre Umsätze, z. B. beim Verkauf von Erzeugnissen aus ihrer privaten Hauswirtschaft, der Umsatzsteuerpflicht. Besaßen sie ein größeres Vermögen, zu dem auch das ihnen formal noch gehörende frühere Privatland zählte, so wurde die Zahlung von Vermögensteuer fällig. Mit ihrem Eintritt in die LPG hatten jedoch alle Genossenschaftsbauern die Vergünstigung erworben, ihre Steuerschuld bei der Einkommensteuer um 25 v. H., bei der

Tabelle 1

Nach Standortvorteilen differenzierte Steuerverpflichtungen der Agrarbetriebe in der DDR (Beispiele für differenzierte Abgabesätze auf das Bruttoeinkommen)

Gruppierungsnomenklatur für Betriebe mit ähnlichen natürlichen Produktionsbedingungen	Kurzbezeichnung	Durchschnittlicher Abgabesatz in v. H.
Betriebe mit milden, tiefgründigen, schwarzerdeähnlichen Lößböden (Ackerzahlen über 75)	Lö 1	21
Betriebe mit braunen Lößlehmböden und Anteilen von vorwiegend Verwitterungsböden (Ackerzahlen unter 55)	Lö 6	19
Betriebe mit guten, teils lehmigen Sandböden (Ackerzahlen von 28 bis 33)	D 3 Süd	10
Betriebe mit vorwiegend schweren Muschelkalkverwitterungsböden in ungünstiger klimatischer Lage (Ackerzahlen unter 35) Klima: Etwa 800 mm Niederschlag, 6,8 Grad Celsius	3	4

Quelle: J. Gurtz, G. Kaltofen, Der Staatshaushalt der DDR, Berlin (Ost) 1977, S. 108.

Umsatzsteuer um 75 v. H. und bei der Vermögensteuer um 50 v. H. kürzen zu dürfen.

2. Die Abgaben der kollektivierten Landwirtschaft von 1971 bis 1980. a) Die Abgabe auf das Bruttoeinkommen. Wirtschafts- und steuerpolitisch bestand das Hauptziel der 1971 eingeführten Abgabe auf das Bruttoeinkommen der LPG darin, einen Teil der Gewinnvorteile abzuschöpfen, die aufgrund der einheitlichen Festpreise für Agrarerzeugnisse alle diejenigen Produktionsgenossenschaften ohne mehr Leistungsaufwand haben, die durch die Güte ihrer Böden, durch Standortvorteile und durch gute klimatische Bedingungen begünstigt sind. An dieser Zielsetzung hat auch die 1980 beschlossene Umstellung der Steuerbemessungsgrundlage vom Bruttoeinkommen auf die Bezugsgrundlage des tatsächlich erwirtschafteten Gewinns nichts geändert.

Daneben sollte die ab 1971 erhobene Abgabe für mehr sozialen Ausgleich unter den landwirtschaftlichen Produzenten sorgen und die LPG mit den guten Böden zu noch höheren Leistungen anspornen.

Je nachdem, welche natürlichen Lagevorteile die LPG besaß oder unter welchen Produktionserschwernissen die Genossenschaftsbauern arbeiten mußten, wurden für bestimmte Standortbereiche durchschnittliche Abgabesätze als Basis der Zahlungsverpflichtungen festgesetzt. Der geringste Abgabesatz betrug 2 und der höchste 21 v. H. Steuerbemessungsgrundlage war das Bruttoeinkommen je Hektar (ha) landwirtschaftlicher Nutzfläche (LN).

Neben dem betriebsindividuellen Abgabesatz diktierte die Landwirtschafts- und Finanzverwaltung den Produktionsgenossenschaften in Form einer normativen Zielvorgabe, welchen Erlös sie durch die Pflanzenproduktion erwirtschaften sollten.

In den Jahren von 1971 bis 1975 wurden alle Einkünfte, welche die LPG über das staatlich gewünschte Norm-Einkommen hinaus erzielten, nur mit dem halben Steuersatz belegt. Vom 1. 1. 1976 an verringerte sich diese Steuerermäßigung auf 25 v.H. (vgl. GBl. I, 1975, S. 647). Durch diese Steuervergünstigungen sollten die LPG angespornt werden, ihre Produktion zu steigern, die Kosten zu senken und die Effektivität ihrer Arbeiten zu erhöhen.

Jedem sozialistischen Agrarbetrieb wurde neben den allgemein verbindlichen Steuertarifen der A. noch ein Mindestabführungsbetrag in Mark von seinem Bruttoeinkommen auferlegt, der auch bei schlechten Hektarerträgen und Erlösen gezahlt werden mußte. Diese Regelung hatte zur Folge, daß die Agrarbetriebe eine prozentual steigende Steuerlast tragen mußten, sofern ihre Erträge unter jenes Leistungsniveau absanken, das der Staat in jedem Einzelfall als erreichbaren Mindestertrag des von den einzelnen LPG bewirtschafteten Bodens ermittelt und festgelegt hatte.

Der Versuch, auf diesem Wege ein bestimmtes betriebsindividuelles Ertragsniveau zu sichern, wurde 1975 aufgegeben. Sofern die zuständigen Instanzen der Wirtschaftsverwaltung nach Prüfung der Leistungsbereitschaft und der Leistungsergebnisse der einzelnen Agrarbetriebe zu der Überzeugung gelangten, daß dieses steuerpolitische Druckmittel überflüssig war oder volkswirtschaftlich unerwünschte Ergebnisse zur Folge hatte, wurde ihnen vom Haushaltsjahr 1976 an freigestellt, auf die Festlegung von Mindestabführungsbeträgen zu verzichten. LPG, die infolge ihrer ungünstigen natürlichen Produktionsbedingungen ein geringeres Bruttoeinkommen als 1100 Mark je ha LN erwirtschafteten, wurden völlig von Abgaben freigestellt. Sofern ihr Einkommen diese Steuerfreigrenze ausnahmsweise einmal für ein Jahr überstieg, wurde eine Abgabe von nur 2 v. H. vom Bruttoeinkommen erhoben.

b) Die Besteuerung der individuellen Verbrauchseinkommen der Genossenschaftsbauern. Um sicherzustellen, daß die Produktionsgenossenschaften bei der Verteilung des Bruttoeinkommens die Kapitalbildung nicht zugunsten eines hohen Verbrauchs vernachlässigten, sondern angeregt wurden, das für die Durchführung ihrer Meliorations- und Baumaßnahmen sowie ihrer Ausrüstungsinvestitionen benötigte Kapital selbst zu akkumulieren, wurde ab 1971 auch die Zahlung von Leistungsentgelten an die Genossenschaftsbauern besteuert (= Besteuerung der Bruttoeinkommensverwendung für Konsumzwecke). Eine derartige Abgabe mußten bis 1980 alle die Landwirtschaftsbetriebe entrichten, bei denen die von ihnen verlangten Ertragssteuern nicht auf der Grundlage des Gewinns erhoben, sondern in Abhängigkeit vom Bruttoeinkommen bemessen wurden. Steuerschuldner der „Konsumtionsabgabe“ waren

Tabelle 2

Abgabesätze auf den Gewinn der gewinnsteuerpflichtigen Agrarbetriebe (Auszug)

Grundfondsrentabilität – angegeben in absoluten Beträgen je 1000 Mark Anlagevermögen – über (Mark)	bis	Abgabesatz vom jährlich erzielten Gewinn in v. H.
	40	0
45	50	1
55	60	2
65	70	3
75	80	4
85	90	5
95	100	6,4
105	110	7,8
115	120	9,2
125	130	10,6
135	140	12,2
145	150	13,8
.	.	
195	200	22,4
.	.	
245	250	31,4
.	.	
285	290	39,0
290		40,0

Quelle: Anlage zum Beschluß über die Vervollständigung der ökonomischen Maßnahmen in der Landwirtschaft und Nahrungsgüterwirtschaft zur weiteren sozialistischen Intensivierung – Auszug – vom 28. 8. 1975, GBl. I, 1975, S. 649.

nicht die einzelnen Genossenschaftsbauern, sondern die LPG.
War die den LPG-Mitgliedern für ihre Arbeitsleistungen ausbezahlte Jahresvergütung geringer als 7200 Mark je Vollbeschäftigten-Einheit, so entfiel eine Besteuerung (= Steuerfreigrenze). Alle über diesen Betrag hinaus gezahlten Vergütungen unterlagen einer scharf progressiven Besteuerung.
Die von den LPG für die kulturelle Unterrichtung und die soziale Betreuung ihrer Mitglieder aufgewendeten Geldmittel zählten nicht zu den für Konsumzwecke ausgeschütteten Erlösen. Sie wurden daher bei der Feststellung der Steuerbemessungsgrundlage ausgeklammert.
c) Umstellung ausgewählter Agrarbetriebe auf die Gewinnbesteuerung. Für diejenigen Agrarbetriebe, die sich Mitte der 70er Jahre nur noch mit der industriemäßig organisierten Tierzucht und Tierverwertung befaßten, trat mit Wirkung vom 1. 1. 1976 eine spezielle Form der Gewinnbesteuerung in Kraft. Um die Höhe der jährlichen Abgabeverpflichtungen an den Fiskus zu ermitteln, mußtc zunächst der erzielte Gewinn ins Verhältnis zum Anlagevermögen des Betriebes gesetzt werden. Dabei wurden die Grundfonds (= Anlagekapital) zu Anschaffungspreisen bewertet. Die Besteuerung erfolgte dann entsprechend der in den einzelnen Wirtschaftsjahren erreichten Grundfondsrentabilität (= Kapitalrentabilität = Höhe des Gewinns in Mark je 1000 Mark Anlagevermögen).
Der in dieser Tabelle festgelegte Tarif galt für alle gewinnsteuerpflichtigen Agrarbetriebe. Zu dieser Gruppe von Betrieben gehörten neben den industriemäßig produzierenden LPG für die Aufzucht von Nutzvieh ebenfalls die auf diese Aufgabe spezialisierten zwischenbetrieblichen Einrichtungen und zwischengenossenschaftlichen Produktionsorganisationen.
Über die Kapitalrentabilität und die steuerliche Ertragskraft dieser Betriebe liegen nur unzureichende Informationen vor. Aus der Fachliteratur geht lediglich hervor, daß die 1976 eingeführte Gewinnbesteuerung dieser Gruppe von Betrieben nicht in erster Linie darauf gerichtet war, der Staatskasse möglichst hohe Einnahmen zu verschaffen. Zweck der Umstellung war vielmehr zu erproben, ob für Agrarbetriebe die Gewinnbesteuerung eine geeignete Form der Besteuerung ist. Außerdem sollte die neue gestaffelte Gewinnabschöpfung verhindern, daß innerhalb der DDR zu große Unterschiede zwischen den Einkommen, der Kapitalbildung und der Expansionskraft von gut wirtschaftenden und weniger gut wirtschaftenden Betrieben der Tierproduktion eintraten.
Im Vergleich zu den auf Bruttoeinkommensbasis be-

Tabelle 3

Besteuerung der auf die Pflanzenproduktion spezialisierten LPG in den Jahren 1981–1983 differenziert nach Standortvorteilen

Gewinn in Mark je Hektar (ha) landwirtschaftlicher Nutzfläche (LN)		Natürliche Produktionsbedingungen der LPG abgestuft nach der Bodengüte und der Gunst der klimatischen Verhältnisse			
		Lößböden Kategorie 1–3; Lö 1–3	Lößböden Kategorie 4–6; Lö 4–6; Alluvialboden Kategorie 3; AL 3, Erfurt	Diluvialboden Kategorie 3; D 3 Süd; Alluvialboden Kategorie 2; AL 2	Verwitterungsboden Kategorie 9; V 9; AL 1
über	bis	Steuerbetrag in Mark je Hektar LN[1]			
0	40	abgabefrei			
40	50	20	19	8	2
90	100	40	38	16	4
140	150	60	57	24	6
190	200	80	76	32	8
240	250	100	96	42	13
290	300	120	116	52	18
340	350	140	136	65	23
390	400	165	156	80	28
440	450	190	180	95	33
490	500	215	210	115	43
540	550	245	240	135	53
590	600	280	275	155	68
640	650	315	310	175	88
690	700	350	345	200	110

1 Erzielten Landwirtschaftsbetriebe einen Gewinn über 700 Mark/ha LN, so mußten sie – unabhängig von den natürlich-ökonomischen Produktionsbedingungen – zusätzlich zu der bis 700 Mark/ha LN ermittelten Abgabe für den 700 Mark/ha LN übersteigenden Betrag noch eine Steuer in Höhe von 50 v. H. vom erzielten Gewinn an den Fiskus zahlen.

Quelle: Anlage (Tabelle 1) zum Beschluß über die Weiterentwicklung der ökonomischen Maßnahmen in der sozialistischen Landwirtschaft und Nahrungsgüterwirtschaft ab 1981 – Auszug – vom 8. 5. 1980, GBl. I, S. 139.

steuerten LPG bedeutete diese neue Steuerform einen finanziellen Vorteil für die entsprechend besteuerten Betriebe. Durch diese gezielte Entlastung sollten weitere Agrarbetriebe angespornt werden, aus eigenem Antrieb ebenfalls zur industriemäßigen Tierproduktion überzugehen.

Von der Anlage her schien das 1976 eingeführte neue Verfahren einer nur mäßig progressiven Besteuerung der Gewinne ausgewählter Agrarbetriebe durchaus geeignet zu sein, um diese zur Erreichung einer hohen Kapitalrentabilität anzuspornen. Tatsächlich konnte jedoch auch mit diesem auf Anreizwirkungen bedachten Besteuerungssystem die allgemeine Ertragsschwäche der Tierproduktionsbetriebe in der DDR nicht überwunden werden.

3. Die Besteuerung der sozialistischen Landwirtschaft von 1981 bis 1983. Mit Wirkung vom 1. 1. 1981 wurde das System der A. erneut umgestaltet. War bis dahin bei den genossenschaftlichen Betrieben der Pflanzenproduktion das Bruttoeinkommen Steuerbemessungsgrundlage, so wurde jetzt auch dort der „tatsächlich erwirtschaftete Gewinn" zur Bezugsbasis für die Ermittlung der Steuerverpflichtungen (GBl. I, 1980, S. 135ff.). Die jeweilige Höhe der Abgabenbeträge und die Staffelung des Steuertarifs berücksichtigten einerseits wieder die Unterschiede der natürlichen Produktionsbedingungen für die einzelnen Agrarbetriebe (= Bodenqualität, natürliche Standortvorteile). „Ziel der Änderung der Abgabenregelung in der Pflanzenproduktion (war)" – nach Angaben des Gesetzgebers – „eine stärkere Abschöpfung von Mitteln aus Gebieten mit sehr guten und guten Produktionsbedingungen und eine Entlastung der Betriebe mit ungünstigen Bedingungen" (GBl. I, 1980, S. 135ff., hier die Anlage, Kapitel I, Abschnitt 3). Andererseits richtete sich die Höhe der zu zahlenden Ertragssteuern nach der Höhe des Gewinns, der pro Hektar LN erwirtschaftet wurde (vgl. Tabelle 3).

In Übereinstimmung mit der bereits 1976 eingeführten Gewinnbesteuerung bei den industriemäßig produzierenden Betrieben der Nutzviehhaltung und -verwertung wurde auch bei der 1981 eingeführten Form der Gewinnbesteuerung der LPG für Pflanzenbau strikt vermieden, durch eine womöglich rigoros wirkende Gewinnabschöpfung die Leistungsbereitschaft der Genossenschaftsbauern zu dämpfen. Aus diesem Grunde wurden den Betrieben die durch Effektivitätsverbesserungen erzielten Zusatzgewinne jeweils zu einem größeren Teil belassen. Über die einbehaltenen Gewinne dürfen bekanntlich die Leitungen der Agrarbetriebe in einem begrenzten Umfang nach eigenem wirtschaftlichen Ermessen disponieren.

Im Unterschied zu den LPG gelten seit langem für die Besteuerung der mit der Pflanzenproduktion befaßten Volkseigenen Güter (VEG = Staatsgüter) die Bestimmungen über die Nettogewinnabführung der staatseigenen Betriebe und Kombinate (→ **Steuern**).

Auch bei den Betrieben der Tierproduktion wurde mit Wirkung vom 1. 1. 1981 das Besteuerungsverfahren erneut geändert. Der auf die erreichte Kapitalrentabilität dieser Produktionsorganisationen bezogene Steuertarif wurde außer Kraft gesetzt. Von 1981 bis 1983 mußten alle Betriebe der Tierproduktion in der DDR eine sogenannte ergebnisbezogene Abgabe an den Fiskus überweisen. Die Höhe der zu zahlenden Ertragssteuer hing dabei vom „Niveau der Rentabilität" ihrer Produktion (Gewinn je 1000 Mark Selbstkosten) ab. Nach diesem Steuertarif betrug die maximale Abgabehöhe 50 v.H. des erwirtschafteten Gewinns (s. Tabelle 4). Betriebe, die je 1000 Mark Selbstkosten nur 40 Mark Gewinn erwirtschafteten, waren von der Steuer befreit (= Steuerfreigrenze). Für die überwiegend mit Tierproduktion befaßten VEG galten diese Besteuerungsvorschriften nicht. Diese Betriebsform wird vom Fiskus nach den Vorschriften über die Nettogewinnabführung zur Finanzierung von Staatsaufgaben herangezogen.

Auch die Besteuerung der Meliorationsgenossenschaften und die der Zwischengenossenschaftlichen Bauorganisationen für Landbaumaßnahmen (ZBO) wurde ab 1980 neu gestaltet. In der Zeit zwischen 1976 und 1980 mußten diese Betriebe eine Gewinnsteuer zahlen, die bei der erstgenannten Gruppe von Betrieben 40 v.H. und bei den ZBO 15 v.H. vom erzielten Gewinn betrug. Als besondere Steuererleichterung war den beiden Be-

Tabelle 4

Steuersätze der auf die Tierproduktion spezialisierten LPG in den Jahren 1981–1983 (Besteuerung in Abhängigkeit vom Gewinn-Niveau in Mark)

Erreichtes Gewinn-Niveau[1] über	in Mark	bis	Steuersatz[2] in v.H.
		40	0,0
40		41	0,1
50		51	1,1
60		61	2,1
70		71	3,1
80		81	4,2
90		91	6,2
100		101	8,8
110		111	12,4
120		121	16,4
130		131	20,5
140		141	25,5
150		151	29,9
160		161	33,9
170		171	37,3
180		181	40,3
190		191	43,2
200		201	45,2
210		211	47,2
220		221	49,2
225			50,0[3]

1 Das erreichte Gewinn-Niveau wurde ermittelt als das Verhältnis von Gewinnsumme in Mark je 1000 Mark Selbstkosten.
2 Bezugsgrundlage des Steuersatzes ist die Gewinnsumme.
3 Höchster Steuersatz.

Quelle: Anlage (Tabelle 2) zum Beschluß über die Weiterentwicklung der ökonomischen Maßnahmen in der sozialistischen Landwirtschaft und Nahrungsgüterwirtschaft ab 1981 – Auszug – vom 8. 5. 1980, GBl. I, S. 140.

triebsformen vom Gesetzgeber zugestanden worden, daß sie vor der Steuerbemessung ihre Gewinne um die gezahlten Schuldzinsen für Grundmittelkredite (= Investitionskredite) und um die Zuführungen zum Betriebsprämienfonds kürzen durften. Mit Wirkung vom 1. 1. 1981 wurde die Besteuerung der Meliorationsgenossenschaften und der ZBO der Besteuerungstechnik angepaßt, wie sie zum gleichen Zeitpunkt auch für die LPG der Tierproduktion eingeführt wurde. Seitdem galt für die beiden Betriebsformen kein proportionaler Steuersatz mehr, sondern ihre Steuersätze stiegen jetzt ebenfalls von einer bestimmten Steuerfreigrenze progressiv an und erreichten bei 50 v. H. vom erzielten Gewinn den Höchstsatz. Berechnungsgrundlage der Steuerschuld war von 1981 bis 1983 ebenfalls das Gewinn-Niveau, das als Verhältnis von Gewinnsumme in Mark zu jeweils 1000 Mark Selbstkosten der „realisierten Warenproduktion" (= Warenabsatz) ermittelt wurde (s. Tabelle 4).

Als Ergebnis der steuerpolitischen Reorganisationsmaßnahmen der DDR-Wirtschaftsführung gilt seit dem Beginn der 80er Jahre auf dem Gebiet der A. ein weitgehend einheitlich gestaltetes Besteuerungssystem. Dieses unterscheidet heute im wesentlichen nur noch hinsichtlich der Besteuerungstechnik zwischen den genossenschaftlichen Betriebsgruppen für Pflanzenbau einerseits und den für Tierproduktion andererseits. Das vielgestaltige, nach Eigentumsformen, Betriebsarten und Produktionsrichtungen differenzierte Besteuerungssystem, wie es in den Jahren zuvor bestand, gehört damit seit 1981 der Vergangenheit an.

4. Die Besteuerung der kollektivierten Pflanzenbau- und Tierzuchtbetriebe ab 1984. Zugleich mit der Inkraftsetzung der Agrarpreisreform und dem Inkrafttreten weiterer flankierender agrarpolitischer Reorganisationsmaßnahmen hat die Regierung der DDR am 1. 1. 1984 zum dritten Mal innerhalb der letzten 13 Jahre ein neues A.-System eingeführt. Die bis Ende 1983 erhobene Steuer auf die persönlichen Einkünfte der Genossenschaftsbauern (= Abgabe auf die Konsumtion) wurde abgeschafft. Die mit Beginn dieses Jahres verbindliche „Abgabenordnung für die Genossenschaften der sozialistischen Landwirtschaft" regelt die *betriebliche* Besteuerung folgender Arten von Genossenschaften: LPG, Gärtnerische Produktionsgenossenschaften (GPG), Produktionsgenossenschaften der Binnenfischer (PGB)

Tabelle 5

Besteuerung der auf die Pflanzenproduktion spezialisierten LPG ab 1984 (Steuersätze für die „ergebnisbezogene Abgabe")

Steuerbezugsbasis Nettoertrag der LPG (= Jahreswirtschaftsergebnis) minus betriebsindividueller Festbetrag je ha LN	Steuer in Mark je ha LN	Steuerbezugsbasis Nettoertrag der LPG (= Jahreswirtschaftsergebnis) minus betriebsindividueller Festbetrag je ha LN in der Spanne von	bis	Zusätzliche Steuerbelastung je Mark Nettoertrag je ha LN innerhalb der in den Spalten 3 und 4 angegebenen Ertragsspanne
1	2	3	4	5
100	0	100	200	0,35
200	35	200	300	0,35
300	70	300	400	0,40
400	110	400	500	0,45
500	155	500	600	0,50
600	205	600	700	0,50
700	255	700	800	0,55
800	310	800	900	0,60
900	370	900	1 000	0,60
1 000	430	1 000	1 100	0,65
1 100	495	1 100	1 200	0,65
1 200	560	1 200	1 300	0,70
1 300	630	1 300	und darüber	0,70
1 400	700			
1 500	770			
1 600	840			
1 700	910			
1 800	980			
1 900	1 050			
2 000	1 120			
2 100	1 190			
2 200	1 260			
2 300	1 330			
2 400	1 400			
2 500	1 470			

Quelle: „Anordnung über die Erhebung einer ökonomischen Abgabe von den Produktionsgenossenschaften der sozialistischen Landwirtschaft und deren kooperativen Einrichtungen sowie über die Gewährung standortbezogener Zuschläge – Abgabeanordnung für Genossenschaften der sozialistischen Landwirtschaft" – vom 31. 1. 1983, GBl. SDr. 1111, S. 12/13.

und Produktionsgenossenschaften Werktätiger Pelztierzüchter. Weiterhin erstreckt sich ihr Geltungsbereich auch auf die kooperativen Einrichtungen dieser Genossenschaften (vgl. GBl., SDr. 1111 vom 31. 1. 1983).
Produktionsgenossenschaften, die ihre Produktionsaufgaben unter extrem ungünstigen natürlichen Bedingungen zu erfüllen haben, sind von einer Steuerzahlung befreit und erhalten in bestimmten Fällen zur Erlösaufbesserung standortbezogene Preiszuschläge aus der Staatskasse. Die Erträge, welche die Genossenschaftsbauern durch die Bebauung ihres privaten Hoflandes und durch die private Aufzucht von Tieren erzielen, unterliegen nicht den nachstehend vorgestellten Besteuerungsvorschriften.
Das neue A.-Recht der DDR vermeidet es, die gesetzlich festgeschriebenen Pflichtzahlungen der Agrarbetriebe Steuern zu nennen. Statt dessen spricht der Gesetzgeber stets nur von den „ökonomischen Abgaben" der sozialistischen Genossenschaften.
Wichtigste Neuerung im A.-System ab 1984 ist die völlige Umgestaltung der Steuertarife für die Agrarbetriebe. Nach dem alten Tarifsystem wurden die Gewinne der mit der Pflanzenproduktion befaßten LPG nicht nach einem Einheitssteuertarif besteuert, sondern in unterschiedlichem Ausmaß zur Besteuerung herangezogen. Die Abgabenbelastung erfolgte durch *unterschiedliche* Steuertarife, die je nach der Güte der von den LPG bebauten Böden und der Gunst der klimatischen und wasserwirtschaftlichen Verhältnisse an den einzelnen Produktionsstandorten differenziert wurden (s. Tabelle 3). Diese Form der Milderung der Besteuerungslasten für LPG, die mit weniger guten Böden ausgestattet sind, ist ab 1984 aufgegeben worden. Nunmehr werden die Erträge aller Pflanzenbau-LPG nach einem Einheitssteuertarif besteuert.
Ab 1984 erfolgt die Differenzierung der Steuerlasten bei den LPG Pflanzenproduktion, mit deren Hilfe die Auswirkungen der Differentialrente auf die Höhe der verteilbaren Nettoerträge nach Steuern begrenzt werden sollen, nach einem neuen Verfahren. Nach der neuen Besteuerungsmethodik wurde der einheitliche Abgabentarif in zwei Tarifteile aufgegliedert:
1. Im ersten Teil wird angegeben, welche „Festbeträge in Mark je Hektar landwirtschaftlicher Nutzfläche" die einzelnen LPG an den Fiskus abführen müssen.
2. Die im zweiten Tarifteil ausgewiesenen Steuersätze zeigen an, welche Abgaben die LPG von denjenigen Nettoerträgen an die Staatskasse leisten müssen, die nach Abzug der „Festbeträge" von den erzielten betrieblichen Nettoerträgen noch übriggeblieben sind (s. Tabelle 5).
Ebenso wie vor 1984 die Steuertarife sind nunmehr die festen Abgaben je Hektar landwirtschaftlicher Nutzfläche (= Festbeträge) nach der Güte der bewirtschafteten Böden und nach der Gunst der klimatischen und wasserwirtschaftlichen Verhältnisse stark gestaffelt worden (= Steuerdifferenzierung nach „natürlichen Standorteinheiten").
LPG, die ergiebige Lößböden bearbeiten (Standortkennziffer Lö 1 bis Lö 5), sind verpflichtet, die höchsten Festbeträge an die Staatskasse zu zahlen. Ihre Abgabenverpflichtungen belaufen sich im Wirtschaftsjahr auf 530 bis 600 Mark je Hektar landwirtschaftlicher Nutzfläche. Gebieten LPG dagegen nur über Anbauflächen, die agrarwirtschaftlich zu den schlechtesten Böden der DDR gehören (Standortkennziffern V 4, V 8 und Al 1), so verlangt der Fiskus von ihnen nur feste Abführungsbeträge in Höhe von 70, 50 und 20 Mark je Hektar landwirtschaftlicher Nutzfläche.
Die Höhe des zu versteuernden Jahreswirtschaftsergebnisses der LPG Pflanzenproduktion ergibt sich aufgrund nachstehender Erfolgsrechnung:

Schaubild

Betriebliche Erfolgsrechnung der LPG Pflanzenproduktion
(Ermittlung des Jahreswirtschaftsergebnisses)

1. Abgesetzte landwirtschaftliche Produkte und Leistungen in Mark
\+ 2. Geldwert der Bestandserhöhungen bei Halb- und Fertigwaren
\+ 3. Erlöse aufgrund von Rekultivierungsmaßnahmen

= Bruttoprodukt in Mark

./. **Produktionskosten**
a) Materialverbrauch
b) Löhne und Vergütungen

./. **Sonstige Kosten**
a) Entschädigungen und sonstige kostenwirksame Zuwendungen
b) Schuldzinsen
c) Versicherungsbeiträge u. ä.

= Zu versteuerndes Jahresergebnis
(= Nettoertrag vor Steuern)

Wie schon in den Jahren 1981 bis 1983 werden die Leistungsergebnisse der auf die Tierproduktion spezialisierten LPG nach einem anderen Tarif besteuert als diejenigen der LPG Pflanzenproduktion (s. Tabelle 6). Bezugsgrundlage für die Besteuerung dieser Produktionsgenossenschaften ist das von ihnen im Wirtschaftsjahr erreichte „Rentabilitätsniveau". Um die in der Wirtschaftsperiode erreichte „Rentabilität" zu ermitteln, wird der erwirtschaftete Nettoertrag ins Verhältnis zu jeweils 1000 Mark des im gleichen Zeitraum erzeugten Bruttoprodukts gesetzt (s. Schaubild und Tabelle 6).
Die vom Gesetzgeber für bestimmte Nettoertragssummen je 1000 Mark Bruttoprodukt festgesetzten Steuersätze wurden in der Tabelle 6 zusammengestellt. Nach dem neuen Steuertarif müssen die LPG Tierproduktion bei steigendem „Rentabilitätsniveau" ebenfalls steigende Steuersätze hinnehmen. Dabei nimmt jedoch die Grenzsteuerbelastung mit steigender Rentabilität leicht degressiv ab. Bei einem Nettogeldertrag von 350 Mark je 1000 Mark erzeugtes Bruttoprodukt erreicht die Abgabenbelastung den Spitzensteuersatz von 55 v. H. Soweit LPG, die sich auf die Tierzucht und auf die

Tabelle 6

Besteuerung der auf die Tierproduktion spezialisierten LPG ab 1984 (Ausgewählte Steuersätze in Abhängigkeit vom erreichten „Rentabilitätsniveau“)

Erzielter Nettoertrag im Wirtschaftsjahr in Mark je 1000 Mark Bruttoprodukt	Steuersätze in v. H. bezogen auf den erzielten Nettoertrag (Jahreswirtschaftsergebnis)
55	0
60	2,50
70	7,50
80	12,38
90	16,96
100	21,21
110	25,13
120	28,70
130	31,80
140	34,45
150	36,77
160	38,77
170	40,54
180	42,12
190	43,54
200	44,81
210	45,96
220	47,00
230	47,95
240	48,82
250	49,62
260	50,34
270	51,04
280	51,64
290	52,24
300	52,77
310	53,27
320	53,77
330	54,20
340	54,60
350	55,00
über 350	55,00

Quellen: wie bei Tabelle 5; Schaubild

Erzeugung von tierischen Veredelungsprodukten spezialisiert haben, außerdem auch noch im begrenzten Umfang Pflanzenproduktion betreiben, dürfen diese – vor der Ermittlung ihres „Rentabilitätsniveaus“ (= Bezugsgrundlage der Besteuerung) – vom errechneten Nettoertrag zunächst einmal den für ihre Bodenqualität festgelegten „Festbetrag“ abziehen.

Um einen die Leistungsbereitschaft der Genossenschaftsbauern dämpfenden Anstieg der Grenzsteuerbelastung zu verhindern, hat der Gesetzgeber die Wirtschaftsbehörden angewiesen sicherzustellen, daß vom Jahre 1985 an mindestens 30 v. H. der jährlichen Steigerung der Nettogelderträge zur Auffüllung der eigenen Finanzfonds in den LPG verbleiben.

Agrarwissenschaften: *1. Wissenschaftsgebiete.* Die A. befassen sich mit der Erforschung und Lehre der natürlichen, technischen und ökonomischen Bedingungen der landwirtschaftlichen Produktion. Die A. umfassen eine Vielzahl unterschiedlicher selbständiger Disziplinen der naturwissenschaftlichen Grundlagenfächer, der technischen Wissenschaften und der Gesellschaftswissenschaften.

Die landtechnischen Disziplinen entwickelten sich als Spezialbereiche der Technikwissenschaften und als neue Erfordernisse der agrarischen Wissenschaften. Die aus den Naturwissenschaften Biologie, Chemie, Physik u. a. entstandenen Fachdisziplinen sind z. B. Acker- und Pflanzenbau, Pflanzen- und Tierernährung, Pflanzen- und Tierzucht; die aus den technischen Disziplinen hervorgegangenen landwirtschaftlichen Gebiete sind u. a. Landtechnik, Landwirtschaftliches Bauwesen, Meliorationstechnik. Der gesellschaftswissenschaftliche Bereich umfaßt Agrargeschichte, Agrarrecht, Agrar- und Ernährungswirtschaft, Agrarsoziologie, Agrarökonomie u. a. Institutionen der A. sind landwirtschaftliche Sektionen der Universitäten, landwirtschaftliche Hochschulen, staatliche Akademien und Gesellschaften sowie Institute und Forschungsanstalten.

Wesensmerkmal der A. in der DDR ist die enge Verknüpfung der wissenschaftlichen Forschung mit der landwirtschaftlichen Praxis, wie auch die Lehrtätigkeit häufig mit der Tätigkeit in landwirtschaftlichen Betrieben verbunden sein kann.

Zwei Disziplinen aus dem gesellschaftswissenschaftlichen Bereich sind besonders hervorzuheben: Agrarökonomie und Agrarsoziologie. Diese Disziplinen haben in der → **Agrarpolitik** der → **Sozialistischen Einheitspartei Deutschlands (SED)** für die Realisierung ihrer gesellschaftspolitischen Zielvorstellungen auf dem Land im allgemeinen und die Landwirtschaft im speziellen besondere Bedeutung.

a) Agrarökonomie (Aö.): Nach DDR-Verständnis sind die Grundlagen der sozialistischen Aö. von K. Marx und F. Engels geschaffen und von W. I. Lenin weiterentwikkelt worden. Aus Erfahrungen und Ergebnissen der UdSSR entstand in der DDR eine Aö., die sich voll und ganz auf die Klassiker des Marxismus-Leninismus stützt. Die Aö. als Zweig der politischen Ökonomie umfaßt heute sowohl die Ökonomie der Landwirtschaft (innerhalb der Volkswirtschaft) als auch die → **Sozialistische Betriebswirtschaftslehre (SBWL)** für Landwirtschaftsbetriebe. Gemeinsame Aufgabe beider Wissenschaftszweige ist die Erforschung und Lehre der ökonomischen Gesetzmäßigkeiten bei der Planung, Leitung und Organisation der Wirtschaftsabläufe innerhalb der Landwirtschaft bzw. deren Betriebe. Ziel der Forschungstätigkeiten ist die Erarbeitung wissenschaftlicher Grundlagen einer effektiven und nutzbringenden Nahrungsgüterproduktion.

Im Hinblick auf die volkswirtschaftliche Bedeutung der Aö. sollen mit ihrer Hilfe Grundlagen für die Leitung und Planung des Sektors Landwirtschaft innerhalb des → **Agrar-Industrie-Komplexes (AIK)** erarbeitet werden, die den effektivsten Einsatz der verfügbaren Produktionsmittel ermöglichen. Für die im engeren Sinne betriebliche Aö. ist im Verlauf der verschiedenen Kollektivierungsphasen der Landwirtschaft die betriebswirtschaftliche Orientierung der → **landwirtschaftlichen**

Betriebsformen ständig verändert worden. In Zielsetzung und Methode unterscheidet sich die betriebliche Aö. dabei nicht wesentlich von der sozialistischen Betriebswirtschaftslehre. Im → **Wissenschaftlichen Rat** für gesellschaftliche und ökonomische Fragen des volkswirtschaftlichen Agrar-Industrie-Komplexes werden Forschungsergebnisse beraten und mit anderen Gebieten verglichen bzw. verallgemeinert. Der Wissenschaftliche Rat hat seinen Sitz an der → **Parteihochschule „Karl Marx" beim ZK der SED**.

b) Agrarsoziologie (As.): Die As. ist ein Teilbereich der marxistisch-leninistischen Soziologie (→ **Soziologie und Empirische Sozialforschung**, IV. D.). Die As. erforscht die soziale Entwicklung auf dem Lande und in der Landwirtschaft unter besonderer Berücksichtigung der gesellschaftlichen Zielstellung der Überwindung der wesentlichen Unterschiede zwischen Stadt und Land. Die As. untersucht die Wechselbeziehungen zwischen wissenschaftlich-technischen, wirtschaftlichen, sozialen und geistig-kulturellen Entwicklungen der zunehmend industriemäßig produzierenden Landwirtschaft sowie der in ihr tätigen Landbevölkerung und deren veränderte Lebensweise (→ **Lebensweise, Sozialistische**).

2. Forschungsorganisation. a) **Akademie der Landwirtschaftswissenschaften der DDR (AdL)**: Durch Beschluß des Ministerrates vom 11. 1. 1951 wurde die Deutsche Akademie der Landwirtschaftswissenschaften zu Berlin (DAL) gegründet; seit 1972 trägt sie ihren jetzigen Namen. Die AdL ist die zentrale Forschungseinrichtung für die Landwirtschafts- und Forstwissenschaften der DDR. Sie untersteht dem → **Ministerium für Land-, Forst- und Nahrungsgüterwirtschaft (MfLFN)**. Die Organe der AdL sind der Präsident, das Präsidium, das Plenum (Vollversammlung der Akademiemitglieder) und die Sektionen. Die Sektionen entsprechen den einzelnen Wissenschaftszweigen; in ihnen arbeiten in der Regel Wissenschaftler, Praktiker sowie Vertreter der SED und der → **Massenorganisationen** zusammen. Zur AdL gehören 2 Forschungszentren, 20 Institute sowie weitere Einrichtungen (z. B. Lehr- und Versuchsgüter mit rd. 35000 ha LN). Die AdL hat rd. 10000 Beschäftigte, von denen etwa 2000 Wissenschaftler sind.

Die AdL plant und koordiniert die Forschung in den A. mit den anderen → **Akademien**, den → **Universitäten und Hochschulen** sowie mit benachbarten Einrichtungen anderer Wirtschafts- und Wissenschaftszweige. Die AdL ist die zentrale Leitinstitution für die Zusammenarbeit auf dem Gebiet der A. mit anderen Staaten. Sie dient ferner als Zentraleinrichtung zur Auswertung und Sammlung internationaler Forschungsergebnisse. – Als Leiteinrichtung im Bereich Informationssammlung und -vermittlung verfügt die AdL über das Institut für landwirtschaftliche Information und Dokumentation (ILID). Dieses Institut gliedert sich in die Abteilungen Information, Dokumentation, Publikation und in die landwirtschaftliche Zentralbibliothek. Das ILID gibt produktionsorientierte Informationsreihen sowie Referatekarteien heraus. Außerdem veröffentlicht das ILID das 1953 von der DAL gegründete „Landwirtschaftliche Zentralblatt". Das ILID arbeitet eng mit AGROINFORM, dem internationalen Informationssystem auf dem Gebiet der Land- und Forstwirtschaft (1964 für die Mitgliedsländer des RGW mit Sitz in Moskau gegründet) zusammen.

Für hervorragende wissenschaftliche Leistungen verleiht die AdL die „Erwin-Baur-Medaille".

b) Universitäten und Hochschulen: Agrarwissenschaftliche Sektionen existieren an den Universitäten zu Berlin, Dresden, Halle, Jena, Leipzig und Rostock. Den Sektionen gehören je nach den in ihnen vertretenen Schwerpunkten in Forschung und Lehre spezielle Institute an: z. B. für Pflanzen- bzw. Tierproduktion, für das Veterinärwesen, für Agrartechnik, für Lebensmitteltechnologie, für Ernährungswissenschaften. Insgesamt gibt es ca. 100 derartige Institute. Die Universität Leipzig ist darüber hinaus auf die tropische und subtropische Landwirtschaft spezialisiert. Studenten aus Entwicklungsländern werden vornehmlich an der Universität Halle ausgebildet.

Die Hochschulen für landwirtschaftliche Produktionsgenossenschaften in Meißen bzw. für Landwirtschaft und Nahrungsgüterwirtschaft in Bernburg bilden vor allem Fach- und Führungskader aus. Insgesamt sind an den Universitäten und Hochschulen rd. 8000 Studierende in den agrarwissenschaftlichen Disziplinen eingeschrieben. Die jährlichen Absolventenzahlen betragen: rd. 600 in der Pflanzen- bzw. Tierproduktion und für die Agrartechnik; rd. 180 in der Lebensmitteltechnologie; rd. 40 im Veterinärwesen.

Während die agrarwissenschaftlichen Einrichtungen an den Universitäten dem → **Ministerium für Hoch- und Fachschulwesen** zugeordnet sind, unterstehen die beiden Hochschulen in Bernburg und Meißen dem Ministerium für Land-, Forst- und Nahrungsgüterwirtschaft.

c) Agrarwissenschaftliche Gesellschaft der DDR (AwG, auch AwiG): Diese Organisation wurde am 12. 10. 1960 als Deutsche Agrarwissenschaftliche Gesellschaft gegründet; ihren heutigen Namen erhielt sie 1971. Die AwG besitzt Untergliederungen in den Bezirken und Kreisen; daneben bestehen auf allen Ebenen des Organisationsaufbaues Fachkommissionen. Der alle 5 Jahre stattfindende Kongreß der AwG wird auf Bezirksdelegiertenkonferenzen vorbereitet. Die SED nutzt die AwG, um die in dieser Organisation zusammengefaßten Hoch- und Fachschulkader sowie Spezialisten der Land-, Forst- und Nahrungsgüterwirtschaft für ihre agrarpolitischen Ziele zu gewinnen. Die AwG ist darüber hinaus ein wichtiges Instrument zur Weiterqualifizierung der in der Landwirtschaft praktisch Tätigen. Diesem Ziel dienen zeitweilige Arbeitsgemeinschaften, Exkursionen in Mustereinrichtungen, Einzelvorträge und Seminare. Die AwG hat über 50000 Mitglieder und mehr als 450 Arbeitsgemeinschaften.

d) Sonstige Einrichtungen der A.: 1. Das 1975 vom → **Ministerrat** der DDR bestätigte Institut für Ökonomik der Landwirtschaft und Nahrungsgüterwirtschaft (1972 als Institut für Agrarökonomik gegründet) ist eine zentrale wissenschaftliche Einrichtung des MfLFN. Das Institut erforscht grundlegende Probleme der Weiterentwicklung der Land- und Nahrungsgüterwirtschaft. Im Mittelpunkt seiner Forschungsaktivitäten stehen die ökonomischen Wechselbeziehungen und die Auswirkungen des Übergangs zur industriemäßig betriebenen Landwirtschaft, sowie die Steigerung der Effektivität mit Hilfe neuer Organisationsformen und verbesserter Produktionsverfahren. Weiter befaßt sich dieses Institut allgemein mit der Erhöhung der Arbeitsproduktivität und mit der Ausgestaltung der ökonomischen Beziehungen in und zwischen den Landwirtschaftsbetrieben. Als Einrichtung des Ministeriums kann dieses Institut andere wissenschaftliche Einrichtungen ebenso wie gesellschaftliche Organisationen zur Mitwirkung bei der Lösung von gemeinsam interessierenden Aufgaben heranziehen.

2. Andere Institute und Forschungseinrichtungen (wie z. B. Institute für bodenkundliche Untersuchungen oder für die Futtermittelforschung), die regelmäßig oder auch nur zeitweise für die A. und die Überführung von deren Ergebnissen in die Produktion tätig sind, unterstehen dem → **Ministerium für Bezirksgeleitete Industrie und Lebensmittelindustrie**, da es sich bei ihnen vielfach um Einrichtungen der Bezirke handelt.

3. Forstwissenschaftliche Einrichtungen: → **Forst- und Holzwirtschaft**.

4. Der Propagierung und Verbreitung von Forschungsergebnissen der A. dienen u. a. auch die → **Landwirtschafts- und Gartenbauausstellung der DDR (LuG; agra)** sowie die → **Internationale Gartenbauausstellung der DDR (iga)**.

Akademie der Künste der DDR (AdK): Die am 24. 3. 1950 gegründete Deutsche Akademie der Künste zu Berlin verstand sich als Rechtsnachfolgerin der preußischen Akademie der Künste (gegr. 1696), die bis nach dem I. Weltkrieg als Teil der Preußischen Akademie der Wissenschaften existierte. Sie wurde im April 1974 umbenannt in AdK der DDR.

Die AdK der DDR „hilft mit an der Entwicklung und Verbreitung einer parteilichen und volksverbundenen Kunst des sozialistischen Realismus, die zur Bildung sozialistischer Persönlichkeiten beiträgt, einer Kunst, die das geistige Leben des Volkes bereichert und als Bestandteil der kulturvollen Lebensweise im Sozialismus wirkt. Sie leistet einen wichtigen Beitrag zur Erforschung, Pflege, Erschließung und Verbreitung des kulturellen und künstlerischen Erbes“ (Statut der AdK der DDR vom 26. 1. 1978).

Die AdK untersteht dem → **Ministerrat**. Organe sind: das Plenum, das Präsidium und die Sektionen. Zum Präsidium gehören der Präsident, die Vizepräsidenten, die Sekretäre der Sektionen und der Generaldirektor. Das Plenum der ordentlichen Mitglieder wählt die ordentlichen und korrespondierenden Mitglieder.

Die Sektionen der AdK sind: Bildende Kunst, Darstellende Kunst, Literatur und Sprachpflege, Musik. Analog zu den Sektionen arbeiten 4 wissenschaftliche Abteilungen; 72 Archive und Nachlässe bedeutender Künstler werden betreut. Im März 1980 wurde unter der Leitung des 1. Vizepräsidenten ein „Rat für Wissenschaft“ gegründet, der „als Organ des Präsidiums für die Weiterentwicklung, Profilierung und Koordinierung ihrer wissenschaftlichen Arbeit wirken soll“ (ND 27. 3. 1980).

Die → **Nationalen Forschungs- und Gedenkstätten der klassischen deutschen Literatur** in Weimar sind der AdK angeschlossen. Die AdK unterhält enge Kontakte zur Akademie der Künste der UdSSR. Es besteht zwischen diesen beiden Akademien ein „Freundschaftsvertrag“, aufgrund dessen Arbeitspläne für jeweils 2 Jahre vereinbart werden.

Regelmäßig werden Ausstellungen der bildenden Kunst im In- und Ausland, „Stunden der Akademie“, „Montagspodium“ und „Dialoge am Abend“ veranstaltet.

Regelmäßige Veröffentlichungen: Sinn und Form (seit 1950), Mitteilungen der Akademie (seit 1963), Arbeitshefte (seit 1968).

Preise: Heinrich-Mann-Preis, Käthe-Kollwitz-Preis, F.-C.-Weiskopf-Preis, Willi-Lammert-Gedächtnis-Preis, Hans-Marchwitza-Preis, Alex-Wedding-Preis, Johannes-R.-Becher-Preis.

Präsidium der AdK (Stand Anfang 1984): Präsident ist Manfred Wekwerth (SED), zum 1. Vizepräsidenten ist 1978 Robert Weimann gewählt worden. Vizepräsidenten sind Helmut Baierl, Heiner Carow, Johann Cilensek, Fritz Cremer, Wieland Förster. Als Sekretäre der Sektionen sind ferner Mitglieder des Präsidiums Ruth Berghaus (Darstellende Kunst), Werner Klemke (Bildende Kunst), Siegfried Matthus (Musik), Wolfgang Kohlhaase (Literatur und Sprachpflege). Zum Generaldirektor und Mitglied des Präsidiums wurde Heinz Schnabel (SED) berufen.

Bisherige Präsidenten: Arnold Zweig (bis 1953), Johannes R. Becher (bis 1956), Otto Nagel (bis 1962), Willi Bredel (bis 1965), Konrad Wolf (bis 1982).

Die AdK arbeitet auf der Grundlage eines Beschlusses des Ministerrats der DDR vom 30. 3. 1962 „Über die neue Stellung und die nächsten Aufgaben der Deutschen Akademie der Künste zu Berlin als sozialistische Akademie der DDR“. Ihr 1. Statut vom 30. 5. 1969 wurde durch ein neues vom 26. 1. 1978 ersetzt (GBl. I, 1978, S. 69 ff.). Ein im April 1974 beschlossenes Statut wurde nicht veröffentlicht.

Akademie der Wissenschaften der DDR (AdW): Die AdW ist die bedeutendste Forschungsinstitution der DDR. Ihr ist die Aufgabe übertragen, in enger Zusammenarbeit mit den → **Universitäten und Hochschulen**, Forschungsinstitutionen des Partei-, Wirtschafts- und Staatsapparates und den entsprechenden Akademien der sozialistischen Länder naturwissenschaftlich-technische und gesellschaftswissenschaftliche Grundlagenforschung zu betreiben. Sie ist verantwortlich für die Festlegung der inhaltlichen Schwerpunkte der Grundlagenforschung, deren planmäßige Durchführung, insbesondere für die Koordinierung der Arbeit der verschiedenen Forschungsinstitutionen und die Gewährleistung einer schnellen praktischen Nutzung der Forschungsergebnisse.

Die AdW ist Nachfolgerin der am 11. 7. 1700 gegründe-

ten Kurfürstlich Brandenburgischen Societät der Wissenschaften. Ihre Wiedereröffnung nach dem II. Weltkrieg erfolgte am 1. 7. 1946 als **Deutsche Akademie der Wissenschaften** aufgrund eines Befehls der SMAD. Ihre gegenwärtige Funktion erhielt die AdW im Zuge der Neugestaltung der Wissenschaftsorganisation der DDR im Jahre 1970 („Akademiereform"). Nach dem VIII. Parteitag der SED 1971 wurde die Akademie durch Zuweisung weiterer Aufgaben in ihrer herausragenden Funktion bestätigt. Ihren heutigen Namen erhielt sie im Oktober 1972.
Die AdW untersteht dem Ministerrat. Die Leitung der Akademie obliegt dem Präsidenten (gegenwärtig Prof. Dr. Werner Scheler [SED]), dem ein Präsidium als Beratungsorgan zugeordnet ist (gegenwärtig [1983] 15 Mitglieder). 1981 gehörten der AdW 153 ordentliche und 76 korrespondierende Mitglieder an. Wissenschaftler außerhalb der DDR können zu auswärtigen Mitgliedern ernannt werden. Von den gegenwärtig 132 auswärtigen Mitgliedern aus 24 Ländern kommen 27 aus der Bundesrepublik Deutschland. Die ordentlichen Mitglieder bilden das Plenum. Neben seinen Plenartagungen mit wissenschaftlichen Vorträgen von Mitgliedern der AdW zu Themen von allgemeiner wissenschaftlicher Bedeutung veranstaltet das Plenum in unregelmäßigen Abständen wissenschaftliche Konferenzen mit zumeist internationaler Beteiligung. Es hat das Recht zur Wahl neuer ordentlicher, korrespondierender und auswärtiger Mitglieder, die einer der gegenwärtig 9 problemgebundenen Klassen zugeordnet sind: Physik; Mathematik; Chemie; Biowissenschaften; Medizin; Werkstoffforschung; Umweltschutz und Umweltgestaltung; Philosophie, Ökonomie, Geschichte, Staats- und Rechtswissenschaften (Gesellschaftswissenschaften I); Literatur-, Sprach-, Geschichts- und Kunstwissenschaften (Gesellschaftswissenschaften II). In den Klassen arbeiten Akademiemitglieder und andere Wissenschaftler verschiedener Wissenschaftsrichtungen an der Lösung komplexer Fragestellungen (z. B. Klasse „Optimale Gestaltung der Umweltbedingungen; Mensch und Umwelt").
Darüber hinaus verfügt die AdW über einen großen wissenschaftlichen Apparat mit ca. 20000 Beschäftigten. Dieser gliedert sich in Zentralinstitute, Institute und Forschungsstellen. **Zentralinstitute der AdW** sind Forschungseinrichtungen zur Lösung komplexer Forschungsaufgaben. Sie üben in vielen Fällen die Funktion einer Leiteinrichtung für die gesamte in der DDR auf diesem Gebiet betriebene Forschung aus.
Die Aufgabenstellung der Institute ist begrenzter und umfaßt meist Teilbereiche eines Wissenschaftsgebietes. Forschungsstellen werden für zeitweilige Aufgaben eingerichtet, wenn erkennbar ist, daß sie zu einem Institut oder Zentralinstitut ausgebaut werden können. Die Zentralinstitute werden mit den Instituten und Forschungsstellen, die verwandten Wissenschaftsbereichen zuzuordnen sind, in Forschungsbereiche zusammengefaßt.
1. Forschungsbereich Geo- und Kosmoswissenschaften: Zentralinstitute für Astrophysik, für solar-terrestrische Physik, für Physik der Erde; Institut für Meereskunde, Institut für Elektronik, Institut für Geographie und Geoökologie (früher Geographisches Institut) und Forschungsstelle Umweltgestaltung.
2. Forschungsbereich Mathematik/Kybernetik: Zentralinstitute für Mathematik und Mechanik sowie für Kybernetik und Informationsprozesse, Zentrum für Rechentechnik.
3. Forschungsbereich Physik, Kern- und Werkstoffwissenschaften: Zentralinstitute für Elektronenphysik, für Festkörperphysik und Werkstofforschung, für Isotopen- und Strahlenforschung, für Kernforschung, für Optik und Spektroskopie; Institute für Festkörperphysik und Elektronenmikroskopie (angeschlossen ist das Internationale Zentrum für Elektronenmikroskopie), für Hochenergiephysik, für Physik der Werkstoffbearbeitung sowie Zentrum für wissenschaftlichen Gerätebau.
4. Forschungsbereich Chemie: Zentralinstitute für physikalische Chemie, für anorganische Chemie, für organische Chemie; Institute für Polymerenchemie, für technische Chemie, für Aufbereitung sowie für Technologie der Fasern; Forschungsstelle für chemische Toxikologie.
5. Forschungszentrum für Molekularbiologie und Medizin: Zentralinstitute für Krebsforschung, für Herz- und Kreislauf-Regulationsforschung, für Molekularbiologie, für Mikrobiologie und experimentelle Therapie, für Genetik und Kulturpflanzenforschung sowie für Ernährung; Institut für Biochemie der Pflanzen; Institut für Wirkstofforschung; Zoologische Forschungsstelle für Wirbeltierforschung.
6. Forschungsbereich Gesellschaftswissenschaften: Zentralinstitute für Philosophie, für Wirtschaftswissenschaften, für Geschichte, für Literaturgeschichte, für Sprachwissenschaft (→ **Sprache**, VIII.) sowie für alte Geschichte und Archäologie; Institute für Wirtschaftsgeschichte, für Theorie, Geschichte und Organisation der Wissenschaft, für Theorie des Staates und des Rechts, für sorbische Volksforschung sowie für Soziologie und Sozialpolitik (gegr. 1978).
Darüber hinaus bestehen die Forschungsstelle für Akademiegeschichte, die Alexander-von-Humboldt-Forschungsstelle und ein Wissenschaftliches Informationszentrum. 1982 wurden ein Institut für Ästhetik und Kunstwissenschaften und ein Physikalisch-Technisches Institut neu gegründet.
Nach dem VIII. Parteitag der SED (1971) wurde der AdW die Funktion einer zentralen Koordinationsstelle für die gesamte naturwissenschaftlich-technische und für ausgewählte Gebiete der gesellschaftswissenschaftlichen Forschung in der DDR übertragen. Auf der Grundlage der Perspektiv- und Jahrespläne und der im „Staatsplan Wissenschaft und Technik" bzw. im „Zentralen Forschungsplan der marxistisch-leninistischen Gesellschaftswissenschaft" enthaltenen Ziele der Forschungspolitik werden zwischen der AdW und den Ministerien und zentralen Staatsorganen, denen Forschungseinrichtungen unterstehen, Forschungspläne für die jeweiligen Bereiche erstellt. Im Rahmen dieser Pläne trifft die AdW mit den Forschungseinrichtungen

der Wirtschaft, des Staatsapparates oder den Universitäten und Hochschulen Festlegungen über die jeweils einzuschlagende Forschungsstrategie, insbesondere die Nutzung des Forschungspotentials der AdW, die Verteilung der Aufgaben und die Finanzierung des Forschungsvorhabens.
Enge Kooperationsbeziehungen bestehen ferner zu den anderen → **Akademien** der DDR. Die AdW hat Promotionsrecht (A und B) und das Recht, wissenschaftliche Mitarbeiter zu Professoren zu ernennen.
Zur Wahrnehmung ihrer Leitfunktion in zentralen Bereichen der Gesellschaftswissenschaften wurden der AdW → **Wissenschaftliche Räte** zugeordnet.
Ihr sind ferner 11 wissenschaftliche Gesellschaften (Biologische G.; G. für physikalische und mathematische Biologie; Chemische G.; Geographische G.; G. für Geologische Wissenschaften; Historiker-G.; Mathematische G.; Meteorologische G.; Parsitologische G.; Physikalische G.; G. für → **Weltraumforschung** und Raumfahrt) und 25 Nationalkomitees (für Chemie, Kristallographie, Astronomie, Geodäsie und Kartographie, geologische Wissenschaften, angewandte Systemanalyse, der Historiker, der Byzantinisten, für Literaturwissenschaft, Philosophie und Geschichte der Wissenschaften, politische Wissenschaften, der Slawisten, für soziologische Forschung, südosteuropäische Studien, Ur- und Frühgeschichte, der Wirtschaftshistoriker, für Mathematik, Mechanik, Kybernetik und Informationsverarbeitung, für Biowissenschaften, medizinische Physik, für Physik und für Radiophysik und Radiotechnik, ebenso die beiden Nationalkomitees für das Wissenschaftliche Komitee für Umweltprobleme [SCOPE] und das Komitee für Daten in Wissenschaft und Technologie [CODATA]) zur Vertretung der wissenschaftspolitischen Interessen der DDR in internationalen Organisationen zugeordnet. Sie ist in 50 internationalen nichtstaatlichen wissenschaftlichen Vereinigungen vertreten.
Die AdW unterhält intensive Beziehungen zu wissenschaftlichen Institutionen des Auslandes, vor allem der Länder des RGW. Mit über 200 Forschungsinstituten in den RGW-Staaten, davon etwa 80 der UdSSR, bestehen Kooperationsvereinbarungen. Institute der AdW übernehmen im Rahmen dieser Vereinbarungen Leitfunktionen. Zu komplexen Problembereichen werden multinationale „Problemkommissionen" gebildet, deren Aufgabe die Koordinierung und gemeinsame Durchführung von Forschungsprojekten, die Abhaltung wissenschaftlicher Konferenzen und die Herausgabe von Informationsbulletins und anderen Publikationen ist (z. B. Problemkommission „Ökonomie und Politik der Entwicklungsländer").
Über die Arbeit der AdW informieren die Monatszeitschrift „spektrum", die Jahresberichte der AdW und Berichte über wissenschaftliche Tagungen und Kongresse. Zu weiteren Publikationszwecken steht der Akademie-Verlag Berlin (Ost) zur Verfügung.

Akademie für Ärztliche Fortbildung: Unter diesem Namen sind 1970 3 der 4 Zentralinstitute zusammengefaßt worden, in die die 1948 gegründete Akademie für Sozialhygiene, Arbeitshygiene und Ärztliche Fortbildung 1960 aufgeteilt worden war; nur das Zentralinstitut für Arbeitsmedizin ist selbständig geblieben (→ **Arbeitshygiene**), das → **Institut für Sozialhygiene und Organisation des Gesundheitsschutzes** ist 1976 erneut verselbständigt worden. Die A. untersteht dem → **Ministerium für Gesundheitswesen**.
Nach ihrem Statut (15. 12. 1971) ist die A. „Leitinstitut für die Weiterbildung der im Gesundheits- und Sozialwesen tätigen Hochschulkader" (d. s. die berufstätigen Hochschulabsolventen).
Im einzelnen soll die A.
1. die Bildungsinhalte für die Leitungs- und Hochschulkader erarbeiten,
2. Qualifizierungsmaßnahmen für diese Kader zentral durchführen,
3. dezentrale Qualifizierungsmaßnahmen koordinieren,
4. die Weiterbildung der Ärzte und Zahnärzte fachlich und methodisch anleiten und koordinieren sowie eine hohe Qualität der obligatorischen Fortbildung für Ärzte sichern und dafür Referentenmaterial herausgeben,
5. Lehrmaterialien und Lehrmittel erarbeiten,
6. die Berufsausbildung und die Weiterbildung der Fachschulkader (d. s. die berufstätigen Fachschulabsolventen oder Mittleren medizinischen Fachkräfte) im Gesundheits- und Sozialwesen unterstützen,
7. wissenschaftliche Grundlagen zur Entwicklung der Berufs- und Qualifikationsstruktur im Gesundheits- und Sozialwesen erarbeiten,
8. philosophische und wissenschafts-theoretische Grundlagen von Medizin und Biologie und deren Anwendung im Gesundheitsschutz und Beiträge zur Theorie der Medizin erarbeiten.

Ihre zentrale Forschungsaufgabe sieht sie in der wissenschaftlichen Grundlegung der medizinischen Wissenschaft und Praxis in der entwickelten sozialistischen Gesellschaft.
Die A. ruft die in der *Ausbildung (Weiterbildung)* zum Facharzt oder Fachzahnarzt stehenden Ärzte periodisch – nach Fachgebieten getrennt – zu ein- oder mehrwöchigen Seminaren zusammen und überwindet so die Schwierigkeit (der meisten Industrieländer, auch des Westens), während einer notwendigerweise im wesentlichen an Kranken in der angewandten Medizin sich vollziehenden Ausbildung das erforderliche theoretische und Systemwissen zu vermitteln. Außerdem hält die A. gesonderte Seminare für die Leitenden Ärzte an Krankenhäusern u. dgl. ab, die als Weiterbildungsleiter tätig sind. Sie hält damit die Facharztausbildung auf einheitlichem Niveau, auch hinsichtlich der Didaktik. Die A. ist schließlich für die Prüfung verantwortlich, mit der jede Facharztausbildung abgeschlossen wird. Sie bildet dafür Bezirkskommissionen.
Für leitende Kader, also Leitende Ärzte u. a. in den medizinischen Einrichtungen, organisiert die A. ein postgraduales Studium, gleichfalls in Seminarform. Seit 1981 wird ein postgraduales Studium auch den Mitarbeitern des Gesundheitswesens mit anderer als medizinischer Hochschulausbildung angeboten.

Der *Fortbildung* der Fachärzte und Fachzahnärzte dienen thematisch ausgerichtete Seminare einwöchiger Dauer sowie Gruppenhospitationen bei Einrichtungen des Gesundheitswesens mit jeweils etwa 20 Teilnehmer. Zudem unterhält die A. in den Bezirken *Bezirksakademien,* in denen für die Fortbildung der Ärzte und Zahnärzte kurze Seminare und (in Zusammenarbeit mit dem Institut für die Weiterbildung Mittlerer medizinischer Berufe in Potsdam) Lehrgänge für die theoretischen Abschnitte im → **Fernstudium** zur *Qualifizierung* (Weiterbildung) der Fachschulkader oder Mittleren medizinischen Berufe abgehalten werden.

Leiter der A. ist der Rektor. Er wird auf 3 Jahre vom Wissenschaftlichen Rat gewählt, einem Kollegium aus „hervorragenden Hochschullehrern und Wissenschaftlern", das dem Rektor als „kollektives wissenschaftliches Beratungsorgan" zur Seite steht. Allgemeines Beratungs- und Kontrollorgan des Rektors ist ein Gesellschaftlicher Rat, wie er an den → **Universitäten und Hochschulen** existiert.

Die A. ist in Sektionen gegliedert. Diese haben (insgesamt 31) Lehrstühle für die hauptamtlichen Dozenten, die zumeist im Rang eines Ordentlichen Professors stehen. Außerdem wirken an der A. als nebenamtliche Dozenten Hochschullehrer der Universitäten und Medizinischen Akademien sowie „hervorragende Ärzte und Wissenschaftler, die in Einrichtungen des Gesundheitswesens eine leitende Funktion ausüben" (1980: 136 bzw. 187 derartige Mitarbeiter). Rektor ist Prof. Dr. sc. med. Konstantin Spieß (bis Jahresmitte 1982 einer der Stellvertreter des Ministers für Gesundheitswesen). Sitz: Berlin-Lichtenberg. → **Gesundheitswesen**, VI. A.

Akademie für Gesellschaftswissenschaften beim ZK der SED (AfG): Als Institut für Gesellschaftswissenschaften beim ZK der SED (IfG) am 21. 12. 1951 gegründet, wurde das IfG am 21. 12. 1976 zur AfG umbenannt (→ **Akademien**). Sitz: Berlin (Ost); Rektor (seit 1962): Prof. Dr. Otto Reinhold (Mitgl. des ZK der SED); Prorektoren: Karl-Heinz Stiemerling (Forschung); Heinz Hümmler (Aus- und Weiterbildung).

Die AfG ist die bedeutendste gesellschaftswissenschaftliche Forschungs- und Ausbildungseinrichtung der SED. Sie ist zugleich für andere wissenschaftliche Einrichtungen in der DDR ideologisch-theoretische Leiteinrichtung der SED für die gesamte gesellschaftswissenschaftliche Forschung und Lehre.

1. Aufgaben. a) Als „zuarbeitende" Einrichtung für die Parteiführung ist die AfG unmittelbar in den Prozeß der theoretischen Begründung und Rechtfertigung der Politik der SED einbezogen. Sie wirkt bei der Vorbereitung von zentralen Parteibeschlüssen ebenso mit wie in der programmatischen Arbeit (Beteiligung an der Programmkommission). Die AfG bzw. einzelne Mitarbeiter oder Arbeitsgruppen erstellen Analysen für die Mitglieder der Parteiführung und bereiten Referate für Politbüromitglieder, die Plenartagungen des ZK, die wissenschaftlichen Konferenzen des ZK usw. vor. Sie gehören dem zentralen Referentenkollektiv des ZK an und arbeiten in Form richtungweisender Beiträge in Zeitungen und Zeitschriften mit. Ähnliche Aufgaben wie gegenüber der Führung der SED nimmt die AfG auch gegenüber den Leitungen der → **Massenorganisationen** wahr.

b) Auf der Grundlage des zentralen Planes der gesellschaftswissenschaftlichen Forschung (langfristige und Jahresplanung) ist die AfG Leiteinrichtung der gesellschaftswissenschaftlichen Forschung in der DDR. Sie übt dabei sowohl koordinierende als auch planende und kontrollierende Funktionen aus. Bedeutend ist ihre Mitwirkung bei der Festlegung allgemeinverbindlicher gesellschaftswissenschaftlicher Lehrmeinungen. Die AfG steht an der Spitze der Hierarchie der gesellschaftswissenschaftlichen Forschungseinrichtungen in der DDR; über sie setzt die SED wesentlich ihren inhaltlichen und organisatorischen Führungsanspruch in dem Bereich der → **Gesellschaftswissenschaften** durch.

c) Der AfG sind folgende → **Wissenschaftliche Räte** (WR) zugeordnet: WR für marxistisch-leninistische Philosophie; Rat für wissenschaftlichen Kommunismus; WR für politische Ökonomie des Sozialismus; WR für soziologische Forschung; WR für marxistisch-leninistische Kultur- und Kunstwissenschaften; WR für internationale Arbeiterbewegung (→ **Marxismus-Leninismus**). Die AfG ist darüber hinaus auch in den anderen Wissenschaftlichen Räten wie auch in den weiteren Akademien der DDR als Institution vertreten.

d) An der AfG werden Nomenklaturkader bzw. Nachwuchsnomenklaturkader der SED aus allen gesellschaftlichen Bereichen entsprechend der Nomenklaturordnung und den Kaderrichtlinien der SED in einem 4jährigen Studium (Aspirantur) ausgebildet (→ **Kaderpolitik; Nomenklatur**). Studienabschluß bildet die Promotion (Dr. phil.; Dr. rer. pol.; Dr. rer. oec.). Nach den ersten beiden Studienjahren erwerben die Aspiranten darüber hinaus den Titel eines Diplom-Gesellschaftswissenschaftlers; das Diplom wird jedoch erst am Studienende ausgehändigt. Die Aspiranten müssen heute in der Regel bereits ein abgeschlossenes Hochschulstudium vorweisen und Erfahrungen in der politischen Arbeit besitzen. Die Delegation zum Studium erfolgt entsprechend den Kaderrichtlinien und der Nomenklaturordnung des → **Zentralkomitees (ZK) der SED**. Die Vorschläge für die Aspirantur werden von den → **Grundorganisationen der SED** und den Kreisleitungen gemacht. Die eigentliche Delegation erfolgt durch die Bezirksleitungen der SED, doch müssen sie durch einen Beschluß vom → **Sekretariat des Zentralkomitees (ZK) der SED** bestätigt werden. Über den Einsatz der Absolventen beschließt ebenfalls das Sekretariat des ZK. – Neben der planmäßigen 4jährigen Direktaspirantur gibt es vereinzelt die Möglichkeit der außerplanmäßigen Aspirantur sowie – seit Ende der 70er Jahre – auch die der planmäßigen B-Aspirantur (Abschluß: Habilitation, Dr. sc.).

Die AfG betreut ferner die Gruppe der aus der DDR stammenden Aspiranten an der AfG des ZK der KPdSU in Moskau. Zu dem dortigen 3jährigen Studium (Abschluß: Promotion) werden jährlich 10 SED-Mitglieder delegiert. Promotions- und Habilitationsrecht besitzt die AfG seit 1953.

e) An der AfG werden in Zusammenarbeit mit den Sonderschulen des ZK der SED (→ **Parteischulung der SED**) für Nomenklaturkader insbesondere aus den Bereichen Ideologie, Wissenschaft, Kultur, Propaganda, Hochschulen sowie für spezifische Gruppen aus dem Ausland (z. B. → **Sozialistische Einheitspartei Westberlins [SEW]**, Deutsche Kommunistische Partei [DKP] [→ **Kommunistische Partei Deutschlands, KPD/Deutsche Kommunistische Partei, DKP**]; marxistisch-leninistisch orientierte Parteien der Dritten Welt u. a. aus Äthiopien und die PLO) Weiterbildungskurse veranstaltet. Daneben gibt es Studienaufenthalte von Einzelpersonen aus befreundeten ausländischen Organisationen.

f) Die Mitarbeiter der AfG sind zu einer umfangreichen propagandistischen Tätigkeit verpflichtet. Diese ist ebenfalls Gegenstand der Planung der AfG und muß „abgerechnet" werden. Im Rahmen dieser Aufgabenstellung werden die Mitarbeiter der AfG als Referenten (Zentrales Referentenkollektiv des ZK) ebenso tätig wie als Gastlektoren an wissenschaftlichen Einrichtungen, an den Parteischulen der SED, an Bildungseinrichtungen des → **Staatsapparates**, besonders des → **Ministeriums des Innern**, der → **Nationalen Volksarmee (NVA)** und der Sicherheitsorgane (→ **Ministerium für Staatssicherheit**) sowie der Massenorganisationen.

g) Die AfG organisiert bzw. veranstaltet zahlreiche wissenschaftliche Konferenzen und Kolloquien, z. T. mit internationaler Beteiligung. Sie stützt sich dabei u. a. auf die bei ihr bestehenden Wissenschaftlichen Räte sowie auf die entsprechenden Abteilungen des ZK der SED, aber auch auf andere wissenschaftliche Einrichtungen wie z. B. die → **Akademie der Wissenschaften der DDR (AdW)** oder die → **Universitäten und Hochschulen**.

h) Die AfG unterhält umfangreiche internationale wissenschaftliche Kontakte und organisiert die Zusammenarbeit insbesondere mit der AfG beim ZK der → **Kommunistischen Partei der Sowjetunion (KPdSU)** bzw. den entsprechenden Einrichtungen in den anderen osteuropäischen Staaten. Grundlage für diese Kooperation sind vielfach langfristige Verträge sowie entsprechende Beschlüsse auf den Beratungen der Sekretäre der ZK der verschiedenen kommunistischen Parteien für Ideologie, Wissenschaft bzw. internationale Verbindungen. – Besondere Bedeutung kommt der Arbeit der gemeinsamen deutsch-sowjetischen Philosophenkommission (Vors. von seiten der DDR: Prof. Dr. Erich Hahn, Direktor des Instituts für marxistisch-leninistische Philosophie der AfG, Vors. des WR für marxistisch-leninistische Philosophie) sowie der multinationalen Kommission für Kulturtheorie und Literaturkritik (Vors.: Prof. Dr. Hans Koch, Mitgl. des ZK der SED, Direktor des Instituts für marxistisch-leninistische Kultur- und Kunstwissenschaften an der AfG, Vors. des WR für marxistisch-leninistische Kultur- und Kunstwissenschaften) zu. – Die AfG unterhält enge Kontakte zum Institut für marxistische Studien (IMSF) in Frankfurt a. M. und zu vergleichbaren Einrichtungen von kommunistischen Parteien des Westens. Besondere Erwähnung verdienen die Beziehungen zur KP Frankreichs, Griechenlands und Finnlands sowie auch die Kontakte zu den SP Finnlands, Schwedens, Großbritanniens und Belgiens, sowie zur SJ. Die Marxistisch-Leninistische Abendschule (MASCH) der SEW wird ebenso wie die Schulungsarbeit der DKP durch die AfG in Zusammenarbeit mit der Abteilung Westarbeit des ZK der SED wesentlich inhaltlich mitgetragen. In Abstimmung mit den ZK-Abteilungen Wissenschaft, Internationale Verbindungen und Westarbeit werden über ein besonderes Direktorat „Auslandsbeziehungen" an der AfG, die internationalen Beziehungen einschließlich der planmäßigen Studienaufenthalte der wissenschaftlichen Mitarbeiter der AfG, deren Reisetätigkeit sowie deren Einsatz im Interesse der genannten ZK-Abteilungen organisiert.

i) Informations-, Dokumentations- und Publikationstätigkeit der AfG: Aufgrund der 1966 erfolgten Neuordnung des gesamten Informations- und Dokumentationswesens in der DDR ist die AfG seit 1967 „Zentralstelle für die Information und Dokumentation" für die Fächer Philosophie und Soziologie und gibt die entsprechenden Informationsdienste heraus (→ **Information**). Über das Direktorat für Information und Dokumentation werden regelmäßig spezielle monatliche Informationsmaterialien für die Parteiführung zusammengestellt (Schlüsselzahl: maximal 80 Exemplare). Regelmäßig erscheint als interne Veröffentlichung die Reihe „Information und Dokumentation". Jeder Mitarbeiter der AfG ist zur laufenden Information über seine wissenschaftliche Tätigkeit verpflichtet. – Als ständige populärwissenschaftliche Reihe erscheint in Verantwortung der AfG das „ABC des Marxismus-Leninismus". Darüber hinaus ist die AfG in allen Redaktionen gesellschaftswissenschaftlicher Zeitschriften und in den Beiräten der entsprechenden Verlage sowie in den Herausgeberkollektiven der wichtigsten gesellschaftswissenschaftlichen Reihen vertreten. Federführend ist die AfG insbesondere bei der Erarbeitung von verbindlichen Hochschullehrbüchern sowie von Propagandamaterialien der SED.

Die wissenschaftlichen Publikationen sind in der Regel „Planprojekte" (also Teil des zentralen Planes der gesellschaftswissenschaftlichen Forschung) oder Arbeiten im unmittelbaren Auftrag der Parteiführung.

2. Organisationsstruktur. Die AfG ist in ähnlicher Weise wie die staatlichen Akademien gegliedert. Sie wird von einem Rektor sowie 2 Prorektoren (für Forschung bzw. für Aus- und Weiterbildung) geleitet. Ihnen unterstehen die Direktorate u. a. für: Kader; Auslandsbeziehungen; Information und Dokumentation (einschl. der umfangreichen wissenschaftlichen Bibliothek sowie – in Zusammenarbeit mit den entsprechenden Abteilungen des ZK – einer Stelle zur Auswertung der Westpresse, des Rundfunks und des Fernsehens).

Die Institute bilden die eigentliche wissenschaftliche Grundstruktur des AfG. Es bestehen folgende Institute (I.): I. für marxistisch-leninistische Philosophie; I. für politische Ökonomie; I. für wissenschaftlichen Kommunismus; I. für Geschichte; I. für deutsche und internationale Arbeiterbewegung; I. für Soziologie; I. für marxistisch-leninistische Kultur- und Kunstwissenschaften; I.

für Imperialismusforschung. Die Institute sind ihrerseits in Fachrichtungen untergliedert, in denen die Forschungsgruppen arbeiten. Diese sind keine dauerhaften Einrichtungen; Zusammensetzung und Aufgabenstellung variieren in Abhängigkeit von der Forschungsplanung bzw. den aktuellen Aufträgen der Parteiführung. Eine Ausnahme bildet die Arbeitsgruppe Jugendforschung. In jedem Institut arbeiten Professoren, Dozenten, wissenschaftliche Oberassistenten, Assistenten und wissenschaftliche Mitarbeiter. Die Leitungsstruktur der Institute entspricht der der Gesamtakademie. Die Aspiranten sind in die Arbeit der Forschungsgruppen unmittelbar einbezogen. Die AfG zählt ca. 700 Mitarbeiter und Aspiranten. – Die AfG gehört zu dem Zuständigkeitsbereich des ZK-Sekretärs für Wissenschaft Kurt Hager und ist dem → **Politbüro des ZK der SED** unmittelbar rechenschaftspflichtig.

Akademie für Staats- und Rechtswissenschaft der DDR: Die A. ist eine zentrale Institution des → **Ministerrates** für die Aus- und Weiterbildung leitender Mitarbeiter des zentralen und regionalen → **Staatsapparates**, der Justiz und des auswärtigen Dienstes. Sie ist außerdem Informationszentrum für die Staats- und Rechtswissenschaft. Eine Spezialbibliothek mit ca. 350000 Bänden und ein Beirat für staats- und rechtswissenschaftliche Information und Dokumentation und das Informations- und Rechenzentrum stellen wichtige Serviceleistungen für die staatlichen Instanzen zur Verfügung. Die A., die ihren heutigen Namen im Jahr 1972 erhielt, ist Nachfolgerin der Deutschen Verwaltungsakademie Forst-Zinna (gegr. 1947), die im Februar 1953 mit der 1952 gegründeten Hochschule für Justiz Potsdam-Babelsberg zur **Deutschen Akademie für Staats- und Rechtswissenschaft „Walter Ulbricht"** (DASR) in Potsdam-Babelsberg vereinigt wurde. Im Januar 1959 wurde das 1952 gegründete Deutsche Institut für Rechtswissenschaft als Prorektorat für Forschung in die A. eingegliedert.

Wichtigste Aufgabe in den ersten Jahren des Bestehens der A. war die Ausbildung der nach 1945 in leitende Funktionen eingesetzten Kader des Staatsapparates. Die Hochschulreife war nicht Voraussetzung für die Aufnahme eines Studiums. In Zweijahreslehrgängen – seit 1951 auch im Rahmen des → **Fernstudiums** – wurden Mitarbeiter des Staatsapparates zu Diplom-Staatswissenschaftlern ausgebildet. Von 1953 bis 1963 stand die Ausbildung von Juristen im Mittelpunkt der Lehrtätigkeit der A., die ihrer Struktur nach als 5. juristische Fakultät neben den Universitäten Halle, Jena, Leipzig und Berlin anzusehen war.

Im Rahmen des → **Neuen Ökonomischen Systems (NÖS)** wurde die Juristenausbildung eingestellt und die Arbeit der A. auf die Weiterbildung leitender Kader des Staatsapparates, die Aus- und Weiterbildung von Mitarbeitern des auswärtigen Dienstes der DDR und die rechtswissenschaftliche Forschung konzentriert. Die A. wurde dem Ministerrat unterstellt und in 3 Institute gegliedert: Institut für staats- und rechtswissenschaftliche Forschung; Institut für Weiterbildung leitender Mitarbeiter staatlicher Organe; Institut für Internationale Beziehungen.

Trotz Einstellung der Juristenausbildung konnten Juristen aus dem Staatsapparat auch weiterhin an der A. promovieren und habilitieren.

Die Reform des Bildungssystems, vor allem der Ausbau der Weiterbildungseinrichtungen der Wirtschaft, die Hochschulreform und die Reform der Wissenschaftsorganisation der DDR brachten eine erneute Präzisierung der Aufgabenstellung der A. („Akademiereform"). Sie avancierte – neben ihrer bisherigen Aufgabenstellung – zur zentralen Forschungsinstitution auf dem Gebiet der Staats- und Rechtswissenschaft und erhielt Leitfunktionen für die gesamte staats- und rechtswissenschaftliche Forschung in der DDR.

Mit der 1972 erfolgten Gründung des Instituts für Theorie des Staates und des Rechts und des Wissenschaftlichen Rates für Staats- und Rechtswissenschaft im Jahr 1973 bei der → **Akademie der Wissenschaften (AdW)** verlor die A. ihre herausragende Funktion als Forschungsinstitution. Die staats- und rechtswissenschaftliche Forschung wurde in die allgemeine Planung der Gesellschaftswissenschaften einbezogen.

Auf der Grundlage eines Beschlusses des Ministerrats wurde 1969 ein durchgängiges Weiterbildungssystem für Staatskader geschaffen, in das die bereits seit 1966 stattfindenden 4wöchigen Lehrgänge für Führungskader eingebettet wurden (→ **Kaderpolitik**).

Die Struktur der A. wurde den Prinzipien der Hochschulreform entsprechend verändert. Es wurden 4 Sektionen geschaffen: Theorie des sozialistischen Staates und seines Rechts; wissenschaftliche Grundlagen des Gesamtsystems der sozialistischen staatlichen Führung; sozialistische Rechtspflege; Rechtsfragen der zentralen Planung und Leitung der sozialistischen Volkswirtschaft durch den Staat.

Die strukturelle Angleichung der A. an die Hochschulen wurde jedoch wieder aufgegeben. Gegenwärtig bestehen 3 Sektionen (Marxismus-Leninismus; Staatsrecht und staatliche Leitung; Straf-, Zivil-, Arbeits- und Agrarrecht) und 4 Institute (für internationale Beziehungen; für Staats- und Rechtstheorie; für ausländisches Recht und Rechtsvergleichung; für Verwaltungsorganisation und Bürotechnik).

An der A. werden folgende Ausbildungsmaßnahmen durchgeführt:

1. Lehrgänge (4–5 Wochen) zur Weiterbildung von Führungskräften zentraler und örtlicher Staatsorgane, der Rechtspflege und des auswärtigen Dienstes sowie Sonderlehrgänge zur Weiterbildung und Vorbereitung von Frauen mit Fach- und Hochschulausbildung für die Übernahme leitender Funktionen. In ihrem Rahmen wird eine Vertiefung der Kenntnisse des → **Marxismus-Leninismus**, der Staats- und Rechtstheorie, der → **Organisationswissenschaft**, Pädagogik, → **Psychologie** und der **Elektronischen** → **Datenverarbeitung (EDV)** angestrebt. Ziel ist es, alle leitenden Mitarbeiter im Turnus von etwa 2 Jahren an einem Lehrgang teilnehmen zu lassen.
2. Im Rahmen eines Zweijahresstudiums sollen Kader

des Staatsapparates auf die Übernahme leitender Funktionen vorbereitet werden. Neben einem Hoch- oder Fachschulabschluß ist eine mehrjährige praktische Tätigkeit im Staats-, Wirtschafts- oder Parteiapparat Voraussetzung für die Teilnahme.
Schwerpunkt der Lehre sind Fragen der staatlichen Leitung und der wissenschaftlichen Führungstätigkeit. Die Ausbildung endet mit dem Erwerb des Grades eines Diplom-Staatswissenschaftlers.
3. Seit einigen Jahren bildet die A. in einem 4jährigen Studium erneut Kader für den Staatsapparat in einem Hochschulstudium aus. Über Teilnahmevoraussetzungen, Teilnehmerkreis und Ausbildungsinhalte liegen keine näheren Informationen vor.
4. Im „organisierten Selbststudium" kann – ohne größere Unterbrechung der Berufstätigkeit – in ca. 4 Jahren ebenfalls das Diplom als Staatswissenschaftler erworben werden.
Die Teilnehmer können sukzessive die einzelnen Themenbereiche des Zweijahresstudiums absolvieren und dann das Diplom erwerben.
Bei den Teilnehmern am Zweijahresstudium bzw. organisierten Selbststudium handelt es sich neben Absolventen der staatlichen Hoch- und Fachschulen vor allem um solche der 1969 gegründeten Fachschule für Staatswissenschaft „Edwin Hoernle" in Weimar, die ebenfalls dem Ministerrat untersteht. An ihr wird eine Grundausbildung durchgeführt, die mit dem Fachschulabschluß endet und zum Studium an der A. berechtigt.
Studenten der Fachschule sind Mitarbeiter des regionalen Staatsapparates mit Fachschulreife und mehrjähriger Berufspraxis. Direktor der A. ist gegenwärtig (1984) Prof. Dr. Gerhard Schüßler (SED). → **Universitäten und Hochschulen.**

Akademien: In der DDR bestehen 3 traditionsreiche A.: Die → **Akademie der Wissenschaften der DDR (AdW)** zu Berlin ist Nachfolgerin der am 11. 7. 1700 durch Kurfürst Friedrich III. gegründeten Kurfürstlich Brandenburgischen Societät der Wissenschaften. Die → **Sächsische Akademie der Wissenschaften zu Leipzig (SAW)** wurde am 1. 7. 1846 als Königlich Sächsische Gesellschaft der Wissenschaften in Leipzig gegründet. Die Gründung der → **Deutschen Akademie der Naturforscher Leopoldina zu Halle/Saale** erfolgte am 1. 1. 1652 in Schweinfurt. Ferner bestehen Akademien für einzelne Wissenschaftsbereiche: die → **Akademie für Staats- und Rechtswissenschaft der DDR**, die Akademie der Landwirtschaftswissenschaften der DDR (→ **Agrarwissenschaften**), die → **Akademie der Künste der DDR (AdK)**, die Akademie der Pädagogischen Wissenschaften der DDR (→ **Pädagogische Wissenschaft und Forschung**) und die → **Bauakademie der DDR**. Im Dezember 1976 wurde das Institut für Gesellschaftswissenschaften beim ZK der SED in → **Akademie für Gesellschaftswissenschaften beim ZK der SED (AfG)** umbenannt. Für die Weiterbildung der im Gesundheits- und Sozialwesen tätigen Hochschulkader besteht seit 1970 die → **Akademie für Ärztliche Fortbildung**.

Akkumulation: Mit A. wird in der marxistisch-leninistischen → **Politischen Ökonomie** die volkswirtschaftliche Kapitalbildung bezeichnet. Diese ist für die Entwicklung (Wachstum) der Wirtschaft, unabhängig von ihrer Organisation (Marktwirtschaft oder zentralgeleitete Wirtschaft) von entscheidender Bedeutung. Die A. ist der Teil des Nettosozialproduktes (Volkseinkommen), der für → **Investitionen** (einschließlich Änderung der Lagerbildung) verwendet wird, während der andere Teil konsumiert wird. Marx hat ein sog. ökonomisches „allgemeines Gesetz der kapitalistischen A." „entdeckt" und „wissenschaftlich begründet". Dieses „Gesetz" besagt, daß sich durch Ausbeutung der Arbeiter der Reichtum der Eigentümer von Produktionsmitteln ständig vermehre. Im Gegensatz hierzu diene die sozialistische A. der Produktionssteigerung zur Befriedigung der ständig wachsenden Bedürfnisse der Bevölkerung. Eine derartige eindeutige Gesetzmäßigkeit, die eine optimale Investitionsplanung im Hinblick auf die Bedürfnisentwicklung in der Gesellschaft zur Voraussetzung hätte, läßt sich in den planwirtschaftlichen Systemen der Gegenwart nicht nachweisen. – Ermittelt wird die A. in der DDR als Summe aus den Positionen Erweiterung der Grundmittel (z. B. Gebäude, Maschinen und andere Ausrüstungen und Anlagen) und Veränderung der Vorräte (z. B. an Rohstoffen, Vieh). Die A. hat von 1972 bis 1980 um 30 v. H. zugenommen, ist allerdings seit 1977 nicht mehr angestiegen. Im Jahre 1980 betrug ihr Anteil am im Inland verwendeten Nationaleinkommen (Volkseinkommen ohne Dienstleistungen) 21,1 v. H., 1977 waren es noch 23,0 v. H.

Aktiengesellschaft (AG): 1. In der Außenwirtschaft (→ **Außenwirtschaft und Außenhandel**) sind einzelne staatliche Betriebe in der Rechtsform einer AG tätig. Dafür werden in der Literatur allein Zweckmäßigkeitsgründe angeführt. Zum einen sollen vor allem dem westlichen Handelspartner diesem vertraute Organe (Vorstand, Aufsichtsrat, Hauptversammlung) gegenübertreten. Zum zweiten wird mit dieser äußeren Form einer AG verdeutlicht, daß die Haftung allein auf den jeweiligen Betrieb begrenzt bleibt und sich nicht auf den sozialistischen Staat erstreckt. Als Aktionäre dürften staatliche Wirtschaftsleitungsorgane, Banken, Außenhandels- und Produktionsbetriebe fungieren. Obschon keine Aktien als → **Wertpapiere** ausgegeben werden, soll das → **Ministerium für Außenhandel (MAH)** die Aktienmehrheit halten (→ **Auslands- und Rückversicherungs-Aktiengesellschaft der DDR [DARAG]; Deutsche Außenhandelsbank Aktiengesellschaft [DABA]; Deutsche Handelsbank Aktiengesellschaft [DHB]**).
2. Innerhalb des → **Rates für Gegenseitige Wirtschaftshilfe (RGW)** existieren gemeinsame Betriebe der sozialistischen Staaten in der Organisationsform einer AG. Mit Einschränkungen kann hierzu auch die Sowjetisch-Deutsche-AG (SDAG) Wismut im → **Uranbergbau** gerechnet werden, die aus einer der zur Erfüllung der → **Reparationen** gegründeten **Sowjetischen Aktiengesellschaft (SAG)** hervorgegangen ist.

3. Schließlich sollen auch noch private Betriebe in dieser aus dem bürgerlichen Handelsrecht übernommenen Organisationsform existieren. Diese AG sind in das → **Handelsregister** eingetragen (vgl. Wirtschafts- und Außenwirtschaftsrecht für Ökonomen, hrsg. v. Institut für Wirtschaftsrecht der HfÖ „Bruno Leuschner", Berlin [Ost] 1977, S. 202).

Aktionseinheit der Arbeiterklasse: Definiert als Zusammenwirken verschiedener Organisationen der Arbeiterbewegung in nichtsozialistischen Staaten zur Durchsetzung gemeinsamer Interessen ungeachtet politischer und ideologischer Unterschiede. Die AdA. soll die organisatorische Spaltung der Arbeiterbewegung überwinden helfen und den Kern eines umfassenderen Bündnisses aller antikapitalistischen Kräfte bilden. Bereits die Niederschlagung des Kapp-Putsches in Deutschland 1920 gilt als Erfolg der Verwirklichung der AdA. In ihrer allgemeinen Form wurde diese jedoch erst angesichts des Faschismus durch den VII. Weltkongreß der Kommunistischen Internationale (→ **Komintern**) 1935 theoretisch konzipiert.
Die → **Sozialistische Einheitspartei Deutschlands (SED)**, die sich – als Zusammenschluß von SPD und KPD – selbst als Ergebnis der auf dem Gebiet der heutigen DDR praktizierten Aktionseinheit zwischen Kommunisten und Sozialdemokraten begreift, propagierte bis Ende der 60er Jahre die Herstellung der AdA. in der Bundesrepublik Deutschland als Voraussetzung für auch dort durchzuführende gesellschaftspolitische Veränderungen sowie die Herstellung einer AdA. der DDR und der Bundesrepublik mit dem Endziel einer Wiedervereinigung beider deutscher Staaten. Seit ihrem 1970 eingeleiteten Wandel in der nationalen Frage (→ **Nation und nationale Frage**) hat die SED diese spezifische, auf die deutsche Situation angewandte Fassung der AdA. fallen gelassen. Sie hält jedoch auch weiterhin am allgemeinen Prinzip der AdA. fest, wie es z. B. von der internationalen Beratung der kommunistischen und Arbeiterparteien in Moskau 1969 formuliert wurde, die die Kommunisten und anderen oppositionellen Kräfte nichtsozialistischer Staaten, besonders die Sozialdemokraten, zur Aktionseinheit aufforderte.
Mit der AdA., die eine wichtige Rolle in der gegenwärtigen Politik kommunistischer Parteien Westeuropas spielt, ist nicht der Begriff der „Aktionseinheit aller Kommunisten" zu verwechseln, den die SED und andere eng mit der KPdSU verbündete Parteien in der internen Diskussion der kommunistischen Weltbewegung verwenden, wenn sie an abweichlerische Parteien appellieren, ihre Positionen zugunsten der Wiederherstellung der größeren Geschlossenheit im Weltkommunismus – zumindest zeitweilig für die gemeinsame Durchführung einzelner Aktionen – zurückzustellen.
→ **Bündnispolitik; Eurokommunismus.**

Aktiv: A. bezeichnet im Sprachgebrauch der DDR eine zahlenmäßig meist kleinere Gruppe von Werktätigen, die im → **Staatsapparat**, in der Wirtschaft, aber ebenso auch in der → **Sozialistischen Einheitspartei Deutschlands (SED)**, in den → **Massenorganisationen**, im kulturellen und im Bildungsbereich sowohl ad hoc zur Lösung kurzfristiger, aber auch dauerhaft zur Lösung längerfristiger Aufgaben gebildet wird.
Die Bildung eines A. wird von der zuständigen bzw. übergeordneten Leitungsebene angeordnet bzw. „vorgeschlagen". Ihm können sowohl beratende wie ausführende Funktionen übertragen werden. Die Angehörigen eines A. gelten als besonders kompetent und einsatzfreudig. Von ihrer Zusammenarbeit werden daher besondere Ergebnisse bei der Erfüllung gesellschaftlicher, wirtschaftlicher und kultureller Aufgaben erwartet.
In der SED gibt es → **Parteiaktive**, im → **Freien Deutschen Gewerkschaftsbund (FDGB)** Gewerkschaftsaktive, in der → **Freien Deutschen Jugend (FDJ)** Jugendaktive. In der Neuererbewegung (→ **Sozialistischer Wettbewerb**) spielen die Neuereraktive eine erhebliche Rolle. In jüngerer Zeit ist die Tätigkeit von A. bei den Kommissionen der örtlichen Volksvertretungen verstärkt worden; sie werden als eine besondere Form der **Sozialistischen** → **Demokratie** bezeichnet.
Daneben finden sich A. vor allem in den Betrieben. Sie stellen eine besondere Form der Arbeitsorganisation dar, wobei der Begriff A. nicht immer deutlich von dem des **Sozialistischen** → **Kollektivs** oder der → **Brigade** abgehoben wird. In derartigen A. können sowohl Angehörige des gleichen Arbeitsbereiches mit unterschiedlicher beruflicher Qualifikation, als auch Werktätige aus verschiedenen Produktions- bzw. Verwaltungsbereichen zusammengefaßt werden.
Von den A. erwarten die jeweiligen Betriebs-, Organisations- und Institutionsleitungen eine mobilisierende Wirkung, die über das A. hinausreicht.

Alkoholmißbrauch: Als A. wird sowohl der übermäßige Genuß alkoholischer Getränke als auch der Genuß an ungeeigneten Orten und zu ungeeigneten Zeiten, vor allem am Arbeitsplatz und während der Arbeitszeit, verstanden. Der Pro-Kopf-Verbrauch alkoholischer Getränke ist von 1955 bis 1982 bei Wein und Sekt von 1,7 l auf 9,7 l und bei Bier von 68,5 l auf 147,0 l und bei Spirituosen von 4,4 l auf 12,7 l gestiegen. 1982 wurden pro Kopf der Bevölkerung 10,4 l reinen Alkohols verbraucht gegenüber 3,9 l im Jahre 1955 (Bundesrepublik: 10,9 l).
Die schädlichen Folgen des A. zeigen sich in kriminellen Handlungen, in Ordnungswidrigkeiten und anderen Rechtsverletzungen. Der Anteil der unter A. straffällig gewordenen Täter ist besonders bei Jugendlichen sehr hoch. Übermäßiger Alkoholgenuß gilt vor allem bei → **Rowdytum**, Widerstand gegen staatliche Maßnahmen, Verkehrsdelikten, aber auch bei anderen Straftaten sehr häufig als auslösender Faktor.
Zurechnungsunfähigkeit und verminderte Zurechnungsfähigkeit begründen nach §§ 15 Abs. 3, 16 Abs. 2 des Strafgesetzbuches (StGB) weder einen Schuldausschließungs- noch Strafmilderungsgrund. Bei schuldhaft verursachtem Rauschzustand ist der Täter nach dem von ihm verletzten Gesetz zu bestrafen, wobei Alkoholeinfluß häufig als strafverschärfender Umstand gewertet

wird. Zur Verhinderung weiterer Rechtsverletzungen kann das Gericht den Täter verpflichten, sich einer fachärztlichen Behandlung zu unterziehen (§ 27 StGB). Die Verleitung von Kindern und Jugendlichen zum A. ist nach § 147 StGB mit Gefängnisstrafe bis zu 2 Jahren oder Strafen ohne Freiheitsentzug (→ **Strafensystem**) bedroht. Diese Strafbestimmung richtet sich vor allem gegen Gastwirte, die pflichtwidrig alkoholische Getränke an Minderjährige abgeben.

Übermäßiger Alkoholgenuß wird auch als wesentliche Ursache anderer Störungen des gesellschaftlichen Lebens angesehen. A. ist einer der häufigsten Ehescheidungsgründe. Verstöße gegen die Arbeitsdisziplin, vor allem Arbeitsbummelei, werden zum großen Teil durch A. ausgelöst. In vielen Betrieben ist deshalb durch Arbeitsordnungen der Alkoholgenuß während der Arbeitszeit untersagt worden.

Bürger, die infolge ständigen A. fortgesetzt die Arbeitsdisziplin verletzen oder die Regeln des gesellschaftlichen Zusammenlebens mißachten, sind als kriminell Gefährdete von den Räten der Kreise, Städte und Gemeinden zu erfassen, zu erziehen und zu kontrollieren (VO über die Aufgaben der örtlichen Räte und der Betriebe bei der Erziehung kriminell gefährdeter Bürger vom 19. 12. 1974 – GBl. I, 1975, S. 130, in der Fassung der 2. VO vom 6. 7. 1979 – GBl. I, S. 195). Ihnen kann u. a. aufgegeben werden, bestimmte Gaststätten und den Umgang mit bestimmten Personen zu meiden und sich einer ärztlichen Heilbehandlung zu unterziehen (→ **Kriminalität**, II., V.; **Strafensystem**).

Wer wegen A. ärztliche Hilfe erhielt, ist zur Bezahlung der Behandlungs- und Beförderungskosten heranzuziehen. Diese Kosten gehören nicht zu den Leistungen der Sozialversicherung oder der freiwilligen Krankenversicherung (VO über die Kosten für ärztliche Behandlung und Beförderung bei A. vom 22. 9. 1962 – GBl. II, S. 684, u. d. 2. DB vom 23. 3. 1977, GBl. I, S. 141).

Durch die AO über die Allgemeinen Bedingungen für die Kraftfahrer-Haftpflicht-Versicherung vom 12. 1. 1971 (GBl. I, S. 93) ist die Regreßpflicht für Versicherte, die unter Alkoholeinfluß anderen einen Schaden zugefügt haben, erweitert worden.

Auch Preiserhöhungen für Spirituosen sollen den übermäßigen Alkoholgenuß hemmen. Die Lebensgewohnheit der Bevölkerung und nicht zuletzt auch ökonomische Interessen der Hersteller und Handelsbetriebe sowie der Gaststätten haben aber bisher einen erkennbaren Erfolg im Kampf gegen den A. verhindert.

Nach Meinung von Psychiatern und Drogenexperten in der DDR hat sich der A. zum wichtigsten sozialmedizinischen Problem entwickelt. Die zunehmende Zahl Alkoholabhängiger und die begrenzte Bettenkapazität der stationären Einrichtungen erfordere vor allem eine wirksame Nachsorge. Der dauerhaften Entwöhnung dienen insbesondere die therapeutischen und Abstinenzlerklubs. Diese an den Gesundheitseinrichtungen der DDR bestehenden Klubs (Anfang 1983 etwa 160) leisten wichtige Kriminalitätsvorbeugung, erlauben eine effektive Kontrolle des Behandlungsergebnisses und mindern wirtschaftliche Verluste durch Reduzierung des Krankenstandes. Um das Problem des Alkoholismus in den Griff zu bekommen, sollen an den Drogenkliniken und psychiatrischen Krankenhäusern schrittweise Tageskliniken als Behandlungszentren aufgebaut werden, um die prophylaktischen, therapeutischen und nachsorgenden Maßnahmen zu koordinieren.

Allgemeiner Deutscher Nachrichtendienst (ADN): Staatliche Nachrichten- und Fotoagentur der DDR mit Sitz in Berlin (Ost). Nach dem Statut vom 14. 7. 1966 (GBl. II, S. 481), ergeben sich die Aufgaben des ADN aus dem Programm der → **Sozialistischen Einheitspartei Deutschlands (SED)**, den Beschlüssen des → **Zentralkomitees (ZK) der SED** und den Erlassen, Verordnungen und Beschlüssen des → **Staatsrates** und des → **Ministerrates** der DDR. Mit Hilfe der Nachrichtengebung in Wort und Bild trägt ADN – als ein Instrument der → **Medienpolitik** der SED – zur „Entwicklung und Festigung des sozialistischen Bewußtseins" bei und informiert → **Presse**, → **Rundfunk** und → **Fernsehen** in der DDR „aktuell und parteilich" über alle aus dieser Sicht interessanten Ereignisse auf allen Gebieten. Diese politische Verpflichtung gilt auch für jeden einzelnen Beschäftigten: „Die Mitarbeiter des ADN haben sich in ihrer Tätigkeit ständig für die Durchsetzung der Politik der Partei der Arbeiterklasse und des sozialistischen Staates einzusetzen." Entscheidend für die Nachrichtenpolitik von ADN sind die Wertung und Auswahl der Nachrichten und die Art ihrer Verbreitung. Nachrichtengebung wird verstanden als „Agitation durch Tatsachen". „Es bedeutet schließlich, mit jeder Meldung, die ADN verläßt, darauf einzuwirken, daß unsere Bürger an Hand konkreter Tatsachen besser verstehen und klarer erkennen, wo Freund und Feind ist, daß es ihnen leichter fällt, Partei zu ergreifen für die Sache der Arbeiterklasse, des Friedens und des Sozialismus" (Deba Wieland, ehem. Generaldirektorin). ADN als einzige in der DDR beziehbare Nachrichtenagentur wertet dazu die Dienste von über 60 Agenturen anderer Staaten aus (Filterfunktion), unterhält 41 eigene Auslandsbüros und → **Korrespondenten** in 62 Ländern sowie in der DDR 14 Bezirksdirektionen.

Der ADN-Fernschreib-Basisdienst (täglich etwa 70000 Wörter) ist gegliedert in die Bereiche: Ausland, DDR, Berlin, Wirtschaft, Landwirtschaft, Kultur und Sport; ergänzt durch einen Artikeldienst mit Beiträgen seiner Auslandskorrespondenten. In seinen deutsch- und fremdsprachigen (engl., franz., russ., span., arab.) drahtlosen Nachrichtendiensten für das Ausland (etwa 40000 Wörter) hat ADN die Aufgabe, das Geschehen in der DDR und deren Politik „überzeugend" darzustellen. Neben seinem allgemeinen Nachrichten- und Fotodienst („ADN-Zentralbild" – täglich etwa 70 Motive) gibt ADN mehrere gedruckte Informationsdienste heraus, darunter auch solche, die nur für einen ausgewählten Personenkreis bestimmt sind (mit Hintergrundinformationen, KP-Interna, Westinformationen usw.).

ADN unterliegt dem Weisungsrecht des Vorsitzenden des Ministerrates, das vom → **Presseamt** ausgeübt wird. Der Generaldirektor von ADN wird vom Vorsitzenden

des Ministerrates berufen und abberufen: 1952 bis Sept. 1977 Deba Wieland, vor 1949 Chefredakteurin des Sowjetischen Nachrichtenbüros in der SBZ, danach 1. stellvertretende Leiterin des Amtes für Information, des späteren Presseamtes. Seit Sept. 1977: Günter Pötschke, zuvor stellv. Leiter der Abtlg. Agitation des SED-Zentralkomitees. ADN war 1946 als GmbH gegründet worden und ist seit dem 1. 5. 1953 Staatseigentum. ADN wurde zusammen mit den anderen osteuropäischen Agenturen im September 1970 Mitglied der „Allianz europäischer Nachrichtenagenturen".
Als selbständige Auslandspresseagentur besteht neben ADN die als GmbH gegründete **Panorama DDR**, Direktor: Alfred Heil (SED). Sie gibt in loser Folge „Dokumentationen" über die DDR in deutsch und anderen Sprachen heraus und verbreitet und vermittelt Artikel, Interviews, Kommentare und regelmäßige Korrespondenzen aus der DDR an ausländische Interessenten. → **Auslandspropaganda.**

Alliierte Luftsicherheitszentrale (Berlin Air Safety Center): Die ALZ. ist neben der Verwaltung des Spandauer Kriegsverbrechergefängnisses eine der beiden letzten noch bestehenden militärischen Kontrolleinrichtungen in → **Berlin**, in der nach wie vor alle 4 Alliierten zusammenarbeiten. Die ALZ. registriert, überwacht und genehmigt alle in der Berliner Kontrollzone (mit Radius von 32 km vom Sitz der ALZ. in Berlin-Schöneberg) stattfindenden Flüge von militärischen und zivilen Luftfahrzeugen. Innerhalb dieser Kontrollzone liegen lediglich die 3 West-Berliner Flughäfen Gatow, Tegel und Tempelhof, während sich der von der DDR betriebene Flughafen Berlin-Schönefeld außerhalb des vom alliierten Status von Groß-Berlin erfaßten Gebietes befindet. Daher erstreckt sich die Kontrollfunktion der ALZ., abgesehen von den Flügen über Ost-Berliner Stadtgebiet, in erster Linie auf den Flugverkehr im Berliner Teil der 3 Flugkorridore, die Berlin (West) mit der Bundesrepublik Deutschland verbinden. Entsprechend alliierter Vereinbarungen aus dem Jahre 1946 dürfen diese Korridore bis heute nur Luftfahrzeuge der 3 Westmächte benutzen.
Ein Anflug der West-Berliner Flughäfen durch nichtalliierte westliche Fluggesellschaften scheitert bisher aber nicht nur an der fehlenden Genehmigung durch die ALZ., sondern auch an der DDR, die keine Überflugrechte nach Berlin (West) für ihr Territorium gewährt. Im Fortbestehen der ALZ. dokumentiert sich der westliche Standpunkt vom fortdauernden alliierten Sonderstatus Groß-Berlins, d. h. auch von Berlin (Ost).

Altenpolitik: *1. Allgemeines.* Die rd. 3 Mill. DDR-Bewohner im Rentenalter (Frauen über 60, Männer über 65 Jahre) machen 17,3 v. H. der gesamten → **Bevölkerung** aus (31. 12. 1982). Von ihnen sind rd. 27 v. H. älter als 70, etwa 19 v. H. zwischen 75 und 80, 15 v. H. über 80. Der im internationalen Vergleich hohe Anteil von Personen im nicht mehr erwerbsfähigen Alter stellt den Staat vor große Probleme. Einmal muß er wegen des Mangels an → **Arbeitskräften** darauf hinwirken, möglichst viele Rentner für eine Weiterbeschäftigung zu gewinnen. Zum zweiten belastet die Betreuung Hilfebedürftiger den → **Staatshaushalt** in zunehmendem Maß, weil diese Aufgabe in den 50er und 60er Jahren eindeutig vernachlässigt worden war. Inzwischen gilt sie in der politischen → **Agitation und Propaganda** als Anerkennung und Dank – immer mehr Alte zählen zu den „Aktivisten der ersten Stunde", haben den größten Teil ihres aktiven Berufslebens in der SBZ/DDR verbracht – sowie als Beweis für die Humanität der sozialistischen Gesellschaft. Die Sorge für die „älteren Bürger" (weitere allgemein gebräuchliche Termini: „Bürger im höheren Lebensalter" und „Veteranen der Arbeit") soll folgerichtig nicht allein dem Gesundheits- und Sozialwesen überlassen bleiben (→ **Gesundheitswesen**), sondern als „gesamtgesellschaftliches Anliegen und fester Bestandteil der auf das Wohl des Menschen gerichteten Gesamtpolitik der Partei der Arbeiterklasse und unseres sozialistischen Staates" verstanden werden (Anneliese Toedtmann, stellvertr. Min. f. Gesundheitswesen, Neue Zeit v. 7. 4. 1982, S. 3).
In offiziellen Dokumenten werden die genannten Schwerpunkte der A. in der Regel miteinander verknüpft. So heißt es im Programm der → **Sozialistischen Einheitspartei Deutschlands (SED)** von 1976: „Die Verbesserung der Lebensbedingungen der Rentner wird planmäßig fortgesetzt. Vielfältige Maßnahmen werden darauf gerichtet, ihre Teilnahme am gesellschaftlichen Leben in noch größerem Umfang zu ermöglichen. Die Schaffung geeigneter Arbeitsplätze für ältere Bürger wird entsprechend ihren Wünschen und Möglichkeiten erweitert. Die Bereitstellung von altersgerechtem Wohnraum und der Bau von Wohnheimen sowie von Feierabend- und Pflegeheimen werden erhöht."
2. Rechtliche und organisatorische Rahmenbedingungen. Artikel 36 der → **Verfassung** verbürgt das Recht jedes Bürgers auf „Fürsorge der Gesellschaft im Alter", das durch „steigende materielle, soziale und kulturelle Versorgung und Betreuung" gewährleistet werden soll. Von einer systematischen Ausgestaltung dieses Rechts kann erst ab Ende der 60er Jahre gesprochen werden. Als direkte finanzielle Leistungen des Staates sind seither vor allem höhere Renten (→ **Renten/Altersversorgung**) sowie die Aufbesserung des Taschengeldes für mittellose Heiminsassen zu nennen. Daneben war es dringend erforderlich, die Lebensbedingungen in den vorhandenen Feierabend-(Alters-) und Pflegeheimen zu verbessern, mehr Heimplätze sowie altersgerechte Wohnungen bereitzustellen, die ambulante medizinische und soziale Betreuung auszubauen, die Bereitschaft zur Nachbarschaftshilfe zu aktivieren und dem Bedürfnis nach Geselligkeit, geistiger Anregung und Unterhaltung Rechnung zu tragen.
Als Grundlage für die Realisierung dieser und weiterer – zumeist unter dem Begriff „komplexe Betreuung" zusammengefaßter – Aufgaben beschloß der → **Ministerrat** im Mai 1969 „Grundsätze und Maßnahmen zur Verbesserung der medizinischen, sozialen und kulturellen Betreuung der Bürger im höheren Lebensalter und zur Förderung ihrer stärkeren Teilnahme am gesell-

schaftlichen Leben sowie über die Hauptkomplexe der Alternsforschung" (Mitteilungen des Ministerrates Nr. 5/1969).
In einer „Rahmenvereinbarung" zu diesem Beschluß verpflichteten sich im Juli 1969 die Minister für Gesundheitswesen und Kultur, der Vorsitzende des Staatlichen Komitees für Körperkultur und Sport sowie die Leitungsgremien des Nationalrates der → **Nationalen Front**, des → **Freien Deutschen Gewerkschaftsbundes (FDGB)**, der → **Volkssolidarität**, des → **Demokratischen Frauenbundes Deutschlands (DFD)**, des → **Deutschen Roten Kreuzes (DRK) der DDR**, des → **Deutschen Turn- und Sportbundes (DTSB) der DDR**, der → **Freien Deutschen Jugend (FDJ)** und der → **Pionierorganisation „Ernst Thälmann"**, auf die „weitere Entwicklung der sozialistischen Beziehungen zwischen den Menschen Einfluß zu nehmen, so daß jeder eine sozialistische Einstellung zu den älteren Menschen findet, seine Verantwortung ihnen gegenüber erkennt und danach handelt". Die Vereinbarung gibt den einzelnen Unterzeichnern detaillierte Zielsetzungen vor, z. B.:
„Der Bundesvorstand des Freien Deutschen Gewerkschaftsbundes wird die Vorstände und Leitungen der Gewerkschaften darauf orientieren, das in der Verfassung garantierte Recht auf Arbeit auch für die Bürger im höheren Lebensalter durchzusetzen. Das erfordert die Schaffung altersadäquater Arbeitsplätze, geschützter Abteilungen und den weiteren Ausbau des Gesundheits- und Arbeitsschutzes sowie der prophylaktischen gesundheitlichen Betreuung."
„Der Bundesvorstand des Demokratischen Frauenbundes Deutschlands und der Zentralausschuß der Volkssolidarität werden ihre Bemühungen zur Entwicklung der Nachbarschaftshilfe und zur Übernahme schwerer Arbeiten im Haushalt verstärkt fortsetzen. Die Pionierorganisation ‚Ernst Thälmann' wird in Verallgemeinerung der guten Beispiele die Timurbewegung der Thälmann-Pioniere zur Unterstützung der im höheren Lebensalter stehenden Bürger beim Einkaufen, Besorgen von Heizmaterial usw. weiter entwickeln und zum festen Bestandteil der sozialistischen Erziehungsarbeit machen."
Nach Maßgabe dieser zentralen Richtlinien sollen seither in Bezirken, Kreisen, Städten und Gemeinden gemeinsam von den Verwaltungen und Massenorganisationen Programme mit konkreten, kontrollierbaren Aufgaben ausgearbeitet und verwirklicht werden.
Die Feierabend- und Pflegeheime wurden Anfang der 70er Jahre zum Gegenstand massiver, auch öffentlich artikulierter Kritik. Dabei ging es nicht nur um die völlig unzureichenden Kapazitäten, sondern auch um den schlechten baulichen Zustand und die veraltete Einrichtung vieler vorhandener Häuser sowie Mängel in Versorgung und Pflege. Das Ministerium für Gesundheitswesen reagierte mit einer Reihe von Anweisungen, die neben Sanierungsmaßnahmen vor allem auch eine qualifiziertere Ausbildung des Leitungs- und Pflegepersonals vorsehen. Eine regelmäßige Kontrolle durch die Räte der Kreise und Vertreter von Massenorganisationen ist in der VO über Feierabend- und Pflegeheime vom 1. 3. 1978 (GBl. I, Nr. 10) vorgesehen. Mit dieser Verordnung wurde außerdem den Bewohnern ein Mitspracherecht eingeräumt, das sie in Heimausschüssen und -beiräten wahrnehmen können.
Mehrere Richtlinien wurden Mitte der 70er Jahre auch für die Bereitstellung altersgerechten Wohnraums (modernisierte ebenerdige Altbauwohnungen, spezielle Rentnerwohnungen in Neubauten, Appartementhäuser und Wohnheime mit eigenen Dienstleistungseinrichtungen) erlassen. Für den Neubau von Heimen und Altenwohnungen stehen seit Anfang der 70er Jahre bedeutend mehr Mittel zur Verfügung als vorher.
Die Alternsforschung, deren Arbeit internationale Aufmerksamkeit findet, wurde im letzten Jahrzehnt vorrangig auf zwei eng miteinander verknüpfte Schwerpunkte orientiert: Vorbereitung auf das Alter, Voraussetzungen für die Weiterbeschäftigung von Rentnern. Die hierzu von der Gesellschaft für Gerontologie und einem gesonderten „Projekt Gerontologie" vorgelegten Erkenntnisse sind u. a. in das → **Gesetzbuch der Arbeit (GBA)** von 1977 eingegangen.
Ausgehend von dem Recht der Altersrentner auf „weitere berufliche Tätigkeit nach ihren Fähigkeiten und Wünschen" (§ 5) legt das GBA u. a. fest, daß Rentner sich für eine Teilbeschäftigung entscheiden (§ 160) und Überstunden sowie Nachtarbeit ablehnen können (§§ 170, 175). Besonders detailliert sind die gesetzlichen Bestimmungen für Personen im Vorrentenalter – nicht zuletzt wohl aus der Überlegung heraus, daß die Motivation für eine Weiterarbeit frühzeitig geschaffen werden muß. So genießen Werktätige ab 5. Jahr vor Erreichen der Altersgrenze einen besonderen Kündigungsschutz (§ 59); sie dürfen nur mit ihrem Einverständnis an einen anderen Arbeitsplatz versetzt werden (§ 85); sie sind in die „arbeitsmedizinische Dispensairebetreuung" (→ **Gesundheitswesen**) einzubeziehen (§ 208); auf Wunsch muß ihnen eine „ihren Fähigkeiten und ihrer gesundheitlichen Eignung entsprechende zumutbare andere Arbeit" angeboten werden (§ 209). Auch nach dem Ausscheiden aus dem Betrieb soll ein enger Kontakt erhalten bleiben. Hierzu legt das GBA (§ 236) fest:
„Der Betrieb ist verpflichtet, die Arbeitsveteranen in das geistig-kulturelle Leben des Betriebes sowie in die soziale Betreuung einzubeziehen. Die Arbeitsveteranen haben das Recht, die Einrichtungen des Betriebsgesundheitswesens in Anspruch zu nehmen und am Werkküchenessen im Betrieb teilzunehmen. Sie sind bei der Vergabe von Ferienplätzen zu berücksichtigen. Der Betrieb hat ihnen entsprechend seinen Möglichkeiten bei der Instandhaltung ihrer Wohnung Hilfe zu gewähren."
3. Bestandsaufnahme. a) Heime und altersgerechte Wohnungen. Etwa 125000 (rd. 4 v. H.) Rentner leben in 1349 Feierabend- und Pflegeheimen, darunter 370 Einrichtungen der Kirchen (1982). Im Fünfjahrplan 1981–1985 sind 18000–19000 neue Plätze vorgesehen. Die Bewohner bezahlen in Feierabendheimen 105 Mark, in Pflegeheimen 120 Mark monatlich. Ein Taschengeld von 90 Mark ist garantiert.
Im Durchschnitt gab es 1982 etwas über 40 Heimplätze

je 1000 Rentner. Angestrebt wird eine Relation von 100 zu 1000.
Einer Richtlinie von 1976 zufolge sollen für je 1000 Einwohner 40 altersgerechte Wohnungen zur Verfügung gestellt werden. Konkrete Angaben liegen hierzu nicht vor, doch wird indirekt eingeräumt, daß dieses Ziel in absehbarer Zeit nicht erreicht wird. Die weitaus meisten Rentner wohnen bislang in schlecht ausgestatteten Altbauten, die teilweise im Rahmen des „Mach mit"-Wettbewerbs (→ **Nationale Front**) renoviert wurden. In modernen Wohnheimen mit eigenen Serviceleistungen gab es Ende 1981 ca. 18000 Plätze, weitere 20000 sind bis 1985 geplant.
b) Medizinische, soziale und kulturelle Betreuung. Die medizinische Versorgung sieht für über 70jährige halbjährliche, für über 80jährige vierteljährliche Kontrollbesuche vor. Chronisch Kranke werden mindestens einmal im Monat von einer Gemeindeschwester aufgesucht. In jedem Bezirk gibt es Beratungsstellen für alte Menschen, in denen Fachärzte für Geriatrie und Fürsorgerinnen die ambulante Betreuung koordinieren. Nachbarschaftshilfe wird vor allem von den 172000 ehrenamtlichen Helfern der Volkssolidarität organisiert. Doch sind auch andere Massenorganisationen, vor allem FDJ und Pionierorganisation, in den häuslichen Sozialdienst einbezogen. 41000 hauptamtliche Hauswirtschaftspflegerinnen betreuen regelmäßig 73000 Alte in ihren Wohnungen (1982). Rund 180000 Rentner werden täglich mit warmem Essen versorgt.
Die Volkssolidarität unterhielt 1982 872 Klubs und Treffpunkte, 4500 Zirkel und Interessengemeinschaften, 400 Chöre und Singegruppen.
Auch die Veteranenkommissionen von Parteien und Massenorganisationen sowie die Veteranen-AGL (→ **Betriebsgewerkschaftsorganisation**) nehmen in ihrem jeweiligen Zuständigkeitsbereich Funktionen der sozialen und kulturellen Betreuung wahr. Von Gerontologen in der DDR entwickelte Programme gehen weit über die genannten Aktivitäten hinaus. Die Vorbereitung auf das Alter soll als lebenslanger Prozeß verstanden werden. Ein erster Schritt in diese Richtung sind die „Universitäten der Veteranen" bzw. **Veteranenakademien**, die seit Ende der 70er Jahre in vielen Städten eingerichtet werden. Die Lehrprogramme sehen neben medizinischer Aufklärung Vorlesungen und Diskussionen zu gesellschaftspolitischen und kulturellen Themen sowie Anregungen für eine aktive Lebensgestaltung vor – wobei auch die Motivierung zur Weiterarbeit im Rentenalter eine Rolle spielt. Besonderer Wert wird auf den Aufbau und die Pflege von Kontakten gelegt. Das Echo ist überwiegend positiv, der Andrang vielfach so groß, daß die vorhandenen Kapazitäten nicht ausreichen.
c) Berufstätige Rentner. Die Berufstätigkeit von Altersrentnern (1982: 370000) ist seit Mitte der 70er Jahre (600000) sehr viel stärker zurückgegangen, als die leichte Abnahme ihrer Gesamtzahl erwarten ließ. Hauptursache dafür scheint die mangelnde Bereitschaft vieler Betriebe zu sein, für solche altersadäquaten Arbeitsbedingungen zu sorgen, wie sie von Gerontologen aufgrund von Untersuchungen gefordert werden. In Zukunft ist diesbezüglich ein stärkerer Druck auf die Betriebe zu erwarten, weil zusätzliche Arbeitskräfte dringend gebraucht werden.
4. Schwerpunkte für die achtziger Jahre. Das Ministerium für Gesundheitswesen hat 1980 einen Aufgabenkatalog für die A. im laufenden Jahrzehnt vorgestellt (humanitas, Nr. 10/1980, S. 3). Im einzelnen geht es dabei um folgende Punkte:
– Abschluß bzw. Aktualisierung der Vereinbarungen zwischen den Räten der Städte und Stadtbezirke und den gesellschaftlichen Organisationen sowie Betrieben;
– Aufbau eines Netzes von sozialen Betreuungs- und Beratungsstellen;
– Erarbeitung konkreter, laufend aktualisierter Übersichten über betreuungsbedürftige ältere Bürger;
– besondere Aufmerksamkeit für Alleinstehende, die ihre Wohnungen nicht mehr verlassen können;
– planmäßiger Ausbau der Hauswirtschaftspflege durch qualifizierte Kräfte;
– Bereitstellung von warmem Mittagessen auch an den Wochenenden;
– Aufbau eines speziellen Dienstleistungsnetzes;
– Entwicklung der Tagesbetreuung mit Ganztagsversorgung in Verbindung mit Einrichtungen des Gesundheits- und Sozialwesens;
– verstärkte Einflußnahme darauf, daß Familienangehörige ihrer Betreuungspflicht nachkommen;
– Ausbau der Nachbarschaftshilfe;
– Aus- und Weiterbildung von Mitgliedern des DRK und weiterer Bürger in häuslicher Krankenpflege;
– Weiterentwicklung von Klubs und Treffpunkten sowie Nutzung von Kulturhäusern und anderen Einrichtungen für Rentnerveranstaltungen;
– Gründung von Veteranenakademien in allen Kreisen und Städten;
– Schaffung weiterer Voraussetzungen für regelmäßige sportliche Betätigung;
– verstärkte Bereitstellung von Wohnungen, „die den älteren Bürgern das Leben erleichtern".

Altguthaben und -Ablösungsanleihe: Mit der Enteignung der Banken (→ **Bankwesen**) gingen deren vor dem 9. 5. 1945 bestehende Vermögen und Verbindlichkeiten auf den Staat über. Während die aus Darlehen an Private und Einzelpersonen resultierenden Forderungen (Altforderungen) durch die Kreditinstitute eingezogen wurden, wurden die Sparguthaben (Altguthaben) – nach der Währungsreform auch als Uraltguthaben bezeichnet – gemäß der AO über die Altguthaben-Ablösungsanleihe der → **Deutschen Wirtschaftskommission (DWK)** vom 23. 9. 1948 (ZVOBl. S. 475) umgewertet. Die Verzinsung der Anleihe beträgt 3 v. H., beginnend mit dem 1. 1. 1949. Die Anleiheinhaber können seit 1952 über die aufgelaufenen Zinsen und seit 1955 über die Anleihen selbst verfügen. Die Tilgung der Anleihe sollte in 25 gleichen Jahresbeträgen 1959 beginnen, setzte aber tatsächlich erst 1962 ein. Bis 1972 sollte die Anleihe zu bestimmten jährlichen Tilgungsterminen zurückgezahlt werden (GBl. II, 1963, S. 861). Bei der

Festlegung der Rückzahlungsquoten wurden die Inhaber im Rentenalter, Bedürftige sowie diejenigen mit niedrigeren Anteilsrechten durch die Gewährung höherer Jahresraten bevorzugt.
Bis zum Abschluß zwischenstaatlicher Vereinbarungen ruhen die Ansprüche von Personen, die seit dem 8. 5. 1945 außerhalb der SBZ/DDR wohnen oder diese zu einem späteren Zeitpunkt mit Genehmigung verlassen haben. Flüchtlinge können Ansprüche aus Anteilsrechten nicht geltend machen (→ **Flüchtlingsvermögen**).

Amateurfunk: Funkamateuren ist es mit Genehmigung des Ministeriums für Post- und Fernmeldewesen erlaubt, sich mit der Funktechnik und dem Betrieb von Amateurfunkstellen zu befassen. Die Ausbildung von Bürgern zu Funkamateuren obliegt der → **Gesellschaft für Sport und Technik (GST)**. A.-Genehmigungen sind gebührenpflichtig. Sie werden in Form von Genehmigungsurkunden nach bestandener Prüfung vor einer Prüfungskommission, die aus einem Beauftragten des Ministeriums für Post- und Fernmeldewesen und mindestens 3 Sachverständigen der GST besteht, erteilt. Die Bedingungen für den A. ergeben sich aus der A.-Ordnung der DDR, die am 1. 1. 1978 in Kraft getreten ist (GBl. I, 1977, S. 325).

Amnestie: Das A.- und Begnadigungsrecht wird vom Staatsrat ausgeübt (Art. 74 Abs. 2 der Verfassung, in der Fassung vom 7. 10. 1974). Seit dem aus Anlaß der Gründung der DDR erlassenen Gesetz zur Gewährung von Straffreiheit vom 11. 11. 1949, das Freiheitsstrafen bis zu 6 Monaten betraf, sind bis 1964 in fast regelmäßigen Abständen Häftlinge aufgrund von 9 Begnadigungsaktionen oder A. vorzeitig aus der Haft entlassen worden. Allein von der Gnadenaktion des damals dafür zuständigen Präsidenten der DDR vom 7. 10. 1951 wurden ca. 20000 Häftlinge betroffen. Spätere Entlassungsaktionen erstreckten sich auch auf politische Gefangene.
Bis auf den Staatsrats-Beschluß vom 1. 10. 1960, insoweit durch diesen bestimmte Strafen erlassen wurden, gehen alle diese Entlassungsaktionen nur auf allgemeine Gnadenakte des Präsidenten bzw. Staatsrats der DDR zurück. Sie begründeten keinen Anspruch auf Begnadigung, sondern machten diese von einer besonderen Prüfung des Einzelfalles abhängig. Nach dem A.-Erlaß des Staatsrats vom 3. 10. 1964 konnten Strafen auf dem Gnadenwege erlassen werden, wenn die Verurteilten aufgrund ihres Gesamtverhaltens die Gewähr dafür boten, daß sie künftig die sozialistische Gesetzlichkeit einhalten werden (GBl. I, S. 135). Deshalb sind nur wenige **politische → Häftlinge** in den Genuß dieses Gnadenaktes gelangt.
Aufgrund des Beschlusses des Staatsrats vom 6. 10. 1972, der nur in den DDR-Zeitungen, nicht aber im Gesetzblatt veröffentlicht worden ist, sind lt. ADN „25351 politische und kriminelle Straftäter aus dem Strafvollzug und 6344 Personen aus der Untersuchungshaft entlassen“ worden, 2087 von ihnen in die Bundesrepublik Deutschland.
Die aus Anlaß des 30. Jahrestages der DDR erlassene A. des Staatsrats vom 24. 9. 1979 (GBl. I, S. 281) galt – im Gegensatz zu der von 1972 – nur für Personen, die bereits rechtskräftig verurteilt worden waren, und zwar vor dem 7. 10. 1979. Ausgenommen von der A. waren wegen NS- und Kriegsverbrechen, anderer schwerer Verbrechen, insbesondere wegen Gewaltverbrechen oder Militärspionage Verurteilte sowie Personen, die mehrfach mit Freiheitsstrafe vorbestraft waren. Nicht amnestiert wurden auch wegen „staatsfeindlichen Menschenhandels“ nach § 105 StGB, also wegen Fluchthilfe verurteilte Häftlinge.
Wie bei der A. 1972 wurden auch bei dieser A. die nicht verbüßten Strafen nicht erlassen, sondern nur auf → **Bewährung** ausgesetzt. Bei einer innerhalb von 3 Jahren erfolgten erneuten Verurteilung zu einer Freiheitsstrafe war die nicht vollstreckte Strafe zu vollziehen.
Soweit sie nicht aus dem Bundesgebiet oder Berlin (West) stammten, wurden die Häftlinge in die DDR entlassen. Erst nach langen Bemühungen durften zahlreiche der aus politischen Gründen verurteilten Amnestierten in den folgenden Jahren aus der DDR ausreichen.
Spezielle A. für Flüchtlinge enthalten das Gesetz zur Regelung von Fragen der Staatsbürgerschaft vom 16. 10. 1972 (GBl. I, S. 265) und die VO zu Fragen der Staatsbürgerschaft der DDR vom 21. 6. 1982 (GBl. I, S. 418), durch die Bürgern der DDR, die vor dem 1. 1. 1972 bzw. 1. 1. 1981 die DDR ohne Genehmigung verlassen haben, die → **Staatsbürgerschaft** der DDR aberkannt worden ist. Diesem Personenkreis wurde „wegen des ungenehmigten Verlassens der DDR“ (→ **Republikflucht**) Straffreiheit gewährt.

Amortisationen: Geldausdruck für den jährlich zuzurechnenden Verschleiß der Anlagemittel (→ **Grundmittel**). Die A. werden vermittels der – entsprechend der voraussichtlichen jährlichen Abnutzung – von staatlichen Stellen festgelegten Abschreibungssätze vom Brutto-Anlagevermögen errechnet.
Den Begriff der A. rechnet man der Finanzierungssphäre zu, während die Abschreibungen als Begriff zur Kostensphäre gehören. Die Entstehung der A. setzt einen Umsatzakt voraus. Sofern ein planmäßiger Ersatzbedarf im betrieblichen Investitionsplan vorgesehen ist, wird ein Teil der A. dem Fonds für Investitionen (→ **Fonds**) zugeführt. Dieser Fonds existiert als Sonderbankkonto unter diesem Namen bei der für den Betrieb zuständigen Bank. Die A. werden zuvor großenteils auf dem Separatkonto A.-Fonds des Betriebes bei seiner Bank gesammelt. Es ist aber auch möglich, daß die A. direkt auf das Konto Investitionsfonds überwiesen werden.
In der Regel werden die A. für die Erhaltung und den Ersatz verbrauchter Anlagemittel des Betriebes verwendet. Sie können aber auch z. T. dem Investitionsfonds des übergeordneten Organs (z. B. Kombinat) zufließen, wenn eine Erneuerung und Rationalisierung der betrieblichen Anlagen planmäßig nicht vorgesehen ist. In diesem Fall sind die A.-Abführungen auf maximal

60 v.H. begrenzt, höhere Abführungen dürfen nur durch Minister oder andere Leiter zentraler Staatsorgane – bei örtlich geleiteten Betrieben durch die Vorsitzenden der Räte der → **Bezirke** – festgesetzt werden. Mit den der Fondsbildung der Kombinate zugeflossenen A.-Abführungen wird wiederum eine Umverteilung zugunsten bestimmter förderungswürdiger Betriebe oder Projekte des jeweiligen Kombinats vorgenommen; ein Teil fließt über die Amortisationsabführungsnormative an den Staatshaushalt, um im Falle nicht bzw. nicht voll zu erhaltender Kapazitäten während des Planungszeitraums freiwerdende Mittel zu erfassen. Insgesamt soll damit ein konzentrierter Einsatz von Mitteln zur Modernisierung und Rekonstruktion von Anlagen erreicht werden.

Während vor dem Beginn der Wirtschaftsreform 1963/64 die A. im wesentlichen der Ersatzbeschaffung verbrauchter Grundmittel in den betreffenden Betrieben dienten und darüber hinaus auch noch die Finanzierung von Generalreparaturen und Kleininvestitionen ermöglichen sollten, wurden die A. in der NÖS-Periode infolge der Änderung der Abschreibungssätze, des Abschreibungsverfahrens und durch die Neu- und Höherbewertung des in der Wirtschaft eingesetzten Anlageparks (→ **Grundmittelumbewertung**) zu einer bedeutenden Quelle für die Finanzierung der volkswirtschaftlichen Bruttoinvestitionen, – also auch für Neuinvestitionen. Seit der Rezentralisierung von Ende 1970 sollen die A. jedoch grundsätzlich wieder nur der Rationalisierung und Anlagenerneuerung zugute kommen. → **Abschreibungen; Betriebsformen und Kooperation; Investitionsplanung; Wirtschaft.**

Amt für Arbeit und Löhne: Das AAL. ist Fachorgan des Rates des → **Bezirkes**. Es unterstützt diesen bei der ihm aufgrund § 21 des Gesetzes über die örtlichen Volksvertretungen und ihre Organe vom 12. 7. 1973 (GöV, GBl. I, S. 313 ff.) übertragenen Aufgaben bei der Arbeitskräfteplanung und vor allem -lenkung. Ferner obliegt den AAL. die Durchführung und Kontrolle der zentralen Festlegungen für die Ausgestaltung des Lohnsystems und im sozialpolitischen Bereich. Im Rahmen der doppelten Unterstellung (→ **Anleitung und Kontrolle**) werden die AAL. nicht nur vom Rat des Bezirkes, sondern auch vom → **Staatssekretariat für Arbeit und Löhne** angeleitet, während sie selbst die Ämter für Arbeit (AA.) bei den Räten der → **Kreise** anleiten. Die AA. haben im Rahmen der staatlichen Plankennziffern des Bezirkes auf Kreisebene der AAL. vergleichbare Aufgaben (§ 36 GöV). Bei den AA. liegt insbesondere die Aufgabe, diejenigen zu beraten und in die volkswirtschaftlich gewünschten Arbeitsplätze zu lenken, die erstmals eine Berufstätigkeit aufnehmen, ihren Arbeitsplatz oder ihren Beruf wechseln wollen oder aufgrund von Rationalisierungsmaßnahmen, Betriebsumstellungen usw. wechseln müssen. → **Arbeitskräfte; Arbeitsrecht**, XVIII.

Amt für Außenwirtschaftsbeziehungen: Das AfA. wurde im April 1970 auf Beschluß des Ministerrates der DDR gegründet. Sitz ist Berlin (Ost). Im Gegensatz zur → **Kammer für Außenhandel (KfA)** (als einer „gesellschaftlichen Organisation") untersteht das AfA. direkt dem → **Ministerium für Außenhandel (MAH)**. Sein Auftrag war es, „zur Entwicklung des Außenhandels und anderer Beziehungen auf dem Gebiet der Außenwirtschaft beizutragen" (GBl. II, 1970, Nr. 39). Hierzu übernahm das AfA. die vordem der Kammer für Außenhandel zustehende Aufgabe, Handelsvereinbarungen mit westlichen Ländern abzuschließen, die mit der DDR keine Handelsabkommen auf Regierungsebene schließen wollten. Durch Vereinbarungen des AfA. sollten die bestehenden → **Kammerabkommen** abgelöst werden, um die wirtschaftlichen Beziehungen auf eine „offiziellere" Ebene zu heben. Mit dem Abschluß von Handelsabkommen bzw. Rahmenabkommen über wirtschaftliche, wissenschaftliche und technische Zusammenarbeit nach der weltweiten Anerkennung der DDR verlor das AfA. an Bedeutung. Es befaßt sich heute im wesentlichen mit Aufgaben der Marktanalyse. Generalsekretär ist Degenhardt Albrecht (SED). (**Internationale → Wirtschaftsverträge**)

Amt für Jugendfragen beim Ministerrat: „In enger Zusammenarbeit mit dem Zentralrat der → **Freien Deutschen Jugend (FDJ)**" und „auf der Grundlage der Beschlüsse der Partei der Arbeiterklasse" verantwortlich für die staatlichen Aufgaben der Jugendpolitik, die → **Jugendforschung**, federführend für den Jugendetat und mit wesentlichem Mitspracherecht bei der Jugendgesetzgebung. Leiter ist Hans-Ulrich Sattler (SED).

Das AfJ. unterstand gem. Statut vom 18. 5. 1955 (GBl. I, S. 457) dem Stellvertreter des Vorsitzenden des Ministerrates, danach gem. Beschluß vom 26. 6. 1958 (GBl. I, S. 565) dem Ministerium für Volksbildung. Seit Inkrafttreten der VO über das Statut des AfJ. vom 17. 5. 1962 (GBl. II, S. 367) ist das AfJ. ein „Organ des Ministerrates" und erhielt mit den Ministerrats-Beschlüssen vom 8. 5. 1975 (GBl. I, S. 434) und vom 1. 12. 1980 (GBl. I, S. 369) neue Kompetenzen und ein neues Statut.

Das AfJ. „richtet seine Tätigkeit auf das Hauptanliegen sozialistischer Jugendpolitik, die kommunistische Erziehung aller Jugendlichen. Dazu nimmt es Einfluß auf die politisch-ideologische Arbeit der Staats- und Wirtschaftsfunktionäre mit der Jugend, die Förderung und Entwicklung der volkswirtschaftlichen Aktivitäten der Jugend, ihrer sozialistischen Gemeinschaftsarbeit und ihres wissenschaftlich-technischen Schöpfertums, ihrer umfassenden Teilnahme an der Leitung und Planung, ihrer wehrpolitischen Bildung und Erziehung, der Wehrdienstvorbereitung einschließlich der langfristigen Sicherung des militärischen Berufsnachwuchses, sowie ihrer geistig-kulturellen und sportlich-touristischen Aktivitäten" (§ 1 d. Statuts des AfJ. vom 1. 12. 1980). Rechtsvorschriften im Bereich der Jugendpolitik bedürfen der Zustimmung des AfJ. Das AfJ. bringt die Aufgaben der staatlichen Jugendpolitik in die langfristige Fünfjahr- und Jahresplanung ein, ist verantwortlich für die grundlegenden Aufgaben zur Entwicklung der Bewegung → **Messe der Meister von Morgen (MMM)**, für die zentralen staatlichen Aufgaben im Bereich des Jugend-→ **Tourismus**, für die Koordination der → **Feriengestaltung** der Schüler und der Urlaubsgestaltung der Lehrlinge, die staatliche Leitung der → **Jugendforschung**, die Zusammenarbeit mit den für die Jugendpolitik zuständigen Instanzen in den anderen sozialistischen Staaten, hat zusammen mit dem Zentralrat der Freien Deutschen Jugend das Vorschlagsrecht für die staatliche Auszeichnung von Jugendlichen und Jugendkollektiven und ist in Abstimmung mit dem Zentralrat der FDJ zuständig für die Verwendung der Mittel des „zentralen Kontos junger Sozialisten".

Amt für Preise beim Ministerrat: Das AfP. wurde auf Beschluß des → **Ministerrates** im Dezember 1965 gebildet. Entsprechend der VO über das Statut dieser Institution (GBl. II, 1968, S. 17) ist es Organ des Ministerrates und für die Ausarbeitung der Grundsätze der Preispolitik, zur Leitung der Preisbildung, Preisbestätigung und Preisplanung, für die Sicherung der einheitlichen Arbeit aller mit der Preisplanung, -festsetzung und -kontrolle befaßten Instanzen sowie für die Zusammenarbeit auf dem Gebiet der Preise im → **Rat für Gegenseitige Wirtschaftshilfe (RGW)** und für die Preisforschung zuständig.
Das AfP. hat zu gewährleisten, daß die Beschlüsse des → **Zentralkomitees (ZK) der SED** und des Ministerrates sowie die Gesetze und Beschlüsse der → **Volkskammer** in der Preispolitik durchgesetzt werden. Im einzelnen soll es bei der Preisgestaltung sowohl die wirtschaftspolitischen Ziele des Staates unterstützen als auch sicherstellen, daß die Preise zur Stärkung des wissenschaftlich-technischen Fortschritts, zur Verbesserung des Material- und Arbeitsmitteleinsatzes, zur Senkung der Kosten, zur verbesserten Qualität der Erzeugnisse sowie zur vermehrten Durchsetzung aller sonstigen Intensivierungsaufgaben beitragen. Zudem sollen alle Konsumgüterpreise des Grundbedarfes stabil bleiben.
Zur Realisierung dieser Aufgaben führt das AfP. eine Preisplanung, eine planmäßige Preisbildung und eine umfangreiche Preiskontrolle durch.
Neben dem Erlaß der zentralen staatlichen Kalkulationsrichtlinie (GBl. II, 1972, S. 741 ff.), die bis Mitte 1976 galt, danach leicht verändert wurde (GBl. I, 1976, S. 321 ff.; GBl. I, 1978, S. 336 ff. und GBl. I, 1979, S. 119 f.) und inzwischen durch eine neue (GBl. I, 1983, S. 341 ff.) ersetzt ist, bestätigt es spezielle Kalkulationsrichtlinien und Kalkulationsnormative. Gemeinsam mit der Staatlichen Plankommission (→ **Planung**, IV. A.) und dem → **Ministerium der Finanzen (MdF)** setzt es die Gewinnormative fest und bestätigt die kalkulationsfähigen Normative für Forschung und Entwicklung sowie die Gemeinkostennormative. Weiterhin bestätigt das AfP. die Preise für neu- und weiterentwickelte Erzeugnisse, arbeitet Konzeptionen für die Preisentwicklung aus und unterbreitet dem Ministerrat eine Gesamtvorlage über die planmäßigen Preisänderungen jedes Jahres (aufgrund der eingetretenen Verteuerungen des Inputs) zur Beschlußfassung. Zudem legt es Grundsätze für Preisanalysen sowie für Analysen über die Wirksamkeit der Preise fest und erarbeitet selbst laufend derartige Analysen. Unterstützt wird das AfP. durch den Zentralen Preisbeirat, der auf dem Gebiet der Konsumgüterpreise Entscheidungen sachkundig vorbereitet. Seine Mitglieder werden vom Leiter des AfP. berufen und bestehen u. a. aus Mitarbeitern des Binnenhandels und der Massenorganisationen, Beauftragten des AfP. und des Amtes für Standardisierung, Meßwesen und Warenprüfung (ständige Mitglieder) sowie Mitarbeitern der jeweils zuständigen Ministerien und Produktionsbetriebe (nichtständige Mitglieder).
Bis 1965 lag die Planung und Überwachung der Preise in der Zuständigkeit der Regierungskommission für Preise, die ebenfalls Organ des Ministerrates war. Ihr Vorsitzender war der Minister der Finanzen. Mit der Bildung des AfP. wurde die Regierungskommission für Preise mit ihren Nebenstellen aufgelöst, und deren Aufgaben wurden auf das neugebildete AfP. übertragen, dessen Leiter im Rang eines Ministers gegenwärtig (seit 1965) Walter Halbritter (SED) ist.
Seit der Rezentralisierung ist das AfP. in seiner Rolle als entscheidende Kontrollinstanz für alle Preisbildungsprozesse aufgewertet worden. Es hat das Recht, bei Preismanipulationen Ordnungsstrafen zu verhängen. Durch seinen Einfluß auf die jeweils geltenden Gewinnnormen und die Kostenkalkulation kommt dem AfP. eine entscheidende Rolle bei der Ausrichtung der monetären Planungsbeziehungen zu. Da aber gerade die gegenwärtig in der DDR praktizierte außerordentlich komplizierte Preisbildung eine Unmenge an Detailinformationen aller beteiligten Wirtschaftseinheiten erfordert, dürfte das AfP. trotz seiner umfangreichen Kompetenzen allein schon wegen der übermäßigen Verwaltungsarbeit nicht in der Lage sein, die Prinzipien der Preisfestsetzung auch konsequent durchzusetzen.
Von den seit Mitte 1976 bis Ende 1983 wirksamen Preisbildungsverfahren, mit denen Preise für neue und weiterentwickelte Produkte nach dem Preis-Leistungs-Verhältnis festgelegt wurden, hatte sich das AfP. wesentliche Erleichterungen gegenüber der davor äußerst zeitaufwendigen Kontrolle der Kosten erhofft. Man glaubte, eine schnellere Preisbestätigung zu erreichen, da das AfP. und ihm nachgeordnete Organe die neuen Preise leichter aufgrund des bereits anerkannten Aufwands je Leistungseinheit von Vergleichserzeugnissen bilden können.
Es hat sich jedoch gezeigt, daß objektive Maßstäbe zur Messung der Gebrauchswertverbesserungen neuer Erzeugnisse häufig fehlten und die Betriebe versuchten, Verbesserungen überzubewerten, hingegen Nachteile ihrer Neuerungen zu verschweigen. Hierbei hatte die Pflicht bestimmter Hersteller neuer Produkte, „Weltstandardvergleiche" durchzuführen, nur bedingt Abhilfe geschaffen. Somit oblag dem AfP. die gegenüber den Problemen der Kostenkontrolle vergleichsweise noch schwierigere Aufgabe, eine wirksame Kontrolle und Bewertung der Gebrauchseigenschaften neuer Güter vorzunehmen. Diese Schwierigkeiten dürften der Grund dafür gewesen sein, daß man die Preisbildung

nach dem Preis-Leistungs-Verhältnis mit Wirkung zum Jahresende 1983 aufgab und durch eine Orientierung an den Kosten ersetzte. Kostenkontrollen wurden somit wieder sehr wichtig, insbesondere, da es gegenwärtig vorrangig gilt, Energie- und Materialeinsparungen durchzusetzen. Der exakte Kostennachweis der Betriebe muß besonders hinsichtlich der Einhaltung vorgeschriebener bzw. empfohlener Einsparungen laufend überprüft werden.
Insgesamt zeigt sich, daß es dem AfP. gegenwärtig nicht möglich ist, die Preise zu einem echten Maßstab des volkswirtschaftlich notwendigen Aufwandes – unter den gegebenen Bedingungen der DDR – zu entwickeln und nachhaltige Preisverzerrungen zu vermeiden. → **Preissystem und Preispolitik.**

Anarchismus: Sozialutopische und politische Bewegung, die Freiheit, Gerechtigkeit, Gleichheit und Brüderlichkeit unter Ablehnung jeder Form von Herrschaft herzustellen sucht. In politischen, rechtlichen, organisatorischen und weiteren Zwängen sieht der A. die Ursachen von Ungleichheit und Ungerechtigkeit; an deren Stelle sollen der freiwillige Zusammenschluß „freier Menschen" und die freiwillige Kooperation zwischen kleinen und überschaubaren Gruppen treten. Theoretiker des A. sind vor allem William Godwin (1756–1836), Pierre Joseph Proudhon (1809–1865), Max Stirner (1806–1856), Michael A. Bakunin (1814–1876), Peter A. Kropotkin (1842–1921), Sergej Netschajew (1846–1882). Der A. war und ist seinem ideologischen Selbstverständnis entsprechend uneinheitlich und vielfach zerstritten. Neben Vertretern eines ethischen A., die auf moralische Erziehung und Überzeugung hoffen, stehen solche, die durch individuellen Terror „die Massen wecken", den jeweiligen Staat als „Gewaltsystem" entlarven wollen.
Das Verhältnis zwischen A. und der marxistisch beeinflußten, aber auch der reformerischen Arbeiterbewegung war von Anbeginn gespannt, wenn nicht feindlich. Die I. Internationale (Internationale Arbeiterassoziation 1864–1876) zerbrach an diesem Gegensatz.
Einen gewissen Einfluß hatte der A. im 19. Jahrhundert vor allem in Rußland und – bis in die Gegenwart fortwirkend – in den romanischen Ländern, im 20. Jahrhundert insbesondere in Form des sich auf den von revolutionären Gewerkschaften geführten wirtschaftlichen Kampf orientierenden Anarchosyndikalismus (→ **Syndikalismus**).
Der → **Marxismus-Leninismus** in der DDR sieht im A. eine „kleinbürgerliche, pseudorevolutionäre, politische und ideologische Strömung, die jede staatliche und politische Organisation prinzipiell ablehnt. Infolge seiner Mißachtung des politischen Kampfes der Arbeiterklasse um die Staatsmacht, seiner feindlichen Haltung gegenüber der marxistisch-leninistischen Partei der Arbeiterklasse und seiner Ablehnung der Diktatur des Proletariats als Instrument zum Aufbau der sozialistischen Gesellschaft, spielte der A. eine negative, hemmende Rolle in der Arbeiterbewegung." (Kleines politisches Wörterbuch, Berlin [Ost] 1978, S. 36)
Im Verlauf und in der Folge der Studenten- und Jugendbewegung nach 1967 in den westlichen Industriestaaten, aber auch in revolutionären Bewegungen der Dritten Welt, hat es Versuche zur erneuten Verlebendigung des A. gegeben. Derartige Gruppierungen werden zwar marxistisch-leninistisch als Teil der „antiimperialistischen Bewegung" begriffen; sie gelten jedoch als zu bekämpfende Feinde: „Objektiv dient der A. der Spaltung der antiimperialistischen Bewegung, dient damit den Interessen des Monopolkapitals und wird von ihm politisch und ideologisch genutzt. Der Kampf gegen den A. in allen heutigen Erscheinungsformen ist eine wichtige Aufgabe der marxistisch-leninistischen Parteien." (a. a. O., S. 37)

Angelsport: Der Deutsche Anglerverband (DAV) der DDR wurde am 14. 9. 1954 als Nachfolger von sechs vorher selbständigen Anglervereinigungen gegründet. Er ist als die zentrale Organisation aller Angelsportler Sportverband des → **Deutschen Turn- und Sportbundes (DTSB) der DDR** und seit dem 28. 9. 1957 Mitglied des Internationalen Sportfischer-Verbandes (CIPS). Der DAV ist nach dem Fußballverband der zweitgrößte Sportverband des DTSB und wahrscheinlich der Verband mit den meisten aktiven Mitgliedern aller Sportorganisationen der DDR: 1967: 242816 Mitglieder, 1974: 342632 Mitglieder, 1. 5. 1984: 490912 Mitglieder, davon 17195 Kinder und Jugendliche. Daneben gibt es in der DDR noch etwa 200000 nichtorganisierte Freizeit-Angler. Sportangler der DDR errangen bei internationalen Meisterschaften zahlreiche Erfolge.
Rechtsgrundlage für die Tätigkeit des DAV sind das Statut des DTSB und die VO zur Förderung des Angelns vom 14. 10. 1954, das Statut vom 1. 5. 1960 und ferner das Fischereigesetz vom 2. 12. 1959. Fachzeitschrift: Deutscher Angelsport. → **Sport.**

Angestellte: Als A. werden in der marxistisch-leninistischen Soziologie diejenigen → **Werktätigen** bezeichnet, deren Arbeit nicht unmittelbar auf die Herstellung eines „materiellen Produktes" gerichtet ist. Überwiegend mit der Vorbereitung, Leitung, Abrechnung und Organisation betrieblicher sowie gesellschaftlicher Arbeitsprozesse beschäftigt, verrichten sie vor allem „geistige Arbeit", wobei der größte Teil der A. allerdings mit „geistig-repetitiven Tätigkeiten beschäftigt (ist), die keine hohe Qualifikation erfordern". In diesem Zusammenhang wird es durchaus als Problem gesehen, daß diese A.-Gruppe einen besonders hohen Anteil von → **Frauen** aufweist (Wörterbuch der marxistisch-leninistischen Soziologie, 3., überarb. Aufl., Berlin [Ost] 1977, S. 22f.). – Von diesen A. wird die → **Intelligenz** unterschieden, deren Angehörige zwar selbst in aller Regel A., im Unterschied zur Masse der A. (in der sowjetischen soziologischen Literatur auch als „eigentliche A." bezeichnet) jedoch die Träger der „geistigen Produktion" seien. Entsprechend dieser besonderen sozialen und politischen Funktion sieht die marxistisch-leninistische → **Soziologie und Empirische Sozialforschung** in der Intelligenz eine besondere „soziale

Schicht". Demgegenüber gilt die größte Zahl der A., die in den Industriebetrieben, im Bauwesen, im Verkehrs-, Post- und Fernmeldewesen, im Staatsapparat usw. Verwaltungsarbeiten bzw. technische Tätigkeiten verrichten, als „Bestandteil der → **Arbeiterklasse**". Der Anteil von A.-Tätigkeiten wachse auch unter sozialistischen Bedingungen, vor allem unter dem Einfluß der → **wissenschaftlich-technischen Revolution (WTR)**. Von den mit technischen Aufgaben in der Industrie betrauten A. wird im übrigen erwartet, daß sie sich in ihren Arbeits- und Lebensbedingungen zunehmend an die der Produktionsarbeiterschaft annähern.

Der marxistisch-leninistische Begriff der A. geht demnach nicht im Klassenbegriff auf, sondern ist einerseits „weiter", weil er die Intelligenz mit einschließt, andererseits „enger", weil er nur eine Teilgruppe der Arbeiterklasse erfaßt (→ **Klasse/Klassen, Klassenkampf**). Da Arbeiter und A. arbeitsrechtlich gleichgestellt sind (Modifikationen: Einzelverträge für Teile der Intelligenz, → **Staatsfunktionäre**), sagt die unterschiedliche Entgeltzahlung (Lohn bzw. Gehalt) nur wenig über die soziale Stellung der A. aus. Angesichts der Differenziertheit und der wachsenden Zahl sowie der politischen, sozialen und ökonomischen Bedeutung der A. wird in der Soziologie der DDR gefordert, der Analyse dieser sozialen Großgruppe folgende Kriterien zugrunde zu legen: Stellung im Reproduktionsprozeß; Grad der Verbindung mit der sozialistischen Großproduktion; Verteilung der A. auf produzierende und nichtproduzierende Bereiche der Volkswirtschaft; spezifische Funktionen in den jeweiligen Bereichen; Charakter der Arbeit; erreichte berufliche Qualifikation.

Anlagevermögen: Es umfaßt alle auch als Anlagemittel bezeichneten Bauten und Ausrüstungen (z. B. Maschinen, Fahrzeuge, Laboreinrichtungen) in der gesamten Volkswirtschaft mit einer Nutzungsdauer von mehr als einem Jahr und einem Anschaffungswert von mehr als 1000 Mark.

Uneinheitliche Bewertungsmaßstäbe dieser → **Grundmittel** verhinderten bis zu Beginn der 60er Jahre eine realistische Einschätzung des Produktionspotentials der DDR, vermittelten falsche Vorstellungen über die → **Rentabilität** der betrieblichen Anlagen und führten zu fehlerhaften (Investitions-)Entscheidungen der Planungsinstanzen. Deshalb wurde im Zuge der Wirtschaftsreformen (NÖS) 1963 eine Neubewertung des Brutto-A. auf der Preisbasis von 1962 zunächst für die Industrie und später auch für andere Bereiche durchgeführt. → **Grundmittelumbewertung.**

1982 betrug das Brutto-A. der gesamten Wirtschaft der DDR – zu Preisen von 1962 – 780 Mrd. Mark. Davon entfielen 536 Mrd. Mark, das sind rd. 69 v. H., auf die produzierenden Bereiche (Industrie, Landwirtschaft, Bauwirtschaft, Verkehr, Handel). Damit sind die nichtproduzierenden Bereiche – vor allem die Infrastruktur (Straßen, Wohnungswesen, staatliche Verwaltung, kulturelle und soziale Einrichtungen) – mit einem Anteil von 31 v. H. erheblich niedriger vertreten als z. B. in der Bundesrepublik Deutschland, wo sie gut 60 v. H. aller Anlagemittel umfassen. Unter den produzierenden Bereichen entfiel 1982 auf das verarbeitende Gewerbe mit 343 Mrd. Mark der größte Teil, gefolgt vom Verkehr, Post- und Fernmeldewesen mit etwa 75 Mrd. Mark und der Landwirtschaft mit 69 Mrd. Mark. Während der Binnenhandel ein A. von etwa 28 Mrd. Mark aufwies, betrug es in der Bauwirtschaft rund 18 Mrd. Mark. Auf die sonstigen produzierenden Zweige (Wirtschaftsleitende Organe, Institute aller produzierenden Bereiche, Projektierungs- und Rechenbetriebe, Verlage, Reparaturkombinate und textiles Reinigungswesen) entfielen schließlich knapp 4 Mrd. Mark.

Die Verteilung des Vermögens auf Ausrüstungen und Bauten zeigt, daß Landwirtschaft und Handel mit 69 bzw. 62 v. H. die höchsten Bauanteile sowie Bauwirtschaft und Verkehr, Post- und Fernmeldewesen mit 70 bzw. 61 v. H. die höchsten Ausrüstungsanteile aufweisen. Dicht danach folgt die Industrie mit einer Ausrüstungsquote von 58 v. H.

Die Entwicklung des A. im Zeitverlauf zeigt seit 1960 die stärkste Zunahme beim A. der Bauwirtschaft sowie bei den sonstigen produzierenden Zweigen. Überdurch-

Brutto-Anlagevermögen der Wirtschaftsbereiche in Mrd. Mark zu Preisen von 1962

Bereich	1960	1965	1970	1975	1980	1982	1960 = 100
Produzierende Bereiche ohne Infrastruktur	162,0	217,5	276,0	366,7	482,7	536,0	331
davon:							
Verarbeitendes Gewerbe[1]	96,3	132,4	170,1	231,1	307,6	342,9	356
Bauwirtschaft	2,8	4,6	7,5	10,6	15,5	17,6	629
Land- und Forstwirtschaft	20,5	28,4	37,5	47,9	61,7	68,8	336
Verkehr, Post- u. Fernmeldewesen	33,1	40,1	45,5	56,0	69,5	75,3	227
Binnenhandel	8,7	11,2	14,1	18,6	24,9	27,8	320
Sonstige produzierende Zweige	0,6	0,8	1,3	2,5	3,5	3,8	690
Übriges Anlagevermögen	162,9	175,0	190,7	210,2	233,4	243,6	150
Zusammen		392,5	466,7	576,9	716,1	779,6	240

1 Industrie (einschl. Energie und Bergbau), sonstige produzierende Zweige und produzierendes Handwerk ohne Bauhandwerk.

schnittlich expandierte es auch im verarbeitenden Gewerbe, in der Land- und Forstwirtschaft sowie beim Binnenhandel.
Ein Vergleich des A. zwischen DDR und Bundesrepublik Deutschland – erschwert durch die bestehenden Unterschiede in Preisniveau, Preisstruktur und unterschiedlicher Bereichsabgrenzung – zeigt etwa folgendes Bild: Auf den produzierenden Sektor entfallen in der DDR gut zwei Drittel des Vermögens, in der Bundesrepublik sind es weniger als 40 v. H. Dieser Unterschied ist Ausdruck der vorrangigen Zuweisung von → **Investitionen** für Industrie und in den siebziger Jahren auch für Landwirtschaft in der DDR. Die Vermögensanteile von Binnenhandel, Verkehr, Post- und Fernmeldewesen sowie Bauwirtschaft sind hier wie dort in etwa gleich. Demgegenüber ist der nicht produzierende Sektor in der Bundesrepublik (63 v. H.) erheblich stärker vertreten als in der DDR (31 v. H.); allein auf die Wohnungswirtschaft entfallen bei uns 35 v. H. Dieses unterschiedliche Bild ist auf die starke Vernachlässigung der Infrastrukturinvestitionen in der DDR zurückzuführen.

Brutto-Anlagevermögen in der DDR und der Bundesrepublik Deutschland (Struktur nach Wirtschaftsbereichen in v. H.)

Wirtschaftsbereich	DDR[5]		Bundesrepublik[6]	
	1970	1980	1970	1979
Produzierender Sektor[1]	59,1	67,4	38,4	36,8
Industrie[2]	36,4	43,0	21,9	21,6
Bauwirtschaft	1,6	2,2	1,3	1,2
Land- und Forstwirtschaft	8,0	8,6	5,1	3,8
Verkehr, Post- und Fernmeldewesen	9,8	9,7	6,7	6,9
Handel[3]	3,0	3,5	3,4	3,3
Dienstleistungen[4]	40,9	32,6	61,6	63,2
Insgesamt	100,0	100,0	100,0	100,0

1 DDR: einschl. sonst. produz. Zweige, die einen Anteil von 0,2 bzw. 0,6 v. H. verbuchen.
2 Für beide Gebiete: einschl. Energie, Bergbau u. Wasserversorgung; DDR: einschl. produz. Handwerk (ohne Bauhandwerk); Bundesrepublik: Verarbeitendes Gewerbe.
3 DDR: Binnenhandel (einschl. Gaststätten); Bundesrepublik: einschl. Außenhandelsbetriebe, ohne Gaststätten.
4 DDR: Geld-, Bank-, Versicherungswesen, Dienstleistungen, Gesundheits-, Sozialwesen, Bildung und Wissenschaft, Kunst und Kultur, Staat, gesellschaftliche Organisationen sowie Wohnungswirtschaft.
5 Durchschnittlicher Bestand zu Preisen von 1962.
6 Zu Preisen von 1970.

Quellen: DDR: Statistisches Jahrbuch der DDR 1983. Bundesrepublik Deutschland: Bernd Görzig: Das Sachvermögen in den Wirtschaftsbereichen der Bundesrepublik Deutschland. In: Beiträge zur Strukturforschung des DIW, H. 71, Berlin 1982.

Anleitung und Kontrolle: Den Organisationsprinzipien des → **Demokratischen Zentralismus** entsprechende Methode sozialistischer Leitungstätigkeit, die auf eine gleichmäßige, an zentral vorgegebenen Zielstellungen orientierte Entwicklung in allen Bereichen der Gesellschaft gerichtet ist.
Partei-, Staats-, Wirtschaftsorgane und Organe der Massenorganisationen sind mit AuK.-Kompetenzen gegenüber den ihnen jeweils untergeordneten Organen ausgestattet. Die A. erfolgt in der Regel mittels allgemeiner Weisungen; sie soll den unteren Organen ausreichend Möglichkeiten zur Wahrnehmung ihrer Verantwortung lassen. Notwendige Ergänzung findet die A. in der nachfolgenden K.; deren Ziel ist die Überprüfung der Durchführung der von übergeordneten Instanzen gegebenen Weisungen.
AuK. im Staatsapparat finden ihre besondere Ausprägung im Prinzip der **doppelten Unterstellung** der örtlichen Räte und ihrer Fachorgane. Danach sind die Räte ihrer Volksvertretung und dem übergeordneten Rat für ihre Tätigkeit verantwortlich und rechenschaftspflichtig. Der übergeordnete Rat hat die nachgeordneten Räte bei der Durchführung ihrer Aufgaben anzuleiten und zu kontrollieren. Die Fachorgane der örtlichen Räte sind sowohl ihrem Rat als auch dem zuständigen Fachorgan des übergeordneten Rates bzw. dem zuständigen Ministerium oder einem anderen zentralen Staatsorgan unterstellt. Die übergeordneten Leiter leiten die Fachorgane an und kontrollieren deren Tätigkeit. AuK., und hierbei insbesondere das Prinzip der doppelten Unterstellung, sollen sichern, daß es im sozialistischen Staat keinen ausschließlich örtlich geleiteten Bereich des gesellschaftlichen Lebens gibt, sondern stets eine enge Verbindung von örtlicher und zentraler Leitung besteht.
Entsprechend dem in der DDR geltenden Prinzip der Einheit aller staatlichen Gewalten – Ablehnung der Gewaltenteilung – erstreckt sich die Methode der AuK. auch auf den Bereich der Rechtsprechung. So übt z. B. das Ministerium der Justiz die AuK. der Bezirks- und Kreisgerichte aus und sind die Gerichte der A. durch die jeweils übergeordneten Gerichte unterworfen.
AuK. von Staat und Gesellschaft insgesamt erfolgen durch die → **Sozialistische Einheitspartei Deutschlands (SED)**. → **Bezirk; Gemeinde; Gerichtsverfassung; Kreis; Rechtsprechung; Staatsapparat.**

Anstalt zur Wahrung der Aufführungsrechte (AWA): Staatliche Einrichtung, die am 1. 1. 1951 an Stelle der GEMA trat und laut VO über die Wahrung der Aufführungs- und Vervielfältigungsrechte auf dem Gebiet der Musik vom 17. 3. 1955 die Rechte der Komponisten und Musikverleger aus der DDR für die Aufführung ihrer Werke, ausgenommen musikalische Bühnenwerke, in der DDR und im Ausland wahrnimmt.
Sie zieht auch die Vergütung für Textdichter von Liedern, Schlagern u. ä. ein und verteilt sie. Auf die Geschäftstätigkeit nimmt der → **Verband der Komponisten und Musikwissenschaftler der DDR (VKM)** entscheidenden Einfluß. Die AWA ist durch Gegenseitigkeitsverträge mit ähnlichen Einrichtungen des Auslands verbunden und seit 1957 Mitglied der internationalen Urheberschutzkonföderation CISAC. → **Urheberrecht.**

Anthropologie: Lehre vom Menschen. Im → **Marxismus-Leninismus** der DDR werden gegenwärtig 3 A. unterschieden: 1. Die A. als naturwissenschaftlich-medizinische Disziplin, die sich mit der Genese und physischen Beschaffenheit des Menschen sowie deren Veränderungen befaßt. 2. Die sog. Kultur-A. („cultural anthropology"), die in Frankreich und den angelsächsischen Ländern geortet wird. 3. Die philosophische A., als deren Hauptvertreter M. Scheler, A. Gehlen, M. Landmann, H. Plessner und J.-P. Sartre gelten.
Während die naturwissenschaftlich-medizinische A. als „materialistische" Disziplin unbestritten ist und der Kultur-A. eine Funktion im Sinne der Gewinnung von Teilerkenntnissen durchaus zugestanden wird, wendet sich der Marxismus-Leninismus der DDR eindeutig gegen die „Verabsolutierung einer sog. anthropologischen Problematik als besonderes Gebiet der Philosophie". Derartige Auffassungen würden den Menschen „ahistorisch" sehen, lösten ihn aus den konkreten gesellschaftlichen Verhältnissen. Demgegenüber können aus marxistisch-leninistischer Sicht philosophische Aussagen über den Menschen „nur auf der Grundlage der konkret historischen Analyse der gesellschaftlichen Verhältnisse und der praktischen Tätigkeit der Menschen im Rahmen der gegebenen Gesellschaftsformation" gemacht werden. Damit wird die westliche philosophische A. ebenso abgelehnt, wie bestimmte Themenbereiche der Marx- und Feuerbachforschung (→ **Entfremdung**) tendenziell ausgeklammert werden.
Dennoch gibt es im Marxismus-Leninismus der DDR eine Lehre vom Menschen: „Die marxistisch-leninistische Philosophie betrachtet den Menschen als höchstes Entwicklungsprodukt der Natur, das seine weitere Entwicklung im Rahmen der gesellschaftlichen Bewegungsformen der Materie vermittels seiner aktiven Tätigkeit selbst vorantreibt." Diese Auffassung vom Menschen enthält, der dialektisch-philosophischen Ausgangsposition entsprechend, deterministische und gleichermaßen voluntaristisch-aktivistische Elemente. Letztere gewinnen ihre konkrete Gestalt in der Gegenwart vor allem in der Teilnahme der Menschen am „Kampf um die Beseitigung von Ausbeutung und Klassenunterdrückung, um die Errichtung des Sozialismus". (Alle Zitate aus: Kleines Wörterbuch der marxistisch-leninistischen Philosophie, 4., überarb. Aufl., Berlin [Ost] 1979, S. 25.)
Sozialistische → Moral.

Antifaschistisch-demokratische Ordnung: Als AdO. wird seit 1974 offiziell die Etappe gesellschaftlicher und sozialökonomischer Umwälzungen in der DDR von 1945 bis 1949 bezeichnet. Sie wird als Übergangsform zwischen Kapitalismus und Sozialismus verstanden, in deren Verlauf unter Führung der Arbeiterklasse und ihrer marxistisch-leninistischen Partei „die Voraussetzungen für die sozialistische Revolution und die Errichtung eines sozialistischen Staates" geschaffen worden seien (Wörterbuch zum sozialistischen Staat, Berlin [Ost] 1974, S. 13). – Als entscheidende Voraussetzung für die Errichtung der AdO. werden die Existenz der UdSSR und „ihr Sieg über den Faschismus" erachtet. Die AdO. sei durch einen verschärften Klassenkampf nach innen gekennzeichnet gewesen, sie sei definiert durch die „revolutionär-demokratische Diktatur der Arbeiter und Bauern unter Beteiligung anderer Schichten des Volkes".
Bis Ende der 50er Jahre reichte in der offiziellen Geschichtsschreibung die Periode der AdO. bis 1952; auf der 2. Parteikonferenz desselben Jahres sei der → **Aufbau des Sozialismus** beschlossen und damit eine neue Etappe eingeleitet worden. Im Verlauf der Diskussion um die → **Periodisierung** wurde dann der Beginn dieser Etappe auf 1949 zurückdatiert und die der AdO. auf den Zeitraum bis zur Gründung der DDR eingegrenzt.
→ **Gesellschaftsordnung.**

Antikommunismus: Etwa seit den 70er Jahren steht A. in der marxistisch-leninistischen Weltanschauung der DDR für die Ideologie und Politik des kapitalistisch-imperialistischen Gegners. Unter den Bedingungen der welthistorischen Auseinandersetzung zwischen Sozialismus/Kommunismus und Imperialismus/Kapitalismus findet, so die herrschende Lehre, ein pausenloser, zeitweise aggressiv geführter ideologisch-politischer Kampf zwischen den beiden Lagern statt. Politischen Ideenbildungen und politischen Handlungen des gegnerischen Lagers wird unterstellt, daß sie in der Furcht vor dem Kommunismus wurzeln und deshalb die sozialistisch-kommunistischen Staaten, Gesellschaften und Bewegungen als Feinde betrachten. Ferner wird behauptet, daß die Gegenseite zu ihrer Verteidigung ihre gesamte ökonomische, wissenschaftlich-technische und militärische Macht einsetze.
Ideologie und Politik des A. werden vor allem der Bundesrepublik Deutschland und den USA zugeschrieben und insbesondere bei den im politischen Spektrum rechts stehenden Gruppierungen, aber auch bei den jeweiligen Regierungen diagnostiziert. Auf den verschiedensten Wegen, vor allem über westliche Rundfunk- und Fernsehsendungen, gelange der A. auch in die DDR; dementsprechend müsse er zusätzlich im Innern bekämpft werden. A. ist für die SED im wesentlichen ein allgemeiner Oberbegriff, mit dem letztlich alle – im übrigen durchaus differenziert bezeichneten und kritisierten – Ideen, Ideologien und Handlungen des jeweiligen Gegners als feindlich gekennzeichnet werden. Demzufolge trifft eine entsprechende Anklage so gut wie alle diejenigen, die der → **Abweichungen** bezichtigt werden.
Im weltpolitischen Kontext bemühen sich die kommunistischen Parteien um eine flexible Verwendung der Bezeichnung A., um ihre → **Bündnispolitik** nicht zu gefährden. Um den „Stoß gegen den Hauptfeind, gegen die gefährlichste politisch-ideologische Tendenz der Bourgeoisie zu führen", sollen die „weniger gefährlichen" isoliert oder sogar als „Verbündete" gewonnen werden. Theoretisch wird diese Strategie und Taktik u. a. mit der Auffassung begründet, daß „die Bourgeoisie als Klasse äußerst heterogen zusammengesetzt" sei. Die in ihr vorhandenen „Tendenzen und Richtungen [seien] zwar alle nichtkommunistisch, aber nicht alle

offen antikommunistisch oder gar militant antikommunistisch" (Antikommunismus heute. Die Krise der imperialistischen Strategie zu Beginn der achtziger Jahre und der Antikommunismus in Ideologie und Politik, Berlin [Ost] 1981, S. 6f.).
Als spezielle, besonders „krasse Erscheinungsform" des A. gilt der Antisowjetismus, also ein A., der sich gegen die Sowjetunion als Modell und als führende Macht im kommunistischen Lager richtet. → **Abgrenzung; Außenpolitik; Konvergenztheorie; Maoismus; Marxismus-Leninismus; Opportunismus; Revisionismus.**

Antisemitismus: Mit der Beseitigung der wirtschaftlichen und gesellschaftlichen Wurzeln des Faschismus gilt offiziell auch der A. in der DDR als überwunden. Berichte über antisemitische Äußerungen und Handlungen in der DDR erscheinen nicht in der Presse. Die DDR erkennt keine Folgeverantwortung für deutsche Verbrechen an Juden während des Dritten Reiches für außerhalb ihres Staatsgebietes lebende Personen an und leistet auch keine Wiedergutmachung an Israel oder internationale jüdische Organisationen. Ein im November 1976 seitens der Zentralleitung des Komitees der Antifaschistischen Widerstandskämpfer der New Yorker „Konferenz über jüdische Ansprüche gegenüber Deutschland" unterbreitetes DDR-Angebot, „bedürftigen Bürgern der USA jüdischen Glaubens, die vom Naziregime verfolgt wurden, aus humanitären Gründen einmalig eine finanzielle Unterstützung" zu gewähren (ND 23. 11. 1976), lehnten diese Konferenz und Nahum Goldmann als Leiter des Genfer Büros für die jüdischen Wiedergutmachungsansprüche wegen der geringen Summe von 1 Mill. Dollar als nicht ernstzunehmen ab.
Die DDR verfolgt eine „antizionistische Politik". In den Auseinandersetzungen im Nahen Osten nimmt sie eindeutig Partei für die palästinensischen Befreiungsorganisationen und gegen Israel. Sog. zionistische Veröffentlichungen können in der DDR nicht erscheinen; auch Sprecher der → **Jüdischen Gemeinden** der DDR haben distanzierende Erklärungen zu Problemen des Zionismus abgegeben.
Der Schriftsteller Stephan Heym hat 1982 auf antisemitische Gefühle in der DDR-Bevölkerung hingewiesen, die aber wegen der geringen Zahl jüdischer Bürger kaum zum Tragen kämen. In den Jahren zuvor hatten Kirchenvertreter mehrfach antisemitische Vorfälle beklagt. 1975 widersprachen die evangelischen Bischöfe als einzige in der DDR öffentlich der UNO-Verurteilung des Zionismus als Rassismus. 1978 forderte die Synode des evangelischen Kirchenbundes die Christen dazu auf, darauf zu achten, „wo heute in unserer Mitte Menschen Opfer von Vorurteilen werden", und erklärte: „Berechtigte Kritik an der Politik des heutigen Staates Israel darf nicht als eine Quelle oder als Vorwand zu neuem A. mißbraucht werden." (epd 28. 9. 1978) → **Kirchen.**

Apotheken: Alle A. sind 1949 durch VO der → **Deutschen Wirtschaftskommission (DWK)** enteignet worden. Die Apotheker blieben für ihre Person berechtigt, ihren Betrieb weiterzuführen, nicht jedoch, ihn an andere (Erben, Pächter) zu übertragen.
Nach der „A.-Ordnung" von 1958 sind A. grundsätzlich staatliche Einrichtungen; Inhaber älterer Betriebsrechte haben die „Staatliche Befugnis zum Betrieb der A." erhalten, die zurückgenommen werden kann und als Übergangsregelung zu verstehen ist. A. werden als „öffentliche A." vom Rat des Kreises betrieben, können aber verpachtet sein; sie können Arzneimittelausgabestellen als Nebenstellen führen, um Industriebetriebe, Einrichtungen des Gesundheitswesens und verkehrsmäßig wenig erschlossene Gebiete zu versorgen. Daneben gibt es als „nicht öffentliche A." Krankenhaus-A. und Tierärztliche A., außerdem die A. der bewaffneten Organe.
Die A. sind zwar in der Regel kleine Einzelbetriebe, werden jedoch in jedem Kreis zentral von einem Kreis-Apotheker „angeleitet"; in vielen Kreisen und in allen größeren Städten sind Buchhaltung, Rezeptabrechnung und oft auch Lagerhaltung und Belieferung in einer „Zentrale für Pharmazie und Medizintechnik" unter Leitung des Kreis-Apothekers als „Direktor für Pharmazie" bei der Abt. Gesundheits- und Sozialwesen des Rates des Kreises bzw. der Stadt zusammengefaßt und Spezialaufgaben (Rezeptur, Defektur) auf die A. einer Stadt verteilt. Damit soll der Lagerbestand klein gehalten und das Personal im Sinne der „sozialistischen Rationalisierung" spezialisiert beschäftigt werden.
Rezeptur und eigene Arzneimittelherstellung als Fertigpräparate machen je 5 v.H. des Arzneimittelumsatzes aus, industrielle Präparate stellen 90 v.H. Der Verkauf von Arzneimitteln auf Kosten der Einzelverbraucher hat einen Umsatzanteil von nur 7 v.H.; 70 v.H. des gesamten Arzneimittelumsatzes gehen zu Lasten der Sozialversicherung, 23 v.H. werden an Einrichtungen des Gesundheitswesens geliefert. – Die Belieferung der A. geschieht durch (10) bezirkliche Versorgungsdepots über (61) Versorgungslager des Staatlichen Versorgungskontors (→ **Arzneimittelversorgung**).
Anfang 1983 gab es 1939 öffentliche A. Davon wurden 1907 als Staatliche A., 9 als verpachtete Staatliche A., 23 als nichtstaatliche A. geführt. Die von selbständigen Apothekern geführten A. machen also 1,7 v.H. aus; 1950 waren noch 39,5 v.H. der A. in Privatbesitz und 38,1 v.H. zwar enteignet, aber an die früheren Eigentümer verpachtet, und nur 22,4 v.H. wurden als staatliche A. geführt. Die bisherigen Arzneimittelausgabestellen (Zweigstellen von A. – 1979 noch 465) werden entweder durch Voll-A. ersetzt oder zu solchen ausgebaut. Auf 8613 Einwohner kommt eine öffentliche A. oder Ausgabestelle. Daneben bestehen 36 Krankenhaus-A.
„Leitstelle" für die angewandte Pharmazie ist das Institut für A.-Wesen (IFAP) in Berlin (Ost), das 1964 errichtet wurde. Diesem obliegt die Entwicklung von Technologie, Qualitätsprüfung, Organisation und Betriebswesen der A. sowie die Fortbildung des Personals. Zu seinem Bereich Pharmazie ist 1975 ein Bereich Medizintechnik hinzugekommen. Leiter (1983): Dipl. oec. Hans Buthut. Das Institut untersteht dem → **Ministerium für Gesundheitswesen.**

Die Arbeit in den A. ist stark von den Apothekern mit Hochschulabschluß hin zu mittleren medizinischen Kräften (Berufe mit Fachschulausbildung: A.-Assistenten für den A.-Betrieb, Pharmazie-Ingenieuren für die Herstellung von Arzneimitteln) und A.-Facharbeitern (mit Lehrausbildung – früher A.-Helfer) verlagert worden. Aufgabe des Apothekers ist die Leitung der A. und die Anleitung und Überwachung des in der A. beschäftigten Personals. Bestand (Anfang 1983): 3564 Apotheker einschl. derjenigen in Industrie und Großvertrieb. 1974 ist für die Apotheker eine „Qualifizierung" eingeführt worden; seitdem gibt es *Fachapotheker* für Arzneimittelversorgung, für Arzneimittelkontrolle und für Arzneimitteltechnologie (Bestand 1983: 645; 256; 180). Sie arbeiten in der industriellen Fertigung und im Großvertrieb.

Das mittlere medizinische Personal in den A. erhält – nach Abschluß der zehnklassigen Oberschule – seine (3jährige) Fachausbildung auf der Pharmazieschule in Leipzig (Ausbildungskapazität rd. 1800 Studenten, davon nur 600 im Direktstudium). Bestand (1983): 6880 einschl. Pharmaingenieuren in der Industrie.

A.-Facharbeiter durchlaufen eine 2jährige Lehrausbildung; sie können nach Bewährung in der Berufstätigkeit durch Weiterbildung in berufsbegleitendem Fernstudium zum A.-Assistenten oder Pharmazie-Ingenieur aufsteigen. Bestand an A.-Facharbeitern 1983: 6630. → **Gesundheitswesen.**

Apparat: Bezeichnung für die mit hauptamtlichen Mitarbeitern besetzten Dienststellen in der → **Sozialistischen Einheitspartei Deutschlands (SED)** (Partei-A.), den anderen → **Parteien**, den → **Massenorganisationen** in der Staats- (Staats-A.) und Wirtschaftsleitung; sie umfaßt die Entscheidungs- und Leitungsinstanzen gleichermaßen.

Struktur, Funktion und Kompetenzen der jeweiligen A. unterscheiden sich nach den Organisationsbereichen und Aufgaben. Grundlegendes Organisationsprinzip aller A. ist jedoch der → **Demokratische Zentralismus**. Die konkrete Ausgestaltung der Organisationsstruktur wird, gegebenenfalls auf der Basis von Parteibeschlüssen, von der jeweiligen Führungsspitze des A. festgelegt (z. B. entscheidet der → **Ministerrat** über die Hauptstruktur der Ministerien). Die Gliederung des Partei-A. dient u. a. einer möglichst effektiven Anleitung und Kontrolle der Tätigkeit der verschiedenen A. in den Organisationen und Institutionen, besonders im Hinblick auf die Durchführung und das Einhalten der Parteibeschlüsse. → **Anleitung und Kontrolle; Einzelleitung; Kaderpolitik.**

Arbeit, Gesetz der: Kurztitel für Gesetz der Arbeit zur Förderung und Pflege der Arbeitskräfte, zur Steigerung der Arbeitsproduktivität und zur weiteren Verbesserung der materiellen und kulturellen Lage der Arbeiter vom 19. 4. 1950 (GBl., S. 349). Am 1. 7. 1961 wurde es abgelöst durch das → **Gesetzbuch der Arbeit (GBA).** Das GBA wurde mit Wirkung vom 1. 1. 1978 durch das → **Arbeitsgesetzbuch (AGB)** ersetzt. → **Arbeitsrecht.**

Arbeiterbewegung, Geschichte der deutschen: Die SED versteht sich als die konsequente Fortführerin der Tradition der deutschen Arbeiterbewegung, sie mißt daher der Geschichte der Arbeiterbewegung zur Stärkung des Traditionsbewußtseins große Bedeutung bei. Die Geschichte der Arbeiterbewegung, speziell die GdA, ist neben Philosophie, Politökonomie und „wissenschaftlichem Kommunismus" der vierte Bereich der SED-Ideologie, sowohl in der Parteischulung als auch im gesamten wissenschaftlichen Leben der DDR.

Seit 1956 beschäftigt sich die Geschichtsschreibung der DDR in zunehmendem Maße mit der GdA. Zahlreiche Quelleneditionen, Dokumentationen, Monographien und eine Flut von Broschüren zu diesem Thema wurden veröffentlicht. Um eine einheitliche Darstellung und offizielle Auslegung der GdA zu erreichen, befaßte sich das ZK der SED mehrmals mit der Ausarbeitung eines Lehrbuchs zur Parteigeschichte. Am 29. 7. 1956 beschloß das ZK, ein solches Lehrbuch vorzubereiten, am 19. 9. 1958 setzte es eine Kommission unter Vorsitz Walter Ulbrichts ein, die auf der 16. ZK-Tagung der SED (26.–28. 6. 1962) einen „Grundriß zur Geschichte der deutschen Arbeiterbewegung" vorlegte. Der „Grundriß" widerspiegelte die These von Kurt Hager auf der 16. ZK-Tagung, „daß sich die Geschichtswissenschaft in der gesamten Arbeit jederzeit von den politischen Erfordernissen des gegenwärtigen Kampfes leiten läßt und daher von den Beschlüssen der Partei ausgehen muß". Nach diesem Axiom hatten die Historiker die Fakten so darzustellen und vor allem so zu werten, daß die politische Linie der Parteiführung in Vergangenheit, Gegenwart und für die Zukunft ihre historische Rechtfertigung erfuhr. Die Folge war ein einseitig vorgeprägtes Geschichtsbild, in dem die Geschichte zur zurückprojizierten Gegenwart wurde. Dabei wurden seinerzeit noch der „Linie" widersprechende Dokumente verschwiegen oder gar verfälscht (aus Faksimiles Teile weggeätzt oder Bilder retuschiert). Nicht zuletzt wurden die Namen sogenannter „Parteifeinde" eliminiert, d. h. alle Parteiführer, die irgendwann mit der Partei in Konflikt geraten waren, wurden zur „Unperson", ihre Namen aus der Geschichte „getilgt".

Zum 20. Jahrestag der SED-Gründung erschien im Frühjahr 1966 die achtbändige „Geschichte der deutschen Arbeiterbewegung" (GdA). Sie war bis zur Ablösung W. Ulbrichts (1971) das Standardwerk der SED zur GdA. Das Werk, mit zahlreichen Dokumenten und einem umfangreichen Bildteil versehen, folgt einerseits der vorgegebenen Selbstinterpretation der Partei, doch sind andererseits die in ihm benutzten Quellen im großen und ganzen wissenschaftlich objektiv ausgewertet worden. Auf Fälschungen wurde weitgehend verzichtet. Bei aller → **Parteilichkeit** der Aussage hat die Geschichtswissenschaft der DDR mit diesem Werk einen wesentlichen Beitrag zur GdA geleistet. Durch eine Reihe ergänzender Dokumentations- und Informationsbände (GdA-Chronik, GdA Biographisches Lexikon – dieser Band war einige Zeit aus dem Verkehr gezogen –, Sachwörterbuch zur GdA) ist der Trend zur Versachlichung der Betrachtung der GdA unterstrichen worden.

Die GdA soll nachweisen, daß eine „Kontinuität der Entwicklung der deutschen Arbeiterbewegung von ihren Anfängen bis zur SED" besteht (Bd. 1, S. 12). Periodisierung, Auswahl der Fakten und Bewertung der Ereignisse wurden dabei jedoch – entsprechend dem Postulat der parteilichen Geschichtsschreibung des Marxismus-Leninismus – einseitig vorgenommen und können aus westlicher historiographischer Sicht diese These der SED nicht hinreichend belegen. Trotzdem erfüllte die GdA die ihr von der SED gestellte Aufgabe: Grundlage für die Herausbildung des gewünschten historischen und politischen Bewußtseins zu sein. Sie diente als Unterlage der politischen Schulung im Parteilehrjahr der → **Sozialistischen Einheitspartei Deutschlands (SED)**, in der → **Freien Deutschen Jugend (FDJ)**, in der → **Nationalen Volksarmee (NVA)** sowie als Lehrbuch an den Schulen und Hochschulen.
1978 erschien die „Geschichte der SED", die vor allem als Ersatz für die letzten drei Bände der GdA dient. In dieser parteioffiziellen Darstellung widerspiegelt sich die neue Sicht der Parteigeschichte, wie sie sich in der Ära Honecker seit dem VIII. Parteitag der SED (1971) herausgebildet hat. Formal wie inhaltlich fällt sie jedoch in einigen Passagen hinter die wissenschaftliche Qualität und den politisch-historischen Informationswert der GdA zurück.

Arbeiterklasse: Nach der marxistisch-leninistischen Ideologie ist die A. eine Hauptklasse in den Gesellschaftsformationen des Kapitalismus und des Sozialismus. Sie soll in beiden Gesellschaftsformationen die fortschrittlichste und revolutionärste Klasse sein, die als Träger der sozialistischen Revolution den Übergang vom Kapitalismus zum Sozialismus herbeiführt und im Sozialismus die politische Macht im Bündnis mit den → **Genossenschaftsbauern** und den sonstigen werktätigen Schichten der Bevölkerung ausübt. Die führende Rolle der A. im Sozialismus/Kommunismus wird mit deren – im Gegensatz zum Kapitalismus (vorwiegend Industriearbeiter, die lohnabhängig in der unmittelbaren Produktion arbeiten und ausgebeutet werden) veränderten – Stellung im Produktionsprozeß, der Trägerschaft des fortschrittlichsten Klassenbewußtseins und der einzig wissenschaftlichen Weltanschauung begründet. Zusätzlich wird heute auch geltend gemacht, daß die A. den größten Teil aller materiellen Werte schaffe und den größten Teil der Bevölkerung ausmache.
Im Parteiprogramm der SED von 1976 wird diese Einschätzung mit folgenden Worten zum Ausdruck gebracht: „Die Arbeiterklasse ist die politische und soziale Hauptkraft des gesellschaftlichen Fortschritts und die zahlenmäßig stärkste Klasse. Sie ist Träger der politischen Macht, sie ist eng mit dem sozialistischen Volkseigentum verbunden, sie produziert den größten Teil des materiellen Reichtums der ganzen Gesellschaft. Ihre Interessen bringen zugleich die Grundinteressen des ganzen Volkes zum Ausdruck." Dennoch bedürfe die A. auch selbst einer führenden Kraft, nämlich der kommunistischen Partei, in der sich ihre bewußtesten und fortschrittlichsten Mitglieder zusammenschließen.
Im marxistisch-leninistischen Sprachgebrauch ist der Ausdruck „Arbeiterklasse" in neuerer Zeit an die Stelle des Ausdrucks → **Proletariat** getreten, mit der Marx ursprünglich die abhängigen Lohnarbeiter in der Maschinenfabrik des 19. Jh. bezeichnete. Der Ausdruck „Proletariat" wird heute nur noch selten verwendet (vornehmlich in der Zusammensetzung „Diktatur des Proletariats"). Mit der Änderung der Terminologie sollte u. a. auch den soziologischen Veränderungen in der modernen Industriegesellschaft Rechnung getragen werden. Gleichzeitig ist aber der Begriff der A. als soziologische Kategorie inhaltlich verschwommen und konturlos geworden. Zur A. werden nicht nur die in der materiellen Produktion unmittelbar tätigen ungelernten, angelernten und Facharbeiter gezählt, sondern auch die Angestellten, die Dienstleistungen erbringen, Verwaltungs- und Organisationstätigkeiten verrichten, sowie weite Teile der Intelligenz gerechnet. Auf diese Weise umfaßt die A. den größten Teil der erwerbstätigen Bevölkerung. Bei Analysen der sozioökonomischen Struktur der Bevölkerung werden die „Arbeiter und Angestellten" üblicherweise zu einer Gruppe zusammengefaßt.
Im Statistischen Jahrbuch der DDR wird diese Gruppe folgendermaßen definiert: „Arbeitskräfte, die in einem Arbeitsrechtsverhältnis zu einem Betrieb, einer Einrichtung, einem Verwaltungsorgan, einer Produktionsgenossenschaft, zum Verband der Konsumgenossenschaften, zu einer sonstigen Genossenschaft (z. B. Rechtsanwaltskollegium), einer ein Gewerbe oder eine freiberufliche Tätigkeit ausübenden Person stehen, das durch einen unbefristeten oder befristeten Arbeitsvertrag begründet wurde." → **Aktionseinheit der Arbeiterklasse; Bündnispolitik; Klasse/Klassen, Klassenkampf; Sozialstruktur.**

Arbeiterkomitee: Unter dem Eindruck der Vorgänge in Polen und Ungarn im Jahre 1956 begann die SED, eine Erweiterung des Mitbestimmungsrechts in den VEB zu erörtern. Das 29. Plenum des ZK der SED schlug im November 1956 vor, in den VEB Organe zu bilden, die A. oder ähnlich genannt werden sollten. Von vornherein dachte man nicht an einen grundsätzlichen Wandel. Die Befugnisse der A. sollten sich nicht wie die der Produzentenräte in Jugoslawien auf die Leitung der Betriebe erstrecken. Sie sollten nur eine beratende Funktion haben, während die BGL sich ausschließlich der Wahrung der Interessen der Belegschaften widmen sollten. In 18 ausgesuchten Betrieben verschiedener Industriezweige wurden A. gebildet. Über ihre Tätigkeit herrschte in der Publizistik der DDR Schweigen, so daß der Verdacht verstärkt wurde, daß man sie nicht ernst gemeint hatte. Anfang 1958 wurden die A. aufgelöst und ihre Aufgaben gewerkschaftlichen Organen, den Ausschüssen für **Ständige** → **Produktionsberatungen**, übertragen.

Arbeiter-und-Bauern-Fakultät (ABF): ABF wurden 1949 an allen Universitäten und einigen Hochschulen eingerichtet. Sie waren zum großen Teil aus den sog.

Vorstudienanstalten hervorgegangen. Zugelassen wurden Arbeiter- und Bauernkinder sowie Kinder der „werktätigen Intelligenz“, die über eine abgeschlossene Grundschul- und Berufsausbildung verfügten und sich durch hervorragende Arbeitsleistungen in der Produktion auszeichneten. Bevorzugt wurden die von „sozialistischen“' Betrieben vorgeschlagenen und delegierten Bewerber. 1962 gab es noch 10 ABF mit 3340 Studierenden, von denen 2540 Arbeiter- und Bauernkinder waren. Von 1951 bis 1963 gelangten 33729 Absolventen der ABF zum Hochschulstudium. 1963 wurden alle ABF bis auf 2 (Halle/S. und Freiberg/Sa.) aufgelöst. Die ABF Freiberg nimmt Bewerber für Bergbau, Hüttenwesen und Naturwissenschaften auf. Absolventen der ABF werden nicht in das Aufnahmeverfahren der → **Universitäten und Hochschulen** (V., A.) einbezogen, sondern auf dem Wege des Fakultätswechsels zum Studium zugelassen. Die ABF „Walter Ulbricht“ an der Universität Halle entstand in der heutigen Form 1966. 1946 war in Halle die erste ABF in der SBZ gegründet worden, eine zweite wurde 1954/55 eingerichtet und diente der Vorbereitung auf ein Auslandsstudium. Nach ihrer Zusammenlegung 1966 dient die ABF Halle ausschließlich dieser Aufgabe.

Arbeiter-und-Bauern-Inspektion (ABI): Die ABI ist ein staatliches und gesellschaftliches Kontrollorgan, das 1963 auf Beschluß des → **Zentralkomitees (ZK) der SED** und des → **Ministerrates** der DDR geschaffen wurde. Die ABI wird verstanden als eine Form der **Volkskontrolle,** deren Ziel die Erfüllung der Aufgaben der sozialistischen Gesellschaft, die Festigung der Staatsmacht, die Förderung der Aktivität der Massen und die Entwicklung des sozialistischen Bewußtseins ist. Der Beschluß über die ABI vom 6. 8. 1974 macht ihr zur Aufgabe, die Erfüllung der Beschlüsse der SED und der Regierung systematisch zu kontrollieren, aktiven Einfluß auf die Realisierung der Produktionspläne und auf die Vervollkommnung der Leitung und → **Planung** zu nehmen, die Vorschläge, Kritiken und → **Eingaben** aus der Bevölkerung sorgfältig zu prüfen und auf deren gewissenhafte Bearbeitung durch die Leiter hinzuwirken sowie alle Verletzungen der → **Sozialistischen Gesetzlichkeit** und der Staatsdisziplin, Verschwendung von Volkseigentum und Erscheinungen des → **Bürokratismus** energisch zu bekämpfen.

Bereits 1946 waren Volkskontrollausschüsse zunächst als Hilfsorgane der → **Deutschen Volkspolizei (DVP)** bei der Bekämpfung von Wirtschaftsdelikten tätig, ihre Aufgaben wurden 1948 auf die Kontrolle der Plandurchführung ausgedehnt. Gleichzeitig sind bei der → **Deutschen Wirtschaftskommission** die Zentrale Kontrollkommission und in den Ländern der SBZ Kontrollkommissionen errichtet worden. 1952 wurde die Zentrale Kontrollkommission in eine Zentrale Kommission für Staatliche Kontrolle (ZKSK) umgebildet, in die die Kontrollkommissionen der Länder und auch die Volkskontrollbewegung aufgenommen wurden. In der ABI wurden 1963 die ZKSK und die sie seit 1962 ehrenamtlich unterstützenden Helfer der Staatlichen Kontrolle nach sowjetischem Vorbild organisatorisch zusammengefaßt.

Die gegenwärtige Organisationsstruktur der ABI beruht zum einen auf der Verbindung von Partei-, staatlicher und gesellschaftlicher Kontrolle, zum anderen auf der Kombination von Territorial- und Produktionsprinzip. Organe sind das Komitee der ABI auf zentraler Ebene, die Bezirks-, Kreis-, Stadt- und Stadtbezirkskomitees, die Kombinatsinspektionen, die Kommissionen der ABI in Betrieben und Einrichtungen sowie die Volkskontrollausschüsse in den Städten und Gemeinden. Das Komitee der ABI ist ein Organ sowohl des ZK der SED als auch des Ministerrates und diesen beiden Gremien gegenüber rechenschaftspflichtig. Es leitet und koordiniert die Kontrolltätigkeit der Organe der ABI, es beschließt den zentralen Kontrollplan.

Die Bezirks-, Kreis-, Stadt- und Stadtbezirkskomitees sind Organe der jeweils übergeordneten Komitees der ABI und ihnen sowie den zuständigen leitenden Parteiorganen der SED und den örtlichen Volksvertretungen rechenschaftspflichtig. Die Mitarbeiter der Komitees sind hauptamtlich tätig, ihre für einzelne Sachgebiete gebildeten Inspektionsgruppen verfügen über haupt- und ehrenamtliche Mitarbeiter. Ehrenamtlich arbeiten die Kommissionen der ABI in den Betrieben, Genossenschaften und Einrichtungen und die Volkskontrollausschüsse in Städten und Gemeinden. Die Kommissionen sind Kontrollorgane der jeweiligen SED-Grundorganisation.

Neben dieser territorialen Organisationsstruktur bestehen hauptamtlich geleitete Kombinatsinspektionen auf der Basis des Produktionsprinzips. Die Inspektionen in

Organisationsstruktur der Arbeiter-und-Bauern-Inspektion der DDR

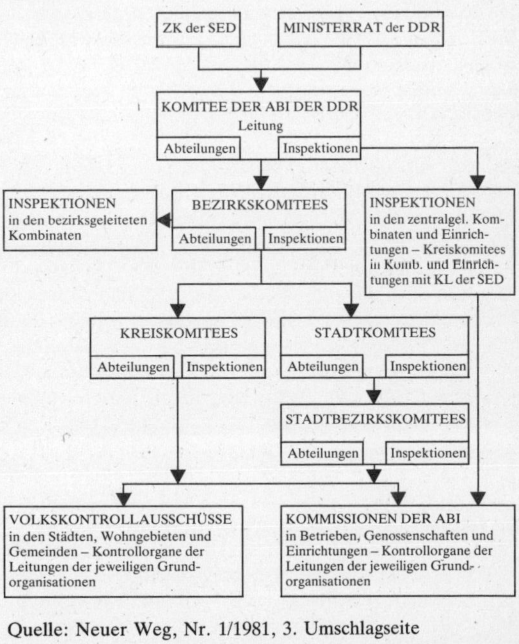

Quelle: Neuer Weg, Nr. 1/1981, 3. Umschlagseite

den zentralgeleiteten Kombinaten und Einrichtungen unterstehen dem zentralen Komitee der ABI direkt, die Kombinatsinspektionen in der bezirksgeleiteten Wirtschaft dem Bezirkskomitee der ABI. In Betrieben, Kombinaten und Einrichtungen, in denen Kreisleitungen der SED bestehen, werden Kreiskomitees der ABI gebildet. Diese Komitees unterstehen den Bezirkskomitees der ABI.
Der Kontrolle durch die ABI unterliegen die Ministerien und anderen zentralen Staatsorgane, die örtlichen Räte und ihre Fachorgane, die wirtschaftsleitenden Organe sowie die Betriebe, Kombinate, Genossenschaften und Einrichtungen. Sie erstreckt sich nicht auf die Volksvertretungen, die Parteien, die gesellschaftlichen Organisationen sowie die Bereiche der Landesverteidigung, Sicherheit, Justiz und Auswärtigen Angelegenheiten. Die Organe der ABI sind mit Kontroll-, Veranlassungs- und Handlungsbefugnissen ausgestattet, die über die bloße Feststellung von Kontrollergebnissen erheblich hinausgehen. So haben die Komitees und Inspektionen ein Weisungsrecht gegenüber dem Kontrollunterworfenen, können Auflagen zur Mängelbeseitigung erteilen und Berichterstattung über Erfüllung anordnen. Die Komitees haben die Möglichkeit, Disziplinar- und Ordnungsstrafen zu veranlassen oder selbst zu erteilen. Den Kommissionen der ABI, den Volkskontrollausschüssen und den Gruppen der Volkskontrolle kommen im Rahmen ihrer Kontrolltätigkeit Weisungsrechte und dergleichen jedoch nicht zu, sie können lediglich dem übergeordneten Komitee der ABI bestimmte Maßnahmen vorschlagen.
Bei der Ausübung ihrer Kontrolltätigkeit arbeitet die ABI mit den Arbeiterkontrolleuren des → **Freien Deutschen Gewerkschaftsbundes (FDGB)**, den **Kontrollposten** der → **Freien Deutschen Jugend (FDJ)**, den Ausschüssen der → **Nationalen Front** und anderen gesellschaftlichen und staatlichen Organen mit Kontrollfunktionen zusammen. Nach Angaben der DDR sind in den Organen der ABI ca. 249000 Bürger ehrenamtlich tätig (1984).

Arbeiter-und-Bauern-Macht: Von der DDR 1952 übernommener Begriff der sowjetischen Staatslehre. Der Staat der DDR wurde bis Ende der 60er Jahre als ABM. bezeichnet, wobei neben dem „Bündnischarakter" (→ **Bündnispolitik**) auch auf das „Mehrparteiensystem" in der DDR verwiesen wurde. Mit der Bezeichnung ABM. sollte ausgedrückt werden, „daß die proletarische Staatsmacht in dem Bündnis der führenden Arbeiterklasse mit der Masse der Bauernschaft (sowie dem Kleinbürgertum, der Intelligenz und anderen nichtproletarischen Werktätigen) ihre Klassengrundlage hat" (Kleines Politisches Wörterbuch, Berlin [Ost] 1967, S. 49). Der Begriff der ABM. stellte damit ein Synonym für **Diktatur des Proletariats** dar und dient bis in die Gegenwart zur Rechtfertigung der „führenden Rolle" der SED in der DDR. Seit dem VIII. Parteitag der SED (1971) ist sein Gebrauch zugunsten des Begriffs „sozialistischer Staat", der als „Staat der Arbeiter und Bauern" (Verfassung der DDR von 1968 i. d. F. von 1974, Art. 1) und unverändert als eine Form der Diktatur des Proletariats definiert wird, in den Hintergrund getreten. → **Verfassung.**

Arbeiterwohnungsbaugenossenschaften (AWG): Seit 1954 bestehende Zusammenschlüsse von Wohnungsinteressenten in Betrieben, Kombinaten, staatlichen Organen, Verwaltungen von Organisationen, Universitäten und Instituten sowie PGH. Gesetzliche Grundlage ist die VO über die AWG in der Fassung vom 23. 2. 1973 mit dem als Anlage beigefügten verbindlichen Musterstatut (GBl. I, S. 109). Die AWG sollen u. a. durch die Bindung an die Betriebe die Bildung von Stammbelegschaften und die Ansiedlung von Fachkräften fördern und damit zur Erfüllung der Volkswirtschaftspläne beitragen. Mitglied kann jeder Werktätige eines Betriebes werden, dem eine AWG angeschlossen ist, wenn das vom Leiter und der BGL vorgeschlagen wird und die Zustimmung des zuständigen örtlichen Staatsorgans eingeholt wurde. Ehegatten können nur gemeinsam Mitglieder einer AWG werden.
Die Anzahl der von den Mitgliedern zu übernehmenden Genossenschaftsanteile (je 300 Mark) ist abhängig von der Wohnungsgröße und beträgt z. B. für eine Eineinhalbzimmerwohnung 1500 Mark, für eine Zweieinhalbzimmerwohnung 2100 Mark. Die Genossenschaftsanteile sind in nach dem Einkommen gestaffelten monatlichen Raten (mindestens 20 Mark) einzuzahlen; sie können auch als Arbeitsleistungen aufgebracht werden. Jedes Mitglied ist verpflichtet, neben den Genossenschaftsanteilen, die persönliches Eigentum bleiben, außerdem Arbeitsleistungen für die AWG zur Finanzierung des Baues und von Erhaltungsmaßnahmen durchzuführen. Diese Arbeitsleistungen, deren Bedeutung in den nächsten Jahren zunehmen soll, gehen in den sog. „unteilbaren Fonds" ein und sind Genossenschaftsvermögen, zu dem auch die erstellten Genossenschaftswohnungen und Gemeinschaftseinrichtungen gehören.
Aus dem → **Staatshaushalt** erhalten die AWG Kredite bis zu 85 v. H. der Baukosten, die nach dem Annuitätenprinzip in jährlich gleichbleibender Höhe von 5 v. H. des ausgereichten Kredits (einschl. Zinsen) zu tilgen sind. Der Zinssatz beträgt 4 v. H. jährlich. Die AWG beteiligt sich an der Tilgung mit Leistungen in einer Höhe von 1 v. H. des ausgereichten Kredits. Die restlichen 4 v. H. der Jahresleistung werden aus dem Haushalt der örtlichen Staatsorgane bereitgestellt und stellen Verpflichtungen der Genossenschaften gegenüber dem Staatshaushalt dar, die in den Bilanzen der AWG auszuweisen sind. Investitionsvorbereitende und Aufschließungsmaßnahmen werden voll vom Staatshaushalt getragen. Baugelände stellen die örtlichen Verwaltungsorgane der Kreise und Gemeinden unentgeltlich und unbefristet zur Verfügung.
Die Verteilung fertiggestellter Wohnungen soll nach der Dringlichkeit des Wohnungsbedarfs erfolgen, wobei u. a. Arbeitskräftebedarf, ungünstige Wohnverhältnisse, Familiengröße und besondere Arbeitsleistungen für die AWG bzw. am Arbeitsplatz berücksichtigt werden sollen. Der Wohnungsverteilungsplan wird vom

Vorstand der AWG in Zusammenarbeit mit den Leitern der Betriebe, staatlicher Organe und Einrichtungen ausgearbeitet, von der Mitgliederversammlung beschlossen und dem Rat der Stadt bzw. Gemeinde zur Bestätigung vorgelegt. Die AWG soll nur soviel neue Mitglieder aufnehmen, wie sie nach dem Bauplan innerhalb der nächsten 3 Jahre Wohnungen baut; in der Praxis gab es bisher jedoch z.T. wesentlich längere Wartezeiten.
Der Anteil des genossenschaftlichen Wohnungsbaus am gesamten Wohnungsneubau schwankte in den rd. 30 Jahren seit Bildung der AWG erheblich. Nachdem 1959 für den Siebenjahrplan eine Steigerung des genossenschaftlichen Wohnungsbaus auf das Vierfache gefordert worden war, lag sein Anteil am Wohnungsneubau bereits 1962 bei über 63 v.H., ging dann bis 1971 auf rd. 17 v.H. zurück, stieg bis 1975 wieder auf über 38 v.H. und pendelt seitdem zwischen 31 v.H. und 39 v.H. (d.h. um 40000 Wohnungseinheiten im Jahr). Der geplante Anteil konnte in den letzten Jahren jedoch nie erreicht werden.
Insgesamt wurden bis 1983 rd. 800000 Wohnungen für Genossenschaftsmitglieder gebaut. Für die nächsten Jahre ist eine verstärkte Förderung vorgesehen: Im Fünfjahrplan-Zeitraum 1981–1985 soll der Anteil der für AWG zu errichtenden Wohnungen 42 bis 45 v.H. am industriellen Wohnungsneubau betragen. Dabei wird eine noch engere Bindung der AWG an ihre Trägerbetriebe angestrebt, die sich u.a. in einer stärkeren Einflußnahme der betrieblichen Organe (Betriebsleitung, BGL usw.) auf die Bauvorhaben, die Aufnahme von Genossenschaftsmitgliedern und die Zuteilung der Wohnungen äußert. → **Bau- und Wohnungswesen; Genossenschaften.**

Arbeitsbefreiung: An die Stelle der einfachen ärztlichen Bescheinigung der Arbeitsunfähigkeit, wie sie in der deutschen Krankenversicherung üblich war, ist bereits 1947 das Prinzip der A. gesetzt worden. Rechtlich greift der Arzt damit direkt in die arbeitsvertragliche Beziehung zwischen abhängig Beschäftigtem und Unternehmen ein, statt ihm mit der Bescheinigung der Arbeitsunfähigkeit lediglich das Beweismittel über sein Unvermögen zur Erfüllung des Arbeitsvertrages in die Hand zu geben (→ **Arbeitsrecht**). Praktische Bedeutung kommt dieser unterschiedlichen Rechtskonstruktion nicht zu. – Die Befugnisse der behandelnden Ärzte sind wiederholt tiefgreifend geändert worden, um Häufigkeit und Dauer der krankheitsbegründeten Arbeitsausfälle (→ **Krankenstand**) einzuschränken. Lange Zeit durfte der behandelnde Arzt die A. nur für jeweils 3 und insgesamt nur für 10 Tage aussprechen. Darüber hinaus war die A. Sache besonderer Kommissionen. Später war sie nach jeweils 7 Tagen ausdrücklich zu erneuern. Die Kontrolle dieser A. sollte und soll stets die Form „kollektiver Beratung" des Versicherten wie des Arztes haben. Sie ist Aufgabe der **Ärzteberatungskommissionen (ÄBK)**, bestehend aus nebenamtlich für diese Aufgabe herangezogenen Ärzten. Aufsichts- und Beschwerdeinstanz ist die Kreisstelle für ärztliche Begutachtungen bei der Abteilung Gesundheits- und Sozialwesen des Rates des Kreises unter der Verantwortung des Kreisarztes, bei der alle ärztlichen Begutachtungen – für Renten- und Unfallversicherung, Sozialwesen usw. – zusammengefaßt sind.
1959 wurde die A. aus Krankheitsgründen den Ärzten des Betriebsgesundheitswesens übertragen; auch die ÄBK wurden dort verankert. Diese Regelung hat sich jedoch nicht aufrechterhalten lassen. – Seit September 1974 ist die A. bei Arbeitsunfähigkeit neu geregelt. Die Vorstellung bei der ÄBK ist jetzt erstmals nach dem 35. Tag der Arbeitsunfähigkeit erforderlich, es sei denn, der behandelnde Arzt wünsche eine „kollektive Beurteilung" bei „häufig erkrankten Werktätigen" oder in anderen, besonderen Fällen. Die ÄBK kann aber auch von der Betriebsleitung „nach gemeinsamer Beratung mit der Betriebsgewerkschaftsleitung, dem Rat für Sozialversicherung und dem Betriebsarzt" und vom Beschäftigten selbst in Anspruch genommen werden. 1974 ist zugleich die Zuordnung der ÄBK zum Betrieb entfallen. Ihre Zuständigkeit bestimmt sich nunmehr nach der Behandlungsstelle des Kranken. Nur große Einrichtungen des Betriebsgesundheitswesens haben noch eigene ÄBK. Diese dürfen nur dann tätig werden, wenn keine größeren Wegebelastungen für den Kranken entstehen. Statt dessen können die Betriebsärzte „zur Klärung arbeitsmedizinischer und arbeitshygienischer Fragen" arbeitsbefreite Beschäftigte des Betriebes „zur betriebsärztlichen Beratung und Untersuchung einladen", also die Kontrolle der Arbeitsunfähigkeit an sich ziehen.
Die „Arbeitsbefreiungsscheine" sind vom (leitenden) Betriebsarzt jedes Betriebes gemeinsam mit einem persönlichen Beauftragten des Betriebsleiters sowie dem Vorsitzenden des Rates der Sozialversicherung (→ **Betriebsgewerkschaftsorganisation [BGO]**) grundsätzlich täglich auszuwerten. Mit diesen regelmäßigen Beratungen soll eine „exakte Erfassung und Analyse der Hauptfaktoren, die das unterschiedliche Niveau der Höhe des Krankenstandes der Betriebe und Kreise bedingen", erreicht werden. Die „Diagnostikzeiten für arbeitsbefreite Werktätige in den ambulanten und stationären Einrichtungen des Gesundheitswesens sollen verkürzt, die Möglichkeit von Kurzarbeitsbefreiungen und der Verordnung und Realisierung von Schonarbeit stärker genutzt werden. (Dazu soll) eine hohe Qualität der Tätigkeit der ÄBK durch die Besetzung mit erfahrenen Fachärzten" gewährleistet, in den Betrieben ÄBK zusätzlich gebildet und eine „vorzeitige Vorstellung vor der ÄBK" veranlaßt werden (Empfehlungen des Kollegiums des → **Ministeriums für Gesundheitswesen [MfG]** vom 31. 10. 1978). Das an diesen Empfehlungen ausgerichtete Vorgehen hat bisher nicht zum Erfolg geführt. Es wird versucht, den einzelnen Arzt in den Einrichtungen der ambulanten Versorgung unter Kontrolle zu nehmen, indem die „Basiswerte" seiner A. statistisch erfaßt und ausgewertet werden (Anteil der A. an seinen neu in Behandlung kommenden Patienten, gegliedert nach Diagnosen, Dauer der A. u. ä.).
Den Krankenstand mit einem derartigen Kontrollverfahren auf einer Höhe zu halten, die der tatsächlich

krankheitsbegründeten Arbeitsunfähigkeit bzw. den Planvorgaben entspricht, ist bisher nicht gelungen. → **Gesundheitswesen; Sozialversicherungs- und Versorgungswesen.**

Arbeitsbereich: Der Begriff A. kennzeichnet den in sachlicher oder räumlicher Hinsicht verbundenen gemeinsamen Wirkungs- und Tätigkeitsbereich von Werktätigen im Arbeitsprozeß. A. sind der Meisterbereich, die Verkaufsabteilung, die Arbeitsgruppe, die Forschungsstelle oder andere durch gemeinsame Aufgaben und/oder Objekte verbundene Arbeitstätigkeiten.
In der betrieblichen Praxis wird der Begriff daneben in der Alltagssprache häufig zur Bezeichnung für die den einzelnen Werktätigen übertragene und vertraglich vereinbarte Arbeitsaufgabe verwendet. Dadurch wird der Begriff A. vielfach mit der Eingruppierung der Werktätigen in Lohn- und Gehaltsgruppen in Verbindung gebracht, auf die er jedoch in der betriebswirtschaftlichen und arbeitswissenschaftlichen Literatur nicht angewandt wird. Entsprechend wird der Begriff A. im Arbeitsgesetzbuch der DDR und bei der → **Arbeitsklassifizierung,** der Grundlage für die Lohn- und Gehaltsgruppeneinstufung der Arbeitnehmer, nicht angewandt, sondern statt dessen von „Arbeitsaufgabe" gesprochen. → **Lohnformen und Lohnsystem.**

Arbeitseinheit (AE): Die AE stellt die Form der Verteilung der genossenschaftlich erwirtschafteten Einkommen auf die Mitglieder der LPG dar. Dabei werden die einzelnen Tätigkeiten unter Verwendung der Methoden der → **Arbeitsklassifizierung** unterschiedlich eingruppiert. In Abhängigkeit von den in einem Bewertungsrahmen nach Schwierigkeitsgrad der Arbeit und erforderlichem Qualifikationsniveau festgelegten Bewertungsgruppen wird das Erreichen der Tagesarbeitsnorm (TAN) mit jeweils festgelegten AE angerechnet (z. B.: 8 Stunden Handarbeit = 1 AE, 4 ha Pflugarbeit = 1,6 AE). Für das Überbieten der TAN werden Zuschläge gewährt – bei Nichterfüllung Abzüge von den AE vorgenommen.
Der Wert der AE errechnet sich am Jahresende aus den insgesamt für die Verteilung an die Genossenschaftsmitglieder zur Verfügung stehenden Mitteln und der Summe der in den LPG von allen Mitgliedern geleisteten AE – stellt also ein Residualeinkommen dar. Der Wert der AE wird für das jeweilige Jahr bereits im Vorjahr anhand der geplanten Aufwendungen und Erträge kalkuliert. Das LPG-Mitglied erhält einen bestimmten Prozentsatz (meist 80 v. H.) des kalkulierten Wertes als monatlichen Vorschuß ausbezahlt. Die Differenz zwischen den jeweils gezahlten Vorschüssen und dem tatsächlichen Wert der AE, der ebenso wie die vom jeweiligen Mitglied geleisteten AE erst am Jahresende feststeht, wird in Form einer Jahresendauszahlung abgegolten (Residualeinkommen).
In Abhängigkeit von der jeweiligen Ertragssituation der LPG schwankt dementsprechend der Wert der AE von Jahr zu Jahr. Im Unterschied zu den in den LPG (und VEG) beschäftigten, nach → **Rahmenkollektivvertrag (RKV)** entlohnten Arbeitern können die nach AE vergüteten Genossenschaftsmitglieder dadurch für die gleiche Arbeit in einzelnen Jahren höhere – meist jedoch niedrigere – jährliche → **Arbeitseinkommen** erzielen, als die in der gleichen Brigade beschäftigten Landarbeiter. In den Jahren vor 1977 wurde dieser Nachteil der Genossenschaftsmitglieder dadurch ausgeglichen, daß nur ihnen die Führung einer **persönlichen** → **Hauswirtschaft** gestattet war. Nach 1977 ist jedoch dieses Sonderrecht der LPG-Mitglieder entfallen, da nunmehr auch die Landarbeiter in den LPG zum Führen einer persönlichen Hauswirtschaft berechtigt sind.
Daneben hatten und haben die → **Genossenschaftsbauern**, die ursprünglich privaten Grundbesitz in die LPG eingebracht haben – und deren in den LPG beschäftigte Erben –, das Recht auf Auszahlung von Bodenanteilen, die in den 50er und 60er Jahren je nach LPG-Typ noch 20–40 v. H. ihrer → **Einkommen** ausmachten. In den 70er Jahren ist die Bedeutung der Bodenanteile stark zurückgegangen, weil die AE im Laufe der Jahre immer höher bewertet, der Wert der Bodenanteile aber konstant geblieben ist. Außerdem konnte die Vollversammlung der LPG, in der alle LPG-Mitglieder und (seit 1977) auch die in den LPG beschäftigten Arbeiter voll stimmberechtigt sind, die generelle Einstellung der Zahlung von Bodenanteilen beschließen. Viele Genossenschaftsbauern haben zudem freiwillig auf Bodenanteile verzichtet, da die Zahlung in der Regel auf die Durchschnittsgröße der eingebrachten Wirtschaften als Obergrenze beschränkt war (meist 10–15 ha), während für *alle* (also auch die die Durchschnittsgröße überschreitenden Flächen) der ehemals im Eigentum des jeweiligen Genossenschaftsbauern befindlichen Flächen die Grundsteuer zu zahlen war. Der Verzicht auf Bodenanteil hatte hingegen die Befreiung von der Grundsteuer zur Folge und wurde daher vor allem von den ehemaligen Mittel- und Großbauern wahrgenommen, die häufig sogar auf einen entsprechenden Beschluß der Vollversammlung drängten, so daß heute die Zahlung von Bodenanteilen eher die Ausnahme darstellt.
Die meist niedrigeren Jahreseinkommen bei der Vergütung nach AE im Vergleich zu den nach Rahmenkollektivvertrag entlohnten Arbeitskräften haben viele Betriebe und LPG-Mitglieder dazu bewogen, dem in den 70er Jahren von der → **Sozialistischen Einheitspartei Deutschlands (SED)** propagierten agrarpolitischen Ziel der Vereinheitlichung der Entlohnungsformen zu entsprechen und sich auch als Genossenschaftsmitglieder nach den im Rahmenkollektivvertrag für Landarbeiter vorgesehenen Stundenlöhnen bezahlen zu lassen, u. a. auch um ihre Einkommen vom wirtschaftlichen Ergebnis der LPG unabhängiger zu machen. Zudem sind u. a. für den Bau kooperativer Einrichtungen und andere Tätigkeiten im Rahmen der unterschiedlichen Formen der → **Kooperation in der Landwirtschaft** zahlreiche LPG-Mitglieder aus ihren Genossenschaften in andere Landwirtschaftsbetriebe delegiert worden, in denen die Entlohnung nicht nach AE erfolgt, sondern nach Lohnformen, die weitgehend den Regelungen des Rahmenkollektivvertrages entsprechen.

Die im § 1 des neuen LPG-Gesetzes (GBl. I, 1982, S. 443) enthaltene Forderung, daß die Genossenschaftsmitglieder „nach genossenschaftlichen Verteilungsprinzipien Anteil am wirtschaftlichen Ergebnis ihrer LPG" haben sollen, mußte daher überraschen. Anscheinend sieht die SED in der Kopplung des Arbeitseinkommens an das wirtschaftliche Ergebnis der LPG nunmehr erneut einen wirksamen materiellen Hebel, mit dessen Hilfe wieder ein stärkeres Interesse der LPG-Mitglieder an einer höheren und rentableren Agrarproduktion geweckt werden könnte.

Arbeitseinkommen: In der DDR verwendeter statistischer Begriff, der nicht identisch ist mit den in der Bundesrepublik Deutschland gebräuchlichen Begriffen „Bruttoarbeitsverdienst" und „Bruttolohn und -gehalt". Als A. gelten neben Bruttolöhnen und Prämien auch Einkommensteile, die nicht unmittelbar auf Arbeitsleistung beruhen (Sozialeinkommen), aber über die Betriebe ausgezahlt werden. Als Teil des A. gelten u. a. auch Vergütungen für Neuerervorschläge, Prämien für Materialeinsparungen aufgrund persönlicher Konten (→ **Sozialistischer Wettbewerb**), Weihnachtsgeld, soziale Zuwendungen wie staatliches Kindergeld (→ **Kinderbeihilfen**) sowie aus betrieblichen Mitteln gezahlte Unterstützungen. → **Lohnformen und Lohnsystem.**

Arbeitsgemeinschaft ehemaliger Offiziere: Am 11. 1. 1958 von ehemaligen Wehrmachtsgeneralen und -offizieren, die dem → **Nationalkomitee Freies Deutschland (NKFD)** bzw. dem Bund Deutscher Offiziere angehörten, gegründete Organisation, die ab 1959 auch Reserveoffiziere der → **Nationalen Volksarmee (NVA)** aufnahm. Diese „Kampfgemeinschaft patriotisch gesinnter ehemaliger Offiziere" sollte einen spezifischen Beitrag zur → **Deutschlandpolitik der SED** leisten, indem sie durch militärgeschichtlich-propagandistische Arbeit – auch unter gesamtdeutschen Aspekten – gegen die „Rüstungspolitik" der Bundesrepublik Deutschland, besonders gegen die von der DDR befürchtete Aufstellung von an atomaren Trägersystemen ausgebildeten Kampfverbänden der Bundeswehr wirkte (→ **Abrüstung**). Zu diesem Zweck wandte sich die AeO. auch an ehemalige Mitglieder des Nationalkomitees Freies Deutschland in der Bundesrepublik Deutschland und an Bundeswehroffiziere.
Durch Änderung der Deutschlandpolitik der SED Ende der 60er Jahre und durch die ab Anfang der 70er Jahre beginnende Normalisierung der → **Innerdeutschen Beziehungen** sowie durch die inzwischen geschaffenen militärpolitischen Fakten wurde die Arbeit der AeO. in ihrer ursprünglichen Funktion hinfällig. Rückgang der Mitgliederzahlen aufgrund von Todesfällen, die aus der zunehmenden Überalterung der AeO. resultierten, waren eine weitere Ursache für ihren Bedeutungsverlust. Im Oktober 1971 wurde das monatlich seit Juli 1958 erscheinende „Mitteilungsblatt der AeO." eingestellt. Die der AeO. heute noch verbliebene Aufgabe besteht darin, durch militärische Traditionspflege die sozialistische Wehrideologie zu stärken.

Arbeitsgesetzbuch (AGB): Das Arbeitsgesetzbuch der Deutschen Demokratischen Republik vom 16. 6. 1977 (GBl. I, S. 185) trat am 1. 1. 1978 in Kraft. Es löste das → **Gesetzbuch der Arbeit (GBA)** vom 12. 4. 1961 (GBl. I, S. 27) mit seinen Änderungen und Ergänzungen ab. Es ist die Kodifikation des → **Arbeitsrechts** in der DDR, die freilich durch Folgebestimmungen ergänzt wird. Gegliedert ist es in 17 Kapitel:

1. Grundsätze des sozialistischen Arbeitsrechts
2. Leitung des Betriebes und Mitwirkung der Werktätigen
3. Abschluß, Änderung und Auflösung des Arbeitsvertrages
4. Arbeitsorganisation und sozialistische Arbeitsdisziplin
5. Lohn und Prämie
6. Berufsausbildung
7. Aus- und Weiterbildung
8. Arbeitszeit
9. Erholungsurlaub
10. Gesundheits- und Arbeitsschutz
11. Geistig-kulturelles und sportliches Leben und soziale Betreuung der Werktätigen im Betrieb
12. Besondere Rechte der werktätigen Frau und Mutter
13. Arbeitsrechtliche Verantwortlichkeit der Werktätigen
14. Schadenersatzleistungen des Betriebes
15. Sozialversicherung der Arbeiter und Angestellten
16. Kontrolle der Einhaltung des Arbeitsrechts
17. Entscheidung von Arbeitsstreitfällen und von Streitfällen auf dem Gebiet der Sozialversicherung der Arbeiter und Angestellten.

Arbeitsgestaltung: Die A. ist Bestandteil der **Wissenschaftlichen → Arbeitsorganisation (WAO)** und der sozialistischen → **Intensivierung und Rationalisierung**. Zwei Hauptwege der A. werden unterschieden:
1. Die A. in der Vorbereitungsphase der Produktion (prospektive A.) umfaßt alle konstruktiven, technologischen und organisatorischen Neuentwicklungen und ermöglicht schon vor Produktionsbeginn die Gestaltung optimaler Produktionsbedingungen.
2. Die A. in der unmittelbaren Produktion (operative A.) wird als eine ständige Aufgabe verstanden. Gemessen an den möglichen Ergebnissen der bereits in der Vorbereitungsphase (Entwicklung und Projektierung) der Produktion betriebenen A., kann die A. in der Betriebsphase zwar zu Verbesserungen, aber nicht zu Bestlösungen führen, da die Veränderungsmöglichkeiten bei vorhandener Technik und Organisation begrenzt sind. Aus diesem Grund wird die besondere Bedeutung der A. im Stadium der Forschung, Entwicklung und Überleitung hervorgehoben, während A. in der Betriebsphase der Produktion vornehmlich die Realisierung dieser im → **Arbeitsstudium** erarbeiteten und bestätigten Veränderungsprojekte ist.
Die Arbeitswissenschaftler der DDR verstehen unter A. die Erarbeitung und praktische Durchsetzung solcher Grundsätze, Richtwerte und Typenlösungen, die unter Berücksichtigung der physischen, psychischen und auf-

grund der Qualifikation der Berufstätigen gegebenen Voraussetzungen einer planmäßigen und rationellen Einbeziehung des Menschen in den Arbeitsprozeß förderlich sind und sein optimales Wirken gewährleisten. Optimales Wirken des Menschen im Arbeitsprozeß gilt dann als erreicht, wenn er mit physiologisch günstigstem Aufwand an Körperkraft, unter möglichst weitgehender Vermeidung psychisch-nervlicher Belastungen bei Gewährleistung der Sicherheit und Erhaltung der Arbeitskraft maximale, den gesellschaftlichen Erfordernissen entsprechende Arbeitsergebnisse erreicht.
Bei der Einbeziehung des Menschen in den Arbeitsprozeß geht es sowohl um die Anpassung des Arbeitsprozesses an den Menschen als auch darum, den Menschen durch Einübung rationeller Arbeitsmethoden, durch Qualifizierung, Training und Gewöhnung an den Arbeitsprozeß anzupassen. Bei dieser Anpassung kommt arbeitspsychologischen Erkenntnissen eine ständig wachsende Bedeutung zu (→ **Psychologie**).
Die wichtigsten Aufgabengebiete der A. sind:
- Gestaltung rationeller Arbeitsabläufe;
- Gestaltung eines sinnvollen Arbeitszeitregimes, insbesondere eine zweckmäßige Pausengestaltung;
- Gestaltung rationeller Arbeitsmethoden;
- Gestaltung der Arbeitsmittel und Arbeitsplätze;
- Gestaltung der Arbeitsumweltfaktoren wie Schall-, Beleuchtungs-, Klimaeinflüsse usw.;
- Gewährleistung physiologisch und psychologisch günstiger Beanspruchungen des Menschen am Arbeitsplatz unter Berücksichtigung von Lebensalter und Geschlecht.

Mit Beginn der zweiten Hälfte der 70er Jahre wurde der Gegenstandsbereich der A. um die „Arbeitsinhaltsgestaltung" erweitert. Programmatisch gilt seither die „weitere Ausprägung des sozialistischen Charakters der Arbeit" durch die Gestaltung „persönlichkeitsförderlicher, progressiver Arbeitsinhalte" als zentrale Aufgabe der „entwickelten sozialistischen Gesellschaft". Zielte die A. bis dahin vor allem darauf, die Arbeit durch den Abbau physischer und psychischer Belastungen zu erleichtern, um auf diesem Wege zugleich zu besseren Arbeitsergebnissen zu gelangen, geht es bei den arbeitsinhaltsgestalterischen Maßnahmen vor allem darum, die Tätigkeit der Produktionsarbeiter durch technische und arbeitsorganisatorische Veränderungen zunehmend mit „geistig-schöpferischen Elementen anzureichern". Durch derartige, „progressive Arbeitsinhalte" sollen die aus der Arbeitsteilung resultierende Trennung zwischen geistiger und körperlicher Arbeit tendenziell aufgelöst und die aus der konkreten Arbeitstätigkeit hervorgehenden sozialen Unterschiede, insbesondere zwischen in der Produktion tätiger Arbeiterklasse und → **Intelligenz**, allmählich abgebaut werden. Dabei werden z.T. Modelle erprobt, wie sie unter dem Oberbegriff „Humanisierung der Arbeit" auch in westlichen Industriestaaten in einzelnen Fällen durchgeführt und gefördert werden (z.B. job-enlargement, job-enrichment, job-rotation).
Die bis heute erreichten Ergebnisse bei der Durchsetzung progressiver Arbeitsinhalte in verschiedenen Industriebereichen machen deutlich, daß zwischen der programmatischen Konzeption und ihrer praktischen Umsetzung eine erhebliche Lücke klafft. Angesichts der Vielfalt der hierfür verantwortlichen technisch-organisatorischen, aber vor allem auch politisch-ökonomischen und sozialen Ursachen kann der Realisierung der angestrebten Zielstellung auf absehbare Zeit keine Chance eingeräumt werden (→ **Soziologie und Empirische Sozialforschung**, IV. C.).
Besondere Aufmerksamkeit widmen die Arbeitswissenschaftler der DDR dem Zusammenhang zwischen A. und Arbeitsproduktivität. Es gilt als erwiesen, daß eine Verbesserung der A. direkt oder indirekt zu einer Erhöhung der Arbeitsproduktivität führt. In der betrieblichen Praxis werden allerdings häufig höhere Arbeitsergebnisse unter Vernachlässigung oder gar Verletzung der Prinzipien der A. erzielt. Derartige momentane „Erfolge" schlagen in der Regel früher oder später in ihr Gegenteil um: In der Folge nehmen Krankenstand, Unfallhäufigkeit und sogar Frühinvalidität zu.
Nach umfassend durchgeführter A. und dadurch veränderter Arbeitsaufgabe werden technisch begründete Arbeitsnormen und andere Kennziffern der Arbeitsleistung neu festgelegt. → **Arbeitsklassifizierung; Arbeitsnormung.**

Arbeitshygiene: *1. Prinzipien.* Mit A. wird (in der DDR) die gesamte wissenschaftliche und angewandte **Arbeitsmedizin** bezeichnet, insbesondere der auf Vorbeugung („Prophylaxe") ausgerichtete Schutz der Erwerbstätigen in der Industrie, zunehmend aber auch in der industrialisierten → **Landwirtschaft** und in allen anderen Wirtschaftsbereichen, gegen die spezifischen Gesundheitsgefahren der Betriebe, ihrer Arbeitsplätze und Arbeitsmittel mit dem Ziel der Ausschaltung derartiger Risiken, mindestens aber der Früherkennung von Gesundheitsschäden. Die Aktivitäten zum Ausbau der A. haben schon 1946 eingesetzt. Das hat – wie in der UdSSR – z.T. historisch-ideologische, überwiegend aber rationale Gründe: Die verfügbaren Arbeitskräfte sollen auch unter ungünstigen Bedingungen so effektiv wie möglich eingesetzt und aus diesem Grund „pfleglich" behandelt werden. Die nachdrückliche Entwicklung des **Betriebsgesundheitswesens** nach 1945 hat hier ihre stärksten Wurzeln. Eine seiner beiden Hauptaufgaben war stets der Gesundheitsschutz in den Betrieben, also die vorbeugende Arbeit. Sie ist in den Perspektivplänen für die Entwicklung des → **Gesundheitswesens** und in den Volkswirtschaftsplänen (→ **Planung**) immer wieder stark betont worden.
Dem gesetzten Ziel dienen arbeitsmedizinische Tauglichkeits- und Überwachungsuntersuchungen (ATÜ), die als Einstellungs- und Wiederholungsuntersuchungen vorgeschrieben sind für Jugendliche bis zur Vollendung des 18. Lebensjahres und Werktätige, die schwere körperliche Arbeit leisten bzw. bestimmten „physikalischen oder chemischen Schadfaktoren" oder aber Infektionsgefahren ausgesetzt sind. Weiter sind im Katalog auch Arbeitnehmer mit Mehrfachbelastungen, Frauen mit 3 oder mehr Kindern unter 16 Jahren und Arbeitnehmer

in den letzten 5 Jahren vor Erreichen der Altersgrenze genannt.
1982 wurden von den betriebsmedizinischen Diensten 871475 Überwachungsuntersuchungen ausgeführt, das waren 85,7 v. H. der vorgesehenen 1016362, außerdem 293615 Tauglichkeitsuntersuchungen und 506047 sonstige Vorsorgeuntersuchungen. Andere ambulante Einrichtungen führten weitere 284956 Überwachungs- (= 93,3 v. H. des Solls) und 1395080 sonstige Vorsorgeuntersuchungen durch.
2. *Organisation.* Die jetzige Organisation der A. ist 1978 und 1980 gesetzlich fixiert worden (VO über das Betriebsgesundheitswesen und die A.-Inspektion v. 11. 1. 1978 [GBl. I, S. 61]; 3. DB dazu – Arbeitshygienische Zentren und Arbeitshygienische Beratungsstellen – v. 7. 1. 1980 [GBl. I, S. 41]); die Neuregelung der Tauglichkeits- und Überwachungsuntersuchungen folgte erst 1981 (→ **Berufskrankheiten**). Vorhergegangen waren langjährige Bemühungen um eine geeignete Organisationsform, in der die generell „territoriale", d. h. regionale Gliederung der medizinischen Versorgung in Einklang gebracht werden sollte mit den in den Wirtschaftsbereichen und -zweigen unterschiedlichen Erfordernissen der angewandten Arbeitsmedizin, auf deren zentrale „Anleitung" das → **Ministerium für Gesundheitswesen** nicht verzichten wollte. Es konnte sich mit dieser Forderung gegenüber Verkehrsministerium, Volkspolizei, Nationaler Volksarmee, dem Staatssicherheitsdienst und der Wismut-AG (→ **Uranbergbau**) nicht durchsetzen.
Nach der Neuregelung bestehen 15 A.-Inspektionen bei den Räten der Bezirke und 250 ärztlich geleitete A.-Inspektionen bei den Räten der Kreise, fachlich angeleitet von einer entsprechenden Hauptabteilung des Ministeriums für Gesundheitswesen.
Aufgabe der A.-Inspektion ist die Beratung der Betriebe bei der Gestaltung der Arbeitsbedingungen mit dem Ziel der Umsetzung arbeitsmedizinischer und arbeitshygienischer wissenschaftlicher Erkenntnisse in die Praxis des Arbeitslebens, sowie die Anleitung und Kontrolle der Betriebe und der Einrichtungen des Betriebsgesundheitswesens bei der Verwirklichung der einschlägigen Rechtsvorschriften. Dementsprechend haben sie beträchtliche Eingriffsbefugnisse und auch Strafvollmacht auf der Grundlage des Gesetzes über → **Ordnungswidrigkeiten**. Außerdem obliegt den A.-Inspektionen die Sammlung aller Meldungen von Berufskrankheiten, deren Begutachtung und die fachliche Mitwirkung bei der Entschädigung von Betroffenen.
In loser Kooperation mit den A.-Inspektionen sind „zweigspezifisch profilierte" A.-zentren (AHZ) eingerichtet worden (für Bauwesen, Bergbau, Chem. Industrie, Geologie, Gesundheit und Sozialwesen, Konsumgüter-Binnenhandel, Landwirtschaft, Polygrafie und Verlagswesen, Theater und Orchester – zumeist bei besonders großen Betrieben des jeweiligen Wirtschaftsbereiches); ihnen nachgeordnet sind eine große Zahl von Arbeitshygienischen Beratungsstellen (AHB) in Industriebetrieben, neuerdings auch in Großbetrieben der Landwirtschaft (→ **Landwirtschaftliche Betriebsformen**). Organisatorisch sind AHZ wie AHB jeweils Teil einer Betriebspoliklinik bzw. eines Betriebsambulatoriums. Diese führen gegebenenfalls eine entsprechende Zusatzbezeichnung. Grundlage der fachlichen Arbeit der AHZ und AHB ist eine Vereinbarung zwischen dem Ministerium für Gesundheitswesen und dem für den betreffenden Wirtschaftszweig zuständigen Ministerium, und sie werden durch beide Ministerien „fachlich-inhaltlich" angeleitet. Aufgetragen sind ihnen die Erfassung, Analyse und Bewertung der arbeitshygienischen Situation und des Gesundheitszustandes der Beschäftigten, die Erforschung der bereichsspezifischen Einflüsse auf den Gesundheitszustand und die Beratung aller Beteiligten wie auch der A.-Inspektionen.
3. *Zentrale Steuerung.* „Leiteinrichtung" des Ministeriums für Gesundheitswesen für die A. und die „arbeitsmedizinische Betreuung der Werktätigen" ist das **Zentralinstitut für Arbeitsmedizin (ZAM)** der DDR in Berlin-Lichtenberg. Seine Errichtung geht auf das Jahr 1948 zurück. Es ist zentrales Forschungsinstitut für A. und die Aufklärung der Zusammenhänge zwischen physikalischen, chemischen und biologischen Schadensfaktoren einerseits und arbeitsbedingten Gesundheitsschäden andererseits. Zu seinen Aufgaben gehören die Ausarbeitung von arbeitshygienischen Grenzwerten und Normen mit den der dazugehörigen Meß- und Bewertungsverfahren, ferner die Begutachtung schwieriger Einzelfälle sowie die Aus- und Weiterbildung von Fachkräften der A. (letzteres „im Auftrag" der → **Akademie für Ärztliche Fortbildung**). Auch vertritt es die DDR in den fachlich einschlägigen, internationalen wissenschaftlichen oder fachpolitischen Institutionen und Gremien. Es ist dem Ministerium für Gesundheitswesen direkt unterstellt; Leiter: Prof. Dr. sc. med. Hans Günther Häublein.
4. *Ausbildung der Fachkräfte.* Die Ausbildung von Arbeitsmedizinern ist durch die Errichtung von entsprechenden Lehrstühlen bei allen Universitäten (→ **Universitäten und Hochschulen**) und Medizinischen Akademien und durch die Einrichtung von Lehrgängen bei der Akademie für Ärztliche Fortbildung unter Mitwirkung des Zentralinstituts schon frühzeitig in Angriff genommen worden. 1980 gab es mehr als 800 Fachärzte für A. Die A.-Ingenieure und A.-Inspektoren, denen die Überwachung der Betriebe und Arbeitsplätze obliegt, werden auf einer Fachschule in Berlin (Ost) in einem 3jährigen Studium ausgebildet. Sie gehören zu den Mittleren medizinischen Berufen. Die Zahlen der berufstätigen A.-Ingenieure und -Inspektoren werden nicht mehr veröffentlicht. → **Gesundheitswesen.**

Arbeitsklassifizierung: Ziel der A. ist die analytische Ermittlung und Klassifizierung der Anforderungen der Arbeitsaufgabe an die Qualifikation und die körperliche und geistige Beanspruchung der Werktätigen. A. soll stets im Zusammenhang mit dem → **Arbeitsstudium**, der → **Arbeitsgestaltung** und der → **Arbeitsnormung** angewendet werden. Als Bestandteil der **Wissenschaftlichen → Arbeitsorganisation (WAO)** sind der A. folgende Aufgaben zugewiesen:

1. Ermittlung der Anforderungen an das Arbeitsvermögen der Werktätigen mit dem Ziel, qualifizierte Arbeit höher als unqualifizierte anzuerkennen.
2. Bei der Festlegung der Arbeitsaufgaben soll darauf geachtet werden, daß diese von ihrem Inhalt und Umfang sowie von ihren Bedingungen her zur allseitigen Persönlichkeitsentwicklung beitragen.
3. Die A. soll dazu dienen, Unterlagen für die qualitativ erweiterte Reproduktion der Arbeitskraft bereitzustellen (z. B. erforderliche Qualifizierungsmaßnahmen und Qualifizierungspläne). Gleichzeitig fördert die A. die materielle Stimulierung von Qualifizierungsprozessen unter Berücksichtigung der stufenweisen Bildung.
4. Im Rahmen der Planung des betrieblichen Reproduktionsprozesses ist es Aufgabe der A., Unterlagen für die exakte Bestimmung des Bedarfs an Arbeitskräften und deren erforderliches Qualifikationsniveau zu ermitteln.

Die Einführung der A. in Industrie und Bauwesen der DDR vollzog sich in mehreren Etappen.

Die nach 1945 betriebene analytische Arbeitsbewertung orientierte sich am Genfer Schema, nach dem die Arbeitsanforderungen wie folgt gegliedert waren:
1. Fachkönnen (geistige und körperliche Anforderungen),
2. Belastung (geistige und körperliche),
3. Verantwortung (sach- und personenbezogen),
4. Arbeitsbedingungen (zusätzliche Beanspruchung aus erschwerenden Bedingungen bzw. Umgebungseinflüssen).

Die auf der Basis dieses Schemas entwickelten Wertzahlentabellen der Arbeitsanforderungen konnten trotz zahlreicher Verfeinerungen nicht gewährleisten, daß Arbeitsaufgaben gleicher Kompliziertheit in verschiedenen Betrieben oder Wirtschaftszweigen auch der gleichen Qualifikationsgruppe (Lohn- oder Gehaltsgruppe) zugeordnet wurden.

Aus diesem Grund wurde Anfang der 50er Jahre beim damaligen Ministerium für Arbeit eine Zentrale WLK-Kommission gegründet, die auf der Grundlage einer entsprechenden Anleitung sogenannte Rahmenmerkmale und Richtbeispiele für **Wirtschaftszweig-Lohngruppenkataloge** (WLK) und **Gehalts-** bzw. **Lohngruppenkataloge** (GGK, LGK) erarbeitete. Diese Unterlagen waren die Grundlage für die analytische Bestimmung der Arbeitsanforderungen und die Ausarbeitung einheitlicher Bewertungsbeispiele durch WLK-Kommissionen in Betrieben und Wirtschaftszweigen. Die Probleme bei der Anwendung der WLK und GGK, LGK lagen vor allem darin, daß die Eingruppierung der jeweils auszuführenden Tätigkeit durch Vergleich mit

Arbeitsklassifizierung

Klassifizierung der aus der Arbeitsaufgabe resultierenden

Anforderungen an Qualifikation und Verantwortung

Grundmethodik der AKL Teil A	Grundmethodik der AKL Teil B

bewertet werden:

Anforderungen an die Kenntnisse und die Verantwortung wie

- an naturwissenschaftliche und technische Kenntnisse aus dem Umgang mit Arbeitsmitteln und Arbeitsgegenständen
- an ökonomische Kenntnisse aus dem betrieblichen Reproduktionsprozeß
- an Kenntnisse aus dem Gesundheits-, Arbeits- und Brandschutz
- an Kenntnisse auf speziellen Wissensgebieten (Teil B)
- an Kenntnisse aus der sozialistischen Leitungstätigkeit (Teil B)

Anforderungen an die geistigen und körperlichen Fertigkeiten wie

- an geistiges Leistungsvermögen und Aufmerksamkeit
- an Handfertigkeiten und Körpergewandtheit

Anforderungen an den Organismus (Belastungen)

Grundmethodik zur Klassifizierung von Arbeitserschwernissen	neue Erschwerniskataloge

bewertet werden:

Belastungen durch körperliche Arbeit (physische Belastungen) wie

- körperlich-energetische Belastung
- Belastung durch Körperhaltung

Belastung durch physikalische, chemische und biologische Faktoren (sog. Umweltfaktoren) wie

- Klimabelastung
- Belastung durch mechanische Schwingungen
- Belastung durch Lärm und ungünstige Beleuchtung (Grundmethodik)
- Belastung durch Schmutz, Nässe, üble Gerüche usw. (sonstige Belastungen)

Belastung durch Körperschutzmittel wie

- Hitzeschutzanzüge, Atemschutzgeräte, Gehörschutzkappen usw.

Quelle: Lexikon der Wirtschaft. Arbeit – Bildung – Soziales, Berlin (Ost) 1982, S. 89.

dem entsprechenden Beispiel im Katalog erfolgte. Um der Forderung nach Einheitlichkeit der Ergebnisse gerecht zu werden, mußten ständig neue Bewertungsbeispiele geschaffen werden, um möglichst jede auftretende Arbeitsaufgabe mit einem Katalogbeispiel vergleichen zu können.
Die sich seit Anfang der 60er Jahre beschleunigenden Veränderungen im Inhalt und Umfang der Arbeitsaufgabe sowie der Struktur und Höhe der Arbeitsanforderungen durch Mechanisierung und Automatisierung konnten durch entsprechende Veränderungen der Bewertungsbeispiele der WLK und GGK, LGK nicht mehr angemessen wiedergegeben werden.
Aufgrund dieser Erfahrungen wurde Mitte der 60er Jahre mit der Neugestaltung der qualitativen Arbeitsbewertung in der DDR begonnen. Zunächst wurde in interdisziplinärer Forschungsarbeit eine Grundmethodik der Arbeitsklassifizierung für Produktionsarbeiten in Industrie und Bauwesen erarbeitet. Nach mehrjähriger Vorbereitung und zahlreichen experimentellen Erprobungen erfolgte die erste praktische Anwendung der Arbeitsklassifizierung in den Betrieben auf der Grundlage der Richtlinie für die Arbeitsklassifizierung der Produktionsarbeiten in der Industrie und im Bauwesen vom 4. 2. 1970. Entsprechend der Richtlinie wurde die A. zunächst ausschließlich im Zusammenhang mit Maßnahmen zur Veränderung der Produktions- und Arbeitsbedingungen angewandt. Damit wurde die A. direkt mit der → **Intensivierung und Rationalisierung** einschließlich der WAO verbunden.
Seit Mitte der 70er Jahre gelten die alten Eingruppierungsunterlagen (WLK, GGK, LGK) als überholt und die A. wird, insbesondere im Zusammenhang mit der Einführung eines neuen Tarifsystems (→ **Lohnformen und Lohnsystem**), durchgängig angewendet. Der für die Werktätigen in der → **Landwirtschaft** geltende → **Rahmenkollektivvertrag (RKV)** enthält ebenfalls verbindliche Unterlagen für die A.; diese werden analog bei der Festlegung der Vergütung der → **Genossenschaftsbauern** angewandt (→ **Arbeitseinheit**).
Die Anwendung der A. in den Betrieben ergibt sich auch aus Artikel 24 der Verfassung der DDR. Danach hat jeder Bürger „das Recht auf einen Arbeitsplatz ... entsprechend den gesellschaftlichen Erfordernissen und der persönlichen Qualifikation. Er hat das Recht auf Lohn nach Qualität und Quantität der Arbeit."
Das → **Arbeitsgesetzbuch** der DDR vom 16. 6. 1977 schreibt im Zusammenhang mit der A. in § 79 vor, daß der Betrieb „gemeinsam mit den Werktätigen bei Veränderungen der Arbeitsbedingungen durch Einführung neuer Technik und Technologien sowie bei der Verbesserung der Arbeitsorganisation zu gewährleisten (hat), daß die Arbeit inhaltsreicher wird und entsprechende Arbeitsaufgaben festgelegt werden. Auf dieser Grundlage sind die Anforderungen an die Qualifikation und Verantwortung der Werktätigen sowie auftretende Arbeitserschwernisse zu ermitteln und mit den Werktätigen die erforderlichen Qualifizierungsmaßnahmen zu vereinbaren sowie Maßnahmen zur schrittweisen Beseitigung der Arbeitserschwernisse zu treffen."
In § 97 des gleichen Gesetzes wird vorgeschrieben, daß, entsprechend den unterschiedlichen Anforderungen der Arbeitsaufgaben an die Qualifikation und Verantwortung der Werktätigen und den zweigspezifischen allgemeinen Produktions- und Arbeitsbedingungen für die einzelnen Lohn- und Gehaltsgruppen Tariflöhne festzulegen sind.
Die Durchführung der A. ist eine Leitungsaufgabe entsprechend geschulter Kader. Die aktive Mitarbeit der Werktätigen an der A. besteht in der Duldung der Abgrenzung und inhaltlichen Gestaltung ihrer Arbeitsaufgabe sowie der Erfassung und Klassifizierung der Arbeitsanforderungen, die sich aus ihrer Arbeitsaufgabe ergeben. Hierzu heißt es in einem Standardwerk zur A. in der DDR: „Diese aktive Mitwirkung, die von entscheidender Bedeutung für den Nutzeffekt der Arbeitsklassifizierung ist, wird dann am besten erreicht, wenn die Werktätigen erkennen, daß die Arbeitsklassifizierung auf eine Verbesserung der Arbeitsbedingungen sowie auf eine inhaltsreiche Gestaltung der Arbeitsaufgaben gerichtet ist und daß die durch sie ermittelte Eingruppierung objektiv begründet, verständlich und für jeden einzelnen nachprüfbar ist." (Arbeitsklassifizierung. Einführung in die Grundmethodik Teil A und B, Berlin [Ost] 1980, S. 23)

Arbeitskräfte: Kriegsfolgen (Zerstörungen, Demontagen, Zustrom von Vertriebenen aus den Ostgebieten) führten auch in der SBZ zu Arbeitslosigkeit. Mit dem Wiederaufbau der Wirtschaft und den starken Abwanderungen in die Bundesrepublik Deutschland wurden seit Mitte der 50er Jahre jedoch die A. in der DDR knapp. Durch den Bau der Mauer in Berlin gelang es 1961, den Beschäftigtenrückgang zu stoppen und in der Folgezeit die Zahl der A. leicht zu erhöhen, obwohl die Bevölkerung im erwerbsfähigen Alter bis 1969 weiter zurückging. Danach stieg die Zahl der Personen im erwerbsfähigen Alter an, weil geburtenstarke Jahrgänge nachrückten und relativ schwach besetzte Altersgruppen die Rentengrenze erreichten. Diese Entwicklung hält noch an, wird aber in der zweiten Hälfte der 80er Jahre zum Stillstand kommen.
Zunächst (nach 1961) wurde die Beschäftigungsausweitung in erster Linie durch eine zunehmende Beanspruchung des weiblichen A.-Potentials erreicht, später (seit Ende der 70er Jahre) erhöhte sich aus demographischen Gründen die Zahl der männlichen Erwerbstätigen.
Die Quote der berufstätigen → **Frauen** (einschl. beschäftigter Rentnerinnen und der in der amtlichen Statistik nicht ausgewiesenen Beschäftigungsgruppen – z. B. im Sicherheitsbereich; nach Berechnungen des DIW) – gemessen an der Zahl der Frauen im erwerbsfähigen Alter – stieg bis 1982 auf 85 v. H. (1960: 67 v. H.). 48 von 100 Beschäftigten waren Frauen (1960: 43). Damit dürften fast alle Frauen dieser Altersklassen bis auf Schülerinnen, Studentinnen, Mütter von Kleinkindern usw. berufstätig gewesen sein. Mit dem Ansteigen des Beschäftigungsgrades nahm allerdings die Teilzeitbeschäftigung zu; über ein Viertel aller Frauen arbeitete verkürzt.

Das Arbeitskräftepotential bei den Männern ist völlig ausgeschöpft. Die Quote der männlichen Berufstätigen – bezogen auf die Männer im erwerbsfähigen Alter – betrug 1982 90 v.H. Gut 55 v.H. der Bevölkerung der DDR ist berufstätig (Bundesrepublik Deutschland: 45 v.H.) – eine Erwerbsquote, die zu den höchsten in der Welt zählt.
Seit 1960 hat ein bedeutender Strukturwandel in der Verteilung der A. auf Wirtschaftsbereiche stattgefunden. Die Beschäftigung in der → **Landwirtschaft** nahm ab, während sie in der Bauwirtschaft und im Dienstleistungsbereich zunahm und in den übrigen Bereichen nahezu konstant blieb. Die Veränderungen entsprachen den typischen Tendenzen wachsender Industriegesellschaften. Die → **Industrie** hatte mit 41 v.H. 1982 den höchsten Anteil an der Beschäftigung, gefolgt vom Dienstleistungsbereich, der 25 v.H. der A. auf sich vereinigte. In der Landwirtschaft war ein mit 10 v.H. immer noch relativ hoher Anteil gebunden.
Auch die sozioökonomische Struktur der Erwerbstätigen hat sich verändert. Die Zahl der Selbständigen und der mithelfenden Familienangehörigen sank, während die Arbeitnehmer ihren Anteil an der Gesamtbeschäftigung erhöhten. Typisch für die DDR ist der hohe Anteil der Genossenschaftsmitglieder. Die genossenschaftliche Beschäftigung nahm allerdings seit Mitte der 60er Jahre wegen der aus Altersgründen ausscheidenden LPG-Mitglieder ständig ab. Die Umwandlung der industriell produzierenden → **Genossenschaften** des → **Handwerks** in volkseigene Betriebe führte 1972 zur Reduzierung auch der PGH-Mitglieder.
An der angespannten A.-Situation wird sich auch in den nächsten Jahren kaum etwas ändern: Die Nachfrage der Wirtschaft nach A. steigt ständig. Aufgrund der zu erwartenden Erhöhung der Bevölkerungszahl im erwerbsfähigen Alter rechnen DDR-Stellen mit einer Zunahme der A. um 275000 (ohne Lehrlinge) im Planungszeitraum von 1981 bis 1985. Der überwiegende Teil des Zustroms wird aller Voraussicht nach in den ersten Jahren dieser Periode liegen, danach ist mit einer

Beschäftigte[1] nach sozioökonomischen Gruppen

	Jahresdurchschnitt in 1000 Personen					Anteile in v.H. der Beschäftigten				
	1960	1970	1975	1980	1982[2]	1960	1970	1975	1980	1982[2]
Arbeitnehmer	6 945	7 425	7 970	8 315	8 405	81,1	85,2	89,0	90,0	90,0
Genossenschaftsmitglieder	845	1 010	785	745	755	9,9	11,6	8,8	8,0	8,1
LPG-Mitglieder[3]	710	760	640	585	595	8,3	8,7	7,2	6,3	6,4
PGH-Mitglieder	135	250	145	160	160	1,6	2,9	1,6	1,7	1,7
Selbständige	440	210	150	135	135	5,1	2,4	1,6	1,5	1,4
Mithelfende Familienangehörige	330	70	50	45	45	3,8	0,8	0,6	0,5	0,5
Beschäftigte insgesamt	8 560	8 715	8 955	9 240	9 340	100,0	100,0	100,0	100,0	100,0

1 Einschließlich der nicht von der amtlichen Statistik ausgewiesenen Beschäftigten sowie Lehrlinge.
2 Vorläufige Angaben.
3 Einschließlich Mitglieder von gärtnerischen Produktionsgenossenschaften und Produktionsgenossenschaften werktätiger Fischer.

Quellen: Statistische Jahrbücher der DDR 1960/61–1983; Ergebnisse der Volks- und Berufszählung am 31. 12. 1964. Hrsg.: Staatliche Zentralverwaltung für Statistik, 1967; Volks-, Berufs-, Wohnraum- und Gebäudezählung am 1. 1. 1971. Band 5. Hrsg.: Staatliche Zentralverwaltung für Statistik, 1972; Berechnungen und z. T. Schätzungen des DIW, Berlin.

Beschäftigte[1] nach Wirtschaftsbereichen

	Jahresdurchschnitt in 1000 Personen					Anteile in v.H. der Beschäftigten				
	1960	1970	1975	1980	1982[2]	1960	1970	1975	1980	1982[2]
Industrie[3]	3 580	3 580	3 710	3 820	3 860	41,8	41,1	41,4	41,3	41,3
Bauwirtschaft	515	670	660	685	680	6,0	7,7	7,4	7,4	7,3
Landwirtschaft[4]	1 445	1 055	950	930	935	16,9	12,1	10,6	10,1	10,0
Verkehr, Post, Fernmeldewesen	570	605	625	645	650	6,7	6,9	6,9	7,0	7,0
Handel	920	885	885	890	890	10,7	10,2	10,0	9,6	9,5
Dienstleistungsbereich[5]	1 530	1 920	2 125	2 270	2 325	17,9	22,0	23,7	24,6	24,9
Alle Bereiche	8 560	8 715	8 955	9 240	9 340	100,0	100,0	100,0	100,0	100,0

1 Einschließlich der von der amtlichen Statistik nicht ausgewiesenen Beschäftigten sowie Lehrlinge.
2 Vorläufige Angaben.
3 Einschließlich produzierendes Handwerk.
4 Einschließlich Forst- und Fischereiwirtschaft.
5 Dienstleistungen, Bank- und Versicherungswesen, Staat und sonstige produzierende Bereiche.

Quellen: Statistische Jahrbücher der DDR 1960/61–1983; Ergebnisse der Volks- und Berufszählung am 31. 12. 1964. Hrsg.: Staatliche Zentralverwaltung für Statistik, 1967; Volks-, Berufs-, Wohnraum- und Gebäudezählung am 1. 1. 1971. Band 5. Hrsg.: Staatliche Zentralverwaltung für Statistik, 1972; Berechnungen und z. T. Schätzungen des DIW, Berlin.

Abschwächung in den Steigerungsraten zu rechnen. In der Phase von 1986 bis 1990 dürfte dann nur noch eine geringfügige Beschäftigungsausweitung eintreten, nach 1990 wird der A.-Bestand ungefähr konstant bleiben. Gegenwärtig (1982) beteiligen sich etwa 370000 Altersrentner (ca. 10 v. H. aller Altersrentner) am Erwerbsleben; Mitte der 70er Jahre waren es noch über 650000. Diese Entwicklung ist zum einen auf die zahlenmäßige Verringerung der Bevölkerung im Rentenalter zurückzuführen, zum anderen die Folge zweier Rentenerhöhungen (1976 und 1979); offensichtlich besteht für diesen Personenkreis nicht mehr im gleichen Maße die Notwendigkeit, aus wirtschaftlichen Gründen weiter berufstätig sein zu müssen.
An eine merkliche Ausweitung des Einsatzes von Gastarbeitern ist offensichtlich nicht gedacht. Im Jahre 1977 sind rd. 50000 ausländische A. in der DDR tätig gewesen. Viele von ihnen hielten sich allerdings lediglich zu Ausbildungszwecken in der DDR auf. Neuere Angaben über die Zahl der ausländischen A. insgesamt liegen nicht vor; die damals genannte Größenordnung dürfte sich indes nicht wesentlich geändert haben. → **Arbeitskräfte, Ausländische; Arbeitslosigkeit.**

Arbeitskräfte, Ausländische: AA. werden im nennenswerten Umfang erst seit Mitte der 60er Jahre in der DDR eingesetzt. Im Jahre 1977 sind etwa 50000 Ausländer, überwiegend Polen und Ungarn, in Betrieben der DDR tätig gewesen. Bei den Polen handelte es sich neben den „Grenzgängern" (1972: ca. 6000 Personen) um Arbeitskräfte, die zur Montage im Auftrag polnischer Firmen entsandt wurden (1975: ca. 10000 Personen). Die ungarischen Erwerbstätigen hielten sich aufgrund eines 1967 abgeschlossenen und 1973 (bis 1980) verlängerten Abkommens mit Ungarn in der DDR auf. Die meisten von ihnen waren jugendliche Facharbeiter, die sich beruflich weiterbilden wollten oder durch den höheren Lohn in der DDR angezogen wurden. In der Regel blieben sie 3 Jahre. Mitte der 70er Jahre dürfte ihre Zahl bei 10000 gelegen haben. Neuere Angaben über die Zahl der AA., insgesamt, liegen nicht vor. Verfügbar sind lediglich einige Einzelinformationen; sie deuten darauf hin, daß zwar bei der Zusammensetzung der AA. nach Nationalitäten gewisse Verlagerungen eingetreten sind, sich aber die Größenordnung der Summe aller AA. nicht wesentlich verändert hat. Zu Beginn der 80er Jahre waren in der DDR 22000 Polen (1981) tätig und noch 1150 Ungarn (1982).
Eine besondere Gruppe unter den AA. bildet jener Personenkreis, der aufgrund von Regierungsabkommen sowie Vereinbarungen zwischen gesellschaftlichen Organisationen ausschließlich zur beruflichen Ausbildung in der DDR weilt. In den 70er Jahren handelte es sich dabei überwiegend um junge Menschen aus Vietnam, Laos, der Mongolischen Volksrepublik und Kuba. Inzwischen erhalten AA. aus mehr als 30 Ländern eine Berufsausbildung. Hinzugekommen sind vor allem befreundete junge Nationalstaaten in Afrika, Asien und Lateinamerika (u. a. Algerien, Angola, Äthiopien, Kambodscha, Mozambique, Südjemen). Im Jahre 1982 befanden sich über 5000 Ausländer zum Zwecke der Berufsausbildung in der DDR. → **Entwicklungshilfe.**
Nur 0,5 v. H. aller Erwerbstätigen in der DDR kommen aus dem Ausland und trugen deshalb zur Entlastung der angespannten Arbeitskräftesituation bisher kaum bei. Nach offiziellen Verlautbarungen sollen AA. trotzdem nicht in größerem Umfang eingesetzt werden.
Ähnlich, wenn auch nicht in vergleichbarem Umfang wie in der Bundesrepublik Deutschland, wurden auch in der DDR Spannungen zwischen einheimischen und AA. beobachtet, die soziale, mentalitätsbedingte u. a. Ursachen haben mögen. Daneben wird die Versorgung einer größeren Zahl von AA. mit Wohnraum bzw. generell die allgemeine Versorgung die DDR vor erhebliche infrastrukturelle Probleme stellen.

Arbeitslosenversicherung: Arbeitslosenunterstützung wurde bis zum Jahre 1977 (einschl.) in der DDR als „Unterstützung bei vorübergehendem unverschuldetem Verlust des Arbeitsplatzes" von der Sozialversicherung gezahlt. Allerdings waren die Unterstützungssätze so niedrig, daß sie seit 1954 bis zur Höhe der jeweiligen Unterstützung der → **Sozialfürsorge** aufgestockt werden mußten. Die die A. begründenden Verordnungen sind jedoch mit Inkrafttreten des neuen → **Arbeitsgesetzbuches (AGB)** zum 1. 1. 1978 weggefallen. Dies war möglich, weil das neue AGB durch eine Vielfalt von Maßnahmen die Weiterzahlung des Arbeitsverdienstes den Betrieben auferlegt, die durch Rationalisierungsmaßnahmen, Strukturveränderungen o. ä. ihre Beschäftigtenzahl reduzieren oder Umsetzungen vornehmen müssen. Durch Änderungsverträge, Überleitungsverträge u. ä. m. ist der Fortbestand eines Beschäftigungsverhältnisses gewährleistet. Auf Kosten der Betriebe werden Qualifizierungsmaßnahmen für eine neue Tätigkeit durchgeführt, wird ein möglicher Minderverdienst in neuer Tätigkeit durch ein Überbrückungsgeld – für ein Jahr – ausgeglichen (§ 121 AGB).
Da in der DDR Vollbeschäftigung herrscht und daher das Recht auf Arbeit gemäß Art. 24 der Verfassung als verwirklicht gilt, wird eine A. innerhalb der Sozialversicherung als überflüssig angesehen. → **Arbeitslosigkeit; Sozialversicherungs- und Versorgungswesen.**

Arbeitslosigkeit: Unter A. wird gemeinhin die Differenz verstanden, die entsteht, wenn die Zahl der Arbeitsuchenden unter den auf dem Arbeitsmarkt gegebenen Bedingungen die Zahl der angebotenen Arbeitsplätze übersteigt. Nach Art der Verursachung der A. unterteilt man sie in konjunkturelle A. (auch zyklische A. genannt), strukturelle A., Fluktuations-A. (auch als friktionelle A. bezeichnet) und saisonale A.
Das Problem verbreiteter offener A. gibt es in der DDR seit Mitte der 50er Jahre nicht mehr. Die Zahl der registrierten Arbeitsuchenden wurde zuletzt für 1958 mit 15000 bis 20000 Personen im Jahresdurchschnitt angegeben. Eine konjunkturelle A. ist systembedingt ausgeschlossen. Aber wie in jeder Industriegesellschaft existiert eine struktur- und fluktuationsbedingte A. Der statistische Nachweis darüber fehlt allerdings. Die struk-

turbedingte A. dürfte bisher relativ bedeutungslos sein. Es mehren sich aber seit ungefähr 2 Jahren Berichte über Arbeitskräfte, die nach Verlust ihres Arbeitsplatzes aus strukturellen Gründen längere Zeit keine neue Beschäftigung finden. Westlichen Schätzungen zufolge sollen davon über die gesamte DDR verteilt immerhin einige tausend Erwerbspersonen betroffen sein. Aufgrund vereinzelter Informationen weiß man, daß zumindest teilweise in solchen Fällen Leistungen aus örtlichen Unterstützungskassen gezahlt werden. Von einer (neuen) generellen Regelung bei A. ist nichts bekannt; den Zweig A. der Sozialversicherung gibt es seit 1978 nicht mehr. Alle diesbezüglichen Verordnungen wurden ersatzlos aufgehoben. Von Strukturwandlungen betroffenen Arbeitnehmern wird jedoch in den meisten Fällen rechtzeitig ein neuer Arbeitsplatz nachgewiesen. Der akute Arbeitskräftemangel in nahezu allen Bereichen bietet den Erwerbstätigen zudem ausreichend Möglichkeit für eine freie Wahl des Arbeitsplatzes. Die mit dem Strukturwandel entstehenden Probleme dürften sich indes in den nächsten Jahren verschärfen, u. a. durch Rationalisierungsmaßnahmen wie etwa den Einsatz der → **Mikroelektronik** im Fertigungsbereich. Eine wesentliche Ausweitung der A. ist dennoch nicht zu erwarten, weil in der DDR noch etliche Sparten personell nur ungenügend versorgt sind bzw. dringend ausgebaut werden müßten, z. B. der Dienstleistungssektor. Umsetzungen dieser Art führen aber stets zu Friktionen, vielfach wird den freigesetzten Arbeitskräften keine ihrer Ausbildung entsprechende Tätigkeit bereitgestellt werden können. Fluktuierende Arbeitnehmer haben sich in der Regel schon vor ihrer Kündigung eine neue Stelle gesichert. Ein Sonderfall ist die saisonale A.: Das Beschäftigungsverhältnis wird zwar nicht gelöst, das Arbeitseinkommen aber auf den Grundlohn reduziert.

Vielfach wird in der westlichen Literatur zwischen einer offenen und einer versteckten (verdeckten) A. unterschieden. Bei der versteckten A. treten die betroffenen Personen auf dem Arbeitsmarkt nicht unmittelbar als Nachfrager in Erscheinung. Mit versteckter A. bezeichnet man u. a. Fälle, in denen Arbeitskräfte ihren Arbeitsplatz behalten, obwohl sie vom Arbeitsprozeß her entbehrlich wären. Diese Form der versteckten A. ist insbesondere in sozialistischen Ländern anzutreffen. Als ein Indiz hierfür kann die vergleichsweise niedrige Arbeitsproduktivität jener Volkswirtschaften angesehen werden. In der DDR besteht die kuriose Situation des Nebeneinanders von Arbeitskräftemangel und versteckter A. Die Gründe dafür sind mannigfaltig; zu nennen sind vor allem

- die Tendenz der Betriebe, Arbeitskräfte zu horten, um Planaufgaben leichter erfüllen zu können;
- der relativ niedrige Preis für den Faktor Arbeit (→ **Einkommen**). – Ab 1984 wird dieser Preis sich durch die Einführung einer Art Lohnsummensteuer (→ **Beitrag für gesellschaftliche Fonds**) in Höhe von 70 v. H. des Lohnfonds allerdings erheblich verteuern (→ **Fonds; Staatshaushalt**);
- der bislang weitgehend fehlende Anreiz zur Kosteneinsparung, zumal bei der administrativen Festsetzung der Preise für Erzeugnisse und Leistungen der Betriebe vielfach von den entstandenen Kosten ausgegangen wird (Möglichkeit der Überwälzung wirtschaftlich ungerechtfertigter Kosten) (→ **Preissystem und Preispolitik**).

In der DDR-Verfassung ist das Recht auf Arbeit, aber auch die Pflicht zur Arbeit gesetzlich verankert. Das Recht auf Arbeit ist insoweit verwirklicht, als jeder Arbeitswillige – von ganz wenigen vor allem politisch bedingten Ausnahmen abgesehen (z. B. ein Teil der Personen, die einen Ausreiseantrag gestellt haben) – einen Arbeitsplatz findet oder ihm eine Beschäftigung vermittelt werden kann (→ **Amt für Arbeit und Löhne**). Allerdings stimmen nicht selten die angebotenen Tätigkeiten nicht mit den beruflichen Wünschen bzw. der fachlichen Qualifikation überein. Die Verpflichtung zur Arbeit wird in der Praxis zumeist nur dann strikt durchgesetzt, wenn nichterwerbstätige Personen (obwohl erwerbsfähig) sozial auffällig werden oder Ansprüche auf öffentliche Leistungen erheben. → **Arbeitskräfte; Arbeitslosenversicherung.**

Arbeitsmarkt: Die Planung und Lenkung der → **Arbeitskräfte** ist grundsätzlich die Aufgabe von staatlichen Stellen. Von den Behörden wird den Kombinaten bzw. Betrieben sowie den staatlichen Organisationen und Einrichtungen die höchstzulässige Beschäftigtenzahl vorgegeben; es können Einstellungsbeschränkungen sowie Auflagen zur Abgabe von Arbeitskräften gemacht und bei Nichtbeachtung Sanktionen verhängt werden. Innerhalb dieses Rahmens besteht seit Mitte 1966 wieder ein A., d. h. Plätze, bei denen Nachfrage und Angebot von Arbeitskräften sich öffentlich treffen. Die Initiative für einen Arbeitsplatzwechsel geht meistens von den Erwerbstätigen aus. Die Mehrzahl der Beschäftigten wendet sich direkt an neue Betriebe oder sucht sich mittels Annoncen einen neuen Arbeitsplatz. Es besteht aber auch die Möglichkeit, die auf Kreisebene bestehenden Ämter für Arbeit zur Stellenvermittlung in Anspruch zu nehmen (→ **Amt für Arbeit und Löhne**). Die Betriebe treten seltener als Nachfrager auf, zumal ihnen häufig die Hände gebunden sind. Ihre öffentliche Werbung (Zeitungsanzeige) ist genehmigungspflichtig und nur in begründeten Ausnahmen zulässig. Dabei handelt es sich ausschließlich um Betriebe von überregionaler Bedeutung. Der Zeitraum für die Werbung ist auf maximal 6 Monate befristet. Die individuellen Gründe für einen Arbeitsplatzwechsel können sowohl im rein persönlichen Bereich liegen, wie in den betrieblichen Bedingungen begründet sein (→ **Fluktuation**).

Arbeitsnormung: Die A. ist Bestandteil der **Wissenschaftlichen → Arbeitsorganisation (WAO)** und erfolgt in der Endphase jeder Maßnahme der sozialistischen → **Intensivierung und Rationalisierung**. Inhalt der A. ist die Bestimmung des notwendigen Zeitaufwandes für die Durchführung exakt abgegrenzter Arbeitsgänge auf der Grundlage der erforderlichen Qualifikation der Werktätigen und unter Berücksichtigung technischer, technologischer und arbeitsorganisatorischer Bedingungen. Aus dem Zusammenhang der wissenschaftlichen Arbeitsorganisation wird die Erarbeitung von Arbeitsnormen und anderen Kennziffern des Arbeitsprozesses als die logische Weiterführung des → **Arbeitsstudiums** und der → **Arbeitsgestaltung** verstanden; der durch das Arbeitsstudium analysierte und durch die Arbeitsgestaltung festgelegte Arbeitsprozeß wird damit der → **Arbeitsklassifizierung** und -normung unterworfen mit dem Ziel, Grundlagen für die Planung und den rationellen Einsatz der lebendigen Arbeit zu schaffen sowie für die Entlohnung nach der Arbeitsleistung auf der Basis der staatlichen Lohnpolitik zu sorgen.

Im Prozeß der A. werden verschiedene Formen von Arbeitsnormen angewendet, die sich nach Art, Qualität und Umfang unterscheiden, die aber alle dem Ziel dienen, den notwendigen Gesamtaufwand an lebendiger Arbeit für die Erzeugung von Produkten und Leistungen in quantitativer und qualitativer Hinsicht zu ermitteln und festzulegen.

1. Die inhaltliche Unterteilung der Arbeitsnormen ergibt 3 Arten:
a) die Anforderungsnormen,
b) die Arbeitszeitnormen,
c) die Besetzungsnormen.

Die *Anforderungsnormen* legen die sich aus der Arbeitsaufgabe ergebenden Anforderungen an die Qualifikation und Verantwortung sowie die Anforderungen an die physische und psychische Beanspruchung der Arbeitskraft fest. Anforderungsnormen sollen für alle Tätigkeiten ausgearbeitet werden.

Arbeitszeitnormen bestimmen den notwendigen Zeitaufwand an lebendiger Arbeit je Erzeugniseinheit. Arbeitszeitnormen finden vor allem in den Arbeitsprozessen Anwendung, bei denen zwischen Arbeitszeitaufwand und mengenmäßigem Arbeitsergebnis ein feststellbarer proportionaler Zusammenhang besteht.

Besteht zwischen Arbeitszeitaufwand und mengenmäßigem Arbeitsergebnis kein proportionaler Zusammenhang, kommen die *Besetzungsnormen* zur Anwendung. Diese bestimmen die notwendige Anzahl und Qualifikation (oder auch das Geschlecht) der Arbeitskräfte je Arbeitsstätte bzw. Arbeitsprozeß pro Zeiteinheit.

2. Bei der Gliederung der Arbeitsnormen nach ihrer Qualität werden 2 Formen unterschieden:
a) wissenschaftlich bzw. *Technisch begründete Arbeitsnormen* (TAN),
b) nicht wissenschaftlich begründete Arbeitsnormen, als *Vorläufige Arbeitsnormen* (VAN) bezeichnet.

Das Kriterium für die qualitative Differenzierung der Arbeitsnormen wird sowohl in der Anwendung bzw. Nichtanwendung der wissenschaftlichen Methoden des Arbeitsstudiums und der Arbeitsgestaltung als auch in dem erzielten Ergebnis bei Anwendung der Arbeitsnormen in einem bestimmten Zeitraum gesehen.

Trotz größter Bemühungen, die wissenschaftliche A. in den Betrieben der DDR als zentrale Maßnahme der sozialistischen Rationalisierung durchzusetzen, bemängeln selbst die Arbeitsökonomen der DDR die immer noch mangelhafte Nutzung der A. als Instrument der Leitungstätigkeit und die geringe Einbeziehung der A. in das Plangeschehen.

Zwar sah bereits die Planmethodik für die Ausarbeitung des Volkswirtschaftsplanes 1974 die Einbeziehung der Kennziffern „Arbeitszeit nach TAN“ und „Arbeitszeit nach Zeitnormativen“ in die ökonomischen Planinformationen vor, es fehlt jedoch nach wie vor an wesentlichen Voraussetzungen zur Durchführung dieser Aufgaben. Um diese Voraussetzungen herzustellen, sind die Betriebe aufgefordert:
a) für die Ausbildung von Arbeitsnormern auf der Grundlage zentral ausgearbeiteter Ausbildungsunterlagen zu sorgen. Vor allem qualifizierte Kader aus der unmittelbaren Produktion (Facharbeiter) sollen für die Qualifizierung zu Arbeitsnormern gewonnen werden,
b) die Kontinuität der Produktions- und Arbeitsprozesse sowie die Sicherung einer hohen Arbeitsdisziplin durch Anwendung der wissenschaftlichen Arbeitsorganisation zu gewährleisten,
c) die Arbeit auf technologischem Gebiet zu verstärken, um die Einheit von wissenschaftlicher Begründung und Erfüllung der Arbeitsnormen zu sichern bzw. herzustellen.

3. Die Unterscheidung der Arbeitsnormen nach ihrem Umfang ergibt:
a) *Einzelnormen* als Normen der technologisch erforderlichen Arbeitszeit für einen Arbeitsgang,
b) *Komplexnormen* als Normen der technologisch erforderlichen Arbeitszeit für mehrere zum Arbeitsauftrag des Arbeiters oder des Arbeitskollektivs gehörende Arbeitsgänge.

4. Die Arbeitswissenschaftler der DDR nehmen teilweise eine noch weitergehende Unterteilung der Arbeitsnormen vor: Sie gliedern nach dem Geltungsbereich der Normen (innerbetriebliche und überbetriebliche Arbeitsnormen) und nach den Bestandteilen der Arbeitsnorm (Arbeitscharakteristik und Kennzahlen des Aufwandes an lebendiger Arbeit, angegeben in Zeiteinheit oder der Anzahl der Arbeitskräfte bestimmter Qualifikation und bestimmten Geschlechts). In diesem Fall bestimmt die Arbeitscharakteristik die Bedingungen, unter denen die jeweilige Kennzahl gilt.

Die rechtlichen Grundlagen für die Anwendung und Durchführung der A. im Zusammenhang mit dem Arbeitsstudium und der Arbeitsgestaltung sind kontinuierlich weiterentwickelt worden.

Bereits im Jahr 1967 beschloß der → **Ministerrat** der DDR die „Grundrichtung des Arbeitsstudiums, der Arbeitsgestaltung und der Arbeitsnormung als Bestandteil der komplexen sozialistischen Rationalisierung“ (GBl. II, 1967, Nr. 18), der am 6. 11. 1968 die „Grundsätze zur wirksamen Einbeziehung des Arbeitsstudiums, der Arbeitsgestaltung und der Arbeitsnormung in das System der wissenschaftlichen Führungstätigkeit“ folgten.

Das → **Arbeitsgesetzbuch (AGB)** vom 16. 6. 1977 hat die Anwendung von Arbeitsnormen und anderen Kennzahlen der Arbeitsleistung weiter präzisiert.

Danach sollen Arbeitsnormen und andere Kennzahlen der Arbeitsleistung gemeinsam mit den Werktätigen ausgearbeitet und eingeführt werden (AGB § 75, 1). In Kraft gesetzt werden diese jedoch vom Betriebsleiter

mit Zustimmung der zuständigen betrieblichen Gewerkschaftsleitung. In der Regel sind die neuen Normen den Werktätigen mindestens 2 Wochen vor dem Inkrafttreten bekanntzugeben (AGB § 78, 1). Bei Veränderung der technischen, technologischen und/oder der organisatorischen Bedingungen des Arbeitsprozesses sind die Arbeitsnormen und andere Kennzahlen der Arbeitsleistung entsprechend dem Grundsatz „Neue Technik – neue Normen" zu ändern (AGB § 78, 2).
Führen Vorschläge von Belegschaftsangehörigen zu einer Senkung des Zeitaufwandes und damit zur Veränderung von Arbeitsnormen oder anderen Kennzahlen der Arbeitsleistung, sind diese entsprechend arbeitsrechtlichen Bestimmungen materiell anzuerkennen (AGB § 75, 2).
Bei Anwendung von Stücklohn oder Prämienlohnformen (→ **Lohnformen und Lohnsystem**, IV.) besteht ein Anspruch auf Lohn nach der Erfüllung der Arbeitsnormen und anderer Kennzahlen der Arbeitsleistung entsprechend der im Arbeitsvertrag vereinbarten Lohnform (AGB §107).

Arbeitsökonomie: Die A. ist Teil der marxistisch-leninistischen → **Wirtschaftswissenschaften** und Disziplin der sozialistischen Arbeitswissenschaften. Gegenstand der A. sind die „ökonomischen Gesetzmäßigkeiten" auf dem Gebiet der Arbeit in der gesellschaftlichen, volkswirtschaftlichen und betrieblichen Praxis im Zusammenhang mit der Weiterentwicklung der → **Produktivkräfte** und des Charakters der Arbeit.
Die A. untersucht, inwieweit sich wirtschaftliche Gesetzmäßigkeiten im System der Leitung und Planung für die gesellschaftliche Organisation der Arbeit und die Reproduktion des Arbeitsvermögens ausnutzen lassen und welche Bedeutung sie für die Organisation des Arbeitsprozesses haben. Die A. soll ferner Maßnahmen und Methoden zur rationellen Entwicklung und Nutzung des gesellschaftlichen Arbeitsvermögens im Zusammenhang mit der Durchsetzung des wissenschaftlich-technischen Fortschritts vorbereiten bzw. erarbeiten.
Die arbeitsökonomische Forschung konzentriert sich auf folgende Schwerpunkte:
1. Untersuchung der Wirkungsweise und der Erfordernisse des „ökonomischen Gesetzes" der „stetigen Steigerung der → **Arbeitsproduktivität**" unter Berücksichtigung der Aufgaben zur Durchsetzung des wissenschaftlich-technischen Fortschritts, der Intensivierung und Erhöhung des Nutzeffektes der Arbeit als den entscheidenden Quellen des wirtschaftlichen Wachstums und der Erhöhung des Nationaleinkommens (→ **Gesamtprodukt, Gesellschaftliches**).
2. Untersuchung der wirtschaftlichen Aspekte des → **Arbeitsstudiums**, der → **Arbeitsgestaltung** und der → **Arbeitsnormung**.
3. Untersuchung der Arbeitskräfteentwicklung einschließlich der bildungsökonomischen Voraussetzungen.
4. Untersuchungen zur Entwicklung wirksamer Formen der persönlichen → **Materiellen Interessiertheit** unter Einbeziehung der Masseninitiative der Werktätigen.
5. Untersuchung der Leitung, Planung und Entlohnung der Arbeit unter Berücksichtigung der Prinzipien der sozialistischen Wirtschaftspolitik.
Die A. bemüht sich um die Verallgemeinerung der Erfahrungen bei der Verteilung und Lenkung des gesellschaftlichen Arbeitsvermögens; sie wertet dafür die Erfahrungen der → **Ämter für Arbeit und Löhne** aus und berät diese Institutionen (→ **Staatssekretariat für Arbeit und Löhne**). Ihre Erkenntnisse finden auf betrieblicher Ebene vor allem im Bereich der **Wissenschaftlichen** → **Arbeitsorganisation (WAO)** Anwendung. Ferner soll ein enger Arbeitszusammenhang zwischen A., → **Technologie** und → **Sozialistischer Betriebswirtschaftslehre** hergestellt werden. → **Sozialistischer Wettbewerb.**

Arbeitsorganisation, Wissenschaftliche (WAO)

I. Definition
II. Entwicklung der WAO
III. Entwicklung der Arbeitswissenschaften und Maßnahmen zur Durchsetzung der WAO in der DDR
IV. Zum aktuellen Stand der WAO

I. Definition

In der DDR wird WAO heute wie folgt definiert: „Wissenschaftliche Arbeitsorganisation (WAO) ist die Gestaltung des Zusammenwirkens der Werktätigen mit ihren Arbeitsmitteln und ihren Arbeitsgegenständen, ihrer Beziehungen untereinander im Arbeitsprozeß sowie der Umweltbedingungen entsprechend den neuesten wissenschaftlichen Erkenntnissen. Sie hat das Ziel, solche Bedingungen für die Tätigkeit der Werktätigen zu schaffen, die ihnen hohe Leistungen ermöglichen sowie ihre allseitige körperliche und geistige Entwicklung fördern . . ."
Die wissenschaftliche Organisation des Arbeitsprozesses setzt umfassende Kenntnisse über das körperliche und geistige Arbeitsvermögen der Menschen unter den spezifischen Bedingungen verschiedenartiger Arbeitsprozesse voraus. Diese Kenntnisse werden durch die Arbeitswissenschaften bereitgestellt: Arbeitsingenieurwesen, → **Arbeitshygiene**, Arbeitsmedizin, Arbeitsphysiologie, Arbeitspsychologie, Arbeitssoziologie, → **Arbeitsökonomie**, Arbeitspädagogik usw. Die Umsetzung und Verwirklichung dieser arbeitswissenschaftlichen Erkenntnisse in die Praxis ist Aufgabe der WAO.

II. Entwicklung der WAO

Bereits in seiner im Frühjahr 1918 erschienenen Schrift „Die nächsten Aufgaben der Sowjetmacht" verweist Lenin auf die Notwendigkeit der Steigerung der → **Arbeitsproduktivität** durch eine grundsätzliche Verbesserung der Arbeitsorganisation unter Ausnutzung des neuesten Standes von Wissenschaft und Technik. Dieser Forderung entspricht in ihren Grundzügen die Interpretation der WAO, wie sie auf der 2. Allunionskonferenz zur WAO im März 1924 gegeben wurde. WAO wurde damals bestimmt als „Prozeß der Einführung der durch Wissenschaft und Praxis erzielten Vervollkommnung zur Erhöhung der allgemeinen Arbeitsproduktivität in die vorhandene Arbeitsorganisation".

Bis Anfang der 30er Jahre kam der WAO in der UdSSR große Bedeutung zu. Die zunächst kritische und von ideologischen Dogmen frei geführte Diskussion bewegte sich vor allem um das Problem der Anwendbarkeit tayloristischer Prinzipien unter den Bedingungen des sozialistischen Aufbaus in der Sowjetunion. Mitte der 30er Jahre mußten sowohl die theoretischen als auch die praktischen Bemühungen um eine den spezifischen Aufbaubedingungen angemessene Arbeitsorganisation aufgegeben werden. Gesellschaftliche Organisationen, die sich mit Problemen der WAO befaßten, wurden aufgelöst, wissenschaftliche Forschungseinrichtungen geschlossen, Fachzeitschriften mußten ihr Erscheinen einstellen.

Die Herstellung und Wiederherstellung der industriellen Basis des Landes als typisch extensive Reproduktionsform (→ **Reproduktion**) war zweifellos ein objektives Hindernis für eine sinnvolle Anwendung wissenschaftlicher Formen der betrieblichen Arbeitsorganisation. Dennoch waren es aber vor allem subjektive Faktoren, die die Beseitigung der WAO in der UdSSR auslösten. Stalin glaubte auf ein wissenschaftliches Herangehen an die Probleme der Arbeitsorganisation prinzipiell verzichten zu können, zumal die dogmatische Ablehnung der Verwendung von Erfahrungen kapitalistischer Länder im Bereich der WAO eine unüberwindliche ideologische Barriere darstellte.

An die Stelle wissenschaftlicher Erkenntnis setzte Stalin eine politisch organisierte Wettbewerbsbewegung, die in der Stachonow-Bewegung ihren Höhepunkt fand. Ziel dieser Bewegung war es, die betrieblichen Arbeitsnormen zu erhöhen. Durch optimale Arbeitsvorbereitung gelang es einzelnen Arbeitern, aber auch ganzen Arbeitskollektiven, die bestehenden Normen erheblich zu überbieten. Diese Bestleistungen sollten sodann zur Norm für die gesamte Belegschaft innerhalb dieses Arbeitsvollzuges gemacht werden (→ **Sozialistischer Wettbewerb**).

Erst Ende der 50er Jahre gewann die WAO in der UdSSR wieder an Bedeutung. Die Beseitigung einer Reihe ideologischer Hemmnisse der Stalin-Ära auf dem XX. Parteitag der KPdSU (1956) ermöglichte die sachliche Auseinandersetzung mit den Problemen der Arbeitsorganisation, zumal die wissenschaftlich-technische Entwicklung nach neuen Formen der Rationalisierung und Organisation des Arbeitsprozesses drängte (→ **Wissenschaftlich-technische Revolution [WTR]**).

Seit der „Allunionskonferenz zur Arbeitsorganisation in Industrie und Bauwesen", die im Juni 1967 in Moskau stattfand, existiert eine für alle Mitgliedsstaaten des → **Rates für Gegenseitige Wirtschaftshilfe (RGW)** verbindliche Definition für die WAO in Gestalt einer Empfehlung. In den Verlautbarungen der Allunionskonferenz heißt es: „Unter den gegenwärtigen Bedingungen ist eine solche Arbeitsorganisation als wissenschaftlich anzusehen, die auf den Errungenschaften der Wissenschaft und der systematisch in die Produktion überführten fortgeschrittenen Erfahrungen beruht, die es gestattet, Technik und Menschen im einheitlichen Produktionsprozeß bestmöglich miteinander zu vereinigen, die die effektivste Ausnutzung der Material- und Arbeitsressourcen sowie die allmähliche Verwandlung der Arbeit in das erste Lebensbedürfnis fördert."

Eine prinzipielle Abgrenzung zwischen Arbeitsorganisation einerseits und WAO andererseits läßt sich – im Selbstverständnis der Arbeitswissenschaftler der DDR – aus der Praxis der sozialistischen Wirtschaftsführung nicht herleiten, da sich der Unterschied zwischen beiden Begriffen „vor allem aus der Methode, aus dem Herangehen an die Lösung ein und derselben Probleme, aus dem Grad der wissenschaftlichen Begründung der konkreten Lösungen" ergebe.

III. Entwicklung der Arbeitswissenschaften und Maßnahmen zur Durchsetzung der WAO in der DDR

Die Entwicklung der Arbeitswissenschaften und der WAO in der DDR steht in engem Zusammenhang mit der politischen und ökonomischen Entwicklung. Ähnlich wie in der UdSSR gibt es auch in der DDR bis Mitte der 50er Jahre kaum Bemühungen um eine WAO. Auch danach (bis Anfang der 60er Jahre), nach dem Beginn der Umstellung von vorwiegend extensiver zur intensiven → **Reproduktion**, beläßt das wesentlich auf Mengenkennziffern ausgerichtete Planungssystem (→ **Planung**) beginnende arbeitswissenschaftliche Untersuchungen im Bereich ihrer „Mutterwissenschaften". Ansätze einer Integration einzelner Disziplinen der Arbeitswissenschaften sind noch kaum vorhanden. Bis 1963 sind es vor allem → **Arbeitsökonomie** und Arbeitsmedizin, seit Anfang der 60er Jahre auch Arbeitspsychologie (→ **Psychologie**, IV. A.), die als Einzeldisziplinen der Arbeitswissenschaften in der DDR Forschungsergebnisse vorlegen.

Im Bereich der Arbeitsökonomie (einer traditionellen Disziplin der marxistisch-leninistischen → **Wirt-**

schaftswissenschaft) wurden allerdings Grundlagen für die Bestimmung von Faktoren und Kennziffern zur Messung und Steigerung der Arbeitsproduktivität gelegt. Vor allem auf dem Gebiet der → **Arbeitsnormung**, der Festlegung von Prinzipien und Methoden der Organisation des → **Sozialistischen Wettbewerbs**, der Neuererbewegung und der Entlohnung nach der Arbeitsleistung konnte die Forschung vorangetrieben werden.
Die Arbeitsmedizin, als Einheit von Arbeitsphysiologie, → **Arbeitshygiene** und Arbeitspathologie verstanden, bemühte sich um arbeitshygienische Normen und – im Zusammenhang mit dem Arbeitsschutz – um Richtlinien für den Bereich des Betriebsgesundheitswesens (→ **Gesundheitswesen**). Institutionell fanden diese Ansätze ihren Niederschlag in der Gründung des Zentralinstituts für Arbeitsökonomik und Arbeitsschutz in Dresden. 1965 fand eine Teilung dieses Instituts in das → **Zentrale Forschungsinstitut für Arbeit (ZFA)** und das → **Zentralinstitut für Arbeitsschutz (ZIAS)** statt. Daneben wurde das Deutsche Institut für Arbeitsmedizin in Berlin-Lichtenberg gegründet. Zahlreiche Schriftenreihen wie „Fragen der Arbeitsökonomik" (seit 1954), „Arbeitsschutz" (seit 1956) und Zeitschriften wie „Arbeitsökonomik und Arbeitsschutz" (seit 1957; 1963 in „Arbeit und Arbeitsrecht" umbenannt), „Sozialistische Arbeitswissenschaft" u. a. sorgen für die Verbreitung arbeitswissenschaftlicher Erkenntnisse in der DDR.
Die wirtschaftliche Entwicklung des Jahres 1963 stand im Zeichen der Einführung des → **Neuen Ökonomischen Systems (NÖS)** der Planung und Leitung. Die mit der Reform einsetzende, durch die Einführung wertmäßig orientierter Plankennziffern charakterisierte stärkere Ökonomisierung des Planungssystems, die zunehmende Bedeutung von Aufwand-Nutzen-Kalkülen in der → **Wirtschaftlichen Rechnungsführung** und nicht zuletzt die zunehmende Knappheit der Arbeitskraft zwangen zur „Intensivierung der Reproduktion" und „Rationalisierung der Arbeitsprozesse" (→ **Intensivierung und Rationalisierung**). Diese Faktoren wurden in ihrer Bedeutung für die Arbeitsorganisation auf der gemeinsamen Konferenz des → **Zentralkomitees (ZK) der SED** und des → **Ministerrates** der DDR über „Sozialistische Rationalisierung und Standardisierung" erst im Juni 1966 diskutiert und in die Reformpraxis eingeordnet. Auf dieser in Leipzig abgehaltenen Konferenz wurde als Grundlage der Analyse des Arbeitsprozesses die „Einheit von Ökonomie, Technik und Organisation" herausgestellt. Im Ergebnis dieser Konferenz erfolgte der Beschluß des Ministerrates der DDR über die „Grundrichtung des Arbeitsstudiums, der Arbeitsgestaltung und der Arbeitsnormung als Bestandteil der komplexen sozialistischen Rationalisierung" (GBl. II, Nr. 18, vom 2. 3. 1967).
Die vom VII. Parteitag der → **Sozialistischen Einheitspartei Deutschlands (SED)** (April 1967) erneut vorgenommene Einschätzung, daß die sozialistischen Produktionsverhältnisse gesiegt und der Sozialismus sich auf seiner eigenen ökonomischen Basis entwickle, wurde programmatisch in die Forderung umgesetzt, das entwickelte gesellschaftliche System des Sozialismus im Zusammenhang mit der Meisterung der Aufgaben auf wissenschaftlich-technischem Gebiet „proportional und allseitig" zu gestalten. Ulbricht erhob das umfassende Studium aller Bedingungen der Arbeit zur „entscheidende(n) Grundlage für qualitative Veränderungen in der Produktion und für die hohe Steigerung der Produktivität". Die Feststellung des VII. Parteitages, daß die besten Produktionsergebnisse dort erzielt worden seien, wo die fortgeschrittensten Erkenntnisse der technischen, ökonomischen und arbeitswissenschaftlichen Disziplinen zusammenhängend für die Praxis nutzbar gemacht wurden, führte zu der Forderung nach stärkerer Kooperation und Integration der arbeitswissenschaftlichen Einzeldisziplinen.
Die Folge war zunächst die Publikation einiger arbeitswissenschaftlicher Lehrbriefreihen mit dem Ziel besserer Schulung des Führungspersonals, der „leitenden Kader". U. a. erschienen: „Arbeitsstudium, Arbeitsgestaltung, Arbeitsnormung" (1967/68 insgesamt 33 Hefte), „Arbeitsschutz" (1968/69 insgesamt 20 Hefte), „Arbeitshygiene, Arbeitsphysiologie, Arbeitspsychologie" (1970/71 insgesamt 22 Hefte). Aus der großen Reihe weiterer Publikationen sei die Zeitschrift „Sozialistische Arbeitswissenschaft" erwähnt, die 1969 aus der Zeitschrift „Arbeitsökonomik" hervorging.
Die Konstituierung einer angewandten Arbeitswissenschaft in der DDR vollzog sich schrittweise:
1. Als ergänzende Maßnahme zum „Beschluß über die Grundrichtung des Arbeitsstudiums . . ." sind die von einem Autorenkollektiv der Abteilung Arbeitsstudium des Staatlichen Amtes für Arbeit und Löhne beim Ministerrat (→ **Staatssekretariat für Arbeit und Löhne**) und der Abteilung Arbeitsstudium, Arbeitsgestaltung, Arbeitsnormung des Zentralen Forschungsinstituts für Arbeit formulierten „Grundsätze zur wirksamen Einbeziehung des Arbeitsstudiums, der Arbeitsgestaltung und der Arbeitsnormung in das System der wissenschaftlichen Führungstätigkeit" vom 6. 11. 1968 zu verstehen.
2. Im Januar 1971 wurde in Dresden gemeinsam vom Bundesvorstand des → **Freien Deutschen Gewerkschaftsbundes (FDGB)** und dem Zentralen Forschungsinstitut für Arbeit beim Staatlichen Amt für Arbeit und Löhne beim Ministerrat der DDR eine arbeitswissenschaftliche Konferenz abgehalten. Ausgehend von der besonderen gesellschaftlichen Rolle und Bedeutung der Anwendung der Arbeitswissenschaften im Rahmen der WAO wird nunmehr die Gesamtheit der praktischen Regelungen und

Maßnahmen, die sich auf das Zusammenwirken der verschiedenen Faktoren des Arbeitsprozesses beziehen und somit → **Arbeitsstudium**, → **Arbeitsgestaltung**, → **Arbeitsklassifizierung**, → **Arbeitsnormung**, die Stimulierung und das Arbeitseinkommen der Werktätigen umfaßt, als WAO definiert.

Diese Entwicklung wurde auf dem VIII. Parteitag der SED (Juni 1971) im wesentlichen bestätigt. In der Direktive für die Entwicklung der Volkswirtschaft der DDR 1971–1975 wird die WAO explizit als Bestandteil der sozialistischen Rationalisierung aufgeführt.

Als weitergehende Maßnahme ist die Forderung des VIII. Parteitages zu verstehen, die folgenden Maßnahmen zu verbindlichen Leitungsaufgaben zu erklären:

Die „Methoden zur Gestaltung der wissenschaftlichen Arbeitsorganisation" in Verbindung mit der Verwirklichung der Grundsätze der → **sozialistischen Betriebswirtschaftslehre** breiter anzuwenden,

„durch wissenschaftliche Organisation der Arbeit, durch sorgfältige Arbeitsstudien und rationelle Arbeitsgestaltung beste Voraussetzungen für hohe Arbeitsleistungen" zu schaffen,

bei der Entwicklung und Herstellung von Produktionsmitteln „verstärkt arbeitswissenschaftliche Erkenntnisse zu berücksichtigen und dadurch von vornherein gute Arbeitsbedingungen und eine hohe Arbeitsschutzgüte zu gewährleisten".

Um die Durchsetzung der Maßnahmen der WAO in den Betrieben zu beschleunigen und deren Integration in den Betriebsplan zu sichern, wurde im April 1973 die AO über die Planung von Maßnahmen der WAO in den volkseigenen Betrieben und Kombinaten erlassen (GBl., SDr. Nr. 754 vom 1. 6. 1973).

Dennoch ließen sich die Maßnahmen der WAO nicht reibungslos in die betriebliche Praxis umsetzen. Dies galt und gilt sowohl hinsichtlich der Integration der WAO in den Betriebsplan im allgemeinen als auch im Hinblick auf Kontrollierbarkeit und Abrechenbarkeit der Ergebnisse einzelner Maßnahmen der WAO.

So stellte das Zentrale Forschungsinstitut für Arbeit in einer Zwischenbilanz zur WAO in der betrieblichen Praxis fest, daß zwar zahlreiche Betriebe „im Interesse einer systematischen und planmäßigen Intensivierung der Reproduktionsprozesse auch Maßnahmen der wissenschaftlichen Arbeitsorganisation in ihre Pläne" aufnahmen, andere Betriebe „hingegen die Möglichkeiten der WAO nicht oder nicht ausreichend" nutzten. Viele dieser Betriebe „beschränkten sich auf sporadische Aktivitäten, die dazu noch neben oder außerhalb des Betriebsplanes standen".

Im November 1974 fand in Bernau bei Berlin ein Erfahrungsaustausch über die Verwirklichung der WAO in den Betrieben der DDR statt, der gemeinsam vom Bundesvorstand des FDGB und vom → **Staatssekretariat für Arbeit und Löhne** beim Ministerrat der DDR veranstaltet wurde.

Trotz einer insgesamt positiven Bilanz wurden auch auf dieser Veranstaltung erhebliche Mängel in der betrieblichen WAO-Arbeit deutlich. Es wurde vor allem kritisiert, daß sich die meisten Betriebe in der Anwendung der Maßnahmen der WAO ausschließlich den technischen Hauptprozessen, also der unmittelbaren Produktion zugewendet haben. Dadurch wurden die ohnehin organisatorisch und technologisch rückständigen Produktionshilfs- und Produktionsnebenprozesse noch zusätzlich vernachlässigt.

Um derartigen Mängeln entgegenzuwirken, erließ der Ministerrat der DDR am 17. 4. 1975 eine AO zur Richtlinie über die Anwendung der wissenschaftlichen Arbeitsorganisation (GBl. I, 1975, Nr. 19). In dieser AO sind im Vergleich zu ihrer Vorgängerin die Vorschriften zur Anwendung arbeitswissenschaftlicher Erkenntnisse in der betrieblichen Praxis wesentlich erweitert und ausgestaltet worden. Gleichzeitig stand diese Richtlinie in engem Zusammenhang mit den Vorschriften für die Jahresplanung 1976 sowie für den Fünfjahrplan 1976–1980.

Präzisiert wurden vor allem die Verantwortlichkeit der Leiter für die Einführung der WAO, die vordringlichen Aufgaben der Leitung und Planung sowie die praktischen Schritte bei der Lösung dieser Aufgaben. So enthielt auch die Direktive des IX. Parteitages der SED zum Fünfjahrplan 1976–1980 die Forderung nach „umfassender Anwendung arbeitswissenschaftlicher Erkenntnisse im Rahmen der WAO". In dem auf diesem Parteitag verabschiedeten neuen Programm der SED wurde ebenfalls die WAO mehrfach als wesentliches Instrument zur Erfüllung der sog. Hauptaufgabe in ihrer „Einheit von Wirtschafts- und Sozialpolitik" erwähnt. Das → **Arbeitsgesetzbuch (AGB)** vom 16. 6. 1977 widmet der Arbeitsorganisation das vierte Kapitel unter der Überschrift: Arbeitsorganisation und sozialistische Arbeitsdisziplin.

Aus der Verpflichtung der Betriebe, „solche Arbeitsbedingungen zu schaffen, die den Werktätigen hohe Arbeitsleistungen ermöglichen, die bewußte Einstellung zur Arbeit und das Schöpfertum fördern, die Arbeitsfreude erhöhen und zur Entwicklung sozialistischer Persönlichkeiten sowie zur sozialistischen Lebensweise beitragen", resultiert die Aufgabe, „den Arbeitsprozeß unter aktiver Teilnahme der Werktätigen nach arbeitswissenschaftlichen Erkenntnissen zu gestalten und alle Voraussetzungen für eine hohe Arbeitsdisziplin, für Ordnung und Sicherheit im Arbeitsprozeß zu schaffen" (AGB § 71).

Gleichzeitig wird der Betrieb aufgefordert, Initiativen der Werktätigen zur Anwendung der WAO zu fördern sowie moralisch und materiell anzuerkennen (AGB § 71).

IV. Zum aktuellen Stand der WAO

Als Hauptbestandteile der WAO werden unterschieden: das Arbeitsstudium, die Arbeitsgestaltung, die Arbeitsklassifizierung, die Arbeitsnormung sowie die materielle Stimulierung (→ **Lohnformen und Lohnsystem**, II.). Diese Hauptbestandteile der WAO werden zugleich auch als ihre Instrumente verstanden und geben als solche ihre Realisierungsbereiche sowie die zeitliche Aufeinanderfolge ihrer Anwendung an. Auf die betriebliche Arbeitsorganisation angewendet zielen diese Instrumente vor allem in folgende „Arbeitsrichtungen“:

- Vervollkommnung der Organisation am Arbeitsplatz,
- Verbesserung der Versorgung der Arbeitsplätze,
- Vervollkommnung der Arbeitsmethoden und -verfahren,
- Vervollkommnung der innerbetrieblichen Arbeitsteilung und -kooperation,
- Vervollkommnung der Arbeitsnormung,
- Verbesserung der Arbeitsbedingungen.

Aus den Arbeitsrichtungen der WAO wird deutlich, daß sie vornehmlich der innerbetrieblichen Rationalisierung von Arbeitsvollzügen und -prozessen dient. Die mit Hilfe der WAO erreichte Steigerung der Arbeitsproduktivität jedes einzelnen soll zu einer Steigerung der Produktivität der Betriebe führen und gesamtwirtschaftlich betrachtet eine Intensivierung des gesamten volkswirtschaftlichen Reproduktionsprozesses bewirken.

Die Früchte dieser Intensivierung sollen sodann in Form einer Verbesserung der Arbeits- und Lebensbedingungen jedem einzelnen Gesellschaftsmitglied zugute kommen. Ausgehend vom VIII. Parteitag der SED galt für die erste Hälfte der 70er Jahre die These, daß eine Ausgestaltung der → **Sozialpolitik** die Voraussetzung für eine umfassende Intensivierung der Volkswirtschaft sei. Die erhöhten Anforderungen an die Leistungsbereitschaft der Werktätigen, so wurde erkannt, waren nur durchsetzbar, wenn gleichzeitig ein größeres Angebot an Waren und Leistungen von seiten des Staates zur Verfügung gestellt wurde. Diese ‚soziale Dimension‘ der Intensivierung prägte den Fünfjahrplan 1971–1975 sowohl konzeptionell als auch in den praktischen Ergebnissen. Die sich verschärfende wirtschaftliche Lage der DDR zwang die DDR-Führung Mitte der 70er Jahre zu einer Abkehr von diesem Kurs. Die einsetzende Sparpolitik zwang zu einem Umdenken auch hinsichtlich des Verhältnisses zwischen Intensivierung und Sozialpolitik. Diesen Sachverhalt charakterisierend, zog Honecker auf der 11. Tagung des ZK der SED 1979 folgende Bilanz: „Der wirtschaftliche Leistungsanstieg kann heute nicht mit den Mitteln und Methoden vom Anfang der siebziger Jahre organisiert werden. . . . Jeder sozialpolitische Fortschritt verlangt ein stärkeres Wachstum der Arbeitsproduktivität als damals.“

Damit reduzierte sich die soziale Dimension der Intensivierung innerbetrieblich auf das Postulat einer Verbesserung der Arbeitsbedingungen. Diese sollten von nun an quasi als Ersatz für einen weiteren Ausbau sozialer Leistungen dienen.

Mit der 1976 begonnenen Umgestaltung des Entlohnungssystems durch die Einführung neuer Grundlöhne (→ **Lohnformen und Lohnsystem**, VI.) hatte die WAO mittels ihrer Instrumente, der analytischen Arbeitsbewertung und der Arbeitsnormung, zumindest vorläufig auch ein griffiges Rezept für die Anbindung der Entlohnung an die tatsächlich erbrachte Leistung gefunden. Die Einführung der Grundlöhne gilt mit dem Jahr 1982 jedoch als „im wesentlichen abgeschlossen“, obwohl bis zu diesem Zeitpunkt nur 1,8 Mill. Produktionsarbeiter und 600000 Meister, Hoch- und Fachschulkader in die Reform einbezogen waren. Statt dessen sollen jetzt neue, vor allem qualitative Leistungskennziffern bei der Festlegung der Entlohnung Anwendung finden (vgl. Sozialistische Arbeitswissenschaft, H. 1/1984, S. 8f.). Dabei wird der WAO erneut eine Schlüsselrolle zugeschrieben. Der Anreiz, der durch mögliche Einkommenssteigerung bei erhöhter Leistungsabgabe entsteht, ist allerdings dann begrenzt, wenn dem Einkommenszuwachs kein entsprechendes Waren- und Leistungsangebot gegenübersteht. Entsprechend verlagerten sich diese im Rahmen der WAO anvisierten Programme zur Steigerung der Arbeitsproduktivität auf die ‚weitere Ausprägung des sozialistischen Charakters der Arbeit‘ durch die Gestaltung „persönlichkeitsförderlicher, progressiver Arbeitsinhalte“ (→ **Arbeitsgestaltung**).

Zwischen dem anspruchsvollen Programm zur Herstellung progressiver Arbeitsinhalte und der betrieblichen Realität am Arbeitsplatz besteht trotz eines eindrucksvollen theoretischen Vorlaufs bis heute eine große Lücke. Diese wird sowohl wegen der mit ihrer Überwindung notwendig verbundenen sozialen Verschiebungen als auch hinsichtlich des technisch und technologisch Machbaren in absehbarer Zeit nicht zu schließen sein. Verläßliche Angaben über die ökonomischen Ergebnisse aus der Anwen-

Durch Anwendung wissenschaftlich-technischer Ergebnisse und Maßnahmen der wissenschaftlichen Arbeitsorganisation eingesparte Arbeitszeit

Jahr	Millionen Stunden	1975 = 100
1975	188,2	100
1976	230,3	122
1977	298,6	159
1978	329,8	175
1979	383,2	204
1980	422,1	224
1981	492,4	262
1982	509,3	271

Quelle: Statistisches Jahrbuch der DDR 1983, S. 130.

dung der WAO fehlen, da bei dem Ausweis der eingesparten Arbeitszeit auch die sich aus der „Anwendung wissenschaftlich-technischer Ergebnisse" ergebende mitgezählt wird (vgl. Tabelle).

Jürgen Straßburger

Literaturangaben

Arbeitswissenschaften für Ingenieure. Einführung in die Arbeitswiss. u. ihre Anwendungen in der soz. Volkswirtschaft. 4., völlig neubearb. Aufl. Leipzig: Fachbuch Verl. 1980.

Sozialistische **Betriebswirtschaft**. Lehrbuch. 4., wesentl. überarb. Aufl. Berlin (Ost): Die Wirtschaft 1980.

Deppe, Rainer, u. Dietrich Hoß: Sozialistische Rationalisierung. Leistungspolitik u. Arbeitsgestaltung in der DDR. Frankfurt a. M./New York: Campus 1980. (Forschungsberichte des Instituts für Sozialforschung, Frankfurt.)

Arbeitsproduktivität: In marxistischer Terminologie bezeichnet A. den „Wirkungsgrad zweckmäßiger produktiver Tätigkeit im gegebenen Zeitraum" (K. Marx, Das Kapital, Bd. I, London 1867), den Nutzeffekt der „konkreten, gebrauchswertschaffenden" Arbeit.

Der Begriff A. wird in der DDR als das Maß für den allgemeinen wirtschaftlichen Fortschritt angesehen, als dessen alleiniger Ausgangspunkt die menschliche Arbeit angenommen wird. Die A. wird auch als „Produktivkraft der Arbeit" bezeichnet. „Die Steigerung der A. ist die wichtigste Quelle des wirtschaftlichen Wachstums", betont das Programm der SED (Berlin [Ost] 1976, S. 23). Ihre Bedeutung überragt daher die aller anderen Meß- und Kennziffern. Dessenungeachtet wird die A. in der → **Planung** nur als eine von mehreren gleichrangigen Planungskennziffern behandelt. Die Verwendung der A. als Entscheidungskriterium auf volkswirtschaftlicher und betrieblicher Ebene ist abhängig von der Möglichkeit ihrer Messung. Die bisher benutzten Meßverfahren ergeben nur grobe, hochaggregierte Richtwerte, die Feinanalysen der Aufwand-Nutzen-Beziehung nicht zulassen. Nicht nur die Messung der A., sondern das gesamte betriebliche und volkswirtschaftliche → **Rechnungswesen** leidet nach wie vor darunter, daß die auch in der DDR angewandte sowjetische → **Politische Ökonomie** eine selbständige Betriebswirtschaftslehre (→ **Sozialistische Betriebswirtschaftslehre**) zunächst als „bürgerlich" und unwissenschaftlich ablehnte und sich auf die Wirtschaftslenkung mit Mengen- und Wertkennziffern konzentrierte. Seit dem → **Neuen Ökonomischen System (NÖS)** wird den ökonomisch-statistischen Problemen in der wirtschaftswissenschaftlichen Forschung mehr Beachtung geschenkt. Neben meßtechnischen Problemen geht es vor allem um die Frage, die zahlreichen Faktoren zu ermitteln, die neben der menschlichen Arbeitsleistung auf die A. einwirken. Solche Faktoren sind: Mechanisierung und Automatisierung der Produktion, neue und weiterentwickelte Fertigungsverfahren und Erzeugnisse, Material- und Energieeinsparungen, Rationalisierungen des Transports und des Lagerwesens, rationellere Arbeits-, Informations- und Leitungsorganisationen, Sortimentsverschiebungen, Änderung der Arbeitszeit und des Schichtbetriebes.

In der gegenwärtigen Praxis wird als A. nur der Wirkungsgrad der „lebendigen Arbeit" als Verhältnis von Arbeitsergebnis und aufgewandter Arbeitszeit ermittelt. Unterschiede in der Schwierigkeit der Arbeit und im Qualifikationsniveau der Arbeitenden bleiben unberücksichtigt. Die Arbeitsergebnisse werden entsprechend den unterschiedlichen Erzeugnis- und Leistungsarten der Wirtschaft nach verschiedenen Methoden gemessen. In der Industrie ist die Preissummenmethode vorherrschend, die auch sehr breite Produktionssortimente über den Preis vergleichbar und bis zur gesamtwirtschaftlichen Ebene aggregierbar macht. A. wird als Relation der industriellen Warenproduktion sowie der Nettoproduktion zur Anzahl der Arbeiter und Angestellten ermittelt. Schon aufgrund verzerrter Preise und einer wenig entwickelten Kostenrechnung ist die Kennziffer Warenproduktion zur exakten Leistungsmessung jedoch ungeeignet. Da sie auch Vorleistungen erfaßt, werden zum Beispiel Materialeinsparungen nicht als Leistungsverbesserung berücksichtigt. Das hat zur Folge, daß die Kombinate und Betriebe dahin tendieren, die Warenproduktion allein schon durch einen hohen Materialeinsatz zu erhöhen („Tonnenideologie").

Besser als die Kennziffer Warenproduktion sind Naturaleinheiten (m^2, kWh u.a.) zur Messung der A. als Relation von Erzeugnismenge und Arbeitszeit geeignet. Die Naturalmethode läßt sich jedoch nur in den Zweigen der Energieerzeugung, der Grundstoff-, Bau- und chemischen Industrie anwenden. Plankennziffern anderer Branchen und Betriebe folgen zum Teil spezifischen Berechnungsmethoden (Zeitsummenmethode, Leistung je Arbeitskraft und -stunde).

Die A. der Industrie insgesamt stieg, gemessen an der industriellen Bruttoproduktion je Beschäftigten (ohne Lehrlinge) zwischen 1950 (gleich 100 v. H.) und 1982 auf 666. Im gleichen Zeitraum wuchs die industrielle Bruttoproduktion von 100 auf 1007. Der langsamere Anstieg der A. gegenüber der Industrieproduktion wie auch gegenüber der technischen Ausstattung je industriellem Arbeitsplatz ist einer der Gründe für die im internationalen Vergleich überraschende permanente Vollbeschäftigung in der DDR. Im Vergleich der Industriebereiche erzielten die höchsten Produktivitätssteigerungen seit 1955 die Branchen Elektrotechnik/Elektronik/Gerätebau, Chemische Industrie und Textilindustrie, während die A. in der Energie- und Brennstoffindustrie sowie der Lebensmittelindustrie am langsamsten wuchs (die Indexwerte im Jahre 1982 für die 5 Branchen mit dem Basisjahr 1960 = 100 v. H.: 455, 367, 353, 216, 189).

Die marxistisch-leninistische Theorie in der DDR betont die Bedeutung der A.-Steigerung als „Dreh- und Angelpunkt" für die wirtschaftliche und politische Stabilisierung – auch und besonders im Zusammenhang der

Ost-West-Auseinandersetzung. Nach Lenin wird der Sozialismus eine „neue, weit höhere“ A. schaffen: „Die Arbeitsproduktivität ist in letzter Instanz das Allerwichtigste, das Ausschlaggebende für den Sieg der neuen Gesellschaftsordnung.“ (In: Die große Initiative, Moskau 1919.)
Im Widerspruch zu dieser vielzitierten Behauptung und entgegen wirtschaftspolitischen Strategien des „Einholens“ und auch des „Überholens“ kapitalistischer Länder hat die hochindustrialisierte Wirtschaft der DDR die A. führender westlicher Industriestaaten bisher nicht erreichen können.
Vergleiche der Struktur und Entwicklung der A. der → **Industrie** der DDR und der Bundesrepublik Deutschland ergaben einen Niveauunterschied von über 30 v.H. für das Jahr 1968: Die Industrie der DDR erzielte 68,4 v.H. der A. in der Bundesrepublik. Auch in der Landwirtschaft bestand ein beträchtlicher Niveaurückstand für die DDR (39 v.H.). Nach Berechnungen für den Zeitraum 1960–1971 wurde diese Lücke nicht geschlossen, so daß der Abstand zur Bundesrepublik Deutschland nach wie vor in der Industrie rd. 30 v.H. und in der Landwirtschaft rd. 40 v.H. betrug. In der DDR und der Bundesrepublik Deutschland wurden nahezu gleiche Zuwachsraten erzielt (vgl. Tabelle „Struktur und Entwicklung der Arbeitsproduktivität in der DDR und der Bundesrepublik Deutschland“). Die höchsten Zuwachsraten der DDR im Jahresdurchschnitt erzielte die Industrie (5 v.H.), die geringsten die Bereiche Landwirtschaft (2,7 v.H.) und Verkehr (3,7 v.H.). Der Vergleich des Sozialprodukts beider Staaten für das Jahr 1976 ergab, daß die DDR den Produktivitätsrückstand inzwischen nicht verringern konnte (Niveaurückstand gegenüber der Bundesrepublik 37 v.H.). 1982 wird erstmals auch von der Führung der SED (5. ZK-Tagung) im Verhältnis zur Bundesrepublik Deutschland eine Lücke bei der A. in Höhe von 30 v.H. eingeräumt. Genauere und aktuellere Angaben sind aufgrund fehlender statistischer Angaben aus der DDR z.Z. nicht möglich. → **Arbeitsrecht; Automatisierung; Intensivierung und Rationalisierung; Wissenschaftlich-technische Revolution (WTR).**

Struktur und Entwicklung der Arbeitsproduktivität[1] in der DDR und der Bundesrepublik Deutschland

Bereiche	Struktur 1971 in v.H.		Jahresdurchschnittliche Zuwachsraten in v.H. 1971:1960 1971:1966		
	DDR	Bundesrepublik	DDR	Bundesrepublik	DDR
Industrie[2]	123	108	5,0	4,6	5,5
Baugewerbe	85	87	3,6	4,0	2,4
Landwirtschaft	69	39	2,7	5,5	2,4
Verkehr	60	98	3,7	4,3	3,8
Handel[3]	97	106	4,7	2,7	6,0
produzierende Bereiche insgesamt	100	100	4,4	4,6	4,8

1 Gemessen am Nettoprodukt in jeweiliger Währung (Preise von 1967) je Beschäftigten.
2 Einschließlich produzierendes Handwerk.
3 DDR: Nur Binnenhandel, einschließlich Gaststättengewerbe.

Quelle: Statistische Jahrbücher der DDR und der Bundesrepublik Deutschland; Berechnungen des DIW, Berlin; Materialien zum Bericht zur Lage der Nation, Bonn 1974, S. 366.

Arbeitsrecht

I. Die Quellen des Arbeitsrechts
II. Die Grundsätze des sozialistischen Arbeitsrechts
III. Abschluß, Änderung und Auflösung des Arbeitsvertrages
IV. Arbeitsorganisation und sozialistische Arbeitsdisziplin
V. Grundsätze für Lohn und Prämie
VI. Berufsbildung, Aus- und Weiterbildung
VII. Arbeitszeit
VIII. Erholungsurlaub
IX. Gesundheits- und Arbeitsschutz
X. Sozialpolitik im Betrieb
XI. Besondere Rechte der werktätigen Frau und Mutter
XII. Arbeitsrechtliche Verantwortlichkeit der Werktätigen
XIII. Schadenersatzleistungen des Betriebes
XIV. Kontrolle der Einhaltung des Arbeitsrechts
XV. Entscheidung von Streitfällen
XVI. Arbeitskräftelenkung

Unter A. wird die Gesamtheit der Rechtsnormen verstanden, welche die A.-Verhältnisse der Arbeiter, → **Angestellten** und Angehörigen der → **Intelligenz** (→ **Werktätige** im Sinne des A.) regeln. Das A. wird als eigenständiger Rechtszweig angesehen. Es bildet einen Teil des einheitlichen sozialistischen Rechtssystems der DDR (→ **Rechtswesen**).

I. Die Quellen des Arbeitsrechts

Das grundlegende arbeitsrechtliche Gesetzeswerk ist das → **Arbeitsgesetzbuch (AGB)** der Deutschen Demokratischen Republik vom 16. 6. 1977, das am 1. 1. 1978 das → **Gesetzbuch der Arbeit** der Deutschen Demokratischen Republik (GBA) vom 12. 4. 1961 (GBl. I, S. 27) mit seinen Ergänzungs- und Änderungsgesetzen abgelöst hat.
1. Das AGB gilt für alle Arbeiter und Angestellten, einschließlich Heimarbeiter und Lehrlinge (Werktätige) in den sozialistischen Betrieben. Es findet auch Anwendung auf die A.-Verhältnisse der Werktätigen in Betrieben und Einrichtungen anderer Eigentumsformen und auf A.-Verhältnisse zwischen Bürgern, etwa für Dienstleistungen im Haushalt, soweit dafür keine besonderen Rechtsvorschriften beste-

hen. Dasselbe gilt für A.-Verhältnisse zwischen Bürgern der DDR und in der DDR tätigen internationalen Organisationen bzw. in der DDR tätigen Betrieben anderer Staaten, Bürgern anderer Staaten, die ihren ständigen Wohnsitz in der DDR haben, und in der DDR tätigen internationalen Organisationen sowie Bürgern anderer Staaten und Betriebe der DDR, wenn sich der Arbeitsort in der DDR befindet, es sei denn, völkerrechtliche Verträge oder Rechtsvorschriften der DDR sehen etwas anderes vor. Besonderheiten können für Zivilbeschäftigte im Bereich der bewaffneten Organe, Werktätige, die im Auftrag ihres Betriebes bzw. des zuständigen Staatsorgans außerhalb der DDR tätig sind, Rehabilitanden, Absolventen von Hoch- und Fachschulen sowie Schüler und Studenten, die während der Ferien arbeiten, geregelt werden. Für die in kirchlichen Einrichtungen beschäftigten Arbeiter und Angestellten bleibt es bei der Anordnung vom 18. 1. 1958 (GBl. I, S. 84).

2. Staatsorgane und wirtschaftsleitende Organe sowie rechtlich selbständige staatliche Einrichtungen, gesellschaftliche Organisationen und ihre selbständigen Einrichtungen gelten als Betriebe im Sinne des AGB. Dasselbe gilt für Betriebsteile und nichtrechtsfähige Organe und Einrichtungen unter bestimmten, im AGB festgelegten Voraussetzungen, für Handwerks- und Gewerbebetriebe sowie für rechtsfähige Organisationen und Vereinigungen, die A.-Verhältnisse begründen.

3. Das AGB ist wesentlich umfangreicher und besser durchdacht sowie formuliert, als es das GBA war. Trotzdem sind für seine Durchführung arbeitsrechtliche Bestimmungen vorgesehen, die teils vom Ministerrat im Rahmen seiner Verantwortung, teils von den Ministern und den Leitern der anderen zentralen Staatsorgane, wenn das in Rechtsvorschriften vorgesehen ist oder sie durch den Ministerrat hierzu besonders beauftragt sind, zu erlassen sind.

Für deren Erlaß ist Übereinstimmung mit dem Bundesvorstand des → **Freien Deutschen Gewerkschaftsbundes (FDGB)** bzw. den Zentralvorständen der Industriegewerkschaften und der übrigen Einzelgewerkschaften erforderlich. Ferner sind notwendige besondere Bestimmungen über den Arbeitslohn, die Arbeitszeit und den Erholungsurlaub sowie weitere arbeitsrechtliche Bestimmungen, insbesondere im Zusammenhang mit der Intensivierung der Produktion, für die Werktätigen der Zweige bzw. Bereiche der Volkswirtschaft, für bestimmte Personengruppen oder für bestimmte Gebiete zwischen den Ministern und Leitern der anderen zentralen Staatsorgane mit den Zentralvorständen der Industriegewerkschaften und Gewerkschaften in → **Rahmenkollektivverträgen (RKV)** zu vereinbaren. Die Beteiligung des FDGB an der Rechtsetzung hat seine konstitutionelle Grundlage in Art. 45 Verfassung und ist Ausdruck der Stellung des FDGB im Herrschaftssystem der DDR unter der Suprematie (Vorherrschaft) der SED (→ **Verfassung**, III.).

II. Die Grundsätze des sozialistischen Arbeitsrechts

1. Das AGB hat die Aufgaben des A. neu definiert. In erster Linie soll es der Verwirklichung der Hauptaufgabe (der weiteren Erhöhung des materiellen und kulturellen Lebensniveaus des Volkes auf der Grundlage eines hohen Entwicklungstempos der sozialistischen Produktion, der Erhöhung der Effektivität, des wissenschaftlich-technischen Fortschritts und des Wachstums der Arbeitsproduktivität) (→ **Verfassung**, II. A.) dienen. Zu den weiteren Aufgaben sollen gehören: Gestaltung der verfassungsmäßig garantierten sozialistischen → **Grundrechte** (→ **Verfassung**, III.), Garantie für die Werktätigen auf freiwillige und bewußte Teilnahme am Arbeitsprozeß, Gewährleistung des Rechts auf Mitgestaltung des Lebens im Betrieb und auf Mitwirkung an der Leitung und Planung, Sicherung des gleichen Lohnes für gleiche Arbeit, planmäßige Verbesserung der Arbeits- und Lebensbedingungen, insbesondere der Schutz der Arbeitskraft und der Gesundheit, geistig-kulturelle Betreuung, Erweiterung der Voraussetzungen für die sinnvolle Freizeitgestaltung und Erholung, materielle Versorgung bei Krankheit, Invalidität und im Alter, Förderung der allseitigen Entwicklung der sozialistischen Persönlichkeit und des sozialistischen Lebens. Der Regelungsbereich des A. ist deshalb umfangreicher als der des herkömmlichen A., weil es sowohl wirtschaftsrechtliche Regelungen (Leitung des Betriebes) als auch sozialrechtliche Regelungen (Sozialversicherung) enthält.

2. Gegenstand des 2. Kapitels des AGB ist die Leitung des Betriebes und Mitwirkung der Werktätigen, also das Recht der → **Betriebsverfassung** (→ **Mitbestimmungs-, Mitgestaltungs-, Mitwirkungsrechte**).

III. Abschluß, Änderung und Auflösung des Arbeitsvertrages

1. Die Regelform der Begründung eines A.-Verhältnisses ist der Arbeitsvertrag zwischen dem Werktätigen und dem Betrieb. Zur Wahrnehmung besonders verantwortlicher staatlicher oder gesellschaftlicher Funktionen (z. B. als Mitglieder des → **Ministerrates** oder der örtlichen Räte [→ **Gemeinde, Stadt, Kreis, Bezirk**], → **Richter**, Staatsanwälte [→ **Staatsanwaltschaft**], Generaldirektoren der Kombinate [→ **Betriebsformen und Kooperation**], Betriebsdirektoren [→ **Betriebsverfassung**], → **Hauptbuchhalter**, hauptberuflich tätige Vorsitzende von → **Massenorganisationen**) werden A.-Verhältnisse durch Wahl oder Berufung begründet, soweit es in staatlichen Rechtsvorschriften oder in

Beschlüssen zentraler Organe gesellschaftlicher Organisationen vorgesehen ist.
Arbeitsverträge mit Jugendlichen bis zur Vollendung des 18. Lebensjahres bedürfen der vorherigen Zustimmung der Erziehungsberechtigten (→ **Familienrecht**). Sie dürfen abgeschlossen werden, wenn der Jugendliche das 16. Lebensjahr vollendet und seine Pflicht zum Besuch der 10klassigen allgemeinbildenden polytechnischen Oberschule (→ **Einheitliches sozialistisches Bildungssystem**) erfüllt hat; ausnahmsweise kann er schon mit Vollendung des 14. Lebensjahres einen Arbeitsvertrag abschließen, z.B. zur Ausübung einer freiwilligen produktiven Tätigkeit während eines Teils der Ferien (→ **Feriengestaltung**).
Im Arbeitsvertrag werden nur die Arbeitsaufgabe (→ **Lohnformen und Lohnsystem**), der Arbeitsort und der Tag der Arbeitsaufnahme als notwendiger Vertragsinhalt vereinbart. Weitere Vereinbarungen dürfen nur im Rahmen der arbeitsrechtlichen Bestimmungen getroffen werden. Diese können betreffen: a) eine Teilbeschäftigung, b) die zeitliche Begrenzung des Arbeitsvertrages bis zur Dauer von 6 Monaten oder bei der Einstellung von Aushilfskräften für die erforderliche Zeit, c) besondere Kündigungsfristen und -termine, d) Heimarbeit, e) die Übernahme der besonderen materiellen Verantwortlichkeit, f) eine Werk- oder Dienstwohnung. Alle übrigen Arbeitsbedingungen (z. B. Lohn, Prämien, Arbeitszeit, Urlaub) folgen aus den gesetzlichen oder kollektivvertraglichen Bestimmungen ohne die Möglichkeit einer abweichenden vertraglichen Regelung, auch nicht zugunsten des Werktätigen. Das „Günstigkeitsprinzip" gilt nicht.
Der Arbeitsvertrag kommt durch übereinstimmende Willenserklärung des Werktätigen und des Betriebes über den notwendigen Vertragsinhalt zustande. Sollen im Arbeitsvertrag weitere Vereinbarungen getroffen werden, muß die Willensübereinstimmung sich auch auf diese beziehen.
Der Betrieb hat die Pflicht, die mit dem Werktätigen getroffenen Vereinbarungen in einen schriftlichen Arbeitsvertrag aufzunehmen. Außerdem sind im schriftlichen Arbeitsvertrag mindestens die für die vereinbarte Arbeitsaufgabe zutreffende Lohn- und Gehaltsgruppe und die Dauer des Erholungsurlaubs zu deklarieren.
Der Arbeitsvertrag muß den arbeitsrechtlichen Bestimmungen entsprechen. Abweichende Vereinbarungen sind unwirksam. An ihre Stelle treten die Rechte und Pflichten, die den einschlägigen arbeitsrechtlichen Bestimmungen entsprechen. Davon macht das AGB eine Ausnahme. Hat nämlich der Betrieb dem Werktätigen eine höhere als die rechtlich zulässige Lohn- und Gehaltsgruppe zugesagt, ist er verpflichtet, dem Werktätigen unverzüglich eine zumutbare andere Arbeit anzubieten, die der zugesagten Lohn- und Gehaltsgruppe entspricht. Wenn erforderlich, sind dem Werktätigen Qualifizierungsmaßnahmen vorzuschlagen. Bis zur Übernahme einer anderen Arbeit muß der Betrieb die Differenz zwischen der rechtlich zulässigen und der zugesagten Lohn- und Gehaltsgruppe zahlen. Nur wenn der Werktätige die Übernahme der anderen Arbeit oder erforderliche Qualifizierungsmaßnahmen ablehnt, besteht dieser Anspruch nicht. Ist im Arbeitsvertrag eine Arbeitsaufgabe vereinbart, die der Werktätige aus rechtlichen Gründen nicht ausüben oder mit der ihn der Betrieb nicht beschäftigen darf, oder schließt ein nichtbefugter Mitarbeiter des Betriebes einen Arbeitsvertrag ab oder fehlt die rechtlich geforderte Zustimmung dazu, ist der Vertrag nicht unwirksam; der Mangel ist vielmehr zu beseitigen. Ist das nicht möglich, ist der Arbeitsvertrag aufzulösen. Mit Angehörigen der Intelligenz können unter bestimmten Voraussetzungen besondere Rechte und Pflichten in einem → **Einzelvertrag** vereinbart werden.
2. Die im Arbeitsvertrag getroffenen Vereinbarungen dürfen nur durch einen Änderungsvertrag geändert werden, der auch befristet abgeschlossen werden kann. Eine besondere Form des Änderungsvertrages ist der Delegierungsvertrag. Er hat den zeitweiligen Einsatz des Werktätigen in einem anderen Betrieb zum Inhalt und ist zwischen dem Werktätigen, dem Einsatzbetrieb und dem delegierenden Betrieb abzuschließen.
3. Die Auflösung eines Arbeitsvertrages soll grundsätzlich durch Vereinbarung zwischen dem Werktätigen und dem Betrieb (Aufhebungsvertrag) oder durch Vereinbarung zur Überleitung des Werktätigen in einen anderen Betrieb zwischen dem bisherigen Betrieb, dem Werktätigen und dem übernehmenden Betrieb (Überleitungsvertrag) erfolgen. Der Abschluß eines Aufhebungsvertrages setzt voraus, daß der Betrieb dem Werktätigen einen Änderungsvertrag über die Aufnahme einer zumutbaren anderen Arbeit oder, soweit das nicht möglich ist, einen Überleitungsvertrag angeboten und der Werktätige dieses Angebot abgelehnt hat. Wenn dann ein Aufhebungsvertrag nicht zustande kommt, darf der Betrieb kündigen. Auch wenn der Werktätige aus dem Betrieb ausscheiden will, hat er um einen Aufhebungsvertrag nachzusuchen. Hierin liegt eine gewisse Erschwerung für eine Kündigung. Willigt der Betrieb jedoch in einen Aufhebungsvertrag nicht ein, so darf der Werktätige kündigen.
Der Betrieb darf nur unter bestimmten Voraussetzungen kündigen. Diese sind: Änderung der Produktion, der Struktur oder des Stellen- bzw. Arbeitskräfteplanes des Betriebes, die Nichteignung des Werktätigen für die vereinbarte Arbeitsaufgabe, Mängel im Arbeitsvertrag, die durch die Beteiligten nicht beseitigt werden können.
Die Kündigungsfrist beträgt für beide Seiten mindestens 2 Wochen. Es dürfen jedoch im Arbeitsvertrag Kündigungsfristen bis zu 3 Monaten und als Kündi-

gungstermin das Monatsende vereinbart werden. In Rechtsvorschriften können für bestimmte Personengruppen besondere Kündigungsfristen und -termine festgelegt werden.
Die fristgemäße Kündigung durch den Betrieb bedarf der Schriftform. Gleichzeitig müssen die Gründe angegeben werden. Für die Kündigung durch den Werktätigen ist die Schriftform nur Ordnungsvorschrift; eine Verletzung führt also nicht zur Unwirksamkeit der Kündigung.
Der Betrieb kann fristlos bei schwerwiegender Verletzung der sozialistischen Arbeitsdisziplin oder staatsbürgerlicher Pflichten, d. h. aus politischen Gründen, entlassen. In der Regel müssen der fristlosen Entlassung erfolglos gebliebene Erziehungs- und Disziplinarmaßnahmen vorangegangen sein. Die fristlose Entlassung bedarf der Schriftform unter gleichzeitiger Angabe der Gründe. Eine fristlose Kündigung durch den Werktätigen ist nicht zulässig.
Jede vom Betrieb ausgesprochene fristgemäße Kündigung und fristlose Entlassung bedarf der vorherigen Zustimmung der zuständigen Betriebsgewerkschaftsleitung (→ **Betriebsgewerkschaftsorganisation [BGO]**). Diese Schutzbestimmung ist jedoch in ihrer Wirkung fraglich, soweit sich die betrieblichen Gewerkschaftsleitungen in Abhängigkeit von der → **Sozialistischen Einheitspartei Deutschlands (SED)** befinden (→ **Freier Deutscher Gewerkschaftsbund [FDGB]**).
Ein Kündigungsverbot besteht für Kämpfer gegen den Faschismus und Verfolgte des Faschismus, Schwangere, stillende Mütter, Mütter mit Kindern bis zu einem Jahr, Mütter während der Zeit der Freistellung nach dem Wochenurlaub (→ **Mutterschutz/Förderung von Mutter und Kind**), alleinstehende Werktätige mit Kindern bis 3 Jahren, Werktätige während der Dauer des Grundwehrdienstes als Soldat, Unteroffiziere auf Zeit und des Reservedienstes (→ **Nationale Volksarmee [NVA]**) sowie Werktätige während der Dauer der Arbeitsunfähigkeit wegen Krankheit, Arbeitsunfall oder Berufskrankheit, während einer Quarantäne sowie während des Erholungsurlaubs.
Zur fristgemäßen Kündigung und fristlosen Entlassung von Schwerbeschädigten, Tuberkulosekranken und -rekonvaleszenten sowie Rehabilitanden, Werktätigen ab 5. Jahr vor Erreichen des Rentenalters, Jugendlichen bis zur Vollendung des 18. Lebensjahres und Facharbeitern bis zum Ende des ersten Jahres nach Lehrabschluß durch den Betrieb ist die vorherige schriftliche Zustimmung des für den Betrieb zuständigen Rates des Kreises bzw. Stadtbezirks erforderlich. Die Kündigungsfrist für die fristgemäße Kündigung durch den Betrieb beträgt in diesen Fällen mindestens einen Monat.
4. Will der Werktätige die Rechtsunwirksamkeit eines Änderungsvertrages, eines Auflösungsvertrages, eines Überleitungsvertrages, einer fristgemäßen Kündigung oder eine fristlose Entlassung geltend machen, muß er Einspruch bei der Konfliktkommission (→ **Gesellschaftliche Gerichte**) bzw. der Kammer für Arbeitsrecht des Kreisgerichts (→ **Gerichtsverfassung**) einlegen. Bei einer fristgemäßen Kündigung und bei einer fristlosen Entlassung beträgt die Einspruchsfrist 2 Wochen, bei einem Änderungsvertrag, einem Überleitungsvertrag oder einem Aufhebungsvertrag 3 Monate. Wird die Einspruchsfrist versäumt, werden fristgemäße Kündigung, fristlose Entlassung oder die genannten Verträge trotz ihrer Mängel rechtswirksam.
5. A.-Verhältnisse, die durch Berufung begründet werden, enden durch Abberufung. Der Werktätige kann einen Antrag auf Abberufung stellen. Dem Antrag muß entsprochen werden, wenn der Werktätige aus gesundheitlichen, altersmäßigen oder anderen zwingenden Gründen seine Funktion nicht mehr ausüben kann. Vor der Abberufung ist die Stellungnahme der Betriebsgewerkschaftsleitung einzuholen. Das gilt nicht bei Abberufungen durch den Staatsrat, den Vorsitzenden des Ministerrates, die örtlichen Räte und die gewählten Organe der gesellschaftlichen Organisationen. Die Abberufung bedarf der Schriftform und muß begründet werden. Gegen die Abberufung ist nur die → **Verwaltungsbeschwerde** möglich. Sie ist nicht zulässig bei Abberufung oder Ablehnung des Auftrages auf Abberufung durch den Staatsrat, den Vorsitzenden des Ministerrates, die Minister und Leiter der anderen zentralen Staatsorgane und die Räte der Bezirke.
6. A.-Verhältnisse, die durch Wahl begründet werden, enden grundsätzlich durch Zeitablauf. Im übrigen gelten sinngemäß die Bestimmungen über die Abberufung.
7. Im Falle der Beendigung des A.-Verhältnisses oder eines berechtigten Interesses ist der Betrieb verpflichtet, eine Beurteilung des Werktätigen anzufertigen und ihm unverzüglich auszuhändigen. Darin sind die Tätigkeit, die Leistungen und die Entwicklung des Werktätigen während der gesamten Zugehörigkeit zum Betrieb zusammenfassend einzuschätzen. Die Beurteilung muß wahrheitsgemäß sein und die wesentlichen, charakteristischen und ständigen Verhaltensweisen des Werktätigen enthalten. Diese Bestimmungen schließen nicht aus, daß in den Kaderakten (→ **Kaderpolitik**) der Werktätige anders, d. h. schlechter beurteilt wird als in der betrieblichen Beurteilung.

IV. Arbeitsorganisation und sozialistische Arbeitsdisziplin

Erstmals in einer Kodifikation des A. in der DDR enthält das AGB ein geschlossenes Kapitel über die Arbeitsorganisation und die sozialistische Arbeitsdisziplin – ein Zeichen für die Bedeutung, die diesen Bereichen für die Verwirklichung der „Hauptaufgabe" zugemessen wird.

1. „Der Betrieb ist verpflichtet, solche Arbeitsbedingungen zu schaffen, die den Werktätigen hohe Arbeitsleistungen ermöglichen, die bewußte Einstellung zur Arbeit und das Schöpfertum fördern, die Arbeitsfreude erhöhen und zur Entwicklung sozialistischer Persönlichkeiten sowie zur sozialistischen Lebensweise beitragen", heißt es einleitend. Der Arbeitsprozeß soll nach arbeitswissenschaftlichen Erkenntnissen gestaltet werden, und es sollen alle Voraussetzungen für eine hohe Arbeitsdisziplin, für Ordnung und Sicherheit im Arbeitsprozeß geschaffen werden. Es sind sowohl die Initiativen der Werktätigen zur Anwendung der **Wissenschaftlichen → Arbeitsorganisation (WAO)** zu fördern und anzuerkennen, als auch zu sichern, daß die Erkenntnisse der wissenschaftlichen Arbeitsorganisation angewendet werden. Wenn es sich hier auch um Pflichten des Betriebes handelt, die vor allem durch den Betriebsleiter zu erfüllen sind, so lassen bereits diese erkennen, was von den Werktätigen erwartet wird. Das AGB enthält die Rahmenbestimmungen zu den Arbeitsaufgaben (→ **Lohnformen und Lohnsystem**), der Organisation der Arbeit, den Arbeitsnormen und anderen Kennzahlen der Arbeitsleistung (→ **Arbeitsnormung**) sowie der → **Arbeitsklassifizierung**.

2. Mit den Pflichten des Betriebes korrespondieren die gesetzlichen Arbeitspflichten der Werktätigen. Sie sollen diese mit Umsicht und Initiative wahrnehmen. Insbesondere sind sie verpflichtet, ihre Arbeitsaufgaben ordnungs- und fristgemäß auszuführen, die Arbeitszeit und die Produktionsmittel voll zu nutzen, die Arbeitsnormen und andere Kennzahlen der Arbeitsleistung zu erfüllen, Geld und Material sparsam zu verwenden, Qualitätsarbeit zu leisten, das sozialistische → **Eigentum** vor Beschädigung und Verlust zu schützen und die Bestimmungen über den Gesundheits- und Arbeitsschutz und den Brandschutz sowie über Ordnung, Disziplin und Sicherheit einzuhalten. Für bestimmte Bereiche bestehen schärfere Vorschriften über die Arbeitsdisziplin (→ **Deutsche Reichsbahn [DR]; Post- und Fernmeldewesen; Richter; Staatsfunktionär**).

3. Das AGB regelt eingehend das Weisungsrecht. Danach ist der Betriebsleiter gegenüber allen Betriebsangehörigen und sind die leitenden Mitarbeiter gegenüber den ihnen unterstellten Mitarbeitern weisungsberechtigt. Darüber hinaus sind Mitarbeiter weisungsberechtigt, soweit das in Rechtsvorschriften oder in der Arbeitsordnung festgelegt ist. Weisungen sind nur zulässig zur Konkretisierung der im Arbeitsvertrag vereinbarten Bedingungen, insbesondere der Arbeitsaufgabe und des Verhaltens des Werktätigen im Zusammenhang mit der Arbeit und soweit das in Rechtsvorschriften ausdrücklich festgelegt ist. Die Werktätigen haben die Weisungen mit Umsicht und Initiative auszuführen. Ein Werktätiger kann die Ausführung ablehnen, wenn sie von einem nicht dazu Befugten erteilt wurde. Das gilt auch, wenn durch eine Weisung Arbeitspflichten begründet werden sollen, die über die sich aus dem Arbeitsvertrag oder den Rechtsvorschriften ergebenden Pflichten hinausgehen. Besteht in diesen Fällen ein Wahlrecht für den Werktätigen, ist er verpflichtet, Weisungen nicht zu befolgen, wenn deren Durchführung eine Straftat darstellen würde.

4. Eine besondere Art der Weisung ist die vorübergehende Übertragung einer anderen Arbeit. Für die Dauer von 4 Wochen im Kalenderjahr darf dem Werktätigen auch ohne sein Einverständnis eine andere Arbeit im Betrieb (einschließlich eines Betriebsteiles an einem anderen Ort) oder in einem anderen Betrieb am selben Ort übertragen werden, wenn das zur Erfüllung wichtiger betrieblicher oder volkswirtschaftlicher Aufgaben erforderlich ist. Die Übertragung einer anderen Arbeit im Betrieb über 4 Wochen hinaus ist nur mit Einverständnis des Werktätigen zulässig. Beim Einsatz von Werktätigen in einem anderen Betrieb am selben Ort über 4 Wochen hinaus ist ein Delegierungsvertrag abzuschließen. Nur mit Einverständnis des Werktätigen darf ihm eine andere Arbeit in einem Betriebsteil an einem anderen Ort übertragen werden. Das gilt auch für Werktätige ab dem 5. Jahr vor Erreichen des Rentenalters. Wenn ein Werktätiger infolge Betriebsstörungen oder Warte- und Stillstandszeiten daran gehindert ist, seine Arbeitsaufgabe zu erfüllen, darf ihm eine andere Arbeit im Betrieb oder, wenn das nicht möglich ist, in einem anderen Betrieb am selben Ort ohne zeitliche Begrenzung, allerdings nur mit seiner Zustimmung, übertragen werden. Das gleiche gilt, wenn in der Person des Werktätigen liegende Gründe es erfordern, ihn im Interesse der Einhaltung des Gesundheits- und Arbeitsschutzes oder der Hygienebestimmungen vorübergehend anderweitig einzusetzen.

Jede ununterbrochene Übertragung einer anderen Arbeit im Betrieb für länger als 2 Wochen bedarf der Zustimmung der zuständigen Betriebsgewerkschaftsleitung.

Für bestimmte Gruppen von Werktätigen (z. B. in staatlichen Organen, im Schulwesen, im Verkehrswesen oder bei der Deutschen Post) können in Rechtsvorschriften abweichende Regelungen festgelegt werden.

5. In jedem Betrieb ist zur Gewährleistung einer hohen Effektivität der Arbeit, zur Festigung der Arbeitsmoral und -disziplin, zur Durchsetzung von Ordnung und Sicherheit sowie zur „Entwicklung sozialistischer Kollektivbeziehungen" eine Arbeitsordnung zu schaffen. Sie ist vom Betriebsleiter unter Mitwirkung der Werktätigen auszuarbeiten und mit Zustimmung der Betriebsgewerkschaftsleitung zu erlassen.

6. Werktätige können für hervorragende Arbeitsleistung, insbesondere im → **Sozialistischen Wettbe-**

werb, für vorbildliche Arbeitsmoral und Arbeitsdisziplin und für langjährige Arbeit im Betrieb auch durch betriebliche → **Auszeichnungen** geehrt werden. Solche sind insbesondere: Schriftliche Belobigung, Ehrenurkunden, Würdigung der Leistungen an der Ehrentafel des Betriebes oder des Bereiches, betriebliche Titel, z. B. „Brigade der vorbildlichen Qualitätsarbeit", „Bester Meister", „Bester Neuerer", Geld- und Sachprämien.

V. Grundsätze für Lohn und Prämie

Das AGB enthält die normativen Grundlagen der Arbeitseinkommenspolitik und gibt Rahmenbestimmungen für Lohn und Prämie.

1. Es wird als Sache des sozialistischen Staates betrachtet, daß das materielle und kulturelle Lebensniveau der Werktätigen hauptsächlich über das Arbeitseinkommen erhöht und das → **Leistungsprinzip** als Grundprinzip der Verteilung im Sozialismus konsequent durchgesetzt wird sowie das Arbeitseinkommen der Werktätigen in Übereinstimmung mit der Entwicklung der Volkswirtschaft planmäßig wächst. Dem soll die leistungsorientierte Lohnpolitik dienen (→ **Lohnformen und Lohnsystem**, I., II.). Als Hauptbestandteil ihres Arbeitseinkommens erhalten die Werktätigen Lohn entsprechend den Anforderungen ihrer Arbeitsaufgabe an die Qualifikation und Verantwortung, der tatsächlichen Arbeitszeit, den erzielten Arbeitsergebnissen nach Menge und Qualität sowie den Bedingungen der Arbeit. Zusätzlich zum Lohn werden den Werktätigen für individuelle und kollektive Arbeitsleistungen Prämien gewährt.

2. Die uneingeschränkte Geltung des Leistungsprinzips wird durch die Garantie eines monatlichen Mindestbruttolohnes durchbrochen und so eine soziale Komponente in die Lohnpolitik eingeführt. Seit dem 1. 10. 1976 beträgt der Mindestbruttolohn 400 Mark monatlich (VO vom 29. 7. 1976, GBl. I, S. 377).

3. Für den Tariflohn, die Eingruppierung und die Lohnformen (→ **Lohnformen und Lohnsystem**, III., IV.) sind im AGB die Rahmenbestimmungen enthalten.

4. Entsprechend dem Leistungsprinzip wird der Lohn nach der Qualität des Arbeitsergebnisses differenziert. Ist diese nicht bereits in der Lohnform berücksichtigt, erhält der Werktätige bei schuldhaft (fahrlässig oder vorsätzlich) verursachtem Ausschuß keinen Lohn. Bei schuldhaft verursachter Qualitätsminderung richtet sich der Lohn nach der Brauchbarkeit des Arbeitsergebnisses bzw. nach festgelegten Qualitätsstufen oder nach dem durch Nacharbeit erreichten Grad der Brauchbarkeit. Garantiert werden in derartigen Fällen aber 50 v. H. des monatlichen Durchschnittsverdienstes, mindestens der Mindestlohn.

5. Bei Nichterfüllung von Leistungsmaßstäben infolge von Veränderungen der Arbeitsbedingungen, z. B. durch Einsatz anderer Roh- oder Hilfsstoffe, ist dem Werktätigen ein Ausgleich bis zum Durchschnittslohn zu zahlen, wenn keine neuen Leistungsmaßstäbe festgelegt werden.

6. Bei besonderen Arbeitserschwernissen ist für die Dauer der Arbeit unter diesen Bedingungen ein Erschwerniszuschlag zu zahlen. Diese Arbeiten und die Höhe der Zuschläge sind in den Rahmenkollektivverträgen festzulegen (→ **Lohnzuschläge**).

7. Prämien (→ **Lohnformen und Lohnsystem**, V.) werden zur „materiellen Stimulierung und Anerkennung hoher individueller und kollektiver Leistungen bei der Erfüllung und gezielten Übererfüllung der Volkswirtschaftspläne im → **Sozialistischen Wettbewerb**, vor allem bei der Intensivierung, der Steigerung der → **Arbeitsproduktivität**, der Erhöhung der Qualität und Effektivität der Arbeit (→ **Qualität der Erzeugnisse**), der Durchsetzung des wissenschaftlich-technischen Fortschritts (→ **Wissenschaftlich-technische Revolution [WTR]**) und der Verbesserung der Arbeits- und Lebensbedingungen" gezahlt. Prämienformen können sein: Jahresendprämie, auftragsgebundene Prämie, Initiativprämie, Zielprämie. Prämienformen und -bedingungen werden im → **Betriebskollektivvertrag (BKV)** vereinbart.

8. Werktätige, die infolge Rationalisierungsmaßnahmen oder Strukturveränderungen eine andere Arbeit im Betrieb oder in Abstimmung mit dem zuständigen örtlichen Rat in einem anderen Betrieb übernehmen und dadurch in absehbarer Zeit ihren bisherigen Durchschnittslohn auch durch Qualifizierungsmaßnahmen nicht wieder erreichen können, werden dadurch abgesichert, daß sie einmaliges Überbrückungsgeld in Höhe der Jahressumme der voraussichtlichen Minderung des Durchschnittslohnes erhalten. Auch hier liegt eine Durchbrechung des Leistungsprinzips aus sozialen Gründen vor.

9. Entschädigungszahlungen werden geleistet für die im Zusammenhang mit der Arbeit auftretenden notwendigen Mehraufwendungen, insbesondere bei Montageeinsätzen, Dienstreisen, angeordneter Teilnahme an Lehrgängen und Schulungen, arbeitsbedingter doppelter Haushaltsführung und Wohnungswechsel im Interesse des Betriebes.

10. Die Lohnzahlungsperiode ist der Kalendermonat. Abschlagzahlungen sind möglich und üblich. Die Lohnzahlungsperioden und die Lohnzahltage werden in der Arbeitsordnung festgelegt. Der Lohn ist grundsätzlich während der Arbeitszeit auszuzahlen.

11. Der Betrieb kann zuviel ausgezahlten Lohn zurückfordern, wenn a) bei Vorauszahlungen die Voraussetzungen für den Anspruch nicht eingetreten sind, b) vom Werktätigen verursachte Ausschußarbeit oder Qualitätsminderung erst nach Abschluß der Lohnabrechnungsperiode festgestellt wird, c) Lohn fehlerhaft errechnet oder unrichtig ausge-

zahlt wurde. Die Rückforderung muß innerhalb von 2 Monaten nach der Auszahlung bei der Konfliktkommission oder gerichtlich geltend gemacht werden. Anderenfalls erlischt der Rückforderungsanspruch. Nur wenn der Werktätige die Überzahlung schuldhaft verursacht hat oder sie erheblich war und dadurch so offensichtlich, daß er sie erkennen mußte, gelten die Verjährungsfristen des AGB, bei Vorliegen einer Straftat die der Strafverfolgung.
12. Die Ansprüche des Werktätigen auf Arbeitseinkommen sowie die Rückzahlungsansprüche des Betriebes (in den geschilderten Fällen) unterliegen der Verjährung. Die Verjährungsfrist beträgt 3 Jahre.

VI. Berufsbildung, Aus- und Weiterbildung

1. Nach dem AGB wird die Berufsausbildung vom sozialistischen Staat geleitet und erfolgt unmittelbar in Betrieben und Einrichtungen der Berufsausbildung. Sie soll als planmäßiger und systematisch gestalteter Bildungs- und Erziehungsprozeß verwirklicht werden. Sie steht unter dem Zeichen der Einheit von praxisverbundener theoretischer und berufspraktischer Ausbildung und baut auf den Bildungs- und Erziehungsergebnissen der allgemeinbildenden polytechnischen Oberschule auf. Obgleich es im AGB nicht ausdrücklich gesagt wird, ist die Berufsausbildung ein Bestandteil des → **einheitlichen sozialistischen Bildungssystems** der DDR. Das Ziel der Ausbildung besteht darin, die Lehrlinge im vereinbarten Ausbildungsberuf zu „allseitig entwickelten klassenbewußten und hochqualifizierten Facharbeitern" heranzubilden. Die Berufsausbildung erfolgt im Rahmen eines Lehrverhältnisses als A.-Verhältnis besonderer Art. Die Ausbildungsberufe und die Ausbildungsdauer sind in den Rechtsvorschriften über die Systematik der Ausbildungsberufe festgelegt. Für die Leitung und Planung der Berufsausbildung tragen die Betriebe die Verantwortung. Das AGB legt die Rechte und Pflichten des Betriebes und des Lehrlings fest, regelt die Begründung des Lehrverhältnisses, bestimmt Inhalt und Abschluß des Lehrvertrages, dessen Änderung, Verlängerung und Auflösung. Lehrlinge haben Anspruch auf monatliches Lehrlingsentgelt. Sie können nach den arbeitsrechtlichen Bestimmungen Prämien erhalten.
2. Die Aus- und Weiterbildung der Werktätigen (Erwachsenenqualifizierung) im A.-Verhältnis soll der Erweiterung und dem Erwerb hoher Kenntnisse und Fertigkeiten zur Erfüllung der vertraglich vereinbarten oder einer anderen vorgesehenen Arbeitsaufgabe dienen. Durch die Erwachsenenqualifizierung sollen die Werktätigen befähigt werden, „die Effektivität ihrer Arbeit zu erhöhen und mit größerer Sachkenntnis schöpferisch an der Leitung des Betriebes mitzuwirken". Sie soll zur „Entwicklung sozialistischer Persönlichkeiten" (**sozialistische → Persönlichkeitstheorie**) beitragen. Auch die Aus- und Weiterbildung der Werktätigen ist, ohne daß das ausdrücklich gesagt wird, ein Bestandteil des einheitlichen sozialistischen Bildungssystems geblieben. Für die rechtzeitige und kontinuierliche Aus- und Weiterbildung der Werktätigen ist der Betrieb entsprechend dem Betriebsplan verantwortlich. Mit den betrieblichen Gewerkschaftsleitungen ist zusammenzuarbeiten. Der Betrieb hat die Werktätigen für geplante Qualifizierungsmaßnahmen zu gewinnen. → **Frauen** (III.) sind besonders zu fördern. Rechtliche Grundlage der Aus- und Weiterbildung ist der Qualifizierungsvertrag zwischen Betrieb und Werktätigem. Das AGB regelt Abschluß, Inhalt, Änderung und Beendigung des Qualifizierungsvertrages. Die Kosten für die Schaffung und Unterhaltung von Einrichtungen der Aus- und Weiterbildung hat der Betrieb zu tragen. Andere Kosten (Gebühren, Reisekosten, Kosten für Literatur und persönliche Arbeitsmittel) sind dagegen vom Werktätigen aufzubringen. Der Werktätige ist verpflichtet, „die Aus- und Weiterbildung gewissenhaft durchzuführen".

VII. Arbeitszeit

1. Die Dauer der Arbeitszeit wird „entsprechend dem Entwicklungstempo der sozialistischen Produktion, der Erhöhung der Effektivität, des wissenschaftlich-technischen Fortschritts und des Wachstums der Arbeitsproduktivität" durch den Ministerrat in Übereinstimmung mit dem Bundesvorstand des FDGB festgelegt. Als Ziel der Arbeitszeitpolitik wird der weitere schrittweise Übergang zur 40-Stunden-Woche durch Verkürzung der täglichen Arbeitszeit ohne Lohnminderung bei Beibehaltung der 5-Tage-Woche vom AGB festgelegt. Das AGB legt als Grundsatz fest, daß für Mehrschichtenarbeiter und vollbeschäftigte Mütter mit mehreren Kindern bis zu 16 Jahren oder mit einem schwerstgeschädigten Kind sowie für Werktätige, die besonders schwere Arbeit leisten oder unter bestimmten gesundheitsgefährdenden Bedingungen arbeiten, stets eine kürzere Arbeitszeit als für die übrigen Werktätigen zu gelten hat, wobei für die Verkürzung ein Lohnausgleich zu gewähren ist. Mit Alters- und Invalidenrentnern sowie vorübergehend mit Frauen darf **Teilzeitbeschäftigung** vereinbart werden.
Zur Zeit beträgt seit dem 28. 8. 1967 die allgemeine Arbeitszeit immer noch 43¾ Stunden wöchentlich, nachdem die Regelarbeitszeit 1957 in den volkseigenen Betrieben sowie im Verkehrs- und Nachrichtenwesen von 48 auf 45 Stunden wöchentlich verkürzt und seit dem 1. 4. 1966 die wöchentliche Arbeitszeit für alle Werktätigen auf 45 Stunden wöchentlich festgelegt worden war. Seit dem 1. 5. 1977 beträgt die Arbeitszeit für Werktätige, die im Drei- oder durchgehenden Schichtsystem arbeiten, statt 42 Stunden 40 Stunden wöchentlich. Für Werktätige, die im Zweischichtsystem arbeiten, wurde die wö-

chentliche Arbeitszeit von 43¾ Stunden auf 42 Stunden verkürzt. Auf 40 Stunden wurde die wöchentliche Arbeitszeit für alle vollbeschäftigten werktätigen Mütter, zu deren eigenem Haushalt 2 Kinder bis zu 16 Jahren gehören, beschränkt. Die verkürzte Arbeitszeit von 40 Stunden wöchentlich gilt auch für werktätige Mütter, die in ihrem Haushalt ein schwerstgeschädigtes Kind oder ein blindes oder praktisch blindes Kind ab Vollendung des 3. Lebensjahres zu versorgen haben (VO vom 29. 7. 1976, GBl. I, S. 385). Der schrittweise Übergang zur allgemeinen 40-Stunden-Arbeitswoche wird im AGB versprochen.

2. Die wöchentliche Arbeitszeit ist auf die Arbeitstage Montag bis Freitag zu verteilen, soweit das AGB nicht ausdrücklich etwas anderes festlegt. Das ist für Werktätige im Dreischichtsystem, im durchgehenden Schichtsystem, für solche in Bereichen, die für die Versorgung und Betreuung der Bevölkerung verantwortlich sind, für die in der Landwirtschaft, der Schiffahrt, der Hochseefischerei Tätigen bereits geschehen, z.T. so, daß die erforderlichen Arbeitszeitregelungen in den Rahmenkollektivverträgen vereinbart sind.

Die wöchentliche Arbeitszeit ist gleichmäßig auf die Arbeitstage zu verteilen. Eine unterschiedliche Dauer der täglichen Arbeitszeit darf nur festgelegt werden, wenn es das Schichtsystem, die Versorgung und Betreuung der Bevölkerung, die Verkehrsbedingungen oder die Vegetation und andere Besonderheiten der Arbeit erfordern. Grundsätzlich darf die tägliche Arbeitszeit 10 Stunden nicht überschreiten. Andere Höchstgrenzen können in Rahmenkollektivverträgen vereinbart werden.

Es kann unter den gleichen Voraussetzungen auch eine unterschiedliche Dauer der wöchentlichen Arbeitszeit festgelegt werden. Die Arbeitszeit der einzelnen Wochen darf jedoch 56 Stunden nicht überschreiten. Sie muß sich innerhalb von 6 Wochen ausgleichen. In Rahmenkollektivverträgen können andere Höchstgrenzen festgelegt werden.

Die tägliche Arbeitszeit muß zur Erholung der Werktätigen durch ausreichende Pausen unterbrochen werden. Der Werktätige darf nicht länger als 4½ Stunden hintereinander ohne Pause arbeiten. Die Mindestdauer einer Pause beträgt 15 Minuten, die zur Einnahme der Hauptmahlzeit mindestens 30 Minuten. Die Pausen rechnen nicht zur Arbeitszeit. Eine Ausnahme gilt für die Kurzpausen für Werktätige in ununterbrochener Produktion oder im Dreischichtsystem.

Die arbeitsfreie Zeit zwischen 2 Arbeitswochen hat in der Regel mindestens 48 Stunden zu umfassen. Zwischen 2 Schichten muß eine arbeitsfreie Zeit von in der Regel mindestens 12 Stunden liegen, für Jugendliche unter 18 Jahren von mindestens 13 Stunden.

Die betriebliche Regelung der Arbeitszeit ist in Arbeitszeitplänen zwischen dem Betriebsleiter und der zuständigen Betriebsgewerkschaftsleitung zu vereinbaren.

3. Sonn- und → **Feiertage** sind Tage der Arbeitsruhe. Jedoch ist Arbeit an diesen Tagen zulässig, wenn es die Versorgung und Betreuung der Bevölkerung, der ununterbrochene Produktionsablauf, die volle Ausnutzung von Anlagen oder die Durchführung volkswirtschaftlich besonders wichtiger Aufgaben erfordern. Für Sonntagsarbeit, die nicht im Arbeitszeitplan vorgesehen ist, ist ein Zuschlag von 50 v.H. und für die Arbeit an Feiertagen ein Zuschlag von 100 v.H. des Tariflohnes zu zahlen. Für die durch Feiertage ausfallende Arbeitszeit erhalten die Werktätigen einen Ausgleich in Höhe des Tariflohnes.

4. Für Nachtarbeit (Arbeit in der Zeit von 22.00 Uhr bis 6.00 Uhr) von mindestens 6 Stunden wird eine Schichtprämie gezahlt. Besteht kein Anspruch auf Schichtprämie, ist für Nachtarbeit ein Zuschlag von 10 v.H. des Tariflohnes zu zahlen. Ist die Nachtarbeit dem Werktätigen nicht mindestens 48 Stunden vor Beginn angekündigt worden, beträgt der Zuschlag 50 v.H. des Tariflohnes.

Die Beschäftigung von Jugendlichen unter 18 Jahren ist in der Zeit von 18.00 Uhr bis 6.00 Uhr verboten. Ausnahmen können für Lehrlinge gemacht werden, wenn es die Ausbildung erfordert. Nachtarbeit ist für Schwangere und stillende Mütter verboten.

5. **Überstunden** dürfen nur in Ausnahmefällen (Notfälle – d.h. Katastrophen, Verkehrs- und Betriebsstörungen, unmittelbare Gefahren, saisonbedingte Bergung und Verarbeitung von Nahrungsgütern, besonders wichtige betriebliche Aufgaben zur Versorgung und Betreuung der Bevölkerung, unaufschiebbare Arbeiten zur Aufrechterhaltung der Produktion und zur termingerechten Erfüllung besonders wichtiger Planaufgaben) geleistet werden. Überstundenarbeit darf nur vom Betriebsleiter und den nach der Arbeitsordnung befugten leitenden Mitarbeitern angeordnet werden. Vor der Anordnung ist die Zustimmung der zuständigen betrieblichen Gewerkschaftsleitung einzuholen. Für den Werktätigen dürfen für 2 aufeinanderfolgende Tage nicht mehr als 4 und jährlich nicht mehr als 120 Überstunden angeordnet werden. Ausnahmen dürfen in Notfällen gemacht werden.

Diese dehnbaren Bestimmungen haben in der Vergangenheit oft dazu geführt, daß besonders zur Planerfüllung im letzten Quartal eines Planjahres zahlreiche Überstunden gemacht wurden. Das wird zwar kritisiert, weil es die Produktion verteuert, aber ob sich daran künftig etwas ändern wird, erscheint fraglich. Für Jugendliche unter 16 Jahren, Lehrlinge, Schwangere und stillende Mütter ist Überstundenarbeit verboten. Das gilt auch für Schwerbeschädigte, wenn ärztlich festgestellt ist, daß die Überstundenarbeit nicht geleistet werden

kann. Im übrigen dürfen sie nur unter Berücksichtigung der Art und des Grades ihres Körperschadens zur Überstundenarbeit herangezogen werden. Tuberkulosekranke und -rekonvaleszenten, Altersrentner, Rehabilitanden sowie Frauen mit Kindern im Vorschulalter dürfen Überstunden ablehnen.
Für Überstundenarbeit ist ein Zuschlag von 25 v. H. des Tariflohnes zu zahlen. Hat der Werktätige Anspruch auf Bezahlung der Überstundenarbeit, kann ihm der Überstundenarbeit entsprechende Freizeit gewährt werden, wenn er damit einverstanden ist. Auch in diesem Falle ist der Überstundenzuschlag zu zahlen.
6. Arbeitsbereitschaft kann zur Versorgung und Betreuung der Bevölkerung, zur Sicherung des ungestörten Produktionsablaufs oder zur Einleitung von Maßnahmen bei unvorhergesehenen Ereignissen vereinbart werden. Ist sie planmäßig zu leisten, muß sie in den Arbeitszeitplan aufgenommen werden. Die Arbeitsbereitschaft ist in der Regel wie die Leistung von Überstunden zu vergüten. In Rahmenkollektivverträgen kann anstelle der Vergütung eine angemessene Freizeitgewährung festgelegt werden.
7. Eine Freistellung von der Arbeit darf erfolgen:
a) zur Wahrnehmung staatlicher und gesellschaftlicher Funktionen, wozu auch Wehrübungen und ähnliches gehören, sowie zur Weiterbildung, soweit die Ausübung außerhalb der Arbeitszeit nicht möglich ist,
b) zu ärztlichen Untersuchungen oder Behandlungen, soweit das in rechtlichen Bestimmungen festgelegt oder infolge eines Arbeitsunfalles oder einer Berufskrankheit notwendig ist, falls die medizinische Betreuung während der Arbeitszeit stattfinden muß – dazu gehört auch das Aufsuchen einer Schwangeren- oder Mütterberatungsstelle oder, wenn der Werktätige einen Arzt während der Arbeitszeit sofort in Anspruch nehmen muß,
c) aus persönlichen Gründen (Eheschließung, Niederkunft der Ehefrau, Wohnungswechsel, Tod eines Familienangehörigen, Ladung als Zeugen, Begleitung von physisch schwerst- oder psychisch schwergeschädigten Familienangehörigen zur medizinischen Betreuung). In den Fällen a) und b) erhält der Werktätige einen Ausgleich in Höhe des Durchschnittslohnes, im Falle c) in Höhe des Tariflohnes.
Vollbeschäftigte werktätige Frauen mit eigenem Haushalt erhalten monatlich einen **Hausarbeitstag**, wenn sie verheiratet sind, Kinder bis zu 18 Jahren oder pflegebedürftige Familienangehörige zum Haushalt gehören oder sie das 40. Lebensjahr vollendet haben. Der Hausarbeitstag wird auch vollbeschäftigten alleinstehenden Vätern mit Kindern bis zu 18 Jahren, wenn es deren Betreuung erfordert, und vollbeschäftigten Männern bei ärztlich bescheinigter Pflegebedürftigkeit der Ehefrau gewährt. Der Hausarbeitstag wird nicht gewährt, wenn der Arbeit unentschuldigt ferngeblieben wird. Für die durch den Hausarbeitstag ausfallende Arbeitszeit wird ein Ausgleich in Höhe des Tariflohnes gezahlt. Eine Abgeltung in Geld ist unzulässig.
Freistellung von der Arbeit wird auch einem Werktätigen gewährt, wenn es zur ärztlich bescheinigten Pflege eines erkrankten Kindes oder zum Arztbesuch des Kindes erforderlich ist. Das gilt auch für eine Betreuung des Kindes, die wegen einer vorübergehenden Quarantäne einer Kinderkrippe oder eines Kindergartens erforderlich ist. Von der Arbeit freizustellen sind auch Werktätige, wenn bei Erkrankung des Ehegatten die notwendige Betreuung der zum Haushalt gehörenden Kinder durch diesen oder durch andere nicht möglich ist. In diesen Fällen wird von der Sozialversicherung Unterstützung oder Krankengeld gezahlt (→ **Sozialversicherungs- und Versorgungswesen**).
Werktätige können in Ausnahmefällen aus dringenden familiären oder anderen gerechtfertigten Gründen stunden- oder tageweise unbezahlt freigestellt werden.

VIII. Erholungsurlaub

Nach dem AGB erhalten alle Werktätigen einen bezahlten Erholungsurlaub. Seine Dauer ergibt sich aus dem Grundurlaub sowie dem Zusatzurlaub, der entsprechend den in Rechtsvorschriften festgelegten Voraussetzungen gewährt wird. Einzelheiten regelt die VO über den Erholungsurlaub vom 28. 9. 1978 (GBl. I, S. 365). Danach beträgt seit dem 1. 1. 1979 der Grundurlaub 18 Arbeitstage. Einen erhöhten Grundurlaub erhalten: Jugendliche bis zur Vollendung des 18. Lebensjahres 21 Arbeitstage; Lehrlinge 24 Arbeitstage; vollbeschäftigte Mütter, zu deren Haushalt 3 und mehr Kinder bis zu 16 Jahren oder ein schwerstgeschädigtes bzw. blindes Kind ab Vollendung des 3. Lebensjahres gehören, 21 Arbeitstage und, wenn diese im Mehrschichtsystem arbeiten, 23 Arbeitstage. Einen arbeitsbedingten Zusatzurlaub von 1 bis 5 Arbeitstagen erhalten Werktätige, die überwiegend besonderen Arbeitserschwernissen ausgesetzt sind oder eine besondere verantwortliche Tätigkeit ausüben. Die Tätigkeiten, für die arbeitsbedingter Zusatzurlaub zu gewähren ist, und die Dauer des Zusatzurlaubs sind in den Rahmenkollektivverträgen festzulegen (Urlaubskataloge). In einer Liste sind die Tätigkeiten, für die im Betrieb auf der Grundlage des Urlaubskatalogs arbeitsbedingter Zusatzurlaub eingeräumt wird, und die Dauer des Zusatzurlaubs zu erfassen.
Werktätige, die ständig im Mehrschichtsystem arbeiten, erhalten einen Zusatzurlaub im unterbrochenen Zweischichtsystem von 3 Arbeitstagen, im durchgehenden Zweischichtsystem von 4 Arbeitstagen, im unterbrochenen Dreischichtsystem von 5 Arbeitstagen und im durchgehenden Dreischichtsystem von 6 Arbeitstagen. Schwerbeschädigte, Tuberkulosekranke und -rekonvaleszenten erhalten ei-

nen Zusatzurlaub von 3 Arbeitstagen, Blinde von 5 Arbeitstagen. Gesondert sollen die Voraussetzungen für die Gewährung und die Dauer des Zusatzurlaubs für Arbeiten unter klimatisch erschwerten Bedingungen geregelt werden. Kämpfer gegen den Faschismus und Verfolgte des Faschismus erhalten einen Erholungsurlaub von 27 Arbeitstagen.
Werktätige, die nur während eines Teils des Kalenderjahres in einem A.-Verhältnis stehen, erhalten Anteilurlaub. Eine Karenzzeit bis zur Entstehung des Urlaubsanspruchs gibt es nicht.
Der Erholungsurlaub ist grundsätzlich innerhalb des Kalenderjahres zu gewähren und zu nehmen. Aus dringenden betrieblichen Gründen oder auf Wunsch des Werktätigen kann festgelegt werden, daß der Erholungsurlaub bis zum 31. 3. des folgenden Jahres angetreten wird. Im Betrieb ist ein Urlaubsplan aufzustellen, der gewährleisten soll, daß der Erholungsurlaub die planmäßige Erfüllung der betrieblichen Aufgaben nicht gefährdet, die Wünsche der Werktätigen weitgehend berücksichtigt werden und mindestens 3 Wochen zusammenhängend als Erholungsurlaub gewährt werden. Er bedarf der Zustimmung der zuständigen betrieblichen Gewerkschaftsleitung.
Für die Zeit des Erholungsurlaubs erhält der Werktätige eine Urlaubsvergütung in Höhe des Durchschnittsverdienstes. Zusätzliches Urlaubsgeld ist unzulässig.
Anspruch auf Abgeltung des Erholungsurlaubs in Geld besteht nur dann, wenn a) die Gewährung des Erholungsurlaubs infolge Invalidität nicht mehr möglich ist, b) der Werktätige ihn bis zum 31. 3. des folgenden Jahres infolge ärztlich bescheinigter Arbeitsunfähigkeit, Quarantäne oder Freistellung von der Arbeit nicht antreten konnte, c) bei befristeten A.-Verhältnissen er infolge der genannten Gründe bis zur Beendigung des A.-Verhältnisses nicht genommen werden kann.

IX. Gesundheits- und Arbeitsschutz

Die grundsätzlichen Bestimmungen über den Gesundheits- und Arbeitsschutz und die über die Sozialversicherung enthält das AGB in zwei voneinander gesonderten Kapiteln.
1. Der Betrieb ist nach dem AGB verpflichtet, den Schutz der Gesundheit und Arbeitskraft der Werktätigen vor allem durch die Gestaltung und Erhaltung sicherer, erschwernisfreier sowie die Gesundheit und Leistungsfähigkeit fördernder Arbeitsbedingungen zu gewährleisten. Speziell die Betriebsleiter und die leitenden Mitarbeiter haben die Erfordernisse des Gesundheits- und Arbeitsschutzes sowie des Brandschutzes als Bestandteil der Leitung und Planung des Reproduktionsprozesses (→ **Reproduktion**) zu verwirklichen.
In Ausübung ihres Mitwirkungsrechtes haben die betrieblichen Gewerkschaftsleitungen, die ehrenamtlichen Arbeitsschutzinspektoren, die Arbeitsschutzkommissionen und die Arbeitsschutzobleute das Recht, Arbeitsmittel, Arbeitsverfahren und Arbeitsstätten zu überprüfen, Ermittlungen und Untersuchungen über Ursachen von Arbeitsunfällen, Berufskrankheiten, sonstigen arbeitsbedingten Erkrankungen und Arbeitserschwernissen durchzuführen und die Beseitigung von Mängeln zu fordern. Der Betriebsleiter hat der zuständigen betrieblichen Gewerkschaftsleitung die Einsichtnahme in wissenschaftlich-technische Arbeitsunterlagen zur Prüfung, ob bei neuen Projekten den Erfordernissen des Gesundheits- und Arbeitsschutzes Genüge geleistet ist, zu ermöglichen.
Der Betrieb hat ferner entsprechend den Rechtsvorschriften Einrichtungen des Betriebsgesundheitswesens (→ **Gesundheitswesen**, III. C.) zu schaffen und zu unterhalten.
2. Im einzelnen wird der Arbeitsschutz in der Arbeitsschutzverordnung (ASVO) vom 1. 12. 1977 (GBl. I, S. 405) und zahlreichen Arbeitsschutzanordnungen, die oft gleichzeitig Brandschutzanordnungen sind, geregelt. Insgesamt ist damit eine ausreichende gesetzliche Grundlage für den Arbeitsschutz vorhanden.
3. In den Betrieben sind zur Wahrnehmung von Aufgaben auf dem Gebiet des Gesundheits- und Arbeitsschutzes Sicherheitsinspektoren einzusetzen, Sicherheitsinspektionen oder andere Organe zu bilden, die den Betriebsleiter bei der Erfüllung seiner Pflichten auf diesem Gebiet unterstützen und ihm unmittelbar unterstellt sind.
4. Arbeitsmittel, Arbeitsverfahren und Arbeitsstätten müssen so entwickelt, projektiert, konstruiert, errichtet, in Betrieb genommen und instandgesetzt werden, daß die geforderte Arbeitssicherheit gewährleistet ist. Körperlich schwere und gesundheitsgefährdende Arbeit soll planmäßig eingeschränkt werden. Der Betrieb hat die erforderlichen Körperschutzmittel kostenlos zur Verfügung zu stellen.
Eingehend wird die arbeitsmedizinische Betreuung geregelt (→ **Gesundheitswesen**, V.).
5. Frauen (alle weiblichen Personen nach vollendetem 18. Lebensjahr) und Jugendliche (alle männlichen und weiblichen Personen vom vollendeten 14. bis zum vollendeten 18. Lebensjahr) werden besonders geschützt. Maßgebliche Rechtsgrundlage ist die Arbeitsschutzanordnung (ASAO) 5 vom 9. 8. 1973 (GBl. I, S. 465). Sie enthält absolute Verbote für bestimmte gesundheitsgefährdende Tätigkeiten für Frauen und Jugendliche.
6. Der Betrieb hat umfangreiche Belehrungspflichten gegenüber den Werktätigen in Fragen des Gesundheits- und Arbeitsschutzes. Sie müssen die erforderlichen Kenntnisse, Fähigkeiten und Fertigkeiten im Gesundheits- und Arbeitsschutz sowie Brandschutz besitzen und sind in regelmäßigen Abständen zu belehren.

7. Wird ärztlich festgestellt, daß ein Werktätiger wegen vorübergehender Minderung der Arbeitsfähigkeit oder zum vorbeugenden Gesundheitsschutz die vereinbarten Arbeitsaufgaben unter den bisherigen Bedingungen zeitweilig nicht ausführen kann, ist ihm „Schonarbeit" zu übertragen, deren Dauer bis zu 12 Wochen betragen und mit Zustimmung der Ärzteberatungskommission bis zu weiteren 12 Wochen verlängert werden kann.
8. Der Betrieb hat Unfallgefahren bei der Arbeit und andere arbeitsbedingte Gesundheitsgefährdungen zu beseitigen oder, wenn das nicht möglich ist, weitestgehend zu mindern. Die Werktätigen haben Mängel im Gesundheits- und Arbeitsschutz sowie Brandschutz und Arbeitsunfälle (Verletzungen im Zusammenhang mit dem Arbeitsprozeß und Wegeunfälle) sofort zu melden und erste Sicherungsmaßnahmen zu ergreifen. Arbeitsunfälle und Berufskrankheiten sind vom Betrieb im Zusammenwirken mit den betrieblichen Gewerkschaftsleitungen und der Einrichtung des Betriebsgesundheitswesens unverzüglich zu untersuchen und ihre Ursachen und begünstigenden Bedingungen zu beseitigen. Der Betrieb hat dem Werktätigen bei Schädigung seiner Gesundheit durch Arbeitsunfall oder Berufskrankheit Unterstützung und Hilfe zu gewähren. Beim Tode eines Werktätigen ist den Hinterbliebenen Hilfe zu leisten. Für die materielle Sicherheit bei Arbeitsunfall und Berufskrankheit gelten die Bestimmungen über Schadenersatzleistung des Betriebes (s. u. XIII.) und über Sach- und Geldleistungen der Sozialversicherung. Eine Entscheidung, ob ein Arbeitsunfall oder eine Berufskrankheit vorliegt, trifft die Betriebsgewerkschaftsleitung oder die Verwaltung der Sozialversicherung beim Kreisvorstand des FDGB (→ **Unfälle**).

X. Sozialpolitik im Betrieb

Wegen der Plangebundenheit der Betriebe sind diese nicht in der Lage, nach eigenem Ermessen → **Sozialpolitik** zu betreiben. Das AGB bestimmt, auf welchen Gebieten Sozialpolitik betrieben werden soll und wie die Mittel dafür aufzubringen sind.
1. Zur Sozialpolitik im Betrieb im weitesten Sinne gehört auch die Förderung des geistig-kulturellen Lebens, der Körperkultur und des → **Sports**. Nach dem AGB hat der Betrieb vor allem die materiellen, finanziellen und personellen Voraussetzungen für die Unterhaltung und Instandhaltung der betrieblichen Kultur-, Jugend- und Sporteinrichtungen zu schaffen und die dafür erforderlichen Maßnahmen in den Plan aufzunehmen. Im Rahmen seiner Möglichkeiten hat er den planmäßigen Ausbau dieser Einrichtungen zu gewährleisten. Die Kultureinrichtungen des Betriebes, wie Kulturhäuser, Klubs und Bibliotheken, stehen der Betriebsgewerkschaftsorganisation unentgeltlich zur Verfügung. Die Kultur- und Sporteinrichtungen des Betriebes dürfen von den Werktätigen, der Grundorganisation der → **Freien Deutschen Jugend (FDJ)**, der Grundorganisation des → **Deutschen Turn- und Sportbundes (DTSB) der DDR** und anderen gesellschaftlichen Organisationen unentgeltlich genutzt werden.
2. Die Regelungen des AGB beziehen sich auf folgende Bereiche der sozialen Betreuung: Arbeiterversorgung (vor allem Versorgung mit einer vollwertigen warmen Hauptmahlzeit, Zwischenverpflegung und Erfrischungen, Erleichterung für die Inanspruchnahme von Dienstleistungen und den Einkauf), Schaffung und Gestaltung von sozialen und sanitären Einrichtungen (Speiseräume, Umkleideräume, Waschanlagen und Ruheräume), Sicherung eines günstigen Berufsverkehrs, Sicherung der Wochenend- und Naherholung mittels der betrieblichen Erholungseinrichtungen, Unterstützung bei der Wohnraumversorgung, Betreuung der Kinder von Betriebsangehörigen und sozialistische Erziehung der Schuljugend, Betreuung der Wehrpflichtigen und der Arbeitsveteranen sowie die Gewährung finanzieller Unterstützungen, wenn es die soziale Lage eines Werktätigen erfordert.
3. Die Finanzierung der Sozialpolitik im Betrieb (einschließlich der Förderung des geistig-kulturellen Lebens und des Sports) erfolgt durch den → **Kultur- und Sozialfonds**. Jedoch können Rechtsvorschriften auch die Verwendung von Mitteln aus anderen → **Fonds** zulassen.
4. Im Rahmen der Bestimmungen über die Sozialpolitik im Betrieb ist auch die Sicherung mitgebrachter Gegenstände geregelt. Danach muß der Betrieb für die von den Werktätigen im Zusammenhang mit der Arbeit und der gesellschaftlichen Tätigkeit in den Betrieb mitgebrachten Sachen ordentliche und sichere Aufbewahrungsmöglichkeiten bereitstellen. Das gilt aber nicht für Kraftfahrzeuge.

XI. Besondere Rechte der werktätigen Frau und Mutter

In einem geschlossenen Kapitel enthält das AGB die Bestimmungen über die besonderen Rechte der werktätigen Frau und Mutter (→ **Mutterschutz/Förderung von Mutter und Kind**). Die Bestimmungen über die Förderung und den Schutz der → **Jugend** sind im AGB dagegen nicht in einem geschlossenen Kapitel enthalten, sondern auf die jeweiligen Sachgebiete verteilt. Offenbar soll so der besonderen Bedeutung der Frauenarbeit Rechnung getragen werden. Allerdings verweist auch das Kapitel über die Frauenarbeit häufig auf andere Stellen des AGB. Im einzelnen enthält dieses Kapitel Regelungen oder Hinweise auf Regelungen zur Dauer der Arbeitszeit vollbeschäftigter Mütter mit mehreren Kindern, zur Aus- und Weiterbildung von Frauen mit Kindern bis zu 16 Jahren, zum besonderen Schutz der werktätigen Frau im Interesse der Mutterschaft, zur Freistellung nach dem Wochenurlaub und zur

Schwangeren- und Mütterberatung, über Stillpausen und über den besonderen Kündigungsschutz für Schwangere und Mütter.
In diesem Kapitel, das speziell arbeitenden Frauen gewidmet ist, gibt es jedoch auch eine Regelung für Männer. Die für vollbeschäftigte werktätige Mütter geltenden Bestimmungen über die Dauer der Arbeitszeit und des Erholungsurlaubs finden danach auch für vollbeschäftigte alleinstehende Väter Anwendung, wenn es die Betreuung des Kindes oder der Kinder erfordert. Die Entscheidung darüber trifft der Betriebsleiter mit Zustimmung der zuständigen betrieblichen Gewerkschaftsleitung (→ **Frauen**, II. B.).

XII. Arbeitsrechtliche Verantwortlichkeit der Werktätigen

1. Werktätige, die schuldhaft (fahrlässig oder vorsätzlich) gegen die Arbeitsdisziplin verstoßen oder das sozialistische Eigentum beschädigt haben, sind disziplinarisch und/oder materiell zur Verantwortung zu ziehen. Das AGB definiert die Fahrlässigkeit und den Vorsatz abweichend vom → **Strafrecht** (IV.) und vom → **Zivilrecht**. Danach handelt der fahrlässig, der aus mangelnder Sorgfalt, Leichtfertigkeit, Gleichgültigkeit oder ähnlichen Gründen seine Arbeitspflichten verletzt bzw. das sozialistische Eigentum schädigt, obwohl er die Möglichkeit zum pflichtgemäßen Verhalten bzw. zur Verhütung des Schadens hatte. Vorsätzlich im Sinne des AGB handelt, wer seine Arbeitspflichten bewußt verletzt bzw. das sozialistische Eigentum bewußt schädigt oder sich mit diesen Folgen seines Handelns bewußt abfindet.
2. Wenn ein Werktätiger seine Arbeitspflichten schuldhaft verletzt und andere Formen der Erziehung nicht ausreichen, kann gegen ihn eine Disziplinarmaßnahme ausgesprochen werden. Diese sind: Verweis, strenger Verweis, fristlose Entlassung. Eine Disziplinarmaßnahme darf nur vom Disziplinarbefugten ausgesprochen werden. Disziplinarbefugter ist der Betriebsleiter. In der Arbeitsordnung kann die Befugnis zur Erteilung eines Verweises oder eines strengen Verweises auf leitende Mitarbeiter übertragen werden. Über den Ausspruch einer Disziplinarmaßnahme muß in einem Disziplinarverfahren entschieden werden, zu dem das AGB Einzelheiten festlegt. Der Disziplinarbefugte darf auch einen Antrag bei der Konfliktkommission auf Durchführung eines erzieherischen Verfahrens stellen (→ **Gesellschaftliche Gerichte**). Der Werktätige kann gegen eine Disziplinarmaßnahme innerhalb von 2 Wochen nach Zugang Einspruch bei der Konfliktkommission bzw. Kammer für Arbeitsrecht des Kreisgerichts (→ **Rechtswesen**, V.) einlegen. Verweis und strenger Verweis erlöschen mit Ablauf eines Jahres, eine fristlose Entlassung nach 2 Jahren. Letzteres hat jedoch nur Bedeutung für die Personalpapiere, weil durch die Löschung einer fristlosen Entlassung das beendete A.-Verhältnis nicht wieder auflebt.
3. Die materielle Verantwortlichkeit bedeutet, daß der Werktätige dem Betrieb zum Ersatz des Schadens verpflichtet ist, den er durch Verletzung seiner Arbeitspflichten schuldhaft verursacht hat. Grundsätzlich ist der Schadenersatz in Geld zu leisten. Aufgrund einer Vereinbarung mit dem Betrieb darf der Werktätige den Schaden auch selbst beheben. Für einen fahrlässig verursachten Schaden besteht eine Haftungsbegrenzung bis zur Höhe des monatlichen Tariflohnes. Bis zur 3fachen Höhe des monatlichen Tariflohns ist der Werktätige für einen fahrlässig herbeigeführten Schaden haftbar: beim Verlust von Werkzeugen oder anderen Gegenständen, die ihm vom Betrieb zur alleinigen Benutzung gegen schriftliche Bestätigung übergeben wurden, und beim Verlust von Geld, anderen Zahlungsmitteln oder Sachwerten, die er ständig oder zeitweilig allein in Gewahrsam hat. In den Rahmenkollektivverträgen kann festgelegt werden, daß die erweiterte materielle Verantwortlichkeit auch eintritt, wenn ein Werktätiger vereinbarungsgemäß mit einem anderen Werktätigen Geld, andere Zahlungsmittel oder Sachwerte ständig in Gewahrsam hat und die Arbeitsaufgabe das erfordert. In voller Höhe ist der Werktätige für einen vorsätzlich verursachten Schaden und für einen fahrlässig verursachten Schaden haftbar, wenn dieser durch eine unter Alkoholeinfluß begangene Arbeitspflichtverletzung herbeigeführt wurde und diese gleichzeitig eine Straftat darstellt, für die der Werktätige strafrechtlich zur Verantwortung gezogen wurde. Die materielle Verantwortlichkeit ist ausgeschlossen, wenn sie nicht innerhalb von 3 Monaten nach dem Bekanntwerden des Schadens und des Verursachers, spätestens jedoch innerhalb von 2 Jahren nach dem Eintritt des Schadens geltend gemacht wird. Dies hat vor der Konfliktkommission bzw. der Kammer für A. des Kreisgerichts zu geschehen, es sei denn, der Schaden geht nur bis 10 v.H. des monatlichen Tariflohnes des Werktätigen, wenn dieser sich schriftlich zum Schadenersatz verpflichtet hat. Nur dann darf der Betrieb auf den Schadenersatzanspruch verzichten, wenn der Werktätige einen angemessenen Teil der Schadenersatzsumme vereinbarungsgemäß gezahlt hat und durch vorbildliche Arbeitsdisziplin erwarten läßt, daß er künftig das sozialistische Eigentum achten wird.

XIII. Schadenersatzleistungen des Betriebes

1. Bei einem Arbeitsunfall oder einer Berufskrankheit hat der Betrieb dem Werktätigen den dadurch entstandenen Schaden zu ersetzen. Der Anspruch ist ausgeschlossen, wenn der Werktätige trotz ordnungsgemäßer Belehrung, Unterweisung und Kontrolle aus grober Mißachtung seiner Pflichten im

Gesundheits- und Arbeitsschutz diese vorsätzlich verletzt, dadurch der Arbeitsunfall herbeigeführt worden ist und die Ursachen dafür nicht vom Betrieb zu verantworten sind. Sozialversicherungs- und Versorgungsleistungen sind anzurechnen. Im Todesfalle haben die Hinterbliebenen Anspruch auf Schadenersatz. Die Bestattungskosten sind zu ersetzen.

2. Im übrigen gilt generell, daß der Betrieb dem Werktätigen schadenersatzpflichtig ist, wenn er Pflichten aus dem A.-Verhältnis oder bei der Vorbereitung des Arbeitsvertrages verletzt und dadurch für den Werktätigen ein Schaden entsteht. Ein vom Betrieb zu vertretendes Verschulden braucht nicht vorzuliegen. Die Verpflichtung zum Schadenersatz entfällt nur dann, wenn der Betrieb die Umstände, die zum Schaden geführt haben, trotz Ausnutzung aller ihm durch die sozialistischen Produktionsverhältnisse gegebenen Möglichkeiten nicht abwenden konnte.

3. Der Werktätige hat Anspruch auf Ersatz von Aufwendungen, die er zur Schadenminderung oder Gefahrenabwehr machen mußte, sowie auf Entschädigung für eingetretene Nachteile.

XIV. Kontrolle der Einhaltung des Arbeitsrechts

In einem geschlossenen Kapitel des AGB sind die Bestimmungen über die staatliche, betriebliche und gewerkschaftliche Kontrolle des A. sowie die Kontrolle des Gesundheits- und Arbeitsschutzes durch die Gewerkschaften und staatlichen Organe enthalten. Dieses Kontrollnetz zeigt, daß der ernsthafte Wille besteht, das A. in die Rechtswirklichkeit umzusetzen. Wegen seiner Bedeutung für die Erfüllung der „Hauptaufgabe" gilt das in besonderem Maße für die Bestimmungen, die produktionsfördernd wirken sollen.

XV. Entscheidung von Streitfällen

Das AGB legt in Übereinstimmung mit dem Gerichtsverfassungsgesetz (→ **Gerichtsverfassung; Rechtswesen**) und der Zivilprozeßordnung (→ **Zivilprozeß**) die Organe zur Entscheidung von Arbeitsstreitfällen und deren Zuständigkeit sowie die Rechte der Gewerkschaften und des Staatsanwalts (→ **Staatsanwaltschaft**) im Verfahren und die Organe zur Entscheidung von Streitfällen auf dem Gebiete der Sozialversicherung der Arbeiter und Angestellten fest.

XVI. Arbeitskräftelenkung

Außerhalb des AGB und seiner Folgebestimmungen ist die überbetriebliche Arbeitskräftelenkung geregelt. Rechtsgrundlage ist seit dem 1. 6. 1979 die AO zur Erhöhung der Wirksamkeit des Arbeitsvermögens vom 25. 5. 1979 (GBl. I, S. 115) (zuvor: VO zur Verbesserung der Arbeitskräftelenkung und Berufsberatung vom 24. 8. 1961 – GBl. II, S. 347). Danach haben die VEB, Kombinate, sozialistischen Genossenschaften und Einrichtungen sowie Handwerks- und Gewerbebetriebe dem Rat des Kreises, Amt für Arbeit (AfA), auf Anforderung freie Arbeitskräfte zu melden und die Bedingungen für die jeweilige Tätigkeit anzugeben. Sie haben das AfA unverzüglich zu informieren, wenn gemeldete Arbeitsplätze besetzt werden. Das AfA kann die Besetzung freier Arbeitsplätze von seiner Zustimmung abhängig machen. Die Betriebe haben dem AfA auf Anforderung Angaben über die → **Arbeitskräfte** und die eintretenden Veränderungen zu machen. Das AfA kann den Betrieben Auflagen zur Einstellung von Bürgern erteilen, wenn das aus gesellschaftlichen oder volkswirtschaftlich wichtigen Gründen erforderlich ist. Die Betriebe sind dann verpflichtet, dem Bürger einen seiner Qualifikation, seinen Kenntnissen und Fähigkeiten entsprechenden Arbeitsvertrag anzubieten. Ein Arbeitsloser oder jemand, dem die Auflösung des Arbeitsvertrages droht, ist genötigt, dieses Angebot anzunehmen, weil es eine → **Arbeitslosenversicherung** nicht gibt, es sei denn, er wolle sich von Familienmitgliedern oder anderen Personen unterhalten lassen. Bei wiederholter Ablehnung eines angebotenen Arbeitsvertrages ist sogar Strafverfolgung wegen → **Asozialen Verhaltens** möglich.

Das AfA kann den Betrieben auch zeitweilig die Einstellung von Arbeitskräften untersagen, also Einstellungsbeschränkungen anordnen.

Die öffentliche Werbung von Arbeitskräften durch Betriebe ist nur ausnahmsweise zulässig und bedarf in jedem Falle der Zustimmung des AfA.

Die Verantwortlichkeit für die Verteilung der Arbeitskräfte liegt beim → **Staatssekretariat für Arbeit und Löhne**, in örtlichen Bereichen, bei den AfA, die als Fachorgane bei den Räten der Bezirke, der Kreise, der kreisfreien Städte (Stadtkreise) und der Stadtbezirke bestehen.

Siegfried Mampel

Literaturangaben

Arbeitsrecht. Lehrbuch. Autorenkollektiv u. Ltg. v. Frithjof Kunz und Wera Thiel. Berlin (Ost): Staatsverlag der DDR 1983.

Arbeitsrecht-Grundrisse. Berlin (Ost): Staatsverlag der DDR 1979.

Sozialistisches **Arbeitsrecht** – Instrument zur Verwirklichung d. Einheit von gesellschaftlichen, kollektiven und persönlichen Interessen. Autorenkollektiv u. Ltg. v. F. Kunz. Berlin (Ost): Staatsverlag der DDR 1980.

Mampel, Siegfried: Arbeitsverfassung und Arbeitsrecht in Mitteldeutschland. Köln: W. Kohlhammer 1966.

Rüthers, Bernd: Arbeitsrecht und politisches System. Frankfurt a. M.: Fischer 1973. (Fischer Athenäum.)

Arbeitsstudium: Das A. ist Bestandteil der **Wissenschaftlichen → Arbeitsorganisation (WAO)** und eine Methode der sozialistischen → **Intensivierung und Rationalisierung**. Ausgehend vom Beschluß des → **Ministerrats** der DDR über die „Grundrichtung des Arbeitsstudiums, der Arbeitsgestaltung und der Arbeitsnormung als Bestandteil der komplexen sozialistischen Rationalisierung" (GBl. II, Nr. 18 vom 2. 3. 1967) und der Richtlinie über die Anwendung der wissenschaftlichen Arbeitsorganisation (GBl. I, Nr. 19, 1975) wird unter A. eine Methode der systematischen Analyse des Zusammenwirkens von Arbeitskraft, Arbeitsmittel und Arbeitsgegenstand im Arbeitsprozeß verstanden. Ziel des A. ist es, die „Voraussetzungen zu schaffen für – die rationelle Gestaltung der Arbeitsorganisation einschließlich der Verbesserung der Umweltbedingungen am Arbeitsplatz, – die Ermittlung von Rationalisierungsschwerpunkten, – die Begründung des Planes und die Plandurchführung" (Arbeitswissenschaften für Ingenieure, 4., völlig neubearb. Aufl., Berlin [Ost] 1980, S. 156).
Gegenstand des A. „ist die Untersuchung der Art und Weise des Zusammenwirkens der Werktätigen mit den Arbeitsmitteln und Arbeitsgegenständen unter gegebenen oder zu projektierenden Arbeitsprozessen und Arbeitsbedingungen mit Hilfe wissenschaftlicher Studienmethoden bzw. -verfahren" (ebda.).
Für die betriebliche Praxis wird folgendes Vorgehen für die Durchführung einer Arbeitsstudie vorgeschlagen:
1. Festlegung des Untersuchungszieles und Ausarbeitung der Aufgabenstellung. Ausgehend von Voruntersuchungen sowie der Auswertung vorhandener Analysen und statistischer Materialien werden die Ziele und Schwerpunkte der Arbeitsstudie bestimmt und deren Aufgabenstellung erarbeitet. Aufwand und angestrebter ökonomischer Nutzen sollen bereits auf dieser Ebene der Studie festgelegt werden.
2. Vorbereitung der Arbeitsstudie. Auf der Grundlage der Aufgabenstellung soll in dieser Phase die Arbeitsstudie sowohl politisch-ideologisch als auch technisch-organisatorisch vorbereitet werden.
Die politisch-ideologische Arbeit soll die Werktätigen von Inhalt, Ziel und Bedeutung der Arbeitsstudie im Rahmen der komplexen sozialistischen Rationalisierung überzeugen und ihre Bereitschaft zur Mitarbeit wecken.
Im Rahmen der technisch-organisatorischen Vorbereitung wird die Ablaufplanung vorgenommen, werden die an der Arbeitsstudie Mitwirkenden eingewiesen und die erforderlichen Arbeitsmittel und -unterlagen beschafft. Als weitere vorbereitende Maßnahme wird die Teilnahme an den verschiedenen Formen der sozialistischen Gemeinschaftsarbeit für die Durchführung und Auswertung der Arbeitsstudie organisiert.
3. Durchführung der Arbeitsstudie. Erfassung des Ist-Zustandes mittels verschiedener Verfahren und Methoden. Nach Aufnahme des Ist-Zustandes erfolgt dessen Analyse in quantitativer und qualitativer Form.
Aus dem Vergleich der Ergebnisse mit bestehenden Normativen werden Lösungsvarianten entwickelt.
4. Erarbeitung eines Veränderungsprojektes. Auf der Basis der Ergebnisse der Analyse des Ist-Zustandes wird der anzustrebende Soll-Zustand des Arbeitsprozesses erarbeitet. Dieses sog. Veränderungsprojekt beinhaltet bereits die notwendigen Schlußfolgerungen zur rationellen Gestaltung des untersuchten Arbeitsprozesses. Diese werden dem zuständigen Leiter zur Entscheidung vorgelegt und nach dessen Zustimmung durch die → **Arbeitsgestaltung** realisiert.

Arbeitsverpflichtung: A. als Maßnahme der Arbeitskräftelenkung im Sinne einer bindenden Weisung einer Behörde an einen Bürger, eine bestimmte Arbeit auf Dauer oder für längere Zeit zu übernehmen, gibt es seit 1954 nicht mehr. Indessen können die Maßnahmen der Arbeitskräftelenkung praktisch die Wirkung einer A. haben (→ **Arbeitsrecht**, XVI.).
§ 85 des → **Arbeitsgesetzbuches (AGB)** sieht eine innerbetriebliche A. insofern vor, als für die Dauer von 4 Wochen einem Betriebsangehörigen auch gegen seinen Willen eine Tätigkeit übertragen werden darf, die nicht zur vereinbarten Arbeitsaufgabe gehört. Dauert die ununterbrochene Übertragung einer anderen Arbeit im Betrieb länger als 2 Wochen, muß die betriebliche Gewerkschaftsleitung (→ **Betriebsgewerkschaftsorganisation [BGO]**) zustimmen (§ 88 AGB) (→ **Arbeitsrecht**, IV. 4.; **Arbeitskräfte; Fluktuation**). In Gefahrenlagen dürfen Bürger zur Arbeit oder zu Tätigkeiten verpflichtet werden (→ **Katastrophenschutz; Notstandsgesetzgebung**).

Architekten: In der DDR arbeiten die A. nahezu ausschließlich in den Planungs- und Projektierungsbüros der Gebietskörperschaften (Kreise, Städte, Bezirke) sowie der volkseigenen Betriebe und Baukombinate. Durch die Dominanz der Fertigbauweise (rund 95 v. H. aller Wohnungen werden industriell in Fertigbauweise erstellt) haben sich die Berufe des A. und des Bauingenieurs angenähert. Mit der Industrialisierung des Bauens sind nicht nur neue Berufe entstanden (z. B. Baumonteure), auch das Berufsbild des A. hat sich grundlegend verändert. Hinzu kommt die geänderte Stellung des A. innerhalb des Bauprozesses. Das Berufsbild des A. hat sich deshalb in verschiedene Funktionen aufgeteilt: Wissenschaftler, Planungsfachmann, Projektierungsfachmann („Entwerfer"), Produktionsfachmann; daneben gibt es eine Reihe von Sonderaufgaben: Statiker, Bauphysiker und andere. Private A. arbeiten nur noch vereinzelt, in der Regel mit den Projektierungsbüros zusammen. Neue private A. werden nicht mehr zugelassen.
Die Ausbildung erfolgt in 28 Bauberufen mit oder ohne Spezialisierung auf ganz bestimmte Fachbereiche. Die Studenten des Bauwesens können sich an den Hochschulen in 11 verschiedenen Fachrichtungen ausbilden lassen.
Ausbildungsstätten:
– Hochschule für Architektur und Bauwesen, Weimar (gegründet 1860, wiedergegr. 1946; Architektur, Städte-

bau, Bauingenieurwesen, Baustoffkunde, Gebietsplanung; Weiterbildungsinstitut seit 1969)
– Technische Universität Dresden (der Bereich Bauwesen der TU umfaßt ca. 40 Institute; Sektion Architektur: Gesellschaftswissenschaftliche und gestalterische Grundlagen, Technische Entwurfsgrundlagen, Siedlung und Territorium, Hochbau, Landwirtschaftsbau, Rekonstruktion und Gebäudeerhaltung)
– Technische Hochschule Leipzig (bis 1977: Hochschule für Bauwesen; insbes. Bautechnologie)
– Kunsthochschule Berlin (Ost) (Grundstudienrichtung Architektur)
– Hochschule für Verkehrswesen „Franz List“, Dresden (Bereich Verkehrsbauten)
– Hochschule für industrielle Formgestaltung, Halle-Burg Giebichenstein (Sektion: Produkt- und Umweltgestaltung im Bereich des Wohnungs- und Gesellschaftsbaus)
sowie
– Bauakademie der DDR (s. dort)
– Ingenieurschulen für Bauwesen:
a) Fachrichtung Hochbau in Berlin (Ost), Cottbus, Erfurt, Gotha, Leipzig, Magdeburg, Neustrelitz;
b) Fachrichtung Tiefbau in Berlin (Ost), Cottbus, Gotha, Leipzig, Magdeburg, Neustrelitz;
c) Fachrichtung Baustoffe/Bauelemente an der Ingenieurschule für Baustofftechnologie in Apolda.
Fachrichtungen:
– Ingenieurbau (Konstruktion und Statik): TU Dresden, HS Weimar, HS Leipzig
– Kommunaler Tiefbau
– Technologie der Bauproduktion (Leipzig, Ingenieurhochschule Wismar und Cottbus)
– Architektur (Weimar, Dresden)
– Städtebau (Weimar)
– Landschaftsarchitektur (Dresden)
– Vorfertigung im Bauwesen (Dresden)
– Informationsverarbeitung (Weimar)
– Betriebswirtschaft und Ingenieurökonomie im Bauwesen (Leipzig, Dresden)
– Gebiets- und Stadtplanung (Weimar)
Fachverband der A., Bauingenieure und Architekturwissenschaftler ist der **Bund der Architekten der DDR** (BdA/DDR – am 30. 10. 1952 als Bund Deutscher Architekten/BDA gegründet). Der BdA/DDR ist seit 1955 Mitglied der Union Internationale des Architectes/UIA, seit 1961 als selbständige Sektion. Die Mitgliederzahl des BdA/DDR liegt bei 4500. Er verleiht für besondere Leistungen auf dem Gebiet der Architektur die Schinkel-Medaille.
Die Aufgaben des BdA/DDR sind: Entwicklung der → **Architektur** in der DDR durch Fachdiskussionen über technische, ökonomische und ästhetische Fragen des Bauens; Förderung des wissenschaftlich-technischen Fortschritts im Bauwesen; Unterstützung der A.-Aus- und -Weiterbildung; Zusammenarbeit mit der → **Bauakademie der DDR** und mit anderen gesellschaftlichen Einrichtungen in Fragen des Bauwesens; Beratung staatlicher Stellen; Pflege internationaler Verbindungen; Ausschreibung von Wettbewerben u. a. Der BdA/DDR hat als Fachverband insgesamt die Aufgabe, die Ansichten von Partei- und Staatsführung, speziell des → **Ministeriums für Bauwesen** und der Bauakademie, bei den A. zu propagieren und ihre Verwirklichung durchzusetzen.
Organisatorisch baut sich der BdA/DDR wie folgt auf: 126 Betriebsgruppen (in volkseigenen Projektierungsbüros der Baukombinate, in den bezirklichen und städtischen Stadtplanungsbüros, in wissenschaftlichen Einrichtungen mit mindestens 5 BdA-Mitgliedern). 26 Kreisgruppen, 15 Bezirksgruppen. Die größten Betriebsgruppen bestehen in der Bauakademie, im VEB BMK IHB Berlin, im VEB WBK Erfurt, in der TU Dresden und im Magistrat von Berlin. Oberstes Organ des BdA/DDR ist der alle 4 Jahre stattfindende 2tägige Bundeskongreß; dieser wählt den Bundesvorstand, der seinerseits das Präsidium, den Präsidenten und die Vizepräsidenten wählt. Das Präsidium ist das zentrale leitende Organ des Fachverbandes. Die laufenden Geschäfte werden vom Bundessekretariat geführt. Der Präsident und/oder seine Vizepräsidenten vertreten den Bund nach außen.
Der Bundesvorstand besteht aus 88 Mitgliedern. Präsident: Ewald Henn (Bezirksarchitekt Erfurt; BdA-Vors. seit 1982). Vizepräsidenten: Hans Gericke (Bauakademie), Gerhard Krenz (Chefredakteur der Verbandszeitschrift „Architektur der DDR“, ehemals „Deutsche Architektur“), Wolfgang Urbanski (Bauakademie), Roland Korn (Chefarchitekt Berlin/Ost), Helmut Stingl (Komplexarchitekt WBK Berlin/Ost). Bundessekretär: Hubert Scholz.
Im Auftrage des Bundesvorstandes arbeiten Zentrale Fachgruppen (bei Bedarf können diese auch auf Bezirksebene gebildet werden): Architektur und bildende Kunst (seit 1968 gemeinsam mit dem → **Verband Bildender Künstler [VBK] der DDR**), Architekturtheorie, Aus- und Weiterbildung, Internationale Arbeit, Projektierung, Presse, Ausstellungen und Wettbewerbe, Frauen; Städtebau, Industriebau, Wohn- und gesellschaftliche Bauten, Rekonstruktion, Gebiets-, Stadt- und Dorfplanung, Landschaftsarchitektur, Innengestaltung/Ausbau. Veränderungen der Fachgruppen erfolgen nach Bedarf. Die Fachgruppen arbeiten in Fragen des Bauwesens mit anderen staatlichen und gesellschaftlichen Einrichtungen zusammen (z. B. → **Ministerium für Bauwesen,** → **Ministerium für Kultur,** → **Bauakademie der DDR,** → **Kammer der Technik,** → **Freier Deutscher Gewerkschaftsbund** [insbes. IG Bau/Holz], → **Kulturbund der DDR,** → **Urania, Gesellschaft zur Verbreitung wissenschaftlicher Kenntnisse**).
Kongresse: 1951 – 1. Deutscher Architektenkongreß; 1. Bundeskongreß 1952 in Berlin (Ost), 2. Bundeskongreß 1955 in Berlin (Ost), 3. Bundeskongreß 1957 in Leipzig-Markkleeberg, 4. Bundeskongreß 1961 in Berlin (Ost), 5. Bundeskongreß 1966 in Halle, 6. Bundeskongreß 1971 in Berlin (Ost), 7. Bundeskongreß 1975 in Berlin (Ost), 8. Bundeskongreß 1982 in Berlin (Ost).
Der BdA und die Bauakademie der DDR geben monatlich die Fachzeitschrift „Architektur der DDR“ heraus.

Architektur

I. Theorie
II. Geschichte
III. Baugebundene Kunst
IV. Information und Dokumentation

I. Theorie

A. als das Ergebnis einer Tätigkeit, die sich mit der Gestaltung der räumlichen Umwelt befaßt, hat von jeher einen ästhetischen (Baukunst) und ökonomischen (Bauwesen) Aspekt. Nach Auffassung der Theoretiker in der DDR sind durch die Veränderungen des gesellschaftlichen Systems seit 1945 zum ersten Male auf deutschem Boden die Voraussetzungen geschaffen worden, den Dualismus zwischen der künstlerischen und ökonomischen Seite des Bauens zu überwinden. Der Gegensatz von wenigen Kunstbauten und der Vielzahl kunstloser Bauten sei beseitigt und das Künstlerische zu einem durchgängigen Moment der Umweltgestaltung geworden, weil mit dem Marxismus-Leninismus die Möglichkeit bestehe, die objektiven Funktionen und Wirkungen der A. für die gesellschaftliche Produktions- und Lebensweise zu erkennen.
Es liegen keine Untersuchungen darüber vor, inwieweit die aufgrund dieser Prinzipien gebaute A. tatsächlich milieu- und bewußtseinsprägend geworden ist. Jedoch zeigen die Auseinandersetzungen in der bisherigen Geschichte der A. der DDR um die Begriffe → **Formalismus** bzw. → **Funktionalismus**, daß die jeweils konkret realisierte Verbindung von Ökonomie und Kunst nicht widerspruchsfrei war. So hat die Bekämpfung des Formalismus zugunsten des sozialistischen Realismus zu Qualitätsmängeln in der A. der DDR geführt, weil sich eine durch die Ökonomie des industriellen Bauens forcierte Monotonie breitmachte. Die Gefahren einer verbalen Ablehnung des Funktionalismus bei gleichzeitiger Praktizierung eines mit Zweckmäßigkeit begründeten Schematismus werden seit längerem diskutiert. Die jüngere DDR-A. versucht mit z. T. neuen Konzepten (→ **Städtebau**) diesen Gefahren zu entgehen, scheitert jedoch oft an den begrenzten ökonomischen Möglichkeiten der DDR oder an politischen Vorgaben, die Monumentalität als Alternative zur Monotonie verstehen. (→ **Bildende Kunst**, III.)

II. Geschichte

Die gesellschaftlichen Veränderungen in der SBZ/DDR nach 1945 schufen vor allem durch die Änderung der Eigentumsverhältnisse die Voraussetzungen für neue Möglichkeiten des Bauens: Grund und Boden sind überwiegend gesellschaftliches Eigentum bzw. können ohne größere Schwierigkeiten enteignet werden (→ **Aufbaugesetz**) (Inanspruchnahme); der größte Teil der Gebäude wie auch der Baubetriebe ist verstaatlicht; staatliche Organe sind nahezu die alleinigen Auftraggeber. Trotzdem hat es fast 20 Jahre gedauert, bis die städtebauliche Planung in die Volkswirtschaftspläne voll integriert war, bis über Verflechtungsbilanzen Städtebau, Industrieinvestition, Verkehrsplanung, Wohnungsbau und Raumplanung aufeinander bezogen wurden.
Es lassen sich 3 Etappen der A. der DDR unterscheiden:
1945–1955: Erste Wiederaufbauphase, Schaffung der theoretischen und praktischen Grundlagen für eine Neuorientierung des Bauens in der SBZ/DDR.
1955–1966: Durchsetzung der neuen Prinzipien des Bauens in der DDR, vor allem deutlich in der Industrialisierung des Bauwesens.
Seit 1966: Über die Grundprinzipien bestehen keine Diskussionen mehr. Die tatsächliche Bauleistung hängt von Entscheidungen der Parteiführung ab (z. B. Ulbricht: Ausbau der Stadtzentren, Honekker: Lösung der Wohnungsfrage).
Am bedeutsamsten für die Entwicklung des Bauens war die Zeit von 1954 bis 1967, in der sich die für die DDR typische Form der A. (industrialisierter Massenwohnungsbau – Akzentuierung der gesellschaftlichen Bauten) herausbildete. In dieser Phase wandelte sich die gesamte Bauwirtschaft von einem Handwerkszweig in einen Bereich der industriellen Fertigung mit allen Konsequenzen, die das für Architekten, Wissenschaftler, Baufunktionäre und auch für Auftraggeber und Benutzer der A. hatte.
Im einzelnen ist auf folgende Daten hinzuweisen:
1946 Wohnungsbauprogramm der KPD („Planwirtschaft im Wohnungsbau").
1950 1. Deutsche Bautagung in Leipzig (Fünfjahrplan: Industriezentren und Städtebau); 16 Grundsätze des Städtebaus; Aufbaugesetz; Nationales Aufbauprogramm.
1951 Gründung der Deutschen Bauakademie; Karl-Marx-Allee (damals Stalinallee) (1. Bauabschnitt).
1952 Beginn des Aufbaus von Eisenhüttenstadt (Grundstein 21. 8. 1950); Industriebau: Eisenhüttenkombinat Ost, Groß-Kokerei Lauchhammer, Eisenhüttenwerk Calbe, Stahlwerk Freital u. a.; Bund Deutscher Architekten (BDA) gegründet; 1. Ausgabe von „Deutsche Architektur" (April).
1953 Arbeiterwohnungsbaugenossenschaft/AWG gegründet.
1955 1. Baukonferenz der DDR „Programm der umfassenden Industrialisierung und Typisierung des Bauens"; Ministerrat: Wichtige Aufgaben im Bauwesen (Beschluß); 2. wissenschaftlich-technische Konferenz der DDR (Standardisierung, Typisierung, Normung); Richtlinien für eine einheitliche Typenprojektierung.
1956 Beginn: Hoyerswerda (industrielle Plattenbauweise); Industriebau: Schwarze Pumpe, Überseehafen Rostock, Reaktor Rossendorf, Kraftwerk Lübbenau u. a.

1958 Karl-Marx-Allee (2. Abschnitt); 2. Baukonferenz: Stärkung der örtlichen Bauindustrie; IX. RGW-Tagung: Ständige Kommission Bauwesen gegründet (Schaffung einer RGW-Maßordnung für den Fertigbau: TGL statt DIN).
1960 Industriebau: Petrochemie (Schwedt/Leuna II); Ministerrat: Grundsätze zur Planung und Durchführung des Aufbaus der Stadtzentren (Beschluß).
1963 Ministerrat: Anwendung der Grundsätze des NÖSPL im Bauwesen (Beschluß).
1965 Berlin (Ost): Straße Unter den Linden (1962–1965) fertiggestellt.
1966 4. Baukonferenz: Überwindung der Monotonie im Bauwesen; Anfänge der Metalleichtbauweise; Reorganisation des Instituts für Städtebau und A. der DBA.
1967 VII. Parteitag: Komplexe Generalbebauungspläne der Bezirke und Städte gefordert.
1968 4. Tagung des ZK der SED: Beschleunigter Aufbau der Zentren der wichtigsten Städte der DDR.
1971 Ensemble Alexanderplatz Berlin (Ost).
1973 10. Tagung des ZK der SED: Orientierung auf den Wohnungsbau (bis 1990) und die Sanierung der Altbausubstanz.
1976 Beschlüsse des Ministerrates zur Förderung des genossenschaftlichen und privaten Wohnungsbaus; Palast der Republik in Berlin (Ost); Architekturpreis der DDR (gegr.); Rekonstruktion des Bauhauses in Dessau.
1982 Politbüro des ZK des SED und Ministerrat: Grundsätze für Städtebau und Architektur (Gleichrangigkeit von Neubau und Erhaltung der Altbausubstanz).

Nach Auffassung der Architekten in der DDR drückt sich das Neue der DDR-A. insbesondere in 2 Bereichen aus: im Wohnungsbau und bei den gesellschaftlichen Bauten (z. B. beim Bau der Stadtzentren, → **Städtebau**). Im Wohnungsbau wurde die Industrialisierung des Bauens durchgesetzt. Die Entwicklung von Hoyerswerda bis zu den letzten Abschnitten von Halle-Neustadt weist Fortschritte auf. Trotz großer Anstrengungen ist jedoch der Wohnungsbestand stark überaltert und noch immer unzureichend ausgerüstet. Deshalb muß in den nächsten Jahren die Renovierung der Altbausubstanz eine noch größere Rolle spielen. Dies dürfte für die A. neue Probleme mit sich bringen, da sich die Bauweise des vergangenen Jahrzehnts – Aufbau 5stöckiger Wohnhäuser in Montagebau auf großen Freiflächen – in den Zentren der mittleren und kleineren Städte nicht fortsetzen läßt.

Die Konzentration der Mittel auf den Wohnungsbau hat seit 1971 dazu geführt, daß für den Bereich der „strukturbestimmenden" gesellschaftlichen Bauten weniger finanzielle Mittel zur Verfügung stehen. Das ambitionierte Programm des Umbaus der Stadtzentren aller größeren Städte der DDR wird nur dort, wo es wegen der Investitionen der Vergangenheit unumgänglich ist, weitergeführt. Die A. der DDR, die mit dem Aufbau der Zentren ein eigenes Gesicht zu bekommen schien, wurde durch die Diskussionen über die Verbindung mit der bildenden Kunst und die geforderte Umsetzung von Ergebnissen der Informationswissenschaften (Semiotik: Die A. soll unverwechselbare monumentale Zeichen geben) zunächst belebt, ist heute jedoch mehr oder weniger mit sozialpolitischen Aufgaben (Wohnungsbau) beschäftigt. Hinzu kommt eine Neubewertung der Altbausubstanz: Der Renovierung und Rekonstruktion von überkommenen Bauten wird aus ökonomischen, aber auch aus künstlerischen Erwägungen ein zunehmend größerer Stellenwert beigemessen.

Nach dem erklärten Willen von Partei- und Staatsführung der DDR soll die Wohnungsfrage bis 1990 durch den Bau (bzw. Um- oder Ausbau) von 2,8–3 Mill. Wohnungen gelöst sein. Die Gesamtkosten werden für die Jahre 1975–1990 auf über 200 Mrd. Mark geschätzt. Im laufenden Fünfjahrplan sollen 600000 Wohnungen neu gebaut und 340000 modernisiert werden. Seit 1971 wird der private Eigenheimbau in begrenztem Umfang gefördert (verstärkt seit 1976). Gegenwärtig werden jährlich etwa 13000 Eigenheime fertiggestellt (ohne Wochenendhäuser, „Datschen" o. ä.) (→ **Bau- und Wohnungswesen**, VII.; **Kredit**).

Die A. der DDR wird gegenwärtig von dem Bemühen bestimmt, Neubau und Erhaltung bzw. Modernisierung der Altbausubstanz als gleichrangige Aufgabe zu realisieren. Konkret heißt das: Deutliche Aufwertung der Altbauten. Die generell höhere Wertschätzung des vor 1945 Gebauten hat einen ökonomischen (bessere Ausnutzung des Bestehenden) und künstlerischen Aspekt. Zwar wird bisher eine dem westlichen Postmodernismus (→ **Funktionalismus**) vergleichbare Abwertung der Moderne abgelehnt, dennoch ist in der Baupraxis eine verstärkte Hinwendung zu historischen Bauten und Baustilen festzustellen. Beispiele hierfür sind Rekonstruktionen wie die Semperoper in Dresden, der Platz der Akademie in Berlin oder das Vorhaben, in Berlin wieder ein Stück Altstadt mit einer Mischung aus historischen und historisch nachempfundenen Bauten zu errichten (Bereich Nikolaikirche). Ein Ausweg aus dem Schematismus des Massenwohnungsbaus ist die Rückbesinnung auf das traditionelle Erbe; daneben stehen Versuche, durch bessere Qualität oder stärkere Berücksichtigung von Wünschen der Benutzer der DDR-A. zu mehr Vielfalt zu verhelfen.

III. Baugebundene Kunst

Seit der forcierten Industrialisierung des Bauens Mitte der 50er Jahre gibt es verstärkte Bemühungen, einer Monotonie im Bauwesen durch die bewußte Verbindung von A. und bildender Kunst zu begegnen. Ökonomische Zwänge sorgten bis heute dafür, daß Kunst hierbei Zusatz zum Zweckbau blieb. Trotzdem sind einige für die DDR typische Entwicklungen festzustellen, die alle von der Absicht geprägt sind, Kunst in der Verbindung mit A. aus dem abgeschiedenen Bereich eines Museums publikumsnah mitten in verkehrsreiche Stadtzentren oder in Wohngebiete zu stellen:

Alle Neubaugebiete der DDR enthalten Zeichen einer Verbindung von bildender Kunst und A. Am häufigsten anzutreffen ist die Bereicherung eines Fertigbaukomplexes durch Plastiken, hierbei reicht die Skala von politischer Monumentalität (Marx-Kopf von Lew Kerbel in Karl-Marx-Stadt) bis zur verspielten Kleinplastik, letztere oft als Brunnen.

Eine direkte Verbindung gehen Bildkunst und Bauwerk bei der Gestaltung großdimensionierter Wandbilder ein. Musterbeispiel ist hier der von Walter Womacka geschaffene Bildfries um das Haus des Lehrers auf dem Berliner Alexanderplatz (1964; mit 125 m × 7 m zugleich eine der flächenhaft größten Kunstschöpfungen in Europa). Die großen Wandbilder, Metallreliefs, Glasfenster, Kachelmosaiken, Keramiken oder im Innern auch Teppiche sind eine für die DDR kennzeichnende Form baugebundener Kunst.

In den 60er Jahren gab es unter der Wortführung von Hermann Henselmann (→ **Städtebau**) den Versuch, repräsentative Bauwerke selbst als signifikante Kunstwerke zu gestalten. Ein Beispiel für diese „Zeichen-A." ist das nach einer Idee von Henselmann 1968–1975 gebaute Leipziger Universitätshochhaus mit seiner zugespitzten Dachhaube. Der Unterschied zwischen diesem Trend und dem heutigen baukünstlerisch ambitionierten Bauen wird deutlich in dem direkt daneben errichteten Neuen Gewandhaus von Rudolf Skoda mit seinem von außen und innen einzusehenden über 3 Etagen laufenden 700 qm großen Wandgemälde von Sighard Gille. Dieses 1977–1981 fertiggestellte Bauwerk ist in jeder Hinsicht das gelungenste Beispiel einer Verbindung von Kunst und A. in der DDR.

In den Jahren des umfassenden politischen Umbruchs wurde baugebundene Kunst durch die Gestaltung radikal neuer Anlagen konzipiert (z.B. Alexanderplatz Berlin, Sachsenplatz Leipzig, Zentrum Karl-Marx-Stadt). Heute ist rücksichtsvolleres Einfügen des Neuen in die überkommene Bausubstanz mehr gefragt; durch ensemblegerechten Entwurf von Neubauten, durch Anpassung an die geschichtliche Umgebung vermischen sich Baukunst und Denkmalpflege (z.B. Planung Hotelneubau Dresden/Elbufer).

IV. Information und Dokumentation

Zentrale Einrichtung für Wissenschaft und Technik im Bauwesen ist die „Bauinformation" der → **Bauakademie der DDR**, 1020 Berlin (Ost), Wallstr. 27. Den Benutzern stehen neben ständig wechselnden Bauausstellungen und einer Fachbibliothek mit umfassenden Katalogen ein Recherchesystem für Dokumente (Verordnungen, Aufsätze, Fotos und Filme), Patente und technische Vorschriften zur Verfügung. Die Bauakademie publiziert eine Dokumentationskartei: Zeitgeschichte des Bauwesens der DDR, I. 1945–1970, II. 1971–1976 und eine Schriftenreihe für Bauforschung, insbes. Reihe: Städtebau und Architektur; VEB Verlag für Bauwesen, Berlin. Zeitschrift „Architektur der DDR" (1952 als „Deutsche Architektur" gegr.). → **Bau- und Wohnungswesen; Städtebau.** *Manfred Ackermann*

Literaturangaben

Andrä, Klaus, Renate Klinker u. Rainer Lehmann: Fußgängerbereiche in Stadtzentren. Hrsg. Bauakademie der DDR, Institut für Städtebau und Architektur. Berlin (Ost): Verl. f. Bauwesen 1981.

Architektur in der DDR. Berlin (Ost): Henschel 1980. (Schriften des Instituts für Städtebau und Architektur.)

Flierl, B.: Zur sozialistischen Architekturentwicklung in der DDR. Hrsg. Bauakademie der DDR. Berlin (Ost): Henschel 1979.

Krenz, Gerhard: Architektur zwischen gestern und morgen. Ein Vierteljahrhundert Architekturentwicklung in der DDR. Berlin (Ost): Verl. f. Bauwesen 1974.

Städte und Stadtzentren in der DDR. Ergebnisse u. reale Perspektiven des Städtebaus in der DDR. Hrsg. von Gerhard Krenz, Walter Stiebitz u. Claus Weidner. Berlin (Ost): Verl. f. Bauwesen 1969.

Städtebau in der DDR, in: Stadt – Zeitschrift für Wohnungs- und Städtebau. Hrsg. Vorstand der Unternehmensgruppe Neue Heimat. Sondernummer 1/1983. Hamburg 1983.

Arzneimittelversorgung: *1. Geschichtliche Entwicklung.* Die A. ist erst um 1970 auf einen Stand gebracht worden, der eine einigermaßen ausreichende Deckung des Bedarfs der Bevölkerung zuließ. Grund für die lange Jahre unbefriedigende Situation war zum einen, daß auf dem Gebiet der heutigen DDR bei Kriegsende zwar eine leistungsfähige chemische Grundstoffindustrie vorhanden war, aber keine ins Gewicht fallende Zahl oder Produktionskapazität pharmazeutischer Herstellungsbetriebe; entsprechend fehlten Fachkräfte für die Arzneimittel (Am.)-Fertigung. Zum anderen mangelte der Sowjetischen Besatzungsmacht das Verständnis für den hohen Am.-Bedarf der Bevölkerung (in der UdSSR ist auch heute noch, den Gepflogenheiten der russischen Medizin entsprechend, der Verbrauch pro Einwohner weit geringer als in westlichen Industrieländern). So kam der Aufbau einer Am.-Industrie nur zögernd zustande.

2. Versorgungslage. Gegenüber 1960 hat sich die Am.-Produktion der DDR etwa vervierfacht. Das Am.-Verzeichnis enthält rd. 1800 Humanmedikamente (für die Bundesrepublik Deutschland liegt die vergleichbare Zahl – also verschiedene Konzentrations- und Darreichungsformen des gleichen Produktes nicht gesondert gezählt – zwar wenig unter 9000, jedoch stellen 2000 Medikamente rd. 93 v. H. des Umsatzes). Bestimmte Am. sind zu gewichtigen devisenbringenden Exportartikeln geworden (Antibiotika, Insulin, Seren und Impfstoffe u. a. m.); die Ausfuhr ist dem Wert nach fast doppelt so groß wie die Einfuhr von Am. Exportiert werden die Produkte unter dem Warenzeichen „GERMED" („German Medikaments"). Für Ein- und Ausfuhr zuständig ist der Außenhandelsbetrieb „GERMED Export-Import", der seit 1980 dem „VEB Pharmazeutisches Kombinat GERMED" (s. u.) eingegliedert ist.
Die eigene Produktion reicht jetzt zusammen mit dem Import aus sozialistischen Partnerländern, vor allem aus Ungarn, für die Deckung des Grundbedarfs aus. Sie ist jedoch zu weiten Teilen auf den Import von Grund- oder Wirkstoffen angewiesen. Der Versuch eines forcierten Anbaus von Heilpflanzen hat dem nicht abhelfen können: Weitaus die meisten modernen Wirkstoffe sind synthetische Stoffe oder jedenfalls Chemieprodukte. Nicht wenige der heutigen Am. der DDR sind Lizenzerzeugnisse patentgeschützter ausländischer Präparate. Der Import der Wirkstoffe erlitt immer wieder starke Störungen oder Verzögerungen, da er von den jeweiligen Möglichkeiten des bilateralen Außenhandels abhängt. Bislang schlug, da größere Lagerbestände nicht gehalten werden durften, jeder Produktionsausfall schnell auf die Belieferung der Apotheken durch. Größere Elastizität im Vergleich zu den volkseigenen Betrieben hat viele Privatunternehmen lange am Leben erhalten, wenn auch nur als Halbstaatliche Betriebe, und auch das nur bis zu Beginn der 70er Jahre. Ähnlich vermochten die → **Apotheken** manche Mängel durch eigene Initiative auszugleichen.
Der Import von abgabefertigen Am. (Arzneifertigwaren) aus westlichen Ländern (Bundesrepublik Deutschland, Italien, Schweiz) beschränkt sich in der Regel auf Spezialpräparate, die nur den Hochschul- und den Bezirkskrankenhäusern für die „hochspezialisierte Betreuung" zur Verfügung gestellt werden. Die Entscheidung über die Aufnahme eigener Produktion von in westlichen Ländern neu entwickelten Am., der Versuch einer Parallelentwicklung brauchen ebenso wie das Anlaufen der eigenen Produktion lange Zeit. Daran haben die strengen Prüfvorschriften zur Sicherung von Qualität und Unbedenklichkeit bei ungenügender Kapazität der Prüfeinrichtungen erheblichen Anteil. Die Verzögerung macht, wenn die Anwendung neuer Wirkstoffe bei verbreiteten Krankheiten dringend erwünscht erscheint, Kranke wie Ärzte oft ungeduldig. Viele ihrer Klagen erklären und rechtfertigen sich aber auch aus der Enge des vorhandenen Sortiments an Am., die, wenn sich ein Am. für einen Kranken als nicht zuträglich erweist, ein Ausweichen auf verwandte, aber besser verträgliche Präparate nicht zuläßt.

3. Versorgungsplanung. Die Ungleichmäßigkeit der Versorgungslage mit ihren ungünstigen Auswirkungen auf die Stimmung in der Bevölkerung hat die Spitzen von SED und Staat mehrfach veranlaßt, Änderungen zu fordern. 1978 ist die Planung der A. durch eine gemeinsame AO des Ministers für → **Chemische Industrie** (MinChemI) und des Ministers für Gesundheitswesen (MinfGes) neu geregelt worden (AO über die Ermittlung und Planung des Am.-Bedarfs, die Sicherung einer bedarfs- und sortimentsgerechten Produktion sowie die Lagerhaltung von Am. für die Bevölkerung – Am.-Versorgungs-AO vom 30. 8. 1978. GBl. I, 1978, S. 356). Danach ist das (dem → **Ministerium für Gesundheitswesen** nachgeordnete) Staatliche Versorgungskontor für Pharmazie und Medizintechnik Fondsträger (→ **Fonds**) für Am., der VEB Pharmazeutisches Kombinat GERMED (→ **Betriebsformen und Kooperation**) bilanzbeauftragtes Organ. Zu bestimmten Terminen hat der Fondsträger (FTr) dem Bilanzbeauftragten Organ (BO) den voraussichtlichen Jahresbedarf für das Folgejahr zu melden, und zwar für jedes Einzelerzeugnis nach Menge und Wert. Auf dieser Grundlage sind entsprechende Wirtschaftsverträge abzuschließen. Nicht erfüllbare Bedarfsforderungen hat das BO dem MinChemI vorzulegen. Der FTr hat weiter zu bestimmten Terminen eine Analyse der Versorgungsleistungen des Vorjahres und der am Jahresende vorhandenen Bestände zu liefern. Bisher in der DDR nicht in Verkehr befindliche Am. kann nur das MinfGes beim MinChemI anfordern. Dieses hat daraufhin, in einer bestimmten Frist, Realisierungsmöglichkeit und Bereitstellungstermin bekanntzugeben. Schließlich hat das BO den FTr über den Stand der Entwicklung und die Einführung neuer oder weiterentwickelter Produkte zu bestimmten Terminen zu informieren.
Die weiteren Vorschriften betreffen die Verpflichtung des VEB Pharmazeutisches Kombinat GERMED zur bedarfsgerechten Bereitstellung und zur Kontrolle der an der Produktion beteiligten Betriebe sowie zur Einordnung der Fonds für die Deckung des Bedarfs an Roh-, Grund- und Hilfsstoffen usw. einschl. der Importfonds. Das Kombinat ist verpflichtet, eine Kapazitätsreserve von 10 v. H. seiner Produktionseinrichtungen zu halten. Für bedarfsgerechte Vorrats-, Bestands- und Reservehaltung ist umgekehrt das MinfGes verantwortlich. Die Durchführung liegt beim Versorgungskontor. Schwankungen des Bedarfs müssen durch Vorratshaltung aufgefangen werden, Bedarfsänderungen haben sich in Planänderungsanträgen niederzuschlagen.
Der Planungsprozeß ist typisch für ein Wirtschaftsgut, für das der Bedarf unbestritten und als dringlich anerkannt ist. Eine Besserung der Bedarfsdeckung ist, wie angesichts der Kompliziertheit des Prozesses vorauszusehen war, bisher nicht zu erkennen.

4. Forschung und Entwicklung. Entwicklung neuer und Weiterentwicklung bekannter Am. ist dem Akademie-Industrie-Komplex Arzneimittelforschung (in Berlin-Friedrichsfelde) übertragen, in dem das Institut für Wirkstoff-Forschung der → **Akademie der Wissenschaften (AdW)** und das Institut für Pharmakologische

Forschung des Kombinats GERMED zusammengefaßt sind. Die verfahrenstechnischen Entwicklungsaufgaben liegen beim Kombinat GERMED und bei dessen spezialisierten Pharmabetrieben. Neue Wirkstoffe sind in der DDR bisher nur ganz vereinzelt entwickelt worden. Die vorhandenen Kräfte werden voll in Anspruch genommen durch die Bemühungen um Parallelentwicklung von neuen Wirkstoffen oder Präparaten westlicher Länder, die unter Patentschutz stehen. Der Erwerb von Lizenzen soll auf diese Weise soweit wie möglich vermieden werden.

5. Medizintechnik. Auf dem Gebiet der medizintechnischen Geräte war die Ausgangslage nach dem Kriege günstiger: Hier waren Produktionsbetriebe und damit industrielle Erfahrungen und Fachkräfte vorhanden. Kriegszerstörte Betriebe wurden bevorzugt wieder aufgebaut. Hinderlich hat sich der Exportzwang in die UdSSR und die anderen sozialistischen Partnerländer ausgewirkt. Die wenigen Produktionsbetriebe sind 1980 zum Kombinat Medizintechnik in Dresden zusammengefaßt worden.

Gegenwärtig ist die Ausrüstung der Einrichtungen des Gesundheitswesens als ausreichend zu bewerten. Hochschulkliniken und Krankenhäuser der Zentralversorgung (Bezirkskrankenhäuser) gelangen zur Erfüllung ihrer Aufgaben in der „hochspezialisierten Betreuung" mit einiger Verzögerung in den Besitz aller wesentlichen westlichen medizintechnischen Neuentwicklungen (auch so teurer Geräte wie etwa Computertomografen), über Jahre freilich durch Westimporte (zumeist aus der Bundesrepublik Deutschland im → **Innerdeutschen Handel [IDH]**), bis schließlich auch bei diesen Geräten der eigene Nachbau gelingt. Störend wirkt sich, wie überall, der Mangel an Ersatzteilen aus.

6. Verteilungsfunktionen. Die Großhandelsfunktion für Am. und medizintechnische Geräte wird vom Staatlichen Versorgungskontor für Pharmazie und Medizintechnik in Berlin (Ost) wahrgenommen. Es untersteht dem MinfGes. In den Bezirken unterhält das Kontor 10 regionale Versorgungsdepots, von denen einige technisch gut ausgerüstet sind und über Datenverarbeitungsanlagen verfügen. In den Kreisen (oder gemeinsam für mehrere) werden (61) Versorgungsläger geführt. Sie sollen die Apotheken anleiten und insbesondere zeitweilige Versorgungslücken, die als Folge von fehlerhaften Bedarfsanalysen und von Dispositionsmängeln in Zusammenhang mit der Schwerfälligkeit des Verteilungsapparates häufig sind, dezentral ausgleichen.

Die Abgabe von Am. ist den → **Apotheken** und den ihnen nachgeordneten Am.-Ausgabestellen vorbehalten.

7. Rechtsgrundlagen. Das Am.-Gesetz (vom 5. 5. 1964 – GBl. I, S. 101) geht vom Prinzip der Zulassung (Registrierung) aus. Gefordert wird der Nachweis von Wirksamkeit und Unschädlichkeit sowie „Bedürfnis" und die Sicherung der Qualität. Für Herstellung, Qualitätsprüfung und -sicherung ist – auch bei industrieller Fertigung – das „Arzneibuch der DDR" maßgebend. Vom Deutschen Arzneibuch der Bundesrepublik Deutschland weicht es erheblich ab. In der jetzt geltenden Fassung des „2. Arzneibuchs der DDR" (1977) enthält es neben den Vorschriften über rd. 850 Arzneistoffe außerdem die Standardisierungsvorschriften des Compendium medicamentorum, des Arzneibuchs der RGW-Staaten, für die Prüfung und Qualitätssicherung im Am.-Verkehr innerhalb des → **Rates für Gegenseitige Wirtschaftshilfe (RGW)**. Für die Prüfung der Am. gilt die Richtlinie zur Prüfung neuer Am. (12. DB zum Am.-Gesetz – Prüfung von Am. zur Anwendung in der Humanmedizin – vom 17. 5. 1976, GBl. I, S. 248).

Über die Zulassung entscheidet der Zentrale Gutachterausschuß für Am.-Verkehr (ZGA); die Am.-Prüfung obliegt dem Institut für Am.-Wesen (IFAR) in Berlin (Ost), das auch die Sekretariatsgeschäfte des ZGA führt; beide unterstehen dem MinfGes.

8. Arzneimittelverbrauch. Der Am.-Verbrauch in der DDR ist hoch, besonders der von Schmerz-, Schlaf- und Abführmitteln, mehr noch der von Psychopharmaka. Pro Kopf und Jahr liegen die Ausgaben mit (1982) 206,91 Mark, gemessen am Einkommensniveau, höher als in der Bundesrepublik Deutschland (1982: 353,23 DM), gemessen am Produzierten Nationaleinkommen je Einwohner (12040 Mark) bzw. Nettosozialprodukt zu Faktorkosten je Einwohner (19900 DM) in grober Annäherung mit 1,7 bzw. 1,8 v. H. auf etwa gleicher Höhe. Von den Am., die außerhalb der Krankenhäuser verbraucht werden, sind 9,1 v. H. privater Verbrauch, werden also von den Bürgern aus eigenen Mitteln bezahlt, für 90,9 v. H. kommt die Sozialversicherung (→ **Sozialversicherungs- und Versorgungswesen**) auf.

Der Am.-Verbrauch ist nach den offiziellen statistischen Angaben ziemlich stabil; den für die Volkswirtschaft Verantwortlichen erscheint er offenbar als zu hoch. Die leitenden Fachorgane in SED und Staat dringen daher auf wissenschaftliche Verordnungsweise, will sagen Sparsamkeit in der Am.-Verordnung. Beim MinfGes ist eine Zentrale Therapiekommission (ZTK) gebildet worden, die „Empfehlungen für Diagnostik, Therapie, Prophylaxe und Metaphylaxe" im Einvernehmen mit den medizinisch-wissenschaftlichen Gesellschaften herausgibt. Therapiekommissionen in allen Bezirken und Kreisen sollen auf dieser Grundlage für die wissenschaftliche Am.-Therapie sorgen. Maßgebend sind dabei die jeweiligen Behandlungsmöglichkeiten entsprechend den tatsächlich verfügbaren Medikamenten. Medizinische Fachkräfte und Öffentlichkeit werden wieder und wieder darauf hingewiesen, daß etwa 30 v. H. der verordneten Am. von den Patienten nicht eingenommen werden, daß also eine sparsame Verordnungsweise den Kranken nicht schaden könne. → **Gesundheitswesen.**

Asoziales Verhalten: „Gesellschaftlich nützliche Tätigkeit ist eine ehrenvolle Pflicht für jeden arbeitsfähigen Bürger" (Art. 24 der Verf.). Der durch das 3. Strafrechtsänderungsgesetz vom 28. 6. 1979 (→ **Strafrecht**) neu gefaßte Straftatbestand des § 249 StGB „Beeinträchtigung der öffentlichen Ordnung und Sicherheit durch asoziales Verhalten" (bis dahin: „Gefährdung der öffentlichen Ordnung und Sicherheit durch asoziales Verhalten") enthält die strafrechtliche

Sanktion für die Verletzung dieser staatsbürgerlichen Pflicht zur Arbeit. Danach wird derjenige, der „das gesellschaftliche Zusammenleben der Bürger oder die öffentliche Ordnung und Sicherheit beeinträchtigt, indem er sich aus Arbeitsscheu einer geregelten Arbeit entzieht", mit Freiheitsstrafe bis zu 2 Jahren oder einer Strafe ohne Freiheitsentzug (→ **Strafensystem**) verurteilt. Im Wiederholungsfall oder bei bestimmten Vorstrafen ist Freiheitsstrafe bis zu 5 Jahren angedroht.
Zusätzlich zur Strafe oder in leichten Fällen kann auf staatliche Kontroll- und Erziehungsmaßnahmen erkannt werden. Für deren Verwirklichung sind gemäß § 4 Abs. 2 der VO über die Aufgaben der örtlichen Räte und der Betriebe bei der Erziehung kriminell gefährdeter Bürger vom 19. 12. 1974 (GBl. I, 1975, S. 130) in der Fassung der VO vom 6. 7. 1979 (GBl. I, S. 195) die örtlichen Räte verantwortlich. Diese sind berechtigt, Auflagen zur Erziehung und Kontrolle zu erteilen (→ **Kriminalität**, II., V.).
Die Strafbarkeit arbeitsscheuen Verhaltens ist bereits durch die VO über Aufenthaltsbeschränkung vom 24. 8. 1961 (GBl. II, S. 343) eingeführt worden. Gegen arbeitsscheue Personen konnte nach § 3 Abs. 2 dieser VO auf Verlangen der örtlichen Organe der Staatsmacht durch Urteil des Kreisgerichts **Arbeitserziehung** auf unbestimmte Zeit angeordnet werden.
Diese zunächst auch im § 249 StGB vorgesehene Strafart ist durch das 2. Strafänderungsgesetz vom 7. 4. 1977 abgeschafft worden. AV. gehört zu den Schwerpunkten der Kriminalität in der DDR. Die Zahl der nach § 249 StGB Verurteilten ist jedoch in der Kriminalstatistik oder in anderen Veröffentlichungen nie genannt worden.
Seit 1977 sind zahlreiche Verurteilungen wegen AV. darauf zurückzuführen, daß Ausreisewillige wegen ihres Antrags auf → **Übersiedlung in die Bundesrepublik Deutschland** ihren Arbeitsplatz verloren oder ihre Arbeit niedergelegt haben.

Ästhetik

I. Grundlegendes
II. Historische Entwicklung
III. Gegenwärtige Diskussion

I. Grundlegendes

A. Aufgaben und Hauptthemen

Ä., von Hegel als die „Philosophie der schönen Kunst" bestimmt, erhält im Rahmen des → **Marxismus-Leninismus** der DDR eine eigene Ausprägung. Die Wissenschaftler, die sich hauptsächlich mit ästhetischen Fragen beschäftigen, rücken mehr und mehr von der Kunst als Hauptgegenstand der Ä. ab und konzentrieren sich auf die „ästhetische Aktivität" und das „ästhetische Bedürfnis" der Menschen, auf „ästhetische Beziehungen" als Teil der gesellschaftlichen Beziehungen. „Die ästhetische Wissenschaft", so heißt es im Kulturpolitischen Wörterbuch (2. Aufl., Berlin [Ost] 1978, S. 59), hat die „Chance, sich von einer Theorie, die im wesentlichen bei der Deutung und Erklärung ästhetischer Phänomene verharrt, zu einer produktiven, die ästhetische Kultur der Gesellschaft aktiv mitgestaltenden Wissenschaft zu entwickeln". Diese ästhetische Kultur soll durch die Massenkommunikationsmittel dynamisiert und gefördert werden.
Dabei steht die bereits von Marx formulierte, im Kern utopische Vorstellung im Hintergrund, daß die Kunst untrennbar mit der Entwicklung der menschlichen Fähigkeit verbunden ist, der „gegenständlichen Arbeit" einen „universellen Charakter" zu verleihen und sie damit von den unmittelbaren materiellen Bedürfnissen abzuheben. Arbeit, Leben – als „praktische Erzeugung einer gegenständlichen Welt" (Marx) – sind der Kunst eng verwandt. Kunst ist menschliche Lebenstätigkeit.
So kann in der marxistisch-leninistischen Ä. das Schöne im Leben zur Hauptquelle des Schönen in der Kunst werden und umgekehrt. Problembereich ist damit nicht nur das Ästhetische in der Kunst, sondern auch das Ästhetische im Leben, im Alltag. Schön ist etwas, was ein positives ästhetisches Urteil bei anderen Menschen, mit denen der Künstler zusammen lebt und arbeitet, hervorruft. Schönheit ist dabei nicht bloß subjektive Empfindung. Ihre Wahrnehmung ist stets eine Widerspiegelung bestimmter objektiver Eigenschaften der Wirklichkeit, des objektiv Schönen. Zwar hat es, nach marxistisch-leninistischer Auffassung, in der Geschichte verschiedene Schönheitsbegriffe gegeben. Diese beleuchteten jedoch nur jeweils verschiedene Seiten des An-Sich-Schönen, das damit eine ahistorische Kategorie darstelle. Das Schöne in diesem Sinne impliziert immer einen Wahrheitswert, der sich seinerseits aus der marxistisch-leninistischen Weltanschauung bestimmt.
Kunst im Sinne der marxistisch-leninistischen Ä. ist sinnliche Widerspiegelung der Realität. Die adäquate Methode ist die des Realismus. Das künstlerische Material muß deshalb so bearbeitet werden, daß die objektiven und sinnlich wahrnehmbaren Erscheinungen in ihm wiedererkannt werden können. Dabei wird unterschieden zwischen dem bürgerlichen, kritischen Realismus, der die Realität der bürgerlichen Gesellschaft kritisiert, ohne allerdings ihre Ursachen und das in ihr ruhende Neue zu entdecken, dem dekadenten Naturalismus, der sich in der genauen Wiedergabe der Oberfläche der Phänomene erschöpft, und dem **sozialistischen Realismus**, der zum historisch-fortschrittlichen Wesen der Erscheinungen vorstößt.
Das Aufzeigen dieses Wesens in seinen sinnlich-konkreten Erscheinungsformen wird mit dem Begriff des Typischen analysiert. Indem sie Typisches, das in einem Auswählen und Umstrukturieren der

vorgefundenen Realität besteht, darstellt, erfüllt die Kunst ihre erkenntnisvermittelnde Funktion. Gleichzeitig ist durch die Erfahrung des Typischen ein normatives Element in die Kunst integriert: Typisch kann nur etwas sein, was das Wesen der (sozialistischen) Gesellschaft „richtig" widerspiegelt.
Die künstlerische Qualität eines Werkes erschöpft sich im Verständnis des Marxismus-Leninismus jedoch nicht in der „richtigen" Wiedergabe des Typischen. Gleichzeitig muß das Problem des Verhältnisses von Form und Inhalt gelöst sein. Dabei ist der Inhalt das Primäre. Ein bestimmter Inhalt zieht eine bestimmte Form nach sich, allerdings nicht immer. Auch ein historisch richtiger Inhalt kann in eine historisch inadäquate Form gefaßt sein. Vollkommen ist nur das Kunstwerk, in dem historisch richtiger Inhalt und Form harmonisch übereinstimmen. Wo der Inhalt ein historisches Verfallsprodukt ist (wie z. B. in der reaktionären bürgerlichen Literatur und Kunst von Joyce bis Beckett, von den Futuristen bis zu den Gegenstandslosen), mag zwar eine Form-Inhalt-Harmonie bestehen, aber sie wird als ästhetisch wertlos angesehen, da der Inhalt historisch überholt sei.

B. Philosophische Aspekte
1. Der marxistisch-leninistischen Ä. liegt eine bestimmte → **Anthropologie** zugrunde. Der Mensch als ein Wesen, das sich Wirklichkeit ästhetisch aneignet, erspürt und erkennt bestimmte Wertvorstellungen, die für die produktive Steigerung seines individuellen Lebens wie die gesellschaftlichen Prozesse entscheidend sind. Mit einer solchen These werden anthropologische, im Rahmen der Ä. relevante Vorstellungen, wie sie bei Aufklärungsphilosophen (Diderot) zu finden sind, jedoch auch die von Hegel und Lukács abgelehnt. Folglich wendet sich die marxistisch-leninistische Ä. in der DDR auch gegen die vor allem Hegel und Lukács zugeschriebene Behauptung, daß die Ä. mit der „Theorie der Kunst" identisch sei. In einer solchen Identifizierung, so wird argumentiert, würde das ästhetische Verhältnis nicht als „sinnliche Praxis des menschlichen Subjekts", sondern lediglich als Bewußtseinsphänomen begriffen.
2. Auch die Kunstwissenschaftler in der DDR fragen: Gibt es objektive Kriterien für den ästhetischen Wert? Im einzelnen gehen sie von folgenden erkenntnistheoretischen Voraussetzungen aus: Die objektive Welt ist vom Subjekt unabhängig. Sie wird im subjektiven Bewußtsein über die sinnliche Wahrnehmung in einem individuell unterschiedlichen Aneignungs- und Verarbeitungsprozeß widergespiegelt. Für das Bewußtsein gelten daher dieselben Gesetze der Dialektik wie in der objektiven Realität. Die gesellschaftliche Umwelt entwickelt sich jedoch in historischen Gesetzmäßigkeiten. Die einzelnen Subjekte sind in dieser historisch-gesellschaftlichen Umwelt Teile und vermitteln sie entsprechend ihrem Stand innerhalb der historischen Entwicklung der Gesellschaft durch ihre jeweilige gesellschaftliche Tätigkeit. Die Kunst als eine „spezifische Art und Weise der Widerspiegelung der Wirklichkeit" ist davon nicht unabhängig; sie ist nicht neutral. Im Gegenteil: Kunst ist stets „parteilich" (→ **Parteilichkeit**).
Das ästhetische Bewußtsein spiegelt das Sein nicht einfach wider, sondern lenkt die Tätigkeit des Menschen und wird zu einer subjektiven Voraussetzung für die praktische Veränderung der Welt. Damit ist zweierlei gesagt: die Kunst ist jeweils auch die Widerspiegelung einer bestimmten politischen Position; die Kunst hat als Form des Bewußtseins eine handlungsanleitende und damit erzieherische Funktion. Kunst verändert den Menschen und die Gesellschaft.
3. In der Geschichte ist Kunst stets Ausdruck der Ideologie der sie tragenden Klasse und des Standortes, den diese Klasse im Geschichtsverlauf einnimmt. Solange z. B. die Bourgeoisie noch fortschrittlich gewesen ist und gegen die Feudalaristokratie um demokratische Rechte gekämpft hat, erlebten die bürgerliche Kunst, Malerei, Literatur und Musik eine hohe Blüte. Mit dem Aufkommen der Arbeiterklasse jedoch wurde die Bourgeoisie historisch überholt, ihre Kunst verfiel. In ihrer Esoterik, Inhaltsleere und Unverständlichkeit (→ **Formalismus**) offenbart die bürgerliche Kunst ihre Verachtung der Massen und damit des Menschen. Da die Bourgeoisie ihren Sinn, ihre vorwärtsweisende Aufgabe in der Geschichte eingebüßt hat, gibt es keinen Sinn mehr, den der bürgerliche Künstler widerzuspiegeln hätte.
Demgegenüber, so wird behauptet, erreicht die Kunst in der entwickelten sozialistischen Gesellschaft eine neue Stufe. Auf der Grundlage des Marxismus-Leninismus sei ein sinnerfülltes Leben gegeben. Es existiert sowohl ein Sinn, den die Kunst widerzuspiegeln vermag, wie sie ihrerseits sinnbildend wirken kann und muß. Letzteres wird in jüngster Zeit besonders in den Vordergrund gestellt. Man spricht in diesem Zusammenhang von der „humanistischen" Funktion und Position der Ä.

C. Wissenschaftsorganisatorische Aspekte
Die Ä. ist Lehr- und Forschungsfach an den Universitäten und Hochschulen der DDR. Sie gehört zu den → **Gesellschaftswissenschaften**. Koordinierend und leitend wirkt der Wissenschaftliche Rat für marxistisch-leninistische Kultur- und Kunstwissenschaften mit Sitz bei der → **Akademie für Gesellschaftswissenschaften beim ZK der SED (AfG)**. Vorsitzender dieses Rates ist Prof. Dr. Hans Koch, Mitglied des ZK der SED, der gleichzeitig das Institut für Kultur- und Kunstwissenschaften an der

genannten Akademie leitet. Seit 1982 gibt es ein Institut für Ä. und Kunstwissenschaften an der → **Akademie der Wissenschaften der DDR (AdW)** (Direktor: Prof. Dr. Peter Feist).

Entsprechend ihrer Aufgabenstellung (s. o.) wird Ä. interdisziplinär betrieben. Geschichtswissenschaft, Kunstwissenschaft, Soziologie, Psychologie u. a. werden von der Ä., so heißt es im Kulturpolitischen Wörterbuch, „zur Lösung ihrer Probleme herangezogen". Der Kranz der Wissenschaften erweitert sich zusätzlich, wenn z. B. Probleme der Wohngebiets- oder Arbeitsplatzgestaltung (s. u., III.) zu behandeln sind.

II. Historische Entwicklung

Die Entwicklung der Ä. in der DDR ist im Rahmen der Entwicklung der → **Kulturpolitik** zu sehen; sie läßt sich in verschiedene Etappen unterteilen. Bis etwa 1956 (A) können 3 Richtungen unterschieden werden: die dogmatische mit einem besonders engen Realismusbegriff, die verschiedenen Tendenzen im Umkreis von Georg Lukács und Auffassungen im Umkreis von Bertolt Brecht. Charakteristisch für die Zeit bis etwa 1962 (B) waren vor allem die Versuche, den Einfluß von Lukács zurückzudrängen und einen neuen Realismusbegriff zu finden. Bis etwa 1976 (C) werden diese Diskussionen fortgeführt. Gleichzeitig ist eine starke Konzentration auf das Problem der gesellschaftspolitischen Wirkung der Ä. im allgemeinen und des Kunstwerkes im besonderen zu beobachten.

A. 1. Die dogmatische Richtung in der Ä. der DDR (vertreten u. a. durch W. Girnus und A. Kurella), die Grundlage der offiziellen Kulturpolitik war, ging von einem engen Realismusbegriff aus. Dieser war sowohl für die Malerei als auch für die Literatur, die Architektur und Musik verbindlich. Als das Neue des sozialistischen Realismus galt der neue Inhalt. Die neuen Beziehungen der Menschen, denen Schönheit, Kraft usw. zukommen soll, müssen im Kunstwerk unmittelbar und gegenständlich zum Ausdruck gebracht werden. Daher rührt der stark monumentale, emblematische Charakter der bildenden Kunst und der typisierende, „schönfärbende" der Literatur, daher z. B. die Betonung des positiven Helden, der Mut, Klugheit, Fleiß, Hingabe an die Sache des Sozialismus in sich vereinigt.

2. Die andere Richtung hatte ihren Hauptvertreter in Georg Lukács, der in Ungarn lebte, seine Hauptwerke jedoch in deutscher Sprache in der DDR veröffentlichte. Weitere herausragende Repräsentanten waren Ernst Bloch, Wolfgang Harich und Hans Mayer. Diese marxistisch-leninistische Ä. ging von einem freieren Verhältnis von Basis und Überbau aus und damit letztlich auch von einer anderen Anthropologie, einem anderen Erkenntnis- und Geschichtsbegriff. Die einzelnen Individuen, die in der Geschichte stehen, seien ideologisch zwar an ihre Klasse gebunden, ihre geistigen Arbeiten jedoch würden eine neue Realität schaffen, die ihre eigenen Gesetze habe, mittels derer sich ein schöpferischer Geist aus seiner Klassengebundenheit auch lösen könne. Damit wurde sowohl die Rolle des autonomen schöpferischen Subjekts als auch die des Geistigen gegenüber der Basis stärker betont.

3. Eine dritte Richtung, die – relativ unabhängig, im wesentlichen auf die Literatur und das Theater beschränkt – zu jener Zeit bestand, gründete sich auf die Anschauungen Bertolt Brechts. Auch sie kannte eine starke Betonung der Rolle des Subjekts. Das Schauspiel sollte keine Autorität sein, der sich das Publikum kritiklos unterordnet, sondern Gegenstand kritischen Überlegens. Um dies zu erleichtern, wurde der Ablauf der Spielhandlung „verfremdet". Weder Schauspieler noch Zuschauer sollten sich mit den dargestellten Personen identifizieren. Brechts Theorie der Verfremdung ist bis heute Bestandteil der Ä. in Ost und West.

B. Nach dem XX. Parteitag der KPdSU (1956) veränderte sich auch die kultur- und kunstpolitische Szene in der DDR. In der ästhetischen Theorie setzte sich eine neue Konzeption des sozialistischen Realismus durch. Hatte die dogmatische Richtung im Anschluß an A. A. Shdanow die Kunstgeschichte noch als Kampf zwischen Realismus und Antirealismus betrachtet und sie dem Kampf zwischen Idealismus und Materialismus in der Philosophiegeschichte gleichgesetzt, so wurde der Realismusbegriff nun historisiert. Als seine Entstehungszeit ist meist das Aufkommen des Bürgertums angegeben worden. Gleichzeitig wurde eine größere Autonomie des Inhalts postuliert. Der Akzent verschob sich von der „getreuen Wiedergabe der Realität" auf die „wahrheitsgetreue Wiedergabe". Darin war impliziert, daß ein richtiger Inhalt sich eine eigene Form suchen müsse. Allerdings wurde zugleich die formale Einheit des Kunstwerks gefordert. Die Details sollten sich nicht verselbständigen – weder in der fotografischen Wiedergabe der Realität noch im formalistischen Sinn. In dieser Realismusdiskussion war eine Kritik an der Theorie des Realismus, wie sie Lukács vertrat, enthalten. Nicht der „große (bürgerliche) Realismus" von Balzac bis Tolstoi sollte den ästhetischen Maßstab bilden, sondern die gesellschaftliche Wirklichkeit in der DDR.

Eine wichtige Neuerung in der ästhetischen Theorie war zu jener Zeit die begrifflich exaktere Unterscheidung von Kunst und Wissenschaft. In Anlehnung an die Konzeption des sowjetischen Ästhetikers A. I. Burow wurde postuliert, daß Kunst und Wissenschaft verschiedene Gegenstände hätten. Der eigentliche Gegenstand der Kunst sei das menschliche Wesen, der Mensch als gesellschaftliches Wesen in seiner individuellen wie in seiner gesellschaftlich-historischen Totalität, die von den Gesellschaftswissenschaften nicht erfaßt werde.

Ferner wurde der analoge Charakter von materieller und geistig-künstlerischer Arbeit stärker betont. Der Künstler und seine gesellschaftliche Arbeit rückten in den Vordergrund. Kunst wurde als „Praxis“ konzipiert. Sie sei mehr als bloß Erkenntnis, und dieses Mehr gewährleiste erst wahrhaften Realismus. Auch hier ist eine Frontstellung gegen Lukács und seine Konzeption des Künstlers als „Partisan“ deutlich zu erkennen.

C. Die beiden Hauptthemen der marxistisch-leninistischen Ä. der späten 50er Jahre, die Frage nach dem sozialistischen Realismus und das Problem der Stellung des Künstlers in der sozialistischen Gesellschaft, werden – unabhängig von Georg Lukács – weiterverfolgt. Den entscheidenden Schwerpunkt der ästhetischen Diskussion in den 60er und frühen 70er Jahren bildet jedoch die „Volksverbundenheit“ der Kunst. Volksverbundenheit bedeutet einerseits, daß die Kunst erzieherischen Charakter besitzt bzw. besitzen soll, dessen Vorbedingungen Verständlichkeit, Vermittlung von Erkenntnis und einem bestimmten Lebensgefühl sowie Parteilichkeit sind; andererseits, daß die Kunst sich den Prinzipien des sozialistischen Realismus unterzuordnen bzw. diese weiterzuentwickeln habe. In diesem Zusammenhang wird von Vertretern der marxistisch-leninistischen Ä. der wichtigste Gegenstand sowohl der ästhetischen Aktivität des Menschen wie des Künstlers, der diese Aktivität darzustellen habe – wie schließlich der Wissenschaft von der Ä.: der Mensch, konkreter gefaßt. Die Aufmerksamkeit wendet sich seiner Psyche, seinen Normen und Wertvorstellungen, seinen Lebensäußerungen und Lebensverhältnissen zu.

Diese Konzeption enthält u. a. auch die Aufhebung der Trennung von hoher Kunst und Volkskunst, die auf der ersten Bitterfelder Konferenz (24. 4. 1959) durch die Initiierung der Bewegung „schreibender Arbeiter“ unterstrichen, jedoch auf der zweiten Bitterfelder Konferenz (24./25. 4. 1964) durch eine stärkere Betonung der Arbeitsteilung zwischen Berufs- und Laienkünstler partiell wieder zurückgenommen worden war.

III. Gegenwärtige Diskussion

Die gegenwärtige Diskussion ist von dem Bemühen, Ä. zu den Vorstellungen von der **Sozialistischen → Lebensweise** und Kultur in Beziehung zu setzen, stark durchdrungen. So hat Ende der 70er Jahre eine lebhaft geführte Auseinandersetzung um die Konzeption des Ästhetischen begonnen.

Für eine Gruppe marxistisch-leninistischer Kunstwissenschaftler, die von den Autoren des Werkes „Ästhetik heute“ angeführt wird, erweitert sich das Ästhetische. Es schließt nunmehr die „schöne Kunst“ und die „volksverbundene Kunst“ ebenso ein wie außerkünstlerisch Ästhetisches. Hier wird das Ästhetische so konzipiert, daß es in allen Lebenstätigkeiten nachweisbar ist („Ä. des Alltags“). Die Wertattribute der Kunst, so behauptet man, sind in den Alltag gelangt und werden dort ihr Gewicht ständig erhöhen. Ästhetisches findet sich in der Stadt-, der Umwelt-, der Produkt-, der Arbeitsplatz- und Freizeitgestaltung, ja selbst in der Gestaltung der zwischenmenschlichen Beziehungen. Folglich hat sich auch die Ä. als Disziplin weiter zu öffnen und mit anderen Disziplinen (etwa der Architektur, Medizin, Soziologie und Psychologie im Falle der Wohngebietsgestaltung) zusammenzuarbeiten.

Ideologisch-philosophisch fundiert wird diese Variante der Ä. durch eine spezifische Ausdeutung des Konzepts der „ästhetischen Aneignung der Wirklichkeit“. Im Sozialismus sei – aufgrund der Tatsache, daß es unter den Bedingungen einer ausbeutungsfreien Gesellschaft „Arbeit in Freiheit“ (Marx) gebe – die ästhetische Aneignung allen Menschen, nicht nur dem Künstler und einer privilegierten Schicht möglich. Ferner begründet man die neue Auffassung mit dem Hinweis auf die im Zuge der **→ Wissenschaftlich-technischen Revolution (WTR)** veränderten ästhetischen Produktions-, Kommunikations- und Rezeptionsbedingungen.

Im Detail verlagern sich in dieser Ä., die sich auch „industrielle Ä.“ im Gegensatz zur „vorindustriellen Ä.“ nennt, einige Gewichte: Statt der ästhetischen Produktion wird die Rezeption betont; statt unter Wert- wird Kunst nunmehr überwiegend unter Funktionsgesichtspunkten gesehen.

Eine Gegengruppe von marxistisch-leninistischen Kunstwissenschaftlern, die in sich keineswegs homogen ist, bringt enger gefaßte, eher traditionelle Konzepte des Ästhetischen in die Debatte ein. Gleichzeitig benutzten Autoren wie Wolfgang Heise, Erhard John, Günther K. Lehmann, Erwin Pracht und Rita Schober die relative Offenheit der Diskussion, um auf lange vernachlässigte Themen aufmerksam zu machen. So wird angeregt, einmal wieder solche grundlegenden Kategorien wie das Schöne und Häßliche, das Erhabene und Niedrige, das Tragische und Komische zu behandeln oder sich mit Einzelheiten der „ästhetisch-künstlerischen Aneignung“ ebenso zu befassen wie mit der „praktisch-ästhetischen Aneignung“. Die Untersuchung der Kreativität im Hinblick auf ihre sozialen Determinanten und die vertiefte Behandlung von Fragen ästhetischer Wertung und Wahrheit werden ebenfalls als Desiderata genannt.

Zwei weitere Erscheinungen prägen die gegenwärtige Lage der Ä. in der DDR: Zum einen hat sich die Auseinandersetzung mit ästhetischen Theorien außerhalb des Marxismus-Leninismus der DDR intensiviert. Das gilt für die Positionen, die der späte Lukács in seinem 1981 auch in der DDR erschienenen Werk „Die Eigenart des Ästhetischen“ entwikkelt. Es trifft aber auch für hermeneutische (Dilthey, Jauß) und phänomenologische (Husserl, Ingarden)

Auffassungen zu. Zum anderen ist Bewegung in die ästhetische Diskussion dadurch gekommen, daß die Literatur- und Kunstsoziologie (→ **Soziologie und Empirische Sozialforschung**) in den letzten Jahren einen Aufschwung erfahren und eine Reihe von empirischen Untersuchungen zu Themen, die in den Bereich der Ä. gehören, vorgelegt hat.

Peter C. Ludz (†) / Ursula Ludz

Literaturangaben

Ästhetik heute. Autorenkollektiv u. Ltg. v. Erwin Pracht. Berlin (Ost): Dietz 1980.

Besenbruch, Walter: Zum Problem des Typischen in der Kunst. Versuch über den Zusammenhang der Grundkategorien der Ästhetik. Weimar: H. Böhlaus Nachf. 1956.

Demetz, Peter: Marx, Engels und die Dichter. Ein Kapitel deutscher Literaturgeschichte. Frankfurt a. M./Berlin: Europäische Verlagsanstalt 1969.

Einführung in den sozialistischen Realismus. Autorenkollektiv u. Ltg. v. Erwin Pracht. Berlin (Ost): Dietz 1975.

Feist, Peter H.: Künstler, Kunstwerk und Gesellschaft. Studien zur Kunstgeschichte und zur Methodologie der Kunstwissenschaften. Dresden: Verl. der Kunst 1978.

Fischer, Ernst: Kunst und Koexistenz. Beitrag zu einer modernen marxistischen Ästhetik. Reinbek bei Hamburg: Rowohlt 1966. (rororo aktuell. 53.)

Heise, Wolfgang: Realistik und Utopie. Aufsätze zur deutschen Literatur zwischen Lessing und Heine. Berlin (Ost): Akademie-Verl. 1982.

John, Erhard: Probleme der marxistisch-leninistischen Ästhetik. 2 Bde. Halle/Saale: Niemeyer Bd. 1: 1968 (2., neubearb. Aufl. 1976), Bd. 2: 1978.

Koch, Hans: Marxismus und Ästhetik. Zur ästhetischen Theorie von Karl Marx, Friedrich Engels und Wladimir Iljitsch Lenin. Berlin (Ost): Dietz 1961.

Krenzlin, Norbert: Das Werk ‚rein für sich'. Zur Geschichte des Verhältnisses von Phänomenologie, Ästhetik und Literaturwissenschaft. Berlin (Ost): Akademie-Verl. 1979.

Lehmann, Günther K.: Phantasie und künstlerische Arbeit. Betrachtungen zur poetischen Phantasie. Berlin (Ost)/Weimar: Aufbau 1966.

Lukács, Georg: Ästhetik, Teil I: Die Eigenart des Ästhetischen, 2 Halbbde. Neuwied/Berlin (West): Luchterhand 1963. (Georg-Lukács-Werke. 11, 12.) (DDR-Ausgabe: Berlin [Ost]/Weimar: Aufbau 1981.)

Marx, Karl, u. Friedrich Engels: Über Kunst und Literatur. Eine Sammlung aus ihren Schriften. Hrsgg. v. Michail Lifschitz. Berlin (Ost): Henschel 1950.

Redeker, Horst: Abbildung und Wertung. Grundprobleme einer Literaturästhetik. Leipzig: Bibliograph. Institut 1980.

Schlenstedt, Dieter: Wirkungsästhetische Analysen. Poetologie und Prosa in der neueren DDR-Literatur. Berlin (Ost): Akademie-Verl. 1979.

Thurn, Hans Peter: Kritik der marxistischen Kunsttheorie. Stuttgart: Enke 1976. (Kunst und Gesellschaft. 7.)

Atomenergie: Forschung und Entwicklung auf dem Gebiet der A. begannen in der DDR Ende 1955. Zentrum der **Kernforschung** ist das **Zentralinstitut für Kernforschung** mit Sitz in Rossendorf bei Dresden. Nach der Auflösung des beim → **Ministerrat** errichteten „Amt für Kernforschung und Kerntechnik" untersteht es seit dem 1. 5. 1963 der → **Akademie der Wissenschaften der DDR (AdW)**. Direktor des Instituts ist gegenwärtig Prof. Dr. G. Flach. Die Hauptarbeitsgebiete des Instituts betreffen: Fragen der Kernphysik, Radiochemie sowie Kernenergie. Das Institut ist Leitinstitut für die gesamte Kernforschung in der DDR. Es arbeitet eng mit entsprechenden wissenschaftlichen Einrichtungen in der Sowjetunion zusammen, in der auch ein großer Teil des wissenschaftlichen Nachwuchses – nach vorbereitendem Studium in Dresden – eine zusätzliche Ausbildung erhält.

Außerdem ist die DDR Mitglied des „Vereinigten Instituts für Kernforschung". Diesem 1956 gegründeten Forschungsinstitut mit Sitz in Dubna (UdSSR) gehören alle RGW-Länder sowie Nordkorea an. Es soll die wissenschaftliche Zusammenarbeit auf dem Gebiet der theoretischen und experimentellen Kernphysik ermöglichen. Die Finanzierung des Instituts erfolgt durch die Mitgliedsländer. Leitendes Organ ist das „Komitee der Bevollmächtigten Regierungsvertreter", in das jedes Land einen Vertreter entsendet. Über die Forschungsarbeiten entscheidet ein wissenschaftlicher Rat. Bis Ende 1981 weilten 60 DDR-Wissenschaftler für einen längeren Forschungsaufenthalt in Dubna. Darüber hinaus gibt es bilaterale Kooperationen; so mit dem Institut für Atomenergie (Kurtschatowinstitut) der UdSSR in Moskau.

Mit Unterstützung der Sowjetunion wurden in Rossendorf 1957 und 1962 die ersten Forschungsreaktoren in Betrieb genommen. 1958 erhielt das Institut aus der UdSSR ein Zyklotron mit 120 t Magnetgewicht. Einen Protonenbeschleuniger lieferte die UdSSR 1972.

Innerhalb von 20 Jahren wurde die Leistung des Rossendorfer Forschungsreaktors schrittweise von 2 Megawatt (MW) auf 8 MW erhöht. Die zum Betrieb benötigten Uran-Brennstäbe mit einem Anreicherungsgrad von 36 v. H. wurden von der UdSSR geliefert. Gegenwärtig stellen Arbeiten zur Neutronensteuerung einen wesentlichen Teil seiner Nutzung dar. Die wichtigste Arbeit des Forschungsreaktors ist die Produktion radioaktiver Nuklide. Die auch für den Export bestimmte Produktion erreichte 1977 einen Wert von über 8 Mill. Mark.

Rund 60 v. H. der Produktion des Rossendorfer Instituts an radioaktiven Präparaten werden exportiert. Das Isotopenlieferprogramm des Binnen- und Außenhandelsunternehmens Isocommerz GmbH in Berlin (Ost) enthält eine Vielzahl radioaktiver und stabiler Isotope für die Forschung sowie für medizinische und technische Zwecke. Nach der Sowjetunion ist die DDR der zweitgrößte Isotopenproduzent im RGW.

Eine weitere Forschungsstätte ist das Zentralinstitut für Hochenergiephysik der Akademie der Wissenschaften der DDR in Zeuthen. Fakultäten für Kerntechnik entstanden an der Technischen Hochschule in Dresden sowie an den Universitäten Leipzig, Rostock, Jena und Berlin (Ost). Darüber hinaus gründete die → **Kammer der Technik (KDT)** einen „Arbeitskreis Kernpraxis", der Kurse und Vorträge veranstaltet. 1979 wurde an der Ingenieurhochschule Zittau ein Lehr- und Forschungsreaktor in Betrieb genommen. Es handelt sich um den ersten wassermoderierten Reaktor im Hochschulwesen der DDR. Seine Kapazität beträgt 10 Watt. Diese Leistung ist zwar sehr gering, für Forschungszwecke ist sie jedoch ausreichend.

Kerntechnische Anlagen werden im „VEB Kombinat Kernenergetik" entwickelt und projektiert. Er ist gleichzeitig Leitbetrieb für den Bau kerntechnischer Anlagen. Das besondere Interesse der Atomenergieforschung gilt der Nutzung von Atomenergie für die Erzeugung von elektrischer Energie (→ **Energiewirtschaft**). Das ständige Zurückbleiben der Stromerzeugung hinter dem steigenden Bedarf führte zu Planungen, die für 1970 Atomkraftwerke mit einer Gesamtkapazität von 3000 MW vorsahen. Ende 1957 wurde nördlich von Berlin bei Rheinsberg (Mark) der Bau des ersten Atomkraftwerks mit einer Leistung von 70 MW begonnen. Es war das erste Kernkraftwerk im RGW außerhalb der UdSSR. Der von der UdSSR gelieferte Druckwasserreaktor nahm 1966 seinen Betrieb auf, 1971 wurde er auf eine Leistung von 75 MW aufgestockt. Den spaltbaren Kernbrennstoff liefert die UdSSR. Dieses Atomkraftwerk trägt jedoch nur teilweise zur Energieversorgung bei; es dient darüber hinaus Ausbildungs- und Forschungszwecken.

Das erste rein industriell genutzte Atomkraftwerk entstand in Lubmin bei Greifswald. Entscheidend für die Standortwahl waren das im Greifswalder Bodden vorhandene Kühlwasserreservoir sowie die Tatsache, daß die Nordbezirke keine Rohstoffgrundlage für Kohlekraftwerke besitzen. Die Endkapazität dieses Kernkraftwerks Nord (KKW Nord) – offizielle Bezeichnung zunächst VEB Kernkraftwerke Greifswald/Rheinsberg „Bruno Leuschner", seit 1980: VE Kombinat Kernkraftwerke „Bruno Leuschner", dessen Stammbetrieb das Kernkraftwerk in Lubmin ist – soll 3520 MW betragen. Mit dem Bau des Werkes wurde 1967 begonnen, im Dezember 1973 nahm der erste Reaktorblock seinen Probebetrieb auf. Ende 1979 lieferte der 4. Block erstmals Strom. Die Kapazität liegt z. Z. bei 1760 MW. Eingesetzt werden von der Sowjetunion gelieferte Druckwasserreaktoren (Wasser-Wasser-Energiereaktor WWER 440) vom Typ Nowo-Woronesh. Jeder von ihnen betreibt zwei 220-MW-Turbinen und wird im Gleichgewichtsbetrieb mit Urandioxyd beschickt, das auf einen 3,5-v.H.-Gehalt an spaltbarem Uran 235 angereichert ist. Der Jahresverbrauch eines Reaktors beträgt 14 t Uranbrennstoff; er wird von der UdSSR geliefert.

Beim Ausbau der Kernenergie sind allerdings bemerkenswerte Verzögerungen eingetreten. Anfang 1981 wurde noch die Verdoppelung der Kapazität des KKW Nord, also ein Zuwachs von 1760 MW, bis 1985 in Aussicht gestellt. Aus dem kurze Zeit später verabschiedeten Fünfjahrplan ergibt sich indes nur eine Kapazitätserweiterung um 440 MW; 1985 soll die Kernenergie wie bereits 1981 12–14 v. H. des Stromangebotes bereitstellen. Auch die Fertigstellung des 3. KKW in Stendal – dessen Bau bereits 1974 mit der UdSSR vereinbart wurde und dessen Gesamtkapazität rd. 3500 MW betragen soll – wird nicht entsprechend den ursprünglichen Plänen im Jahr 1985 erreicht. Priorität hat der Ausbau der Braunkohlekraftwerke. Die Umlenkung der Mittel auf die Braunkohlekraftwerksindustrie hatte zur Folge, daß die DDR ihren Lieferverpflichtungen an Ausrüstungsgegenständen für Kernkraftwerke gegenüber dem RGW nicht nachkommen konnte. Umgekehrt haben aber auch die UdSSR und andere RGW-Staaten Schwierigkeiten, die ursprünglich vereinbarten Investitionslieferungen vertragsgerecht zu erbringen, so daß auch aus diesen Gründen die Realisierung ursprünglicher Planungen unmöglich wurde. Erstmals soll im KKW Stendal ein 1000-MW-Reaktor aus der UdSSR eingesetzt werden.

Frühestens in der ersten Hälfte der 90er Jahre könnten neben den z. Z. eingesetzten thermischen Reaktoren auch „schnelle Brutreaktoren" in der DDR genutzt werden. Ihr Vorteil besteht darin, daß sie mehr spaltbares Material erzeugen, als sie benötigen.

Kontroverse Diskussionen über die Sicherheit von Atomkraftwerken werden in der DDR in der Öffentlichkeit nicht geführt. Vielmehr wird in der Presse ihre Umweltfreundlichkeit betont und das Sicherheitsproblem als grundsätzlich gelöst betrachtet. Die Problematik beider Aspekte wird in diesem Zusammenhang als wesentlich weniger kompliziert als z. B. bei Kohlekraftwerken oder in der chemischen Industrie dargestellt. Hinsichtlich der Aufbewahrung radioaktiver Abfälle heißt es, daß die hochaktiven Brennstoffe wieder zurück in die Sowjetunion geliefert werden. Abfälle mittlerer und schwacher Radioaktivität werden dagegen in ehemaligen Salzbergwerken gelagert. 1981 wurde das ehemalige Salzbergwerk Morsleben zur zentralen Endlagerstätte für radioaktive Abfälle bestimmt. Es befindet sich in der Nähe des Grenzüberganges Helmstedt/Marienborn, nördlich der Transitautobahn nach Berlin. Mit der zentralen Erfassung und Endlagerung radioaktiver Abfälle ist das VE Kombinat Kernkraftwerke „Bruno Leuschner, Betrieb Endlager für radioaktive Abfälle, Morsleben" beauftragt. Die Belange der Atomsicherheit und des Strahlenschutzes werden vom → **Staatli-**

Stromerzeugung aus Kernkraft

Jahr	in Gigawattstunden	Anteil an der Stromerzeugung in v. H.
1970	464	0,7
1975	2 740	3,2
1980	11 889	12,0
1982	10 849	10,5
1983	12 230	11,7

chen Amt für Atomsicherheit und Strahlenschutz der DDR wahrgenommen.
Die DDR ist Mitglied der Ständigen Kommission des RGW für die Zusammenarbeit auf dem Gebiet der friedlichen Nutzung der Atomenergie. Außerdem gehört sie der „Internationalen Wirtschaftsvereinigung für Ausrüstungen und Apparaturen zur Nutzung der Atomenergie" („Interatominstrument") sowie der internationalen Wirtschaftsvereinigung „Interatomenergo", beides Organisationen im → **Rat für Gegenseitige Wirtschaftshilfe (RGW)**, an.
Interatominstrument (gegründet im Februar 1972) hat die Aufgabe, Forschung, Entwicklung, Konstruktion und Produktion auf dem Sektor des kerntechnischen Gerätebaus zu koordinieren bzw. Spezialisierungsvereinbarungen herbeizuführen. Ferner soll sie Normen vereinheitlichen und den Lizenzaustausch organisieren. 1977 wurde von den Mitgliedsländern ein erster multilateraler Spezialisierungsvertrag geschlossen. Dieses Abkommen regelt die Aufteilung der Produktion von 26 Geräten, deren Anteil rd. 20 v.H. des RGW-Handels an kerntechnischen Geräten entspricht. Danach spezialisiert sich die DDR u.a. auf die Produktion von Dosimetern für medizinische Zwecke.
Die Zusammenarbeit auf dem Gebiet des Kernkraftwerkebaus zu koordinieren ist Aufgabe von „Interatomenergo". Diese im Dezember 1973 von den europäischen RGW-Ländern und Jugoslawien gebildete Wirtschaftsvereinigung soll als Generallieferant für Anlagen und Ausrüstungen für Kernkraftwerke fungieren sowie die Ersatzteilversorgung und die Ausbildung von Fachkräften sichern.
Die DDR hat 1972 den Vertrag über die Nichtweiterverbreitung von Kernwaffen (Atomwaffensperrvertrag) unterzeichnet. Seit 1973 ist sie Mitglied der Internationalen Atomenergieagentur (IAEA). Sie hat damit die Kontrolle ihrer kerntechnischen Anlagen durch internationale Inspektoren der IAEA unterworfen. Ziel dieser Kontrollen ist es, den militärischen Mißbrauch der friedlichen Nutzung von Kernenergie zu verhindern. Die DDR stellt Inspektoren, die im Namen der IAEA Sicherheitskontrollen in anderen Ländern durchführen. Der Brennstoffkreislauf dürfte allerdings zusätzlich einer strengen sowjetischen Kontrolle unterliegen.
Der Uranbergbau in der DDR erfolgt durch die Wismut-SDAG (→ **Uranbergbau**). Die UdSSR liefert die angereicherten Brennstäbe, und die DDR ist zur Rücklieferung der abgebrannten Stäbe verpflichtet, denn Wiederaufbereitung und Endlagerung der abgebrannten Stäbe erfolgen ebenfalls in der UdSSR.
Hinsichtlich des Exports kerntechnischer Anlagen in Drittländer hat sich die DDR dem internationalen Reglement unterworfen, das vom London Suppliers Club 1978 vereinbart wurde. Diese Richtlinien haben das Ziel, einen militärischen Mißbrauch ziviler Anlagen zu verhindern.

Aufbau des Sozialismus: Ursprünglich ein politisch-programmatischer Begriff, der der → **Sozialistischen Einheitspartei Deutschlands (SED)** zur Bezeichnung ihres Konzeptes gesellschaftspolitischer Transformation diente; er spielte dann jedoch bis in die Gegenwart eine Rolle in der historischen sowie ideologischen Diskussion über die → **Periodisierung** der Geschichte und Entwicklung der SBZ/DDR.
Auf der 2. Parteikonferenz der SED 1952 wurde der AdS. als die grundlegende Aufgabe verkündet. Er bedeutete auf wirtschaftlichem Gebiet die Ausdehnung des sozialistischen Sektors und auf politischem Gebiet die Durchsetzung des sowjetischen Modells der Volksdemokratie. Die vom V. Parteitag der SED (1958) in Angriff genommene „Vollendung des sozialistischen Aufbaus" beinhaltete vor allem die durchgängige Kollektivierung der Landwirtschaft. Der VI. Parteitag der SED (1963) verband seine Feststellung über den „Sieg der sozialistischen Produktionsverhältnisse" in Industrie und Landwirtschaft der DDR mit der Zielstellung, nunmehr den „umfassenden Aufbau des Sozialismus" durchzuführen. Der Begriff „umfassender Aufbau des Sozialismus" trat jedoch in den Hintergrund, als der VII. Parteitag der SED (1967) die „Gestaltung des entwickelten gesellschaftlichen Systems des Sozialismus" als neue Leitkonzeption einführte, die wiederum vom VIII. Parteitag der SED (1971) verworfen wurde, der statt dessen die „Gestaltung der **entwickelten sozialistischen Gesellschaft**" als neuen Orientierungsrahmen ausgab.
In dem Bemühen, trotz dieser begrifflichen Veränderungen die Kontinuität der Politik zu betonen, erklärte Kurt Hager 1971, die Begriffe „umfassender Aufbau des Sozialismus", „Gestaltung des entwickelten gesellschaftlichen Systems des Sozialismus" und „Gestaltung der entwickelten sozialistischen Gesellschaft" würden im wesentlichen das gleiche besagen. Nach der 1974 gültigen Etappensicht setzte 1945 in der SBZ die „Übergangsperiode vom Kapitalismus zum Sozialismus" ein, die 1961/62 nach dem „Sieg der sozialistischen Produktionsverhältnisse" abgeschlossen worden sei. Seitdem befinde sich die DDR in der Etappe der „Gestaltung der entwickelten sozialistischen Gesellschaft", auf die nach dem Erreichen eines durch bestimmte Kriterien gekennzeichneten Entwicklungsstandes die Etappe der „entwickelten sozialistischen Gesellschaft" bzw. des „reifen Sozialismus" folgen werden.
Sofern der Begriff AdS. gelegentlich noch auftaucht, wird er als zusammenfassende Bezeichnung für die „Übergangsperiode vom Kapitalismus zum Sozialismus" und die Etappe der „Gestaltung der entwickelten sozialistischen Gesellschaft" verwendet. → **Gesellschaftsordnung.**

Aufbaugesetz: Mit dem Ziel, die Kriegszerstörungen in den Städten zu beseitigen, erging das Gesetz über den Aufbau der Städte in der Deutschen Demokratischen Republik und der Hauptstadt Deutschlands, Berlin (Aufbaugesetz) vom 6. 9. 1950 (GBl., S. 965). Darin wird die Regierung der DDR beauftragt, für den planmäßigen Aufbau der zerstörten Städte der DDR zu sorgen. Die Regierung wurde ermächtigt, Städte, Kreise und Gemeinden oder Teile hiervon zu Aufbaugebieten

zu erklären. Diese Erklärung bewirkt, daß in diesen Gebieten eine Inanspruchnahme von bebauten und unbebauten Grundstücken für den Aufbau und eine damit verbundene dauernde oder zeitweilige Beschränkung oder Entziehung des Eigentums und anderer Rechte erfolgen kann.
Durch die DVO vom 7. 6. 1951 (GBl., S. 552) wurden generell die im Zentrum und im zentralen Bezirk der Städte Dresden, Leipzig, Chemnitz (später Karl-Marx-Stadt), Magdeburg, Dessau, Rostock-Warnemünde, Wismar und Nordhausen gelegenen Gebiete zu Aufbaugebieten erklärt. Gleichzeitig wurde das zuständige Ministerium (→ **Ministerium für Bauwesen**) ermächtigt, in Übereinstimmung mit der Staatlichen Plankommission weitere Städte, Kreise und Gemeinden oder Teile hiervon zu Aufbaugebieten zu erklären. Das ist durch verwaltungsinterne Weisungen geschehen. Hervorzuheben ist das „Aufbaugebiet Stadtzentrum" in Berlin (Ost). Die für den Aufbau beanspruchten Grundstücke im Aufbaugebiet gehen in Volkseigentum über. Dingliche Rechte sowie die Rechte aus Miet-, Pacht- und anderen Nutzungsverträgen erlöschen. Ein Rechtsmittel gegen die Inanspruchnahme gibt es nicht.
Für die Inanspruchnahme soll nach dem A. eine Entschädigung gezahlt werden. Das Entschädigungsgesetz dazu wurde erst am 25. 4. 1960 erlassen (GBl. I, S. 257). Die Entschädigung in Geld tritt für Gläubiger, deren dingliche Rechte erloschen sind, an die Stelle des in Anspruch genommenen Grundstückes. Soweit die Gläubiger daraus nicht befriedigt werden können, haftet der frühere Eigentümer des Grundstücks mit seinem sonstigen Vermögen. Für Trümmergrundstücke wird nur der Zeitwert ersetzt, obwohl die auf einem solchen Grundstück liegenden Reichsmarkhypotheken im Verhältnis 1 : 1 umgewertet wurden. Die Belastungen übersteigen deshalb in der Regel weit die Entschädigungen. Der Nutznießer dieser Regelung ist der Staat, dem über 80 v. H. der Hypothekenforderungen zustehen. Im übrigen werden als Entschädigung durch die für den Rat des Kreises zuständige Schuldbuchstelle Einzelschuldbuchforderungen und für Ansprüche bis zu 10000 Mark die Bewohnern der DDR zustehenden Sparguthaben begründet. Über die Schuldbuchforderungen und Sparguthaben können die Berechtigten seit 1960 jährlich mit bis zu 3000 Mark verfügen. Handelt es sich um Guthaben aus einer Entschädigung für ein Trümmergrundstück, sind diese Verfügungen erst seit 1965 erlaubt.
Durch eine Zweite DB zum A. vom 29. 8. 1972 (GBl. II, S. 641) wurde angeordnet, daß die Inanspruchnahme erst erfolgen darf, wenn alle Voraussetzungen gemäß der DB erfüllt sind und ein rechtsgeschäftlicher Erwerb des Grundstücks zugunsten des Volkseigentums bzw. die Sicherung der Instandsetzung, der Modernisierung, des Um- und Aufbaues sowie des Abrisses von Gebäuden auf andere Weise nicht zustande gekommen ist. Vor allem aber können nunmehr nach der Zweiten DB Grundstücke auch für den Bau von Eigenheimen in Anspruch genommen werden, die in Übereinstimmung mit der geplanten städtebaulichen Entwicklung dafür geeignet sind. Die Inanspruchnahme setzt voraus, daß Bürger, die die Zustimmung für den Bau eines Eigenheimes erhalten haben, nicht über ein geeignetes Grundstück verfügen und ein geeignetes volkseigenes Grundstück nicht bereitgestellt werden kann sowie der rechtsgeschäftliche Erwerb eines geeigneten Grundstücks durch den Bürger nicht zustande gekommen ist. Die Inanspruchnahme darf sich nur auf die tatsächlich benötigte Grundstücksfläche erstrecken. Nur so viel Boden soll für den Eigenheimbau in Anspruch genommen werden, wie entsprechend der staatlichen Orientierung über die Parzellengröße für ein Eigenheim erforderlich ist. Der Entzug von Bodenflächen aus der land- und forstwirtschaftlichen Nutzung für den Eigenheimbau darf nur in begründeten Ausnahmefällen mit Zustimmung der für die Bodennutzung verantwortlichen Staatsorgane erfolgen. Die Inanspruchnahme eines Grundstückes ist unzulässig, wenn dessen Eigentümer oder Nutzungsberechtigter selbst Bewerber für den Bau eines Eigenheimes ist (VO über den Neubau, die Modernisierung und Instandsetzung von Eigenheimen – EigenheimVO – vom 31. 8. 1978 – GBl. I, S. 425) oder wenn das Grundstück mit anderen gesellschaftlich notwendigen Bauwerken bebaut ist, insbesondere wenn es bereits Wohnzwecken dient.
Ferner können Grundstücke zur Sicherung der Instandsetzung, der Modernisierung, des Um- und Ausbaues sowie des Abrisses von Gebäuden in Anspruch genommen werden, wenn diese Maßnahmen mit der geplanten städtebaulichen Entwicklung im Territorium übereinstimmen und in den Volkswirtschaftsplan aufgenommen sind und der Eigentümer des Grundstückes nicht in der Lage oder nicht bereit ist, diese notwendigen Maßnahmen durchführen zu lassen, und andere Maßnahmen zur Sicherung der Instandsetzung, der Modernisierung, des Um- und Ausbaues oder des Abrisses sich nicht als zweckmäßig erweisen. Auch an den aufgrund der Zweiten DB in Anspruch genommenen Grundstücken entsteht Volkseigentum. Entschädigung erfolgt auf der Grundlage des Gesetzes vom 25. 4. 1960.

Aufklärung, Sexuelle: Die SED hat die Notwendigkeit der SA. spät anerkannt (Ulbricht auf dem V. Parteitag 1958) und die Voraussetzungen dafür nur zögernd geschaffen. SA. beschränkte sich zunächst nur auf → **Geschlechtserziehung** als Teil des Erziehungsprozesses, als eine Aufgabe der Pädagogen und ein Problem, das den Erziehungsfachmann anging. Ärzte hatten dabei nur Hilfe zu leisten, das Hygienemuseum in Dresden Unterrichtsmaterial bereitzustellen. Die eigentümliche kulturpolitische Bedeutung der Sexualität in der Industriegesellschaft unter dem Einfluß der visuellen Massenkommunikations- und Informationsmittel, zumal des Fernsehens und des Films, wurde – wie in der UdSSR – lange ignoriert. Die Ausbreitung der Antikonzeptionsmittel, insbesondere der Ovulationshemmer (→ **Schwangerschaftsverhütung und -unterbrechung**) hat die Probleme in der Gesamtbevölkerung zunehmend deutlicher werden lassen und Maßnahmen unausweichlich gemacht.

Das Familiengesetzbuch (1965) hat mit der Vorschrift der Errichtung von Ehe- und Familienberatungsstellen zunächst auf medizinischem Gebiet primär Schwangerschaftsverhütung und Familienplanung gefördert (→ **Familie; Familienrecht**, III.; **Schwangerschaftsverhütung und -unterbrechung**). Die Frauenkliniken der Hochschulen indessen haben sich der Mitwirkung in den Beratungsstellen entschieden zugewandt und damit der SA. als Voraussetzung gesunder seelischer Entwicklung in engem Zusammenhang mit dem Vordringen der Psychotherapie in der angewandten Medizin Anerkennung verschafft. Die jetzige Bezeichnung Ehe- und Sexualberatungsstelle (deren es über 200 gibt) läßt die Erweiterung der Aufgabe in dieser Richtung (neben rechtlicher und sozialer Beratung) erkennen.
Neben ihnen hat sich in jüngerer Zeit das **Nationale → Komitee für Gesundheitserziehung** den allgemeinen Aufgaben der SA. zugewandt. Die beträchtliche Zunahme der Neuerkrankungen an Geschlechtskrankheiten, zumal bei Jugendlichen, hat starke Impulse gegeben, ist aber zum Stehen gekommen. Die Zahl der erfaßten Neuerkrankungen an Gonorrhoe beträgt (1982) 300,0, an Infektiöser Syphilis 3,1 auf 100 Tsd. Einw.; sie ist von 1967 bis 1982 auf das 2,7fache bzw. 1,4fache gestiegen, mit deutlichen Schwerpunkten bei den Männern und Frauen im Alter zwischen 18 und 25 Jahren. → **Gesundheitswesen**, V.

Ausbildungsförderung: *1. Unterhalts- und Ausbildungsbeihilfen für Schüler und Lehrlinge:* Gemäß der 8. DB zum Gesetz über das einheitliche sozialistische Bildungssystem – Unterhaltsbeihilfen für Oberschüler und Ausbildungsbeihilfen für Lehrlinge – vom 15. 6. 1977 (GBl. I, S. 273) i. d. F. vom 11. 6. 1981 (GBl. I, S. 232) können für Schüler ab Klasse 9 an zehnklassigen allgemeinbildenden polytechnischen Oberschulen, Sonderschulen, Spezialschulen und Spezialklassen sowie für Schüler der Erweiterten Oberschulen Unterhaltsbeihilfen gewährt werden. Die Gewährung soll ausschließlich nach sozialen Gesichtspunkten erfolgen, d. h. sie kann nur gewährt werden, wenn das monatliche Bruttoeinkommen beider Unterhaltsverpflichteten zusammen mit einem Kind 900 Mark, mit zwei Kindern 950 Mark und mit drei Kindern 1000 Mark nicht übersteigt. Für Lehrlinge können zur beruflichen Förderung Ausbildungsbeihilfen gewährt werden; dies gilt auch für Lehrlinge der Abiturklassen in den Einrichtungen der Berufsbildung. Für Schüler von Spezialklassen an Universitäten und Hochschulen bzw. im Bereich der Kultur gelten die durch den Minister für Hoch- und Fachschulwesen bzw. den Minister für Kultur erlassenen Regelungen.
Für Schüler der Klassen 9 und 10 betragen die Unterhaltsbeihilfen mindestens 30 Mark monatlich; sie können bis auf 50 Mark, in besonderen Ausnahmefällen auch bis auf 60 Mark monatlich erhöht werden. Für Schüler der Erweiterten Oberschule und für Spezialschulen beträgt die Ausbildungsbeihilfe 110 Mark (Klasse 11) bzw. 150 Mark monatlich (Klasse 12). Für Lehrlinge betragen die Ausbildungsbeihilfen mindestens 30 Mark monatlich; sie können bis auf 50 Mark, in besonderen Ausnahmefällen auch bis auf 60 Mark monatlich angehoben werden.
In Heimen der Jugendhilfe bekommen alle elternlosen und familiengelösten Schüler und Lehrlinge sowie Schüler und Lehrlinge, deren Unterhaltsverpflichtete aufgrund ihres geringen Einkommens keine oder gemeinsam nicht mehr als 100 Mark Heimkosten erstatten, ebenfalls Unterhalts- bzw. Ausbildungsbeihilfen, und zwar Schüler der Klassen 9 und 10 und Lehrlinge mindestens 50 Mark, Schüler der Klassen 11 und 12 mindestens 80 Mark monatlich.
2. Lehrlingsentgelte: Entsprechend der VO über die Erhöhung der Entgelte der Lehrlinge vom 11. 6. 1981 (GBl. I, S. 231) richtet sich die Höhe des **Lehrlingsentgelts** sowohl nach dem Bereich, in dem die Lehrlinge tätig sind, als auch nach der Länge ihrer Ausbildung. So steigen die Lehrlingsentgelte im Bergbau unter Tage von 150 Mark im ersten Lehrhalbjahr auf 220 Mark im sechsten Lehrhalbjahr, im Bergbau über Tage sowie in der Metallurgie und in Gießereien von 130 Mark im ersten Lehrhalbjahr auf 200 Mark im sechsten Lehrhalbjahr. Alle übrigen Lehrlinge erhalten von 120 Mark im ersten Lehrhalbjahr bis 200 Mark im sechsten Lehrhalbjahr. Diese Regelung gilt nur für Lehrlinge mit Abschluß der 10. Klasse der allgemeinbildenden polytechnischen Oberschule. Lehrlinge ohne diesen Abschluß einschließlich der Lehrlinge in einer Teilausbildung erhalten ein um 15–50 Mark geringeres Entgelt.
3. Prämien für Schüler und Lehrlinge: Schülern der Erweiterten Oberschule können für hervorragende Leistungen in der wissenschaftlich-praktischen Arbeit von den betreffenden Betrieben und Institutionen Geldprämien gezahlt werden (Hinweise zur Honorarordnung für Arbeitsgruppenleiter der wissenschaftlich-praktischen Arbeit für Schüler der 11. und 12. Klassen der EOS und zu Sonderprämien in der wissenschaftlich-praktischen Arbeit vom 5. 5. 1972, VuM Nr. 11/72, S. 119). Ebenso werden Lehrlinge in den betrieblichen Einrichtungen der Berufsausbildung mit Geldprämien ausgezeichnet für die Erfüllung ihrer Kollektiv- und Einzelverpflichtungen im Rahmen des Berufswettbewerbs sowie für besondere Leistungen im Rahmen der FDJ-Arbeit, oder auf kulturellem und sportlichem Gebiet, insbesondere in der vormilitärischen Ausbildung (AO über die Planung, Bildung und Verwendung des Kultur-, Sozial- und Prämienfonds in den betrieblichen Einrichtungen der Berufsausbildung der Lehrlinge vom 21. 7. 1975, GBl. I, S. 600).
4. Stipendien: Die Gewährung von **Stipendien** (St.) für Studenten der → **Universitäten und Hochschulen** sowie → **Fachschulen** war bis 1981 abhängig von der sozialen Stellung des Studenten bzw. seiner Eltern und seiner Leistung. Zugleich waren sie ein Mittel zur Beeinflussung der sozialen Struktur der Studentenschaft. Mehr als 90 v. H. aller Studenten erhielten ein St. Seit 1981 erhalten im Direktstudium alle Studenten ein St.
a) Das Grund-St. beträgt 200 Mark monatlich. Es erhöht sich
– für ehemalige Zeitsoldaten, wenn besondere Voraussetzungen vorliegen, um 100 Mark;

– für Studenten, die sich verpflichten, nach dem Studium Berufssoldat zu werden, um 100 Mark;
– für Studenten, die vor dem Studium mindestens 3 Jahre als Facharbeiter gearbeitet haben, um 80 Mark;
– für erziehungsberechtigte Studenten um 50 Mark je Kind.

Aufgrund besonderer sozialer Verhältnisse kann das Grund-St. um weitere 50 Mark erhöht werden. In Berlin (Ost) studierende Studenten erhalten einen generellen Zuschlag von 15 Mark.

b) Leistungs-St. von 60, 100 oder 150 Mark werden bei besonderen fachlichen Leistungen im Studium (einschl. der Ausbildung im Marxismus-Leninismus), „hoher Studiendisziplin" und einer vorbildlichen politischen Haltung und aktiver gesellschaftlicher Tätigkeit ab dem 2. Studienjahr vergeben. Die Entscheidung darüber liegt bei der Hochschulverwaltung, die das Einvernehmen mit der FDJ-Leitung herstellen muß. Vorschläge unterbreiten die FDJ und die Hochschullehrer.

c) Sonder-St. Als Auszeichnung für hervorragende fachliche und politisch-gesellschaftliche Leistungen werden anstelle des Grund- und Leistungs-St. Sonder-St. vergeben. Die Zahl der jeweils zur Verfügung stehenden St. ist durch eine VO aus dem Jahre 1976 erheblich erhöht worden. Seit 1951 wird das „Wilhelm-Pieck-St." in einer monatlichen Höhe von jetzt 500 Mark an maximal 200 Studenten verliehen. Das „Karl-Marx-St." sieht sogar einen Förderungsbetrag von 550 Mark vor; die Höchstgrenze liegt ebenfalls bei 200 Studenten. Bis zu 50 Studenten der Studienrichtungen Germanistik, Kultur-, Kunst- und Theaterwissenschaften einschließlich der entsprechenden Studieneinrichtungen der Lehrerausbildung können das mit 450 Mark monatlich dotierte „Johannes-R.-Becher-St." erhalten.

Das 1976 eingerichtete „FDJ-St." (350 Mark) (für bis zu 300 Studenten) soll an „junge Arbeiter und Genossenschaftsbauern verliehen werden, die . . . in der Produktion tätig waren" und wegen ihrer hervorragenden Leistungen und ihrer politischen und gesellschaftlichen Aktivität zum Studium delegiert werden.

d) Valuta-St. DDR-Studenten im Ausland erhalten ein Valuta-St. in der Währung des Gastlandes, dessen Höhe im Vertrag mit dem Gastland geregelt wird. Aufgrund dieser Verträge erhalten ausländische Studenten in der DDR ebenfalls St. (→ **Ausländerstudium**). Im November 1973 wurde für chilenische Studenten und Aspiranten das „Salvador-Allende-St." eingerichtet, das alljährlich etwa 10–20 jungen Chilenen für Verdienste „im antiimperialistischen Kampf und für hohe Leistungen im Studium" verliehen wird. Es beträgt 500 Mark im Monat.

Ausfallzeiten: Differenz zwischen der nominellen Arbeitszeit (Kalenderarbeitszeit bzw. gesetzlich festgelegte Arbeitszeit) und der tatsächlich geleisteten Arbeitszeit (ohne Überstunden) während einer bestimmten Periode. A. entstehen bei
– Abwesenheit der Beschäftigten vom Betrieb, z.B. durch Urlaub, Krankheit, Schwangerschafts- und Wochenurlaub, Hausarbeitstag, Wahrnehmung gesellschaftlicher Funktionen, Teilnahme an Qualifizierungsmaßnahmen, unentschuldigtes Fehlen.
– Anwesenheit der Beschäftigten im Betrieb, z.B. durch Warte- und Stillstandszeiten aufgrund von Störungen, Pausenüberschreitung, Sitzungen und Versammlungen während der Arbeitszeit.

Man unterscheidet zwischen beeinflußbaren und nicht beeinflußbaren A. Das besondere Augenmerk gilt in der DDR den beeinflußbaren A.; offiziellen Äußerungen zufolge sind sie unverhältnismäßig hoch. Zu den beeinflußbaren A. zählen A. wegen Krankheit, Wahrnehmung gesellschaftlicher Funktionen, Sitzungen und Versammlungen während der Arbeitszeit, Warte- und Stillstandszeiten, Pausenüberschreitungen, unentschuldigten Fehlens u. ä.

Ausländerstudium: Grundlage des A. sind in zunehmendem Maße multilaterale Verträge im Rahmen des → **Rates für Gegenseitige Wirtschaftshilfe (RGW)**. Sie treten an die Stelle bilateraler Regierungsverträge und Kulturabkommen. Darüber hinaus bestehen Vereinbarungen mit internationalen Organisationen, z.B. der Internationalen Studenten-Union.

In der DDR studieren gegenwärtig Studenten aus mehr als 100 Staaten. Neben den sozialistischen Staaten stellen die Länder der Dritten Welt das größte Kontingent. Seit 1951 wurden vermutlich etwa 18000 ausländische Studenten an den → **Universitäten und Hochschulen** der DDR ausgebildet. Die größte Gruppe von ausländischen Studenten kommt seit Jahren aus der Demokratischen Republik Vietnam.

Die ausländischen Studierenden erhalten ein Stipendium, dessen Höhe in den Verträgen festgelegt wird. Im Rahmen des RGW besteht ein Stipendienfonds zur Ausbildung von Studenten aus den Ländern der Dritten Welt, über dessen Verteilung die Konferenz der Hochschulminister der sozialistischen Länder entscheidet.

Ein Schwerpunkt für das A. ist die → **Karl-Marx-Universität Leipzig**. Hier studieren gegenwärtig über 1000 ausländische Studenten aus mehr als 70 Staaten. Am 1956 gegründeten Herder-Institut der Universität werden die ausländischen Studenten in mehrmonatigen Lehrgängen und Sprachkursen auf das Studium in der DDR vorbereitet. Bislang (1983) haben nach offiziellen Angaben über 17000 ausländische Studenten das Institut besucht. Seit 1961 besteht an diesem Institut eine besondere Vorstudienabteilung für Studenten ohne Hochschulreife, die in mehrjährigen Kursen neben der deutschen Sprache das erforderliche Fachwissen der Schwerpunktfächer der erweiterten Oberschule vermittelt und zur Sonderreifeprüfung führt. Darüber hinaus ist das Institut für die Förderung deutscher Sprachkenntnisse im Ausland (→ **Germanistik**, 3.) verantwortlich. Da die Kapazitäten des Instituts nicht mehr ausreichen, wird die Sprachausbildung immer mehr in die Entwicklungsländer verlagert und werden Lehrer aus der DDR dorthingeschickt. → **Entwicklungshilfe.**

Auslandspropaganda: Die A., oder in einem weiteren Sinn internationale politische Kommunikation, ist eines der wichtigsten Instrumente der → **Außenpolitik** der DDR. Während die jeweiligen diplomatischen, wirtschaftlichen und militärischen Instrumente materieller Bestandteil der Außenpolitik sind, beeinflußt die A. als Form der Selbstdarstellung in entscheidendem Maße das Bild, das im Ausland von der DDR besteht. Dadurch, daß A. die außenpolitischen Entscheidungsträger und „Meinungsmacher" in anderen Staaten in ihrer Einstellung zu außenpolitischen Problemen zu beeinflussen vermag, ist A. ein ergänzendes, die übrigen Aktivitäten unterstützendes Element im außenpolitischen Instrumentarium der DDR. Da lange Zeit die klassischen Mittel der Diplomatie aufgrund der Nichtanerkennung der DDR nur in begrenztem Umfang eingesetzt werden konnten, war die A. besonders wichtig: Ihr Ziel war es, Unterstützung für die Anerkennung, das wichtigste kurzfristige außenpolitische Ziel der DDR, zu gewinnen. Daher wurde A. in allen geographischen Regionen, insbesondere in der Dritten Welt, betrieben. Dies geschah auch gegenüber Osteuropa in der Absicht, die als Erbe des II. Weltkrieges entstandenen antideutschen Ressentiments in jenen Ländern abzubauen und dafür zu werben, daß das „neue" Deutschland auch psychologisch akzeptiert wird.

In der Phase nach der weltweiten Anerkennung der DDR haben sich die Ziele der A. teilweise verändert. Nunmehr soll sie:

1. einen Beitrag zum Zusammenhalt des sozialistischen Blocks durch verstärkte Inter-Blockkommunikation leisten, die die politische und wirtschaftliche Integration stärkt,
2. ein vorteilhaftes internationales Image der sozialistischen Staatengemeinschaft als Ganzes vermitteln (vor allem durch Korrektur der vorherrschenden negativen Vorstellungen vom Sozialismus) und um Unterstützung für ihre spezifischen außenpolitischen Ziele werben, während gleichzeitig ein negatives Image des kapitalistischen Systems verbreitet wird,
3. soll die A. Ausländern gegenüber den Unterschied zwischen den beiden deutschen Staaten verdeutlichen, indem sie ein klares und positives Profil des „progressiven" sozialistischen deutschen Staates und ein negatives Bild von der „perspektivlosen" Bundesrepublik zeichnet,
4. hat die A. einen Beitrag zur Politik der → **Abgrenzung** gegenüber der Bundesrepublik Deutschland zu leisten. Ziel und Zweck von A. ist es, „mit den Mitteln und Methoden der Agitation und Propaganda die Volksmassen in anderen Ländern so über . . . den Sozialismus zu informieren, daß sie durch Erkenntnis und Wahrnehmung ihrer eigenen Interessen zu aktiv Handelnden, zu Subjekten in den internationalen Beziehungen werden können. Es geht der sozialistischen Auslandsinformation also um die Bewußtheit und Organisiertheit der Volksmassen . . ." (Deutsche Außenpolitik, 5/1972, S. 900f.)

Diese Ziele machen deutlich, daß sich die A. der DDR zum einen an die sozialistisch-kommunistisch regierten Staaten richtet. Einen zweiten Schwerpunkt bilden die nicht-sozialistischen, vor allem die westeuropäischen Staaten, gefolgt von denen der Dritten Welt. Um diese kurz-, mittel- und langfristigen Ziele zu erreichen, steht der A. der DDR ein breites Spektrum zentral geleiteter und koordinierter Kommunikationsmittel zur Verfügung. Hierzu gehören bedeutsame, meinungsbeeinflussende Informationskanäle wie die Rundfunksender „Stimme der DDR" (gerichtet an die Bevölkerung der Bundesrepublik Deutschland) und „Radio Berlin International" (RBI; 349 Sendestunden pro Woche in 11 Sprachen; RBI-Hörerklubs in den Empfängerländern zum regelmäßigen Abhören, zur Diskussion und zur Weiterverbreitung der Sendungsinhalte). Ferner zählen dazu fremdsprachige Bücher mit für die DDR werbenden Inhalten (Verlag „Zeit im Bild", Dresden), Zeitungen, Zeitschriften, Film- und Fernsehproduktionen zum Vertrieb im Ausland.

Von besonderem Gewicht innerhalb der A. sind die kulturellen Aktivitäten. Von ihnen wird vor allem ein langfristiger Einfluß erwartet, d. h. mit ihrer Hilfe sollen eher Einstellungen als Meinungen verändert werden. Die kulturellen Auslandsbeziehungen werden in der DDR als „die Gesamtheit der Beziehungen eines Staates auf dem Gebiet der Kunst und der Literatur, der Wissenschaft (mit Ausnahme der technisch-wissenschaftlichen Zusammenarbeit), der Bildung, des Gesundheitswesens und des Sports zu anderen Staaten" (Kulturpolitisches Wörterbuch, 2., erw. Aufl., Berlin [Ost], 1978, S. 380) definiert. Hierzu sind viele Veranstaltungen der → **Freundschaftsgesellschaften** ebenso zu rechnen, wie Gastvorlesungen und Vorträge von Wissenschaftlern und Künstlern (z. T. in eigenen Kulturzentren; das erste Kulturzentrum der DDR im Westen wurde 1983 in Paris eröffnet), Gastspiele von Theatern und Orchestern, die Veranstaltung von und die Teilnahme an internationalen Festspielen, kulturellen und wissenschaftlichen Konferenzen usw. Eine gewisse Bedeutung kommt auch den → **Städtepartnerschaften** von Kommunen in der DDR mit ausländischen Städten zu.

Von besonderem Gewicht sind das → **Ausländerstudium** sowie die Aus- und Weiterbildung junger Wissenschaftler z. B. an der Akademie der Wissenschaften der DDR. Ausländische Studierende werden am Herder-Institut der Karl-Marx-Universität Leipzig auf ihr Studium vorbereitet (1951–1981 etwa 17500 aus 120 Staaten, vor allem aus den Entwicklungsländern). Die Sommerkurse für Deutschlehrer aus dem Ausland hatten rd. 2250 Teilnehmer (23 Kurse 1966–1981). Ausländische Journalisten werden an der „Schule der Solidarität ‚Werner Lamberz'" am Internationalen Institut für Journalistik (Berlin) ausgebildet (29 Kurse bis Mitte 1982; 1983 erstmals geplant ein Kurs für Dozenten der Journalistik). Aus- und Weiterbildungslehrgänge für Journalisten durch Dozenten aus der DDR finden z. T. auch in Ländern der Dritten Welt statt.

Die Aktivitäten der A. werden von der SED auf Partei- und Staatsebene in den entsprechenden Apparaten vorbereitet und koordiniert. Die SED nutzt hierfür ihre Beziehungen zu sozialistischen und kommunistischen Organisationen und Befreiungsbewegungen sowie den

„fortschrittlichen Kräften". Verantwortlich für die A. der DDR sind im Politbüro der SED vor allem die Mitglieder Axen (Sekretär des ZK der SED für internationale Verbindungen), Hager (Sekretär des ZK der SED für Kultur und Wissenschaft) und Herrmann (Sekretär des ZK der SED für → **Agitation und Propaganda**). Das ZK der SED selbst betreibt A. insbesondere durch seine Abteilungen für internationale Verbindungen (Sieber), für Auslandsinformation (Feist), für Propaganda (Gäbler), für Agitation (Geggel) und seine Westabteilung (Häber) sowie durch seine verschiedenen Kommissionen, Lehr- und Forschunginstitute und seine Presseorgane. Auf der staatlichen Ebene haben insbesondere der Staatsrat und der Ministerrat Zuständigkeiten für die A. Der Ministerrat handelt hierbei vor allem über sein Presseamt (das u.a. den → **Allgemeinen Deutschen Nachrichtendienst [ADN]** sowie den Artikeldienst „Panorama der DDR", 1974 gegründet und als Auslandspresseagentur GmbH bezeichnet, anleitet) sowie die staatlichen Komitees für Rundfunk (Becker) bzw. Fernsehen (Adameck). Das Ministerium für Auswärtige Angelegenheiten der DDR trägt die Hauptverantwortung für die Durchführung der A. Nach seinem Statut vom Februar 1970 ist es unmittelbar für die kulturellen Beziehungen mit dem Ausland zuständig.
Auch der → **Volkskammer** obliegen Aufgaben der A. Federführend sind hierbei der „Ausschuß für auswärtige Angelegenheiten" sowie die „Interparlamentarische Gruppe der DDR"; beide unterhalten zahlreiche Kontakte zu ausländischen Parlamentariern.
Neben dem Partei- und Staatsapparat der DDR bilden die Auslandsaktivitäten der Blockparteien und der gesellschaftlichen Organisationen (→ **Massenorganisationen**) die dritte Säule der A. So haben z.B. auch die Blockparteien in ihren Spitzengremien einzelne, besonders mit außenpolitischen Aufgaben und den Bedingungen der A. vertraute Spezialisten. Gleiches gilt für die Massenorganisationen, insbes. für den Freien Deutschen Gewerkschaftsbund, den Deutschen Turn- und Sportbund, aber auch für die Kammer der Technik. Darüber hinaus hat die Liga der Völkerfreundschaft, als Dachorganisation aller Freundschaftsgesellschaften der DDR, den besonderen Auftrag, sich im Sinne der A. der SED an die internationale Öffentlichkeit zu wenden. Die Liga gibt die Zeitschrift „DDR Revue" in sieben Sprachen und in einer Millionenauflage heraus. Die → **Gesellschaft „Neue Heimat"** wendet sich mit eigenen Publikationen vor allem an Ausländer deutscher Abstammung.
Der → **Friedensrat der DDR** ist Mitglied des → **Weltfriedensrates** und unterstützt aktiv (durch Teilnahme an Kongressen, Entsendung von Delegationen usw.) das Programm der kommunistisch gelenkten Weltfriedensbewegung.
Von Gewicht sind nicht zuletzt die Berufsverbände der Intelligenz (der Schriftsteller, Architekten, Journalisten u.a.) in der A. der DDR. Sie verfügen über zahlreiche Kontakte zu vergleichbaren Organisationen im Ausland und zu den entsprechenden internationalen Dachorganisationen.
Da die DDR-Führung von der Intensivierung des ideologischen Klassenkampfes im internationalen Maßstab ausgeht, sieht sie die A. als ein wichtiges außenpolitisches Instrument an, dem in der gegenwärtigen internationalen Situation besondere Bedeutung zukommt.

Auslands- und Rückversicherungs-Aktiengesellschaft der DDR (DARAG): Aufgrund einer zwischenstaatlichen Vereinbarung 1957 unter dem Namen **Deutsche Auslands- und Rückversicherungs-Aktiengesellschaft (DARAG)** als Rechtsnachfolger der sowjetischen Schwarzmeer-Ostsee-Versicherungs-AG gegründeter Monopolbetrieb für die Durchführung der internationalen → **Rückversicherung** und sämtlicher Auslandsversicherungen mit Ausnahme der von der → **Staatlichen Versicherung der DDR** übernommenen Kraftverkehrsversicherung im grenzüberschreitenden Verkehr. Sie erhielt in den 70er Jahren ihren gegenwärtigen Namen. Als Auslandsversicherung, deren Beiträge und Entschädigungen in fremder Währung (→ **Währung/Währungspolitik**) erforderlich sein können, betreibt die DARAG die Pflicht- und freiwillige Versicherung der staatlichen Betriebe für Gütertransport und Montagen, die Schiffs- und Luftfahrzeugkaskoversicherung sowie die Versicherung von Messe- und Ausstellungsgütern. Da sie zu ausländischen Versicherungsunternehmen Beziehungen unterhält, wurde – wie auch bei anderen Betrieben der Außenwirtschaft (→ **Außenwirtschaft und Außenhandel**) – zur „Anpassung an internationale Gepflogenheiten" die Rechtsform einer AG mit Hauptversammlung, Aufsichtsrat und Vorstand gewählt.
Die DARAG arbeitet nach dem Prinzip der → **Wirtschaftlichen Rechnungsführung**. Der Sitz ihrer Generaldirektion ist Berlin (Ost), in Rostock besteht eine Filialdirektion (Schiffsversicherungen) und in Leipzig eine Filiale (Messegut-Versicherungen). Die DARAG unterliegt der staatlichen Versicherungsaufsicht durch das → **Ministerium der Finanzen (MdF)**.

Ausschuß für deutsche Einheit: Eine auf Beschluß des Ministerrates am 7. 1. 1954 gebildete zentrale Regierungsdienststelle zur politisch-publizistischen Unterstützung der → **Deutschlandpolitik der SED**. Der AfdE. versuchte erfolglos, Kontakte zum Kuratorium „Unteilbares Deutschland" in Bonn herzustellen. Zu seinen Tagungen lud er Bürger der Bundesrepublik Deutschland ein, die mit der SED sympathisierten. Der AfdE. publizierte Dokumentationen und andere Schriften, in denen die politische und gesellschaftliche Entwicklung des westlichen Deutschlands heftig kritisiert wurde. Seine letzte bekanntgewordene Initiative bestand am 30. 8. 1965 in der Vorlage von „Vorschlägen für demokratische Veränderungen in Westdeutschland".
Erster Vorsitzender des AfdE. war von 1954 bis zu seinem Tod 1960 der Stellvertreter des Vorsitzenden des Ministerrates, Dr. Hans Loch (LDPD). Ihm folgte Dr. Max Suhrbier (LDPD). Als Sekretäre des AfdE. – im Range eines Staatssekretärs – fungierten bis April 1955 Prof. Albert Norden (SED), anschließend Dr. W. Gir-

nus (SED) und schließlich ab Mai 1958 A. Deter (SED). Nachdem bereits Anfang 1963 ein Teil der Aufgaben des AfdE. auf das „Komitee zum Studium der gesellschaftlichen Verhältnisse und ihrer Veränderung in Westdeutschland" übertragen worden war, erlosch die Tätigkeit des AfdE. nach der Bildung des Staatssekretariats für gesamtdeutsche Fragen (→ **Staatssekretariat für westdeutsche Fragen**) im Dezember 1965, ohne daß seine formelle Auflösung mitgeteilt wurde.

Außenhandelsbetriebe (AHB): Bis 1968 Außenhandelsunternehmen; die AHB sind die für die Durchführung der Export- und Importaufgaben verantwortlichen Organe. Sie sind juristische Personen und arbeiten nach dem Prinzip der wirtschaftlichen Rechnungsführung, der Einzelleitung durch Generaldirektoren und der kollektiven Beratung (GBl. I, 1974, Nr. 9). Seit Bestehen der DDR sind die A. prinzipiell dem → **Ministerium für Außenhandel (MAH)** unterstellt gewesen, das sie anleitet und kontrolliert. 1981 hat sich erstmals ein Wandel ergeben, ohne daß dieses in Rechtsvorschriften veröffentlicht worden wäre. Grundsätzlich ist die Hauptform des gegenwärtigen A. der juristisch selbständige, dem Kombinat bzw. Fachministerium und dem MAH doppelt unterstellte Betrieb. Vor allem für den Export werden mit der Verlagerung der Verantwortung auf die Kombinate für die Außenwirtschaft günstigere Bedingungen angestrebt.

Die grundlegende Funktion der AHB besteht darin, das staatliche Außenhandelsmonopol vor allem in Form des Nachfrage- und Angebotsmonopols gemäß den staatlichen Planaufgaben zu verwirklichen, Marktforschung und → **Werbung** in Zusammenhang mit den Produktionsbetrieben zu betreiben, Außenhandelsprognosen zu erstellen, bei der Vorbereitung und Realisierung der Kooperationsvorhaben im Rahmen des → **Rates für Gegenseitige Wirtschaftshilfe (RGW)** mitzuwirken und die Valutaaufkommens- und Bedarfspläne zu erarbeiten.

Im Zuge der Einführung des ökonomischen Systems des Sozialismus sollten die AHB zu Verkaufsorganen der VVB umgestaltet und ihnen leitungsmäßig direkt untergeordnet werden. Diese Bestrebungen führten jedoch zu ständigen Kompetenzkonflikten der Industrieministerien mit dem Ministerium für Außenhandel und damit zu einer Aufweichung des Außenhandelsmonopols. Sie wurden deshalb nicht realisiert. Deswegen ist mit Beginn der 80er Jahre das Konzept der kombinatseigenen A., das vom Ansatz her dem Konzept der AHB-Verkaufsorgane gleicht, entwickelt worden. Ziel dieser tiefgreifenden Neuerung ist die Verstärkung der Exporttätigkeit der Produktionsbetriebe.

Bis zum Jahr 1982 gab es 60 A., von denen der größte Teil kombinatseigen ist (1980: etwa 30 A. der „klassischen" Form). (→ **Außenwirtschaft und Außenhandel**, III.)

Außenpolitik

I. Zielsetzung und Methoden
II. Das Verhältnis zur UdSSR
III. Das Verhältnis zu anderen sozialistisch/kommunistisch regierten Staaten
IV. Das Verhältnis zu den nichtsozialistischen Industriestaaten
V. Das Verhältnis zu den Staaten der Dritten Welt
VI. Das Verhältnis zu internationalen Organisationen
VII. Zusammenfassung und Ausblick

I. Zielsetzung und Methoden

Grundlage der A. der DDR ist der → **Marxismus-Leninismus**. Danach wird auch die A. jedes Staates vom Charakter seiner Klassenstruktur und von den jeweiligen konkreten historischen und sozioökonomischen Bedingungen in einer Geschichtsepoche bestimmt. Die Kategorie des Klassenkampfes wird damit auf die Gestaltung der internationalen Beziehungen übertragen (→ **Klasse/Klassen, Klassenkampf**). A. sozialistischer Staaten bedeutet darum vor allem „Kampf" mit nichtmilitärischen Mitteln bis zum „Sieg des Sozialismus im Weltmaßstab" (als Fernziel). Aber auch die Zusammenarbeit mit nichtsozialistischen Staaten ist – als besondere Form dieses „Kampfes" – in die Vorstellungen durchaus einbezogen. Diese außenpolitische Konzeption unterscheidet zwischen Fern- und Nahzielen (Strategie und Taktik), Trägern und Triebkräften des internationalen Klassenkampfes und den Methoden und Mitteln revolutionärer A. Träger sind danach in erster Linie das „internationale → **Proletariat**", das von den kommunistischen und Arbeiterparteien organisiert und geführt wird. Als wichtige Triebkräfte werden außerdem revolutionäre Befreiungsbewegungen und staatstragende Parteien einer Reihe von Entwicklungsländern (z. B. in Syrien, Irak, Angola, Kongo-Brazzaville, Äthiopien, Moçambique, Nikaragua) angesehen, die einen nichtkapitalistischen Entwicklungsweg ihrer einheimischen Volkswirtschaften und Gesellschaftssysteme propagieren (→ **Entwicklungshilfe**). Ferner wird der Ausnutzung einer Reihe von Widersprüchen die Rolle einer Triebkraft im internationalen Klassenkampf zugesprochen. Dies sind die Widersprüche zwischen Bourgeoisie und Proletariat in den kapitalistischen Ländern, zwischen den kapitalistischen Ländern und den unabhängig gewordenen jungen Nationalstaaten der Dritten Welt, zwischen den einzelnen kapitalistischen Ländern und zwischen kapitalistischem und sozialistischem Lager.

Ähnlich wie in nichtsozialistischen Herrschaftssystemen auch, bestehen zwischen den ideologisch fixierten Grundlinien der A. der DDR und realpolitischen Erfordernissen der Tagespolitik Spannungen, die im Einzelfall nicht immer auflösbar sind, aber in der

DDR auch nicht geleugnet werden. Diese Spannungen lassen sich nicht auf den schlichten Gegensatz Machtpolitik versus Ideologie reduzieren. Vielmehr spielen in konkreten außenpolitischen Aktionen der DDR stets beide Momente eine Rolle, freilich – entsprechend den außenpolitischen Sachzwängen – mit unterschiedlicher Intensität, d. h. in einem pragmatisch bestimmten, jedoch stets erfolgsorientierten Mischungsverhältnis. Wenn sich die DDR-Führung in bestimmten außenpolitischen Situationen „realpolitisch" verhält, also auch dort ihren außenpolitischen Nutzen sucht, wo ideologische Rechtfertigungen nicht oder vorübergehend nicht greifen, so bedeutet dies insgesamt noch keinen Verzicht auf Ideologie als Motivations- und Legitimationsinstrument überhaupt.
Unverändert großes Gewicht hat die Ideologie bei der Festlegung des Hauptzieles der A. der DDR, zumal hier weltanschauliche Prämissen und realpolitische Zwänge eine besonders enge Verbindung eingehen. Dieses Hauptziel besteht darin, „gemeinsam mit der Sowjetunion und den anderen sozialistischen Staaten die günstigsten internationalen Bedingungen für den sozialistischen und kommunistischen Aufbau zu sichern" (Wörterbuch der Außenpolitik und des Völkerrechts, Berlin [Ost] 1980, S. 66). Als „Hauptzentrum" der Koordination der A. gilt dabei der → **Warschauer Pakt**, vor allem die regelmäßigen Konferenzen seines Politischen Beratenden Ausschusses, sowie die bis 1982 jährlich mit Ausnahme des Jahres 1975 auf der Krim in der UdSSR durchgeführten Treffen aller, oder wie 1982, einiger „Führer der kommunistischen und Arbeiterparteien der Bruderländer". Der von November 1982 bis Februar 1984 amtierende Generalsekretär Andropow hat die Tradition der Krim-Treffen 1983 nicht fortgesetzt.
Bei der Durchführung dieser Hauptaufgabe gelten für die A. der DDR folgende Grundprinzipien: Zu den sozialistischen Staaten will sie ihre Beziehungen auf der Basis des „Prinzips des sozialistischen Internationalismus" gestalten, der als „höhere Stufe" des **Proletarischen → Internationalismus** verstanden wird. Dabei wird seit Gründung der DDR die Freundschaft zur UdSSR als „Grundpfeiler der Außenpolitik" bezeichnet (Regierungserklärung Otto Grotewohls vom 12. 10. 1949). Faktisch führte dies mit einigen Einschränkungen – in der Berlin-Frage nahm die DDR zeitweise eine abweichende Haltung ein – zu weitgehender Identifikation mit den außenpolitischen Zielen und Aktivitäten der UdSSR. Nach der Verfassungsrevision vom 7. 10. 1974 wird in Art. 6 Abs. 2 der zweiten Verfassung von 1968 das völkerrechtliche Verhältnis zur UdSSR erstmals auch verfassungsrechtlich normiert („. . . für immer und unwiderruflich . . . verbündet").
Zwischen Staaten mit unterschiedlicher Gesellschaftsordnung sollen die Prinzipien der → **Friedlichen Koexistenz** gelten, die sowohl einen Kooperations- als auch einen Klassenkampfaspekt enthalten.
Wichtige außenpolitische Funktionen nehmen in erster Linie wahr: das → **Ministerium für Auswärtige Angelegenheiten**, das → **Ministerium für Außenhandel (MAH)**, das → **Ministerium für Nationale Verteidigung** und die für die Beziehungen zu ausländischen kommunistischen Parteien zuständige Abteilung für Internationale Verbindungen des → **Sekretariats des Zentralkomitees (ZK) der SED** sowie die anderen Abteilungen, die sich speziell mit Fragen der „BRD und Westberlins" befassen. Die außenpolitischen Befugnisse des → **Staatsrates**, der von 1960 bis 1970 mehr als 30 internationale Verträge ratifizierte, sind nach der Verfassungsrevision von 1974 fast vollständig beseitigt bzw. auf die „Regierung" der DDR, d. h. auf den → **Ministerrat**, faktisch auf sein Präsidium, übertragen worden.
Während das MfAA außenpolitische Entscheidungen „vorbereitet" und „durchführt" sowie für alle Ministerien eine außenpolitische Koordinierungsfunktion ausübt, werden alle wichtigen Entscheidungen auf außenpolitischem Gebiet im 18köpfigen (Vollmitglieder) → **Politbüro des ZK der SED** getroffen (Stand: 31. 12. 1983). Damit ist die für Herrschaftssysteme sozialistisch-kommunistischer Prägung charakteristische Zweigleisigkeit der A. – durch Staats- und Parteiorgane – institutionell verankert. Zweigleisigkeit bedeutet hier, daß – soweit möglich – offizielle Beziehungen traditionellen Typs zu den Organen des anderen Staates unterhalten und gleichzeitig Parteibeziehungen zu den jeweiligen kommunistischen bzw. sozialistischen Parteien, auch wenn diese nicht an der Regierung beteiligt sind, gepflegt werden.
Unter der Verantwortung dieser zentralen Organe nahm die außenpolitische Aktivität der DDR – vor allem bis zur diplomatischen Anerkennung durch die Mehrzahl der UN-Mitglieder Ende 1972/Anfang 1973 (→ **Diplomatische Beziehungen**) – vielgestaltige Formen auf diplomatischer, wirtschaftlicher, wissenschaftlich-technischer, kultureller und sportpolitischer Ebene an und entwickelte die unterschiedlichsten, den besonderen Gegebenheiten des Ziel-Staates angepaßten Methoden.
Instrumente und Kanäle dieser Aktivität waren bis zu diesem Zeitpunkt neben den Botschaften, die zur Pflege der diplomatischen Beziehungen in den sozialistischen Ländern errichtet wurden, und den zahlreichen Handelsvertretungen in erster Linie die Vertretungen der → **Kammer für Außenhandel (KfA)**, der → **Staatsbank** der DDR, des Leipziger Messeamtes, der Deutschen Seereederei, des → **Allgemeinen Deutschen Nachrichtendienstes (ADN)**, des Deutschen Reisebüros und der volkseigenen Handelsorganisationen (vor allem volkseigener → **Außenhandelsbetriebe [AHB]**) im Ausland.

Als Medien der Kontaktaufnahme und -pflege und der Propagierung außenpolitischer Ziele dienten ferner die Entsendung eigener und der Empfang ausländischer (Parlamentarier-)Delegationen, die Einrichtung von Städte- und Betriebspartnerschaften, die Beteiligung an ausländischen Messen, die in westlichen Ländern bevorzugte Inseratenwerbung in der Tagespresse, internationale Sportveranstaltungen, wissenschaftliche und kulturelle Kongresse und tägliche, mehrstündige, fremdsprachige Radiosendungen. Auf allen diesen Ebenen trieb die DDR eine technisch sowie finanziell aufwendige und nicht immer erfolglose → **Auslandspropaganda**.
Hierbei spielten die etwa 50 Auslands- und → **Freundschaftsgesellschaften** und -komitees (Stand: 31. 12. 1983) mit globaler, regionaler oder auf einzelne Länder gerichteter Zuständigkeit, die in der 1961 gegründeten Liga für Völkerfreundschaft zusammengeschlossen wurden, eine wichtige Rolle. Ihnen oblag vor allem die Kontaktpflege zu kapitalistischen Staaten und Staaten der Dritten Welt. Diese Vereinigungen und die entsprechenden Gesellschaften in den jeweiligen Partnerländern sollten von der Gesamtentwicklung der DDR ein positives Image verbreiten und für ihre außenpolitischen Ziele werben. Die SED versprach sich davon vor allem günstige Auswirkungen auf die Erreichung ihres damaligen außenpolitischen Hauptzieles: der diplomatischen Anerkennung.
Bis zum Abschluß des → **Grundlagenvertrages** 1972 war die A. der DDR gegenüber der Bundesrepublik Deutschland von spezifischen Zielsetzungen bestimmt, d. h. die Deutschlandpolitik war wichtigstes Aktionsfeld der A. der DDR (→ **Deutschlandpolitik der SED**).
In beiden Teilen Deutschlands waren entgegengesetzte Vorstellungen über die politische Gestalt eines wiedervereinigten Deutschland entwickelt worden. Die DDR vermochte jedoch ihren Anspruch auf uneingeschränkte Souveränität und völkerrechtliche Anerkennung als selbständiger deutscher Staat gegen die Politik der Bundesrepublik Deutschland nicht durchzusetzen. Ferner hat die SED-Führung gerade in der Frage der deutschen Nation einen schwankenden Kurs verfolgt (→ **Nation und nationale Frage**), d. h. ihre Deutschlandpolitik blieb lange Zeit von widersprüchlichen Aussagen und Positionswechseln in dieser zentralen Frage der politisch-propagandistischen Auseinandersetzung mit der Bundesrepublik bestimmt. Die A. wurde daher im Zeitraum vor dem Grundlagenvertrag in entscheidendem Maß von deutschlandpolitischen Überlegungen geformt, auch wenn sie regional und politisch über den europäischen Raum hinauswirkte.
Mit der Absage der SED an die Vorstellung einer einheitlichen deutschen Nation 1970, wie sie sich u. a. in den offiziellen Reaktionen auf die Regierungserklärung der kleinen Koalition vom Oktober 1969 zeigte, und nach der ersten Anerkennungswelle Anfang der 70er Jahre hat die Deutschlandpolitik ihr überragendes Gewicht innerhalb der A. der DDR eingebüßt und ist – wie die SED immer wieder betont – gleichrangiger Bestandteil ihrer gesamten A. Dies ist vor allem darauf zurückzuführen, daß die DDR nach der Regierungsübernahme der kleinen Koalition 1969 ihr Ziel der (de-facto-)Anerkennung als souveräner Staat, insbesondere durch die innerdeutsche Vertragspolitik der folgenden Jahre, als erreicht ansehen konnte. In der außenpolitischen Praxis blieb freilich nach wie vor die Deutschlandpolitik ein wichtiges Aktionsfeld für die SED.

II. Das Verhältnis zur UdSSR

Bis zur Übertragung der staatlichen → **Souveränität** durch die UdSSR mit deren Note vom 25. 3. 1954 war die A. der DDR direkt durch die → **Besatzungspolitik** der Sowjetunion bestimmt. Entgegen Behauptungen der SED-Führung und in Übereinstimmung mit dem Völkerrecht kann erst das Datum dieser sowjetischen Erklärung als der Zeitpunkt gelten, von dem an die DDR als formal souveräner Staat anzusehen ist. Die von sowjetischer Seite stets – zuletzt beim Abschluß des Viermächte-Abkommens über → **Berlin** – geltend gemachten Vorbehalte haben jedoch den Charakter von Souveränitätsbeschränkungen, auch wenn dies von der SED bestritten wird.
Durch Erlaß der Sowjetregierung vom 25. 1. 1955 beendete die UdSSR einseitig den Kriegszustand mit Deutschland. Von Januar bis April 1955 vollzogen die ČSSR, die Volksrepublik Polen, die VR Albanien, die Rumänische VR, die Ungarische VR und die VR China den gleichen Schritt.
Nach der Unterzeichnung der Pariser Verträge im Herbst 1954, insbesondere nach der Londoner Neunmächte-Konferenz (28. 9.–3. 10. 1954), auf der die Westmächte das Alleinvertretungsrecht der Bundesrepublik Deutschland für alle Deutschen uneingeschränkt unterstützten, nach der gescheiterten Gipfelkonferenz vom Sommer 1955 (18.–23. 7. 1955) und dem Besuch Bundeskanzler Adenauers in Moskau (9.–13. 9. 1955), in dessen Verlauf die Aufnahme diplomatischer Beziehungen zwischen der UdSSR und der Bundesrepublik Deutschland beschlossen wurde, wurde am 20. 9. 1955 in Moskau ein „Vertrag über die Beziehungen zwischen der Deutschen Demokratischen Republik und der Union der Sozialistischen Sowjetrepubliken" unterzeichnet, der von Völkerrechtlern der DDR als „Beginn einer neuen Etappe in den Beziehungen zwischen beiden Staaten" bezeichnet wird. Dieser Vertrag sollte die Souveränität der DDR erneut bekräftigen. Gleichzeitig löste die UdSSR das Amt ihres „Hohen Kommissars" in der DDR auf. Der

Art. 1 Abs. 2 des Vertrages übertrug der DDR die „Entscheidung über Fragen ihrer Innen- und Außenpolitik, einschließlich der Beziehungen zur Deutschen Bundesrepublik . . ." (Dokumente . . ., Bd. 3, Berlin [Ost] 1956, S. 281).
Der Vertrag regelte u. a. (bis zum Abschluß eines Truppenvertrages zwischen beiden Staaten am 12. 3. 1957) die „zeitweilige Stationierung sowjetischer Truppen" auf dem Gebiet der DDR. (Seitdem werden die in der DDR stationierten Teile der sowjetischen Armee als → **Gruppe Sowjetischer Streitkräfte in Deutschland [GSSD]** bezeichnet.) Um die DDR auch ökonomisch zu stärken und den wirtschaftlichen und psychologischen Folgen des 17. 6. 1953 entgegenzuwirken, hatte die UdSSR schon im April 1950 teilweise und im August 1953 auf alle noch ausstehenden Reparationszahlungen (2,5 Mrd. Dollar nach DDR-Quellen) verzichtet, weitere 33 SAG-Betriebe an die DDR zurückgegeben, alle Nachkriegsschulden erlassen, die Stationierungskosten für die Truppen auf dem Gebiet der DDR verringert und ihr beträchtliche Kredite (etwa 1 Mrd. Rubel) eingeräumt.
Große Bedeutung für die vom Rohstoffimport abhängige DDR hatten ebenfalls die Wirtschaftsverhandlungen am 16. und 17. 7. 1956 in Moskau. Die UdSSR halbierte noch einmal die Stationierungskosten für ihre Truppen (von 1,6 Mrd. auf 0,8 Mrd. Mark, ab 1959 wurden sie ganz gestrichen) und verpflichtete sich nach Angaben aus der DDR zu langfristigen Rohstofflieferungen für zusätzliche 7,5 Mrd. Rubel.
Die Zeit zwischen dem V. und VI. Parteitag der SED (1958–1963) ist eine Phase besonders enger Beziehungen zur Sowjetunion. Deren Deutschlandpolitik war nach der Machtkonsolidierung Chruschtschows darauf gerichtet, in einem erneuten Anlauf sowohl das Berlin-Problem als auch – durch Aufwertung und Ausweitung der internationalen Anerkennung der DDR – die deutsche Frage im Sinne der sowjetischen weltpolitischen Interessen zu lösen. Die DDR hat in ihrer A. das Berlin-Ultimatum Chruschtschows, die sowjetische → **Friedensvertrags**-Politik, aber auch die Haltung der Sowjets auf der Genfer Abrüstungskonferenz (1959) ohne Einschränkung unterstützt. Der Bau der Mauer in Berlin, der mit vollem Einverständnis und Förderung durch den Warschauer Pakt erfolgte, markierte den Höhepunkt einer Entwicklung, die von weitreichender Übereinstimmung der außenpolitischen Interessen von DDR und UdSSR bestimmt war und sich – in dieser Form – bis in die Gegenwart nicht wiederholt hat. Chruschtschows Rede auf dem VI. Parteitag der SED 1963, mit der er auch „parteioffiziell" das Ende der von der Sowjetunion ausgelösten Berlin-Krise und der Auseinandersetzungen um einen Friedensvertrag verkündete, warf für die A. der DDR neue Fragen auf. Die Abschließung gegenüber der Bundesrepublik Deutschland und Berlin (West), die beginnenden Wirtschaftsreformen usw. hatten zu einer Stabilisierung des Herrschaftssystems in der DDR geführt. Vor diesem Hintergrund kam es 1964 zu einer neuen vertraglichen Festlegung des Verhältnisses zwischen der DDR und der Sowjetunion.
Die SED-Führung bezeichnete den mit der UdSSR am 12. 6. 1964 in Moskau abgeschlossenen (1.) „Vertrag über Freundschaft, gegenseitigen Beistand und Zusammenarbeit" als das „bis dahin wichtigste Ereignis und Ergebnis" ihrer A. und als „folgerichtige" Fortsetzung und Entwicklung der beiderseitigen Beziehungen, die mit dem Vertrag vom 20. 9. 1955 begonnen hätten. Er sollte „der Freundschaft zwischen beiden Staaten Richtung und Perspektive bis über das Jahr 2000 hinaus" geben.
In seinen Kernsätzen bekräftigt der Vertrag die Zugehörigkeit beider Staaten zum Warschauer Pakt, garantiert die Unantastbarkeit der Grenzen der DDR, bezeichnet – erstmalig in einem völkerrechtlichen Vertrag – Berlin (West) als „selbständige politische Einheit" und fordert die „Normalisierung der Lage in West-Berlin auf der Basis eines Friedensvertrages". Die „hohen vertragschließenden Seiten" erklärten ferner, daß ein einheitlicher deutscher Staat nur durch „gleichberechtigte Verhandlungen und eine Verständigung zwischen beiden souveränen deutschen Staaten" erreicht werden könne. Die UdSSR behielt sich auch in diesem Vertrag „Rechte und Pflichten" vor, die ihr aus „internationalen Abkommen einschließlich des Potsdamer Abkommens" erwachsen sind. Die wirtschaftliche Zusammenarbeit beider Länder will der Vertrag optimal entwickeln und durch Koordinierung der Volkswirtschaftspläne den „nationalen Wirtschaften beider Staaten ein Höchstmaß an Produktivität sichern". Der Vertrag hatte eine Gültigkeitsdauer von 20 Jahren, falls er nicht „auf Wunsch" beider Seiten im Falle der „Schaffung eines einheitlichen, demokratischen und friedliebenden deutschen Staates" oder des Abschlusses eines deutschen Friedensvertrages „überprüft" wird.
Nach Auffassung westlicher Völkerrechtler bedeutete dieser Beistandspakt, obwohl er explizit keine neuen Verpflichtungen schuf, die über die des Warschauer Paktes hinausgingen, durch die Betonung des Prinzips des sozialistischen Internationalismus und der Verpflichtung zur „brüderlichen Hilfe", die sich beide Seiten gegebenenfalls leisten wollen, verstärkte Interventionsmöglichkeiten für die UdSSR. Darüber hinaus bedeutete dieser Vertrag die völkerrechtliche Festlegung beider Staaten auf die bis dahin verfolgte Deutschlandpolitik. Die Bündnisklausel (Art. 5 Abs. 1) entspricht der des Warschauer Paktes. Danach bestimmt allein die UdSSR, mit welchen Mitteln sie Beistand leistet, eine automatische Hilfeleistung ist nicht vorgesehen. Einer-

seits ist die DDR mit dem Vertrag vom 12. 6. 1964 erstmalig in das System der *bilateralen* Konsultations- und Beistandspakte im sowjetischen Einflußbereich einbezogen und damit noch stärker als bisher vertraglich an die UdSSR gebunden worden; andererseits erhielt sie jedoch durch ihn eine erhöhte Existenzgarantie seitens der UdSSR und ein begrenztes Mitspracherecht in der sowjetischen Deutschlandpolitik.
Die engen ideologischen und machtpolitischen Bindungen an die UdSSR konnten jedoch nicht Spannungen verdecken, die mit einer wachsenden, aber eng begrenzten Emanzipation der DDR – vom einstigen Vasallen zum Juniorpartner der Hegemonialmacht UdSSR – auftreten mußten. Gründe hierfür sind in erster Linie die Auswirkungen des sowjetisch-chinesischen Konflikts auf die Bindungen innerhalb des osteuropäischen Paktsystems und in der wachsenden wirtschaftlichen Bedeutung der DDR als größter Handelspartner der UdSSR zu suchen. Wegen der politischen Abhängigkeit der Führungsgruppe der SED von der KPdSU führten Spannungen zwar nicht zu offener Obstruktion gegenüber sowjetischer Politik. Gelegentlich deuteten jedoch Zeitpunkt und Inhalt von DDR-Verlautbarungen, in denen sowjetische außenpolitische Aktionen oder innersowjetische Ereignisse kommentiert wurden, auf mangelnde „völlige Übereinstimmung" hin. So hat sich z. B. Ulbricht bis 1961 in der öffentlichen Unterstützung des Chruschtschowschen Entstalinisierungskurses auffällig zurückgehalten. Ebenso wurden die Auswirkungen des kurzfristigen literarischen Tauwetters in der UdSSR im Jahre 1962 in der DDR rigoros bekämpft, die Reise und das Auftreten des Lyrikers Jewtuschenko in der Bundesrepublik Deutschland im Jahre 1963 sogar heftig kritisiert. Der Sturz Chruschtschows im Oktober 1964 fand in der DDR nur ein vorsichtig registrierendes Echo. Zwar hatte die Schwächung des sowjetischen Parteichefs durch den Ausgang der Kuba-Krise auch negative Rückwirkungen auf sein „Durchhaltevermögen" in der Berlin-Politik – das Berlin-Ultimatum wurde schließlich sang- und klanglos aufgegeben und offiziell als überflüssig nach dem Mauerbau bezeichnet –, jedoch wurden gerade zum damaligen Zeitpunkt seine Verdienste um die DDR bezüglich der Einführung des → **Neuen Ökonomischen Systems (NÖS)** und des Abschlusses des Freundschaftsvertrages vom Juni 1964 auffällig betont und von der SED-Führung in den Vordergrund gerückt. Andererseits sind die Vorbereitungen des für Herbst 1964 geplanten Besuches von Chruschtschow in der Bundesrepublik Deutschland kritisch bis ablehnend diskutiert worden.
Im chinesisch-sowjetischen Konflikt hatte die SED auf ihrem VI. Parteitag im Jahre 1963 eindeutig die sowjetische Position unterstützt. Diese Einstellung wurde jedoch von ihr im Herbst 1964 vorsichtig modifiziert. Auch Ulbricht äußerte nun Bedenken gegen die Einberufung einer kommunistischen Weltkonferenz, die nach Chruschtschows Intention die Exkommunikation der KP Chinas aus der kommunistischen Weltbewegung beschließen sollte. Danach haben sich jedoch die Beziehungen zur VR China ständig verschlechtert und erreichten Ende der 60er/Anfang der 70er Jahre einen absoluten Tiefpunkt. Die SED-Führung hatte sich ohne Vorbehalte den sowjetischen Standpunkt zu eigen gemacht. Die Außen- und Innenpolitik Pekings wurde als „antisowjetisch", „unmarxistisch", „revisionistisch" und „chauvinistisch" bezeichnet (→ **Maoismus**). Zwar wurden weiter diplomatische Beziehungen unterhalten und jährlich Protokolle über den Handelsaustausch unterzeichnet, jedoch wurde die VR China von der SED nicht mehr uneingeschränkt als sozialistischer Staat anerkannt: die Existenz sozialistischer Produktionsverhältnisse in China ist im Widerspruch dazu jedoch nie bestritten worden. Als Folge der seit etwa 1981 verminderten Spannungen zwischen der UdSSR und der VR China haben sich auch die staatlichen Beziehungen zwischen der DDR und der VR China deutlich verbessert. Auf dem 5. Plenum des ZK der SED (25.–26. 11. 1982) ist zum ersten Mal seit 20 Jahren mit keinem Wort Kritik an der Politik der KP Chinas geübt worden. Vielmehr kündigte die SED-Führung an, sie unternähme – auf der Grundlage des Prinzips der friedlichen Koexistenz – „konstruktive Schritte" zur Normalisierung des bilateralen Verhältnisses. Eine durchgreifende Verbesserung der Beziehungen zwischen SED und KP Chinas ist jedoch vorläufig nicht zu erwarten.
Die DDR sieht nach wie vor in der UdSSR den einzig wirksamen Garanten ihrer Grenzen und damit ihrer Existenz. Zwar hat sie weder einen separaten Friedensvertrag mit der UdSSR abschließen noch in den 60er Jahren ihre einseitige Forderung nach Umwandlung von Berlin (West) in eine „Freie Stadt" in Moskau durchsetzen können. Volle Übereinstimmung zwischen beiden Staaten bestand und besteht jedoch hinsichtlich eines Grundsatzes der A. der DDR:
Jede Entspannung in Europa darf den territorialen und politischen Status quo nicht in Frage stellen. Diesem Grundsatz entsprechend hat die DDR während der Konferenz über Sicherheit und Zusammenarbeit in Europa (1973–1975), während der Belgrader (Oktober 1977 – März 1978) und auf der Madrider Folgekonferenz (November 1980 bis September 1983) die sowjetische Konferenzdiplomatie uneingeschränkt unterstützt. Insbesondere die erfolgreichen Versuche der sowjetischen Konferenzstrategie, im Abschlußdokument der KSZE (1975) neben der Möglichkeit einer einvernehmlichen, d. h. friedlichen Änderung bestehender Grenzen (Prinzip I) die „Unverletzlichkeit der Grenzen" (als Prinzip III)

aufzunehmen, haben die volle Zustimmung der DDR gefunden.
Die kompromißlose Bejahung der sowjetischen Politik gegenüber den Reformbewegungen in der ČSSR 1968 lag im ureigensten Interesse der Dogmatiker in der SED. Mögliche Rückwirkungen auf die Deutschlandfrage (Unterbrechung der Verhandlungen zwischen Bonn und Moskau über einen Gewaltverzichtsvertrag und der damals ins Auge gefaßten innerdeutschen Annäherung) wurden dafür in Kauf genommen.
In den letzten Jahren vor der Ablösung Ulbrichts im Mai 1971 war im Verhältnis zur UdSSR jedoch offenbar eine Veränderung eingetreten, die im Westen als Versuch einer begrenzten Emanzipation der DDR von der Sowjetunion gedeutet worden ist. Das Bemühen Ulbrichts, die Interessen der DDR auch gegenüber der UdSSR stärker zur Geltung zu bringen, zeigte sich deutlich während der Bundespräsidentenwahl im März 1969, der letzten in Berlin (West), als die SED-Führung im Gegensatz zur UdSSR eine schwere Berlin-Krise in Kauf nahm, während Moskau offenbar einen Konflikt mit den Westmächten zu Beginn einer neuen, eigenen Entspannungsoffensive zu vermeiden suchte. Auch während der Vorbereitungen und in der ersten Phase der Vier-Mächte-Verhandlungen über Berlin schien die DDR eher einer Konfliktstrategie zu folgen, als die Anstrengungen Moskaus zu unterstützen, mit den Westmächten (über Berlin) zu einem vertraglich ausgehandelten Modus vivendi zu gelangen. Westliche Beobachter haben die Ablösung Ulbrichts u. a. auf dessen Widerstand gegen die neue sowjetische Europa- und insbesondere Berlinpolitik zurückgeführt. Unter der Führung Honeckers ist wieder eine nahezu vollständige Unterordnung unter die Außenpolitik der UdSSR zu beobachten.
Die vertragliche Grundlage des gegenwärtigen Verhältnisses zwischen beiden Staaten bildet der (2.) „Vertrag über Freundschaft, Zusammenarbeit und gegenseitigen Beistand" vom 7. 10. 1975. Obwohl die Laufzeit seines Vorgängers vom 12. 6. 1964 (20 Jahre) noch nicht beendet war, hielten es beide Parteiführungen offenbar für notwendig, nach Abschluß der Konferenz über Sicherheit und Zusammenarbeit in Europa Ende Juli/Anfang August 1975 in Helsinki die völkerrechtliche Fixierung ihrer Beziehungen den veränderten Bedingungen anzupassen.
In dem Vertrag von 1975 fehlt nunmehr jeder gesamtdeutsche Bezug. Die Betonung der Prinzipien des sozialistischen Internationalismus ist an die erste Stelle, im Unterschied zum Vertrag von 1964, noch vor die Aufzählung der Grundsätze der staatlichen Souveränität getreten. Die noch 1964 und in Verträgen mit einzelnen Warschauer-Pakt-Staaten 1967 verwendete Formulierung von der „besonderen" bzw. „selbständigen politischen Einheit Westberlin" taucht nicht mehr auf, dafür wird – wenn auch in dem westlichen Rechtsstandpunkt widersprechenderweise – auf das Viermächte-Abkommen über Berlin vom 3. 9. 1971 rekurriert, wenn die künftige Politik gegenüber Berlin (West) angesprochen wird.
Die in Art. 6 fixierte Grenzgarantie („Unantastbarkeit") erstreckt sich auf alle Grenzen der Teilnehmerstaaten des Warschauer Paktes, nicht nur auf die der beiden Vertragspartner. Überraschenderweise werden die Grenzen zu Berlin (West) nicht besonders erwähnt, vielmehr so behandelt, als ob sie auch Grenzen zur Bundesrepublik Deutschland seien. Im Gegensatz zum Warschauer Vertrag und dem zweiseitigen Vertrag von 1964 ist 1975 jede regionale Begrenzung des Bündnisfalls entfallen, was bedeutet, daß die Nationale Volksarmee künftig auch an der sowjetisch-chinesischen Grenze eingesetzt werden könnte. Allerdings ist diese Begrenzung auch schon in einigen früheren bilateralen Verträgen der UdSSR und der DDR mit osteuropäischen Staaten aufgegeben worden.
Von Bedeutung ist schließlich, daß der Vertrag von 1975 nichts über die Aufhebung (Aussetzung?) der Verträge von 1964 und 1955 aussagt. Gilt also der völkerrechtliche Grundsatz „lex posterior derogat legi priori" (Das später erlassene Gesetz geht dem älteren vor) oder hat sich die UdSSR den Rückgriff z. B. auf die gesamtdeutschen Bezüge der früheren Verträge bewußt offengelassen? Insgesamt bringt der neue Vertrag im Rahmen der sowjetischen Deutschlandpolitik eine beträchtliche völkerrechtliche Aufwertung und Anerkennung der Interessen der DDR, wie sie insbesondere auch in der neu aufgenommenen Konsultationsklausel des Art. 9 zum Ausdruck kommt.
Das Verhältnis DDR–UdSSR wird gegenwärtig von folgenden Hauptfaktoren bestimmt: An der politischen Abhängigkeit der DDR von ihrer Garantiemacht Sowjetunion hat sich nichts geändert. Dies zeigt sich u. a. darin, daß die SED-Führung ihre außenpolitischen Ziele nur in enger Abstimmung und mit offener oder stillschweigender Billigung des Kreml verfolgen kann und will. Darüber hinaus jedoch hat sich der Prozeß der Vertiefung der bilateralen Zusammenarbeit auf allen Gebieten fortgesetzt. Beide Staaten sind (Stand: Februar 1983) durch rd. 500 Regierungsabkommen, Ministervereinbarungen, Abkommen und Vereinbarungen zwischen gesellschaftlichen Organisationen, Einrichtungen und Institutionen miteinander verbunden (davon allein 160 Regierungsabkommen auf wirtschaftlichem und wissenschaftlich-technischem Gebiet). Dieser hohe Verflechtungsgrad wäre nicht ohne Schaden auch für den größeren Partner reduzierbar.
Letztlich ist die DDR aufgrund der ungelösten deutschen Frage gerade in der Europa- und Deutschlandpolitik der Sowjetunion deren wichtigster Verbün-

deter, über und mit dem – unter Anerkennung und Ausnutzung der spezifischen, deutschlandpolitischen Interessen der DDR – auf die Politik des westlichen Bündnisses, nicht zuletzt auf die NATO-Politik der Bundesregierungen Einwirkungsversuche unternommen wurden und werden. An diesen objektiven, die bilateralen Beziehungen bestimmenden Bedingungen hat der Tod von Generalsekretär Breschnew (10. 11. 1982) nichts geändert, auch wenn dessen enges, persönliches Verhältnis zu Generalsekretär Honecker ein nicht zu unterschätzender Faktor in den bilateralen Beziehungen gewesen sein dürfte. Das erste Treffen Honeckers mit dem Nachfolger Breschnews, Andropow, am 20. 12. 1982, der Besuch des sowjetischen Außenministers Gromyko im Januar 1983 in der DDR und der offizielle Besuch einer Partei- und Regierungsdelegation unter Leitung Honeckers in der Sowjetunion (3.–7. 5. 1983) haben bereits gezeigt, daß der Wechsel an der Spitze der sowjetischen Parteiführung das Verhältnis DDR–UdSSR keinesfalls negativ beeinflußt hatte. Dies bestätigte sich erneut nach dem Tod Andropows am 9. 2. 1984. Auch unter dem neuen Generalsekretär der KPdSU Tschernenko hat die SED bisher ihre herausgehobene Position als Bündnispartner der Sowjetunion und ihren – freilich begrenzten – außenpolitischen Spielraum behaupten können.

III. Das Verhältnis zu anderen sozialistisch/kommunistisch regierten Staaten

Nach der Aufnahme diplomatischer Beziehungen zwischen der UdSSR und der DDR (15. 10. 1949) folgten diesem Schritt auch die übrigen osteuropäischen Staaten: am 17. 10. 1949 Bulgarien, am 18. 10. 1949 Polen, die ČSSR, Ungarn und Rumänien, am 25. 10. 1949 die VR China, am 6. 11. 1949 Nord-Korea. In allen Fällen wurden zunächst nur diplomatische Missionen eingerichtet, ein Botschafteraustausch erfolgte erst 1953. Albanien stimmte am 2. 12. 1949 dem Austausch von diplomatischen Missionen zu, die 1953 zu Gesandtschaften und am 28. 3. 1955 zu Botschaften erhoben wurden. Ebenso wie Albanien verfuhr eine Reihe asiatischer kommunistischer Staaten. Die seit dem 13. 4. 1950 bestehenden diplomatischen Missionen in der Mongolischen VR und Berlin (Ost) wurden am 17. 10. 1955 wechselseitig in Botschaften umgewandelt. Mit Nord-Vietnam wurden am 16. 12. 1954 Botschafter ausgetauscht; die mit Kuba seit 1960 bestehenden Beziehungen in der Form diplomatischer Missionen wurden 1963 durch Botschafteraustausch aufgewertet. Die seit Oktober 1957 zwischen Jugoslawien und der DDR bestehenden Gesandtschaften wurden am 12. 10. 1966 in den Rang von Botschaften erhoben. In zweiseitigen Abkommen mit Polen und der ČSSR erstrebte die DDR frühzeitig eine Konsolidierung ihrer östlichen Grenzen. Am 6. 6. und 6. 7. 1950 wurden in zwei Abkommen mit Polen Oder und Lausitzer Neiße zur „unantastbaren Friedens- und Freundschaftsgrenze" zwischen beiden Staaten erklärt, obwohl sich die SED-Führung anfangs einer Abtretung deutscher Ostgebiete an Polen widersetzt hatte. Am 23. 6. 1950 bestätigten sich DDR und ČSSR, daß es zwischen ihnen keine „offenen und strittigen" Fragen gebe und die „Umsiedlung der Deutschen aus der Tschechoslowakei unabänderlich, gerecht und endgültig" sei. Mit allen Ländern Osteuropas ist bis heute eine Vielzahl von bilateralen Handelsverträgen, Kreditabkommen und Protokollen über wissenschaftlich-technische und kulturelle Zusammenarbeit abgeschlossen worden (→ **Außenwirtschaft und Außenhandel**).

Keine unmittelbaren handelspolitischen Auswirkungen hatte zunächst die Aufnahme der DDR (29. 9. 1950) in den am 25. 1. 1949 von der UdSSR, Bulgarien, Ungarn, Polen, Rumänien und der ČSSR gegründeten → **Rat für Gegenseitige Wirtschaftshilfe (RGW)**. Die DDR war von da an zwar in allen vom 1959 verabschiedeten Statut des RGW vorgesehenen Organen vertreten, und 3 „Ständige Kommissionen" (für Chemische Industrie, für Bauwesen und für Standardisierung) haben ihren ständigen Sitz in Berlin (Ost). Der Schwerpunkt der Wirtschaftsbeziehungen zwischen den Mitgliedern des RGW lag jedoch in den Jahren 1950–1960 auf den bilateralen langfristigen Handelsabkommen, unter anderen: DDR–UdSSR (23. 9. 1951 und 20. 2. 1957), DDR–ČSSR (1. 12. 1951), DDR–Polen (10. 11. 1951), DDR–Rumänien (23. 1. 1952).

Da auch die späteren Versuche der UdSSR (vor allem 1962), eine höhere Rechtsform der Integration, eine Art „Supranationalität" im RGW durchzusetzen, am wachsenden Selbständigkeitsstreben einzelner RGW-Länder (insbesondere Rumäniens) scheiterten, blieben die bilateralen Wirtschaftsbeziehungen auch für die DDR die entscheidenden Formen der wirtschaftlichen Intra-Block-Beziehungen. Die DDR galt und gilt jedoch bis heute als die entschiedenste Verfechterin einer möglichst engen Verflechtung und Arbeitsteilung zwischen den nationalen Volkswirtschaften, von der sie sich angesichts ihres industriellen Entwicklungsniveaus Vorteile verspricht. Sie dringt auf völkerrechtliche „direkte Verbindlichkeit der Ratsempfehlungen" im RGW, lehnt allerdings jede Form von „Supranationalität", d. h. auch die Einführung von Mehrheitsentscheidungen, als unvereinbar mit der sozialistischen Souveränität ab.

Von größerer Bedeutung für die außenpolitischen Bindungen der DDR war die Schaffung des → **Warschauer Paktes** (14. 5. 1955), dem sie von Anfang an angehörte. Formal, jedoch nicht tatsächlich, von Anfang an gleichberechtigt, ist die DDR in allen Organen der Paktorganisation vertreten. Die am 18. 1. 1956 in → **Nationale Volksarmee (NVA)** umbenannte Kasernierte Volkspolizei (KVP) wurde jedoch erst am 28. 1. 1956 dem Vereinigten Oberkommando (Sitz Moskau) unterstellt. Vieles deutet darauf hin, daß – einer Anregung W. Gomulkas aus dem Jahr 1957 zufolge – die Armeen der VR Polen, der ČSSR, der DDR zusammen mit den in Polen und der DDR stationierten sowjetischen Truppen innerhalb des Paktes – bis zum Ausbruch der Unruhen in Polen im Sommer 1980 – eine Sonderstellung einnahmen. („Neues Deutschland" vom 24. 5. 1965 sprach von einer „Ersten Strategischen Staffel" des Warschauer Paktes.)

Angesichts des seit Mitte der 60er Jahre zu beobachtenden Wandels des Paktes zu einer „machtpolitischen Allianz klassischer Provenienz" (R. Löwenthal) hat die vollständige Einbindung der DDR in den Pakt auch eine Stärkung ihres außenpolitischen Gewichts im sozialistischen Lager insofern zur Folge gehabt, als Ulbricht insbesondere in den Jahren 1968–1971 z. T. erfolgreich versuchte, über das östliche Allianzsystem eine Kontrolle der Politik vor allem der kleineren Paktmitglieder gegenüber der Bundesrepublik Deutschland auszuüben. Der außenpolitische Entscheidungsspielraum der DDR ist jedoch aufgrund ihrer geographischen Lage und ihres besonderen politischen und wirtschaftlichen Abhängigkeitsverhältnisses zur UdSSR geringer als der der übrigen Paktmitglieder. Das wurde gerade seit 1969 deutlich, als die UdSSR in der Phase der eigenen Annäherung an die Bundesrepublik den Warschauer Pakt als Disziplinierungsinstrument gegen westpolitische Alleingänge der anderen Mitglieder einsetzte.

Neben dem Pakt („lex generalis") haben die DDR, Polen und die ČSSR von 1963 bis 1967 untereinander und mit der UdSSR eine Reihe von bilateralen Bündnisverträgen („leges speciales") abgeschlossen, so die DDR im März 1967 mit Polen und der ČSSR, im Mai 1967 mit Ungarn und im September 1967 auch mit Bulgarien. Diese Verträge sollten vornehmlich der Konsolidierung des sozialistischen Lagers und dem Kampf „gegen die imperialistische Reaktion" dienen. Die Bestimmungen über den Bündnisfall und über Art und Umfang der Beistandsleistung entsprachen weitgehend denen des Warschauer Paktes. Die Bundesrepublik Deutschland wurde zwar in diesen Verträgen nicht explizit als potentieller Aggressor genannt (der Warschauer Vertrag als sog. „offener" Pakt spricht nur vom möglichen Angriff „irgendeines Staates oder einer Staatengruppe"); nach einheitlicher östlicher und westlicher Interpretation der Bündnisklauseln war sie aber implizit immer gemeint, wenn von möglichen Angreifern gesprochen wurde.

In allen Verträgen wurde ex- oder implizit die sowjetische Zwei-Staaten-Theorie hinsichtlich Deutschlands bekräftigt. Mit Ausnahme des Vertrages DDR–Ungarn, der darauf überhaupt keinen Hinweis enthält, ist in allen Verträgen das Potsdamer Abkommen, das die Vier-Mächte-Verantwortung für Deutschland als Ganzes festlegte, nur in der Weise erwähnt worden, daß die DDR seine Prinzipien verwirklicht habe. Sofern sich die Vertragstexte überhaupt auf die Wiederherstellung der staatlichen Einheit Deutschlands beziehen, wurde sie nur nach „Normalisierung der Beziehungen zwischen beiden deutschen Staaten" für möglich erklärt. In den Verträgen der DDR mit Ungarn und Bulgarien wird eine mögliche Vereinigung beider deutscher Staaten auch nicht indirekt erwähnt. In allen Verträgen wurde als Grundbedingung für eine deutsche Friedensregelung die Überwindung des „deutschen Militarismus und Neonazismus" genannt. Berlin (West) wird in den Verträgen der DDR mit Polen, Ungarn und der ČSSR als „besondere politische Einheit", im Vertrag DDR–Bulgarien als „selbständige politische Einheit" bezeichnet. Die Forderung nach Umwandlung Berlins (West) in eine „Freie und entmilitarisierte Stadt Westberlin" konnte die DDR dagegen vertraglich nicht bekräftigen.

Die DDR verstand diese Verträge als zusätzliche Garantie ihrer Grenzen und damit als Vorleistung an ein zu schaffendes, den Status quo in Europa zementierendes Sicherheitssystem (W. Ulbricht in „Neues Deutschland" vom 8. 9. 1967). Sie sollten ferner zu verstärkter Zusammenarbeit und Abstimmung auf allen Gebieten des politischen und gesellschaftlichen Lebens der Vertragspartner führen. Diese Abstimmung sah die DDR als „wirksames Mittel zur Durchführung gemeinsamer außenpolitischer Aktionen" gegen die mit der Ostpolitik der Großen Koalition in Bonn verbundene Befürchtung an, zwischen den beteiligten Staaten und der Bundesrepublik Deutschland könnten sich im Zuge dieser Politik Sonderverhältnisse an der DDR vorbei entwickeln. Da diese Verträge das Prinzip des sozialistischen Internationalismus stark betonten, boten sie der DDR nach westlicher und östlicher Auffassung die rechtliche Grundlage für die – in der ČSSR im Frühjahr und Sommer 1968 – zu beobachtenden direkten und indirekten Interventionen in die inneren Angelegenheiten des Nachbarstaates. Die „Präventivfunktion" dieser Verträge hatte für die SED seit dem Abschluß des Grundlagenvertrages mit der Bundesrepublik Deutschland und der ihm folgenden internationalen diplomatischen Anerkennung an Bedeutung verloren. Inzwischen hat die DDR-Führung im Jahr 1977 mit Ungarn (24. 3.), mit Polen (28. 5.), mit Bulgarien (14. 9.) und der ČSSR (3. 10.) neue Verträge über „Freundschaft, Zusammenarbeit und gegenseitigen Beistand" nach dem Vorbild des Vertrages mit der UdSSR vom 7. 10. 1975 geschlossen. Diese Verträge traten an die Stelle der noch nicht abgelaufenen aus dem Jahr 1967. Gemeinsames Merkmal dieser Verträge ist, daß in ihnen nunmehr jeder Bezug auf die Überwindung der Spaltung Deutschlands fehlt, allerdings auch Angriffe auf den „westdeutschen Militarismus und Revanchismus“ in ihnen nicht mehr enthalten sind.

Einen Sonderfall stellte das Verhältnis der DDR zu Rumänien dar. Rumänien hatte sich seit 1962 sowjetischen Integrationsbestrebungen im Rahmen des RGW widersetzt, weil es darin Nachteile für seine Volkswirtschaft befürchtete. 1967 hatte es als erstes sozialistisches Land Osteuropas diplomatische Beziehungen zur Bundesrepublik Deutschland aufgenommen, ohne die vorherige völkerrechtliche Anerkennung der DDR durch Bonn zur Vorbedingung zu machen. Darüber war es zu einer öffentlich ausgetragenen scharfen Kontroverse zwischen der SED und der rumänischen Parteiführung gekommen. Die rumänische KP hatte sich ferner 1968 an der Intervention der übrigen Staaten des Warschauer Paktes in der ČSSR nicht beteiligt und diese Aktion auch öffentlich mißbilligt.

Die in dieser Politik zum Ausdruck kommenden unterschiedlichen Auffassungen über die Bedeutung der nationalen Unabhängigkeit und Souveränität sowie über die Prinzipien des sozialistischen Internationalismus zwischen Rumänien und den übrigen Mitgliedsstaaten des Warschauer Vertrages (einschließlich der UdSSR) führten u. a. dazu, daß ein Freundschafts- und Beistandsvertrag zwischen DDR und Rumänien zwar im Oktober 1970 paraphiert, aber erst im Mai 1972 unterzeichnet wurde. Seine Bestimmungen gleichen – bis auf geringfügige Abweichungen – denen der Verträge des Jahres 1967. Schon damals waren polemische Angriffe auf die Bundesrepublik Deutschland vermieden und auf eine besondere Bezugnahme auf die deutsche Wiedervereinigung verzichtet worden. Lediglich in Art. 10 wurde die „Herstellung normaler gleichberechtigter Beziehungen zwischen den beiden deutschen Staaten auf der Basis des Völkerrechts“ gefordert. Unter diesem Aspekt bedurfte der Vertrag von 1972 auch keiner Erneuerung, als Honecker im Februar 1977 zu einem Staatsbesuch nach Rumänien und Ceausescu im Juni des gleichen Jahres zu einem Gegenbesuch in die DDR reisten. Die mit Rumänien zunächst aber fortbestehenden Differenzen wurden erneut anläßlich des Besuches des Vorsitzenden des Ministerrates, Stoph, in Bukarest im Frühjahr 1978 deutlich. Zum Nahostproblem, in der Abrüstungspolitik, zum proletarischen Internationalismus und in der Chinafrage gibt es gegenwärtig keine volle Übereinstimmung der Ansichten. Diese Differenzen bestehen auch nach dem letzten Freundschaftsbesuch Honeckers im Juni 1980 in Bukarest fort, sind jedoch im Zuge einer deutlichen Verbesserung der bilateralen Beziehungen in den Jahren 1981, 1982 und 1983 nicht zum Anlaß öffentlicher Auseinandersetzungen gemacht worden. Dies zeigte sich anläßlich des Freundschaftsbesuches des Ministerratsvorsitzenden Stoph im November 1982 in Rumänien, als z. B. der Standpunkt der Bukarester Parteiführung in der europäischen Abrüstungspolitik, die entgegen Moskauer Vorstellungen Rüstungsbegrenzung in West *und* Ost anstrebt, indirekt Eingang in das Abschlußkommunique fand.

Verträge über „Freundschaft und Zusammenarbeit“ hat die DDR auch mit der Mongolischen Volksrepublik (6. 5. 1977) und mit der Sozialistischen Republik Vietnam (4. 12. 1977) abgeschlossen, die jedoch beide keinerlei militärische Beistandsverpflichtungen enthalten. Hervorzuheben ist hierbei, daß im Vertrag mit Vietnam auch kein Bezug auf die erfolgreich erkämpfte Wiedervereinigung Vietnams genommen wird, Hanoi also durch diese „Nichterwähnung“ den Standpunkt der SED-Führung in der nationalen Frage politisch unterstützt.

Ein gleiches Entgegenkommen ist von einem anderen kommunistisch regierten Land, Nord-Korea, nicht gezeigt worden. Während einer längeren Asienreise des Staatsratsvorsitzenden Honecker im November und Dezember 1977, in derem Verlauf er auch politische Gespräche mit Kim Il Sung, dem nordkoreanischen Parteichef, führte, unterblieb die Unterzeichnung eines politischen Paktes offenbar wegen nicht überbrückbarer Differenzen in der Frage, wie auf die von Nord-Korea angestrebte Wiedervereinigung des Landes eingegangen und dabei der Standpunkt der SED-Führung in der deutschen Frage berücksichtigt werden sollte.

Eine Analyse der Vertragspolitik der DDR-Führung ergibt einige Besonderheiten, die die A. der SED gegenüber dem und im sozialistischen Lager charakterisiert. Die wichtigsten sind:

1. Im Vertrag mit Polen sprechen sich beide Parteien auch gegen die friedliche Veränderung der Grenzen in Europa aus („Unveränderlichkeit“). Die implizite völkerrechtliche Absage auch an eine friedliche Wiedervereinigung Deutschlands blieb freilich bisher ein Einzelfall und trägt den besonderen Interessen Polens Rechnung.
2. In den Verträgen mit Ungarn, Bulgarien und der Tschechoslowakei wird in den Präambeln die Breschnew-Doktrin („gemeinsame internationalistische Pflicht“ zum „Schutz der sozialistischen Errungenschaften“) ausdrücklich bekräftigt. In den Verträgen mit Polen, der Mongolei und Vietnam fehlt die Bestimmung „gemeinsam“. Geographische Distanz und polnische Vorsicht gegenüber militärischen Hilfeleistungen aus der DDR mögen dafür maßgebend gewesen sein.
3. Die Konsultationsklauseln in allen Verträgen – außer in denen mit Polen und Vietnam – wurden qualifiziert; bisher standen sie nur in den Verträgen mit der UdSSR und Bulgarien.
4. Die erstmals im Vertrag mit der UdSSR enthaltene Formel von der „Annäherung der sozialistischen Nationen“ findet sich jetzt auch in den jüng-

sten Verträgen mit den osteuropäischen Ländern (Ausnahme wieder: Rumänien), in leicht abgeschwächter Form, ferner im Vertrag zwischen der DDR und Polen. Hanoi und Ulan-Bator konnten dem offenbar (noch) nicht zustimmen.
Besonders in diesen Bestandteilen der Vertragstexte kommt das Bestreben der SED-Führung zum Ausdruck, den Prozeß der politischen Integration der sozialistischen Staatengemeinschaft – zumindest verbal-propagandistisch und normativ-präjudizierend – voranzutreiben und auf diese Weise allen Erwartungen im Hinblick auf eine Wiedervereinigung Deutschlands einen Riegel vorzuschieben. Diese Vertragspolitik gegenüber den Partnern im Warschauer Pakt ist in den Jahren 1979–1983 von einer intensiven Politik der Begegnungen, Konsultationen und zusätzlicher Kooperationsvereinbarungen auf allen Ebenen ergänzt und ausgefüllt worden. Es kam zu zahlreichen Gipfeltreffen der Ersten Sekretäre der kommunistischen Parteien; dabei ist unverkennbar, daß sich die A. der DDR vor allem auf die ČSSR und die VR Ungarn konzentrierte. Ungarn ist bisher, aufgrund seiner – im Vergleich mit anderen RGW-Staaten – weitreichenden Wirtschaftsreformen, mit seinen ökonomischen Problemen vor allem im Westhandel relativ gut fertig geworden. Neben Bulgarien ist Ungarn heute das RGW-Land mit den geringsten Hartwährungsschulden. Eine Verbesserung der Beziehungen zu Budapest bot sich daher nicht zuletzt aus außenhandelspolitischen Gründen für die DDR an. Die ČSSR, als Nachbar Polens, war von den dortigen innenpolitischen Vorgängen ebenso betroffen wie die DDR; der Aufbau einer gemeinsamen Abwehrfront gegen Rückwirkungen der polnischen Entwicklung lag daher im Interesse auch der SED-Führung. Darüber hinaus wurde die ČSSR als industriell vergleichbar hochentwickeltes Land auch unter handels- und kooperationspolitischen Aspekten in dem Maße noch wichtiger, als in den Wirtschaftsbeziehungen mit Polen die Schwierigkeiten zunahmen.
Die Beziehungen der DDR zur VR Polen werden offiziell von „brüderlicher Solidarität" bestimmt. Die Medien der DDR haben jedoch von Anfang an, also seit dem Sommer 1980, die Entstehung unabhängiger Gewerkschaften in Polen scharf kritisiert und die unentschlossene, auf Ausgleich bedachte Führung der Polnischen Vereinigten Arbeiterpartei (PVAP) zu energischem Eingreifen, d.h. zur gewaltsamen Auflösung der „Solidarität", gedrängt. Die SED-Führung hat zwar die Installation einer Militärdiktatur durch General Jaruzelski im Dezember 1981 als notwendig bezeichnet, weil sich die PVAP in Selbstauflösung befand; doch dürften die nicht zuletzt auch ideologischen Konsequenzen dieses bisher im kommunistischen Machtbereich einmaligen Vorgangs – Ausübung der Macht nicht durch die kommunistische Partei, sondern (zumindest vorübergehend) durch die kommunistische Armeeführung – für alle „Bruderstaaten", also auch für die DDR, erheblich sein. Es ist daher nur folgerichtig, daß die SED auf Wiederherstellung des Herrschaftsmonopols einer restaurierten PVAP drängt. Der Besuch Jaruzelskis in der DDR im März 1982 hat keine durchgreifende Verbesserung der Beziehungen gebracht. Die DDR hat bisher rd. 0,75–1 Mrd. Valuta-Mark (geschätzt), davon allein 250 Mill. $ an verbilligten Krediten bzw. unentgeltlichen Leistungen, der zerrütteten polnischen Wirtschaft zur Verfügung gestellt und muß einen um etwa 7 v.H. (1982 gegenüber 1980) zurückgegangenen Handelsaustausch, vor allem nicht erfüllte polnische Lieferverpflichtungen, verkraften. Erst 1983 hatte der Gesamtumsatz wieder die Höhe des Jahres 1980 erreicht bzw. knapp überschritten. Der seit 1972 visafreie Grenzverkehr über die Oder wird von der DDR seit 30. 10. 1980 administrativ so stark behindert, daß er faktisch als unterbrochen gelten muß.
Die A. der DDR gegenüber einigen außereuropäischen Staaten, die zum erweiterten Einflußbereich der Sowjetunion gerechnet werden können, verzeichnete dagegen einige Erfolge. Dabei handelt es sich ihrem ökonomischen Status nach um Entwicklungsländer. Im Ergebnis zweier Auslandsreisen von Partei- und Staatschef Honecker sind mit Angola und Moçambique (19. und 24. 2. 1979) sowie mit Äthiopien und der VDR Jemen (15. und 17. 11. 1979) Verträge über „Freundschaft und Zusammenarbeit" (im Falle von Angola und Moçambique „auf der Grundlage des **proletarischen → Internationalismus**") unterzeichnet worden. Ein ähnlicher Vertrag („auf der Grundlage des sozialistischen Internationalismus") wurde anläßlich eines Staatsbesuches Honeckers am 31. 5. 1980 mit Kuba abgeschlossen. Auch mit Kampuchea (18. 3. 1980), Laos (21. 9. 1982) und Afghanistan (11. 5. 1982), dessen Besetzung durch sowjetische Truppen im Dezember 1979 von der DDR mit sowjetischen Argumenten gerechtfertigt wird, kamen derartige Freundschaftsverträge zustande.
Damit ist nach 1977 der Bereich jener Staaten, mit denen die DDR dieses besondere Vertragsverhältnis einzugehen bereit war, entscheidend ausgeweitet worden. Unabhängig von der Tatsache, daß zwischen den einzelnen Verträgen trotz eines einheitlichen Grundmusters Unterschiede bestehen, zeigt diese Vertragspolitik, daß sie zu einem wichtigen Instrument in der A. der DDR geworden ist. Die neuen Vertragspartner aus der Dritten Welt, zu denen bereits vorher enge Beziehungen gepflegt wurden, sollten auch in völkerrechtlich verbindlicher Form an die „sozialistische Staatengemeinschaft" gebunden werden und als regionale Schlüsselländer für die A. der DDR deren künftige Schwerpunkte markieren.

IV. Das Verhältnis zu den nichtsozialistischen Industriestaaten

Bis 1972 gelang es der A. der DDR nicht, von einem europäischen Staat außerhalb des sowjetischen Einflußbereiches die völkerrechtliche, diplomatische **Anerkennung** als souveräner Staat zu erlangen. Dies lag gleichermaßen an der politischen Solidarität der Mehrzahl der europäischen Staaten mit der Bundesrepublik Deutschland, die in einer Anerkennung der DDR eine Bestätigung der Teilung Deutschlands sahen, an den politisch-moralischen Überzeugungen und Sicherheitserwägungen der westlichen Bündnispartner und nicht zuletzt an der Wirksamkeit der von den Mitgliedern des Warschauer Paktes und der DDR heftig bekämpften sog. Hallstein-Doktrin (1955). Unterhalb der Schwelle der diplomatischen Anerkennung erlangte die DDR jedoch frühzeitig eine de-facto-Anerkennung insofern, als sie mit den meisten nichtsozialistischen Staaten Europas vertragliche Handelsbeziehungen anknüpfen, Verkehrs- und Finanzabkommen abschließen und/oder in diesen Staaten Niederlassungen volkseigener Außenhandelsunternehmen etablieren konnte. So bestanden Ende der 60er Jahre in 12 europäischen Staaten (einschließlich der Türkei) Vertretungen der → **Kammer für Außenhandel (KfA)** der DDR, in Zypern und Finnland gab es eine Handelsvertretung. Als einziger europäischer Staat unterhielt Finnland – bedingt durch sein besonderes Verhältnis zur UdSSR – in Berlin (Ost) ebenfalls eine Handelsvertretung, die (ebenso wie die Vertretung der DDR in Helsinki) einen quasi-konsularischen Status besaß.

Eine ständige politische Offensive entwickelte die DDR etwa seit 1957 gegenüber den skandinavischen Staaten, die ihren alljährlichen Höhepunkt in der Veranstaltung der Rostocker → **Ostseewoche** erreichte. Unter der Losung „Die Ostsee muß ein Meer des Friedens sein" versuchte die DDR nicht ohne Erfolg einige Vorbehalte, insbesondere Dänemarks und Norwegens, gegen die NATO für die eigene Politik auszunutzen, die eine Schwächung der NATO-Flanke und eine Aufwertung des eigenen außenpolitischen Status in diesem Gebiet zum Ziel hatte. In Kopenhagen, Stockholm und Oslo bestanden bis 1973 (nur) Vertretungen der KfA.

Die finanziell aufwendige und agitatorisch den Bedingungen der jeweiligen Länder sich anpassende Öffentlichkeitsarbeit aller derartigen Vertretungen der DDR im Ausland hatte jedoch ihr internationales Prestige merkbar aufgewertet. Ziel dieser wie auch der intensiven handelspolitischen Anstrengungen vor allem im Westen war es, die außenpolitische Isolierung zu durchbrechen und die Anerkennung als souveräner deutscher Staat zu erreichen.

Kurz vor und nach dem Abschluß des Grundlagenvertrages (1972) mit der Bundesrepublik Deutschland und ihrer Aufnahme in die Organisation der Vereinten Nationen (1973), hat die DDR (vom 1. 1. 1969 bis 31. 12. 1973) zu weiteren 86 Staaten → **Diplomatische Beziehungen** aufgenommen. (Insgesamt haben bis Februar 1983 132 Staaten [ohne Bundesrepublik Deutschland] die DDR diplomatisch anerkannt.) Die diplomatischen Beziehungen zu Chile gelten seit dem Sturz Allendes als unter-, aber nicht als abgebrochen.

Bei der formalen Gestaltung der neuen außenpolitischen Beziehungen folgt die SED weitgehend den traditionellen Mustern. Sie hat deshalb auch zu jenen Staaten diplomatische Beziehungen aufgenommen, die vorher jahrelang im Zentrum ihrer propagandistischen Angriffe (wie z. B. Spanien, der Iran u. a.) standen. Ihr Ziel ist es dabei, als möglichst „normaler" Partner auf dem diplomatischen Parkett anerkannt zu werden. Aus der Sicht der SED ist dieses Ziel gegenwärtig weitgehend erreicht. So sprach Generalsekretär Honecker auf dem 5. ZK-Plenum der SED (25.–26. 11. 1982) vom international gewachsenen Ansehen der DDR, das auf ihre – die Entspannung fördernde – „Friedenspolitik" zurückzuführen sei.

Der Inhalt der A. der DDR gegenüber der nichtsozialistischen, insbesondere der kapitalistischen Welt kann als eher defensiv (im politischen Bereich) und offensiv (im handelspolitischen Bereich) charakterisiert werden. Zwar sollen die Prinzipien der friedlichen Koexistenz und der antiimperialistische Kampf weiterhin die Grundlage ihrer A. bilden. Jedoch scheint die SED zunächst vor allem daran interessiert zu sein, ihre gewonnene internationale Präsenz in möglichst intensive wirtschaftliche, staatlich kontrollierte kulturelle und wissenschaftlich-technische Kontakte umzusetzen.

Die auf diesem Wege angestrebte, vor allem wirtschaftliche Stabilisierung der DDR müßte sich zwangsläufig in einer Stärkung ihres politischen Gewichts innerhalb des Warschauer Pakts und des RGW auswirken. Da gleichzeitig die Agitation gegen die Bundesrepublik Deutschland seit 1971 verringert wurde, scheint die ständig proklamierte „Verschärfung des ideologischen Kampfes" in den internationalen Beziehungen vorrangig der innenpolitischen Absicherung der Westpolitik zu dienen. Vor allem geht es der SED-Führung darum, die ideologisch-politischen und praktischen Konsequenzen der auch von ihr 1975 unterzeichneten Schlußakte der KSZE-Konferenz von Helsinki für die innere Stabilität ihres Herrschaftssystems unter Kontrolle zu halten. Eine über die weitere Normalisierung der zwischenstaatlichen Beziehungen hinausgehende politische Zusammenarbeit mit den Staaten Westeuropas bleibt daher auch künftig von den sicherheitspolitischen Einschätzungen der Parteiführung abhängig.

Der Abschluß von 43 (Stand: 30. 11. 1983) Konsularverträgen (darunter auch mit den USA [1979], Großbritannien [1976] und Frankreich [1980]), mit denen die DDR-Führung ihrer Auffassung von der Existenz zweier deutscher Staatsbürgerschaften auch internationale Anerkennung zu verschaffen sucht, von langfristigen Handelsabkommen und Abkommen über wirtschaftliche und wissenschaftlich-technische Zusammenarbeit (1973 mit Großbritannien auf 10 Jahre, 1975 mit Frankreich auf 5 Jahre, inzwischen verlängert) und von Straßen- und Luftverkehrsabkommen sowie weiterer Abkommen mit einigen westeuropäischen Staaten diente dem Ziel, die mit der diplomatischen Anerkennung errungenen Positionen kontinuierlich auszubauen. Für Fortschritte bei der angestrebten Normalisierung spricht auch, daß in 6 nichtsozialistischen Staaten (darunter in den NATO-Staaten Belgien und Italien) Militärattachés der DDR akkreditiert werden konnten. Zudem erarbeiten relativ regelmäßig sog. „Gemischte Regierungskommissionen" die Grundlagen für den langfristigen Warenaustausch. Darüber hinaus gibt es zahlreiche Abkommen z. B. im Hochschulbereich, auf den Gebieten → **Rundfunk**, → **Fernsehen** und → **Sport**. Insgesamt sind mit den Staaten der EG und der EFTA bzw. mit Institutionen und Organisationen in diesen Staaten von 1974 bis 1982 mehr als 150 Verträge, Vereinbarungen, Protokolle und vertragliche Absprachen vor allem auf wirtschaftlichem, technischem, kulturellem und medienpolitischem Gebiet unterzeichnet worden. Trotz einer verstärkten „sozialistischen Integration" in die von der UdSSR geführte „sozialistische Staatengemeinschaft", die bisher schon zu einer weitgehend mit den Bündnispartnern abgestimmten A. („koordinierten A.") geführt hat, sucht die SED ein neues Verhältnis zu den westeuropäischen Industriestaaten und damit auch einen neuen Standort gegenüber den westeuropäischen Einigungsbestrebungen im Rahmen der Europäischen Gemeinschaft zu gewinnen.

Die politische Realität der EG – in der Propaganda der DDR als untauglicher Versuch des „Monopolkapitals" zur Überwindung seiner inneren Widersprüche bezeichnet – wird seit 1973 wie von der Sowjetunion auch von der SED-Führung nicht mehr geleugnet. Sie kritisiert zwar das darin zum Ausdruck kommende Anwachsen des politisch-wirtschaftlich-militärischen Potentials Westeuropas; andererseits wird in diesem Zusammenhang in den Medien der DDR darauf hingewiesen, daß mit dieser Entwicklung eine größere Unabhängigkeit Europas von den USA erreicht werden könne, d. h. faktisch die atlantischen Bindungen gelockert würden.

Für die DDR ist Europa „ein Hauptfeld der internationalen Auseinandersetzung zwischen Sozialismus und Kapitalismus und zugleich jene Region der Welt", in der die Entspannung „die bisher greifbarsten Ergebnisse" gebracht hat. Dem entspricht, daß die SED insofern einen Mittelkurs steuert, als sie sich zwar im Ost-West-Konflikt mit der Politik der Sowjetunion identifiziert, d. h. insbesondere in der rüstungspolitischen Auseinandersetzung (→ **Militärpolitik**) ohne Einschränkung z. B. hinter der Prager Deklaration des Warschauer Paktes vom Januar 1983 steht. Gleichzeitig gehört die DDR jedoch auch zu jenen Staaten der „sozialistischen Staatengemeinschaft", deren Spitzenpolitiker am häufigsten von der besonderen Verantwortung der beiden deutschen Staaten (also auch der eigenen) für den Frieden in Europa und immer wieder, öfter als dies in anderen osteuropäischen Hauptstädten geschieht, von den wirtschaftlichen Belastungen ständig wachsender Rüstung für die Volkswirtschaften der Bündnispartner sprechen (→ **Abrüstung**). An Fortschritten bei den europäischen Abrüstungsverhandlungen und an einer Fortsetzung des Rüstungsbegrenzungsdialogs zwischen den Großmächten zeigt die SED-Führung erheblich stärkeres Interesse als die Hegemonialmacht UdSSR. Da der DDR in diesem Bereich weder die Definition „nationaler", vom eigenen Bündnis abweichender Ziele (soweit solche überhaupt existieren sollten), noch gar deren Verfolgung ohne Abstimmung mit der UdSSR möglich ist, läßt ihr deutliches Bekenntnis zu einem vereinbarten Rüstungsstopp in Europa den Wunsch erkennen, von einer Mehrzahl europäischer Staaten als Bündnispartner der sozialistischen *und* als verantwortungsbewußtes Mitglied der europäischen Staatengemeinschaft akzeptiert zu werden. DDR-Diplomaten vermeiden z. B. in offiziellen Stellungnahmen und auf internationalen Abrüstungskonferenzen zumeist alles, was die DDR in den Ruf bringen könnte, innerhalb ihres Bündnisses eine abrüstungspolitische Bremserrolle zu spielen.

Es ist nicht auszuschließen, daß die DDR ihre Rolle als europäische – und nicht nur – kommunistisch regierte Mittelmacht durchaus ernstzunehmen gewillt ist. Als Mittelmacht ist die DDR aber nicht nur von den besonderen europäischen Konflikten betroffen, sondern sie sucht selbstverständlich auch von den „bisher greifbarsten Ergebnissen" (der Entspannung) zu profitieren. So wird in der DDR immer häufiger davon gesprochen, „die Vorteile einer gesamteuropäischen Zusammenarbeit auf wirtschaftlichem und anderen Gebieten zur Bewältigung der eigenen Probleme zu nutzen". Das bedeutet, die SED muß versuchen, den Anschluß an die hochindustrialisierten Staaten Westeuropas zu halten bzw. zu gewinnen. Ihre aktive, mit der Sowjetunion abgestimmte Westpolitik konzentriert sich daher seit Anfang der 70er Jahre auf eine Normalisierung („Verstetigung") der bilateralen Beziehungen zu den westeuropäischen Industriestaaten. Es scheint, daß sich inzwischen die SED bei der Verfolgung dieses Zieles auch von den – lange Zeit politisch-propagandistisch heftig bekämpften – westeuropäischen Einigungsprozessen nicht mehr grundsätzlich behindert fühlt. Dies zeigt sich unter anderem in der unverändert von Dialogbereitschaft bestimmten → **Deutschlandpolitik der SED** seit Amtsübernahme der Regierung Kohl-Genscher, die es an einer Bekräftigung der Westbindungen der Bundesrepublik Deutschland nicht hat fehlen lassen.

Anhaltende Probleme für die **Europapolitik** der DDR bestehen dort weiter, wo sie aufgrund ideologischer Fixierungen oder praktisch-politischer Zwänge zu einem ständigen Balanceakt zwischen „normaler" zwischenstaatlicher Kooperation und revolutionär-progressiver Attitüde oder sogar – durch Unterstützung fremder kommunistischer Parteien wie z. B. der DKP in der Bundesrepublik – zu aktiver Einmischung in die Angelegenheiten anderer Staaten gezwungen ist. Ursache hierfür ist die unauflösbare Spannung zwischen dem Prinzip der → **friedlichen Koexistenz**, das die A. gegenüber Staaten mit unterschiedlicher Gesellschaftsordnung bestimmen soll, und dem des **proletarischen** → **Internationalismus**, das „brüderliche" Hilfe für jene kommunistische Parteien Westeuropas zur Pflicht macht, die den Führungsanspruch der KPdSU nach wie vor anerkennen. Die daraus resultierende Zweigleisigkeit der A. der DDR bestärkt immer wieder das Mißtrauen zahlreicher Regierungen Westeuropas, die sich einerseits mit einem ständig vorgetragenen Wunsch nach Normalisierung der Beziehungen, andererseits mit offener politischer und/oder verdeckter materieller Unterstützung revolutionärer Aktionen der kommunistischen Parteien in ihren Ländern konfrontiert sehen. Hinzu kommt, daß hinter außenpolitischen Aktionen der DDR häufig – und nicht immer zu Recht – der lange Arm Moskaus vermutet wird. Die Ablehnung sowjetischer Hegemonialansprüche, verbunden mit der Annahme, zwischen der UdSSR und der DDR bestünde Interessenidentität, obwohl nur eine, allerdings weitreichende Interessenparallelität gegeben ist, führt dann zur Skepsis gegenüber der gesamten A. der DDR selbst, und zwar auch dort, wo zum Nutzen aller Beteiligten von einem (begrenzten) Spielraum der DDR-A. ausgegangen werden kann. Ausdruck dieses Mißtrauens (wie auch der fortbestehenden Ablehnung der Herrschaftsverhältnisse in der DDR) ist die Tatsache, daß trotz aller Normalisierung erst wenige Außenminister von NATO-Staaten (Frankreichs: 1980 und 1984; Italiens, Norwegens und Dänemarks: 1983) die DDR offiziell besucht haben, obwohl DDR-Außenminister Fischer inzwischen zahlreiche Besuche in westlichen Hauptstädten absolviert hat.

Belastend für die Europapolitik der SED bleibt, daß sie sich z. B. während der Madrider Verhandlungen auf der 2. KSZE-Folgekonferenz zwar für die Einberufung einer europäischen Abrüstungskonferenz einsetzte, aber – wie schon auf der 1. Folgekonferenz in Belgrad 1977/78 – in den für die westliche Seite wichtigen Fragen der Realisierung des „Korbes III" der Helsinki-Schlußakte (Menschenrechte, „menschliche Erleichterungen") genauso ablehnend reagierte, wie ihre Verbündeten. Die SED-Führung wird auch künftig weder eine unabhängige → **Friedensbewegung** in ihrem Staat erlauben, noch einen unkontrollierten freien Fluß von Informationen und Meinungen von West nach Ost, einen freien individuellen Reiseverkehr (außerhalb von offiziellen Delegationen und neben Funktionärsreisen) und einen Besuch ihrer Gefängnisse durch amnesty international zulassen, selbst wenn dies alles ihrem Image schadet und ihrer Europapolitik abträglich ist.

In den Beziehungen zu den USA (diplomatische Anerkennung: 4. 9. 1974) zeichnet sich nur eine langsame Verbesserung ab. Die A. der DDR betreibt gegenwärtig eine intensive, vor allem kulturpolitische Imagepflege (u. a. durch Entsendung von Symphonie-Orchestern und Veranstaltung von Gemäldeausstellungen) auf dem nordamerikanischen Kontinent; die Unterzeichnung von Arbeitsprogrammen auf den bisherigen Sitzungen der Wirtschaftsausschüsse DDR–USA und USA–DDR, an denen der amerikanische Staat jedoch nicht beteiligt ist, blieb bisher einer der wenigen greifbaren Erfolge dieser Bemühungen. Seit 1979 gibt es einen begrenzten Wissenschaftleraustausch, der auf seiten der USA allerdings nur vom halbstaatlichen „International Research and Exchange Board" organisiert wird.

Einer weiteren Normalisierung des Verhältnisses zwischen beiden Staaten steht u. a. die beharrliche Weigerung der DDR entgegen, in den USA lebenden jüdischen Opfern des Nationalsozialismus individuelle Wiedergutmachungszahlungen zu leisten und für die Enteignung amerikanischen Eigentums Entschädigung zu zahlen (→ **Antisemitismus**). Darüber hinaus dürften aufgrund der amerikanischen Haltung in der Berlin-Frage – Festhalten am Vier-Mächte-Status von ganz Berlin – auch in Zukunft schnelle Fortschritte bei der Verbesserung des Verhältnisses nicht zu erwarten sein.

In den letzten Jahren waren die USA allerdings größter westlicher Lieferant landwirtschaftlicher Erzeugnisse, vor allem von Futtermitteln.

Der erste Botschafter der DDR in den USA, Prof. Dr. Rolf Sieber, war Wirtschaftswissenschaftler. Er wurde Mitte 1978 von Dr. Horst Grunert, bis dahin stellvertretender Außenminister, abgelöst, der am 12. 7. 1983 durch Dr. Gerhard Herder (zugleich Botschafter in Kanada) ersetzt wurde.

Die Besuche des Staatsratsvorsitzenden E. Honecker im Dezember 1977 auf den Philippinen und des Politbüromitglieds G. Mittag in Japan im November 1977 sollten wohl in erster Linie – vor allem in Manila – die internationale Präsenz der DDR und die Reichweite ihrer A. dokumentieren. In beiden

Fällen kam es zum Abschluß von Regierungsvereinbarungen über die Intensivierung der wirtschaftlich-technischen Zusammenarbeit und des Warenaustausches. Die Asienpolitik der DDR bleibt nach wie vor ohne eigene Konturen, d. h. den sowjetischen Interessen absolut untergeordnet, ohne allerdings das von der UdSSR vorgeschlagene kollektive Sicherheitssystem für Asien allzu deutlich zu unterstützen. Gegenüber Japan war sie (diplomatische Anerkennung: 15. 5. 1973) zunächst ambivalent: Exportinteressen, vor allem aber der Wunsch nach Import von japanischem technologischen Know-how, erforderten den Ausbau der bereits seit 1954 auf der Ebene von Verträgen der Außenhandelsbetriebe bestehenden Wirtschaftsbeziehungen; Anfang 1975 kam es erstmals zu einem auf Regierungsebene abgeschlossenen Handelsabkommen, und 1977 wurde ein Kreditabkommen in Höhe von rd. 600 Mill. Mark unterzeichnet. Andererseits hat die SED-Presse den Abschluß des chinesisch-japanischen Freundschaftsvertrages von 1978 ebenfalls als gegen die UdSSR gerichtet kritisiert. Auf der Parteiebene hat die SED die zur Sozialistischen Partei Japans bestehenden Kontakte ständig weiter ausgebaut und verhält sich gegenüber der moskaukritischen Kommunistischen Partei Japans zurückhaltend. Der von den SED-Medien stark herausgestellte Staatsbesuch Honeckers in Japan im Mai 1981, sein erster in einem führenden westlichen Industriestaat, dürfte zwar Impulse für den wechselseitigen Warenaustausch (1981: knapp 1 Mrd., 1982: rd. 1,3 Mrd. Valuta-Mark) gebracht haben, sein politischer Ertrag bestand jedoch in erster Linie in dem für den Hausgebrauch wichtigen Prestigegewinn der Parteiführung.

V. Das Verhältnis zu den Staaten der Dritten Welt

Als Hauptaufgaben ihrer A. gegenüber den Staaten der Dritten Welt bezeichnet die DDR: 1. Solidarische Unterstützung des nationalen Befreiungskampfes der Völker Asiens, Afrikas und Lateinamerikas im Kampf gegen Imperialismus, Kolonialismus und Neokolonialismus. 2. Hilfe bei der Festigung der politischen und der Herstellung der ökonomischen Unabhängigkeit.

Das Schwergewicht der Beziehungen zu diesen Staaten lag lange Zeit fast ausschließlich auf wirtschaftlichem bzw. kulturellem Sektor, jedoch sollte in jener Phase „der Außenhandel den Kampf um die diplomatische Anerkennung der DDR" unterstützen.

Weiteres Ziel der A. der DDR gegenüber den Entwicklungsländern war neben der Erlangung der eigenen völkerrechtlichen Anerkennung die Ausdehnung des sozialistischen Weltsystems auf Kosten des „kapitalistischen Lagers". Dabei spielten die Theorie vom „nichtkapitalistischen Entwicklungsweg", die eigenen Aufbauleistungen und ihre Beispielwirkung für unterindustrialisierte Länder sowie die allgemeine Affinität einiger herrschender Machteliten in der Dritten Welt zum „sozialistischen Lager" eine nicht zu unterschätzende Rolle.

Entgegen manchen westlichen Befürchtungen haben die außenpolitischen Bemühungen der DDR in diesem Bereich jedoch eine weltweite völkerrechtliche Anerkennung der DDR bis 1972 nicht entscheidend gefördert. Auch der frühzeitige Abschluß langfristiger Handelsabkommen mit Ägypten, Burma, Ceylon (Sri Lanka), Guinea, Indonesien, Irak, Jemen (Nord), Kambodscha, Libanon, Mali, Marokko, Tansania, Sudan, Syrien und Tunesien vermochte daran, trotz erklärter außenpolitischer Zielsetzungen, zunächst nichts zu ändern.

Begrenzte außenpolitische Erfolge für die DDR stellten jedoch die Stellungnahmen der großen Konferenzen nichtpaktgebundener Staaten zur deutschen Frage (1961 in Belgrad, 1965 in Kairo, 1970 in Lusaka, 1976 in Colombo) dar. Schon in Belgrad war von der „Existenz zweier deutscher Staaten" gesprochen worden.

Die frühe diplomatische Anerkennung durch Kambodscha, Irak, Sudan, Südjemen, Syrien und Ägypten (Mai bis Juli 1969) war weniger ein unmittelbarer Verdienst der A. der DDR, als vielmehr eine Folge der Nahost-Krise von 1967, in deren Verlauf die DDR (wie, mit Ausnahme Rumäniens, alle Staaten der „sozialistischen Staatengemeinschaft") vorbehaltlos den arabischen Standpunkt eingenommen hatte.

Seit 1977/78 ist ein verstärktes Engagement der A. der DDR vor allem in einigen Krisenzentren Schwarz-Afrikas und Asiens festzustellen. Mehrere ausgedehnte Besuchsreisen von Verteidigungsminister H. Hoffmann (u. a. April und Mai 1978: Kongo-Brazzaville, Guinea, Angola, Nigeria, Tunesien; Mai 1979: Sambia, Moçambique, Äthiopien; Januar 1982: Vietnam, Laos, Kampuchea, Indien) bestätigen, was auch die SED-Führung inzwischen zugegeben hat: die DDR leistet auch militärische → **Entwicklungshilfe**.

Im Bürgerkrieg in Äthiopien hat die Regierung der DDR – genau wie die Sowjetunion und Kuba – ohne Einschränkung zugunsten der Zentralregierung in Addis Abeba und gegen die Eritreische Befreiungsfront Partei ergriffen und militärische Ausbilder und Ausrüstungen entsandt. Die in Angola, VDR Jemen, Moçambique und – mit Einschänkungen – in Äthiopien herrschenden, sozialistisch-kommunistisch orientierten Einheitsparteien werden von der SED als „Bruderparteien" betrachtet und entsprechend ideologisch und organisatorisch unterstützt. Mit Tansania, Guinea, Guinea-Bissau, Nigeria und den in der sog. „Ablehnungsfront" gegen Israel zusammengeschlossenen arabischen Staaten Algerien, Libyen, Syrien und Irak pflegt die DDR-Führung gegenwärtig ebenfalls enge Beziehungen auf vielen Ebenen.

Die Beziehungen zu Ägypten haben sich demgegenüber abgekühlt bzw. sind – zumindest vorübergehend – auf korrekte zwischenstaatliche, überwiegend handelspolitische Kontakte reduziert worden. Der Außenhandelsumsatz mit Ägypten ist von 1975 bis 1982 um knapp 50 v. H. zurückgegangen. Gegenwärtig ist jedoch wieder eine Zunahme der Kontakte zu Kairo zu beobachten, dessen Camp-David-Politik (1979), verbunden mit einer Öffnung zum Westen unter dem 1981 ermordeten Präsidenten Sadat von der DDR zurückhaltend, aber unmißverständlich kritisiert wurde.

Die Beziehungen zu Indien, das wegen seiner Führungsrolle in der Bewegung der Blockfreien stets von der DDR umworben wurde, haben sich insbesondere nach dem Staatsbesuch Honeckers im Januar 1979 weiter verbessert, obwohl die indische Regierung in keiner der für die Sowjetunion wichtigen weltpolitischen Fragen (Afghanistan, Kampuchea) ihre kritische Haltung geändert hat. Der Außenhandelsumsatz mit Indien hat von 1975 bis 1982 um rd. 40 v. H. zugenommen.

Daß die Beziehungen der DDR zur Dritten Welt zunehmend auch von Opportunitätserwägungen bestimmt werden, denen im Bedarfsfall die „proletarische internationale Solidarität" geopfert wird, zeigt das Verhältnis zum Kaiserreich Iran. Bis Mitte 1978 ist in der Presse der DDR über die sozialrevolutionären Unruhen in Persien so gut wie nichts berichtet worden; vielmehr war der Austausch von Grußtelegrammen und freundlichen Berichten über protokollarische Ereignisse am Hof von Teheran die Regel. Die DDR meidet ebenfalls jede Kritik am Regime des Ajatollah Chomeini; im iranisch-irakischen Krieg nimmt sie, trotz ihrer guten Beziehungen zum Irak, eine neutrale Haltung ein. Der Warenaustausch mit dem Iran ist von 1980 bis 1982 um rd. 130 v. H., mit dem Irak im gleichen Zeitraum um rd. 30 v. H. gestiegen. Aus beiden Staaten bezieht die DDR in geringem Umfang Rohöl.

Im Verhältnis zur Dritten Welt verfolgt die DDR im einzelnen ein Bündel eng miteinander verflochtener Ziele. Falsch wäre die Annahme, sie träte ausschließlich als verlängerter Arm der UdSSR auf, auch wenn davon auszugehen ist, daß die europäischen sozialistischen Staaten und die Sowjetunion die Grundzüge ihrer Aktivitäten in Krisengebieten der Dritten Welt im Sinne der gemeinsamen „koordinierten Außenpolitik" abstimmen. In der Wahrnehmung ihrer Eigeninteressen stehen vor allem wirtschaftliche Erwägungen im Vordergrund. Bei der unverändert starken politischen und materiellen Unterstützung für revolutionäre Befreiungsbewegungen (die Palästinensische Befreiungsbewegung unterhält seit 1981 sogar eine Botschaft in Berlin-Ost; die SWAPO [Namibia] und der ANC [Südafrika] haben gleichfalls quasi-diplomatische Vertretungen in der DDR) geht es in erster Linie um den Nachweis „antiimperialistischer Solidarität" als Grundelement der gesamten A. der DDR. Zugleich dient sie dem Ziel der gesamten „sozialistischen Staatengemeinschaft", in der globalen Auseinandersetzung mit dem Westen Verbündete und Einfluß in Krisengebieten zu gewinnen.

Beim Staatsbesuch Honeckers in Mexiko im September 1981 ging es der DDR sowohl um den Ausbau der Wirtschaftsbeziehungen zu diesem ölreichen Staat, als auch darum, sich im krisengeschüttelten Mittelamerika neben Kuba ein weiteres politisches Standbein zu schaffen, das die Einflußnahme auf die Entwicklung in den dortigen Ländern gegebenenfalls erleichtert.

Die Auslandsreise Honeckers im Oktober 1982, auf der er zum ersten Mal u. a. einen Besuch in einem konservativen Golfstaat, im Scheichtum Kuweit, absolvierte, dürfte einerseits im Hinblick auf die Sicherung der Rohstoffimporte der DDR, andererseits aber auch unter Berücksichtigung der Tatsache erfolgt sein, daß dieser erdölreiche Staat zu den wichtigsten Finanziers der antiisraelischen arabischen Ablehnungsfront gehört.

Gegenwärtig scheint die DDR ihr Verhältnis zur Mehrzahl der Staaten der Dritten Welt auf den Status traditioneller Beziehungen zurückzustufen, wobei gleichzeitig ihre handelspolitischen Interessen an Bedeutung gewinnen. Europa als neuer Schwerpunkt außenpolitischer Aktivitäten hat die Bedeutung der „Dritten Welt" für die Durchsetzung außenpolitischer Ziele der DDR reduziert.

VI. Das Verhältnis zu internationalen Organisationen

Bis 1953 hatte die DDR nach eigener Darstellung „gezögert", sich um Mitgliedschaft in internationalen Organisationen zu bewerben. Sie begründet das damit, daß eine – damals auch von der DDR noch erstrebte – gesamtdeutsche Regierung nicht in ihren Entscheidungen „präjudiziert" werden sollte. Tatsächlich bestanden jedoch Einwände einer Mehrheit von UN-Mitgliedern gegen eine Mitgliedschaft der DDR, der mangelnde Souveränität, Nichterfüllung einer Reihe in der Charta der UN verankerter Vorbedingungen und Vertiefung der Spaltung Deutschlands im Falle ihres Beitritts vorgehalten wurde. Aus diesen Gründen, für deren Wirksamkeit die DDR vornehmlich die Propaganda der Bundesrepublik Deutschland verantwortlich machte, scheiterten auch alle Anträge auf Aufnahme in einzelne UN-Spezialorganisationen (wie am 8. 5. 1968 in die WHO) oder wurden von der DDR wegen der für sie ungünstigen Mehrheitsverhältnisse (wie 1955 in dem ECOSOC) zurückgezogen.

Der am 28. 2. 1966 vom Staatsrat der DDR gestellte Antrag auf Aufnahme der DDR in die UN hatte mangels einer Empfehlung des Sicherheitsrates an die Vollversammlung ebenfalls keine Chance, obwohl die SED-Führung damals noch behauptete, im

Interesse einer einheitlichen deutschen Nation zu handeln.
Mit der Aufnahme sollte gleichzeitig die internationale Anerkennung der DDR durchgesetzt werden, ohne daß dafür in der innerdeutschen Auseinandersetzung ein politischer Preis zu zahlen gewesen wäre. Damit war auch die UN-Politik ein wesentliches Instrument der → **Deutschlandpolitik der SED**, das sich jedoch so lange als unwirksam erwies, wie in Europa ein Zustand der Konfrontation zwischen den Blöcken herrschte und in der deutschen Frage keine Fortschritte erzielt wurden.
Erst nach dem Abschluß der Verträge von Moskau und Warschau zwischen der Bundesrepublik Deutschland und der UdSSR bzw. der Volksrepublik Polen, nach Ratifizierung des Viermächte-Abkommens über → **Berlin** und der Unterzeichnung des → **Grundlagenvertrages** mit der Bundesrepublik Deutschland (1972) war für die DDR der Weg in die UN frei.
Am 18. 9. 1973 wurde die DDR als 133. Staat in die Weltorganisation aufgenommen. Das Verhalten der DDR in den ersten 9 Jahren ihrer Mitgliedschaft (September 1973 bis September 1982) läßt inzwischen einige Schlüsse auf ihre künftige Politik in der UNO zu. Bei den inzwischen erfolgten einigen hundert Abstimmungen bzw. Resolutionen stimmte sie stets – bis auf unwesentliche Ausnahmen – genauso wie die UdSSR. Dies wurde erneut besonders deutlich anläßlich der 2. UNO-Sonderabrüstungskonferenz im Juni–Juli 1982. Ein erster gemeinsamer Antrag von Bundesrepublik Deutschland, DDR und der Republik Österreich, Deutsch als offizielle UN-Sprache zuzulassen (d. h. vor allem, offizielle Dokumente der UN auch ins Deutsche zu übersetzen), ist 1974 positiv entschieden worden. Offenbar beabsichtigt die SED vorläufig nicht, in der UNO eine offene Konfrontationspolitik gegenüber der Bundesrepublik Deutschland zu betreiben, vielmehr durch sachbezogene Mitarbeit in einzelnen Gremien der Weltorganisation ihr „Image" als „friedliebender" und „sozialistischer deutscher Staat" (als Staat des „real existierenden Sozialismus") vor allem bei den Ländern der Dritten Welt weiter zu verbessern. Auf der 37. Generalversammlung im Jahr 1982 hat sie nur in wenigen Fällen nicht mit der Mehrheit der UNO-Mitglieder gestimmt.
Allerdings ist gleichzeitig eine unverminderte Fortsetzung ihrer Abgrenzungspolitik gegenüber der Bundesrepublik auch in der UNO festzustellen, wobei vor allem die Debatten der UN-Vollversammlungen als internationales Forum genutzt werden. Dies wurde u. a. in der Rede von DDR-Außenminister Fischer während der Generaldebatte im September 1982 deutlich, in deren Verlauf beide deutsche Außenminister ihre unterschiedlichen Standpunkte zur beide deutsche Staaten besonders berührenden Abrüstungsfrage dargelegt haben.

Für die Jahre 1980–1981 wurde die DDR zum nichtständigen Mitglied des Sicherheitsrates gewählt. Im Januar 1980 scheiterte die Aufforderung des Rates zum Rückzug der sowjetischen Truppen aus Afghanistan am sowjetischen Veto, das die DDR als einziges seiner übrigen 10 Mitglieder unterstützte. Eine schwere Schlappe erlitt die UNO-Politik der Sowjetunion und damit auch der DDR, als auf einer Sondertagung der Generalversammlung im gleichen Monat die sowjetische Intervention in Afghanistan mit 104 gegen 18 Stimmen bei 18 Enthaltungen verurteilt wurde. Dem Wirtschafts- und Sozialrat der UN (ECOSOC) gehörte die DDR von 1974 bis 1976, von 1979 bis 1981 und wieder seit 1983 an; in der Wirtschaftskommission für Europa (ECE), einer Unterorganisation des ECOSOC, ist sie seit 1973 Mitglied. Dem Internationalen Gerichtshof (IGH) und dem Treuhandrat gehört die DDR nicht an. Im Generalsekretariat ist sie mit einigen hohen Posten vertreten, jedoch ebenso wie die Bundesrepublik Deutschland unterrepräsentiert.
Gegenwärtig (1983) ist die DDR Mitglied u. a. in den folgenden Organen der Vollversammlung bzw. Spezialorganisationen der UNO:
Organisation für Erziehung, Wissenschaft und Kultur (UNESCO) seit 1972;
Internationale Fernmeldeunion (ITU) seit 1973;
Weltgesundheitsorganisation (WHO) seit 1973;
Weltpostverein (UPU) seit 1973;
Weltorganisation für Meteorologie (WMO) seit 1973;
Internationale Atomenergieorganisation (IAEA) seit 1973;
Internationale Beratende Seeschiffahrtsorganisation (IMCO) seit 1973;
Internationale Organisation zum Schutz geistigen Eigentums (WIPO) seit 1972;
Internationale Arbeitsorganisation (ILO) seit 1974.
Welternährungsrat (WFC) bis 1980;
Sonderausschuß über die Charta der UNO seit 1974.
Ferner arbeitet die DDR mit u. a. am
– Entwicklungshilfeprogramm der Vereinten Nationen (UNDP) seit 1973; in der
– Organisation für industrielle Entwicklung (UNIDO) seit 1973; im
– Weltkinderhilfswerk (UNICEF) seit 1973; in der
– Konferenz für Handel und Entwicklung (UNCTAD) seit 1973; am
– Umweltprogramm der Vereinten Nationen (UNEP) seit 1973.
Sie ist darüber hinaus Mitglied zahlreicher Unterorganisationen der UN: u. a. der Suchtstoffkommission, dem Komitee für Menschenrechte (bis 1982), der Kommission für die Rechtsstellung der Frau, dem Komitee für Natur-Ressourcen und dem Abrüstungsausschuß in Genf.
Ohne Begründung bleibt die DDR bisher u. a. der Internationalen Zivilluftfahrt-Organisation

(ICAO), der Ernährungs- und Landwirtschaftsorganisation (FAO), der Internationalen Entwicklungsorganisation (IDA), der Weltbank, dem Internationalen Währungsfonds (IMF) und einigen weiteren Sonderorganisationen der UNO fern.
Vom Haushaltsaufkommen der UN (1984/85 rd. 3,6 Mrd. DM) hat die DDR 1,39 v. H. (Bundesrepublik 8,54 v. H.) zu tragen.
Die UNO-Politik der DDR läßt sich insgesamt wie folgt charakterisieren: sie bekräftigt unermüdlich ihre Unterstützung für die Ziele der UNO-Charta, d. h. aus der Sicht der SED, den „Kurs der friedlichen Koexistenz, Rüstungsbegrenzung und Zusammenarbeit der Völker". Ihre bisherige Politik in der UNO bezeichnet die SED als „positiv, erfolgreich und konstruktiv". Wenn es der koordinierten A. der „sozialistischen Staatengemeinschaft" nützt, wird die Weltorganisation stets, geschlossen im Stimmblock der 16 Staaten unter direktem und indirektem sowjetischen Einfluß, als prestigeträchtiges Propagandaforum genutzt. (So hat diese Gruppe bisher in rd. 90 v. H. aller Fälle einheitlich abgestimmt; die EG-Staaten waren dagegen nur in rd. 65 v. H. aller Abstimmungen einer Meinung.) Wenn es um von der UdSSR eingebrachte oder getragene Resolutionsentwürfe zur Abrüstungspolitik, gegen Apartheid in Südafrika, für eine Nah-Ost-Regelung im Sinne der PLO, gegen „→ **Imperialismus**, Neokolonialismus und Rassismus" und um Änderung der bestehenden Weltwirtschaftsordnung (allerdings zu Lasten allein der westlichen Industriestaaten) geht, waren die Positionen der DDR zumeist mehrheitsfähig. Ihre Vertreter sind auch, genauso wie die der Sowjetunion und die der anderen europäischen Verbündeten, stets allen Überlegungen zur Reform der UNO (mehr Einfluß für den Generalsekretär, Modifizierung der VETO-Macht der fünf ständigen Mitglieder des Sicherheitsrates usw.) entgegengetreten, obwohl viele Staaten der Dritten Welt (die gegenwärtig rd. 120 von insgesamt 157 Mitgliedern stellt) an einem Abbau der Privilegien der Großmächte in der UNO interessiert sind.
Das Bild von der uneingeschränkten UNO-Treue der DDR trübt sich, wenn man berücksichtigt, daß sie in allen jenen Gremien ihre Mitarbeit verweigert, in denen gegen finanzstarke westliche Mitglieder bzw. aufgrund der Mehrheitsverhältnisse eine „antiimperialistische" Politik nicht betrieben werden kann. Auch in den Hauptorganen der UNO stimmt die DDR dann gegen Mehrheiten, wenn das den Zielen ihrer A. und der der Verbündeten dient. So wendet sie sich z. B., wie ihre Verbündeten, beharrlich dagegen, daß der Sitz Kampucheas nach wie vor, allerdings satzungsmäßig zu Recht, vom Vertreter der Pol-Poth-Regierung eingenommen wird und damit dem von der UdSSR und Vietnam gestützten Heng-Somrin-Regime die Anerkennung der UNO versagt bleibt.
Damit zeigt sich erwartungsgemäß, daß es zwischen der Politik der DDR in der UNO und anderen Aktionsfeldern ihrer A. keine Unterschiede gibt: sie ist Instrument zur Durchsetzung spezifischer Interessen einer Staatengruppe. Sie dient nicht dazu, die Kompetenz der UNO als internationales Schiedsorgan mit Aufgaben der weltweiten Konfliktminderung bzw. -lösung – wenn nötig auch gegen den Willen eines Mitgliedes – zu stärken.
Im Rahmen ihrer außenpolitischen Aktivitäten (innerhalb und außerhalb der UNO) hat die DDR ca. 600 multilaterale, völkerrechtliche Verträge mitunterzeichnet, darunter u. a. das Kernwaffenteststoppabkommen von 1963, den Nonproliferationsvertrag von 1968, den Vertrag über das Verbot der Stationierung von Kernwaffen auf dem Meeresboden von 1971, die Konvention über das Verbot bakteriologischer Waffen von 1972 und die Konvention über das Verbot militärischer und sonstiger feindseliger Anwendung von Mitteln zur Einwirkung auf die Umwelt von 1977.
Von besonderer Bedeutung ist die Ratifizierung der beiden Menschenrechtspakte (Bürgerrechts- und Sozialrechtspakt) der UN durch die DDR, die im Jahr 1976 völkerrechtlich in Kraft getreten sind (GBl. II, 1974, Nr. 6 u. 7). Der im Bürgerrechtspakt enthaltenen Berichtspflicht (Art. 40) ist die DDR im August 1977 und im Herbst 1982 nachgekommen. Sie hat auf Anfragen bezüglich Menschenrechtsverletzungen in der DDR jedoch stets nur ungenau geantwortet und konnte lediglich durch Geschäftsordnungstricks sowjetischer und bulgarischer Diplomaten der Genfer Berichtskommission vor einer möglichen Verurteilung bewahrt werden. Dabei ist erneut deutlich geworden, daß die SED-Führung in Darstellung und Handhabung der Menschenrechtsproblematik den sozialen Menschenrechten („Recht auf Arbeit") den absoluten Vorrang vor den politischen einräumt.
Die DDR ist gegenwärtig Mitglied in einer Reihe zwischenstaatlicher Organisationen außerhalb der UNO. Sie gehört z. B. seit 1956 der Internationalen Organisation für das gesetzliche Meldewesen (OIML) und seit 1975 der Welt-Tourismus-Organisation (WTO) an. Sie ist seit 1971 Mitglied des Internationalen Instituts für die Vereinheitlichung des Privatrechts (UNIDROIT) und hat 1973 die beiden Internationalen Übereinkommen über den Eisenbahnfracht- und -personenverkehr (CIM/CIV) unterzeichnet.
Darüber hinaus gehört die DDR gegenwärtig mehr als 250 nichtstaatlichen internationalen Organisationen wie z. B. der Internationalen Rundfunk- und Fernsehorganisation (OIRT) und der internationalen Liga der Rotkreuzgesellschaften an und ist gleichberechtigtes Mitglied in allen internationalen Sportverbänden (seit 1968 auch im IOC).
Im Rahmen ihrer Mitgliedschaft im → **Warschauer**

Pakt (seit 1955) und im → **Rat für gegenseitige Wirtschaftshilfe (RGW)** (seit 1950) gehört die DDR weiteren 13 sogenannten sozialistischen internationalen Organisationen an.

VII. Zusammenfassung und Ausblick

Mit der völkerrechtlichen Anerkennung durch 132 Staaten (Dezember 1983) ist für die DDR eine wichtige Phase ihrer A. abgeschlossen. In ihrem Verlauf ging es in erster Linie darum, durch Erlangung dieser Anerkennung einen Beitrag zur Existenzsicherung der DDR und damit zur Stärkung der Machtposition der SED zu leisten. Die A. hatte damit in besonderem Maß eine innenpolitische Funktion und Dimension.

Aber auch gegenwärtig gilt, daß jede außenpolitische Aktion, unabhängig von ihrer unmittelbaren konkreten „Nützlichkeit", d. h. ihrem außenpolitischen Image-, Einfluß- und Zieldurchsetzungspotential, vor allem im Hinblick auf die Förderung der politischen Stabilität des Herrschaftssystems der SED unternommen wird. Nur so ist z. B. die selektive Berichterstattung über außenpolitische Ereignisse in den Medien der DDR zu erklären: Die Bevölkerung hat aus der Presse der SED bisher so gut wie nichts über den Einsatz von Soldaten der Nationalen Volksarmee in Angola sowie in Äthiopien erfahren, dafür um so mehr von den Pflichten der „internationalen Solidarität", die diese Aktivitäten ideologisch absichert und gleichzeitig den Eindruck erwecken soll, die A. der DDR befinde sich stets und überall in Übereinstimmung mit den humanen Prinzipien des allgemeinen Völkerrechts.

Die A. der DDR läßt sich gegenwärtig folgendermaßen charakterisieren:

1. Die DDR-Führung kann heute nicht mehr damit rechnen, daß ihren Problemen und Forderungen dieselbe internationale Aufmerksamkeit entgegengebracht wird wie in jenen Jahren, als sich die Aussicht auf ihre diplomatische Anerkennung noch als Druckmittel gegen den Westen im allgemeinen und die Bundesrepublik Deutschland im besonderen ausnutzen ließ. Ein Wandel im außenpolitischen Instrumentarium war daher notwendig, wenn sich die SED-Führung nicht mit der ausschließlichen Vertretung ihrer Interessen durch die „koordinierte Außenpolitik" ihrer kommunistischen Partner abfinden wollte. Dieser Wandel hat sich inzwischen insofern vollzogen, als sich der DDR gerade in den letzten Jahren zahlreiche neue Möglichkeiten eröffnet haben, insbesondere durch Herstellung normaler, zum Teil dichter Beziehungen auf vielen Ebenen zu den westlichen Industriestaaten, ihr erwünschtes Image als friedliebender, antifaschistischer deutscher Staat und vertrauenswürdiges Mitglied der internationalen Staatengemeinschaft zu fördern.

2. Die seit dem VIII. Parteitag der SED (1971) zu beobachtende, sich auf dem IX. und X. Parteitag (1976 und 1981) fortsetzende, mit der Verfassungsänderung von 1974 und dem neuen Freundschaftsvertrag mit der UdSSR von 1975 jetzt auch staats- und völkerrechtlich normierte Anlehnung und strikte Unterordnung unter die UdSSR hat das diplomatisch-politische Gewicht der DDR aus der Sicht westlicher Staaten zwar nicht verringert, jedoch auch nicht vergrößert, da ihr außenpolitischer Spielraum im Vergleich mit anderen osteuropäischen Staaten als gering eingeschätzt wird. Aufgrund ihrer relativen politischen, wirtschaftlichen und sozialen Stabilität hat sich die DDR aber zum wichtigsten Bündnispartner der Sowjetunion entwickelt, so daß es ihr gelungen ist, auch nach den Moskauer Führungswechseln 1982 und 1984 ihren außenpolitischen Spielraum zu konsolidieren.

3. In der konkreter werdenden Auseinandersetzung mit der Dritten Welt („Nord-Süd-Dialog") wird sich die SED-Führung entscheiden müssen, ob sie in der Gefolgschaftstreue zur UdSSR ihre Entwicklungshilfepolitik weiterhin selektiv nur gegenüber Moskau-freundlichen Staaten betreiben oder aber, ohne politische Bedingungen und mit stärkerem materiellen Einsatz, bei der Lösung der aktuellen Entwicklungsprobleme in Afrika, Asien und Lateinamerika mitwirken will. Dem wird sich die DDR auf Dauer nicht entziehen können, selbst wenn – wie der Verlauf des X. Parteitages der SED 1981 gezeigt hat – in der Einschätzung der SED die Dritte Welt als (manipulierbare) revolutionäre Triebkraft in der Auseinandersetzung zwischen Ost und West an Bedeutung verloren hat. Die DDR-Führung muß dabei auch bedenken, daß die Haltung der Entwicklungsländer in der deutschen Frage (bisher weitgehend: Gleichgültigkeit) keine unabänderliche Größe ist, mithin nicht ausgeschlossen werden kann, daß der Wille des deutschen Volkes zur Wiedervereinigung zu gegebener Zeit die Unterstützung einer breiten Mehrheit in der UNO finden könnte.

Die Mitgliedschaft in der UNO bedeutet auch, daß die DDR zu internationalen Streitfragen oder in Krisen- und Konfliktsituationen deutlicher als bisher Stellung nehmen muß. In den Entwicklungsländern jedenfalls wird aufmerksam registriert, ob das Programm der sog. „koordinierten A." der sozialistischen Staaten von einzelnen Ländern nicht dazu mißbraucht wird, sich einer eindeutigen Stellungnahme in internationalen Krisensituationen, z. B. zum iranisch-irakischen Krieg, zum Expansionismus Libyens usw., zu entziehen.

4. Das unverkennbare Bestreben der DDR, als eigenständiger deutscher Staat und als möglichst „normales" Mitglied der internationalen Staatengemeinschaft akzeptiert zu werden, konfrontiert ihre Führung ständig mit der Notwendigkeit, immer wieder einen Ausgleich zwischen selbstgestelltem, ihrem ideologischen Grundverständnis entspringendem „Auftrag" im „internationalen Klassenkampf" (Bei-

trag zum Sieg des Sozialismus/Kommunismus im Weltmaßstab) und ihren, staatliche Interessen berücksichtigenden, den konkreten internationalen Ereignissen sich anpassenden, Verhaltensweisen zu suchen. Dort, wo es seit etwa 1972 Fortschritte in der Normalisierung des Verhältnisses zur nichtsozialistischen Staatenwelt gegeben hat, scheint ihr dieser Ausgleich ohne größere Brüche gelungen zu sein. Einiges dürfte in der Zukunft davon abhängen, ob die SED-Führung diesen Weg weitergehen kann. In diesem Bereich kann sie – bei entsprechender Berücksichtigung blockpolitischer Erfordernisse – relativ autonom über ihre A. bestimmen.

5. Die → **Deutschlandpolitik der SED** bleibt auch in Zukunft ein wichtiges Aktionsfeld ihrer A. Obwohl die SED im Verlauf der westlichen Nachrüstungsdiskussion das Schicksal der innerdeutschen Beziehungen wiederholt mit abrüstungspolitischen Fragen propagandistisch verknüpft hat, bleibt sie auch nach Beginn der Stationierung neuer Raketensysteme in beiden deutschen Staaten an einem Interessenausgleich zwischen der Bundesrepublik Deutschland und der DDR interessiert. Es wird jedoch nicht allein vom SED-Politbüro abhängen, ob der Kurs der innerdeutschen „Schadensbegrenzung" durchgehalten werden kann. → **Innerdeutsche Beziehungen.**

Johannes Kuppe

Literaturangaben

Veröffentlichungen aus der Bundesrepublik Deutschland und westlichen Ländern werden in den Literaturhinweisen am Ende des Handbuches in der Gruppe 10 (Außenpolitik) genannt. Auf ihre Angabe an dieser Stelle wird daher verzichtet.

Außenpolitik der DDR. Sozialistische deutsche Friedenspolitik. Autorenkollektiv u. Ltg. v. Stefan Doernberg, 2., überarb. u. erg. Aufl., Berlin (Ost): Staatsverl. 1982.

Die **DDR** und die Verwirklichung der Schlußakte von Helsinki. Dokumente und Materialien. Hrsgg. v. Institut für Internationale Beziehungen an der Akademie für Staats- und Rechtswissenschaft der DDR. Berlin (Ost): Staatsverl. 1980.

Die **Didaktik** von Innen- und Außenpolitik bei der weiteren Gestaltung der entwickelten sozialistischen Gesellschaft in der DDR. Autorenkollektiv u. Ltg. v. Erhard Crome. Hrsgg. v. d. Akademie für Staats- und Rechtswissenschaften. Potsdam-Babelsberg 1981. (Aktuelle Beiträge der Staats- und Rechtswissenschaft, H. 234.)

Honecker, Erich: Dem Frieden unsere Tat. Ausgewählte Reden und Aufsätze für Militär- und Sicherheitspolitik der SED 1976–1981, Berlin (Ost): Militärverl. 1982.

Sechs **Jahrzehnte** Kampf um Frieden und Sicherheit in Europa. Eine Dokumentation zu den Initiativen der Sowjetunion und der anderen Teilnehmerstaaten des Warschauer Vertrages für die kollektive Gewährleistung der europäischen Sicherheit. Zusammengest. u. eingel. von Ernst Laboor. Berlin (Ost): Dietz 1977.

Klein, Peter, u. Klaus **Engelhardt:** Weltproblem Abrüstung. Praktische und ökonomische Probleme der Rüstung und Rüstungsbegrenzung. Berlin (Ost): Staatsverl. 1979.

Kohrt, Günter: Auf stabilem Kurs. Stationen der Außenpolitik der DDR. Berlin (Ost): Dietz 1980.

Pabst, Joachim: Internationale Beziehungen neuen Typs. Erfahrungen, Entwicklungsetappen, Probleme. Berlin (Ost): Staatsverl. 1981.

Sicherheit und friedliche Zusammenarbeit in Europa. Dokumente 1972–1975. Bearb. u. eingel. von Alexander Martin. Berlin (Ost): Staatsverl. 1976.

Sozialismus und internationale Beziehungen. Berlin (Ost): Dietz 1981.

Wörterbuch der Außenpolitik und des Völkerrechts. Hrsgg. v. Institut für Internationale Beziehungen an der Akademie für Staats- und Rechtswissenschaft der DDR. Redaktion Kollektiv u. Vors. v. Wolfgang Hänisch. Berlin (Ost): Dietz 1980.

Außenwirtschaft und Außenhandel

I. Allgemeine Grundlagen

Unter Aw. wird die Gesamtheit der internationalen wirtschaftlichen Beziehungen einer Volkswirtschaft einschließlich der Produktionssphäre verstanden. Der Ah. ist wichtigster Teilbereich der Aw. Über den Ah. werden die meisten anderen Formen der Aw.-Tätigkeit wie wissenschaftlich-technische Beziehungen, Spezialisierungs-, Investitions- und Kooperationsvorhaben, die Plankoordinierung mit den Mitgliedsländern des → **Rates für Gegenseitige Wirtschaftshilfe (RGW)**, der Austausch von kommerziellen und nichtkommerziellen Dienstleistungen (Transport, Touristik u. a.), die auswärtigen Kreditbeziehungen und die Erschließung internationaler Märkte realisiert.

Für die gesamten Aw.-Beziehungen der DDR gilt das Ah.-Monopol des sozialistischen Staates, das auch in Art. 9 Ziff. 5 der → **Verfassung** von 1968 (unverändert i. d. F. vom 7. 10. 1974) staatsrechtlich fixiert wurde. Es bedeutet die Beherrschung der gesamten Aw.-Tätigkeit durch den sozialistischen Staat. In einer Planwirtschaft sozialistischen Typs erweisen sich → **Planung** und Kontrolle auch dieses Wirtschaftssektors durch zentrale, damit beauftragte Instanzen (→ **Ministerium für Außenhandel [MAH]; Kammer für Außenhandel [KfA]; Außenhandelsbetriebe [AHB]** usw.) als notwendig, wenn keine schwerwiegenden Störungen auf dem zentral geplanten Binnenmarkt auftreten sollen. Die Aw. kann ihrer funktionalen außenpolitischen Bedeutung für den sozialistischen Staat nur entsprechen, wenn ihre zentrale Lenkung gesichert ist.

Das Aw.-Monopol umschließt das Valuta-, Transport- und Ah.-Monopol, das die staatliche Planung, Durchführung und Kontrolle des gesamten Ah. bedeutet. Damit sichert der sozialistische Staat zugleich die Übereinstimmung von Ah. und zentraler Volkswirtschaftsplanung, die Durchsetzung einer den Zielen seiner → **Außenpolitik** dienenden und den binnenwirtschaftlichen Erfordernissen angepaßten Volkswirtschaftspolitik. In der DDR wird darüber hinaus betont, daß nur das Aw.- bzw. Ah.-Monopol unerwünschte Einflüsse des Weltmarktes von der eigenen Wirtschaft fernhalten könne. Trotz uneingeschränkter Beibehaltung des Aw.-Monopols ist in den letzten Jahren in der DDR eine stärkere Verlagerung außenwirtschaftlicher Funktionen auf zentral- und bezirksgeleitete Kombinate (157 bzw. 66) festzustellen, womit eine größere Flexibilität in der Aw.-Politik angestrebt wird.

Die DDR ist vor allem aus zwei Gründen auf die außenwirtschaftliche Tätigkeit angewiesen. Einmal bedarf sie der Importe von Roh- und Brennstoffen, um die traditionell stark vertretene verarbeitende Industrie zu versorgen, zum anderen kann sie die Enge des Binnenmarktes, die die Herausbildung effizienter Produktionsstrukturen verhindert, überwinden. Die allseitig wachsenden Anforderungen an das Wirtschaftspotential haben zu einem Wandel auch der Aufgabenstellung der Aw. im volkswirtschaftlichen Leistungsprozeß geführt. War ursprünglich die Aw.-Tätigkeit mehr auf die Importseite fixiert, um hierüber vor allem binnenwirtschaftliche Engpässe infolge mangelnder Selbstversorgung, Flexibilität oder Unterplanerfüllung zu beseitigen (Lückenbüßerfunktion des Ah.), so erlangte im Zuge zunehmender Intensivierung des Wirtschaftsprozesses seit Mitte der 60er Jahre die Exportseite eine eigenständigere Position. Dieser kommt nicht mehr allein die Aufgabe zu, die zur Bezahlung der Importe notwendigen Devisen zu beschaffen. Vielmehr sollen vor allem über den Export das volkswirtschaftliche Wachstum und die volkswirtschaftliche Effektivität durch die Entwicklung führender Zweige und dynamischer Produktionsstrukturen, die Herabsetzung der Fondsintensität und die verbesserte Kapazitätsausnutzung stimuliert werden. Gegenwärtig wird in der DDR die erreichte Intensität und Struktur der außenwirtschaftlichen Verflechtung jedoch immer noch als unbefriedigend angesehen. Die nominell hohe Steigerung der Ah.-Verflechtung pro Kopf der Bevölkerung von 2319 Valuta-Mark im Jahr 1970 auf 7174 Valuta-Mark im Jahr 1980 ist nicht zuletzt auf das in diesem Zeitraum um rd. 56 v.H. gestiegene Ah.-Preisniveau zurückzuführen.

Als Ursache für die noch – etwa im Vergleich zu führenden westlichen Ah.-Ländern – geringe Verflechtung der DDR sind vor allem der schwergängige und für binnen- und außenwirtschaftliche Störungen anfällige Bilateralismus im Handelsverkehr, das lange Zeit für alle Länder des RGW typische Autarkiestreben (breites Produktionssortiment bis Ende der 60er Jahre!) und die starke Orientierung der Wirtschaftsbeziehungen auf die sozialistischen Länder mit einem überwiegend noch komplementären und für die DDR zuweilen ineffizienten Güteraustausch zu nennen.

II. Außenwirtschaftspolitik

Die Aw.-Politik ist sowohl der allgemeinen Wirtschafts- als auch der Außenpolitik untergeordnet. Neben dem bis Anfang der 70er Jahre wichtigsten politischen Ziel – gegenüber den Entwicklungsländern und westlichen Industriestaaten das Streben nach völkerrechtlicher Anerkennung zu unterstützen – kam ihr jedoch stets die wichtige wirtschaftliche Aufgabe zu, über den Import den volkswirtschaftlich notwendigen Bedarf an Investitions- und Verbrauchsgütern zu decken. Als Bestandteil der Wirtschaftspolitik der SED-Führung ist das Bemühen der Aw.-Politik seit Beginn der 70er Jahre eindeutig darauf gerichtet, die Aw.-Beziehungen zur Durchsetzung des „wissenschaftlich-technischen Fortschritts“ zu intensivieren, d.h. die Aw.-Politik ist gegenwärtig vor allem Instrument der nationalen Wachstums- und Strukturpolitik.

Nach den Bestimmungen des geltenden Fünfjahrplans (1981–1985) werden die Aw.-Beziehungen mit den Mitgliedsländern des RGW, insbesondere mit der UdSSR (siehe dazu Punkt VI.), als entscheidende Grundlage für die gesamten Aw.-Beziehungen der DDR betrachtet. Auf dieser Grundlage sollen die Beziehungen zu den Entwicklungsländern und den – im Plan an letzter Stelle genannten – westlichen Industriestaaten auf der Grundlage der Gleichberechtigung und des gegenseitigen Vorteils weiterentwickelt werden.

Die angestrebten Formen praktischer außenwirtschaftlicher Tätigkeit sind gegenüber den einzelnen politisch-geographischen Regionen von unterschiedlicher Art. Mit den westlichen Industrie- und den Entwicklungsländern werden vor allem langfristige Handels- und Zahlungsabkommen abgeschlossen; lediglich mit ausgewählten nichtsozialistischen Schwerpunktländern bzw. „progressiven“ Entwicklungsländern sollen „vorteilhafte Kooperationsbeziehungen“, fixiert durch Rahmenkooperationsabkommen und Kooperationsverträge auf betrieblicher Ebene, entwickelt werden. Das Hauptgewicht

bei der Gestaltung der Wirtschaftsbeziehungen zum RGW liegt auch weiterhin bei den bilateralen Abkommen über Warenaustausch und Zahlungsverkehr.
Neben diesen traditionellen außenwirtschaftlichen Verkehrsformen ist seit Beginn der 70er Jahre das Bemühen um den Abschluß von Kooperations- und Spezialisierungsabkommen im Bereich von Wissenschaft, Technik und Produktion und die im „Komplexprogramm" vorgesehene zwei- und mehrseitige Plankoordinierung aller RGW-Länder, einschließlich des „Fünfjahrplans der mehrseitigen Integrationsmaßnahmen für die Jahre 1976–1980" und des Programms für die Koordinierung der Volkswirtschaftspläne für den Zeitraum 1986–1990", stark in den Vordergrund gerückt. Besonders seit den weltweiten Rohstoffpreisverteuerungen hat die DDR ein starkes Interesse, ihre Rohstoff-, Brennstoff- und Energiebasis im RGW weiterzuentwickeln. Die im Plan 1981–1985 enthaltenen Mittel an Investitionsbeteiligungen im RGW sind vornehmlich für diesen Zweck vorgesehen. Die DDR gilt innerhalb des RGW als engagierter Befürworter der sozialistischen → **Integration**.
Die wirtschaftlichen Aktivitäten gegenüber den westlichen Industriestaaten führten unter anderem zum Abschluß von Handelsabkommen, die bis 1973 bzw. 1974 auf Kammer- oder Bankebene bzw. auf der Ebene des **Amtes für Außenwirtschaftsbeziehungen** und danach auf Regierungsebene wirksam wurden.
Langfristige bilaterale Regierungsabkommen, die z. T. über mehrere Jahre laufen (in der Regel „Verträge über wissenschaftliche, technische und industrielle Zusammenarbeit"), konnten seit 1969 mit Frankreich, Italien, Finnland, Island, Großbritannien, Österreich, Japan, Australien, Schweden, den Niederlanden, Belgien und Dänemark (in dieser Reihenfolge) geschlossen werden. Darüber hinaus wurden die Westbeziehungen durch die Einrichtung staatlicher Handelsvertretungen, Niederlassungen und Servicestellen der → **Außenhandelsbetriebe (AHB)** sowie durch die Teilnahme an international bedeutsamen Ausstellungen und **Messen** intensiviert, an denen die DDR 1980 in 111 (1976: 168) Fällen beteiligt war. Dieser Rückgang gegenüber den Vorjahren ist nicht als Abwendung vom Markt, sondern als Schwerpunktbildung anzusehen.
Zu den vielfältigen außenwirtschaftlichen Beziehungen der DDR mit Staaten der westlichen Hemisphäre läßt sich zusammenfassend feststellen, daß sie ein wirtschaftlich bedeutendes Element der gesamten Aw.-Beziehungen sind, da die DDR auf diese Weise technologisches Know-how und eine Reihe von Engpaßgütern (u.a. Lebensmittel und Lebensmittelrohstoffe) beziehen kann. Der Westhandel ist aufgrund dieser Entwicklung gegenwärtig von einem hohen Importüberschuß auf seiten der DDR gekennzeichnet, der jedoch langsam abgebaut wird.
Auch die Wirtschaftsbeziehungen mit den kommunistisch regierten Staaten, vor allem den RGW-Mitgliedern, beruhen auf dem Abschluß von Abkommen über den Warenaustausch und Zahlungsverkehr. Diese mit den sozialistischen Ländern geschlossenen Handelsverträge sind der Laufzeit der langfristigen Perspektivpläne (1976–1980, 1981–1985) angepaßt und werden innerhalb des RGW zur Zeit noch bilateral koordiniert.
Darüber hinaus ist von der DDR eine Vielzahl von zwei- und mehrseitigen Kooperations- und Spezialisierungsabkommen im RGW geschlossen worden. Die Integrationspolitik der DDR in und gegenüber dem RGW zeigt sich u. a. darin, daß sie, im Rahmen der Produktionsspezialisierung, die Fertigung wichtiger Erzeugnisse zugunsten anderer RGW-Länder eingestellt hat. Hervorzuheben ist die Einstellung der Flugzeugproduktion (bereits seit Anfang der 50er Jahre), von Bereichen des Lokomotiv-, des Straßenbahnwagen-, Webmaschinen-, Elektrogabelstapler-, Traktoren- und Omnibusbaus.
Das mit der ČSSR geplante Spezialisierungsgroßprojekt einer gemeinsamen Pkw-Produktion scheiterte vor allem an Finanzierungsschwierigkeiten und an nationalen Unabhängigkeitserwägungen. Multi- und bilaterale Großprojekte im RGW, an denen die DDR beteiligt ist, wie die Erdgas-Transit-Leitung „Nordlicht", der Bau eines Zellstoffkombinats in Sibirien, einer Olefinproduktions- und -verarbeitungsanlage in der ČSSR, eines metallurgischen Kombinats in der UdSSR (Iljimsk-Kursk) usw. deuten jedoch auf eine stärkere Einbindung der DDR in die östliche Wirtschaftsregion hin (**Internationale** → **Wirtschaftsverträge**).

III. Die Organisation der Außenwirtschaft

Mit dem sich allmählich vollziehenden Übergang zur verstärkten Nutzung intensiver Wachstumsfaktoren und mit der Einführung des NÖSPL bzw. des ÖSS in der DDR wurde auch das bestehende System der Aw. reformiert (→ **Wirtschaft**). Im Rahmen der bis etwa zum VI. Parteitag der SED (1963) praktizierten Aw.-Politik wurde der außenwirtschaftliche Bereich monetär und organisatorisch vom binnenwirtschaftlichen derart getrennt, daß die Industriebetriebe zu Binnenpreisen fakturierten und den Ah.-Betrieben nahezu ausschließlich der Kontakt mit den Außenmärkten überlassen wurde. Hauptanliegen der damaligen Reformmaßnahmen war es nun, diese Trennung bei grundsätzlicher Beibehaltung des Aw.-Monopols zu überwinden.
Zur Durchsetzung dieses Monopols ist eine Reihe von Organisationen und Institutionen notwendig, deren Funktionen sich z. T. im Laufe der Änderungen am Aw.-System gewandelt haben. Das zentrale Organ ist das → **Ministerium für Außenhandel**

(MAH) – bis 31. 12. 1973 Ministerium für Außenwirtschaft –, das im Auftrage des Ministerrates die Gesamtinteressen des Staates auf dem Gebiete der Aw. wahrzunehmen hat (VO Außenhandel GBl. I, Nr. 35, 1976) und dem eine Reihe von Ah.-Organen untergeordnet ist. Laut Statut des Ministeriums für Außenwirtschaft vom 9. 8. 1973 (GBl. I, Nr. 41, 1973) sind dies: die Handelsvertretungen und handelspolitischen Abteilungen der DDR in anderen Staaten, die Ah.-Betriebe (soweit sie nicht von VVB, Kombinaten oder Industrieministerien angeleitet werden), die → **Kammer für Außenhandel (KfA)**, die Zollverwaltung (→ **Zollwesen**), der VEB Leipziger Messeamt (→ **Leipziger Messe**), die Außenhandelswerbegesellschaft mbH, das → **Amt für Außenwirtschaftsbeziehungen** der DDR, das Zentrum für Information und Dokumentation der Außenwirtschaft, das Forschungsinstitut beim Ministerium für Außenhandel und die Fachschule für Außenwirtschaft „Joseph Orlopp".

Die Ende der 60er Jahre geplanten Reformmaßnahmen des Aw.-Systems sollten das Aw.-Monopol effektiver gestalten. Im organisatorischen Bereich sollten die AHB den Charakter von Verkaufsorganen einzelner oder mehrerer VVB, Kombinate oder VEB erhalten. Diese Maßnahmen ließen sich aufgrund der befürchteten Aufweichung des Aw.-Monopols jedoch nicht realisieren.

Erst gegen Ende der 70er Jahre gab es Auflockerungen im Aw.-System, die die bis dahin dominierende Position der zentral vom MAH angeleiteten AHB relativierte. Die Hauptform des gegenwärtigen AHB ist der juristisch selbständige, dem Kombinat bzw. Industrieministerium und dem MAH doppelt unterstellte Betrieb. Nach Vorstellung der DDR-Wirtschaftsorganisatoren entstehen mit der Einordnung der Exporte und Importe in die Verantwortung der Kombinate günstigere Bedingungen für die Steigerung vor allem des Exports. Tätigkeiten, die vorher vornehmlich in den Bereich der AHB gehörten, werden nun von AHB und vom Kombinat gemeinsam durchgeführt. Hierzu gehören Markt- und Preisarbeit, internationale Spezialisierung und Kooperation und Weiterentwicklung von Erzeugnissen, Gestaltung der äußeren Absatz- und Bezugsorganisation, Entsendung von Fachkräften ins Ausland, Sicherung der Ersatzteilversorgung und Durchführung des Kundendienstes.

Der Beitrag der Kombinate zur Lösung der außenwirtschaftlichen Aufgaben soll auch in der wirtschaftlichen Rechnungsführung wirksam gemacht werden. Den Kombinaten werden schrittweise staatliche Aufgaben und Auflagen für Valutaeinnahmen übergeben. Für mehr Valutaeinnahmen bzw. deren Sicherung sind neben Auslieferung und Produktion von Exportwaren die Generaldirektoren der Kombinate verantwortlich. Das Betriebsergebnis der den Kombinaten zugeordneten AHB wird jetzt in das einheitliche Betriebsergebnis der Kombinate einbezogen. Das einheitliche Betriebsergebnis als Summe der Erlöse aus abgesetzter Warenproduktion und von Exportstimulierungsmitteln ist bereits Ende der 60er Jahre eingeführt worden. Die Einbindung der Kombinate in den Aw.-Prozeß geht soweit, daß die Generaldirektoren die erwirtschafteten Exportgewinne für die Finanzierung der bei einzelnen Betrieben entstandenen Exportverluste einzusetzen haben. Nach wie vor schließen die AHB sogenannte Exportkommissionsverträge mit den jeweiligen Exportbetrieben ab. Die Geschäfte der AHB erfolgen damit im eigenen Namen, aber auf Rechnung der Kombinate bzw. des Exportbetriebes. Die AHB arbeiten nach den Prinzipien der wirtschaftlichen Rechnungsführung und erhalten für ihre Tätigkeit eine Handelsspanne.

Die Eigengeschäftstätigkeit von Exportbetrieben ist erweitert worden. Nachdem bis 1976 die Exporteigengeschäfte an Bedeutung verloren hatten, wurde ab 1978 die Eigengeschäftstätigkeit wieder belebt. Sie erstreckt sich unter bestimmten Umständen (vor allem Ersatzteilbeschaffung) auch auf die Importseite. Einem Kombinatsbetrieb darf die Eigengeschäftstätigkeit nur vom AHB übertragen werden. Die Zahl der ursprünglich rd. 30 AHB hat sich bis zum Jahre 1982 auf 60 AHB, davon der größte Teil kombinatseigen, erhöht (ohne Dienstleistungs- und Vertretergesellschaften). Im Bereich der Planung und Leitung der Aw. ist im Zuge der Reformen der 60er Jahre die Mengen- durch die kombinierte Wert-Mengenplanung abgelöst worden, wobei der Wertaspekt deutlich in den Vordergrund tritt, obwohl Valutaanrechte für Exportbetriebe seit Beginn der 70er Jahre nicht mehr eingeräumt werden. Die nachfolgend aufgeführten Kennziffern sind von den Betrieben zu berücksichtigen: Ex- und Importe in Mark und Valuta-Mark nach Wirtschafts- und Währungsgebieten und zu Betriebspreisen bzw. Importpreisen, fob, nach sozialistischem und nichtsozialistischem Wirtschaftsgebiet (SW und NSW). Das sozialistische Wirtschaftsgebiet wird planerisch weiter in Export in die Sowjetunion und andere sozialistische Länder gegliedert, das nichtsozialistische je nach Export- (Devisenländer, Verrechnungsverkehr, Bundesrepublik Deutschland, Berlin [West]) und Importtätigkeit (Planung wie Export, nur in VM und Importabgabepreis). Der Ex- und Import wichtiger Erzeugnisse ist in Mark (SW) und VM (NSW) sowie in Mengeneinheiten zu planen. In die Planung gehen auch Waren für Kompensationsgeschäfte ein. Wirtschaftspolitisch richtet sich die Planung auf eine stärkere Ablösung von Importen (u. a. aus dem NSW) und auf eine forcierte Exporttätigkeit.

Der Gesamtcharakter der Aw.-Organisation in den 80er Jahren ist durch eine im Vergleich zum Vorjahrzehnt aufgelockerte Gestaltung des Ah.-Monopols gekennzeichnet. Zwar bleibt nach wie vor die

Kontrolle über das MAH, doch steht dem die gestärkte Kompetenz der Kombinate, der Fachministerien und der bezirksgeleiteten Industrie entgegen. So werden wichtige ökonomische Grundparameter wie Preis und Menge von den Kombinaten festgelegt bzw. entscheidend mitgestaltet. Der „klassische" AHB behält seine Existenzberechtigung dort, wo das Verkaufsprogramm heterogen und von einer Vielzahl von Produzenten gestaltet wird. Die von E. Honecker geforderte organische Verbindung von Produktion und Absatz im In- und Ausland durch Kombinate ist erst noch zu schaffen, nicht zuletzt wegen der Abgrenzungsprobleme zwischen Industrie und Ah. und dem durch die Planwirtschaft gegebenen Erfordernis, das Ah.-Monopol beizubehalten.

IV. Entwicklung des Außenhandels

Eine hinreichend spezifizierte Aufstellung in der statistischen Berichterstattung der DDR ist weder über die gesamte außenwirtschaftliche noch über die nach Ländern gegliederte Warenstruktur bekannt. Ferner werden weder Zahlungsbilanzen noch – außer der Handelsbilanz – deren Teilbilanzen veröffentlicht. Es ist darüber hinaus unmöglich, die exakte Ah.-Verflechtung (Anteil der Ex- und Importe am Nationaleinkommen) zu ermitteln, da die Valuta-Mark (VM) eine Verrechnungsgröße darstellt, deren Umrechnungsverhältnis zu den Ex- und Importbinnenpreisen nicht bekanntgegeben wird. Seit 1970 ist das Nationaleinkommen (in vergleichbaren Preisen) um 59 v. H., der Ah.-Umsatz jedoch um rd. 303 v. H. (vgl. Tabelle 1) gestiegen; daraus kann eine zunehmende Ah.-Verflechtung der Wirtschaft der DDR abgelesen werden.

Tabelle 1

Außenhandelsumsätze in Mill. Valuta-Mark zu jeweiligen Preisen (einschl. Innerdeutscher Handel)

		1960 = 100
1950	3 677,8	20
1955	10 389,3	56
1960	18 487,4	100
1965	24 693,2	134
1970	39 597,4	214
1971	42 240,6	229
1972	46 782,4	253
1973	53 501,7	289
1974	64 012,7	346
1975	74 393,6	402
1976	85 456,5	462
1977	91 726,3	496
1978	96 879,4	524
1979	108 844,6	589
1980	120 100,8	650
1981	132 926,9	719
1982	145 109,3	785

Quelle: Statistisches Jahrbuch der DDR 1983, S. 236, u. eigene Berechnungen.

Während der Ah.-Umsatz bis Ende der 60er Jahre real noch schneller als nominal stieg, haben die nominalen Wachstumsraten seit Anfang der 70er Jahre schneller als die realen zugenommen. Seit 1970 stieg das Ah.-Preisniveau insgesamt um 56 v. H., wobei sich die Exportpreise langsamer als die Importpreise erhöhten. Dadurch verschlechterten sich die realen Austauschverhältnisse – die terms of trade – im Ah. der DDR.
Während die Handelsbilanz in den 60er Jahren überwiegend aktiv gestaltet werden konnte, so daß sich bis einschließlich 1972 ein kumulierter Handelsbilanzüberschuß von 6,8 Mrd. VM ergab, mußte die DDR von 1973 an in jedem Jahr Handelsbilanzdefizite hinnehmen. Diese Defizite sind zunächst durch eine Passivierung der Handelsbeziehungen mit westlichen Ländern entstanden. Sie wurden jedoch von 1975 an in erster Linie durch die Handelsbeziehungen mit der Sowjetunion verursacht. Allein im Zeitraum 1973–1976 bildete sich ein kumuliertes Handelsbilanzdefizit in Höhe von insgesamt 14,855 Mrd. VM (Basis: laufende Preise), von 1976 bis 1980 erhöhte es sich auf rund 29 Mrd. VM, allein gegenüber der Sowjetunion auf 10 Mrd. VM. Damit einhergehend wuchsen auch die Gesamtverbindlichkeiten gegenüber westlichen Ländern stark an (bis 1981 knapp 10 Mrd. US-$).
Obwohl der Ah. – auch nach den Wirtschaftsreformen – über das Ah.-Monopol der DDR gelenkt wird, konnte er in der Vergangenheit nicht immer planmäßig entwickelt werden.
So sind zwar die in den langfristigen Perspektivplänen vorgesehenen Umsatzvolumina meist erreicht worden, jedoch nicht immer die Jahrplanvorgaben und die angestrebten Ex- und Importrelationen. Das gilt sowohl für den abgebrochenen Siebenjahrplan (1959–1965), in dessen Zeitraum die Exporte um 60 v. H. (Plan 86 v. H.) und die Importe um 65 v. H. (Plan 57 v. H.) gestiegen waren, als auch für den abgelaufenen Fünfjahrplan für die Jahre 1971–1975. Einem Soll in Höhe von 160–170 v. H. stand ein Ist in Höhe von 186 v. H. gegenüber; dabei waren die über den Exportsteigerungen liegenden Importerhöhungen möglicherweise nicht eingeplant. Aus den Jahrplan- und -ergebnisdaten für 1976–1980 ist zu schließen, daß der Umsatzzuwachs von 61,5 v. H. unterhalb der Planvorgabe lag.

V. Entwicklung der Waren- und Länderstruktur

Die Warenstruktur des Ah. der DDR entspricht der einer hochentwickelten Volkswirtschaft (siehe Tabelle 2). Sowohl bei den Exporten als auch bei den Importen dominieren Maschinen, Ausrüstungen und Transportmittel. Von geringerer Bedeutung sind bei den Exporten die Rohstoffe und Halbfabrikate; die Rohstoffabhängigkeit der DDR ist an dem

Tabelle 2

Entwicklung der Warenstruktur des Außenhandels der DDR (in v. H.)

Erzeugnishauptgruppe	1960	1970	1975	1977	1980	1982
Ausfuhr						
Maschinen, Ausrüstungen und Transportmittel	49,0	51,7	50,7	53,4	51,3	48,5
Brennstoffe, mineralische Rohstoffe, Metalle	15,7	10,1	12,1	11,2	14,8	18,5
Andere Rohstoffe und Halbfabrikate, u. a. für die Lebensmittelindustrie	5,9	7,4	9,1	7,3	6,4	6,9
Industrielle Konsumgüter	15,1	20,2	15,6	15,3	14,8	14,2
Chemische Erzeugnisse, Baumaterialien	14,3	10,6	12,5	12,8	12,7	11,9
Einfuhr						
Maschinen, Ausrüstungen und Transportmittel	12,7	34,2	30,8	33,3	30,8	32,3
Brennstoffe, mineralische Rohstoffe, Metalle	38,5	27,6	30,5	29,0	36,7	39,9
Andere Rohstoffe und Halbfabrikate, u. a. für die Lebensmittelindustrie	39,2	28,1	22,6	22,0	18,9	16,3
Industrielle Konsumgüter	5,3	4,5	5,6	4,6	6,0	4,1
Chemische Erzeugnisse, Baumaterialien	4,3	5,6	10,5	11,1	8,6	7,4

Quelle: Statistisches Jahrbuch der DDR 1983, S. 235.

hohen Importanteil dieser Warengruppe ablesbar. Die Gruppe der industriellen Konsumgüter und die der chemischen Erzeugnisse haben einen beachtlichen Exportwert erreicht.

Die Warenstruktur im Handel mit den OECD-Ländern unterlag seit 1960 einem deutlich erkennbaren Wandel. Auf der Ausfuhrseite ist der gestiegene Anteil der Investitionsgüter und der immer noch hohe Anteil der Grundstoffe/Produktionsgüter hervorzuheben, der in etwa dem volkswirtschaftlichen Produktionsprofil entspricht. Auf der Einfuhrseite vollzogen sich mit der Zunahme des Investitionsgüteranteils und der Abnahme des Anteils der landwirtschaftlichen und Ernährungsgüter die deutlichsten Änderungen, die einen Funktionswandel im Westhandel der DDR signalisieren. Seine Funktion als „Lückenbüßer" – vor allem bei Konsumgütern – ist zugunsten der Rolle eines Wachstums- und Produktivitätsfaktors aufgegeben worden.

Tabelle 3

Außenhandelsumsatz nach Ländergruppen (Mill. VM), laufende Preise

Jahr	soz. Länder	kap. Länder	Entwicklungsländer
1960	13 799	3 897	791
1965	18 241	5 346	1 106
1970	28 340	9 656	1 601
1971	30 259	10 268	1 714
1972	33 240	12 049	1 494
1973	36 780	14 904	1 818
1974	41 055	19 791	3 167
1975	51 845	19 295	3 254
1976	57 330	24 208	3 918
1977	65 464	21 758	4 504
1978	69 846	22 005	5 028
1979	74 891	28 283	5 670
1980	79 810	32 960	7 331
1981	88 944	37 841	6 542
1982	95 834	40 845	8 430

Quelle: Statistisches Jahrbuch der DDR 1983, S. 236.

Die regionale Ah.-Entwicklung in den Jahren zwischen 1960 und 1980 ist besonders durch einen schnell anwachsenden Westhandel (+ 745 v. H.) und einen wesentlich geringeren Anstieg des Handels mit den sozialistischen Staaten gekennzeichnet (+ 478 v. H.). Diese Entwicklung ist Ausdruck des Strebens der Staatsführung der DDR, über den Westhandel den Bedarf an hochproduktiven Industrieanlagen und technisch-organisatorischem Know-how zu decken. Seit dem Anstieg der Rohstoffpreise im Jahre 1973, dem sich vergrößernden Defizit im Westhandel und einer daraus resultierenden restriktiven Einfuhrpolitik hat sich auch die Dynamik des Osthandels der DDR an die ihres Westhandels angepaßt. Daneben ist – preisbedingt – der Handel mit den Entwicklungsländern seit 1973 schnell angestiegen.

Die Regionalstruktur des Ah. der DDR ist von einem hohen Anteil der sozialistischen Länder gekennzeichnet, der bis zu den starken Preisanhebungen im RGW im Jahre 1975 langsam abgenommen hatte. Bis zu diesem Zeitpunkt stieg der Anteil des Westhandels – zu laufenden Preisen bewertet – kontinuierlich an. Der relativ bescheidene Anteil des Handels mit den Entwicklungsländern in den 60er Jahren konnte auch in den 70er Jahren nicht wesentlich vergrößert werden, obwohl er absolut seit etwa 1974 rasch angewachsen ist.

VI. Besondere Bindungen an die UdSSR

Mit keinem anderen Land des RGW ist die wirtschaftliche Verflechtung der DDR so eng wie mit der UdSSR. 1981 wickelte die DDR rd. 38 v. H. des Ah.

Tabelle 4

Entwicklung der Länderstruktur des DDR-Außenhandels (in v. H. gerundet)

	1960	1965	1970	1975	1980	1981	1982
soz. Länder	75	74	72	70	66	67	68
RGW-Länder	68	69	67	66	63	63	64
darunter:							
UdSSR	43	43	39	36	35	38	38
ČSSR	9	9	10	9	8	8	7
Polen	7	7	7	9	6	6	5
Ungarn	4	4	5	5	5	5	5
kapitalistische Industrieländer	21	22	24	26	27	28	32
darunter:							
Bundesrepublik Deutschland	10	9	10	9	8	8	9
Entwicklungsländer	4	4	4	4	6	5	6

Quelle: Statistisches Jahrbuch der DDR 1983, S. 237.

– das entspricht rd. 9,7 v.H. des Ah. der Sowjetunion – mit der UdSSR ab. Die Sowjetunion ist damit auch auf wirtschaftlichem Gebiet der wichtigste Partner der DDR. Diese Entwicklung erklärt sich aus der Tatsache, daß die UdSSR als Folge der Kriegsereignisse maßgeblich die Wirtschafts- und Gesellschaftspolitik sowie den Aufbau, die Besetzung und die Organisation des gesamten Staatsapparates einschließlich des Wirtschaftssystems der DDR bestimmt hat und auf diesem Wege auch eine enge wirtschaftliche Bindung zwischen beiden Staaten herbeiführte.

Gegenwärtig – vor allem nach Abschluß des Freundschaftsvertrages zwischen beiden Staaten im Oktober 1975 – gilt für die Parteiführung der DDR das Bekenntnis in der Direktive zum X. Parteitag der SED (1981): „Eine entscheidende Voraussetzung für die weitere stabile ökonomische und soziale Entwicklung in der DDR bildet die zielstrebige Vertiefung der sozialistischen ökonomischen Integration mit der UdSSR und den anderen Bruderländern des RGW." (Protokoll des X. Parteitages..., Berlin [Ost] 1981, 2. Bd., S. 297) Der Außenhandel mit der UdSSR ist nach wie vor sehr hoch und weist, da wohl die UdSSR ihre Außenwirtschaftsaktivitäten verstärkt auch mit westlichen Ländern abwickelt, wertmäßig steigende Tendenz auf (vgl. Tabelle 5).

Seit 1950 entwickelte sich der Handel DDR–UdSSR wie folgt:

Tabelle 5

Außenhandel DDR–UdSSR 1950–1982

	1950	1960	1965	1970	1971	1972	1973	1974	1975	1980	1981	1982
Umsatz (in Mill. VM)	1 461	7 907	10 566	15 485	16 092	17 624	18 527	20 102	26 539	42 609	49 890	55 164
Anteil am Gesamthandel der DDR	39,7	42,8	42,8	39,1	38,0	37,6	34,6	31,4	35,7	35,0	38,0	38,0

Quelle: Statistisches Jahrbuch der DDR, versch. Jahrgänge.

Die Warenstruktur des Ah. ist – obwohl Veränderungen zu beobachten sind – noch überwiegend komplementärer Natur. In ihrer wirtschaftlich bedeutendsten Funktion als Rohstofflieferant deckt die UdSSR den Importbedarf der DDR mit ca. 90 v.H. bei Baumwolle, Erdöl, Eisenerz, Buntmetallen und Holz, mit 80 v.H. bei Walzstahl und Blechen.

Auch gegenüber der Sowjetunion wurde die DDR ihrem Ruf als größter Investitionsgüterlieferant des RGW gerecht: rund ein Viertel des gesamten Maschinen- und Ausrüstungsimports der Sowjetunion kommt gegenwärtig aus der DDR.

Die herausragende Rolle der Investitionsgüterlieferungen der DDR kommt auch in dem hohen Anteil von rd. 70 v.H. an der Gesamtausfuhr der DDR in die UdSSR zum Ausdruck, dem ein Wert von 20 v.H. auf der Einfuhrseite gegenübersteht (1980). Bei den Einfuhren der DDR dominieren die Grundstoffe und Produktionsgüter mit einem Wert von rd. 50 v.H.

Das für den Fünfjahreszeitraum 1981–1985 geschlossene Handelsabkommen zwischen der UdSSR und der DDR ist auf eine Verbesserung der Warenstruktur gerichtet, wenn auch die starken Rohstoffsicherungsinteressen der DDR nicht zu verkennen sind. Das Abkommen sieht vor, ein – preisbereinigtes – Volumen von über 48 Mrd. Rubel im Fünfjahrplan-

zeitraum abzuwickeln. Die ursprünglich geplante Steigerung des Handels um 40 v. H. 1985 gegenüber 1980 wird wahrscheinlich überboten werden, da die bislang realisierten Steigerungsraten über den Planansätzen liegen.
Hauptlieferposten der DDR sind Schiffe, Schienenfahrzeuge, Landmaschinen, Werkzeugmaschinen, Hebe- und Fördermittel, Ausrüstungen für die chemische Industrie, bei Konsumgütern: Bekleidung, Möbel und Haushaltswaren. Hauptposten der UdSSR sind Pkws, Roh- und Grundstoffe wie Erdöl, Erdgas, Steinkohle, Walzstahl, Zellstoff, Baumwolle, Aluminium, Schnittholz, Papier, Getreide. Nicht gesichert ist die ursprünglich zugesagte Liefermenge von 19 Mill. t Erdöl pro Jahr. Eine verminderte Lieferung wäre mit erheblichen Preissteigerungen verbunden, die den finanziellen Spielraum der DDR weiter einengen würden.
Neben Handelsabkommen, welche die Grundlage für den Austausch von Waren und Dienstleistungen bilden, treten in zunehmendem Maße andere Formen wirtschaftlicher Zusammenarbeit, welche die Verflechtung der beiden Volkswirtschaften intensivieren sollen. So sind seit 1964 zahlreiche Regierungs- und Ministerabkommen über Forschungs- und Produktionskooperation zur Spezialisierung und langfristigen Vertiefung der gegenseitigen Beziehungen vor allem auf dem Gebiet der Rohstoffversorgung und der Entwicklung und Lieferung „entscheidender Industrieerzeugnisse" abgeschlossen worden – davon mehr als die Hälfte seit dem VIII. Parteitag der SED (1971). Seit 1967 werden – als eine besondere Art der Zusammenarbeit – „Direktbeziehungen", die abrechnungspflichtige Arbeitspläne einschließen, zwischen den Industrieministerien, anderen zentralen staatlichen Organen und Kombinaten der DDR und der UdSSR gepflegt.
Um die engen Bindungen noch weiter zu vertiefen, wird die Angleichung der Planungssysteme beider Länder vorangetrieben. Dabei soll sowohl die Planung der Investitionen, des Arbeitsvermögens, der materiell-technischen Versorgung und des Ah. als auch der Aufbau des Kennziffersystems und die Untergliederung der Jahres-, Fünfjahr- und Perspektivpläne weitgehend abgestimmt werden. Von zentraler Bedeutung für die wirtschaftlich-technische Zusammenarbeit zwischen beiden Ländern ist die im März 1966 auf der Grundlage des (1975 völlig neugefaßten; GBl. II, S. 238) „Vertrages über Freundschaft, gegenseitigen Beistand und Zusammenarbeit zwischen der DDR und der UdSSR" (12. 6. 1964) gebildete „Paritätische Regierungskommission für ökonomische und wissenschaftlich-technische Zusammenarbeit DDR–UdSSR" (PRK). Die DDR wird gegenwärtig von G. Schürer (SED), stellv. Vors. des Ministerrats und Vors. der Staatlichen Plankommission der DDR, die UdSSR von N. A. Tichonow, Ministerratsvorsitzender der Sowjetunion, vertreten. Abwechselnd finden in beiden Staaten wenigstens 2 Tagungen pro Jahr statt, denen ein jeweils abgestimmter Arbeitsplan zugrunde liegt.
Die wichtigsten Aufgaben der Kommission sind: Erweiterung und Vertiefung der Zusammenarbeit (vor allem in den sog. Wachstumsbranchen); Koordinierung der Volkswirtschaftspläne, insbesondere der Fünfjahrpläne; Erarbeitung von Entwicklungsprognosen; Zusammenarbeit zwischen Planungsorganen, Ministerien und Institutionen; Aufnahme von „Direktbeziehungen"; Koordinierung und Kooperation der Tätigkeit der wissenschaftlichen Forschungseinrichtungen; Vertiefung der Kooperation und Spezialisierung gemäß dem beiderseitigen Programm bis 1990.
Bis Mitte 1982 tagte die Kommission 30mal. Auf der 30. Tagung wurden 16 Abkommen geschlossen. Das wohl bedeutendste betrifft die Errichtung einer Eisenbahnfährverbindung zwischen den Häfen Saßnitz und Klaipeda in der Litauischen SSR. Diese Linie hat den Vorzug vor der Errichtung einer Verbindung aus der Bundesrepublik Deutschland (Lübeck oder Kiel) in die Sowjetunion erhalten. Der Fährverkehr auf der neuen Linie soll im Jahre 1986 aufgenommen werden. Einen Schwerpunkt der Tagung stellte die Zusammenarbeit auf dem Gebiet der Energiewirtschaft dar. Die gemeinsame Nutzung der Braunkohletechnologie soll vorangetrieben werden. Generell sind eine Reihe von Maßnahmen darauf gerichtet, die Erzeugnisqualität von Investitions- und Konsumgütern zu verbessern.
Ob die DDR – vor allem was die geforderten Rohstoffpreise und die Qualität der von der UdSSR gelieferten Waren betrifft – ökonomisch von der UdSSR übervorteilt wird, läßt sich nicht eindeutig klären. Die tatsächliche Preisentwicklung bei Ex- und Importen Ende der 60er Jahre zeigt eine Verbesserung der terms of trade für die DDR, was die Behauptung von einer Preisausbeutung nicht stützt. Ferner macht die immer stärker werdende wirtschaftliche Position der DDR gegenüber der UdSSR derartige Praktiken, zumindest in der jüngeren Vergangenheit, nicht sehr wahrscheinlich. Wichtiger Grund hierfür ist, daß die UdSSR inzwischen in manchen Industriezweigen (Schiffsantriebe, Werkzeugmaschinen, Rechenmaschinen) in großem Umfang auf Importe aus der DDR angewiesen sein dürfte. Angesichts der hohen Kosten bei Förderung und Transport der sowjetischen Rohstoffe drängt die UdSSR seit Anfang der 60er Jahre jedoch darauf, von der DDR, wie auch von anderen Rohstoffbezugsländern im RGW, einen finanziellen und materiellen Kostenbeitrag zu erhalten. Ein derartiger Beitrag wird seitdem von der DDR in Form von Investitionsbeteiligungen auch geleistet. Insgesamt waren hierfür im Zeitraum 1976–1980 8 Mrd. Mark vorgesehen.

Die neuerliche Verschlechterung der terms of trade gegenüber der Sowjetunion ist im wesentlichen auf die stark angestiegenen Rohstoffpreise, vor allem für Erdöl, zurückzuführen. Die Gründe für das Handelsbilanzdefizit gegenüber der Sowjetunion in Höhe von 1,7 Mrd. VM sind vor allem hier zu suchen. Gegenwärtig (1980) hat die DDR für 19 Mill. Tonnen Erdöl (incl. Erzeugnisse) 1,42 Mrd. Rubel zu zahlen. Aufgrund von Investitionsbeteiligungen im RGW verfügte die DDR bis 1980 über ein Sonderkontingent in Höhe von rd. 5 Mill. Tonnen zu einem günstigen Preis in Höhe von 15 Rubel je Tonne Erdöl. Der Wegfall dieses Vorteils sowie die laufenden Preisanpassungen im RGW könnten zu mehr als einer Verdoppelung der Erdölrechnung der DDR führen. Das DIW schätzt für 1985 einen Tonnenpreis von gut 170 gegenüber 65 → **Transfer-Rubel** im Jahre 1980. Dieser läge allerdings nach wie vor unter dem Weltmarktpreis, nach DDR-Angaben waren es in der Vergangenheit 40 bis 50 v. H.

VII. Außenhandelspreise und Verrechnungsverkehr

Die Preisbildung im Ah. wird in Ermangelung eigener Bewertungsmaßstäbe im sozialistischen System überwiegend nach den auf den „internationalen Märkten" herrschenden Preisen (Weltmarktpreisen) vorgenommen. Diese bilden unter Berücksichtigung verschiedener ökonomischer Faktoren (Angebot und Nachfrage, Lieferfristen, Bestellmenge, Rabatte usw.) die Basis für die zwischen den Wirtschaftspartnern stattfindenden Preisverhandlungen, deren Ergebnis in der Regel in ausländischer Währung festgelegt und danach in Valuta-Mark bzw. Binnenwährung umgerechnet wird. Die Umrechnung der Ah.- in Binnenpreise erfolgt beim Warenimport nach festgelegten Umrechnungskursen: Die Kurse richten sich nach dem Umfang des Warenexports, der notwendig ist, um die zur Einfuhr benötigten Devisen zu beschaffen. Bei Exportwaren werden die Differenzen zwischen Ah.- und Binnenpreisen, die auch durch die → **Richtungskoeffizienten** beeinflußt werden können, in die finanziellen Ergebnisse der Produzenten eingerechnet (→ **Exportpreis**). Die Preisbildung anhand der Weltmarktpreise erfolgt sowohl im Handel mit westlichen kapitalistischen Ländern als auch mit den RGW-Mitgliedsländern und anderen sozialistischen Volkswirtschaften sowie den Entwicklungsländern.

Innerhalb des RGW stellt die Preisgestaltung im Intrablockhandel ein vieldiskutiertes Problem dar, das vor allem aufgrund der Besonderheiten des sozialistischen Systems bis heute keiner Lösung zugeführt werden konnte. Im Komplexprogramm von 1971 war vorgesehen, von den gegenwärtig gültigen Preisbildungsprinzipien im gegenseitigen Handel auszugehen, d. h. die Preise auf der Grundlage der Weltmarktpreise „vom schädlichen Einfluß der konjunkturellen Faktoren des kapitalistischen Marktes bereinigt" festzulegen, gleichzeitig aber „das Problem der Vervollkommnung des Außenhandelspreissystems gründlich zu analysieren".

Um die andauernde Abhängigkeit von den „kapitalistischen" Weltmarktpreisen zu verringern bzw. ganz zu vermeiden, ist deshalb häufig vorgeschlagen worden (z. B. J. Arojo, M. Sawow), eine eigene – weltmarktpreisunabhängige – Preisbasis für die sozialistischen Länder zu schaffen. Dies scheiterte jedoch bisher in Ermangelung brauchbarer, theoretisch fundierter Preisbildungskriterien. So kann ein Preissystem, das von den Kostenstrukturen der RGW-Länder ausgeht, deshalb keine Alternative sein, da diese Strukturen als Ausdruck staatlicher Politik ein viel zu weit reichendes Spektrum der Abweichung vom tatsächlichen Wert dieser Güter aufweisen. Eine Modifizierung des bestehenden Preissystems wird jedoch für notwendig erachtet, da sich herausstellte, daß die mengen- und wertmäßige Abstimmung der Pläne innerhalb des RGW häufig unabhängig voneinander erfolgte, die Entwicklung neuer Formen der Zusammenarbeit (gemeinsame Investitionen, Betriebe, Austausch wissenschaftlicher Leistungen usw.) es vielfach nicht mehr möglich machte, vergleichbare Preise der Hauptwarenmärkte zu ermitteln und die Langfristigkeit der Planung neue Anforderungen an Stabilität und Anpassungsfähigkeit der RGW-(Plan-)Preise stellte.

So sollen zur Förderung von Kooperation und Spezialisierung „wissenschaftlich begründete Preisprognosen" erarbeitet werden, für die nicht nur der nationale Ist-Aufwand, sondern vor allem „internationale Wertgrößen" (einschließlich der Berücksichtigung der Währungskurse; → **Währung/Währungspolitik**, III. A.) die Basis bilden sollen.

Da eine eigene weltmarktpreisunabhängige Preisbasis im RGW bisher nicht verwirklicht werden konnte, muß weiterhin von den Weltmarktpreisen ausgegangen werden. Angesichts der weltweiten Rohstoffpreisänderungen wurde jedoch eine Änderung des Berechnungsmodus vorgenommen. Bildeten sich die Basispreise im RGW bislang auf der Grundlage der Preise auf den Hauptwarenmärkten des dem jeweiligen Fünfjahrplan vorangehenden Fünfjahresabschnitts und waren diese Preise für die Fünfjahresperiode dann prinzipiell konstant, wurde von 1975 an von den durchschnittlichen Preisen auf den Weltmärkten der dem jeweiligen Planjahr vorangegangenen 5 Jahre ausgegangen. Dieser Berechnungsmodus schließt daher nunmehr jährliche Preisänderungen ein.

Neben den Preisbildungsschwierigkeiten sehen sich die Wirtschaftsfachleute der DDR in der Frage des internationalen Verrechnungsverkehrs mit weiteren Problemen konfrontiert. Gegenüber westlichen bzw. nichtsozialistischen Ländern wurden in den 50er und 60er Jahren die gegenseitigen Forderungen sowohl im Rahmen von bilateralen Handels- und Zahlungsabkommen, d. h. auf dem Clearingwege, sowie über Kompensationen oder Switchoperationen beglichen. Seitdem wird auf der Grundlage von bilateralen Handels- oder Kooperations-(Rahmen-) Abkommen eine Zahlung in konvertibler Währung vorgenommen. Auch mit den RGW-Ländern wurden Zahlungstransaktionen bis 1964 vorwiegend auf bilateraler Ebene abgewickelt. Mit der Gründung der → **Internationalen Bank für Wirtschaftliche Zusammenarbeit (IBWZ)** als internationale Verrechnungsinstanz und der Einführung des „transferablen Rubels" (1964), der nicht mit westlichen konvertiblen Währungen vergleichbar, vielmehr lediglich als Verrechnungsgröße anzusehen ist, haben im RGW Bestrebungen begonnen, zu einer mehrseitigen Verrechnung überzugehen. Daß diese bislang nicht überzeugend funktionierte, lag nicht zuletzt in der Schwierigkeit und dem fehlenden Interesse der Mitgliedsländer begründet, die langfristigen, bilateral abgestimmten Ah.-Pläne und Handelsabkommen so auszurichten, daß entstehende Guthaben (bei der IBWZ) multilateral verwendet werden können. Auch Zahlung in konvertibler Währung innerhalb des RGW – besonders für „harte" Waren wie z. B. Rohöl – ist künftig keinesfalls ausgeschlossen und wird z. T. bereits praktiziert. *Ulrich Diech*

Literaturangaben

Absatzwirtschaft der Kombinate und Betriebe. Hrsg. P. Kohlert (u. a.). Berlin (Ost): Die Wirtschaft 1982.

Betriebswirtschaftliche **Aufgaben** im Außenhandel der DDR. Autorenkoll. u. Ltg. v. W. Kupferschmidt. Berlin (Ost): Die Wirtschaft 1982.

Außenhandel DDR. Handbuch. Hrsgg. v. d. Kammer f. Außenhandel der DDR.Berlin (Ost): Kammer f. Außenhandel 1977.

Sozialistische **Außenwirtschaft.** Autorenkoll. u. Ltg. v. E. Faude, G. Grote u. C. Luft. Berlin (Ost): Die Wirtschaft 1976.

Bethkenhagen, J., u. H. Lambrecht: Die Außenhandelsbeziehungen der DDR vor dem Hintergrund von Produktion und Verbrauch. Köln: Bundesinstitut für ostwissenschaftliche und internationale Studien 1979. (Berichte d. Bundesinst. f. ostwiss. u. internat. Studien. 19/79.)

Dietsch, Ulrich: Außenwirtschaftliche Aktivitäten der DDR. Hamburg: Weltarchiv 1976. (Veröff. d. HWWA-Inst. f. Wirtschaftsforschung – Hamburg.)

Effektivität der Außenwirtschaftsbeziehungen der sozialistischen Volkswirtschaft. Autorenkoll. u. Ltg. v. H. Bleßing. Berlin (Ost): Die Wirtschaft 1977.

Haendcke-Hoppe, M.: Die Außenwirtschaftsbeziehungen der DDR. Grundzüge, Schwerpunkte, Perspektiven. Berlin: Forschungsstelle für gesamtdeutsche, wirtschaftliche und soziale Fragen 1980. (FS-Analysen. 1980, 4.)

Lieser-Triebnigg, E.: Das Recht des Außenhandels in der DDR. Organisation und Arbeitsweise. Köln: Wissenschaft und Politik 1978. (Abhandlungen zum Ostrecht. 15.)

Wörterbuch der Außenhandelspraxis. Ein Nachschlagewerk rund um das Außenhandelsgeschäft. Autorenkoll. u. Ltg. v. B. Stassen u. H. Schrader. Berlin (Ost): Die Wirtschaft 1977.

Ausweis für Arbeit und Sozialversicherung: Mit Wirkung vom 28. 8. 1961 wurde der Sozialversicherungsausweis zu einem AfAuS. erweitert. Der Sozialversicherungsausweis diente zum Nachweis der Berechtigung, Leistungen aus der Sozialversicherung zu empfangen. In ihn wurden eingetragen Name und Sitz des Arbeitgebers, Beginn und Ende jeder Tätigkeit, der Gesamtverdienst bzw. das Einkommen aus selbständiger Praxis, Einkommenspfändungen (bei Arbeitsplatzwechsel) sowie jede Heilbehandlung (deren Dauer, Dauer der Arbeitsunfähigkeit und die gewährten genehmigungspflichtigen Heil- und Hilfsmittel). Die gleichen Angaben enthält jetzt der nach und nach eingeführte AfAuS. Außerdem enthält er Angaben über den beruflichen Werdegang und die staatlichen → **Auszeichnungen** des Inhabers. Ausweispflichtig sind alle Bürger, die bei der Sozialversicherung der Arbeiter und Angestellten oder der Sozialversicherung bei der → **Staatlichen Versicherung der DDR** pflichtversichert sind.

Der AfAuS. ersetzt das **Arbeitsbuch**, weil in ihm auch der Beginn und die Beendigung jedes Arbeitsverhältnisses eingetragen sind. Das Arbeitsbuch, erstmals unter der nationalsozialistischen Herrschaft eingeführt, wurde in der SBZ zunächst beibehalten. 1947 wurden neue Arbeitsbücher ausgegeben. Der AfAuS. dient der Arbeitskräftelenkung. Auf Verlangen ist er nicht nur den Organen der Sozialversicherung, den Ärzten und Einrichtungen des → **Gesundheitswesens**, sondern auch den Betrieben und Universitäten, vor allem aber den Ämtern, Abteilungen und Organen für Arbeit (und Löhne) und den Abteilungen bzw. Organen für Berufsbildung und Berufslenkung vorzulegen. → **Sozialversicherungs- und Versorgungswesen.**

Auszeichnungen

I. Allgemeines

Seit Bestehen der DDR sind zahlreiche A. gestiftet worden, mit denen besondere Leistungen, Verdienste oder Treue-Verdienste belohnt werden. Wie in kommunistisch-sozialistischen Staaten üblich, die-

nen auch in der DDR die A. als Anerkennung kultureller, ökonomischer, sozialer und zugleich politischer oder ähnlicher Leistungen. Die Ausgezeichneten nehmen aus der Sicht des politischen Systems eine herausgehobene Stellung ein („verliehenes Sozialprestige“). Viele von ihnen erfahren mannigfache Förderungen in ihrer politischen und beruflichen Karriere. Das Auszeichnungswesen hat sich im Verlauf der Geschichte der DDR immer weiter ausgedehnt und ist in der Abstufung der A. untereinander immer differenzierter geworden: Es wurden immer neue A. gestiftet, und es gibt inzwischen kaum eine Berufsgruppe, für deren Mitglieder nicht eine spezielle A. besteht.
Grundsätzlich ist zwischen staatlichen A., die von oder im Namen der obersten Staatsorgane, und A., die von → **Parteien,** → **Massenorganisationen,** → **Akademien,** → **Bezirken** oder Städten verliehen werden, zu unterscheiden. Den staatlichen A. kommt hierbei der größere politische Prestigewert zu.

II. Staatliche Auszeichnungen

Die staatlichen A. sind in 4 Gruppen: Orden, Preise, Medaillen und Ehrentitel gegliedert. Die A. können an Einzelpersonen, aber auch – mit einigen Ausnahmen – an Kollektive, Betriebe sowie an Teilkollektive (sofern diese eine organisatorische Einheit bilden) verliehen werden. Dabei hat der Trend zur Kollektiv-A. in der DDR im Laufe der Jahre deutlich zugenommen. Mit einigen A. können auch ausländische Staatsangehörige geehrt werden; einige sind ausschließlich für diese bestimmt.
Zu den staatlichen A. gehören in der Regel eine Verleihungs- bzw. Besitzurkunde sowie die Befugnis, sich als Träger der jeweiligen A. zu bezeichnen (z.B. „Träger der Medaille für ausgezeichnete Leistungen in den Kampfgruppen der Arbeiterklasse“). Staatliche A. sind – bis auf wenige Ausnahmen – mit dem Tragen eines Ordens oder einer Medaille verbunden. Für fast alle derartigen staatlichen A. gibt es sog. Interimsspangen, die anstelle der Original-A. getragen werden. Zu vielen staatlichen A. gehört darüber hinaus eine Geldprämie. Werden diese A. an Kollektive verliehen, wird in der Regel die Geldprämie so geteilt, daß kein Kollektivmitglied eine größere Summe erhält, als es bei einer Einzel-A. der Fall sein würde. Derartige Geldzuwendungen sind steuerfrei und nicht sozialversicherungspflichtig.
Alle staatlichen A. beruhen auf Verordnungen, die jeweils durch den → **Ministerrat** erlassen worden sind und von denen viele im Laufe der Jahre geändert bzw. ergänzt wurden. Die Ordnungen über die Verleihung der einzelnen staatlichen A., in denen die Details genauestens geregelt sind, werden jeweils im Gesetzblatt der DDR veröffentlicht. Staatliche A. werden vornehmlich am 1. Mai, dem „Kampf- und Feiertag der internationalen Arbeiterklasse“, und am 7. Oktober, dem „Tag der Republik“, verliehen; ferner:
an den Ehrentagen der auszuzeichnenden Berufsgruppen (z.B. für pädagogische Berufe am 12. 6., dem „Tag des Lehrers“, oder an Angehörige der NVA am 1. 3., dem „Tag der → **Nationalen Volksarmee**“ **[NVA]**);
bei A., die den Namen bestimmter Personen tragen, in der Regel an den Geburtstagen der Namensgeber (z.B. den Johannes-R.-Becher-Preis und die dazugehörige Medaille jeweils am 22. 5., dem Geburtstag des Dichters);
bei bestimmten A. „unmittelbar nach gezeigter Leistung“ (z. B. Verdienstmedaille der NVA);
anläßlich von bestimmten Veranstaltungen, die in einem unmittelbaren Zusammenhang mit der A. stehen (z.B. „Medaille für hervorragende Leistungen in der Bewegung → **Messen der Meister von Morgen**“ während der „Zentralen Messe der Meister von Morgen“).
Das Recht zum Tragen einer staatlichen A. bzw. zum Führen eines Ehrentitels kann aberkannt werden, „wenn der Ausgezeichnete sich der Auszeichnung unwürdig erweist oder nachträglich Tatsachen bekannt werden, die die Auszeichnung zur Zeit der Verleihung ausgeschlossen hätten“ oder wenn ihm durch Gerichtsurteil die staatsbürgerlichen Rechte aberkannt worden sind.
Einige staatliche A. der DDR werden nicht mehr verliehen oder sind durch andere ersetzt worden. – Nicht mehr verliehen werden ferner Wanderfahnen, mit denen von 1950 bis 1963 vornehmlich Betriebe und landwirtschaftliche Produktionsgenossenschaften ausgezeichnet wurden.
Zahlreiche staatliche A. waren ursprünglich mit dem Anspruch auf den regelmäßigen Bezug eines „Ehrengeldes“ bzw. einer „Ehrenrente“ verbunden. Inzwischen ist an deren Stelle eine einmalige Geldprämie getreten. Für die Träger derartiger A., die noch zu den alten Bedingungen ausgezeichnet wurden, blieben die Ansprüche jedoch erhalten.
Bei den staatlichen A. werden in der folgenden Übersicht in Klammern das Stiftungsjahr (Stfj.), die bei einem Teil der A. festgelegte Höchstzahl der Verleihungen pro Jahr (Jahresquote), die Zahl der Stufen (St.) oder Klassen (Kl.) bzw. die unterschiedlichen Ausführungen in Gold (G.), in Silber (S.) und in Bronze (B.), die Höhe der Prämie (P.) bei Verleihungen an Einzelpersonen (E.) bzw. an Kollektive (K.) angegeben. – Der im Titel und im Verordnungstext vieler A. verwendete Begriff „Deutsche Demokratische Republik“ ist generell in „DDR“ abgekürzt worden.

A. Orden

Von den 7 Orden (O.) der DDR werden 4 vom Vorsitzenden des → **Staatsrates** oder in seinem Namen verliehen. Den Scharnhorst-O. verleiht der

Vors. des → **Nationalen Verteidigungsrates der DDR (NVR)**, den Kampf-O. für „Verdienste um Volk und Vaterland" sowie den Militärischen Verdienst-O. der Minister für Nationale Verteidigung. Bis auf den Scharnhorst-O., mit dem nur Einzelpersonen geehrt werden, können die O. auch Kollektive erhalten, den Vaterländischen Verdienst-O. auch Städte und Gemeinden. Mit einem O. ausgezeichnete Kollektive bilden dessen Abzeichen am Eingang ihres jeweiligen Arbeitsbereiches, auf ihren Briefbögen oder Druckerzeugnissen ab. Bis auf die oberste Klasse des Sterns der Völkerfreundschaft, der am Schulterband getragen wird, werden die O. auf der linken oberen Brustseite angelegt.

1. Der *Karl-Marx-O.* gilt als die ehrenvollste staatliche A. der DDR. Er wird verliehen „für hervorragende Verdienste a) in der Arbeiterbewegung, b) bei der schöpferischen Anwendung des Marxismus-Leninismus, c) bei der Gestaltung des entwickelten gesellschaftlichen Systems des Sozialismus mit seinem Kernstück, dem ökonomischen System des Sozialismus, d) auf den Gebieten der Wissenschaft und Technik, e) auf den Gebieten der Kunst und Kultur, Bildung und Erziehung, f) im Kampf um die Sicherung des Friedens, g) in der Pflege und Förderung echter freundschaftlicher Beziehungen zur Sowjetunion, zu den anderen sozialistischen Staaten und allen friedliebenden Völkern der Welt sowie solcher Beziehungen von Angehörigen und Organisationen dieser Völker zur DDR". (Stfj.: 1953; P. für E.: 20000 Mark)

2. Der *Vaterländische Verdienst-O.* wird verliehen „für besondere Verdienste a) im Kampf der deutschen und internationalen Arbeiterbewegung und im Kampf gegen den Faschismus, b) beim Aufbau, bei der Festigung und Stärkung sowie beim Schutz der DDR, c) im Kampf um die Sicherung des Friedens sowie bei der Erhöhung des internationalen Wirkens der DDR". (Stfj.: 1954; St.: B., S., G.; P. für E.: 2500, 5000, 10000 Mark; P. für K. [bis zu 10 Mitgl.]: pro Person je nach St.: 250, 500, 1000 Mark; Auszeichnung grundsätzlich nur einmal möglich. Träger des Vaterländischen Verdienst-O. in Gold können eine Ehrenspange zu dieser A. erhalten, für die es keine erneute Geldzuwendung gibt. O.-Träger, die die A. bis zum Jahre 1973 erhalten haben, beziehen statt der P. ein jährl. Ehrengeld: für B. 250, für S. 500, für G. 1000 Mark)

3. Der *Stern der Völkerfreundschaft* „dient der Würdigung außerordentlicher Verdienste um die DDR, um die Verständigung und Freundschaft der Völker und um die Erhaltung des Friedens". (Stfj.: 1959; 3 Kl.: I. Kl. in G. [„Großer Stern"], II. Kl. in G., III. Kl. in S.)

4. Der O. *Banner der Arbeit* wird verliehen für „hervorragende und langjährige Leistungen bei der Stärkung und Festigung der DDR, insbes. für hohe Arbeitsergebnisse in der Volkswirtschaft". (Stfj.: 1969; seit 1974 3 St.; Jahresquoten: St. III. bis zu 1000, St. II. bis zu 500, St. I. bis zu 250 O.; vor 1974 verliehene O. gelten als O. der St. I.; P. an E.: St. III 2000, St. II 3500; St. I 5000 Mark. P. an Kollektive [bis zu 20 Mitgl.]: St. III. 500, St. II. 750, St. I. 1000 Mark)

5. Der *Scharnhorst-O.* – benannt nach dem Schöpfer des preußischen Volksheeres Gerhard von Scharnhorst (1755–1813) – wird verliehen „für besondere Verdienste a) bei der Erfüllung von Aufgaben zur Stärkung der Verteidigungsbereitschaft der DDR, b) auf dem Gebiet der Truppenführung, c) beim Einsatz der ganzen Persönlichkeit zum Schutze der DDR, d) bei der Weiterentwicklung der Militärwissenschaft und Militärtechnik, e) bei der Festigung der Militärkoalition der sozialistischen Bruderarmeen". (Stfj.: 1966; P.: 5000 Mark)

6. Der *Kampf-O. „Für Verdienste um Volk und Vaterland"* wird verliehen „für hervorragende Verdienste a) bei der sozialistischen Wehrerziehung der Jugend, b) auf dem Gebiet der Truppenführung, c) bei der Erziehung und Ausbildung, d) in der persönlichen Einsatzbereitschaft, e) bei der Wartung und Instandhaltung der technischen Ausrüstung und Bewaffnung und bei der Entwicklung der Militärtechnik, f) bei der Entwicklung der Militärwissenschaft, g) bei Einsätzen, die für den Aufbau und den Schutz des Sozialismus in der DDR von großem Nutzen sind, h) um die Festigung der Waffenbrüderschaft mit den sozialistischen Bruderarmeen". (Stfj.: 1966; B., S., G.)

7. Der *Militärische Verdienst-O. der DDR* wird verliehen „für besondere Verdienste bei der Festigung freundschaftlicher Beziehungen und der Weiterentwicklung der Zusammenarbeit zwischen der Nationalen Volksarmee der DDR und den Armeen bzw. Streitkräften anderer Staaten". (Stfj.: 1982; 3 St.; wird nur an Angehörige der Streitkräfte oder an Zivilpersonen anderer Staaten verliehen.)

B. Preise

Die höchste A., der Nationalpreis, wird vom Vors. des Staatsrates, alle anderen Preise (P.) werden von den jeweils zuständigen Ministern verliehen (die meisten vom Minister für Kultur). Mit nahezu allen P. können sowohl Einzelpersonen als auch Kollektive ausgezeichnet werden. Jeder Preisträger erhält eine Medaille.

1. Der **Nationalpreis** wird verliehen für „hervorragende schöpferische Arbeiten auf den Gebieten der Wissenschaft und Technik, bedeutende mathematisch-naturwissenschaftliche Entdeckungen und technische Erfindungen, die Einführung neuer Arbeits- und Produktionsmethoden" sowie für „hervorragende Werke und Leistungen auf den Gebieten der Kunst und Literatur". (Stfj.: 1949; 3 Kl.; Verleihung an E. und K.; P.: 100000, 50000, 25000 Mark)

2. Der *Johannes-R.-Becher-P.* – benannt nach dem

Dichter und ehemaligen Minister für Kultur der DDR Johannes R. Becher (1891–1958) – wird verliehen „für Werke der deutschen Lyrik, die im Geiste der großen Dichtung von Johannes R. Becher einen würdigen Beitrag zur sozialistischen deutschen Nationalliteratur bilden". (Stfj.: 1958; wird alle 2 Jahre verliehen; P.: 20000 Mark)
3. Der *P. für künstlerisches Volksschaffen* wird für „hervorragende Neuschöpfungen, beispielgebende künstlerische Interpretation, richtungweisende wissenschaftliche Forschungsarbeit oder vorbildliche kulturpolitische Leistungen auf dem Gebiet des künstlerischen Volksschaffens" verliehen. (Stfj.: 1955; 2 Kl.; P. für E.: I. Kl. bis zu 15000; II. Kl. bis zu 3000 Mark; P. für K.: I. Kl. 5000–15000, II. Kl. 3000–10000 Mark)
4. Der *Heinrich-Heine-P.* wird verliehen für „a) lyrische Werke und b) Werke der literarischen Publizistik". (Stfj.: 1956; jährlich eine A. für lyrische Werke und eine für Werke der literarischen Publizistik; P.: 12500 Mark)
5. Der *Lessing-P.* wird verliehen für „hervorragende Werke a) auf dem Gebiet der Bühnendichtung und b) auf dem Gebiet der Kunsttheorie und Kunstkritik". (Stfj.: 1954; jährlich eine A. für ein Werk der Bühnendichtung und ein Werk auf dem Gebiet der Kunsttheorie bzw. der Kunstkritik; P.: 10000 Mark)
6. Der *Friedrich-Engels-P.* wird verliehen für „hervorragende Leistungen in der Forschung oder in der Wissenschaftsorganisation, die der Stärkung und Vervollkommnung der sozialistischen Landesverteidigung insgesamt oder eines ihrer Teilsysteme dienen". (Stfj.: 1970; 3 Kl.; P. für E.: I. Kl. bis zu 10000, II. Kl. bis zu 6000, III. Kl. 4000 Mark; P. für K.: I. Kl. bis zu 25000, II. Kl. bis zu 15000, III. Kl. bis zu 10000 Mark)
7. Der *Heinrich-Greif-P.* – benannt nach dem 1946 verstorbenen Schauspieler Heinrich Greif, der von 1935 bis 1945 Sprecher der deutschsprachigen Sendungen im Moskauer Rundfunk war – wird verliehen für „hervorragende und beispielgebende Leistungen der sozialistisch-realistischen Film- und Fernsehkunst". (Stfj.: 1951; Jahresquote: bis zu 7; P. für E.: 5000 Mark; P. für K.: bis zu 15000 Mark)
8. Der *Kunst-P. der DDR* wird verliehen für „hervorragende schöpferische oder interpretierende Leistungen" sowie für „Leistungen auf den Gebieten des Theaters, des Films, des Fernsehens, des Rundfunks, der Unterhaltungskunst, der Musik, für Interpretation und Komposition, der bildenden und angewandten Kunst". (Stfj.: 1959; Jahresquote: bis zu 20; P. für E.: 6000 Mark; P. für K.: bis zu 20000 Mark)
9. Der *Architektur-P. der DDR* wird verliehen für „hervorragende städtebauliche und architektonische Leistungen". (Stfj.: 1976; Jahresquote: bis zu 5; P. für E.: 5000 Mark; P. für K.: bis zu 20000 Mark)
10. Der *Guts-Muths-P.* – benannt nach dem Begründer des Schulturnens Johann Christoph Friedrich Guts Muths (1759–1839) – wird verliehen für „hervorragende wissenschaftliche Arbeiten, die geeignet sind, die Entwicklung der sozialistischen Körperkultur in der DDR zu fördern". (Stfj.: 1961; Jahresquote 5; P. für E.: 5000 Mark; P. für K. [bis zu 6 Pers.]: bis zu 15000 Mark)
11. Der *Theodor-Körner-P.* – benannt nach dem Dichter Theodor Körner (1791–1813) – wird verliehen für „hervorragende Leistungen bei der Schaffung bedeutender Werke der Literatur, der bildenden Kunst, der Musik, des Films, des Theaterschaffens und der Fernsehdramatik, in denen die Entwicklung und Leistungen der Nationalen Volksarmee und der anderen bewaffneten Organe . . . Gestaltung finden". (Stfj.: 1970; Jahresquote: bis zu 8; P. für E.: 5000 Mark; P. für K.: bis zu 15000 Mark)
12. Der *Cisinski-P.* – benannt nach dem wendischen Schriftsteller Jakub Bart-Cisinski (1856–1909) – wird verliehen für „hervorragende Neuschöpfungen, beispielgebende künstlerische Interpretation, richtungweisende wissenschaftliche Forschungsarbeit oder andere vorbildliche kulturpolitische Leistungen auf dem Gebiet des sorbischen Volksschaffens" (→ **Sorben**). (Stfj.: 1956; alle 2 Jahre an bis zu 3 E. und bis zu 3 K.; 2 Kl.; P. für E.: I. Kl. bis zu 5000, II. Kl. bis zu 3000 Mark; P. für K.: I. Kl. bis zu 8000, II. Kl. bis zu 5000 Mark)
13. Der *Rudolf-Virchow-P.* – benannt nach dem Anatomen und Pathologen Rudolf Virchow (1821–1902) – dient „der Förderung der medizinischen Wissenschaft und wird vorwiegend an Nachwuchswissenschaftler verliehen". (Stfj.: 1960; Jahresquote: bis zu 6; P. für E.: bis zu 3000; P. für K.: bis zu 5000 Mark)
14. Der *Design-P. der DDR* wird verliehen „für hervorragende Leistungen, die als ein wesentlicher Beitrag zur besseren Befriedigung der materiellen und kulturellen Bedürfnisse der Bevölkerung und zur Steigerung der volkswirtschaftlichen Effektivität vollbracht worden sind". (Stfj.: 1978; Jahresquote: bis zu 5; P. für E.: 5000 Mark; P. für K. [bis zu 6 Pers.]: 20000 Mark)
15. Der *Jacob- und Wilhelm-Grimm-P. der DDR* – benannt nach den Sprachwissenschaftlern und Brüdern Jacob (1785–1863) und Wilhelm (1786–1859) Grimm – wird verliehen „für hervorragende wissenschaftliche und pädagogische Leistungen bei der Förderung der deutschen Sprache und Germanistik im Ausland". (Stfj.: 1979; Jahresquote: 6, davon 5 für Bürger anderer Staaten; P. für E.: 5000 Mark; P. für K. [bis zu 6 Pers.]: 10000 Mark)

C. Medaillen

Für alle Medaillen (M.) gilt, daß mit ihnen berufliche Leistung und politisches Engagement gleichermaßen Anerkennung finden sollen. Eine besondere

Gruppe innerhalb der M. bilden jene, die für langjährige Berufstätigkeit, d. h. „für treue Dienste", verliehen werden. Diese Grundsätze für die Auszeichnung sind im folgenden jeweils mitzudenken, wenn bei verschiedenen M. die Verleihungsrichtlinien, die sich – bei berufsspezifischen Abweichungen – prinzipiell gleichen, nicht ausführlich zitiert werden.
Die M. werden in der DDR – je nach Bedeutung – vom Vorsitzenden des Ministerrats, von einzelnen Ministern, von den Leitern staatlicher Ämter, auf unterer Ebene durch die Betriebsleiter verliehen. Die Treuedienst-M. der Deutschen Post übergibt z. B. der Leiter des jeweiligen Postamtes, die M. in Gold wird vom Leiter der Bezirksdirektion der Post überreicht, und die Verleihung der Ehrenspange zur M. in Gold nimmt der Minister für das Post- und Fernmeldewesen selbst vor. – Mit den M. werden Einzelpersonen, aber in zunehmendem Maße auch Kollektive ausgezeichnet. Einige M. tragen die Namen historischer Persönlichkeiten:
1. Die *Clara-Zetkin-M.* – benannt nach der langjährigen kommunistischen Reichstagsabgeordneten Clara Zetkin (1857–1933) – wird verliehen für „hervorragende Verdienste a) beim Aufbau des Sozialismus in der DDR, b) um die Erhaltung des Friedens, c) in der Frauenarbeit bei der Entwicklung des sozialistischen Bewußtseins der Frauen und bei der Verwirklichung der Gleichberechtigung der Frau". (Stfj.: 1954; P. für E.: 2500 Mark; P. für K. [bis zu 10 Pers.]: 5000 Mark; M.-Träger, die bis 1964 ausgezeichnet wurden, erhalten bei Vollrentenanspruch eine jährl. Ehrenrente von 300 Mark)
2. Die *Helene-Weigel-M.* – benannt nach der Schauspielerin Helene Weigel (1900–1971) – wird verliehen für „außergewöhnliche und vorbildliche Leistungen sozialistisch-realistischer Darstellungskunst", die in dem der A. voraufgehenden Jahr an Theatern der DDR erbracht wurden. (Stfj.: 1980; P. für E.: 5000 Mark)
3. Die *Hufeland-M.* – benannt nach dem Berliner Arzt Christoph Wilhelm Hufeland (1762–1836) – wird verliehen für „besondere Verdienste und vorbildliche Initiativen im sozialistischen Wettbewerb bei der Erfüllung der staatlichen Planaufgaben des Gesundheits- und Sozialwesens in hoher Qualität und Effektivität". (Stfj.: 1958; B., S., G.; Verleihung in jeder Stufe nur einmal jährl. und nur an E.; P. für E.: 300, 500, 1000 Mark)
4. Die *Humboldt-M.* – benannt nach den Wissenschaftlern und Brüdern Alexander (1769–1859) und Wilhelm (1767–1835) Humboldt – wird verliehen für „hervorragende Leistungen und langjährige treue Dienste im sozialistischen Hoch- und Fachschulwesen". (Stfj.: 1975; B., S., G.; P. für E.: 500, 750, 1000 Mark; P. für K.: B. bis zu 2000, S. bis zu 3000, G. bis zu 4000 Mark)
5. Die *Dr.-Theodor-Neubauer-M.* – benannt nach dem kommunistischen Reichstagsabgeordneten und Pädagogen Theodor Neubauer (1890–1945) – wird verliehen für „außerordentliche Verdienste beim Aufbau des sozialistischen Bildungs- und Erziehungswesens". (Stfj.: 1959; B., S., G.; P. für E.: 500, 750, 1000 Mark; P. für K.: 2000, 3000, 4000 Mark)
6. Die *Kurt-Barthel-M.* – benannt nach dem DDR-Schriftsteller Kurt Barthel (1914–1967) – wird verliehen für „besondere Verdienste und vorbildliche Initiativen bei der Entwicklung des geistig-kulturellen Lebens" an „hauptamtliche und ehrenamtliche Leiter und Mitarbeiter von Jugendklubs, Klubs und Kulturhäusern aller Rechtsträger, von Einrichtungen des Museumswesens, Lichtspielwesens, Bibliothekswesens und des Buchhandels". (Stfj.: 1979; P.: 500 Mark)
7. Die *Karl-Liebknecht-M.* – benannt nach dem Mitbegründer des Spartakus-Bundes Karl Liebknecht (1871–1919) – wird verliehen „an Lehrlinge, die in ihrer Berufsausbildung und im Rahmen des sozialistischen Berufswettbewerbs ständig Höchstleistungen vollbringen, über einen festen Standpunkt der Arbeiterklasse verfügen und sich zu einer sozialistischen Facharbeiterpersönlichkeit entwikkelt haben". (Stfj.: 1970; P. für E.: 300 Mark)
8. Die *Pestalozzi-M. für treue Dienste* – benannt nach dem Jugenderzieher Johann Heinrich Pestalozzi (1746–1827) – wird an Lehrer und Erzieher verliehen. (Stfj.: 1956; 3 St.: B. für 10jähr., S. für 20jähr. und G. für 30jähr. Dienstzeit)
9. Die *Hans-Beimler-M.* – benannt nach dem Mitglied der internationalen Brigaden im spanischen Bürgerkrieg Hans Beimler (1895–1936) – wird verliehen für „Verdienste im national-revolutionären Befreiungskampf des spanischen Volkes 1936–39".
10. Mit der *Verdienst-M. der DDR* werden „besondere Leistungen und treue Pflichterfüllung beim Aufbau des Sozialismus und bei der Stärkung und Festigung der DDR" anerkannt. (Stfj.: 1959)
Als A. für Verdienste um die Entwicklung der Arbeiterbewegung und der DDR gibt es folgende M. (s. a. Nr. 9: *Hans-Beimler-M.*):
11. *M. für die Teilnahme an den bewaffneten Kämpfen der deutschen Arbeiterklasse in den Jahren 1918–1923* (Stfj.: 1957)
12. *M. für Kämpfer gegen den Faschismus 1933–1945* (Stfj.: 1958; jährl. Ehrengeld: 500 Mark)
13. *M. 30. Jahrestag der Gründung der DDR* (einmalig verliehen: 7. 10. 1979; für Verdienste in den Jahren 1945–1952)
Viele M. sind für die Angehörigen der bewaffneten Organe (einschl. Volkspolizei, Kampfgruppen, Zivilverteidigung) bestimmt:
14. *Verdienst-M. der Nationalen Volksarmee* (Stfj.: 1956; B., S., G.)
15. *M. für treue Dienste in der Nationalen Volksarmee* (Stfj.: 1956; B. nach 5-, S. nach 10-, G. nach 15- und nochmals G. nach 20jähr. Dienstzeit)

16. *M. für Waffenbrüderschaft* (Stfj.: 1966; B., S., G.)
17. *Militärische Verdienst-M. der DDR* (Stfj.: 1982; ausschl. für Angehörige der Streitkräfte und Zivilpersonen anderer Staaten bestimmt)
18. *M. für langjährige Pflichterfüllung zur Stärkung der Landesverteidigung der DDR* (Stfj.: 1974; B. 10-, S. 20-, G. 30-, nochmals G. für 35- bei Frauen bzw. 40jähr. Dienstzeit bei Männern; P. für E.: 200, 300, 500, 1000 Mark)
19. *M. für vorbildlichen Grenzdienst* (Stfj.: 1954)
20. *Verdienst-M. der Grenztruppen der DDR* (Stfj.: 1977; B., S., G.; kann mehrfach verliehen werden)
21. *M. für treue Dienste in den Grenztruppen der DDR* (Stfj.: 1977; B. 5-, S. 10-, G. 15- und nochmals G. für 20jähr. Zugehörigkeit)
22. *M. für ausgezeichnete Leistungen in den bewaffneten Organen des Ministeriums des Innern* (Stfj.: 1959)
23. *M. für treue Dienste in den bewaffneten Organen des Ministeriums des Innern* (Stfj.: 1959; 6 St.: 5-, 10-, 15-, 20-, 25- und 30jähr. ununterbrochene Dienstzeit)
24. *Verdienst-M. der Organe des Ministeriums des Innern* (Stfj.: 1966; B., S., G.; kann mehrfach verliehen werden)
25. *M. Ehrenzeichen der Deutschen Volkspolizei* (Stfj.: 1949)
26. *Verdienst-M. der Zivilverteidigung* (Stfj.: 1970; B., S., G.; P. für E.: 200, 300, 400 Mark; P. für K.: 600, 1000, 1500 Mark; Mehrfachverleihung möglich)
27. *M. für treue Pflichterfüllung in der Zivilverteidigung der DDR* (Stfj.: 1977; B. 10-, S. 20-, G. für 30jähr. „treue Pflichterfüllung“)
28. *M. für treue Dienste in der Zivilverteidigung der DDR* (Stfj.: 1977; B. 5-, S. 10-, G. 15- und nochmals G. für 20jähr. Dienstzeit)
29. *M. für ausgezeichnete Leistungen in den Kampfgruppen der Arbeiterklasse* (Stfj.: 1965)
30. *Verdienst-M. der Kampfgruppen der Arbeiterklasse* (Stfj.: 1961; P. für E.: 300 Mark)
31. *M. für treue Dienste in den Kampfgruppen der Arbeiterklasse* (Stfj.: 1965; B. 10-, S. 15- und G. für 20jähr. treue Dienste)

Zahlreiche M. sind für die verschiedenen Bereiche der Volkswirtschaft (einschl. Land- und Forstwirtschaft, Handel, Dienstleistungen) gestiftet worden:

32. *M. für hervorragende Leistungen in der metallverarbeitenden Industrie der DDR* (Stfj.: 1975; P.: 1000 Mark)
33. *M. für hervorragende Leistungen in der Metallurgie der DDR* (Stfj.: 1975; P.: 1000 Mark)
34. *M. für hervorragende Leistungen in der chemischen Industrie der DDR* (Stfj.: 1975; P.: 1000 Mark)
35. *M. für hervorragende Leistungen im Bauwesen der DDR* (Stfj.: 1972; B., S., G.; P.: 250, 500, 1000 Mark)
36. *M. für Verdienste in der Kohleindustrie der DDR* (Stfj.: 1972; B. 15-, S. 25-, G. 40jähr. Zugehörigkeit zur Kohleindustrie; P.: 250, 500, 1000 Mark)
37. *M. für hervorragende Leistungen im Bergbau und in der Energiewirtschaft der DDR* (Stfj.: 1975; P.: 1000 Mark)
38. *M. für Verdienste in der Energiewirtschaft der DDR* (Stfj.: 1971; B. 15-, S. 25-, G. 40jähr. Zugehörigkeit zur Energiewirtschaft; P.: 250, 500, 1000 Mark)
39. *M. für hervorragende Leistungen in der Leicht-, Lebensmittel- und Nahrungsgüterindustrie der DDR* (Stfj.: 1975; P.: 1000 Mark)
40. *M. für hervorragende Leistungen im Verkehrswesen der DDR* (Stfj.: 1975; P.: 1000 Mark)
41. *Verdienst-M. der Deutschen Reichsbahn* (Stfj.: 1956; 3 St.)
42. *M. für treue Dienste bei der Deutschen Reichsbahn* (Stfj.: 1956; B. 10-, S. 20-, G. 30-, Ehrenspange zu G. für 35jähr. [Frauen] bzw. 40jähr. [Männer] Dienstzeit; P.: 200, 400, 750, 1000 Mark)
43. *Verdienst-M. der Seeverkehrswirtschaft* (Stfj.: 1965; B., S., G.)
44. *M. für treue Dienste in der Seeverkehrswirtschaft und in der Binnenschiffahrt* (Stfj.: 1965; B. 15-, S. 25-, G. für 40jähr. Beschäftigungszeit)
45. *M. für treue Dienste in der zivilen Luftfahrt* (Stfj.: 1962; B. 5-, S. 10-, G. für 15jähr. ununterbrochene Beschäftigungszeit)
46. *Verdienst-M. der Deutschen Post* (Stfj.: 1976; B., S., G.; P.: 400, 600, 1000 Mark)
47. *Treuedienst-M. der Deutschen Post* (Stfj.: 1960; B. 10-, S. 20-, G. 30-, Ehrenspange zu G. für 35jähr. [Frauen] bzw. 40jähr. [Männer] ununterbrochene Dienstzeit; P.: 200, 400, 750, 1000 Mark)
48. *M. für hervorragende Leistungen in der Land- und Forstwirtschaft der DDR* (Stfj.: 1977; P.: 1000 Mark)
49. *M. für hervorragende Leistungen in landwirtschaftlichen Produktionsgenossenschaften der DDR* (Stfj.: 1977; P.: 1000 Mark)
50. *M. für ausgezeichnete Leistungen in landwirtschaftlichen Produktionsgenossenschaften* (Stfj.: 1959)
51. *M. für hervorragende Leistungen in der Wasserwirtschaft der DDR* (Stfj.: 1975; P.: 1000 Mark)
52. *M. für hervorragende Leistungen im Handel der DDR* (Stfj.: 1975; P.: 1000 Mark)
53. *M. für hervorragende Leistungen im Bereich der haus- und kommunalwirtschaftlichen Dienstleistungen der DDR* (Stfj.: 1975; P.: 1000 Mark)

Der Anerkennung besonderer Leistungen von Jugendlichen, insbes. Lehrlingen, dienen folgende M.:

54. *M. für hervorragende Leistungen in der Bewegung Messen der Meister von Morgen* (Stfj.: 1969; P. für E.: 200, P. für K.: bis zu 1000 Mark)
55. *M. für sehr gute Leistungen im sozialistischen Berufswettbewerb* (Stfj.: 1970: P.: 150 Mark)

56. *M. Vorbildliches Lehrlingskollektiv im sozialistischen Berufswettbewerb* (Stfj.: 1970; P. für jedes K.-Mitgl.: 50 Mark)
Einige M. dienen der A. für besondere volkswirtschaftliche Leistungen, die nicht einem speziellen Wirtschaftsbereich zugeordnet werden können:
57. *M. für ausgezeichnete Leistungen im Wettbewerb* (Stfj.: 1953; Jahresquote: bis zu 500; P. für E.: bis zu 500, P. für K.: bis zu 1000 Mark)
58. *M. für Verdienste in der Volkskontrolle der DDR* (Stfj.: 1973; P.: 200 Mark)
59. *M. für hervorragende Leistungen in der Volkswirtschaftsplanung der DDR* (Stfj.: 1978; B., S., G.; P.: 400, 700, 1000 Mark)
Für einige Teilbereiche staatlicher Tätigkeit gibt es folgende M.:
60. *Verdienst-M. der Zollverwaltung der DDR* (Stfj.: 1967; B., S., G.)
61. *M. für treue Dienste in der Zollverwaltung der DDR* (Stfj.: 1967; 6 St. für 5-, 10-, 15-, 20-, 25- und 30jähr. ununterbrochene Dienstzeit)
62. *M. für Verdienste in der Rechtspflege* (Stfj.: 1965; B., S., G.; P.: 500, 750, 1000 Mark)
63. *M. für hervorragende Leistungen im Finanzwesen der DDR* (Stfj.: 1978; B., S., G.; P.: 400, 700, 1000 Mark)
Herausragende Leistungen und langjährige Dienstzeiten werden auch beim Brandschutz, im Rettungswesen sowie im Gesundheits- und Sozialwesen durch M. ausgezeichnet (s.a. Nr. 3: *Hufeland-M.*):
64. *Rettungs-M.* (Stfj.: 1954; P.: 500 Mark bzw. Geschenk gleichen Wertes)
65. *M. für Verdienste im Brandschutz* (Stfj.: 1968; P. für E.: bis zu 500, P. für K.: bis zu 1000 Mark; Mehrfachverleihung möglich)
66. *M. für treue Dienste in der Freiwilligen Feuerwehr* (Stfj.: 1959; B. 10-, S. 25-, G. für 40jähr. Mitarbeit)
67. *M. für Verdienste um das Grubenrettungswesen* (Stfj.: 1951; P. für E.: 500, P. für K.: 1500 Mark)
68. *M. für selbstlosen Einsatz bei der Bekämpfung von Katastrophen* (Stfj.: 1957)
69. *M. für treue Dienste im Gesundheits- und Sozialwesen* (Stfj.: 1973; B. 10-, S. 20-, G. für 30jähr. ununterbrochene Tätigkeit)
Drei weitere M. dienen der Anerkennung von Verdiensten im Sport und in der Laienkunstbewegung:
70. *M. Ehrenzeichen für Körperkultur und Sport der DDR* (Stfj.: 1969; P. für E.: bis zu 2500 Mark, P. für K.: 10000–20000 Mark; Mehrfachauszeichnung möglich; aktive Sportler erhalten keine P.)
71. *M. ausgezeichnetes Volkskunstkollektiv der DDR* (Stfj.: 1974; P. für K.: bis zu 1000 Mark)
72. *M. für Verdienste im künstlerischen Volksschaffen der DDR* (Stfj.: 1974; P.: 350 Mark)
Kulturelle Leistungen werden durch die *Helene-Weigel-M.* (s. Nr. 2) und die *Kurt-Barthel-M.* (s. Nr. 6), Leistungen bei der „Verwirklichung der Gleichberechtigung der Frau" durch die *Clara-Zetkin-M.* (s. Nr. 1), Verdienste und Leistungen im Schul- bzw. Hoch- und Fachschulwesen durch die *Humboldt-M.* (s. Nr. 4), die *Dr.-Theodor-Neubauer-M.* (s. Nr. 5) und die *Pestalozzi-M. für treue Dienste* (s. Nr. 8) anerkannt.

D. Ehrentitel

Ehrentitel (Et.) werden vornehmlich an Einzelpersonen verliehen, mit einigen können aber auch oder ausschließlich Kollektive ausgezeichnet werden. Die Et. sind mit Geldprämien verbunden (Ausnahme: aktive Sportler, die keine Geldzuwendung erhalten dürfen). Die Et. „Held der DDR", „Held der Arbeit" und „Hervorragender Wissenschaftler des Volkes" werden vom Vorsitzenden des Staatsrates verliehen. Die Mehrzahl der anderen Et. vergeben die zuständigen Ressortminister bzw. die Leiter der entsprechenden obersten staatlichen Einrichtungen. Die Et. sind mit der Verleihung einer entsprechend gestalteten tragbaren Medaille verbunden (Ausnahmen: „Kollektiv der sozialistischen Arbeit", „Betrieb der sozialistischen Arbeit").
Daneben gibt es im Bereich Volksbildung und des Gesundheitswesens eher laufbahnbezogene → **Titel**, die mit einer monatlich zu zahlenden Gehaltszulage und dem Recht, den Titel zu führen, nicht aber mit einer Medaille verbunden sind.
1. Der Et. *Held der DDR* wird verliehen an Personen, „die durch ihre außerordentlichen Leistungen und Verdienste Heldentaten für die DDR, für ihre Entwicklung und allseitige Stärkung, für die internationale Anerkennung und Autorität sowie für ihren sicheren militärischen Schutz vollbracht haben". (Stfj.: 1975; Jahresquote: bis zu 10; seit 1978 mit gleichzeitiger Verleihung des Karl-Marx-O. verbunden; P.: für beide A. zusammen 25000 Mark)
2. Der Et. *Held der Arbeit* wird an Personen verliehen, die „durch ihre besonders hervorragende, bahnbrechende Tätigkeit, insbesondere in der Industrie, der Landwirtschaft, dem Verkehr oder dem Handel oder durch wissenschaftliche Entdeckungen oder technische Erfindungen sich besondere Verdienste um den Aufbau und den Sieg des Sozialismus erworben haben und durch diese Tätigkeit die Volkswirtschaft und damit das Wachstum und das Ansehen der DDR förderten". (Stfj.: 1950; Jahresquote: bis zu 50; P.: bis zu 10000 Mark)
3. Der Et. *Fliegerkosmonaut der DDR* wird verliehen für „Leistungen bei der Teilnahme an bemannten Weltraumflügen, die für die DDR und die sozialistische Staatengemeinschaft sowie für das Wohl der Menschen überragende Bedeutung haben und hohe persönliche Einsatzbereitschaft, Mut, Kühnheit sowie hervorragende wissenschaftliche und ingenieurtechnische Kenntnisse erfordern". (Stfj.: 1978; wird zusammen mit dem Et. „Held der DDR" verliehen.)

Für die bewaffneten Organe, aber auch für andere Aufgabenbereiche des Staatsapparates gibt es eine größere Zahl von Et.:
4. *Verdienter Angehöriger der Nationalen Volksarmee* (Stfj.: 1975; Jahresquote: bis zu 20; P.: 5000 Mark)
5. *Verdienter Militärflieger der DDR* (Stfj.: 1974; Jahresquote: bis zu 10; P.: 5000 Mark)
6. *Verdienter Angehöriger der Grenztruppen der DDR* (Stfj.: 1975; Jahresquote: bis zu 5; P.: 5000 Mark)
7. *Verdienter Angehöriger der Zivilverteidigung der DDR* (Stfj.: 1977; Jahresquote: bis zu 5; P.: 5000 Mark)
8. *Verdienter Volkspolizist der DDR* (Stfj.: 1966; Jahresquote: bis zu 20; P.: bis zu 5000 Mark)
9. *Verdienter Mitarbeiter der Staatssicherheit* (Stfj.: 1969; Jahresquote: bis zu 20; P.: 5000 Mark)
10. *Verdienter Mitarbeiter der Zollverwaltung der DDR* (Stfj.: 1972; Jahresquote: bis zu 10; P.: 5000 Mark)
11. *Verdienter Mitarbeiter der Planungsorgane der DDR* (Stfj.: 1978; Jahresquote: bis zu 20; P.: 5000 Mark)
12. *Verdienter Volkskontrolleur der DDR* (Stfj.: 1981; Jahresquote: bis zu 15; P.: 5000 Mark)
13. *Verdienter Mitarbeiter des Finanzwesens der DDR* (Stfj.: 1978; Jahresquote: bis zu 40; P.: 5000 Mark)
Einige Et. sind für bestimmte Gruppen der → **Intelligenz** gedacht:
14. *Hervorragender Wissenschaftlicher des Volkes* (Stfj.: 1951; Jahresquote: bis zu 6; P.: bis zu 4000 Mark)
15. *Verdienter Erfinder* (Stfj.: 1950; Jahresquote: bis zu 50; P. für E.: 4000, P. für K.: 15000 Mark)
16. *Verdienter Hochschullehrer der DDR* (Stfj.: 1975; Jahresquote: bis zu 10; P.: 5000 Mark)
17. *Verdienter Lehrer des Volkes* (Stfj.: 1949; Jahresquote: bis zu 40; P.: bis zu 5000 Mark)
18. *Verdienter Jurist der DDR* (Stfj.: 1979; Jahresquote: bis zu 20; P.: 5000 Mark)
19. *Verdienter Arzt des Volkes* (Stfj.: 1949; Jahresquote: bis zu 30; P.: bis zu 8000 Mark)
20. *Verdienter Tierarzt* (Stfj.: 1952; Jahresquote: bis zu 10; P.: 5000 Mark)
Besonders weite Verbreitung haben die Et. in der DDR gefunden, die im Rahmen des → **Sozialistischen Wettbewerbes** verliehen werden:
21. *Aktivist der sozialistischen Arbeit* (Stfj.: 1969; P.: materielle Anerkennung entsprechend dem erreichten ökonomischen Nutzen)
22. *Verdienter Aktivist* (Stfj.: 1950; Jahresquote: bis zu 600; P.: 1000 Mark)
23. *Hervorragender Jungaktivist* (Stfj.: 1960; Jahresquote: bis zu 100; P.: bis zu 500 Mark)
24. *Hervorragendes Jugendkollektiv der DDR* (Stfj.: 1963; Jahresquote: bis zu 50; P. für jedes K.-Mitgl.: bis zu 200 Mark)
25. *Kollektiv der sozialistischen Arbeit* (Stfj.: 1962; P.: materielle Anerkennung in Form einer Kollektivprämie; Titel wird nur einmal verliehen, soll aber jährlich im sozialistischen Wettbewerb bestätigt werden)
26. *Betrieb der sozialistischen Arbeit* (Stfj.: 1969; Jahresquote: bis zu 15; P.: Betriebe bis zu 10000 Beschäftigte bis zu 50000, Betriebe über 10000 Beschäftigte bis zu 100000 Mark)

Auf dem Gebiet der Aktivisten- und Wettbewerbsbewegung verliehene staatliche Auszeichnungen

Auszeichnung	1960	1965	1970	1975	1980	1982
Held der Arbeit	25	14	15	39	49	45
Banner der Arbeit						
an Einzelpersonen	177	96	95	558	1 082	904
an Kollektive	19	39	67	371	786	865
an Betriebe	56	26	48	116	78	57
Verdienter Aktivist	597	1 172	1 555	2 682	3 842	4 097
Verdienter Erfinder	99	36	40	29	27	25
Verdienter Meister	98	117	115	195	235	241
Aktivist der sozialistischen Arbeit	96 941	166 158	168 829	309 450	304 655	281 405
Kollektiv der sozialistischen Arbeit[1]	1 220	6 706	24 613	106 626	184 247	205 813
darunter weiblich						
Held der Arbeit	4	–	2	8	6	4
Banner der Arbeit an Einzelpersonen	16	13	11	130	151	136
Verdienter Aktivist	46	155	268	572	764	867
Verdienter Erfinder	–	2	2	–	–	–
Verdienter Meister	2	12	11	26	8	21
Aktivist der sozialistischen Arbeit	15 059	42 306	51 435	124 913	133 656	124 841

1 Entsprechend der Neuregelung der Verleihung enthalten die Angaben ab 1975 sowohl die Kollektive, die erstmalig den Titel verliehen bekamen, als auch die Kollektive, die den Titel erfolgreich verteidigten.
Quelle: Statistisches Jahrbuch der DDR 1983, S. 131.

Für fast alle Bereiche der Volkswirtschaft und einige besonders wichtige Beschäftigungsgruppen (Techniker, Meister) existieren spezielle Et.:
27. *Verdienter Techniker des Volkes* (Stfj.: 1951; Jahresquote: bis zu 50; P.: bis zu 8000 Mark)
28. *Verdienter Meister* (Stfj.: 1953; Jahresquote: bis zu 100; P.: bis zu 3000 Mark)
29. *Verdienter Metallarbeiter der DDR* (Stfj.: 1971; Jahresquote: bis zu 105; P.: 5000 Mark)
30. *Verdienter Metallurge der DDR* (Stfj.: 1975; Jahresquote: bis zu 25; P.: 5000 Mark)
31. *Verdienter Chemiearbeiter der DDR* (Stfj.: 1975; Jahresquote: bis zu 45; P.: 5000 Mark)
32. *Verdienter Bergmann der DDR* (Stfj.: 1950; Jahresquote: bis zu 30; P.: 5000 Mark)
33. *Meisterhauer* (Stfj.: 1955; Jahresquote: bis zu 50; P.: bis zu 1000 Mark)
34. *Verdienter Energiearbeiter der DDR* (Stfj.: 1975; Jahresquote: bis zu 25; P.: 5000 Mark)
35. *Verdienter Bauarbeiter der DDR* (Stfj.: 1972; P.: 5000 Mark; kann nur einmal an dieselbe Person verliehen werden)
36. *Verdienter Werktätiger der Leicht-, Lebensmittel- und Nahrungsmittelgüterindustrie der DDR* (Stfj.: 1975; Jahresquote: bis zu 100; P.: 5000 Mark)
37. *Verdienter Werktätiger des Verkehrswesens der DDR* (Stfj.: 1975; Jahresquote: bis zu 30; P.: 5000 Mark)
38. *Verdienter Eisenbahner der DDR* (Stfj.: 1950; Jahresquote: bis zu 30; P.: 5000 Mark)
39. *Verdienter Seemann* (Stfj.: 1965; Jahresquote: bis zu 16; P.: bis zu 5000 Mark)
40. *Verdienter Werktätiger des Post- und Fernmeldewesens der DDR* (Stfj.: 1975; Jahresquote: bis zu 10; P.: 5000 Mark)
41. *Verdienter Werktätiger der Land- und Forstwirtschaft der DDR* (Stfj.: 1977; P.: 5000 Mark)
42. *Hervorragender Genossenschaftler* (Stfj.: 1954; Jahresquote: bis zu 200; P.: bis 1000 Mark)
43. *Verdienter Genossenschaftsbauer der DDR* (Stfj.: 1977; P.: 5000 Mark)
44. *Verdienter Züchter* (Stfj.: 1952; Jahresquote: bis zu 20; P. für E.: bis zu 5000, P. für K.: bis zu 10000 Mark)
45. *Verdienter Wasserwirtschaftler der DDR* (Stfj.: 1979; Jahresquote: bis zu 15; P.: 5000 Mark)
46. *Verdienter Mitarbeiter des Handels der DDR* (Stfj.: 1975; Jahresquote: bis zu 50; P.: 5000 Mark)
47. *Verdienter Werktätiger des Bereichs der haus- und kommunalwirtschaftlichen Dienstleistungen der DDR* (Stfj.: 1975; Jahresquote: bis zu 55; P.: 5000 Mark)

Sportler bzw. Trainer und Sportwissenschaftler können mit folgenden Et. geehrt werden:
48. *Meister des Sports* (Stfj.: 1954; kann nur einmal an dieselbe Person verliehen werden)
49. *Verdienter Meister des Sports* (Stfj.: 1954; kann mehrmals an dieselbe Person verliehen werden)

III. Nichtstaatliche Auszeichnungen

Neben den staatlichen gibt es noch zahlreiche nichtstaatliche A., die von den Blockparteien, den Massenorganisationen, den Akademien, den Bezirken und Städten gestiftet und in eigener Verantwortung verliehen werden. Mit den meisten derartigen A. können sowohl Einzelpersonen als auch Betriebe oder Arbeitskollektive geehrt werden. Auch die meisten nichtstaatlichen A. berechtigen zum Tragen einer Medaille.

Eine Reihe der nichtstaatlichen A. haben inzwischen einen bestimmten Prestigewert erhalten. Dazu zählen z. B. die *Fritz-Heckert-M.*, die an verdiente Gewerkschafter vom Bundesvorstand des → **Freien Deutschen Gewerkschaftsbundes (FDGB)** verliehen wird, und die *Ernst-Schneller-M.*, die die → **Gesellschaft für Sport und Technik (GST)** vergibt. Exemplarisch für das differenzierte A.-Wesen bei den großen → **Massenorganisationen** werden nachstehend die A. genannt, die jährlich vom Zentralrat der → **Freien Deutschen Jugend (FDJ)** vergeben werden:
Arthur-Becker-M.;
M. „Für hervorragende Leistungen bei der sozialistischen Erziehung in der → **Pionierorganisation ‚Ernst Thälmann'**";
Ehrendiplom „vorbildlicher Freundschaftspionierleiter";
Ehren-M. der FDJ „Für die Festigung der brüderlichen Beziehungen zwischen der Freien Deutschen Jugend und dem Leninschen kommunistischen Jugendverband der Sowjetunion";
Erich-Weinert-M., Kunstpreis der FDJ;
Abzeichen für gutes Wissen;
Preis der FDJ für hervorragende wissenschaftliche Leistungen.

Als weiteres Beispiel für die Bedeutung des A.-Wesens neben und unterhalb der zentralen staatlichen Ebene werden nachstehend wichtige A. im kulturpolitischen Bereich genannt (Angaben hinter den A. nennen den Empfängerkreis und/oder die preisverleihende Institution):
Alex-Wedding-M. (für Kinderbuchautoren);
Literaturpreis des → **Demokratischen Frauenbundes Deutschlands (DFD)**;
Heinrich-Mann-Preis (Literaturpreis; → **Akademie der Künste der DDR [AdK]**);
Hans-Marchwitza-Preis (Literaturpreis für junge Schriftsteller; Akademie der Künste der DDR);
Alex-Wedding-Preis (Preis für belletristische Kinder- und Jugendliteratur; Akademie der Künste der DDR);
F.-C.-Weiskopf-Preis (Literaturpreis; Akademie der Künste der DDR);
J.-R.-Becher-M. (A. für Kulturpolitiker; → **Kulturbund der DDR [KB]**);
Kulturpreis des FDGB;

Kunstpreis des FDGB;
Goethe-Preis der Hauptstadt der DDR Berlin;
Martin-Andersen-Nexö-Kunstpreis der Stadt Dresden;
Kunstpreis für den Bezirk Gera;
Händel-Preis des Rates des Bezirks Halle;
Kulturpreis des Bezirks Karl-Marx-Stadt;
Gutenberg-Preis der Stadt Leipzig;
Fritz-Reuter-Preis für Kunst und Literatur des Bezirks Neubrandenburg;
Kulturpreis der Stadt Rostock;
Fritz-Reuter-Kunstpreis des Rates des Bezirks Schwerin;
Max-Reger-Kunstpreis des Bezirks Suhl;
Carl-Blechen-Preis des Rates des Bezirks Cottbus;
John-Brinckmann-Preis des Rates des Bezirks Rostock;
Kulturpreis der Stadt Erfurt;
Kunstpreis des Bezirks Frankfurt (Oder);
Kunstpreis der Stadt Halle;
Kunstpreis der Stadt Leipzig;
Erich-Weinert-Kunstpreis der Stadt Magdeburg;
Theodor-Fontane-Preis für Kunst und Literatur (Vors. des Rates des Bezirks Potsdam);
Winkelmann-Plakette (Bürgermeister der Stadt Stendal);
Literatur- und Kunstpreis der Stadt Weimar;
Wilhelm-Bracke-M. (→ **Börsenverein der Deutschen Buchhändler zu Leipzig – Verband der Verleger und Buchhändler in der DDR**);
Arthur-Nikisch-Preis (Preis für Dirigenten; Stadt Leipzig);
Carl-Maria-von-Weber-Preis (Preis für junge Künstler; Stadt Dresden);
Hans-Eisler-Preis (Preis für neue Kompositionen und musikwissenschaftliche Arbeiten; Intendanten von Radio DDR);
Hans-Otto-Preis (Preis für Theaterkollektive; Zentralvorstand der Gewerkschaft Kunst).

Martin Virchow

Literaturangaben

Bartel, Frank: Auszeichnungen der Deutschen Demokratischen Republik von den Anfängen bis zur Gegenwart. Berlin (Ost): Militärverlag der DDR 1979.

Tautz, Günter: Orden, Preise und Medaillen. Staatliche Auszeichnungen der Deutschen Demokratischen Republik. Leipzig: Bibliographisches Institut 1980. (BI-Taschenlexikon.)

Automatisierung: *1. Begriff, Gegenstand und Voraussetzungen.* Bezeichnung für einen Prozeß, in dessen Verlauf menschliche Arbeit sowohl in ihrer arbeitsausführenden wie in ihrer arbeitskontrollierenden Funktion durch sich selbst regelnde und steuernde Maschinen und Maschinensysteme ersetzt wird. Darüber hinaus bedeutet A. die Modifikation menschlicher Arbeit und ihre Erweiterung, um neue Tätigkeitsprofile und Organisationsstrukturen herauszubilden. Gegenstand der A. sind ausschließlich formalisierbare, materielle und geistige Tätigkeiten des Menschen.

Die A. wird als die höchste Stufe im Prozeß der Technisierung, des Einsatzes von technischen Hilfsmitteln zur Erhöhung der → **Arbeitsproduktivität** verstanden. Die Vorstufen der A. sind handwerkliche Arbeit und darauf folgend die mechanisierte Produktion. Durch die **Mechanisierung** wird menschliche Arbeit in ihrer körperlich-ausführenden Funktion durch maschinelle Werkzeuge bzw. Maschinen ersetzt. Je nach der Art der eingesetzten technischen Hilfsmittel (Arbeitsmittel) und dem Umfang des mechanisierten Fertigungsablaufs (einzelner Arbeitsplatz, Teil- oder Gesamtablauf) wird der Grad der Mechanisierung unterschieden in Kleinmechanisierung, Teil- und Vollmechanisierung. Ähnlich wird bei der A. der Einsatz von selbsttätigen Maschinen für Teilprozesse (Teil-A.) unterschieden von deren Einsatz für Gesamtprozesse (Voll-A.). Der Begriff Voll-A. wird auch in dem Sinne verwendet, daß adaptive Automaten nicht nur die Steuerung des Arbeitsablaufs, sondern als Maschine-Maschine-Dialog auch die begrenzt selbsttätige Auswahl des Arbeitsweges (Steuerung der Steuerung) übernehmen (→ **Industrierobotertechnik**).

Zu den Voraussetzungen der A. zählt in wissenschaftlicher Hinsicht die Anwendung der → **Kybernetik**, → **Mathematik**, Logik, Systemanalyse, Entscheidungs- und Simulationstheorie. Praktische Voraussetzungen der A. von Produktionsabläufen mittels Automaten mit relativ starren Programmen (Einzweck-A.) sind: a) Der Produktionsablauf muß als fließender, kontinuierlicher Gesamtprozeß konzipiert sein. b) Größere Stückzahlen müssen über einen längeren Zeitraum gefertigt werden. c) Die ausgereiften Konstruktionen der Erzeugnisse und Technologien müssen über einen längeren Zeitraum relativ konstant bleiben. d) Nur geringe Qualitätsschwankungen dürfen bei der Zulieferung von Roh- und Betriebsstoffen auftreten. e) Entsprechend fachlich geschulte Arbeitskräfte müssen vorhanden sein. Mit dem vorgesehenen Übergang zu adaptiven – algorithmisiert lernenden – Automaten wandeln sich einige dieser Voraussetzungen, z.B. können dann Qualitätsschwankungen bei den Rohstoffen leichter ausgeglichen werden usw.

Publizistisch ist der A. von Produktionsabläufen bereits in den 50er Jahren viel Aufmerksamkeit gewidmet worden. Seit Mitte der 60er Jahre hat sich die A.-Diskussion besonders der automatisierten Informationsverarbeitung zugewandt, von der man anfangs und im Unterschied zur Gegenwart schnell praktikable Lösungen für Leitungs- und Verwaltungstätigkeiten – etwa durch vollautomatische Leitungssysteme oder vollautomatische Sprachübersetzung – erwartete.

Das Ausmaß der A. in der Industrie wurde in den letzten 25 Jahren deutlich gesteigert, ist jedoch in der DDR im Vergleich zu anderen Industrieländern nicht sehr hoch. Die A. wird in der DDR statistisch gemessen am Anteil der teil- und vollautomatisierten Ausrüstungen am Gesamtbestand der volkseigenen Industrie (A.-Grad) und am Anteil der an teil- und vollautomatisierten Aggregaten, Maschinen und Anlagen Beschäftigten zur Gesamtzahl der Beschäftigten (A.-Koeffizient). Beide Angaben geben jedoch keinerlei Auskunft über die durch A. erzielte Produktivitätssteigerung und die aufgewandten Kosten.

Teil- und Voll-A. werden statistisch nicht unterschieden. Bei der Teil-A. bestehen einzelne automatisierte Ausrüstungen unverkettet neben herkömmlichen Maschinen. Automatisiert werden bei dem gegebenen Stand der Automatenentwicklung in der DDR in erster Linie Bearbeitungs- und Transportprozesse in der Massenproduktion der → **Chemischen Industrie**, der → **Textilindustrie**, in Zweigen des → **Maschinenbaus**, in der → **Elektrotechnischen und Elektronischen Industrie** sowie der → **Energiewirtschaft**. Daneben werden aber auch geistige Tätigkeiten, z.B. bei Konstruktionsarbeiten und in der Leitungs- und Verwaltungstätigkeit (durch **Elektronische → Datenverarbeitung [EDV]**) automatisiert. Die staatliche Zentralverwaltung für Statistik hat die bereits bestehende Zentrale Datenbank in Berlin (Ost) durch Bezirksdatenbänke ergänzt und die Umstellung auf das in den RGW-Mitgliedstaaten angewandte Einheitliche System der Elektronischen Rechentechnik (ESER) eingeleitet (→ **Information**).

2. A.-Arten und deren Anwendung: Verschiedene A.-Arten lassen sich unterscheiden:

a) Einzweck-A.: Sie ist die gegenwärtig vorherrschende Art, bei der mehr oder weniger große Abschnitte von relativ starren Produktionslinien der Serien- und Massenfertigung automatisiert wurden. Vor allem auf die Einzweck-A. entfallen die statistischen Angaben zum A.-Koeffizienten und A.-Grad. Der A.-Koeffizient der Arbeit beträgt gegenwärtig in der zentral geleiteten Industrie der DDR rd. 10 v.H. (1970: 6,6 v.H.). In der metallverarbeitenden Industrie entwickelte sich der A.-Koeffizient zwischen 1970 und 1978 (neuere statistische Angaben liegen nicht vor) von 5,5 v.H. auf 13 v.H. Der weniger aussagekräftige A.-Grad der technischen Ausrüstung stieg in derselben Zeit von 30 v.H. auf 45 v.H., während der Anteil der automatisierten Fertigung an der gesamten Fertigungszeit sich trotz dieser erweiterten A. kaum veränderte (von 2,0 auf 2,1 v.H.).

Der A.-Grad der maschinellen Ausrüstungen in den zentral geleiteten Industriebetrieben stieg von 33,1 v.H. im Jahr 1970 auf 45,7 v.H. im Jahr 1978. Er betrug 1961 für alle Branchen der metallverarbeitenden Industrie lediglich rd. 14 v.H. und für die Leichtindustrie rd. 24 v.H. (Schätzungen). – Die A. erfolgt vor allem über Neuinvestitionen. So waren 51 v.H. der von 1971 bis 1973 in der Industrie installierten Maschinen automatisiert, gegenüber 39 v.H. im Zeitraum von 1966 bis 1970. Die Mehrzahl der eingesetzten automatisierten Maschinen wird numerisch gesteuert (z.B. Werkzeugmaschinen).

Am weitesten fortgeschritten ist die A. in Zweigen mit kontinuierlicher Fertigung: z.B. in der chemischen Industrie, in der Zementerzeugung und in der Energie- und Brennstoffindustrie. Die Schlußlichter in der A. der Ausrüstungen waren 1970 die Industriebereiche: → **Lebensmittelindustrie,** → **Wasserwirtschaft** und Maschinen- und Fahrzeugbau; 1978 nahm die Baumaterialienindustrie den Platz des Maschinen- und Fahrzeugbaus ein (vgl. Tabelle „Automatisierungsgrad der Ausrüstungen in der volkseigenen Industrie").

Eine Reihe von gravierenden Problemen entsteht durch die Konzentration der A. auf die Hauptprozesse der Fertigung und die Ungleichmäßigkeit, mit der die A. innerhalb von Betrieben wie auch zwischen Betrieben und Industriezweigen durchgeführt wird. Neben sprunghaften Effizienzsteigerungen durch einzelne automatisierte Maschinen, Maschinenteile oder gelegentlich ganze Maschinensysteme entstehen nicht selten gleichzeitig Effizienzverluste. Sie treten vor allem durch sehr hohe Anschaffungskosten bei A. von isolierten Teilphasen der Produktionsprozesse auf, wenn die übrigen installierten Maschinen den Kapazitäten der automatisierten Anlage nicht entsprechen, die aus der A. resul-

Automatisierungsgrad der Ausrüstungen in der volkseigenen Industrie

Industriebereich	Automatisierungsgrad der Ausrüstungen (in v.H.)[1]				
	1970	1972	1974	1976	1978
Energie- und Brennstoffindustrie	36,0	39,1	39,9	47,5	49,9
Chemische Industrie	37,3	41,0	49,1	48,9	49,2
Metallurgie	.	32,8	34,2	36,3	43,1
Baumaterialienindustrie	29,0	29,3	28,8	28,1	28,8
Wasserwirtschaft	23,2	30,4	30,6	34,4	34,0
Maschinen- und Fahrzeugbau	25,0	31,9	33,6	34,8	38,1
Elektrotechnik/Elektronik/Gerätebau	33,3	43,7	46,4	47,6	51,0
Leichtindustrie (ohne Textilindustrie)	39,7	42,6	45,9	47,5	51,6
Textilindustrie	34,2	40,9	46,6	48,7	50,8
Lebensmittelindustrie	20,6	21,2	23,7	25,7	25,4
Zusammen	33,1	38,2	40,5	43,2	45,7

1 Ab 1972 nur zentralgeleitete Betriebe.
Quelle: Statistisches Jahrbuch der DDR 1980, S. 126.

tierenden Leistungen also nicht voll genutzt werden können.

b) Flexible A.: Nachdem die A. in den 70er Jahren nur langsam vorankam, verspricht sich die politische Führung neuerdings von der verstärkten Anwendung der → **Mikroelektronik** auch den Übergang zur flexiblen A., um damit die → **Intensivierung und Rationalisierung** auf breitester Front zu beschleunigen. Vor allem die metallverarbeitende Industrie, an deren gesamter Fertigungszeit die automatisierte Fertigung 1980 nur mit 2,0 v.H. beteiligt war, wird vorrangig als Feld für die flexible A. angesehen.

Die flexible A. zielt nicht mehr nur auf die relativ starren Fertigungsabläufe zur Herstellung eines bestimmten Massenproduktes, sondern will variable, schnell und kostengünstig steuerbare Bearbeitungsmöglichkeiten für die Produktion auch von kleineren und mittleren Serien bereitstellen. Die Mikroelektronik ermöglicht im Rahmen lernfähiger Systeme Dialoge von Maschine zu Maschine mittels Prozeßrechner, so daß Menschen von den Aufgaben der unmittelbaren Beschickung und Kontrolle von Maschinen befreit werden können.

Kennzeichnend für die Fortentwicklung der A. ist die Tendenz, die Hilfsprozesse (z.B. innerbetrieblicher Transport, Qualitätskontrolle) und die formalisierbaren Leitungselemente unter Einsatz der elektronischen Datenverarbeitung, insbesondere der in der DDR erst relativ spät geförderten Mikroelektronik, in den Fertigungsablauf zu integrieren. Zu diesem Zweck sind Konzepte für sog. „integrierte Systeme automatisierter Informationsverarbeitung" (ISAIV) entwickelt worden, die die Informationen aus den Bereichen der Fertigung, des Absatzes, der Arbeitskräfteplanung, der Finanzen und der Produktionsvorbereitung einer abgegrenzten Leitungseinheit sammeln, speichern, aufbereiten und auswerten sollen.

Die flexible A. der Produktion soll aus dem Zusammenwirken von a) numerisch gesteuerten Werkzeugmaschinen (NC-Maschinen), b) Industrierobotern und c) integrierten, anpassungsfähigen Fertigungssystemen bestehen. Durch die Mikroelektronik können die bislang hohen Kosten für die Meß-, Regel- und Steuerungstechnik der NC-Werkzeugmaschinen gesenkt werden. Der Kostenvorteil gilt auch für anpassungsfähig programmierbare Industrieroboter, die einen großen Teil der für Handhabe- und Hilfsprozesse eingesetzten Arbeitskräfte freisetzen, den Anteil der körperlich schweren und geistig monotonen Arbeit reduzieren und die Arbeitsproduktivität überdurchschnittlich steigern sollen. Je nach Entwicklungsstand integriert ein flexibles Fertigungssystem mittels Rechner und Mikroprozessoren nicht lediglich einzelne Bearbeitungsarten, sondern auch das Zusammenwirken und den Programmwechsel von verschiedenen Maschinen und Robotern, das die Qualitätskontrolle und die Analyse und partielle Behebung von Störungen einschließt.

Intensiver untersucht wurden bisher die Anwendungsmöglichkeiten der A. in der Produktionsvorbereitung. So wurde an einem System zur A. der technischen Vorbereitung der Produktion (AUTEVO) gearbeitet, in dem die Routinetätigkeiten durch den Einsatz von EDV-Anlagen automatisiert werden. Breitere Anwendung fanden EDV-Anlagen in Großbetrieben bei arbeitsaufwendigen Informationsprozessen in der Produktionsvorbereitung. Auf der Grundlage gespeicherter Daten und eingegebener Programme werden Ausgangsinformationen bereitgestellt, z.B. Berechnungen des Materialverbrauchs, der Auslastung von Maschinenkapazitäten, der termingerechten Versorgung mit Werkstücken und Baugruppen. EDV-Anlagen übernehmen auch technisch-wissenschaftliche Berechnungen und Programmierungen von numerisch gesteuerten Werkzeugmaschinen. Die gespeicherten Grundinformationen wurden in einigen Betrieben schon zu zentralen Datenbanken integriert, die Daten über Fertigungsgegenstände und Arbeitsplätze für die Produktionsvorbereitung bereithalten.

c) Büro- und Verwaltungs-A.: Sie meint den Einsatz elektronischer Geräte zum Erfassen, Speichern, Aufbereiten, Bearbeiten, Übermitteln und Darstellen von Informationen. Der Aufbau von automatisierten Informationsverarbeitungssystemen wird seit längerem betrieben (→ **Information**). Sachgebietsorientierte Programmiersysteme wurden in Verbindung mit EDV-Anlagen zur Speicherung und Reorganisation verschiedener Daten entwickelt. Praktische Anwendungsfälle finden sich in der staatlichen Wirtschaftsverwaltung und Statistik, in Betrieben, im → **Verkehrs-** und im → **Gesundheitswesen**. Auch Arbeitsabläufe im Haushalts- und Meldewesen sowie in der Wohnungsverwaltung einzelner Kreise und Städte wurden automatisiert. Bemerkenswert ist jedoch die öffentliche Kritik daran, daß vorhandenes elektronisches Gerät nicht wirkungsvoll genutzt wird, so daß sich A.-Effekte im Sinne von Kostensenkungen oder der Freisetzung von Arbeitskräften nicht einstellen.

B

Bank für Landwirtschaft und Nahrungsgüterwirtschaft (BLN): Aus der **Deutschen Bauernbank** (1950) bzw. **Landwirtschaftsbank** (1965) durch Erweiterung des Geschäftsbereichs und Umbenennung am 1. 10. 1968 (GBl. II, 1969, S. 41) hervorgegangenes Spezialinstitut des → **Bankwesens** für die Geld- und Kreditpolitik im Bereich der → **Land-**, → **Nahrungsgüter-** und → **Forst- und Holzwirtschaft**. Für ihren Zuständigkeitsbereich erarbeitet die BLN eine Kreditbilanz und führt als kontoführende Geschäftsbank der genossenschaftlichen und staatlichen Betriebe sowie deren kooperativen Einrichtungen, der sonstigen Betriebe und staatlichen Leitungsorgane alle bankenüblichen Aufgaben des Einlagen- und Kreditgeschäfts, Zahlungs- und Verrechnungsverkehrs durch. Die Bevölkerung kann bei der BLN sowie den in bezug auf die Bankgeschäfte ihrer Aufsicht unterstellten und von ihr finanzierten Bäuerlichen Handelsgenossenschaften (BHG) mit über 2400 Zahlstellen Spar- und Spargirokonten halten. Über ihre Finanzierungstätigkeit hinaus nimmt die Bank auch Kontrollfunktionen wahr, führt Konten des → **Staatshaushalts** und erfüllt Aufgaben der Haushaltsdurchführung. Bei der BLN besteht das „Revisionsorgan für die sozialistischen Produktionsgenossenschaften der Landwirtschaft", das als Einrichtungen der Bank nachgeordnete Revisionsorgane in den Bezirken unterhält.

Die BLN gliedert sich in die Zentrale mit Sitz in Berlin (Ost) und Niederlassungen (Bezirksdirektionen, Kombinatsbankfilialen und Filialen mit Außenstellen). Sie arbeitet auf der Grundlage eines Statuts vom 23. 10. 1975 (GBl. I, S. 692), stellt einen Finanzplan auf, verfügt über ein Grundkapital von 250 Mill. Mark und einen Reservefonds.
Die BLN ist ein zentrales Organ des → **Ministerrates**, der auch ihren Präsidenten (z. Z. Günther Schmidt, SED) beruft.

Bankenabkommen: Vereinbarungen zwischen der → **Staatsbank** und Banken in den nichtsozialistischen Staaten, mit denen die DDR keine Handels- bzw. Zahlungsabkommen unterhält, über die Abwicklung des Waren- und Zahlungsverkehrs. In den B. werden das Volumen des Warenverkehrs, die Warenlisten und die Verrechnungseinheit (z. B. Clearing-US-Dollar) festgelegt. Die technische Durchführung (Kontoführung, Saldenvergleich) obliegt der → **Deutschen Außenhandelsbank AG (DABA)**. Während diese Art von B. zunehmend durch Abkommen auf Regierungsebene ersetzt wird, gewinnen die Bankvereinbarungen über technisch-organisatorische Fragen im Zahlungsverkehr mit dem Ausland an Bedeutung. → **Kammerabkommen.**

Bankwesen

I. Entwicklung
II. Organisation und Struktur
III. Aufgaben und Funktionen

In der → **Politischen Ökonomie** wird den Banken als den „Zentren des modernen Wirtschaftslebens" (Lenin, SW. nach d. 4. russ. Ausgabe, dt., Berlin [Ost] 1961ff., Bd. 25, S. 338) für den Aufbau des sozialistischen Wirtschaftssystems eine wesentliche Bedeutung beigemessen. Ausgehend von der im „Kommunistischen Manifest" erhobenen Forderung nach „einer Nationalbank mit Staatskapital und ausschließlichem Monopol" schrieb Lenin im Oktober 1917: „Ohne die Großbanken wäre der Sozialismus nicht zu verwirklichen. Die Großbanken sind jener ‚Staatsapparat', den wir für die Verwirklichung des Sozialismus brauchen und den wir vom Kapitalismus fertig übernehmen . . . Eine einheitliche Staatsbank allergrößten Umfangs mit Zweigstellen in jedem Amtsbezirk, bei jeder Fabrik – das ist schon zu neun Zehnteln ein sozialistischer Apparat. Das bedeutet eine gesamtstaatliche Buchführung, eine gesamtstaatliche Rechnungsführung über die Produktion und die Verteilung der Produkte, das ist sozusagen eine Art Gerippe der sozialistischen Gesellschaft." (Lenin, a. a. O., Bd. 26, S. 89f.)
Obwohl dieses dem Wirtschaftssystem adäquate Einbanksystem in der DDR (noch) nicht realisiert worden ist, wird die systemnotwendige Einheitlichkeit durch das staatliche Bankmonopol und die damit verbundene Kompetenzabgrenzung nach spezifischen Aufgaben und Funktionen gewährleistet.

I. Entwicklung

Die etappenweise Umgestaltung des B. hat sich in vier Phasen vollzogen:
1. Auf der Grundlage von Befehlen der Sowjetischen Militäradministration in Deutschland (SMAD) wurden die traditionellen Geld- und Kreditinstitute geschlossen (April 1945) und die Einstellung der weiteren Tätigkeit der alten Banken sowie die Gründung neuer Banken angeordnet (Befehl Nr. 01 der SMAD über die Neuorganisation der deutschen Finanz- und Kreditorgane vom 23. 7. 1945). Während die Landes- und Provinzialbanken als regionale Universalbanken und die Sparkassen neu gebildet wurden, konnten die genossenschaftlichen Kreditinstitute wiedereröffnet werden, d. h., die ländlichen Genossenschaften und die Banken für

Handwerk und Gewerbe wurden als Rechtsnachfolger der Raiffeisenkassen bzw. Volksbanken akzeptiert.
In dieser Zeit des Übergangs (*Transformationsphase 1945–1948*) bestanden auch noch private Banken, und die Kreditgewährung erfolgte nach herkömmlichen Methoden. Lediglich die Neubauernkredite, die Einführung der Aufbaugrundschuld zur Wiedererrichtung zerstörten Wohnraums und die Ausgabe von Länderanleihen zur Finanzierung staatlicher Aufgaben stellten etwas Neues dar. Der Abschluß dieser Phase erfolgte durch die Bildung von fünf Länderbanken (Emissions- und Girobanken), denen am 26. 5. 1948 die Deutsche Emissions- und Girobank (Potsdam) als zentrales Koordinierungsinstitut übergeordnet wurde. Obwohl der Name darauf hindeutete, war dieses Spezialinstitut dennoch keine Emissionsbank im Sinne der westlichen Bankwirtschaft, da es nicht zur Ausgabe von Noten berechtigt war.
2. Nach der Währungsreform setzte mit der Vorbereitung der zentralen Wirtschaftsplanung die Einbeziehung der Kreditinstitute in das Wirtschaftssystem durch den Aufbau des zentralisierten Bankensystems sowie die Einführung systemadäquater bankpolitischer Maßnahmen ein (*Integrationsphase 1948–1963*). Die am 20. 7. 1948 aus der Deutschen Emissions- und Girobank hervorgegangene **Deutsche Notenbank** (DNB) trat als zentrales Organ des → **Ministerrats** an die Spitze des Bankensystems und bildete als Zentral- und Geschäftsbank das Emissions- und Verrechnungszentrum der DDR. Ihr folgten weitere Spezialbanken für die Investitionsfinanzierung (Deutsche Investitionsbank [DIB] 1948), für die Landwirtschaft (Deutsche Bauernbank [DBB] 1950) und zur finanziellen Abwicklung von Außenhandelsgeschäften (→ **Deutsche Handelsbank AG [DHB]** 1956). Durch die Reform des Kreditwesens (1949) wurde der Bankkredit bei Einführung der Kreditplanung zum finanziellen Instrument der Planerfüllung und Plankontrolle. Im Zahlungsverkehr wurden Maßnahmen zur Erhöhung der Kontroll- und Lenkungsfunktionen der Banken ergriffen (z. B. → **Kontenführungspflicht; Verrechnungsverfahren**).
3. Nach Einleitung der Wirtschaftsreform (1963) wurden auch Veränderungen innerhalb des B. notwendig, um die beabsichtigte Umstellung von überwiegend administrativen Weisungen auf ökonomische Lenkungsinstrumente („ökonomische Hebel") zu ermöglichen. In dieser Zeit der wirtschaftspolitischen Experimente (*Experimentierphase 1964–1971*) erfolgten vier institutionelle Veränderungen innerhalb des Bankwesens.
Ab 1963 wurden als „Hausbanken" der nach dem Prinzip der → **Wirtschaftlichen Rechnungsführung** arbeitenden und somit finanziell verselbständigten Vereinigungen Volkseigener Betriebe (VVB) (→ **Betriebsformen und Kooperation**) Spezialbankfilialen zur Abwicklung bestimmter Bankgeschäfte (z. B. Kreditvergabe, Kontenführung, Finanzkontrolle) sowie der Beziehungen zum Staatshaushalt gebildet. Als Industriebankfilialen waren sie direkt dem Präsidenten der Deutschen Notenbank und als Kombinats- und VVB-Filialen dem Präsidenten der Landwirtschaftsbank unterstellt.
1966 erfolgte als Vorgriff auf die ein Jahr später durchgeführte Bankreform durch Ausgliederung aus der Deutschen Notenbank die Gründung der → **Deutschen Außenhandelsbank AG (DABA)**. Sie übernahm – neben der Deutschen Handelsbank AG (DHB) – die Geschäftsbankfunktionen der Zentralbank für den Bereich der Außenwirtschaft.
Ihre letzten Geschäftsbankfunktionen gab die Deutsche Notenbank Ende 1967 auf, als durch Zusammenlegung mit der Deutschen Investitionsbank die → **Industrie- und Handelsbank (IHB)** der DDR errichtet wurde. Während in dieser Geschäftsbank die Investitions- und Umlaufmittelfinanzierung für Betriebe und Einrichtungen von Industrie, Bauwesen, Handel und Verkehr zusammengefaßt wurden, konnte sich die mit Wirkung vom 1. 1. 1968 aus der Deutschen Notenbank hervorgegangene → **Staatsbank** der DDR auf die Zentralbankfunktionen konzentrieren. Durch diese Trennung von Staats- und Geschäftsbankfunktionen hatte sich das B. der DDR in dieser Phase vom sowjetischen Vorbild losgelöst und wies eine starke formale Ähnlichkeit mit den Banksystemen westlicher Industriestaaten auf.
Schließlich wurde die Landwirtschaftsbank 1968 mit Erweiterung ihres Geschäftsbereichs auf die Betriebe und Leitungsorgane der Nahrungsgüterindustrie in → **Bank für Landwirtschaft und Nahrungsgüterwirtschaft (BLN)** umbenannt.
Neben diesen organisatorischen Veränderungen erfolgte in dieser Phase auch eine Ökonomisierung der Banktätigkeit mit dem Ziel, in Analogie zu der gewachsenen Selbständigkeit der Betriebe die Entscheidungsbefugnisse der Banken zu erhöhen und somit zu einer Verbesserung des wirtschaftspolitischen Instrumentariums beizutragen. Besonders deutlich traten diese Veränderungen bei der Finanzierung der → **Investitionen** hervor. Während bis 1967 die Betriebe einen automatischen Anspruch auf die Zuteilung von → **Krediten** hatten, sollten die Banken gemäß der Kreditverordnung vom 19. 6. 1968 (GBl. II, S. 653) „Kredite grundsätzlich nur nach dem Nutzeffekt der Investitionen und der Effektivität der Umlaufmittel . . . gewähren und vom Einsatz eigener Mittel abhängig . . . machen" (§ 3 Abs. 1). In einem betriebsindividuellen Kreditvertrag legten der Betrieb und die für ihn zuständige Geschäftsbank die ausgehandelten Kreditbedingungen und vor allem den Zinssatz fest. Zusammen mit dem seit 1967 maßgeblichen Prinzip der Eigener-

wirtschaftung der Investitionsmittel – statt der zuvor praktizierten Finanzierung durch den Staatshaushalt – erfuhr das Verhältnis zwischen Betrieben und Banken eine zuvor nicht gekannte Verselbständigung. Im Rahmen dieser „aktiven Kreditpolitik" sollte der Kredit als „ökonomischer Hebel" – anstelle eines administrativen Aktionsparameters – wirken.
Der verstärkte Einsatz monetärer Steuerungsinstrumente bei gleichzeitigem Festhalten am Prinzip der imperativen Zentralplanung führte zu Funktionsschwächen des Lenkungssystems. Konflikte zwischen Kredit und Plan traten vornehmlich bei der Realisierung langfristiger und strukturpolitischer Planziele, der proportionalen Entwicklung der Wirtschaft und einer nach Auffassung der zentralen Wirtschaftsführung optimalen Verteilung der Ressourcen auf. Da darüber hinaus das vorgeblich „in sich geschlossene System ökonomischer Hebel" – u. a. auch aufgrund der Funktionsschwächen des Preissystems (→ **Preissystem und Preispolitik**) – nicht wirksam werden und somit auch nicht die Steuerungsfunktion übernehmen konnte, erhielten die Betriebe mehr Kreditmittel, als ökonomisch vertretbar erschien, denn die Banken zeigten sich aufgrund ihrer Zielvorgabe (Gewinnmaximierung = Prämienmaximierung) einer maximalen Kreditvergabe stärker zugeneigt denn einer optimalen.
Aus dieser Kollision zwischen betrieblichen und staatlichen Investitionszielen („strukturbestimmende Erzeugnisse") resultierte eine Verknappung der Investitionsgüter, die sich in einer Erhöhung der Kosten für die einzelnen Investitionsobjekte sowie in einer Expansion der Importe niedergeschlagen hat. Somit wurde durch dieses Beispiel in der Kreditpolitik demonstriert, daß in einem Wirtschaftssystem durch eine Reform, die „auf halbem Wege stehengeblieben" ist, der Einsatz finanzpolitischer Lenkungsinstrumente unter Beibehaltung der dominierenden Rolle imperativer Zentralplanung nicht möglich ist. Daher ist es nur folgerichtig, daß durch die VO vom 20. 1. 1971 (GBl. II, S. 88) Kredite nur noch auf der Grundlage eines vom Ministerrat beschlossenen Kreditplanes – aufgestellt von der Staatsbank in Abstimmung mit dem → **Ministerium der Finanzen (MdF)** – sowie der für die Betriebe und Kombinate festgelegten volkswirtschaftlichen Berechnungskennziffer über die Veränderung des Kreditvolumens ausgereicht werden. Die staatlichen Plankennziffern „Investitionen" und „genehmigte Investitionsvorhaben" (zentrale Titelliste) determinieren die Aufnahme von Krediten für Investitionen, deren Wirtschaftlichkeit anhand von volkswirtschaftlichen Berechnungskennziffern (z. B. Rückflußdauer, Kapitalrentabilität, Bauzeitnormen) nachzuweisen ist.
Durch die nunmehr erkennbare dominierende Rolle des zentralen staatlichen Planes sowie der Rezentralisierung von Entscheidungsbefugnissen kann zwar von einer Abkehr vom früheren Lenkungskonzept der Wirtschaftsreformen gesprochen werden. Allerdings besteht in dieser Abkehr keine Rückkehr zu der Zeit vor 1963, da die finanzwirtschaftlichen Leistungskennziffern zwar auf der Grundlage des zentralen staatlichen Planes wirksam werden sollen, aber nicht aufgehoben wurden.
4. Seit 1972 erfolgten weitere Maßnahmen zur Vereinheitlichung des B. der DDR (*Zentralisierungsphase*). So wurde durch einen nicht veröffentlichten Ministerratsbeschluß vom 13. 9. 1972 der Präsident der Staatsbank wieder Mitglied des Ministerrates und darüber hinaus Vorsitzender eines einheitlichen Leitungsgremiums des B., dem die Präsidenten der Geschäftsbanken angehören. Somit war der Staatsbank einerseits die Aufgabe gestellt, bei der Vorbereitung von Entscheidungen mit volkswirtschaftlichen Auswirkungen auf das Kredit- und Geldsystem von Anfang an mitzuwirken und andererseits die Übereinstimmung zwischen der zentralen Kreditplanung und der von den Filialen der Banken vorgenommenen Kreditgewährung zu gewährleisten.
Mit Wirkung vom 1. 7. 1974 (GBl. I, S. 305) wurde die Industrie- und Handelsbank in die Staatsbank eingegliedert. Diese Maßnahme hat jedoch nicht zur intendierten Beschleunigung des Umschlags der Umlaufmittel der Betriebe, Steigerung der Effizienz der Investitionstätigkeit – Argumente, die 1968 als Begründung zur Trennung von Staats- und Geschäftsbankfunktionen vorgegeben wurden – und zur Verminderung der Doppelarbeit zwischen den Banken geführt – wie die Verschärfung der Eingriffs- und Kontrollrechte im Jahr 1982 belegt (GBl. I, S. 126ff.). Damit sind seit diesem Zeitpunkt die Planung und Bilanzierung des Geldumlaufs und der Kredite unmittelbar mit der Finanzierung und Kontrolle der Betriebe verbunden.
Mit ihren 15 Bezirksdirektionen, 41 Industriebankfilialen, 180 Kreisfilialen und mehr als 100 Zweig- und Wechselstellen hat die Staatsbank die Aufgabe, die staatliche Geld- und Kreditpolitik einheitlich gegenüber den Betrieben, Verwaltungseinrichtungen und der Bevölkerung zu verwirklichen. Ihr Präsident übt dazu das Weisungs- und Kontrollrecht gegenüber den anderen Geschäftsbanken aus und erläßt die Grundsatzregelungen für den Geldumlauf, Kredit, Zins sowie Zahlungs- und Verrechnungsverkehr. Diese Maßnahme wurde auch mit „Erfahrungen" begründet, die in der UdSSR und anderen sozialistischen Ländern mit einem stärker zentralisierten Bankensystem vorgeblich gemacht wurden. Dies entspricht der oben zitierten Vorstellung Lenins von der Rolle der Staatsbank.
Weitere Schritte zum Einbanksystem dürften folgen. Naheliegend wäre die Fusion der beiden für die Außenwirtschaft zuständigen Banken – sogar noch bestehend in der Rechtsform einer Aktiengesell-

schaft (AG) – und die Auflösung der Genossenschaftskassen, denen aber während der Übergangsperiode zum Kommunismus eine Existenzberechtigung zugebilligt wird (vgl. Zagolow, N. A. u.a., Lehrbuch Politische Ökonomie, Frankfurt/Main 1972, S. 494).

II. Organisation und Struktur

Zum Banksystem der DDR (vgl. Strukturschema) gehören die Staatsbank, die staatlichen und genossenschaftlichen Geschäftsbanken sowie die Sparkassen.

Als Emissionsbank nimmt die → **Staatsbank** im B. der DDR eine zentrale Stellung ein, da sie die Konten der übrigen Kreditinstitute führt und somit durch die Festlegung der Konditionen für die Einlagen sowie Gewährung von Refinanzierungskrediten und die Festlegung der Grundsätze für den Zahlungs-, Verrechnungs- und Kreditverkehr deren Geschäftstätigkeit bestimmt und kontrolliert. Ihr Präsident übt gegenüber den anderen Geschäftsbanken das Weisungs- und Kontrollrecht aus und vertritt die DDR in den Räten der Internationalen Bank für Wirtschaftliche Zusammenarbeit (IBWZ) und der Internationalen Investitionsbank (IIB) des → **Rates für Gegenseitige Wirtschaftshilfe (RGW)** in Moskau. Als Geschäftsbank ist sie zuständig für die Wirtschaftsbereiche Industrie (ohne Nahrungsgüterindustrie), Bauwesen, Handel und Verkehr sowie den Verkauf von Reisezahlungsmitteln an die Bevölkerung.

Die → **Bank für Landwirtschaft und Nahrungsgüterwirtschaft (BLN)** ist allein für die Durchführung der Bankgeschäfte dieses Wirtschaftsbereiches zuständig und wickelt mit den ihr unterstellten Bäuerlichen Handelsgenossenschaften (BHG) den Spar- und Zahlungsverkehr der auf dem Lande lebenden Bevölkerung ab.

Für die Abwicklung des durch die Außenwirtschaftsbeziehungen bedingten Zahlungs- und Verrechnungsverkehrs sowie die Finanzierung der Außenhandelsbetriebe wird im Auftrage der Staatsbank die → **Deutsche Außenhandelsbank AG (DABA)** tätig, während die → **Deutsche Handelsbank AG (DHB)** mit der finanztechnischen Abwicklung von Transitgeschäften beauftragt ist.

Die → **Genossenschaftskassen für Handwerk und Gewerbe (GK)** sind als Geschäftsbanken vornehmlich für die genossenschaftlichen und privaten Handwerks- und Handelsbetriebe zuständig (→ **Handwerk**).

Bankfunktionen werden auch von den → **Sparkassen** ausgeübt. Sie sind den Räten der Kreise unterstellt und unterliegen der Kontrolle des Ministeriums der Finanzen. In diesem Zusammenhang sei auf die Postsparkasse (→ **Postsparkassendienst**) und die Postscheckämter sowie die Reichsbahnsparkasse und die Reichsbahnkasse hingewiesen.

III. Aufgaben und Funktionen

Die Tätigkeit der Banken konzentriert sich schwerpunktmäßig auf die Verteilung und Umverteilung des Nationaleinkommens (*Verteilungsfunktion*) (→ **Gesamtprodukt, Gesellschaftliches**), die Überwachung der wirtschaftlichen Tätigkeit von Produktions- und Verwaltungseinrichtungen (*Kontrollfunktion*) und die Erhöhung der Leistungsfähigkeit dieser im Rahmen des staatlichen Planungs- und Leitungssystems (*Stimulierungsfunktion*). Durch ihre Operationen sollen die Banken nicht nur die Einhaltung der in den Plänen vorgegebenen wirtschaftspolitischen Ziele (passiv) registrieren, sondern darüber hinaus auch „aktiv“ auf den Ablauf der Wirtschaftsprozesse einwirken, um so Reserven und Wege zur Steigerung der Produktivität aufzudecken.

Zu ihren wichtigsten Funktionen gehören:

1. *Sammlung zeitweilig freier Geldmittel.* Alle Betriebe sind verpflichtet, ihr Geld auf Konten der jeweils zuständigen Geschäftsbank zu halten (→ **Kontenführungspflicht**). Hierbei wird den Betrieben in Finanzierungsrichtlinien vorgeschrieben, auf welchen Konten und zu welchem Zweck zeitweilig freie Geldmittel zu halten sind. Während das laufende Bankkonto in der Regel als Umlaufmittelkredit mit einer Verzinsung von 5 v. H. geführt wird, gewährt die Bank für Sonderbankkonten mit Ausnahme der Prämien-, Kultur- und Sozialfonds (1 v. H.) seit 1982 (GBl. I, S. 135). Es besteht nicht die Möglichkeit – z. B. aus Gründen der Zinsersparnis –, Guthaben von Sonderbankkonten auf das laufende Verrechnungskonto zu übertragen. Die Haltung und Verfügung über Bargeld ist den Betrieben nur im Rahmen eines engen Kassenlimits erlaubt. Auch die Bevölkerung – und darin besteht eine der Hauptaufgaben der Sparkassen – soll angeregt werden, ihre Bargeldbestände so niedrig wie möglich zu halten.

Als → **Finanzorgane** sind die Banken integrierender Bestandteil des → **Finanzsystems** und – da Finanzämter bzw. -kassen nicht bestehen – Kassenvollzugsorgane des → **Staatshaushalts**, dessen Konten von der Staatsbank geführt werden.

2. *Durchführung des Zahlungsverkehrs.* Innerhalb der DDR wird der Zahlungs- und Verrechnungsverkehr zwischen den Wirtschaftseinheiten überwiegend bargeldlos abgewickelt. Zur Begleichung von Geldforderungen können das → **Überweisungsverfahren**, → **Scheckverfahren**, Lastschriftverfahren oder Akkreditivverfahren (→ **Zahlungs- und Verrechnungsverfahren**) vereinbart werden. Aber auch die Bevölkerung wird z. B. durch den → **Sparkaufbrief** zur bargeldlosen Zahlung angehalten.

Der **grenzüberschreitende** → **Zahlungsverkehr** mit dem Ausland wird auf der Grundlage eines Valutaplanes nach besonderen Vorschriften durchgeführt.

3. *Finanzierung der Wirtschaft.* Durch die Ausrei-

chung von Bankkrediten wird Geld in Umlauf gesetzt und mit jeder Tilgung aus dem Umlauf gezogen. Der Kredit wird in der einzig legalen Form als Bankkredit entsprechend dem Kreditplan für bestimmte Objekte und unter festgelegten Konditionen ausgereicht, d. h., die Planmäßigkeit und nicht die Liquiditätslage bzw. Zahlungsfähigkeit (Bonität) des Kreditnehmers gilt als wichtigste Voraussetzung. Ist dies nicht gewährleistet, so kann die Bank die Kreditausreichung einstellen oder aber das Stabilisierungsverfahren zur Wiederherstellung der Zahlungsfähigkeit – verbunden mit bestimmten Auflagen an die Betriebsführung – einleiten.
Die Finanzierung der Investitionen erfolgt hauptsächlich aus eigenen Mitteln der Betriebe (Gewinne und Amortisationen). Hinzu kommen dann noch Kredite und Staatshaushaltszuschüsse. Begrenzt auf die Industrie erhöhte sich der Kreditanteil an der Finanzierung von Investitionen allerdings von 3 v.H. (1966) über 31,8 v.H. (1971) und 39,5 v.H. (1975) auf mehr als 40 v.H. zum Beginn der 80er Jahre.

4. *Planung und Regulierung des Bargeldumlaufs.* Die systemnotwendige Erfassung der Geldströme erfolgt über zentrale Geldbilanzen, von denen die Finanzbilanz des Staates zur Koordination der volkswirtschaftlichen Finanzbeziehungen und die Staatshaushaltsbilanz, Kreditbilanz, Versicherungsbilanz und Bilanz der Geldeinnahmen und -ausgaben der Bevölkerung zur Bestimmung der zentralen Geldfonds dienen. Hierbei wird der Festlegung des Geldvolumens eine geringere Bedeutung zugewiesen als der Regulierung des Geldumlaufs, da sich aus seiner nicht planadäquaten Entwicklung Störungen für den Ablauf der Wirtschaftsprozesse ergeben. Während der Buchgeldumlauf aufgrund der bestehenden Kontenführungspflicht relativ einfach kontrolliert werden kann, wird der → **Bargeldumlauf** nur z. T. durch gesetzliche Regelungen determiniert. Alle Geld- und Kreditinstitute sind daher verpflichtet, im Auftrag der Staatsbank auf der Grundlage jährlicher Bargeldanmeldungen der Betriebe und eigener Einschätzungen den Bargeldumsatzplan aufzustellen, der die Bargeldbewegungen zwischen den Betrieben, der Bevölkerung und den Banken erfaßt.
Die bisherigen Veränderungen im B. haben – gemessen an dem Zustand vor 1963 – zu einer Verbesserung der Bankarbeit geführt, für die die Versachlichung in der Diskussion über die Funktionen von Geld, → **Kredit** und Zins innerhalb dieses Wirtschaftssystems wesentliche Impulse beinhaltete (→ **Geldtheorie und Geldpolitik; Zins und Zinspolitik**).
Beim Vergleich mit westlichen Banken gilt es zu beachten, daß sich nicht nur die Eigentumsformen und Strukturen unterscheiden, sondern darüber hinaus auch andere Funktionen durch das B. der DDR wahrgenommen werden. Ein Geld- und Kapital-

Struktur des Bankwesens (Stand: 1. 4. 1984)

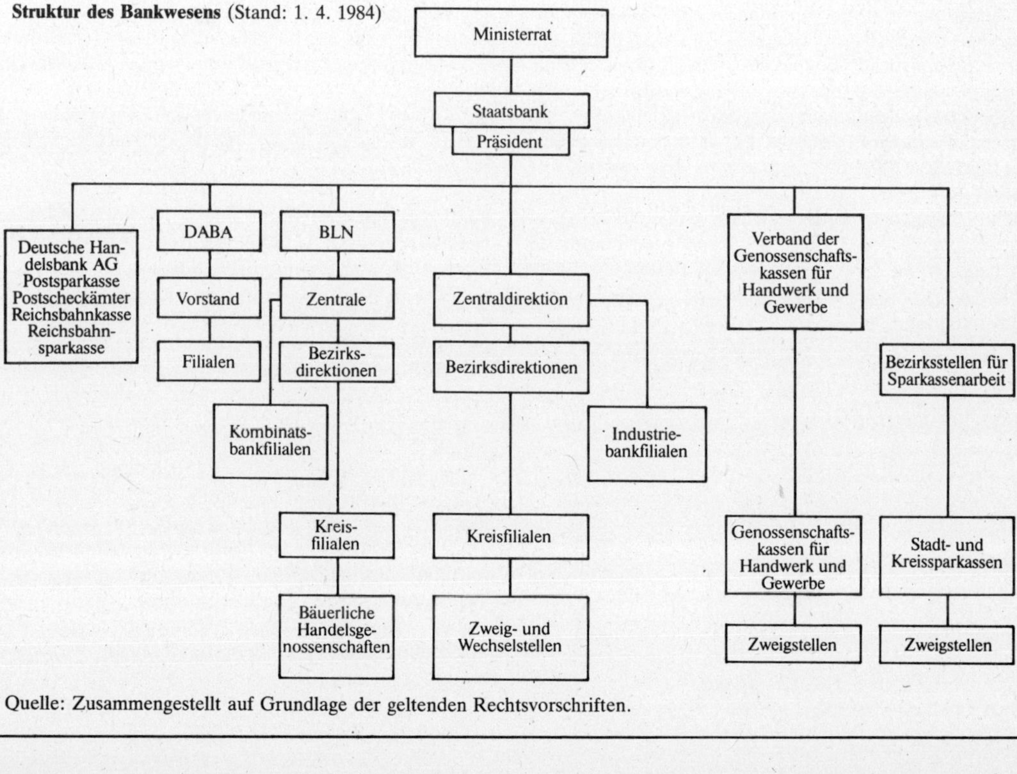

Quelle: Zusammengestellt auf Grundlage der geltenden Rechtsvorschriften.

markt existiert nicht. Kredit und Zins üben keine Steuerungsfunktionen (Allokationsfunktionen) aus, sondern sind als Instrumente der zentralen staatlichen → **Planung** zu verstehen. Insofern kann das B. einer Volkswirtschaft auch nicht losgelöst vom gesamten Wirtschaftssystem betrachtet werden.
Präsident der Staatsbank ist Horst Kaminsky (SED).

Herwig E. Haase

Literaturangaben

Blei, Alexander: Leitfaden zur Finanzierung der volkseigenen Industrie. Berlin (Ost): Die Wirtschaft 1978.

Deckers, Josef: Die Transformation des Bankensystems in der sowjetischen Besatzungszone/DDR. Berlin: Duncker & Humblot 1974.

Sozialistische **Finanzwirtschaft**. Autorenkoll. u. d. Ltg. v. Gerd Gebhardt. Hochschullehrbuch. Berlin (Ost): Die Wirtschaft 1981.

Geld und Finanzen in der sozialistischen Reproduktion. Berlin (Ost): Die Wirtschaft 1977.

Geldzirkulation und Kredit im Sozialismus. Berlin (Ost): Dietz 1982.

Geldzirkulation und Kredit in der sozialistischen Planwirtschaft. Hrsg.: Willi Ehlert, Diethelm Hunstock u. Karlheinz Tannert. Berlin (Ost): Die Wirtschaft 1976.

Kunze, Christian: Änderungen in Bankpolitik und Bankwesen als Teil der Wirtschaftsreformen der DDR. Berlin: Duncker & Humblot 1972.

Mühlhaupt, Ludwig, u. Ursula Fox: Das Bankwesen der Deutschen Demokratischen Republik. Wiesbaden: Betriebswirtschaftlicher Verl. Gabler 1971.

Pütsch, Manfred: Die Staatsbank der Deutschen Demokratischen Republik. Frankfurt a. M.: Knapp 1978.

Titz, Wolfgang: Die Deutsche Außenhandelsbank AG der DDR. Köln: Dissertationsdruck 1972.

Bargeldumlauf: Der Geldumlauf an Münzen und Banknoten bleibt vornehmlich auf finanzielle Transaktionen der privaten Haushalte begrenzt, weil die Betriebe und staatlichen Institutionen gesetzlich zur bargeldlosen Abwicklung ihres Zahlungsverkehrs bei 200 Mark übersteigenden Beträgen verpflichtet sind (→ **Überweisungsverfahren;** → **Zahlungs- und Verrechnungsverfahren**). Abgesehen von den hier nicht zu berücksichtigenden Bargeldbewegungen zwischen den Bürgern – auch in anderer → **Währung** – ist der B. mit der Erzielung und Verwendung der privaten → **Einkommen** eng verbunden: Der B. entsteht durch die Barauszahlung von Löhnen, Gehältern, Renten, Stipendien usw. sowie Barabhebungen von den Institutionen des → **Bankwesens**, zu dem Bargeld direkt über Einzahlungen oder indirekt über die Betriebe des Einzelhandels und des Dienstleistungssektors beim Kauf von Gütern und Leistungen sowie die staatlichen Institutionen und Organe bei der Begleichung von Gebühren und Beiträgen zurückfließt. Da für die privaten Haushalte der bargeldlose Zahlungsverkehr an Bedeutung zugenommen hat, wurde der Bargeldumsatzplan Ende der 70er Jahre durch den „Plan des Geldumlaufs der Bevölkerung" ersetzt. Diesen erarbeitet die → **Staatsbank** als bezirkliches und zentrales Instrument für die von der Staatlichen Plankommission aufzustellenden entsprechenden „Bilanzen der Geldeinnahmen und -ausgaben der Bevölkerung". Hier werden die sonst streng getrennten Formen des Geldumlaufs, der B. und der Giral- oder Buchgeldumlauf, gemeinsam berücksichtigt. Durch die Auszahlung der Jahresendprämien (→ **Lohnformen und Lohnsystem**, V. C.) liegt der B. im Monat Februar am höchsten. Die in der DDR umlaufende Bargeldmenge ist aufgrund der o. a. Restriktionen relativ niedrig und erreichte 1980 je Einwohner etwa die Hälfte des B. in der Bundesrepublik Deutschland. Sie weist seit 1950 die in der Tabelle dargestellte Entwicklung auf.

Jahresende	Mill. Mark	Vorjahr = 100 (5 Jahre)	Vorjahr = 100 (jährlich)	pro Kopf Mark
1950	3 363	–		183
1955	4 123	123		231
1960	4 543	110		264
1965	5 162	114		303
1970	7 407	143		434
1975	10 139	137		603
1976	10 488		103	626
1977	11 313		108	675
1978	11 909		105	711
1979	12 372		104	739
1980	12 250	121	99	732
1981	12 315		101	736
1982	12 534		102	751

Quelle: Statistisches Jahrbuch der DDR 1983, S. 260.

Bauakademie der DDR: Die B. (ehemals: Deutsche Bauakademie/DBA) ist die zentrale wissenschaftliche Einrichtung für Architektur und Bauwesen in der DDR mit Sitz in Berlin (Ost). Sie wurde durch Gesetz vom 6. 9. 1950 als Nachfolgerin des Instituts für Bauwesen der Akademie der Wissenschaften und des Instituts für Städtebau und Hochbau der Deutschen Wirtschaftskommission mit 5 Instituten und 3 Meisterwerkstätten gegründet und untersteht dem → **Ministerium für Bauwesen** (Statut: GBl. I, 1973, Nr. 8). Zu den Aufgaben der B. gehören: Prognose der Entwicklung des Bauwesens; Methodik der Bauplanung; Grundlagen- und angewandte Forschung unter besonderer Berücksichtigung der Grundsätze des ökonomischen, industrialisierten und rationalisierten Bauens; Materialforschung; Typisierung und Systematisierung; experimentelles Bauen; Anwendung neuer Methoden; die Diskussion konzeptioneller Fragen der Architekturtheorie und -geschichte; internationale Standardisierung und Integration; Weiterbildung der Führungskader des Bauwesens; Dokumentation und Information.

Die Geschichte der B. spiegelt zugleich die Geschichte der → **Architektur** in der DDR wider. Der erste Präsident der DBA, Kurt Liebknecht, orientierte die Architektur der DDR stark an sowjetischen Vorbildern („sozialistischer Inhalt – nationale Form" / Karl-Marx-Allee [Berlin/Ost, seinerzeit: Stalinallee] 1. Bauabschnitt) und kritisierte die funktionelle Architektur als inhuman (→ **Funktionalismus**). An seine Stelle traten 1961 Gerhard Kosel und 1965 Werner Heynisch. Unter ihrer Präsidentschaft wurde das Bauwesen der DDR noch einmal grundlegend verändert. Heynisch hat vor allem dem Ingenieur- und Industriebau mit zum Durchbruch verholfen und 1966 das Institut für → **Städtebau** und Architektur reorganisiert.
Die B. wird von einem Präsidenten geleitet, der auf Vorschlag des Ministers für Bauwesen vom Vorsitzenden des Ministerrates der DDR ernannt wird. Ihm zur Seite stehen der 1. Stellvertreter und Wissenschaftliche Direktor sowie die Vizepräsidenten (zugleich Direktoren eines Instituts der B.). Die B. hat ordentliche (max. 25), Mitglieder im Kandidatenstand (max. 30) und korrespondierende Mitglieder. Die ordentlichen Mitglieder und Kandidaten bilden das Plenum der B.; sie arbeiten innerhalb der B. in Fachbereichen (Sektionen) und erhalten eine Dotation. Das Plenum berät über grundsätzliche Probleme des Bauwesens; die Sektionen sind Arbeitsgremien des Plenums, die sich noch einmal in Fachgruppen unterteilen.
Es gibt die Sektionen: Ökonomie, Städtebau und Architektur, ingenieurtheoretische Grundlagen, Projektierung und Rechentechnik, Tiefbau, Wohn- und Gesellschaftsbau, Industriebau, Landwirtschaftsbau, technische Gebäudeausrüstung, ingenieurtechnische Grundlagen (die Sektion ingenieurtechnische Grundlagen z. B. hat 10 Fachgruppen für Baumechanik, Brandschutz, Akustik, Sicherheit u. a.).
Die Forschungsarbeit wird hauptsächlich in den von den Vizepräsidenten geleiteten Instituten geleistet: im Zentralinstitut Einheitssystem Bau, im Institut für Städtebau und Architektur, in den Instituten für Ingenieur- und Tiefbau, für Industriebau, für Wohnungs- und Gesellschaftsbau, für landwirtschaftliche Bauten, für Technologie und Mechanisierung, für Projektierung und Standardisierung, für Baustoffe oder für Heizungs-, Lüftungs- und Sanitärtechnik. Den Instituten sind Werkstätten angegliedert, die als besonders vorbildlich geltende Beispiele des Bauwesens erarbeiten und verwirklichen sowie neue Technologien und Werkstoffe experimentell erproben sollen.
Die B. unterhält mit der „Bauinformation" in Berlin (Ost) die Zentrale Informationseinrichtung für Wissenschaft und Technik im Bauwesen. Als Leitstelle koordiniert die „Bauinformation" die Information und Dokumentation des gesamten Fachbereichs, auch der Baukombinate, und bietet ein Dokumenten-Recherchesystem für Fachliteratur und für technische Vorschriften und Normen, einen Patentinformationsdienst mit Erfindungsbeschreibungen aus 12 Staaten (darunter auch die Bundesrepublik Deutschland), eine Sammlung von Baufotos und -filmen sowie eine Fachbibliothek. Die „Bauinformation" gibt regelmäßig Informationsschriften über Bauforschung, -recht und -praxis heraus und veranstaltet ständig wechselnde Bauausstellungen.
Die B. hat Promotionsrecht und verleiht akademische Grade (Dr.-Ing.) sowie Auszeichnungen (z. B. die Ehrenplakette „Für hervorragende Leistungen in der Bauforschung").
Präsident: Prof. Dr. sc. techn. Hans Fritsche (seit 1977), Vizepräsident für Forschung und Planung: Ulrich Hofmann, Vizepräsident und Direktor des Instituts für Städtebau und Architektur: Ule Lammert.

Bauaktivs: Ehrenamtliche Arbeitsgruppen bei den Ständigen Kommissionen für Bauwesen der Städte und Gemeinden, die diese Kommissionen der örtlichen Volksvertretungen baufachlich beraten und den Kontakt zu den gesellschaftlichen Organisationen, insbes. zur → **Nationalen Front der DDR** halten sollen und denen in ihrem Bereich Funktionen der Staatlichen Bauaufsicht übertragen sind. Diese Funktionen betreffen nicht nur bauanzeigepflichtige Baumaßnahmen, sondern auch Vorsorgemaßnahmen zur Verhütung von Bauschäden. Die B. sollen sowohl öffentliche als auch private Bauten in regelmäßigen Abständen überprüfen. Die B. geben Gutachten über die Dringlichkeit von Instandsetzungsarbeiten ab. Mitglieder der B. sollen – neben Abgeordneten – Baufachleute verschiedener Fachrichtungen sein. → **Bau- und Wohnungswesen.**

Bauaufsicht, Staatliche: Verschiedenen Institutionen übertragene Aufgabe zur Überwachung der Einhaltung baurechtlicher, bautechnischer und bauwirtschaftlicher Bestimmungen. Im Sinne der StB. sind tätig das → **Ministerium für Bauwesen** und die Bauämter der Räte der Bezirke, Kreise, Städte, Stadtbezirke und Gemeinden. Eigene Zuständigkeiten auf diesem Gebiete haben das Ministerium für Nationale Verteidigung, das Ministerium des Innern, das Ministerium für Staatssicherheit, das Ministerium für Verkehr, das Ministerium für Post- und Fernmeldewesen, das Amt für Wasserwirtschaft, das Amt für Kernforschung und Kerntechnik sowie die SDAG Wismut. Die Organe der StB. sind berechtigt, Verweise, Ordnungsstrafen und Zwangsgelder zu verhängen.

Bauernkongreß der DDR: Konferenzen von Delegierten aus Betrieben und Verwaltungen der → **Landwirtschaft**. Auf ihnen soll die → **Agrarpolitik** der Partei- und Staatsführung propagiert, diskutiert und formal legitimiert werden.
Veranstaltungen mit dieser Zielrichtung werden in der SBZ/DDR seit 1947 unter wechselnden Bezeichnungen abgehalten, die letzte als XII. Bauernkongreß der DDR im Mai 1982 in Berlin (Ost). Die ersten 5 (November 1947, Berlin [Ost]; März 1949, Berlin [Ost]; Dezember 1951, Leipzig; Februar 1954, Görlitz; März 1957, Güstrow) fanden als Deutscher Bauerntag statt. Träger war die → **Vereinigung der gegenseitigen Bauernhilfe (VdgB)**. Seit Abschluß der Kollektivierung (1960) werden sie vom → **Ministerrat** der DDR, dem → **Zentral-**

komitee (ZK) der SED, der → **Demokratischen Bauernpartei Deutschlands (DBD)**, der VdgB und dem Nationalrat der → **Nationalen Front** einberufen. Sie tagten zunächst als **Deutscher Bauernkongreß** (Dezember 1960, Rostock; März 1962, Magdeburg; Februar 1964, Schwerin; Februar 1966, Berlin [Ost]; Juni 1968, Leipzig), dann (Juni 1972, Leipzig; Mai 1982, Berlin [Ost]) als B. der DDR. 1982 fungierte auch die → **Freie Deutsche Jugend (FDJ)** als Mitträger des B.
Zwischen dem Beginn (1952) und dem Abschluß der Kollektivierung (1960) organisierte die SED-Führung darüber hinaus 6 Konferenz(en) der Vorsitzenden und Aktivisten der Landwirtschaftlichen Produktionsgenossenschaften (LPG-Konferenzen). Sie dienten der inhaltlichen Ausgestaltung der Kollektivierungspolitik, z. B. durch Beschlüsse über die ersten Musterstatuten für die LPG Typ I bis III, und sollten für die Genossenschaftsbildung mobilisieren (→ **Landwirtschaftliche Betriebsformen**). Die seither veranstalteten B. stehen in dieser Tradition.
Weshalb zwischen 1972 und 1982 auf die Veranstaltung von B. verzichtet wurde, ist nicht bekannt. Zur Beschlußfassung über neue Musterstatuten für die spezialisierten LPG Pflanzen- und Tierproduktion traten 1977 aber 2 Zentrale Konferenzen von Delegierten aus beiden Bereichen zusammen, die einstimmige Voten für die Satzungen und ergänzende Betriebsordnungen abgaben.

Während die Delegierten der ersten 5 Bauerntage von Vertreterversammlungen der VdgB bestimmt wurden, werden sie seit 1960 von Kreisbauernkonferenzen gewählt. Diese Gremien benennen seit 1966 zugleich die Mitglieder der (Kreis-)Räte für Landwirtschaft und Nahrungsgüterwirtschaft (RLN). Entsprechende Gremien bestehen auch auf Bezirksebene. Der erstmals 1966 vom IX. B. gewählte (zentrale) RLN (damals noch Landwirtschaftsrat) übte bis 1972 die Funktionen des (1962 aufgelösten) Ministeriums für Landwirtschaft, Erfassung und Forstwirtschaft aus. Nach der Neubildung einer zentralen Landwirtschaftsadministration (→ **Ministerium für Land-, Forst- und Nahrungsgüterwirtschaft [MfLFN]**) 1972 wurden seine Aufgaben auf die eines Beratungsgremiums reduziert. Auf dem XII. B. fanden Neuwahlen zum zentralen RLN nicht mehr statt.
Einen Bedeutungsverlust erfuhren offenbar auch die RLN der Bezirke. Auf der Kreisebene wurden sie dagegen reaktiviert – im Zusammenhang mit der Korrektur der strikten Spezialisierungspolitik der 70er Jahre (→ **Agrarpolitik**).
Seit 1962 wurden wiederholt Entscheidungen der B. als Beschlüsse des Ministerrats im Gesetzblatt der DDR verkündet. Allerdings veröffentlichen die Veranstalter seit 1960 regelmäßig vor Kongreßbeginn Entschließungsentwürfe oder andere Dokumente, die den Tenor der Diskussion und die Entscheidungen präjudizieren.

Bauernkongresse 1968–1982

	X. B. 13.–15. 6. 1968 Leipzig	XI. B. 8.–10. 6. 1972 Leipzig	XII. B. 13.–14. 5. 1982 Berlin (Ost)
Anzahl der Kreisbauernkonferenzen	194	194	193
Hinweise, Vorschläge	10 714	11 086	11 441
Gäste	891	369	?
Delegierte	2 776	2 482	2 212
Zusammensetzung der Delegierten:			
Frauen	37,3	35,6	35,7
Jugendl. bis 25 Jahre	–	–	19,7
Hochschulabschluß	25,5	32,6	41,9
Fachschulabschluß	32,9	35,2	23,7
Meister	7,4	6,3	} 34,2
Facharbeiter	24,2	23,3	
ohne Abschluß	10,0	2,6	0,2
Vorsitzende bzw. Leiter von:			
LPG/GPG	27,1	18,1	20,0
VEG	–	2,3	1,9
kooperativen Einrichtungen	–	12,1	2,3
Brigaden/Abteilungen	–	–	17,5
Abgeordnete in:			
Volkskammer	2,6	3,0	3,3
Bezirkstagen	3,7	4,3	5,0
Kreistagen	–	9,1	13,0
Gemeindevertretungen	20,3	23,1	20,3
Delegierte nach Bereichen:			
Landwirtschaft	–	–	73,1
Nahrungsgüterwirtschaft/Forstwesen/Handel	–	–	12,3
Parteien/Staatsorgane/Massenorganisationen	–	–	14,6

Den Delegierten des XII. B. (Mai 1982) lag der Entwurf des neuen LPG-Gesetzes vor. Er wurde zustimmend diskutiert und einstimmig gebilligt. Vom Ministerrat der → **Volkskammer** zugeleitet, wurde das Gesetz im Juli 1982 verabschiedet.
Die eher repräsentativen Kongresse bilden den Abschluß von Mobilisierungskampagnen im Kongreßvorfeld. In diesen versucht die Parteiführung, ihre jeweilige agrarpolitische Konzeption zu vermitteln, gelangt aber auch durch die Aufforderung zur Diskussion aktueller ökonomischer oder organisatorischer Probleme zu zusätzlichen Informationen über die Situation der Landwirtschaft. Zugleich bietet die Zusammensetzung der B. (überwiegend Funktionsträger) Gewähr sowohl für die Durchsetzung seiner Beschlüsse gegenüber der Landbevölkerung wie für ihre Beachtung in den regionalen Leitungsgremien des → **Staatsapparats** und der Landwirtschaftsbetriebe.

Bausoldaten: B. sind Wehrpflichtige der DDR, die mit dem Dienstgrad „Bausoldat" (eine Beförderung ist nicht vorgesehen) als Angehörige von Baueinheiten der → **Nationalen Volksarmee (NVA)** gemäß AO des → **Nationalen Verteidigungsrates der DDR (NVR)** vom 7. 9. 1964 (GBl. II, S. 129) einen → **Wehrdienst** ohne Waffe leisten. Soweit diese AO nichts anderes festlegt, unterliegen die B. allen gesetzlichen und militärischen Bestimmungen, die den Grundwehrdienst bzw. den Reservistenwehrdienst (→ **Reservisten**) regeln. B. tragen eine steingraue Uniform mit dem Symbol eines Spatens auf den Schulterklappen. Der Volksmund nennt die B. deshalb auch „Spatensoldaten". Ihre Dienstzeit dauert 18 Monate.
Im Unterschied zu den Wehrpflichtigen im Waffendienst werden die B. ohne öffentliche Verabschiedung, dezentral direkt zu ihren geplanten Verwendungsorten einberufen. Die Erfahrung zeigt, daß diese Einberufung mehrheitlich erst im Alter von ca. 22 bis 24 Jahren erfolgt.
Vor ihrem Arbeitseinsatz haben die B. eine 10tägige Grundausbildung zu absolvieren. Statt des Fahneneides (→ **Nationale Volksarmee**, IV.) haben sie ein Gelöbnis abzulegen:
„Ich gelobe: Der Deutschen Demokratischen Republik, meinem Vaterland, allzeit treu zu dienen und meine Kraft für die Erhöhung ihrer Verteidigungskraft einzusetzen.
Ich gelobe: Als Angehöriger der Baueinheiten durch gute Arbeitsleistungen aktiv dazu beizutragen, daß die Nationale Volksarmee an der Seite der Sowjetarmee und der Armeen der mit uns verbündeten sozialistischen Länder den sozialistischen Staat gegen alle Feinde verteidigen und den Sieg erringen kann.
Ich gelobe: Ehrlich, tapfer, diszipliniert und wachsam zu sein, den Vorgesetzten unbedingten Gehorsam zu leisten, ihre Befehle mit aller Entschlossenheit zu erfüllen und die militärischen und staatlichen Geheimnisse immer streng zu wahren.
Ich gelobe: Gewissenhaft die zur Erfüllung meiner Aufgaben erforderlichen Kenntnisse zu erwerben, die gesetzlichen und militärischen Bestimmungen zu erfüllen und überall die Ehre unserer Republik und meiner Einheit zu wahren."
Zu den B. können jene Wehrpflichtige einberufen werden, „die aus religiösen Anschauungen oder aus ähnlichen Gründen den Wehrdienst mit der Waffe ablehnen" (ebda.). Ein gesondertes Überprüfungsverfahren findet nicht statt. Der Wehrpflichtige muß jedoch spätestens im Rahmen der Musterung seinen Entschluß unmißverständlich der Musterungskommission zur Kenntnis bringen. Die Entscheidung über Anerkennung oder Nichtanerkennung als B. erfährt der Wehrpflichtige erst zum Zeitpunkt seiner Einberufung.
Während in der Vergangenheit ein klares Bekenntnis zur Ableistung des B.-Dienstes in der Regel akzeptiert wurde, werden in jüngster Zeit nicht religiös begründete Entscheidungen zumeist abgelehnt und bei Aufrechterhaltung der Verweigerung des Waffendienstes mit einer Gefängnisstrafe von mindestens 18 Monaten geahndet.
Reservisten, die einen „normalen" Wehrdienst abgeleistet haben, werden im Falle einer nachträglichen Verweigerung des Waffendienstes nicht als B. anerkannt. Wenn sie den bewaffneten Reservistendienst trotzdem ablehnen, werden sie mit mindestens 6 Monaten Gefängnis bestraft. Wer den Wehrdienst total verweigert – d.h. auch den waffenlosen Wehrdienst bei den B. –, muß mit einer Gefängnisstrafe von mindestens 18 Monaten rechnen (z.B. → **Zeugen Jehovas**). Es sind jedoch eine Reihe von Einzelfällen bekannt geworden, in denen die Staatsführung der DDR diesen Konflikt dadurch umging, daß sie auf die Einberufung potentieller Totalverweigerer verzichtete.
Der Aufgabenbereich der B. konzentriert sich lt. der zitierten AO auf: „a) Mitarbeit bei Straßen- und Verkehrsbauten sowie Ausbau von Verteidigungs- und sonstigen militärischen Anlagen; b) Beseitigung von Übungsschäden; c) Einsatz bei Katastrophen". Der Einsatz erfolgt durch den Minister für Nationale Verteidigung oder die von ihm dazu Beauftragten.
In der Praxis wurden die B. bis Mitte der 70er Jahre fast ausschließlich zum Neubau und zur Rekonstruktion rein militärischer Objekte (vorwiegend Militärflugplätze) eingesetzt. Seit 1975 überwiegt die Verwendung im Versorgungs- und Dienstleistungsbereich der NVA (Armeesanatorien, Offizierseinrichtungen, Kasernen, Wehrkreiskommandos u.a.); eine Ausnahme bildet seit 1983 der Einsatz einer größeren Gruppe von B. (etwa 200) zur Mithilfe beim Ausbau eines neuen Überseehafens auf der Insel Rügen.
Organisatorisch sind alle B. in herkömmlichen militärischen Einheiten integriert (Kasernierung) und militärischem Führungspersonal unterstellt.
Der generelle oder überwiegende Einsatz im zivilen Bereich konnte trotz vieler Proteste (→ **Eingaben**), punktueller Verweigerungen beim Einsatz für militärische Aufgaben und trotz alternativer Vorschläge (Sozial- und Gesundheitswesen, Umweltschutz) von den B. bisher nicht erreicht werden (→ **Friedensbewegung**).
In jüngerer Zeit wurden nach vorwiegend kirchlichen Erhebungen und Schätzungen ungefähr 1000 Wehr-

pflichtige zu den B. einberufen. Da nicht alle als B. registrierten Wehrpflichtigen auch zum B.-Dienst einberufen werden, liegt die Gesamtzahl der Waffendienstverweigerer höher, wahrscheinlich zwischen 2000 bis 3000 jährlich. Im Vergleich zu den 60er und 70er Jahren hat sich die Zahl der einberufenen B. mehr als verdoppelt.

Bisher waren knapp 90 v.H. der B. konfessionell, vor allem evangelisch (85 v.H.) gebunden. Die Motive der B. sind sehr unterschiedlich. Bei ihnen finden sich in unterschiedlichen Verbindungen christlich-religiöse Grundorientierungen, sozial-humanitäre und ethisch-rationale Überzeugungen. Die persönlichen Konsequenzen, die aus diesen Motiven abgeleitet werden, reichen von der Ablehnung jeglichen Waffendienstes, über die Verweigerung der Teilnahme an einer unversöhnlichen Haß- und Feindbilderziehung, die Ablehnung der Militarisierungstendenzen bis hin zum symbolischen Bekenntnis für einen neuen, von Waffen und Feindschaft befreiten Frieden.

Die soziale Zusammensetzung der B. wird von einem großen Anteil an Arbeitern und Handwerkern bestimmt, gefolgt von Wehrpflichtigen, die in einer theologischen Ausbildung oder im kirchlichen Dienst stehen. Diese Zusammensetzung ist im wesentlichen die Folge einer bildungspolitischen und beruflichen Diskriminierung der sich zum B.-Dienst bekennenden Jugendlichen und jungen Männer, obwohl der Gesetzgeber – auch das neue Wehrdienstgesetz von 1982 – den B.-Dienst gleichrangig neben den Waffendienst stellt. Die Beschränkungen der persönlichen Aufstiegsmöglichkeiten werden den potentiellen, den registrierten und den bereits im Dienst gestandenen B. durch die staatlich festgelegten Auswahl- und Zulassungskriterien bei der Vergabe von Plätzen an weiterführenden Bildungseinrichtungen und attraktiven Arbeitsplätzen sowie Leitungsfunktionen vom Meister an aufwärts gesetzt (→ **Kaderpolitik; Wehrerziehung**).

Diese Benachteiligungen sowie die den B. verwehrte Möglichkeit, sich offen zu organisieren, Beratungen durchzuführen und öffentlich für ihre Sache aufzutreten, erklären den relativ niedrigen Anteil von B. an der Gesamtzahl der Wehrpflichtigen in der DDR. Innerhalb der ev. → **Kirche** bilden die B. eine wichtige Säule der Friedensarbeit. Sie haben u. a. entscheidend zur Konstituierung und Entfaltung regionaler Friedensseminare (bekannt geworden ist vor allem das in Königswalde/Sa. – Teilnehmer: 1972 knapp 30, 1983 über 700), zur Aktivierung von Friedensinitiativen und zu einer intensiveren und kritischeren Selbstbefragung in den Kirchengemeinden, aber vor allem auch der Kirchenleitungen zur Wehr- und Friedensproblematik beigetragen. So sind die Verhandlungen der ev. Kirchenleitungen mit dem Staat zwischen 1962 und 1964, die schließlich zur B.-AO führten, und das anschließende Bekenntnis der ev. Kirchenleitungen zur Hilfe gegenüber den B. in Form einer „Handreichung" (1965) überwiegend auf den Druck von Wehrdienstverweigerern zurückzuführen, die sich innerhalb der kirchlichen Basisarbeit aktivierten. Auch die Gründung des Referates „Friedensfragen" beim Bund der evangelischen Kirche ging wesentlich auf das Drängen der B. zurück; gleiches gilt – neben den Friedensseminaren – auch für die Aktionen „Sozialer Friedensdienst" und „Schwerter zu Pflugscharen". Die B. werden deshalb auch als Pioniere und Träger der Friedensbewegung in der DDR gesehen. In der Bevölkerung – sofern diese mit ihnen in Berührung kommt und sich mit dem Problem der Waffendienstverweigerung auseinandersetzt – genießen die B. weitestgehend Sympathie und Respekt.

Bau- und Montagekombinate: Volkseigene Großbetriebe des Bauwesens (→ **Bau- und Wohnungswesen**), gebildet durch Zusammenschluß einer Anzahl von Bau- und Montagebetrieben in einem bestimmten Gebiet (in der Regel 2–3 Bezirke umfassend). Auf Beschluß des → **Ministerrats** gebildet seit 1963.

Das Bauwesen umfaßt gegenwärtig etwa 20 zentralgeleitete Kombinate mit rd. 250000 Beschäftigten. Darunter befinden sich 8 allgemeine BuM., 6 Spezialbaukombinate (z.B. Metalleichtbaukombinat, Kombinat Autobahnbau) sowie 6 Kombinate für Baumaterialien (z.B. Kombinat Bau- und Grobkeramik, Zementkombinat). Daneben gibt es 15 regionale Wohnungsbaukombinate, die sowohl zentral als auch regional geleitet werden, und andere regional geleitete Kombinate und Betriebe. Die Kombinate des Bauwesens werden als → **Generalauftragnehmer (GAN)** für die Durchführung staatlicher Investitionsaufgaben innerhalb ihres Gebietes eingesetzt. Die Betriebsteile der BuM. sind – wie die Kombinatsbetriebe im Verhältnis zu ihrer Kombinatsspitze bei den Industriekombinaten – wirtschaftlich selbständig.

Hauptaufgaben der Kombinate des Bauwesens sind: Sicherstellung des vorrangigen Aufbaus der Investitionsbauvorhaben, Durchführung anderer wichtiger Industriebauten, Einflußnahme auf Vorbereitung und Durchführung der staatlichen Investitionspläne, Förderung der Industrialisierung des Industriebaus, Erfüllung des Wohnungsbauprogramms sowie Sicherstellung der Versorgung mit Baustoffen.

Bau- und Wohnungswesen

I. Überblick

Die Bauwirtschaft ist der Wirtschaftsbereich für Hoch- und Tiefbau sowie Bauinstandsetzungen, der grundsätzlich jene Betriebe umfaßt, die am Prozeß

der Bauvorbereitung und Baudurchführung teilhaben. Dieser Bereich mit rund 600000 Beschäftigten ist mit den übrigen Sektoren der Volkswirtschaft eng verflochten, denn er liefert für diese nicht nur Vorleistungen im weitesten Sinne, sondern alle zentralen Planungen der Produktion, der Infrastruktur, der Wohnungsversorgung tangieren ihn.
Zentrales Organ der Bauwirtschaft ist das → **Ministerium für Bauwesen**, das sowohl aufgrund der vom Ministerrat als auch von der Staatlichen Plankommission vorgegebenen Ziele die Planung der Bauproduktion im Detail realisiert und auch als zentrales Leitungsorgan die bereichsmäßige Steuerung der ihm unterstellten Kombinate und Betriebe durchführt sowie die örtliche Bauwirtschaft anleitet. Ihm unterstehen neben den direkt Bauleistungen produzierenden Baukombinaten und Baubetrieben (einschl. Tiefbau, Industriebau, Wohnungsbau und sonstiger Spezialbau), die Bauforschung (→ **Bauakademie der DDR**), Betriebe der Baumechanisierung, der Baumaterialienindustrie, des Baumaterialhandels sowie die Organe der **staatlichen → Bauaufsicht**. Daneben steht es auf regionaler Ebene in engem Kontakt mit den Räten der Bezirke und Kreise und leitet die – quasi doppelt unterstellten – Bezirks- und Kreisbauämter sowie die bezirksgeleiteten Baubetriebe (einschl. der Bauhandwerksbetriebe) an. Damit wird der Tatsache Rechnung getragen, daß gerade bei der Planung der Bauaufgaben zentrale Vorstellungen mit regionalen Gegebenheiten und Anforderungen abgestimmt werden müssen.
Seit 1960 hat sich der Anteil der Bauwirtschaft am Nettoprodukt der DDR (→ **Nationaleinkommen**) von 5,6 v.H. (1960) auf 6 v.H. (1979) erhöht; er ist im Zuge der Intensivierungsstrategie (mehr Modernisierung statt Neubau) jüngst allerdings wieder auf 5,8 v.H. (1982) gesunken. Der Anteil der Bauwirtschaft an der Gesamtbeschäftigung hat sich im gesamten genannten Zeitraum von 6 auf 7 v.H. erhöht.
Die bauwirtschaftliche Gesamtleistung, im Bauvolumen erfaßt, wird in der DDR zu 64 v.H. von der Bauindustrie, zu 12 v.H. vom Bauhandwerk, zu rund 8 v.H. von den Baueinrichtungen der Landwirtschaft (Zwischengenossenschaftliche Bauorganisationen der Landwirtschaft und Meliorationsgenossenschaften) sowie zu 16 v.H. von den übrigen Betrieben außerhalb der B. (z.B. landwirtschaftliche Baubrigaden [1980: 2 v.H.] sowie Betrieben anderer Wirtschaftsbereiche) erzeugt.

II. Entwicklung des Bauvolumens

Das *Bauvolumen* der DDR entwickelte sich ähnlich wie die Brutto-Anlageinvestitionen (→ **Investitionen**) und zeigt seit 1960 deutliche Wachstumsschwankungen. Eine schwache Entwicklung trat während der Wachstumskrise zu Anfang der 60er Jahre, im Jahre 1966 – damals ergaben sich Anpassungsschwierigkeiten an die Reformen (→ **Neues Ökonomisches System [NÖS]**) – sowie Anfang der 70er Jahre auf. Systemimmanente Schwächen der B. wurden sichtbar: Schwierigkeiten bei der Bereitstellung von Baumaterialien, die nicht bedarfsgerechte regionale Verteilung der Baukapazitäten, eine Zersplitterung der Bauleistungen der Betriebe auf zu viele gleichzeitig begonnene Baustellen sowie Probleme bei der Einführung neuer Technologien. Mit der Rezentralisierung sollten auch diese Probleme überwunden werden.
Auffällig ist, daß die Entwicklung der Investitionen und des Bauvolumens seit den siebziger Jahren stärker voneinander abweicht als in der vorhergegangenen Periode. Den seitdem erheblichen Schwankungen in der Investitionstätigkeit stehen fast konstante Zunahmen der Bauleistungen gegenüber, die in den meisten Jahren bis 1977 5–6 v.H. erreichten, gelegentlich sogar darüber lagen. Seitdem trat allerdings im Zusammenhang mit der Intensivierung der Investitionstätigkeit (vermehrte Rationalisierung in vorhandener Bausubstanz) eine drastische Wachstumsbeschränkung ein. Stabilisierend hat sich aber der hohe Stellenwert des Wohnungsbaus in der → **Sozialpolitik** seit dem VIII. Parteitag der SED (1971) ausgewirkt.
Charakteristisch für die DDR ist der relativ hohe Anteil der *Baureparaturen*, die – nach der in der DDR üblichen Abgrenzung – zu einem Viertel bis zu einem Drittel auch die Generalreparaturen enthalten. Von der gesamten Bauproduktion sind seit 1960 22–28 v.H. auf Baureparaturen entfallen, von denen wiederum ein Drittel die Instandhaltung der stark veralteten und lange Zeit vernachlässigten Wohngebäude des Altbaus betraf. Dabei haben seit einigen Jahren Versuche an Bedeutung gewonnen, mit industriellen Reparaturmethoden – bei zeitweiliger Umsiedlung der Mieter – ganze Straßenzüge rationell zu überholen und zu modernisieren.
Die *sonstigen Bauleistungen* – zu ihnen rechnen Abbruch- und Enttrümmerungsleistungen, Architektenleistungen für die reine Baudurchführung, Bodennutzungsgebühren, Aufwendungen für Erschließungsarbeiten u. ä. – haben bis Mitte der 70er Jahre mit den Großvorhaben und der damit verbundenen Intensivierung der Vorarbeiten stark zugenommen, danach fielen sie wieder etwas zurück.

III. Die Bauinvestitionen

Genauso wie bei den Brutto-Anlageinvestitionen (→ **Investitionen**) vereinigen in der DDR die „produktiven" Bereiche auch den größten Teil der Bauinvestitionen; seit 1960 stieg deren Anteil von gut 58 auf 68 v.H. aller Bauinvestitionen. Allein auf Industrie sowie Land- und Forstwirtschaft entfielen 1960 zusammen 45 v.H. und 1980 54 v.H. aller Neubauten. Die Bereiche Verkehr, Post- und Fernmeldewesen sowie der Handel vereinigten auf sich seit 1965 je

rund 5 v. H. aller Neubauten, und auf die Bauwirtschaft selbst kamen schließlich 2–3 v. H.
Bei den „nichtproduzierenden" Zweigen konzentrierte sich die Neubautätigkeit vor allem auf den Wohnungsbau, dessen Anteil an den Bauinvestitionen von 1960 bis 1970 von 28 auf 14 v. H. zurückfiel, seitdem aber wieder 20 v. H. erreichte. Auf kulturelle und soziale Einrichtungen (Bildungswesen, Kunst, Gesundheits- und Sozialwesen sowie Sport und Touristik) entfielen 3–7 v. H. der Bauinvestitionen. Die übrigen nichtproduzierenden Bereiche (Staatliche Verwaltung, Bank- und Versicherungswesen) erhielten in der Regel nur 1–3 v. H. aller Bauinvestitionen.

IV. Die Wohnungsbauleistungen

Die Wohndichte betrug 1939 im Gebiet der heutigen DDR 3,35 Personen je Wohnung, im Gebiet der heutigen Bundesrepublik Deutschland dagegen 3,7 Personen (vgl. Klaus Dieter Arndt: Wohnverhältnisse und Wohnungsbedarf in der sowjetischen Besatzungszone, Sonderheft des DIW, Nr. 50, Berlin 1960, S. 36). Hinzu kamen geringere Kriegszerstörungen in der DDR und eine stagnierende Bevölkerungszahl, während sich in der Bundesrepublik durch starke Zuwanderungen eine Bevölkerungszunahme ergab. So betrug die Wohndichte (Zahl der Personen je Wohnung) in der DDR 1950 und 1961 3,6 und 3,1 Personen gegenüber 4,9 bzw. 3,4 Personen in der Bundesrepublik. In beiden Gebieten beträgt die Wohndichte gegenwärtig 2,5 Personen.
Aus dieser geringeren Dringlichkeit zum Wohnungsneubau erklärt sich auch der vergleichsweise niedrigere Anteil des Wohnungsbauvolumens der DDR am gesamten Bauvolumen: In den 50er Jahren waren es bei insgesamt nur geringem Bauvolumen 30–35 v. H. (Bundesrepublik Deutschland: über 50 v. H.), heute sind es 26 v. H. (Bundesrepublik 46 v. H.). Je Einwohner gerechnet wurden 1950 weniger als ein Viertel, gegenwärtig werden bereits 63 v. H. der westdeutschen Pro-Kopf-Produktion an Wohnbauten erstellt. Obwohl bei dieser Berechnung das Wohnungsbauvolumen zu jeweiliger Preisbasis beider deutscher Staaten von 1967 zugrunde gelegt worden ist, dürften die Ergebnisse den realen Niveauunterschied widerspiegeln, da 1967 die Baukosten im Wohnungsbau in beiden Gebieten einander etwa entsprochen haben.
Im Zeitraum 1971 bis Ende 1982 wurden 1794300 Wohnungen geschaffen, davon 1207100 Neubauwohnungen (einschließlich 142000 Eigenheime). 124900 Wohnungseinheiten sind durch Um- bzw. Ausbau von Dachgeschossen und Läden gewonnen worden, 462300 entfallen auf die Modernisierung von Altbauten und stellen somit keine Erhöhung des Bestandes dar. In der Bundesrepublik Deutschland betrug die Vergleichszahl für reine Neubauten in der gleichen Zeit rd. 5,7 Mill. Wohnungen.

Die Ausstattung der neugebauten Wohnungen hat sich deutlich verbessert: So sind alle 1982 gebauten Wohnungen mit Bad bzw. Dusche und Warmwasser (1960: 17 v. H.) versehen worden sowie mit Einbauküchen (1960: 26 v. H.) eingerichtet, 98 v. H. weisen Zentralheizung (1960: 9 v. H.) und zwei Drittel (1960: 37 v. H.) Balkon bzw. Loggia auf.
Die durchschnittliche Wohnungsgröße der neugebauten Wohnungen betrug Anfang der 60er Jahre 55 bzw. 56 qm, sie verringerte sich bis 1967 auf 51 qm; gegenwärtig erreicht sie 58 qm. In der Bundesrepublik Deutschland hat die Durchschnittsgröße seit 1962 von 77 auf rund 100 qm zugenommen.

V. Der Wohnungsbestand

Am 1. 1. 1971 gab es gemäß den Ergebnissen der Wohnraum- und Gebäudezählung ca. 6 Mill. Wohnungen in der DDR. Der Bestand hat sich somit gegenüber März 1961 um 550000 Wohnungen erhöht. Unter Berücksichtigung des Nettozugangs der Jahre 1971–1981 läßt sich der Wohnungsbestand zum Jahresende 1981 auf 6,8 Mill. Wohnungen beziffern. Die vorläufigen Ergebnisse der Wohnungszählung zum Jahresende 1981 weisen jedoch lediglich 6,6 Mill. Wohnungen aus; rund 240000 Wohnungen wurden offensichtlich ausgebucht, da sie der DDR-Bevölkerung für Wohnzwecke nicht zur Verfügung stehen. Wegen der so veränderten statistischen Abgrenzung der Zählung von 1981 gegenüber der von 1971 mindert sich der offiziell ausgewiesene reine Zugang auf 510000 Wohnungen. Damit standen bei einer Wohnbevölkerung von 16,7 Mill. Personen 393 Wohnungen je 1000 Einwohner zur Verfügung, 1961 waren es 327 Wohnungen. In der Bundesrepublik verfügten bei einem Gesamtbestand von 25,7 Mill. Wohnungen, ohne die sog. verschwundenen Wohnungen (Wohnungszusammenlegungen, Aufgabe von Mansarden- und Souterrainwohnungen für Wohnzwecke) 24,9 Mill., durchschnittlich 1000 Einwohner über 417 bzw. 404 Wohnungen.
Bei diesen Feststellungen ist allerdings zu berücksichtigen, daß die Wohnungen in der Bundesrepublik Deutschland im Durchschnitt um 34 v. H. größer sind als in der DDR (78 gegenüber 58 qm). Somit ist der an der Wohnfläche bemessene Versorgungsgrad in der Bundesrepublik günstiger: Je Einwohner gibt es durchschnittlich 32 qm Wohnfläche gegenüber nur 23 qm (1961: 17 qm) in der DDR.
Die Wohnungen mit einem oder zwei Wohnräumen machen in der DDR 41 v. H. des Gesamtbestandes aus, in der Bundesrepublik gehören nur 34 v. H. aller Wohnungen in diese Kategorie. In der DDR (37 v. H.) und in der Bundesrepublik (30 v. H.) dominiert die Dreizimmerwohnung. Wohnungen mit 4 und mehr Wohnräumen sind in der DDR mit einem Anteil von 22 v. H. des Bestandes vertreten gegenüber 36 v. H. in der Bundesrepublik. Die Wohn-

Entwicklung des Bauvolumens

Jahr	Bauvolumen insgesamt	davon Bauinvestitionen[1]	davon Baureparaturen[2]	davon Sonstiges	Bauvolumen je Einwohner
	in Mrd. Mark zu Preisen von 1967				Mark zu Preisen von 1967
1955	5,49	4,19	1,10	0,20	306
1960	9,66	7,16	2,14	0,36	560
1965	12,51	8,50	3,61	0,40	735
1970	18,58	13,20	4,57	0,81	1 089
1971	19,64	13,50	5,12	1,02	1 151
1972	20,89	14,25	5,74	0,90	1 226
1973	21,85	14,85	5,87	1,13	1 287
1974	23,62	15,60	6,28	1,74	1 393
1975	25,12	16,78	6,51	1,83	1 491
1976	26,88	18,10	7,27	1,51	1 601
1977	28,22	19,65	7,69	0,88	1 683
1978	29,24	19,95	8,08	1,21[3]	1 745
1979	29,08	20,16	8,11	0,85[3]	1 737
1980	29,45	20,00	8,16	1,29[3]	1 760
1981	30,60[3]	21,00[3]	8,30[3]	1,30[3]	1 830

1 Ohne Generalreparaturen. 2 Einschl. Generalreparaturen. 3 Geschätzt.
Quelle: Bauvolumenberechnung des DIW, Berlin (West).

Entwicklung des Wohnungsbauvolumens

Jahr	DDR: Wohnungsbauvolumen[1]	DDR davon: Wohnungsbauinvestitionen[2]	DDR davon: Baureparaturen an Wohngebäuden[3]	DDR davon: Sonstige Bauleistungen[4,5]	DDR: Anteil des Wohnungsbauvolumens am gesamten Bauvolumen in v.H.	DDR: Wohnungsbauvolumen je Einwohner Mark zu Preisen von 1967	Bundesrepublik Deutschland: Wohnungsbauvolumen in v.H. des gesamten Bauvolumens	Bundesrepublik Deutschland: Wohnungsbauvolumen je Einwohner DM zu Preisen von 1967
	Mrd. Mark zu Preisen von 1967							
1960	3,06	1,91	0,88	0,27	31,7	177	47,9	562
1965	3,20	1,60	1,28	0,32	25,6	188	45,3	665
1970	3,73	1,78	1,53	0,42	20,1	219	42,3	651
1971	4,04	1,98	1,62	0,44	20,6	237	44,2	718
1972	4,44	2,17	1,83	0,44	21,3	261	47,1	812
1973	5,12	2,57	2,02	0,53	23,4	302	47,6	823
1974	5,54	2,74	2,07	0,73	23,5	327	45,1	719
1975	6,02	3,02	2,30[5]	0,70	24,0	357	44,0	664
1976	6,44	3,14	2,62[5]	0,68	24,0	384	45,5	710
1977	6,76	3,25	2,85[5]	0,66	24,0	403	46,4	734
1978	7,20	3,63	2,90[5]	0,67	24,6	430	46,1	756
1979	7,37	3,78	2,95[5]	0,64	25,3	440	45,8	803
1980	7,73	4,00	3,05[5]	0,68	26,2	462	45,7	811
1981	8,09[5]	4,29[5]	3,10[5]	0,70[5]	26,4[5]	484[5]	45,4	765

1 Für den Wohnungsbau aufgewendete Mittel einschließlich der Mittel für die Erhaltung des Wohnungsbestandes.
2 Wohnungsneubau abzüglich Ausrüstungen (ab 1971 einschließlich Eigenheimbau) und einschließlich Generalreparaturen (Modernisierungen).
3 Baureparaturleistungen an Wohnungen sämtlicher Wirtschaftsbereiche sowie der im „Mach mit Wettbewerb" durchgeführten Leistungen der Heimwerker- und Feierabendbrigaden sowie der Bauhöfe und Werkstätten der Kommunalen Wohnungsverwaltungen.
4 Architektenleistungen für die reine Baudurchführung, Enttrümmerungsleistungen, Bodennutzungsgebühren sowie Aufschließungsarbeiten.
5 Geschätzt.
Quelle: Bauvolumenberechnung des DIW, Berlin (West).

Der Wohnungsbau in der DDR

Jahr	Fertiggestellte Wohnungen insgesamt[1]	Modernisierung	Wohnungsneubau, -umbau und -ausbau	ausgebaute und umgebaute Wohnungen	Neugebaute Wohnungen insgesamt	Neugebaute Wohnungen im Montagebau errichtet	Neugebaute Wohnungen: Anteil des Montagebaus	Wohnfläche insgesamt[2]
	1000 Wohnungen						in v.H.	in 1000 qm
1960	80,5	·	80,5	8,6	71,9	23,1	32	4 447
1961	84,1	·	84,1	6,4	77,7	37,5	48	4 630
1962	87,2	·	87,2	7,1	80,1	49,4	62	4 867
1963	76,0	·	76,0	6,6	69,3	50,2	72	4 217
1964	76,6	·	76,6	7,3	69,3	56,9	82	4 017
1965	68,2	·	68,2	9,9	58,3	52,7	90	3 530
1966	65,3	·	65,3	11,9	53,4	49,6	93	3 370
1967	76,3	·	76,3	17,2	59,1	54,4	92	3 876
1968	76,0	·	76,0	14,1	61,9	55,3	89	4 126
1969	70,3	·	70,3	13,8	56,5	51,0	90	3 955
1970	76,1	·	76,1	10,3	65,8	59,2	90	4 256
1971	86,8	10,7	76,1	11,1	65,0	57,3	88	4 398
1972	117,0	31,1	85,9	16,3	69,6	60,3	87	4 905
1973	125,8	29,5	96,3	15,6	80,7	68,0	84	5 573
1974	138,3	35,1	103,2	14,9	88,3	70,3	80	6 201
1975	140,8	32,6	108,2	12,2	96,0	76,9	80	6 523
1976	150,6	35,9	114,7	11,6	103,1	85,2	83	6 869
1977	162,7	45,3	117,4	10,6	106,8	89,3	84	7 097
1978	167,8	46,4	121,4	9,5	111,9	95,1	85	7 318
1979	162,8	38,6	124,2	6,8[3]	117,4	99,7	85	7 138
1980	169,2	43,2	126,0	5,8[3]	120,2	·	·	7 248
1981	185,4	54,3	131,1	5,4[3]	125,7	·	·	7 772
1982	187,1	59,6	127,5	5,1[3]	122,4	·	·	7 453
1961–65	392,1	·	392,1	37,3	354,7	246,7	70	21 261
1966–70	364,0	·	364,0	67,3	296,7	269,5	91	19 583
1971–75	608,7	139,0	469,7	70,1	399,6	332,8	83	27 600
1976–80	813,1	209,4	603,7	44,3	559,4	·	84–85	35 670
Plan								
1981–85	940	310[4]	630	30[3]	600			

1 Neu-, Um-, Ausbau und Modernisierung.
2 Wohnfläche der durch Neu-, Um- und Ausbau geschaffenen Wohnungen.
3 Geschätzt.
4 Ohne Um- und Ausbau.
Quellen: Statistische Jahrbücher der DDR; Gesetzblatt der DDR, 1981, Teil I, S. 413.

räume erreichen in der DDR nur eine Durchschnittsgröße von 15 qm, in der Bundesrepublik hingegen mehr als 20 qm.
Wegen der im Vergleich zur Bundesrepublik Deutschland erheblich niedrigeren Wohnungsbauleistung besteht in der DDR eine weitaus ungünstigere Altersstruktur der Wohnungen: Jahresende 1981 entfielen nur 35 v.H. des Gesamtbestandes auf nach 1945 gebaute Wohnungen – in der Bundesrepublik dagegen über 60 v.H. 46 v.H. aller Wohnungen der DDR sind vor 1919 errichtet worden und damit über 60 Jahre alt, 19 v.H. sind in den Jahren von 1919 bis 1945 gebaute Wohnungen.
Die Instandhaltung und Modernisierung der Wohngebäude ist in der DDR jahrzehntelang vernachlässigt worden. Eine planmäßige Sanierung von Altbeständen wird erst seit Anfang der 70er Jahre vorgenommen. Deshalb zeigt die Ausstattung der Wohnungen gegenwärtig noch immer erhebliche Mängel: Lediglich 26 v.H. aller Wohnungen (1971: 11 v.H.) haben Zentralheizung, nur gut die Hälfte ist mit Bad bzw. Dusche (1971: 39 v.H.) und mit Innentoilette (1971: 42 v.H.) ausgerüstet; 91 v.H. (1971: 82 v.H.) haben Wasseranschluß in der Wohnung. Dies stellt ein Ausstattungsniveau dar, das in der Bundesrepublik Deutschland bei Bad/Dusche bereits Anfang der 60er Jahre und bei Innentoiletten schon in den 50er Jahren erreicht worden ist. 1968 waren in der Bundesrepublik 79 v.H. aller Wohnungen mit WC, 68 v.H. mit Bad und 32 v.H. mit Sammelheizung ausgerüstet – im Jahr 1978 verfügten etwa 90 v.H. aller Wohnungen über Bad und WC sowie 60 v.H. über eine Sammelheizung.
Besonders zurückgeblieben ist in der DDR die Mo-

dernisierung des Altbestands. Bei den bis 1918 gebauten Wohnungen gibt es derzeit nur in jeder zwanzigsten Zentralheizung, in jeder vierten eine Innentoilette und ein Bad. In den Bezirken Karl-Marx-Stadt, Leipzig und Dresden ist der Altbestand besonders hoch.

VI. Wohnungswesen

Bei den staatlichen Organen (Räte der Kreise, der Bezirke und Gemeinden) bestehen Wohnungskommissionen, die über die Wohnraumverwendung entscheiden.

In der Regel müssen Wohnungssuchende – insbesondere für Neubauwohnungen – lange Wartezeiten hinnehmen. Mit Vorrang werden Personen behandelt, die besondere Leistungen für den Aufbau der DDR geleistet haben, oder aber auch Familien von Arbeitern neuer, erweiterter bzw. besonders wichtiger Industriebetriebe. Deshalb nehmen die Betriebsgewerkschaftsleitungen (BGL) Einfluß auf die Verteilung fertiggestellter Wohnungen, aber auch auf die Verteilung des Altwohnraums.

Seit März 1958 bestehen in den meisten Städten Volkseigene **kommunale Wohnungsverwaltungen**, deren Aufgabe es ist, neben den vormals schon staatlichen Wohnbauten auch die in den Nachkriegsjahren aufgrund der sowjetischen Befehle enteigneten Grundstücke (→ **Eigentum; Enteignung**) zu verwalten, ebenso Grundstücke ausländischer oder Eigentümer aus der Bundesrepublik Deutschland, ferner Grundbesitz von Personen, die nach dem 17. 6. 1953 die DDR „illegal" verlassen haben. Erträge aus Grundstücken bzw. Wohnungen, deren Eigentümer bereits vor 1945 im Ausland oder im Gebiet der heutigen Bundesrepublik lebten, werden nach Abzug der Instandhaltungs- und Verwaltungskosten einem → **Sperrkonto** bei der Staatsbank der DDR überwiesen. Grundstücke bzw. Wohnungen von nach dem 17. 6. 1953 nach der Bundesrepublik Deutschland abgewanderten Eigentümern wurden von den „Kommunalen Wohnungsverwaltungen" in Treuhänderschaft übernommen (→ **Treuhandvermögen**). Die Eigentümer haben kein Recht auf die Erteilung von Auskünften oder auf Zahlung von Erträgen aus der Vermietung. Die „Volkseigenen kommunalen Wohnungsverwaltungen" sind auch die Träger des „Volkseigenen Wohnungsbaus". Daneben gibt es die seit 1953 existierenden → **Arbeiterwohnungsbaugenossenschaften (AWG)**, die den sog. Arbeiterwohnungsbau (1961: 35 v.H., 1967: 24 v.H., 1975: 36 v.H. und 1980: 31 v.H. der errichteten Neubauwohnungen) durchführen und die entstandenen Wohnungen verwalten. Die Bauleistung der sonstigen gemeinnützigen Wohnungsbaugenossenschaften (GWG) – 1961: 29 v.H., 1967: 5 v.H., 1975: 2 v.H. – spielt heute nur eine sehr geringe Rolle.

Seit Ende 1963 sind die „Volkseigenen kommunalen Wohnungsverwaltungen" auch zuständig für die Organisierung der Reparaturarbeiten an in privatem Besitz befindlichen Wohnungen. Über die → **Mietermitverwaltung** wird angestrebt, die Mieter zu teilweise kostenlosen Reparaturarbeiten an den von ihnen bewohnten Wohnhäusern zu veranlassen.

Anders als im Westen konnte in der DDR das – nur durch hohe staatliche Subventionen aufrechterhaltene – äußerst niedrige Niveau der **Mieten** weder die Kommunalen Wohnungsverwaltungen und die Wohnungsgenossenschaften noch den privaten Hausbesitz, dem heute immer noch 55–60 v. H. aller Wohnungen gehören, zu nachhaltigen Modernisierungsmaßnahmen veranlassen. Dies erklärt den weitgehend baufälligen Zustand eines großen Teils der Miethäuser. Erst als der Staat mit Beginn der 70er Jahre die (aus Staatshaushaltsmitteln und Krediten finanzierte) Modernisierung der Altsubstanz in die Pläne aufnahm, trat hier eine Besserung ein. Die Altbaumieten befinden sich noch immer auf dem Stand von 1938. Wie niedrig das Mietenniveau für Neubauten ist, wird an folgenden Angaben deutlich: So zahlten bis Dezember 1981 Arbeiter- und Angestelltenfamilien mit einem Monatseinkommen bis 2000 Mark in Berlin (Ost) 1,– bis 1,25 Mark und in den Bezirken der DDR 0,80 bis 0,90 Mark je qm Wohnfläche, Personen mit höherem Einkommen bis zu einem Drittel mehr. Seit Ende 1981 gelten die oben angegebenen Mietsätze unabhängig vom Familieneinkommen.

VII. Das Wohnungsbauprogramm bis 1990

Die Ergebnisse der Wohnungszählung vom 1. Januar 1971 zeigten sowohl einen recht ungünstigen Bauzustand der Wohngebäude als auch ein teilweise erschütternd schlechtes Ausstattungsniveau. Da nur ein Fünftel aller Wohnungen schadensfrei war, wird deutlich, welch erheblicher Vermögensbestand langsam – mehr oder weniger stark – zu verfallen drohte. Angesichts des hohen und in der Ausstattung besonders zurückgebliebenen Altbestandes mußte eine Lösung des Problems gleichzeitig von zwei Seiten in Angriff genommen werden: verstärkter Neubau einerseits und Sanierung der stark vernachlässigten Altbausubstanz andererseits. Deshalb legte die Wirtschaftsführung der DDR 1973 – trotz quantitativ keineswegs ungünstiger Wohnungsversorgung – auf der 9. und 10. Tagung des ZK der SED ein umfangreiches langfristiges Wohnungsbauprogramm fest. Es sieht vor, daß im Zeitraum von 1976 bis 1990 insgesamt 2,8–3,0 Mill. Wohnungen neugebaut bzw. überholt werden sollen, um damit die Wohnbedingungen für 10 der knapp 17 Mill. Einwohner der DDR wesentlich zu verbessern und die Wohnungsfrage als soziales Problem zu lösen. Hierfür wurden Kosten in Höhe von insgesamt 200 Mrd. Mark veranschlagt. Im Jahrfünft 1976–1980 war der Bau von 750000 Wohnungen (davon 550000 Neu-

Entwicklung der Wohnungsaustattung in der DDR
Anteil der mit Zentralheizung (Z), Bad bzw. Dusche (B) und Innentoilette (T) ausgestatteten Wohnungen in v.H. des Bestandes 1961, 1971 und 1981

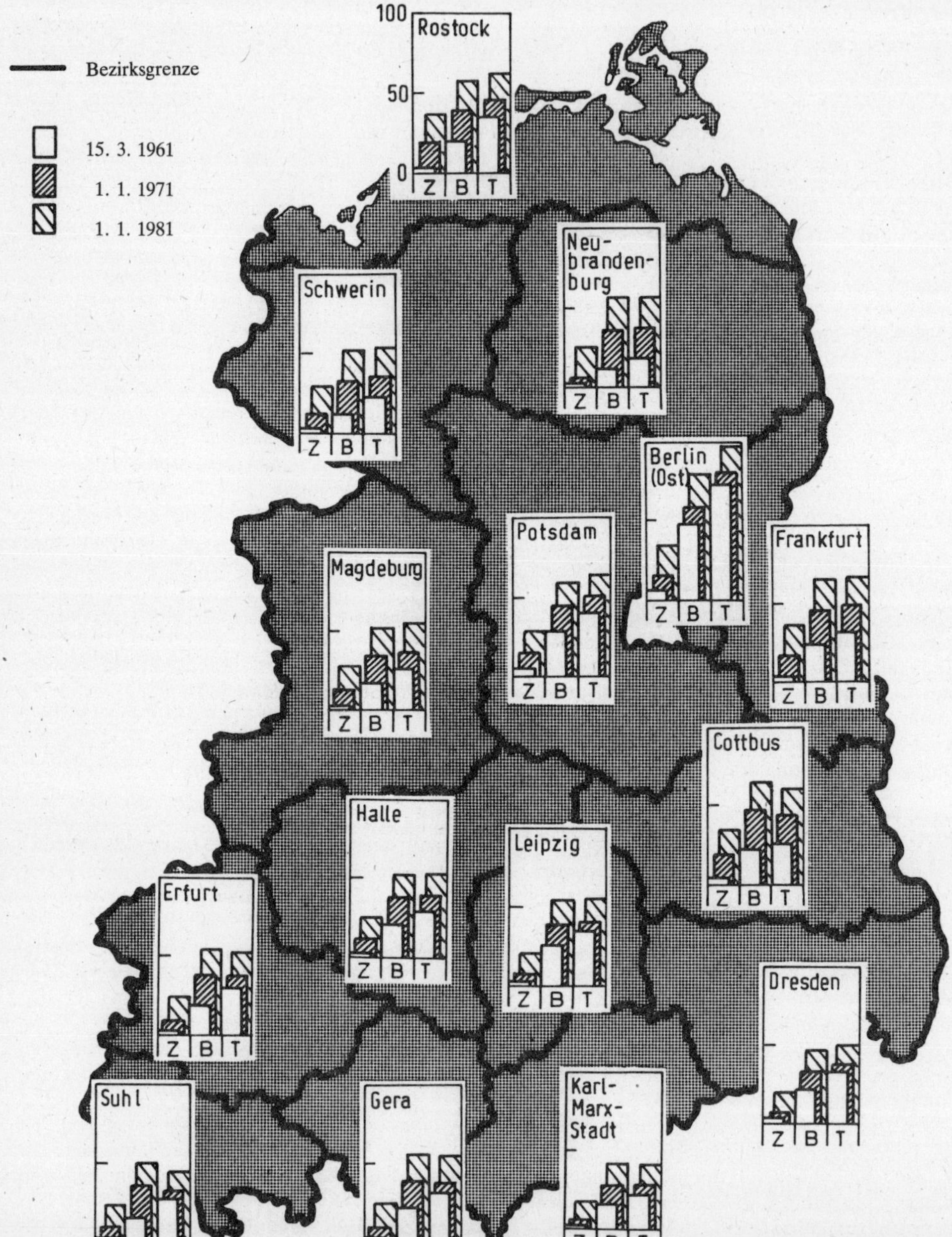

Quelle: Manfred Melzer, Wohnungsbau und Wohnungsversorgung in beiden deutschen Staaten – ein Vergleich. In: Beiträge zur Strukturforschung des DIW, Heft 74/1983, S. 108.

bauten einschließlich 55000 Eigenheime) vorgesehen, bei einem Kostenvolumen einschließlich Folgeeinrichtungen (z. B. Kindergärten und Kaufhallen) von 55 Mrd. Mark. Die angegebenen Ziele sind 1976 durch Selbstverpflichtung des FDGB um 100000 Wohnungsmodernisierungen erhöht worden. Erreicht wurde im vergangenen Jahrfünft die Fertigstellung von 813000 Wohnungen (davon 559000 Neubauten), das ist mehr als ursprünglich geplant. Im gegenwärtigen Fünfjahrplan 1981–1985 wurde festgelegt, insgesamt 940000 Wohnungen zu erstellen bzw. zu modernisieren. Davon entfallen 600000 auf Neubauten und 340000 auf Modernisierungen (einschließlich Um- und Ausbauten). Als Kostenvolumen können etwa 68 Mrd. Mark angesetzt werden. Zieht man davon den geplanten Reparaturaufwand (einschließlich Modernisierung) von 17 Mrd. Mark ab, so handelt es sich um ein Investitionsvolumen von gut 50 Mrd. Mark – das entspricht 19 v. H. aller bis 1985 geplanten Investitionen.

Regional entfallen bereits 40 v. H. der geplanten Neubauleistung auf die Ballungsgebiete (die Bezirke Karl-Marx-Stadt, Dresden, Halle und Leipzig) sowie weitere 11 v. H. auf Berlin (Ost). Hier beträgt das Plansoll an fertigzustellenden Wohnungen allein bereits knapp 104000 Wohnungen (davon 68000 Neubauten). Hierfür werden verstärkt Baukapazitäten aus anderen Gebieten der DDR herangezogen.

In den 80er Jahren werden beim Wohnungsbau etwas veränderte Schwerpunkte wirksam: Neben den Großstädten sollen vermehrt auch kleinere Städte und Gemeinden bedacht werden, was bei kleinen Neubauprojekten in abgelegeneren Standorten die industrielle Kleinserienfertigung von Betonplatten und -fertigteilen voraussetzt; der Umgestaltung und Sanierung innerstädtischer Wohngebiete – bei Auflockerung der Überbauung – kommt endlich höhere Priorität zu; darüber hinaus ist vorgesehen, Baureparaturen und Instandsetzungen an 1,3 Mill. Wohnungen – das ist etwa das Doppelte des vergangenen Jahrfünfts – durchzuführen; schließlich soll der Anteil der Neubauwohnungen mit mehr als drei Räumen zur Erreichung einer familiengerechteren Versorgung erhöht werden.

Als problematisch erweist sich, daß die Neubauaufgaben angesichts der stark gestiegenen Energie- und Rohstoffkosten von merklichen Kostenerhöhungen kaum verschont bleiben können. Das wiederum

Regionaler Wohnungsbau und Wohnungsbestand in der DDR (1971 bis 1981)

Bezirke	Wohnungsbestand am 1. 1. 1971[1]			Fertiggestellte Wohnungen 1971–1981				Wohnungsbestand am 31. 12. 1981					
	insgesamt	dav.: nach 1945 erbaut	Wohndichte[4]	im Neubau		durch Um- und Ausbau sowie Modernisierung		insgesamt[2]	Bestand ohne zweckentfremdet genutzte Wohnungen[3]	Wohndichte[5]	nach Baujahrsgruppen[6]		
				1971–1980	1981	1971–1980	1981				vor 1919	1919–1945	nach 1945
	in 1000	in v. H.	Personen	in 1000				in 1000		Personen	in v. H. des Bestandes		
Berlin (Ost)	464	23	2,3	89,0	13,5	41,5	6,1	524	520	2,2	40	18	42
Cottbus	302	33	2,8	57,9	7,0	21,0	2,4	345	332	2,7	31	20	49
Dresden	687	17	2,7	88,3	12,0	43,7	6,8	763	731	2,5	52	19	29
Erfurt	412	18	3,0	70,3	9,1	28,4	3,1	471	461	2,7	49	17	34
Frankfurt/O.	234	30	2,8	50,1	5,5	20,3	2,6	269	262	2,7	29	23	48
Gera	259	20	2,8	46,7	5,4	24,2	3,1	305	290	2,6	49	15	36
Halle	667	22	2,8	98,2	12,2	44,9	5,8	737	710	2,6	45	20	35
Karl-Marx-Stadt	786	15	2,6	89,3	14,4	51,2	6,9	847	816	2,4	56	18	26
Leipzig	542	16	2,7	68,4	10,6	45,0	5,2	587	572	2,5	52	19	29
Magdeburg	460	18	2,8	74,1	10,2	45,9	5,2	527	494	2,6	51	17	32
Neubrandenburg	201	31	3,1	42,0	3,6	20,3	2,9	226	221	2,8	38	13	49
Potsdam	391	20	2,8	56,4	8,4	25,6	3,2	442	424	2,6	38	30	32
Rostock	269	32	3,1	66,6	6,6	19,1	2,6	331	317	2,8	35	15	50
Schwerin	193	24	3,0	35,9	3,9	17,0	2,1	220	214	2,8	45	15	40
Suhl	190	18	2,9	25,8	3,4	14,7	1,7	213	207	2,7	47	22	31
DDR, insgesamt	6057	21	2,8	959,0	125,7	462,8	59,6	6807	6569	2,5	46	19	35

1 Ergebnisse der Wohnraum- und Gebäudezählung vom 1. 1. 1971.
2 Fortschreibung der Ergebnisse der Wohnraum- und Gebäudezählung vom 1. 1. 1971 unter Berücksichtigung der Ergebnisse der Zwischenzählung vom 1. 1. 1978.
3 Vorläufige Ergebnisse der Wohnraum- und Gebäudezählung vom 31. 12. 1981; hierbei sind 240000 zweckentfremdet genutzte bzw. für DDR-Bürger nicht verfügbare Wohnungen ausgebucht worden.
4 Zahl der Personen je Wohnung.
5 Zahl der Personen je Wohnung des für DDR-Bürger für Wohnzwecke verfügbaren Bestandes.
6 Für Wohnzwecke von DDR-Bürgern genutzte Wohnungen.

Quellen: Statistische Jahrbücher der DDR; Ergebnisse der Wohnraum- und Gebäudezählung vom 1. 1. 1971; Berechnungen und Schätzungen des DIW.

verlangt – neben den zur Finanzierung verwendeten Bankkrediten und Eigenleistungen (beim Eigenheimbau) – erhöhte Zuschüsse aus dem Staatshaushalt für den Neubau. Daneben ist der Staat angesichts der niedrig fixierten Mieten, die praktisch zu einer völligen Unrentabilität der Wohnungswirtschaft geführt haben, zusätzlich zur Mittelbereitstellung für einen Teil der Bewirtschaftungskosten (bei staatsnahen Trägern der Wohnungswirtschaft) zur finanziellen Stützung der gewaltigen Sanierungsaufgabe gezwungen. Dabei erweist sich, daß die für den Zeitraum 1981–1990 vorgesehene Modernisierungsleistung von einem Drittel der geplanten gesamten Wohnungsbauleistung nur etwa 40 v. H. der noch zu bewältigenden Generalüberholung ausmacht. Die dafür spezialisierten Baukapazitäten reichen nicht aus, außerdem stehen die entsprechenden Betriebe gerade hinsichtlich der Umgestaltung der Stadtkerne bei dazu noch stark beschränktem Mitteleinsatz vor erheblichen Aufgaben. Hinzu kommt, daß bis 1985 über eine bessere Wärmedämmung der Gebäude sowie über wirkungsvollere Heizungssysteme bei neuen und modernisierten Gebäuden 30 v. H. des hierfür bisher erforderlichen Energieverbrauchs eingespart werden soll. Das ist eine recht bedeutsame Aufgabe, wenn man in Rechnung stellt, daß bisher etwa ein Drittel der insgesamt erzeugten Gebrauchsenergie der DDR zur Beheizung von Wohn- und anderen Gebäuden diente.

Es kann kaum bezweifelt werden, daß es nunmehr schwieriger geworden ist, das Wohnungsbauprogramm zu verwirklichen, schwieriger als es Mitte der 70er Jahre vorauszusehen war. Angesichts der zunehmenden gesamtwirtschaftlichen Probleme, im wesentlichen durch die außenwirtschaftliche Belastung – Verschlechterung der terms of trade und zunehmende Probleme der Schuldentilgung – induziert, ist die DDR zu erheblichen Exportanstrengungen gezwungen. Diese wiederum begrenzen bei weiterhin steigendem privaten Verbrauch das Investitionsvolumen, von dem bei plangemäßer Entwicklung ein steigender Anteil für die Wohnungsbauinvestitionen bereitgestellt werden muß. Zugleich sind die produzierenden Bereiche zur Einsparung von Energie und Materialien vor weitreichende Strukturveränderungen gestellt und bedürfen deshalb ebenfalls dringend der Mittel für entsprechende Investitionen.

Versucht man, trotz bestehender Unsicherheiten bezüglich der vollen Realisierbarkeit aller Wohnungsbauziele, eine Prognose bis 1985 zu stellen, so sollte berücksichtigt werden, daß dem nach wie vor als „Kernstück der Sozialpolitik der SED" propagierten Wohnungsbauprogramm ein so hoher Stellenwert zukommt, daß es ohne äußerst zwingende Gründe kaum eine Prioritätsminderung erfahren könnte. Deshalb lassen sich als Prognosewerte die Planziele bis 1985 veranschlagen. Danach ergibt sich – unter der Annahme einer jährlichen Aussonderung von 0,55 v. H. – für Jahresende 1985 ein Gesamtbestand von gut 6,9 Mill. für DDR-Bürger verfügbare Wohnungen. Die Wohndichte beliefe sich auf 2,4 Personen je Wohnung. Bei der Ausstattung wären 36 v. H. der Wohnungen mit Zentralheizung, knapp zwei Drittel mit Bad/Dusche sowie mit Innentoilette ausgestattet, und etwas mehr als die Hälfte hätte einen Warmwasseranschluß. Regional blieben allerdings noch immer deutliche Versorgungsunterschiede – sowohl quantitativ als auch qualitativ – bestehen.

Manfred Melzer

Literaturangaben

Beutel, Bruno: Komplexe Planung der Wohnverhältnisse in der DDR. Berlin (Ost): Die Wirtschaft 1966.

Hoffmann, Manfred: Wohnungspolitik in der DDR. Düsseldorf: Verl. Dt. Wohnungswirtschaft 1972.

Jenkis, Helmut W.: Wohnungswirtschaft und Wohnungspolitik in beiden deutschen Staaten. Hamburg: Hammonia 1976.

Melzer, Manfred: Qualitative Aspekte der regionalen Wohnungsversorgung in der DDR, in: Die DDR im Entspannungsprozeß – Lebensweise im realen Sozialismus. Deutschland Archiv, Sonderheft 1980, S. 145ff. Köln: Wissenschaft u. Politik 1980.

Melzer, Manfred unter Mitarbeit von Wolfgang Steinbeck: Wohnungsbau und Wohnungsversorgung in beiden deutschen Staaten – ein Vergleich. Beiträge zur Strukturforschung des DIW, Heft 74. Berlin: Duncker & Humblot 1983.

Melzer, Manfred unter Mitarbeit von Wolfgang Steinbeck: Probleme und bisherige Erfolge des Wohnungsbauprogramms – Nord- und Mittelregion der DDR. Deutschland Archiv, Heft 1/1983, S. 76ff. Köln: Wissenschaft u. Politik 1983.

Melzer, Manfred unter Mitarbeit von Wolfgang Steinbeck: Zwischenbilanz des Wohnungsbauprogramms – Ballungs- und Südwestregionen der DDR. Deutschland Archiv, Heft 12/1983, S. 1289ff. Köln: Wissenschaft u. Politik 1983.

Beamtenversorgung: In der DDR besteht kein Beamtentum (→ **Staatsfunktionär**). Die Versorgung ehemaliger Beamter und Berufsoffiziere ist von der Sozialversicherung übernommen worden. Voraussetzung für den Versorgungsanspruch ist, daß der Betroffene mindestens 5 Jahre lang als Beamter oder 10 Jahre als Berufsoffizier tätig war und arbeitsunfähig ist oder die Altersgrenze (bei Männern 65 Jahre, bei Frauen 60 Jahre) überschritten hat. Die Leistungen sind grundsätzlich gleich denen in der Sozialversicherung. → **Renten/Altersversorgung; Sozialversicherungs- und Versorgungswesen.**

Beitrag für gesellschaftliche Fonds: Mit VO vom 14. 4. 1983 (GBl. I, S. 105) wurde in der Industrie zum 1. 1. 1984, im Bauwesen zum 1. 1. 1985, als neue Abgabe der BfgF. eingeführt. Danach haben die volkseigenen Kombinate und Betriebe der zentralgeleiteten Industrie sowie die Kombinate und Betriebe des Bauwesens (ausgenommen sind die Kombinate und Betriebe des Binnen- und Außenhandels der zentralgeleiteten Industrie und des Bauwesens) (→ **Betriebsformen und Kooperation**) einen Betrag in Höhe von 70 v. H. bezogen auf den für das jeweilige Jahr geplanten Lohnfonds in den jeweiligen Jahresplan einzusetzen und in Monatsraten entsprechend den jeweils tatsächlich gezahlten Löhnen und Gehältern an den Staatshaushalt abzuführen. Der BfgF. gilt als Bestandteil der betrieblichen Selbstkosten und wird in die Kalkulation der Industriepreise einbezogen (→ **Preissystem und Preispolitik**). Für eine Übergangszeit sieht die erste Durchführungsbestimmung zu der genannten VO (GBl. I, S. 106) Sonderregelungen für die Betriebe vor, deren Fonds für die Finanzierung des BfgF. „vorübergehend" nicht ausreichen; diese Betriebe sollen die Möglichkeit erhalten, den BfgF. aus dem sonst abzuführenden „staatlichen Erlöszuschlag" zu finanzieren. Einzelheiten sind jedoch nicht bekanntgegeben worden.

Seinem Wesen nach ist der BfgF. eine Art „Lohnsummensteuer". Offensichtlich sollen die tatsächlichen Kosten der Arbeitskraft (bisherige Kosten, die unmittelbar in den Betrieben entstanden, zuzüglich soziale Kosten, die aus den gesellschaftlichen Fonds gedeckt wurden; → **Konsumtion, Gesellschaftliche**) sichtbarer gemacht und auf diese Weise „die lebendige Arbeit . . . höher bewertet" werden, damit – wie es im Text der VO heißt – „der rationale Einsatz des gesellschaftlichen Arbeitsvermögens (→ **Arbeitskräfte**) und die sozialistische Rationalisierung (→ **Intensivierung und Rationalisierung**) gefördert sowie die → **wirtschaftliche Rechnungsführung** weiter vervollkommnet" werden.

Über die angesichts der Höhe des BfgF. wohl beträchtlichen Auswirkungen auf die Kostenrechnung und die Kostenstruktur der Betriebe, auf das Industriepreissystem und auf den → **Staatshaushalt** sind gegenwärtig noch keine Aussagen möglich, da es an Erfahrungen fehlt. Die Einführung des BfgF. soll jedoch auf jeden Fall die Verbraucherpreise unberührt lassen.

Bekleidungsindustrie: Allgemeine Bezeichnung für den Zweig Konfektionsindustrie, der entsprechend der Industriezweigsystematik der DDR zum Bereich → **Leichtindustrie** zählt. Die B. umfaßt alle Betriebe zur Herstellung von Bekleidung, Leib- und Haushaltswäsche aus textilen Flächengebilden. Neben Betrieben zur industriellen und serienmäßigen Fertigung von Kleidungs- und Wäschestücken (Konfektionsbetriebe) gehören zum Zweig B. auch Maß-, Ateliers- und Bekleidungsreparaturwerkstätten.

Ähnlich wie die → **Textilindustrie** war auch die B. vor dem II. Weltkrieg in Mitteldeutschland stark konzentriert. Diese überdurchschnittlich starke Stellung der B. ging in der Nachkriegszeit verloren; in diesen Jahren wandelte sich zugleich die Eigentumsstruktur. Während Mitte der 60er Jahre noch fast die Hälfte der Beschäftigten in privaten oder halbstaatlichen Betrieben tätig war und der Umsatzanteil dieser Betriebe rd. 40 v. H. am Gesamtumsatz der B. betrug, wurden 1972 nahezu sämtliche noch bestehenden privaten und halbstaatlichen Betriebe in Volkseigentum überführt.

Die B. umfaßt gegenwärtig die 3 Oberbekleidungskombinate Berlin, Erfurt und Lößnitz sowie das Textilkombinat Cottbus. Ende 1978 bestand die B. noch aus 300 Betrieben mit über 1200 Produktionsstätten und 83000 Beschäftigten.

Die Versorgung der Bevölkerung mit Erzeugnissen der B. ist immer noch uneinheitlich und unbefriedigend. Im Fünfjahrplanzeitraum 1976/1980 betrug die geplante jährliche Steigerungsrate für konfektionierte Oberbekleidung durchschnittlich 8,7 v. H., realisiert wurden knapp 4 v. H. Veraltete Maschinen und Materialknappheit sind u. a. die Ursachen für die unbefriedigende Situation in der B.

Der Anteil aus pflegeleichten synthetischen Fasern (→ **Chemiefaserindustrie**) ist noch relativ gering, wenn sich auch die Materialstruktur in der B. durch einen verstärkten Einsatz synthetischer Faserstoffe verbessert hat. Zellulosefaserstoffe werden damit zunehmend in ihrer Bedeutung zurückgedrängt. Modische Gesichtspunkte – an westlichen, nicht an osteuropäischen Maßstäben gemessen – bleiben beim Bekleidungsangebot vielfach unberücksichtigt. Untersuchungen im Einzelhandel zeigen, daß 20 v. H. aller Oberbekleidung überhaupt nicht oder kaum absetzbar sind. Nicht befriedigt werden kann der Bedarf an z. Z. aktuellen Jeans-Moden. Das im Jahr 1952 als Institut für Bekleidungskultur gegründete Modeinstitut der DDR ist Anleitungs- und Kontrollorgan des → **Ministeriums für Leichtindustrie** auf dem Gebiet der Modegestaltung der Erzeugnisse der Textilindustrie, der B., der Schuh- und Lederwarenindustrie. Es hat die Aufgabe, die Entwicklung der Mode zu analysieren und die B. über Trends für die Entwicklung der Trage- und Bekleidungsgewohnheiten, der Erzeugnisgestaltung, der Sortimentsveränderungen usw. zu informieren. Das Modeinstitut gibt die Zeitschrift „Sibylle" heraus.

Neben der bedarfsgerechten Fertigung bringt die zweigleisige Planung und Leitung der B. große Probleme für die Betriebe. So erfolgt die Bilanzierung und Verteilung der Gewebe sowie auch die Bilanzierung der Konfektionserzeugnisse durch das Ministerium für Leichtindustrie. Die staatlichen Planaufgaben werden aber für die bezirksgeleiteten Betriebe, die das überwiegende Volumen der Konfektion produzieren, durch das → **Ministerium für Bezirksgeleitete Industrie und Lebensmittelindustrie** erteilt. Aus dieser uneinheitlichen Leitungsstruktur resultieren immer wieder beklagte Reibungsverluste. Eine bedarfsgerechte Produktion durch schnelles Anpassen an unerwartete Verbraucherwünsche ist durch das Planungsverfahren praktisch ausgeschlossen. Ca. 14 Monate vor Beginn eines Planjahres müssen die B.-Betriebe ihre Sortimentsvorstellungen bis ins Feinsortiment nach Stückzahlen erarbeiten.

Bergakademie Freiberg: Älteste montanwissenschaftliche Hochschule der Welt (gegr. 1765). Seit 1905 besitzt sie das Promotionsrecht. Neben den Bereichen Bergbau, Geowissenschaften und Metallurgie sind seit Mitte der 60er Jahre auch andere ingenieurwissenschaftliche Disziplinen, wie Elektronik, Bauwesen, Anlagenbau usw., an der BF. vertreten. Gegenwärtig bestehen 10 Sektionen (Geotechnik/Bergbau; Geowissenschaften; Chemie; Maschinen- und Energietechnik; Metallurgie/Werkstofftechnik; Physik; Mathematik; Verfahrens- und Silikattechnik; Marxismus-Leninismus; Sozialistische Betriebswirtschaft), ferner Abteilungen für Fremdsprachen und Sport. Weitere wissenschaftliche Einrichtungen der BF. sind u. a.:

- Institut für sozialistische Wirtschaftsführung,
- Industrieinstitut (zur Weiterbildung von Arbeiterkadern zu Wirtschaftsfunktionären),
- → **Arbeiter-und-Bauern-Fakultät (ABF)** „Wilhelm Pieck“.

An der BF. werden ca. 2800 Studenten (darunter etwa 150 Ausländer) in 25 Fachrichtungen ausgebildet, von denen 20 an keiner anderen Hochschule der DDR gelehrt werden.

Forschungsschwerpunkte sind Fragen der Energiegewinnung, der Entwicklung und Verarbeitung metallischer Werkstoffe und der Entwicklung von Maschinen und Maschinensystemen.

Kooperationsverträge bestehen zu chemischen und Bergbaubetrieben, Freundschaftsverträge und Arbeitsvereinbarungen zu 14 Hochschulen im RGW, davon 6 in der UdSSR. Die Lehre und Forschung der BF. werden in den „Freiberger Forschungsheften“ und der Zeitschrift „Neue Bergbautechnik“ einer größeren Öffentlichkeit zugänglich gemacht. → **Universitäten und Hochschulen.**

Bergbau: Bis 1967 eigener Industriezweig. In ihm waren 1967 7 v. H. (183300) der Arbeiter und Angestellten der Industrie beschäftigt; vom industriellen Bruttoanlagevermögen entfielen 16 v. H. auf diesen Bereich. Ab Planjahr 1968 wurden die B.-Betriebe verschiedenen Industriebereichen mit den Zweigen Steinkohlenindustrie, **Braunkohlenindustrie**, Kali- und Steinsalzindustrie, Schwarzmetallurgie und NE-Metallurgie zugeordnet. Die Rohstoffbasis des B. ist relativ schmal. Sie erlaubt lediglich, den Eigenbedarf an Braunkohle und Kalisalzen aus inländischen Quellen zu decken.

Die Braunkohlenförderung erfolgt in den Braunkohlenkombinaten Bitterfeld (49000 Beschäftigte, 19 Tagebaue und 23 Brikettfabriken) und Senftenberg (50000 Beschäftigte, 14 Tagebaue und 13 Brikettfabriken).

Auf rd. 20 Mrd. t werden die abbauwürdigen Braunkohlenvorräte geschätzt; die geologisch erkundeten Reserven werden mit 45 Mrd. t angegeben. Obwohl dies noch nicht einmal 2 v. H. der Weltvorräte sind, ist die DDR mit einem Anteil von 30 v. H. das bedeutendste Braunkohlenförderland der Welt. 1983 wurde eine Fördermenge von 278 Mill. t erreicht. Bis 1985 soll die Förderung auf 295 Mill. t jährlich gesteigert werden; für 1990 ist derzeit eine Produktion von 300 Mill. t vorgesehen. Dazu ist in den 80er Jahren der Neuaufschluß von 21 Tagebauen erforderlich.

Vor dem Kriege konzentrierte sich die Förderung überwiegend auf die westelbischen Gebiete. Anfang der 50er Jahre wurde die Erschließung der Vorkommen – mit Schwerpunkt im Bezirk Cottbus – in großem Umfange aufgenommen (Vorräte des „Lausitzer Reviers“ 11 Mrd. t). Von Vorteil ist, daß die Braunkohle im „Lausitzer“ und „mitteldeutschen Revier“ überwiegend in großen Feldern mit 200 Mill. t Vorrat ansteht, so daß kostengünstige Großtagebaue betrieben werden können. Allerdings verschlechtern sich die Förderbedingungen: Da die oberflächennahen Lagerstätten nahezu abgebaut sind, erhöht sich das Abraum-Kohle-Verhältnis: 1970 mußten für die Förderung einer Tonne Braunkohle 3,6 m^3 Deckgebirge abgetragen werden, 1983 waren es bereits 4,3 m^3, darüber hinaus müssen 6 m^3 Wasser entfernt werden.

Um die Braunkohlenförderung bis 1985 auf das geplante Niveau heben zu können, müssen im Planjahrfünft 1981–1985 9 neue Tagebaue aufgeschlossen werden, darunter die Vorkommen von Gräbendorf, Scheibe, Köckern und Reichwalde. → **Energiewirtschaft.**

Die Steinkohlenförderung wurde in der DDR 1977 vollständig eingestellt. Mangels abbauwürdiger Vorräte wurde die Kohle zuletzt nur noch in den Lagerstätten der Zwickauer Mulde gefördert. Die ungünstigen Abbauverhältnisse, die wiederum hohe Betriebskosten bedingten, haben dazu beigetragen, daß die Fördermengen (1960: 2,7 Mill. t) ständig zurückgenommen werden mußten. Zum Zeitpunkt der Produktionseinstellung arbeiteten im Zwickauer und Lugau-Oelsnitzer Revier nur noch 3000 Bergarbeiter. Der für den Hochofenprozeß entstehende Bedarf an Steinkohle und Steinkohlenkoks wird durch Importe aus der UdSSR, der Tschechoslowakei und Polen gedeckt (1982: 6,8 Mill. t).

Ein wichtiges Rohstoffreservoir für die → **Chemische Industrie** sind die umfangreichen Steinsalz- und Kalivorkommen, die auf 5 Bill. t bzw. 13 Mrd. t geschätzt werden (Kali ist die Sammelbezeichnung für die natürlich vorkommenden Kalisalze und die daraus erzeugten Düngemittel). Die → **Kaliindustrie** – zusammengefaßt im VEB Kombinat Kali – beschäftigt rd. 32000 Personen; vier Fünftel ihrer Erzeugnisse werden exportiert. Die DDR ist damit einer der bedeutendsten Kaliexporteure der Welt; mit einer Jahresproduktion von 3,4 Mill. t Kalidüngemitteln (K_2O) (1982) nimmt sie den 3. Rang in der Welt ein.

Aus den einheimischen Eisenerzlagerstätten kann die DDR lediglich 3 v. H. ihres Eigenbedarfs decken. Die Lagerstätten im Erzgebirge, Thüringer Wald, Harz und Harzvorland sind erschöpft bzw. nur noch im geringen Umfang abbauwürdig; die Eisenerze selbst sind eisenarm. Daher ist die Eisenerzförderung rückläufig. Wurden 1960 noch 1,6 Mill. t Roherz gefördert, so waren es 1979 nur noch 0,06 Mill. t. Selten sind auch die Erze von Stahlveredelungsmetallen, von denen lediglich das im Vorland des Erzgebirges abgebaute Nickelerz eine gewisse Bedeutung besitzt.

Zwar befinden sich auf dem Territorium der DDR z. T. relativ umfangreiche Vorkommen von Buntmetallen. Ihr Abbau ist aber aufgrund der geringen Wertkonzentration erschwert bzw. wirtschaftlich nicht rentabel. Am bedeutendsten ist der → **Kupfererzbergbau** mit etwa 27000 Beschäftigten und einer (geschätzten) Jahresproduktion von knapp 20000 t. Wichtigste Kupfervorkommen sind die südlich des Harzes gelegenen Mulden von Mansfeld und Sangerhausen (Cu-Gehalt bis zu 3 v. H.). Das Schwergewicht des Kupfer-B. hat sich in den letzten Jahren aus der Mansfelder in die Sangerhauser Mulde verschoben. Unter Berücksichtigung ständig steigender Importe liegt die inländische Produktion an Raffinade- und Elektrolytkupfer heute bei rd. 60000 t jährlich. Abbauwürdige Blei- und Zinkerze (Gehalt etwa 2–5 v. H.) befinden sich im Freiberger Raum; im Mansfelder Kupferschiefer treten Blei- und Zinkerze als Beimengungen auf. Die Erzförderung beträgt etwa 300000 t, eine Steigerung ist gegenwärtig nicht möglich. Zentrum des Zinnerz-B. (Zinngehalt etwa 2 v. H.) ist Altenberg im Osterzgebirge.

Bergbaugebiete in der DDR

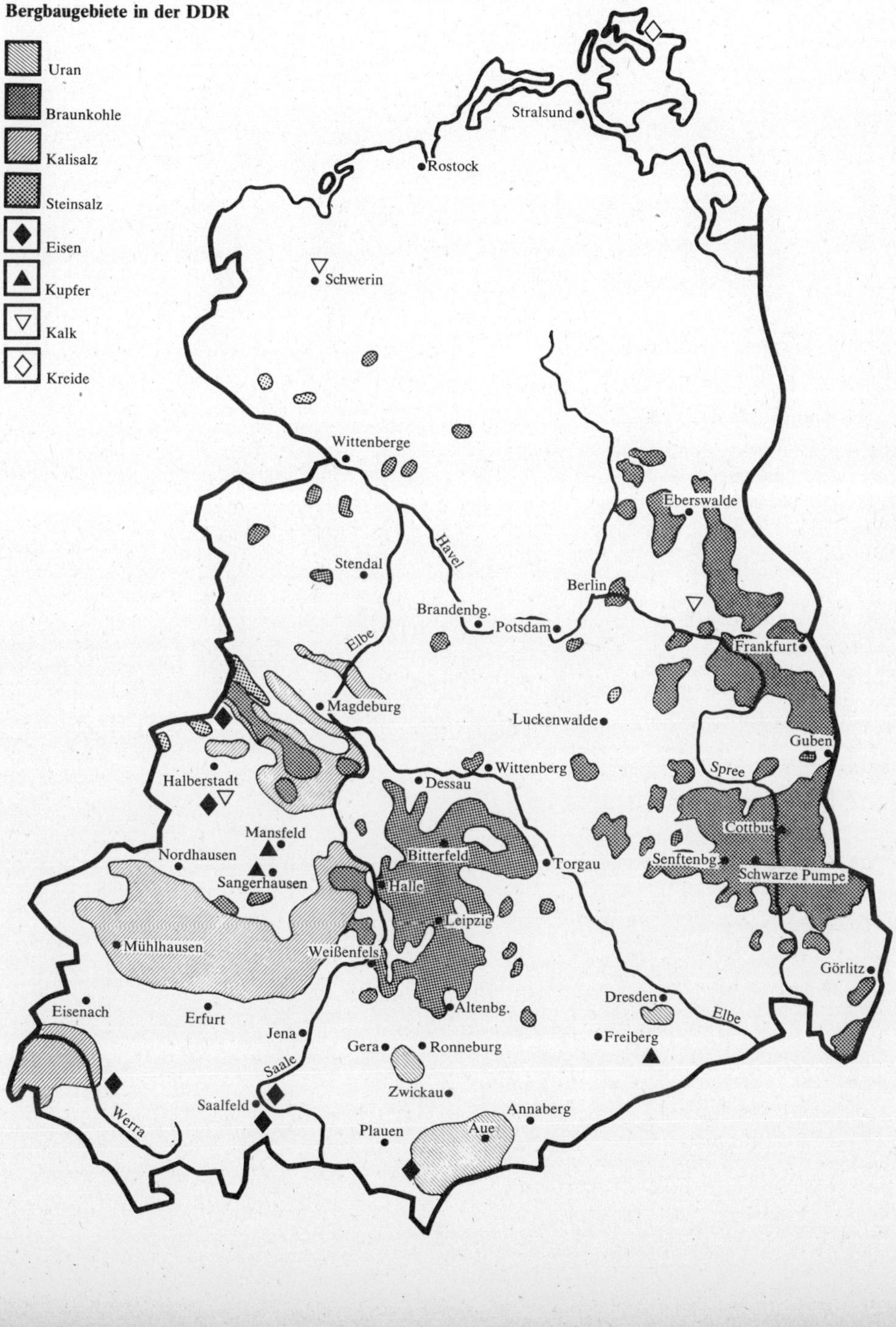

Berlin

I. Vereinbarungen der Siegermächte

Bestimmend für die Nachkriegsentwicklung B. waren die im → **Londoner Protokoll** vom 12. 9. 1944 und im Londoner Abkommen über die Kontrolleinrichtungen in Deutschland vom 14. 11. 1944 getroffenen Festlegungen. Danach sollte das besiegte Deutschland „zum Zwecke der Besetzung" in Zonen und ein „besonderes Berliner Gebiet" gegliedert werden. „Groß-Berlin" in den durch das Gesetz vom 27. 4. 1920 festgelegten Grenzen sollte in Sektoren aufgeteilt und einem „besonderen Besatzungssystem" unterstellt werden. Die Verwaltung B. sollte einer Interalliierten Behörde („Komendatura") übertragen werden, die unter Leitung des → **Kontrollrates** arbeitete und aus je einem Vertreter der vier Siegermächte als Kommandanten bestand, von denen jeder abwechselnd als Hauptkommandant fungierte. Wie im ebenfalls in B. ansässigen Kontrollrat, konnten auch in der Kommandantur Beschlüsse nur einstimmig gefaßt werden.

II. Bildung von Sektoren

Nach der endgültigen Kapitulation der deutschen Truppen in B. gegenüber der Sowjetarmee gingen die sowjetischen Militärbehörden mit Unterstützung der aus Moskau heimgekehrten → **Gruppe Ulbricht** unverzüglich daran, Bezirksverwaltungen und einen Magistrat von Groß-B. einzusetzen, um noch vor dem Einzug der westalliierten Garnisonen die neue Verwaltungsstruktur – vor allem in personeller Hinsicht – unter ihre Kontrolle zu bringen. Amerikaner, Briten und Franzosen besetzten erst Anfang Juli ihre Sektoren in B., während die Sowjetarmee in Thüringen, Sachsen und Mecklenburg bis zu der im Londoner Protokoll vereinbarten Zonengrenze vorrückte. Zum amerikanischen Sektor von B. gehörten 6 Bezirke (Neukölln, Kreuzberg, Tempelhof, Schöneberg, Steglitz und Zehlendorf), zum britischen 4 (Tiergarten, Charlottenburg, Wilmersdorf und Spandau), zum französischen Sektor 2 Bezirke (Wedding und Reinickendorf). Die 3 Westsektoren umfaßten 54,4 v.H. der Fläche und 63,2 v.H. der Bevölkerung von Groß-B., das im August 1945 2,8 Mill. Einwohner zählte. Der sowjetische Sektor – 45,6 v.H. der Fläche und 36,8 v.H. der Bevölkerung – bestand aus 8 Bezirken (Mitte, Prenzlauer Berg, Friedrichshain, Treptow, Köpenick, Lichtenberg, Weißensee und Pankow).

Ende November 1945 kamen die Vertreter der Vier Mächte überein, drei jeweils 32 km breite Luftkorridore von B. nach Hamburg, Bückeburg (Hannover) und Frankfurt a. M. sowie eine besondere Kontrollzone mit einem vom Gebäude des Alliierten Kontrollrats ausgehenden Radius von 32 km festzulegen. Die Lufthoheit innerhalb dieser Zone wurde in einer Vereinbarung vom 22. 10. 1946 einer → **Alliierten Luftsicherheitszentrale (Berlin Air Safety Center)** B. übertragen. Diese Regelungen gelten auch heute noch für den Luftverkehr von und nach Berlin (West); sie haben sich trotz einiger Zwischenfälle in den Luftkorridoren bewährt und sind von den Botschaftern der Vier Mächte 1970/71 bei ihren Verhandlungen über das Berlin-Abkommen nicht in Frage gestellt und auch nicht durch neue Absprachen ersetzt oder ergänzt worden (s. Schaubild).

Hingegen sind besondere Regelungen für den Zugang der westalliierten Garnisonen und der deutschen Zivilbevölkerung auf den Landwegen zwischen den westdeutschen Besatzungsgebieten und den Westsektoren von B. im Rahmen der alliierten Abkommen 1944/46 nicht getroffen worden. Auf amerikanischer Seite vertrat man die Auffassung, das Recht auf Anwesenheit in B. schließe das Recht des ungehinderten Zugangs ein.

III. Bildung von Parteien und Gewerkschaften

Die chaotischen Verhältnisse in der zerstörten Stadt verlangten eine Zusammenarbeit aller sich mit Zustimmung der Besatzungsbehörden formierenden politischen Kräfte. Nachdem die sowjetische Militäradministration (SMAD) am 10. 6. 1945 in ihrem Befehl Nr. 2 die Bildung von politischen Parteien und Gewerkschaften zugelassen hatte, entstanden in B. in rascher Folge vier → **Parteien:** → **Kommunistische Partei Deutschlands (KPD),** → **Sozialdemokratische Partei Deutschlands (SPD),** → **Christlich-Demokratische Union Deutschlands (CDU)** und → **Liberal-Demokratische Partei Deutschlands (LDPD)**. Ihre Berliner Gründer versuchten Verbindung zu Gleichgesinnten in den fünf Ländern der

sowjetischen Besatzungszone und – soweit das überhaupt möglich war – auch in das westliche Deutschland zu knüpfen.
Die seit Juli 1945 in B. amtierenden westlichen Stadtkommandanten übernahmen zunächst im wesentlichen die von den Sowjets erlassenen Verfügungen. Ein erster ernster Konflikt bei der gemeinsamen Verwaltung Groß-B. entwickelte sich jedoch bereits im Frühjahr 1946, als die KPD, unterstützt von der SMAD, die Verschmelzung ihrer Partei mit

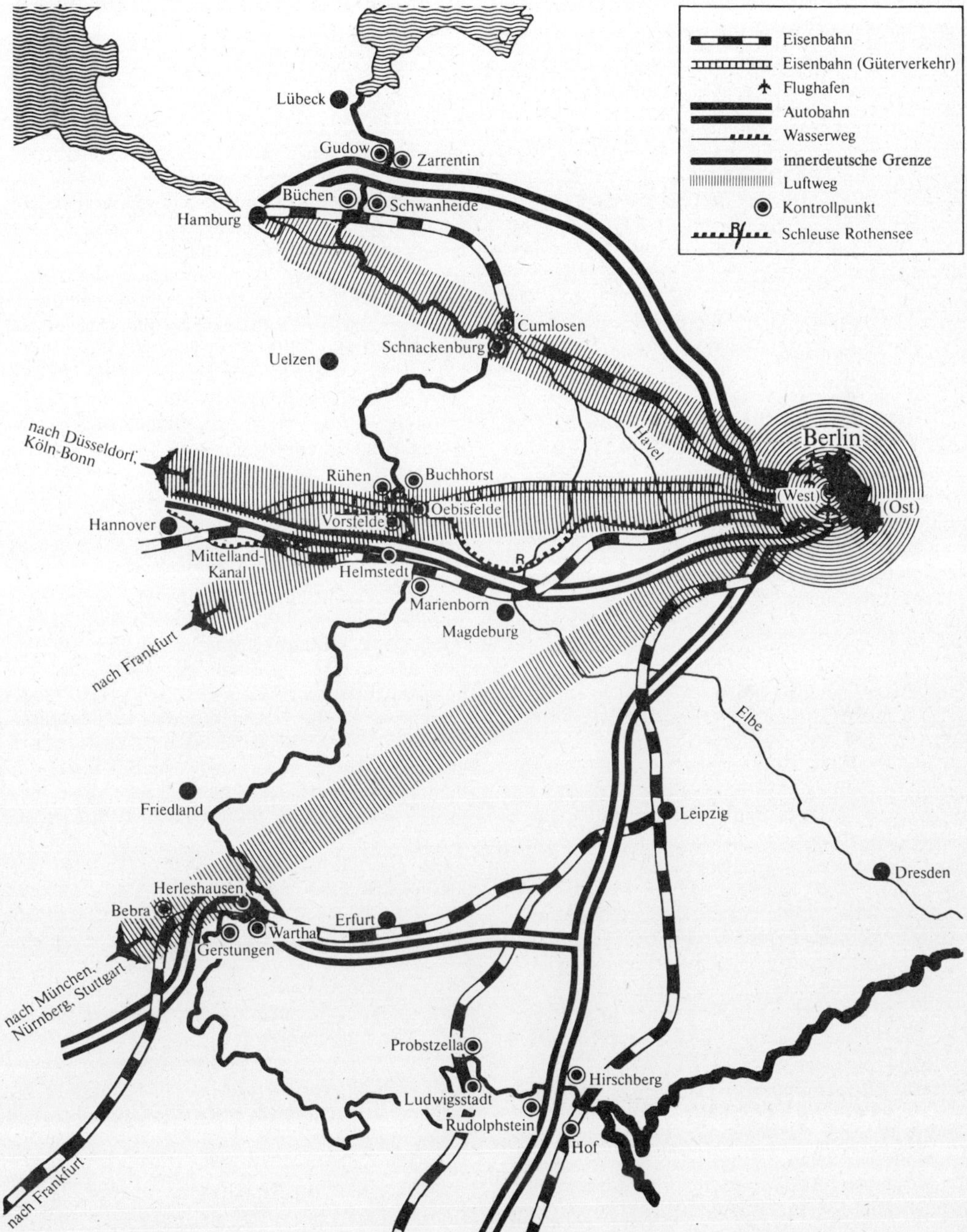

der SPD zur → **Sozialistischen Einheitspartei Deutschlands (SED)** durchsetzte. Eine Urabstimmung unter den sozialdemokratischen Parteimitgliedern über den Zusammenschluß wurde von der östlichen Besatzungsmacht unterbunden, so daß sie nur in den Westsektoren B. stattfand. Hierbei sprachen sich mehr als vier Fünftel der an der Abstimmung teilnehmenden Sozialdemokraten gegen die Verschmelzung mit der KPD aus, während allerdings eine deutliche Mehrheit (62,1 v. H.) für eine Zusammenarbeit beider Parteien votierte. Auf Beschluß der Vier Mächte wurde neben der SPD auch die SED in allen 4 Sektoren zugelassen. (Die Ost-Berliner Gliederungen der SPD wurden formell erst nach dem Bau der Mauer 1961 aufgelöst, nachdem sie während der vorangegangenen 13 Jahre in ihrer Arbeit weitgehend beschränkt gewesen waren und sich seit 1949 nicht mehr an → **Wahlen** beteiligen konnten.)

Bei den Wahlen der Stadt- und Bezirksverordneten in B. am 20. 10. 1946 entschieden sich 48,7 v. H. der Wähler für die SPD, die in allen 4 Sektoren den größten Stimmenanteil gewinnen konnte. Zweitstärkste Partei wurde die CDU mit 22,2 v. H. Die SED erhielt 19,8 v. H., die LDPD 9,3 v. H. der abgegebenen gültigen Stimmen.

Die von der Stadtverordnetenversammlung beschlossenen Gesetze bedurften ebenso wie die Verordnungen und Anweisungen des von ihr gewählten Magistrats der – einmütigen – Zustimmung der Vier-Mächte-Kommandantur.

IV. Konflikte zwischen der UdSSR und den Westmächten

Die sich im Laufe des Jahres 1947 – auch aufgrund weltpolitischer Ereignisse – verschärfenden Konflikte zwischen der Sowjetunion und den Westmächten erschwerten die Zusammenarbeit im Kontrollrat und in der Kommandantur. Die Sowjets blockierten durch ihren Einspruch die Wahl Ernst Reuters (SPD) zum Oberbürgermeister von B. Zwischen Sozialdemokraten und Kommunisten entbrannte ein heftiger Streit innerhalb des → **Freien Deutschen Gewerkschaftsbundes (FDGB)**. Sozialdemokratische und christliche Gewerkschaftler zogen sich aus dem FDGB zurück, dessen Vorstand nach ihrer Überzeugung demokratische Grundregeln verletzte. Sie bildeten schließlich eine unabhängige Gewerkschaftsorganisation (UGO), aus der später der Landesverband B. des DGB hervorging.

Der von den Sowjets 1945 eingesetzte Polizeipräsident Paul Markgraf (SED), dem die Stadtverordnetenversammlung im November 1947 mehrheitlich das Mißtrauen aussprach, weigerte sich, Weisungen des Magistrats auszuführen und bevorzugte in seiner Personalpolitik Mitglieder der SED.

Nachdem am 18./19. 3. 1948 der „2. Volkskongreß für Einheit und gerechten Frieden" in Ost-B. einen „Deutschen Volksrat" berufen hatte, der u. a. eine Verfassung entwerfen sollte, brach am 20. 3. der Kontrollrat auseinander – der sowjetische Vertreter verließ die Sitzung, nachdem ihm von seinen Kollegen Aufschluß über die von den Westmächten und den drei Benelux-Staaten auf der Londoner Sechs-Mächte-Konferenz erwogenen Pläne für die Bildung eines westdeutschen Staates verweigert worden war. Diese Pläne verstießen nach Ansicht der UdSSR gegen das → **Potsdamer Abkommen**, das in allen Fragen, die „Deutschland als Ganzes" betrafen, eine gemeinsame Zuständigkeit der Vier Alliierten vorsah. (Der Vorwurf des Vertragsbruches durch Vorbereitung und spätere Durchführung der Gründung der Bundesrepublik Deutschland, mit dem die Geschäftsgrundlage der gemeinsamen alliierten Oberhoheit über Deutschland durch die Westmächte zerstört worden sei, diente und dient der Sowjetunion als Rechtfertigung für die schrittweise durchgeführte einseitige Aufhebung des alliierten Sonderstatus für Berlin [Ost]. Z. B.: Hauptstadt der Republik [1949], Verteidigungsgesetz [1961], direkte Wahl der Volkskammerabgeordneten [1979].)

Im Juni 1948 zog sich die Sowjetunion auch aus der Kommandantur zurück.

V. Blockade Berlins

Nachdem am 18. 6. 1948 – wegen des Fehlens eines sowjetischen Vertreters im Kontrollrat – einseitig eine Währungsreform für die Westzonen verkündet worden war, führten auch die Sowjets – mit Wirkung vom 24. Juni – in ihrer Zone eine solche Reform durch (→ **Währung/Währungspolitik**). Sie verlangten, daß die DM-Ost als einziges gesetzliches Zahlungsmittel auch in allen 4 Sektoren von B. eingeführt werden sollte. Nachdem bereits seit der Jahreswende 1947/48 die Behinderungen des zivilen Personen- und Güterverkehrs zwischen B. (West) und dem westlichen Besatzungsgebiet zugenommen hatten, nahm die UdSSR die Ablehnung dieses Vorstoßes durch die Westmächte zum Anlaß, sämtliche Land- (am 19. 6.) und Wasserwege (am 8. 7.) von und nach B. (West) zu blockieren.

Die weiterreichenden politischen Ziele dieser Maßnahme verdeutlicht ein Hinweis des damaligen Oberbefehlshabers der sowjetischen Truppen in Deutschland, Marschall Sokolowski, den er am 3. 7. 1948 bei einem Treffen mit den westlichen Militärgouverneuren äußerte: die „technischen Schwierigkeiten" auf den Zugangswegen würden solange anhalten, bis der Westen seine Vorbereitungen für die Gründung eines westdeutschen Staates eingestellt habe.

Um eine militärische Auseinandersetzung zu vermeiden, entschlossen sich die Westmächte, B. (West) auf dem Luftwege zu versorgen. Während der folgenden elfmonatigen Blockade B. (West) wurden im Rahmen dieser Luftbrücke in annähernd

200000 Flügen rd. 1,44 Mill. t Güter – vor allem Kohle und Lebensmittel – nach B. transportiert.
Ab 24. 6. 1948 galten in den Westsektoren zunächst beide Währungen als gültiges Zahlungsmittel, während im Ostsektor Besitz und Verwendung der DM-West bestraft wurden. Expertengespräche – auf der Ebene der Vier Mächte und schließlich auch im Rahmen der Vereinten Nationen – führten zu keiner Einigung in der Währungsfrage.
Die erfolgreiche Abwehr der Blockade ist auch auf psychologische Ursachen zurückzuführen: es gelang den führenden Repräsentanten der nichtkommunistischen Parteien – vor allem Ernst Reuter –, die Bevölkerung in der blockierten Stadt zu einer mutigen und entschlossenen Haltung gegenüber den östlichen Pressionen zu ermuntern. Diese Haltung fand weltweite Beachtung und Anerkennung, so daß auch – im Gegensatz zu den eigentlichen Interessen der Sowjetunion – das Verhältnis zwischen der Bevölkerung in B. (West) und den westlichen Besatzungsmächten immer enger und freundschaftlicher wurde. Auf der anderen Seite machten trotz spürbarer Versorgungsmängel nicht mehr als 5 v. H. der West-Berliner von der durch die UdSSR eröffneten Möglichkeit Gebrauch, sich im Ostsektor als Käufer von Lebensmitteln registrieren zu lassen.
Während der Blockadezeit, am 6. 9. 1948, zerbrach schließlich auch die gemeinsame Verwaltung B.: die in dem im sowjetischen Sektor gelegenen Stadthaus tagende, ordnungsgemäße Stadtverordnetenversammlung mußte an diesem Tag wegen des gewaltsamen Eindringens kommunistischer Demonstranten abgebrochen werden. Die Mehrheit der Versammlung – mit Ausnahme der SED-Fraktion – beschloß, weitere Sitzungen in B. (West) abzuhalten. In den acht Bezirksverwaltungen von B. (Ost) setzte daraufhin eine rigorose personelle „Säuberung" ein.
Am 30. 11. 1948 trat unter dem Vorsitz des stellvertretenden Stadtverordnetenvorstehers Ottmar Geschke (SED) in B. (Ost) eine mehr als 1600 Teilnehmer zählende Versammlung zusammen, der neben den 23 gewählten SED-Mitgliedern der Stadtverordnetenversammlung Delegierte des Demokratischen Blocks (→ **Nationale Front der DDR**) von B. (Ost), der Betriebe und verschiedener, mit der SED verbündeter → **Massenorganisationen** angehörten. Diese Versammlung erklärte den Magistrat von Groß-B. für abgesetzt und wählte einen neuen „provisorischen demokratischen Magistrat" mit Friedrich Ebert (SED) als Oberbürgermeister an der Spitze. Diese auf B. (Ost) beschränkte Stadtverwaltung wurde von den Sowjets anerkannt. Die nach der vorläufigen Verfassung für ganz B. vorgeschriebenen Wahlen konnten am 5. 12. 1948 nur in den Westsektoren abgehalten werden. Die auch in den Westsektoren weiterexistierende SED rief zum Wahlboykott auf – dennoch beteiligten sich 86,3 v. H. der Wahlberechtigten an der Abstimmung, bei der 64,5 v. H. sich für die SPD, 19,4 v. H. für die CDU und 16,1 v. H. für die LDPD entschieden. Nach dieser Wahl übernahm Ernst Reuter (SPD) das Amt des Oberbürgermeisters von B., ohne seine verfassungsmäßigen Funktionen im Ostsektor noch wahrnehmen zu können. Die drei Westmächte setzten – ohne sowjetische Beteiligung – ihre Zusammenarbeit in der alliierten Kommandantur fort.

VI. Beendigung der Blockade

Nach erfolglosen Vier-Mächte-Verhandlungen in B., Moskau und vor den Vereinten Nationen kam es im Frühjahr 1949 zu sowjetisch-amerikanischen Gesprächen, die schließlich zum sog. Jessup-Malik-Abkommen führten, das am 4. 5. 1949 veröffentlicht wurde: Blockade und Gegenblockade (insbesondere Beschränkungen im Personen- und Güterverkehr zwischen der SBZ und den Westzonen) der Westmächte wurden am 12. 5. 1949 aufgehoben und eine erneute Außenministerkonferenz zum 23. 5. 1949 nach Paris einberufen. Diese Konferenz bestätigte das Jessup-Malik-Abkommen. Ergänzend dazu wurde im Kommuniqué festgestellt, daß die Besatzungsmächte für ihre Zonen dic Verpflichtung („obligation") übernehmen, die notwendigen Maßnahmen zu ergreifen, um „das normale Funktionieren und einen normalen Gebrauch der Schienen-, Wasser- und Straßenverbindungen für den Personen- und Güterverkehr sowie der Post-, Telefon- und Telegraphenverbindungen" sicherzustellen. Die Besatzungsbehörden vereinbarten, „deutsche Sachverständige und geeignete deutsche Organisationen" heranzuziehen.
Die im November 1948 vollzogene Spaltung der Stadtverwaltung konnte jedoch auch nach der Beendigung der Blockade nicht mehr rückgängig gemacht werden.

VII. Stellung Berlins zur Bundesrepublik Deutschland und zur DDR

Der Parlamentarische Rat in Bonn hatte in seiner konstituierenden Sitzung am 1. 9. 1948 beschlossen, 5 Abgesandte aus B. mit beratender Stimme an seinen Arbeiten teilnehmen zu lassen. Das von diesem Rat erarbeitete Grundgesetz der Bundesrepublik Deutschland bezeichnete in seinem Artikel 23 Groß-B. als eines der 12 zu dessen Geltungsbereich gehörenden Länder. Dieser Bestimmung widersprachen am 22. 4. 1949 die 3 westlichen Militärgouverneure. In ihrem formellen Genehmigungsschreiben zum Grundgesetz präzisierten sie am 12. 5. 1949 diesen Vorbehalt, in dem sie erklärten, B. könne „keine abstimmungsberechtigte Mitgliedschaft im Bundestag oder Bundesrat erhalten und auch nicht durch den Bund regiert werden", es dürfe „jedoch eine beschränkte Anzahl Vertreter zur Teilnahme an den Sitzungen dieser gesetzgebenden Körperschaft benennen".

Die am 1. 9. 1950 verkündete Verfassung von B. formuliert in Artikel 1: „1. Berlin ist ein deutsches Land und zugleich eine Stadt. 2. Berlin ist ein Land der Bundesrepublik Deutschland. 3. Grundgesetz und Gesetze der Bundesrepublik sind für Berlin bindend.“ In ihrem Genehmigungsschreiben zur Verfassung von B. vom 29. 8. 1950 erklärten die westlichen Alliierten den 2. und 3. Absatz dieses Artikels 1 für „zurückgestellt“. B. werde „während der Übergangsperioden keine der Eigenschaften eines zwölften Landes“ der Bundesrepublik Deutschland haben; Bestimmungen eines Bundesgesetzes können in B. erst Anwendung finden, „nachdem seitens des Abgeordnetenhauses darüber abgestimmt wurde und dieselben als Berliner Gesetze verabschiedet worden sind“. Die am 7. 10. 1949 in Kraft gesetzte Verfassung der DDR bezeichnet hingegen in ihrem Artikel 2 B. als „Hauptstadt der Republik“. Die Bevölkerung des Ostsektors war aufgefordert worden, sich am 15. 5. 1949 an der Wahl zum Dritten → **Deutschen Volkskongreß** zu beteiligen.

Nachdem die im Juli 1945 auf Weisung der SMAD gebildeten Zentralverwaltungen für die → **Länder** der SBZ ihren Sitz in B. (Ost) genommen hatten, und nachdem dort im Juni 1947 die → **Deutsche Wirtschaftskommission (DWK)** entstanden war, die den Kern des späteren Regierungsapparates der DDR darstellte, war B. (Ost) seit dem 7. 10. 1949 der Sitz aller wichtigen Ministerien, Behörden und Ämter der DDR. Dennoch nahm auch die östliche Seite zunächst Rücksicht auf den Vier-Mächte-Status der Stadt: die Vertreter des Ostteils der Stadt in der provisorischen → **Volkskammer** und in der provisorischen Länderkammer der DDR hatten kein volles Stimmrecht. DDR-Gesetze galten in B. (Ost) nicht automatisch, sondern erst nach Zustimmung des Magistrats. Die ersten Volkskammer-Wahlen am 15. 10. 1950 blieben – wie die späteren Wahlen zur obersten Volksvertretung der DDR bis 1979 – auf die Länder (ab 1952 → **Bezirke** der DDR) beschränkt.

In den 50er Jahren bestanden noch vielfältige Verbindungen zwischen den beiden Teilen der gespaltenen Stadt. Die Grenzen – einschl. der Grenze zwischen B. (West) und der DDR – waren offen. Offizielle Kontakte zu dem nach westlicher Überzeugung nicht durch ein demokratisches Votum der Bevölkerung legitimierten Magistrat in B. (Ost) lehnten der Senat von B. (West) und die im Westteil vertretenen nichtkommunistischen Parteien jedoch ab.

Schon damals kam es wiederholt zu Zwischenfällen und angespannten Situationen – so während des Pfingsttreffens der → **Freien Deutschen Jugend (FDJ)** 1950, während der in B. (Ost) stattfindenden Weltjugendfestspiele 1951 (→ **Festival**), bei der Besetzung des Westteils von Staaken im Februar 1951 und bei der nach 5 Tagen wieder rückgängig gemachten Besetzung der Exklave Steinstücken durch Volkspolizei im Oktober 1951.

Seit dem 1. 9. 1951 erhoben die Behörden der DDR → **Straßenbenutzungsgebühren** für alle Fahrten von zivilen Fahrzeugen auf den Zugangswegen von und nach B. (West). Am Tage der Unterzeichnung des Deutschlandvertrages zwischen der Bundesrepublik Deutschland und den drei Westmächten, dem 26. 5. 1952 (Beendigung des Besatzungsregimes, Gewährung voller staatlicher Souveränität für die Bundesrepublik Deutschland – in Kraft getreten 1955), ordnete der → **Ministerrat** der DDR die Errichtung eines Kontroll- und Sperrgürtels zwischen B. (West) und der DDR, die Schließung der aus den Westsektoren in die DDR-Bezirke führenden Straßenübergänge, soweit sie nicht dem Interzonenverkehr dienten, und die Unterbrechung der Telefonverbindungen innerhalb der gespaltenen Stadt an. (Über gleichzeitige Sperrmaßnahmen an der **innerdeutschen** → **Grenze** zwischen DDR und Bundesrepublik Deutschland: → **Deutschlandpolitik der SED**.) West-Berlinern wurden Reisen in das Gebiet der DDR – außerhalb B. (Ost) – nur noch in Ausnahmefällen aufgrund von Sondergenehmigungen gestattet. Im Januar 1953 wurde der über die Sektorengrenzen führende Straßenbahn- und Autobus-Durchgangsverkehr auf Weisung der Behörden von B. (Ost) unterbrochen. Lediglich S- und U-Bahnlinien verbanden weiterhin beide Teile der Stadt. Während des → **Juni-Aufstandes** 1953 wurde die Sektorengrenze von sowjetischen Soldaten und Volkspolizisten zeitweilig hermetisch abgeriegelt.

Auf der anderen Seite führte die im Frühjahr 1949 von den Westalliierten getroffene Entscheidung, die DM-West als einziges gesetzliches Zahlungsmittel in B. (West) zuzulassen, zu engen sozialen und wirtschaftlichen Verflechtungen mit dem Bundesgebiet. Das 3. Überleitungsgesetz vom 4. 1. 1952 regelte die Stellung B. im Finanzsystem des Bundes. Der Bund gewährte B. eine Bundeshilfe in Gestalt von Zuschuß und Darlehen „zur Deckung eines auf andere Weise nicht auszugleichenden Haushaltsfehlbedarfs“. Um die vorgesehene künftige Hauptstadtfunktion B. zu unterstreichen und zugleich angesichts der Anfang der 50er Jahre noch relativ hohen Arbeitslosenzahl weitere Arbeitsplätze zu schaffen, nahmen zahlreiche Bundesbehörden ihren Sitz in B. 1952 erließen die westlichen Alliierten Verfügungen, unter welchen Voraussetzungen B. in internationale Verträge der Bundesrepublik einbezogen werden sollte. Der im Mai 1955 in Kraft getretene Deutschlandvertrag bestätigte im Artikel 2, daß die Westmächte die „bisher von ihnen ausgeübten oder innegehabten Rechte und Verantwortlichkeiten in bezug auf Berlin und auf Deutschland als Ganzes“ aufrechterhielten. Auch die Sowjetunion unterstrich in ihrem am 20. 9. 1955 mit der DDR abgeschlosse-

nen Vertrag die weitere Geltung ihrer Verpflichtungen „gemäß den bestehenden internationalen Abkommen, die Deutschland als Ganzes betreffen". In einem den Vertrag ergänzenden Briefwechsel stellten beide Seiten fest, daß die DDR zwar die Bewachung und Kontrolle „am Außenring von Groß-Berlin, in Berlin sowie auf den in der DDR liegenden Verbindungswegen zwischen der Deutschen Bundesrepublik und West-Berlin" ausüben, daß aber die Kontrolle des Verkehrs der westlichen Garnisonen auf den Zugangswegen weiterhin der UdSSR obliegen sollte. Bis in die zweite Hälfte der 50er Jahre nahmen die UdSSR und die DDR die Bemühungen, B. (West) enger mit der Bundesrepublik zu verbinden, relativ gelassen hin. (Gegen die Abhaltung der Bundesversammlung 1954 in B. [West] erhob die östliche Seite keinen Einspruch. Die Presse der SED nahm die Wahl des Bundespräsidenten sogar zum Anlaß, den Wahlmännern einen Besuch im Ostsektor anzuraten.)
UdSSR und DDR ergriffen eine Reihe von Maßnahmen, durch die der Status von B. (Ost) faktisch weitgehend dem der 14 DDR-Bezirke gleichgestellt wurde; dennoch blieben wichtige Elemente des Viermächte-Status der Stadt auch in ihrem Ostteil wirksam.

VIII. Berlin-Ultimatum der UdSSR

Eine neue B.-Krise kündigte sich 1958 an: nachdem der sowjetische Parteisekretär N. Chruschtschow in einer Rede am 10. 11. 1958 eine Beendigung des „Besatzungsregimes in Berlin" verlangt und die Übertragung der von den Sowjets wahrgenommenen Funktionen auf die Organe der DDR angekündigt hatte, bezeichnete die UdSSR gegenüber den Westmächten die Londoner Vereinbarungen über die Besetzung und Kontrolle Deutschlands als nicht mehr in Kraft befindlich und forderte eine grundlegende Veränderung der B.-Situation. Der Westteil der Stadt müsse in eine „selbständige politische Einheit – in eine Freie Stadt" umgewandelt werden, „in deren Leben sich kein Staat, auch keiner der beiden bestehenden deutschen Staaten, einmischen dürfe". Die Sowjetunion setzte den Westmächten eine Frist von 6 Monaten, innerhalb der die von ihr verlangte Regelung vereinbart werden sollte. Andernfalls drohte sie eine entsprechende Separatvereinbarung mit der DDR an. Dieser sowjetische Vorstoß stand in engem Zusammenhang mit der am 10. 1. 1959 erhobenen Forderung an die Westmächte, mit beiden deuschen Staaten getrennte Friedensverträge abzuschließen. So war das Berlin-Ultimatum in erster Linie darauf gerichtet, eine Anerkennung der DDR durch die westliche Staatengemeinschaft zu erzwingen und zugleich Rüstungsbeschränkungen für die Bundesrepublik Deutschland – insbesondere ihren Verzicht auf Verfügungsmacht über Atomwaffen – vertraglich zu verankern.
Die Westmächte lehnten jedoch die sowjetischen Forderungen ab und bekräftigten ihre Garantien für den Westteil der Stadt (Anwesenheit der westalliierten Garnisonen, Sicherung der Zugangswege und der Lebensfähigkeit von B. [West]). Zur Beilegung dieses Konflikts verhandelten die Vier Mächte im Sommer 1959 – erstmals unter Beteiligung zweier Beraterdelegationen der Bundesrepublik Deutschland und der DDR – in Genf über das B.- und Deutschlandproblem, ohne jedoch einen Kompromiß zu erzielen.
In der Folgezeit erneuerte die Sowjetunion mehrfach ihre Forderung nach Umwandlung von B. (West) in eine „entmilitarisierte Freie Stadt", wobei sie den Abschluß eines separaten Friedensvertrages für den Fall androhte, daß die Westmächte sich nicht zu einer einvernehmlichen friedensvertraglichen Regelung mit zwei deutschen Staaten bereit fänden. Nach dem Scheitern der Pariser Gipfelkonferenz im Mai 1960 verschärfte sich die Situation erneut. Am 8. September führten die DDR-Behörden einen Passierscheinzwang für westdeutsche Besucher in B. (Ost) ein.

IX. Bau der Mauer

Aufgrund des ständig anwachsenden Stroms von → **Flüchtlingen** aus der DDR über die noch offene Grenze in B. wurden in der Nacht vom 12. zum 13. 8. 1961 die Grenzen in und um B. vollständig abgeriegelt. Jegliche Form der Kommunikation zwischen dem Ostteil der Stadt und den Westsektoren wurde unterbunden. Die Westmächte protestierten zwar gegen die Errichtung der Sperren, sahen jedoch ihre eigenen Garantieverpflichtungen für B. (West) nicht berührt und nahmen die veränderte Lage schließlich hin. Die Bewegungsfreiheit ihrer Militärpersonen in B. (Ost) wurde zwar eingeschränkt, aber nicht grundsätzlich angetastet. Ende 1963 ermöglichte das erste → **Passierscheinabkommen**, das von einem Unterhändler des Senats und einem Vertreter der DDR-Regierung ausgehandelt worden war, einem Teil der West-Berliner wieder, wenn auch nur befristet, den Zutritt zum Ostteil ihrer Stadt. Die Passierscheinregelung konnte in den folgenden Jahren dreimal erneuert werden. 1966 aber scheiterten die Bemühungen um ein neues Abkommen, nachdem die DDR ihre Ansprüche erhöht und auf formellen Verhandlungen mit dem Senat bestanden hatte. Lediglich die Passierscheinstelle für dringende Familienangelegenheiten (Härtestelle) konnte ihre Tätigkeit – ohne vertragliche Absprache – fortsetzen. Von der DDR und der Sowjetunion wurde B. (West) in dieser Zeit als „selbständige politische Einheit" bezeichnet. Nachdem die östliche B.-Politik bisher vor allem darauf gerichtet gewesen war, die Position der drei Westmächte in B. abzubauen oder einzuschränken, richtete sich der Hauptstoß der Sowjetunion und der DDR in der zweiten Hälfte der 60er Jahre gegen die Bindungen zwischen B. (West) und der Bundesrepublik Deutschland. Soweit auf den Viermächte-Status der Stadt Bezug genommen wurde, geschah das in der Weise, als ob lediglich der westliche Teil der Stadt diesem Status unterworfen sei.

Proteste der DDR gegen die Anwesenheit des Bundespräsidenten, gegen Sitzungen von Bundestags- und Bundesratsausschüssen, gegen Parteitage westdeutscher Parteien in B. (West) waren wiederholt mit Behinderungen auf den Zugangswegen verknüpft. Im April 1965 begleiteten demonstrative Tiefflüge von östlichen Flugzeugen über B. (West) eine Plenarsitzung des Bundestages in der Kongreßhalle. Im März 1968 verhängte die DDR ein Ein- und Durchreiseverbot gegen Mitglieder der NPD, am 13. April gegen Minister und leitende Beamte der Bundesregierung. Am 11. 6. 1968 wurde schließlich auf den Zugangswegen ein Paß- und Visumzwang eingeführt. Am 1. 12. 1967 behauptete W. Ulbricht vor der Volkskammer der DDR, B. (West) liege „auf dem Territorium der DDR" und gehöre „rechtlich zu ihr, sei aber zur Zeit noch einem Besatzungsregime unterworfen"; die DDR werde sich dafür einsetzen, daß „Schritt um Schritt auch die letzten Überreste des II. Weltkrieges beseitigt werden".

Im März 1969 nahm die DDR die Einberufung der Bundesversammlung nach B. (West) erneut zum Anlaß für erhebliche Behinderungen des Verkehrs auf den Zugangswegen.

X. Viermächte-Abkommen

Kurze Zeit zuvor hatte der amerikanische Präsident Nixon bei einem Besuch in B. erklärt, die Situation sei nicht zufriedenstellend, alle Beteiligten seien zum Handeln aufgerufen. Die Sowjetunion griff diese – von Bundesaußenminister Willy Brandt auf der Washingtoner NATO-Konferenz im April nachhaltig unterstützte – Anregung auf: Am 10. 7. 1969 unterstrich der sowjetische Außenminister Gromyko vor dem Obersten Sowjet, daß seine Regierung zu einem Meinungsaustausch mit den ehemaligen Kriegsalliierten bereit sei, um künftig „Komplikationen" um B. (West) zu verhüten.

Am 26. 3. 1970 trafen die Botschafter der Vier Mächte zu ihrem ersten Gespräch im Gebäude des Alliierten Kontrollrats in B. (West) zusammen. Ihre Verhandlungen, die sowohl in engen Konsultationen zwischen den 3 Westmächten und der Bundesrepublik als auch in ständigen Kontakten zwischen der UdSSR und der DDR vorbereitet wurden, führten schließlich am 3. 9. 1971 zu dem Viermächte-Abkommen, das am 3. 6. 1972 von den Außenministern unterzeichnet und in Kraft gesetzt wurde. (Die englische Bezeichnung „Quadripartite Agreement" wird in der Bundesrepublik mit „Viermächte-Abkommen", in der DDR mit „Vierseitiges Abkommen" übersetzt.) Der Erfolg der Botschaftergespräche über B. war erst durch den Abschluß der Verträge von Moskau und Warschau 1970 zwischen der Bundesrepublik Deutschland und der UdSSR sowie Polen ermöglicht worden.

In der Präambel ihres Abkommens stellten die Vier Mächte fest, daß sie auf der Grundlage ihrer bestehenden Rechte und Verantwortlichkeiten, „die nicht berührt werden", unter „Berücksichtigung der bestehenden Lage in dem betreffenden Gebiet" und „unbeschadet ihrer Rechtspositionen" zu „praktischen Verbesserungen der Lage" beizutragen wünschten. Sie klammerten also unüberbrückbare Meinungsverschiedenheiten über Grundsatzfragen aus und suchten „praktische" Regelungen im Hinblick auf 3 Komplexe: Zugang, Zutritt und Zuordnung (die „drei Z").

Ausgehend von einem Abschnitt „Allgemeine Bestimmungen" (Verzicht auf Androhung und Anwendung von Gewalt, friedliche Streitschlichtung, Respektierung der individuellen und gemeinsamen Rechte und Verantwortlichkeiten der 4 Regierungen, Bereitschaft, die Lage, die sich „in diesem Gebiet entwickelt hat", nicht „einseitig" zu verändern) legten die Mächte „Bestimmungen, die die Westsektoren Berlins betreffen", fest.

Hinsichtlich des seit fast einem Vierteljahrhundert umstrittenen Problems des Zugangs zu Lande und zu Wasser erklärte die Sowjetunion, daß „der Transitverkehr von zivilen Personen und Gütern zwischen den Westsektoren Berlins und der Bundesrepublik Deutschland auf Straßen, Schienen- und Wasserwegen durch das Territorium der Deutschen Demokratischen Republik ohne Behinderungen sein wird, daß dieser Verkehr erleichtert werden wird, damit er in der einfachsten und schnellsten Weise vor sich geht und daß er Begünstigungen erfahren wird". Im einzelnen wurde diese grundlegende Zusicherung durch den am 17. 12. 1971 von den Staatssekretären Bahr (Bundesrepublik Deutschland) und Kohl (DDR) in Bonn unterzeichneten Transitvertrag präzisiert.

Hinsichtlich des seit vielen Jahren unterbrochenen Zutritts der West-Berliner zum Ostteil B. und zu den DDR-Bezirken gab die Sowjetunion die Zusicherung, „daß die Kommunikationen zwischen den Westsektoren Berlins und Gebieten, die an diese Sektoren grenzen, sowie denjenigen Gebieten der Deutschen Demokratischen Republik, die nicht an diese Sektoren grenzen, verbessert werden" und daß Personen mit ständigem Wohnsitz in den Westsektoren B. aus „humanitären, familiären, religiösen, kulturellen oder kommerziellen Gründen oder als Touristen" in diese Gebiete reisen und sie besuchen könnten. Mit der Formulierung „Gebiete, die an diese Sektoren grenzen" war B. (Ost) gemeint – die Westmächte wünschten eine ausdrückliche Bezeichnung der Hauptstadtfunktion von B. (Ost) zu vermeiden. Der Kreis derer, denen das Abkommen den

Zutritt zum umliegenden Gebiet öffnete, ging – personell, zeitlich und räumlich – weit über diejenigen hinaus, die in den Jahren von 1963 bis 1966 von den Passierscheinabkommen Gebrauch machen konnten, er erfaßte jetzt alle West-Berliner ohne Einschränkungen.
Im einzelnen wurde diese Zutrittsregelung in Verhandlungen zwischen dem Senat von B. und der Regierung der DDR präzisiert, die am 20. 12. 1971 mit einer von Senatsdirektor Ulrich Müller und DDR-Staatssekretär Günter Kohrt unterzeichneten Vereinbarung über Erleichterungen und Verbesserungen des Reise- und Besucherverkehrs beendet wurden.
Ebenfalls am 20. 12. 1971 trafen Senat und DDR-Regierung eine Vereinbarung über die Regelung der Frage von Enklaven durch Gebietstausch – sie gestattete es dem Senat von B., den Ortsteil Steinstükken durch eine neue, von der DDR nicht mehr kontrollierte Straße fest mit dem Bezirk Zehlendorf zu verbinden.
Zu den schwierigsten Problemen, mit denen sich die Botschafter der 4 Alliierten während ihrer anderthalbjährigen Verhandlungen beschäftigen mußten,

Sektoren- und Grenzübergänge zwischen Berlin (West) und Berlin (Ost) bzw. der DDR (Stand 1. 1. 1984)

1 Bornholmer Straße (Straße)
Einwohner von Berlin (West) und der Bundesrepublik Deutschland mit und ohne Pkw

2 Chausseestraße (Straße)
Einwohner von Berlin (West) mit und ohne Pkw

3 Invalidenstraße (Straße)
Einwohner von Berlin (West) mit und ohne Pkw

4 Friedrichstraße (S- und U-Bahn)
Einwohner von Berlin (West), der Bundesrepublik Deutschland und Ausländer

5 Friedrichstraße (Straße)
Ausländer, Alliierte und Diplomatisches Personal

6 Prinzenstraße (Straße)
Einwohner der Bundesrepublik Deutschland, Alliierte und Diplomatisches Personal mit und ohne Pkw

7 Oberbaumbrücke (Straße)
Einwohner von Berlin (West), nur Fußgänger

8 Sonnenallee (Straße)
Einwohner von Berlin (West) mit und ohne Pkw

A Waltersdorfer Chaussee
Einwohner von Berlin (West) / Busverkehr zum DDR-Flughafen Schönefeld

B Dreilinden/Drewitz
Einwohner von Berlin (West) und der Bundesrepublik Deutschland, Ausländer mit Pkw und Zubringerbus in die DDR / Transit-Verkehr

C Heerstraße/Staaken
Einwohner von Berlin (West) und der Bundesrepublik Deutschland, Ausländer mit und ohne Pkw in die DDR / Transit-Verkehr

D Heiligensee/Stolpe-Dorf
Einwohner von Berlin (West) und der Bundesrepublik Deutschland, Ausländer mit Pkw und Zubringerbus in die DDR / Transit-Verkehr

gehörte die Zuordnung B. (West) zur Bundesrepublik Deutschland, also der gesamte Komplex der in mehr als 2 Jahrzehnten gewachsenen Bindungen wirtschaftlicher, finanzieller, sozialer, juristischer und kultureller Art.

Die 3 Westmächte erklärten in dem Abkommen vom 3. 9. 1971, daß „die Bindungen zwischen den Westsektoren Berlins und der Bundesrepublik Deutschland aufrechterhalten und entwickelt" würden, wobei sie berücksichtigten, daß „diese Sektoren so wie bisher kein Bestandteil (konstitutiver Teil) der Bundesrepublik Deutschland" seien und „auch weiterhin nicht von ihr regiert" würden. Diese Erklärung wurde in einer Mitteilung der 3 Westmächte an die UdSSR in Anlage II des Abkommens näher erläutert.

In einem Brief an Bundeskanzler Brandt stellten die Botschafter der 3 Westmächte in Ergänzung zu Anlage II erläuternd fest, daß Repräsentanten und Organe der Bundesrepublik Deutschland keine „unmittelbare Staatsgewalt über die Westsektoren Berlins" ausüben könnten, daß keine Sitzungen der Bundesversammlung, des Bundestages und des Bundesrates in B. (West) stattfinden dürften, daß aber auch künftig „einzelne Ausschüsse des Bundestages und des Bundesrates . . . im Zusammenhang mit der Aufrechterhaltung und Entwicklung der Bindungen" im Westteil der Stadt tagen könnten: „Im Falle der Fraktionen werden Sitzungen nicht gleichzeitig abgehalten werden."

Westmächte und Bundesregierung ließen sich dabei von der Ansicht leiten, daß ein Verzicht auf demonstrative Bundespräsenz möglich sei, nachdem die UdSSR sich zur Hinnahme der substantiellen Bundespräsenz in Gestalt der zahlreichen in B. (West) seit langem bestehenden Bundesbehörden bereitgefunden hatte. In einer Anlage zum Viermächte-Abkommen bestätigte die Sowjetunion, sie habe – „unter der Voraussetzung, daß Angelegenheiten der Sicherheit und des Status nicht berührt werden" – ihrerseits keine Einwände gegen eine „konsularische Betreuung für Personen mit ständigem Wohnsitz in den Westsektoren Berlins" durch die Bundesrepublik. Die Sowjetunion stimmte der Ausdehnung der von der Bundesrepublik Deutschland abgeschlossenen völkerrechtlichen Verträge und Abmachungen auf B. (West) „in Übereinstimmung mit den festgelegten Verfahren" zu. In der Praxis macht jedoch die UdSSR die Einbeziehung von B. (West) in völkerrechtliche Verträge der Bundesrepublik von der Aufnahme der sog. „Frank-Falin-Formel" abhängig. Diese Formel, die anläßlich der Unterzeichnung eines westdeutsch-sowjetischen Handelsvertrages im Juli 1972 erstmals angewandt worden war und den Namen der damaligen Chefunterhändler trägt, enthält im Gegensatz zur bis dahin gebräuchlichen, einfachen B.-Klausel den ausdrücklichen Hinweis, daß das jeweilige Abkommen „entsprechend dem Vier-Mächte-Abkommen vom 3. September 1971 . . . in Übereinstimmung mit dem festgelegten Verfahren auf B. (West) ausgedehnt" wird. Eine Zustimmungsautomatik seitens der UdSSR ist freilich auch bei Übernahme dieser Formel nicht gegeben.

Die UdSSR akzeptierte schließlich auch die Vertretung der Interessen von B. (West) in internationalen Organisationen und auf internationalen Konferenzen durch die Bundesrepublik Deutschland.

Die Westmächte stimmten der Errichtung eines sowjetischen Generalkonsulats in B. (West) zu. Geklärt wurde schließlich auch, unter welchen Voraussetzungen West-Berliner Reisende sich in der Sowjetunion durch Pässe der Bundesrepublik Deutschland ausweisen könnten. (Die DDR hatte im September 1960 die Ausgabe von Pässen der Bundesrepublik Deutschland an Einwohner von B. [West] als „rechtswidrig" bezeichnet und die Anerkennung dieser Personaldokumente verweigert.)

XI. Entwicklung nach dem Viermächte-Abkommen

Seit der Unterzeichnung des Viermächte-Abkommens und seiner unmittelbar daran anschließenden Inkraftsetzung am 3. 6. 1972 hat sich die Lage in und um B. (West) deutlich verbessert, obwohl nicht zu übersehen ist, daß die Verhandlungsergebnisse in Ost und West z. T. unterschiedlich interpretiert werden. Indessen waren die auftretenden Meinungsverschiedenheiten in der B.-Frage bisher nicht so schwerwiegend, daß der im Viermächte-Abkommen vorgesehene Konsultationsmechanismus in Gang gesetzt werden mußte.

Der Senat von B., der seit 1973 dem Abgeordnetenhaus jährlich einen Bericht über die Durchführung des Viermächte-Abkommens erstattet, stellte im elften dieser Berichte vom August 1983 fest, daß seit dem Inkrafttreten des Abkommens die äußere Lage B. ruhig ist:

„Berlin war seither weder Ausgangspunkt noch Ziel von Spannungen zwischen den beiden Machtblökken, die sich hier berühren." Auch die Verschärfung der weltpolitischen Lage habe die Situation in und um B. nicht nachhaltig beeinträchtigt: „Die mit dem Viermächte-Abkommen gefundene und praktizierte Regelung ist ein Beispiel für konzertiertes westliches Zusammenarbeiten und für Interessenausgleich im Ost-West-Bereich, das nachhaltig weiterentwickelt und den Berlinern Erleichterungen und Verbesserungen gebracht hat, die für die Lebensfähigkeit der Stadt von großer Bedeutung sind und fortwirken" (Drucksache 9/1247, S. 3).

Während die Westmächte ebenso wie die Bundesregierung und der Senat davon ausgehen, daß das Abkommen dem Fortbestand des Viermächte-Status von ganz B. Rechnung trägt und sich auf ganz B. bezieht, behaupten die Sowjetunion und die DDR, das Abkommen beziehe sich lediglich auf B. (West), weil „Berlin als Hauptstadt der DDR überhaupt nicht Gegenstand der Verhandlungen zwischen den vier Mächten war" – so E. Honecker in seinem Interview mit der „Saarbrücker Zeitung" im Juli 1978. Darin betonte er gleichzeitig, das Abkommen habe sich „in der Praxis bewährt", und „keine Seite sollte es auf seine Belastbarkeit testen", es gehe darum, seine Bestimmungen „strikt einzuhalten und voll anzuwenden" (ND 7. 7. 1978).

Die Formel von der „strikten Einhaltung und vollen Anwendung" des Viermächte-Abkommens war im Mai 1973 von Bundeskanzler W. Brandt und dem Generalsekretär der sowjetischen KP, L. Breschnew, bei dessen erstem Besuch in Bonn vereinbart worden. Sie ist in der Folgezeit in zahlreichen Reden und Kommuniqués von Politikern, Diplomaten und Publizisten der beteiligten Länder verwendet worden (so auch während der späteren Besuche von L. Breschnew in Bonn 1978 und 1981). Jedoch bestehen über den Inhalt dieser Formel zwischen den westlichen Alliierten und der Bundesregierung einerseits und der UdSSR und der DDR andererseits Meinungsverschiedenheiten fort. Die Sowjets fordern zwar immer wieder die „strikte Einhaltung" insbesondere jener Bestimmung, daß die Westsektoren von B. „wie bisher kein Bestandteil (konstitutiver Teil) der Bundesrepublik Deutschland sind", haben jedoch vielfach der praktischen Verwirklichung der „vollen Anwendung" des Abkommens im Hinblick auf die Aufrechterhaltung und Entwicklung der Bindungen von B. (West) an die Bundesrepublik politischen und propagandistischen Widerstand entgegengesetzt.

Die UdSSR und die DDR protestierten wiederholt gegen die Anwesenheit von führenden Politikern der Bundesrepublik in B. (West), gegen Tagungen von Fraktionen des Deutschen Bundestages und der Landesparlamente, von Parlamentsausschüssen und Ministerkonferenzen, einschließlich der Ministerpräsidenten-Konferenzen der Länder. Sie erhoben scharfe Einwände gegen die Errichtung des Bundesumweltamtes in B. (West) im Jahre 1974 sowie gegen die Tätigkeit von schon seit langem in der Stadt anwesenden Bundeseinrichtungen.

In der zweiten Hälfte der 70er Jahre wandte sich die UdSSR mit wachsendem Nachdruck gegen die Einbindung von B. (West) in die Europäische Gemeinschaft. Die 3 Westmächte betonten dagegen, daß die Entsendung von West-Berliner Abgeordneten in das Europäische Parlament den Status B. nicht verändere.

Zwar hat die Bundesrepublik seit 1972 mit Ländern des Warschauer Paktes zahlreiche Abkommen schließen können, in die B. (West) ausdrücklich einbezogen worden ist. Jedoch kamen wegen Meinungsverschiedenheiten über eine B.-Klausel 3 deutsch-sowjetische Abkommen über wissenschaftlich-technische Zusammenarbeit, Rechtshilfe und kulturellen Austausch bisher nicht zustande.

Ohne wesentliche Schwierigkeiten gestaltete sich die konsularische Betreuung von West-Berlinern durch diplomatische Missionen der Bundesrepublik Deutschland in osteuropäischen Ländern. Diese Staaten lehnen allerdings die konsularische Betreuung juristischer Personen aus B. (West) nach wie vor ab. Daß die Ständige Vertretung der Bundesrepublik Deutschland in B. (Ost) die Interessen von B. (West) „in Übereinstimmung mit dem Viermächte-Abkommen" vertritt, ist unumstritten. Die Stadt wurde auch in die zwischen beiden deutschen Staaten bisher abgeschlossenen, den → **Grundlagenvertrag** ergänzenden Folgeverträge über die Zusammenarbeit im Gesundheitswesen, den nichtkommerziellen Zahlungsverkehr und das Post- und Fernmeldewesen einbezogen.

Weit mehr als vor dem Inkrafttreten des Viermächte-Abkommens im Jahr 1972 beteiligten sich Staaten des Warschauer Paktes an internationalen Kongressen, Tagungen, Festspielen, Ausstellungen und Messen in B. (West). Bei derartigen Veranstaltungen in osteuropäischen Ländern sind jedoch mehrfach Bestrebungen erkennbar geworden, Teilnehmer aus B. (West) von denen aus der Bundesrepublik protokollarisch zu unterscheiden.

In ihrem Freundschafts- und Beistandsvertrag vom 7. 10. 1975 kündigten die UdSSR und die DDR an, sie würden „ihre Verbindungen zu Westberlin ausgehend davon unterhalten und entwickeln, daß es kein Bestandteil der Bundesrepublik Deutschland ist und auch weiterhin nicht von ihr regiert wird" (GBl. II, 1975, S. 239). Die ständige Wiederholung dieser Formel, die auch in andere bilaterale Verträge der DDR mit osteuropäischen Ländern Eingang fand, war darauf gerichtet, die Aussagen der 3 Westmächte über den Charakter der Bindungen zwischen B. (West) und der Bundesrepublik Deutschland zu relativieren.

Ungeachtet dieser Meinungsverschiedenheiten bewährte sich das Viermächte-Abkommen jedoch vor allem im Transitverkehr und bei den Besuchen von West-Berlinern in B. (Ost) und in der DDR.

XII. Der Transitverkehr 1972–1982

Die Zahl der von und nach B. (West) beförderten Personen war 1983 mit 23,58 Mill. fast fünfmal so groß wie 1957 (4,9 Mill.) und doppelt so groß wie 1968 (11,6 Mill.). Im Jahre 1983 benutzten 16,61 Mill. Reisende die Transit-Autobahnen, 3,52 Mill. die Eisenbahnverbindungen. 3,45 Mill. Reisende sind im Luftverkehr von und nach B. (West) – über die Flughäfen Tegel und Tempelhof – gezählt worden (0,35 Mill. reisten über den DDR-Flughafen Schönefeld).

Im Transitverkehr auf den Landwegen wurden im Jahre 1982 99 Personen festgenommen (1981 waren es 71) – davon 32 wegen des Vorwurfs der Fluchthilfe und 48 wegen schwerer Verkehrsdelikte. Über den

Grund der Festnahme ist die Bundesregierung von den zuständigen Organen der DDR vertragsgemäß, wenn auch gelegentlich spät unterrichtet worden. 1982 machte die DDR in 97 Fällen von der im Art. 16 des Transitabkommens vorgesehenen Möglichkeit Gebrauch, Personen wegen eines Mißbrauchs des Abkommens zurückzuweisen.
Verdachtskontrollen, deren Zahl Ende 1977 und zu Beginn des Jahres 1982 zeitweilig auffallend gesteigert worden war, betrafen 1982 etwa 600 Reisende, die solche Kontrollen den Behörden des Bundes zur Kenntnis brachten (1981 ca. 300 Kontrollen). Im Jahresdurchschnitt 1982 mußte sich – den vorliegenden Meldungen zufolge – nur einer von jeweils 27400 Transitreisenden im Straßenverkehr einer unbegründeten Verdachtskontrolle unterziehen – unbegründet deshalb, weil sich der von den Grenzorganen der DDR geäußerte Verdacht eines Mißbrauchs der Transitwege bei der Durchsuchung nicht bestätigte.
Im Zusammenhang mit den die Erleichterungen des Transitabkommens ausnutzenden Fluchthilfeunternehmen warf die DDR der Bundesregierung wiederholt vor, sie verletze ihre Pflichten aus Artikel 17 des Transitabkommens, demzufolge sie „im Rahmen der allgemein üblichen Vorschriften der Bundesrepublik Deutschland bezüglich der öffentlichen Ordnung geeignete Maßnahmen zur Verhinderung des Mißbrauchs" zu treffen hatte. Dagegen betonte die Bundesregierung wiederholt, sie könne nur gegen offensichtlich kriminelle Aktivitäten von kommerziellen Fluchthilfeorganisationen im Rahmen der bestehenden gesetzlichen Vorschriften einschreiten.
Meinungsverschiedenheiten über die Auslegung des Transitabkommens waren Gegenstand intensiver Beratungen in der deutsch-deutschen Transitkommission, die regelmäßig zusammentrat und der es gelang, eine Fülle schwieriger Einzelfragen einvernehmlich zu klären. Strittig blieben allerdings einige schwerwiegendere Eingriffe der DDR in den Transitverkehr – so im Januar 1974 bei einer angeblichen Fahndung nach sowjetischen Deserteuren, im Juli 1974 nach der Errichtung des Umweltbundesamtes, am 13. 8. 1976, als Teilnehmer einer Kundgebung in B. (West) zum 15. Jahrestag des Mauerbaus an der **innerdeutschen → Grenze** zur DDR in Helmstedt zurückgewiesen wurden, und erneut am 16. 6. 1978, als es zu Behinderungen im Reiseverkehr kam. Die Bundesregierung hat dagegen jeweils Protest eingelegt.
Am 10. 4. 1983 erlitt ein Transitreisender während einer Vernehmung am Grenzübergang Drewitz einen tödlichen Herzanfall. Dieser Vorgang und ein ähnlicher Todesfall am 26. 4. 1983 lösten eine erregte öffentliche Debatte über das Verhalten von DDR-Grenzorganen bei Verdachtskontrollen aus. In der Folgezeit bestätigte die Bundesregierung Berichte von Reisenden, daß die DDR bemüht sei, bei Grenzkontrollen psychologische Belastungen zu vermeiden.
In der zweiten Hälfte der 70er Jahre ist mit dem Ausbau der Transitwege begonnen worden. Den am 19. 12. 1975 zwischen den beiden deutschen Regierungen geschlossenen Vereinbarungen gemäß begann im Januar des folgenden Jahres die Grunderneuerung der Autobahn B.–Helmstedt einschließlich des Ausbaus des B. Ringes.
Durch eine Änderung der Streckenführung über Staaken konnte ferner die Fahrtzeit der Züge zwischen B. und Hamburg um eine halbe Stunde verkürzt werden. Zur Verbesserung des Eisenbahnverkehrs trug auch die Eröffnung neuer Fernbahnhöfe in B. (West), in Wannsee und Spandau bei.
Intensive Verhandlungen im Laufe des Jahres 1978 führten am 16. 11. zur Unterzeichnung weiterer wichtiger Vereinbarungen: Die Regierungen der Bundesrepublik Deutschland und der DDR kamen überein, eine Autobahnverbindung zwischen B. (West) und Hamburg zu schaffen, die nach 4jähriger Bauzeit die Fernstraße F 5 als Transitstrecke ersetzen sollte. Im November 1982 war diese neue Autobahn zwischen dem Berliner Übergang Heiligensee und dem Grenzübergang Gudow in Schleswig-Holstein fertiggestellt – die F 5 wurde für den Transitverkehr geschlossen.
Weitere am 30. 4. 1980 unterzeichnete Vereinbarungen zwischen der Bundesrepublik Deutschland und der DDR sahen einen Autobahnneu- bzw. -ausbau bei Wartha und Eisenach vor: Im Dezember 1984 soll eine durchgehende Autobahnverbindung zwischen B. und der Grenze bei Herleshausen hergestellt sein. Den Vereinbarungen vom 30. 4. 1980 zufolge soll bis 1984 ein durchgängig zweigleisiger Eisenbahnbetrieb zwischen B. und Helmstedt/Marienborn geschaffen werden (→ **Innerdeutsche Beziehungen; Deutschlandpolitik der SED**).

XIII. Auswirkungen des Besuchs- und Reiseabkommens

Nachdem in den Oster- und Pfingsttagen des Jahres 1972 bereits 1,24 Mill. Besuche von West-Berlinern im Ostteil der Stadt und in den Bezirken der DDR registriert worden waren, machten die Bewohner der Stadt in den folgenden Jahren von den Möglichkeiten des Abkommens über den Besucher- und Reiseverkehr lebhaft Gebrauch. Die Verdoppelung des von der DDR geforderten **Mindestumtausches** von Zahlungsmitteln im November 1973 verringerte die Zahl der Besuche um mehr als ein Drittel. Diese den Reise- und Besucherverkehr erschwerende Maßnahme der DDR wurde nach einem Jahr weitgehend zurückgenommen, so daß der Besucherstrom wieder anschwoll. Als noch schwerwiegender erwies sich jedoch die erneute, erheblich stärkere Erhöhung des Mindestumtausches im Oktober 1980 (bei Reisen nach B. [Ost] waren statt zuvor 6,50 DM pro Tag und Person ab 13. 10. 1980 25,00 DM in DDR-Währung, nun auch für die zuvor ganz vom Mindestumtausch Freigestellten, umzutauschen; für ebenfalls bisher vom Umtausch befreite Kinder zwischen 6 und 15 Jahren wurde ein Mindestumtausch von 7,50 DM festgelegt). Waren in den Monaten Juni 1979 bis Mai 1980 noch 3,04 Mill. Besuche von West-Berlinern in B. (Ost) und in der DDR gezählt worden, so sank diese Zahl während der folgenden zwölf Monate auf 2,15 Mill. und lag in dieser Zeit zwischen Juni 1981 und Mai 1982 bei knapp 1,7 Mill. und in den folgenden zwölf Monaten bis Ende Mai 1983 bei 1,8 Mill. Bemühungen der Bundesregierung und des Senats – auch des Regierenden Bürgermeisters R. v. Weizsäcker bei einer Begegnung mit E. Honecker in B. (Ost) am 15. 9. 1983 –, die DDR zu einer Senkung des Mindestumtausches zu veranlassen, blieben ergebnislos. Lediglich Kindern unter 14 Jahren erließ die DDR ab 27. 9. 1983 den Mindestumtausch.

Insgesamt wurden während der elf Jahre zwischen dem 4. 6. 1972 und dem 31. 5. 1983 31,39 Mill. Besuche von West-Berlinern in B. (Ost) und in der DDR registriert. In diesem Zeitraum mußten sich die West-Berliner Behörden mit 12534 Beschwerden über die Handhabung dieser Regelung befassen. Dabei erwies sich die Mehrzahl der Beschwerden als unbegründet. 3848 Fälle von Einreiseverweigerungen waren Gegenstand von Erörterungen zwischen den Beauftragten des Senats und der DDR-Regierung, die in den ersten elf Jahren nach dem Inkrafttreten des Viermächte-Abkommens 139mal zusammentrafen. Die Einreise wurde insbesondere den West-Berlinern verwehrt, die legal aus der DDR in den Westen übergesiedelt waren oder eine Familienzusammenführung anstrebten. Ein großer Teil dieses Personenkreises konnte erst vom Sommer 1982 an wieder am Reise- und Besucherverkehr teilnehmen.

In den ersten elf Jahren des Viermächte-Abkommens wurden 254 West-Berliner bei Besuchen in B. (Ost) und in der DDR festgenommen – von ihnen waren im August 1983 noch 15 in DDR-Haft (8 wegen des Vorwurfs der Fluchthilfe, 7 wegen anderer Vergehen).

XIV. Ergänzende praktische Regelungen

Auch die Ausweitung des Post- und Telefonverkehrs zwischen B. (West) und B. (Ost) sowie der DDR hat wesentlich zur Verstärkung menschlicher Kontakte beigetragen. Der im Mai 1952 unterbrochene Telefonverkehr zwischen beiden Teilen der Stadt konnte Ende Januar 1971 wieder aufgenommen werden. 1981 wurden von B. (West) aus 8,7 Mill. Telefongespräche mit Teilnehmern in B. (Ost) und 2 Mill. Gespräche mit Teilnehmern in der DDR geführt – die letzteren zu annähernd 98 v. H. vollautomatisch abgewickelt (die Zahl der in B. [West] ankommenden Gespräche ist auf westlicher Seite nicht festzustellen). Ende Dezember 1981 waren 412 vollautomatische Leitungen nach B. (Ost) geschaltet – in die DDR 96 vollautomatische Leitungen, 9 Leitungen für halbautomatische Gespräche und 8 Handrufleitungen. In umgekehrter Richtung führten Ende 1981 60 vollautomatische Leitungen aus B. (Ost) und 24 aus der DDR (davon 12 vollautomatisch) in den Westteil der Stadt.

Die im Viermächte-Abkommen vorgesehene Regelung des Problems kleiner Enklaven führte zu einem Gebietstausch (17,1 ha an B. [West], 15,6 ha an die DDR). Dieser ersten Vereinbarung, die vor allem die Enklaven Steinstücken und Eiskeller betraf, folgte im Juli 1972 eine weitere Absprache über den Ankauf einer rd. 8,5 ha großen Fläche in der Nähe des ehemaligen Potsdamer Bahnhofs durch B. (West). Dies ermöglichte es dem Senat, eine wichtige innerstädtische Entlastungsstraße zwischen den Bezirken Kreuzberg und Charlottenburg bzw. Tiergarten zu bauen.

Im Februar 1974 ist zwischen der dem Ministerium für Verkehrswesen der DDR unterstehenden → **Deutschen Reichsbahn (DR)** und der Senatsverwaltung für Bau- und Wohnungswesen eine Grundsatzvereinbarung über den Bau eines neuen Güterbahnhofs in B. (West) und im Zusammenhang damit über einen umfangreichen Gebietstausch („Schöneberger Südgelände") erzielt worden, der u. a. das innerhalb B. (West) gelegene Reichsbahngelände des ehemaligen Anhalter Bahnhofs umfaßte. Einzelheiten waren Gegenstand von Expertengesprächen in den folgenden Jahren, die im März 1979 erfolgreich abgeschlossen wurden. Verhandlungen über einen vom Senat gewünschten Gebietstausch im Norden von B. („Frohnauer Entenschnabel") blieben bisher ergebnislos. Einigkeit über die Öffnung eines neuen Grenzübergangs an der nördlichen Stadtgrenze von B. (West) – in Heiligensee – wurde im November 1978 im Rahmen der Vereinbarung über den Bau der Autobahn B.–Hamburg erzielt.

Nach zweieinhalbjährigen Verhandlungen tauschten Beauftragte des Berliner Senats und der Regierung der DDR am 29. 10. 1975 Briefe aus, in denen die Zuständigkeiten für Rettungsmaßnahmen bei Unglücksfällen in Gewässern an der Sektorengrenze geregelt worden sind.

Beide Seiten kamen in einem 1974 abgeschlossenen 20-Jahr-Vertrag überein, daß Abfallstoffe aus B. (West), insbesondere Siedlungsmüll, gegen Entgelt in Deponien der DDR verbracht werden. (Schon 1968 war eine Vereinbarung über die Abnahme von Abwässern aus B. [West] getroffen worden.)

Für die Binnenschiffahrt waren schließlich eine im Dezember 1977 erzielte Absprache über den Bau einer zweiten, größeren Kammer der Spandauer Schleuse in B. (West), die im November 1978 vereinbarte, 3 Jahre später vollzogene Öffnung des Tel-

towkanals von Westen her, ferner die Reparatur der Transitwasserstraßen einschließlich des in der DDR gelegenen Schiffshebewerkes Rothensee sowie die am 30. 4. 1980 verabredete Verbreiterung eines 27 km langen Abschnitts des Mittellandkanals bedeutsam. Der Kanal-Ausbau soll im Juli 1984 beendet sein.
Am 28. 9. 1982 einigten sich die Bundesrepublik Deutschland und die DDR über Maßnahmen zum Schutz der Berliner Gewässer (insbesondere der Spree, der Havel und ihrer Seen). Mit einem Betrag von 68 Mill. DM beteiligte sich die Bundesrepublik an der Errichtung einer dritten (chemischen) Reinigungsstufe in 3 Großklärwerken der DDR, die – beginnend 1986 – den Phosphatgehalt der Berliner Gewässer vermindern soll.
Nachdem der Senat im Frühjahr 1981 beschlossen hatte, 8 von dem Baumeister K. F. Schinkel entworfene, seit dem Kriege in B. (West) aufbewahrte Skulpturen der in B. (Ost) gelegenen ehemaligen Schloßbrücke dem Magistrat von B. (Ost) zu übergeben, fand sich die DDR bereit, das umfangreiche Archiv der ehemals Königlich-Preußischen Porzellan-Manufaktur (KPM) an den Senat zurückzugeben. Im März 1982 billigte das Abgeordnetenhaus weiterhin die vom Senat vorgeschlagene Übergabe der in B. (West) lagernden Fassadenteile des barokken Ephraim-Palais an die DDR-Behörden. Gegenwärtig bereiten sich B. (West) und B. (Ost) gleichermaßen auf die 750-Jahr-Feier im Jahr 1987 vor. Zu einer Abstimmung der Vorhaben oder einer Zusammenarbeit, wie sie von B. (West) angestrebt wird, ist es bisher jedoch nicht gekommen.
Nachdem die DDR in den vorhergehenden Jahren wiederholt erklärt hatte, sie wolle die mit dem Betrieb der S-Bahn in B. (West) verbundenen Kosten nicht länger tragen (nach einem Reichsbahner-Streik im September 1980 waren Teile des Streckennetzes stillgelegt worden), vereinbarten der Senat und die Deutsche Reichsbahn (DR) der DDR am 29. 12. 1983, mit Wirkung vom 9. 1. 1984 unter Zustimmung der Alliierten die Betriebsrechte der S-Bahn in B. (West) einer vom Senat zu bestimmenden Stelle (der West-Berliner BVG) zu übergeben. Annähernd 600 in B. (West) wohnende Reichsbahn-Bedienstete traten so in den Dienst der BVG. Die S-Bahn-Vereinbarung regelt in fünf Protokollvermerken detailliert technische und finanzielle Fragen und enthält eine zusätzliche Protokollnotiz über das in B. (West) gelegene, bis zu diesem Zeitpunkt von der Reichsbahn verwaltete Verkehrs- und Baumuseum, das zum 1. 2. 1984 ebenfalls dem Senat übergeben wurde.

XV. Völkerrechtliche Problematik und Status von Berlin (Ost)

Die Vier Mächte waren sich beim Abschluß ihres B.-Abkommens am 3. 9. 1971 der Tatsache bewußt, daß zwischen ihnen wie bisher keine Übereinstimmung über den Rechtsstatus der Vier-Sektoren-Stadt B. bestand.
Obwohl B. (Ost) bei der Gründung der DDR 1949 noch nicht als integraler Bestandteil dieses Staates, sondern als sowjetischer Sektor (in der Agitation der SED als „demokratischer Sektor“) der Vier-Sektoren-Stadt B. galt, versuchte die SED-Führung frühzeitig, den Ostsektor von B. politisch und gesellschaftlich mit der DDR zu verflechten.
In B. (Ost) haben nahezu alle Ministerien und zentralen Staatsorgane (mit Ausnahme des → **Ministeriums für Nationale Verteidigung**), die zentralen Partei- und Gewerkschaftsapparate, die Spitzen der Massenorganisationen und die wichtigsten Medien ihren Sitz.
Ungeachtet der Viermächte-Vereinbarungen über den entmilitarisierten Status von ganz B. wurden das Verteidigungsgesetz der DDR vom 20. 9. 1961 und das Wehrpflichtgesetz vom 24. 1. 1962 auch in B. (Ost) in Kraft gesetzt. Am 22. 8. 1962 lösten die Sowjets ihre Stadtkommandantur für B. (Ost) auf – die DDR ernannte einen eigenen Stadtkommandanten.
Die Westmächte und die UdSSR wahrten ihre unterschiedlichen Rechtsauffassungen auch in der Folgezeit: Die USA, Großbritannien und Frankreich halten daran fest, daß ihr Recht auf Anwesenheit in der ehemaligen deutschen Reichshauptstadt aus der bedingungslosen Kapitulation des Deutschen Reiches am 8. 5. 1945 und aus der „occupatio bellica“, d. h. aus der wirksamen Inbesitznahme eines Gebietes im Verlaufe einer Kriegshandlung, resultiert und insofern nicht von einer Zustimmung der UdSSR abhängt. Nach Überzeugung der Westalliierten und in Übereinstimmung mit dem allgemeinen Völkerrecht schließt das originäre Recht auf Anwesenheit in B. das Recht des ungehinderten Zuganges ein.
Die Westmächte haben zum anderen auch nach der Aufnahme diplomatischer Beziehungen zur DDR und nach Eröffnung ihrer Botschaften in B. (Ost) wiederholt betont, daß der Viermächte-Status in ganz B. fortbesteht und daß dieser Status auch künftig weder von der UdSSR und erst recht nicht von der DDR, der als Nicht-Signatarstaat überhaupt keine Rechte zukommen, einseitig aufgekündigt werden kann, sondern erst mit Beendigung besatzungsrechtlicher Funktionen und Zustimmung aller 4 ehemaligen Siegermächte verändert bzw. aufgehoben werden kann. Würde die UdSSR das Viermächte-Abkommen vom 3. 9. 1971 einseitig aufkündigen oder kämen die beteiligten Regierungen überein, weitere ergänzende Abmachungen zu treffen, so würde das nach westlicher Auffassung den Viermächte-Status nicht berühren.
Amerikanische, britische und französische Militärpatrouillen, die von den Grenzorganen der DDR nicht kontrolliert werden dürfen, fahren weiterhin

regelmäßig durch B. (Ost), obwohl die UdSSR im Frühjahr 1977 an die Westmächte eine Aufforderung richtete, auf diese Patrouillen-Fahrten zu verzichten. Als die westlichen Regierungen dieses sowjetische Verlangen ablehnten, erhöhten die Sowjets die Zahl ihrer eigenen Militärpatrouillen in B. (West), ohne daß die 3 Westalliierten dem widersprachen: Die Bewegungsfreiheit für militärisches Personal der 4 ehemaligen Siegermächte in ganz B. gilt als sichtbare Demonstration des fortbestehenden Viermächte-Status der Stadt.
Nach wie vor bestehen ferner in B. (West) 2 Viermächte-Institutionen: die Luftsicherheitszentrale im ehemaligen Kontrollratsgebäude und das Spandauer Kriegsverbrechergefängnis, in dem der ehemalige Stellvertreter A. Hitlers, R. Hess, als letzter der in den Nürnberger Prozessen 1945–1948 verurteilten Kriegsverbrecher seine lebenslängliche Strafe verbüßt.
Die Sowjetunion deutete und deutet das Abkommen vom 3. 9. 1971 als eine ausschließlich die Westsektoren von B. betreffende Vereinbarung. Sie bestreitet ebenso wie die DDR, daß der Viermächte-Status weiterhin auch für B. (Ost) gilt. Eine Reihe von seit langem geltenden Sonderregelungen, die dem völkerrechtlich unterschiedlichen Status von B. (Ost), der „Hauptstadt der DDR", und dem ihrer 14 Bezirke Rechnung trugen, sind von der DDR mit Billigung der UdSSR um die Jahreswende 1976/77 weitgehend aufgehoben worden: Ab 1976 erhielten die von der Stadtverordnetenversammlung benannten „Vertreter" von B. (Ost) in der Volkskammer keine besonderen Ausweise mehr, durch die sie sich bis zu diesem Zeitpunkt von den Abgeordneten der Bezirke unterschieden haben. (Schon seit längerem war auch die Sitzordnung in der Volkskammer geändert worden: die „Vertreter" von B. [Ost] saßen nicht mehr abgesondert, sondern bei ihren jeweiligen Fraktionen. Auch über ihr Abstimmungsverhalten wird seit längerer Zeit nicht mehr gesondert berichtet.)
Der Magistrat stellte im Herbst 1976 die Herausgabe seines „Verordnungsblattes für Groß-B." ein – damit entfielen auch alle bis zu diesem Zeitpunkt veröffentlichten Mitteilungen über die Übernahme von Gesetzen der DDR durch Beschlußfassung im Magistrat (eine ähnliche Verfahrensweise wird in B. [West] bei der Übernahme von Bundesgesetzen durch Beschluß des Abgeordnetenhauses von B. [West] praktiziert).
Am 1. 1. 1977 ist die Visapflicht für Ausländer bei Tagesfahrten nach B. (Ost) eingeführt worden. Seitdem treten die Kontrollposten an den Ausfallstraßen von B. (Ost) in das Gebiet der DDR nicht mehr in Erscheinung. Auch durch die Einführung einer Straßenbenutzungsgebühr im innerdeutschen und internationalen Reiseverkehr für B. (Ost) am 1. 3. 1977 sollten die restlichen Unterschiede zwischen der „Hauptstadt" und dem Gebiet der DDR beseitigt werden. Die Bezeichnung „Magistrat von Groß-B." ist in „Magistrat von B., Hauptstadt der DDR" geändert worden. Als Ende der 70er Jahre aus Teilen der Bezirke Lichtenberg und Weißensee ein 9. Stadtbezirk „Berlin-Marzahn" gebildet und somit einseitig die innere Verwaltungsstruktur von B. (Ost) geändert wurde, nahmen die Westmächte dies allerdings als eine Verwaltungsmaßnahme hin, die indes „eine Veränderung der Grenze zwischen dem Ostsektor Berlins und der DDR nicht einschließen dürfe". Eine Veränderung der Grenzen von Bezirken stelle keine Verletzung des Londoner Protokolls von 1944 dar. Schließlich wurde am 28. 6. 1979 das Wahlgesetz der DDR so geändert, daß – trotz westlicher Proteste – die Einwohner von B. (Ost) am 17. 6. 1981 erstmals direkt an der Volkskammer-Wahl teilnahmen. Die Westmächte sahen darin einen Verstoß gegen das Viermächte-Abkommen vom 3. 9. 1971.

XVI. Innere Ordnung von Berlin (West)

Das Bundesverfassungsgericht hat in seinem Urteil zum Grundlagenvertrag am 31. 7. 1973 die Auffassung vertreten, daß Art. 23 GG, in dem Groß-B. als zum Geltungsbereich des Grundgesetzes gehörend bezeichnet wurde, „weder durch die politische Entwicklung überholt noch aus sonst irgendeinem Grund rechtlich obsolet geworden" sei: „Derzeit besteht die Bundesrepublik aus den in Art. 23 GG genannten Ländern, einschließlich Berlins; der Status des Landes Berlin der Bundesrepublik Deutschland ist nur gemindert und belastet durch den sog. Vorbehalt der Gouverneure der Westmächte." Alle Verfassungsorgane in Bund und Ländern seien – auch für die Zukunft – verpflichtet, diese Rechtsposition ohne Einschränkung geltend zu machen und dafür einzutreten.
Demgegenüber hatten die 3 Westmächte 1949, 1954 und 1967 ihre – auch im Viermächte-Abkommen 1971 bestätigte – Ansicht zum Ausdruck gebracht, daß B. kein Land der Bundesrepublik sei. In ihrer Stellungnahme zum Urteil des Bundesverfassungsgerichts vom 20. 1. 1966 im Fall Niekisch erklärte die Alliierte Kommandantur am 24. 5. 1967: „It has been and remains the Allied intention and opinion that Berlin is not to be regarded as a Land of the Federal Republic and is not to be governed by the Federation. It also has been and remains the Allied intention and opinion that Berlin laws, if they adopt the provisions of Federal laws, are legislative acts of the Berlin House of Representatives and are legally distinct from such Federal laws . . . The Allied Kommandantura considers that the Court does not have jurisdiction in relation to Berlin."
Ungeachtet dieser unterschiedlichen Rechtsauffassungen stimmen Westalliierte, Bundesregierung und Senat von B. darin überein, daß die in mehr als

3 Jahrzehnten gewachsenen Bindungen zwischen B. (West) und dem Bund für die Lebensfähigkeit der Stadt von fundamentaler Bedeutung sind.
Die am 1. 9. 1950 erlassene Verfassung von B., die in allen 20 Bezirken der Stadt Geltung beanspruchte, ersetzte die Bezeichnung „Stadtverordnetenversammlung“ durch „Abgeordnetenhaus“ von B.; der „Magistrat“ wird seitdem „Senat“ genannt. Er besteht aus dem Regierenden Bürgermeister, dem Bürgermeister als seinem Stellvertreter sowie höchstens 16 Senatoren.
In den 12 Bezirken bestehen Bezirksverordnetenversammlungen (mit maximal 45 Mitgliedern) als legislative und Bezirksämter (Bezirksbürgermeister und höchstens 8 Bezirksstadträte) als exekutive Organe.
Bei den – nach einer Krise der SPD-F.D.P.-Koalition in B. – am 10. 5. 1981 vorzeitig abgehaltenen Wahlen zum Abgeordnetenhaus von B. entschieden sich 48,0 v.H. der Wähler für die CDU, 38,3 v.H. für die SPD, 7,2 v.H. für die „Alternative Liste“ (AL) und 5,6 v.H. für die F.D.P. Die SEW erzielte mit 0,6 v.H. ihr schlechtestes Wahlergebnis seit der Teilung der Stadt. Die Wahl vom 10. 5. 1981 führte zunächst zur Bildung eines von der Mehrheit der F.D.P.-Fraktion tolerierten CDU-Minderheitensenats unter dem Regierenden Bürgermeister Richard von Weizsäcker. Im März 1983 gingen CDU und F.D.P. eine Koalition ein, bei gleichzeitiger Übernahme von 2 Senatsressorts durch die F.D.P. Im Herbst 1983 kündigte v. Weizsäcker für 1984 seinen Rücktritt als Regierender Bürgermeister an, um für das Amt des Bundespräsidenten kandidieren zu können. Die CDU nominierte ihren bisherigen Fraktionsvorsitzenden Eberhard Diepgen als seinen Nachfolger.
B. entsendet 22 Abgeordnete in den Bundestag und 4 Vertreter in den Bundesrat. Sie haben volles Stimmrecht in den Ausschüssen, aber nur beratende Stimme in Plenarsitzungen, d. h., ihr Votum wird jeweils gesondert registriert und hat keinen Einfluß auf das Abstimmungsergebnis. Seit 1959 sind die West-Berliner Wahlmänner in der Bundesversammlung den übrigen, aus den westdeutschen Bundesländern stammenden Mitgliedern dieses Gremiums, das den Bundespräsidenten zu wählen hat, völlig gleichgestellt.
Nach Art. 87 der Verfassung von B. kann das Abgeordnetenhaus feststellen, daß ein Gesetz der Bundesrepublik Deutschland unverändert auch in B. Anwendung findet. Die Übernahme erfolgt auf dem Wege der „Mantelgesetzgebung“. Ausgenommen sind alle Bundesgesetze, die die Sicherung des Staates gegen gewaltsame Einwirkung von außen gewährleisten sollen: Weder die Wehrdienstgesetzgebung noch das Notstandsrecht der Bundesrepublik sind mit Rücksicht auf die ausschließliche Zuständigkeit der Alliierten in B. übernommen worden. Nach alliierter Auffassung stellt die Übernahme bundesrechtlicher Regelungen durch das Abgeordnetenhaus eine Transformation von Bundesrecht in Berliner Landesrecht dar.
Gemäß dem Anliegen aller bisherigen Bundesregierungen, die Bindungen zwischen B. (West) und der Bundesrepublik Deutschland so eng wie möglich zu gestalten, sind in Übereinstimmung mit den westlichen Alliierten seit Beginn der 50er Jahre zahlreiche Bundesbehörden in B. (West) angesiedelt worden, darunter die Bundesversicherungsanstalt für Angestellte, das Bundesgesundheitsamt, das Bundeskartellamt, das Bundesverwaltungsgericht (mit Ausnahme seiner Wehrdienstsenate) und der 5. Senat des Bundesgerichtshofes. Insgesamt beschäftigt der Bund rund 25000 Beamte, Angestellte und Arbeiter in B. (West).

XVII. Innere Ordnung von Berlin (Ost)

Die innere Ordnung von B. (Ost) ist weitgehend der der 14 → **Bezirke** der DDR angeglichen. (In der DDR wird B. [Ost] gelegentlich auch als 15. Bezirk der DDR bezeichnet.) Dementsprechend wird der Magistrat von B. (Ost) wie die anderen Bezirke der DDR vom Ministerrat der DDR angeleitet und das Prinzip der doppelten Unterstellung (→ **Anleitung und Kontrolle**) auf ihn angewendet. Der Oberbürgermeister von B. (Ost) gehört dem Ministerrat seit Ende 1976 als Mitglied des Präsidiums an.
Im Anschluß an die Wahl der Stadtverordnetenversammlung im Juni 1981 bestand der Magistrat aus dem Oberbürgermeister Krack (SED), seinem Ersten Stellvertreter, 10 weiteren – für bestimmte Sachgebiete zuständigen – Stellvertretern, 10 Stadträten und dem „Sekretär des Magistrats“. Bis auf wenige Vertreter der 4 Blockparteien gehören die Mitglieder des Magistrats durchweg der SED an. Ähnlich ist die personelle Zusammensetzung in den 9 Stadtbezirken, an deren Spitze jeweils Bezirksbürgermeister stehen (abweichend von der seit 1920 bestehenden Gliederung und Struktur der ursprünglich 8 Stadtbezirke ist 1979 ein 9. Stadtbezirk – Berlin-Marzahn – aus Teilen von Lichtenberg und Weißensee gebildet worden).
Die Stadtverordnetenversammlung wird wie die Volkskammer und die Bezirkstage alle 5 Jahre nach dem Prinzip der Einheitsliste gewählt (→ **Wahlen**) – sie tritt in der Regel dreimal jährlich zusammen. Im Juni 1981 wurde bei einer Wahlbeteiligung von 98,13 v.H. und einem Anteil der ungültigen Stimmen von 0,05 v.H. der Anteil der für den Wahlvorschlag der Nationalen Front abgegebenen Stimmen mit 99,65 v.H. beziffert.

XVIII. Sozialökonomische Grunddaten

A. Berlin (West) (480 qkm)
Die Einwohnerzahl betrug Ende 1982 1,87 Mill. (die Zahl beruhte auf der amtlichen Bevölkerungsfort-

schreibung; nach einer verwaltungsinternen Schätzung liegt die tatsächliche Bevölkerungszahl um rd. 102000 Personen höher, weil z. T. Berliner mit westdeutscher Nebenwohnung als „Fortzüge aus B." registriert werden mußten). Annähernd ¼ Mill. Einwohner von B. (West) waren Ende 1982 Ausländer. Am 31. 12. 1950 lebten 2,15 Mill. Personen in B. (West), am 31. 12. 1960 waren es noch 2,20 Mill. (bei einem Ausländer-Anteil von rd. 1 v. H.). Seitdem ist die Bevölkerungszahl fortlaufend gesunken – vor allem als Folge einer ungünstigen Altersstruktur und des veränderten generativen Verhaltens, aber auch aufgrund des Rückgangs der in B. (West) produzierenden Industriebetriebe. Im Jahre 1982 waren 15 v. H. der Einwohner von B. (West) jünger als 15 Jahre (Bundesdurchschnitt: 17 v. H.). 65 Jahre alt und älter waren 21 v. H. der Einwohner von B. (West), aber nur 15 v. H. der Bevölkerung in der Bundesrepublik Deutschland.

1982 erzeugten 803000 Erwerbstätige ein Bruttoinlandsprodukt im Wert von 55,4 Mrd. DM – das waren etwa 3,5 v. H. des Bruttoinlandsproduktes der Bundesrepublik Deutschland (bei einem Anteil der West-Berliner an der Einwohnerzahl des westlichen Deuschland von 3,2 v. H.).

Zum Vergleich: 1950, im ersten Jahr nach Beendigung der Blockade, hatten 780000 Erwerbstätige eine gesamtwirtschaftliche Leistung von 3,8 Mrd. DM erbracht.

Rückgrat der West-Berliner Wirtschaft ist nach wie vor die Industrie – wenn auch mit abnehmender Tendenz. Die Zahl der Beschäftigten im Verarbeitenden Gewerbe sank von 305000 im Jahre 1960 auf 265000 1970 und weiter auf 165000 1982. An der letztgenannten Beschäftigtenzahl waren die Grundstoff- und Produktionsgüterindustrie mit 10,7 v. H., die Investitionsgüterindustrie mit 62,1 v. H., der Sektor Verbrauchsgüter mit 14,0 v. H. und die Nahrungs- und Genußmittel erzeugenden Betriebe mit 13,2 v. H. beteiligt.

Herausragende Bedeutung für die West-Berliner Industrie haben im Bereich „Grundstoff- und Produktionsgüter" die chemischen Betriebe und im Bereich „Investitionsgüter" die Elektrotechnik und der Maschinenbau.

Im Jahre 1982 lieferte B. (West) Waren und Dienstleistungen im Gesamtwert von 27,6 Mrd. DM ins Bundesgebiet (74,9 v. H. der Lieferungen), in die DDR (1,2 v. H.) und ins Ausland (23,9 v. H.). Im selben Jahr hatten die Bezüge ebenfalls einen Wert von 27,6 Mrd. DM – sie stammten zu 74,9 v. H. aus dem Bundesgebiet, zu 7,5 v. H. aus der DDR und zu 17,7 v. H. aus dem Ausland. Auf Staatshandelsländer entfielen 1982 4,4 v. H. der gesamten Ausfuhr – der Exportanteil in die Entwicklungsländer lag zur selben Zeit bei 23,8 v. H.

Der Verlust der Hauptstadtfunktion nach dem II. Weltkrieg brachte es mit sich, daß B. seine Bedeutung als Zentrum überregionaler Dienstleistungen teilweise einbüßte; Bemühungen des Senats und der Bundesregierung waren in den letzten Jahren darauf gerichtet, diesen Bereich stärker auszubauen (z. B. das Kongreß-, Messe- und Ausstellungswesen).

B. (West) ist die größte Universitätsstadt Deutschlands. 1982 zählten die Hochschulen 88000 Studierende – davon 74000 an FU und TU (unter ihnen 8000 ausländische Studenten). Bildung, Wissenschaft und Forschung bestimmen ebenso wie die Theater- und Musikbühnen und die Museen und Galerien den geistigen und kulturell-künstlerischen Rang von B. (West).

B. Berlin (Ost) (403 qkm)

Ende 1982 betrug die Einwohnerzahl 1,17 Mill. – davon standen 64,0 v. H. im arbeitsfähigen Alter. 18,8 v. H. waren Kinder und Jugendliche im nichtarbeitsfähigen Alter, und 17,3 v. H. standen im Rentenalter (Männer ab 65, Frauen ab 60 Jahre).

Von den 641700 Berufstätigen (ohne Lehrlinge) waren im Jahre 1982 95,5 v. H. als Arbeiter und Angestellte tätig – lediglich 14900 waren Mitglieder von Produktionsgenossenschaften, und 14100 galten noch als Selbständige und mithelfende Familienangehörige (Anfang der 60er Jahre waren es noch über 30000).

Die Bedeutung von B. (Ost) als Sitz der meisten zentralen Organe des Staatsapparates, der obersten Gremien der Parteien, Massenorganisationen und Verbände, der wichtigsten Verlage und Redaktionen drückt sich darin aus, daß von den 641700 Berufstätigen (ohne Lehrlinge) 1982 30,7 v. H. in „nichtproduzierenden Bereichen" und nur 24,9 v. H. in der Industrie von B. (Ost) tätig waren. An dritter Stelle lag der Handel mit 14,9 v. H., auf dem vierten Platz das Verkehrs-, Post- und Fernmeldewesen mit 11,1 v. H. der Berufstätigen.

Nach dem Wert der industriellen Bruttoproduktion im Jahre 1982 nahmen die Produktionsbereiche Elektrotechnik/Elektronik/Gerätebau den wichtigsten Platz ein (29,4 v. H.). Daneben haben der Maschinen- und Fahrzeugbau (16,1 v. H.), die Leicht- und Textilindustrie (16,1 v. H.) sowie die chemische Industrie (11,9 v. H.) und die Lebensmittelindustrie (11,4 v. H.) Gewicht – gefolgt von der Energie- und Brennstoffindustrie (9,5 v. H. der industriellen Bruttoproduktion in B. [Ost]).

Werden die Daten von B. (Ost) und die der 14 DDR-Bezirke zusammengefaßt, so ist der Ostteil der gespaltenen Stadt mit 7,0 v. H. an der Wohnbevölkerung, mit 7,7 v. H. an der Zahl der Berufstätigen (ohne Lehrlinge) und mit 5,3 v. H. an der industriellen Bruttoproduktion der DDR beteiligt. Auch B. (Ost) ist ein Zentrum des Theaterlebens, der → **Wissenschaft** und der → **Forschung** (→ **Humboldt-Universität zu Berlin**; → **Akademie der Wis-**

senschaften der DDR [AdW]). → **Außenpolitik; Deutschlandpolitik der SED; Innerdeutsche Beziehungen.**

Manfred Rexin

Literaturangaben

Veröffentlichungen aus der Bundesrepublik Deutschland und westlichen Ländern werden in den Literaturhinweisen am Ende des Handbuches in der Sachgruppe 13: Berlin-Fragen aufgeführt. Auf eine erneute Nennung an dieser Stelle wird daher verzichtet.

Abrassimow, Pjotr: Westberlin – gestern und heute, Berlin (Ost): Staatsverl. 1981.

Berlin. 800 Jahre Geschichte in Wort und Bild. Autorenkollektiv u. Ltg. v. Roland Bauern und Brik Hühns. Berlin (Ost): Dt. Verl. d. Wissenschaften 1980.

Boldyrew, Viktor: Das Vierseitige Abkommen über Westberlin – ein Schritt zu Frieden, Sicherheit und Zusammenarbeit, in: Deutsche Außenpolitik, 1972, 5, S. 873–899.

Entwicklung und Probleme Westberlins in den 70er Jahren, in: IPW-Forschungshefte, hrsgg. v. Institut für Internationale Politik und Wirtschaft. Berlin (Ost) 1978, 4.

Görner, Günter: Potsdamer Abkommen und Westberlinfrage, in: Deutsche Außenpolitik, 1969, 5, S. 515–539.

Keiderling, Gerhard: Die Berliner Krise 1948/49. Zur imperialistischen Strategie des Kalten Krieges gegen den Sozialismus und der Spaltung Deutschlands. Berlin (Ost): Akademie Verl. 1982.

Keiderling, Gerhard, u. Percy Shulz: Zur Geschichte der Hauptstadt der DDR und der selbständigen politischen Einheit Westberlins. Berlin (Ost): Dietz 1970.

Kröger, Herbert: Strikte Einhaltung des Westberlin-Abkommens – ein Gebot der Vernunft und des Rechts, in: Deutsche Außenpolitik, 1977, 12, S. 57–65.

Ministerium für Auswärtige Angelegenheiten der DDR, Ministerium für Auswärtige Angelegenheiten der UdSSR: Das vierseitige Abkommen über Westberlin und seine Realisierung. Dokumente 1971–1977. Berlin (Ost): Staatsverl. 1977.

Volk, Waltraud: Historische Straßen und Plätze heute. Berlin, Hauptstadt der DDR, 7., bearb. Aufl., Berlin (Ost): Verl. für Bauwesen 1980.

Weise, Klaus: Berlin. Hauptstadt der DDR (m. Abb. u. Ktn.). Berlin (Ost): Tourist Verl. 1979.

Berliner Außenring: Strategisch und ökonomisch wichtige, rd. 122 km lange Strecke der → **Deutschen Reichsbahn** (DR), die → **Berlin** (in meist beträchtlichem Abstand von der inneren „Ringbahn") umgeht. Die westliche Teilstrecke Wustermark–Wildpark wurde bereits 1902, die Anschlußstrecke bis Seddin 1908, die Linie Seddin–Saarmund 1918 in Betrieb genommen. Der Versailler Vertrag verbot zwar den Weiterbau, im Jahr 1926 wurde jedoch die Strecke Saarmund–Großbeeren eröffnet. Von 1936 bis 1943 ist ein weiteres südöstlich-östliches Drittel des BA. gebaut (Großbeeren – Lichtenrade – Bohnsdorf – Karow) und, zuletzt in seinem Nordstück, noch vor 1945 in Betrieb gesetzt worden. Am BA., der 1945–1946 großenteils demontiert worden war, arbeitete die DR seit Herbst 1948, als die Blockade West-Berlins die UdSSR bewog, sich von den durch die Westsektoren Berlins laufenden Strecken unabhängig zu machen.

Die DR ersetzte seit 1948 die Demontagen auf dem BA., baute bis 1951 zwischen Großbeeren und Bohnsdorf (über Glasow) eine Parallelstrecke zu einem schon vorhandenen, aber großenteils durch den amerikanischen Sektor gehenden Abschnitt des BA. und schuf von 1950 bis 1955 zwischen Karow und Wustermark (über Hennigsdorf) das vor 1944 fehlende nördliche Drittel des BA. Sie baute zwischen Golm (westl. Wildpark) und Saarmund, mit einem Damm über den Templiner See, 1955–1957 eine Abkürzung des ursprünglichen BA., der bis dahin eine spitze Ausbuchtung nach Seddin hin hatte. Seit 1970 ist der BA. zweigleisig ausgebaut; inzwischen ist er auch zwischen Birkenwerder und Grünau an das elektrifizierte Streckennetz der Reichsbahn angebunden. Bis 1985 soll seine Elektrifizierung abgeschlossen sein.

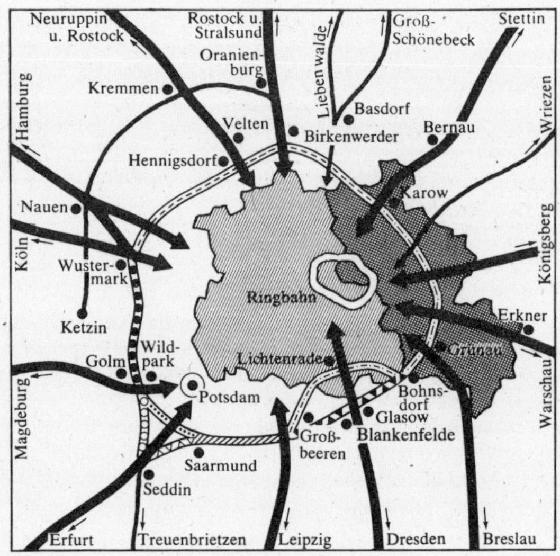

Berlin (West) Berlin (Ost)
Ringbahn im inneren Berlin (andere Strecken innerhalb des Außenringes sind nicht dargestellt)
Hauptbahnlinien außerhalb des Außenringes
Nebenbahnlinien des Außenringes
1902 in Betrieb genommen: Wustermark-Wildpark
1908 in Betrieb genommen: Wildpark-Seddin
1918 in Betrieb genommen: Seddin-Saarmund
1926 in Betrieb genommen: Saarmund-Großbeeren
zwischen 1930 und 1943 gebaut, vor 1945 in Betrieb: Großbeeren-Lichtenrade-Bohnsdorf-Karow. — Diese Strecke wurde 1945 weitgehend demontiert. Nur die Strecke Bohnsdorf-Karow wurde ab 1948 wiederbegleist.
Neubau 1950—51: Großbeeren-Glasow-Bohnsdorf, um den Westsektor südlich zu umgehen.
Neubau 1950—55: Karow-Hennigsdorf-Wustermark
Neubau 1955—57: Saarmund-Wildpark

Berliner Ensemble: 1949 von Bertolt Brecht gegr. Kollektiv von Schauspielern, Regisseuren, Dramaturgen, Bühnenbildnern und Technikern. Es ging hervor aus den Beteiligten an der deutschen Erstaufführung von Brechts „Mutter Courage und ihre Kinder" in Berlin (11. 1. 1949), die der Autor nach Rückkehr aus der Emigration zusammen mit Erich Engel inszeniert hatte. Brecht prägte bis zu seinem Tode (14. 8. 1956) das künstlerische Gesicht des von seiner Ehefrau, der Schauspielerin Helene Weigel, geleiteten BE. Es spielte anfangs im Hause des Deutschen Theaters Berlin, seit 1954 im eigenen Theater am Schiffbauerdamm. Sein großes internationales Ansehen (bis 1980 53 Auslandstourneen) begründete es mit der authentischen Interpretation von Brecht-Stücken. Zahlreiche Inszenierungen sind jahrelang im Repertoire („Der aufhaltsame Aufstieg des Arturo Ui" von 1959 bis 1974 in 532, „Schweyk im zweiten Weltkrieg" von 1961 bis 1981 in 674 Aufführungen) geblieben.
Nach dem Tode von Helene Weigel (6. 5. 1971) wurde Ruth Berghaus zur Intendantin des BE. berufen, die dort schon früher Regieaufgaben übernommen hatte. Unter ihrer Leitung bezog das BE. neben der Bewahrung des Brecht-Erbes auch wieder stärker andere Autoren in den Spielplan ein. Besonders durch einige intellektuell-artistische Inszenierungen (z. B. Brechts „Im Dickicht der Städte" und Heiner Müllers „Zement" von Ruth Berghaus sowie Wedekinds „Frühlings Erwachen" und Strindbergs „Fräulein Julie" von B. K. Tragelehn und Einar Schleef) bemühte sich die neue Intendanz, dem Vorwurf musealer Erstarrung des BE. zu begegnen, stieß damit aber inner- und außerhalb des eigenen Hauses teilweise auf Kritik. 1977 wurde Ruth Berghaus, die sich seitdem wieder Regieaufgaben an der Deutschen Staatsoper in Berlin (Ost) und westlichen Opernbühnen widmet, durch den Brecht-Schüler Manfred Wekwerth als Intendant ersetzt, der von 1962 bis 1969 Chefregisseur des BE., dann aber wegen Differenzen mit Helene Weigel ausgeschieden war.
Großen Einfluß auf die allgemeine Theaterentwicklung übte das BE. durch die Ausbildung heute auch in der Bundesrepublik und im Ausland beschäftigter Regisseure aus (u. a. Manfred Wekwerth, Peter Palitzsch, Egon Monk, Benno Besson, Manfred Karge, Matthias Langhoff, Klaus Erforth, Alexander Stillmark, Uta Birnbaum, Hans-Georg Simmgen). → **Kulturpolitik.**

Berliner Konferenz europäischer Katholiken (BK): Die BK, die sich bis Ende 1978 „Berliner Konferenz katholischer Christen aus europäischen Staaten" nannte, wurde 1964 in der DDR ins Leben gerufen. Die Initiative ging von katholischen Funktionären der → **CDU** der DDR, vor allem dem 1950 aus der Bundesrepublik Deutschland in die DDR übergesiedelten Publizisten Otto Hartmut Fuchs (geb. 1919) sowie dem 1971 verstorbenen ehemaligen Zentrumsabgeordneten Karl Grobbel aus.
Etwa 140 Katholiken aus 12 europäischen Staaten trafen sich zur I. Tagung der BK im November 1964 in Berlin (Ost). Das Thema lautete: „Dauerhafte Friedensordnung durch Vertrauen und Verträge". Neben führenden Mitgliedern der CDU (→ **Christlich Demokratische Union Deutschlands**), Funktionären der polnischen PAX- sowie der Christlich-Sozialen Bewegung, Friedenspriestern aus Ungarn und der ČSSR sowie litauischen Priestern nahm ferner eine größere Anzahl von Linkskatholiken und Pazifisten aus mehreren westeuropäischen Ländern teil. In einer „Berliner Erklärung" bekannte sich die BK unter Berufung auf die 1963 veröffentlichte Enzyklika Papst Johannes' XXIII. „Pacem in terris" zu den „Friedensprinzipien der Wahrheit, Gerechtigkeit, Liebe und Freiheit". Sie wandte sich gegen Wettrüsten, vor allem gegen die in Westeuropa unter Beteiligung der USA geplante multilaterale Atomstreitmacht (MLF).
Seither fanden in etwa 2jährlichem Turnus weitere Vollversammlungen jeweils in Berlin (Ost) mit bis zu 300 Teilnehmern statt; die letzte (VII.) im Juni 1980 in Dresden unter dem Motto „20 Jahre bis 2000 – In Verantwortung vor Gott und den Menschen verstärkte Aktivität für Entspannung, Abrüstung und Frieden". Bei dieser Veranstaltung kam u. a. auch die sowjetische Besetzung Afghanistans zur Sprache.
Neben den Plenarversammlungen tritt ein sog. „Internationaler Fortsetzungsausschuß" (IFA), der seinen Sitz ebenfalls in Berlin (Ost) hat, mehrmals jährlich zusammen. Außerdem werden in regelmäßigen Abständen Regionalkonferenzen in verschiedenen europäischen Ländern und zu unterschiedlichen Themen durchgeführt (z. B. Frauen- und Jugendtreffen, Publizisten- und Theologen-Begegnungen).
Seit der II. Plenarversammlung 1966 versteht sich die BK als „Forum katholischer Friedenskräfte aus ganz Europa zur Beratung und Aktivierung des Friedensdienstes auf der Grundlage der Lehre der Kirche". Als gleichgesinnte Partner erwiesen sich nicht nur die mehr protestantisch ausgerichtete → **Christliche Friedenskonferenz (CFK)**, sondern auch einzelne regionale Gruppen der vornehmlich in Westeuropa aktiven, von der Kirche offiziell unterstützten katholischen Friedensbewegung „Pax Christi". Wegen der politischen Festlegung der BK auf die Politik der kommunistisch regierten Staaten und wegen des Widerstandes vor allem der katholischen Bischöfe in der DDR gegen sie haben sich Priester aus beiden Teilen Deutschlands bisher von den BK-Veranstaltungen nahezu ausnahmslos ferngehalten. Auch der Vatikan, um dessen Gunst sich der Vorsitzende des Präsidiums der BK, Fuchs, und seine Freunde seit Jahren bemühen, blieb bisher auf Distanz. Dennoch ist es BK-Präsidiumsmitgliedern in einigen Fällen gelungen, von päpstlichen Prälaten empfangen zu werden. Bischöfe wie der ehemalige Utrechter Erzbischof, Kardinal Alfrink, und der Wiener Kardinal König, päpstlicher Beauftragter für den Kontakt mit den Nichtglaubenden, bekundeten zeitweilig ihr Interesse an der Arbeit der BK. An den beiden letzten Plenarversammlungen in Berlin (Ost) nahmen auch einige ungarische Bischöfe teil.
In eine Krise geriet die BK im Herbst 1968 durch den Einmarsch der Warschauer-Pakt-Staaten in die ČSSR.

Im IFA kam es damals zu scharfen Auseinandersetzungen über die Invasion und ihre Folgen für die Friedenspropaganda, in deren Verlauf eine Reihe von Mitgliedern aus dem Westen den IFA verließ. Zu einer starken Belastung der BK-Idee entwickelte sich der Umbruch in Polen mit dem Sturz des Gierek-Regimes, dem Entstehen der Gewerkschaftsbewegung Solidarnosc und der zeitweisen Einführung des Kriegsrechts. Die BK verzichtete bisher auf jede klare Stellungnahme.
Weitgespannt sind die internationalen Aktivitäten der BK: Führende Funktionäre bereisen heute fast alle westeuropäischen Staaten, während Treffen in osteuropäischen Ländern von Anfang an selbstverständlich gewesen sind. Auch in der Bundesrepublik Deutschland gab es einige kleinere Veranstaltungen in Zusammenarbeit mit örtlichen oder regionalen Pax-Christi-Gruppen. Der Tübinger Politologe Dr. W. Kralewski wurde 1978 in das BK-Präsidium gewählt. Seit einiger Zeit strebt die BK die Errichtung von festen Stützpunkten in Spanien und Portugal an. Zur chilenischen Unidad Popular im Exil werden enge Beziehungen unterhalten.

Die BK genießt in der DDR aktive Unterstützung seitens des Staates, der ihr die Funktion eines Werbeträgers für die Politik der SED im katholischen Volksteil zugedacht hat. Darüber hinaus ist ihr die Aufgabe gestellt, Verbindungen zu kooperationswilligen Gruppen von Katholiken in Ost- und Westeuropa herzustellen bzw. auszubauen. Die Finanzierung der verschiedenen Aktivitäten dürfte über die → **Nationale Front der DDR** erfolgen. Das Auftreten größerer Sympathisanten-Gruppen aus dem Westen soll der Masse der katholischen Bevölkerung in der DDR den Eindruck vermitteln, als unterstütze das katholische Europa die BK und die von ihr vertretenen Ziele. Auf diese Weise will die SED-Führung offensichtlich die Reserve der Mehrheit der Katholiken und die Ablehnung der Bischöfe gegenüber der BK überwinden.

Berliner Stadtkontor: Das 1945 als „Bank von Groß-Berlin" gegründete BS. nimmt als Bezirksdirektion mit nachgeordneten Filialen die Funktionen der → **Staatsbank** in Berlin (Ost) wahr.

Berufsausbildung, Landwirtschaftliche

I. Ausbildungsstand
II. Ausbildung zum Facharbeiter und Meister
III. Ingenieurausbildung
IV. Ausbildung an Universitäten und Hochschulen

I. Ausbildungsstand

Die DDR betreibt auf dem Gebiet der Land-, Forst- und Nahrungsgüterwirtschaft eine intensive Ausbildungspolitik, die sowohl die Ausbildung von Facharbeitern und Meistern als auch das Studium an → **Fachschulen** sowie → **Universitäten und Hochschulen** umfaßt.
Die Entwicklung des Qualifikationsstandes der in den Landwirtschaftsbetrieben beschäftigten Mitarbeiter gibt jedoch nur teilweise die tatsächliche Ausbildungsleistung der DDR wieder. Sie sind zu ergänzen um die wegen Alters- oder aus sonstigen Gründen aus der Landwirtschaft ausgeschiedenen Arbeitskräfte bzw. um die Fachkräfte, die nach Abschluß ihrer Ausbildung keine Tätigkeit in den Landwirtschaftsbetrieben aufgenommen haben.
Die insgesamt sehr hohen Ausbildungsleistungen sind das Ergebnis der → **Agrarpolitik** der SED. Sie folgt dem im → **Marxismus-Leninismus** vorgegebenen Klassenauftrag zur Überwindung der Unterschiede zwischen Stadt und Land im allgemeinen (→ **Sozialstruktur**) und des in der Landwirtschaft angeblich oder tatsächlich vorhandenen Bildungsrückstandes im besonderen.
Mit der Einführung industriemäßiger Produktionsverfahren (→ **Landwirtschaft**) ergab sich ab Ende der 60er Jahre für die landwirtschaftlich Berufstätigen zudem ein völlig neues Berufsbild. Die Konzentration der Produktionsmittel und der Arbeitskräfte in spezialisierten Großbetrieben führte einerseits zu spezialisierten Ausbildungsberufen bzw. Studien-

Qualifikationsstruktur
Die Entwicklung in der sozialistischen Landwirtschaft[1] der DDR

Jahr	Berufstätige[1] gesamt	darunter mit Abschluß Facharbeiter	Meister	Fachschule	Hochschule
	in 1000				
	absolut				
1965	1 015	190,6	32,0	21,1	5,3
1970	887	427,9	47,1	28,3	7,4
1975	793	522,7	52,3	37,6	11,8
1980	780	580,9	51,9	45,5	16,4
1982	792	592,2	52,4	48,1	17,6
	in v.H.				
1965	100	18,8	3,2	2,1	0,5
1970	100	48,3	5,3	3,2	0,8
1975	100	65,9	6,6	4,8	1,5
1980	100	74,5	6,7	5,8	2,1
1982	100	74,7	6,6	6,0	2,2
Veränderungen 1965 = 100					
1982 = v.H.	78,0	310,8	163,7	227,7	335,6
Anteil der Frauen 1982 absolut	329,0	260,6	8,1	15,7	4,0
1982 in v.H.	41,5	44,0	15,2	32,6	23,0

1 Landwirtschaft bzw. Berufstätige ohne ACZ, Veterinärwesen und Pflanzenschutz.

Quelle: Statistisches Jahrbuch der DDR, 1983, S. 185.

gängen. Andererseits war mit der Einrichtung von Großbetrieben zugleich auch die Einführung mehrerer Leitungsebenen und damit eine vertikale Gliederung der Berufstätigen nach Verantwortungsbereichen und entsprechend differenzierten Anforderungen an die berufliche Qualifikation verbunden. Den veränderten Einsatzbedingungen entsprechend war das Aus- und Weiterbildungssystem für die Landwirtschaft der DDR neu konzipiert worden. Hierbei kam der Weiterbildung – auch in Anbetracht des bereits erreichten Ausbildungsstandes – erhöhte Bedeutung zu. Sie umfaßte alle Ausbildungsstufen (vom Facharbeiter bis zum Hochschulabsolventen) und fand in vielfältigen Formen (vom 2–3tägigen Kurzlehrgang bis zum mehrere Semester dauernden postgradualen Studium) statt.

II. Ausbildung zum Facharbeiter und Meister

Die Ausbildung zum Facharbeiter kann sowohl auf dem Wege der Erwachsenenqualifizierung als auch im Rahmen der normalen Ausbildung des Berufsnachwuchses erfolgen. Die Anzahl der von den Erwachsenen abgelegten Facharbeiterprüfungen überschritt 1970 mit 51387 ihren Höhepunkt und ging seitdem stark zurück. Offensichtlich ist das Reservoir an ausbildungsfähigen Berufstätigen erschöpft. Erstmals sank 1977 der Anteil der Erwachsenen auf unter 50 v. H. aller in der Landwirtschaft (einschließlich der Forstwirtschaft, des Gartenbaus und der Fischerei) abgelegten Facharbeiterprüfungen. 1982 erreichte er mit 23,6 v. H. den niedrigsten Stand. Auch die Anzahl der von Lehrlingen bestandenen Prüfungen verringerte sich zunächst von 9800 (1970) auf 6448 (1973). Nach Einführung des neuen Ausbildungssystems und der Entwicklung neuer Berufsbilder wurde jedoch die Werbung für landwirtschaftliche Berufe intensiviert mit dem Ergebnis, daß 1977 das Niveau von 1970 mit 9780 abgelegten Prüfungen wieder erreicht wurde und 1982 auf 17734 gesteigert werden konnte.

Anzahl und Zusammensetzung der abgelegten Facharbeiterprüfungen[1]

Jahr	bestandene Prüfungen[1]	Anteil an den Prüfungen in v. H. Erwachsene	Lehrlinge
1970	61 187	84,0	16,0
1973	26 139	75,3	24,7
1975	22 325	61,8	38,2
1977	18 728	47,8	52,2
1979	23 255	37,0	63,0
1982	23 223	23,6	76,4

1 Landwirtschaft, Gartenbau, Forstwirtschaft, Fischwirtschaft.
Quellen: Statistische Jahrbücher der DDR 1976, S. 334; 1977, S. 327; 1979, S. 295; 1983, S. 295.

A. Die Erwachsenenbildung

Die theoretische Ausbildung wird in Kursen an den Landwirtschaftsschulen (z. T. auch an Agraringenieur- und Ingenieurschulen) vermittelt und schließt den Erwerb von Berechtigungsscheinen für die Bedienung von Maschinen und Anlagen ein. Die Ausbildung erfolgt grundsätzlich in den gleichen Berufen wie die Lehrlingsausbildung (s. w. u.). Weiterhin gelten auch für die Landwirtschaft die in der Facharbeiterprüfungsordnung enthaltenen Bestimmungen (Neufassung am 24. 2. 1978, GBl. I, S. 117), die einen teilweisen oder vollständigen Erlaß der Abschlußprüfung vorsehen: Sofern Werktätige hervorragende Leistungen in der Erfüllung der Produktionspläne usw. erbringen, kann auf die Prüfung in berufspraktischen Fächern und auf die Anfertigung einer schriftlichen Hausarbeit verzichtet werden. Sofern die Berufstätigen mehr als 3 Jahre in einem Ausbildungsberuf der Landwirtschaft gearbeitet und das Mindestalter von 35 Jahren (Frauen) bzw. 45 Jahren (Männer) erreicht haben, wird auf jede Abschlußprüfung verzichtet. Schließlich kann die Facharbeitereigenschaft unter bestimmten Voraussetzungen auf Antrag des Betriebes und mit Unterstützung der Gewerkschaftsleitung auch ohne spezielle Ausbildung und Prüfung zuerkannt werden. Die Mehrzahl der bis 1985 geplanten Qualifikationen dient jedoch der weiteren Spezialisierung bereits ausgebildeter Facharbeiter. Sie ist auf den künftigen Arbeitsplatz bezogen, an dem eine Vielzahl von Spezialisten mit unterschiedlicher Qualifikation und verschiedenen Teilaufgaben zu „Funktionsgruppen" zusammengezogen werden. Die Ausbildung erfolgt in der Regel in den Kreislandwirtschaftsschulen, in den Kreisbetrieben für Landwirtschaft (KfL) oder in den → **Kooperationsakademien**, die während des Winters in allgemeinbildenden Schulen, den Landwirtschafts- und Ingenieurschulen abgehalten werden. Das Ausbildungsprogramm wird durch eine Sendefolge des Fernsehens unterstützt. Für die Führungsaufgaben (LPG-Vorsitzende, Brigadeleiter usw.) sind insbesondere an den Hochschulen des → **Ministeriums für Land-, Forst- und Nahrungsgüterwirtschaft (MfLFN)** Fortbildungskurse eingerichtet. Für die Ausbildung von Leitungskadern und Berufstätigen, die in industriemäßigen Anlagen eingesetzt werden sollen, wurden zusätzlich folgende Bildungszentralen geschaffen:
- Rindermast – Bildungszentrum Dedelow bei Prenzlau;
- Schweinezucht- und -mast – Bildungszentrum Eberswalde;
- Geflügelhaltung – Bildungszentrum Königs Wusterhausen;
- Meliorationsanlagen – Agraringenieurschule Fürstenwalde;
- Landtechnik – Spezialschule für Landtechnik Großenhain bei Riesa;

- Obst- und Gemüseerzeugung – Ingenieurschule für Gartenbau Werder;
- Sortier- und Lagerhallen für Pflanzkartoffeln – Agraringenieurschule Neugattersleben bei Staßfurt;
- Speisekartoffeln – Agraringenieurschule Neubrandenburg-Tollenseheim.

Die saisonale Abhängigkeit der Pflanzenproduktion hat u. a. zur Folge, daß ein Teil der Berufstätigen auf dem Wege der Weiterbildung einen zweiten, außerlandwirtschaftlichen Beruf erlernen (Kraftfahrer, Schlosser, Meliorationsfacharbeiter, Bauhandwerker usw.). Im Winter 1982/83 waren rd. 60000 Facharbeiter der Pflanzenproduktion in außerlandwirtschaftlichen Berufen tätig. Hiervon hatten bereits 18500 eine Ausbildung für einen Zusatzberuf erworben.

B. Facharbeiterausbildung

Die Bestimmungen zur Ausbildung Jugendlicher für Berufe der Land-, Forst- und Nahrungsgüterwirtschaft sind während der Jahre 1975–1978 sämtlich neu gefaßt worden. Neben den allgemeingültigen Bestimmungen (AO über Berufsberatungszentren vom 7. 4. 1975, GBl. I, S. 334; AO über die Organisation des theoretischen und berufspraktischen Unterrichtes vom 20. 7. 1977, GBl. I, S. 311; AO über die Bewerbung um eine Lehrstelle vom 11. 2. 1982, GBl. I, S. 95; AO über das Lehrverhältnis vom 15. 12. 1977, GBl. I, 1978, S. 33; Verfügung zur Weiterentwicklung der Berufsausbildung der Lehrlinge im Bereich des MfLFN vom 1. 7. 1981, Facharbeiterprüfungsanordnung [s. o.] sowie zahlreiche weitere Regelungen finanzieller und sozialer Fragen der Ausbildung) erfolgte die Reorganisation des landwirtschaftlichen Ausbildungswesens – in Zusammenarbeit mit dem → **Staatssekretariat für Berufsausbildung** – durch die Abteilung Aus- und Weiterbildung des MfLFN. Zur Analyse und Lösung grundsätzlicher Fragen unterhält das MfLFN ein Institut für Ausbildung und Qualifizierung (Brieselang). Die Ausbildung von Lehrkräften für den berufspraktischen Unterricht sowie die Weiterbildung von Lehrkräften für die theoretische und berufspraktische Ausbildung erfolgen durch das „Institut für Aus- und Weiterbildung" des MfLFN in Schwerin-Paulshöhe.

Am 1. 9. 1983 haben rd. 25000 Schulabgänger eine Lehre im Bereich der → **Land-**, → **Nahrungsgüter-** oder → **Forst- und Holzwirtschaft** aufgenommen. Nach der gegenwärtig geltenden Systematik der Ausbildungsberufe (vom 15. 5. 1980, GBl. SDr. 1036) können sie in diesem Bereich zwischen 30 Ausbildungsberufen mit insgesamt 43 Spezialisierungsrichtungen wählen. Diese Berufe stehen jedoch nur für Absolventen der 10. Klasse der polytechnischen Oberschule (POS) in voller Breite zur Wahl, während Schüler, die die POS mit dem Niveau der 8. Klasse verlassen, nur 7 landwirtschaftliche Berufe und 4 Berufe der Nahrungsgüterwirtschaft erlernen können. Die Ausbildungsdauer beträgt in diesen Fällen 3, bei Absolventen der 10. Klasse POS dagegen nur 2 Jahre. Wie in anderen Berufen besteht auch in den Grundberufen der Land-, Forst- und Nahrungsgüterwirtschaft die Möglichkeit zur Berufsausbildung mit Abitur (→ **Einheitliches sozialistisches Bildungssystem**, XI.). Absolventen dieses Ausbildungsweges sollen anschließend für ein landwirtschaftliches Hochschulstudium in der DDR oder einem anderen RGW-Staat gewonnen werden. Schließlich sind noch die Berufe zu nennen, die nicht im Rahmen der Berufsausbildung, sondern nur auf dem Weg der Weiterbildung erlernt werden können (Geflügelzüchter, Pelztierzüchter).

Der Bedarf an Lehrlingen wird von den Räten der → **Bezirke** (Abteilung LFN) auf der Grundlage zentraler staatlicher Berechnungen geplant und über die Räte der → **Kreise** (Abteilung Land- und Forstwirtschaft in Abstimmung mit den Abteilungen Berufsbildung und Berufsberatung und den Kreisplankommissionen) den Betrieben als Bestandteil ihrer Betriebspläne vorgegeben. Die Betriebe haben in Zusammenarbeit mit den Berufsberatungszentren, den Schulen und den Abteilungen für Berufsbildung und Berufsberatung unter den Schülern (ab 6. Klasse) für die Aufnahme einer Ausbildung in der Landwirtschaft zu werben. Für den Zeitraum 1981–1985 ist vorgesehen, für die Land-, Forst- und Nahrungsgüterwirtschaft mindestens 114820, durchschnittlich jährlich also über 22900 Schulabgänger, als Lehrlinge zu gewinnen.

Im Bereich der Land-, Forst- und Nahrungsgüterwirtschaft sind z. Z. rd. 1200 Betriebe als „staatlich anerkannte Ausbildungsbetriebe" zugelassen. Betriebe, denen diese Anerkennung fehlt, delegieren die mit ihnen durch den Lehrvertrag verbundenen Lehrlinge in die anerkannten Lehrbetriebe. Als Lehrbetriebe werden grundsätzlich nur industriemäßig arbeitende Betriebe anerkannt. Sofern diese Voraussetzung nicht erfüllt werden kann, ist ein 2–3monatiges Praktikum der Lehrlinge in industriemäßigen Anlagen vorgesehen. Die 2jährige Ausbildung gliedert sich z. Z. in 22 Wochen Theorie mit ca. 800 Std. Unterricht und 55 Wochen Praxis in den unterschiedlichsten Fachbereichen, danach folgen 8 Wochen Einarbeitung am künftigen Arbeitsplatz.

1. Grundberufe der Landwirtschaft und Nahrungsgüterwirtschaft:

- Agrotechniker/Mechanisator (Ausbildung mit Abitur / 5 Spezialisierungsrichtungen)
- Zootechniker/Mechanisator (Ausbildung mit Abitur / 9 Spezialisierungsrichtungen)
- Meliorationstechniker (Ausbildung mit Abitur / 3 Spezialisierungsrichtungen)

– Landmaschinenschlosser (Ausbildung mit Abitur / 5 Spezialisierungsrichtungen)
– Motorenschlosser / Landwirtschaft (Ausbildung mit Abitur / 5 Spezialisierungsrichtungen)
– Facharbeiter für die Be- und Verarbeitung landwirtschaftlicher Produkte (Ausbildung mit Abitur / 7 Spezialisierungsrichtungen)

2. Weitere Ausbildungsberufe mit Spezialisierungsmöglichkeiten (ohne Abitur)
Gärtner (6 Spezialisierungsrichtungen)
Facharbeiter für Pferdezucht und Leistungsprüfungen (3 Spezialisierungsrichtungen)
Facharbeiter für Fleischerzeugnisse (3 Spezialisierungsrichtungen)
Facharbeiter für Milchwirtschaft (3 Spezialisierungsrichtungen)

3. Ausbildungsberufe ohne weitere Spezialisierung
Agrochemiker (Ausbildung mit Abitur), Schädlingsbekämpfer, Winzer, Blumenbinder, Facharbeiter für Grünanlagen, Imker, Binnenfischer, Forstfacharbeiter/Mechanisator (Ausbildung mit Abitur).

4. Ausbildungsberufe für Lehrlinge mit dem Abschluß der 8. Klasse POS
Facharbeiter für Agrotechnik, für Rinderproduktion, für Schweineproduktion, Schäfer, Gartenfacharbeiter, Forstfacharbeiter, Meliorationsfacharbeiter, Molkereifacharbeiter, Facharbeiter für die Be- und Verarbeitung von Körnerfrüchten (3 Spezialisierungsrichtungen), Fleischer.

C. Ausbildung zum Meister der Landwirtschaft
Als Voraussetzung für die Zulassung zu den Meisterlehrgängen gelten u. a.: Abgeschlossene Ausbildung als Facharbeiter und mehrjährige Berufstätigkeit in der Praxis sowie Abschluß der 10klassigen (polytechnischen) Oberschule. Die fehlende 9. und 10. Klasse kann in Vorkursen (118 Unterrichtsstunden) nachgeholt werden.
Die Ausbildung soll in maximal 2 Jahren abgeschlossen sein, erfolgt in Kursen und ist in eine Grundausbildung (4 Kurse – 440 Std., davon 120 Marxismus-Leninismus) und eine Spezialausbildung (2–3 Kurse ca. 300 Stunden) gegliedert. Die bestandene Prüfung berechtigt je nach Ausbildungsrichtung zur Führung des Titels Meister der Pflanzenproduktion, Tierproduktion, Landtechnik, Nahrungsgüterproduktion usw.
Die Ausbildung erfolgt in den Hauptrichtungen Feld- und Grünlandwirtschaft (nach Pflanzenarten weiter spezialisiert); Be- und Verarbeitung von Pflanzenprodukten; Tierproduktion (nach Tierarten spezialisiert); Be- und Verarbeitung von Tierprodukten; Gärtnerische Produktion (Obst, Gemüse, Zierpflanzen, Baumschulen); Lagerwirtschaft und Konservierung; Melioration; Landwirtschaftsbau; Instandsetzung und Wartung.
Die Ausbildung zum Meister hat an Bedeutung verloren, nachdem für die Leitung der Brigaden grundsätzlich die Qualifikation als Fachschulingenieur vorgesehen ist.

III. Ingenieurausbildung

Das Fachschulstudium ist für den Bereich der Land-, Forst- und Nahrungsgüter in Zusammenhang mit der Einführung industriemäßiger Produktionsverfahren durch die Verfügung zur Weiterentwicklung der Fachschulausbildung im Bereich des MfLFN vom 4. 5. 1973 neu geordnet und gegliedert worden. An 36 Agraringenieur- und Ingenieurschulen werden in zahlreichen Spezialisierungsrichtungen Agrar-, Veterinär-, Gartenbau-, Forst- und Meliorationsingenieure sowie Ingenieure für Landtechnik, für Binnenfischerei und für Getreide-, Milch- und Fleischwirtschaft ausgebildet. Weitere Ausbildungsrichtungen zielen auf die Wirtschaftswissenschaften (Ökonom bzw. Ingenieurökonom) und auf die Ausbildung von Lehrkräften für den berufspraktischen Unterricht, die am Institut für Aus- und Weiterbildung von Ingenieurpädagogen in Schwerin erfolgt. Voraussetzung für die Aufnahme des Studiums ist – neben den allgemeinen gesellschaftspolitischen und fachlichen Leistungen – der erfolgreiche Abschluß der 10. Klasse der polytechnischen Oberschule und eine abgeschlossene Facharbeiterausbildung. Die Bewerbung zum Studium erfolgt über die Betriebe, die mit den jeweils Zugelassenen eine Delegierungsvereinbarung (Förderungsvertrag) für die Studienzeit abschließen. Die Studiendauer beträgt im Direktstudium 6 Semester, von denen 5 der theoretischen Ausbildung gewidmet sind. Während der ersten 2 Studienjahre ist je ein mehrwöchiges Praktikum zu absolvieren. Das letzte Semester verbringen die Studenten in ihrem künftigen Einsatzbetrieb und verfassen im Rahmen dieses „Berufspraktikums" ihre Abschlußarbeit, in der ein Problem ihres künftigen Arbeitsplatzes zu behandeln ist. Zu diesem Zweck wird bereits zu Beginn des 5. Semesters mit dem künftigen Einsatzbetrieb ein Arbeitsvertrag abgeschlossen, der den Verbleib des Studenten für mindestens 3 Jahre nach Abschluß der Ausbildung in diesem Betrieb regelt.
Von der Spezialisierung der Fachschulen nach Grundstudienrichtung und Fachrichtung abgesehen, ist der Studienablauf und Aufbau des Studiums für alle Studierenden der Land-, Forst- und Nahrungsgüterwirtschaft einheitlich gestaltet. Während der ersten 5 Semester wird der Lehrstoff in 17–20 Wochen pro Semester (2600–3000 Gesamtstunden je nach Studienrichtung) vermittelt. Unabhängig von der Fachrichtung umfaßt jedes Studium u. a. die Grundfächer „Grundlagen des Marxismus-Leninismus" (rd. 320 Std.) und Körpererziehung (180–200 Std.).

A. Ausbildung zum Agraringenieur bzw. Ingenieur
Das Ausbildungsziel der Fachschulabsolventen „liegt im unmittelbaren Einsatz als Organisatoren der Produktion zur Leitung von Brigade- und Bereichskollektiven bzw. spezialisierten Arbeitsgruppen, als Komplex- und Schichtleiter". Die Ausbildung ist in den Grundstudienrichtungen bzw. Fach- und Spezialisierungsrichtungen an den folgenden Ausbildungseinrichtungen (Agraringenieurschulen = AIS, Ingenieurschulen = IS) möglich:

1. Grundstudienrichtung Industriemäßige Pflanzenproduktion
– Fachrichtung landwirtschaftliche Pflanzenproduktion (AIS in Cottbus, Dahlen, Haldensleben, Naumburg, Neubrandenburg),
– Fachrichtung Technologie der industriemäßigen Pflanzenproduktion (AIS in Malchow),
– Fachrichtung Agrochemie (IS für Agrochemie in Halle/Saale),
– Fachrichtung „Gärtnerische Produktion" mit Spezialisierungsrichtungen:
  Obstproduktion, IS f. Gartenbau Werder/Havel,
  Gemüseproduktion, IS f. Gartenbau Erfurt,
  Garten- und Landwirtschaftsgestaltung, IS f. Gartenbau Erfurt,
  Zierpflanzenwirtschaft, IS f. Gartenbau Bannewitz,
– Fachrichtung Saat- und Pflanzgutproduktion (AIS Neugattersleben),
– Fachrichtung ldw. Versuchswesen/Pflanzenproduktion (AIS Quedlinburg/Harz).

2. Grundstudienrichtung Meliorationswesen AIS Fürstenwalde/Spree.

3. Grundstudienrichtung Landtechnik mit Spezialisierungsrichtungen:
– Mechanisierung und Instandhaltung in der industriemäßigen Pflanzen- und Tierproduktion,
– Spezialisierte Instandsetzung, Fertigung, Montage und Anlagenbau (IS für Landtechnik in Friesack und Nordhausen),
– Technische Trocknung (IS für Landtechnik Nordhausen).

4. Grundstudienrichtung Industriemäßige Tierproduktion
– Fachrichtung landwirtschaftliche Tierproduktion mit Spezialisierungsrichtungen:
  Schweinefleischproduktion, Reproduktion der Schweinebestände (IS für Fleischwirtschaft Oranienburg-Luisenhof),
  Eier- und Geflügelfleischproduktion (IS für Fleischwirtschaft Oranienburg-Luisenhof),
  Milchproduktion und Reproduktion der Rinderbestände (AIS in Güstrow-Bockhorst, Stadtroda, Wernigerode, Zierow, Zug),
  Woll- und Schaffleischproduktion (AIS Wernigerode),
  Pferdezucht- und -sport (AIS Zierow),
  Tierzüchtung (AIS Wernigerode/Harz).
– Fachrichtung Technologie der industriemäßigen Tierproduktion (AIS Stadtroda),
– Fachrichtung landwirtschaftliches Versuchswesen/Tierproduktion (AIS f. ldw. Versuchswesen Quedlinburg/Harz),
– Fachrichtung Veterinärmedizin mit Spezialisierungsrichtungen:
  Veterinär in den Betrieben der industriemäßigen Produktion und der Nahrungsgüterwirtschaft (IS für Veterinärmedizin in Beichlingen und in Rostock),
  Labordiagnostik (IS für Veterinärmedizin Rostock),
– Fachrichtung Binnenfischerei (IS für Binnenfischerei Storkow).

5. Grundstudienrichtung Forstwirtschaft
IS für Forstwirtschaft in Raben Steinfeld und in Schwarzburg.

6. Grundstudienrichtung Lebensmitteltechnologie
– Fachrichtung Technologie der Getreideverarbeitung (IS für Getreidewirtschaft Greiz),
– Fachrichtung Technologie der Milchverarbeitung (IS für Milchwirtschaft Halberstadt),
– Fachrichtung Technologie der Fleischverarbeitung (IS für Fleischwirtschaft Oranienburg).

B. Die Ausbildung zum Ökonomen bzw. Ingenieurökonomen
Die Absolventen sollen in der Landwirtschaft bzw. in den Betrieben der Nahrungsgüterwirtschaft auf den Gebieten der Planung, Produktionsvorbereitung, Finanzierung, Abrechnung sowie Analyse und Kontrolle der Produktionsprozesse arbeiten. Ausbildungsschwerpunkt der „Grundstudienrichtung Wirtschaftswissenschaften in der Land-, Forst- und Nahrungsgüterwirtschaft" sind die naturwissenschaftlichen Grundlagen, die Verfahren der industriemäßigen Produktion, das technologische Grundwissen, die Statistik, die Verwaltungsorganisation und die Informationsverarbeitung. Innerhalb der Grundstudienrichtung stehen folgende Fachrichtungen zur Wahl:

1. Fachrichtung sozialistische Betriebswirtschaft (SBW)/Ingenieurökonomie der Landwirtschaft (Titel: Ingenieurökonom)
– Spezialisierungsrichtung Pflanzenproduktion (AIS Weimar),
– Spezialisierungsrichtung Tierproduktion (AIS Güstrow-Bockhorst).

2. Fachrichtung SBW/Ingenieurökonomie der Forstwirtschaft (Titel: Ingenieurökonom)
(IS für Forstwirtschaft Ballenstedt/Harz).

3. Fachrichtung SBW/Ingenieurökonomie der Nahrungsgüterwirtschaft (Titel: Ingenieurökonom)
– Spezialisierungsrichtungen Fleisch- und Milchwirtschaft (AIS Beelitz),
– Spezialisierungsrichtung Getreidewirtschaft (AIS Weimar).

4. Fachrichtung Arbeitsökonomie (Titel: Ökonom) – Spezialisierungsrichtung Pflanzenproduktion (AIS Weimar),
– Spezialisierungsrichtung Tierproduktion (AIS Güstrow-Bockhorst).
5. Fachrichtung Rechnungswesen und Statistik der Landwirtschaft (Titel: Ökonom) (AIS Beelitz, Güstrow-Bockhorst, Weimar).
6. Fachrichtung Datenverarbeitung in der Land-, Forst- und Nahrungsgüterwirtschaft (Titel: Ökonom) (AIS Weimar).
Neben den aufgeführten Studienrichtungen und Ausbildungsinstitutionen bestehen weitere AIS (Bad Liebenstein-Altenstein, Zschortau, Zwickau) für das Fernstudium sowie zur Ausbildung auf den Gebieten des Gesundheits-, Arbeits- und Brandschutzes. Die Ausbildung auf dem Gebiet der tropischen Landwirtschaft (bisher 900 Ausländer aus 50 Entwicklungsländern) erfolgt in Altenburg.

C. Die Ausbildung von Ingenieurpädagogen
Die Ausbildung von Lehrkräften für den Unterricht in agrarwissenschaftlichen Fachrichtungen ist Aufgabe des „Instituts für Aus- und Weiterbildung von Ingenieurpädagogen" in Schwerin. Die Ausbildung erfolgt nach Fachrichtungen getrennt für Lehrkräfte für den berufspraktischen Unterricht (LbU) der Pflanzenproduktion, der Tierproduktion sowie der → **Lebensmittelindustrie**. Die Absolventen des Institutes werden als Leiter von Lehrlingsgruppen in den Ausbildungsbetrieben sowie bei der Ausbildung von Lehrlingen in den Arbeitskollektiven eingesetzt; sie leiten Lehrlingswohnheime und wirken im polytechnischen Unterricht und in der Berufsberatung mit. Als weitere Aufgabe kann ihnen die Weiterbildung der Facharbeiter und Aus- und Weiterbildung der Meister übertragen werden.
Entsprechend den oben erwähnten Grundlagenfächern richtet sich die Ausbildung nach den vom Staatssekretär für Berufsbildung bestätigten Programmen. Der Lehrstoff wird in rd. 2600 Vorlesungsstunden und 540 Stunden Laborarbeit und Praktika vermittelt.

D. Sonderformen des Ingenieurstudiums
Neben den genannten Ausbildungsgängen bestehen einige Sonderformen, mit denen der Personenkreis für das Ingenieurstudium der Landwirtschaft erweitert bzw. der Wissensstand der Absolventen der früheren Fachschulen den heutigen Anforderungen angeglichen werden soll. So werden staatlich geprüfte Landwirte durch einjähriges Zusatzstudium nach dem jeweiligen Stand der Lehrpläne zu Agraringenieuren einer der genannten Spezialrichtungen ausgebildet. Der Erweiterung des sich am Studium beteiligenden Personenkreises dienen das Fern- und Abendstudium und das Frauensonderstudium (→ **Frauen**). Die Voraussetzungen und Studiengänge entsprechen dem Direktstudium.

1. Fern- und Abendstudium
Die Vorlesungen werden durch Lehrbriefe ersetzt (3240 Stunden Selbststudium). Zusätzlich wird das Studium durch turnusmäßig abgehaltene Konsultationen unterstützt. Für diese „wissenschaftlichen Sprechstunden" und für die Vertiefung der im Selbststudium erworbenen Kenntnisse in Seminaren, in Laborpraktika und in Produktionspraktika sind weitere 1300 Stunden vorgesehen. Die Gesamtstudiendauer beträgt 4 Jahre für die Agraringenieure, Ingenieure und Ingenieurpädagogen. Für Ökonomen und Ingenieurökonomen ist eine Studienzeit von 4 bis 5 Jahren vorgesehen.
Der Vorteil dieser Studienformen liegt darin, daß dem delegierenden Betrieb weitgehend die Arbeitskraft und dem Auszubildenden das Einkommen erhalten bleibt. Angesichts der doppelten Belastung der Studierenden hat jedoch die Bedeutung des Fern- und Abendstudiums in den letzten Jahren abgenommen.

Studierende der Agraringenieur- und Ingenieurschulen der DDR

Jahr	Studenten absolut	Anteil der Studienformen in v. H.		
		Direktstudium	Fernstudium	Abendstudium
1970	13 532	42,6	52,2	5,2
1973	10 813	51,1	48,9	–
1975	11 233	59,2	40,6	0,2
1977	10 807	64,5	35,4	0,1
1979	10 106	64,8	34,4	0,8
1982	9 626	65,7	34,1	0,2

Quellen: Statistische Jahrbücher der DDR 1976, S. 338–342; 1977, S. 330–334; 1980, S. 300; 1983, S. 300.

2. Das kombinierte Studium für Lehrkräfte des berufspraktischen Unterrichts
Um einem vorübergehenden Mangel an Ingenieurpädagogen abzuhelfen, ist befristet auf den Zeitraum vom 1. 9. 1979 bis 31. 8. 1984 für die (technischen und) agrarwissenschaftlichen Fachrichtungen ein 4semestriges kombiniertes Studium zum Erwerb des Fachabschlusses als Ingenieurpädagoge eingerichtet worden (AO über das kombinierte Studium . . . vom 5. 7. 1978, GBl. I, S. 244 und AO über die Ausbildung . . . vom 23. 8. 1982, GBl. I, S. 592).
Das Studium stellt eine Kombination zwischen Fern- und Direktstudium dar und ist in zwei grundlagenspezifische und einen fachrichtungsspezifischen Studienabschnitt gegliedert.

3. Die Ausbildung zu Agraringenieurökonomen an den Instituten des ZK der SED
Für die Ausbildung von Mitgliedern der SED, die sich zwar in der gesellschaftspolitischen Arbeit bewährt haben, jedoch über keinen Fachabschluß ver-

fügen, sind in Schwerin und in Pillnitz Institute eingerichtet worden, die in 2jährigen Studiengängen neue Kenntnisse auf dem Gebiet der Agrarökonomie sowie der Technologie industriemäßiger Produktionsverfahren vermitteln. Die Kapazität beider Institute erreicht gegenwärtig in 2jährlichem Turnus ca. 450 Studierende, die nach Beendigung des Studiums als Agraringenieurökonomen zu etwa 50 v.H. im Parteiapparat sowie in den staatlichen Organen und → **Massenorganisationen** eingesetzt werden. Die übrigen Absolventen nehmen eine wirtschaftsleitende Tätigkeit in den Landwirtschaftsbetrieben auf und leisten daneben ehrenamtliche Parteiarbeit.

Zur Fortbildung von Führungskadern und Leitenden Kadern werden in einem weiteren ZK-Institut (Liebenwalde, Kr. Oranienburg) 4wöchige und 5monatige Lehrgänge abgehalten. In den genannten Instituten werden häufig kurzfristig anberaumte Seminare (2–3tägig) veranstaltet, die der Unterrichtung der Parteifunktionäre über Probleme der aktuellen Agrarpolitik der SED dienen (→ **Parteischulung der SED**).

IV. Ausbildung an Universitäten und Hochschulen

A. Das Universitätsstudium

Das Studium ist Teil des → **Einheitlichen sozialistischen Bildungssystems** und untersteht der Verantwortung des → **Ministeriums für Hoch- und Fachschulwesen** (Abt. Landwirtschaftswissenschaften). Zur Beratung fachspezifischer Fragen besteht bei diesem Ministerium ein Beirat für Agrarwissenschaften, dem Vertreter der landwirtschaftlichen Sektionen an den Universitäten angehören. Für die Ausarbeitung von Studienplänen bildet der agrarwissenschaftliche Beirat spezielle Arbeitsgruppen. Die Studienpläne sind mit den Sektionen der Universitäten, mit dem MfLFN sowie ggf. mit der Zentralstelle für das Hochschulfernstudium (Bereich Agrarwissenschaft), Dresden, abzusprechen.

Die Aufgabe, Führungskräfte für die Landwirtschaft und die Landwirtschaftsbetriebe auszubilden, hat zur Folge, daß das agrarwissenschaftliche Studium stark auf die Praxis ausgerichtet ist. Da die Produktionsbedingungen in der Landwirtschaft in mehreren Entwicklungsetappen sprunghaft verändert wurden (→ **Agrarpolitik**), waren ständig neue Anpassungen der Studienpläne unvermeidlich. Die Einführung der 3. Studienreform (ab 1968) fiel zeitlich zusammen mit der beginnenden Einführung industriemäßiger Produktionsverfahren, deren wesentliches Merkmal die Spezialisierung der Landwirtschaftsbetriebe ist. Damit entfiel auch die Notwendigkeit zur „Allround"-Ausbildung der künftigen Betriebsleiter.

Der auf dieser Grundlage zwischen 1968 und 1972 entwickelte Studienplan erwies sich aus verschiedenen Gründen als unzulänglich. Eine weitere Reform der Studienpläne war unvermeidbar.

Zu den wichtigsten Veränderungen (seit dem Studienjahr 1976/77) gehört die Ausdehnung der Studiendauer von 8 auf 9 Semester mit rd. 3600 Vorlesungs- und Übungsstunden an den Universitäten bzw. auf 8 Semester an der Ingenieurhochschule für Landtechnik in Berlin-Wartenberg. Weiterhin wurden als neue Spezialisierungsrichtungen die Techno-

Studienrichtungen an den Universitäten und Hochschulen der DDR

Fachrichtung	Berlin HUB	Berlin-Wartenberg IHS	Bernburg HS	Dresden TU	Halle MLU	Leipzig KMU	Meißen HS	Rostock WPU
Pflanzenproduktion	–	–	–	–	+	–	–	+
Agrochemie	–	–	–	–	+	–	–	–
Landtechnik	–	+	–	+	–	–	–	+
Meliorationswesen	–	–	–	–	–	–	–	+
Pflanzliche Verarbeitungstechnologie	–	–	–	–	+	–	–	–
Gärtnerische Produktion	+	–	–	–	–	–	–	–
Lebensmitteltechnologie	+	–	–	–	–	–	–	–
Tierproduktion	+	–	–	–	–	+	–	+
Veterinärwesen	+	–	–	–	–	+	–	–
Forstwirtschaft	–	–	–	+	–	–	–	–
Trop. u. subtrop. Landwirtschaft	–	–	–	–	–	+	–	–
Veterinärmedizin	–	–	–	–	–	+	–	–
Agrarökonomie	–	–	+	–	–	–	+	–
Planung und Leitung (betriebswirtschaftlich, Volkswirtschaftsbereich)								
Land- und Forstwirtschaft	–	–	–	–	–	–	+	–
Nahrungsgüterwirtschaft	+	–	–	–	–	–	–	–

HS = Hochschule, IHS = Ingenieurhochschule, TU = Technische Universität, U = Universität

logie für Pflanzenproduktion, die Technologie für Tierproduktion sowie Betriebs- und Arbeitsökonomie eingeführt. Weitere Spezialisierungsrichtungen werden geplant, so daß die Spezialisierung im Hochschulstudium künftig weitgehend der der Fachschulen gleicht (s. o.). Neu gestaltet wurde insbesondere die gesamte Ausbildung auf dem Gebiet der Agrarökonomie und des Agrar- und Vertragsrechts. Weiterhin wurde das 8 Monate dauernde „Leitungspraktikum" auf die Zeit nach dem 4. Semester vorverlegt.
Die 5 Wochen beanspruchende militärische Ausbildung ist während des 4. Semesters zu leisten. Schließlich ist – wie bereits mehrfach während der 50er und 60er Jahre – erneut ein einjähriges Vorpraktikum eingeführt und zur Voraussetzung zur Zulassung zum Studium gemacht worden (Änderung der „Zulassungsordnung" vom 1. 7. 1971, GBl. II, S. 486 durch AO vom 22. 2. 1978, GBl. I, S. 129). Das Vorpraktikum kann erlassen werden, sofern ausreichende berufliche Erfahrungen vorliegen (Berufsausbildung mit Abitur, Facharbeiterbrief). Sofern der Grundwehrdienst geleistet wurde, verringert sich das Vorpraktikum auf 5 Monate, die vor und nach dem Wehrdienst zu absolvieren sind. Bei Studienbewerbern, die 3 Jahre gedient haben, entfällt das Vorpraktikum.

B. Das Studium an den Hochschulen des Ministeriums für Land-, Forst- und Nahrungsgüterwirtschaft

1. LPG-Hochschule Meißen
Auf Beschluß des Ministerrats vom 29. 12. 1952 über die Berufsausbildung und Qualifizierung der Mitglieder der LPG (GBl. 1953, S. 7) wurde am 1. 9. 1953 in Meißen die „Zentrale Hochschule für leitende Funktionäre der landwirtschaftlichen Produktionsgenossenschaften" mit einer Kapazität von 300 Studienplätzen geschaffen. Voraussetzung zum Studium sind die Facharbeiterprüfung und der erfolgreiche Abschluß der Fachschule als Agraringenieur bzw. Agraringenieurökonom. Das Studium dauert 2 Jahre und berechtigt nach erfolgreichem Abschluß zur Führung des Titels Diplom-Agrarökonom. Daneben werden Finanzwirtschaftler ausgebildet. Anläßlich ihres 30jährigen Bestehens konnte die LPG-Hochschule Meißen Ende 1983 auf die Ausbildung von 6243 sozialistischen Leitungskadern (Direkt- und Fernstudium) verweisen.

2. Hochschule für Land- und Nahrungsgüterwirtschaft Bernburg
Die Hochschule ist Nachfolgerin des 1954 in Potsdam gegründeten „Spezialinstituts für Agrarökonomie", das 1956 nach Bernburg verlegt und 1961 in den Rang einer Hochschule erhoben wurde. Die Studienvoraussetzungen entsprechen denen der LPG-Hochschule Meißen. Die ausgebildeten Diplom-Agrarökonomen werden als Führungskräfte für Aufgaben der Leitung, Planung und die Ökonomik des Reproduktionsprozesses der Land- und Nahrungsgüterwirtschaft eingesetzt.
Die Lehrpläne dieser Hochschulen werden wie die Lehrpläne der Universitäten zwischen dem MfLFN und dem Ministerium für Hoch- und Fachschulwesen abgestimmt.

C. Sonderformen des Hochschulstudiums

1. Das Hochschulfernstudium
Das agrarwissenschaftliche Fernstudium wurde bereits 1953 eingerichtet. Bis 1982 hatten rd. 10000 Absolventen dieses Studium (Studiendauer z. Z. 5 Jahre) erfolgreich abgeschlossen. Diese Studienform erreichte in den Jahren 1960–1965 ihren Höhepunkt mit 650 Absolventen pro Jahr. Seither entwickelt sich die Zahl der Studierenden rückläufig, obwohl die Zahl der Studienrichtungen in den Jahren 1969–1972 beträchtlich erweitert worden ist.

Anteil der Ausbildungsformen der Studierenden[1] im Agrarwissenschaftlichen Studium der Universitäten

Jahr	Studierende	Anteile in v.H. Direktstudium	Fernstudium
1970	6 516	72,7	27,3
1973	6 545	80,3	19,7
1975	6 745	82,2	17,8
1977	6 553	86,7	13,3
1979	7 219	84,0	16,0
1982	8 116	86,1	13,9

1 Studierende der Pflanzenproduktion, Tierproduktion, Mechanisierung der Landwirtschaft, des Meliorationswesens, der Forstwirtschaft und Lebensmitteltechnologie.
Quellen: Statistische Jahrbücher der DDR 1971, S. 387; 1974, S. 370; 1976, S. 346; 1978, S. 300; 1980, S. 304; 1983, S. 304.

Die Ausbildung erfolgt in den Studienrichtungen Pflanzenproduktion, Tierproduktion, Technologie der Pflanzen- bzw. Tierproduktion, Gartenbau, Meliorationswesen, Forstwirtschaft, Fischwirtschaft, Agrarpädagogik sowie in der Lebensmitteltechnologie.
Verändert hat sich die Struktur der Studierenden: Der Anteil der Fachschulabsolventen nimmt ab, während der Anteil der Abiturienten mit geringer Berufserfahrung steigt. Die Zentralabteilung für das Hochschulfernstudium der Landwirtschaftswissenschaften (Leipzig-Markkleeberg) wurde 1970 in die Zentralstelle für das (gesamte) Hochschulfernstudium (Dresden) eingegliedert (Aufgaben: Lehrbriefherstellung, Studienbewerbung, Koordinierung und Statistik). Zur Betreuung der Studierenden bestehen in den Bezirken der DDR Konsultationszentren.

2. Postgraduale Studien und Weiterbildung

Da die Ausbildung von Hoch- und Fachschulabsolventen vorwiegend arbeitsplatz- und aufgabenbezogen erfolgt, die Arbeitsplätze sich jedoch durch die permanente Umgestaltung der Agrar- und Betriebsstruktur in ihrem Inhalt und Charakter ständig verändern, ist die Weiterbildung integraler Bestandteil des gesamten landwirtschaftlichen Ausbildungswesens. Dies gilt nicht zuletzt für die Leitungskräfte. Die klassischen Formen der Weiterbildung sind Kurzlehrgänge von einigen Tagen, mehreren Wochen oder auch bis zu 5 Monaten. Diese Lehrgänge werden vorwiegend an den Hochschulen des MfLFN abgehalten, finden jedoch auch auf dem Gelände der → **Landwirtschafts- und Gartenbauausstellung der DDR (LuG; agra)** oder in Instituten der Universitäten und Hochschulen bzw. Instituten der Akademie der Landwirtschaftswissenschaften (AdL) (→ **Agrarwissenschaften**) statt. Die traditionellen Formen werden seit 1973 ergänzt bzw. ersetzt durch reguläre postgraduale Studien (AO über das postgraduale Studium an den Hoch- und Fachschulen der DDR vom 1. 7. 1973, GBl. I, S. 308, Verfügung zur planmäßigen und organisierten Weiterbildung der Hoch- und Fachschulabsolventen im Bereich der LFN vom 15. 9. 1972, in: Verfügungen und Mitteilungen des MfLFN Nr. 9, 1972, S. 109 und Nr. 3, 1977, S. 35). Das postgraduale Studium ist ferner gedacht für Hoch- und Fachschulabsolventen, die während ihres Studiums noch keine spezialisierte Ausbildung erhalten haben. Für bestimmte Berufe (z. B. in der Pflanzenzüchtung) ist ein postgraduales Studium zwingend vorgeschrieben.

Im Jahr 1979 waren postgraduale Studien in 35 verschiedenen Spezialgebieten möglich. Sofern zur Wahrnehmung bestimmter Aufgaben und Funktionen ein entsprechendes Zusatzstudium vorgeschrieben ist, wird mit der Ablegung der Abschlußprüfung der Titel eines Fachingenieurs (AO vom 16. 10. 1979, GBl. SDr. 1024) verliehen. Diese Bestimmung gilt auch dann, wenn als Voraussetzung für die Aufnahme des postgradualen Studiums der erfolgreiche Abschluß eines Universitätsstudiums verlangt wird.

Schwerpunkte der postgradualen Studien sind gegenwärtig der bewässerte Pflanzenbau, die Futterproduktion, die Gemüseproduktion in Gewächshäusern, die Obstproduktion, die technische Trocknung, Instandhaltung, Meliorationsbau und -projektierung, Pflanzenschutz, Tierernährung, Saatzucht, Tierzucht und Arbeitsökonomie. Das Studium kann sich über 3–4 Semester erstrecken und ist in der Regel als kombiniertes Studium (rd. 60 v. H. Selbststudium, rd. 40 v. H. Vorlesungen und Laborpraktika) angelegt. *(Christian Krebs) / Bernd Spindler*

Literaturangaben

Du und dein **Beruf** (Hochschulberufe, Studienmöglichkeiten, Inhalt und Ablauf der Aus- und Weiterbildung für Kader der sozialistischen Land-, Forst- und Nahrungsgüterwirtschaft an den Hochschulen der DDR), hrsg. v. Ministerium f. Land-, Forst- u. Nahrungsgüterwirtschaft der DDR, Leipzig 1979.

Eichler, C., u. a.: 20 Jahre landtechnische Ingenieursausbildung in Rostock, in: Agrartechnik, H. 1/1981, S. 7–10.

Ende, Gerd von: Prüfungsfuhre, in: Neue Deutsche Bauernzeitung, Nr. 46/1983, S. 16–17.

Franzke, Cl.: Neuer Studienplan für die Ausbildung von Diplom-Lebensmittelchemikern, in: Lebensmittelindustrie, H. 7/1982, S. 323.

Günther, M.: Zur Ausbildung der Veterinäringenieure für das sozialistische Veterinärwesen, in: Monatshefte für Veterinärmedizin, Nr. 7/1981, S. 253–256.

Link, D.: Gegenwärtiger Stand der Ausbildung von Ingenieuren für Landtechnik in Nordhausen, in: Agrartechnik, H. 11/1981, S. 481–483.

Lötsch, D., und H. Pilz: Die Erziehung und Ausbildung der Studenten der Veterinärmedizin für Land- und Nahrungsgüterwirtschaft in der DDR, in: Monatshefte für Veterinärmedizin, Nr. 19/1979, S. 728–730.

Matz, H.: Zu den Aufgaben im Lehr- und Studienjahr 1983/84, in: Saat- und Pflanzgut, H. 10/1983, S. 149–151.

Schleitzer, G.: Technologische Projektierung von Rationalisierungsvorhaben in der Tierproduktion – eine anspruchsvolle Aufgabe im Studium, in: Tierzucht, Nr. 1/1983, S. 28–29.

Seidel, Ingeburg: Grundpositionen zur Weiterentwicklung der gärtnerischen Berufsausbildung in der DDR, in: Archiv für Gartenbau, H. 3/1981, S. 93–102.

Triebler, G., und M. Hoffmann: Ziele, Aufgaben und Schwerpunkte der Erziehung und Ausbildung von Diplomagraringenieuren in der Grundstudienrichtung Tierproduktion an Universitäten der DDR, in: Tierzucht, Nr. 12/1982, S. 551–553.

Tscheuschner, H.-D.: 25 Jahre Lebensmitteltechnik an der Technischen Universität Dresden, in: Lebensmittelindustrie, H. 4/1981, S. 165–166.

Berufsberatung und Berufslenkung: Hauptziel aller berufsberatenden und berufslenkenden Maßnahmen ist die Befähigung der Jugendlichen zur bewußten Berufswahl, d. h. zu einer Berufswahl, bei der die gesellschaftlichen Erfordernisse und die persönlichen Interessen in weitgehende Übereinstimmung gebracht werden und im Falle der Diskrepanz die persönlichen Interessen gegenüber den gesellschaftlichen Erfordernissen zurücktreten. „Berufsberatung" und „Berufsfindung" sind die beiden aufeinander bezogenen Oberbegriffe, die für den gesamten Komplex der Maßnahmen und Vorgänge zur Herbeiführung einer bewußten Berufswahl gebraucht werden.

Unter Berufsberatung (Bb.) werden, unabhängig von ihrer institutionellen Bindung, alle von außen auf die Schüler wirkenden Einflüsse verstanden, die ihnen Hilfe

und Orientierung bei ihrer Berufswahl sein können und auch sollen; dabei werden dem Begriff Bb. solche Begriffe wie Berufsaufklärung, Berufsvorbereitung, berufliche Konsultation, Berufseignungsprüfung, Berufsorientierung, Berufslenkung usw. zu- bzw. untergeordnet.
Demgegenüber umfaßt der Begriff Berufsfindung alle im Bewußtsein der Schüler ablaufenden Prozesse, die ihren individuellen, subjektiven Weg zum Beruf kennzeichnen; demnach wird der Berufsfindungsprozeß durch solche Begriffe wie Berufswunsch, Berufsneigung, berufliche Interessen, persönliche Berufsperspektive, Berufsentschluß charakterisiert.
Die den Berufsfindungsprozeß steuernde Bb. umfaßt zwei Etappen, nämlich die Berufsaufklärung und die Berufsorientierung. Die Berufsaufklärung vermittelt den Schülern allgemeine Kenntnisse und Zusammenhänge über die perspektivische und strukturelle Entwicklung der Volkswirtschaft sowie der Facharbeiter-, Fach- und Hochschulberufe einschließlich der Berufe der bewaffneten Streitkräfte. Die Berufsaufklärung beginnt in der Unterstufe der allgemeinbildenden Schule und wird in der Mittel-, Ober- und Abiturstufe, in Einrichtungen der Berufsausbildung, in den Fach- und Hochschulen, in den Betrieben, in den Jugendorganisationen usw. fortgesetzt; sie erfaßt relativ viele Berufe verschiedener Industrie- und Wirtschaftszweige und erfolgt für alle Schüler einer Klasse gleichzeitig mit einheitlicher Zielstellung.
Demgegenüber richtet sich die Berufsorientierung bzw. Berufslenkung (Bl.) auf einzelne Schüler oder Schülergruppen sowie schwerpunktmäßig auf bestimmte Berufsgruppen oder Berufe und soll positive Einstellungen der Schüler zu bestimmten volkswirtschaftlich wichtigen Berufen bzw. Berufsrichtungen entwickeln und die Berufswünsche – möglichst als persönlich vertretene Berufsperspektiven – darauf orientieren. Während die Berufsaufklärung schon in der Unterstufe beginnt, setzt die Berufsorientierung bzw. Bl. der Schüler in der Regel in der Klasse 7 ein und endet mit der bewußten Berufsentscheidung im Verlaufe des 8., 10. oder 12. Schuljahres.
Die Begriffe Studienaufklärung und Studienorientierung haben entsprechenden Inhalt und werden gemeinsam mit den Begriffen Berufsaufklärung und Berufsorientierung unter dem Oberbegriff Bb. subsumiert.
Grundlage für die Planung und Organisation der berufsberatenden und berufsorientierenden bzw. berufslenkenden Arbeit der allgemeinbildenden Schulen sind die in der VO über die Berufsberatung (GBl. II, 1970, S. 311) und in der Schulordnung festgelegten Aufgaben und Verantwortlichkeiten; ein besonderes Maß an Verantwortung wird dabei den Direktoren und den Lehrern für Bb. übertragen. Die Lehrer für Bb. sind normale Fachlehrer, die die Bb. an den Schulen organisieren sollen und dafür besonders qualifiziert werden und eine entsprechende Ermäßigung ihrer Pflichtwochenstundenzahl erhalten.
Einen speziellen Beitrag zur Bb. und Berufsvorbereitung leistet der polytechnische Unterricht (→ **Polytechnische Bildung und polytechnischer Unterricht**). Neben den Betrieben, insbesondere den Patenbetrieben der Schulen (→ **Patenschaften**), und den Jugendorganisationen sind vor allem die Organe bzw. Abteilungen für Berufsbildung und Bb. der Räte der Bezirke bzw. der Kreise mit den ihnen unterstellten Berufsberatungszentren (BBZ) (AO über die Berufsberatungszentren und Berufsberatungskabinette vom 7. 4. 1975, GBl. I, S. 334) für die Bb. und Bl. verantwortlich. Die Abteilungen Berufsbildung und Bb. erarbeiten gemäß der AO über die Bewerbung um eine Lehrstelle (GBl. I, 1977, S. 318) auf der Grundlage der langfristigen Wirtschaftsplanung bereits für die Schüler der 6. Klasse Übersichten über die Ausbildungsmöglichkeiten für diesen speziellen Jahrgang, über die die jeweiligen Schüler unter Anleitung des Klassenlehrers und des Lehrers für Bb. in den BBZ der Kreise möglichst eingehend informiert werden sollen. Durch die staatliche Wirtschaftsplanung soll dabei vorab sichergestellt werden, daß für jeden Schulabgänger mindestens eine Lehrstelle vorhanden ist und daß das in der Verfassung der DDR, Art. 25, vorgesehene „Recht und die Pflicht, einen Beruf zu erlernen“, auch tatsächlich verwirklicht werden kann. Durch die außerunterrichtliche (freiwillige) Teilnahme an sogenannten Berufsinteressengruppen, die von den BBZ organisiert werden, kann der Schüler sich in den Klassen 7 und 8 näher über das von ihm bevorzugte Berufsfeld informieren. Die Berufsinteressengruppen führen Betriebsbesichtigungen in den verschiedenen Ausbildungsbetrieben eines Berufsfeldes durch und ermöglichen den Schülern Gespräche mit Lehrmeistern, Facharbeitern, Lehrlingen und Betriebsärzten der jeweiligen Betriebe. Auf der Grundlage dieser Informationen soll der Schüler bis zur Mitte der 9. Klasse einen – oder besser zwei alternative – konkrete Berufswünsche entwickeln. Mit Hilfe einheitlicher „Klassenkarten für die Berufswunscherfassung“ (VuM des Ministeriums für Volksbildung 1980, Nr. 6, S. 73) sollen diese Berufswünsche von der 7. bis zur 9. Klasse systematisch ausgewertet werden. Dies bedeutet, daß einerseits den Betrieben für offene Lehrstellen eventuell interessierte Schüler gemeldet werden können, während andererseits die Schüler teilweise konkret quantifizierte Rückmeldungen über die Ausbildungschancen in den verschiedenen Ausbildungsberufen des Territoriums erhalten. Als Grundlage für die endgültige Berufswahl wird den Schülern im 9. Schuljahr das genaue Lehrstellenverzeichnis für diesen Jahrgang bekanntgemacht, das nochmals quantitativ und inhaltlich ausführlich über die verschiedenen möglichen Ausbildungsberufe informiert.
Gemäß der AO über die Bewerbung um eine Lehrstelle erhält jeder Schüler der 10. Klasse, der eine Berufsausbildung aufnehmen will, am letzten Schultag vor den Herbstferien eine sogenannte Bewerbungskarte, die der Bewerbung beigelegt werden muß. (Die Bewerbungsfristen für die unterschiedlichen Ausbildungsgänge sind zeitlich gestaffelt.) Mit Hilfe dieser Bewerbungskarten können die Schüler sich individuell und völlig freizügig um einen Ausbildungsplatz bewerben. Die Entscheidung über die Annahme einer Bewerbung fällt der

Betrieb – spätestens 21 Tage nach Eingang der Bewerbungsunterlagen – in der Regel nach einem persönlichen Gespräch. Gründe für eine Ablehnung sind dem Bewerber mitzuteilen. Über die Abteilungen Berufsbildung und Bb. sind auch überregionale Bewerbungen möglich. Ab Anfang Dezember sind die Schüler zunächst wöchentlich, dann monatlich über den Stand der noch freien Lehrstellen zu informieren. Schüler, die bis zum 15. Juni des 10. Schuljahres selbst noch keine Lehrstelle gefunden haben, können verpflichtet werden, einen Lehrvertrag in einem der dann noch offenen Ausbildungsberufe abzuschließen.

Trotz der langfristig angesetzten Maßnahmen ist es bisher nur ungenügend gelungen, bei der überwiegenden Mehrzahl der Jugendlichen die geforderte Übereinstimmung in den genannten drei Punkten herbeizuführen, ohne dabei den im engeren Sinn berufslenkenden Maßnahmen einen deutlichen Vorrang einzuräumen bzw. diese mit entschieden größerem Nachdruck durchzuführen. Außerdem hat sich immer wieder herausgestellt, daß bei einer relativ großen Anzahl von Jugendlichen zwar die langfristige Hinlenkung auf bestimmte Berufe gelingt, daß dann aber – etwa kurz vor Beginn der Ausbildung in diesen Berufen – diese Berufe aus wirtschaftlich-objektiven oder politischen Gründen aus dem Bereich der gesellschaftlich wichtigen Berufe ausgeschieden sind bzw. wurden. Aufgrund von Erfahrungsberichten Betroffener kann man ferner davon ausgehen, daß gerade im Bereich der Lehrstellenvermittlung „besondere persönliche Beziehungen" häufig eine nicht unerhebliche Rolle spielen. In Verbindung mit der Orientierung einer Vielzahl von Schülern auf sogenannte Mode- oder Prestigeberufe kann dies trotz des an sich gut organisierten Verfahrens der Bb. und Bl. in zahlreichen Fällen durchaus zu willkürlichen Entscheidungen und individuellen Härten bei der Vergabe der vorhandenen Ausbildungsplätze führen. → **Einheitliches sozialistisches Bildungssystem**, XI.; **Staatssekretariat für Arbeit und Löhne; Wehrerziehung.**

Berufskrankheiten: Definition und Bewertung von B. unterscheiden sich in der DDR nicht grundsätzlich von dem, was seit 1920 im Deutschen Reich entwickelt und seit 1945 in der Bundesrepublik Deutschland weitergeführt worden ist. Die Vorschriften über die Verhütung und das Verfahren zu Erfassung, Begutachtung und Anerkennung sind 1981 neu gefaßt bzw. neu geregelt worden (VO über die Verhütung, Meldung und Begutachtung von B. vom 26. 2. 1981 – GBl. I, 1981, S. 137). Als B. gilt eine Krankheit, die „durch arbeitsbedingte Einflüsse bei der Ausübung bestimmter beruflicher Tätigkeiten bzw. Arbeitsaufgaben hervorgerufen" worden ist, nur, wenn sie „in der Liste der B. genannt ist". Die Liste wird vom → **Ministerium für Gesundheitswesen** „in Übereinstimmung mit dem Bundesvorstand des → **Freien Deutschen Gewerkschaftsbundes (FDGB)** herausgegeben. Sie ist mit der 1. DB zur o.g. VO veröffentlicht worden (1. DB zur VO . . . – Liste der B. vom 21. 4. 1981 – GBl. I, 1981, S. 139). Sie ist ebenso aufgebaut wie die Liste der B. nach dem 3. Buch der RVO in der Bundesrepublik, weicht aber im einzelnen nicht unerheblich ab. Sie umfaßt 93 Krankheiten oder Krankheitsursachen.

B. unterliegen einer Meldepflicht. Empfänger der Anzeige ist die Arbeitshygiene-Inspektion beim Rat des Kreises bzw. des Bezirkes (→ **Arbeitshygiene**). Diese veranlaßt die Begutachtung. Die Entscheidung über die Anerkennung einer B. und über die Höhe des Körperschadens liegt bei der Verwaltung der Sozialversicherung des FDGB, für Genossenschaftsangehörige (→ **Genossenschaften**) und für Selbständige (→ **Freie Berufe; Handwerk; Landwirtschaft**, I. C.) bei der zuständigen Dienststelle der → **Staatlichen Versicherung**.

Bei Arbeitsunfähigkeit als Folge einer B. (wie auch eines Arbeitsunfalles) gelten zwar generell die Regelungen der Krankenversicherung (→ **Sozialversicherungs- und Versorgungswesen**, VI.), jedoch wird Arbeitern, Angestellten und Genossenschaftsbauern → **Krankengeld** in voller Höhe des durchschnittlichen Nettoverdienstes für die gesamte Dauer der Arbeitsunfähigkeit gezahlt; Selbständige hingegen erhalten nur Krankengeld wie bei sonstiger Arbeitsunfähigkeit.

Anspruch auf Rente besteht bei einem Körperschaden von 20 v. H. und darüber; bei einem Körperschaden von 100 v. H. beträgt die Unfallrente zwei Drittel des letzten beitragspflichtigen Verdienstes, höchstens jedoch 400 Mark; dazu treten Zuschläge bei schweren Schäden u. a. (→ **Renten/Altersversorgung**).

Besondere Vorschriften der B.-VO gelten der Beschäftigung bei B., der Verhütung von Verschlimmerung, der Mitwirkung der Betriebsärzte und den Eingriffsbefugnissen der Arbeitshygiene-Inspektion. → **Gesundheitswesen.**

Besatzungspolitik: Entsprechend den Vereinbarungen der Kriegskonferenzen der Alliierten und dem → **Potsdamer Abkommen** sollte in Deutschland nach Kriegsende in den Fragen, die Deutschland als Ganzes betrafen, eine einheitliche B. betrieben werden. In ihren Besatzungszonen waren die Oberbefehlshaber der Vier Mächte jedoch allein verantwortlich, während nur einstimmig gefaßte Beschlüsse des → **Kontrollrates** in allen Besatzungszonen Geltung erlangen konnten. Die Besatzungsmächte verfolgten indes in bezug auf Deutschland entsprechend ihrer jeweiligen politisch-sozialen Ordnung und ihrer außenpolitischen Interessenlage fundamental unterschiedliche Zielvorstellungen. Als Folge dieser deutschlandpolitischen Differenzen und der zunehmenden weltpolitischen Gegensätze und Spannungen zwischen den westlichen Siegermächten und der UdSSR („Kalter Krieg") begann sich die Teilung Deutschlands abzuzeichnen.

In der SBZ bestand seit der deutschen Kapitulation eine **Sowjetische Militäradministration in Deutschland (SMAD)** in Berlin-Karlshorst, die das politische und gesellschaftliche Leben in der SBZ weitgehend und direkt durch von ihr erlassene Befehle regelte. Sie wurde – begleitend zur Staatsgründung der DDR – im Jahr 1949 aufgelöst. Soweit ihre Aufgaben nicht Regierungsorganen der DDR übertragen wurden, bzw. mit der

„Kontrolle der Durchführung der Potsdamer Beschlüsse und der anderen von den Vier Mächten gemeinsam getroffenen Entscheidungen über Deutschland" in Zusammenhang standen, war nunmehr die nach der Auflösung der SMAD neugebildete **Sowjetische Kontrollkommission (SKK)** für die B. der Sowjetunion in der DDR verantwortlich. An die Stelle der SKK trat im Mai 1953 der „Hohe Kommissar der UdSSR in Deutschland". Diese Institution wurde mit dem „Vertrag über die Beziehungen zwischen der DDR und der UdSSR" vom 20. 9. 1955 aufgelöst. Dies bekräftigte eine entsprechende Note der UdSSR vom 25. 3. 1954, in der der DDR die volle staatliche → **Souveränität** zugestanden worden war. Rechte und Pflichten aus bestehenden Vier-Mächte-Vereinbarungen, die sich die UdSSR weiter vorbehalten hatte, nehmen seitdem der sowjetische Botschafter in Berlin (Ost) und der Oberbefehlshaber der → **Gruppe Sowjetischer Streitkräfte in Deutschland (GSSD)** wahr.

Da es dem Alliierten Kontrollrat nur in seltenen Fällen gelang, zu einstimmigen Beschlüssen zu kommen und da diese zudem von den Beteiligten unterschiedlich ausgelegt wurden, konnte die SMAD von 1945 an eine B. betreiben, die auf eine politische, ökonomische und sozialstrukturelle Umwandlung ihrer Besatzungszone und damit faktisch auf deren Angleichung an die Entwicklungen in den anderen Staaten des sich herausbildenden Ostblocks hinauslief. Hauptziele der sowjetischen B. waren die Sicherstellung von → **Reparationen**, der Aufbau eines von der KPD bzw. SED beherrschten Verwaltungsapparates (→ **Deutsche Wirtschaftskommission [DWK]**), die Einleitung einer Boden- und Währungsreform, die Enteignung von privatem Industriebesitz und der Aufbau einer volksdemokratischen Wirtschaftsordnung zentralverwaltungswirtschaftlichen Typs (→ **Geschichte der DDR**). Die Durchführung dieser B. war weitgehend unabhängig von der Arbeit des Alliierten Kontrollrates, dessen faktische Auflösung am 20. 3. 1948 (Auszug der sowjetischen Vertreter) für die sowjetische B. ohne besondere Bedeutung war.

Für den Zeitraum von 1945 bis 1949, in dem die SMAD die eigentliche Regierungsgewalt ausübte und durch „Befehle" das Leben in ihrer Zone bis in Einzelheiten bestimmte und kontrollierte, kann man von einer B. im engeren Sinne sprechen. B. gab es jedoch, wenn auch in weniger sichtbarer Form, bis 1955. Aber auch nach der Proklamierung der vollen Souveränität hat sich die UdSSR gegenüber der DDR u.a. im Truppenvertrag von 1957 Sonderrechte vorbehalten. Insbesondere die militärpolitischen und -wirtschaftlichen Entscheidungen unterliegen einer unmittelbaren sowjetischen Einflußnahme. → **Außenpolitik; Deutschlandpolitik der SED; Berlin.**

Betriebe mit staatlicher Beteiligung (BSB): Bezeichnung für Betriebe, deren Eigentümer eine finanzielle Beteiligung des Staates aufnehmen und in der Regel in Form einer Kommanditgesellschaft organisiert sind. Sie werden auch **halbstaatliche Betriebe** genannt. Die BSB wurden 1956 als eine Übergangsform auf dem Wege zur Vollsozialisierung aller Wirtschaftseinheiten eingeführt.

Der Anteil der BSB an der industriellen Bruttoproduktion stieg bis 1971 auf ca. 10 v.H. und war besonders stark in der Textil- und Leichtindustrie. Die halbstaatlichen Betriebe im industriellen Sektor sind im Jahr 1972 sozialisiert, d.h. in Volkseigentum überführt worden. BSB bestehen weiterhin im Handel (auf der Grundlage von Kommissionsverträgen) (1981 5,7 v.H. an der Nettoproduktion) und Verkehrswesen (1981 1,5 v.H. an der Nettoproduktion). → **Betriebsformen und Kooperation; Binnenhandel; Eigentum; Handwerk.**

Betriebsformen und Kooperation

I. Betriebsformen (allgemeine Merkmale)
II. Volkseigener Betrieb (VEB)
III. Kombinat
IV. Vereinigung Volkseigener Betriebe (VVB)
V. Kooperation in der Industrie

I. Betriebsformen (allgemeine Merkmale)

An die Stelle der verschiedenartigen früheren Rechtsformen im gewerblichen Bereich ist in der DDR ein einheitlicher Typ getreten: der **Volkseigene Betrieb (VEB)** als eine rechtsfähige Organisation mit staatlich begrenztem Aufgabengebiet. Die Dispositionsmöglichkeiten der VEB bewegen sich in den Grenzen lang- und kurzfristiger Planungen. Diese Merkmale gelten auch für das Kombinat, einen Zusammenschluß mehrerer volkseigener Betriebe unter einer einheitlichen Kombinatsleitung. In der Rechtsform ähnelt das Kombinat dem Trust, im Hinblick auf die verbliebene Selbständigkeit der Kombinatsbetriebe weist es Ähnlichkeiten mit dem Konzern auf. Der VEB als einzelner Betrieb bzw. als Zusammenschluß mehrerer Betriebe in der Form des Kombinats ist die dominierende B. in der Wirtschaft der DDR (vgl. Tabelle „Beschäftigte nach betrieblichen Eigentumsformen und Wirtschaftsbereichen"). Als Übergangslösung (zumeist in der Form einer Kommanditgesellschaft) bestanden von 1956 bis 1972 → **Betriebe mit staatlicher Beteiligung (BSB)**. Gegenwärtig existiert eine nennenswerte Anzahl nur noch im Handel (als Kommissionshandel; → **Binnenhandel**), im Dienstleistungsbereich (→ **Hotel- und Gaststättenwesen**) und im → **Verkehrswesen**. Als eine Übergangsform werden grundsätzlich auch die heute noch existierenden privaten Betriebe, hauptsächlich Handwerks- und Einzelhandelsbetriebe, angesehen (→ **Handwerk**). Vorherrschende B. in den nichtindustriellen Wirtschaftszweigen sind die → **Genossenschaften**. Sie sind juristische Personen mit begrenzter Rechtsfähigkeit, die auf der Grundlage staatlicher Statuten und staatlicher Planauflagen arbeiten. Zu nennen sind die Landwirtschaftlichen Produktionsgenossenschaften (LPG), die Gärtnerischen Produktionsgenossenschaften (GPG), die Produktionsgenossenschaften des Handwerks (PGH), die genossenschaftlichen Baueinrichtungen der Landwirtschaft, die Produktionsgenossenschaften werktätiger Fischer (PWF), die Konsumgenossenschaften und die Bäuerlichen Handelsgenossenschaften (BHG). Neben den LPG mit gemischt genossenschaftlich-privatem Eigentum bestehen landwirtschaftliche Großbetriebe als volkseigene Güter (VEG). Daneben gibt es eine ganze Reihe spezieller → **Landwirtschaftlicher Betriebsformen**.

Die wirtschaftlich – und im allgemeinen auch juristisch – selbständige Wirtschaftseinheit im Einzelhandel ist der in unterschiedlichen Eigentumsformen organisierte Einzelhandelsbetrieb. Dazu gehören Warenhäuser, HO-Kreisbetriebe (→ **Handelsorganisation [HO]**), → **Konsumgenossenschaften** und Verkaufsstellen im Binnenhandel, Außenhandelsbetriebe im Außenhandel sowie Gaststätten.

Die bisher genannten B. stellen die grundlegenden Wirtschaftseinheiten für die Produktion und Distribution dar. Auf der übergeordneten mittleren Leitungsebene im Gesamtaufbau der Wirtschaftsverwaltung existieren verschiedenartige staatliche Instanzen – wirtschaftsleitende Organe – zur einheitlichen Leitung und → **Planung** von relativ abgegrenzten Wirtschaftsbereichen und -zweigen. Sie arbeiten nach den Grundsätzen der → **wirtschaftlichen Rechnungsführung** und bilden eigene Finanzfonds. Derartige mittlere wirtschaftsleitende Organe sind die Vereinigung Volkseigener Warenhäuser „Centrum" und die Vereinigung Interhotel. Im Handel rechnen dazu ferner die Staatlichen Kontore für Roh- und Betriebsstoffe, Maschinen und technische Ausrüstungen, die Zentralen Warenkontore und die Großhandelsdirektion Textil- und Kurzwaren für Konsumgüter und die Militärhandelsorganisation (MHO). Bis zur Reorganisation der Wirtschaftsverwaltung Ende der 70er Jahre, nach deren Abschluß nahezu alle zentralgeleiteten Industriebetriebe in Kombinate zusammengefaßt waren, bestanden auch in der Industrie in der Form der Vereinigungen Volkseigener Betriebe (VVB) mittlere Leitungsinstanzen. Mit ihrer Umwandlung in Kombinate wurde die mittlere Leitungsebene in die den → **Industrieministerien** direkt unterstellten Kombinate verlagert.

Für den materiell produzierenden Wirtschaftsbereich sind die VEB und Kombinate, die sich in der Regel aus mehreren Kombinatsbetrieben zusammensetzen, von überragender Bedeutung. Eine Akzentverschiebung hat sich insofern ergeben, als nach der Um- und Neubildung der Kombinate seit 1978 diese als die „grundlegenden Wirtschaftseinheiten der materiellen Produktion" gelten (VO über die volkseigenen Kombinate, Kombinatsbetriebe und volkseigenen Betriebe, GBl. I, 1979, Nr. 38, § 1), während in den 60er Jahren noch der VEB als primäre Wirtschaftseinheit fungierte.

Seit 1949 sind der organisatorische Aufbau der Kombinate und Betriebe, ihre Einfügung in die Planungs-, Finanz-, Informations- und Konsultationsbeziehungen der Planwirtschaft sowie auch ihre interne organisatorische Ablaufstruktur mehrfach erheblich verändert worden. Ihre Einbindung in eine

Beschäftigte nach betrieblichen Eigentumsformen und Wirtschaftsbereichen 1982 (in 1000)

Eigentumsformen der Betriebe	Wirtschaftsbereiche								Insgesamt
	Industrie	Produzier. Handwerk (ohne Bauhandwerk)	Bauwirtschaft	Land- u. Forstwirtschaft	Verkehr, Post, Fernmeldewesen	Handel	Sonstige produzier. Zweige[1]	Nichtproduzier. Bereiche[2]	
Sozialistisches Eigentum	3 175,3	70,7	547,6	874,7	604,7	763,1	261,3	1 624,2	7 921,8
Betriebe mit staatlicher Beteiligung oder Kommissionsvertrag	0,0	–	–	0,1	0,2[3]	51,1	0,2	–	51,6
Privates Eigentum	2,0	190,4	37,1	13,8	15,8[3]	39,5	3,7	91,7	394,0
Insgesamt	3 157,0	260,0	584,4	884,5	613,9	849,9	263,9	1 682,2	8 295,9

1 Ingenieurbüros, Verlage, Wäschereien, Reparaturbetriebe, Rechenbetriebe usw.
2 Gesundheitswesen, Bildung und Wissenschaft, Kredit- und Versicherungswesen usw.
3 Ohne Post- und Fernmeldewesen.
Quelle: Statistisches Jahrbuch der DDR 1983, S. 109.

zentrale Mengenplanung und in eine von der politischen Führung geleitete Personalpolitik bei der Ausbildung, Einsetzung und Abberufung des Leitungspersonals wurde davon nicht berührt. Verändert hat sich jedoch die Größenstruktur der Betriebe. Bestanden zunächst neben einigen, schon in der Vergangenheit weltweit bekannten Großbetrieben wie Carl Zeiss Jena und den Leuna-Werken zahlreiche kleinere Betriebe, so wuchs mit dem industriellen Ausbau die Zahl der größeren Fertigungsstätten, und über Zusammenlegungen der Betriebsverwaltungen, weniger der Betriebsstätten, sank zudem die Zahl der eigenständigen, in das „Register der volkseigenen Wirtschaft" eingetragenen Wirtschaftseinheiten. (Vgl. Tabelle „Entwicklung der Betriebe, Beschäftigten und der Bruttoproduktion in der Industrie".)
Sie haben eine plan- und vertragsgerechte Fertigung auf hohem wissenschaftlich-technischem Niveau zu organisieren, die Produktionssortimente nach den Ergebnissen der Forschung und Entwicklung, der Bedarfsforschung und internationaler Spezialisierungsabkommen zu gestalten, die Produktionsfaktoren (→ **Anlagevermögen**, Roh-, Hilfs- und Betriebsstoffe; **Arbeitskräfte**) kostengünstig und effizient einzusetzen sowie besondere politisch-staatliche Aspekte wie die Intensivierung der Zusammenarbeit innerhalb des RGW, Lieferungen für militärische Zwecke, die Förderung der „sozialistischen Wehrerziehung" und den Schutz des Volkseigentums besonders zu beachten.
Volkseigene Betriebe, Kombinate und Kombinatsbetriebe sind rechtsfähige Organisationen, die einen Namen tragen, in dem die Bezeichnung „VEB" enthalten sein muß. Sie verfügen über eigene Finanzmittel und arbeiten nach den Grundsätzen der wirtschaftlichen Rechnungsführung, das heißt sie stellen eigene Gewinn-und-Verlust-Rechnungen an.

Entwicklung der Betriebe, Beschäftigten und der Bruttoproduktion in der Industrie

Jahr	Betriebe	Arbeiter und Angestellte (ohne Lehrlinge)	Industrielle Bruttoproduktion
	1960 = 100		
1949	.	71	27
1955	111	91	65
1960	100	100	100
1965	87	100	133
1970	72	103	182
1975	48	106	247
1980	28	110	314
1982	23	111	340

Quelle: Statistisches Jahrbuch der DDR 1983, S. 136.

Finanzielle Fonds[1] der volkseigenen Betriebe[2] und Kombinate

Fonds	Volkseigene Betriebe (einschl. Kombinatsbetriebe)	Volkseigene Kombinate und wirtschaftsleitende Instanzen[3]
1. Investitionsfonds	+	+
2. Reservefonds		+
3. Verfügungsfonds		+
4. Fonds Wissenschaft und Technik	+	+
5. Leistungsfonds	+[4]	+
6. Prämienfonds	+	+
7. Kultur- und Sozialfonds	+[4]	+
8. „Konto junger Sozialisten"	+	+
9. Instandhaltungsfonds	+	+
10. Werbefonds		+
11. Risikofonds	+	+
12. Sonderfonds für modische Erzeugnisse der Leichtindustrie	+	

1 Aus Nettogewinn bzw. zu Lasten der Kosten.
2 Außer Außenhandelsbetriebe.
3 Soweit nach der wirtschaftlichen Rechnungsführung arbeitend.
4 Soweit nicht im Kombinat konzentriert.
Quelle: AO über die Finanzierungsrichtlinie für die volkseigene Wirtschaft, in: GBl. I, 1982, S. 113ff.

Die Finanzmittel werden in → **Fonds** für unterschiedliche Zwecke bereitgestellt (vgl. Schaubild „Finanzielle Fonds der volkseigenen Betriebe und Kombinate". Aus dem 1974 eingerichteten Fonds „Konto junger Sozialisten" werden Jugendheime und jugendpolitische Maßnahmen der → **Freien Deutschen Jugend [FDJ]** finanziert).

Die typische Organisationsstruktur der Betriebe und Kombinate ist hierarchisch nach dem Stab-Linien-Prinzip angelegt und weist verschiedene Ebenen auf (vgl. Schemata „Leitungsstruktur eines Großbetriebes", „Organisationsstruktur eines Industriekombinats"). An der Spitze der Kombinate und Betriebe steht kein Kollegialorgan oder ein Rat, sondern der alleinverantwortliche **Generaldirektor** bzw. **Betriebsdirektor** (Prinzip der → **Einzelleitung**). Die General- und Betriebsdirektoren werden durch Sekretariate sowie verschiedene Stabsabteilungen unterstützt, zum Beispiel den Justitiar, den Hauptbuchhalter oder die Technische Kontrollorganisation. Ihnen unterstehen die Fachdirektoren für Technik, Ökonomie, Produktion, Forschung sowie Beschaffung und Absatz mit ihren Unterabteilungen. Das → **Neue Ökonomische System (NÖS)** führte zur Herausbildung der Direktorate für Beschaffung und Absatz sowie für Ökonomie; hinzu kam später das Direktorat für Forschung bzw. Wissenschaft.

Problematisch ist das Verhältnis der weisungsbefugten Linie zu den nur beratenden Stäben. Häufig besteht eine Tendenz, den in den Stabsstellen arbeitenden Sachverständigen auch Linienfunktionen zu übertragen und das Leitungssystem damit stärker zu dezentralisieren. Die Leitung gemäß dem „Prinzip der Einzelleitung" erleichtert solche Tendenzen, da der Einzelleiter immer wieder auf Expertenwissen angewiesen ist.

Die Generaldirektoren und Betriebsdirektoren werden jeweils von dem Leiter der übergeordneten Leitungsinstanz in ihre Rolle als staatlicher Leiter berufen und sind diesem gegenüber weisungsgebunden und rechenschaftspflichtig.

Entsprechend können nach dem Fortfall der mittleren Leitungsebene der VVB die Kombinate und volkseigenen Betriebe seit 1981 in der Regel nur noch einem Ministerium oder einem → **Bezirkswirtschaftsrat (BWR)** unterstellt werden. Die Direktoren der Kombinatsbetriebe werden von den Generaldirektoren der Kombinate ernannt. Die Kombinatsbetriebe sind dem Kombinat jedoch nicht „untergeordnet", sondern „eingeordnet".

II. Volkseigener Betrieb (VEB)

Die VEB setzen sich zusammen aus Betrieben, die 1945 beschlagnahmt und später zu „Volkseigentum" erklärt wurden, sowie den seit Kriegsende neu errichteten staatlichen Betrieben. Durch den Befehl 124 der Sowjetischen Militäradministration in Deutschland vom 30. 10. 1945 „Über die Beschlagnahme und provisorische Übernahme einiger Eigentumskategorien in Deutschland" waren mehrere zehntausend gewerbliche Unternehmungen „sequestriert" worden, die in der Folge durch die SMAD nach 3 Gruppen gegliedert wurden. In einer „Liste A" wurden solche Betriebe zusammengestellt, die einem Volksentscheid über eine Enteignung unterworfen werden sollten. Ein solcher Volksentscheid fand jedoch nur im Lande Sachsen (Juni 1946) statt. – In eine „Liste B" waren solche Betriebe aufgenommen worden, deren geringere Bedeutung eine schnelle Enteignung nicht notwendig machte (kleinere gewerbliche Unternehmen). Sie wurden den Inhabern wegen fehlender politischer „Belastung" zurückgegeben. – Die „Liste C" enthielt schließlich diejenigen Betriebe, die für den Übergang in sowjetisches Eigentum als SAG-Betriebe vorgesehen waren und durch den Befehl 167 vom 5. 6. 1946 „auf Grund der Reparationsansprüche der

Leitungsstruktur eines Großbetriebes

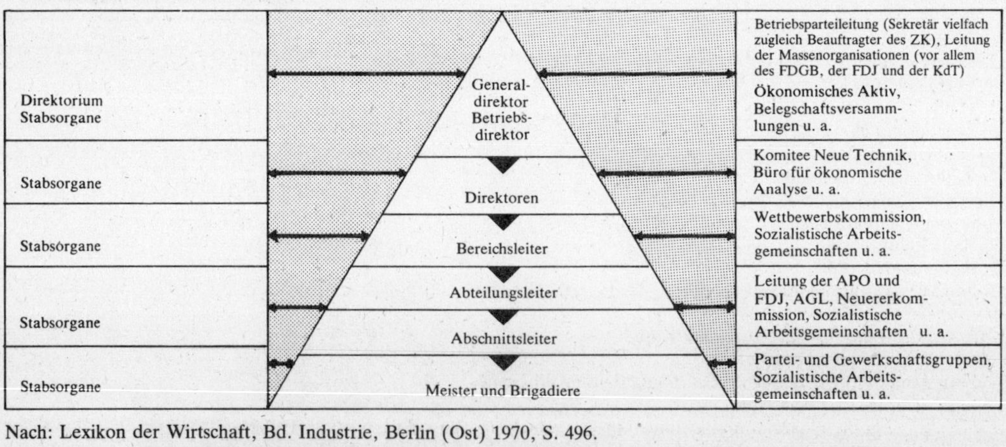

Nach: Lexikon der Wirtschaft, Bd. Industrie, Berlin (Ost) 1970, S. 496.

SU in sowjetisches Eigentum" übergingen (→ **Reparationen**). Als Rechtsträger der VE-Betriebe waren Vereinigungen Volkseigener Betriebe, Kreis- und Kommunalbehörden, Genossenschaften und die → **Vereinigung der gegenseitigen Bauernhilfe (VdgB)** vorgesehen. Knapp 10000 gewerbliche Unternehmungen, darunter zahlreiche kleine und mittlere Handwerks-, Transport- und Handelsunternehmen, wurden endgültig enteignet.

Bis 1951 waren die VEB unselbständige Filialbetriebe der ihnen vorgeordneten VVB. Zum 1. 1. 1952 wurden alle größeren Betriebe zwar in selbständig wirtschaftende Einheiten umgewandelt, die aber weiterhin Realisierungsinstanzen für detailliert vorgegebene Plandaten blieben. Sie erhielten jedoch eine eigene finanzielle Grundausstattung und einen eigenen Umlaufmittelfonds; sie entrichteten seitdem auch selbständig die Abgaben an den → **Staatshaushalt** (→ **Steuern**).

Die juristisch und wirtschaftlich aus den VVB herausgelösten VEB wurden Industrieministerien unterstellt, während die kleineren Betriebe weiterhin von den VVB, die zwischen 1952 und 1957 als „Verwaltung Volkseigener Betriebe" fungierten, zusammengefaßt wurden.

War bis 1954 der gesamte Gewinn an den Staatshaushalt abzuführen, so wurde die zentralisierte Verfügung über die betrieblichen Gewinne ab 1955 etwas gelockert: ein Teil des Gewinns verblieb nunmehr in den Betrieben und konnte für Investitionen und Generalreparaturen verwendet werden. Für die → **Finanzkontrolle** und Abrechnung des Betriebsplans übernahmen → **Hauptbuchhalter** der Betriebe die Verantwortung. Mit der Reorganisation der Wirtschaftsverwaltung im Jahre 1958 wurden die VEB erneut gegründeten VVB unterstellt, die die selbständige, verwaltungsmäßige und operative Leitung der zentralgeleiteten Betriebe übernahmen. Die übrigen VEB werden seitdem von den örtlichen Staatsorganen verwaltet, wofür bei den Räten der Bezirke mit den neugegründeten → **Bezirkswirtschaftsräten (BWR)** besondere Instanzen geschaffen wurden.

Diese Reorganisation änderte jedoch nichts daran, daß die VEB vor allem verwaltungsförmig geleitet wurden. Wirtschaftliches Denken z. B. in Richtung einer stärkeren finanzwirtschaftlichen Eigenverantwortung, der Absatzsicherung und der wissenschaftlich-technischen Erneuerung der Produktion brachte erst das 1963 begonnene → **Neue Ökonomi-**

Organisationsstruktur eines Industriekombinates

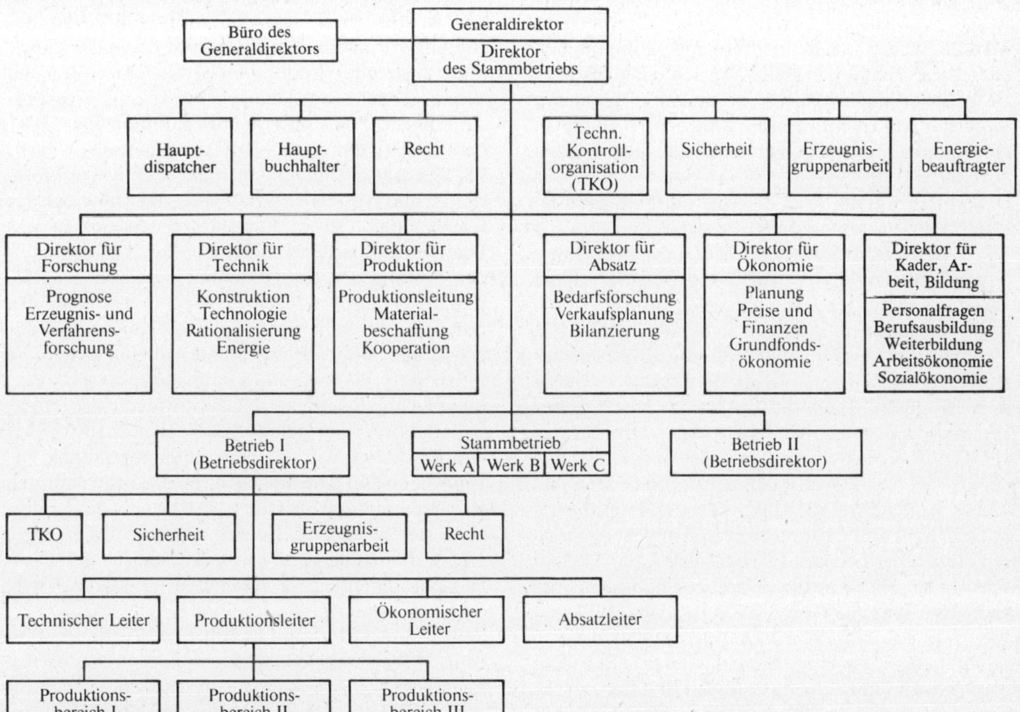

Nach: D. Graichen, B. Siegert, Sozialistische Wirtschafts-, Wissenschafts- und Leitungsorganisation, Berlin (Ost) 1972, S. 126, sowie geltende VO und Statuten.

sche System (NÖS) sowohl in die VEB wie in die sich erneut wandelnden VVB. Da die VVB zu Lasten der Industrieministerien zusätzliche Führungskompetenzen als „ökonomische Führungsorgane" gewannen, verstärkte sich ihre Anleitung der VEB. Ihre im Rahmen vorgegebener Plankennziffern verstärkten Entscheidungskompetenzen (z.B. über → **Investitionen**) sollten eine stärkere wirtschaftliche Optimierung sowie erhöhte Initiativen auslösen. Zu diesem Zweck wurde eine Reihe von – auf den Gewinn und die Gewinnverwendung – wirkenden ökonomischen Hebeln eingeführt. Da in der Folge die betrieblichen Strukturziele zunehmend von den gesamtwirtschaftlichen Zielen abwichen und auch die 1968 entwickelte „Strukturpolitische Konzeption" des → **Ministerrates** erhebliche Störungen auslöste, wurden den VEB mit der Rezentralisierung von Ende 1970 wieder Entscheidungskompetenzen – insbesondere über Investitionen – genommen. Die ökonomischen Hebel (und damit auch die Fondsbildung) wurden so umgestaltet, daß sie einen starken Druck zur Planerfüllung auf die Betriebe ausübten (→ **Fonds**). Bezüglich wissenschaftlich-technischer Weiterentwicklungen galt häufig, daß sowohl Aufgaben der VEB als auch Finanzmittel aus dem betrieblichen Fonds Wissenschaft und Technik bei den übergeordneten VVB zentralisiert wurden. Seit der Reorganisation der Wirtschaftsverwaltung 1978–1981 wird zwar an der Dominanz der mengenwirtschaftlichen Plankennziffern und ökonomischen Hebel festgehalten, zugleich werden die VEB über zusätzliche Plankennziffern zu einem sparsameren Material- und Energieeinsatz wie generell zu einem günstigeren Verhältnis von Aufwand und Nutzen angehalten.

Eine im Frühjahr 1972 durchgeführte Sozialisierungsaktion erhöhte kurzfristig die Zahl der VEB um 2910 Betriebe. Der seit Mitte der 50er Jahre anhaltende Trend, die Zahl der Betriebe durch Zusammenlegungen zu reduzieren, wurde durch diese Verstaatlichung jedoch nicht aufgehalten. Die Verstaatlichung erfaßte alle Betriebe mit staatlicher Beteiligung (BSB) und private Betriebe in der → **Industrie** (einschl. Bauindustrie) sowie einen Teil der Produktionsgenossenschaften des Handwerks (PGH). Die BSB hatten bis zur Verstaatlichung ca. 10 v.H. der industriellen Bruttoproduktion und 12,5 v.H. der Bruttoproduktion in der Bauindustrie aufgebracht. Die entsprechenden Anteile der privaten Betriebe lagen bei 1,3 v.H. und 0,9 v.H. Der Anteil der VEB an der Warenproduktion in der Industrie stieg von 83,1 v.H. im Jahr 1971 auf 94,9 v.H. im Jahr 1972. VEB, einschließlich der in Kombinaten zusammengeschlossenen Betriebe, sind seitdem endgültig zum Regelfall unter den B. geworden. Im Jahr 1981 entfielen 96,5 v.H. des Nettoproduktes auf die volkseigenen und genossenschaftlichen Betriebe (→ **Wirtschaft**).

III. Kombinat

Das Kombinat (K.) besteht aus Betrieben, in denen die Güterherstellung technologisch und ökonomisch zusammenhängender Produktionszweige zusammengefaßt ist. Die ersten K. entstanden 1946 im Bereich der Sowjetischen Aktiengesellschaften (SAG), als vorhandene Großbetriebe wieder in Gang gesetzt wurden, und Anfang der 50er Jahre als industrielle Neugründungen (z.B. → **Eisenhüttenkombinat Ost**). In den 50er Jahren wurden K. vor allem in der Grundstoffindustrie und Metallurgie sowie der → **chemischen** und → **elektrotechnischen Industrie** gebildet. Der zum Neuen Ökonomischen System hinführende VI. Parteitag der SED (1963) forderte die Gründung von zusätzlichen vereinigten Industriebetrieben und K. Im Rahmen einer forcierten Wachstums- und Strukturpolitik kam es in den Jahren 1968–1970 zu einer weiteren Gründungswelle. In Produktionsgebieten mit hohem Innovationstempo, wie beispielsweise dem Werkzeugmaschinenbau, sollten sie durch optimale Betriebsgrößen, durch Bevorzugungen bei der Planung und die direkte Unterstellung unter Industrieministerien die schnellere Umsetzung wissenschaftlich-technischer Erfindungen in die Produktionspraxis und damit den Anschluß an die international führenden Industriestaaten erreichen. So arbeiteten 1970 bereits fast ⅔ der Beschäftigten der zentralgeleiteten Industrie in 120 K. Bis zu diesem Zeitpunkt folgte die K.-Bildung vor allem dem Prinzip, horizontal wichtige oder auch alle Produktionsstätten einer Branche zusammenzufassen. Demgegenüber folgt die jüngste Phase der K.-Bildung in den Jahren 1978–1981 dem Ziel, den horizontalen Zusammenschluß vertikal zu ergänzen, indem auch die wichtigsten Lieferanten und Absatzorganisationen, einschließlich des Großhandels, sowie Forschungsinstitutionen und Ingenieurbüros einbezogen werden. Die einheitliche Leitung des Zusammenhangs zwischen Lieferanten, Hauptproduzenten und Endabnehmern durch das K. verspricht eine bessere Kenntnis der Nachfrage auf den Binnen- und Außenmärkten, die effizientere Planung und Leitung von Investitionen und Sortimentserneuerungen sowie die wirkungsvollere Förderung technischer Neuheiten sowohl bei den Produkten wie den Herstellungsverfahren.

Ein K. entsteht gewöhnlich durch den fusionsartigen Zusammenschluß einzelner VEB, wobei der qualifizierteste bzw. größte Betrieb zum Sitz des K. wird. Die Vereinigung kann zusätzlich auch eine räumliche Zusammenlegung beinhalten. Die K.-Betriebe arbeiten – unter ihrem traditionellen Namen – nach dem Prinzip der wirtschaftlichen Rechnungsführung. Ihnen verbleiben Kompetenzen im → **Arbeitsrecht** sowie bei der Betriebsplanung, der Finanzwirtschaft, der Forschung und Entwicklung sowie bei der Kooperation und Abstimmung mit örtlichen Räten.

Verbreitet sind K. im Gewinnungs- und Verarbeitungsbereich der Braunkohle, wo die Produktionszweige der Kohlenindustrie, Energieerzeugung und chemischen Industrie vereinigt wurden (z. B. VEB Braunkohlen-K. Schwarze Pumpe, Kreis Spremberg; VEB Elektrochemisches K. Bitterfeld; VEB Leuna-Werke „Walter Ulbricht"). K. bestehen weiterhin in der Eisen- und Stahlindustrie (z. B. VEB Bergbau- und Hütten-K. „Maxhütte", Unterwellenborn), in der Nichteisenmetallindustrie (z. B. VEB Mansfeld-Hütten-K. „Wilhelm Pieck", Eisleben) und in den Branchen der weiterverarbeitenden Industrie (z. B. Fisch-K. Rostock; VEB Uhren-K. Ruhla; VEB Kabelwerk Oberspree, Berlin-Oberschöneweide; VEB K. Chemieanlagenbau, Leipzig; VEB K. für Haushaltsgroßgeräte, Schwarzenberg). K. der weiterverarbeitenden Industrie wurden besonders in den Jahren 1967–1970 gebildet. Damit wurden Voraussetzungen für die zur Sicherung eines ausreichenden Wirtschaftswachstums erforderliche → **Intensivierung und Rationalisierung** in der Form von Mechanisierungen, der → **Standardisierung** von Baugruppen (Einheitssysteme), → **Automatisierung** und der Anwendung der elektronischen Datenverarbeitung geschaffen. Seit Mitte der 70er Jahre sollen K. vorzugsweise dann gebildet werden, wenn sie von der angewandten Forschung bis zum Kundendienst alle Kapazitäten zur Entwicklung, Pflege und Verbreitung moderner Technologien zusammenfassen und effizient einsetzen können. Um die Ersetzung der herkömmlichen Elektronik durch material- und energieeinsparende mikroelektronische Lösungen zu beschleunigen, wurde z. B. im Jahr 1978 ein K. Mikroelektronik in Erfurt gegründet.

Die K. werden heute auch als Grundform für die territorial geleitete Industrie sowie ebenso für die örtliche Versorgungswirtschaft und das örtliche → **Verkehrswesen** angesehen. Ende 1981 wurden in den Bezirken Verkehrs-K. gebildet, die Kraftverkehrsbetriebe, den städtischen Nahverkehr (Straßenbahnen, Busse, Taxen) und Instandsetzungsbetriebe vereinen (→ **Kombinat Kraftverkehr, VEB**). K. sind damit zur dominierenden Wirtschaftsorganisation geworden (vgl. Tabelle „Kombinate in der Industrie").

Die Organisationsstruktur ist stark abhängig von der Form der Vereinigung. Sie ist besonders kompliziert bei K., die unterschiedliche Verarbeitungsprozesse vereinen (z. B. elektro-chemisches K.).

Als Grundformen lassen sich unterscheiden: K. als die Zusammenfassung von 1. aufeinanderfolgenden Stufen der Rohstoffverarbeitung (z. B. Eisenhütten-K. mit den Stufen Erzförderung, Roheisen-, Stahl- und Walzguterzeugung), 2. verschiedenartigen Verarbeitungsprozessen eines Rohstoffes (z. B. Chemie-K., Kupfer-K.), 3. Haupt- und Nebenfertigung (z. B. Fisch-K. einschließlich Fischmehlherstellung), 4. technologisch gleichartigen Produktionen (z. B. Uhren-K. als Zusammenschluß von Betrieben einer Erzeugnisgruppe), 5. verwandte Dienstleistungen und Versorgungsangebote (z. B. Verkehrs-K.).

In der Regel werden K. über Stammbetriebe (1980 rd. 65 v. H. der K.) geleitet (vgl. Schema „Organisationsstruktur eines Industriekombinats"). Der Betriebsdirektor des Stammbetriebs leitet zugleich als Generaldirektor das K. (z. B. K. Haushaltsgeräte, Karl-Marx-Stadt, Reifen-K. Fürstenwalde, K. Esda, Thalheim). Als zwei weitere Typen bestehen K., in denen nur ein Betrieb über eine zentrale K.-Leitung (z. B. Leuna-Werke, Leuna) oder mehrere Betriebe über einen selbständigen Leitungsapparat (z. B. K. Carl Zeiss Jena) gesteuert werden. Verbreiteter ist als vierter Typ (1980 rd. 15 v. H. der K.) die Leitung mehrerer Betriebe über Leitbetriebe (z. B. K. Deko, Plauen), die die Produktion bestimmter Erzeugnisgruppen leiten (vgl. Schema „Kombinatsleitung über Leitbetriebe").

Die Hauptaufgabe der K.-Bildung liegt in der Schaffung größerer Produktionseinheiten mit günstigeren

Kombinate in der Industrie

Jahr	Kombinate	Anteil der Kombinate (am Bereich der Industrieministerien bzw. der Bezirkswirtschaftsräte)		
		an der industriellen Warenproduktion	an der Anzahl der Arbeiter und Angestellten	am Export
Zentralgeleitete Kombinate im Bereich der Industrieministerien				
1970	35	33	33	38
1975	45	43	36	45
1978	54	49	45	59
1979	101	85	88	96
1980	130	99	98	99
1982	133	100	98	99
Bezirksgeleitete Kombinate im Bereich der Wirtschaftsräte der Bezirke				
1982	93	94	93	88

Quelle: Statistisches Jahrbuch der DDR 1983, S. 137.

Produktionsstrukturen. Als wirtschaftliche Organisationsform dient das K. – ähnlich den Kooperationsverbänden und den Erzeugnisgruppen – der mehrere Betriebe wie ganze überbetriebliche Fertigungssysteme erfassenden Spezialisierung und Konzentration sowie der „Ökonomisierung" der Leitung. K. sollen die Zersplitterung der Industrieproduktion wie der Forschung und Entwicklung verringern und die Verbesserung betrieblicher Fertigungsorganisation ermöglichen. K. sollen ferner die Fertigung von Rationalisierungsmitteln sowie auch von Konsumgütern in eigene Regie übernehmen.

Die K.-Bildung kann im einzelnen mit folgenden Vorzügen verbunden sein: 1. Beschleunigung und erhöhte Kontinuität der Fertigungsprozesse, 2. bessere Anordnung der Produktionsstufen und -verfahren, 3. leichtere Mechanisierung und Automatisierung, 4. Vereinfachung des Produktionsprogrammes einzelner Werke durch Sortimentsbereinigung und Standardisierung, 5. Zentralisierung von Teilaufgaben wie Vertrieb, Marktforschung, Lagerwirtschaft, Forschung und Entwicklung, Personalwesen, 6. rationelle Ausnutzung der Rohstoffe, 7. Einsparung von Transport-, Energie-, Verwaltungs- und Vertriebskosten. Mit der K.-Bildung sind verkürzte Informationswege und planungstechnische Vereinfachungen verbunden. Ob jedoch die in der DDR typische Zersplitterung der Produktion auf zahlreiche kleine und mittlere Fertigungsstätten entscheidend verringert werden kann, hängt davon ab, inwieweit es auch zu räumlichen Betriebszusammenlegungen kommt. So konnte die Zahl der selbständigen Industriebetriebe zwischen 1950 und 1980 zwar um rd. 80 v.H. reduziert werden, die der örtlich getrennten Produktionsstätten jedoch nur um 10–15 v.H. Auch die vertikale Arbeitsteilung zwischen den K.-Betrieben bleibt zu entwickeln, da die K.-Bildung in der Regel nicht mit Produktionseinstellungen bzw. -verlagerungen – vor allem bei überalterten, unrentabel arbeitenden und/oder weit verstreut liegenden Betrieben – verbunden wird.

IV. Vereinigung Volkseigener Betriebe (VVB)

Die VVB ist eine wirtschaftliche Leitungsinstanz der mittleren Ebene, der VEB, Kombinate und staatliche Einrichtungen (z. B. Forschungsinstitute) unterstellt sind. Als neuartige Produktionsverbände waren sie insbesondere in den 60er Jahren von großer wirtschaftsorganisatorischer und -politischer Bedeutung, die sie jedoch inzwischen aufgrund der Aus-

Kombinatsleitung über Leitbetriebe

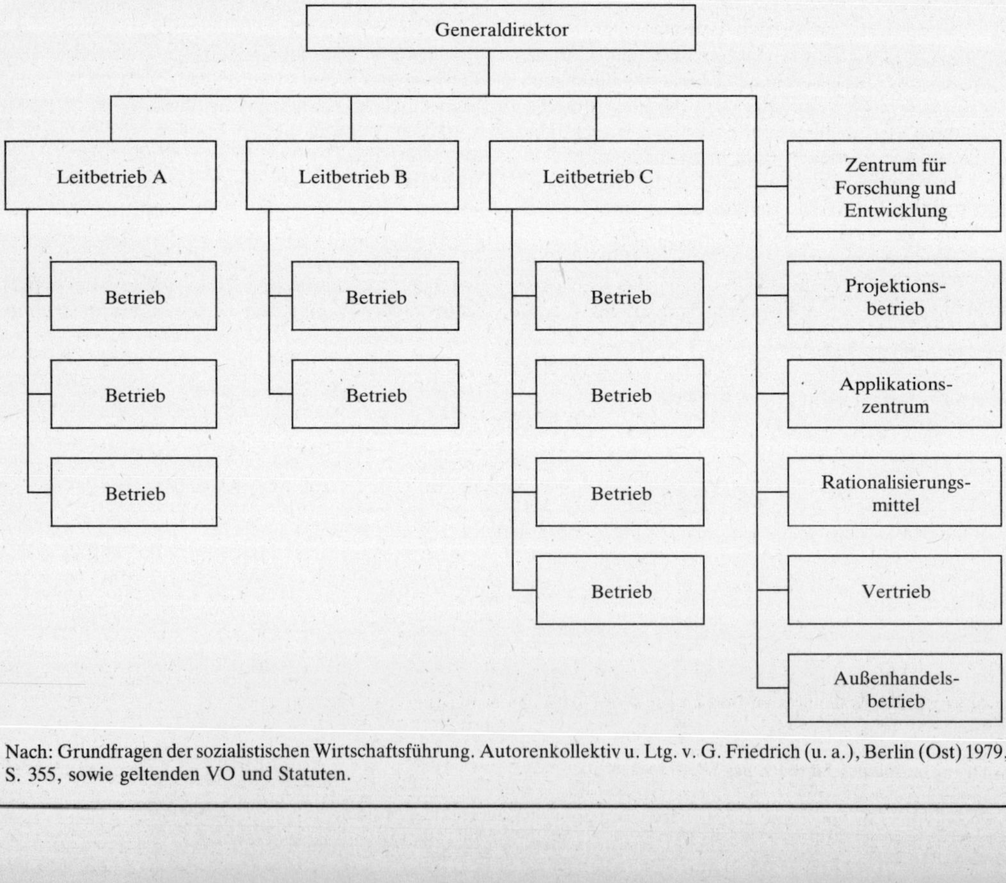

Nach: Grundfragen der sozialistischen Wirtschaftsführung. Autorenkollektiv u. Ltg. v. G. Friedrich (u. a.), Berlin (Ost) 1979, S. 355, sowie geltenden VO und Statuten.

dehnung der Kombinate und deren direkter Unterstellung unter Ministerien verloren haben; sie wurden bis auf einige VVB im Bereich des → **Ministeriums für Land-, Forst- und Nahrungsgüterwirtschaft (MfLFN)** aufgelöst (→ **Landwirtschaftliche Betriebsformen**, IV. C.). VVB führen die materielle Produktion nicht unmittelbar durch. Finanzwirtschaftlich sind sie das Zwischenglied zwischen dem Staatshaushalt und den unterstellten Betrieben. Die wirtschaftliche Rechnungsführung der VVB ist abgeleitet von der Gewinn-und-Verlust-Rechnung der unterstellten Betriebe. Ihre Kosten finanzieren die VVB aus Betriebsumlagen. Aufgrund eigener finanzieller Fonds sind die VVB in der Lage, die unterstellten Betriebe bei der Lösung volkswirtschaftlich bedeutsamer Projekte entsprechend den geltenden Rechtsvorschriften direkt finanziell zu unterstützen.
Die VVB haben eine doppelte Leitungsfunktion: Sie sind einerseits staatliche Leitungsinstanz der ihnen unterstellten Betriebe und Einrichtungen; sie sind andererseits „Führungsorgan" der jeweiligen Industriebranche.
Im Bereich der unterstellten VEB und Kombinate sind neben den Planungs- und Bilanzierungsverfahren die finanziellen Regelungen die wichtigsten Instrumente der Zusammenarbeit. Über diese Grenzen hinaus stellen die Erzeugnisgruppenarbeit und die Anleitung von Kooperationsverbänden und -gemeinschaften bedeutsame Leitungsinstrumente der VVB dar.
Von 1948 bis 1951 waren Leitung und Kontrolle der verstaatlichten Betriebe Aufgabe der VVB. Es gab damals ca. 75 VVB unterschiedlicher Branchen, denen jeweils eine größere Anzahl von juristisch und finanziell abhängigen Betrieben unterstellt war. Die VVB stellte aus den Teilbilanzen der einzelnen VEB eine Gesamtbilanz zusammen, in der Gewinne bzw. Verluste gegeneinander aufgerechnet werden konnten.
Anfang 1952 wurden im Rahmen der ersten größeren Reorganisation die VEB zu selbständig wirtschaftenden Einheiten. Die VVB wurden in „Verwaltungen Volkseigener Betriebe" umbenannt. Sie verloren ihre direkten Leitungs- und Kontrollbefugnisse und galten nur noch als Anleitungs- und Aufsichtsorgane der zugeordneten, fachlich übereinstimmenden Betriebe; die Weisungen der Hauptverwaltungen der zuständigen Industrieministerien waren für ihre Tätigkeit bindend.
Mit der Reform des Jahres 1958, deren Hauptmerkmal die Konzentration der Planungs- und Leitungsbefugnisse bei der Staatlichen Plankommission war, wurden die Verwaltungen Volkseigener Betriebe wieder in Vereinigungen Volkseigener Betriebe umbenannt und den Fachabteilungen der Staatlichen Plankommission unterstellt. Im Unterschied zu den VVB vom Jahr 1948 waren sie nun keine direkt wirtschaftenden Organe mehr, sondern wurden zu zentralen Staatsorganen. Sie übernahmen die Aufgaben der aufgelösten Industrieministerien, d. h. die operative und produktionsnahe Anleitung der unterstellten volkseigenen Industriebetriebe.
1961 wurden die VVB dem neugebildeten → **Volkswirtschaftsrat (VWR)** unterstellt: sie leiteten die → **Zentralgeleitete Industrie** an, doch waren bereits Ansätze zur Zusammenarbeit mit der örtlichen Industrie vorhanden. An dieser Form der VVB wurde kritisiert, sie arbeiteten zu sehr „administrativ" und zu wenig „ökonomisch", und ihre bürokratische Struktur stehe einer Anpassung an die wachsenden Bedürfnisse der Volkswirtschaft häufig entgegen.
Im Zuge der Einführung des Neuen Ökonomischen Systems (1963) wurden die VVB in „Ökonomische Führungsorgane" ihrer Industriebranche umgewandelt, d.h. sie sollten nicht verwalten, sondern die Betriebe nach wirtschaftlichen Gesichtspunkten führen und in Produktion, Absatz, Forschung usw. unterstützen. Neben den ihnen unterstellten zentralgeleiteten volkseigenen und gleichgestellten Betrieben wurden auch private und halbstaatliche Betriebe durch die Mitgliedschaft in Erzeugnisgruppen in den Leitungsbereich der VVB einbezogen.
Ihre Kompetenzen wurden mit der Rezentralisierung von Ende 1970 geringfügig verringert. Die Anzahl der VVB sank, als ab 1967 einzelne VVB aufgelöst und durch Kombinate, die den Industrieministerien nunmehr direkt unterstanden, ersetzt wurden. Anfang 1968 bestanden in der Industrie (ohne Bauwesen) 85 VVB, die den 8 Industrieministerien unterstellt waren. In anderen Bereichen der Volkswirtschaft existierten weitere 20 VVB: → **Ministerium für Bauwesen** (7), Staatssekretariat für Geologie (1), Landwirtschaftsrat (10), Amt für Wasserwirtschaft (1), Staatliche Zentralverwaltung für Statistik (1). Im Jahr 1972 gab es 115 den Industrieministerien direkt unterstellte VVB und Kombinate.
Entsprechend dem in den 70er Jahren verfolgten Organisations- und Leitungskonzept wurde die Leitungsform der VVB Ende der 70er Jahre fast völlig durch die der Kombinate ersetzt, die nunmehr zwischen Zentralinstanzen und Produktionsstätten, zwischen volks-, zweig- und einzelwirtschaftlichen Gesichtspunkten zu vermitteln haben.

V. Kooperation in der Industrie

Der Intensivierung und Stabilisierung der zwischenbetrieblichen Verflechtung dienen die Erzeugnisgruppen. Daneben wurden seit Mitte der 60er Jahre weitere Formen der Zusammenarbeit von Beschäftigten bzw. von Betrieben im arbeitsteiligen Wirtschaftsprozeß entwickelt. Sie sind eine Reaktion auf die steigende betriebliche, volkswirtschaftliche und internationale Arbeitsteilung. Wichtige Probleme der K. sind die Nutzung von Spezialisierung und Konzentration in der Produktionssphäre sowie die Verbindung von Produktion und Wissenschaft. Dispositionsmöglichkeiten der wirtschaftenden Einheiten (Betriebe, Handelsorganisationen, landwirtschaftliche Produktionsgenossenschaften u. a.) sowie ein Instrumentarium zur vertraglichen Regelung der Zusammenarbeit (→ **Wirtschaftsrecht**) sind Voraussetzungen der K.

Formen der K. sind 1. die innerbetriebliche Zusammenarbeit zwischen Abteilungen, Bereichen, Arbeitsgruppen und einzelnen Arbeitskräften zum Zwecke der Fertigung eines bestimmten Produktes, 2. die Zusammenarbeit zwischen den Betrieben und Betriebsteilen eines Kombinats, 3. die Zusammenarbeit innerhalb und außerhalb von Kombinaten als Erzeugnisgruppe, 4. die zwischenbetriebliche K. zwischen juristisch selbständigen Betrieben, die Wirtschaftsgemeinschaften bilden. Die Wirtschaftsgemeinschaften können unterschiedliche Formen annehmen: Produktions- und Nutzergemeinschaften, Forschungsverbände und -gemeinschaften, Handelsverbände. Rechtlich geregelte Wirtschaftsgemeinschaften stellen die K.-Verbände und K.-Gemeinschaften dar. In beiden Organisationsformen können Betriebe aller Eigentumsformen die Mitgliedschaft erhalten, wodurch auch die Einbeziehung kleinerer, privater Betriebe in den industriellen Produktionsprozeß gefördert wird.

A. Erzeugnisgruppen

Erzeugnisgruppen stellen seit Beginn der 60er Jahre eine wirtschaftliche Organisationsform dar, nach der Gruppen von wirtschaftlich und juristisch selbständigen Betrieben unter Anleitung der VVB bzw. des Kombinats nach dem technologischen Prinzip der gleichartigen Produktion (gleiche oder verwandte Erzeugnisse oder Halbfabrikate) zu technisch-wirtschaftlichen Untergruppen des Industriezweiges zusammengefaßt werden. Sie gelten als Form der „sozialistischen Gemeinschaftsarbeit“ und sollen zur Erreichung folgender wirtschaftspolitischer Ziele beitragen: a) die einheitliche wirtschaftliche und technische Führung aller Betriebe eines Industriezweiges, b) die Aufdeckung und Ausnutzung aller Produktions- und Forschungskapazitäten, c) die Steigerung der → **Arbeitsproduktivität** durch Spezialisierung und Standardisierung und die damit verbundene Einschränkung des Produktionssortiments und d) die fachliche Kontrolle auch der nicht zentralgeleiteten VEB sowie der privaten Betriebe. Nach der Überführung fast aller halbstaatlichen und privaten Industrie- und Baubetriebe sowie der industriell produzierenden Handwerksbetriebe in Volkseigentum im Jahr 1972 hat der zuletzt genannte Aspekt stark an Bedeutung verloren.

Erzeugnisgruppen sind Teil der Leitung nach dem → **Produktionsprinzip**. Sie sind dort überflüssig, wo ein Betrieb alleiniger Hersteller eines Erzeugnisses oder alleiniger Anwender eines Fertigungsverfahrens in der DDR ist. Erzeugnisgruppen standen vor allem unter Anleitung der VVB, bis diese in zwei Schüben der Reorganisation der Wirtschaftsverwaltung Ende der 60er und 70er Jahre in Kombinate umgewandelt wurden. Seitdem werden sie entweder von Kombinaten, Bezirkswirtschaftsräten oder auch von Ministerien eingerichtet und geleitet. Diese bestimmen die Einteilung der Erzeugnisgruppen und üben entscheidenden Einfluß auf deren Zusammensetzung aus. Während die VEB zur Teilnahme an der „Erzeugnisgruppenarbeit“ rechtlich verpflichtet sind, soll für die privaten Betriebe und industriell produzierenden PGH das Prinzip der „Freiwilligkeit“ gelten. Die Zusammensetzung ist abhängig von den typischen, sich aus Zahlen und Größen der Betriebe, Sortimentsbreiten, Ferti-

Erzeugnisgruppe	ELN-Nr.	Verteilung der einzelnen Erzeugnisgruppen auf			Leitbetrieb
		Kombinatsbetriebe	Kombinate oder Wirtschaftsräte der Bezirke	Ministerien	
Roheisen	121 20	2	2	1	VEB Eisenhüttenkombinat Hermann Matern
Rohstahl	121 40	8	3	1	VEB Stahl- und Walzwerk Brandenburg
Kaltband	121 71 121 73 121 74	11	8	3	VEB Eisenhüttenkombinat Hermann Matern
Gezogener Stahldraht	121 76	14	9	4	VEB Draht- und Seilwerk Rothenburg

Quelle: G. Kuciak, K.-H. Wilhelm, Erzeugnisgruppen, Berlin (Ost) 1981, S. 31f.

gungsarten, Eigentums- und Unterstellungsverhältnissen ergebenden Produktionsbedingungen der Branchen.
Insbesondere unterscheiden sich Erzeugnisgruppen, in denen ausschließlich Betriebe der zentralgeleiteten Industrie zusammenarbeiten, von solchen, die in den territorialgeleiteten Wirtschaftsbereichen des → **Bau- und Wohnungswesens**, des → **Verkehrswesens** und der örtlichen Versorgungswirtschaft sowie der → **Landwirtschaft** und der → **Nahrungsgüterwirtschaft** bestehen:

1. Erzeugnisgruppen von Industriebetrieben, die entweder
- gleiche oder verwandte Produkte mit gleichen oder ähnlichen Verfahren oder
- verschiedenartige Erzeugnisse mit gleichen Verfahren oder
- gleiche oder verwandte Leistungen erbringen.

Die meisten Erzeugnisgruppen in der Industrie wurden nach den Gesichtspunkten „gleiche oder verwandte Produkte" oder „gleiche oder ähnliche Verfahren" gegründet. So wurden beispielsweise in dem aus der VVB Leichtchemie hervorgegangenen VEB Kosmetik-Kombinat Berlin (Ost) folgende vier Erzeugnisgruppen gebildet: Kosmetik, Riech- und Geschmackstoffe, Seifen- und Körperreinigungsmittel, Tenside (das sind Wirksubstanzen in Waschmitteln) und Vorprodukte.
Planungstechnisch ist es günstig, wenn eine Erzeugnisgruppe alle Betriebe innerhalb oder außerhalb der Kombinate erfaßt, die Produkte einer Bilanzposition der „Erzeugnis- und Leistungsnomenklatur" der DDR (ELN) herstellt. So verteilen sich einige der Erzeugnisgruppen des Industriezweiges Schwarzmetallurgie wie folgt über Betriebe, Kombinate und Ministerien (vgl. Tabelle auf S. 202).
In der Praxis werden jedoch auch andere Kriterien berücksichtigt, wie etwa der Verwendungszweck oder wissenschaftlich-technische Voraussetzungen, so daß auch nach der Vereinheitlichung der industriellen Wirtschaftsverwaltung durch die Kombinatsbildung das Erscheinungsbild der Erzeugnisgruppen nach wie vor sehr vielfältig ist. So ist auch der Übergang zu den vertikal gegliederten Kooperationsgemeinschaften fließend; insbesondere dann, wenn sich innerhalb der Erzeugnisgruppen einzelne Produzenten auf die zentrale Fertigung nur von Teilerzeugnissen spezialisieren.

2. Erzeugnisgruppenverbände und Erzeugnisgruppen im Bauwesen, in denen Kombinate, Betriebe und PGH zusammenarbeiten, die überwiegend territorial (von den Bauämtern der Bezirke und Kreise) geleitet werden. Im Unterschied zu den Industriezweigen hat sich die zentrale zweiggemäße Leitung bisher nur in der Baustoffindustrie durchgesetzt.

3. Erzeugnisgruppenverbände im Verkehrswesen, die, gleich der Regelung im Bauwesen, zentral durch das → **Ministerium für Verkehrswesen** eingesetzt und organisiert werden:
- Erzeugnisgruppenverband Straßenwesen mit 193 Betrieben, Einrichtungen und Instituten im Jahre 1979 (s. Schema auf S. 204),
- Erzeugnisgruppenverband Kraftfahrzeuginstandhaltung, dessen Arbeit zwischen dem Ministerium, den Räten der Bezirke, den → **Handwerkskammern der Bezirke** und den Verkehrskombinaten vereinbart wird,
- Erzeugnisgruppenverband Gleisanlagenbau.

4. Erzeugnisgruppen in der Wohnungswirtschaft, denen die VEB Kommunale Wohnungsverwaltung, die VEB Gebäudewirtschaft, die → **Arbeiterwohnungsbaugenossenschaften (AWG)** sowie Verwalter von privaten Wohnhäusern angehören.

5. Versorgungsgruppen in der örtlichen Versorgungswirtschaft, die Betriebe aller Eigentumsformen einer bestimmten Leistung nach zusammenfassen, z.B. Stadtreinigung, Gemeindebeleuchtung und Friedhofsverwaltung. Ähnlich den Erzeugnisgruppen in der Industrie wurden in der Land- und Nahrungsgüterwirtschaft K.-Verbände für die wichtigsten Erzeugnisse landwirtschaftlicher Produktion gebildet.
Die wichtigsten Aufgaben der Erzeugnisgruppen sind: a) Erarbeitung von Entwürfen für das Produktionsprogramm, b) Entscheidungen zur Spezialisierung und Kombination, c) Leistungsvergleiche und Verallgemeinerungen von Rationalisierungen, d) Bildung von Einrichtungen zur Lösung gemeinsamer Aufgaben (z.B. Einkaufs- und Verkaufsgemeinschaften), e) Koordinierung der vertikalen K.-Beziehungen, f) Vorbereitung von Wettbewerben, g) Leitung und Abstimmung der Forschung und Entwicklung innerhalb der Erzeugnisgruppen, Mitwirkung bei der Bedarfsforschung, Preisgestaltung, Planung und Bilanzierung. Diese Aufgaben werden in der Praxis ganz unterschiedlich intensiv wahrgenommen.
Erzeugnisgruppen sind sowohl Beratungs- wie Arbeitsgremien, wobei in der Vergangenheit gelegentlich Verselbständigungstendenzen der Erzeugnisgruppen gegenüber den VVB auftraten. Von den Kombinaten, Bezirkswirtschaftsräten und Ministerien erhalten sie verbindliche Rahmenarbeitspläne und Einzelanweisungen als Konkretisierungen der Fünfjahr- und Jahrespläne. Zur Durchführung und Organisation der Arbeit werden in der Regel die technisch und ökonomisch qualifiziertesten Betriebe zu **Leitbetrieben** und deren Werkdirektoren zu Leitern der Erzeugnisgruppen bestimmt. Die Leiter der Erzeugnisgruppen werden von den übergeordneten Organen berufen und abberufen und damit in ein besonderes Leitungsverhältnis gestellt. Sie erlangen bestimmte Rechte und Pflichten gegenüber den anderen Mitgliedern der Erzeugnisgruppe.

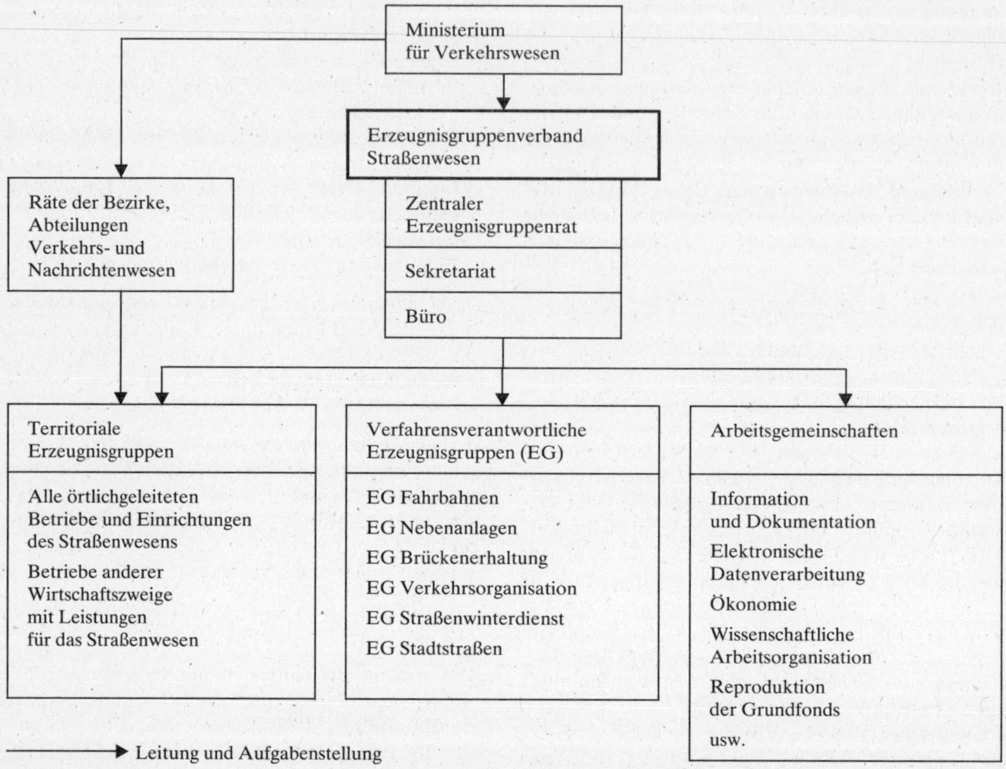

Quelle: G. Kuciak, K.-H. Wilhelm, Erzeugnisgruppen – Aufgaben, Organisation und Arbeitsweise, Berlin (Ost) 1981, S. 49.

Der Leitbetrieb übernimmt die praktische Durchführung der allgemeinen technisch-wirtschaftlichen und organisatorischen Anleitung. Er ist kein rechtlich zu unterscheidendes Leitungsorgan mit genereller Anordnungsbefugnis gegenüber den Betrieben und Genossenschaften der Erzeugnisgruppe.
Die Organisationsstruktur der Erzeugnisgruppen ist nicht einheitlich geregelt. Generell existieren Leitbetriebe, Sekretäre, Erzeugnisgruppenräte als Mitgliedervollversammlungen sowie 6–10 Arbeitsgruppen. Letztere erarbeiten Entwürfe, organisieren und kontrollieren, wobei die Arbeitsgruppen „Wissenschaft und Technik" und „Absatz" hervorzuheben sind. Die Gruppen bilden sich aus Vertretern der Mitglieder. Die Erzeugnisgruppenräte haben gegenüber dem Direktor des Leitbetriebes an Bedeutung verloren. Spezielle Formen der Zusammenarbeit sind gemeinsame Einrichtungen. Die Erzeugnisgruppen haben Kompetenzen vor allem beim Einkauf und Absatz, in der Forschung und Entwicklung sowie bei der Bilanzierung gewonnen. Die Konfliktmöglichkeiten, die sich aus der Überlappung der beiden Leitungsbereiche der entweder branchenmäßig oder territorial zusammengefaßten Betriebe und Genossenschaften für das Verhältnis zwischen Kombinat und BWR ergeben, konnten bisher nicht beseitigt werden. Die Zusammenarbeit von Betrieben in Erzeugnisgruppen wird in Industriezweigen unterschiedlich intensiv betrieben; einige Industriezweige scheuen den zusätzlichen, hohen Leitungsaufwand dieser Organisationsform.

B. Kooperationsverbände (gelegentlich auch K.-Ketten genannt) bezeichnen eine seit Anfang des Jahres 1966 in einigen Industriezweigen eingeführte neue organisatorische Zusammenfassung von Industriebetrieben, die an der Fertigung bestimmter Enderzeugnisse beteiligt sind. K.-Verbände sind vertikale Zusammenfassungen, da sie Betriebe verschiedener Produktionsstufen enthalten. Sie werden gebildet, um den komplexen Produktionsprozeß von den Grund- und Hilfsstoffen über die zahlreichen Zwischenstufen und Zwischenerzeugnisse bis zum Absatz der Enderzeugnisse mit dem Ziel zusammenzufassen, das Zusammenwirken aller Stufen und Beteiligten reibungsloser und damit effektiver zu gestalten. Diese K. wird als „sozialistische Gemeinschaftsarbeit" zwischen Finalproduzenten und wichtigen Zulieferbetrieben bezeichnet.
Durch Arbeitsteilung und Koordination lassen sich

so Konzentrationseffekte erzielen, ohne daß die Betriebe fusionieren müßten. Verbreitet sind K.-Verbände zwischen Endproduzenten und Zulieferbetrieben in Branchen, die strukturpolitisch bedeutsam sind und in denen der Endproduzent das Fertigungsprogramm der Zulieferindustrie stark beeinflußt, z. B. im Großmaschinenbau (→ **Schwermaschinen- und Anlagenbau; Schiffbau**) und in der → **Elektrotechnischen und Elektronischen Industrie**.

Die Zusammenarbeit wird in K.-Verträgen und -Statuten fixiert und von K.-Räten oder Bevollmächtigten-Tagungen in Arbeitspläne umgesetzt. Die Fachdirektorate der beteiligten Betriebe sind in Arbeitsgruppen, die sich mit Fragen der Marktforschung, der Forschung und Entwicklung, der Rationalisierung, der Preisbildung u. a. befassen, vertreten. K.-Verbände sind häufig Vorläufer derjenigen Kombinate, die mit Zulieferern und Absatzorganisationen einen vertikalen Zusammenschluß eingegangen sind, und haben deshalb nach der letzten Kombinatsbildungsphase Ende der 70er Jahre an Bedeutung verloren.

C. Kooperationsgemeinschaften stellen im Gegensatz zu den K.-Verbänden horizontale Zusammenfassungen von Betrieben mit gleichen oder ähnlichen Produktionsprogrammen dar. K.-Gemeinschaften und Erzeugnisgruppen überschneiden sich im Aufbau und Ablauf. Während das Gründungsmotiv der K.-Gemeinschaften vor allem bei der effizienteren Lösung „gemeinschaftlicher Aufgaben" liegt, sind Erzeugnisgruppen primär Bestandteil und Instrument der „zweigmäßigen Leitung" der Industrie, die unnötige Parallelentwicklungen und -produktionen verhindern soll. Die K. erstreckt sich vor allem auf die Abstimmung der Sortimente und auf die Zentralisierung gemeinsamer Aufgaben, z. B. der Forschung, Produktion (Aufbau zentraler Fertigungen), Lagerhaltung, Werbung und Marktforschung. Die beteiligten Betriebe behalten ihre wirtschaftliche und juristische Selbständigkeit; auch die Unterstellungsverhältnisse verändern sich nicht. Innerhalb der K.-Gemeinschaft übernimmt ein größerer VEB bzw. ein größeres Kombinat die Funktion eines **Leitbetriebes** (ohne direkte Weisungsbefugnis). Entscheidungen fällt ein die Mitgliederbetriebe repräsentierender Rat im Rahmen der Planfestlegungen und vertraglichen Verpflichtungen.

Auch die K.-Gemeinschaften haben durch die Kombinatsbildungen 1978–1981 an Bedeutung verloren. Dies gilt weniger für territoriale Gemeinschaften, die sich aus der Nähe der Standorte oder aus der gemeinsamen Nutzung territorialer Ressourcen ergeben. In ihnen schließen sich Betriebe, z. B. des lokalen Transport-, Reparatur- und Energiewesens, des Bildungssystems und des Gesundheitswesens, mit benachbarten Standorten zur gemeinsamen Nutzung von Einrichtungen der Materialbeschaffung sowie der Infrastruktur zusammen.

D. Sozialistische Gemeinschaftsarbeit als eine weitverbreitete Form der Zusammenarbeit zwischen Betrieben wird unter den K.-Partnern mit dem Ziel organisiert, wirtschaftliche und technische Informationen auszutauschen, Arbeitsberatungen durchzuführen und Arbeitsgruppen zu bilden. Darüber hinaus kontrollieren sie die Einhaltung der Verpflichtungen und können gemeinsame Fonds verwalten.

E. Internationale Kooperation erfaßt vor allem sozialistische Länder. Seit Abschluß eines gemeinsamen langfristigen Aktionsprogramms der Mitgliedsländer des → **Rates für Gegenseitige Wirtschaftshilfe (RGW)** im Jahre 1971 („Komplexprogramm") hat die internationale wirtschaftliche und → **Wissenschaftlich-technische Zusammenarbeit** stark an Bedeutung gewonnen. Sie ist Bestandteil der Planabstimmung zwischen den Mitgliedsländern des RGW und soll die Voraussetzungen für die rationelle Auslastung bestehender Produktionskapazitäten und den Ausbau einer Massen- und Großserienfertigung schaffen. Ohne Bedeutung ist bisher die internationale K. mit „kapitalistischen" Ländern. → **Binnenhandel; Landwirtschaftliche Betriebsformen; Organisationswissenschaft; Wirtschaftsrecht.**

Ralf Rytlewski

Literaturangaben

Arnold, H., H. Borchert u. J. Schmidt: Der Produktionsprozeß im Industriebetrieb. 4., erw. Aufl. Berlin (Ost): Die Wirtschaft 1975.

Sozialistische **Betriebswirtschaft**. Autorenkoll. u. Ltg. v. D. Graichen. Lehrbuch. Berlin (Ost): Die Wirtschaft 1975.

Bruder, H., W. Kunz u. S. Leidreiter: Internationale ökonomische Organisationen der RGW-Länder. Berlin (Ost): Dietz 1980.

Ellinger, J., u. W. Scholz: Sozialistische Demokratie im Industriebetrieb. Bedingungen, Methoden, Erfahrungen. Berlin (Ost): Staatsverl. d. DDR 1972.

Fiedler, H.: 30 Jahre volkseigene Betriebe. Dokumente und Materialien zum 30. Jahrestag des Volksentscheids in Sachsen. Berlin (Ost): Dietz 1976.

Graichen, D., u. L. Rouscik: Zur sozialistischen Wirtschaftsorganisation. Aufgaben, Probleme, Lösungen. Berlin (Ost): Die Wirtschaft 1971.

Grundfragen der sozialistischen Wirtschaftsführung. Autorenkoll. u. Ltg. v. G. Friedrich (u. a.). Berlin (Ost): Dietz 1979.

Kaderarbeit in Kombinaten und Betrieben. Autorenkoll. u. Ltg. v. H. Edlich. Berlin (Ost): Dietz 1983.

Kuciak, G., u. K.-H. Wilhelm: Erzeugnisgruppen. Aufgaben, Organisation, Arbeitsweise. Berlin (Ost): Die Wirtschaft 1981.

Kunze, J.: Betriebsklima. Eine soziologische Studie zum System der sozialen Beziehungen im sozialistischen Industriebetrieb. Berlin (Ost): Tribüne 1969.

Ladensack, K.: Arbeits- und Lebensweise der Leiter. Berlin (Ost): Die Wirtschaft 1981.

Ladensack, K., u. A. Weidemeier: Leitungsentscheidungen – soziale Prozesse im Betrieb. Berlin (Ost): Die Wirtschaft 1977.

Lange, A., E. Handt u. H. Thomas: Das Produktionskomitee. Aufgaben und Arbeitsweise. Berlin (Ost): Die Wirtschaft 1967.

Leiter, Kollektiv, Persönlichkeit. Handbuch für die sozialistische Leitungstätigkeit. Autorenkoll. u. Ltg. v. K. Ladensack. 5., wesentl. überarb. Aufl. Berlin (Ost): Die Wirtschaft 1982.

Leitung der sozialistischen Wirtschaft. Einführung. Hrsgg. v. e. Autorenkoll. u. Ltg. v. G. Wittich. Berlin (Ost): Die Wirtschaft 1976.

Liehmann, P., M. Puschmann u. G. Söder: Leiter und Kollektiv in der sozialistischen Wirtschaft. Berlin (Ost): Dietz 1968.

Nick, H.: Gesellschaft und Betrieb im Sozialismus. Berlin (Ost): Die Wirtschaft 1970.

Rost, R., S. Petzold u. G. Schüßler: Zur Leitung des volkseigenen Produktionsbetriebes. Berlin (Ost): Staatsverl. d. DDR 1967.

Rouscik, L., L. u. R. Steinert: Kooperation zwischen Betrieben und Kombinaten. Berlin (Ost): Die Wirtschaft 1981.

Schindler, J., G. Schmunk u. G. Winkler: Arbeits- und Lebensbedingungen der Werktätigen. Berlin (Ost): Tribüne 1978.

Stollberg, R.: Arbeitssoziologie. Berlin (Ost): Die Wirtschaft 1978.

Theel, J.: Technische Revolution und Erzeugnisgruppenarbeit. Berlin (Ost): Dietz 1965.

Weidauer, R., u. M. Wetzel: Sozialistische Leitung im Betrieb und Kombinat. Berlin (Ost): Die Wirtschaft 1972.

Betriebsgeschichte: Zweig der Wirtschaftsgeschichte, der sich in Forschung, Darstellung und propagandistisch-agitatorischer Auswertung der Forschungsergebnisse mit der ökonomischen, technischen, politischen, sozialen und kulturellen Entwicklung der Betriebe in allen Wirtschaftsbereichen und der in ihnen tätigen Menschen und Organisationen beschäftigt. Dabei werden sowohl die sich verändernde Stellung des Betriebes im Territorium, im Industriezweig bzw. in der gesamten Volkswirtschaft in Verbindung mit der allgemeinen politischen Geschichte als vor allem auch die sich aus der **Geschichte der deutschen → Arbeiterbewegung** ergebenden Aspekte in die Untersuchung einbezogen. Die B. beruft sich in Abgrenzung von der westlichen Firmengeschichtsschreibung auf Maxim Gorki, dessen Forderung nach einer Geschichtsschreibung über sowjetische Betriebe 1931 zu einem entsprechenden Beschluß des ZK der KPdSU geführt hatte.

Die propagandistisch-agitatorischen Aufgaben der B. sind: 1. Förderung und Entwicklung eines sozialistischen Geschichtsbewußtseins; 2. Festigung der Betriebsverbundenheit und Verbesserung des Betriebsklimas, um zur Bildung von Stammbelegschaften beizutragen. Sie werden wesentlich von ehrenamtlichen Kommissionen für B. wahrgenommen, die Gremien der Betriebsparteileitungen (BPL) sind. Die BPL bestätigen die Mitglieder (langjährige Belegschaftsangehörige, Vertreter der → **Massenorganisationen** im Betrieb und der Werkleitung, Wirtschaftshistoriker, Geschichtslehrer, Betriebsarchivare) und die Arbeitspläne der Kommissionen für B. Besonders eng ist die Zusammenarbeit mit den Kommissionen zur Erforschung der Geschichte der örtlichen Arbeiterbewegung bei den Bezirks- und Kreisleitungen der SED. Für die inhaltliche Leitung und die Koordinierung der Arbeiten zur B. auf zentraler Ebene ist die Abteilung „Geschichte der örtlichen Arbeiterbewegung und B." des → **Instituts für Marxismus-Leninismus beim ZK der SED (IML)** verantwortlich, bei dem als konsultatives Gremium ein „Problemrat" für B. (Vors.: Dr. Heinz Moritz, zugleich Leiter der entsprechenden Abt. des IML) eingerichtet wurde. Das IML veröffentlicht Analysen und Direktiven zur B. in den Zeitschriften „Neuer Weg" und „Beiträge zur Geschichte der Arbeiterbewegung".

Inhalte, Ziele und Organisationsformen der B. sind in einem Beschluß des Sekretariats des ZK der SED vom 7. 6. 1977: Richtlinien zur Erforschung und zur Propagierung der B. (Neuer Weg, 14/1977, S. 647ff.) festgelegt. Darin wird eine Konzentration der B. auf die Geschichte nach 1945, insbes. aber auf die Entwicklungen seit dem VIII. Parteitag der SED (1971), eine deutliche Hervorhebung der Rolle der Partei sowie das Herausstellen der politischen und ökonomischen Beziehungen zur UdSSR und anderen RGW-Staaten gefordert. Neben Einzelveröffentlichungen soll die B. in den Betriebszeitungen berücksichtigt sowie zur Einrichtung von Traditionskabinetten, Betriebsmuseen (1981: über 800), Ausstellungen usw. genutzt werden.

B. als Wissenschaftsdisziplin leistet einen Beitrag zur Wirtschaftsgeschichtsschreibung. Die Analyse bestimmter betrieblicher Probleme und Erfahrungen (Anwendung bestimmter Lohnsysteme, Wettbewerbsformen, Produktionsverfahren, Leitungsformen usw.) soll darüber hinaus der unmittelbaren Verbesserung der Leitungstätigkeit und der Förderung der Forschungsarbeit in den wirtschaftswissenschaftlichen Einzeldisziplinen dienen. Für diesen Aufgabenbereich besteht die Fachkommission B. der → **Historiker-Gesellschaft der DDR**, die mehrtägige Jahrestagungen veranstaltet und mit dem IML zusammenarbeitet. Sie wurde 1973 gegründet; Vorsitzender ist Prof. Dr. Hans Radandt (SED).

Das vom Institut für Wirtschaftsgeschichte der → **Akademie der Wissenschaften der DDR (AdW)** herausgegebene „Jahrbuch für Wirtschaftsgeschichte" veröffentlicht neben jährlichen Bibliographien methodische und theoretisch-methodologische Grundsatzartikel zur B. sowie Ergebnisse der B.

Obwohl die häufig noch diskontinuierliche Tätigkeit der B.-Kommissionen (1981: über 1600) kritisiert und der unwissenschaftliche Festschrift-Charakter mancher Publikationen bemängelt werden, ist doch eine große Zahl wissenschaftlich interessanter Studien entstanden, die u. a. im Tribüne-Verlag des → **Freien Deutschen Gewerkschaftsbundes (FDGB)** veröffentlicht wurden. Insgesamt sind seit 1945 in der SBZ/DDR fast 2000 selbständige betriebsgeschichtliche Veröffentlichungen erschienen, darunter eine größere Zahl von Dissertationen und Habilitationsschriften.

Betriebsgewerkschaftsorganisation (BGO): Gewerkschaftliche Grundorganisation (GO), die in allen Betrieben und Institutionen, in denen wenigstens 10 Mitglieder des → **Freien Deutschen Gewerkschaftsbundes (FDGB)** beschäftigt sind, gebildet wird. (Die Gewerkschaftsmitglieder an allgemeinbildenden Schulen werden in **Schulgewerkschaftsorganisationen** [SGO] mit eigener Schulgewerkschaftsleitung [SGL], Gewerkschaftsmitglieder, die in Kleinbetrieben ohne eigene BGO arbeiten, in Ortsgewerkschaftsorganisationen [OGO] mit eigener Ortsgewerkschaftsleitung [OGL] zusammengefaßt. Aufbau, Leitung und Aufgaben entsprechen denen der BGO.)

1. Organisation der BGO. Die BGO untergliedert sich in Anlehnung an die Betriebsstruktur (→ **Produktionsprinzip**) nach Brigaden, Schichten, Meisterbereichen, Produktions- bzw. Verwaltungsabschnitten usw. in Gewerkschaftsgruppen.

An der Spitze der BGO steht die Betriebsgewerkschaftsleitung (BGL). Sie wird alle 2½ Jahre (d. h. zweimal in einem Fünfjahrplan-Zeitraum) von der Mitgliederversammlung, in Großbetrieben von der Vertrauensleutevollversammlung, direkt und geheim gewählt. Zahlenmäßige Größe (3–25 Mitglieder) und Wahlmodus werden in den jeweils vor den Wahlen veröffentlichten Wahlordnungen des FDGB-Bundesvorstandes festgelegt. Die sozialstrukturelle Zusammensetzung der BGL (Frauen-, Produktionsarbeiteranteil) soll möglichst der des Betriebes entsprechen. Die Zahl der für die Leitungsarbeit freigestellten BGL-Mitarbeiter ist gleichfalls von der Größe des Betriebes abhängig; überwiegend ist Gewerkschaftsarbeit jedoch ehrenamtlich; selbst in Großbetrieben sind außer dem BGL-Vorsitzenden nur wenige BGL-Mitglieder für ihre Leitungstätigkeit von ihrer Arbeit freigestellt.

In Betrieben mit mehr als 300 Gewerkschaftsmitgliedern werden als mittlere Leitungsebene in den einzelnen Betriebsabteilungen **Abteilungsgewerkschaftsleitungen** (AGL: 5–13 Mitglieder) gewählt. Die AGL organisieren in ihrem Bereich die Gewerkschaftsarbeit, sichern die Durchführung der Beschlüsse der BGL und halten die Mitgliederversammlung ab.

Die Kandidatenaufstellung für die Wahl zu den AGL und der BGL sowie für die Wahl zu den Kreisdelegiertenkonferenzen erfolgt auf Mitglieder- bzw. Vertrauensleutevollversammlungen. Die Kandidatenauswahl wird zwischen amtierender BGL und Betriebsparteileitung (BPL), der der BGL-Vorsitzende in aller Regel angehört, sowie mit den übergeordneten Gewerkschafts- und Parteileitungen vorher abgesprochen. Vorgeschlagene Kandidaten können von der Mitglieder- bzw. Vertrauensleutevollversammlung in offener Abstimmung mit Stimmenmehrheit abgelehnt werden; über die Reihenfolge der Kandidaten und den Abschluß der Kandidatenliste wird ebenfalls offen abgestimmt. Die Wahl erfolgt geheim, Streichungen und Hinzufügungen können vorgenommen werden. Gewählt sind die Kandidaten (in der festgelegten Reihenfolge des Wahlvorschlages), die mehr als 50 v. H. der Stimmen erhalten haben.

Die BGL bildet **Kommissionen** (K.), in denen jeweils ein BGL-Mitglied den Vorsitz führt und deren Angehörige von der Leitung berufen werden: K. Arbeit und Löhne; K. → **Agitation und Propaganda**; Arbeitsschutz-K.; Feriendienst-K. (→ **Feriendienst des FDGB**); Finanz-K.; → **Frauen-K.**; Jugend.-K.; Küchen-K.; K. Kultur und Bildung (→ **Kulturarbeit des FDGB**); Kur-K. (→ **Kuren der Sozialversicherung**); Neuereraktiv (→ **Sozialistischer Wettbewerb**); Rechts-K.; K. für sozialistische Erziehung der Kinder (→ **Patenschaften; Polytechnische Bildung und polytechnischer Unterricht**); K. → **Sozialpolitik**; Rat für Sozialversicherung (→ **Sozialversicherungs- und Versorgungswesen**); Wohnungs-K. (→ **Arbeiterwohnungsbaugenossenschaften [AWG]; Bau- und Wohnungswesen**). Je nach Größe des Betriebes und nach den aktuell von der BGL zu behandelnden Problemen können weitere K. oder zeitweilige Arbeitsgruppen eingerichtet, in kleineren Betrieben verschiedene K. auch zu einer einzigen zusammengefaßt bzw. kann auf die Bildung von K. überhaupt verzichtet werden. Die AGL sind aufgefordert, für ihren Bereich ebenfalls K. zu bilden, doch ist die Zahl der AGL relativ gering (ca. 22000), und es gibt Schwierigkeiten, auf der Abteilungsebene genügend Mitglieder zu aktivieren, über eine Wahlperiode hinweg als Funktionäre aktiv zu bleiben.

Die K. sind „Hilfsorgane" der Leitungen und sollen diese bei der Vorbereitung, Durchführung und Kontrolle des Arbeitsplanes der BGL unterstützen. Neuere Untersuchungen zeigen, daß etwa 25 v. H. der K.-Mitglieder dauerhaft in die Tätigkeit der BGL einbezogen sind.

Unter den K. kommt der K. *Arbeit und Löhne* besondere Bedeutung zu. Seit die Zahl der **Ständigen** → **Produktionsberatungen** stark zurückgegangen ist und es eine eigene K. für den → **Sozialistischen Wettbewerb** nicht mehr gibt, ist sie die einzige K., die sich mit ökonomischen Fragen (Plandiskussion, Plandurchführung, Organisation des Wettbewerbs, Anwendung der Methoden der **wissenschaftlichen** → **Arbeitsorganisation [WAO]**, Fragen der Einführung neuer Arbeitsverfahren sowie der → **Intensivierung und Rationalisierung**) befaßt. Ihr zweiter Aufgabenbereich liegt in der Durchsetzung einer leistungsorientierten Lohnpolitik (→ **Lohnformen und Lohnsystem; Materielle Interessiertheit**). Sie ist dabei an die Bestimmungen des → **Rahmenkollektivvertrages (RKV)** und rechtlicher Vorschriften gebunden, kann aber bei der Ausarbeitung

der Kriterien für die Vergabe der Prämien, wie sie in den → **Betriebskollektivvertrag (BKV)** Eingang finden, die Entscheidung der BGL vorbereiten.
Von den K. der BGL sind sowohl die *Konflikt-K.* als auch die *Revisions-K.* zu unterscheiden. Die Konflikt-K. sind Teil des Systems der Rechtsprechung. Die BGL sind aber an der Auswahl der Kandidaten beteiligt, führen deren Wahl in Mitglieder- bzw. Vertrauensleutevollversammlungen durch, werten die Beschlüsse der Konflikt-K. in der Gewerkschaftsarbeit aus und organisieren in der Zusammenarbeit mit der Rechts-K. des Kreisvorstandes des FDGB deren rechtliche Aus- und Weiterbildung. Hierbei und bei der Rechtsberatung der Gewerkschaftsmitglieder stützen sich die BGL auf ihre Rechts-K. (→ **Gesellschaftliche Gerichte**). – Die Revisions-K. sind Kontrollorgane innerhalb der Gewerkschaftsorganisation. Sie werden parallel mit den BGL gewählt. Ihnen obliegt die Kontrolle des Finanzgebarens und der satzungsgemäßen Arbeit der Leitung.
Es entspricht der Intention, möglichst viele Mitglieder aktiv in die Gewerkschaftsarbeit einzubeziehen, um einen ständigen Prozeß der Selbsterziehung in Gang zu setzen, daß bereits in der *Gewerkschaftsgruppe* (G.) mehrere Wahlfunktionen zu besetzen sind. Die G. soll etwa 10–30 Mitglieder haben. Sie wird vom **Vertrauensmann** (zugleich Kassierer) geleitet. Sein Stellvertreter ist der **Kulturobmann**. Weitere Funktionäre der G. sind der Arbeitsschutzobmann, der **Bevollmächtigte für Sozialversicherung** und der Sportorganisator. Die Wahl aller G.-Funktionäre erfolgt grundsätzlich in offener Abstimmung. Die G. soll monatlich und zu besonderen Anlässen (Plandiskussion, Übernahme von Wettbewerbsverpflichtungen usw.) zu Versammlungen außerhalb der Arbeitszeit zusammenkommen. Ihre Tätigkeit wird inhaltlich durch die Beschlüsse der BGL und AGL bestimmt, die wesentlich durch die Arbeit in den G. verwirklicht werden müssen und auf die die G. ihrerseits durch Kritik, Information und Vorschläge Einfluß nehmen. – Bis zu den FDGB-Wahlen 1976/77 gab es in den G., denen mehr als drei Jugendliche angehörten, einen Jugendvertrauensmann. An dessen Stelle ist seitdem – in Betrieben mit mehr als 30 jugendlichen Beschäftigten – die Jugend-K. getreten.
Auf Mitglieder- bzw. Vertrauensleutevollversammlungen wird für jeweils 30–50 Mitglieder ein **Arbeiterkontrolleur** gewählt. Diese kontrollieren auf der Grundlage eines von der BGL beschlossenen Arbeitsplanes innerhalb der Betriebe und Kombinate die Erfüllung der planmäßigen Maßnahmen zur Verbesserung der Arbeits- und Lebensbedingungen und sollen weiterhin Material- und Leistungsreserven aufdecken. Im Territorium werden u. a. Handels- und Versorgungseinrichtungen auf Einhaltung der Preisvorschriften und einwandfreie Arbeitsweise sowie die Wohnungsämter auf die korrekte Vergabe von Wohnungen entsprechend den gesetzlichen Bestimmungen überprüft. Die Arbeiterkontrolleure arbeiten eng mit der → **Arbeiter-und-Bauern-Inspektion (ABI)** und mit den FDJ-Kontrollposten (→ **Freie Deutsche Jugend [FDJ]**) zusammen. Vielfach werden den Arbeiterkontrolleuren ihre Aufgaben zentral vom Bundesvorstand bzw. regional von den Bezirksvorständen des FDGB vorgegeben. In den Jahren 1977–1981 gab es 24 zentrale und 159 bezirkliche gewerkschaftliche Kontrollen; ferner waren die Arbeiterkontrolleure an 53 zentralen Kontrollen des Komitees der ABI, an 259 Kontrollen, die die Bezirkskomitees der ABI organisieren, sowie an 33 zentralen Preiskontrollen, für die die Organe des → **Amtes für Preise** beim Ministerrat, das → **Ministerium für Handel und Versorgung** sowie der FDGB gemeinsam verantwortlich zeichneten, beteiligt. – Im Unterschied zu allen anderen betrieblichen Gewerkschaftsfunktionären werden die Arbeiterkontrolleure auf 5 Jahre gewählt, da die ihnen zugewiesenen Kontrollfunktionen gegenüber den Werkleitungen bzw. im betrieblichen und örtlichen Versorgungsbereich eine erst in längerer Tätigkeit zu erwerbende Kenntnis von rechtlichen Regelungen, Institutionen und Personen voraussetzen. Bei den staatlichen Organen, Banken, Sparkassen, Versicherungen sowie in den Bereichen Unterricht, Erziehung und Kunst werden keine Arbeiterkontrolleure gewählt.
In den 70er Jahren wurde die Gewerkschaftsarbeit unter denjenigen FDGB-Mitgliedern, die das Rentenalter erreicht hatten, verstärkt und hierfür auch eine neue organisatorische Form, die *Veteranen-AGL* geschaffen; diese AGL haben faktisch den organisatorischen Status einer K. der BGL. Ziel dieser Einrichtungen ist es, den Rentnern zu ermöglichen, den Kontakt zu ihrer früheren Arbeitsstätte und dem dortigen Kollegenkreis aufrechtzuerhalten sowie die betrieblichen Kultur-, Gesundheits- und Sozialeinrichtungen weiter zu nutzen (z.B. nehmen über 200000 Rentner an verbilligten Kantinenessen in ihren ehemaligen Betrieben teil). Allerdings sind es vor allem Großbetriebe, in denen diese AGL bestehen und in denen entsprechende Aufgaben im Rahmen der → **Altenpolitik** übernommen werden können. Die 1982 bestehenden 3815 Veteranen-AGL mit 29650 Mitgliedern erfaßten insges. 566716 **Arbeiterveteranen**.
Als Ergebnis der Gewerkschaftswahlen in Vorbereitung des X. FDGB-Kongresses (1982) wurden folgende Zahlen über die GO veröffentlicht: es bestanden 46744 GO, in denen 2319543 Mitgl. (darunter 1179569 = 50,9 v.H. Frauen) Funktionen übernommen hatten (Gesamtmitgliedschaft des FDGB zum gleichen Zeitpunkt: 9,1 Mill., darunter 52 v.H. Frauen). Den BGL, OGL und SGL gehörten 370273 Mitgl. an. In den Kommissionen dieser Leitungen waren 591982 Mitgl. tätig (darunter 77580 Frauen in 9736 Frauen-K., 73973 Mitgl. in Neuereraktivs, 30754 in Jugend-K., 76707 in Arbeitsschutz-K., 69591 in Feriendienst-K.). Ferner wird für diesen Zeitpunkt von rd. 4000 Rechts-K. und 12436 Räten für Sozialversicherung sowie von 39748 Revisions-K. berichtet. – Auf der mittleren Leitungsebene des Betriebes zählten die AGL 174058 Mitgl.
Besonders groß ist die Zahl der ehrenamtlichen Funktionäre in den 315553 Gewerkschaftsgruppen; sie betrug 1982 1445042 (darunter: 315553 Vertrauensleute, 301231 Kulturobleute, 299642 Bevollmächtigte für Sozialversicherung, 282575 Arbeitsschutzobleute, 246041

Sportorganisatoren). Weiter wurden 1982 94113 Arbeiterkontrolleure gewählt.
Diese Zahlen zeigen den hohen Mobilisierungs- und Integrationseffekt, den der FDGB als wichtigste und größte → **Massenorganisation** der DDR an der Basis seiner Organisation zu erreichen vermag. Allerdings ist bei der Bewertung dieser Angaben zu berücksichtigen, daß die einzelnen Gewählten häufig mehrere Funktionen gleichzeitig ausfüllen. BGL- und AGL-Mitglieder sind ebenso wie die Funktionäre der G. zugleich in den K. tätig. Außerdem sagt die Wahl in eine Funktion noch nichts darüber aus, ob bzw. mit welcher Intensität diese tatsächlich ausgeübt wird.
Die Tätigkeiten der BGO werden vor allem aus den Mitgliedsbeiträgen finanziert, von denen in den Jahren 1977–1981 durchschnittlich 45,7 v.H. in den Betrieben verblieben. Für bestimmte betriebliche, soziale und kulturelle Aufgaben stehen darüber hinaus Mittel aus den → **Kultur- und Sozialfonds** sowie dem → **Leistungsfonds** zur Verfügung. – Durch den Beschluß des Bundesvorstandes des FDGB vom 12. 12. 1975 wurde den BGL und OGL die Rechtsfähigkeit zuerkannt. Die Rechtsvertretung liegt bei dem BGL-Vorsitzenden, im Falle seiner Verhinderung bei dem Stellvertreter. Den SGL wurde lediglich das Recht zuerkannt, Bankkonten zu führen; sie können aber keine Verträge schließen, klagen oder verklagt werden.
2. Aufgaben der BGO. Inhalt und Möglichkeiten der Arbeit der BGO bzw. der BGL werden bestimmt durch die feste Einbindung in den durch den → **Demokratischen Zentralismus** bestimmten Organisationszusammenhang des FDGB, dem Primat der → **Sozialistischen Einheitspartei Deutschlands (SED)** und die (durch das Prinzip der → **Einzelleitung**, zentral vorgegebene bzw. entschiedene Produktionspläne, gesetzlich vorgeschriebene Formen der Verwendung der betrieblichen Fonds bestimmte) Struktur und Funktionsweise des Betriebes. Die Tätigkeit der BGL richtet sich sowohl auf die optimale Erfüllung der wirtschaftlichen Aufgaben, die Einhaltung und Durchführung der staatlichen, gewerkschaftlichen und Parteibeschlüsse als auch innerhalb dieses Rahmens auf die Vertretung der unmittelbaren Interessen der Gewerkschaftsmitglieder. Zwar spricht das Arbeitsgesetzbuch der DDR (AGB; → **Arbeitsrecht**) der BGO und ihren Organen ausdrücklich die Aufgabe zu, „die Interessen der Werktätigen im Betrieb" zu vertreten, die Parteibeschlüsse, Planauflagen, rechtlichen Normen usw. gelten jedoch im marxistisch-leninistischen Verständnis als grundsätzlich nicht in Frage zu stellender Ausdruck des gesamtgesellschaftlichen Interesses und beanspruchen von daher Vorrang vor den Interessen einzelner oder sozialer Gruppen (→ **Interessen/Interessenübereinstimmung**). Insoweit sind in der Alltagsarbeit einer BGL die durchaus einander widersprechenden Interessen der einzelnen Mitglieder bzw. bestimmter Beschäftigtengruppen mit dem postulierten Gesamtinteresse in den politischen, ökonomischen und arbeits- bzw. sozialrechtlichen Vorgaben immer erneut erst in Übereinstimmung zu bringen.
Die im AGB vorgesehenen → **Mitbestimmungs-, Mitgestaltungs- (und) Mitwirkungsrechte** der Werktätigen sind an die Tätigkeit der BGO gebunden. Danach soll die BGL mit Hilfe der differenzierten Organisationsstruktur der BGO die Betriebsangehörigen in den **Plandiskussionen** mobilisieren, deren Initiative wecken und eine Optimierung der Planaufgaben erreichen. Im Ergebnis erarbeitet die BGL eine eigene Stellungnahme zum Betriebsplanentwurf und vertritt diesen gegenüber dem Kombinatsdirektor. Auf der Basis des Betriebsplanes schließt sie jährlich den → **Betriebskollektivvertrag (BKV)** (einschl. Jugend- und Frauenförderungsplan sowie Planteil Förderung der Arbeits- und Lebensbedingungen) mit der Werkleitung ab und vereinbart Arbeitsschutz- und Prämienordnungen. Der BKV und andere Vereinbarungen werden zuvor der Mitgliederversammlung, in Großbetrieben der Vertrauensleutevollversammlung unterbreitet. Diesen Gremien gegenüber legt die BGL vierteljährlich einen Rechenschaftsbericht ab. Auf der Grundlage des Betriebsplanes und zu seiner Erfüllung organisiert die BGL auf der Basis einer von der Werkleitung ausgearbeiteten Wettbewerbskonzeption den → **Sozialistischen Wettbewerb** und unterstützt die Neuererbewegung. Es gehört zu den Aufgaben der BGL, sich gegenüber der Werkleitung und zugleich gegenüber den Gewerkschaftsmitgliedern für die Ausarbeitung und Einhaltung der Arbeitsnormen (→ **Arbeitsklassifizierung; Arbeitsnormung**) und der Lohn- und Prämiensysteme einzusetzen; diese beruhen auf den → **Rahmenkollektivverträgen (RKV)** und anderen gesetzlichen Vorgaben und sollen leistungsstimulierend wirken (→ **Lohnformen und Lohnsystem; Materielle Interessiertheit**). Abschluß, Änderung, Auflösung und Kündigung von Arbeitsverträgen bedürfen der Mitwirkung bzw. der Mitbestimmung der BGL. Die BGL gewährt Rechtsschutz, erzieht aber zugleich ihre Mitglieder zur Arbeitsmoral und -disziplin sowie zur Erfüllung ihrer anderen arbeitsrechtlichen Verpflichtungen. Weitgehende Mitgestaltungsrechte hat die BGL im Rahmen der den Betrieben zur Verfügung stehenden Fonds in der betrieblichen Sozialpolitik. Arbeits- und Gesundheitsschutz, Qualifizierung und Weiterbildung der Werktätigen, kulturelle Betreuung, Versorgung mit Dienstleistungen, Konsumgütern und Wohnraum (→ **Arbeiterwohnungsbaugenossenschaften [AWG]**) werden von der BGL wesentlich mit bestimmt. Durch eine enge Zusammenarbeit mit den örtlichen Staatsorganen, insbesondere mit den Vertretern des FDGB in den → **Volksvertretungen**, greift die Arbeit der BGL in die Wohngebiete über. Zunehmend übernehmen die Betriebe dort Aufgaben in der politischen, sozialen und kulturellen Betreuung der Bevölkerung.
Durch die von der BGL organisierte Form der Massenschulung, die → **Schulen der sozialistischen Arbeit**, durch Wochenendkurse sowie durch die Delegation zu Lehrgängen an Gewerkschaftsschulen unterstützen die BGO die Herausbildung eines **sozialistischen → Staatsbewußtseins** bei ihren Mitgliedern und tragen zur Heranbildung neuer Kader bei (→ **Kaderpolitik**). In jüngerer Zeit gibt es Bemühungen, die BGO direkt in die → **Wehrerziehung** einzubeziehen.

Die auf und nach dem VIII. Parteitag der SED zu beobachtende Betonung der Rolle des FDGB als → **Massenorganisation** der gesellschaftspolitisch entscheidenden Klasse hat auch zu einer Stärkung der Stellung der BGO, insbesondere der BGL, geführt. Das am 1. 1. 1978 in Kraft getretene AGB hat diese bis dahin eingetretenen Veränderungen zusammengefaßt und in einzelnen Punkten weitergeführt. Der BGL-Vorsitzende hat nunmehr – wie der Parteisekretär (→ **Grundorganisationen der SED**) – das Recht, an den Arbeitssitzungen der Betriebsleitung teilzunehmen und in die Betriebsunterlagen, einschließlich der Personalakten, Einsicht zu nehmen; dieses Recht ist allerdings an seine Person gebunden und kann nicht auf ein anderes Mitglied der BGL übertragen werden. Soweit Entscheidungen des Betriebsleiters zustimmungspflichtig sind (z. B. bei der Änderung oder Auflösung bestehender Arbeitsverhältnisse), erhalten diese erst dann Rechtskraft, wenn die BGL eine entsprechende Entscheidung herbeigeführt hat. Das – bereits zuvor vorhandene – Recht der BGL zur Beschwerde über Betriebsleiter bei deren übergeordneten Wirtschaftsleitungen wurde deutlicher gefaßt; Fälle, in denen eine BGL davon Gebrauch gemacht hat, sind bisher allerdings nicht bekannt geworden. Das Prinzip der Einzelleitung gilt zwar weiterhin uneingeschränkt, jedoch hat die BGL gegenwärtig neben der BPL der SED und der Werkleitung eine rechtlich gestärkte Position und kann in den mannigfachen betrieblichen Entscheidungsprozessen nicht mehr übergangen werden. Die Frage, inwieweit diese Stärkung der BGL auch zu einer positiven Haltung der Mitglieder zum FDGB als ihrer Interessenvertretung geführt hat, ist kaum schlüssig zu beantworten. Unverkennbar ist jedoch bei den Werktätigen die Bereitschaft gewachsen, von den Rechten, die ihnen das AGB und die Satzung des FDGB einräumen, Gebrauch zu machen.

3. Einbettung der BGO in überbetriebliche Organisationszusammenhänge. Die BGO werden von den jeweiligen Kreisvorständen (KV) der für sie zuständigen Einzelgewerkschaften (IG/Gew.) in allen zweigspezifischen Fragen angeleitet. Daneben gibt es Aufgaben, für die die KV des FDGB – die die Arbeit der KV der IG/Gew. in ihrem territorialen Bereich koordinieren und in allgemeinen gewerkschaftspolitischen Fragen anleiten – von vornherein zuständig sind; dazu gehören der Feriendienst und die Sozialversicherung.

Die *Kombinatsbildung* (→ **Betriebsformen und Kooperation**) hat wesentliche *Auswirkungen auf die Funktionsweise der BGO* gehabt, die bis heute noch nicht endgültig organisatorisch gelöst sein dürften. Die Bestimmungen des AGB sind grundsätzlich an den Betrieb, nicht aber an Betriebszusammenschlüsse, Kombinate, gerichtet. So werden z. B. Arbeitsverträge mit dem Betrieb abgeschlossen, geändert und aufgelöst. Andererseits hat der Kombinatsdirektor für einen optimalen Einsatz der in den Kombinatsbetrieben Tätigen zu sorgen, soll für das gesamte Kombinat eine einheitliche Wettbewerbskonzeption ausarbeiten und durchsetzen usw. Die sich damit stellenden Fragen wurden zusätzlich dadurch kompliziert, daß in vielen Fällen Betriebe zu einem Kombinat zusammengefaßt wurden, die in den Organisationsbereich unterschiedlicher IG/Gew. gehören und in denen dementsprechend unterschiedliche Rahmenkollektivverträge gelten. Bemühungen, die gewerkschaftliche Zuordnung der Kombinatsbetriebe zu vereinheitlichen, sind aufgegeben worden, weil sie offensichtlich nicht „kostenneutral" zu verwirklichen waren und zudem auch die Interessen der Einzelgewerkschaften berührt wurden. Ebenso sind Überlegungen, den Kombinatsdirektor anstelle der Betriebsleiter in die arbeitsvertraglichen Beziehungen einzusetzen, fallen gelassen worden. Nicht zuletzt die räumliche und sachliche Distanz der Kombinatsebene zum Arbeitsplatz verboten ein solches Vorgehen. Trotzdem ist ein Verlust an Entscheidungsspielraum auf der Ebene des Betriebes zu beobachten, der auch die Möglichkeiten der BGL eingeschränkt hat.

Als gewerkschaftliche Mitwirkungsgremien auf der Ebene des Kombinats wurden zwei Einrichtungen geschaffen: a) das *Kollektiv der BGL-Vorsitzenden,* b) das **Gewerkschaftsaktiv**. Dem Kollektiv der BGL-Vorsitzenden gehören die Vorsitzenden aus den wichtigsten Kombinatsbetrieben an. Über die Zusammensetzung entscheiden je nach Struktur und Größe des Kombinats die zuständigen Zentralvorstände der IG/Gew. und der FDGB-Vorstand des Bezirkes, in dem die Kombinatsleitung ihren Sitz hat. Aufgabe dieses Gremiums ist die Koordinierung der laufenden Gewerkschaftsarbeit im Kombinat; es dient im übrigen der Beratung gemeinsamer Aufgaben sowie dem Erfahrungsaustausch.

Das Gewerkschaftsaktiv ist ein zahlenmäßig größeres Gremium, das sich aus den BGL-Vorsitzenden, aber auch aus anderen aktiven Gewerkschaftsfunktionären des Kombinats zusammensetzt. Es tagt in größeren zeitlichen Abständen als das Kollektiv der BGL-Vorsitzenden, das sich vor allem mit aktuellen Fragen befaßt. Demgegenüber soll das Gewerkschaftsaktiv die „grundlegenden Aufgaben der Gewerkschaftsarbeit beraten und beschließen". Es hat ferner eine Kontrollfunktion gegenüber der Arbeit der einzelnen BGL. Der Generaldirektor des Kombinats gibt seinen Rechenschaftsbericht gegenüber dem Gewerkschaftsaktiv ab. (Das Gewerkschaftsaktiv des Kombinats ist nicht zu verwechseln mit dem sonst üblichen Ausdruck „Gewerkschaftsaktiv", in dem territorial oder innerhalb eines Betriebes alle aktiven Gewerkschaften zusammengefaßt sind und das Aufgaben wahrnimmt, die im Rahmen des FDGB dem des → **Parteiaktivs** der SED vergleichbar sind.)

Betriebskollektivvertrag (BKV): Die geltenden Bestimmungen von 1975 definieren den jährlich abzuschließenden BKV als „Vereinbarungen zwischen dem Direktor des Betriebes und der Betriebsgewerkschaftsleitung" (BGL), die als wichtige Instrumente zur Erfüllung der Betriebspläne angesehen werden. Gemäß dem 1978 in Kraft getretenen → **Arbeitsgesetzbuch (AGB)** sind im BKV „konkrete, abrechenbare und termingebundene Verpflichtungen" sowie ausdrücklich nur die den jeweiligen Vorschriften entsprechenden arbeitsrechtlichen Regelungen aufzunehmen. Der BKV begründet, bestätigt durch eine Belegschafts- oder Vertrauensleutevollversammlung, auch die „moralischen" Verpflichtungen der Belegschaft bzw. bestimmter Belegschaftsgruppen (Abteilung, Brigade) eines Volkseigenen oder ihm gleichgestellten Betriebes für die Planerfüllung.

Ebenso schließen die Betriebe, die zu einem Kombinat zusammengefaßt sind, sowie territorial getrennte Betriebsteile Volkseigener Betriebe, soweit sie über eigene → **Betriebsgewerkschaftsorganisationen (BGO)** sowie über bestimmte eigene finanzielle Fonds verfügen, eigene BKV ab. Unter genau festgelegten Voraussetzungen können auch für die Betriebsabteilungen gesonderte Abteilungskollektivverträge abgeschlossen werden. Behörden und andere staatliche Einrichtungen erarbeiten einen ihren spezifischen Bedingungen angepaßten BKV.

Während im Betriebsplan die staatlichen Ziele festgelegt sind, werden mit dem BKV – bei grundsätzlicher Ausklammerung der Lohnfragen (→ **Lohnformen und Lohnsystem; Rahmenkollektivverträge [RKV]**) – in umfassender Weise die stärker auf den Betrieb abgestellten Formen, Wege und Methoden zur Realisierung der Planziele vorgegeben, zu deren Einsatz und Anwendung sich Betriebsleiter, BGO und Belegschaft gemeinsam verpflichten. Insofern dient der BKV sowohl als wichtiges Instrument zur Förderung der Masseninitiative und des → **Sozialistischen Wettbewerbs** als auch als entscheidendes Mittel zur Aufrechterhaltung bzw. Herstellung einer straffen Betriebsordnung und Arbeitsdisziplin (Bewegung für vorbildliche Ordnung und Sicherheit; GBl. I, 1974, S. 314).

Alle gegenwärtig geltenden grundsätzlichen Bestimmungen des BKV sind sowohl durch gemeinsamen Beschluß und eine Richtlinie des → **Ministerrates** der DDR und des Bundesvorstandes des → **Freien Deutschen Gewerkschaftsbundes (FDGB)** von 1975 (GBl. I, 1975, S. 581 ff.) festgelegt als auch in verschiedenen Vorschriften des AGB verankert worden, wobei vor allem sozialpolitische Aufgaben vergleichsweise stärker als früher berücksichtigt wurden. Unter juristischen Aspekten wird der BKV als eine der wesentlichen betrieblichen Grundsatzvereinbarungen gem. Art. 45 der DDR-Verfassung zwischen Betriebsleitung und Gewerkschaft verstanden.

Der BKV weicht in seiner Anlage und Ausgestaltung erheblich von der nach dem Betriebsverfassungsgesetz zu schließenden Betriebsvereinbarung in der Bundesrepublik Deutschland ab, die im Rahmen der tariflichen Bestimmungen auch weitgehend Raum für autonome Regelungen läßt. – Der Ursprung des BKV ist im sowjetischen Arbeitsrecht seit 1922 begründet; BKV werden seit 1947 regelmäßig in der UdSSR abgeschlossen. In der DDR entwickelte sich für das Planjahr 1951 der Vorläufer des heutigen BKV aus dem Betriebsvertrag gemäß Gesetz der Arbeit vom April 1950 (GBl., S. 349) mit der VO über Kollektivverträge vom 8. 6. 1950 (GBl. I, S. 493); ein erster BKV wurde im Stahl- und Walzwerk Riesa unterzeichnet.

Der Abschluß des BKV hat jeweils bis zum Jahresende vor dem neuen Planjahr zu erfolgen. Eine Richtlinie von 1970 (GBl. II, S. 431), die eine neue Geltungsdauer des BKV von 5 Jahren vorsah (1971–1975), wurde 1971 wieder zugunsten der jährlichen Regelung geändert. Die neuen, veränderten und auf eine rationellere Anwendung abzielenden Bestimmungen vom 10. 7. 1975 (GBl. I, S. 581 ff.) setzten die bisherigen Regelungen vom 18. 4. 1973 (GBl. I, S. 213 ff.) außer Kraft. Derzeit werden in der DDR jährlich rd. 25000 BKV abgeschlossen.

Die inhaltliche Ausgestaltung der zentral vorgegebenen Rahmenbedingungen des BKV richtet sich nach den Hauptaufgaben des laufenden Fünfjahrplans und des jeweiligen Jahresplans sowie der wichtigsten spezifischen Anforderungen in den einzelnen Wirtschaftszweigen. Gemäß der Richtlinie für die Ausarbeitung der BKV von 1975 sind für den BKV inhaltlich 5 Hauptabschnitte und offiziell nur noch eine generelle Anlage vorgegeben. Die Anlage soll die „Betrieblichen Festlegungen für den Zeitraum des Fünfjahrplans" sowie die sich jährlich wiederholenden Aufgabenstellungen und Stimulierungsbedingungen enthalten (u. a. Wettbewerbs- und Betriebsprämienordnung, Katalog der Arbeitserschwernisse einschl. Zuschläge und Zusatzurlaub, Erläuterungen zum Schichtsystem sowie zur Abrechnung und Kontrolle des BKV): Diese Aufgabenstellungen sind im Fünfjahrplanverlauf entsprechend den Anforderungen des jeweiligen Planjahres zu verändern oder zu ergänzen. In der betrieblichen Praxis des Jahres 1982 wurden jedoch diese Vorschriften von 1975 anscheinend keineswegs immer genau eingehalten.

Der Hauptteil des BKV umfaßt:

1. Einen Katalog von Verpflichtungen (Werkleiter und BGL) zur Gestaltung des sozialistischen Wettbewerbs (z. B. Vorgabe differenzierter und abrechenbarer Wettbewerbsziele, Bestimmungen zur Förderung und Durchsetzung bestimmter, als besonders wirksam erachteter Wettbewerbsformen, Methoden der Neuerer- und Rationalisierungsbewegung, Vorhaben zur Erschließung von Materialreserven, Vorschläge zur Qualitätssteigerung und zu Kostensenkungen usw.). Längerfristig gleichbleibende Verpflichtungen und Regelungen müssen in der Anlage aufgeführt werden.

2. Verpflichtungen zur Durchsetzung des „Leistungsprinzips" in seiner Bedeutung für die Verbesserung der Arbeits- und Lebensbedingungen der Belegschaft (u. a. zur Durchsetzung der **wissenschaftlichen → Arbeitsorganisation (WAO)** nach dem Grundsatz „Neue Technik – Neue Normen", zur optimalen Verwendung des → **Lohnfonds** unter besonderer Berücksichtigung „neuer leistungsfördernder Lohnformen", Festlegungen über Prämienmittel, Verpflichtungen zur Verbesserung der Arbeitsbedingungen, Bestimmungen zur sozialen und gesundheitlichen Betreuung sowie anderen Maßnahmen zur Verbesserung der Arbeits- und Lebensbedingungen).

3. Die Verpflichtungen zur „Entwicklung eines hohen Kultur- und Bildungsniveaus der Werktätigen" (u. a. durch Qualifizierung, politische Schulung, durch „sinnvolle" → **Freizeit-** und → **Feriengestaltung**, Organisa-

tion von Betriebsfestspielen, Sportfesten und -meisterschaften und ökonomisch-kulturelle Leistungsvergleiche) (→ **Kulturarbeit der FDGB**).
4. Die Verpflichtungen hinsichtlich der Verwendung der „jährlich verfügbaren Mittel" des Prämienfonds (→ **Lohnformen und Lohnsystem**, V.), des → **Kultur- und Sozialfonds** und des → **Leistungsfonds**.
5. Den „Frauenförderungsplan" (u. a. Einbeziehung in Leitung und Planung, Aus- und Weiterbildung, Arbeits- und Lebensbedingungen) nach § 30, Abs. 2 AGB (→ **Frauen**).
Ausdrücklich wird von der Staats- und Wirtschaftsführung der DDR immer wieder eine „Einheit von Plan, BKV und Wettbewerbsbeschluß" gefordert.
Über die Erfüllung der Verpflichtungen der BKV soll durch Betriebsleiter und BGL vierteljährlich (vor 1975: halbjährlich) auf einer Belegschaftsversammlung oder Vertrauensleutevollversammlung Rechenschaft abgelegt werden. Die Gewerkschaft hat das Recht der Kontrolle (§ 29 Abs. 2 AGB).
Kritische Äußerungen in der DDR richten sich sowohl gegen eine häufig nur unvollkommene Realisierung übernommener Verpflichtungen als auch gegen eine anscheinend immer wieder festgestellte Verletzung gesetzlicher Bestimmungen (z. B. eigenmächtig vereinbarte Vergünstigungen für bestimmte Beschäftigungsgruppen eines Betriebes). Die Richtlinie von 1975 erklärte derartige Verstöße ausdrücklich für „rechtsunwirksam" (Anlage I. 6). Solche „Verstöße" sind jedoch unverändert Gegenstand häufiger Kritik; auch Leitlinien für den BKV 1983 gehen auf derartige Erscheinungen ein.
Für Privatbetriebe ist analog zum BKV der Abschluß einer Betriebsvereinbarung, für Betriebe mit staatlicher Beteiligung ein dem BKV entsprechender Betriebsvertrag vorgeschrieben. In der LPG regeln anstelle des BKV innerbetriebliche Verträge die entsprechenden arbeitsökonomischen und sozialpolitischen Belange.
→ **Betriebsformen und Kooperation; Planung.**

Betriebsräte: Bereits im Sommer 1945 bildeten sich in vielen Betrieben der SBZ B., die durch das Kontrollratsgesetz Nr. 22 vom 10. 4. 1946 eine für alle Besatzungszonen geltende rechtliche Grundlage erhielten. Die vom Bundesvorstand des → **Freien Deutschen Gewerkschaftsbundes (FDGB)** am 25./26. 11. 1948 in Bitterfeld gefaßten Beschlüsse verfügten die Auflösung aller B. in Betrieben, in denen über 80 v. H. der Beschäftigten Gewerkschaftsmitglieder waren, zugunsten der Leitungen der → **Betriebsgewerkschaftsorganisationen (BGO)**. Damit wurden Interessenvertretung und Mitwirkungsrechte der Belegschaften unmittelbar in den sich zur marxistisch-leninistischen → **Massenorganisation** entwickelnden FDGB eingebunden und eine Voraussetzung für die Einführung einer am sowjetischen Vorbild orientierten Planwirtschaft sowie der damit verbundenen Formen der Arbeitsorganisation geschaffen. Das Gesetz der Arbeit vom 19. 4. 1950 sah demzufolge nur noch die BGL als „Vertretung der Arbeiter und Angestellten im Betrieb" vor (§ 6).

Betriebsschulen: Betriebliche Bildungseinrichtungen, die alle im Betrieb anfallenden Bildungsaufgaben wahrnehmen. Sie umfassen die Arbeit der Betriebsberufsschulen, der Betriebsakademien und anderer betrieblicher Einrichtungen. Aufgabe der B. ist vor allem die theoretische und praktische Berufsausbildung der Lehrlinge, ihre politische und fachliche Weiterbildung, ihre Bildung und Erziehung im Lehrlingswohnheim, die Aus- und Weiterbildung der Facharbeiter und Meister und die Erarbeitung betrieblicher Lehr- und Weiterbildungsprogramme.
Die B. unterstehen unmittelbar dem Direktor des Betriebes und werden nach dem Prinzip der doppelten Unterstellung zugleich von den Wirtschaftsabteilungen des zuständigen Rates (des Kreises oder Bezirks) angeleitet. Den B. kann auch die inhaltliche Verantwortung für den polytechnischen Unterricht und die wissenschaftlich-praktische Tätigkeit der Schüler der EOS übertragen werden. Gleiches gilt auch für die Weiterbildung der Fach- und Hochschulkader im Betrieb. → **Einheitliches sozialistisches Bildungssystem**, XII.

Betriebsschutz: Unabhängig von den → **Kampfgruppen** der SED und weit älter als sie ist der B., eine Gliederung der → **Deutschen Volkspolizei (DVP)**. Ihm obliegen die ständige Bewachung und der Werkschutz in Betrieben und Behörden aller Art. Er gliedert sich in den B. „A" (aktive Volkspolizisten, ca. 15000 Mann) und „B" (Arbeitnehmer der Betriebe, die nur für Zwecke des B. unter Polizeibefehl stehen und seit 1. 1. 1954 Lohnzuschläge beziehen). Um Arbeitskräfte für die Produktion zu gewinnen, wurde ab 1. 1. 1958 der Bestand des zivilen Werkschutzes („B") örtlich geringfügig verringert.
Als Volkspolizisten wirken die Angehörigen des B. „A" als Ausbilder in den Kampfgruppen. Die Angehörigen des B. „B" gehören fast stets den Kampfgruppen an. Zuweilen werden die Einheiten „B" des B. als „Betriebswachen" bezeichnet.

Bevölkerung

I. Entwicklung der Wohnbevölkerung
II. Wohnbevölkerung und Beschäftigtenstruktur
III. Natürliche Bevölkerungsbewegung
IV. Bevölkerungspolitik und -wissenschaft

I. Entwicklung der Wohnbevölkerung

A. Allgemein
Im Jahr 1939 lebten auf dem Territorium der heutigen DDR 16745385 Menschen. Bis zum Jahre 1946 hatte die Zahl um 1742931 Personen zugenommen, so daß ein Jahr nach Ende des Krieges ein B.-Stand

von 18488316 Einwohnern (einschließlich Berlin [Ost] und einschließlich der Insassen von Umsiedler-, Kriegsgefangenen- und anderen Durchgangslagern) registriert wurde (vgl. Tab. 1). Die Zahl stieg noch bis 1947 auf über 19,102 Mill. an und sank von da an bis 1961 stetig ab. Zwischen 1962 und 1968 gab es ein unbedeutendes B.-Wachstum. Seitdem geht die Wohn-B. von Jahr zu Jahr leicht zurück. Am Jahresende 1981 (Stichtag der Volkszählung) lebten in der DDR 16705635 Menschen, etwa 2 v.H. weniger als am Stichtag der vorhergehenden Volkszählung, am 1. 1. 1971.

Das starke Ansteigen der B.-Zahl in den ersten Jahren nach dem Kriege ist durch das Einströmen von Heimatvertriebenen bzw. durch deren Umsiedlung aus den Gebieten östlich der Oder-Neiße-Linie sowie durch die Rückkehr von Kriegsgefangenen bedingt. Vertriebene (in der DDR: „Umsiedler" oder „Neubürger"), d. h. Personen (einschließlich ihrer Kinder), die am 1. 1. 1939 ihren Wohnsitz östlich des späteren Gebiets der Bundesrepublik Deutschland und der DDR hatten, wurden in der noch gesamtdeutsch durchgeführten → **Volkszählung** vom 29. 10. 1946 gesondert erfaßt. Die Zahl dieses Personenkreises betrug damals in der SBZ ca. 3,6 Mill. Für die darauf folgenden Jahre bis 1950 gibt es einerseits offizielle Angaben der DDR, 1. 1. 1950: 4,4 Mill., andererseits Schätzungen westlicher Experten, 1950: 3,8 Mill. (vgl. P.-H. Seraphim, Die Heimatvertriebenen . . . [s. Literaturhinweise], S. 43ff., S. 184ff., besonders S. 65). Nach 1950 haben DDR-Statistiker die Umsiedler offensichtlich nicht mehr als Sondergruppe behandelt. Westliche Experten sind der Auffassung, daß sich deren Zahl im Verlauf der Fluchtbewegung in die Bundesrepublik (→ **Flüchtlinge**) stark reduziert hat – zumal die

Tabelle 1

Die zahlenmäßige Entwicklung der Wohnbevölkerung nach Geschlecht, 1946 bis 1982

Jahresende[1]	Wohnbev. insges. einschl. Berlin (Ost)	männlich absolut	männlich in v.H.	weiblich absolut	weiblich in v.H.	Frauen je 100 Männer
1946	18 488 316	7 859 545	42,5	10 628 771	57,5	135
1950	18 388 172	8 161 189	44,4	10 226 983	55,6	125
1951	18 350 128	8 159 015	41,5	10 191 113	55,5	125
1952	18 300 111	8 146 390	44,5	10 153 721	55,5	125
1953	18 112 122	8 071 789	44,6	10 040 333	55,4	124
1954	18 001 547	8 036 712	44,6	9 964 835	55,4	124
1955	17 832 232	7 968 716	44,7	9 863 516	55,3	124
1956	17 603 578	7 876 305	44,7	9 727 273	55,3	124
1957	17 410 670	7 795 241	44,8	9 615 429	55,2	123
1958	17 311 707	7 769 816	44,9	9 541 891	55,1	123
1959	17 285 902	7 774 689	45,0	9 511 213	55,0	122
1960	17 188 488	7 745 274	45,1	9 443 214	54,9	122
1961	17 079 306	7 704 357	45,1	9 374 949	54,9	122
1962	17 135 867	7 743 936	45,2	9 391 931	54,8	121
1963	17 181 083	7 784 482	45,3	9 396 601	54,7	121
1964	17 003 632	7 748 135	45,6	9 255 497	54,4	119
1965	17 039 717	7 779 661	45,7	9 260 056	54,3	119
1966	17 071 380	7 808 255	45,7	9 263 125	54,3	119
1967	17 089 884	7 829 905	45,8	9 259 979	54,2	118
1968	17 087 236	7 843 503	45,9	9 243 733	54,1	118
1969	17 074 504	7 851 573	46,0	9 222 931	54,0	118
1970	17 068 318	7 865 265	46,1	9 203 053	53,9	117
1971	17 053 699	7 872 973	46,2	9 180 726	53,8	117
1972	17 011 343	7 866 579	46,2	9 144 764	53,8	116
1973	16 951 251	7 851 336	46,3	9 099 915	53,7	116
1974	16 890 760	7 834 818	46,4	9 055 942	53,6	116
1975	16 820 249	7 817 415	46,5	9 002 834	53,5	115
1976	16 767 030	7 805 889	46,6	8 961 141	53,4	115
1977	16 757 857	7 817 041	46,6	8 940 816	53,4	114
1978	16 751 375	7 830 905	46,7	8 920 470	53,3	114
1979	16 740 324	7 839 484	46,8	8 900 840	53,2	114
1980	16 739 538	7 856 965	46,9	8 882 573	53,1	113
1981	16 705 635	7 849 112	47,0	8 856 523	53,0	113
1982	16 702 306	7 862 064	47,1	8 840 242	52,9	112

1 1946, 1950, 1964 und 1981 Ergebnisse am Stichtag der Volkszählung; 1970 Ergebnis der Volkszählung vom 1. 1. 1971.
Quelle: Statistische Jahrbücher der DDR 1955ff.

Umsiedler vor 1950 kaum und danach überhaupt nicht auf staatliche Unterstützung für den Aufbau einer neuen Existenz rechnen konnten. Allein im Jahre 1950 wurden unter den Flüchtlingen aus der DDR in die Bundesrepublik und nach Westberlin über 100000 Vertriebene registriert (Zahlen ab 1952 bei D. Storbeck, Soziale Strukturen . . . [s. Lit.-Hinweise], Tab. VII/4, S. 311).

Die rückläufige B.-Bewegung ergibt sich, bevölkerungsstatistisch gesehen, aus einer Deformation der Alters- und Sexualstruktur. Diese ist eine Folge der Verluste vor allem an Männern in den beiden Weltkriegen, der sinkenden Geburtenraten zur Zeit der Weltwirtschaftskrise, der kriegs- und nachkriegsbedingten Geburtenausfälle, der Umsiedlungen und Migrationen (Wanderungsbewegungen) in der Nachkriegszeit sowie einer durchgängig höheren Lebenserwartung und eines allgemeinen Geburtenrückganges. Letzterer wird u. a. auf veränderte Bedürfnisstrukturen, die speziell in der DDR starke Einbeziehung der Frauen in die Berufstätigkeit und die modernen Möglichkeiten der Geburtenkontrolle zurückgeführt. Der Trend zur Familie mit 1 oder 2 Kindern ist in der DDR wie auch in anderen Industrieländern ein soziologisches Faktum.

B. Nach Geschlecht und Alter

Tab. 1 zeigt neben der zahlenmäßigen Entwicklung der Gesamt-B. auch die der männlichen im Vergleich zur weiblichen. Der ursprünglich hohe

Abb. 1: Altersaufbau der Bevölkerung nach Geschlecht 1982

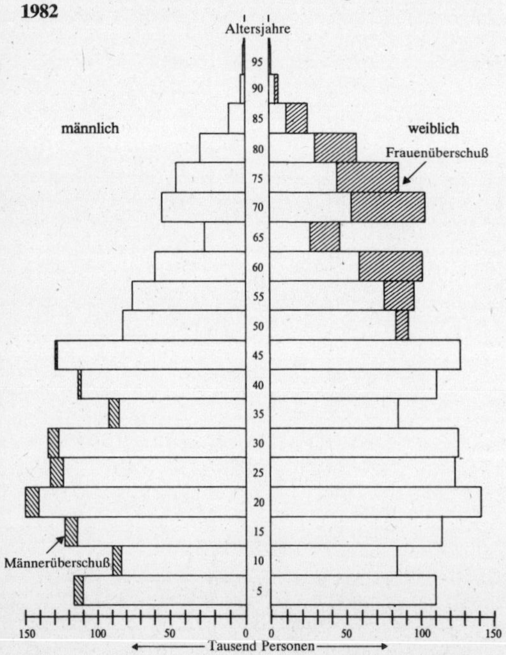

Quelle: Statistisches Jahrbuch der DDR 1983, S. 343.

Frauenüberschuß (1950 kamen 125 Frauen auf 100 Männer) ist kontinuierlich zurückgegangen. Für 1982 errechneten die Statistiker: 112 Frauen auf 100 Männer. Differenziert man weiter nach Jahrgängen, so ist der Frauenüberschuß bei den älteren Jahrgängen höher und entsprechend bei den jüngeren niedriger als das statistische Mittel (→ **Frauen**).

Der B.-Stand in der DDR war und ist durch einen ungünstigen Altersaufbau gekennzeichnet. Der B.-Pyramide (Abb. 1) fehlt einerseits eine breite Basis nachwachsender junger Menschen; andererseits sind die älteren Jahrgänge, besonders bei den Frauen, zu stark besetzt. In statistischen Maßzahlen: Der Anteil der B. im Rentenalter betrug 17,3 v.H. im Jahre 1982, der der Kinder unter 15 Jahren 18,8 v. H.; nur 64 v.H. der B. gehörten zu den arbeitsfähigen Altersgruppen. Gegenüber den 50er, 60er und 70er Jahren haben sich die Relationen jedoch etwas verbessert (vgl. Tab. 3 und unten II.).

C. Nach Gebiet

1. Die durchschnittliche B.-Dichte beträgt 1982 154 Einwohner pro Quadratkilometer (Vergleichszahlen, jeweils Einw./km^2: 155 in 1939; 170 in 1946; 171 in 1950; 157 in 1964; 158 in 1971). Vergleicht man die Bezirke miteinander, so variiert die B.-Dichte erheblich. Am dichtesten bewohnt ist Berlin (Ost): 1982 mit 2911 Einw./km^2. Demgegenüber stellt 1982 mit 57 Einw./km^2 Neubrandenburg den am dünnsten besiedelten Bezirk dar.

2. Industrialisierung und Urbanisierung haben das einst agrarisch strukturierte Gebiet der DDR (→ **Geographie**) stark verändert. Die Stadt-Land-Relation hat sich, vor allem aufgrund von Binnenwanderungen, immer mehr zugunsten der Stadt verschoben. 1982 lebten 76,5 v. H. der DDR-B. in Stadtgemeinden, das sind Gemeinden mit 2000 oder mehr Einwohnern. Mehr als ein Drittel von ihnen wohnt in den 15 Großstädten (Gemeinden mit mehr als 100000 Einwohnern). Demgegenüber sind nur 23,5 v.H. der B. in Land- und Kleinstgemeinden gemeldet. Wieweit sie eine Land-B. bilden, ist ein auch in der DDR diskutiertes Thema (→ **Soziologie und Empirische Sozialforschung**, IV. D.). Zumindest arbeiten viele Landbewohner nicht in der Landwirtschaft und auch nicht am Wohnort (Pendler). Außerdem gleichen sich, wie neuere soziologische Forschungen bisweilen hervorheben, die Arbeitsbedingungen von Land- und Industriebetrieben sowie die allgemeinen Lebensbedingungen der Stadt- und Land-B. zunehmend an.

3. Die territoriale Mobilität der B. der DDR war in den 50er Jahren besonders hoch. Ein langfristiger Rückgang und eine Stagnation in den 70er Jahren lassen sich an der absoluten Zahl der Wanderungsfälle ablesen. Auch die Kurve der wandernden Personen im Vergleich zur durchschnittlichen B. (vgl. Abb. 2) erlaubt diese Aussage.

Tabelle 2

Die Entwicklung der Wohnbevölkerung (in 1000) in den Bezirken, 1946, 1950, 1961, 1967, 1973, 1977, 1980, 1982[1]

	29. 10. 1946	31. 8. 1950	31. 12. 1961	31. 12. 1967	31. 12. 1973	31. 12. 1977	31. 12. 1980	31. 12. 1982	Differenz zwischen 1946 u. 1950	1950 u. 1961	1961 u. 1967	1967 u. 1973	1973 u. 1977	1977 u. 1980	1980 u. 1982
Berlin (Ost)	1 174,6	1 189,1	1 055,3	1 082,0	1 088,8	1 118,1	1 152,5	1 173,0	+ 14,5	− 133,8	+ 26,7	+ 6,8	+ 29,3	+ 34,4	+ 20,5
Rostock	850,6	846,3	831,9	849,1	866,5	875,9	887,8	893,5	− 4,3	− 14,8	+ 17,2	+ 17,4	+ 9,4	+ 11,9	+ 5,7
Schwerin	730,0	691,0	618,9	598,7	594,4	589,2	589,9	590,9	− 38,9	− 72,2	− 20,2	− 4,3	− 5,2	+ 0,7	+ 1,0
Neubrandenburg	732,1	715,9	644,9	638,3	631,5	624,5	622,9	620,6	− 16,2	− 71,0	− 6,6	− 6,8	− 7,0	− 1,6	− 2,3
Potsdam	1 223,6	1 221,7	1 146,7	1 134,4	1 128,6	1 116,2	1 117,5	1 120,2	− 1,9	− 75,0	− 12,3	− 5,8	− 12,4	+ 1,3	+ 2,7
Frankfurt/Oder	609,5	643,5	655,5	670,3	688,4	693,9	705,9	707,1	+ 34,0	+ 12,0	+ 14,8	+ 18,1	+ 5,5	+ 12,0	+ 1,2
Cottbus	805,0	804,0	805,8	847,3	871,0	877,4	883,9	884,5	− 1,0	+ 1,8	+ 41,5	+ 23,7	+ 6,4	+ 6,5	+ 0,6
Magdeburg	1 533,7	1 518,6	1 369,0	1 325,9	1 305,0	1 279,3	1 268,4	1 260,0	− 15,1	− 149,6	− 43,1	− 20,9	− 25,7	− 10,9	− 8,4
Halle/Saale	2 147,9	2 118,9	1 958,1	1 932,9	1 902,3	1 855,6	1 833,1	1 816,3	− 29,0	− 160,8	− 25,2	− 30,6	− 46,7	− 22,5	− 16,8
Erfurt	1 391,7	1 367,0	1 241,7	1 256,0	1 250,6	1 238,0	1 238,6	1 238,2	− 24,7	− 125,3	+ 14,3	− 5,4	− 12,6	+ 0,6	− 0,4
Gera	791,2	756,9	723,7	736,0	739,9	737,2	741,6	742,0	− 34,3	− 33,2	+ 12,3	+ 3,9	− 2,7	+ 4,4	+ 0,4
Suhl	573,5	568,7	544,0	552,6	551,9	548,1	548,9	549,5	− 4,8	− 24,7	+ 8,6	− 0,7	− 3,8	+ 0,8	+ 0,6
Dresden	1 951,8	1 981,2	1 875,6	1 884,6	1 855,9	1 821,7	1 806,4	1 799,9	+ 29,4	− 105,6	+ 9,0	− 28,7	− 34,2	− 15,3	− 6,5
Leipzig	1 649,5	1 630,4	1 509,6	1 507,9	1 467,1	1 429,5	1 412,0	1 395,6	− 19,1	− 120,8	− 1,7	− 40,8	− 37,6	− 17,5	− 16,4
Karl-Marx-Stadt	2 190,3	2 333,0	2 098,6	2 074,0	2 009,3	1 953,2	1 930,1	1 911,1	+ 142,7	− 234,4	− 24,6	− 64,7	− 56,1	− 23,1	− 19,0

1 1946 und 1950 Ergebnisse am Stichtag der Volkszählung; im übrigen: Gebietsstand.
Quelle: Statistische Jahrbücher der DDR 1955ff.

4. Die Tab. 2 gibt Aufschluß über die Entwicklung der Wohn-B. in den einzelnen Bezirken. Der bevölkerungsreichste Bezirk ist schon immer Karl-Marx-Stadt (vormals: Chemnitz) gewesen, auch wenn er insgesamt sinkende B.-Zahlen aufweist. 1982 lebten dort ca. 1,9 Mill. Einwohner (B.-Dichte: 318 Einw./km²). Bevölkerungsärmster Bezirk mit heute ca. 0,5 Mill. Einwohnern war und ist Suhl (B.-Dichte: 143 Einw./km² in 1980). Berlin, Cottbus, Frankfurt/Oder und Rostock sind die Bezirke, in denen die Einwohnerzahlen seit langem steigen.
Demographische Untersuchungen über Prozesse der Migration haben ergeben, daß nur ein Drittel aller Wanderungen über die Bezirksgrenzen hinweg erfolgt. Dabei bilden, etwa im Falle von Cottbus und Frankfurt/Oder, neu geschaffene und gut bezahlte Arbeitsplätze (im Braunkohlengebiet „Schwarze Pumpe", in Eisenhüttenstadt und Schwedt) einen starken Anreiz für Zuwanderer.

Abb. 2: Bevölkerungsmobilität 1953 bis 1981

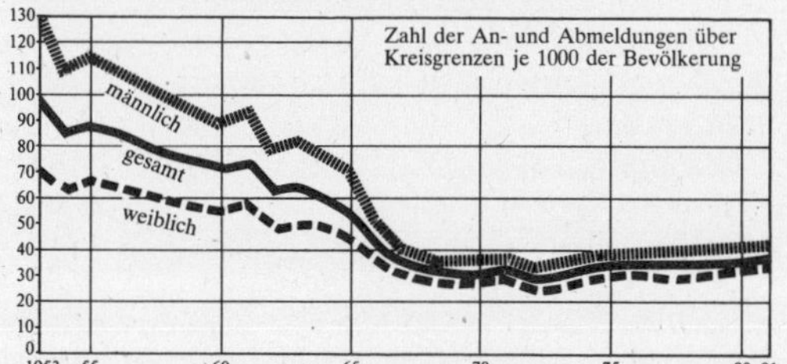

Quelle: Nach Angaben der Statistischen Jahrbücher der DDR 1955 bis 1977, aus: Parviz Khalatbari, Hrsg., Räumliche Bevölkerungsbewegung in sozialistischen Ländern (Beiträge zur Demographie, 4), Berlin (Ost) 1980, S. 166.

Bei den innerbezirklichen Wanderungen sind Anziehungspunkte die jeweiligen Bezirksstädte, insbesondere die Großstadtrandgebiete. Es ist zu vermuten, daß vor allem Faktoren der allgemeinen Lebensbedingungen (komfortablere Wohnungen, bessere Versorgungslage, kürzere Wegezeiten für Einkäufe usw.) für diese Wanderungsbewegungen ausschlaggebend sind.

II. Wohnbevölkerung und Beschäftigtenstruktur

1. Bei der statistischen Analyse der Beschäftigtenstruktur werden 2 Hauptgruppen unterschieden: Personen im arbeitsfähigen Alter und Personen im nichtarbeitsfähigen Alter. Als arbeitsfähiges Alter gelten für Frauen die Jahrgänge 15 bis unter 60 und bei Männern die Jahrgänge 15 bis unter 65 Jahre. Die Personen im nichtarbeitsfähigen Alter werden weiter nach Kindern (unter 15 Jahre) und Rentnern (ab 60 Jahren bei Frauen und 65 bei Männern) differenziert. Tab. 3 (linke Spalten) zeigt, welche Anteile die einzelnen Gruppen an der Wohn-B. in den einzelnen Jahren hatten und wie sich die Relationen zwischen ihnen entwickelten. Im Jahre 1970 begann der Anteil der Wohn-B. im arbeitsfähigen Alter erstmals wieder anzusteigen. Am 31. 12. 1982 lag er nach einer kontinuierlichen Aufwärtsbewegung bei 64 v. H.
Entsprechend ist die Relation arbeitsfähige:nichtarbeitsfähige B. günstiger geworden (vgl. Tab. 3, rechte Spalten). Auf 100 Personen im arbeitsfähigen Alter kamen am 31. 12. 1982 ca. 29 Kinder und 27 Rentner, also 56 Personen im nichtarbeitsfähigen Alter. Gegenüber dem Tiefstand Ende der 60er Jahre (73 Nichtarbeitsfähige auf 100 Arbeitsfähige)

Tabelle 3

Die Wohnbevölkerung im arbeitsfähigen und nichtarbeitsfähigen Alter, 1946 bis 1982

Jahresende[1]	Von 100 Personen der Wohnbevölkerung waren			Auf 100 Personen im arbeitsfähigen Alter der Wohnbevölkerung kamen . . . Personen im nichtarbeitsfähigen Alter		
	im arbeitsfähigen Alter (15 bis unter 60/65 Jahren)	im nichtarbeitsfähigen Alter (unter 15 Jahren)	(im Rentenalter)	insgesamt	Kinder unter 15 Jahren	im Rentenalter Stehende
1946	63,1	23,9	13,0	58,6	38,0	20,6
1950	64,1	22,1	13,8	56,1	34,5	21,6
1955	63,9	20,1	16,0	56,4	31,4	24,9
1956	63,6	19,9	16,4	57,1	31,3	25,8
1957	63,2	20,0	16,8	58,2	31,6	26,6
1958	62,9	20,0	17,2	59,1	31,8	27,3
1959	62,3	20,4	17,4	60,6	32,7	27,9
1960	61,3	21,0	17,6	63,0	34,3	28,7
1961	60,3	21,8	18,0	65,9	36,1	29,8
1962	59,6	22,3	18,1	67,8	37,4	30,4
1963	59,0	22,7	18,2	69,4	38,5	30,9
1964	58,4	23,2	18,4	71,2	39,7	31,5
1965	58,2	23,2	18,6	71,8	39,9	31,9
1966	58,0	23,2	18,8	72,5	40,0	32,4
1967	57,8	23,1	19,1	72,9	39,9	33,0
1968	57,8	22,9	19,3	73,0	39,7	33,3
1969	57,8	22,8	19,4	73,0	39,4	33,6
1970	57,9	22,6	19,5	72,7	39,1	33,7
1971	58,0	22,5	19,5	72,5	38,8	33,7
1972	58,2	22,2	19,7	72,0	38,1	33,8
1973	58,5	21,7	19,8	71,0	37,1	33,8
1974	59,0	21,2	19,8	69,6	35,9	33,7
1975	59,7	20,6	19,6	67,4	34,4	32,9
1976	60,6	20,1	19,3	64,9	33,2	31,8
1977	61,4	19,7	18,9	62,8	32,1	30,7
1978	62,2	19,3	18,4	60,6	31,1	29,6
1979	62,8	19,1	18,1	59,2	30,3	28,9
1980	63,2	18,9	17,9	58,2	29,9	28,3
1981	63,6	18,8	17,6	57,3	29,6	27,7
1982	64,0	18,8	17,3	56,3	29,3	27,0

1 1946, 1950, 1964 und 1981 Ergebnisse am Stichtag der Volkszählung; 1970 Ergebnis der Volkszählung vom 1. 1. 1971.
Quelle: Statistische Jahrbücher der DDR 1955ff.

hat sich die demographische Ausgangslage für die Beschäftigtenstruktur damit stark verbessert.

2. Der Bezirk Dresden weist 1982 den niedrigsten B.-Anteil im arbeitsfähigen Alter auf, nämlich 61,9 v.H. der Wohn-B. des Bezirks. Die höchsten Anteile sind in den Bezirken Ost-Berlin (66,0 v.H.), Rostock (65,7 v.H.) und Frankfurt/Oder (65,5 v.H.) zu finden. Auch hinsichtlich der B. im nichtarbeitsfähigen Alter gibt es bezirkliche Unterschiede. Rostock beispielsweise zeigt eine bevölkerungs- und sozialpolitisch besonders günstige Relation. In der B. im nichtarbeitsfähigen Alter sind Kinder stärker vertreten als Rentner (auf 100 Personen im arbeitsfähigen Alter kommen 31,7 Kinder und 20,5 Rentner). Der Bezirk Karl-Marx-Stadt dagegen steht mit einem relativ hohen Anteil an Rentnern am Ende dieser Rangskala: Auf 100 Personen im arbeitsfähigen Alter entfallen 60,5 im nichtarbeitsfähigen Alter, von denen 27,3 unter 15 und 33,1 über 60 bzw. 65 Jahre sind.

3. Noch aussagekräftiger – vor allem im Hinblick auf die Versorgung der Volkswirtschaft mit Arbeitskräften – sind Daten über die tatsächlich am Arbeitsprozeß teilnehmenden Personen, also die wirtschaftlich Tätigen (Beschäftigten, Berufstätigen). Nach Angaben des Statistischen Jahrbuchs der DDR von 1983 ergibt sich folgendes Bild (Stand: 31. 12. 1982; Zahlen in 1000, auf- bzw. abgerundet):

Wohnbevölkerung:	
insgesamt	16 702
Männer	7 862
Frauen	8 840
Bevölkerung im arbeitsfähigen Alter:	
insgesamt	10 684
Männer	5 441
Frauen	5 243
Wirtschaftlich Tätige (einschließlich Lehrlinge):	
insgesamt	8 813
Männer	4 472
Frauen	4 341

Diese Zahlen zeigen u.a., daß in der DDR der Beschäftigungsgrad sehr hoch liegt und daß rd. 50 v.H. aller Beschäftigten weibliche Arbeitnehmer sind (→ **Arbeitskräfte**). Eine Unterscheidung zwischen Voll- und Teilzeitbeschäftigten findet sich in den veröffentlichten Statistiken jedoch nicht.

III. Natürliche Bevölkerungsbewegung

1. In den letzten Jahren verbesserten sich die Daten der natürlichen B.-Bewegung leicht (vgl. Tab. 4 und Abb. 3). Seit 1970 ist die Zahl der Gestorbenen im großen und ganzen rückläufig. Von 1975 an steigt demgegenüber die Zahl der Lebendgeborenen, die vorher, seit 1963, eine sinkende Tendenz aufgewiesen hatte. 1979 liegt die Kurve der Lebendgeborenen erstmals wieder über der der Gestorbenen. Ob der Rückgang der Lebendgeborenen 1981 gegenüber 1980 und der recht geringe Anstieg von 1982 (auf 240102, vorläufige Zahl im statistischen Jahrbuch 1983, S. 351) einen erneuten Abwärtstrend einleiten oder nicht, bleibt abzuwarten.

Allgemein, in Ost wie West, wird angenommen, daß die positive B.-Entwicklung seit Mitte der 70er Jahre zumindest teilweise auf familien- und kinderfreundliche Maßnahmen im Rahmen der → **Sozialpolitik** der SED zurückzuführen ist. Darüber hinaus weisen B.-Statistiker darauf hin, daß der Anteil jüngerer Frauen an der gesamten wie der gebärfähigen (15 bis unter 45 Jahren) weiblichen B. angewachsen ist.

2. Der neue Trend der Entwicklung läßt sich auch an der Fruchtbarkeitsziffer (vgl. Tab. 4) ablesen. Von ihrem Tiefstand im Jahre 1974 hat sie sich stark

Tabelle 4

Ziffern der natürlichen Bevölkerungsbewegung, 1950 bis 1981

Jahr	Lebendgeborene insgesamt	Gestorbene insgesamt	Lebendgeborene je 1000 der Bevölkerung	Gestorbene je 1000 der Bevölkerung	Fruchtbarkeitsziffer[1]	Gestorbene Säuglinge je 1000 Lebendgeb.
1950	303 866	219 582	16,5	11,9	–	72,2
1951	310 772	208 800	16,9	11,4	–	63,8
1952	306 004	221 676	16,7	12,1	76,4	59,1
1953	298 933	212 627	16,4	11,7	75,8	53,5
1954	239 715	219 832	16,3	12,2	76,0	50,3
1955	293 280	214 066	16,3	11,9	77,0	48,9
1956	281 282	212 698	15,9	12,0	75,2	46,5
1957	273 327	225 179	15,6	12,9	74,8	45,5
1958	271 405	221 113	15,6	12,7	76,6	44,2
1959	291 980	229 898	16,9	13,3	84,0	40,8
1960	292 985	233 759	17,0	13,6	83,9	38,8
1961	300 818	222 739	17,6	13,0	87,8	33,7
1962	297 982	233 995	17,4	13,7	88,4	31,6
1963	301 472	222 001	17,6	12,9	88,7	31,2
1964	291 867	226 191	17,2	13,3	87,5	28,6
1965	281 058	230 254	16,5	13,5	84,1	24,8
1966	267 958	225 663	15,7	13,2	80,5	22,9
1967	252 817	227 068	14,8	13,3	76,0	21,4
1968	245 143	242 473	14,3	14,2	73,5	20,2
1969	238 910	243 732	14,0	14,3	71,1	20,3
1970	236 929	240 821	13,9	14,1	70,1	18,5
1971	234 870	234 953	13,8	13,8	69,0	18,0
1972	200 443	234 425	11,8	13,8	58,6	17,6
1973	180 336	231 960	10,6	13,7	52,4	16,0
1974	179 127	229 062	10,6	13,5	51,9	15,9
1975	181 798	240 389	10,8	14,3	52,3	15,9
1976	195 483	233 733	11,6	13,9	55,9	14,0
1977	223 152	226 233	13,3	13,5	63,1	13,1
1978	232 151	232 332	13,9	13,9	64,9	13,1
1979	235 233	232 742	14,0	13,9	65,0	12,9
1980	245 132	238 254	14,6	14,2	67,4	12,1
1981	237 543	232 244	14,2	13,9	65,2	12,3

1 Anzahl der Geburten (Lebendgeborene) auf je 1000 Frauen im gebärfähigen Alter (15 bis unter 45 Jahre). Für 1950 und 1951 ist die Fruchtbarkeitsziffer nur für das Gebiet der DDR ohne Berlin (Ost) errechnet worden. Für 1960 bis 1971 wurden hier die korrigierten Zahlen (seit Statistisches Jahrbuch 1974) übernommen.
Quelle: Statistische Jahrbücher der DDR 1955ff.

Abb. 3: Natürliche Bevölkerungsbewegung 1946 bis 1982
(Lebendgeborene, Gestorbene je 1000 der Bevölkerung)

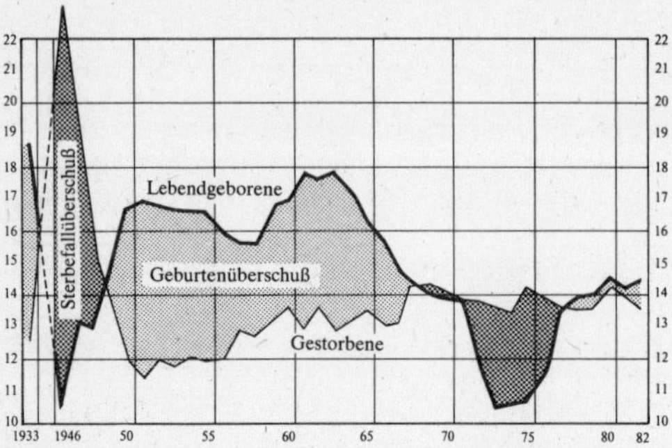

entfernt: 65,2 Geburten auf je 1000 Frauen im gebärfähigen Alter im Jahre 1981 im Vergleich zu 51,9 im Jahre 1974. Die meisten Geburten sind die von erst- und zweitgeborenen Kindern: 52,9 und 36,2 (= 89,1) v.H. der Lebendgeborenen im Jahre 1981. Damit bestätigt sich, daß auch in der DDR die Kleinfamilie die vorherrschende Familienform ist (→ **Familie**), wobei zusätzlich zu berücksichtigen ist, daß immer mehr, vor allem erste, Kinder von unverheirateten Müttern geboren werden.

3. Nicht unbeeinflußt ist die B.-Entwicklung von der Tatsache, daß die Säuglingssterblichkeit im Laufe der Jahre erheblich gesenkt werden konnte (vgl. Tab. 4). Auch die Zahl der Totgeborenen, die in Tab. 4 nicht aufgeführt ist, nahm ab. Kamen 1950 auf 1000 Geburten noch 21,7 Totgeburten, so waren es 1981 nur noch 6,9.

4. Hinsichtlich Eheschließungen und Ehescheidungen (vgl. Tab. 5) hat sich in den letzten Jahren wenig geändert. Eheschließungen nehmen ab, während die Scheidungsrate steigt (→ **Ehescheidung**). Nach wie vor werden Ehen in der DDR, etwa im Vergleich zur Bundesrepublik Deutschland, relativ früh geschlossen. Zum Teil als Folge sozialpolitischer Maßnahmen (Gewährung zinsloser Kredite an junge Ehepaare, Bevorzugung bei der Wohnungsvergabe) liegt das durchschnittliche Heiratsalter 1981 bei 26,9 Jahren für Männer und 24,2 Jahren für Frauen. Es verschob sich im Laufe der Jahre immer weiter nach unten. 1970 heirateten Männer durchschnittlich im Alter von 27,5 Jahren, Frauen im Alter von 24,5 Jahren (Vergleichsdaten für 1960: 27,6 und 25,0; für 1952: 30,5 und 27,3).

IV. Bevölkerungspolitik und -wissenschaft

Die tendenziell rückläufige B.-Entwicklung in der DDR beschäftigt Politiker wie Wissenschaftler. Oberstes Ziel der B.-Politik in der DDR ist es, zu einer positiven B.-Bilanz zu kommen und diese zu sichern. Das Stichwort hierfür lautet: einfache Reproduktion, d.h. zahlenmäßiger Ersatz der Elterngeneration. Dieses Ziel ist, so haben B.-Statistiker in

Tabelle 5

Eheschließungen und Ehescheidungen, 1950 bis 1981

Jahr	Eheschließungen insgesamt	Eheschließungen je 1000 der Bevölkerung	Ehescheidungen insgesamt	Ehescheidungen je 1000 der Bevölkerung
1950	214 744	11,7	49 860	2,7
1951	195 220	10,6	38 110	2,1
1952	176 421	9,6	32 322	1,8
1953	158 020	8,7	30 970	1,7
1954	152 224	8,4	28 214	1,6
1955	155 410	8,7	25 736	1,4
1956	152 580	8,6	23 349	1,3
1957	150 069	8,6	23 298	1,3
1958	154 361	8,9	23 167	1,3
1959	161 863	9,4	24 273	1,4
1960	167 583	9,7	24 540	1,4
1961	169 438	9,9	26 114	1,5
1962	165 677	9,7	24 900	1,5
1963	148 330	8,6	24 649	1,4
1964	135 855	8,0	27 486	1,6
1965	129 002	7,6	26 576	1,6
1966	121 571	7,1	27 949	1,6
1967	117 146	6,9	28 303	1,7
1968	119 676	7,0	28 721	1,7
1969	125 151	7,3	28 900	1,7
1970	130 723	7,7	27 407	1,6
1971	130 205	7,6	30 831	1,8
1972	133 575	7,8	34 766	2,0
1973	137 419	8,1	38 544	2,3
1974	138 816	8,2	41 615	2,5
1975	142 130	8,4	41 632	2,5
1976	144 590	8,6	44 803	2,7
1977	147 402	8,8	43 137	2,6
1978	141 063	8,4	43 296	2,6
1979	136 884	8,2	44 735	2,7
1980	134 195	8,0	44 794	2,7
1981	128 174	7,7	48 567	2,9

Quelle: Statistische Jahrbücher der DDR 1971, S. 442, 1983, S. 351f.

der DDR ausgerechnet, nur dann zu erreichen, wenn von je 1000 Frauen im Laufe ihres Lebens 2100 Kinder geboren werden. Mit anderen Worten: Die durchschnittliche Familie in der DDR muß größer werden. Angestrebt wird die Zwei-bis-Drei-Kinder-Familie als Regelfall. Das letzte Jahr mit einer gesicherten einfachen Reproduktion war, laut „spectrum" (H. 11/1983, S. 27), das Jahr 1971.

Zwar hat sich gezeigt, daß mit sozialpolitischen Maßnahmen das generative Verhalten beeinflußt werden kann. Es ist aber zugleich deutlich geworden, daß diese für sich allein nicht ausreichen, das angestrebte Ziel zu erreichen. Vielmehr bedarf es eines tiefgreifenden Wandels der Wertvorstellungen, des Konsumverhaltens usw. Dementsprechend wird nach weiteren und neuen Wegen gesucht. Dabei scheint man sich durchaus dessen bewußt zu sein, daß für längere Zeiträume geplant werden muß.

Auch läßt sich die Absicht erkennen, das Problem, politisch wie wissenschaftlich, breit anzugehen: „Die sozialistische Bevölkerungspolitik nimmt mittels materieller, juristischer und ideologisch-erzieherischer Maßnahmen und Mittel Einfluß auf die Herausbildung der für die sozialistische Gesellschaft erforderlichen Bevölkerungsreproduktion, -entwicklung und -struktur." (Probleme der demographischen Entwicklung bei der weiteren Gestaltung der entwickelten sozialistischen Gesellschaft in der Deutschen Demokratischen Republik [Thesen], in: Wirtschaftswissenschaft, H. 7/1979, S. 769) B.-Politik ist „in das Beziehungsgefüge der Wirtschafts- und Sozialpolitik integriert" (Kurt Lungwitz); sie ist gleichermaßen Gesellschaftspolitik und Arbeitskräftepolitik (→ **Arbeitskräfte; Arbeitsökonomie; Arbeitsrecht**). Ihre Ziele sind, so wird immer wieder betont, nicht nur quantitativer, sondern auch qualitativer Natur, wobei die Herausbildung der **sozialistischen → Lebensweise** als Maßstab dient.

Die B.-Wissenschaft oder **Demographie** in der DDR sieht sich gegenwärtig nicht in der Lage, für die Lösung der bevölkerungspolitischen Probleme Maßnahmen, die mit Sicherheit kurz- wie langfristig greifen, vorzuschlagen. Es fehlen, das wird allgemein beklagt, sowohl theoretische Erkenntnisse wie empirische Tatsachen und stichhaltige Erklärungen. So konnte eine Lösung des bevölkerungspolitischen Hauptproblems, der einfachen Reproduktion, bisher theoretisch, d. h. im Rahmen einer marxistisch-leninistisch orientierten B.-Wissenschaft (oder gar über ein sozialistisches B.-Gesetz), nicht abgesichert werden. Man argumentiert eher pragmatisch: „Keine Gesellschaft kann es sich über einen längeren Zeitraum hinweg erlauben, sich weniger als einfach zu reproduzieren . . . Folgende Auswirkungen wären nicht zu vermeiden: Bevölkerungsrückgang und Verschlechterung der Altersstruktur . . .; Rückgang der Zahl der Arbeitskräfte und Verschlechterung ihrer Altersstruktur . . .; Verschlechterung der Proportionen zwischen Berufstätigen und Nichtberufstätigen; steigender Anteil der Bevölkerung im Rentenalter . . .; sozialpsychologische Auswirkungen und negative Folgen für die Ausprägung der sozialistischen Lebensweise . . ." (a. a. O., S. 781 f.)

Ferner werden die empirischen Daten, die die B.-Statistik (Lebendgeborenenzählkarten z. B.) zur Verfügung stellt, als nicht ausgeschöpft, aber auch als nicht ausreichend angesehen. So weist man seit einiger Zeit darauf hin, daß die räumliche B.-Bewegung, also die Prozesse, Ursachen und Wirkungen von Migrationen innerhalb der DDR, in ihren bevölkerungspolitischen Wirkungen vernachlässigt würden, und sucht, das Versäumte nachzuholen. Eine stabile, ausgewogene Territorialstruktur wird angestrebt; der Entwicklung von Riesenstädten soll entgegengewirkt werden (vgl. Staat und Recht 1983, H. 12, S. 950). Darüber hinaus erkennt man die Notwendigkeit, die Demographie interdisziplinär zu betreiben. Die Zusammenarbeit vor allem mit folgenden Disziplinen wird angestrebt und zum Teil bereits praktiziert: → **Sozialpolitik**, → **Soziologie und Empirische Sozialforschung** und Sozialstrukturforschung (→ **Sozialstruktur**).

Über die aktuellen Aufgaben der Demographie informiert wie für alle → **Gesellschaftswissenschaften** der „Zentrale Plan der marxistisch-leninistischen Gesellschaftswissenschaften der DDR". Koordinierendes Organ ist der Wissenschaftliche Rat für Fragen der Sozialpolitik und Demographie. Er wird von Prof. Dr. Gunnar Winkler (SED), Direktor des Instituts für Soziologie und Sozialpolitik der Akademie der Wissenschaften der DDR, geleitet.

Peter C. Ludz (†) / Ursula Ludz

Literaturangaben

Räumliche **Bevölkerungsbewegung** in sozialistischen Ländern. Hrsg. Parviz Khalatbari. Berlin (Ost): Akademie-Verl. 1980. (Beiträge zur Demographie. 4.)

Bevölkerungstheorie und Bevölkerungspolitik. Hrsg. Parviz Khalatbari. Berlin (Ost): Akademie-Verl. 1981. (Beiträge zur Demographie. 5.)

B[undes] R[epublik] D[eutschland] – DDR. Systemvergleich. Hrsg. Bundesministerium für innerdeutsche Beziehungen. 3 Bde. Köln/Opladen: Westdeutscher Verl. 1971, 1972, 1974.

Die **Demographie** und ihre Methode. Hrsg.: Parviz Khalatbari. Berlin (Ost): Akademie-Verl. 1977. (Beiträge zur Demographie. 1.)

Ökonomische **Geographie** der Deutschen Demokratischen Republik, Bd. 1. 3., überarb. und erg. Aufl. Gotha/Leipzig, Herrmann Haack, o. J. (1977).

Seraphim, Peter-Heinz: Die Heimatvertriebenen in der Sowjetzone. Berlin (West): Duncker & Humblot 1954. (Schriften des Vereins für Sozialpolitik. N. F. 7/I.)

Sozialpolitik und Demographie. Hrsg. Helmut Koziolek. Berlin (Ost): Akademie-Verl. 1974. (Sitzungsberichte der Akademie der Wissenschaften der DDR. 2.)

Marxistisch-leninistische **Sozialpolitik**. Autorenkollektiv u. Ltg. v. Günter Schmunk. Berlin (Ost): Tribüne 1975.

Storbeck, Dieter: Arbeitskraft und Beschäftigung in Mitteldeutschland. Eine Untersuchung über die Entwicklung des Arbeitskräftepotentials und der Beschäftigung von 1950 bis 1965. Köln/Opladen: Westdeutscher Verl. 1961. (Dortmunder Schriften zur Sozialforschung. 18.)

Storbeck, Dieter: Soziale Strukturen in Mitteldeutschland. Eine sozialstatistische Bevölkerungsanalyse im gesamtdeutschen Vergleich. Berlin (West): Duncker & Humblot 1964. (Wirtschaft und Gesellschaft in Mitteldeutschland. 4.)

Theorie und Praxis der Sozialpolitik in der DDR. Hrsg. Günter Manz und Gunnar Winkler. Berlin (Ost): Akademie-Verl. 1979.

Bewaffnete Kräfte: Im Sprachgebrauch der SED als „Bewaffnete Organe der DDR" bezeichnet. Da die DDR zur zahlenmäßigen Stärke ihrer BK. selbst kaum Angaben veröffentlicht, beruhen die im Westen im Umlauf befindlichen Zahlen zum größten Teil auf Schätzungen und weichen nicht selten voneinander ab. Die im folgenden genannten Zahlenangaben sind – soweit möglich – dem Jahrbuch Military Balance, International Institut for Strategic Studies, London 1983/84 (MB) bzw. dem Buch von Ullrich Rühmland: NVA in Stichworten, 6. Aufl., Bonn 1983 (UR) entnommen. Eventuelle Abweichungen von den in den einzelnen Stichwortartikeln verwendeten Zahlen sind auf die Benutzung anderer Quellen bzw. Schätzungen zurückzuführen.
Zu den BK. sind zu rechnen:
Die → **Nationale Volksarmee (NVA)** einschl. der → **Grenztruppen der DDR** (48000) rd. 215000, darunter 92000 Wehrpflichtige (MB);
die → **Kampfgruppen** rd. 350000 (MB);
die → **Deutsche Volkspolizei (DVP)** rd. 73000;
die → **VP-Bereitschaften** rd. 18000 (UR);
das Wachregiment des → **Ministeriums für Staatssicherheit** ca. 4500 (UR);
die → **Transportpolizei** ca. 8500 (UR).
Für den Fall der Mobilmachung müßten noch rd. 350000 (MB) → **Reservisten** der NVA zu den BK. hinzugezählt werden.
Daneben gibt es kasernierte Einheiten der → **Zivilverteidigung** und bewaffnetes Personal des → **Betriebsschutzes** und des → **Zollwesens**, über deren Stärke keine verläßlichen Angaben gemacht werden können.

Bewährung: Es gibt die Verurteilung auf B. und die **Strafaussetzung** auf B., bis 1968 bedingte Verurteilung bzw. bedingte Strafaussetzung genannt.
1. *Verurteilung auf B.* ist eine der im StGB vorgesehenen Strafen ohne Freiheitsentzug, durch die der Täter dazu angehalten werden soll, „durch gewissenhafte Erfüllung seiner Pflichten und Bewährung in der Arbeit und in seinem persönlichen Leben seine Tat gegenüber der Gesellschaft wieder gutzumachen, seine gesellschaftliche Verantwortung zu erkennen und ernst zu nehmen und das Vertrauen der Gesellschaft auf sein künftiges verantwortungsbewußtes Verhalten zu rechtfertigen". Mit der Verurteilung auf B. wird eine B.-Zeit von 1 Jahr bis zu 3 Jahren festgesetzt. Zugleich wird eine Freiheitsstrafe für den Fall angedroht, daß der Verurteilte seiner Pflicht zur B. schuldhaft nicht nachkommt (§ 33 StGB). Um die Wirksamkeit der Strafe zu gewährleisten, kann der Verurteilte für die Dauer der B.-Zeit verpflichtet werden, durch B. am Arbeitsplatz zu zeigen, daß er die richtigen Lehren aus seiner Tat und Verurteilung gezogen hat, z. B. sein Arbeitseinkommen für den Familienunterhalt zu verwenden, bestimmte Örtlichkeiten nicht zu besuchen, → **Freizeitarbeit** zu leisten oder sich einer fachärztlichen Behandlung, etwa bei → **Alkoholmißbrauch**, zu unterziehen. Bei Straftaten, die materielle Schäden verursacht haben, ist der Verurteilte zu verpflichten, den Schaden wiedergutzumachen.
Begeht der Verurteilte während der B.-Zeit erneut eine vorsätzliche Straftat, für die eine Freiheitsstrafe vorgesehen und verhängt wird, ist die angedrohte Strafe zu vollziehen. Sie kann vollzogen werden, wenn der Verurteilte sich einer der ihm auferlegten Pflichten zur B. entzieht, durch undiszipliniertes Verhalten zeigt, daß er keine Lehren aus der Verurteilung auf B. gezogen hat, einer Aufenthaltsbeschränkung (→ **Strafensystem**) oder einem Tätigkeitsverbot zuwiderhandelt oder der Pflicht zur fachärztlichen Behandlung nicht nachkommt. Läuft die B.-Zeit ab, ohne daß die Voraussetzungen für den Widerruf eingetreten sind, darf die angedrohte Freiheitsstrafe nicht mehr vollzogen werden (§ 35 StGB).
2. Der *Vollzug einer zeitlichen Freiheitsstrafe* kann nach § 45 StGB unter Auferlegung einer B.-Zeit von 1 Jahr bis 5 Jahren mit dem Ziel des Straferlasses zur B. ausgesetzt werden, bei Freiheitsstrafen von mehr als 6 Jahren aber erst, wenn mindestens die Hälfte der Strafe verbüßt ist (§ 349 StPO). Arbeitskollektive, die die → **Bürgschaft** für Verurteilte übernommen haben, können dem Gericht vorschlagen, den Vollzug einer Freiheitsstrafe bedingt auszusetzen. Der Ablauf der B.-Zeit, die für diese Zeit aufzuerlegenden Pflichten und der Widerruf der Strafaussetzung sind weitgehend wie bei der Verurteilung auf B. geregelt.

Bewußtsein, Gesellschaftliches: Nach Auffassung des → **Marxismus-Leninismus** in der DDR ist das GB. eine Widerspiegelung des „gesellschaftlichen Seins" und der gesamten objektiven Realität. Das GB. ist historisch-gesellschaftlich determiniert und hat gleichermaßen eine aktive Funktion, indem es auf das „gesellschaftliche Sein" zurückwirkt. Im engeren Sinne wird unter GB. als einem der beiden Grundbegriffe des Historischen Materialismus (neben dem des „gesellschaftlichen Seins") die Gesamtheit der politischen, philosophischen, moralischen, juristischen Anschauungen und Theorien verstanden, die den ideellen Bestandteil des **Überbaus** einer bestimmten Gesellschaft bilden.
GB. ist ein am Gesamtinteresse einer sozialen Klasse orientiertes Bewußtsein. In der bürgerlichen Klassengesellschaft hat es antagonistischen Klassencharakter. In der sozialistischen Gesellschaft, in der die Klassengegensätze geschwunden sein sollen, ist es in den Grundlagen übereinstimmendes sozialistisches Bewußtsein. Das sozialistische GB. ist jedoch nicht gleich der Summe der individuellen Bewußtseinshaltungen, denen heute eine durchaus differenzierte Struktur zugestanden wird. Das GB. kommt auch nicht „spontan" als unmittelbares Ergebnis sozialer Prozesse zustande. Es konstituiert sich vielmehr als richtiges Bewußtsein erst auf der Grundlage und unter Verwendung der Erkenntnisse des Marxismus-Leninismus, d.h. durch die Aktivität der marxistisch-leninistischen Partei.
Der herrschenden Lehre des Marxismus-Leninismus zufolge soll das GB. oder **sozialistische Bewußtsein** nach dem „Sieg der sozialistischen Produktionsverhältnisse" und im Verlauf des „Aufbaus der sozialistischen Gesellschaft" in zunehmendem Maße eine „wissenschaftlich exakte" Widerspiegelung der materiellen Existenzbe-

dingungen und der sich aus diesen ergebenden Notwendigkeiten zu ihrer „gesetzmäßigen" Fortentwicklung ermöglichen. Um diese Entwicklung zu gewährleisten, müssen Bewußtseinsprozesse „zielstrebig gestaltet" werden. Hierbei nimmt die SED für sich die führende Rolle in Anspruch. → **Erziehung, Politisch-Ideologische bzw. Staatsbürgerliche; Klassenbewußtsein; Moral, Sozialistische; Staatsbewußtsein, Sozialistisches.**

Bezirk: Gebietseinheit im staatlichen Aufbau der DDR, die 1952 im Zuge der Neugliederung der staatlichen Verwaltung durch das Gesetz über die weitere Demokratisierung des Aufbaus und der Arbeitsweise der staatlichen Organe in den Ländern der DDR geschaffen wurde. Durch die Bildung von B. nach politischen, staatsorganisatorischen und wirtschaftlichen Maßstäben wurden die → **Länder** aufgehoben und die Voraussetzungen für einen zentralistischen Staatsaufbau geschaffen.

Ein B. untergliedert sich in → **Kreise** (Stadt- und Landkreise) und trägt seinen Namen nach der jeweiligen Hauptstadt des B. In der DDR gibt es 15 B.: Cottbus, Dresden, Erfurt, Frankfurt/Oder, Gera, Halle, Karl-Marx-Stadt, Leipzig, Magdeburg, Neubrandenburg, Potsdam, Rostock, Schwerin und Suhl. Berlin (Ost) besitzt den Status eines B. und wird – im Widerspruch zum westlichen Standpunkt vom alliierten Sonderstatus *ganz* Berlins – als 15. B. der DDR bezeichnet (→ **Berlin**, XV.; **Londoner Protokoll**).

Der Bezirkstag ist im B. das oberste politische Machtorgan. Er wird alle 5 Jahre durch die Bevölkerung des jeweiligen B. gewählt; die Zahl der Abgeordneten beträgt je nach Einwohnerzahl des B. 190 bis 250 (vgl. Beschluß des Staatsrats der DDR vom 16. 3. 1981, GBl. I, S. 101). Sie werden von den Parteien und Massenorganisationen auf einer Einheitsliste der → **Nationalen Front der DDR** nominiert. Der Bezirkstag tritt mindestens einmal im Vierteljahr zusammen. Zu Beginn der Wahlperiode wählt er als seine Organe den Rat des B. und die Ständigen Kommissionen des Bezirkstags (§ 1 Abs. 4 Gesetz über die örtlichen Volksvertretungen und ihre Organe in der DDR vom 12. 7. 1973 [GÖV]). Laut Kommentar rechnen auch die Abgeordneten und die Fachorgane des Rates zu den Organen des Bezirkstags (Kommentar zur GÖV, 2., überarb. u. erw. Aufl., Berlin [DDR] 1977, S. 26). Kommissionen werden für folgende Aufgabenbereiche gebildet:

- Planung und Koordinierung
- Haushalt und Finanzen
- Örtliche Versorgungswirtschaft
- Land-, Forst- und Nahrungsgüterwirtschaft
- Handel und Versorgung
- Bauwesen und Wohnungswirtschaft
- Verkehr und Straßenwesen
- Landeskultur und Wasserwirtschaft
- Sozialistisches Bildungswesen
- Gesundheits- und Sozialwesen
- Kultur / kulturelle Massenarbeit
- Jugendfragen / Körperkultur / Sport
- Ordnung, Sicherheit, sozialistische Wehrerziehung.

Manche Bezirkstage haben ferner Kommissionen für territoriale Rationalisierung. Der Vorsitzende einer Kommission muß Abgeordneter sein; seit den Wahlen 1976 haben in zunehmender Zahl Sekretäre bzw. Mitarbeiter oder Mitglieder von SED-B.-Leitungen dieses Amt übernommen.

Aufgaben, Rechte und Pflichten des Bezirkstags und seiner Organe sind im 1973 erlassenen GÖV festgelegt (GBl. I, S. 313).

Der Bezirkstag und der Rat haben „in Durchführung der Politik des sozialistischen Staates die Entwicklung des gesellschaftlichen Lebens im Bezirk zu leiten und zu planen" (GÖV, § 20, 1). Der Bezirkstag beschließt auf Vorschlag des Rats den Fünfjahrplan, den Jahresplan und den Haushaltsplan des B., die auf der Grundlage zentraler staatlicher Plankennziffern und anderer Festlegungen des → **Ministerrats** erarbeitet werden und nach Beschluß des Bezirkstags die Grundlage der Tätigkeit des → **Staatsapparats** auf der B.-Ebene bilden. Dem Bezirkstag obliegt weiterhin die Wahl bzw. Abberufung der Direktoren, Richter und Schöffen des B.-Gerichts (→ **Gerichtsverfassung**, III.) sowie die Bestätigung des Vorsitzenden und der Mitglieder des B.-Komitees der → **Arbeiter-und-Bauern-Inspektion (ABI)** sowie der Beschlüsse des Rats über die Berufung von Leitern der Fachorgane.

Er entscheidet über den → **Fonds der Volksvertretung** und über den Fonds für Grundmittel sowie über seine Geschäftsordnung. Der Bezirkstag kann Beschlüsse der Kreistage im B. aufheben. Beschlüsse des Bezirkstags können vom Ministerrat dann ausgesetzt werden, wenn sie gegen Gesetze, andere Rechtsvorschriften oder Beschlüsse der → **Volkskammer** verstoßen. Der Rat des B. ist in einem solchen Fall verpflichtet, dem Bezirkstag eine entsprechende Beschlußvorlage zu unterbreiten. Weigert sich dieser, den Beschluß aufzuheben, erfolgt eine endgültige Entscheidung durch die Volkskammer.

Bezirkstag und Rat entscheiden über eine Reihe von Aufgaben, soweit diese nicht ausschließlich – wie z. B. in Fragen der Arbeitskräfteplanung und -lenkung und der Lohn- und Sozialpolitik – nur vom Rat durchzuführende bzw. zu koordinierende zentrale Festlegungen betrifft.

Dem Rat des B. kommt als ständig arbeitendem Gremium eine starke Bedeutung für die Durchführung der staatlichen Aufgaben zu. Die Mitglieder des Rats sind in der Regel Abgeordnete. Der Rat arbeitet nach dem Prinzip der Kollektivität (→ **Kollektive Führung**), wobei der Vorsitzende eine herausgehobene Stellung einnimmt. Er ist dafür verantwortlich, daß die Beschlüsse der SED, die Gesetze der Volkskammer sowie die Verordnungen und Beschlüsse des Ministerrats der gesamten Arbeit des Rats zugrunde gelegt werden. Er besitzt das Weisungsrecht gegenüber den Mitgliedern des Rats, den Leitern der Fachorgane (Abteilungen) und der dem Rat unterstellten Betriebe und Einrichtungen und ist Leiter der → **Zivilverteidigung**. Im Rahmen der ihnen vom Rat übertragenen Aufgabenbereiche sind die Ratsmitglieder befugt, ebenfalls Weisungen zu erteilen. Der Rat ist entsprechend dem Prinzip der „doppelten Unterstellung" sowohl dem Bezirkstag als auch dem

Ministerrat verantwortlich; beide Institutionen können seine Entscheidungen aufheben. Nach dem gleichen Prinzip sind die Fachorgane des B. neben dem Rat auch den entsprechenden Fachministerien unterstellt.
Im Mai 1974 erließ der Ministerrat einen Beschluß zur Zusammensetzung der örtlichen Räte. Danach setzt sich der Rat eines B. aus folgenden Mitgliedern zusammen:
1. Vorsitzender des Rates des B.,
2. Erster Stellv. d. Vors. d. R. d. B.,
3. Stellv. d. Vors. d. R. u. Vors. d. Bezirksplankommission,
4. Stellv. d. Vors. d. R. für bezirksgeleitete Industrie, Lebensmittelindustrie u. örtliche Versorgungswirtschaft (Vorsitzender des B.-Wirtschaftsrates),
5. Stellv. d. Vors. d. R. für Inneres,
6. Stellv. d. Vors. d. R. für Handel u. Versorgung,
7. Stellv. d. Vors. d. R. u. Produktionsleiter für Land-, Forst- und Nahrungsgüterwirtschaft,
8. Sekretär des Rates.
Die Mitglieder:
9. für Finanzen und Preise,
10. für Wohnungspolitik,
11. für Arbeit und Löhne,
12. für Verkehrs- und Nachrichtenwesen,
13. für Umweltschutz und Wasserwirtschaft,
14. für Kultur,
15. für Jugendfragen, Körperkultur und Sport,
16. der B.-Arzt,
17. der B.-Baudirektor und
18. der B.-Schulrat vervollständigen den Rat d. B.
Diese Funktionsaufteilung spiegelt die Aufgabenbereiche wider, in denen Bezirkstag und Rat des B. tätig werden. In bestimmten, durch örtliche Bedingungen veranlaßten Fällen kann der Rat d. B. seine Zusammensetzung im Rahmen des Stellenplanes verändern, d. h. auch Abweichungen von der Zahl beschließen. Weitere Stellvertreter dürfen allerdings nur mit Zustimmung des Vorsitzenden des Ministerrates berufen werden. Nach der 1975 erfolgten Umbildung der Produktionsleitungen für Landwirtschaft und Nahrungsgüterwirtschaft in Abteilungen lautet die Funktionsbezeichnung des zuständigen Ratsmitglieds: Stellvertreter des Vors. d. R. für Land-, Forst- und Nahrungsgüterwirtschaft (vgl. Bekanntmachung vom 10. 6. 1975, GBl. I, S. 449).
Der Rat des B. hat das Recht, über alle Angelegenheiten des B. und seiner Bürger zu entscheiden, soweit dies auf der Grundlage der Rechtsvorschriften und der Beschlüsse des Bezirkstages erfolgt und nicht dessen ausschließliche Kompetenz berührt. Die Anleitung und Kontrolle der Tätigkeit des Rates des B. obliegt dem Ministerrat, der den Rat sowohl in die Vorbereitung den B. betreffender Entscheidungen auf bestimmten Gebieten einbeziehen als auch die Übereinstimmung der zweiglichen und territorialen Entwicklung durch eine Zusammenarbeit zwischen Rat und zentralen Staatsorganen sichern soll. Die Beratungen über Planfragen werden von der Staatlichen Plankommission vorbereitet und als „Komplexberatungen“ unter Leitung eines Mitglieds des Präsidiums des Ministerrates geführt (→ **Planung**). Entsprechend dem Leitungsprinzip des → **Demokratischen Zentralismus** erteilt der Vorsitzende des Ministerrates dem Vorsitzenden des Rates des B. Weisungen; dieser besitzt das gleiche Recht gegenüber den Vorsitzenden der nachgeordneten Räte der Kreise.
Die früher vom Minister für Anleitung und Kontrolle der B.- und Kreisräte wahrgenommenen Aufgaben zur Unterstützung der Anleitung und Kontrolle der örtlichen Räte durch den Ministerrat sind nach der Abschaffung dieser Institution im November 1971, soweit erkennbar, inzwischen von der Arbeitsgruppe Organisation und Inspektion (Leiter: Staatssekretär Dr. H. Möbis, SED) beim Ministerrat übernommen worden.

Bezirksgeleitete Industrie: Neubezeichnung der örtlichen Industrie nach der Einführung des → **Neuen Ökonomischen Systems (NÖS)** der Planung und Leitung der Volkswirtschaft 1963. Zur BI. zählen sämtliche den → **Bezirkswirtschaftsräten (BWR)** unterstehenden volkseigenen Industriebetriebe und die den Wirtschaftsräten der Bezirke beigeordneten wenigen noch vorhandenen privaten Betriebe; die Betriebe sind aber auch dem → **Ministerium für Bezirksgeleitete Industrie und Lebensmittelindustrie** nachgeordnet, sie sind also – wie es in der DDR heißt – „doppelt unterstellt“. Bis zur Umwandlung der halbstaatlichen Industriebetriebe und der industriell produzierenden Produktionsgenossenschaften des Handwerks in volkseigene Industriebetriebe im Jahre 1972 unterstanden diese ebenfalls den Bezirkswirtschaftsräten.
Die BI. umfaßt vorwiegend kleinere und mittlere Betriebe, von denen über die Hälfte in den Bezirken Karl-Marx-Stadt, Dresden und Leipzig konzentriert ist. Mitte der 60er Jahre wurden ca. 85 v.H. aller Industriebetriebe, die allerdings nur mit 30 v.H. an der industriellen Bruttoproduktion beteiligt waren, bezirksgeleitet. Durch Zentralisierungsmaßnahmen und andere organisatorische Veränderungen auf dem Industriesektor hat der Anteil der BI. an der industriellen Warenproduktion in den vergangenen Jahren ständig abgenommen. Ende 1981 waren in 93 bezirksgeleiteten Kombinaten (ohne Dienstleistungskombinate) 1100 Betriebe mit rd. 180000 Beschäftigten zusammengefaßt. Einschließlich der örtlichen Betriebe erwirtschaftete die BI. 16 v.H. der industriellen Warenproduktion.
Erhebliche Bedeutung hat die BI. für die Versorgung der Bevölkerung, viele ihrer Produkte werden jedoch exportiert. In den nachfolgend aufgeführten Produktionsrichtungen sind fast alle Volkseigenen Betriebe bezirksgeleitet: Möbel und Polsterwaren, Musikinstrumente, Spielwaren, Sportwaren, Pelz- und Lederbekleidung, Fleischverarbeitung, Süßwaren, Spirituosen und andere Zweige der Lebensmittelproduktion.
Durch die sog. Erzeugnisgruppenarbeit (→ **Erzeugnisgruppen**) sind die Betriebe der BI. mit der → **Zentralgeleiteten Industrie** verbunden. Unter dem Terminus Erzeugnisgruppenarbeit wird in der DDR die Zusammenarbeit zwischen gleiche oder ähnliche Erzeugnisse produzierenden Industriebetrieben gleicher oder unterschiedlicher Unterstellungs- und Eigentumsverhältnisse unter Führung eines Kombinats verstanden. Damit pro-

fitiert die BI. vor allem in der Forschung und Entwicklung, die sie nicht allein betreiben kann, von den Erkenntnissen größerer Industrieeinheiten. → **Industrie**, IV., B.

Bezirksparteiorganisationen der SED: B. bestehen in den 14 Bezirken der DDR und in Berlin (Ost). Einer B. gleichgestellt sind die SED-Gebietsorganisation Wismut (→ **Uranbergbau**) sowie die von der Politischen Hauptverwaltung der → **Nationalen Volksarmee (NVA)** geleitete Parteiorganisation in den Streitkräften. An der Spitze der B. stehen die SED-Bezirksleitungen mit ihren Sekretariaten. Sie tragen für die politische Entwicklung in ihrem territorialen bzw. funktionalen Organisationsbereich die Verantwortung und leiten die dort jeweils vorhandenen SED-Kreisleitungen (1984 insges. 261 territoriale bzw. funktionale → **Kreisparteiorganisationen der SED**) an.

1. Zur Organisationsgeschichte. B. gibt es seit Auflösung der → **Länder** der SBZ/DDR im Zuge der → **Verwaltungsneugliederung** von 1952. An die Stelle der SED-Landesleitungen traten seinerzeit die SED-Bezirksleitungen mit dem „Büro" als eigentlichem hauptamtlichem Führungsorgan. Die Büros der SED-Bezirksleitungen hatten in der Regel 9–11 Vollmitgl. und 3–5 Kandidaten. Zwischen 1959 und 1962 wurde die Zahl der Büro-Mitgl. auf 15–20 vergrößert.

Im Zuge der dem Vorbild der KPdSU folgenden Organisationsreform der → **Sozialistischen Einheitspartei Deutschlands (SED)** 1963 (Beschluß des → **Politbüros des ZK der SED** vom 26. 2. 1963; 4. Statut der SED, verabschiedet auf dem VI. Parteitag 1963) wurde auch die Führungsstruktur der B. einschneidend verändert. Für die Bereiche a) Industrie, Bauwesen und Verkehr, b) Landwirtschaft und c) ideologische Fragen wurden **Büros** eingerichtet. Zugleich wurden die bis dahin bestehenden Büros der SED-Bezirksleitungen in Sekretariate umgewandelt. Die zahlenmäßig kleineren Sekretariate sollten die Aktivitäten der bereichsspezifisch arbeitenden Büros koordinieren und für ein einheitliches Handeln der Partei Sorge tragen. Den Sekretariaten gehörten von 1963 bis 1966 nur noch an: der 1. Sekretär, der 2. Sekretär bzw. Leiter der Abteilung Parteiorgane, der Leiter des Büros für Industrie- und Bauwesen, der Leiter des Büros für Landwirtschaft und der Leiter der Ideologischen Kommission. Mitte der 60er Jahre wurde diese Gliederung der Partei wieder aufgegeben, die Sekretariate wurden vergrößert. Die 1967 gefundene Struktur der SED-Bezirkssekretariate blieb bis heute im wesentlichen unverändert. Lediglich 1974 wurde als weiteres Mitgl. der Vors. der → **Parteikontrollkommission der SED** des Bezirks ebenfalls in das Sekretariat aufgenommen.

2. Wahl und Struktur der SED-Bezirksleitungen. Die SED-Bezirksleitungen werden mindestens zweimal innerhalb von 5 Jahren auf Beschluß des → **Zentralkomitees (ZK) der SED** von den Bezirksdelegiertenkonferenzen gewählt (→ **Parteiwahlen**). Die Bezirksdelegierten werden nach einem vom Zentralkomitee festgelegten Schlüssel ebenfalls alle 2½ Jahre von den Kreisdelegiertenkonferenzen gewählt. Die 1984 gewählten Bezirksleitungen bestehen entsprechend der Mitgliederstärke der Partei in dem jeweiligen Bezirk aus 75 bis 85 Mitgl. sowie 15 bis 20 Kandidaten. Die SED-Bezirksleitung Berlin (Ost) besteht aus 108 Mitgl. und 28 Kandidaten. Auf ihrer ersten (konstituierenden) Sitzung wählt die Bezirksleitung das Sekretariat und die Mitgl. der Bezirksparteikontrollkommission. Außerdem obliegt den Bezirksleitungen die Bestätigung der Leiter der Abteilungen des Parteiapparates auf der Bezirksebene sowie der Zusammensetzung der Redaktionskollegien bzw. der Redakteure der SED-Presseorgane im Bezirk. Da derartige hauptamtliche Funktionärspositionen Teil der → **Nomenklatur** des ZK sind, werden sie faktisch vom ZK-Apparat (→ **Sekretariat des ZK der SED**, Politbüro bzw. Kaderkommission) ausgewählt, vorgeschlagen und – zumindest die Sekretariatsmitglieder nach ihrer Wahl – bestätigt (→ **Kaderpolitik**).

Die Sekretariate der Bezirksleitungen setzen sich heute in der Regel zusammen aus 6 hauptamtlichen Sekretären: 1. Sekretär, 2. Sekretär, Sekretär für Wirtschaft, Sekretär für Landwirtschaft, Sekretär für Agitation und Propaganda, Sekretär für Wissenschaft, Volksbildung und Kultur;

weiteren 2 leitenden SED-Funktionären: Vorsitzender der Bezirksparteikontrollkommission, 1. Sekretär der SED-Stadt- bzw. Kreisleitung der Bezirksstadt;

den Vorsitzenden der beiden wichtigsten Massenorganisationen: Vors. des FDGB-Bezirksvorstandes, 1. Sekretär der FDJ-Bezirksleitung;

2 leitenden Funktionären des bezirklichen Staatsapparates: Vors. des Rates des Bezirks (in Berlin [Ost]: Oberbürgermeister) und Vors. der Bezirksplankommission.

Die Gebietsleitung Wismut weist einige Besonderheiten auf. Neben den 6 hauptamtlichen Sekretären gehören ihr der 1. Stellv. des Generaldirektors der SDAG Wismut, der Vors. des Zentralvorstandes der IG Wismut, der Vors. der Gebietsparteikontrollkommission und der 1. Sekretär der FDJ-Gebietsleitung an.

Die Sekretariate der Bezirksleitung tagen regelmäßig einmal in der Woche an einem festgesetzten Tag. Demgegenüber treten die Bezirksleitungen nur etwa alle 3 Monate zusammen, um einen Rechenschaftsbericht des Sekretariats entgegenzunehmen, die Durchführung und Auswirkungen der von der Parteiführung gefaßten Beschlüsse im Bezirk zu erörtern und gegebenenfalls über personelle Veränderungen zu beschließen. Daneben besteht ein „Bezirksparteiaktiv" (→ **Parteiaktiv**). Ihm gehören besonders aktive Parteimitglieder, in der Regel zugleich wichtige Funktionsträger, aus den verschiedenen politischen, wirtschaftlichen und organisatorischen Bereichen des Bezirkes an. Die Bezirksparteiaktive werden in unregelmäßigen Abständen einberufen, um sie rasch über wichtige Parteibeschlüsse zu informieren und die Partei insgesamt auf diesem Wege für deren Durchführung zu mobilisieren.

Das Sekretariat stützt sich in seiner Arbeit auf den Apparat der Bezirksleitung. Er ist entsprechend der Aufgabenstellung des Bezirks in verschiedene Abteilun-

gen unterteilt; an ihrer Spitze stehen Abteilungsleiter. Die Abteilungen sind in Sektoren untergliedert. Außerdem gibt es ständige Kommissionen, von denen die Kommission für Jugend und Sport sowie die Frauenkommission bekannt sind. In mehreren Bezirken bestehen ferner Kommissionen zur Betreuung der → **Parteiveteranen**. Für zeitlich begrenzte Aufgaben werden Adhoc-Kommissionen, Arbeitsgruppen usw. gebildet.
Eine Bezirksleitung hat im Durchschnitt 180–250 hauptamtliche Mitarbeiter. Ein Großteil der Arbeit in den Kommissionen, Arbeitsgruppen oder Ausschüssen wird jedoch ehrenamtlich geleistet.
3. Aufgaben und Stellung der Bezirksorganisationen.
a) Die Bezirksleitungen sind das organisatorische und politische Verbindungsstück zwischen dem zentralen und den territorialen Parteiapparaten. Entsprechend dem → **Demokratischen Zentralismus** leiten und organisieren sie in ihrem Bereich die Durchführung der Beschlüsse und Direktiven des Parteitages, des Zentralkomitees und der von diesem gewählten Organe: Sekretariat des ZK und Politbüro.
b) Die Bezirksleitungen haben die einheitliche politische Entwicklung in ihren Bezirken zu sichern, ihnen obliegt die systematisch politisch-ideologische und organisatorische Arbeit zur Gewinnung aller Werktätigen für die bewußte Teilnahme an der Durchführung der jeweiligen Partei- und Staatsbeschlüsse.
c) Sie haben die staatlichen Organe anzuleiten und diese bei der Durchführung der Beschlüsse der übergeordneten Organe des → **Staatsapparates** sowie der leitenden Parteiorgane zu unterstützen. In gleicher Weise haben sie auch die → **Massenorganisationen** politisch anzuleiten und in ihrer Organisationstätigkeit zu fördern.
Die bedeutende Rolle, die die SED-Bezirksleitungen im Rahmen der Gesamtorganisation spielen, zeigt sich u. a. darin, daß alle ersten Sekretäre der Bezirksleitungen zugleich Mitgl. des Zentralkomitees (ZK) der SED sind. Der 1. Sekretär der SED-Bezirksleitung Berlin (Ost), Konrad Naumann, ist darüber hinaus Mitglied des Politbüros des ZK der SED; der 1. Sekretär der Bezirksleitung Cottbus, Werner Walde, gehört dem Politbüro als Kandidat an.

Bezirkswirtschaftsrat (BWR): Übliche Bezeichnung für Wirtschaftsrat des → **Bezirks**. Der BWR ist das für die Planung und Leitung der → **Bezirksgeleiteten Industrie** aller Eigentumsformen zuständige Fachorgan des Rates des Bezirks. Gleichzeitig ist er dem → **Ministerium für Bezirksgeleitete Industrie und Lebensmittelindustrie** nachgeordnet und somit „doppelt unterstellt" (→ **Anleitung und Kontrolle**).
Die Beziehungen der bezirksgeleiteten Betriebe zum BWR differieren entsprechend der jeweiligen Eigentumsform: Volkseigene Betriebe sind dem BWR unterstellt, während Privatbetriebe und industriell produzierende Produktionsgenossenschaften des Handwerks (PGH) ihm lediglich zugeordnet sind. Inzwischen hat die Kombinatsbildung auch auf der Ebene der Bezirke eingesetzt. 1981 gab es 93 derartige Kombinate.
In seiner gegenwärtigen Form geht der BWR auf einen Beschluß des VI. Parteitags der → **Sozialistischen Einheitspartei Deutschlands (SED)** (Januar 1963) zurück. Seine Hauptaufgabe besteht in der Ausarbeitung, Durchführung und Erfüllung der staatlichen Pläne der Bezirksgeleiteten Industrie. Da er keinen geschlossenen Teil eines Produktionszweiges leitet, kann er seine Aufgaben nur in Zusammenarbeit und unter maßgeblicher Einflußnahme der jeweiligen Kombinate erfüllen. So arbeitet der BWR mit den Kombinaten bei der Aufstellung der wissenschaftlich-technischen und anderer längerfristiger Konzeptionen und ihrer Verwirklichung, z. B. durch die Erzeugnisgruppenarbeit, zusammen (→ **Betriebsformen und Kooperation**, V.; **Erzeugnisgruppen**). Eine weitere wesentliche Aufgabe des BWR besteht in der Konzipierung eines eigenen Planprojektes für die ihm unterstellte Industrie.
Weitere Bereiche seiner Tätigkeit sind die Aufsicht über eine rationelle geographische Verteilung der Betriebe im Bezirk, die Festlegung von Standorten für Neuinvestitionen oder die Auflockerung von Ballungsgebieten; die Lösung dieser Probleme erfordert jedoch – wegen Kompetenzüberschneidungen – eine Zusammenarbeit mit den Bezirks- und Kreisplankommissionen (→ **Planung**) und mit den Bezirks- und Kreisbauämtern.
Zur Erfüllung seiner Aufgaben verfügt der BWR über verschiedene eigene Fonds. Die Organisationsstruktur der BWR ist nicht starr und detailliert festgelegt. Ihre wichtigsten Merkmale sind:
a) Der Vors. als Mitglied des Rates des Bezirks wird vom Bezirkstag gewählt. Die Berufung in seine Funktion erfolgt durch den Minister für die Bezirksgeleitete und Lebensmittelindustrie. Er leitet den BWR nach dem Prinzip der → **Einzelleitung**. Als Beratungsorgan können spezielle zeitweilige (z. B. Neuererrat) oder ständige Gremien gebildet werden.
b) Der Stellv. für bestimmte Querschnittsbereiche, z. B. Abteilung Technik, Materialwirtschaft, Leit-Büro für Neuererbewegung (BfN), Finanzen. Auch diese Abteilungen sind Beratungsorgane für den Vorsitzenden.
c) Die Industrieabteilungen, die nach dem Produktionsprinzip aufgebaut sind. Die jeweilige Industrieabteilung ist der direkte Partner der Betriebe eines Produktionszweiges im Bezirk.
d) Das Neuererzentrum als Koordinierungsorgan für das Neuererwesen aller Betriebe im Bezirk (z. B. Erfahrungsaustausch über territoriale Rationalisierung).
e) Den BWR sind in der Regel ein VEB für Rationalisierung bzw. ein Ingenieurbüro für Rationalisierung und ein Organisations- und Rechenzentrum unterstellt.
Über seine Industrieabteilungen nimmt der BWR gegenüber den unterstellten Betrieben eine ähnliche Stellung ein wie bis 1978 die VVB und seitdem die Kombinatsleitungen gegenüber den Betrieben ihres Produktionszweiges; er besitzt Weisungsrecht. Bei nicht unterstellten (zugeordneten) Betrieben bestehen Möglichkeiten der indirekten Einwirkung (z. B. Materialkontingente, Bestätigung von Baubilanzen usw.). Da der BWR bei privaten Betrieben nicht weisungsberechtigt ist, müssen alle Vorstellungen über die perspektivische Gestaltung dieser Betriebe durch gegenseitige Ver-

einbarungen ausgehandelt werden. In steigendem Maße nehmen diese Vereinbarungen die Form vertraglicher Beziehungen an. → **Wirtschaft**, V.

Bibliotheken: Gesetzliche Grundlage für das Bibliothekswesen in der DDR ist die VO über die Aufgaben des Bibliothekssystems bei der Gestaltung des entwickelten gesellschaftlichen Systems des Sozialismus in der DDR vom 31. 5. 1968 (BVO) (GBl. II, 1968, S. 565ff.). Diese VO gilt 1. für wissenschaftliche Allgemein- und Fach-B.; dazu gehören: die Deutsche Staatsbibliothek, die Deutsche Bücherei, die zentralen wissenschaftlichen Fach-B., die B. der Akademien, die Universitäts-, Hoch- und Fachschul-B., die wissenschaftlichen Allgemein-B. der Bezirke, die wissenschaftlichen Fach-B. der staatlichen Organe und Einrichtungen und der Betriebe, 2. die staatlichen allgemeinbildenden B.; dazu gehören: die Stadt- und Bezirks-B., die Kreis-B., die ländlichen Zentral-B., die Gemeinde-B., die Schüler-B., die Heim-, Patienten- und Anstalts-B.
Als staatliche Leitungsorgane gibt es beim → **Ministerium für Kultur**, Hauptverwaltung Verlage und Buchhandel, Abt. Literaturverbreitung und Literaturpropaganda, den Sektor Bibliothekswesen; außerdem besteht dort ein Beirat für Bibliothekswesen, beim → **Ministerium für Hoch- und Fachschulwesen** eine Abteilung für wissenschaftliche B., wissenschaftliche Information und Museen, ferner ein Beirat für das wissenschaftliche Bibliothekswesen und die wissenschaftliche Information. Diesem Ministerium ist weiterhin das Methodische Zentrum für wissenschaftliche B., Berlin (Ost), unterstellt. Es ist die zentrale wissenschaftlich-methodische Einrichtung für alle zum Aufsichtsbereich des Ministeriums gehörenden wissenschaftlichen B. Im Staatshaushalt 1982 waren für die B. insgesamt 148,4 Mill. Mark ausgewiesen.
1. Wissenschaftliche B. 3 zentrale wissenschaftliche Allgemein-B. unterstehen dem Ministerium für Hoch- und Fachschulwesen: **Deutsche Staatsbibliothek** (früher Preußische Staatsbibliothek) in Berlin (Ost) (3,6 Mill. Bände. Gen.-Dir.: Prof. Dr. Friedhilde Krause), **Deutsche Bücherei** in Leipzig (7,06 Mill. Bände. Gen.-Dir.: Prof. Dr. Helmut Rötzsch), Sächsische Landesbibliothek in Dresden (1,2 Mill. Bände. Dir.: Prof. Dr. Burghard Burgemeister), ferner 7 Universitäts-B., 10 B. technischer und ökonomischer Hochschulen, B. der 3 medizinischen Akademien, 9 B. der Ingenieurhochschulen und die Forschungs-B. Gotha. – Aufgrund der Anweisung Nr. 22/69 des Ministeriums für Hoch- und Fachschulwesen über die Stellung, Aufgaben und Arbeitsweise des Bibliothekswesens und der wissenschaftlichen Information an den Hochschulen (Verf. u. Mitt. Hoch- und Fachschulwesen, 1969, 8/9, S. 2ff.) werden die Einrichtungen des Bibliothekswesens und der wissenschaftlichen Information und Dokumentation einer Hochschule durch die dem Rektor direkt unterstehende Hochschul-B. zusammengefaßt und geleitet. Das Bibliothekswesen der Hochschule wird als eine einheitliche Institution angesehen. – Zu der BVO sind eine Reihe von Durchführungsbestimmungen (DB) erlassen worden: Die 3. DB betrifft die Aufgabe und Arbeitsweise der Deutschen Staatsbibliothek als zentrale Leiteinrichtung für den Leihverkehr und die Zentralkataloge im Bibliothekssystem der DDR (GBl. II, 1970, S. 570ff.). Dies führte zur Bildung des „Instituts für Leihverkehr und Zentralkataloge", einer Abteilung der Deutschen Staatsbibliothek. Bei der Deutschen Staatsbibliothek gibt es mehrere Zentralkataloge: den Zentralkatalog der DDR mit Nachweis von 2,5 Mill. Buchtiteln und 30000 Zeitschriftentiteln mit mehreren Besitznachweisen, den Gesamtkatalog der Wiegendrucke, das Zentralinventar mittelalterlicher Handschriften, das Répertoire International des Sources Musicales, den Zentralkatalog der ausländischen Karten und Atlanten und den Zentralkatalog der Literatur zur Geschichte des Sozialismus und der Arbeiterbewegung (bis 1945); bei der Deutschen Bücherei wird die letztgenannte Literatur ab 1945 erfaßt.
In den Bezirken bestehen Zentralkataloge bei der Sächsischen Landes-B. Dresden, für Sachsen-Anhalt in Halle, für Thüringen in Jena, für Neubrandenburg, Rostock und Schwerin in Rostock, ferner der Zentralkatalog Leipzig und ein fachlicher Zentralkatalog für Körperkultur und Sport bei der Zentral-B. für Körperkultur und Sport der DDR in Leipzig.
Der Internationale Schriftentausch der B. und Informationseinrichtungen sowie der Tausch und die Abgabe von offiziellen Veröffentlichungen werden durch die 9. DB zur BVO (GBl. I, 1976, S. 188f.) geregelt. Zentrale für den internationalen Leihverkehr ist das Institut für Leihverkehr und Zentralkataloge. Gesetzliche Grundlage für den Internationalen Leihverkehr der B. ist die 10. DB zur BVO (GBl. I, 1976, S. 190ff.).
Eine organisatorische Verbindung zum Bibliothekswesen der Bundesrepublik Deutschland besteht praktisch nicht mehr; es wird grundsätzlich das sozialistische von dem bürgerlichen (oder kapitalistischen) Bibliothekswesen abgegrenzt. Allerdings bestehen noch zahlreiche Tauschbeziehungen, und es gibt einen Leihverkehr zwischen B. der DDR und der Bundesrepublik Deutschland im Rahmen der bestehenden Bestimmungen. Dabei überragt der Leihverkehr mit B. der Bundesrepublik Deutschland nach statistischen Angaben der DDR immer noch den Leihverkehr mit allen anderen B. (auch mit denen in sozialistischen Ländern) bei weitem, wenngleich er in den letzten Jahren rückläufig war. 1982 wurden nach diesen Angaben etwa 6750 Bände von B. der DDR an B. in der Bundesrepublik verliehen, während umgekehrt etwa 4950 Bände von B. der Bundesrepublik an B. in der DDR versandt wurden. Ein wesentlich anderes Verhältnis ergibt sich bei dem Versand von Kopien oder anderen Mikroformen: Hier erhielten B. der DDR 1982 etwa 9800 Kopien, während aus der DDR etwa 1450 Kopien an B. der Bundesrepublik verschickt wurden. Die Zahlen von Kopien liegen für alle anderen Länder weit niedriger (auch für die sozialistischen Länder), in aller Regel beträchtlich unter 100 Kopien im Jahr 1982, lediglich aus der UdSSR erhielten DDR-B. im Jahr 1982 671 Kopien.
Wie von allen B. wird besonders von den wissenschaftli-

chen die Bevorzugung des Fachgebietes „Wissenschaftlicher Sozialismus“ und Ausschaltung „antimarxistischer Literatur“ sowie vor allem parteiliche Arbeit der Bibliothekare gefordert. Literatur aus der Bundesrepublik Deutschland und aus dem westlichen Ausland (sog. Kontingentliteratur) wird im Rahmen zugeteilter Kontingente durch den Leipziger Kommissions- und Großbuchhandel (LKG, → **Buchhandel**) beschafft. Die Versorgung mit dieser Literatur ist schwierig und wird als keinesfalls ausreichend angesehen, wobei allerdings ab 1980 eine Erhöhung der Kontingente erfolgte.

Die Deutsche Bücherei, Leipzig (1913 vom → **Börsenverein der Deutschen Buchhändler** gegründet), versucht, das seit ihrer Gründung in deutscher Sprache erschienene Schrifttum möglichst lückenlos zu erfassen. Die Neuzugänge werden in der „Deutschen Nationalbibliographie“, Reihe A: Neuerscheinungen des Buchhandels (wöchentlich) und in der halbmonatlichen Reihe B: Neuerscheinungen außerhalb des Buchhandels angezeigt: Die monatlich erscheinende Reihe C: Dissertationen und Habilitationsschriften weist die Neuzugänge von Hochschulen beider deutschen Staaten aus. Außerdem werden das Jahresverzeichnis der Hochschulschriften und das Jahresverzeichnis der Verlagsschriften sowie das Deutsche Bücherverzeichnis, eine Fünfjahreskumulation, herausgegeben. Diese Verzeichnisse erscheinen allerdings z. Z. noch mit beträchtlicher Verzögerung; durch die in Entwicklung befindliche elektronische Datenverarbeitung soll sich die Situation verbessern. Die Reihe C der „Deutschen Nationalbibliographie“ wird bereits seit 1971 mittels elektronischer Datenverarbeitung hergestellt.

Die meisten wissenschaftlichen B. leiden unter erheblicher Raumnot; seit über 50 Jahren ist auf dem Gebiet der heutigen DDR nur ein großer Bibliotheksneubau (B. der Bergakademie Freiberg, 1980) fertiggestellt worden. Die Deutsche Bücherei erhielt 1962 einen Erweiterungsbau und 1980 einen Magazinturm mit Stellflächen für 5 Mill. Bände.

2. Zentrale Fach-B. (ZB). Für die Zentralen Fach-B. gilt die 7. DB zur BVO (GBl. II, 1972, S. 26ff.). An ZB gibt es z. Z. die ZB der deutschen Klassik in Weimar, die ZB für Körperkultur und Sport der DDR in Leipzig, die Landwirtschaftliche ZB in Berlin (Ost), die Pädagogische ZB in Berlin (Ost), die ZB des Verkehrswesens in Berlin (Ost), die Militär-B. der DDR in Dresden und die Deutsche Zentralbücherei für Blinde zu Leipzig.

Überraschenderweise gibt es bis heute in der DDR keine ZB für Technik; die Deutsche Staatsbibliothek hat zwar für die in Berlin (Ost) ansässige Industrie gewisse Aufgaben übernommen, jedoch gilt als die größte technische B. die Universitäts-B. der Technischen Universität Dresden.

3. Wissenschaftliche Allgemein- und Fach-B. Die BVO sieht vor, daß in jedem Bezirk eine wissenschaftliche Allgemein-B. vorhanden sein soll. Soweit diese Aufgabe nicht von einer Universitäts- oder Hochschul-B. wahrgenommen wird, sind hierfür bisher bestehende Stadt- oder Landes-B. ausgebaut worden. Dies gilt z. B. für die Bezirke Erfurt, Gera, Potsdam, Schwerin und Suhl, wo es bereits B. mit der Bezeichnung „Wissenschaftliche Allgemein-B.“ gibt.

4. Staatliche Allgemein-B. Die Aufgaben, Arbeitsweise und Struktur der den örtlichen Räten unterstehenden staatlichen Allgemein-B. sind in der 5. DB zur BVO niedergelegt (GBl. II, 1971, S. 209ff.). 1982 wurden 7126 hauptberuflich geleitete B. einschl. Zweig-B. und Ausleihstellen gezählt. Nebenberuflich geleitet gab es 6221 B. Der Gesamtbestand betrug 39,7 Mill. Bände mit einer Ausleihzahl von 81,5 Mill. Dies sind etwa 2,2 Bände pro Einwohner und eine Entleihung von 5,5 Bänden im Jahr pro Einwohner.

Die 1. DB zur BVO enthält das Statut des Zentralinstituts für Bibliothekswesen (GBl. II, S. 565ff.). Das Institut (Dir.: Prof. Dr. Gotthard Rückl) ist eine Einrichtung des Ministeriums für Kultur für Grundfragen der Entwicklung des B.-Systems der DDR und des Netzes der staatlichen Allgemein-B. sowie für die Koordinierung der wissenschaftlich-methodischen Arbeit im B.-System. Es ist 1950 gegründet worden und befindet sich in Berlin (Ost).

Stärker noch als die wissenschaftlichen unterliegen die Allgemein-B. der politisch-ideologischen Beeinflussung. Als Instrument der politischen Bewußtseinsbildung (**Gesellschaftliches → Bewußtsein**) werden sie zwar stark gefördert, jedoch reichen Beschaffungsmittel und Personal nicht aus, um den Anforderungen zu entsprechen, die man an die B. stellt.

Der Bestandsaufbau wird in erheblichem Maße zentral dirigiert und berücksichtigt nur die „fortschrittlichen“ Wünsche und Bedürfnisse der Leserschaft; insbesondere die neuere Literatur des Westens wird nur in einer sorgfältig begrenzten Auswahl angeboten; die B. machen zahlreiche und keineswegs immer erfolglose Anstrengungen, das „sozialistische Buch“ ihren Lesern nahezubringen. → **Kulturpolitik; Literatur und Literaturpolitik; Verlagswesen.**

5. Gewerkschafts-B. Obwohl die Gewerkschafts-B. vom Geltungsbereich der BVO nicht ausdrücklich erfaßt sind, sind diese B. durch den Beschluß des Präsidiums des Bundesvorstandes des FDGB (→ **Kulturarbeit des FDGB**) vom 4. 5. 1973 und durch die Vereinbarung zwischen dem Ministerium für Kultur und dem Bundesvorstand des FDGB über die Zusammenarbeit der staatlichen allgemeinen öffentlichen B. und der Gewerkschafts-B. vom 1. 6. 1969 in den Aufgabenbereich des B.-Systems bei der Gestaltung der entwickelten sozialistischen Gesellschaft in der DDR integriert. Die 1.–5. DB zur BVO sind daher auch im Einvernehmen mit dem Bundesvorstand des FDGB erlassen worden. Unter Gewerkschafts-B. werden Zentren des Lesens, der Bildung und der Literaturpropaganda im Betrieb verstanden. 1982 gab es 3169 (einschl. Zweig-B. und Ausleihstellen) hauptberuflich geleitete und in 1174 Betrieben ehren- oder nebenamtlich geleitete Einrichtungen der Gewerkschafts-B. Die Benutzerzahlen lagen 1982 bei etwas unter 1 Mill., bei einem Buchbestand von über 9,28 Mill. Bänden mit 13,9 Mill. Ausleihungen.

6. Bibliotheksverband. Der 1964 als **Deutscher Bibliotheksverband** gegründete **Bibliotheksverband der DDR**

(Umbenennung 1972) ist die Fachorganisation des Bibliothekswesens der DDR (Präsident: Prof. Dr. Gotthard Rückl, Direktor des Zentralinstituts für Bibliothekswesen). Er vereinigt B., zentrale Institutionen des Buch- und Informationswesens sowie Aus- und Weiterbildungseinrichtungen. Mitglieder können alle hauptberuflich geleiteten B. usw. werden. Er trägt sich im wesentlichen durch Mitgliedsbeiträge. Am 31. 12. 1983 zählte er 1835 Mitglieder: 18 wissenschaftliche Allgemein-B., 720 Fach-B., 620 staatliche Allgemein-B., 395 Gewerkschafts-B., 62 Einrichtungen der Information und Dokumentation und 20 weitere B.-Institutionen.
Über den B.-Verband ist die DDR auch in internationalen Organisationen des B.-Wesens, wie der International Federation of Library Associations and Institutions (IFLA) vertreten. Andere internationale Vereinigungen, denen B. der DDR als Mitglieder angehören, sind die Internationale Vereinigung der Musikbibliotheken und die International Association of Technological University Libraries (IATUL).
7. Ausbildung. Die Ausbildung von Bibliothekaren ist in den letzten Jahren neu geregelt worden. Für die Ausbildung von Bibliotheksfacharbeitern (Lehrberuf) mit den Spezialisierungsrichtungen Staatl. Allgem. B. und Gewerkschafts-B. und Wissenschaftl. Allgem. B. und Fach-B. erfolgt die berufstheoretische Ausbildung an der Betriebsschule für B.-Facharbeiter in Sondershausen (Ausbildungsdauer 2 Jahre).
Bibliothekare mit Fachschulqualifikation bilden die mittlere Berufsgruppe im B.-Wesen, deren Ausbildung im Rahmen der Grundstudienrichtung B.-Wesen an bibliothekarischen Fachschulen im Direkt- und Fernstudium erfolgt. Analog zu den B.-Facharbeitern gibt es zwei Fachrichtungen. Für die Richtung Staatl. Allgem. B. und Gewerkschafts-B. erfolgt die Ausbildung an der Fachschule für Bibliothekare „Erich Weinert" in Leipzig; für die Richtung Wissenschaftl. Allgem. B. und Fach-B. kann die Ausbildung an der gleichen Fachschule in Leipzig (Direkt- und Fernstudium) oder auch (nur Direktstudium) an der Fachschule für wissenschaftl. B.-Wesen und wissenschaftl. Information in Berlin (Ost) erfolgen (Ausbildungsdauer im Direktstudium 3 Jahre).
Voraussetzung für die Ausbildung als Diplombibliothekar ist die Hochschulreife. Die Ausbildung (Dauer 4 Jahre im Direktstudium und 4½ Jahre im Fernstudium) erfolgt am Institut für B.-Wissenschaft und wissenschaftliche Information der Humboldt-Universität zu Berlin (Ost). Eine zweigspezifische Differenzierung gibt es für Diplombibliothekare nicht. Das Studium kann nach weiteren 3 Jahren (nach dem 3. Studienjahr) mit der Promotion A mit dem akademischen Grad eines Doktors der Philosophie für das Fach B.-Wissenschaft abgeschlossen werden. Die Ausbildung zum Fachbibliothekar (frühere Berufsbezeichnung Wissenschaftl. Bibliothekar) erfolgt in Form eines 2jährigen postgradualen Studiums der B.-Wissenschaft auf Fernstudienbasis am Institut für B.-Wissenschaft und wissenschaftl. Information der Humboldt-Universität zu Berlin (Ost). Voraussetzung ist der Hoch- bzw. Fachschulabschluß in einer math.-naturw., agrarwissenschaftl., medizinischen, gesellschaftswissenschaftl. oder künstlerischen Fachrichtung sowie der Nachweis erfolgreicher Tätigkeit in einer B. Bei vorhandenem Hochschulabschluß besteht Promotionsrecht auch auf dem Gebiet der B.-Wissenschaft. Es kann in Form der wissenschaftl. Aspirantur die Promotion A erlangt werden. – Für alle Berufsgruppen bestehen zahlreiche Weiterbildungsmöglichkeiten, z.B. beim Weiterbildungszentrum in Gotha.

Bildende Kunst

I. Kunsttheorie

Die BK. ist kunsttheoretisch an die marxistische → **Ästhetik** gebunden, nach der sie zusammen mit den anderen Kunstarten höchster Ausdruck des ästhetischen Bewußtseins ist, das sich in der bildhaft-künstlerischen Aneignung der Wirklichkeit vollzieht.
Als allgemeine Methode dieser Aneignung gilt der **sozialistische Realismus**, der „vom Künstler eine wahrheitsgetreue, konkret-historische Darstellung der Wirklichkeit in ihrer revolutionären Entwicklung erfordert" (Definition des 1. Kongresses der Schriftsteller der UdSSR 1934). Die Kategorie der „künstlerischen Wahrheit" meint dabei die Übereinstimmung des künstlerischen Abbildes mit dem abgebildeten Sachverhalt in seiner objektiven, sinnlich wahrnehmbaren Erscheinung. Allerdings muß es stets das Abbild eines größeren gesellschaftlichen Zusammenhanges sein. In diesem Sinne meint die „künstlerische Konkretheit", als zweite Kategorie, die Widerspiegelung einer im historischen Entwicklungsprozeß eingebetteten Wirklichkeit in ihrer jeweiligen gesellschaftlichen Ausprägung, wobei deren Beurteilung und Bewertung vom Standpunkt vermeintlich erkannter Gesetzmäßigkeiten des Geschichtsverlaufs ausgeht.
Der Realismus wird bei dieser Art Realitätswiderspiegelung als adäquate künstlerische Methode angesehen, weil in ihm die Erscheinungen erkennbar bleiben. Der Inhalt, nach dem die Form sich zu richten hat, dominiert. Abgelehnt werden deshalb in der marxistischen Kunsttheorie Ausdrucksweisen, die entweder die Form über den konkret fixierbaren Inhalt stellen (Formalismus) oder den historisch „falschen" Inhalt widerspiegeln (Dekadenz). Die Forderung nach harmonischer, d. h. historisch „rich-

tiger" Übereinstimmung von Inhalt und Form ist dann gewährleistet, wenn die Arbeiterklasse als Held und Subjekt der Geschichte den neuen sozialistischen Inhalt ausmacht und zugleich zur Rezeption der formalen Gestaltung befähigt wird. Oberstes Kriterium der sozialistischen Kunst ist deshalb die Volksverbundenheit des Kunstwerks im allgemeinen und die Volksverständlichkeit der Form im besonderen. Als Beispiel und Vorbild für die angestrebte Einheit von Inhalt und Form gilt die sowjetische BK.

In der Kategorie des „Typischen" erfaßt der sozialistische Realismus den „Sinn" oder das „Wesen" der Erscheinungen. Über das Typische artikuliert sich sinnlich anschaulich der historische Wahrheitsgehalt im Kunstwerk, in ihm kommt die dialektische Verbindung von Besonderem und Allgemeinem, von Individuellem und Gesellschaftlichem zum Ausdruck. Diese im Typischen konzentrierte Verallgemeinerung ermöglicht eine wahrheitsgetreue adäquate Darstellung gesellschaftlicher Prozesse und der Gesamtwirklichkeit der sozialistischen Gesellschaft. Der „typische Charakter" in seiner klassenmäßig sozialen Bestimmung erscheint im Sozialismus als Protagonist neuer sozialer Beziehungen der sozialistischen Gesellschaft, als „positiver Held". Die normative Ausprägung des Typischen führt zu symbolhafter, emblematischer oder zu monumentaler Kunstform.

Die Kunst trägt Klassencharakter, denn die künstlerische Widerspiegelung kann nach dieser Auffassung nur vom parteilichen Standpunkt aus erfolgen. Der soll seinerseits bewirken, daß die Kunst erkenntnisvermittelnde, bewußtseinsbestimmende und handlungsanleitende Funktionen erfüllt.

Parteilichkeit und Volksverbundenheit in Form und Inhalt, Gegenständlichkeit, Typisierung und Optimismus der Darstellung sind die feststehenden Kriterien des sozialistischen Realismus als künstlerische Arbeitsmethode, mit der die gesellschaftspolitischen Aufgaben der BK. – Erziehung der Menschen zu sozialistischem Bewußtsein – am wirkungsvollsten erfüllt werden sollen.

In Zusammenhang mit der weniger dogmatisch konzipierten Kunstpolitik der 70er Jahre (s. u.) verlieren diese Maßstäbe jedoch an normativer Kraft: sie weichen zunehmend von der Kunstpraxis ab; dadurch ist die Kunsttheorie zu einer Modifikation der Begriffsbestimmung des sozialistischen Realismus gezwungen worden. Die u. a. aus diesem Grunde intensivierten kunsttheoretischen Diskussionen (seit 1976 im Rahmen der Sektion Kunstwissenschaft des → **Verbandes Bildender Künstler der DDR (VBK)** sowie in der führenden Kunstzeitschrift der DDR „Bildende Kunst") versuchen unter Beibehaltung der o. g. Kriterien, einer der Kunstpraxis angeglichenen erweiterten Realismusauffassung gerecht zu werden. So wird die Widerspiegelungstheorie inzwischen so interpretiert, daß sie sowohl Formen indirekter Bildaussage wie Metaphern, Symbole usw. als auch nichtgegenständliche Darstellungsweisen zu integrieren vermag. Dies kommt faktisch einer Eliminierung der Formalismusabgrenzung gleich.

Da man jedoch an dem Begriff des „sozialistischen Realismus" zur Kennzeichnung des parteilichen Standpunktes der eigenen Kunst in bewußter Abgrenzung zur westlichen Kunstauffassung festhalten will, werden auch die Kriterien „Parteilichkeit" und „Volksverbundenheit" der heutigen Kunstpraxis in der DDR angepaßt. Im Gegensatz zu ihren früheren stilformalen und inhaltlichen Richtlinien bezeichnen sie heute nur noch die gesellschaftliche Verantwortung der Kunst im Sozialismus. Eine solch flexible Begriffsauslegung legitimiert den Wandel der Kunstfiguren von der Heldenpose der 50er Jahre zu einer alltäglichen Wirklichkeitsnähe.

Zentrale Aspekte der derzeit herrschenden kunsttheoretischen Auseinandersetzungen sind einerseits die noch konsequentere Verfolgung einer „historisch-dialektischen" Kunstbetrachtung und andererseits die Abkehr von Lukács' Postulat einer bestimmten, der sozialistischen Kunst gemäßen Stilnorm. Diese Abkehr ist verbunden mit der Forderung, Brechts Auffassung von einer auch dem sozialistischen Realismus eigenen formalästhetischen Ausdrucksvielfalt stärker zu berücksichtigen.

Dabei lassen sich verschiedene Ansätze beobachten: Während einige Kunstwissenschaftler den Realismusbegriff im Brechtschen Verständnis benutzen, das den künstlerischen Ausdruck grundsätzlich nicht an Stilprinzipien festmacht, sondern an seiner Wahrhaftigkeit gegenüber der Wirklichkeit mißt, behilft sich der Kunstwissenschaftler Peter H. Feist mit einer typologischen Differenzierung, die vier realistische Darstellungskategorien unterscheidet: „1. den Gestaltungstyp des unmittelbaren Realismus, dessen stilistische Spannweite von der impressiven Darstellung bis zur veristischen reicht. 2. den Typ des expressiven Realismus, der mit verschiedenen Graden der Formintensivierung, auch dem Verfahren des Archaismus, operiert. 3. den . . . gegenwärtig weniger anzutreffenden Typ des konstruktiven Realismus, dessen Frühgeschichte in den 20er Jahren aber seit kurzem intensiv erforscht wird. 4. den Gestaltungstyp eines metaphorischen oder imaginativen Realismus, in dem auch ausgesprochen phantastische Züge auftreten können." (Bildende Kunst, H. 8/1976, S. 410)

Die hier begonnene Diskussion um den Realismusbegriff setzt sich in der Folgezeit im Rahmen einer lebhaften Debatte weiter fort. Dabei versucht der Leipziger Kunstwissenschaftler Karl Max Kober experimentelle und avantgardistische Ausdrucksweisen moderner Kunst, die durch eine „traditionelle, reine Bilderkunstvorstellung" nicht erfaßt werden kann, aus dem Kunstbegriff überhaupt auszugren-

zen und dem Bereich der „ästhetischen Kommunikation" zuzuweisen. Die spezifische Ausdruckssprache solcher Aneignung von Wirklichkeit solle durch eine Art „ästhetische Kommunikationswissenschaft" oder „Animationskunde" geleistet werden (Bildende Kunst, H. 2/1980, S. 59).
Diese Form des Zurückweichens vor der kunsttheoretisch problematischen Herausforderung, die „einige Grenzüberschreitungen" innerhalb der DDR-Kunstproduktion seit 1975 im Hinblick auf die traditionelle Konzeption des „sozialistischen Realismus" darstellen, wird 1980 von den Kunstwissenschaftlern Peter Pachnicke und Andreas Hüneke als unzureichend verworfen, weil sie die „besondere Leistung der nicht-gegenständlichen Bereiche" keineswegs angemessen würdigt. Die Legitimation nicht-realistischer Kunst wird dabei aus dem Hinweis abgeleitet, „daß künstlerisches Schaffen, das sich vom sozialistischen Realismus entfernt, sich mit der Abkehr vom Realismus nicht notwendig auch vom Sozialismus entfernen muß". Hüneke deutet die nicht-realistische Kunst vielmehr als einen „Nebenweg" zum „Hauptweg" Realismus, der durchaus ein engagiertes Verhältnis zu „Politik und Gesellschaft" haben kann (Bildende Kunst, H. 11/1980, S. 567). → **Literatur und Literaturpolitik**, I., II.

II. Kunstpolitik

Die Kunstpolitik in der DDR ist bestrebt, die gesellschaftspolitische Funktion der BK. zu erhalten bzw. auszubauen. Die Kriterien des sozialistischen Realismus sind deshalb auf dem 5. Plenum des ZK der SED 1951 in einer Grundsatzerklärung für jegliches bildkünstlerische Schaffen zur verbindlichen Maxime erklärt worden. Gleichwohl ist die Kunstpolitik, als Teil der → **Kulturpolitik**, durch Entwicklungsphasen gekennzeichnet, in denen diese Kriterien unterschiedlich interpretiert worden sind. Dabei standen die folgenden Aspekte der Kulturpolitik im Mittelpunkt der Auseinandersetzung:
a) Hinsichtlich der künstlerischen Form gab es eine dogmatischere (2. und 4. Kongreß des Verbandes Bildender Künstler Deutschlands [VBK], 1951 und 1959) und eine liberalere Auffassung des Realismus- und Formalismusbegriffs (3. und 7. Kongreß des VBK, 1955 und 1974). Bis 1971 spielte dabei die sowjetische BK. als ideologisches wie als stilistisches Vorbild eine wichtige Rolle. Die Möglichkeit, über den bürgerlichen Realismus und Naturalismus des 19. Jh. hinaus moderne Strömungen gegenständlicher Kunst zu rezipieren, ist erst im Verlauf der 70er Jahre durch zunehmende Informationsmöglichkeiten der Künstler im Anschluß an punktuelle Ausstellungsbesuche im westlichen Ausland und durch vereinzelte Pressenotizen in der DDR über westliche Kunstereignisse in beschränktem Umfang geboten worden.
b) Hinsichtlich der Thematik geht es in erster Linie um die Darstellung des Arbeiters und der Arbeitswelt als gleichbleibend zentrales Thema und darüber hinaus um eine Reduktion auf die bildkünstlerische Vermittlung politischer Losungen und ideologischer Normen (vorherrschend in den 50er Jahren) oder aber um eine Erweiterung der Themenbereiche auf die Widerspiegelung aller – gesellschaftlicher wie privater – Lebensbereiche (etwa seit Anfang der 70er Jahre vertretene Linie: „. . . jeder Bürger unserer Republik . . . will auch durch die Kunst als ein ganzer Mensch erfaßt werden, in allen seinen Beziehungen und Lebensäußerungen", Kurt Hager 1972).
c) Hinsichtlich der gesellschaftlichen Gebundenheit der Kunst wurde die „Schließung der Kluft von Kunst und Leben" unter zwei Aspekten erörtert: der Integration des Künstlers in die Arbeitswelt (Bitterfelder Weg 1959) und der Integration der Kunst in die Lebensumwelt des Menschen in der DDR (Programme des 6. und 7. Kongresses des VBK, 1970 bzw. 1974).
Für Kunstpolitik ist das → **Ministerium für Kultur** zuständig. An der Vermittlung ist der Verband Bildender Künstler der DDR beteiligt. Der Verband sieht seine Hauptaufgaben in der Pflege des klassischen künstlerischen Erbes, in der Anknüpfung an die Kunsttradition des Realismus und im Beitrag zur Bildung einer „sozialistischen deutschen Nationalkultur" durch Förderung sozialistisch-realistischer Kunst (→ **Kulturelles Erbe; Nationale Geschichtsbetrachtung**).
Wesentlicher Teil der Verbandsarbeit ist die Auftragspolitik, in der Einzel- oder Kollektivaufträge für gesellschaftspolitisch wichtige Kunstwerke (Wandbilder, Denkmäler) vergeben werden bzw. in Zusammenarbeit mit → **Massenorganisationen** (→ **Kulturarbeit des FDGB**) Arbeitsvereinbarungen in Form von Werkverträgen zwischen Künstlern und Betrieben in Industrie und Landwirtschaft getroffen werden. Letztere sollen stärkere Volksverbundenheit und Massenwirksamkeit der Kunst erzielen und der Bevölkerung zum Kunstverständnis verhelfen. Ebenfalls der „Förderung, Popularisierung und Verbreitung sozialistisch-realistischer Kunst" dienen die zwei Hauptformen des → **Kunsthandels** in der DDR: 1. der Staatliche Kunsthandel und 2. der Genossenschaftliche Kunsthandel in Gestalt von Verkaufsgenossenschaften des Verbandes Bildender Künstler in der DDR sowie kunsthandwerklicher Produktionsgenossenschaften, die dem wachsenden Bedürfnis nach Kunstkonsum Rechnung tragen. Einer erwünschten, möglichst intensiven Kunstrezeption der Bevölkerung genügen die „Deutschen Kunstausstellungen" (1977/78: „VIII. Kunstausstellung der DDR" mit über 1 Mill. Besucher; 1982/83: „IX. Kunstausstellung der DDR") des VBK in Dresden, die als repräsentative „Leistungsschauen" im vierjährlichen Turnus eine Über-

sicht über die gesamte Kunstproduktion der DDR bieten. Neben großangelegten Jubiläums- oder Übersichtsausstellungen (z. B. seit 1967 „Intergrafik") machen zahlreiche „Rechenschaftsausstellungen" in den Bezirken mit zeitgenössischer Kunst bekannt.

In den Beschlüssen des VBK lassen sich die Haupttendenzen der kunstpolitischen Entwicklung ablesen: In seiner Gründungszeit (1950; 1. Präs. Otto Nagel) bemühte sich der VBK um eine nationale, demokratisch-antifaschistische Kunst unter Berufung auf die deutsche Realismustradition von Dürer bis Käthe Kollwitz. „Ohne dem Künstler Vorschriften per Stil und Inhalt zu machen", werden die Akzente dennoch auf eine „reale, wirklichkeitsnahe und volksverbundene Kunst" (Ulbricht auf der I. Kulturkonferenz 1948) gesetzt. Zu einem politischen Bekenntnis unter der Formel der „demokratischen Erneuerung" und zur „ideell-erzieherischen Rolle der Kunst . . . für die gesellschaftlichen Auseinandersetzungen" sollte die ältere bürgerliche Kunstgeneration bekehrt werden. Unmißverständlich bekämpft wurden moderne Strömungen auch gegenständlicher Malerei unter dem Schlagwort → **Formalismus**. Höhepunkt war die Auseinandersetzung um das Werk der deutschen Expressionisten.

Den Vorwurf des „Formalismus" traf auch die großformatige, kollektiv ausgeführte Wandbildgestaltung, der sich einige Künstler (Horst Strempel, Arno Mohr, René Graetz) mit dem gesellschaftspolitischen Ziel einer Annäherung von Kunst und sozialistischer Aufbauarbeit gewidmet hatten. Im direkten Anschluß an die Konzepte revolutionärer Wandbildgestaltung, wie sie in den 20er Jahren von progressiven Künstlern als populäres Agitationsinstrument in der UdSSR, aber auch in Mexiko (monumentale Freskenmalerei von Rivera und Siqueiros) entwickelt worden waren, entwarfen und realisierten diese Malerkollektive in den ausgehenden 40er Jahren für großstädtische Gebäudeanlagen (Bahnhöfe in Berlin und Dresden) riesige Figurenkompositionen und Bilderfolgen zur Geschichte der internationalen sozialistischen Idee und als Zielvorstellung einer neuen sozialistischen deutschen Kultur. Die Kritik an dieser kollektiven Wandmalerei, die in den frühen 50er Jahren in Demontagen und Übertünchungen einzelner Werke gipfelte, richtete sich formal auf deren expressive Symbolsprache (die stark an Barlach und Käthe Kollwitz erinnerte) und antinaturalistische, holzschnitthaftstrenge Stilisierung, die man als Übernahme westlicher Formdekadenz abqualifizierte.

Der 2. Kongreß des VBK (Juni 1952) stellte das ideologische Bekenntnis zur DDR und zum sozialistischen Realismus nach dem verbindlichen Vorbild der sowjetischen Kunst in den Vordergrund, während der 3. Kongreß des VBK (Jan. 1955) im Zeichen des „Neuen Kurses" eine differenziertere Bewertung moderner Kunstrichtungen und noch eine gesamtdeutsche Kunstdiskussion anstrebte.

Das auf dem V. Parteitag 1958 aufgestellte und auf der I. Bitterfelder Konferenz 1959 propagierte kulturpolitische Ziel, das „sozialistische Menschenbild" zu schaffen, war für die Kunstpolitik der 60er Jahre entscheidend. Neue Akzente, die auf dem 4. Kongreß des VBK (Dez. 1959) beschlossen wurden, betrafen die Bindung der künstlerischen Betätigung an den Produktionsprozeß in Form von Werkverträgen mit „sozialistischen Brigaden", die die Entwicklung einer spezifisch sozialistischen Kunst beschleunigen sollten. Darunter wurde die lebensnahe Darstellung des Arbeiters und der Arbeitswelt sowie die der „typischen" Züge des „neuen Menschen" verstanden. Die Teilnahme des Arbeiters am künstlerischen Schaffensprozeß und die damit verbundene Kunsterziehung sollten die bisher vermißte massenwirksame Vermittlung und effektive Rezeption gewährleisten. Darüber hinaus wurde das Laienschaffen als Massenbewegung initiiert in Form von „Zirkeln" unter Betreuung professioneller Künstler (1978 existierten 3000 Zirkel der bildenden und angewandten Kunst; z. Z. gibt es 40000 in Kunstzirkeln organisierte Arbeiter). Die Verbindung von materieller und kultureller Sphäre wird als wesentlicher Bestandteil der „sozialistischen Nationalkultur" angesehen und der sich im „bildnerischen Volksschaffen" schöpferisch betätigende Arbeiter als soziales Leitbild des „allseitig gebildeten" Menschen aufgefaßt.

Die weitere Kunstpolitik versuchte die bildkünstlerische Entwicklung auf den proklamierten „umfassenden → **Aufbau des Sozialismus**" (VI. Parteitag der SED, 1963) unter den durch die → **Wissenschaftlich-technische Revolution (WTR)** geschaffenen Bedingungen und Erfordernissen des Bewußtseins, des Alltags, der menschlichen Beziehungen und der Kunstbedürfnisse auszurichten.

Der 5. Kongreß des VBK (März 1964) thematisierte aktuelle Gegenwartsprobleme („Ankunft im Alltag"), insbesondere Konflikte und Widersprüche zwischen individueller und gesellschaftlicher Ebene und deren Überwindung. Er diskutierte in diesem Zusammenhang die gesellschaftspolitische Wirksamkeit der Bildkunst sowie Qualitäts- und Formfragen. Auf dem VII. Parteitag der SED (1967) und der 5. Staatsratssitzung 1967 wurde dann von der BK. gefordert, die ästhetische Gestaltung qualitativer „typischer" Merkmale des sozialistischen „Planers und Leiters" zu meistern.

Motivationshorizont hierfür bildete die spezifische Programmatik der DDR-Politik in der 2. Hälfte der 60er Jahre. In der DDR wurde seinerzeit eine fortschritts- und wissenschaftsgläubige Wirtschaftspolitik verfolgt, die meinte, mit Hilfe modernster Technologie könne der Sozialismus den Kapitalismus überholen, ohne ihn erst einholen zu müssen. Das neue Menschenbild der Kunst orientierte sich dementsprechend an einem technologisch und ideologisch umfassend gebildeten „homo universalis", der wie eine sozialistisch-modernistische Version des genialischen Menschenbildes aus der Renaissancezeit wirkte (Willi Sitte, Werner Tübke). Parallel dazu galt das Augenmerk ab Mitte der 60er Jahre der künstlerischen Durchdringung aller Lebenssphären, also der Erzeugung eines „sozialistischen Lebensstils". Der angewandten Kunst wurde dabei stärkere Bedeutung zugesprochen (Plakat, Gebrauchsgrafik, Design), wobei die Integration von Kunsthandwerk und Technik sowohl den künstlerischen Formenkanon bereicherte als auch neue Produktionsweisen schuf (z. B. VEB Bildende Kunst Neubrandenburg). Schwerpunkte dieser Periode bildeten – auf dem 6. Kongreß des VBK (April 1970) formuliert – die mit dem forcierten Ausbau der Stadtzentren (→ **Städtebau**) aufkommenden Probleme der Ausgestaltung der sozialen Umwelt, der sich die Ausstellung „Architektur und bildende Kunst" 1969 widmete. Angestrebt wurde eine organische, d. h. ästhetischen, funktionalen und ethischen Bedürfnissen gerecht werdende Synthese von Architektur, bildender und angewandter Kunst, die Konzentration auf die Monumentalkunst als die der Architektur adäquateste Form und die Zusammenarbeit von Künstlern, Architekten, Soziologen, Handwerkern usw. bereits bei der Bauprojektierung (realisiert am „Palast der Republik", erbaut in Berlin [Ost] von 1973 bis 1976) (→ **Architektur**).

Der 7. Kongreß des VBK (Mai 1974) übernahm den mit dem VIII. Parteitag der SED (1971) eingeschlagenen kulturpolitischen Kurs auch für die BK. und bekräftigte die zum programmatischen Slogan erhobene Formel von der „Weite und Vielfalt des Kunstschaffens". Die nun erfolgende Ausprägung eigenständiger, stilistischer Handschriften innerhalb der BK. der DDR verbindet sich mit einer wachsenden Problemorientierung im Inhaltlichen.

Diese kunstpolitische Wende der 70er Jahre, die auf dem 8. Kongreß des VBK-DDR im November 1978 bestätigt worden ist, bewirkte eine Umorientierung. Sie initiierte bzw. unterstützte:

a) eine von agitatorischer Zweckgebundenheit relativ freie Kunstproduktion, die spezifische Formen des Schaffensprozesses nicht länger negiert und damit zu einem Aufschwung insbesondere der Malerei und der Grafik führte;

b) eine uneingeschränkte, nunmehr alle Stilepochen einschließende Rezeption des künstlerischen „Erbes", die die Moderne des 20. Jh. bewußt einbezieht und so den Anschluß und die Verbindung des künstlerischen Schaffens in der DDR mit der internationalen Entwicklung anstrebt;

c) eine auf den Funktionszusammenhang von Kunst und Gesellschaft konzentrierte Theoriediskussion, die durch kunstsoziologische Forschungen die Bedingungen und Determinanten des gesamten Kunstprozesses zu analysieren beabsichtigt und dabei vor allem auf die empirische Erforschung der tatsächlichen individuellen Bedürfnisse der Kunstproduzenten wie der -konsumenten gerichtet ist;

d) eine aus der Einsicht in die komplexen Produktions- wie Wirkungsbedingungen von Kunst resultierende größere ideologische Toleranzspanne, die zum einen dem künstlerischen Ausdrucksbedürfnis Rechnung trägt, zum anderen kunstpolitische Entscheidungen tendenziell von der Partei- auf die Verbandsebene verlagert;

e) eine zwischen Kunst und Publikum stärker vermittelnde Kunstaufklärung und -propaganda mit dem Ziel, ein angemessenes Kunstverständnis zu entwickeln und damit die Kunstverbreitung in weiteren Schichten der Bevölkerung der DDR zu fördern.

Als konkrete Schritte zu der geplanten umfassenden ästhetischen Erziehung, die gleichermaßen auch zu einer gesteigerten gesellschaftspolitischen Wirksamkeit der BK. beitragen soll, wurden folgende Maßnahmen ergriffen:

a) die intensivere Nutzung der Massenmedien (eigene Sendereihen im Fernsehen) und des Verlagswesens (z. B. Kunstreproduktionen, populäre Kunstpublikationen) für die Kunstpropaganda;

b) stärkere Beteiligung der Kunstkritik an der Kunstvermittlung (z. B. in der Tagespresse; vgl. dazu auch den Beschluß des ZK der SED über die „Aufgaben der Literatur- und Kunstkritik" vom Dezember 1977);

c) eine gezielte pädagogisch-didaktische Ausstellungs- und Museumsarbeit, die auf der Konferenz der Museumsdirektoren 1976 beschlossen worden ist und auf der VIII. Kunstausstellung der DDR 1977/78 in Dresden vor allem im Hinblick auf die dort zahlreich gezeigten, konfliktorientierten Bilder konkrete Anwendung gefunden hat;

d) die Verstärkung des staatlichen Auftragswesens und die engere Zusammenarbeit gesellschaftlicher Institutionen (z. B. verstehen sich einzelne Volkseigene Betriebe zunehmend als „sozialistische Mäzene", indem sie Aufträge an einzelne Künstler vergeben) mit dem VBK mit dem Ziel optimaler Kunstagitation (vgl. dazu die Beratung des VBK mit dem FDGB im Jahre 1978);

e) der Kunstpopularisierung dienende und den privaten Kunsterwerb anregende Einrichtung von Kunst- bzw. Verkaufsgalerien des Staatlichen Kunsthandels;

f) eine vorsichtig vollzogene, allmählich wachsende Repräsentanz auf der westlichen Kunstszene (Beteiligung an der Documenta 6, 1977, Einzel- und Gruppenvorstellungen von DDR-Künstlern in Hannover, Hamburg, Bremen und Paris, Teilnahme an der Biennale Venedig 1982);

g) die Beteiligung der BK. an der Umweltgestaltung, bei der Designaufgaben für eine ästhetische Kultur im privaten Wohnbereich und in der Arbeitsplatzgestaltung ebenso wie umfassende Denkmals- und Stadtteilrestaurationen in allen Bezirken der DDR einen besonderen Platz einnehmen (1977 erfolgte die Gründung eines Rates für Denkmalpflege beim Ministerium für Kultur; → **Denkmalschutz**).

III. Entwicklung der Bildenden Kunst

Ausgelöst durch diese neuen kunstpolitischen Konzeptionen gelangte die BK. in den 70er Jahren zu einem beachtlichen Aufschwung, der vor allem durch stilistische wie thematische Vielfalt und durch hohes handwerkliches Niveau gekennzeichnet ist.
Voraus gingen 2 Entwicklungsphasen, von denen die erste durch die Emigrantengeneration mit Künstlern wie Hans und Lea Grundig, Otto Nagel, Rudolf Bergander und dem Grafiker Arno Mohr geprägt war. Sie knüpften im Malstil an den kritischen Realismus der 20er Jahre an und formulierten thematisch die Auseinandersetzung mit dem Faschismus. In den 50er Jahren bewirkte die dogmatische Auffassung vom „sozialistischen Realismus" eine thematische Einengung auf explizit politisch-ideologische Momente des gesellschaftlichen Lebens (Aufmärsche, Kundgebungen, Aufbauarbeit, Sport, NVA, Agitationsbilder zu aktuellen Kampagnen). Naturalistisches Illustrieren, ornamental-dekorative oder monumentale Formgebung unter Verwendung stereotyper Symbole (Friedenstaube, Fahnen, verschlungene Hände . . .) kennzeichnen die bildnerische Kunstproduktion dieser Zeit (II. Deutsche Kunstausstellung 1953). Stilistisch orientierte man sich nunmehr eher am Realismus des ausgehenden 19. Jh., wobei vor allem die Repräsentationsmalerei von Menzel und Hübner als vorbildlich apostrophiert wurde. Erst in den 60er Jahren bilden sich individuelle Ausdrucksformen der realistischen Malweise heraus; Hauptvertreter dieser 2. Generation sind die Hochschullehrer Bernhard Heisig (Jg. 1925, Leipzig), Willi Sitte (Jg. 1921, Halle), Werner Tübke (Jg. 1929, Leipzig), die die BK. der DDR in den 70er Jahren auch im Ausland offiziell repräsentiert haben.
Neben einer noch überwiegend abbildhaft-naturalistischen Malweise zeichnen sich 3 Stilrichtungen ab: 1. die stark verbreitete impressionistische, vertreten z. B. durch Frank Ruddigkeit (Jg. 1939), Karl-Heinz Jakob (Jg. 1929), Karl-Erich Müller (Jg. 1926), Fritz Eisel (Jg. 1929); 2. die dekorative, vertreten z. B. durch Willi Neubert (Jg. 1920), Walter Womacka (Jg. 1925), Bert Heller (1920–1970) und 3. die expressionistische, vertreten z. B. durch Heinz Zander (Jg. 1939) und Ronald Paris (Jg. 1933). Während die monumentalen Farbtafeln von Heisig („Pariser Kommune", 1970/71) und Sitte („Leuna 1969", 1968, „Höllensturz in Vietnam", 1966/67, „Mensch, Ritter, Tod und Teufel" 1969/70) mit simultan gesetzten Symbolen und Versatzstücken in impressionistisch bewegter, fleckenhafter Pinselführung und stark expressiver Farbgebung eine sinnlich-aktivierende kritische Analyse gesellschaftlicher Zustände darstellen, sind Tübkes manieristisch-stilisierte Arbeiten (Wandfries „Intelligenz und Arbeiterklasse" in der Leipziger Universität, 1973; „Bildnis eines sizilianischen Großgrundbesitzers mit Marionetten", 1972) durch die Rezeption der Renaissance- und Barockmalerei geprägt.
Auf der Bezirksausstellung des VBK in Leipzig 1969 trat erstmals ein am Stil der „Neuen Sachlichkeit" der 20er Jahre orientierter Malerkreis der jüngsten Generation unter dem Dozenten Wolfgang Mattheuer (Jg. 1927; „Liebespaar", 1970; „Leipzig", 1971) hervor. Die Künstler (Hachulla, Stelzmann, Rink u. a.) arbeiten in einem relativ einheitlichen, für die DDR-Malerei völlig neuen Formenkanon („veristisch" klare Bildkomposition, glatte Pinselführung, satte leuchtende Farbgebung, hintergründige Dingsymbolik) und mit einem uneingeschränkten Themenkreis (Porträtbildnisse privater Personen, Stilleben, Landschaften). Auf der VII. Kunstausstellung der DDR in Dresden 1972 erzielte diese Richtung ihren Durchbruch und ihre offizielle Anerkennung.
Die VIII. Kunstausstellung der DDR in Dresden 1977/78 bestätigte den Trend zur versachlichten, kühl-distanzierten Darstellungsweise, die mit der zunehmend bevorzugten Thematisierung des Lebensalltags korrespondiert. Dies verrät auf seiten der Künstler eine veränderte, konfliktbewußte Haltung gegenüber der gesellschaftspolitischen Umwelt (U. Hachulla: „Erster Rentnertag", 1977; S. Gille: „Brigadefeier-Gerüstbauer", 1975/79; H. Hegewald: „Kind mit Eltern", 1976). In den Mittelpunkt des Interesses rücken außerdem immer stärker Sujets aus der privaten Erlebnissphäre (Porträts, Selbst- und Familienbildnisse, Akt- und Paardarstellungen, Landschaftsimpressionen).
Dieser Betonung einer subjektiven Realitätssicht, die gleichwohl gesellschaftliches Engagement keineswegs ausschließt, entspricht das Streben der Künstler nach individueller malerischer Handschrift. Vor allem die jüngere Malergeneration neigt zur indirekten, verfremdeten Bildaussage, wobei vielfältige Kunstgriffe wie das bewußte Zitieren von Motiven, die Übernahme ikonographischer Muster, die Adaption und Mischung unterschiedlichster Stilelemente vergangener Kunstepochen verwendet werden. Bei einzelnen Malern (Werner Tübke, Heinz Zander) sind Manierismen und Eklektizismen sogar stilbestimmend.
Eine sinnbildhafte Wiedergabe wird besonders mit dem zu neuer Blüte gelangten Genre des Historienbildes und seiner gegenwartsbezogenen Variante, dem Epochenbild, versucht. Mit Hilfe von Symbo-

len, Allegorien und Motiven aus antiken und christlichen Mythen, aber vor allem auch aus der Mythologie der deutschen und europäischen Geschichte, einschließlich ihrer Sagen und Märchen, wollen einzelne Künstler Ereignisse und Entwicklungen im Sinne der marxistischen Geschichtsauffassung bildlich überzeugend gestalten.

IV. Entwicklungsstand der Bildenden Kunst in der Gegenwart

Insgesamt ist für den derzeitigen Entwicklungsstand der Kunst in der DDR die Abkehr vom Abbildrealismus zugunsten eines „metaphorischen Realismus" charakteristisch.

Als spezifisches Genre im Bereich der Monumentalkunst hat die stark geförderte „Kunst am Bau" das großformatige Wandbild als Ausschmückung von Innen- oder Außenflächen repräsentativer Gebäude hervorgebracht. Die allegorisch-symbolischen Darstellungen mit gesellschaftspolitischem Themengehalt haben jedoch im Gegensatz zur Wandbildkonzeption der 40er Jahre meist nur dekorativen Schauwert. Beispiele: Walter Womacka, Fassadenverkleidung „Unser Leben" am Haus des Lehrers, Berlin (Ost), 1964; Gerhard Bondzin, Betonplatten-Wandbild „Der Weg der Roten Fahne" am Kulturpalast, Dresden, 1969; Ronald Paris, Wandfries „Lob des Kommunismus" im Haus der Statistik, Berlin (Ost), 1969.

Neben dem im letzten Jahrzehnt stark entwickelten Zweig der Formgestaltung (Gebrauchs- und Produktionskunst) und des Kunsthandwerks bleiben Malerei, Grafik und Plastik die Hauptgenres, jedoch entsprechend ihrer veränderten gesellschaftlichen Funktionen mit neuen Themen. In der Porträtmalerei steht – abgesehen von Bildnissen politischer und historischer Persönlichkeiten (Hauptporträtist: Bert Heller) – das Arbeiterporträt im Zentrum, zunächst als befreiter Proletarier oder Landarbeiter gestaltet (Otto Nagel, Curt Querner), seit den 50er Jahren als Gestalter des Neuaufbaus und Repräsentant seiner Klasse gezeichnet (K. H. Jakob: „Bergmann", 1961; O. Schutzmeister: „Tagebauleiter Kurt Jakob", 1960; die Stahlwerkerdarstellungen von W. Neubert). Hierher gehören auch die Typenporträts von Lea Grundig in der Folge „Genossen" (1966–1970).

Die Auffassung, daß der sozialistische Mensch sich die Wirklichkeit über den Arbeitsprozeß aneignet und sich in ihm verwirklicht, erklärt die zentrale Stellung des Themas Arbeit in der BK. Allerdings ist eine dynamische Gestaltung der Arbeit, vor allem als wissenschaftlich-technologischer Prozeß, ein bis heute nicht gelöstes Problem der Bildkunst.

In der 1. Hälfte der 70er Jahre präsentiert die Malerei den Arbeiter durchweg in selbstbewußter, optimistischer Geste als Beherrscher seiner ideologisch-gesellschaftlichen Aufgabe, wobei die klassische Repräsentationspose des Dreiviertelbildnisses bevorzugt wird (B. Heisig: „Brigadier", 1970; F. Ruddigkeit: „Meister Heyne", 1971; V. Stelzmann: „Schweißer", 1971).

Seit Mitte der 70er Jahre läßt sich beim Arbeiterbild eine Akzentverschiebung verfolgen: Ähnlich wie in der Alltags- und Freizeitthematik überwiegt anstelle eines repräsentativ-exemplarischen Verständnisses des Arbeiters die individualisierende und psychologisierende Arbeiterdarstellung (M. Peuker: „Arbeiter aus dem Plattenwerk Halle-West", 1974; W. Mattheuer: „Die Ausgezeichnete", 1974; D. Ziegler: „Brigade Rosa Luxemburg", 1975; H. Sakulowski: „Porträt nach Dienst", 1976). Während das Porträt bis in die ausgehenden 60er Jahre weitgehend nur ideologisch-repräsentative Funktionen besitzt, etabliert sich in den 70er Jahren daneben eine Tendenz zur privaten Bildnismalerei, die sich in zahlreichen Selbstporträts, Familienbildnissen und Freundesdarstellungen äußert (T. Ziegler: „Selbstbildnis im Atelier", 1977/78; H. Metzkes: „Familienbild", 1973; B. Heisig: „Vaclav Neumann", 1973).

Wie das Porträt ist auch das Gruppenbildnis bis in die frühen 70er Jahre eine Domäne der Arbeitsthematik, zumeist als repräsentatives Konterfei von „Neuererbrigaden", das das Selbstbewußtsein des Leistungskollektivs vermitteln soll, die Darstellung des Arbeitsvorgangs selbst jedoch meist meidet (ca. 10 Tafelbilder dieser Art auf der VII. Kunstausstellung der DDR 1972, u. a. in neusachlicher Manier wie W. Tübke: „Gruppenbild"; S. Gille, Jg. 1941: „Brigade Heinrich Rau"; G. Brüne, Jg. 1941: „Die Neuerer"). In den 70er Jahren erhält auch dieses Genre private Akzente in Gestalt von Künstlergruppenbildern (H. Blume: „Gruppenporträt Sektionsleitung der Maler und Grafiker Leipzig", 1977) sowie von Paar- und Gruppendarstellungen, die Liebe, Freundschaft, Familie und Freizeit thematisieren.

Die technisch-industrielle Organisierung des Lebens spiegelt sich – allerdings nicht bedrohlich, sondern als positiver Ausdruck der menschlichen Produktivkraft – als Thema auch in der Landschaftsmalerei mit überwiegend Industrie- und Städtebildern wider.

Seit den 70er Jahren läßt sich allerdings auch neben zahlreichen stilpluralistischen Landschaftsimpressionen eine veristische (im Anschluß an den magischen Realismus der 20er Jahre) und eine surreale Landschafts- und Städtebildmalerei mit dingsymbolisch verschlüsselter Aussage beobachten.

Innerhalb der jungen Malergeneration in der DDR zeichnet sich heute eine Art Alternativtendenz zum offiziellen Realismus ab, die nach neuen, noch unverbrauchten und nicht nur figurativen Ausdrucksweisen sucht, um den eigenen Erlebnishorizont spontan oder verschlüsselt durch Symbole zu artikulieren. Während es in den 60er Jahren eine abstrakte (lyrische und konstruktive) Bildsprache hoher Qualität nur in den sehr persönlichen Notationen von

Gerhard Altenbourg, A. R. Penck (Ralph Winkler) und Carlfriedrich Claus sowie in den konkreten Zeichen von Hermann Glöckner und in den Collagen von Willy Wolff gab, die im Westen wesentlich bekannter als in der DDR waren, bieten die 70er Jahre zahlreiche Stilexperimente im Bereich abstrakter Malerei, aber auch mit der Collage, der Fotomontage und mit der Aktionskunst (Max Uhlig, Jürgen Schieferdecker, Hartwig Ebersbach, Peter Sylvester, Wolfgang Petrovsky).

Darüber hinaus kristallisiert sich seit 1979 sowohl in Dresden als auch in Karl-Marx-Stadt (Herta Günther, Peter Graf, Ralf Kerbach (1983 ausgebürgert), Helge Leiberg, Michael Morgner, Thomas Ranft, Gregor Torsten Schade, Dagmar Ranft-Schinke) eine eigenwillige Avantgarde heraus, die sich mit phantastischen Figurationen und mit psychogrammhaften Niederschriften ganz persönlicher Erfahrungen und Reflexionen bewußt von den Realismuskonzepten der anderen Malerschulen in der DDR absetzt.

Auf der IX. Kunstausstellung in Dresden 1982/83 zeichnete sich neben einer vor allem in der Leipziger Region praktizierten akademisch-mythologisierenden Gedankenmalerei eine auffallende Tendenz zur privaten Verinnerlichung ab, die besonders von Dresdner und Karl-Marx-Städter Künstlern getragen wird. Beide Richtungen bevorzugen eine allegorische Bildsprache, die sich der schnellen Deutung bewußt entzieht. Aus dem Rückzug auf die eigene Seelensituation ist auch eine neue Variante des Konfliktbildes hervorgegangen, die sich mit zwischenmenschlichen Problemen sowie mit dem Phänomen des Leidens beschäftigt (W. Peuker; Hans-Hendrik Grimmling). Zu dieser differenzierten Inhaltlichkeit korrespondiert zur Zeit ein Pluralismus in den persönlichen Handschriften, der noch nie so groß war wie zu Beginn der 80er Jahre. So sind die auf der VIII. Kunstausstellung in Dresden dominanten Stilaneignungen aus dem deutschen Impressionismus, Verismus und Expressionismus inzwischen durch zahlreiche popparthafte, konstruktivistische und tachistisch-informelle Elemente erweitert worden.

Bei vielen ungegenständlichen und aktionshaften Sprachformen der heutigen DDR-Kunstszene ist vorläufig jedoch ein Verharren im Eklektizismus nicht zu übersehen. Es wäre jedoch völlig falsch, diese Aktivitäten mit ihren westlichen Vorbildern zu vergleichen, denn in erster Linie sind diese Experimente für die jungen DDR-Künstler Eroberungen neuer Ausdrucksmedien, die man ebenso entdeckt, erprobt und schrittweise auswertet wie das kulturelle Erbe des Verismus oder des Expressionismus.

Grafik und Buchillustration (Max Schwimmer) gehören im thematischen Angebot und technischen Niveau zu den überzeugendsten Genres der Kunst in der DDR. Die ältere Generation knüpfte an die Realismus-Tradition des 19. Jh. an mit Porträt- und lyrischer Landschaftsgestaltung (Otto Paetz, Hans Theo Richter) oder setzte den sozialkritischen Stil der Weimarer Zeit (Lea Grundig als Schülerin von Käthe Kollwitz) sowie expressionistische Tendenzen (Joseph Hegenbarth, Wilhelm Rudolph) fort. Thematische Zyklen richten die Anklage gegen politische Mißstände der westlichen Welt (Faschismus, Imperialismus, Atomtod, Vietnamkrieg) oder sie dienen der aufklärenden Illustration historischer Vorgänge (Kurt Zimmermanns Blätter zur „Geschichte der deutschen Arbeiterbewegung"; Karl Erich Müller: „Geschichte der KPD"). Die grafischen Arbeiten der jungen Generation sind durch individuelle Gestaltung und freien Gebrauch moderner Techniken (Siebdruck) charakterisiert, wobei vor allem in der Illustration von Kinderbüchern und bibliophilen Klassikerausgaben eine Vielzahl eigenständiger Handschriften zu beobachten ist (Egbert Herfurth, Werner Klemke, Karl-Georg Hirsch).

Einige junge Künstler (Ostberlin: Prenzlauer Berg, Dresden) pflegen zudem eine zyklische Zusammenarbeit mit gleichgesinnten Poeten und Liedermachern in Gestalt sorgsam gedruckter Mappenwerke für den privaten Freundeskreis (Ralf Kerbach, Sascha Anderson).

Auch die Plastik entwickelte sich aus der engagierten realistischen deutschen Bildhauertradition, in der die frühen typisierenden Arbeiten des Bildhauers Fritz Cremer (Jg. 1906, „Aufbauhelfer", „Aufbauhelferin") stehen, dessen künstlerische Entwicklung über vielfältige Porträt- und Aktgestaltungen zu diffiziler Ausdrucksfähigkeit des Widerstreits zwischen individuellen und gesellschaftlichen Zügen des Menschlichen führt (Figur des Galilei „Und sie bewegt sich doch", 1970/71).

Die Skulpturengruppe Cremers für das Ehrenmal des ehem. Konzentrationslagers Buchenwald (1956–1958) stellt Anklage wie Überwindung des Faschismus durch psychologische Konstellation und Haltung der Figuren dar und ist ein überzeugendes Beispiel der für die Themen der sozialistischen Bildhauerkunst zentralen Gattung politischer Mahnmale.

Der jüngeren Bildhauergeneration (Joachim Jastram, Jg. 1928; Wieland Förster, Jg. 1930; Werner Stötzer, Jg. 1931), die sich vor allem im Berliner Raum konzentriert, gelang eine Erweiterung ihres Spektrums, wobei die Vorliebe für das privat-intime Sujet (Kleinplastik, Aktfiguren) ebenso auffallend ist wie die zunehmende Experimentierfreude im Bereich der Form (Torsi) und in der Anwendung neuer Materialien, aber im Vergleich zu den Entwicklungen in der Malerei und Grafik der DDR ist die Plastik stilistisch auffallend konservativ geblieben.

Die Fotografie hat sich als eigenständige Kunstgattung bisher in der DDR nur langsam durchsetzen können, obwohl fototechnische Experimente zunehmend sowohl im Bereich des Tafelbildes wie auch in der Grafik zu finden sind. → **Kulturpolitik.**

Wilfriede Werner (†) / Karin Thomas

Literaturangaben

Hütt, Wolfgang: Grafik in der DDR. Dresden: Verl. d. Kunst 1979.

Kultur und Kunst in der DDR seit 1970. Hrsg.: Hubertus Gassner u. Eckhart Gillen. Lahn-Gießen: Anabas 1977.

Kunst der DDR. Hrsg.: Ullrich Kuhirt. Bd. 1: 1945–1959; Bd. 2: 1960–1980. Leipzig, Seemann 1982/83.

Kunst heute in der Deutschen Demokratischen Republik. Katalog. Aachen Neue Galerie, Sammlung Ludwig 1979.

Künstler in der DDR. Dresden: Verl. d. Kunst 1981.

Lang, Lothar: Malerei und Graphik in der DDR. Leipzig: Edition Leipzig 1978. Lizenzausg.: 2. Aufl. Luzern u. Frankfurt a. M.: Bucher 1981.

Lexikon der Kunst. Architektur, Bildende Kunst, Angewandte Kunst, Industrieformgebung, Kunsttheorie. 5 Bde. Leipzig: Seemann 1968ff.

Schumann, Henry: Ateliergespräche. Leipzig: Seemann 1976.

Thomas, Karin: Die Malerei in der DDR 1949–1979. Köln: DuMont Buchverl. 1980. (Dumont-Taschenbücher. 97.)

Wegbereiter. 25 Künstler der DDR. Dresden: Verl. d. Kunst 1976.

Weggefährten – Zeitgenossen. Bildende Kunst aus drei Jahrzehnten. Katalog. Altes Museum. Berlin (Ost) 1979.

Binnenhandel

I. Grundlagen
II. Produktionsmittelhandel
III. Konsumgüterbinnenhandel
IV. Leitung und Planung

I. Grundlagen

Der B. ist derjenige Teil des Handels, der als Hauptträger der Warenzirkulation Produktion und Konsumtion miteinander verbindet und aktiv auf beide einwirkt. In der DDR wird das → **Hotel- und Gaststättenwesen** auch zum B. gerechnet. Die ungenügende ideologische Fundierung des B., dem im Sozialismus nur eine zeitliche Bedeutung zukommt, bis der Kommunismus und damit die Verteilung nach den Bedürfnissen erreicht ist, führte dazu, daß der B. als Instrument der Verteilung der Güter der Abteilung II lange Zeit „Stiefkind des wirtschaftlichen Aufschwungs" (Honecker) war. Zwar wurden bereits 1953 zur Zeit des → **Neuen Kurses** nach Stalins Tod unter dem damaligen sowjetischen Handelsminister Mikojan, der die bisherige Unterbewertung und Vernachlässigung des B. kritisierte, zögernde Anläufe auch in der DDR gemacht; aber die entscheidende Erkenntnis, daß der Konsumgütermarkt und die Konsumgüterverteilung volkswirtschaftliche Wachstumsfaktoren sind, setzte sich erst während des → **Neuen Ökonomischen Systems (NÖS)** und → **Ökonomischen Systems des Sozialismus (ÖSS)** vor allem nach dem VII. Parteitag der SED 1967 durch.
Eine (vorübergehende) Beschleunigung des Investitionswachstums konnte den großen Nachholbedarf bei Umfang und Ausstattung des Handelsapparates jedoch nur unzureichend abbauen. Jedenfalls reichte sie nicht aus, um die im Fünfjahrplan 1971–1975 geforderten „sichtbaren Veränderungen" bei der Versorgung der Bevölkerung durch die verschiedenen Handelseinrichtungen zu bewirken. Erst nach dem IX. Parteitag der → **Sozialistischen Einheitspartei Deutschlands (SED)** (1976), auf dem deren Generalsekretär Erich Honecker erneut eine Modernisierung der Groß- und Einzelhandelseinrichtungen verlangte und dafür erhöhte Investitionsmittel bewilligt wurden, ließ sich ein gewisser Aufschwung erkennen, der freilich in den folgenden Jahren wieder abflachte. Die Entwicklung der Binnenhandelsinvestitionen in verschiedenen Jahren läßt einige Schlüsse auf die Bedeutung zu, die dem Handel im Rahmen der Gesamtwirtschaft jeweils zuerkannt wurde.

Investitionen im Binnenhandel in v.H. der Gesamtinvestitionen

1950	1960	1970	1975	1977	1980	1982
1,5	2,9	4,7	3,7	4,3	3,1	2,4

Im laufenden Planjahrfünft muß mit einem weiteren Rückgang der Zuwachsraten gerechnet werden angesichts der angespannten Finanzlage des DDR-Haushalts, der – im Zeitraum 1981–1985 – nur einen sehr eingeschränkten Spielraum für Investitionen frei läßt (→ **Staatshaushalt**). In seiner Rede vor dem X. Parteitag der SED im April 1981 erklärte Honekker dann auch „Rationalisierung und Intensivierung" als „Hauptwege zur Leistungssteigerung" im sozialistischen Handel, dessen Einrichtungen (Kaufhallen, Kaufhäuser, Warenhäuser) „noch effektiver zu bewirtschaften" seien.

II. Produktionsmittelhandel

Unter sozialistischem Handel ist im wesentlichen der Handel mit Konsumgütern zu verstehen, unterteilt in Großhandel und Einzelhandel. Der Handel mit Produktionsmitteln spielt dagegen eine eher untergeordnete Rolle und unterliegt eigenen Gesetzen. Er umfaßt denjenigen Teil der Produktionsmittelzirkulation, der nicht im Direktverkehr (Direktbezug), d. h. ohne Zwischenlagerung vom Produzenten zum Bedarfsträger geht. Er ist das Bindeglied zwischen

Produktion und produktiver Konsumtion. Sein Anteil an der gesamten Produktionsmittelzirkulation beträgt nur etwa 35 v. H. Die Stellung des Produktionsmittelhandels war aufgrund der marxistisch-leninistischen Theorie längere Zeit umstritten. Noch 1955 galt die sowjetische Auffassung auch in der DDR, daß Produktionsmittel keinen Warencharakter hätten. Unmittelbar nach dem Kriege bildete er jedoch aufgrund des beschränkten Konsumgüterumsatzes den Schwerpunkt im Großhandel.
Seit 1966 sind die (bereits 1958 gegründeten) **Staatlichen Kontore** den → **Industrieministerien** und dem → **Ministerium für bezirksgeleitete Industrie und Lebensmittelindustrie** unterstellt. Ihre Aufgabe ist die „planmäßige Realisierung" der Lieferung eines Teils der Produktionsmittel an die ihnen nachgeordneten Betriebe des Produktionsmittelhandels. So gibt es z. B. ein dem → **Ministerium für chemische Industrie** zugeordnetes Staatliches Chemiekontor oder ein Staatliches Kontor für Unterrichtsmittel und Schulmöbel, das dem → **Ministerium für Volksbildung** untersteht. Nach der (bisher neuesten) Systematik der Staatsorgane (SDr. Nr. 1078, GBl. vom 20. 8. 1982) gibt es derzeit 11 (vorher 13) Kontore.
Ein Zweig des „Produktionsmittelhandels", dem in Zukunft wohl steigende Bedeutung zukommt, ist die Wiederverwertung von Altrohstoffen aller Art zwecks „Schaffung geschlossener Stoffkreisläufe" (Recycling). Dieser Aufgabe widmet sich u. a. das dem → **Ministerium für Materialwirtschaft** unterstehende Kombinat SERO (Sekundärrohstoffwirtschaft) als zentrale Erfassungsstelle für die Sammlung von Altstoffen. Zuständig für die Auswertung und Wiederverarbeitung der volkswirtschaftlich wichtigen metallischen Altstoffe ist das Kombinat Metallaufbereitung im → **Ministerium für Erzbergbau, Metallurgie und Kali**.

III. Konsumgüterbinnenhandel

A. Der Großhandel gilt als verselbständigte Handelsstufe und umfaßt heute in erster Linie den Konsumgütergroßhandel, der die Funktion eines Bindegliedes von Produktion und Konsumtion hat. Auf „Vorschlag" von Ulbricht auf der 1. Parteikonferenz im März 1946 wurden Ende 1946 Handelskontore geschaffen, an denen zu 51 v. H. staatliches und zu 49 v. H. privates Kapital beteiligt war. Ihnen oblag die Fertigwarenbewegung, den gleichzeitig entstandenen Industriekontoren die Rohstoffbewegung.
1948 wurde als Dachorganisation für den Großhandel die Deutsche Handelsgesellschaft (DHG-Berlin) geschaffen, die bereits 1949 in die **Deutsche Handelszentrale** (DHZ) übergeleitet wurde. Sie unterstand zunächst der → **Deutschen Wirtschaftskommission (DWK)** und später den Fachministerien; neben reinen Verteilungsfunktionen hatte sie auch echte Handelsfunktionen. Die noch im erheblichen Umfange bestehenden privaten Firmen mußten ihre Produktionsmittel über die eigens dafür gegründeten Vertragskontore beziehen. Ihre Handelsspannen waren extrem niedrig (6–15 v. H.) und mußten teilweise mit dem staatlichen Großhandel geteilt werden. Der private landwirtschaftliche Großhandel wurde zunächst auf die Bäuerlichen Handelsgenossenschaften (BHG) verlagert.
1953 wurden die **Großhandelskontore** gebildet und direkt dem → **Ministerium für Handel und Versorgung** unterstellt.
Im Jahr 1955 war die Sozialisierung des Großhandels als einer „Kommandohöhe der Volkswirtschaft" (Lenin) weitgehend abgeschlossen, nur noch 10 v. H. des Umsatzes wurden vom privaten und halbstaatlichen Großhandel getätigt. Gegenwärtig beträgt der Anteil rd. 2 v. H. des Umsatzes; die halbstaatlichen Großhandelsbetriebe sind 1972 nicht wie die Mehrzahl der übrigen halbstaatlichen Betriebe in Volkseigentum umgewandelt worden.
Im Jahr 1960 sind die volkseigenen Großhandelskontore mit den konsumgenossenschaftlichen Großhandelsbetrieben zu volkseigenen Großhandelsgesellschaften (GHG) zusammengeschlossen worden (GBl. I, 1960, Nr. 20). Nach Branchengruppen gegliedert, unterstanden sie bis 1968 den → **Räten** der → **Bezirke** bzw. der → **Kreise**. Ebenfalls 1960 wurden als wirtschaftsleitende Organe 6 **Zentrale Warenkontore** (ZWK) für die Warenversorgung mit Industriewaren und Nahrungsmitteln gegründet. Seit 1968 obliegt ihnen, und nicht mehr den Räten der Bezirke, die Gründung der als GHG organisierten sozialistischen Großhandelsbetriebe.
Gegenwärtig bestehen im sozialistischen Konsumgüter-Großhandel 7 spezialisierte Betriebe, von denen die beiden wichtigsten die für die „Waren des täglichen Bedarfs" (WtB) sowie für »Obst, Gemüse, Speisekartoffeln« (OGS) sind. Auf sie entfällt rund die Hälfte der gesamten Umsatzleistung des Großhandels, wobei diese beiden Warengruppen fast doppelt so viele Verkaufseinrichtungen des Einzelhandels zu beliefern haben wie alle anderen Großhandelsbetriebe zusammen. Diese sind spezialisiert auf: Textil- und Kurzwaren, Schuhe und Lederwaren, Haushaltswaren, Technik, Möbel, Kulturwaren, Sportartikel sowie auf Exquisit- und Delikaterzeugnisse.
Die Branchenstruktur der Großhandelsbetriebe ist – im Interesse einer möglichst reibungslosen Plankoordinierung zwischen Produktions-, Groß- und Einzelhandelsbetrieben – im wesentlichen an der Produktionsstruktur der Konsumgüter, am Rhythmus des spezifischen Warenumschlags und an der Gliederung der Verkaufsstellen des Einzelhandels orientiert.
Im sozialistischen Konsumgüter-Großhandel werden rund zwei Drittel des gesamten Warenfonds der DDR umgeschlagen. Das restliche Drittel geht

durch verschiedene Spezialeinrichtungen direkt an Großverbraucher (z.B. Interhotels, Warenhäuser, Versorgungsbetriebe) bzw. bei bestimmten, leicht verderblichen Nahrungsmitteln auch direkt an den Einzelhandel.

B. Der Einzelhandel. Amtliche Angaben über Umfang und Struktur des Einzelhandelsumsatzes werden laufend in den Statistischen Jahrbüchern der DDR veröffentlicht. Dagegen erscheinen Informationen über das Einzelhandelsnetz, über Anzahl und Eigentumsform der Verkaufsstellen nur in unregelmäßigen Abständen. Sie werden in speziellen Erhebungen ermittelt. Die letzte derartige Erhebung war 1977. Damals wurden knapp 110000 Verkaufsstellen aller Art (einschl. der Kioske, Marktstände und Verkaufszüge) gezählt, von denen rd. 82000 Verkaufsstellen „mit Verkaufsraumfläche" waren. Seitdem ist die Zahl der Verkaufsstellen – wie schon in den vorangegangenen 20 Jahren – weiter zurückgegangen. Für 1982 wird ein Bestand von 77169 Verkaufsstellen (mit Verkaufsraumfläche) ausgewiesen (Der Handel, Nr. 6/1982). Der stetige Rückgang der Verkaufsstellenzahl beruht einmal auf den Verlagerungen bei der Eigentumsform der Betriebe (Private geben auf), zum anderen auf Veränderungen der Betriebsgrößenstruktur (kleine Verkaufsstellen werden zusammengelegt, Kaufhallen und Warenhäuser dringen vor).

1. Eigentumsformen. Der fortschreitende Rückgang des privaten Sektors ist – in seiner langfristigen Entwicklung betrachtet – das charakteristische Merkmal der Eigentumsstruktur des DDR-Einzelhandels. Das dokumentiert sich einmal bei der Verkaufsstellenzahl im privaten Bereich, die von 80 v.H. 1952 auf 25 v.H. aller Verkaufsstellen 1982 zurückging, zum anderen, und hier noch viel ausgeprägter, bei der Entwicklung des Warenumsatzes. 1952 erbrachten private Einzelhändler noch gut die Hälfte des gesamten Warenumsatzes, 1982 war ihr Anteil auf 6 v.H. geschrumpft. Dabei ist dieser Prozeß der Entprivatisierung und Sozialisierung des Einzelhandels nicht gleichmäßig, sondern in Schüben verlaufen, ausgelöst vor allem durch diskriminierende steuerliche Maßnahmen, die einen immer größeren Kreis privater Kaufleute zur Aufgabe ihres Betriebes oder zur Änderung ihrer Rechtsform veranlaßten. Auch die unterschiedliche Praxis der Warenzuteilung, bei der anfangs die → **Konsumgenossenschaften**, später noch mehr die Verkaufsstellen der Staatlichen → **Handelsorganisation (HO)** bevorzugt bedacht wurden, haben den Sozialisierungsprozeß beschleunigt. Die HO, die anfangs allein das Recht zum freien Verkauf bewirtschafteter Waren und qualitativ hochwertiger Erzeugnisse hatte, konnte sich schon bald nach ihrer Gründung (Ende 1948) zur führenden Eigentumsform des Einzelhandels entwickeln. HO (volkseigener Handel) und Konsumgenossenschaften, die überwiegend für die Versorgung ländlicher Gebiete zuständig sind (genossenschaftlicher Handel), bilden den „sozialistischen Sektor" des Einzelhandels, auf den 88 v.H.

Einzelhandelsumsatz nach Eigentumsformen (einschl. Gaststättenumsatz)

Jahr	Gesamt	davon			
		Sozialist. Handel	davon		Privater Handel[1]
			HO	Konsumgenossenschaften	
			in Mrd. Mark		
1950	17,3	8,2	5,2	3,0	9,1
1955	31,7	21,6	12,8	8,8	10,1
1960	45,0	34,8	19,8	15,0	10,2
1971	67,1	54,6	30,6	24,0	12,5
1977	90,5	79,4	47,2	32,2	11,1
1980	100,0	88,3	53,6	34,8	11,7
1982	103,5	91,5	55,5	35,9	12,0
			Anteile in v.H.		
1950	100	47,4	30,1	17,3	52,6
1955	100	68,1	40,4	27,8	31,9
1960	100	77,3	43,9	33,3	22,7
1971	100	81,4	45,6	35,8	18,6
1977	100	87,7	52,1	35,6	12,3
1980	100	88,3	53,6	34,8	11,7
1982	100	88,4	53,6	34,7	11,6

1 Einschließlich Kommissionshandel.
Quellen: Statistisches Jahrbuch der DDR sowie des RGW, div. Jahrg.

des Umsatzes entfallen (Stand 1982). Die restlichen 6 v.H. (neben den bereits erwähnten 6 v.H. Umsatzanteil des privaten Einzelhandels) entfallen auf den **Kommissionshandel**, eine spezielle Rechtsform, die 1956 in der DDR eingeführt worden ist (vgl. Tabelle auf S. 237). Mit dem Abschluß des Kommissionshandelsvertrages verpflichtet sich der Einzelhändler, keine Geschäfte auf eigene Rechnung mehr abzuschließen, womit er praktisch zum Angestellten des staatlichen oder genossenschaftlichen Handels wird, dem er dann allerdings in der Warenbelieferung gleichgestellt ist.

In den letzten Jahren ist eine gewisse Konsolidierung im privaten Handel und Gastgewerbe (einschl. Kommissionsbetriebe) eingetreten. Ursache ist die mit dem IX. Parteitag der SED (1976) eingeleitete

Die Organisationsstruktur des Konsumgüterbinnenhandels – Bereich Ministerium für Handel und Versorgung
(Stand 1982)

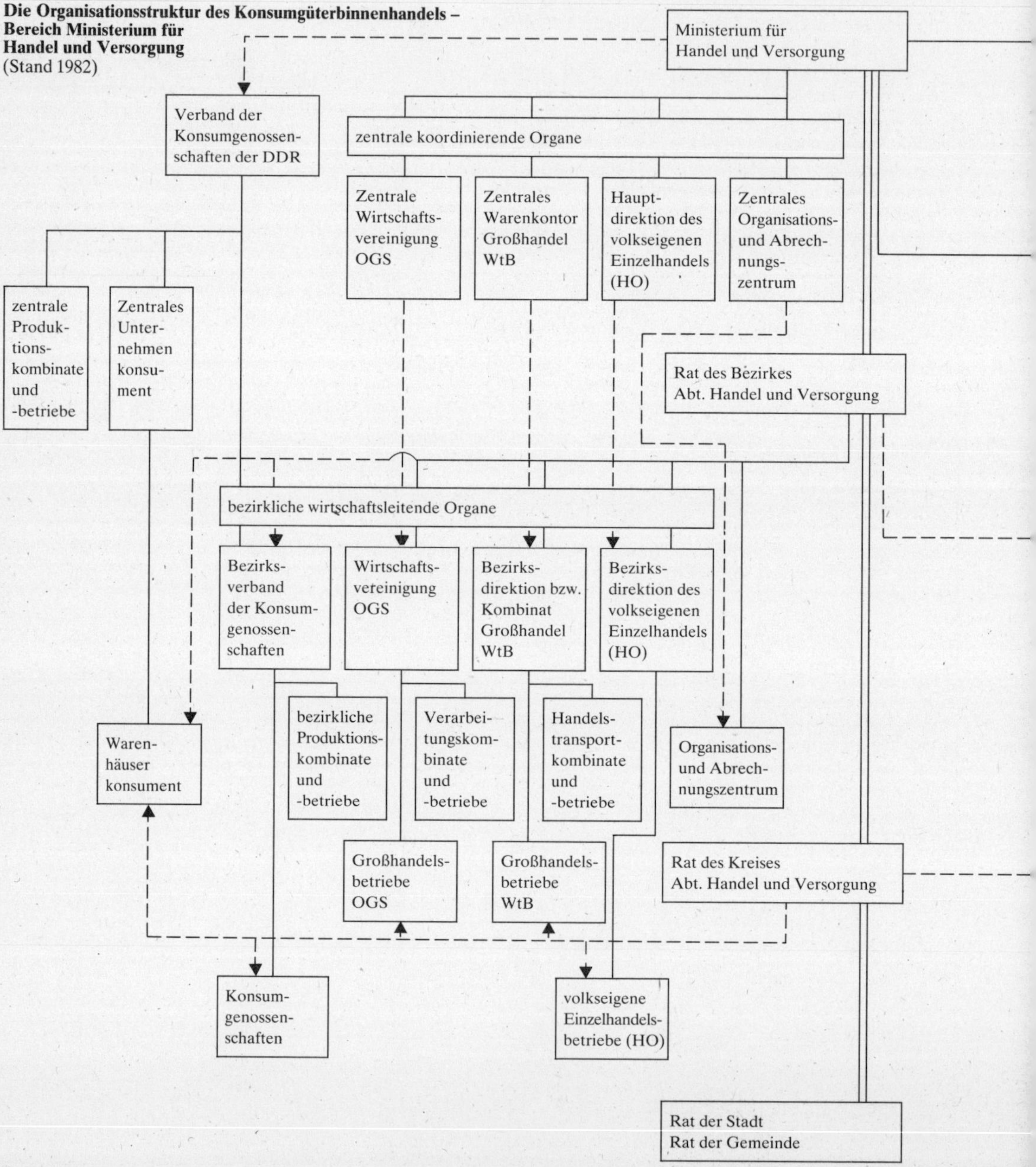

(begrenzte) Förderungspolitik gegenüber privatwirtschaftlicher Betätigung, die zu einem entsprechenden Beschluß des → **Ministerrates** führte und die vor allem dem → **Handwerk**, in geringerem Maße aber auch dem Einzelhandel und Gaststättenwesen zugute kam. In dem auf diesem Parteitag verabschiedeten neuen Programm der SED fand diese veränderte Politik in folgenden Formulierungen Ausdruck: „Der Kommissions- und private Einzelhandel sind entsprechend den Interessen der sozialistischen Gesellschaft zu fördern . . . Das private Handwerk wird planmäßig gefördert und in die Lösung der Versorgungsaufgaben einbezogen."

Zu erwähnen sind noch einige Sonderformen des Versorgungssystems der DDR, die spezifische sozialistische Einzelhandelsbetriebsformen sind:

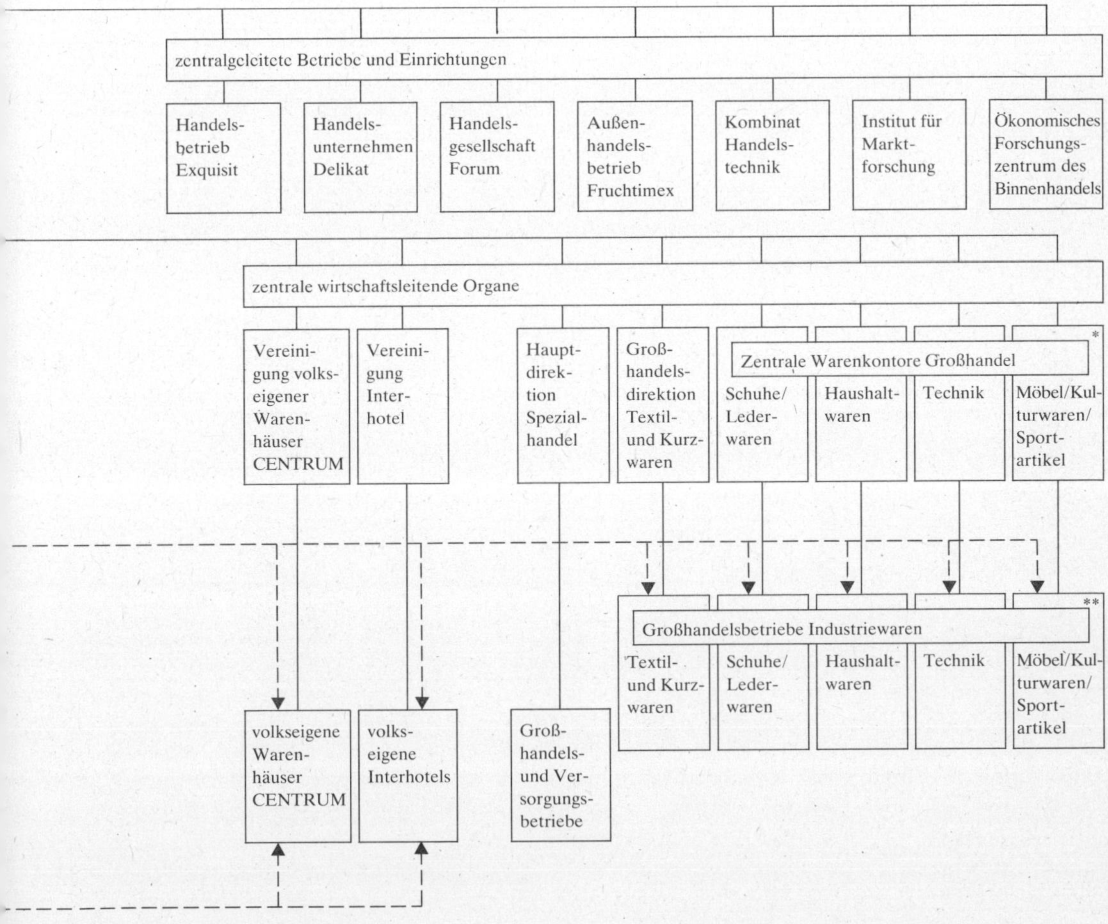

* für Möbel in der Entwicklung zentrales koordinierendes Organ

** Möbelhandelsbetriebe zukünftig bezirklich unterstellt

——— Unterstellungsbeziehungen

– – – → Koordinierungsbeziehungen

═══ Beziehungen im Rahmen der doppelten Unterstellung der Fachorgane der örtlichen staatlichen Organe

OGS = Obst, Gemüse, Speisekartoffeln

WtB = Waren täglicher Bedarf

Quelle: Sozialistische Betriebswirtschaft im Binnenhandel. Fachschullehrbuch. Berlin (Ost) 1982, S. 44/45.

Im Bereich des volkseigenen Handels existieren neben der HO z.B. der Wismut-Handel zur Versorgung der Beschäftigten der Deutsch-Sowjetischen Wismut-AG (→ **Uranbergbau**), der Spezial- und Militärhandel zur Versorgung der sowjetischen Streitkräfte, der → **Nationalen Volksarmee (NVA)** und der → **Grenztruppen der DDR**, die Mitropa (→ **Hotel- und Gaststättenwesen**), der → **Postzeitungsvertrieb**, der VEB Kohlehandel, VEB Minol, → **Intershops**, → **Exquisit- und Delikatläden**, Staatliche → **Apotheken**, der Volksbuchhandel (→ **Buchhandel**), der → **Industrievertrieb**, Einrichtungen der Gemeinschaftsverpflegung sowie seit 1975 der dem → **Ministerium für Außenhandel (MAH)** unterstellte Versorgungsbetrieb VERSINA für die Angehörigen des diplomatischen Corps.

Der genossenschaftliche Einzelhandel umfaßt neben den bestimmenden Konsumgenossenschaften u.a. auch Verkaufseinrichtungen von Produktionsgenossenschaften des → **Handwerks** (PGH), gärtnerischen Produktionsgenossenschaften (GPG; → **Gartenbau**) sowie der bäuerlichen Handelsgenossenschaften (BHG; → **Vereinigung der gegenseitigen Bauernhilfe [VdgB]**).

2. Betriebsgrößen. Trotz fortschreitender Konzentration überwiegen im Einzelhandelsnetz der DDR noch immer kleine und mittlere Geschäfte, unter denen die hohe Zahl der „Kleinstobjekte" (das sind Ladengeschäfte mit weniger als 25 qm Verkaufsfläche) erstaunt. Ihr Anteil an den Verkaufsstellen lag 1982 bei 32 v.H. (24000 von 77000) gegenüber 37 v.H. im Jahre 1974. Die Durchschnittsgröße der Verkaufsstellen hat jedoch steigende Tendenz (1950 = 32 qm; 1982 = 64 qm) und soll weiter erhöht werden, sowohl durch Zusammenlegung von zwei oder mehreren Kleinbetrieben zu größeren Verkaufseinheiten, als auch durch Neubau von Großobjekten, die seit einigen Jahren immer stärker vordringen. Bei diesen Objekten sind im wesentlichen vier Formen zu unterscheiden:

Kaufhallen (westlichen Supermärkten vergleichbar) haben die weiteste Verbreitung unter den Groß-Vertriebsformen des Einzelhandels. Ihre Zahl liegt mit 1127 (1982) fast viermal höher als 1971 (391). Kaufhallen sollen mindestens 180 qm Verkaufsfläche haben und ein breites Warensortiment aus Nahrungs- und Genußmitteln sowie industriellen Erzeugnissen des Alltagsbedarfs führen. Am Umsatz der Nahrungs- und Genußmittel sind die Kaufhallen gegenwärtig bereits mit 30 v.H., in Berlin mit 50 v.H. beteiligt. Bei der zukünftigen Umgestaltung des Verkaufsstellennetzes soll die Entwicklung der Kaufhallen vorrangige Bedeutung haben.

Kaufhäuser, deren Zahl gegenwärtig mit 330 angegeben wird, haben mindestens 1000 qm Verkaufsfläche. Ihr Angebot ist auf einzelne Branchen spezialisiert (z.B. Bekleidung) oder auf einen bestimmten Käuferkreis abgestimmt („Alles für das Kind").

Warenhäuser sind die größten Betriebseinheiten im Einzelhandel (Verkaufsfläche mindestens 2500 qm), die ein universelles Warenangebot führen. Von gegenwärtig 29 **Warenhäusern** gehören 19 der staatlichen Handelsorganisation HO. Sie tragen einheitlich den Namen „CENTRUM", während die 10 genossenschaftlichen Warenhäuser „konsument" heißen. Mit der Namensgleichheit, Einheitskleidung des Personals und Ähnlichkeiten bei der baulichen Gestaltung soll das System der Warenhäuser eine Art Firmencharakter dokumentieren.

Ländliche Einkaufszentren – von denen es gegenwärtig 217 gibt – sind ähnlich konstruiert wie Kaufhallen; sie unterscheiden sich von diesen nur durch die besondere Berücksichtigung des spezifischen Bedarfs der Landbevölkerung.

3. Branchenstruktur. In der Branchenstruktur des Einzelhandels liegen die Verkaufsstellen für Waren des täglichen Bedarfs (überwiegend Nahrungs- und Genußmittel) weit an der Spitze. Auf sie entfallen rund zwei Drittel aller Verkaufsstellen und etwa die Hälfte der Verkaufsfläche. Der Anteil der Fachgeschäfte bewegt sich in den meisten Branchen um 5 v.H., lediglich die Warengruppe „Textilien, Bekleidung, Kurzwaren" erreicht bei den Verkaufsstellen einen Anteil von knapp 10 v.H.

Der Konzentrationsprozeß hat die einzelnen Branchen allerdings in unterschiedlichem Maße betroffen. Am stärksten war der Rückgang bei den kleinen Gemischtwarenläden, deren Zeit auch in der DDR abläuft. Ein Trend zur Spezialisierung ist unverkennbar. Vor allem konnten die Fachgeschäfte für anspruchsvolle technische Konsumgüter ihren Anteilssatz gegenüber 1960 mehr als verdoppeln – ein Zeichen für den zunehmenden Wohlstand in der DDR.

Speziell auf den Bedarf einer Verbraucherschicht mit überdurchschnittlicher Kaufkraft sind solche Einrichtungen zugeschnitten, die „hochwertige Erzeugnisse" in repräsentativem Rahmen, „mit einem hohen Niveau der Bedienung und Beratung" anbieten. Dazu gehören neben den zur Zeit bestehenden 7 Feinkosthäusern die rd. 300 → **Exquisit- und** 550 **Delikatläden**.

4. Umsatz und Warenstruktur. 1982 erreichte der Einzelhandelsumsatz ein Volumen von 103 Mrd. Mark, rd. das 6fache des Umsatzes von 1950. Damit lag der Zuwachs 1950–1982, bei sehr niedriger Ausgangsbasis, um durchschnittlich 6 v.H. pro Jahr. Der laufende Fünfjahrplan sieht für 1981–1985 eine weitere Expansion des Einzelhandelsumsatzes von insgesamt 20–22 v.H. vor, was einem jahresdurchschnittlichen Wachstum von 3,7 v.H. entspricht – ein Ziel, das allerdings in den beiden ersten Jahren deutlich verfehlt wurde (Zuwachs 1981 = 2,5 v.H., 1982 = 0,5 v.H.).

Eine differenziertere Betrachtung nach Warengruppen läßt erhebliche Strukturveränderungen im Zeit-

Einzelhandelsumsatz der DDR nach Warenstruktur 1950–1982 (einschl. Gaststättenumsatz)

Jahr	Insgesamt	Nahrungsmittel[1]	Industriewaren	davon Bekleidung[2]	davon Sonstige
			Mrd. Mark		
1950	17,3	10,6	6,7	3,2	3,5
1960	45,0	24,9	20,1	8,3	11,8
1970	64,0	35,7	28,3	10,6	17,7
1975	82,0	42,5	39,5	13,7	25,8
1980	100,0	50,2	49,8	16,2	33,6
1981	102,5	51,7	50,8	16,1	34,7
1982	103,5	52,8	50,8	15,7	35,1
			Anteile in v.H.[3]		
1950	100	61,1	38,9	18,6	20,3
1960	100	55,4	44,6	18,4	26,2
1970	100	55,8	44,2	16,5	27,7
1975	100	51,9	48,1	16,7	31,4
1980	100	50,2	49,8	16,1	33,7
1981	100	50,4	49,6	15,8	33,8
1982	100	50,9	49,1	15,1	34,0
			Zunahme in v.H.[4]		
1950/82	6	5	7	5	8

1 Einschließlich Genußmittel. – 2 Einschließlich Schuhe und Textilien. – 3 Differenzen durch Runden der Zahlen. – 4 Durchschnittliche jährliche Zuwachsrate.
Quelle: Statistisches Jahrbuch der DDR 1983.

ablauf erkennen. Der Umsatz der Industriewaren stieg (mit jahresdurchschnittlich 7 v.H.) schneller als der der Nahrungs- und Genußmittel (5 v.H.). Innerhalb dieser beiden Hauptgruppen verlagerte sich der Umsatz von Grundnahrungsmitteln (Getreideerzeugnisse, Kartoffeln) zu höherwertigen eiweißreichen Produkten (Fleisch, Milcherzeugnisse) und zu Genußmitteln; bei den Nicht-Nahrungsmitteln konnten vor allem die „sonstigen Industriewaren" den stärksten Zuwachs verzeichnen. Das sind im wesentlichen dauerhafte Konsumgüter mit teilweise hohem Anschaffungspreis, also nicht Textilien, Bekleidung, Schuhe, auf die 1950 noch die Hälfte des Industriewarenumsatzes entfiel.

Trotz aller den wachsenden Wohlstand signalisierenden Strukturverlagerungen im Einzelhandel ist der Umsatzanteil der Nahrungs- und Genußmittel mit rund 50 v.H. (davon 32 v.H. Nahrungs-, 18 v.H. Genußmittel) noch erstaunlich hoch für eine entwickelte Volkswirtschaft wie die der DDR. Dabei werden die realen Umsatzrelationen durch die Steuer- und Subventionspolitik verschleiert: Nahrungsmittel sind hoch subventioniert, industrielle Konsumgüter dagegen kräftig besteuert. Im realen Warenverbrauch haben demnach die Nahrungsmittel ein noch stärkeres Gewicht als in den Umsatzzahlen zum Ausdruck kommt.

5. *Beschäftigte.* Die Zahl der Beschäftigten im B. unterliegt nur geringen Schwankungen. Sie liegt, wie schon seit Jahren, bei rund 700000, von denen etwa 100000 auf Beschäftigte des Großhandels entfallen. Ungefähr vier Fünftel der Beschäftigten des B. sind Frauen. Die Altersstruktur der Arbeitskräfte im Handel ist durch einen hohen Anteil der über 45jährigen gekennzeichnet.

Rund drei Viertel der Mitarbeiter gehören zum „Handels- und Verkehrspersonal" (z.B. Verkäufer, Kellner, Lagerarbeiter), der Rest verteilt sich auf folgende Gruppen: Handelsvorbereitendes Personal (Disponent, Empfangssekretär); Leitungs- und Verwaltungspersonal (Direktor, Justitiar); Betreuungspersonal (Mitarbeiter der Werkküche); Pädagogisches Personal (Ausbilder, Berufsschullehrer); und übriges Personal (Hausmeister, Raumpfleger).

Die betrieblichen Arbeits- und Lebensbedingungen sind im Handel durchweg ungünstiger als in anderen Bereichen. Unter allen Wirtschaftszweigen hat der Handel den niedrigsten Beschäftigtenanteil mit Hochschulabschluß und das geringste Durchschnittseinkommen. Überdurchschnittlich hoch sind dagegen die Zahl der je Arbeitskraft geleisteten Überstunden, der Krankenstand und der Umfang der nicht erfüllten Auflagen für Hygiene, Gesundheits-, Arbeits- und Brandschutz, für die Einhaltung der Tragenormen für Frauen und Jugendliche (Der Handel, Nr. 4/1981). Das alles erklärt wohl auch die besonders hohe Fluktuation der Arbeitskräfte.

IV. Leitung und Planung

Im System einer zentralisierten staatlichen Planwirtschaft scheint die Planung und Leitung des Handels erheblich schwieriger zu sein als die der anderen

großen Wirtschaftsbereiche. Tatsächlich ist der Handel ein „besonders organisationsintensiver Wirtschaftszweig", der es – speziell im Konsumgütereinzelhandel – mit einer Vielzahl relativ kleiner, territorial breit gestreuter Objekte zu tun hat. Bei der Koordinierung der Arbeit dieser Endverkaufsstellen untereinander, sowie ihrer Beziehungen zu Großhandels- und Produktionsbetrieben können sich die Leitenden Organe der Distributionssphäre kaum auf die Hilfe moderner Technologie stützen. Anders als die industrielle Produktionsplanung, die sich an automatisierten Produktionsprozessen orientieren kann, muß die Planung des Warenumschlags durch das „normative Festlegen einer rationellen Arbeitsteilung, Kombination und Kooperation innerhalb und zwischen Kollektiven mittels verbindlicher Organisationsregelungen" geschehen. Die Problematik dieser Aufgabe kommt u. a. in den häufigen Änderungen, Erlassen und Ausführungsbestimmungen zur Organisationsstruktur des B. zum Ausdruck, deren Logik und Systematik von Außenstehenden schwer zu durchschauen sind. Das Schaubild über die Organisationsstruktur des Konsumgüter-B., das den für 1982 gültigen Stand wiedergibt, läßt immerhin die Grundzüge der Planungs- und Leitungsstruktur erkennen (s. S. 238/239).
In der vertikalen Gliederung folgt die Leitungsstruktur des Handels der der allgemeinen Verwaltungsstruktur. Oberstes Organ ist das Ministerium für Handel und Versorgung, das freilich seine Direktiven vom Ministerrat der DDR und von der Staatlichen Plankommission (→ **Planung**, IV., A.) erhält. Aufgabe des Ministeriums ist es, diese grundlegenden Direktiven in konkrete Arbeitsinhalte zu übertragen und sie dann an die ihnen unterstellten Organe auf Bezirks-, Kreis- und örtlicher Ebene weiterzuleiten.
Die horizontale Gliederung nach Branchen und besonderen Einrichtungen stellt sich als ein etwas verwirrendes Geflecht von Organisationsformen dar, die unter verschiedenen Bezeichnungen firmieren, deren Bedeutung aber wiederum weitgehend davon abhängt, ob sie zentral, d. h. im Republikmaßstab, oder bezirklich orientiert sind. Das entscheidet sich im wesentlichen nach der von ihnen ausgeübten Funktion oder nach der Art des Handelsgutes, das sie vertreiben.
So empfiehlt sich eine bezirksgeleitete Organisation für alle Einzelhandelsverkaufsstellen der HO und der Konsumgenossenschaften wegen ihres begrenzten territorialen Einzugsbereiches. Bei den Warengruppen „Waren täglicher Bedarf" sowie „Obst, Gemüse, Speisekartoffeln" sind auch die Großhandelsorgane bezirklich geleitet, weil sie u. a. mit Waren handeln, die nur begrenzt haltbar sind, daher einen schnellen Warenumschlag erfordern, der bezirklich (und örtlich) leichter zu regeln ist als auf Republikebene.
Anders sind die Aufgaben des Großhandels mit Industriewaren, besonders bei dauerhaften Konsumgütern und technischen Erzeugnissen, gelagert. Hier muß der Handel langfristige Lieferverträge mit spezialisierten Industriebetrieben abschließen, für die ein zentral gesteuertes Organ besser geeignet ist. Das gleiche gilt für die Leitung der volkseigenen Warenhäuser „CENTRUM", der konsumgenossenschaftlichen Warenhäuser „konsument" und der volkseigenen Vereinigung „Interhotel".
Die vielschichtige Verflechtung der Handelseinrichtungen untereinander und ihre doppelte Unterstellung (nach Territorial- und Branchenprinzip) führen in der Praxis immer wieder zu Friktionen. Auch scheinen noch Meinungsverschiedenheiten zu bestehen über die optimale Abgrenzung der Kompetenzen zwischen bezirklichen und zentralen Organen.

V. Intensivierung und Rationalisierung

Die Planung der mittel- und langfristigen Entwicklung des Handels geht von folgenden Prämissen aus: Das Umsatzvolumen wird bis 1985 auf rd. 120 Mrd. Mark, bis 1995 „nach den gegenwärtigen Vorstellungen" auf rd. 155–165 Mrd. Mark steigen – bei vorrangigem Wachstum des Industriewarenumsatzes. Das Umsatzplus soll von einer „etwa gleichbleibenden Arbeitskräftezahl" bei nur geringfügig (bis 1995 um 4 v. H.) erweiterter Verkaufsraumfläche erbracht werden. Intensivierung und Rationalisierung der Arbeitsprozesse sollen diesen quantitativen Fortschritt ermöglichen, u. a. durch: stärkere räumliche Konzentration des Angebots (Kaufhallen und Warenhäuser), Modernisierung der Verkaufsformen (Selbstbedienung, Warenautomaten), bessere Anpassung des Warenangebots an die Nachfrage (Qualität und Sortiment) bei kontinuierlicher Belieferung der Verkaufsstellen.
Die materiellen Forderungen (nach räumlicher Konzentration und Modernisierung des Apparates) dürften wesentlich leichter zu erfüllen sein als die nach der kontinuierlichen Bereitstellung eines bedarfsgerechten Angebots. Zumal diese Problematik sich mit zunehmendem Wohlstand ständig verschärft: Mit wachsender Sättigung des Grundbedarfs und bei erheblicher Erweiterung der Pro-Kopf-Ausstattung mit Kleidung, Schuhen und technischen Hausgeräten ändert sich das Kaufverhalten der Verbraucher. Es orientiert sich stärker an qualitativen Merkmalen, reagiert sensibler auf modische Trends und Veränderungen des Angebots. Beabsichtigte Anschaffungen werden so lange hinausgezögert, bis der Markt die Güter anbietet, die den Vorstellungen der Kunden entsprechen. Dabei kann es, angesichts der hohen Kaufkraftreserven, zu „plötzlicher Nachfragekonzentration" kommen, während gleichzeitig unverkäufliche, weil unattraktive Waren die Regale und Lager verstopfen. Eine Behebung dieses Mißstandes wird von einer besseren Kooperation der

Handelseinrichtungen „auf allen Ebenen“ erwartet. Insbesondere der Großhandel in seiner Eigenschaft als Mittler zwischen Produktion und Absatz ist aufgerufen, Bedarfsplanung und Marktforschung (→ **Markt und Marktforschung**) zu intensivieren und die Kooperation mit dem Einzelhandel, der Konsumgüterindustrie sowie der Land- und Nahrungsgüterwirtschaft zu vertiefen. Dabei soll er sich der Vorteile bedienen, die von dem gegenwärtigen Konzentrationsprozeß, dem Zusammenschluß mehrerer Betriebe zu großen Kombinaten, erwartet werden (→ **Betriebsformen und Kooperation**). Dieser in der Industrie schon weit fortgeschrittenen organisatorischen Umwandlung soll sich auch der Handel anpassen. Mit der Kombinatsbildung im Großhandel WtB wurde der Prozeß eingeleitet. Er soll die Übernahme des technischen Fortschritts beschleunigen, und – mehr als bisher – eine „wirksame Arbeitsteilung durch Spezialisierung, Zentralisation und Kooperation“ gewährleisten.

(Maria Haendcke-Hoppe) / Maria Elisabeth Ruban

Literaturangaben

Sozialistische **Betriebswirtschaft** im Binnenhandel. Fachschullehrbuch. Berlin (Ost): Die Wirtschaft 1982.

Haendcke-Hoppe, M.: Zur Situation im Binnenhandel der DDR, in: FS-Analyse Nr. 2/1977. Berlin: Forschungsstelle für gesamtdeutsche wirtschaftliche und soziale Fragen 1977.

Haendcke-Hoppe, M.: Privatwirtschaft in der DDR. Geschichte – Struktur – Bedeutung. FS-Analyse Nr. 1/1982. Berlin: Forschungsstelle für gesamtdeutsche wirtschaftliche und soziale Fragen 1982.

Ruban, M. E.: Der Einzelhandel der DDR, in: DDR und Osteuropa. Wirtschaftssystem, Wirtschaftspolitik, Lebensstandard. Ein Handbuch. Opladen: Leske u. Budrich 1981.

Ruban, M. E., u. H. Vortmann: Rationalisierung im Einzelhandel der DDR, in: Strukturen des Einzelhandels. Lübeck: Industrie- und Handelskammer zu Lübeck 1975. (Ostseejahrbuch der Industrie- und Handelskammer zu Lübeck.)

Verkaufseinrichtungen im Einzelhandel. Autorenkollektiv u. Ltg. v. Karl Lein. 3. Aufl., unveränd. Nachdruck der 2., überarb. Aufl. Berlin (Ost): Die Wirtschaft 1979.

Bodennutzung: Im Zeitraum 1951–1982 nahm die Landwirtschaftliche Nutzfläche (LN) in der DDR um 268100 ha LN ab. Die Verringerung des Bodenfonds war erheblich stärker als in der Bundesrepublik Deutschland.

Mit der Begründung, daß „zahlreiche Betriebe, denen für die Durchführung ihrer Produktion Grund und Boden zur Verfügung gestellt wird, mit dem Boden unverantwortlich und leichtfertig umgehen“ und damit „die landwirtschaftliche Produktion in nicht vertretbarem Umfang beeinträchtigen“, ergingen ab 1964 mehrere An- bzw. Verordnungen; sie sollen die außerlandwirtschaftliche Inanspruchnahme bzw. das Brachfallen landwirtschaftlicher Nutzflächen einschränken und die Bewirtschaftung von Unland, Ödland oder Abbauflächen usw. fördern.

1. Bodennutzungsverordnung (VO zum Schutz des land- und forstwirtschaftlichen Bodens und zur Sicherung der sozialistischen Bodennutzung vom 26. 2. 1981, GBl. I, 1981, S. 105 und 2. Durchführungsbestimmung zur Bodennutzungs-VO vom 26. 2. 1981, GBl. I, S. 114). Diese VO legt fest, daß die Landwirtschaftsbetriebe das Nutzartenverhältnis nur im Einverständnis mit den landwirtschaftlichen Produktionsleitungen beim Rat des Kreises ändern dürfen, daß und auf welche Weise die Bodenfruchtbarkeit zu erhöhen, Brachland zu nutzen und Öd- und Unland zu kultivieren ist.

Die außerlandwirtschaftliche Nutzung der LN wurde auf Ausnahmefälle beschränkt und einem Genehmigungsverfahren unterworfen (Rat des Kreises, Revisionsverfahren beim Rat des Bezirks). Sofern die außerlandwirtschaftliche Inanspruchnahme eine gleichzeitige landwirtschaftliche Nutzung ganz oder teilweise gestattet, jedoch beeinträchtigt (z. B. Freileitungen), müssen die entstehenden Wirtschaftserschwernisse finanziell ausgeglichen werden. Eine allgemeinverbindliche Regelung zur Ermittlung der Entschädigungsbeträge erging allerdings erst im Jahr 1968. Entschädigung wird gezahlt:
für die Errichtung von Freileitungsmasten,
für Um- und Mehrwege infolge Behinderung,
für nicht ausgenutzte Stalldunggaben,
für nicht ausgenutzte Bodenkalkung und
für Wirtschaftserschwernisse durch Schlagzerteilung.

Nachdem der jährliche Bodenentzug 1963–1965 im Durchschnitt weniger als 6000 ha betrug, nahm er in den folgenden Jahren 1965–1967 wieder auf über 15000 ha pro Jahr zu. Zur zusätzlichen Steuerung der außerlandwirtschaftlichen B. wurde ab 1. 1. 1968 eine B.-Gebühr eingeführt.

2. Die VO über **Bodennutzungsgebühr** vom 26. 2. 1981 (GBl. I, S. 116) regelt, welche Betriebe für welche Zwecke Gebühren in welcher Höhe an die Abteilung Finanzen des zuständigen Rates des Kreises zu zahlen haben und wie die dort zentralisierten Mittel zu verwenden sind.

Von der Zahlung einer B.-Gebühr sind grundsätzlich befreit der Wismut-Bergbau, die Volksarmee und Baumaßnahmen für die Naherholung bzw. für den eigenen Bedarf (Eigenheime, Wochenendhäuser).

Die Höhe der Gebühr berücksichtigt die Nutzungsart und die Qualität der Flächen und beträgt je ha bei dauerndem Entzug für
Ackerland von 60000 Mark (bei Ackerzahl bis 10) bis 400000 Mark (Ackerzahl 100),
Grünland von 35000 Mark (Grünlandzahl bis 10) bis 250000 Mark (Grünlandzahl 88),
Forstflächen und Holzungen 35000 Mark (Wertziffer 1–2) bis 250000 Mark (Wertziffer 12),
Sonderkulturen 400000 Mark, Haus- und Kleingärten 100000 Mark, ablaßbare Teiche 30000 Mark.

Von diesen Gebühren sind je nach zukünftiger Nutzung zu zahlen:
50 v. H. bei Wohnungsbaumaßnahmen und von Nutzern, die an den Standort gebunden sind oder die nicht der wirtschaftlichen Rechnungsführung unterliegen (Sozialeinrichtungen),
25 v. H. bei wasserwirtschaftlichen bzw. verkehrstechnischen Maßnahmen für Einrichtungen der Landwirtschaft sowie bei Ausbildungs- und Forschungseinrichtungen.
Die VO legt darüber hinaus die Höhe der Entschädigungen für vorübergehenden Entzug von LN sowie für Überschreitung des Rückgabetermins, Qualitätsminderung wieder urbar gemachter Flächen usw. fest.
Die bei den Abteilungen Finanzen der Kreise zentralisierten Mittel sind zu verwenden für Neulandgewinnung, Ödlandkultivierung, Meliorations- und Intensivierungsmaßnahmen usw., unter der Voraussetzung, daß die Kultivierungskosten tragbar sind (max. Kosten bei Ackerland 10000 Mark/ha), bei Grünland 8000 Mark/ha, bei Forstflächen 4000 Mark/ha). Neben den Kultivierungskosten erhalten die Betriebe, die nicht gesetzlich zur Rekultivierung der Flächen verpflichtet sind, eine pauschale Grundprämie von 5000 Mark/ha zuzüglich 1 v.H. der Bodennutzungsgebühren (max. 4000 Mark/ha).
3. Wiederurbarmachung und Rekultivierung. Außer den erwähnten An- und Verordnungen ergingen in Zusammenhang mit dem Berggesetz 1970/71 weitere Bestimmungen, die die im Berggesetz erfaßten Betriebe zur Wiederurbarmachung verpflichten und die technischen Einzelheiten neu regeln (AO über die Wiederurbarmachung bergbaulich genutzter Bodenflächen – Wiederurbarmachungs-VO – vom 10. 4. 1970, GBl. II, S. 279) (→ **Bergbau**). Zur Herstellung der vollwertigen Bodenfruchtbarkeit sind seit 1971 die Folgenutzer (in der Regel Betriebe der Land- und Forstwirtschaft) verpflichtet (AO über die Rekultivierung bergbaulich genutzter Bodenflächen – Rekultivierungs-VO – vom 23. 2. 1971, GBl. II, S. 245 und AO Nr. 2 über die Rekultivierung bergbaulich genutzter Bodenflächen – Rekultivierungs-VO – vom 4. 1. 1984, GBl. I, S. 63). Für erforderliche Aufwendungen und zur rationellen Bewirtschaftung dieser Flächen können den Folgenutzern Beihilfen (bei landwirtschaftlicher Folgenutzung in Höhe von 7000 bis maximal 11000 Mark/ha und bei forstwirtschaftlicher Folgenutzung bis 4250 Mark/ha) gewährt werden. Sofern sich aus der Einbeziehung der rekultivierten Flächen in die Betriebsfläche erhebliche Änderungen in der Betriebsorganisation ergeben, können zusätzlich zinslose Kredite ausgereicht werden.
Die zahlreichen An- und Verordnungen, deren strikte Überwachung (→ **Arbeiter-und-Bauern-Inspektion**) und die finanziellen Anreize haben dazu beigetragen, daß sich seit 1970 der Bodenfonds der DDR mit rd. 6,286 Mill. ha LN nur geringfügig verringert hat.
Insgesamt wurden in der DDR bisher 60000 ha Abbaufläche rekultiviert. Trotzdem nahmen die Abbauflächen in den Jahren 1956–1982 von 40000 auf 95000 ha zu. Im Zeitraum 1960–1982 wurden rd. 44000 ha rekultiviert, von denen rd. 18000 ha zu Forstflächen, rd. 15000 ha zu landwirtschaftlichen Nutzflächen und rd. 7000 ha zu Wasser- und Erholungsflächen entwickelt wurden. Inanspruchnahme und Rekultivierung erfolgen auf der Grundlage langfristiger Prognosen. Die bis zum Jahr 2000 für die bergbauliche Inanspruchnahme vorgesehenen Flächen – sie befinden sich fast ausschließlich in den Bezirken Cottbus, Leipzig und Halle – wurden dabei als Bergbauschutzgebiete ausgewiesen. Sie umfassen in verschiedenen Kreisen 40–75 v. H. der Gesamtfläche. Um der wachsenden Landschaftszerstörung im Abbauprozeß entgegenzuwirken, wurden zeitlich parallel laufende Territorialprogramme zur Eingliederung der Abbauflächen in die Bergbaufolgelandschaften entwickelt. Zu diesem Zweck sind bei den Räten der Bezirke Büros für **Territorialplanung** eingerichtet worden, die mit den von den Kreis- und Bezirkstagen gebildeten „Ständigen Kommissionen für Territoriale Planung und Rationalisierung", mit den Braunkohlenkombinaten und mit den Leitungsorganen der Land- und Forstwirtschaft zusammenarbeiten sollen. Die Planung soll sowohl volkswirtschaftliche als auch landschaftsgestalterische und landeskulturelle Interessen berücksichtigen. Insbesondere für die Wasserflächen ist eine Mehrfachnutzung (Trink- und Betriebswasser, Hochwasserstau, Beregnungsreservoire, Binnenfischerei, Sport- und Badebetrieb) vorgesehen (→ **Umweltschutz**).
Der relativ geringe Gewinn an LN aus der Rekultivierung der Bergbauflächen ist z. T. auf das für die landwirtschaftliche Nutzung ungeeignete Ausgangsgestein (z. B. in der Lausitz) zurückzuführen. In der Zwischenzeit wurden jedoch mehrere Verfahren entwickelt, dieses Ausgangsmaterial aufzukalken (Braunkohlenasche) und mit organischen Substanzen (Gülle, Klärschlamm, Bioschlamm) anzureichern. Die Kosten für die Herstellung von Rohböden betrugen 1982 rd. 70000 Mark/ha LN. Im Bezirk Leipzig (Kreis Borna) ist im Jahr 1977 ein Spezialbetrieb eingerichtet worden, der im Auftrag von drei Kombinaten und sieben Landwirtschaftsbetrieben (VEG und LPG) den unfruchtbaren Rohboden in kulturfähigen Zustand aufbereitet. Mit Hilfe dieser Maßnahmen sollen die Rekultivierungszeit verringert, die Kostenentwicklung stabilisiert und der Anteil der LN an den rekultivierten Flächen erhöht werden.
4. Maßnahmen im Rahmen des Gesetzes über die planmäßige Gestaltung der sozialistischen Landeskultur (→ **Landeskulturgesetz**) in der DDR vom 14. 5. 1970 (Landeskulturgesetz, LKG, GBl. II, S. 67). Hierzu sind inzwischen ergangen eine 1. DV (Naturschutz-VO, GBl. II, 1970, S. 331), eine 2. DV (Landschaftsschutz-VO, ebenda S. 336) sowie eine 3. DV (Sauberhaltung der Städte und Gemeinden, Abfallverwertung, ebenda S. 339) und eine 4. DV (Lärmschutz-VO, ebenda S. 343) (→ **Naturschutz**).
Bedeutend wirksamer für die Gewinnung landwirtschaftlicher Nutzflächen ist die Urbarmachung von Öd- und Unlandflächen. Nach § 18 des LKG sind sowohl die Betriebe der Land- und Forstwirtschaft als auch die örtlichen Räte verantwortlich dafür, daß Flächen, die nicht bewirtschaftet werden, obwohl sie land- oder

forstwirtschaftlich nutzbar sind, zur Nutzung herangezogen werden.
Seit 1970 haben die Öd- und Unlandflächen der DDR jährlich um rd. 1060 ha abgenommen. In gleicher Weise trägt der Umbruch alter und die Ausweisung neuer landwirtschaftlicher Wegflächen im Rahmen der „Flurneugestaltung" zur Vermehrung der LN bei. Durchschnittlich werden dabei 40 v. H. der Wegflächen eingespart. Im Rahmen der Flurneugestaltung sollen großflächige Bewirtschaftungseinheiten mit möglichst einheitlichen Bodenverhältnissen eingerichtet werden, die nach Form und Geländegestaltung den Einsatz von Maschinenkomplexen gestatten.

Bodenrecht: In der DDR gilt das B. als eigenständiger Rechtszweig, der die Gesamtheit der rechtlichen Regelungen über das → **Eigentum** und die Nutzung des Bodens umfaßt. Gegenstand des B. sind ferner Maßnahmen des → **Naturschutzes**, der Landeskultur (→ **Landeskulturgesetz**) und des Bergrechts.
Für die Nutzung volkseigenen Bodens durch sozialistische Wirtschaftseinheiten gelten die für die Nutzung von Volkseigentum generell maßgeblichen Konstruktionen (Art. 12 Abs. 2 Verf.; § 19 ZGB) sowie zahlreiche spezielle Nebenregelungen (→ **Bodennutzung**).
Den Bereich des B., an dessen Rechtsverhältnissen Bürger beteiligt sind, regelt einstweilen das Zivilgesetzbuch (ZGB) vom 19. 6. 1975 (GBl. I, S. 465) (→ **Zivilrecht**) unter dem Ordnungsgesichtspunkt „Nutzung von Grundstücken und Gebäuden zum Wohnen und zur Erholung" (§§ 284ff. ZGB). Auch in diesem Bereich gelten der Grundsatz der rationellen und zweckgebundenen Bodennutzung sowie das Gebot der Übereinstimmung der Bodennutzung mit den gesellschaftlichen Erfordernissen.
Das Gesetz sieht folgende Rechtsinstitute als Grundlage für die Bodennutzung durch Bürger vor: a) Die Verleihung des Nutzungsrechts an einem volkseigenen Grundstück für den Bau und die persönliche Nutzung von Eigenheimen (§§ 287–290 ZGB). Dieses Nutzungsrecht wird durch Verwaltungsakt begründet (Verleihung) und auch beendet (Entzug). Es wird grundsätzlich unbefristet und gegen Entgelt eingeräumt. Die auf dem volkseigenen Grundstück errichteten Gebäude sind Eigentum des Nutzungsberechtigten und können veräußert und vererbt werden, wobei das Nutzungsrecht am Grundstück dem Eigentum am Gebäude nachfolgt. Beim Entzug des Nutzungsrechts wegen nicht bestimmungsgemäßer Nutzung gehen Gebäude, Anlagen und Anpflanzungen – grundsätzlich gegen Entschädigung – in Volkseigentum über. b) Die Zuweisung genossenschaftlich genutzten Bodens durch eine Genossenschaft für den Bau von Eigenheimen oder anderen persönlichen Bedürfnissen dienenden Gebäuden (§§ 291–294 ZGB). Auch in diesem Fall erfolgt die Begründung des Nutzungsverhältnisses nicht durch Vertrag, sondern durch Verwaltungsakt (Zuweisung), ebenso ist ein Entzug des Nutzungsrechts wegen nicht bestimmungsgemäßer Nutzung der Bodenfläche vorgesehen, wobei der Entzug nicht durch die Genossenschaft, sondern durch ein staatliches Verwaltungsorgan erfolgt. Für die Eigentumsverhältnisse und Verfügungsmöglichkeiten gilt das gleiche wie unter a). Bei Entzug des Nutzungsrechts erfolgt keine Enteignung der Überbauten, vielmehr besteht eine Veräußerungspflicht des Eigentümers an einen anderen Bürger. c) Das persönliche Eigentum an Grundstücken (§§ 295–311), das vom ZGB als eine der möglichen rechtlichen Grundlagen der Bodennutzung behandelt wird, wobei der Grundstücksverkehr der staatlichen Kontrolle unterliegt (§ 297 ZGB; Grundstücksverkehrs-VO. vom 15. 12. 1977, GBl. I, 1978, S. 73). d) Die Nutzung von land- und forstwirtschaftlich nicht genutzten Bodenflächen als Kleingärten oder zum Zweck der Erholung oder Freizeitgestaltung aufgrund eines Vertrages (§§ 312–315). Dabei handelt es sich um ein Nutzungsverhältnis, das im wesentlichen der Pacht nachgebildet ist.
Schließlich kennt das ZGB Formen der Mitbenutzung von Grundstücken durch mehrere Nutzungsberechtigte, etwa die Lagerung von Baumaterial, das Aufstellen von Geräten, die Einräumung von Wege- und Überfahrtrechten, aber auch das Unterlassen bestimmter Handlungen. Derartige Mitbenutzungsformen beruhen in der Regel auf Vertrag, teilweise sind sie in das Grundbuch einzutragen (→ **Grundeigentum**).

Börsenverein der Deutschen Buchhändler zu Leipzig – Verband der Verleger und Buchhändler in der DDR: Der 1825 gegründete, ursprünglich vor allem dem Abrechnungsverkehr zwischen Verlegern und Buchhändlern dienende BdDB. nahm in Leipzig seine Tätigkeit 1946 wieder auf und entwickelte sich allmählich zur „gesellschaftlichen Organisation der Verleger und Buchhändler" im anderen Teil Deutschlands, d. h. zu einem Instrument der → **Kulturpolitik** der SED. Diese Entwicklung schloß ab mit der Annahme eines neuen Statuts durch die Hauptversammlung vom November 1967; der BdDB. wurde damit juristische Person und manifestierte durch den Zusatz zu seinem alten Namen die seit langem betriebene Preisgabe der gesamtdeutschen Tradition. Die Leiter aller volkseigenen Verlage und Buchhandelseinrichtungen und der ihnen gleichgestellten Betriebe der Massenorganisationen sind Pflichtmitglieder des BdDB.; die Leiter privater und selbständiger Verlage und Buchhandlungen sowie leitende Mitarbeiter aus Buchproduktion und -vertrieb „können" Mitglieder werden.
Die organisatorischen Beziehungen zum Buchhandel in der Bundesrepublik Deutschland wurden, entsprechend den gesellschaftspolitischen Zielsetzungen des Verbandes, bewußt vernachlässigt.
Kontakte zwischen den beiden Börsenvereinen (Der Börsenverein des Deutschen Buchhandels e. V. in Frankfurt/Main, gegr. 1948) wurden 1982 durch eine von jeweils 3 Vertretern beider Verbände gebildete Gesprächskommission intensiviert. Vorsteher des BdDB. zu Leipzig ist Jürgen Gruner (SED; VEB Verlag Volk und Welt). Der BdDB. gibt wöchentlich die Zeitschrift „Börsenblatt für den Deutschen Buchhandel" heraus. → **Buchhandel.**

Brigade: Bezeichnung für ein aus mehreren Werktätigen bestehendes sozialistisches → **Kollektiv**, das in Betrieben von Industrie und Landwirtschaft entsprechend den Gegebenheiten des Arbeitsablaufes gebildet wird. In der Regel fällt die B. mit der Gewerkschaftsgruppe (→ **Betriebsgewerkschaftsorganisation [BGO]**) zusammen. Der Begriff ist aus der UdSSR in die DDR übernommen worden.
Leiter der B. ist der Brigadier, der unmittelbar im Kollektiv mitarbeitet, in diesem aber die Leitungsfunktionen ausübt. Für seine Aufgaben als Leiter erhält er einen besonderen Zeitfonds. Seine Stellung ist mit der eines Vorarbeiters bzw. Kolonnenführers vergleichbar, wenn er auch darüber hinaus besondere politisch-erzieherische Aufgaben wahrzunehmen hat.
Die B. ist die „kleinste planende und abrechnende Struktureinheit" eines Betriebes; als solche ist sie auch die wichtigste organisierte Einheit, die am → **Sozialistischen Wettbewerb** insbes. um die Titel „Kollektiv der sozialistischen Arbeit" und „B. der besten Qualität" teilnimmt. Entsprechend der Wettbewerbslosung „Sozialistisch lernen, arbeiten, leben" soll die B. nicht nur Arbeitskollektiv, sondern auch Erziehungs- und Lebensgemeinschaft sein. Ausdruck dieser Zielsetzung ist u. a. auch das Führen eines → **Brigadetagebuches**. Wie die Betriebskollektive insgesamt, mit denen ihnen gegebenen → **Mitbestimmungs-, Mitgestaltungs- und Mitwirkungsrechten**, gelten auch die B. als wichtige Organisationsformen **Sozialistischer** → **Demokratie**.

Brigadetagebuch: Die „Traditionspflege" einer → **Brigade** in Form des B., also einer ständig zu führenden Chronik der Arbeits- und Wettbewerbsinitiativen und -ergebnisse im Rahmen der Bewegung „Sozialistisch arbeiten, lernen und leben", wird als wichtigstes Mittel sowohl für die ideologische Erziehung als auch für den Leistungsanreiz gewertet. Das B. soll sowohl wirtschaftliche als auch ideologische und kulturelle Funktionen erfüllen. Es zählt zu den wichtigsten „Dokumenten" eines Arbeitskollektivs im Betrieb. Im → **Sozialistischen Wettbewerb** um den Titel „Kollektiv der sozialistischen Arbeit" hat es als Nachweis über die Erfüllung der im „ökonomisch kulturellen Leistungsvergleich" von der Brigade übernommenen Aufgaben eine besondere Funktion, da für die Titelvergabe nicht nur „gute Arbeitsergebnisse", sondern auch „vorbildliches gesellschaftliches Verhalten" zur Bedingung gemacht werden. In diesem Sinne soll das B. der Erziehung und Selbsterziehung der Brigademitglieder dienen. Daneben gilt es zugleich als eine besondere Form des literarischen Schaffens der Werktätigen.

Bücheraustausch: Der Literaturaustausch zwischen der Bundesrepublik Deutschland und der DDR geht einerseits (im Rahmen des → **Innerdeutschen Handels [IDH]**) über den Buchhandel, andererseits (vorwiegend in west-östlicher Richtung) als Geschenkverkehr vor sich. Literatur aus der DDR ist in der Bundesrepublik Deutschland über jede Buchhandlung zu beziehen. Lizenzverträge zwischen Verlagen in der Bundesrepublik und der DDR können dem → **Buchexport** aus der DDR entgegenstehen. (1981 wurden nach Angaben des Börsenvereins des Deutschen Buchhandels in Frankfurt/Main 374 Lizenzen von Verlagen aus der Bundesrepublik Deutschland erworben und 335 an diese vergeben.)
Wer Literatur und sonstige Druckerzeugnisse aus der Bundesrepublik Deutschland, Berlin (West) und dem westlichen Ausland unmittelbar empfangen will, bedarf einer Sondergenehmigung des → **Ministeriums für Kultur**, die Institutionen und einzelnen Bürgern bei nachgewiesenem Bedarf für ein bestimmtes Fachgebiet, eine bestimmte Literaturgattung oder einzelne Druckerzeugnisse auf Widerruf oder zeitlich begrenzt erteilt werden kann (AO des Min. für Kultur vom 13. 6. 1963). Ein Perspektivprogramm für die ideologische und kulturpolitische Arbeit auf dem Gebiet der Literatur, des → **Verlagswesens** und der Literaturverbreitung von 1965 forderte eine außerordentliche Steigerung des Buch-Exports. Diese Forderung hat auch heute noch Gültigkeit. Voraussetzung dazu wären neben der Attraktivität der Produktion wirksame Schritte zur Befreiung des Bücheraustausches mit der Bundesrepublik Deutschland und dem westlichen Ausland von einengenden Vorschriften.
Der Geschenkverkehr soll laut Erklärung des damaligen Staatssekretärs E. Wendt vom Januar 1964 durch die oben zitierte AO nicht betroffen sein. Bücher und Druckschriften sollen niemals in anderen Geschenksendungen beigepackt, sondern gesondert versandt werden. Welche Literatur von allen Geschenksendungen auch nach den eingetretenen Erleichterungen im **Nichtkommerziellen** → **Warenverkehr** ausgeschlossen bleibt, ist aus dem Merkblatt „Hinweise für Geschenksendungen in die DDR und nach Berlin (Ost)", hrsg. vom Gesamtdeutschen Institut, Bundesanstalt für gesamtdeutsche Aufgaben, zu entnehmen, das auf allen Postämtern der Bundesrepublik erhältlich ist.
Die Bezüge und Lieferungen im innerdeutschen Handel mit Gegenständen des Buchhandels hatten 1982 folgenden wertmäßigen Umfang (ohne Geschenksendungen, in Mill. DM):

	Lieferung aus der Bundesrepublik Deutschland in die DDR	Bezüge aus der DDR
Bücher einschl. Kunstdruckbl. u. Karten	9 393	22 398
Zeitschr. u. Zeitungen	14 058	1 279
Gesamtsumme	29 451	23 677

Buchexport: Volkseigener Betrieb der Deutschen Demokratischen Republik, Leipzig (offizielle Bezeichnung der 1972/73 umbenannten Firma **Deutscher Buchexport- und -import GmbH**, Leipzig). 1953 in Leipzig hervorgegangen aus der seit 1945 als VEB geführten Firma Koehler und Volckmar, Leipzig.
Der B. gehört zu den wichtigsten Organisationsformen des weitgehend verstaatlichten → **Buchhandels** der

DDR. Die gesamte Ein- und Ausfuhr grafischer Erzeugnisse läuft über den B. Er betreibt eine intensive Exportwerbung und war 1980 an 38 Ausstellungen und Buchmessen sowie an mehr als 300 Kongressen und Ausstellungen auf Tagungen beteiligt. Der Werbeetat für Auslandswerbung liegt bei mehr als 4,5 Mill. Mark pro Jahr. Der B. hat das Außenhandelsmonopol der DDR für Bücher und besitzt ein starkes Mitspracherecht nicht nur bei Exportlieferungen, sondern auch bei Lizenzvergaben von Publikationen aus der DDR.
Der Import und Export antiquarischer Druck- und Kunstwerke, einschl. der Veräußerung enteigneter Bibliotheksbestände z.B. von Republikflüchtigen, wird vom „Zentralantiquariat der DDR, Leipzig" durchgeführt. Direktor des Zentralantiquariats der DDR ist Manfred Kazimirek (SED), Generaldirektor des B. ist Siegfried Hoffmann (SED).

Buchgemeinschaften: Aufgrund der niedrigen Ladenpreise für Bücher und der sehr guten Versorgung des Bibliotheksnetzes (vor allem Gewerkschaftsbibliotheken; → **Bibliotheken**) haben B. in der DDR nur eine untergeordnete Funktion, die mit der Bedeutung der B. in der Bundesrepublik Deutschland in keiner Weise verglichen werden kann. Neben dem Buchklub der Schüler, der jährlich etwa 25 Titel produziert, existiert als Neugründung seit 1965 der „buchclub 65", der jährlich etwa 60–80 Titel aus der Produktion der belletristischen Verlage der DDR übernimmt und sie an Mitglieder verkauft. → **Buchhandel.**

Buchhandel: Der B. der DDR wird in folgenden Eigentumsformen betrieben: Volks-B., privater B. mit Kommissionshandelsvertrag, privater B. mit staatlicher Beteiligung und privater B. Der Volks-B. errang frühzeitig die führende Stellung im Sortiments-B.; 1975 wurden ca. 85 v.H. der in der DDR verkauften Bücher vom Volks-B. vertrieben. Die Geschichte des B. spiegelt die gesellschaftspolitische Entwicklung der DDR im allgemeinen sowie ihre wirtschafts- und kulturpolitische Entwicklung im besonderen wider.
Am 15. 9. 1945 erließ die SMAD den Befehl über die „Vernichtung faschistischer Literatur zur schnellen Ausmerzung der nazistischen Ideen und des Militarismus". Diese Maßnahmen verliefen nicht reibungslos und zogen sich über mehrere Jahre hin. Der Neuaufbau des Bucheinzelhandels erfolgte nicht nur auf der Grundlage kommerzieller Privatunternehmen, sondern es trat von Anfang an ein auf gesellschaftlichem Eigentum beruhender B. in Erscheinung. Die Gründung dieser Buchhandlungen erfolgte zunächst örtlich durch die KPD und SPD, ab 1946 durch die SED, durch gesellschaftliche Organisationen und kommunale Verwaltungen. Um die Leitung der Volks-Buchhandlungen nach einheitlichen Prinzipien auszurichten, wurden 1947 in den 5 Ländern der SBZ B.-Gesellschaften gegründet. Am 25. 5. 1947 erließ die Deutsche Verwaltung für Volksbildung eine „Richtlinie für die Neuzulassung, Führung und Übernahme buchhändlerischer Betriebe", die den B., ausgehend von dessen kulturpolitischer Bedeutung, in den in der SBZ in Angriff genommenen gesellschaftlichen Transformationsprozeß einbezog.
Aus dem „Hauptmeßplatz" des deutschen B., Leipzig, war bereits im 19. Jh. der „Hauptkommissionsplatz", der sog. Leipziger Platz, geworden; an diese Traditionen knüpfte man nach 1945 wieder an. 1946 erhielt der Börsenverein der Deutschen Buchhändler zu Leipzig von der SMAD eine Lizenz und durfte seine Tätigkeit wiederaufnehmen (→ **Börsenverein der Deutschen Buchhändler zu Leipzig – Verband der Verleger und Buchhändler in der DDR**).
Nach der Gründung von Verlagen und Buchhandlungen auf der Basis gesellschaftlichen Eigentums war es folgerichtig, einen Zwischenbuchhandelsbetrieb auf gleicher Grundlage zu schaffen. So entstand 1946 der LKG (Leipziger Kommissions- und Großbuchhandel GmbH), der als Verleger- und Sortimenterkommissionär eine entscheidende Rolle beim Aufbau des Volks-B. spielte. Bereits 1952 lieferte der LKG drei Viertel der gesamten Verlagsproduktion der DDR aus. Wegen ihrer unterschiedlichen Wirksamkeit wurden am 1. 9. 1952 die B.-Gesellschaften der Länder aufgelöst und die 322 Volksbuchhandlungen direkt dem LKG unterstellt, in dem eine Hauptabteilung Volksbuchhandel eingerichtet wurde. Am 1. 1. 1954 wurde die Zentrale Verwaltung des Volksbuchhandels in Leipzig gegründet, wodurch der Volks-B. ein juristisch selbständiger Betrieb wurde, dem alle Volksbuchhandlungen, ausgenommen die in Berlin (Ost), angehörten.
Der Aufbau eines leistungsfähigen B. war mit der Entwicklung neuer Vertriebsformen verbunden. So ging der Volks-B. Anfang der 50er Jahre dazu über, nach dem Vorbild des Literaturobmanns in der KPD der Weimarer Republik in Betrieben und Institutionen arbeitende Werktätige als ehrenamtliche Vertriebsmitarbeiter zu gewinnen (1978: rd. 13000), die direkt am Arbeitsplatz Bücher verkaufen und 10 v.H. des Erlöses erhalten. Ähnliche Aufgaben erfüllen auch die rd. 40000 Literaturobleute der SED-Grundorganisationen. Vor allem um den Buchvertrieb auf dem Lande zu gewährleisten, wurde ein Netz von ca. 5000 Agenturen aufgebaut. Die Volksbuchhandlungen schlossen zu diesem Zweck mit den Verkaufsstellen des staatlichen und genossenschaftlichen Handels, aber auch mit Einzelhändlern, Agenturverträge ab. Diese Verkaufsstellen beziehen von der nächstliegenden Volksbuchhandlung Bücher und erhalten einen Rabatt von 15 v.H.
Als Einrichtung des Volks-B. wurde am 21. 10. 1949 ein zentraler Versand-B., das Buchhaus Leipzig, geschaffen. Weitere Formen der Literaturpropaganda und des Literaturvertriebs sind u.a. die „Woche des Buches", Buchausstellungen und die Buchbasare, auf denen sich Leser und Autoren begegnen.
Nachdem das umfangreiche Verlagsangebot von der Lagerhaltung her die finanzielle Leistungsfähigkeit privater Buchhändler überstieg und die 3. Parteikonferenz der SED (1956) im Rahmen der → **Bündnispolitik** die verstärkte Einbeziehung der Einzelhändler in den Aufbau des Sozialismus beschlossen hatte, wurde am 1. 3. 1957 der erste → **Kommissionsvertrag** zwischen der

LKG und einem privaten Buchhändler geschlossen. Der LKG übernahm die Warenbestände, erstattete die fixen Kosten und gewährte eine Provision, die bei Übererfüllung des Verkaufs-Planes ein höheres Einkommen sicherte. Der private Buchhändler war damit in die staatliche Planung einbezogen. Für ihn erwies es sich in den folgenden Jahren als attraktiver auch im B. – wie in anderen Bereichen des Handels – Verträge direkt mit dem Volks-B. und nicht mit dem Großhandel abzuschließen. Von 1960 bis 1964 wechselten alle Kommissionshandelspartner der LKG zum Volks-B. über, da die örtliche Zusammenarbeit günstigere Voraussetzungen bot. Gegenwärtig bestehen weniger als 100 Kommissions-Buchhandlungen.
Eine weitere Organisationsform im B. entwickelte sich 1959, als die erste private Buchhandlung mit staatlicher Beteiligung zu arbeiten begann; 1975 existierten nur noch ca. 900 private, meist kleinere Buchhandlungen.
Unter Rückgriff auf sowjetische Erfahrungen wurde 1969 in einer LPG die erste gesellschaftliche Buchverkaufsstelle eingerichtet. 1971 bestanden in den Schwerpunkten von Industrie und Landwirtschaft sowie in schulischen Einrichtungen bereits über 40 gesellschaftliche Buchverkaufsstellen (1982: ca. 1000), die meistens von ehrenamtlichen Vertriebsmitarbeitern geführt werden. Dem gesellschaftlichen Literaturvertrieb – mit diesem Begriff werden seit 1969 die Vertriebsmitarbeiter und die gesellschaftlichen Buchverkaufsstellen zusammenfassend bezeichnet – gilt gegenwärtig die besondere Aufmerksamkeit des Volks-B. Der Volks-B. im engeren Sinne umfaßt dagegen 750 Volksbuchhandlungen mit ca. 6000 Beschäftigten (1975).
Seine noch heute gültige Struktur erhielt der Buchvertrieb durch den Beschluß des Ministerrates vom 21. 12. 1962, ab 1. 1. 1963 die Hauptverwaltung Verlage und Buchhandel im Ministerium für Kultur zu bilden, und zwar „zur Herstellung einer einheitlichen politisch-ideologischen und ökonomischen staatlichen Leitung des Verlagswesens und des Groß- und Einzelbuchhandels". Die Aufgaben, Rechtsstellung, Arbeitsweise, Planung und Finanzierung des Volks-B. wurden nach Bildung der Hauptverwaltung im August 1964 durch das neue „Statut des Volksbuchhandels" geregelt, das vom Minister für Kultur erlassen wurde. Ihm zufolge gehören dem Volks-B. die 14 Zweigstellen in den Bezirken und die Zweigstelle Berliner Buchhandels-Gesellschaft sowie das Buchhaus Leipzig und das Zentralantiquariat der DDR in Leipzig an. Die bisherigen Bezirksbetriebe und die zentralen Einrichtungen waren damit nicht mehr wie bislang selbständige Betriebe, sondern als Zweigstellen Teil des Gesamtbetriebes Volks-B.
Nachdem sich 1963 im Buchgroß- und Bucheinzelhandel die Bestände bei insgesamt steigendem Umsatz vergrößerten, andererseits bei zahlreichen Titeln das Angebot nicht ausreichte, wurde seit 1964 systematisch die Buchmarktforschung aufgebaut. Im LKG wurde die Abteilung Buchmarktforschung gebildet, die für den gesamten Wirtschaftszweig tätig ist. Außerdem schuf der Volks-B. Testbuchhandlungen, die auf bestimmten Literaturgebieten die Erfahrungen des Buchvertriebs systematisch sammeln und den Verlagen als Berater zur Verfügung stehen. Im Jahre 1964 wurde die 1961 begonnene Spezialisierung des Volks-B. abgeschlossen; danach ist das Handelsnetz heute nach 4 Kategorien gegliedert: Spezialbuchhandlungen (z. B. für Fremdsprachen, Pädagogik usw.), allgemeine Sortimentsbuchhandlungen mit Spezialabteilungen, allgemeine Sortimentsbuchhandlungen mit erweitertem Fachbuchsortiment, allgemeine Sortimentsbuchhandlungen.
Beim Aufbau des → **Verlagswesens** und des B. war eine Vielzahl von gesetzlichen und vertraglichen Regelungen entstanden, die durch die am 1. 7. 1969 vom Ministerium für Kultur erlassene „Ordnung für den Literaturvertrieb" zusammengefaßt und aktualisiert wurden.
Die AO des Ministers für Kultur vom 8. 4. 1970 regelt den **Antiquariats-B.**, der überwiegend in den Händen des der Zentralen Leitung des Volks-B. unterstehenden Zentralantiquariats der DDR in Leipzig liegt, aber auch privat und auf der Basis von Kommissionsverträgen betrieben wird. Für die Antiquariatsangebote steht der Deutschen Staatsbibliothek Berlin (Ost), dem Institut für Marxismus-Leninismus beim ZK der SED, der Deutschen Bücherei Leipzig und der Deutschen Militärbibliothek ein Vorkaufsrecht binnen 10 Tagen nach Eingang der Kataloge zu. Im Antiquariats-B. werden auch Nachdrucke (Reprints) vertrieben.
Der Wirtschaftszweig Verlagswesen und B. verfügt über ein geschlossenes Aus- und Weiterbildungssystem. Die Lehrausbildung erfolgt an der zentralen Betriebsberufsschule des Volks-B. in Leipzig (bis Ende 1971 Deutsche Buchhändler-Lehranstalt); die Facharbeiterprüfung wird nach 2 Jahren vor der Prüfungskommission des jeweiligen Bezirks abgenommen. Für die Qualifizierung stehen je eine Bildungsstätte in Berlin (Ost) und Leipzig sowie das Schulungszentrum der Zentralen Leitung des Volks-B. in Leipzig zur Verfügung. Die seit 1957 bestehende Fachschule für Buchhändler in Leipzig bildet mittlere Leitungskader im Verlagswesen und B. im Direkt- (3 Jahre) und Fernstudium (4 Jahre) aus und führt für ihre Absolventen Weiterbildungskurse durch. Das Institut für Verlagswesen und Buchhandel nahm 1968 seine Lehrtätigkeit auf und ist für die Ausbildung von Führungskräften zuständig.
Wichtige Publikationen für den B. und andere Bereiche des Buchwesens sind:
die vom Börsenverein für den Deutschen Buchhandel herausgegebene Zeitschrift „Börsenblatt für den Deutschen Buchhandel" (wöchentlich) und die von der Deutschen Bücherei in Leipzig herausgegebenen Allgemeinbibliographien deutschsprachiger Veröffentlichungen wie „Deutsche Nationalbibliographie" mit den Reihen A „Neuerscheinungen des Buchhandels" (wöchentlich), B „Neuerscheinungen außerhalb des Buchhandels" (zweimal im Monat) und C „Dissertationen und Habilitationen" (monatlich); „Deutsches Bücherverzeichnis" als Zusammenfassung sämtlicher deutschsprachiger Veröffentlichungen in Fünfjahresbänden; „Deutsche Musikbibliographie"; „Bibliographie der Übersetzungen deutschsprachiger Werke"; „Bibliographie der Bibliographien".

Bündnispolitik: Definiert als strategisches und taktisches Verhalten einer sozialen Klasse, die sich zur Durchsetzung ihrer Ziele mit anderen Klassen und Schichten auf der Basis dauernder oder zeitweiliger gemeinsamer Interessen verbündet (→ **Klasse/Klassen, Klassenkampf**). Die B. der → **Sozialistischen Einheitspartei Deutschlands (SED)** soll darauf abzielen, die politische Macht zu erobern, um dann in einem langen geschichtlichen Prozeß die Spaltung der Gesellschaft in Klassen zu überwinden und die klassenlose Ordnung des Kommunismus zu entwickeln. Als natürliche Verbündete der → **Arbeiterklasse** werden ebenfalls im Kapitalismus ausgebeutete Klassen und Schichten wie Bauern, Handwerker, Gewerbetreibende, Angehörige der → **Intelligenz** und sogar kleinere Unternehmer sowie Großbauern angesehen. Ihnen soll durch das Zusammengehen mit der Arbeiterklasse im Sozialismus eine positive Perspektive geboten werden.
Die SED nimmt für sich in Anspruch, die bereits durch Marx und Lenin konzipierte B. der Arbeiterklasse bei der Schaffung der → **Antifaschistisch-demokratischen Ordnung** durch Organisationsformen wie den demokratischen Block, die Volkskongreßbewegung (→ **Deutscher Volkskongreß**) und die → **Nationale Front der DDR** angewandt und vertieft zu haben. Durch die Anwendung der B. sei es unter der Führung der SED zur Herausbildung der „politisch-moralischen Einheit des Volkes" gekommen. Als Kern des Bündnisses aller Werktätigen wird das Bündnis der Arbeiterklasse mit der Klasse der → **Genossenschaftsbauern** angesehen. Die B. soll die besonderen Interessen der mit der Arbeiterklasse Verbündeten berücksichtigen, die Bündnispartner durch schrittweises Heranführen an sozialistische Produktions- und Lebensverhältnisse in die sozialistische Gesellschaft integrieren und sie der Arbeiterklasse weiter annähern.
Dieses gesellschaftspolitische Konzept bedeutet allerdings, daß mit dem Zurücktreten spezifischer Interessen hinter der wachsenden Übereinstimmung grundlegender Interessen und zunehmender sozialer Homogenität tendenziell die Bedingungen der B. aufgehoben werden. Diese Annahme dokumentierte sich besonders in der von Ulbricht 1967 formulierten These von der **„sozialistischen Menschengemeinschaft"**; sie wurde jedoch nach dem VIII. Parteitag der SED (1971) als „unwissenschaftlich" verworfen, da sie bei der Einschätzung des erreichten Entwicklungsstandes in unrealistischer Weise „harmonistische" Elemente der in der DDR noch keineswegs verwirklichten klassenlosen Gesellschaft antizipiert habe. Aus der gegenwärtig in der SED vorherrschenden Sicht von der DDR als einer noch relativ stark differenzierten – wenngleich „nichtantagonistischen" – Klassengesellschaft resultiert die immanente Notwendigkeit, die B. für eine längere, nicht näher bestimmte Frist fortzusetzen.

Bürgerinitiative: Eine Form „freiwilliger" Gemeinschaftsarbeit während der Freizeit, die vorwiegend im Massenwettbewerb „Schöner unsere Städte und Gemeinden – Mach mit!" von örtlichen Staatsorganen oder durch Ausschüsse der → **Nationalen Front der DDR** (→ **Hausgemeinschaften**) organisiert wird. Im offiziellen Sprachgebrauch der DDR ist auch die Bezeichnung „sozialistische Bürgerinitiative" üblich. Der Begriff ist aus dem Sprachgebrauch der Bundesrepublik Deutschland übernommen worden, obwohl die hier in den 70er Jahren entstandenen B. zur Wahrung oder Verteidigung spezieller Bürgerinteressen und -rechte gegen Staat oder Gemeinde mit den in der DDR tolerierten und geförderten B. nichts zu tun haben. Die Selbstinterpretation der Partei behauptet vielmehr, daß in der DDR bereits nach Abschaffung des Privateigentums an Produktionsmitteln die grundsätzliche Interessenidentität zwischen Gesellschaft und Staat gegeben sei und daher die Politik von SED und Staat – allerdings nur diese – das jeweils Mögliche und Notwendige an Interessenwahrnehmung und -verwirklichung zum Inhalt habe, die Bürger sich also lediglich in organisierter Form an dessen Realisierung zu beteiligen bräuchten.
Zum Ausbau organisierter „sozialistischer B." beschloß der Nationalrat der Nationalen Front der DDR am 21. 1. 1982 ein Aktionsprogramm bis 1985. „Wir wollen damit den Erfordernissen der 80er Jahre entsprechen und zugleich dem Anliegen unserer Ausschüsse in Stadt und Land Ausdruck verleihen, die Bürgerinitiative noch enger mit unseren Plänen zur weiteren Gestaltung der entwickelten sozialistischen Gesellschaft zu verbinden." (Prof. L. Kolditz, Präsident des Nationalrates der NF.) Erklärter Schwerpunkt ist die Entfaltung von Selbsthilfeaktionen der Bürger zur Instandhaltung und zum Ausbau von Wohnungen, öffentlichen Gebäuden, Kindergärten, Schulräumen und Jugendklubs. Bis 1985 sind u.a. 50000 Wohnungen zu modernisieren, 400000 Räume „in gesellschaftlichen Einrichtungen" und 500000 Wohnungen älterer oder hilfsbedürftiger Bürger „malermäßig instandzusetzen". Weitere Zielvorgaben sehen die Erfassung und Ablieferung von Sekundärrohstoffen aller Art aus Haushalten und Wohngebieten vor. Soweit sich in der zweiten Hälfte der 70er Jahre unter dem Eindruck der B. in der Bundesrepublik Deutschland punktuell auch in der DDR B. mit politischer Zielsetzung bildeten, standen diese außerhalb der Legalität, so daß sie frühzeitig dem Risiko strafrechtlicher Sanktionen ausgesetzt waren. Demgegenüber wurden Ansätze spontaner B. zu örtlichen und regionalen Problemen der Energiepolitik und des Umweltschutzes, die sich ohne Kontrolle „von oben" zu bilden begannen, durch die 1980 innerhalb des → **Kulturbundes der DDR (KB)** gebildete Gesellschaft für Natur und Umwelt aufgefangen. 1984 existierten 140 Interessengemeinschaften zur Pflege der Landeskultur innerhalb der Gesellschaft für Natur und Umwelt. → **Mitbestimmungs-, Mitgestaltungs-, Mitwirkungsrechte.**

Bürgerrechtler: „In der DDR kann von sogenannten Bürgerrechtlern keine Rede sein", erklärte E. Honekker in einem Interview mit der „Saarbrücker Zeitung" vom 10. 5. 1977. Eine Bürgerrechtsbewegung wie in Polen oder in der ČSSR hat es in der Tat bislang nicht gegeben. Gleichwohl haben mehrere zehntausend Bürger der DDR nach Unterzeichnung der KSZE-Schlußakte in Helsinki offen und bewußt ihre Grund- und Menschenrechte geltend zu machen versucht, in der Regel unter Berufung auf die Allgemeine Erklärung der Menschenrechte vom 10. 12. 1948 und den Internationalen Pakt über bürgerliche und politische Rechte vom 19. 12. 1966, dem auch die Regierung der DDR im Jahr 1974 beigetreten ist (GBl. II, 1974, Nr. 6). Meist geschah dies ausdrücklich zu dem Zweck, die Entlassung aus der DDR-→ **Staatsbürgerschaft** und die→ **Übersiedlung in die Bundesrepublik Deutschland** zu erzwingen. Der Opposition (→ **Opposition und Widerstand**) sind diese Bestrebungen nur bedingt zuzurechnen („Abstimmung mit dem Ausreiseantrag"). Demgegenüber wollen „wirklich" Oppositionelle nicht emigrieren, sondern sie glauben an die Möglichkeit eines inneren Wandels in der DDR bzw. bemühen sich selbst, eine Veränderung der politischen Verhältnisse in der DDR zu bewirken. Allerdings bedienen sich die Ausreisewilligen vielfach oppositioneller Taktiken, wie sie B. in anderen Staaten des sowjetischen Einflußbereichs ebenfalls anwenden. Sie vertreten ihre Forderungen ostentativ, z. T. auch demonstrativ – etwa durch Tragen eines selbstverfertigten Plakats oder, wie der Ost-Berliner Professor Hellmuth Nitsche, durch Verfassen eines „Offenen Briefes", um auf Menschenrechtsverletzungen in der DDR aufmerksam zu machen.

Eine „Bürgerrechtsinitiative" bildete sich in Riesa, als auf Veranlassung eines dortigen Arztes, Karl-Heinz Nitschke, am 10. 7. 1976 zunächst 33 Bürger eine „Petition zur vollen Erlangung der Menschenrechte" mit Namen und Anschrift unterzeichneten, die sie sowohl dem Staatsrat der DDR wie auch westlichen Medien zur Veröffentlichung zuleiteten; etwa weitere drei Dutzend Bürger aus Riesa, Karl-Marx-Stadt und Umgebung schlossen sich dieser Aktion später an. Auch in diesem Fall ging es um die Entlassung aus der Staatsbürgerschaft und Ausreise aus der DDR. Mehrere dieser B. wurden in Haft genommen und wegen „staatsfeindlicher Hetze" und „staatsfeindlicher Verbindungen" zu Freiheitsstrafen verurteilt, andere – wie Nitschke – nach längerer Untersuchungshaft ohne Verurteilung in die Bundesrepublik Deutschland abgeschoben.

Nach dem für viele Bürger der DDR enttäuschenden Ausgang der KSZE-Folgetreffen in Belgrad und Madrid sowie unter dem Eindruck mehrfach (1974, 1977 und 1979) verschärfter politischer Strafrechtsbestimmungen sind individuelle oder gemeinsame Initiativen dieser Art zurückgegangen. Trotzdem bilden B. auch in der DDR einen für die SED-Führung schwer kalkulierbaren Unruheherd.

Bürgschaft: Als Zivilrechtsinstitution hat die B. in der DDR keine große praktische Bedeutung. Anders ist es jedoch auf strafrechtlichem Gebiet, nachdem seit 1963 nach dem Vorbild der Sowjetunion die gesellschaftliche B. mehr und mehr in die strafrechtliche Praxis Eingang gefunden hat. Nunmehr bestimmt § 31 StGB, daß sich Kollektive der → **Werktätigen** dem Gericht gegenüber verpflichten können, die B. über den Rechtsverletzer zu übernehmen. Sie können vorschlagen, eine Strafe ohne Freiheitsentzug auszusprechen. Ausnahmsweise können auch einzelne, zur Erziehung des Täters befähigte und geeignete Bürger die B. übernehmen. Der Inhalt der B. soll vorwiegend auf die Bewährungs- und Wiedergutmachungspflicht des Rechtsverletzers ausgerichtet sein. Die mit der B. übernommene Verpflichtung erlischt nach Ablauf eines Jahres; sie kann bei Verurteilung auf → **Bewährung** für eine längere Dauer, höchstens jedoch für die Dauer der Bewährungszeit, bestimmt werden. Das bürgende Kollektiv oder der Einzelbürge kann beim Gericht den Vollzug einer auf Bewährung ausgesetzten Freiheitsstrafe beantragen, wenn sich der Verurteilte der Bewährung und Wiedergutmachung entzieht. Einzel-B. sollen vor allem bei jungen Straftätern in Erwägung gezogen werden. Das Schwergewicht liegt in der Praxis bei der B. durch ein Kollektiv. Auf Antrag des Kollektivs oder des Einzelbürgen bestätigt das Gericht das Erlöschen der B., wenn die Voraussetzungen für die Erfüllung der mit der B. verbundenen Verpflichtungen weggefallen sind.
→ **Strafensystem.**

Bürokratismus: Bezeichnung für jene Einstellungen und Handlungsweisen vornehmlich in der staatlichen Verwaltung und in der Wirtschaftsführung, deren charakteristische Merkmale das Reglementieren und das **Administrieren**, die engstirnig formale Auslegung von Rechtsvorschriften, die Überbetonung von Kompetenzgesichtspunkten und ein praxisfernes, die Interessen der Bevölkerung mißachtendes Denken und Handeln sind. Historisch wird die Entstehung der den B. kennzeichnenden gesellschaftlichen Denk- und Handlungsweisen nach der in der DDR gültigen Interpretation im Zusammenhang mit der Herausbildung und Entwicklung des Verwaltungsapparates vor allem des bürgerlichen Staates gesehen. Aus der Sicht der Ideologen der SED ist der B. eine der Bürokratie in der antagonistischen Klassengesellschaft entsprechende Form repressiver staatlicher Machtausübung. Infolge der Veränderung der gesellschaftlichen Verhältnisse durch die sozialistische Revolution soll der B. seine soziale Basis verlieren.

Da Erscheinungen des B. auch im sozialistischen Staat auftreten und von der Partei- und Staatsführung der DDR nicht übersehen werden können, interpretiert man sie als Überreste der alten Gesellschaftsordnung, die für die staatliche Verwaltung und die Wirtschaftsführung im Sozialismus keinesfalls mehr typisch seien. Dieser Interpretation zufolge richtet sich die Kritik gegen Formen des B. immer nur an untere Instanzen bzw. an einzelne Personen. Die Bestimmung dessen, was als B. einzuordnen und zu kritisieren ist, obliegt letztlich den zuständigen Leitungsorganen der SED-Führung. Als ein dem B. entgegengesetztes Leitungsverhalten wird u.a. ein **operativer Arbeitsstil** propagiert. Beruhend auf einer engen Verbindung der Leiter mit der Praxis soll dieser eine kontinuierliche Berücksichtigung von neuen Situationen, Erfahrungen und Interessen ermöglichen. Um eine möglichst große Praxisnähe und eine optimale Nutzung von Sachverstand zu erreichen, werden an der Entscheidungsfindung Stabsabteilungen und mannigfache Beratungsgremien beteiligt. Angestrebt wird das experimentelle Erproben modellhafter Problemlösungen und Entscheidungen, die auf dem Wege eines regelmäßigen „Erfahrungsaustausches“ innerhalb und zwischen Verwaltungseinheiten und Betrieben von anderen übernommen und somit Allgemeingut im Staatsapparat und in der Volkswirtschaft werden sollen. – Gegen bestimmte Ausprägungen des operativen Arbeitsstils ist wiederholt kritisch eingewendet worden, dieser führe zu einer zu starken Orientierung auf aktuelle Probleme und vernachlässige die langfristigen Zielsetzungen. Die mit ihm verbundene „Experimentierfreudigkeit“ erschwere zudem die eindeutige Zuweisung von Zuständigkeiten (Kompetenzen) in den Leitungshierarchien, stehe somit in der Gefahr, gegen rechtliche Normen und damit gegen das Prinzip sozialistischer Gesetzlichkeit zu verstoßen.

Als Grundsatz für einen vorbildlichen Arbeitsstil von Leitern gilt, daß sich diese ständig bewußt sein sollen, daß es bei der Leitungstätigkeit nicht in erster Linie um die „Verwaltung von Sachen“, sondern um die „Arbeit mit den Menschen“ gehe. → **Demokratischer Zentralismus; Leitungswissenschaft, sozialistische; Parteijargon.**

C

Caritas: Bezeichnung für die von der katholischen Kirche organisierte Tätigkeit auf allen Gebieten der Hilfe und Fürsorge. Entsprechend der Haltung der SED-Führung gegenüber der Kirche wurde die Arbeit der C. in den ersten Jahren der SBZ bzw. der DDR stark behindert, insgesamt aber geduldet. Heute erfährt sie eine gewisse Wertschätzung und begrenzte Förderung. Der C.-Verband, in die kirchliche Organisation integriert und regional den Bischöfen unterstellt, unterhält auf den verschiedensten Gebieten der Fürsorge und Wohlfahrt mehrere hundert Einrichtungen unterschiedlicher Größenordnung und Qualität.
Einen der Schwerpunkte bilden 34 Krankenhäuser mit mehr als 5400 Betten. Daneben gibt es 19 Pflegeheime mit ca. 550 Betten und 107 Altenheime mit ca. 3240 Plätzen. Ferner werden 14 Einrichtungen für geistig Behinderte, 36 Kinderheime mit 1638 Plätzen und 39 Kur- und Erholungsheime mit 1180 Plätzen von der C. betreut. Die Zahl der Gemeindeschwestern-Stationen beträgt 137, die der Kindergärten und -horte 142 mit 7108 Plätzen.
Im Ausbildungssektor verfügt die C. über 7 Krankenpflegeschulen mit mehr als 500 sowie 8 Seminare mit insgesamt mehr als 200 Plätzen. Die Gesamtzahl der Beschäftigten in den Einrichtungen der C. beträgt ca. 7300 Personen, davon etwa 1400 Ordensschwestern (Stand: 1981).
Zu den Krankenhäusern, Alters- und Pflegeheimen gibt der Staat Platzzuschüsse. Im Jahr 1975 traf der C.-Verband mit der Regierung ein Abkommen über die Ausbildung mittlerer Fachkräfte im medizinischen Bereich, das die in kirchlichen Institutionen ausgebildeten Kräfte denen im staatlichen Bereich gleichstellt.

Checkpoint Charlie: Von den Amerikanern nach dem „C“ als drittem Buchstaben des Alphabets benannter (in geographischer Reihenfolge der alliierten Kontrollpunkte von West nach Ost: Helmstedt = „Alpha“ für A, Dreilinden = „Beta“ für B) Straßenübergang Friedrichstraße zwischen Berlin (West) und Berlin (Ost), den ausschließlich alliiertes Militärpersonal, nichtdeutsche zivile Besucher von Berlin (Ost) und die Angehörigen diplomatischer Vertretungen (einschl. der Ständigen Vertretung der Bundesrepublik Deutschland) und deren Familienmitglieder (zu Fuß und mit dem Pkw) benutzen dürfen.

Chemiefaserindustrie: Entsprechend der Industriezweigsystematik der DDR ein Zweig der → **Chemischen Industrie** mit 29000 Beschäftigten und einem Anteil von einem Zwölftel an der industriellen Warenproduktion der Chemischen Industrie (1982; 1965: 5 v. H.). Sämtliche Betriebe sind zentralgeleitete volkseigene Betriebe. Im VEB Chemiefaserkombinat „Wilhelm Pieck“ in Rudolstadt-Schwarza sind folgende Kombinatsbetriebe zusammengefaßt:
- VEB Chemiefaserwerk „Friedrich Engels“, Premnitz
- VEB Chemiefaserwerk „Herbert Warnke“, Wilhelm-Pieck-Stadt Guben
- VEB Kunstseidenwerk „Clara Zetkin“, Elsterberg
- VEB Sächsisches Kunstseidenwerk „Siegfried Rädel“, Pirna
- VEB Spinnstoffwerk „Otto Buchwitz“, Glauchau
- VEB Zellstoff- und Zellwollewerke Wittenberge
- VEB Sächsische Zellwolle Plauen
- VEB Spinndüsenfabrik Gröbzig
- VEB Chemische Fabrik Finowtal

Im Zeitraum 1960–1975 war die Ch. innerhalb der Chemischen Industrie der am stärksten expandierende Industriezweig.

Produktion der Chemiefaserindustrie, der Chemischen Industrie und der Industrie insgesamt
(jahresdurchschnittlicher Zuwachs in v. H.)

Industriezweig bzw. -bereich	1960/65	1965/70	1970/75	1975/80
Chemiefaserindustrie	8,7	14,4	13,2	4,3
Chemische Industrie	7,9	7,7	8,3	4,8
Industrie insgesamt	5,9	6,4	6,3	4,9

Quellen: Statistische Jahrbücher der DDR 1977, S. 114ff., und 1981, S. 120ff. Zuwächse errechnet.

1976–1980 betrug der jahresdurchschnittliche Produktionszuwachs der Ch. nur noch 4,3 v. H. gegenüber 14,4 v. H. bzw. 13,2 v. H. in den beiden vorangegangenen Fünfjahrplanperioden. Dies deutet auf gewisse Sättigungserscheinungen hin.
Die Ch. erzeugt Zellulosefasern herkömmlicher Art und synthetische Fasern. Während in der Bundesrepublik Deutschland schon frühzeitig Viskosefasern durch synthetische Fasern verdrängt wurden, wurden in der DDR erstmalig 1978 mehr Synthesefasern als Textilfaserstoffe auf Zellulosebasis hergestellt. Auch innerhalb der Gruppe „Synthetische Fasern“ dominieren in der Pro-

Produktion ausgewählter Erzeugnisse der Chemiefaserindustrie
– in 1000 t –

Erzeugnisse	1960	1970	1975	1980	1982
Chemische Faserstoffe	155,8	214,8	281,9	292,7	301,3
Zellulosefasern	110,6	115,4	135,7	122,9	127,8
Synthetische Fasern	7,8	47,3	111,8	138,7	148,6
Polyesterseide	–	2,0	18,5	25,8	25,0
Polyesterfaser	·	5,0	30,9	40,8	42,4
Polyacrylnitrilfaser	1,2	14,2	25,4	31,4	32,5

Quelle: Statistisches Jahrbuch der DDR 1983, S. 144.

duktion der DDR nach wie vor die älteren und weniger vielseitigen Fasern. Die Produktion von Synthesefasern ist jedoch immer noch im Aufbau und hat in den letzten Jahren stark zugenommen; der Anschluß an das Niveau der in westlichen Ländern hochentwickelten Produktion synthetischer Fasern wird indes trotz aller Anstrengungen nur langsam erreicht. Bis 1985 soll das Aufkommen an synthetischen Faserstoffen auf 150000 t wachsen. Bei den in der DDR hergestellten Synthesefasern handelt es sich insbesondere um Polyamidfasern (Markenname Dederon), Polyesterfasern (Grisuten), Acrylfasern (Wolpryla) und sog. Regeneratfasern (Regan). Der VEB Chemiefaserkombinat Schwarza „Wilhelm Pieck" war 1977 Partner bei 16 Arbeitsthemen eines multilateralen Abkommens langfristig zu lösender Gemeinschaftsprojekte des → **Rates für Gegenseitige Wirtschaftshilfe (RGW)**. Weiterhin bestehen 2 bilaterale Abkommen zur Produktionsspezialisierung mit Partnern der VR Polen und 3 Wirtschaftsverträge, in denen das Kombinat als Verfahrensträger bei der Rekonstruktion und Erneuerung bestehender Chemiefaserstoffkapazitäten in der UdSSR, der VR Bulgarien und der SR Rumänien auftritt.

Chemische Industrie: Vor der Spaltung Deutschlands hatte die mitteldeutsche ChI. bei einer Anzahl von Erzeugnissen überdurchschnittliche Produktionsanteile, bei einigen wichtigen chemischen Grundstoffen bestand sogar eine weitgehende Abhängigkeit Westdeutschlands von der mitteldeutschen ChI. Das größte Chemiewerk Europas, das Leunawerk, die 3 IG.-Farbenwerke in Bitterfeld und andere Werke waren Lieferanten Westdeutschlands und der ganzen Welt. 1945 entfielen 35 v. H. der Produktion und der Beschäftigten der deutschen ChI. auf die damalige sowjetische Besatzungszone, nahezu zwei Drittel auf die Westzonen. Die Verteilung des Produktionspotentials der ChI. entsprach damit nach der Teilung in etwa der Bevölkerungsproportion, allerdings ergaben sich aus der Sicht der Branchenstruktur erhebliche Disproportionen. In der sowjetischen Besatzungszone wurden vor allem

Anteil der Chemieindustrie auf dem Gebiet der DDR an der Produktion wichtiger Erzeugnisse Deutschlands im Jahre 1936 (in v. H.)

Schwefelsäure	22,1
Kalzinierte Soda	44,1
Ätznatron	47,3
Chlor für Absatz	48,7
Schwefelkohlenstoff	57,5
Synthetisches Ammoniak	55,5
Kalziumkarbid	30,4
Teerfarbstoffe	14,8
Pharmazeutika	5,2
Lacke und Anstrichmittel	21,2
Pkw-Reifen	6,4
Pkw-Schläuche	5,5
Lkw-Decken und -Schläuche	7,3

Quelle: Zahlen und Fakten zur Entwicklung der chemischen Industrie in der DDR, in: Statistische Praxis, Nr. 2/1964, S. 29ff.

Grundchemikalien gewonnen – ihre Rohstoffgrundlage bestand in den Braunkohlevorkommen, den Salzlagerstätten und einem Rohstoffreservoir an Gips, Kalk und Ton –, während in den Westzonen vornehmlich die verarbeitende ChI. konzentriert war. Die Produktion anorganischer Chemikalien war seit 1949 in der DDR bereits relativ gut entwickelt, mit Ausnahme der Schwefelsäureproduktion. Ein besonderer Mangel bestand weiterhin an einigen hochveredelten chemischen Erzeugnissen, deren Produktion im westdeutschen Raum konzentriert war. Die Herstellung von Farbstoffen auf Teergrundlage, die Paraffinverarbeitung und die Produktion von Pharmazeutika lagen zum größten Teil auf dem Territorium der Bundesrepublik Deutschland.
Bei verhältnismäßig geringen Kriegsschäden mußte die ChI. 1945–1946 empfindliche Demontagen hinnehmen. Die wichtigsten Chemie-Großbetriebe wurden von der UdSSR beschlagnahmt. Nach dem Wiederaufbau verfügten die Sowjets über mehr als 52 v. H. aller Kapazitäten in der ChI. (Stand: Anfang 1952) (→ **Reparationen**).
Erst am 1. 1. 1954 wurden die SAG-Betriebe der ChI. an die deutsche Verwaltung zurückgegeben. In der Periode des ersten Siebenjahrplans sollte die Produktion der ChI. bis 1965 gegenüber 1958 annähernd verdoppelt werden (Chemieprogramm von 1958). Entwicklungsschwerpunkte waren Kunststoffe (Plaste) und synthetische Fasern. Die Kraftstofferzeugung und die Düngemittelproduktion sollten gegenüber 1958 um 100 v. H. gesteigert werden. Alle Planziele wurden jedoch nicht erreicht. Nach 4 Jahren Laufzeit des ersten Siebenjahrplans hat die ChI. nur 45 v. H. des in dieser Zeit geplanten Zuwachses der Produktion erzielt.
Gegenwärtig ist die ChI. entsprechend ihrer Beschäftigtenzahl mit 341006 Arbeitern und Angestellten, die 1982 in 309 Betrieben tätig waren, der viertgrößte, entsprechend ihrem Produktionswert nach dem Maschinen- und Fahrzeugbau der zweitgrößte Industriebereich der DDR. Ihr Anteil an der industriellen Warenproduktion der DDR betrug 1982 20,5 v. H. Von 1970 bis 1980 konnte die ChI. die Bruttoproduktion um das 1,88fache steigern (zum Vergleich: Steigerung der gesamten industriellen Bruttoproduktion im gleichen Zeitraum um das 1,73fache). Die Hauptstandorte der ChI. liegen in den Bezirken Halle, Frankfurt (Oder), Leipzig und Dresden. Im einzelnen umfaßt die ChI. folgende Industriezweige: Kali- und Steinsalzindustrie; Erdöl-, Erdgas- und Kohlewertstoffindustrie; Anorganische und organische Grundchemie; Pharmazeutische Industrie; → **Plastindustrie**; Gummi- und Asbestindustrie; → **Chemiefaserindustrie**; Industrie chemischer und chemisch-technischer Spezialerzeugnisse.
Die einzelnen Industriezweige in der ChI. der DDR zeigten in den letzten Jahren eine Entwicklung, wie sie internationalem Standard entspricht. Relativ hohe Produktionszuwächse erzielten die Kunststoff- und die Faserindustrie, aber auch die pharmazeutische Industrie. Im Fünfjahrplanzeitraum 1976–1980 sollte ursprünglich die Chemieproduktion im Jahresdurchschnitt um 7,7 v. H. steigen; realisiert wurde aber nur ein jahresdurch-

schnittlicher Zuwachs von 4,8 v. H. In diesem reduzierten Wachstum kommen die Strukturprobleme der ChI. der DDR zum Ausdruck. Eine weitere unverminderte Ausweitung der Mineralölverarbeitung war nämlich angesichts steigender Erdölpreise in der zweiten Hälfte der 70er Jahre nicht mehr finanzierbar. Bei dem Versuch, Erdöl durch heimische Braunkohle zu ersetzen, ergaben sich allerdings erhebliche Umstellungsschwierigkeiten. Ab Mitte der 60er Jahre war zunächst ein bedeutsamer Strukturwandel im Rohstoffeinsatz – von der Braunkohlen- zur Mineralölverarbeitung – eingetreten. Basierte bis 1964 selbst die Kraftstoff- und Schmiermittelproduktion noch zu 90 v. H. auf Kohle. so waren die Kapazitäten der Petrochemie (Leuna) und Erdölverarbeitung (Schwedt) in großem Umfang erweitert worden. Über das 5000 km lange Pipelinesystem „Freundschaft" wird Erdöl aus Westsibirien in die Verarbeitungswerke von Schwedt (Bezirk Frankfurt/Oder), Böhlen (Bezirk Leipzig) und Leuna (Bezirk Halle) transportiert.

In den 70er Jahren wurden zahlreiche Großprojekte für die Petrochemie erstellt: Auf der Grundlage sowjetischen Erdgases wurde in Piesteritz eine Düngemittelfabrik gebaut. Die Raffineriekapazitäten in Schwedt wurden ausgebaut. Zur Herstellung wichtiger Einsatzstoffe für die Kunststoffproduktion (Äthylen und Propyplen) wurde in Böhlen ein Olefinkomplex errichtet und zur Belieferung dieser Anlage in Zeitz eine neue Raffinerie gebaut sowie die erdölverarbeitenden Kapazitäten in Böhlen erweitert. In Schwarzheide wurde ein Polyurethananlage, in Leuna ein Industriekraftwerk und eine Raffinerie neu gebaut. Verarbeitungskapazitäten zur Kunststoffherstellung in Buna (PVC) und Leuna (Hochdruckpolyäthylen) wurden 1979 errichtet. Die Erdölverarbeitung stieg von rd. 10 Mill. t im Jahre 1970 auf knapp 22 Mill. t im Jahre 1980, aber nicht, wie ursprünglich vorgesehen, auf 25 Mill. t pro Jahr. Die gegenwärtig vorhandenen Verarbeitungskapazitäten von 23 Mill. Jahrestonnen dürften nicht voll ausgelastet sein. Dies wird sich auch im laufenden Fünfjahrplan (1981–1985) nicht ändern, da die Sowjetunion entgegen der ursprünglichen Vereinbarung (19 Mill. t) jährlich ab 1982 nur noch knapp über 17 Mill. t (1982: 17,7 Mill. t) in die DDR liefern wird. Zusätzliche Importmengen über die bisherigen ca. 2 Mill. t pro Jahr hinaus sind aber aufgrund erheblicher Finanzierungsprobleme nicht zu erwarten.

Produktion der Industriezweige in der Chemiewirtschaft der DDR (jahresdurchschnittlicher Zuwachs in v. H.)

Industriezweig	1960/65	1965/70	1970/75	1975/80
Erdöl-, Erdgas- und Kohlewertstoffindustrie	8,6	8,5	7,7	4,4
Anorganische und organische Grundchemie	5,2	2,2	7,4	.
Pharmazeutische Industrie	11,8	7,2	8,6	.
Plastindustrie	11,0	12,9	11,7	5,3
Gummi- und Asbestindustrie	8,9	7,2	6,7	.
Chemiefaserindustrie	8,7	14,4	13,2	4,3
Industrie chemischer und chemisch-technischer Spezialerzeugnisse	6,0	6,3	7,5	.
Chemiewirtschaft insgesamt	7,9	7,7	8,3	4,8

Quellen: Statistische Jahrbücher der DDR 1977, S. 114ff., und 1981, S. 120ff. Zuwächse errechnet.

Die Chemieproduktion basiert zu ca. 80 v. H. auf Erdöl, Erdgas und Kohle. Erdöl und Erdgas sollen zukünftig fast ausschließlich stoffwirtschaftlich genutzt werden, aber auch die Braunkohle (die DDR ist der größte Braunkohlenproduzent der Welt; → **Energiewirtschaft**, B.) soll umfassender als bisher nicht nur als Energieträger, sondern ebenfalls stoffwirtschaftlich genutzt werden. So sollen bis 1990 ca. 80 v. H. des Zuwachses an geförderter Rohbraunkohle weiter veredelt werden. Das Produktionsziel bis 1990 beträgt 300 Mill. t (Förderung 1983: 278 Mill. t). 1981 produzierte die DDR jährlich karbochemische Produkte in einem äquivalenten Umfang von etwa 7 Mill. t Erdöl. 1990 soll ein Niveau erreicht werden, das rd. 11 Mill. t entspricht. Hierzu ist ein weiterer Ausbau der Karbochemie unter verstärkter Nutzung einheimischen Braunkohlenkokses notwendig. An modernen technischen Verfahren, vor allem zur direkten Kohlevergasung und -verflüssigung, wird in der DDR in den letzten Jahren verstärkt gearbeitet. So wurde 1980 in Böhlen ein wissenschaftlich-technisches Zentrum für die Karbochemie geschaffen. Dieses Zentrum koordiniert die gesamte kohlechemische Forschung in der DDR. Zwischen der DDR und der Sowjetunion besteht ein Regierungsabkommen zur gemeinsamen Entwicklung hocheffektiver Kohlevergasungsverfahren. Es ist aber bis zum Ende dieses Jahrzehnts nicht mit grundlegend neuen, ökonomisch sinnvollen Projekten in der Karbochemie zu rechnen.

Die gegenwärtige und zukünftige Entwicklung der ChI. der DDR ist durch drei Schwerpunktaufgaben gekennzeichnet:

1. Verstärkte Nutzung der einheimischen Braunkohle einschließlich der Sekundärrohstoffe sowie vollständige Verwertung importierter Rohstoffe.
2. Höchstmögliche Veredelung der verfügbaren Chemierohstoffe.
3. Rationalisierung und Rekonstruktion vorhandener Anlagen.

Absolut ist das Produktionsniveau in der Bundesrepublik Deutschland bei fast allen wichtigen chemischen Erzeugnissen erheblich höher als in der DDR; dies gilt auch in den meisten Fällen beim Vergleich der Produktion pro Kopf der Bevölkerung. Ausnahmen bilden hiervon u. a. die Produktion von Steinsalz, Kali-Düngemitteln, Phosphatdüngern, Kalziumkarbid und Viskosefasern. Den technologischen Rückstand der DDR dokumentieren die hohen Produktionszahlen bei Viskosefasern und Kalziumkarbid. Vor allem in denjenigen Bereichen ist sie im längerfristigen Vergleich in der Entwicklung gegenüber der Bundesrepublik Deutschland zurückgeblieben, in denen weltweit der stärkste Technologiewandel stattgefunden hat, also bei Kunststoffen, Arzneimitteln, synthetischen Fasern sowie deren Vorprodukten und Verarbeitungsstufen.

Innerhalb des → **Rates für Gegenseitige Wirtschaftshilfe (RGW)** hingegen hält die ChI. der DDR technologisch meist eine Spitzenposition. Das zeigt sich u. a. auch darin, daß die ständige RGW-Kommission für die ChI. ihren Sitz in Berlin (Ost) hat und vom Minister für ChI. geleitet wird. Zwischen der DDR und den anderen RGW-Ländern bestanden im Chemiebereich 1978 bereits über 30 Regierungsabkommen und mehr als 20

Dem Ministerium für Chemische Industrie direkt unterstellte Kombinate[1] (Stand 1982)

Kombinat	Beschäftigte	Exportquote in v. H.	Produktionsprogramm
VEB Petrolchemisches Kombinat, Schwedt (PCK)	27 500		Raffinerieerzeugnisse, Äthylen, Propylen, Butadien, Acrylnitril,Terephthalsäure, Stickstoffdüngemittel, Schmieröle und -fette, Paraffine und Wachse, Bitumen- und Teerprodukte, Gerbstoffe, Lösungsmittel, Elektrodenkoks, PU-Möbel
VEB Leuna-Werke „Walter Ulbricht", Leuna	30 000		Düngemittel, Methanol, Formaldehyd, Amine, Kunststoffe, Weichmacher, Waschrohstoffe, Leime, Diesel- und Otto-Kraftstoffe, Wachse, beschichtete Tapeten
VEB Chemische Werke Buna, Schkopau	30 000	ca. 30	Synthesekautschuk, Chlor, Vinylchlorid und PVC, Kunststoffrohre, Polyacrylate, HDPE, Essigsäure, Glycole, Stabilisatoren
VEB Synthesewerk, Schwarzheide (Kombinat SYS)	12 000		Polyurethan-Rohstoffe, -Systeme und -Schaumstoffe, Herbizide, Sprengstoffe für den Bergbau, pyrotechnische Erzeugnisse
VEB Kombinat Plast- und Elastverarbeitung, Berlin	32 000		Phenolharzpreßmassen und Schichtpreßstoffe, Filter, Verpakkungsmaterial, Fördergurte, Schläuche, Konsum- und Industrieerzeugnisse aus Kunststoffen und Synthesekautschuk
VEB Chemiefaserkombinat „Wilhelm Pieck", Schwarza	29 000		Polyamid-, Polyester- und Acryl-Fasern und -Fäden, Spinndüsen
VEB Chemiekombinat, Bitterfeld (CKB)	32 000	33, davon 75 in RGW-Länder	Anorganische und organische Grundchemikalien, Pflanzenschutz- und Schädlingsbekämpfungsmittel, organische Farbstoffe und Hilfsmittel, Katalysatoren, Ionenaustauscherharze, Molekularsiebe, Silicone, Fluorcarbone, Soda, Fotochemikalien, Wasch- und Reinigungsmittel, Pharmazeutika, Riechstoffe, PVC-Produkte, technische Kohle, Graphiterzeugnisse
VEB Kombinat Agrochemie, Piesteritz	15 000		Stickstoffdüngemittel, Phosphordüngemittel, Pflanzenschutz- und Schädlingsbekämpfungsmittel, anorganische und organische Grundchemikalien, Pharmaka, chemisch-technische Erzeugnisse
VEB Pharmazeutisches Kombinat Germed, Dresden	> 15 000	43, davon 60 in UdSSR	Arzneimittel, pharmazeutische Roh- und Wirkstoffe, Labor-, Fein- und Biochemikalien, Diagnostika, darunter Herz- und Kreislaufmittel, Antidiabetika, Antibiotika, Steroide, Psychopharmaka
VEB Kombinat Lacke und Farben, Berlin	8 000	rund 16, davon 83 Anstrichmittel	Anstrichmittel, Speziallacke, Dispersionen, anorganische Weiß- und Buntpigmente, Lackharze, Druckfarben und -hilfsmittel, Beschichtungswerkstoffe
VEB Fotochemisches Kombinat, Wolfen	18 500	rund 55	Fotochemische Erzeugnisse (Filme), Magnet- und Videobänder
VEB Reifenkombinat, Fürstenwalde	10 000		Reifen, Schläuche, Felgen- und Wulstbänder
VEB Kosmetik-Kombinat, Berlin	ca. 7 500		Kosmetika
VEB Chemieanlagenbaukombinat, Leipzig-Grimma	32 000		Erdölverarbeitungsanlagen, Anlagen zur Kunststoffchemie

1 Die dem Ministerium für Chemische Industrie direkt unterstellten Kombinate sind nicht gleichbedeutend mit dem Industriebereich ChI. So zählt beispielsweise der Zweig Kali- und Steinsalzindustrie zum Bereich der ChI., ist aber dem Ministerium für Erzbergbau, Metallurgie und Kali unterstellt. Der Industriezweig Chemieausrüstungsbau ist zwar dem Ministerium für Chemische Industrie unterstellt, gehört aber zum Industriebereich Maschinen- und Fahrzeugbau.

Quellen: Einzelinformationen aus Fachzeitschriften und Zeitungen; Chemische Industrie (Düsseldorf), H. 4, 1980; DIW-Wochenbericht, 47. Jg. (1980), H. 47.

Spezialisierungs- und Kooperationsverträge. Die bedeutsamsten Objekte sind gegenwärtig die Zusammenarbeit zwischen der DDR und der ČSSR – hier sind seit 1975 aufgrund eines 1971 unterzeichneten Vertrages die Chemischen Werke in Böhlen (DDR) mit dem Chemischen Betrieb in Litvinov (ČSSR) durch eine Rohrleitung miteinander verbunden, wobei die DDR Olefine, die ČSSR Polyolefine liefert – sowie die gemeinsame Entwicklung eines Hochdruck-Polyäthylen-Verfahrens und der dazugehörigen Anlagen durch sowjetische und deutsche Spezialisten.
Die DDR-Chemie ist an 4 Wirtschaftsorganisationen des RGW beteiligt: Mit der Sowjetunion gemeinsam trägt die DDR die Organisationen „Assofoto" (Fotoprodukte und Magnetaufzeichnungsmaterial) und „Domochim" (Produkte der Haushaltschemie). Die beiden anderen Organisationen „Interchim" (kleintonnagige Chemikalien) und „Interchimwolokno" (Chemiefasern) arbeiten multinational.

Produktion ausgewählter chemischer Erzeugnisse

Erzeugnisse	Einheit	1960	1970	1980	1982
Benzin	1000 t	1080	2236	3333	3891
Dieselkraftstoff	1000 t	1289	3619	6119	6142
Hochdruckpolyäth.	1000 t	–	27	86	143
Steinsalz	1000 t	1785	2131	3076	.
Schwefelsäure	1000 t H_2SO_4	730	1099	958	920
Salzsäure	1000 t HCl	75	78	106	106
Kalziumkarbid	1000 t	923	1248	1199	1179
Ammoniak	1000 t NH_3	477	585	1436	1419
Kalidüngemittel	1000 t K_2O	1666	2420	3422	3434
Stickstoffdünger	1000 t N	334	395	943	948
Org. Farbstoffe	t eff.	.	8586	10396	10949
Kunststoffe	1000 t	115	370	861	990
Synth. Fasern	1000 t	8	47	139	149

Quelle: Statistisches Jahrbuch der DDR 1983, S. 144.

Christlich-Demokratische Union Deutschlands (CDU): Die CDU trägt als einzige Partei in der DDR den gleichen Namen wie eine Partei in der Bundesrepublik Deutschland. Beide haben dieselbe Wurzel. Auf den Gründungsaufruf vom 26. 6. 1945 (1. Vors. Hermes, Stellv. Schreiber) folgte am 10. 7. 1945 die Genehmigung zur Gründung durch die Sowjetische Militär-Administration in Deutschland (SMAD). Bereits im August erreichte die Partei einen Mitgliederstand von über 100000. Nach dem von der SMAD erzwungenen Rücktritt von Hermes und Schreiber wegen eines Konfliktes vor allem über die Bodenreform, übernahm Jakob Kaiser die Führung der Partei, die sich in den folgenden Monaten heftig gegen die Volkskongreßpolitik (→ **Deutscher Volkskongreß**) der im April 1946 durch Zusammenschluß von KPD und SPD entstandenen SED wehrte. Als auch Kaiser durch die Sowjets aus seinem Amt gedrängt wurde, ging die Führung an Otto Nuschke über, der die Partei gegen den Willen der meisten Mitglieder vollständig in die → **Bündnispolitik** der SED einordnete. Zunächst übernahm er mit Wilhelm Wolff die Leitung der CDU. Auf dem 3. Parteitag, 19. 9. 1948, wurde Nuschke ihr Vorsitzender.

Die CDU fand damals ihre Anhänger vornehmlich in den Reihen der Bauern, Handwerker und kleinen Gewerbetreibenden. Viele engagierte Christen, darunter auch Pfarrer und Theologen beider Konfessionen, gehörten ihr an. Den höchsten Mitgliederstand verzeichnete sie im Dezember 1947: 218000. Ende der 40er Jahre – vor allem im Zusammenhang mit der Zwangskollektivierung der Landwirtschaft – sank die Zahl stark ab. Zwar wurden genaue Angaben seitdem nicht mehr bekanntgegeben, die Partei soll jedoch bis in die 60er Jahre nur rd. 70000 Mitglieder gehabt haben. 1977 gab die Partei ihre Mitgliederzahlen mit 140000, 1981 mit „über 120000" an. Ca. 37000 sollen als „Mandatsträger" im gesellschaftlichen Leben, 21000 in Funktionen der → **Nationalen Front der DDR** und 1500 in Leitungsfunktionen in Staat und Wirtschaft tätig sein.
Unter Nuschkes Führung wandelte sich die ideologische Konzeption der Partei zum „christlichen Realismus". Gerald Götting, Generalsekretär der CDU 1949–1966 und seither ihr Vorsitzender, definierte auf der Meißner Arbeitstagung Oktober 1951: „Echte Christen sind Friedensfreunde." Daraus wurde gefolgert, daß sie im „Friedenslager" der UdSSR stehen müssen, wie auch Christus „im Lager des Fortschritts" gestanden habe („Neue Zeit" Nr. 244/1951). Der 6. Parteitag (16.–18. 10. 1952 in Berlin) legte die CDU definitiv auf die Unterstützung des Aufbaus des Sozialismus und damit auf die jeweilige Linie der SED fest. Eine Orientierung, die seitdem nicht mehr in Frage gestellt worden ist. Zugleich wurde die Organisationsstruktur an die der SED angeglichen. Allerdings durfte die CDU – wie die anderen Blockparteien – keine Parteigruppen in den Betrieben einrichten. Nuschke: „Wir sind eine einschränkungslos sozialistische Partei."
Nach Nuschkes Tod (27. 12. 1957) übernahm erst kommissarisch, dann auf dem 9. Parteitag der CDU im Oktober 1958 August Bach definitiv den Vorsitz. Die Partei folgte dem verschärften kirchenpolitischen Kurs der SED und forderte ihrerseits die Kirchen in Ost und West auf, den von der EKD – der die evangelischen Kirchen in der DDR angehörten – in der Bundesrepublik Deutschland unterzeichneten Militärseelsorgevertrag rückgängig zu machen. Sie unterstützte fortan auch die verstärkten Bemühungen der SED-Regierung, die EKD zu spalten. Als Ulbricht am 9. 2. 1961 in seinem Amtssitz eine größere Anzahl evangelischer Theologen und kirchlicher Amtsträger unter Führung von Prof. Emil Fuchs empfing, rechnete sich die CDU diese Begegnung, die einen gewissen Wendepunkt in den Beziehungen zwischen Staat und Kirche darstellte, als ihr Verdienst an.
Als eine ihrer wichtigsten Aufgaben nannte die CDU in den 60er Jahren die Verwirklichung einer immer engeren Zusammenarbeit von Christen und Marxisten („Bündnispolitik"). Sie bezeichnet die DDR als die politische und geistige Heimat der Christen in Deutschland. Die CDU unterstützte wesentlich die forcierte Kollektivierung des → **Handwerks**, die staatliche Beteiligung an den verbliebenen privaten Industriebetrieben (bis zu deren Überführung in Volkseigentum; → **Eigen-**

tum) sowie den Abschluß von Kommissionsverträgen im privaten Einzelhandel (→ **Binnenhandel**, III. B. 3). Daneben betrachtete sie es als ihre Aufgabe, die „parteilosen Christen" zu gesellschaftspolitischer Mitarbeit zu gewinnen. Dazu dienen vornehmlich die in vielen Orten und Kreisen innerhalb der „Nationalen Front" gebildeten Arbeitsgemeinschaften „Christliche Kreise". Ebenso, wie sich die CDU bei der Niederschlagung der Unruhen im Juni 1953 und bei der Errichtung der Berliner Mauer im August 1961 hinter die SED stellte, begrüßte sie die Maßnahmen im Zusammenhang mit dem Einmarsch der Warschauer-Pakt-Truppen in die ČSSR im August 1968 sowie die offizielle Haltung der DDR-Regierung zur Einführung des Kriegsrechts in Polen im Dezember 1981.

Zu einer Modifikation ihres Kurses sah sich die Partei 1971 nach der Ablösung Ulbrichts durch Honecker gezwungen. Der von Ulbricht geschaffene und jahrelang von der CDU als politische Maxime erachtete Begriff der „sozialistischen Menschengemeinschaft", in der Christen und Marxisten gemeinsam an der Verwirklichung des Sozialismus arbeiteten, wurde von Honecker zugunsten der Aussage, die DDR sei noch eine „Klassengesellschaft", und der Rückbesinnung auf die Grundlagen des → **Marxismus-Leninismus** fallengelassen. Die CDU legte fortan das Schwergewicht ihrer Aktivität auf außenpolitische Fragen, die mit Problemen von „Frieden und Sicherheit in Europa" zusammenhängen. Sie drängte zugleich die Kirchen, sich stärker im Sinne der von der UdSSR und der DDR verfolgten europäischen Politik zu engagieren.

Auf dem 13. Parteitag im Oktober 1972 in Erfurt tauchte erstmals in einer Rede von SED-Politbüro-Mitglied Albert Norden der Begriff „sozialistische Staatsbürger christlichen Glaubens" auf, der in der Folge in der Propaganda der CDU eine Vorrangstellung einnahm und den Christen die Möglichkeit einräumen sollte, sich als vollwertige Bürger des sozialistischen Staates unter Verzicht auf ein ausdrückliches Bekenntnis zur materialistisch-atheistischen Staatsideologie zu fühlen. Der Begriff verschwand jedoch 1974 aus Publizistik und Agitation. An seine Stelle trat 1975 die seither gültig gebliebene Formel „Christenpflicht ist Bürgerpflicht". Sie schien geeignet, auch die nicht der Partei angehörenden Christen auf eine Gefolgschaft gegenüber den von der CDU festgelegten politischen Zielen zu verpflichten und so die Basis der Partei zu verbreitern. Bekannte sich die CDU längst zur „sozialistischen Schule" und suchte bei christlichen Eltern Bedenken gegen die marxistische Erziehung auszuräumen, so befürwortete sie auf ihrem Parteitag in Dresden im Oktober 1977 sogar die von den christlichen Kirchen nachdrücklich abgelehnte atheistische → **Jugendweihe**.

In zunehmendem Maß hat die CDU den Schwerpunkt ihrer Aktivitäten auf kulturelles Gebiet verlegt und ihre Außenbeziehungen mit befreundeten Parteien in den osteuropäischen sozialistischen Staaten ausgebaut. Kontakte wurden auch zu christlichen Gruppierungen in westeuropäischen Ländern sowie nach Afrika und Lateinamerika aufgenommen.

Die SED-Führung scheint jedoch der CDU als Mittler für das Gespräch mit den Kirchen kaum noch zu bedürfen. Das wurde zuletzt deutlich, als Honecker am 6. 3. 1978 die Spitze des Evangelischen Kirchenbundes empfing, ohne daß Parteivertreter der CDU beteiligt waren. In enger, z. T. auch personaler Verbindung steht die CDU zur → **Christlichen Friedenskonferenz (CFK)** und zur → **Berliner Konferenz europäischer Katholiken (BK)**. Über beide Organisationen pflegt sie zahlreiche internationale Verbindungen nach Ost und West. Enge Kontakte bestehen zur polnischen PAX-Bewegung und zur Tschechoslowakischen Volkspartei (CSL), ferner zu der mittlerweile vom Papst verbotenen Friedenspriesterbewegung in der ČSSR „Pacem in terris".

Seit der verschärften Militarisierung der DDR und dem Erscheinen einer Friedensbewegung sah sich die CDU mehr und mehr genötigt, der militärpolitischen Konzeption der Regierung rückhaltlos zuzustimmen. So stellte sich die Partei unter Führung von Gerald Götting (Jahrgang 1923) sowohl hinter die Kampagne zur Wehrerziehung als auch gegen die sich in der Nähe und in den Kirchen selbst zeigende Bewegung „Schwerter zu Pflugscharen".

Die CDU ist in Ortsgruppen, Kreis- und Bezirksverbände gegliedert. Ihre Parteitage finden alle 5 Jahre statt. Der 15. Parteitag (13.–15. 10. 1982 in Dresden) wählte einen Hauptvorstand (HV) mit 141 Mitgl. Dieser bestimmte aus seiner Mitte den Vorsitzenden (Gerald Götting, Vors. der CDU seit 1966, Stellv. Vors. des Staatsrates, Stellv. des Vors. der Volkskammer, Präsident der Liga für Völkerfreundschaft), seine 3 Stellvertreter (Wolfgang Heyl, geb. 1921, Vors. der CDU-Fraktion der Volkskammer; Max Sefrin, geb. 1913, 1958–1971 Stellv. Vors. des Ministerrats und Minister für Gesundheitswesen; Heinrich Toeplitz, geb. 1914, Präsident des Obersten Gerichts der DDR) sowie weitere 15 Mitgl. des Präsidiums, des eigentlichen Leitungsgremiums der CDU. Präsidiumsmitglieder sind u. a.: Otto Hartmut Fuchs, geb. 1919, Herausgeber der mit der Berliner Konferenz katholischer Christen verbundenen Zeitschrift „begegnung"; Hermann Kalb, geb. 1924, Stellv. des Staatss. für Kirchenfragen; Harald Naumann, geb. 1923, Stellv. Minister für Handel und Versorgung; Rudolph Schulze, geb. 1918, Stellv. des Vors. des Ministerrats und Minister für Post- und Fernmeldewesen; Luitpold Steidle, geb. 1898, 1949–1958 Minister für Gesundheitswesen. Der HV wählte ferner für die Leitung der laufenden Organisationsarbeit das Sekretariat (9 Mitgl.; Vors.: G. Götting, Stellv.: W. Heyl), einen Zentralen Untersuchungsausschuß mit ähnlichen Aufgaben wie die → **Parteikontrollkommission** des ZK der SED (4 Mitgl.; Vors.: H. Toeplitz) sowie die Zentrale Revisionskommission.

Dem → **Staatsrat der DDR** gehört neben G. Götting Friedrich Kind (geb. 1928; Vors. des Bezirksverbandes Potsdam, Mitgl. des HV der CDU) an. Die CDU ist in der → **Volkskammer** mit 52 Abgeordneten (10,4 v. H.) vertreten. In den Bezirkstagen stellt sie 10 v. H., in den Kreistagen 7,1 v. H., in den Gemeindevertretungen 5,9 v. H. der Abgeordneten.

Presse: Zentralorgan: „Neue Zeit"; Regionalzeitungen: „Die Union", „Der neue Weg", „Der Demokrat", „Thüringer Tageblatt", „Märkische Union" (Gesamtauflage ca. 150000). Monatlich erscheinendes Funktionärsorgan: „Union teilt mit". In den CDU-eigenen Verlagen Union-Verlag, Berlin (Ost), und Koehler & Amelang, Leipzig, erscheinen neben politischen vor allem belletristische sowie historische und kirchliche Veröffentlichungen.
Die zentrale Schulungsstätte der CDU „Otto Nuschke" liegt in Burgscheidungen. Die CDU verfügt über eine eigene Auszeichnung, das „Otto-Nuschke-Ehrenzeichen" (3 Stufen).

Christliche Friedenskonferenz (CFK): Internationaler freiwilliger Zusammenschluß von → **Kirchen**, christlichen Gruppen und Einzelpersonen aus mehr als 90 Ländern zur Friedensarbeit auf christlicher Grundlage. Während der CFK im übrigen Osteuropa die protestantischen und orthodoxen Kirchen korporativ angehören, sind in der DDR 500 in einer Regionalkonferenz zusammengefaßte Einzelpersonen Mitglieder. Einzelmitgliedschaft durch Regionalausschüsse herrscht auch in Westeuropa und Nordamerika vor, während in der Dritten Welt vorwiegend christliche Organisationen, nationale ökumenische Räte usw. CFK-Mitglieder sind.
Nach 3 CFK, die seit 1958 auf Initiative des tschechischen Theologen Joseph Hromadka in Prag zusammengetreten waren, wurde die CFK 1961 durch die I. Allchristliche Friedensversammlung (ACFV) ebenfalls in Prag als ständige Organisation gegründet. Sie ist Mitglied der UNESCO und arbeitet mit dem → **Weltfriedensrat**, der → **Berliner Konferenz europäischer Katholiken (BK)** und anderen Organisationen zusammen.
Ursprüngliche Ziele der zunächst auf Europa konzentrierten CFK waren neben dem Bestreben, die Christen Ost- und West-Europas aus ihrer gegenseitigen Isolierung zu führen, die theologische Ächtung der Atomwaffen, Eintreten für die → **Friedliche Koexistenz** und Überwindung des als Friedenshindernis angesehenen → **Antikommunismus**. Seit der IV. ACFV 1971, die – wie auch die CFK-Wirksamkeit seitdem – wesentlich von Repräsentanten der Dritten Welt mitgeprägt wurde, ist die entschiedene Teilnahme am Kampf gegen Imperialismus, Kolonialismus und Neokolonialismus Programm der CFK, wobei unter Imperialismus das Bestreben der „international verflochtenen Kapitalgesellschaften und ihrer politischen Exponenten" verstanden wird, mit Hilfe ökonomischer, politischer und militärischer Macht andere Staaten und Völker zu unterwerfen, abhängig zu machen und auszubeuten.
Der Einmarsch von Truppen des Warschauer Paktes in die ČSSR führte 1968 die CFK in die Krise, ihr Präsident Hromadka trat aus Protest zurück, eine Reihe westlicher Regionalausschüsse löste sich auf oder spaltete sich. Nachfolger Hromadkas wurde nach der Konsolidierung zunächst Metropolit Nikodim von der Russischen Orthodoxen Kirche, seit 1971 der ungarische reformierte Bischof Karoly Toth.
In der DDR wird die CFK trotz ihrer geringen Mitgliederzahl (1982 ca. 500) als Teil der „einheitlichen → **Friedensbewegung**" politisch und publizistisch stark gefördert. Sie unterstützt die Friedenspolitik der Regierung und betreibt Friedensarbeit in einer Reihe von ihr gebildeter sog. Basisgemeinden. Der frühere Staatssekretär für Kirchenfragen, Seigewasser (SED), bemühte sich vergeblich, die evangelischen Kirchen zum korporativen Beitritt zur CFK zu bewegen. Vorsitzender des von der Regionalkonferenz gewählten Regionalausschusses ist der Ost-Berliner Theologieprofessor K.-H. Bernhardt, Sekretär der CDU-Funktionär Carl Ordnung. Der Theologieprofessor Gerhard Bassarak (Ost-Berlin) ist einer der Vizepräsidenten der CFK.

D

Datenübertragungsordnung: Die D. vom 13. 7. 1978 (GBl. I, S. 293ff.) regelt den öffentlichen Datenübertragungsdienst der Deutschen Post innerhalb der DDR. Sie enthält u. a. Bestimmungen über das Teilnehmerverhältnis und die Teilnehmereinrichtungen. Der internationale Datenübertragungsdienst wird auf der Grundlage von völkerrechtlichen Verträgen der DDR durchgeführt.

Datenverarbeitung, Elektronische (EDV)

I. Entwicklung
II. Struktur der EDV-Industrie seit 1978
III. Die Produktion von EDV-Anlagen
IV. EDV-Software
V. EDV-Schulung
VI. Organisationsformen beim Einsatz von EDVA
VII. EDV-Einsatzgebiete und -bereiche
VIII. Rechnergestützte Informationssysteme

I. Entwicklung

Die Entwicklung der EDV in der DDR vollzog sich relativ schleppend. Sie war gekennzeichnet durch Hemmnisse und Rückschläge einerseits und durch verschiedene staatliche Förderungsmaßnahmen andererseits.

Für die DDR lassen sich aufgrund der bisherigen EDV-Entwicklung 4 Phasen unterscheiden:

– eine Begründungs- und Anlaufphase in den Jahren von 1950 bis 1962, in der die Entwicklung der Initiative einzelnen Institutionen überlassen war,

– eine Aufbauphase in den Jahren 1963–1969, in der Entwicklung und Produktion von Rechnern durch verschiedene staatliche Förderungsmaßnahmen gekennzeichnet waren und in die der Aufbau einer eigenen Datenverarbeitungsindustrie fiel,

– eine Qualifizierungsphase, in der ab 1969/70 nicht nur die Zusammenarbeit der Länder des → **Rates für Gegenseitige Wirtschaftshilfe (RGW)** im Rahmen eines „Einheitlichen Systems der elektronischen Rechentechnik (ESER)" begann, sondern ebenso ab 1972 Produktion und Einsatz von Rechnern der dritten Generation ihren Anfang nahmen,

– die Phase der Mikrorechentechnik, die ab etwa 1979 mit der Nutzung der Möglichkeiten der → **Mikroelektronik** einsetzte.

Bereits im Jahr 1950 setzten an der TH Dresden die ersten Forschungs- und Entwicklungsarbeiten auf dem Gebiet der EDV ein. Der erste Rechner wurde jedoch erst 1955 vorgestellt. Es handelte sich um den vom VEB Carl Zeiss Jena konstruierten Digitalrechner mit der Bezeichnung „Oprema" (Optische Rechenmaschine), der als Zwillingsrechner konzipiert war. Er diente ausschließlich der Durchführung von Forschungs- und Entwicklungsarbeiten im Bereich der Technik.

Ausgehend von den Arbeiten an der TH Dresden wurde der programmgesteuerte Rechner „D 1" 1956 fertiggestellt, der ebenso wie sein ab 1957 verfügbarer Nachfolger „D 2" eine Gemeinschaftsproduktion des VEB Funkwerk Dresden und der TH Dresden war.

Im Jahr 1958 begann dann die Produktion des programmgesteuerten Rechenautomaten „ZRA 1" (Zeiss Rechenautomat) im VEB Carl Zeiss Jena (Arbeitsgeschwindigkeit: 400–600 Einzeloperationen/Sekunde). Neben den bereits genannten Institutionen waren zu dieser Zeit auf dem Gebiet der Rechentechnik der im Jahr 1957 gegründete VEB Elektronische Rechenmaschinen (ELREMA) Karl-Marx-Stadt als sog. wissenschaftlicher Industriebetrieb, der im gleichen Jahr gegründete und der Staatlichen Zentralverwaltung für Statistik unterstellte VEB Maschinelles Rechnen sowie das 1960 gegründete Zentralinstitut für → **Automatisierung** (ZIA) tätig.

Wirtschaft und Verwaltung standen zu dieser Zeit hauptsächlich halbautomatische Büromaschinen als technische Hilfsmittel zur Verfügung. Zum Teil wurden bereits Lochkartenrechner eingesetzt, deren Produktion 1960 im größeren Umfang anlief. Trotzdem blieb die Gesamtsituation hinsichtlich der Produktion und des Einsatzes von Lochkartenrechnern und elektronischen Rechenanlagen hinter den Erwartungen zurück. Es gab weder eine der Bedeutung der Rechentechnik gerecht werdende Konzeption der Forschungs- und Entwicklungstätigkeit sowie der Produktion noch ausreichend Pläne für den Einsatz der vorhandenen Rechnerkapazitäten in Betrieben bzw. Rechenstationen. Unter dem Eindruck der unbefriedigenden Situation beschloß der → **Ministerrat** der DDR zunächst im Juni 1963 ein „Programm zur Entwicklung der elektronischen Bauelemente und Geräte", um eine dauerhafte Überwindung der auf dem Gebiet der Elektronik offenbar gewordenen Schwierigkeiten einzuleiten. Eine parallel hierzu einberufene Regierungskommission legte als Ergebnis ihrer Untersuchungen ein vom Ministerrat im Juli 1964 beschlossenes „Programm zur Entwicklung, Einführung und Durchsetzung der maschinellen Datenverarbeitung in der DDR in den Jahren 1964 bis 1970" vor. In Ergänzung hierzu wurde weiterhin eine „Grundkonzeption zur Ent-

wicklung der elektronischen Industrie im Zeitraum des Perspektivplanes bis 1970" festgelegt.
Erste Folge dieses Maßnahmenkomplexes war die Gründung der VVB Datenverarbeitung und Büromaschinen, in der 12 spezialisierte Fachbetriebe zusammengeschlossen wurden. Diese VVB ist dem → **Ministerium für Elektrotechnik und Elektronik** unterstellt worden und sollte als wissenschaftlich-technisches, ökonomisches und organisatorisches Führungszentrum der DDR für die Entwicklung der Datenverarbeitungstechnik tätig werden. Zur Unterstützung der VVB erfolgte die Gründung eines Instituts für Datenverarbeitung in Dresden (vormals ZIA). Seine Aufgabe war es vor allem, die Durchführung der mit den Ministerratsbeschlüssen festgelegten umfangreichen Maßnahmen zu überwachen.
Entwicklungsarbeiten des VEB ELREMA und der Radeberger Rafena-Werke führten in den Jahren 1966–1967 zu der Fertigstellung des volltransistorisierten Rechners der 2. Generation „Robotron 300" als Kernstück der maschinellen Datenverarbeitungstechnik in der DDR. Hinsichtlich seiner Leistungsfähigkeit entsprach der „R 300" etwa der in den USA entwickelten „IBM 1400".
Trotz dieser Weiterentwicklungen kam in der Wirtschaftspraxis vornehmlich noch immer nur mechanisierte DV zum Einsatz. Um dieses Mißverhältnis zu ändern, wurden entsprechend den Beschlüssen des VII. Parteitages der SED (1967) zunehmend in Betrieben und Kombinaten volkswirtschaftlich wichtiger Industriezweige Rechner des Typs „Robotron 300" eingesetzt. Anfang 1968 waren jedoch erst 18 Rechenanlagen fertiggestellt und ausgeliefert. Bis zur Produktionseinstellung im Jahre 1972 belief sich die Gesamtzahl der hergestellten „R 300" auf insgesamt 350.
Im Jahr 1969 beschlossen die Regierungen der RGW-Länder ein Abkommen über die arbeitsteilige Entwicklung, Produktion und Anwendung der EDV-Technik. Ziel war es, ein „einheitliches System elektronischer Rechentechnik (ESER)" zu entwickeln, welches ein weitestgehend vereinheitlichtes System leistungsmäßig abgestufter, programmkompatibler elektronischer Rechner, dazugehöriger peripherer Geräte und Anwenderprogramme für die verschiedensten Einsatzgebiete vorsah. Zur gleichen Zeit wurde die Struktur der EDV-Industrie umorganisiert: Statt der bisherigen VVB Datenverarbeitungs- und Büromaschinen gründete man für den EDV-Bereich den VEB Kombinat Robotron Dresden. In diesem Kombinat faßte man vor allem die Betriebsstätten des VEB Rafena Radeberg zusammen. Die im Bereich der Büromaschinenindustrie bisher tätig gewesenen Betriebe vereinigte man unter dem ebenfalls neu gegründeten VEB Kombinat Zentronik Erfurt.
Aufgrund mehrjähriger Forschungs- und Entwicklungsarbeiten im VEB Kombinat Robotron war die DDR im Jahr 1972 schließlich in der Lage, auf der Leipziger Frühjahrsmesse 1972 eigene Rechnersysteme der 3. Generation vorzustellen.
Auf der Leipziger Frühjahrsmesse 1973 stellte die Datenverarbeitungsindustrie der DDR ihren ESER-Beitrag, die EDVA „EC 1040" einschließlich Peripherie vor. Dieser Rechner bildete zwischen 1973 und 1979 den Kern des Produktionsprogramms von Robotron, und es zählte mit rd. 380000 Operationen/s zu den Anlagen der mittleren Leistungsklasse.
Wie es zu den Produktionsleistungen von Robotron offiziell hieß, waren in den zehn Jahren seines Bestehens zwischen 1969 und 1979 „mehr als 2000 EDV-Anlagen, Prozeß- und Kleinrechner Anwendern im In- und Ausland übergeben" worden, „darunter allein 200 Anlagen vom Typ EC 1040". Der größte Teil der EC 1040-Produktion wurde in andere RGW-Länder, insbesondere in die Sowjetunion, exportiert.
Ab etwa Mitte der 70er Jahre wurden in den Betrieben des VEB Kombinat Zentronik zunehmend Bürocomputer, Datenerfassungsgeräte und Fakturierautomaten in das Produktionsprogramm übernommen. Um diese Zeit galt im RGW die Reihe 1 des ESER als abgeschlossen. Nachdem einige Modelle der Reihe 1 noch technisch verbessert worden waren, wandte man sich einer weiteren Vervollkommnung des ESER und der Vorbereitung der Produktion von 7 neuen Rechnermodellen der Reihe 2 zu. Gegenüber den Modellen der Reihe 1 weisen die Anlagen der Reihe 2 u. a. folgende Merkmale auf: virtuelles Speicherprinzip, Mikroprogrammkonzept, Blockmultiplexkanäle sowie geringerer Raum- und Energiebedarf. Die DDR stellte ihren neuen ESER-Rechner, die EDVA „EC 1055", erstmals auf der Leipziger Frühjahrsmesse 1978 vor. Bei diesem Rechner handelt es sich um eine Vielzweckanlage der mittleren Leistungsklasse mit einer Operationsgeschwindigkeit von 450000 Operationen/s. Mit der Serienproduktion begann man noch im Herbst 1978.
Bereits 1977 stand die Leipziger Frühjahrsmesse erstmals im Zeichen der → **Mikroelektronik**. Auf der Grundlage erster staatlicher Entwicklungskonzepte war Robotron endlich in der Lage, erste von der Mikroelektronik geprägte Erzeugnisse vorzustellen.
Mit Beginn des Jahres 1978 präsentierte sich die EDV-Industrie mit einer neuen Produktionsstruktur: dem Kombinat Robotron waren nunmehr aufgrund von Beschlüssen des → **Zentralkomitees (ZK) der SED** auch die Betriebe des Ende 1977 aufgelösten Kombinats Zentronik unterstellt worden. Ziel dieser Maßnahme sollte es sein, durch Konzentration von Forschung, Entwicklung, Produktion, Absatz und Service, die EDV- und Büromaschinenindustrie leistungsfähiger zu machen und der Mikroelektronik im Bereich der Rechentechnik zum Durchbruch zu verhelfen, um auf diese Weise

das technologische Niveau zu heben, die Arbeitsproduktivität durch den Einsatz neuer Techniken zu erhöhen und den gegenüber führenden westlichen Industrieländern bestehenden Rückstand auf dem EDV-Sektor abzubauen.
Auf dem nunmehr eingeschlagenen Kurs der „Intensivierung durch Mikroelektronik“ gestalteten sich die weiteren Aktivitäten von Robotron: auf der Leipziger Frühjahrsmesse 1978 wurde das Mikrorechnersystem „robotron K 1520“ vorgestellt. Der „K 1520“ ist sowohl für den Einbau in Anlagen und Geräten als Steuerrechner als auch für den Aufbau eigenständiger Rechner konzipiert. 1980 folgten dann weitere Neuvorstellungen. Hierzu zählten erste Erzeugnisse aus dem bereits einige Jahre zuvor angekündigten Konzept eines modularen Erzeugnisprogramms „Dezentrale Datentechnik“, und zwar u.a. ein Platzreservierungsterminal, Datenerfassungssysteme, der Bürocomputer „A 5103“, der Mikrorechner „K 1620“ aus der Mikrorechnerfamilie „K 1600“ sowie die elektronische Schreibmaschine „S 6001“. Bestimmte Erzeugnisse dieses neuen Programms sind in das System der Kleinrechner des RGW (SKR) übernommen worden. 1981 und 1982 wurde das Erzeugnisprogramm „Dezentrale Datentechnik“ um weitere neue Geräte und Anlagen ergänzt. Daneben ergänzte man ebenso das ESER-Erzeugnisprogramm: 1981 zeigte Robotron auf der Leipziger Frühjahrsmesse ein weiterentwikkeltes EDV-System, die ESER 2-EDVA „EC 1055 M“ mit 480000 Op./s, welche sich durch eine vergrößerte Leistungsbreite, mehr Komfort und größeren Anwendernutzen auszeichnet. Mit dem seit etwa 1980 bestehenden Erzeugnisangebot und seinen Anwenderlösungen ist Robotron zweifellos ein deutlicher Schritt nach vorn gelungen. Dennoch sind nicht nur intensivere Anstrengungen nötig, um den Bedarf an EDV-Erzeugnissen aus eigener Produktion im Lande zu decken, sondern auch, um das gesteckte Ziel realisieren zu können, Anschluß an die westliche Entwicklung zu finden.

Entwicklung des Bestandes der in der DDR installierten Rechner

1962	25	Rechner
1963	33	Rechner, hauptsächlich vom Typ „ZRA 1“
1965	60	Rechner
1967	150	Rechner (einschl. Kleinrechner)
1971	800	EDVA (davon ca. 300 „R 300“)
1972	2383	Rechner (463 EDVA, 1860 Kleinrechner, 60 Prozeßrechner)
1974	2742	Rechner (532 EDVA, 2000 Kleinrechner, 110 Prozeßrechner)
1976	2300	EDVA, Klein- und Prozeßrechner
1979	2700	Rechner, davon 600 EDVA sowie 2100 Klein- und Prozeßrechner
1982	rd. 3000	EDVA einschl. Klein- und Prozeßrechner sowie Mikrocomputer

II. Struktur der EDV-Industrie seit 1978

Den Beschlüssen der Partei- und Wirtschaftsführung folgend, sind zur Erzielung einer höheren Effektivität die Organisationsstruktur im Bereich des Ministeriums für Elektrotechnik/Elektronik verändert und im Zuge der hiermit verbundenen Maßnahmen neue Kombinate gebildet und dem Ministerium direkt unterstellt worden.
Nach der 1978 vollzogenen Umorganisation und verschiedenen, danach folgenden mehrfachen Veränderungen der Aufbauorganisation von Robotron, gehören gegenwärtig folgende VEB dem Kombinat an:
- Robotron-Zentrum für Forschung und Technik Dresden,
- Robotron-Rationalisierung Weimar,
- Robotron-Büromaschinenwerk Sömmerda,
- Robotron-Buchungsmaschinenwerk Karl-Marx-Stadt,
- Robotron-Optima Büromaschinenwerk Erfurt,
- Robotron-Elektronik Radeberg,
- Robotron-Elektronik Zella-Mehlis,
- Robotron-Meßelektronik „Otto Schön“ Dresden,
- Robotron-Secura-Werke Ost-Berlin,
- Robotron-Schreibmaschinenwerk Dresden,
- Robotron-Elektronik Dresden,
- Robotron-Elektronik Riesa,
- Robotron-Elektroschaltgeräte Auerbach,
- Robotron-Elektronik u. Zeichenanlagen Hoyerswerda,
- Robotron-Befehlsgeräte Leipzig,
- Robotron-Vertrieb Ost-Berlin, Dresden u. Erfurt,
- Robotron-Anlagenbau Leipzig,
- Robotron Export-Import Berlin-Ost, Volkseigener Außenhandelsbetrieb der DDR.

III. Die Produktion von EDV-Anlagen

Das Produktions- und Lieferprogramm der VEB Kombinat Robotron umfaßt folgende Erzeugnisse:
1. Erzeugnisse der ESER, und zwar: EDVA EC 1055 u. EC 1055 M (Vielzweckanlagen, Operativ-Speicherkapazität von 16 M Bytes) sowie u.a. Magnetbandspeicher, Wechselplattenspeicher, Wechselplattensteuergeräte, Lochkartenleser, Drucker, Trommelzeichengeräte, Bildschirmsysteme, Multiplexsteuergeräte für Datenfernverarbeitung;
2. Erzeugnisprogramm „Dezentrale Datentechnik“, und zwar: Kommerzielle Basisrechnersysteme, Modulare Bürocomputerreihen, Datenerfassungsgeräte, Textsysteme, Terminals u. OEM-Erzeugnisse sowie seit 1984 CAD/CAM-Systeme, Heimcomputer und Personalcomputer;
3. mechanische, elektrische u. elektronische Schreibmaschinen;
4. Zeichenanlagen u. Organisationstechnik und außerhalb der Rechen- u. Schreibtechnik:

5. elektronische Meßtechnik (komplette Ausrüstungen von Meßlabors, Geräte zur Meß- und Prüftechnik u. a.);
6. Richtfunktechnik;
7. Unterhaltungselektronik (Stereo-Kompaktanlagen, HiFi-Stereo-Steuergeräte, Rundfunkgeräte u. Fernsehempfänger) sowie
8. Befehlsgeräte, Stromversorgungsmodule u. Magnetköpfe.

IV. EDV-Software

Im Software-Bereich wurden für die ESER-Rechner verschiedene maschinenorientierte und problemorientierte Systemunterlagen entwickelt, die für die neuen Rechner auch ganz spezielle Anwendungslösungen beinhalten. Hierzu zählen u. a.:
- eine Software-Lösung für eine „komplexe Materialwirtschaft für Industrie und Handel" auf der Grundlage des Basisrechnersystems A 6402 unter Einbeziehung von one-line-gekoppelten Bildschirmterminals;
- das mikrorechnergesteuerte Krebsbestrahlungs-Planungssystem „DOPSY", ein interaktives System für die Strahlentherapie auf Basis des Mikrorechnersystems K 1630;
- das Geburtenüberwachungssystem „NATALI" für eine mikrorechnergesteuerte Überwachung des Geburtsvorganges auf Basis des Bürocomputers A 5120;
- das Org- und Software-Paket „MARMEDO" mit Möglichkeiten einer Röntgen- und EKG-Befundbeschreibung und einer rechnergesteuerten Terminkontrolle sowie
- das „Reservierungs- und Informationssystem für das Hotelwesen, AURIS 1600" in drei Ausführungen, entweder auf Basis des Platzreservierungsterminals K 8927 oder auf Basis von Rechnern.

Daneben bietet Robotron spezielle Problemlösungen z. B. für Banken, Sparkassen, das Postwesen und Versicherungen, für das Bauwesen, die Erdölindustrie und die Landwirtschaft an.

V. EDV-Schulung

Nach der Neuorganisation von Robotron 1978 begann man mit der Vereinheitlichung des EDV-Schulungssystems. Inzwischen werden die einzelnen Lehrveranstaltungen in folgenden Betrieben durchgeführt:
- im Schulungszentrum des VEB Robotron-Anlagenbau Leipzig,
- im Direktionsbereich Schulung des VEB Robotron-Vertrieb Berlin (Ost),
- im Schulungsbereich des VEB Robotron-Vertrieb Dresden,
- im Bereich für Schulungsleistungen des VEB Robotron-Vertrieb Erfurt,
- im Schulungszentrum des VEB Robotron-Büromaschinenwerk Sömmerda,
- im Schulungszentrum Oelsnitz des VEB Robotron-Buchungsmaschinenwerk Karl-Marx-Stadt sowie
- im VEB Robotron-Optima Büromaschinenwerk Erfurt.

Das Schulungszentrum in Leipzig übt im Rahmen der Robotron-Schulungsleistungen eine Leitfunktion aus. Bereits im Herbst 1959 begann man in Leipzig als Institution des damaligen Industriezweigs Datenverarbeitung/Büromaschinen mit der EDV-Schulung. Verbindlich für alle diese Schulungseinrichtungen ist gegenwärtig ein Lehrgangssystem „zur modellbezogenen Weiterbildung von Fachkräften für die Anwendung und den Einsatz folgender Anlagen, Geräte und Systeme": EDVA, Dezentrale Datentechnik, Kleinrechner, Programmierbare Kleinstrechner, Mikrorechner, Datenfernverarbeitungssysteme, Datenerfassungssysteme, Buchungs- u. Fakturierautomaten, Schreib- u. Organisationstechnik sowie Baugruppen. Die einzelnen Lehrgänge bestehen aus Vorträgen, Unterrichtsgesprächen und Praktika. Das nach dem Bausteinsystem angelegte Ausbildungsprogramm vermittelt nicht nur Kenntnisse über Hard- und Software, sondern gibt ebenso ausgewählten Führungskräften die Möglichkeit, an speziellen Schulungskursen auf der Grundlage festgelegter Weiterbildungsprogramme teilzunehmen.

Nach dem Schulungsprogramm für 1982 ergibt sich in der Regel eine getrennte Aufgabenteilung der einzelnen Schulungszentren nach Erzeugnissen. Die Arbeitsteilung zwischen den Schulungsorten gilt gegenwärtig als noch nicht genügend koordiniert.

VI. Organisationsformen beim Einsatz von EDVA

Unter Fortsetzung des bereits seit einigen Jahren festzustellenden Trends einer Zentralisierung der EDV-Kapazitäten in Rechenzentren sehen die Planungen bis 1980 und darüber hinaus folgende Organisationsformen der Nutzung von EDVA vor, von denen einige bereits realisiert worden sind:
- Gemeinschaftsrechenzentren für mehrere Betriebe oder Kombinate in den Fällen, in denen territoriale oder zweigliche Rationalisierungsmöglichkeiten diese Organisationsform zweckmäßig erscheinen lassen (Datenverarbeitungszentren mit kollektiver Nutzungsmöglichkeit von EDVA);
- bereichsbezogene Rechenzentren und Rechenbetriebe mit z. T. schon realisierten Formen kollektiver Nutzung auf der Basis von Teilhabersystemen;
- Dienstleistungsrechenzentren des seit Anfang 1980 bestehenden Volkseigenen Kombinats Datenverarbeitung in Berlin (Ost) mit seinen Datenverarbeitungszentren (VEB DVZ) in allen Bezirkshauptstädten der DDR, die bereits in Einzelfällen auf der Basis von Teilhabersystemen kollektiv genutzt werden;

- Rechenzentren mit Datenfernverarbeitungstechnik für die Abwicklung von Projekten im Teilnehmerbetrieb und ersten Ansätzen des Einsatzes von Mehrrechnersystemen (Beispiel: VEB Kombinat Robotron, Akademie der Wissenschaften der DDR);
- individuell genutzte Rechenzentren in größeren Betrieben, Kombinaten, der Akademie der Wissenschaften oder Universitäten, wo zu lösende Aufgaben diese Organisationsform der EDV erforderlich machen und eine Auslastung der Anlagen gegeben ist.

VII. EDV-Einsatzgebiete und -bereiche

Informationen über wirtschaftliche Tatbestände sind notwendig, um Entscheidungen treffen zu können. Partei- und Wirtschaftsführung der DDR sind daher bestrebt, mit Hilfe eines konzentrierten EDV-Einsatzes den Informationsprozeß und damit verbunden die Berichterstattung über den Planvollzug möglichst optimal zu gestalten. So werden EDVA in der DDR in nahezu sämtlichen volkswirtschaftlichen Bereichen eingesetzt: in Industrie, Bauwesen, Handel und Versorgung, Land- und Nahrungsgüterwirtschaft, Verkehrswesen einschließlich Schiffahrt, in Wissenschaft und Technik sowie im Bildungswesen. Dabei zählen der → **Schwermaschinen- und Anlagenbau**, der Bereich der → **Elektrotechnischen und elektronischen Industrie**, die Staatliche Zentralverwaltung für Statistik (→ **Rechnungsführung und Statistik**) sowie örtliche Staatsorgane (→ **Staatsapparat**) zu den zahlenmäßig stärksten Nutzergruppen.

Die wichtigsten Aufgabenkomplexe sind: Rechnungsführung und Statistik, Lenkung und Kontrolle, Planung und Bilanzierung, technologische Produktionsvorbereitung und wissenschaftlich-technische Berechnungen.

Um einen möglichst effektiven EDV-Einsatz zu gewährleisten, sind verschiedene vereinheitlichte und datenverarbeitungsgerechte Belege geschaffen worden.

VIII. Rechnergestützte Informationssysteme

In der DDR sind verschiedene Ausprägungsformen rechnergestützter Informationssysteme entwickelt worden. Einige dieser Informationssysteme gibt es nicht mehr, entweder weil sie aus technischen und organisatorischen Gründen nicht in der geplanten Weise realisiert werden konnten, oder weil ihre Konzeption nicht im Einklang mit neu gesetzten ideologischen Leitlinien stand. Es handelte sich hierbei um folgende Informationssysteme:

Operative Informationssysteme (1964/65), das volkswirtschaftliche Informationssystem (1965 bis 1971), integrierte Leitungs- und Informationssysteme (1967) sowie integrierte Systeme der automatisierten Informationsverarbeitung (1967 bis 1971).

Gegenwärtig sind folgende rechnergestützte Informationssysteme im Einsatz:

- Wissenschaftliche Informationssysteme, zu denen das Informationssystem Wissenschaft und Technik (IWT) sowie das System der gesellschaftswissenschaftlichen Information und Dokumentation zu zählen sind (→ **Information**, IV).
- Automatisierte Leitungssysteme:

Seit der auf dem VIII. Parteitag der SED (1971) beschlossenen veränderten ökonomischen Grundrichtung traten nunmehr an die Stelle der bisher eingesetzten „Integrierten Systeme der automatisierten Informationsverarbeitung (ISAIV)“ neue Konzepte nach sowjetischem Vorbild: die „Automatisierten Leitungssysteme (ALS)“. Ein ALS wird definiert als ein „Leitungssystem, in dem für die regelmäßige Lösung algorithmierbarer Informationsprozesse der Wirtschafts- und Produktionstätigkeit eines Betriebes“ die EDV und Erfahrungen anderer Wissenschaftsdisziplinen (z. B. → **Kybernetik**, → **Operationsforschung**) berücksichtigt werden. Im Zeitverlauf sind innerhalb des RGW verschiedene Typen von ALS entwickelt und eingesetzt worden. Hierbei handelt es sich u. a. um:

- Gesamt- oder Allgemeinstaatliche ALS,
- Industriezweigsysteme,
- Systeme zur Steuerung technologischer Prozesse (ALS Technische Prozesse [ALSTP]) sowie
- ALS eines Betriebes für die organisatorisch-ökonomische Tätigkeit.

Auf der Moskauer ESER II/SKR-Ausstellung Mitte 1979 stellte die DDR z.B. das Recherchesystem AIDOS (→ **Information**, V.) als „Allgemeinstaatliches ALS“ vor.

ALS für Betriebe umfassen einzelne Teilsysteme. Diese können nach einem bestimmten Merkmal ausgewählt werden, das den speziellen Zielen und Leitungsaufgaben entspricht. Es sind Gliederungsmöglichkeiten nach funktionellen Merkmalen, nach Organisationsmerkmalen sowie nach anderen Merkmalen, wie z.B. nach technischen Mitteln oder Systemunterlagen, gegeben. Vom Kombinat Robotron sind Programmiersysteme und Programmpakete entwickelt worden, die u. a. auch für die programmtechnische Realisierung von ALS bestimmt sind.

- Leitungsinformationssysteme:

Obwohl einerseits noch immer Entwicklung und Einsatz betrieblicher ALS praktiziert werden, setzte andererseits bereits vor längerer Zeit ein Prozeß ein, der zu der Entwicklung alternativer Lösungsansätze bei der rechnergestützten Informationsverarbeitung und -bereitstellung z.B. in VEB und Kombinaten und mithin ebenso zu neuen Begriffsfassungen führte. So war in der EDV-Literatur der DDR u. a. von „Rechnergestützten Systemen zur Information der Leitung (RSIL)“ und auch von „Rechnergestützten automatisierten Informationssystemen (AIS)“

die Rede. Seit kurzem bietet Robotron Dresden für die Anwendung seiner Rechner das „Leitungsinformationssystem/Robotron (LIS/R)" an, welches nach Robotron-Informationen den Aufbau eines „endnutzerorientierten Mensch-Maschine-Kommunikationssystems zur Rationalisierung der Leitungstätigkeit auf der Grundlage einer Datenbank als Informationsbasis, eines Datenbankauswertungssystems und separater Datenverarbeitungsprojekte" gestatten soll.

Klaus Krakat

Literaturangaben

Beispiele der POS-Nutzung im DOS/EC zur Vorbereitung für OS/EC-Anwender. Hrsg.: VEB Robotron Zentrum für Forschung und Technik. Berlin (Ost): Die Wirtschaft 1978. (Schriftenreihe Informationsverarbeitung.)

Beiträge zur Informationsverarbeitung. Hrsg.: VEB Robotron Zentrum für Forschung und Technik, BSB 3. Leipzig: G. Teubner 1977. (Schriftenreihe Informationsverarbeitung.)

Datenbankorganisation, in: rechentechnik/datenverarbeitung Nr. 7/1982 und Beiheft 2/1981. Berlin (Ost): Die Wirtschaft 1981 u. 1982.

Erzeugnisprogramm „Dezentrale Datentechnik", in: Neue Technik im Büro, Nr. 2/1981. Berlin (Ost): Technik 1981.

ESER-EDVA EC 1055, in: Neue Technik im Büro, Nr. 2/1981. Berlin (Ost): Technik 1981.

Funktionsprinzipien des ESER, Reihe 2. Hrsg. VEB Robotron Zentrum für Forschung und Technik. Berlin (Ost): Die Wirtschaft 1979. (Schriftenreihe Informationsverarbeitung.)

Leitungsinformationssysteme, in: rechentechnik/datenverarbeitung, Nr. 4 u. 5/1982. Berlin (Ost): Die Wirtschaft 1982.

Schneider, Horst, u. Siegfried Köhli: Systematische Projektierung der Datenverarbeitung. Berlin (Ost): Die Wirtschaft 1980.

Softwareentwicklung, in: rechentechnik/datenverarbeitung, edv aspekte Nr. 3/1982. Berlin (Ost): Die Wirtschaft 1982.

DDR-Schiffsrevision und -klassifikation (DSRK): Organ des → **Ministeriums für Verkehrswesen**. Zuständig für die Gewährleistung der technischen Sicherheit aufsichts- und klassifikationspflichtiger Wasserfahrzeuge. Hauptaufgaben der DSRK:
- Erlaß von Anordnungen für die technische Schiffssicherheit;
- Kontrolle der Fahrtüchtigkeit aufsichtspflichtiger Schiffe;
- Zulassung von Containern für den Seeverkehr;
- Mitarbeit in der Organisation der Organe für Technische Aufsicht und Klassifikation von Schiffen (OTAK) der Mitgliedsländer des → **Rates für Gegenseitige Wirtschaftshilfe (RGW)**;
- Abschluß von Vereinbarungen über Zusammenarbeit mit Schiffsregistergesellschaften westlicher Staaten;
- Assoziiertes Mitglied der Internationalen Vereinigung der Klassifikationsgesellschaften (IACS), die sich mit Problemen der Schiffssicherheit beschäftigt.

Zweiseitige Vereinbarungen über Zusammenarbeit mit Schiffsregistergesellschaften westlicher Staaten hat die DSRK seit 1971 mit Det Norske Veritas, Oslo (Juni 1971); Bureau Veritas, Paris (Oktober 1972); Lloyds Register of Shipping, London (Juni 1973) und Germanischer Lloyd, Hamburg, getroffen.

Demarkationslinie: Zunächst Bezeichnung für die Trennungslinie zwischen den ehemaligen 3 westlichen und der → **Sowjetischen Besatzungszone (SBZ)**. Auch nach Gründung der Bundesrepublik Deutschland und der DDR wurde im westlichen Schrifttum diese Bezeichnung vorläufig beibehalten, während in der DDR – vor allem seit dem Bau der Mauer in Berlin – von „Staatsgrenze West" gesprochen wird. Mit Abschluß des → **Grundlagenvertrages** 1972 wird in der Bundesrepublik Deutschland offiziell von der innerdeutschen Grenze gesprochen (→ **Grenze, Innerdeutsche**; → **Grenzkommission**).

Demokratie, Sozialistische: Die marxistisch-leninistische → **Staatslehre** versteht unter SD. „die Ausübung aller politischen Macht durch die → **Arbeiterklasse** im Bündnis mit den anderen Klassen und Schichten der Werktätigen unter Führung der marxistisch-leninistischen Partei . . . Der sozialistische Staat und das sozialistische Recht sind grundlegende Elemente, Ausdrucksformen der sozialistischen Demokratie . . . Der Begriff der sozialistischen Demokratie umfaßt . . . auch die vielfältigen nichtstaatlichen Formen gesellschaftlicher Aktivität der Werktätigen. Der Begriff der sozialistischen Demokratie charakterisiert somit das gesamte politische System der sozialistischen Gesellschaft sowohl hinsichtlich seiner politisch-sozialen Struktur und demokratischen Organisation als auch seiner praktischen gesellschaftlichen Aktion." (Marxistisch-leninistische Staats- und Rechtstheorie. Lehrbuch, Berlin [Ost] 1980, S. 279, 281)

Nach Auffassung des → **Marxismus-Leninismus** ist jede → **Politik** Ausdruck von Klasseninteressen. Dementsprechend gilt der Staat als „das entscheidende politische Machtinstrument in den Händen bestimmter Klassen zur Durchsetzung ihrer Interessen. Mittels des Staates wird i. d. R. die ökonomisch herrschende zur politisch herrschenden Klasse." (Kleines politisches Wörterbuch, 3., überarb. Aufl., Berlin [Ost], S. 854) Mit der Erringung der Staatsmacht durch die → **Sozialistische Einheitspartei Deutschlands (SED)**, die für sich in Anspruch nimmt, vor allem die Interessen der Arbeiterklasse zu vertreten, und die Abschaffung des Privateigentums an Produktionsmitteln (→ **Eigentum**) habe der Staat allerdings seinen Charakter grundlegend gewandelt. Zwar sei auch der sozialistische Staat in der DDR

Klassenstaat, er vertrete aber die Interessen der Mehrheit der Gesellschaft (der Arbeiterklasse und der mit ihr verbündeten Klassen und Schichten; → **Bündnispolitik; Klasse/Klassen, Klassenkampf**) bzw. bei weiterer Ausbildung der entwickelten sozialistischen Gesellschaft die Interessen aller sozialer Klassen und Schichten.

Die im wesentlichen einheitliche Eigentumsordnung habe zur Herausbildung allen gemeinsamer, grundsätzlicher Interessen geführt (→ **Interessen/Interessenübereinstimmung**). Diese Einheitlichkeit der Interessenlage mache es möglich, daß das → **Volk** sich erstmals „souverän" konstituieren könne. Es sei Ausdruck der **Volkssouveränität**, daß alle Staatsfunktionen (Legislative, Exekutive und Judikative) zur Gewalteneinheit zusammengefaßt werden. Ausdrücklich grenzt sich der Marxismus-Leninismus scharf gegenüber der Gewaltenteilung als Verfassungsgrundsatz parlamentarisch-rechtsstaatlicher D. ab.

Aus der These von der gegebenen grundsätzlichen Interessenübereinstimmung werden weitreichende Folgen für die Stellung des Bürgers im Staat gezogen. Da das Verhältnis der einzelnen zum Eigentum im wesentlichen gleich sei, der Staat keine spezifischen Interessen, sondern das von der Partei formulierte und in staatliche Normen gegossene Gesamtinteresse repräsentiere, könne jeder sich in diesem mit seinen eigenen Interessen wiederfinden. Das Tätigwerden innerhalb des politisch-sozialen Systems sei daher nicht nur Recht, sondern immer auch zugleich Pflicht der Bürger. Grundrechte sind nach diesem Staatsverständnis immer zugleich Pflichten; die konkrete inhaltliche Ausfüllung der Rechte/Pflichten bleibt zudem gebunden an das, was von seiten der Partei jeweils als historisch notwendig und möglich in deren für das politische System verbindlichen Programm (→ **Linie**) Eingang gefunden hat.

Erst in jüngerer Zeit hat sich ein gewisser Wandel im Rechtsverständnis der marxistisch-leninistischen Staats- und Rechtstheorie angebahnt. Bis in die 60er Jahre galt die Auffassung, daß im sozialistischen Recht objektives (die Rechtssubjekte bindendes) und subjektives (den Rechtssubjekten Ansprüche einräumendes) Recht zusammenfalle, es nur „einheitliche Normen" gebe, die ein bestimmtes Verhalten bzw. das Unterlassen bestimmter Handlungen eindeutig vorschreiben. Seit den 60er Jahren hat sich in der DDR die Auffassung durchgesetzt, daß es auch im Sozialismus „subjektive Rechte" gebe, d. h. die Normen des objektiven Rechts enthalten vielfach Anspruchsrechte und eröffnen Handlungsmöglichkeiten für den einzelnen. Diese Diskussion ist bisher nicht abgeschlossen: während die Mehrheit der Rechtswissenschaftler einer engen Auslegung der „subjektiven Rechte" das Wort redet, nachdem das subjektive Recht sich wesentlich auf die Ausfüllung der objektiven Rechtsnormen beschränken soll, plädiert eine Minderheit dafür, die subjektiven Rechte zu echten Initiativrechten auszubauen, um so der SD. einen substantiellen Gehalt zu geben und zugleich die Stabilität des politischen Systems zu erhöhen. Bisher hat diese jüngere Entwicklung jedenfalls nicht dazu geführt, daß der einzelne gegenüber dem Staat in einem Rechtsstreit seine subjektiven Rechte durchsetzen könnte (→ **Verwaltungsrecht**); der einzelne bleibt noch immer auf → **Eingaben** und → **Verwaltungsbeschwerden** verwiesen. Gerechtfertigt wird diese Situation mit dem Argument, daß der sozialistische Staat als solcher nicht irren könne, Fehler begehen allenfalls einzelne Staatsfunktionäre bei der Auslegung einzelner Normen bzw. bei der Interpretation politischer Weisungen.

Die postulierte Interessenübereinstimmung ist im übrigen Grundlage des gesamten politischen Systems. Die SED definiert sich selbst als „die marxistisch-leninistische Partei der Arbeiterklasse und des ganzen werktätigen Volkes", als „die führende Kraft bei der Gestaltung der entwickelten sozialistischen Gesellschaft". Es sei ihre Aufgabe, „die gesellschaftliche Entwicklung in der DDR auf der Grundlage einer wissenschaftlich fundierten Strategie und Taktik politisch zu leiten" (Programm der SED von 1976, IV.). Der Staat (→ **Staatsapparat** und → **Volksvertretungen**) ist dabei ihr Hauptinstrument. Dem Führungsanspruch der Partei unterliegen die anderen → **Parteien** ebenso wie die gesellschaftlichen Organisationen (→ **Massenorganisationen**). Der → **Demokratische Zentralismus** und die → **Kaderpolitik** sind wichtige Instrumente um den Führungsanspruch der Partei durchsetzen zu können und ein einheitliches Handeln der einzelnen Systemteile zu sichern. Die Beschlüsse der SED und die von den staatlichen Instanzen gesetzten rechtlichen Normen gelten als Ausdruck der „objektiv gemeinsamen gesellschaftlichen Interessen und einheitlichen Ziele" aller → **Werktätigen**. „Dabei sichert die Partei, daß bei der Verwirklichung der gemeinsamen Interessen aller Werktätigen entsprechend den konkreten Bedingungen und Möglichkeiten in den verschiedenen Etappen des sozialistischen und kommunistischen Aufbaus auch spezifische Interessen einzelner Klassen, Schichten, Kollektive sowie der Bürger die notwendige Beachtung finden." (Marxistisch-leninistische Staats- und Rechtstheorie, a. a. O., S. 293)

Aus diesem Omnikompetenzanspruch der Partei wird jede autonome Interessenartikulation außerhalb der dafür vorgesehenen Gremien und Formen (Volksvertretungen, Massenorganisationen, Eingaben, Beschwerden usw.) ausdrücklich abgelehnt. Forderungen nach konkurrierenden Parteien, parteiunabhängigen Interessenverbänden usw. werden als „revisionistisch" (→ **Revisionismus**) abgelehnt. Sie seien Versuche des Klassenfeindes, die „Einheit des Volkes" aufzuspalten und bedrohten die Führungsrolle der Partei. Insbesondere nach dem Prager Frühling (1968) und den Ereignissen in Polen (1980ff.) ist der ideologische Kampf gegen den Pluralismus und den → **Demokratischen Sozialismus** verstärkt worden.

Forderungen, das „Volkseigentum", das auch in der staatsrechtlichen Literatur der DDR zutreffend als Staatseigentum bezeichnet wird, wirklich zu vergesellschaften (z. B. durch Einführung eines „Gruppeneigentums" der Belegschaften, durch Ausweitung der Mitwirkung zur Mitentscheidung in ökonomischen Fragen), werden als „Angriff auf die Grundlagen des Sozialismus", feindlich und revisionistisch bekämpft. Da der

Staat der DDR bereits der Staat aller sei, sei Staatseigentum bereits Gemeineigentum. Eine Aufsplitterung des Eigentums bzw. die Delegation von Verfügungsrechten über das Eigentum an die Basis der Gesellschaft würde lediglich die Staatsmacht schwächen und Gruppeninteressen fördern. Unerörtert bleibt von offizieller Seite jedoch immer die tatsächliche Kumulation der Verfügungsgewalt über den gesamten Wirtschaftsprozeß in der politischen Führungsspitze bei relativer Einflußlosigkeit der Produzenten bzw. des gewöhnlichen Staatsbürgers.

Der Begriff SD. hat die Begriffe „Diktatur des Proletariats" und → **Arbeiter-und-Bauern-Macht** bzw. Staat seit den 60er Jahren in der → **Agitation und Propaganda** etwas in den Hintergrund treten lassen. Die Kontinuität des ideologischen und staatsrechtlichen Selbstverständnisses des Marxismus-Leninismus ist dadurch jedoch nicht unterbrochen worden. Auch heute noch ist „die Politik der SED . . . auf die weitere allseitige Stärkung des sozialistischen Staates der Arbeiter und Bauern als einer Form der Diktatur des Proletariats gerichtet, die die Interessen des ganzen Volkes . . . vertritt" (Programm der SED von 1976, II. C.). Die Aufnahme des Begriffes SD. als eine der zentralen Kategorien des marxistisch-leninistischen Staatsverständnisses diente zum einen der Abwehr von Angriffen aus dem Westen. Bedeutsamer ist aber wohl die Einsicht gewesen, daß der Abschluß der Phase der Enteignungen und der umfassenden sozialstrukturellen Eingriffe (vor allem in den Jahren 1945–1961) bei gleichzeitiger Herausbildung einer sozial und ökonomisch ausdifferenzierten, hochentwickelten Industriegesellschaft neue Formen der Mitwirkung notwendig machte, um die gesellschaftlichen Gruppen effektiver in das politische System zu integrieren. Der Ausbau der Mitwirkungsformen zielt allerdings nicht auf eine Verlagerung von Entscheidungskompetenzen in die Gesellschaft, sondern auf die „Erhöhung der Effektivität der staatlichen Leitung". Die Ende der 50er Jahre geprägte Agitationslosung „Arbeite mit, plane mit, regiere mit" hat inzwischen Eingang in die Verfassung der DDR gefunden und verdeutlicht diese Intention (→ **Mitbestimmungs-, Mitgestaltungs- und Mitwirkungsrechte**). Dabei geht es vor allem um die Beteiligung der Bürger durch Anregungen und Verbesserungsvorschläge in der Phase der Entscheidungsvorbereitung und um die optimale Ausführung einmal getroffener Entscheidungen. Innerhalb der Massenorganisationen und der Volksvertretungen findet zugleich eine begrenzte und kontrollierte Artikulation von Einzelinteressen statt. Soweit es sich um Mitentscheidungsrechte handelt (z. B. im Betrieb; → **Betriebsgewerkschaftsorganisationen [BGO]**) bleiben diese eingebunden in die Strukturen des Demokratischen Zentralismus innerhalb der auf die Führungsrolle der Partei verpflichteten Verbände und Institutionen. Bedeutung hat vor allem die Beratung der Partei und des Staatsapparates durch Experten erlangt, für die seit den 60er Jahren eine große Zahl von ständigen und zeitweiligen Beratungsgremien auf allen Ebenen des Partei- und Staatsaufbaus entstanden sind. – Der Ausbau der Mitwirkungsformen wird auch zukünftig angestrebt: „Die Hauptrichtung, in der sich die sozialistische Staatsmacht entwickelt, ist die weitere Entfaltung und Vervollkommnung der sozialistischen Demokratie. Die in vielfältigen Formen erfolgende Mitwirkung der Bürger an der Leitung des Staates und der Wirtschaft wird immer mehr zum bestimmenden Merkmal des Lebens im Sozialismus." (Programm der SED von 1976, II. C.)

Der Marxismus-Leninismus grenzt die SD. deutlich gegenüber dem liberalen Demokratieverständnis des Westens ab: Gewaltenteilung, Parteienkonkurrenz mit entsprechenden Wahlverfahren, autonomes Verbandswesen, Sicherung einer autonomen Sphäre des einzelnen gegenüber dem Staat usw. gelten als „bürgerlich". Sie dienten letztlich auch in kapitalistischen Systemen nur der Verschleierung der tatsächlich gegebenen Klassenherrschaft der Bourgeoisie. Gemäß der marxistischen Formationslehre (→ **Gesellschaftsordnung**) stellt die bürgerliche D. allerdings dennoch einen Fortschritt gegenüber dem absolutistischen Feudalstaat dar, weil sie dem Proletariat das Wahlrecht sowie Rede- und Koalitionsfreiheit gebracht und damit die Voraussetzungen für die Überwindung der kapitalistischen Gesellschaft geschaffen habe. Die bürgerliche D. sei zwar eine „Diktatur der Minderheit über die Mehrheit", der Bourgeoisie über das Proletariat, bilde aber ein erstrebenswertes Übergangsstadium auf dem Wege zur Diktatur des Proletariats und zum Sozialismus. → **Grundrechte, Sozialistische; Verfassung; Wahlen.**

Demokratische Bauernpartei Deutschlands (DBD):

Am 29. 4. 1948 gegründete und am 16. 6. 1948 durch die SMAD zugelassene Partei. Die DBD, bei deren Gründung ehemalige KPD- bzw. SED-Funktionäre eine maßgebliche Rolle spielten, versteht sich als Bündnispartner der → **Sozialistischen Einheitspartei Deutschlands (SED)** und sieht ihre Aufgabe darin, die Bauern im Verein mit den Arbeitern für den Aufbau des Sozialismus zu gewinnen (→ **Bündnispolitik**). Die DBD, die im Frühjahr 1960 aktiv an der Kollektivierungskampagne in der Landwirtschaft teilnahm, setzt sich für die Durchführung der → **Agrarpolitik** der SED ein. Innerhalb des → **Staatsapparates** hat sie die spezifischen Interessen der bäuerlichen Bevölkerung in die politische Entscheidungsfindung mit einzubringen. Besondere Bedeutung kommt ihr bei der Vorbereitung der → **Bauernkongresse der DDR** zu. 1982 waren die 103 000 Mitglieder, davon 30 v. H. Frauen, in 6300 Grundeinheiten organisiert. 21 000 Mitgl. sind Abgeordnete und Nachfolgekandidaten in den → **Volksvertretungen**: der → **Volkskammer** gehören 52 Abgeordnete an. Wie jede der 4 Blockparteien stellt auch die DBD einen Stellv. des Vorsitzenden des Staatsrates (Dr. Ernst Mecklenburger) sowie ein weiteres Mitgl. dieses Gremiums (Werner Seifert) und ein Mitgl. des Ministerrates, das zugleich Stellv. des Vors. des Ministerrates ist (Dr. Hans Reichelt, Minister für Umweltschutz und Wasserwirtschaft). Aufbau und Tätigkeit der Partei beruhen auf dem → **Demokratischen Zentralismus**. Höchstes Organ ist der alle 5 Jahre tagende Parteitag, der den Parteivor-

stand wählt. Dieser wählt aus seiner Mitte das Präsidium, das für die Leitung der Partei zwischen den Sitzungen des Parteivorstandes verantwortlich ist, und bestätigt das Sekretariat. Auf dem XI. Parteitag (5.–7. 5. 1982) wurde Dr. Ernst Mecklenburger zum Vorsitzenden gewählt, nachdem Ernst Goldenbaum, der dieses Amt seit der Parteigründung innehatte, nicht mehr kandidierte.
Zentralorgan: „Bauern-Echo". Funktionärszeitschrift: „Der Pflüger". → **Parteien.**

Demokratischer Frauenbund Deutschlands (DFD): Einheitliche → **Massenorganisation** der → **Frauen** der DDR; vereint Frauen aller Bevölkerungskreise, unabhängig von Parteizugehörigkeit und Weltanschauung; die hauptamtlichen Funktionäre sind allerdings überwiegend SED-Mitglieder. In der Volkskammer der DDR stellt der DFD eine eigene Fraktion (35 Mitgl.).
Hervorgegangen aus den am 30. 10. 1945 gegründeten antifaschistischen Frauenausschüssen; am 8. 3. 1947 in Berlin (Ost) gegr. (8. März = Internationaler Frauentag; im August 1910 während der II. Internationalen Sozialistischen Frauenkonferenz in Kopenhagen auf Antrag von Clara Zetkin als internationaler Kampftag der Frauen für Gleichberechtigung, Frieden und Sozialismus proklamiert). In der Bundesrepublik Deutschland wurde der DFD am 8. 3. 1950 gegr., am 10. 4. 1957 jedoch in der Folge des KPD-Verbots ebenfalls als eine verfassungswidrige Organisation verboten.
Mindestalter für den Beitritt zum DFD ist nach deren Statut das vollendete 18. Lebensjahr. Der Mitgliederbestand des DFD hat sich – nach über einem Jahrzehnt der Stagnation – 1982 geringfügig auf 1441375 erhöht; das entspricht rd. 21 v.H. der weiblichen Bevölkerung der DDR über 18 Jahre. Auch in der Sozial- und Altersstruktur haben sich in den letzten Jahren kaum Veränderungen ergeben: 1982 waren 72,9 v.H. der Mitglieder berufstätig und 27,1 v.H. Hausfrauen; knapp ein Drittel der Mitglieder (31,5 v.H.) gehört zur mittleren Altersgruppe der 35- bis unter 50jährigen, 22,6 v.H. sind unter 35 Jahre alt, 45,9 v.H. 50 Jahre und älter.
Der Aufbau des DFD gestaltet sich nach dem Territorialprinzip entsprechend dem der SED: 17528 Gruppen (1982) in Wohngebieten und Gemeinden, fast 500 Ortsorganisationen, 241 Kreis-, Stadtbezirks- und Stadtorganisationen, 15 Bezirksorganisationen sowie die zentralen Leitungsorgane.
Struktur der zentralen Organe: Der Bundeskongreß (höchstes Organ) tagt – entgegen dem vorgesehenen Rhythmus von 4 Jahren – in zunehmend größeren Zeitabständen: 8. Kongreß im Juni 1964, 9. Kongreß im Juni 1969, 10. Kongreß im Februar 1975, 11. Kongreß im März 1982; außerdem wurden der 8. und 9. Bundeskongreß in der erweiterten Form eines 1. und 2. Frauenkongresses der DDR durchgeführt. Der Bundeskongreß wählt den Bundesvorstand, die Vorsitzende und stellv. Vorsitzenden. Der Bundesvorstand (höchstes leitendes Organ zwischen den Kongressen) tagt in der Regel alle 4 Monate; er wählt aus seiner Mitte das Präsidium (verantwortliches Organ zwischen den Tagungen des Bundesvorstandes) und das Sekretariat (operatives Organ des Bundesvorstandes, wird von der Vorsitzenden geleitet). Vorsitzende des Bundesvorstandes des DFD ist seit dem 11. 9. 1953 Ilse Thiele (SED).
Funktionärorgan des DFD: „Lernen und Handeln" (erscheint monatlich).
Zu den Aufgaben des DFD gehören: Politisch-ideologische Arbeit unter den Frauen, Heranführung der Frauen aller Bevölkerungsschichten an die aktive Mitwirkung im gesellschaftlichen Leben; Gewinnung der Frauen für die Arbeit in der Produktion; Erleichterung des Lebens der werktätigen Frau. Seit dem 1. Frauenkongreß 1964 geht die Aktivität des DFD weit über den Rahmen der Organisation hinaus und konzentriert sich besonders auf die nichtorganisierten und nichtberufstätigen bzw. teilzeitbeschäftigten Frauen im Wohngebiet, insbesondere aus den mittelständischen (Handwerk, Gewerbetreibende) und christlichen Bevölkerungsschichten, sowie auf die jüngeren Frauen. Entsprechend sind die spezifischen Aufgabenschwerpunkte abgesteckt: Festigung der „sozialistischen Überzeugungen" dieser Frauen, ihre Einbeziehung in das gesellschaftlich-politische Leben der Wohngebiete und Gewinnung für eine berufliche Tätigkeit (zumeist im sozialen und Dienstleistungsbereich), Entlastung der werktätigen Mütter durch weiteren Ausbau und Verbesserung von Kindergarten- und Dienstleistungseinrichtungen. Angesichts zunehmender volkswirtschaftlicher Probleme (personelle und materielle Verknappung) wird der DFD in den letzten Jahren verstärkt als Hilfspotential zur Erfassung ökonomischer Ressourcen und zur Erbringung gesellschaftlicher Arbeitsleistungen eingesetzt.
Zu den Arbeitsformen des DFD, die speziell für seinen Aufgabenkatalog entwickelt wurden, gehören: Schulung der Frauen in den seit 1967 auf Ortsebene entstandenen „Frauenakademien" in Form von Vortragsreihen zu bestimmten politisch-ideologischen, kulturellen und hauswirtschaftlichen Themen mit dem Ziel ihrer nachfolgenden Eingliederung in den Produktionsprozeß; im 14. Studienjahr 1980/81 wurden mit dieser Form politischer Massenarbeit in über 5000 Vortragszyklen rd. 150000 Frauen erfaßt, darunter zunehmend junge Mütter, die von ihrem Babyjahr Gebrauch machen. Der besseren Erfassung der jungen, (vorübergehend) nicht berufstätigen Mütter sowie der Frauen aus den mittelständischen Bevölkerungsschichten dienen neuerdings öffentliche Frauenversammlungen, an denen 1981 über 3 Mill. Besucher teilnahmen. Primär als familien- und bevölkerungspolitische Maßnahme (zunehmende Scheidungshäufigkeit bei gleichzeitigem Geburtenrückgang als Folge der Doppelbelastung berufstätiger Mütter) richtete der DFD seit Ende 1971 zur beratenden Unterstützung berufstätiger Mütter sowie zur Vorbereitung junger Menschen auf Ehe und Familie „Beratungszentren für Haushalt und Familie" in den Bezirks- und Kreisstädten ein. Sie haben sich inzwischen zu Einrichtungen praxisorientierter Haushalts-, Säuglingspflege- und Eheberatung entwickelt; ihre Zahl ist mit 209 (1983) in den letzten Jahren so gut wie konstant geblieben (→ **Bevölkerung; Familie**).

Zu den internationalen Aktivitäten des DFD gehören: Seit 18. 5. 1948 ist der DFD Mitglied der → **Internationalen Demokratischen Frauenföderation** (IDFF); die DFD-Vors. Ilse Thiele (SED) ist seit Oktober 1964 Vizepräsidentin der IDFF. Dem „Internationalen Komitee für die UNO-Dekade der Frau 1976–1985", das als Nachfolgeorganisation aus dem von der IDFF vom 20. bis 24. 10. 1975 in Berlin (Ost) durchgeführten „Weltkongreß der Frauen" hervorging, gehört Ilse Thiele ebenfalls als stellvertretende Vors. an. Der DFD unterhält zu 140 Frauenorganisationen in 90 Ländern (1982) – zumeist Mitgliederorganisationen der IDFF – direkte Kontakte.

Demokratischer Zentralismus: Der DZ. ist das verbindliche Organisations- und Leitungsprinzip der kommunistischen Partei, des sozialistischen Staates und aller sonstigen Organisationen und Parteien, die in der → **Nationalen Front der DDR** zusammenarbeiten. Das Prinzip des DZ. ist nicht nur für alle Organisationen im politischen System der DDR verbindlich, sondern konstituiert als gesamtgesellschaftliches Prinzip eine Hierarchie der Elemente des politischen Systems, an dessen Spitze die → **Sozialistische Einheitspartei Deutschlands (SED)** steht. Der DZ. wird ideologisch legitimiert durch die Grundannahme des → **Marxismus-Leninismus**, nach der die sozialistische Gesellschaft der planmäßigen und einheitlichen Führung und Leitung durch die Arbeiterklasse und deren Partei bedarf. Einheitlichkeit der Führung bedeutet zugleich, daß eine politische Opposition oder Elemente eines politischen Pluralismus verhindert werden sollen.

Das Parteistatut der SED von 1976 widmet dem DZ. einen eigenen Abschnitt. Er bedeutet als Organisationsprinzip der Partei: Leitung der Partei von der Spitze aus, Wahl der leitenden Parteiorgane von unten nach oben – die Wahlgremien oberhalb der Ebene der → **Grundorganisationen der SED** werden nach dem Delegationsprinzip zusammengesetzt –, Rechenschaftspflicht der Leitungen vor den Wahlgremien, Kollektivität der Leitungsarbeit, straffe Partei- und Staatsdisziplin, Unterordnung der Minderheit unter die Mehrheit (→ **Fraktion, Fraktionsbildung**), Verbindlichkeit der Beschlüsse der übergeordneten Leitung für die nachgeordneten und damit Sicherung des einheitlichen Handelns der Gesamtpartei. Die jeweils zu wählenden haupt- und ehrenamtlichen Leitungsmitglieder werden von der übergeordneten Leitung vorgeschlagen (→ **Kaderpolitik**). Damit reduziert sich die Wahl in der Regel auf die Bestätigung der von oben vorgegebenen Personalvorschläge. Daneben gibt es immer wieder Fälle, in denen einzelne auch ohne vorherige Wahl in Leitungsgremien „kooptiert" werden. Die ausschlaggebende Rolle, die die bereits in Führungspositionen befindlichen Funktionäre bei der Auswahl neuer, bzw. bei dem weiteren Aufstieg nachgeordneter Leitungsmitglieder spielen, zeigt, daß die Wahlen nur ein legitimierendes Moment in einem umfassenden Prozeß der Kooptation und Selbstrekrutierung der Führungsgruppen darstellen. – „Kollektivität der Leitung" bedeutet im wesentlichen, daß über getroffene bzw. zu treffende Entscheidungen die jeweiligen Leitungsmitglieder beraten und sich gegenseitig informieren; Kollektivität der Leitung hebt weder die hierarchischen Strukturen im Leitungskollektiv (z. B. 1. Sekretär, Sekretäre, gewählte ehrenamtliche Leitungsmitglieder) auf, noch schränkt sie die Einzelverantwortlichkeit und die Entscheidungskompetenzen der Leitungsmitglieder für ihren jeweiligen Aufgabenbereich ein.

Diese für die Partei geltenden Normen sind auch für die anderen → **Parteien** und → **Massenorganisationen** bindend. Die SED nimmt allerdings für sich in Anspruch, diese in besonders vorbildlicher Weise zu verwirklichen. Der Art. 47 Abs. 2 der → **Verfassung** der DDR von 1967/74 legt den DZ. als Organisationsprinzip für den Aufbau und das Funktionieren des Staatsapparates fest: „Die Souveränität des werktätigen Volkes, verwirklicht auf der Grundlage des Demokratischen Zentralismus, ist das tragende Prinzip des Staatsaufbaus." Im DZ. wird die Voraussetzung für ein einheitliches und reibungsloses Funktionieren des staatlichen und gesellschaftlichen Lebens gesehen. Dabei soll die zentrale staatliche Leitung – als grundlegende Bedingung – mit der Initiative der Bürger sowie der eigenverantwortlichen Tätigkeit der → **Örtlichen Organe der Staatsmacht** in den ihnen jeweils übertragenen Aufgabenbereichen verbunden werden. Der DZ. soll die Herausbildung lokaler Egoismen verhindern. Von seiner konsequenten Anwendung erhofft man sich die Mobilisierung aller menschlichen und materiellen Ressourcen. Die marxistisch-leninistische → **Staatslehre** begreift daher den DZ. nicht nur negativ als „Negation" der → **Selbstverwaltung**, sondern sieht in ihm positiv den Garanten einer planmäßigen Entwicklung der Gesellschaft. Seine „richtige" Anwendung soll darüber hinaus Erscheinungsformen des → **Bürokratismus** verhindern.

Im Staats- und Wirtschaftsapparat hat der DZ. als Prinzip der → **Einzelleitung**, d. h. in der Alleinverantwortung und -kompetenz des Leiters einer staatlichen oder ökonomischen Organisationseinheit (z. B. Ministerium, Kombinat, VEB), eine besondere Ausgestaltung erfahren (→ **Kollegien der Ministerien**).

Der DZ. wurde 1905 in die Organisationstheorie und -praxis der Bolschewiki von Lenin mit dem Ziel eingeführt, die autoritären Strukturen der von den Menschewiki beherrschten Parteiführung von der Basis her aufzubrechen und auch unter den Bedingungen der Illegalität eine Verbindung von Führung und Parteibasis bei Aufrechterhaltung der Aktionsfähigkeit der Partei zu gewährleisten. Die nachrevolutionären Entwicklungen, die innerparteilichen Organisationspraktiken und die Übertragung des Prinzips auf den Staat und andere Organisationen leiteten jene Entwicklung des DZ. als Organisations- und Leitungsprinzip ein, in deren Verlauf im Verhältnis von Demokratie und Zentralismus mehr und mehr die zentralistische Komponente überwog. Die seit Anfang der 70er Jahre konfliktreich verlaufende Entwicklung in der DDR zeigt beispielsweise an den → **Volksvertretungen** im System der **Sozialistischen** → **Demokratie**, daß tendenziell dem demokratischen Aspekt im DZ. mehr Raum gewährt wird. Grundsätzlich überwiegt jedoch der Aspekt des Zentralismus. Eine ähnliche Entwicklung ist im innerparteilichen Leben der SED zu beobachten. Sie soll eine stärkere Mobilisierung der Mitglieder bewirken.

Denkmalschutz: Ein am 1. 7. 1976 in Kraft getretenes „Gesetz zur Erhaltung der Denkmale in der Deutschen Demokratischen Republik – Denkmalpflegegesetz –" (GBl. I, 1975, S. 458) erklärt die Erhaltung, Pflege und Erschließung der Denkmale zur Angelegenheit aller zentralen und örtlichen Staatsorgane. Dabei sollen auch der → **Freie Deutsche Gewerkschaftsbund (FDGB)**, die → **Freie Deutsche Jugend (FDJ)**, der → **Kulturbund der DDR (KB)**, der → **Verband Bildender Künstler (VBK) der DDR** und die → **Kammer der Technik (KDT)** herangezogen werden. Zu Denkmalen können gegenständliche Zeugnisse der politischen, kulturellen, sozialen, wirtschaftlichen und technischen Entwicklung von geschichtlicher, künstlerischer oder wissenschaftlicher Bedeutung erklärt werden. Unterschieden werden Geschichts-, Bau- und Kunstdenkmale nach regionaler, nationaler und internationaler Bedeutung. Etwa 48000 Denkmale sind erfaßt und klassifiziert, davon 30000 Bau- und Kunstdenkmale. Eine zentrale Liste registriert rund 400 Denkmale, Bezirks- und Kreisdenkmallisten weitere rund 40000 Objekte, darunter 22 historische Stadtzentren und mehr als 25 Altstadtbereiche, u. a. in Stralsund, Güstrow und Bautzen, → **Nationale Mahn- und Gedenkstätten** für Opfer des Faschismus, → **Nationale Forschungs- und Gedenkstätten der klassischen deutschen Literatur**, → **Museen** für Dichter, Musiker und Gelehrte, Gedenkstätten der deutschen und internationalen Arbeiterbewegung, der Dresdner Zwinger, die Wartburg, die Domkirchen von Naumburg und Halberstadt und zahlreiche Schlösser. Zu den etwa 2000 verzeichneten technischen Denkmalen gehören Hammerwerke, Gießereien, Anlagen des Bergbaus, Ziegeleien und Schmieden. Wiederhergestellt wurden inzwischen u. a. der Zwinger in Dresden, die Nationalgalerie, das Alte Museum und historische Bauten „Unter den Linden" in Berlin, das Alte Rathaus und die Börse in Leipzig sowie die Dome von Magdeburg, Naumburg, Halberstadt, Stendal und Brandenburg.
Vollständig restauriert wurden u. a. auch das „Tivoli" in Gotha, Stätte des Gründungskongresses der Sozialistischen Arbeiterpartei Deutschlands im Mai 1875, „die Gedenkstätte des → **Potsdamer Abkommens**" im Schloß Cäcilienhof in Potsdam und das Stadtzentrum von Mühlhausen (mit Kornmarkt- und Marienkirche) als Gedenkstätte des Deutschen Bauernkrieges von 1525. Gegenwärtig wird u. a. an dem Wiederaufbau der historischen Bauten am früheren Berliner Gendarmenmarkt und der Wiederherstellung der Dresdner Semper-Oper gearbeitet. Restaurierungsarbeiten an Luthergedenkstätten wurden anläßlich der Martin-Luther-Ehrung 1983 aktiviert. Ferner sind inzwischen mehr als ein Dutzend historische Bauernhäuser unter D. gestellt worden, so z. B. schon 1955 in der Spreewaldgemeinde Lehde die typischen Holzbauten des Dorfkerns. Andererseits sind traditionsreiche Bauwerke wie das Berliner Schloß sowie Stadtschloß und Garnisonskirche in Potsdam abgerissen bzw. dem Verfall preisgegeben worden.
Die fachwissenschaftliche Anleitung der staatlichen Organe, der Rechtsträger, Eigentümer und Verfügungsberechtigten obliegt dem Institut für Denkmalpflege. Es untersteht dem → **Ministerium für Kultur** und gliedert sich in 5 Arbeitsstellen (Berlin [Ost], Dresden, Erfurt, Halle, Schwerin). Die Anleitung des Instituts bezieht sich u. a. auf bauliche, gärtnerische und städtebauliche Maßnahmen, Instandsetzungsarbeiten, Untersuchungen, Grabungen, Konservierungen und Restaurierungen. Zur Restaurierung bestehen 5 VEB Denkmalpflege in Berlin (Ost) und den Bezirken Dresden, Erfurt, Halle und Schwerin. In ihnen sind Spezialhandwerker, Projektierungsgruppen und Ateliers für Restaurierung von Werken der bildenden und angewandten Kunst zusammengefaßt. Zur Kennzeichnung aller Denkmale dienen Tafeln, die aus einem emaillierten weißen Quadrat mit heraldischem Symbol aus blauer Farbe sowie der Aufschrift Denkmal bestehen.
Das „Gesetz zum Schutze des Kulturgutes der DDR – Kulturschutzgesetz –" vom 3. 7. 1980 (GBl. I, S. 191) verpflichtet alle Institutionen und Körperschaften, die Kulturgut jeder Art aufbewahren, zu dessen lückenlosem Schutz. Neben Denkmalen gehören dazu technische Gegenstände, Nachlässe bedeutender Persönlichkeiten, Handschriften, Münzen, Orden und Ehrenzeichen, Exponate aus Kirchen. Beim Ministerium für Kultur besteht seit Ende 1977 ein Rat für Denkmalpflege (Leiter: Werner Rackwitz, SED), beim Kulturbund gibt es 326 Interessengemeinschaften Denkmalpflege mit mehr als 5000 Mitgliedern. In einer vom Ministerium für Kultur, dem Nationalrat der Nationalen Front und dem Kulturbund initiierten Aktion „Gepflegte Denkmale und ihre Umgebung" wurden 1983 von Bürgern 620 Denkmale übernommen, um sie mit Unterstützung von Betrieben, Produktionsgenossenschaften, LPG, FDJ oder Parteien instandzusetzen. Davon sind 255 Denkmale der politischen Geschichte, 253 Denkmale des Städtebaus und der Architektur (davon etwa ein Drittel Wohn- und Bauernhäuser), der Rest Denkmale der Landschafts- und Gartengestaltung sowie technische Denkmale oder Denkmale der Produktions- und Verkehrsgeschichte. Generalkonservator ist (1983) Ludwig Deiters (SED).
Seit 1969 ist die DDR Mitglied des ICOMOS (Internationaler Rat für Denkmale und Kulturstätten bei der UNESCO).

Deutsche Akademie der Naturforscher Leopoldina zu Halle/Saale: Internationale wissenschaftliche Vereinigung, der etwa 700 Mitglieder aus den beiden deutschen Staaten und dem Ausland angehören. Sie wurde am 1. 1. 1652 in Schweinfurt als private Gesellschaft zur Förderung der Heilkunde und der Naturwissenschaft gegründet. Im Jahre 1687 bestätigte Kaiser Leopold die Gesetze der Akademie und stattete sie mit besonderen Rechten und Privilegien aus. Seit 1878 befindet sich ihr Sitz in Halle.

Die Mitglieder sind 15 sog. Adjunkten-Kreisen zugeordnet, die regionale Untergliederungen auf dem Gebiet der DDR, der Bundesrepublik Deutschland, Österreichs und der Schweiz darstellen. Außerhalb der Adjunkten-Kreise gehören der A. Mitglieder aus 27 Ländern an. Die A. gliedert sich in 3 Abteilungen: die naturwissenschaftliche Abteilung mit 15 Sektionen, die medizinische Abteilung mit 21 Sektionen und eine Abteilung Geschichte der Naturwissenschaften und Medizin.
Die Leitung der A. erfolgt durch ein Präsidium, an dessen Spitze ein Präsident (seit November 1974 Prof. Heinz Bethge) und zwei Vizepräsidenten stehen.
Auf Beschluß des Ministerrates ist die A., wie andere wissenschaftliche Gesellschaften, der → **Akademie der Wissenschaften der DDR (AdW)** zugeordnet mit dem Ziel einer engen Zusammenarbeit beider A.

Deutsche Arbeiterkonferenz: Von September 1954 bis März 1971 veranstaltete die SED jeweils zur Leipziger Messe eine DA. unter Teilnahme von Arbeitern und kommunistischen Funktionären aus der DDR und der Bundesrepublik Deutschland, zunächst „Gesamtdeutsche A." und seit 1961 DA. genannt. Hauptaufgabe war die Beeinflussung der westdeutschen Arbeiterschaft; die → **Sozialistische Einheitspartei Deutschlands (SED)** wollte vor allem zum DGB und zur → **Sozialdemokratischen Partei Deutschlands (SPD)** Kontakte herstellen und auf diese einwirken. Nach dem Verbot der → **Kommunistischen Partei Deutschlands (KPD)** im August 1956 wuchs die Bedeutung der DA. für die Propagierung der SED- und der DKP-Politik. Im September 1956 wurde ein „ständiger Ausschuß" der DA. als operatives Organ für die Zeit zwischen den Konferenzen gebildet, dessen Anleitung über den → **Freien Deutschen Gewerkschaftsbund (FDGB)** erfolgte.
Politisch vertrat die DA. die Linie der SED, so in den Dokumenten „Weg und Ziel der deutschen Arbeiterklasse" (1957) und „Für einen deutschen Beitrag zur Abrüstung, zur Entspannung und zum Frieden" (1963). Die Aktivitäten der DA. verringerten sich nach der Gründung der DKP (25. 9. 1968) mit der Abgrenzungspolitik der DDR (→ **Abgrenzung**) und vor allem nach dem VIII. Parteitag der SED 1971. Seit der 32. DA. (März 1971) fand keine Konferenz mehr statt. Auf dieser letzten DA. waren 1200 Teilnehmer (Delegationen der SED, des FDGB, aus der Bundesrepublik Deutschland: der DKP und der SDAJ) anwesend. Albert Norden wandte sich auf dieser DA. gegen die „Fiktion" einer „Einheit der Nation".

Deutsche Außenhandelsbank Aktiengesellschaft (DABA): Am 1. 7. 1966 durch Ausgliederung der für die finanzielle Abwicklung von Außenhandelsgeschäften zuständigen Bereiche aus der Deutschen Notenbank gebildet, ist die DABA als Teil des → **Bankwesens** die zuständige Geschäftsbank für
die Abwicklung des zwischenstaatlichen Kredit-, Verrechnungs- und **grenzüberschreitenden** → **Zahlungsverkehrs**;
die Finanzierung und → **Finanzkontrolle** in Mark sowie ausländischen Währungen (Valuta) der Außenhandelsbetriebe und der im Rahmen des Außenwirtschaftsmonopols tätigen Verkehrsbetriebe;
die Ausreichung von Devisenkrediten sowie die Refinanzierung der übrigen Geschäftsbanken für deren Kreditgewährung in ausländischen Zahlungsmitteln.
Zur Erfüllung ihrer Aufgaben im Auftrage der → **Staatsbank** unterhält die DABA Geschäftsbeziehungen zu 1200 ausländischen Banken und wickelt alle im internationalen Bankverkehr üblichen Geschäftsoperationen einschließlich der Aufnahme und Vergabe von Depositen und Krediten sowie des Geld- und Devisenhandels ab. Besonders intensive Beziehungen unterhält die DABA mit der → **Internationalen Bank für Wirtschaftliche Zusammenarbeit (IBWZ)**, über die aufgrund der regionalen Struktur des Außenhandels der größte Teil des Zahlungs- und Verrechnungsverkehrs der DDR in → **Transfer-Rubeln** abgewickelt wird. Den 10 Filialen der DABA obliegen die Bearbeitung und Weiterleitung von Exportdokumenten, die Durchführung des Zahlungsverkehrs mit dem Ausland sowie die Beratung der exportierenden Betriebe.
Die DABA gliedert sich in die Zentrale mit Sitz in Berlin (Ost), Filialen und Außenstellen. Im Ausland unterhält sie Vertretungen bzw. Repräsentanzen (u. a. in Paris, London, Rom). Diese „volkseigene Außenhandelsbank" hat den juristisch-organisatorischen Status einer Aktiengesellschaft mit Hauptversammlung, Aufsichtsrat und Vorstand sowie eine Satzung. Ihr Grundkapital beträgt 800 Mill. Mark, als Aktionäre fungieren die Staatsbank und → **Außenhandelsbetriebe (AHB)**. Präsident der DABA ist Dr. Werner Polze (SED). → **Außenwirtschaft und Außenhandel.**

Deutsche Fotothek: 1961 als Zentrales Institut für Bilddokumente der Wissenschaft, Forschung und Lehre der Deutschen Staatsbibliothek (→ **Bibliotheken**) angegliedert.

Deutsche Handelsbank Aktiengesellschaft (DHB): Am 23. 2. 1956 mit der Aufgabe gegründet, die mit dem Einfuhr-, Ausfuhr- und Transithandel der DDR gegenüber den westlichen Industrieländern zusammenhängenden Bankgeschäfte (Diskontierung, Rediskontierung und Akzeptierung von Wechseln, Stellung von Bürgschaften und Garantien, Finanzierung usw.) durchzuführen. Die DHB ist eine der Verrechnungsbanken im → **Innerdeutschen Handel (IDH)**. Sitz der DHB ist Berlin (Ost). Ihr Aktienkapital beträgt 30 Mill. Mark. Ihre Organe sind die Hauptversammlung, der Aufsichtsrat und der Vorstand (Generaldirektor: Feodor Ziesche [SED]). → **Außenwirtschaft und Außenhandel; Bankwesen.**

Deutsche Hochschule für Körperkultur (DHfK): Am 22. 10. 1950 gegründete, dem → **Staatssekretariat für Körperkultur und Sport** unterstellte zentrale Lehr- und Forschungsstätte des DDR-Sports. Längere Zeit fand der Lehrbetrieb zunächst in dezentralisierten, provisori-

schen Ausbildungsstätten statt. Am 17. 5. 1952 erfolgte an der Gohliser Straße (heute Friedrich-Ludwig-Jahn-Allee) in Leipzig die Grundsteinlegung für ein eigenes Gebäude durch Walter Ulbricht. In enger Nachbarschaft zum Zentralstadion (Fassungsvermögen 100000 Zuschauer) belegt die DHfK heute eine Gesamtfläche von 14 ha, wovon 6,1 ha bebaut sind. Der Gebäudekomplex umfaßt 18 Institute, 10 Spezialsporthallen mit einer Nutzfläche von ca. 7000 qm, 3 Hörsäle mit ca. 1000 Plätzen, 920 Internats- und 600 Seminarplätze, eine Bibliothek mit 65000 Bänden und eine hochschuleigene Schwimmhalle mit 8000 Zuschauerplätzen.
Die DHfK begann 1950 mit 14 Lehrern und 96 Studenten. Inzwischen studieren an der DHfK jährlich über 2000 Direkt- und Fernstudenten; ca. 600 Absolventen nutzen jährlich die Weiterbildungskurse. Im Verlauf von 33 Jahren wurden an der DHfK bis Frühjahr 1984 ca. 16000 Kader ausgebildet, die als Trainer, Übungsleiter, Sportlehrer, Organisatoren, Sportoffiziere, sonstige Funktionäre oder Sportwissenschaftler tätig sind. Unter den DHfK-Absolventen befinden sich zahlreiche Spitzensportler, davon ca. 90 Olympiasieger. Außerdem absolvierten bis Juni 1984 1700 Trainer- und Sportlehrerstudenten aus 86 Ländern Afrikas, Asiens und Lateinamerikas die bisher 21 Trainerkurse der DHfK. Von den 450 Hochschullehrern und wissenschaftlichen Mitarbeitern der DHfK sind ca. 200 im „Forschungsinstitut" mit speziellen Aufgaben befaßt, die strikter Geheimhaltung unterliegen. Dabei handelt es sich weniger um Grundlagenforschung, als vielmehr um die wissenschaftliche Umsetzung fremder Forschungsergebnisse speziell auf medizinischen und material-technologischen Gebieten für den Leistungssport. DHfK-Lehrer und -Trainer müssen der SED angehören. 50 v.H. der Mitglieder des DHfK-Lehrkörpers sind in Wahlfunktionen des DTSB tätig. 1956 wurde der DHfK das Promotionsrecht A (Dr. paed.) verliehen; 1965 folgten das Promotionsrecht B (Dr. sc. paed.) und das Habilitationsrecht. Bis Ende 1980 hatten über 450 Doktoranden ihre Dissertationsschriften erfolgreich an der DHfK verteidigt. Rektor der DHfK ist Prof. Dr. Hans-Georg Herrmann. Der Jahresetat der DHfK belief sich 1978 auf rd. 120 Mill. Mark.
Die Ausbildung an der in 4 Sektionen unterteilten DHfK ist betont praxisbezogen. Bereits während des Studiums wird von den DHfK-Studenten die Weitergabe ihres fachlichen Wissens sowie politisch-ideologischer Lehrstoffe an die Schuljugend gefordert. Jeder Student des 4. Studienjahres erteilt als Schulsportlehrer im 10wöchigen Praktikum 150 Stunden obligatorischen Unterricht im Sport und in einem zweiten Fach. Außerdem bilden die DHfK-Studenten Hilfs-Übungsleiter aus, betreuen Schüler im außerschulischen Sportbetrieb und beteiligen sich aus den verschiedensten Anlässen (Partei- und Staatsjubiläen, ZK-Tagungen oder Gesetzesveröffentlichungen) an der Lösung gesellschaftspolitischer Aufgaben. Ständig wachsende Anforderungen und „freiwillige Selbstverpflichtungen" bestimmen das Leben der DHfK-Studenten. Als dritte Säule der Persönlichkeitsbildung neben der ideologischen Erziehung und dem Fachstudium gilt die militärische Ausbildung. Seit 1960 erfolgt sie „im Rahmen des Studiums" durch die → **Nationale Volksarmee (NVA)**. Die DHfK-Studenten müssen ihre Studienzeit für ein Jahr unterbrechen und leisten Militärdienst in einer NVA-Spezialeinheit, bis 1972 im NVA-Regiment „Walter Ulbricht".
Die DHfK unterhält die Hochschulsportgemeinschaft (HSG) „Wissenschaft", mit 3000 Mitgliedern in 28 Sektionen eine der stärksten HSG im DTSB. Leistungssportliche Visitenkarte ist der Sportclub (SC) „DHfK Leipzig". Aus ihm sind insbesondere in der Leichtathletik (Olympiasiegerin Bärbel Eckert), im Radsport (zweifacher Weltmeister Gustav Adolf „Täwe" Schur) und im Rudern (Olympiasieger Siegfried Brietzke/Wolfgang Mager) zahlreiche international sehr erfolgreiche Spitzensportler hervorgegangen. Bei den Olympischen Spielen 1980 in Moskau errangen Mitglieder des SC „DHfK Leipzig" 6 Gold- und 4 Silbermedaillen sowie eine Bronzemedaille. Die Mitglieder des Sportclubs erhalten besondere Vergünstigungen, u. a. Freisemester über das 8semestrige Studium hinaus, individuelle Ausrichtung des Studienplans einschließlich der Verteilung der Zwischenprüfungen nach den Erfordernissen des Leistungssports, besondere Unterkünfte, Sonderverpflegung, Leistungsprämien und bei Studienzeitverlängerung als Folge des Wettkampfsports abgestuft bis zu 100 v. H. eines Assistentengehalts.

Deutsche Reichsbahn (DR): *1. Geschichte.* Die DR wurde am 1. 4. 1920 durch Übernahme der in den deutschen Ländern Baden, Bayern, Hessen, Mecklenburg, Oldenburg, Preußen, Sachsen und Württemberg bestehenden Staats- und Ländereisenbahnen als erstes einheitliches staatliches Eisenbahnunternehmen gegründet und dem Reichsverkehrsministerium des damaligen Deutschen Reiches zugeordnet. 1924 wurde die DR im Zusammenhang mit den deutschen Reparationsverpflichtungen in die Deutsche Reichsbahn-Gesellschaft (DRG) umgebildet, die Betrieb und Verwaltung der DR übernahm; Eigentümer blieb das Deutsche Reich. Bis zur Einstellung der Reparationszahlungen im Jahre 1932 im Ergebnis der Weltwirtschaftskrise wurden jährlich über 1 Mrd. Reichsmark an die Siegermächte des I. Weltkrieges abgeführt. 1937 wurde die DRG wieder in die DR – als Sondervermögen des Deutschen Reiches – umgewandelt. Nach 1945 entwickelte sich aus der DR auf dem Gebiet der Bundesrepublik Deutschland die Deutsche Bundesbahn (DB) und in der DDR das volkseigene Unternehmen Deutsche Reichsbahn (DR), das auch in Berlin (West) den Eisenbahnverkehr – am 9. 1. 1984 wurde der Betrieb der S-Bahn der West-Berliner BVG übergeben – betreibt.
2. Aufgaben. Die DR als Bestandteil des „einheitlichen sozialistischen Transportwesens" ist der größte Verkehrsträger und mit 248000 Beschäftigten (davon rd. ein Drittel Frauen) – Stand 30. 9. 1982 – zugleich größtes volkseigenes Unternehmen der DDR (etwa 10mal größer als ein Kombinat durchschnittlicher Größe). Obwohl kein eigentlicher Kombinatsbetrieb, entspricht die DR hinsichtlich ihrer Zielstellung, ihren Hauptaufgaben

und ihrer Leistungsstruktur voll den für diese geltenden Grundsätzen.
Hauptaufgabe der DR ist es, entsprechend den zentralstaatlichen Direktiven und Planvorgaben die Transport- und Beförderungsbedürfnisse von Wirtschaft bzw. Bevölkerung qualitativ und quantitativ sicherzustellen sowie den Erfordernissen der Landesverteidigung gerecht zu werden. Rechtliche Stellung, Aufgabe und Organisationsstruktur der DR sind im einzelnen im „Statut der Deutschen Reichsbahn" (AO über das Statut der DR vom 19. 11. 1960, GBl. II, Nr. 43) festgelegt.
Für die Durchführung des Beförderungsbedarfs „in hoher Qualität und mit niedrigem Aufwand" werden Pläne auf der Grundlage der Bilanzierung im Eisenbahnwesen (Transport-, Arbeitskräfte-, Material-, Investitions-, Finanzbilanzen) vorgegeben. Oberstes Planungsorgan der DR ist die Abteilung Planung im MfV.
3. Organisation. Die zentrale Leitung der DR erfolgt durch das → **Ministerium für Verkehrswesen (MfV)**, dessen Minister in Personalunion deren Generaldirektor ist. Ihm unterstehen stellvertretende Generaldirektoren – z. T. ebenfalls in Personalunion als Stellvertreter des Ministers – sowohl für politische und funktionelle Aufgaben (Leitung der Politischen Verwaltung der DR; Ausarbeitung, Bilanzierung und Durchführung der Planaufgaben; operative Leitung der Transportprozesse; Ökonomie, Beschaffung, Absatz; internationale Angelegenheiten) als auch für bestimmte Hauptdienstzweige des Bereiches Eisenbahntransport (Betriebs- und Verkehrsdienst – BuV; Maschinenwirtschaft – M; Wagenwirtschaft – W; Bahnanlagen – A; Sicherungs- und Fernmeldewesen – SF).
Entsprechend den Hauptaufgaben gliedert sich die DR in die Bereiche 1. Eisenbahntransport, 2. Fahrzeugausbesserung (19 Ausbesserungswerke) und 3. Eisenbahnbau, die jeweils nach dem Prinzip der → **Wirtschaftlichen Rechnungsführung** arbeiten. Die Bereiche Fahrzeugausbesserung und Eisenbahnbau werden durch Direktionen geleitet, denen entsprechende Betriebe als kleinste Einheit unmittelbar unterstellt sind. Der Hauptbereich Eisenbahntransport (Durchführung der Transportprozesse) wird für die Hauptdienstzweige (s. o.) von jeweils einer Hauptverwaltung (HV) zentral geleitet.
Aufgrund der zentralen Bedeutung und der großen räumlichen Ausdehnung ist der Bereich Eisenbahntransport in drei territoriale Leitungsebenen gegliedert: 1. Reichsbahndirektionen (Rbd), 2. Reichsbahnämter (Rba), 3. Dienststellen.
Die 8 Rbd (Berlin, Cottbus, Dresden, Erfurt, Greifswald, Halle, Magdeburg und Schwerin) werden von je einem dem MfV unterstellten Präsidenten geleitet und sind analog der Hauptdienstzweige nach Verwaltungen und Funktionsabteilungen (s. o.) gegliedert. Die Rbd-Bezirke weichen von der Gliederung nach politischen Bezirken ab, was häufig zu Problemen bei der Koordinierung zwischen den Leitungsorganisationen der Rbd und denen der Bezirke (Verbindung von Zweig- und Territorialplanung) führt.
Den 8 Rbd sind – für den Hauptdienstzweig Betriebs- und Verkehrsdienst – insgesamt 23 Rba nachgeordnet. Die örtlichen Dienststellen als unterste Leitungsebene sind je nach Aufgabenbereich den Rbd (für Maschinenwirtschaft, Wagenwirtschaft, Bahnanlagen, Sicherungs- und Fernmeldewesen) oder den Rba (für Betriebs- und Verkehrsdienst) unterstellt. Bestimmten Organen der DR obliegt außerdem die staatliche Aufsicht über Betriebsführung, Fahrzeuge und Anlagen von z. B. Straßen- und U-Bahn.
4. Technische Ausstattung/Leistungen. Das Streckennetz der DR ist mit 14231 km (1982) etwa halb so lang wie das Schienennetz der Bundesrepublik Deutschland (ohne nichtbundeseigene Eisenbahnen); es ist mit 13,1 km/100 qkm – auch im europäischen Vergleich – als sehr engmaschig zu bezeichnen. Auf ihm wurden 1982 rd. 323 Mill. t Güter befördert und eine Leistung von rd. 54 Mrd. tkm erbracht (DB: 307 Mill. t bzw. 62 Mrd. tkm); im Personenverkehr wurden rd. 623 Mill. Personen befördert bzw. eine Leistung von 24,8 Mrd. Pkm (DB: 1,0 Mrd. Personen bzw. 38,4 Mrd. Pkm) erbracht. Diese Leistungen sind sehr beachtlich, wenn man bedenkt, daß nur knapp 30 v. H. des Netzes zwei- und mehrgleisig ausgebaut und sogar nur 14 v. H. elektrifiziert sind (DB: 43 bzw. 40 v. H.). Der mangelhafte Ausbauzustand und die unzureichende Leistungsfähigkeit der Rangiereinrichtungen führten bei der hohen Beanspruchung wiederholt zu Engpässen.
Im → **Verkehrswesen** der DDR war die Eisenbahn zwar schon immer Investitionsschwerpunkt (Anteil an Gesamtinvestitionen im Transportwesen in den Fünfjahrplanperioden zwischen 40 und 50 v. H.), insgesamt waren die Mittel für eine zügige und lückenlose Modernisierung aber zu gering. Die erste umfangreiche investive Maßnahme war – allerdings aus vorwiegend politischen Gründen – der Bau bzw. die Fertigstellung des Eisenbahnaußenrings um Berlin (1953–1956) (→ **Berliner Außenring**). Zwar begann 1952 auch der Wiederaufbau der elektrischen Zugbeförderung, dieser beschränkte sich jedoch auf den Raum Magdeburg–Halle–Leipzig–Dessau, für eine weitergehende Elektrifizierung fehlten das Geld und auch die technologischen und industriellen Voraussetzungen (Elektroindustrie, Schwermaschinen- und Anlagenbau). Die steigenden Transportaufgaben mußten im wesentlichen mit den vorhandenen Anlagen sowie dem nach Kriegsende verbliebenen Wagen- und Lokomotivpark bewältigt werden. Die zunehmende Überalterung vor allem der Lokomotiven, die zu einer immer größeren volks- und betriebswirtschaftlich nicht mehr zu vertretenden Schadanfälligkeit führte, zwang die DDR, eine eigene Lokomotivproduktion im VEB Lokomotivbau „Karl Marx", Potsdam-Babelsberg, aufzunehmen (zwischen 1954 und 1960 Auslieferung von 360 Dampflokomotiven) sowie wichtige ältere Dampflok-Baureihen grundlegend zu rekonstruieren (z. T. Umstellung auf Ölfeuerung).
Anfang der 60er Jahre setzte die Traktionsumstellung auf den Dieselantrieb ein, zunächst mit Dieselloks aus dem VEB Babelsberg, der Ende 1960 den Dampflokbau einstellte. Diese verkehrspolitische Grundsatzentschei-

dung beruhte auf den damals niedrigen Ölpreisen, dem höheren energetischen Wirkungsgrad von Dieselöl und den im Vergleich zur Elektrifizierung erheblich geringeren Investitionskosten. In der zweiten Hälfte der 60er Jahre wurden dann verstärkt leistungsstärkere Großdiesellokomotiven aus der Sowjetunion in Dienst gestellt (2000 und 3000 PS), die noch heute den Triebfahrzeugpark der DR prägen und etwa zwei Fünftel der Zugförderleistung erbringen.

Im Jahre 1970 wurde das – im internationalen Vergleich allerdings bescheidene – zweite Elektrifizierungs-Großvorhaben im Verkehrsdreieck Leipzig–Dresden–Reichenbach–Leipzig vollendet, das den Anteil elektrifizierter Strecken auf 8 v. H. (DB 1970: 30 v. H.) erhöhte. Hinzu kamen in den 70er Jahren noch die Elektrifizierung des 52 km langen Streckenabschnitts Dresden–Schöna (Grenze zur ČSSR) sowie einige kleinere Teilstrecken. Damit konnten die eigentlichen Vorteile der elektrischen Traktion, die erst bei langen durchgehenden Strecken voll zur Geltung kommen, wegen des häufigen Lokwechsels jedoch nur eingeschränkt genutzt werden. Der für die E-Traktion notwendige Triebfahrzeugpark wird vom VEB Kombinat LEW Henningsdorf entwickelt und gebaut. Die noch z. T. aus der Vorkriegszeit stammenden E-Lokomotiven werden allmählich ausgemustert. Hinsichtlich des elektrischen Antriebs im Schienenverkehr liegt die DR in Europa derzeit an letzter Stelle:

	Dampf	Diesel	Elektro
1960	94,4	0,7	4,9
1970	42,3	41,5	16,2
1980	8,3	71,8	19,9
1982	4,0	70,2	25,8
1985 Plan:	–	67,0	33,0
1990 Plan:	–	40,0	60,0

(Nach Einzelveröffentlichungen und Schätzungen des DIW.)

Die dem Verkehrsbereich in den 70er Jahren zur Verfügung stehenden Investitionsmittel wurden im wesentlichen für den forcierten zwei- und mehrgleisigen Ausbau wichtiger Hauptstrecken benötigt, da bei stark steigenden Transportanforderungen die Schwierigkeiten in der Transportdurchführung ständig wuchsen. Die Durchlaßfähigkeit der Strecken mußte wesentlich erhöht werden. Durchschnittlich wurden zwischen 1965 und 1980 jährlich fast 150 km zweite Gleise verlegt. Im gleichen Zeitraum wurden rd. 1700 km unwirtschaftliche Nebenstrecken stillgelegt, z. T. auch deshalb, weil für viele erneuerungs- bzw. reparaturbedürftige Schienenwege keine Mittel vorhanden waren.

Bei den investiven Maßnahmen war an Energieeinsparung zunächst weniger gedacht. Erst die stark gestiegenen Rohölpreise sowie die Notwendigkeit, weitere Leistungsreserven zu erschließen, setzten neue Daten. Die Eisenbahn als der – neben der Binnenschiffahrt – energiewirtschaftlich günstigste Transportträger soll noch stärker in die binnenländischen Gütertransporte einbezogen werden (Anteil der Bahn an Transportleistungen – ohne Seeschiffahrt – 1982: 70 v. H.; Plan 1985: 82 v. H.). Da der energetische Wirkungsgrad einer E-Lok dreimal größer als der einer Diesellok ist, und die für die elektrische Zugförderung notwendige Energie aus heimischer Braunkohle erzeugt werden kann, setzt man verstärkt auf die Elektrifizierung. Der hohe Stellenwert dieses Vorhabens läßt sich aus der Berufung eines „Regierungsbeauftragten für Elektrifizierung der Deutschen Reichsbahn" (K. Sobotta) im MfV ablesen.

Im laufenden Planjahrfünft (1981/85) sollen jährlich mehr als 150 km des Streckennetzes elektrifiziert werden. Entsprechend der Richtung der Hauptverkehrsströme haben zunächst die Nord-Süd-Strecken (Leipzig–Berlin, Dresden–Berlin, Berlin–Rostock) Vorrang. Mit einem dann zu etwa 17 v. H. elektrifizierten Streckennetz, auf dem ein Drittel der gesamten Zugförderleistung erbracht werden soll, liegt die DDR jedoch gegenüber westlichen Industriestaaten noch immer weit zurück und wird auch im RGW noch immer mit Abstand das Schlußlicht sein.

Zwecks weiterer gesamtvolkswirtschaftlicher Energieersparnis und Leistungssteigerungen der DR wurden und werden eine Vielzahl flankierender Maßnahmen ergriffen: Stillgelegte unrentable Eisenbahnstrecken werden teilweise wieder in Betrieb genommen. Alle Großkunden der DR sollen einen Gleisanschluß erhalten. Die im Zuge der Konzentration des Wagenladungsverkehrs (auf rd. 750 Wagenladungsknoten) vorgenommenen Einschränkungen, wie die Schließung von fast 2000 Gütertarifbahnhöfen und rd. 1400 Anschlußbahnen, werden z. T. rückgängig gemacht.

5. *Betriebsablauf.* Ein Dauerproblem der DR ist – vor allem bei Spezialwaggons – die Anzahl und die Umlaufzeit der Güterwagen. Durch eine beschleunigte und kontinuierliche Be- und Entladung auch an den Wochenenden sollen deren Umlaufzeit erhöht und zusammen mit einer besseren Auslastung die Transportkapazitäten der Bahn vergrößert werden. In den ursprünglich ausschließlich für Instandhaltungs-, Wartungs- und Rekonstruktionsaufgaben ausgelegten Reichsbahnausbesserungswerken werden derzeit jährlich etwa 2300 Güterwagen und einige hundert Reisezugwagen neugebaut. Daneben bemüht sich die DR im westlichen Ausland – auch bei der DB – verstärkt um ausgemustertes rollendes Material (Güter-, Reisezugwagen und Lokomotiven).

Die permanent hohen Transportanforderungen an die DR und das demgegenüber unzureichende Leistungsangebot machten es erforderlich, auch über Rationalisierungsmaßnahmen und verbesserte Organisationsstrukturen der Betriebsabläufe nachzudenken. Unter dem Gesichtspunkt der Rationalisierung der Transportabläufe kam der Einführung des Container-Transportsystems (CTS) im Jahre 1968 ein hoher Stellenwert zu. Die Vorteile (Verringerung des Transportaufwandes, Vermeidung von Transport- und Umladeschäden, Rationalisierung des Güterumschlags, Verminderung des Aufwandes für inner- und zwischenbetrieblichen Transport sowie für Lagerung, Erhöhung der Arbeitsproduktivität und somit Senkung des Gesamttransportaufwandes) des

CTS kommen trotz beachtlicher Leistungssteigerungen (zwischen 1970 und 1982 Vervierfachung von Transportmenge und -leistung) kaum zur Geltung. Der Anteil des **Containerverkehrs** am Gesamtverkehr der DR beträgt heute erst 1 v.H. (DB: 2 v.H.). Trotz gezielter Förderung dieser Verkehrsart wurden die ursprünglich gesteckten Ziele hinsichtlich der Beteiligung an den gesamten Gütertransporten verfehlt und nur zu Bruchteilen erreicht (z.B. Soll 1975: 40 Mill. t; Ist 1975: 2 Mill. t). Angesichts dieser Entwicklung sind die Erwartungen in das CTS in der jüngsten Vergangenheit erheblich reduziert worden.

Als wesentlich effizienter hat sich das 1954 eingeführte **Dispatchersystem** herausgestellt (→ **Dispatcher**).

Aufgrund der fehlenden materiellen Voraussetzungen bestand damals in organisatorischen Veränderungen der Eisenbahn-Betriebsführung die einzige Möglichkeit, den steigenden Anforderungen Rechnung zu tragen. Das in den unmittelbaren Nachkriegsjahren auf fast alle Strecken ausgedehnte Zugleitungssystem hatte einen nicht aufeinander abgestimmten Betriebs-, Wagen- und Lokdienst und wurde deshalb durch das Dispatchersystem abgelöst. In ihm werden alle mit der Betriebsführung zusammenhängenden Aufgabenbereiche – Zugbildung, Leitung der Züge, Arbeit mit dem Güterwagenpark, lokdienstliche Überwachung u. ä. – unter einheitlicher Leitung und Kontrolle zusammengefaßt. Dieses System bewirkte eine beträchtliche Steigerung der Zugleistungen auf den bis in die 70er Jahre noch meist eingleisigen Hauptstrecken, die denen westlicher Eisenbahnen mit mehrgleisigen Strecken kaum nachstehen. Infolge der positiven Erfahrungen mit dem Dispatchersystem hat man es auch beim Kraftverkehr, städtischen Nahverkehr, beim Luftverkehr sowie der Seeschiffahrt eingeführt.

Das Dispatchersystem der DR ist straff organisiert, allerdings sehr personalaufwendig. Es hat folgenden Aufbau: 1. Hauptdispatcherleitung (Hdl) beim Hauptstab für die operative Betriebsleitung der DR im MfV, deren Arbeitsbereich das gesamte Betriebsnetz der Eisenbahn umfaßt, 2. Oberdispatcherleitung (Odl) bei jeder Reichsbahndirektion, 3. Dispatcherleitung (Dl) bei jedem Reichsbahnamt sowie 4. die Bahnhofsdispatcherleitung (Bdl) auf besonders wichtigen Güter- und Personenbahnhöfen.

6. Arbeitsorganisation und arbeitsrechtliche Bestimmungen. Parallel zum Dispatchersystem wurde schrittweise das Vierbrigadesystem für den gesamten operativen Dienst der DR eingeführt. Alle während einer Schicht in einem Betrieb anwesenden Arbeitskräfte bilden eine Schichtbrigade (Stammbrigade), von denen vier für eine durchgängige Besetzung eines Arbeitsplatzes erforderlich sind. Da sich die Zusammensetzung der Brigaden nicht verändert, können deren Leistungen besser gemessen, bewertet und vor allem untereinander verglichen werden (Leistungssteigerung durch → **Sozialistischen Wettbewerb**).

Anreize zur Leistungssteigerung enthält auch die VO über die Pflichten und Rechte der Eisenbahner (Eisenbahnerverordnung) in der Neufassung vom 28. 3. 1973. Sie regelt neben dem Gesetzbuch der Arbeit der DDR vom 16. 6. 1977 und den dazu erlassenen Rechtsvorschriften die Beziehungen der Angehörigen der DR zu „ihrem" Unternehmen. Für hervorragende Leistungen und vorbildliche Einsatzbereitschaft werden der Titel „Verdienter Eisenbahner der DDR" sowie die „Verdienstmedaille der Deutschen Reichsbahn" verliehen, ferner die „Medaille für treue Dienste bei der DR" (→ **Auszeichnungen**).

Bei der DR gibt es in 5 Ranggruppen 20 verschiedene Dienstränge (vom Reichsbahnassistenten bis zum Generaldirektor der DR), die zum großen Teil – auch in der Bezeichnung – den Diensträngen der DB im unteren, mittleren, gehobenen und höheren Dienst entsprechen. Bei Verletzung der Arbeitspflichten sind wahlweise folgende Disziplinarmaßnahmen vorgesehen: Verweis, strenger Verweis, Herabsetzung im Dienstrang, fristlose Entlassung.

Mit Wirkung vom 1. 1. 1974 wurden neue Bestimmungen für die Gewährung von Alters-, Invaliden-, Hinterbliebenen- und Unfallversorgung der Eisenbahner eingeführt (→ **Renten/Altersversorgung**).

7. Internationale Verbindungen. Die starke Ausdehnung des grenzüberschreitenden Verkehrs der DR sowie die Bedeutung als Transitland für den Eisenbahnverkehr in Mitteleuropa haben dazu geführt, daß die DR heute Mitglied in zahlreichen internationalen Eisenbahnorganisationen ist. In den Anfangsjahren der DDR stand die Zusammenarbeit mit den Eisenbahnverwaltungen der sozialistischen Länder im Vordergrund, die ihren Niederschlag in folgenden internationalen Vereinbarungen (1950/51) fand: SMGS-Abkommen über den internationalen Eisenbahngüterverkehr; ETT – einheitlicher Transittarif (gilt nur noch eingeschränkt, da die meisten Mitgliedsländer sich dem Abkommen über einen Durchfuhrtarif für den internationalen Güterverkehr – MTT – angeschlossen haben); SMPS-Abkommen über den einheitlichen Eisenbahnpersonenverkehr (EMPT: Einheitlicher internationaler Personentarif); PPW-Vorschriften über die Benutzung von Wagen im internationalen Personen- und Eisenbahn-Güterverkehr. 1957 wurde die DDR Gründungsmitglied der OSShD-Organisation für die Zusammenarbeit der Eisenbahnen (seit 1958 auch für Kraftverkehr und Straßenwesen), Sitz in Warschau, der bis auf Albanien und Jugoslawien alle sozialistischen Länder Europas und Asiens sowie Kuba angehören; die DDR wird vom MfV vertreten. 1964 wurde der Gemeinsame Güterwagenpark der RGW-Länder (OPW) geschaffen. Der OPW-Wagenpool umfaßt etwa 250000 Güterwagen, die von allen Mitglieds-Bahnverwaltungen zur gemeinsamen Nutzung eingebracht wurden, aber Eigentum der jeweiligen Bahnverwaltung bleiben. Ziel ist die Verringerung von Leerläufen, Beschleunigung des Wagenumlaufs, bessere Ausnutzung internationaler Hauptstrecken sowie eine Standardisierung des Wagenparks (zu vergleichen mit EUROP-Güterwagengemeinschaft westlicher Länder in Mitteleuropa).

Seit 1954 ist die DDR Mitglied des Internationalen Eisenbahnverbandes (UIC), Sitz Paris, der mit den

Bahnverwaltungen der OSShD auch über Entwicklung und Einführung der automatischen Mittelpufferkupplung beriet. Seit 1960 ist sie auch im Forschungs- und Versuchsamt (ORE) des UIC tätig. Außerdem gehört die DR (u. a.) folgenden internationalen Gremien an: Internationales Büro für Dokumentation (BDC), Internationale Eisenbahnkongreßvereinigung (AICCF), Internationaler Verband für den bahnärztlichen Dienst (UIMC). Ferner ist die DR Mitglied der Europäischen Reisezugfahrplan- und Wagenbeistellungskonferenz (CEH), der Europäischen Güterzugfahrplankonferenz (LIM), des Internationalen Personen- und Gepäckwagenverbandes (RIC), des Internationalen Güterwagenverbandes (RIV), der Internationalen Gesellschaft der Eisenbahnen für Kühltransporte (Interfrigo), des Internationalen Eisenbahntransportkomitees (CIT) sowie des Internationalen Übereinkommens über den Eisenbahnfrachtverkehr (CIM) und des über den Eisenbahnpersonen- und -gepäckverkehr (CIV).

Deutsche Volkspolizei (DVP): Im Selbstverständnis der DDR Organ der sozialistischen Staatsmacht, das nicht nur der Wahrung des gegenwärtigen Bestandes von Rechtsgütern (Gefahrenabwehr), sondern auch – abweichend vom westlichen Polizeibegriff – positiv der Verwirklichung angestrebter Gesellschaftsverhältnisse dient. Die Tätigkeit der DVP soll wie die jedes anderen Staatsorgans einen entwicklungsfördernden Charakter haben.

Der Begriff DVP bezeichnete vom 1. 6. 1945 bis zum 18. 1. 1956 (Gesetz über die Schaffung der → **Nationalen Volksarmee (NVA)** und des → **Ministeriums für Nationale Verteidigung**) alle waffentragenden Verbände der SBZ/DDR. Solche Verbände innerhalb der DVP, die eher militärische als polizeiliche Aufgaben erfüllten, waren die → **Kasernierte Volkspolizei**, die Bereitschaftspolizei (→ **VP-Bereitschaften**) und die → **Deutsche Grenzpolizei**.

Die DVP war zunächst den Landes- und Provinzialverwaltungen, ab 1948 der Deutschen Verwaltung des Innern unterstellt und somit zonal zentralisiert. Seit der Gründung der DDR untersteht die DVP dem → **Ministerium des Innern (MdI)**, dessen Minister, seit 1963 Generaloberst Friedrich Dickel (SED), zugleich Chef der DVP ist. Die DVP wird zentral von der Hauptverwaltung DVP geleitet (HV DVP), deren Chef Stellvertreter des Ministers des Innern ist.

In der HV DVP laufen auch die Dienstzweige der DVP zusammen. Ihre wichtigsten sind: Schutzpolizei, Verkehrspolizei, Kriminalpolizei, → **Transportpolizei**, Paß- und Meldewesen. Innerhalb der Schutzpolizei besteht als besonderer Dienstzweig der → **Betriebsschutz** A (= aktive Volkspolizisten).

Die **Feuerwehr** wird gelegentlich ebenfalls als Dienstzweig der DVP genannt, in anderen Fällen als „Organ des Ministeriums des Innern" bezeichnet, so z. B. in der „Anordnung des Nationalen Verteidigungsrates der Deutschen Demokratischen Republik über den Dienst in der Deutschen Volkspolizei sowie in den Organen Feuerwehr und Strafvollzug des Ministeriums des Innern (Dienstlaufbahnordnung)" (GBl. I, 1976, S. 277 ff.). Das „Organ Feuerwehr" gliedert sich in die Hauptabteilung Feuerwehr im Ministerium des Innern, die Abteilungen Feuerwehr in den dem Ministerium des Innern nachgeordneten Dienststellen sowie in die Kommandos Feuerwehr in den Städten und Betrieben. Daneben bestehen die örtlichen freiwilligen und die betrieblichen Feuerwehren.

Dienststellen der DVP in den Bezirken, Kreisen, Städten und Stadtbezirken sind: Bezirksbehörden der DVP (BDVP), VP-Kreisämter (VPKA), VP-Reviere. Der BDVP entspricht in Berlin das Polizeipräsidium mit je einer VP-Inspektion in den 9 Stadtbezirken. In Gemeinden, Stadtbezirken und Streckenabschnitten der Reichsbahn werden polizeiliche Aufgaben verantwortlich durch den **Abschnittsbevollmächtigten** (ABV) wahrgenommen. Den im Range eines Unterleutnants oder Leutnants der Schutzpolizei stehenden ABV wird im besonderen Maße die Aufgabe zugeschrieben, die Verbindung der DVP mit der Bevölkerung zu festigen. Die ABV überwachen u. a. die Einhaltung der Meldevorschriften durch Kontrolle der Hausbücher.

Unterstützt werden die ABV von ca. 158000 freiwilligen Helfern der DVP, darunter 10000 Frauen. Die freiwilligen Polizei-Helfer gibt es in der DDR seit 1952. Gegenwärtig werden ihre Aufgaben und Befugnisse durch eine am 1. 5. 1982 in Kraft getretene Verordnung des Ministerrates geregelt (GBl. I, S. 344 ff.).

Im Rahmen ihrer Zuständigkeit obliegt der DVP insbesondere: Straftaten, Verfehlungen und → **Ordnungswidrigkeiten** vorzubeugen, alle Straftaten aufzudecken, zu untersuchen und aufzuklären, Verfehlungen und Ordnungswidrigkeiten zu ahnden sowie die Ursachen und Bedingungen der Straftaten, Verfehlungen und Ordnungswidrigkeiten aufdecken und beseitigen zu helfen; die Einhaltung der Ausweis-, Paß- und Meldebestimmungen zu gewährleisten; wichtige Betriebe, Anlagen und Objekte zu sichern; die ihr im Rahmen der Landesverteidigung übertragenen Aufgaben zu erfüllen. Hierzu gehört z. B. die Ausbildung der → **Kampfgruppen** durch Instrukteure der Schutzpolizei.

Nachdem man in der DDR anfangs von einer teilweisen Fortgeltung des preußischen Polizeiverwaltungsgesetzes und der anderen Landespolizeigesetze ausging, vollzog sich die Tätigkeit der DVP jahrelang faktisch ohne Rechtsgrundlage, bis schließlich mit dem „Gesetz über die Aufgaben und Befugnisse der DVP" vom 11. 6. 1968 eine entsprechende Regelung geschaffen wurde (GBl. I, S. 232 ff.).

Bewerber für den Dienst in der DVP müssen den Abschluß der zehnklassigen polytechnischen Oberschule und eine Berufsausbildung nachweisen. Ihre Ausbildung erfolgt an Schulen der DVP, die Ausbildung zum Offizier an Fachschulen des Ministeriums des Innern. Für besonders bewährte und befähigte Offiziere ist die weitere Ausbildung an der „Hochschule der Deutschen Volkspolizei ‚Karl Liebknecht'" in Berlin vorgesehen; sie besteht seit dem 1. 12. 1962 und verfügt seit 1965 über das Promotionsrecht. Uniform der DVP: hellgraugrün. Gesamtstärke ca. 73000 Mann, zusätzlich

ca. 8000 Mann Transportpolizei und ca. 15000 Mann Betriebsschutz A. In jedem Jahr wird der 1. Juli als „Tag der Volkspolizei" begangen.
In der DVP gibt es folgende Dienstgrade:
- VP-Anwärter
- Unterwachtmeister
- Wachtmeister
- Oberwachtmeister
- Hauptwachtmeister
- Meister
- Obermeister
- Offiziersschüler
- Unterleutnant
- Leutnant
- Oberleutnant
- Hauptmann
- Major
- Oberstleutnant
- Oberst
- Generalmajor
- Generalleutnant
- Generaloberst.

Deutsche Wirtschaftskommission (DWK): Zentrale deutsche Verwaltungsinstanz in der SBZ. Sie wurde auf Befehl Nr. 138 der Sowjetischen Militäradministration in Deutschland (SMAD) vom 4. 6. 1947 am 11. 6. 1947 (das früher genannte Datum 14. 6. 1947 ist aufgrund der Forschungen des DDR-Historikers Weißleder zu berichtigen) in Berlin gegründet und bestand bis zur Bildung der DDR am 7. 10. 1949.
Zur Durchführung ihrer Aufgaben wurden der DWK die Mehrzahl der bereits durch Befehl Nr. 17 der SMAD vom 27. 7. 1945 gegründeten Deutschen Zentralverwaltungen unterstellt. Am 10. 8. 1945 hatten sich Zentralverwaltungen auf folgenden Arbeitsgebieten konstituiert: Industrie, Landwirtschaft, Brennstoffindustrie, Handel und Versorgung, Nachrichtenwesen, Verkehrswesen, Finanzen, Arbeit und Sozialfürsorge, Gesundheitswesen; später folgte die Gründung von Zentralverwaltungen auch für Inneres, Umsiedler und für Interzonen- und Außenhandel. Unabhängig von der DWK blieben die Zentralverwaltung für Volksbildung, Justiz und Inneres. Die Deutschen Zentralverwaltungen arbeiteten unabhängig voneinander. Ohne Kompetenzen zum Erlaß von Gesetzen und Verordnungen lag das Schwergewicht ihrer Arbeit auf der Koordination der Verwaltungsmaßnahmen der Länder der SBZ und der zentralen Einrichtungen.
Die DWK setzte sich aus den Präsidenten der Deutschen Zentralverwaltungen für Industrie, Verkehr, Handel und Versorgung, Land- und Forstwirtschaft, Brennstoff und Energie sowie den 1. Vors. des → **Freien Deutschen Gewerkschaftsbundes (FDGB)** und der → **Vereinigung der gegenseitigen Bauernhilfe (VdgB)** zusammen. Einen Vorsitzenden hatte die DWK zunächst nicht. In der Anfangsphase bestanden ihre Aufgaben hauptsächlich darin,
a) die Arbeiten der angeschlossenen Zentralverwaltungen zu koordinieren,
b) die SMAD zu beraten und
c) die Reparationsleistungen an die Sowjetunion sicherzustellen.
Durch Befehl Nr. 32 der SMAD vom 12. 2. 1948 wurden die Zuständigkeiten der DWK um die Vollmacht zum Erlaß von Verordnungen und Anordnungen erweitert, „um die deutschen demokratischen Organe zu einer aktiven Teilnahme am Wiederaufbau und an der Entwicklung der Friedenswirtschaft in der sowjetischen Besatzungszone heranzuziehen". Während nunmehr die Entscheidungen der Plenarsitzungen und des Sekretariats der DWK als Verordnungen innerhalb der SBZ galten, wurden die Anweisungen des neu institutionalisierten ständigen Vorsitzenden (H. Rau, KPD/SED) und seiner zwei Stellvertreter (B. Leuschner, F. Selbmann, beide KPD/SED) zu verpflichtenden Anordnungen für den Apparat der DWK. Ferner erhielt die DWK, die weiterhin unter der Kontrolle der SMAD stand, eine Abteilung für die Planung und Leitung der Wirtschaft. Am 9. 3. 1948 wurden die Zentralverwaltungen in Hauptverwaltungen (HV) umbenannt und ihre Zahl von 12 auf 17 erhöht. Auf Befehl Nr. 183 der SMAD vom 27. 11. 1948 wurde die Mitgliederzahl der DWK von 38 auf 101 Mitglieder erweitert. Hinzu kamen 48 „Vertreter der Bevölkerung", ferner 15 Vertreter der → **Parteien** und 10 Vertreter der → **Massenorganisationen**. Aufgrund der übertragenen Vollmachten hatte das Sekretariat der DWK allmählich die Funktionen einer ersten Regierung der SBZ übernommen. Mit der Proklamation der SBZ zur Deutschen Demokratischen Republik vom 7. 10. 1949 ging die DWK in der „Provisorischen Regierung" der DDR auf.

Deutscher Turn- und Sportbund (DTSB) der DDR: Einheitliche sozialistische Massenorganisation der Turner und Sportler der DDR, gegr. am 27./28. 4. 1957 als Nachfolger des Deutschen Sport-Ausschusses. „Die sozialistische Sportorganisation leistet ihren Beitrag zur Erziehung allseitig und harmonisch entwickelter sozialistischer Persönlichkeiten und wirkt mit bei der Hebung der Volksgesundheit und bei einer kulturvollen Gestaltung der Freizeit. Sie pflegt und fördert die olympische Idee und setzt sich für die internationale Zusammenarbeit mit allen Ländern, Sportorganisationen und internationalen Gremien im Interesse des Friedens, der Verständigung und der Gleichberechtigung der Völker und Staaten ein." (Selbstdarstellung der DTSB-Pressestelle im Schreiben vom 22. 7. 1982 an den Autor)
Zum DTSB der DDR gehören 33 Mitgliedsverbände und 2 kooperativ angeschlossene Verbände (Deutscher Anglerverband der DDR und Allgemeiner Deutscher Motorsportverband der DDR) mit 3413336 Mitgliedern (31. 12. 1983). Die zahlenmäßig stärksten Verbände des DTSB waren am 15. 5. 1984 der Deutsche Fußball-Verband der DDR (569702), der Deutsche Anglerverband der DDR (490912) und der Deutsche Turn-Verband der DDR (367547). Von den 3413336 DTSB-Mitgliedern (20,4 v. H. der DDR-Bevölkerung) waren 948452 weiblichen Geschlechts. Mitgliederaufteilung nach Altersgruppen: 73282 unter 6 Jahre, 762849 6 bis

unter 14 Jahre, 618594 14 bis unter 18 Jahre, 1958611 18 Jahre und älter.
Der DTSB der DDR gliedert sich mit seinen 35 Verbänden in Bezirks- (15), Stadt-, Kreis- (241), Stadtbezirksorganisationen und Sportgemeinschaften. Hinzu kommen die Sportvereinigungen „Vorwärts" und „Dynamo". Diese Gliederungen umfassen 16450 Grundorganisationen: 9902 Sportgemeinschaften mit 41775 Sektionen und 9817 Allgemeine Sportgruppen, 5966 Orts- und Betriebsgruppen des Deutschen Anglerverbandes der DDR und 582 Motorsportklubs des Allgemeinen Deutschen Motorsport-Verbandes der DDR. Insgesamt sind im DTSB 293608 Übungsleiter und 148715 Kampf- und Schiedsrichter tätig (31. 12. 1983).
„Der DTSB der DDR ist eine einheitliche Sportorganisation, die nach demokratischen Grundsätzen aufgebaut und geleitet wird.
Alle Leitungen und Vorstände werden von den Mitgliedern gewählt und legen regelmäßig Rechenschaft über ihre Tätigkeit ab. Sie stützen sich auf die Bereitschaft, schöpferische Initiative und Aktivität der Mitglieder und fördern ihre Fähigkeiten und Talente. Die Leitungen und Vorstände entscheiden eigenverantwortlich in Übereinstimmung mit dem Statut. Sie verwirklichen schöpferisch die Beschlüsse der übergeordneten Leitungen und Vorstände in ihrem Wirkungsbereich." (Selbstdarstellung der DTSB-Pressestelle, a. a. O.)
Höchstes Organ ist der Turn- und Sporttag des DTSB der DDR (zuletzt VII. Turn- und Sporttag des DTSB der DDR 18.–20. 5. 1984), der alle 6 Jahre einberufen wird und den Bundesvorstand des DTSB der DDR wählt. Der Bundesvorstand (150 Mitglieder) wählt das Präsidium (25), darunter den Präsidenten und die Vizepräsidenten sowie zur Erledigung laufender Arbeiten das Sekretariat. Präsident ist seit Mai 1961 Manfred Ewald (seit März 1973 in Personalunion auch Präsident des → **Nationalen Olympischen Komitees [NOK] der DDR**); als Vizepräsidenten amtieren Werner Berg, Klaus Eichler, Siegfried Geilsdorf, Günther Heinze, Dr. Thomas Köhler, Bernhard Orzechowski, Prof. Dr. Horst Röder, Franz Rydz und Karl Zimmermann. Nach dem auch im DTSB gültigen Prinzip des → **Demokratischen Zentralismus** unterliegen alle Organe den Weisungen der übergeordneten Leitungen (s. o.). Das Leitungssystem beruht auf der Mehrfachkontrolle der untergeordneten Instanz durch die übergeordneten Stellen a) der Fachorganisation, b) der Regionalorganisation und c) der zuständigen staatlichen Organe. In Leitungen dürfen nur „Bürger der DDR tätig sein, die für die Stärkung und Festigung der → **Arbeiter-und-Bauern-Macht** wirken und am sozialistischen Aufbau teilnehmen" (Statut des DTSB). Dementsprechend sind fast alle wichtigen Funktionsstellen bis hinunter in die Grundorganisationen mit SED-Mitgliedern besetzt. Wie sein Vorgänger Rudi Reichert (1952–1961) ist DTSB-Präsident Manfred Ewald Mitglied des → **Zentralkomitees (ZK) der SED**.
Wichtigste Ausbildungsstätte für die verbandseigene Kaderaus- und -weiterbildung ist die Zentralschule des DTSB der DDR „Artur Becker" in Bad Blankenburg. Von September 1960 bis Dezember 1977 wurden dort in einem jeweils 3jährigen kombinierten Fachschulstudium 1148 Sportfunktionäre ausgebildet. 1978 übernahm die DTSB-Zentralschule die Ausbildung von Funktionären und Sportlern „aus national befreiten Staaten". Bis 1983 erfolgte dort die Qualifizierung von 1204 Führungskräften aus über 20 Ländern. Die Aus- und Weiterbildung von DTSB-Kadern verlagerte sich weitgehend auf die → **Deutsche Hochschule für Körperkultur (DHfK)**: Von 1978 bis 1983 wurden dort 1270 Diplom-Sportlehrer für den DTSB ausgebildet; 3300 Funktionäre, Trainer und Sportlehrer des DTSB nahmen im gleichen Zeitraum an differenzierten Weiterbildungslehrgängen teil.
Höchste Auszeichnung des DTSB der DDR ist die „Friedrich-Ludwig-Jahn-Medaille".

Leitungsstruktur im DTSB der DDR

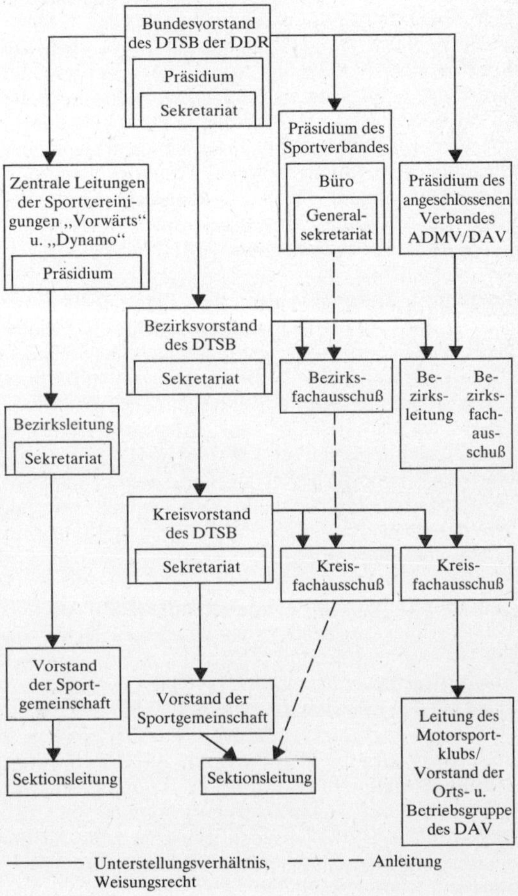

Quelle: Körperkultur und Sport in der DDR, Berlin (Ost) 1982, S. 363.

Deutscher Volkskongreß: Auf dem DV. am 6./7. 12. 1947, der aus von Parteien und Massenorganisationen entsandten bzw. nominierten Delegierten vor allem aus der SBZ, aber auch den Westzonen bestand, wurde die

„**Volkskongreßbewegung** für Einheit und gerechten Frieden" unter Führung der → **Sozialistischen Einheitspartei Deutschlands (SED)** gegründet. Die ursprüngliche Zielsetzung, eine Stellungnahme zur Londoner Konferenz der Außenminister der alliierten Siegermächte vom 25. 11. bis 15. 12. 1947 über die zukünftige Behandlung Deutschlands abzugeben, wurde erweitert in die Forderung nach „Einheit und gerechtem Frieden" im Sinne der von der Sowjetunion formulierten Deutschlandpolitik. Die Bewegung wurde seitens der SED als Instrument der → **Bündnispolitik** genutzt. Im März 1948 wählte der 2. DV., nachdem die Bewegung in den Westzonen verboten worden war, den **Deutschen Volksrat** (400 Mitglieder). Der Volksrat wurde von einem Präsidium geleitet, in dem die in der SBZ zugelassenen Parteien und Massenorganisationen, soweit sie dem Demokratischen Block angehörten, durch ihre Vorsitzenden vertreten waren. Der 3. DV. tagte im Mai 1949. Seine Delegierten wählten ihrerseits den 2. Deutschen Volksrat. Der DV. nahm am 30. 5. 1949 den Entwurf einer Verfassung an, der vom Volksrat auf Grundlage eines Vorschlages des Parteivorstandes der SED vorbereitet worden war. Diese Bewegung konstituierte sich im Oktober 1949 im Zusammenhang mit der Gründung der DDR als Nationale Front des demokratischen Deutschland (heute → **Nationale Front der DDR**), der 2. Deutsche Volksrat am 7. 10. 1949 als provisorische → **Volkskammer** der DDR.

Deutsches Armeemuseum: Von 1957 bis 1960 war dem → **Museum für Deutsche Geschichte** die Sammlung „Waffen und Uniformen in der Geschichte" angegliedert, die viele gerettete Bestände des alten Berliner „Zeughauses" umfaßte. Sie bildet, mit anderen historischen Waffenbeständen und kriegsgeschichtlichen Sammlungen vereinigt, seit 1. 3. 1961 das DA., untergebracht im Marmorpalais bei Potsdam. Es untersteht dem → **Ministerium für Nationale Verteidigung**. Seit Juli 1965 hat es eine Zweigstelle auf der Festung Königstein im Elbsandsteingebirge.

Deutsches Institut für Zeitgeschichte (DIZ): Am 1. 3. 1946 gegründet als Zentralstelle für Zeitgeschichte. Im Juli 1947 mit dem Institut für Zeitungskunde vereinigt zum Institut für Zeitgeschichte, im Oktober 1949 umbenannt in DIZ. Zunächst Zentrum politischer Dokumentation, entwickelte das DIZ ab Mitte der 50er Jahre auch Forschungstätigkeit. Seit 1951 von Prof. Karl Bittel geleitet; im Oktober 1957 wurde Prof. Walter Bartel und im Mai 1962 Prof. Stefan Doernberg Direktor des DIZ. 1963 wurde das DIZ zu einem Forschungsinstitut für deutsche und internationale Politik mit drei Forschungsabteilungen ausgebaut: DDR, westdeutsche Fragen und internationale Fragen. Neben Monographien publizierte das DIZ die „Dokumentation der Zeit" (halbmonatlich) und 1958–1962 die Vierteljahresschrift „Unsere Zeit".
1968 erhielt das DIZ die Aufgabe, „als Leitinstitut im Rahmen der Imperialismusforschung und als Informationszentrum für die politisch-ideologische Auseinandersetzung mit dem Imperialismus zu wirken" (Dok. d. Zeit 8/1971, S. 6). Im Juli 1971 (nach Auflösung des → **Staatssekretariats für westdeutsche Fragen**) wurde das DIZ mit dem Deutschen Wirtschaftsinstitut (DWI) zum → **Institut für Internationale Politik und Wirtschaft (IPW)** vereinigt.

Deutsches Rotes Kreuz (DRK) der DDR: Das DRK, im Oktober 1952 (nach Auflösung 1946) wiedergegründet, ist seit 1954 Mitglied der internationalen Liga der Rotkreuzgesellschaften. Wegen seiner wichtigen Funktion im Rahmen der → **Territorialverteidigung** untersteht es dem → **Ministerium des Innern (MdI)**, nicht dem → **Ministerium für Gesundheitswesen**. Jede Sanitätseinheit wählt zwar ihren (ehrenamtlichen) Vorsitzenden, er bedarf aber der Bestätigung durch die leitenden Organe. Diese – Zentralausschuß als Spitze (Sitz: Dresden), Bezirks- und Kreiskomitees in jeder entsprechenden Verwaltungseinheit – bestehen aus Funktionären, deren Bestellung durch Wahl von der Zustimmung der SED abhängt. Ihnen unterstehen das Zentralbüro und die Bezirks- und Kreisbüros als ausführende Organe. Insgesamt bestanden (1982) 13897 Grundorganisationen bei Gemeinden, Betrieben und mit Spezialaufgaben (gegenüber 1970 eine Zunahme um rd. 7 v. H.). Als Träger des Zivilen Bevölkerungsschutzes sind die Grundorganisationen des DRK der → **Zivilverteidigung** unterstellt.
Die Mitglieder sind verpflichtet, sich der Ausbildung zum „Gesundheitshelfer" zu unterziehen. Die Zahl der Lehrgangsteilnehmer betrug (1982) an der Grundausbildung 60600, an der Ausbildung „Junge Sanitäter" 18700, an der Breitenausbildung „Erste Hilfe" 443400, an der Breitenausbildung „Häusliche Krankenpflege" 8800. Die Finanzierung geschieht fast vollständig aus dem Staatshaushalt.
Das DRK erfüllt neben den Aufgaben innerhalb der Territorialverteidigung auch rein zivile Aufgaben, für die Mitarbeiter und Helfer einsatzbereit gehalten werden. Dazu zählen der Sanitätsdienst bei politischen und sportlichen Großveranstaltungen und der Hilfsdienst bei Maßnahmen des Gesundheitsschutzes (Impfaktionen u. ä.). Es unterhält einen Bahnhofsdienst und einen „DRK-Pflege- und Sozialdienst" vor allem für die **Hauspflege**. 1982 wurden hier 56372 Helfer eingesetzt, die 3574205 Arbeitsstunden ableisteten.
Ihm ist ferner neben dem Gruben- und Berg- der gesamte **Wasserrettungsdienst** übertragen (1982: 34228 speziell ausgebildete Mitglieder). Der **Bergunfalldienst**, für den 2157 überwiegend freiwillige Helfer tätig sind, wurde bisher vor allem in der Sächsischen Schweiz, im Erzgebirge, im Harz und im Thüringer Wald tätig. Er arbeitet eng mit dem → **Feriendienst des FDGB** zusammen, klärt Urlauber über die Gefahren der Bergwelt auf, informiert über Verhalten bei Unfällen, legt Schutzhütten an, stellt Warntafeln auf und unterhält Unfallhilfsstellen.
Das DRK unterhält 9647 Unfallmelde- und 2062 Unfallhilfsstellen, nimmt den gesamten Krankentransport (mit geringfügigen Ausnahmen) wahr und hat eine „Dringli-

che Medizinische Hilfe“ (DMH) als Rettungsdienst aufgebaut. Seit 1976 werden Krankentransport und DMH zusammen mit einem neuen „Dringlichen Hausbesuchsdienst“ (DHB) als → **Schnelle Medizinische Hilfe** von den staatlichen Einrichtungen des Gesundheitswesens „koordiniert“, in Berlin (Ost) vom Städtischen Rettungsamt.

Mitglieder 1982: 651356 über 14 Jahre, darunter 429845 Frauen; außerdem 34228 „Junge Sanitäter“. Unter den Mitgliedern wurden 1982 21525 Ärzte, Zahnärzte und Apotheker gezählt, dazu 114225 Mittlere medizinische Fachkräfte. Schließlich noch 564660 (zahlende) „Freunde“. Präsident ist Prof. Dr. sc. med. Siegfried Ackermann.

Deutschlandpolitik der SED

I. Grundzüge
II. Von der „Atlantik-Charta“ bis zur Gründung der DDR
III. Fortsetzung der gesamtdeutschen Politik bis zur Gründung von NATO und Warschauer Pakt (1952–1955)
IV. Verlagerung der Deutschlandpolitik von der staatsrechtlichen auf die völkerrechtliche Ebene (1955–1961)
V. Die Politik der inneren Konsolidierung (1962–1966)
VI. Der Weg zum Grundlagenvertrag (1967–1972)
VII. Deutschlandpolitik mit dem Grundlagenvertrag (1972 bis Anfang 1984)
VIII. Wertung

I. Grundzüge

A. Deutschlandpolitik und Stellung der DDR im Warschauer Pakt

Die Geschichte der Teilung Deutschlands und der Wandel der deutschlandpolitischen Vorstellungen der KPD/SED seit dem Ende des II. Weltkrieges sind aufs engste verknüpft mit jenem internationalen Konflikt, der seit 1947 als „Kalter Krieg“ bezeichnet worden ist. Der Zerfall der Staatenkoalition, die sich während des Krieges gegen das Deutschland Hitlers vereinigt hatte, die Entstehung zweier Blöcke, zweier politischer, wirtschaftlicher und militärischer Allianzsysteme, schließlich das Bemühen, die zwischen Ost und West bestehenden friedensgefährdenden Spannungen abzubauen und die zwei Jahrzehnte andauernde Konfrontation durch neue Formen der Kooperation (→ **Friedliche Koexistenz**) zu ersetzen – dieser weltpolitische Entwicklungsgang setzte die Rahmenbedingungen für die D. der → **Sozialistischen Einheitspartei Deutschlands (SED)**. Die Frage, ob und inwieweit die SED überhaupt imstande war, ihren politischen Kurs autonom zu bestimmen und in welchem Ausmaß sie auf die Deutschland- und Europapolitik der Sowjetunion einzuwirken vermochte, läßt sich nicht eindeutig beantworten. Eine Darstellung der D. wird diese Rahmenbedingungen immer zu erwägen haben. Ebenso hat die innenpolitische Situation in der SBZ/DDR den Handlungsspielraum der SED wesentlich mitbestimmt. In ihrem taktischen Verhalten kamen von Fall zu Fall auch Reaktionen auf Schritte westlicher Deutschlandpolitik und auf die in der Bevölkerung vorherrschenden Meinungen zum Ausdruck. Als die SED 1946, kurz vor den ersten Wahlen in der Sowjetzone, hinsichtlich der künftigen Grenzziehung an Oder und Neiße eine von der sowjetischen Position abweichende Haltung einnahm und sich gegen die Abtrennung der Ostgebiete wandte, war dies nur eine Episode. Ende der 40er und im Laufe der 50er Jahre hielt sich die SED strikt, bis in Nuancen, an die von der Sowjetunion vertretene Linie. In den 60er Jahren mehrten sich Anzeichen dafür, daß das politisch-ökonomische Gewicht der DDR größer geworden war, was ihr im Verhältnis zur Sowjetunion und zu anderen Partnern ein gewisses Mitspracherecht eröffnete. Die DDR-Regierung achtete jedoch stets sorgsam darauf, daß ihre D. bis in Einzelheiten mit der der Sowjetunion abgestimmt war. Ihre Sprecher betonten stets die Führungsrolle der KPdSU innerhalb der kommunistischen Weltbewegung. Als Mitglied des → **Rates für Gegenseitige Wirtschaftshilfe (RGW)** seit 1950 und als einer der an der Gründung des → **Warschauer Paktes** 1955 beteiligten Staaten betrachtet die DDR ihre Zugehörigkeit zum östlichen Bündnissystem als eine fundamentale Bedingung ihrer politischen Existenz. Ihre enge Bindung an die Sowjetunion ist völkerrechtlich durch die Verträge vom 20. 9. 1955, vom 12. 6. 1964 und vom 7. 10. 1975 bekräftigt worden; ihre Beziehungen zu den übrigen Staaten der Allianz gründen sich auf bilaterale Bündnis- und Beistandsverträge, die in den Jahren 1967/68 und in modifizierter Form 1977 abgeschlossen wurden. Im Artikel 6 Abs. 2 ihrer neuen Verfassung vom April 1968 hat die DDR die „allseitige Zusammenarbeit und Freundschaft mit der Union der Sozialistischen Sowjetrepubliken und den anderen sozialistischen Staaten“ zum Verfassungsgrundsatz erhoben. Nach der Verfassungsänderung vom 7. 10. 1974 lautet der entsprechende Artikel 6 Abs. 2 Satz 1: „Die Deutsche Demokratische Republik ist für immer und unwiderruflich mit der Union der Sozialistischen Sowjetrepubliken verbündet.“ Diese Vertrags- und Verfassungsnormen spiegeln die Bereitschaft der DDR-Führung, in ihrer D. stets die Bündnissolidarität zu wahren. Dies allerdings stellt keinen Verzicht auf die Vertretung spezifischer eigener Interessen der DDR bei der Festlegung des generellen außenpolitischen Kurses der Allianz dar; spätestens seit Mitte der 60er Jahre haben die Bündnispartner der DDR ihrerseits deren besonderen Interessenlage Rechnung zu tragen versucht (→ **Außenpolitik**).

B. Phasen der Deutschlandpolitik im Überblick
Die D. der KPD/SED läßt verschiedene Phasen erkennen (→ **Periodisierung**).
1. 1941–1945: Die Führung der KPD bereitete sich im Moskauer Exil auf die Rückkehr nach Deutschland vor (→ **Nationalkomitee Freies Deutschland [NKFD]; Gruppe Ulbricht**). Dabei hatte sie Rücksicht auf die zwischen der UdSSR und den Westmächten im Verlauf der beiden Kriegskonferenzen (Teheran: 28. 11.–1. 12. 1943; Jalta: 4.–11. 2. 1945) und dann – nach der deutschen Kapitulation – im → **Potsdamer Abkommen** (2. 8. 1945) getroffenen Vereinbarungen zu nehmen. Die darin umschriebenen gesellschaftspolitischen Ziele wurden jedoch von den Kriegsalliierten, insbesondere nach Kriegsende, unterschiedlich interpretiert.
2. 1945–1947: Die KPD – und nach ihrer Gründung im April 1946 die SED – verfolgte solange einen behutsamen deutschlandpolitischen Kurs, wie die Kriegsalliierten trotz wachsender Gegensätze im alliierten → **Kontrollrat** bzw. auf internationalen Konferenzen um Zusammenarbeit bemüht blieben. Ausdruck dieses Kurses der KPD waren sowohl die Feststellungen in ihrem Aufruf vom 11. 6. 1945, es wäre falsch, „Deutschland das Sowjetsystem aufzuzwingen“, als auch die 1945–1947 propagierte These vom „eigenen deutschen Weg zum Sozialismus“.
3. 1948–1952: Nach den gescheiterten alliierten Außenministerkonferenzen von Moskau und London (März/April bzw. November/Dezember 1947) stellte sich die SED auf eine länger anhaltende Teilung Deutschlands ein. Ihr Wandel zu einer „Partei neuen Typs“, also zu einer leninistischen Kaderpartei, war zugleich begleitet von dem Versuch, mit diktatorischen Mitteln die Umwandlung der Gesellschaft zu einer volksdemokratischen Ordnung voranzutreiben, wobei die Sowjetunion in allen Bereichen als Vorbild galt.
Mit der Gründung der Bundesrepublik Deutschland und der DDR (23. 5. 1949 bzw. 7. 10. 1949) sowie der Spaltung → **Berlins** während der Blockade (1948/49) war eine erste Phase der Teilung Deutschlands abgeschlossen. Ohne ihre noch gesamtdeutsche Zielrichtung in der D. aufzugeben, wurde auf der 2. Parteikonferenz der SED (1952) mit dem Beschluß über den „Aufbau des Sozialismus“ in der DDR die separate Entwicklung in der DDR beschleunigt.
4. 1952–1955: Mit der Parole „Deutsche an einen Tisch“ unterstützte die DDR die sowjetische D., die mit einer Reihe diplomatischer Offensiven (1952 und 1955) die Westintegration der Bundesrepublik Deutschland, d. h. vor allem ihre Eingliederung in die atlantische Allianz und ihre Wiederbewaffnung zu verhindern suchte. Unter dem Schock des im Sommer 1950 von der UdSSR ausgelösten Koreakrieges war der Westen einschließlich der damaligen Bundesregierung, aber gegen den Willen der Opposition, nicht bereit, auf die östlichen Initiativen einzugehen, zumal das – nicht ganz eindeutige – Wiedervereinigungsangebot nur für ein neutrales, mit kleiner Selbstverteidigungsarmee ausgestattetes Deutschland gelten sollte.
5. 1955–1961: Mit dem Beitritt der Bundesrepublik Deutschland zum Nordatlantischen Vertrag (NATO) und der DDR zum Warschauer Vertrag (1955) verlagerte sich die D. der SED von der staatsrechtlichen auf die völkerrechtliche Ebene. Eine Wiedervereinigung durch freie, gesamtdeutsche Wahlen („auf mechanische Weise“) wurde jetzt rundweg abgelehnt; an deren Stelle trat die Forderung nach Garantie der **Sozialistischen → Errungenschaften** im Falle einer Wiedervereinigung in den Vordergrund. Diese Forderung war zugleich Grundlage des Ende 1956 zum ersten Mal unterbreiteten, später mehrmals präzisierten → **Konföderations**-Vorschlages der SED.
Da der Westen die Anfang 1958 in ultimativer Form erhobene, von der DDR unterstützte sowjetische Forderung nach Abschluß eines Friedensvertrages mit beiden deutschen Staaten ablehnte und auch die Drohung der Sowjetunion, einen Separatfriedensvertrag mit der DDR zu unterzeichnen, zurückwies, verstärkte die UdSSR seit Ende 1958 ihren Druck auf Berlin (West). Diese zweite schwere Berlin-Krise erreichte ihren Höhepunkt mit der Errichtung der **Mauer** im August 1961.
6. 1962–1966: Nach der sowjetischen Niederlage in der Kuba-Krise 1962 und der Unterzeichnung des Atomwaffen-Teststopp-Abkommens 1963 wirkten sich die einsetzenden internationalen Entspannungstendenzen auch in der D. aus. Die in den Jahren 1963–1966 ausgehandelten Berliner → **Passierscheinabkommen** waren Ausdruck einer vom Berliner Senat eingeleiteten „Politik der kleinen Schritte“, nachdem sich Generalsekretär Walter Ulbricht bereits Ende 1962 für einen „nationalen Kompromiß“ zwischen DDR und Bundesrepublik Deutschland ausgesprochen hatte (→ **Nation und nationale Frage**). Zudem legte der VI. Parteitag der SED im Februar 1962 das Schwergewicht der Tätigkeit der Partei auf die Konsolidierung bzw. Rationalisierung des Herrschaftssystems.
Der zwischen SPD und SED im Frühjahr 1966 vereinbarte und von der SED im Sommer 1966 abgesagte Redneraustausch zeigte, daß die Einheitspartei in der D. jedes innenpolitische Risiko zu vermeiden suchte (→ **Sozialdemokratismus**) und sich von einer derartigen Zusammenarbeit auch keine Einflußchancen auf die öffentliche Meinung in der Bundesrepublik mehr erhoffte.
7. 1967–1972: Die D. gegenüber der Regierung der Großen Koalition in der Bundesrepublik Deutschland verhärtete sich insofern, als nunmehr die DDR ihre diplomatische **Anerkennung** zur Vorbedingung für eine innerdeutsche Normalisierung machte, obwohl sich die Bundesrepublik 1967 zum ersten Mal

bereitgefunden hatte (Briefwechsel zwischen Bundeskanzler Kiesinger und dem Vorsitzenden des Ministerrates Willi Stoph), offizielle Kontakte mit Partei- und Staatsorganen der DDR aufzunehmen. Auf die „neue Ostpolitik" der kleinen Koalition, insbesondere auf deren neue Deutschlandpolitik („Zwei Staaten – eine Nation"), reagierte die SED ihrerseits mit der Propagierung einer veränderten Nation-Theorie (→ **Nation und nationale Frage**). Sie führte über die Begründung der Spaltung von deutschem Staat und – zunächst noch der einen – deutschen Nation zur ideologisch-politischen Legitimation der Behauptung von der Entwicklung zweier deutscher Nationen, insbesondere einer sozialistischen deutschen Nation in der DDR (→ **Abgrenzung**). Zugleich änderten sich mit dem Abschluß der Ostverträge (Gewaltverzichtsverträge) der Bundesrepublik Deutschland mit der UdSSR und der Volksrepublik Polen sowie der Unterzeichnung des Berlin-Abkommens durch die vier Mächte 1971 die internationalen Rahmenbedingungen für die D.

8. 1972–1983: Mit der Unterzeichnung des → **Grundlagenvertrages** am 21. 12. 1972 begann eine Phase der D. der SED, die in den → **Innerdeutschen Beziehungen** zum Abschluß zahlreicher Abkommen und Vereinbarungen führte. Diese Vertragspolitik verhalf der DDR zur völkerrechtlichen Anerkennung durch die Mehrzahl der Mitglieder der internationalen Staatengemeinschaft (→ **Diplomatische Beziehungen**). Sichtbarer Ausdruck und zugleich formaler Abschluß jahrzehntelanger Bemühungen um den Durchbruch auf der weltpolitischen Bühne war die Aufnahme der DDR (zusammen mit der Bundesrepublik Deutschland) in die Vereinten Nationen 1973. Durch eine verschärfte Abgrenzungspolitik suchte die SED-Führung die innenpolitischen Folgen der mit dieser Entwicklung einhergehenden partiellen Öffnung der DDR nach Westen abzufangen. Die gleichberechtigte Teilnahme der DDR an der „Konferenz über Sicherheit und Zusammenarbeit in Europa (KSZE)", deren Schlußakte 1975 auch von dem Vorsitzenden des Staatsrats der DDR, Erich Honecker, unterzeichnet wurde, hat für die DDR die latente und offene Spannung zwischen Sicherheitsbedürfnissen und dem Ziel der Teilnahme an der internationalen Kooperation sowie der Normalisierung des innerdeutschen Verhältnisses weiter erhöht. Trotzdem bleibt die D. der SED, auch nach der Ende der 70er Jahre eingetretenen Verschlechterung des Ost-West-Klimas und nach dem Regierungswechsel in Bonn im Herbst 1982 auf die Fortsetzung des innerdeutschen Entspannungsprozesses orientiert.

C. Wendepunkte der Deutschlandpolitik

Rückschauend lassen sich in der D. der SED entscheidende inhaltliche Wendepunkte aufzeigen, die nur z. T. mit den aufgezeigten chronologischen Wendemarken identisch sind: 1948 der Kurswechsel in Richtung auf eine eigene Staatsgründung, 1955 die Proklamation der Zwei-Staaten-These in Verbindung mit der gesellschaftspolitisch relevanten Forderung nach Garantie der „sozialistischen Errungenschaften" im Falle einer Wiedervereinigung Deutschlands, 1960–1962 ideologische Absicherung des Rückzugs auf die „Nationale Mission" der DDR als souveräner deutscher Staat sowie endgültige Spaltung Berlins und gewaltsame Unterbrechung des Flüchtlingsstroms durch Bau der Mauer, 1970 die Abkehr von der Formel „zwei Staaten – eine Nation" und der grundsätzliche Verzicht auf das Ziel einer deutschen Wiedervereinigung.

II. Von der „Atlantik-Charta" bis zur Gründung der DDR

A. Vorgeschichte (1941–1945)

In der „Atlantik-Charta" (12. 8. 1941) hatten die USA und Großbritannien ihre Kriegsziele verkündet. Sie versicherten darin u. a., daß „ihre Länder keinerlei Gebiets- und sonstige Vergrößerungen erstrebten", die „nicht mit den frei zum Ausdruck gebrachten Wünschen der betreffenden Völker übereinstimmten". Auf der Sitzung des Interalliierten Rates in London vom 24. 9. 1941 hatte u. a. die UdSSR dieser Proklamation zugestimmt.

Ohne eine freie Willensäußerung des deutschen Volkes abzuwarten, erörterten die Alliierten jedoch auf ihren folgenden Kriegskonferenzen Pläne für eine Aufteilung Deutschlands in 5 Teile (28. 11. bis 1. 12. 1943 in Teheran) und einigten sich vorläufig auf eine Ausdehnung Polens von der Curzon-Linie bis zur Oder. In dem von der European Advisory Commission (EAC) am 12. 9. 1944 beschlossenen → **Londoner Protokoll**, dem 1945 auch Frankreich beitrat, einigten sich die UdSSR, die USA und Großbritannien auf die Errichtung von Besatzungszonen in Deutschland und ein gemeinsam zu verwaltendes Sondergebiet für Berlin. Auf der Konferenz in Jalta (3.–11. 2. 1945) wurden, insbesondere auf Veranlassung Stalins, zunächst erneut die „völlige Entwaffnung, Entmilitarisierung und Zerstückelung Deutschlands" beschlossen. Da es außer dieser Formulierung im Protokoll der Konferenz keinen förmlichen Beschluß über die Aufgliederung, d. h. die staatliche Zukunft Deutschlands und die Art ihrer Durchführung gab, sollten diese Fragen von dem „Ausschuß für die deutsche Teilungsfrage" (Dismemberment Committee) in London weiterberaten werden. Die UdSSR hat sich an den Beratungen dieses Komitees weitgehend uninteressiert gezeigt. In Potsdam einigte man sich, der Moskauer Reparationskommission als „Diskussionsgrundlage" eine deutsche Wiedergutmachung von 20 Mrd. Dollar (50 v. H. an die UdSSR) zu empfehlen. Sicher haben die Frage der Reparationen und die Sorge der

Sowjets, bei einer Aufteilung Deutschlands von den Industriezentren des Rheinlandes abgeschnitten zu werden, entscheidend dazu beigetragen, daß Stalin seit dem Abschluß des sowjetisch-polnischen Bündnispaktes am 21. 4. 1945 alle sowjetischen Pläne einer „Zerstückelung" Deutschlands in Abrede stellte (Stalins Rundfunkansprachen vom 9. 5. 1945 aus Anlaß der Unterzeichnung der Kapitulationsurkunde in Reims und Karlshorst am 8. 5. 1945). Diesen unterschiedlichen Intentionen der Alliierten im Hinblick auf die Behandlung Nachkriegsdeutschlands mußte die Führung der KPD, die sich im Moskauer Exil auf die Rückkehr nach Deutschland vorbereitete, in vielfacher Hinsicht, d. h. sowohl bei der Auswahl künftiger Bündnispartner, aber auch in der Behandlung strategischer und taktischer Fragen, Rechnung tragen (→ **Gruppe Ulbricht**).

B. Vorsichtiger Kurs bei der volksdemokratischen Umwälzung in der SBZ (1945–1947)

Nachdem die Oberbefehlshaber der vier Besatzungsarmeen in ihren Deklarationen vom 5. 6. 1945 die „oberste Regierungsgewalt hinsichtlich Deutschlands" übernommen und festgestellt hatten, daß Deutschland „innerhalb seiner Grenzen, wie sie am 31. Dezember 1937 bestanden, für Besatzungszwecke in vier Zonen aufgeteilt" werde, ließ die Sowjetunion in der Folgezeit durch die Konstituierung und Arbeitsweise ihrer Militäradministration erkennen, daß sie die Gebiete östlich der Oder und der westlichen (Lausitzer oder Görlitzer) Neiße nicht zu ihrer Besatzungszone in Deutschland rechnete. Ohne die territoriale Gestalt des besetzten Landes eindeutig zu bestimmen, legte das Potsdamer Protokoll fest, Deutschland als eine wirtschaftliche Einheit zu behandeln und, soweit „praktisch durchführbar", die „deutsche Bevölkerung in ganz Deutschland" gleich zu behandeln. Darüber hinaus sollte Deutschland demokratisiert und seine spätere Mitarbeit in internationalen Organisationen vorbereitet werden. D. h., zu diesem Zeitpunkt gingen die 3 in Potsdam vertretenen Siegermächte einvernehmlich von dem Ziel aus, Deutschland als einheitlichen Staat zu erhalten. Als Folge der hinsichtlich der deutschen Frage ergebnislosen alliierten Konferenzen der Jahre 1947 und 1948 begann in beiden Teilen Deutschlands eine Entwicklung, die 1949 zur Gründung der Bundesrepublik Deutschland und der DDR führte.

In der SBZ schuf die Sowjetische Militäradministration (SMAD) am 25. 7. 1946 11 deutsche Zentralverwaltungen, deren Errichtung eine einseitige Vorwegnahme der nach dem Potsdamer Abkommen für ganz Deutschland vorgesehenen Zentralverwaltungen darstellte und insofern die Abspaltung der SBZ von den anderen Besatzungszonen verstärkte.

Der im August 1946 von den Sowjets geschaffenen „Deutschen Verwaltung des Inneren" wurden bereits die Polizeien aller 5 SBZ-Länder unterstellt, wodurch eine weitgehende Zentralisierung der Verwaltung der SBZ erreicht wurde. Durch SMAD-Befehl Nr. 138 vom 27. 6. 1947 wurden die 11 Zentralverwaltungen zur → **Deutschen Wirtschaftskommission (DWK)** zusammengefaßt und deren Zuständigkeit seit Februar/März 1948 erheblich ausgeweitet. Außerhalb der DWK wurden noch einige Zentralverwaltungen (für Justiz, Volksbildung, Gesundheitswesen und Inneres) eingerichtet, die formal dem ersten DWK-Präsidenten (Heinrich Rau [SED]) unterstanden. Die DWK nahm von Anfang an gewisse Funktionen einer Zentralregierung wahr. In den westlichen Zonen gab es zu dieser Zeit keine vergleichbaren zentralen deutschen Verwaltungen. Das Scheitern der Münchner Ministerpräsidentenkonferenz (6.–7. 6. 1947) zeigte, daß die Westmächte einerseits damals nicht bereit waren, *vor* einer grundsätzlichen Einigung zwischen den Alliierten, Vertreter deutscher Verwaltungsorgane über politische Fragen der Wiedervereinigung beraten zu lassen. Andererseits bewiesen SED und Sowjets durch den von ihnen erzwungenen Auszug der 5 Ministerpräsidenten der SBZ, daß sie der ersten gesamtdeutschen Beratung nach dem Krieg nur unter ihren Bedingungen zuzustimmen bereit waren.

C. Von der Vorbereitung der beiden Staatsgründungen in Deutschland bis zum Beginn des „Aufbaus des Sozialismus" (1948–1952)

Sowohl die Schaffung der „Bi-Zone" (2. 12. 1946) als auch die Gründung eines „deutschen Wirtschaftsrates" (29. 5. 1947) und die Zusammenlegung aller 3 westlichen Zonen zur „Tri-Zone" (Sommer 1948) hatten überwiegend wirtschaftliche Gründe, da sich die Alliierten über die Behandlung Deutschlands als wirtschaftlicher Einheit nicht zu einigen vermochten (zuletzt auf der Vier-Mächte-Außenministerkonferenz vom 23. 5. bis 20. 6. 1949 in Paris) und die Durchführung einer Währungsreform notwendig geworden war. Diese und ihre Nichtbeteiligung an der inoffiziellen Londoner Sechsmächtekonferenz (23. 2.–3. 6. 1948) nahmen die Sowjets zum Anlaß, den Alliierten Kontrollrat zu verlassen (20. 3. 1948) und gegen → **Berlin** die Blockade (24. 6. 1948) zu verhängen. Gleichzeitig „bestätigte" der 3. → **Deutsche Volkskongreß** der SBZ am 30. 5. 1949 die 1. Verfassung der „Deutschen Demokratischen Republik".

Er wählte einen Deutschen Volksrat, der sich am 7. 10. 1949 zur „provisorischen Volkskammer" erklärte. Die ersten → **Wahlen** zur 1. → **Volkskammer** (15. 10. 1950) erfolgten nach Einheitslisten der → **Nationalen Front**. Am 10. 10. 1949 wurde die SMAD in eine Sowjetische Kontrollkommission (SKK) umgewandelt und die Regierung der DDR für → **Außenpolitik** und Außenhandel zuständig erklärt.

Auf der New Yorker Außenministerkonferenz der 3 Westmächte (18. 9. 1950) wurde die Bundesregierung erstmalig offiziell für berechtigt erklärt, als einzige deutsche Regierung bis zur Wiedervereinigung für das gesamte Deutschland zu sprechen.
Die SED behauptete dagegen, die Westmächte hätten das → **Potsdamer Abkommen** gebrochen, die „Bildung der Bonner Marionettenregierung" habe den „nationalen Notstand und die Kriegsgefahr verstärkt". Sie forderte die Schaffung einer „provisorischen Regierung des demokratischen Deutschland" und den Abschluß eines Friedensvertrages mit Deutschland (ND 5. 10. 1949).
Zur D. sagte Wilhelm Pieck, Präsident der DDR, am 10. 11. 1949 vor der Volkskammer: „Niemals wird die Spaltung Deutschlands . . . von der Deutschen Demokratischen Republik anerkannt werden . . . Es geht nicht darum, ob die westdeutsche Bundesregierung und die Regierung der Deutschen Demokratischen Republik sich gegenseitig anerkennen, sondern darum, gemeinsam oder nebeneinander den nationalen Interessen des deutschen Volkes zu dienen . . . wir wollen ein demokratisches, nationales und wirtschaftlich selbständiges Deutschland . . ." („Dokumente zur Außenpolitik der DDR", Bd. I, Berlin [Ost] 1954, S. 15–16) In seiner ersten Regierungserklärung vom 12. 10. 1949 bezeichnete O. Grotewohl die Gründung des „Bonner Separatstaates" als „Vollendung der Spaltung Deutschlands". Gleichzeitig wurde „die Wiedervereinigung aller Teile Deutschlands zu einer einheitlichen demokratischen Republik" gefordert, deren „Rechtsgrundlage" im Potsdamer Abkommen enthalten sei. Die im Westen beginnende Diskussion um die Schaffung einer Europäischen Verteidigungsgemeinschaft unter Einschluß der Bundesrepublik Deutschland und die vorerst versteckte, später offene Aufrüstung in der DDR (bereits Ende der 40er Jahre wurde mit dem Aufbau paramilitärischer Verbände in Form der → **Kasernierten Volkspolizei** begonnen) leiteten die Phase der Einbeziehung beider Teile Deutschlands in das östliche bzw. westliche Bündnissystem ein.
Im folgenden zeigte es sich, daß die Regierungen in beiden deutschen Staaten (und die hinter ihnen stehenden Mächtegruppierungen) in der deutschen Frage auf entgegengesetzten Positionen beharrten und keine praktischen Schritte unternahmen, die zu einer Annäherung hätten führen können. Die Bundesregierung forderte stets als ersten Schritt zur Wiederherstellung der deutschen Einheit gesamtdeutsche, freie, geheime, gleiche und von den Besatzungsmächten unbeeinflußte Wahlen zu einer verfassunggebenden Nationalversammlung (so in ihrer Erklärung vom 25. 3. 1950 und in der Entschließung des Deutschen Bundestages vom 14. 9. 1950 zu den bevorstehenden Volkskammerwahlen in der DDR am 15. 10. 1950).
Die Regierung der DDR schlug in Anlehnung an die Empfehlungen der Prager Außenministerkonferenz (20.–21. 10. 1950) vor, zunächst einen „Gesamtdeutschen Konstituierenden Rat unter paritätischer Zusammensetzung aus Vertretern Ost- und Westdeutschlands" zu bilden, der die Einsetzung einer „gesamtdeutschen souveränen demokratischen und friedliebenden provisorischen Regierung vorzubereiten, mit der Ausarbeitung eines Friedensvertrages zu beginnen und Vorbereitungen für die Durchführung gesamtdeutscher Wahlen zu treffen hätte" (so in einer Regierungserklärung Otto Grotewohls vom 15. 9. 1950, in einem „Beschluß des Ministerrates der DDR" vom 25. 10. 1950 und einem Brief Grotewohls an Bundeskanzler Adenauer vom 30. 11. 1950).
Am 15. 9. 1951 modifizierte Grotewohl in einer Regierungserklärung seinen Vorschlag über die Bildung eines Gesamtdeutschen konstituierenden Rates bzw. einer „Gesamtdeutschen Beratung", indem er dessen paritätische Zusammensetzung als „nicht von grundlegender Bedeutung" bezeichnete.
Als der Bundestag am 27. 9. 1951 „14 Grundsätze einer neuen Wahlordnung für gesamtdeutsche Wahlen" verabschiedete und deren internationale Kontrolle forderte, erklärte Grotewohl in einer Regierungserklärung vom 10. 10. 1951 diese Vorschläge in der Mehrzahl als „annehmbar" und eine internationale Kontrolle als diskutabel, falls es vorher zu einer „gesamtdeutschen Beratung" käme. Eine solche Beratung wurde jedoch am 16. 10. 1951 erneut von Bundeskanzler Adenauer vor dem Bundestag abgelehnt.

III. Fortsetzung der gesamtdeutschen Politik bis zur Gründung von NATO und Warschauer Pakt (1952–1955)

Auf Vorschlag der 3 Westmächte verabschiedete die UN-Vollversammlung am 20. 12. 1951 (u. a. gegen die Stimmen des Sowjetblocks) eine Resolution über die Einsetzung einer UN-Kommission, die die Voraussetzung für freie Wahlen in ganz Deutschland prüfen sollte. Die Resolution wurde am 9. 1. 1952 von der Regierung der DDR als „rechtsungültig" bezeichnet und am 23. 3. 1952 der UN-Kommission in Berlin die Einreise in die DDR verweigert.
Im Mittelpunkt der Auseinandersetzungen standen sowohl die Frage des Wahlmodus – wie die beiden Wahlgesetzentwürfe der Volkskammer vom 9. 1. 1952 und des Deutschen Bundestages vom 6. 2. 1952 zeigen – als auch die Reihenfolge der Schritte, die zur Wiedervereinigung führen sollten. Der Notenwechsel zwischen der UdSSR und den Westmächten im Jahre 1952 zeigte, daß die UdSSR nicht bereit war, freien Wahlen *vor* dem Abschluß eines Friedensvertrages zuzustimmen. Aus diesem Grunde lehnten die Westmächte auch den Entwurf eines Friedensvertrages und den Vorschlag zur Bildung

einer „Provisorischen gesamtdeutschen Regierung" ab, den Molotow auf der Berliner Außenministerkonferenz im Februar 1954 unterbreitete. Darüber hinaus stieß der sowjetische Vorschlag im Westen auf Ablehnung, da er als diplomatischer Schachzug gegen den geplanten Beitritt der Bundesrepublik Deutschland zur NATO (im Oktober 1954 auf der Londoner Neunmächtekonferenz beschlossen) verstanden wurde. Die Westmächte widersprachen entschieden dem sowjetischen Verlangen nach Festlegung eines neutralen Status des wiedervereinigten Deutschland noch vor der Bildung gesamtdeutscher Staatsorgane, denen sie im Prinzip außenpolitische Handlungsfreiheit zugestehen wollten. – Bei noch fehlender außenpolitischer Souveränität unterstützte die DDR in dieser Phase die D. der UdSSR propagandistisch und auch aktiv („Deutsche an einen Tisch"), indem sie durch das Arrangement zahlreicher innerdeutscher Begegnungen ihre Anerkennung als Gesprächs- und Verhandlungspartner durch die Bundesregierungen zu erreichen suchte.

Um die Ratifizierung der Pariser Verträge durch die Bundesrepublik Deutschland zu verhindern, erklärte sich die UdSSR am 14. 1. 1955 bereit, „Gesamtdeutschen Wahlen" unter internationaler Aufsicht zuzustimmen, falls sich „die Regierungen der DDR und der BRD damit einverstanden erklären". Unter Abkehr von seiner bisherigen Haltung stimmte auch der Ministerrat der DDR am 20. 1. 1955 einer internationalen Aufsicht über gesamtdeutsche Wahlen zu. Die Bundesregierung lehnte diesen Vorschlag am 22. 1. 1955 ab.

Am 5. 5. 1955 traten die Pariser Verträge in Kraft, das Besatzungsstatut wurde aufgehoben, und die Bundesrepublik Deutschland trat der WEU bei, am 9. 5. 1955 wurde sie in den Nordatlantikpakt aufgenommen. Die DDR trat dem am 14. 5. 1955 gegründeten Warschauer Pakt bei. Damit war die Einbeziehung beider Teile Deutschlands in die Militärblöcke des Westens und Ostens vollzogen und einer D., die auf die Verhinderung der Integration der Bundesrepublik Deutschland in die NATO zielte, der Boden entzogen. Eine neue Etappe der D. begann.

IV. Verlagerung der Deutschlandpolitik von der staatsrechtlichen auf die völkerrechtliche Ebene (1955–1961)

A. Unterordnung der Deutschlandpolitik unter veränderte sowjetische Ziele (1955–1956)

In der TASS-Erklärung vom 12. 7. 1955 vollzog die UdSSR eine deutschlandpolitische Kursänderung. Sie bezeichnete nunmehr die „Gewährleistung der europäischen Sicherheit" als „wichtigste Frage", der gegenüber das „Verfahren der Durchführung von Wahlen" (in Deutschland) eine „untergeordnete Frage" sei.

Zwar einigten sich die Regierungschefs der Vier Mächte auf der Genfer Gipfelkonferenz (17.–23. 7. 1955) in der Direktive an ihre Außenminister, die „Regelung des deutschen Problems und der Wiedervereinigung Deutschlands mittels freier Wahlen" anzustreben. Jedoch schon auf der Rückreise von Genf nannte Chruschtschow am 26. 7. 1955 in der DDR die „mechanische Vereinigung beider Teile Deutschlands" (durch Wahlen zu einer gesamtdeutschen Nationalversammlung) eine „unreale Sache". Er lehnte es ab, die „deutsche Frage" auf „Kosten der Interessen der Deutschen Demokratischen Republik zu lösen". In einer Regierungserklärung vom 12. 8. 1955 schloß sich Grotewohl dem sowjetischen Standpunkt an und betonte, daß eine Wiedervereinigung „nur Schritt für Schritt auf dem Wege der Zusammenarbeit und der Annäherung der beiden deutschen Staaten herbeigeführt werden kann" („Dokumente zur Außenpolitik der DDR", Bd. III, Berlin [Ost] 1956, S. 32). „Freie demokratische Wahlen" würden – so Grotewohl – erst stattfinden, wenn ihre „Ausnutzung zu Aggressionszwecken" nicht mehr möglich sei.

Als konkrete Maßnahmen zur „Annäherung beider deutscher Staaten" schlug er eine Beteiligung an der Ausarbeitung eines Systems der kollektiven Sicherheit in Europa vor und regte verstärkte wirtschaftliche und kulturelle Beziehungen zwischen ihnen und eine „Verbesserung der Bedingungen für den Verkehr der Bevölkerung zwischen beiden Staaten" an. Erstmalig wurde von Grotewohl offiziell gefordert, daß in der Bundesrepublik Deutschland die „Herrschaft der Monopolkapitalisten und Großgrundbesitzer" gebrochen werden müsse, wenn „die friedliebenden Kräfte des deutschen Volkes" die „realen Voraussetzungen für die Vereinigung Deutschlands" schaffen wollten.

Bei seinem Moskau-Besuch vom 9. bis 13. 9. 1955 willigte Bundeskanzler Adenauer in die von den Sowjets vorgeschlagene Aufnahme diplomatischer Beziehungen zwischen der Bundesrepublik Deutschland und der Sowjetunion ein.

Im folgenden hat die SED ihre Vorstellungen zur D. und zur Lösung des deutschen Problems mehrmals formuliert. Die verschiedenen Modifikationen vollzogen sich jedoch stets innerhalb eines feststehenden Grundmusters: eine Wiedervereinigung durch freie Wahlen im westlichen Sinne wurde abgelehnt, Vereinbarungen „zwischen beiden deutschen Regierungen" jedoch befürwortet. Am 31. 12. 1956 schlug Ulbricht im „Neuen Deutschland" im „Interesse der Wiedervereinigung der Arbeiterklasse ganz Deutschlands" vor, zunächst eine „Annäherung" der zwei deutschen Staaten mit ihren verschiedenen gesellschaftlichen Systemen herbeizuführen, um „später eine Zwischenlösung in Form der → **Konföderation** zu finden". Erst daran anschließend könnten „wirkliche demokratische Wahlen" zu einer Nationalversammlung stattfinden.

B. Von der Konföderationspolitik zur zweiten Berlin-Krise (1957–1959)

Was die SED unter einer „Konföderation" verstand, hat sie danach noch mehrmals präzisiert. Am 30. 1. 1957 nannte Ulbricht zunächst die Vorbedingungen für eine „Annäherung beider deutscher Staaten": u. a. Erweiterung des westdeutschen Betriebsverfassungsgesetzes, Beseitigung aller Vorrechte der Großgrundbesitzer, Volksabstimmung über die Überführung der Schlüsselindustrien in Volkseigentum, demokratische Boden- und Schulreform. Danach könnten die Mitglieder eines paritätisch zusammengesetzten „Gesamtdeutschen Rates" auf der Basis der geltenden Wahlgesetze gewählt werden. Dieser Rat wäre als Regierung der Konföderation, eines Staatenbundes aus DDR und Bundesrepublik Deutschland, befugt, „freie gesamtdeutsche Wahlen" vorzubereiten.

Während der Diskussion über den ersten Rapacki-Plan im Jahre 1957 erneuerte der Ministerrat der DDR am 26. 7. 1957 seinen Konföderationsvorschlag, jedoch mit der wichtigen Einschränkung, daß ein „Gesamtdeutscher Rat" nur „beratenden Charakter" haben sollte. Da einerseits in einer Konföderation jeder der beiden deutschen Staaten seine bestehende gesellschaftspolitische Ordnung unverändert beibehalten sollte, blieb unklar, wie sich die SED die „Schaffung eines einheitlichen, demokratischen, friedliebenden und antiimperialistischen deutschen Staates" vorstellte.

Am 2. 8. 1957 wurde von der UdSSR eine Konföderation nur als „erster Schritt" auf dem Weg zur Beseitigung der deutschen Spaltung bezeichnet. Die UdSSR hatte – zum wiederholten Male in einer Note vom 8. 1. 1958 an die Bundesregierung – den Plan der SED entschieden befürwortet, während die Bundesregierung eine Konföderation am 20. 1. 1958 mit der Begründung ablehnte, die Wiedervereinigung sei nicht Sache zweier Regierungen, sondern liege in der „ausschließlichen Zuständigkeit des deutschen Volkes". Am 22. 1. 1958 bestritt Chruschtschow, daß sich die UdSSR jemals zur Abhaltung freier Wahlen als erstem Schritt auf dem Weg zur Wiederherstellung der Einheit Deutschlands verpflichtet hätte. Auf dem Boden Deutschlands existierten jetzt „zwei souveräne Staaten mit unterschiedlicher Gesellschaftsordnung", deren Aufgabe es in erster Linie sei, die „nationale Einheit Deutschlands als einheitlichen, friedliebenden, demokratischen Staat wiederherzustellen".

Worauf es jedoch der SED mit ihrem Vorschlag für eine Konföderation in erster Linie ankam, bekannte Ulbricht am 13. 2. 1958 in einem Interview mit der „Süddeutschen Zeitung". Demnach sollte die Bildung eines Staatenbundes durch den Abschluß eines völkerrechtlich gültigen Vertrages zwischen Bundesrepublik Deutschland und DDR vorgenommen werden. Gleichzeitig machte er alle Schritte zu einer Wiedervereinigung davon abhängig, daß sich die Bundesrepublik Deutschland positiv zur Schaffung einer atomwaffenfreien Zone in Mitteleuropa im Sinne des Rapacki-Planes äußere. Die „Vereinigung der beiden deutschen Staaten" – so sagte Ulbricht bei dieser Gelegenheit – sei kein „einmaliger Akt, sondern ein Prozeß". Die Bestimmung eines Zeitpunktes für „gemeinsame Wahlen" nannte er „reine Spekulation".

Die Forderung nach Bildung einer „Konföderation" ist für die D. der SED bis Mitte der 60er Jahre kennzeichnend gewesen. Der Begriff Konföderation wurde von der SED ideologisch interpretiert und als „dialektische Einheit von friedlicher Koexistenz und Selbstbestimmung", als eine „besondere Form des Klassenkampfes zwischen Sozialismus und Kapitalismus auf deutschem Boden" bezeichnet.

Das Jahr 1958 war gleichzeitig von verstärkter sowjetischer Aktivität hinsichtlich der Durchsetzung der internationalen Anerkennung der DDR charakterisiert. Jedoch haben die Westmächte und die Bundesregierung alle von der UdSSR unterstützten Konföderations-Vorschläge der DDR zurückgewiesen, da sie darin keinen Weg zur Überwindung der deutschen Spaltung, sondern lediglich ein Vehikel zur Aufwertung und letztlich zur völkerrechtlichen Anerkennung der DDR sahen.

Der V. Parteitag der SED (Juli 1958) führte zu einer weiteren Verhärtung der D. der SED. Nunmehr sollten die „sozialistischen Errungenschaften" nicht mehr nur in der Phase des Zusammenschlusses „beider deutscher Staaten" geschützt werden, sondern jetzt wurden sie als „für immer unantastbar" bezeichnet. Die DDR repräsentiere den einzigen „rechtmäßigen souveränen deutschen Staat" – bisher war von „zwei souveränen deutschen Staaten" gesprochen worden. Da der Parteitag weiterhin offen an die „friedliebenden Kräfte" in der Bundesrepublik appellierte, eine „bürgerlich-demokratische Ordnung" (d. h. vor allem Wiederzulassung der im August 1956 verbotenen KPD) als Voraussetzung für eine Wiedervereinigung zu errichten und aus der NATO auszutreten, fanden die SED-Vorschläge selbst bei oppositionellen Kräften in der Bundesrepublik Deutschland kaum Unterstützung.

C. Deutschlandpolitik im Schatten des Mauerbaus (1959–1961)

Bis zum VI. Parteitag (1963) zielte die D. der SED in erster Linie auf den Abschluß eines „Friedensvertrages mit beiden deutschen Staaten" und die Konsolidierung der DDR.

Entsprechend der sowjetischen Deutschlandpolitik trat nunmehr die Forderung nach Abschluß eines Friedensvertrages *vor* der Abhaltung von Wahlen in den Vordergrund (Note der Regierung der DDR an die Bundesregierung vom 4. 8. 1958, in der die Bildung einer gesamtdeutschen Kommission vorge-

schlagen wird, die die Vier Mächte bei der Ausarbeitung eines Friedensvertrages für Deutschland beraten soll). Die Frage eines deutschen Friedensvertrages wurde akut, als Chruschtschow 1959 in Leipzig und 1961 in Moskau sowie Gromyko (auf der Genfer Außenministerkonferenz am 10. 6. 1959) mit dem Abschluß eines Friedensvertrages mit der DDR allein und allen sich daraus möglicherweise ergebenden Konsequenzen drohten. Am deutlichsten kommen die Bestrebungen der SED im „Friedensplan" zum Ausdruck, den die Volkskammer am 6. 7. 1961 (einen Monat vor Errichtung der Berliner Mauer) verabschiedete. Darin wird die Bildung einer „Deutschen Friedenskommission" vorgeschlagen, die deutsche Vorschläge für einen Friedensvertrag ausarbeiten sollte.
Von besonderer Bedeutung für die Inhalte der D. der SED war ihre Interpretation der von Chruschtschow (seit dem XX. Parteitag der KPdSU im Februar 1956) vertretenen Konzeption der → **Friedlichen Koexistenz**. Sofern Koexistenz auch Nichteinmischung in die inneren Angelegenheiten eines nichtsozialistischen Gesellschaftssystems beinhaltet, hat die SED diese Auffassung damals durch Betonung der „einen gesamtdeutschen Arbeiterklasse" in ganz Deutschland und der „Aktionsgemeinschaft mit allen friedliebenden Kräften" in der Bundesrepublik Deutschland zurückgewiesen (→ **Aktionseinheit der Arbeiterklasse**). „Die Anwendung des Prinzips der friedlichen Koexistenz auf das Verhältnis zwischen beiden deutschen Staaten würde bedeuten, den Klassenstandpunkt der Arbeiterklasse zu verraten. Wir betrachten auch die Beseitigung der Macht der Monopolherren und Militaristen (in Westdeutschland) nicht nur als eine Angelegenheit der Werktätigen Westdeutschlands. Deshalb hat unsere Partei auch niemals eine Nichteinmischung in die inneren Angelegenheiten der Bundesrepublik proklamiert." (W. Horn, Der Kampf der SED um die Festigung der DDR und den Übergang zur zweiten Etappe der Revolution, Berlin [Ost] 1959)
Diesem Konzept entsprach der vom → **Zentralkomitee (ZK) der SED** im April 1960 veröffentlichte „**Deutschlandplan des Volkes** – Offener Brief an die Arbeiterklasse Westdeutschlands". Um über die Anhängerschaft der verbotenen KPD hinaus breitere Kreise in der Bundesrepublik anzusprechen, forderte die SED darin „sozialdemokratische, christliche und parteilose Arbeiter, ehrliche Patrioten in Stadt und Land" und „fortschrittliche Unternehmer" auf, den „westdeutschen Militarismus zu beseitigen und so die Voraussetzung für eine Konföderation beider deutscher Staaten zu schaffen". Damit verlangte die SED nicht nur eine grundlegende Umgestaltung der gesellschaftlichen und politischen Verhältnisse in der Bundesrepublik Deutschland als Vorbedingung für eine Wiedervereinigung, sondern versuchte, diese Umgestaltung selbst aktiv zu fördern. Dabei wurde stets betont, daß die DDR *der* „rechtmäßige deutsche Staat" sei und jede innerdeutsche Verständigung eine Anerkennung ihrer Souveränität voraussetze.
Diese Forderungen sind von der SED in dem am 25. 3. 1962 vom Nationalrat der → **Nationalen Front der DDR** vorgelegten **nationalen Dokument** „Die geschichtliche Aufgabe der DDR und die Zukunft Deutschlands" nochmals zusammengefaßt worden. Der Gedanke der Konföderation wurde zwar beibehalten, jedoch hieß es jetzt: Ob „mit oder ohne Konföderation – der Sozialismus ist auch die Zukunft Westdeutschlands", und: „der sozialistische deutsche Staat verkörpert die Zukunft der ganzen Nation". Trotz der von der SED seit 1960 gelegentlich erklärten Kompromißbereitschaft in nationalen Fragen (erstmalig wurde von „nationalem Kompromiß" in einem Brief W. Ulbrichts an Bundeskanzler Adenauer vom 28. 1. 1960 gesprochen), war in grundsätzlichen Fragen von ihr kein Entgegenkommen zu erwarten. Ulbricht selbst hat diesen Eindruck bestätigt, als er am 13. 9. 1962 im „Neuen Deutschland" erklärte, daß „die Grenzlinie in Deutschland nicht an der Elbe verläuft, sondern die Frontlinie mitten durch Westdeutschland geht". Und im Rechenschaftsbericht des ZK auf dem VI. Parteitag (1963) hieß es dementsprechend, daß nur „die Vereinigung aller patriotischen Kräfte unter der Führung der Arbeiterklasse in beiden deutschen Staaten zum Erfolg der Volksbewegung in Westdeutschland" führen würde.
Diese Auslegung des Koexistenzprinzips wurde von der SED im Anschluß an den Ausgang der Kuba-Krise im Oktober 1962 inhaltlich der sowjetischen angepaßt. So sprach Ulbricht am 2. 12. 1962 in Cottbus ausdrücklich von „Kompromissen", die die Politik der friedlichen Koexistenz auch bei der „Lösung der nationalen Frage" erfordere. Die SED hat jedoch nie deutlich gemacht, in welchen Punkten sie zu Kompromissen bereit war. Mit den erwähnten Dokumenten hatten sich indes die ideologisch-politischen Grundlagen der D. der SED geändert.

V. Die Politik der inneren Konsolidierung (1962–1966)

A. Veränderte Zielsetzung auf dem VI. Parteitag der SED 1963

Der VI. Parteitag der SED vom 15. bis 21. 1. 1963 führte zu einer Korrektur ihrer bisherigen D. Die verstärkte Hinwendung der SED zur inneren Konsolidierung ihres Herrschaftssystems bedeutete eine relative Abkehr von ihrer bis dahin eher offensiven D. Die Proklamation des → **Neuen Ökonomischen Systems (NÖS)** der Planung und Leitung der Volkswirtschaft, die Bemühungen in der Folgezeit, die Herausbildung eines eigenen DDR-Staatsbewußtseins zu fördern, und die gewandelte Einschätzung der „Klassenkampfsituation" in der Bundesrepublik

Deutschland kennzeichnen eine vorsichtige Umorientierung der D. der SED. Sie sah nun „die historische Mission der DDR darin, durch eine umfassende Verwirklichung des Sozialismus im ersten deutschen Arbeiter-und-Bauern-Staat die feste Grundlage dafür zu schaffen, daß in ganz Deutschland die Arbeiterklasse die Führung übernimmt". Andererseits hieß es an gleicher Stelle: „Die günstigen Voraussetzungen für den umfassenden Aufbau des Sozialismus wie für den Übergang zum Kommunismus in der DDR werden gegeben sein, wenn in Westdeutschland Imperialismus und Militarismus überwunden sind und die beiden deutschen Staaten im Rahmen einer Konföderation in gesicherter friedlicher Koexistenz miteinander wetteifern" (Programm der SED, ND 25. 1. 1963). Damit galten Änderungen der innenpolitischen Verhältnisse in der Bundesrepublik als „günstige Voraussetzungen" für Fortschritte auch in der DDR.

Auf dem VI. Parteitag wurde die These von der einheitlichen „gesamtdeutschen Arbeiterklasse", deren anerkannte Avantgarde die SED sei, aufgegeben. Eine indirekte Begründung für diese Neubeurteilung fand sich im Rechenschaftsbericht des ZK, in dem es heißt, daß die „lang anhaltende Nachkriegskonjunktur es der westdeutschen Großbourgeoisie gestattete, Teile der Arbeiterklasse, des Kleinbürgertums und der Intelligenz ökonomisch zu korrumpieren und eine starke Arbeiteraristokratie entstehen zu lassen". Dadurch seien bei der westdeutschen Bevölkerung „Illusionen" über den „Charakter der kapitalistischen Gesellschaftsordnung" entstanden.

Noch in einem anderen Punkt änderte sich die Position der SED. Nachdem Chruschtschow auf diesem Parteitag den Abschluß eines Friedensvertrages aufgrund der Existenz der Mauer in Berlin als nicht mehr dringend notwendig bezeichnet hatte, fehlte diese Forderung auch in Ulbrichts Parteitagsrede. Er forderte statt dessen ein „Abkommen der Vernunft und des guten Willens", das von der „Existenz zweier deutscher Staaten" ausgehen und folgende Punkte enthalten sollte: 1. Respektierung der Existenz des anderen deutschen Staates und seiner politischen und gesellschaftlichen Ordnung. Feierlicher Verzicht auf Gewaltanwendung in jeder Form; 2. Respektierung, Fixierung und Festigung der bestehenden deutschen Grenzen; 3. Verzicht auf Erprobung, Besitz, Herstellung und Erwerb von Kernwaffen sowie der Verfügung über sie; 4. Verhandlungen über Abrüstung in „beiden deutschen Staaten"; 5. Gegenseitige Anerkennung von Reisepässen und Staatsbürgerschaft der DDR und BRD als Voraussetzung für eine Normalisierung des Reiseverkehrs; 6. „Herstellung normaler, sportlicher und kultureller Beziehungen zwischen den beiden deutschen Staaten", Einstellung der Tätigkeit des Alliierten Reisebüros gegenüber DDR-Bürgern (Allied Travel Board) in Berlin (West); 7. Abschluß eines Handelsvertrages zwischen der DDR und der Bundesrepublik Deutschland.

B. Hauptthemen der Deutschlandpolitik: Abrüstung und Selbstbestimmungsrecht

Zwei Problemkreise standen im Jahre 1963 im Mittelpunkt der D.: → **Abrüstung** und Selbstbestimmungsrecht. Schon 1957 hatte die SED den Rapacki-Plan für eine atomwaffenfreie Zone in Mitteleuropa – allerdings nur zurückhaltend – unterstützt. Wäre jedoch hierüber ein Abkommen zustande gekommen, hätte dieses auch die Unterschrift der DDR unter einen völkerrechtlich gültigen Vertrag erfordert. Damit wäre die DDR der internationalen Anerkennung einen entscheidenden Schritt nähergekommen.

Daß die Abrüstungspolitik der SED eine deutschlandpolitische Funktion hatte, zeigten schon Passagen des Konföderationsplanes Grotewohls vom 27. 7. 1957, in denen ein Verbot der Lagerung und Herstellung von Atomwaffen auf deutschem Boden gefordert, das Ausscheiden von Bundesrepublik Deutschland und DDR aus NATO und Warschauer Pakt und „gemeinsames oder einzelnes Ersuchen an die Vier Mächte auf baldige schrittweise Zurückziehung ihrer Truppen aus ganz Deutschland" vorgeschlagen wurden. Auch andere Aktionen der DDR in Abrüstungsfragen hatten stets eine gesamtdeutsche Stoßrichtung. In der Denkschrift der Regierung der DDR an die XV. Tagung der UN-Vollversammlung vom 15. 9. 1960 wurden z. B. der Bundesrepublik Deutschland „totale Militarisierung und atomare Aufrüstung" vorgeworfen. „Schnellste Abrüstungsmaßnahmen" in ganz Deutschland sollten deshalb die „Herstellung der Neutralität der beiden deutschen Staaten ermöglichen" und die „Verständigung der beiden deutschen Staaten über ihre Wiedervereinigung" fördern.

An diese Aktivitäten knüpfte die DDR an, als sie dem Kernwaffenteststopp-Abkommen von Moskau (8. 8. 1963) beitrat. Ähnlichen Zielen dienten der Entwurf eines Vertrages zwischen DDR und Bundesrepublik Deutschland über den „umfassenden Verzicht auf Kernwaffen" vom 6. 1. 1964 und die Erklärung der DDR-Regierung an die UNO zur Nichtweiterverbreitung und zum Verbot der Anwendung von Kernwaffen (27. 10. 1966). Einerseits waren diese Schritte diktiert von der Solidaritätspflicht gegenüber der Abrüstungspolitik der UdSSR, andererseits boten sie die Möglichkeit, die Stellung der Bundesrepublik zur NATO einer ständigen Kritik zu unterziehen und dem westlichen Verteidigungsbündnis permanente Aggressionsabsichten gegen das „sozialistische Lager" zu unterstellen. Die Furcht vor einer drohenden Aggression durch die „atombewaffneten westdeutschen Militaristen" sollte nicht zuletzt die eigene Bevölkerung von der Notwendigkeit einer engen Bindung an die

UdSSR und die übrigen Bündnispartner des Warschauer Paktes überzeugen.
Der 1. „Vertrag über Freundschaft, gegenseitigen Beistand und Zusammenarbeit“ zwischen der DDR und UdSSR vom 12. 6. 1964 bestätigte in allen wesentlichen Punkten die D. der SED. Dieser Vertrag belebte aber vor allem die Diskussion um das Selbstbestimmungsrecht des deutschen Volkes. Die Politik der Bundesregierungen ging seit Gründung der Bundesrepublik Deutschland davon aus, daß das Recht auf Selbstbestimmung ein universales Prinzip des Völkerrechts sei und nur in freien Wahlen geltend gemacht werden könne. Da diese bisher in der DDR nicht stattgefunden hätten, habe sich die Bevölkerung nicht darüber äußern können, in welcher Staatsform sie leben und wie sie ihre inneren und äußeren Lebensverhältnisse gestalten wolle. Daher habe die Bundesrepublik Deutschland bis zur Gewährung dieses Rechtes an die Bevölkerung der DDR die Pflicht, in außenpolitischen Angelegenheiten diese Bevölkerung mitzuvertreten. Von sowjetischer und DDR-Seite lagen zur Frage des Selbstbestimmungsrechts des deutschen Volkes widersprüchliche Äußerungen vor. Chruschtschow hatte am 28. 1. 1960 in einem Brief an Bundeskanzler Adenauer die Vier-Mächte-Verantwortung für die Wiedervereinigung ausdrücklich mit dem Hinweis auf das Selbstbestimmungsrecht des deutschen Volkes bestritten. „Selbstbestimmung der Völker bedeutet“, so schrieb Chruschtschow, „daß die Völker einer Nation oder eines Staates selber ihr Schicksal, das Schicksal ihres Staates bestimmen.“ Am 12. 6. 1964 äußerte Chruschtschow aus Anlaß der Unterzeichnung des Freundschaftsvertrages mit der DDR, daß das Selbstbestimmungsrecht auf die deutsche Frage nicht anwendbar sei und mithin die Wiedervereinigungsproblematik nicht berühre. Die Wahrnehmung des Selbstbestimmungsrechts sei eher ein soziales denn ein nationales Problem.
Diese Ansicht Chruschtschows unterschied sich – zumindest in der Akzentuierung – von der von der SED vertretenen These, daß das Selbstbestimmungsrecht von den Deutschen in der DDR durch Errichtung des „ersten friedliebenden Staates in der deutschen Geschichte“ längst ausgeübt worden sei. – Damit wurde u. a. die Anwendung eines universell geltenden Völkerrechtsprinzips auf eine konkrete gesellschaftspolitische Situation eingeschränkt. Es sei nur dann der Forderung nach Selbstbestimmung Rechnung zu tragen, wenn ihre Erfüllung dem „gesellschaftlichen Fortschritt“, d. h. der Errichtung oder Festigung eines sozialistischen oder kommunistischen Herrschaftssystems diene.
Jedoch mußte die innerdeutsche Situation die Frage aufwerfen, wer in Deutschland dieses Selbstbestimmungsrecht zu beanspruchen habe und wie es ausgeübt werden solle. Insbesondere mußte die Völkerrechtslehre der SED zu begründen versuchen, warum dem „Volk der DDR“ ein eigenständiges, vom Volk in ganz Deutschland abgesondertes Selbstbestimmungsrecht zusteht. Die Frage, was unter dem Begriff → **Volk** zu verstehen sei, wurde mit der These beantwortet, daß es in Deutschland zwei „Subjekte des Selbstbestimmungsrechtes“ gäbe (vgl. R. Arzinger in: Deutsche Außenpolitik, H. 8, 1964, S. 768ff.). Zu den herkömmlichen Begriffsmerkmalen (nationale, religiöse, kulturelle, sprachliche Gemeinsamkeiten) von Völkerrechtssubjekten, die ein Selbstbestimmungsrecht beanspruchen können, fügte Arzinger den „bestimmten Stand von gesellschaftlicher Entwicklung, (und) eine bestimmte ökonomische klassenmäßige Struktur“ hinzu. Er war der Meinung, daß die Abgrenzung der Subjekte des Selbstbestimmungsrechtes nicht nur nach nationalen, sondern auch nach sozialen Gesichtspunkten erfolgen kann, und daß dementsprechend in Deutschland mit der „Bildung von zwei Staaten mit unterschiedlicher Gesellschaftsordnung“ sich auch zwei Subjekte des Selbstbestimmungsrechtes herausgebildet haben.

C. Vertiefung der Spaltung durch konkrete Maßnahmen der SED

In den Jahren 1964/65 änderten sich die Grundsätze der D. der SED nicht, auch wenn das Angebot eines beschränkten → **Zeitungsaustausches** durch Ulbricht am 25. 4. 1964 (von der Bundesregierung aus verfassungsrechtlichen Gründen am 2. 6. und 16. 7. 1964 abgelehnt) und die Ausreisegenehmigung für Rentner ab 9. 9. 1964 als ein begrenztes Einlenken der Regierung der DDR in Richtung pragmatischer Lösungen gedeutet werden konnten.
Dem stehen jedoch Maßnahmen und Erklärungen der SED gegenüber, die von der Bundesregierung als Vertiefung der Spaltung verstanden wurden: die Einführung eines zwangsweisen DM-Umtausches bei Besuchsreisen in die DDR (25. 11. 1964), die Aufforderung an die Bundesregierung (26./28. 4. 1964), 120 Mrd. DM „Schulden“ zu zahlen, die der DDR durch Reparationsleistungen und „Abwerbung“ von Einwohnern der DDR (Umschreibung für die Fluchtbewegung aus der DDR bis zum 13. 8. 1961) entstanden seien, die weiteren Erschwernisse durch eine Verordnung über den „grenzüberschreitenden Binnenschiffahrtsverkehr“ vom 24. 6. 1965 und die direkte Einmischung in die inneren Angelegenheiten der Bundesrepublik durch die Erklärung Ulbrichts vom 1. 8. 1965, ein Wahlsieg der CDU/CSU bei den bevorstehenden Bundestagswahlen bedeute eine „dauernde“ Blockierung der Wiedervereinigung. Verbunden mit wachsender Polemik zeigte die SED eine Haltung, die von westlichen Beobachtern als „DDR-Alleinvertretungsanmaßung“ bezeichnet wurde. So sagte Ulbricht im September 1965 in Moskau, daß die DDR für „das ganze friedliebende Deutschland (spreche), für alle fried-

liebenden Menschen, auch für diejenigen, die heute noch jenseits unserer Staatsgrenzen in der westdeutschen Bundesrepublik oder auf dem besonderen Territorium Westberlin leben" (ND 24. 9. 1965). Die Gründung eines „Staatssekretariats für gesamtdeutsche Fragen" (18. 12. 1965) und die Konstituierung eines „Rates für gesamtdeutsche Fragen" (14. 1. 1966) (→ **Staatssekretariat für westdeutsche Fragen**) hatten dagegen in erster Linie eine innenpolitische Funktion. Der Bevölkerung sollte gezeigt werden, daß die SED die Wiedervereinigung Deutschlands als politisches Fernziel keineswegs aufgegeben habe; wann dieses Ziel, ein „sozialistisches Deutschland", jedoch erreicht würde, machte die Partei jetzt ganz von einer innenpolitischen Veränderung in der Bundesrepublik Deutschland (Austritt aus der NATO, Verzicht auf Kernwaffen, Entmilitarisierung, Herrschaft der Arbeiterklasse) abhängig. Dabei wurde die seit 1964 von der SED benutzte These von den „2 Staatsvölkern" der „beiden deutschen Nationalstaaten" verändert. Jetzt wurde von 2 Staaten und der „besonderen politischen Einheit Westberlin" sowie dementsprechend von 2 Staatsvölkern und der „Bevölkerung Westberlins" gesprochen (G. Kegel im ND 16. 1. 1966).

D. Der gescheiterte Redneraustausch zwischen SED und SPD

Im Februar, März und April 1966 kam es zu einem Briefwechsel zwischen SED und SPD, den die SED begonnen hatte und in dem sie zunächst ihren bekannten Standpunkt in der Deutschlandfrage wiederholte. Die SPD hatte im 1. Antwortbrief 7 konkrete Fragen an die SED gerichtet, in denen vor allem auf Entspannung in „kleinen Schritten" zwischen DDR und Bundesrepublik Deutschland gedrungen wurde. Als die SED eine im März 1966 von der Arbeitsgemeinschaft der Rundfunkanstalten Deutschlands angebotene Fernsehdiskussion zwischen Vertretern der SED und SPD ablehnte, schien sie von der Leidenschaftlichkeit der besonders in der DDR in Gang gekommenen Diskussion überrascht und gleichzeitig besorgt zu sein, daß die von ihr initiierte Entwicklung ihrer Kontrolle entgleiten könnte.

Den von der SED in ihrem 2. Brief an „die Delegierten des Dortmunder Parteitages der SPD und alle Mitglieder und Freunde der Sozialdemokratie in Westdeutschland" (ND 26. 3. 1966) unterbreiteten Vorschlag eines **Redneraustausches** zwischen SED und SPD hielt sie jedoch zunächst aufrecht.

Am 22. 4. 1966 veröffentlichte das „Neue Deutschland" eine Rede Ulbrichts. Darin wiederholte er den 6-Punkte-Plan seiner Neujahrsrede, in dem er der Bundesregierung „erste Schritte" zur innerdeutschen Annäherung offeriert hatte: Verzicht beider Teile Deutschlands auf atomare Aufrüstung, Anerkennung der bestehenden Grenzen in Deutschland, Aufnahme diplomatischer Beziehungen zwischen den Mitgliedstaaten der NATO und des Warschauer Paktes, Verhandlungen über Abrüstung in Deutschland, Verzicht auf die „Notstandsgesetzgebung" in der Bundesrepublik, Normalisierung der Beziehungen zwischen „den deutschen Staaten und ihren Bürgern". Dem fügte er jetzt jedoch einen Katalog von Vorbedingungen für das Zustandekommen einer Konföderation hinzu: u. a. eine Parlamentsreform in der Bundesrepublik Deutschland, Mitbestimmung für die Gewerkschaften in den Betrieben, Veränderung der Machtverhältnisse in der westdeutschen Großindustrie, Enteignung des Springer-Konzerns, eine Bildungsreform in der Bundesrepublik, Säuberung des Staatsapparates der Bundesrepublik.

Der 2. offene Brief des Parteivorstandes der SPD vom 14. 4. 1966 wurde zunächst vom „Neuen Deutschland" am 30. 4. 1966 nur in stark entstellter Weise abgedruckt, der volle Wortlaut wurde erst am 29. 5. 1966 zusammen mit dem 3. offenen Brief der SED veröffentlicht. Gleichzeitig wurde auf dem 12. ZK-Plenum (27./28. 4. 1966) eine Vertagung des Redneraustausches auf Juli 1966 beschlossen.

Am 26. 5. 1966 legten Beauftragte der SPD und SED die Termine für den Redneraustausch fest (14. 7. in Karl-Marx-Stadt und 21. 7. in Hannover). Am 29. 6. 1966 sagte die SED den Redneraustausch dann mit der Begründung ab, das vom Bundestag verabschiedete „Gesetz über eine befristete Freistellung von der deutschen Gerichtsbarkeit" (BGBl. I, S. 453) sei ein „völkerrechtswidriges annexionistisches Gesetz, mit dem die westdeutsche Gerichtsbarkeit willkürlich auf Territorien und Bürger anderer europäischer Staaten, vor allem der DDR, ausgedehnt werden soll" (**Handschellengesetz**); unter diesen Bedingungen sei eine „ordnungsgemäße Durchführung der Versammlung in Hannover" nicht mehr gewährleistet, da sich kein Bürger der DDR einem solchen Gesetz unterwerfen könne. Offensichtlich hatten sich diejenigen Kräfte im SED-Politbüro durchgesetzt, die von Anfang an den Redneraustausch unter Hinweis auf ein zu großes Sicherheitsrisiko für die Partei verhindern wollten.

In den Mittelpunkt der D. der SED rückte erneut der Kampf um internationale **Anerkennung**. Auf dem 13. ZK-Plenum vom 15. 9. 1966 hatte Ulbricht deutlich gemacht, daß er die Aufnahme diplomatischer Beziehungen der Bundesrepublik Deutschland zu einzelnen Staaten des Warschauer Pakts ohne offiziellen Verzicht auf die „Alleinvertretungsanmaßung" der Bundesrepublik Deutschland (mit der die internationale Anerkennung der DDR verhindert wurde) als einen Verstoß gegen die Bukarester Deklaration des Warschauer Paktes (Juli 1966) ansehe. In der Deutschlandfrage richtet sich die SED nunmehr auf ein „längeres Nebeneinander der beiden deutschen Staaten" ein.

VI. Der Weg zum Grundlagenvertrag (1967–1972)

A. Die Politik der SED gegenüber der Großen Koalition

Auf die Koalitionsverhandlungen in der Bundesrepublik im November 1966 hatte Ulbricht Einfluß zu nehmen versucht. In einem Brief an den SPD-Parteivorsitzenden, Willy Brandt, plädierte der SED-Chef erfolglos für eine SPD-FDP-Koalition in Bonn und schlug direkte Verhandlungen zwischen Spitzengremien der SED und SPD vor. Am Tage der Vereidigung des CDU/SPD-Kabinetts in Bonn (1. 12. 1966) wurde in Berlin (Ost) die 4. Durchführungsbestimmung zum „Paßgesetz der DDR“ veröffentlicht, die allen westdeutschen Besuchern, die die Politik der „Alleinvertretungsanmaßung“ vertraten, mit „unverzüglicher“ Ausweisung bzw. Einleitung eines Ermittlungsverfahrens drohte (GBl. II, S. 855). In dieser Maßnahme kündigte sich eine Verhärtung der D. der SED an. Am 5. 1. 1967 forderte das DDR-Postministerium von der Bundespost 1,4 Mrd. DM „Gebührenausgleich“ für zusätzliche Leistungen seit 1948; am 14. 1. 1967 gab der → **Allgemeine Deutsche Nachrichtendienst (ADN)** bekannt, daß die DDR ihre Mitarbeit im alliierten Abrechnungsbüro für den innerdeutschen Post- und Fernmeldeverkehr in Berlin einstellt.

Die neue Ostpolitik der Großen Koalition führte am 31. 1. 1967 zur Aufnahme diplomatischer Beziehungen zu Rumänien, ohne daß die Partner ihren Rechtsstandpunkt in der deutschen Frage vorher revidiert hätten. Die SED reagierte mit heftigen offenen und versteckten Angriffen auf das „sozialistische Bruderland“ (ND 27. 1. bis 3. 2. 1967). Jede Normalisierung der Beziehungen der Bundesrepublik zu den osteuropäischen Staaten sollte von der vorherigen Aufnahme „zwischenstaatlicher Beziehungen“ zwischen Bundesrepublik und DDR, Aufgabe der „Ausschließlichkeitsanmaßung“ seitens der Bundesrepublik Deutschland, Anerkennung der bestehenden Grenzen in Europa und einer Nichtigkeitserklärung des Münchner Abkommens von Beginn an abhängig gemacht werden.

Die SED startete als weitere Reaktion auf diese Entwicklung eine anti-gesamtdeutsche Kampagne, die ihre Befürchtung erkennen ließ, daß von der Ostpolitik der Großen Koalition Impulse ausgehen könnten, die ihre eigene D. langfristig unterlaufen würden. Am 2. 2. 1967 wurde das „Staatssekretariat für gesamtdeutsche Fragen“ in → **Staatssekretariat für westdeutsche Fragen** umbenannt. Staatssekretär Joachim Herrmann sagte dazu, durch „Schuld des westdeutschen Monopolkapitals und seiner Bonner Regierung“ seien „Begriffe wie gesamtdeutsch ihres Inhalts entleert und gegenstandslos geworden“ (ND 3. 2. 1967). Im „Gesetz über die Staatsbürgerschaft der DDR“ (ND 21. 2. 1967) wurde von der DDR für ihren Bereich die seit 1913 bestehende einheitliche deutsche → **Staatsbürgerschaft** abgeschafft und der Begriff „Staatsbürger der DDR“ eingeführt. Parallel dazu erschienen im „Neuen Deutschland“ Leserbriefe, in denen nicht nur die Forderung nach „Wiedervereinigung“ als „groteskes Geschwätz“ und diese „heute und in absehbarer Zeit“ als unmöglich bezeichnet (ND 21. 1. 1967), sondern auch gesamtdeutsches Denken auf dem Gebiet von Wissenschaft, Kultur und Kirche (ND 24. 1. 1967) entschieden abgelehnt wurden. Die SPD wurde nur noch als „SP“ bezeichnet, um den Namen „Deutschland“ aus der Diskussion zu verdrängen. Auch der EKD (Evangelische Kirche in Deutschland) erschwerte die SED nochmals ihre grenzüberschreitende Arbeit. Anfang April 1967 sollten in beiden Teilen Berlins die Teilsynoden der EKD tagen. Die Synodalen der DDR-Landeskirchen mußten jedoch nach Fürstenwalde in die DDR ausweichen, da ihnen die Zusammenkunft in Berlin (Ost) untersagt wurde. Trotz großer Kommunikationsschwierigkeiten zwischen den Teilsynoden gelang allerdings nochmals die gemeinsame Wahl eines neuen Rates der EKD (→ **Kirchen**). Außenpolitisch suchte sich die SED ein Mitspracherecht für den Fall zu sichern, daß weitere osteuropäische Länder – dem Beispiel Rumäniens folgend – ihre Beziehungen zur Bundesrepublik Deutschland zu normalisieren versuchen sollten: die „Freundschafts- und Beistandspakte“ mit Polen, der ČSSR, Ungarn und Bulgarien im Jahre 1967 betonten, daß es Sicherheit in Europa nur auf der Basis der „Existenz zweier deutscher Staaten“ und des territorialen Status quo geben könne und alle Politik des „westdeutschen Revanchismus“ diese Sicherheit in Frage stelle, wenn nicht zuvor die völkerrechtliche Anerkennung der DDR durch die Bundesregierung vollzogen sei (→ **Außenpolitik**).

B. Verhärtung der Deutschlandpolitik auf dem VII. Parteitag der SED 1967

Der VII. Parteitag der SED (17.–22. 4. 1967) bestätigte die allgemeine Verhärtung in der D. der SED, die jedoch propagandistische Offensiven gegenüber der Bundesrepublik nicht ausschloß. Durch die am 12. 4. aus Anlaß des bevorstehenden SED-Parteitages von Bundeskanzler Kiesinger abgegebene Regierungserklärung und einen am selben Tag abgesandten Brief des SPD-Parteivorstandes an die 2200 Delegierten, in dem u. a. auf die Erklärung der Bundesregierung verwiesen wurde, sah sich die SED in der Deutschlandfrage in die Defensive gedrängt; insbesondere der Brief Kiesingers, in dem ein ganzer Katalog von Entspannungsmaßnahmen aufgeführt worden war, wurde als gefährliche Taktik zur Beeinflussung der Delegierten und als Versuch angesehen, zwischen Parteiführung und Mitgliedern zu differenzieren. Auf dem Parteitag bezeichnete Ulbricht die „Vereinigung“ Deutschlands als „nicht real“. Eine „Vereinigung beider deutscher Staaten“

werde es erst im Sozialismus geben. Seine „Vorschläge für ein friedliches Nebeneinander der deutschen Staaten" waren identisch mit den Forderungen aus der „Neujahrsbotschaft" vom 31. 12. 1966. Die Existenz besonderer innerdeutscher Beziehungen wurde von der SED nun zunehmend geleugnet und D. zur Außenpolitik im traditionellen Sinne deklariert. Diese Haltung zeigte sich u. a. in der Umbenennung des „Ministeriums für Außenhandel und Innerdeutschen Handel" in „Ministerium für Außenwirtschaft" im Juli 1967 (seit dem 1. 1. 1974 → **Ministerium für Außenhandel [MAH]**).

Von besonderer politischer Bedeutung war der Briefwechsel zwischen Bundeskanzler Kiesinger und dem Vorsitzenden des Ministerrates der DDR, Willi Stoph. Dieser hatte am 10. 5. 1967 die Korrespondenz eröffnet. In Briefen vom 13. 6. und 28. 9. 1967 hatte Bundeskanzler Kiesinger Stoph seine Bereitschaft erklärt, wenn nötig in direkte, von der DDR seit langem geforderte Verhandlungen über menschliche Erleichterungen ungeachtet der bisherigen Rechtsstandpunkte einzutreten. Zu diesem Zweck hatte Kiesinger die Ernennung von Beauftragten beider Regierungen vorgeschlagen.

Am 18. 9. 1967 hatte W. Stoph den ersten Kiesinger-Brief beantwortet und diesem einen „Entwurf eines Vertrages über die Herstellung und Pflege normaler Beziehungen zwischen der Deutschen Demokratischen Republik und der Bundesrepublik Deutschland" beigefügt. Dieser enthielt als Verhandlungsvorschläge: Aufnahme normaler Beziehungen zwischen Bonn und Berlin (Ost), Vereinbarungen über Gewaltverzicht, Anerkennung aller bestehenden Grenzen in Europa, Herabsetzung der Rüstungsbudgets in beiden Teilen Deutschlands, Verzicht auf Stationierung, Besitz und Mitverfügung von Atomwaffen, Beteiligung beider deutscher Staaten an einer atomwaffenfreien Zone, Anerkennung von Berlin (West) als „selbständige politische Einheit", Anerkennung der Nichtigkeit des Münchner Abkommens von Anbeginn, Einstellung der „Diskriminierung" von DDR-Bürgern im westlichen Ausland, Begleichung von „Schulden"-Rechnungen. Auf einen zweiten Brief Kiesingers, der im wesentlichen an die Vorschläge vom 13. 6. erinnerte, hat die SED nicht mehr geantwortet. Dieser erste schriftliche Meinungsaustausch zwischen den Regierungschefs in Bonn und Berlin (Ost) fand starke Beachtung, auch wenn die von Bundeskanzler Kiesinger empfohlene Begegnung der Beauftragten beider Seiten nicht zustande kam.

Mit der Initiative zu diesem Briefwechsel wollte die SED offenbar die Gefahr einer Schwächung ihrer Position vor allem in Osteuropa als Folge der Entspannungspolitik der Großen Koalition entgegentreten. Andererseits verriet der Briefwechsel eine Verhärtung der Haltung der SED gegenüber der Bundesrepublik Deutschland.

Nachdem Bonn nach jahrelanger Weigerung den immer wieder von der SED geforderten Regierungsverhandlungen auf höchster Ebene zustimmte, schlug die SED diese nun faktisch aus. Sie machte es zur Vorbedingung für deutsche Verhandlungen, daß diese auf der Grundlage ihres Maximalprogrammes, d. h. in erster Linie mit dem Ziel der völkerrechtlichen Anerkennung der DDR durch Bonn stattfinden sollten. Damit wurde deutlich, wie die Worte Ulbrichts auf dem VII. Parteitag der SED (1967) zu verstehen waren: „Unter die Grenze der formellen Anerkennung und der normalen Beziehungen können wir . . . nicht hinuntergehen." (ND 18. 4. 1967) Ob zu diesem Zeitpunkt die Bundesrepublik Deutschland von der DDR-Führung bereits als Ausland angesehen wurde, blieb zunächst unklar. Als Politbüromitglied Albert Norden auf einer Pressekonferenz am 18. 12. 1967 in Berlin (Ost) indirekt diese Meinung vertrat (er beklagte sich darüber, daß die DDR von Bonn nicht auch formaljuristisch als Ausland betrachtet werde) und die Aufnahme diplomatischer Beziehungen zur DDR forderte, wurde er vom „Neuen Deutschland" umgehend korrigiert (19. 12. 1967). Es schien, daß die SED weder ihrer Bevölkerung eine weitgehende Absage an die Wiedervereinigung zumuten, noch den eigenen Anspruch auf Hineinwirken in die Bundesrepublik Deutschland endgültig aufgeben wollte. Die am 9. 4. 1968 verabschiedete 2. → **Verfassung** bekannte sich zwar noch zur Einheit der deutschen Nation (Art. 1 Abs. 1), doch gab es nach ihr kein einheitliches deutsches Volk mehr, sondern neben dem Volk der Bundesrepublik Deutschland „das Volk der Deutschen Demokratischen Republik" (Präambel). Art. 8 Abs. 2 sprach von der „Herstellung und Pflege normaler Beziehungen" auf völkerrechtlicher Basis zwischen beiden deutschen Staaten; eine Vereinigung sollte nur auf der „Grundlage der Demokratie und des Sozialismus" möglich sein. Am 9. 8. 1968 wiederholte Ulbricht vor der Volkskammer zwar seine bekannten Forderungen, ohne deren Ausnahme die SED keiner Entspannung in Deutschland zustimmen könne. Neu war jedoch der Vorschlag, die Volkskammer solle den Ministerrat bevollmächtigen, „wenn die Bundesregierung auf solche Vorbedingungen wie Alleinvertretungsanmaßung und Hallstein-Doktrin verzichtet und bereit ist, Verträge über den Verzicht auf Anwendung von Gewalt in den gegenseitigen Beziehungen und über die Anerkennung der Grenzen abzuschließen, einen Staatssekretär zur Vorbereitung der Verhandlungen zu bestimmen". Damit kam Ulbricht etwa ein Jahr später auf den Vorschlag Kiesingers vom Sommer 1967 zurück, Regierungsbeauftragte für Verhandlungen zwischen Bonn und Berlin (Ost) zu ernennen. Neu war außerdem die Bereitschaft, im Falle eines Bonner Verzichts auf das Alleinvertretungsrecht der Schaffung „bevollmächtigter Missionen" in

Bonn und Berlin (Ost) zuzustimmen, deren Status er ausdrücklich offenließ. (Damit ging Ulbricht auch auf eine Anregung des damaligen SPD-Fraktionsvorsitzenden im Bundestag, Helmut Schmidt, ein, der den Austausch von „Generalbevollmächtigten" beider deutscher Regierungen angeregt hatte.) Angesichts einer behutsamen Auslegung des Alleinvertretungsrechtes durch die Bundesregierung (Außenminister W. Brandt am 9. 3. 1967 in Berlin: „keine Kompetenzen außerhalb des Grundgesetzes . . . Pflicht, uns um die gesamtdeutschen Dinge in ihrer Gesamtheit zu kümmern") schienen sich neue Ansatzpunkte für eine innerdeutsche Entspannung zu bieten. Verstärkt wurde dieser Eindruck zunächst durch die offenbar bedingungslose Zusage, der DDR-Außenhandelsminister sei zu Gesprächen mit dem Bundeswirtschaftsminister bereit.

Die Beteiligung der → **Nationalen Volksarmee (NVA)** an der gewaltsamen Intervention von fünf Warschauer Pakt-Staaten in der ČSSR am 20./21. 8. 1968 erschwerte jedoch erneut das Bemühen um Entspannung zwischen Bonn und Berlin (Ost). Hinzu kamen die Auseinandersetzungen um die Abhaltung der Bundesversammlung zur Wahl des Bundespräsidenten in → **Berlin** (5. 3. 1969).

Auf der 10. ZK-Tagung wies Ulbricht am 7. 5. 1969 Überlegungen westdeutscher Politiker und Publizisten zurück, anstelle einer völkerrechtlichen Anerkennung der DDR durch die Bundesrepublik ein staatsrechtliches Verhältnis zwischen ihnen herzustellen. Er bezeichnete derartige Vorschläge als eine „Zweckkonstruktion, die darauf hinausläuft, die DDR zu einer Art westdeutschen Bundeslandes zu degradieren".

Trotz der unveränderten Gegensätze in allen grundsätzlichen Fragen konnten im September 1969 Verhandlungen zwischen der Deutschen Bundesbahn und dem Verkehrsministerium der DDR (über die Wiederaufnahme des 1967 unterbrochenen Verkehrs westdeutscher Kalizüge auf DDR-Territorium im Raume Gerstungen), zwischen Beauftragten beider Verkehrsministerien (über die Koordinierung der Straßenbauplanung, den Transit von Binnenschiffen und den Eisenbahnverkehr) sowie zwischen Abgesandten der Postministerien beider Seiten (u. a. über Ausgleichszahlungen an die DDR für Mehrleistungen im innerdeutschen Postverkehr) aufgenommen werden.

C. Die Deutschlandpolitik der SED gegenüber der sozialliberalen Koalition bis 1972

Die Regierungserklärung Bundeskanzler Brandts vom 28. 10. 1969 ging von der Existenz zweier Staaten in Deutschland aus – allerdings mit dem Zusatz, daß sie füreinander nicht Ausland seien und daß ihre Beziehungen zueinander nur von besonderer Art sein könnten. Diese Modifikation wurde von der DDR-Führung zwar aufmerksam registriert, aber sogleich mit dem Einwand abgewehrt, auch die neue Bundesregierung versuche, die „bankrotte Hallstein-Doktrin in veränderter Form weiter zu praktizieren" (W. Stoph am 12. 11. 1969 in Rostock).

Am 17. 12. 1969 richtete der Staatsratsvorsitzende Ulbricht ein Schreiben an Bundespräsident Heinemann, dem der Entwurf eines Vertrages „über die Aufnahme gleichberechtigter Beziehungen" zwischen der DDR und der Bundesrepublik Deutschland beigefügt war. Der Entwurf ging über die in dem Konzept Stophs vom 18. 9. 1967 geforderten Regelungen insofern hinaus, als die Aufnahme diplomatischer Beziehungen in Form eines Botschafteraustausches vorgeschlagen und die Aufhebung aller dem Vertrag entgegenstehender Gesetze, Normativakte und entsprechender Gerichtsentscheidungen in der Bundesrepublik Deutschland verlangt wurden.

Unmittelbar nachdem Bundeskanzler Brandt in seinem Bericht zur Lage der Nation Mitte Januar 1970 den Begriff der Nation als das „Band um das gespaltene Deutschland" charakterisiert und in diesem Zusammenhang auf das in der Verfassung der DDR enthaltene Bekenntnis zur Nation verwiesen hatte, leitete W. Ulbricht am 19. 1. 1970 auf einer internationalen Pressekonferenz eine grundlegende Neuinterpretation der „nationalen Frage" durch die SED ein. Er verwarf die These vom Fortbestand der deutschen Nation in zwei Staaten („. . . unrealistische Behauptung, um der Herstellung normaler gleichberechtigter völkerrechtlicher Beziehungen mit der DDR aus dem Wege zu gehen").

Während in der Sowjetunion und in anderen osteuropäischen Staaten die „neue Ostpolitik" der sozialliberalen Koalition – vor allem nach der Unterzeichnung des Vertrages über die Nichtweitergabe von Kernwaffen durch die Bundesrepublik – eine erste vorsichtige Klimaverbesserung gegenüber Bonn zur Folge hatte, zeigte sich die DDR weiterhin unversöhnlich. Am 16. 2. 1970 bezeichnete E. Honecker – damals noch Sekretär des ZK für Sicherheit – den Regierungswechsel in Bonn als ein taktisches Manöver der „westdeutschen Großbourgeoisie" mit dem Ziel, „unter Ausnutzung der wirtschaftlichen Potenzen des westdeutschen Imperialismus und der sozialdemokratischen Ideologie" das „Tor nach dem Osten" zu öffnen, um so die „Vorherrschaft über Europa" zu gewinnen.

Trotz dieser polemischen Angriffe der SED gelang es, ein erstes Treffen beider Regierungschefs zu vereinbaren. Erfurt wurde als Treffpunkt ausgewählt, nachdem eine geplante Reise des Bundeskanzlers nach Berlin (Ost) zu Auseinandersetzungen über die geplante Einbeziehung von Berlin (West) in die Reiseroute Brandts geführt hatte. In Erfurt legte Ministerpräsident Stoph am 19. 3. 1970 ein 7-Punkte-Programm vor. Er forderte 1. die

„Herstellung normaler gleichberechtigter Beziehungen . . . unter Aufgabe des Alleinvertretungsanspruchs der Regierung der BRD“, 2. „Nichteinmischung in die außenpolitischen Beziehungen des anderen Staates“ und endgültigen „Verzicht auf die Hallstein-Doktrin“, 3. eine Vereinbarung über den Gewaltverzicht „unter uneingeschränkter gegenseitiger Anerkennung ihrer Völkerrechtssubjektivität, ihrer territorialen Integrität und der Unantastbarkeit ihrer bestehenden Staatsgrenzen“, 4. die Mitgliedschaft beider Staaten in den Vereinten Nationen, 5. Verzicht auf ABC-Waffen und „Herabsetzung der Rüstungsausgaben um 50 Prozent“, 6. „Beseitigung aller Überreste des Zweiten Weltkrieges“ und 7. Begleichung der – von Stoph mit 100 Mrd. Mark bezifferten – „Schulden der BRD gegenüber der DDR“ bzw. „Wiedergutmachungsverpflichtungen durch die BRD“.

Obwohl die wenige Tage nach dem Treffen von Erfurt beginnenden Botschafter-Gespräche der vier Siegermächte über Berlin, die bereits zuvor aufgenommenen Gespräche von Staatssekretär Bahr in Moskau und Staatssekretär Duckwitz in Warschau der Entspannungspolitik deutlichere Konturen verliehen und obwohl am 29. 4. 1970 zwischen den Postministerien der Bundesrepublik Deutschland und der DDR eine erste Vereinbarung über den Kostenausgleich und zusätzliche Fernmeldeeinrichtungen getroffen werden konnte, verlief die zweite Begegnung zwischen Brandt und Stoph in Kassel am 21. 5. 1970 in einer frostigeren Atmosphäre als das Treffen von Erfurt. Ein wesentlicher Grund für das schroffe Verhalten der DDR-Delegation, der auch Außenminister Winzer angehörte, lag offenbar darin, daß die in Erfurt überraschend starken Sympathiebekundungen der auf dem Bahnhofsvorplatz Versammelten für Brandt in der SED-Führung Besorgnis ausgelöst hatten, die Intensivierung der Kontakte könne höchst unwillkommene Folgen für die innere Stabilität der DDR haben. In Kassel nahm Stoph Übergriffe von rechtsgerichteten Demonstranten zum Anlaß, die Bundesregierung scharf zu kritisieren. Der Bundeskanzler dagegen zeichnete in seinen „,20 Punkten von Kassel“ die Umrisse eines zwischen beiden deutschen Staaten abzuschließenden → **Grundlagenvertrages**. Im Anschluß an das Kasseler Treffen sprach die DDR von einer „Denkpause“, die man in Bonn nutzen müsse. Auf der 13. ZK-Tagung am 10. Juni nannte Stoph den 20-Punkte-Vorschlag Brandts ein „geschlossenes Programm gegen gleichberechtigte völkerrechtliche Beziehungen zwischen der DDR und der BRD“.

Fortschritte in den Gesprächen zwischen Bonn und Moskau haben Ulbricht vermutlich dazu bewogen, am 16. Juli in Rostock der Bundesregierung eine „gewisse Anerkennung der Realitäten“ zu bescheinigen. Nachdem am 12. August der Moskauer Vertrag unterzeichnet und in den folgenden Wochen auch in den Verhandlungen über den Warschauer Vertrag Fortschritte sichtbar geworden waren, entsandte die Regierung der DDR Ende Oktober zwei leitende Funktionäre ihres Presseamtes nach Bonn. Im Anschluß an ihren Besuch wurde in Bonn und Berlin (Ost) eine gleichlautende Mitteilung veröffentlicht, derzufolge beide Regierungen „auf offiziellem Wege einen Meinungsaustausch“ über Fragen zu führen wünschten, „deren Regelung der Entspannung im Zentrum Europas dienen würde und die für beide Staaten von Interesse sind“. Am 27. 11. 1970 trafen der Staatssekretär des Bundeskanzleramts, Egon Bahr, und der Staatssekretär des DDR-Ministerrats, Dr. Michael Kohl, zu einer ersten vertraulichen Begegnung zusammen, der zahlreiche Verhandlungsrunden folgen sollten.

Die DDR reagierte zur selben Zeit auf eine geplante Sitzung der CDU/CSU-Fraktion im Berliner Reichstag mit schleppender Abfertigung an den Grenzkontrollpunkten. Im Dezember 1970 kam es erneut zu schweren Verkehrsbehinderungen, als die Vorsitzenden der SPD-Bundestags- und -Landtagsfraktionen in Berlin eine Sitzung abhielten. Ende Januar 1971 wurden an den Grenzkontrollpunkten zeitweise Wartezeiten bis zu 18 Stunden im Kraftfahrzeugverkehr zwischen der Bundesrepublik und Berlin (West) registriert.

Diese Zwischenfälle unterstrichen die Dringlichkeit eines Berlin-Abkommens, das den Zugang zum Westteil der Stadt gegen willkürliche Eingriffe schützen sollte. In den Verhandlungen der Botschafter der Vier Mächte bahnte sich ein Durchbruch im Mai/Juni 1971 an. Zuvor war W. Ulbricht durch E. Honecker als Erster Sekretär des ZK der SED abgelöst worden. Honecker hatte seine Bereitschaft bekundet, die D. der SED wieder stärker an den inzwischen flexibleren Kurs der sowjetischen Führung anzupassen. Bereits im Januar 1971 war ein erster Schritt zur verbesserten Kommunikation von Berlin (West) mit seiner Umwelt erfolgt: Nach 19jähriger Unterbrechung war der Telefonverkehr zwischen Berlin (West) und dem Ostteil der Stadt mit zunächst je 5 Leitungen in beiden Richtungen wiederaufgenommen worden. Weitere Leitungen wurden in der Folgezeit geschaltet.

Nachdem am 3. 9. 1971 das Viermächte-Abkommen über Berlin unterzeichnet worden war, konzentrierten sich die Staatssekretäre Bahr und Kohl auf den Abschluß eines die Vereinbarungen der Mächte ergänzenden und im einzelnen konkretisierenden Abkommens über den Transitverkehr zwischen Berlin (West) und dem Bundesgebiet. Die am 6. 9. aufgenommenen Verhandlungen fanden nach 15 Gesprächsrunden am 3. 12. ihren Abschluß, so daß der ausgehandelte Vertragstext am 11. 12. paraphiert und 6 Tage später unterzeichnet werden konnte.

Parallel dazu verliefen die Verhandlungen zwischen

dem Chef der Berliner Senatskanzlei, Senatsdirektor Müller, und Staatssekretär Günter Kohrt vom Ministerium für Auswärtige Angelegenheiten der DDR über Verbesserungen des Besuchs- und Reiseverkehrs und eine Regelung der Frage von Enklaven durch Gebietsaustausch, die am 20. 12. mit der Unterzeichnung einer entsprechenden Vereinbarung beendet werden konnten.

D. Der Grundlagenvertrag

Vor den Delegierten des VIII. Parteitages hatte Honecker am 15. 6. 1971 die Forderung nach „Aufnahme normaler Beziehungen entsprechend den Regeln des Völkerrechts auch zur BRD" und die Absage an die These vom Fortbestand der deutschen Nation erneuert. Im Januar 1972 nannte der Parteisekretär die Bundesrepublik Deutschland in einer Rede vor Armeeangehörigen auf Rügen „imperialistisches Ausland". Am 18. 4. sprach er dann jedoch in Sofia von einer möglichen Entwicklung, „die zu einem friedlichen Nebeneinander zwischen der DDR und der BRD führt, zu normalen gutnachbarlichen Beziehungen mit dem Ausblick zu einem Miteinander im Interesse des Friedens, im Interesse der Bürger beider Staaten".

Acht Tage danach erzielten Bahr und Kohl Einigkeit über den Text eines Verkehrsvertrages, über den sie seit Januar 1972 in einer 3. Gesprächsphase verhandelt hatten. Nach der Unterzeichnung dieses Verkehrsvertrages am 26. 5. 1972 widmeten sich die beiden Staatssekretäre dem schwierigsten Thema: dem → **Grundlagenvertrag**, der die Voraussetzungen für weitere Folgeverträge schaffen sollte. Diese Verhandlungen wurden mit der Paraphierung des Vertragswerks am 8. 11. 1972 beendet. Unterzeichnet wurde der Grundlagenvertrag am 21. 12. 1972 in Berlin (Ost). In einer ersten Stellungnahme wertete ADN das erzielte Verhandlungsergebnis als fair: es habe zum Ausdruck gebracht, was für beide Seiten real zu erreichen war. In seinem Bericht an die 8. ZK-Tagung im Dezember 1972 betonte das Politbüro der SED, die Beziehungen zwischen beiden Staaten könnten sich positiv entwickeln, wenn der Vertrag ratifiziert und mit Leben erfüllt werde und sich „auch die andere Seite an seinen Text und Geist" halte. Zugleich legte das Politbüro Wert auf die Feststellung, daß die Politik der friedlichen Koexistenz die gesellschaftlichen Gegensätze nicht einebne und schon „gar nicht zu einer Annäherung oder Aussöhnung der feindlichen Ideologien" führe; der „Kampf an der ideologischen Front" verschärfe sich jetzt in besonderem Maße. In der Folgezeit unternahm die SED agitatorisch-propagandistische Anstrengungen, um trotz der sich anbahnenden Normalisierung des innerdeutschen Verhältnisses das überkommene Feindbild vom westlichen Deutschland aufrechterhalten zu können. Gegen wen die Parteiführung sich besonders wehren zu müssen glaubte, hatte sie in einem Politbüro-Beschluß zu Fragen der Agitation und Propaganda am Tage vor der Paraphierung des Grundlagenvertrages hervorgehoben – gegen „den → **Antikommunismus**, dieses politisch-ideologische Hauptinstrument der imperialistischen Bourgeoisie, den bürgerlichen → **Nationalismus**, den → **Sozialdemokratismus**, den → **Revisionismus** und den ‚linken' → **Opportunismus**" (ND 11. 11. 1972).

Auf die nach dem Abschluß des Grundlagenvertrages einsetzende Anerkennungswelle anspielend, erklärte A. Norden am 19. 3. 1973 vor dem Nationalrat der Nationalen Front: „Zwischen der sozialistischen Nation in der DDR und der kapitalistischen Nation in der BRD hat sich, das anerkennt die Welt, die historische Tendenz der → **Abgrenzung** durchgesetzt." (ND 20. 3. 1973) Es könne mithin weder von „besonderen Beziehungen zwischen der DDR und der BRD" noch von einer „Einheit der Nation" die Rede sein. Vor dem ZK der SED bestritt E. Honecker am 28. 5. 1973, daß es noch eine „offene deutsche Frage" gäbe, der Grundlagenvertrag sei eine „definitive völkerrechtliche Regelung der Beziehungen zwischen zwei souveränen Staaten" und kein „Modus vivendi" (ND 29. 5. 1973). Außenminister Winzer erläuterte am 13. 6. 1973 in einer Sitzung der Volkskammer, wie seine Regierung den Vertrag zu werten und zu interpretieren wünscht – als Ausdruck der „legitimen Interessen beider Seiten". Auf die in der Bundesrepublik Deutschland vertretenen Ansichten über den besonderen Charakter der deutsch-deutschen Beziehungen eingehend, erklärte Winzer, derartige „‚innerdeutsche' Pflichtübungen" seien substanzlos: „Die DDR ist kein Inland der BRD und die BRD kein Inland der DDR." Für die Normalisierung der Beziehungen sei es „unumgänglich, daß sich die BRD auch in der Staatsangehörigkeitsfrage von rechtswidrigen und auch sachlich einfach unhaltbaren Konstruktionen trennt" (ND 14. 6. 1973).

Nachdem der Deutsche Bundestag und die Volkskammer ihre Zustimmung erteilt hatten, trat der Grundlagenvertrag am 21. 6. 1973 in Kraft. Damit waren der Beginn des grenznahen Reise- und Besucher-Verkehrs, die Eröffnung von 4 neuen Grenzübergängen sowie Verbesserungen im Reise- und Paketverkehr verbunden (→ **Innerdeutsche Beziehungen**).

VII. Deutschlandpolitik mit dem Grundlagenvertrag (1972 bis Anfang 1984)

A. Normalisierung durch Vertragspolitik

Die Interpretation des Grundlagenvertrages durch das Urteil des Bundesverfassungsgerichts vom 31. 7. 1973 stieß in der DDR und bei ihren osteuropäischen Verbündeten auf scharfe Ablehnung. In seinem Bericht an das ZK am 2. 10. 1973 bezeichnete das Politbüro der SED den Spruch der Karlsruher Verfassungsrichter als „völkerrechtswidrig". Zugleich verschärfte sich die Kritik der SED an einem angeblichen Mißbrauch der Transitwege durch westliche Fluchthilfeorganisationen. Absichten der Bundesregierung, in Berlin (West) ein Umweltbundesamt zu errichten, wurden als Verstoß gegen das Viermächte-Abkommen angeprangert.

Nachdem die SED bereits zu Beginn des Jahres 1973 damit begonnen hatte, Funktionäre des Partei-, Staats- und Wirtschaftsapparates nachdrücklich vor „West-Kontakten" zu warnen, entschloß sie sich im November, den stark ausgeweiteten Besuchs- und Reiseverkehr auf administrativem Wege zu drosseln: Am 5. 11. 1973 erließ das Ministerium der Finanzen eine Anordnung über die Verdoppelung der Mindestumtauschsätze pro Person und Tag bei Besuchen in den Bezirken der DDR (von 10 auf 20 DM) und in Berlin (Ost) (von 5 auf 10 DM). Die neue Regelung betraf auch Rentner, die bis zu diesem Zeitpunkt von der Umtauschpflicht befreit waren (→ **Währung/Währungspolitik**).

Die Erhöhung des Mindestumtausches führte in der Folgezeit zu einem Rückgang der Zahl der Reisenden aus der Bundesrepublik und aus Berlin (West) in die DDR um mehr als ein Drittel. Bundesregierung und Senat werteten diesen Schritt der DDR als Verstoß gegen die Geschäftsgrundlage der innerdeutschen Verträge und forderten eine Herabsetzung der Mindestumtauschsätze.

Trotz wachsender Meinungsverschiedenheiten zwischen Bonn und Berlin (Ost) wurden die Verhandlungen zwischen den beiden Regierungen auf verschiedenen (insgesamt 14) Verhandlungsebenen fortgesetzt.

Bereits am 31. 1. 1973 hatte sich eine → **Grenzkommission** konstituiert, die im September auf der Grundlage der → **Londoner Protokolle** von 1944 mit der Markierung der Grenze zwischen der Bundesrepublik Deutschland und der DDR begann und ihre Arbeit am 29. 11. 1978 mit der Unterzeichnung eines Protokolls über die Markierung der innerdeutschen Grenze (mit Ausnahme eines rd. 92 km langen Abschnitts an der Elbe) abschloß.

Am 21. 2. 1973 erließ der Ministerrat der DDR eine „Verordnung über die Tätigkeit von Publikationsorganen anderer Staaten und deren Korrespondenten" (GBl. I, S. 99f.). Danach waren „ständige Korrespondenten" durch das DDR-Außenministerium zu akkreditieren, von dessen Genehmigung auch die Tätigkeit der sich nur kurzfristig in der DDR aufhaltenden „Reisekorrespondenten" abhängig war. Die Korrespondenten hatten „Verleumdungen und Diffamierungen" der DDR, ihrer Organe und ihrer Repräsentanten zu unterlassen, „wahrheitsgetreu, sachbezogen und korrekt zu berichten sowie keine böswillige Verfälschung von Tatsachen zuzulassen" (→ **Korrespondenten**).

Im November 1973 wurden Verhandlungen zwischen den zuständigen Ressortministerien beider Regierungen über gemeinsame Maßnahmen zum Umweltschutz, über kulturellen Austausch und über wissenschaftlich-technische Zusammenarbeit aufgenommen. Damit bestanden Kontakte in allen Bereichen, die im Artikel 7 des Grundlagenvertrages als regelungsbedürftig und möglicher Inhalt von Folgeverträgen beschrieben worden waren.

In Gesprächen über die nach Abschluß des Grundlagenvertrages zu errichtenden *Ständigen Vertretungen* bemühte sich die DDR, den diplomatischen Status dieser Vertretungen möglichst weitgehend dem einer Botschaft anzugleichen, während die Bundesrepublik Deutschland den Austausch derartiger Vertretungen als Element des von ihr angestrebten besonderen innerdeutschen Verhältnisses charakterisierte. Ein am 14. 3. 1974 in Bonn vom Staatssekretär im Bundeskanzleramt, Günter Gaus, und vom Stellvertretenden Außenminister der DDR, Kurt Nier, unterzeichnetes Protokoll schuf die Voraussetzungen für die Errichtung der beiden Ständigen Vertretungen in Bonn-Bad Godesberg und in Berlin (Ost). Sie nahmen Anfang Mai 1974 ihre Tätigkeit auf. Die DDR entsandte Dr. Michael Kohl als Leiter ihrer Ständigen Vertretung – er wurde beim Bundespräsidenten akkreditiert. Allerdings ist nicht das Auswärtige Amt, sondern das Bundeskanzleramt die Behörde, der die Ständige Vertretung der DDR – anders als Botschaften ausländischer Staaten – zugeordnet ist. Die Wiener Konvention über diplomatische Rechte und Immunitäten gilt nicht unmittelbar, sondern wird laut Protokoll „entsprechend" angewendet. Im Herbst 1978 ist der Stellvertretende Außenminister der DDR E. Moldt zum Nachfolger Kohls ernannt worden. Moldt (wie schon Kohl) trägt den persönlichen Titel „Botschafter". Die Ständige Vertretung der Bundesrepublik Deutschland *bei* der DDR wird zwar wie eine ausländische Botschaft behandelt, jedoch legen ihre „Leiter" (so die offizielle Bezeichnung), die stets Staatssekretäre sind, Wert darauf, den Sonderstatus der Vertretung – wo es ohne Affront gegenüber der DDR geht – zu demonstrieren. So nahm seinerzeit der frühere Leiter der Ständigen Vertretung, Gaus, das ihm entsprechend dem DDR-Protokoll als dienstältestem diplomatischen Vertreter in Berlin (Ost) zustehende Ehrenamt eines Doyen des diplomatischen Korps nicht an.

Am 25. 4. 1974 konnten erste Folgevereinbarungen zum Grundlagenvertrag unterzeichnet werden – ein Abkommen über die Zusammenarbeit im Gesundheitswesen und Vereinbarungen über den nichtkommerziellen Zahlungsverkehr (Transfer von Unterhalts- und Schadenersatzzahlungen, beschränkter Transfer von Guthaben bei Geld- und Kreditinstituten).

Die zentralen Sportorganisationen beider Staaten, DSB und → **Deutscher Turn- und Sportbund**

(DTSB) der DDR, einigten sich am 8. 5. 1974 in einem Protokoll über die Regelung der Sportbeziehungen. Die DDR gab dabei ihren jahrelangen Widerstand gegen die bestehende Integration des Landessportbundes Berlin (West) in den Deutschen Sportbund der Bundesrepublik Deutschland auf (→ **Sport**). Damit war ein deutlicher Fortschritt in den innerdeutschen Beziehungen erreicht worden, der allerdings von einer Spionage-Affäre im Bundeskanzleramt überschattet wurde. Den auf die Entdeckung des DDR-Spions Guillaume folgenden Rücktritt von Bundeskanzler Brandt bezeichneten die Massenmedien der DDR als Ergebnis „innerer Widersprüche", an denen die Regierung Brandt gescheitert sei (ND 8. 5. 1974). Indessen wirkte sich bei der Entwicklung dieser Beziehungen auch weiterhin der Streit über den Status Berlins hemmend aus. Im Sommer 1974 protestierte die DDR heftig gegen die Errichtung des Umweltbundesamtes in Berlin (West).

Den 25. Jahrestag ihrer Gründung (7. 10. 1974) nahm die Volkskammer zum Anlaß, um aus der → **Verfassung** der DDR alle Formulierungen zu entfernen, in denen sich bis Ende der 60er Jahre vertretene, jedoch seit Anfang 1970 im politischen Sprachgebrauch der SED kaum noch verbreitete Auffassungen zur → **Nation und nationalen Frage** widerspiegelten. Aus der Präambel der Verfassung und aus den Artikeln 1 und 8 wurden Hinweise auf den Bestand einer deutschen Nation in zwei Staaten gestrichen. Ebenso entfiel ersatzlos die Absichtserklärung von 1968, auf dem Wege einer „schrittweisen Annäherung der beiden deutschen Staaten" ihre „Vereinigung auf der Grundlage von Demokratie und Sozialismus" anzustreben.

Gefördert durch einen – nicht veröffentlichten – Briefwechsel zwischen Honecker und Bundeskanzler H. Schmidt (seit 1974) sowie durch mehrere persönliche Begegnungen Honeckers mit dem Leiter der Ständigen Vertretung der Bundesrepublik Deutschland bei der DDR, Staatssekretär G. Gaus, führten die innerdeutschen Verhandlungen im November und Dezember 1974 zu weiteren Absprachen: Mit Wirkung vom 15. 11. 1974 reduzierte die DDR-Regierung den ein Jahr zuvor erhöhten Mindestumtausch (auf 13 DM bei Reisen in die Bezirke der DDR und 6,50 DM bei Besuchen von Berlin [Ost]); mit Wirkung vom 20. 12. 1974 wurden auch die Rentner wieder vom Zwangsumtausch ausgenommen, und, nachdem wesentliche Erleichterungen beim Reiseverkehr mit privaten Kraftfahrzeugen zugesagt worden waren, fand sich die Bundesregierung Anfang Dezember zu einer Verlängerung der 1968 abgeschlossenen Vereinbarung über den Swing im → **Innerdeutschen Handel (IDH)** bereit (der Swing sollte in den Jahren 1976–1981 einen Höchstbetrag von 850 Mill. Verrechnungseinheiten nicht überschreiten).

Am 9. 12. 1974 erklärte die DDR in einem Memorandum an die Bundesregierung ihre grundsätzliche Bereitschaft zu Verhandlungen über den Ausbau der Transitwege zwischen Berlin (West) und dem Bundesgebiet zu Lande und zu Wasser. Am selben Tag schlug die DDR dem Senat von Berlin die Lieferung von Elektroenergie aus ihrem Netz, Expertengespräche über die Öffnung der westlichen Zufahrt zum Teltow-Kanal, die Fortsetzung der Verhandlungen über den Bau einer zweiten Kammer der Spandauer Schleuse und über die Umgestaltung von Eisenbahnanlagen im Südbereich von Berlin (West) sowie eine Ausweitung wirtschaftlicher Beziehungen vor.

Im Mittelpunkt beider Memoranden der DDR an die Bundesregierung und den Berliner Senat stand die Verbesserung des Verkehrs auf Autobahnen und Binnenwasserstraßen durch technische Vorkehrungen und umfangreiche Baumaßnahmen. Darüber sind intensive Verhandlungen in den folgenden 12 Monaten mit dem Ergebnis geführt worden, daß am 19. 12. 1975 in einem Briefwechsel die Grunderneuerung der Transit-Autobahn Berlin–Helmstedt und der 6spurige Ausbau des Berliner Rings innerhalb einer 4jährigen Zeitspanne vereinbart wurden. Die DDR bezifferte die Gesamtkosten dieser Vorhaben auf 405 Mill. Mark – die Bundesrepublik Deutschland beteiligte sich daran mit 259,5 Mill. DM.

B. Die Deutschlandpolitik nach der Konferenz von Helsinki – zwischen verstärkter Abgrenzung und Fortsetzung der Entspannungspolitik

Die Schlußakte der KSZE, in Helsinki von 35 Staats- und Regierungschefs unterzeichnet, wurde in der DDR in vollem Wortlaut publiziert. Damit seien, schrieb das „Neue Deutschland" am 4. 8. 1975, „die territorialen und politischen Ergebnisse des zweiten Weltkrieges und der Nachkriegsentwicklung in Europa zum erstenmal in dieser umfassenden Form besiegelt worden". 2 der 10 Punkte aus dem in Helsinki verabschiedeten Prinzipien-Katalog werteten Sprecher der Einheitspartei als besonders wichtig: die Hinweise auf die Unantastbarkeit der bestehenden Grenzen und auf das Prinzip der Nichteinmischung in innere Angelegenheiten anderer Staaten.

Bundeskanzler H. Schmidt und der Erste Sekretär des SED-Zentralkomitees, E. Honecker, führten am Rande der Gipfelkonferenz von Helsinki am 31. 7. und 1. 8. 1975 einen Meinungsaustausch. Honecker erklärte nach dem Abschluß der Konferenz, man müsse auch in den Beziehungen zwischen der DDR und der Bundesrepublik Deutschland „den Geist von Helsinki wirksam werden" lassen; es bestehe die Notwendigkeit, das „bereits Erreichte zu konsolidieren, es weiter auszubauen und alles Hemmende aus dem Weg zu räumen" (ND 6. 8. 1975).

Die Schlußakte der KSZE enthielt auch Vorschläge für eine Verbesserung des Informationsaustausches zwischen Staaten und der Arbeitsbedingungen von Journalisten. Trotz dieser auf Entspannung gerichteten Empfehlungen entschloß sich die Regierung der DDR gegen Ende des Jahres 1975 – zum erstenmal in der kurzen Geschichte der offiziellen innerdeutschen Absprachen über die Tätigkeit von Presse, Funk und Fernsehen –, einem Korrespondenten aus der Bundesrepublik, dem „Spiegel"-Redakteur Mettke, die Akkreditierung zu entziehen, nachdem das Hamburger Nachrichtenmagazin über Zwangsadoptionen von in der DDR zurückgebliebenen Kindern geflüchteter Eltern berichtet hatte. – Gespräche über den Umweltschutz stockten – die DDR erhob grundsätzlich Einwände gegen die Errichtung des Umweltbundesamtes in Berlin (West).
Die Verhandlungen über Folgevereinbarungen zum Grundlagenvertrag wurden jedoch fortgesetzt, konnten aber wegen Meinungsverschiedenheiten nicht zu einem erfolgreichen Abschluß geführt werden: so gelang es beiden Seiten bis Ende 1982 nicht, sich über die Einbeziehung von Berlin (West) in eine Vereinbarung über die angestrebte wissenschaftlich-technische Zusammenarbeit zu verständigen. Bei den Bemühungen um ein Rechtshilfeabkommen erwies sich dagegen die umstrittene Staatsangehörigkeitsfrage als nicht zu überspringende Hürde. In den Gesprächen über ein Kulturabkommen erhob die Regierung der DDR Ansprüche auf Teile des ehemaligen Preußischen Kulturbesitzes, den eine von Bund und Ländern getragene Stiftung verwaltet. Die Bundesregierung wies diese Ansprüche stets als unberechtigt zurück.
Lediglich die Postministerien beider Seiten erzielten am 30. 3. 1976 eine Verständigung über ein grundlegendes Abkommen auf dem Gebiet des Post- und Fernmeldewesens, das durch 3 Verwaltungsabkommen präzisiert worden ist.
Die Ergebnisse der KSZE – von den Medien der DDR publiziert und ausführlich kommentiert – hatten unerwartete innenpolitische Konsequenzen: Eine zahlenmäßig nicht exakt erfaßbare Gruppe von Bürgern der DDR leitete aus der Schlußakte – insbesondere aus dem Abschnitt über die Menschenrechte im 10-Punkte-Prinzipienkatalog des „Korbes I" und aus den humanitären Absichtserklärungen des „Korbes III" – konkrete Forderungen an die Organe der DDR ab. Sie stellten Anträge auf Entlassung aus der Staatsbürgerschaft der DDR und Übersiedlung in die Bundesrepublik Deutschland.
Diese Tendenzen sind noch durch das Inkrafttreten der beiden Menschenrechtspakte der UN vom Dezember 1966 verstärkt worden.
Die Bestimmungen des Bürgerrechts- und des Sozialrechtspaktes wurden Anfang 1976 völkerrechtlich wirksam, nachdem sie von einer ausreichenden Zahl von Staaten – darunter von der Bundesrepublik Deutschland und der DDR (bereits 1974) – ratifiziert worden waren (→ **Außenpolitik**). Der Wortlaut dieser Pakte ist auch im Gesetzblatt der DDR abgedruckt worden (II, 1974, S. 60). So heißt es z. B. im Art. 12 des Bürgerrechtspaktes („Internationale Konvention über zivile und politische Rechte"): „Es steht jedem frei, jedes Land, auch sein eigenes, zu verlassen."
Auch die Ausführungen westeuropäischer KP-Führer auf der Konferenz der 29 kommunistischen und Arbeiterparteien Europas in Berlin (Ost) am 29. und 30. 6. 1976 trugen zu dem auch öffentlich vorgetragenen Verlangen nach Inanspruchnahme der bürgerlichen Freiheitsrechte durch Bürger der DDR bei (→ **Bürgerrechtler**).
Zur selben Zeit belastete indessen erneut der Schußwaffengebrauch an der **Innerdeutschen → Grenze** das Verhältnis zur Bundesrepublik Deutschland. Internationales Aufsehen erregte die Erschießung des italienischen Fernfahrers Corghi (Mitglied der KP Italiens) am 5. 8. 1976 durch Grenzorgane der DDR.
Im Herbst 1976 deuteten Umstände darauf hin, daß sich die SED-Führung zu einem härteren innenpolitischen Kurs entschlossen hatte. Die Ausweisung des Liedermachers Wolf Biermann im November 1976 und die darauf folgende Kontroverse zwischen der SED und einem größeren Kreis von Schriftstellern und Künstlern (→ **Kulturpolitik**) hatte ebenso Konsequenzen für das Klima zwischen beiden deutschen Staaten wie die Ausweisung des ARD-Fernsehkorrespondenten Loewe im Dezember 1976.
Nachdem Ministerpräsident Stoph in seiner Regierungserklärung am 1. 11. 1976 nach längerer Pause wieder von einem „Anwachsen des Revanchismus" in der Bundesrepublik Deutschland gesprochen und davor gewarnt hatte, das für 1977 geplante erste KSZE-Folgetreffen in Belgrad in eine „Tribüne der Konfrontation umzuwandeln" (ND 2. 11. 1976), vertrat Honecker in einem Interview mit der „Saarbrücker Zeitung" am 17. 2. 1977 die Ansicht, es verstärkten sich „die Tendenzen in der BRD, das Verhältnis zwischen den beiden deutschen Staaten auf den Stand zurückzudrücken, wie er vor dem Grundlagenvertrag bestand"; die DDR werde zu überlegen haben, ob es zumutbar sei, „Propagandisten des Hasses und der Feindschaft" weiterhin einreisen zu lassen; tatsächlich seien die Beziehungen zwischen beiden Staaten „gegenwärtig stark belastet" – die Verantwortung dafür trügen „Kreise in der Bundesrepublik Deutschland, die an geschlossenen Verträgen vorbei erneut eine revanchistische Politik gegen die DDR betreiben" wollten (ND 22. 2. 1977).
Die nach dem Amtsantritt des amerikanischen Präsidenten J. Carter auf internationaler Ebene intensivierte Debatte über die Sicherung der Menschen-

rechte bezeichnete Honecker auf der 5. ZK-Tagung am 17. 3. 1977 als „großen Rummel", als „viel Krach um nichts"; in der DDR seien die Menschenrechte „nicht nur verfassungsmäßig, sondern im täglichen Leben der Gesellschaft voll garantiert" (ND 18. 3. 1977).

Die durch die Bundestagswahl vom Oktober 1976 bestätigte sozialliberale Koalition nahm in der ersten Hälfte des folgenden Jahres eine Bestandsaufnahme ihrer deutschlandpolitischen Bemühungen seit Beginn der Vertragspolitik vor und stellte einen Katalog weiterer Verhandlungsziele auf. Daraufhin trafen sich der Staatsminister im Bundeskanzleramt, Wischnewski, und der Ständige Vertreter der DDR in Bonn, M. Kohl, am 12. 8. 1977 zu einem offiziellen Gespräch, das den Auftakt einer neuen Verhandlungsrunde bedeutete. Zuvor waren erneut durch einen Briefwechsel zwischen Bundeskanzler Schmidt und SED-Generalsekretär Honecker Verfahrensweise und Richtung dieser Verhandlungen umrissen worden.

In seiner Rede zur Eröffnung des Parteilehrjahres in Dresden warf Honecker der Bundesrepublik Deutschland am 26. 9. 1977 vor, sie weigere sich immer noch, die „Staatsgrenze der DDR mit allen sich daraus ergebenden Schlußfolgerungen anzuerkennen" und Bewohner der DDR als deren „Staatsbürger" zu betrachten: „Hier liegt die eigentliche Wurzel dafür, daß es immer wieder Belastungen in den Beziehungen zwischen der DDR und der BRD gibt." (ND 27. 9. 1977)

Am 19. 10. 1977 kamen Delegationen beider Postministerien überein, bis 1982 die Zahl der Leitungen für den Selbstwählfernsprechdienst zwischen beiden deutschen Staaten um 702 zu erhöhen und damit praktisch zu verdoppeln. Ferner wurde die Pauschale für die Abgeltung von Mehrleistungen der Deutschen Post der DDR (bis 1976 jährlich 30 Mill. DM) für die Jahre 1977–1982 auf 85 Mill. DM jährlich erhöht.

Im selben Monat nahm Staatssekretär Gaus in Berlin (Ost) Verhandlungen über den Ausbau von zwei jeweils 2,5 km langen Autobahnabschnitten an den Grenzübergängen Helmstedt–Marienborn und Herleshausen–Wartha auf. Dabei wurden auch Möglichkeiten für den Abschluß eines Veterinärabkommens erörtert.

Weitere Verhandlungsergebnisse wurden insbesondere in Verkehrsfragen erzielt. Am 22. 12. 1977 konnte der Ausbau des Autobahnabschnitts Helmstedt–Marienborn vereinbart werden; die Bundesrepublik übernahm Baukosten in Höhe von 2,73 Mill. DM.

Zu erneuten Belastungen des deutsch-deutschen Verhältnisses führte um die Jahreswende 1977/78 eine auffallende und von der Bundesregierung als unberechtigt bezeichnete Zunahme der Verdachtskontrollen auf den Transitwegen durch Grenzorgane der DDR, die Schließung des „Spiegel"-Büros in Berlin (Ost) nach der Publikation des einer Gruppe oppositioneller SED-Mitglieder zugeschriebenen „Manifests" in zwei Ausgaben des Hamburger Nachrichtenmagazins, schließlich die Zurückweisung des CDU-Vorsitzenden Dr. Helmut Kohl und anderer Unionspolitiker an der innerstädtischen Grenze in Berlin. Dem daraufhin am 28. 1. 1978 zwischen Staatsminister Wischnewski vom Bundeskanzleramt und Politbüro-Mitglied Axen sowie dem Außenminister der DDR, Fischer, arrangierten Gespräch bescheinigte Honecker in einer Rede vor den 1. Kreissekretären der SED am 17. 2. 1978 eine „offene und sachliche Atmosphäre"; man müsse eine „erneute Vergiftung des Klimas" verhindern und die gegebenen Möglichkeiten nutzen, um „die Verhandlungen auf den verschiedenen Gebieten erfolgreich fortzuführen" (ND 18. 2. 1977).

Nachdem Staatssekretär Gaus in der ersten Hälfte des Jahres 1978 in Berlin (Ost) Gespräche über ein Veterinärabkommen geführt hatte, konzentrierte er sich – im Anschluß an eine Unterredung mit E. Honecker am 12. 6. 1978 – auf Verhandlungen über weitere Verbesserungen im Berlin-Transitverkehr. Dem Fortgang dieser Bemühungen waren die Gespräche, die der sowjetische Parteichef L. Breschnew mit Bundeskanzler H. Schmidt während seines zweiten Besuches in der Bundesrepublik im Mai geführt hatte, förderlich.

So kam es noch im November 1978 zur Unterzeichnung einer Reihe wichtiger Vereinbarungen, die insbesondere den Ausbau der Verkehrswege zwischen beiden deutschen Staaten betrafen (Bau der Autobahn Berlin–Hamburg, Bundesbeteiligung 1,2 Mrd. DM; Reparatur der Transitwasserstraßen, Bundesbeteiligung 190 Mill. DM; Öffnung des Teltow-Kanals in Berlin; Erhöhung der Transitpauschale von 400 Mill. DM auf 525 Mill. DM für die Jahre 1980–1989) (→ **Innerdeutsche Beziehungen**).

Zur Verbesserung des nichtkommerziellen Verrechnungs- und **Grenzüberschreitenden → Zahlungsverkehrs** versprach die DDR, aus ihren Deviseneinnahmen bis 1982 200 Mill. DM für den Transfer von Guthaben bereitzustellen, die Bürger der Bundesrepublik bei DDR-Banken und -Sparkassen unterhielten.

Am 12. und 13. 1. 1979 führte Staatsminister Wischnewski in Berlin (Ost) Gespräche mit Außenminister Fischer und dem inzwischen aus Bonn in das DDR-Außenministerium zurückgekehrten und zum Stellvertretenden Außenminister ernannten Dr. M. Kohl über Möglichkeiten eines Energieverbundsystems unter Einbeziehung von Berlin (West) und über gemeinsame Maßnahmen zum Umweltschutz, insbesondere zur Reinhaltung von Gewässern.

Während der Leipziger Frühjahrsmesse im März

1979 reiste Bundeswirtschaftsminister Graf Lambsdorff in die DDR. Mit dem Wirtschaftsexperten des SED-Politbüros, G. Mittag, erörterte er Möglichkeiten einer Ausweitung des innerdeutschen Handels und insbesondere der industriellen Kooperation.

In anderen Bereichen waren dagegen restriktive Tendenzen in der D. der SED zu beobachten. Beispiel hierfür sind die die Arbeit vor allem westdeutscher Journalisten einschränkenden Durchführungsbestimmungen zur Journalistenverordnung vom Februar 1973 (vom 16. 4. 1979) sowie die Neuregelung der Bestimmungen über Besitz und Verwendung von Hartwährungsvaluta durch DDR-Bürger vom 16. 4. 1979 (→ **Währung/Währungspolitik**). Unter deutschlandpolitischen Gesichtspunkten brachte auch das am 28. 6. 1979 von der DDR verabschiedete Strafrechtsergänzungsgesetz, das sich vor allem gegen Kontakte zwischen DDR-Bürgern und westlichen Korrespondenten richtete, erneut eine beträchtliche Klimaverschlechterung.

Erst im Herbst trat eine gewisse Verbesserung des politischen Klimas ein, nachdem die DDR eine Amnestie für Strafgefangene angekündigt, ihre scharfe Kampagne gegen kritische Intellektuelle abgeschwächt und mehreren gemaßregelten Schriftstellern die Ausreise in den Westen gestattet hatte. Mitte Oktober 1979 kam zum ersten Mal ein Mitglied der DDR-Regierung, der Minister für Bauwesen, Wolfgang Junker (SED), zu einem offiziellen viertägigen Besuch in die Bundesrepublik. Am 31. 10. konnten zwei neue Verkehrsvereinbarungen über die Befreiung von DDR-Kraftfahrzeugen in der Bundesrepublik von der Kfz-Steuerpflicht und den Verzicht auf Straßenbenutzungsgebühren durch die DDR (ersetzt durch Pauschalzahlungen von seiten der Bundesrepublik Deutschland) unterzeichnet werden.

Schließlich wurde am 21. 12. 1979 ein Abkommen über die Zusammenarbeit im Veterinärwesen geschlossen.

C. Deutschlandpolitik nach dem NATO-Doppelbeschluß

Trotz heftiger Polemik gegen den Brüsseler NATO-Beschluß vom Dezember 1979 und der Verschlechterung des Ost-West-Klimas nach der militärischen Intervention der Sowjetunion in Afghanistan Ende 1979 änderte sich die D. der SED zunächst nicht. So besuchte der Bundesminister für Ernährung, Landwirtschaft und Forsten, Josef Ertl, im März 1980 die → **Leipziger Messe** und führte mit dem für die Landwirtschaft zuständigen Sekretär des ZK der SED und Mitglied des Politbüros, Gerhard Grüneberg, einen Erfahrungsaustausch. Der Wirtschaftsexperte der SED-Führung, Günter Mittag, reiste im April zur Hannover-Messe und traf anschließend in Bonn u. a. mit Bundeskanzler Helmut Schmidt zusammen.

Am 30. 4. 1980 konnten in Berlin (Ost) drei weitere Abkommen über Verbesserungen der innerdeutschen Verkehrsverbindungen unterzeichnet werden (Ausbau des Autobahnübergangs Wartha/Herleshausen, Verbreiterung des Mittellandkanals und zweigleisiger Ausbau der Eisenbahnstrecke Berlin–Helmstedt). – In der D. der SED zeichnete sich jedoch zugleich eine neue Tendenz ab: die innerdeutsche Entspannungspolitik sollte als Instrument der Einwirkung auf die NATO-Politik der Bundesrepublik Deutschland eingesetzt werden. Das Gespräch zwischen Bundeskanzler Schmidt und dem DDR-Staatsratsvorsitzenden Honecker anläßlich der Beisetzungsfeierlichkeiten für den verstorbenen jugoslawischen Staatspräsidenten Tito in Belgrad am 8. 5. 1980 bot dazu eine erste Gelegenheit („von deutschem Boden darf nie wieder ein Krieg ausgehen"). Vor dem am 21.–22. 5. 1980 tagenden SED-Zentralkomitee führte Honecker die Verschlechterung der internationalen Lage darauf zurück, daß „die aggressivsten Kreise der NATO . . . das militärische Gleichgewicht einseitig zu verändern und ihre Überlegenheit zu erreichen" suchten; das Belgrader Treffen zwischen H. Schmidt und ihm habe einen „besonderen Stellenwert" für die Fortsetzung des Ost-West-Dialogs gehabt: „Es unterstrich die Verantwortung der beiden deutschen Staaten für den Frieden gerade in einer Zeit, in der die internationale Lage komplizierter geworden ist." (ND 22. 5. 1980)

Anfang Juli gab Honecker dem englischen Verleger seines Buches „Aus meinem Leben", R. Maxwell, ein Interview. Darin begründete er, daß aus der Sicht der SED vor allem die Nichtanerkennung der DDR-Staatsbürgerschaft durch die Bundesrepublik Deutschland einer Ausweitung des innerdeutschen Reiseverkehrs entgegensteht.

Trotz der kurzfristigen Absage eines DDR-Besuches durch Bundeskanzler Schmidt – unter dem Eindruck der sich verschärfenden Lage in Polen – erklärte Honecker am 31. 8. bei der Eröffnung der Leipziger Herbstmesse, die DDR sei an der weiteren Normalisierung der Beziehungen zur Bundesrepublik „sehr interessiert", um „den Entspannungsprozeß in Europa zu fördern und in Verbindung damit neue Horizonte für die Zusammenarbeit zwischen beiden Staaten zu erschließen".

D. Von der Erhöhung des Mindestumtausches 1980 bis zur Bundestagswahl 1983

Eine restriktive Änderung der D. der SED stellte die am 9. 10. 1980, also wenige Tage nach der Bundestagswahl, verfügte drastische Erhöhung des Mindestumtausches für Reisende aus „nichtsozialistischen Staaten" dar. Honecker erklärte den Zeitpunkt damit, man habe diese Maßnahme nicht vor

der Wahl treffen wollen. In der Folge verringerte sich der Reiseverkehr von West nach Ost erheblich. Die Rede Honeckers am 13.10.1980 zur Eröffnung des Parteilehrjahres der SED in Gera bestätigte die grundsätzliche Verhärtung der Position der DDR gegenüber der Bundesrepublik Deutschland. Der Generalsekretär der SED verlangte als Voraussetzung für normale Beziehungen zwischen beiden Staaten von der Bundesrepublik „die Anerkennung der Staatsbürgerschaft der DDR", die Auflösung der „Zentralen Erfassungsstelle" in Salzgitter, den Verzicht auf die „Ausstellung vorläufiger Reiseausweise der BRD für Bürger der DDR bei deren zeitweiligem Aufenthalt in der BRD" sowie von „BRD-Pässen für Bürger der DDR durch Botschaften der BRD in dritten Staaten", ferner die Umwandlung der beiden Ständigen Vertretungen in Bonn und Berlin (Ost) in Botschaften sowie schließlich die Festlegung des Grenzverlaufs auf der Elbe gemäß den Forderungen der DDR, also in der Mitte der Wasserstraße (Talweg).
Unter Hinweis auf den NATO-Doppelbeschluß erklärte Honecker: „Niemand soll doch ernsthaft glauben, er könne aktiv die Politik des westlichen Bündnisses vertreten, aus Solidarität mit den USA die Olympischen Spiele in Moskau boykottieren, als Erfinder und Einpeitscher des Brüsseler Raketenbeschlusses auftreten und gleichzeitig so tun, als brauche man mit der DDR nur über ‚Reiseerleichterungen' zu sprechen." (ND 14.10.1980) – Auch auf der 13. Tagung des ZK der SED im Dezember 1980 bestand die D. der SED im wesentlichen aus Anklagen gegen die NATO-Politik der Bundesregierung. Daß die SED-Führung jedoch auch weiterhin am Kern ihrer D. festhalten wollte, machte Generalsekretär Honecker überraschend in einem 2. Interview mit seinem Verleger Maxwell am 13.2.1981 klar: „Wir erheben nie Vorbedingungen für Gespräche, die dazu beitragen sollen, im Interesse des Friedens Spannungen abzubauen und die Beziehungen zwischen den Staaten zu normalisieren." Die DDR-Staatsbürgerschaft sei „keine Frage von Verhandlungen", sie spiele nur deshalb eine Rolle, „weil in der BRD, entgegen jedem Völkerrecht, immer noch das Staatsbürgergesetz aus den Zeiten Wilhelms II. Geltung haben soll und eine Praxis verfolgt wird, die Staatsbürger der DDR diskriminiert. Das werden wir selbstverständlich nie akzeptieren." (ND 13.2. 1981)
Daß die SED trotz ihrer Politik der Abgrenzung und ihrer veränderten Haltung zur Nation und zur nationalen Frage noch immer auch gesamtdeutsche Ambitionen besaß und besitzt, war einer Bemerkung von Erich Honecker vor der SED-Bezirksdelegiertenkonferenz in Berlin (Ost) am 15.2.1981 zu entnehmen. Er sagte, daß sich „die Frage der Vereinigung beider deutscher Staaten vollkommen neu" stellen werde, sobald die „sozialistische Umgestaltung der Bundesrepublik Deutschland" beginne (ND 16.2.1981).
Vor den Delegierten des X. Parteitages der SED im April 1981 verwies Honecker auf seine Geraer Rede, ohne jedoch die darin gestellten Forderungen expressis verbis zu wiederholen. Die DDR sei weiterhin bereit, „konstruktiv zur Entwicklung normaler, ja gut nachbarlicher Beziehungen zwischen der DDR und der BRD beizutragen", doch ließen sich diese Beziehungen nicht von der internationalen Situation abkoppeln.
Nach den Volkskammer-Wahlen am 14.6.1981 erklärte der Vorsitzende des Ministerrates Willy Stoph am 26.6. vor der Volkskammer, daß „die Politik der DDR auch gegenüber der BRD von den Prinzipien der → **Friedlichen Koexistenz** bestimmt" werde. Die Verknüpfung von D. und Sicherheitspolitik wird auch bei Stoph deutlich, wenn er ferner davon spricht, daß „Friedenssicherung in den Mittelpunkt" der Politik gegenüber Bonn rückt, da diese „nicht zuletzt einen weltpolitischen Hintergrund" habe (ND 27.6.1981).
Als Honecker auf der 3. Tagung des ZK der SED im November 1981 von der „besonderen Verpflichtung [beider deutscher Staaten] zum Frieden" sprach, zeigte er mit dieser Äußerung erneut, daß die SED an der Fortsetzung des Dialogs mit Bonn interessiert geblieben war; in ihrer D. sah die Parteiführung der SED ein Stück Friedenssicherungspolitik. Unter diesem Aspekt ist die umfassende Bestandsaufnahme der innerdeutschen Beziehungen beim Treffen zwischen Bundeskanzler Helmut Schmidt und dem Generalsekretär der SED Erich Honecker vom 11.–13.12.1981 am Werbellinsee (DDR) zu sehen, bei dem die DDR-Behörden den westlichen Massenmedien eine umfassende Berichterstattung ermöglichten. Um jedoch spontane Meinungsäußerungen von DDR-Bürgern wie bei dem Aufenthalt Brandts in Erfurt 1970 zu verhindern, wurden Bundeskanzler Schmidt und seine Begleiter – vor allem bei einem Besuch in Güstrow – von der Bevölkerung durch einen massiven Einsatz der DDR-Sicherheitsorgane abgeschirmt. Das am Ende der Begegnung veröffentlichte Gemeinsame Kommuniqué unterstrich noch einmal die Überzeugung beider Seiten, „daß von deutschem Boden nie wieder Krieg ausgehen darf". Es betonte ferner, daß – unbeschadet der weiter bestehenden Meinungsverschiedenheiten in Grundsatzfragen – die Bemühungen um gutnachbarliche Beziehungen fortgesetzt würden. Bekräftigt wurden aber auch die unterschiedlichen Auffassungen über die Erhöhung des Mindestumtausches. In den Absätzen des Kommuniqués, die wirtschaftlichen Fragen galten, war von Zusammenarbeit bei Projekten und Unternehmenskooperationen auch auf dritten Märkten sowie von Zusammenarbeit im Energiebereich die Rede (die DDR bekräftigte bei dieser Gelegenheit ihr Einverständnis mit der Liefe-

rung sowjetischen Erdgases nach Berlin [West]). Nach einer Aufzählung zahlreicher weiterer Themenkomplexe, die zwischen Schmidt und Honecker in insgesamt 15stündigen Gesprächen erörtert worden waren, kündigte das Kommuniqué – ohne genaue Terminangabe – einen Gegenbesuch Honeckers in der Bundesrepublik Deutschland an. Überschattet wurde der Abschluß des innerdeutschen Gipfels am 13. 12. 1981 von der Information über die Verhängung des Kriegsrechts in Polen. Westliche Erwartungen, die DDR werde nach dem Treffen am Werbellinsee wenigstens Rentner und Jugendliche vom Zwang des Mindestumtausches befreien, erfüllten sich nicht. Im Februar 1982 erweiterte die DDR allerdings den Katalog der Anlässe für Westreisen ihrer eigenen Bürger in dringenden Familienangelegenheiten. – Abgesehen von einer am 17. 12. 1981 in Berlin (Ost) unterzeichneten Vereinbarung über die vorläufige Verlängerung des zinslosen Überziehungskredits im → **Innerdeutschen Handel (IDH)** über den 31. 12. 1981 hinaus bis zum 30. 6. 1982, folgten dem Treffen am Werbellinsee keine konkreten Absprachen.

Das am 25. 3. 1982 von der Volkskammer verabschiedete neue Grenzgesetz faßte zusammen, was schon zuvor – in teilweise unveröffentlichten Vorschriften – das Verhalten der DDR-Grenzorgane bestimmt hatte (so den Schußwaffengebrauch an den Grenzen, dem nach Ermittlungen von Bundesbehörden bis zu diesem Zeitpunkt mindestens 186 Personen zum Opfer gefallen waren). Es bekräftigte ferner den Anspruch von seiten der DDR auf die Grenzziehung entlang der Hauptfahrrinne (Talweg) der Elbe.

Ungeachtet der trotz des Treffens am Werbellinsee unerfüllt gebliebenen Erwartungen auf ein deutschlandpolitisches Einlenken der SED und vorbereitet durch eine Begegnung des Bundesministers Lambsdorff mit dem SED-Wirtschaftsexperten Günter Mittag am 17. 3. in Berlin (Ost) erzielten beide Regierungen am 18. 6. 1982 eine neue Swing-Regelung. Danach sollte der zinslose Überziehungskredit im innerdeutschen Handel bis zum 1. 1. 1985 schrittweise von bisher 850 Mill. auf 600 Mill. DM zurückgeführt werden. Im Gegenzug erbrachte die DDR Gegenleistungen im Bereich des nichtkommerziellen Zahlungsverkehrs, der Einreisebestimmungen für „Republikflüchtlinge" und der geltenden Ausbürgerungspraxis.

Seit Anfang 1982 verdichteten sich auch die offiziellen innerdeutschen Besuchskontakte. So reiste Anfang Juli 1982 der DDR-Minister für Wissenschaft und Technik, Herbert Weiz, zu einem 4tägigen offiziellen Besuch in die Bundesrepublik Deutschland. Auf Einladung der Jungsozialisten und des Saarbrücker Oberbürgermeisters Lafontaine, der im März während eines einwöchigen DDR-Besuches auch von Honecker empfangen worden war, kam zum ersten Mal eine Gruppe von Jugendtouristen aus der DDR in das Saarland. – Daß die D. der DDR auch bisher unlösbar erscheinende Probleme nicht ausklammerte, zeigte sich überraschend noch kurz vor dem Regierungswechsel in Bonn. Am 13. 9. 1982 erfuhr der Staatsminister im Bundeskanzleramt Wischnewski, der zu einer städtebaulichen Ausstellung der Bundesrepublik Deutschland „Stadt Park – Park Stadt" nach Berlin (Ost) gekommen war, bei Begegnungen mit Erich Honecker, Günter Mittag und Außenminister Fischer, daß die DDR nunmehr bereit sei, den Streit um Kulturgüter der „Stiftung Preußischer Kulturbesitz" in den Verhandlungen über ein innerdeutsches Kulturabkommen auszuklammern.

Im September 1982 – noch vor dem Bonner Regierungswechsel – kam es ferner zu Vereinbarungen über eine Ausweitung des → **Jugendaustauschs** und zu einer Teilregelung der Berliner Abwässerprobleme.

Auf das Ende der sozialliberalen Koalition in Bonn und die ersten deutschlandpolitischen Erklärungen der neuen Bundesregierung unter Bundeskanzler Helmut Kohl reagierte die SED-Führung zurückhaltend, wenn auch kritisch. Teile der Regierungserklärung des Bundeskanzlers „stammen aus der Zeit des Kalten Krieges" (ND 14. 10. 1982). Während eines Staatsbesuches auf der Insel Zypern erklärte Erich Honecker, für die DDR sei die Friedensfrage das wichtigste, er aber habe „erhebliche Zweifel", ob man sie lösen könne, wenn die Bundesregierung vorbehaltlos der Politik der Vereinigten Staaten zustimme.

Doch die D. der SED blieb gegenüber der neuen Bonner Regierung vom Interesse am Fortgang der innerdeutschen Gespräche und Verhandlungen bestimmt, nachdem auch das neue Kabinett zu erkennen gegeben hatte, daß es – jedenfalls aus Sicht der DDR – an der bisherigen D. der sozialliberalen Koalition festzuhalten beabsichtigt. Die Trauerfeierlichkeiten für den verstorbenen sowjetischen Partei- und Staatschef Leonid Breschnew boten am 14. 11. 1982 Gelegenheit zu einem einstündigen Meinungsaustausch zwischen dem Staatsratsvorsitzenden Erich Honecker und dem Bundespräsidenten der Bundesrepublik Deutschland, Karl Carstens, in Moskau. Am folgenden Tag nahm der neue Bundesminister für Raumordnung, Bauwesen und Städtebau, Oscar Schneider, in Magdeburg an der Eröffnung der zuvor in Berlin (Ost) gezeigten Ausstellung „Stadt Park – Park Stadt" teil, wo er auch mit DDR-Bauminister Wolfgang Junker (SED) zusammentraf. – Nach 4jähriger Bauzeit konnte am 20. 11. 1982 das letzte Teilstück der neuen Autobahn Berlin–Hamburg für den Verkehr freigegeben werden. Bei dieser Gelegenheit führten Bundesverkehrsminister Dollinger und DDR-Verkehrsminister Arndt ihr erstes Gespräch nach dem Regierungswechsel in

Bonn. Auf Einladung von Außenminister Fischer, hielt sich der Staatsminister im Bundeskanzleramt Jenninger am 2. 12. 1982 in Berlin (Ost) auf. Beide kamen überein, daß im folgenden Vierteljahr die Verhandlungen über ein Kulturabkommen zwischen beiden deutschen Staaten wieder aufgenommen werden sollten.

Den Vorschlag der schwedischen Regierung für die Schaffung einer von Atomwaffen freien Zone in Mitteleuropa unterstützte die DDR sofort. Honekker schlug darüber hinaus am 4. 2. 1983 in einem Schreiben an Bundeskanzler Kohl der Bundesrepublik Deutschland den Beitritt zu einem entsprechenden Abkommen vor. In seinem Antwortbrief unterstrich der Bundeskanzler, daß für die nukleare Bedrohung eines Gebietes nicht ausschlaggebend sei, „ob dort Kernwaffen stationiert sind, sondern ob auf dieses Gebiet Kernwaffen gerichtet sind". – Während des Wahlkampfes in der Bundesrepublik im Januar/Februar 1983 übte die SED-Führung im großen und ganzen Zurückhaltung, allerdings fanden sich gelegentlich in den DDR-Zeitungen und Zeitschriften Polemiken gegen „revanchistische" Äußerungen von Mitgliedern der Bundesregierung. Nachdem die Bundestagswahl vom 6. 3. 1983 eine starke Mehrheit für eine Koalition der CDU/CSU mit der F.D.P. erbracht hatte, nutzte Honecker am 13. 3. 1983 die Eröffnung der Leipziger Frühjahrsmesse, um das lebhafte Interesse der DDR an der Kontinuität der Ost- und D. der Bundesrepublik zu unterstreichen; er empfahl, nicht unlösbare Probleme in den Mittelpunkt zu stellen, sondern Fragen, die „uns wirklich helfen, ein Stückchen bei der Entwicklung der deutsch-deutschen Beziehungen vorwärts zu kommen"; über manches könne man sich streiten – „uns scheint es besser zu sein, auf den Gebieten zusammenzuwirken, wo die Möglichkeit der Zusammenarbeit gegeben ist" (ND 14. 3. 1983).

Der Tod eines Transitreisenden aus der Bundesrepublik am 10. 4. 1983 während einer Vernehmung durch DDR-Grenzorgane am Übergang Drewitz löste in der Öffentlichkeit starke Beunruhigung und den Verdacht aus, die an der Leiche festgestellten Verletzungen seien auf äußere Gewaltanwendung zurückzuführen. Bundeskanzler Kohl sagte am 18. 4. 1983 ein Treffen mit dem in Bonn weilenden Politbüromitglied G. Mittag kurzfristig ab und ersuchte Honecker in einem Telefongespräch um rasche Aufklärung der Umstände des Todesfalles. Die DDR-Behörden gaben einem Hamburger Gerichtsmediziner Gelegenheit, sich an Ort und Stelle über den Ablauf des Vorfalls zu unterrichten. Seine Erkenntnisse trugen dazu bei, daß ein von der Staatsanwaltschaft Verden in der Bundesrepublik eingeleitetes Ermittlungsverfahren am 12. 5. 1983 eingestellt wurde, weil keine zureichenden tatsächlichen Anhaltspunkte dafür vorlagen, daß die bei dem Toten festgestellten Verletzungen von fremder Hand verursacht worden waren. Der Fall erregte großes Aufsehen. Am 25. 4. 1983 behauptete ADN, es gäbe im Westen Kräfte, „die mit ihrer gegenwärtigen Hetze und Diffamierungskampagne gegen die DDR offenbar die Belastbarkeit des Transitabkommens testen" wollten. Zwei Tage später wurde ein zweiter Todesfall eines Transitreisenden infolge Herzversagens am Kontrollpunkt Wartha bekannt. Am 28. 4. 1983 teilte der Leiter der Abteilung „West" im ZK der SED, H. Häber, dem Leiter der Ständigen Vertretung der Bundesrepublik Deutschland, Staatssekretär H. O. Bräutigam, mit, daß sich Honecker aufgrund der Lage, „wie sie in verschiedenen Pressekommentaren zum Ausdruck kommt", nicht in der Lage sähe, die Bundesrepublik zu besuchen. In einem ausführlichen Grundsatzartikel des „Neuen Deutschland" am 3. 5. 1983 beschuldigte die SED-Führung „Scharfmacher wie Strauß, Springer und andere, bewußt eine Situation herbeigeführt" zu haben, „die an Feindseligkeit gegenüber der DDR kaum zu übertreffen" sei: „Obwohl sich die DDR in den zurückliegenden Monaten deutlich um gute Beziehungen mit Bonn bemüht hat und dabei bis an die Grenze ihrer Möglichkeiten ging, fegte von der BRD aus trotz der Frühlingstage am Rhein ein eisiger Wind über die deutsch-deutsche Grenze."

In der Folgezeit deuteten Berichte von Transitreisenden darauf hin, daß die DDR interne Verfügungen getroffen hatte, die dem nachdrücklichen Ersuchen der Bundesregierung Rechnung tragen sollten, Reisenden durch die Form und Atmosphäre der Kontrollen Verängstigung und Einschüchterung zu ersparen. Auch schien die DDR bereit, Anträge ihrer eigenen Bürger auf West-Reisen in dringenden Familienangelegenheiten eher zu genehmigen als noch 1982 – so zählte man in der Bundesrepublik während der ersten drei Monate 1983 16000 Einreisen von DDR-Bürgern in dringenden Familienangelegenheiten (statt 6900 im gleichen Quartal des Vorjahres; 1983 insgesamt 65000 gegenüber 37000 im Jahre 1982).

Sein weiterhin bestehendes Interesse an einem Besuch der Bundesrepublik Deutschland unterstrich Honecker am 21. 5. 1983 in einem Interview mit einer japanischen Zeitung: Aufgeschoben bedeute nicht aufgehoben. Nachdem Honecker am 28. 5. 1983 mit dem Vorsitzenden der SPD-Fraktion des Deutschen Bundestages, H. J. Vogel, am Werbellinsee zusammengetroffen war, wertete das SED-Politbüro in seinem Bericht an das ZK-Plenum Mitte Juni die Absage der Reise des Staatsratsvorsitzenden als „dringende Mahnung zur beiderseitigen Pflege und Einhaltung der Kontinuität" (ND 16. 6. 1983).

Auf die sich im Westen zuspitzende Debatte über die Erfüllung des NATO-Nachrüstungsbeschlusses suchten Sprecher der SED wiederholt einzuwirken – so z. B. ein Leitartikler des „Neuen Deutschland" mit der Feststellung, „daß gute Nachbarschaft

im Schatten von neuen amerikanischen Nuklearraketen schwerlich gedeihen kann“ und daß die Lage auch „durch die hemmungslose Entfaltung des Chauvinismus zur Veränderung der Grenzen“ erschwert werde (ND 21. 6. 1983).
Anfang Juli 1983 gewährte ein Bankenkonsortium unter der Führung der Bayerischen Landesbank der → **Deutschen Außenhandelsbank Aktiengesellschaft (DABA)** der DDR zu marktüblichen Konditionen einen Kredit von 1 Mrd. DM, der durch eine Garantieerklärung der Bundesregierung abgesichert wurde, die ihrerseits auf eine Kreditsicherungserklärung des DDR-Finanzministeriums verweisen konnte.
Der bayerische Ministerpräsident und CSU-Vorsitzende F. J. Strauß teilte mit, daß er den Milliarden-Kredit „eingefädelt“ habe. Im Rahmen einer privaten Besuchsreise in drei Länder des Warschauer Paktes traf Strauß am 24. 7. 1983 mit Honecker am Werbellinsee zu einem – wie ADN ihn kennzeichnete – „freimütigen Meinungsaustausch“ zusammen, bei dem „Fragen der internationalen Entwicklung und der Beziehungen zwischen der DDR und der BRD“ erörtert worden seien. Während ADN betonte, Honecker habe darauf hingewiesen, daß sich die geplante Stationierung neuer Mittelstreckenraketen in der Bundesrepublik auch auf „die bilateralen Beziehungen . . . negativ auswirken“ könnte, erklärte Strauß vor Journalisten, er sei der „festen Überzeugung“, daß die Raketenstationierung das Verhältnis zwischen den beiden deutschen Staaten nicht unmittelbar beeinflussen werde. Laut ADN wurde in dem Gespräch Honeckers mit Strauß „trotz unterschiedlicher Auffassungen zu bestimmten Problemen . . . die Nützlichkeit des politischen Ost-West-Dialogs gerade in einer komplizierten Weltlage unterstrichen“ (ND 25. 7. 1983). In der Folgezeit kam es zu einer Reihe von Begegnungen zwischen Politikern aus beiden Staaten in der DDR: Am 24. 8. 1983 suchte der Abrüstungsexperte der SPD, E. Bahr, Honecker auf. Am 5. 9. 1983 traf der Deutschlandexperte des ZK der SED, H. Häber, mit dem Vorsitzenden des Bundestagsausschusses für innerdeutsche Beziehungen, G. Reddemann (CDU), und Abgeordneten aller im Bundestag vertretenen Parteien in Leipzig zusammen, während am selben Tag Honecker den ehemaligen Bundeskanzler H. Schmidt empfing. Mit dem DDR-Staatsratsvorsitzenden traf am 15. 9. 1983 zum ersten Mal auch ein Regierender Bürgermeister von Berlin zusammen. R. v. Weizsäcker, der bereits Anfang Mai an einer kirchlichen Veranstaltung zum Lutherjahr 1983 auf der Wartburg teilgenommen hatte, wertete sein mehrstündiges Gespräch mit Honecker als „äußerst nützlich“, ohne Einzelheiten darüber mitzuteilen. 10 Tage später sprach R. v. Weizsäcker in seiner Eigenschaft als Präsidiumsmitglied des Deutschen Evangelischen Kirchentages in der Bundesrepublik Deutschland zum Abschluß des letzten von sieben regionalen Kirchentagen in der DDR auf dem Marktplatz von Wittenberg.
Die Ende Juli 1983 an Bundespräsident K. Carstens gerichtete Einladung, am offiziellen DDR-Staatsakt in Berlin (Ost) zum 500. Geburtstag Martin Luthers im November teilzunehmen, lehnte das Staatsoberhaupt der Bundesrepublik Deutschland aus „terminlichen Gründen“ ab, nachdem in Bonn eingehend die statusrechtlichen Aspekte einer solchen Reise nach Berlin (Ost) geprüft worden waren.
Im September 1983 konnten die acht Jahre zuvor von der DDR wegen des Streites um den Preußischen Kulturbesitz abgebrochenen Verhandlungen über ein Kulturabkommen wieder aufgenommen werden.
Forderungen nach Abschaffung bzw. Senkung des Mindestumtausches, wie sie im Westen seit dem Herbst 1980 immer wieder erneuert worden waren – so u. a. in einer am 8. 7. 1983 vom Europäischen Parlament in Straßburg verabschiedeten Resolution –, erfüllte die DDR nicht. Allerdings teilte ADN am 27. 9. 1983 mit, daß nunmehr Kinder, die das 14. Lebensjahr noch nicht vollendet haben, vom Mindestumtausch befreit waren.
Nach dem Abschluß des zweiten KSZE-Folgetreffens in Madrid trat am 15. 10. 1983 eine neue VO der DDR-Regierung in Kraft, die erstmals die Voraussetzungen und das Verfahren bei der Familienzusammenführung und bei Eheschließungen zwischen DDR-Bürgern und „Ausländern“ regeln sollte (GBl. I v. 27. 9. 1983). Im September hatte der Bundesminister für innerdeutsche Beziehungen, H. Windelen, mitgeteilt, daß bis zu 30 v. H. der DDR-Bürger, die in den Westen überzusiedeln wünschten, keine Verwandten in der Bundesrepublik Deutschland hatten; in annähernd der Hälfte aller bekannt gewordenen Fälle hätten vollständige Familien ihre Übersiedlung in die Bundesrepublik beantragt.
In einem Gespräch mit österreichischen Journalisten bestätigte E. Honecker am 5. 10. 1983 die Absicht der DDR, alle Selbstschußanlagen an ihrer westlichen Grenze zu beseitigen. In einem Brief an Bundeskanzler H. Kohl, den ADN am 9. 10. 1983 verbreitete, warnte E. Honecker erneut vor der Stationierung neuer Mittelstrecken-Raketen: Eine „andauernde Zuspitzung der Situation“ berge die Möglichkeit in sich, „eine neue Eiszeit in den Beziehungen“ zwischen beiden deutschen Staaten auszulösen: „Dadurch könnte das bisher Erreichte und das von uns Angestrebte nicht nur belastet, sondern sogar in Frage gestellt werden.“ (ND 10. 10. 1983) Bemerkenswert an dem Schreiben Honeckers war der in ihm enthaltene, im „Namen des deutschen Volkes“ vorgetragene Appell für ein atomwaffenfreies Europa, nachdem die SED seit Anfang der 70er Jahre immer wieder das Fortbestehen einer deutschen

Nation (→ **Abgrenzung; Nation und nationale Frage**) in Abrede gestellt hatte. Der Bundeskanzler erwiderte in seinem am 28. 10. 1983 veröffentlichten Antwortschreiben, er stimme mit Honecker darin überein, daß es „ein Anliegen des ganzen deutschen Volkes ist, den Frieden zu sichern und zu festigen . . . Das deutsche Volk erwartet aber auch von uns, auf einen Zustand des Friedens in Europa hinzuwirken, in dem es in freier Selbstbestimmung seine Einheit vollenden kann." (Bulletin des Presse- und Informationsamtes der Bundesregierung vom 28. 10. 1983)

Während eines offiziellen Besuchs des DDR-Ministers für Umweltschutz und Wasserwirtschaft, H. Reichelt, in Bayern unterzeichneten die beiden Delegationsleiter in der Grenzkommission am 12. 10. 1983 in München eine Vereinbarung beider Regierungen über Maßnahmen zur Sanierung des Flusses Röden im thüringisch-bayerischen Grenzgebiet. Danach beteiligt sich die Bundesrepublik Deutschland mit 18 Mill. DM am Bau eines Abwässerbeseitigungssystems einschließlich einer Kläranlage auf DDR-Gebiet. Reichelt traf in München auch mit Ministerpräsident F. J. Strauß zusammen (→ **Umweltschutz**).

Das Ergebnis längerer Verhandlungen zwischen den Postministerien beider Staaten fand seinen Niederschlag in einem am 15. 11. 1983 von den Staatssekretären in Berlin (Ost) unterzeichneten Briefwechsel, demzufolge die von der Bundespost der DDR-Post zu vergütende Pauschale für Mehrleistungen von bisher 85 Mill. DM jährlich in den Jahren 1983 bis 1990 auf 200 Mill. DM jährlich erhöht wurde. Die Postverwaltung der DDR versprach, die Laufzeiten von Postsendungen zu beschleunigen, den Selbstwählfernsprechdienst zu erweitern und die Zahl der Telefon- und Telexleitungen zwischen dem Bundesgebiet und dem DDR-Gebiet zu erhöhen.

Vor dem ZK der SED erklärte E. Honecker am 25. 11. 1983, die Zustimmung der Bundestagsmehrheit zur Raketen-Stationierung habe dem „europäischen Vertragssystem, einschließlich des Grundlagenvertrages über die Beziehungen zwischen der DDR und der BRD, ernsthaften Schaden" zugefügt: „Wir sind dafür, den Schaden möglichst zu begrenzen." (ND 26. 11. 1983) Die DDR werde „vernünftige Vorschläge" aus Bonn sorgfältig prüfen, Angriffe auf ihre Souveränität jedoch auch künftig zurückweisen.

Nachdem Beauftragte des Senats von Berlin und der DDR-Reichsbahnverwaltung mehrere Monate lang intensiv über die Berliner S-Bahn verhandelt hatten, konnten sie am 30. 12. 1983 eine Vereinbarung unterzeichnen, zu der die Bundesregierung und die westalliierten Schutzmächte zuvor ihre Zustimmung gegeben hatten: Mit Wirkung vom 9. 1. 1984 übernahm eine „vom Senat zu bestimmende Stelle aus Berlin (West)" – die BVG – die „Betriebsdurchführung der S-Bahn einschließlich Unterhaltung, Verkehrssicherung oder Nutzung aller S-Bahnstrekken nebst den dazu gehörigen Anlagen, Einrichtungen und Betriebsmitteln" (Der Tagesspiegel 30. 12. 1983) (→ **Berlin**).

Nachdem die Sowjetunion sich aus den in Genf und Wien geführten Abrüstungsgesprächen zurückgezogen hatte, bekundete Honecker in einem Interview mit einer Zeitung der französischen KP seine Überzeugung, daß es „früher oder später" zu Abrüstungsverhandlungen „auf veränderter Grundlage" kommen werde und daß man die Situation in der Abrüstungsfrage „deblockieren" müsse (ND 6. 1. 1984).

Nachdem am 20. 1. 1984 sechs DDR-Bürger in der Ost-Berliner Botschaft der USA um politisches Asyl gebeten hatten, denen die DDR-Behörden aufgrund humanitärer Bemühungen der Bundesregierung bereits am 22. 1. die Ausreise nach Berlin (West) gestatteten, hielt es die DDR-Führung aus außen- und innenpolitischen Gründen für geraten, eine größere Zahl von zur Umsiedlung in den Westen entschlossenen DDR-Bürgern aus der DDR-Staatsbürgerschaft zu entlassen – in den Monaten Februar bis April 1984 konnten so rd. 23 500 Deutsche ihren Wohnsitz aus der DDR ins Bundesgebiet bzw. nach Berlin (West) verlegen.

Eine von CDU/CSU, SPD und FDP am 9. 2. 1984 gegen Widersprüche aus den Reihen der Fraktion der „Grünen" verabschiedete Entschließung des Deutschen Bundestages zur D. kritisierte das „Neue Deutschland" zwei Tage später als eine „keineswegs positive" Wortmeldung, in der „revanchistische Sprüche geklopft" worden seien (ND 11. 2. 1984). Bundeskanzler H. Kohl traf am 13. 2. 1984 in Moskau – am Rande der Beisetzungsfeierlichkeiten für den verstorbenen sowjetischen Partei- und Staatschef J. Andropow – mit Honecker zu einem Meinungsaustausch zusammen.

Das Frühjahr 1984 stand erneut im Zeichen zahlreicher Besuche von Politikern der Bundesrepublik Deutschland in der DDR: Am 5. 3. suchte der Vorsitzende der FDP-Bundestagsfraktion W. Mischnick Honecker auf, am 8. 3. begann ein mehrtägiger Besuch einer 16köpfigen Delegation der SPD-Bundestagsfraktion unter der Leitung von H. Ehmke, zu der der Präsident der Volkskammer der DDR H. Sindermann die Parlamentarier aus Bonn eingeladen hatte. Während der am 11. 3. eröffneten Leipziger Frühjahrsmesse führte Honecker Gespräche mit Bundeswirtschaftsminister Graf Lambsdorff, den Ministerpräsidenten Bayerns und des Saarlandes, F. J. Strauß und W. Zeyer, sowie dem Saarbrücker Oberbürgermeister O. Lafontaine. Der Regierende Bürgermeister von Berlin, E. Diepgen, traf in Leipzig mit dem SED-Politbüromitglied G. Mittag zusammen, und auf der Rückreise von Moskau nach Bonn machte der SPD-Fraktionsvorsitzende H. J. Vogel in Berlin (Ost) Station, um am 14. 3. mit Honecker den aktuellen Stand der D. zu erörtern. Anfang April 1984, im Anschluß an die Hannover-Messe, empfing Bundeskanzler H. Kohl in Bonn den Wirtschaftsexperten der SED-Führung G. Mittag. Am 12. 4. paraphierten Vertreter der Treuhandstelle für Industrie und Handel und des DDR-Außenhandelsministeriums eine neue Vereinbarung über den grenzüberschreitenden Kaliabbau im Werra-Kali-Revier.

Als Belastung des Verhältnisses wertete die Bundesregierung die Festnahme und Verurteilung von DDR-Bürgern, die in humanitären Angelegenheiten die Ständige Vertretung der Bundesrepublik Deutschland in Berlin (Ost) aufgesucht hatten, sowie die seit dem Beginn der Ausreisewelle im Februar demonstrativ verstärkte Präsenz von DDR-Sicherheitsorganen vor dem Gebäude der Ständigen Vertretung in Berlin (Ost).

VIII. Wertung

Ein Rückblick auf die mehr als 12jährige Phase der D. seit dem Abschluß des Transitabkommens vom 17. 12. 1971 zeigt, daß die DDR mit widersprüchlichen Entwicklungen konfrontiert worden ist und immer wieder Mühe hatte, die Erfordernisse der inneren Sicherheit mit dem „Preis" in Einklang zu bringen, den sie für die Entspannungspolitik auf außen- und deutschlandpolitischem Gebiet zu zahlen hatte:

Im Zeichen dieser Entspannungspolitik der 70er Jahre hat die DDR einerseits ihre Stellung in der „sozialistischen Staatengemeinschaft" festigen und sich endgültig aus den Beschränkungen ihres außenpolitischen Handlungsfeldes lösen können, die ihr auferlegt waren, solange sie von westlichen und blockfreien Ländern völkerrechtlich nicht anerkannt wurde.

Während die SED einerseits immer wieder von „Abgrenzung" zum westlichen Deutschland als vermeintlich „objektivem historischem Prozeß" sprach, war sie durch die Vertragspolitik andererseits gehalten, die Erneuerung und Vertiefung der persönlichen Beziehungen zwischen Millionen Deutschen in beiden Staaten zuzulassen.

Ihre These von der Herausbildung zweier ganz unterschiedlicher Typen von Nationen – einer sozialistischen Nation in der DDR und einer bürgerlichen, die in der Bundesrepublik Deutschland fortbestehen soll – wurde durch die tägliche Erfahrung im Umgang der Bürger beider Staaten miteinander ständig widerlegt.

Die Ideologen der SED-Führung behaupten ohne Unterlaß, daß sich im Zeichen friedlicher Koexistenz zwischen Staaten unterschiedlicher Gesellschaftsordnungen der „ideologische Kampf" verschärfen müsse; sie mußten jedoch die Erfahrung machen, daß der Einfluß westlicher Ideen und Ideologien auf ihre eigene Bevölkerung durch millionenfache persönliche Begegnungen und durch die westlichen elektronischen Medien stetig zugenommen hat. Daher waren die Korrespondenten dieser Medien, die nun auch aus der DDR über die DDR berichten konnten, in besonderem Maß den Auswirkungen der Abgrenzungspolitik der SED unterworfen. Wenngleich in zahlreichen Einzelfällen durch die zwischen beiden Regierungen vereinbarte Regelung humanitärer Fragen Bürgern aus der DDR aus persönlicher Bedrängnis herausgeholfen werden konnte (zwischen 1970 und 1979 haben über 20000 Bürger der DDR im Zuge der Familienzusammenführung in den Westen übersiedeln können – im gleichen Zeitraum sind 8700 politische Häftlinge aus Gefängnissen der DDR „freigekauft" worden), so nahm doch der Kreis derer, die die DDR zu verlassen wünschten, nicht ab, auch nach der „Ausreisewelle" vom Frühjahr 1984 nicht.

Mit der Öffnung der Grenzen für einen zunächst sprunghaft anwachsenden Strom von Besuchern und Reisenden aus dem Bundesgebiet und aus Berlin (West) entstanden auch neue wirtschaftliche und währungspolitische Probleme („Intershop-Sozialismus"). Insbesondere unter jenen Bürgern der DDR, die über keine sog. West-Kontakte verfügen bzw. verfügen dürfen, wuchs der Unwillen über neue Formen von sozialer Ungleichheit, die mit dem Besitz von westlichen Devisen verbunden waren.

Insgesamt befand sich die D. der SED während der 70er Jahre in einer überwiegend defensiven Position. Nach dem Abschluß der Konferenz von Helsinki (1975) deutete manches darauf hin, daß die UdSSR, die während der ersten Hälfte der 70er Jahre die DDR-Führung wiederholt zu einem Beitrag zur Entspannungspolitik ermuntert hatte, nunmehr eine Vertiefung der innerdeutschen Beziehungen angesichts der davon ausgehenden innen- und gesellschaftspolitischen Wirkungen nur noch in behutsamen Schritten zulassen wollte.

Der Schwung der Verhandlungen, der zu Beginn des Jahrzehnts die Ostpolitik der Bundesrepublik Deutschland charakterisierte, ist dadurch deutlich gebremst worden. Das durch die inzwischen abgeschlossenen Verträge geschaffene Geflecht von → **Innerdeutschen Beziehungen** hat sich jedoch auch in auftretenden Konfliktsituationen bisher als tragfähig erwiesen. Die Ausgestaltung dieses Beziehungsgeflechts macht aber langsamere Fortschritte, als das zum Zeitpunkt der Unterzeichnung des Grundlagenvertrages im Dezember 1972 möglich erschien.

Johannes Kuppe / Manfred Rexin

Literaturangaben zu diesem Hauptartikel findet der Leser in den Literaturhinweisen am Ende des Buches, vor allem in Sachgruppe 12.

Devisen: Das in der → **Verfassung** der DDR (Art. 9, Ziff. 5) als konstitutiver Bestandteil des sozialistischen Wirtschaftssystems verankerte Außenwirtschaftsmonopol impliziert das alleinige Recht des Staates, die Leitung, Planung, Organisation und Durchführung aller ökonomischen Beziehungen mit dem Ausland festzulegen und zu kontrollieren. Es umfaßt – neben dem Außenhandels- und Außenhandelstransportmonopol – an hervorragender Stelle das Valutamonopol und wird durch den → **Ministerrat** der DDR ausgeübt, dem die Entscheidungskompetenz in allen grundsätzlichen Fragen zusteht. Dem → **Ministerium der Finanzen (MdF)** obliegt die Organisation der D.-Bewirtschaftung und gemeinsam mit anderen zentralen Staatsorganen (z. B. → **Ministerium für Außenhandel (MAH); Ministerium für Auswärtige Angelegenheiten; Ministerium für Verkehrswesen**) die Durchführung der Kontrolle bzw. Erteilung von Genehmigungen. Die → **Staatsbank** regelt und vollzieht – gemeinsam mit der → **Deutschen Außenhandelsbank AG (DABA)** und der → **Deutschen Handelsbank AG (DHB)** – den **grenzüberschreitenden** → **Zahlungsverkehr** mit dem Ausland und setzt die Umrechnungssätze der Mark zu anderen Währungen (Wechselkurs) fest (→ **Währung/Währungspolitik**).

Die D.- bzw. Valutaplanung erfolgt unter Leitung der Staatlichen Plankommission (→ **Planung**) und Mitwirkung der Staatsbank durch 3 Hauptplanträger. Die Ministerien der Finanzen, für Außenhandel und Verkehrswesen erarbeiten den in die Teilpläne Warenbewegung, Dienstleistungen und sonstige Wertübertragungen gegliederten D.-Plan. Dabei sind die folgenden 10 Positionen zu berücksichtigen: Zahlungen für Warenbewegungen, Warennebenkosten, sonstige Dienstleistungen und aus anderen Anlässen, Regierungs-, Bank- und kommerzielle (d.h. Betriebs-)Kredite, Investitionsbeteiligungen, Reservebildung sowie Saldenentwicklung der Handels-, Dienstleistungs- und Zahlungsbilanz.

Besitz, Erwerb und Umlauf regelt das D.-Gesetz vom 19. 12. 1973 (GBl. I, S. 574ff.), dessen Strafbestimmungen durch das Änderungsgesetz vom 28. 6. 1979 (GBl. I, S. 147f.) erweitert und verschärft wurden, mit den dazu erlassenen 5 Durchführungsbestimmungen. Mit seinem Inkrafttreten am 1. 2. 1974 wurden die zuvor geltenden Sonderbestimmungen des innerdeutschen Geld- und Zahlungsverkehrs aufgehoben und somit auch im D.-Recht ein Inland-Ausland-Verhältnis geschaffen.

Als D.-Werte werden nicht allein die als Sorten bezeichneten Banknoten und Münzen sowie Guthaben und Forderungen in fremder Währung definiert. Vielmehr zählen dazu Vermögensgegenstände aller Art wie z.B. Grundstücke, Edelmetalle, Edelsteine, Perlen, Gemälde, Plastiken, Kunst-, Münz- und Briefmarkensammlungen oder „ähnlich wertvolle Sachen". Auch können Geldzeichen, Schecks, Wechsel oder Zahlungsaufträge in Mark der DDR zu D.-Werten werden, wenn sie ins D.-Ausland verbracht oder D.-Ausländern gegeben werden (D.-Wertumlauf). Insofern geht diese Legaldefinition weit über die sonst üblichen D.- bzw. Valutabegriffe hinaus, die sich auf zwischenstaatliche Geldbeziehungen aus wirtschaftlichen, politischen, kulturellen oder privaten Anlässen erstrecken. Die damit verbundene allgemeine Anmelde-, Anbietungs- und Genehmigungspflicht ermöglicht die staatliche Kontrolle des D.-Wertumlaufs ebenso wie des Vermögens bzw. der Vermögensbeteiligungen von DDR-Bürgern im D.-Ausland.

Als reine Binnenwährung unterliegt die Mark der DDR einem grundsätzlichen Aus- und Einfuhrverbot. Allerdings können Bewohner der DDR (D.-Inländer) im nichtkommerziellen Zahlungsverkehr bis zu 300 Mark in das D.-Ausland mitnehmen. Deren Verbrauch in von der DDR bewirtschafteten Flughafengaststätten, Schiffen, Reiseomnibussen, Schlaf- und Speisewagen ist bei der Einreise den Zollorganen auf Verlangen zu belegen. Eine Sonderregelung besteht mit den Mitgliedsländern des → **Rates für Gegenseitige Wirtschaftshilfe (RGW)** insofern, als von diesem Betrag jeweils bis zu 100 Mark – ČSSR: 32 Mark – über die auf Grundlage des Prager Währungsabkommens (1963) erworbenen Reisezahlungsmittel hinaus umgetauscht werden können. Bei sonstigen Auslandsreisen bedarf der Erwerb von D. der Genehmigung durch die Abteilung Finanzen des zuständigen Rates des Bezirkes. Rentnern wird bei Westreisen ein sogenanntes „Zehrgeld" als Jahresbetrag im Gegenwert bis zu 15 Mark (Europa) bzw. 30 Mark (außerhalb Europas) eingetauscht. Bei Reisen in dringenden Familienangelegenheiten können DDR-Bürger Reisezahlungsmittel im Gegenwert bis zu 10 Mark je Reisetag, höchstens jedoch 70 Mark je Reise, erwerben.

Besucher aus nichtsozialistischen Staaten müssen einen verbindlichen Mindestumtausch von Zahlungsmitteln für die Dauer ihres Aufenthaltes in der DDR vornehmen (→ **Innerdeutsche Beziehungen**). Darüber hinaus eingeführte Zahlungsmittel in konvertierbaren Währungen können sie bei den zugelassenen Banken in Mark der DDR umtauschen, in annahmeberechtigten Einrichtungen (z.B. → **Intershop**, Intertank, Interhotels) verwenden oder an Bekannte und Verwandte in der DDR verschenken. Das D.-Recht setzt hier keine Betragsgrenze fest. D.-Inländer können anläßlich eines Aufenthaltes im D.-Ausland (z.B. Bundesrepublik Deutschland einschließlich Berlin [West]) über ihre dort befindlichen Guthaben bis zum Gegenwert von 500 Mark zum Zwecke des Transfers in die DDR genehmigungsfrei und ohne Zustimmung der zuständigen Bank der DDR verfügen oder geschenkte D. einführen. Jedoch ist folgende Veränderung für die Verwendung dieser Beträge am 16. 4. 1979 in Kraft getreten: Während die Erste Durchführungsbestimmung zum D.-Gesetz (§ 6 Abs. 3) Bewohnern der DDR die Möglichkeit eröffnet hat, Bargeld anderer Währungen genehmigungsfrei in besonderen Einrichtungen auszugeben, verfügte das Außenhandelsministerium die Einführung von „Mark-Wertschecks der Forum-Außenhandelsgesellschaft mbH" zur Bezahlung in den von ihm betriebenen Einrichtungen Genex, Intershop und Intertank. Diese Schecks werden von den Filialen der Staatsbank in Stückelung von 50, 10, 5, 1 sowie 0,50 Mark nach den festgesetzten D.-Umrechnungssätzen abgegeben und sind weder übertragbar noch rücktauschbar. Da eine

konsequente Herkunftskontrolle beim D.-Umtausch bisher unterbleibt, dürfte der Westgeldumlauf nicht wesentlich beeinflußt worden sein. Dieser wird lediglich durch die Gutscheinaktion ergänzt. Somit hat die DM ihre Bedeutung als Nebenwährung nicht eingebüßt. Offensichtlich aber findet die damit eröffnete Möglichkeit der D.-Kontrolle keine Anwendung.
D.-Ausländer können über eingetauschte Markbeträge frei verfügen, sofern diese nicht zur Bezahlung von Verbindlichkeiten aus dem internationalen Waren- und Dienstleistungsverkehr sowie für den Erwerb oder die Begründung von Forderungen und anderen Vermögenswerten verwendet werden. Die Staatsbank führt frei verfügbare D.-Ausländerkonten A (Beträge aus Arbeitseinkommen, Stipendien oder aus Umtausch) und B (sonstige Beträge), von denen Verfügungen für bestimmte Zwecke erlaubt sind (→ **Sperrkonten**).
Zur Führung von Konten in anderen Währungen (Valutakonten) sind nur noch die Deutsche Außenhandelsbank AG und die Deutsche Handelsbank AG berechtigt.
Im kommerziellen Zahlungsverkehr von → **Außenwirtschaft und Außenhandel** sind D. nur dann von Bedeutung, wenn keine Warenkompensation auf Grundlage von Verrechnungseinheiten erfolgt. Vornehmlich in ihrem Westhandel dienen der DDR → **Kredite** in D. als Finanzierungsinstrument. Die Höhe des D.-Fonds, gegliedert nach Verrechnungs- oder Clearing- und konvertierbaren Währungen, und der D.-Reserve wird offiziell nicht publiziert. Im Gegensatz zu anderen sozialistischen Staaten verfügt die DDR jedoch über höhere → **Westgeldeinnahmen** aufgrund der innerdeutschen Sonderbeziehungen.

Diakonie: Die diakonische und soziale Tätigkeit der evangelischen Landes- und Freikirchen (→ **Kirchen**) wird im Diakonischen Werk – Innere Mission und Hilfswerk der evangelischen Kirchen in der DDR – und den ihm angehörenden landeskirchlichen diakonischen Werken zusammengefaßt. Die evangelische D. ist ebenso wie die katholische → **Caritas** weiterhin ein wesentlicher Faktor im Gesundheits- und Sozialwesen der DDR. Der Generalsekretär des ZK der SED, Honecker, erklärte am 6. 3. 1978, die Arbeit, die in den kirchlichen Einrichtungen des Gesundheits- und Sozialwesens geleistet werde, diene gesamtgesellschaftlichen Interessen und solle vom Staat weiterhin gefördert werden.
In den diakonischen Werken sind alle freiwilligen, vereins- und anstaltsmäßig organisierten Kräfte zusammengefaßt, die innerhalb der evangelischen Kirchen auf diakonischem bzw. sozialem Gebiet tätig sind. Die evangelische D. in der DDR zählt etwa 15000 beruflich beschäftigte und zahlreiche ehrenamtliche Mitarbeiter. Sie unterhält eigene Ausbildungsstätten für spezielle Fachkräfte, so 6 Diakonenanstalten und 15 Krankenpflegeschulen. Die konfessionelle Ausbildung von Mittlerem medizinischen Fachpersonal ist staatlich anerkannt und wurde 1975 durch eine Vereinbarung nach Art. 39 (2) der Verfassung der DDR gesichert.
Der Schwerpunkt der Anstalts-D. hat sich im letzten Jahrzehnt auf die Betreuung und Rehabilitation körperlich und geistig behinderter Kinder, Jugendlicher und Erwachsener verlagert. Diese Arbeit wird kontinuierlich ausgebaut, während die Zahl der allgemeinen und speziellen Krankenhäuser, der Kindertagesstätten, Erholungsheime usw. gleichgeblieben ist. Ein künftiger Schwerpunkt ist der Ausbau der Altenheime und der Altenpflege. Die Zahl der Gemeindepflegestationen geht dagegen zurück. Die Kirchengemeinden sind bemüht, an ihrer Stelle ehrenamtliche Kräfte zur Alten- und Krankenbetreuung zu mobilisieren. Der Hilfe vor allem in der Dritten Welt dient die mit der D. verbundene Hilfsaktion „Brot für die Welt", für die in der DDR zwischen 1959 und 1979 mehr als 48 Mill. Mark Spenden eingingen. Derzeit beträgt das Spendenaufkommen jährlich ca. 3,5 Mill. Mark. Hinzu kommen Spenden für Sonderaktionen, z. B. für das Gesundheitszentrum des Kindes in Warschau. Die für die Spendenmittel in der DDR eingekauften Hilfsgüter werden mit Hilfe des → **Deutschen Roten Kreuzes (DRK) der DDR** vor allem in Katastrophengebiete geleitet, doch wird auch Hilfe zur Selbsthilfe in Form von Dienstleistungen und Sachlieferungen geleistet.
Die D. wird durch Spenden, gottesdienstliche Kollekten und Sammlungen finanziert. Die staatliche Sozialversicherung zahlt für die in Krankenhäusern, Heimen und Anstalten der evangelischen D. Betreuten die regulären Pflegesätze. Ausbau, Modernisierung und Ausstattung diakonischer Einrichtungen werden durch staatliche Bau- und Einfuhrgenehmigungen gefördert. Die erforderlichen Investitionen werden im wesentlichen mit Hilfe der Kirchen in der Bundesrepublik Deutschland und der Ökumene finanziert.
Eine Gesamtstatistik ist in den letzten Jahren nicht veröffentlicht worden, doch haben sich die Zahlen gegenüber 1977 nicht entscheidend verändert: 51 Krankenhäuser und Heilstätten mit 6841 Betten, 89 Heime für Behinderte (6240 Betten), 226 Feierabend- und Pflegeheime (10215 Betten), 11 Säuglingsheime (514 Betten), 21 Kinderheime (587 Betten), 117 Erholungs- und Freizeitheime (3633 Betten), 7 Hospize und 5 Herbergen (589 Betten), 326 Kindertagesstätten (17256 Plätze), 19 Sondertagesstätten für geistig behinderte Kinder (372 Plätze), 425 Gemeindepflegestationen (520 Schwestern). Es bestanden 39 Diakonissenhäuser und Schwesternschaften mit 5867 Schwestern und 6 Diakonenanstalten mit 1395 Diakonen.
Sitz des Diakonischen Werkes ist Berlin (Ost); geschäftsführender Direktor ist Ernst Petzold.

Dienstleistungsbetriebe (DLB): Nach dem Prinzip der → **Wirtschaftlichen Rechnungsführung** arbeitende Betriebe, die vorwiegend Dienstleistungen für die Bevölkerung erbringen, ohne materielle Güter zu schaffen oder auszutauschen. Zu den D. gehören u. a. Wäschereien, Färbereien, Bügelanstalten, Reparaturstützpunkte, Gaststätten, Friseurbetriebe und Einrichtungen des Verkehrswesens, soweit diese nicht den produktiven Bereichen der Wirtschaft zugerechnet werden. Des wei-

teren gehören zu den D. die Einrichtungen der kulturellen, sozialen und medizinischen Betreuung.
Um die bestehenden Mängel auf dem Dienstleistungssektor zu beheben sowie im Interesse der Rationalisierung wurde in den letzten Jahren die Bildung von Dienstleistungskombinaten gefördert. Diese fassen die Einrichtungen zur Ausführung verschiedener Dienstleistungen in einem Betrieb zusammen.

Dienstleistungsbetriebe (DLB) des Außenhandels: DLB des Außenhandels sind mit ihrem Vermögen haftende juristische Personen in der Rechtsform eines VEB oder einer GmbH (die Rechtsform „GmbH" ändert nichts an den Eigentumsverhältnissen, vgl. dazu → **Aktiengesellschaften**), die nach dem Prinzip der → **wirtschaftlichen Rechnungsführung** arbeiten und innerhalb der Außenwirtschaftsorganisation in Wahrung des staatlichen Außenhandelsmonopols dem → **Ministerium für Außenhandel** unterstellt sind. Ihre Dienste, die sie im Rahmen eines zentral festgelegten Leistungsprogrammes sowohl den Außenhandelsbetrieben (AHB) als auch ausländischen Kunden anbieten, umfassen Tätigkeiten der Vermittlung, Vorbereitung, Durchführung und Kontrolle bei Außenhandelsgeschäften.
Aus der Sicht der DDR haben sich in notwendiger Entsprechung zur Spezialisierung und Konzentration der Produktion auch in der Zirkulationssphäre, die den Außenhandel umfaßt, Konzentrationsprozesse vollzogen, die unter Ausnutzung der Arbeitsteilung, d. h. der Spezialisierung auf Teilfunktionen der Zirkulation, zur Herausbildung von DLB für Marktforschung, Werbung, Warenkontrolle und technische, technologische und wirtschaftliche Beratung (einschließlich des Lizenzhandels, → **Lizenzen**) geführt haben. Sie lassen sich in 3 Untergruppen gliedern:
Zu den zentralen Organen und Einrichtungen des Außenhandels zählen u. a. die DLB iberma, intercontrol und Interwerbung. Die **iberma GmbH**, Gesellschaft für internationale Wirtschafts- und Marktberatung, berät alle am Außenhandel beteiligten Organe und Betriebe bei der Marktbearbeitung (einschließlich der Fragen der Absatz- und Bezugsorganisation). So betreibt sie u. a. Marktforschung auf den Auslandsmärkten im Auftrag von Außenhandels- und Exportbetrieben und nimmt über Marktstudien Einfluß auf die Gestaltung der Pläne Wissenschaft und Technik (→ **Planung**, II. E.) und auf die Verbesserung der Qualität von Exporterzeugnissen.
Die **intercontrol GmbH**, Warenkontrollgesellschaft der DDR, hat im Gesamtsystem der Qualitätssicherung (→ **Qualität der Erzeugnisse**) durch kommerzielle Warenkontrolle für den Bereich der Außenwirtschaft die Aufgabe übernommen, im Auftrag in- oder ausländischer Handelspartner am vereinbarten Kontrollort die Einhaltung vertraglich vereinbarter Gütestandards bei Im- und Exportwaren zu überprüfen. Für diese Tätigkeit unterhält sie neben ihrer Zentrale in Berlin (Ost) Zweigbüros an allen für ihre Tätigkeit relevanten Orten in der DDR, entsendet Kontrollpersonal ins Ausland bzw. arbeitet mit internationalen Kontrollgesellschaften zusammen. Die dabei erbrachten Leistungen reichen von der Qualitäts- und Quantitätskontrolle bis zu Probenanalysen in eigenen Laboratorien, zur Fertigungsaufsicht und zu Montagekontrollen. Die im Ergebnis ausgestellten Kontrollzertifikate dienen als Grundlage für die Vertragsabwicklung.
Zu den Hauptaufgaben der 1957 gegründeten **Interwerbung GmbH**, Gesellschaft für Werbung und Auslandsmessen der DDR, gehören die Vermittlung von Werbeaufträgen für die Exportindustrie der DDR im Ausland, die Organisation von Kollektivbeteiligungen und Einzelausstellungen der AHB auf internationalen Messen sowie die außenwirtschaftliche Öffentlichkeitsarbeit. Für Werbemaßnahmen ausländischer Partner in der DDR hat Interwerbung aufgrund staatlicher AO vom 23. 7. 1968, mit Ausnahme der vom Leipziger Messeamt durchgeführten Werbeaktivitäten, ein Monopol.
Mit der Steigerung des Exports kompletter Anlagen, d. h. einer durch ihre technische Kompliziertheit und hohen Kooperationsgrad gekennzeichneten Warenart, hat im Außenhandel der DDR das Engineering und damit eine spezielle Gruppe von DLB an Bedeutung gewonnen. Dies gilt nicht nur für das Engineering als Verkaufsmethode, sondern auch als Form des Exports technologischen Wissens unabhängig von der Lieferung von Anlagen. Die Verbreitung des Engineering wurde zusätzlich sowohl durch die verstärkten Bemühungen um die Wirtschaftsintegration innerhalb des → **Rates für Gegenseitige Wirtschaftshilfe (RGW)** als auch durch die Beteiligung der DDR am Aufbau nationaler Wirtschaften in Entwicklungsländern gefördert. Dabei hat die quantitative und qualitative Zunahme der Beratungs-, Planungs- und Projektierungsleistungen im Anlagenexport zu einer Spezialisierung und Verselbständigung dieser Funktionen geführt, die nun von besonderen DLB wahrgenommen werden. Angesichts der sozialistischen Produktionsverhältnisse (staatliches → **Eigentum** an → **Produktionsmitteln** und zentrale staatliche → **Planung**) wurde die Konzentration knapper Beratungsressourcen in einer der beiden Hauptformen des Engineering, den Consulting-Engineering-Büros, begünstigt. Sie arbeiten unabhängig von Produzenten und Lieferanten und nach festen Gebührensätzen.
Ein Vertreter dieser Gruppe von DLB ist der 1980 gegründete **VEB Industrie-Consult Berlin** mit Zweigbüros in verschiedenen Teilen der DDR. Er wird als Beratungsgesellschaft tätig u. a. bei Investitionen im Bereich des → **Schwermaschinen- und Anlagenbaus**, bei der Errichtung von Gießereien, Zement- und Tagebauanlagen, Walz- und Kraftwerken usw. Die Beratungsleistungen umfassen im Stadium der Vorbereitung von Investitionen sowohl Produkt- und Marktuntersuchungen, Infrastruktur- und Standortuntersuchungen als auch Wirtschaftlichkeits- und Durchführbarkeitsstudien sowie die Ausarbeitung von Ausschreibungsunterlagen, die Beurteilung von Offerten und die Erarbeitung von Vertragsentwürfen. Im Stadium der Realisierung von Projekten berät Industrie-Consult in Fragen der Projektierung, des Know-how und der benötigten Lizenzen, überwacht und kontrolliert die Konstruktion, Herstellung und Erprobung von Anlagenteilen und be-

rät schließlich bei der Auswahl und Ausbildung von Betriebspersonal.
Einen fast identischen Katalog von Dienstleistungen erbringt der VEB **agro-consult dresden** auf dem Gebiet der → **Land-** und → **Nahrungsgüterwirtschaft**. Dieser Betrieb konzentriert sich dabei auf die technische und wirtschaftliche Beratung bei der Lieferung und Erstellung von Getreideverarbeitungsanlagen, von Einrichtungen für den Pflanzenanbau und die Tierzucht (einschließlich der Bewässerungs- und Abwasserproblematik), die Produktion von Säuglingsnahrung in Entwicklungsländern sowie die Erschließung und Nutzung von Anbauflächen.
Aufgabe des 1980 gegründeten DLB **intercoop**, Volkseigener Außenhandelsbetrieb der DDR, sind die Entsendung von Regierungs- und anderen Beratern sowie von Spezialisten und die Vermittlung von Leistungen der beruflichen Aus- und Weiterbildung. Dies geschieht in Durchführung von völkerrechtlichen Verträgen über die wissenschaftlich-technische und kulturell-wissenschaftliche Zusammenarbeit mit Entwicklungsländern und ausgewählten sozialistischen Ländern sowie in Realisierung von Verpflichtungen, die die DDR im Rahmen ihrer Mitgliedschaft in Spezialorganisationen und Organen der UNO über die Entsendung von UNO-Experten und über die Vermittlung von Leistungen der Aus- und Weiterbildung eingegangen ist (→ **Außenpolitik**, V., VI.; **Entwicklungshilfe**).
Eine spezielle Form der DLB bilden die Vertretergesellschaften. Ihre Hauptaufgabe besteht darin, in Wahrnehmung der Interessen ausländischer Handelspartner Geschäftsabschlüsse mit AHB der DDR zu vermitteln sowie im Rahmen genau definierter Warenbranchen Export- und Importvertretungen zu übernehmen. Beispiel hierfür ist der DLB **Baltica**, Außenhandelsvertretungen und Unternehmensberatungen GmbH. Sein Wirkungsbereich liegt im → **Schiffbau**, der See- und Hafenwirtschaft (→ **Verkehrswesen**, IV.) sowie der Hochseefischerei (→ **Fischwirtschaft**) und reicht von Schiffsausrüstungen, Decksmaschinen und Schiffsantriebsanlagen über Fischbe- und -verarbeitungsanlagen für die Hoch-, Küsten- und Binnenschiffahrt sowie Investitionsgüter für Werften bis zur Brennschneidetechnik. – In ähnlicher Weise betätigt sich im Bereich des Chemie-, Agrar- und Metallurgie-Exports/-Imports der DLB **Camet**, Industrievertretungen und Beratungen.

DIN (Deutsche Industrie-Norm): Technische Normen des Deutschen Normenausschusses (DNA), Sitz Berlin (West), die bis 1960 auch in der DDR volle Gültigkeit hatten. Seit Anfang 1961 wurden die DIN durch eigene „Staatliche Standards" ersetzt (→ **Standardisierung**), ein Vorgang, der bis Mitte 1964 weitgehend durchgeführt war. Dabei wurden zahlreiche DIN unverändert als „Staatliche Standards" übernommen.
Der DNA war bis Mitte 1961 trotz der Teilung Deutschlands funktionsfähig geblieben. In seinen Fachausschüssen arbeiteten Vertreter beider deutscher Staaten. Das Präsidium des DNA bestand zu einem Drittel aus Vertretern der DDR. Die offiziellen Kontakte zum DNA sind von seiten der DDR am 13. 8. 1961 abgebrochen worden.

Diplomatische Beziehungen: Die Führung der DDR sieht in den DB. eines der wichtigsten Mittel zur Verwirklichung ihrer → **Außenpolitik**.
Die Hauptformen diplomatischer Tätigkeit sind: Verhandlungen auf diplomatischen Kongressen, Konferenzen oder Beratungen; Vorbereitung und Abschluß diplomatischer Verträge; diplomatischer Schriftwechsel; ständige oder zeitweilige Vertretung des Staates im Ausland (durch diplomatische oder konsularische Vertretungen oder Sondermissionen); Teilnahme staatlicher Vertretungen an der Tätigkeit internationaler Organisationen; Erläuterung des Standpunktes der Regierung zu außenpolitischen Fragen in der Presse, Herausgabe öffentlicher Informationen und völkerrechtlicher Dokumente.
Als ständige offizielle Auslandsvertretungen gibt es a) diplomatische Vertretungen (**Botschaften**, Gesandtschaften und Missionen, denen diplomatische Rechte zuerkannt worden sind); b) konsularische Vertretungen; c) staatliche Wirtschafts- und Handelsmissionen bzw. Handelsvertretungen.
Das seit dem Wiener Reglement (1815) international gebräuchliche und in der Wiener Konvention über DB. vom 18. 4. 1961 neu kodifizierte System der diplomatischen Rangfolge wurde in der Vergangenheit auch von der Staatsführung der DDR angewandt. Ein Beschluß des Staatsrates nahm „in Übereinstimmung mit den außenpolitischen Erfordernissen und internationalen Gepflogenheiten" eine Aktualisierung vor, die nunmehr folgende Ränge vorsieht:
- Außerordentlicher und Bevollmächtigter Botschafter,
Außerordentlicher Gesandter und Bevollmächtigter Minister,
Botschaftsrat,
I. Sekretär,
II. Sekretär,
III. Sekretär,
Attaché.
- Generalkonsul,
Konsul,
Vizekonsul,
Konsularagent,
Konsularsekretär.
- Handelsvertreter,
Handelsrat,
Stellvertreter des Handelsvertreters,
Handelsattaché.
- Militärattaché,
Marineattaché,
Luftwaffenattaché,
Gehilfe des Militärattachés,
Gehilfe des Marineattachés,
Gehilfe des Luftwaffenattachés.

Da nach der Gründung der DDR im Diplomatischen Dienst Mangel an politisch zuverlässigen Berufsdiplomaten bestand, wurden wichtige diplomatische Posten

häufig von verdienten Altkommunisten oder Spitzenfunktionären des Parteiapparates wahrgenommen. Heute wird der diplomatische Nachwuchs an speziellen Hochschulen ausgebildet, wie dem zur→ **Akademie für Staats- und Rechtswissenschaft der DDR** gehörenden Institut für Internationale Beziehungen sowie dem sowjetischen Institut für Internationale Beziehungen und der sowjetischen Diplomaten-Hochschule.
Nach eigenen Angaben unterhält die DDR zu 131 Staaten DB. (Stand 31. 12. 1983), wobei sowohl die Beziehungen zur Bundesrepublik Deutschland (→ **Deutschlandpolitik der SED**) als auch die suspendierten Beziehungen zur Zentralafrikanischen Republik sowie zu Chile mitgezählt sind. Nachdem die DDR nach 1949 zunächst international isoliert war und nur zu den sozialistisch/kommunistisch regierten Staaten DB. aufnehmen konnte, wurde sie beginnend 1969 von einigen arabischen und afro-asiatischen Staaten anerkannt. Die Mehrzahl ihrer heutigen DB. konnte sie erst nach der Unterzeichnung des Grundlagenvertrages mit der Bundesrepublik Deutschland am 21. 12. 1972 aufnehmen.
Bis zur Einrichtung von Botschaften unterhielt die DDR Generalkonsulate (GK) in 5 Staaten: Burma, Ceylon, Indonesien, Volksdemokratische Republik Jemen und Tansania. Im Rahmen DB. bestehen heute zusätzliche **Konsulate** (K) in Polen (GK in Danzig, K in Breslau), UdSSR (GK in Leningrad, Kiew und Minsk), ČSSR (GK in Bratislava), Bulgarien (K in Varna), Jugoslawien (GK in Zagreb), Ägypten (K in Alexandria) und Tansania (K in Sansibar).
Bis zur Herstellung DB. verfügte die DDR in 28 Ländern über Handelsvertretungen, die bis auf 3 Ausnahmen (Finnland, Guinea, Mali) einseitig errichtet worden waren und neben außenwirtschaftlichen Aufgaben auch für die diplomatische Anerkennung werben sollten. Solche Handelsvertretungen bestanden entweder aufgrund von Regierungsabkommen und nahmen damit z. T. auch konsularische Aufgaben wahr oder aufgrund von Abkommen im Handels- und **Grenzüberschreitenden → Zahlungsverkehr**, wobei die → **Kammer für Außenhandel (KfA)** bzw. das → **Amt für Außenwirtschaftsbeziehungen** der DDR als Träger fungierten. Nach der Aufnahme DB. wurden die Aufgaben dieser Vertretungen in der Regel durch die handelspolitischen Abteilungen der neuen Botschaften wahrgenommen. Die dem → **Ministerium für Verkehrswesen** unterstellten, auf Aufgaben des Transitverkehrs spezialisierten Verkehrsvertretungen in Dänemark, Österreich und Schweden blieben auch nach Anerkennung der DDR durch diese Staaten bestehen.
Nach eigener Statistik unterhält die DDR zu folgenden Staaten DB.:

1. Union der Sozialistischen Sowjetrepubliken (15. 10. 1949),
2. Volksrepublik Bulgarien (17. 10. 1949),
3. Volksrepublik Polen (18. 10. 1949),
4. Tschechoslowakische Sozialistische Republik (18. 10. 1949),
5. Ungarische Volksrepublik (19. 10. 1949),
6. Sozialistische Republik Rumänien (22. 10. 1949),
7. Volksrepublik China (25. 10. 1949),
8. Koreanische Volksdemokratische Republik (7. 11. 1949),
9. Volksrepublik Albanien (2. 12. 1949),
10. Demokratische Republik Vietnam (3. 2. 1950),
11. Mongolische Volksrepublik (13. 4. 1950),
12. Sozialistische Föderative Republik Jugoslawien (10. 10. 1957),
13. Republik Kuba (12. 1. 1963),
14. Kambodscha (8. 5. 1969),
15. Republik Irak (10. 5. 1969),
16. Demokratische Republik Sudan (3. 6. 1969),
17. Syrische Arabische Republik (5. 6. 1969),
18. Volksdemokratische Republik Jemen (10. 7. 1969),
19. Arabische Republik Ägypten (11. 7. 1969),
20. Volksrepublik Kongo (8. 1. 1970),
21. Demokratische Republik Somalia (8. 4. 1970),
22. Zentralafrikanische Republik (18. 4. 1970; am 14. 8. 1971 durch die Zentralafrikanische Republik unterbrochen, inzwischen im Jahr 1974 wiederaufgenommen),
23. Demokratische Volksrepublik Algerien (20. 5. 1970),
24. Republik der Malediven (22. 5. 1970),
25. Republik Sri Lanka (16. 6. 1970),
26. Republik Guinea (9. 9. 1970),
27. Republik Chile (16. 3. 1971; am 21. 9. 1973 durch die DDR unterbrochen),
28. Republik Äquatorial-Guinea (14. 4. 1971),
29. Republik Tschad (6. 6. 1971),
30. Volksrepublik Bangladesh (16. 1. 1972),
31. Republik Indien (8. 10. 1972),
32. Islamische Republik Pakistan (15. 11. 1972),
33. Kaiserreich Iran (7. 12. 1972),
34. Republik Burundi (7. 12. 1972),
35. Republik Ghana (13. 12. 1972),
36. Republik Tunesien (17. 12. 1972),
37. Republik Zaire (18. 12. 1972),
38. Staat Kuweit (18. 12. 1972),
39. Schweizerische Eidgenossenschaft (20. 12. 1972),
40. Königreich Nepal (20. 12. 1972),
41. Republik Indonesien (21. 12. 1972),
42. Königreich Schweden (21. 12. 1972),
43. Republik Österreich (21. 12. 1972),
44. Republik Zypern (21. 12. 1972),
45. Vereinigte Republik Tansania (21. 12. 1972),
46. Jemenitische Arabische Republik (21. 12. 1972),
47. Republik Sierra Leone (21. 12. 1972),
48. Australischer Bund (22. 12. 1972),
49. Republik Uruguay (24. 12. 1972),
50. Republik Libanon (24. 12. 1972),
51. Königreich Belgien (27. 12. 1972),
52. Republik Peru (28. 12. 1972),
53. Königreich Marokko (29. 12. 1972),
54. Königreich der Niederlande (5. 1. 1973),
55. Großherzogtum Luxemburg (5. 1. 1973),
56. Republik Uganda (5. 1. 1973),
57. Republik Finnland (7. 1. 1973),

58. Republik Costa Rica (9. 1. 1973),
59. Spanien (11. 1. 1973),
60. Republik Island (12. 1. 1973),
61. Königreich Dänemark (12. 1. 1973),
62. Republik Gambia (15. 1. 1973),
63. Königreich Norwegen (17. 1. 1973),
64. Republik Afghanistan (17. 1. 1973),
65. Italienische Republik (18. 1. 1973),
66. Islamische Republik Mauretanien (22. 1. 1973),
67. Kaiserreich Äthiopien (1. 2. 1973),
68. Staat Malta (6. 2. 1973),
69. Vereinigtes Königreich von Großbritannien und Nordirland (8. 2. 1973),
70. Französische Republik (9. 2. 1973),
71. Bundesrepublik Nigeria (10. 2. 1973),
72. Republik Rwanda (14. 2. 1973),
73. Republik Sambia (21. 2. 1973),
74. Union von Burma (23. 2. 1973),
75. Republik Kolumbien (23. 3. 1973),
76. Föderation Malaysia (4. 4. 1973),
77. Republik Obervolta (13. 4. 1973),
78. Kooperative Republik Guyana (13. 4. 1973),
79. Republik Togo (18. 4. 1973),
80. Republik Mali (19. 4. 1973),
81. Japan (15. 5. 1973),
82. Griechenland (25. 5. 1973),
83. Vereinigte Mexikanische Staaten (5. 6. 1973),
84. Libysche Arabische Republik (11. 6. 1973),
85. Republik Argentinien (25. 6. 1973),
86. Fürstentum Liechtenstein (28. 6. 1973),
87. Vereinigte Republik Kamerun (21. 7. 1973),
88. Republik Ecuador (23. 7. 1973),
89. Republik Venezuela (24. 7. 1973),
90. Republik Singapur (10. 8. 1973),
91. Republik Senegal (22. 8. 1973),
92. Volksrepublik Benin (14. 9. 1973)
93. Republik Bolivien (18. 9. 1973),
94. Republik der Philippinen (21. 9. 1973),
95. Republik Liberia (28. 9. 1973),
96. Haschemitisches Königreich Jordanien (8. 10. 1973),
97. Föderative Republik Brasilien (22. 10. 1973),
98. Republik San Marino (26. 11. 1973),
99. Republik Madagaskar (29. 11. 1973),
100. Republik Fidschi (11. 1. 1974),
101. Republik Panama (29. 1. 1974),
102. Bundesrepublik Deutschland (14. 3. 1974) (Datum der Eröffnung der Ständigen Vertretungen in Bonn und Berlin [Ost]),
103. Republik Gabun (4. 4. 1974),
104. Republik Guinea-Bissau (17. 4. 1974),
105. Königreich Laos (27. 5. 1974),
106. Neuseeland (31. 5. 1974),
107. Republik Türkei (1. 6. 1974),
108. Portugal (Abkommen über die Herstellung der DB. am 19. 6. 1974 unterzeichnet),
109. Thailand (3. 9. 1974),
110. USA (4. 9. 1974),
111. Mauritius (29. 10. 1974),
112. Republik Niger (4. 3. 1975),
113. Kenia (19. 5. 1975),
114. Mosambik (25. 6. 1975),
115. Sao Tomé und Principé (15. 7. 1975),
116. Kanada (1. 8. 1975),
117. Kap Verden (5. 8. 1975),
118. Volksrepublik Angola (11. 11. 1975),
119. Republik Komoren (14. 2. 1976),
120. Königreich Lesotho (22. 3. 1976),
121. Republik Seychellen (3. 7. 1976),
122. Jamaika (21. 3. 1977)
123. Republik Botswana (13. 5. 1977),
124. Republik Djibouti (30. 6. 1977),
125. Republik Suriname (3. 8. 1978),
126. Papua-Neuguinea (1. 12. 1978),
127. Nauru (15. 4. 1979),
128. Nikaragua (20. 7. 1979),
129. Grenada (9. 10. 1979),
130. Republik Simbabwe (1. 11. 1980),
131. Irland (21. 11. 1980).

St. Lucia, die Republik Kiribati und St. Vincent haben die DDR zwar völkerrechtlich anerkannt, ohne daß bisher allerdings DB. aufgenommen wurden.

Dispatcher: D. ist die Bezeichnung für leitende Mitarbeiter in Betrieben und Einrichtungen, die für die operative Lenkung von Produktions- und Verkehrsprozessen verantwortlich sind. Ihre Hauptaufgabe besteht in der Sicherung und Erfüllung des staatlichen Produktionsplanes durch die vorbeugende Kontrolle und Sicherung eines kontinuierlichen Produktionsablaufes. Die besonderen Tätigkeitsmerkmale des D. gegenüber den regulären Leitern der verschiedenen Ebenen und Bereiche in den Betrieben und Einrichtungen bestehen in der Nutzung von ihm für seine Arbeit zur Verfügung stehenden modernen Mitteln der Nachrichten- und Meßtechnik, in seiner abteilungsübergreifenden Koordinierungsfunktion und in seiner Kompetenz, insbes. bei Störungen und Havarien, Weisungen an die nachgeordneten Einzelleiter der Produktion zu erteilen und Sofortmaßnahmen auszulösen. Derartige Weisungen des D. gelten als Anordnung des zuständigen Leiters. Der D. ist verpflichtet, seinem Leiter und dem D. der übergeordneten Leitung Meldungen über den Stand der Planerfüllung, über Unplanmäßigkeiten und über die zu ihrer Beseitigung eingeleiteten Maßnahmen zu erstatten. In größeren Betrieben oder Einrichtungen besteht ein D.-Dienst, der von einer D.-Abteilung oder -Zentrale unter Leitung eines Haupt-D. geführt wird. Der Haupt-D. ist dem Betriebsleiter bzw. dem Leiter der jeweiligen Einrichtung unterstellt. D. werden vor allem in Betrieben des → **Bergbaus**, Maschinenbaus, → **Verkehrswesens**, der Metallurgie und der Stromversorgung (→ **Energiewirtschaft**) eingesetzt.

Diversion: „Störmanöver gegen die politische, wirtschaftliche und militärische Macht eines Staates besonders mit den Mitteln der Sabotage." (Wörterbuch der deutschen Gegenwartssprache, Berlin [Ost], Bd. 2, 4., durchges. Aufl., 1977, S. 832) In dem so abgesteckten Rahmen hat D. in der DDR zwei Bedeutungen.

1. Die politische oder ideologische D. Damit ist die „Zersetzungsarbeit“, die feindliche, imperialistische Kräfte innerhalb sozialistisch-kommunistischer Staaten, Parteien oder Bewegungen leisten, gemeint. D. in diesem Sinne wird auch als „Hauptform des Klassenkampfes von innen“ bezeichnet. Ein häufig verwandtes Synonym ist **Subversion**. Konkret werden vor allem die von der Bundesrepublik Deutschland und Berlin (West) ausgehenden Einflüsse als ideologische D. gefürchtet, denen unterstellt wird, daß sie Unruhen in der DDR auslösen und eine Opposition ins Leben rufen wollen. **2.** Begriff aus dem Wirtschaftsstrafrecht, der in Befehlen der SMAD (vgl. vor allem den Befehl Nr. 160 vom 3. 12. 1945) auftaucht. Die Definition sowie die Abgrenzung zur Sabotage waren zunächst unklar. Mit Außerkraftsetzung des Besatzungsrechts wurde D. als eine unter Boykotthetze nach Art. 6 der → **Verfassung** fallende Erscheinungsform im Klassenkampf angesehen. Durch das Strafrechtsergänzungsgesetz vom 11. 12. 1957 wurde D. zu einem selbständigen Tatbestand formuliert. Seit dieser Zeit beschreibt § 103 StGB den Tatbestand der D. Das 3. Strafrechtsänderungsgesetz vom 28. 6. 1979 (GBl. I, S. 139, § 103) erweiterte den Tatbestand und droht nunmehr auch demjenigen Freiheitsstrafe nicht unter 3 Jahren – in besonders schweren Fällen sogar Todesstrafe – an, der Maschinen, Anlagen, Gebäude, Rohstoffe, Erzeugnisse zerstört, unbrauchbar macht, beschädigt oder „in anderer Weise dem bestimmungsgemäßen Gebrauch entzieht“, wenn dies mit der Zielsetzung geschieht, die sozialistische Staats- und Gesellschaftsordnung der DDR zu schädigen (→ **Staatsverbrechen**, 4.). → **Antikommunismus; Klasse/Klasssen, Klassenkampf.**

Dogmatismus: das starre Festhalten an Lehrmeinungen (Dogmen).
Im Marxismus-Leninismus bezeichnet D. eine der ideologisch-politischen → **Abweichungen**. D. wird denjenigen vorgeworfen, die Erscheinungen mit Hilfe abstrakter und festgeschriebener Kategorien und Lehrsätze erklären, ohne die konkret gegebenen politisch-historischen Situationen im Sinne der jeweils durch die Partei vertretenen Strategie und Taktik miteinzubeziehen. Somit werden am D. vor allem folgende Einzelmomente kritisiert: abstraktes Denken, die Trennung der Theorie von der Praxis, die Loslösung von den Massen (→ **Sektierertum; Subjektivismus**).
D. gilt innerhalb des Marxismus-Leninismus als „Linksabweichung“. Damit befindet er sich zwar im Gegensatz zum → **Revisionismus**. Da der D. aber dazu führe, daß die Partei den Kontakt zu den „Massen“ verliere, würden diese für „rechte“ Abweichungen anfällig. Daraus folge, daß der D. dem Revisionismus „in die Hände arbeitet“.

Dorfklubs: In den D., von denen 1982 über 5400 bestanden, soll sich das kulturelle und künstlerische Leben auf dem Lande konzentrieren. Am 31. 8. 1976 erging eine AO über die rechtliche Stellung, Aufgaben und Finanzierung der D. und Klubs der Werktätigen (GBl. I, S. 432). Die D. werden ehrenamtlich geleitet und erhalten Zuwendungen von Betrieben, LPG und VEG sowie von den zuständigen Räten und aus den Fonds der Gemeindeverbände. Die Kontrolle über die Jahresveranstaltungs- und Finanzierungspläne obliegt dem jeweiligen Rat des Kreises; Grund- und Arbeitsmittel der D. sind Volkseigentum. Die D. zählten bei 165000 Veranstaltungen 1981 über 16 Mill. Besucher. Außerdem bestehen auf dem Lande 3600 Jugendklubs der → **Freien Deutschen Jugend (FDJ)**. → **Kulturstätten.**

Dritter Weg: Mit dem Begriff DW. verbindet die demokratisch-sozialistische Opposition (→ **Opposition und Widerstand**) in den Ländern des „real existierenden Sozialismus“ das Bekenntnis zu einem im Gegensatz dazu wahrhaft „demokratischen“ oder auch „menschlichen Sozialismus“. Ihrem Prinzip nach weiterhin sozialistische, wenn auch modifizierte Wirtschaftsformen sollen ihre Ergänzung finden durch eine echte Demokratie in Staat und Gesellschaft. Diese Auffassung lehnt sowohl den Stalinismus und das nachstalinistische System als auch die bürgerlich-demokratische Gesellschaftsordnung ab, in der die Ausbeutung des Menschen durch den Menschen infolge des Privatbesitzes an → **Produktionsmitteln** weiterbestehe.
Unter den Vertretern des DW. herrscht keine Einigkeit über Theorie und Methoden zur Analyse des „realen Sozialismus“ und die Ziele und die Wege zu seiner Veränderung; auch die Vorstellungen über alternative Modelle sind unterschiedlich. Wenn daher der Begriff DW. auch für ein sehr breites Spektrum spezifischer Konzeptionen steht, lassen sich dennoch folgende Gemeinsamkeiten festhalten: 1. Demokratisierung der kommunistischen Partei, Beseitigung von Repression und Herstellung von Legalität, Sicherung individueller Freiheiten; 2. Überführung des zentralisierten Staatseigentums in dezentralisiertes gesellschaftliches Eigentum, Einschränkung der zentralen staatlichen Planung; 3. Herstellung gleichberechtigter Beziehungen zwischen den kommunistischen Parteien und Anerkennung des Rechts auf national eigenständige Entwicklungen.
Eine besondere Rolle innerhalb der Herausbildung vom sowjetischen Sozialismus abweichender Modelle nimmt Jugoslawien ein: es stellt gewissermaßen den ersten Fall eines historische Realität gewordenen DW. dar (→ **Nationalkommunismus**). Nach seinem Abfall vom sozialistischen Lager 1948 erarbeitete die Führung des Bundes der Kommunisten Jugoslawiens eine eigene Sozialismuskonzeption, die auf der Idee der Arbeiterselbstverwaltung beruhte und die Gefahr eines etatistischen Sozialismus vermeiden wollte. Zugleich wurde das kulturelle Leben liberalisiert. Eine Gruppe von Philosophen um die Zeitschrift „Praxis“ (Stojanović, Petrović, Supek, Vranicki, Grlić u.a.) suchte, das Modell des jugoslawischen Selbstverwaltungssozialismus theoretisch zu begründen und weiterzuentwickeln.
Die Diskussion über den DW. erlebte vor allem nach den Krisen im Gefolge von Stalins Tod (1953) in der DDR (1953), Polen und Ungarn (1956) einen starken

Aufschwung. In der „Politischen Plattform“ (1956) in der Gruppe um den Philosophiedozenten Wolfgang Harich in der DDR fand sie ihren exemplarischen Ausdruck. Dort wurde dem sowjetischen Sozialismus, der auch für die Sowjetunion zu einem Hemmschuh geworden sei, bestritten, länger Verbindlichkeit beanspruchen zu können. Nach jugoslawischem Vorbild sollten in der DDR Arbeiterräte eingeführt werden. Diese und zahlreiche andere Reformen sollten zugleich der Wiedervereinigung dienen, wobei allerdings auch für die Bundesrepublik die Einleitung eines Transformationsprozesses zur Voraussetzung eines erfolgreichen DW. erklärt wurde.
Anders als z. B. in Polen (Schaff, Kolakowski) waren die revisionistischen Bestrebungen in Ungarn weniger weitgehend und bezogen sich stärker auf den orthodoxen Marxismus. So stellte Georg Lukács die Einparteienherrschaft nicht in Frage, sondern forderte „Freiheit im Marxismus“. Nachdem diese Bewegung durch die sowjetische Intervention 1956 vernichtet wurde, findet sie seit den 60er Jahren ihre Fortsetzung in der von Lukács-Schülern gebildeten „Budapester Schule“ (Márkus, Hegedüs, Fehér, Heller, Vajda u. a.). Neben den Bemühungen um die Rekonstruktion eines „authentischen Marxismus“ erlangten in Polen Tendenzen, die auf einen DW. innerhalb der politischen Ökonomie zielten, Bedeutung. Ihre bekanntesten Vertreter Brus und Lipiński argumentierten, daß die Mängel des Wirtschaftssystems angesichts ihrer Abhängigkeit von den politischen Strukturen nicht allein durch ökonomische Reformen zu beheben seien, sondern den Übergang zu politischem Pluralismus verlangten. Erst dann könne es auch zu einer wirklichen Vergesellschaftung der Produktionsmittel kommen, die angesichts des bürokratischen Monopols auf wirtschaftliche Entscheidungen lediglich „verstaatlicht“ seien.
Forderungen nach Veränderung der marxistisch-leninistischen Konzeption von der „führenden Rolle der Partei“ und nach Reformen des Wirtschaftssystems standen auch im Mittelpunkt der tschechoslowakischen Diskussion, deren Ergebnisse in das Aktionsprogramm der KPC vom April 1968 eingingen. Selucký und Sláma kennzeichneten das politische Reformkonzept als Pluralismus (Pluralität von politischen und Interessengruppen als Ausdruck aktiver Teilnahme der Bürger). Die teils verwirklichten, teils vorgesehenen Maßnahmen wurden von dem Ökonomen Ota Sik, auf dessen Wirken sie maßgeblich zurückgingen, als „Marktwirtschaft ohne Kapitalismus“ bezeichnet. Dieses Marktmodell (größerer Einfluß des Marktes auf die Produktion, Selbständigkeit und Konkurrenz der Wirtschaftseinheiten) wollte an positiven Ergebnissen der jugoslawischen Entwicklung anknüpfen, jedoch negative vermeiden. Der Prager Reformkommunismus forderte ferner die Beseitigung der Repression und die Gewährleistung individueller und kultureller Freiheiten.
Nachdem bereits Anfang der 60er Jahre Kuroń und Modzelewski unter Rückgriff auf Aspekte der marxistischen Theorie zu dem Ergebnis gelangt waren, in Polen habe sich eine neue Ausbeutergesellschaft gebildet, die durch eine proletarische Revolution zu stürzen sei, führte eine breite Streikbewegung 1980 zur Gründung von „Solidarność“ als einer von der kommunistischen Partei unabhängigen Organisation der Werktätigen. Während in der ČSSR 1968 die Strategie verfolgt worden war, durch Initiativen der Partei- und Staatsführung die Strukturen zu ändern, beschritt die polnische Entwicklung mit dem Versuch, die bestehenden Verhältnisse durch Druck von unten zu ändern, den entgegengesetzten Weg. Letztlich scheiterten beide Vorgehensweisen (Intervention in der ČSSR 1968, Verhängung des Kriegszustandes in Polen 1981).
In der Sowjetunion hatte Sacharow 1968 unter Anlehnung an die Konvergenztheorie für einen DW. plädiert, auf den sich sowohl die Sowjetunion als auch die USA mit ihren jeweiligen Verbündeten begeben müßten, um die weltweiten Gefahren des Krieges, des Hungers und der Bedrohung des Individuums durch Repression und Manipulation beseitigen zu können.
Für die Gegenwart haben in den Staaten des „realen Sozialismus“ Konzeptionen, die sich selbst bewußt als DW. definieren, an Bedeutung verloren. Sik versteht sich auch nach seinem Übertritt in den Westen als Vertreter des DW. In mehreren jüngeren Arbeiten hat er sich für einen Entwicklungsweg jenseits von Kapitalismus und Kommunismus eingesetzt.
Andere Theoretiker wie Bahro und Flechtheim haben im Bewußtsein der „Grenzen des Wachstums“ und einer drohenden Verknappung der Ressourcen einen neuen, eigenständigen Begründungszusammenhang für die Notwendigkeit eines DW. herzustellen versucht. Einen anderen, von den dargestellten Varianten deutlich unterschiedenen Inhalt hat der von der Italienischen Kommunistischen Partei (KPI) verwendete Begriff des DW. Die KPI hebt weder auf bestehende Systeme ab, noch konstruiert sie idealtypische Alternativmodelle, sondern rückt den zur Überwindung des Kapitalismus als notwendig erachteten Weg der Transformation, also einen Prozeß, in das Zentrum ihrer politischen Überlegungen (→ **Eurokommunismus**). In diesem Zusammenhang verwirft die KPI den sozialdemokratischen Weg als untauglich, gesteht dem sowjetischen Weg lediglich historische Bedeutung für die russische Situation zu und orientiert sich statt dessen auf einen dritten, neuartigen Weg des Übergangs zum Sozialismus. → **Revisionismus.**

E

Ehescheidung: Entsprechend dem staatlichen Eheschließungsmonopol können E. nur durch gerichtliches Urteil im Gefolge einer E.-Klage eines oder beider Ehegatten ausgesprochen werden. Das Verfahren richtet sich nach der Zivilprozeßordnung vom 19. 6. 1975 (GBl. I, S. 533) (→ **Zivilprozeß**), die einige Sonderregelungen für Familienrechtssachen und E.-Verfahren enthält. Materielle Grundlage ist § 24 des Familiengesetzbuches vom 20. 12. 1965 (GBl. I, 1966, S. 1), wonach eine Ehe nur geschieden werden darf, „wenn das Gericht festgestellt hat, daß solche ernstlichen Gründe vorliegen, aus denen sich ergibt, daß diese Ehe ihren Sinn für die Ehegatten, die Kinder und damit auch für die Gesellschaft verloren hat".
Im internationalen Vergleich und im Vergleich zur Bundesrepublik Deutschland weist die DDR eine hohe, stetig ansteigende E.-Quote (vor allem von jungen Ehen) auf.

Anzahl der Ehescheidungen
(auf 10000 Einwohner)

Jahr	Bundesrepublik Deutschland	DDR
1964	9,5	16,2
1965	10,0	15,6
1966	9,8	16,4
1967	10,5	16,6
1968	10,8	16,8
1969	11,9	16,9
1970	12,6	16,1
1971	13,1	18,1
1972	14,0	20,4
1973	14,5	22,7
1974	15,9	24,6
1975	17,3	24,7
1976	17,5	26,7
1977	12,2	25,7
1978	5,3[1]	25,8
1979	13,0	26,7
1980	15,6	26,8
1981	17,8	29,0
1982	–	29,9

1 Auswirkung der am 1. 7. 1977 in Kraft getretenen Reform des E.-Rechts.
Quellen: Statistische Jahrbücher der Bundesrepublik Deutschland 1977, S. 68; 1979, S. 75; 1980, S. 75; 1981, S. 76; 1982, S. 75; 1983, S. 78. Statistische Jahrbücher der DDR, 1978, S. 363; 1981, S. 365; 1983, S. 384.

Auch der Anteil der Geschiedenen ist in allen Altersgruppen in der DDR höher als in der Bundesrepublik Deutschland. Allerdings ist die Wiederverheiratungsquote hoch. Die Gründe für die größere Scheidungshäufigkeit lassen sich in der (für Männer) – in der DDR bis 31. 12. 1974 – niedriger angesetzten Ehemündigkeit, in der andersartigen Regelung des Scheidungsrechts (bis 31. 6. 1977) und seither in einer Komplizierung der Scheidungsfolgeregelungen in der Bundesrepublik Deutschland, in einer weiter verbreiteten wirtschaftlichen Selbständigkeit der Frauen, in Schwierigkeiten der alltäglichen Lebensbedingungen, aber auch in der Konfessionsstruktur der DDR vermuten. Hier scheint sich auch das im Vergleich zur Bundesrepublik Deutschland niedrigere Heiratsalter auszuwirken. → **Familienrecht**, III.; **Familie.**

Eid: Für das Verfahrensrecht wird dem E. in der DDR nicht mehr die Rolle einer besonderen Bekräftigung des Wahrheitsgehalts einer Aussage beigemessen. Vielmehr sieht man in ihm ein nur formales Beweismittel, das wenig geeignet ist, zur Ermittlung der objektiven Wahrheit beizutragen. Nach dem Vorbild des Verfahrensrechts anderer sozialistischer Staaten sieht die Strafprozeßordnung vom 12. 1. 1968 (GBl. I, S. 49) die Vereidigung von Zeugen und Sachverständigen nicht mehr vor. Lediglich im Rechtshilfeverfahren in Strafsachen ist eine Vereidigung von Zeugen und Sachverständigen zulässig, wenn diese nach den Bestimmungen, die für das ersuchende Organ gelten, notwendig ist (→ **Strafverfahren**).
Auch die Zivilprozeßordnung vom 19. 6. 1975 (GBl. I, S. 533) kennt nicht mehr die Aussage des Zeugen, Sachverständigen oder der Prozeßpartei unter E. Der Offenbarungseid des Vollstreckungsschuldners ist ebenfalls abgeschafft und durch die Verpflichtung zur Vorlage eines Vermögensverzeichnisses mit der Versicherung seiner Richtigkeit ersetzt worden (§ 95 ZPO). Wie im Strafverfahrensrecht, so ist auch im Zivilverfahrensrecht eine Vereidigung von Zeugen, Sachverständigen und Prozeßparteien nur bei der Erledigung von Rechtshilfeersuchen auf ausdrückliches Verlangen des ersuchenden Gerichts vorgesehen (§ 188 IV ZPO). Infolge der fast völligen Abschaffung des E. im Verfahrensrecht kennt auch das materielle Strafrecht keine Eidesdelikte mehr. Das Strafgesetzbuch vom 12. 1. 1968 (GBl. I, S. 1) enthält lediglich die Straftatbestände der vorsätzlich falschen Aussage (§ 230) sowie der falschen Versicherung zum Zwecke des Beweises (§ 231), wodurch die Möglichkeit, eine Falschaussage unter E. strafrechtlich anders zu behandeln als eine uneidliche Falschaussage, entfällt.
Im Unterschied zum Verfahrensrecht spielt der E. in Gestalt des Fahneneides bei der → **Nationalen Volksarmee (NVA)** eine Rolle und ist in der Anlage zur AO des → **Nationalen Verteidigungsrates der DDR** über den aktiven Wehrdienst in der NVA vom 10. 12. 1973 (GBl. I, S. 561) geregelt.

Eigentum

I. Die Eigentumsordnung in der DDR
II. Eigentumsformen

I. Die Eigentumsordnung in der DDR

Die E.-Ordnung in der DDR hat nach 1945 durch Bodenreform, → **Enteignung** der Schlüsselindustrien, Banken, Versicherungsunternehmen, Enteignung der als Kriegsverbrecher und aktive Nationalsozialisten angesehenen Personen, Treuhandverwaltung von → **Flüchtlingsvermögen (→ Sperrkonten; Treuhandvermögen)**, individuelle Enteignungen mit Mitteln der Wirtschafts- und Steuerpolitik, Einführung staatlicher Beteiligung an Privatbetrieben, Vergenossenschaftung der Landwirtschaft und des Handwerks usw. eine grundlegende Umgestaltung erfahren. Die eigentumsrechtlichen Bestimmungen der Verfassung von 1949 und des BGB, die bis 1968 bzw. 1975 galten, entsprachen nicht mehr der wirklichen Rechtslage. Eine generelle Rechtsgrundlage hat die E.-Ordnung durch die Art. 9–16 der Verfassung vom 6. 4. 1968 i. d. F. vom 7. 10. 1974 (GBl. I, S. 432) erhalten. Die konkreten Regelungen zur E.-Ordnung sind nunmehr im Zivilgesetzbuch (ZGB) (→ **Zivilrecht**) vom 19. 6. 1975 (GBl. I, S. 465), insbesondere in dessen 2. Teil, zu finden.

II. Eigentumsformen

Kennzeichnend für die E.-Ordnung der DDR ist die Überwindung des monistischen E.-Begriffs des bürgerlichen Rechts und seine Aufspaltung in mehrere E.-Formen unter dem Gesichtspunkt ihrer sozialen und wirtschaftlichen Funktion sowie ihrer Zweckbindung.
Grundlage der Volkswirtschaft in der DDR ist das sozialistische E., das seinerseits in 3 Erscheinungsformen vorkommt: als gesamtgesellschaftliches Volks-E., als genossenschaftliches Gemein-E. werktätiger Kollektive und als E. gesellschaftlicher Organisationen der Bürger (Art. 10 Abs. 1 Verf.). Hiervon werden als weitere Formen des E. das persönliche E. und das Privat-E. unterschieden, wobei letzteres als eigenständige rechtliche Kategorie nicht mehr behandelt wird. Die E.-Ordnung wird im Verständnis des Marxismus-Leninismus als entscheidendes Element der gesamten politischen wie gesellschaftlichen Ordnung begriffen. Mit ihr werden sowohl der sozialistische Charakter der Gesellschaft als auch z. B. die für sie spezifischen Formen der Mitwirkungsrechte begründet.

A. Das sozialistische Eigentum

1. Das *gesamtgesellschaftliche Volkseigentum* gilt als die höchstentwickelte Form des sozialistischen E. Im Hinblick auf den Gegenstand des gesamtgesellschaftlichen Volks-E. gelten keine Begrenzungen. Für bestimmte Objekte ist die Form des Volks-E. zwingend, so für die Bodenschätze, die Bergwerke, Kraftwerke, Talsperren, großen Gewässer, die Naturreichtümer des Festlandsockels, Banken und Versicherungseinrichtungen, die volkseigenen Güter, die Verkehrswege, die Transportmittel der Eisenbahn, Seeschiffahrt und Luftfahrt, die Post- und Fernmeldeanlagen sowie – seit der Verfassungsänderung vom 7. 10. 1974 – für alle Industriebetriebe. An diesen Objekten ist Privat-E. unzulässig (Art. 12 Abs. 1 Verf.).
Als Subjekt gelten der Staat und das Volk, wobei in rechtlicher Hinsicht Subjekt letztlich der Staat als „politische Organisation der Werktätigen in Stadt und Land“ ist (Art. 1 Abs. 1 Verf.). Die Nutzungs- und Verfügungsbefugnisse des Eigentümers übt der Staat durch seine Wirtschaftsverwaltungsorgane und durch die von diesen eingesetzten Leiter der Volkseigenen Betriebe, volkseigenen Güter und sonstigen staatlichen Einrichtungen aus. Das Fehlen einer privaten Verfügungsmacht über Produktionsmittel in den genannten Bereichen wird zugleich als Voraussetzung dafür bezeichnet, daß der Staat seinen Charakter grundlegend geändert habe und zu einer alle Gesellschaftsmitglieder gleichberechtigt beteiligenden Organisationsform geworden sei.
Die Volkseigenen Betriebe wirtschaften im Rahmen ihrer Aufgaben eigenverantwortlich. In der Art der Nutzung des ihnen anvertrauten Volks-E. sind sie jedoch an die Prinzipien der Planwirtschaft (→ **Planung**), an die dem Betrieb übertragenen Aufgaben sowie an das Gebot, das Volks-E. zu mehren, gebunden. Über Gegenstände, die Grundlage der wirtschaftlichen Tätigkeit der Betriebe sind, dürfen sie in der Regel nicht verfügen, wohl aber über Gegenstände der Umlaufmittel. Grundsätzlich dürfen auch nur die letzteren in andere Formen des E. überführt werden (z. B. Verkauf von Produkten), während für das Anlagevermögen der Grundsatz der Unantastbarkeit des Volks-E., d. h. das Verbot, die Substanz und den Bestand des Volks-E. planwidrig zu verringern, gilt.
Diesem Grundsatz entspricht auch ein erhöhter Bestandsschutz des Volks-E. So darf Volks-E. weder verpfändet, gepfändet noch belastet werden und eine Aufrechnung persönlicher Forderungen gegenüber Forderungen von Rechtsträgern von Volks-E. ist verboten. Volks-E. kann auch auf der Basis von Nutzungsverhältnissen individuell oder kollektiv den Bürgern zur Nutzung zur Verfügung gestellt werden (etwa zu Wohnzwecken).
2. Das *genossenschaftliche Gemeineigentum* gilt als niedrigere Entwicklungsstufe des sozialistischen E., da das Subjekt dieses E. ein kleineres Kollektiv und nicht das gesamte Volk ist. Eigentümer sind die → **Genossenschaften** als juristische Personen in Ge-

stalt der landwirtschaftlichen Produktionsgenossenschaften (→ **Landwirtschaftliche Betriebsformen**), der Gärtnerischen Produktionsgenossenschaften, der Produktionsgenossenschaften des → **Handwerks**, der Produktionsgenossenschaften werktätiger Fischer (→ **Fischwirtschaft**), der → **Arbeiterwohnungsbaugenossenschaften (AWG)** und der Konsumgenossenschaften. Das genossenschaftliche E. erstreckt sich, entsprechend den unterschiedlichen Einbringungspflichten bei den einzelnen Genossenschaftstypen, auf einen unterschiedlich großen Bereich von Produktionsmitteln und sonstigen Gegenständen.

Art. 13 Verf. nennt als genossenschaftliches E. Geräte, Maschinen, Anlagen, Bauten, Tierbestände und das aus genossenschaftlicher Nutzung des Bodens sowie genossenschaftlicher Produktionsmittel erzielte Ergebnis. Dieser Katalog ist nicht abschließend, jedoch gilt auch für das genossenschaftliche E. der Grundsatz der Zweckbindung, wonach der Erwerb von Gegenständen, die nicht der Durchführung der satzungsmäßigen Aufgaben der Genossenschaften dienen, verboten ist. Auch genossenschaftliches E. genießt einen verstärkten Schutz. Produktionsmittel sind unpfändbar, eine Zwangsvollstrekkung ist nur in solche finanziellen Mittel und Sachen zulässig, die nicht Grundlage der wirtschaftlichen Tätigkeit der Genossenschaft sind.

3. Für das *E. der gesellschaftlichen Organisationen der Bürger* gilt Entsprechendes wie für das genossenschaftliche E. Seine Träger sind die Massenorganisationen und Parteien. Objekte sind insbesondere Verlagsbetriebe sowie soziale und kulturelle Einrichtungen.

B. Das persönliche Eigentum

Das persönliche E. ist grundsätzlich kein Produktionsmittel-E. Es erfährt durch die Bestimmung, daß es der Befriedigung der materiellen und kulturellen Bedürfnisse der Bürger dient und sein Gebrauch nicht den Interessen der Gesellschaft zuwiderlaufen darf, eine soziale Zweckbestimmung und rechtliche Begrenzung. Quelle des persönlichen E. ist in erster Linie das Arbeitseinkommen, aber auch andere Erwerbsgründe, wie Schenkung, Erbschaft, Auszeichnung, Lotteriegewinn usw., sind zulässig. Objekte des persönlichen E. sind vorwiegend Arbeitseinkünfte und Ersparnisse, die Ausstattung der Wohnung und des Haushalts, Gegenstände des persönlichen Bedarfs, die für die Berufsausbildung, Weiterbildung und Freizeitgestaltung erworbenen Sachen sowie Grundstücke und Gebäude zur Befriedigung der Wohn- und Erholungsbedürfnisse des Bürgers und seiner Familie, ferner die dem Wesen des persönlichen E. entsprechenden Rechte, einschließlich vermögensrechtlicher Ansprüche aus Urheber-, Neuerer- und Erfinderrechten (§ 23 Abs. 1 ZGB).

Zur Erfüllung des in Art. 15 Verf. erteilten Auftrages auf Schutz des Bodens und zur Verhinderung von Spekulation und arbeitslosem Einkommen bedarf die Übertragung von E.-Rechten an Grundstücken der staatlichen Genehmigung (VO vom 15. 12. 1977, GBl. II, 1978, S. 73, § 297 ZGB). Aber auch andere Rechtsgrundlagen für Nutzungsbefugnisse (bis hin zur Miete) unterliegen der staatlichen Kontrolle und sind genehmigungspflichtig.

C. Privates Eigentum

Unter der Voraussetzung der Befriedigung gesellschaftlicher Bedürfnisse und der Erhöhung des Volkswohlstandes sowie der Mehrung des gesellschaftlichen Reichtums war in der DDR bis zur Änderung der Verfassung vom 7. 10. 1974 als Übergangserscheinung noch privates Produktionsmittel-E. zugelassen (Art. 14 Abs. 1 Verf. von 1968). An vielen Privatbetrieben bestanden jedoch bereits staatliche Beteiligungen (sog. halbstaatliche Betriebe). Die Rechtsform war die einer Kommanditgesellschaft mit dem Staat als Kommanditisten und dem früheren Alleineigentümer als unbeschränkt haftendem Gesellschafter. Im Jahr 1972 sind die halbstaatlichen Betriebe sowie die verbliebenen größeren Privatbetriebe fast vollständig in Volkseigene Betriebe umgewandelt worden. Nach der Verfassungsänderung vom 7. 10. 1974 sind nur noch die auf überwiegend persönlicher Arbeit beruhenden kleinen Handwerks- und anderen Gewerbebetriebe erlaubt und werden vom Staat gefördert (Art. 14 Abs. 2 Verf. i. d. F. von 1974). Obwohl es sich auch in diesem beschränkten Rahmen nach wie vor um Produktionsmittel-E. handelt, wird es nach den Bestimmungen für das persönliche E. behandelt (§ 23 Abs. 2 ZGB). Dies gilt ebenso für andere Relikte von Privat-E. (z. B. für das individuelle E. an Miethäusern), da es für sie sonst keine Rechtsgrundlagen mehr gibt (§ 3 EGZGB vom 19. 6. 1975, GBl. I, S. 517). Entsprechendes gilt für kirchliches E.

D. Enteignungen

Die Verfassung sieht in Art. 16 die Möglichkeit der → **Enteignung** für gemeinnützige Zwecke auf der Grundlage eines Gesetzes und gegen angemessene Entschädigung vor. Enteignungen dürfen nur erfolgen, wenn der angestrebte Zweck nicht durch Bereitstellung von Volks-E. erreicht werden kann. Zulässige Enteignungen regeln z. B. das → **Aufbaugesetz**, das Wassergesetz, das Atomenergiegesetz und das → **Verteidigungsgesetz**. Enteignungscharakter können auch Inanspruchnahmen nach der → **Leistungsverordnung** haben. Der Rechtsweg zu den Gerichten ist ausgeschlossen.

E. Allgemeine Regelungen zum Eigentum

Die allgemeinen Regelungen zum E. enthält das ZGB, soweit sie für das sozialistische E. überhaupt einschlägig werden können. Bei der Übertragung von E. hat das ZGB das Abstraktionsprinzip des BGB verlassen und knüpft den E.-Übergang an den Vertrag und die Übergabe (§ 26 ZGB). Ein gutgläubiger Erwerb ist nur an im Einzelhandel gekauften Sachen, an Geld und Inhaberpapieren möglich (§§ 27, 28 ZGB). Das ZGB enthält daneben Bestimmungen über Verbindung, Vermischung und Verarbeitung, über die Aneignung, über die Ansprüche des Eigentümers sowie über das gemeinschaftliche E., das in Mit-E. und Gesamt-E. unterschieden wird.

→ **Betriebsformen und Kooperation; Produktionsverhältnisse.**

Klaus Westen

Literaturangaben

Arlt, R., u. G. Rohde: Bodenrecht. Ein Grundriß. Lehrbuch. Berlin (Ost): Staatsverl. d. DDR 1976.

Dornberger, G.: Die verschiedenen Eigentumsarten und Eigentumsformen in der DDR, in: Neue Justiz, 1952, S. 16. Berlin (Ost): Staatsverl. d. DDR 1952.

Grünewald, J.: Das Eigentum und das Eigentumsrecht in der sowjetischen Besatzungszone Deutschlands. Bonn: Röhrscheid 1961. (Bonner rechtswissenschaftliche Abhandlungen. 49.)

Hofmann, H.: Sozialistisches Eigentum und Staatsmacht, in: Staat und Recht 1969, S. 1224. Berlin (Ost): Staatsverl. d. DDR 1969.

Kelinkert, J.: Die Regelung des sozialistischen und des persönlichen Eigentumsrechts im ZGB, in: Neue Justiz 1975, S. 628. Berlin (Ost): Staatsverl. d. DDR 1975.

Luft, H., u. H. Schmit: Die neue Verfassung und das sozialistische Eigentum, in: Staat und Recht 1968, S. 716. Berlin (Ost): Staatsverl. d. DDR 1968.

Oberländer, H., u. M. Posch: Probleme der rechtlichen Regelung des Volkseigentums, in: Staat und Recht 1969, S. 1812. Berlin (Ost): Staatsverl. d. DDR 1969.

Schüsseler, R.: Theoretische Probleme des Volkseigentumsrechts (Diss.). Halle 1975.

Such, H.: Das Volkseigentum, in: Neue Justiz 1949, S. 49. Berlin (Ost): Staatsverl. d. DDR 1949.

Wiedemann, H.: Das sozialistische Eigentum in Mitteldeutschland. Köln: Wissenschaft u. Politik 1964. (Abhandlungen zum Ostrecht. 3.)

Eingaben: Nach Art. 103 der Verfassung kann sich jeder Bürger mit E. (Vorschlägen, Hinweisen, Anliegen oder **Beschwerden**) an die Volksvertretungen, ihre Abgeordneten oder die staatlichen und wirtschaftlichen Organe wenden. Dieses Recht steht auch gesellschaftlichen Organisationen und den Gemeinschaften der Bürger zu. Ihnen darf aus der Wahrnehmung dieses Rechts kein Nachteil entstehen. Die für die Entscheidung verantwortlichen Organe werden verpflichtet, die E. der Bürger oder der Gemeinschaften innerhalb der gesetzlich vorgeschriebenen Frist zu bearbeiten und den Antragstellern das Ergebnis mitzuteilen. Einzelheiten regelt das Gesetz über die Bearbeitung der Eingaben der Bürger vom 19. 6. 1975 (GBl. I, S. 461).

Das E.-Recht gilt als eine der Garantien des Rechts auf Mitgestaltung und Mitbestimmung der Bürger in der sozialistischen Staats- und Gesellschaftsordnung (**Sozialistische → Grundrechte; Verfassung**, III.).

Die Leiter der staatlichen und wirtschaftsleitenden Organe, der Volkseigenen Betriebe und Kombinate, der sozialistischen Genossenschaften und Einrichtungen haben zu sichern, daß die Bürger ihre E. und andere Anliegen persönlich vorbringen und sich beraten lassen können. Sprechstunden und Öffnungszeiten sind festzulegen und öffentlich bekanntzumachen.

Die Entscheidung über E. liegt beim jeweils zuständigen Leiter oder einem von ihm Beauftragten. Die Leiter sind für die ordnungsgemäße Arbeit mit den E. persönlich verantwortlich. Diejenigen Mitarbeiter oder Leiter, an deren Arbeit oder Verhalten in der E. Kritik geübt wird, dürfen die E. nicht bearbeiten oder entscheiden. In solchen Fällen hat der zuständige oder der übergeordnete Leiter zu entscheiden. Die Antwort auf die E. ist schriftlich oder mündlich zu erteilen. Sie muß begründet werden. Die Entscheidung muß spätestens innerhalb von 4 Wochen nach Eingang oder Bekanntwerden getroffen und dem Bürger mitgeteilt werden. Aus zwingenden Gründen erforderliche Fristüberschreitung ist zu begründen. Ist ein Bürger mit der Entscheidung nicht einverstanden, hat er nur die Möglichkeit, sich an das übergeordnete Organ oder den übergeordneten Leiter zu wenden. Das kann wiederholt von Stufe zu Stufe geschehen. Entscheidungen der Leiter zentraler Staatsorgane sind endgültig. Insbesondere ist es nicht möglich, eine Entscheidung vor einem Gericht anzufechten. Auch die nach dem E.-Erlaß des Staatsrates vom 20. 11. 1969 (GBl. I, S. 239) früher gegebene Möglichkeit, den Beschwerdeausschuß bei der jeweiligen örtlichen → **Volksvertretung** anzurufen, ist mit dem Gesetz vom 19. 6. 1975 entfallen.

So stellt das E.-Wesen keinen Ersatz für die fehlende → **Verwaltungsgerichtsbarkeit** (→ **Verwaltungsbeschwerde**) dar. Es bedeutet den Versuch, die Verwaltung bürgernäher zu machen und kann als Ausdruck des konsultativen Elements der Verfassungsordnung (→ **Verfassung**, III.) gewertet werden, mittels dessen das politische System in der DDR funktionstüchtiger werden soll.

Einheitliches sozialistisches Bildungssystem

I. Ziele und Grundsätze

Nach Auffassung der marxistisch-leninistischen Pädagogik (→ **Pädagogische Wissenschaft und Forschung**), wie sie gegenwärtig in der DDR – darin vor allem der sowjetischen Pädagogik und Bildungspolitik folgend – offiziell vertreten wird, ist die sozialistisch-kommunistische Bildung und Erziehung und darin besonders die Herausbildung eines sozialistischen Bewußtseins bei allen Kindern, Jugendlichen und auch Erwachsenen eine notwendige Voraussetzung für die Errichtung und Sicherung der sozialistischen bzw. kommunistischen Gesellschaftsordnung. Für die sozialistische Bildungskonzeption wird aus der Sicht des Marxismus-Leninismus, d. h. aus der sozialistischen → **Persönlichkeitstheorie**, vor allem gefolgert, daß alle Bildungs- und Erziehungsprozesse (Sozialisationsprozesse) unlösbar in lebendige geschichtliche Prozesse eingebettet sind und von den materiellen Lebensprozessen, den politischen Kämpfen der Klassen und ihren ideologischen Reflexionen in bezug auf Ziele, Inhalte und Methoden entscheidend bestimmt werden. Sie können nur im Rahmen revolutionärer gesellschaftlicher Veränderungen unter der Führung der → **Sozialistischen Einheitspartei Deutschlands (SED)** voll wirksam und zu einem bedeutenden Faktor des gesellschaftlichen Fortschritts werden. Dabei müsse aufgrund der Dialektik der äußeren und inneren Entwicklungsbedingungen und -ursachen die Entwicklung des Menschen als ein „ununterbrochener Prozeß der aktiven Aneignung und Verinnerlichung der historisch-konkreten Umwelt", der menschlichen Kultur in ihrer Gesamtheit, in der Arbeit, im Lernen und in weiteren „kulturschöpferischen Tätigkeiten" verstanden und verwirklicht werden.

Nach dem Gesetz über das einheitliche sozialistische Bildungssystem vom 25. 2. 1965 (GBl. I, 1965, S. 83) i. d. F. des Beschlusses vom 30. 6. 1966 (GBl. II, 1965, S. 571), das die bildungspolitischen Beschlüsse des Parteiprogramms der SED von 1963 rechtlich regelte und das auch nach Verabschiedung des neuen Parteiprogramms (1976) weiter Geltung hat, ist es das Hauptziel des B., alle Bürger zu „allseitig und harmonisch entwickelten sozialistischen Persönlichkeiten, die bewußt das gesellschaftliche Leben gestalten, die Natur verändern und ein erfülltes, glückliches, menschenwürdiges Leben führen", zu bilden und zu erziehen. Insbesondere sollen sie befähigt werden, „die technische Revolution zu meistern und an der Entwicklung der **Sozialistischen** → **Demokratie** mitzuwirken". Dazu sollen sie eine moderne Allgemeinbildung und eine hohe Spezialbildung sowie „Charakterzüge im Sinne der sozialistischen Moral" erwerben. Durch die gemeinsame, einheitliche Bildungs- und Erziehungsarbeit des sozialistischen Staates und aller gesellschaftlichen Kräfte sollen die Kinder, Jugendlichen und Erwachsenen befähigt werden, „als gute Staatsbürger wertvolle Arbeit zu leisten, ständig weiter zu lernen, sich gesellschaftlich zu betätigen, mitzuplanen und Verantwortung zu übernehmen, gesund zu leben, die Freizeit sinnvoll zu nutzen, Sport zu treiben und die Künste zu pflegen". Dazu sichern Verfassung und Bildungsgesetz allen Bürgern das gleiche Recht auf Bildung zu, das gleichermaßen die gesellschaftliche Pflicht zur Bildung einschließt.

Diese programmatischen Forderungen und gesetzlichen Bestimmungen sagen allerdings noch nichts über die individuelle Möglichkeit der Verwirklichung des Rechtes auf Bildung für alle aus.

Maßgeblich für den Aufbau des Bildungssystems und für die inhaltliche Gestaltung der Bildung und Erziehung sind die Grundsätze der Einheit von Bildung und Erziehung, der Verbindung von Bildung und Erziehung mit dem „Leben", der Verbindung von Theorie und Praxis, der Verbindung von Lernen und produktiver Arbeit sowie der Allseitigkeit und Permanenz der Bildung und Erziehung.

Unter Berücksichtigung der Einheit, also der praktischen Untrennbarkeit von Bildung und Erziehung, wird unter **Bildung** jene Komponente der Gesamtheit der pädagogischen Prozesse und ihrer Ergebnisse verstanden, in der die Aneignung des vor allem in den Lehrplänen und anderen curricularen Materialien aufbereiteten Bildungsgutes unter dem Gesichtspunkt der Kenntnisse, Erkenntnisse, Fähigkeiten, Fertigkeiten usw., akzentuiert wird.

Der Begriff „Erziehung" (im engeren Sinne) meint jene Seite aller pädagogischen Prozesse und ihrer Ergebnisse, die sich auf die Herausbildung ideologischer (politischer, weltanschaulicher, ethischer und ästhetischer) Wertmaßstäbe, Normen und Einstellungen und auf die Entwicklung von Überzeugungen, Charaktereigenschaften und Verhaltensweisen beziehen.

Der Grundsatz der Einheit von hoher wissenschaftlicher Bildung und „klassenmäßiger sozialistischer" Erziehung beruht einmal auf der Erkenntnis der Unteilbarkeit der pädagogischen Prozesse, zum anderen aber auf dem marxistisch-leninistischen Grundaxiom der Einheit bzw. Identität von Wissenschaft und sozialistischer Ideologie und von Wissenschaftlichkeit und → **Parteilichkeit** auf der Grundlage des → **Marxismus-Leninismus**; er findet seinen inhaltlichen Niederschlag in allen Bereichen der Bildung und Erziehung, sei es nun in der **Politisch-ideologischen** bzw. **Staatsbürgerlichen** → **Erziehung**, in → **Polytechnischer Bildung und polytechnischem Unterricht** oder der ästhetischen Bildung und Erziehung, in der → **Körpererziehung/Kinder- und Jugendsport**, der → **Wehrerziehung** oder der → **Kollektiv- und Arbeitserziehung** sowie der → **Erziehung zu bewußter Disziplin**.
Der Grundsatz der Allseitigkeit und Permanenz von Bildung und Erziehung schließlich ist vor allem bezogen auf die Realisierung eines ihrer wichtigsten Ziele, nämlich auf die Herbeiführung und langfristige Sicherung der beruflichen Disponibilität möglichst aller Bürger unter Berücksichtigung sowohl ihrer Befähigungen und Neigungen als auch der jeweiligen wechselnden volkswirtschaftlichen Erfordernisse. Eine möglichst weitgehende Übereinstimmung zwischen individuellen Neigungen und gesellschaftlichen bzw. volkswirtschaftlichen Erfordernissen zu erreichen, ist eine zentrale Aufgabe aller Bildungseinrichtungen, speziell aber der umfassend angelegten → **Berufsberatung und Berufslenkung**. Umfassende sozialistische Bildung und Erziehung, verstanden und gestaltet als gesamtgesellschaftliche Aufgabe, läßt kaum bildungs- und erziehungslose Freiräume zu und versucht darüber hinaus, auch die Familienerziehung (→ **Elternhaus und Schule; Familie**) und die außerschulische und außerunterrichtliche Bildung und Erziehung intentional-inhaltlich und organisatorisch-institutionell möglichst genau zu reglementieren und zu kontrollieren (→ **Freie Deutsche Jugend [FDJ]; Jugend**). Auf diese weitgreifende gesellschaftspolitische Zielstellung läßt sich partiell zurückführen, wenn heute in der DDR die Merkmale einer ausgeprägten Lern- und Leistungsgesellschaft zu beobachten sind.

Gliederung des Bildungssystems der DDR

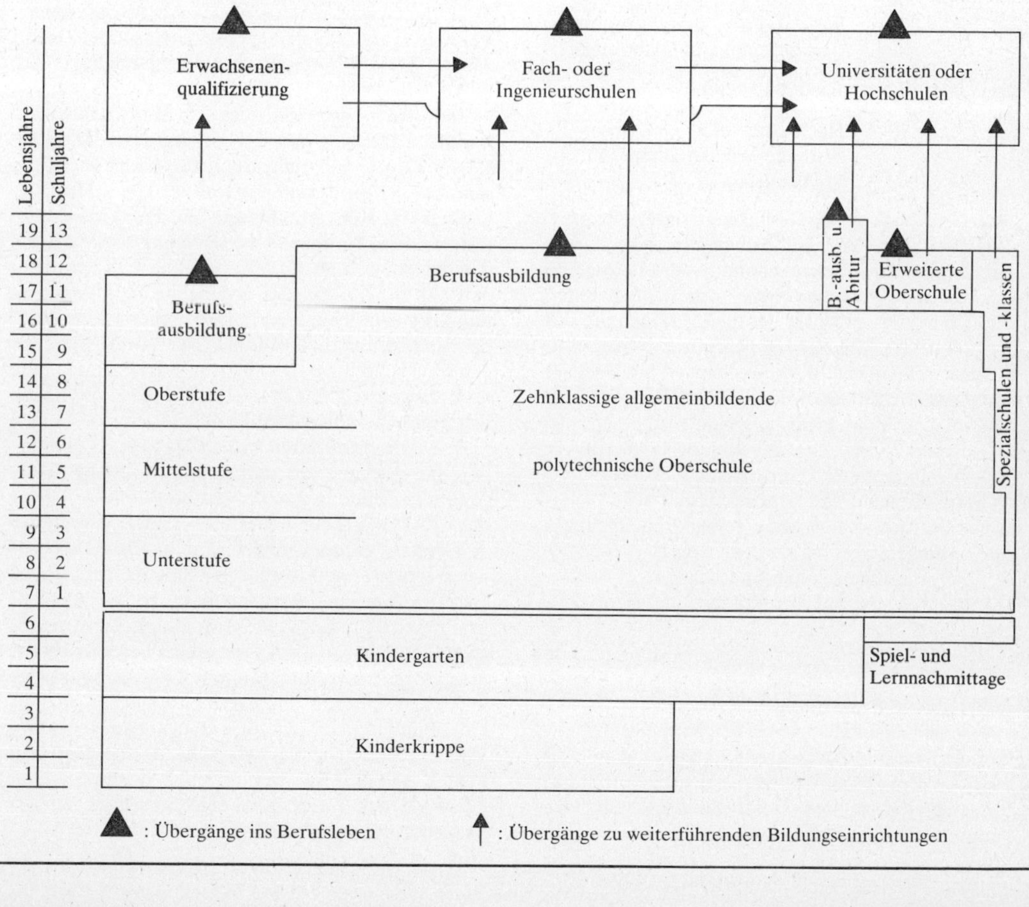

II. Aufbau und Gliederung

Wird das B. vor allem unter intentional-inhaltlichem Gesichtspunkt als „sozialistisch" bezeichnet, so erfolgt die Bezeichnung als „einheitlich" besonders im Hinblick auf die Struktur und Gliederung in vertikaler Sicht (nebeneinander verlaufende Ausbildungsgänge auf einer Stufe). Das B. ist horizontal in aufeinanderfolgenden Stufen gegliedert:

Elementarstufe I:	Kinderkrippen usw. (0–3 J.)	als Einrichtungen der Vorschulerziehung
Elementarstufe II:	Kindergärten usw. (3–6 J.)	
Primarstufe:	Unterstufe (Kl. 1–3)	der 10klassigen allgemeinbildenden polytechnischen Oberschule
Sekundarstufe Ia:	Mittelstufe (Kl. 4–6)	
Sekundarstufe Ib:	Oberstufe (Kl. 7–10)	
Sekundarstufe II:	Abiturstufe (Kl. 11 u. 12) Einrichtungen der Berufsausbildung Jugendlicher	
Sekundar- und Tertiarstufe:	Einrichtungen der Aus- und Weiterbildung der Werktätigen (Erwachsenenqualifizierung)	
Tertiarstufe I:	Fachschulwesen	
Tertiarstufe II:	Hochschulwesen inkl. postgraduale Weiterbildung und → **Akademien**.	

Dem Grundsatz der Einheitlichkeit und Differenzierung (bei Dominanz der Einheitlichkeit) teils entsprechend, teils widersprechend, ist das B. zugleich vertikal gegliedert, und zwar auch so, daß unterschiedliche, voneinander deutlich geschiedene und undurchlässige Bildungswege entstehen, die qualitativ unterschiedliche Bildungschancen und soziale Aufstiegsmöglichkeiten bieten (siehe unter X.); in vertikaler Sicht ist das B. gegliedert in

a) Normal- bzw. Regel-Bildungseinrichtungen (Normalkindergärten, Normalschulen),
b) Spezialschulen und Spezialklassen,
c) Sonderschulen und andere sonderpädagogische Einrichtungen,
d) Sorbische Oberschulen und Klassen,
e) Einrichtungen der Jugendhilfe und Heimerziehung,
f) Einrichtungen der ganztägigen Bildung und Erziehung,
g) Kulturelle Einrichtungen.

Die „Einheitlichkeit" wird in diesen speziellen bzw. komplementären Bildungseinrichtungen zumindest dadurch angestrebt, daß auch hier die verbindlich festgelegten Ziele der politisch-ideologischen Erziehung verwirklicht werden sollen.

Wenn es im Bildungsgesetz heißt, das B. sei so aufgebaut, daß jedem Bürger der Übergang zur jeweils nächsthöheren Stufe bis zu den höchsten Bildungsstätten, den Universitäten und Hochschulen, möglich sei, so wird diese Möglichkeit im unmittelbaren Anschluß daran wieder durch die Bestimmung – und zwar, wie die Praxis deutlich zeigt, erheblich – eingeschränkt, daß nämlich für die höheren Bildungseinrichtungen nur die Besten und Befähigtesten unter Berücksichtigung der sozialen Struktur der Bevölkerung, d. h. möglichst unter Bevorzugung der Arbeiter- und Bauernkinder und damit Benachteiligung anderer sozialer Schichten, ausgewählt werden.

III. Planung und Leitung

Planung und Leitung aller zwecks Realisierung der gestellten Bildungs- und Erziehungsaufgaben durchzuführenden Maßnahmen einschließlich der Weiterentwicklung des B. obliegen den zentralistisch-hierarchisch organisierten Volksbildungsorganen, die ihrerseits der Weisung und Kontrolle durch die oberste Staatsführung sowie durch die entsprechenden Abteilungen des → **Zentralkomitees (ZK) der SED** unterliegen. Zu den Volksbildungsorganen im weiteren Sinne zählen der → **Ministerrat** der DDR, das → **Staatssekretariat für Berufsbildung**, das → **Ministerium für Hoch- und Fachschulwesen**, die → **Industrieministerien**, das → **Ministerium für Land-, Forst- und Nahrungsgüterwirtschaft (MfLFN)**, das → **Ministerium für Gesundheitswesen**, das → **Ministerium für Kultur**, das → **Staatssekretariat für Körperkultur und Sport** und das → **Ministerium für Nationale Verteidigung** sowie die ihnen unter- und zugeordneten Organe und Institutionen auf den verschiedenen Ebenen. Als Volksbildungsorgane (im engeren Sinne) fungieren vor allem das Ministerium für Volksbildung und die Abteilungen Volksbildung der Räte der → **Bezirke** und der → **Kreise** einschließlich der Bezirks- bzw. der Kreis-Schulräte und -Inspektoren.

Das → **Ministerium für Volksbildung** hat insbesondere die Aufgabe, diejenigen grundsätzlichen Aufgaben des Bildungsgesetzes zu erfüllen, die wegen ihrer Bedeutung einer zentralen Koordination über den Verantwortungsbereich der unter- und zugeordneten Organe und Institutionen hinausgehen. Es hat zwecks Sicherung des erwünschten „Bildungsvorlaufes" durch rechtzeitige Entscheidung der wesentlichen Grundfragen der Volksbildung den nachgeordneten Organen und Institutionen die Erfüllung der jeweils gestellten Aufgaben zu ermöglichen und mit Unterstützung der Akademie der Pädagogischen Wissenschaften (→ **Pädagogische Wissenschaft und Forschung**) die Organisation sowie die (speziellen) Lernziele und Lerninhalte der Einrichtungen der Vorschulerziehung (Kindergärten usw.), der allgemeinbildenden Oberschulen, der zur Hochschulreife führenden Einrichtungen, der Spezialschulen und Spezialklassen, der Sonderschulen, der Einrichtungen und Veranstaltungen der außerschulischen und außerunterrichtlichen Bildung und Erziehung einschließlich der → **Feriengestaltung** und der Einrichtungen der Jugendhilfe und Heimerziehung zu bestimmen. Es soll ferner die Erarbeitung entsprechender Vorschriften (Bildungsgesetz, → **Schulordnung** usw.) sowie Lehrpläne, Lehrbücher und anderer Unterrichtsmittel gewährleisten (→ **Unterrichtsmittel und Programmierter Unterricht**). Ihm obliegen die Planung, Leitung und Kontrolle der pädagogischen Wissenschaft und Forschung – mit Ausnahme der Forschungen auf dem Gebiet der Berufsbildung und des Fach- und Hochschulwesens – unter Konzentration auf die im Bildungsgesetz gestellten Aufgaben. Ziele und Inhalte der Aus- und Weiterbildung der Lehrer und Erzieher sowie der Schulfunktionäre sind von ihm zu bestimmen, die entsprechenden Studienpläne zu bestätigen sowie die Arbeitsbedingungen und Vergütungen der Lehrer und Erzieher festzulegen. Durch Einbeziehung vor allem der Volkseigenen Betriebe, der Jugendorganisationen, der anderen → **Massenorganisationen** und der Eltern hat es eine einheitliche sozialistische Bildungs- und besonders Schulpolitik durchzusetzen sowie auf der Grundlage des Perspektivplans zur Entwicklung der Volkswirtschaft die proportionale Entwicklung der Bildungseinrichtungen und die ökonomische Verwendung der zur Verfügung stehenden personellen und materiellen Mittel zu garantieren.

Im Jahr 1982 beliefen sich die Ausgaben für das Bildungswesen im Rahmen des → **Staatshaushaltes** auf knapp 11 Mrd. Mark, davon 7,6 Mrd. für die Volksbildung (Kindergärten und allgemeinbildende Schulen), 0,95 Mrd. für die Berufsausbildung Jugendlicher und für die Aus- und Weiterbildung der Werktätigen (die hauptsächlich von den Betrieben finanziert werden) sowie 2,4 Mrd. Mark für das Fach- und Hochschulwesen. Grundlage für die Planung im Bildungssystem bilden die für die gesamte Volkswirtschaft geltenden mehr- und einjährigen Volkswirtschaftspläne.

IV. Vorschulerziehung

Die Vorschulerziehung umfaßt die Bildung und Erziehung der Kinder in gesellschaftlichen Einrichtungen und in den Familien bis zu ihrem Eintritt in die allgemeinbildende Schule, d. h. bis zum beginnenden 7. Lebensjahr. Die wichtigsten Kindereinrichtungen der Vorschulerziehung, deren Besuch nicht obligatorisch ist, sind → **Kinderkrippen und Kindergarten**; sie repräsentieren zugleich die beiden zeitlich aufeinanderfolgenden Etappen der Vorschulerziehung. Neben den normalen Kinderkrippen und Kindergärten gibt es vorwiegend für Beschäftigte in der Landwirtschaft Saisonkrippen, für Kinder von durch ihre Berufstätigkeit länger vom Wohnort abwesenden Eltern (Fernfahrer u. ä.) Wochenkrippen und für Waisenkinder sowie für Kinder, deren Eltern das Erziehungsrecht entzogen wurde oder die es aus anderen Gründen nicht wahrnehmen können, **Kinderheime**, die eine dauernde Betreuung der Kinder gewährleisten (→ **Jugendhilfe**).

Für die Kinder im letzten vorschulischen Jahr, also für die 5jährigen, besteht im Rahmen der Vorschulerziehung ein dreiteiliges System der systematischen Schulvorbereitung; es umfaßt die Schulvorbereitung der älteren Gruppe des Kindergartens nach dem Bildungs- und Erziehungsplan für den Kindergarten (der auch für die jüngere und mittlere Gruppe gilt), ferner Spiel- und Lernnachmittage und die Vorbereitung in der Familie nach dem Buch „Bald bin ich ein Schulkind" (1967).

Die Vorschulerziehung und besonders die Schulvorbereitung erfolgen – entsprechend den Festlegungen des „Bildungs- und Erziehungsplans für den Kindergarten" (1967) – in den „Beschäftigungen" (unterrichtliche Sachgebiete) Muttersprache, Bekanntmachen mit der Kinderliteratur, Malen, Zeichnen, Formen, Basteln und Bauen, Bekanntmachen mit dem gesellschaftlichen Leben, mit der Natur, mit Mengen (Vergleich von Längen, Breiten und Höhen), Turnen und Musik. Zum Zweck der → **Kollektiv- und Arbeitserziehung** werden im Kindergarten verschiedene Arbeitsarten geübt. Neben der Hinführung zum verantwortlichen Handeln in der Gemeinschaft durch Übernahme entsprechender Arbeitsaufgaben hat die Arbeitserziehung der Vorschulkinder insofern propädeutischen Charakter, als mit der Anleitung zur Herstellung von Gegenständen für das Spiel und den täglichen Gebrauch die Kinder erste Fertigkeiten und Fähigkeiten erwerben sollen, die später im polytechnischen Unterricht der Schule als Grundlage für den Erwerb weiterer, komplexerer Arbeitsfähigkeiten dienen können bzw. sollen. Zunehmende Bedeutung wird der → **Wehrerziehung** der Kinder und Jugendlichen im Rahmen der Vorschulerziehung beigemessen.

Die **Spiel- und Lernnachmittage** sind vorschulische, insbesondere schulvorbereitende Veranstaltungen der Abteilungen Volksbildung der Räte der Kreise, die vorwiegend an den Oberschulen für diejenigen Kinder im letzten vorschulischen Jahr durchgeführt werden, die keinen Kindergarten besuchen. In 20 14täglich stattfindenden und ca. 90 Minuten dauernden Spiel- und Lernnachmittagen werden die Vorschulkinder anhand des Planes für die Spiel- und Lernnachmittage (1968) und der darin vorgesehenen Beschäftigungsthemen systematisch auf das gemeinsame Lernen in der Schule vorbereitet, vorwiegend von Lehrern der unteren Klassen, aber auch von Kindergärtnerinnen und Horterzieherinnen.

V. Zehnklassige allgemeinbildende polytechnische Oberschule

Die zehnklassige allgemeinbildende polytechnische Oberschule, Oberschule (OS) genannt, ist die staatliche Regel- bzw. Normal-Pflichtschule der DDR, die jedoch keineswegs von allen Kindern bis zu ihrem Abschluß besucht wird. Mit der Bezeichnung „Oberschule" wird zum Ausdruck gebracht, daß in ihr eine relativ hohe Allgemeinbildung als Grundlage für jede weiterführende Bildung und Berufsbildung vermittelt werden soll; die Bezeichnung „polytechnisch" weist auf die besondere Bedeutung hin, die im Rahmen der schulischen Allgemeinbildung → **Polytechnischer Bildung und polytechnischem Unterricht** beigemessen wird. Die Unterrichtsfächer sind aus Tabelle 1 zu entnehmen.

Der Unterricht erfolgt ausschließlich anhand verbindlicher Lehrpläne (→ **Lehrplanreform**) und Unterrichtsmittel (→ **Unterrichtsmittel und Programmierter Unterricht**) einschließlich Schulbücher, die vom Ministerium für Volksbildung herausgegeben bzw. bestätigt werden. Der im Bildungsgesetz festgelegten organisatorischen Gliederung der Oberschule in Unterstufe (Kl. 1–3), Mittelstufe (Kl. 4–6) und Oberstufe (Kl. 7–10), die zuzüglich der Abiturstufe (Kl. 11 und 12) das System 3 + 3 + 4 + + 2 bildet, steht bei Zugrundelegung der inhaltlichen Gliederung nach der Einführung der Unterrichtsfächer sowie der Übergangsmöglichkeiten in Spezialschulen und -klassen ein tatsächliches Zweijahres-block-System 2 + 2 + 2 + 2 + + 2 + + 2 gegenüber, bei dem besonders die Übergänge zu den Klassen 9 und 11 selektiv wirken (siehe unter IX.).

Die *Unterstufe,* die offiziell die Klassen 1–3 sowie faktisch auch noch die als Übergangsklasse bezeichnete Klasse 4 umfaßt, hat die Aufgabe, ein Fundament für den weiterführenden Unterricht und für die Auseinandersetzung des Kindes mit seiner Umwelt zu legen und die Schüler vor allem an beharrliches und fleißiges Lernen zu gewöhnen, und zwar in einem nach dem eingeschränkten Fachlehrerprinzip erteilten und bereits gefächerten Unterricht mit Deutsch einschließlich Heimatkunde und Mathema-

Tabelle 1

Stundentafel für die zehnklassige Oberschule ab Schuljahr 1971/72 (1983 gültiges Grundmodell)

Fach/Klasse	1		2	3	4	5	6	7	8	9	10
	1.H.	2.H.									
Deutsch	11	10	12	14	14	7	6	5	4+1	3	3+1
Russisch	–	–	–	–	–	6	5	3	3	3	3
Mathematik	5	5	6	6	6	6	6	6	4	5	4
Physik	–	–	–	–	–	–	3	2	2	3	3
Astronomie	–	–	–	–	–	–	–	–	–	–	1
Chemie	–	–	–	–	–	–	–	2	4	2	2
Biologie	–	–	–	–	–	2	2	1	2	2	2
Geographie	–	–	–	–	–	2	2	2	2	1	2
Werkunterricht	1	1	1	1	2	2	2	–	–	–	–
Schulgartenunterricht	–	1	1	1	1	–	–	–	–	–	–
Polytechn. Unterricht	–	–	–	–	–	–	–	4	4	5	5
Klasse 7–10, davon											
Einführung in die soz. Produktion	–	–	–	–	–	–	–	1	1	2	2
Techn. Zeichnen	–	–	–	–	–	–	–	1	1	–	–
Produktive Arbeit	–	–	–	–	–	–	–	2	2	3	3
Geschichte	–	–	–	–	–	1	2	2	2	2	2
Staatsbürgerkunde	–	–	–	–	–	–	–	1	1	1	2
Zeichnen	1	1	1	1	2	1	1	1	1	1	–
Musik	1	1	1	2	1	1	1	1	1	1	1
Sport	2	2	2	2	3	3	3	2	2	2	2
Wochenstunden	21	21	24	27	29	31	33	32	32+1	31	32+1
fakultativ											
Nadelarbeit	–	–	–	–	1	1	–	–	–	–	–
2. Fremdsprache	–	–	–	–	–	–	–	3	3	3	2
Wochenstunden	21	21	24	27	30	32	33	35	35+1	34	34+1

Quelle: Anweisung zur Einführung der Stundentafeln für die 10klassige allgemeinbildende polytechnische Oberschule für das Schuljahr 1970/71 und ab Schuljahr 1971/72, in: Sozialistisches Bildungsrecht, Volksbildung, Oberschulen, Berlin (Ost) 1982, S. 81. (Anmerkungen im Original, die sich auf Besonderheiten der Unterrichtsdurchführung beziehen, bleiben hier unberücksichtigt.)

tik als tragenden Fächern und den Fächern Werk- und Schulgartenunterricht, Sport, Musik und Zeichnen.

Im Deutschunterricht der Klasse 1 steht der Erwerb der Grundfertigkeiten im Lesen und Schreiben im Vordergrund, wobei die analytisch-synthetische Leselernmethode und eine aus der Antiqua abgeleitete Schulausgangsschrift verbindlich sind. Der Mathematikunterricht zielt – als Bestandteil einer von Klasse 1 bis 10 bzw. 12 reichenden Gesamtkonzeption – auf die Vermittlung grundlegenden mathematischen Wissens sowie auf die Entwicklung des mathematischen Denkens und der Rechenfertigkeiten, und zwar anhand traditioneller Lehrstoffe, ist also nicht an Begriffen und Inhalten der Mengenlehre orientiert. Die polytechnische Bildung wird vor allem im Werkunterricht und die **Politisch-Ideologische bzw. Staatsbürgerliche → Erziehung** besonders im Heimatkundeunterricht (innerhalb des Faches Deutsch) vermittelt. Nach Abschluß der Klasse 2 besteht die erste Möglichkeit zum Übergang in Spezialklassen, nämlich in die Klassen 3 mit erweitertem Russischunterricht. Auf der Unterstufe stehen Schulunterricht und Schulhortarbeit in besonders engem Zusammenhang (siehe unter XIV.).

Die *Mittelstufe* (Kl. 4 bzw. 5 und 6) ist vor allem dadurch gekennzeichnet, daß in ihr der Unterricht in den Fächern Russisch, Geschichte, Geographie, Biologie und Physik sowie die systematische Berufsberatung beginnen. Beginnend mit dem Abschluß der 4. Klasse besteht die Möglichkeit zum Übergang in weitere Spezialschulen und -klassen (siehe unter IX.). Die polytechnische Bildung wird vor allem im Werkunterricht vermittelt.

Die *Oberstufe* (Kl. 7–10) untergliedert sich in eine untere Oberstufe (Kl. 7 und 8) und eine obere Oberstufe (Kl. 9 und 10); denn mit Abschluß der Klasse 8 endet die eigentliche Einheitsschule und beginnt eine Verstärkung der Differenzierung in qualitativ unterschiedliche Bildungswege, wenn auch die Mehrzahl der Schüler die 9. und 10. Klassen der Normal-Oberschule besucht (→ **Schulpflicht**). Die Oberstufe wird dadurch differenziert, daß ab Klasse 7 der fakultative Unterricht in einer 2. Fremdsprache (Englisch oder Französisch mit 3 Wochenstunden) einsetzt und im Rahmen des polytechnischen Unterrichts auch die produktive Arbeit der Schüler in den beiden Varianten „Industrie" und „Landwirtschaft" durchgeführt wird. Eine noch stärkere Differenzierung erfährt der Unterricht in den Klassen 9 und 10 (obere Oberstufe) durch die zwar als außerunterrichtlich bezeichneten, jedoch eng mit dem Unterricht verbundenen jeweils wöchentlich 2stündigen freiwilligen **Außerschulischen Arbeitsgemeinschaften**, für die 26 Rahmenprogramme vorliegen, sowie durch das Fach „Einführung in die sozialistische Produktion" und durch die produktive Arbeit der Schüler (seit 1974) in 10 Varianten. Auch mit dieser Differenzierung werden bereits verschiedene Bildungsgänge mit unterschiedlichen Aufstiegsmöglichkeiten angebahnt.

Die zum 1. 9. 1978 erfolgte „Einführung des Wehrunterrichts als obligatorischer Bestandteil der Allgemeinbildung in den Klassen 9 und 10 der sozialistischen Oberschule" stellt international eine bezeichnende didaktische bzw. intentional-inhaltliche Rarität dar (→ **Wehrerziehung**).

Mit Ausnahme der 1. Klasse erfolgt am Ende jeder Klasse die Versetzung oder Nichtversetzung der Schüler in die nächsthöhere Klasse; probeweise Versetzung oder Rückversetzung sind nicht vorgesehen. Zum Abschluß der 10. Klasse wird von den Schülern der betreffenden Klassen in den verschiedenen Schulen die *Abschlußprüfung* (schriftliche Prüfung in Deutsch, Mathematik und Russisch sowie in Physik oder Chemie oder Biologie, mündliche Prüfung in 2 auszuwählenden Fächern und Sportprüfung) abgelegt und bei Bestehen das Abschlußzeugnis mit einem Gesamtprädikat erteilt. An den Abschlußprüfungen nehmen auch Lehrlinge, die bereits nach der 8. Klasse in die Berufsausbildung eingetreten sind und dort einen entsprechenden nachholenden allgemeinbildenden Unterricht erhalten haben, sowie Teilnehmer entsprechender Lehrgänge der Volkshochschulen teil.

Für sämtliche Zeugnisse gilt eine einheitliche fünfgradige Zensurenskala: sehr gut (1), gut (2), befriedigend (3), genügend (4), ungenügend (5). Für besonders gute Leistungen bei der Abschlußprüfung werden Auszeichnungen verliehen (→ **Ausbildungsförderung**).

Die politische, pädagogische und schulorganisatorische Leitung der Schule einschließlich des Schulhortes und des Schulinternates erfolgt nach dem Prinzip der → **Einzelleitung** durch den Direktor unter Mitwirkung der Lehrer und Erzieher an der Arbeit des Pädagogischen Rates und der Schulleitung (→ **Schulordnung**). Der Unterricht durch Privatschulen ist in der DDR grundsätzlich ausgeschlossen; Unterricht durch Privatpersonen an einzelne Schüler oder Schülergruppen außerhalb des obligatorischen Schulunterrichts in den schulischen Fächern darf nur mit Genehmigung des für die betreffenden Schüler zuständigen Schuldirektors erteilt werden.

VI. Abiturstufe

Die zur Hochschulreife führenden Bildungseinrichtungen, die Abiturstufe bzw. Abiturklassen, umfassen hauptsächlich die Erweiterte Oberschule mit den Klassen 11 und 12, aber auch die verschiedenen Spezialschul- und Sonderschul-Klassen 11 und 12, die Abiturklassen der Berufsausbildung (Jugendlicher), die Abiturlehrgänge (Gesamtlehrgänge) und die Sonderreifelehrgänge der Volkshochschulen sowie die (noch bestehenden) → **Arbeiter-und-Bau-**

ern-Fakultäten der Bergakademie Freiberg und der Universität Halle-Wittenberg. Die fachgebundene Hochschulreife kann außerhalb dieses Systems auch in einer Sonderreifeprüfung an den → **Universitäten und Hochschulen** erworben werden. An den Ingenieur- und → **Fachschulen** erwerben die Studierenden die fachgebundene Hochschulreife mit der Abschlußprüfung (siehe unter XII.). Die Hochschulreife bzw. das Abitur bezeugt lediglich den erfolgreichen Erwerb der für ein Hochschulstudium erforderlichen Allgemeinbildung und berechtigt nur zur Bewerbung, nicht jedoch zum Hochschulstudium, schon gar nicht in einem Fach eigener Wahl; denn der Zugang zum Hochschulstudium ist darüber hinaus von einem strengen Auswahl- und Zulassungsverfahren der Universitäten und Hochschulen abhängig, das jedoch praktisch immer mehr auf die 10. Klasse vorverlagert wird.

Die *Erweiterte Oberschule (EOS)* bereitet unmittelbar und ausschließlich auf die Hochschulreife vor, auch wenn ein Teil der Abiturienten anschließend eine Berufsausbildung zum Facharbeiter im Rahmen der Aus- und Weiterbildung der Werktätigen erwerben muß; eine Ausbildung zum Facharbeiter neben der Vorbereitung auf den Erwerb der Hochschulreife, wie sie das Bildungsgesetz von 1965 noch vorsieht, erfolgt seit 1967/68 in den EOS nicht mehr. Die Stundentafel der EOS ist in Tabelle 2 wiedergegeben. Wahlweise obligatorische Unterrichtsfächer sind Kunsterziehung oder Musik (2) sowie die wissenschaftlich-praktische Arbeit (8), die als Fortsetzung der → **Polytechnischen Bildung und des polytechnischen Unterrichts** der Oberschule nach 9 verschiedenen Rahmenprogrammen durchgeführt werden kann. Für fakultative 25- und 50stündige Lehrgänge stehen insgesamt 6 Wochenstunden für beide Schuljahre sowie z. Z. 20 zusätzliche Lehrgangspläne unterschiedlicher Thematik zur Verfügung. Die Reifeprüfung erfolgt als schriftliche Prüfung in den Fächern Deutsch, Russisch und Mathematik sowie in Physik oder Chemie oder Biologie, als mündliche Prüfung in 2 aus bestimmten Fächergruppen auszuwählenden Fächern und als Sportprüfung. Die Zahl der Fächer der mündlichen Prüfung kann bis auf 5 erhöht werden. Bei bestandenen Prüfungen wird das Reifezeugnis mit einem Gesamtprädikat

Tabelle 2

Stundentafel an erweiterten allgemeinbildenden polytechnischen Oberschulen vom 16. 12. 1980

<table>
<tr><th></th><th colspan="2">Klasse 11</th><th colspan="2">Klasse 12</th></tr>
<tr><th></th><th>1. Schulhalbjahr</th><th>2. Schulhalbjahr</th><th>1. Schulhalbjahr</th><th>2. Schulhalbjahr</th></tr>
<tr><td>Obligatorischer Unterricht</td><td></td><td></td><td></td><td></td></tr>
<tr><td>Deutsche Sprache und Literatur</td><td colspan="2">3</td><td colspan="2">4</td></tr>
<tr><td>Russisch[1]</td><td>5</td><td>3</td><td>3</td><td>5</td></tr>
<tr><td>2. Fremdsprache[1]</td><td>3</td><td>2</td><td>3</td><td>4</td></tr>
<tr><td>Mathematik</td><td colspan="2">5</td><td colspan="2">5</td></tr>
<tr><td>Physik</td><td colspan="2">3</td><td colspan="2">3</td></tr>
<tr><td>Chemie</td><td colspan="2">2</td><td colspan="2">3</td></tr>
<tr><td>Biologie</td><td colspan="2">2</td><td colspan="2">3</td></tr>
<tr><td>Geographie</td><td colspan="2">2</td><td colspan="2">–</td></tr>
<tr><td>Geschichte</td><td colspan="2">3</td><td colspan="2">–</td></tr>
<tr><td>Staatsbürgerkunde</td><td colspan="2">1</td><td colspan="2">2</td></tr>
<tr><td>Sport</td><td colspan="2">2</td><td colspan="2">2</td></tr>
<tr><td></td><td>31</td><td>28</td><td>28</td><td>31</td></tr>
<tr><td>Wahlweise obligatorischer Unterricht</td><td></td><td></td><td></td><td></td></tr>
<tr><td>wiss.-prakt. Arbeit</td><td>–</td><td>4</td><td>4</td><td>–</td></tr>
<tr><td>Kunsterz. oder Musik</td><td colspan="2">1</td><td colspan="2">1</td></tr>
<tr><td></td><td>32</td><td>33</td><td>33</td><td>32</td></tr>
<tr><td>Fakult. Unterricht
bis zu</td><td colspan="2">3</td><td colspan="2">3</td></tr>
<tr><td>Wochenstunden (insgesamt)
bis zu</td><td>35</td><td>36</td><td>36</td><td>35</td></tr>
</table>

1 Die Nutzung der erhöhten Wochenstundenzahl in Russisch und in der 2. Fremdsprache bis zur Einführung neuer Lehrpläne ist in einer Direktive zu den jetzt gültigen Lehrplänen geregelt (Fremdsprachenunterricht 1981 H. 1, S. 7).

Quelle: Anweisung zur Stundentafel an erweiterten allgemeinbildenden polytechnischen Oberschulen vom 16. 12. 1980, in: Sozialistisches Bildungsrecht, Volksbildung, Oberschulen, Berlin (Ost) 1982, S. 87.

ausgehändigt; für besonders gute Leistungen bei der Reifeprüfung werden Auszeichnungen verliehen (→ **Ausbildungsförderung**). Ab 1981 hat sich die Zahl der selbständigen EOS durch die Bildung von EOS-Teilen an normalen Oberschulen deutlich verringert (siehe unter XV.).

In den *Abiturlehrgängen (Gesamtlehrgängen) der Volkshochschulen* werden Berufstätige mit abgeschlossener Oberschulbildung (10. Klasse) oder mit einer Bildung, die dem Niveau der Oberschulbildung entspricht, in 2 Jahren zum Abitur geführt. Dabei wird in folgenden obligatorischen Fächern unterrichtet (in Klammern die Gesamtstundenzahl): Deutsch (182), Russisch (163), Mathematik (288), Physik (163), Staatsbürgerkunde (72) und Chemie (140). Daneben werden an den Volkshochschulen auch Sonderreifelehrgänge zum Erwerb einer fachgebundenen Hochschulreife durchgeführt. Die Reifeprüfungen werden nach den Bestimmungen der Reifeprüfung für die EOS abgelegt und bewertet.

In den *Abiturklassen der Berufsausbildung* werden Abgänger der Klasse 10 der Oberschule in einer in der Regel 3jährigen Lehrzeit zur Reife- und zur Facharbeiterprüfung geführt und vor allem auf ein Studium an Technischen und → **Ingenieurhochschulen** vorbereitet; sie sollen deshalb auch vorrangig in solchen Berufen ausgebildet werden, die für den festgelegten Bedarf an Studienbewerbern in den technischen und ökonomischen Hauptfachrichtungen der Technischen und Ingenieurhochschulen die besten Voraussetzungen bieten. Die Reifeprüfung vermittelt allerdings die allgemeine Hochschulreife.

In den Abiturklassen der Berufsausbildung z. B. technischer und ökonomischer Richtung sind die obligatorischen allgemeinbildenden Fächer Deutsch (6), Russisch (6), 2. Fremdsprache (10), Staatsbürgerkunde (3), Geschichte (3), Geographie (2), Sport (6), Mathematik (10), Physik (6) und Chemie (5); dazu kommt noch der gegenüber der regulären Facharbeiterausbildung etwas gekürzte berufstheoretische (18) und berufspraktische Unterricht (22). Die Reifeprüfung wird nach den Bestimmungen für die Reifeprüfung an den EOS, die Facharbeiterprüfung nach den Bestimmungen der Facharbeiterprüfungsordnung durchgeführt; sind beide Prüfungen bestanden, so wird ein Reife- und Facharbeiterzeugnis mit zwei Gesamtprädikaten ausgehändigt; für besonders gute Prüfungsleistungen werden Auszeichnungen verliehen.

Zur *Aufnahme in die Abiturstufe,* insbesondere in die EOS, werden „die besten und befähigtesten Schüler unter Berücksichtigung der sozialen Struktur der Bevölkerung" ausgewählt. Zu diesem Zweck schlagen die Direktoren der Oberschulen dem Kreisschulrat mit Zustimmung der Eltern die besten Schüler der 9. Klasse vor. Die vorgeschlagenen Schüler sollen sich sowohl durch gute Leistungen im Unterricht als auch durch einwandfreies Verhalten auszeichnen und ihre Verbundenheit mit der DDR durch ihre Haltung und ihre → **Gesellschaftliche Tätigkeit** bewiesen haben. Ferner werden bei den Vorschlägen Kinder von „Angehörigen der → **Arbeiterklasse**" besonders berücksichtigt. Aber auch Eltern von Schülern der 10. Klasse können beim Direktor der Oberschule einen Antrag auf Aufnahme ihrer Kinder in die EOS stellen. Der Direktor berät seine Vorschläge und die Anträge der Eltern zur Vorbereitung auf den Besuch der EOS mit den Klassenleitern und Fachlehrern der 10. Klasse unter Teilnahme des Elternbeiratvorsitzenden und des Freundschaftspionierleiters der Schule und reicht die von ihm übernommenen Vorschläge und Anträge an den Kreisschulrat weiter. Zur Aufnahme in die EOS bilden die Kreisschulräte Aufnahmekommissionen, die über jeden einzelnen Antrag entscheiden. Da die Aufnahmekommissionen in der Regel vor den Abschlußprüfungen tagen, erfolgt bei positiver Entscheidung die Aufnahme unter dem Vorbehalt, daß die Eignung durch die Leistungen und das Gesamtverhalten bis zur Abschlußprüfung der Oberschule und durch die Abschlußprüfung selbst bestätigt wird.

Für die Aufnahme in die Berufsausbildung mit Abitur, d. h. in die Abiturklassen in den Einrichtungen der Berufsausbildung Jugendlicher, für die im Prinzip die gleichen Grundsätze wie für die Aufnahme in die EOS gelten, werden die Vorschläge und die Aufnahmeverfahren (Aufnahmekommission) in Zusammenarbeit mit den Kombinaten, Betrieben und Genossenschaften auf der Grundlage des zahlenmäßig eng begrenzten „Plans zur Neueinstellung von Schulabgängern für die Ausbildung in Abiturklassen" durchgeführt, die auch die entsprechenden Lehrverträge abschließen. Die Aufnahmeverfahren werden zum Teil bereits im Laufe des 9. Schuljahres für die betreffenden Schüler durchgeführt. Auch bei der Aufnahme in die Abiturklassen der Berufsausbildung sollen Arbeiter- und Bauernkinder sowie Mädchen besonders berücksichtigt werden.

Für den Besuch der Abiturlehrgänge (Gesamtlehrgänge) für Berufstätige an den Volkshochschulen ist eine Beurteilung durch den Betrieb, in dem der betreffende Berufstätige arbeitet, notwendig; Lehrlingen, sofern sie nicht in der Berufsausbildung mit Abitur lernen, ist seit kurzem die Teilnahme an den Abiturlehrgängen der Volkshochschulen (und Betriebsakademien) verboten; zeitweilig nicht berufstätige Frauen können dagegen aufgenommen werden.

Nach dem VIII. Parteitag der SED (1971) wurde das auch heute noch anhaltende Bestreben deutlich, die Zahl der jährlichen Abiturienten und dazu die Schülerplätze an den zur Hochschulreife führenden Bildungseinrichtungen so niedrig zu halten, daß ihre Zahl möglichst weitgehend der in den Volkswirtschaftsplänen festgelegten und anhand des Bedarfes an akademischen Nachwuchskadern ermittelten Zahl der Hochschulstudienplätze entspricht. Dies bedeutet nichts anderes, als den „Numerus clausus" vom Hochschuleingang auf den Abiturstufeneingang vorzuverlagern. 1982 konnten knapp 10 v.H. der Absolventen der 10. Klasse in die EOS überwechseln und ca. 5 v.H. in die Berufsausbildung mit Abitur (siehe auch unter XV.) (Berechnung nach Stat. Jahrbuch der DDR 1983, S. 289ff.).

VII. Sonderschulen und sonderpädagogische Einrichtungen

Zum Sonderschulwesen gehören als Einrichtungen für wesentlich physisch oder psychisch geschädigte, jedoch schulbildungsfähige Kinder und Jugendliche Schulen für Schwachsinnige, Gehörlose, Schwerhörige, Sprachgestörte, Blinde, Sehschwache und Körperbehinderte sowie Schulen und Klassen für langfristig stationär Behandlungsbedürftige bzw. chronisch Erkrankte in Einrichtungen des Gesundheits- und Sozialwesens, und auch die sonderpädagogischen Beratungsstellen. Vorschul- und Berufsschulteile sowie zum Abitur führende Klassen sind jeweils organisatorische Bestandteile der betreffenden Sonderschulen. Darüber hinaus gibt es aber auch eigenständige Sonderkindergärten und Sonderberufsschulen, z.B. Sprachheilkindergarten, Gehörlosen-Berufsschule, Berufshilfsschule. Sonderschulen, die Kinder und Jugendliche eines oder mehrerer Kreise oder Bezirke aufnehmen, sind in der Regel Internatsschulen. Insgesamt werden im Jahrgangsdurchschnitt (Klassen 1–12) 2,8 v.H. der Kinder und Jugendlichen in Sonderschulen betreut (Stat. Jahrbuch der DDR 1983, S. 289ff.).

Hilfsschulen sind 8klassige Schulen, denen zum Teil Vorschulgruppen und Berufsschulklassen angegliedert sind. Die schulbildungsfähigen schwachsinnigen Kinder und Jugendlichen werden entsprechend dem Grad ihrer Schädigung in einem A-, B- oder C-Zug nach differenzierten Lehrplänen unterrichtet. Die Berufsausbildung und die berufliche Eingliederung von Hilfsschülern erfolgt nach den Rechtsvorschriften für Hilfsschulabgänger (5. DB zum Gesetz über das einheitliche sozialistische Bildungssystem – Sonderschulwesen – vom 20. 12. 1968 [GBl. II, 1969, S. 36] i. d. F. vom 1. 8. 1969 [VuM d. MfV Nr. 29/69, S. 317]. Gemeinsame Anweisung zur Berufsausbildung der aus Hilfsschulen entlassenen Jugendlichen vom 23. 1. 1973 [VuM d. MfV Nr. 5/73, S. 39]).

Die *Gehörlosen-Schulen* und die *Gehörlosen-Hilfsschulen,* denen Vorschulgruppen und Berufsschulklassen angegliedert sein können, betreuen Kinder und Jugendliche, die auch bei Einsatz elektro-akustischer Hilfsmittel die Lautsprache auf natürlichem (akustischem) Wege nicht erlernen können. Die Gehörlosen-Schulen sind 10klassig, die Gehörlosen-Hilfsschulen 8klassig.

Die 10- bzw. 12klassigen *Schwerhörigen-Schulen* und die 8klassigen *Schwerhörigen-Hilfsschulen* nehmen Kinder und Jugendliche auf, die durch eine Hörminderung dem Unterricht außerhalb dieser Einrichtungen nicht folgen können, die Sprache jedoch über das Ohr – in der Regel mit Hörhilfen – erlernen oder dem Unterricht über das Absehen vom Munde zu folgen vermögen; auch diesen Schulen können Vorschulgruppen und Berufsschulklassen angegliedert sein.

In den *Sprachheilschulen* oder durch ihre ambulant tätigen Sprach- und Stimmheilpädagogen werden Kinder und Jugendliche sonderpädagogisch gebildet und behandelt, die an einem totalen oder partiellen Unvermögen leiden, die normale Umgangssprache zu erlernen, so daß Erkenntnisfähigkeit und Kommunikation beeinträchtigt sind. Die sonderpädagogische Behandlung Sprach- und Stimmgeschädigter erfolgt in der Regel durch ambulant tätige Pädagogen in sonderpädagogischen Beratungsstellen; nur Kinder mit solchen Sprachstörungen, für deren Behandlung die Bedingungen der Beratungsstelle nicht genügen, werden in Vorschulgruppen und Sprachheilschulen eingewiesen. Die Sprachheilschulen sind 3- bzw. 6klassige Oberschulen, denen die Vorschulgruppen angegliedert sind. Ziel der Sprachheilschulen ist es, die erfaßten Kinder sprachlich so zu fördern, daß die Mehrzahl von ihnen nach dem 3. Schuljahr in die Normalschule umgeschult werden kann.

In den in der Regel 10klassigen *Blindenschulen,* denen Vorschulgruppen, Berufsschulklassen, zum Abitur führende Klassen für Sehgeschädigte sowie Hilfsschulklassen angegliedert sein können, werden Kinder und Jugendliche betreut, die infolge hochgradiger Sehschädigung auch mit Spezialsehhilfen Flachschrift nicht lesen und schreiben können und deren vollwertige Bildung und Erziehung außerhalb dieser Einrichtungen nicht gewährleistet ist. Abgänger der Blindenschule erhalten ihre Berufsausbildung im Rehabilitationszentrum für Blinde. Befähigte Schüler können in Klassen für Sehgeschädigte (Blinde und Sehschwache) zum Abitur geführt werden. Schulbildungsfähige schwachsinnige Blinde besuchen Hilfsschulklassen in den Blindenschulen.

Die 10klassige *Sehschwachen-Schule* hat die Aufgabe, die Schüler auf der Grundlage der Lehrpläne der Normalschule mit Hilfe sonderpädagogischer Maßnahmen zum Oberschulabschluß zu führen. Befähigte Schüler können in den zum Abitur führenden Klassen für Sehgeschädigte die Hochschulreife erlangen. Abgänger aus der Sehschwachen-Schule, deren berufliche Ausbildung unter allgemeinen Bedingungen nicht gesichert werden kann, werden ihren Fähigkeiten und Leistungen entsprechend in speziellen Berufsschulklassen und gegebenenfalls Ausbildungsgruppen beruflich ausgebildet.

Schulbildungsfähige schwachsinnige Sehschwache

besuchen die 8klassigen *Sehschwachen-Hilfsschulen.* Den Sehschwachen-Schulen und den Sehschwachen-Hilfsschulen können Vorschulgruppen und Berufsschulklassen angegliedert sein.
In *Körperbehinderten-Schulen* werden Kinder und Jugendliche aufgenommen, die in einer anderen Schule keine vollwertige Bildung und Erziehung erhalten können bzw. der Gefahr weiterer gesundheitlicher Schädigung oder psychischer Fehlentwicklung ausgesetzt sind; sie sind in der Regel 10klassig. Befähigte Schüler können in den zum Abitur führenden Klassen für Körperbehinderte die Hochschulreife erlangen. Abgänger aus den Körperbehindertenschulen, deren Berufsausbildung in den allgemeinen Ausbildungsstätten nicht gesichert werden kann, werden in Rehabilitationsstätten auf eine berufliche Tätigkeit vorbereitet.
Schulbildungsfähige schwachsinnige Körperbehinderte besuchen die 8klassigen *Körperbehinderten-Hilfsschulen;* den Körperbehinderten-Schulen und den Körperbehinderten-Hilfsschulen können Vorschulgruppen und Berufsschulklassen angegliedert sein.
Für Kinder und Jugendliche, die auch in Sonderschulen nicht betreut werden können, gibt es *sonderpädagogische Einrichtungen,* die auf allen Stufen die schul- und unterrichtsorganisatorischen Bedingungen, Methoden, Arbeitstechniken und pädagogischen Hilfen sowohl den Auswirkungen der Erkrankung als auch den Anforderungen der gültigen Lehrpläne anpassen und den altersgemäßen Übergang zur entsprechenden Bildungsstufe einer Sonder- oder örtlichen Oberschule ermöglichen sollen.
Kinder und Jugendliche mit wesentlichen physischen und psychischen Schädigungen unterliegen der Meldepflicht; meldepflichtig sind die Jugendärzte, alle anderen Mitarbeiter des Gesundheits- und Sozialwesens, Lehrer, Erzieher, Kindergärtnerinnen sowie die Eltern der geschädigten Kinder; die Meldung erfolgt an die zuständige Abteilung Volksbildung des Rates des Kreises.

VIII. Sorbische Schulen und Klassen

Auf der Grundlage zunächst des Gesetzes des Landes Sachsen zur Wahrung der Rechte der sorbischen Bevölkerung (1948), später der → **Verfassung** (Art. 40) der DDR und des Bildungsgesetzes wurden in dem sog. 2sprachigen Gebiet in den heutigen Bezirken Cottbus und Dresden sorbische Schulen und Klassen bzw. sorbischer Sprachunterricht eingeführt. Darüber hinaus wird aber auch an anderen Bildungseinrichtungen, so in Kindergärten, an Berufsschulen, Betriebsakademien und Volkshochschulen der Gebrauch der sorbischen Sprache ermöglicht.
Die Ausbildung entsprechend sprachlich befähigter Kindergärtnerinnen, Erzieher und Lehrer der unteren Klassen erfolgt am Sorbischen Institut für Lehrerbildung in Bautzen, die der Fachlehrer für das Fach Sorbisch in der Oberstufe erfolgt an der Karl-Marx-Universität Leipzig. Die schulischen und anderen Möglichkeiten zur Pflege der sorbischen Sprache und Kultur sind offensichtlich größer als das tatsächliche Verlangen dieser Bevölkerungs- bzw. Sprachgruppe, insbesondere ihrer jüngeren Mitglieder, diese Möglichkeiten auch zu nutzen. → **Sorben (Minderheitenpolitik).**

IX. Spezialschulen und Spezialklassen

Spezialschulen und Spezialklassen sind elitäre Bildungseinrichtungen im Rahmen des allgemeinbildenden Schulwesens, zum Teil auch in Verbindung mit dem Hochschulwesen, die „besonderen Erfordernissen der Nachwuchsentwicklung für die Wirtschaft, die Wissenschaft, den Sport und die Kultur dienen" und nur „Schüler mit hohen Leistungen und besonderen Begabungen aufnehmen" (in: Bildungsgesetz 1965 i. d. F. von 1966, GBl. II, S. 571); sie führen in der Regel zum Abitur und werden nur in begrenztem Umfang errichtet, dafür aber personell und materiell bevorzugt ausgestattet. Spezialschulen sind selbständige schulorganisatorische Einheiten, während Spezialklassen relativ selbständige Bestandteile von Normalschulen, meist von EOS, aber auch anderen Bildungseinrichtungen, wie Universitäten, Technischen Hochschulen usw., darstellen.
Zur Zeit werden folgende Arten von Spezialschulen und Spezialklassen betrieben: 1. (Spezial-)Klassen mit erweitertem Russischunterricht ab Klasse 3; 2. Spezialschulen und Spezialklassen für Musik, Bühnentanz und Artistik ab Klasse 5, 6, 9 oder 11; 3. Spezialschulen für Sport (**Kinder- und Jugendsportschulen**) vorwiegend ab Klasse 5; 4. Spezialschulen und Spezialklassen für Russisch ab Klasse 9; 5. Spezialklassen mit verstärktem neusprachlichem Unterricht ab Klasse 9; 6. Spezialklassen mit verstärktem altsprachlichem Unterricht ab Klasse 9; 7. Spezialschulen und Spezialklassen für Mathematik ab Klasse 9 oder 11; 8. Spezialschulen und Spezialklassen physikalisch-technischer Richtung ab Klasse 9 oder 11; 9. Spezialklassen biologisch-technischer Richtung ab Klasse 9 oder 11.
In dem Beschluß über die Bildung von Spezialschulen und Spezialklassen (1963, GBl. II, S. 501) wurde die Einrichtung von mathematisch-naturwissenschaftlichen Spezialschulen und -klassen bestimmt, in denen Schüler in solchen speziellen Berufen der führenden Wirtschaftszweige und der Landwirtschaft ausgebildet und auf ein Studium der entsprechenden Fachrichtungen vorbereitet werden, die für die Durchsetzung des wissenschaftlich-technischen Fortschritts in diesen Bereichen und in der gesamten Volkswirtschaft von grundlegender Bedeutung sind und besonders hohe mathematisch-naturwissenschaftliche Kenntnisse verlangen. Jedoch schon vor diesem Spezialschulen-Beschluß (1963) bestanden

verschiedene Spezialschulen bzw. Spezialklassen, so die Spezialschulen für Sport (Kinder- und Jugendsportschulen) und die Klassen mit erweitertem Russischunterricht (seit 1952).
In den Jahren 1964–1968 wurden zahlreiche Aktivitäten zur Einrichtung von Spezialschulen und Spezialklassen verschiedener Art entwickelt, so daß sich Margot Honecker, der Minister für Volksbildung, 1968 genötigt sah, die Forcierung dieser – die Einheitsschule aufzulösen drohenden – Entwicklung zu kritisieren. Da die Spezialschulen und Spezialklassen, deren elitärer Charakter nicht zuletzt dadurch zum Ausdruck kommt, daß in sie nur ca. 3 v. H. der Schüler der betreffenden Jahrgänge Aufnahme finden, offensichtlich der Idee der Einheitsschule bzw. dem Prinzip der „Einheit von Einheitlichkeit und Differenzierung bei Prädominanz der Einheitlichkeit" widersprechen, finden sich in allgemein zugänglichen Veröffentlichungen über das Bildungswesen der DDR nur spärliche Angaben über diese Einrichtungen.
Bezüglich des Fächerkanons und der Stundentafel unterscheiden sich die Spezialschulen und Spezialklassen durch ihre spezielle Fächerprofilierung. Zum Unterschied von der Stundentafel der Normalschulen werden die „profilierenden" Fächer mit besonders hoher Stundenzahl unterrichtet, und zwar teilweise zu Lasten der Stunden für andere Fächer, so für den polytechnischen Unterricht.
Der Einzugsbereich der jeweiligen Spezialschulen erstreckt sich auf die gesamte DDR, so daß sie – auch wegen des erhöhten Stundenaufwandes von bis zu 60 Wochenstunden – häufig als Internate geführt werden. Den größten Anteil an den Spezialschulen und -klassen haben die *Klassen mit erweitertem Russischunterricht,* die bereits ab Klasse 3 einsetzen. Schüler der Spezialklassen 10 mit erweitertem Russischunterricht haben die Möglichkeit, das Abitur im Fach Russisch nach den Bedingungen der Klasse 12 des regulären Russischunterrichts abzulegen; Schüler der Spezialklassen 12 mit erweitertem Russischunterricht können zusammen mit dem Abitur die Sprachkundigen-Prüfung Ia oder sogar IIa ablegen. Nicht zu verwechseln mit den Spezialklassen mit erweitertem Russischunterricht sind die *Spezialschulen für Russisch* mit den Klassen 9–12 in Wiesenburg und in Wickersdorf, an denen Schüler speziell auf ein Studium als Russischlehrer vorbereitet werden.
Nach der Vereinheitlichung der EOS, die bis 1967/68 in einen neusprachlichen A-Zweig, einen mathematisch-naturwissenschaftlichen B-Zweig und einen altsprachlichen C-Zweig gegliedert war, wurden *Spezialklassen* 11 und 12 mit verstärktem Fremdsprachenunterricht, d. h. *mit verstärktem neusprachlichem und mit verstärktem altsprachlichem Unterricht* eingerichtet. Die Verstärkung des Fremdsprachenunterrichts kommt sowohl in seinem größeren Umfang – es werden mindestens 3 obligatorische Fremdsprachen gelehrt – als auch in seinem höheren Niveau zum Ausdruck, das vor allem dadurch erreicht wird, daß der Fremdsprachenunterricht in kleinen Gruppen erteilt wird. Eine sehr niedrige Klassenfrequenz ist überhaupt ein wesentliches Kennzeichen und Privileg der Spezialschulen und -klassen.
Zu den fremdsprachlichen Spezialschulen und -klassen ist auch das *Institut zur Vorbereitung auf das Auslandsstudium* der Arbeiter-und-Bauern-Fakultät der Universität Halle-Wittenberg zu rechnen, an dem besonders ausgewählte Schüler, die die Klasse 11 absolviert haben, in einem besonderen 12. Schuljahr auf ein Studium in den RGW-Ländern, vor allem in der Sowjetunion, vorbereitet werden und dafür eine entsprechend verstärkte fremdsprachliche Ausbildung, vorzugsweise in der russischen Sprache, erhalten.
Neben den *mathematischen Spezialklassen* 9 und 12 an EOS gibt es auch eine *Spezialschule für Mathematik,* die Heinrich-Hertz-Schule in Berlin-Friedrichshain. *Physikalisch-technische Spezialschulen* bestehen in Dresden, Frankfurt/Oder, Jena, Merkers und Riesa. Darüber hinaus bestehen an (normalen) EOS *physikalisch-technische und biologisch-technische Spezialklassen,* so z. B. in Kleinmachnow, Hermsdorf/Thüringen und Güstrow. Außerdem wurden (bereits 1964) an den damaligen mathematisch-naturwissenschaftlichen Fakultäten einiger Universitäten und Hochschulen Spezialklassen „zur Förderung mathematisch-naturwissenschaftlich besonders begabter Jugendlicher" eingerichtet. In diesen Spezialklassen 11 und 12 sollen die Jugendlichen, die durch die Universitäten und Hochschulen im Zusammenwirken mit den Schulbehörden, insbesondere aufgrund der Ergebnisse der → **Mathematik-Olympiaden** und anderer naturwissenschaftlich-technischer Leistungswettbewerbe, ausgewählt werden, vor allem auf ein Studium in mathematisch-naturwissenschaftlichen und technischen Fachrichtungen vorbereitet werden. Der Unterricht in diesen Spezialklassen erfolgt durch Wissenschaftler nach speziellen Lehrplänen sowie in kleinen Gruppen.
Nach der kurz nach dem IX. Parteitag der SED (1976) erlassenen „Anweisung über Spezialklassen an Sektionen für Mathematik und Naturwissenschaft der Universitäten und Hochschulen" (VuM d. Min. f. Hoch- u. Fachschulwesen, 1976, Nr. 7, S. 42f.) bestehen diese Arten von Spezialklassen an den Universitäten Berlin (Ost), Halle und Rostock sowie an den Technischen Hochschulen Karl-Marx-Stadt (Chemnitz) und Leuna-Merseburg. Die in diesen Spezialklassen auf ein Studium vorbereiteten Schüler überspringen z. T. das erste Studienjahr. Die Delegierung dieser Schüler und ihre Zulassung seitens der jeweiligen Universität oder Technischen Hochschule erfolgt im Zusammenhang mit dem

Verfahren der Aufnahme von Schülern in die Abiturstufe im 10. Schuljahr.
Abgesehen von der *Spezialschule für Musik* in Berlin-Friedrichshain und den *Spezialklassen für Musikerziehung* in Wernigerode, die wie die Mehrzahl der übrigen Spezialschulen und -klassen dem Ministerium für Volksbildung unterstehen, sind die verschiedenen *Spezialschulen und -klassen für Musik, Bühnentanz und Artistik* dem → **Ministerium für Kultur** unterstellt. Sie führen in ihrer Mehrzahl auch nicht zum Abitur, sondern vermitteln dafür aber eine Berufsausbildung, z. B. zum Bühnentänzer und Artisten.
Die in den letzten Jahren zahlenmäßig eingeschränkten Spezialschulen für Sport, die seit 1952 bestehenden **Kinder- und Jugendsportschulen,** sind – neben der Vermittlung einer (pro Schuljahr eingeschränkten) allgemeinen Oberschulbildung – auf die möglichst frühzeitige Heranbildung von Spitzensportlern ausgerichtet und erteilen einen auf einige wenige Sportarten begrenzten, äußerst intensiven Sportunterricht; wegen der hohen Trainingsanforderungen wird nur ein Teil der Schüler zum Abitur geführt, und zwar in einem um ein oder sogar zwei Jahre verlängerten Bildungsgang (13. oder 14. Schuljahr).
Für die Aufnahme von Schülern in die Spezialschulen und -klassen gelten die gleichen Grundsätze wie für die Aufnahme in die EOS, jedoch andere und wesentlich strengere Maßstäbe. In der Regel schlagen die Direktoren der allgemeinbildenden Normalschulen – mit Zustimmung, meistens aber auf Antrag der Eltern – dem Kreisschulrat die für geeignet befundenen Schüler zur Aufnahme in die betreffenden Spezialschulen bzw. Spezialklassen vor. Die Entscheidungskriterien sind einmal die volkswirtschaftlichen Bedürfnisse bzw. die verfügbaren Kapazitäten, zum anderen aber die besonderen Leistungen der Schüler sowohl in den betreffenden, d. h. den „profilierenden" Fächern als auch in allen übrigen wissenschaftlichen Fächern, das einwandfreie Verhalten der Schüler, „ihre durch ihre Haltung und ihre gesellschaftliche Tätigkeit bewiesene Verbundenheit mit der DDR" sowie ihre festgelegte Zugehörigkeit zur Gruppe der besonders zu fördernden „Arbeiter- und Bauernkinder" (→ **Ausbildungsförderung**). Offensichtlich gelingt es jedoch gerade Angehörigen höherer sozialer Schichten, insbesondere leitenden Funktionären in Partei, Staat, Wissenschaft und Wirtschaft in besonders hohem Maße, ihre Kinder in den Spezialschulen und Spezialklassen unterzubringen. Dies wird zwar offiziell ab und zu kritisiert, jedoch keineswegs verhindert.
Ist es die generelle Aufgabe aller Spezialschulen und -klassen, unter Ausnutzung spezieller Befähigungen der Schüler besonders hohen und differenzierten bzw. speziellen Kader-Erfordernissen von Wissenschaft, Technik, Volkswirtschaft, Staat, Kultur und Sport zu genügen, so sollen die mathematisch-naturwissenschaftlich-technischen Spezialschulen und -klassen insbesondere „die → **Wissenschaftlich-technische Revolution (WTR)** meistern helfen"; dagegen stellen die fremdsprachlichen Spezialschulen und -klassen einschließlich der Veranstaltungen zur fremdsprachlichen Intensivausbildung vor allem eine notwendige Reaktion auf die in jüngster Zeit verstärkten internationalen Beziehungen und Verpflichtungen dar.
Der starke Andrang zu diesen Spezialschulen und -klassen bzw. die aktiven und einfallsreichen Bemühungen interessierter Schüler und vor allem Eltern, einen der wenigen Plätze in diesen Schulen und Klassen für sich bzw. für ihre Kinder zu erlangen, ist vor allem darauf zurückzuführen, daß die Absolventen dieser zum Abitur führenden Schulen bezüglich der Zuteilung eines – aufgrund der jüngsten Beschränkungen noch mehr begehrten – Hochschulstudienplatzes erhebliche Vorteile besitzen.

X. Einheitlichkeit und Differenzierung

Das B. in der DDR wird in bezug auf Zielstellung und Inhalt als „sozialistisch" sowie hinsichtlich Aufbau und Gliederung als „einheitlich" bezeichnet. Das bedeutet, daß die Grundsätze der Einheitlichkeit der Bildung und Erziehung und der Gleichheit der Bildungsmöglichkeiten von entscheidender Bedeutung sein sollen. Der Grundsatz der Einheitlichkeit wird jedoch auch im Zusammenhang mit der Notwendigkeit der Differenzierung der Bildungsgänge gesehen.
Daß es keineswegs die Aufgabe des B. in der DDR sein kann bzw. soll, jedem Bürger den Übergang zu den höchsten Bildungsstätten zu ermöglichen, kam bereits in der Direktive des VIII. Parteitages der SED (1971) zum Fünfjahrplan 1971–1975, insbesondere in den Formulierungen „Die weitere Entwicklung der Hoch- und Fachschulen hat entsprechend den volkswirtschaftlichen Erfordernissen zu erfolgen" und „Die Anzahl der auszubildenden Abiturienten ist in Übereinstimmung mit der Entwicklung des Hochschulstudiums festzulegen" (Protokoll der Verhandlungen des VIII. Parteitags der SED . . ., Berlin [Ost] 1971, S. 386 u. 388) zum Ausdruck. Dies unterstrich der Minister für Volksbildung, Margot Honecker, noch mit der Feststellung, daß die Schulen in erster Linie den hochqualifizierten Facharbeiternachwuchs vorzubereiten haben. Wenn danach die Hochschulstudienplätze und in noch stärkerem Maß die Abiturstufenplätze vermindert wurden, so bedeutete dies eine ganz erhebliche Einschränkung des Grundsatzes der Einheitlichkeit der Bildung und insbesondere des Zugangs aller dazu Befähigten zum Abitur und zum Hochschulstudium. Diese restriktive Zulassungspraxis für Abiturstufe und Hochschule wurde auch durch den IX. Parteitag der SED (1976) und durch den Fünf-

jahrplan 1976–1980 bestätigt und danach fortgeführt.
Der Grundsatz der „Einheit von Einheitlichkeit und Differenzierung bei Prädominanz der Einheitlichkeit" entspricht – bezogen auf die allgemeinbildenden Schulen – der Idee der *Einheitsschule*. Die klassische Definition der sozialistisch-kommunistischen Einheitsschule, die von Nadeshda Krupskaja, der Lebensgefährtin Lenins, in der „Deklaration über die Einheits-Arbeitsschule" vom 16. 10. 1918 formuliert wurde, besagt aber, daß der Begriff „Einheitsschule" zwar nicht deren Einförmigkeit bedeutet und daß die Einheitsschule durchaus horizontal differenziert sein kann, jedoch in vertikaler Richtung unbedingt einheitlich sein muß. Wenn es also heute die Pädagogik und die Schulpolitik der DDR als wesentliches Merkmal der Einheitsschule und als eine Mindestforderung an die Einheitlichkeit eines Schulsystems erachtet, die allgemeinbildende Pflichtschule als „eine für alle Kinder gemeinsame Schule mit im wesentlichen gleichartiger Bildung, als einheitlichen Grundschultyp" zu gestalten, die alle Absolventen auf das Leben und die Berufsbildung sowie auf die nichtobligatorische weitere Allgemeinbildung vorbereitet, so schließt das nach Meinung der offiziellen Pädagogik und Bildungspolitik der DDR „zwar unterschiedliche nichtobligatorische Beschäftigungen und Kurse nicht aus, macht aber zur Bedingung, daß diese das hohe Abschlußniveau für alle nicht gefährden, keine Vorentscheidungen über die weitere Bildung darstellen, sondern alle weiteren Bildungswege für alle offenhalten" (Einheitlichkeit und Differenzierung im Bildungswesen, Berlin [Ost] 1971, S. 316 u. a. a. St.).
Gerade wenn man diese Maßstäbe der offiziellen Pädagogik und Schulpolitik der DDR der Beurteilung zugrunde legt, kann der Tatbestand eines vertikal mehrfach gegliederten allgemeinbildenden Schulsystems für die DDR nicht geleugnet werden: Neben dem Normalschulsystem für die große Masse der Schüler existiert u. a. ein System von Spezialschulen und Spezialklassen mit äußerst beschränkten Zugangsmöglichkeiten, also für eine elitäre Minderheit von Schülern, für deren Auslese ein umstrittener Begabungsbegriff angewendet wird.
Kann die Oberschule mit den Normalklassen 1–8 vielleicht noch als *differenzierte Einheitsschule* charakterisiert werden, so bietet sich das allgemeinbildende Schulsystem besonders oberhalb der 8. Klassen als ein stärker gegliedertes Schulsystem mit all seinen Problemen dar, dessen zum größten Teil unüberschreitbare Bildungsweggrenzen qualitativ unterschiedliche Ausgangslagen und Chancen für weiterführende Bildungsgänge und sozialen Aufstieg schaffen. Aber auch für die 10klassige Oberschule, also für die als „differenzierte Einheitsschule" charakterisierte Normalschule, stellen die gegebenen *Differenzierungen* zumindest Ansätze zur Errichtung solcher vertikaler Bildungsbarrieren dar. Die in der 10klassigen Oberschule in den letzten Jahren eingeführten Differenzierungen sind als qualitative Veränderungen der Einheitsschule zu bewerten. Die offiziell gültige Charakterisierung des allgemeinbildenden Schulsystems als Einheitsschule muß daher als sachlich nicht gerechtfertigt und als Versuch angesehen werden, die tatsächlichen Gegebenheiten aus politisch-ideologischen und agitatorischen Gründen zu verschleiern.
Ein Blick auf die 9. Jahrgangsstufe verdeutlicht die tatsächlichen Gegebenheiten der vertikalen Differenzierung; denn bezüglich der äußeren Differenzierung befinden sich in der DDR Jugendliche dieser Jahrgangsstufe 1. im ersten Lehrjahr der (in diesem Fall um ein Jahr verlängerten) Berufsausbildung, in die sie nach Abschluß der 8. Klasse, zum Teil aber auch einer früheren Klasse, jedoch nach mindestens 8 Schuljahren, eingetreten sind, oder 2. in einer 9. Klasse der Normalschule, d. h. der 10klassigen Oberschule, oder 3. in einer 9. Sonderschulklasse oder 4. in einer Spezialklasse 9 oder 5. in einer 9. Spezialschulklasse.

XI. Berufsausbildung Jugendlicher

Berufsbildung im umfassenden Sinne meint die berufliche Aus- und Weiterbildung auf allen Ebenen, d. h. von der Qualifizierung Anzulernender bis zur Weiterbildung der Hochschullehrer und Wissenschaftler. Berufsbildung im engeren Sinne dagegen umfaßt nur die Veranstaltungen zur beruflichen Aus- und Weiterbildung bis zur Ebene der Meister, vor allem aber bis zum Facharbeiterabschluß; sie gliedert sich in „Berufsausbildung Jugendlicher" und „Aus- und Weiterbildung der Werktätigen".
Nach der Verfassung haben alle Jugendlichen nicht nur das Recht, sondern auch die Pflicht, nach Verlassen der Schule – aus welcher Klasse auch immer – eine Berufsausbildung, zumindest eine berufliche Teilausbildung, zu absolvieren. Sie erfolgt in den in der „Systematik der Ausbildungsberufe" aufgeführten Ausbildungsberufen – das sind z. Z. 318 Ausbildungsberufe, davon 28 Grundberufe – sowie anhand der vom Staatssekretariat für Berufsbildung herausgegebenen verbindlichen Rahmenausbildungsunterlagen mit ihren Berufsbildern, Stundentafeln und Lehrplänen. Die Zahl der Ausbildungsberufe wurde von 972 im Jahr 1957 über 658 im Jahr 1964, 455 im Jahr 1967 und 355 im Jahr 1969 systematisch verringert, vor allem im Zusammenhang mit der Entwicklung der Grundberufe (1967: 4; 1968: 8; 1969: 21; 1970: 26; 1980: 28). Dies dokumentiert eine zunehmende Entspezialisierung und Verbreiterung der Berufsprofile.
Die Rahmenausbildungsunterlagen und die darin enthaltenen Berufsbilder und Lehrpläne werden auf der Grundlage von Berufsanalysen und zentralen Richtlinien von den aus Fachleuten und Vertretern

der Massenorganisationen (FDGB, FDJ) zusammengesetzten Berufsfachkommissionen teildezentralisiert erarbeitet, und zwar mit Unterstützung bzw. unter Anleitung durch beauftragte Leitbetriebe, das Staatssekretariat für Berufsbildung (vormals Staatliches Amt für Berufsausbildung) in Berlin (Ost) und das **Zentralinstitut für Berufsbildung** der DDR (vormals **Deutsches Institut für Berufsbildung**) in Berlin (Ost), die auch die entsprechende Bestätigung und Verbindlichkeitserklärung abgeben und die Ausbildungsberufe in die Systematik der Ausbildungsberufe aufnehmen (→ **Pädagogische Wissenschaft und Forschung**).

Die Rahmenausbildungsunterlagen (Lehrpläne, Berufsbilder) für die meisten Ausbildungsberufe wurden in den Jahren 1977/78 gründlich überarbeitet. Die nun vorliegenden, recht detaillierten Berufsbilder enthalten Angaben über die beruflichen Spezialisierungen, über die Bedeutung und Entwicklung des Berufes im Rahmen der Volkswirtschaft, über die Charakteristik der beruflichen Tätigkeit einschließlich der beruflich-fachlichen Anforderungen mit Angabe der wesentlichen Arbeitsmittel, Arbeitsgegenstände, Arbeitstätigkeiten und Anforderungen an die Arbeitsausführung, über die schulischen, psychischen und physischen Voraussetzungen für die Berufsausübung, über die Ausbildungsdauer sowie über die Einsatz- und weiteren Entwicklungsmöglichkeiten der in den betreffenden Berufen ausgebildeten Facharbeiter.

Die Ausbildungsdauer liegt für Absolventen der 10. Klasse zwischen 1½ Jahren (z. B. Metallurge für Formgebung, Fotolaborant) und 4 Jahren (Porzellanmaler), beträgt in der Regel jedoch 2 Jahre. Für Absolventen der 8. Klasse und für die Berufsausbildung mit Abitur dauert die Ausbildung 1 Jahr länger.

Von den derzeit 318 Ausbildungsberufen sind 225 Ausbildungsberufe für Absolventen der 10. Klasse – darunter 90 Ausbildungsberufe auch für die Berufsausbildung mit Abitur –, 66 Ausbildungsberufe für Absolventen der 8. Klasse sowie 27 Ausbildungsberufe für die Aus- und Weiterbildung der Werktätigen vorgesehen (Durchführungsbestimmung zur Verordnung über die Systematik der Ausbildungsberufe vom 15. 5. 1980, GBl. SDr., Nr. 1036).

Die Facharbeiterausbildung in einem Ausbildungsberuf gliedert sich einerseits in die Grundlagenbildung und in die Spezialisierung (für den jeweiligen betrieblichen Einsatz), andererseits in den allgemeinbildenden Unterricht (zumindest Staatsbürgerkunde und Sport), den berufstheoretischen Unterricht einschließlich der Grundlagenfächer Grundlagen der Elektronik, der BMSR-Technik, der Datenverarbeitung, Betriebsökonomik und Sozialistisches Recht, die Teil jeder Berufsausbildung sind, sowie in den berufspraktischen Unterricht (einschließlich der Vermittlung spezieller theoretischer Lehrstoffe). Der berufstheoretische und der berufspraktische Unterricht sind in der Regel in Lehrgänge gegliedert.

Jugendliche, die keine volle Facharbeiterausbildung mit Aussicht auf Erfolg absolvieren können, erhalten eine 1- bis 2jährige *berufliche Teilausbildung*, d. h. eine berufliche Ausbildung auf Teilgebieten eines Ausbildungsberufes (den auch Schulabgänger aus der 8. Klasse in 3 Jahren erlernen dürfen); zu diesen Jugendlichen gehören insbesondere Abgänger aus Hilfs- und einigen Sonderschulen. Solche Teilausbildungen sind z. B. „Putzen“ (als Teil des Ausbildungsberufes Maurer), „Bewehrungsarbeiten“ (Betonbauer), „Glasreiniger“ (Gebäude- und Fahrzeugreiniger), „Postzusteller“ (Facharbeiter für Betrieb und Verkehr des Post- und Zeitungswesens) und „Wirtschaftsgehilfin“ (Wirtschaftspflegerin). Abgänger aus Hilfsschulen, die auch nicht über die Voraussetzungen für eine Teilausbildung verfügen, erhalten eine 1jährige Ausbildung für eine einfache Arbeitstätigkeit als Produktionshilfsarbeiter.

Ausgehend von der Erkenntnis, daß die Gestaltung der Berufsausbildung mit der Dynamik Schritt halten müsse, welche die wissenschaftlich-technische Revolution in der Volkswirtschaft bewirkt, wurde in den „Grundsätzen für die Weiterentwicklung der Berufsausbildung“ (Berlin [Ost] 1968) festgestellt, daß für die dazu erforderliche Erhöhung des Niveaus der Berufsausbildung und die vielseitigere Einsetzbarkeit der Facharbeiter vor allem die Einführung von Grundlagenfächern und **Grundberufen**, die Veränderung des Inhalts der herkömmlichen Ausbildungsberufe sowie die Weiterentwicklung der Formen und Methoden der Berufsausbildung dringend erforderlich sind. Grundberufe, in denen die mathematisch-naturwissenschaftlichen, technischen, produktionsorganisatorischen und ökonomischen Grundlagen verwandter Produktions- und Arbeitsprozesse einschließlich neuer Technologien und Arbeitsverfahren vermittelt werden, sind breit profilierte, volkswirtschaftlich bedeutsame Querschnitts- und Massenberufe für Absolventen der 10. Klasse, die den erforderlichen Bildungsvorlauf und die notwendige berufliche Disponibilität der Arbeitskräfte gewährleisten sollen, die berufliche Aus- und Weiterbildung organisch miteinander verbinden, die Organisation des Ausbildungssystems und die Ausarbeitung von Lehrplänen usw. vereinfachen sowie die materiellen und personellen Aufwendungen für die Berufsausbildung senken sollen.

Die derzeit 28 Grundberufe sind: Facharbeiter für automatisierte Produktionssysteme, für BMSR-Technik (Betriebs-, Meß-, Steuerungs- und Regelungstechnik), für Datenverarbeitung, Wartungsmechaniker für Datenverarbeitungs- und Büromaschinen, Elektronikfacharbeiter, Elektromonteur, Facharbeiter für Fertigungsmittel, Maschinen- und Anlagenmonteur, Zerspanungsfacharbeiter, Instandhaltungsmechaniker, Maschinist, Facharbeiter für chemische Produktion, Laborant, Metallurge für Erzeugung, Metallurge für Formgebung, Facharbeiter für Anlagentechnik, Facharbeiter für Nachrichtentechnik, Fahrzeugschlosser, Baufacharbeiter, Agrotechniker, Zootechniker, Facharbeiter für die Be- und Verarbeitung pflanzlicher Produkte, Meliorationstechniker, Facharbeiter für Umschlagprozesse und Lagerwirtschaft, Wirtschaftskaufmann, Finanzkaufmann, Landmaschinenschlosser und Motorenschlosser (Landwirtschaft) mit jeweils verschiedenen Spezialisierungen, deren Anzahl zwischen 2 und 21 beträgt.

Die Ausbildung in einem Grundberuf umfaßt die Grundlagenbildung und die Ausbildung in einer von mehreren möglichen Spezialisierungen. So umfaßt beispielsweise der Grundberuf Elektromonteur die berufliche Grundlagenbildung sowie die 7 beruflichen Spezialisierungen Installation, Kabel, Schalt- und Verteilungsanlagen, Fahrleitungen, Freileitungen, Wartung und Instandhaltung sowie Stationsbau; die berufliche Grundlagenbildung umfaßt 2120 Stunden und jede der 7 Spezialisierungen 1600 Stunden; in einer anderen Aufteilung bedeutet dies 1½ Jahre berufliche Grundlagenbildung und ½ Jahr Spezialisierung. Demgegenüber gliedert sich der Grundberuf Elektronikfacharbeiter in die ebenfalls 1½ Jahre dauernde berufliche Grundlagenbildung und 10 Spezialisierungen, wobei 4 Spezialisierungen 6 Monate Ausbildung und die übrigen 6 Spezialisierungen 12 Monate Ausbildung beanspruchen.

Auch die berufliche Grundlagenbildung für die Grundberufe gliedert sich in den allgemeinbildenden und den berufstheoretischen Unterricht einschließlich des Unterrichts in den beruflichen Grundlagenfächern und in den berufspraktischen Unterricht.

Die *spezielle berufliche Ausbildung,* d. h. die Vermittlung einer Spezialisierung, untergliedert sich ebenfalls in die berufstheoretische und die berufspraktische Ausbildung.

Der *berufstheoretische Unterricht* ist bestimmender Bestandteil der beruflichen Grundlagenbildung und umfaßt außer den beruflichen Grundlagenfächern die für den betreffenden Beruf jeweils erforderlichen fachlich-theoretischen Disziplinen einschließlich solcher für mehrere Grund- bzw. Ausbildungsberufe relevanten Disziplinen wie Maschinen- und Anlagenkunde, Werkstoffkunde, Gütesicherung, Qualitätskontrolle usw., aber auch berufsspezifisch-allgemeinbildende Fächer wie z. B. berufsbezogene Mathematik; er wird vorwiegend in Klassenräumen und in speziell ausgestatteten Unterrichtskabinetten der Berufsschulen von Berufsschullehrern, darunter zunehmend von Diplom-Ingenieurpädagogen usw. erteilt (→ **Lehrer und Erzieher**). Der tendenziell steigende Anteil des berufstheoretischen Unterrichts ist von Ausbildungsberuf zu Ausbildungsberuf unterschiedlich und bei den Grundberufen am höchsten; er wird in der Regel in der ersten Hälfte der Ausbildungszeit abgeschlossen.

Der *allgemeinbildende Unterricht* in der (in der Regel 2jährigen) Berufsausbildung von Absolventen der 10klassigen Oberschule umfaßt die Fächer Staatsbürgerkunde (74 Stunden) und Sport (108 bzw. 180 Stunden); der allgemeinbildende Unterricht im Rahmen der (um 1 Jahr, in der Regel also auf 3 Jahre) verlängerten Berufsausbildung für Abgänger aus der Klasse 8 der Oberschule umfaßt die Fächer Deutsche Sprache und Literatur (216 Stunden), Staatsbürgerkunde (144 Stunden) und Sport (144 Stunden); bei Jugendlichen, die die Oberschule verlassen, ohne das Ziel der Klasse 8 erreicht zu haben und einen Lehrvertrag für die Ausbildung auf Teilgebieten eines Berufes (Teilausbildung) oder für einen engprofilierten Beruf abschließen, wird der allgemeinbildende Unterricht in den Fächern Deutsche Sprache und Literatur, Staatsbürgerkunde und Sport weitergeführt.

Berufstheoretischer und allgemeinbildender Unterricht der Berufsausbildung Jugendlicher werden in der Regel in Betriebs- oder in Kommunalen **Berufsschulen** erteilt.

Betriebsberufsschulen sind staatliche Bildungseinrichtungen in Volkseigenen Betrieben und vergleichbaren Institutionen des Staates, die Einrichtungen für den allgemeinbildenden und den berufstheoretischen Unterricht wie Fachklassen, Unterrichtskabinette, Turnhallen, aber auch für den berufspraktischen Unterricht (Lehrwerkstatt, Trainingskabinett usw.) sowie in der Regel ein Lehrlingswohnheim umfassen; sie werden von einem Direktor geleitet, der dem Leiter des Betriebes bzw. Kombinates unterstellt ist und zur Werkleitung gehört.

Kommunale Berufsschulen sind staatliche Bildungseinrichtungen, die den Abteilungen Berufsausbildung und Berufsberatung der Räte der Kreise unterstehen und in denen Lehrlinge sowie Jugendliche im berufsschulpflichtigen Alter theoretischen, d. h. allgemeinbildenden und berufstheoretischen Unterricht erhalten; an ihnen bestehen nach Ausbildungsberufen und Lehrjahren gegliederte Fachklassen. Je nach den Hauptrichtungen der Ausbildungsberufe gibt es Gewerbliche, Kaufmännische, Landwirtschaftliche und (mehrere Hauptrichtungen umfassende) Allgemeine Berufsschulen.

Die *Zentralberufsschulen* sind staatliche Bildungseinrichtungen für Lehrlinge, für die in den Betriebsberufsschulen oder Kommunalen Berufsschulen keine nach Fachrichtungen und Abgangsklassen gegliederte, ökonomisch vertretbare Klassenbildung möglich ist; an ihnen erhalten die Lehrlinge den berufstheoretischen Unterricht nach einem Kurssystem (mehrmals 4–8 Wochen pro Lehrjahr); den allgemeinbildenden Unterricht und den übrigen

theoretischen Unterricht (berufliche Grundlagenfächer) erhalten sie in den Berufsschulen ihres Heimatkreises. Zu den Zentralberufsschulen sind auch die Bezirksfachklassen sowie die Berufsschulen mit Zentralberufsschulteil zu rechnen, an denen ebenfalls berufstheoretischer Unterricht zentralisiert erteilt wird. Charakteristisch für die Kommunalen Berufsschulen und die Zentralberufsschulen ist, daß an ihnen nur der theoretische Unterricht erteilt wird, während die Lehrlinge dieser Schulen ihre berufspraktische Ausbildung in mittleren und kleineren Volkseigenen Betrieben, in Produktionsgenossenschaften der Landwirtschaft und des Handwerks sowie in Privatbetrieben erhalten.
1982 wurden 68,2 v. H. der Lehrlinge in Betriebsberufsschulen ausgebildet, 31,7 v. H. in kommunalen Berufsschulen und 0,1 v. H. in Zentralberufsschulen (berechnet nach: Stat. Jahrbuch der DDR 1983, S. 292). Im Durchschnitt über alle drei Berufsschulformen betrug die Klassenstärke im berufstheoretischen Unterricht 22,6 Schüler und kamen 25,9 Schüler auf eine vollbeschäftigte Lehrkraft (ebd.) (siehe auch unter XV.).
Der *berufspraktische Unterricht* wird in Lehrwerkstätten und ähnlichen Einrichtungen wie Lehrbaustellen, Lehrschächten usw., aber auch in Ausbildungskabinetten, Trainingskabinetten, Labors usw., der Betriebsberufsschulen sowie in den Produktionsabteilungen der Betriebe durchgeführt. Zwecks gemeinsamer Nutzung und rationeller Ausnutzung ihrer Ausbildungsstätten bilden verschiedene Betriebe Ausbildungsgemeinschaften, wobei die Lehrlinge in denjenigen Ausbildungsstätten konzentriert werden, in denen die besten Bedingungen für die jeweilige Ausbildung gegeben sind.
Für die Leitung, Planung und Organisation des berufspraktischen Unterrichts sind die Lehrkräfte – das sind in zunehmendem Maße je nach der Betriebsart Ingenieurpädagogen, Ökonompädagogen oder Medizinpädagogen bzw. Lehrobermeister – in Zusammenarbeit mit den Lehrfacharbeitern verantwortlich; sie erteilen auf der Grundlage der verbindlichen Lehrpläne und der Ausbildungsbedingungen im Arbeitsbereich ausgearbeitete Lehraufträge an die Lehrfacharbeiter und Lernaufträge an die Lehrlinge. Ferner haben sie dafür Sorge zu tragen, daß eine sowohl ausbildungsgerechte als auch volkswirtschaftlich bedeutsame Lehrproduktion von Geräten, Maschinen oder Anlagen bzw. von Baugruppen oder Teilaggregaten oder von Massenbedarfsgütern eingerichtet wird; zu diesem Zweck sollen Kooperationsbeziehungen zwischen den Lehrwerkstätten und den anderen Betriebsabteilungen, insbesondere den Produktionsabteilungen hergestellt werden.
Die Lehrlinge werden vom ersten Tag ihrer Ausbildung an zu rationeller und effektiver Arbeit erzogen. Die Ausbildung erfolgt vor allem an jenen Arbeitsplätzen, an denen die Lehrlinge nach erfolgreichem Abschluß ihrer Lehrzeit als Facharbeiter arbeiten werden; dieses Ziel soll mindestens 8 Wochen vor Abschluß der Lehre erreicht werden. Für Leistungssteigerung und Entwicklung des ökonomischen Denkens und Handelns führen die Lehrlinge ein Haushaltsbuch, in dem die Erfüllung der produktiven Lehrlingsleistungen, die Senkung der beeinflußbaren Kosten und des Ausfalls an produktiven Stunden sowie ihre Beteiligung am Neuererwesen, am Berufswettbewerb und ihre Wettbewerbsverpflichtungen im Rahmen der Bewegung der → **Messe der Meister von Morgen (MMM)** eingetragen werden (→ **Sozialistischer Wettbewerb**). Für in Einzelausbildung stehende Lehrlinge werden überbetriebliche Leistungsvergleiche veranstaltet. Pünktlichkeit, Fleiß, Ordnung am Arbeitsplatz, die volle Nutzung der Arbeitszeit, das Leisten von Qualitätsarbeit und der „Kampf um die allseitige Planerfüllung" sind wesentliche Erziehungsziele, die durch möglichst frühzeitige Mitarbeit der Lehrlinge in den Arbeitskollektiven der Produktionsabteilungen erreicht werden sollen; dazu gehört auch das möglichst frühzeitige Erreichen der Facharbeiterleistung.
Die Organisationsform für die praktische Ausbildung ist das Lernaktiv, das in der Regel 14 Lehrlinge umfaßt und von einer Lehrkraft (Ingenieurpädagogen usw.) geleitet wird.
Berufspraktischer und berufstheoretischer Unterricht wechseln in der Regel innerhalb einer Woche; unter besonderen Bedingungen, z. B. bei zusammenhängenden Tätigkeiten zur Lösung komplexer Arbeitsaufgaben bei der Ausbildung unter den Bedingungen der Schichtarbeit und des Bau- und Montagebetriebes, kann auch ein anderer Turnus festgelegt werden.
Nach der Facharbeiter-Prüfungsordnung (1978, VuM des Staatssekr. f. Berufsbildung, S. 57) umfaßt die Facharbeiterprüfung, die vor einer Prüfungskommission abgelegt wird, neben der Abschlußprüfung in den einzelnen Unterrichtsfächern die in der jeweiligen Rahmenausbildungsunterlage geforderten zusätzlichen besonderen Prüfungen, z. B. Fahrerlaubnis-Prüfung, Sprachkundigen-Prüfung usw. sowie die Anfertigung einer schriftlichen Hausarbeit und ihre „Verteidigung". In dem Facharbeiterzeugnis werden die einzelnen Abschlußzensuren sowie eine Gesamtzensur ausgewiesen. Für die Zensierung gilt die gleiche Zensurenskala wie für die allgemeinbildenden Schulen.
Gemäß der Anordnung über die *Finanzierung der Berufsausbildung* (1969, GBl. II, S. 541) werden die Kosten der Betriebe für die praktische Berufsausbildung, die sich als Differenz zwischen den Gesamtkosten und den Erlösen aus der praktischen Berufsausbildung ergeben, in die Selbstkosten der Betriebe einbezogen; bei Einrichtungen, die aus dem Staatshaushalt finanziert werden, sind diese Ausgaben auch in dem Haushaltsplan enthalten. Die Finanzie-

rung der Ausgaben für die allgemeinbildende und theoretische Berufsausbildung sowie für die Lehrlingswohnheime der betrieblichen Einrichtungen erfolgt (abzüglich der Einnahmen) aus Mitteln des Staatshaushaltes; die Finanzierung der kommunalen Berufsschulen und Lehrlingswohnheime erfolgt entsprechend den Rechtsvorschriften und Prinzipien der Haushaltswirtschaft für staatliche Einrichtungen. Die Finanzierung der Grundmittel für die Berufsausbildung erfolgt aus den betrieblichen Fonds für Investitionen. Einrichtungen, die voll oder teilweise nach dem Prinzip der Haushaltsfinanzierung abgerechnet werden, erhalten die notwendigen Mittel aus dem Staatshaushalt; das gleiche gilt für die kommunalen Einrichtungen der Berufsausbildung.

XII. Aus- und Weiterbildung der Werktätigen (Erwachsenenqualifizierung)

In der Erkenntnis des Zusammenhanges von Ausbildungsstand und Arbeitsproduktivität sowie zur Verwirklichung des Grundsatzes der „Permanenz der Bildung und Erziehung" und zur Sicherung des steigenden Bedarfes an qualifizierten Arbeitskräften wird nicht nur der Berufsausbildung Jugendlicher, sondern auch der Aus- und Weiterbildung der Werktätigen bzw. der Erwachsenenqualifizierung hohe Bedeutung beigemessen; sie dient vornehmlich der Erlangung und Vervollkommnung der Fachausbildung und der Allgemeinbildung der Berufstätigen entsprechend den volkswirtschaftlichen Erfordernissen. Im Jahr 1982 nahmen rd. 1,67 Mill. Arbeiter und Angestellte an Maßnahmen der Aus- und Weiterbildung teil (ohne Beschäftigte in Betrieben der Land- und Forstwirtschaft und PGH). An den Volkshochschulen der DDR gab es 1981/82 rd. 563000 Teilnehmer an Einzel- oder Gesamtlehrgängen, davon zur Erlangung des allgemeinbildenden Abschlusses der 8. Klasse ca. 6800, der 10. Klasse ca. 13700 und der Hochschulreife ca. 14600. Die anderen Teilnehmer belegten Lehrgänge ohne Abschluß wie z.B. Fremdsprachen, Stenographie und Maschineschreiben, aber auch auf rein private Freizeitinteressen bezogene Veranstaltungen wie Töpfern oder Malerei. (Berechnet nach Stat. Jahrbuch der DDR 1983, S. 296f.) Das System der Aus- und Weiterbildung der Werktätigen umfaßt:

1. die hauptsächlich in den Bildungseinrichtungen der Betriebe, Kombinate und LPG durchgeführte berufliche Aus- und Weiterbildung der ungelernten und angelernten Arbeitskräfte sowie der Facharbeiter, Genossenschaftsbauern, Brigadiere und Meister,
2. die systematische allgemeinbildende Vorbereitung geeigneter Facharbeiter, Genossenschaftsbauern, Brigadiere und Meister auf ein Fach- oder Hochschulstudium in Kooperation der betrieblichen Bildungseinrichtungen mit den Volkshochschulen sowie den Fach- und Hochschulen,
3. die berufliche und politisch-ideologische Weiterbildung der Fach- und Hochschulkader sowie der mittleren Leitungskader in den betrieblichen Bildungseinrichtungen sowie an der → **Kammer der Technik (KdT)**, den Industriezweigakademien, den Fach- und Hochschulen und den Instituten für sozialistische Wirtschaftsführung,
4. die Vermittlung der neuesten Erkenntnisse aus Politik, Gesellschaft, Wissenschaft und Technik an die Berufstätigen durch die → **Urania (Gesellschaft zur Verbreitung wissenschaftlicher Kenntnisse)**, die Kammer der Technik, wissenschaftliche Gesellschaften und spezielle wissenschaftliche Institutionen und Akademien sowie
5. die Qualifizierung aller an der Durchführung der Aus- und Weiterbildung der Werktätigen beteiligten Kader an betrieblichen und zweiglichen Bildungseinrichtungen, an Volkshochschulen, Kreislandwirtschaftsschulen, Fach- und Hochschulen sowie an speziellen Bildungseinrichtungen.

Im engeren Sinn umfaßt das System der Aus- und Weiterbildung der Werktätigen nur die systematische Vervollständigung der schulischen Allgemeinbildung bis zum Abschluß der 10. Klasse der Oberschule und die systematische berufliche Qualifizierung bis zum Meister einschließlich der Weiterbildung der Meister.

Die Erwachsenenqualifizierung erfolgt in einem durch verschiedene Pläne, Verträge usw. festgelegten Verbund von betrieblichen, staatlich-kommunalen und gesellschaftlichen Bildungseinrichtungen mit deutlicher Schwerpunktbildung für die unterschiedlichen Aufgabenbereiche, vor allem in den in den „einheitlichen betrieblichen Bildungseinrichtungen", auch → **Betriebsschulen** genannt, und darin besonders in den Betriebsakademien. Die Betriebsschulen umfassen außerdem noch die betrieblichen Einrichtungen für die Berufsausbildung Jugendlicher, insbesondere die Betriebsberufsschule und die Lehrwerkstatt, und als Einrichtungen für den polytechnischen Unterricht der Schüler der Oberschulen die Polytechnischen Kabinette bzw. Polytechnischen Zentren (→ **Polytechnische Bildung und polytechnischer Unterricht**).

Die **Betriebsakademie** ist eine staatliche Bildungseinrichtung der Erwachsenenqualifizierung in Volkseigenen Betrieben sowie in vergleichbaren Einrichtungen des Staatsapparates; sie wird von einem Direktor geleitet, den der Werkleiter bzw. Leiter des staatlichen Organs einsetzt. Arbeitsgrundlage der Betriebsakademie ist der Qualifizierungsplan des Betriebes. Auf dem Lande übernehmen diese Aufgaben ebenfalls Betriebsakademien (und auch die Volkshochschulen), die früher Dorf- bzw. → **Kooperationsakademien** hießen; sie sind zwischenbetriebliche, zentrale Einrichtungen der LPG und VEG einer Kooperationsgemeinschaft zur gemeinsamen Durchführung der den neuen Produk-

tionsbedingungen entsprechenden Bildungs- und Erziehungsaufgaben und der Entwicklung des geistig-kulturellen Lebens der gesamten Landbevölkerung.
Die Bildungseinrichtungen der Großbetriebe und besonders der Kombinate übernehmen auch die genannten Aufgaben der beruflichen Aus- und Weiterbildung der Werktätigen aus kleineren und mittleren Betrieben sowie von Angehörigen der bewaffneten Organe der DDR. Besonders entwickelte betriebliche Bildungseinrichtungen des Stammbetriebes eines Kombinates fungieren als Konsultationszentrum für die betrieblichen Bildungseinrichtungen der anderen Betriebe des betreffenden Kombinates.
Die systematische Weiterbildung in den allgemeinbildenden Unterrichtsfächern erfolgt vor allem in den **Volkshochschulen**, die als staatliche Bildungseinrichtungen in den Städten und Kreisen Teil- und Gesamt-Lehrgänge zum Abschluß der 10. und der 12. Klasse, Vorbereitungslehrgänge für das Fach- und das Hochschulstudium, Fremdsprachenlehrgänge sowie Vortragsreihen und Kurse zu verschiedenen Themen und Lernbereichen veranstalten.
Kurse und Vorträge zur Vermittlung und Verbreitung neuester Erkenntnisse aus Politik, Gesellschaft, Naturwissenschaft und Technik werden vor allem von den (populär)wissenschaftlichen Gesellschaften, so der → **Urania (Gesellschaft zur Verbreitung wissenschaftlicher Kenntnisse)**, der Kammer der Technik und speziellen wissenschaftlichen Instituten und Akademien durchgeführt, die ihrerseits wiederum in vertraglichen Beziehungen zu den betrieblichen Bildungseinrichtungen und den Volkshochschulen stehen, wie auch einige Volkshochschulen bestimmte, allerdings sehr eng begrenzte berufliche Qualifizierungsmaßnahmen im Auftrage der betrieblichen Bildungseinrichtungen durchführen.
Die Anforderungen an die Berufstätigen bzw. Betriebsangehörigen bezüglich ihrer Aus- und Weiterbildung werden in die jeweiligen → **Betriebskollektivverträge (BKV)**, Betriebsvereinbarungen, Frauenförderungspläne (→ **Frauen**) und Pläne zur Förderung der Initiative der Jugend aufgenommen und sind Bestandteile des → **Sozialistischen Wettbewerbs** in den Betrieben, Kombinaten und Genossenschaften. Auf dieser Grundlage nehmen die Brigaden kontrollfähige Verpflichtungen ihrer Mitglieder in ihre Kultur- und Bildungspläne auf. Zur Kontrolle der Einhaltung der Verpflichtungen zur Aus- und Weiterbildung der Werktätigen werden einheitliche Qualifizierungsnachweise geführt.
Eine wesentliche (ursprünglich zentrale) Aufgabe der Aus- und Weiterbildung der Werktätigen ist die abschnitts- bzw. stufenweise *Qualifizierung ungelernter und angelernter Arbeitskräfte* zu voll ausgebildeten Facharbeitern in Betriebsakademien, aber auch in überbetrieblichen Lehrgängen usw.; Stufen bzw. Abschnitte einer solchen Qualifizierung sind Produktionshilfsarbeiter – Produktionsgrundarbeiter – Produktionsfacharbeiter – Facharbeiter; oder aber Angelernter – Spezialarbeiter – Facharbeiter.
Im Rahmen der Aus- und Weiterbildung der Werktätigen werden auch Facharbeiter, die aus volkswirtschaftlichen Gründen eine andere berufliche Tätigkeit aufnehmen müssen, relativ kurzfristig auf eine neue berufliche Tätigkeit vorbereitet, und zwar anhand von speziellen Programmen, die von den Betrieben ausgearbeitet werden.
Ein besonders wichtiges Aufgabenfeld im Rahmen der Aus- und Weiterbildung der Werktätigen bzw. der Erwachsenenqualifizierung stellt die *Qualifizierung von Mädchen und Frauen* zu Produktionsfacharbeiterinnen, für technische Berufe und für den Einsatz in leitenden Tätigkeiten dar. Da kaum mehr als ein Drittel der im Bereich der materiellen Produktion beschäftigten Frauen und Mädchen einen Facharbeiterabschluß für ihre derzeitige Tätigkeit besitzt, werden seitens der Betriebe erhebliche Anstrengungen unternommen, damit sich diese Frauen zu Produktionsfacharbeiterinnen qualifizieren und dazu entsprechende Qualifizierungsverträge abschließen. Die erforderliche berufstheoretische Ausbildung erfolgt auf der Grundlage der staatlichen Lehrpläne in einer Kombination von Unterricht, Selbststudium, Konsultationen und theoretischen Unterweisungen am Arbeitsplatz; die berufspraktische Ausbildung erfolgt grundsätzlich im Arbeitsbereich. Zur Absolvierung berufstheoretischer Lehrgänge werden die betreffenden Frauen zeitweilig von der Arbeit freigestellt; in dieser Zeit wird ein finanzieller Ausgleich in Höhe des Durchschnittsverdienstes gezahlt.
Den besonderen Bedingungen der Frauenqualifizierung tragen Frauenklassen, die Durchführung von ganzen Unterrichtstagen, Externats- bzw. Internatslehrgänge und ähnliches Rechnung. Besondere Maßnahmen werden dabei für diejenigen zu qualifizierenden Frauen getroffen, die Mütter von mehreren vorschul- und schulpflichtigen Kindern sind (→ **Frauen**).
Seit der ab 1971 erfolgten Verminderung der Hochschulstudienplätze besteht in der DDR das Problem der *beruflichen Qualifizierung von Abiturienten*, d. h. von Absolventen der Erweiterten Oberschule (EOS), die kein Hoch-, aber auch kein Fachschulstudium aufnehmen können (zu letzterem fehlt ihnen die vorgeschriebene abgeschlossene Facharbeiterausbildung). Diese Absolventen der 12. Klasse der EOS werden grundsätzlich im Rahmen der Aus- und Weiterbildung der Werktätigen zu Facharbeitern ausgebildet, wobei die Ausbildungsdauer durch den Inhalt des jeweiligen Ausbildungsberufes und durch die Vorkenntnisse bzw. Erfahrungen der Abiturienten aus der wissenschaftlich-praktischen Ar-

beit in der EOS bestimmt wird, jedoch nicht mehr als 1½ Jahre beträgt. Diese Abiturienten werden nach Möglichkeit in eine solche Facharbeiterausbildung übernommen, die mit der Fachrichtung der Hochschule übereinstimmt, für die sie sich beworben hatten.
Die Facharbeiterausbildung der Abiturienten erfolgt in einer Kombination von Lehrgängen der Betriebsakademie, angeleitetem Selbststudium und Qualifizierung am Arbeitsplatz. Die Ausbildung ist so angelegt, daß der Abiturient in kurzer Zeit die Kenntnisse eines Fachschulabsolventen erwirbt. Entsprechend der von ihm erzielten Leistung in der praktischen Tätigkeit wird er dann bei entsprechender Eignung mit einer mittleren leitenden Funktion betraut. Aus diesem Personenkreis können besonders Leistungsfähige zum Hochschulfernstudium delegiert werden, zumindest wird ihnen diese Möglichkeit als Anreiz in Aussicht gestellt.
Einen weiteren Schwerpunkt der Aus- und Weiterbildung der Werktätigen bilden die Ausbildung von Facharbeitern zu Meistern und die Weiterbildung der Meister. Nach der Verordnung über die Aus- und Weiterbildung der Meister (1973, GBl. I, S. 342) erfolgt die *Ausbildung der Meister* in Volkseigenen Betrieben und anderen staatlichen Einrichtungen und schließt mit der staatlich anerkannten Qualifikation als Meister ab. Die Meisterausbildung gliedert sich in die Grundlagenbildung, in die nach Wirtschaftszweigen und technologischen Erfordernissen differenzierte Fachbildung und in die auf den Einsatz als Meister orientierende Spezialisierung als Meisterpraktikum. Die Dauer der gesamten Ausbildung zum Meister beträgt durchschnittlich 2 Jahre. Die *Weiterbildung der Meister* erfolgt in den Volkseigenen Betrieben und deren Bildungseinrichtungen als Bestandteil der systematischen Qualifizierung der leitenden Kader der Wirtschaft und der betrieblichen Erwachsenenqualifizierung. Im Rahmen der Weiterbildung der Meister sollen vor allem die marxistisch-leninistischen Kenntnisse vertieft, das betriebswirtschaftliche, arbeitswissenschaftliche und arbeitsrechtliche sowie das pädagogisch-psychologische Wissen und Können entsprechend den neuesten Erkenntnissen vervollkommnet sowie die den zweiglichen und betrieblichen Besonderheiten und Erfordernissen entsprechenden technischen und technologischen und im Zusammenhang damit nötigen mathematisch-naturwissenschaftlichen Kenntnisse vermittelt werden. Die Weiterbildung der Meister in den Volkseigenen Betrieben und staatlichen Einrichtungen erfolgt nach Rahmenprogrammen in besonderen Kursen der Betriebsakademien und anderen betrieblichen Bildungseinrichtungen sowie während des monatlichen „Tags des Meisters". An diesen Kursen nehmen auch Meister aus Klein- und Mittelbetrieben teil, die keine eigenen Bildungseinrichtungen besitzen.

XIII. Kulturelle Einrichtungen

Die kulturellen Einrichtungen, das sind vor allem die Klubs und die Kulturhäuser, aber auch die allgemeinbildenden und wissenschaftlichen Bibliotheken, Museen und Gedenkstätten, Ausstellungen, Zoologische und Botanische Gärten, Planetarien und Observatorien, Theater, Konzerte und Filmdarbietungen sowie Fernsehen und Rundfunk, gehören insofern zum ESB., als auch sie nach dem Bildungsgesetz den Gesamtprozeß der sozialistischen Bildung und Erziehung der Kinder, Jugendlichen und Erwachsenen unterstützen sollen. Als Einrichtungen der kulturellen Massenarbeit unterstehen sie, wie auch andere Bildungseinrichtungen, z. B. die → **Musikschulen**, die Spezialschulen für Musik und die Künstlerischen Hochschulen, dem → **Ministerium für Kultur**. Zwischen den kulturellen Einrichtungen, den Einrichtungen der außerunterrichtlichen und außerschulischen Bildung und Erziehung und den Einrichtungen der Erwachsenenqualifizierung bestehen zahlreiche enge Verbindungen.
Als kulturelle Einrichtungen und als „Zentren des geistig-kulturellen Lebens in den Städten und auf dem Lande" gelten die Klubs und Kulturhäuser. Nach den Bestimmungen des Ministeriums für Kultur sollen die Klubs und Kulturhäuser als „Stätten der Bildung, Erziehung und Erholung, der Geselligkeit und Unterhaltung, der Begegnungen, des Gedanken- und Erfahrungsaustausches" sowie als „Anleitungs- und Konsultationszentren für das geistig-kulturelle Leben in den Betrieben, Wohngebieten und Familien" wirken und dabei insbesondere auch zur staatsbürgerlichen Erziehung der Kinder, Jugendlichen und Erwachsenen beitragen. Zu diesem Zweck arbeiten die Klubs und Kulturhäuser eng mit den Einrichtungen der Aus- und Weiterbildung der Werktätigen, insbesondere mit der Urania zusammen und unterstützen die außerschulische Bildung und Erziehung und die → **Feriengestaltung** der Schüler; sie führen verschiedenartige Jugendstunden durch und bilden zusammen mit der FDJ und der Pionierorganisation Kinder- und Jugendsektionen (VuM d. Min. f. Kultur, 1971, Nr. 5, S. 36) (→ **Kulturstätten**).
In speziellen *Jugendklubhäusern* und *Jugendklubs*, in den Betrieben, in den kulturellen Einrichtungen und in den Wohngebieten soll die „kontinuierliche Teilnahme am sozialistischen kulturellen Leben vom Kinder- bis zum Erwachsenenalter" gewährleistet werden (→ **Freie Deutsche Jugend [FDJ]**, III.; **Freizeit**).

XIV. Ganztägige Bildung und Erziehung

Die ganztägige Bildung und Erziehung der Kinder und Jugendlichen gilt aus der Sicht der sozialistisch-kommunistischen Pädagogik deshalb als besonders wichtig und notwendig, weil mit ihr der Anteil der *gesellschaftlichen*, d. h. außerhalb der Familie erfolgenden *Bildung und Erziehung* am gesamten Erziehungs- und Sozialisationsgeschehen wesentlich erhöht wird. Zugleich sollen die berufstätigen Eltern, besonders die berufstätigen Mütter, zugunsten ihrer beruflichen Tätigkeit sowie ihrer Qualifikation von der Betreuung und Erziehung ihrer Kinder entlastet werden. Offenbar soll aber auch der Erziehungseinfluß der Eltern, soweit er den Zielen einer „sozialistischen" Erziehung möglicherweise nicht oder nicht voll entspricht, wenigstens teilweise neutralisiert werden (→ **Elternhaus und Schule**).

Die weitestgehende und ausgeprägte Form der ganztägigen Bildung und Erziehung stellen die *Tagesschulen* (**Ganztagsschulen**) dar, die „entsprechend den ökonomischen Möglichkeiten schrittweise" eingerichtet werden sollen, was bisher jedoch nur in sehr bescheidenem Maße verwirklicht wurde. Diese Lücke im System der ganztägigen gesellschaftlichen Erziehung sollen die den Schulunterricht ergänzenden und verstärkenden Einrichtungen und Veranstaltungen der Tageserziehung und der außerunterrichtlichen Bildung und Erziehung ausfüllen. Das hat in engem Zusammenwirken sowohl mit den Schulen als auch mit den Einrichtungen der außerschulischen Bildung und Erziehung einschließlich der Feriengestaltung zu geschehen.

Auf der Unter- und auch Mittelstufe stellen die Schul-**Horte** (als Bestandteile der Oberschulen) und die (nicht einer Schule unmittelbar angeschlossenen) *Kinderhorte* die häufigsten Einrichtungen der Tageserziehung dar. In den Hortklassen und Hortgruppen, auch als Tagesklassen und Tagesgruppen bezeichnet, wird in engem Zusammenwirken mit der Pionierorganisation der Anfertigung der Hausaufgaben, dem (didaktischen) Spiel, der Arbeit in Arbeits- und Interessengemeinschaften sowie der den Schulunterricht der Klassen 1–4 ergänzenden Bildung und Erziehung nach dem „Rahmenplan für die Bildung und Erziehung im Schulhort" (Berlin [Ost] 1972) besondere Bedeutung beigemessen. Dieser Plan enthält Vorschriften für die Lern- und Betätigungsbereiche „Einführung in das gesellschaftlich-politische Leben", „Gesellschaftlich nützliche Betätigung", „Naturwissenschaftlich-technische Betätigung", „Sportlich-touristische Betätigung" und „Kulturell-künstlerische Betätigung", die von Horterziehern und -erzieherinnen, aber auch von Lehrern (der Unterstufe) durchgeführt bzw. beaufsichtigt werden.

Für Schüler der oberen Klassen (9 und 10) werden **außerunterrichtliche Arbeitsgemeinschaften** nach den bisher 26 dafür vom Ministerium für Volksbildung herausgegebenen verbindlichen Rahmenprogrammen und den für den regulären (obligatorischen und fakultativen) Unterricht geltenden Bestimmungen in verschiedenen gesellschaftswissenschaftlichen, naturwissenschaftlich-technischen und kulturell-künstlerischen Lernbereichen durchgeführt. Der besonderen Bedeutung der außerunterrichtlichen Bildung und Erziehung wird u. a. dadurch Rechnung getragen, daß zur Schulleitung einer jeden vollausgebauten Oberschule ein Stellvertreter (des Direktors) für außerunterrichtliche Arbeit gehört und daß zur Sicherung einer ziel- und sachgerechten Durchführung der außerunterrichtlichen Arbeit bei den Abteilungen Volksbildung der Räte der Bezirke besondere Bezirkskabinette für außerunterrichtliche Tätigkeit eingerichtet wurden.

Die *außerschulische Bildung und Erziehung* umfaßt entsprechende Veranstaltungen der Schule (als Hauptträgerin), der Jugendorganisationen und der außerschulischen Einrichtungen einschließlich der Feriengestaltung. Die außerschulischen Einrichtungen sind staatliche Bildungs- und Erziehungseinrichtungen des einheitlichen B., die unter Aufsicht und Anleitung durch das Ministerium für Volksbildung und den Zentralrat der → **Freien Deutschen Jugend (FDJ)** bzw. durch die nachgeordneten Organe in den Bezirken und vor allem in den Kreisen (durch die Kreisschulräte und die Kreisleitungen der FDJ) als pädagogisch-methodische Zentren wirken. Zu ihnen gehören die Häuser der → **Pionierorganisation „Ernst Thälmann"**, die Pionierparks und die Stationen Junger Naturforscher, Techniker und Touristen, in denen sowohl alle Kräfte der Volksbildung und der Jugendorganisationen pädagogisch-methodisch angeleitet als auch verschiedene außerschulische bzw. außerunterrichtliche Veranstaltungen wie Arbeitsgemeinschaften, Interessengemeinschaften, Zirkel, Wettbewerbe usw. zwecks Ergänzung und Vertiefung der schulischen Bildung und Erziehung, sinnvoller Freizeitgestaltung und Förderung spezieller Neigungen und Talente durchgeführt werden.

Die *Häuser der Jungen Pioniere,* darunter besonders das Zentrale Haus der Jungen Pioniere in Berlin-Lichtenberg und der Pionierpalast in Dresden, führen verschiedene Veranstaltungen in den Bereichen „Organisationsleben der FDJ und der Pionierorganisation", „Gesellschaftswissenschaft", „Naturwissenschaft und Technik", „Kunsterziehung" sowie „Sport und Touristik" durch. Dazu verfügen sie über Bibliotheken, Theater-, Vortrags-, Spiel-, Fernseh-, Film-, Werk- und andere Räume.

Die *Pionierparks,* insbesondere der Pionierpark „Ernst Thälmann" in Berlin-Wuhlheide, nehmen im wesentlichen die gleichen Aufgaben wahr, jedoch mit Schwergewicht auf Spiel, Sport und Erholung.

Die *Stationen Junger Naturforscher,* angeleitet durch die Zentralstation Junger Naturforscher in Berlin-Blankenfelde, sowie die *Stationen Junger Techniker,* angeleitet durch die Zentralstation Junger Techniker in Berlin-Treptow, dienen der außerschulischen Bildung und Erziehung speziell auf naturwissenschaftlich-technischem Gebiet und führen Leistungsvergleiche, z. B. örtliche → **Messen der Meister von Morgen (MMM)**, Spezialistentreffen, vor allem aber spezialisierte Arbeitsgemeinschaften durch. Sie fungieren aber auch als pädagogisch-methodische Leitungs- und Beratungsstellen für die außerschulische Bildung und Erziehung in anderen Einrichtungen.

Die *Stationen Junger Touristen* dienen der Förderung einer – ebenso naturwissenschaftlich wie wehrsportlich orientierten – Kindertouristik (→ **Tourismus**) und verfügen über entsprechende Veranstaltungs- und Unterbringungsmöglichkeiten. Der außerunterrichtlichen bzw. außerschulischen Bildung und Erziehung der Kinder und Jugendlichen dienen auch die Jugendklubs der Kulturhäuser und die Jugendklubhäuser, die jedoch zu den dem Ministerium für Kultur unterstehenden kulturellen Einrichtungen zählen, sowie die Einrichtungen des Kinder- und Jugendsports (→ **Körpererziehung/Kinder- und Jugendsport**).

Die → **Feriengestaltung** der Schüler ist ebenfalls fester Bestandteil des ESB. und vor allem des außerschulischen Erziehungssystems.

Zu den dem Ministerium für Kultur unterstehenden staatlichen außerunterrichtlichen Einrichtungen der Räte der Kreise oder Stadtkreise gehören auch die → **Musikschulen** mit ihren Haupt- und Außenstellen sowie Stützpunkten.

XV. Entwicklung des Bildungssystems in Zahlen

Wenn es in der Präambel des Bildungsgesetzes von 1965 heißt, daß „die Errungenschaften der Deutschen Demokratischen Republik auf dem Gebiet des Bildungswesens und ihr weiterer systematischer Ausbau eine nationale Leistung sind, die für ganz Deutschland beispielhaft ist" (i. d. F. von 1966, GBl. II, S. 571), so wird damit deutlich gemacht, daß das Bildungswesen bzw. die darüber veröffentlichten statistischen Angaben über das Bildungswesen auch eine propagandistische Funktion haben. Angaben werden nur für solche Bereiche gemacht, die sich propagandistisch auswerten lassen. Deshalb fehlen in den Statistischen Jahrbüchern der DDR auch zahlreiche wesentliche Angaben über die tatsächliche Entwicklung des Bildungssystems, z. B. Angaben über die Anzahl der Schüler, die bereits nach der 8. Klasse in die Berufsausbildung eintreten, über die Anzahl der Spezialschulen und Spezialklassen und der sie besuchenden Schüler, über die Gesamtzahl der Jugendlichen, die jeweils die Reifeprüfung bestanden haben und nicht zum Hochschulstudium zugelassen wurden, sowie über die Anzahl der Mitglieder der FDJ (die vermutlich mit zunehmendem Alter, vor allem nach der 10. Klasse, stark abnimmt).

Dennoch können die in der folgenden Übersicht enthaltenen Zahlen, die den Statistischen Jahrbü-

Tabelle 3:

	1965	1970	1975	1980	1982
Kindergärten und Kinderwochenheime (ohne Saisoneinrichtungen)	9 889	11 087	11 653	12 145	12 563
Betreute Kinder insgesamt	511 045	620 158	693 472	663 491	750 718
Betreute Kinder je Erzieher	15,7	14,8	13,3	11,8	12,1
Saisoneinrichtungen	3 032	2 018	565	88	45
Betreute Kinder insgesamt	44 427	34 500	8 337	987	470
Betreute Kinder je Erzieher	10,8	10,7	8,4	6,3	6,0
v. H. der betreuten Kinder von allen Kindern der betreuten Jahrgänge	52,8	64,5	84,6	92,2	91,7
Zehnklassige Oberschulen inkl. Vorbereitungsklassen 9 und 10[1]	8 051	6 035	5 067	5 106	5 156
Klassen	82 501	91 643	98 448	97 688	94 916
Schüler	2 273 597	2 534 077	2 578 782	2 203 991	2 024 220
Schüler je Klasse	27,6	27,7	26,2	22,6	21,3
Erweiterte Oberschulen (Kl. 11 und 12)	303	306	285	282	220
Klassen	3 266	2 179	2 248	2 298	2 449
Schüler insgesamt	85 279	54 654	47 854	46 927	45 334
Schüler je Klasse	26,1	25,1	21,3	20,4	18,5
Schüler in Klasse 12	17 421	25 659	24 163	23 471	22 543
Absolventen der Erweiterten Oberschule	19 079	25 683	24 440	22 156	22 645
Anteil an der Gesamtzahl der 18jährigen in v. H.	11,5	9,8	9,3	7,6	8,0
Sonderschulen	529	537	569	518	489
Klassen	4 087	5 687	5 942	5 887	6 058
Schüler	66 706	78 585	71 104	61 406	59 026
Schüler je Klasse	16,3	13,8	12,0	10,4	9,7

	1965	1970	1975	1980	1982
Berufsschulen insgesamt	1 130	1 108	969	977	973
Berufsschüler insgesamt	418 865	430 934	412 785	459 485	431 047
Allgemeine bzw. kommunale BS	424	349	276	251	244
Schüler der allg. BS	202 936	167 325	140 485	147 232	136 595
Betriebsberufsschulen	654	702	693	726	729
Schüler der BBS	239 052	254 692	266 343	311 714	293 978
Bestandene Facharbeiter-Prüfungen					
a) Lehrlinge	108 284	159 368	172 122	208 610	211 891
b) Werktätige	89 472	101 127	85 139	56 183	49 040
Erzieher in ständigen Kindergärten und Kinderwochenheimen	32 540	41 874	51 998	56 448	61 815
Vollbeschäftigte Horterzieher	21 576	23 884	30 857	34 208	34 340
Vollbeschäftigte Lehrkräfte an Oberschulen, Sonderschulen, Erweiterten Oberschulen	121 680	137 963	158 543	168 849	171 381
Vollbeschäftigte Lehrkräfte an Berufsschulen	14 587	14 744	14 379	16 355	16 640
Päd. Fachschulstudium (Lehrer, Erzieher usw.)					
Studierende	15 956	28 439	26 625	25 530	26 153
Absolventen	8 048	7 100	6 929	5 886	6 785
Neuzulassungen	6 372	10 606	8 759	7 792	7 779
Päd. Hochschulstudium (Fachlehrer usw.)					
Studierende	31 766	33 202	31 021	26 131	26 652
Absolventen	6 247	7 949	7 682	6 135	6 497
Neuzulassungen	7 498	8 559	8 759	7 245	7 717
Neuzulassungen zum Hochschulstudium insgesamt	24 735	43 975	34 390	31 949	32 100

1 Die Vorbereitungsklassen auf die EOS wurden 1983 abgeschafft.
Quelle: Statistisches Jahrbuch der DDR 1983, S. 287ff., S. 343.

chern entnommen bzw. auf ihrer Grundlage berechnet worden sind, einige Aufschlüsse über die Entwicklung im Bildungswesen der DDR vermitteln.
Im Hinblick auf die vorstehende Zahlenübersicht und die daraus ersichtliche Entwicklung im Bildungswesen soll als besonders bemerkenswert hervorgehoben werden, daß
1. die Anzahl der Plätze und vor allem der (ständig) betreuten Kinder in den Kindergärten einschließlich der Kinderwochenheime kontinuierlich erhöht wurde und 1982 rund 92 v. H. der Kinder der betreffenden Jahrgänge vorschulpädagogisch betreut werden,
2. die durchschnittliche Klassenstärke in der 10klassigen Oberschule (Normalschule) mit 21,3 und in der EOS mit 18,5 Schülern je Klasse im internationalen Durchschnitt liegt,
3. der Anteil von 8 v.H. Abiturienten an der Gesamtzahl der 18jährigen kein Bildungsergebnis zeigt, das sich im internationalen Vergleich und auch im Vergleich zur Bundesrepublik Deutschland positiv heraushebt,
4. die Anzahl der Betriebsberufsschulen besuchenden Lehrlinge sich ständig zu Lasten des Besuchs der übrigen Berufsschulen erhöht hat und die zunehmende Konzentration der Berufsausbildung Jugendlicher in volkseigenen Großbetrieben anzeigt,
5. die Zahl der Neuzulassungen zum Hochschulstudium bis 1971 gestiegen ist und danach wieder deutlich gesenkt wurde und
6. die quantitative Entwicklung im Bildungswesen der DDR im allgemeinen als positiv, wenn auch im internationalen Vergleich nicht als besonders hervorstechend anzusehen ist.

Hartmut Vogt

Literaturangaben

Allgemeinbildung, Lehrplanwerk, Unterricht. Ausgearb. v. e. Autorenkollektiv u. d. Leitung v. G. Neuner (Akademie der Pädagogischen Wissenschaften der DDR). Berlin (Ost): Volk u. Wissen 1972.

Baske, Siegfried: Bildungspolitik in der DDR 1963–1976. Dokumente. Hrsg. u. erl. v. Siegfried Baske. Wiesbaden: Harrassowitz in Komm. 1979. (Erziehungswissenschaftl. Veröffentlichungen. 11.)

Beiträge zur Theorie der sozialistischen Erziehung. Vorlesungen für Lehrerstudenten. Hrsg. v. H. Stolz, A. Herrmann und W. Müller. Berlin (Ost): Volk u. Wissen 1971.

Bildung und Erziehung. Eine Zusammenstellung gesetzl. Bestimmungen für Lehrer, Erzieher und Schulfunktionäre. Bearb. v. Ursula Adomeit. 2., überarb. Aufl., Berlin (Ost): Staatsverl. d. DDR 1968ff.

Sozialistisches **Bildungsrecht**. Volksbildung. Allgemeinbildende polytechnische Oberschulen. Textausgabe. Hrsg. v.

Ministerium für Volksbildung. Berlin (Ost): Staatsverl. d. DDR 1982.

Sozialistisches **Bildungsrecht**. Berufsbildung. Textausgabe mit Anmerkungen und Sachregister. Hrsg. v. Staatssekretariat Berufsbildung. 3., überarb. Aufl., Berlin (Ost): Staatsverl. d. DDR 1979.

Sozialistisches **Bildungsrecht.** Berufsbildung. Ergänzungsband. Textausgabe mit Anmerkungen und Sachregister. Hrsg. v. Staatssekretariat für Berufsbildung. Berlin (Ost): Staatsverl. d. DDR 1981.

Das **Bildungswesen** der Deutschen Demokratischen Republik. Redaktionskoll. u. Ltg. v. K.-H. Günther, 2. Aufl. Berlin (Ost): Volk u. Wissen 1983.

Pädagogik. Gemeinschaftsarbeit von Mitgliedern und Mitarbeitern der Akademie der Pädagogischen Wissenschaften der UdSSR und der Akademie der Pädagogischen Wissenschaften der DDR unter Leitung von J. K. Babanski (UdSSR) und G. Neuner (DDR). 2. Aufl. Moskau: Prošveščenije 1978 u. Berlin (Ost): Volk und Wissen 1979.

Vogt, Hartmut (unter Mitarbeit von W. v. Holt et al.): Primarstufenunterricht in der DDR sowie in der Bundesrepublik Deutschland und UdSSR, in Schweden und Polen. Grundlagen, Ziele, Inhalte und Realisationsformen. 3 Bände. Ratingen/Kastellaun: Henn 1974.

Vogt, Hartmut (unter Mitarbeit von H. G. Bachmann et al.): Unterricht auf der Sekundarstufe I in der DDR und Bundesrepublik Deutschland (NRW). Fachkonzeptionen, Lernziele, Lernstoffe und Realisationshinweise. 3 Bände. Kastellaun: Henn 1977 und 1979.

Vogt, Hartmut (unter Mitarbeit von B. Faust et al.): Erziehung und Unterricht auf der Sekundarstufe II in der DDR und in der Bundesrepublik Deutschland (NRW). Innovationen (1965/1978/1985), Kenntnis-, Fähigkeits- und Einstellungsprofile, Deutschlandbilder. 4 Bände. Weinheim: Beltz 1980.

Einkommen: *1. Gesamteinkommen der Bevölkerung.* Die E. der Bevölkerung stiegen von 68 Mrd. Mark (brutto) 1960 auf 146 Mrd. Mark im Jahr 1982; sie nahmen damit durchschnittlich jährlich um 3,8 v.H. zu, allerdings recht unterschiedlich in den einzelnen Zeitabschnitten. Durchschnittlicher Jahreszuwachs der Gesamt-E. (brutto) 1961–1965: 2,6 v.H., 1966–1970: 3,9 v.H., 1971–1975: 4,5 v.H., 1976–1982: 3,3 v.H. – Die niedrigen Zuwachsraten in der ersten Hälfte der 60er Jahre sind auf die seinerzeitige Wachstumskrise zurückzuführen, die hohen Raten zu Beginn der 70er Jahre auf die Politik Honeckers, den → **Lebensstandard** rasch zu steigern. Mit den in jüngerer Zeit aufgetretenen (und immer noch akuten) Außenwirtschaftsproblemen (→ **Außenwirtschaft und Außenhandel**) hängt die neuerliche Abschwächung des E.-Anstieges zusammen: die Forcierung der Exporte und die Drosselung der Importe gingen zu Lasten der inländischen Verwendung.
Bemerkenswert niedrig blieb der Anteil der gesetzlichen Abzüge (→ **Steuern** und Sozialversicherungsbeiträge) von den Brutto-E. (1960: 11,5 v.H.; 1982: 12,1 v.H.). Dahinter verbergen sich allerdings gegenläufige Entwicklungen: Die steuerliche Belastung der E. erhöhte sich im gesamten Zeitraum progressiv, lediglich nach der Verstaatlichung der letzten privaten Industriebetriebe 1972 – die stark belasteten E. der gut verdienenden Inhaber fielen weg – sank die Steuerquote vorübergehend. Im Gegensatz dazu gestalteten sich die Beiträge zur Sozialversicherung bis 1970 degressiv. Ihr Anteil an den Brutto-E. nahm ständig ab, da Arbeitnehmer und Mitglieder von Produktionsgenossenschaften Abgaben nur bis zu einem beitragspflichtigen Monats-E. von 600 Mark in Höhe von 10 v.H. (LPG-Mitglieder bis 1971: 9 v.H.) zu entrichten hatten. Für den Teil der E., der die Bemessungsgrenze überschritt, wurden keine Beiträge erhoben. Mit der Einführung bzw. Umgestaltung der freiwilligen Zusatzrentenversicherung im Jahr 1971 (→ **Sozialversicherungs- und Versorgungswesen**) wurde u.a. die Beitragsbemessungsgrenze aufgehoben bzw. nach oben verschoben. Danach stiegen E. und Sozialabgaben etwa in gleichem Tempo, d.h. der Anteil der Versicherungsbeiträge am Brutto-E. blieb konstant.
a) Einkommen der Arbeitnehmer. Die einzelnen sozioökonomischen Gruppen partizipierten an der Zunahme der Gesamt-E. in unterschiedlichem Maße. Die E. der Arbeitnehmer – dazu zählen Arbeits-E., Sozial-E. (z.B. → **Krankengeld**, → **Kinderbeihilfen**, → **Renten**), Vermögenseinkünfte u.ä. – stiegen mit ähnlichen Schwankungen wie die Gesamt-E., aber leicht überdurchschnittlich (um 4,0 v.H. jährlich). Ihr Anteil an den E. der Bevölkerung erhöhte sich dadurch von 70 v.H. (1960) auf 76 v.H. (1982). Der Anstieg ist außer auf höhere Durchschnitts-E. auch auf die wachsende Zahl der Arbeitnehmer zurückzuführen.

Die Einkommen der privaten Haushalte in der DDR (in Mrd. Mark)

	1960	1965	1970	1975	1980	1982
Bruttoeinkommen[1]	67,8	76,9	93,0	116,1	137,8	146,1
Sozialversicherungsbeiträge[2]	3,7	3,8	4,4	5,6	6,6	7,0
Direkte Steuern	4,1	5,2	6,9	8,1	9,8	10,7
Nettoeinkommen	60,0	67,9	81,7	102,4	121,4	128,4

1 Geldeinnahmen und Naturalverbrauch.
2 Pflichtbeiträge, seit 1975 einschl. Beiträge zur „freiwilligen Zusatzrentenversicherung".
Quelle: DIW, Berlin.

Die personelle Einkommensverteilung in der DDR (in Mrd. Mark)

	1960	1965	1970	1975	1980	1982
Arbeitnehmer[1]						
Brutto	47,2	53,2	64,9	87,2	104,0	111,3
Abzüge[2]	5,6	5,9	7,4	10,1	12,5	13,6
Netto	41,6	47,3	57,5	77,1	91,5	97,7
Genossenschaftsmitglieder und Selbständige						
Brutto	15,4	17,4	19,8	18,0	19,9	20,6
Abzüge[2]	2,2	3,1	3,9	3,6	3,9	4,1
Netto	13,2	14,3	15,9	14,4	16,0	16,5
Rentner[3]	5,2	6,3	8,3	10,9	13,9	14,2
Insgesamt						
Brutto	67,8	76,9	93,0	116,1	137,8	146,1
Abzüge[2]	7,8	9,0	11,3	13,7	16,4	17,7
Netto	60,0	67,9	81,7	102,4	121,4	128,4

1 Einschl. Lehrlinge und beschäftigte Rentner.
2 Direkte Steuern, Sozialversicherungsbeiträge.
3 Ohne Empfänger von Waisenrenten, einschl. Empfänger von Sozialfürsorgeunterstützung.
Quelle: DIW, Berlin.

Steuern und Sozialversicherungsbeiträge brauchten die Arbeitnehmer von 1960 bis 1982 nur in Höhe von etwa 12 v.H. ihrer Brutto-E. zu zahlen. In der Bundesrepublik Deutschland nahmen die gesetzlichen Abzüge auf Arbeitnehmer-E. im gleichen Zeitraum erheblich stärker zu: von 14,3 v.H. auf 25,1 v.H. Der Grund dafür ist vor allem in der Steuerprogression für steigende E. zu suchen.

b) Einkommen der Genossenschaftsmitglieder und Selbständigen. Die E. der Genossenschaftsmitglieder und Selbständigen (→ **Binnenhandel; Freie Berufe; Handwerk**), gemessen an den Gesamt-E., sind von 23 v.H. im Jahr 1960 auf 14 v.H. 1982 gesunken. Bei zurückgehender Zahl der Erwerbstätigen in diesen Bereichen sind aber die Durchschnitts-E. in der Regel gestiegen. Die Belastung der E. mit gesetzlichen Abzügen ist uneinheitlich geregelt. Die Arbeits-E. der Mitglieder von LPG sind steuerfrei. Mitglieder der PGH werden steuerlich ähnlich behandelt wie Arbeitnehmer. Für die Sozialversicherungsbeiträge gelten im übrigen ebenfalls für alle Genossenschaftsmitglieder (LPG und PGH) ähnliche Vorschriften wie für Arbeitnehmer. Von den Selbständigen werden dagegen – zumindest bei Besserverdienenden – wesentlich höhere Steuern erhoben. Zudem müssen sie den gesamten Beitrag (Arbeitnehmer- und Arbeitgeberanteil) zur Sozialversicherung zahlen.

c) Einkommen der Rentner. Die Rentner-E. haben von 1960 bis 1982 stärker expandiert als die E. jeder anderen Bevölkerungsgruppe, nämlich um jahresdurchschnittlich 4,7 v.H. Von 7,7 v.H. (1960) stieg ihr Anteil am Brutto-E. der Bevölkerung auf 9,7 v.H. im Jahre 1982. Die Renten, die in der DDR nicht dynamisiert sind, wurden wiederholt erhöht. Im Jahr 1968 wurden die Renten um 10–12 v.H. und 1971 alle Mindestrenten angehoben. 1972 wurde mit etwa 20 v.H. die bisher größte Rentensteigerung in der DDR vorgenommen, 1976 folgte eine weitere mit 15 v.H. Die letzte Rentenerhöhung (Dezember 1979) erbrachte Verbesserungen von über 10 v.H. Es wurden jeweils 3–4 Mill. Renten erhöht. Eine erneute Rentenerhöhung wurde im Mai 1984 zum 1. 12. 1984 angekündigt.

2. Durchschnittseinkommen. Die durchschnittlichen Netto-E. haben seit 1960 in allen Bevölkerungsgruppen kräftig zugenommen. Obwohl die niedrigeren E. prozentual am stärksten erhöht wurden, blieb die Rangfolge der sozialen Gruppen hinsichtlich der Durchschnitts-E. unverändert. Spitzenverdiener sind die Selbständigen, mit deutlichem Abstand folgen die Genossenschaftsmitglieder und die Arbeitnehmer.

Die monatlichen Nettodurchschnittseinkommen[1] je Einkommensbezieher in der DDR (in Mark)

	1960	1965	1970	1975	1980	1982
Arbeitnehmer[2]	499	560	645	806	917	969
Genossenschaftsmitglieder und Selbständige	856	896	1 086	1 283	1 515	1 545
Rentner	180	201	240	302	394	398

1 Erwerbseinkommen, Sozialeinkommen, Vermögenseinkommen und sonstige Einkommen.
2 Einschl. Lehrlinge und beschäftigte Rentner.
Quelle: DIW, Berlin.

Die durchschnittlichen monatlichen Haushaltsnettoeinkommen in der DDR (in Mark)

	1960	1965	1970	1975	1980	1982[1]
Arbeitnehmerhaushalt	758	843	1 031	1 307	1 490	1 575
Rentnerhaushalt[2]	220	250	315	410	555	560

1 Vorläufige Angaben.
2 Haushalte ohne Einkommen aus Erwerbstätigkeit.
Quelle: DIW, Berlin.

Die Rentner bezogen bis Mitte der 70er Jahre nur gut 35 v.H. eines Arbeitnehmer-E. Nach den Rentenerhöhungen 1976 und 1979 hat sich dieses Verhältnis geringfügig verbessert (auf reichlich 40 v.H.). Das E. der Genossenschaftsmitglieder und der Selbständigen läßt sich getrennt nur bis 1970 nachweisen. Damals und in den Jahren davor lag das E. der Genossenschaftsmitglieder um ein Drittel über dem der Arbeitnehmer, während die Selbständigen sogar 3mal soviel wie diese verdienten. Die weitere Zunahme des (gemeinsamen) Durchschnitts-E. beider Gruppen läßt darauf schließen, daß diese Relationen sich bis heute nicht gravierend geändert haben.

Im Vergleich zur Bundesrepublik Deutschland, wo eine ähnliche Rangfolge besteht, hat sich die Schere zwischen den nominalen E. weiter geöffnet. Die durchschnittlichen Netto-E. der Arbeitnehmer unterschieden sich 1960 in Ost und West kaum: jedoch schon 5 Jahre später betrug der E.-Rückstand in der DDR gut 20 v.H. und vergrößerte sich bis 1982 auf 55 v.H.

Zwischen den Selbständigen in der Bundesrepublik Deutschland und in der DDR bestehen erhebliche qualitative und quantitative Unterschiede. Bauern und Handwerker zählen in der Bundesrepublik zu den Selbständigen, während in der DDR die Bauern und ein großer Teil der Handwerker Genossenschaften angehören. Für den E.-Vergleich der übrigen Erwerbstätigen – obwohl sehr problematisch – werden deshalb den Selbständigen in der Bundesrepublik Genossenschaftsmitglieder und Selbständige in der DDR als eine Gruppe gegenübergestellt. Hier sind seit 1960 die größten Änderungen in der (nominalen) E.-Relation festzustellen: hatten Selbständige und → **Genossenschaftsbauern** bzw. -handwerker in der DDR 1960 noch ein E., das gut 20 v.H. unter dem westdeutschen Niveau lag, so betrug der Abstand 1982 rd. 80 v.H. Diese Entwicklung ist in erster Linie eine Folge der hohen E.-Steigerung bei den Selbständigen in der Bundesrepublik Deutschland.

Bei den Rentnern hat sich der E.-Abstand ebenfalls vergrößert. Schon 1960 bezogen die Rentner nur etwa die Hälfte der Rente, die in der Bundesrepublik gezahlt wurde. 1982 betrug die Differenz über 70 v.H.

Auch innerhalb der sozio-ökonomischen Gruppen bestehen beträchtliche Spannweiten in den E., z.B. branchenspezifische Unterschiede. Bei den Arbeitnehmern waren sie in beiden deutschen Staaten in der Tendenz ähnlich, im Ausmaß jedoch in der Bundesrepublik größer. In der → **Landwirtschaft** und im Handel lagen die Verdienste hier wie dort erheblich niedriger als in den produzierenden Bereichen.

3. Haushaltseinkommen. Durch Miterwerb oder E.-Bezug weiterer Familienmitglieder erhöht sich das E. der privaten Haushalte gegenüber den Durchschnitts-E. (je E.-Bezieher).

Ein Vergleich der durchschnittlichen Haushaltsnetto-E. einzelner Bevölkerungsgruppen in der DDR zeigt für den Zeitraum 1960–1970, daß die Genossenschaftsbauern, die einer LPG des Typs III angehörten, 10–15 v.H. mehr verdienten als die Arbeitnehmer. Neuere Angaben über die Haushalts-E. der Genossenschaftsbauern liegen nicht vor. Am unteren Ende der Skala bewegten sich auch hier die Rentner: ihr E. erreichte nicht einmal ein Drittel von dem der Arbeitnehmer; nach 1970 hat sich diese Relation etwas verbessert.

Wegen der unterschiedlichen Haushaltsgröße gibt ein Vergleich der Haushalts-E. nur bedingt die E.-Situation verschiedener Bevölkerungsgruppen wieder: während z.B. bei den Rentnern 1,5 Personen vom Haushalts-E. leben mußten, waren es bei den Arbeitnehmern 3 und bei den Genossenschaftsbauern, die einer LPG des Typs III angehörten, 3,5 Personen. Bezieht man das E. auf die Zahl der Haushaltsmitglieder, so erzielten die Arbeitnehmer ein E., das zunächst um 20 v.H., 1970 jedoch nur um 10 v.H. über dem der Genossenschaftsbauern lag. Nivellierungstendenzen bei diesen beiden Gruppen waren unverkennbar. Mit Abstand die geringsten E. bezogen auch hier die Rentner, obwohl der Unterschied nicht so kraß ausfiel wie bei den Haushalts-

Die durchschnittlichen monatlichen Nettoeinkommen je Haushaltsmitglied in der DDR (in Mark)

	1960	1965	1970	1975	1980	1982[1]
Arbeitnehmerhaushalt	267	293	347	433	512	541
Rentnerhaushalt[2]	138	161	210	282	390	397

1 Vorläufige Angaben.
2 Haushalte ohne Einkommen aus Erwerbstätigkeit.
Quelle: DIW, Berlin.

E. insgesamt. Zwischen 1960 und 1970 erhielten die Rentner 50–60 v. H. des Pro-Kopf-E. im Arbeitnehmerhaushalt, mittlerweile sind es immerhin rd. 75 v. H.
Wie bei der personellen Verteilung (E. je E.-Bezieher) hat der Abstand zur Bundesrepublik Deutschland auch bei den Haushalts-E. der Arbeitnehmer und Rentner ständig zugenommen und ähnliche Relationen erreicht. Bemerkenswert ist die unterschiedliche E.-Situation der Rentner innerhalb der beiden Staaten. In der Bundesrepublik Deutschland entsprachen die Pro-Kopf-E. der Rentner schon Mitte der 70er Jahre denen in den Arbeitnehmerhaushalten – eine finanzielle Gleichstellung dieser Gruppen ist seit längerem erreicht. Die DDR-Rentner konnten – wie bereits erwähnt – pro Kopf früher nur über gut die Hälfte und heute über drei Viertel des E. eines Arbeitnehmerhaushaltes verfügen.
Die Differenzierung der Arbeitnehmerhaushalte (über die Hälfte aller privaten Haushalte in beiden Staaten sind Arbeitnehmerhaushalte) nach E.-Klassen läßt für 1960 in beiden Teilen Deutschlands eine ähnliche Verteilung der Netto-E. im unteren und mittleren Bereich erkennen. Erst bei E. von über 1200 Mark/DM monatlich war der entsprechende Anteil der Haushalte in der Bundesrepublik nennenswert größer (19 v. H.) als in der DDR (9 v. H.). In der Folgezeit hat sich die Struktur in beiden Staaten zugunsten der höheren E.-Klassen verschoben. Dieser Trend war in der Bundesrepublik aber ungleich stärker. Insgesamt ist festzustellen, daß die Haushalts-E. der Arbeitnehmer in der DDR gleichmäßiger verteilt sind als in der Bundesrepublik. Die Tendenz zur Nivellierung – in beiden Staaten vorhanden – ist überdies in der DDR größer.
Der Vergleich der Haushalts-E. in der DDR und in der Bundesrepublik Deutschland ist nur bedingt geeignet, Unterschiede im Lebensstandard sichtbar zu machen. Dieser hängt, soweit durch den privaten Verbrauch bestimmt, auch von den jeweiligen Preisen für die angebotenen Güter und Dienstleistungen (→ **Preissystem und Preispolitik**) und damit von der → **Kaufkraft** der Währungen ab. Die Kaufkraft der Mark gegenüber der DM hat sich seit 1960 sowohl für den Verbrauch der Arbeitnehmerhaushalte als auch für den der Rentnerhaushalte – in erster Linie als Folge der Preissteigerungen in der Bundesrepublik – fast ständig erhöht. Diese Verbesserung der Kaufkraftparität hat aber nicht die Relation der Real-E. (um Kaufkraftunterschiede bereinigte Netto-E. – nicht zu verwechseln mit gleichlautendem DDR-Terminus: → **Lohnformen und Lohnsystem**) verändert. Die nominalen E. der Arbeitnehmerhaushalte sind in der Bundesrepublik Deutschland sehr viel stärker gestiegen als in der DDR, so daß der Abstand der Real-E. in der DDR zu denen der Bundesrepublik sogar größer geworden und für 1982 mit gut 50 v. H. zu veranschlagen ist (1960: 30 v. H.). Für Rentnerhaushalte galt 1982 eine ähnliche Relation.

Einzelhandels-Verkaufspreise (EVP): Zum EVP, auch **Verbraucher-** bzw. **Endverbraucherpreis** genannt, werden die Konsumgüter an die Konsumenten abgegeben. Der EVP wird sowohl vom Einzelhandel als auch bei Direktbezügen durch private Verbraucher von der Industrie berechnet. Der EVP setzt sich zusammen aus dem → **Industrieabgabepreis (IAP)** zuzüglich der Großhandelsspanne (= → **Großhandelspreis**), zuzüglich der Einzelhandelsspanne.
Seit Jahren wurden die Preise einer Reihe von Grundnahrungsmitteln (z. B. Brot, Kartoffeln, Fleisch, Fisch, Backwaren) oder auch von Kinderbekleidung sowie Dienstleistungen (z. B. Mieten, Verkehrstarife, Leistungen der Friseure und Wäschereien) durch Subventionen niedrig gehalten. Demgegenüber sind Erzeugnisse des gehobenen Bedarfs (z. B. Fernsehgeräte, Autos, Waschmaschinen, Kühlschränke) mit hohen produktgebundenen Abgaben belastet.
Ein Vergleich wichtiger Konsumgüterpreise der Jahre 1969–1982 zwischen Bundesrepublik Deutschland und DDR läßt erkennen, daß die Preise oben genannter Grundnahrungsmittel in der DDR erheblich niedriger liegen. Dagegen sind andere Nahrungsmittel (z. B. Mehl, Eier, Butter, Kakao, Zitronen), vor allem jedoch Genußmittel (z. B. Bohnenkaffee, Weinbrand, Schaumwein, Zigaretten), aber auch Schokolade teurer. Ebenfalls teurer sind in der DDR die meisten übrigen Konsumwaren (Ausnahme: Kinderbekleidung), insbesondere Erzeugnisse des gehobenen Bedarfs (z. B. Fernsehgeräte, Autos, Schreibmaschinen, Kühlschränke, Waschmaschinen, synthetische Stoffe). Demgegenüber sind wichtige Dienstleistungen erheblich billiger (z. B. Wohnungsmieten, Verkehrsleistungen, Leistungen der Friseure und Wäschereien sowie Schuhreparaturen).
Dies zeigt, daß den Preisen einerseits eine sozialpolitische Funktion zukommt, andererseits sollen sie – vor allem bei Konsumgütern des gehobenen Bedarfs – Einfluß auf Verbrauchsstruktur und Versorgungsniveau nehmen. Man läßt Preise bewußt vom – gegenwärtig ohnehin nicht einwandfrei ermittelbaren – volkswirtschaftlich notwendigen Arbeitsaufwand abweichen. Damit sollen produktionsstimulierende und verbrauchslenkende Wirkungen erzielt, gesundheitspolitische Aspekte berücksichtigt, Angebots- und Nachfragerelationen einander angepaßt, aber auch Kaufkraft bei höheren Einkommen abgeschöpft werden.
Die Preisbildung bei diesen Konsumgütern erfolgt nach zentralen Vorgaben im Rahmen der allgemeinen staatlichen Preispolitik (→ **Preissystem und Preispolitik**, VII., VIII.). Nachdem in den letzten Jahren in anderen sozialistischen Ländern zumindest ein Teil der Erhöhungen der Energie- und Rohstoffkosten auf die Verbraucherpreise aufgeschlagen worden ist, entschloß sich auch die Wirtschaftsführung der DDR im Dezember 1979 – angesichts der erheblich zunehmenden Preisstützungen und Subventionen – einen neuen preispolitischen Grundsatz zu verkünden: Bei weiterhin stabilen Preisen für Erzeugnisse des Grundbedarfs sollen höherwertige Konsumgüter kostendeckende Preise erhalten. Man hob die Vorschriften zum Preisstopp auf (GBl. I, 1980, S. 66) und läßt seitdem neben den bisher üblichen versteckten Preiserhöhungen über Produktwandel nun auch offene Preissteigerungen bei verteuerten Inputs zu. Damit wird es aber nahezu unmöglich, abgesehen von

völlig unveränderten Produkten, das Ausmaß der Preiserhöhung genau zu erkennen. Denn gleichzeitig mit echten und scheinbaren Gebrauchswertverbesserungen werden bei neuen bzw. verbesserten Erzeugnissen auch Kostensteigerungen der Inputs verrechnet. In der Folge werden die Preisunterschiede zwischen einfachen Waren und solchen mit einem Hauch von Besonderheit immer mehr zunehmen. Fallen die einfacheren Güter noch dazu z. T. aus den Sortimenten heraus, so trifft den Konsumenten eine merkliche Verteuerung der Lebenshaltungskosten. Trotz dieser Politik nahmen die Subventionen der Verbraucherpreise jedoch noch zu (1980: 17 Mrd. Mark, 1981: 20 Mrd. Mark und 1983: 21,4 Mrd. Mark).

Einzelleitung: Das Prinzip der E. wird im Staats- und Wirtschaftsapparat der DDR sowie in den Apparaten der Parteien und Massenorganisationen angewendet. Ministerien, Fachabteilungen, Kombinate und VEB werden wie andere staatliche Institutionen und Einrichtungen nach diesem Prinzip geleitet, das auf dem → **Demokratischen Zentralismus** beruht.
E. bedeutet, daß der Leiter die volle persönliche Verantwortung für seine Entscheidungen trägt und das Recht zur Durchsetzung dieser Entscheidungen mit Hilfe von Weisungen besitzt. Die E. ist eine „direkte, objektbezogene und unkomplizierte Leitungstätigkeit". Die E. wird beispielsweise in den Ministerien und den Wirtschaftsorganen durch die kollektive Beratung der Entscheidungen ergänzt. Damit sollen deren „Wissenschaftlichkeit" erhöht und die Mitglieder eines Leitungsbereiches partiell in die Entscheidungsfindung und Kontrolle der Durchführung einbezogen werden. Die Verbindung von E. und kollektiver Beratung bedeutet nicht die Einführung bzw. Institutionalisierung des kollektiven Führungs- und Leitungsstils, auch wenn in der Praxis der Entscheidungsfindung bei wichtigen Fragen des Leitungsbereichs die vom Leiter gefällten Entscheidungen in der Regel den Empfehlungen des kollektiven Beratungsorgans, z. B. eines → **Kollegiums der Ministerien**, entsprechen. → **Betriebsformen und Kooperation; Leitungswissenschaft, Sozialistische.**

Einzelvertrag: Arbeitsvertrag, in dem gemäß § 46 (→ **Arbeitsgesetzbuch [AGB]**) mit „Zustimmung des zuständigen zentralen Staatsorgans" von den allgemein geltenden Grundlagen eines Arbeitsrechtsverhältnisses (→ **Rahmenkollektivvertrag [RKV]**, Arbeitsordnung) abgewichen werden kann und in dem „mit Angehörigen der Intelligenz . . . in Anerkennung ständiger hervorragender Leistungen bei der weiteren Gestaltung der entwickelten sozialistischen Gesellschaft . . ." besondere Vertragsbedingungen vereinbart werden können. Der Kreis der Anwärter für einen E. umfaßt Spitzenkräfte aus allen Bereichen von Gesellschaft, Wirtschaft, Wissenschaft und Technik. In der Regel ergeben sich für die Beteiligten beträchtliche Vorteile gegenüber anderen Beschäftigten, u. a. durch höhere Einkommen, Prämien und eine zusätzliche Altersversorgung.

Eisenhüttenkombinat Ost (EKO): Auf Beschluß des III. Parteitages der SED (20.–24. 7. 1950) wurde am 18. 8. 1950 bei Fürstenberg an der Oder mit dem Bau des EKO begonnen. Das EKO war ursprünglich als kombiniertes Hütten-, Stahl- und Walzwerk geplant; im Zuge des → **Neuen Kurses** wurden Planung und Ausführung auf ein Hüttenwerk beschränkt. Die Fertigstellung des Hochofens VI. erfolgte am 11. 8. 1954. Zunächst sollte das Werk Eisenhüttenkombinat Ost heißen, doch wurde der Name dann in „Eisenhüttenkombinat J. W. Stalin" umgeändert. Während der Entstalinisierung wurde der ursprünglich gewählte Name wieder eingeführt. Der Standort ist weniger aus wirtschaftlichen als aus politischen Erwägungen gewählt worden; er wurde als „Symbol der tiefen Freundschaft zum polnischen Nachbarvolk" und als „Garantie der Oder-Neiße-Friedensgrenze" bezeichnet.
Unter wirtschaftlichen Gesichtspunkten ist der Standort des EKO außerordentlich ungünstig gelegen. Das Eisenerz muß auf dem Landwege aus dem 1000 km entfernten Kriwoi Rog (UdSSR) und der Steinkohlenkoks aus dem oberschlesischen Revier herangeführt werden, zu dem lange Zeit nicht einmal eine direkte Bahnverbindung bestand. Der Transport der Rohstoffe verursacht noch heute hohe Kosten. Im Westen werden moderne Stahlwerke seit langem an Wasserstraßen, seit einiger Zeit auch an den Küsten gebaut. Dagegen hat die Oder für das EKO verkehrstechnisch nur eine geringe Bedeutung.
Die jährliche Roheisenproduktion war zunächst mit 500000 t geplant. Es war vorgesehen, das erzeugte Roheisen in einem Stahlwerk, dem eine Stahlgießerei angeschlossen werden sollte, bei einer Jahreskapazität von 550000 t weiterzuverarbeiten. Ferner wurde der Bau einer Kokillengießerei, einer Walzengießerei, einer Walzendreherei und einer Zementfabrik angekündigt. 1959 wurde, nach offensichtlicher Verzögerung bei der Verwirklichung der Projekte, erneut der Bau eines modernen Stahl- und Walzwerkes angekündigt, das bis 1965 die Produktion aufnehmen sollte; ein ebenfalls geplantes Kaltwalzwerk sollte 1964 mit dem Betrieb beginnen. Als Endstufe des Neubauprogramms waren eine Stahlproduktion von 1,7 Mill. t und eine Walzkapazität von 1,2 Mill. t vorgesehen.
Der Beginn des weiteren Ausbaus wurde dann erneut auf das Jahr 1963 verschoben. Der Bau der Kaltwalzstraße, die nach den ursprünglichen Plänen bereits 1964 mit der Produktion hätte beginnen müssen, galt als wichtigstes Vorhaben. Auch der Bau des Stahl- und Walzwerkes wurde auf dem VI. Parteitag der SED (1963) von Ulbricht erneut angekündigt. Der Spatenstich zum Ausbau des EKO zum größten metallurgischen Werk der DDR erfolgte am 1. 7. 1963. Die „Neue Hütte" wurde errichtet und Mitte 1968 fertiggestellt. 1968 wurde das EKO umbenannt in VEB Bandstahlkombinat „Hermann Matern", Eisenhüttenstadt. Dem Kombinat wurden das Kaltwalzwerk Oranienburg, das Walzwerk Finow, das Walzwerk Burg, die Eisen- und Hüttenwerke Thale, das Blechwalzwerk Olbernhau sowie das Kaltwalzwerk und die Zieherei Bad Salzungen

angeschlossen. Auf der Leipziger Frühjahrsmesse 1981 vergab die DDR an den österreichischen Konzern VÖEST-Alpine den Auftrag, in Eisenhüttenstadt ein Konverterstahlwerk zu errichten. Hierfür ist eine Bauzeit von 40 Monaten vorgesehen. Japanische Unternehmen sollen – ebenfalls in Eisenhüttenstadt – bis Ende 1983 ein Kaltwalzwerk bauen, das ab März 1985 den Betrieb aufnehmen soll.

Eisen- und Stahlindustrie: Entsprechend der Industriezweigsystematik der DDR im wesentlichen der als **Schwarzmetallurgie** bezeichnete Industriezweig des Industriebereichs der Metallurgie. Die Schwarzmetallurgie umfaßt alle Eisenhüttenkombinate, Stahl- und Walzwerke sowie Ziehereien. Von 1970 bis 1980 hat sich die Bruttoproduktion der Schwarzmetallurgie um das 1,7fache und damit im Vergleich zur gesamten Industrie leicht unterdurchschnittlich erhöht (zum Vergleich: im gleichen Zeitraum stieg die industrielle Bruttoproduktion um das 1,73fache).

Der Industriebereich der Metallurgie, der auch die Betriebe der NE-Metallgewinnung und die NE-Metallhalbzeugwerke umfaßt, beschäftigte 1982 in 43 Betrieben 137443 Arbeiter und Angestellte (4,3 v.H. aller Arbeiter und Angestellten in der Industrie), die 7,9 v.H. der industriellen Warenproduktion erzeugten und damit an 7. Stelle der Industriebereiche stehen. Die Hauptstandorte der Metallurgie liegen in den Bezirken Halle, Frankfurt/Oder, Potsdam und Dresden.

Die ESI. der DDR hat aus Eigenvorkommen keine ausreichende Rohstoffbasis. Die Steinkohlenförderung mußte 1977 mangels abbauwürdiger Vorkommen eingestellt werden. Ferner verfügt die DDR nur über wenige Eisenerzlagerstätten (→ **Bergbau**). 1982 mußte die DDR 1,9 Mill. t Eisenerz importieren.

Auch die zur Herstellung hochwertiger Stähle notwendigen Stahlveredler sind in den Erzlagerstätten der DDR selten. Von den vorhandenen Nickel-, Mangan-, Molybdän- und Wolframlagerstätten sind lediglich einige Nickel-, Mangan- und Wolframlagerstätten wirtschaftlich bedeutsam. Im Vorland des Erzgebirges wird Nickel abgebaut. Produktionszahlen liegen nicht vor, ebensowenig Angaben über den Verbrauch. 45 v.H. des Einfuhrbedarfs bezieht die DDR aus der Sowjetunion. Zukünftig wird die DDR einen Großteil ihres Importbedarfs aus dem im Bau befindlichen Nickelkombinat in Kuba erhalten. Die Stahlveredler werden für die Stahlwerke bereitgestellt durch das Elektrochemische Kombinat Bitterfeld (Ferromolybdän, -vanadium, -chrom, -titan, -tantal) und das Ferrolegierungswerk Lippendorf (Ferrochrom).

Im Jahr 1938 betrug der Anteil des jetzigen Gebietes der DDR an der Eisen- und Stahlerzeugung des Reichsgebietes nur 7 v.H. bei einem Bevölkerungsanteil von 32 v.H. Die eisenschaffende Industrie hatte nur geringe Einbußen durch Kriegsschäden. Um so umfangreicher waren die Demontage-Verluste; sie betrugen: Walzstahlerzeugung 85 v.H., Rohstahlerzeugung 80 v.H., Stahlformguß 56 v.H., Grauguß 50 v.H., Temperguß 35 v.H. (→ **Reparationen**). Trotz dieser ungünstigen Ausgangsposition beschloß die SED-Führung, um den Einfuhrbedarf zu verringern, den Aufbau einer eigenen ESI., der überraschend kurzfristig gelang. Anfang 1946 wurde in der Maxhütte Unterwellenborn der erste Hochofen angeblasen und im Herbst 1947 mit dem Wiederaufbau der Stahl- und Walzwerke begonnen. 1948 wurde der erste Nachkriegsstahl in Hennigsdorf abgestochen, 1949 lieferten auch die Werke Freital, Gröditz und Riesa wieder Stahl. Auf Beschluß des III. Parteitages der SED im Juni 1950 wurde noch im gleichen Jahr mit dem Bau des → **Eisenhüttenkombinats Ost (EKO)** bei Fürstenberg an der Oder begonnen.

Stahl wird in der DDR in Brandenburg, Hennigsdorf, Gröditz, Riesa, Freital, Thale und Unterwellenborn produziert. Der größte Rohstahlproduzent ist das Stahl- und Walzwerk Brandenburg (Jahresproduktion 1977 über 2 Mill. t). 75 v.H. des Rohstahls in der DDR werden aus Sekundärrohstoffen erzeugt.

Die wichtigsten Roh- und Walzstahl produzierenden Betriebe wurden 1968 zu den Kombinaten VEB Qualitäts- und Edelstahlkombinat Hennigsdorf (30000 Beschäftigte, industrielle Warenproduktion 5,1 Mrd. Mark 1977; neben dem Stammbetrieb VEB Stahl- und Walzwerk „Wilhelm Florin" Hennigsdorf – 9000 Beschäftigte – umfaßt das Kombinat noch 5 weitere Werke), VEB Bandstahlkombinat „Hermann Matern" Eisenhüttenstadt und VEB Rohrkombinat Stahl- und Walzwerk Riesa zusammengefaßt. Die Kapazität der ESI. liegt jedoch weiter unter dem Bedarf der Metallverarbeitenden Industrie. Der Eisen- und Stahlbedarf muß deshalb auch weiterhin zum großen Teil aus Importen gedeckt werden, weil die Erhöhung der Eigenproduktion nicht ausreicht, den Bedarf vor allem an Qualitätsstahl zu decken. 40 v.H. des Walzstahlbedarfs der DDR müssen importiert werden.

Derzeit befindet sich die ESI. in einer breit angelegten Umstrukturierungs- und Modernisierungsphase. Die bisherige Eisen- und Stahlproduktion war zu energieintensiv; höher veredelten Stahlwaren wurde bisher zu-

Produktion ausgewählter Erzeugnisse der Eisen- und Stahlindustrie

Erzeugnisse	Einheit	1960	1970	1980	1982
Roheisen und Hochofenferrolegierungen	1 000 t	1 995	1 994	2 458	2 149
Rohstahl	1 000 t	3 750	5 053	7 308	7 169
Walzstahl, warmgewalzt	1 000 t	2 613	3 407	5 128	4 959
Erzeugnisse der II. metallurgischen Verarbeitungsstufe[1]	1 000 t	498	1 692	3 532	3 654

1 In der II. Verarbeitungsstufe werden warmgewalzte Erzeugnisse im kalten Zustand (d. h. unterhalb der Rekristallisationstemperatur) zu Produkten mit anderen Formen und Qualitäten weiterverarbeitet (z. B. Kaltbrand, kaltgewalzte Bleche, gezogene und gepreßte Profile, Rohre, stranggepreßte Erzeugnisse).

Quelle: Statistisches Jahrbuch der DDR 1983, S. 144.

gunsten des Massenstahls zu wenig Beachtung geschenkt. Die Umstellung der Industrie von Siemens-Martin-Öfen auf Elektrostahlöfen ist in vollem Gange.

Elektrotechnische und Elektronische Industrie: Entsprechend der Industriezweigsystematik der DDR zwei Industriezweige, die zum Industriebereich Elektrotechnik/Elektronik/Gerätebau zählen. Der gesamte Industriebereich Elektrotechnik/Elektronik/Gerätebau, der neben der EuEI. noch die Zweige Meß-, Steuer- und Regelungstechnik, → **Feinmechanische und Optische Industrie** umfaßt, beschäftigte 1982 in 359 Betrieben 443827 Arbeiter und Angestellte (13,9 v. H. aller in der Industrie Beschäftigten), die 8,9 v. H. der industriellen Warenproduktion erzeugten. Damit steht dieser Industriebereich an sechster Stelle der Industrie der DDR. Seit 1970 hat sich – vor allem durch die Kombinationsreform von 1978/79 – die Anzahl der Betriebe deutlich vermindert, während sich die Zahl der Beschäftigten um annähernd 80000 erhöht hat.

Entwicklung des Industriebereichs Elektrotechnik/Elektronik/Gerätebau

	1970	1975	1980	1982
Betriebe	688	632	388	359
Beschäftigte	363 867	429 143	431 794	443 827
Anteil an der industriellen Bruttoproduktion in v. H.	9,5	11,2	11,2	8,9[1]

1 Anteil an der industriellen Warenproduktion.
Quellen: Statistische Jahrbücher der DDR 1971, S. 104; 1976, S. 107; 1981, S. 118; 1983, S. 137.

Ab 1980 sind dem zentralen Anleitungs- und Kontrollorgan, dem → **Ministerium für Elektrotechnik und Elektronik**, 17 Kombinate (u. a. Robotron, Dresden, das mit 70000 Arbeitern und Angestellten der Beschäftigungszahl nach größte Kombinat der DDR), acht Ingenieurschulen und fünf Außenhandelsbetriebe direkt unterstellt. Betriebe, die elektrische Haushaltsgeräte herstellen, zählen ab 1968 zur Metallwarenindustrie – Kombinat Haushaltsgeräte Karl-Marx-Stadt – und sind dem → **Ministerium für Allgemeinen Maschinen-, Landmaschinen- und Fahrzeugbau** unterstellt.
Durchschnittlich sind in den dem Ministerium für Elektrotechnik und Elektronik unterstellten Kombinaten 27500 Arbeiter und Angestellte beschäftigt. Nahezu ein Viertel aller Beschäftigten in der EuEI. ist mit Leitungs- und Verwaltungsaufgaben betraut; die angestrebte Ausweitung der direkt im Produktionsbereich Beschäftigten stößt seit Jahren auf erhebliche Probleme.
In der EuEI. herrscht aufgrund eines breiten Produktionssortiments die Klein- und Mittelserienfertigung vor. Nur 2 v. H. der Montageprozesse sind automatisiert.
Über 50 v. H. des Produktionsaufkommens der EuEI. werden exportiert, wobei die Sowjetunion der wichtigste Partner ist. Die Exportquoten derjenigen Kombinate, die vor allem Endprodukte erstellen, liegen deutlich höher (Pentacon und Robotron je 70 v. H.; Carl Zeiss, Jena 80 v. H.).
Die Hauptstandorte der EuEI. liegen in den Bezirken Berlin, Gera, Erfurt, Dresden und Karl-Marx-Stadt.

Produktion der EuEI. im Bereich Elektrotechnik/Elektronik/Gerätebau
(Jahresdurchschnittlicher Zuwachs in v. H.)

Industriezweig Industriebereich	1960/65	1965/70	1970/75	1975/80
Elektrotechn. Ind.	8,0	7,3	6,5	7,0
Elektronische Ind.	10,3	9,6	13,5	10,4
Elektrotechnik/Elektronik/Gerätebau insgesamt	9,4	9,3	9,2	8,7
Industrie insgesamt	5,9	6,4	6,3	4,9

Quellen: Statistische Jahrbücher der DDR 1977, S. 114ff., und 1981, S. 120ff. Zuwächse errechnet.

Direkt unterstellte Kombinate des Ministeriums für Elektrotechnik/Elektronik

Kombinat	Gründungsdatum	Beschäftigte	VEB im Kombinat	Produktionsprogramm
Automatisierungsanlagenbau, Berlin	1. 1. 1979	28 000	10	– Mikroelektronische Steuerungen, insbesondere für Kraftwerke, Zementanlagen und Walzwerke, numerische Steuerungen für Werkzeugmaschinen, Geräte der Meß-, Steuer- und Regelungstechnik
Carl Zeiss, Jena	1948	46 000	17	– Magnetbandspeicher, optische Präzisionsgeräte, Brillen, Feldstecher, Anlagen zur Produktion von Mikroelektronik, Jenaer Glas
Elektroapparatewerke „Friedrich Ebert“, Berlin	1. 1. 1979	33 000	26	– Leistungsschalter, Relais, Geräte zur Prozeßautomatisierung, Kofferradios
Elektroenergieanlagenbau, Leipzig	1. 1. 1979	28 000	16	– Anlagen der Elektroenergieübertragung und -verteilung, Transformatoren, Starkstromanlagen für Industriebahnen, elektromedizinische Geräte, insbesondere Röntgengeräte

Kombinat	Gründungsdatum	Beschäftigte	VEB im Kombinat	Produktionsprogramm
Elektrogerätewerke, Suhl	1. 1. 1970	11 500	8 + 6[1]	– Handrühr- und Mixgeräte, Staubsauger, Bügeleisen, Grillgeräte, Heißwasserspeicher, Haushaltsmühlen
Elektromaschinenbau, Dresden	1. 1. 1970	26 000	15	– Elektromaschinen von 0,5 Watt bis 16 MW: Standardmotoren, Generatoren, Lichtmaschinen, elektrohydraulische Geräte, Fahrmotoren für Lokomotiven, Diesel-Elektro-Aggregate, Wäscheschleudern und Rasenmäher
Elektronische Bauelemente „Carl von Ossietzky", Teltow	1. 1. 1978[2]	24 000	11	– passive elektronische Bauelemente, Kondensatoren, Steckverbinder, Leiterplatten, Schichtwiderstände, elektromechanische Filter, Plattenspieler, Kassettenrecorder, Schalter und Tasten
Fahrzeugelektrik, Ruhla	1. 1. 1978	12 000	10	– Fahrzeugelektrik, Anlasser, Scheibenwischermotoren und Batterien
Kabelwerke Oberspree „Wilhelm Pieck", Berlin	1. 1. 1967	17 000	13	– Hochspannungskabel bis 150 KV, Telefonschnur, Hochfrequenzkabel, isolierte Drähte
Keramische Werke, Hermsdorf	1. 1. 1979[3]	23 000	22	– Isolatoren, Ferritbauteile, Hybridschaltkreise, Zündkerzen, Elektroinstallationsmaterial, Niederspannungsschalter, Gelenkprothesen
Lokomotivbau – Elektrotechnische Werke „Hans Beimler", Hennigsdorf	1. 1. 1970	13 000	8	– Lokomotiven, Triebwagen, Elektroisolierstoffe, Widerstandsschweißgeräte, Kondensatoren, Elektroindustrieöfen, Elektronenstrahlanlagen
Mikroelektronik, Erfurt	1. 1. 1978	52 000	22	– Halbleiter, integrierte Schaltkreise, Optoelektronik, Mikroprozessoren, Taschenrechner, Uhren, elektronische Spiele
Nachrichtenelektronik, Leipzig	1. 1. 1979	38 000	ca. 20	– Fernsprechvermittlungstechnik, drahtgebundene und drahtlose Übertragungstechnik, Telefone, Fernschreibtechnik, elektromedizinische Geräte, Optoelektronik, Lichtleitertechnik
Narva „Rosa Luxemburg", Berlin	1. 1. 1978[4]	15 000	13	– Glühlampen und Lichtquellen aller Art, Leuchten
Pentacon, Dresden	1. 1. 1979[5]	10 000	6	– Kameras, Diaprojektoren, Mikrofilmtechnik, Filmentwicklungsautomaten
Robotron, Dresden	1. 1. 1978[6]	70 000	21	– EDV-Anlagen mittlerer Leistungsklasse, Klein- und Prozeßrechner, Bürocomputer, Datenerfassungsgeräte, Textverarbeitung, Buchungsmaschinen, Schreibmaschinen, Unterhaltungselektronik, Fernsehgeräte, Meßelektronik
Rundfunk und Fernsehen, Staßfurt	1. 1. 1979	20 000	17 + 10[7]	– Rundfunk- und Phonogeräte, Fernsehgeräte, Kassettenrecorder, Antennen
nachrichtlich[8]: Kombinat Fernmeldebau der Deutschen Post	1. 1. 1979	13 500	16	– Projektierung und Bau kompletter Fernmeldekabelanlagen

1 8 Produktionsbetriebe und 6 Kundendienstbetriebe.
2 Kombinat gleichen Namens bestand seit dem 1. 1. 1971, am 1. 1. 1978 entstand das heutige Kombinat durch Fusion mit dem Kombinat Elektronik Gera.
3 Kombinat gleichen Namens mit 12000 Beschäftigten bestand seit dem 1. 1. 1969, am 1. 1. 1979 entstand das heutige Kombinat durch Einbeziehung aller Produktionsbetriebe des Kombinats Elektroinstallation.
4 Kombinat gleichen Namens bestand seit dem 1. 1. 1969, zum 1. 1. 1978 erfolgte die Fusion mit dem ehemaligen Kombinat Leuchtenbau.
5 Am 1. 1. 1979 erfolgte die Zusammenfassung aller Kamera-Produzenten in der DDR.
6 Am 1. 1. 1978 fusionierten die Kombinate Robotron (1977: 25000 Beschäftigte) und das (größere) Kombinat Zentronik zum heute größten Kombinat der DDR, gemessen an der Zahl der Beschäftigten.
7 10 VEB Industrievertrieb Rundfunk und Fernsehen seit 1978 als Leitbetriebe für 1300 Werkstätten aller Eigentumsformen.
8 Nicht dem Ministerium für Elektrotechnik/Elektronik direkt unterstellt.
Quelle: Cord Schwartau, Die elektrotechnische Industrie in der DDR, in: DIW Wochenbericht, 48. Jg. (1981), H. 42, S. 476.

Produktion ausgewählter elektrotechnischer und elektronischer Erzeugnisse

Erzeugnisse	Einheit[1]	1960	1970	1980	1982
Leistungstransformatoren	Stück	12 770	9 087	12 338	15 655
Numerische Steuerungen	Mill. Mark	–	29	185	452
Kabel und Leitungen	Mill. Mark	739	1 704	2 540	2 217
Rundfunkempfänger	1000 Stück	810	807	915	900
Fernsehempfänger	1000 Stück	416	380	578	652
Elektronikbauelemente	Mill. Mark	63	430	2 307	3 314
Geräte und Einrichtungen für die Überwachung, Regelung und Steuerung	Mill. Mark	93	548	1 334	1 589

1 Wertangaben in konstanten Preisen (kPP_{80}).
Quelle: Statistisches Jahrbuch der DDR 1983, S. 146.

An die EuEI. werden seit Jahren hohe Anforderungen für den Inlands- und Exportbedarf gestellt. Zum überproportionalen Wachstum der EuEI. hat vor allem die rasch ausgeweitete Elektronik-Industrie beigetragen. So gewann in der zweiten Hälfte der 70er Jahre die → **Mikroelektronik** durch umfangreiche Investitionen – über ein Drittel sämtlicher Investitionsmittel im Bereich des Ministeriums für Elektrotechnik und Elektronik fließen in die Betriebe für mikroelektronische Bauelemente – eine Schlüsselposition in der → **Industrie** der DDR.
Bei elektronischen Bauelementen und allen darauf aufbauenden Geräten einschließlich Anlagen der **Elektronischen** → **Datenverarbeitung** besteht großer Nachholbedarf.
Eine besondere Bedeutung kommt der EuEI. im gegenwärtigen Fünfjahrplanzeitraum (1981–1985) in Hinblick auf die angestrebte Expansion der Industrieproduktion zu. Bei einer tendenziell fallenden Investitionsquote sollen mit Hilfe der Modernisierung, Rekonstruktion sowie dem weiter zu verstärkenden Eigenbau von Rationalisierungsmitteln in den Betriebseinheiten die notwendigen Produktivitätsfortschritte realisiert werden. Deshalb sollen bis 1985 40000 bis 50000 Roboter und Handhabungsgeräte die Produktionsabläufe in der DDR-Industrie automatisieren sowie Werkzeugmaschinen mit numerischen Steuerungen ausgerüstet werden (→ **Industrierobotertechnik**). Der verstärkte Einsatz elektronischer Datenverarbeitung soll Arbeitskräfte im Verwaltungsbereich ersetzen. Vor allem soll mit Hilfe der Mikroelektronik das Energiesparprogramm in den 80er Jahren durchgesetzt werden. Hierzu muß bei sehr vielen Maschinen und Anlagen in der DDR-Industrie der energetische Wirkungsgrad deutlich erhöht werden (→ **Energiewirtschaft**).
Ebenso wie im Bereich der Mikroelektronik in den 70er Jahren der Anschluß an westliche Technologien verpaßt wurde, droht dies in den 80er Jahren im Bereich moderner Kommunikationssysteme zu geschehen (→ **Neue Medien**).
125000 bis 150000 Arbeiter und Angestellte im Bereich des Ministeriums für Elektrotechnik und Elektronik produzieren direkt für den Konsumgüterbereich. Die monetäre Nachfrage nach hochwertigen elektronischen Konsumgütern (Farbfernsehern, Stereoanlagen, Taschenrechnern, Heimwerkergeräten usw.) übertrifft aber gegenwärtig das monetäre Angebot. Güter, die inzwischen in der Bedarfsstruktur westlicher Haushalte einen hohen Stellenwert haben – Videorecorder, Wäschetrockner, Geschirrspülmaschinen usw. –, werden wohl auch zukünftig nicht, zumindest nicht in ausreichendem Maße gefertigt werden.

Elternhaus und Schule: Nach der Verfassung und dem Bildungsgesetz ist es nicht nur das Recht, sondern auch die Pflicht der Eltern, „ihre Kinder zu sozialistischen Persönlichkeiten und staatstreuen Bürgern zu erziehen" und dabei mit den gesellschaftlichen und staatlichen Bildungs- und Erziehungseinrichtungen zusammenzuwirken. Wenn auch die (gesellschaftliche) Bildung und Erziehung stets als das gemeinsame Anliegen aller Erziehungsträger und die Schule als das Zentrum aller pädagogischen Bemühungen angesehen werden, so wird doch auch der Erziehung der Kinder und Jugendlichen durch die Eltern bzw. in der → **Familie** große Bedeutung beigemessen. Um die erzieherischen Potenzen der Familie für die **gesellschaftliche Erziehung** der Kinder voll zu nutzen, werden die Eltern angehalten und zum Teil auch verpflichtet, eine sinnvolle gegenseitige Ergänzung von häuslicher Erziehung und erzieherischer Einwirkung durch die gesellschaftlichen Bildungseinrichtungen anzustreben, ständig an schulischen Fragen interessiert zu sein sowie an Elternversammlungen teilzunehmen und damit engen Kontakt zur Schule zu halten. Andererseits ist aber auch die Schule – das gilt auch für den Kindergarten, den Hort und die Einrichtungen der Berufsausbildung Jugendlicher – verpflichtet, eng mit dem Elternhaus zusammenzuarbeiten und dabei nicht nur den Wünschen der Eltern nach Erziehungshilfen zu entsprechen, sondern im Sinne der Bildungs- und Erziehungsziele – auch über die Betriebe, in denen die Eltern tätig sind, z. B. im Rahmen der Bewegung „Kollege, wie erziehst du dein Kind?" – nachdrücklich einzuwirken. Die Familienerziehung, die also den gleichen Zielen und Grundsätzen wie die gesellschaftliche Erziehung verpflichtet ist, wird vor allem unter dem Gesichtspunkt der → **Kollektiv- und Arbeitserziehung** gesehen und zu beeinflussen getrachtet; sie wird aber auch insofern als besonders problematisch angesehen, als die Sozialisations- und Erziehungseinflüsse in der Familie im geringsten Maße gesellschaftlich steuerbar sind, weshalb auch die ganztägige erzieherische Beeinflussung in Ergänzung zur schulischen Bildung und Erziehung besonders forciert wird. Mitwirkung der Eltern bei der Gestaltung der schulischen Bildung und Erziehung und Einflußnahme der Schule auf die Familienerziehung stehen also in einem engen wechselseitigen Verhältnis.

Als gewählte Elternvertretungen an den Schulen sollen die **Elternbeiräte** und die Klassen-**Elternaktive** Mitverantwortung für die Sicherung hoher Ergebnisse der schulischen Bildung und Erziehung übernehmen. Für Elternbeiräte der Schule beträgt die Wahlperiode zwei Jahre, für Klassenelternaktive ein Jahr. Darüber hinaus werden Schulelternversammlungen einmal jährlich und Klassenelternversammlungen etwa dreimal jährlich durchgeführt. Der Vorsitzende des Elternbeirats wirkt im pädagogischen Rat der Schule beratend an der Schulleitung mit (→ **Schulordnung**). Grundsätzlich sollen alle Veranstaltungen der Schule mit den Eltern immer auch der pädagogischen Propaganda dienen; darunter wird die Gesamtheit der Bildungsmaßnahmen verstanden, die darauf gerichtet sind, die Werktätigen, und insbesondere die Eltern, zu befähigen, ihrer speziellen erzieherischen Verantwortung in den verschiedenen Bereichen ihrer gesellschaftlichen Tätigkeit gerecht zu werden. Durch vermehrtes pädagogisches Wissen der Eltern soll auch die Familienerziehung stärker pädagogisiert werden und die „Pädagogik der individuellen Erfahrung" ablösen. Hauptformen der pädagogischen Propaganda sind einmal die von der Schule durchgeführten **Elternseminare** sowie die pädagogischen Seminare, die vor allem von der → **Urania (Gesellschaft zur Verbreitung wissenschaftlicher Kenntnisse)** in Zusammenarbeit mit den Volksbildungsorganen, den gesellschaftlichen Organisationen und den kulturellen Einrichtungen durchgeführt werden. Durch die Behandlung der Grundfragen der sozialistischen Bildungspolitik, der politisch-ideologischen Erziehung im Elternhaus, von Erziehungs- und Lernschwierigkeiten, der Freizeitgestaltung der Kinder (→ **Feriengestaltung; Freizeit**) usw. sollen vor allem die Bereitschaft und Fähigkeit der Eltern zur „sozialistischen Erziehung" ihrer Kinder und zur Zusammenarbeit mit der Schule gefördert werden.
→ **Einheitliches sozialistisches Bildungssystem**, V.

Energiemaschinenbau: Bis 1967 Industriegruppe des Industriezweigs Schwermaschinenbau (→ **Schwermaschinen- und Anlagenbau**). Mit Einführung der neuen Betriebssystematik (1968) Zweig des Maschinen- und Fahrzeugbaus (→ **Maschinenbau**). Zum E. gehören alle Betriebe zum Bau von Dampferzeugern, Turbinen, Kraftwerksgeneratoren, Dampfmaschinen, Lokomobilen, Generatoraggregaten, Apparaten für Wasseraufbereitungsanlagen sowie von Baugruppen, Zubehör und Einzelteilen für Energieausrüstungen. Ein wichtiger Betrieb dieses Zweiges ist der VEB Bergmann-Borsig, Berlin (Ost), der in erster Linie Dampfturbinen, Kraftwerksturbogeneratoren sowie Kesselzubehör produziert. Der VEB Bergmann-Borsig/Görlitzer Maschinenbau ist zugleich Stammbetrieb des 1978 gebildeten VEB Kombinat Kraftwerksanlagenbau (42000 Beschäftigte).
→ **Energiewirtschaft; Industrie.**

Energiewirtschaft

I. Die Energie- und Brennstoffindustrie
II. Primärenergieaufkommen
III. Sekundärenergie
IV. Energieeinsparungen

I. Die Energie- und Brennstoffindustrie

E. ist der Zweig der → **Industrie**, der sich mit der Förderung, Erzeugung bzw. Umwandlung, Fortleitung und Verteilung von Energieträgern befaßt. Diese Aufgaben obliegen in der DDR der Energie- und Brennstoffindustrie (→ **Ministerium für Kohle und Energie**). In ihr sind die Zweige Braun- und Steinkohlenindustrie und Energiebetriebe zusammengeschlossen. 1982 arbeiteten in der Energie- und Brennstoffindustrie 6,8 v.H. (218000) aller Industriebeschäftigten; der Anteil an der industriellen Bruttoproduktion lag bei knapp 10 v.H. Die E. gehört zu den kapitalintensiven Wirtschaftsbereichen. Der Grundmittelbestand je Arbeiter und Angestellten ist fast dreimal höher als im Industriedurchschnitt. Während die industrielle Bruttoproduktion zwischen 1970 und 1982 im Jahresdurchschnitt um 5,3 v.H. zunahm, verzeichnete die Energie- und Brennstoffindustrie lediglich einen Zuwachs von 3,6 v.H. (davon Energiebetriebe 4,9 v.H.).

II. Primärenergieaufkommen

Bezeichnung für das erstmalige Aufkommen eines Landes an Energieträgern. Hierzu zählen Gewinnung und Förderung von natürlichen Energierohstoffen, der Nettoimport (Import minus Export) von Energieträgern jeder Art, also auch von solchen, die bereits einer Verarbeitung bzw. Umwandlung unterworfen wurden (Sekundärenergieträger) sowie die Bestandsveränderungen. Angaben über den Primärenergieverbrauch der DDR wurden erstmals 1982 (Statistisches Taschenbuch der DDR, Berlin [Ost] 1982) veröffentlicht. Sie betreffen die Jahre 1975 bis 1981 und weisen den Verbrauch insgesamt und den fester Brennstoffe, darunter Braunkohle, aus. Die Angaben stimmen für die Jahre 1975 bis 1978 mit den hier verwendeten Schätzwerten überein (Abweichungen unter 1 v.H.).

A. Entwicklung und Struktur

1982 betrug das aus dem Inland stammende Primärenergieaufkommen 88 Mill. t Steinkohleneinheiten

(SKE) – 1960 waren es 68 Mill. t SKE. Viel schneller als die Inlandsproduktion (+ 30 v. H.) haben im selben Zeitraum die Nettoimporte (Importe minus Exporte) zugenommen (+ 409 v. H.). Betrugen sie 1960 erst 8,3 Mill. t SKE, so waren es 1982 bereits 42 Mill. t SKE. Damit ist die Auslandsabhängigkeit der Energieversorgung der DDR beträchtlich gestiegen: 1960 wurden 11 v. H. des Inlandsverbrauchs importiert (netto), 1982 waren es hingegen 32 v. H. Gemessen an der Bundesrepublik Deutschland, die rd. 60 v. H. ihres Primärenergiebedarfs aus dem Ausland deckt, ist das Ausmaß der Abhängigkeit allerdings geringer. Die Gründe für diese unterschiedliche Importabhängigkeit sind strukturbedingt. Während die Bundesrepublik Deutschland über 40 v. H. ihres Energiebedarfs durch Erdöl (-importe) deckt, nutzt die DDR stärker ihre inländischen Rohstoffe.

Das Primärenergieaufkommen der DDR wies in den Jahren 1960, 1970 und 1980 folgende Struktur auf (Angaben in v. H.):

	1960	1970	1980	1982
Braunkohle	82,3	76,0	59,2	62,8
Steinkohle	11,5	6,9	4,1	2,8
Steinkohlenkoks	3,1	2,9	2,3	1,5
Erdöl und Erdölprodukte	3,0	12,9	21,1	19,3
Erdgas	0,0	0,6	8,6	9,4
Primärstrom (Strom aus Wasser- und Kernkraft sowie Nettoimport)	0,1	0,7	4,6	4,2

Die drastische Verteuerung der Energieträger hat auch die DDR zu einer Änderung ihrer Energiepolitik bewogen. Nachdem bis 1980 die Energieimporte – vor allem aus der UdSSR – deutlich ausgeweitet wurden, hat jetzt die Energieeinsparung Priorität. Aber auch das Energieangebot muß umstrukturiert werden („Wo Heizöl noch als Brennstoff verwendet wird, gilt es Braunkohle einzusetzen"). Die Erdöl- und Erdgasimporte können vor allem aus Gründen der Handelsbilanz vorläufig nicht mehr erhöht werden; sie gehen z. T. sogar absolut zurück (Erdölimporte aus der UdSSR). Damit erlangen die im Inland verfügbaren Ressourcen wieder eine größere Bedeutung. Ausbaufähig ist hier allerdings nur die Braunkohlenförderung. Diese Strukturveränderungen sind mit beträchtlichen materiellen und energetischen Aufwendungen (geringer energetischer Wirkungsgrad der Braunkohle im Vergleich zu Erdöl und Erdgas) verbunden.

B. Braunkohle

Der mit Abstand bedeutendste Energieträger wird daher noch für lange Zeit die Braunkohle (→ **Bergbau**) bleiben. Die Gesamtvorräte der DDR werden auf etwa 45 Mrd. t geschätzt. Von der anstehenden Kohle sind jedoch beim gegenwärtigen Stand der Abbautechnik nur 18 Mrd. t wirtschaftlich gewinnbar; davon befinden sich 11 Mrd. t im Lausitzer und 7 Mrd. t im Leipziger Revier. Obwohl dies noch nicht einmal 2 v. H. der Weltvorräte sind, ist die DDR mit einem Anteil von 27 v. H. (1981) das bedeutendste Braunkohlenförderland der Welt. 1982 wurden 276 Mill. t gefördert (1960: 226 Mill. t). Da die Braunkohle im Tagebau gewonnen werden kann, sind die Förderkosten relativ niedrig (günstige Mechanisierungsmöglichkeiten). Angesichts der stagnierenden Importmöglichkeiten soll die Braunkohlenproduktion bis 1990 auf 300 Mill. t gesteigert werden, was den Neuaufschluß von 21 Tagebauen erforderlich macht (Ziel für 1985 gemäß Fünfjahrplan 290 Mill. t, später erhöht auf 295 Mill. t). Die Energieversorgung der DDR bleibt damit witterungsanfällig. Aufgrund ihres hohen Wassergehaltes (50 bis 60 v. H.) gefriert die im Tagebau geförderte Braunkohle leicht, was in den Wintermonaten häufig zu Versorgungsstörungen geführt hat. Verschlechtern dürften sich auch die Abbaubedingungen (Abraum je Tonne 1970: 3,8 m^3; 1990: 5 m^3) wie auch die Qualität der Braunkohle. Der Wasser- und Aschegehalt wird steigen und der Heizwert (derzeit etwa 2100 kcal/kg, das sind 0,3 SKE) sinken. Im Bezirk Halle befinden sich z. B. erhebliche Lagerstätten an Salzkohle, die bisher aufgrund ihrer Eigenschaften weder verbrannt noch chemisch verarbeitet werden konnten. Für ihre Nutzung sollen spezielle Verfahren und Anlagen entwickelt werden.

Aufgrund des niedrigen Heizwertes ist es nicht wirtschaftlich, Braunkohle über große Entfernungen zu transportieren. Daher werden knapp 60 v. H. der Rohbraunkohle (1980: 147 Mill. t) in fördernahen Kraftwerken und 4 v. H. (9,3 Mill. t) in Heizwerken verfeuert. 37 v. H. der Rohbraunkohle (96 Mill. t) werden in Brikettfabriken verarbeitet. Bemerkenswert ist der Anstieg des Rohbraunkohleneinsatzes im Bereich Haushalts- und Kleinverbrauch: Er stieg von 1978 bis 1980 von 1 auf 3 Mill. t.

Seit 1960 hat die DDR die Braunkohlenexporte beträchtlich eingeschränkt (1960: 6,3 Mill. t – 1982: 3,9 Mill. t). Betroffen war davon vor allem der → **Innerdeutsche Handel (IDH)**. Gehörte nämlich die Braunkohle 1960 mit einem Lieferanteil von ca. 25 v. H. noch zu einem bedeutenden „Devisenbringer", so ist ihr Anteilswert bis zum Jahre 1982 auf einen „Erinnerungsposten" von knapp 2 v. H. zurückgegangen (1,4 Mill. t).

C. Steinkohle

Die Steinkohle spielt für die Energieversorgung der DDR nur eine relativ geringe Rolle. Die Inlandsförderung mußte mangels abbauwürdiger Vorkommen 1977 eingestellt werden. 1976 wurden etwa 0,5 Mill. t gefördert, das sind 2 Mill. t weniger als 1960. Um die Versorgung der Industriebetriebe zu sichern, die nicht oder nur teilweise auf Braunkohle ausweichen können (z. B. Eisen- und Stahlwerke, Werke der Baustoff- und chemischen Industrie sowie Gaswerke), wurden 1982 4,7 Mill. t Steinkohle und 3,1 Mill. t Steinkohlenkoks importiert. Hauptlieferländer sind die Sowjetunion, Polen und die ČSSR.

D. Erdöl

Da die DDR über keine nennenswerten Vorkommen verfügt, ist sie auf dem Erdölsektor fast zu 100 v. H. importabhängig. Das mit Abstand wichtigste Lieferland ist die Sowjetunion:

Erdölimporte der DDR (in Mill. t)

Jahr	Insgesamt	davon UdSSR	Importanteil der UdSSR in v. H.
1960	1,9	1,8	95
1965	5,1	4,9	96
1970	10,3	9,2	89
1975	17,0	14,8	87
1980	21,9	19,0	87
1982	21,7	17,7	81

Rund ⅘ der sowjetischen Lieferungen werden durch die 1964 fertiggestellte Pipeline „Freundschaft" nach Schwedt transportiert. 1973 wurde der zweite Strang dieser Leitung in Betrieb genommen. Durch das 5330 km lange Rohrleitungssystem ist die DDR direkt mit den westsibirischen Erdölfeldern verbunden. Daneben gelangt Erdöl über Rostock in die DDR. Von dort besteht eine Pipelineverbindung zum Stammbetrieb des „VEB Petrochemisches Kombinat Schwedt". 1983 erhielt die DDR gemäß einer Vereinbarung mit der UdSSR nur noch 17,1 Mill. t Erdöl. Einfuhren aus arabischen Ländern (u. a. Ägypten, Irak, Syrien) sind dagegen von untergeordneter Bedeutung. In einem Rahmenabkommen vereinbarten die DDR und die Bundesrepublik Deutschland (→ **Innerdeutscher Handel [IDH]**) für den Zeitraum 1980–1985 die Lieferung von jährlich rd. 1 Mill. t Rohöl in die DDR, die ihrerseits rd. 2 Mill. t (1983: 2,4 Mill. t) Mineralölprodukte liefert. Entsprechend einem dreiseitigen Regierungsabkommen von 1975 beteiligt sich die DDR mit Polen und der UdSSR an einer gemeinsamen Organisation für die Erdöl- und Erdgassuche in der Ostsee-„Petrobaltic".

Aufgrund der im RGW-Intrablockhandel herrschenden Preisbildungsprinzipien (→ **Außenwirtschaft und Außenhandel**, VII.; **Rat für Gegenseitige Wirtschaftshilfe [RGW]; Währung/Währungspolitik**, III. A.) hat die UdSSR ihre Rohölpreise erst ab 1975 – und seitdem nur schrittweise – an die gestiegenen Weltmarktpreise angepaßt. 1982 wurden der DDR für die Tonne sowjetischen Erdöls im Durchschnitt 136 → **Transfer-Rubel** (1974: 19 TRbl.) berechnet. Der Weltmarktpreis war zu dieser Zeit etwa 20 v. H. höher. Die Bezahlung der Rohöllieferungen erfolgt allerdings auf Verrechnungsbasis durch Gegenlieferungen von Industrieprodukten aus der DDR. Da die Bewertung dieser Gegenlieferungen in Transfer-Rubel jährlich in bilateralen Verhandlungen neu festgesetzt wird, läßt sich der Nettoeffekt dieses Preisvorteils beim Rohölbezug nicht ermitteln, denn auch die Lieferungen aus der DDR an die Sowjetunion werden zu Preisen abgewickelt, die unter den Weltmarktpreisen liegen. Da in der Vergangenheit die Rohstoffpreise jedoch schneller stiegen als die für die übrigen Produkte, dürfte sich gegenüber den Bedingungen am Weltmarkt per Saldo ein relativer Vorteil für die DDR ergeben.

E. Erdgas

Infolge des 1967 mit Hilfe sowjetischer Spezialisten erfolgten Aufschlusses der Erdgaslagerstätte Salzwedel-Peckensen (Altmark) verfügt die DDR über eine nennenswerte Erdgasquelle. Die Vorräte dieser im Grenzgebiet zur Bundesrepublik befindlichen Lagerstätte werden auf 150 bis 200 Mrd. m^3 geschätzt, wovon 10 v. H. auf das Gebiet der Bundesrepublik Deutschland entfallen. Nachdem die Erdgasförderung zwischen 1969 und 1974 von 0,2 auf 8 Mrd. m^3 gesteigert worden war, stagnierte sie für längere Zeit. Erst in den letzten Jahren wurde die Förderung wieder erhöht (1983: 11,8 Mrd. m^3). Das in der Altmark geförderte Erdgas ist von minderer Qualität. Mit einem Heizwert von nur 3000 kcal/m^3 liegt es weit unter der nordwesteuropäischen Norm (Hu = 7600 kcal/m^3).

Über dieser Norm liegt das seit April 1973 importierte Erdgas aus der Sowjetunion. Dieses Gas (1982: 6,4 Mrd. m^3) bezieht die DDR über die durch die ČSSR führende Pipeline, durch die auch die Bundesrepublik Deutschland beliefert wird. Das hochwertige Importgas wird vor allem in der chemischen Industrie, der Metallurgie, der Glas- und keramischen Industrie, der Leichtindustrie und in der E. eingesetzt. Wie alle europäischen RGW-Länder beteiligte sich die DDR am Bau einer mehr als 2500 km langen Erdgasleitung von Orenburg zur sowjetischen Westgrenze. Die UdSSR zahlt diese Kreditleistung der DDR (in Form von Waren und Dienstleistungen) mit Erdgaslieferungen seit 1979 zurück. Eine ähnliche Beteiligung erfolgt auch im Planungszeitraum 1981/85.

Erdgaseinsatz (Angaben für 1979)

Importgas	(4,5 Mrd. cbm)
	30 v. H. stoffliche Nutzung
	60 v. H. energetische Zwecke
	8 v. H. Stadtgaserzeugung
Inlandsgas	(9,2 Mrd. cbm)
	82 v. H. energetische Zwecke
	16 v. H. Stadtgaserzeugung

F. Sonstige
Die Bedeutung der ebenfalls zum Primärenergieaufkommen zählenden Kernenergie (→ **Atomenergie**) und Wasserkraft ist gering, ihr Anteil am Energieverbrauch lag 1982 bei etwa 4 v.H.; Wasserkraft wird vor allem in Form von Pumpspeicherwerken genutzt. Sie sind hinsichtlich des Ausgleichs von Belastungsspitzen von Bedeutung. 1981 wurde das größte Pumpspeicherwerk der DDR in Markersbach (Erzgebirge) fertiggestellt. Es hat eine Gesamtkapazität von 1050 MW (6 × 175 MW).

III. Sekundärenergie

A. Elektroenergie
1982 betrug die installierte Kraftwerksleistung im Bereich der Industrie 21900 MW. Damit ist die Kapazität innerhalb von 17 Jahren mehr als verdoppelt worden (1965: 10300 MW). Allerdings konnten in den vergangenen Jahren die geplanten und für die Befriedigung des steigenden Strombedarfs unbedingt erforderlichen Kapazitätszugänge nicht realisiert werden. Im Zeitraum 1971–1975 sollte die installierte Kraftwerksleistung um rd. 6150 MW gesteigert werden; es wurde jedoch nur ein Zuwachs von 5000 MW erreicht. Dieser Wert wurde auch als Ziel für den Fünfjahrplan 1976–1980 vorgegeben. Obwohl 1979 in Boxberg das größte Braunkohlenkraftwerk Europas fertiggestellt wurde (Gesamtkapazität 3520 MW), wurde das Gesamtziel um 1500 MW unterschritten. Für 1981–1985 ist eine Kapazitätserweiterung um 3000 MW vorgesehen. Zwar hat sich angesichts der Kapazitätserweiterungen die Versorgungssituation entspannt. Vor allem in Wintermonaten kann die witterungsanfällige Elektroenergieerzeugung noch für längere Zeit eine Bedrohung für ein stetiges Wirtschaftswachstum darstellen. Dies vor allem deshalb, weil die Stromerzeugung zu 82 v.H. (1982) auf dem Einsatz von Braunkohle basiert. Um Lagerkosten zu sparen, werden die in Tagebaunähe befindlichen Kraftwerke direkt bekohlt, Reserven werden oft nicht in ausreichendem Maße gebildet. Damit ist aber eine gewisse Anfälligkeit der E. gegeben, denn bei starkem Frost kann die Braunkohle wegen ihres hohen Wassergehalts gefrieren. Auch künftig werden noch überwiegend Braunkohlenkraftwerke gebaut. Kernkraft hat zwar schon einen Anteil von 11 v.H. an der Stromerzeugung erreicht, bis 1985 soll er aber kaum steigen (12–14 v.H.; → **Atomenergie**).
Während in der Bundesrepublik Deutschland zwischen 1960 und 1982 die Stromproduktion um knapp 6 v.H. jährlich zunahm, wurde die Elektrizitätserzeugung in der DDR im gleichen Zeitraum um durchschnittlich 4,4 v.H. gesteigert. 1982 wurden im Inland 104,1 Mrd. kWh verbraucht (1960: 39,9 Mrd. kWh). Das Stromaufkommen (Produktion plus Einfuhr) verteilte sich auf die wichtigsten Abnehmergruppen 1982 (1960) wie folgt: Industrie (einschl. Energieindustrie und Netzverluste): 66,9 v.H. (75,6 v.H.), andere Wirtschaftsbereiche 18,4 v.H. (16,2 v.H.), Haushalte 11,8 v.H. (7,0 v.H.).
Der Erzielung von Kosteneinsparungen dient auch der Einsatz von immer größeren Kraftwerksblöcken (Turbine und Generator). 1970 wurde im Kraftwerk Thierbach (bei Leipzig) erstmals ein 210-MW-Block eingesetzt. 1976 nahm im Kraftwerk Hagenwerder (östlich von Dresden) der erste 500-MW-Block der DDR seinen Betrieb auf.
Im Zuge der Kombinatsbildung wurden die Kraftwerke organisatorisch umstrukturiert. Zum VE Kombinat Braunkohlenkraftwerke zählen auch die Pumpspeicherwerke; die Kernkraftwerke in Rheinsberg und in Lubmin gehören zum VE Kombinat Kernkraftwerke „Bruno Leuschner".
Private Haushalte bezahlen in der DDR seit 1946 für 1 kWh 8 Pfennige, die tatsächlichen Produktionskosten werden mit 16 Pfennigen angegeben.
Die DDR ist Mitglied der „Vereinigten Energiesysteme der Mitgliedsländer des RGW" (populäre Kurzform: Verbundsystem „Frieden" bzw. „MIR"). Sitz der zentralen Dispatcherverwaltung ist seit 1963 Prag. Ziel der Organisation: Ausgleich der Spitzenbelastungszeiten, Hilfe im Katastrophenfall, Ausnutzung zeitweilig freier Kapazitäten. Der Spareffekt betrug für die DDR im Jahr 1980 etwa 220 MW. In diesem System waren 1980 Kraftwerke mit einer Gesamtkapazität von 137000 MW zusammengeschlossen. 1980 wurden über die zur Verfügung stehenden Leitungen 32 Mrd. kWh ausgetauscht. Die DDR ist mit ihren Nachbarländern Polen und der ČSSR derzeit mit insgesamt 5 grenzüberschreitenden Elektrizitätshochspannungsleitungen verbunden.
Mit der 1979 erfolgten Inbetriebnahme einer 750-kV-Leitung zwischen der UdSSR und Ungarn ist der Stromaustausch zwischen den RGW-Ländern weiter intensiviert und vor allem der sowjetische Beitrag zu diesem System gesteigert worden. Für die 80er Jahre ist u.a. der Bau einer 750-kV-Leitung zwischen der UdSSR, Polen und der DDR vorgesehen.

B. Mineralölverarbeitung
Die DDR deckt ihren Bedarf an Mineralölerzeugnissen ausschließlich aus eigenen Raffinerien. 1982 dürfte die Verarbeitungskapazität 22 Mill. t betragen haben. Rd. ¾ der Erdölverarbeitungskapazität sind im VEB Petrolchemisches Kombinat Schwedt konzentriert (27700 Beschäftigte, rd. ¼ der Chemieproduktion der DDR). Es umfaßt neben dem Stammbetrieb Schwedt mit dem Betriebsteil Erkner noch den VEB „Otto Grotewohl" Böhlen (Betriebsteile: Espenhain und Rositz), den VEB Hydrierwerk Zeitz (Betriebsteile: Lützkendorf, Mieste, Völpke, Webau und Klaffenbach) sowie den VEB Mineralölverbundleitung Schwedt. Daneben wird Erdöl vor allem noch in Leuna verarbeitet. Neben der Benzin-

und Dieselproduktion (→ **Kraftstoffversorgung**) fallen vor allem Heizöle an (1980 etwa 8–10 Mill. t; 1960 waren es erst 0,4 Mill. t). Heizöl wird für Hochtemperaturprozesse in der Metallurgie, in der Glas- und Zementindustrie sowie noch vereinzelt in Heiz- und Heizkraftwerken eingesetzt. Ohne Bedeutung ist der private Verbrauch. Künftig soll das stagnierende – vielleicht sogar rückläufige – Ölaufkommen mit steigendem Anteil als Treibstoff und für die chemische Weiterverarbeitung eingesetzt werden. So hat bereits eine Umstellung aller Heiz- und Kraftwerke auf einheimische Brennstoffe begonnen. In den Raffinerien müssen entsprechende Umstrukturierungen in den Produktionsanlagen vorgenommen werden, damit Heizöl zu Kraftstoffen und Kunststoffen weiterverarbeitet werden kann. Diesem Zweck dient der Spalt- und Aromatenkomplex in Schwedt, der 1981 seinen Betrieb aufnahm (Spaltkapazität 1,2 Mill. t p.a.). 1984 soll eine ähnliche Anlage mit einer Kapazität von 1,6 Mill. t p.a. Heizölkomponenten fertiggestellt sein.

Für den Mineralöltransport innerhalb der DDR steht ein 1300 km langes Rohrleitungssystem zur Verfügung. Es umfaßt u.a. folgende Trassen: Rostock–Schwedt (202 km), Schwedt–Leuna (340 km), Leuna–Böhlen–Zeitz (50 km) sowie die Kraftstoffleitung Schwedt–Seefeld (72 km) und die Rohbenzinpipeline Zeitz–Böhlen.

Im Vergleich zu westlichen Industrieländern ist der Verbrauch an Mineralölerzeugnissen relativ gering. Einem Pro-Kopf-Verbrauch von 1,1 t in der DDR steht ein entsprechender Wert für die Bundesrepublik Deutschland von 1,9 t im Jahre 1982 gegenüber.

C. Kohleverarbeitung

Die Verarbeitung von Braunkohle erfolgt zum Zwecke der energetischen und chemischen (Karbochemie) Weiterverwendung. Ihr kommt angesichts des stagnierenden Kohlewasserstoffeinsatzes in der DDR eine steigende Bedeutung zu. Erste Verarbeitungsstufe ist die Brikettierung; sie ist derzeit noch Voraussetzung für alle weiteren Veredelungsprozesse der Braunkohle. Für die Brikettierung wird die Niederlausitzer Braunkohle bevorzugt (Asche- und Schwefelgehalt niedriger als die der westelbischen Kohle): Künftig sollen jedoch auch Veredelungsverfahren entwickelt werden, bei denen grubenfeuchte oder staubförmige Kohlen eingesetzt werden können. So wird in der DDR eine Anlage erprobt, in der Salzkohle ohne Brikettierung in einer „Flugstaubwolke“ direkt vergast wird. Mit dem Einsatz der Salzkohle aus dem Bezirk Halle soll sichergestellt werden, daß die Synthesegasbereitstellung in den 80er Jahren von 5 auf 7 Mrd. cbm p.a. auf Braunkohlenbasis erhöht werden kann.

Produktion von Braunkohlenerzeugnissen (in Mill. t)

	1960	1970	1975	1981	1982
Braunkohlenbriketts	56,0	57,1	48,9	49,8	50,0
Braunkohlenkoks	7,7	6,3	5,6	5,5	5,5
davon					
Hochtemperaturkoks	1,0	1,3	2,0	2,6	2,6
Tieftemperaturkoks	6,7	5,0	3,5	2,7	2,9

1981 betrug die Brikettproduktion knapp 51 Mill. t (Rohbraunkohleneinsatz knapp 100 Mill. t). Im Brikettierungsprozeß wird der Wassergehalt von 50 bis 60 v.H. auf 10 bis 12 v.H. reduziert, der Heizwert steigt von 2100 kcal/kg auf 4500 kcal/kg. Rd. 75 v.H. der Brikettproduktion werden energetisch genutzt (Industrie, Hausbrand, Verkehr, örtliche Wirtschaft und Export). Die für die zweite Veredelungsstufe – Entgasung, Vergasung, Verflüssigung – genutzten Briketts (1980: ca. 13 Mill. t) gingen in die Schwelereien (ca. 5,5 Mill. t), die Braunkohlehochtemperatur-(BHT-)Kokereien (5,0 Mill. t) und in die Festbett-Druckvergasung bzw. Schwachgasgeneratorenanlage (2,5 Mill. t); eine direkte Verflüssigung erfolgt noch nicht. Der Bedarf an Veredelungsbriketts soll bis 1985 um 10 v.H. und bis 1990 um 12,5 v.H. gegenüber 1980 steigen.

Die Schwelung von Braunkohlenbriketts erfolgt in den Schwelereien Espenhain, Böhlen und Deuben. Schwelprodukte sind: Schwelkoks (er wird in den Winkler-Generatoren zur Synthesegaserzeugung und für Wärmeprozesse eingesetzt), Teer, Mittelöl, Leichtöl, Phenole.

Zur Verminderung der Steinkohlenabhängigkeit wurden in Lauchhammer und Schwarze Pumpe (→ **Gaskombinat Schwarze Pumpe [VEB GSP]**) Großkokereien errichtet, in denen BHT-Koks produziert wird. Sein Heizwert liegt zwischen 6300 und 7200 kcal/kg. BHT-Koks wird zu 70 v.H. für Heizzwecke verwendet. Künftig soll er jedoch verstärkt in der Chemie (Carbidherstellung) und Metallurgie eingesetzt werden. Die Festbett-Druckvergasung erfolgt im Gaskombinat Schwarze Pumpe und hat nahezu ausschließlich die Stadt- und Synthesegaserzeugung zum Ziel (kein Koksanfall).

Die Verflüssigung von Braunkohle befindet sich im Entwicklungsstadium. Bis 1984 sollen verschiedene Verfahren zur kleintechnischen Reife geführt werden; dann soll über deren Großeinsatz entschieden werden. Die Entwicklung der Kohlehydrierung ist deshalb wichtig, weil die Vorräte an schwelwürdiger Kohle (Bitumengehalt 15–20 v.H.) eng begrenzt sind.

Bis 1990 sollen 80 v.H. des Produktionszuwachses an Rohbraunkohle für die Kohleveredelung eingesetzt werden. 1980 wurden karbochemische Produkte für die nichtenergetische Nutzung in einem Umfang produziert, die einem Äquivalent von 7 Mill. t Erdöl entsprachen. Damit lieferte die Kohlechemie 25 v.H. aller organischen Rohstoffe der Chemie und 5 v.H. der Treibstoffproduktion. Bis

1990 soll die Produktion auf ein Erdöläquivalent von 11 Mill. t erhöht werden.
Insgesamt wird sich durch die Substitution von Erdölprodukten durch carbochemische Erzeugnisse der Aufwand für Investitionen und laufende Kosten beträchtlich erhöhen. Die Synthesegasproduktion auf Braunkohlenbasis ist etwa doppelt so aufwendig wie die auf der Basis von Erdgas. Bei Treibstoffen liegen die Faktoren im Vergleich zu Erdöl bei 10–12 (Investitionen) bzw. 4–8 (Verarbeitungskosten; Angaben für die Bundesrepublik 1980).

Verwendungsschema für Rohbraunkohle in der DDR 1980
Angaben in Mill. t Rohbraunkohle

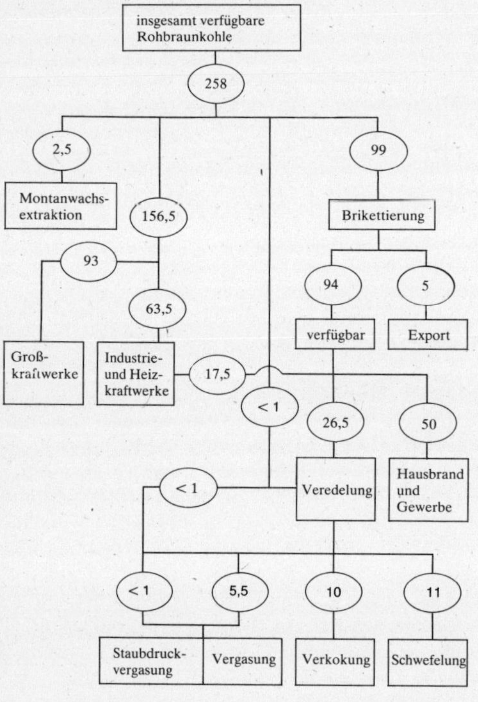

D. Stadtgas
Das Stadtgasaufkommen betrug 1982 6,3 Mrd. cbm. Zur Deckung des Spitzenbedarfs kann auf die seit 1965 errichteten 7 unterirdischen Speicherkapazitäten (1980 etwa 1 Mrd. cbm) zurückgegriffen werden. In den nächsten Jahren soll die Stadtgasproduktion nicht wesentlich gesteigert werden (1985: 6,8 Mrd. cbm).
Die Stadtgasproduktion ist im → **Gaskombinat Schwarze Pumpe (VEB GSP)** konzentriert. Vier Betriebe dieses Kombinats – der Stammbetrieb in Schwarze Pumpe sowie die Gaswerke in Magdeburg, Zwickau und Lauchhammer – produzieren 90 v.H. der Stadtgasproduktion der DDR, Schwarze Pumpe allein ⅔. Magdeburg und Zwickau arbeiten auf Steinkohlebasis, während in Schwarze Pumpe Stadtgas in erster Linie durch Kohledruckvergasung und Braunkohleverkokung (BHT-Kokserzeugung) erzeugt wird. Die gesamte Stadtgaserzeugung der DDR verteilt sich aufkommensmäßig wie folgt:

Druckvergasung	24 v.H.
Importgasbeimengung	23 v.H.
BHT-Verkokung	20 v.H.
Kohlenwasserstoffspaltung	18 v.H.
Steinkohlenverkokung	9 v.H.
Erdgasbeimengung aus Eigenaufkommen	6 v.H.

Die Stadtgasversorgung erfolgt über ein zentralgesteuertes Ferngasnetz, durch das alle Bezirke der DDR miteinander verbunden sind. Parallel dazu bestehen zwei weitere, unabhängige Teilsysteme für eigenes Erdgas und für Importerdgas. Die Gesamtlänge der Hochdruckleitungsnetze beträgt 6000 km.

E. Fernwärme
Ende 1981 wurden 1,1 Mill. Wohnungen (20 v.H. des Bestands) mit Fernwärme beheizt. Die Versorgung erfolgt vor allem in Großstädten. Der Versorgungsradius ist wegen der hohen Leitungsverluste gering. Er beträgt bei Heizwasser 15–20 km, bei Dampf 5–8 km. Vor allem neue Wohngebiete sollen mit Fernwärme versorgt werden. 1980 gab es in der DDR 116 Heizwerke und 35 Heizkraftwerke. Sie versorgten über ein Fernwärmeleitungsnetz von 2400 km 530 Wärmeversorgungsgebiete. Große Fernwärmeverbundsysteme bestehen in Berlin (Ost), Halle, Karl-Marx-Stadt, Leipzig, Jena, Neubrandenburg, Gera und Rostock. Anlagen, die auf Heizöl- oder Erdgasbasis betrieben werden, sollen auf Braunkohlenbetrieb umgerüstet werden. Längerfristig soll auch die Kernenergie für die Fernwärmeversorgung eingesetzt werden.

IV. Energieeinsparung
In den 70er Jahren hat die DDR den Zuwachs im Energieverbrauch nahezu ausschließlich durch Importsteigerungen gedeckt. Aus Zahlungsbilanzgründen kann diese Politik in den 80er Jahren nicht fortgesetzt werden. Die Energieeinfuhren mußten z.T. sogar gedrosselt werden. Den Schwerpunkt der Energiepolitik kann daher nicht mehr die Ausweitung des Angebots, sondern die Drosselung der Energienachfrage bilden. So sieht der Fünfjahrplan 1981–1985 vor, mit einem Primärenergiezuwachs von weniger als 1 v.H. eine Steigerung des Nationaleinkommens von jährlich mehr als 5 v.H. zu erreichen.
Zur Verminderung des spezifischen Primärenergieverbrauchs ist eine Reihe administrativer Maßnahmen ergriffen worden. Hierzu zählt vor allem der 1979 gefaßte „Beschluß des Ministerrats der DDR über rationellen Einsatz von Elektroenergie, Wärme sowie Brenn- und Treibstoffen". Daneben ist die Neufassung der Energieverordnung vom 30. 10. 1980 zu nennen, die allerdings im wesentlichen

nur eine Zusammenfassung der bisherigen Verordnungen darstellt. Im einzelnen dürften vor allem folgende Maßnahmen Einsparungen zum Ziel haben:
– Die Vorgabe des Energieverbrauchs als staatliche Plankennziffer (seit 1979). Bei Überschreitung des Verbrauchs, der seit September 1980 bei nahezu allen zentral geleiteten Betrieben monatlich kontrolliert wird, werden Sanktionen in Höhe des zehnfachen Preises für unzulässig verbrauchte Energieträger erhoben.
– Die Bildung von Energieinspektionen. Als Organ der Zentralen Energiekommission des Ministerrats kontrollieren sie die Kombinate, Betriebe und Genossenschaften hinsichtlich der Einhaltung der getroffenen Maßnahmen zur Einsparung von Energie und zur verstärkten Nutzung von Braunkohle. Sie können zur Durchsetzung ihrer Auflagen ein Zwangsgeld von maximal 100000 Mark androhen.
– Verpflichtung zur Nutzung von Anfallenergie. Nach der neuen Energieverordnung vom 30. 10. 1980 ist derjenige zur – ökonomisch gerechtfertigten – Nutzung von Anfallenergie (ungewollt anfallendes Nebenprodukt) verpflichtet, in dessen Bereich sie entsteht.
– Jährliche Preiserhöhungen für Elektroenergie, Wärmeenergie und feste Brennstoffe im Bereich der Wirtschaft (seit 1980).
– Verminderung der Temperaturnormen für die Raumheizung (seit 1979).
– Verlagerung von Transporten von der Straße auf die Bahn und Binnenschiffahrt.
– Zunahme der Elektrifizierung von Eisenbahnstrecken (Plan 1981/85: +750 km).
Zwar bestehen aufgrund des hohen Energieverbrauchs der DDR – mit 7,8 t SKE je Einwohner lag er 1982 um über 30 v. H. über dem der Bundesrepublik Deutschland (5,9 t SKE/Einwohner) – noch erhebliche Einsparungsmöglichkeiten. Einsparungen und Umstrukturierungen (z. B. Substitution von Heizöl durch Braunkohle) erfordern aber umfangreiche Investitionen und eine hohe Flexibilität des Wirtschaftssystems, verbunden mit einem entsprechenden Motivationssystem. Hinzu kommt, daß die ebenfalls geplante, höhere stoffwirtschaftliche Nutzung der Braunkohle ihrerseits wieder sehr energie-

Ausgewählte Daten zur Energiewirtschaft der DDR

Bereich	Einheit	1960	1965	1970	1975	1977	1978	1979	1980	1981	1982
Förderung von Primärenergieträgern											
Braunkohle	Mill. t	225,5	250,8	261,6	246,7	253,7	253,3	256,1	258,1	266,7	276,0
Steinkohle	Mill. t	2,7	2,2	1,0	0,5	0,3	0,1	0	0	0	0
Erdgas	Mrd. m³	0,0	0,1	1,0	8,0	8,2	8,2	8,5	7,7	8,5	9,8
Erdöl	Mill. t	–	0,1	0,1	0,1	0,1	0,1	0,1	0,1	0,1	0,1
Wasserkraft	Mrd. kWh	0,6	0,8	1,3	1,3	1,2	1,2	1,3	1,7	1,7	1,8
Erdöleinfuhren[1]											
insgesamt	Mill. t	1,9	5,1	10,3	17,0	19,0	19,9	20,7	21,9	22,7	21,7
davon aus der UdSSR	Mill. t	1,8	4,9	9,2	15,1	17,0	17,8	18,6	19,2	19,2	17,7
Erdgaseinfuhren aus der UdSSR	Mrd. m³	–	–	–	3,3	3,6	3,6	4,3	6,4	6,3	6,4
Export[1] von											
Braunkohle	Mill. t	6,3	6,0	3,8	2,3	2,2	2,2	1,8	2,2	2,8	3,9
Mineralölerzeugnissen	Mill. t	1,0	1,7	1,3	2,8	2,2	1,9	2,2	3,0	4,1	3,1
Installierte Kraftwerksleistung	MW	7 842	10 350	12 569	16 928	17 882	18 865	19 435	20 454	21 367	21 857
davon Kernkraftwerke[2]	MW	–	–	75	950	950	1 830	1 830	1 830	1 830	1 830
Elektroenergieerzeugung	Mrd. kWh	40,3	53,6	67,7	84,5	92,0	96,0	96,8	98,8	100,7	102,9
davon Braunkohlenkraftwerke	v.H.	79,5	82,5	85,0	83,8	84,2	82,2	80,2	78,7	79,9	82,0
Kernkraftwerke	v.H.	–	–	0,7	3,2	5,7	8,3	10,1	12,0	11,8	10,5
Stromverbrauch insgesamt	Mrd. kWh	39,9	53,7	68,1	85,2	92,5	96,8	98,1	100,3	102,4	104,1
davon											
Wirtschaftsbereiche	v.H.	86,5	84,4	83,5	83,1	–	–	81,9	81,4	81,3	80,7
Haushalte	v.H.	7,1	9,0	10,5	10,4	11,0	11,3	11,5	12,0	11,9	12,1

1 Einschließlich IDH.
2 Stand Jahresende.
3 Einschl. Eigenverbrauch der Kraftwerke.
Quellen: Statistische Jahrbücher der DDR, Statistisches Jahrbuch des RGW, Datenbank RGW-Energie des DIW.

Kraftwerke in der DDR[1]
I. Wärmekraftwerke

Bezirk	Kraftwerk	Brennstoff[2]	Bauzeit	Kapazität 1946/47 in MW	Blöcke	Gesamtkapazität in MW	Last[3]
Berlin	Rummelsburg (Klingenberg)	BK	Ende 1926[5]	185	–	250	M
	Mitte	EG	1961/64	–	–	96	M
	Lichtenberg	EG	bis 1970/71	–	–	64	M
Cottbus	Lauta	BK	–	52	–	175	G
	Schwarze Pumpe	BK	1957/60	–	250 MW	1 050	G
			1962/66		300 MW		
			1968/69		100 MW		
			1970/?		400 MW		
	Trattendorf	BK	1954–1959	–	–	450	M
	Lübbenau	BK	1957–1964	–	6 × 50 MW 10 × 100 MW	1 300	M
	Vetschau	BK	1960–1967	–	12 × 100 MW	1 200	G
	Boxberg					3 520	G
	Boxberg I	BK	1968–1972	–	6 × 210 MW		G
	Boxberg II	BK	1968–1975	–	6 × 210 MW		G
	Boxberg III	BK	bis 1978/79		2 × 500 MW		G
Dresden	Hirschfelde	BK	vor 1959	134	–	300[4]	M
	Hagenwerder					1 750	G
	Hagenwerder I	BK	1955–1962	–	50, 75		M
	Hagenwerder II	BK	–	–	und 100 MW		M
	Hagenwerder III	BK	bis 1977	–	2 × 500 MW		G
Frankfurt/O.	Brieskow-Finkenheerd	BK	zwischen 1951/55	75	–	190	M
	Eisenhüttenstadt	Gg	zwischen 1951/55	–	–	200[4]	G
Halle	Bitterfeld	BK	–	216	–	225	G
	Leuna	BK	–	100	–	110	G
	Schkopau	BK	–	193	–	225	G
	Zschornewitz	BK	–	176	–	225	S
	Vockerode	BK	1954–1959	–	12 × 32 MW	384	G
Leipzig	Böhlen	BK	–	190	–	250[4]	G
	Kulkwitz	BK	–	70	–	100[4]	G
	Espenhain	BK	–	280	–	450[4]	G
	Lippendorf	BK	1966–1970	–	6 × 100 MW	600	M
	Thierbach	BK	1965–1971	–	4 × 210 MW	840	M
Magdeburg	Harbke	BK	–	147	–	140	M
	Calbe	Gg	zwischen 1951/55	–	–	100[4]	G

II. Kern- und Pumpspeicherkraftwerke

Bezirk	Kraftwerk	Bauzeit	Kapazität 1946/47 in MW	Blöcke	Gesamtkapazität in MW	Last[3]
A. Kernkraftwerke						
Potsdam	Rheinsberg	1957–1966	–	1 × 75 MW	75	S
Rostock	Lubmin	1967– 1973/74/78/79	–	4 × 440 MW	1 760	G
B. Pumpspeicherkraftwerke						
Dresden	Niederwartha	bis 1930	6×21MW	–	126	S
Gera	Hohenwarte I	1964[5]	6	–	45	S
	Hohenwarte II	1964[5]	–	8 × 40 MW	320	S
	Bleiloch	–	40	–	40	S
Karl-Marx-Stadt	Markersbach	1970/81	–	6 × 175 MW	1 050	S
Magdeburg	Wendefurth	1968[5]	–	–	80	S

1 Auswahl; Repräsentationsgrad ca. 80 v.H. (Stand: Mitte 1980).
2 SK = Steinkohle; BK = Braunkohle; Gg = Gichtgas; EG = Erdgas.
3 G = Grundlast; M = Mittellast; S = Spitzenlast.
4 Schätzung.
5 Fertigstellung.

intensiv ist. Energieknappheit dürfte damit auch längerfristig ein begrenzender Faktor für das Wirtschaftswachstum sein.

Jochen Bethkenhagen

Literaturangaben

Bethkenhagen, Jochen: Energiewirtschaft der DDR vor schwierigen Aufgaben. In: Wochenbericht des DIW, Nr. 5/1981. Berlin: Duncker & Humblot 1981.

Brandt, Horst: Bedeutung und Perspektive der Braunkohle in der DDR. In: Energietechnik, Nr. 6/1982. Leipzig: Dt. Verl. f. Grundstoffindustrie 1982.

Gruhn, Werner: Zur Energiepolitik der DDR. In: Deutschland Archiv, Nr. 11/1979. Köln: Wissenschaft u. Politik 1979.

Klose, Erhard, u. Johannes Teubel: Bedeutung der Kohle für die Energie- und Stoffwirtschaft in Vergangenheit, Gegenwart und Zukunft. In: Energietechnik, Nr. 10/1981 (Teil 1) und 11/1981 (Teil 2). Leipzig: Dt. Verl. f. Grundstoffindustrie 1981.

Mitzinger, Wolfgang: Gegenwärtiger Stand und weitere Entwicklung der Energiewirtschaft der DDR. In: Energiewirtschaft, Nr. 5/1981. Leipzig: Dt. Verl. f. Grundstoffindustrie 1981.

Richter, Herbert: Rolle und Bedeutung des Rohstoffs Braunkohle für die Entwicklung der Energiewirtschaft und der chemischen Industrie. Erfahrungen und Perspektiven der Kohleveredelung. In: Chemische Technik, Nr. 2/1980. Leipzig: Dt. Verl. f. Grundstoffindustrie 1980.

Stinglwagner, Wolfgang: Genügend Energie für die Zukunft? Effizienz und Strukturmerkmale des Energieeinsatzes in der DDR. In: Deutschland Archiv, Nr. 3/1983. Köln: Wissenschaft und Politik 1983.

Weineck, W.: Die Energieverordnung der achtziger Jahre. In: Energieanwendung, Nr. 2/1981. Leipzig: Dt. Verl. f. Grundstoffindustrie 1981.

Enteignung: Als E. gilt in der DDR der für gemeinnützige Zwecke auf der Grundlage eines Gesetzes vorgenommene Entzug von Eigentumsrechten (Art. 16 Verf.). Von ihr wird die zum Zweck der Umwälzung der politischen, gesellschaftlichen und ökonomischen Verhältnisse erfolgte Sozialisierung begrifflich unterschieden. Diese Unterscheidung wurde jedoch nicht von vornherein getroffen, vielmehr hat man sich bei der Durchführung dieser Umwälzung häufig des Mittels der – kollektiven oder individuellen – E. bedient.

In der ersten Zeit nach Beendigung des II. Weltkrieges wurden Sozialisierungen als E. vielfach unter dem Gesichtspunkt einer Entmachtung der Ausbeuterklasse und einer Bestrafung wirklicher oder angeblicher Kriegsverbrecher unmittelbar auf Veranlassung der sowjetischen Besatzungsmacht durchgeführt. Die wichtigsten E.-Maßnahmen waren hier die 1945 auf der Grundlage von Länderverordnungen eingeleitete Bodenreform (→ **Agrarpolitik**, III. A.), durch die alle privaten landwirtschaftlichen Betriebe mit über 100 ha entschädigungslos enteignet wurden; ferner die auf der Grundlage des Befehls Nr. 124 der SMAD vom 30. 10. 1945 und des Befehls Nr. 64 vom 17. 4. 1948 erfolgte Beschlagnahme der wichtigsten Industrie- und Gewerbebetriebe und ihre Überführung in Volkseigentum. In Sachsen wurde am 30. 6. 1946 ein „**Volksentscheid** über die entschädigungslose E. der sequestierten Betriebe der Kriegsverbrecher und aktiven Faschisten“ durchgeführt. Durch fast gleichlautende Ländergesetze vom Mai/Juni 1947 wurden alle Bodenschätze, Bergwerksbetriebe sowie Heil- und Mineralquellen gegen teilweise Entschädigung zugunsten des jeweiligen Landes enteignet; ebenfalls durch Ländergesetze (von 1946) die meisten Lichtspieltheater, durch Verordnungen der Deutschen Wirtschaftskommission (von 1949) die Energiebetriebe und die → **Apotheken** (→ **Wirtschaft**, I. B.).

Auch die in politischen Strafverfahren häufig verhängte Vermögenseinziehung ist gezielt als Maßnahme zur wirtschaftlichen Entmachtung politischer Gegner benutzt worden. In den → **Kriegsverbrecherprozessen** und in zahlreichen politischen Strafverfahren nach Art. 6 der Verfassung von 1949 (Boykott-, Kriegs- und Mordhetze), der Kontrollratsdirektive 38 (→ **Friedensgefährdung**) sowie in zahlreichen Wirtschaftsstrafverfahren sind über die Verhängung der Vermögenseinziehung als Nebenstrafe E. von „Klassenfeinden“ im großen Stil vorgenommen worden. Planmäßige E. des Privateigentums sind ferner durch steuerliche Maßnahmen (→ **Steuern**) und im Wege des Konkursverfahrens betrieben worden. E.-Charakter haben auch viele Maßnahmen gegenüber → **Flüchtlingsvermögen** und den Vermögenswerten von Westdeutschen, West-Berlinern und Ausländern (→ **Treuhandvermögen**).

Von dieser E.-Praxis wich die rechtliche Regelung der E. seit der Verfassung von 1949 ab. Nach Art. 23 Verf. 1949 durften E. nur auf gesetzlicher Grundlage vorgenommen werden und grundsätzlich gegen angemessene Entschädigung erfolgen, soweit das Gesetz nichts anderes bestimmte. Im Streitfall wurde wegen der Höhe der Entschädigung der Rechtsweg vor den ordentlichen Gerichten eröffnet. Die meisten der tatsächlichen E. unter der Geltung der Verfassung von 1949 wurden jedoch unter Umgehung dieser Bestimmung und unter Heranziehung anderer Rechtsinstitute vorgenommen. Nur wenige E.-Gesetze sahen von vornherein Entschädigungen vor. Teilweise wurden Entschädigungsregelungen erst jahrelang nach erfolgter E. erlassen.

Nachdem in der DDR die Sozialisierung im wesentlichen abgeschlossen und das sozialistische Eigentum durch die Verfassung von 1968 zur Grundlage der Eigentumsordnung erklärt worden ist, wird auch die E. enger interpretiert. Sie ist nach Art. 16 Verf. nur für gemeinnützige Zwecke auf gesetzlicher Grundlage gegen angemessene Entschädigung zulässig und darf nur erfolgen, wenn auf andere Weise der angestrebte gemeinnützige Zweck nicht erreicht werden kann. Gesetzliche Grundlagen für E. sind z. B. das → **Aufbaugesetz** vom 6. 9. 1950 (GBl., S. 965), das Entschädigungsgesetz vom 25. 4. 1960 (GBl. I, S. 257), das Atomenergiegesetz vom 28. 3. 1962 (GBl. I, S. 47), das Wassergesetz vom 17. 4. 1963 (GBl. I, S. 77) und das → **Verteidigungsgesetz** vom 13. 10. 1978 (GBl. I, S. 377) und die hierzu erlassene → **Leistungsverordnung** vom 26. 7. 1979 (GBl. I, S. 265). Vermögenseinziehungen im Zusammenhang mit Strafverfahren gemäß §§ 56, 57 StGB vom 12. 1. 1968 (GBl. I, S. 1) werden hingegen nicht als E. angesehen.

Entfremdung: *1. Allgemeines.* Ein inhaltlich unspezifischer Begriff, der eine lange philosophisch-theologische Tradition besitzt (vgl. E. Ritz, Artikel „E.", in: Historisches Wörterbuch der Philosophie, hrsgg. von J. Ritter, Basel–Stuttgart, Bd. 2 [1972], S. 510–526).

Mit dem Begriff E. werden Relationen hergestellt, wobei folgendes Muster besonders häufig anzutreffen ist: E. bestimmt einen Zustand unter Bezugnahme auf einen besseren, heileren, nicht-entfremdeten in Vergangenheit und/oder Zukunft. In der marxistischen Philosophie impliziert dies die Vorstellung, daß eine ursprüngliche Einheit auseinandergebrochen ist, daß sich deren Teile verselbständigt haben und als fremde gegenübertreten, und daß in diesem Prozeß ein Herrschaftsverhältnis entstanden ist. E. in diesem Sinne wird stets negativ bewertet. Der Begriff meint einen Zustand oder Prozeß, der kritisiert und dessen Überwindung explizit oder implizit gefordert wird. Kritik und Utopie sind konstitutive Momente des marxistischen E.-Begriffs.

Im offiziellen Marxismus-Leninismus der DDR allerdings werden gerade diese Elemente des E.-Begriffs zugunsten einer nahezu positivistischen Beschreibung des Herrschaftsverhältnisses vernachlässigt. So definiert das „Kleine Wörterbuch der marxistisch-leninistischen Philosophie" (von M. Buhr und A. Kosing, 4., überarb. Aufl., Berlin [Ost] 1979, S. 95) E. als „ein gesellschaftliches Verhältnis, in dem die Menschen von den durch ihre eigene Tätigkeit geschaffenen Produkten, Verhältnissen und Institutionen als ihnen fremden und über ihnen stehenden Mächten beherrscht werden, deren blindem bzw. willkürlichem Wirken sie unterworfen sind".

2. E. bei Karl Marx. Im Werk von Karl Marx hat der Begriff der E. eine inhaltliche Ausformung erhalten, die zum Bezugspunkt für die unübersehbar gewordene Literatur zum Thema, in Ost wie in West, geworden ist. Auf Hegel aufbauend und diesen zugleich kritisierend, hat Marx eine utopisch-geschichtsphilosophisch ausgerichtete Anthropologie konzipiert, die auf den Begriffen **Arbeit** und E. basiert (→ **Marxismus-Leninismus**, II. C. 1.). In ihrem Mittelpunkt steht der Mensch als Arbeiter (= Produzent) in seinem Verhältnis zur Welt (Natur und Gesellschaft) sowie zu den Mitmenschen. Alle Relationen des Menschen können, nach Marx, entfremdet sein. Systematisch unterscheidet er in den „Ökonomisch-philosophischen Manuskripten" (1844) zwischen der E. des Menschen von den „Produkten seiner Arbeit", vom „Akt der Produktion", vom „Gattungswesen des Menschen", d.h. von seinem eigentlichen Menschsein, und vom „anderen Menschen".

Entsprechend Marx' geschichtsphilosophischen Vorstellungen über die Entwicklung der → **Produktivkräfte** und → **Produktionsverhältnisse** ist die E. in der kapitalistischen Gesellschaft zu einem „Totalphänomen" geworden. Letztlich kann sie nur durch die „universale" oder „utopische Revolution" aufgehoben werden (vgl. P. C. Ludz, Ideologiebegriff und marxistische Theorie, 2., durchges. Aufl., Opladen 1977, S. 131ff.).

Folgende Aussagen, die aus Marx' verstreuten und überwiegend unsystematischen Äußerungen zur E. herausdestilliert werden können, haben die E.-Diskussion besonders geprägt:

a) Im Kapitalismus ist dem Menschen seine Tätigkeit als Produzent wie das Produkt seiner Arbeit „äußerlich", fremd, entfremdet (= E. im Sinne der sozialphilosophisch-soziologisch-psychologischen Kritik der Arbeitswelt unter den Bedingungen der durch zunehmende Arbeitsteilung gekennzeichneten industriellen Produktion).

b) Das entfremdete Produkt der Arbeit, niedergeschlagen in Kapital und Eigentum, weist auf die in der kapitalistischen Gesellschaft allseitig herrschende „Habgier" hin (= E. im Sinne einer aus den Eigentumsverhältnissen entwickelten moralischen Kritik der bürgerlich-kapitalistischen Gesellschaft).

c) Das Privateigentum an → **Produktionsmitteln** entfremdet den Menschen (als Einzel- und gesellschaftliches Wesen) von sich selbst, von der Natur, den Dingen und der Gesellschaft. Die Folge ist ein Herrschaftsverhältnis, in dem auch die Herrschaft von Menschen als Herrschaft von Dingen, als außerhalb der Gewalt oder Kontrolle der Menschen stehend erscheint (= E. im Sinne der universal-utopischen Kritik der bürgerlich-kapitalistischen Gesellschaft).

3. E. im Anschluß an Marx. Die Vielseitigkeit und Vielschichtigkeit des E.-Begriffs bei Marx macht es möglich, ihn in mehrfacher Hinsicht zu verwenden: zur Analyse, Interpretation und Kritik von Zeitphänomenen der verschiedensten Art (etwa unter den von dem amerikanischen Soziologen Melvin Seeman unterschiedenen Begriffen „powerlessness", „meaninglessness", „normlessness", „self-estrangement", „cultural" und „social isolation"), zur Agitation und Propaganda im Kampf gegen den Kapitalismus sowie schließlich zur Verurteilung der gegenwärtigen Industriegesellschaften (oder einzelner ihrer Aspekte) aus (pseudo-)heilsgeschichtlicher Perspektive (vgl. Ludz, a.a.O., S. 77ff.). In den nach-Marxschen Diskussionen des 20. Jahrhunderts, seien sie philosophisch-anthropologischer, literaturwissenschaftlicher, soziologischer oder ideologisch-politischer Natur, wird E. in allen drei genannten Weisen gebraucht. Die Palette der Auffassungen ist entsprechend vielfarbig.

Ungeachtet solcher Vielfalt ist die E.-Diskussion unter den Bedingungen der gegenwärtigen Ost-West-Auseinandersetzung jedoch um eine Frage zentriert: Wenn E.-Erscheinungen nachweisbar sind, gibt es sie dann ausschließlich in westlich-kapitalistischen oder auch in östlich-sozialistischen Gesellschaften? Die Fragestellung als solche und die Antworten, die von Vertretern der osteuropäischen Intelligenz gegeben wurden, haben zu einer Öffnung des orthodoxen Marxismus-Leninismus, wie er in den 50er Jahren vorherrschend war, geführt. Dies gilt auch, in begrenztem Maße, für die DDR (vgl. Ludz, a.a.O., S. 327ff.).

4. E. im Marxismus-Leninismus der DDR. Im Marxismus-Leninismus der DDR geht man heute allgemein davon aus, daß die „Grundlage zur Beseitigung der Entfremdung . . . erst mit der sozialistischen Revolution, der Errichtung der Diktatur des Proletariats und im Prozeß des Aufbaus der sozialistischen Gesellschaft geschaffen" wird (Buhr/Kosing, a.a.O., S. 96). Damit bleibt die Frage, ob es in der DDR-Gesellschaft E.-Erscheinungen gibt, bis zu einem gewissen Grade offen; denn der „Prozeß des Aufbaus der sozialistischen Gesellschaft" braucht nicht unbedingt als beendet angesehen zu werden. So gibt es im DDR-Marxismus-Leninismus unterschiedlich nuancierende Auffassungen.

Eine Gruppe von Philosophen, deren Auffassungen zur E. in der Sprache des offiziellen Marxismus-Leninismus als „revisionistisch" eingestuft werden (z.B. E. Fischer, W. Heise, G. Klaus; → **Revisionismus**), argumentiert, daß der Mensch auch in der sozialistischen Gesellschaftsordnung sich selbst, den von ihm produzierten Gegenständen und damit der Gesellschaft entfremdet sei. Solange das Wertgesetz (→ **Wert- und Mehrwerttheorie**) seine Gültigkeit besitze und verschiedene Eigentumsformen nebeneinander bestünden (neben dem sozialistischen Eigentum etwa das genossenschaftliche), solange seien die ökonomischen Wurzeln der E. nicht überwunden.

In den Detailausführungen zu dieser Argumentation ist der Begriff der E. sowohl differenziert wie, gegenüber der Fülle seiner Merkmale bei Marx, auch verengt worden. Dazu zwei Beispiele: 1. Der 1974 verstorbene Philosoph Georg Klaus unterschied zwischen „gesellschaftlicher" und „technischer" E. und stellte fest: „Die gesellschaftliche Entfremdung des Menschen und seiner Arbeit ist dadurch gegeben, daß der Mensch gezwungen ist, seine Arbeitskraft zu verkaufen und die Produkte seiner Arbeit dem zu überlassen, der diese Arbeitskraft gekauft hat. Die technische Entfremdung hängt mit dieser gesellschaftlichen Entfremdung zwar eng zusammen, ist aber nicht mit ihr identisch. Technische Entfremdung des Menschen ist der durch einen bestimmten Stand der Entwicklung der Produktivkräfte vorhandene Zwang, monotone körperliche oder geistige Arbeit zu verrichten, sich dem Takt des Fließbandes zu unterwerfen usw." (Klaus, Kybernetik in philosophischer Sicht, 2. Aufl., Berlin [Ost] 1962, S. 430) Die gesellschaftliche E., so Klaus weiter, sei im Sozialismus nicht mehr gegeben, während die technische E. auch in sozialistischen Gesellschaften bestehe. 2. Die erste Auflage des „Philosophischen Wörterbuchs" (hrsgg. von G. Klaus und M. Buhr, 1964) bestimmte die E. als einerseits „philosophische" und andererseits „gesellschaftliche (soziologische)" Kategorie und hob wie auch spätere Auflagen hervor, daß Begriff und Phänomen der E. verschiedene Dimensionen besäßen: eine „ökonomische", eine „politische", eine „ideologische" und eine „religiöse". (Vgl. zur Interpretation im einzelnen: P. C. Ludz, Parteielite im Wandel, 3., durchges. Aufl., Opladen 1970, S. 267ff., S. 290.)

Klaus und andere nicht-dogmatische Philosophen in der DDR haben mit Hilfe des Begriffs der E. versucht, die Bedingungen der industriellen Arbeitswelt ebenso zu kritisieren wie die bürokratischen Erstarrungen der politischen Apparate in den sozialistischen Gesellschaften. Sie argumentierten jedoch stets recht vorsichtig, so daß sie die Grenze des Spielraums, den die Partei für Kritik jeweils zuließ, nicht zu überschreiten brauchten. Anders Robert Havemann mit seinen 1964 in der Bundesrepublik unter dem Titel „Dialektik ohne Dogma?" veröffentlichten Vorlesungen. Den Marxschen utopischen E.-Begriff hat er ebenso wiederbelebt wie, unter Rückgriff auf Marx' Argument der „Habgier", die Gesellschaft der DDR global kritisiert. „In unserer Gesellschaft", so heißt es in der 9. Vorlesung, „leben wir immer noch zu sehr unter dem Motto des Habens."

Vertreter der dogmatischen Gegenposition in der DDR wie in der UdSSR (z.B. M. Buhr, G. Heyden, A. Kosing, A. Kurella, T. I. Ojzerman, E. M. Sitnikov) behaupten demgegenüber, daß es nicht darauf ankomme, wie viele Eigentumsformen in der sozialistischen Gesellschaft noch bestehen, sondern darauf, für wen der Werktätige arbeite, für den kapitalistischen Unternehmer oder für die sozialistische Gesellschaft, die, jedenfalls im Grundsatz, durch ein gleiches Eigentumsverhältnis gekennzeichnet sei. Nach Ansicht der Dogmatiker ist der Begriff der E. demnach eine „historische Kategorie", die nur auf die kapitalistische Gesellschaftsordnung angewendet werden könne. Erscheinungen des → **Personenkults** und der bürokratischen Entartung in den sozialistischen Gesellschaften seien mit ihm nicht zu erfassen.

Diese dogmatische Position ist kennzeichnend für den offiziellen Marxismus-Leninismus in der DDR; sie wird durch eine spezifische (verkürzte) Interpretation der Marxschen Gedanken gestützt (vgl. Dialektischer und historischer Materialismus. Lehrbuch für das marxistisch-leninistische Grundlagenstudium, 10., überarb. Aufl., Berlin [Ost] 1983, S. 440f.; Grundlagen des historischen Materialismus, Berlin [Ost] 1976, S. 786ff.). Die „Definition" der E., die das „Kleine Wörterbuch der marxistisch-leninistischen Philosophie" gibt (vgl. oben), weist in die gleiche Richtung.

Andererseits scheinen auch im Rahmen des offiziellen Marxismus-Leninismus Differenzierungen zulässig zu sein. So wird beispielsweise darauf hingewiesen, daß die E. nicht „automatisch" mit der „Aufhebung aller Formen der Ausbeutung und Unterdrückung" verschwinde. Wenn dieser Hinweis, wie im „Kleinen Wörterbuch der marxistisch-leninistischen Philosophie", in erster Linie auch dazu dienen mag, die Rolle der marxistisch-leninistischen Partei im Prozeß der Vollendung der sozialistischen Gesellschaft herauszustellen, kann aus ihm doch entnommen werden, daß zumindest Überreste von E.-Erscheinungen für die sozialistischen Gesellschaften heute nicht in jedem Fall geleugnet werden. Erst dann, heißt es, sei E. voll überwunden, wenn „die

Verwandlung der Menschen der sozialistischen Gesellschaft in wirkliche Herren ihres eigenen Schicksals, der gesellschaftlichen Entwicklung auf der Grundlage der ständig steigenden Teilnahme der Volksmassen an der Leitung der sozialistischen Wirtschaft und des sozialistischen Staates" erreicht sei, wenn „bürgerlicher Individualismus und Egoismus" beseitigt und „wahrhaft menschliche Beziehungen" geschaffen worden seien (S. 96). Damit impliziert auch der offizielle marxistisch-leninistische Begriff der E. Aussagen über das wahre oder eigentliche Wesen des Menschen, über die Orientierung seines Denkens und Handelns.

Der parteiamtliche Marxismus-Leninismus in der DDR wendet sich jedoch gegen die Verabsolutierung der E. als philosophisch-anthropologischer Kategorie (→ **Anthropologie**). „Bürgerlichen" und „revisionistischen", Marx eigenständig interpretierenden E.-Theoretikern wird grundsätzlich vorgeworfen, daß sie die Marxsche Lehre auf die E.-Konzeption „reduzieren" und „die Theorie des Klassenkampfes, der Diktatur des Proletariats und der Begründung der weltgeschichtlichen Rolle der Arbeiterklasse" auf diese Weise „beseitigen". Ihre Theorieansätze, auch wenn sie aus Marx' Werk entwickelt werden, lehnt der offizielle Marxismus-Leninismus als „feindlich", als gegen den „real existierenden Sozialismus" gerichtet ab. Die utopische und kritische Komponente des Marxschen E.-Begriffs stellt er unter Ideologieverdacht (→ **Abweichungen**).

5. Zusammenfassung. Im offiziellen Marxismus-Leninismus der DDR werden E.-Erscheinungen für die sozialistischen Gesellschaften grundsätzlich geleugnet. Nur als nicht überwundene Überreste der kapitalistischen Gesellschaft finden sie Eingang in die ideologische Dogmatik. Der Begriff der E. wird seines utopischen und kritischen Gehalts entkleidet, wird instrumentalisiert. Er dient einerseits der moralisch-ethischen Mobilisierung (→ **Moral, Sozialistische; Persönlichkeitstheorie, Sozialistische**). Andererseits ist er Mittel des ideologischen Kampfes; die agitatorisch-propagandistische Auseinandersetzung mit dem Kapitalismus (→ **Agitation und Propaganda; Imperialismus**) bezieht ihre Argumente zu einem nicht unerheblichen Teil aus Vorstellungen, die in den Rahmen des E.-Begriffs gehören.

Stimmen, die, wie etwa Heise und Klaus, bestimmte gesellschaftlich-politische Zustände im DDR-Sozialismus unter Verwendung des Begriffs der E. bewußtmachen und immanent kritisieren, gibt es in der DDR seit einigen Jahren nicht mehr. Anläßlich der Neuausgabe der „Ökonomisch-philosophischen Manuskripte" und der Veröffentlichung anderer Marxscher Papiere aus dessen Pariser Zeit im Rahmen der neuen MEGA (Bde. I/2 und IV/2) könnten sie jedoch wieder aufleben.

Entwicklungshilfe: Der Begriff E. wird in der DDR offiziell nicht verwendet. Statt dessen spricht man gelegentlich von „sozialistischer Wirtschaftshilfe" als „einer besonderen Form der Zusammenarbeit mit Entwicklungsländern", die langfristig auch der DDR „ökonomischen Nutzen" bringen muß.

Bis zum Zeitpunkt der weltweiten völkerrechtlichen Anerkennung der DDR nach Abschluß des Grundlagenvertrages 1972 bestand die Funktion ihrer E. vor allem darin, die Empfängerländer zur Aufnahme diplomatischer Beziehungen mit der DDR zu bewegen. Erfolge konnte die SED auf diesem Wege jedoch nicht erzielen. Darüber hinaus verfolgt sie aber mit ihrer E.-Politik stets auch das Ziel, einzelne Entwicklungsländer für das „sozialistische Lager" zu gewinnen, um auf diese Weise – entsprechend ihrer ideologisch bestimmten außenpolitischen Doktrin – die „Basis des Imperialismus" in den Ländern der Dritten Welt zu schwächen. In der Bewertung dieses Aspektes im Rahmen der gesamten → **Außenpolitik** der DDR gab es allerdings in den letzten Jahren einen Wandel. Auf dem IX. Parteitag der SED (1976) rangierte die „aktive Unterstützung für die progressiven und revolutionären Kräfte der Welt im Geiste des **Proletarischen → Internationalismus**" nach der umfassenden Zusammenarbeit mit der Sowjetunion und den anderen Staaten der sozialistischen Staatengemeinschaft an zweiter Stelle im außenpolitischen Zielkatalog der DDR. Auf dem X. Parteitag (1981) rutschte sie hinter die „Sicherung des Friedens" auf den dritten Rang ab. Nun ging es auch weniger um die Förderung revolutionärer Tendenzen in der Dritten Welt, sondern um die „Entwicklung einer vielseitigen Zusammenarbeit mit den Staaten Afrikas, Asiens und Lateinamerikas" sowie um „Unterstützung des Kampfes um eine neue internationale Wirtschaftsordnung auf der Grundlage der Gleichberechtigung". Für die zwischen 1976 und 1981 von Generalsekretär Honecker unternommenen Auslandsreisen ist daher charakteristisch, daß verstärkt Vorstellungen der „sozialistischen Staatengemeinschaft" zur europäischen Abrüstungspolitik in die Dritte Welt hineingetragen wurden.

Unverändert wird dagegen von der SED dem Außenhandel der DDR mit Entwicklungsländern auch die Bedeutung von E. zugemessen. Dabei geht es ihr freilich auch darum, sowohl Zugang zu den Rohstoffmärkten der Dritten Welt zu bekommen, als auch auf dem Wege langfristiger handelspolitischer Vereinbarungen jene auf dem („kapitalistischen") Weltmarkt schwer verkaufbaren Erzeugnisse der Industrie der DDR günstig abzusetzen. Insbesondere wird auch von der DDR, wie von allen Verbündeten der UdSSR, die Verpflichtung zu besonderer Hilfeleistung durch die europäischen Industriestaaten – unabhängig von ihrer Einbindung in verschiedene politische Lager – aufgrund eines drohenden „Nord-Süd-Konfliktes" abgelehnt. Sie gibt E. ausschließlich im Kontext des Ost-West-Konfliktes, also im Rahmen der weltweiten Auseinandersetzung zwischen Kapitalismus und Sozialismus.

Potentielle Empfänger von E. der DDR sind:

Staaten, die den „nichtkapitalistischen Entwicklungsweg" eingeschlagen haben und sich auch politisch an das „sozialistische Lager" anlehnen;

Staaten, die sich (noch) auf dem kapitalistischen Entwicklungsweg befinden, aber eine „antiimperialistische" Außenpolitik betreiben, wobei auch positiv bewertet wird, wenn dieser Entwicklungsweg wenigstens „national-kapitalistisch", d. h. „unabhängig" verläuft;

die nationalen Befreiungsbewegungen PLO, SWAPO (Namibia) und ANC (Südafrika).
Der materielle Umfang der E. ist u.a. aufgrund der vergleichsweise (zur Bundesrepublik Deutschland) geringeren Liefer- und Leistungskapazität der Wirtschaft der DDR entsprechend kleiner.
Der Anteil des Außenhandelsumsatzes mit den Entwicklungsländern am gesamten Außenhandel der DDR ist von 1969 bis 1973 von 4,2 v.H. auf 3,4 v.H. gesunken. Seitdem ist jedoch wieder ein stetiger Anstieg zu beobachten; seit 1977 beträgt der Anteil unverändert rd. 4,9 v.H. Dieser Warenaustausch ist damit nur etwa halb so groß wie der z.B. Polens und der ČSSR und insgesamt der niedrigste aller RGW-Staaten.
Der Umfang der E. im engeren Sinne, also der Kapitalhilfe, läßt sich nicht genau angeben, da zwischen angebotener und tatsächlich erfolgter Leistung nicht unterschieden werden kann. Westliche Schätzungen der von der DDR vergebenen langfristigen Regierungskredite einschl. (geringfügiger) kostenloser Zuwendungen und kommerzieller Handelskredite im Rahmen von Handelsabkommen und Vertragsabschlüssen der Außenhandelsorganisationen und -betriebe schwanken zwischen 1 und 3 Mrd. Mark an Kreditzusagen bis zum Jahr 1970. Nach Angaben der OECD dürften für den Zeitraum 1970–1980 etwa 3 Mrd. Mark an Krediten hinzugekommen sein. Damit lag die Netto-Kapitalhilfe der DDR in der letzten Dekade bei ca. 0,14 v.H. ihres (umgerechneten) Bruttosozialproduktes zu Marktpreisen (RGW insges.: 0,2 v.H.). Die Vereinten Nationen fordern einen Transfer an öffentlicher Hilfe von 0,7 v.H.
Die E. erfolgt vor allem im Rahmen von langfristigen Abkommen über „wirtschaftliche und technische" bzw. „wissenschaftlich-technische Zusammenarbeit" (bisher ca. 150 derartige Abkommen mit rd. 40 Entwicklungsländern) und wird zu Konditionen gewährt, die z.T. ungünstiger sind als die der Bundesrepublik Deutschland: 10–15jährige Laufzeit, 2–4jährige Karenzzeit, 2,5 v.H. Jahreszinsen (Bundesrepublik Deutschland: 30jährige Laufzeit, 7–8 Jahre Karenzzeit, 2,5 v.H. Zinsen).
In der Regel offeriert die DDR keine Kredite in konvertibler Währung, sondern bietet Waren- bzw. Lieferkredite an. Im Rahmen der Außenwirtschaftsbeziehungen mit E.-Charakter hat die DDR nach eigenen Angaben bisher bei der Fertigstellung bzw. Inbetriebnahme von 650 industriellen Objekten (davon 80 Getreidemühlen, 70 Transformatorstationen und 28 Druckereien) Hilfe geleistet.
Ferner sind hier E.-Maßnahmen der DDR zu nennen, deren vermutlich hohe Kosten sich nicht genau beziffern lassen:
Einrichtung von sog. technisch-wissenschaftlichen (nicht kommerziellen) Informationsbüros vor allem in den arabischen Staaten und Entsendung von Fachberatern der verschiedensten Qualifikationen (nach DDR-Angaben von 1970 bis 1981 insges. rd. 15000; in Afrika allein sind stets ca. 200 Lehrkräfte tätig);
Abwicklung eines meist auf Einladung der DDR stattfindenden umfangreichen Besucherverkehrs, der Vertreter staatlicher und gesellschaftlicher Organisationen aus den Entwicklungsländern in die DDR führt;
berufliche Aus- und Weiterbildung von ungelernten Arbeitern und Facharbeitern aus der Dritten Welt in der DDR (nach DDR-Angaben von 1970 bis 1981 fast 40000) und von Studenten und Fachschülern (im gleichen Zeitraum ca. 10000 Studienabschlüsse), von denen jeweils ca. 25 v.H. aus Vietnam kamen;
berufliche Ausbildung, im Zusammenhang mit der Lieferung von Industrieanlagen *in* den Entwicklungsländern (von 1970 bis 1979: 55000);
Solidaritätsspenden (vom Solidaritätskomitee der DDR und vom FDGB), zumeist Arzneimittel, medizinische Güter, Nahrungsmittel, Fahrzeuge und Bekleidung in einer Höhe von 1 bis 2 Mrd. Mark (seit 1970). Aus derartigen Spenden wurden ferner der Aufbau eines Berufsbildungszentrums in Nicaragua und eines Orthopädie-technischen Zentrums in Vietnam finanziert. Mit Spendenmitteln ist die Nationaldruckerei in Vientiane (Laos) „rekonstruiert und erweitert" worden;
die Entsendung von sog. FDJ-„Brigaden der Freundschaft" (1983 waren es 17 mit ca. 300 Mitgliedern) nach Angola (6 „Brigaden"), Äthiopien (1), Moçambique (3), Guinea (1), Guinea-Bissau (1), VDR Jemen (1), Kuba (2), Laos (1), Nicaragua (1), deren Mitglieder aufgrund ihrer Fachausbildung (Agronomen, Landmaschinentechniker usw.) am Aufbau infrastruktureller Projekte anleitend und ausbildend beteiligt sind.
Obwohl es sich nicht um E. im engeren Sinne handelt, müssen hier doch auch die 1983 in 22 Länder geleiteten 26 Hilfssendungen des → **Deutschen Roten Kreuzes (DRK) der DDR** erwähnt werden, weil damit in erster Linie Angola, Äthiopien, Moçambique, Vietnam, Laos, Kampuchea und Nicaragua unterstützt wurden.
Die regionalen Schwerpunkte der E. der DDR haben sich in den letzten 30 Jahren mehrfach verschoben. Gegenwärtig konzentriert sie ihre über reine Außenwirtschaftsbeziehungen hinausgehende E. auf jene sozialistisch orientierten Länder der Dritten Welt, mit denen sie → **Freundschaftsverträge** abgeschlossen hat, d.h. deren – sozialistischer – Entwicklungsweg als unumkehrbar angesehen wird. Dazu gehören in Afrika: Angola, Äthiopien und Moçambique; in Asien: Vietnam, Laos, Afghanistan, Mongolei, Kampuchea und die VDR Jemen; in Lateinamerika: Kuba. Hinzu kommen jedoch eine Reihe von Staaten, die entweder bereits den „nichtkapitalistischen Entwicklungsweg" eingeschlagen haben oder aber in denen aufgrund ihrer innenpolitischen Transformationsprozesse bzw. ihrer „progressiven" Außenpolitik Hilfe durch Länder der sozialistischen Staatengemeinschaft als lohnend und als Instrument zur Unterstützung politischer Veränderungen angesehen wird. Hierzu gehören u.a. in Afrika: Tansania, die VR Kongo, Guinea, Guinea-Bissau, Sambia, Algerien, Libyen, Kapverden, Ägypten; in Asien: Irak, Syrien, Indien, DVR Korea; in Lateinamerika: Nicaragua, Grenada (1979–1983), Peru, Kolumbien und Mexiko.
Zu einigen nichtpaktgebundenen Staaten der Dritten

Welt pflegt die DDR Außenhandelsbeziehungen, ohne daß hier von E. im engeren Sinne gesprochen werden kann. Dazu gehören u.a. seit langem in Europa: Jugoslawien; in Afrika: Nigeria und künftig wohl verstärkt Kuwait (nach dem Besuch von E. Honecker im Oktober 1982); in Asien: (seit 1978) Iran; in Lateinamerika: Brasilien und Argentinien.
Die außenpolitische Dimension der E. der DDR hat sich mit deren weltweiter diplomatischer Anerkennung seit 1972/73 verändert. Sie ist jetzt Teil der „koordinierten Außenpolitik" der sozialistischen Staatengemeinschaft und dient neben den Interessen der DDR vor allem der Stabilisierung jener Staaten, die in der globalen Ost-West-Auseinandersetzung vermutlich oder tatsächlich an der Seite des Ostens stehen. Dabei sind in erster Linie die z.T. vertraglich geregelten Parteibeziehungen der SED zu marxistisch-leninistisch orientierten Parteien in einigen Staaten der Dritten Welt zu nennen, zu denen es etwas Vergleichbares in der E. westlicher Länder nicht gibt. Derartige Beziehungen bestehen u.a. zur MPLA Angolas, zur COPWE (Commission to organize the party of the working people of Ethiopia) in Äthiopien, zur FRELIMO in Moçambique (Afrika insges. 15 Kooperationsabkommen), aber auch zu den kommunistisch-sozialistischen Parteien in der VDR Jemen, in Syrien (Baa'th), in Vietnam, Laos, Kampuchea und selbstverständlich in Kuba. In Angola z.B. hat die SED erhebliche organisatorische und materielle Hilfe bei der Umwandlung der MPLA aus einer Befreiungsorganisation in eine Kaderpartei geleistet, u.a. durch Beteiligung beim Aufbau einer zentralen und von ca. 12 Bezirksparteischulen.
Die Abstimmung der E. der RGW-Staaten in einzelnen Ländern der Dritten Welt, z.B. bei größeren E.-Projekten, ist bisher über Ansätze nicht hinausgekommen. Im militärischen Bereich scheint es dagegen die erforderliche Koordination zu geben. Seit kurzem wird in der DDR auch offiziell zugegeben, daß militärische E. geleistet wird. Sie ist zwar ein Element ihrer → **Außenpolitik** gegenüber der Dritten Welt, steht jedoch nach Umfang und Charakter erheblich hinter den anderen E.-Leistungen der DDR zurück.
Nur in relativ wenige Staaten der Dritten Welt hat die DDR inzwischen Militärattachés entsandt, so u.a. nach Ägypten, Algerien, Äthiopien, die VR Kongo, Marokko, die VDR Jemen, Syrien, Vietnam, Indien, die DVR Korea, nach Kuba und Mexiko.
Von politischer Bedeutung sind jene Verträge über militärische Kooperation, die z.B. mit Angola, Äthiopien, den Kapverden, der VR Kongo, Moçambique und der VDR Jemen unterzeichnet wurden. Der personelle und materielle Umfang der militärischen E. der DDR ist nur schwer abzuschätzen. Fest steht, daß an Offiziers- und Unteroffiziersschulen der bewaffneten Organe der DDR militärisches Personal aus den genannten Staaten (ohne Kapverden) sowie Angehörige der PLO, der SWAPO und des ANC Lehrgänge (von nicht feststellbarer Dauer) besucht haben. Als realistisch hat sich ferner die Annahme erwiesen, daß ca. 2500 bis 3000 Angehörige der → **Nationalen Volksarmee (NVA)** und des Staatssicherheitsdienstes (→ **Ministerium für Staatssicherheit**) als Ausbilder und Instrukteure in der Dritten Welt, vor allem in einigen Staaten Afrikas tätig sind. Keine Klarheit besteht darüber, ob die geringen Waffenlieferungen der DDR in die Dritte Welt auf kommerzieller Basis oder als kostenloser Transfer erfolgen. Als Großwaffenexporteur ist die DDR bisher nicht in Erscheinung getreten (SIPRI-Yearbook 1980). Der finanzielle Umfang dieser Lieferungen dürfte – nach Angaben der amerikanischen Rüstungskontrollbehörde – von 1979 bis 1980 50 Mill. US-$ pro Jahr nicht überschritten haben und damit z.B. weniger als 10 v.H. der tschechoslowakischen Waffenexporte betragen.
Im industriellen Bereich ist es bisher zu konkreten gemeinsamen E.-Maßnahmen der RGW-Staaten nur in wenigen Fällen gekommen. Allerdings scheint es im Ausbildungssektor eine gewisse Koordination zu geben. Nach Angaben aus der DDR hat der RGW bisher insgesamt rd. 500000 „nationale Kader" aus Entwicklungsländern ausgebildet, 25000 befinden sich gegenwärtig (1983) noch in der Ausbildung.
Unter „Mitwirkung der RGW-Länder" sollen „26 Hoch- und Fachschulen sowie fast 100 Ausbildungszentren" in Entwicklungsländern errichtet worden sein. Weitere 70 Lehranstalten befänden sich im Bau.

Entwicklungshilfe-Sonderfonds der IIB des RGW: Die Mitglieder der → **Internationalen Investitionsbank (IIB)** des → **Rates für Gegenseitige Wirtschaftshilfe (RGW)** haben im April 1973 ein Abkommen über die Einrichtung des „Sonderfonds für die Kreditierung von Maßnahmen zur wirtschaftlichen und technischen Unterstützung von Entwicklungsländern" geschlossen. Hauptaufgabe dieses Fonds ist es laut Gründungsbeschluß, „den Entwicklungsländern beim Bau neuer sowie bei der Rekonstruktion und Modernisierung bestehender Betriebe in Industrie, Landwirtschaft und anderen Wirtschaftsbereichen wirtschaftliche und technische Hilfe zu leisten, und zwar auf dem Wege über die Kreditierung der Lieferungen von Einrichtungen, Maschinen und anderen Waren sowie die Erbringung von Dienstleistungen mit dem Ziel, an dem Ausbau der Volkswirtschaften dieser Länder, an der Festigung ihrer wirtschaftlichen Unabhängigkeit mitzuarbeiten und die festen Außenhandelsbeziehungen zwischen den Mitgliedsländern des Sonderfonds und den Entwicklungsländern auf der Grundlage beiderseitig vorteilhafter Bedingungen zu erweitern".
Das Volumen dieses ES. wurde auf 1 Mrd. → **Transfer-Rubel** (TR.) festgesetzt, wobei die Einzahlungen der Mitgliedsländer zu 95 v.H. in TR. und zu 5 v.H. in konvertiblen Währungen geleistet werden sollen. Im Gründungsdokument wurde zwar bestimmt, daß in den Jahren 1974 bis 1977 die erste Beitragsrate in Höhe von 100 Mill. TR. zu leisten sei; tatsächlich wurden bis Ende 1977 aber erst 25 Mill. TR., davon 5 v.H. in konvertiblen Währungen, eingezahlt. Seitdem sind keine weiteren Einzahlungen bekannt geworden. Dies kann als Indiz dafür gewertet werden, daß dieser ES. bislang keine nennenswerte Bedeutung erlangt hat.

Die Funktionsweise des ES. wird durch die folgenden, wichtigsten Satzungsbestimmungen beschrieben:
- Kredite aus dem Fonds sollen primär Industrieobjekten zugute kommen, die sich im staatlichen oder genossenschaftlichen Sektor befinden und zugleich „eine hohe wirtschaftliche Effektivität" versprechen.
- Weder die Laufzeit der Kredite noch ihre Rückzahlungsfristen wurden im einzelnen festgesetzt; es wurde lediglich die oberste Grenze für die Laufzeiten mit 15 Jahren festgelegt.
- Der Fonds vergibt grundsätzlich Kredite, die auf TR. lauten, um die vereinbarten Exporte aus seinen Mitgliedsländern zu finanzieren. Nur in Sonderfällen, wenn es bei einer Projektrealisierung erforderlich wird, Maschinen, Lizenzen, Know-how usw. auf Drittmärkten hinzuzukaufen, können Teilbeträge der Kredite – jedoch nicht mehr als 5 v. H. der Gesamtsumme – auch in konvertibler Währung bereitgestellt werden.
- Die Verzinsung hängt von der Laufzeit der Kredite ab und muß von Fall zu Fall ausgehandelt werden; der Mindestzinssatz beträgt 3,5 v. H. p. a. Für Kredite in konvertibler Währung wird ein Zinssatz berechnet, der um ⅜ v. H. bis 1 v. H. über dem westlichen Interbanken-Satz (LIBOR) für sechsmonatige Finanzkredite liegt.
- Kredite in TR. können nicht unmittelbar für Käufe in den Mitgliedsländern des Fonds verwendet werden. Vielmehr muß der Kreditnehmer in einem Vorvertrag ein RGW-Land benennen, das bereit ist, Zahlungen in TR. zu akzeptieren.
- Der Kreditnehmer übernimmt die Verpflichtung, die eigenen Bezüge durch Lieferungen aus dem kreditierten Projekt vollständig auszugleichen, wobei dieser Ausgleich – und das ist eine zwingende Nebenbedingung – immer gegenüber jedem einzelnen Mitgliedsland des Fonds herbeigeführt werden muß.

Dieser Kreditmechanismus ist ein getreuer Spiegel der währungspolitischen Unzulänglichkeiten der RGW-Integration. Der TR. spielt in der osteuropäischen Handelspraxis lediglich die Rolle einer blockinternen Verrechnungswährung. Unter diesen Umständen kann kein RGW-Land daran interessiert sein, Guthaben in TR. im Verkehr mit der Dritten Welt zu akkumulieren. Dies ist nur dann nicht der Fall, wenn diese Guthaben an die Verpflichtung des Schuldners geknüpft sind, bestimmte Waren in einer vereinbarten Zeitperiode zu liefern. Für die Entwicklungsländer wäre der ES. nur dann interessant, wenn seine Mittel zur Multilateralisierung des Zahlungsverkehrs zwischen Ost und Süd beitragen könnten. Gerade dies kann der Fonds jedoch nicht leisten. Die Fondsmittel sind sozusagen ein abgeleiteter, ein zweitrangiger Kredit. Als Voraussetzung für ihre Inanspruchnahme muß nämlich zuvor eine bilaterale Kreditvereinbarung zwischen den interessierten Seiten geschlossen werden. Dann noch an den Fonds heranzutreten, hätte nur Sinn, um den Teilbetrag in konvertibler Währung zu bekommen. Die Verzinsung für diese Mittel ist allerdings alles andere als attraktiv; im Gegenteil: bei dem genannten Aufschlag auf LIBOR kann nicht mehr von Entwicklungshilfe gesprochen werden.

Somit haben weder die Mitgliedsländer der IIB noch die Entwicklungsländer ein starkes Interesse an der Nutzung der Fondsmittel, und sie sind seit 1973 bisher kein einziges Mal zur Finanzierung der Exporte in Entwicklungsländer beansprucht worden. Dies wird sich nicht ändern, bis es zu einer grundlegenden Reform der im RGW bestehenden Währungsordnung kommt. Allerdings sind die RGW-Länder von einer solchen Reform weit entfernt.

Erbrecht: Das E. ist als 6. Teil des Zivilgesetzbuches (ZGB) (→ **Zivilrecht**) vom 19. 6. 1975 (GBl. I, S. 465) neu geregelt worden und am 1. 1. 1976 in Kraft getreten. Das E. des BGB findet weiterhin Anwendung, wenn der Erbfall vor dem Inkrafttreten des ZGB eingetreten ist (§ 8 Einf.-G. zum ZGB vom 19. 6. 1975, GBl. I, S. 517). Das E. wird durch Art. 11 der Verfassung der DDR gewährleistet; es ist jedoch von vornherein auf den Rahmen beschränkt, in dem natürliche Personen persönliches oder privates Eigentum haben können. Objekte des sozialistischen Eigentums können nicht Gegenstand des E. sein (→ **Eigentum**).

Das E. des ZGB unterscheidet die gesetzliche und die testamentarische Erbfolge. Gesetzliche Erben sind der Ehegatte und Verwandte des Erblassers. Bei der gesetzlichen Erbfolge werden die Erben nach „Ordnungen" eingeteilt, wobei Erben der vorhergehenden Ordnung diejenigen der nachfolgenden Ordnungen von der Erbschaft ausschließen. Der Ehegatte ist neben den Kindern Erbe 1. Ordnung und erbt mit ihnen zu gleichen Teilen, jedoch mindestens ein Viertel des Nachlasses sowie die Gegenstände des ehelichen Haushalts. Sind Nachkommen des Erblassers nicht vorhanden, erbt der Ehegatte allein. Das gesetzliche Verwandten-E. endet bei der 3. Ordnung (Großeltern des Erblassers und deren Nachkommen), danach ist der Staat gesetzlicher Erbe. Wer volljährig und geschäftsfähig ist, kann auch durch handschriftliches oder notarielles oder durch Nottestament (mündliche Erklärung gegenüber zwei Zeugen) über seinen Nachlaß verfügen. Der Kreis der möglichen testamentarischen Erben ist durch das Gesetz nicht beschränkt. Testamentarische Verfügungen, die gegen ein gesetzliches Verbot oder gegen Grundsätze der sozialistischen Moral verstoßen, sind nichtig. Der Ehegatte sowie im Zeitpunkt des Erbfalls unterhaltsberechtigte Abkömmlinge und Eltern des Erblassers haben im Falle ihres Ausschlusses von der Erbfolge durch Testament einen Pflichtteilanspruch in Höhe von zwei Dritteln ihres gesetzlichen Erbteils.

Für Nachlaßverbindlichkeiten haftet der Erbe grundsätzlich nur bis zur Höhe des Nachlasses; ohne diese Begrenzung haftet der Erbe für die Bestattungskosten, die Kosten des Nachlaßverfahrens, für Kreditzinsen sowie für alle Nachlaßverbindlichkeiten, wenn der Erbe die Pflicht zur Errichtung eines ordnungsgemäßen Nachlaßverzeichnisses schuldhaft verletzt hat.

Für die Abwicklung von Erbschaftsangelegenheiten ist das Staatliche → **Notariat** zuständig. Dieses erteilt auf Antrag einen Erbschein, der die Vermutung der Erbberechtigung begründet. Ein Erbschein kann auch für in der DDR befindliche Nachlaßgegenstände erteilt werden, wenn das Staatliche Notariat für die Erteilung eines Erbscheins über den gesamten Nachlaß nicht zuständig ist (gegenständlich beschränkter Erbschein). In der Praxis wird dieser für alle in der DDR befindlichen Vermögenswerte verlangt. Das Staatliche Notariat trifft, soweit ein Fürsorgebedürfnis besteht, auch Maßnahmen, um die Erben zu ermitteln, den Nachlaß zu sichern und die Rechte der Nachlaßgläubiger zu wahren. Auch wenn die Erben bekannt sind, diese aber keine Möglichkeit haben, für die Sicherung und Verwaltung des Nachlasses Sorge zu tragen, hat das Staatliche Notariat die erforderlichen Maßnahmen zu treffen. Dazu gehört insbesondere die Bestellung eines Nachlaßpflegers, die Verpflichtung zur Aufstellung eines Nachlaßverzeichnisses und – soweit dies nicht ausreicht – die Anordnung der Nachlaßverwaltung. Der Nachlaßverwalter verwaltet den Nachlaß und erfüllt die Nachlaßverbindlichkeiten; er ist im Rahmen seiner Befugnisse gesetzlicher Vertreter der Erben.

Das E. des ZGB schließt auch für Bewohner der Bundesrepublik Deutschland die Möglichkeit, Bewohner der DDR in gesetzlicher oder testamentarischer Erbfolge zu beerben, nicht aus (→ **Flüchtlingsvermögen; Sperrkonten; Warenverkehr, nichtkommerzieller**). Die Rechtsanwendungsfragen regelt das Rechtsanwendungsgesetz vom 5. 12. 1975 (GBl. I, S. 748). Danach findet auf die erbrechtlichen Verhältnisse das Recht des Staates Anwendung, dem der Erblasser zum Zeitpunkt seines Todes angehörte. Hinsichtlich des Eigentums und anderer Rechte an Grundstücken und Gebäuden in der DDR findet das ZGB Anwendung. Für die testamentarische Erbfolge findet das Recht des Staates Anwendung, in dem der Erblasser zur Zeit der Testamentserrichtung seinen Wohnsitz hatte.

Ernst-Moritz-Arndt-Universität Greifswald: Die Universität Greifswald wurde am 17. 10. 1456 gegründet und nach dem II. Weltkrieg am 15. 2. 1946 wieder eröffnet. Ihren gegenwärtigen Namen erhielt sie bereits am 28. 6. 1933. – An der U. bestehen gegenwärtig 15 Sektionen (Marxismus-Leninismus; Germanistik; Kunst- und Musikwissenschaft; Erziehungswissenschaften; Sprach- und Literaturwissenschaften; Nordeuropawissenschaft; Sportwissenschaft; Theologie; Physik/Elektronik; Chemie; Biologie; Pharmazie; Geographie; Mathematik; Geologische Wissenschaften; Geschichtswissenschaft) und der Bereich Medizin mit 14 Kliniken, 9 Instituten und einer medizinischen Fachschule. Seit 1955 ist eine Militärmedizinische Sektion angegliedert, an der Militärärzte, -zahnärzte und -apotheker ausgebildet und Reservisten „zur medizinischen Sicherstellung der Landesverteidigung“ weitergebildet werden. An der U. bestehen außerdem selbständige wissenschaftliche Einrichtungen, u. a. ein Institut für marxistisch-leninistische Philosophie, Arbeitsgruppen für marxistisch-leninistische Methodologie, für Semiotik und Kommunikationswissenschaften, für Universitätsgeschichte, für sozialistische Betriebswirtschaft.

Die Ausbildung der ca. 3600 Studenten erfolgt in 21 Fachrichtungen. Forschungsschwerpunkte sind im gesellschaftswissenschaftlichen Bereich u. a. pädagogisch-psychologische Untersuchungen, Nordeuropaforschung, im naturwissenschaftlichen Bereich Energiefragen, mathematische Grundlagenforschung und geowissenschaftliche Untersuchungen für Auftraggeber außerhalb der U.

Zu Universitäten und wissenschaftlichen Einrichtungen im Ausland, u. a. im RGW, bestehen vielfältige Kooperationsbeziehungen.

Die Ergebnisse aus Lehre und Forschung werden seit 1951 in der „Wissenschaftlichen Zeitschrift“ der U. (mit einer mathematisch-naturwissenschaftlichen, einer gesellschafts- und sprachwissenschaftlichen und einer medizinischen Reihe) veröffentlicht. Die Militärmedizinische Sektion gibt die „Zeitschrift für Militärmedizin“ heraus. Weitere Publikationen sind die „Nordeuropa Studien“, „Hochschulpädagogik“, „Greifswalder Germanistische Forschungen“, „Greifswalder Geographische Arbeiten“, „Greifswalder Physikalische Hefte“ u. a.

Errungenschaften, Sozialistische: Als SE. werden die Maßnahmen bezeichnet, die seit 1945 in der SBZ/DDR z. T. zunächst mit Zustimmung der Bevölkerung durchgeführt wurden und zu einer nahezu vollständigen Umgestaltung aller politischen und gesellschaftlichen Lebensbereiche geführt haben. Im weiteren Sinne wird darunter der Aufbau einer sozialistischen Herrschafts- und Gesellschaftsordnung unter Führung der Partei der Arbeiterklasse, der → **Sozialistischen Einheitspartei Deutschlands (SED)**, verstanden, in der die Ausbeutung des Menschen durch den Menschen abgeschafft worden und ein neuer Typ sozialer Beziehungen entstanden sei (→ **Lebensweise, sozialistische**). Im engeren Sinne werden dazu vor allem die Bodenreform und seit 1960 die Einführung sozialistischer Produktionsverhältnisse auf dem Lande, die sozialistische Planwirtschaft, die Reformen des Schulwesens (→ **Einheitliches sozialistisches Bildungssystem**), der → **Universitäten und Hochschulen**, des Justiz- und → **Gesundheitswesens** und des → **Staatsapparates** gezählt (→ **Geschichte der DDR**). Folge dieser umfassenden Neuordnung der politischen und gesellschaftlichen Verhältnisse seien eine stetige Steigerung des materiellen → **Lebensstandards** sowie eine quantitative und qualitative Ausweitung der **Gesellschaftlichen → Konsumtion** verbunden mit der Gewährleistung eines hohen Grades an sozialer Sicherheit. Da der Staat hohe Subventionen im sozialen und infrastrukturellen Bereich aufwende, komme der Bürger in den Genuß niedriger Wohnungsmieten und Verkehrstarife sowie u. a. der Leistungen eines für ihn nahezu kostenlosen Gesundheits- und Ausbildungswesens.

Im politisch-propagandistischen Sprachgebrauch der DDR ist in den letzten Jahren die allgemeine Formel von den SE. zugunsten konkreter Hinweise auf die Vorzüge der sozialistischen Gesellschaftsordnung (**Sozialistische → Grundrechte**) in den Hintergrund getreten, da von der Bevölkerung vor allem die ihre sozialen Lebensbedingungen bestimmenden SE. überwiegend und gelegentlich vordergründig mit dem – höheren – Lebensstandard und dem Konsumgüterangebot in der Bundesrepublik Deutschland verglichen werden. Von wenigen Ausnahmen abgesehen, z. B. dem verfassungsrechtlich garantierten Recht auf Arbeit und der – freilich von wirtschaftlichen Sachzwängen geförderten – formal weitgehend realisierten Gleichberechtigung der → **Frauen**, werden gegenwärtig die SE. von der Bevölkerung nicht in dem von der SED gewünschten Sinne, d. h. als gesellschaftlicher Fortschritt, gesehen, sondern bestenfalls als systemtypische Merkmale ihres Herrschaftssystems hingenommen. Der Hinweis auf die SE. ist jedoch nach wie vor Bestandteil der Abgrenzungspolitik der SED gegenüber der Bundesrepublik Deutschland. Zur Rechtfertigung dieser Politik werden sie daher von der SED-Propaganda auch weiterhin herangezogen (→ **Abgrenzung**).

Erzeugnisgruppen: 1. Bezeichnung für Gruppen von gleichen oder verwandten Erzeugnissen. In der Planung und Statistik werden gemäß der „Erzeugnis- und Leistungsnomenklatur (ELN)" der DDR folgende Erzeugnishauptgruppen, die sich aus E. und Erzeugnisuntergruppen zusammensetzen, unterschieden:
- Energie und feste Brennstoffe;
- Chemische Erzeugnisse;
- Metallurgische Erzeugnisse;
- Baumaterialien;
- Wasserwirtschaftliche Produktion;
- Erzeugnisse des Maschinen- und Fahrzeugbaus;
- Elektrotechnische, elektronische und Gerätebauerzeugnisse;
- Erzeugnisse der Leichtindustrie (ohne Textilien);
- Textilien;
- Lebensmittel.

Diesen 10 Gruppen entspricht die Einteilung der Industrie in 10 Industriebereiche, die sich mit Ausnahme der Wasserwirtschaft jeweils in mehrere Industriezweige und Industriegruppen untergliedern. Ihnen werden die produzierenden Betriebe entsprechend ihrer Hauptfertigung zugeordnet („Betriebssystematik" der DDR).
2. Bezeichnung für eine Organisationsform, nach der Betriebe eines Industriezweiges unabhängig von ihrer Unterstellungs- und Eigentumsform nach dem technologischen Prinzip der gleichartigen Fertigung in Gruppen zusammengefaßt werden. Während in den Kooperationsverbänden (→ **Betriebsformen und Kooperation**, V. B.) Endproduzenten und Zulieferbetriebe vertikal zusammengeschlossen werden, sind die Bereiche in E. horizontal verbunden. An E. der Lebensmittelindustrie beteiligen sich häufig auch landwirtschaftliche Betriebe und deren kooperative Einrichtungen. E. werden von Kombinaten, → **Bezirkswirtschaftsräten**, gelegentlich auch von Ministerien angeleitet (→ **Betriebsformen und Kooperation**, V. A.).

Erzeugnisprinzip: Fertigungsprinzip, demzufolge Arbeitsplätze und Maschinen zur Fertigung eines bestimmten Erzeugnisses oder Einzelteiles spezialisiert und zumeist so angeordnet sind, daß ein fließender Fertigungsablauf entsteht (Fertigungsstraße, Fließband). Das E. ist eine der Voraussetzungen der Massenfertigung. Die Anwendung des E. wurde in den letzten Jahren etwas schneller als in der Vergangenheit erhöht. In der metallverarbeitenden Industrie stieg der Anteil der nach dem E. aufgewandten Fertigungszeit zwischen 1977 und 1980 von 35,9 auf 37 v. H. der gesamten Fertigungszeit. Die nach dem → **Werkstattprinzip** sowie für Montagearbeiten aufgewandten Fertigungszeiten sanken im selben Zeitraum von 27,3 auf 26,5 v. H. bzw. 36,8 auf 36,5 v. H.

Erziehung, Politisch-Ideologische bzw. Staatsbürgerliche: Die PStE. – die Begriffe „politisch-ideologisch" und „staatsbürgerlich" werden synonym gebraucht – gilt als das Kernstück der gesamten sozialistischen Bildung und Erziehung in der DDR, und zwar auf allen Stufen und in allen Bereichen des Bildungswesens; ihre Realisierung erfolgt einmal und vor allem als bereich- und fachübergreifendes, alle Ziele und Inhalte determinierendes Prinzip; zum anderen in einem speziellen Unterrichtsfach, dem Staatsbürgerkundeunterricht, und zwar in besonders enger Beziehung zur → **Kollektiv- und Arbeitserziehung**, zur → **Wehrerziehung**, zur → **Erziehung zu bewußter Disziplin** und zu → **Polytechnischer Bildung und polytechnischem Unterricht**. Die Aufgaben und Ziele der PStE. wurden im Parteiprogramm der SED (1963) festgelegt, im Bildungsgesetz (1965) kodifiziert sowie in den „Aufgabenstellungen für die staatsbürgerliche Erziehung" (1966 und 1969) und in den Beschlüssen des VII. Pädagogischen Kongresses (1970), des VIII., IX. und X. Parteitags der SED (1971, 1976, 1981) weiter aktualisiert. Als Grundlage, Gesamtzielstellung und oberstes Kriterium aller anderen Bildungs- und Erziehungsmomente hat sie die generelle Aufgabe, durch die Vermittlung der Ideologie des → **Marxismus-Leninismus** und in enger Verbindung mit einer entsprechenden Charakter- und Verhaltenserziehung den entscheidenden Beitrag zur Formung **sozialistischer Persönlichkeiten** zu leisten. Die theoretische Grundlage für die Zielstellung der PStE. bildet das langfristig gültige „sozialistische Menschenbild" der marxistisch-leninistischen Philosophie, das Stellung, Standort, Wirkungsfeld und Entfaltungsmöglichkeiten des Menschen in der sozialistischen Gesellschaft und die damit verbundenen gesellschaftlichen Anforderungen an ihn sowie die wesentlichen Merkmale, Eigenschaften und Verhaltensweisen der angestrebten sozialistischen Persönlichkeiten umreißt und zugleich die Orientierungsgrundlage für die Entwicklung der sozialistischen Gesellschaft darstellt.
Die auf dem „sozialistischen Menschenbild" gründende „sozialistische Persönlichkeit" wird durch 4 wesentliche Merkmale gekennzeichnet: durch vielseitiges Wissen und Können, durch sozialistisches Bewußtsein, durch sozialistisches moralisches Verhalten sowie eine optimistische Lebensauffassung (→ **Persönlichkeitstheorie, sozialistische**). Das **Sozialistische Bewußtsein** (→ **Bewußtsein, Gesellschaftliches; Staatsbewußtsein, Sozialistisches**) wird durch 7 sozialistische Grundüberzeugun-

gen definiert, die das Handeln und Verhalten der sozialistischen Persönlichkeit bestimmen, als Maßstäbe für die Bewertung von Situationen und Verhaltensweisen dienen sollen und denen entsprechende Kenntnisse, Erkenntnisse, Fähigkeiten und Einstellungen sowie entsprechende Gefühle, Erfahrungen und Verhaltensweisen zugeordnet sind; in der Formulierung der „Aufgabenstellung des → **Ministeriums für Volksbildung** und des Zentralrates der FDJ zur weiteren Entwicklung der staatsbürgerlichen Erziehung der Schuljugend der DDR" (1969) sind dies:

1. „die Überzeugung von der historischen Mission der Arbeiterklasse . . ."
2. „die Überzeugung vom objektiven Charakter der Entwicklung in Natur und Gesellschaft . . ."
3. „die Überzeugung von der Gewißheit, daß die Zukunft der ganzen Menschheit der Sozialismus ist . . ."
4. „die Überzeugung von der historischen Aufgabe der DDR und der Verantwortung der Jugend bei der Gestaltung des entwickelten gesellschaftlichen Systems des Sozialismus . . ."
5. „die Überzeugung von der entscheidenden Rolle der ruhmreichen Sowjetunion und der sozialistischen Staatengemeinschaft in der weltweiten Auseinandersetzung zwischen Sozialismus und Imperialismus";
6. „die Überzeugung, daß Demokratie, Freiheit und Menschlichkeit nur dort gesichert sind, wo das werktätige Volk unter Führung der Arbeiterklasse und ihrer Partei die politische Macht ausübt";
7. „die Überzeugung, daß die Jugend ihres eigenen Glückes Schmied ist, indem sie die Rechte und Pflichten gegenüber der sozialistischen Gesellschaft bewußt wahrnimmt . . .".

Durch die Verinnerlichung dieser ideologischen Grundsätze als eines nicht in Frage zu stellenden Glaubenskanons soll „die Erziehung der jungen Menschen zum sozialistischen → **Patriotismus** und zum **Proletarischen** → **Internationalismus** . . ." bewirkt werden.

Sind die Ziele der PStE. von grundlegend-prägender Bedeutung für Ziele und Inhalte der Bildung und Erziehung in allen gesellschaftlichen Bereichen und auf allen Stufen des Bildungssystems der DDR einschließlich der außerschulischen Einrichtungen und Veranstaltungen und bestimmen sie insbesondere als politisch-ideologische Leitlinien Ziele und Inhalte der Lehrpläne aller Fächer und Klassen (→ **Lehrplanreform**), so hat der Unterricht in dem Fach **Staatsbürgerkunde**, der in den Klassen 7–10 (mit 5 Gesamtwochenstunden), 11 und 12 (mit 3 Gesamtwochenstunden) und in der Berufsausbildung (mit insgesamt mindestens 74 Stunden) erteilt wird, speziell die Aufgabe, die politisch-ideologischen Kenntnisse der Schüler systematisch zu entwickeln. Gemäß den neuen Lehrplänen für dieses Fach ab Schuljahr 1983/84 (Klassen 7 und 9) bzw. 1984/85 (Klassen 8 und 10) wird den Schülern in Klasse 7 „das Werden und Wachsen der DDR, die Entstehung und Festigung der politischen und ökonomischen Grundlagen des Sozialismus" erläutert. Ziel der Klasse 8 ist es, „den Schülern ihre Stellung und Rolle als Staatsbürger der DDR bewußt zu machen". Dabei soll „die Wissensaneignung eng mit dem praktischen Leben und den praktischen Erfahrungen der Schüler verbunden" werden. „Die klassenmäßige Haltung zum sozialistischen Staat . . . soll sich in wachsender politischer Aktivität der Schüler vor allem in den Wohngebieten und Gemeinden zeigen". „Hauptanliegen" des Unterrichts ist es, „daß die Schüler . . . die Überzeugung gewinnen, daß der sozialistische Staat eine wahre Volksmacht ist, weil er von allen Bürgern unter Führung der SED getragen wird und den Interessen der Arbeiterklasse und aller anderen Werktätigen dient". Den Abschluß des Staatsbürgerkundeunterrichts in den Klassen 7 und 8 bildet eine Stoffeinheit, „mit der die prinzipielle Auseinandersetzung mit Wesenszügen und der Politik und Ideologie vor allem des BRD-Imperialismus zu führen ist". Den Schülern ist „überzeugend vor Augen zu führen, daß der BRD-Imperialismus von Anfang an mit allen ihm zur Verfügung stehenden politischen, ökonomischen, militärischen und ideologischen Mitteln versucht hat, den Sozialismus in der DDR zu vernichten". Der Unterricht soll die Schüler „zu der Einsicht führen, daß diese imperialistische Politik ihre tiefste Ursache in den Macht- und Eigentumsverhältnissen in der BRD hat. Sie sollen erkennen, daß diese Politik menschenfeindlich und eine ständige Gefahr für den Weltfrieden ist, daß sie zum Scheitern verurteilt war und auch heute nicht erfolgreich sein kann." → **Imperialismus**.

In Klasse 9 erfolgt eine verstärkte Beschäftigung mit der Weltanschauung des Marxismus-Leninismus, bei der „die Gesetzmäßigkeit der gesellschaftlichen Entwicklung, die historische Notwendigkeit der Ablösung des Kapitalismus und die historische Mission der Arbeiterklasse" im Vordergrund des Unterrichts stehen. In Klasse 10 sollen vornehmlich „Grundfragen der weiteren Gestaltung der entwickelten sozialistischen Gesellschaft in der DDR" behandelt werden. (Zitate aus: Siegfried Piontkowski: Die ideologisch-theoretische und methodische Konzeption des Staatsbürgerkundeunterrichts und der überarbeiteten Lehrpläne der Klassen 8 und 10, in: Geschichtsunterricht und Staatsbürgerkunde, Berlin [Ost], H. 2/3 1984, S.115ff.)

Die ständig wiederholte und zunehmend forcierte Forderung nach – dringend notwendiger – Intensivierung und Verstärkung der PStE. der Schüler und Lehrlinge macht deutlich, daß ihre Ergebnisse erheblich hinter den gesteckten Zielen zurückbleiben; gerade bei dem „Kernstück der gesamten sozialistischen Bildung und Erziehung" besteht offensichtlich eine Diskrepanz zwischen Bedeutung und Aufwand einerseits sowie Breiten- und Tiefenwirkung andererseits. Angesichts der fundamentalen Bedeutung, die der PStE. für die gesamte Bildung und Erziehung, vor allem aber für die besonders dringend geforderte politisch-ideologische → **Abgrenzung** gegenüber der Bundesrepublik Deutschland beigemessen wird, bedeutet dies eine erhebliche Einschränkung. → **Einheitliches sozialistisches Bildungssystem**, V.

Erziehung zu bewußter Disziplin: Ein wesentliches Merkmal der für die Gestaltung und Sicherung der sozialistischen Gesellschaftsordnung erforderlichen **sozialistischen Persönlichkeit** und ein sichtbarer Ausdruck ihres „sozialistischen Bewußtseins“ (**Bewußtsein, Gesellschaftliches; Politisch-Ideologische bzw. Staatsbürgerliche → Erziehung; Staatsbewußtsein, Sozialistisches**) soll das bewußt-disziplinierte Verhalten in allen gesellschaftlichen Bereichen, besonders aber beim Arbeiten, Lernen und militärischen Dienst sein. Alle für die Bildung und Erziehung verbindlichen Gesetze und Bestimmungen fordern daher die zielstrebige, systematische und permanente Erziehung der Kinder, Jugendlichen und Erwachsenen zur bewußten Disziplin, d. h. zur Fähigkeit und Bereitschaft, ihr Verhalten entsprechend den Normen der sozialistischen Gesellschaft aktiv und selbständig aus innerem Antrieb zu steuern. Da der Produktionsprozeß infolge der → **Wissenschaftlich-technischen Revolution (WTR)** immer komplizierter wird und in ihm immer wertvollere Maschinen und Anlagen benutzt werden, müssen die Arbeitskräfte nicht nur über eine hochqualifizierte fachliche Ausbildung, sondern sollen auch – und das gilt auch schon für die Lehrlinge und für die Schüler während der produktiven Arbeit im Rahmen des polytechnischen Unterrichts – über die Fähigkeit und Bereitschaft zu Selbststeuerung und Selbstkontrolle im Arbeitsprozeß verfügen, d. h. bewußte Arbeitsdisziplin üben, die vor allem in der gewissenhaften, ordnungs- und fristgemäßen Erfüllung der gestellten Arbeitsaufgaben sowie in der sorgsamen und ökonomischen Verwendung von Maschinen, Material und Arbeitszeit zum Ausdruck kommt.

Auch die EzbD. in der Schule soll über die strikte Unterordnung unter → **Schulordnung** und Lehrkräfte hinaus eine „aktive und schöpferische Haltung den gesellschaftlichen Normen gegenüber“ eine bewußte Schuldisziplin beinhalten. Dies führt allerdings auch dazu, daß sich vor allem die älteren Schüler manchmal „aktiv, schöpferisch und bewußt“ mit den geltenden Verhaltensregeln auseinandersetzen. Dies wird jedoch nur so weit zugelassen, wie sich diese Auseinandersetzung im Rahmen der normativen Grundlinien hält. Mit der EzbD. soll also die Spannung zwischen der Erziehung zu selbständigem und kreativem Denken und Handeln einerseits und der Erziehung zu strikter Einhaltung der politisch-ideologischen Normen andererseits dialektisch aufgehoben werden. Dies gelingt jedoch – wie zahlreiche Klagen von Lehrern und Erziehern erkennen lassen –, zumindest nicht in dem gewünschten Maße, so daß das gezeigte disziplinierte Verhalten hauptsächlich der Ausdruck einer (meist wohl kalkulierten) Anpassung sein dürfte.

Neben der überzogenen Form und der Eintönigkeit, in der die EzbD. häufig durchgeführt wird, macht es auch der Einfluß anderer Erziehungs- bzw. Sozialisationskräfte, so angeblich besonders der „Westsender“ (→ **Fernsehen; Rundfunk**), der Schule offensichtlich vornehmlich bei älteren Schülern immer schwerer, die Vielfalt der erzieherischen Einflüsse den Zielen und Normen der politisch-ideologischen bzw. staatsbürgerlichen Erziehung entsprechend zu koordinieren, zu kanalisieren und zu integrieren. Im Zusammenhang mit der → **Kollektiv- und Arbeitserziehung** wird auch der Einfluß der Gruppen innerhalb einer Schulklasse in die Erziehung der Schüler zu bewußter Lern- bzw. Schuldisziplin einbezogen und die Möglichkeit berücksichtigt, daß die Normen der Gruppe von den Schülern häufiger ernster genommen werden als die Normen des Lehrers bzw. der Schule. So will man auf die Disziplin der Mitschüler des Schülerkollektivs positiv regulierend einwirken (→ **Kollektiv, Sozialistisches**), damit sich die Schüler auch in neuen und für sie ungewohnten Situationen, ohne auf besondere Anordnungen und Befehle zu warten, selbständig und aus eigenem Antrieb diszipliniert verhalten und notfalls auch bei speziellen Bedingungen notwendige ergänzende Verhaltensnormen festlegen (Selbständigkeit); sie sollen die Forderungen, die an sie gestellt werden oder die sie an sich selbst stellen, nicht nur überhaupt, sondern so vollkommen wie möglich erfüllen (Vollständigkeit) und schließlich ihre Diszipliniertheit als ein konstantes und habituelles Verhalten ohne größere situations- oder stimmungsabhängige Schwankungen durchhalten (Stetigkeit).

Eine besondere Rolle in der EzbD. kommt der → **Wehrerziehung** zu.

Eurokommunismus: Der Begriff E. wurde 1975 von dem italienischen Journalisten Frane Barbieri geprägt. Mit ihm werden die teils identischen, teils aber auch unterschiedlichen ideologischen und politischen Auffassungen vor allem der kommunistischen Partei Italiens (KPI), Frankreichs (KPF) und Spaniens (KPSp) bezeichnet. Der E. lehnt das sowjetische Revolutionsmodell, das den Führungsanspruch der KP und die Errichtung der Diktatur des Proletariats (→ **Staatslehre**) für unverzichtbar erklärt, als verbindliches Vorbild ebenso ab wie das sowjetische Gesellschaftsmodell des „realen Sozialismus“ als Muster für den Aufbau einer eigenen sozialistischen Gesellschaft. Statt dessen fordert der E. die Berücksichtigung der eigenen nationalen Besonderheiten sowie die Anerkennung eines politischen, sozialen und kulturellen Pluralismus in der Übergangsphase wie im Sozialismus selbst. Der Transformationsprozeß bedarf dabei zwingend der Unterstützung durch die Mehrheit der Bevölkerung. Der E. weist den Führungsanspruch der sowjetischen KP und damit die Berechtigung eines Führungszentrums in der kommunistischen Weltbewegung zurück; er besteht vielmehr auf Autonomie, Selbständigkeit und Nichteinmischung als den zentralen Prinzipien für die Regelung der Beziehungen zwischen den KP.

Die Unterschiede zwischen der KPI und der KPF hinsichtlich ihrer ideologisch-programmatischen Positionen und ihrer inneren Parteiverfassung sind nicht zu übersehen. Die KPF versteht ihren Kampf für den Aufbau des „Sozialismus in den Farben Frankreichs“ als Teil der globalen Auseinandersetzung zwischen Kapitalismus und Sozialismus; dementsprechend neigt sie dazu, sich dem sozialistischen Lager zuzuordnen. Seitdem sie mit 4 Ministern in der von den Sozialisten dominierten französischen Regierung vertreten ist (1981), sind die außenpolitischen Positionen der KPF jedoch teilweise erneut verändert worden. Z. Z. (1983) unterstützt sie in der Rüstungsdebatte eindeutig die Politik des französischen Staatspräsidenten Mitterand gegenüber der Sowjetunion. Die KPI sieht ihrerseits in ihrer Interpretation des E. die Möglichkeit eines → **Dritten Weges**, der zwischen traditioneller Sozialdemokratie und dem Sozialismus-Modell sowjetischer Prägung zu einer neuen, demokratischen Postulaten gerecht werdenden Form des Sozialismus führt. – Die KPSp. hat aufgrund ihrer Niederlage bei den Parlamentswahlen 1982 nicht nur weitgehend ihren innenpolitischen, sondern auch ihren internationalen Einfluß auf den E. verloren. Aus gleichem Anlaß erfolgte auch die Ablösung ihres Generalsekretärs, Carillo, der über lange Jahre die Diskussion um den E. maßgeblich beeinflußt hat.

Für die → **Sozialistische Einheitspartei Deutschlands (SED)** ist E. ein unwissenschaftlicher Begriff der bürgerlichen Propaganda, mit dessen Hilfe die kommunistische Weltbewegung gespalten werden soll. Diese Argumentation ermöglicht es der SED, den E. auf das Schärfste abzulehnen und zu verurteilen, ohne zugleich mit den Trägern des E., den eurokommunistischen KP, brechen zu müssen; gilt doch der Begriff selbst wie die Zuordnung bestimmter KP zum E. als Erfindung des kapitalistischen Lagers. Wie ernst die SED trotzdem die ideologische Gefahr des E. nimmt, beweist u. a. eine Äußerung des Mitglieds des → **Politbüros des ZK der SED** Kurt Hager von 1976, der mit seiner Formulierung vom „eurokommunistisch-sozialdemokratischen Kurs" den E. in die Nähe des → **Sozialdemokratismus** rückte. Die Entwicklung des Verhältnisses der SED zu den eurokommunistischen Parteien, insbes. zur KPI und zur KPF, läßt verschiedene Phasen erkennen. Bis etwa Mitte der 60er Jahre sind die Parteibeziehungen völlig unproblematisch, zugleich jedoch für die SED von enormer Bedeutung, da die französischen und italienischen Kommunisten sich entschieden für die internationale Anerkennung der DDR einsetzen. In der zweiten Hälfte der 60er Jahre werden erste Spannungen sichtbar, als KPI, KPF und KPSp beginnen, eigene Konzeptionen zu entwickeln und sich damit vom Modell des „realen Sozialismus" abzugrenzen. – Die offene Unterstützung des Reformkommunismus in der ČSSR (1968) durch die eurokommunistischen KP sowie die inhaltlichen Parallelen zwischen den Vorstellungen der tschechoslowakischen Reformkommunisten und dem E. veranlaßten die SED und die anderen der sowjetischen Parteiführung folgenden KP zu scharfer Kritik und eindeutiger ideologischer Abgrenzung.

Seit Mitte der 70er Jahre bemüht sich die SED offensichtlich, ihr Verhältnis zu den eurokommunistischen Parteien wieder zu verbessern. Während in der internen Auseinandersetzung mit dem E. die Position der SED von einer klaren ideologischen Verurteilung bestimmt ist, unternimmt sie gleichzeitig Anstrengungen, die direkten Parteibeziehungen zu intensivieren. Auf der Konferenz der kommunistischen und Arbeiterparteien Europas (Berlin [Ost], 29./30. 6. 1976) stand die SED als Gastgeber vor der schwierigen Aufgabe, ideologische Abgrenzung mit dem Versuch einer Einbindung der eurokommunistischen Parteien zu verbinden. Sie unternahm den Versuch, zwischen kontroversen Standpunkten zu vermitteln, die von der KPdSU und den ihr folgenden Parteien auf der einen und den Eurokommunisten und ihren Sympathisanten auf der anderen Seite vertreten wurden. Bereits im Vorfeld der Konferenz überwandt die SED – jedenfalls nach außen – ihre zunächst unnachgiebige Haltung und übernahm eine eher koordinierende und die Gegensätze abschwächende Funktion. Diese Politik trug entscheidend dazu bei, auf der Konferenz für alle Beteiligten annehmbare Kompromisse zu finden. Die Politik der SED ist offensichtlich darauf ausgerichtet, die bestehenden Divergenzen abzumildern, soweit dies ohne Aufgabe der grundsätzlichen, eigenen ideologischen Positionen möglich ist. Sie ist bestrebt, die Gefahr eines Bruches zwischen den ost- und westeuropäischen Parteien zu verringern. Diese Linie schließt die ausdrückliche Bekundung des Vorhandenseins „gewisse(r) Meinungsunterschiede, z. B. in der Frage des Weges zur Macht und anderen Fragen", wie es der Generalsekretär der SED, Erich Honecker, im Februar 1977 (ND 22. 2. 1977, S. 5) tat, keineswegs aus. Für die Haltung der SED dürfte im übrigen aber auch von Bedeutung sein, daß das wachsende Gewicht der KPI und der KPF im zwischenstaatlichen und internationalen Rahmen im Falle eines Bruchs möglicherweise negative Auswirkungen auf die staatlichen Beziehungen der DDR zu Italien und Frankreich haben würde.

Die SED sieht sich in ihrer vorsichtigen Politik gegenüber den eurokommunistischen Parteien nicht zuletzt durch deren unterschiedliche Positionen gegenüber Einzelaspekten der sowjetischen Politik bestätigt. So hat z. B. die KPF die sowjetische Intervention in Afghanistan ebenso wie deren Haltung zu den polnischen Entwicklungen im Unterschied zur KPI weitgehend gebilligt. Zugleich haben sich die Meinungsverschiedenheiten zwischen KPI und KPF verstärkt. Trotzdem kann kein Zweifel daran bestehen, daß die SED jeweils erneut die negativen Einflüsse des E. gegen den Nutzen der Fortsetzung normaler Parteibeziehungen abwägt. So hat die SED z. B. heftige Kritik an der Stellungnahme der KPI zu den Ereignissen in Polen geübt (ND 26. 1. 1982, S. 2). → **Außenpolitik; Reformismus; Revisionismus.**

Exportprämie: Stimulierungsmittel für Exportbetriebe. Die E. wird im Gegensatz zur früheren Praxis gegenwärtig nur in Sonderfällen gezahlt. Die globale Einräumung einer E. führte zu einer zu starken Beachtung quantitativer Kennziffern wie dem Exportumsatz. Die E. wird als Exportstützung an den Betrieb gezahlt. Als eine Art negative E. ist die Exportgewinnabführung an das Staatskonto anzusehen, die u. a. bei hohen Überplangewinnen greifen dürfte.

Exportpreis: Als E. wird der für eine in das Ausland gelieferte Ware oder Leistung erzielte, vereinbarte oder erzielbare Preis angesehen. Der E. kann in Valuta oder

– nach Umrechnung mittels des Valutakurses – in Valutagegenwerten ausgedrückt sein. Bis zur Einführung des im Rahmen der Reform des Außenwirtschaftssystems der DDR (→ **Außenwirtschaft und Außenhandel**, III.) im Jahre 1971 für alle zentralgeleiteten exportierenden Betriebe durchgesetzten einheitlichen Betriebsergebnisses (erprobt 1968 in allen zentralgeleiteten Betrieben einzelner Industriezweige, angewandt 1969) war bei der Bildung des E. grundsätzlich vom Tatbestand der Trennung des Außen- und Binnenmarktes in preislich-finanzieller und in organisatorischer Hinsicht auszugehen. Die fehlende Verbindung zwischen dem für die Abrechnung des Exportbetriebes ursprünglich maßgeblichen Inlandspreis und dem E. wurde durch ein über den Staatshaushalt geführtes Preisausgleichskonto hergestellt (Subventionierung des Exportes). Durch die angestrebte „Konfrontation der Betriebe mit dem Weltmarkt" sollte die Isolierung der Exportbetriebe von diesem aufgehoben und auf diesem Wege die bislang mangelnde Interessiertheit der Betriebe an Exportgeschäften überwunden werden.

Einen ersten Versuch in dieser Richtung bildete die Einführung des sog. Normativ-Außenhandelsergebnisses (Export). Dieser Versuch scheiterte jedoch, da das Ergebnis – wie im alten System – auf dem durch planwirtschaftliche Eingriffe verzerrten inländischen Preisniveau beruhte. Im Jahr 1968 wurde das Normativ durch eine sich an den Auslandspreisen – genauer den Weltmarktpreisen – orientierende Abrechnungsmethode abgelöst. Der E. ist insbesondere durch die seit 1975 geltenden neuen Preisbildungsprinzipien im RGW beeinflußt worden. Danach bestimmen sich die Preise im RGW-Intrablockhandel nach den durchschnittlichen Weltmarktpreisen der jeweils vorangegangenen 5 Jahre. Auf dem Weltmarkt sind jedoch die wichtigsten Rohstoffpreise weit stärker als die Preise für Fertigwaren gestiegen. Dies ermöglicht rohstoffreichen Ländern wie der Sowjetunion eine starke, rohstoffarmen Ländern wie der DDR nur eine geringe Erhöhung des E.

Der endgültige E. bildet sich anhand dieses Maßstabes je nach Marktlage und Verhandlungsposition bzw. -geschick der Marktpartner. Mit der Umorientierung geht der E., der bei dieser Art der Ergebnisbildung der Exportbetriebe mit dem früher zwischen AHB und Exportbetrieb gebildeten Valutaverrechnungspreis identisch ist, direkt in das Betriebsergebnis ein. Um die Kombinate in ihrer Exporttätigkeit zu stimulieren, geht auch das Ergebnis der AHB in das einheitliche Betriebsergebnis ein. Das einheitliche Betriebsergebnis und damit die Konstruktion des E. haben sich offenbar bewährt, da sie für den Planungszeitraum 1981 bis 1985 verbindlich sind (→ **Außenwirtschaft und Außenhandel**, VII.; **Währung/Währungspolitik**, III. A.).

Exquisit- und Delikatläden: Seit 1962 werden E. eingerichtet, in denen Spitzenerzeugnisse der Bekleidungs-, Leder- und Rauchwarenproduktion vornehmlich westlicher Herkunft zu stark überhöhten Preisen angeboten werden. Die Bezahlung erfolgt mit Mark der DDR. Für den Nahrungs- und Genußmittelbereich entstanden seit 1976 D. Die E. und D. gehören zu jeweils eigenständigen zentralen volkseigenen Handelsunternehmen gleichen Namens. Sie sind vor allem als Gegenstück zu den → **Intershops** gedacht, d. h. sie sollen denjenigen DDR-Bürgern den Kauf westlicher bzw. besonders hochwertiger Erzeugnisse ermöglichen, die nicht in den Besitz von DM gelangen können. Die Preisgestaltung in diesen Geschäften wird im Westen häufig als Bestätigung für die Angemessenheit des von der SED als „Schwindelkurs" bezeichneten Kurses der M. in den Wechselstuben der Bundesrepublik Deutschland gewertet (→ **Währung/Währungspolitik**). Einen weiteren Ausbau des E.- und D.-Netzes kündigte der Generalsekretär der SED, Erich Honecker, am 26. 9. 1977 in seiner Rede zur Eröffnung des Parteilehrjahres in Dresden an; er bemerkte allerdings gleichzeitig zu dieser Problematik, daß derartige Läden nicht zu den dauerhaften Begleitern des Sozialismus gehören würden. Für 1982 wird die Zahl der E. mit 300, die der D. mit 550 angegeben. Besonders hochwertige Artikel der Textil- und Lederwarenbranche sollen in Zukunft durch das Gütesiegel „Exquisitqualität" ausgezeichnet werden. Für diese Güter hat das Preisamt der DDR ab 1. 4. 1984 eine Anhebung der Preise bis zu 6 v.H. angeordnet.

F

Fachschulen: F. sind Teil des → **Einheitlichen sozialistischen Bildungssystems.** Sie entsprechen nach den Eingangsvoraussetzungen, Organisation und Inhalt des Studiums, den mit dem Studium erworbenen Berechtigungen und den anschließenden Verwendungsmöglichkeiten am ehesten unseren **Fachhochschulen.**

In der DDR bestanden 1970 194 F. Ihre Zahl erhöhte sich durch Neugründungen und die Anhebung der mittleren medizinischen Ausbildung auf F.-Niveau auf gegenwärtig 240.

Die F. gliedern sich nach folgenden fachlichen Schwerpunkten (1978):

53 **Ingenieurschulen** der Industrie, des Bau-, Verkehrs-, Post- und Fernmeldewesens,
38 Ingenieurschulen der Land-, Forst- und Nahrungsgüterwirtschaft,
63 medizinische F.,
9 wirtschafts- und staatswissenschaftliche F.,
51 pädagogische F.,
20 F. für Bibliotheks- und Informationswesen, Kultur und Kunst, Journalismus u. a.

Außerdem verfügt die → **Nationale Volksarmee (NVA)** über 4 eigene Bildungseinrichtungen mit F.-Charakter.

Die F. wurden den jeweiligen Fachministerien oder deren nachgeordneten Organen unterstellt. Die fachliche Zuständigkeit liegt beim → **Ministerium für Hoch- und Fachschulwesen**, dem zur wissenschaftlichen Untersuchung und Ausarbeitung von Grundsatzfragen der F.-Politik das „Institut für Fachschulwesen" in Karl-Marx-Stadt untersteht. Auf diese Weise soll gesichert werden, daß die Aus- und Weiterbildung an den F. „unmittelbarer Bestandteil des Reproduktionsprozesses der betreffenden Zweige" wird, daß die ständige Weiterentwicklung der Bildungsinhalte und Erziehungsmethoden sich an den Bedürfnissen der Praxis orientiert und die Kapazitäten der F. für Entwicklungs- und Rationalisierungsaufgaben der Betriebe genutzt werden. Ferner ermöglicht diese Konstruktion eine bessere Kooperation von F. und betrieblichen Qualifizierungseinrichtungen.

Innerhalb der F.-Ausbildung sind 2 Bildungswege zu unterscheiden: 1. Voraussetzung sind der 10.-Klassenabschluß und eine Berufsausbildung, d. h. die Studenten verfügen über Berufserfahrung. Ausbildungsschwerpunkte sind die ingenieurwissenschaftlichen Fächer, die Wirtschaftswissenschaft und die Ausbildung von Berufsschullehrern. 2. In den medizinischen, pädagogischen Fächern (Grundschullehrer) und einigen künstlerischen Fachrichtungen schließt das Studium unmittelbar an die 10. Klasse der allgemeinbildenden Oberschule an. In der ersten Gruppe studieren etwa 59 v. H., in der zweiten 41 v. H. der F.-Studenten. Die Ausbildungszeit beträgt in der Regel 3 Jahre, die in 6 Semester gegliedert sind, und wird mit einer Prüfung abgeschlossen. Im Fernstudium dauert die Ausbildung 5 Jahre. Mit dem Abschluß der F. wird die allgemeine Hochschulreife erworben. Eine F.-Ausbildung steht auch für Abiturienten der EOS und Absolventen der Berufsausbildung mit Abitur offen. Absolventen der EOS werden – wegen ihrer fehlenden Berufserfahrung – in der Regel zu besonderen Seminargruppen zusammengefaßt und erhalten eine erweiterte berufspraktische Ausbildung.

Die insges. 172058 Studenten verteilten sich im Jahre 1982 auf folgende Fachrichtungen:

	Anzahl	v. H.
Technische Wissenschaften	44 061	26,6
Medizin/Gesundheitswesen	49 239	28,6
Agrarwissenschaft	9 626	5,6
Wirtschaftswissenschaft	38 520	22,4
Staats- u. Gesellschaftswissenschaft/Dokumentations- und Bibliothekswissenschaft	2 316	1,3
Kultur und Sport	742	0,4
Literatur und Sprachwissenschaft	109	0,06
Kunst	1 292	0,8
Pädagogik (Berufsschule, Kindergarten, Lehrer für untere Klassen)	26 153	15,2

Quelle: Statistisches Jahrbuch der DDR 1983, S. 302.

Die Zahl der Berufstätigen mit F.-Abschluß erhöhte sich von 232593 im Jahre 1961 auf 967400 im Jahre 1982 (Statistisches Jahrbuch der DDR 1983, S. 123). Ein entscheidender Grund für diesen erheblichen Anstieg ist die nachträgliche Anerkennung der Ausbildung in einer Reihe mittlerer medizinischer Berufe als Ausbildung und die Gleichstellung der medizinischen F. mit den anderen F. Mitte der 70er Jahre. → **Fernstudium; Universitäten und Hochschulen.**

Familie

I. Offizielles Leitbild

Das 1965 verabschiedete Familiengesetzbuch (FGB) soll laut Präambel allen Bürgern helfen, „ihr Familienleben bewußt zu gestalten" (→ **Familienrecht**). Rechtliche Regelungen und Postulate zielen auf einen F.-Typ, für den individuelle und gesellschaftliche Interessen zusammenfallen sollen (→ **Widerspruch**). Als Voraussetzungen sind die „sozialistische Entwicklung" in der DDR und die daraus resultierende „gleichberechtigte Stellung der Frau auf allen Gebieten des Lebens" vorgegeben. Darauf aufbauend entwickelt das FGB ein Leitbild, das in Definition und Wertung sowohl der Ehe als auch der elterlichen Erziehung über alle früheren offiziellen Aussagen zu dieser Thematik hinausgeht und die dem Recht zugewiesene Disziplinierungsfunktion deutlich macht. In einer „auf gegenseitiger Liebe, Achtung und Treue, auf Verständnis und Vertrauen und uneigennütziger Hilfe füreinander" beruhenden Gemeinschaft sollen die Ehegatten ihre Beziehungen zueinander so gestalten, „daß beide das Recht auf Entfaltung ihrer Fähigkeiten zum eigenen und gesellschaftlichen Nutzen voll wahrnehmen können". Die Möglichkeit einer funktionalen Aufgabenteilung – im Sinne der Beschränkung eines Partners auf häusliche Pflichten – wird zwar vom Gesetz nicht ausgeschlossen, gilt aber als unerwünschte Übergangserscheinung. Prinzipiell geht man davon aus, daß beide Ehepartner berufstätig und darüber hinaus gesellschaftlich bzw. politisch aktiv sind. Ihre Kinder sollen sie „in vertrauensvollem Zusammenwirken mit staatlichen und gesellschaftlichen Einrichtungen zu gesunden und lebensfrohen, tüchtigen und allseitig gebildeten Menschen, zu Erbauern des Sozialismus" erziehen (→ **Elternhaus und Schule**). Die F. wird als „Grundkollektiv" verstanden, dessen organische Verbindung mit anderen Kollektiven (im Haus, in der Schule, am Arbeitsplatz, im öffentlichen Leben) einen „Gleichklang von gesellschaftlichen Erfordernissen und grundlegenden persönlichen Interessen" schafft.

II. Entwicklung bis 1966

Ausgesprochen familienfeindliche Tendenzen hat es in der DDR niemals gegeben. Dagegen könnte man – vor allem bis zum Ende der 50er Jahre – von einer gewissen „Vernachlässigung" der F. sprechen. Da sie im Gegensatz zu anderen Institutionen einer Kontrolle durch die SED kaum zugänglich war, galt sie als retardierendes, zumindest aber unsicheres Moment im Prozeß der „sozialistischen Bewußtseinsbildung". Die Ausrichtung auf ein neues F.-Modell vollzog sich in diesen Jahren eher indirekt – hauptsächlich durch Distanzierung gegenüber der Bundesrepublik Deutschland. Dort stand gerade dieser Zeitraum im Zeichen der „Mutterideologie". Herrschende Lehre und Rechtspraxis der DDR waren damals in erster Linie von der rigorosen Ablehnung des Bürgerlichen Gesetzbuches (BGB) bestimmt. So stand bald fest, was man nicht wollte (z. B. Funktionsteilung in der Ehe, Unterhaltsanspruch nach einer Scheidung), während die Entwicklung eines sozialistischen F.-Verständnisses zumeist über wenig präzise Ansätze nicht hinauskam. Zwar wurde bereits 1954 ein erster Entwurf für ein Familiengesetzbuch vorgelegt; er trat jedoch nie in Kraft. Die damalige Justizministerin Hilde Benjamin begründete sein Scheitern mit der noch nicht voll verwirklichten Sozialisierung der Wirtschaft und dadurch bedingten Hemmnissen bei der Durchsetzung des Gleichberechtigungsprinzips.

In der marxistisch-leninistischen Gesellschaftstheorie gilt die Erwerbsarbeit der Frau als wesentliche Grundlage für ihre Gleichberechtigung und „eine höhere Form der Familie und des Verhältnisses beider Geschlechter" (→ **Marxismus-Leninismus**). Von daher schien es geboten, die Integration der weiblichen Bevölkerung in den Arbeitsprozeß zunächst zu einem vorläufigen Abschluß zu bringen und erst dann ein neues F.-Leitbild zu entwerfen. Folgerichtig trat *vor* dem FGB eine Fülle von Gesetzen und Verordnungen in Kraft, die auf die berufliche Gleichstellung der → **Frauen** abzielten. Sie waren von ideologischen „Aufklärungsaktionen" begleitet. Neben dem Recht der Frau auf volle Entfaltung ihrer Fähigkeiten und Talente wurde zunehmend auch die positive Auswirkung ihrer Berufsarbeit auf die innerfamiliären Beziehungen einerseits sowie auf das Verhältnis zwischen F. und Gesellschaft andererseits propagiert. Walter Ulbricht betonte vor dem V. Parteitag der SED 1958, daß sich die Umerziehung der Menschen zur bewußten Beachtung und Anerkennung sozialistischer Verhaltensweisen am klarsten und eindeutigsten im Arbeitskollektiv vollziehe und somit die Arbeitsmoral auch die wichtigste Quelle der F.-Moral sei (→ **Kollektiv**).

1963 verkündete die SED auf ihrem VI. Parteitag den „Sieg der sozialistischen Produktionsverhältnisse" und beschloß auf dieser Grundlage den Ausbau und die Vervollkommnung der juristischen Normen für das „gesellschaftliche Zusammenleben der Menschen". Die mit der Ausarbeitung eines FGB beauftragte Kommission war sich der Schwierigkeiten bewußt, die in dem Mangel an fundierten familiensoziologischen Erkenntnissen gründeten. Die wenigen vorliegenden Daten gaben Grund zu der Annahme, daß für ein Großteil aller F. noch immer das tradierte „patriarchalische" Leitbild maßgebend war. Diese Haltung versuchte man in einer großangelegten Propagandaaktion zu korrigieren. Der im April 1965 vorgelegte neue Entwurf eines FGB war in den folgenden Monaten Gegenstand einer Fülle von erläuternden Darstellungen und Kommentaren in den Massenmedien sowie Anlaß für über 30000 Veranstaltungen, deren Teilnehmer fast 24000 Stellungnahmen zu dem Gesetz abgegeben haben sollen (→ **Gesetzgebung**). Nichtsdestoweniger hielt man gewisse Zugeständnisse an überlieferte Verhaltensmuster für angezeigt. Im ersten FGB-Kommentar des Justizministeriums (1966) wurde die Beschränkung auf Hausarbeit und Kindererziehung „als Form der Beteiligung am Familienaufwand" ausdrücklich „gesellschaftlich" anerkannt. Die dem zugrunde liegende Norm des FGB ist zwar weiterhin geltendes Recht, doch wäre eine offizielle Billigung der „Hausfrauenehe" heute in der DDR unvorstellbar. Vermutlich zielte sie auf eine breite Identifizierungsbereitschaft ab, um auf dieser Basis eine allgemeine Bewußtseinsänderung in Richtung des Modells einzuleiten. Diese Taktik wurde allerdings schon bald wieder aufgegeben. An ihre Stelle trat die totale Anpassung der „sozialistischen Familienmoral" an gesellschaftspolitische Leitlinien. Die Propaganda konzentrierte sich zunehmend auf bestimmte Schwerpunkte. Dabei wurden und werden die in erster Linie gesellschaftsbezogenen Forderungen an den einzelnen weitaus kategorischer eingeklagt als diejenigen Regelungen des FGB, die primär den innerfamiliären Raum betreffen. Mit anderen Worten: Ob Mann und Frau zu Hause Gleichberechtigung praktizieren, ist so lange von untergeordneter Bedeutung, wie beide nach außen hin „funktionieren". Während der Appell zur häuslichen Arbeitsteilung mehr und mehr zur verbalen Pflichtübung wurde, sehen sich die Frauen in der DDR immer drängender formulierten Ansprüchen gegenüber, ohne daß die Grenzen der individuellen Belastbarkeit die erforderliche Beachtung finden. Das rührt z. T. auch daher, daß ein wesentlicher ursprünglicher Bestandteil des sozialistischen Emanzipationsmodells bisher weder in der DDR noch in einem anderen osteuropäischen Land gegeben ist. Die Klassiker des Marxismus-Leninismus waren davon ausgegangen, daß die Einbeziehung der Frauen in den Produktionsprozeß parallel zu ihrer weitgehenden Entlastung von häuslichen Pflichten verlaufen müßte. Die Hausarbeit sollte industrialisiert, die Kindererziehung „vergemeinschaftet" werden. Die damit intendierte Auflösung der Klein-F. ist jedoch weder vollzogen noch beabsichtigt. Statt dessen gilt der Grundsatz, es müsse den Frauen ermöglicht bzw. erleichtert werden, familiale, berufliche und gesellschaftliche Pflichten miteinander in Einklang zu bringen. Doch selbst bei optimaler öffentlicher Hilfe – durch vermehrte Einrichtung von → **Kinderkrippen, Kindergärten** und Schulhorten (→ **Einheitliches sozialistisches Bildungssystem**) und → **Dienstleistungsbetrieben** – werden durch diesen Anspruch unter den gegebenen Umständen viele Frauen ständig überfordert. Die behauptete Übereinstimmung von Gleichberechtigung und -verpflichtung trifft nur bei Ledigen oder allenfalls noch bei kinderlosen Ehepaaren zu. Erwerbstätige Mütter dagegen sind im Normalfall erheblich stärker belastet als Familienväter, weil sie ca. 70 v. H. aller häuslichen Arbeiten allein verrichten (Zur gesellschaftlichen Stellung der Frau in der DDR, Leipzig 1978, S. 102).

III. „Widersprüche" zwischen familienpolitischer Zielsetzung und individuellem Verhalten

Publikationen zur F.-Entwicklung in der DDR heben seit Anfang der 70er Jahre – neben der hohen Zahl von → **Ehescheidungen** – übereinstimmend 2 „Widersprüche" zwischen „gesamtgesellschaftlichem Interesse" und realem Verhalten hervor, die es zu überwinden gelte:

1. die verbreitete Teilzeitarbeit verheirateter Frauen;
2. die niedrige Geburtenrate (→ **Bevölkerung**).

Für diese Widersprüche lassen sich in doppelter Hinsicht gemeinsame Bezugspunkte finden:

1. Sowohl die Teilzeitbeschäftigung als auch der Verzicht auf mehrere Kinder können Ausdruck dafür sein, daß familiale und berufliche Anforderungen anders nicht zu vereinbaren sind.
2. Beide Erscheinungen stehen mit dem Mangel an → **Arbeitskräften** in einem direkten Zusammenhang. Einmal stellen angesichts der hohen weiblichen Beschäftigungsquote (88 v. H. aller Frauen im arbeitsfähigen Alter sind erwerbstätig oder befinden sich in der Ausbildung [Bericht des Bundesvorstandes des DFD an den XI. Bundeskongreß, ND 5. 3. 1982]) die verkürzt tätigen Frauen (ca. 30 v. H.) neben den Rentnern (→ **Altenpolitik**) faktisch die letzte nennenswerte Reserve am Arbeitsmarkt. Zum anderen wird eine fortdauernde Disproportion in der Altersstruktur und dementsprechend in der Relation zwischen erwerbs- und nichterwerbsfähiger Bevölkerung durch zu niedrige Geburtenraten bereits vorprogrammiert.

Die starke Zunahme der Teilzeitarbeit wie der rapide Rückgang der Geburten traten erst nach der Verabschiedung des FGB ein. Die dort formulierte Zielvorstellung wurde der neuen Entwicklung entsprechend konkretisiert, wie aus dem 1972 erschienenen Lehrbuch des Familienrechts exemplarisch hervorgeht: „Worauf es ankommt, ist, daß die Frau den wachsenden Erwartungen und Anforderungen beider Lebensbereiche gemäß ihr Leben gestalten kann, daß sie nicht in dem einen Bereich (z. B. durch Ausweichen auf Teilbeschäftigung oder die Ablehnung verantwortungsvollerer Funktionen, durch den Verzicht auf mehrere Kinder oder auch auf die Ehe) gravierende Zugeständnisse zugunsten des anderen Bereichs für notwendig oder unabänderlich erachtet."

Dieses – im Vergleich zum FGB – erweiterte und anspruchsvollere Leitbild zielt auf eine optimale Harmonisierung von ökonomischer und materneller Funktion der Frau ab. Obwohl das Ausmaß der wechselseitigen Abhängigkeit beider Faktoren bisher nur unzulänglich erforscht ist, lassen die vorliegenden Daten auf enge Beziehungen schließen.

IV. Familienförderung

Seit Ende der 60er Jahre findet die F. in Politik und Wissenschaft der DDR zunehmende Beachtung. Die Anzahl einschlägiger Publikationen ist deutlich gestiegen. Das Recht auf Förderung der F. wurde 1968 in die Verf. aufgenommen (Art. 38, 1) und im SED-Programm von 1976 bekräftigt („Die Sozialistische Einheitspartei Deutschlands widmet der Förderung der Familie, der Fürsorge für Mutter und Kind sowie der Unterstützung kinderreicher Familien und junger Ehen große Aufmerksamkeit"). 1972 begann der gezielte Einsatz sozialpolitischer Maßnahmen – z. B. Erhöhung der → **Geburten-** und → **Kinderbeihilfen**, Verlängerung des Schwangerschaftsurlaubs (→ **Mutterschutz/Förderung von Mutter und Kind**), Einführung des bezahlten Babyjahres vom 2. Kind an, Arbeitszeitverkürzung und Urlaubsverlängerung für Mütter mehrerer Kinder, besondere Unterstützung alleinstehender Mütter (→ **Frauen**). Außerdem werden Ausbildungsbeihilfen für Schüler der EOS (→ **Einheitliches sozialistisches Bildungssystem**) sowie Grundstipendien für Studenten (→ **Ausbildungsförderung**) gewährt. Zusätzlich kann weiterhin für jedes Kind bis zur Beendigung der Ausbildung ein Steuerfreibetrag geltend gemacht werden.

Eheleute unter 26 Jahren haben Anspruch auf zinslose staatliche → **Kredite** bis zu einer Gesamthöhe von 10000 Mark, die zweckgebunden verwendet werden müssen. Innerhalb der 8jährigen Tilgungsfrist werden bei der Geburt des 1. Kindes 1000 Mark erlassen, beim 2. Kind 1500 Mark, beim 3. Kind 2500 Mark.

Die besondere Unterstützung kinderreicher F. (Eltern mit 4 und mehr, Alleinstehende mit 3 und mehr Kindern) ist in der DDR seit 1975 gesetzlich vorgeschrieben. Diese Regelung von 1975 umfaßt u. a.
- Hilfe bei der Wohnungsbeschaffung;
- Mietzuschüsse (abhängig von der Höhe des Einkommens);
- Zuwendungen „zum Erwerb von Kinderbekleidung, Betten und anderen Möbeln, Bettwäsche, Brennstoffen und sonstigen Gegenständen sowie bei besonders hohem Aufwand für Gas- und Stromverbrauch, für Umzugskosten, anläßlich der Einschulung, der Teilnahme am Kinderferienlager und der Jugendweihe" (abhängig vom Einkommen);
- verbilligte Dienstleistungen;
- Bevorzugung bei der Vergabe von Ferienplätzen.

Partielle Erfolge zeichneten sich ab. Zwischen 1974 und 1980 erhöhte sich die Geburtenrate um rd. 37 v. H., 1981/82 war sie allerdings wieder leicht rückläufig. Nach Berechnungen von Demographen werden noch immer zuwenig zweite und dritte Kinder geboren. Neuere Erhebungen bestätigen, daß Frauen vielfach die Belastungen fürchten, die sich aus Berufsarbeit und Mehrkinderhaushalt ergeben. Auch beengte Wohnverhältnisse und mögliche Einbußen im Lebensstandard werden häufig als Grund für den Verzicht auf mehrere Kinder genannt. Fachpublikationen propagieren seit Jahren die 3-Kinder-F. als gesellschaftliche Norm. Entsprechende sozialpol. Maßnahmen traten am 1. 6. 1984 in Kraft: u. a. Verlängerung des bezahlten Babyjahrs auf 18 Monate vom 3. Kind an; bezahlte Freistellung zur Pflege erkrankter Kinder; vorrangige Versorgung mit größeren Wohnungen.

Der Trend zur Teilzeitarbeit konnte mit den erwähnten sozialpolitischen Maßnahmen bislang nicht umgekehrt werden. Ein Mitte der siebziger Jahre konstatiertes „verbreitetes Leitbild in Gestalt der Teilzeitbeschäftigung der Frau" (Neue Justiz 1975, S. 501) dürfte im wesentlichen weiterhin zutreffen. Die bei Befragungen angegebenen Gründe – in erster Linie Überlastung durch häusliche Pflichten – werden von Soziologen als vielfach nicht stichhaltig bewertet. Um möglichst viele Frauen für eine Vollbeschäftigung zu gewinnen, werden die Betriebe „auf eine planmäßige Kaderarbeit mit den Teilzeitarbeitenden orientiert" (Zur gesellschaftlichen Stellung der Frau in der DDR, Leipzig 1978, S. 125). Zusammenfassend ist festzuhalten, daß sich die F.-Politik der SED sowohl theoretisch als auch praktisch in erster Linie an die Frauen wendet. Doch durch das Einräumen von Sonderkonditionen werden die überkommenen Verhaltensmuster verfestigt. Anregungen, bestimmte Erleichterungen alternativ für Mütter oder Väter anzubieten und damit einen Beitrag zur Überwindung von Rollenklischees zu leisten, konnten sich nicht durchsetzen. Folgt man der Ostberliner Familienrechtlerin Anita Grandke, so ist damit auf absehbare Zeit auch nicht zu rechnen: „Solange die Frauen den Hauptteil der familiären Belastungen tragen und solange das eine gesellschaftliche Erscheinung – also nicht nur Einzelfall – ist, solange muß die Familienförderung dem Rechnung tragen, und sie kann bestimmte Leistungen der Gesellschaft – wie die Verkürzung der gesetzlichen Arbeitszeit – im Interesse der Familie von vornherein an die Frauen adressieren." (Familienförderung als gesellschaftliche und staatliche Aufgabe, Berlin [Ost] 1981)

V. Familienerziehung

Beiträge in Massenmedien und Fachzeitschriften, insbesondere aber auch in Lehrbüchern für Pädagogen, Soziologen und Psychologen machen deutlich, daß den erzieherischen Möglichkeiten der F. neuerdings ein höherer Stellenwert beigemessen wird. Die im Lauf der 60er Jahre eher zögernd anerkannte Basisfunktion der elterlichen Erziehung wird inzwischen zunehmend betont. Die Vermittlung von gesellschaftlichen Normen durch die F. gilt jetzt als eine „wesentliche Bedingung für die Persönlichkeitsentwicklung des Kindes" (Wörterbuch der Psychologie, Leipzig 1976, S. 172). → **Elternhaus und Schule**, → **Freie Deutsche Jugend (FDJ)** und F. sollen sich im Erziehungsprozeß gegenseitig ergänzen, wobei der F. – insbesondere im Bereich der Charakterbildung – Aufgaben zugeordnet werden, „die durch andere Erziehungsträger nur zum Teil oder gar nicht ersetzt werden können" (ebd.). Maßgeblich für diese Einschätzung waren zahlreiche Untersuchungen, die einen direkten Zusammenhang zwischen Verhaltensauffälligkeiten bei Kindern bzw. Jugendlichen und gestörten F.-Beziehungen nachgewiesen haben. Lange Zeit war man in der DDR offenbar davon ausgegangen, daß sich die F. spontan im Sinne des offiziellen Leitbildes entwickeln würde. Inzwischen wird diese Entwicklung, sehr viel realistischer, als „konfliktreicher Prozeß" (Wörterbuch der marxistisch-leninistischen Soziologie, 2., erw. Aufl., Berlin [Ost] 1977, S. 179) verstanden, den man nicht dem Selbstlauf überlassen, sondern durch gezielte Beeinflussung steuern will.

Gisela Helwig

Literaturangaben

Zur politischen und moralischen **Erziehung** in der Familie. Hrsgg. von der Akademie der Pädagogischen Wissenschaften der DDR. Berlin (Ost): Volk u. Wissen 1978.

Wie emanzipiert sind die **Frauen** in der DDR? Beruf – Bildung – Familie. Hrsgg. von Herta Kuhrig u. Wulfram Speigner. Lizenzausg. Leipzig. Köln: Pahl-Rugenstein 1979. (Kleine Bibliothek Politik, Wissenschaft, Zukunft. 171.)

Grandke, Anita: Familienförderung als gesellschaftliche und staatliche Aufgabe. Berlin (Ost): Staatsverl. d. DDR 1981.

Helwig, Gisela: Frau und Familie in beiden deutschen Staaten. Köln: Wissenschaft u. Politik 1982.

Hille, Barbara: Familie und Sozialisation in der DDR. Opladen: Westdeutscher Verl. 1984.

Wenik, Elisabeth: Schutz und Förderung von Ehe und Familie. Berlin (Ost): Tribüne 1979.

Werner, Reiner: Problemfamilien – Familienprobleme. Berlin (Ost): Deutscher Verl. d. Wissenschaften 1980.

Familienname: Nach § 7 des Familiengesetzbuches (→ **Familienrecht**) können die Ehegatten als gemeinsamen F. entweder den Namen des Mannes oder den der Frau wählen. Die unwiderrufliche Entscheidung darüber ist bei der Eheschließung zu erklären und in das Ehebuch einzutragen. Die Kinder erhalten dann den gemeinsamen F. Von der Möglichkeit, den Namen der Frau als F. anzunehmen, ist bisher nur sehr wenig Gebrauch gemacht worden. Wenn ein „berechtigtes Interesse" vorliegt (§ 25 Personenstandsgesetz), kann die Ehefrau an den Namen des Mannes noch ihren Geburtsnamen anhängen.

Familienrecht

I. Begriff und Gegenstand
II. Entwicklung
III. Das FGB von 1965
IV. Das Einführungsgesetz zum FGB
V. Das Verfahren in Familiensachen

I. Begriff und Gegenstand

Nach marxistisch-leninistischer Rechtsauffassung ist das F. ein eigenständiges Rechtsgebiet, das die persönlichen und vermögensrechtlichen Verhältnisse zwischen Ehegatten sowie zwischen Eltern und Kindern regelt und nicht primär Vermögensrecht ist. Entsprechend der Praxis in den anderen sozialistischen Staaten ist daher auch in der DDR das F. aus dem kodifizierten → **Zivilrecht** ausgeklammert und als eigenständige Materie in dem am 1. 4. 1966 in Kraft getretenen Familiengesetzbuch (FGB) vom 20. 12. 1965 (GBl. I, 1966, S. 1) mit Einführungsgesetz (EGFGB) (GBl. I, 1966, S. 19) und in der gleichzeitig in Kraft getretenen Familienverfahrensordnung (FVerfO) vom 17. 2. 1966 (GBl. II, S. 171) abschließend kodifiziert worden. Die FVerfO ist inzwischen durch § 205 ZPO vom 19. 6. 1975 (GBl. I, S. 533) wieder aufgehoben und durch Regelungen der ZPO ersetzt worden. Gleichzeitig wurde das vierte Buch des Bürgerlichen Gesetzbuches von 1896 aufgehoben, soweit seine Bestimmungen nicht bereits durch frühere Rechtsakte abgelöst worden waren.

II. Entwicklung

Nach dem II. Weltkrieg war die Entwicklung des F. von 2 Akzenten geprägt: der rechtlichen Gleichstellung von Mann und Frau und der rechtlichen Gleichstellung des unehelichen Kindes mit dem ehelichen Kind.

Schon die Länderverfassungen von 1946 hoben entgegenstehende partikularrechtliche Bestimmungen auf. Durch Art. 7 Abs. 2 und Art. 30 Abs. 2 der Verfassung vom 7. 10. 1949 wurden alle dem Grundsatz der Gleichberechtigung von Mann und Frau entgegenstehenden Vorschriften unmittelbar aufgehoben. Das hierdurch entstandene rechtliche Vakuum wurde nur teilweise durch neue gesetzliche Bestimmungen aufgefüllt, zum großen Teil oblag diese Aufgabe der Rechtsprechung.

Wichtige Rechtsetzungsakte mit Wirkung für das F. waren:

1. Das Gesetz über die Herabsetzung des Volljährigkeitsalters vom 17. 5. 1950 (GBl., S. 437), durch das die Volljährigkeit auf die Vollendung des 18. Le-

bensjahres herabgesetzt wurde. Damit wurden Männer mit 18 Jahren ehemündig, während die Ehemündigkeit der Frauen zunächst weiterhin auf 16 Jahre festgesetzt blieb.
2. Das Gesetz über den Mutter- und Kinderschutz und die Rechte der Frau (Mutterschutzgesetz) vom 27. 9. 1950 (GBl., S. 1037), das zwar nur wenige familienrechtliche Fragen regelte, durch seine ausdrückliche Bestätigung des Grundsatzes der Gleichberechtigung der Frau und seine Grundsätze zum Nichtehelichenrecht aber eine wichtige Grundlage für die Interpretation familienrechtlicher Bestimmungen bildete.
3. Die VO über Eheschließung und Eheauflösung vom 24. 11. 1955 (GBl. I, S. 849), durch die die Bestimmungen des Ehegesetzes vom 20. 2. 1946 abgelöst und das Eherecht neu geregelt wurden.
4. Die Eheverfahrensordnung vom 7. 1. 1956 (GBl. I, S. 145), durch die einige Bestimmungen der ZPO aufgehoben und an das neue materielle Recht der Eheschließung und → **Ehescheidung** angepaßt wurden.
5. Die VO über die Annahme an Kindes Statt vom 29. 11. 1956 (GBl. I, S. 1326), durch die die Bestimmungen des BGB über die Adoption (§§ 1741–1772) aufgehoben wurden und dieser Komplex eine Neuregelung erfuhr.
Veränderungen des geltenden F. durch die Rechtsprechung, teilweise auf der Basis ministerieller Richtlinien, erfolgten für die Regelungen über das Verlöbnis, über das Verhältnis der Ehegatten zueinander, über das Unterhaltsrecht während der Ehe und nach der Ehescheidung sowie über das Verhältnis zwischen Eltern und Kindern. Vor allem das eheliche Güterrecht wurde durch die Rechtsprechung neu gestaltet. Auf der Basis des Gleichberechtigungsgrundsatzes bestimmte sie die Gütertrennung zum gesetzlichen Güterstand (OGZ 1, 123; 3, 298; 7, 222) und gestand der Ehefrau im Falle der Scheidung unter Umständen einen Vermögensausgleichsanspruch zu. Eine wesentliche Rolle für die familienrechtliche Praxis hat ab 1954 der im gleichen Jahr veröffentlichte erste Entwurf eines FGB gespielt. Obwohl er nicht verabschiedet worden ist, wurden seine Bestimmungen von der Rechtsprechung und Verwaltungspraxis wie geltendes Recht behandelt. Inhaltlich wich der Entwurf von 1954 vom FGB vom 20. 12. 1965 z. T. erheblich ab.

III. Das FGB von 1965

Das FGB von 1965 ist geprägt vom Verständnis der Familie als „Keimzelle der sozialistischen Gesellschaft“ und damit von einem aktiven Interesse des Staates und der Gesellschaft an Ehe und Familie, von der konsequenten Realisierung des Grundsatzes der Gleichberechtigung von Mann und Frau sowie vom Verständnis von Ehe und Familie als Lebensgemeinschaft. Mit der Eheschließung begründen die Ehegatten „eine für das Leben geschlossene Gemeinschaft“. Sinn der Ehe ist die Gründung einer Familie.

A. Eherecht

Die **Ehemündigkeit** ist nach dem FGB von 1965 für beide Teile auf die Vollendung des 18. Lebensjahres festgesetzt. Die Eingehung eines Verlöbnisses ist den Ehewilligen zwar freigestellt, es wird jedoch nur noch als Realakt ohne Rechtsfolgen behandelt. Das FGB beschränkt sich auf 4 Eheverbote, nämlich die Doppelehe, die Verwandtschaft, die Adoption und die Entmündigung. Ehen, die gegen eines der Eheverbote verstoßen, sind nichtig. Die **Eheschließung** erfolgt durch Erklärung gegenüber dem Standesamt (→ **Personenstandswesen**) und soll in würdiger Form stattfinden. Die Ehegatten entscheiden sich für einen gemeinsamen Familiennamen (→ **Familienname**), der der voreheliche Name des Mannes oder der Frau sein kann und den auch die gemeinsamen Kinder erhalten. Nach der Ehescheidung können die Ehegatten wieder ihren vorehelichen Namen annehmen.
Die Bestimmungen über die *eheliche Gemeinschaft* sind von dem Grundsatz geprägt, daß die Ehegatten alle Angelegenheiten des gemeinsamen Lebens im beiderseitigen Einverständnis regeln, das Erziehungsrecht über die Kinder gemeinsam ausüben und ihren Anteil an der Erziehung und Pflege der Kinder sowie an der Haushaltsführung tragen. Dabei soll es insbesondere der Frau ermöglicht werden, Mutterschaft mit beruflicher und gesellschaftlicher Tätigkeit zu vereinbaren. Die Ehegatten haben in Angelegenheiten des gemeinsamen Lebens ein gegenseitiges Vertretungsrecht. Die Aufwendungen für die Kosten des Haushalts werden von den Ehegatten nach ihren Möglichkeiten durch Geld, Sach- und Arbeitsleistungen aufgebracht. Aber auch die minderjährigen und die im Haushalt lebenden volljährigen Kinder sind zu entsprechenden Leistungen verpflichtet. Im Falle des Getrenntlebens der Ehegatten statuiert das FGB Unterhaltsverpflichtungen eines Ehegatten gegenüber dem bedürftigen anderen. Den Maßstab für den zu zahlenden Unterhalt bilden die Lebensbedingungen der vorherigen gemeinsamen Haushaltsführung.

B. Eheliches Güterrecht

Das eheliche Güterrecht favorisiert eindeutig den gesetzlichen **Güterstand**, der am Grundtyp der Errungenschaftsgemeinschaft orientiert ist. Danach sind die von den Ehegatten während der Ehe erworbenen Sachen, Vermögensrechte und Ersparnisse gemeinschaftliches Eigentum und Vermögen der Ehegatten, während vor der Eheschließung erworbene Vermögenswerte oder einem der Ehegatten allein während der Ehe im Wege der Schenkung,

Auszeichnung oder Erbschaft zufallende Sachen und Vermögenswerte sowie die seiner persönlichen oder beruflichen Nutzung unterliegenden Sachen Alleineigentum jedes Ehegatten sind. Hiervon abweichende Vereinbarungen dürfen nicht zu Lasten des gemeinschaftlichen → **Eigentums**, soweit dieses der gemeinsamen Lebensführung dient, getroffen werden. Über Gegenstände des gemeinschaftlichen Eigentums verfügen die Ehegatten im beiderseitigen Einverständnis; sie können sich gegenseitig vertreten. Über Häuser und Grundstücke können sie nur gemeinschaftlich verfügen. Wird ein Grundstück von einem Verheirateten erworben, so wird es im Zweifel gemeinschaftliches Eigentum der Ehegatten (§ 299 ZGB). Die Vermögensgemeinschaft der Ehegatten endet mit Beendigung der Ehe; auf Klage eines der Ehegatten kann sie auch schon während der Ehe aufgehoben werden, wenn diese zum Schutze der Interessen des anderen Ehegatten oder minderjähriger Kinder erforderlich ist. Grundsätzlich wird das gemeinschaftliche Eigentum zu gleichen Teilen geteilt, unter Berücksichtigung der Lebensverhältnisse der Beteiligten können den Ehegatten auch ungleiche Anteile zugesprochen werden. Darüber hinaus kann das Gericht einem Ehegatten, der wesentlich zur Vergrößerung oder Erhaltung des Vermögens des anderen beigetragen hat, bei Beendigung der Ehe einen Anteil an dessen Vermögen zusprechen (sog. Ausgleich).

C. Ehescheidung

Die Ehe endet: durch Tod eines Ehegatten, durch Scheidung, durch Nichtigkeitserklärung und durch Todeserklärung eines Ehegatten. Die → **Ehescheidung** beruht auf dem Zerrüttungsprinzip. Jedoch haben die Gerichte der DDR in jedem Scheidungsprozeß „eine sorgfältige Prüfung der Entwicklung der Ehe vorzunehmen“. Voraussetzung der Scheidung ist ferner, daß die Ehe ihren Sinn für die Ehegatten, die Kinder und damit auch für die Gesellschaft verloren hat. Stehen die Interessen minderjähriger Kinder einer Scheidung entgegen oder würde sie für einen Ehegatten eine unzumutbare Härte darstellen, so sind an die Feststellung der Zerrüttung strengere Maßstäbe anzulegen. Das Schuldprinzip behält insofern seine Gültigkeit, als im Urteil der Schuldige für die Zerrüttung der Ehe genannt wird. Durch Beschluß des Obersten Gerichts der DDR vom 24. 6. 1970 sind die unteren Gerichte auf ihre „erzieherischen“ Pflichten hingewiesen und neben der obligatorischen Aussöhnungsverhandlung weitere Maßnahmen in Zusammenarbeit mit den Ehe- und Familienberatungsstellen zur sogenannten Eheerhaltung festgelegt worden.

Im Scheidungsurteil ist gleichzeitig über das elterliche Erziehungsrecht für die minderjährigen Kinder, über die Höhe des Unterhalts des nichterziehungsberechtigten Elternteils, über etwaige Unterhaltsansprüche zwischen den Ehegatten sowie eventuell über die Ehewohnung zu entscheiden. Die Entscheidung über das Erziehungsrecht für die Kinder ist in erster Linie unter dem Gesichtspunkt des Wohls der Kinder zu treffen. Die Umstände der Ehescheidung können jedoch mitberücksichtigt werden. Das Erziehungsrecht kann bei der Ehescheidung auch beiden Eltern entzogen oder seine Ausübung bis zur Dauer eines Jahres ausgesetzt werden. Der nichterziehungsberechtigte Elternteil behält das Recht zum persönlichen Umgang mit dem Kind.

Der Unterhalt zwischen geschiedenen Ehegatten richtet sich nach dem Bedürfnisprinzip unter zusätzlicher Berücksichtigung der Umstände, die zur Scheidung geführt haben. In der Regel ist eine Unterhaltsverpflichtung als eine Übergangshilfe gedacht und daher auf 2 Jahre begrenzt; ca. 85 v. H. der geschiedenen Eheleute erhalten keine Unterhaltszahlungen, 10 v. H. bis höchstens 2 Jahre und nur 5 v. H. für einen längeren Zeitraum. Nur bei Erwerbsunfähigkeit kann eine darüber hinausgehende, eventuell auch dauernde Unterhaltsverpflichtung ausgesprochen werden, wenn sie für den Verpflichteten zumutbar ist. (Zur Absicherung familienrechtlicher Unterhaltsverpflichtungen im innerdeutschen Verhältnis → **Zahlungsverkehr, Grenzüberschreitender**.)

D. Eltern – Kinder

Das *Verhältnis Eltern – Kinder* regelt das FGB für eheliche und **nichteheliche Kinder** gemeinsam. Das elterliche **Erziehungsrecht** wird als „bedeutende staatsbürgerliche Aufgabe der Eltern“ bezeichnet, wobei als Erziehungsziele sowohl allgemeine Werte als auch spezielle Werte der sozialistischen Gesellschaft herausgestellt werden (§ 42 FGB). Das elterliche Erziehungsrecht umfaßt sowohl die Personensorge als auch die rechtliche Vertretung des Kindes. Staatliche Organe und gesellschaftliche Organisationen sollen die Eltern bei der Ausübung des Erziehungsrechts unterstützen. Bei ehelichen Kindern steht das elterliche Erziehungsrecht beiden Elternteilen gemeinsam zu, im Falle der Verhinderung oder des Todes eines Ehegatten einem Elternteil allein. Das gleiche gilt bei Ehescheidung und eventuell auch im Falle des Getrenntlebens. Das Erziehungsrecht für nichteheliche Kinder steht der Mutter zu. Gefährdungen des Kindes können zu Eingriffen in das elterliche Erziehungsrecht – bis zu seinem Entzug – führen.

Die Vaterschaft ehelicher Kinder beruht auf der gesetzlichen Vermutung, daß der Ehemann der Mutter der Vater des Kindes ist; bei nichtehelichen Kindern wird die Vaterschaft durch Anerkennung oder im gerichtlichen Verfahren festgestellt. Das nichteheliche Kind ist mit seinem Vater verwandt und ihm gegenüber unterhalts- und auch erbberechtigt; es erhält jedoch den Namen der Mutter.

E. Adoption

Ein Eltern-Kind-Verhältnis wird auch durch Annahme an Kindes Statt (Adoption) begründet (§§ 66 bis 78 FGB). Die Adoption erfolgt auf Antrag durch Beschluß des Organs für → **Jugendhilfe**. Der Annehmende muß volljährig, der Angenommene minderjährig sein, zwischen beiden soll ein angemessener Altersunterschied bestehen. Ehegatten sollen Kinder nur gemeinschaftlich adoptieren. Die Adoption schafft die gleichen Beziehungen, wie sie zwischen Eltern und Kindern bestehen und begründet auch zwischen dem Kind und dessen Abkömmlingen und den Verwandten des Annehmenden die gleichen Rechte und Pflichten wie zwischen leiblichen Verwandten. Ein Eheverbot besteht allerdings nur zwischen dem Annehmenden und dem Kind. Zur Adoption ist in der Regel die Einwilligung der Eltern erforderlich, ausnahmsweise kann sie jedoch durch das Gericht ersetzt werden. Auch der Anzunehmende muß, wenn er das 14. Lebensjahr vollendet hat, einwilligen. Mit der Adoption erlöschen alle Rechte und Pflichten aus dem Verhältnis zwischen dem Kind und seinen leiblichen Verwandten. Die Adoption kann nur durch das Gericht aufgehoben werden. Zur Klage sind unter bestimmten Voraussetzungen die Eltern, das Organ der Jugendhilfe und der Annehmende berechtigt.

F. Vormundschaft und Pflegschaft

Ähnliche Verhältnisse wie das Eltern-Kind-Verhältnis begründen die Vormundschaft und die Pflegschaft. Die Vormundschaft über einen Minderjährigen wird angeordnet, wenn niemand das elterliche Erziehungsrecht hat, die Pflegschaft dann, wenn die erziehungsberechtigten Eltern oder der Vormund verhindert sind oder eine Vertretung des Kindes durch sie aus Gründen der Pflichtenkollision entfällt. Vormundschaft und Pflegschaft können auch unter bestimmten Voraussetzungen über Volljährige angeordnet werden.

G. Verwandtschaft

Bei den Regelungen über die Verwandtschaft unterscheidet das FGB zwischen Verwandten in gerader Linie und in der Seitenlinie sowie nach Verwandtschaftsgraden. Unterhaltspflichten bestehen nur zwischen Verwandten auf- und absteigender Linie (z. B. nicht zwischen Geschwistern); sie sind auf drei Generationen beschränkt und grundsätzlich vom Bedürftigkeitsprinzip beherrscht.

IV. Das Einführungsgesetz zum FGB

Das Einführungsgesetz zum FGB (EGFGB) enthält neben Übergangsbestimmungen sowie erb- und sachenrechtlichen Anpassungsbestimmungen (→ **Zivilrecht**) die Vorschriften zum internationalen F. Für die Gültigkeit der Eheschließung ist das Heimatrecht maßgeblich, die Form richtet sich nach dem Ortsrecht. Bürger der DDR bedürfen zur Eheschließung mit einem Bürger eines anderen Staates einer staatlichen Genehmigung. Für die persönlichen und vermögensrechtlichen Beziehungen der Ehegatten sowie für die Ehescheidung gilt das Heimatrecht; wenn die Ehegatten verschiedenen Staaten angehören, das Recht der DDR. Die Abstammung von Kindern, die Rechtsverhältnisse zwischen Eltern und Kindern, die Adoption, Vormundschaft und Pflegschaft richten sich nach dem Heimatrecht der Betroffenen. Bei der Anwendung fremden Rechts findet der Grundsatz des Ordre public, d. h. der grundsätzlichen Vereinbarkeit mit dem eigenen Recht, Anwendung. Ehescheidungen durch ausländische Gerichte bedürfen der Anerkennung durch den Minister der Justiz. Hiervon ausgenommen sind Scheidungsurteile der Gerichte der Bundesrepublik Deutschland und Berlins (West). Anderslautende internationale Vereinbarungen finden vor diesen gesetzlichen Bestimmungen Anwendung.

V. Das Verfahren in Familiensachen

Das Verfahren in Familiensachen richtet sich nach der Zivilprozeßordnung (ZPO) vom 19. 6. 1975 (→ **Zivilprozeß**), in der einige besondere Bestimmungen für F.- und Ehesachen enthalten sind. In allen F.-Sachen ist das Kreisgericht zuständig (→ **Gerichtsverfassung**). Dem Ehescheidungsverfahren ist eine grundsätzlich obligatorische Aussöhnungsverhandlung vorgeschaltet, die zur Aussetzung des Verfahrens bis zu einem Jahr führen kann, wenn Aussicht auf Aussöhnung der Parteien besteht. Wie auch sonst im Zivilprozeßrecht der DDR gilt für das Ehescheidungsverfahren der Grundsatz der umfassenden Aufklärung des Sachverhalts (Offizialmaxime). Die Öffentlichkeit des Verfahrens kann ausgeschlossen oder eingeschränkt werden, wenn dies im Interesse der vollständigen Aufklärung des Ehekonflikts geboten ist. Für die Entscheidung gilt der Grundsatz der Einheitlichkeit, d. h. es muß gleichzeitig mit dem Urteil über die Scheidung oder Nichtigkeit der Ehe über das elterliche Erziehungsrecht, den Unterhalt für die Kinder und auf Antrag über eventuelle Unterhaltsansprüche eines Ehegatten entschieden werden. Auf Antrag sind außerdem die Vermögensteilung, der **Ausgleichsanspruch** und die Zuteilung der ehelichen Wohnung mit dem Eheverfahren zu verbinden.

Klaus Westen

Literaturangaben

Familienrecht. Lehrbuch. 3. Aufl. Berlin (Ost): Staatsverl. d. DDR 1981.

Das **Familienrecht** der DDR. Kommentar. 4. Aufl. Berlin (Ost): Staatsverl. d. DDR 1973.

Schlicht, Götz: Das Familien- und Familienverfahrensrecht der DDR. Tübingen und Basel: Erdmann 1970. (Studien d. Instituts f. Ostrecht. München. 21.)

Feierabendarbeit: Freiwillige bezahlte Arbeitsleistungen, die von vollbeschäftigten Arbeitern und Angestellten außerhalb ihres bestehenden Arbeitsverhältnisses oder von Bürgern aus der nichtberufstätigen Bevölkerung unter Leitung der staatlichen Organe und Einrichtungen geleistet werden. Im Gegensatz zur früheren Regelung (AO über die Vergütung von F. in den Betrieben, staatlichen Organen und Einrichtungen vom 23. 10. 1967 – GBl. II, S. 746) ist seit dem Beschluß zur Durchsetzung von Ordnung und Disziplin bei Leistung zusätzlicher Arbeit in Betrieben, staatlichen Organen und Einrichtungen vom 4. 2. 1970 (GBl. II, S. 133) den Betrieben und sozialistischen Genossenschaften untersagt, zusätzliche Arbeit im Rahmen von F. und ähnlichen Formen durchzuführen. Gesetzliche Grundlage ist jetzt der Beschluß zur Erhöhung von Ordnung und Disziplin sowie zur Durchsetzung einer straffen Kontrolle bei Leistung zusätzlicher Arbeit vom 14. 8. 1975 (GBl. I, S. 631). Er verpflichtet die Leiter staatlicher und wirtschaftsleitender Organe, Kombinate, Betriebe und Einrichtungen, durch Maßnahmen zur weiteren Intensivierung der Produktion und die Förderung der Masseninitiative der Werktätigen im sozialistischen Wettbewerb sowie die volle rationelle Nutzung des zur Verfügung stehenden Arbeitszeitfonds die Voraussetzungen dafür zu schaffen, daß die Planaufgaben in der gesetzlichen Arbeitszeit erfüllt werden. Zusätzliche Arbeitsleistungen dürfen nur im Rahmen von Überstunden erbracht werden, sofern sie über die gesetzliche Arbeitszeit hinausgehen. „Sozialistische Hilfe" zwischen den Betrieben, staatlichen Organen und Einrichtungen ist auf vertraglicher Grundlage durchzuführen. Hierbei sollen die einschlägigen Bestimmungen über die vorübergehende Übertragung einer anderen Arbeit beachtet werden (→ **Arbeitsrecht**, IV. 4.). Freiwillige bezahlte Tätigkeit von Werktätigen außerhalb bestehender Arbeitsverhältnisse und von Genossenschaftsmitgliedern ist nur unter bestimmten, im einzelnen aufgeführten Voraussetzungen zulässig. Die Bestimmungen des Gesundheits- und Arbeitsschutzes sowie des Brandschutzes sollen konsequent durchgesetzt werden.
Die wichtigste Ausnahme gilt für den Baubereich. Es gilt dafür die AO über die Zulässigkeit, Vergütung und Kontrolle von zusätzlicher Arbeit bei der Vorbereitung und Durchführung von Baumaßnahmen vom 25. 8. 1975 (GBl. I, S. 632). Darin ist im einzelnen geregelt, für welche Baumaßnahmen zusätzliche Arbeit erlaubt ist. Die Vergütung erfolgt nach in einer Anlage zur AO festgelegten Stundenverrechnungssätzen. Sonn- und Feiertagszuschläge sind zu zahlen. Die Vergütung ist lohnsteuerfrei und unterliegt nicht der Beitragspflicht zur Sozialversicherung.
Für die stunden- und tageweise Beschäftigung zur Durchführung von Baumaßnahmen geringen Umfangs von Handwerkern und anderen Gewerbetreibenden, die Mitglied der Handwerkskammer oder der Industrie- und Handelskammer sind, gilt die Vereinbarung zwischen dem Bundesvorstand des FDGB und den Handwerkskammern der Bezirke, der Handwerkskammer Groß-Berlin, den Industrie- und Handelskammern der Bezirke und der Industrie- und Handelskammer Groß-Berlin vom 1. 3. 1973 mit ähnlichem Inhalt.
Dienstleistungen, die von Privatleuten für persönliche Zwecke, z. B. Reparaturen im Haushalt oder Eigenheimbau in Anspruch genommen werden, fallen nicht unter den Geltungsbereich der genannten Bestimmungen und Vereinbarungen.
Das gilt auch für die organisierte Aufbauarbeit im Rahmen des → **Nationalen Aufbauwerkes (NAW)**.

Feiern, Sozialistische: SF. sind in der DDR zur Ablösung entsprechender kirchlicher, bisher in der Tradition verankerter Feiern geschaffen worden. Bedeutsamste SF. ist die → **Jugendweihe** für die 14jährigen, die seit 1954 zunächst neben, später zunehmend an die Stelle der evangelischen **Konfirmation** getreten ist. Seit 1957 gibt es die **Namensweihe**, zunächst sozialistische Namensgebung genannt, die **sozialistische Eheschließung** (auch Eheweihe), das **sozialistische Begräbnis** (Grabweihe) und die sozialistische **Arbeiterweihe**. Material und Anleitungen für die verschiedenen Weihehandlungen und anderen Feiern werden, außer für die Jugendweihe, vom „Zentralhaus für Kulturarbeit", Leipzig, zur Verfügung gestellt.
Statistische Angaben über Namensweihe, sozialistische Eheschließung und Begräbnis liegen nicht vor. Nach dem Rückgang der christlichen Säuglingstaufe verbreitet sich die Namensweihe stärker, weniger als Einzelfeier im Standesamt kurz nach der Geburt, häufiger als kollektive, von den Betrieben in gewissen Zeitabständen für die ein- bis zweijährigen Kinder der Betriebsangehörigen organisierte Feier.
Die sozialistische Eheschließung ersetzt nicht die standesamtliche Trauung, sondern folgt ihr ähnlich wie die kirchliche Trauung. Kirchliche Trauungen sind selten geworden; die sozialistische Eheschließung, die oft vom Betrieb eines der Ehegatten ausgerichtet wird, ist verbreiteter. Am seltensten ist das sozialistische Begräbnis, obgleich auch hier eine Zunahme beobachtet wird. Ende der 70er Jahre wurde zeitweise versucht, sozialistische Arbeiterweihen populär zu machen; es handelt sich um F. für Lehrlinge beim Übergang von der Lehre in den Beruf (→ **Jugend**, IX.; **Kirchen**, IV.).

Feiertage: Die Zahl der gesetzlichen, also arbeitsfreien F. ist anläßlich der Einführung der 5tägigen Arbeitswoche 1967 vermindert worden; geschützt sind: 1. Januar, Karfreitag, Ostersonntag, 1. Mai, Pfingstsonntag und -montag, 7. Oktober („Tag der Republik"), 25. und 26. Dezember. Zu Werktagen wurden Ostermontag, Himmelfahrt und Bußtag, ferner der „Tag der Befreiung" (8. Mai). An den 3 genannten kirchlichen F. sowie an Fronleichnam und am Reformationstag soll den Werktätigen zum Besuch des Gottesdienstes auf Wunsch unbezahlte Freizeit gewährt werden. **Staatsfeiertage** sind der 1. Mai („Internationaler Kampf- und Feiertag der Werktätigen") und der 7. Oktober (Gründung der DDR, 1949).
Im übrigen gibt es noch rund 30 Gedenktage bzw. „Festtage", die allerdings alle keinen F.-Charakter ha-

ben. So gelten beispielsweise als Gedenktage der 21. April (Gründung der SED, 1946) und der 7. November (Jahrestag der „Großen Sozialistischen Oktoberrevolution in Rußland“, 1917). Festtage gibt es für die Angehörigen fast aller Berufsgruppen; sie reichen vom „Tag des Werktätigen des Post- und Fernmeldewesens“ (im Februar) bis zum „Tag des Metallurgen“ (im November). Fast alle diese Tage wechseln datumsmäßig von Jahr zu Jahr und werden zumeist auf einen Samstag oder Sonntag festgesetzt, also auf die Wochenendtage, an denen nicht gearbeitet wird.

Feinmechanische und Optische Industrie: Entsprechend der Industriezweigsystematik der DDR ein Zweig des Industriebereichs Elektrotechnik/Elektronik/Gerätebau (→ **Elektrotechnische und Elektronische Industrie**). Bis Ende 1967 umfaßte die FOI. auch die Betriebe der Datenverarbeitungs- und Büromaschinenindustrie und die der Meß-, Steuer- und Regelungstechnik. Ab 1968 verblieben im Zweig FOI. Betriebe zur Herstellung von optisch-mechanischen Geräten, von Erzeugnissen des wissenschaftlichen Gerätebaus, von medizinisch-mechanischen Geräten usw. Der bekannteste feinmechanisch-optische Betrieb der DDR ist das Kombinat VEB Carl Zeiss Jena. In diesem Kombinat arbeiten 46000 Werktätige in 17 Betrieben.
Die **Fotoindustrie** hatte schon vor 1945 ihren traditionellen Sitz im Raume Dresden. 60 v.H. der Produktion waren hier konzentriert. Nach 1945 hat sich die Bedeutung Dresdens als Standort der Fotoapparateindustrie noch vergrößert. Hier produzieren die Betriebe der Marken Zeiss-Ikon, Altissa, Welta, Filmosto und Belca. Alle diese Betriebe sind organisatorisch zusammengefaßt in dem Großbetrieb Kombinat Pentacon, Dresden (10000 Beschäftigte in 6 Betrieben).

Produktion ausgewählter feinmechanischer und optischer Geräte

Erzeugnisse	Einheit[1]	1960	1970	1980	1982
Ferngläser	1000 Stück	114	136	248	248
Spiegelreflexkameras	1000 Stück	98	291	406	389
Mechanisch-optische Geräte und Apparate	Mill. Mark	335	715	1434	1520
Uhren	Mill. Mark	112	178	359	405
Medizin-technische Erzeugnisse	Mill. Mark	63	135	313	387
Laborgeräte	Mill. Mark	38	92	164	183

1 Wertangaben in konstanten Preisen (kPP_{80}).
Quelle: Statistisches Jahrbuch der DDR 1983, S. 146.

Von 1970 bis 1980 hat sich die Bruttoproduktion der FOI. um das 2,31fache und damit im Vergleich zur gesamten Industrie überdurchschnittlich erhöht. Innerhalb des Industriebereichs Elektrotechnik/Elektronik/Gerätebau rangiert sie beim Vergleich der Wachstumsraten vor der Elektrotechnischen Industrie sowie der Industrie der Meß-, Steuer- und Regelungstechnik.
Der jahresdurchschnittliche Produktionszuwachs betrug in der FOI. im Zeitraum 1961–1965 4,7 v.H. (zum Vergleich: jahresdurchschnittlicher Produktionszuwachs des übergeordneten Industriebereichs Elektrotechnik/Elektronik/Gerätebau: 9,4 v.H.), 1966–1970 11,9 v.H. (9,6 v.H.), 1971–1975 6,2 v.H. (9,3 v.H.), 1976–1980 11,3 v.H. (8,7 v.H.). Die FOI. ist vor allem für den DDR-Export von großer Bedeutung. So wurden beispielsweise 1980 über 50 v.H. der erzeugten Fotoapparate ausgeführt.

Feriendienst des FDGB: Der F. ist eine Einrichtung des → **Freien Deutschen Gewerkschaftsbundes (FDGB)** zur Vermittlung verbilligter Ferienreisen an Gewerkschaftsmitglieder.
1. Zur Entwicklung des F. Am 20. 3. 1947 gegründet (10 FDGB-Heime; 17500 Reisen), hat sich der F. unter Einsatz erheblicher gewerkschaftseigener, staatlicher und betrieblicher Mittel zu einer großen Urlaubsorganisation entwickelt. Die Unterbringungsmöglichkeiten wurden insbesondere nach dem VIII. Parteitag der SED (1971) durch die Vergrößerung und den Neubau gewerkschaftseigener Heime, aber auch durch die Werbung von neuen Privatquartieren sehr erweitert. Ferner wurden in den 70er Jahren erhebliche Mittel aufgewendet, um die bestehenden Einrichtungen zu renovieren und zu modernisieren. Durch einen Beschluß des → **Politbüros des ZK der SED** wurden 1972 auch 7 Interhotels (je eines in Obersdorf, Warnemünde, Saßnitz, Dresden, Potsdam sowie zwei in Schwerin) mit einem Teil ihrer Kapazität (50–80 v.H.) dem F. zur Verfügung gestellt. Durch Vereinbarungen mit Gewerkschaften anderer Staaten sollte auch die Zahl der Auslandsreisen im Rahmen des F. vermehrt werden; hierbei konnten allerdings kaum Fortschritte erreicht werden. Im Ergebnis dieser Bemühungen stieg die Bettenzahl in 10 Jahren im F. von 89522 (1970) auf 126101 (1980). Für den laufenden Fünfjahrplan 1981–1985 ist ein weiterer – wenn auch wesentlich verlangsamter – Ausbau des F. um 8500–9000 Betten vorgesehen. Einrichtungen mit 1900 Betten sollen modernisiert werden.
Die Finanzierung des F. erfolgt aus staatlichen Mitteln (Neuinvestitionen und Generalüberholungen der Unterkünfte; Verbilligung der Eisenbahnfahrten), aus dem Beitragsaufkommen des FDGB (laufender Unterhalt der Heime; Zuschüsse zu den Aufenthaltskosten), betrieblichen Fonds (Unterhalt der betriebseigenen bzw. vom Betrieb angemieteten Heime; Zuschüsse für Reisen von Familien mit mehr als 3 Kindern) und aus den vom Urlauber für die Ferienschecks zu entrichtenden Beträgen.
2. Zur Organisation des F. F. wird zentral von der Abteilung F. des Bundesvorstandes (BV) des FDGB geplant. Den Grundorganisationen (→ **Betriebsgewerkschaftsorganisation [BGO]**) werden die Ferienreisen entsprechend einem jährlich vom Sekretariat des BV des FDGB beschlossenen Kriterienkatalogs von den Kreisvorständen (KV) des FDGB zugeteilt. (Ausgenommen von dieser Regelung sind Auslandsreisen und Auslandsschiffsreisen, die auf Vorschlag der BGL von den KV direkt an die Interessierten vergeben werden.) Die BGO haben die Ferienreisen gegenüber den KV

abzurechnen und die nichtverteilten Reisen rechtzeitig (spätestens 6 Wochen vor Reiseantritt) an diese zurückzugeben. Können Reisen aus Verschulden des Reisewilligen oder aus Gründen, die die Betriebsgewerkschaftsleitung (BGL) zu vertreten hat, nicht angetreten oder rechtzeitig zurückgegeben werden, ist ein Garantiebetrag (Preis des Ferienschecks abzgl. Verpflegungskostenanteil) zu entrichten.
Die Verteilung der Ferienreisen erfolgt durch die BGL. Sie wird dabei von ihrer *Feriendienstkommission* unterstützt. Bevorzugt werden sollen Werktätige, die Schichtarbeit leisten und/oder unter erschwerten Arbeitsbedingungen arbeiten, sowie Familien mit drei und mehr Kindern. Weitere Auswahlkriterien sind → **Gesellschaftliche Tätigkeit** im Betrieb bzw. im Wohngebiet, allgemeiner Gesundheitszustand, Dauer der Mitgliedschaft im FDGB und die Zahl der bisher erhaltenen Reisen. Anspruchsberechtigt sind grundsätzlich Gewerkschaftsmitglieder, die dem FDGB mindestens ein Jahr angehören (ausgenommen von dieser Voraussetzung sind Erwerbstätige, die erstmals eine Berufstätigkeit aufgenommen haben, und Lehrlinge) und die die satzungsgemäßen Beiträge entrichtet haben. Erwachsene Familienangehörige, die nicht Gewerkschaftsmitglied sind, können an den Reisen – das Vorhandensein entsprechender Plätze vorausgesetzt – ebenfalls teilnehmen, entrichten aber einen höheren Preis (Preisdifferenz bei 13tägigen Reisen der Kategorien 1–4: 80 Mark, sonst weniger). Die Preise der Reisen sind nach Ausstattung und gebotenem Service in 8 Kategorien unterteilt (die Kategorie 1 umfaßt die Interhotels und hat den höchsten Preis; die Kategorie 8 umfaßt Ein- und Mehrbettzimmer in mittlerer bis moderner Ausstattung bei Selbstverpflegung, diese Reisen sind für Gewerkschaftsmitglieder kostenlos, Nichtmitglieder zahlen 30 Mark). Weitere Abstufungen ergeben sich aus der Zahl der Betten pro Zimmer sowie nach dem Zeitpunkt der Reise (Saison, saisonnah, saisonfern). Die Preise in den Kategorien 4–7 richten sich außerdem nach der Höhe des Einkommens. Die Reisedauer ist auf 7, 10 oder 13 Tage festgelegt, wobei die 13tägigen Reisen überwiegen. Entsprechend unterschiedlich sind die Preise, die für einen **Ferienscheck** (Anrechtsschein für eine genau bezeichnete Unterkunft zu einem feststehenden Zeitpunkt für eine bestimmte Person) gezahlt werden müssen. Z.B. kostet ein 13tägiger Aufenthalt mit Vollpension für Gewerkschaftsmitglieder in der Kategorie 1 (Interhotel) 310 Mark, in der Kategorie 4 bei einem Einkommen unter 500 Mark: 50 Mark, bei einem Einkommen über 1250 Mark: 100 Mark. Mitreisende Kinder zahlen bei 13tägigen Reisen in der DDR grundsätzlich nur 30 Mark (Ausnahme: Kinder über 10 Jahren in Interhotels: 80 Mark). Da die Kosten für die An- und Abreise im Preis des Ferienschecks nicht enthalten sind, hat jedes Gewerkschaftsmitglied für sich und seine Familienangehörigen gegen Vorlage des Ferienschecks oder des Mitgliedsbuches des FDGB einmal jährlich einen satzungsmäßigen Anspruch auf eine um 33⅓ v.H. ermäßigte Reise mit der Deutschen Reichsbahn.
Die BGL und ihre F.-Kommission verteilen nach den gleichen Kriterien und unter Beachtung der bereits ausgegebenen Ferienschecks auch die Plätze in den betrieblichen Ferien- und Erholungsheimen. Sie sind darüber hinaus an der Beschickung und Betreuung der Betriebsferienlager (→ **Feriengestaltung**) maßgeblich beteiligt. Die Preise für Reisen in die betrieblichen Urlaubseinrichtungen werden zwischen Betriebsleiter und BGL vereinbart; sie orientieren sich an den Preisen der Ferienschecks. Die Finanzierung der betrieblichen Heime usw. erfolgt aus dem → **Kultur- und Sozialfonds**. Um den Betriebsangehörigen mehr Abwechslung in den Reisezielen bieten zu können, werden die Heimplätze vielfach zwischen den Betrieben von Jahr zu Jahr ganz oder teilweise aufgrund vertraglicher Festlegungen ausgetauscht. Außerdem stellen die Betriebe von ihnen nicht genutzte Bettenplätze dem F. zur Verfügung. – Um das Angebot an Erholungsmöglichkeiten zu vergrößern, bemühen sich die örtlichen → **Räte im Staatsapparat**, die Betriebe und die betrieblichen und regionalen FDGB-Leitungen seit Jahren um einen Ausbau der Naherholungsgebiete.
Der F. und die betrieblichen Ferienreisen machen noch immer das bei weitem größte Angebot an Urlaubsreisen in der DDR aus. Allerdings hat daneben die Zahl der Campingreisen ständig zugenommen (von 1,57 Mill. im Jahr 1973 auf 2,28 Mill. im Jahr 1982). Dagegen sind die vom Reisebüro der DDR Inland vermittelten Reisen von 203978 (1970) auf 92068 (1982) zurückgegangen (→ **Tourismus**). Die von diesem Reisebüro vermittelten Urlaubsreisen ins (vor allem sozialistische) Ausland stagnieren nach einem Anstieg in der ersten Hälfte der 70er Jahre bzw. sind nach der 1980 erfolgten Restriktion des Reiseverkehrs nach Polen rückläufig (unter den 1982 insges. vermittelten 809335 Auslandsreisen waren 412758 Urlaubsreisen). Auf diesem Hintergrund wird die unveränderte Bedeutung des F. einsichtig. Zwar gibt es noch immer Klagen über Unterbringung, Verpflegung, Eintönigkeit im Angebot usw., doch haben sich der FDGB und die Betriebe bemüht, durch Renovierungen den Komfort zu verbessern und auch das kulturelle Angebot zu vergrößern. Die Versuche, die Urlauber am Urlaubsort mit → **Agitation und Propaganda** zu erreichen, sind seit jeher allerdings als Belästigung empfunden worden. Derartige Bestrebungen sind in jüngerer Zeit offensichtlich zurückgenommen worden (Harry Tisch, Vors. des FDGB, 1982 auf dem 7. FDGB-Kongreß: „Eine Bemerkung zur Urlaubsgestaltung. Da gibt es ein weit gefächertes Angebot in den Ferienheimen, doch sollten wir bei all den Aktivitäten nicht außer acht lassen, daß der Urlauber sich ganz so erholen soll, wie er es selbst gerne möchte. Wenn er laufen will, mag er laufen; aber möchte er schlafen, dann soll man ihn nicht stören.")
3. Zahlen zum F. 1982 (in Klammern die Zahlen für 1971) verfügte der F. insgesamt über 129539 (90114) Bettenplätze. Seine eigenen 680 (650) Ferienheime stellten davon 48630 (26162); in den mit dem F. vertraglich verbundenen 106 (130) Betriebserholungsheimen waren es weitere 5644 (4469). Die Zahl der Bettenplätze in Hotels bzw. Interhotels stieg von 310 (1971) auf 2383

(1982). Die Zahl der Betten in Vertragshäusern ist leicht rückläufig: 29766 (30978), während sie in Privatquartieren stark angestiegen ist: 43116 (28195). Die Zahl der Urlaubsreisen im Rahmen des F. wird für 1982 mit 1767799 (1179636) angegeben. Der F. vermittelte weiter 14435 (13672) Reisen ins Ausland; 8860 (8054) Ausländer verbrachten im gleichen Zeitraum einen Urlaub in den Einrichtungen des FDGB. – Für die betrieblichen Erholungseinrichtungen neben dem F. ergeben sich für 1982 folgende Zahlen: 362195 Übernachtungsplätze (Erholungsheime: 69602; Schulungsheime: 10950; Bungalows: 131886; Wohnwagen, Zelte u. ä.: 106125; vertraglich genutzte Privatquartiere: 43632), von denen allerdings nur 73201 (Erholungsheime: 48227; Schulungsheime: 9231; Bungalows: 15743) ganzjährig zu nutzen waren. Die Zahl der Urlauber betrug 2957298.

Im Zeitraum zwischen seinem IX. und X. Kongreß (1977–1981; in Klammern die Zahlen für die Jahre 1972–1976) hat der FDGB 1152,6 Mill. Mark (814,7 Mill. Mark) für Urlaub und Erholung aufgewendet. In diesen Zahlen dürften jedoch die direkten staatlichen Zuschüsse enthalten sein. – 1976 wurden die durchschnittlichen Kosten je Ferienaufenthalt mit 222 Mark angegeben, von denen 34 Mark aus dem Staatshaushalt und 93 Mark vom FDGB aus Beitragsmitteln aufgebracht wurden, so daß auf das einzelne Mitglied im Durchschnitt pro Platz 95 Mark (= 43 v. H.) als Eigenbeteiligung verblieben. 1981 betrug der zentrale Zuschuß aus Mitteln des FDGB und des Staates je Erholungsaufenthalt 143 Mark; die von den Urlaubern gezahlten Beträge haben nur noch 32 v. H. der tatsächlichen Kosten gedeckt. 1982 soll dieser Anteil auf 28 v. H. zurückgegangen sein. Insgesamt hat der FDGB 1982 für Urlaub und Erholung 144,9 Mill. Mark aufgewendet.

Feriengestaltung: In der DDR haben Partei und Staat mit Hilfe der → **Freien Deutschen Jugend (FDJ)**, der → **Pionierorganisation „Ernst Thälmann"**, der Betriebe, des → **Freien Deutschen Gewerkschaftsbundes (FDGB)** sowie der örtlichen Verwaltungen eine organisierte F. aufgebaut. Im 3. Jugendgesetz der DDR vom 28. 1. 1974 heißt es: „Die sozialistische Gesellschaft ermöglicht der Jugend die erlebnisreiche und sinnvolle Gestaltung der Ferien, des Urlaubs und der Touristik. Anliegen der Jugend ist es, sich bei vielfältiger kultureller, sportlicher und touristischer Betätigung zu erholen und zu bilden, ihrer Lebensfreude Ausdruck zu geben und ihre Leistungsfähigkeit zu erhöhen." (GBl. I, 1974, S. 45) Ferner wird darin eine Verstärkung der „kollektiven Formen" der F. gefördert; besonderer Wert wird dabei auf Urlaubsreisen in die „Länder der sozialistischen Staatengemeinschaft" gelegt, vor allem in bezug auf den Austausch in „Freundschaftszügen" der FDJ.

Die organisierte F. wird zentral gelenkt und koordiniert. Auf staatlicher Seite besteht ein Zentraler Ausschuß für F. Er untersteht dem → **Amt für Jugendfragen beim Ministerrat**. Dieser Ausschuß arbeitet eng mit den verschiedenen Abteilungen für Volksbildung der Räte der Bezirke, Kreise und Gemeinden zusammen. Auch die FDJ wirkt an der Organisation der F. mit. Durch das 3. Jugendgesetz (1974) wurde das Engagement der Jugendorganisation in diesem Bereich weiter verstärkt.

Für die Aufgaben der F. stellt die DDR jedes Jahr erhebliche finanzielle Mittel bereit. Im Jahr 1981 wurden rd. 300 Mill. Mark aus staatlichen → **Fonds** (Staatshaushalt), aus betrieblichen Fonds (Sozial- und Kulturfonds der Betriebe) und aus Mitteln des FDGB zur Verfügung gestellt, wovon der größte Teil – rd. 200 Mill. Mark – in die Einrichtung der Ferienlager fließt. Die gesamten Mittel betrugen 1981 100 Mill. Mark mehr als noch 1971. 73 Mill. Mark sind allein für die Gestaltung der Ferientage an Oberschulen („Ferienspiele" zu Hause) und 25 Mill. Mark an staatlichen Mitteln für die Zentralen Pionierlager vorgesehen. Das Aufkommen der Mittel teilt sich zwischen Betrieben, Staatshaushalt und FDGB im Verhältnis von 3 : 2 : 1 auf.

In den großen Sommerferien Juli/August 1982 waren in der DDR von insgesamt ca. 2,3 Mill. Schülern der Klassen 1–12 rd. 2 Mill. durchschnittlich 3 Wochen „unterwegs", davon in Ferienlagern allein rd. 1,3 Mill. Kinder; in Ferieneinrichtungen des FDGB verbrachten rd. 600000 Kinder und Jugendliche mit ihren Eltern zusammen die Ferien. Der Rest der Schüler verbrachte seine Ferien zu Hause im Rahmen der Veranstaltungen und Einrichtungen der örtlichen F.

Organisierte F. wird seit über 20 Jahren vor allem in Form der Ferienlager betrieben: sie sind der wichtigste Teil staatlicher F. Schwerpunkt der Ferienlager sind die Betriebsferienlager, wovon 1981 insgesamt 5000 mit ca. 900000 Plätzen zur Verfügung standen. Die Lager liegen zumeist in landschaftlich reizvollen Gegenden. Für den Unterhalt kommen die Großbetriebe auf. Dadurch entstanden z. T. enge Patenschaftsbeziehungen zwischen den Ferienlagern und den Beschäftigten des Trägerbetriebes. Viele Betriebe haben ihr eigenes Ferienlager. Betriebsangehörige kümmern sich in ihrer Freizeit um die Instandhaltung und den Ausbau „ihres" Lagers, sind als Lagerbetreuer tätig und leiten „Ferienexpeditionen" in benachbarte Betriebe. In der Nähe dieser Lager werden gelegentlich sog. Touristenstationen für Erwachsene unterhalten. Je nach Lagertyp stehen Spiel, Sport, Erholung, Unterricht oder Ferienarbeit im Vordergrund des Tagesablaufs. Ein 3wöchiger Aufenthalt in einem Betriebsferienlager kostet die Eltern pro Kind je nach Zahl der Kinder zwischen 6 und 12 Mark.

Darüber hinaus existieren Schwerpunktlager bzw. „Spezialistenlager". Hier werden in 8–10tägigen Kursen Grundkenntnisse und Fertigkeiten in verschiedenen Grundberufen, in Verkehrs- und Brandschutz und im Sanitätswesen vermittelt.

Zu den Spezialistenlagern zählen auch „Sprachlager", in denen z. B. im Umgang mit Kindern aus anderen Ländern russische und französische Sprachkenntnisse vermittelt werden. Besonderer Beliebtheit erfreuen sich in diesem Zusammenhang auch die Schwimmlager.

Seit 1966/67, mit Gründung der ersten Studenten- und Schülerbrigaden, gibt es als Sondertyp der F. die „Lager der Erholung und Arbeit". 1982 wurden in 1500 solcher

Lager Plätze für 80000 Jugendliche (FDJ-Mitglieder) im Alter zwischen 14 und 18 Jahren bereitgehalten. In solchen, vor allem durch die FDJ organisierten Lagern wird an Jugendobjekten gearbeitet, vorwiegend im Bereich der Landwirtschaft (Ernte, Meliorationen) und der Bauwirtschaft (z. B. Bau einer Ferngasleitung). Die Jugendlichen werden für ihre Arbeit bezahlt, die Vergütung entspricht der für diese Arbeit vorgesehenen Lohngruppe und ist grundsätzlich steuerfrei. Sozialversicherungsabgaben werden ebenfalls nicht erhoben. Vor Aufnahme der Arbeit ist eine ärztliche Eignungsuntersuchung obligatorisch. Ferner muß die Genehmigung der Eltern und des Schuldirektors vorliegen. In den Lagern der Erholung und Arbeit wird 6 Stunden am Tag gearbeitet, die übrige Zeit dient der Erholung.

Schüler, die keinen Platz in den Lagern der Erholung und Arbeit erhalten haben, jedoch ebenfalls in den Ferien gegen Bezahlung arbeiten wollen, haben die Möglichkeit, in den „Schülerbrigaden" am Heimatort oder in einem Betrieb ihrer Wahl zu arbeiten. Unter dem Stichwort „Gesellschaftlich nützliche Arbeit" können die Schüler unter den gleichen Voraussetzungen wie in den o. a. Lagern in Betrieben, Genossenschaften, im Gesundheitswesen, Feriendienst, Handel, bei der Post oder Reichsbahn oder in der Forstwirtschaft etwas Geld verdienen. Geregelt ist diese Möglichkeit durch die AO über die freiwillige produktive Tätigkeit von Schülern ab vollendetem 14. Lebensjahr während der Ferien vom 15. 10. 1973 (GBl. I, 1973, Nr. 52). Die individuelle Ferienarbeit erfreut sich bei den Schülern zunehmender Beliebtheit. 1981 nahmen ca. 250000 Schüler an der freiwilligen Ferienarbeit teil. Motto: „Meine Arbeit für meine Republik".

In den im Jahr 1981 vorhandenen 47 „Zentralen Pionierlagern" (z. B. „Pionierrepublik Wilhelm Pieck") wird das Lagerleben von paramilitärischen Übungen bestimmt. Sie sind Bestandteil der sozialistischen → **Wehrerziehung**. Neben sportlichem Zeitvertreib, wie Spartakiadewettkämpfen, werden Orientierungsläufe, Nachtmärsche, Schießübungen, militärische Gelände- und Manöverspiele durchgeführt. Die großen jährlichen Pioniermanöver finden in der Regel in Zusammenarbeit mit der → **Gesellschaft für Sport und Technik (GST)** und mit Pateneinheiten der → **Nationalen Volksarmee (NVA)** statt. Die Kinder haben außerdem Gelegenheit, in Arbeitsgemeinschaften (z. B. „Junge Brandschutzhelfer" oder „Junge Sanitäter") besondere Kenntnisse zu erwerben, das Schwimmabzeichen oder andere sportliche Auszeichnungen zu erringen. Das „Fest des Tanzes und des Liedes" ist Abschluß und Höhepunkt jedes Lageraufenthaltes in den Pionierlagern.

Neben Arbeit, Spiel und Sport haben die sog. „Ferienexpeditionen" große Bedeutung, in deren Verlauf Wanderungen, Märsche oder Fahrten zur Erforschung der näheren Umgebung und deren → **Heimatgeschichte** unternommen werden. Die Durchführung einer Ferienexpedition orientiert sich am sog. „Expeditionsauftrag". Dieser wiederum ist durch vorgegebene umfassende Rahmenthemen bestimmt: Seit 1978 lautet das Hauptmotto des Feriensommers: „Meine Heimat DDR". Fast immer ist mit dem Expeditionsprogramm der Besuch oder die Pflege von → **Nationalen Mahn- und Gedenkstätten** der Opfer des Nationalsozialismus oder der deutschen Arbeiterbewegung verbunden. 1981 erfüllten 350000 Mädchen und Jungen die Bedingungen für das neue Touristenabzeichen der FDJ (→ **Tourismus**).

Neben den Ferienlagern bestehen weitere Möglichkeiten der F. Mehrere 100000 Kinder, vor allem die Jüngeren, verbringen ihre Ferien in Erholungsgebieten innerhalb oder am Rande der Gemeinden. Zum Zwecke dieser örtlichen F. bestehen sog. Jugenderholungszentren, davon u. a. 142 Pionierhäuser, 195 „Stationen junger Naturforscher und Techniker", 71 „Stationen junger Touristen", Klub- und Kulturhäuser, Theater, Kinos, Naherholungszentren, Bibliotheken, Sportstätten und Museen, die alle in die örtliche F. einbezogen sind. Durch die „Ferienspiele" der Schüler der Klassen 1–4 werden für diese Altersgruppen vielfältige, den individuellen Interessen entsprechende Möglichkeiten geboten. Das 3. Jugendgesetz (1974) fördert diese Einrichtungen und Programme in besonderem Maß. Schließlich gibt es in der DDR 60 Ferieneinrichtungen für gesundheitlich gefährdete Kinder (1981 für 8000 Kinder).

Vor allem im Zusammenhang mit der Urlaubs- und F. der Lehrlinge und Berufsschüler sowie für wandernde Familien mit Kindern bestehen die Einrichtungen von Wanderquartieren, → **Jugendherbergen**, Jugendtouristenhotels und Campingplätzen. 1981 bestanden etwa 650 Camping- und Zeltplätze in der DDR mit rd. 3 Mill. Übernachtungen, 246 Jugendherbergen, 14 Jugendtouristenhotels (für ältere und ausländische Jugendliche) und 2 Jugenderholungszentren mit 24000 Plätzen täglich, 57 ständige Wanderquartiere mit 2000 Plätzen. Die Kapazität dieser Quartiere ist jedoch in den Ferien sehr stark ausgelastet; ein strenges Voranmeldesystem regelt die Benutzung, ab 1982 durch zentrale Vergabe. 1980 gab es in den verschiedenen genannten Einrichtungen insgesamt 4,2 Mill. Übernachtungen. Die Organisation des Jugendtourismus obliegt im In- und Ausland dem FDJ-eigenen Jugendreisebüro „Jugendtourist".

Außerhalb der speziell für die Schüler organisierten F. bestehen vielfältige Möglichkeiten der F. über Familienreisen. Ihre Organisation obliegt in erster Linie dem FDGB. 1980 fuhren Kinder (mit ihren Eltern) mit 120000 sog. **Ferienschecks** des FDGB in die Ferien. Der FDGB verfügt zu diesem Zweck über 664 Urlaubseinrichtungen an 380 Orten der DDR. 1980 nahmen 1,8 Mill. Familien mit rd. 400000 Kindern am → **Feriendienst des FDGB** teil. Ein derartiger Ferienplatz (bis zu 3 Wochen Aufenthalt) kostet für Kinder bis zu 16 Jahren nur 30 Mark (15 v. H. der Kosten).

Schließlich bieten sich den Schülern und Jugendlichen über die internationale F. manche Möglichkeiten, internationale Kontakte zu pflegen und entsprechende Reisen durchzuführen. In „Internationalen Sommerlagern" oder „Freundschaftslagern" können im Austausch Beziehungen mit Jugendlichen zumeist aus sozialistischen Staaten angeknüpft werden. In solchen Lagern verbrin-

gen Kinder und Jugendliche aus der DDR gemeinsam mit ausländischen oder auch Kindern aus der Bundesrepublik Deutschland (Pioniere und SDAJ) ihre Ferien, wobei zweifellos von den Organisatoren der DDR auch propagandistische Zwecke verfolgt werden. Es werden „Delegationen" ausgetauscht.
Der Jugendtourismus im In- und Ausland wird durch das FDJ-eigene Jugendreisebüro „Jugendtourist" geregelt. Es werden 3–5tägige Exkursionsreisen für Jugendliche mit über 100 Einzelrouten innerhalb der DDR angeboten. Der Preis bewegt sich zwischen 22 und 45 Mark (bei 50 v.H. staatlicher Unterstützung). 1980 wurden vom Jugendreisebüro rd. 150000 Auslandsreisen (12–14tägig) durchgeführt, mit über 220 Einzelrouten. Die Reisen führen ausschließlich in sozialistische Staaten.
Für diese Reisen nimmt „Jugendtourist" eine Monopolstellung ein (gegründet 1. 1. 1975). Zweigstellen der Zentrale in Berlin (Ost) befinden sich in jeder Bezirksstadt. Das Reisebüro nimmt entsprechend den zentral ausgearbeiteten Reiseprogrammen für Jugendliche in den Bezirken (in den Kreisen über ehrenamtliche Mitarbeiter der FDJ) Anmeldungen von FDJ- und Jugendgruppen für In- und Auslandsreisen entgegen. Jeder Jugendliche (auch der Nichtorganisierte) kann sich – jedoch nur bei den FDJ-Grundorganisationen – um eine Reise aus dem gesamten Jugendtourist-Reiseprogramm bewerben. Die begehrten Auslandsreisen werden in der Praxis von der FDJ häufig als „Belohnung" für besondere Leistungen vergeben.
Das Reisebüro stellt Reisefunktionäre, Wanderleiter und Dolmetscher zur Verfügung. Es arbeitet mit rd. 100 Reisebüros bzw. Jugend- und Studentenorganisationen in 70 Staaten – in der Bundesrepublik Deutschland mit den Reisebüros „Hansa-Tourist", CVJM-Hamburg, Deutsches Jugendherbergswerk, Intercontact, Reisedienst Deutscher Studentenschaften – zusammen.
Im September 1982 wurden zwischen dem Deutschen Bundesjugendring und dem Zentralrat der FDJ Abmachungen getroffen, um einen deutsch-deutschen touristischen Jugendaustausch zu ermöglichen. Dieser wird über die genannten Reise-Unternehmen abgewickelt.

Fernsehen: Das „Fernsehen der DDR" (seit Januar 1972), früher „Deutscher Fernsehfunk", ist als „äußerst wirksames Massenmedium" eine einheitliche, zentralisierte staatliche Institution mit politisch-ideologischer Aufgabenstellung (→ **Medienpolitik**).
1. Geschichte. Im März 1950 wurde auf Beschluß der Regierung mit dem Aufbau des F. begonnen. Am 11. 6. 1951 erfolgte die Grundsteinlegung des Studiokomplexes Berlin-Adlershof. Am 20. 12. 1951 begannen erste Versuche, im August 1952 wurde der F.-Funk ein besonderer Intendanzbereich des „Staatlichen Rundfunkkomitees beim Ministerrat". Die Chronik der folgenden raschen Entwicklung beweist, daß die SED sich zunehmend der Wirksamkeit des neuen Mediums bewußt wurde und dessen Entwicklung und Verbreitung in vielfältiger Weise förderte.

21. 12. 1952	20.00 Uhr – Beginn des täglichen offiziellen Versuchsprogramms aus dem Fernsehzentrum Adlershof, erste „Aktuelle Kamera".
22. 12. 1952	Erste Sportsendung und erste Wetterkarte.
1953	Es gibt 600 Besitzer von F.-Geräten in der DDR.
12. 9. 1954	Erster F.-Film aus eigener Produktion: „Die Entscheidung des Tilman Riemenschneider".
4. 10. 1954	„Deutsche Hochschule für Filmkunst" in Potsdam-Babelsberg gegründet, heute „Hochschule für Film und Fernsehen der DDR".
1954	2300 angemeldete F.-Empfänger.
1955	13600 angemeldete F.-Empfänger.
3. 1. 1956	Beginn des offiziellen F.-Programms (VHF-Bereich); 2,2 Stunden täglich unter dem Titel „Deutscher Fernsehfunk".
Ende 1956	sind 71000 F.-Geräte angemeldet.
1959	594000 F.-Geräte angemeldet.
30. 1. 1960	Gründung der „Intervision" bei der OIRT/Prag (ČSSR, DDR, Polen, Ungarn).
1960	über 1 Mill. F.-Genehmigungen.
1961	Beitritt der Sowjetunion zur „Intervision".
1965	über 3 Mill. F.-Genehmigungen erteilt. Sendezeit täglich 10,3 Stunden.
Dez. 1965	Kritik an Film und F. auf der 11. ZK-Tagung.
15. 9. 1968	Bildung des Staatlichen Komitees für F. beim Ministerrat.
1968	4,17 Mill. F.-Empfänger-Genehmigungen, 12,7 Sendestunden täglich.
Januar 1969	Erstsendung des fünfteiligen F.-Films „Krupp und Krause/Krause und Krupp" (Beispiel für sozialistische Gegenwartsdramatik).
4. 2. 1969	Theoretische Konferenz des Staatlichen Komitees für F. über die Entwicklung sozialistischer F.-Dramatik. Referat „Sozialistische Volksgestalten als Träger unserer Macht".
Sept. 1969	Beginn des Verkaufs von UHF- und Farbfernsehgeräten.
3. 10. 1969	Die Sender Berlin, Dresden, Dequede und Schwerin beginnen mit der Ausstrahlung des II. Programms (UHF-Bereich), erste Farbsendungen, System SECAM.
Januar 1972	„Deutscher Fernsehfunk" wird in „Fernsehen der DDR" umbenannt. Ausbau des UHF-Sendenetzes.
Ende 1972	erreichen die Sender etwa die Hälfte des DDR-Gebietes,
1973	seit den Weltjugendspielen, Farbsendungen auch im I. Programm.
Sept. 1974	erste unterrichtsergänzende Sendungen.

Sept. 1976 Schul-F.
1982 F.-Empfangsgenehmigungen: 89,7 v. H. aller Haushalte, Ausstattungsbestand: 111,4 F.-Geräte pro 100 Haushalte.

2. Organisation. Lenkungs- und Leitungsorgan ist seit dem 15. 9. 1968 das Staatliche Komitee für F. beim → **Ministerrat** in Berlin (Ost), dessen Vorsitzender und seine Stellvertreter auf Beschluß des Ministerrates vom Vorsitzenden des Ministerrates berufen werden. Dem Ministerrat (nach dem Prinzip der Einzelleitung) verantwortlicher Vorsitzender des Staatlichen Komitees für F. ist Heinz Adameck, Mitglied des → **Zentralkomitees (ZK) der SED**, seit 1954 Intendant des Deutschen Fernsehfunks, der als besonderer Intendanzbereich bis 1968 dem Staatlichen Rundfunkkomitee beim Ministerrat zugeordnet war. Die weiteren Mitglieder des Komitees werden vom Komiteevorsitzenden berufen; sie vertreten gleichzeitig die Programmdirektionen, Hauptabteilungen und Chefredaktionen, in die das staatliche F. gegliedert ist. Die Hauptstudios befinden sich in Berlin-Adlershof und Berlin-Johannesthal, bedeutende Außenstudios in Halle und Rostock. Die technischen Sender-Einrichtungen, auch die Studiotechniker unterstehen dem → **Ministerium für Post- und Fernmeldewesen**. Ausgestrahlt werden 2 zentrale Programme (keine Regionalprogramme), über 14 Sender im VHF- und 12 Sender im UHF-Bereich.

Das I. Programm (VHF-Bereich) beginnt kurz vor 8.00 Uhr (außer sonntags und während der Schulferien) mit unterrichtsbegleitenden Schulfernsehsendungen (sprach- und naturwissenschaftliche Fächer, Geschichte und Staatsbürgerkunde) und wiederholt bis ca. 13.00 Uhr Informations- und Unterhaltungssendungen. Nach einer Sendepause von rd. 2 Stunden wird ein durchgehendes Programm bis ca. 23.00 Uhr mit Schul-F., politischer Information, Magazin-Sendungen, Kinder-F., Jugendsendungen, Sport, Unterhaltungsserien, Kriminal- und Spielfilmen aus östlicher und westlicher Produktion ausgestrahlt. An Sonnabenden, Sonn- und Feiertagen gibt es ein ganztägiges Programm.

Das II. Programm (UHF-Bereich) bringt vor- und nachmittags Schul-F., in den Ferien auch Wiederholungen von Unterhaltungssendungen. Das Hauptprogramm wird in der Regel von 17.40 bis ca. 23.30 Uhr, an Sonnabenden ab ca. 16.00 Uhr, an Sonntagen nach 14.00 Uhr ausgestrahlt. Das Abendprogramm war zunächst mit Theater-, Opern- und Konzertaufführungen kulturell anspruchsvoller als das I. Programm, im Filmangebot jedoch ideologisch akzentuierter u. a. durch vermehrte Ausstrahlung sowjetischer Filme („Für Freunde der russischen Sprache"). Nach der Programm-Struktur-Reform sendet auch das II. Programm seit dem 13. 12. 1982 zur abendlichen Hauptsendezeit ab 19.00 Uhr Unterhaltung, auch westliche Spielfilme, Krimis und Serien. Die „Aktuelle Kamera" wurde auf 21.30 Uhr, politische Magazine wurden auf 22.00 Uhr verlegt, das Programm „Für Freunde der russischen Sprache" auf Sonntagnachmittag, 15.30 Uhr. Sender und Frequenzen des I. (VHF) und des II. (UHF) Programms sind in der DDR-Programmzeitschrift „FF-Dabei" oder in entsprechenden westlichen Publikationen veröffentlicht.

Farbsendungen (System SECAM III b) gibt es zunehmend in beiden Programmen. Erste Farbsendungen erfolgten am 3. 10. 1969 im II., seit den Weltjugendfestspielen 1973 auch im I. Programm. 1978 wurden von 141 Programmstunden wöchentlich bis zu 106 Stunden in Farbe ausgestrahlt. 1981 waren 17 v. H. aller Fernseh-Haushalte mit Farbgeräten ausgestattet. Farbsendungen aus der Bundesrepublik Deutschland sind nur durch zusätzlichen Einbau von Farb-Decodern (Pal/Secam) zu empfangen; in Intershop-Geschäften oder über den Genex-Geschenkedienst sind Geräte für beide Farbsysteme gegen Westgeld erhältlich. Seit 1978 werden derartige Geräte jedoch auch im normalen Fachhandel für Mark der DDR zu allerdings sehr hohen Preisen (ca. 5500 Mark) angeboten. Video-Geräte, Bildschirmtext u. ä. stehen für den privaten Gebrauch bisher nicht zur Verfügung (→ **Neue Medien**). Fernsehgebühren: I. Fernsehprogramm und Rundfunk 7 Mark, zusammen mit dem II. Fernsehprogramm 10 Mark. F.-Einnahmen im Staatshaushalt 1982 412,7 Mill. Mark, Ausgaben für F. 504,2 Mill. Mark.

Als wöchentliche *Programm-Illustrierte* wird „FF-Dabei" (Funk und Fernsehen), Auflage: 1,4 Mill., publiziert. Die Monatsschrift „Film und Fernsehen" befaßt sich mit Theorie und Praxis des Film- und Fernsehschaffens. Ausbildungsstätte für künstlerischen Nachwuchs ist die „Hochschule für Film und Fernsehen der DDR" in Potsdam-Babelsberg.

Programm-Austausch und Übernahmen von Gemeinschaftssendungen erfolgen über die OIRT in Prag, seit 1960 über deren Sonderinstitution, die **Intervision**, auch über das im Aufbau befindliche Satelliten-Netz „Intersputnik" der osteuropäischen Staaten mit Sitz in Moskau (→ **Weltraumforschung**). Offizielle Beziehungen (Austausch und Übernahmen, z. B. internationale Sportveranstaltungen) bestehen auch zur westlichen „Eurovision"; daneben gibt es direkte Austauschvereinbarungen mit westlichen Fernsehgesellschaften und Staaten der Dritten Welt.

3. Programmstruktur. Innerhalb des Programms existieren eine Reihe regelmäßiger Sendungen: Hauptnachrichten mit aktuellen Bildreportagen in „Aktuelle Kamera" (AK), täglich 19.30–20.00 Uhr im I. Programm, Wiederholung um 21.30 Uhr im II., Spätausgabe der AK im I. um 22.30 Uhr. Politische Informations- und Agitationssendungen, z. B.: „Antworten – eine Sendung zu Fragen der Zeit" (Interviews mit Partei- und Staatsfunktionären), „Die Fernsehpressekonferenz", „Der schwarze Kanal", eine 20-Minuten-Polemik des Chefkommentators des F. der DDR, Karl-Eduard von Schnitzler, zu Sendungen von Fernsehanstalten der Bundesrepublik Deutschland. „Aufgabe dieser Sendereihe ist es, am naheliegenden Beispiel des BRD-Fernsehens die Methoden kapitalistischer Massenmedien zu entlarven" (Schnitzler, November 1973); eine 25-Minuten-Sendereihe „Alltag im Westen" mit Reportagen aus der Bundesrepublik und westlichen Ländern: „Immer wird mit ihrer Aussage eine bestimmte Seite des kapita-

listischen Systems charakterisiert, bloßgelegt, angeklagt." (Tribüne 13. 12. 1977)
Ratgeber- und Fortbildungsserien gibt es in beiden Programmen. Ein unterrichtsbegleitendes Schul-F. („wissenschaftlich, parteilich und lebensverbunden") gibt es seit September 1976; es wird in Zusammenarbeit mit der UdSSR ausgebaut. Von den Unterhaltungssendungen ist „Ein Kessel Buntes" am beliebtesten. Daneben gewinnt die neue Unterhaltungssendung zur Stärkung des sozialistischen Integrationsgedankens: „Gemeinsam macht's Spaß" mit Teilnehmern aus anderen kommunistisch regierten Staaten an Bedeutung. Auch im Dokumentar- und Spielfilmeinsatz ist, im Zuge der Integrationspolitik, der Anteil von Filmen aus osteuropäischen Staaten verstärkt worden. Bei dem großen Bedarf an Spielfilmen (500–600 Filme im Jahr) ist jedoch neben dem Import von Filmen aus sozialistischen Ländern und der Eigenproduktion ein Rückgriff auf andere Quellen unumgänglich. So werden z. B. (montags abends) regelmäßig alte UfA-Filme eingesetzt und zahlreiche Spielfilme aus westlichen Staaten gezeigt, darunter, nach der Programmstrukturreform, Spitzenfilme (Unterhaltung, Krimis, Abenteuer, Problemfilme) aus amerikanischer, französischer, auch westdeutscher Produktion.

4. Programm-Grundsätze. Dem F., das in der Freizeitbeschäftigung der DDR-Bevölkerung den ersten Platz einnimmt (→ **Freizeit**), wird von der SED große Bedeutung beigemessen. Gefordert wird die „Einheit von Information, Unterhaltung, Bildung und Erziehung" im Sinne „sozialistischer Parteilichkeit und Volksverbundenheit". Unter dieser Zielsetzung soll das F. der DDR einen wesentlichen Beitrag zur → **Agitation und Propaganda** im Sinne der Parteiführung und damit zur Entwicklung des **gesellschaftlichen → Bewußtseins** der Bevölkerung leisten. Die F.-Nachricht z. B. gibt „dem Zuschauer in einer Bildfolge (Film) eine Reihe von neuen, wesentlichen Tatsachen, deren Vermittlung der sozialistischen Bewußtseinsbildung und damit letztlich der Veränderung der Realität dient". In der F.-Nachricht sei „die Kommentierung geradezu Bedingung". Sie diene nicht nur der Erklärung des Bildes: „Sie erläutert und wertet gleichzeitig die im Bild gegebenen, parteilich ausgewählten Tatsachen und Erscheinungen in ihrem gesellschaftlichen Zusammenhang. Ihr Wesen als informatorisches Genre bleibt auch im Fernsehen Agitation durch Tatsachen, die als Prinzip das Wesen jeder Nachricht kennzeichnet." (Wörterbuch der Sozialistischen Journalistik, Leipzig 1973, S. 182)

5. Eingehen auf Zuschauerbedürfnisse. Zuschauerbefragungen zeigen hingegen immer erneut, daß im Gegensatz zu dem politischen Auftrag des F. in der Bevölkerung vor allem eine große Nachfrage nach Unterhaltungs- und Sportsendungen besteht. Erich Honecker forderte daher bereits auf dem VIII. Parteitag der SED (1971): „Unser Fernsehen, das auf gute Leistungen zurückblicken kann, sollte verstärkt bemüht sein, die Programmgestaltung zu verbessern, eine bestimmte Langeweile zu überwinden, den Bedürfnissen nach guter Unterhaltung Rechnung zu tragen, die Fernsehpublizistik schlagkräftiger zu gestalten und den Erwartungen jener Teile der werktätigen Bevölkerung besser zu entsprechen, deren Arbeitstag sehr zeitig beginnt, und die deshalb schon in den frühen Abendstunden Zuschauer wertvoller Fernsehsendungen sein möchten."
Daraufhin kam es zu Zugeständnissen an den Publikumsgeschmack. Es wurden mehr Kriminalfilme, auch westliche Serien, Sendungen wie „Schlager-Studio" (gestaltet nach dem Vorbild der ZDF-„Hitparade") in das Programm aufgenommen; gleichzeitig stieg die Zahl der ausgestrahlten sowjetischen, polnischen, tschechoslowakischen, ungarischen und bulgarischen Filme. Die Probleme, die sich insbesondere aus der Vorführung westlicher Filme für die SED ergeben, verdeutlichte M. Haiduk im April 1973 auf einer zentralen SED-Konferenz zu dem Thema „Das kulturelle Lebensniveau der Arbeiterklasse in der entwickelten sozialistischen Gesellschaft": „Der große Bedarf des Fernsehens an Fremdfilmen führt dazu, daß ein beträchtlicher Teil Filme eingesetzt wird, der beim Zuschauer unter Umständen kleinbürgerliche Auffassungen aktiviert oder produziert. Das beginnt beim vieldiskutierten Montag-Abend-Film, der häufig geradezu das Musterbeispiel kleinbürgerlicher Denk- und Verhaltensweisen bietet, der aber in der Regel hohe Zuschauerzahlen und relativ positive Bewertungen erhält. Das reicht bis zu den zahlreichen neueren und neuen Filmen aus kapitalistischen Ländern."
Trotzdem wurde die Anfang der 70er Jahre eingeleitete stärkere Orientierung des F.-Programms an den Wünschen aus der Bevölkerung beibehalten. Der X. Parteitag der SED (1981) forderte eine bessere alternative Gestaltung des I. und II. Programms des F. Angesichts der zunehmenden Wirtschaftsprobleme und Leistungsanforderungen versuchte darüber hinaus die SED-Führung Anfang der 80er Jahre durch die bereits erwähnte Programmstrukturreform den Unterhaltungsbedürfnissen der Bevölkerung vermehrt Rechnung zu tragen, um „Kurzweil und Lebensfreude zu vermitteln". („Zuschauerwünsche werden erfüllt", FF-Dabei-Interview in: FF-Dabei, 51/1982.)

6. Einfluß des Westfernsehens. Ein weiteres, den Bereich des F. weit überschreitendes Problem ergibt sich aus der starken Konkurrenz westlicher F.-Sender mit dem F. der DDR. Da rd. 90 v. H. aller Haushalte mit einem F.-Gerät ausgestattet sind, und der größte Teil des Territoriums der DDR bis auf einige Bereiche im nordöstlichen Mecklenburg und im Raume Dresden von F.-Sendern aus der Bundesrepublik Deutschland erreicht wird, hat der überwiegende Teil der DDR-Bürger ungehinderten Zugang zu Informationen, wie sie in der Bundesrepublik – auch über die DDR – vermittelt werden. Vor allem die nach wie vor vorhandene systembedingte Einförmigkeit und Parteilichkeit der politischen Informationen des DDR-F. sowie deren Lückenhaftigkeit (die auch durch eine vermehrte Auslandsberichterstattung nicht prinzipiell geändert wurde) begründen nicht zuletzt die nach wie vor starke Anziehungskraft des West-F. (Stefan Heym: „Je voller der Mund, desto leerer die Sprüche", Stern 10. 2. 1977; Fritz Pleitgen: „Die Erfahrungen eines

Korrespondenten in der DDR“ in: Die Zeit, Nr. 34 u. 35, 1982).
Die SED hat mehrfach versucht, den Empfang des West-F. durch FDJ-Abrißaktionen zur Entfernung von nach Westen ausgerichteten Antennen, Vorschriften in Stadtordnungen über Gemeinschaftsantennen und andere Maßnahmen einzuschränken bzw. zu unterbinden. Letztlich ist die SED jedoch mit diesen Bemühungen gescheitert. Erich Honecker formulierte auf der 9. Tagung des ZK der SED 1973: „Die westlichen Massenmedien, vor allem der Rundfunk und das Fernsehen der Bundesrepublik Deutschland, die ja bei uns jeder nach Belieben ein- oder ausschalten kann . . .“ Bestätigt wurde, daß bei den in der DDR in Angriff genommenen oder geplanten Verkabelungsprojekten auch die Programme der Westsender mit eingespeist werden, allerdings nur dort, wo sie bereits jetzt zu empfangen sind. Die attraktivere Gestaltung des eigenen Programms durch einen größeren Anteil an Unterhaltungssendungen und Spielfilmen ist vor diesem Hintergrund auch als ein Versuch zu verstehen, die DDR-Bürger auf diesem Wege vom Einschalten des West-F. abzuhalten.

Fernsprechdienst: Im F. der DDR ist weitgehend der Selbstwählferndienst eingeführt, der laufend erweitert wird. Der Anteil der im Selbstwählferndienst vermittelten Gespräche betrug im Jahre 1982 95,5 v. H.
Ende 1982 waren 3,344 Mill. Fernsprechstellen, davon 1,437 Mill. Hauptanschlüsse, vorhanden.
Der Umfang des F. sowie die Benutzungsverhältnisse sind in der Fernsprechordnung vom 21. 11. 1974 (GBl. I, 1975, S. 254 ff.) geregelt.
Zwischen der DDR/Berlin (Ost) und dem Bundesgebiet/Berlin (West) waren am 1. 4. 1984 1517 Fernsprechleitungen, zum großen Teil für den Selbstwählferndienst, geschaltet.

Fernstudium: Das F. soll Berufstätigen mit den entsprechenden Eingangsvoraussetzungen die Möglichkeit bieten, ohne Unterbrechung ihrer Berufstätigkeit in 6 Jahren einen Hoch- bzw. Fachschulabschluß zu erwerben. Das **Abendstudium** ist eine besondere Form des F. für Studenten, die am Hochschulort wohnen; es ist seit einigen Jahren faktisch eingestellt worden.
Das F. wurde 1950 zunächst an 3 Hochschulen eingeführt. Es konnten mehrere technische Fachrichtungen und ein Verwaltungsstudium absolviert werden. 3690 Berufstätige waren 1951 als Fernstudenten immatrikuliert. Ziel des F. war es vor allem, Inhaber gehobener Positionen des Staats-, Wirtschafts- und Justizapparates einen akademischen Abschluß erwerben zu lassen. Für die Aufnahme des F. waren die Hochschulreife, eine Begabtenprüfung oder ein „Nachweis der aktiven Beteiligung am demokratischen Aufbau“ erforderlich. 1955 wurden F.-Gänge an allen Universitäten und Hochschulen der DDR eingerichtet. Seit 1956 ist ein F. auch an den Ingenieur- und Fachschulen der DDR möglich, das seitdem keine wesentlichen Veränderungen erfahren hat.
1962 wurde die Möglichkeit eines Teilstudiums im Rahmen des F. geschaffen, um Berufstätigen, die aus gesundheitlichen, arbeitsbedingten oder privaten Gründen kein volles F. absolvieren konnten, die Möglichkeit der Qualifizierung zu eröffnen. Im Rahmen der 3. Hochschulreform wurde 1969 eine Neugestaltung des F. vorgenommen und im Hochschulbereich auf die technischen Wissenschaften und die Ausbildung von Hochschulingenieuren begrenzt. Das Hochschul-F. entsprach jetzt der Ausbildung an den ebenfalls 1969 gegründeten → **Ingenieurhochschulen (IHS)**. 1973 erfolgte eine erneute Reform des Hochschul-F., da sich die Beschränkung auf die Ausbildung von Hochschul-Ingenieuren nicht bewährt hatte. Ein F. ist jetzt in allen an den Universitäten und Hochschulen vertretenen Fachrichtungen möglich. Gleichzeitig wurden die Bestimmungen über das Hochschul- bzw. Fachschul-F. vereinheitlicht. Seine Planung erfolgt im Auftrag des → **Ministeriums für Hoch- und Fachschulwesen** für das Hochschul-F. durch die „Zentralstelle für das Hochschul-F.“, für das Fachschul-F. durch das „Institut für Fachschulwesen“. Entsprechend den wissenschaftlichen Schwerpunkten der mit dem F. befaßten Bildungsinstitutionen übernehmen diese die Ausbildung der Fernstudenten in den an ihnen vertretenen Fächern. Die Betreuung der Fernstudenten erfolgt dezentralisiert durch die Universitäten, Hoch- und Fachschulen, denen die Aufgabe eines „Konsultationszentrums“ übertragen wurde. Diesen obliegt die Betreuung der in ihrem territorialen Einzugsbereich wohnenden Fernstudenten aller Studienrichtungen. An ihnen werden „Konsultationen“ durchgeführt; darunter wird ein spezifischer Unterrichtstyp verstanden, der Elemente des Direktstudiums wie Vorlesungen, Seminare und Übungen enthält. Konsultationen finden in der Regel in Form von obligatorischen Lehrgängen statt, für die die Fernstudenten von der Arbeit befreit werden.
Ein F. kann jeder Berufstätige aufnehmen, der die Hochschulreife bzw. die Fachschulreife für ein Fachschul-F. und eine abgeschlossene, der gewählten Studienrichtung entsprechende Berufsausbildung besitzt sowie über eine mehrjährige berufliche Praxis verfügt. Die Mehrzahl der Fernstudenten wird von ihren Betrieben oder Dienststellen delegiert. Diese verpflichten sich im Rahmen eines „Qualifizierungsvertrages“ mit dem Studenten, ihn während des Studiums zu unterstützen und nach Beendigung des Studiums seiner Ausbildung entsprechend zu beschäftigen.
Im Hochschulbereich haben sich die Zahlen im F. wie folgt entwickelt:

Zahlen der Studierenden im Fern- und Abendstudium an den Universitäten, Hochschulen und Fachschulen der DDR

Studierende im Fachschulstudium

Jahr	Fern-studium	Abend-studium	Neuzulassungen Fern-studium	Neuzulassungen Abend-studium
1960	30 496	25 641	12 399	13 429
1965	37 625	23 413	12 181	8 442
1966	43 571	23 171	15 633	7 908
1967	44 181	24 772	12 614	6 899

Jahr			Neuzulassungen	
	Fern-studium	Abend-studium	Fern-studium	Abend-studium
1968	53 294	28 217	19 332	8 897
1969	59 374	31 211	18 755	10 605
1970	64 374	37 396	19 351	12 797
1971	69 497	42 328	19 838	12 059
1972	67 157	41 544	16 897	7 348
1973	64 739	32 849	15 811	3 958
1974	57 631	23 710	13 433	2 941
1975	55 944	16 045	15 057	2 587
1976	51 031	11 403	13 363	2 744
1977	52 242	10 753	14 109	3 227
1978	53 392	11 218	14 372	2 606
1979	56 826	11 709	14 898	2 730
1980	57 960	11 066	14 179	2 181
1981	58 300	10 457	14 992	1 907
1982	57 672	9 381	14 791	2 079

Studierende im Hochschulstudium

Jahr			Neuzulassungen	
	Fern-studium	Abend-studium	Fern-studium	Abend-studium
1960	24 373	1 430	7 719	983
1965	29 548	3 372	6 319	764
1966	27 054	3 556	5 436	888
1967	27 387	3 549	6 299	763
1968	27 911	3 566	5 720	623
1969	31 046	3 147	8 522	104
1970	36 276	1 277	9 951	131
1971	39 344	1 194	9 711	228
1972	39 050	618	8 130	44
1973	35 177	492	5 303	72
1974	30 462	360	4 631	48
1975	25 168	257	4 287	31
1976	19 725	231	3 405	46
1977	16 052	165	3 369	35
1978	14 553	165	3 360	40
1979	14 760	161	2 867	30
1980	14 798	171	2 891	36
1981	13 548	154	2 364	42
1982	13 336	–	2 841	–

Quelle: Statistische Jahrbücher der DDR 1961–1983.

→ **Fachschulen; Universitäten und Hochschulen**, IV.

Festival: Bezeichnung für Festspiele und Festveranstaltungen, seit 1951 für die **Weltfestspiele der Jugend** und Studenten, deren Träger der → **Weltbund der Demokratischen Jugend (WBDJ)** ist. Er veranstaltete
die 1. Weltfestspiele in Prag (25. 7.–17. 8. 1947);
die 2. in Budapest (14.–28. 8. 1949);
die 3. in Berlin (Ost) (5.–19. 8. 1951);
die 4. in Bukarest (2.–16. 8. 1953);
die 5. in Warschau (31. 7.–14. 8. 1955);
die 6. in Moskau (28. 7.–11. 8. 1956);
die 7. in Wien (26. 7.–4. 8. 1959);
die 8. in Helsinki (28. 7.–6. 8. 1962);
die 9. in Sofia (28. 7.–6. 8. 1968);
die 10. in Berlin (Ost) (28. 7.–6. 8. 1973);
die 11. in Havanna/Kuba (28. 7.–5. 8. 1978).

An den 11. Weltfestspielen nahmen neben 2000 kubanischen Delegierten 16500 Gäste aus 145 Ländern teil, die über 2000 nationale, regionale und internationale Organisationen vertraten. Die FDJ entsandte 750 Delegierte unter Führung ihres 1. Sekretärs. Die 12. Weltfestspiele finden im Sommer 1985 in Moskau statt.
Anläßlich des 30jährigen Bestehens der DDR fand in Berlin (Ost) das „Nationale Jugend-F. der DDR" statt (1.–3. 6. 1979), an dem rd. 500000 FDJler teilnahmen. Weltfestspiele und Nationales Jugend-F. wurden jeweils durch ein „F.-Aufgebot" der FDJ vorbereitet, einen schulischen, ökonomischen und politischen Wettbewerb der Jugend, wobei die Besten als F.-Teilnehmer delegiert wurden. Das nächste „Nationale Jugend-F." wird Pfingsten 1984 in Berlin (Ost) als Abschluß des „Friedensaufgebots der FDJ" vom Herbst 1982 stattfinden.
Als F. wird ferner bezeichnet das „F. der Freundschaft zwischen der Jugend der UdSSR und der DDR", veranstaltet im Rahmen der Zusammenarbeit von FDJ und Komsomol, dem sowjetischen Jugendverband (1. F. der Freundschaft 3.–7. 10. 1970 in Dresden, 2. F. 24.–29. 6. 1972 in Leningrad, 3. F. 14.–19. 5. 1975 in Halle, 4. F. 24. 6.–1. 7. 1977 in Wolgograd, 5. F. 23.–26. 5. 1980 in Karl-Marx-Stadt, 6. F. 1983 in Kiew), sowie das „F. des politischen Liedes", seit 1970 jährlich (außer 1973) unter Beteiligung ausländischer Gruppen und Solisten im Februar in Berlin (Ost) (→ **Laienkunst**).

Festlandsockel: Das Seerechtsübereinkommen der III. Seerechtskonferenz der Vereinten Nationen, das allerdings noch nicht in Kraft getreten ist, bezeichnet den F. eines Küstenstaates als den Meeresboden und den Meeresuntergrund der Unterwassergebiete, die sich jenseits seines Küstenmeeres über die gesamte natürliche Verlängerung seines Landgebietes bis zur äußeren Kante des Festlandrandes erstrecken. Diese Festlegung wird auf eine Entfernung von 200 Seemeilen von den Basislinien, von denen aus die Breite des Küstenmeeres gemessen wird, erweitert, wenn die Kante des Festlandrandes in einer geringeren Entfernung hierzu liegt. Küstenstaaten, deren F. geomorphologisch über 200 Seemeilen hinausreicht, erhalten auch für diesen sog. äußeren F. souveräne Rechte zur Aufsuchung und Ausbeutung der Rohstoffe und Fauna des Meeresbodens. Die seewärtige Ausdehnung reicht dann bis zu einem durch geologische Messungen zu bestimmenden F.-Rand, höchstens jedoch bis zu 350 Seemeilen (von der Basislinie aus gemessen) oder bis zu 100 Seemeilen seewärts der 2500-m-Tiefenlinie, wobei der Küstenstaat zwischen den beiden Höchstbegrenzungen wählen kann. Nach Art. 83 erfolgt die Abgrenzung des F. zwischen Staaten mit gegenüberliegenden oder einander angrenzenden Küsten durch Übereinkunft auf der Grundlage des Völkerrechts im Sinne des Art. 38 des Statuts des Internationalen Gerichtshofs, um eine der Billigkeit entsprechende Lösung herbeizuführen. Nach seinem Inkrafttreten wird dieses Seerechtsübereinkommen der Vereinten Nationen der Genfer Konvention über den F. vom 29. 4. 1958 vorgehen, das seit dem 10. 6. 1964 gilt.

Mit der Proklamation über den F. an der Ostseeküste der DDR vom 26. 5. 1964 (GBl. I, S. 99) erklärte die DDR, daß für alle Maßnahmen zur Erforschung und Nutzung des F. der DDR eine ausdrückliche Zustimmung der zuständigen Organe der DDR notwendig sei. Sie behält sich vor, gegen Handlungen, die ohne diese Zustimmung vorgenommen werden, entsprechende Maßnahmen zu ergreifen. Gleichzeitig wurde die Bereitschaft zu zwischenstaatlichen Vereinbarungen über die Abgrenzung des F. der DDR gegenüber den F. der anderen Ostsee-Anrainerstaaten erklärt.
Am 23. 10. 1968 unterzeichneten die DDR, die UdSSR und die Volksrepublik Polen eine Deklaration über den F. in der Ostsee. Mit der Volksrepublik Polen wurden am 28. 10. 1968 (GBl. I, 1970, S. 106) und mit dem Königreich Schweden am 22. 6. 1978 (GBl. II, 1979, S. 38) Verträge über die Abgrenzung des F. unterzeichnet. Diese bestimmen, daß die Grenzlinie „durch die Linie gebildet (wird), auf der jeder Punkt gleich weit von den nächstgelegenen Punkten der Basislinie entfernt liegt, von denen aus die Breite der Territorialgewässer jeder Vertragspartei gemessen wird". (Formulierung in beiden Verträgen identisch.) Ein Vertrag über die Abgrenzung des F. in der Ostsee mit der Bundesrepublik Deutschland besteht nicht und ist bisher auch noch nicht Gegenstand von Verhandlungen.
Art. 12 der Verfassung vom 6. 4. 1968 (GBl. I, S. 199) i. d. F. vom 7. 10. 1974 (GBl. I, S. 492) bezeichnet die Naturreichtümer des F. der DDR als Volkseigentum. Bereits § 1 des Gesetzes über die Erforschung, Ausbeutung und Abgrenzung des F. der DDR vom 20. 2. 1967 (GBl. I, S. 5) hatte bestimmt: „Die Naturreichtümer des F. der DDR sind Eigentum des Volkes." Nach § 1 Abs. 2 unterliegen die Erforschung und Nutzung der Naturreichtümer des F. ausschließlich den innerstaatlichen Bestimmungen der DDR und bedürfen der besonderen Genehmigung der zuständigen zentralen Behörde. § 32 des Berggesetzes verweist darauf, daß die Grundsätze dieses Gesetzes auch für den der Ostseeküste der DDR vorgelagerten F. anzuwenden sind. § 26 Abs. 1 des Berggesetzes bestimmt, daß Gewinnungsarbeiten der staatlichen Bergaufsicht unterliegen. Zentrales Organ für die Bergaufsicht ist die Oberste Bergbehörde mit Sitz in Leipzig. Nach § 22 des Berggesetzes vom 12. 5. 1969 (GBl. I, S. 29) sind die Grundsätze dieses Gesetzes auch für den der Ostseeküste der DDR vorgelagerten F. anzuwenden.

Feudalismus: In der Theorie des Historischen Materialismus (→ **Marxismus-Leninismus**) eine ökonomische Gesellschaftsformation, die in der historischen Entwicklung auf die Sklavenhaltergesellschaft folgt und ihrerseits durch den Kapitalismus abgelöst wird. Sie ist gekennzeichnet durch das Eigentum der Feudalherren am größten Teil des Bodens, des wichtigsten → **Produktionsmittels** im F., und durch das beschränkte Eigentum an leibeigenen und hörigen Bauern als Produzenten. Neben den Feudalherren und den Bauern als Grundklassen gibt es im F. weitere soziale Klassen und Schichten, wie die Handwerker und die Kaufleute der Städte, aus denen das Bürgertum hervorging (→ **Gesellschaftsordnung**).
Besonders die in den 70er Jahren einsetzenden Bemühungen im Rahmen der Ausarbeitung einer „Nationalgeschichte der DDR", den Umfang des historischen Erbes zu erweitern, die Traditionslinien in die Vergangenheit zu verlängern und zu vertiefen, haben indirekt Wirkungen auf das in der DDR-Geschichtswissenschaft vorherrschende F.-Verständnis gehabt, ohne daß es bislang zu einer positiven Neufassung dieser Kategorie des Historischen Materialismus gekommen wäre. Hier sind vor allem die im Zusammenhang mit dem 450. Jahrestag des deutschen Bauernkrieges (1975) unternommenen Versuche zu nennen, dieses geschichtliche Ereignis in den Zusammenhang der Reformation zu stellen und – unter Betonung des „bürgerlichen" Elementes – dessen Charakter als „frühbürgerliche Revolution" hervorzuheben. Dieser Diskussionsprozeß setzte sich mit dem Luther-Jahr 1983 in einer neuen, differenzierten Sicht der Person Luthers und der Reformation fort. Weiter wirkte sich Ende der 70er Jahre in der gleichen Richtung die Neubefassung mit der preußischen Geschichte aus. Dabei wurde das früher maßgebliche, fast ausschließlich negative Bild Preußens durch eine eher ambivalente Sicht abgelöst. U. a. gesteht die Geschichtswissenschaft in der DDR nunmehr zu, daß Preußen durch die Förderung des Bürgertums als eines antifeudalistischen Elementes auch „fortschrittlichen" Entwicklungen den Weg gebahnt habe. In ähnlicher Weise könnte auch die sich andeutende Änderung der Bewertung der Person und der Politik Bismarcks das überkommene F.-Verständnis tangieren. → **Nationale Geschichtsbetrachtung.**

Filmwesen: Das gesamte F. untersteht der einheitlichen Leitung durch die Hauptverwaltung Film des → **Ministeriums für Kultur**, deren Leiter den Rang eines der Stellvertreter des Ministers bekleidet. Beratende Funktion hat dabei ein 1973 gebildetes Komitee für Filmkunst, dem neben staatlichen Leitern Regisseure und Autoren, Studiodirektoren, der Rektor der Hochschule für Film und Fernsehen der DDR sowie Vertreter des → **Freien Deutschen Gewerkschaftsbundes (FDGB)** und der → **Freien Deutschen Jugend (FDJ)** angehören.
Die DDR-Filmproduktion liegt ausschließlich in den Händen der **DEFA** (ursprüngliche Abkürzung und Firmenzeichen für die im Mai 1946 gegründete „Deutsche Film AG"), der volkseigenen Filmindustrie in der DDR. Die DEFA unterhält folgende Studios: für Spielfilme in Potsdam-Babelsberg (auf einem Gelände von ca. 500000 qm mit 11 Atelierhallen) mit einer Jahresproduktion von 15 bis 20 Filmen für Kino (davon ca. 3 Kinder- und Jugendfilme) und ca. 25 Filmen für das Fernsehen; für Dokumentarfilme in Potsdam-Babelsberg und Berlin (Ost) mit einer Jahresproduktion von ca. 170 Filmen für Kino und Fernsehen einschließlich Auftrags- und Werbefilme; für Trickfilme in Dresden mit einer Jahresproduktion von ca. 65 Zeichentrick-, Puppentrick-, Handpuppen- und Silhouettenfilmen für

Kino (überwiegend Kinderprogramme) und Fernsehen; für Synchronisation in Berlin (Ost). Zur DEFA gehören außerdem Kopierwerke und die Zentralstelle für Filmtechnik sowie der DEFA-Außenhandel, der für den gesamten Filmexport und -import zuständig ist. Er unterhält Kontakte mit 1100 Filmverleihgesellschaften und Fernsehstationen in 105 Ländern, verkaufte bis 1976 über 8000 Spielfilm- und Kurzfilmlizenzen an Partner in rd. 80 Ländern und erwarb von 1950 bis 1976 Spielfilmlizenzen aus 38 Staaten.

Sämtliche in der DDR eingesetzten Filme werden über den → **Progress-Film-Verleih** an 15 Bezirksfilmdirektionen verliehen.

Der Film hat als wichtigstes Massenmedium neben dem Fernsehen eine besondere Funktion bei der Bewußtseinsbildung des Publikums zu erfüllen. Nach einer Definition des DDR-Filmwissenschaftlers Manfred Gerbing soll er „auf den Intellekt und die Emotionen der Zuschauer Einfluß nehmen, die neue sozialistische Denk- und Lebensweise durchsetzen helfen, neue Bedürfnisse (einschließlich ästhetische) im Menschen wekken . . . Er soll helfen, die ideologisch-moralische Psyche des Menschen nach sozialistischen Kriterien zu bilden, die schöpferischen Fähigkeiten des Menschen allseitig zu entfalten, zur weiteren Humanisierung der zwischenmenschlichen Beziehungen beizutragen."

Die DEFA wurde als erste deutsche Filmgesellschaft nach dem 2. Weltkrieg gegründet und erhielt am 17. 5. 1946 eine sowjetische Lizenz. Anfangs eine deutsch-sowjetische Aktiengesellschaft, wurde sie 1952 Volkseigener Betrieb. Das Profil ihrer Produktion war stets von der jeweiligen politischen Situation, vom Stand der gesellschaftlichen Entwicklung abhängig. Neben der Propaganda für den Wiederaufbau leistete die DEFA in den ersten Jahren ihres Bestehens einen wichtigen Beitrag zur Aufklärung über die jüngste NS-Vergangenheit. Filme antifaschistischer Thematik bildeten vor allem bis Ende der 60er Jahre einen wesentlichen Bestandteil der Produktion und gehörten zu den auch künstlerisch gelungensten Arbeiten. Filme nach historischen Stoffen, insbesondere mit Themen aus der Geschichte der deutschen Arbeiterbewegung, dienten der Förderung eines neuen Geschichtsbewußtseins sozialistischer Prägung.

Wichtige Marksteine der Filmentwicklung waren die Filmkonferenzen von 1952 und 1958, auf denen der Vorrang von Stoffen aus der Gegenwart betont und die Filmemacher auf die Methode des damals dogmatisch ausgelegten Sozialistischen Realismus festgelegt wurden (→ **Kulturpolitik**, II.). Neben Filmen politischer Thematik wurden stets auch Unterhaltungsfilme produziert. Seit den 60er Jahren hat die thematische und stilistische Vielfalt der Produktion zugenommen; Filme mit DDR-Gegenwartsthematik reflektieren, besonders seit dem Übergang zu der unter Honecker praktizierten relativ offeneren Kulturpolitik seit 1972, eine differenzierte Auseinandersetzung mit individuellen und gesellschaftlichen Problemen und entsprechen vielfach auch formal anspruchsvollem internationalem Standard. Vor allem den Bedürfnissen jugendlicher Kinobesucher dienen die seit 1966 produzierten Indianerfilme, deren Stoffe auf historischen Fakten basieren, und heitere Musikfilme; Literaturverfilmungen nach Vorlagen aus vergangenen Epochen und von DDR-Autoren haben ebenfalls einen festen Platz in den Produktionsplänen. Als drittes Land nach den USA und der Sowjetunion entwickelte die DDR die Aufnahme- und Produktionstechnik für den 70-mm-Film, stellte jedoch die 1967 aufgenommene Produktion solcher Filme 1973 als vorerst unrentabel wieder ein.

Zu den bedeutendsten, auch außerhalb der DDR bekannten Spielfilmregisseuren zählen Konrad Wolf (gest. 1982), Egon Günther (hat seit 1979 nur noch für die ARD gedreht), Frank Beyer, Lothar Warneke, Heiner Carow. Die Nachwuchsausbildung erfolgt an der 1954 gegründeten Hochschule für Film und Fernsehen der DDR (bis 1970: Deutsche Hochschule für Filmkunst) in Potsdam-Babelsberg. Eine Sektion Forschung an der Hochschule beschäftigt sich mit filmwissenschaftlichen Fragen und gibt dazu in unregelmäßiger Folge Publikationen heraus.

Ein Film- und Fernsehrat der DDR, dem Persönlichkeiten der DEFA, des DDR-Fernsehens, des Progress-Film-Verleihs, des → **Staatlichen Filmarchivs** und anderer Einrichtungen angehören, besteht seit 1978 zur Koordinierung der Mitarbeit von Repräsentanten der DDR in internationalen nichtstaatlichen Film- und Fernsehverbänden. Die DDR ist in 11 derartigen Organisationen vertreten. Der Film- und Fernsehrat der DDR ist Mitglied des Internationalen Film- und Fernsehrats bei der UNESCO.

Die in verschiedenen Abkommen festgelegte Zusammenarbeit mit anderen sozialistischen Ländern auf filmischem Gebiet realisiert sich u. a. in der Mitwirkung von Schauspielern aus diesen Ländern in DEFA-Filmen und umgekehrt sowie in Koproduktionen (bisher mit der Sowjetunion, Polen, der ČSSR, Bulgarien und der Mongolischen Volksrepublik).

Die DDR stellt z. T. auf der Grundlage der Gegenseitigkeit eigene Produktionen auf Filmwochen im Ausland vor (bis 1976 organisierte der VEB DEFA-Außenhandel mehr als 83 solcher Veranstaltungen); bis 1977 beteiligte sie sich an 421 internationalen Festivals (seit 1975 auch an den Internationalen Filmfestspielen in Berlin [West]) und errang insgesamt 249 Preise. 1980 wurden erstmals offizielle Filmwochen beider deutscher Staaten auf Gegenseitigkeit in jeweils 3 Städten mit je 7 Spiel- und 5 Kurzfilmen durchgeführt.

Als einziges internationales Filmfestival in der DDR findet seit 1960 alljährlich im November die Leipziger Dokumentar- und Kurzfilmwoche für Kino und Fernsehen statt unter dem Motto „Filme der Welt – für den Frieden der Welt".

Seit dem Herbst 1978 wird jährlich ein nationales Festival des Dokumentar- und Kurzfilms für Kino und Fernsehen in Neubrandenburg veranstaltet. Jeweils alternierend durchgeführte Nationale Kinderfilm- und Spielfilmfestivals gibt es seit 1979 bzw. 1980 in Gera bzw. Karl-Marx-Stadt.

In den Kinospielplan werden pro Jahr ca. 140 Spielfilme

neu aufgenommen; dazu kommen besonders zusammengestellte Kinderfilmprogramme. Im allgemeinen stammen jeweils etwa zwei Drittel der Importe aus sozialistischen und ein Drittel aus kapitalistischen Ländern.
Die meisten Filme (ca. 30 pro Jahr) werden aus der Sowjetunion eingeführt. Aus der Bundesrepublik Deutschland kommen jährlich etwa 5 Filme in den Verleih. (Umgekehrt laufen in der Bundesrepublik Produktionen aus der DDR vorwiegend in nichtkommerziellen Filmtheatern, gelegentlich auch im Fernsehen.) Manche anspruchsvollen Filme (ca. 18 pro Jahr) laufen vorwiegend oder ausschließlich in Filmkunsttheatern oder an Filmkunsttagen der Kinos. Zur Verbreitung des künstlerisch wertvollen Films tragen über 400 Filmklubs mit mehr als 250000 Mitgliedern bei. Zur Anleitung und Koordinierung ihrer Arbeit wurde im November 1973 eine Zentrale Arbeitsgemeinschaft Filmklubs der DDR beim Ministerium für Kultur gegründet, der Vertreter der Filmklubs, des Staatlichen Filmarchivs, des Progress-Film-Verleihs, der Bezirksfilmdirektionen, des → **Verbandes der Film- und Fernsehschaffenden** sowie der Massenorganisationen, bei denen Filmklubs bestehen (→ **Freier Deutscher Gewerkschaftsbund [FDGB]; Freie Deutsche Jugend [FDJ]; Kulturbund [KB]; Nationale Volksarmee [NVA]** u. a.), angehören. Die Arbeitsgemeinschaft ist Mitglied der Internationalen Föderation der Filmklubs (FICC).
1982 gab es 832 stationäre Filmtheater und rd. 280 Dorfkinos, die in 799913 Vorstellungen 72,37 Mill. Besucher zählten. Damit erreichte der parallel mit der Zunahme des Fernsehens (1982 gab es in 90 v. H. aller Haushalte mindestens einen Apparat) zurückgegangene Kinobesuch (Höchststand: 1955 mit 309,91 Mill. in 1423 Filmtheatern) nach vorübergehendem leichten Aufschwung ab 1976 einen neuen Tiefstand. Zur Befriedigung differenzierterer Publikumsansprüche wurden seit Mitte der 70er Jahre neue Kinoformen entwickelt. 1980 gab es 33 Ur- und Erstaufführungstheater, 18 Studio-, 12 Kinder- und Jugendfilmtheater, 17 Klubkinos, 32 Kinovisionsbars und ein Zeitkino. Die nur in größeren Städten bestehenden Studiokinos führen vorwiegend künstlerisch anspruchsvollere Filme im Programm; jährlich bleiben in der Regel 18 importierte Filme als sogenannte Studio-Filme dem Einsatz in diesen Kinos vorbehalten. Die Klubkinos und Kinovisionsbars bieten einen Getränke- und Verzehrservice und sind vor allem für Besuche durch betriebliche Kollektive (Arbeitsbrigaden) gedacht. Das Zeitkino spielt im Bereich des Leipziger Hauptbahnhofes durchgehend vom Vormittag bis zum späten Abend. In Ferienzentren wurden Zeltkinos errichtet.
Während des jährlich veranstalteten „Kinosommers" von Mai bis September finden Filmvorführungen auf rd. 150 Freilichtbühnen statt. Weitere ständige Veranstaltungen sind: eine „Kinderfilmwoche der DDR" und eine „Woche des sowjetischen Kinder- und Jugendfilms", die beide im Wechsel alle zwei Jahre im Februar stattfinden, die jedes Jahr im September in einem anderen Bezirk organisierten „Tage des sozialistischen Films" mit neuen Produktionen aus RGW-Ländern, über die auch Delegationen von Filmemachern mit Angehörigen von Betrieben diskutieren, sowie ein „Festival des sowjetischen Kino- und Fernsehfilms", in dessen Rahmen jeweils Anfang November neue Produktionen aus der Sowjetunion vorgestellt werden. 1981 ist in Potsdam ein Filmmuseum der DDR eröffnet worden.
Im Bereich des Amateurfilms gibt es 200 Amateurfilmstudios, die bei den Gewerkschaften und anderen gesellschaftlichen Organisationen bestehen, 30 Jugendfilmstudios für Kinder und Jugendliche im Alter von 8 bis 25 Jahren sowie 50 Amateurfilmstudios für Einzelpersonen und Kamerabesitzer in Klubhäusern, Dorfklubs und Gemeindeverbänden. Alle zwei Jahre finden Bezirksleistungsvergleiche statt, auf denen ca. 500 Amateurfilme vorgestellt werden. Zentrale Amateurfilmwettbewerbe werden alle 3 Jahre durchgeführt. Hierbei gelangen etwa 150 bis 200 Filme in den Endausscheid.
Zeitschriften: Filmspiegel (14täglich), Film und Fernsehen (monatlich), Beiträge zur Film- und Fernsehwissenschaft (bis zu sechsmal jährlich), Progress Filmprogramm (monatlich, nur in Kinos).

Finalproduktion: **1.** Bezeichnung für Enderzeugnisse (Investitions- und Konsumgüter).
2. Bezeichnung für die in einem bestimmten Zeitraum gefertigte Menge an Investitions- und Konsumgütern. Wertmäßig entspricht die F. annähernd dem Nationaleinkommen. **Gesellschaftliches → Gesamtprodukt.**

Finanzamt: Finanzämter gibt es in der DDR nicht mehr, seit 1952 die Finanzverwaltung als selbständiger Verwaltungszweig abgeschafft wurde. Ihre Funktionen als unterste für die Festsetzung und Erhebung der Steuern verantwortliche Behörde werden durch das Referat Steuern in der Abteilung Finanzen beim Rat des Kreises wahrgenommen.

Finanzkontrolle und Finanzrevision: Zur Erfüllung ihrer Regierungsaufgaben und für die Bereitstellung von öffentlichen Leistungen erhalten die zentralen und örtlichen Staatsorgane finanzielle Mittel aus dem Öffentlichen Gesamthaushalt zugeteilt.
Neben diesen Haushaltsorganen werden auch den im Staatseigentum befindlichen Betrieben und Kombinaten Geldmittel aus der Staatskasse zur Verfügung gestellt (z. B. für Erweiterungsinvestitionen, Forschungs- und Entwicklungsvorhaben = Wirtschaftsförderung durch projektgebundene Kapitalzuteilungen aus dem Etat). Zu diesen Fördermitteln aus dem Budget kommen die Subventionszahlungen hinzu, die zur Sanierung und Unterstützung von ertragsschwachen Betrieben, Kombinaten, Branchen und Wirtschaftsbereichen benötigt werden. Zu derartigen Subventionen gehören z. B. Zuschüsse zum Ausgleich von planmäßigen und außerplanmäßigen Verlusten oder die aus dem Etat bestrittenen produktgebundenen Preisstützungen. Da finanzielle und materielle Ressourcen knapp sind, erwächst für die Regierung der DDR die Verpflichtung nachzuforschen, ob die Empfänger des staatlichen Geldkapitals

dieses plankonform, sparsam und zweckmäßig sowie den gesetzlichen Bestimmungen entsprechend verwenden.

Darüber hinaus erstrecken sich die Kontrollmaßnahmen ausgehend vom Staatseigentum an den Produktionsmitteln auch allgemein auf die gesamte Qualität der Unternehmensführung und der Kapitalverwertung in den sozialistischen Produktionsorganisationen (VEB, Kombinate, Produktionsgenossenschaften) (= allgemeine Wirtschaftlichkeits- und Rentabilitätskontrolle).

1. Finanzkontrolle. Die durch Regierungsorgane durchgeführte „staatliche Finanzkontrolle" (Fk.) umfaßt alle Überprüfungen, die feststellen sollen, ob zentrale und regionale Verwaltungsstellen sowie die Wirtschaftsbetriebe in ihrem Finanzgebaren das Staatsinteresse wahren und die zentralen Anweisungen befolgen. Neben der Fremdkontrolle, die durch externe Prüfungsorgane erfolgt, organisiert jeder Leiter einer Verwaltungsstelle und eines Wirtschaftsbetriebes zusätzlich eine Eigenkontrolle über den Umgang mit Finanzmitteln in seinem Verantwortungsbereich. Diese haus- oder betriebsinternen Kontrollen bedürfen meist keiner Anstöße von außen. Sie werden von den Leitungskadern einerseits zur Absicherung ihrer Führungsposition organisiert, damit sie nicht angeklagt werden können, sie hätten zugelassen, daß in ihrem Leitungsbereich Staatskapital veruntreut wird. Andererseits sind die Leitungskader natürlich auch aus materiellem Interesse bestrebt herauszufinden, ob die verfügbaren Finanzmittel so genutzt werden, daß auch die dezentralen Sonderinteressen von Verwaltungsinstanzen und Einzelbetrieben optimal verwirklicht werden. Diese Sonderinteressen konzentrieren sich zur Hauptsache auf die Maximierung der persönlichen Einkommen und Prämien und auf den Erwerb von staatlich verliehenen Ehrungen und Privilegien.

Aufgabe der Fk. ist es,

a) laufend das Finanzwesen und die Finanzdisziplin der „Haushaltsorgane" und „Haushaltsorganisationen" zu überprüfen (dazu gehören u. a. die → **Ministerien**, Zentralen Ämter, die örtlichen Räte [→ **Räte im Staatsapparat**] samt Verwaltungsunterbau, die Einrichtungen der „gesellschaftlichen Konsumtion" im Bereich des → **Gesundheitswesens**, der Kultur und des → **Sports** und die → **Massenorganisationen**).

Außerdem ist der Fk. b) die fortwährende Überwachung der Finanzwirtschaft der produzierenden Wirtschaftseinheiten übertragen (VEB, Kombinate, Produktionsgenossenschaften).

Letztlich erstreckt sich der Aufgabenbereich der Zentralen Fk. c) auch auf die Geschäftspolitik der Banken, Sparkassen und Versicherungen (→ **Bankwesen**).

In der Verwaltungspraxis und der wirtschaftswissenschaftlichen Lehre wird von „staatlicher Finanzkontrolle" hauptsächlich dann gesprochen, wenn es sich um die folgenden beiden Kontrollmaßnahmen handelt:

a) die „Vorkontrolle" der Qualität der gerade ausgearbeiteten Finanzpläne und b) die „kontinuierliche, mitlaufende Kontrolle über das Maß der Erfüllung der Finanzpläne". Zu diesen finanzwirtschaftlichen Plänen gehören folgende in Mark aufgestellte Spezialpläne: die Haushalts-, Kredit-, Valuta- und Kassenpläne sowie die globalen und einzelwirtschaftlichen Planbilanzen von Wirtschaftsgruppen (z. B. Banken, → **Industrie**) und einzelnen Kombinaten sowie Betrieben.

Die Zuständigkeiten innerhalb der staatlichen Kontrollorganisation wurden nach folgenden beiden Aufgabengebieten aufgeteilt: Kontrolle der Haushaltsdurchführung und Finanzkontrolle der Staatswirtschaft. Je nachdem, ob haushaltswirtschaftliche Kontrollen gegenüber Etatmittelverwendern und Zuwendungsempfängern (z. B. Verwaltungsorganen) durchgeführt werden müssen oder ob die Aufgabe darin besteht, die Finanzwirtschaft von erwerbswirtschaftlich tätigen Betrieben zu überprüfen, wechseln auch die angewandten Kontrollmethoden.

Gegenüber den erwerbswirtschaftlich ausgerichteten Organisationen (VEB; Kombinate) verfolgt die Fk. zunächst vor allem das Ziel, „ungeschminkt" zu erfahren, welche Ergebnisse bei der a) vom Plan vorgeschriebenen und bei der b) auf Eigeninitiative der Produktionsorganisationen vorgenommenen Verwertung von Finanzkapital erzielt worden sind. Diese Erkundungen erfolgen durch gezielte Einholung von Informationen, periodisch angeforderte Rechenschaftsberichte und durch überraschend anberaumte Prüfungen der Buchhaltung und des betrieblichen → **Rechnungswesens**. Werden durch die Kontrollen Leistungsmängel aufgedeckt, sind die Kontrollorgane verpflichtet, Maßnahmen zu empfehlen und an ihrer Verwirklichung mitzuarbeiten, mit denen die Effektivität der überprüften Wirtschaftsorganisationen verbessert werden kann.

Die VEB und Kombinate der volkseigenen Wirtschaft sind verpflichtet, ihre Geschäftspolitik nach dem „Rentabilitätsprinzip" (Prinzip der → **Wirtschaftlichen Rechnungsführung**) auszurichten. Diese Handlungsmaxime verlangt von ihnen, ihre Produktionskosten aus dem Erlös verkaufter Erzeugnisse, also durch eigene Leistungen, zu decken. Der Normalfall soll jedoch sein, daß die Betriebe und Betriebsvereinigungen einen → **Gewinn** erwirtschaften. Das „Rentabilitätsprinzip" verpflichtet somit die Produktionsorganisationen zu einer möglichst effizienten, flexiblen Kombination der Produktionsfaktoren im Rahmen der für sie verbindlichen Betriebspläne. Diese Forderung nach Rentabilitätssteigerung durch flexible Unternehmenspolitik läßt sich natürlich in den Produktionsbetrieben nur in dem Maße erfüllen, wie ihnen die Daten der Betriebspläne hierfür Entscheidungsspielräume lassen.

Im Gegensatz zu den Wirtschaftsbetrieben richtet sich das Verwaltungshandeln der Staatsorgane nicht unmittelbar auf erwerbswirtschaftliche Ziele. Sie sind vielmehr z. B. damit beauftragt, die gesetzlichen Grundlagen zu schaffen und die administrativen Hilfen zu gewähren, damit die Produktionsorganisationen ihre staatlichen Planaufgaben termingerecht erhalten und in die Lage versetzt werden, diese zu erfüllen. Das Handeln der Verwaltungsorgane wird durch Anweisungen und Regeln in Form von Gesetzen, Anordnungen und Durchführungsbestimmungen gelenkt und zusätzlich durch operative Verfügungen vorgesetzter Regierungsstellen gesteuert. Bei der Aufteilung der von ihnen verwalteten Haushaltsmittel (Einzeletats) auf die ihnen zur Erledigung zugewiesenen Aufgaben sind die Verwaltungsinstanzen verpflichtet, weisungsgetreu zu verfahren und sachgemäß zu handeln. Daraus folgt, daß je nach der Art der Institutionen und der diesen übertragenen spezifischen Aufgaben sich auch die Ziele, die Methoden und die Beurteilungsmaßstäbe der Fk. ändern. So stehen bei der Kontrolle des Verwaltungsbereiches die Einhaltung der Haushaltsdisziplin und die sparsame Mittelverwendung durch die Haushaltsorganisationen im Mittelpunkt der Kontrolltätigkeit.

Seit 1966 befassen sich in der DDR vor allem 4 → **Finanzorgane** mit der Fk. der Staatswirtschaft: 1. das → **Ministerium der Finanzen (MdF)**, 2. die Banken, 3. die staatliche Finanzrevision und 4. die Abteilungen Finanzen der örtlichen Räte. Ergänzende Kontrollen mit speziellen Erkundungsaufträgen werden von den → **Industrieministerien**, den Versicherungen und den ständigen Ausschüssen der → **Volksvertretungen** durchgeführt. Bei dieser Vielzahl der sich bereichsweise überschneidenden Kontrollen seitens verschiedener Instanzen ist es unumgänglich, daß diese ihre Tätigkeit in der Sache und im Termin aufeinander abstimmen. Aus diesem Grunde erfolgen die üblichen Kontrollen und Revisionen zum Abschluß des Wirtschaftsjahres zumeist gemeinsam.

In den Betrieben und Betriebsvereinigungen ist der → **Hauptbuchhalter** der verantwortliche Ansprechpartner. Er ist der vom Staat beauftragte und von der Wirtschaftsverwaltung eingesetzte Inspektor, der sicherzustellen hat, daß bei den Planträgern an der Produktionsbasis die Staatsinteressen vorrangig berücksichtigt werden. Er hat dafür zu sorgen, daß das betriebliche Rechnungswesen ordnungsgemäß geführt wird, damit die Kontrolleure des Staatsapparats jederzeit Einsicht in die Buchhaltung und Erfolgsrechnung des Betriebes nehmen können.

2. *Finanzrevision.* In der DDR hat der Begriff „Finanzrevision“ (Fr.) zwei Bedeutungen. Einerseits stellt die Fr. eine Prüfungsmaßnahme dar. Andererseits ist sie ein staatliches Kontrollorgan. Als Prüfungsmaßnahme umfaßt die Fr. die jährliche Prüfung der Vorschriftsmäßigkeit des Rechnungswesens und der Jahresabschlußbilanzierung bei den einzelnen VEB und Kombinaten (= nachträgliche Kontrolle). Als staatliches Kontrollorgan stellt die Fr. eine Hierarchie institutionell verselbständigter Kontroll- und Revisionsinstanzen dar, die unter der direkten Anleitung des MdF Revisionen durchführt.

Der Zuständigkeitsbereich der staatlichen Fr. erstreckt sich a) auf die Produktionseinheiten aller Wirtschaftsbereiche (Industrie, Bauwesen, Handel, Verkehr, Landwirtschaft, sonstige Dienstleistungssektoren), sofern diese ihre „Unternehmenspolitik“ nach dem Prinzip der wirtschaftlichen Rechnungsführung ausrichten; b) auf die staatlichen Kreditinstitute; c) auf alle staatlichen Verwaltungsorgane (= Haushaltsorgane/Haushaltsorganisationen) und d) auf sämtliche gesellschaftlichen Massenorganisationen.

Bei den erwerbswirtschaftlich ausgerichteten Produktionseinheiten wird durch die Fr. geprüft, ob die vorgelegte Jahresbilanz und die unterbreitete Gewinn-und-Verlust-Rechnung ordnungsgemäß zustande gekommen sind. Hinzu kommt die Analyse der wirtschaftlichen „Tüchtigkeit“ des Betriebskollektivs. Als Prüfungsunterlagen zur Beurteilung des erreichten Wirtschaftserfolges werden die gesammelten Belege, Dokumente, Buchungen, Statistiken, Betriebspläne (einschließlich Finanzpläne), Planabrechnungen (Soll-Ist-Vergleiche) und die Ergebnisse der Gewinn-und-Verlust-Rechnungen ausgewertet.

Zweck der Revision ist die Beurkundung der Ordnungsmäßigkeit des Jahresabschlusses der Produktionseinheiten (Bilanz, Gewinn-und-Verlust-Rechnung, Planabrechnung) durch Erteilung eines „Bestätigungsvermerks“. Erst mit diesem Vermerk und durch einen positiven Prüfungsbericht wird das vom Arbeitgeber Staat eingestellte Führungspersonal der VEB und Kombinate durch diesen selbst für ihre Tätigkeit in der vergangenen Wirtschaftsperiode entlastet.

Prüfungsobjekte bei den zentralen und örtlichen Staatsorganen sind die Jahresabrechnungen der Finanz-, Haushalts-, Kredit- und Valutapläne, die Gesetzestreue bei der Erfüllung der ihnen aufgetragenen Aufgaben und der sparsame und pflegliche Umgang mit Staatsvermögen.

Entdecken die Revisionsinstanzen bei ihren Prüfungen, daß einzelne Produktionseinheiten und Verwaltungen unwirtschaftlich gearbeitet haben, planwidrige Aktionen unternahmen oder gegen Gesetze verstießen, so dürfen sie bei kleineren Beanstandungen selbst Weisung erteilen, die aufgedeckten Fehlleistungen zu korrigieren. Bei größeren Vergehen müssen sie den Fall den übergeordneten Lenkungsinstanzen sowie den Gerichten übergeben. Sofern es sich nicht um einen Fall handelt, bei dem die Gerichte aufgrund der Vorschriften des Wirtschaftsstrafrechts zwingend eingeschaltet werden müssen, sorgt in den meisten Fällen das MdF für Abhilfe.

Während der Wirtschaftsreform in der DDR (1963 bis 1970) hat die primäre Verantwortlichkeit für die Fr. gegenüber der volkseigenen Wirtschaft zweimal gewechselt. Zunächst erhielten die „Konzern“-Spitzen der VVB 1963/64 anstelle behördlicher Kontrollinstanzen den Auftrag, die Finanzwirtschaft der ihnen angegliederten VEB laufend zu überwachen und das betriebliche Rechnungswesen nach Abschluß jedes Wirtschaftsjahres nach Maßgabe staatlicher Prüfungsvorschriften zu revidieren. Die Fr. gegenüber den VVB übernahmen die 1963/64 neu eingerichteten „Industrie-Bankfilialen“ der damaligen Deutschen Notenbank (heute → **Staatsbank** der DDR).

Die VVB führten jedoch ihre Nachkontrolle nicht im Interesse der vorrangigen Durchsetzung der Staatsziele vor denen der Individual- und Betriebsinteressen durch. Wegen „Kumpanei“ mit den Kontrollierten wurden ihnen deshalb 1966 die primären Revisions- und Überwachungsbefugnisse wieder entzogen. Das Scheitern dieses Experimentes, die Verantwortlichkeit für Fk. und

Fr. auf die VVB-Leitungen zu delegieren, rührte daher, daß durch die Umwandlung der VVB zu „Organen mit wirtschaftlicher Rechnungsführung“ diese mit ihren Betrieben zu einer Gewinn-und-Verlust-Gemeinschaft mit vielfach gleichen Interessen zusammenwuchsen.
Aus diesen Gründen wurde Anfang 1966 das Revisionswesen einer unabhängigen staatlichen Instanz übertragen. Die fachliche Anleitung dieser Sonderbehörde liegt beim MdF. (Vgl. den Beschluß über die Aufgaben, die Arbeitsweise und den Aufbau der Staatlichen Finanzrevision vom 12. 5. 1967, GBl. II, S. 329ff.) → **Finanzsystem; Wirtschaft**.

Finanzorgane: Zu den F. gehören alle Regierungsstellen, Banken und Verwaltungen, die sich mit der Planung und Durchführung der Geldversorgung befassen, denen die Sammlung und Umverteilung von Geldkapital anvertraut ist und welche die Bewegungen der Geldströme zu regulieren und zu kontrollieren haben. Geldschöpfung und Geldvernichtung erfolgen in der DDR nicht spontan. Ihnen liegen daher auch nicht, wie in einer Marktwirtschaft, autonome Entscheidungen einer gegenüber der Regierung unabhängigen Zentralbank oder die freien Entschlüsse von Geschäftsbanken und Wirtschaftsunternehmen zugrunde, von denen die letztgenannten danach streben, ihre privaten Erfolgsinteressen zu verwirklichen. Sowohl die Schöpfung als auch die Vernichtung von Geld und damit zugleich der Geldumlauf insgesamt müssen der Durchsetzung und Erfüllung des staatlich festgesetzten Zielprogramms für die Gesamtwirtschaft dienen. Dies verlangt, daß Emission, Verwendung und Vernichtung von Geld auf die in den Jahres- und Mehrjahresplänen festgesetzte Expansion der Güterproduktion und des Güterverbrauchs abgestimmt werden (→ **Finanzplanung und Finanzberichterstattung**). Die mit diesen Aufgaben verbundenen Planungs-, Bilanzierungs-, Regulierungs- und Kontrollarbeiten stehen im Mittelpunkt der Tätigkeit der F.
Der zahlenmäßig größte Teil dieser Institutionen befaßt sich mit der Beschaffung der Staatseinnahmen (Besteuerung, Erhebung von Gebühren und Beiträgen), mit der Bewirtschaftung und dem Einsatz öffentlicher Geldmittel (Staatsausgabenpolitik) und mit der Kontrolle der Verwendung von staatlichem Geldkapital (→ **Finanzkontrolle und Finanzrevision**). Diese F. werden auch als Haushaltsorgane bezeichnet. Gelegentlich kommt es vor, daß die Staatliche Finanzrevision nicht zu den F. im engeren Sinne gezählt wird.
Im Unterschied zur Bundesrepublik Deutschland sind in der DDR → **Finanzämter** und die Finanzverwaltung mit der allgemeinen Staats- und Wirtschaftsverwaltung zu einer einheitlichen Hierarchie von Leitungs- und Kontrollorganen verschmolzen worden. Maßgebend für den Aufbau der mit finanzwirtschaftlichen und finanzpolitischen Aufgaben betrauten Lenkungsorgane ist das → **Territorialprinzip**. Dementsprechend lehnt sich die Instanzenpyramide der F. an die territoriale Gliederung des Staatsgebietes der DDR in Republik, → **Bezirke**, → **Kreise**, → **Gemeindeverbände** und → **Gemeinden** an. Sämtliche F. sind auf diesen einzelnen Verwaltungsebenen in die jeweiligen Leitungsorgane der Staats- und Wirtschaftsverwaltung integriert.
Die Befehlswege zwischen den zentralen finanzpolitischen Leitungsinstanzen (→ **Ministerrat; Ministerium der Finanzen [MdF]**) und den einzelnen (Finanz-)Verwaltungsorganen und Institutionen der Geldbewirtschaftung (z. B. den Banken) in den Gebietseinheiten sind nach dem „Liniensystem“ miteinander verbunden. Gemäß dem allgemeinen Organisationsprinzip des → **Demokratischen Zentralismus** sind alle F. verpflichtet, die Weisungen des jeweils höheren finanzpolitischen Leitungsorgans zu befolgen. Die Gesamtheit der F. wird nach Haushaltsorganen, Bankorganen und Versicherungsorganen unterschieden. An der Spitze der Hierarchie der F. stehen der Ministerrat und das MdF. Zur Gruppe der Haushaltsorgane gehören die im MdF mit Haushaltsfragen befaßten Abteilungen, die bei den Räten der Bezirke und Kreise geschaffenen Abteilungen Finanzen und die Prüfungsorgane der Staatlichen Finanzrevision. Die → **Staatsbank** der DDR, die staatlichen Geschäftsbanken, die → **Sparkassen** und die Genossenschaftsbanken bilden zusammen die Gruppe der Bankorgane (→ **Bankwesen**).
Das Versicherungswesen der DDR (Pflichtversicherung und freiwillige Versicherung) umfaßt 3 Versicherungsorgane (Versicherungsträger): 1. die Sozialversicherung der Arbeiter und Angestellten (Pflichtversicherung und begrenzt freiwillige Zusatzversicherung) (→ **Sozialversicherungs- und Versorgungswesen**); 2. die → **Staatliche Versicherung der DDR**; und 3. die → **Auslands- und Rückversicherungs-Aktiengesellschaft der DDR (DARAG)**.
In der DDR sind die Versicherungsorgane ohne Ausnahme Erfüllungsgehilfen der staatlichen Versicherungspolitik. Sie können infolgedessen nicht selber auswählen, welchen Versicherungsgeschäften sie sich widmen, zu welchen Versicherungsbedingungen Versicherungsverträge abgeschlossen werden, wie hoch gewährte Versicherungsleistungen sein können und welchen Kundenkreisen sich die einzelnen Versicherungen vorrangig zuwenden. Jedem Versicherungsorgan werden vom Staat der Kundenkreis und die Art der zu betreibenden Versicherungsgeschäfte zugewiesen.
Für die jederzeitige Zahlungsfähigkeit der in der DDR als „Volksversicherung“ gestalteten Sozialversicherung hat der Staat die Garantie übernommen. Infolge einer seit Ende der 50er Jahre tendenziell immer größer werdenden Finanzierungslücke haben sich seit 1960 die Zuschüsse der Staatskasse zur Sozialversicherung von 20 v.H. auf inzwischen (1977–1982) fast 50 v.H. der Gesamtausgaben erhöht. Anders als in der Bundesrepublik besteht in der DDR auf der Grundlage des Staatseigentums an den Produktionsmitteln ein nahezu automatisch betriebener Finanzierungsausgleich zwischen den Haushalts-, Bank- und Versicherungsorganen.
Obwohl auch die Staatliche Zollverwaltung der DDR mit dem Einzug von Geldforderungen entsprechend den staatlichen Zollgesetzen befaßt ist, wird diese Spezialverwaltung überraschenderweise nicht zu den F. gerechnet (→ **Finanzsystem; Zollwesen**).

Mit Beginn der Wirtschaftsreform (1963–1970) wurden in der DDR die güterwirtschaftliche Planung und die naturale Lenkung der Wirtschaftsprozesse zugunsten einer stärkeren Monetarisierung des wirtschaftspolitischen Steuerungsinstrumentariums abgebaut. Hierdurch erhielt die Geld- und Finanzpolitik eine Fülle neuer Anreiz- und Lenkungsaufgaben zugewiesen. Diese neue, bedeutsamere Rolle des Geldes als ökonomische Führungsgröße konfrontierte die Staatsführung mit einer Vielzahl von komplizierten Problemen auf dem Gebiet der monetären Wirtschaftslenkung, die ihr bis dahin unbekannt waren. Um diesen erhöhten Ansprüchen an die Qualität der hauseigenen Geld- und Finanzpolitik gerecht zu werden, beschloß der → **Ministerrat** 1967, alle Kompetenzen für die konzeptionelle Gestaltung des monetären Lenkungsinstrumentariums in der Währungs-, Geld- und Finanzpolitik in einem **Finanzrat** zusammenzufassen. Mitglieder des Finanzra-

Art und Stellung der Finanzorgane im staatlichen Leitungssystem der Volkswirtschaft der DDR

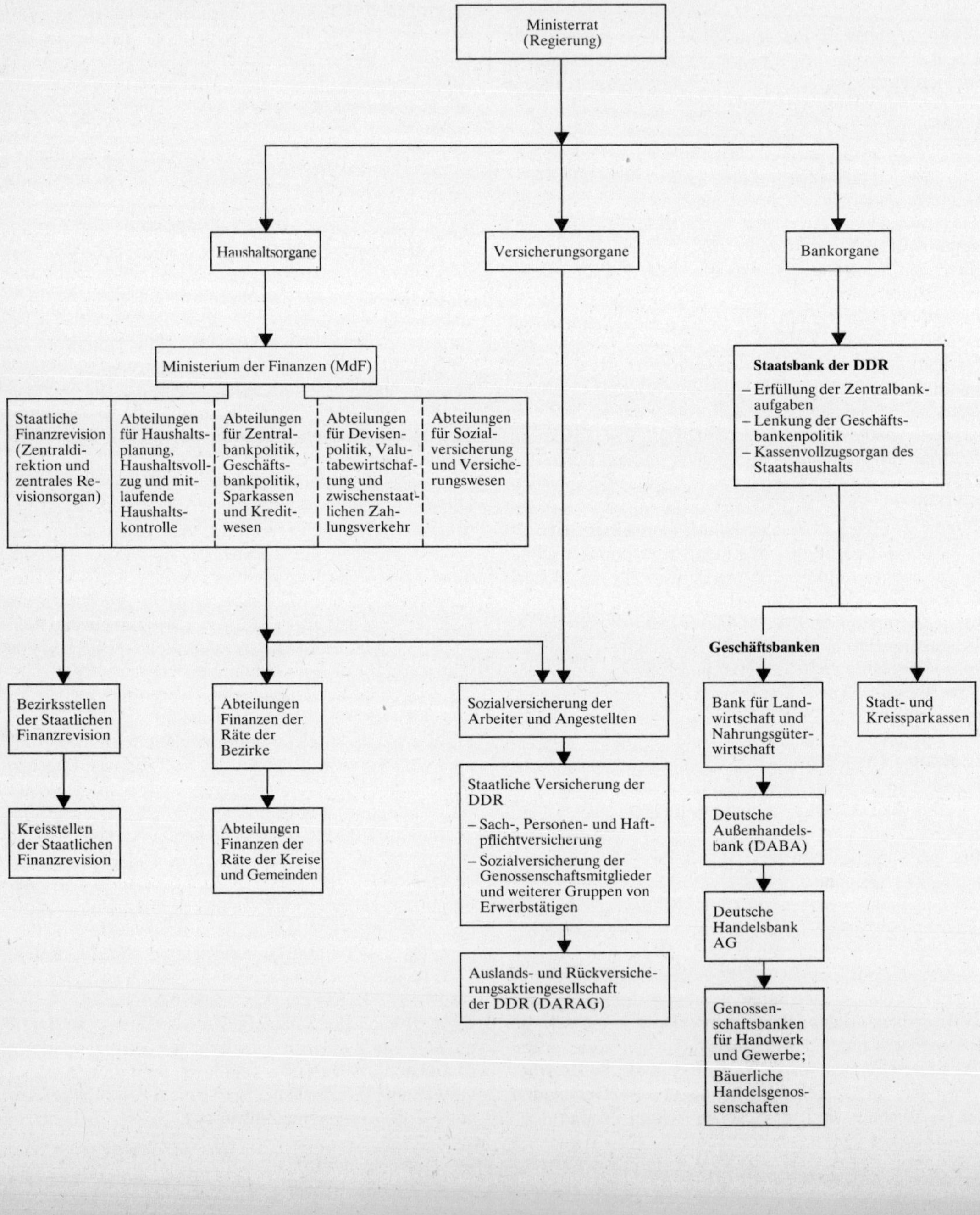

tes wurden der Minister für Finanzen, der Präsident der Staatsbank, die Präsidenten der zwei großen überregionalen Geschäftsbanken, der Leiter des → **Amtes für Preise beim Ministerrat** und ferner ausgewählte Finanzwissenschaftler und Wirtschaftspraktiker aus Forschungsinstituten, Hochschulen, Großkombinaten und den regionalen Staatsorganen. Der Finanzrat erhielt den Status eines Organs des Ministerrates. Sein Auftrag lautete, die Regierung durch sachkundige Stellungnahmen zu geplanten operativen Lenkungsmaßnahmen zu unterstützen und Gutachten darüber zu erarbeiten, mit welchen monetären Stimulierungs- und Stabilisierungsmaßnahmen die wirtschaftspolitische Strategie der Staatsführung am zweckmäßigsten verwirklicht werden kann. Leitende Funktionen wurden dem Gremium jedoch nicht übertragen; sein Einfluß beschränkte sich auf die Beratung der Parteiführung der → **Sozialistischen Einheitspartei Deutschlands (SED)** und des Ministerrates.

Nachdem die SED auf dem VIII. (1971) und dem IX. Parteitag (1976) eine eigene marxistisch-leninistische → **Sozialpolitik** entworfen und vorgestellt hatte, befaßte sich der Rat auch mit Untersuchungen über die zu erwartenden, finanziellen Auswirkungen der von der Staatsführung beabsichtigten sozialen Verbesserungen, um mit diesen nicht möglicherweise die Leistungs- und Finanzkraft der Volkswirtschaft zu überfordern. Seit den letzten Jahren des vergangenen Jahrzehnts ist in der Fachpresse und in der Fachliteratur der DDR nicht mehr über die Tätigkeit des Finanzrates berichtet worden. Daher dürfte dieser Ende der 70er Jahre aufgelöst worden sein.

Das gleiche Schicksal widerfuhr auch den Mitte der 60er Jahre bei den Räten der Bezirke und Kreise geschaffenen **Finanzbeiräten**. Diese Gremien sollten die regionalen → **Volksvertretungen** und örtlichen Verwaltungen vor allem bei der Aufstellung der Haushaltspläne beraten; sie sollten ferner für eine effiziente Verwendung der verausgabten Etatmittel sorgen. Als Mitglieder wurden in diese Beiräte u. a. die Direktoren der örtlichen Filialen der Geschäftsbanken und Sparkassen und die Leiter der Filialen der Staatlichen Versicherungseinrichtungen berufen. Den Vorsitz dieses Gremiums übernahm stets der Leiter der Abteilung Finanzen des jeweiligen örtlichen Rates. Neben der Beratung in Haushaltsfragen sollten sich die Beiräte vor allem um die Koordinierung der Budget-, der Bank-, der Kredit- und der Sparpolitik in den einzelnen Gebietseinheiten kümmern. Die Gründe für die Auflösung dieser Beratungsgremien Ende der 70er Jahre sind bisher nicht mitgeteilt worden.

→ **Geldtheorie und Geldpolitik; Staatshaushalt; Steuern; Währung/Währungspolitik.**

Finanzplanung und Finanzberichterstattung: *1. Kurz- und mittelfristige Finanzplanung (Fp.): a) Aufgaben und Bedeutung der Fp.* In einer Zentralplanwirtschaft, in der Geld als Tauschmittel und Wertmaßstab dient (→ **Währung/Währungspolitik**), ist die Fp. die notwendige Ergänzung zur naturalen, güterwirtschaftlichen → **Planung** der Wirtschaftsprozesse und des Warenumlaufs. Vor jeder neuen Wirtschaftsperiode müssen die Expansion des Güter- und Geldkreislaufs insgesamt und die Veränderungen der korrespondierenden Teilströme des Geld- und Güterkreislaufs aufeinander abgestimmt werden. Gelingt den Planungsbehörden diese Vorab-Koordinierung nicht, so werden z. B. den Staatsbetrieben über die zentrale Kreditplanung (→ **Kredit**) Geldkapitalzuteilungen bewilligt (Kreditplafonds), die auf der Güterseite nicht durch ein ausreichendes Aufkommen der gesuchten Einsatzmaterialien und Investitionsgüter gedeckt sind. Dies führt zur Entstehung eines Giralgeldüberhangs auf den Guthabenkonten der Betriebe, welcher die Unternehmensleitungen dazu verleitet, diesen für andere als die geplanten Einsatzziele zu verwenden. Als Folge ergeben sich daraus an anderer Stelle des geplanten Wirtschaftsprozesses Störungen bei der Planerfüllung.

Ähnliche Disproportionen treten bei der Planverwirklichung z. B. dann ein, wenn die Betriebe von den Planbehörden finanzielle Leistungsauflagen erhalten (z. B. Gewinnziele, Rentabilitätsvorgaben, Zahlungsaufforderungen bei den Unternehmenssteuern), die mit den vorhandenen Produktionskapazitäten und den gewährten Zuteilungen an → **Produktionsmitteln** nicht erfüllt werden können.

Wegen dieser Risiken besitzt die Fp. für den Erfolg der Wirtschaftspolitik der DDR-Regierung die gleiche Bedeutung wie die materielle Volkswirtschaftsplanung.

b) Einsatzgebiete der Fp. In der DDR erfolgt die Planung der Entstehung und Verwendung der Geldfonds und die planerische Festlegung der künftigen Geldströme auf drei Ebenen: 1. auf der Ebene der Gesamtwirtschaft und des Zentralstaates; 2. auf der Ebene der Territorien (→ **Bezirk; Kreis**) und 3. auf der Ebene der Betriebe und überbetrieblichen Vereinigungen (Kombinate, restliche VVB) (→ **Betriebsformen und Kooperation**).

ba) Fp. auf der Ebene der Gesamtwirtschaft. Um die Hauptströme des Geldkreislaufs zwischen den wichtigsten Wirtschaftsgruppen zu erfassen sowie aufeinander abzustimmen und um ein ausbalanciertes Gleichgewicht zwischen Güter- und Geldkreislauf herzustellen (angestrebtes Ziel: Einheit von materieller und finanzieller Planung), werden insgesamt 11 umfassende Finanzbilanzen aufgestellt. Bei den als Planungs- und Kontrollinstrumenten genutzten Finanzbilanzen handelt es sich um hochaggregierte Einnahmen- und Ausgabenrechnungen für folgende Wirtschaftsgruppen: → **Staatsapparat** (Zentralstaat einschl. Gebietsverwaltungen), → **Bankwesen** (Staatsbank einschl. Geschäftsbanken und Sparkassen), Versicherungen, → **Bevölkerung** und Staatswirtschaft (VEB und Betriebsvereinigungen).

Neben den zur Abbildung und Planung des inländischen Geldkreislaufs erarbeiteten Finanzbilanzen wird vom Staat als Träger des Außenhandelsmonopols auch noch für jede Wirtschaftsperiode eine außenwirtschaftliche Zahlungsbilanz als Plan- und Ist-Bilanz aufgestellt (→ **Außenwirtschaft und Außenhandel**).

bb) Der Planung der binnenwirtschaftlichen Finanzbeziehungen dienen: 1. die Finanzbilanz des Staates; 2. die

Bilanz des Staatshaushalts einschl. der Einnahmen und Ausgaben des Sonderfonds der Sozialversicherung (→ **Staatshaushalt; Sozialversicherungs- und Versorgungswesen**).

bc) Planung der Finanzbeziehungen zum Ausland. Entsprechend der Konstruktion der Zentralplanwirtschaft sowjetischen Typs ist die Mark der DDR eine reine Binnenwährung. Sie kann nicht frei in andere Währungen getauscht werden und ist kein international anerkanntes Zahlungsmittel. Deshalb muß die Wirtschaftsführung der DDR (Staatliche Plankommission, → **Ministerium der Finanzen [MdF],** → **Staatsbank**) zur wertmäßigen Erfassung der zwischenstaatlichen Leistungstransfers für jede Wirtschaftsperiode stets zwei Typen von Zahlungsbilanzen aufstellen.

Beim ersten Bilanztyp werden mehrere Zahlungsbilanzen erstellt, bei denen die geleisteten und die empfangenen bzw. gestundeten Zahlungen im grenzüberschreitenden Leistungsaustausch in verschiedenen Fremd- oder Clearing-Währungen einander gegenübergestellt werden. Diese Bilanzen werden als „externe Zahlungsbilanzen" bezeichnet.

Beim zweiten Zahlungsbilanztyp werden auf der Einnahmen- und auf der Ausgabenseite alle außenwirtschaftlichen Transaktionen für einen bestimmten Zeitraum in der jeweiligen Binnenwährung und zu den gültigen Inlandspreisen verbucht. Diese Bilanz trägt den Namen „interne Zahlungsbilanz".

Von beiden Bilanztypen werden vor jeder Wirtschaftsperiode eine Planbilanz und nach Ablauf dieses Zeitabschnitts eine Ist-Bilanz (= Soll-Ist-Vergleiche als Datenlieferanten für neue Projektionen und als Mittel der Erfolgskontrolle) aufgestellt.

Dabei werden – unterschieden nach Handelspartnern – im einzelnen folgende Planbilanzen ausgearbeitet: 1. die Bilanz der Zahlungsvorgänge mit den westlichen Industriestaaten und mit denjenigen Entwicklungsländern, deren Waren- und Leistungsaustausch mit der DDR auf der Grundlage einer führenden konvertierbaren Währung abgewickelt wird. Den in dieser Bilanz eingetragenen Planungsergebnissen liegen Dollar, Pfund oder DM zugrunde; 2. die Bilanz der Zahlungsvorgänge mit den sozialistischen Staaten. In dieser Bilanz wird der Wert des Leistungsaustauschs mit den Staaten des → **Rates für Gegenseitige Wirtschaftshilfe (RGW)** und mit den übrigen sozialistischen Ländern in der Kunstwährung des → **Transfer-Rubel** erfaßt; 3. die Bilanz des Warenaustauschs und der Dienstleistungstransfers im → **Innerdeutschen Handel (IDH)**. Die Verbuchung der zwischen den beiden deutschen Staaten ausgetauschten Leistungen erfolgt in Verrechnungseinheiten, wobei eine Verrechnungseinheit real dem Wert einer DM entspricht; 4. die Bilanzen der Zahlungsvorgänge mit jenen Entwicklungsländern, mit denen die DDR vereinbart hat, die zwischenstaatlichen Waren- und Dienstleistungsumsätze mit Hilfe einer bestimmten Clearing-Währung abzurechnen.

Durch die Festsetzung von internen Wechselkursen zwischen den verschiedenen Fremdwährungen einerseits und der künstlich geschaffenen Außenwirtschaftswährung der „Valutamark" (VM) andererseits werden dann sämtliche Einnahmen- und Ausgabenposten in den verschiedenen externen Zahlungsbilanzen in den Einheitsmaßstab dieser Außenwirtschaftswährung umgerechnet. Damit entsteht aus einer Vielfalt externer Zahlungsbilanzen eine zusammenfassende (externe) Zahlungsbilanz für die gesamte Volkswirtschaft. Die internen Umrechnungskurse zwischen den Fremdwährungen und der VM werden von der Staatsführung der DDR bis auf eine Ausnahme geheimgehalten. So ist

Gegenüberstellung der Forderungen und Verbindlichkeiten der Volkswirtschaft der DDR an das Ausland in Geldeinheiten (Planung und Abrechnung der grenzüberschreitenden Leistungstransfers bei einer Zentralplanwirtschaft sowjetischen Typs in Zahlungsbilanzen)

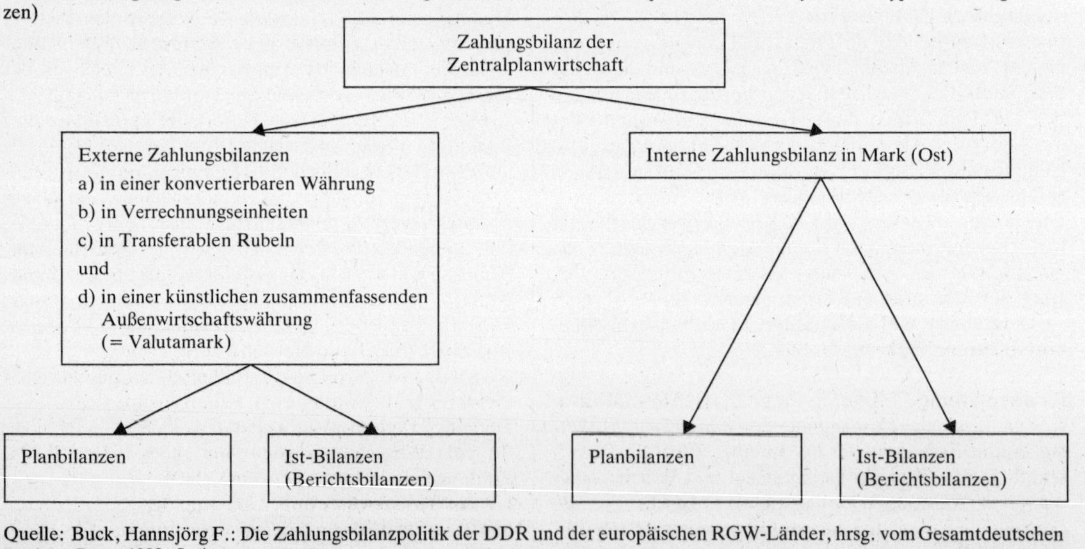

Quelle: Buck, Hannsjörg F.: Die Zahlungsbilanzpolitik der DDR und der europäischen RGW-Länder, hrsg. vom Gesamtdeutschen Institut, Bonn 1980, S. 4.

lediglich bekannt, daß die Umrechnungen von transferablen Rubeln in VM seit 1959 auf der Grundlage eines Wechselkurses von 1 Transferabler Rubel = 4,67 VM durchgeführt werden. Aus dem Kurs des Transfer-Rubel zu den westlichen Währungen ergeben sich allerdings rein rechnerisch für Ende Dezember 1982 folgende Paritäten: 1 VM = 0,71 DM; 1 VM = 0,30 US-$.

bd) Finanzbilanzen der Wirtschaftsgruppe Banken. In diesem Bereich sind folgende Bilanzen zu unterscheiden: 1. die Bilanz der Kreditquellen und der Gewährung von kurz- und langfristigen Krediten; 2. die Bilanz der Umsätze des Kreditsystems; 3. die Bilanz des Geldumlaufs bei der Bevölkerung.

Die letztgenannte wird von der Staatsbankzentrale ausgearbeitet. In ihr werden alle Geldauszahlungen der Banken an die Bevölkerung (Löhne, Zinsgutschriften, Transferzahlungen) erfaßt und umgekehrt sämtliche Geldeinzahlungen der privaten Haushalte bei den Banken verbucht. Bis 1975/76 stand im Mittelpunkt der geldpolitischen Maßnahmen der Finanzplaner der DDR-Bankenorganisation die Aufstellung von Bargeldumsatzbilanzen. In diesen Bilanzen erfaßte die Staatsbank jedoch nur die geplanten und die tatsächlichen Bargeldzuflüsse aus den Kassen der Banken an die Bevölkerung und die verbliebenen privaten Gewerbetreibenden sowie die Rückflüsse von Bargeld an die Kreditinstitute. Trotz dieser Beschränkung auf den Bargeldumlauf lieferte die regelmäßige Aufstellung und Abrechnung dieses von der Zentralbank geführten Großkontos wichtige stabilitätspolitische Informationen. So konnten durch längerfristige Vergleiche der Soll- und Ist-Ziffern und darauf aufbauenden Berechnungen (z. B. der Schwankungen der Umlaufgeschwindigkeit des Bargeldes) grobe Fehlentwicklungen zwischen der Kaufkraftentwicklung einerseits und der Warenbereitstellung andererseits aufgedeckt und damit Gefahren für den Geldwert aufgrund der Aufhäufung von unverwertbaren privaten Bargeldhorten (Kaufkraftstauungen) durch entsprechende Gegenmaßnahmen gemildert werden.

Nachdem die privaten Haushalte die von den Banken, Sparkassen und Betrieben angebotenen Dienstleistungen beim bargeldlosen Zahlungsverkehr immer stärker in Anspruch nahmen, wurde es dringend erforderlich, die Bilanzierungsmethode zu ändern, um wieder zutreffendere Auskünfte über die Gesamteinkommen der DDR-Bevölkerung, ihre Sparleistungen und über die Entwicklung der kaufkräftigen Nachfrage zu erhalten. Diese Bargeldumsatzbilanz wurde zur heutigen Geldumlaufbilanz weiterentwickelt. In ihr werden neben den Bargeldbewegungen auch die bargeldlosen Überweisungen an die privaten Haushalte und die von der Bevölkerung bargeldlos beglichenen Verbindlichkeiten geplant und verbucht (→ **Zahlungs- und Verrechnungsverfahren**).

be) Finanzbilanzen der Wirtschaftsgruppe Versicherungen. Die Bilanz der Einnahmen und Ausgaben des Versicherungswesens (Versicherungsbilanz/Bilanz der Sach- und Personenversicherung).

Diese Bilanz weist auf der Einnahmenseite aus, welcher Anteil vom Volkseinkommen als Vorsorgekapital der verschiedenen Versicherungsnehmer in den Finanzfonds der staatlichen Versicherungsbetriebe konzentriert werden soll oder tatsächlich konzentriert wurde. Auf der Ausgabenseite werden die voraussichtlichen und die tatsächlichen Versicherungsleistungen – getrennt nach Versicherungsarten – eingesetzt.

bf) Finanzbilanzen der Wirtschaftsgruppe Bevölkerung. 1. Die Bilanz der Geldeinnahmen und Geldausgaben der Bevölkerung (= Bilanz der Kaufkraft und des Warenfonds); 2. die Bilanz der individuell bezahlten Konsumtion; 3. die Bilanz der Entstehung und Verwendung des Realeinkommens der Bevölkerung.

bg) Finanzbilanzen der Wirtschaftsgruppe Staatswirtschaft. Ergänzt wird die Aufstellung der genannten 10 Finanzbilanzen durch die Großbilanz. Diese Bilanz umfaßt die Bildung und Verwendung der Finanziellen Fonds der volkseigenen Betriebe und Kombinate aller Wirtschaftsbereiche.

c) Die wichtigsten gesamtwirtschaftlichen Finanzpläne. Die für die Gesellschaftspolitik und die Wirtschaftslenkung wichtigsten Finanzpläne sind a) der Staatshaushaltsplan (Planbilanz des Staatsetats) und b) die Finanzbilanz des Staates. Diese Beurteilung gilt sowohl für die auf ein Jahr abgestellten Planungen als auch für Projektionen mit einem Planungshorizont von fünf Jahren.

Von den durch die Planbehörden und die Staatsbank aufgestellten globalen Finanzplänen wird nur der jedes Jahr neu entworfene Staatshaushaltsplan der → **Volkskammer** zur Begutachtung vorgelegt und als Gesetz verabschiedet.

In Form der Berichtsbilanz wird die Finanzbilanz des Staates vom MdF als Bestandteil der Volkswirtschaftlichen Gesamtrechnung erarbeitet. Sie soll einen Gesamtüberblick über das Finanzmittelaufkommen des Staates und der Staatswirtschaft geben und ausweisen, wofür das akkumulierte Geldkapital in den verschiedenen Finanzmittelfonds verwendet wurde. Die Finanzbilanz entsteht durch die Zusammenfassung mehrerer globaler Einzelbilanzen auf einem Großkonto oder Tableau. Kernstück dieser Großbilanz ist der in sie integrierte → **Staatshaushalt**.

In der Finanzbilanz des Staates wird die Erwirtschaftung, Verteilung und Verwendung sämtlicher Geldmittel einander gegenübergestellt, die in den Kassen a) des Staatshaushalts, b) der Kreditinstitute und c) der Versicherungen konzentriert sind. Der Regierung gibt diese Bilanz Auskunft über die Umverteilung der akkumulierten Geldkapitalfonds. Ihr kann sie entnehmen, ob die Umverteilung auf die Gebietsverwaltungen (Staatsorgane auf Republikebene, Territorialinstanzen), Banken und Versicherungen auch wirklich entsprechend den materiellen Planzielen für die Entwicklung der Volkswirtschaft erfolgt ist. Die Bilanz erfaßt ferner d) alle Gewinnanteile und → **Amortisationen**, die von den VEB und Kombinaten selbst erwirtschaftet und dann von diesen teils nach staatlichen Weisungen und teils in eigener Verantwortung eingesetzt werden.

Der Nutzen einer umfassenden Planbilanz der Staats-

und Betriebsfinanzen als Führungsinstrument zur Programmierung und Lenkung der Wirtschaftsentwicklung hängt davon ab, wie gut es den Finanzplanern im konkreten Fall gelungen ist, die finanzwirtschaftlichen Planziele (Leistungsanforderungen) so zu konzipieren, daß sie dem tatsächlichen Leistungsvermögen der Volkswirtschaft, der Leistungsfähigkeit der Betriebe und Belegschaften entsprechen.

d) Planungshorizont der Fp. Nach den jeweils geplanten Zeiträumen gliedert sich die Fp. in der DDR seit 1968 in eine kurzfristige Jahresplanung und in eine langfristige Perspektivplanung. Für die materielle Wirtschaftsplanung wurde diese Unterscheidung bereits zur Gründungszeit der DDR eingeführt, als seinerzeit die Grundlagen für die imperative Volkswirtschaftsplanung geschaffen wurden (→ **Planung**). Im Unterschied dazu hat es über zwei Jahrzehnte gedauert, bis die Wirtschaftsführung der DDR über ein brauchbares Konzept für eine mehrjährige Fp. verfügte. Erst in den Jahren zwischen 1971 und 1975 ist es gelungen, neben der schon seit 1948 bis 1950 entwickelten güterwirtschaftlichen Perspektivplanung eine langfristig ausgelegte Fp. aufzubauen.

Weniger Schwierigkeiten bereitete die Aufgabe, eine lediglich auf ein Jahr ausgerichtete Fp. zu konzipieren. Diese Einjahresplanung wurde bereits Ende der 40er Jahre als eine die materielle Wirtschaftsplanung absichernde und kontrollierende Planungsmethode eingeführt.

Die mehrjährige Fp. begann 1968 mit der Aufstellung von Zweijahresplänen der Staatshaushaltsbilanz, der Finanzbilanz des Staates, der Bilanz der Geldeinnahmen und Geldausgaben der Bevölkerung und der Bilanz der Kreditquellen und der Kreditgewährung für die Planperiode 1969/70. Diese als Test gedachten Planbilanzen wurden jedoch noch nicht in Plananweisungen übersetzt; sie blieben interne Arbeitspapiere.

In Zusammenhang mit der Ausarbeitung des Perspektivplanes für 1971–1975 erhielten die Staatliche Plankommission, das MdF und die Staatsbank erstmals den Auftrag, in einigen ausgewählten Planbilanzen die Bewegungen der wichtigsten Geldströme in der Volkswirtschaft für 5 Jahre im voraus zu projektieren. Die dem Ministerrat vorgelegten Finanzbilanzen für die Jahre 1971–1975 sind jedoch von diesem wieder nicht zum Ausgangsmaterial für verbindliche Direktiven benutzt worden. Statt dessen wurde beschlossen abzuwarten, ob die ab 1972 durchgeführten Soll-Ist-Vergleiche den Beweis für die Treffsicherheit der Finanzplaner erbringen würden, um zur Nutzung der mittelfristigen Fp. als Lenkungsinstrument der Regierung überzugehen. Über die Qualität dieser Vergleiche hat die Fachpresse jedoch nichts berichtet.

Die mittelfristige Fp. wurde erst anläßlich der Verabschiedung der Planungsordnung für die Planperiode 1976–1980 in das Arbeitsprogramm der Wirtschaftsplaner aufgenommen. Anläßlich der Fertigstellung des Perspektivplanes für 1976–1980 lag erstmals ein beschlußreifer Entwurf a) einer Finanzbilanz des Staates für die Jahre bis 1980 und b) eine Fünfjahrprojektion der Staatshaushaltsbilanz vor. Ausgehend von der 1974 erlassenen Planungsordnung wurde ferner auch den VEB, Kombinaten und VVB 1974/75 der Auftrag erteilt, Finanzpläne der Unternehmensfinanzen für 5 Jahre im voraus aufzustellen (AO über die Ordnung der Planung der Volkswirtschaft der DDR 1976–1980 vom 20. 11. 1974, GBl., SDr. Nr. 775a, S. 209ff. u. S. 231ff.). Durch die damit durchgesetzte mittelfristige Fp. wurden zugleich die entsprechenden Forderungen aus dem Statut des MdF von 1967 erfüllt (VO über das Statut des MdF vom 12. 5. 1967, GBl. II, S. 324).

Die im November 1979 verabschiedete gegenwärtig gültige Planungsordnung enthielt den Auftrag an die Planungsorgane, auch für den Zeitraum 1981–1985 einen mittelfristigen Finanzplan aufzustellen. Zur Erfüllung dieser Anweisung wurden eine in 5 Jahresetappen untergliederte Planprojektion der Finanzbilanz des Staates und der Staatshaushaltsbilanz ausgearbeitet. Angesichts der hohen Unsicherheit über die künftige wirtschaftliche Entwicklung beschränkten sich jedoch die Finanzplaner auf die Projektion der Entwicklung der Hauptpositionen auf der Einnahmen- und Ausgabenseite beider Bilanzen. Darüber hinaus wurde die Staatsbank aufgefordert, Eckdaten über die gewünschte, stabilitätspolitisch ausgewogene Entwicklung der Kreditquellen und der Kreditgewährung festzulegen (AO über die Ordnung der Planung der Volkswirtschaft der DDR 1981–1985 vom 28. 11. 1979, GBl., SDr. Nr. 1020 n, S. 63ff. u. S. 68).

Im Unterschied zu anderen Planteilen der DDR-Perspektivpläne sind bisher auch für den Planzeitraum 1981–1985 die Planziffernreihen der makroökonomischen Finanzpläne und Finanzbilanzen nicht veröffentlicht worden.

e) Verknüpfung zwischen betrieblicher und gesamtwirtschaftlicher Fp. Die nach zentralen Vorgaben (Orientierungsziffern) von den Wirtschaftsunternehmen (VEB, Kombinaten) erarbeiteten und den Planbehörden eingereichten langfristigen Finanzpläne sollen die notwendigen Daten liefern, die die oberste Wirtschaftsverwaltung den gesamtwirtschaftlichen Finanzplänen zugrunde legt. Diese Verkoppelung zwischen der Produktionsbasis und der Planungszentrale ist jedoch bis heute nicht gelungen. Sie ist nur dann zu verwirklichen, wenn vor allem 2 Voraussetzungen erfüllt werden: erstens müssen die staatlich festgesetzten Preise, Steuern, Beiträge, Gebühren, Zinsen, Abschreibungssätze, finanziellen Sanktionen, Subventionen usw. möglichst über den Zeitraum aller 5 Jahre konstant bleiben, so daß die Finanzplaner feste Bezugsbasen für ihre Projektionsrechnungen besitzen. Zweitens muß gewährleistet sein, daß die umfangreichen Planungsarbeiten der Behörden und Betriebe innerhalb von nur 6 bis 10 Monaten mit allen erforderlichen Abstimmungen zwischen der betrieblichen und gesamtwirtschaftlichen Ebene bewältigt werden können, damit bei der Fünfjahrplanung von möglichst aktuellen Ist-Ergebnissen ausgegangen werden kann.

Seit 1975/76 mußte die Regierung der DDR jedoch unter dem Druck von immer neuen Preisschocks bei importierten Rohstoffen und Energieträgern in immer kürzeren Abständen umfassende Preisrevisionen für die Erzeugnisgruppen ganzer Produktionsmittelbranchen und für industrielle Verbrauchsgüter von gehobener Qualität durchführen (→ **Preissystem und Preispolitik**). Die massenhaften Preisanhebungen bei Produktionsmitteln (Einsatzfaktoren) hatten massenhafte Korrekturen der Steuersätze bei den Unternehmenssteuern, Verbrauchssteuerzuschlägen, der Gebühren, Haushaltseinnahmen und -ausgaben, Subventionen, Preise für Fertigwaren und Kreditmittelbewilligungen zur Folge. Jeder Staatshaushaltsplan der DDR mußte ab Mitte der 70er Jahre bereits nach einigen Monaten Laufzeit grundlegend umgeplant werden. Infolge dieser schnellen Veränderung der Planungsgrundlagen wurden die globalen Bilanzen der Geldströme für die beiden letzten Fünfjahrpläne weitgehend ohne die Einschaltung der Betriebe, Kombinate und Produktionsgenossenschaften aufgestellt. Die Projektion der künftigen Veränderungen der Bilanzpositionen erfolgte entweder durch die Extrapolation der Ist-Ergebnisse der Vergangenheit (Fortschreibung von Trends) oder durch Schätzungen, die sich bemühten, die Auswirkungen absehbarer Kurskorrekturen in der Preis-, Finanz-, Steuer- und Kreditpolitik bei gegebenen materiellen Kennziffernreihen zu prognostizieren.

f) Die betriebliche Fp. Die Ausarbeitung der betrieblichen Finanzpläne erfolgt entsprechend den detaillierten Planungsvorschriften der Wirtschaftsverwaltung nach einer einheitlichen Methodik (AO über die Finanzplanung in den Volkseigenen Betrieben und Kombinaten vom 26. 1. 1973, GBl. I, S. 70ff.; AO über die Finanzierungsrichtlinie für die volkseigene Wirtschaft vom 14. 4. 1983, GBl. I, S. 110ff.).

Die auf Unternehmensebene durchgeführte Fp. umfaßt ein ganzes Bündel von Einzelplanungen, in deren Mittelpunkt folgende, von der Wirtschaftsführung bestimmte Zielgrößen stehen: a) die Nettoproduktion, b) der Nettogewinn, c) die Produktion zentral ausgewählter Engpaßprodukte, d) die Exportleistung (vor allem, soweit sie Hartwährungsvaluta einbringt) und e) die Kapital- oder Fondsrentabilität.

Folgende Planungsarbeiten gehören zum Arbeitsprogramm in den Wirtschaftsunternehmen: 1. die Ermittlung der Gesamtkosten der Betriebe in der nächsten Wirtschaftsperiode bei durch den Betriebsplan vorgegebener Produktionsleistung; 2. die Planung der Kostenentwicklung, gegliedert nach Kostenarten; 3. die Planung der erforderlichen Selbstkostensenkung gegenüber der Vorperiode, ausgehend von der staatlich gewünschten Höhe des Nettogewinns; 4. die Planung der erreichbaren Erlöse bei staatlich vorgegebenen Festpreisen; 5. die Planung der möglichen Exporterlöse, getrennt nach Währungsgebieten; 6. die Planung des erreichbaren Nettogewinns und die Festlegung der Gewinnverwendung im nächsten Planjahr sowie im gesamten Zeitraum der Laufzeit des Perspektivplanes; 7. die Planung der Zuweisungen von Geldkapital an die einzelnen betrieblichen Finanzfonds und die Festlegung der künftigen Verwendung dieser Finanzmittel; 8. die Sicherung der Zahlungsfähigkeit des VEB oder des Kombinats durch Liquiditätsplanung; 9. die Planung des Kreditbedarfs und der Kreditbeschaffung sowie der Tilgung früher eingegangener Verbindlichkeiten; 10. die Planung der Finanzierung der Bestände an Materialien (Lagerhaltung) und der Forderungen (= Gewährleistung notwendiger Überbrückungsfinanzierungen bis zum Eingang der Außenstände).

An dem Planungs- und Abstimmungsprozeß zwischen der finanziellen und materiellen Jahresplanung sowie der Preisplanung sind in der DDR vor allem der → **Ministerrat**, das MdF, die Staatsbank, das → **Ministerium für Außenhandel (MAH)**, die Staatliche Plankommission, die → **Industrieministerien** und das → **Amt für Preise beim Ministerrat** beteiligt.

2. Finanzberichterstattung (Fb.). a) Informationsaufgaben der Fb. Ohne ein nach einheitlichen Grundsätzen gestaltetes Berichtswesen und ohne die regelmäßige Sammlung und Verarbeitung von ungezählten entscheidungsrelevanten Daten ist die Wirtschaftsverwaltung einer Zentralplanwirtschaft nicht in der Lage, realistische, den Produktionsmöglichkeiten der Betriebe und Betriebszusammenschlüsse entsprechende Zielvorgaben zu projektieren und mittelfristig Strukturveränderungen im Produktionsprogramm durchzusetzen. Die Fb. ist Teil des Informationssystems der Wirtschaftsverwaltung über die erreichte Planerfüllung und über die wichtigsten Ergebnisse der betrieblichen Rechnungsführung und Statistik (AO über das einheitliche System von → **Rechnungsführung und Statistik** in der volkseigenen Industrie vom 12. 5. 1966, GBl. II, S. 495ff.). Die Fb. umfaßt die Gesamtheit der Kontrollmitteilungen, die von der Wirtschaftsverwaltung regelmäßig eingeholt werden, um auf dem Gebiet der Finanzen die tatsächlichen Leistungen der VEB und Kombinate mit den im Betriebsplan gestellten vollzugsverbindlichen Leistungsanforderungen vergleichen und Effizienztests durchführen zu können. Adressat der Finanzberichte sind die Staatliche Zentralverwaltung für Statistik, die Industrieministerien und die für die Gestaltung der Währungs-, Geld- und Finanzpolitik verantwortlichen Lenkungsorgane. Die Berichtsnomenklatur der verlangten Meldungen unterliegt ständigen Veränderungen. Sie wird mindestens nach Ablauf von 24 Monaten den Bedürfnissen der Berichtsempfänger (z. B. der Staatlichen Plankommission und des MdF) angepaßt.

b) Inhalt der Finanzberichte. Von den Betrieben und Betriebsvereinigungen verlangen die Wirtschaftsbehörden vor allem Auskunft über die Kostenentwicklung, die erreichte Kostensenkung, die erzielten Erlöse, die gezahlten Unternehmenssteuern, den erwirtschafteten Nettogewinn, die ausbezahlten Löhne und Prämien, das Investitionsvolumen, die Inanspruchnahme und die Tilgung von Krediten sowie über die gewährten Sozialleistungen; ferner Angaben über Verluste durch Ausschußproduktion, über zusätzliche Kosten bei der Nachbesserung fehlerhafter Produkte, über Aufwendungen für Garantieleistungen und die finanzielle Abdeckung eingetretener technisch-wirtschaftlicher Risiken. Weiter müssen die Betriebs- und Kombinatsleitungen offen-

legen, wie hoch die in ihren Werken gehaltenen Umlaufmittelbestände sind. Mit Hilfe dieser Auskünfte will die Wirtschaftsführung u. a. herausfinden, ob die Betriebe unzulässige Mengen an Material horten (Überplanbestände) und wie sie ihre Bestandshaltung finanzieren. – Die Auskünfte werden – je nach Wichtigkeit – in Monats- bzw. in Quartalsmeldungen zusammengefaßt oder in Jahresberichten vorgelegt.
Da die Wirtschaftsführung der DDR auch nach Abbruch der Wirtschaftsreformen (→ **Wirtschaft**) Ende 1970 bemüht bleibt, in stärkerem Maße als vor 1963 üblich finanzwirtschaftliche Steuerungsinstrumente einzusetzen, besitzen Fp. und Fb. auch im heutigen System der Wirtschaftslenkung, Planerfüllungskontrolle und Effizienzmessung eine große Bedeutung. → **Finanzkontrolle und Finanzrevision; Finanzorgane; Finanzsystem; Preissystem und Preispolitik; Rechnungswesen; Zins und Zinspolitik.**

Finanzsystem

I. *Wirtschaftsordnung und Finanzsystem*
II. *Operationsbereiche des Finanzsystems*
III. *Wesensmerkmale des „sozialistischen Finanzsystems" aus politökonomischer Sicht*
IV. *Systematik der Finanzierungsmethoden*
V. *Rolle der monetären Lenkungsinstrumente*
VI. *Funktionen des Finanzsystems*
VII. *Finanzsystem und Wirtschaftsreform*
VIII. *Gesamtwirtschaftliche Geldstromanalysen*

I. Wirtschaftsordnung und Finanzsystem

Die Wirtschaftsordnung der DDR ist darauf ausgerichtet, der politischen Führung, die mit der Leitungszentrale der → **Sozialistischen Einheitspartei Deutschlands (SED)** identisch ist, die ausschließliche Verfügungsgewalt und Nutzungsmacht über das Produktionspotential der Volkswirtschaft zu verschaffen und zu sichern. Kernstück der Wirtschaftsordnung ist die Lenkungsordnung, welche die Methodik zur Steuerung der wirtschaftlichen Aktivitäten bestimmt. Sie wird in der DDR durch die zentrale Planung und Leitung der Wirtschaftsprozesse auf der Ebene der staatlichen Unternehmen geprägt. Exekutivorgane zur Durchsetzung der Parteidirektiven in der Wirtschaft sind der → **Ministerrat** (Regierung), die Staatliche Plankommission (→ **Planung**, IV. A.) und die übrigen Wirtschaftsbehörden (→ **Wirtschaft**, V.; **Industrieministerien**; **Bankwesen**).
In Übereinstimmung mit dem in der Wirtschaft dominierenden Staatseigentum (→ **Eigentum**) an den Produktionsmitteln und der zentralen behördlichen Lenkung der Volkswirtschaft kann in der DDR – im Unterschied zur Bundesrepublik Deutschland – in allen maßgeblichen Wirtschaftsbereichen nicht mehr zwischen einer privaten und einer öffentlichen Wirtschaft oder einer privaten und einer öffentlichen Finanzwirtschaft unterschieden werden. Demgemäß sind in der DDR auch die Betriebsfinanzen der staatseigenen Produktionsorganisationen (Kombinate, einzelne VEB, Volkseigene Güter) Teil der *öffentlichen Finanzwirtschaft*. In der Staatswirtschaft der DDR hat die Regierung
- die Finanzen der sozialistischen Wirtschaftsbetriebe (→ **Betriebsformen und Kooperation**),
- die Finanzmittel und Geschäfte der Bank- und Kreditinstitute und
- die Geldkapitalfonds und Finanzoperationen der Versicherungen (→ **Sozialversicherungs- und Versorgungswesen; Staatliche Versicherung der DDR**)

zusammen mit der Mittelbeschaffung des Fiskus und der staatlichen Ausgabenpolitik zum „einheitlichen sozialistischen F." verschmolzen.

II. Operationsbereiche des Finanzsystems

Das F. gliedert sich in den Bereich der *zentralisierten* Staatsfinanzen und in den Bereich der *dezentralisierten* Finanzen der sozialistischen Betriebe und Kombinate. Der erste Bereich umfaßt 5 Teilgebiete:

A. Bereich der zentralisierten Staatsfinanzen
1. Die vereinigten Haushalte aller Gebietsverwaltungen des Einheitsstaates, die zusammen mit dem Sonderetat der Sozialversicherung in den Öffentlichen Gesamthaushalt integriert werden (→ **Staatshaushalt**). Zum Gesamthaushalt des Einheitsstaates (ohne die Sozialversicherung) gehören neben dem Budget der Republik (Summe der Spezialhaushalte der Staatsorgane auf Zentralstaatsebene) die Haushalte der → **Bezirke**, → **Kreise** und → **Gemeinden**. Ferner zählt zum F. im engeren Sinne der Finanz- oder Haushaltsausgleich zwischen dem Budget der Republik und den Einzeletats der regionalen Gebietseinheiten.
2. Bestandteil der zentralisierten Finanzen sind ferner die Etats der gesellschaftlichen Großorganisationen (→ **Massenorganisationen**).
3. In das Öffentliche F. sind außerdem die → **Staatsbank**, die Geschäftsbanken und die → **Sparkassen** zusammen mit den von ihnen betriebenen Geld- und Kreditgeschäften einbezogen. Diese Verschmelzung ist die notwendige Folge der vom Staat den Banken übertragenen Aufgaben bei der Finanzierung der Planaufgaben. Durch die Verstaatlichung sämtlicher Banken und ihre Integration in das Öffentliche F. wurden die Geldschöpfung und -vernichtung, die Bargeldzirkulation, die Kreditgewährung, die Zinspolitik und die Abwicklung des Zahlungs- und Verrechnungsverkehrs innerhalb der DDR ganz oder weitgehend der Steuerung und Kontrolle durch die staatliche Wirtschaftsführung unterworfen (→ **Geldtheorie und Geldpolitik**).

4. Das staatliche F. erstreckt sich auch auf die beiden Zweige des gesamtstaatlichen Versicherungssystems der DDR, und zwar a) auf die aus 2 Organisationen bestehende Sozialversicherung und b) auf die spezialisierten Versicherungsunternehmen und ihre Aufgaben.

5. Einen eigenen Bereich unter den zentral regulierten Aktivitätsfeldern der Finanzpolitik bilden die Gestaltung der Währungsordnung und die Währungspolitik (→ **Währung/Währungspolitik; Zahlungsverkehr, Grenzüberschreitender**).

B. Bereich der dezentralisierten Finanzen

Der Bereich der dezentralisierten (öffentlichen) Finanzen (Finanzfonds) umfaßt die Betriebsfinanzen von 2 Gruppen von Produktionsorganisationen:

1. die Finanzwirtschaft der Volkseigenen Betriebe (VEB) und die der Zusammenschlüsse von staatseigenen Betrieben (Kombinate); und
2. die Finanzwirtschaft der Produktionsgenossenschaften (z. B. die der Landwirtschaftlichen Produktionsgenossenschaften [LPG] und die der Produktionsgenossenschaften des Handwerks [PGH]).

Das F. umfaßt somit nahezu die Gesamtheit der innerhalb der Volkswirtschaft vom Staat und den sozialistischen Wirtschaftsbetrieben angelegten Geldkapitalfonds, die zwischen den Staatsinstanzen und den sozialistischen Wirtschaftsorganisationen umlaufenden Geldströme und das von ihnen benutzte monetäre Rechnungswesen.

Außerhalb dieses umfassenden „sozialistischen F." bleiben nur 2 Bereiche: a) die Finanzen der restlichen privaten Gewerbebetriebe und die der privatwirtschaftenden Handwerker und der → **Kirchen**; b) die Geldeinkommen und Geldausgaben der privaten Haushalte sowie die Ersparnisse der natürlichen Personen und Vereine.

Allerdings versuchen die Finanzbehörden und Banken auch die Geldgeschäfte, die Geldakkumulation (→ **Sparen**) und die Verwendung der Bargeld- und Giralgeldguthaben dieser Wirtschaftssubjekte laufend quantitativ zu erfassen und zu kontrollieren. Darüber hinaus bemüht sich die Wirtschaftsführung auf vielfältige Weise darum, Einfluß auf die Verwendung der privaten Geldeinkommen und Geldvermögensbestände zu nehmen mit dem Ziel, die Bevölkerung und die Privatbetriebe zu einem plankonformen Wirtschaftsverhalten zu veranlassen. Bisher ist es jedoch der Wirtschaftsführung noch in keiner Wirtschaftsperiode gelungen, die Entstehung von Kaufkraftstauungen zu vermeiden und eine Übereinstimmung zwischen freiwilligem Sparen und tatsächlicher Sparleistung herzustellen.

Nahezu jedes Jahr bewirkt die – gemessen an der Expansion der kaufkräftigen Nachfrage – unzureichende Erhöhung der Warenbereitstellung bei Verbrauchsgütern einen weiteren Anstieg der ökonomisch nicht sinnvoll verwertbaren Kaufkraftbestände (Zwangssparen, Kaufkraftüberhang, Kassenhaltungsinflation). Diese disproportionale Entwicklung zwischen Güter- und Geldkreislauf bei gegebenen Festpreisen hat zwei negative wirtschaftspolitische Konsequenzen: a) Da die privaten Haushalte frei über die Verwertung ihrer Geldeinkommen und ihrer Kaufkraftbestände entscheiden können (Freiheit der Konsumwahl), kommt es ständig vor, daß diese mit Hilfe der von ihnen unfreiwillig angelegten Geldhorte Kauf-, Finanz- und Tauschoperationen finanzieren, die zu Störungen der zentral geplanten Warenverteilung und zu einer staatlich unerwünschten Güterverwendung führen. Störungen dieser Art können zum einen dadurch ausgelöst werden, daß die Kaufinteressen der zahlungskräftigen Konsumenten auf bisher noch reichhaltig angebotene Waren und Gütersortimente umgelenkt werden mit der Folge, daß bei diesen zur Überraschung der Wirtschaftsplaner ebenfalls Versorgungslücken entstehen. Störungen können zum anderen aber auch durch Finanz- und Tauschtransaktionen im Bereich der „Schattenwirtschaft" hervorgerufen werden, bei denen die Marktparteien dann durch Einsatz von Preiszuschlägen, Bestechungsgeldern und Kompensationswaren die staatlichen Festpreise außer Kraft setzen und die behördliche Güterbilanzierung und Warenverteilung unterlaufen. Derartige Vorgänge führen b) in der Tendenz zu einem Verfall des inneren Geldwerts der Währungseinheit.

III. Die Wesensmerkmale des „sozialistischen Finanzsystems" aus politökonomischer Sicht

A. Geld in der sowjet-sozialistischen Wirtschaftsordnung

In den sowjet-sozialistischen Wirtschaftsordnungen ist das Geld jedoch kein allein nur der Regierung höriges und von ihr beliebig lenkbares Tauschmittel. Seine Dienste können sowohl in Übereinstimmung als auch gegen die Wirtschafts- und Planinteressen des Staates von anderen Wirtschaftseinheiten (Betrieben, Betriebsvereinigungen, Produktionsgenossenschaften, Personengruppen) in Anspruch genommen werden. Für die staatliche Wirtschaftsführung hat das Geld einen Doppelcharakter: Einerseits ist es Erfüllungsgehilfe bei der Verwirklichung der staatlichen Wirtschaftsprogramme (Geld als Informationsträger, Mobilisierungsmittel, Lenkungsinstrument und Erfolgsmaßstab); andererseits kann es aber auch zum Störfaktor für den zentral geplanten Wirtschaftsablauf und im Extremfall sogar zum Sprengmittel der zentralplanwirtschaftlichen Lenkungsordnung werden. Diese Doppelnatur aller Währungen in den sozialistischen Staaten bezeichnet die → **Politische Ökonomie** als „relative Verselbständigung" des Geldes.

Diese Kennzeichnung besagt, daß auch in den östlichen Wirtschaftsordnungen die Geldausgaben der

Wirtschaftseinheiten, die Zahlungsvorgänge, Geldhortungen und der Verlauf der Geldströme nicht von selbst in Anpassung an die zentrale Planung der Produktion von Gütern, der Warenverteilung und der vorgesehenen Verwendung von Erzeugnissen erfolgen. Diese Synchronisation muß vielmehr durch eine auf die Ziele der güterwirtschaftlichen Planung und Lenkung abgestimmte Finanzplanung und Finanzpolitik der Wirtschaftsführungen herbeigeführt werden (→ **Finanzplanung und Finanzberichterstattung**). Dementsprechend charakterisiert auch die DDR-Politökonomie die „Merkmale der Finanzen als ökonomische Kategorie des Sozialismus" wie folgt: „Die sozialistischen Finanzen sind diejenigen relativ selbständigen Geldbeziehungen, durch die unter planmäßiger Leitung des sozialistischen Staates zentrale und dezentrale Geldfonds erwirtschaftet und gebildet, verteilt und umverteilt sowie im Interesse aller Gesellschaftsmitglieder für die erweiterte sozialistische Reproduktion und für die Befriedigung anderer gesellschaftlicher Bedürfnisse eingesetzt werden." (Vgl. Zur aktiven Rolle der Finanzen und ihre Ausnutzung . . .; s. Lit. Verz.)

B. Der staatliche Charakter des Finanzsystems

Anders als in den Marktwirtschaften mit überwiegendem Privateigentum an den → **Produktionsmitteln** werden in den sowjet-sozialistischen Wirtschaften die Aufgaben des F. nicht vorrangig durch privatwirtschaftliche, sondern durch staatspolitische und staatswirtschaftliche Interessen und Aktivitäten bestimmt. Entsprechend dieser Verteilung der Befehlsgewalt wird nach Auffassung der Politökonomie der Charakter des sozialistischen F. geprägt durch die „Stellung des Staates als Machtinstrument der Arbeiterklasse" und durch seine Rolle als „Repräsentant der sozialistischen Gesellschaft" sowie als „Subjekt des Volkseigentums" an den Produktionsmitteln.

Ergänzend hierzu hebt die Politökonomie hervor, daß in den Wirtschaftssystemen des realen Sozialismus „alle Finanzbeziehungen planmäßigen Charakter" tragen. Wie oben nachgewiesen wurde, ist die behauptete „Planmäßigkeit" jedoch kein sich selbstverständlich einstellendes Qualitätsmerkmal des sozialistischen F., sondern ein Anspruch, den einzulösen Aufgabe der Regierung, der Wirtschaftsverwaltung und der Banken ist.

C. Zum demokratischen Charakter des sozialistischen Finanzsystems

Nach Auffassung der regierungsamtlichen Polit- und Finanzökonomie ist das F. der DDR seinem Wesen nach zutiefst demokratisch. Diese Behauptung versucht jedoch die Einparteiendiktatur in der „historischen Etappe des Übergangs vom Kapitalismus zum Kommunismus" als demokratische Regierungsform auszugeben.

Gemessen an denjenigen Merkmalen, die nach der westlichen Staatsrechtslehre und Finanzwissenschaft für eine parlamentarische Demokratie konstitutiv sind, haben auf die Errichtung des DDR-F. demokratische Prinzipien und Leitbilder keinen Einfluß gehabt. Jedenfalls sind in der DDR die Bürger von der Willensbildung bei der Ordnung der staatlichen Finanzwirtschaft und von allen wichtigen Entscheidungen über die Gestaltung der globalen Finanzpläne ausgeschlossen. Selbst die Abgeordneten der → **Volkskammer** (→ **Wahlen**) bekommen stets erst kurz vor Ablauf des alten Wirtschaftsjahres einen nur die globalen Positionen umfassenden und nicht mehr abzuändernden Entwurf des Jahresvolkswirtschaftsplanes und Staatshaushaltsplanes vorgelegt, dem sie dann in einer Lesung der Abgeordnetenkammer zuzustimmen haben.

IV. Systematik der Finanzierungsmethoden

Während es in den Marktwirtschaften zur Finanzierung von öffentlichen Aufgaben und zur Finanzierung der unternehmerischen Aktivitäten von Privatbetrieben eine Vielzahl unterschiedlichster Finanzierungsformen gibt, kommen in den sowjet-sozialistischen Zentralplanwirtschaften nur wenige Finanzierungsformen zur Anwendung.

Durch die Transformation der Eigentumsverhältnisse im Produktionsbereich wurden in der DDR folgenden Finanzierungsmethoden die Existenzgrundlage entzogen: Die Finanzierung von Unternehmen a) durch Umwandlung von Personal- in Kapitalgesellschaften, b) durch Ausgabe neuer Aktien (Erhöhung des Grundkapitals bei einer Aktiengesellschaft), c) durch Verkauf von Gesellschaftsanteilen (so bei der GmbH und der KG), d) durch Emission von Industrieobligationen und e) durch Leasing. Da die Wirtschaftsführung außerdem den staatlichen Banken das Kreditvergabemonopol zugesprochen und die Kontrolle über die Unternehmensfinanzen übertragen hat, sind in der DDR auch Lieferantenkredite und die Finanzierung von Handelsgeschäften durch Ausstellung von Wechseln verboten (→ **Kredit**). (Zu den Systemeigenheiten und zur Methodik der Betriebs- und Investitionsfinanzierung in der DDR vgl. H. Buck: Finanzierungssystem der DDR [Unternehmensfinanzierung]. S. Lit. Verz.)

Infolge dieser Einschränkung der Finanzierungsformen gibt es für das Wertpapiersparen in der DDR – als Form der Anlage von Ersparnissen privater Haushalte und als Mittel der Kapitalbeschaffung – kaum Entwicklungsmöglichkeiten (→ **Hypothek; Wertpapiere**).

Ausgehend von diesen Systemeigenheiten wird verständlich, warum es in der Zentralplanwirtschaft der DDR zur Finanzierung öffentlicher Aufgaben und zur Finanzierung betrieblicher Wirtschaftsaufgaben insgesamt nur 4 Finanzierungsmethoden gibt:

1. die *Haushaltsmethode*, d. h. die endgültige Um-

verteilung von Geldkapital (Etatmitteln) zur Finanzierung der Produktion öffentlicher Güter und zur Förderung und Subventionierung von Wirtschaftsbetrieben;
2. die *Kreditmethode*, d. h. die zeitweilige Umverteilung von Geldkapital aus den Finanzfonds der Banken zur Schließung von Finanzierungslücken der Wirtschaftsbetriebe und zur Beseitigung von Liquiditätsengpässen; zuständig für die Fremdfinanzierung ist ausschließlich das staatliche → **Bankwesen**;
3. die *Versicherungsmethode*, d. h. die kollektive Ansammlung von Risiko- und Reservekapital bei den staatlichen Versicherungen und Umverteilung dieser Mittel zugunsten der von Versicherungsfällen Betroffenen;
4. die *Eigenfinanzierung*, d. h. die planmäßige und überplanmäßige Erwirtschaftung und Akkumulation von Geldkapital in den Finanzfonds der Kombinate, VEB und Produktionsgenossenschaften und der Einsatz dieser Mittel für die Erfüllung der Aufgaben der Kombinats- und Betriebspläne.

V. Rolle der monetären Lenkungsmodelle

Hauptaufgabe des F. ist es, die vorrangige Erfüllung des wirtschaftspolitischen Zielprogramms der Staatsführung zu fördern und möglichst vollständig zu gewährleisten. Die aufeinander aufbauenden Zielprogramme für einzelne Wirtschaftsperioden werden in Jahres- und Mehrjahresplänen konkretisiert und zu vollzugsverbindlichen Leistungsanforderungen erklärt. Ihr Inhalt ist mit den Interessen der SED-Führung identisch (→ **Planung**).
Um alle Leistungsinteressen auf die Verwirklichung des gesellschafts- und wirtschaftspolitischen Programms der Staatsführung auszurichten, müssen sämtliche Steuerungsinstrumente, Belohnungsangebote, Überwachungsmaßnahmen, Erfolgskontrollen und Sanktionen zweckmäßig miteinander verkoppelt und auf das Zielprogramm abgestimmt werden. Hierbei richten sich die Anstrengungen der Wirtschafts- und Finanzpolitiker auf die Erhöhung der Wirksamkeit der monetären Impulse, damit diese Hebel zu der gewünschten Steigerung der Leistungsbereitschaft anspornen und die erhofften Reaktionen im Bereich der Produktion und Güterverteilung erzeugen.
Durch die monetäre Wirtschaftslenkung sollen unter anderem folgende Ziele erreicht werden: eine bessere Ausnutzung der Rohstoffe, die Senkung des spezifischen Material- und Energieverbrauchs je Produktionseinheit, eine Steigerung der Produktion, die Stimulierung des Leistungswillens, die Erhöhung der → **Arbeitsproduktivität**, eine Verbesserung der Produktqualitäten, eine Erhöhung des Veredelungsgrades der Einsatzfaktoren und, bei Versorgungskrisen, sogar eine zeitweise Senkung des privaten Verbrauchs (Konsumverzicht durch mehr Sparen) (→ **Leistungsfonds**).

Während der vergangenen 34 Jahre hat die Regierung der DDR in Anpassung an den jeweils eingeschlagenen wirtschaftspolitischen Kurs die von ihr eingesetzten währungs-, geld- und finanzpolitischen Steuerungsinstrumente häufig gewechselt. Anlässe für den Wechsel des finanzpolitischen Instrumentenkastens waren stets wirtschaftspolitische Experimente zur Reorganisation der zentralen Planung und zur Qualifizierung der güterwirtschaftlichen und monetären Lenkungsmethoden, von denen jeweils eine Steigerung des Wirtschaftswachstums und eine höhere Effizienz der Wirtschaftsprozesse erhofft wurde.
Welche Art von monetären Impulsen und Regulierungsmitteln jeweils benötigt wird, hängt im wesentlichen von 2 Einflußfaktoren ab. Erstens von der Art und Zahl der Ziele, die in den Jahresvolkswirtschaftsplänen und in den Perspektivplänen als vorrangig festgelegt worden sind. Zweitens kommt es darauf an, welchen Zentralisierungsgrad bei ökonomischen Führungsentscheidungen die Regierung der DDR in einer bestimmten Zeitetappe bevorzugt. Zu diesen Entscheidungen gehören Beschlüsse über die Produktionsprogrammgestaltung, über → **Investitionen**, Importe, Ausfuhren, Rationalisierungsmaßnahmen, die Werbung und die auszuwählende Absatzstrategie.
Dabei läßt sich folgendes feststellen: Je mehr der zentralen Wirtschaftsverwaltung Entscheidungsbefugnisse entzogen und den Leitungen der staatlichen Konzerne, Kombinate und Betriebe übertragen werden, um so mehr gewinnt die Preis-, die Geld- und die Finanzpolitik für den Staat an Bedeutung. Denn sobald güterwirtschaftlich ausformulierte Planbefehle nicht mehr die führende Rolle bei der Wirtschaftslenkung spielen, müssen „monetäre Regulatoren" (Preise, → **Steuern**, Kredite, Zinsen, Prämien usw.) die Steuerung der Wirtschaftsentwicklung übernehmen und für die Beseitigung von Disproportionen sorgen. Sobald jedoch die Entscheidungsbefugnisse über die Gestaltung der Wirtschaftsprozesse an der Produktionsbasis erneut in die zentrale Wirtschaftsadministration zurückverlagert werden, verlieren die monetären Steuerungsinstrumente ihren dominierenden Einfluß.

VI. Funktionen des Finanzsystems

Im Prinzip muß das F. der DDR die gleichen Grunddienste bei der Verwirklichung der staatlichen Wirtschaftspolitik übernehmen, wie sie auch in der Bundesrepublik Deutschland dem öffentlichen Finanzwesen übertragen worden sind. Insgesamt hat das F. 7 Aufgaben zu erfüllen:
1. eine Meß- und Rechnungslegungsfunktion;
2. eine Allokations- und Lenkungsfunktion;
3. eine Mittelbeschaffungsfunktion, d. h. Konzentration von Wertschöpfungsanteilen in den öffentlichen Kassen und die Erzielung von Einnahmen;

4. eine Stabilisierungs- und Stimulierungsfunktion;
5. eine Verteilungsfunktion;
6. eine Kontrollfunktion und
7. eine Informationsfunktion.

Die marxistisch-leninistische Politökonomie bezeichnet die Aufgaben, die hier an 3. und 4. Stelle genannt werden, als die „Hebelfunktionen" der Finanzen.

A. Funktion der Rechnungslegung

Auf der Grundlage der administrativen Bewertung von Gütern und Dienstleistungen in Geldeinheiten

Grundfunktionen der Finanzpolitik und der Finanzsysteme in der Staats- und Wirtschaftsordnung beider deutscher Staaten

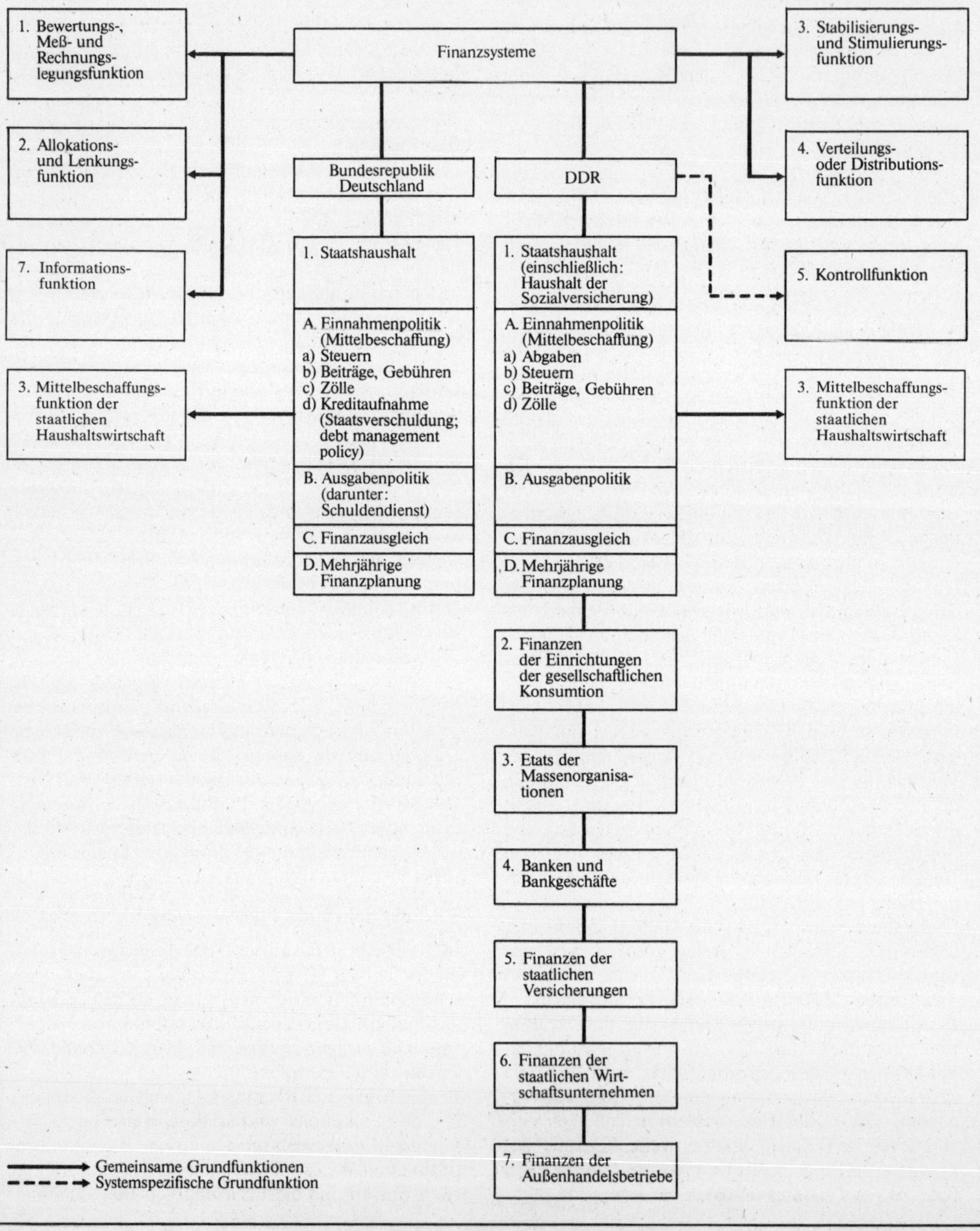

(→ **Preissystem und Preispolitik**) dienen das Geld- und Finanzwesen den Wirtschaftsunternehmen und Staatsorganen als Instrument der Rechnungslegung über den Aufwand und den Ertrag der wirtschafts- und sozialpolitischen Maßnahmen dieser Wirtschaftseinheiten während einzelner Wirtschaftsperioden (Meßfunktion der Finanzen).

B. Mittelbeschaffungsfunktion
Zum Zweck der Finanzierung von Produktionsvorhaben und Dienstleistungen konzentriert der Staat mit Hilfe von Steuern, Gebühren, Beiträgen und Zöllen einen bedeutenden Teil des jährlich geschaffenen Volkseinkommens im zentralen → **Staatshaushalt** und in den Haushalten der Gebietsverwaltungen (Räte der Bezirke, Kreise und Gemeinden). Grenzt man das Ausgabenvolumen des „einheitlichen Staatshaushalts" der DDR in gleicher Weise ab, wie dies in der Bundesrepublik Deutschland bei der Aufstellung des „öffentlichen Gesamthaushalts" geschieht (Addition der Ausgabenvolumina von Bund, Ländern und Gemeinden; ohne die aus den Beitragseinnahmen der Sozialversicherung bezahlten Fürsorge- und Versorgungsleistungen), so beanspruchte der Staat in der DDR in den Jahren von 1975 bis 1981 zwischen 65 und 76 v. H. des Volkseinkommens für seine Zwecke (Staatsquote bezogen auf das produzierte Nationaleinkommen bewertet zu Preisen des Jahres 1980).

C. Allokations- und Lenkungsfunktion
Finanzpolitische Instrumente werden einerseits dafür eingesetzt, um die wirtschaftlichen Aktivitäten der Staatsunternehmen auf plankonforme Ziele auszurichten. Andererseits sollen mit ihnen die individuellen Wünsche der Bürger in bezug auf ihren Konsum, ihren Arbeitseinsatz und das → **Sparen** gesteuert und solche ökonomischen Bestrebungen der privaten Haushalte unterbunden werden, die zu Störungen der Planerfüllung führen könnten.
Eine typische Unternehmenssteuer, die auf Allokationswirkungen bei den Direktionen der Kombinate und Betriebe abzielt, ist z. B. der → **Beitrag für gesellschaftliche Fonds**, den die Industrieunternehmen der DDR ab 1. 1. 1984 zahlen müssen (vgl. VO über den Beitrag für gesellschaftliche Fonds vom 14. 4. 1983, GBl. I, S. 105 ff.). Die Höhe der verlangten Abgabe beträgt 70 v. H. des dem Betrieb für das jeweilige Planjahr zugestandenen Lohnfonds. Ihrer Konstruktionsart nach gleicht die neue Steuer einer Lohnsummensteuer.
Nach § 2 der VO vom 14. 4. 1983 „regelt der Leiter des Amtes für Preise . . . die Einbeziehung des Beitrages für gesellschaftliche Fonds in die Kalkulation der Industriepreise". Bei Einsparungen im Bereich des Lohnfonds kann der Betrieb also – da die Abgabenerstattung über die Preise konstant bleibt – einen zusätzlichen Gewinn erzielen. So übt die ab 1984 erhobene „Lohnsummensteuer" einen Druck auf die Produktionsorganisationen aus, gehortete Arbeitskräftereserven abzubauen und diese für solche Wirtschaftsaufgaben freizusetzen, die bisher – infolge fehlender Arbeitskräfte – noch nicht in der gewünschten Weise haben erfüllt werden können (→ **Arbeitskräfte**).
In bezug auf die privaten Haushalte geht es stets darum, das Leistungsangebot der Wirtschaftseinheiten und die kaufkräftige Nachfrage den vom Staat gesetzten Prioritäten bei der Erzeugung von Gütern und Dienstleistungen anzupassen. Die Wirtschaftsführung nimmt u. a. a) durch die Gestaltung der Besteuerung der Arbeitseinkommen (Lohnsteuer), b) durch die Erhebung von Umsatz- und Verbrauchssteuern und c) durch die gezielte Verwendung der Staatseinnahmen Einfluß darauf, welcher Anteil vom jährlich erzeugten Güterfonds auf die privaten Haushalte entfällt und welchen Anteil der Staat erhält, um seine öffentlichen Aufgaben zu erfüllen.
Im Unterschied zur Marktwirtschaft der Bundesrepublik Deutschland gehört in der Zentralplanwirtschaft der DDR zu den ständigen Allokationsaufgaben, denen sich die Umsatz- und Verbrauchssteuerpolitik in Verbindung mit der Preispolitik widmen muß, der Auftrag, „die kaufkräftige Nachfrage der Bevölkerung den Leistungsmöglichkeiten der Konsumgüterindustrie anzupassen und die Konsumwünsche der privaten Haushalte in die vom Staat gutgeheißenen Richtungen zu lenken (Verbrauchslenkungsfunktion). Treten bei einzelnen Konsumgütern oder bei ganzen Warengruppen schwerwiegende, kurzfristig nicht zu beseitigende Diskrepanzen zwischen Produktion und zahlungskräftiger Nachfrage auf, so hat die Lenkungszentrale theoretisch (nicht jedoch praktisch-politisch) jederzeit die Möglichkeit zu versuchen, durch Preis- und Umsatzsteueranhebungen und -senkungen einen Ausgleich zwischen Angebot und Nachfrage herzustellen (Marktausgleichsfunktion)." (Vgl. H. Buck: Steuerpolitik im Ost-West-Systemvergleich, Berlin 1982, S. 56 ff.) – Darüber hinaus kann die Wirtschaftsführung den steuerpolitischen Hebel der kombinierten Umsatz- und Verbrauchssteuer auch nutzen, um die Struktur des Angebotes bei der Herstellung von Verbrauchsgütern zu beeinflussen.

D. Stabilisierungs- und Stimulierungsfunktion
Im Dienste der wirtschaftlichen Stabilisierung und der Stimulierung von Planerfüllungsaktivitäten hat die Geld- und Finanzpolitik in der DDR vor allem 2 Aufgaben zu erfüllen: 1. soll sie Wohlfahrtsverluste vermeiden helfen, die dadurch entstehen, daß durch wirtschaftliche Aktivitätsschwankungen zeitweise Produktionskapazitäten der Betriebe und Kombinate nicht ausgelastet oder zeitweise überbeansprucht werden; 2. müssen die eingesetzten monetären Steuerungsinstrumente dafür sorgen, daß alle

Störungen im Wirtschaftsablauf unterbunden werden, die ihre Ursache in einer disproportionalen Expansion des Geld- und Güterkreislaufes haben. Solche Disproportionen zwischen der Geld- und der Gütersphäre und die verschiedenen gesamtwirtschaftlichen Instabilitäten können in den Wirtschaftssystemen mit zentraler administrativer Lenkung nicht durch das freie Spiel der relativen Preise der Konsumgüter und Produktionsmittel abgebaut werden, da die Preise für Güter und Dienste festgesetzt sind und meist über viele Jahre hinweg konstant bleiben. Deshalb fällt in der Zentralplanwirtschaft der DDR diese Aufgabe zu einem großen Teil der → **Finanzplanung** und der Finanzpolitik zu.

Im Unterschied zur Bundesrepublik Deutschland wird in der DDR die Entwicklung der Volkswirtschaft nicht hauptsächlich durch finanz- und geldpolitische Antriebs- und Dämpfungsmaßnahmen gelenkt, deren Aufgabe darin besteht, gesamtwirtschaftlichen Aktivitätsschwankungen kompensatorisch entgegenzuwirken und auf den Ablauf des Wirtschaftsprozesses lediglich stabilisierend Einfluß zu nehmen. In der DDR beruht die staatliche Steuerung der gesamtwirtschaftlichen Entwicklung vorwiegend auf einer zentralen Programmierung aller maßgeblichen (betrieblichen und makroökonomischen) Wirtschaftsprozesse mit Hilfe von materiellen (güterwirtschaftlichen) Wirtschaftsplänen, deren Planungshorizont sich über ein oder mehrere Jahre erstreckt. In den zentralgelenkten Volkswirtschaften sollen die in den staatlichen Wirtschaftsplänen festgelegten Leistungsaufträge an die Staatsbetriebe für eine Dauerkonjunktur (kontinuierliches Wachstum) und zugleich für Vollbeschäftigung sorgen. Zwar gibt es auch in diesen Wirtschaftsordnungen merkliche wirtschaftliche Aktivitätsschwankungen, doch führen sie in der Regel nicht zur offenen → **Arbeitslosigkeit**, zu einem massiven Rückgang der Kapazitätsauslastung und zur Stillegung von Produktionsbetrieben. Die bloße Programmierung der gewünschten Wirtschaftsentwicklung in Plänen reicht nicht aus, um den Ablauf des wirtschaftlichen Gesamtgeschehens auch wirklich in den von der Wirtschaftsführung vorgezeichneten Bahnen verlaufen zu lassen und die Leistungen der Träger der Planerfüllung entsprechend den Planvorgaben auszurichten. Als erste Maßnahme, um den Produktionsprozeß in Gang zu setzen, müssen daher die materiellen Planziele zu vollzugsverbindlichen Leistungsanforderungen erklärt werden. Diese Befehle werden zusätzlich sowohl a) durch finanz- und haushaltspolitische Steuerungs- und Unterstützungsmaßnahmen sowie durch finanzielle Anreize (Prämien) abgestützt, als auch b) durch monetäre Sanktionen sowie durch Strafandrohungen bei planwidrigem Verhalten abgesichert. Bei der Aufstellung jedes neuen Wirtschaftsplanes ist die staatliche Wirtschaftsverwaltung bestrebt, die Leistungsansprüche an die Planträger (VEB, Kombinate, Produktionsgenossenschaften) so hoch anzusetzen, daß diese bei der Erfüllung der Staatsplanziele bis zur Grenze ihrer Leistungsfähigkeit gefordert werden.

Daß in der DDR die fiskalischen Instrumente keine geeigneten Mittel sind, um mit ihnen konjunktur- und stabilitätspolitische Ziele zu verfolgen, ergibt sich aus zwei systemspezifischen Eigenheiten der DDR-Haushalts- und Finanzpolitik.

1. Nach den verbindlichen Grundsätzen der Haushaltswirtschaft der DDR ist der → **Staatshaushalt** in den Einnahmen und Ausgaben aufzugliedern (s. § 11 der StaatshaushaltsO vom 13. 12. 1968, GBl. I, S. 383 ff.). Aufgrund dieser Festlegung ist es der Wirtschaftsführung der DDR nicht möglich, gezielt kompensatorische Einnahmen- und Ausgabenvariationen dazu zu nutzen, um wirtschaftliche Aktivitätsschwankungen auszugleichen und das Wirtschaftswachstum zu stabilisieren. (Vgl. H. Buck: Zur Lage der Staatsfinanzen der DDR am Ende der Fünfjahrplanperiode 1976–1980, in: Deutschland Archiv, Nr. 11/1981, S. 1159 ff.)

2. In der DDR dient der Staatshaushaltsplan der Staats- und Wirtschaftsführung als Hauptfinanzplan. Die Planung des Staatshaushaltes hat sich dabei in Einnahmen und Ausgaben den Jahresvolkswirtschaftsplänen anzupassen, deren Leistungsziele überwiegend in Form güterwirtschaftlicher Plankennziffern festgeschrieben werden.

Aus diesen Aufgaben des Staatshaushaltes folgt, daß im Unterschied zur Finanzpolitik in der Bundesrepublik Deutschland in der DDR Vollbeschäftigung und ein zufriedenstellendes Wirtschaftswachstum nur in einem äußerst bescheidenen Maß durch haushaltspolitische Maßnahmen induziert werden. Für die Erreichung dieser Ziele sollen vielmehr in erster Linie die vollzugsverbindlichen Investitionsprogramme und Produktionspläne sorgen.

Unter der Vielzahl der finanzpolitischen (monetären) Lenkungsinstrumente sind a) die Steuer-, b) die Kredit- und c) die Zinspolitik die wichtigsten Mittel, um die Leistungsbereitschaft der Wirtschaftseinheiten zu stimulieren und die in den Wirtschaftsplänen vorprogrammierten Wirtschaftsabläufe zu stabilisieren. Diese drei finanzpolitischen Instrumente werden dabei vorwiegend für die Erfüllung von drei Aufgaben eingesetzt: 1. um ein zufriedenstellendes Wirtschaftswachstum zu erreichen und die allgemeine Wohlfahrt zu erhöhen; 2. um bisher noch unentdeckt gebliebene Leistungsreserven zu mobilisieren und um 3. Kaufkraftstauungen abzubauen (d. h. Bekämpfung der Folgen einer unterdrückten Kassenhaltungsinflation).

Zur Verwirklichung der ersten beiden Ziele ist die Staatsführung der DDR – entweder ständig oder bei Bedarf – darum bemüht, durch gezielte Steuervergünstigungen und durch differenzierte Senkungen der individuellen Abgabenlasten bei der Lohnsteuer die Leistungsbereitschaft der Erwerbstätigen zu steigern und damit der Wirtschaft Wachstumsimpulse zu vermitteln. Z. B. hat der Fiskus in der DDR völlig auf die Besteuerung der Überstundenzuschläge und der Zulagen (→ **Lohnzuschläge**) für die Nachtschichtarbeit verzichtet. Auch die Prämien (→ **Lohnformen und Lohnsystem**, V.), die an einzelne Werktätige für herausragende Leistungen oder an die gesamte Betriebsbelegschaft am Ende des Wirtschaftsjahres für die Erfüllung und Übererfüllung der Betriebspläne aus dem Prämienfonds gezahlt werden, brauchen nicht versteuert zu werden. Um die Werktätigen zu Spitzenleistungen (→ **Sozialistischer Wettbewerb**) anzuspornen, hat der Steuergesetzgeber ferner die Akkordzuschläge nur mit einem geringen Lohnsteuersatz von gleichbleibend 5 v. H. belegt.

Ebenso wie in den anderen sowjet-sozialistischen Zentralplanwirtschaften ist auch in der DDR die Belastung der privaten Einkommensverwendung für

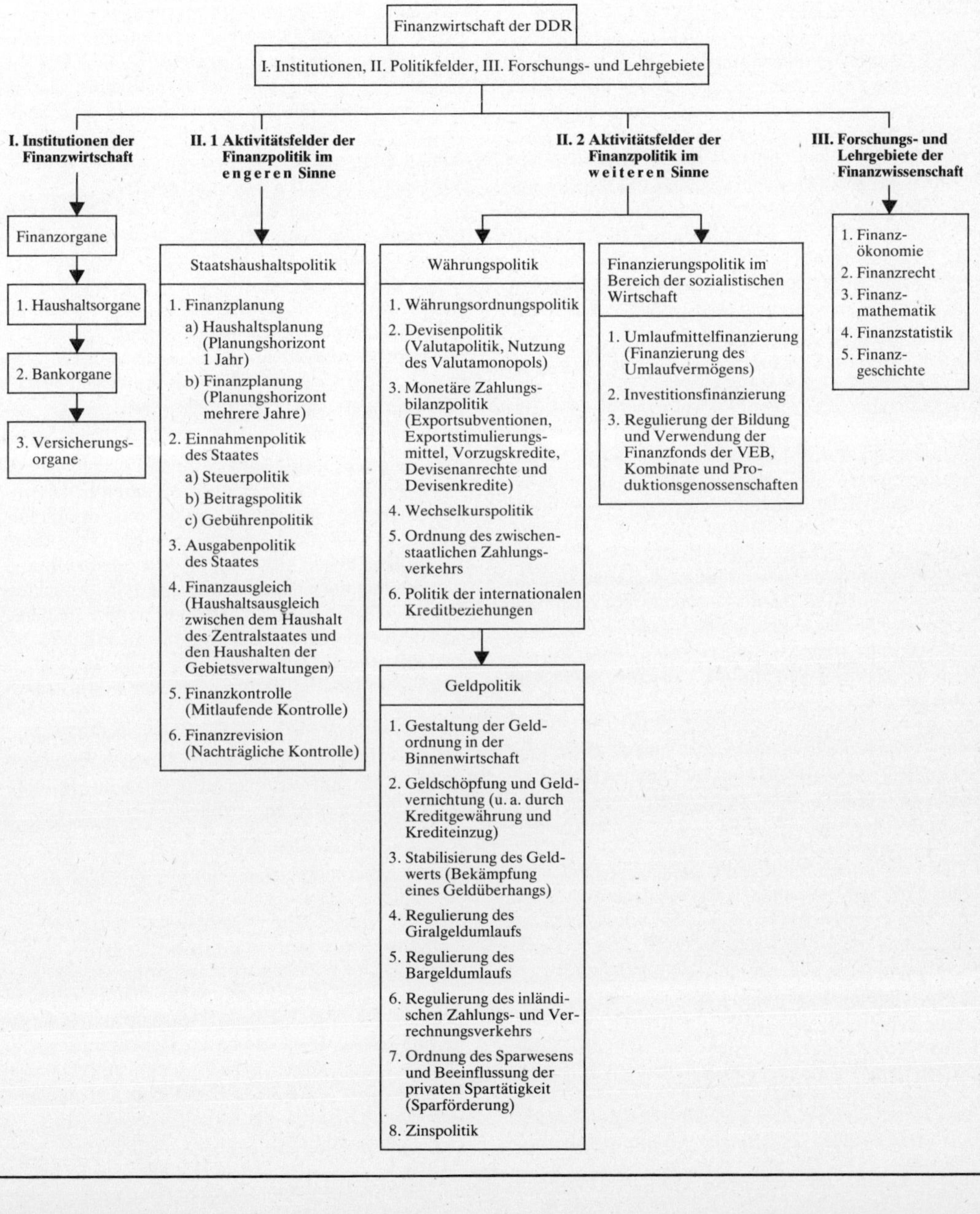

den Erwerb von Konsumwaren mit warenspezifischen Umsatz- und Verbrauchssteuern ein höchst wirksames Mittel, um Disproportionen zwischen dem Geld- und dem Güterkreislauf abzubauen, die durch eine schnellere Expansion der Geldmenge (→ **Kauffonds der Bevölkerung**) im Verhältnis zur Erweiterung der Warenbereitstellung bei Konsumgütern – bei starren Planpreisen – entstanden sind. Mit Hilfe von abgestuften Erhöhungen der Verbrauchssteuersätze und Konsumgüterpreise soll ein möglichst großer Teil der überschüssigen Kaufkraft abgeschöpft werden.

Die Kredit- und die Zinspolitik im Dienst der Stabilisierungspolitik hat die Aufgabe, die Geldschöpfung und Geldmengenvermehrung so zu regulieren, daß diese (bei weithin staatlich diktierten Festpreisen) mit der Expansion des volkswirtschaftlichen Güterfonds synchron verläuft (→ **Bargeldumlauf**). Abschließend läßt sich sagen, daß sowohl die von der Bevölkerung im einzelnen zu zahlenden Steuern als auch die Kredit- und Zinspolitik dazu geeignet sind, das Entstehen eines Kaufkraftüberhanges zu verhindern, eine zurückgestaute Inflation zu bekämpfen und damit dem sozialpolitischen Ziel zu dienen, die Kaufkraft der Währung stabil zu halten.

E. Verteilungs- oder Distributionsfunktion

Aufgrund der staatlichen Verfügung über den Wirtschaftsbereich besitzen die SED-Führung und der → **Staatsapparat** genügend Machtmittel und Regulierungsinstrumente, um die erzielten Ergebnisse des volkswirtschaftlichen Arbeitsprozesses (= Wertschöpfung = Volkseinkommen) auf direktem Wege auf Staat, Wirtschaft und Bevölkerung zu verteilen (Staatsverbrauch/gesellschaftliche Konsumtion, Investition und individuelle Konsumtion). Zu diesen systemspezifischen Instrumenten der zentralplanwirtschaftlichen Verteilungspolitik gehören vor allem a) staatliche Preisdiktate (→ **Preissystem und Preispolitik**), b) die administrative Festlegung der Lohn- und Einkommenstarife (Lohnsätze) einschl. der geplanten Einkommenserhöhungen und c) die zentrale Vorgabe der für überdurchschnittliche Leistungen zu zahlenden besonderen Vergütungen (Prämiierungsbedingungen und Prämienhöhe) (→ **Lohnformen und Lohnsystem**).

Um eine größere Gerechtigkeit bei der Umverteilung des Volkseinkommens zu erreichen, ist somit der sowjet-sozialistische Staat nicht vorwiegend auf die Lohn- und Einkommensbesteuerung und die Umverteilung der hierdurch erzielten Steuererträge über den Staatshaushalt angewiesen. – In der Wirtschaftspraxis läßt sich jedoch durch die direkte Einkommenszumessung für die Erwerbstätigen (Arbeiter, Angestellte, Genossenschaftsbauern, freiberuflich tätige Selbständige) keine ausreichende verteilungspolitische Feinsteuerung erreichen. Darüber hinaus sind alle Regierungen Osteuropas bei der personalen Verteilung der volkswirtschaftlichen Lohnsumme zunächst einmal gezwungen, von der Vorstellung einer weitgehend egalitären Entlohnung der Werktätigen Abstand zu nehmen. Bisher haben sich nämlich stark differenzierte, leistungsbezogene Löhne stets als das wirksamste Mittel erwiesen, um die Einsatzbereitschaft der Beschäftigten zu erhöhen und um zusätzliche Arbeitskräfte in Branchen und Regionen mit hohem Arbeitskräftebedarf zu lenken (→ **Materielle Interessiertheit**). Greift der Staat in diese Verteilung der Nominaleinkommen nicht mit korrigierenden Umverteilungsmaßnahmen ein, so entstehen nach einer gewissen Zeit erhebliche Unterschiede in der Einkommens- und Vermögensverteilung innerhalb der Bevölkerung, die zu sozialen Konflikten führen können und die zudem nicht mit der amtlichen Propaganda von der sozialen Annäherung der Klassen und Schichten im Sozialismus vereinbar sind (→ **Sozialstruktur**).

Deshalb müssen auch in der DDR direkte Steuern vom Einkommen, nach Verbrauchsgüterarten differenzierte Umsatz- und Verbrauchssteuern und der Staatshaushalt selbst distributive Aufgaben erfüllen. Diesen finanzpolitischen Umverteilungsinstrumenten obliegt ferner die Unterstützung und Versorgung der Stipendiaten, Kranken, Behinderten, Bedürftigen und Rentner (→ **Ausbildungsförderung; Sozialversicherungs- und Versorgungswesen**).

F. Kontrollfunktion

Anders als in den Marktwirtschaften muß in der DDR-Zentralplanwirtschaft das „öffentliche" Finanzwesen vielfältige wirtschafts- und sozialpolitische Kontrollfunktionen übernehmen. Ohne diese Kontrolleistungen würde die Wirtschaftsführung kein umfassendes Bild von dem jeweils erreichten Grad der Erfüllung der staatlichen Wirtschaftspläne und der öffentlichen Sozialprogramme erhalten. So hat z. B. die Staatsführung der DDR die kombinierte Umsatz- und Verbrauchssteuer so konstruiert und die Form ihrer Einziehung so organisiert, daß die Wirtschafts- und Finanzbehörden über die periodischen Steuereingänge kontrollieren können, ob die Betriebe der Konsumgüterindustrie ihre Produktions- und Absatzpläne erfüllen.

G. Transformationsfunktion

In der „Übergangsphase" von 1945 bis 1953 war es ein zentrales Ziel der Innenpolitik der KPD/SED und der sowjetischen Besatzungsmacht, die bei Kriegsende vorgefundene privatwirtschaftliche Eigentums- und Wirtschaftsordnung möglichst rasch in eine Zentralplanwirtschaft sowjetischen Typs umzugestalten. Zu diesem Zweck wurden zahlreiche finanzpolitische Instrumente zu Repressionsmitteln umgewandelt. Diese Transformationsfunktion des Finanzwesens wurde von den Finanzwissenschaftlern der DDR noch bis Anfang der 60er Jahre als eine eigenständige Aufgabe des „sozialistischen F."

herausgestellt. Seit der fast völligen Verstaatlichung der Produktionsmittel zu Beginn der 60er Jahre wird in der Literatur über diese Einsatzmöglichkeit des F. kaum noch berichtet.
In der Zeitspanne von 1945 bis 1953 – und in einzelnen Produktionsbereichen auch noch während der 50er Jahre – benutzte die SED-Führung vor allem die Steuer- und Kreditpolitik als „Instrument des Klassenkampfes". Konfiskatorische Steuerforderungen, drückende Kreditbedingungen und gezielte Kreditsperren wurden in dieser Zeit kombiniert eingesetzt, um die wirtschaftlichen Existenzbedingungen der privaten Gewerbebetriebe, bäuerlichen Familienbetriebe und privatwirtschaftenden Handwerksbetriebe zu untergraben und die Eigentümer zur Aufgabe ihrer Betriebe zu zwingen. In den 60er Jahren waren dann das private Handwerk und die Produktionsgenossenschaften des Handwerks (PGH) mehrfach der Adressat finanzpolitischer Zwangsmaßnahmen.
Einzelne Elemente dieses mit finanzpolitischen Mitteln ausgetragenen Klassenkampfes sind auch in der Gegenwart noch im Steuer- und Kreditrecht der DDR nachweisbar, z. B. in der differenzierten Steuerlastverteilung bei der Lohn- und Einkommensbesteuerung nach Einkommensarten und sozialen Gruppen (vgl. H. Balling, „Besteuerung des Arbeitseinkommens", Berlin [Ost] 1971).

VII. Finanzsystem und Wirtschaftsreform

In den ersten eineinhalb Jahrzehnten der Wirtschaftsgeschichte der DDR (1948–1963) versuchte die Regierung in Ost-Berlin die Ziele ihrer Staats- und Wirtschaftspolitik mit Hilfe einer hochgradigen Zentralisierung wirtschaftlicher Entscheidungen bei Staatsbehörden und durch eine administrative Wirtschaftslenkung zu erreichen. Bei dieser Art der Wirtschaftslenkung kamen den Instrumenten des F. nur Hilfs- und Unterstützungsfunktionen bei der Planerfüllung zu. Auch wurden sie für Kontrollaufgaben im Dienste der Sicherung der Plandisziplin genutzt. Das Geld spielte in dieser Zeit eine überwiegend passive Rolle. Die Verteilung von Geldkapital an die Orte seiner Verwendung diente vorwiegend dem Zweck, die administrativ getroffenen Produktions-, Investitions- und Verbrauchsentscheidungen über Geldzuteilungen verwirklichen zu helfen. Die Rolle des F. im Rahmen der staatlichen Wirtschaftspolitik beschränkte sich also in dieser Zeit auf die Erfüllung der politisch vorgegebenen Allokationsaufgaben, auf die Übernahme von Überwachungsfunktionen und auf die Transformation der privaten Eigentumsordnung. Diese Einengung auf im wesentlichen drei Funktionen entsprach der bis 1963 geltenden Wirtschaftslenkung; diese gewährte den Staatsbetrieben damit nur noch einen sehr geringen operativen Entscheidungs- und Handlungsspielraum.
Die Wirtschaftsreform (1963–1970; → **Neues Ökonomisches System [NÖS]; Ökonomisches System des Sozialismus [ÖSS]**) führte zu einer beträchtlichen Dezentralisierung von prozeßpolitischen Entscheidungen zugunsten der Betriebe und überbetrieblichen Zusammenschlüsse (Kombinate, VVB). Im Zusammenhang damit wurde die monetäre Wirtschaftslenkung deutlich aufgewertet. Das Geld übernahm zusammen mit dem von Verzerrungen merklich bereinigten System der Güter- und Dienstleistungspreise eigenständige Steuerungsaufgaben. Statt der Kontrollfunktion wurden im Laufe der Wirtschaftsreformzeit die Lenkungs-, die Stabilisierungs- und die Stimulierungsfunktion des F. die wichtigsten Aufgaben des Geld- und Finanzwesens für die Wirtschaftsführung der DDR. Entsprechend dieser ab 1963/64 dominierenden Aufgabenstellung gestaltete die Wirtschaftsführung Schritt für Schritt a) die Finanzgrößen (das sind → **Kredite**, Kreditzinsen, Kreditlimite, Verzugszinsen [→ **Zins und Zinspolitik**], → **Steuern**, Löhne, Prämien [→ **Lohnformen und Lohnsystem**] usw.) und b) die Finanzbeziehungen (dazu gehören Kreditaufnahmebedingungen, die → **Zahlungs- und Verrechnungsverfahren**) zu ökonomischen Hebeln um.
Mit Hilfe dieser monetären Regulatoren versuchten Regierung, Wirtschaftsverwaltung und Banken die Wirtschaftsaktivitäten der Produktionsorganisationen und Erwerbstätigen auf die Erfüllung der staatlichen Vorrangziele auszurichten. Anders als bei der alten Lenkungsmethode sollte das Bündel der ökonomischen Hebel auf indirektem Wege Leistungswillen und Leistungsinteressen der Belegschaften und Betriebsleitungen mit den Leistungsanforderungen der staatlichen Wirtschaftsführung in Einklang bringen. Zielgröße und Anknüpfungspunkt aller monetären Lenkungsmaßnahmen in der Produktionssphäre wurde der → **Gewinn** der VEB, Kombinate und VVB.
Entsprechend sind bereits zu Beginn der Wirtschaftsreform 1963/64 a) die Höhe der individuellen Prämieneinkommen und b) die Finanzierung von kulturellen und sozialen Maßnahmen für die Belegschaften aus den → **Kultur- und Sozialfonds** der VEB direkt von der Gewinnerzielung abhängig gemacht worden. Die Regierung der DDR glaubte, durch diese Verkoppelung der privaten Einkommensinteressen mit der Gewinnerzielung der Staatsbetriebe endlich eine wirksame Methode gefunden zu haben, die Produktionseinheiten zu einem effizienteren Einsatz der wirtschaftlichen Ressourcen anzuspornen und über eine gezielte Einflußnahme auf die Bildung, Verteilung und Verwendung der Unternehmensgewinne die Betriebskollektive zur Mobilisierung aller Leistungsreserven zu ermuntern. Doch der Gewinn konnte die ihm zugedachte Steuerungsrolle nicht zufriedenstellend erfüllen. Er mußte versagen, als ihm die Aufgabe übertragen

wurde, zentraler Maßstab (= Hauptkennziffer) für die Leistung zu sein, welche die Betriebskollektive in jeder Wirtschaftsperiode für die Deckung des volkswirtschaftlichen Bedarfs erbracht hatten. Denn trotz aller Wirtschaftsreformen wurden die Preise der Güter und Dienste nach wie vor administrativ festgesetzt. Sie waren somit kein brauchbarer Gradmesser für die Knappheit der Waren und die → **Qualität der Erzeugnisse**. Infolge dieser Verzerrungen im Preissystem ergaben sich zwangsläufig auch verzerrte, ökonomisch nicht begründete Gewinne bzw. Verluste. Diese Situation führte wiederum zu einer Fehlallokation knapper Wirtschaftsgüter und zu einem nicht immer optimalen Einsatz von Arbeitskräften.

Ende 1970/Anfang 1971 wurde die Lenkungskonzeption der Wirtschaftsreformjahre aufgegeben und ein wirtschaftspolitischer Kurswechsel eingeleitet. Trotz des Abbruchs der Wirtschaftsreform und einer erneuten Rezentralisierung wirtschaftlicher Entscheidungen bei den oberen Staatsbehörden hat die Regierung der DDR die meisten finanzpolitischen Lenkungsinstrumente, die in den Jahren von 1963 bis 1970 eingeführt worden waren, nicht wieder beseitigt, sondern vielfach nach 1971 beibehalten (so z. B. die Produktions- und Handelsfondsabgabe und die Jahresendprämie). In Einzelfällen sind sogar finanzpolitische Instrumente, die in den Jahren 1971–1974 abgeschafft worden waren, inzwischen wieder eingeführt worden (wie z. B. die Devisenkredite an Kombinate und Betriebe). (Vgl. § 12 der VO über die Kreditgewährung und die Bankkontrolle der sozialistischen Wirtschaft – Kreditverordnung vom 28. 1. 1982, GBl. I, S. 131.) Generell kann jedoch die Feststellung getroffen werden, daß ab 1971 die Lenkungs- und Stimulierungseffizienz der monetären Regulatoren im Vergleich zu den Jahren der Wirtschaftsreform gering ist.

Vereinfachte Struktur des Finanzsystems der Zentralplanwirtschaft der DDR

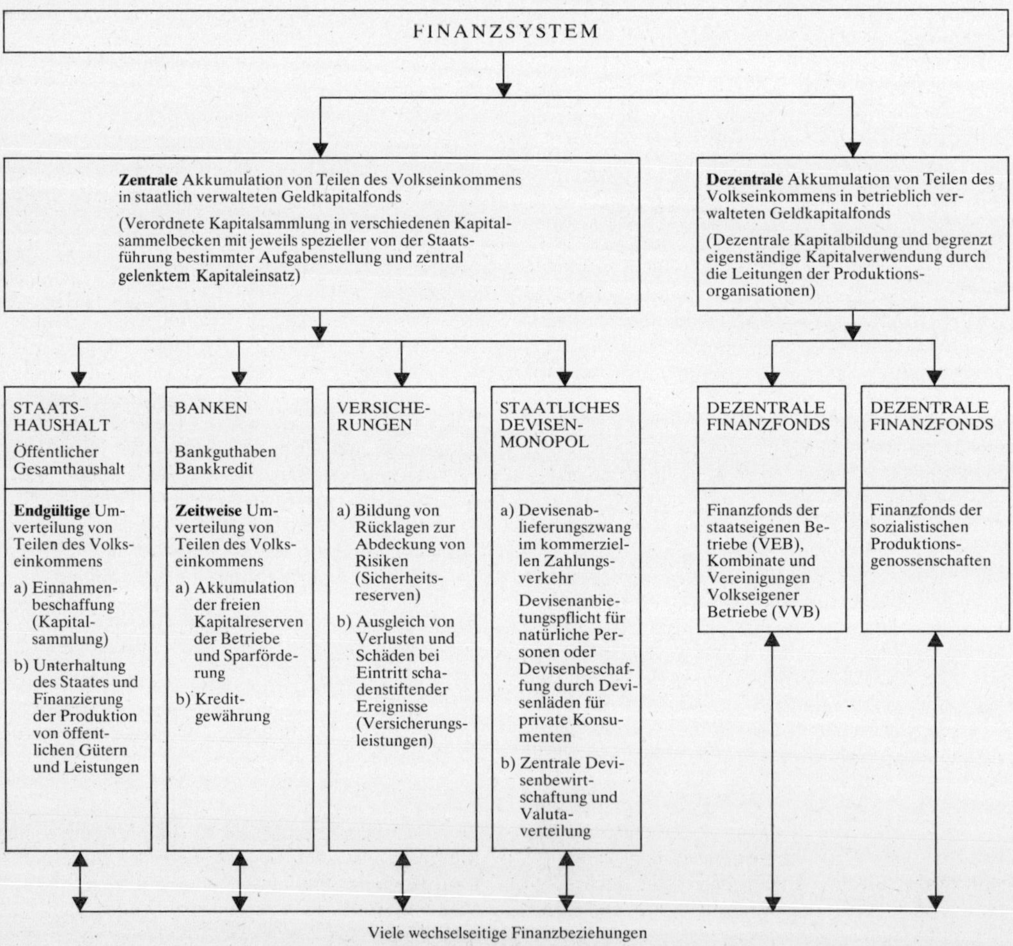

VIII. Gesamtwirtschaftliche Geldstromanalysen

In der Finanzwissenschaft und in der Finanzplanung der DDR wird die gesamtstaatliche Finanzwirtschaft zutreffend als ein Verbund verschiedener Subsysteme angesehen, die allesamt untereinander durch vielfältige wechselseitige Beziehungen verknüpft sind. Die Frage, ob alle Bestandteile der DDR-Finanzwirtschaft zusammengenommen in einem anspruchsvollen Sinne eine Einheit oder ein System bilden, muß sicher verneint werden. Geht man davon aus, daß ein System im anspruchsvollen Sinne ein nach bestimmten Grundprinzipien wohl geordnetes, disproportionsfreies Ganzes ist, so ist die Finanzwirtschaft der DDR von dieser Art System noch weit entfernt.

Eine Methode, die von der Wirtschaftsführung in Ost-Berlin ständig genutzt wird, um die Verflechtungsbeziehungen zwischen den einzelnen Bestandteilen oder Subsystemen der DDR-Finanzwirtschaft zu erfassen und gezielt zu regulieren, ist die Bilanzierung der Geldströme innerhalb der Volkswirtschaft (→ **Planung**, VI. B.). Im Rahmen dieses gesamtwirtschaftlichen Bilanzierungssystems sind die einzelnen Subsysteme der Finanzwirtschaft identisch mit den Geldquellen und den Geldkapitalsammelbecken der in der Volkswirtschaft bestehenden großen Wirtschaftsgruppen. Zu ihnen gehören der Staat (Zentralstaat plus regionale Gebietsverwaltungen einschließlich Sozialversicherung), die Banken, die Versicherungen, die Gesamtheit der staatlichen und genossenschaftlichen Produktionsbetriebe und die Bevölkerung.

Aufgrund des Leistungsaustausches zwischen den Wirtschaftsgruppen und bedingt durch unentgeltlich vorgenommene Übertragungen fließen zwischen den einzelnen Wirtschaftsgruppen ständig Geldströme. Diese Geldstrombewegungen versucht die Wirtschaftsführung der DDR auf einem gesamtwirtschaftlichen Großkontensystem buchhalterisch zu erfassen. Dabei wird für jede Wirtschaftsgruppe („Pol" des Geldkreislaufs) eine eigene Finanzbilanz aufgestellt. Auf jedem dieser Großkonten werden auf der Aufkommensseite alle Geldzuflüsse und auf der Verwendungsseite alle Geldabflüsse aufgezeichnet. Diese nach Ablauf jedes Wirtschaftsjahres in Form von Ist-Bilanzen aufgestellten Einnahmen- und Ausgabenrechnungen für die wichtigsten „Pole" des Geldkreislaufs geben der Wirtschaftsführung einen umfangreichen Überblick über den Leistungsaustausch zwischen den Wirtschaftsgruppen und über die zwischen ihnen erfolgte unentgeltliche Übertragung von Umverteilungseinkommen. Solche kontenmäßig erfaßten Geldstromanalysen dienen nicht zuletzt als Orientierung für die in der Wachstums- und Stabilitätspolitik zu ergreifenden Maßnahmen und als Wegweiser für die Gestaltung der Wirtschaftspläne. *Hannsjörg F. Buck*

Literaturangaben

Autorenkollektiv: Das sozialistische Finanzwesen der DDR. Berlin (Ost): Verl. Die Wirtschaft 1978.

Autorenkollektiv: Das Finanzsystem der DDR, hrsg. von der Hochschule für Ökonomie. Berlin (Ost): Verl. Die Wirtschaft 1962.

Autorenkollektiv: Sozialistische Finanzwirtschaft, Hochschullehrbuch. Berlin (Ost): Verl. Die Wirtschaft 1981.

Autorenkollektiv: Die Finanzen im System der sozialistischen Planwirtschaft, in: Politische Ökonomie des Sozialismus und ihre Anwendung in der DDR. Berlin (Ost): Dietz 1969, S. 399–413.

Buck, Hannsjörg: Finanzierungssystem der DDR, in: Handwörterbuch der Finanzwirtschaft, hrsg. von Hans E. Büschgen. Stuttgart: Poeschel 1976, S. 252–271.

Ders.: Das finanzwirtschaftliche Kontroll- und Revisionswesen gegenüber dem Staatsapparat und der Staatswirtschaft der DDR, in: Betriebswirtschaftliche Probleme in der DDR und in anderen RGW-Ländern, Sonderheft der FS-Analysen zum 65. Geburtstag von Wolfgang Förster, hrsg. von der Forschungsstelle für gesamtdeutsche wirtschaftliche und soziale Fragen. Berlin (West) 1977, S. 15–32.

Ehlert, Willi: Das einheitliche Finanzsystem in der Volkswirtschaft der DDR, in: Deutsche Finanzwirtschaft, Nr. 20/1960, S. 614–617.

Gebhardt, Gerd, u. a.: Finanzen und Finanzsystem im Sozialismus. Berlin (Ost): Dietz 1981.

Gebhardt, Gerd, und Werner Thümmler: Inhalt und Funktionen der Finanzen im Sozialismus, in: Wirtschaftswissenschaft. Berlin (Ost), Nr. 9/1978, S. 1097–1106.

Gebhardt, Gerd: Die Funktionen der sozialistischen Finanzen, in: Sozialistische Finanzwirtschaft. Berlin (Ost), Nr. 7/1976, S. 51/52.

Gesetzblatt der DDR, Sonderdruck Nr. 1020 L, Staatsverlag der DDR, Berlin (Ost), den 1. Februar 1980: „Anordnung über die Ordnung der Planung der Volkswirtschaft der DDR 1981–1985, vom 29. November 1979, Teil M, Kapitel 27: Planung der Finanzen des Staates".

Hedtkamp, Günter: System der öffentlichen Finanzen, in: Wirtschaftssysteme. München: Vahlen 1974, S. 283–305.

Kinze, Hans-Heinrich; Knop, Hans; Seifert, Eberhard (Hrsg.): Die spezifischen Aufgaben bei der Planung der Staatsfinanzen, in: Volkswirtschaftsplanung, Lehrbuch. Berlin (Ost): Verl. Die Wirtschaft 1975, S. 325–348.

Lohse, Rolf: Das Wesen der Finanzen in der DDR, in: Deutsche Finanzwirtschaft, Nr. 5/1958, S. 63–67.

Musgrave, Richard, A.: Fiscal Systems. London: Yale University Press, New Haven 1969.

Plöntzke, Horst: Die Finanzen der sozialistischen Wirtschaft, in: Wirtschaftswissenschaft. Berlin (Ost), Nr. 1/1979, S. 71–81.

Rudolph, Johannes, und Gert Friedrich: Die Finanzplanung, in: Grundriß der Volkswirtschaftsplanung, Berlin (Ost): Verl. Die Wirtschaft 1957, S. 508–532.

Finanzwissenschaft und Finanzökonomie: Die Fw. ist Teil der Wirtschaftswissenschaft. Da jedoch in der zentralgelenkten Staatswirtschaft das → **Finanzsystem** erheblich mehr finanzpolitische Operationsgebiete umfaßt als das „öffentliche Finanzwesen" in einer Marktwirtschaft, ist dementsprechend auch das Aufgabengebiet der Fw. in der DDR beträchtlich größer als dasjenige der Fw. in der Bundesrepublik Deutschland.
In der DDR gehören zum Forschungs- und Lehrbereich der Fw. a) das Staatshaushaltswesen (→ **Staatshaushalt**); b) die → **Finanzkontrolle und Finanzrevision**; c) das Finanzwesen der → **Massenorganisationen**; d) die Finanzwirtschaft der „Sozialistischen" Produktionsorganisationen (VEB, Kombinate, Produktionsgenossenschaften) (→ **Finanzplanung und Finanzberichterstattung; Wirtschaftliche Rechnungsführung**); e) die Währungspolitik des Staates (→ **Währung/Währungspolitik**); f) der Aufbau der Bankenorganisation und die Notenbankpolitik sowie die Geschäftspolitik der staatlichen Kreditinstitute (→ **Bankwesen**) und g) das Sozialversicherungswesen und die staatseigene Versicherungswirtschaft (→ **Sozialversicherungs- und Versorgungswesen; Staatliche Versicherung der DDR**).
In der DDR werden gleichbedeutend neben dem Begriff Fw. die Bezeichnungen Fö. „Finanzökonomie" und „Finanzwirtschaftslehre" gebraucht.
Das Aufgabengebiet der Fw. wird in folgende Spezialbereiche gegliedert: 1. Fö., 2. Finanzrecht, 3. Finanzmathematik, 4. Finanzstatistik und 5. Finanzgeschichte.
Nach Auffassung der Politökonomen der DDR soll die Fw. 3 Funktionen erfüllen. Sie soll neue wissenschaftliche Erkenntnisse liefern, hat Wege zur Erhöhung der wirtschaftlichen Leistung aufzuzeigen und muß mit fachspezifischen Argumenten einen Beitrag zur Durchsetzung und Verbreitung der marxistisch-leninistischen Weltanschauung leisten.
Über die in der DDR verpflichtende Bindung der Fw. und der Finanzwissenschaftler an die herrschende Ideologie wird im maßgebenden Fachlexikon für Wirtschaftsfragen festgestellt: „Die Finanzwissenschaft baut auf der marxistischen politischen Ökonomie als Basiswissenschaft auf." (Ökonomisches Lexikon, Bd. I, Berlin [Ost] 1969, S. 672) (→ **Politische Ökonomie**)
Kernstück der Fw. ist die Fö. Sie befaßt sich zunächst mit der Analyse der Funktionsweise der finanzpolitischen Instrumente, die von den → **Finanzorganen**, Wirtschaftsbehörden und den Produktionsorganisationen eingesetzt werden, um die Wirtschaftsprozesse auf rationale Weise plangemäß zu steuern. Über die reine Analyse des Bestehenden hinaus ist der Fö. ferner die Aufgabe übertragen worden, ständig Vorschläge zu erarbeiten, damit die Steuerungseffizienz der finanzpolitischen Instrumente verbessert wird. Dazu heißt es in einer offiziösen Aufzählung der Aufgaben, die die Fö. zu lösen hat: „Die Finanzökonomik beschäftigt sich mit der Gestaltung und Ausnutzung der Finanzen (einschließlich der Preise) als Instrumente zur Durchsetzung der Ziele einer planmäßigen, hocheffektiven gesamtvolkswirtschaftlichen Redistributions-, Struktur- und Wachstumspolitik und mit der Steuerung und Regelung des Reproduktionsprozesses in der Volkswirtschaft ... durch die Staats- und Wirtschaftsorgane (einschließlich der Finanz-, Bank- und Preisorgane) sowie ... Betriebe." (Ökonomisches Lexikon, Bd. I, 1969, S. 662)
Die wissenschaftliche Erarbeitung von qualitativ besserem finanzökonomischen Wissen soll der Staatsführung das notwendige Rüstzeug für die Gestaltung ihrer Finanzpolitik liefern. Die Bedeutung der Finanzpolitik für die Wohlfahrtsentwicklung des sozialistischen Gemeinwesens wird wie folgt umrissen: Sie „fördert die Intensivierung der gesellschaftlichen Produktion als Hauptweg der wirtschaftlichen Entwicklung der DDR und ist Voraussetzung für jenen Leistungsanstieg in der Wirtschaft, der für die weitere Erhöhung des Lebensniveaus des Volkes der DDR sowie für die ständige Modernisierung und den Ausbau der materiell-technischen Basis des Sozialismus und für die Schaffung grundlegender Voraussetzungen für den Übergang zum Kommunismus unerläßlich ist" (Ökonomisches Lexikon, Bd. I, Berlin [Ost] 1978, S. 648).
Zentrum einer politiknahen finanzwissenschaftlichen Forschung ist das 1964 gegründete „Finanzökonomische Forschungsinstitut" beim → **Ministerium der Finanzen (MdF)**. Gemäß seinem Gründungserlaß besteht seine Aufgabe darin, den erforderlichen „wissenschaftlichen Vorlauf auf dem Gebiet der sozialistischen Finanzökonomie" zu schaffen, damit rechtzeitig neues Wissen verfügbar ist, um die sich ständig wandelnden finanzpolitischen Probleme erfolgreich zu lösen. Das Institut erhält Forschungsaufträge von Staatsorganen und Banken. Im Rahmen der Forschungskooperation des → **Rates für Gegenseitige Wirtschaftshilfe (RGW)** hat das Institut die Aufgabe einer Koordinierungsstelle für alle in der DDR bestehenden finanzwissenschaftlichen Forschungseinrichtungen. Dem Institut obliegt die ideologische und fachliche Überprüfung aller zum Druck vorgeschlagenen finanzwirtschaftlichen Lehrbücher.
Die wichtigste Ausbildungsstätte für „Finanzökonomen" ist die 1952 gegründete „Fachschule für Finanzwirtschaft ‚Willy Rumpf'" in Gotha. Gegenwärtig sind dort mehr als 1100 Direktstudenten und über 6000 Fernstudenten immatrikuliert. Rd. 1500 Absolventen verlassen jährlich die Fachschule, um als „Finanzkader" in den Dienst der staatlichen Finanzorgane und der sozialistischen Produktionsorganisationen (VEB, Kombinate, Produktionsgenossenschaften) zu treten. Seit 1952 sind an der Fachschule für Finanzwirtschaft über 40000 Finanzökonomen ausgebildet worden. Das auf die Ausbildungsrichtung „Finanzökonomie" spezialisierte Studium baut zunächst auf einer gesellschafts- und wirtschaftswissenschaftlichen Grundausbildung auf (→ **Universitäten und Hochschulen**). In der zweiten Etappe des Studiums stehen die Fächer sozialistische Volkswirtschaftslehre, sozialistische Betriebswirtschaft, Wirtschafts- und Finanzrecht, sozialistische Leitungswissenschaft, mathematische und statistische Methodenlehre sowie elektronische Datenverarbeitung im Mittelpunkt. Darüber hinaus bieten die Fachschule „Willy Rumpf" und einige andere Hochschulen der DDR Spezialausbildungen für folgende Teildisziplinen

an: 1. Staatshaushaltswirtschaft; 2. Geld- und Kreditwesen; 3. Finanzwirtschaft der Betriebe, Kombinate und Wirtschaftszweige; 4. Versicherungswirtschaft; 5. Finanzierung des Außenhandels und Devisenwirtschaft und 6. Finanzkontrolle und Finanzrevision.

Fischwirtschaft: Die F. umfaßt die kleine und die große Hochseefischerei, die See- und Küstenfischerei sowie die Binnenfischerei der DDR, die aufgrund voneinander abweichender Produktionsverfahren und aufgrund ihrer unterschiedlichen Entstehung getrennt organisiert sind sowie verschiedenen Leitungsorganen (Ministerien) unterstehen.

1. Entwicklung und gegenwärtige Situation der Fischwirtschaft. Die Teilung Deutschlands erlaubte zunächst eine Fischversorgung der Bevölkerung nur auf sehr geringem Niveau, da die bisher genutzten Anlandeplätze an der Nordsee für die Belieferung ausfielen. Fischimporte in erheblichem Umfang wurden notwendig. Durch den Aufbau einer eigenen Hochseefischerei konnten die Versorgung der Bevölkerung jedoch allmählich quantitativ und qualitativ verbessert und der Import von Fisch und Fischwaren drastisch gesenkt werden.

Die Entwicklung des Fischaufkommens und des Pro-Kopf-Verbrauchs

Aufkommen (1000 t) Verbrauch kg/Kopf/Jahr	Ø 1956 bis 1960	Ø 1961 bis 1965	Ø 1966 bis 1970	Ø 1971 bis 1975	Ø 1976 bis 1980	1982
Fangergebnis (gesamt)	96,6	182,5	288,9	328,0	232,8	269,8
Importe von						
Frischfisch	90,6	54,4	44,5	15,4	6,1	9,1
Salzfisch	30,4	17,2	7,3	0,7	0	0
Konserven	8,9	6,3	4,8	3,4	2,8	5,8
Verbrauch[1]	5,1	7,9	8,4	8,3	7,4	7,4

1 Fisch und Fischerzeugnisse in effektivem Warengewicht für die Jahre 1956–1963 umgerechnet von „Frischfisch einfach bearbeitet" bzw. von „Fische in Frischwert".

Quellen: Stat. Jahrbücher der DDR 1959, S. 237 und S. 580; 1964, S. 388 und S. 421; 1968, S. 397 und S. 438; 1971, S. 311 und S. 344; 1976, S. 285 und S. 311; 1979, S. 192, S. 236 und S. 275; 1983, S. 208, S. 240 und S. 278.

Der erfolgreiche Aufbau einer eigenen Hochseefischerei der DDR wurde indes in den 70er Jahren durch die Entwicklung der internationalen Fischereipolitik empfindlich und nachhaltig gestört. Seit dem 26. 6. 1974 ist die DDR Vertragsstaat der Konvention für die Fischerei im Nordost-Atlantik (NEAFC) einschließlich der angrenzenden Gewässer und insofern zur Erhaltung der Fischbestände und zur Kontingentierung der Fangquoten und der Fangzeiten für einzelne Fischarten verpflichtet. Bereits am 26. 2. 1974 hatte die DDR die „Konvention über die Fischerei und den Schutz der lebenden Ressourcen in der Ostsee und den Belten" vom 13. 9. 1973 ratifiziert (GBl. II, 1974, S. 193). Unter ähnlichen Bedingungen vollzieht sich der Fischfang in den nordwestatlantischen Fanggebieten der ICNAF, der die DDR bereits am 21. 5. 1974 beigetreten ist. Ende der 70er Jahre, mit der Einführung der 200-Seemeilen-Zone, wurde die ICNAF durch die NAFO (Nordwestatlantische Fischereiorganisation) abgelöst. Von einschneidender Bedeutung für die Fangentwicklung war ferner die Einführung von Wirtschafts- und/oder Fischereischutzgrenzen durch nahezu alle Anrainerstaaten des Atlantiks, vor allem aber des Nordatlantiks, der Nord- und Ostsee. Die Ausdehnung der Schutzzonen auf bis zu 200 Seemeilen umfaßt den größten Teil aller Schelfgebiete, auf denen die Hochseefischerei bisher betrieben wurde.

Auf diese Entwicklung reagierte die DDR-Führung einerseits mit der Errichtung einer eigenen Schutzzone ab 1. 1. 1978 für den ihrer Seegrenze vorgelagerten Teil der Ostsee (→ **Festlandsockel**). Im Verhältnis zu den benachbarten oder angrenzenden Küstenstaaten läßt sich die DDR vom Prinzip der Mittellinie bzw. Äquidistanz leiten. Innerhalb der Fischereizone der DDR dürfen Fangfahrzeuge anderer Staaten nur fischen, wenn zwischen diesen Staaten und der DDR völkerrechtlich wirksame Verträge abgeschlossen worden sind. Diese Verträge enthalten jeweils detaillierte Bestimmungen, deren vorsätzliche oder fahrlässige Verletzung – auch im Falle des Versuches – mit Geldstrafen bis zu 100000 Mark belegt werden. Leichte Verstöße werden nach dem Ordnungswidrigkeitengesetz vom 12. 1. 1968 mit Ordnungsstrafen zwischen 10 und 500 Mark geahndet (→ **Ordnungswidrigkeiten**) (Gesetz über den Fischfang in der Fischereizone der DDR vom 13. 10. 1978, GBl. I, S. 380; hierzu 1. DB vom 13. 10. 1978, GBl. I, S. 404; sowie AO über den Fischfang in der Fischereizone, den Territorialgewässern und inneren Seegewässern der DDR – Fischereiordnung – vom 23. 3. 1984, GBl. I, S. 172, und AO über das Statut des Fischereiaufsichtsamtes der DDR vom 29. 12. 1978, GBl. I, S. 38).

Mit der Einführung der Fischereischutzzonen gewinnen die Anrainerstaaten das Recht auf die Festlegung von Fangquoten für ausländische Fangfahrzeuge. Da die eigenen Küstengewässer weder zur Deckung des Fischbedarfes ausreichen noch mit den Kapazitäten der vorhandenen Hochseefischereiflotte in Übereinstimmung gebracht werden können, ist die DDR bestrebt, möglichst frühzeitig Fischereiabkommen mit allen Staaten abzuschließen, deren Küstengewässer für die eigene Flotte interessant sind. Dessen ungeachtet sind die Fangergebnisse der Hochseeflotten der DDR von 1975 zu 1978 um 41,4 v. H. zurückgegangen, weil die Fangquoten, sofern sie bereits vereinbart werden konnten, in der Summe beträchtlich unter den früher erzielten Fangmengen liegen. 1978 sank die Fangleistung – erstmals seit 1968 – auf unter 190000 t.

Der Versuch, die Fangausfälle der Hochseefischerei durch höhere Leistungen in den anderen Bereichen der F. zu kompensieren, ist aufgrund der positiven Entwicklung der See- und Küstenfischerei (Kutterfischerei) in der Ostsee und der guten Leistung der Binnenfischerei inzwischen teilweise gelungen. Die 1982 erzielte Fangleistung von rd. 270000 t verteilte sich zu rd. 70,3 v.H. auf die Hochseeflotten, zu 22,2 v.H. (rd. 60000 t) auf die See- und Küstenfischerei und zu 7,4 v.H. (rd. 20000 t) auf die Binnenfischerei.

Im Durchschnitt der Jahre 1963–1973 war dagegen die Hochseefischerei mit 84 v.H., die See- und Küstenfischerei mit 12 v.H. und die Binnenfischerei mit nur 4. v.H. am Gesamtergebnis beteiligt.

2. Die Organisation und die Ausstattung der Hochseefischerei. Für die Hochseefischerei waren zunächst in der DDR 2 voneinander unabhängige Betriebe gegründet worden. Die kleine Hochseefischerei (Ost- und Nordsee) wurde 1949 mit zunächst 12 Kuttern in Saßnitz auf Rügen wegen der dort gegebenen Vorteile (kurzer Weg zur Anlandung, vorhandene Verarbeitungsanlagen, Bahnanschluß) eingerichtet. Ein Jahr später folgte die Gründung einer Fernfischereiflotte für die große Hochseefischerei, zu deren Basis der Rostocker Hafen bestimmt wurde. Beide Betriebe (Saßnitz und Rostock) wurden als Volkseigene Betriebe (VEB) gegründet und unter Einbeziehung der Be- und Verarbeitungseinrichtungen zu volkseigenen Fischkombinaten entwickelt. Beide Kombinate bildeten die VVB Hochseefischerei mit Sitz in Rostock, die dem → **Ministerium für Bezirksgeleitete Industrie und Lebensmittelindustrie** unterstand. Zu Beginn der 80er Jahre wurde die VVB Hochseefischerei aufgelöst, die Betriebe der Hochsee- und Küstenfischerei einschl. der Verarbeitungsbetriebe im Fischkombinat Rostock vereint (19 VEB). Die Aufgaben dieses Kombinates erstrecken sich darüber hinaus auf die Forschung und Entwicklung im Fahrzeugbau, in der Fangtechnik und in der Fischbe- und -verarbeitung sowie auf die Ausbildung der Hochseefischer und der Fischfacharbeiter. Weiterhin ist es für die Bilanzierung des gesamten Fischaufkommens einschl. der See- und Küstenschiffahrt und der Binnenfischerei verantwortlich.

Das Kombinat beschäftigt heute über 20000 Hochsee-, See- und Küstenfischer und verfügt über 140 größere Fangfahrzeuge. Ende 1980 waren 112 Schiffe im Einsatz, darunter 48 Fahrzeuge der Mittelklasse von 26 m, die für den Einsatz in der Nord- und Ostsee bestimmt waren, 5 Seitentrawler, 15 Frosttrawler, 21 Zubringertrawler, 10 Fang- und Verarbeitungsschiffe von etwa 3200 BRT, 5 Supertrawler mit etwa 4000 BRT, 2 Transport- und Verarbeitungsschiffe mit etwa 10000 BRT, 6 Kühl- und Transportschiffe in einer Größenordnung von etwa 3000 bis 12000 BRT.

Diese Einheiten werden unterstützt durch mehrere Forschungs- und durch 3 Fischereihilfsschiffe zur medizinischen und technischen Hilfeleistung auf See.

Die Einsatzgebiete der Fangflotte lagen bisher fast ausschließlich im Nordatlantik. Der Anteil des Fangaufkommens aus dem ostatlantischen Gebiet stieg in den Jahren 1972–1974 von 44,4 v.H. auf 61,7 v.H. an, während der Anteil aus dem Nordwestatlantik von 54,1 v.H. auf 37,5 v.H. zurückging. Die Fänge in anderen Fanggebieten (Ost-Zentral-Atlantik und Nordostpazifik) waren dagegen bisher mit 0,4–1,5 v.H. sehr gering. Dies veränderte sich im Zeitraum 1978–1980 erheblich. Es wurde durchschnittlich zu etwa 30 v.H. jeweils der Ostsee, dem Nordostatlantik und den afrikanischen Gewässern entnommen. Besonders dynamisch entwickelte sich das Fangaufkommen in afrikanischen Gewässern (1978 18 v.H., 1980 über 30 v.H.). Aus der Entfernung zu den Heimathäfen wie auch aus der Flottenstruktur ist zu erkennen, daß die DDR das auch von anderen RGW-Staaten praktizierte Verfahren der Verbund- und Flottillenfischerei anwendet. Das Verfahren gewährleistet in Verbindung mit der Treibstoffversorgung durch sowjetische Tanker auf hoher See (jährlich über 50000 t) und (seit 1973) in Verbindung mit dem Austausch ganzer Besatzungen auf dem Luftweg eine hohe Verweildauer der Flotte an den Fangplätzen bzw. die Senkung der unproduktiven Wegezeiten. Da gleichzeitig auch die Instandhaltung der Maschinen soweit möglich während der Fahrt durchgeführt wird, erreichte z. B. 1982 ein Teil der Fang- und Verarbeitungsschiffe eine zweijährige Einsatzdauer. Die Besatzungen wurden etwa alle 90 Tage ausgetauscht.

Schließlich wird davon ausgegangen, daß durch die Koordination der Flotten höhere Fangerträge erzielt werden können als bei einem individuellen Einsatz der Fangschiffe, zumal die Flotten durch Forschungs- und Suchschiffe sowie durch Suchflugzeuge unterstützt werden. Das Fanggeschehen wird durch die Zentrale Fangdirektion der Kombinate, durch die Flottillenleitung (Einsatzleitung See) und schließlich von den einzelnen Schiffseinheiten geleitet.

Weitere Maßnahmen, mit deren Hilfe die hohen Fangergebnisse früherer Jahre wieder erreicht werden sollen, erstrecken sich auf die Erschließung neuer Fanggebiete (wie z. B. vor Moçambique und um Südgeorgien im SW-Atlantik), die Entwicklung neuer Fangtechniken sowie auf den Einsatz größerer Fang-, Verarbeitungs- und Transportschiffe, die, einzeln oder als Flotte eingesetzt, über eine hohe Anpassungsfähigkeit verfügen. Bis 1985 soll die überalterte Fangflotte der DDR schrittweise erneuert werden. Sie erhält vor allem Fang- und Verarbeitungsschiffe vom Typ „Atlantik Supertrawler" (3930 BRT, 3880 PS, Tragfähigkeit 2080 tdw), dessen technische Ausstattung den künftigen Erfordernissen entsprechend modifiziert wurde.

Die Hochseeflotte der DDR fischt häufig mit der polnischen und mit der sowjetischen Hochseeflotte in den gleichen Fanggebieten. (Diese drei RGW-Staaten schlossen 1962 ein „Abkommen über die Zusammenarbeit auf dem Gebiet der Seefischerei", dem später auch die VR Bulgarien, Republik Kuba und die VR Rumänien beitraten.) Abgesehen von zweiseitigen Abkommen zwischen Forschungs-Instituten und den Ministerien der beteiligten Staaten über die Fragen der Konstruktion und Erprobung von Maschinen und Ausrüstungen und der Arbeitsteilung im Fahrzeugbau werden jährlich Sitzungen einer „Gemischten Kommission zur Realisierung des Abkommens" abgehalten.

Die Ausbildung des beruflichen Nachwuchses wird seit 1975 durch das neu eingerichtete „Direktorat Kader/Bildung" bei der VVB Hochseefischerei geleitet. Sie erfolgt in den Betriebsfachschulen, Lehrwerkstätten

bzw. auf Schulschiffen der Kombinate. Im Mittelpunkt der Ausbildung stehen die Berufe
- „Vollmatrose der Hochseefischerei“,
- „Schiffsbetriebsschlosser“ mit den Spezialisierungsrichtungen Antriebs- und Hilfsanlagen bzw. Decksmaschinenanlagen oder Fischverarbeitungsanlagen,
- „Facharbeiter für Anlagentechnik“ in der Spezialisierungsrichtung Fischverarbeitung, die nach Abschluß der 10. Kl. der POS in 2jähriger Ausbildung erlernt werden können.

Für Absolventen mit dem Abschluß der 8. Klasse besteht die Möglichkeit, bei einer Ausbildungsdauer von 30 Monaten den Beruf des Fischverarbeiters zu erlernen.

Weiterführende → **Fachschulen** sind die → **Ingenieurhochschulen** für Seefahrt in Warnemünde/Wustrow und für Fischverarbeitungstechnik in Wismar. Die Ausbildung zum Diplomingenieur für Fischereitechnik oder zum Diplomfischerei- und Meeresbiologen erfolgt an der Universität Rostock. Zur Zeit verfügen etwa 8 v. H. der in der F. Beschäftigten über einen Hochschulabschluß und 15 v. H. über einen Fachschulabschluß.

Die *meereskundliche und fischereiwissenschaftliche Forschung* der DDR erfolgt vor allem in folgenden Institutionen:

Institut für Hochseefischerei und Fischverarbeitung in Rostock-Marienehe;

Institut für Meereskunde der Akademie der Landwirtschaftswissenschaften (AdL) in Warnemünde;

Fachbereich Meeres- und Fischereibiologie der Sektion Biologie an der Universität Rostock.

Außerdem verfügt die DDR über 5 Forschungsschiffe („Ernst Haeckel“, „Eisbär“, „Karl Liebknecht“, „Alexander von Humboldt“ und „Prof. Albrecht Penck“). Für die Zusammenarbeit der Forschungseinrichtungen besteht seit 1968 ein wissenschaftlicher Beirat.

3. Die Küstenfischerei der DDR ist als Betrieb des Fischkombinates Rostock dem → **Ministerium für Bezirksgeleitete Industrie und Lebensmittelindustrie** direkt unterstellt. Sie wird einerseits als Kutterfischerei in der Ostsee (z. T. auch in der Nordsee) betrieben und andererseits als Korb-, Angel-, Stellnetz-, Treibnetz- oder Reusenfischerei. Sie verkörpert damit die traditionellen Formen des Fischfangs an der mitteldeutschen Ostseeküste.

Bei rd. 3400 Beschäftigten konnte im Zeitraum 1971–1975 das Fangergebnis von rd. 30000 t auf über 60000 t 1982 erhöht werden. Diese erfolgreiche Entwicklung ist auf die Steigerung der Fänge im stehenden Gewässer (Küstenfischerei) zurückzuführen, die mit rd. 20000 t (rd. 40 v. H.) am Gesamtergebnis des Jahres 1975 beteiligt war. Als Ursache der positiven Entwicklung ist u. a. die Käfighaltung von Edelfischen in den Küsten-, Bodden- und Haffgewässern anzusehen. Dieses Verfahren, von Wissenschaftlern der VEB Fischwirtschaft im Bezirk Rostock entwickelt, brachte 1974 rd. 70 t und 1980 rd. 700 t Forellen. Der Ertrag soll bis 1985 auf über 1100 t erhöht werden. Gleichzeitig werden ähnliche Haltungsformen mit Karpfen und anderen Edelfischen im Brachwasser der Ostsee untersucht.

Da die Anlandung der Kutterflotte seit Jahren stagniert, ist man dazu übergegangen, die Kutter bei Bedarf über die an der Küste bestehenden Fischereibezirksgrenzen hinweg zu versetzen. Darüber hinaus werden veraltete Kutter ausgesondert und durch größere und komfortable Fahrzeuge der 26,5-m-Klasse und durch Heckkutter (B 403) aus polnischer Produktion ersetzt.

1982 verfügte die See- und Küstenfischerei über 120 Kutter:

Fahrzeugtyp	Anzahl
12-m-Kutter	6
12- bis 15-m-Kutter	22
17-m-Kutter	72
21-m-Kutter	3
24-m-Kutter	6
Stahlkutter (HZ 400)	6
Heckkutter (B 403)	5

In Zusammenhang mit der Einrichtung von Territorialgewässern in der Ostsee und mit Artikel XII Abs. 1 der „Konvention über die Fischerei und den Schutz der lebenden Ressourcen in der Ostsee und den Belten“ vom 13. 9. 1973 (GBl. II, 1974, S. 193) sind die gesetzlichen Bestimmungen über die Aufgaben des Oberfischmeisteramtes und über die Bildung einer Fischereikontrollbehörde in den Jahren 1974–1977 mehrfach modifiziert und schließlich mit Wirkung vom 1. 1. 1979 außer Kraft gesetzt worden. Zum gleichen Zeitpunkt wurden die bereits erwähnte Fischereiordnung und das Statut des Fischereiaufsichtsamtes der DDR wirksam (GBl. I, 1979, S. 38–46). Die Vollmacht des Fischereiaufsichtsamtes erstreckt sich nunmehr auf den gesamten Fischfang in den Territorialgewässern (Fischereischutzzone s. o.) und umfaßt gleichzeitig wie bisher die von der See- und Küstenfischerei bewirtschafteten Gewässer, die um die von der Binnenfischerei des Bezirkes Rostock bewirtschafteten Flächen erweitert und (bereits seit 1976) in insgesamt 9 Fischfangbezirke gegliedert sind. Die Einhaltung der für die See- und Küstenfischerei geltenden Bestimmungen (Mindestmaße für Fangfische, Fanggeräte, Schonbezirke und Schonzeiten, Fischkrankheiten) wird in den Fangbezirken durch Fischereiaufsichtsstellen gewährleistet, die vom Fischereiaufsichtsamt geleitet werden. Das Fischereiaufsichtsamt untersteht dem Ministerium für Bezirksgeleitete und Lebensmittelindustrie, das auch den Leiter dieser Behörde und dessen Stellvertreter beruft und abberuft.

Die strukturelle und institutionelle Entwicklung der See- und Küstenfischerei der DDR weist zahlreiche Parallelen zur Entwicklung der bäuerlichen Landwirtschaft auf. Bei Kriegsende befanden sich die verbliebenen Kutter und das sonstige Fanggerät im privaten Eigentum der Fischer. Zunächst wurden die schon in der Vorkriegszeit auf der Insel Rügen bestehenden Fanggenossenschaften der Küstenfischer (Kommünen) zu Produktionsgenossenschaften werktätiger See- und Küstenfischer (Kurzform Fischereiproduktionsgenossenschaften = FPG) umgebildet. Nach diesem Beispiel erfolgte der Aufbau bzw. die Gründung weiterer FPG, in die auch die Kutterfischerei einbezogen wurde. Von den 51 FPG des Jahres 1965 befaßten sich 35 mit Küstenfischerei. Die Gesamtzahl der Genossenschaften nahm von 1960 (55 FPG) bis 1982 auf 27 FPG ab. Sie wurden schon am 1. 11. 1968 gemeinsam mit 9 Fischverarbeitungsbetrieben (2 VEB-Fischverarbeitungsbetriebe, 4 Betriebe mit staatlicher Beteiligung, 1 PGH und 2 Privatbetriebe) zu einem → **Kooperationsverband** der bezirksgeleiteten Fischindustrie zusammengeschlossen. 1982 gehörten dem Kooperationsverband neben den 27 FPG 5 VEB-Fischverarbeitungsbetriebe an, denen der VEB Fischwirtschaft in Warnemünde als Leitbetrieb vorsteht. Wie in der Landwirtschaft werden in der See- und Küstenfischerei Kooperative Einrichtungen (KOE) gegründet, an denen entweder ausschließlich FPG (= Zwischengenossenschaftliche Einrichtungen) oder aber FPG und Volkseigene Betriebe (VEB) der F. (= Zwischenbetriebliche Einrichtungen) beteiligt sind (AO über kooperative Einrichtungen in der See- und Küstenfischerei vom 30. 12. 1977; GBl. SDr. 944, S. 11–13). KOE der See- und Küstenfischerei errichten und unterhalten Fischaufzucht- und Mastanlagen, sie nutzen gemeinsam Kühlanlagen und Verarbeitungskapazitäten sowie Einrichtungen für die Herstellung von Rationalisierungsmitteln und für Reparaturarbeiten. Abweichend von den Bestimmungen für die KOE der Landwirtschaft entsteht durch die Beteiligung an den KOE der See- und Küstenfischerei kein „kooperatives Eigentum". Vielmehr bleiben nach der AO vom 30. 12. 1977 die beteiligten Betriebe Eigentümer ihrer Produktionsmittel und sind ihrem Beteiligungsanteil entsprechend am Wirtschaftsergebnis beteiligt.

Wie die LPG in der Landwirtschaft haben die FPG im Jahr 1977 ein neues Statut erhalten (→ **Agrarpolitik; Landwirtschaftliche Betriebsformen**). Es wurde am 10. 11. 1977 in Rostock auf einer Delegiertenkonferenz beraten (→ **Bauernkongreß der DDR**) und am 15. 12. 1977 vom Ministerrat der DDR bestätigt (GBl. I, 1978, S. 49, und SDr. Nr. 944, S. 3f.). Die bisherigen Statuten der FPG waren dem Musterstatut folgend bis zum 30. 6. 1978 abzuändern und den Räten der Kreise zur Registrierung vorzulegen. Im Gegensatz zur Landwirtschaft dürfen jedoch die FPG nur dann Werktätige im Arbeitsrechtsverhältnis beschäftigen (Arbeiter und Angestellte), wenn es sich um eine befristete Tätigkeit handelt (Zustimmung des Kreises erforderlich), oder aber, wenn die Aufnahme der Werktätigen als Mitglieder durch die nächstfolgende Vollversammlung der Genossenschaft vorgesehen ist.

4. *Die Binnenfischerei* der DDR wird (mit Ausnahme des Bezirks Rostock) durch das → **Ministerium für Land-, Forst- und Nahrungsgüterwirtschaft (MfLFN)** (Sektor Binnenfischerei) geleitet. Sie wird auf der Grundlage des Fischereigesetzes vom 2. 12. 1959 (GBl. I, S. 864) und der AO über die fischwirtschaftliche Nutzung der Binnengewässer, die Ausübung des Fischfanges und des Angelsportes im Bereich der Binnenfischerei der DDR (Binnenfischereiordnung) vom 16. 7. 1981 (GBl. I, S. 290) vollzogen. Die fischbare Wasserfläche umfaßte 1983 rd. 130000 ha, die zu 115300 ha aus See- und Flußgewässern und zu 13500 ha aus Teichen bestanden. Ferner wird ein geringer Anteil der Wasserfläche für die Erzeugung von Satzfisch in Intensivanlagen sowie für den Bedarf des Deutschen Anglerverbandes der DDR (DAV) in Anspruch genommen (→ **Angelsport**).

Die Bewirtschaftung der Wasserflächen obliegt den 3125 Beschäftigten der Binnenfischerei in 14 VEB Binnenfischerei, 30 **Produktionsgenossenschaften der Binnenfischerei** und 7 kooperativen Einrichtungen. Die Volkseigenen Betriebe (VEB) Binnenfischerei bewirtschaften mit rd. 1800 Mitarbeitern etwa 85 v. H. der Teichflächen und 40 v. H. der Seegewässer. Daneben arbeiten in den Produktionsgenossenschaften werktätiger Fischer (PwF) rd. 700 Mitglieder in der Binnenfischerei. Im Gegensatz zu den FPG haben die PwF erst am 1. 10. 1981 ein neues Statut erhalten (GBl. I, 1981, S. 349, und SDr. Nr. 1075). Die bisherigen Statuten der PwF waren dem Musterstatut folgend bis zum 28. 2. 1982 abzuändern und dem Rat des Bezirkes zur Registrierung vorzulegen. Gleichzeitig wurden die PwF in Produktionsgenossenschaften der Binnenfischer (PGB) umbenannt.

Rd. 38000 ha Gewässerfläche werden zusätzlich durch die etwa 490000 Mitglieder des DAV genutzt, die 1981 283 t Karpfen, 145 t Buntfische und 50 t Forellen ablieferten.

Auch die Binnenfischerei wird von den Problemen des internationalen Seerechtes insofern berührt, als die Erzeugung maximal gesteigert werden und 1985 mit 22000 t Speisefisch um gut 50 v. H. über dem Ergebnis von 1980 liegen soll. 1982 wurden bereits knapp 20000 t erreicht, darunter 10000 t Karpfen und 4400 t Forellen.

Produktionsentwicklung in der Binnenfischerei der DDR

Jahr	Fischproduktion[1] 1000 kg	Speisefische ges.	darunter in v. H. Karpfen	Forellen	Zander
1960	7 843	96,7	55,9	0,9	2,1
1966/70	12 311	97,7	64,4	2,1	1,7
1971/75	15 340	87,6	63,0	6,1	1,9
1976	16 178	81,5	66,1	8,6	1,8
1977	18 775	85,9	63,2	10,4	1,3
1978	17 619	85,3	67,8	16,1	1,5
1979	14 936	83,7	61,7	18,9	1,4
1980	14 492	83,9	56,3	24,0	1,4
1981	17 948	87,2	58,5	25,7	0,9
1982	19 971	85,4	58,4	25,8	0,8

1 Speise- und Futterfische. 1976 und 1977 ohne die Binnenfischerei des Bezirkes Rostock.
Quellen: Stat. Jahrbücher der DDR 1977, S. 214; 1983, S. 208.

Da die Erträge der Seen- und Küstenfischerei (jährlich z. Z. 60000 t) relativ konstant sind, können Produktionsziele nur durch eine weitere Intensivierung der Teichwirtschaft verwirklicht werden. Der Durchschnittsertrag der Teichwirtschaften betrug 1982 rd. 1200 kg/ha Teichfläche. In der Fluß- und Seenfischerei wurden dagegen etwa nur 40 kg/ha Wasserfläche erzielt. Der Produktionssteigerung dienen u. a. die intensive Besatzwirtschaft (einschließlich Düngung und Schutzimpfung), die Käfighaltung (= Senkung des Futteraufwandes von 4,5 kg auf 2,1 kg je kg Zuwachs), die Verwendung des Kühlwassers von Kraftwerken (das mit 22–28°C dem Temperaturoptimum für die Karpfenhaltung entspricht) sowohl für die Aufzucht von Setzlingen als auch für die Mast, die Rinnenhaltung in der Forellenzucht, die künstliche Befruchtung des Fischlaichs in Brutapparaten sowie die Einführung neuer Fischarten. Der Intensivierung dient weiterhin die Spezialisierung der Betriebe auf einen bestimmten Produktionszweig (Forellenzuchtzentrum im VEB Binnenfischerei Potsdam, Satzkarpfenproduktion im VEB Binnenfischerei Königswartha).

Mit Hilfe dieser und anderer Maßnahmen gelang es z. B., den Durchschnittsertrag der Karpfenteichwirtschaften von 839 kg/ha (1970) auf rd. 1300 kg/ha Wasserfläche um 54,9 v. H. im Jahr 1983 zu steigern. (In Ausnahmefällen konnten bis zu 5000 kg Speisefisch je ha Wasserfläche erzielt werden.)

Eine Folge der Spezialisierung ist die Einführung von Kooperationsverbänden (KOV) nach landwirtschaftlichem Vorbild. Der Gründung des ersten Verbandes (1968) sind bisher weitere 7 gefolgt. In diesen Verbänden sind die VEB Binnenfischerei, PGB, evtl. ZBE Fischproduktion, der DAV, das Institut für Binnenfischerei und/oder die Ingenieurschule für Binnenfischerei sowie die Einzelhandelsverbände (VE Fischhandel, Bezirksdirektion der HO, Bezirksverband der Konsumgenossenschaften) vertreten. Häufig unterhalten die KOV in den Städten und Gemeinden eigene Verkaufsstellen.

Von den 1980 in der Binnenfischerei beschäftigten Mitarbeitern hatten 73,9 v. H. eine Berufsausbildung als Binnenfischer abgeschlossen, 9,6 v. H. hatten ein Fachschulstudium und 4,0 v. H. ein Hochschulstudium absolviert. Die Ausbildung als „Binnenfischer" erfolgt nach Abschluß der 10. Klasse der POS in 2 Jahren bzw. bei Abschluß der 8. Klasse der POS in 3 Jahren. Das berufstheoretische Wissen vermittelt die „Fischereischule Königswartha", Kr. Bautzen, die berufspraktische Ausbildung erhalten die Lehrlinge in (5) anerkannten Lehrbetrieben. Bei erfolgreichem Abschluß und entsprechendem Studienauftrag kann an der Ingenieurschule für Binnenfischerei, Hubertushöhe, Kr. Storkow (Bez. Frankfurt/Oder), in 3jährigem Direktstudium (bei einem Jahr Studienpraxis) die Ausbildung zum Ingenieur der Binnenfischerei (früher staatlich geprüfter Fischwirt) erfolgen. Die Möglichkeit zur Ausbildung zu Diplomfischereiingenieuren (früher Diplomfischwirt) besteht für die Binnen- wie für die Küstenfischerei an der Sektion für Tierzucht und Veterinärmedizin der Humboldt-Universität Berlin (2 Jahre Grundstudium, 2 Jahre Fachstudium). Zur weiteren Qualifizierung wird ein postgraduales Studium auf dem Gebiet des Fischgesundheitsdienstes angeboten.

Die Forschung der Binnenfischerei ist im Institut für Binnenfischerei Berlin-Friedrichshagen, das mit seiner Zweigstelle für Mechanisierung, Jägershof bei Potsdam der AdL untersteht, konzentriert. In diesem Institut waren im Herbst 1979 insgesamt 104 Mitarbeiter tätig.

Fischwirtschaftliches Organ sind die Zeitschrift für die Binnenfischerei der DDR sowie die Vereinszeitung Deutscher Angelsport.

5. Fischvermarktung. Als leichtverderbliche Ware stellen die angelandeten Fische hinsichtlich der schnellen Be- und Verarbeitung und des Handels hohe Anforderungen. Eine besondere Schwierigkeit bestand für die DDR darin, daß die Verarbeitungsindustrie der deutschen F. fast ausschließlich an den Nordseehäfen konzentriert war. Eine Ausnahme bildeten die relativ kleinen traditionellen Verarbeitungsbetriebe der See- und Küstenfischerei (Aalräuchereien, Sprottenherstellung usw.). Es wurden infolgedessen völlig neue Be- und Verarbeitungskapazitäten errichtet.

Die Be- und Verarbeitung der Fänge der großen und kleinen Hochseefischerei erfolgt in den Betrieben des Fischkombinates Rostock.

Insgesamt beschäftigt die Fischindustrie in rd. 120 Betrieben z. Z. 10000 Mitarbeiter.

Fischbe- und -verarbeitung der Lebensmittelindustrie
(Erzeugung in 1000 t)

Jahr	Frostfilet	Konserven	Präserven
1960	5,5	10,9	32,5
1965	23,2	16,8	34,9
1970	43,4	18,4	30,9
1975	51,9	20,1	32,3
1980	–	16,9	–
1981	–	18,3	–
1982	–	18,4	–

Quellen: Statistische Jahrbücher der DDR 1977, S. 129; 1983, S. 147.

Der Absatz der Produkte wird zentral durch die Absatzorganisation Fisch (AOF) betrieben. Der Einzelhandel erfolgt in den Verkaufsstellen des VE-Fischhandels der → **Handels-Organisation (HO)** und der → **Konsumgenossenschaften**. Daneben werden zunehmend im Rahmen der Kooperationsverbände Kooperationsverkaufsstellen für Frischfisch und Fischpräserven der Binnenfischerei eingerichtet (→ **Binnenhandel**).

Flaggen: Nach der VO über Flaggen, Fahnen und Dienstwimpel der Deutschen Demokratischen Republik – Flaggenverordnung – vom 3. 1. 1973 (GBl. SDr. Nr. 751, S. 3) werden folgende F. und Fahnen geführt:
1. Staats-F. der DDR;
2. F. des Ersten Sekretärs des ZK der SED und Vorsitzenden des Nationalen Verteidigungsrates der DDR;
3. Standarte des Vorsitzenden des Staatsrates der DDR;
4. Dienst-F. der
   a) Nationalen Volksarmee,
   b) Schiffe und Boote der Volksmarine (Seestreitkräfte),
   c) Boote der Grenztruppen der Nationalen Volksarmee,
   d) Schiffe und Boote der Grenzbrigade Küste;
5. Truppenfahnen der Nationalen Volksarmee;
6. Fahnen der Dienststellen und Einheiten der Deut-

schen Volkspolizei und der Organe Feuerwehr und Strafvollzug des Ministeriums des Inneren.
Dienstwimpel können auf Schiffen und Booten geführt werden, wenn diese sich zur Durchführung staatlicher Aufgaben im Einsatz befinden.
Die **Staatsflagge** der DDR besteht nach Art. 1. Verfassung und dem weiter geltenden Gesetz vom 26. 9. 1955 (GBl. I, S. 705) i. d. F. des Änderungsgesetzes vom 1. 10. 1959 (GBl. I, S. 691) aus den Farben Schwarz-Rot-Gold und trägt auf beiden Seiten in der Mitte das Staatswappen der DDR (Hammer und Zirkel, umgeben von einem Ährenkranz, der im unteren Teil von einem schwarz-rot-goldenen Band umschlungen ist) (→ **Wappen**). Die Farben Schwarz-Rot-Gold sind in der Staats-F. in drei gleich breiten Streifen angeordnet. Die F. wird in der Weise geführt, daß der schwarze Farbstreifen oben, der rote Farbstreifen in der Mitte und der goldene Farbstreifen unten erscheint.
Die F. des Ersten Sekretärs des ZK der SED und Vorsitzenden des Nationalen Verteidigungsrates der DDR ist rot. In der Mitte der Flagge befindet sich das Staatswappen der DDR, umgeben von einem einfachen goldgelben Lorbeerkranz.
Die Standarte des Vorsitzenden des Staatsrates ist quadratisch, trägt in der Mitte auf rotem Grund das Staatswappen der DDR, wird von den Farben der DDR eingefaßt und durch goldene Fransen abgeschlossen.
Die Dienst-F. der Nationalen Volksarmee entspricht in Form und Größe der Staats-F. der DDR. In der Mitte der Dienst-F. befindet sich auf rotem Grund das Staatswappen der DDR, umgeben von einem einfachen goldgelben Lorbeerkranz.
Die Dienst-F. für Kampfschiffe und -boote der Volksmarine trägt auf rotem Grund einen waagerechten schwarz-rot-goldenen Mittelstreifen. Die Breite des Mittelstreifens beträgt ⅓ der Breite der F. In der Mitte befindet sich das Staatswappen der DDR, umgeben von einem einfachen goldgelben Lorbeerkranz.
Die Dienst-F. für Hilfsschiffe der Volksmarine trägt auf blauem Grund einen waagerechten schwarz-rot-goldenen Mittelstreifen. In der Mitte befindet sich das Staatswappen der DDR, umgeben von einem einfachen goldgelben Lorbeerkranz.
Die Dienst-F. der Boote der Grenztruppen der Nationalen Volksarmee entspricht in Form, Größe und Gestaltung der Dienst-F. der Nationalen Volksarmee. Am Liek befindet sich ein grüner Streifen.
Die Dienst-F. der Schiffe und Boote der Grenzbrigade Küste entspricht in Form, Größe und Gestaltung der Dienst-F. für Kampfschiffe und -boote der Volksmarine. Am Liek befindet sich ein grüner Streifen.
Die Truppenfahnen der Nationalen Volksarmee entsprechen in ihrer Form der Staats-F. der DDR. Um das Staatswappen der DDR stehen auf rotem Grund die Worte „FÜR DEN SCHUTZ DER ARBEITER-UND-BAUERN-MACHT“. Staatswappen und Umschriftung sind von einem goldenen Lorbeerkranz umgeben. Die obere linke Ecke im schwarzen Streifen der Fahne enthält die militärische Bezeichnung. Die Fahnen sind mit goldenen Fransen eingefaßt.
Die Fahnen der Dienststellen und Einheiten der Deutschen Volkspolizei und der Organe Feuerwehr und Strafvollzug des Ministeriums des Inneren entsprechen in Form und Größe der Staats-F. der DDR. In der Mitte der Fahne befindet sich der zwölfzackige Polizeistern mit dem Staatswappen der DDR in der Mitte. Um den Polizeistern stehen die Worte „FÜR DEN SCHUTZ DER ARBEITER-UND-BAUERN-MACHT“. Die Polizeisterne und die Umschriftung sind von einem Eichenlaubkranz umgeben. Die obere linke Ecke im schwarzen Streifen der Fahne enthält die Bezeichnung der Dienststelle bzw. Einheit. Die Fahnen sind mit Fransen eingefaßt. Der Polizeistern, die Umschriftung, der Eichenlaubkranz, die Bezeichnung der Dienststelle bzw. Einheit sowie die Fransen sind in Silber gehalten.
Die Dienstwimpel der Schiffe und Boote der Schifffahrtsaufsicht, der Zollverwaltung der DDR, des Gesundheitswesens, der Wasserwirtschaft/Gewässeraufsicht und der Fischereiaufsicht sind dreieckig. Sie tragen beiderseits auf weißem Grund das Staatswappen der DDR. Die Dienstwimpel tragen an beiden langen Seiten einen farbigen Streifen in einer Breite von ⅒ der Breite der Dienstwimpel. Die Farben der Streifen sind bei der Schiffahrtsaufsicht blau, bei der Zollverwaltung der DDR grün, beim Gesundheitswesen gelb, bei der Wasserwirtschaft/Gewässeraufsicht hellblau und bei der Fischereiaufsicht silbergrau.
Nach der F.-Ordnung vom 3. 1. 1973 führt die Deutsche Post keine eigene Dienst-F. mehr. Vorher waren deren Farben schwarz-rot-gold. In der Mitte des roten Streifens befand sich ein goldgelbes Posthorn mit einer goldgelben Schnur, 2 goldgelben Quasten und 4 goldgelben Blitzen.
Welche F. und Fahnen jeweils in der Nationalen Volksarmee geführt werden müssen, regelt die F.-AO vom 9. 2. 1973 (GBl., SDr. Nr. 751, S. 19).

Flüchtlinge: Bis 1949 sind F. aus der Sowjetischen Besatzungszone (SBZ) und dem Sowjetischen Sektor von Berlin nicht systematisch registriert worden. Später ist die Zahl der Bewohner der SBZ und von Berlin (Ost), die diese Gebiete im Zeitraum von 1945 bis 1949 verlassen haben oder aus kriegsbedingter Evakuierung nicht dorthin zurückgekehrt sind, mit ca. 438700 errechnet worden. Die wirkliche Zahl dürfte erheblich höher sein.
Seit Januar 1949 sind die F. in Berlin (West) und seit September 1949 auch im Bundesgebiet registriert worden, seit dem Inkrafttreten des Notaufnahmegesetzes vom 22. 8. 1950 in den Notaufnahmelagern.
Die Zahl der Antragsteller im Notaufnahmeverfahren kann allerdings nicht gleichgesetzt werden mit der Zahl der F. aus der DDR. Einerseits haben auch nach dem Inkrafttreten des Notaufnahmegesetzes zahlreiche F. im Bundesgebiet Wohnsitz genommen, ohne die Aufnahmelager zu passieren (für 1954 wird die Zahl dieser „illegalen Zuwanderer“ auf 51000 geschätzt). Andererseits sind in der Statistik der Antragsteller im Notaufnahmeverfahren auch Personen erfaßt, die mit Genehmigung der DDR in die Bundesrepublik Deutschland

Registrierte Flüchtlinge bzw. Antragsteller in Notaufnahmeverfahren:

1949[1]	129 245
1950	197 788
1951	165 648
1952	182 393
1953	331 390
1954	184 198
1955	252 870
1956	279 189
1957	261 622
1958	204 092
1959	143 917
1960	199 188
1961[2]	155 402
	2 686 942

1 Berlin ab Januar, Gießen und Uelzen ab September.
2 1. 1.–13. 8.

übergesiedelt und somit nicht als F. anzusehen sind. Bis 1962 sind diese Übersiedler (→ **Übersiedlung in die Bundesrepublik Deutschland**) statistisch nicht gesondert erfaßt worden. Zu berücksichtigen ist schließlich noch, daß ein nicht unerheblicher Teil der F. – etwa 10 v. H. – wieder in die DDR zurückgekehrt ist und daß zahlreiche dieser Rückkehrer erneut, manche mehrmals, in die Bundesrepublik Deutschland geflüchtet sind und deshalb in der Statistik der Antragsteller des Notaufnahmeverfahrens mehrfach erscheinen.

Trotz dieser Mängel gibt die Statistik der Antragsteller im Notaufnahmeverfahren ein gutes Bild der Größenordnung der Fluchtbewegung und ihrer Höhepunkte.

Die stärkste Fluchtwelle wurde durch den auf der 2. Parteikonferenz der SED im Juli 1952 gefaßten Beschluß, den Aufbau des Sozialismus beschleunigt durchzuführen, verursacht. Die Maßnahmen zur Verstaatlichung der Privatwirtschaft und Kollektivierung der Landwirtschaft trieben die F.-Zahlen in die Höhe. Diese Fluchtwelle, die im März 1953 mit 58605 F. ihren absoluten Höhepunkt erreichte, endete erst im Juni 1953 mit der Verkündung des → **Neuen Kurses**.

Nachdem sich die Bevölkerung in der Hoffnung auf eine Liberalisierung der Verhältnisse in der DDR getäuscht sah, stiegen die F.-Zahlen bis 1956 erneut stark. Der dann eintretende Rückgang seit 1957 war wohl hauptsächlich auf die Einschränkung des Reiseverkehrs nach Westdeutschland, auf die verschärfte Kontrolle und strafrechtliche Maßnahmen gegen illegales Verlassen der DDR (→ **Republikflucht**) zurückzuführen.

Die Zwangskollektivierung der Landwirtschaft im Frühjahr 1960 und die erneut verstärkt betriebene Sozialisierung der privaten Industrie-, Handels- und Handwerksbetriebe ließen 1960 dic F.-Zahlen wieder steigen. Diese Fluchtbewegung erreichte mit 47433 F. im August 1961 ihren zweiten Höhepunkt, der weitgehend durch Gerüchte über die bevorstehenden Sperrmaßnahmen in Berlin verursacht war.

Etwa 50 v. H. der F. waren jünger als 25 Jahre, weniger als 10 v. H. waren Rentenempfänger. Demgegenüber waren weit über 60 v. H. der F. erwerbstätig.

Seit dem Bau der Mauer in Berlin ist die Zahl der F. erheblich zurückgegangen:

Jahr	Flüchtlinge	davon sog. Sperrbrecher
1961 (14. 8.–31. 12.)	51 624	8 507
1962	16 741	5 761
1963	12 967	3 692
1964	11 864	3 155
1965	11 886	2 329
1966	8 456	1 736
1967	6 385	1 203
1968	4 902	1 135
1969	5 273	785
1970	5 047	901
1971	5 843	832
1972	5 537	1 245
1973	6 522	1 842
1974	5 324	969
1975	6 011	673
1976	5 110	610
1977	4 037	721
1978	3 846	461
1979	3 512	463
1980	3 988	424
1981	4 340	298
1982	4 095	283
1983	3 614	228
	196 924	38 661

Quelle: Nach Angaben des Bundesausgleichsamtes 1984.

In dieser Statistik ist seit dem 2. Halbjahr 1962 die Zahl der mit Genehmigung der Behörden der DDR in die Bundesrepublik Deutschland übergesiedelten Personen, die sich ebenfalls im Notaufnahmelager gemeldet haben, nicht enthalten. Für das 1. Halbjahr 1962 wird die Zahl dieser Übersiedler auf etwa 600–700 geschätzt. Um diese Zahl etwa vermindert sich die Gesamtzahl der F. In der Zeit vom 14. 8. bis 31. 12. 1961 durften dagegen kaum Bewohner der DDR in die Bundesrepublik Deutschland ausreisen. Die für diesen Zeitraum genannte Zahl der Antragsteller des Bundesnotaufnahmeverfahrens dürfte also mit der Zahl der F. gleichzusetzen sein.

Als Sperrbrecher werden die F. bezeichnet, die unter Gefahr für Leib und Leben unmittelbar die Grenzsperren überwunden haben. Die anderen F. sind auf sonstigen Wegen, z. B. in Fahrzeugen versteckt oder über osteuropäische Staaten, in den Westen gelangt.

Von 1953 bis 31. 3. 1974 haben 19905 Angehörige militärischer Verbände und der Volkspolizei die Notaufnahme beantragt. In den letzten Jahren ist die Zahl dieser F. ständig zurückgegangen. Sei 1976 waren cs weniger als 10 jährlich.

Eine systematische Untersuchung über die Fluchtmotive der F. liegt bisher nicht vor. Es kann davon ausgegangen werden, daß ein Teil von ihnen nicht so sehr wegen akuter politischer Gefährdung geflohen ist, sondern vom höheren Lebensstandard in der Bundesrepublik Deutschland angezogen wurde. In vielen Fällen sind jedoch das politisch-gesellschaftliche System der DDR mit seinen drastischen Einschränkungen der Freiräume, der Benachteiligung von Kindern, deren Eltern wegen ihrer Herkunft oder politischen Haltung (z. B. aktive Christen) nicht den Wunschvorstellungen des politischen Systems entsprechen, unmittelbare Ursache der Flucht.

Durch Gesetz vom 16. 10. 1972 (GBl. I, S. 265) und durch die VO zu Fragen der Staatsbürgerschaft der DDR vom 21. 6. 1982 (GBl. I, S. 418) ist F., die vor dem 1. 1. 1972 bzw. vor dem 1. 1. 1981 die DDR ohne Genehmigung verlassen und ihren Wohnsitz nicht wieder dort genommen haben, die → **Staatsbürgerschaft** der DDR aberkannt worden. Die VO vom 21. 6. 1982 gilt jedoch nicht für Fahnenflüchtige. Wegen des ungesetzlichen Verlassens (→ **Republikflucht**) werden diese F. nicht strafrechtlich verfolgt (→ **Amnestie**). F., die seit dem 1. 1. 1981 geflüchtet sind, sowie deren Abkömmlinge gelten nach den gesetzlichen Bestimmungen der DDR weiterhin als DDR-Bürger.

Flüchtlingsvermögen: Nach der VO zur Sicherung von Vermögenswerten vom 17. 7. 1952 (GBl., S. 615) und den dazu ergangenen Dienstanweisungen war das Vermögen von Personen, die die DDR verlassen haben, ohne die polizeilichen Meldevorschriften zu beachten, zu beschlagnahmen und in Volkseigentum zu überführen. Am 11. 6. 1953 (→ **Neuer Kurs**) wurde diese VO aufgehoben. Flüchtlingen, die in die DDR zurückkehrten, sollte das beschlagnahmte Vermögen zurückgegeben werden.

Durch die AO Nr. 2 vom 20. 8. 1958 (GBl. I, S. 644) über die Behandlung des Vermögens von Personen, die die DDR nach dem 10. 6. 1953 verlassen haben, wird das Vermögen dieser Flüchtlinge der Verwaltung eines staatlichen Treuhänders unterstellt. Der Treuhänder hat die beweglichen Vermögenswerte zu veräußern und den Erlös an die Staatskasse abzuführen. Die Eigentümerposition wird dadurch bis zur Bedeutungslosigkeit ausgehöhlt.

Den Abschluß der gegen F. gerichteten Enteignungsmaßnahmen bildete die VO über die Rechte und Pflichten des Verwalters des Vermögens von Eigentümern, die die DDR ungesetzlich verlassen haben, gegenüber Gläubigern in der DDR vom 11. 12. 1968 (GBl. II, 1969, S. 1). Diese VO dient nur ihrem Namen nach der Befriedigung privater Gläubiger. Tatsächlich sollte nach nicht veröffentlichten Richtlinien und Anweisungen des Finanzministers seit Anfang 1969 das gesamte F. neu erfaßt und nach einheitlichen Maßstäben geringer bewertet werden. Zugleich sollten durch überhöhte Steuern und sonstige öffentliche Abgaben staatliche Forderungen gegen das F. begründet werden.

Die staatliche Verwaltung soll nur dann aufgehoben werden, wenn der Berechtigte in die DDR zurückkehrt oder stirbt und sein Erbe in der DDR lebt. Die Rückgabe der beschlagnahmten Vermögenswerte ist in diesen Fällen jedoch häufig nicht mehr möglich, weil diese bereits veräußert worden sind.

In staatliche Zwangsverwaltung wird grundsätzlich auch das durch Erbfall erworbene Vermögen eines Flüchtlings genommen. Ist der Erbe bereits vor dem 1. 1. 1972 geflüchtet und daher nicht mehr Staatsbürger der DDR (→ **Staatsbürgerschaft**), wird das von ihm seit dem 16. 10. 1972 (z. B. durch Erbfall) erworbene Vermögen nicht mehr als F. beschlagnahmt (→ **Amnestie**). Aufgrund der VO zu Fragen der Staatsbürgerschaft der DDR vom 21. 6. 1982 (GBl. I, S. 418) gilt dies nach den bisherigen Erfahrungen auch für → **Flüchtlinge**, die die DDR vor dem 1. 1. 1981 verlassen haben und nach dem Inkrafttreten dieser VO am 1. 7. 1982 geerbt haben.

Fluktuation: Unter F. (im engeren Sinne) versteht man in der DDR die (unerwünschte) Abwanderung von → **Arbeitskräften** aus dem Betrieb, die aus persönlichen oder disziplinarischen Gründen (Entlassung) erfolgt und volkswirtschaftlich oder betrieblich nicht notwendig wäre. Nicht zur F. rechnen planmäßige Umsetzungen z. B. aufgrund struktureller Veränderungen des Betriebes, Freistellung zum Studium, Einberufung zum → **Wehrdienst** usw.

Die Zahl der Fluktuierenden liegt jährlich bei etwa 500000; das entspricht einer F.-Quote von 7 bis 8 v. H. Am höchsten ist die F. in den Betrieben des Bauwesens und in jenen mit einem hohen Frauenanteil. Generell wechseln jüngere Arbeitskräfte und solche mit geringerer Qualifikation ihren Arbeitsplatz viel häufiger als ältere und hochqualifizierte Beschäftigte. Wegen des Lohngefälles wandern viele Arbeitnehmer mit Dienstleistungsberufen in die produzierenden Bereiche ab. Die volkswirtschaftlichen Verluste eines jeden Betriebswechsels betragen nach Angaben aus der DDR bei Facharbeitern 10000 bzw. 15000 Mark. Die hauptsächlichen Motive für den Arbeitsplatzwechsel sind (in der Reihenfolge ihrer Bedeutung): Bezahlung, Arbeitsklima, Schichtarbeit, gesundheitliche Erwägungen und Schwere der Arbeit. Diese Reihenfolge der F.-Gründe – Ergebnis einer Befragung (Hausinterviews) – weicht übrigens erheblich von den im früheren Betrieb gemachten Angaben ab. Da jede Kündigung schriftlich begründet werden muß und in der Regel erst nach Diskussion mit der Betriebsleitung angenommen wird, werden häufig vorgeschobene Gründe angegeben, um komplikationslos aus dem Arbeitsverhältnis ausscheiden zu können. Das gilt insbesondere für Frauen, die glaubhaft familiäre Gründe geltend machen können. Aber auch die Ergebnisse der Hausinterviews sind nach Auffassung von DDR-Soziologen mit Skepsis zu betrachten. Ihrer Meinung nach steht an der Spitze der F.-Gründe die Unzufriedenheit mit den Arbeitsinhalten und -bedingungen. Das Lohnargument würde bei Umfragen lediglich deshalb am häufigsten angegeben, weil sich die Arbeitnehmer vielfach selbst nicht im klaren über den wirklichen Kündigungsgrund sind oder dieser oft nicht so einfach zu benennen ist wie der Verdienst. Zudem ist man sich sicher, daß in der Regel nicht ein Motiv allein für einen Arbeitsplatzwechsel ausschlaggebend ist; meist gibt es mehrere Ursachen für eine Kündigung.

Neben den oben genannten Gründen können auch folgende betriebliche Faktoren den Wunsch nach einem Arbeitsplatzwechsel begünstigen (die entgegen dem prinzipiellen Abwerbeverbot von den Betrieben „inoffiziell“ auch häufig zur Gewinnung zusätzlicher Arbeitskräfte benutzt werden): Unterschiede in der durchschnittlichen Höhe der Prämiengewährung, Versorgung mit Wohnraum durch die → **Arbeiterwohnungsbaugenossenschaften (AWG)**, Umfang, Lage und Ausstattung der betrieblichen Urlaubseinrichtungen sowie die Bereitstellung sozialer Betreuungsmaßnahmen und -einrichtungen.

Zur Einschränkung der F. gibt es kaum direkte Einwirkungsmöglichkeiten; außer der amtlichen Zuweisung von Arbeitsplätzen für „Bummelanten“, der schriftlichen Begründung der Kündigung ist noch das – wenn auch nicht selten unterlaufene – Abwerbeverbot für Volkseigene Betriebe zu nennen. Ein stärkeres Gewicht haben die indirekten Maßnahmen; dazu zählen die Verbesserung der Arbeitsbedingungen, der Abbau des unerwünschten Lohngefälles zwischen einzelnen Wirtschaftsbereichen, die mindestens einjährige Betriebszugehörigkeit als Voraussetzung für die Gewährung der Jahresendprämie, Treueprämien für bestimmte Berufsgruppen (technische Intelligenz, Beschäftigte im Bergbau, Angehörige der Reichsbahn und der Post), Treueurlaub sowie der Anspruch auf Sonder- oder Zusatzrenten (Polizei, Zoll, Militär, Post, Bahn, „Intelligenz“, → **Renten/Altersversorgung**).

Der Arbeitsplatzwechsel auf Wunsch von Arbeitnehmern wird jedoch auch in der DDR nicht in jedem Fall als unerwünscht betrachtet. Der Zug zu neuen Arbeitsplätzen mit besseren Arbeitsbedingungen, die dem Qualifikationsniveau eher entsprechen, wirkt produktivitätssteigernd.

Fonds: Im → **Rechnungswesen** werden geplante und für bestimmte Zwecke vorgesehene, finanzielle Mittel in F. erfaßt. Sie dürfen nur in einer den gesetzlichen Vorschriften entsprechenden Weise eingesetzt werden. Neben den F. auf Produktionsebene wie z. B. Grundmittel-F. (→ **Grundmittel**), Umlaufmittel-F. (→ **Umlaufmittel**), → **Lohnfonds** gibt es eine Reihe von F., die mehr der indirekten Steuerung des Betriebes durch zentrale Organe dienen. Diese F. haben seit der Periode des → **Neuen Ökonomischen Systems (NÖS)** große Bedeutung erlangt; ihre Ausgestaltung ist allerdings mit der Rezentralisierung von 1970/71 modifiziert worden, an neuen F. kam der Leistungsfonds hinzu.

Mit der Ablösung der VVB durch die neugebildeten Kombinate ergaben sich wiederum einige Änderungen, da die bisher der VVB zukommende F.-Bildung auf die Kombinate zu übertragen war (GBl. I, 1979, S. 253ff.). 1982 erfolgten weitere Neuregelungen, um insbesondere Intensivierungsbemühungen und erhöhten Exportanstrengungen auch durch finanzielle Anreize Nachdruck zu verleihen (GBl. I, 1982, S. 113ff.). Einige der F. erfassen betriebliche Gewinnteile, dann wird über sie die Gewinnverwendung des Betriebes geregelt, andere werden zu Lasten der Kosten gebildet, dann begrenzen sie die Mittel für bestimmte betriebliche Aktivitäten.

Die wichtigsten F. der Betriebe bzw. Kombinatsbetriebe, deren Höhe meist von zentralen Organen festgelegt ist, sind nach den neuesten Regelungen (GBl. I, 1983, S. 110ff.):

1. Der **Investitionsfonds**, der im wesentlichen aus Anteilen des Nettogewinnes (→ **Gewinn**), aus → **Amortisationen** sowie aus bewilligten Investitionskrediten gebildet wird (→ **Investitionsplanung**, Investitionsfinanzierung). Weitere Mittel sind beispielsweise Erlöse aus verkauften Anlagegütern, bestimmte Mittel des Leistungs-F. und des Kontos junger Sozialisten, Mittel aus Umverteilungen im Kombinat sowie bei ganz besonderen Projekten auch Zuführungen aus dem → **Staatshaushalt**. Der Investitions-F. dient der Finanzierung sowohl der Vorbereitung als auch der Durchführung geplanter Investitionen.
2. Der **Fonds Wissenschaft und Technik**, in den zu Lasten der Kosten in bestimmter Höhe finanzielle Mittel fließen, um damit die Durchführung der im Plan Wissenschaft und Technik (→ **Planung**, II. E) geplanten Forschungsleistungen zu realisieren. Dieser F. kann bzw. Teile der betrieblichen F. können bei der Kombinatsspitze zentralisiert werden.
3. Der **Risikofonds**, aus dem bestimmte betriebliche Risiken bzw. solche des Kombinates abzudecken sind, wird sowohl aus zusätzlich erwirtschafteten Gewinnanteilen als auch in bestimmter Weise zu Lasten der Kosten gebildet.
4. Der insbesondere zur Finanzierung von Maßnahmen zur Verbesserung der Arbeits- und Lebensbedingungen der Belegschaftsmitglieder dienende → **Kultur- und Sozialfonds**. Er wird entsprechend einer staatlichen Plankennziffer aus Kostenbestandteilen gebildet und kann bei der Kombinatsspitze zentralisiert werden.
5. Der **Prämienfonds** (→ **Lohnformen und Lohnsystem**, V.), in dem bestimmte Gewinnanteile zur Stimulierung der Leistungen der Betriebsmitarbeiter erfaßt sind. Aus diesem F. werden sowohl besondere individuelle Leistungen (z. B. über Ziel- bzw. Initiativprämien) prämiiert als auch am Ende des Jahres an alle Belegschaftsmitglieder die Jahresprämie gezahlt.
6. Der erst 1972 geschaffene → **Leistungsfonds**. Mit ihm sollen Arbeitskollektive oder der ganze Betrieb zu zusätzlichen, über die normalen Planauflagen hinausgehenden Leistungen – wie zusätzliche Arbeitsproduktivitätssteigerungen, Materialeinsparungen oder Qualitätsverbesserungen – angeregt werden. Aus ihm können betriebliche Mittel zentralisiert werden. Die Mittel dieses F. dienen der Verbesserung der Arbeits- und Lebensbedingungen der Beschäftigten (z. B. Betreuung von Schichtarbeitern, soziale Aufgaben, Zuschüsse zum Eigenheimbau) sowie der Finanzierung von Rationalisierungsvorhaben und der Herstellung selbsterzeugter Rationalisierungsmittel.
7. Der **Instandhaltungsfonds**, in dem nur bei den Betrieben planmäßig aus Kosten sowie aus Versicherungsleistungen für Schäden an Anlagegütern Mittel bereitgestellt werden. Sie dienen der Durchführung von Reparaturen, von vorbeugenden Instandhaltungen (einschl. Wartung und Pflege) sowie der Modernisierung von Anlagegütern.
8. Der nur bei bestimmten Betrieben bestehende *Son-*

derfonds für modische Produktion. Er wird aus bestimmten Zuschlägen zum Betriebspreis als Ersatz für Aufwendungen der Neugestaltung und Produktionsumstellung gebildet.

9. Das sog. **Konto junger Sozialisten**, dem 0,5 v. H. der geplanten Lohnsumme der Jugendkollektive (→ **Jugendbrigade**), je 1 v. H. Überbietung der Arbeitsproduktivität sowie 5 v. H. der zusätzlich zum Plan erzielten Einsparungen bzw. Nutzensteigerungen zuzuführen sind. Die Mittel dienen der Finanzierung von Jugendeinrichtungen, Jugendveranstaltungen, Auszeichnungen sowie auch von Rationalisierungen (vgl. Investitionsfonds).

Neben diesen F. gibt es noch 3 nur bei der Kombinatsspitze zentralisierte, spezielle F.:

10. Der **Reservefonds**, der in Höhe eines dem Kombinat vorgegebenen – nach erzielter Zunahme von Produktion, Arbeitsproduktivität, Export, der Zuliefer- und Ersatzteilerzeugung sowie des erreichten Anteils neuer Erzeugnisse differenzierten – Limits aus Teilen des geplanten und überbotenen Gewinnes gebildet wird. Er dient der Finanzierung zusätzlicher Rationalisierungsmaßnahmen sowie bestimmter, zusätzlicher Aufwendungen (z. B. bei Importeinsparungen, bei der schnellen Umstellung auf neue Verfahren, zur Deckung von Risiken, zur plangemäßen Lagerung von Ersatzteilen und Rohstoffen). Er dient aber auch der Mindestzuführung zum Prämienfonds der Betriebe, soweit deren Nettogewinn nicht ausreicht, und zur Nettogewinnabführung, soweit die beim Kombinat zentralisierten Gewinnteile nicht ausreichen.

11. Der **Verfügungsfonds** des Generaldirektors, der entsprechend einem vorgegebenen Limit aus zentralisierten Nettogewinnen gebildet wird. Er dient der Prämiierung außerordentlicher Intensivierungsleistungen sowie der Finanzierung bestimmter Auszeichnungen, Leistungs- und Zielprämien.

12. Der aus Kostenbestandteilen in vorbestimmter Höhe finanzierte *Werbefonds*. Er dient vor allem der Absatzwerbung im In- und Ausland, der Finanzierung von Aufwendungen für Messen sowie der Propagierung von Neuerungen.

Daneben gibt es noch das bei der Kombinatsspitze geführte Abrechnungskonto *Zentralisierter Nettogewinn*. Aus ihm werden Gewinnanteile an den Staatshaushalt abgeführt, Gewinnumverteilungen innerhalb des Kombinates vorgenommen sowie Zuführungen zu bestimmten F. realisiert.

Interessant ist, daß nunmehr bei Überbietung des Gewinnes den Betrieben in höherem Maße F.-Zuführungen zustehen als der Kombinatsspitze. Offensichtlich soll damit das Leistungsinteresse der ansonsten stark vom Generaldirektor des Kombinates abhängigen Betriebe stimuliert werden.

Fonds der Volksvertretungen: Der FdV. besteht aus zusätzlichen, am Jahresende über den planmäßigen Kassenbestand der örtlichen Volksvertretungen hinausgehenden und in das nächste Haushaltsjahr übertragbaren Haushaltsmitteln. Der FdV. wird gebildet aus bestimmten Einsparungen (Minderausgaben) bzw. aus Mehreinnahmen über die geplanten Einnahmen der örtlichen Haushalte. Ausgenommen sind allerdings nicht verbrauchte Mittel für Investitionen sowie Werterhaltungsmaßnahmen, soweit sie nicht nachgewiesene Einsparungen betreffen. Mit dem FdV. sollen die örtlichen Volksvertretungen an einem sparsameren Einsatz der finanziellen Mittel interessiert werden.

Der FdV. darf verwendet werden zur Durchführung von Aufgaben im Rahmen des Volkswirtschaftsplanes sowie zur Erschließung zusätzlicher Reserven. Außerhalb des Planes kann er für Maßnahmen (begrenzt auch für Investitionen) im Handel, in den örtlichen VEB, der Kommunalwirtschaft und den staatlichen Einrichtungen, soweit sie der besseren Versorgung der Bevölkerung dienen, eingesetzt werden.

Der FdV. wird getrennt von den Haushaltsmitteln des laufenden Jahres (→ **Staatshaushalt**) auf besonderen Bankkonten geführt und in der Regel mit 3 v. H. verzinst.

Fondsbezogener Preis: Bei staatlicher Preisbildung ergibt sich das Problem, wie der Gewinnaufschlag zu kalkulieren ist, d. h. welcher Preistyp angewendet werden soll. Dabei sind grundsätzlich 3 Formen zu unterscheiden:

a) Beim *lohnbezogenen Preistyp*, der weitgehend der Marxschen Arbeitswertlehre entspricht, wird die Gewinnrate ausschließlich auf die Lohnkosten bezogen. Dieses Verfahren würde die Betriebe zu möglichst arbeitsintensiven Produktionen anregen und damit praktisch die produktivitätssteigernde Substitution von Arbeit durch Kapital verhindern.

b) Beim *kostenbezogenen Preistyp* wird der Gewinnsatz auf die Lohn- und Materialkosten (einschließlich → **Abschreibungen**) bezogen. Hierbei ergibt sich die Tendenz der Betriebe, bei der Preiskalkulation und Preisbestätigung möglichst hohe Kosten nachzuweisen. Dieser Typ wurde grundsätzlich der → **Industriepreisreform** zugrunde gelegt. Allerdings hat man dabei eine „gebrochene Preisbasis" angewendet, bei der als Bezugsbasis für eine einheitliche Gewinnzurechnung auf Zweigebene die Selbstkosten und auf Erzeugnisstufe bei differenzierten Gewinnsätzen die Verarbeitungskosten – d. h. die Selbstkosten abzüglich der Materialkosten – gewählt worden sind. Der entscheidende Mangel dieses Preistyps liegt in der ungenügenden Berücksichtigung des Kapitalaufwands, da die Kapitalzinsen nicht berücksichtigt werden (Finanzierung von Investitionen mit zinspflichtigen Krediten und Einführung der → **Produktionsfondsabgabe** im Rahmen des → **Neuen Ökonomischen Systems [NÖS]**). Dies bewirkt eine Benachteiligung der kapitalintensiven Betriebe, denn sie erzielen nur eine geringe Kapitalrentabilität (= Gewinn je 1000 Mark Brutto-Anlagevermögen).

c) Diese Mängel werden beim *fondsbezogenen Preistyp* vermieden, da der Gewinnaufschlag ausschließlich auf das auf die Erzeugniseinheit entfallende „betriebsnotwendige Kapital" bezogen wird. Dabei handelt es sich um den Gesamtwert der Produktionsanlagen und des

Umlaufvermögens. Allerdings wird dieser in der Regel bei der Preisfestsetzung nicht voll anerkannt, vielmehr berücksichtigt man davon unter Ausschaltung ungenutzter oder stillgelegter Anlagen nur den erforderlichen Kapitalaufwand, gemessen am tatsächlichen Kapitaleinsatz der besten Betriebe einer Erzeugnisgruppe. Dabei wird unterstellt, daß in diesen Bestbetrieben tatsächlich eine optimale Nutzung des Kapitaleinsatzes gegeben ist, was aber nicht der Fall zu sein braucht.

Den FP. hat man in der DDR in den Jahren 1969 und 1970 tatsächlich für eine Reihe von Erzeugnisgruppen eingeführt. In späteren Jahren wurden allerdings nur noch vereinzelt bestimmte neue oder veränderte Produkte nach diesem Preistyp bewertet, und zwar solche, die sich leicht mit den so kalkulierten Preisen in das Preisgefüge bestehender Sortimente einpassen ließen. Grundsätzlich hatte man 1971 den weiteren Übergang zum FP. abgebrochen.

Der FP. stellt insofern eine Ergänzung zur Produktionsfondsabgabe dar, als kapitalintensiven Betrieben erst bei Anwendung dieser Preisform für ihre Erzeugnisse die volle Zahlung dieser Abgabe ermöglicht worden ist. Mit dem FP. wurde der von Marx zur Charakterisierung der Preisbildung im Kapitalismus dargestellte „Produktionspreis" ausdrücklich auch für die Preisbildung im Sozialismus akzeptiert. Dies kommt einer Anerkennung der Produktivität des Faktors Kapital gleich, die deutlich im Gegensatz zur Marxschen Arbeitswertlehre steht.

Der entscheidende Vorteil des FP. liegt nicht nur darin, daß den kapitalintensiven Betrieben die Erwirtschaftung von Investitionsmitteln erleichtert wird, sondern vor allem darin, daß er die ökonomischen Orientierungsmaßstäbe für gegenwärtige und künftige Investitionsentscheidungen verbessert. Denn bei Anwendung dieses Preistyps können die volkswirtschaftlichen Leistungen der verschiedenen Wirtschaftszweige über einen einheitlicheren Maßstab der Kapitalrentabilität miteinander verglichen werden. Als nachteilig erweist sich die Orientierung an den „besten" Betrieben einer Branche, denn damit werden zwar das erreichte Leistungsniveau, aber gleichzeitig auch die möglichen, wenn auch vergleichsweise geringeren Fehler der Investitionspolitik dieser „Leitbetriebe" zum Vorbild für die übrigen Betriebe. Weiterhin wirkt sich die Benachteiligung der aus technischen Gründen arbeitsintensiven Zweige negativ aus, da sie auch bei hoher Leistungsfähigkeit kaum Gewinne erwirtschaften können.

Angesichts dieser Nachteile ist eine veränderte Form des FP. – auch unter dem Begriff *Ressourcenpreis* bekannt – diskutiert worden. Bei diesem „gemischten" Preistyp sollte der im Preis kalkulierte Gewinn zu je einem Teil am notwendigen Kapitalaufwand und am notwendigen Lohnaufwand bemessen werden (jeweils an den günstigsten Betrieben einer Erzeugnisgruppe orientiert). Dieser Berücksichtigung auch des notwendigen Arbeitseinsatzes bei der Gewinnkalkulation sollte eine Arbeitsfondsabgabe – ähnlich der Produktionsfondsabgabe – als staatliche Steuer auf den tatsächlichen Arbeitsaufwand gegenüberstehen. Mit dieser auf die Lohnsumme bezogenen Abgabe wollte man ohne stärkere Lohnanhebungen einen effizienteren Einsatz des Faktors Arbeit erreichen. Dieses Konzept wurde jedoch nach der Rezentralisierung von Ende 1970 nicht mehr in nennenswertem Umfang weiterverfolgt. Allerdings lassen theoretische Abhandlungen immer wieder erkennen, daß das Konzept des Ressourcenpreises nicht aufgegeben, sondern seine Einführung lediglich in die Zukunft verschoben wurde.

Mit der Einführung des → **Beitrags für gesellschaftliche Fonds** versucht man nunmehr zwar über eine drastische Verteuerung des Faktors Arbeit zur Einsparung von Arbeit zu gelangen. Das schließt aber nicht aus, daß man auf Basis höher bewerteter Arbeit und daran angepaßten Kapitalgüterpreisen in absehbarer Zeit einmal zum Ressourcenpreis kommen könnte. → **Preissystem und Preispolitik.**

Formalismus: Ursprünglich eine Richtung der russischen Literaturtheorie und Literaturgeschichtsschreibung, die in den 20er Jahren ihre Blütezeit hatte und dann ein Opfer der Stalinschen Kulturpolitik wurde. Hauptvertreter waren Boris Eichenbaum, Roman Jakobson, Viktor Schklowskij und Jurij Tynjanow. Der russische F. hat den New Criticism in den angelsächsischen Ländern wie auch den von Frankreich ausgehenden Strukturalismus beeinflußt.

Seit den 30er Jahren ist F. in der offiziellen sowjetischen, später auch in der DDR-Ästhetik ein negativ wertender Begriff. Kunstrichtungen und Kunstwerke werden als „formalistisch" mit dem Vorwurf abqualifiziert, sie vernachlässigten den (realistischen) Inhalt und verabsolutierten mehr oder weniger die Form.

Der F.-Vorwurf wird in der DDR in zweierlei Hinsicht verwandt: gegen Kunstströmungen im Westen und gegen Werke und Auffassungen von Künstlern im eigenen Land. F. in kapitalistischen Ländern zeuge vom Verfall der bürgerlichen Kunst. Der dekadente bürgerliche Künstler, so wird behauptet, zeige die Inhaltsleere der kapitalistischen Gesellschaft, ohne ihre Ursachen kenntlich zu machen. Durch im Einzelfall durchaus gelungene Formgestaltung bei gleichzeitig fehlendem Realismus verschleiere er die Wirklichkeit. Dadurch werde Kunst nicht nur esoterische Liebhaberei einer kleinen volksfremden Schicht, sondern zerstöre sich selbst; denn ihre enthüllende, ihre Erkenntnisfunktion werde mißachtet. Solche Kunst diene der Sache der Reaktion und nicht der des Fortschritts. F. in diesem Sinne wird im Grunde bei allen neueren Kunstströmungen festgestellt: Futurismus, Kubismus, Surrealismus, Expressionismus usw. bis hin zur Pop Art. Als Exponent des F. in Literatur und Literaturtheorie der Bundesrepublik Deutschland wird immer wieder Max Bense angeführt. Der F. in DDR-Sicht braucht allerdings nicht unbedingt auf eine durchgängig reaktionäre Weltanschauung bei einem Künstler hinzuweisen; einer Mode hinterherlaufend, können ihm auch progressive Künstler (Picasso) verfallen.

Auf sozialistische Länder angewandt, beinhaltet F. Kritik an Kunstauffassungen, die auf Überresten spätbürgerlicher oder der Übernahme westlicher Stilelemente basieren und so den Kriterien des „sozialistischen Realismus" nicht genügen. Aber auch „Schwächen" in den Beziehungen zwischen Inhalt und Form werden mit diesem Begriff belegt. In der Geschichte der Kulturpolitik der DDR ist in den frühen 50er Jahren F. offiziell als Gegenbegriff zu dem des (sozialistischen) Realismus verwandt worden. Formalistische Strömungen in allen Künsten (einschließlich der Architektur) wurden mit der ZK-Entschließung vom März 1951 verdammt. Die schwindende Eindeutigkeit des Begriffs „Sozialistischer Realismus" hat aber in der Kunst der DDR den Weg zu formalen Experimenten geöffnet und dem F.-Vorwurf einen Teil seiner Schärfe genommen. → **Ästhetik**, I; **Bildende Kunst**, I; **Kulturpolitik**, II.

Formgestaltung, Industrielle: Der IF. wird seit der 1965 erfolgten Neubildung eines speziellen „Rates für Gestaltung" beim damaligen „Deutschen Amt für Material- und Warenprüfung" (DAMW) sowie durch Einbeziehung von Kriterien der IF. bei der Erteilung des Gütezeichens „Q" verstärkte Aufmerksamkeit gewidmet (→ **Qualität der Erzeugnisse**). Nach Ausgliederung dieses Rates aus dem DAMW und gleichzeitiger Umgestaltung in ein **Amt für industrielle Formgestaltung** (Leiter: Staatssekretär Martin Kelm, SED) als ein zentrales Organ der DDR mit Wirkung vom 1. 2. 1972 übernahm diese neue Institution alle wesentlichen Funktionen der „Auftragslenkung und -kontrolle auf dem Gebiet der Formgestaltung industrieller Erzeugnisse . . ." (GBl. I, 1973, S. 373–375, GBl. I, 1977, S. 412). Gemäß Beschluß des → **Sekretariats des ZK der SED** und des → **Ministerrats** der DDR vom 13. 4. 1978 vergab das Amt für IF. anläßlich der Leipziger Frühjahrsmesse (erstmalig am 14. 3. 1978) für 50 DDR-eigene Exponate die Auszeichnung „Gutes Design DDR". Seitdem ist die Zahl der (auf jeder → **Leipziger Messe**) ausgezeichneten Exponate zurückgegangen und betrug auf der Leipziger Frühjahrsmesse 1984 nur noch 26. Daneben werden seit 1978 jährlich ein Design-Preis der DDR für „hervorragende Leistungen" an Personen oder Kollektive sowie ein „Förderpreis für gute Design-Leistungen" für den Nachwuchs verliehen. Designanforderungen spielen in den Planaufgaben der Kombinate und Betriebe eine zunehmend größere Rolle; um zu besserer Formgestaltung zu kommen, wurden die materiellen Anreize verstärkt. Zwecks Verbesserung des bislang z. T. noch unbefriedigenden Niveaus der IF. in der DDR sind entsprechende Kriterien im Plan „Wissenschaft und Technik" und im Pflichtenheft (GBl. I, 1982, S. 1 ff. und GBl. I, 1983, S. 381 ff.) der einzelnen Forschungs- und Entwicklungsgruppen festzulegen.
Zwei neue Beschlüsse des → **Zentralkomitees (ZK) der SED** (8. 2. 1982) und des Ministerrates der DDR (27. 2. 1982) zu Maßnahmen im Bereich der IF. richten sich auf den Ausbau von Gestaltungsateliers (bisher: Gestaltungszentren und -einrichtungen) der Kombinate sowie den Aufbau eines Designzentrums in Berlin (Ost). Die bisher ungenügende Designentwicklung soll durch ein verbessertes Instrumentarium in Form eines Führungsdokuments für jeden Generaldirektor eines Kombinates neue Impulse, insbesondere für die Exportstrategie, erhalten. In zum Jahresbeginn 1984 in Kraft getretenen neuen Maßnahmen zur Qualitätssicherung in den Betrieben der DDR (u. a. GBl. I, 1983, S. 405 ff.) sind die Bedeutung der IF. und die Aufgaben des Amtes für IF. umfassender als zuvor berücksichtigt.
Vereinbarungen zwischen der Bundesrepublik Deutschland und der DDR im Frühjahr 1984 sehen u. a. den Austausch von Designausstellungen vor.

Forschung

I. Forschungsarten und Forschungsphasen
II. Forschungsinstitutionen
III. Zentrale Planungs- und Leitungsinstanzen
IV. Forschungspolitik seit 1967

I. Forschungsarten und Forschungsphasen

Die F. in der DDR gliedert sich entsprechend der in kommunistisch regierten Staaten üblichen Betrachtungsweise, F.-Aktivitäten unter institutionellen und bürokratischen Aspekten zu klassifizieren, in: Akademie-F., Hochschul-F., Ressort- und Industrie-F. (F. und Entwicklung).
Als Oberbegriff bei der Planung und Leitung der F. fungiert das Begriffspaar „Wissenschaft und Technik", das neben der F. auch die Lehre bzw. die Ausbildung und Anwendung von F.-Ergebnissen der betroffenen Disziplinen mit einschließt. Es umfaßt grundsätzlich alle natur- und gesellschaftswissenschaftlichen Fächer. Während jedoch wirtschafts- und erziehungswissenschaftliche Disziplinen und einige Spezialgebiete in den staatlichen Leitungs- und Planungsbereich von „Wissenschaft und Technik" eng miteinbezogen sind, wird die Entwicklung der wichtigsten gesellschaftswissenschaftlichen Disziplinen – Dialektischer und Historischer Materialismus, wissenschaftlicher Sozialismus und Kommunismus, Geschichte der deutschen Arbeiterbewegung – von den Parteihochschulen der SED (→ **Parteischulung der SED**) geleitet und geplant. Wie im staatlich geleiteten Bereich sind auch hier → **Wissenschaftliche Räte** als Lenkungsgremien eingesetzt.

A. Akademie- und Universitätsforschung
Die Aufgaben der Akademie- und Universitäts-F. sind in den 70er Jahren stärker einander angenähert worden. Dies äußert sich z. T. in gleichlautenden Festlegungen. So soll die F. der → **Akademie der Wissenschaften der DDR (AdW)** und der → **Universitäten und Hochschulen** auf „der Grundlage des Dialektischen und Historischen Materalismus einen wirksamen Beitrag zur Erforschung gesellschaftli-

cher Entwicklungsprozesse und ihrer objektiven Gesetzmäßigkeiten leisten" (VO über die Leitung, Planung und Finanzierung an der Akademie der Wissenschaften und an Hochschulen, GBl. II, 1972, Nr. 53). Ebenso werden „komplexe" F.-Themen, denen längerfristige Bedeutung zukommt und deren Ergebnisse in verschiedenen Wirtschaftsbereichen und Industriezweigen genutzt werden sollen, bearbeitet. Die F. der AdW und der Universitäten ist vor allem darauf gerichtet, „strategische" Aufgaben von gesamtgesellschaftlicher Bedeutung zu lösen und die verschiedenen Wissenschaftsdisziplinen ausgewogen weiterzuentwickeln. Seitdem im Anschluß an Beschlüsse des VIII. Parteitages der → **Sozialistischen Einheitspartei Deutschlands (SED)** (Juni 1971) die → **Intensivierung und Rationalisierung** der Wirtschaftsprozesse in den Mittelpunkt der Wirtschaftspolitik gerückt wurden, soll die Akademie- und Hochschul-F. gegenwärtig jedoch – zumindest stärker als in der Vergangenheit – auch unmittelbar anwendungsorientiert zur Neu- und Fortentwicklung von → **Technologien** und industriellen Erzeugnissen beitragen.

1. Akademie-Forschung: Stärker als von den F.-Arbeiten der Hochschulen wird von der Akademie-F. erwartet, daß sie der Staatsführung systematisch Entscheidungsgrundlagen für die Wirtschafts-, Bildungs-, Sozial- und Gesundheits- wie Wissenschafts- und Technologiepolitik bereitstellt. Daneben wird ihre generelle Verantwortung für die Vertiefung des Grundlagenwissens und die Pflege von ausgewählten Gebieten der Grundlagen-F., die nicht unmittelbar anwendungsorientiert sind, hervorgehoben. So sind die F.-Aufgaben der AdW seit 1971 noch stärker als bisher zwischen die Pole der Sicherung des Grundlagenwissens und der Weiterentwicklung der Wissenschaftsdisziplinen einerseits und der Anwendungs-F. und unmittelbaren Produktionsunterstützung andererseits angesiedelt.

Die Akademie versucht den unterschiedlichen und z. T. widersprüchlichen, da nicht näher bestimmten Anforderungen mit einer F.-Politik des Sowohl-Als-auch zu entsprechen. Danach ist die AdW sowohl um langfristige Grundlagen-F. als auch um die Überführung von Teil- und Zwischenergebnissen in die laufende Produktion bemüht. Allerdings zeigt sich immer wieder die Tendenz, die Aufgaben der Grundlagen-F. vorrangig zu bearbeiten. Dies äußerte sich u. a. in der Personalrekrutierung der AdW in den Jahren nach dem VIII. Parteitag der SED (1971), in denen das F.-Potential für die Grundlagen- und die angewandte F. der AdW überproportional vergrößert wurde. Während die Zahl der in der F. und Entwicklung Beschäftigten im Zeitraum von 1965 bis 1973 um 25 v.H. stieg – davon um 23 v.H. zwischen den Jahren 1971 und 1973 –, stieg der Anteil der in den Applikationsbereichen des Musterbaus, der in Technika und Versuchsfeldern Beschäftigten lediglich um 5 v.H. Nach einem schnellen Anstieg der Gesamtzahl dieser Beschäftigtengruppen im Zeitraum von 1965 bis 1969 um 51 v.H. folgte insbesondere in den Jahren nach 1971 eine erhebliche Abnahme, zwischen 1971 und 1973 allein um 39 v.H. Ein weiterer Aspekt der disproportionalen Personalrekrutierung zeigt sich in dem geringen Anteil der in der technologischen F. Beschäftigten an der Gesamtzahl der Mitarbeiter, der bis Anfang der 80er Jahre lediglich auf ein Drittel anstieg, jedoch zukünftig weiter angehoben werden soll.

Die Konzentration der AdW auf die Grundlagen-F. wird durch die Zusammensetzung der Wissenschaftlichen Räte erleichtert, die seit 1972 in den Gesellschaftswissenschaften und seit 1974 auch in wichtigen naturwissenschaftlich-technischen F.-Zweigen „bei der inhaltlichen Gestaltung der Forschungsprogramme und Hauptforschungsrichtungen" (GBl. I, 1975, S. 293) intensiv mitwirken. Sie setzen sich mehrheitlich aus Wissenschaftlern der AdW, der Hochschulen und Universitäten zusammen.

Im Mittelpunkt der F.-Leitung und -Planung der AdW steht die Frage nach der unter kurz- wie langfristigen Aspekten angemessenen Proportionierung des eingesetzten F.-Personals, der finanziellen Mittel und der apparativen Ausrüstungen.

Als Problem zwar erkannt, aber im einzelnen noch ungelöst ist gegenwärtig die von der staatlichen F.-Politik der AdW aufgegebene, möglichst optimale Kombination der folgenden 4 Arbeitsschwerpunkte:

1. langfristige Pflege von ausgewählten Gebieten der Grundlagen-F. sowie die „Sicherung der Rezeption der Ergebnisse der internationalen Wissenschaft auf breiter Basis",
2. angewandte F., Entwicklungs- und Überleitungsarbeiten auf wichtigen Gebieten der industriellen Produktion in enger Zusammenarbeit mit der Industrie unter Nutzung internationaler F.-Resultate und Erfahrungen,
3. Entwicklung neuer Technologien sowie Modernisierung und Rationalisierung der vorhandenen Produktionsverfahren und
4. „Verwissenschaftlichung des Alltags" durch Beiträge vor allem der Gesellschafts- und Arbeitswissenschaften.

Die Auswahl der intensiv zu erforschenden Themenbereiche der Grundlagen-F. soll in erster Linie unter den Gesichtspunkten dringender volkswirtschaftlicher Anforderungen, d. h. besonders der potentiellen Nützlichkeit des F.-Gebietes für die industrielle Fertigung sowie generell ihrer „gesellschaftlichen Nützlichkeit" vorgenommen werden. Weitere Auswahlkriterien beziehen sich auf das Vorliegen von fachlichen und methodischen Erfahrungen sowie auf die Möglichkeit internationaler Zusammenarbeit. Die internationale Kooperation wird seit 1971 als das wichtigste Mittel zur Überwindung der engen

Grenzen des F.-Potentials der DDR angesehen. Die Zuständigkeit der AdW bei der Gestaltung der bilateralen und multilateralen Wissenschaftskontakte (Zusammenarbeit vor allem mit den Akademien der Sowjetunion und der übrigen RGW-Mitgliedsländer) wurde ausgeweitet. Die AdW ist Sitz von 12 wissenschaftlichen Gesellschaften, u. a. der Chemischen Gesellschaft der DDR, der Physikalischen Gesellschaft der DDR, der Astronautischen Gesellschaft der DDR. Zur Förderung der Wissenschaftsbeziehungen mit internationalen Organisationen unterhält sie ferner über 23 „Nationalkomitees", so z. B. die Nationalkomitees für Biowissenschaften, für Chemie, für Krebs-F.

2. Hochschulforschung: Ähnlich der Akademie-F. besteht auch die Hochschul-F. vor allem aus Grundlagen-F. Die Hochschul-F. der DDR ist dadurch gekennzeichnet, daß der Grundsatz der Einheit von Lehre und F. – Merkmal des deutschen Universitätstyps – auch in den verschiedenen Hochschulreformen nicht aufgegeben wurde. Folglich soll Hochschul-F. thematisch an den jeweils gegebenen Aufgaben der Wirtschaft und anderer Gesellschaftsbereiche orientiert sein, um somit zugleich für die Ausbildung der Studenten genutzt werden zu können. Im Jahr 1981 waren rd. 30000 Studenten an der Hochschul-F. beteiligt; sie erbrachten etwa ein Drittel der technischen, natur- und agrarwissenschaftlichen F.-Leistungen der Universitäten und Hochschulen. An einzelnen Universitäten ergaben studentische Arbeiten auch in den Gesellschaftswissenschaften rd. ein Drittel des F.-Potentials.

Eine engere Verflechtung der Universitäten mit Fertigungs- und Dienstleistungsbetrieben wurde seit 1967 mit institutionellen und finanziellen Mitteln, d. h. durch vertraglich geregelte Beziehungen zur thematischen Abstimmung und zum Personalaustausch (institutionalisierte F.-Kooperation) sowie durch Auftrags-F. erreicht.

Der Anteil der extern finanzierten naturwissenschaftlich-technischen **Vertragsforschung** erreichte zwischen den Jahren 1969 und 1971 sowohl in der Hochschul-F. wie in der Akademie-F. seinen Höhepunkt (73 v. H. bei der AdW im Jahr 1971). Seit dem Jahr 1972 wird ein größerer Teil der Grundlagen-F. an den Universitäten und Hochschulen aus Staatshaushaltsmitteln über das → **Ministerium für Hoch- und Fachschulwesen** bzw. für die Grundlagen-F. in den AdW-Instituten über den Präsidenten der AdW – bis zum Jahr 1975 auch über das → **Ministerium für Wissenschaft und Technik** – finanziert.

Die thematische Steuerung des F.-Potentials folgt zentralen Plänen bzw. Konzeptionen, so gegenwärtig vor allem der „Konzeption zur langfristigen Entwicklung der naturwissenschaftlichen, mathematischen und technischen Grundlagen-F. bis 1990" sowie dem „Teilplan Gesellschaftswissenschaften des Ministeriums für Hoch- und Fachschulwesen".

B. Ressort- und Industrie-Forschung (Forschung und Entwicklung)

Sie umfaßt a) die den Ministerien und Staatlichen Ämtern unterstellten und der staatlichen Verwaltung zuarbeitenden F.- und Schulungsstätten auf den unterschiedlichsten Gebieten der Politik und b) die Gesamtheit aller F., die der Wirtschaft zuarbeitet und die entweder staatlichen Leitungsinstitutionen auf zentralen und mittleren Ebenen, den „wirtschaftsleitenden Organen", direkt unterstehen oder selbständige Betriebsteile darstellen.

Diese F.-Einrichtungen arbeiten in erster Linie an der Fortentwicklung der Produktionssortimente, während die Neu- und Fortentwicklung der Fertigungsverfahren weniger Aufmerksamkeit findet. Die Aufgaben sind jeweils auf der Grundlage der voraussehbaren Entwicklungsrichtungen von Wissenschaft und Technik und der geplanten wirtschaftlichen Struktur- und Wachstumspolitik zu formulieren. Zugleich sollen sie den internationalen Entwicklungsstand der Erzeugnisse und Verfahren in technischer und wirtschaftlicher Hinsicht weitgehend berücksichtigen, um so den Erzeugnissen gute Absatzchancen im Wettbewerb auf den Außenmärkten zu ermöglichen. Sie sind in „Plänen Wissenschaft und Technik" festgelegt und beziehen sich entweder auf bestimmte Fertigungs- und Dienstleistungsgebiete oder auf die Lösung einzelner praktischer Aufgaben. Das Potential der Industrie-F. konzentriert sich in den F.-Zentren der Kombinate sowie den Industriezweiginstituten der Ministerien. In den Fällen, in denen Akademie- und Hochschulinstitute Auftrags-F. für die Wirtschaft übernehmen, rechnet das dabei eingesetzte Potential ebenfalls zur Industrie- und Ressort-F. Seit 1967 wird die F. und Entwicklung in den Industriezweigen, die von erhöhter Bedeutung für das gesamtwirtschaftliche Wachstum sind (chemische, elektrotechnische und elektronische Industrien, Geräte- und Fahrzeugbau), besonders gefördert; seit 1971 ist die Industrie-F. auch in den Verbrauchsgüterindustrien und im Energiewesen intensiviert worden.

C. Forschungsphasen

F. ist ein arbeitsteiliger Vorgang, der in verschiedenen Phasen abläuft und an dem im Zeitverlauf unterschiedliche Forschergruppen und -institutionen beteiligt sind. Ihre Aktivitäten werden in der Bezeichnung „wissenschaftlich-technische Arbeit" zusammengefaßt.

Abweichend von der international verbreiteten Klassifikation der F. in Grundlagen-F. und angewandte F. und Entwicklung wird in der DDR für die F.-Leitung und -Planung eine 4stufige Gliederung verwendet:

a) Erkundungs-F. bzw. reine Grundlagen-F., die sich ausschließlich auf die Vervollkommnung der natur- und gesellschaftswissenschaftlichen Grund-

kenntnisse sowie auf die Untersuchung neuer Erscheinungen und die Erforschung ihrer Regelmäßigkeiten richtet;
b) gezielte oder anwendungsorientierte Grundlagen-F., die in einer umrissenen thematischen Richtung zur Erweiterung der Grundkenntnisse betrieben wird;
c) angewandte F., die demgegenüber auf ein festgelegtes wirtschaftlich-technisches Ziel gerichtet ist, und neue Verfahren und Erzeugnisse erforschen bzw. vorhandene auf den jeweils neuesten Stand der wissenschaftlichen Erkenntnisse bringen soll;
d) Entwicklung von Konstruktionen und Verfahren, die F.-Resultate für die industrielle Fertigung nutzbar machen soll.
Daneben werden mit den „Studienentwürfen" und der „**Überleitung** von Konstruktionen und Verfahren" noch weitere Anfangs- bzw. Abschlußphasen unterschieden. Die Studienentwürfe dienen der technischen, wirtschaftlichen oder wissenschaftlichen Vorklärung von Aufgabenstellungen und Vorhaben. In der Überleitungsphase werden je nach Industriezweig die Konstruktion bzw. technologischen Voraussetzungen für die Fertigung und Serienproduktion geschaffen. Die Arbeitsstufen werden in einer „Nomenklatur für Arbeitsstufen und Leistungen von Aufgaben des Planes Wissenschaft und Technik", die vom Ministerium für Wissenschaft und Technik herausgegeben wird, differenziert festgelegt.

II. Forschungsinstitutionen

A. Akademieforschung
Sie entwickelte sich aus den traditionellen Akademien der Wissenschaften, die die Grundlagen-F. und die wissenschaftliche Kommunikation sowohl innerhalb als auch zwischen den verschiedenen Fachrichtungen förderten. Auf natur- und gesellschaftswissenschaftlichem Gebiet wird sie von der Akademie der Wissenschaften der DDR (AdW) durchgeführt. Als traditionelle Gelehrtenorganisationen bestehen weiterhin die → **Deutsche Akademie der Naturforscher Leopoldina zu Halle** und die → **Sächsische Akademie der Wissenschaften zu Leipzig (SAW)**. Anders als die vorgenannten Akademien besitzen sie jedoch keine F.-Institute.
Einer schon sprichwörtlichen Distanz zwischen Grundlagen-F. betreibender AdW und industrieller Praxis stehen einzelne Beispiele einer wirksamen Zusammenarbeit der Akademie mit Betrieben entgegen. Praktische Bedeutung erhielten die seit 1976 gegründeten 5 „Akademie-Industrie-Komplexe":
– Arzneimittel-F. (AdW-Institut für Wirkstofforschung und VEB Berlin-Chemie),
– technische Mikrobiologie,
– Applikationsgrundlagen organischer Hochpolymere (AdW-Zentralinstitut für organische Chemie und Kombinat Plaste und Elaste),
– Organische Synthese (AdW-Zentralinstitut für organische Chemie und Chemiekombinat Bitterfeld),
– Kerntechnik (AdW-Zentralinstitut für Kern-F. und Kernkraftwerk „Bruno Leuschner").

B. Hochschulforschung
Von den 63 Universitäten und Hochschulen (ausschl. der wissenschaftlichen Einrichtungen der SED und des → **Freien Deutschen Gewerkschaftsbundes [FDGB]**) widmen sich den naturwissenschaftlichen und technischen Fächern vor allem die dem Ministerium für Hoch- und Fachschulwesen unterstehenden Universitäten, Technische Hochschulen, Ingenieurhochschulen und Medizinische Akademien, eine Bergakademie sowie zwei landwirtschaftliche Hochschulen, die dem → **Ministerium für Land-, Forst- und Nahrungsgüterwirtschaft (MfLFN)** unterstellt sind. Die Zahl der Hochschullehrer und wissenschaftlichen Mitarbeiter stieg seit 1951 wie folgt an:

Jahr	Hochschullehrer	wissenschaftliche Mitarbeiter
1951	1 395	1 879
1955	2 535	5 208
1960	4 152	7 412
1970	4 621	16 598
1975	5 276	20 652

Das F.-Potential ist bis 1982 erneut ausgeweitet worden. Die Hochschulen beschäftigten 1980 29 100 Hochschullehrer und wissenschaftliche Mitarbeiter, darunter 6 100 Professoren und Dozenten. Zum Vergleich: Die AdW zählt 1981 ca. 20 000 Mitarbeiter (1978: 18 000 Mitarbeiter). Der Anteil der Hochschul-F. am gesamten F.-Potential der DDR wurde 1969 auf rd. 40 v. H. geschätzt. Er dürfte sich seitdem verringert haben. Durch die Maßnahmen der Dritten Hochschulreform (1967–1971) wurde die Hochschul-F. inhaltlich und organisatorisch umgestaltet. Thematisch erfolgte eine stärkere Ausrichtung und Konzentration auf die Aufgaben der Wirtschaftsbereiche, insbesondere auf die wachstumsintensiven Industriezweige. Die Organisation, Planung und Finanzierung der Hochschulen wurden verändert, um das begrenzte und 1967 auf rd. 900 Universitätsinstitute verteilte Potential wirksamer für die Planaufgaben der Wirtschaftszweige einsetzen zu können. Die thematischen und organisatorischen Veränderungen wurden mit einer Neugliederung auch der Studiengänge verbunden. Durch die Bildung besonderer organisatorischer Formen der Zusammenarbeit („Forschungsverband" bzw. „Forschungskooperationsverband", „Forschungsgemeinschaft") wurde eine engere Verflechtung der spezialisierten Hochschulen mit Industriebetrieben sowie deren übergeordneten Leitungsinstanzen (→ **Industrieministerien**) institutionalisiert. Zugleich eröffneten sich damit Möglichkeiten zu einem Verbund von Hochschul-F., Industrie-F. und Akademie-F. So konzentriert sich etwa die Technische Hochschule „Otto-von-Guericke", Magdeburg, seit 1968 auf die F. und Lehre – für Schwermaschinen- und Anlagenbau (Kombinat VEB Schwermaschinenbau „Karl Liebknecht", Magdeburg). Das F.-Personal und die apparative Ausrüstung der wichtigsten Sektionen der → **Friedrich-Schiller-Universität Jena** werden zur Lösung von Aufgaben des wissenschaftlichen Gerätebaus eingesetzt, der im Kombinat VEB Carl Zeiss, Jena, konzentriert ist. Ein weiteres Beispiel stellt die → **Technische Universität Dresden** dar; sie ist die größte universitäre F.-Stätte der DDR auf naturwissenschaftlich-technischem Gebiet. Entsprechend ihrer besonderen Spezialisierung auf F.-Themen der Informationstechnik und -verarbeitung, Elektrotechnik, Feingerätetechnik und Mathematik bestehen enge Beziehungen zum Hauptproduzenten von Datenverarbeitungsanlagen, dem VEB Kombinat Robotron, Radeberg bei Dresden. Kooperationsbeziehungen, die über die Erfüllung der betrieblichen „Pläne Wissenschaft und Technik" hinausgehen, bestehen seit längerem auch zwischen der → **Karl-Marx-Universität Leipzig** und dem VEB Kombinat für Gießereiausrüstungen und Gußerzeugnisse sowie der Technischen Hochschule Karl-Marx-Stadt und dem Werkzeugmaschinenkombinat Fritz Heckert. Vertragliche Vereinbarungen regeln die Zusammenarbeit auch in der Aus- und Weiterbildung und der gegenseitigen wissenschaftlichen Information.

C. Ressort- und Industrie-Forschung (Forschung und Entwicklung)

Gegenwärtig (1980) sind rd. 188000 Beschäftigte in der F. und Entwicklung in Industrie, Bauwesen, Landwirtschaft und Verkehr tätig. Rund die Hälfte sind Hoch- und Fachschulabsolventen. Unterstützung finden sie z. B. bei der rechnergestützten Konstruktion, bei den Fach- und Hochschulabsolventen, die in der Datenverarbeitung und Rechentechnik Projektierungs- und Programmierungsaufgaben übernehmen (15000 im Jahr 1980, davon 50 v. H. in der Industrie). An der Lösung wissenschaftlich-technischer Aufgaben sind ferner auch die im Eigenbau von Rationalisierungsmitteln beschäftigten Ingenieure und Facharbeiter (56500 im Jahr 1981) beteiligt. In den F.-Stätten der Industrie arbeiten rd. 70 v. H. der Beschäftigten, während rd. 20 v. H. in den übrigen materiell produzierenden Wirtschaftsbereichen und rd. 10 v. H. in der AdW eingesetzt werden. Das F.-Potential der zentralgeleiteten Industrie ist zu über 80 v. H. in den Wachstumsindustrien – Elektrotechnik/Elektronik/Gerätebau, Maschinenbau und chemische Industrie – konzentriert.

Die Unterschiede zwischen den verschiedenen Institutstypen sind in der Industrie- und Ressort-F. größer als in der Akademie- und Hochschul-F., deren institutionelle Strukturen – auch aufgrund der Hochschul- und Akademiereform in den Jahren 1967–1971 – homogener sind. Die größere Nähe und die engere Verknüpfung der Institute mit den Anwendungsbereichen haben starke strukturelle Differenzierungen entsprechend den fachspezifischen und fertigungstechnischen Eigentümlichkeiten der Wirtschaftsbereiche zur Folge gehabt. Typische Formen der Ressort- und Industrie-F. sind:

1. Ressortakademien auf naturwissenschaftlich-technologischem Gebiet. Hierzu zählen die → **Bauakademie der DDR** und die Akademie der Landwirtschaftswissenschaften der DDR (→ **Agrarwissenschaften**, 2. a.). Sie unterstehen dem → **Ministerium für Bauwesen** bzw. dem → **Ministerium für Land-, Forst- und Nahrungsgüterwirtschaft** als zentrale fachwissenschaftliche Einrichtungen der DDR. Sie leiten die F. der angeschlossenen Institute, koordinieren die Zusammenarbeit mit Hochschulen, Akademien und ausländischen F.-Zentren.

Die Mehrzahl der naturwissenschaftlichen, technisch-technologischen F.-Themen der ressortbezogenen Fachgebiete wird in den Zentren und Instituten der Ressortakademien bearbeitet. Die Aufgaben reichen von der Grundlagen-F. bis zur Applikations-F. Sie werden bisweilen auch als F.-Akademien bezeichnet.

2. Ressortakademien auf gesellschaftswissenschaftlichem Gebiet. Als zentrale fachwissenschaftliche und zugleich politiknahe Einrichtungen haben besondere Bedeutung

– die → **Akademie für Gesellschaftswissenschaften beim ZK der SED (AfG)**,

– die Akademie der Pädagogischen Wissenschaften der DDR, unterstellt dem → **Ministerium für Volksbildung**,

– die → **Akademie für Staats- und Rechtswissenschaft** der DDR, die dem → **Ministerrat** untersteht.

3. Ressort-F. auf medizinischem Gebiet. Die Organisation der Ressort-F. im Bereich des → **Ministeriums für Gesundheitswesen** stellt eine Sonderform dar. Dieses Ministerium arbeitet den Gesamtplan der medizinischen F. aus. Es ist für die Formulierung der staatlichen Ziele, die Durchführung der F.- und Entwicklungsarbeiten sowie für die praktische Nutzung der F.-Resultate verantwortlich, ohne daß ihm wichtige medizinische F.-Einrichtungen, die medizinischen Bereiche der Universitäten und die Medizinischen Akademien in Dresden, Erfurt und Magdeburg unterstehen. Diese Organisationsbereiche gehören zum Ministerium für Hoch- und Fachschulwesen.

Als beratendes Gremium des Ministers für Gesundheitswesen besteht seit 1962 ein „Rat für Planung und Koordinierung der medizinischen Wissenschaft beim Ministerium für Gesundheitswesen", seit 1982 als „Rat für Medizinische Wissenschaft beim Mini-

Dem Gesundheitsministerium unterstehen:

Institut für angewandte Urologie	Berlin (Ost)
Forschungsinstitut für Medizinische Diagnostik	Dresden
Institut für Arzneimittelwesen der DDR	Berlin (Ost)
Institut für Balneologie und Kurortwissenschaften	Bad Elster
Forschungsinstitut für Hygiene und Mikrobiologie	Bad Elster
Institut für Apothekenwesen	Berlin (Ost)
Zentralinstitut für Arbeitsmedizin der DDR	Berlin (Ost)
Forschungsinstitut für Tuberkulose und Lungenkrankheiten	Berlin (Ost)
Zentralinstitut für Diabetes „Gerhardt Katsch“	Karlsburg bei Greifswald

ster für Gesundheitswesen“, der Grundprobleme der Prognose, Planung und Leitung der medizinischen Wissenschaft erörtert und analysiert.

4. Arbeitsstellen der Ressort-F. Direkt weisungsgebundene F. wird ferner in einer Reihe von Instituten und Zentralinstituten durchgeführt, die sich mit gesamtstaatlich relevanten Themen und Querschnittsfragen befassen.

Bereich Wirtschaft, Naturwissenschaft und Technik

Staatliche Plankommission:	Ökonomisches Forschungsinstitut	Berlin (Ost)
Ministerium für Außenhandel:	Institut für Marktforschung der DDR	Berlin (Ost)
Ministerium für bezirksgeleitete und Lebensmittelindustrie:	Institut für bezirksgeleitete und Lebensmittelindustrie	
Ministerium der Finanzen:	Finanzökonomisches Forschungsinstitut	Berlin (Ost)
Ministerium für Geologie:	Zentrales Geologisches Institut	Berlin (Ost)
Ministerium für Handel und Versorgung:	Institut für Marktforschung	Leipzig
Ministerium für Land- und Nahrungsgüterwirtschaft:	Institut für Ökonomik der Land- und Nahrungsgüterwirtschaft	Berlin (Ost)
Ministerium für Post- und Fernmeldewesen:	Institut für Post- und Fernmeldewesen	Berlin (Ost)
Ministerium für Umweltschutz und Wasserwirtschaft:	Institut für Wasserwirtschaft	Berlin (Ost)
Ministerium für Verkehrswesen:	Institut für Seeverkehr und Hafenwirtschaft	Rostock
	Zentralinstitut für Verkehrswesen	Berlin (Ost)
Ministerium für Wissenschaft und Technik:	Forschungsstelle des Ministeriums für Wissenschaft und Technik	Berlin (Ost)
	Zentralinstitut für Information und Dokumentation	Berlin (Ost)
Staatssekretariat für Arbeit und Löhne:	Zentrales Forschungsinstitut für Arbeit	Dresden
Amt für Preise:	Forschungsinstitut des Amtes für Preise	Berlin (Ost)
Oberste Bergbaubehörde der DDR:	Institut für Bergbausicherheit	Leipzig
Meteorologischer Dienst der DDR:	Forschungsinstitut für Hydrometeorologie	Berlin (Ost)

Bereich Bildung, Jugend, Kultur

Ministerium für Hoch- und Fachschulwesen:	Institut für Fachschulwesen der DDR	Karl-Marx-Stadt
	Zentralinstitut für Hochschulbildung	Berlin (Ost)
Ministerium für Kultur:	Institut für Museumswesen	Berlin (Ost)
	Institut für Denkmalspflege	Berlin (Ost), Weimar
	Zentralinstitut für Bibliothekswesen	Berlin (Ost)
	Zentralhaus für Kulturarbeit der DDR	Leipzig
Amt für Jugendfragen beim Ministerrat der DDR:	Zentralinstitut für Jugendforschung	Leipzig
Staatssekretariat für Berufsbildung:	Zentralinstitut für Berufsbildung der DDR	Dresden
	Institut für Berufspädagogik	Magdeburg
	Institut für berufliche Entwicklung	Berlin (Ost)

Bereich allgemeine Politik, Militär

Ministerrat der DDR:	Institut für Politik und Wirtschaft	Berlin (Ost)
Ministerium für Auswärtige Angelegenheiten:	Institut für internationale Beziehungen	Potsdam-Babelsberg
Ministerium für Nationale Verteidigung:	Militärgeschichtliches Institut der DDR	Potsdam

5. *Industriezweiginstitute.* Sie stellen wissenschaftliche Einrichtungen dar, die F.- und Entwicklungsarbeiten zu Querschnittsthemen leisten, die über den Rahmen eines Kombinates hinausgehen und ganze Industriezweige betreffen. Industriezweiginstitute sind in der Regel einem → **Industrieministerium** oder einem anderen Fachministerium unterstellt. Sie bestimmen durch ihre F.- und Entwicklungsaktivitäten weitgehend die Entwicklung der Verfahren, der Geräte und der Produktionssortimente und den Stand der Fertigungstechnologien des jeweiligen Industriezweiges. Die Bereitstellung fachwissenschaftlicher Unterlagen zur Lenkung und Koordinierung aller grundlegenden F.- und Entwicklungsaufgaben auf die Schwerpunkte des betreffenden F.-Gebietes zählt zu ihren Hauptaufgaben. Die Industriezweiginstitute führen entsprechend neben angewandter F. und Entwicklung auch Grundlagen-F. durch. Sie arbeiten nach den Prinzipien der → **Wirtschaftlichen Rechnungsführung**. Bekannte Industriezweiginstitute mit jeweils mehreren hundert Mitarbeitern sind: Zentralinstitut für Gießereitechnik, Leipzig; → **Zentralinstitut für Schweißtechnik (ZIS)**, Halle; Institut für Leichtbau und ökonomische Verwendung von Werkstoffen, Dresden; Institut für Sekundärrohstoffwirtschaft, Berlin (Ost); Forschungszentrum für Schwermaschinen und Anlagenbau, Magdeburg; Institut für Energetik, Leipzig; Institut für Rationalisierung der Elektrotechnik/Elektronik, Dresden; F.-Institut für Gärungsindustrie, Enzymologie und Technische Mikrobiologie.

6. *Forschungszentren, Wissenschaftlich-technische Institute.* Zu den wissenschaftlich-technischen Einrichtungen, die F. und Entwicklungsarbeiten jeweils für bestimmte Branchen durchführen, zählen a) *F.-Zentren* und b) *Wissenschaftlich-technische Zentren (WTZ)*. Die WTZ wurden 1964 bei den VVB eingerichtet. Mit ihrer Hilfe sollte die VVB eine „allseitige Entwicklung und Einführung des wissenschaftlich-technischen Fortschritts" in dem betreffenden Industriezweig erreichen. Die **F.-Zentren** gingen aus den F.-Einrichtungen in wichtigen Industriezweigen hervor, die 1969/70 für den Ausbau zu *Großforschungszentren* vorgesehen waren. Der in diesen Jahren stark propagierte Aufbau einer industriellen Groß-F. scheiterte jedoch schon bald aufgrund von finanziellen und organisatorischen Schwierigkeiten. Von den 16 Großforschungszentren, deren Aufbau bei struktur- und wachstumspolitisch bedeutsamen Kombinaten für 1970 geplant war, bestand für längere Zeit lediglich das „Großforschungszentrum der Werkzeugmaschinenindustrie im VVB Werkzeugmaschinen-Kombinat ‚Fritz Heckert', Karl-Marx-Stadt". Andere Einrichtungen, wie z. B. die F.-Stätten des VEB Petrolchemisches Kombinat, Schwedt, und des VEB Kombinat Robotron, Dresden, führten nur kurzfristig die Bezeichnung Großforschungszentrum. Seit 1972 wird einheitlich die Bezeichnung F.-Zentrum verwendet.

WTZ und F.-Zentren ähneln sich hinsichtlich ihrer Aufgaben und der zentralen Stellung als Lenkungsinstitutionen für die F. und Entwicklung im Rahmen eines Kombinats. Sie arbeiten nach den Prinzipien der wirtschaftlichen Rechnungsführung und unterstehen der Leitung des Generaldirektors des Kombinats. Ihre wichtigsten Aufgaben sind die Analyse des technischen Standes der Erzeugnisse und Verfahren im Industriezweig sowie die Ermittlung von Entwicklungstendenzen im Ausland; ferner die Ausarbeitung von Grundkonzeptionen für die Entwicklung der Erzeugnisse. Arbeitsgebiete sind ferner Probleme der Modernisierung, Mechanisierung, → **Automatisierung**; die Entwicklung neuer technologischer Verfahren, neuer Werkstoffe; die wissenschaftliche Wirtschaftsführung der Kombinate und VEB; die Erforschung der Arbeitsbedingungen; die Erarbeitung „wissenschaftlich begründeter" Arbeitsnormen. Die Institute differieren in der Größe, in den typischen Arbeitsschwerpunkten und im Organisationsaufbau.

F.-Zentren stellen in der Regel größere organisatorische Einheiten von Industriekombinaten mit jeweils mehreren hundert Mitarbeitern dar. Sie sind vor allem im Maschinenbau und in der chemischen Industrie verbreitet. Wichtige F.-Zentren bestehen bei den Kombinaten: VEB Leuna-Werke „Walter Ulbricht", Leuna; VEB Petrolchemisches Kombinat, Schwedt; VEB Kombinat Robotron, Radeberg bei Dresden; VEB Kombinat Luft- und Kältetechnik, Dresden; VEB Werkzeugmaschinen-Kombinat „Fritz Heckert", Karl-Marx-Stadt; VEB Kombinat Umformtechnik, Erfurt; VEB Werkzeugmaschinen-Kombinat „7. Oktober", Berlin (Ost). Die – häufig noch im Ausbau befindlichen – F.-Zentren der Kombinate arbeiten speziell im Rahmen folgender Ziele:

– Mitwirkung bei der Analyse und Durchsetzung der Programme zur mittel- und längerfristigen wissenschaftlich-technischen Entwicklung sowie der Pläne Wissenschaft und Technik der Kombinate auf der

Grundlage von anwendungsorientierter Grundlagen-F. und der Zusammenarbeit mit der Akademie- und Hochschul-F.,
– Neu- und Weiterentwicklung des Erzeugnissortimentes in Zusammenarbeit mit den F.- und Entwicklungsstellen der Kombinatsbetriebe,
– Lösung von Querschnittsaufgaben der Technologie, Materialwirtschaft, → **Standardisierung** und der Durchsetzung grundlegender Neuerungen wie der → **Mikroelektronik** und der → **Industrierobotertechnik**,
– Koordinierung der Beziehungen mit anderen F.-Stätten in der DDR und im RGW.

Die WTZ als selbständige VEB oder als Institute waren die typische F.-Stätte, mit der die VVB den „wissenschaftlichen Vorlauf" für ihr Produktionssortiment organisierten. Zur ersten Form zählten z. B. die VEB WTZ für Bau-, Baustoff- und Keramikmaschinen Leipzig, ferner die VEB WTZ Getriebe und Kupplungen, Magdeburg, sowie die VEB WTZ Kraftwerksanlagenbau, Berlin (Ost); sie gehörten jeweils zu den gleichnamigen und am selben Ort ansässigen VVB.

Bekannte WTZ in der Institutsform waren: Institut für Lacke und Farben, Berlin (Ost) (VVB Lacke und Farben, Berlin [Ost]); Institut für Kraftwerke, Vetschau (VVB Kraftwerke, Cottbus); Institut für Fördertechnik, Leipzig (VVB Tagebauausrüstungen, Krane und Förderanlagen, Leipzig); Institut für Regelungstechnik, Berlin (Ost) (VVB Automatisierungsgeräte, Berlin [Ost]); Institut für Bauelemente und Faserbaustoffe, Leipzig (VVB Bauelemente und Faserbaustoffe, Leipzig); Institut für Nachrichtentechnik, Berlin (Ost) (VVB Nachrichten- und Meßtechnik, Leipzig); Institut für Schienenfahrzeuge, Berlin (Ost) (VVB Schienenfahrzeuge, Berlin [Ost]); Institut für Luft- und Kältetechnik, Dresden (VEB Kombinat Luft- und Kältetechnik, Dresden); Institut für Zellstoff und Papier, Heidenau (VVB Zellstoff, Papier und Pappe, Heidenau); Institut für Öl- und Margarineindustrie, Magdeburg (VVB Öl- und Margarineindustrie, Magdeburg).

Die Auflösung der VVB als mittlerer Leitungsebene und die Zusammenfassung aller zentralgeleiteten Betriebe in Kombinaten war in der Industrie bis 1981 abgeschlossen. Mit der Um- und Neubildung von Kombinaten änderte sich die Integration von F. und Entwicklung, die erneut enger mit der Produktion verbunden werden soll. Die „Profilierung des wissenschaftlich-technischen Potentials" der Kombinate soll so angelegt werden, daß die F.-, Erprobungs- und Investitionszeiten radikal verkürzt und die Ziele anspruchsvoller und stärker den internationalen Spitzenleistungen entsprechend bestimmt werden. Z. B. sollen die Investitionszeiten um 30–50 v. H. gesenkt werden. Die WTZ als VEB oder Institut wechselten von den VVB zu den nachfolgenden Kombinaten, wo sie in der Regel als F.-Zentrum entweder bei der Kombinatsleitung oder der Leitung des Stammbetriebes des Kombinats leitungs- und planungstechnisch integriert werden. Dies soll den „direkten Zugriff" der Leitung zur F. und Entwicklung ermöglichen. In einigen Kombinaten wurde die technologische F. verstärkt, indem → **Ingenieurbüros** oder Projektierungsbetriebe in erweiterte „technologische Zentren" umgebildet wurden. Dieser Prozeß ist aber noch nicht abgeschlossen.

Entsprechend den Produktionsmerkmalen der Branchen, historischen Überlieferungen, der Größe und dem Spezialisierungsgrad der Betriebe schwankt die Einordnung der F. und Entwicklung zwischen zentraler und dezentraler Umstellung. Folgende Formen lassen sich unterscheiden:
– die stärkere Zentralisierung in Kombinaten mit hochveredelten und komplizierteren Enderzeugnissen wie im Maschinen- und Anlagenbau und bei vertikaler Kombination verschiedener Verarbeitungsprozesse wie in der chemischen Industrie,
– die stärkere Zentralisierung in solchen Kombinaten, die über einen Stammbetrieb geleitet werden,
– die stärkere Dezentralisierung bei Kombinaten mit unterschiedlichen Sortimentsgruppen und Fertigungslinien.

7. Zentrale Entwicklungs- und Konstruktionsbüros (ZEK). Ähnlich den Industriezweiginstituten und den Wissenschaftlich-technischen Instituten übernahmen auch die ZEK als überbetriebliche Einrichtungen F.- und Entwicklungsarbeiten. Die Hauptaufgabe der ZEK ist die Entwicklung neuer Erzeugnisse bis zur Nullserienreife. Kleinere Betriebe, die keine eigenen Büros für Entwicklung und Konstruktion einrichten können, erhalten zudem die Möglichkeit, die Produktion durch die Anfertigung der Konstruktionszeichnungen und Materialstücklisten technisch vorbereiten zu lassen. Weiterhin sind die ZEK an der Aufstellung der Pläne Wissenschaft und Technik, den Standardisierungsarbeiten und der Lenkung und Koordinierung der F.- und Entwicklungsaktivitäten anderer Betriebe beteiligt. Bis zur Auflösung der VVB eine der F.-Stellen der VVB, sind sie seitdem Teil des wissenschaftlich-technischen Potentials der Kombinate.

8. Wissenschaftliche Industriebetriebe (WIB). Die WIB sind seit 1963 errichtete neue oder durch Ausbau bisheriger Industriebetriebe entstandene Einrichtungen, deren Aufgabe es ist, Ergebnisse der Grundlagen- und Anwendungs-F. in die Produktion überzuleiten. Die WIB sind Entwicklungs- und Produktionsbetriebe zugleich. Sie stellen Apparate, Spezialgeräte und Maschinen her, die in anderen Betrieben zur Organisierung der Fertigung nach dem neuesten technischen Stand eingesetzt werden. Da die Erzeugnisse der WIB kurzfristig produktionswirksam sein sollen, werden von jedem Erzeugnistyp nur geringe Stückzahlen gefertigt.

WIB unterliegen den Prinzipien der wirtschaftlichen Rechnungsführung nur eingeschränkt, da sie Produkte herzustellen haben, deren Ergebnisse oft nicht vorausberechenbar sind. WIB übernehmen auch Teilfunktionen der WTZ.

9. Projektierungsbetriebe. Spezialbetriebe in Form von VEB, deren Aufgaben entweder darin bestehen, bautechnische Unterlagen für Investitionsvorhaben auszuarbeiten oder technologische Dokumentationen und Unterlagen (Projekte) dafür anzufertigen. Sie sind damit beauftragt, die auf dem jeweiligen Spezialgebiet anfallenden Projektierungsaufgaben durchzuführen bzw. verantwortlich zu lenken und zu überwachen. Projektierungsbetriebe sind in der Regel einem Kombinat angeschlossen. Für die meisten Industriezweige bestehen zentrale Projektierungsbetriebe, die Zweigstellen unterhalten. Projektierungsbetriebe arbeiten nach den Prinzipien der wirtschaftlichen Rechnungsführung.

10. Betriebliche F.- und Entwicklungsstellen (F/E-Stellen). Während die vorgenannten Institute, F.-Zentren und Betriebe überbetriebliche F., Entwicklung und Projektion durchführen, konzentrieren sich die F/E-Stellen auf die Entwicklung neuer und verbesserter Erzeugnisse der eigenen Betriebe. Häufig verfügen die betrieblichen F/E-Stellen nur über wenig Personal und unzureichende apparative Ausrüstungen. Typisch war – zumindest in der Vergangenheit – eine thematische Zersplitterung, was zu den immer wieder kritisierten langen Entwicklungszeiten beitrug. So beschäftigten über die Hälfte der 1966 in der DDR insgesamt bestehenden 1800 F/E-Stellen (einschließlich überbetrieblicher Einrichtungen) nur bis zu 10 Personen, 43 v. H. nur bis zu 5 Personen. Inzwischen ist die personelle und thematische Zersplitterung vor allem durch die Kombinatsbildungen von 1967 bis 1970 und seit 1978 (Zusammenschluß von Produktionsbetrieben und parallel dazu von F/E-Stellen) eingeschränkt worden.

11. Sozialistische Arbeits- und F.-Gemeinschaften. Eine Form der aufgabenbezogenen „sozialistischen Gemeinschaftsarbeit" (→ **Betriebsformen und Kooperation**, V.). In „Arbeits- und F.-Gemeinschaften" wirken Produktionsarbeiter mit Technikern und Ingenieuren bei Rationalisierungsvorhaben und in der F. und Entwicklung zusammen, insbesondere als „Überleitungs-" bzw. „Projektkollektive", die naturwissenschaftlich-technische Erkenntnisse in die Praxis der industriellen Produktion überführen sollen. 1978 bestanden insgesamt 44267 Arbeits- und F.-Gemeinschaften mit 367885 Mitarbeitern (1965: 28893, 188480). Bei Organisations- und Rationalisierungsaufgaben werden auch Ökonomen an der Zusammenarbeit beteiligt. **Sozialistische Arbeitsgemeinschaften** werden sowohl inner- wie überbetrieblich organisiert. Ihre Bildung erfolgt durch den Leiter, in dessen Arbeitsgebiet die Lösung der Aufgabe fällt, oder durch eine Neuerervereinbarung. Für besondere Leistungen können staatliche Auszeichnungen verliehen werden. Neben der Kombination unterschiedlicher Wissens- und Befähigungsarten sollen sozialistische Arbeitsgemeinschaften zur stärkeren gegenseitigen Beachtung und Anerkennung durch die Gruppen der Arbeiter und naturwissenschaftlich-technischen Intelligenz beitragen. Themen der angewandten F. widmen sich besondere **F.-Gemeinschaften**, die in der Regel aus Wissenschaftlern und erfahrenen Neuerern und Rationalisatoren zur Lösung einer sachlich und zeitlich begrenzten F.-Aufgabe gebildet werden. Ausgehend von der jeweiligen Zielstellung erfassen sie Mitarbeiter wissenschaftlicher Institute und eines oder mehrerer Betriebe. Aufgabenstellung, Art der Durchführung, Termine und Finanzierung werden durch den Abschluß von F.-Verträgen festgelegt.

III. Zentrale Planungs- und Leitungsinstanzen

Im Parteiprogramm der SED von 1963 wurde auf die Notwendigkeit hingewiesen, die F., besonders die technisch-naturwissenschaftliche und die wirtschaftswissenschaftliche F., einheitlich zu leiten, um die Zersplitterung und isolierte Behandlung wichtiger F.-Themen zu beseitigen. Die Grundlagen-F. sei so zu entwickeln, daß ein „Vorlauf für die Technik und Produktion von morgen gewonnen wird".

Auch das Programm von 1976 zählt die F.-Förderung zu den „wichtigsten Aufgaben" der SED. Sachlich ist der hohe politische Stellenwert der F. in ihrem wichtigen Beitrag für die Stabilität und das Wachstum der Wirtschaft und damit zusammenhängend des Lebensstandards der Bevölkerung begründet.

Die Planungs- und Leitungsinstanzen der F.-Politik arbeiten auf der „Grundlage des Programms der SED, der Beschlüsse des → **Zentralkomitees (ZK) der SED**, der Gesetze und Beschlüsse der → **Volkskammer** sowie der Verordnungen und Beschlüsse des → **Ministerrates**". Sie umfassen parteigebundene, staatliche und wissenschaftliche Institutionen. Im einzelnen ist die Kompetenzverteilung zwischen diesen Institutionen und die Art und Weise ihrer Zusammenarbeit immer wieder verändert worden. Bislang ist eine längerfristig geltende Regelung des Aufbaus und der Abläufe innerhalb der F.-Organisation trotz intensiverer wissenschaftsorganisatorischer Bemühungen seit 1967 nicht gefunden worden. Institutionell ausgebaut und gesichert ist lediglich der Führungsanspruch der SED. Grundlegende Fragen wie die generelle thematische Ausrichtung der F., die Verwendung der Investitionsmittel für den Auf- und Ausbau von F.-Stätten, die Verteilung der Planungs- und Leitungskompetenzen auf die verschiedenen Institutionen (Ministerien, Akademien, Hochschulen, Institute und wissenschaftliche Beiräte) und die organisatorische Regelung der Überführung von wissenschaftlichen Resultaten in die wirtschaftliche und gesellschaftspolitische Praxis werden in den Führungsgremien der SED, dem → **Politbüro** und dem → **Sekretariat des ZK der SED**, entschieden. Vorbereitet werden die Entscheidungen in den Abteilungen „Wissenschaften" und „Forschung und technische Entwicklung" des ZK; sie kontrollieren auch die Durchführung der zentralen SED-Beschlüsse. Auf der Ebene der F.-Institute und Zentren, der WTZ und Projektierungsbetriebe haben die dort gebildeten SED-Organisationen „das Recht der Kontrolle über die Tätigkeit der Betriebsleitungen" (§ 63 des Statuts der SED von 1976, so auch bereits im Statut von 1963). Die dem ZK unterstellten Parteihochschulen und -institute fungieren zugleich als Leiteinrichtungen für die wichtigsten gesellschaftswissenschaftlichen Disziplinen: → **Parteihochschule „Karl Marx" beim ZK der SED (PHS)**, Berlin (Ost); → **Akademie für Gesellschaftswissenschaften (AfG)**, Berlin (Ost); → **Institut für Marxismus-Leninismus (IML)**, Berlin (Ost); → **Zentralinstitut für Sozialistische Wirtschaftsführung (ZSW)**, Berlin (Ost).

Forschungspolitische Funktionen werden im staatlichen Bereich vom Ministerium für Hoch- und Fachschulwesen, das für eine koordinierte und umfassende Bildungspolitik des Ministerrats verantwortlich ist und unmittelbares Weisungsrecht gegenüber den Hochschulrektoren besitzt, und vom Ministerium für Wissenschaft und Technik übernommen. Das Ministerium für Wissenschaft und Technik wurde im Jahr 1967 im Zuge der generellen Aufwertung der Wissenschafts- und Bildungspolitik in der DDR durch Umwandlung des seit 1961 bestehenden Staatssekretariats für Forschung und Technik geschaffen. Zum gleichen Zeitpunkt entstand, ebenfalls durch Umwandlung eines Staatssekretariates, das Ministerium für Hoch- und Fachschulwesen. Das Ministerium für Wissenschaft und Technik ist für die koordinierte gesamtstaatliche Leitung und Planung von Wissenschaft und Technik zuständig. Im Vordergrund steht dabei die Festlegung der schwerpunktartig zu bearbeitenden Themenbereiche der Grundlagen- und angewandten F., entsprechend den langfristigen wissenschafts-, wirtschafts- und gesellschaftspolitischen Zielsetzungen und Notwendigkeiten. Volkswirtschaftlich bedeutsame F.- und Entwicklungsprojekte werden vom Ministerium im Rahmen des Staatsplans Wissenschaft und Technik als „Staatsaufträge Wissenschaft und Technik" vorrangig und direkt geplant. Daneben erstellt das Ministerium Expertisen zu den wichtigsten Richtungen und Tendenzen der naturwissenschaftlich-technischen Entwicklung und erarbeitet Entscheidungsunterlagen für den Ministerrat. Das Ministerium kann sich bei diesen Aktivitäten auf die Arbeitsergebnisse der AdW und der bei ihr bestehenden Wissenschaftlichen Räte stützen.

Zum Wissenschafts- und Technikressort gehört das Zentralinstitut für Information und Dokomentation (ZIID), das anleitende, koordinierende und kontrollierende Zentrum für das gesamte Informations- und Dokumentationswesen auf dem Gebiet der Wissenschaft und Technik. Es ist vor allem für die Gestaltung und Fortentwicklung des „Informationssystems Wissenschaft und Technik" zuständig (→ **Information**).

Daneben gibt es eine Reihe weiterer Ministerien und Ämter mit eigenem Geschäftsbereich, die für die F. in ihren Ressorts verantwortlich sind. So ist das → **Ministerium für Volksbildung** zuständig für die pädagogische Wissenschaft, das → **Ministerium für Kultur** für Kultur- und Kunstwissenschaft, das → **Ministerium für Gesundheitswesen** für die medizinische Wissenschaft. Ressort-F. betreiben – ebenfalls in unterschiedlicher Form und Intensität – die Industrieministerien.

Zur sachverständigen Beratung bestehen bei einigen Ministerien wissenschaftliche Beiräte: z. B. beim Ministerium für Hoch- und Fachschulwesen der „Hoch- und Fachschulrat" (mit 139 Mitgliedern 1982); beim Ministerium für Gesundheitswesen der „Rat für Medizinische Wissenschaft" (mit 40 Mitgliedern 1980).

Eine besondere Stellung nahm in der Vergangenheit der **Forschungsrat** ein. Er setzt sich aus Wissenschaftlern, Technikern und Vertretern der Staats- und Wirtschaftsverwaltung zusammen. Der F.-Rat wurde nach der Auflösung des Zentralamtes für F. und Technik bei der Staatlichen Plankommission 1957 als höchstes beratendes Gremium für die Planung und Koordinierung der naturwissenschaftlichen und technischen F. geschaffen und erhielt am 7. 1. 1965 ein Statut. Er ist wie die Ministerien ein Organ des Ministerrats. Der F.-Rat erarbeitet Analysen und Prognosen zum Entwicklungsstand und zu den Entfaltungsmöglichkeiten der einzelnen Disziplinen. Seit 1966 nimmt der F.-Rat auch die Aufgaben des „Wissenschaftlichen Rates für die friedliche Anwendung der → **Atomenergie**" wahr.

Zur Durchführung der dem F.-Rat übertragenen Arbeiten entstanden verschiedene Gremien. Die wichtigsten Gremien sind: die Kommissionen des F.-Rates, die Zentralen Arbeitskreise für F. und Technik (ZAK), die F.-Bereiche und Zentralinstitute der AdW, der Bauakademie und der Akademie der Landwirtschaftswissenschaften und die Hauptproblem- und Problemkommissionen des Rates für Planung und Koordinierung der medizinischen Wissenschaft beim Ministerium für Gesundheitswesen. In einer vom Ministerrat und Minister für Wissenschaft und Technik erlassenen VO vom 7. 8. 1967 wird auf die Bedeutung der ZAK hingewiesen, die für volkswirtschaftlich wichtige Fachgebiete und Problemkomplexe Analysen und Prognosen zu erarbeiten, zu vervollkommnen, zu präzisieren und aus den

Einschätzungen Folgerungen für die weitere Entwicklung der Volkswirtschaft abzuleiten haben. Die ZAK sollen von den Mitgliederorganisationen der → **Kammer der Technik (KDT)** weitgehende Unterstützung erhalten. Eine solche Regelung soll gewährleisten, daß alle Probleme der wissenschaftlich-technischen Entwicklung von der Grundlagen-F. bis zur Produktion erfolgreich behandelt werden können. Durch die VO über die Leitung, Planung und Finanzierung der F. an der AdW und an Universitäten und Hochschulen (GBl. II, Nr. 53, vom 16. 9. 1972) wurde der AdW die Aufgabe übertragen, die Entscheidungsgrundlagen für die Partei- und Staatsführung über die Hauptrichtungen und Schwerpunkte der naturwissenschaftlichen F. vorzubereiten. Mit dieser Aufgabenverlagerung verlor der F.-Rat seine entscheidende Funktion, ohne jedoch völlig aufgelöst zu werden. Ehrenvorsitzender des F.-Rates ist Prof. Peter A. Thiessen.

Auf gesamtstaatlicher Ebene ist die Staatliche Plankommission (SPK) (→ **Planung**, VI. A.) das wichtigste Organ des Ministerrats für die zusammenfassende Planung der wirtschaftlichen, wissenschaftlichen und technischen Entwicklung. In der Wissenschaftsplanung ist seit 1972 die Verbindlichkeit der zentralen Pläne – Staatsplan Wissenschaft und Technik, Zentraler F.-Plan für die Gesellschaftswissenschaften – erhöht worden. Von neuem ist darüber hinaus der Versuch unternommen worden, eine höhere Verbindlichkeit der langfristigen Entwürfe und der Fünfjahrpläne gegenüber den Jahresplänen zu erzielen. Gegenwärtig existieren in der F.-Planung a) Jahrespläne Wissenschaft und Technik, b) Fünfjahrpläne Wissenschaft und Technik und c) die Konzeption „Die langfristige Entwicklung der mathematisch-naturwissenschaftlichen Grundlagen-F. im Bereich der AdW der DDR und des Ministeriums für Hoch- und Fachschulwesen bis 1990". Die wichtigsten Themenkomplexe der gesellschaftswissenschaftlichen F. sind im „Zentralen F.-Plan der marxistisch-leninistischen Gesellschaftswissenschaften der DDR 1981–1985" zusammengefaßt.

Unter den wissenschaftlichen Institutionen besitzt die Akademie der Wissenschaften der DDR (AdW), Berlin (Ost), überragende Bedeutung. Sie wirkte mit ihren Sektionen und Instituten bereits bis zur Herausgabe der VO über die Leitung, Planung und Finanzierung der Akademie-F. (GBl. II, Nr. 53, vom 16. 9. 1972) maßgeblich an der Vorbereitung vor allem der langfristigen F.-Politik mit. Diese Vorbereitung erfolgte z. T. parallel zu den Arbeiten des F.-Rates, z. T. im Rahmen dieser Arbeiten. Der tatsächliche Kompetenzzuwachs erstreckt sich darauf, daß die AdW gegenwärtig a) für die Vorbereitung der forschungspolitischen Entscheidungsgrundlagen der Partei- und Staatsführung zuständig ist, und b) die wissenschaftliche Zusammenarbeit aller naturwissenschaftlichen F.-Stätten (Grundlagen-F.) sowohl innerhalb der DDR als auch mit den F.-Stätten der Akademien der RGW-Mitgliedsländer zu organisieren und koordinieren hat. Im Zuge dieser Entwicklung intensivierte sich 1972 die Zusammenarbeit zwischen der AdW, den Hochschulen, den Instituten der Ressort- und Industrie-F. und ausländischen F.-Einrichtungen. Die Zusammenarbeit umfaßt den Austausch von Personal und Information, gemeinschaftliche Nutzung der F.-Geräte und -Apparaturen, gemeinsame F.-Projekte und internationale Arbeitsgemeinschaften.

Als Gremien zur fachspezifischen Vorbereitung von F.-Entscheidungen und zur Koordinierung, Leitung und Kontrolle der F. wichtiger Disziplinen und Fachgebiete bestehen verschiedene → **Wissenschaftliche Räte**; z. B.: *Wissenschaftlicher Rat für soziologische Forschung* (Vorsitzender: Prof. Dr. Rudi Weidig) bei der AfG;

Wissenschaftlicher Rat für marxistisch-leninistische Philosophie (Vorsitzender: Prof. Dr. Erich Hahn) bei der AfG;

Wissenschaftlicher Rat für wirtschaftswissenschaftliche Forschung (Vorsitzender: Prof. Dr. Helmut Koziolek) bei der AdW;

Rat für Geschichtswissenschaft (Vorsitzender: Prof. Dr. Ernst Diehl) beim IML;

Rat für staats- und rechtswissenschaftliche Forschung (Vorsitzender: Prof. Dr. Gerhard Schüßler) bei der → **Akademie für Staats- und Rechtswissenschaft der DDR**;

Wissenschaftlicher Rat für Imperialismusforschung (Vorsitzender: Prof. Dr. Werner Paff) beim → **Institut für Internationale Politik und Wirtschaft (IPW)**.

Im gesellschaftswissenschaftlichen Bereich wurde der Aufbau der Wissenschaftlichen Räte (insgesamt 19 Räte) im Jahr 1976 vorerst abgeschlossen. Seit 1974 werden darüber hinaus Wissenschaftliche Räte auch zu wichtigen Themenkomplexen der naturwissenschaftlichen und mathematischen Grundlagen-F. gegründet. Als Beratungsgremien werden sie entweder beim Minister für Hoch- und Fachschulwesen oder dem Präsidenten der AdW berufen.

IV. Forschungspolitik seit 1967

Die auf dem VII. SED-Parteitag (1967) erneut und besonders nachdrücklich erhobene Forderung, Wissenschaft „zur Wirkung zu bringen", eröffnete eine Phase erhöhter forschungspolitischer Aktivität der SED- und Staatsführung. 1966 bestanden in der DDR 1800 F.- und Entwicklungsstellen mit 87000 Beschäftigten. Die Zahl der F.-Themen belief sich 1965 auf rd. 17300. Dahinter verbarg sich eine thematische und personelle Zersplitterung, die von der SED-Führung scharf kritisiert wurde. Auch die lange Bearbeitungsdauer der F.-Themen forderte immer wieder die Kritik der Parteiführung heraus. Sie forderte daher die Ausarbeitung einer exakten Konzeption der Schwerpunkte der F. und Lehre.

Der Wirkungssteigerung vor allem der naturwissenschaftlichen und technischen F. wurde unter verschiedenen Aspekten besondere Bedeutung zugemessen: den begrenzten F.-Möglichkeiten eines kleineren Industriestaats (finanzielle, personelle und materielle Möglichkeiten); der Konkurrenzsituation auf den internationalen Märkten und dem Innovationstempo westlicher Industrieländer; der politischen und wissenschaftlichen Position der DDR innerhalb des RGW; der im Vergleich zur Bundesrepublik Deutschland erheblich geringeren → **Arbeitsproduktivität** in der Wirtschaft und der politischen Auseinandersetzung mit der Bundesrepublik Deutschland bzw. der Auseinandersetzung zwischen „Sozialismus" und „Kapitalismus".

Der Wissenschaft und F. wurde die Funktion einer „Produktivkraft", eines „dritten Faktors" (neben den Produktionsfaktoren Arbeit und Kapital) zugewiesen. Das forschungspolitische Programm von 1967 bis 1971 verfolgte das anspruchsvolle Ziel, unter dem Slogan „Überholen, ohne einzuholen" einen sprunghaften Fortschritt in Naturwissenschaft und Technik zu erreichen, der ausreichen sollte, um auf breiter Linie den Anschluß an das internationale Niveau („Weltniveau") herzustellen. Zu diesem Zweck wurden sowohl die F.-Budgets erhöht als auch das wissenschaftliche Personal verstärkt. Damit parallel gingen eine engere Verflechtung von Industrie-F. und -produktion sowie eine stärkere Konzentration des F.-Potentials in den neugebildeten Industriekombinaten einher. Das Ziel war der Aufbau der „sozialistischen Groß-F.".

Die AdW entwickelte sich im Zuge der Akademiereform aus einer Gelehrtengesellschaft mit zugeordneten F.-Einrichtungen zu einer „F.-Gemeinschaft", die eng mit den Erfordernissen des sozialistischen Gesellschaftssystems verbunden sein soll. Verändert wurde auch das forschungspolitische Leitungssystem. Nunmehr wurde größerer Wert gelegt auf eine systematische Entscheidungsvorbereitung, auf die Kontrolle der F.-Durchführung sowie eine Angleichung der Planungs- und Leitungsstrukturen der F. an die der Produktion. Thematisch wurde die F. stärker auf die wissenschaftliche Durchdringung der Produktion und die Entwicklung kostensparender hochproduktiver Technologien und Verfahren eingestellt. Die Hauptrichtungen der Grundlagen-F. sind im Gesetz über den Perspektivplan zur Entwicklung der Volkswirtschaft der DDR bis 1970 festgelegt worden. Schwerpunkte waren u. a. die F. auf dem Gebiet der Festkörperphysik und die Entwicklung hochwertiger Plaste, Elaste und Synthesefasern. Von der wirtschaftswissenschaftlichen F. wurde erwartet, daß sie gemeinsam mit der naturwissenschaftlich-technischen F. dazu beitragen sollte, die wissenschaftlichen Grundlagen für eine vorausschauende Strukturpolitik und die einzelnen Strukturentscheidungen zu erarbeiten.

Das Jahr 1971 markiert eine Tendenzwende in der F.-Politik der SED. Der VIII. Parteitag der SED (1971) und die Verabschiedung eines langfristigen Entwicklungsprogramms für die Zusammenarbeit der Mitgliedsländer des → **Rats für Gegenseitige Wirtschaftshilfe (RGW)** („Komplexprogramm") lösten forschungspolitische Veränderungen aus. Entscheidend war, daß das Ziel des schnellen wissenschaftlichen und technischen Fortschritts nicht mehr ausschließlich durch isolierte Anstrengungen der DDR erreicht werden sollte. Die Aktivitäten richten sich seit 1971 vielmehr stärker darauf, die internationale Zusammenarbeit mit den am stärksten industrialisierten Ländern des RGW zu vertiefen und im Rahmen dieser Zusammenarbeit zu einer Arbeitsteilung auch in Wissenschaft und Technik zu gelangen. Damit im Zusammenhang steht erneut die Forderung nach Verzicht auf „schematische" Übernahme „kapitalistischer" F.-Ansätze und Lösungen. Im Gegensatz zu den Jahren vor dem VIII. Parteitag werden Grundlagen-F. und angewandte F. (einschließlich Entwicklung) jetzt deutlicher als gleichwertige Arbeitsbereiche anerkannt. Inhaltlich wurde die naturwissenschaftliche Grundlagen-F. im Zeitraum 1971–1975 auf folgende Bereiche konzentriert: Energieerzeugung, Nutzung der vorhandenen Ressourcen, Entwicklung neuer Werkstoffe, Probleme der Stoffwandlung, mathematische und kybernetische Lösungsverfahren und die Nutzbarmachung von Erkenntnissen biologischer F. Die Planung der naturwissenschaftlich-technischen Grundlagen-F. in der Phase des Fünfjahrplans 1976–1980 hob folgende Disziplinen hervor: Mathematik, Mechanik, Kybernetik und Informationsverarbeitung, Physik (einschl. Kern- und Werkstoff-F.), Chemie, Biowissenschaften, „Geo- und Kosmoswissenschaften" und ingenieurwissenschaftliche Grundlagenbereiche (insbesondere der Energie- und Rohstoffwirtschaft). Wissenschaftlich-technische Leistungen waren im Zeitraum 1976–1980 die bei weitem wichtigste Ursache der erhöhten Arbeitsproduktivität, der Material- und Arbeitsplatzeinsparungen. Die Erzielung wissenschaftlich-technischer Leistungen ist damit zu einem zentralen Bestandteil der auf dem VIII. und IX. Parteitag der SED (1971, 1976) begründeten und weiterentwickelten wirtschaftspolitischen Strategie geworden, ein stabiles Wirtschaftswachstum und Erhöhung des Lebensstandards vor allem durch effizientere, intensive Nutzung der gegebenen Wirtschaftsressourcen zu erreichen (→ **Intensivierung und Rationalisierung**).

Diese Argumentation ist seit dem X. Parteitag der SED (11.–16. 4. 1981) und mit dem Fünfjahrplan 1981–1985 noch einmal gesteigert worden, wenn zukünftig das Tempo und die Breitenwirksamkeit des wissenschaftlich-technischen Fortschritts bisher völlig unbekannte „neue Dimensionen" erreichen soll, um eine „durchgreifende Steigerung" der einzel- und gesamtwirtschaftlichen Produktivität und Effizienz zu ermöglichen. Insbesondere in der für die DDR-Wirtschaft typischen verarbeitenden Industrie sind wirtschaftliche Widersprüche aufzufangen. Sie ergeben sich aus den gegenläufigen Entwicklungen von steigenden Wissenschaftsaufwendungen und zurückbleibender Arbeitsproduktivität; ferner aus der Gegenläufigkeit von steigenden Wissenschaftsaufwendungen und der sinkenden Lebensdauer von Sortimenten, so daß der Generationswechsel bei Erzeugnissen und Verfahren oft schon nach 3–7 Jahren eintritt. Begrenzte Absatzmärkte und spezielle Anwenderwünsche schränken zudem die kostengünstige Serienfertigung ein. Durch das international gestiegene Erneuerungstempo der Sortimente wird die Innovationspolitik der DDR, die wie generell in der Vergangenheit den technischen Fortschritt vor allem durch Neuinvestitionen und den Austausch veralteter Technologien, Anlagen und Sortimente verwirklichen will, nicht mehr finanzierbar. In den 80er Jahren soll das Anlagekapital durch Modernisierung intensiver genutzt werden.

Insgesamt sind für die F. finanzielle Mittel in folgendem Umfang aufgewandt worden: Im Durchschnitt der Jahre 1966–1970 waren es 3 v.H. des jährlich produzierten Nationaleinkommens; von 1971 bis 1975 stieg der Anteil auf durchschnittlich 3,9 v.H., um in den nachfolgenden Jahren erneut zu steigen (s. nebenstehende Tabelle).

Die theoretischen und faktischen Zusammenhänge zwischen wissenschaftlich-technischen Innovationen, der intensiven Nutzung der vorhandenen Produktionsanlagen und des gegebenen Arbeitskräftepotentials sowie der Entwicklung der Produktionssortimente und Wirtschaftsstrukturen sind allerdings noch weitgehend ungeklärt. Da theoretische Vorarbeiten fehlen, ist bisher in der DDR nicht entschieden worden, ob die F.-Politik der Förderung einzelner umfassender Innovationen mit volkswirtschaftlichen Auswirkungen oder einer breit gestreuten Modernisierung und Rationalisierung den Vorzug geben soll. Die praktische F.-Politik strebte bisher sowohl das eine wie das andere Ziel an. Zahlreiche, z.T. recht unterschiedliche Maßnahmen wurden ergriffen, die hauptsächlich die Motivation und das Verhalten der Wissenschaftler und des Leitungspersonals in den Betrieben und staatlichen Institutionen sowie die Auswahl und Durchführung von naturwissenschaftlich-technischen Entwicklungen und ihre Anwendung und Diffusion in der Industrie und den anderen Wirtschaftsbereichen betreffen. Zu den Maßnahmen gehören: die materielle Förderung der Erfinder und Neuerer; die stärkere Verankerung der F.-Strategie in der Zuständigkeit der Gesamtleitungen von Betrieben, Kombinaten und Ministerien; regelmäßige Recherchen und Analysen des jeweiligen internationalen Entwicklungsstands sowie der patentrechtlichen Probleme (Pflichtenheft-Ordnung, GBl. I, 1977, S. 145); die bevorzugte Förderung von F.-Kapazitäten für grundlegende Verfahren („technologische Zentren“) wie generell des Ausbaus der in der Vergangenheit stark vernachlässigten technologischen F.; die Anwendung von Standards für „Bestlösungen“ wiederkehrender F.- und Entwicklungstätigkeiten; schließlich die generelle Überprüfung der für die F. und Entwicklung relevanten Standards auf Möglichkeiten, den Material- und Energieeinsatz in der Fertigung zu senken.

Im Zeitraum des Fünfjahrplans 1971–1975 wurden rd. 12000 Erzeugnisse und rd. 10000 Verfahren erstmalig in die Produktion übernommen. Das wissenschaftlich-technische Niveau dieser Produkte ist wiederholt als problematisch bezeichnet worden. 1972 entsprachen lediglich 10 v.H. dieser neuen Erzeugnisse dem jeweiligen internationalen Stand („Weltniveau“). Übereinstimmend wird die Über-

Ausgaben der Wissenschaft und Technik

Jahr bzw. Fünfjahres-durchschnitt	Produziertes National-einkommen (PN)	Ausgaben für Wissenschaft und Technik	
	in Mrd. Mark		in v.H. des PN
1950	29,32	0,15	0,5
1961–1965	83,74	1,59	1,9
1965	90,98	1,96	2,1
1971–1975	137,50	5,01	3,6
1976–1980	172,50	6,51	3,8
1980	187,06	7,35	3,9
1981	195,96	7,98	4,1
1982	201,80	8,90	4,4
Plan 1983	210,30	9,30	4,4
Plan 1981–1985	217,70	10,0/10,4	4,6/4,8

Anmerkung: Die Werte für das produzierte Nationaleinkommen sind zu konstanten Preisen des Jahres 1980 ausgewiesen. Da die für Wissenschaft und Technik eingesetzten Mittel nur zu laufenden Preisen nachweisbar sind, werden die v.H.-Anteile für den Zeitraum vor 1980 geringfügig zu niedrig und für die Jahre ab 1981 eher etwas zu hoch veranschlagt.

Quellen: Harry Nick: Der Zusammenschluß von Wissenschaft und Produktion. Wirtschaftswissenschaft, Heft 10/1980, S. 1198. – Rede von Erich Honecker auf der 4. Tagung des ZK der SED. In: Neues Deutschland vom 25. Juni 1982, S. 7. – Autorenkollektiv: Sozialistische Volkswirtschaft. Berlin (Ost) 1982, S. 58. – Arnold Bernwald: Mittel für Wissenschaft und Technik wirksamer einsetzen. In: Presse-Informationen der DDR vom 4. Januar 1983, S. 5. – Statistisches Jahrbuch der DDR 1982, S. 13 und 92. – Berechnungen des DIW.

Quelle: Angela Scherzinger, Aspekte der Planung von Forschung und Entwicklung in der DDR, in: Vierteljahresheft zur Wirtschaftsforschung, Nr. 1/1983, S. 76.

führung von F.-Resultaten in die industrielle Fertigung als eine der schwachen Stellen in der Kette von der Grundlagen-F. über die angewandte F. und Entwicklung bis zur Produktion angesehen.
In allen F.-Bereichen – auch in der Grundlagen-F. – wird deshalb starkes Gewicht auf eine wirksamere Organisation der **Überleitungsprozesse** gelegt, da hier erhebliche Produktivitätsreserven vermutet werden. Als eine organisatorische Form der Zusammenarbeit zwischen Akademie-F. und Industrie- bzw. Ressort-F., die effizientere Innovationen und schnellere Diffusionen der F.-Resultate ermöglichen soll, wurden seit dem Jahr 1976 fünf „Akademie-Industrie-Komplexe" (AIK) gegründet. Seit Beginn der 80er Jahre sollen einerseits die Kombinate neue Entwicklungen in Wissenschaft, Produktion und im Absatz mit „sicherem Gespür" rechtzeitig erkennen und ggf. für die Sortimentsplanung nutzen und anwenden, andererseits wurde zugleich die zentrale staatliche Planung und Kontrolle der Kombinate verstärkt. So gibt der Plan Wissenschaft und Technik mittels zentraler Planvorgaben nicht nur die Anzahl der Beschäftigten und die Höhe der Finanzmittel in der F. und Entwicklung vor, sondern ebenso den Grad der Wirtschaftlichkeit des wissenschaftlich-technischen Fortschritts, die Art der zu erbringenden „Spitzenleistungen" und die Aufgaben zur Durchführung der 1982 neu geregelten „Staatsaufträge Wissenschaft und Technik", zur Standardisierung und Lizenzierung. In den Jahren 1981 und 1982 wurden die Finanzierung, Abrechnung und Planung der F. und Entwicklung durch Verordnungen dahingehend formalisiert, daß die Wirtschaftlichkeit der F.-Arbeiten durch detaillierte „Pflichtenhefte" für jedes einzelne Vorhaben besser kontrollierbar wird. Zudem wenden sich nunmehr auch die Bezirksleitungen und einzelne Gruppen der SED mit mehr Aufmerksamkeit dem F.-Sektor in den Kombinaten zu und bemühen sich, das F.-Personal „ideologisch zu mobilisieren".
→ **Wirtschaft; Wissenschaftlich-technische Zusammenarbeit (WTZ).** *Ralf Rytlewski*

Literaturangaben

Boesler, C., E. Dörschel u. H. Laschinski: Leitung der Forschung – Entwicklung des Schöpfertums. Berlin (Ost): Staatsverl. d. DDR 1972.

Fischer, I., u. K. Hartmann: Technologie, Wachstum, Produktivität. Berlin (Ost): Dietz 1980.

Forschung und Überleitung im Reproduktionsprozeß. Autorenkoll. u. Ltg. v. A. Lange u. U. Reichenberg. Berlin (Ost): Die Wirtschaft 1971.

Hager, K.: Zur Theorie und Politik des Sozialismus. Reden und Aufsätze. Berlin (Ost): Dietz 1972.

Hartmann, W.-D., u. H. Richter: Wege zu Spitzenleistungen. Berlin (Ost): Die Wirtschaft 1982.

Kosel, G.: Produktivkraft Wissenschaft. Berlin (Ost): Die Wirtschaft 1957.

Kröber, G., und H. Laitko: Sozialismus und Wissenschaft. Berlin (Ost): Deutscher Verl. d. Wissenschaften 1972.

Kuczynski, J.: Wissenschaft heute und morgen. Berlin (Ost): Akademie-Verl. 1973.

Kusicka, H., u. W. Leupold: Industrieforschung und Ökonomie. Berlin (Ost): Dietz 1966.

Loeser, F., u. D. Schulze: Schöpfertum in der Zwangsjacke? Berlin (Ost): Deutscher Verl. d. Wissenschaften 1980.

Mocek, R.: Gedanken über die Wissenschaft. Die Wissenschaft als Gegenstand der Philosophie. Berlin (Ost): Dietz 1980.

Schellenberger, G.: Technische Neuerungen – sozialer Fortschritt. Berlin (Ost): Dietz 1980.

Steenbeck, M.: Wissen und Verantwortung. Reden und Aufsätze 1959–1967. Berlin (Ost)/Weimar: Aufbau 1967.

Steenbeck, M.: Wirken für die Zukunft. Reden und Aufsatze 1968–1972. Berlin (Ost)/Weimar: Aufbau 1973.

Überführung Wissenschaft-Produktion. Materialien eines Kolloquiums der Akademie der Wissenschaften der DDR im Mai 1973. Hrsgg. v. U. Hofmann. Berlin (Ost): Akademie-Verl. 1973.

Wissenschaft und Produktion im Sozialismus. Autorenkoll. u. Ltg. v. H. Nick. Berlin (Ost): Dietz 1976.

Forst- und Holzwirtschaft

I. Aufgaben der Forst- und Holzwirtschaft
II. Produktionsgrundlagen
III. Produktionsleistungen der Forstwirtschaft
IV. Forstwissenschaften

I. Aufgaben der Forst- und Holzwirtschaft

Die F. der DDR als Zweig der Volkswirtschaft umfaßt den Aufbau, die Pflege, die Unterhaltung, den Schutz und die Nutzung der Wälder und Flurholzflächen. Die Stellung und Bedeutung der F. ist geprägt durch die H., eng verbunden mit dem Erholungswert des Waldes, der Bedeutung des Waldes für die Regulierung des Wasser-Kreislaufes, der Wasserspeicherung, der Luftfilterung, des Windschutzes und der Klimaregulierung. Die FuH. hat Belange der → **Jagd** und des → **Naturschutzes** sowie → **Umweltschutzes** zu berücksichtigen.
Zentrales Leitungsorgan für die F. ist die Hauptabteilung F. im → **Ministerium für Land-, Forst- und Nahrungsgüterwirtschaft (MfLFN)**. Die H. der DDR ist heute nicht mehr eindeutig zu trennen von der F., da eine Vielzahl ihrer Aufgaben von der F. mit wahrgenommen werden. Im ursprünglichen Sinne umfaßt der Begriff H. die Bearbeitung des von

der F. geborgenen Rohholzes, seine Ausformung, Lagerung und Weiterverarbeitung bis hin zur Behandlung und Bearbeitung in der → **Holz-** und → **Papierindustrie**. Aus sachlichen, technischen und organisatorischen Gegebenheiten bestehen in der DDR sehr enge Beziehungen und Verbindungen zwischen FuH. sowie der → **Landwirtschaft**.
Zentrale Aufgabe der F. sind die Steigerung der Rohholzgewinnung bei Erhöhung der lebenden Holzvorräte und die Erschließung weiterer Holzressourcen. Abnehmer sind neben der holzbe- und -verarbeitenden Industrie die Landwirtschaft, das Bauwesen und der Bergbau. Neben der Rohholzbergung haben in der F. die Gewinnung von Harz, Rinde und einigen anderen Rohstoffen Bedeutung. Auch Wald- und Forstwege sowie -brückenbau gehören zu den Aufgaben der F., Neben- und Zusatzproduktionen werden ebenfalls durchgeführt.

II. Produktionsgrundlagen

A. Forstbestand

Die forstwirtschaftliche Nutzfläche (FN) beträgt 2,96 Mill. ha oder 27,3 v.H. der gesamten Wirtschaftsfläche der DDR. Sie nimmt von Jahr zu Jahr geringfügig zu. Der Anteil der FN ist in den Bezirken recht unterschiedlich verteilt. Den höchsten Waldanteil haben Suhl (50 v.H.) und Cottbus (41 v.H.), den geringsten Leipzig (14 v.H.) und Rostock (16 v.H.).
Die Baum- und Holzartenverteilung sowie das Altersklassenverhältnis werden regelmäßig durch die staatlichen Institutionen registriert (s. II. B. 3.) und in die forstwirtschaftliche Planung einbezogen. Die Kiefer ist mit einem Flächenanteil von gut 53 v.H. des gesamten Waldbestandes der „Brotbaum" auf dem Gebiet der DDR. Fichte und sonstige Nadelhölzer haben daneben einen Anteil von über 23 v.H., ihre wichtigsten Anbaugebiete liegen in den Bezirken Suhl und Karl-Marx-Stadt. Der Anteil der Buchen beträgt etwa 8 v.H., doch ist der Bestand überaltert (rd. 45 v.H. sind älter als 100 Jahre).
Die Anteile von Kiefern, Fichten sowie Buchen werden in Zukunft abnehmen zugunsten schnellwüchsiger neuer Baumarten (z.B. Aspen, Pappeln) oder auch Neuzüchtungen. Der Eichenanteil von derzeit rd. 5 v.H. wird ebenfalls eine geringfügige Abnahme erfahren. Sonstige Hart- bzw. Weichhölzer haben Anteile von jeweils rd. 6 v.H. des Waldbestandes der DDR.

B. Einrichtungen und Betriebe der Forstwirtschaft

1. Staatliche Forstwirtschaftsbetriebe (StFB)
StFB sind volkseigene Betriebe, denen die Durchführung der Aufgaben der F. obliegt. Gegenwärtig bestehen 71 StFB mit rd. 45000 Beschäftigten. Es sollen außerdem einige militärische FB existieren. Die Zahl der StFB hat in den letzten Jahren ständig abgenommen, die Zahl der Berufstätigen steigt dagegen seit Beginn der 70er Jahre. Der Verdienst der Berufstätigen in der F. ist geringfügig höher als in der Landwirtschaft (→ **Einkommen**).
Ein StFB ist juristische Person und wird nach dem Prinzip der → **Einzelleitung** und persönlichen Verantwortung des Direktors des StFB geleitet. Er ist dem Vorsitzenden des Rates des Bezirkes für die politische, ökonomische und organisatorische Arbeit rechenschaftspflichtig. Die Abteilung F. beim Rat des Bezirkes leitet den StFB wiederum an. Dem Direktor unterstehen die Fachdirektoren für Produktion, Ökonomie und Konsumgüterproduktion, der → **Hauptbuchhalter**, der Leiter der Abteilung Kader und Bildung sowie ein Sicherheitsinspektor. Die bewirtschaftete Fläche eines StFB erstreckt sich im allgemeinen über 2–3 politische Kreise mit 30000–60000 ha. Die durchschnittliche FN eines StFB liegt bei 37000 ha.
Je nach Größe gliedert sich ein StFB in 5–8 Oberförstereien, die ihrerseits je 4–6 Revierförstereien umfassen. Durchschnittlich bewirtschaftet eine Oberförsterei etwa 7500 ha FN, eine Revierförsterei rd. 1400 ha FN.
Oberförster haben in der Regel einen Bildungsabschluß als Diplomforstingenieur, Revierförster als Forstingenieur.
Der Einsatz der Arbeitskräfte erfolgt in der Regel zentral durch den StFB in sog. Technikbrigaden und Technikkomplexen mit ca. 30–40 Facharbeitern. Der Einsatz teurer Forsttechnik und die Arbeit hochqualifizierter technischer Arbeitskräfte hat zu verstärkter Zwei-Schicht-Arbeit in der F. der DDR geführt. Dieser Trend hält an. Zwischen den Pflanzenbaubetrieben der Landwirtschaft der DDR und der F. findet ein intensiver Arbeitskräfteaustausch auf vertraglicher Basis und bei gegenseitiger ökonomischer Verrechnung statt. So helfen die Arbeitskräfte der F. im Sommer bei der Ernte, während im Winter Arbeitskräfte der Pflanzenproduktion bei Waldarbeiten tätig sind.

2. Zwischengenossenschaftliche Einrichtung der Waldwirtschaft (ZEW)
Neben den StFB existieren noch 18 ZEW mit 171 Beschäftigten. Die Bedeutung der ZEW ist in den letzten Jahren stark gesunken. Sie konnten auf der Grundlage des LPG-Gesetzes von 1959 gegründet werden. Die ZEW erreichten 1973 zahlenmäßig mit 494 Einrichtungen und rd. 4200 Berufstätigen ihren größten Umfang. Mitglieder einer ZEW konnten waldbesitzende LPG werden, deren Waldflächen gemeinsam von der ZEW bewirtschaftet wurden. Oft handelte es sich um in ungünstiger Streulage gelegene Waldflächen. Vorangegangene Versuche benachbarter LPG, unter einer „Leit-LPG" die Waldungen gemeinsam zu bewirtschaften, schlugen fehl oder waren unwirtschaftlich. Die ZEW übernahmen diese Aufgaben und konnten damit die Kooperation zwischen Landwirtschaft und F. einigermaßen sichern.

Maschinen und Arbeitskräfte wurden gegen Berechnung von den LPG zur Verfügung gestellt. Die ZEW waren durch Verträge häufig eng an die StFB und damit an das staatliche Planungssystem gebunden. Die ZEW werden weiterhin abnehmende Bedeutung haben; ihre Aufgaben und Arbeiten werden zunehmend von den StFB übernommen.

3. VEB Forstprojektierung Potsdam

Dieser VEB ist direkt der Hauptabteilung F. des MfLFN unterstellt. Er ist für alle Arbeiten der Forsteinrichtung der DDR zuständig und verfügt über Betriebsteile in Potsdam, Schwerin, Dresden und Weimar. Da die Forsteinrichtung als regelmäßige Waldinventur und -kontrolle wesentliche Planungs- und Prognosedaten liefert, wird ihr in der DDR große Bedeutung beigemessen. Die Forsteinrichtung wird als Teil der Forstwissenschaften, aber auch als Teil der praktischen forstwirtschaftlichen Tätigkeit betrieben.

4. VEB Kombinat Forsttechnik Waren/Müritz

Laut Ministerratsbeschluß vom November 1975 wurden per 1. 1. 1976 durch die Gründung des VEB die Forschung, Entwicklung, Produktion und Instandhaltung auf dem Gebiet der Forsttechnik neu geordnet. Der VEB untersteht dem MfLFN.

Der Stammbetrieb in Waren ist der VEB Wissenschaftlich-Technisches Zentrum, der in der forsttechnischen Forschung eng mit dem Institut für Forstwissenschaft Eberswalde (IFE) kooperiert. Zum Kombinat gehören zwei Produktionsmittelbau- und zwei Instandsetzungsbetriebe sowie eine Ersatzteil-Handelsabteilung. Das Kombinat ist beteiligt an den forsttechnischen Spezialisierungsprogrammen des RGW.

5. Ingenieurbüro für Forstwirtschaft (IfF)

Das IfF untersteht ebenfalls der Hauptabteilung F. des MfLFN. Ihm obliegen im wesentlichen die Erarbeitung von Rationalisierungsplänen und die Vorbereitung, Projektierung und Realisierung von Rationalisierungsvorhaben.

III. Produktionsleistungen der Forstwirtschaft

A. Holzeinschlag

Die Waldbestände auf dem Gebiet der DDR wurden durch Kriegseinwirkungen und Übernutzung nach Kriegsende erheblich geschädigt. Erst allmählich konnte eine gewisse Stabilisierung von Holzertrag und Holzvorrat erreicht werden. Steigender Bedarf an Holz und Holzprodukten haben die DDR zu einem Holzimportland werden lassen. Ein großer Teil der Importe stammt aus RGW-Ländern, vornehmlich aus der UdSSR und Polen.

Der Holzeinschlag schwankte zwischen 13,9 Mill. Festmeter (fm) im Jahre 1950 und 6,5 Mill. fm 1965. Für das Planjahrfünft 1981–1985 ist ein jährlicher Einschlag von 10,0 bis 10,25 Mill. fm vorgesehen. Planmäßig sollen davon über 93 v. H. Nutz- und rd. 7 v. H. Brennholz sein.

Holzeinschlag in der DDR (in Mill. fm)

Sortiment	1960	1970	1980	1982
Nutzholz[1]	7,6	6,7	9,5	9,6
darunter[2] Nadelsäge- u. -schälholz	3,5	2,4	3,1	3,3
Laubsäge- und -furnierholz	0,8	0,6	0,7	0,7
Grubenholz	0,6	0,3	0,2	0,2
Faserholz				
– Fichte	0,8	0,7	1,5	1,5
– Kiefer	0,4	0,5	0,5	0,5
– Buche	0,3	0,4	0,5	0,5
Sonstiges Nutzholz	0,8	1,7	2,9	2,7
Brennholz[1]	0,8	0,7	0,7	0,7
Zusammen[1]	8,4	7,4	10,3	10,4

1 Einschl. Eigenverbrauch.
2 Ohne Eigenverbrauch.
Quelle: Statistisches Taschenbuch der DDR 1983, Berlin (Ost), S. 82.

Der Holzvorrat stieg von 113 Vorratsfestmeter (Vfm/ha FN) je ha FN im Jahre 1949 auf 172 Vfm/ha FN 1983. Intensive Waldpflegemaßnahmen, verstärkte Düngung und verlustarme Bergung der Holzernte steigern die Holzvorräte in der DDR trotz einem gestiegenen Hiebsatz, der z. Z. bei 3,8 fm/ha FN liegt. Der durchschnittliche Umtrieb liegt damit bei etwa 50 Jahren. Trotz der beträchtlichen Produktionssteigerungen liegt der Importbedarf noch über 30 v. H. des Gesamt-Holzverbrauchs.

Verstärkte Nutzung von Kronen-, Ast- und Stockholz, die vermehrte Bereitstellung von Dünnholz durch Erhöhung der Jungbestandspflege, die umfangreiche Bergung von Wind- und Schneebruchholz, die Verarbeitung von Nadelgrüngut sowie die Verdreifachung des Rohstoffaufkommens aus der offenen Landschaft sollen den Importbedarf weiter senken helfen.

B. Harz

Harz wird als Fichtenscharrharz und als Kiefernrohbalsam in einem recht handarbeitsintensiven Arbeitsprozeß gewonnen. Harz wird als Rohstoff für die Herstellung von Terpentinöl und Kolophonium benötigt. Beide Stoffe werden für die Herstellung von zahlreichen Produkten des täglichen Bedarfs (Lacke, Farben, Schreibpapier, Schuhcreme u. a.) verwendet. Die DDR hat einen jährlichen Eigenbedarf von 1,4 kg Rohharz je Einwohner errechnet

Harzgewinnung (in 1000 t)

	1960	1970	1980	1982
Kiefernrohbalsam	14,9	12,3	10,6	10,9
Fichtenscharrharz	0,6	0,5	0,1	0,1
Zusammen	15,5	12,8	10,7	11,0

Quelle: Statistisches Jahrbuch der DDR 1983, Berlin (Ost), S. 207.

(d. s. 23,7 Mill. kg). Bis 1985 soll die Harzgewinnung jährlich um 1000 Tonnen gesteigert werden. Dies soll durch größere Ernteflächen, Behandlung der Rißflächen mit chemischen Reizstoffen sowie einer Erhöhung der Anzahl der Risse erreicht werden.

C. Rinde

Chemisch-technische Entwicklungen und Produktionsprozesse haben den Bedarf an Eichengerbrinde erheblich sinken lassen. Seit einer Null-Produktion im Jahre 1976 ist sie in der DDR allerdings wieder leicht ansteigend. Auch die Produktion von Fichtenschälrinde ist zurückgegangen und sinkt weiter.

Rindengewinnung (in Tonnen)

	1960	1970	1980	1982
Fichtenschälrinde	15 601	2 400	60	73
Eichengerbrinde	319	4	39	36
Zusammen	15 920	2 404	99	109

Quelle: Stat. Jahrbuch der DDR 1983. Berlin (Ost), S. 207.

Als neuer Zweig der Verwertung von Rindenabfällen wurden Betriebe aufgebaut, die die Verarbeitung organischer Substanzen vornehmen (→ **Landwirtschaftliche Betriebsformen**).

D. Korbweiden

In 36 Erzeugerbetrieben werden jährlich rd. 2000 t Weidenruten produziert. Per 1. 1. 1980 wurde der VEB Korb- und Flechtwaren, Seebad Heringsdorf gegründet. 71 Produktionsbetriebe aller Eigentumsformen verarbeiten sowohl die Korbweiden von den 1700 ha Anbauflächen der DDR als auch importiertes Rattan, Bambus- und Palmrohr.

E. Forstnebennutzung

Hierzu zählen die Be- und Verarbeitung von Reiserholz, der Vertrieb von Schmuckreisig, die Anzucht von Baumschulerzeugnissen für nichtforstliche Betriebe sowie Haltung, Mast und Zucht von Enten, Puten, Pelztieren, Fischen u. a. Durch häufige Kooperation von LPG mit StFB werden vielfach landwirtschaftliche Arbeitskräfte zu Tätigkeiten im Bereich der Forstnebennutzung delegiert, die geringere Qualifikation erfordern. Die Herstellung von Obst- und Gemüsesteigen ist z. B. ein derartiges typisches Arbeitsfeld. Darüber hinaus werden die StFB angehalten, verstärkt Konsumgüter für die Bevölkerung herzustellen und anzubieten.

F. Saatgutproduktion

Neben der natürlichen Verjüngung der Waldbestände nutzt die DDR seit 1953 durch Anlage von Samenplantagen die gezielte Auslese forstlichen Saatgutes. In 43 StFB bestehen 111 Samenplantagen mit rd. 242 ha FN. Zentrale wissenschaftliche Einrichtung ist die Zweigstelle für Forstpflanzenzüchtung in Waldsieversdorf des IFE.

Die auf den Plantagen z. T. unter Plastikfolienzelten gewonnenen Samen werden in der Regel in mehreren Forstbaumschulen der StFB herangezogen und als Setzlinge für Pflanzungen, Wiederaufforstungen, Vor- oder Unterbau meist maschinell ausgepflanzt (jährlich über 21000 ha FN).
Die Setzlingsproduktion der DDR reicht jedoch bei weitem nicht aus, so daß erhebliche Mengen aus Polen und der UdSSR importiert werden müssen.
Neuer Forschungszweig in der Forstpflanzenzüchtung sind Vermehrungen von Organ- und Gewebekulturen. Ergebnisse derartiger Versuche liegen noch nicht vor. Von ihnen kann erst langfristig mit Ergebnissen für den praktischen Waldbau gerechnet werden.

G. Spezialkulturen

Zu ihnen gehören einerseits die Edellaubhölzer, die sehr lange Wachstums- oder Umtriebszeiten haben, z. B. Vogelkirsche 70, Esche 110, Bergahorn 120 und Ulme 130 Jahre. Die Edellaubhölzer erzielen besonders gute Preise.
Als schnellwüchsige Baumart für die Zündholzindustrie wurden Holzzuchtplantagen mit Aspensorten angelegt, die auf Grenzstandorten der Kulturpappel noch gute Wuchsleistungen erbringen.

H. Forstschutz

Die F. der DDR hat einen ausgebauten Forstschutzmeldedienst. Seine Aufgaben sind zum einen die praktische Prognose, Erkennung, Prophylaxe und Bekämpfung von abiotischen und biotischen Gefahren und Krankheiten einzelner Bäume oder Wälder, zum anderen die Waldbrandverhütung und -bekämpfung und schließlich die Bestandsaufnahme und Behandlung von durch Rauch, Wind, Frost oder Schnee geschädigten Bäumen. Forstschutzmaßnahmen werden mit den Jagdgesellschaften abgestimmt (→ **Jagd**).
Prophylaktische Forstschutzmaßnahmen sind Düngung und Pflanzenschutzmitteleinsatz, die meistens durch Flugzeuge (→ **Agrarflug**) erfolgen. In Rauchschadengebieten werden Wiederaufforstungen meistens mit rauchhärteren Sorten vorgenommen.

IV. Forstwissenschaften

Wissenschaftszweig, dessen Einzeldisziplinen den Natur-, Gesellschafts- und Technikwissenschaften entstammen bzw. diesen zuzuordnen sind. Aus den naturwissenschaftlichen Grundlagenfächern bildeten sich Disziplinen wie Waldbau, forstliche Bodenkunde, Forstschutz, Standortkunde, Forsteinrichtung u. a. Zu den Gesellschaftswissenschaften gehören z. B. Forstökonomie, Forstsoziologie; forsttechnische Wissenschaften sind z. B. Holzmeßkunde, Forst-, Holz- und Fasertechnologie, Holzbauwesen. Die Lehre in den Forstwissenschaften findet an der Sektion Forstwissenschaft der → **Technischen Universität Dresden** in Tharandt statt. Die Forschung obliegt sowohl dem IFE als auch der TU Dresden. Die Ausbildungskapazität der TU Dresden beträgt jährlich etwa 50 Studenten. Das Studium schließt mit dem Titel „Diplomforstingenieur" ab.

Andreas Kurjo

Literaturangaben

Die **Forst-** und Holz**wirtschaft** in Mitteldeutschland. Berlin: Duncker & Humblot 1968. (Wirtschaft und Gesellschaft in Mitteldeutschland. 7.)

Intensivierung der Waldwirtschaft. Markkleeberg: Landwirtschaftsausstellung der DDR 1978.

Mette, H.-J., O. Bloßfeld u. M. Willing: Rationelle Holzausnutzung. Markkleeberg: Landwirtschaftsausstellung der DDR 1978.

Prien, S., u. L. Böcker: Intensivierung der Waldwirtschaft. Markkleeberg: Landwirtschaftsausstellung der DDR 1977.

Prien, S., u. G. Knorr: Intensivierung der Jagdwirtschaft. Markkleeberg: Landwirtschaftsausstellung der DDR 1978.

Fotografie: *1. Fotoindustrie.* In den Jahren von 1945 bis 1949 hatten die fotografischen Berufe und die Fotoindustrie in der SBZ eine ähnliche Ausgangsposition wie in den Westzonen. Traditionelle deutsche Firmen standen nach Kriegsgüterproduktion, Zerstörung oder Demontage vor dem Neubeginn. Die ersten Bildreporter der Nachkriegszeit verfügten über wenig Kameras und Aufnahmematerial. Dennoch entstanden eindrucksvolle lichtbildnerische Dokumente, z. B. von Richard Peter sen. („Dresden – eine Kamera klagt an"), Abraham Pisarek, Erich Höhne, Richard Peter jun.

Die VO über die Erhöhung und Verbesserung der Produktion von Verbrauchsgütern für die Bevölkerung vom 17. 12. 1953 zog eine Erweiterung des Kamera- und Zubehörangebotes nach sich. Fotoapparate, wie die Werra des VEB Carl Zeiss Jena, das Exakta Varex- und Exa-System aus dem VEB Ihagee Dresden, die Boxkamera Perfekta aus dem VEB Rheinmetall Sömmerda oder die Reihe der Contax- und Praktiflex-Kameras aus dem VEB Kamera- und Kinowerke Dresden, die einen guten Verkaufserfolg aufwiesen und entwicklungsfähig waren, verschwanden jedoch wieder vom Markt, nachdem kleinere Firmen rationalisiert und zu Kombinaten zusammengefaßt worden waren (u. a. VEB Kombinat Pentacon Dresden – ab 1964, VEB ORWO, Filmfabrik Wolfen, Fotochemisches Kombinat – ab 1964, vorm. Agfa).

Aber schon 1954 wurde von Verbrauchern deutliche Kritik an der mangelnden Qualität vor allem teurer Spitzenerzeugnisse und den mehrmonatigen Reparaturfristen geäußert; an diesen Unzufriedenheiten hat sich bis heute nichts geändert. Auch auf dem Gebiet der Blitzgeräte und Fotoleuchten, auf deren Herstellung sich der VEB Elgawa Plauen spezialisiert hat, wird bis heute über mangelnden technischen Standard und schlechte Qualität der Erzeugnisse geklagt. Als sich Ende der 70er Jahre der Preis für Edelmetalle (Silber) auf dem Weltmarkt erhöhte, wurde die Erzeugung von Filmmaterial und Fotopapieren in der DDR drastisch eingeschränkt. Aufgrund der insgesamt unzureichenden materialtechnischen Basis gestaltet sich die Existenz der Berufs- und Amateurfotografen in der DDR schwierig. Die in viele, auch westliche Länder exportierte, robuste Praktika kann nur noch wegen ihres günstigen Preises noch mit anderen Fabrikaten konkurrieren. Mechanisch und elektronisch entsprechen diese Kameras schon seit Jahren nicht mehr dem in der Welt üblichen Standard. Staatlich angestellte Bildreporter arbeiten inzwischen mit bundesdeutschen Blitzgeräten, japanischen Kleinbild- und schwedischen Mittelformatkameras.

2. Ausbildung. Für die wenigen Lehrstellen in den trotz der Materialschwierigkeiten als attraktiv angesehenen fotografischen Berufen gab es bisher keine Nachwuchsprobleme. Die Lehre eines Porträt-, Industrie- oder Theaterfotografen dauert für Schulabgänger der 10. Klasse 3, für Abiturienten 2 Jahre. Fotografen und Fotolaboranten werden bei selbständigen Fotomeistern, aber auch in staatlichen Werbeagenturen und Dienstleistungsbetrieben ausgebildet. Die Ausbildung endet mit Prüfung und Erwerb des Facharbeiterzeugnisses mit der Bezeichnung „Fotofacharbeiter". Retuscheure und Reproduktionsfotografen bilden die Betriebsberufsschule (BBS) „Rudi Arndt" in Berlin (Ost) und die BBS „Otto Grotewohl" in Leipzig aus. Auch in der Lehrausbildung von Dekorateuren und Gebrauchswerbern sowie in den Fachschul-Studienprogrammen der Fachschule für Werbung und Gestaltung Berlin-Oberschöneweide und der Fachschule für angewandte Kunst Heiligendamm sind fotografische Grundkurse enthalten. Weitere Qualifizierungsmöglichkeiten gibt es an der zentralen BBS Heinz Kapelle, Pößneck/Thüringen des VEB Karl-Marx-Werk, an die interessierte Betriebe ihre Mitarbeiter zu Fachlehrgängen entsenden können. Die Weiterbildung zum Ingenieur bzw. Diplomingenieur der Polygraphie erfolgt an der Ingenieurschule für Polygraphie „Otto Grotewohl" in Leipzig, die der Sektion Polygraphie der technischen Hochschule Leipzig zugehörig ist. Die Tätigkeiten in der gewerblichen F. haben sich seit etwa Mitte der 60er Jahre zu typischen Frauenberufen entwickelt. Bildjournalisten erhalten ihre Ausbildung in einem als zu kurz bemängelten Spezialisierungsjahr am Ende ihres allgemein-journalistischen Studiums an der Karl-Marx-Universität Leipzig, Sektion Journalistik. Sie werden mit Beginn ihrer Berufsausübung angeleitet und kontrolliert von der Bildjournalisten-Sektion (Vors.: Dr. Heinz Frotscher) im Verband der Journalisten der DDR (VDJ [→ **Journalismus**]). Das „Berufsbild für Bildjournalisten" vom 14. 11. 1966 bestimmt, daß „der gesellschaftliche Auftrag des Bildjournalisten in der Verwirklichung der Politik von Partei und Regierung mit den ihm gemäßen Mitteln besteht. Er hat einen wesentlichen Beitrag zur Erziehung der Menschen zum sozialistischen Bewußtsein und zu ihrer Mobilisierung beim umfassenden Aufbau des Sozialismus zu leisten.

Bildjournalistik ist Fotografie mit informierender politisch-erzieherischer und organisierender Zielsetzung. Ihre Existenz ist an die Publizierung in Zeitungen, Zeitschriften und Illustrierten, sowie anderen Kommunikationsmitteln für die agitatorischen und propagandistischen Zwecke gebunden." (Neue Deutsche Presse, 1/67, S. 40) Die Fotoabteilung „Zentralbild" des → **Allgemeinen Deutschen Nachrichtendienstes (ADN)**, der staatlichen Nachrichtenagentur der DDR, arbeitet unter dem Prinzip der „Parteilichkeit und Aktualität". ADN „beeinflußt mit seiner Nachrichtengebung in Wort und Bild entscheidend die Qualität der Informationen in unserer Republik – darüber hinaus auch im Ausland. Für das Foto liegt diese Verantwortung bei Zentralbild" (Fotografie 10/67, S. 8).
Die einzige Möglichkeit, F. als Kunstform zu studieren, besteht an der Leipziger Hochschule für Grafik und Buchkunst. Als Voraussetzungen für das 5jährige Fotografik-Diplom-Studium werden das Abitur und/oder ein Facharbeiterzeugnis sowie einschlägige künstlerische Vorkenntnisse verlangt. Absolventen können als Kandidaten bzw. Mitglieder des → **Verbandes Bildender Künstler (VBK) der DDR** freiberuflich tätig werden. Die Hochschule für Bildende Kunst in Berlin-Weißensee (Ost) ermöglicht fotografisches Experimentieren im Wahlfach.
3. Bedeutung der Fotografie. Zu den bekanntesten Fotografikern der DDR zählt John Heartfield (1891–1968). Geprägt von der deutschen Dada-Bewegung entwikkelte er die Kunst der Fotomontage im kommunistisch-oppositionellen Kampf in der Zeit der Weimarer Republik und vor allem in der Emigration im Widerstand. Seine Titelbilder der Arbeiter-Illustrierten-Zeitung (AIZ) werden als wegweisend für eine neue Kunstform politischer Agitation angesehen.
Mit der zunehmenden Suche der SED nach ihren Traditionen und ihren Versuchen der Erschließung des → **Kulturellen Erbes**, wurde die Arbeiter-F. zur Formulierung sozialistischer Fotoästhetik herangezogen: „Das Schaffen der Arbeiterfotografen aus der Zeit der Weimarer Republik sorgfältig zu studieren und die damals begründete revolutionäre Tradition zeitgemäß unter den veränderten Bedingungen in unserer sozialistischen Gesellschaft weiterzuführen, scheint mir eine besonders wichtige Aufgabe zu sein. Die Kamera sollte als künstlerische Waffe genutzt werden, um sich den neuen Dimensionen in der großartigen Entwicklung unseres Landes, gemeinsam mit der Sowjetunion und den anderen Bruderländern, mit offenem Objektiv zu stellen. Das wird fotokünstlerische Arbeiten von emotionaler und gedanklicher Wirkung ergeben" (Alexander Abusch). Zugleich wird Kritik an der Entwicklung der F. in den Ländern der westlichen Welt geübt und dabei die eigene Position deutlich abgegrenzt: „Der sozialistisch-realistische Lichtbildner will nicht nur Fotos schaffen, die das Massenelend im Kapitalismus anprangern, die Kriegstreiber anklagen und den Weltfrieden verherrlichen; er will mit ihnen zugleich deutlich machen, daß Wirtschaftskrisen, Armut, Kriege und andere Ausgeburten der bürgerlichen Ausbeutergesellschaft nur beseitigt werden können durch die Errichtung der sozialistischen Gesellschaftsordnung, durch den Sieg der Arbeiter und Bauern im Bündnis mit allen fortschrittlichen Gesellschaftskräften" (Prof. Friedrich Herneck, Fotografie und Wahrheit, Leipzig 1979, S. 208).
Zum Theoretiker der sozialistischen Fotoästhetik und Fotopraxis in der DDR wurde Prof. Berthold Beiler (1915–1975), seit 1960 Dozent für Ästhetik und Theorie der F. an der Hochschule für Grafik und Buchkunst Leipzig. In seinen wichtigsten Publikationen „Parteilichkeit im Foto" (1959) und „Die Gewalt des Augenblicks" (1967) unternahm Beiler den Versuch, F. im Sozialismus als eine Form künstlerischer Wirklichkeitsaneignung aus der Sicht marxistisch-leninistischer → **Ästhetik** zu definieren: „Die entscheidende Zäsur in der Geschichte der Fotografie, . . ., nämlich die Inbesitznahme der Kamera und ihrer Bilder für die politischen und ideologischen Interessen der Arbeiterklasse und damit zugleich für eine völlig neue ästhetische Zielsetzung, beginnt deshalb erst dort, wo diese Klasse durch ihre revolutionäre Partei drei Voraussetzungen schafft – ein Klassenbewußtsein, das im Bild eine seiner geistigen Waffen sieht, Organisationsformen für die Ideologie und Praxis des Bildermachens, klasseneigene Medien der Massenkommunikation (Bildpresse, Bücher, Ausstellungen)" (Weltanschauung der Fotografie, München 1977, S. 84).
Auf den Fotoausstellungen der DDR in London und Köln (1979) sollten Situationen und Vorgänge gezeigt werden, die „dem Betrachter die soziale Sicherheit des Menschen in unserer Gesellschaft vor Augen führen. Die Fotos berichten vom Recht auf Arbeit und Bildung, sie zeigen, wie Frauen gleichberechtigt und selbstbewußt alle Bereiche gesellschaftlichen Daseins mitgestalten, wie tätige Solidarität und Völkerfreundschaft geübt und damit die Menschenrechte in unserem Lande verwirklicht werden" (aus dem Plakat-Prospekt der Kölner Ausstellung). Vor allem zeugten die Ausstellungen von den Absichten und unterschiedlichen Handschriften solch profilierter DDR-Fotografen wie Klaus G. Beyer, Sybille Bergemann, Christian Borchert, Margit Emmrich, Klaus Fischer, Peter Leske, Ute und Werner Mahler, Barbara Meffert, Peter Meißner, Roger Melis, Evelyn Richter, Günter Rössler, Ines Thate-Keler u. a.
4. Amateurfotografie. Um auch die Amateurfotografen in der DDR für die Ziele der SED-Kulturpolitik zu gewinnen, entstanden eine Reihe fördernder Einrichtungen. Nach der Bitterfelder Konferenz von 1959 wurde die F. zum wichtigen Bestandteil des laienkünstlerischen Volksschaffens erklärt (→ **Laienkunst**). Neben der Existenz von Film- und Fotoklubs Junger Pioniere und der FDJ (→ **Freie Deutsche Jugend [FDJ]; Pionierorganisation „Ernst Thälmann"**), neben Fotozirkeln des → **Freien Deutschen Gewerkschaftsbundes (FDGB)**, und der → **Nationalen Front** in Betrieben und Kulturhäusern, nimmt der → **Kulturbund der DDR (KB)** bei der Verbreitung fotografischen Schaffens eine wichtige Rolle ein. Innerhalb des KB unterstand der Bereich F. seit 1959 der „Zentralen Kommission Foto-

grafie", aus der 1982 die „Gesellschaft für Fotografie im Kulturbund der DDR" (Vors. Walter Heilig [SED]) hervorging. In den am 24. 3. 1982 beschlossenen Leitsätzen dieser Gesellschaft heißt es: „Die Gesellschaft sieht in Bildern, die parteilich, volksverbunden und mit hoher Meisterschaft über Errungenschaften des Sozialismus und den Reichtum menschlicher Beziehungen berichten, eine wichtige geistige Potenz, die im Ringen um Frieden und Abrüstung Kräfte aktiviert und Ideale des Humanismus, des sozialistischen Patriotismus und proletarischen Internationalismus sowie der Völkerverständigung befördert. Mit solchen Bildern begegnen wir überzeugend in der ideologischen Auseinandersetzung mit dem Imperialismus dessen menschenfeindlichen Auffassungen, vor allem dem Antikommunismus. Die Gesellschaft verwirklicht ihre Anliegen gemeinsam mit den zuständigen staatlichen Leitungen, dem Verband der Journalisten, dem Verband Bildender Künstler, dem FDGB, der FDJ und anderen gesellschaftlichen Organisationen" (Fotografie 6/82, Beilage S. 2).
Zur Vermittlung des amateur-fotografischen Schaffens tragen in der DDR zahlreiche Fotowettbewerbe und Fotogalerien des Kulturbundes bei. Fotografischer Fachverlag ist der VEB Fotokinoverlag, Leipzig (gegr. 1957). Neben Monographien erscheinen dort die Zeitschriften „Foto Kino Magazin" (vorm. Fotofalter) und „Fotografie" (als Organ der Gesellschaft für F.). Größere, in Bezirksstädten ansässige Bibliotheken gehen in den letzten Jahren vermehrt dazu über, zur Ausleihe für jedermann Diatheken einzurichten, die privaten Informations-, aber auch öffentlichen Lehrzwecken dienen. Als zentrales Staatsarchiv der F. wurde 1946 die Landesbildstelle Sachsen wieder ins Leben gerufen, 1951 weitergeführt als Fotothek und 1956 in Deutsche Fotothek Dresden umbenannt. Diese in Deutschland einzigartige universale Sammlung für Forschung und Lehre verfügte schon 1956 über 280000 großformatige Negative und 80000 Diapositive aus allen Wissensgebieten.
Die F., besonders die Arbeit der Amateurfotografen, hat in der DDR aufgrund zentraler staatlicher und gesellschaftlicher Leitungs- und Förderungsmöglichkeiten weite Verbreitung gefunden und Ansehen erlangt. Das Engagement zahlreicher Bürger in Amateurfotografengruppen hat seine Ursache jedoch nicht nur in der staatlichen bzw. gesellschaftlichen Förderungspolitik, sondern auch in der unzureichenden Anzahl und der mangelnden Arbeitsqualität fotografischer Dienstleistungsbetriebe: Die Amateurgruppen ermöglichen dem interessierten Fotografen die Nutzung vielfältiger, sonst schwer zugänglicher technischer Geräte und die Eigenherstellung von Bildern in der von ihm gewünschten Menge und Qualität. Wegen der wechselhaften und schlechten Qualität des Farbpapiers (Alleinhersteller ist die ČSSR) beschränken sich allerdings gerade ernsthafte Amateure vorwiegend auf die Anwendung der Schwarzweißtechnik.
In Fragen des → **Urheberrechtes** gilt auch im Bereich der F. das Gesetz über das Urheberrecht vom 13. 9. 1965 (GBl. I, S. 209).
Aus Sicherheitsgründen bestehen in der DDR einige Fotografierverbote. Einzelheiten sind den speziellen Merkblättern des Gesamtdeutschen Instituts zu Reisen in die DDR zu entnehmen, die dort erhältlich sind.

Fraktion, Fraktionsbildung: F. steht 1. für die Gesamtheit aller Abgeordneten einer der → **Parteien** oder → **Massenorganisationen** in der → **Volkskammer** der DDR. Als F. wird 2. eine Gruppierung innerhalb einer marxistisch-leninistischen Partei bezeichnet, die von der offiziellen → **Linie** abweichende Meinungen vertritt (→ **Abweichungen**). Diese zweite Bedeutung liegt dem Wort Fb. zugrunde. Fb., d. h. die Zerstörung der Einheit und Geschlossenheit der Partei, ist in allen leninistischen Parteien untersagt (Fraktionsverbot). Der Vorwurf der Fb. ist in der Geschichte der → **Sozialistischen Einheitspartei Deutschlands (SED)** (VI., VIII.) vor allem der Zaisser-Herrnstadt-F. (1953) und der Schirdewan-Wollweber-Oelßner-F. (1956/57) gemacht worden.
→ **Demokratischer Zentralismus; Opposition und Widerstand; Parteidisziplin; Volksvertretungen.**

Frauen

I. Gleichberechtigung der Frau
II. Frauenpolitik
III. Probleme der Frauenarbeit
IV. Die Frau in Bevölkerung, Wirtschaft und öffentlichem Leben

Seit ihrer Gründung hat sich die SED die traditionelle marxistisch-leninistische Auffassung zu eigen gemacht, die Emanzipation der F. sei „ausschließlich das Werk der Emanzipation der Arbeit vom Kapital" und deshalb nur in der sozialistischen Gesellschaft möglich, wie umgekehrt der Aufbau einer sozialistischen Gesellschaftsordnung die Gleichberechtigung der F. als unerläßliche Voraussetzung bedinge.

I. Gleichberechtigung der Frau

Entsprechend der marxistisch-leninistischen Lehre vertritt die SED die Ansicht, die Grundlage wirklicher Gleichberechtigung der F. sei ihre ökonomische Unabhängigkeit vom Mann, die sie sich durch ihre Teilnahme am gesellschaftlichen Produktionsprozeß sichere. Die Verwirklichung der gesellschaftlichen Gleichberechtigung der F. in der DDR basiert somit auf ihrer umfassenden Einbeziehung in das Wirtschaftsleben. Weibliche Berufstätigkeit ist allerdings nicht nur eine politisch-ideologisch begründete Notwendigkeit, sondern aufgrund des permanenten Arbeitskräftemangels in der DDR zugleich von eminent ökonomischer Bedeutung (volkswirtschaftlich weiterhin ungünstige Bevölkerungsstruktur mit erheblichem F.-Überschuß und hohem Rentneranteil). Doch auch dieser Aspekt wird von der SED auf den Emanzipationsgedanken zurückgeführt und ideologisch verankert; indem nämlich die berufstätigen F. um ökonomische Erfolge in der Produktion ringen würden, stärkten sie den sozialistischen Staat, der allein ihre wirkliche Gleichberechtigung garantieren könne.

Neben diesen politisch-ideologischen und wirtschaftlich-pragmatischen Elementen umfaßt der Emanzipationsgedanke der SED auch erzieherische Aspekte. Denn ihr Arbeitsbegriff enthält den Gedanken der Selbstverwirklichung des Menschen, seiner Entfaltung durch und im Prozeß der Arbeit. Diese Theorie wird auch auf die F., ihre Emanzipation und Persönlichkeitsentfaltung angewendet: Nur durch die Berufstätigkeit, insbesondere im sozialistischen Kollektiv arbeitender Menschen, könne sie zur maximalen Entwicklung ihrer Persönlichkeit, zu **Gesellschaftlichem → Bewußtsein** und zur vollen Gleichberechtigung gelangen.

In Übereinstimmung mit diesen ideologischen Grundmaximen ist die Gleichberechtigung der F. – was die formal-juristische Seite anlangt – in der DDR umfassend verwirklicht. Durch die → **Verfassung** von 1949 wurden die volle rechtliche, ökonomische und politische Gleichstellung der F., ihre Gleichberechtigung auf allen Gebieten des öffentlichen und privaten Lebens – insbesondere im Arbeits- und Familienrecht – prinzipiell und ohne Einschränkungen gesichert sowie alle der Gleichberechtigung der F. entgegenstehenden oder sie beeinträchtigenden gesetzlichen Bestimmungen aufgehoben. In allen nachfolgenden einschlägigen Gesetzeswerken wurde das Prinzip der Gleichberechtigung der F. verankert bzw. noch weiterentwickelt. So nimmt Art. 20 Abs. 2 der Verfassung von 1968 die bereits in Art. 7 Abs. 1 der 1. Verfassung der DDR enthaltene Bestimmung über die Gleichberechtigung der F. in erweiterter Form auf: „Mann und Frau sind gleichberechtigt und haben die gleiche Rechtsstellung in allen Bereichen des gesellschaftlichen, staatlichen und persönlichen Lebens. Die Förderung der Frau, besonders in der beruflichen Qualifizierung, ist eine gesellschaftliche und staatliche Aufgabe."

II. Frauenpolitik

Wurde die Verwirklichung der Gleichberechtigung der F. in der DDR in den Jahren des Aufbaus des Sozialismus vor allem unter dem Aspekt ihrer zahlenmäßigen Teilnahme am Produktionsprozeß gesehen und die Gewinnung möglichst vieler weiblicher Arbeitskräfte für die Volkswirtschaft angestrebt, so hat sich mit Beginn der 60er Jahre der Akzent auf die Probleme der beruflichen Qualifikation der F., ihrer Stellung im Produktionsprozeß und ihres beruflichen Aufstiegs verlagert. Nicht zuletzt aus gesellschaftspolitisch-pragmatischen und ökonomischen Notwendigkeiten sollen die F. befähigt werden, einen den Männern gleichwertigen Platz in der zunehmend technisierten Produktion einnehmen zu können, der allein – so die gegenüber der ursprünglichen marxistisch-leninistischen Gleichberechtigungsideologie modifizierte Auffassung der SED – ihre gleichberechtigte Stellung in der sozialistischen Gesellschaft garantiere. Danach bestimmt die von den F. eingenommene berufliche Stellung den Grad ihrer Befreiung und Gleichberechtigung, den Grad ihrer wirtschaftlichen und gesellschaftlichen Integration. Unter den Verlautbarungen und gesetzlichen Bestimmungen zur F.-Politik der SED, die diese Akzentverschiebung widerspiegeln, kommt dem Kommuniqué des Politbüros des ZK der SED vom 23. 12. 1961 „Die Frau – der Frieden und der Sozialismus" zentrale Bedeutung zu. Auf Veranlassung der F.-Kommission beim → **Politbüro** entstanden, kritisierte das sog. „F.-Kommuniqué" die unzureichende Durchsetzung der Forderungen der SED hinsichtlich der Rolle und Stellung der F. in der Gesellschaft. Die veränderten wirtschaftlichen und politischen Notwendigkeiten und Bedingungen berücksichtigend, präzisierte es die Verantwortung der Leitungen von Partei und Massenorganisationen, der Staats- und Wirtschaftsorgane für die Förderung der F., die gezielte Hebung ihres Qualifikationsniveaus, ihre verstärkte Gewinnung für naturwissenschaftlich-technische Berufe und für Leitungsfunktionen (Beschluß über die Aufgaben der Staatsorgane zur Förderung der F. und Mädchen in Durchführung des Kommuniqués des Politbüros des ZK der SED vom 23. 12. 1961 vom 19. 2. 1962; GBl. II, S. 295). Die normierende Wirkung des F.-Kommuniqués kommt vor allem in den Bereichen Familie, Arbeit und Bildung zum Ausdruck.

A. Familiengesetzbuch

Das Familiengesetzbuch vom 20. 12. 1965 (GBl. I, 1966, S. 1) fixiert nicht nur die Gleichstellung der F. in Ehe und Familie, indem es alle Angelegenheiten des gemeinsamen Lebens – Erziehung und Pflege der Kinder, Führung des Haushalts, materielle Aufwendungen für Haushalt und Familie – zu Rechten und Pflichten beider Ehegatten erklärt, sondern auch das Recht der F. auf Ausübung bzw. Aufnahme einer beruflichen Tätigkeit. Es verpflichtet zudem die Ehegatten zu „kameradschaftlicher Rücksichtnahme und Hilfe", wenn sich der andere Ehegatte zur Teilnahme an weiterbildenden Maßnahmen oder zur Leistung gesellschaftlicher Arbeit entschließt (→ **Familienrecht**).

B. Arbeitsgesetzbuch

Der bereits im Befehl Nr. 253 der SMAD aufgestellte und im Gesetz der Arbeit vom 19. 4. 1950 (GBl., S. 349) wiederholte Grundsatz „gleicher Lohn für gleiche Arbeit" wurde mit weiteren Bestimmungen des Arbeitsgesetzes sowie des Gesetzes über den Mutter- und Kinderschutz und die Rechte der F. vom 27. 9. 1950 (GBl., S. 1037) im Gesetzbuch der Arbeit (GBA) vom 12. 4. 1961 (GBl. I, S. 27) zusammengefaßt und im → **Arbeitsgesetzbuch (AGB)** vom 16. 6. 1977 (GBl. I, S. 185) als besondere Rechte der werktätigen F. und Mütter weiter ausgebaut. Die Bestimmungen beziehen sich u. a. auf die Schaffung der äußeren Voraussetzungen für die Teilnahme der F. am Produktionsprozeß. Dazu zählen die Einrichtung von Kinderkrippen, -gärten und -horten, von betrieblichen Verkaufsstellen, Wäschereien und anderen Dienstleistungen. Sie betreffen weiterhin arbeitszeitliche Sonderregelungen und Kündigungsschutz für Schwangere und stillende Mütter (Verbot von Überstunden und Nachtarbeit, Schwangerschafts- und Wochenurlaub von 6 bzw. 20, bei Mehrlingsgeburten oder komplizierten Entbindungen 22 Wochen, Arbeitsfreistellung bis zum Ende des 1. bzw. – bei Nichtbereitstellung eines Krippenplatzes – des 3. Lebensjahres des Kindes bei teilweiser Zahlung von Mütterunterstützung, Stillpausen während der Arbeitszeit, Kündigungsverbot von mindestens einem bis zu drei Jahren; → **Mutterschutz/Förderung von Mutter und Kind**) und Gewährung einer 40-Stunden-Arbeitswoche sowie von Hausarbeitstagen unter bestimmten Voraussetzungen für vollbeschäftigte F.

Ferner sollen besondere Maßnahmen zum F.-Arbeitsschutz, wie Verbot von schweren und gesundheitsgefährdenden Arbeiten, sowie eine entsprechende technisch-organisatorische Gestaltung der Arbeitsplätze den Einsatz der F. in einem weiten, auch nichttypische F.-Berufe umfassenden Tätigkeitsbereich ermöglichen. Außerdem sind detaillierte Weiterbildungsmaßnahmen für die weiblichen Beschäftigten in F.-Förderungsplänen (1978: mehr als 14300) festzulegen, die als Bestandteil der → **Betriebskollektivverträge (BKV)** von den Betriebsleitern in Zusammenarbeit mit den betrieblichen Gewerkschaftsleitungen (BGL) aufgestellt werden.

Als Maßnahme zur praktischen Durchsetzung der Gleichberechtigung der F. auf betrieblicher Ebene wurden auf Beschluß des Politbüros des ZK der SED vom 8. 1. 1952 in den Betrieben der Industrie, den Volkseigenen Betrieben der Land- und Forstwirtschaft, in staatlichen Verwaltungen, Hochschulen und Universitäten → **Frauenausschüsse** gebildet; sie arbeiteten zunächst unter Anleitung der Betriebsparteiorganisationen (BPO) in den VEB und wurden 1965 auf Empfehlung des Politbüros (Beschluß vom 15. 12. 1964) den BGL unterstellt. Anfang 1982 bestanden rd. 9800 solcher F.-Ausschüsse mit 77000 Mitgliedern.

Um die spezifischen Probleme der F.-Arbeit in besonderem Maße berücksichtigen zu können, wurden in den industriellen und landwirtschaftlichen Betrieben der DDR zudem → **Frauenbrigaden** gebildet; dies sind Arbeitsgruppen, die ebenso wie die sonstigen Brigaden technologisch zusammenhängende Arbeitsaufträge bzw. -gänge arbeitsteilig im Kollektiv ausführen, jedoch ausschließlich aus weiblichen Arbeitskräften bestehen.

C. Bildungsgesetz

Das Gesetz über das → **Einheitliche sozialistische Bildungssystem** vom 25. 2. 1965 (GBl. I, S. 83) garantiert den F. und Mädchen gleiche Bildungsmöglichkeiten und den gleichberechtigten Zugang zu allen Bildungsinstitutionen. Es fordert die Hinlenkung der Mädchen auf eine Ausbildung in technischen und landwirtschaftlichen Berufen, die Qualifizierung der F. zu Facharbeitern und ihre Vorbereitung auf die Übernahme von Kaderfunktionen. Ergänzt von einigen wichtigen Durchführungsbestimmungen (z. B. AO über die Aus- und Weiterbildung von F. für technische Berufe und ihre Vorbereitung für den Einsatz in leitenden Tätigkeiten vom 7. 7. 1966, GBl., SDr. 545, S. 25; AO zur Ingenieurausbildung von F. in Sonderklassen an den Fachschulen der DDR vom 15. 7. 1967, GBl. II, S. 506; AO zur Durchführung der Ausbildung von F. im Sonderstudium an den Hoch- und Fachschulen vom 15. 5. 1970, GBl. II, S. 407; AO über die Förderung von vollbeschäftigten werktätigen F. für die Ausbildung zu vollbeschäftigten Produktionsfacharbeiterinnen vom 12. 12. 1972, GBl. II, S. 860), bildet es die Grundlage für die vollständige Einbeziehung der F. in das allgemeine System der „abschnittsweisen" Qualifizierung.

Wesentliche Gremien zur Erarbeitung und Durchführung der F.-Politik sind die Abteilung Frauen des ZK mit den ihr nachgeordneten F.-Kommissionen bei den Bezirks- und Kreisparteileitungen sowie die F.-Kommission beim Politbüro. Der aus hauptamtlichen Funktionärinnen zusammengesetzten ZK-F.-Abteilung obliegt die Anleitung der – auf die gesamte weibliche Bevölkerung gerichteten – F.-Arbeit der Partei wie auch des → **Demokratischen Frauenbundes Deutschlands (DFD)** und die Kontrolle über die Durchführung entsprechender Beschlüsse. Bei der Vorbereitung von frauenpolitischen Richtlinien und Maßnahmen wird sie von der F.-Kommission beim Politbüro beraten und unterstützt, in der weibliche Führungskräfte des Staatsapparates, der Wirtschaft, Wissenschaft und der Massenorganisationen vereint sind. Seit der im Jahre 1964 erfolgten Gründung des Wissenschaftlichen Beirats „Die Frau in der sozialistischen Gesellschaft" beim Präsidenten der → **Akademie der Wissenschaften der DDR (AdW)** stützen sich auch diese Parteigremien zunehmend auf wissenschaftliche Forschungsergebnisse (vgl. auch Beschluß über die weitere Durchführung der Forschung zu Problemen der Entwicklung und Förderung der F. und Mädchen in der DDR vom 20. 10. 1966; GBl. II, S. 777). Im April 1981 organisatorisch aufgewertet zu einem

Wissenschaftlichen Rat an der AdW (Vorsitz: Prof. Dr. Herta Kuhrig), bildet er das Zentrum für die Planung und Koordinierung der F.-Forschung in der DDR.

III. Probleme der Frauenarbeit

Die Eingliederung der F. in den Produktionsprozeß ist der SED in beachtlichem Umfang gelungen. Der Anteil der weiblichen Beschäftigten ist seit 1949 kontinuierlich gestiegen, der F.-Beschäftigungsgrad ist einer der höchsten der Welt. Als Ursachen des Anstiegs sind die im Schnitt relativ niedrigen Einkommen der Männer und wachsendes Konsumbedürfnis der Bevölkerung ebenso zu nennen wie die zum Teil erfolgreiche Durchsetzung des von der SED propagierten Leitbildes der berufstätigen Frau und Mutter.

Allerdings stehen der weiblichen Berufstätigkeit – trotz aller bisherigen Anstrengungen – weiterhin einige grundlegende, z. T. aber auch neue Schwierigkeiten der F.-Arbeit entgegen. Noch ist das Ziel familialer Entlastung der F. durch weitestgehende Vergesellschaftung der Kinderpflege/-erziehung nicht erreicht und diese selbst in ihren psychisch-sozialen Auswirkungen problembehaftet: so machen neuere DDR-Untersuchungen für die zunehmende Jugend-→ **Kriminalität** die fehlende Nestwärme mitverantwortlich. Zwar sind die Einrichtungen der Kinderbetreuung kontinuierlich ausgebaut worden – 1982 wurden 65,7 v. H. der Kinder im Alter bis zu 3 Jahren in Kinderkrippen, 91,7 v. H. der 3- bis 6jährigen Kinder in Kindergärten (leicht abnehmende Tendenz seit 1980!) und 80,6 v. H. der Schüler der 1. bis 4. Klasse in Schulhorten betreut –, doch fehlt es weiterhin vor allem an Krippenplätzen, auch als Folge der höheren Geburtenrate in den letzten Jahren; lediglich das Kindergartenproblem kann als weitgehend gelöst betrachtet werden. Noch weniger besteht indes Aussicht auf Bereitstellung eines qualitativ wie quantitativ ausreichenden Waren- und Dienstleistungsangebots, da die schwierige Wirtschaftslage zusätzliche Investitionen in diesem Bereich derzeit nicht zuläßt und von der alternativ empfohlenen optimaleren Nutzung des Iststandes keine durchgreifende Situationsverbesserung zu erwarten ist. Damit bleibt aber das Ziel weiterhin unerreichbar, den F. die noch immer überwiegend von ihnen allein erbrachte Hausarbeit spürbar zu erleichtern.

Schwierigkeiten, die z. T. aus der mangelnden Erfüllung staatlicher Förderungsauflagen durch die Betriebsleiter resultieren bzw. Ausdruck des der Gleichberechtigung der F. immer noch entgegengebrachten Widerstandes der Männer sind, bilden z. B. ungünstige betriebliche Arbeitsbedingungen und der dem Ausbildungsniveau nicht gemäße Einsatz der weiblichen Arbeitskräfte. Letzteres trifft vor allem auf F. mit Hoch- und Fachschulabschluß zu, die auf den höheren Leitungsebenen von Betrieben und Verwaltungen deutlich unterrepräsentiert sind. Zusätzliche zeitliche Erschwernisse und familiäre Belastungen für die F. bewirkt aber auch die seit dem X. SED-Parteitag (1981) aus volkswirtschaftlichen Gründen propagierte Forderung, die weibliche Arbeitskraft durch leistungsgerechten Einsatz besser zu nutzen und deshalb auch die F. stärker in die Schichtarbeit einzubeziehen. Ebenso problematisch ist für sie die inzwischen stark negative Einstellung der SED zu der im Arbeitsgesetzbuch ausdrücklich vorgesehenen Möglichkeit der Teilzeitbeschäftigung (Halbtagsarbeit), die als unbefriedigend und von zweifelhaftem wirtschaftlichen Nutzen empfunden wird, da sie der völligen Eingliederung der F. in den Arbeits-, besonders aber in den Qualifizierungsprozeß im Wege steht. Bei weiblichen Führungskräften ergibt sich dabei zusätzlich das Problem, daß eine Teilzeitbeschäftigung sowohl die Kontinuität der Leitungstätigkeit wie die von Weiterbildungsmaßnahmen unterbricht. Trotz der Bemühungen zu ihrer Begrenzung auf jene Fälle, in denen aus gesundheitlichen oder familiären Gründen keine Ganztagsarbeit möglich ist, besteht unter den berufstätigen F. und insbesondere Müttern aber weiterhin ein starker Trend zur Teilzeitbeschäftigung; im Jahr 1976 arbeiteten 32 v. H. der F. in der DDR verkürzt. Aus der Tatsache, daß die DDR hierzu zwischenzeitlich keine neuen Angaben veröffentlicht hat, kann man schließen, daß sich diese Quote bis heute kaum verringert haben dürfte.

Als ein besonderes Problem, das aus der Mehrfachbelastung der F. (berufliche und gesellschaftliche Tätigkeit, Haushalt und Kindererziehung) resultiert, erweist sich für die DDR der in allen hochentwickelten Industrieländern zu beobachtende Rückgang der Geburtenziffern und Anstieg der Scheidungsquoten. Um dieser Entwicklung zu begegnen, hat die SED-Führung seit 1972 (Gemeinsamer Beschluß des ZK der SED, des Bundesvorstandes des FDGB und des Ministerrats der DDR über sozialpolitische Maßnahmen in Durchführung der auf dem VIII. Parteitag beschlossenen Hauptaufgabe des Fünfjahrplanes vom 27. 4. 1972) eine Serie von Maßnahmen zur Förderung der berufstätigen Mütter, der jungen Ehen und der Geburtenentwicklung beschlossen. Durch arbeitszeitliche Vergünstigungen und finanzielle Anreize konnte seitdem zwar die Geburtenfreudigkeit erhöht werden, jedoch nicht in dem von der SED gewünschten, die einfache Reproduktion der Bevölkerung gewährleistenden Maß (vielmehr Stabilisierung der Tendenz zur Ein- bis Zwei-Kinder-Familie). Zudem hat die günstigere Geburtenentwicklung neue betriebswirtschaftliche und F.-Arbeitsprobleme zur Folge, die sich auch allgemein aus dem inzwischen erreichten hohen Beschäftigungsgrad der F. ergeben: Aufgrund der erheblichen Verlängerung des Wochenurlaubs und der Inanspruchnahme des Rechts auf bezahlte Arbeitsfreistellung für ein Jahr nach der Geburt des 2. (und jedes weiteren) Kindes durch fast alle in Frage kommenden F. haben Betriebe mit hohem F.-Anteil – so vor allem im Erziehungs- und Gesundheitswesen und im Handel – mit erheblichen Ausfallquoten zu rechnen. Dies hat in der Praxis wiederum bewirkt, jüngere qualifizierte F. – in Erwartung einer möglichen Schwangerschaft oder evtl. Ausfallzeiten bei Erkrankung ihrer Kinder – nicht in den ihrer Ausbildung adäquaten beruflichen Positionen einzusetzen. In jüngster Zeit geht die SED zwar verstärkt gegen diese diskriminatorische Praxis vor, freilich nicht aus gleichberechtigungspolitischen Gründen, sondern ebenfalls aus ökonomischen Motiven.

IV. Die Frau in Bevölkerung, Wirtschaft und öffentlichem Leben

A. Die Frau in der Bevölkerung

Nach den Angaben des Statistischen Jahrbuches der DDR, Ausgabe 1983, waren 1982 von den insgesamt 16702306 Einwohnern 8840242 F., das entspricht einem Anteil von 52,9 v.H. Der Altersaufbau der weiblichen Bevölkerung zeigt noch immer eine ähnlich ungünstige Struktur wie der der Gesamtbevölkerung (Menschenverluste im Krieg, geburtenschwache Jahrgänge). Zusätzlich negative Auswirkungen auf die weibliche Bevölkerungsstruktur hat der hohe F.-Überschuß in den älteren Jahrgangsgruppen, der sich 1982 wieder von der Gruppe der 46jährigen an bemerkbar machte (Schwankungen verursacht von der höheren Sterberate bei Männern dieses Alters). Während in den unteren Altersgruppen bis einschließlich der 45jährigen durchweg ein geringer Männerüberschuß bestand (5527624 Männer, 5323867 F.; 3,8 v.H. Männerüberschuß), betrug der F.-Überschuß ab der Gruppe der 46jährigen 50,6 v.H. (2334440 Männer, 3516375 F.; erstmals eine abnehmende Tendenz beim F.-Überschuß, über deren weitere Entwicklung aber noch keine Aussagen möglich sind). Die Diskrepanz zwischen männlichen und weiblichen Bevölkerungsanteilen in den höheren Altersgruppen macht sich aus volkswirtschaftlicher Sicht besonders nachteilig bemerkbar, da die Zahl der weiblichen Rentner ungleich höher ist als die der männlichen, zumal die F. bereits mit 60 Jahren in das Rentenalter eintreten, die Männer hingegen erst mit 65 Jahren; so standen 1982 den 2068437 Rentnerinnen 816585 Rentner gegenüber. Unter der Bevölkerung im arbeitsfähigen Alter (Männer: 15 bis unter 65 Jahre; F.: 15 bis unter 60 Jahre) sind hingegen die männlichen und weiblichen Anteile ziemlich gleich: 5441550 Männern stehen 5243571 F. gegenüber (→ **Bevölkerung**).

B. Die Frau in der Wirtschaft (Berufs- und Qualifikationsstruktur)

Die seit Kriegsende bis 1973 rückläufige Anzahl der F. im arbeitsfähigen Alter verstärkte für die DDR-Behörden den Zwang, angesichts eines permanenten Arbeitskräftemangels die F. möglichst weitgehend in den Produktionsprozeß einzugliedern, um die volkswirtschaftlichen Planziele zu erfüllen. So waren 1982 von den insgesamt ca. 8,37 Mill. (mit Lehrlingen ca. 8,81 Mill.) Beschäftigten inzwischen 4,15 Mill. (mit weiblichen Lehrlingen 4,34 Mill.) F. Ihr Beschäftigtenanteil betrug demnach 49,6 v.H., der Beschäftigungsgrad der F. im arbeitsfähigen Alter 82,8 v.H. (1964: 66,5 v.H.; 1967: 76,3 v.H.; 1973: 81,7 v.H.; 1976: 82,6 v.H. Der geringfügige Rückgang des weiblichen Beschäftigungsgrades in den Jahren 1977–1981 hat bevölkerungs-, bildungs- und familienpolitische Ursachen: Eintritt geburtenstarker Jahrgänge ins arbeitsfähige Alter bei gleichzeitig längeren Ausbildungszeiten auch der Mädchen, anhaltender Trend zur Inanspruchnahme des „Babyjahres". Angaben der SED über den Beschäftigungsgrad der F., der durch Einbeziehung auch der Schülerinnen und Studentinnen für Anfang 1982 mit 88 v.H. erheblich höher ausgewiesen wurde, verdecken indes diese Stagnation.)

Die Berufsstruktur der F. ist in den offiziellen Angaben nur grob nach Berufsgruppen aufgeschlüsselt. Auch für 1982 gilt wie schon für die vorhergegangenen Jahre, daß nur ein Drittel der berufstätigen F. in der Industrie, fast die Hälfte aber in Bereichen arbeitet, in denen die Anzahl weiblicher Berufe traditionell am größten ist (Handel, nichtproduzierende Bereiche mit den Schwerpunktgebieten Volksbildung und Kultur sowie Gesundheits- und Sozialwesen). An dieser Struktur werden sich auf

Wirtschaftsbereich	Weibl. Beschäft. in 1000	Weibl. Beschäft. in v.H.	Weibl. Lehrlinge in 1000	Weibl. Lehrlinge in v.H.
Industrie	1 350,7	42,5	89,3	41,6
Produzierendes Handwerk (ohne Bauhandwerk)	96,7	36,9	3,3	20,0
Bauwirtschaft	94,9	16,2	6,4	10,8
Land- und Forstwirtschaft	359,1	40,4	13,5	43,0
Verkehr, Post- und Fernmeldewesen	226,1	36,5	11,8	29,1
Handel	622,4	73,0	39,1	86,2
Sonstige produzierende Zweige	146,6	55,3	8,4	75,0
Nichtproduzierende Bereiche	1 252,3	73,0	20,1	75,6

absehbare Zeit keine gravierenden Veränderungen ergeben, da auch die weiblichen Lehrlinge – trotz der seit Jahren intensiven Bemühungen der SED, sie für Ausbildungsgänge in den naturwissenschaftlich-technischen Branchen zu gewinnen – nach wie vor überwiegend in die traditionellen Bereiche der F.-Arbeit streben.
Die Verteilung der weiblichen Berufstätigen (mit Lehrlingen) auf die einzelnen Wirtschaftsbereiche zeigt für 1982 vorstehende Tabelle (s. S. 447).
Aufgrund intensiver nachträglicher Ausbildungsmaßnahmen im Rahmen der Erwachsenenqualifizierung, insbesondere der weiblichen, wobei die 1967 an den Hoch- und Fachschulen der DDR gebildeten F.-Sonderklassen den F. die berufliche Aus- und Weiterbildung erleichtern sollten, ist es der SED-Führung inzwischen gelungen, den Anteil weiblicher Beschäftigter mit abgeschlossener Berufsausbildung beträchtlich zu vergrößern. Er betrug Mitte 1983 77,5 v. H. (56,4 v. H. F. mit Facharbeiterabschluß, 0,9 v. H. mit Meisterprüfung, 15,1 v. H. mit Fachschulabschluß und 5,1 v. H. mit Hochschulabschluß; außerdem 3,1 v. H. F. mit Teilausbildung), was eine Steigerungsrate von über 10 v. H. gegenüber 1977 und 20 v. H. gegenüber 1974 bedeutet. Dieser Entwicklung entspricht ein seit 1967 überproportional hoher weiblicher Anteil bei den von Beschäftigten nachträglich absolvierten Facharbeiterprüfungen (im Durchschnitt rd. 54,5 v. H.), die von allen Qualifizierungsmaßnahmen beruflicher Aus- und Weiterbildung von F. am meisten frequentiert werden (1982 betrug der Anteil weiblicher Schulungsteilnehmer an den Maßnahmen beruflicher Aus- und Weiterbildung insgesamt 41,1 v. H., bei der Qualifizierung zum Facharbeiter jedoch 57,0 v. H.). Während in den jüngeren Altersgruppen der prozentuale Anteil von Männern und F. mit abgeschlossener Berufsausbildung sich inzwischen stark angenähert hat – 1977 hatten 78 v. H. der männlichen und 75 v. H. der weiblichen 18- bis 19jährigen sowie 84 v. H. der männlichen und 78 v. H. der weiblichen 20- bis 29jährigen einen Facharbeiterabschluß –, finden sich in den höheren Altersgruppen immer noch zahlreiche F. ohne entsprechende Berufsqualifikation: bei den 50- bis 59jährigen hatten 1977 nur 34 v. H. der F. gegenüber 77 v. H. der Männer eine abgeschlossene Berufsausbildung. Dies läßt darauf schließen, daß das Interesse an nachträglicher beruflicher Qualifizierung und damit verbunden an höheren Verdienstmöglichkeiten bei jenen F. besonders groß ist, die bis zum Erreichen des Rentenalters noch eine längere Zeit erwerbstätig sind. Der Anteil der F. an den niedrigen Lohngruppen ist aufgrund ihrer unzureichenden Berufsausbildung, namentlich der älteren und vor allem der in der Industrie beschäftigten, traditionell hoch.
Auffallend hoch ist inzwischen der weibliche Anteil an den Beschäftigten mit Fachschulabschluß (1982: rd. 573500 F. = 59,3 v. H.) wie auch an den Fachschulstudenten (1982: 126309 F. = 73,4 v. H., überwiegend im Direktstudium, wo der F.-Anteil 84,2 v. H. beträgt). Auch im Hochschulstudium (1982: 64248 F. = 49,3 v. H., davon 56892 F. = 52,8 v. H. im Direktstudium) wie bei den Beschäftigten mit Hochschulabschluß (1982: rd. 193600 F. = 36,2 v. H.) ist der weibliche Anteil in den letzten Jahren kontinuierlich gestiegen – was Soziologen aus der DDR vor allem mit einem größeren Leistungswillen der Mädchen erklären. Aus entsprechenden Umfrageergebnissen leiten sie zugleich die Prognose ab, daß höherqualifizierte F. auch nach einer Eheschließung berufstätig und damit dem volkswirtschaftlichen Produktionsprozeß erhalten bleiben.
Trotz der ständig wachsenden Zahl beruflich hochqualifizierter F. nehmen sie jedoch, wie bereits erwähnt, immer noch nicht einen adäquaten Platz in den Leitungsfunktionen der Wirtschaft ein. Zwar geben die DDR-Behörden schon seit Jahren bekannt, daß jeder dritte Leiter in der sozialistischen Wirtschaft (in der Industrie indes nur jeder fünfte Leiter) eine F. sei, doch fehlen stets detaillierte Angaben über die Art solcher Leitungsfunktionen. Nach wie vor verschwindend gering ist der Anteil weiblicher ökonomischer, kaufmännischer und vor allem technischer Direktoren in Kombinaten und Volkseigenen Betrieben.
In den Führungsfunktionen des Gesundheits- und Erziehungswesen sowie der Justiz sind F. zwar erheblich zahlreicher vertreten: Inzwischen steht jede dritte Schule in der DDR unter weiblicher Leitung, und gut die Hälfte der Richter und der Schöffen an Kreis- und Bezirksgerichten sind F. Gemessen an ihrem in diesen Bereichen traditionell sehr hohen Beschäftigungsgrad (im Gesundheits- und Sozialwesen ist der F.-Anteil mit 86,2 v. H. für 1982 am höchsten, gefolgt vom Erziehungs- und Bildungswesen mit 76,5 v. H.) sind sie dennoch in den Führungsfunktionen erheblich unterrepräsentiert.

C. Die Frau im öffentlichen Leben

Die von der SED geforderte gleichberechtigte Teilnahme der F. am öffentlichen Leben ist besonders groß in jenen gesellschaftlichen und staatlichen Organisationen und Gremien, die primär einen repräsentativen Charakter haben oder lediglich eine beratende Funktion ausüben. Die umfangreiche Einbeziehung von F. in die Volksvertretungen der DDR ist überdies ideologisch motiviert, da sie wegen deren verfassungsrechtlichen Primats als Beweis weiblicher Mitbestimmung in der Politik gilt. In den politischen Entscheidungsorganen und -funktionen von Partei und Staat, in denen ein hoher weiblicher Anteil wirksame Gleichberechtigung bedeuten könnte, sind die F. hingegen weder ihrem Mitgliederanteil in den Parteien – namentlich der SED –

noch ihrer Bedeutung für die Volkswirtschaft entsprechend vertreten.

Die → **Massenorganisationen** weisen traditionell hohe weibliche Mitgliederzahlen auf. Im FDGB waren 1982 ca. 4,7 Mill. F. = 51,5 v.H. aller Mitglieder, im → **Demokratischen Frauenbund Deutschlands (DFD)** rd. 1,4 Mill. F. organisiert (seit Anfang der 60er Jahre relativ stagnierende Mitgliederzahlen des DFD).

Anfang 1984 befanden sich unter den rd. 2,22 Mill. SED-Mitgliedern und -Kandidaten ca. 762000 F. = 34,4 v.H. In annähernd gleichem Anteil (35,7 v.H.) sind die F. auch in den 261 Kreis-, Stadt- und Stadtbezirksleitungen der SED vertreten (Januar 1981), wenn auch üblicherweise in prozentual größerem Maße als lediglich beratungsbefugte Kandidaten und weniger als stimmberechtigte Mitglieder. Unter den 2578 Mitgliedern der Sekretariate der SED-Kreisleitungen gab es indes nur 296 F. = 11,5 v.H., von denen wiederum nur 121 F. = 4,7 v.H. als Sekretäre der Kreisleitungen fungierten. Lediglich 9 F. = 3,4 v.H. sind derzeit (Januar 1984) 1. Sekretär einer SED-Kreisleitung. Ein analoges Bild zeichnet sich für die im Februar 1984 gewählten 15 Bezirksleitungen der SED ab. Diesen gehörten zwar insgesamt (ohne Schwerin, das nicht veröffentlicht hat) 290 F. = 24,9 v.H. weibliche stimmberechtigte Mitglieder und 127 F. = 47,2 v.H. weibliche Kandidaten an, den entscheidungsbefugten Sekretariaten der Bezirksleitungen hingegen nur 13 weibliche Mitglieder (= 7,2 v.H.); lediglich 4 von ihnen waren Sekretäre (von insgesamt 91 Sekretären = 4,4 v.H.), allerdings nur in den Aufgabenbereichen Agitation/Propaganda und Volksbildung/Kultur tätig und nicht in den noch einflußreicheren Funktionen eines 1. oder 2. Sekretärs bzw. den Aufgabenbereichen Wirtschaft/Landwirtschaft. Auf dem X. Parteitag (1981) wurden 19 F. = 12,2 v.H. zu Mitgliedern und 5 F. = 8,8 v.H. zu Kandidaten des ZK der SED gewählt. Seit seiner Bildung im Januar 1949 hat dem Politbüro des ZK der SED noch keine F. als Vollmitglied angehört; seit Oktober 1973 (10. ZK-Plenum) befinden sich unter dessen Kandidaten 2 F. (Inge Lange, Margarete Müller) und unter den Sekretären des ZK-Sekretariats eine F. (Inge Lange, Sekretär für F.-Fragen). Eine größere weibliche Beteiligung in politisch bedeutenden Parteifunktionen ist schwerpunktmäßig in den Gremien und Institutionen der Parteikontrolle und Parteischulung gegeben.

Auch im Bereich der staatlichen Exekutive üben nur wenige F. politische Entscheidungsfunktionen aus: nur in einem der 15 Bezirke der DDR steht eine F. an der Spitze des Bezirksrates (Irma Uschkamp in Cottbus); dem 45köpfigen Ministerrat der DDR gehört seit 1974 nur noch ein weiblicher Minister an (Margot Honecker, seit 1963 Minister für Volksbildung), während sich unter den rd. 200 Staatssekretären und Ministerstellvertretern lediglich 4 F. (Anfang 1984) befinden. Dem aus 26 Mitgliedern bestehenden Staatsrat gehören 5 F. an. Verhältnismäßig groß ist der Anteil der F. unter den Bürgermeistern; er beträgt rd. 25 v.H. (1980: 1868).

In den Volksvertretungen hingegen ist der Anteil der F. erheblich höher. Den 1979 gewählten Stadtverordnetenversammlungen und Gemeindevertretungen (kreisangehörige Städte und Gemeinden) gehören 34,8 v.H., den Kreistagen und Stadtverordnetenversammlungen (Land- und Stadtkreise) 41,7 v.H. F. an, den 1981 gewählten Bezirkstagen 39,0 v.H. F., der Volkskammer 32,4 v.H. F. Parlamentarische Führungsfunktionen (Fraktions-, Ausschußvorsitz) werden indes kaum von F. ausgeübt. Die politische Tätigkeit der weiblichen Abgeordneten – wie auch die der Funktionärinnen im Staatsapparat – konzentriert sich auf sozial-, kultur- und handelspolitische Bereiche.

Die Gründe für die geringe Teilnahme von F. am gesellschaftlich-politischen Entscheidungsprozeß in der DDR sind vielschichtig und teilweise interdependent. Als wesentlichste seien genannt: nach wie vor bestehende tradierte Vorurteile gegen F.-Karrieren; erhebliche Gewichtung von Leitungsfunktionen aufgrund enger personeller Verbindung zwischen der Parteiführung und der Staats- und Wirtschaftsführung; unzureichendes weibliches Kaderreservoir in den mittleren Leitungsfunktionen; einseitige Konzentration der F. auf spezielle Sachgebiete in Politik und Wirtschaft; stärkere arbeitsmäßige Belastung der berufstätigen und/oder gesellschaftlich-politisch aktiven F. durch Haushalt und Familie; erheblicher Mehraufwand an Arbeitszeit und häufige Dienstreisen bei Ausübung leitender Funktionen; Fehlen geeigneter Organe zur Wahrnehmung der politischen Interessen der F. *Gabriele Gast*

Literaturangaben

Frau und Wissenschaft. Referate und ausgewählte Beiträge. Berlin (Ost): Akademie-Verl. 1968.

Gast, Gabriele: Die politische Rolle der Frau in der DDR (Studien zur Sozialwissenschaft, 17). Düsseldorf: Bertelsmann Universitätsverl. 1973.

Helwig, Gisela: Frau und Familie in beiden deutschen Staaten. Köln: Verl. Wissenschaft u. Politik 1982.

Hieblinger, Inge: Frauen in unserem Staat. Einige Probleme der Förderung der Frau unter den Bedingungen der wissenschaftlich-technischen Revolution in der DDR. Berlin (Ost): Staatsverl. der DDR 1967.

Staatliche Dokumente zur Förderung der Frau in der Deutschen Demokratischen Republik. Gesetzesdokumentation, 2., erw. Aufl. Berlin (Ost): Staatsverl. der DDR 1975.

Ulbricht, Walter: Frauen – Miterbauerinnen des Sozialismus. Aus Reden und Aufsätzen. Leipzig: Verl. für die Frau 1968.

Zur gesellschaftlichen Stellung der Frau in der DDR. Leipzig: Verl. für die Frau 1978.

Frauenbrigaden: F. sind ausschließlich aus weiblichen Arbeitskräften bestehende Arbeitsgruppen, die ebenso wie die sonstigen → **Brigaden** technologisch zusammenhängende Arbeitsaufträge bzw. -gänge arbeitsteilig im Kollektiv ausführen, dabei aber in besonderem Maße den spezifischen Problemen der Frauenarbeit gerecht werden sollen.
Ihre Bildung erfolgt unter folgenden Gesichtspunkten: a) Unter dem sozialpsychologischen bzw. gruppensoziologischen Aspekt sollen sie die Eingliederung vorher nicht berufstätiger Frauen in den Arbeitsprozeß und deren Eingewöhnung in die Arbeitswelt fördern; b) unter dem ökonomischen Aspekt stellen sie eine Möglichkeit dar, die verbreitete Teilzeitbeschäftigung der Frauen auch bei Schichtarbeit wirkungsvoll zu organisieren, indem sich z. B. 2 F. mit je 4stündiger Arbeitszeit pro Schicht ablösen; c) unter dem Arbeitsschutzaspekt erleichtern sie die Ausgestaltung der Arbeitsplätze und -bedingungen entsprechend den Bestimmungen des Frauenarbeitsschutzes (→ **Arbeitsrecht**, IX., XI.). Diesem Zweck dient z. B. auch die Zusammenfassung von Schwangeren, die ihre eigentliche Arbeitsaufgabe nicht mehr ausüben dürfen, zu zeitweiligen F., die mit leichteren Arbeiten beschäftigt werden.
Zeitweilige F. sind auch die **Hausfrauenbrigaden** (H.). Sie setzen sich aus nichtberufstätigen Frauen zusammen und dienen vor allem der Deckung eines vorübergehend bestehenden Arbeitskräftebedarfs, z. B. in Wirtschaftsbereichen mit saisonal bedingten, besonderen zeitweiligen Arbeitsanforderungen (insbes. Handel und Landwirtschaft). Durch die Aufnahme einer befristeten Tätigkeit in den H. sollen Nichtberufstätige aber auch für eine (erneute) volle Berufstätigkeit gewonnen werden.
→ **Frauen; Frauenkommission.**

Frauenkommission: Ehrenamtliche Kommission der Betriebsgewerkschaftsleitung (BGL) oder bei dem Vorstand einer Landwirtschaftlichen Produktionsgenossenschaft zur Vertretung der sozialen Interessen, zur vollen wirtschaftlichen und gesellschaftlichen Einbeziehung und zur ideologisch-politischen Erziehung der berufstätigen Frauen. Bis zu den Gewerkschaftswahlen 1981/82 hießen die F. **Frauenausschüsse**.
Die F. wurden nach mancherlei Versuchen in den vorangegangenen Jahren durch Beschluß des Politbüros des ZK der SED vom 8. 1. 1952 als selbständige Organe unter unmittelbarer politisch-organisatorischer Verantwortung der Partei in allen Betrieben und Institutionen gebildet. Der FDGB übernahm aufgrund eines erneuten Politbürobeschlusses (15. 12. 1964) am 15. 1. 1965 die F. als Teile seiner → **Betriebsgewerkschaftsorganisation (BGO)**. Im Unterschied zu anderen Kommissionen werden die Mitglieder der F. jedoch direkt in Frauenvollversammlungen (in Großbetrieben auf Delegiertenkonferenzen) durch die weiblichen FDGB-Mitglieder vor der Neuwahl der BGL gewählt. Die Kandidatenaufstellung erfolgt in Absprache mit der amtierenden BGL; die Vorsitzende der F. wird auf die Vorschlagsliste für die neuzuwählende BGL gesetzt.
In Großbetrieben soll die Vorsitzende der F. zu den von Arbeitsverpflichtungen freigestellten Mitgliedern der BGL gehören. Bei den Gewerkschaftswahlen 1976/77 wurde den BGO mit einem Frauenanteil von über 70 v. H. erstmals freigestellt, ob noch ein F. gewählt werden soll. Diese Bestimmung ist Bestandteil der Satzung des FDGB von 1977 geworden; in ihr kommt zum Ausdruck, daß in den gewählten (nicht in den hauptamtlichen) Vorständen Frauen fast entsprechend ihrem Anteil an der Mitgliedschaft vertreten sind (1982: Anteil der Frauen an der Mitgliedschaft des → **Freien Deutschen Gewerkschaftsbundes [FDGB]** 52 v. H., an den gewählten FDGB-Funktionären in den BGO 50,9 v. H.). Voraussetzung für die Wahl einer F. ist im übrigen, daß die BGO wenigstens 30 Frauen unter ihren Mitgliedern zählt. – In der F. sollen möglichst alle weiblichen Beschäftigungsgruppen, insbesondere aber Produktionsarbeiterinnen vertreten sein. Vorgesehen sind monatlich eine Sitzung der F. sowie jährlich zwei von der BGL einzuberufende Frauenversammlungen, auf denen über Vorhaben und Arbeitsergebnisse der F. berichtet wird sowie Vorschläge für deren weitere Tätigkeit gemacht werden können. Schwerpunkte der Arbeit der F. sind:
1. Politisch-ideologische Förderung der Leistungsbereitschaft der Frauen; Heranbildung der Frauen zu sozialistischen Persönlichkeiten (→ **Persönlichkeitstheorie, sozialistische**).
2. Ausarbeitung von Plänen zur Aus- und Weiterbildung sowie zum qualifikationsgerechten Einsatz der weiblichen Beschäftigten unter besonderer Berücksichtigung der sich aus der Anwendung neuer Techniken im Arbeitsprozeß ergebenden Veränderungen in den Arbeitsanforderungen.
3. Verbesserung der Arbeits- und Lebensbedingungen (insbes. Kontrolle über die Einhaltung der gesetzlichen Gesundheits- und Arbeitsschutzbestimmungen; Vorschläge zur Verbesserung der regionalen Infrastruktur: Handel, Versorgung, Dienstleistungen, Berufsverkehr).
4. Vertretung der Interessen der berufstätigen Mütter (Ausbau der betrieblichen → **Kinderkrippen und Kindergärten**, Betreuung während des Wochenurlaubs und des „Babyjahres“ [→ **Mutterschutz/Förderung von Mutter und Kind**], Vergrößerung der Zahl der → **Kuren der Sozialversicherung** für Mütter mit mehreren Kindern).
Die F. haben das Recht, Kritik zu üben, Vorschläge zu machen und Empfehlungen auszusprechen. Die Werkleiter bzw. deren Beauftragte haben die Arbeit der F. durch Auskünfte zu unterstützen und müssen über getroffene oder unterlassene Maßnahmen aufgrund von Vorschlägen der F. diesen Rechenschaft ablegen. Wichtiges Instrument der F. ist der jährliche Frauenförderungsplan, der als Teil des → **Betriebskollektivvertrages (BKV)** von der Werkleitung, der BGL und deren Kommissionen ausgearbeitet wird. In dem Frauenförderungsplan finden sich zu allen Aufgabengebieten der F. entsprechende Festlegungen, insbesondere zur Aus- und Weiterbildung, zum Arbeitseinsatz von Frauen, nachdem diese entsprechende berufliche Qualifikatio-

nen erlangt haben, und zum Ausbau der betrieblichen Sozialeinrichtungen.
Als Auswirkung der genannten Möglichkeit, in Betrieben mit über 70 v. H. weiblichen Beschäftigten auf F. zu verzichten, ist die Zahl der F. rückläufig: 1973: 13162 (104311 Mitgl.); 1976: 10074 (80968 Mitgl.); 1982: 9736 (77548 Mitgl.).
Bei den LPG, in denen es als Genossenschaften keine Gewerkschaftsorganisationen gibt, werden F. analog zum Wahlverfahren der gewerkschaftlichen F. als Kommissionen des LPG-Vorstandes gewählt und haben vergleichbare Rechte und Pflichten (→ **Frauen**).

Freie Berufe: Eine freiberufliche Tätigkeit ist einem Gesellschaftssystem, das die Vergesellschaftung des Menschen anstrebt, wesensfremd. Trotzdem war die DDR auf diese Form der Berufsausübung angewiesen, solange deren Eingliederung in größere organisierte Arbeitszusammenhänge noch nicht vollzogen war. So wurde z. B. den „Ärzten in freier Praxis" noch 1960 im „Perspektivplan" weitere freie Berufsausübung zugesichert und ihnen in einem „Kommuniqué des Politbüros zur Verbesserung der Lage der Ärzte" aus demselben Jahr die Weiterführung der Praxis durch ihre Nachkommen zugestanden. Inzwischen werden derartige Zusagen – vor allem seit der Abriegelung der DDR gegenüber der Bundesrepublik Deutschland am 13. 8. 1961 – nicht mehr gemacht. Die freiberuflich Tätigen sind in der Ausübung ihres Berufs beschränkt und werden von staatlichen Einrichtungen kontrolliert: die freiberuflichen → **Ärzte**, Zahnärzte und Apotheker durch die staatliche Gesundheitsverwaltung und durch den → **Freien Deutschen Gewerkschaftsbund (FDGB)** als Träger der Sozialversicherung, die wenigen freien Rechtsanwälte durch das → **Ministerium der Justiz** (→ **Rechtsanwaltschaft**).
Die Angehörigen der freischaffenden künstlerischen Intelligenz (Maler, Bildhauer, Komponisten, Schriftsteller) müssen – wenn sie einen gesicherten Zugang zu Verlagen, Rundfunk- und Fernsehsendern usw. haben und an den durch die Verbände gewährten materiellen Vergünstigungen partizipieren wollen – organisiert sein (z. B. im → **Verband Bildender Künstler [VBK] der DDR; Verband der Komponisten und Musikwissenschaftler der DDR [VKM]; Schriftstellerverband der DDR**). Die Verbände regeln gemeinsam mit dem FDGB zwischen Künstlern und Betrieben den Abschluß von Werkverträgen und „Freundschaftsabkommen", die im wesentlichen die Existenzgrundlage der freischaffenden Künstler bilden. Die Verbände sind außerdem verantwortlich für Ausstellungen usw. Der Verband der Komponisten und Musikwissenschaftler der DDR berät die → **Künstler-Agentur der DDR**, die monopolartig die Vermittlung aller Darbietungen der darstellenden Kunst besorgt.
Die Angehörigen der FB. erhalten – je nach Einschätzung der gesellschaftlichen Bedeutung ihrer Tätigkeit – durch den Staat Vergünstigungen oder sind Benachteiligungen ausgesetzt. So werden z. B. freischaffende Ärzte, Schriftsteller und → **Architekten** nach einem Vorzugstarif im Rahmen der Besteuerung des Arbeitseinkommens besteuert, während Rechtsanwälte, → **Steuerberater** u. ä. **Selbständige** der Einkommensteuer unterliegen, deren Sätze wesentlich höher sind (→ **Steuern**). In der Regel erhalten Angehörige der FB. – Ausnahme: freischaffende Künstler – kein → **Krankengeld** von der Sozialversicherung. Über eine Zwangsversicherung ist die Altersversorgung freiberuflicher Ärzte und Zahnärzte geregelt (→ **Renten**). Sie erhalten bei Erreichung der Altersgrenze oder bei andauernder Invalidität eine einheitliche Rente von 600 Mark monatlich. In der Regel liegen jedoch trotzdem Einkommen und Lebensstandard der FB. beträchtlich über dem Durchschnitt.
Die überwiegende Zahl der in früher klassischen FB. Tätigen, wie Ärzte, Rechtsanwälte usw., arbeiten heute entweder in staatlichen Einrichtungen (Kliniken, staatlichen Praxen) oder sind in Kollektiven bzw. staatlichen Einrichtungen (Rechtsanwaltskollektiven, staatlichen → **Notariaten**) tätig. In jüngster Zeit gibt es Versuche, auch Kunstschaffende zur Bildung von → **Kollegien Bildender Künstler** zu veranlassen.

Freie Deutsche Jugend (FDJ)

I. Geschichte
II. Organisation
III. Formen der FDJ-Arbeit
IV. Schulung
V. Internationale Verbindungen und Deutschlandpolitik

Als einzige offiziell zugelassene Jugendorganisation nimmt die FDJ einen wichtigen Platz im System der → **Massenorganisationen** ein. In ihrem Statut bekennt sie sich zur führenden Rolle der → **Sozialistischen Einheitspartei Deutschlands (SED)** und zum wissenschaftlichen Sozialismus, sieht in den jeweiligen Partei- und Regierungsbeschlüssen die Grundlage ihrer Arbeit und bezeichnet sich selbst als „sozialistische" Massenorganisation. Der ganzen Jugend gegenüber, auch soweit diese nicht in ihren Reihen organisiert ist, reklamiert sie einen Erziehungs- und Führungsanspruch. Die Kinderorganisation → **Pionierorganisation „Ernst Thälmann"** wird von ihr verantwortlich geleitet.
Die FDJ ist ein wesentliches Erziehungsinstrument zur Heranbildung einer das Gesellschafts- und Herrschaftssystem in der DDR bejahenden jungen Generation. Sie hat 1. den Nachwuchs für die SED heranzubilden (Kaderreserve der Partei), 2. in ihren eigenen Reihen den → **Marxismus-Leninismus** zu verbreiten, um auf dieser Grundlage zu einem staatsbürgerlichen Bewußtsein zu erziehen, das die Bereitschaft zur Verteidigung der politischen und gesellschaftlichen Ordnung in der DDR einschließt,

3. die Aneignung fachlicher Kenntnisse in Schule, Beruf, Studium und auf militärischem Gebiet zu unterstützen, 4. die Jugend zu ökonomischen bzw. ökonomisch verwertbaren Leistungen anzuhalten, 5. für erwünschte Formen der Freizeitgestaltung (→ **Freizeit**) zu werben und selbst eine entsprechende kulturpolitische Arbeit zu leisten, 6. über die eigenen Reihen hinaus alle Jugendlichen in diesen Erziehungsprozeß einzubeziehen, 7. auf die anderen Erziehungseinrichtungen und auf die Familien einzuwirken, damit diese gleichen Zielen folgen, 8. im Rahmen dieser Aufgabenstellungen die Interessen der Jugend in der Partei und gegenüber den Staats-, Wirtschafts- und Erziehungsinstitutionen zu vertreten.

Obwohl die FDJ ihren überwiegenden Rückhalt unter der Schuljugend und den Studenten hat, wird in der Arbeiterjugend der „Kern" des Verbandes gesehen. Damit soll an die Traditionen der revolutionären Arbeiterjugendbewegung, insbesondere des kommunistischen Jugendverbandes (KJVD), angeknüpft werden, um den emotionalen Impuls kämpferischer Auseinandersetzung für die Mobilisierung und Integration der Jugend zu nutzen. Der Begriff der Revolution wird in diesem Zusammenhang mit neuem Inhalt gefüllt, die Gestaltung der sozialistischen Gesellschaft gilt nun als „höchste Stufe revolutionärer Tätigkeit in der gesamten bisherigen Geschichte der Menschheit".

Kennzeichnend für das revolutionäre Denken und Handeln der Jugend im Sozialismus sei die Aneignung des Marxismus-Leninismus, die Steigerung der Arbeitsproduktivität, der Kampf gegen den Imperialismus und die Verteidigung der Heimat sowie der aktive Beitrag zur Festigung der sozialistischen Völkerfamilie.

I. Geschichte

Auf der 1. Funktionärskonferenz der KPD am 25. 6. 1945 stellte W. Ulbricht fest, daß es eine kommunistische Jugendorganisation nicht geben werde, sondern eine „einheitliche, freie Jugendbewegung". Zu deren Vorbereitung bildeten sich bei den kommunalen Verwaltungen antifaschistische Jugendausschüsse, die von der SMAD im Juli 1945 sanktioniert wurden (→ **Besatzungspolitik**). Sie standen von Anbeginn unter starkem Einfluß der KPD. Am 7. 3. 1946 wurde die FDJ unter Vorsitz von Erich Honecker gegründet.

Das I. Parlament der FDJ (8.–10. 6. 1946) in Brandenburg/Havel schloß den Gründungsvorgang mit der Verabschiedung der Verfassung, den Grundsätzen und Zielen der FDJ und der Proklamation der Grundrechte der jungen Generation ab. Dabei wurde jede Bezugnahme auf die SED und den Sozialismus vermieden; im Vordergrund standen vielmehr allgemeine demokratische Forderungen nach einer stärkeren Berücksichtigung der Jugend im politischen Leben, der Herabsetzung des Wahlalters auf 18 Jahre, der Verbesserung des Arbeitsschutzes, nach gleichem Lohn für gleiche Arbeit, dem Recht auf Bildung für alle usw.

Das II. Parlament der FDJ (23.–26. 5. 1947) in Meißen verstärkte die politische Akzentuierung des Verbandes und beschloß die Uniformierung (Blauhemd, blaue Fahne mit der aufgehenden Sonne). Die Organisationsstruktur wurde gestrafft, deren Schwergewicht von den Wohngebieten in die Betriebe und Schulen verlagert.

Das III. Parlament (1.–5. 6. 1949) in Leipzig verabschiedete eine neue Verfassung, in der sich die FDJ die Ziele der SED zu eigen machte, die geheimen Verbandswahlen abschaffte und die Voraussetzung für ein straffes Schulungssystem schuf.

Die auf dem IV. Parlament (27.–30. 5. 1952) in Leipzig verabschiedete Verfassung anerkennt die führende Rolle der SED, enthält das Bekenntnis zu den Lehren von Marx, Engels, Lenin und Stalin und übernimmt das Organisationsprinzip des → **Demokratischen Zentralismus**. Bereits am 6. 7. 1950 war die FDJ in den Demokratischen Block aufgenommen worden (→ **Bündnispolitik**). Damit war die Umformung der FDJ zur → **Massenorganisation** abgeschlossen.

Nach dem V. Parlament (25.–27. 5. 1955; Erich Honecker wird von Karl Namokel als 1. Sekretär abgelöst) in Erfurt setzte noch einmal eine Diskussion über die Aufgaben des Verbandes ein, die mit der 16. Tagung des Zentralrats (ZR) am 25. 4. 1957 abgeschlossen wurde. Die FDJ erklärte sich zur „sozialistischen" Jugendorganisation mit Avantgarde-Charakter. So konnte sie am ehesten ihren Auftrag, „Reserve und zuverlässiger Helfer der SED" zu sein, erfüllen.

Das VI. Parlament (12.–15. 5. 1959; Karl Namokel wird durch Horst Schumann als 1. Sekretär abgelöst) nahm diese Beschlüsse in die Satzung auf, die in ihren Grundzügen auf dem VII. Parlament (28. 5.–1. 6. 1963) in Berlin (Ost) und auf dem VIII. Parlament (10.–13. 5. 1967; Horst Schumann wird durch Günther Jahn als 1. Sekretär abgelöst) in Leipzig bestätigt wurde.

Das IX. Parlament (25.–29. 5. 1971) in Berlin (Ost) brachte keine grundsätzlichen Veränderungen, doch wurden die Aufgaben des Verbandes in den folgenden Monaten mit den politischen und ökonomischen Zielsetzungen des VIII. Parteitages der SED abgestimmt. Diese Entwicklung ist mit der Verabschiedung des dritten Jugendgesetzes der DDR am 28. 1. 1974, in dem der FDJ eine zentrale Stellung in der gesamten Jugendpolitik eingeräumt wird und diese wiederum in die politische und ökonomische Gesamtzielsetzung eingebettet ist, abgeschlossen. Auf der 10. Tagung des ZR am 9. 1. 1974 wurde Günther Jahn durch Egon Krenz als 1. Sekretär abgelöst.

Das X. Parlament (1.–5. 6. 1976) in Berlin (Ost) verabschiedete ein neues Statut, das die Entwicklung seit 1971 und die Ergebnisse des IX. → **Parteitages** der SED (1976) berücksichtigt. Es entfielen die gesamtdeutschen Bezüge, an die Stelle der Anerkennung der führenden Rolle der Partei trat „Die Freie Deutsche Jugend arbeitet unter Führung der Sozialistischen Einheitspartei Deutschlands, . . . Grundlage für ihre gesamte Tätigkeit sind das Programm und die Beschlüsse der SED" (Junge Generation, 1976, H. 7, S. 100), der Verband wurde zum „Interessenvertreter der gesamten Jugend" erklärt. Das Statut betont die Freundschaft zur UdSSR und deren Vorbildrolle einschließlich des ökonomischen Aspekts, der wirtschaftlichen Integration im RGW-Bereich, sowie den Beitrag der FDJ zur Erhöhung der Arbeitsproduktivität und der Verteidigungsbereitschaft. Das XI. Parlament (1.–5. 6. 1981) in Berlin (Ost) brachte keine nennenswerten Änderungen oder Neuregelungen. Auf der 8. Tagung des ZR vom 1. 12. 1983 wurde Egon Krenz durch Eberhard Aurich als 1. Sekretär abgelöst.

II. Organisation

Aufbau, Abstimmungs- und Wahlmodalitäten, Kompetenzverteilung und Art der Leitung des Verbandes entsprechen seit Anfang der 50er Jahre weitestgehend denen der SED. Nominell oberstes Verbandsorgan und zentrale Delegiertenkonferenz der FDJ ist das Parlament, das lt. Statut alle 4, seit den 70er Jahren jedoch alle 5 Jahre jeweils nach dem Parteitag der SED zusammentritt. Die (1981: 3383) Delegierten des Parlaments wählen den **Zentralrat der FDJ** (ZR) (1981: 123 Mitglieder und 29 Kandidaten), doch kann der ZR auch Mitglieder „kooptieren". Das Gremium gilt als Verbandsleitung zwischen den Parlamenten und tritt dreimal jährlich zusammen. Das eigentliche politische Führungsgremium ist jedoch das Büro des ZR; die „laufende Organisations- und Vollzugsarbeit" leistet das Sekretariat des ZR. Dem Sekretariat gehören derzeit 13 Sekretäre an. 1. Sekretär des ZR ist Eberhard Aurich, 2. Sekretär Volker Voigt, 3. in der Rangfolge ist Helga Labs, Vorsitzende der Pionierorganisation „Ernst Thälmann" und Sekretär des ZR (Aurich und Labs sind Mitglieder des → **Zentralkomitees [ZK] der SED**, ein weiterer Sekretär ist Kandidat). Der Chefredakteur der FDJ-Tageszeitung „Junge Welt" ist traditionell Mitglied des Sekretariats (derzeit Dieter Langguth). Auch den übrigen Sekretären sind jeweils bestimmte Aufgabenbereiche zugewiesen. Das Büro und das Sekretariat stützen sich bei ihrer Arbeit auf die Abteilungen im ZR, die teils für spezielle Mitgliedergruppen zuständig sind (Abteilungen: Arbeiterjugend, Berufsausbildung, Bewaffnete Kräfte, Landjugend, Schuljugend, Studenten), teils spezielle Verbandsaufgaben bearbeiten (Abteilungen: Internationale Verbindungen, Jugendforschung, Kader, Kultur, Propaganda, Sport, Staat und Recht, Verbandsorgane). Dem auf dem XI. Parlament (1981) gewählten Büro des ZR (insges. 30 Mitglieder) gehören neben 13 Sekretären des ZR der Generaldirektor des Reisebüros der FDJ „Jugendtourist" (Klaus Eichler), 2 Abteilungsleiter des ZR (darunter die stellv. Vors. der Pionierorganisation „Ernst Thälmann", Rosita Kleinpeter), die 1. Sekretäre der FDJ-Bezirksleitungen Berlin, Karl-Marx-Stadt und Magdeburg, sowie 4 Funktionäre aus FDJ-Kreisleitungen und -Grundorganisationen und eine Freundschaftspionierleiterin an. Partei, Staat und → **Freier Deutscher Gewerkschaftsbund (FDGB)** sind im Büro vertreten durch den Leiter der Abteilung Jugend des ZK der SED (Wolfgang Herger), den Leiter des → **Amtes für Jugendfragen** beim Ministerrat (Hans Sattler), einen Sekretär des Bundesvorstandes des FDGB (Kurt Zahn), einen Angehörigen der Politischen Hauptverwaltung der → **Nationalen Volksarmee (NVA)** und eine Vertreterin der → **Staatlichen Versicherung**. Die → **Blockparteien** haben 1981, wie schon von 1963 bis 1967, keine Vertretung im Büro (dem ZR gehört ein Sekretär des Kreisverbandes Neubrandenburg der LDPD an). Den Büromitgliedern gleichgeordnet ist die Vorsitzende der vom Parlament gewählten Zentralen Revisionskommission. Die Kommission (1981: 23 Mitglieder und 5 Kandidaten) kontrolliert Arbeitsorganisation, Ökonomie, Finanzen und Statistik des Verbandes. Revisionskommissionen bestehen auch auf allen Organisationsebenen. Von 1976 bis 1981 führten die über 8000 Mitglieder über 36000 Kontrollen durch.

Der Verbandsspitze unterstehen unmittelbar die 15 Bezirksorganisationen sowie die Gebietsorganisation Wismut, ferner die FDJ-Organisationen im Ausland, insbes. der DDR-Studenten, -Monteure und -Instrukteure in den sozialistischen Staaten und in der Dritten Welt, und die FDJ-Organisationen in den Bewaffneten Kräften (NVA, Grenztruppen, Volkspolizei usw.).

Die Spitzengliederung der Bezirks-(und der Kreis-) organisationen entspricht der des Gesamtverbandes: Die Delegiertenversammlung wird alle 2–2½ Jahre einberufen und wählt die Leitung, die viermal jährlich zusammentritt und die Tätigkeit der nachgeordneten Organisationen kontrolliert und koordiniert. Die eigentliche Organisationsführung liegt beim Sekretariat. Das Sekretariat einer Bezirksleitung (BL) – in den Grundstrukturen entsprechen die Sekretariate der Kreisleitungen (KL) diesem Modell – umfaßt 8–10 Sekretäre; ferner gehören ihm der Bezirksvorsitzende der Pionierorganisation, der Leiter der Bezirksstelle „Jugendtourist", der Vorsitzende der Bezirksrevisionskommission und der 1. Sekretär der FDJ-Leitung der Bezirkshauptstadt an. Das Sekretariat verfügt über einen hauptamtlichen Mitarbeiterstab.

FDJ-Kreisorganisationen, insges. über 250, bestehen in den Stadt- und Landkreisen, den Stadtbezirken der Großstädte (dort z. T. als Stadtbezirksorganisationen bezeichnet), in Großbetrieben, an den → **Universitäten und Hochschulen** und an der → **Akademie der Wissenschaften der DDR (AdW)**. In den Großstädten Dresden, Erfurt, Halle, Karl-Marx-Stadt, Leipzig und Magdeburg bestehen FDJ-Stadtleitungen, die den örtlichen Kreis- bzw. Stadtbezirksorganisationen übergeordnet sind. Mehr als 500 Ortsleitungen (OL) koordinieren die Verbandstätigkeit in den kreisangehörigen Städten und Gemeinden.

Die untersten Organisationseinheiten der FDJ sind ihre Grundorganisationen (GO) (September 1983: 28191). Sie wurden lt. Statut in allen Bildungsstätten, Betrieben, Genossenschaften, Dörfern usw. gebildet, wenn mindestens 3 Mitglieder vorhanden sind. Gründung und Auflösung von GO sind nur mit Zustimmung der jeweiligen KL möglich. Die GO untergliedern sich je nach Größe in FDJ-Gruppen (September 1983: 97053). Große GO können zusätzlich in Abteilungsorganisationen (AO) untergliedert werden (Ende 1983: 5801). Industriebetriebe mit mehreren GO, aber ohne eigene KL, haben eine Zentrale FDJ-Leitung. In Kombinaten koordiniert der Rat der FDJ-Sekretäre die Tätigkeit der GO der einzelnen Kombinatsbetriebe. Auf Großbaustellen und an speziellen → **Jugendobjekten** leiten FDJ-Stäbe die Verbandsaktivitäten.

Gruppen, AO und GO wählen je nach Mitgliederzahl umfangreiche Leitungen (3–21 Mitglieder). Die FDJ verfolgt damit das in den Statuten festgelegte Ziel, möglichst viele Mitglieder aktiv in die Verbandsarbeit einzubeziehen. In Leitungen mit 11 Mitgliedern werden folgende Funktionen besetzt: Sekretär, Stellvertreter, Funktionär (F.) für Agitation und Propaganda, Kassierer, Kontrollposten bzw. Leiter des Kontrollpostenstabes (nur in Betrieben: F. für den sozialistischen Wettbewerb, nur an Schulen: F. für gesellschaftlich nützliche Tätigkeit, Lern- und Patenschaftsarbeit, nur an Hoch- und Fachschulen: F. für wissenschaftliche Arbeit), F. für Kultur, F. für Wehrerziehung und Sport, F. für Touristik, F. für Pionierarbeit, Leiter der FDJ-Ordnungsgruppe. In zahlenmäßig stärkeren Leitungen kommen z. B. der Leiter des FDJ-Heimaktivs und der Leiter des Jugendklubs der FDJ hinzu.

Bei den Verbandswahlen 1983 wurden 670000 Leitungsmitglieder und Delegierte gewählt, das sind rd. 30 v. H. der gesamten Mitgliederschaft. Die Mitglieder der Gruppen, AO und GO wählen neben ihren Leitungen die Delegierten für die Kreisdelegiertenkonferenz. Nach dem gleichen Verfahren wählt die Delegiertenkonferenz einer Organisationsstufe ihre entsprechende Leitung und die Delegierten der nächsthöheren Stufe. Wahlen in den GO finden jährlich statt, Delegiertenwahlen für die Kreis- und Bezirksebene alle 2½ Jahre und zum Parlament der FDJ alle 5 Jahre. Die Fluktuation der ehrenamtlichen Leitungsmitglieder ist hoch, jährlich werden 30–40 v. H. ausgewechselt, doch sollen zumindest die 1. Sekretäre der Industrie-GO-Leitungen 4–6 Jahre im Amt bleiben.

Hauptamtlich tätige FDJ-Funktionäre sind die 1. Sekretäre wichtiger GO, die Sekretäre und Sekretariatsmitarbeiter von der Kreisleitung an aufwärts und ein Teil der im Schulungswesen Beschäftigten, insges. etwa 2–3 v. H. der Mitglieder. Die 1. Sekretäre der FDJ-Leitungen sind in der Regel Mitglied des Sekretariats der SED-Leitung der gleichen Organisationsebene.

Die Funktionäre der GO bilden zusammen mit den örtlichen FDJ-Abgeordneten in den → **Volksvertretungen**, den Leitern der → **Jugendbrigaden** und anderer Arbeitsgruppen sowie den Propagandisten und Agitatoren das Verbandsaktiv, das zur Vorbereitung und Auswertung wichtiger Aktionen zusammentritt. Ein Teil des Aktivs hat als Agitatorenkollektiv die Aufgabe, regelmäßig aktuelle Probleme mit den Mitgliedern zu besprechen.

Die FDJ verfügt über 3 Verlage, 1 Tageszeitung („Junge Welt") und mehrere Periodika (→ **Jugendpresse**).

Die Mitgliedschaft in der FDJ ist lt. Statut freiwillig und vom 14. Lebensjahr an möglich, wobei im Normalfall die Schüler der 8. Klassen geschlossen aus der Pionierorganisation in die FDJ übernommen werden. Die obere Altersgrenze entspricht prinzipiell der des Jugendgesetzes, doch sind in der Praxis stets etwa 5 v. H. der Mitglieder, insbes. Funktionäre und FDJler im Studium sowie in Jugendbrigaden, älter als 24 Jahre. 1981 hatte die FDJ 2,3 Mill. Mitglieder (gegenüber 1,4 Mill. 1967). Der Anstieg der Mitgliederzahl resultiert nur zum geringeren Teil aus der Zunahme der Jugendbevölkerung (→ **Jugend**, I), zum größeren aus dem Anstieg des Organisationsgrades. Nach DDR-Angaben waren 1961 50,3 v. H. der Jugendbevölkerung, 1978 bereits 69,9 v. H. Mitglied der FDJ. Die Schüler der Klassenstufen 8–12 gehören fast ausnahmslos der FDJ an, ebenso die Lehrlinge (einschl. Teilausbildung). Von den jungen Armeeangehörigen waren 1975 86 v. H., 1980 bereits 95 v. H. FDJ-Mitglieder; einen ähnlich hohen Organisationsgrad dürften auch die Studenten aufweisen. Dementsprechend stellten die Schüler (um 1980) etwa 800000 Verbandsmitglieder (etwa 35 v. H.), die Lehrlige etwa 500000 (22 v. H.), die Studenten etwa 200000 (9 v. H.), die Angehörigen der Armee und der übrigen Bewaffneten Kräfte etwa 150000 (6 v. H.). Seit den 50er Jahren bemüht sich die FDJ um die Erhöhung des Arbeiteranteils, hatte damit jedoch erst in den 70er Jahren einigen Erfolg. Vor allem die zunehmende Einrichtung von Jugendbrigaden bewirkte nach DDR-Angaben, daß sich die Zahl der in der FDJ organisierten jungen

Arbeiter wesentlich erhöhte. 1980 waren nahezu 456000 junge Arbeiter im Verband organisiert (19 v.H.). Die restlichen etwa 200000 Mitglieder (9 v.H.) sind junge Berufstätige aller Sparten. – Im Bildungs- und Ausbildungswesen, in der Armee und neuerdings in einigen Musterbetrieben geht demnach der Organisationsgrad gegen 100, bei den jungen Berufstätigen, insbes. in Kleinbetrieben und auf dem Lande, tut sich die FDJ jedoch weiterhin schwer. Die Mitgliedsbeiträge, gestaffelt nach der Höhe des Einkommens bzw. des Stipendiums, liegen zwischen 0,30 und 5 Mark monatlich. Überwiegend wird die FDJ-Arbeit jedoch aus staatlichen und betrieblichen Mitteln finanziert.

III. Formen der FDJ-Arbeit

A. Allgemeines

Die FDJ stellt die Verbandstätigkeit jeweils unter eine bestimmte Losung und leitet daraus spezielle Aufgaben ab. 1981/82 stand z.B. der X. Parteitag der SED im Mittelpunkt („FDJ-Auftrag X. Parteitag"), für 1982–1984 das „Friedensaufgebot der FDJ – Meine Tat für unser sozialistisches Vaterland". Die Ziele und Aufgaben dieser „Aufträge" und „Aufgebote" des Jugendverbandes werden in Abstimmung mit den staatlichen Leitungen (von Bildungswesen, Wirtschaft, Armee usw.) von den regionalen und örtlichen Leitungsgremien konkretisiert und auf die jeweiligen Gegebenheiten zugeschnitten. An der Basis schließlich sollen sie Eingang in die „Kampfprogramme" der GO und Gruppen finden und die FDJ-Mitglieder entsprechende „persönliche Aufträge" übernehmen. Über die Erfüllung dieser Selbstverpflichtung ist auf den Mitgliederversammlungen Rechenschaft abzulegen. Darüber hinaus vergeben die Leitungsgremien Aufgaben an Mitglieder oder Mitgliedergruppen als verpflichtenden **Verbandsauftrag**. So sollen FDJ-Aktivisten von der Leitung Aufträge erhalten „zur Unterstützung nachgeordneter Leitungen und FDJ-Kollektive, z.B. in Vorbereitung und Durchführung der Wahlversammlungen, zur Ausarbeitung von Materialien, zum Auftreten in politischen Diskussionen, zur Organisierung von Veranstaltungen des Kollektivs und anderer Maßnahmen" (JG 1982, H.7, S. 45). Ein weiteres Mittel zur Aktivierung des Verbandes sind die – zweifellos von der Verbandsspitze initiierten – verschiedenen Wettbewerbe, zu denen die FDJler einer Schule, eines Betriebes usw. die FDJler entsprechender anderer Einrichtungen in der Verbandspresse auffordern.

B. FDJ-Arbeit im Bildungswesen

1. FDJ-Arbeit an den Schulen

Die Schüler der Klassen 8–10 bzw. 12 sind auf der Basis der Schule und der Schulklasse in GO und FDJ-Gruppen organisiert. Jede Schule bildet eine GO, jede Klasse eine Gruppe, so daß gut 20 v.H. aller GO der FDJ und knapp 40 v.H. aller FDJ-Gruppen an allgemeinbildenden Schulen angesiedelt sind. Auch die jungen Lehrer bis unter 30 Jahren (etwa 30 v.H. aller Lehrer) sollen in FDJ-Lehrergruppen organisiert sein, doch bestanden 1981 an den 5900 allgemeinbildenden Schulen nur „über 1000" solcher Gruppen. Im Sommer 1983 waren bereits 17376 Lehrer, d.h. jeder 10., in einer der 2350 FDJ-Lehrergruppen organisiert. Damals gab es 5865 allgemeinbildende Schulen.

Zu Beginn des neuen Schuljahres (1. September) werden die Schüler der 8. Klassen nach der im Frühjahr erfolgten → **Jugendweihe** feierlich in die FDJ aufgenommen. Zu gleicher Zeit finden die Wahlen der Gruppenleitungen, der Delegierten und nicht zuletzt der GO-Leitungen (GOL) statt. Die Wahlversammlungen bzw. Delegiertenkonferenzen dienen der Einschätzung der bisherigen Arbeit sowie der Verabschiedung des neuen „Kampfprogramms" und der Übernahme der „persönlichen Aufträge".

Die „Hauptaufgabe der FDJ-Mitglieder und aller Schüler an der Oberschule besteht darin, jeden Tag schöpferisch, ehrlich und diszipliniert zu lernen". Deshalb sind auf den monatlichen Mitgliederversammlungen der Gruppen „regelmäßig . . . die Lernergebnisse, Ordnung und Disziplin jedes einzelnen Schülers einzuschätzen". „Wer Hilfe braucht, sollte sie auch bekommen; wer Hilfe leisten kann, sollte das als persönlichen FDJ-Auftrag verstehen." „Undiszipliniertheit, Bummelei oder schlechte Lernleistungen" sollen nicht geduldet werden (JG 1982, H.7, S. 25). Es ist die vorrangige Aufgabe der gewählten FDJ-Leitungen, auf Disziplin und gute schulische Leistungen ihres Klassen- bzw. Schulkollektives zu achten. Die sog. „thematischen" Mitgliederversammlungen werden gemäß ZR-Beschluß einheitlich im Jugendverband zu einem bestimmten Thema durchgeführt, 1983/84 etwa zu den Themen: „Mein Beitrag zum Volkswirtschaftsplan" und „Der Frieden muß verteidigt werden – der Frieden muß bewaffnet sein".

Grundlage der Verbandstätigkeit an den Schulen sind die jährlich (1982 erstmals für 2 Jahre) vom Büro des ZR der FDJ in Abstimmung mit dem → **Ministerium für Volksbildung** beschlossenen Pionier- und FDJ-Aufträge für das jeweilige Schuljahr, die durch entsprechende Anweisung des Ministeriums auch für die Pädagogen zur verbindlichen Arbeitsgrundlage werden. Dabei geht es u.a. um „die aktive Teilnahme aller Freunde am Wehrunterricht", die Gewinnung der „geeignetsten Schüler für einen militärischen Beruf", Einflußnahme auf die Berufswahl „entsprechend den gesellschaftlichen Erfordernissen", die Teilnahme an der Bewegung → **Messe der Meister von Morgen (MMM)** und um die Freizeitgestaltung (→ **Freizeit**). Der „Erziehung zur Liebe zur Arbeit" dienen die „Erfüllung der

Vorgaben im polytechnischen Unterricht", die Teilnahme an der „Verschönerung, Säuberung und Instandhaltung der Schule, ihres Inventars und ihrer Umgebung", an der Sammlung von Altmaterial und dem Werben für einen sparsamen Energieverbrauch, die Teilnahme an der „Mach mit"-Bewegung der → **Nationalen Front**, an der Sauberhaltung von Wäldern und Gewässern und an der „produktiven Ferienarbeit" (JG 1982, H. 7, S. 69–72) (→ **Feriengestaltung**). Für die Wahrnehmung dieser Aufgabenfülle bildet die GOL zahlreiche ständige Kommissionen und Aktive, die an der Gestaltung des Schullebens mitwirken.

FDJ (und Pionierorganisation) als „die politischen Massenorganisationen der Heranwachsenden" bedürfen, wie es heißt, „der ständigen Hilfe und Führung". Sie arbeiten deshalb „besonders eng ... mit der Schule zusammen". Ihre „politisch-ideologische Führung ... erfolgt durch die Schulparteiorganisation der SED". Der Klassenleiter bezieht die Aktivitäten des FDJ- und Pionierkollektivs bewußt in seine Erziehungsarbeit ein. Er gibt Anregungen für die Ziele, Vorhaben und den Inhalt des Gruppenlebens, für mögliche und notwendige Aufträge an einzelne Mitglieder, arbeitet regelmäßig mit ... der FDJ-Leitung" (bzw. dem Gruppenpionierleiter und dem Gruppenrat) „zusammen". Gemäß § 29 der Schulordnung vom 29. 11. 1979 (GBl. I, S. 433) „beraten der Direktor und die Klassenleiter mit den FDJ-Leitungen und Pionierräten" „auf der Grundlage des Arbeitsplanes der Schule und der Klassenleiterpläne", welche Aufgaben „von den FDJ- und Pionierkollektiven eigenverantwortlich übernommen werden können". Das FDJ-Lehrerkollektiv ist gehalten, der Schüler-GO „Vorschläge zur Wahl von jungen Lehrern und Erziehern in die Leitung der Grundorganisation der Schüler" nahezulegen (Beschluß d. Büros d. ZR d. FDJ vom 22. 4. 1969 – VuM d. Min. f. Volksbildung Nr. 14, S. 260). So wird die Tätigkeit der FDJ – und mehr noch die der Pionierorganisation – in hohem Maße von den Lehrern direkt und nachhaltig beeinflußt.

Die FDJ-GO ist auch für die Pionierfreundschaft ihrer Schule verantwortlich, allerdings wird die Mehrzahl der Gruppenpionierleiter in Personalunion von den Klassenlehrern der Klassen 1–7 gestellt. Im Schuljahr 1981/82 waren 9176 FDJ-Schüler als Gruppenpionierleiter tätig (knapp 15 v. H. aller Gruppenleiter), die übrigen Gruppen wurden von Lehrern und Pädagogikstudenten geführt. Dagegen waren 46555 FDJ-Schüler als Gruppenhelfer in der Pionierorganisation eingesetzt. Die (1982) 220 Erweiterten Oberschulen (EOS) und die 244 Kommunalen Berufsschulen haben einen hauptamtlichen FDJ-Sekretär. Diese hauptamtlichen Funktionäre, deren Kaderakte nicht bei der Schule, sondern beim Sekretariat der FDJ-KL geführt wird, gehören als Vertreter des Jugendverbandes dem Pädagogischen Rat (= Lehrerkonferenz) der Schule an (→ **Schulordnung**). Die anderen Verbandsfunktionen in der Schul-GO werden ehrenamtlich wahrgenommen.

2. FDJ-Arbeit an den Berufsschulen

Die FDJ-Arbeit an den Berufsschulen entspricht in ihren Grundzügen der in den allgemeinbildenden Schulen. Sie wird bestimmt von den jährlich vom ZR der FDJ und vom Bundesvorstand des FDGB erteilten Lehrjahresaufträgen, deren Aufgabenstellung durch das → **Staatssekretariat für Berufsbildung** für alle Kader der Berufsausbildung für verbindlich erklärt wird. Der sozialistische Berufswettbewerb der Lehrlinge wird entsprechend den zentralen Beschlüssen von den betrieblichen Leitungen von FDGB und FDJ verantwortlich organisiert. Sie werden dabei von speziellen Wettbewerbskommissionen, denen mehrheitlich Lehrlinge angehören sollen, unterstützt. Jedem Lehrling werden im Rahmen des Berufswettbewerbes „konkrete abrechenbare Aufgaben" übertragen (Grundorientierung zur Führung des sozialistischen Berufswettbewerbes vom 11. 6. 1974 – VuM d. Staatssekretariates f. Berufsbildung Nr. 6, S. 69).

Die FDJ ist – neben Betriebs- und Gewerkschaftsleitung – an der „kollektiven Urlaubsgestaltung" der Lehrlinge beteiligt; in den Lehrlingswohnheimen hat das FDJ-Aktiv die Verantwortung für das Verhalten der Lehrlinge. Zwei Drittel der Lehrlinge besuchen Betriebsberufsschulen und sind in der FDJ-GO ihres Betriebes erfaßt. Das restliche Drittel aus Kleinbetrieben und Splitterberufen geht in die „Kommunalen Berufsschulen". Auf diesen Teil der Auszubildenden hatte die FDJ lange Zeit nur einen sehr geringen Einfluß. Daher wurden in den 70er Jahren zunächst FDJ-Aktive, später FDJ-GO an den Kommunalen Berufsschulen eingerichtet.

3. FDJ-Arbeit an Fachschulen, Universitäten und Hochschulen

An den Universitäten bestehen FDJ-KL, an den Hoch- und Fachschulen GO-Leitungen. Diese Leitungen wählen „die FDJ-Funktionäre (einschl. der Funktionäre in den FDJ-Heimkomitees [der Studentenwohnheime]) aus und setzen die Besten als FDJ-Gruppenleiter ein". Die künftigen Leitungskollektive werden bereits vor Studienbeginn für ihre Aufgaben geschult. Am 1. Studientag werden aus den Studienanfängern FDJ-Gruppen gebildet und die Gruppenleitungen eingesetzt. Die Gruppe ist als „Kollektiv" verantwortlich für die Studienleistungen, die ideologische Schulung, das „geistig-kulturelle Leben" in der Gruppe und im Studentenheim, die Vorbereitung auf die militärische bzw. Zivilverteidigungs-Ausbildung sowie u. a. für die Teilnahme der Mitglieder am Einsatz in einer FDJ-Studentenbrigade, möglichst nach dem 1. Studienjahr (Beschluß des Sekretariats des ZR der FDJ vom 29. 4. 1971; JG 1971, H. 7, S. 57–60). Im sog. „Studentensommer“ 1983 arbeiteten 40000 Studenten (rd. 18 v.H. aller Direktstudenten) jeweils 3 Wochen in solchen Brigaden auf Baustellen, in Industriebetrieben und in der Landwirtschaft, darunter 20000 im Zentralen → **Jugendobjekt** „FDJ-Initiative Berlin“. Der FDJ-Gruppe entspricht die Seminargruppe von etwa 25 Studenten, die zur gleichen Zeit in derselben Fachrichtung das Studium aufgenommen haben und bis zu dessen Abschluß zusammenbleiben. Auf der mittleren Organisationsebene bestehen Sektionsleitungen, Instituts- und Fachrichtungsleitungen, die den AO- bzw. GO-Leitungen entsprechen. Die FDJ-Leitungen für die gesamte Universität/Hochschule bzw. Fachschule verfügen über hauptamtliche Sekretäre und einen hauptamtlichen Mitarbeiterstab. Die FDJ ist im Wissenschaftlichen Rat und im Gesellschaftlichen Rat der Hochschule und der Sektionen (→ **Universitäten und Hochschulen**, III.) vertreten. Sie hat Mitspracherechte bei der Zulassung zum Studium, in den Beratungsgremien aller Ebenen, bei der Stipendienvergabe und bei der Absolventenvermittlung. Seit dem X. Parlament (1976) verleiht der Minister für Hoch- und Fachschulwesen auf Vorschlag des ZR der FDJ jährlich bis zu 300 FDJ-Stipendien in Höhe von monatlich 350 Mark an Studienanfänger vornehmlich technischer Fachrichtungen. Neben der beruflichen Leistung und der Mitwirkung in der MMM-Bewegung soll bei der Vergabe dieser Stipendien die aktive politische Arbeit in den Leitungen der FDJ berücksichtigt werden (→ **Ausbildungsförderung**).

C. Weitere Formen der FDJ-Arbeit

1. FDJ-Arbeit in den Betrieben

Neben der Übertragung von → **Jugendobjekten** soll die Beteiligung der Jugendlichen am → **Sozialistischen Wettbewerb**, an den „Klubs Junger Neuerer“, den Sozialistischen Arbeitsgemeinschaften, der beruflichen Aus- und Weiterbildung fachliche Kenntnisse vertiefen und zugleich zu meßbaren ökonomischen Ergebnissen führen. Für besondere Leistungen verleiht die FDJ den Titel „Hervorragender Jungaktivist“ sowie Ehrenurkunden usw. Mit den **FDJ-Kontrollposten** (1982: über 41000) beteiligt sie sich an der gesellschaftlichen Kontrolle im Betrieb und arbeitet dabei eng mit den Arbeiterkontrolleuren der → **Betriebsgewerkschaftsorganisation (BGO)** sowie mit der → **Arbeiter-und-Bauern-Inspektion (ABI)** zusammen. Da die Interessenvertretung der Jugend im Betrieb nicht zuletzt bei den gewerkschaftlichen Jugendausschüssen liegt, ist die FDJ auf eine kontinuierliche Zusammenarbeit mit dem FDGB angewiesen.

2. Wehrerziehung als Teil der FDJ-Arbeit

Die FDJ fördert → **Wehrerziehung** und vormilitärische Ausbildung. Seit 1967 finden wehrsportliche „Hans-Beimler-Wettkämpfe“ der 8. Klassen statt; dazu werden an den Schulen „Hans-Beimler-Stäbe“ gebildet. Mit der Bildung von FDJ-Aktivs in den Einheiten der → **Gesellschaft für Sport und Technik (GST)**, des → **Deutschen Roten Kreuzes (DRK) der DDR** und der → **Zivilverteidigung** unterstützt die FDJ die Vorbereitung der männlichen und weiblichen Jugendlichen auf den → **Wehrdienst**. 1981 warben 800, 1982 bereits 1000 „FDJ-Bewerberkollektive für militärische Berufe“, die den KL unterstehen, für den Offiziers- und Unteroffiziersberuf.

3. Kulturarbeit der FDJ

Die Kulturarbeit der FDJ stützt sich auf die staatlichen, verbandseigenen und gewerkschaftlichen Kultur- und Klubhäuser. Ende 1983 bestanden 8865 Jugendklubs, in denen 70000 ehrenamtliche Funktionäre tätig waren. Indem die FDJ dort Tanzveranstaltungen, Vorträge sowie Interessengemeinschaften organisiert, versucht sie, auch auf die Gestaltung der → **Freizeit** von unorganisierten Jugendlichen in den Wohngebieten einzuwirken. Mit dem „Buchclub 65“ verfügt die FDJ auch über eine eigene Buchgemeinschaft. Als Teil der Volkskunstbewegung fördert die FDJ das Laienschaffen (→ **Laienkunst**). Als spezielle Form haben sich dabei die Treffen junger Talente herausgebildet, die über Kreis- und Bezirksvergleiche die Möglichkeit bieten, an einem Zentralen Leistungsvergleich teilzunehmen. 1979 bestanden 16000 „ständige Kollektive des künstlerischen Volksschaffens“, in denen „mehr als 124000 Kinder und Jugendliche arbeiteten“. Die 1969 ins Leben gerufene „FDJ-Singebewegung“ umfaßte 1980 3000 Singeklubs mit 40000 Mitgliedern. Die FDJ unterhält ein Sinfonieorchester, ein Zentrales und 15 Bezirksmusikkorps und einige 100 weiterer Blaskapellen, Fanfaren- und Spielmannszüge. Das am 1. 1. 1975 gegründete FDJ-Reisebüro „Jugendtourist“ vermittelte 1982 869311 Reisen innerhalb der DDR und 1573764 in sozialistische Länder. In Zusammenarbeit mit dem → **Deutschen Turn- und Sportbund (DTSB) der DDR** veranstaltet die FDJ Jugendsportfeste. Die Erich-Weinert-Medaille wird als Kunstpreis der FDJ jährlich an junge Künstler und Laienschaffende verliehen.

4. Die FDJ-Ordnungsgruppen

Die FDJ-Ordnungsgruppen werden vorwiegend zur Aufrechterhaltung von Ordnung und Disziplin in den Jugendeinrichtungen, in Schulen, Lehrlingsheimen und bei FDJ- und Jugendveranstaltungen eingesetzt. Sie kontrollieren den Einlaß, das Programm, den Alkoholausschank und können Personen von der Teilnahme ausschließen. Darüber hinaus wirken sie im territorialen System der Kriminalitätsvorbeugung und -bekämpfung mit, in das auch die FDJ-Leitungen und FDJ-Ordnungsgruppenstäbe der Orte, Kreise und Bezirke einbezogen sind (Neue Justiz, 1971, Nr. 17, S. 503ff.). Die Ordnungsgruppen, seit 1959 aus Freiwilligen aufgestellt, sind „Organe der Leitungen der FDJ“ und werden

von den Kreis- bzw. Bezirksleitungen der FDJ ausgewählt und eingesetzt. Sie entsprechen den „Trupps der öffentlichen Ordnung und Sicherheit" des sowjetischen Komsomol und haben hilfspolizeiliche und vormilitärische Aufgaben.
Mindestalter für Eintrittswillige ist das vollendete 16. Lebensjahr. Die Ausbildung umfaßt: Einsatztechnik, Gesetzeskunde, Grundlagen DRK (Erste Hilfe u. ä.), Marxismus-Leninismus sowie Umgang mit Kampfstoffen und die praktische Unterweisung in: Schutzausbildung, Körperertüchtigung und Judo. Die Ordnungsgruppen arbeiten eng mit der Volkspolizei (VP) zusammen. 1982 bestanden 3992 Gruppen mit 40000 Mitgliedern. Die Gruppen werden bei Bedarf in Zügen und Hundertschaften zusammengefaßt. Es ist beabsichtigt, in jedem der 8865 Jugendklubs der FDJ eine Ordnungsgruppe zu bilden.

5. Die FDJ im Staatsapparat
Die in Artikel 20,3 der Verfassung der Jugend zugesagten „Möglichkeiten, an der Entwicklung der sozialistischen Gesellschaftsordnung verantwortungsbewußt teilzunehmen", nimmt die FDJ durch die Beteiligung an den Beratungsgremien des Staatsapparates, die sich mit jugendpolitischen Fragen beschäftigen, wahr (→ **Jugendforschung**). Außerdem ist sie in den Volksvertretungen mit Fraktionen vertreten, und zwar in der Volkskammer ab 1963 (4. Wahlperiode) mit 40 von 500 Abgeordneten; ab 1981 Bezirkstage: 286 von 3172; ab 1979 Kreistage und Stadtverordnetenversammlungen: 3873 von 27168; Gemeindevertretungen: 17256 von 170427; Stadtbezirksversammlungen: 659 von 3975.

IV. Schulung

In der Schulung der FDJ sind 2 Formen zu unterscheiden: die Funktionärsschulung und die Schulung der Mitglieder. Die große Zahl jährlich neugewählter Funktionäre in den GO, verbunden mit der Fluktuation in den Leitungen, macht die Kaderschulung zu einer wichtigen Verbandsaufgabe.
Hauptschulungsformen sind: die „Schulen des FDJ-Gruppenleiters", durchgeführt von den GO-Leitungen der Betriebe, Bildungseinrichtungen usw. als monatliche Schulung über jeweils einige Stunden oder als Wochenendschulung in größeren Abständen, ferner Wochenendschulungen, Aktivtagungen und differenzierte Schulung der verschiedenen Leitungsmitglieder der Gruppen und GO; die Ganztagesschulung der Sekretäre der GO bei der FDJ-Kreisleitung; die Kurzlehrgänge an den 14 Bezirksjugendschulen für ehrenamtliche Funktionäre nach Auswahl durch die FDJ-Kreisleitungen.
Die hauptberuflichen GO-Sekretäre und die Mitarbeiter der Kreisleitungen erhalten eine 3monatige Ausbildung an den Sonderschulen des ZR der FDJ in Buckow, Grambow, Weimar und Zschorna. Auf kulturpolitischem Gebiet tätige haupt- und ehrenamtliche Funktionäre werden in Kurzlehrgängen an der Sonderschule des ZR in Dresden ausgebildet. Die höchste Ausbildungseinrichtung der FDJ ist die **Jugendhochschule „Wilhelm Pieck" beim Zentralrat der FDJ** in Bogensee. Das einjährige Direktstudium richtet sich an Mitarbeiter des ZR, der Bezirks- und Kreisleitungen und an hauptberufliche Sekretäre von GO. Hier wurden von 1946 bis 1981 rd. 13000 FDJ-Funktionäre sowie etwa 2000 Funktionäre befreundeter Jugendorganisationen aus aller Welt ausgebildet. Schließlich stehen dem Jugendverband Studienplätze an den Schulen und Hochschulen der SED, des FDGB und des sowjetischen Komsomol zur Verfügung. Von 1951 bis Ende 1981 haben 528 FDJ-Funktionäre die Komsomol-Hochschule in Moskau absolviert. Die Massenschulung beginnt mit einer Vorstufe, die die Schüler der 7. Klassen auf den Eintritt in die FDJ, insbesondere anhand des Statuts, vorbereitet. Auf ihr bauen die „Zirkel Junger Sozialisten" in 3 Stufen auf: 1. für die Schüler der 9. und 10. Klassen, 2. und 3. für die Schüler der EOS, Studenten und die Mitglieder der betrieblichen und örtlichen GO. Gegenstand ist 1983/84 je nach Teilnehmerkreis 1. das SED-Programm, 2. die Biographien von Marx und Engels, 3. Probleme der M.-L.-Philosophie, 4. Grundfragen der politischen Ökonomie, 5. „Partei – Wissenschaft – Student", 6. Jugendpolitik der SED, 7. die Biographie von Ernst Thälmann, 8. weltanschauliche Fragen der sozialistischen Gesellschaft, 9. Wissenschaftspolitik der SED, 10. Grundprobleme der Leitung der sozialistischen Gesellschaft.
Die Schulung soll durch Vorträge von Arbeiterveteranen, durch Besichtigung von Gedenkstätten (→ **Nationale Mahn- und Gedenkstätten**) und die Behandlung aktueller Themen aufgelockert werden. Anfang 1983 gab es 81847 „Zirkel Junger Sozialisten" mit etwa 1,6 Mill. Teilnehmern. Mehr als 80 v.H. der Zirkelleiter waren überwiegend ältere SED-Mitglieder. Nur eine Minderheit war gleichzeitig noch Mitglied der FDJ. Der Schulung dienen auch die FDJ-Studienjahre, die jährlich für Schüler, Lehrlinge und Studenten durchgeführt werden. Sie bestehen aus den „Zirkeln Junger Sozialisten", in denen weltanschauliche Grundfragen und aktuelle politische Probleme diskutiert werden, den Jugendforen, auf denen „kompetente Gesprächspartner" Auskunft erteilen, sowie den „Propagandatagen der Jugend". Hinzu kommt das „Abzeichen für gutes Wissen", das in 3 Stufen verliehen wird, für „gute und anwendungsbereite Kenntnisse des Marxismus-Leninismus und der Beschlüsse der SED".

V. Internationale Verbindungen und Deutschlandpolitik

Die FDJ ist seit 1948 Mitglied des → **Weltbundes der Demokratischen Jugend (WBDJ)**, seit 1949 des

Internationalen Studentenbundes. Mit dem sowjetischen Jugendverband Komsomol hat die FDJ besonders enge Beziehungen; 528 Funktionäre sind bis Ende 1981 an der Hochschule des Komsomol in Moskau ausgebildet worden. In Unterstützung der → **Außenpolitik** bemüht sich die FDJ um Kontakte zu nichtkommunistischen Jugendverbänden (→ **Festival**).
Die deutschlandpolitischen Aktivitäten folgten der → **Deutschlandpolitik der SED**. Die von der FDJ veranstalteten **Deutschlandtreffen der Jugend** (Mai 1950, Juni 1954, Mai 1964 in Berlin [Ost]) wurden nicht fortgesetzt, Treffen zwischen Jugenddelegationen der Bundesrepublik Deutschland und der DDR fanden nun vorwiegend im Rahmen der Festivals des WBDJ statt. Seit 1973 bestehen – zumeist jährlich erneuerte – „Arbeitsvereinbarungen" zwischen der FDJ und der „Sozialistischen Deutschen Arbeiterjugend" (SDAJ) der Bundesrepublik Deutschland, die als „Bruderverband" bezeichnet wird. Seit 1973 kam es auch zu Kontakten der FDJ mit nichtkommunistischen Jugendverbänden bzw. -organisationen in der Bundesrepublik Deutschland (Deutscher Bundesjugendring), mit dem am 20. 9. 1982 Abmachungen über einen **Innerdeutschen** → **Jugendaustausch** „entsprechend den Angeboten gemäß den im jeweiligen Land üblichen Modalitäten" getroffen wurden (ferner die Falken, Gewerkschaftsjugend, Jungdemokraten, Jungsozialisten, Naturfreundejugend, Sozialistischer Hochschulbund, Arbeitsgemeinschaft der Evangelischen Jugend u. a.).
Die FDJ veranstaltet Freundschaftstreffen mit ausländischen Jugendlichen aus befreundeten Staaten und Organisationen, bildet Funktionäre befreundeter ausländischer Jugendverbände aus und entsendet „Brigaden der Freundschaft" in Staaten der Dritten Welt, die vorwiegend auf dem Gebiete der Berufsausbildung tätig sind, aber ebenso Aufgaben der DDR-Außenpolitik erfüllen. Anfang 1984 waren 17 FDJ-Brigaden u. a. eingesetzt in Äthiopien, Angola, VDR Jemen, Kuba, Moçambique und Vietnam.

Arnold Freiburg

Literaturangaben

Freiburg, Arnold, u. Christa Mahrad: FDJ. Der sozialistische Jugendverband der DDR. Opladen: Westdeutscher Verl. 1982. (Studien zur Sozialwissenschaft. 51.)

Gaststätten und Jugendtanz. Berlin (Ost): Die Wirtschaft 1981.

Geschichte der Freien Deutschen Jugend. Chronik. Berlin (Ost): Neues Leben 1976.

Geschichte der Freien Deutschen Jugend. Hrsgg. im Auftrag des Zentralrats der FDJ. Berlin (Ost): Neues Leben 1977.

Honecker, Erich: Zur Jugendpolitik der SED. Reden und Aufsätze von 1945 bis zur Gegenwart. Berlin (Ost): Neues Leben 1977.

FDJ (Freie Deutsche **Jugend**) und wissenschaftlich-technischer Fortschritt. Erkenntnisse und Erfahrungen aus der Leitung ökonomischer Initiativen der FDJ. Berlin (Ost): Junge Welt 1981.

Die gesellschaftlichen **Organisationen** in der DDR. Stellung, Wirkungsrichtungen und Zusammenarbeit mit dem sozialistischen Staat. Berlin (Ost): Staatsverl. d. DDR 1980.

Ternick, Wolfgang: Jung sein bei uns. Berlin (Ost): Staatsverl. d. DDR 1981.

Wörterbuch zur sozialistischen Jugendpolitik. Berlin (Ost): Dietz 1975.

Freier Deutscher Gewerkschaftsbund (FDGB)

Der FDGB ist die einheitliche gewerkschaftliche Organisation für alle Arbeiter, Angestellten und Angehörigen der Intelligenz in der DDR. Seine ausschließliche Erwähnung in der → **Verfassung** der DDR (Art. 44,1) und im → **Arbeitsgesetzbuch** (AGB) der DDR gibt seiner Monopolstellung die rechtliche Grundlage. Als der „umfassenden Klassenorganisation der → **Arbeiterklasse**" und als der zahlenmäßig stärksten → **Massenorganisation** kommt dem FDGB im Herrschafts- und Gesellschaftssystem der DDR zentrale Bedeutung zu. Der von der → **Sozialistischen Einheitspartei Deutschlands (SED)** erhobene Führungsanspruch und der → **Marxismus-Leninismus** als ideologisch-programmatische Grundlage gewerkschaftlichen Handelns werden in der Satzung des FDGB ausdrücklich anerkannt; die in der Verfassung (Art. 44,2) betonte Unabhängigkeit der Gewerkschaften kann demnach nur als Ausfüllung der auf diese Weise grundsätzlich vorgeformten Handlungsspielräume und Aufgabenstellungen verstanden werden.

I. Zum Selbstverständnis des FDGB

Die Funktion des FDGB als Interessenvertretung wird von der Auffassung bestimmt, daß mit der Abschaffung des Privateigentums an → **Produktionsmitteln** (→ **Eigentum**) der Klassenkonflikt beseitigt und im grundsätzlichen die Interessenidentität zwischen den Gesellschaftsmitgliedern hergestellt worden sei (→ **Interesse/Interessenübereinstimmung**). Der FDGB ist seinem Selbstverständnis nach nicht ein Interessenverband abhängig Beschäftigter, der Arbeitgebern gegenübertritt, sondern eine Organisation von Werktätigen, die zugleich als Miteigentümer der als im Volkseigentum befindlich verstandenen Produktionsmittel aufgefaßt werden. Vor dem Hintergrund dieser Interpretation werden im gesamtgesellschaftlichen Interesse, wie es die SED und die Staatsorgane festlegen, die Einzelinteressen von Individuen, Gruppen und Klassen immer als in ihm bereits aufgehoben gesehen.

Interessenvertretung hat so wesentlich die Propagierung dieser parteilichen und staatlichen Zielsetzungen bzw. die Mobilisierung der Mitgliedschaft für ihre Erfüllung zum Inhalt. Doch ist bereits in der auch heute noch für den FDGB verbindlichen leninschen Gewerkschaftskonzeption die Perspektive enthalten, daß die postulierte Interessenidentität sich erst in einem längeren historischen Prozeß realisieren läßt und nicht als etwas Gegebenes, sondern als etwas jeweils erneut Herzustellendes begriffen werden muß. Ferner können danach Verselbständigungstendenzen staatlicher und wirtschaftlicher Verwaltungseinheiten (→ **Bürokratismus** usw.) und die selbstherrliche Verletzung gesetzlicher Bestimmungen durch einzelne Funktionäre nicht ausgeschlossen werden. So sei es notwendig, den Gewerkschaften eine gewisse Eigenständigkeit zuzubilligen, damit sie die unmittelbaren Interessen der in ihren Reihen Organisierten artikulieren und vertreten, eine gewisse Kontrollfunktion gegenüber staatlichen, vor allem wirtschaftlichen Teilstrukturen ausüben und für die Einhaltung der gesetzlichen Bestimmungen, insbesondere des Arbeits-, Arbeitsschutz-, Sozial- und Bildungsrechts Sorge tragen können.

Während diese Seite der Arbeit des FDGB bis weit in die 50er Jahre hinein im Hintergrund stand und seine Tätigkeit von der einseitigen Unterstützung der gesamtgesellschaftlichen politischen und ökonomischen Zielsetzungen, wie sie in den Parteibeschlüssen zum Ausdruck kamen, geprägt war, ist seitdem eine gewisse Korrektur erfolgt. Zu diesen Veränderungen haben neben aktuellen politischen und sozialen Konflikten, die den Verlust der integrativen Funktion der Gewerkschaften drastisch demonstrierten (Ungarnaufstand, Polnischer Oktober, Dezemberstreiks in Polen, → **Fluktuation** der Arbeitskräfte, ungenügende Steigerung der → **Arbeitsproduktivität** usw.) auch die neueren theoretisch-ideologischen Diskussionen beigetragen. In ihnen wurde das Vorhandensein sozialer Konflikte (nichtantagonistischer → **Widersprüche**) auch in den sich herausbildenden neuen gesellschaftlichen Strukturen nicht nur zugegeben, sondern als unvermeidlich und den Entwicklungsprozeß letztlich fördernd anerkannt.

In diesem Zusammenhang sind allerdings Fragen nach der tatsächlichen Machtverteilung, nach der realen Verfügungsgewalt über den Wirtschaftsapparat nicht gestellt, das Postulat von der grundsätzlichen Interessenidentität nicht bezweifelt worden. Ebenso blieb der Anspruch der Partei, mit ihrer Politik das Entstehen ausgedehnterer Konfliktfelder durch vorausschauende (wissenschaftliche), planmäßige „Leitung der gesellschaftlichen Prozesse" zu verhindern, unangetastet. Trotzdem wich im Ergebnis dieser Diskussionen die Vorstellung von einer weitgehend „harmonistischen" Gesellschaft, in der jedes dieses Konzept störende Sonderinteresse bzw. jeder Konflikt als vom „Klassenfeind" inspiriert und potentiell „feindlich" erscheinen mußte, einer nüchterneren Einsicht in die Interessenvielfalt und Konflikthaltigkeit der Gesellschaft. Damit erhielt der Teil der Gewerkschaftsarbeit, der im herkömmlichen Sinn als unmittelbare Vertretung der Interessen der Mitglieder verstanden werden kann, auch von der theoretisch-ideologischen Seite her ein größeres Gewicht.

Dabei werden im Selbstverständnis des FDGB gesamtgesellschaftliche und partikulare Interessen nicht voneinander getrennt gesehen oder gar einander gegenübergestellt. Vielmehr werden sie als eine konfliktreiche (dialektische) Einheit gedeutet, in der im Ergebnis die Lösung von Zielkonflikten immer zugunsten des Gesamtinteresses gesucht wird. So bedeutet z. B. die gewerkschaftliche Kontrolle bei der Einhaltung der arbeitsrechtlichen Bestimmungen einerseits Schutz des Beschäftigten vor Gesetzesverletzungen durch die Werkleitungen, andererseits den Einsatz gewerkschaftlicher Mittel, um bei den Betriebsbelegschaften gleichfalls die Befolgung der rechtlichen Vorschriften zu sichern (→ **Arbeitsrecht; Gesellschaftliche Gerichte**).

Vor diesem Hintergrund sind die Funktionen und die Einbeziehung des FDGB in die Herrschaftsstrukturen zu sehen und zu beurteilen. Der FDGB versteht sich als „Schule des Sozialismus", d. h. er beteiligt sich an der Erziehung seiner Mitglieder zum sozialistischen Bewußtsein (→ **Bewußtsein, Gesellschaftliches; Staatsbewußtsein, sozialistisches**), vermittelt Kenntnisse über politische, gesamtgesellschaftliche und insbesondere volkswirtschaftliche Zusammenhänge und strebt die Herausbildung neuer sozialer Verhaltensweisen (Arbeitsdisziplin, Eigentümerbewußtsein, sozialistische Hilfe am Arbeitsplatz, → **Kritik und Selbstkritik** usw.) an. Als Teil der **Sozialistischen** → **Demokratie** setzt er sich für die Durchführung der Beschlüsse der SED und der staatlichen Organe ein, aktiviert seine Mitglieder für die Erfüllung bzw. Übererfüllung der ökonomischen Aufgaben und bietet zugleich in seiner Organisationsstruktur vorgegebene und abgestufte Möglichkeiten für die Mitwirkung an den staatlichen und ökonomischen Entscheidungsprozessen, insbe-

sondere auf betrieblicher Ebene. Von besonderer Bedeutung sind die Mitwirkungsrechte des FDGB im Arbeitsrecht sowie in der → **Sozialpolitik** und → **Kulturpolitik** (→ **Kulturarbeit des FDGB**).
Die im Selbstverständnis und in den grundsätzlichen Aufgabenstellungen des FDGB angelegten Gegensätze und Konflikte führen in der täglichen Gewerkschaftsarbeit zu mannigfachen Schwierigkeiten. Die Vorrangigkeit der wirtschaftlichen Zielsetzungen, die Abhängigkeit des FDGB von der SED und die Einbindung der Gewerkschaften in die staatliche und ökonomische Entscheidungs- und Leitungspyramide begünstigen nach wie vor Tendenzen zur Vernachlässigung der unmittelbaren Interessenvertretung der Werktätigen am Arbeitsplatz. Andererseits ist nicht zu verkennen, daß, beginnend mit den Wirtschaftsreformen 1963 (→ **Wirtschaft**) und verstärkt nach dem VIII. Parteitag der SED 1971, die gewerkschaftlichen Kontrollrechte gegenüber den Wirtschaftsleitungen und die Mitgestaltungsrechte im sozialpolitischen Bereich gestärkt worden sind. Diese Entwicklung zeigt sich nicht zuletzt in dem Ausbau der gewerkschaftlichen → **Mitbestimmungs-, Mitgestaltungs-** und **Mitwirkungsrechte** in den verschiedenen Kodifikationen des Arbeitsrechts, zuletzt in dem am 1. 1. 1978 in Kraft getretenen AGB.
Der FDGB ist im Verlauf dieses Prozesses neben der SED und dem Staatsapparat zu einem dritten, wenn auch schwächeren, tragenden Teil des politischen Systems in der DDR geworden.

II. Zur Geschichte

Als der SMAD-Befehl Nr. 2 vom 10. 6. 1945 die Gründung von → **Parteien** und Gewerkschaften erlaubte und am 15. 6. 1945 der vorbereitende Gewerkschaftsausschuß für Groß-Berlin zur Schaffung freier Gewerkschaften aufrief, hatten sich erstmals in der Geschichte der deutschen Arbeiterbewegung unter dem Eindruck des Versagens der verschiedenen Gewerkschaftsrichtungen vor dem Nationalsozialismus und angesichts des totalen Zusammenbruchs von Staat, Gesellschaft und Wirtschaft alle bedeutenden weltanschaulichen Richtungen (sozialdemokratisch, kommunistisch, christlich und liberal) zusammengefunden, um eine überparteiliche Einheitsgewerkschaft ins Leben zu rufen. Damit war es der KPD (→ **Kommunistische Partei Deutschlands [KPD]/Deutsche Kommunistische Partei [DKP]**) gelungen, aus der Außenseiterrolle, die sie in den freien Gewerkschaften und mit den Roten Gewerkschaftsorganisationen (RGO) in der Weimarer Republik gespielt hatte, herauszutreten und sich von Anbeginn maßgeblich an der Führung der neuen Gewerkschaftsbewegung zu beteiligen. Der Gründungsvorgang fand im Februar 1946 auf der 1. Zentralen Delegiertenkonferenz des FDGB seinen Abschluß.
Die Konstituierung des FDGB bildete eine wichtige Voraussetzung für die Vereinigung von KPD und → **Sozialdemokratischer Partei Deutschlands (SPD)**, da letztere ihren traditionellen Rückhalt in den sozialdemokratisch orientierten freien Gewerkschaften verloren hatte. Der Zusammenschluß von KPD und SPD zur SED förderte seinerseits die Umgestaltung des FDGB in eine Gewerkschaft kommunistischen Typs; er drängte die Vertreter der früheren christlichen und Hirsch-Dunckerschen Gewerkschaften von vornherein in eine aussichtslose Minderheitenposition. Die Ausschaltung ehemals sozialdemokratischer Gewerkschaftsfunktionäre, soweit sie an ihren Vorstellungen festhielten, wurde zu einem innerparteilichen Problem der SED, das diese im Zuge ihrer Entwicklung zu einer „bolschewistischen Partei neuen Typs" lösen konnte (→ **Opposition und Widerstand**). Die Auflösung der → **Betriebsräte** und die Übertragung des Vertretungsrechts der Belegschaften gegenüber den Werkleitungen an die → **Betriebsgewerkschaftsorganisationen (BGO)** aufgrund der Bitterfelder Beschlüsse 1948 war ein weiterer entscheidender Schritt in der Formung des FDGB zu seiner heutigen Gestalt. Die Herausbildung des Planungssystems, die Konzentrierung der Gewerkschaftsarbeit auf die Steigerung der Arbeitsproduktivität mit Hilfe der Aktivisten- und Wettbewerbsbewegung (→ **Sozialistischer Wettbewerb**), das Fehlen des traditionellen Gegenspielers in Form der Arbeitgeberverbände, die verboten blieben, bestimmten sehr bald die Tätigkeit des FDGB. Auf dem 3. FDGB-Kongreß 1950 wurde in der Satzung der Führungsanspruch der SED auch öffentlich anerkannt, den traditionellen Inhalten der Gewerkschaftsarbeit als „Nur-Gewerkschaftertum" der Kampf angesagt und der → **Demokratische Zentralismus** als Organisationsprinzip festgelegt.
In den folgenden Jahren, die gekennzeichnet waren durch die Einführung der Planwirtschaft sowjetischen Typs, durch die Überwindung der Kriegsfolgen und den Neuaufbau einer industriellen Produktionsbasis, durch die Umwandlung der überkommenen Sozialstrukturen und die Herausbildung einer neuen politisch-gesellschaftlichen Ordnung, steht der FDGB ganz im Dienst dieser ökonomischen und gesellschaftspolitischen Zielsetzungen; er vollendet seine Ausformung zu einer voll in das Herrschaftssystem integrierten marxistisch-leninistischen Gewerkschaft.
Die Erfahrungen aus dem → **Juni-Aufstand** 1953 sowie den polnischen und ungarischen Unruhen 1956 im Zusammenhang mit den sich zur gleichen Zeit anbahnenden Diskussionen um neue Formen der ökonomischen und in begrenzterer Weise auch der politischen Organisation (Gesetz über die örtl. Organe der Staatsmacht 1957, erste Reorganisation der Planungs- und Leitungsinstanzen im ökonomischen Bereich usw.) führten zu Ansätzen einer Stär-

kung der Kontroll- und Mitwirkungsrechte des FDGB (z. B. gesetzl. Verankerung der **Ständigen → Produktionsberatungen** 1959). Die Einführung des → **Neuen Ökonomischen Systems (NÖS)** 1963 mit seinem Abgehen von der zentralen Detailplanung und der daraus resultierenden größeren Selbständigkeit der VEB, VVB und regionalen Staatsorgane vergrößerten die Möglichkeiten der Einwirkung und die Notwendigkeit der Kontrolle durch den FDGB. Seit dem 6. FDGB-Kongreß 1963 wird die Vertretung der unmittelbaren Interessen der Beschäftigten als gewerkschaftliche Aufgabe immer erneut unterstrichen und die Kontrollfunktion des FDGB betont. Herbert Warnke formulierte als Vorsitzender des FDGB dieses stärkere Absetzen von den wirtschaftlichen Leitungsorganen auf dem 7. FDGB-Kongreß 1968: „Die Gewerkschaftsfunktionäre sind die Vertrauensleute der Arbeiterklasse, sie sind nicht die Assistenten der Werkleiter."

Die Teilrevision der Wirtschaftsreformen 1970/71 hat diese Entwicklung nur insoweit beeinträchtigt, als die stärkeren Planbindungen der Betriebe deren Entscheidungsspielraum und damit auch die Mitwirkungsmöglichkeiten einengten. Im Gegenteil haben die Ergebnisse des VIII. Parteitages der SED den FDGB aus den anderen Massenorganisationen deutlich herausgehoben. Die Akzentuierung der → **Sozialpolitik** als zentralen Teil der gesellschaftspolitischen → **Linie** der SED für die nächsten Jahre brachte einen Aufgabenzuwachs, die Auflösung von Mitwirkungsgremien (Produktionskomitees in den VEB, Gesellschaftliche Räte bei den VVB usw.) machte den FDGB zum alleinigen Träger von Mitwirkungsorganen. Die Betonung der Bedeutung der Gewerkschaften fand ihren Niederschlag u. a. in dem Gesetz über den → **Ministerrat** der DDR vom 16. 10. 1972, in dem der FDGB als einzige Massenorganisation genannt wird (§ 1,3). Der Ministerrat wird darin zur Zusammenarbeit mit der Gewerkschaft „bei der Gestaltung der entwickelten sozialistischen Gesellschaft und allseitigen Stärkung der sozialistischen Staatsmacht" verpflichtet; gemeinsame Beschlüsse sind zur Entwicklung der Arbeits- und Lebensbedingungen, des Gesundheits- und Arbeitsschutzes, der Arbeitskultur, des kulturellen und sportlichen Lebens und für die Ausarbeitung der Grundlinie der Sozial-, Lohn- und Einkommenspolitik vorgesehen. Seitdem sind eine Reihe solcher gemeinsamer Beschlüsse vom Politbüro des ZK der SED, Ministerrat und Bundesvorstand des FDGB vor allem auf sozialpolitischem Gebiet und über neue Formen des → **Sozialistischen Wettbewerbs** veröffentlicht worden, allerdings ohne daß dabei der inhaltliche Anteil des FDGB an ihrer Formulierung zu ersehen gewesen wäre.

Der Entwurf des AGB wurde 1977 in der Tageszeitung des FDGB, der „Tribüne", veröffentlicht, in der Gewerkschaftsorganisation diskutiert, mit – z. T. nicht unwesentlichen – Änderungen auf der Grundlage des Diskussionsverlaufs auf dem 9. Kongreß des FDGB (16.–19. 5.1977) verabschiedet und von der FDGB-Fraktion in der → **Volkskammer** als Gesetzesvorlage eingebracht. Zwar ist dieses Gesetz damit kein Normenwerk des FDGB; die gewählte Form, in der es zur Verabschiedung gelangte, unterstreicht jedoch das Bemühen der politischen Führung, den FDGB faktisch und im allgemeinen Bewußtsein aufzuwerten.

Der 10. FDGB-Kongreß (21.–24. 4. 1982) stand ganz im Zeichen der sich seit der Mitte der 70er Jahre schwieriger gestaltenden wirtschaftlichen Situation der DDR und der sich daraus ergebenden wirtschaftlichen Aufgaben. Bereits der X. Parteitag der SED (1981) hatte deutlich gemacht, daß mit wesentlichen sozialpolitischen Verbesserungen im kommenden Jahrzehnt nicht zu rechnen sein wird, sondern es vielmehr erheblicher Anstrengungen (Steigerung der Arbeitsproduktivität, bessere Ausnutzung von Material und Energie, beschleunigte → **Intensivierung und Rationalisierung**, einer besseren → **Qualität der Erzeugnisse** usw.) bedarf, um auf der Grundlage eines weiteren wirtschaftlichen Wachstums den erreichten Lebensstandard zu sichern. Für den FDGB folgt daraus, daß er erneut die Erfüllung und Optimierung der Pläne in den Mittelpunkt seiner Arbeit stellen muß. Daneben beherrschte die angespannte weltpolitische Situation den Kongreß; diese Thematik führte zu einer Unterstreichung der Rolle des FDGB bei der → **Wehrerziehung**. Diese beiden Themenkreise fanden in der von den Delegierten verabschiedeten „Willenserklärung" ihren Niederschlag: „In unserer täglichen Arbeit geben wir das Beste, steigern wir mit neuen Taten im sozialistischen Wettbewerb die Leistungskraft der Volkswirtschaft. Zugleich erfüllen wir stets unsere Ehrenpflicht, um durch eine hohe Wehrbereitschaft und Wehrfähigkeit zum zuverlässigen Schutz des Friedens und der sozialistischen Errungenschaften beizutragen."

III. Organisationsaufbau

Der Organisationsaufbau des FDGB beruht auf dem Industriegewerkschaftsprinzip: ein Betrieb – eine Gewerkschaft. Gegenwärtig bestehen 16 Industriegewerkschaften (IG) bzw. Gewerkschaften (Gew.) (in Klammern an erster Stelle die Mitgliederzahl 1982, an zweiter die Zahl für 1977): IG Metall (1770000; 1670000); IG Bau-Holz (960000; 870000); IG Transport- und Nachrichtenwesen (760000; 720000); IG Textil – Bekleidung – Leder (610000; 610000); IG Chemie, Glas und Keramik (510000; 520000); IG Bergbau – Energie (450000; 400000); IG Druck und Papier (160000; 150000); Gew. Handel, Nahrung und Genuß (1070000; 970000); Gew. Land, Nahrungsgüter und Forst (640000; 560000); Gew. Mitarbeiter der Staatsorgane und der Kommunalwirtschaft (610000; 560000); Gew. Gesundheitswesen (550000; 460000); Gew. Unterricht und Erziehung (510000; 450000); Gew. Wissenschaft (160000; 150000); Gew. Kunst (70000; 60000); IG Wismut (ohne Angaben); Gew. der Zivilangestellten der → **Nationalen Volksarmee (NVA)** (ohne Angaben). Der Organisationsgrad bei den Werktätigen, die entsprechend der Satzung des FDGB dessen Mitglied werden können, stieg von 1977 96,7 v.H. auf 1982: 97,2 v.H. Veränderungen in den Mitgliederzahlen der Einzelgewerkschaften besagen demnach kaum etwas über Veränderungen des Organisationsgrades, vielmehr spiegeln sich in ihnen Veränderungen in der Wirtschaftsstruktur. Anfang 1983 soll der FDGB insges. 9,123 Mill. Mitglieder (darunter 4,7 Mill. Frauen) gehabt haben.

Der FDGB ist jedoch kein „Bund" unabhängiger Einzelgewerkschaften, sondern eine Einheitsorganisation. Die IG/Gew. haben den Charakter ausgegliederter Fachabteilungen, die die bindenden Beschlüsse der zentralen Organe des FDGB entsprechend den spezifischen Bedingungen ihres jeweiligen Organisationsbereichs durchführen. Ihre organisatorische Abhängigkeit zeigt sich u. a. in dem Recht des Bundesvorstandes (BV) des FDGB, über Veränderungen im Organisationsaufbau verbindlich zu beschließen (z. B. Auflösung oder Neugründung von IG/Gew.), und in der Unterstellung der regionalen Vorstände der IG/Gew. unter die jeweiligen FDGB-Vorstände der gleichen Ebene. Ferner besitzen die IG/Gew. keine eigene Finanzhoheit, sondern erhalten die für die Erfüllung ihrer Aufgaben notwendigen Mittel auf der Grundlage des vom Präsidium des Bundesvorstandes des FDGB bestätigten Finanzplanes der Gesamtorganisation. Während die Betriebs- und Ortsgewerkschaftsleitungen (BGL bzw. OGL), nicht aber die Schulgewerkschaftsleitungen (SGL) ebenso wie die FDGB-Vorstände aller Ebenen rechtsfähig sind, ist die Rechtsfähigkeit bei den IG/Gew. auf deren Zentralvorstände (ZV) beschränkt.

Unterste Organisationseinheiten des FDGB sind die gewerkschaftlichen Grundorganisationen: → **Betriebsgewerkschaftsorganisationen (BGO)** (BGO bestehen in allen Betrieben, in denen mehr als 10 Mitglieder beschäftigt sind; die bis 1974 gültige Untergrenze von 20 Mitgliedern wurde gesenkt, um die in Volkseigentum überführten, vielfach sehr kleinen und gewerkschaftlichen, verhältnismäßig schlecht erfaßten früheren privaten, halbstaatlichen und genossenschaftlichen Betriebe voll in die Gewerkschaftsorganisation einzubeziehen), Schulgewerkschaftsorganisationen (SGO) und Orts- bzw. Dorfgewerkschaftsorganisationen (OGO fassen die FDGB-Mitglieder in Kleinbetrieben ohne BGO sowie Hausangestellte, Heimarbeiter, Rentner usw. zusammen). Leitungsorgan der BGO ist die Betriebsgewerkschaftsleitung (BGL). Die BGO untergliedert sich in Gewerkschaftsgruppen (10–30 Mitglieder), die von den Vertrauensleuten geleitet werden. In größeren Betrieben werden für die einzelnen Betriebsabschnitte **Abteilungsgewerkschaftsleitungen (AGL)** gebildet. Die Größe der AGL (5–13 Mitglieder) und der BGL bzw. OGL (3–25 Mitglieder) richtet sich nach der Zahl der in ihrem Organisationsbereich erfaßten Mitglieder. Die AGL und BGL bilden zur Unterstützung ihrer Arbeit je nach Größe und spezieller Aufgabenstellung des Betriebes eine Reihe von Kommissionen, deren Vorsitz jeweils ein Leitungsmitglied innehat, deren Mitglieder jedoch überwiegend nicht den gewählten Gewerkschaftsleitungen angehören. Die differenzierte und ausgedehnte Organisationsstruktur des FDGB insbesondere im Betrieb dient sowohl der Erfüllung der mannigfachen gewerkschaftlichen Aufgaben als auch der aktiven Integration möglichst vieler Mitglieder durch die Übernahme ehrenamtlicher Funktionen. Mit ähnlicher Aufgabenstellung wie die BGL werden auf Großbaustellen Gesamtleitungen (11–21 Mitglieder) gebildet. In integrierten Großkombinaten, wie z. B. Leuna, Buna, Carl Zeiss Jena, haben die betrieblichen Gewerkschaftsleitungen den Status einer IG-Kreisleitung, unterstehen also unmittelbar ihrem zuständigen Bezirksvorstand.

In den Kombinaten, die mehrere VEB zusammenfassen, werden zur Koordinierung der laufenden Gewerkschaftsarbeit in den Kombinatsbetrieben sowie zur Absprache mit dem Kombinatsdirektor über Entscheidungen, die alle Betriebe gleichermaßen betreffen, *Kollektive der BGL-Vorsitzenden* gebildet. Einem derartigen Kollektiv gehören die Gewerkschaftsvorsitzenden der wichtigsten Einzelbetriebe an. – Daneben besteht ein **Gewerkschaftsaktiv** des Kombinats, das zum Planentwurf des Kombinats Stellung nimmt, über die Wettbewerbskonzeption für das gesamte Kombinat beschließt und gegenüber dem der Kombinatsdirektor seinen Rechenschaftsbericht abgibt. Es setzt sich ebenfalls aus BGL-Vorsitzenden, aber auch aus weiteren besonders aktiven Gewerkschaftsfunktionären zusammen. (Dieses Gewerkschaftsaktiv ist ein spezielles Organ der Gewerkschaftsorganisation im Kombinat und nicht identisch mit der Form des Gewerkschaftsaktivs, das weiter unten behandelt wird.)

Die BGL werden von den Kreisvorständen (25–55 Mitglieder) der zuständigen IG/Gew. angeleitet. Diese wählen für die laufenden Arbeiten Sekretariate (hauptamtliche, geschäftsführende Vorstände) und bilden Kommissionen: Agitation und Propaganda; Arbeit und Löhne; Sozialpolitik; Arbeits- und Gesundheitsschutz; Kultur und Bildung. In ihren zweigspezifischen Aufgaben unterstehen sie den Bezirksvorständen der IG/Gew. (35–80 Mitglieder), die in gleicher Weise wie die Kreisvorstände

gegliedert sind. In Kreisen, in denen die Mitgliederzahl einer Einzelgewerkschaft so gering ist, daß der umfangreiche Apparat eines regulären Kreisvorstandes nicht gerechtfertigt ist, können die Bezirksvorstände des FDGB in Abstimmung mit dem zuständigen Bezirksvorstand der betroffenen Gewerkschaft einen ehrenamtlichen Kreisvorstand als Koordinierungsstelle wählen lassen.
Die Kreis- und Bezirksvorstände der IG/Gew. arbeiten in industriezweigspezifischen Fragen mit den Fachorganen der Räte der → **Kreise** bzw. der → **Bezirke** zusammen.
Die Kreis- und Bezirksvorstände der IG/Gew. unterstehen den jeweiligen regionalen FDGB-Vorständen der gleichen Ebene (Kreisvorstand: 40–80, Bezirksvorstand: 80–120 Mitglieder). Die FDGB-Kreis- bzw. Bezirksvorstände tragen für ihren Bereich jeweils die ausschließliche gewerkschaftspolitische Verantwortung, koordinieren die Arbeit der IG/Gew. und vertreten die Gewerkschaften gegenüber den regionalen Staatsorganen. Außer in ihrem satzungsmäßigen Weisungsrecht gegenüber den Leitungen der IG/Gew. zeigt sich ihre umfassendere Aufgabenstellung in der großen Zahl der bei ihnen bestehenden Kommissionen: Agitation und Propaganda; Arbeit und Löhne; Recht; Sozialpolitik; Feriendienst; Kurenkommission; Arbeits- und Gesundheitsschutz; Kultur und Bildung; Finanzkommission; → **Frauenkommission**; Jugendausschuß; Neuereraktiv; Rat für Sozialversicherung; Beschwerdekommission der Sozialversicherung. Die eigentliche Führungstätigkeit obliegt auch bei den Kreis- bzw. Bezirksvorständen des FDGB den Sekretariaten. Die Vorsitzenden der FDGB-Vorstände gehören den Sekretariaten der SED-Leitungen auf der gleichen Ebene, die BGL-Vorsitzenden in aller Regel den Betriebsparteileitungen an (→ **Grundorganisationen der SED**).
Besondere Probleme ergeben sich für die IG Transport- und Nachrichtenwesen durch die von der territorialen Gliederung des Staatsapparats abweichenden Organisationsstrukturen im Transportwesen, bei der Post und der Reichsbahn. Entsprechend gibt es getrennte Bezirksgewerkschaftsleitungen für Transport- bzw. Post- und Fernmeldewesen. Bei der Reichsbahn bestehen in den Reichsbahnamtsbezirken Gewerkschaftsleitungen, bei den Reichsbahndirektionen Bezirksgewerkschaftsleitungen (→ **Deutsche Reichsbahn [DR]**).
Die in der Zeit von 1963 bis 1970 zu beobachtenden mannigfachen Versuche, die Zuständigkeiten zwischen FDGB- und IG/Gew.-Leitungen zugunsten der letzteren neu zu ordnen – Ausdruck der größeren Selbständigkeit der Vereinigungen Volkseigener Betriebe (VVB) und der daraus resultierenden Bemühungen, die industriezweigspezifischen Bedingungen stärker zur Grundlage der Gewerkschaftsarbeit zu machen –, wurden unmittelbar nach dem VIII. Parteitag der SED 1971 zunächst rückgängig gemacht (z. B. sind die bei den VVB bestehenden Gewerkschaftskomitees aufgelöst worden, an ihre Stelle traten Instrukteure der Zentralvorstände [ZV] der IG/Gew.). Seit Mitte der 70er Jahre ist hier jedoch erneut eine Veränderung zu beobachten. Es hat sich als notwendig erwiesen, entsprechend der unterschiedlichen Situation in den einzelnen Betrieben und Industriezweigen, den zweigspezifischen Anleitungsaufgaben der GL der IG/Gew. mehr Gewicht zu geben und ihnen das Recht einzuräumen, in Fragen ihres Organisationsbereiches direkt mit den zuständigen Fachorganen des Staats- und Wirtschaftsapparates zu verhandeln.
An der Spitze der IG/Gew. stehen die ZV (60–120 Mitglieder), die ihrerseits Präsidien wählen, deren hauptamtlichen Führungskern die Sekretariate bilden; ihre Aufgabe ist es, die allgemeinen, die IG/Gew. bindenden Beschlüsse des BV des FDGB bzw. seines Präsidiums auf die Problematik des eigenen Wirtschaftsbereichs anzuwenden, die sich daraus oder aus gesetzlichen Bestimmungen ergebenden Verhandlungen mit den zuständigen Ministerien und Kombinaten zu führen, → **Rahmenkollektivverträge (RKV)** abzuschließen sowie die eigenen nachgeordneten Leitungen anzuleiten.
Zwischen den Kongressen gilt der BV des FDGB (mit 1982: 200 Mitgl. und 40 Kandidaten) als dessen höchstes Organ. Für die laufenden Arbeiten und als die eigentlichen Führungsgremien wählte der BV auf seiner konstituierenden Sitzung während des 10. FDGB-Kongresses 1982 ein 28köpfiges Präsidium sowie das 9 Mitglieder zählende Sekretariat. Das Präsidium setzt sich wie folgt zusammen: Vors.: Harry Tisch (zugleich Mitgl. des Sekretariats); Stellv.: Prof. Dr. Johanna Töpfer (zugleich Mitgl. des Sekretariats); Sekretäre: Frank Bochow, Dr. Harald Bühl, Werner Heilemann, Horst Heintze, Bärbel Ritter, Dr. Fritz Rösel, Kurt Zahn; Chefredakteur der Tageszeitung des FDGB „Tribüne“: Günter Simon; 1 Abteilungsleiter beim BV des FDGB; 8 Vors. von IG/Gew.; 6 Vors. von Bezirksvorständen des FDGB; 1 Vors. eines Kreisvorstandes des FDGB; 1 BGL-Vors.; 1 stellv. BGL-Vors. Unter den Präsidiumsmitgliedern befinden sich 7 Frauen. Soweit bekannt, sind die Mitglieder des Präsidiums Mitglieder der SED; Harry Tisch ist Mitglied des → **Politbüros des ZK der SED**. Zum Vors. der Zentralen Revisionskommission des FDGB (26 Mitglieder; 5 Kandidaten) wurde Alfred Wilke wiedergewählt.
Bei allen Leitungen des FDGB und der IG/Gew. werden *Revisionskommissionen* gewählt, die deren Finanzgebaren, die Einhaltung der Satzung und die Durchführung der Beschlüsse der jeweils übergeordneten Organe kontrollieren sollen. Sie erstatten laufend Bericht an die übergeordnete Revisionskommission, nehmen, soweit sich kritische Anhalts-

punkte aus ihrer Revisionstätigkeit ergeben, Einfluß auf die Arbeit der gewählten Leitungen und berichten anläßlich der Gewerkschaftswahlen über die Ergebnisse ihrer Tätigkeit.
Der FDGB erkennt in seiner Satzung den demokratischen Zentralismus als verbindliches Organisationsprinzip an; d. h. daß alle Leitungen von unten nach oben gewählt werden, diese ihren Wahlgremien gegenüber rechenschaftspflichtig sind, abgewählt werden können und alle Leitungen an die Beschlüsse und Richtlinien der übergeordneten Gremien gebunden sind. Die Wahlen finden bis zur Bezirksebene alle 2½ Jahre, für die zentrale Ebene (Zentrale Delegiertenkonferenzen der IG/Gew. und Bundeskongreß des FDGB) alle 5 Jahre statt. (Der früher gültige Rhythmus von 2 bzw. 4 Jahren wurde auf dem 8. FDGB-Kongreß 1972 an die Satzungsregelung der SED und die Laufzeit der Fünfjahrpläne angeglichen.) Die Funktionäre der Gewerkschaftsgruppen und die Arbeiterkontrolleure werden in Mitglieder- bzw. Vertrauensleutevollversammlungen in offener Abstimmung gewählt.
Die Wahlen der AGL, BGL, OGL und der Delegierten für die Kreisdelegiertenkonferenzen erfolgen in den Betrieben direkt und geheim auf der Grundlage einer einheitlichen Kandidatenliste mit verbindlicher Reihenfolge. Nach dem gleichen Verfahren wählt die Delegiertenkonferenz einer Organisationsstufe den entsprechenden Vorstand und die Delegierten für die nächsthöhere Stufe.
Zu den Wahlen erläßt der BV Wahldirektiven und Richtlinien; in ihnen werden die politischen Schwerpunkte für die Rechenschaftslegung durch die alten Vorstände, die Diskussionsthemen in den Mitgliederversammlungen und Delegiertenkonferenzen, das Wahlverfahren, die zahlenmäßige Größe der zu wählenden Körperschaften festgelegt und kaderpolitische Hinweise gegeben. Die amtierenden Leitungen arbeiten zusammen mit den übergeordneten Gewerkschaftsorganen und den zuständigen SED-Leitungen die Kandidatenlisten aus, die der Bestätigung durch die Wahlgremien bedürfen. Die Ablehnung von Kandidaten, die Streichung einzelner Namen und die Hinzufügung anderer ist prinzipiell möglich, das Bild der gesamten Liste wird damit jedoch kaum verändert. Als gewählt gilt in der Reihenfolge der Kandidatenliste jeder, der mehr als 50 v. H. der abgegebenen gültigen Stimmen erhalten hat. Konkurrierende, organisierte Gegenvorschläge können nicht gemacht werden. Die Bekleidung von Wahlfunktionen oberhalb der betrieblichen Ebene hat eine mehrjährige Mitgliedschaft im FDGB zur Voraussetzung (Kreis: 2 Jahre, Bezirk: 3 Jahre, BV: 6 Jahre).
Die gewählten Vorstände tagen in größeren Zeitabständen (Kreis und Bezirk: 3monatlich; BV: 4monatlich; ZV: 6monatlich), so daß die eigentliche Führungstätigkeit bei den hauptamtlichen Sekretariaten liegt. Die Leitungen sind gehalten, den jeweiligen Wahlkörperschaften regelmäßig Rechenschaft zu legen.
Ein wichtiges Leitungsinstrument und Diskussionsforum sind Gewerkschaftsaktivtagungen. Die haupt- und ehrenamtlichen Gewerkschaftsfunktionäre werden auf der jeweiligen Leitungsebene zu einem **Gewerkschaftsaktiv** zusammengefaßt; dieses bildet gleichsam den aktiven Kern der Organisationseinheit. In der Regel einmal im Vierteljahr, aber auch aus besonderem Anlaß wird das Gewerkschaftsaktiv von der gewählten Leitung zu einer Tagung zusammengerufen. Je nach Themenstellung können an ihr auch Arbeiter, Angestellte und Angehörige der Intelligenz ohne Funktion, die sich durch besondere Produktionsleistungen hervorgetan haben, teilnehmen. Auf den Gewerkschaftsaktivtagungen werden unter kritischer Einschätzung der bisherigen Arbeit von der Gewerkschaftsleitung die aktuellen Schwerpunkte der Organisationsarbeit erläutert und die sich daraus ergebenden Aufgaben für die einzelnen Funktionäre an Beispielen verdeutlicht und festgelegt; sie dienen ferner dem Erfahrungsaustausch. Beschlüsse der Gewerkschaftsaktivtagungen bedürfen der Zustimmung durch die einberufende Leitung.
Die in der Satzung gegebene Möglichkeit der Abberufung von Leitungsmitgliedern, wenn sie „gegen die Satzung bzw. die Beschlüsse verstoßen haben und nicht mehr das Vertrauen genießen", spielt in der Praxis keine Rolle. Die Ablösung bzw. Neuberufung von hauptamtlichen Funktionären erfolgt allgemein durch die übergeordnete Leitung und durch Kooptation; sie wird im nachhinein durch die gewählten Vorstände sanktioniert (→ **Parteiwahlen**).
Die SED nimmt auf vielfache Weise Einfluß auf die Tätigkeit und die Zusammensetzung der Gewerkschaftsvorstände: 1. Entsprechend der Satzung des FDGB sind die Parteibeschlüsse verbindliche Grundlage der Gewerkschaftsarbeit; 2. die bei den jeweiligen Parteileitungen bestehenden Abteilungen Gewerkschaften und Sozialpolitik legen die gewerkschaftspolitische Linie für ihren Zuständigkeitsbereich fest und wirken bei der Auswahl der Kandidaten für die Gewerkschaftsleitungen, insbesondere für die hauptamtlichen Positionen, entsprechend den Kadernomenklaturen, mit (→ **Kaderpolitik**); 3. die Vorsitzenden der FDGB-Vorstände sind Mitglieder der Sekretariate der SED-Leitungen, in den Betrieben gehören die BGL-Vorsitzenden in der Regel der Betriebsparteileitung an; 4. die Parteimitglieder sind auch als Gewerkschaftsmitglieder der Parteidisziplin (→ **Parteiauftrag**) unterworfen.
Die im Prinzip des Demokratischen Zentralismus enthaltene strikte Bindung der nachgeordneten Leitungen an die Beschlüsse der übergeordneten vervollständigt das Instrumentarium, das den FDGB als

eine autoritär geführte und voll in die Strukturen des Herrschaftssystems integrierte Massenorganisation erscheinen läßt. Es darf jedoch nicht verkannt werden, daß die vielfältigen Diskussionsprozesse, der sich in den Kommissionen und Arbeitsgruppen äußernde Sachverstand und die Möglichkeiten – wenn auch ohne organisatorische Verfestigung –, Kritik zu üben, die Entscheidungen der Leitungen beeinflußt. Besonders in den Betrieben wirken Kritik am Arbeitsplatz, Unzufriedenheiten, die zu Leistungsminderungen führen, → **Fluktuation** von Betriebsangehörigen usw. korrigierend auf die Gewerkschaftsarbeit.

Im Verlag des FDGB erscheinen als Organe des BV die Tageszeitung „Tribüne" (Aufl. 1982: 404500), die vor allem für Funktionäre in den BGO gedachte Monatszeitschrift „Gewerkschaftsleben" (Aufl. 1982: 180000) sowie für die Auslandsarbeit die in 7 Sprachen erscheinende „FDGB Rundschau" (Aufl. 1980: 55800). Die ZV der IG/Gew. geben eigene Mitteilungsblätter heraus. Größere Bedeutung haben darunter die von der Gew. Unterricht und Erziehung und dem → **Ministerium für Volksbildung** gemeinsam herausgegebene „Deutsche Lehrerzeitung" (Aufl. 1980: 151600), das 14tägig veröffentlichte Organ des ZV der IG Bau – Holz „Der Bau" (Aufl. 1980: 34300) und die ebenfalls alle 14 Tage erscheinende Zeitung der IG Bergbau – Energie „Glückauf" (Aufl. 1980: 25000). – Mit zahlreichen Broschüren, Handbüchern und Monographien unterstützt der Verlag Tribüne die Anleitung sowie die politische und fachliche Qualifizierung der Gewerkschaftskader. Der Vertrieb der Gewerkschaftsliteratur erfolgt weitgehend über die Kulturobleute in den Betrieben durch den Literatur- und Vordruckvertrieb des FDGB in Markranstädt.

Die *Mitgliedschaft* im FDGB ist grundsätzlich freiwillig; sie ist jedoch Voraussetzung für beruflichen und sozialen Aufstieg. Ein Anreiz für den Beitritt sind auch die Vergünstigungen, die mit der Mitgliedschaft im FDGB verbunden sind (Ferienreisen, Fahrgeldermäßigungen, Unterstützungszahlungen usw.). Mitglied kann jeder Arbeiter, Angestellte oder Angehörige der Intelligenz werden, nicht jedoch freiberuflich Tätige sowie Mitglieder von LPG und PGH. Während des Direktstudiums und der Zugehörigkeit zur NVA ruht die Mitgliedschaft. Rentner und längerfristig Kranke können die Mitgliedschaft aufrechterhalten.

Anfang 1982 (in Klammern die Zahlen für 1977) hatte der FDGB 9,1 Mill. (8,3 Mill.) Mitglieder, darunter 52 v.H. (50,5 v.H.) Frauen, 15,9 v.H. (15,4 v.H.) Jugendliche bis 25 Jahre. Anfang 1983 wurden 9,123 Mill. Mitglieder (davon 4,7 Mill. Frauen) genannt. Für 1980 zeigt eine Aufgliederung der Mitgliedschaft nach Beschäftigtengruppen folgendes Bild: 53,3 v.H. Arbeiter, 20,4 v.H. → **Angestellte**, 10,7 v.H. Angehörige der → **Intelligenz**, 15,6 v.H. Rentner bzw. vorübergehend nicht Berufstätige. Da der FDGB in den letzten Jahren seine Bemühungen um die Rentner verstärkt hat (→ **Altenpolitik; Betriebsgewerkschaftsorganisation [BGO]**), dürfte sich deren Anteil an der Gesamtmitgliedschaft erhöht haben.

Der FDGB finanziert sich überwiegend aus den Mitgliedsbeiträgen (0,50–35 Mark = 1–1,5 v.H. vom Bruttoeinkommen). Für die internationale Arbeit und die Betreuung der Gewerkschaftsveteranen werden zusätzlich Solidaritätsmarken verkauft. Der auf diese Weise erzielte Betrag soll die Höhe von 32,7 v.H. der Mitgliedsbeiträge erreicht haben. Da der Kauf von Solidaritätsmarken weitgehend zur pflichtmäßigen Routine geworden war und zudem der für diese Zwecke von einem Arbeitskollektiv aufgewendete Betrag zunehmend zu einem leicht abzurechnenden Bestandteil des → **sozialistischen Wettbewerbes** geworden war, ist im September 1982 eine neue Regelung vom BV des FDGB beschlossen worden. Danach soll jetzt darauf geachtet werden, daß bei dem Erwerb der Solidaritätsmarken das „Prinzip der Freiwilligkeit" wieder Platz greift und daß das Aufkommen an Solidaritätsbeiträgen nicht mehr zum Bestandteil des Wettbewerbsprogrammes gemacht wird. Darüber hinaus sollen zukünftig nur noch FDGB-Mitglieder derartige Marken innerhalb ihres Betriebes erwerben können. Für einige seiner Aufgabengebiete (z. B. → **Feriendienst des FDGB**, → **Kulturarbeit des FDGB**, Ausbildungskosten im Arbeitsschutz) erhält der FDGB Zuschüsse aus dem → **Staatshaushalt** bzw. den Haushalten der örtlichen → **Räte im Staatsapparat** sowie Mittel aus dem → **Kultur- und Sozialfonds** der Betriebe bzw. Kombinate. Für die Jahre 1977–1981 (in Klammern die Zahlen für die Jahre 1972–1976) nennt der FDGB folgende Struktur seiner Ausgaben: Vorstands- und Kommissionstätigkeit 758,6 Mill. Mark (654,83 Mill.), Agitation, Propaganda, Bildung 246,7 Mill. Mark (199,5 Mill.), Kultur 470,5 Mill. Mark (374 Mill.), Jugend und Sport 248,6 Mill. Mark (209,3 Mill.), Arbeitsschutz 101 Mill. Mark (90,3 Mill.), Unterstützungen und Ehrungen 999,8 Mill. Mark (881,3 Mill.), Urlaub und Erholung 1152,6 Mill. Mark (814,8 Mill.), Neubau und Rekonstruktion von Ferienheimen 487,4 Mill. Mark (341 Mill.), Verwaltungsausgaben 193,3 Mill. Mark (142,1 Mill.), Neubau und Rekonstruktion von Gewerkschaftshäusern und -schulen 148,6 Mill. Mark (43,7 Mill.). Damit sind zwischen 9. und 10. FDGB-Kongreß rd. 4,8 Mrd. Mark vom FDGB ausgegeben worden, wobei allerdings die Staatszuschüsse in diesem Betrag enthalten sein dürften. Zusätzlich wurden aus den Solidaritätsspenden 654,6 Mill. Mark für die Unterstützung von Gewerkschaften in den Entwicklungsländern sowie 211,6 Mill. Mark für die kulturelle und soziale Betreuung von Gewerkschaftsveteranen und als Unterstützungszahlung für die → **Volkssolidarität** ausgegeben. Weitere 39,1 Mill. Mark kostete die Ausbildung ausländischer Gewerkschafter insbesondere aus den Entwicklungsländern an den Gewerkschaftsschulen des FDGB bzw. deren Berufsausbildung in Volkseigenen Betrieben sowie die Heilbehandlungen für erkrankte bzw. verletzte Gewerkschafter aus den Entwicklungsländern. 1982 hat der FDGB 556,8 Mill. Mark für finanzielle Leistungen aufgewendet (davon 206,4 Mill. Mark für Kultur, Bildung, Sport, Jugend; 205,5 Mill. Mark für Unterstützungen und Ehrungen; 144,9 Mill. Mark für Urlaub und Erholung).

IV. Aufgaben

Die Aufgaben des FDGB ergeben sich aus dem gewerkschaftlichen Selbstverständnis (vgl. Abschnitt I) und werden insgesamt als Wahrnehmung der Mitwirkungsrechte der Werktätigen gedeutet. Seit dem VIII. Parteitag der SED 1971 sind die betrieblichen und überbetrieblichen Anhörungs- und Mitwirkungsrechte des FDGB u. a. im Gesetz über den Ministerrat der DDR vom 16. 10. 1972 (vgl. Abschnitt II) und im Gesetz über die örtlichen Volksvertretungen und ihre Organe in der DDR vom 12. 6. 1973 sowie durch das neue AGB unterstrichen und erweitert worden.

Im Mittelpunkt der Gewerkschaftsarbeit steht der Arbeitsprozeß. Der zentrale Wert, der der ökonomischen Leistung allgemein zugemessen wird, erklärt sich einmal aus der philosophisch-anthropologischen Deutung der Arbeit als Konstituenz menschlicher Existenz, zum anderen aus dem leninistischen Axiom, daß die Höhe der Arbeitsproduktivität letztlich Ausweis der Überlegenheit eines Gesellschaftssystems sei. Allerdings wird der Arbeitsprozeß durchaus nicht ausschließlich im engen Sinn als Produktionsprozeß, sondern als ein komplexer sozialer Zusammenhang begriffen, zu dem soziologische und sozialpolitische Elemente ebenso wie Arbeits- und Gesundheitsschutz, leistungsgerechte Entlohnung, Versorgung mit Konsumgütern, Bildung usw. gehören. Die behauptete Einheit dieser Teilaspekte kann nicht darüber hinwegtäuschen, daß sie sich keineswegs zu einem konfliktlosen Ganzen fügen. Für den FDGB, der die gesamtgesellschaftliche Zielsetzung zugleich mit den unmittelbaren Interessen seiner Mitglieder vertreten soll, ergeben sich daraus immer erneut Zielkonflikte. Seine Aufgabe wird wesentlich dadurch erschwert, daß die behauptete Position des Werktätigen als Miteigentümer sich in einer gleichberechtigten Stellung im Herrschaftssystem und in der Gewerkschaftsorganisation zeigen müßte; die tatsächliche Machtverteilung und das Funktionieren der Leitungs- und Entscheidungsstränge stehen dazu noch immer im Gegensatz. Notwendig muß daher die erzieherische und propagandistische Arbeit des FDGB auch Elemente der ideologischen Verhüllung der gegebenen Machtverhältnisse enthalten. Immerhin hat die Anerkennung der Unvermeidlichkeit sozialer Konflikte dazu geführt, → **Sozialpolitik** und → **Sozialplanung** als ein zwar mit der ökonomischen Planung zusammenhängendes, aber doch eigenes Aufgabengebiet anzuerkennen und die Artikulation und Vertretung unmittelbarer Interessen zu rechtfertigen.

Schwerpunkt gewerkschaftlicher Arbeit ist der Betrieb; Grundlage für die Tätigkeit der BGO bzw. der BGL bildet die ökonomische Aufgabenstellung, wie sie der Betriebsplan festlegt. Der Planentwurf, den die Werkleitung auf der Grundlage zentral vorgegebener Produktionsauflagen und Kennziffern (→ **Planung**) anfertigt, wird in einer von der BGL in Absprache mit der Betriebsparteileitung geleiteten **Plandiskussion** sowohl allen Belegschaftsmitgliedern bekanntgemacht als auch durch das Aufdecken von Reserven präzisiert und verbessert. Seit der Plandiskussion 1975 wird mit dem Produktionsplan auch bereits die Konzeption für den → **Sozialistischen Wettbewerb** mit entworfen. Im Unterschied zu früheren Jahren sind es gegenwärtig weniger die quantitativen (mengenmäßigen) als die qualitativen Kennziffern (Senkung des Materialverbrauchs, Erhöhung der Qualität, bessere Maschinenauslastung durch Schichtarbeit, raschere Überführung von Forschungsergebnissen in die Produktion usw.), auf die in der Plandiskussion das Schwergewicht gelegt wird. Außerdem ist das Bestreben der Wirtschaftsführung spürbar, die Erhöhung der Leistung mit der Verbesserung der Arbeits- und Lebensbedingungen zu verbinden (→ **Leistungsfonds**).

Mit der inhaltlichen Aufschlüsselung des Betriebsplanes auf den einzelnen Arbeitsplatz wird angestrebt, daß der Werktätige sich besser mit seiner ihm unmittelbar vorgegebenen Arbeitsaufgabe identifizieren kann und er, anknüpfend an die einzelnen Kennziffern, zu weiteren berechenbaren Verbesserungen seiner Arbeitsleistungen, insbesondere aber auch zu Materialeinsparungen, veranlaßt wird. Der endgültige Planvorschlag wird von dem Werkleiter ausgearbeitet und den übergeordneten Wirtschaftsleitungen zur Bestätigung vorgelegt. An der **Planverteidigung** wird der Vorsitzende der jeweiligen Gewerkschaftsleitung persönlich beteiligt; die BGL fertigen zu diesem Zweck eigene Stellungnahmen an. Diese Beteiligung des FDGB findet sich auf allen Stufen der Planungspyramide; zu den Ein- und Mehrjahrplänen im DDR-Maßstab faßt der BV des FDGB einen entsprechenden Beschluß.

Auf der Grundlage des bestätigten Betriebsplanes wird im gleichen Diskussionsprozeß der → **Betriebskollektivvertrag (BKV)** erarbeitet. Auch hier erfolgt die Vorlage des Entwurfs in aller Regel durch die Werkleitung. Neben einer erneuten Information über die Arbeitsaufgabe des Planjahres finden in ihm vor allem die sozialpolitischen Belange, die Qualifizierungs-, Kultur- und Bildungsvorhaben, die anzuwendenden → **Lohnformen**, die Kriterien für die Aufteilung des Prämienfonds und besondere Förderungsmaßnahmen für Frauen und Jugendliche (Jugend- bzw. Frauenförderungspläne, die als eigene Anlagen zum BKV unter maßgeblicher Beteiligung der Jugendkommissionen bzw. → **Frauenkommissionen** erarbeitet werden) ihren Niederschlag. Die BKV, die, von den Werkleitern und den BGL unterschrieben, auf Mitglieder- bzw. Vertrauensleutevollversammlungen verabschiedet werden, sind eine gemeinsame Verpflichtung zur Erfüllung der betrieblichen Produktionsaufgaben und zugleich das soziale und kulturpolitische Programm für die jeweilige Planperiode. Die dafür benötigten Mittel sind in den → **Kultur- und Sozialfonds** vorgegeben, werden jedoch bei Übererfüllung des Betriebsplans durch Sonderzuführungen z. B. aus den → **Leistungsfonds** verstärkt und sind insoweit durch die Leistungen der Betriebskollektive zu beeinflussen. Ein Teil der der BGL verbleibenden Beitragsanteile der Gewerkschaftsmitglieder wird ebenfalls für kulturelle und soziale Leistungen verwendet. (1981: 46,7 v. H. der Beitragseinnahmen verblieben bei den BGO bzw. OGO.)

Die Pflicht der Werkleiter, über den Stand der Erfüllung der BKV und der Produktionspläne regelmäßig Rechenschaft zu legen, und die Arbeit der gewerkschaftlichen Kommissionen bieten der Gewerkschaftsorganisation die Möglichkeit, im Verlauf des Planjahres auf die Werkleitungen kritisch einzuwirken und zur Behebung betrieblicher Engpässe die Belegschaften zu mobilisieren. Sozialistischer Wettbewerb, Neuererbewegung, → **Intensivierung und Rationalisierung**, die Überleitung von Forschungs- und Entwicklungsergebnissen in die Produktion werden maßgeblich von den BGL und deren Organen propagandistisch-agitatorisch unter den Belegschaftsmitgliedern und durch Kontrolle und Kritik der Betriebsleitungen gefördert. Trotzdem bleibt festzuhalten, daß die Kontroll-, Kritik- und Vorschlagsrechte, die als gewerkschaftliche Mitwirkung oder auch als sozialistische Demokratie im Betrieb bezeichnet werden, das Prinzip der → **Einzelleitung**, den → **Demokratischen Zentralismus** und den politischen Primat der SED auf betrieblicher Ebene im Kern nicht antasten. Zwar wird durch Diskussion und Kritik Druck auf die Werkleitungen ausgeübt; wenn diese den Empfehlungen und Vorschlägen jedoch nicht Rechnung tragen, bleibt den BGL allenfalls der Weg der Beschwerde bei den jeweils übergeordneten Leitungsorganen. Andererseits ist nicht zu verkennen, daß das große Informationsangebot die Chance zu einer bewußten Identifikation mit der Arbeitsaufgabe dann schafft, wenn die Pläne sich als real erweisen und wenn die ungeplanten Störungen im Produktionsablauf gering gehalten werden können.

Die Tätigkeit der Gewerkschaften im Bereich der Lohnpolitik und bei der Verteilung von Prämien dient der Durchsetzung des Prinzips der → **Materiellen Interessiertheit**. Im Lohn sollen die individuelle Leistung, die volkswirtschaftlich-politische Bewertung der spezifischen Arbeitsaufgabe sowie die Qualifikation der Werktätigen zum Ausdruck kommen. Mit dem durch die Anwendung dieser Grundsätze entstehenden, stark gestuften Entlohnungssystem wird das Ziel verfolgt, sowohl einen ständigen Anreiz zur Steigerung der individuellen Arbeitsleistung zu bieten als auch die Arbeitskräfte entsprechend den ökonomischen Zielsetzungen zu lenken. Lohnhöhe, → **Lohnformen und Lohnsystem**, industriezweigspezifische Lohnzuschläge und die allgemeinen Arbeitsbedingungen werden in → **Rahmenkollektivverträgen (RKV)** und → **Tarifverträgen** niedergelegt. Diese Tarifverträge werden zwischen den jeweils zuständigen staatlichen Wirtschaftsleitungen, staatlichen Organen usw. und den Einzelgewerkschaften im Rahmen der in den Jahres- bzw. Mehrjahresplänen vorgegebenen Größen abgeschlossen und bei dem → **Staatssekretariat für Arbeit und Löhne** geprüft und registriert. Den BGL obliegt es wesentlich, die korrekte Anwendung dieser Bestimmungen im Betrieb durch die Werkleitung und Betriebsangehörigen zu überwachen.

Die sehr detaillierten Regelungen haben nicht verhindert, daß entgegen den Intentionen die erreichte Qualifikationsstufe nur ungenügend im Entgelt zum Ausdruck kommt und die gewollte Abstufung zwischen den einzelnen Industrie- und Wirtschaftsbereichen nicht verwirklicht werden konnte. Auf dem 8. FDGB-Kongreß ist aus diesem Grund eine generelle Reform des Lohnsystems angekündigt und mit der Einführung der Grundlöhne in Angriff genommen worden, die, ohne daß es zu Lohnsenkungen kommt, den allgemeinen Zielen der Lohnpolitik besser gerecht werden sollte. Obwohl bis 1982 nur für 1,8 Mill. Produktionsarbeiter Grundlöhne und für 600000 Meister, Hoch- und Fachschulkader leistungsabhängige Gehälter eingeführt worden waren, gilt diese Reform seitdem als „im wesentlichen abgeschlossen" (vgl. Sozialist. Arbeitswissenschaft, H. 1/1984, S. 8). Wesentliche Ursache für diese erneute Umorientierung in der Lohnpolitik ist die verstärkte und beschleunigte Anwendung neuer technischer Verfahren, die geänderte Formen der Leistungsstimulierung erfordere: Vermehrung sowie Ausdifferenzierung der quantitativen und vor allem der qualitativen Leistungskennziffern, gleichzeitige bzw. kombinierte Anwendung von individuellen und kollektiven Leistungskennziffern, größere Flexibilität bei der jeweiligen Verwendung von Bewertungsmaßstäben (a. a. O., S. 8f.). – Die generellen Probleme des Lohnsystems scheinen – soweit darüber berichtet worden ist – jedenfalls nicht beseitigt worden zu sein. Die starke Betonung des individuellen materiellen Nutzens im Leistungslohnsystem hat sich zwar als produktivitätsfördernd bewährt, aber andererseits der Zielsetzung, ein Bewußtsein zu schaffen, das die persönliche Arbeitsleistung vor allem an der politisch-gesellschaftlichen Aufgabe mißt, vielfach entgegengewirkt. Durch immaterielle Anerkennung (→ **Auszeichnungen**, lobende Erwähnung in den Betriebszeitungen und Massenmedien usw.) bei den Wettbewerben und verstärkte ideologische Schulung (→ **Schulen der sozialistischen Arbeit**) wird versucht, erzieherisch doch dem Ziel, ein „sozialistisches Eigentümerbewußtsein" zu schaffen, näher zu kommen.

Die Schutzfunktionen des FDGB im Bereich des Arbeitsrechts, der staatlichen und betrieblichen Sozialpolitik sind unter doppeltem Aspekt zu sehen: Die Einhaltung der gesetzlichen Bestimmungen sowohl durch die Wirtschaftsleitungen als auch durch die Belegschaften soll gleichermaßen erreicht, bestehende Rechte sollen nicht verkürzt, aber auch nicht „mißbräuchlich" zugunsten der Betroffenen ausgeweitet werden. Rechtsberatungsstellen bei den Rechtskommissionen der Kreisvorstände des FDGB und zunehmend auch die Rechtskommissionen der BGL in Großbetrieben gewähren unter Berücksichtigung dieser Aufgabenstellung den Gewerkschaftsmitgliedern Rechtsschutz bei den Gerichten. Ferner leitet der FDGB die Konfliktkommissionen (→ **Gesellschaftliche Gerichte**) an, schult deren Mitglieder, die auf Mitgliederversammlungen gewählt werden. Die BGL besitzt ein Mitwirkungsrecht bei der Begründung, ein Mitbestimmungsrecht bei der Änderung und Kündigung von Arbeitsverhältnissen.

Die betriebliche Sozialpolitik umfaßt das betriebliche → **Gesundheitswesen**, → **Kinderkrippen, Kindergärten**, Betriebsferienlager (→ **Feriengestaltung**), die Werkverpflegung, betriebliche Einkaufsmöglichkeiten usw. Im Rahmen der finanziellen Möglichkeiten der Betriebe nimmt die BGL auf die Ausgestaltung dieser Einrichtungen über ihre Kommissionen und Frauenausschüsse entscheidenden Einfluß. In jüngster Zeit sind Bemühungen zu erkennen, die verschiedenen sozialpolitischen Anstrengungen zu einer einheitlichen betrieblichen Konzeption unter Einschluß des Arbeitsschutzes, der Qualifizierungsmaßnahmen, der Kulturarbeit usw. zusammenzufassen. Der Planteil Verbesserung der Arbeits- und Lebensbedingungen im BKV ist Teil dieses Versuchs, der sich offensichtlich an dem Vorbild der in der Sowjetunion bereits üblichen Sozialpläne der Betriebe orientiert.

Eine starke Stellung hat der FDGB nach wie vor durch die Vermittlung verbilligter Ferienreisen im Rahmen seines → **Feriendienstes** in organisationseigene oder Vertragsheime. Bedeutsam sind in jüngster Zeit die vom FDGB geförderten Naherholungsmöglichkeiten geworden. Auch FDGB-Mitglieder, die sich nicht am Feriendienst beteiligen können oder wollen, kommen mit ihren Familienangehörigen ebenfalls einmal jährlich in den Genuß einer um ein Drittel ermäßigten Fahrt mit der Reichsbahn.

Im Zeichen der → **Wissenschaftlich-technischen Revolution (WTR)**, aus der sich ständig neue und erhöhte Anforderungen an die fachliche Ausbildung der Berufstätigen herleiten, wirbt die Gewerkschaft verstärkt für eine Beteiligung an der Qualifizierung (→ **Einheitliches sozialistisches Bildungssystem**, XII). Notwendige Umsetzungen von Arbeitskräften in oder zwischen Betrieben als Auswirkung von Rationalisierungsmaßnahmen oder bedingt durch den Ausbau bzw. die Einschränkung bestimmter Wirtschaftszweige unterstützt der FDGB durch aufklärende Propaganda und versucht, die sozialen Auswirkungen zu mildern. Die den langfristigen Arbeitskräftebedarf des Betriebes bzw. Wirtschaftszweiges berücksichtigenden Qualifizierungspläne werden unter Mitarbeit der zuständigen Gewerkschaftsleitungen ausgearbeitet.

Die → **Kulturarbeit des FDGB** wirbt um die rezeptive und eigenschöpferische Teilnahme der Gewerkschaftsmitglieder am kulturellen Leben. Neben der fachlichen Qualifikation geht es ihr um die Heranbildung des „allseitig gebildeten sozialistischen Menschen". Sie ist der Versuch, ausgehend vom Betrieb die Freizeitgestaltung (→ **Freizeit**) zu beeinflussen. Die gewerkschaftliche Kulturarbeit wirkt, besonders in territorial bestimmenden Großbetrieben, in erheblichem Maß auf die Ausgestaltung des kulturellen Lebens in den Wohngebieten ein.

Mit der Übergabe der Sozialversicherung in die Alleinverwaltung des FDGB auf der Grundlage der gesetzlichen Bestimmungen sind den Gewerkschaften staatliche Aufgaben zugewiesen worden, die sie ohne direkten Einsatz staatlicher Zwangsmittel lösen müssen (→ **Sozialversicherungs- und Versorgungswesen**). Mit der Übertragung der Kontrolle über den Arbeitsschutz und der Einrichtung der Arbeitsschutzinspektionen bei den Gewerkschaftsleitungen ist dieser Prozeß fortgesetzt worden. Die Verantwortung, die die Gewerkschaften für die Anleitung, Wahl und Schulung der Konfliktkommissionen haben, kann ebenfalls als eine Ablösung staatlichen Zwangs durch Organisationszwänge (gegenüber den eigenen Mitgliedern und den Wirtschaftsleitungen) verstanden werden. Gegenüber staatlichen Organen hat der FDGB auch außerhalb der Plandiskussionen, besonders in arbeitsrechtlichen, sozial- und kulturpolitischen Fragen ein Beratungs- und Mitwirkungsrecht, das durch die gewerkschaftliche Beteiligung an Beiräten, Arbeitsgruppen, durch schriftliche Stellungnahmen usw. ausgeübt wird. Das Prinzip der Einzelleitung wird jedoch auch hier durch die Gewerkschaften nicht eingeschränkt. Die Kreis- und Bezirksvorstände des FDGB wirken an der Vorbereitung und Festlegung der regionalen Pläne mit. Mit den in den Betrieben gewählten **Arbeiterkontrolleuren** (1 Arbeiterkontrolleur auf

50 Gewerkschaftsmitglieder) beteiligt sich der FDGB an den Aufgaben der → **Arbeiter-und-Bauern-Inspektion (ABI)**. Die Arbeiterkontrolleure werden vor allem für die innerbetriebliche Kontrolle und für die Inspektion in Handel, Versorgung und Wohnungswesen eingesetzt (1983: 94113 Arbeiterkontrolleure).

Die Bedeutung, die dem FDGB im Herrschafts- und Gesellschaftssystem zugemessen wird, spiegelt sich u. a. darin, daß er die nach der SED größte Anzahl von Mitgliedern in die → **Volksvertretungen** entsendet, 1981 gehörten in der → **Volkskammer** 68 von 500 Abgeordneten zur FDGB-Fraktion. Von den 3172 Bezirksabgeordneten stellte der FDGB 444, von den 27168 Abgeordneten der Kreistage und Stadtverordnetenversammlungen 6112, von den 170427 Abgeordneten in den Städten und Gemeinden 25583.

V. Schulung

Nachdem in den Jahren der Wirtschaftsreform (1963–1970/71) die Massenschulung als Aufgabe des FDGB eher in den Hintergrund getreten war, heißt es in seiner Satzung von 1977: „Die Gewerkschaften verbreiten aktiv die Weltanschauung der Arbeiterklasse, den Marxismus-Leninismus. Darin sieht der FDGB eine grundlegende Aufgabe zur Vertiefung des sozialistischen Bewußtseins und der Entwicklung sozialistischer Persönlichkeiten." Mit dieser Zielsetzung ist seit 1972 in den → **Schulen der sozialistischen Arbeit** (SdsA.) eine neue Form der propagandistischen Breitenarbeit in Anlehnung an das sowjetische Vorbild der „Schulen der kommunistischen Arbeit" in Verantwortung der Gewerkschaften entwickelt worden. Die SdsA. sind kleine Gruppen (15–25 Teilnehmer), die in den jeweiligen Betriebsabschnitten (Brigade-, Meisterbereiche, Abteilungen usw.) gebildet werden und unter Leitung eines Gesprächsleiters (in der Regel ein der SED angehörender Wirtschaftsfunktionär) Fragen der aktuellen Politik der SED mit den entsprechenden Aspekten des Marxismus-Leninismus in möglichst großer Nähe zu den aktuellen Arbeitsaufgaben diskutieren sollen. Durch die geforderte Praxisnähe hofft man einerseits, abstrakte ideologische Vorträge zu vermeiden und Anschaulichkeit zu erreichen, andererseits einen erlebbaren Zusammenhang zwischen der ideologischen bzw. politisch-programmatischen Ebene und dem Geschehen im Betrieb herstellen zu können.

Ein nicht minder wichtiger Bereich gewerkschaftlicher Schulungsarbeit ist die Aus- und Weiterbildung der eigenen Funktionäre. Die mannigfachen Funktionen des FDGB bieten die Möglichkeit, eine große Zahl von Mitgliedern tätig in die Gewerkschaftsarbeit einzubeziehen. 1981/82 wurden auf betrieblicher Ebene in die Leitungen, Kommissionen, Ausschüsse und Arbeitsgruppen über 2,3 Mill. Mitglieder in Funktionen gewählt. Bei der Beurteilung dieser Zahlen wird man an Doppelzählungen denken müssen; auch sagt die Tatsache der Übernahme einer Funktion noch nichts aus über die Intensität, mit der sie ausgeübt wird. Trotzdem demonstrieren diese Zahlenangaben die starke, integrierende Kraft einer Großorganisation. Die Funktionstüchtigkeit des FDGB, die Effektivität, mit der er seine Kontroll-, Mitwirkungs- und Beratungsrechte wahrnehmen kann, das Ansehen der Gewerkschaftsfunktionäre bei den Belegschaften und Werkleitungen und die darauf gegründete Chance, erzieherisch zu wirken und zu mobilisieren, hängt dabei weitgehend von den Fähigkeiten und Kenntnissen der Kader ab (→ **Kaderpolitik**). Die Mathematisierung der Planung, die Einführung der **Elektronischen → Datenverarbeitung (EDV)**, → **Kybernetik**, → **Operationsforschung** usw. haben die Anforderungen an die Gewerkschaftsfunktionäre ständig anwachsen lassen. Während des → **Neuen Ökonomischen Systems (NÖS)** und des → **Ökonomischen Systems des Sozialismus (ÖSS)** ist die Ausbildung der Funktionäre reformiert und durch die Vermittlung positiven Fachwissens, insbesondere aus dem Bereich der **Sozialistischen → Leitungswissenschaft**, der Volks- und Betriebswirtschaftslehre erweitert und verbessert worden. Die starke Differenzierung des Schulungssystems nach Aufgabengebieten (Arbeitsrecht, Arbeitsökonomie, Sozialversicherung, Arbeitsschutz, Kultur usw.) bietet gute Voraussetzungen zum Erwerb von Spezialkenntnissen. Zwar gehört es zu den Ergebnissen des VIII. Parteitages der SED (1971), daß den ideologischen Inhalten stärkeres Gewicht beigemessen wird, doch die gleichfalls geforderte Praxisnähe und die Erweiterung des Aufgabenkatalogs der Gewerkschaften haben den aufgabenspezifischen Lehrinhalten ihre Bedeutung belassen.

Die Formen der gewerkschaftlichen Schulungsarbeit sind mannigfaltig: Einzelvorträge, Wochenendschulungen und 14tägige Kurzlehrgänge in den Betrieben und in den Kreisvorständen der FDGB-Kreisleitungen, 4wöchige Kurse in (jahreszeitlich bedingt) nicht genutzten FDGB-Heimen dienen vor allem der Schulung von Funktionären aus den Gewerkschaftsgruppen und Mitgliedern der BGL, die erstmals in eine gewerkschaftliche Funktion gewählt worden sind. Die BGL-Vorsitzenden und Funktionäre der FDGB-Kreisvorstände werden überwiegend in 3monatigen Lehrgängen bei den Bezirksschulen des FDGB (1977–1981: 25000 Teilnehmer in regulären Lehrgängen; 5000 Funktionäre nahmen darüber hinaus an Weiterbildungslehrgängen teil) und in den industriezweigspezifischen Schulen der wichtigsten IG/Gew. geschult. Die Ausbildung hauptamtlicher Funktionäre und die Weiterbildung von Funktionären der mittleren Leitungsebene erfolgen vor allem in Einjahreslehrgängen an den Zentralschulen des

FDGB, die zugleich auch auf ein langfristiges Studium vorbereiten (1977–1981: 3000 Absolventen, davon über 50 v. H. Frauen).
Drei Spezialschulen des FDGB (Lehrgangsdauer: 3 Monate bis 1 Jahr) vermitteln Sonderkenntnisse auf den Gebieten Sozialversicherung, Arbeitsschutz und Feriendienst (1977–1981: 10000 Teilnehmer). Zentrale Bildungs- und Forschungseinrichtung der Gewerkschaft ist die 1950 gegründete Hochschule des FDGB „Fritz Heckert" in Bernau b. Berlin (Ost). Neben kürzeren Lehrgängen findet dort seit 1956 ein dreijähriges Direkt- bzw. ein fünfjähriges Fernstudium statt, das mit der Prüfung zum Diplom-Gesellschaftswissenschaftler abgeschlossen wird. Seit Gründung bis 1981 haben rd. 8000 Gewerkschafter (davon in den Jahren 1977–1981: 1282, darunter 321 im Fernstudium, 191 in Frauenexternatslehrgängen) diese Hochschule absolviert. Ferner wurden im Zeitraum zwischen 1977 und 1981 3600 Funktionäre weiterqualifiziert. – Die Hochschule dient in immer stärkerem Maße der empirischen Forschung. Sie analysiert die Ergebnisse ausgewählter gewerkschaftlicher Tätigkeiten, führt Begleituntersuchungen bei der Erprobung neuer Arbeitsmethoden durch und soll auch einen eigenen Beitrag zur Weiterentwicklung der Gewerkschaftstheorie leisten. Die FDGB-Hochschule ist Sitz des → **Wissenschaftlichen Rates** für Fragen des Sozialistischen Wettbewerbs. Deutlich ist das Bemühen des FDGB zu erkennen, vor allem weibliche Gewerkschaftsfunktionäre aus- und weiterzubilden. Allein an der Gewerkschaftshochschule und den Zentralschulen sind zwischen 1972 und 1977 1161 Frauen für Leitungsfunktionen ausgebildet worden. Im Ergebnis der Bildungsbemühungen des FDGB ist das Ausbildungsniveau bei den hauptamtlichen Leitungsmitgliedern deutlich gestiegen. 1977 (neuere Zahlen liegen nicht vor) hatten bereits 60,8 v. H. der Mitglieder der Sekretariate der ZV der IG/Gew., der Kreis- und Bezirksvorstände des FDGB einen Fach- bzw. Hochschulabschluß.

VI. Gewerkschaftliche Unterstützungseinrichtungen

Der FDGB verfügt über eine Anzahl von Unterstützungseinrichtungen für seine Mitglieder. Die Höhe der Leistungen variiert je nach Dauer der Mitgliedschaft und z. T. der Höhe der entrichteten Mitgliedsbeiträge. Ein Anspruch entsteht in der Regel nach einjähriger Mitgliedschaft. In Höhe eines Wochenbeitrages wird bei Erkrankung nach Wegfall der Lohnfortzahlung für 6 bis 9 Wochen eine tägliche Krankengeldunterstützung gewährt. Ferner zahlt der FDGB Geburtsbeihilfen (30 Mark) und Sterbegelder (100–370 Mark). Rentner mit langjähriger Mitgliedschaft in den Gewerkschaften (mindestens 35 Jahre) erhalten eine vierteljährliche Unterstützung von 30–50 Mark.
Auf diese Leistungen besteht ein satzungsmäßiger Anspruch. Als Hilfseinrichtung für Darlehen in Notfällen und bei Anschaffungen bestehen → **Kassen der gegenseitigen Hilfe (KdgH)**, die durch Sonderbeiträge finanziert werden. Im Verkehrswesen tätige Gewerkschaftsmitglieder erhalten durch die „Fakulta" Rechtsschutz und Familienunterstützung bei Verkehrsunfällen.

VII. Politik gegenüber den Gewerkschaften der Bundesrepublik Deutschland und internationale Beziehungen

Der FDGB hat sich in seiner Politik gegenüber den Gewerkschaften in der Bundesrepublik Deutschland immer an die jeweilige Linie der → **Deutschlandpolitik der SED** gehalten. Lange Jahre hat er dementsprechend mit einer Fülle von Aktivitäten versucht, unmittelbar auf die Gewerkschaften des Deutschen Gewerkschaftsbundes (DGB) Einfluß zu nehmen (→ **Deutsche Arbeiterkonferenz**, Delegationen, Versenden von Propagandamaterial usw.), ohne daß er dabei größere Erfolge hätte erzielen können. Im Zuge der vom DGB unterstützten Vertragspolitik zwischen den beiden deutschen Staaten ist es zur Aufnahme offizieller Kontakte sowohl zwischen FDGB und DGB als auch zwischen den Einzelgewerkschaften gekommen. Der FDGB hat sich jedoch seinerseits durch Satzungsänderung auf dem 8. FDGB-Kongreß von der Festlegung auf das Ziel der „Konföderation der beiden deutschen Staaten" losgesagt und unterstützt nunmehr die Abgrenzungspolitik der SED (→ **Abgrenzung; Nation und nationale Frage**). Es entspricht dieser politischen Konzeption, wenn der FDGB Begegnungen mit dem DGB als „internationale Kontakte" einstuft.
Der FDGB ist Mitglied des → **Weltgewerkschaftsbundes (WGB)**, die IG/Gew. gehören den jeweils zuständigen Berufsorganisationen des WGB, den „Internationalen Vereinigungen der Gewerkschaften" (IVG), an. Seine internationalen Verbindungen nutzt der FDGB zur Unterstützung der → **Außenpolitik**. Die Kontakte zu den im Aufbau befindlichen Gewerkschaften in den Entwicklungsländern werden besonders gepflegt (1977–1981: 205 Gewerkschaftsdelegationen aus Afrika, Asien und Lateinamerika). Seit Mai 1959 werden an der Hochschule des FDGB laufend Gewerkschaftsfunktionäre aus lateinamerikanischen, afrikanischen und asiatischen Ländern in 18-Monats-Lehrgängen ausgebildet. (Insgesamt erhielten bis 1981 rd. 2750 Gewerkschaftsfunktionäre aus 80 Ländern eine Ausbildung an der FDGB-Hochschule.) Die vom FDGB für die Unterstützung dieser Gewerkschaften aufgewendeten Mittel sind erheblich (s. o. Abschnitt III.).
Besonders eng sind die Beziehungen des FDGB zu den sowjetischen Gewerkschaften, die für ihn als Vorbild gelten, aber auch zu den Gewerkschaften

der anderen RGW-Staaten (1977–1981: über 1000 Gewerkschaftsdelegationen aus sozialistischen Ländern). Mit zahlreichen kommunistisch geführten Gewerkschaftsorganisationen nichtsozialistischer Länder bestehen regelmäßige Kontakte, die vielfach zu schriftlichen Abmachungen über gemeinsame Aktionen geführt haben. Die Spannungen im internationalen Kommunismus, besonders die Auseinandersetzungen mit den eurokommunistischen Tendenzen in einigen westlichen Industrieländern, haben jedoch in jüngerer Zeit diese Zusammenarbeit belastet (→ **Eurokommunismus**). 1982 unterhielt der FDGB offizielle Beziehungen zu mehr als 100 Gewerkschaften in mehr als 90 Ländern. – Seit 1957 veranstaltet der FDGB die Arbeiterkonferenzen der Ostseeländer (einschl. Norwegen und Island), an denen sich in den letzten Jahren auch offizielle Vertreter der schwedischen, norwegischen und isländischen Gewerkschaften beteiligt haben. Der FDGB nimmt ferner an der von 48 Gewerkschaften aus 28 Staaten Europas in unregelmäßigen Abständen veranstalteten Europäischen Arbeiterkonferenz in Genf teil. Seit dem Beitritt der DDR im Januar 1974 zur Internationalen Arbeitsorganisation (Unterorganisation der UNO; engl. Abk.: ILO) arbeitet der FDGB in dieser Einrichtung mit.

Hartmut Zimmermann

Organisationsaufbau des FDGB

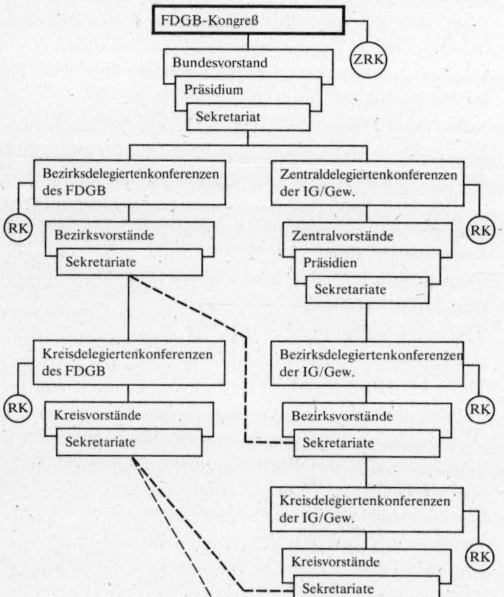

Quelle: nach Lexikon der Wirtschaft. Arbeit, Bildung, Soziales. Berlin (Ost): Die Wirtschaft, S. 355.

Literaturangaben

Arbeitsrecht. Lehrbuch. Autorenkollektiv u. Ltg. v. Frithjof Kunz u. Wera Thiel. Berlin (Ost): Staatsverl. d. DDR 1983.

Belwe, Katharina: Mitwirkung im Industriebetrieb der DDR. Planung – Einzelleitung – Beteiligung der Werktätigen an Entscheidungsprozessen des VEB. Opladen: Westdeutscher Verl. 1979. (Schriften des Zentralinstituts für sozialwissenschaftliche Forschung der Freien Universität Berlin. 31.)

Bilanz gewerkschaftlicher Interessenvertretung. Der FDGB zwischen dem 9. und 10. Kongreß. Hrsg.: Bundesvorstand des FDGB. Berlin (Ost): Tribüne 1982.

Eckhardt, Karl-Heinz: Demokratie und Planung im Industriebetrieb der DDR. Theorie und Praxis. Opladen: Leske + Budrich 1981. (Forschungstexte Wirtschafts- und Sozialwissenschaften. 6.)

Geschichte des Freien Deutschen Gewerkschaftsbundes. Hrsg.: Bundesvorstand des FDGB. Berlin (Ost): Tribüne 1982.

Der Freie Deutsche **Gewerkschaftsbund** (FDGB). Geschichte und Organisation. Hrsg.: Friedrich-Ebert-Stiftung. 3., überarb. u. erg. Aufl. Bonn: Neue Gesellschaft 1983. (Die DDR. Realitäten – Argumente.)

Der FDGB [Freie Deutsche **Gewerkschaftsbund**] von A–Z. Hrsg.: Friedrich-Ebert-Stiftung. 3., überarb. Aufl. Bonn: Neue Gesellschaft 1982. (Die DDR. Realitäten – Argumente.)

Die **Gewerkschaftskasse**. Anleitung für die finanzpolitische Arbeit in den gewerkschaftlichen Grundorganisationen. Hrsg.: Bundesvorstand des FDGB, Abt. Bundesfinanzen. Autorenkoll. u. Ltg. v. Harri Weber. 3., neugefaßte Aufl. Berlin (Ost): Tribüne 1981.

Handbuch des Bevollmächtigten für Sozialversicherung. Hrsg.: Bundesvorstand des FDGB, Verwaltung der Sozialversicherung. 10. Aufl. Berlin (Ost): Tribüne 1982.

Handbuch für den Arbeiterkontrolleur. Hrsg.: Bundesvorstand des FDGB, Abt. Sozialpolitik. 2., überarb. Aufl. Berlin (Ost): Tribüne 1979.

Handbuch für den Gewerkschaftsfunktionär. Dokumente, Gesetze, Verordnungen, Beschlüsse. Hrsg.: Bundesvorstand des FDGB. Berlin (Ost): Tribüne 1975; Materialien für den Gewerkschaftsfunktionär (3). Gesetze – Verordnungen – Beschlüsse. (Ergänzungen zum Handbuch für den Gewerkschaftsfunktionär 1975). Berlin (Ost): Tribüne 1976.

Handbuch für den Kulturobmann. Autorenkollektiv u. Ltg. v. Reinhard Bülte. 9., durchges. Aufl. Berlin (Ost): Tribüne 1983.

Handbuch für den Sportorganisator. Hrsg.: Bundesvorstand des FDGB, Abt. Sport. Autorenkoll. u. Ltg. v. Georg Gensel. 6., neugef. Aufl. Berlin (Ost): Tribüne 1981.

Handbuch für den Vertrauensmann. Hrsg.: Bundesvorstand des FDGB. 15., überarb. Aufl. Berlin (Ost): Tribüne 1983.

Hantsche, Walter, u. Siegfried Sahr: Leitung des Betriebes und Mitwirkung der Werktätigen. Erläuterungen zum 2. Kapitel des Arbeitsgesetzbuches der DDR. 3., überarb. Aufl. Berlin (Ost): Tribüne 1981. (Schriftenreihe zum Arbeitsgesetzbuch der DDR. 2.)

Möller, Friedemann: Die gewerkschaftliche Mitgliederversammlung. Ratschläge zur Vorbereitung, Durchführung und Auswertung. 4., durchges. Aufl. Berlin (Ost): Tribüne 1982.

Prang, Jürgen: Betriebsfestspiele. 2., neugef. Aufl. Berlin (Ost): Tribüne 1981.

Protokoll des 10. FDGB-Kongresses vom 21. bis 24. April 1982 in Berlin. Hrsg.: Bundesvorstand des FDGB. Berlin (Ost): Tribüne 1982.

Sonntag, Erhard, Heinz Leiberg u. Anton Filler: Urlaub mit dem Feriendienst des FDGB. 3., völlig überarb. Aufl. Berlin (Ost): Tribüne 1981.

Freilichtmuseen: Zu den beiden aus privater Initiative hervorgegangenen F. „Altmärkisches Bauernhaus" in Diesdorf, Kr. Salzwedel (seit 1911) und „Thüringische Bauernhäuser" in Rudolstadt (seit 1914) kamen nach 1945 weitere 9 F. in Schönberg (Mecklenburg), Göhren (Rügen), Klockenhagen (Mecklenburg), Schwerin-Mueß, Alt-Schwerin (Kreis Waren), Lehde (Spreewald), Seiffen (Erzgebirge), Landwüst (Vogtland), Kloster Veßra (Thüringen). Sie bestehen meist aus alten dörflichen Bauten und dokumentieren Arbeits- und Lebensweise von Bauern und Handwerkern in früheren Epochen. Geplant ist, den gegenwärtigen Bestand von 11 F. auf 19 zu erweitern. → **Museen.**

Freiwillige Gerichtsbarkeit: Durch die VO über die Übertragung der Angelegenheiten der FG. vom 15. 10. 1952 (GBl., S. 1057) wurde der größte Teil der FG. aus der Zuständigkeit der Gerichte herausgelöst und auf verschiedene Bereiche der Verwaltung übertragen. Das gesamte **Grundbuchwesen** ging auf die Abteilungen Kataster bei den Räten der Kreise über. Seit 1965 sind die durch Beschluß des Ministerrates vom 8. 12. 1964 (GBl. II, 1965, S. 479) bei den Räten der Bezirke gebildeten **Liegenschaftsdienste** mit Außenstellen in den Kreisen für die Einrichtung, Fortführung und Erneuerung der Grundbücher und der übrigen Liegenschaftsdokumente zuständig. An die Stelle der früher in festen Bänden zusammengefaßten Grundbuchblätter sind Grundbuchhefte getreten, an die Stelle des bisherigen Bestandsverzeichnisses des Grundbuchs das Bestandsblatt der Liegenschaftskataster. Die alten Grundbücher sind, bis auf einen Teil der Grundbücher und Grundbuchunterlagen über Grundstücke, die durch die Bodenreform oder als Vermögen von „Kriegsverbrechern und Naziaktivisten" oder als „Konzerneigentum" enteignet worden sind, erhalten geblieben. Das formelle Grundstücksrecht der früheren Grundbuchordnung ist nunmehr in der Grundstücksdokumentationsordnung vom 6. 11. 1975 (GBl. I, S. 697) sowie in der Grundbuchverfahrensordnung vom 30. 12. 1975 (GBl. I, 1976, S. 42) geregelt.

Angelegenheiten der **Vormundschaft** für Jugendliche sind auf die Abteilung Volksbildung, Referat Jugendhilfe und Heimerziehung, bei den Räten der Kreise übertragen worden (→ **Jugendhilfe**). Für das → **Personenstandswesen** ist die Abteilung Innere Angelegenheiten, Referat Personenstandswesen der Räte (Standesamt) zuständig (Personenstandsgesetz vom 16. 11. 1956, GBl. I, S. 1283 i. d. F. vom 13. 10. 1966, GBl. I, S. 87). Die Führung des **Vereinsregisters** wurde zunächst den Volkspolizeikreisämtern übertragen und ging durch VO vom 9. 11. 1967 (GBl. II, S. 861) für Vereinigungen auf Kreisebene auf den Rat des Kreises, für Vereinigungen auf Bezirksebene auf den Rat des Bezirks und für Vereinigungen, deren Tätigkeit sich über mehrere Bezirke oder auf das gesamte Gebiet der DDR erstreckt, sowie für Vereinigungen von internationaler Bedeutung auf das Ministerium des Innern über. Mit der Einführung der staatlichen Zulassung für Vereinigungen durch VO vom 6. 11. 1975 (GBl. I, S. 723) ist das Vereinsregister entfallen.

Das → **Handelsregister** wird bei den Abt. Örtliche Wirtschaft der Räte der Kreise geführt. Bekanntmachungen aus ihm in öffentlichen Blättern finden nicht mehr statt. Das *Genossenschaftsregister* wird, je nach der Art der Genossenschaft, bei den Abteilungen Handel und Versorgung, Land- und Forstwirtschaft oder Örtliche Wirtschaft der Räte der Kreise geführt. Das *Geschmacksmusterregister* wird beim Amt für Erfindungs- und Patentwesen, das *Binnenschiffahrtsregister* bei den Wasserstraßenhauptämtern Berlin und Magdeburg und das *Seeschiffahrtsregister* beim Seefahrtsamt in Rostock geführt. Andere Angelegenheiten der FG., wie Testaments- und Nachlaßangelegenheiten, Beurkundungen und Beglaubigungen, Hinterlegungen und Verwahrungen, Ersetzung zerstörter oder abhanden gekommener Urkunden sowie Vormundschafts- und Pflegschaftssachen für Volljährige sind dem Staatlichen → **Notariat** übertragen worden (Notariatsgesetz vom 5. 2. 1976, GBl. I, S. 93). Während gegen dessen Entscheidungen Beschwerde beim Kreisgericht zulässig ist, gibt es gegen Entscheidungen in denjenigen Angelegenheiten der FG., die in die Zuständigkeit von Verwaltungsbehörden übertragen worden sind, nur noch die einfache → **Verwaltungsbeschwerde**. Eine richterliche Nachprüfung findet in diesen Fällen nicht mehr statt.

Freizeit: Der Begriff F. erfährt in der DDR eine besondere ideologische Einordnung. F. gilt als „jener Zeitraum der Lebensgestaltung im Sozialismus, der nicht durch die gesetzlich festgelegte Zeit für Arbeit, Ausbildung, Studium, Lehre usw. sowie die damit unmittelbar verknüpften Zeitaufwendungen gebunden ist und der von den Werktätigen nach eigenem Ermessen gemeinschaftlich oder individuell zur Befriedigung verschiedener Bedürfnisse und Interessen, zur Gestaltung sozialer Beziehungen, zur Erfüllung gesellschaftlicher Erfordernisse usw. genutzt wird" (Kleines Politisches Wörterbuch, 4., überarb. Aufl., Berlin [Ost] 1983, S. 272). Der Begriff der F. wird aus ihrer gesellschaftlichen Funktion abgeleitet. Nach dem Verständnis der marxistisch-leninistischen F.-Forschung besteht die Funktion der F. in der Reproduktion der Arbeitskraft (Erholung und Entspannung), der Reproduktion und erweiterten Reproduktion persönlicher Fähigkeiten (Bildung, kulturelle Betätigung), der Geselligkeit (Unterhaltung, Kommunikation) und der Teilnahme an der Leitung bzw. Regelung öffentlicher Angelegenheiten (gesellschaftspolitische Tätigkeiten).

Während im westlichen Verständnis F. und Arbeitszeit als weitgehend getrennte menschliche Lebensbereiche begriffen werden, sollen F. und Arbeit im Sozialismus keine Gegensätze mehr bilden (→ **Marxismus-Leninismus**). Die Tätigkeiten während der F. und innerhalb der Arbeitszeit sollen ihrem Inhalt und ihrer Funktion nach schließlich zu verschiedenen, sich ergänzenden Formen menschlicher Lebenstätigkeit werden. Die von einigen Theoretikern vertretene Auffassung, bereits jetzt sei die Arbeit „erstes Lebensbedürfnis" geworden, wird allerdings von der Mehrheit der F.-Forscher in der DDR aus theoretischen und empirischen Gründen nicht geteilt. Die Analyse der Beziehung zwischen F. und Arbeit wird derzeit als eine der wichtigsten Aufgaben der marxistisch-leninistischen F.-Forschung bezeichnet.

Die F.-Gestaltung soll Ausdruck der **sozialistischen → Lebensweise** sein und daher möglichst kollektiv in den staatlich organisierten Arbeits- und Interessengemeinschaften, Zirkeln, Sport- und Touristikgruppen sowie Sparten des → **Kulturbundes der DDR (KB)** verbracht werden (→ **Kulturarbeit des FDGB; Kulturstätten; Laienkunst; Sport; Tourismus**).

Obwohl die kollektiven Formen des F.-Angebots aus kulturpolitischen Gründen gezielt ausgebaut wurden, spielen im tatsächlichen F.-Verhalten individuelle Formen der F.-Betätigung die entscheidende Rolle. Nach Angaben von DDR-Soziologen werden etwa 70 v. H. der F. in der Wohnung verbracht. Gestiegener Lebensstandard, verbesserte Wohnverhältnisse und die Entwicklung von Unterhaltungselektronik und Massenmedien haben den Trend zur individuellen F.-Gestaltung beschleunigt.

Bei einer Untersuchung, die 1977 in den Bezirken Erfurt, Frankfurt, Halle, Karl-Marx-Stadt, Schwerin und Suhl mit 18–65jährigen durchgeführt wurde, wurden folgende F.-Interessen ermittelt (Mehrfachnennungen waren möglich) (s. nachstehende Tabelle).

Der F.-Umfang der berufstätigen Bevölkerung ist durch die Länge der täglichen bzw. wöchentlichen Arbeitszeit (→ **Arbeitsrecht**, VII.) bestimmt. Die sich aus den verschiedenen gesetzlichen Bestimmungen ergebende, durchschnittliche Wochenarbeitszeit liegt derzeit bei 42 Std.; Sonderregelungen zur Minderung der Normalarbeitszeit von 43¾ Std. gelten für bestimmte Gruppen wie Schichtarbeiter und Mütter mit mehreren Kindern. Die Festschreibung der 5-Tage-Arbeitswoche, die Verlängerung des Erholungsurlaubs (→ **Arbeitsrecht**, VIII.) und die Verkürzung der Arbeitszeit für die o. g. Gruppen haben zu einer Erweiterung der arbeitsfreien Zeit geführt; eine weitere Reduzierung der Arbeitszeit wird allerdings derzeit aus volkswirtschaftlichen, teilweise auch aus ideologischen Gründen abgelehnt. Vermehrte F. soll durch eine Umwandlung von Teilen der arbeitsfreien Zeit in F. erreicht werden (Reduzierung der Hausarbeit, Verkürzung der Wege- und Wartezeiten bei Inanspruchnahme von Handels- und Dienstleistungen usw.).

Wie aus Zeitbudget-Untersuchungen hervorgeht, liegt der Umfang der F. zwischen 24 und 35 Stunden pro Woche, wobei Angehörige der Intelligenz über die meiste F., Bauern dagegen über die geringste freie Zeit verfügen. Obwohl in der DDR das Prinzip der Gleichberechtigung formal verwirklicht wurde, sind verheiratete, berufstätige → **Frauen** hinsichtlich ihrer F. gegenüber Männern stark benachteiligt. Eine Zeitbudget-Erhebung bei berufstätigen Erwachsenen zwischen 18 und 65 Jahren ergab, daß Frauen pro Woche im Durchschnitt über 10,5 Stunden weniger F. zur Verfügung steht als Männern.

Die F.-Gestaltung von Jugendlichen gehört in der DDR zum Aufgabenbereich der sozialistischen Jugendpolitik mit dem Ziel, die Jugendlichen zur verantwortungsbewußten und sinnvollen F.-Gestaltung zu erziehen. F.-Erziehung gilt als integraler Bestandteil der klassenmäßigen Erziehung, deren Auftrag darin besteht, „sozialistische Persönlichkeiten" (→ **Persönlichkeitstheorie, Sozialistische**) heranzubilden. Vor allem über die → **Freie Deutsche Jugend (FDJ)** erfolgt die Einflußnahme des Staates auf die Jugendlichen. Mit einer Vielzahl von teilweise attraktiven F.-Angeboten versucht die FDJ, junge Menschen für eine gemeinschaftlich verbrachte F. zu interessieren. Neben der FDJ sind

Freizeitinteressen der Bevölkerung in ausgewählten Bezirken der DDR (in v. H.)

Fernsehen	72,9
Arbeit im Garten oder auf dem Grundstück	55,5
Sport, Wandern, Spaziergänge	51,5
Lesen	47,2
Treffen mit Freunden und Bekannten	44,1
Geselligkeit oder Tanz	38,3
Ausübung von Hobbys (Sammeln, Züchten, Basteln)	26,0
Theater- oder Konzertbesuche	22,3
Kinobesuche	19,1
Karten-, Brettspiele usw.	18,9
Lernen	9,9
Künstlerische Selbstbetätigung	7,5
wissenschaftlich-technische Hobbys	6,1
andere, nicht genannte Freizeittätigkeiten	15,3

Quelle: H. Hanke, Freizeit in der DDR, Berlin (Ost) 1979, S. 75.

auch die Schulen in zunehmendem Maß bestrebt, die F. der Schüler zu gestalten, und zwar hauptsächlich in Form von Sportunterricht und Arbeitsgemeinschaften am Nachmittag (→ **Einheitliches sozialistisches Bildungssystem**, XIII., XIV.; **Feriengestaltung**).
Eine vom Zentralinstitut für Jugendforschung in Leipzig durchgeführte Untersuchung ermittelte folgende Struktur der F.-Aktivitäten Jugendlicher:

Struktur der Freizeit von älteren Schülern, Lehrlingen und jungen Arbeitern

Tätigkeit	Zeitaufwand in Stunden pro Woche		
	Schüler	Lehrlinge	junge Arbeiter
fernsehen	8,9	7,6	6,3
Zusammensein mit Freunden, Kollegen, Verwandten und Bekannten	6,5	5,1	5,6
Radio und Musik hören	3,7	3,5	1,8
aktive sportliche Betätigung	3,0	2,2	1,0
spazierengehen	2,4	0,9	2,1
Besuch von Diskotheken und/oder anderen Tanzveranstaltungen	2,2	3,2	1,9
kulturell-künstlerische und/oder naturwissenschaftlich-technische Betätigung	2,0	3,7	2,0
Fahrrad, Moped, Motorrad oder Auto fahren bzw. mitfahren	1,3	1,4	0,8
tätigkeitsloses Ruhen, Erholen	1,1	0,8	0,3
Karten-, Brett-, Gesellschaftsspiele	0,5	0,9	0,6
Gaststättenbesuch	0,5	0,8	2,9
Besuch von Sportveranstaltungen (als Zuschauer)	0,4	0,5	0,2
Kinobesuch	0,3	0,5	0,2
Besuch sonstiger Veranstaltungen bzw. Ausstellungen	0,4	0,5	0,2
sonstiges	3,5	4,9	4,6

Quelle: Die Freizeit der Jugend, Berlin (Ost) 1981, S. 88.

Auffällig ist die dominante Stellung des Fernsehens unter den F.-Tätigkeiten. Das Zusammensein mit Freunden, Kollegen usw. spielt in der Freizeit offenbar auch eine große Rolle; viele F.-Aktivitäten werden gemeinsam mit Gleichaltrigen unternommen. Die Jugendforscher berichten darüber hinaus über geschlechtsspezifische Differenzen des F.-Verhaltens. Während männliche Jugendliche mehr Sport treiben, Fahrrad, Moped und Motorrad fahren, gehen weibliche Jugendliche häufiger spazieren, singen, malen und handarbeiten mehr und sind häufiger mit Freunden und Bekannten zusammen. Eine besondere Rolle spielen nicht vom Staat oder der FDJ organisierte, spontan entstandene F.-Gruppen, in denen Gleichaltrige ihre F. verbringen. Untersuchungen haben ergeben, daß fast die Hälfte aller Jugendlichen einer nicht-organisierten F.-Gruppe angehört, ein Teil der Jugendlichen sogar mehreren Gruppen gleichzeitig. 16–18jährige sind besonders häufig in nicht-organisierten Gruppen zu finden, Jungen häufiger als Mädchen, Schüler, Lehrlinge und Studenten häufiger als berufstätige Jugendliche. Einfluß auf die F.-Aktivitäten haben darüber hinaus auch die Kirchen (→ **Junge Gemeinde**). Die Bedeutung der selbstgestalteten F.-Aktivitäten hat bei den Jugendlichen zugenommen, und neuere F.-Untersuchungen tragen dem Rechnung, indem sie die nicht-organisierten F.-Gruppen der Jugendlichen als „Ergänzung" des offiziellen F.-Angebots bezeichnen. Die F.-Wünsche und -Vorstellungen Jugendlicher werden von der offiziellen Jugend- und → **Kulturpolitik** offenbar nicht gedeckt.

Freizeitarbeit: Jugendlichen kann ein Gericht als Maßnahme der strafrechtlichen Verantwortlichkeit an Stelle einer Strafe besondere Pflichten auferlegen (§70 StGB). Dazu gehört unbezahlte gemeinnützige Arbeit in der Freizeit bis zur Dauer von 10 Arbeitstagen (§70 Abs. 2 StGB); → **Jugendstrafrecht**.
Seit dem Inkrafttreten des Strafrechtsänderungsgesetzes vom 19. 12. 1974 (GBl. I, S. 591) können erwachsene Straftäter bei einer Verurteilung auf → **Bewährung** oder bei der Strafaussetzung auf Bewährung zu F. verpflichtet werden.
Nach § 20 des Gesetzes über die → **Gesellschaftlichen Gerichte** vom 25. 3. 1982 (GBl. I, S. 269) können die Konflikt- und Schiedskommissionen in den ihnen übergebenen Verfahren für Vergehen, Verfehlungen (→ **Strafrecht**, III.), → **Ordnungswidrigkeiten**, Verletzungen der Schulpflicht und der sozialistischen Arbeitsdisziplin die von ihnen eingegangene „freiwillige" Verpflichtung des Bürgers, in seiner Freizeit bis zu 20 Stunden unbezahlte gemeinnützige Arbeit zu leisten, bestätigen.

Freizügigkeit: Art. 32 der Verfassung gewährleistet die F., d. h. das Recht eines jeden Bürgers, innerhalb des Staatsgebiets der DDR und im Rahmen ihrer Gesetze seinen Wohnsitz oder zeitweiligen Aufenthalt frei zu wählen und sich innerhalb des Staatsgebiets frei zu bewegen. Wegen der räumlichen Beschränkung der F. auf das Staatsgebiet der DDR erscheinen die paßrechtlichen Schranken der Ausreise, das Genehmigungserfordernis bei Reisen in „nichtsozialistische" Staaten, einschließlich der Bundesrepublik Deutschland, und die Beschränkung der Erteilung von Genehmigungen auf dringende Familienangelegenheiten und Rentnerreisen (AO über Regelungen zum Reiseverkehr von Bürgern der DDR vom 15. 2. 1982; GBl. I, S. 187) sowie die Strafbarkeit des „ungesetzlichen Grenzübertritts" mit Freiheitsstrafe bis zu 8 Jahren (§ 213 StGB) schon begrifflich nicht als Einschränkungen der F. Die wichtigsten Einschränkungen innerhalb der DDR ergeben sich aus:

a) den Zutrittsverboten und -beschränkungen innerhalb des Grenzgebiets (Grenzgesetz, GrenzVO, Grenzordnung, sämtl.vom 25. 3. 1982; GBl. I, S. 197, 203, 208) und der militärischen Sperrgebiete (SperrgebietsVO vom 26. 7. 1979; GBl. I, S. 269),

b) den Aufenthaltsbeschränkungen, die von den Gerichten als Zusatzstrafe (§§ 51, 52 StGB), Auflage bei Strafaussetzung auf Bewährung (§ 45 StGB) und „Wiedereingliederungsmaßnahme" gegenüber vorbestraften

Tätern (§ 47 StGB) in einem → **Strafverfahren** oder als Sicherheitsmaßregel zum Schutze der öffentlichen Sicherheit und Ordnung (§ 3 Abs. 1 der VO über Aufenthaltsbeschränkungen vom 24. 8. 1961; GBl. II, S. 343) angeordnet werden können,
c) der als „staatliche Kontrollmaßnahmen" bezeichneten Polizeiaufsicht, die bei einer strafgerichtlichen Verurteilung als „Wiedereingliederungsmaßnahme" mit eindeutigem Sicherungscharakter verhängt werden und auf deren Grundlage die zuständige Polizeidienststelle u. a. auch Aufenthaltsbeschränkungen anordnen kann (§ 48 StGB),
d) den Aufenthaltsbeschränkungen, die von den örtlichen Räten gegenüber „kriminell gefährdeten Bürgern" als rein administrative Maßnahmen angeordnet werden können (§ 4 Abs. 3 der VO über die Aufgaben der örtlichen Räte und der Betriebe bei der Erziehung kriminell gefährdeter Bürger vom 19. 12. 1974 i. d. F. der 2. VO vom 6. 7. 1979; GBl. I, S. 195), sowie
e) Seuchenschutzmaßnahmen (Erste Durchführungsbestimmung zum Gesetz zur Verhütung und Bekämpfung übertragbarer Krankheiten beim Menschen vom 20. 1. 1983; GBl. I, S. 29).
Das in der Verfassung von 1949 enthaltene Auswanderungsrecht ist in die geltende Verfassung von 1968 nicht aufgenommen worden. Dessenungeachtet ist die DDR nach Art. 12 Abs. 2 des Internationalen Paktes vom 19. 12. 1966 über bürgerliche und politische Rechte, den die DDR am 14. 1. 1974 ratifiziert hat und der am 23. 3. 1976 in Kraft getreten ist, völkerrechtlich verpflichtet, ihren Bürgern die Auswanderung zu gewährleisten. Dieser Verpflichtung kommt die DDR nicht nach. Sie begründet diese Vertragsverletzung damit, daß die Auswanderung ein typisches Produkt der Krisenwirtschaft kapitalistischer Staaten sei und es in der DDR keine soziale Basis für ein Grundrecht auf Auswanderung gebe (Staatsrecht der DDR, Lehrbuch, Berlin [Ost] 1977, S. 207). Die Entscheidung über Auswanderungsanträge liegt im freien Ermessen der Verwaltungsbehörden, die dabei „die Klassenauseinandersetzung zwischen Sozialismus und Imperialismus" zu berücksichtigen haben; sie stellen in Rechnung, „daß die Auswanderung in einen imperialistischen Staat bedeutet, Menschen einem System auszuliefern, das sie ausbeutet und zwingt, einer aggressiven Politik zu dienen, die ihre Existenz gefährdet und sich gegen den Sozialismus richtet" (ebda.). Wie es die großzügige Genehmigungspraxis seit Anfang 1984 gezeigt hat, können allerdings politische Opportunitätsüberlegungen zeitweise auch zu einer anderen Beurteilung führen. Zur speziellen Problematik der Familienzusammenführung: → **Übersiedlung in die Bundesrepublik Deutschland.**

Fremdenverkehr: Der F. umfaßt alle Beziehungen, Sachverhalte und Einrichtungen, die den Aufenthalt von Personen außerhalb ihres Wohnsitzes und die damit verbundenen Ortswechsel zum Inhalt oder als Aufgabe haben. Vom Zweck her wird unterschieden zwischen rekreationsbedingtem F., berufsbedingtem F. und sonstigem F.
Der rekreationsbedingte F. besteht aus dem → **Tourismus** und dem Kurverkehr. Zum berufsbedingten F. gehören Reisen zum Besuch von Ausstellungen, Messen, Tagungen, Kongressen usw. In die letzte Kategorie des F. fallen Reisen zu Verwandten, Freunden, Bekannten sowie Einkaufsfahrten.
Wirtschaftspolitisch und geographisch gesehen, wird zwischen dem Inlands- und Auslands-F. unterschieden. Der Auslands-F. wird entsprechend der positiven oder negativen Auswirkung auf die Zahlungsbilanz in den aktiven F. (Besucher der DDR) und in den passiven F. (Ausreisende aus der DDR) unterteilt.

Freundschaftsgesellschaften: F. sind ins Ausland wirkende Organisationen, die in enger Abstimmung mit der → **Außenpolitik** der DDR vor allem in nichtsozialistischen Ländern ein dem Selbstverständnis entsprechendes DDR-Bild fördern sollen. Neben den seit 1961 in der Dachorganisation **Liga für Völkerfreundschaft** zusammengeschlossenen F. bestehen als ähnliche Organe der → **Auslandspropaganda** zahlreiche **Freundschaftskomitees**, die Gesellschaft für kulturelle Verbindungen mit dem Ausland, die **Liga für die Vereinten Nationen in der DDR** sowie die sich um Exildeutsche bemühende → **Gesellschaft „Neue Heimat"**.
Eine besondere Rolle kam zeitweilig der F. DDR–Nordeuropa (früher **Deutsch-Nordische Gesellschaft**) zu, die als einer der Träger der bis 1975 stattfindenden → **Ostseewoche** fungierte.
Die Aufgabe, bestimmte Länder der Dritten Welt und nationale Befreiungsbewegungen materiell und moralisch zu unterstützen, obliegt speziellen Solidaritätsorganisationen, wie dem **Solidaritätskomitee der DDR**, das aus dem Afro-asiatischen Solidaritätskomitee der DDR hervorging, und dessen 1973 gegründetem Chile-Zentrum. 1982 wirkten in 54 Ländern und bei der PLO Gesellschaften bzw. Komitees für die Freundschaft mit der DDR, die zwar von der jeweiligen nationalen kommunistischen Partei und anderen kommunistischen Organisationen unterstützt werden, aber keine ausschließlich kommunistische Vereinigungen, sondern zumeist überparteilich zusammengesetzt sind und von Persönlichkeiten des öffentlichen Lebens geleitet werden. Die entsprechenden F. der DDR arbeiten mit diesen Partnergesellschaften zusammen und schließen zu diesem Zweck u. a. jährliche oder mehrjährige Vereinbarungen ab. Als eine der aktivsten ausländischen F. ist die Echanges Franco-Allemands in Frankreich zu erwähnen, deren ca. 12000 eingeschriebene Mitglieder in 21 Departements- und über 100 örtlichen Komitees tätig sind. In Indien sind mehrere F. vorhanden. Sie führen in bestimmten Abständen gemeinsame nationale Konferenzen zur Koordinierung ihrer Arbeit durch.
Eine Partnergesellschaft mit internationaler Zusammensetzung ist das Komitee „Freundschaft Afrika–DDR". In einigen sozialistischen, mehreren arabischen Ländern sowie in Finnland und Schweden unterhält die Liga für Völkerfreundschaft eigene Kultur- und Informationszentren, die in enger Verbindung zu den jeweiligen nationalen Partnergesellschaften stehen.

In mehreren Ländern setzten sich besondere Komitees für die Anerkennung der DDR ein, die seit dem 9. 6. 1968 ihr Vorgehen im Ständigen Internationalen Komitee für die Anerkennung der DDR in Helsinki koordinierten. Nachdem die Funktion der meisten Anerkennungskomitees inzwischen entfallen ist, lösten sie sich auf und stellten ihre Kräfte in den Dienst der F. bzw. Freundschaftskomitees ihrer Länder. Die internationale Anerkennung der DDR wirkte sich auf die Gründung neuer und die Aktivität bereits bestehender F. bzw. Freundschaftskomitees im Ausland günstig aus. So kam es allein 1973 zur Gründung weiterer F. bzw. Freundschaftskomitees in folgenden Ländern: Indien, Großbritannien, Japan, Italien, Ghana, Irak und Ägypten.

Der Liga für Völkerfreundschaft (Präsident Gerald Götting [CDU], Vizepräsidenten Dr. Paul Wandel [SED], Horst Brasch [SED]) gehörten im Jahre 1982 folgende F. an (in Klammern die Namen der Vorsitzenden):

DDR – Frankreich (Dr. Ernst Scholz)
DDR – Großbritannien (Gerhard Lindner)
DDR – USA (Prof. Hans Gericke)
DDR – Italien (Dr. Heinrich Toeplitz)
DDR – Nordeuropa (Harri Leupold)
DDR – Belgien (Dr. Fritz Rösel)
DDR – Arabische Länder (Paul Scholz)
DDR – Afrikanische Länder (Rudolph Schulze)
DDR – Indien (Kurt Löffler)
DDR – Südostasien (Max Sefrin)
DDR – Lateinamerika (Prof. Dr. Johann-Lorenz Schmidt)

als Freundschaftskomitees:

DDR – Portugal (Erich Markowitsch)
DDR – Österreich (Werner Lorenz)
DDR – Niederlande (Prof. Dr. Eberhard Bartke)
DDR – Griechenland (Prof. Edmund Collein)
DDR – Schweiz (Prof. Dr. Kurt Heinze)
DDR – Zypern (Prof. Dr. Volker Klemm)
DDR – Japan (Gerhard Fischer)
DDR – Australien (Prof. Dr. Claus Howitz)
DDR – Irak (Prof. Dr. Burchard Brentjes)
DDR – VDR Jemen (Prof. Heinz Gambke)
DDR – Syrien (Prof. Dr. Horst Lehfeld)
DDR – DVR Algerien (Prof. Dr. Erich Rübensam)
DDR – Libysche SVR (Prof. Dr. Jörg Vornholzer)
DDR – Angola (Prof. Dr. Kurt Scheidler)
DDR – Moçambique (Ulrich Makosch)
DDR – Äthiopien (Kurt Krüger)
DDR – Guinea-Bissau (Rolf Pitschel)
DDR – Kanada (Prof. Dr. John Lekschas)
DDR – Mexiko (Dr. Wolfgang Kießling)
DDR – Afghanistan (Wolfgang Beyreuther)

als weitere Organisationen:

Komitee Städte- und Gemeindetag (Walter Kresse)
Gesellschaft „Neue Heimat" (Hans-Peter Minetti).

Freundschaftsverträge: Kurzbezeichnung für 17 internationale bilaterale Verträge, die die DDR seit 1949 abgeschlossen hat. Diese Vertragspolitik ist in den 70er Jahren zu einem wesentlichen Element der → **Außenpolitik** der DDR gegenüber sozialistisch/kommunistisch regierten Staaten bzw. einigen Entwicklungsländern mit sozialistischer Orientierung geworden. Zu unterscheiden ist zwischen zwei Typen von Verträgen:

1. Verträge über Freundschaft, Zusammenarbeit und gegenseitigen Beistand: Es handelt sich hierbei um „klassische" Bündnis- bzw. **Beistandsverträge**, die an die Stelle von Vorläufern getreten sind, ohne diese formal außer Kraft zu setzen. Sie dienen der Verstärkung von Zusammenhalt und Geschlossenheit der „sozialistischen Staatengemeinschaft" unter Führung der UdSSR. Dazu gehören die Verträge mit (Datum der Unterzeichnung):

1.	Sozialistische Republik Rumänien	12. 5. 1972
2.	UdSSR	7. 10. 1975
3.	Ungarische Volksrepublik	24. 3. 1977
4.	Mongolische Volksrepublik	6. 5. 1977
5.	Volksrepublik Polen	28. 5. 1977
6.	Volksrepublik Bulgarien	14. 9. 1977
7.	Tschechoslowakische Sozialistische Republik	3. 10. 1977

Der Vertrag mit der Mongolischen Volksrepublik wurde nur „über Freundschaft und Zusammenarbeit" geschlossen, kommt aber den übrigen Beistandsverträgen sehr nahe.

2. Verträge über Freundschaft und Zusammenarbeit: Diese Verträge sind dem Inhalt nach Kooperationsverträge und haben keine Vorläufer. Sie dienen in erster Linie dazu, außereuropäische Entwicklungsländer mit sozialistischer Orientierung ihrer Herrschaftseliten auch völkerrechtlich an den sowjetisch geführten Hegemonialverband zu binden.

Vertragspartner sind die:

8.	Volksrepublik China (bis zur „Wiederherstellung der Einheit Deutschlands" oder bis zur Außerkraftsetzung durch beiderseitige Übereinkunft unverändert in Kraft)	25. 12. 1955
9.	Sozialistische Republik Vietnam	4. 12. 1977
10.	Volksrepublik Angola	19. 2. 1979
11.	Volksrepublik Moçambique	24. 2. 1979
12.	Sozialistisches Äthiopien	15. 11. 1979
13.	Volksdemokratische Republik Jemen	17. 11. 1979
14.	Volksrepublik Kampuchea	18. 3. 1980
15.	Republik Kuba	31. 5. 1980
16.	Demokratische Republik Afghanistan	22. 5. 1982
17.	Volksdemokratische Republik Laos	21. 9. 1982

Frieden: Zwischenstaatlicher Zustand, in dem die Durchsetzung politischer Ziele ausschließlich mit nichtkriegerischen, gewaltlosen Mitteln erfolgt. Während der F. dem Sozialismus/Kommunismus „wesenseigen" sei, so der → **Marxismus-Leninismus**, bedeute die Politik des „Imperialismus und Neokolonialismus" eine ständige Gefahr für den F. Erst in einer (Welt-)Gesellschaft ohne Privateigentum an Produktionsmitteln könne daher der F. „dauerhaft gesichert werden". Zur Erreichung dieses Zieles bedürfe es einer Kombination von politischem und sozialem Kampf („F.-Kampf"), in dem die militärische Sicherung und Stärkung des Sozialismus/Kommunismus wesentliches Element ist. Der F.-

Kampf, der als Hauptinstrument der sozialistischen Staatengemeinschaft in der weltweiten Auseinandersetzung zwischen Ost und West bezeichnet wird, ist somit auf die Zurückdrängung und schließlich Überwindung der als friedensbedrohend angesehenen nichtsozialistischen Staats- und Gesellschaftsordnungen des Westens gerichtet und trägt insofern durchaus offensiv-expansiven Charakter. Da sich der → **Imperialismus** auf Dauer nur durch → **Krieg** behaupten könne, wird in dieser Sicht antiimperialistische Politik zum Wesensmerkmal des sozialistischen F.-Kampfes. Erfolge in diesem Kampfe kann es nur geben, wenn sich im nichtsozialistischen Ausland, vor allem in den „kapitalistischen Metropolen" alle sogenannten „friedliebenden Kräfte" gegen die „Kräfte des Krieges" zusammenschließen, wobei sich die SED vorbehält zu bestimmen, wer in einer konkreten Situtation diesen Gruppierungen zugerechnet wird.

Diese Definition der F.-Kräfte ist ebenso unbestimmt wie das Prinzip der → **Friedlichen Koexistenz**, das den Gestaltungsrahmen für den F.-Kampf abgibt. Dieser Grundsatz erlaubt den Einsatz aller Mittel, mit Ausnahme der militärischen, und bedient sich insbesondere auch aller Formen des ideologischen Klassenkampfes (→ **Klasse/Klassen, Klassenkampf**). Dem F. dienen ferner aus kommunistischer Sicht die politische, wirtschaftliche und sonstige Unterstützung revolutionärer Befreiungsbewegungen (einschl. der Lieferung militärischer Güter, der Entsendung von Militärpersonal für die Ausbildung und Schulung einheimischer Kader usw.), die Förderung von Befreiungskriegen (→ **Außenpolitik**, V.; **Nationale Demokratie [National-Demokratische Staaten]**) sowie alle Formen der Zusammenarbeit mit regierenden und nichtregierenden kommunistischen und ausgewählten Arbeiterparteien (→ **Internationalismus, Proletarischer**). Offene Einmischung bzw. die Teilnahme sozialistischer Staaten an Bürgerkriegen gehören theoretisch nicht dazu, sie werden jedoch mit ideologisch-politischen Begründungen (z. B. „sozialistische Hilfe") zwar nicht von der DDR, aber z. B. von Kuba in Angola und Äthiopien praktiziert.

Seit Anfang der 80er Jahre hat die F.-Propaganda der DDR angesichts der anwachsenden → **Friedensbewegung** in West und Ost gerade in den innerdeutschen Beziehungen an Umfang und Gewicht zugenommen. Die Übernahme der Formel von der „besonderen Verantwortung beider deutscher Staaten für den F. in Europa" durch die SED-Führung im Zusammenhang mit der Landstationierung amerikanischer Mittelstreckenraketen in Westeuropa (→ **Abrüstung**) macht deutlich, daß diese Propaganda zunächst eigenen Sicherheitsinteressen entspringt und in zweiter Linie als Referenz vor der F.-Sehnsucht aller europäischen Völker zu verstehen ist. Dabei wurde der Wunsch nach Sicherung des F. vielfach geschickt zur Durchsetzung außen- und deutschlandpolitischer Ziele, z. B. zur Verhinderung des Stationierungsteils des NATO-Doppelbeschlusses vom Dezember 1979, instrumentalisiert.

Die Formen dieser F.-Propaganda der SED sind vielgestaltig. Sie reichen von der Veranstaltung von bzw. der Teilnahme an sog. F.-Foren in der DDR und außerhalb ihrer Grenzen, über zahlreiche Stellungnahmen in der UNO und in anderen internationalen Gremien bis zur Rechtfertigung konkreter außenpolitischer Aktionen, wie es sich z. B. im Frühjahr 1983 bei der demonstrativen Unterstützung des schwedischen Vorschlages zur Errichtung einer atomwaffenfreien Zone in Mitteleuropa gezeigt hat. Auch die Politik der DDR auf der 1. und 2. KSZE-Nachfolgekonferenz in Belgrad (1977/78) und Madrid (1980–1983) wird als Ausdruck des starken Interesses der DDR an der Erhaltung des F. bezeichnet. Ebenso läßt sich Honeckers Zustimmung zu einer Politik der „Schadensbegrenzung" in den innerdeutschen Beziehungen nach dem Scheitern der Genfer INF-Verhandlungen im November 1983 als Ausdruck dieses Interesses verstehen.

Die von der SED selbst vorgenommene, allgemeine Charakterisierung ihrer gesamten Außenpolitik als F.-Politik, die vielfach mit einer inflationären Benutzung des Begriffs F. einhergeht, darf jedoch schon wegen der weitreichenden, eigenen gesellschaftspolitischen Zielvorstellungen, für die die Erhaltung des F. und die militärische Entspannung eine unabdingbare Voraussetzung sind, nicht als bloß taktische Kaschierung einer im Grunde anders gearteten Politik verstanden werden. Selbst wenn die SED-Führung unter „wirklichem F." in erster Linie Ergebnis und Ende eines langfristigen revolutionären Prozesses im Weltmaßstab versteht, lassen alle offiziellen und offiziösen Äußerungen der Partei- und Staatsführung der DDR keinen Zweifel an deren grundsätzlichem Willen zur Aufrechterhaltung und zum Ausbau eines F., der eine Zusammenarbeit von Staaten auch unterschiedlicher Gesellschaftsordnungen zum gegenseitigen Nutzen und eine friedliche Streitschlichtung im konkreten Einzelfall möglich macht. Die aktive Teilnahme der DDR an der Entspannungspolitik der 70er Jahre und ihre seit Anfang der 80er Jahre wiederholt bekundete Bereitschaft, diese Politik auch in Zeiten erhöhter internationaler Spannungen fortzusetzen, haben dem Bekenntnis der SED-Führung zum F. größere Glaubwürdigkeit verliehen.

Spielt F. in der Außenpolitik der DDR eine erkennbar positive, wenn auch ideologisch fixierte Rolle, läßt sich gleiches nicht von der Innenpolitik sagen. Unverkennbar sind das ständige Bemühen der SED um eine zunehmende → **Militarisierung** des gesellschaftlichen Lebens (→ **Wehrerziehung**) sowie fortgesetzte Verstöße gegen die in der UN-Charta festgelegten Menschenrechte. Ferner spielt unverändert die Unterscheidung von „gerechten" und „ungerechten" → **Kriegen** in der marxistisch-leninistischen Militärtheorie eine große Rolle. Damit gefährdet die SED selbst das Vertrauen, das sie für ihre auf Sicherung des internationalen F. gerichtete Politik ständig beansprucht und z. T. bereits erworben hat.

Hinzu kommt, daß die SED zumindest innerhalb der sozialistischen Staatengemeinschaft allen Formen des **Pazifismus** grundsätzlich ablehnend gegenübersteht. Der Aussage von Politbüromitglied Kurt Hager (1982), daß „Marxisten, Christen und Pazifisten" in der DDR

Bündnispartner seien, kommt solange nur propagandistische Bedeutung zu, wie gleichzeitig die Staatsorgane der DDR die eigene, autonome F.-Bewegung mit repressiven Methoden behindern. Zwar wird der Pazifismus als eine individuelle Haltung – für den Betroffenen allerdings um den Preis weitreichender gesellschaftlicher Diskriminierung – teilweise geduldet (Möglichkeit zur Ableistung eines waffenlosen Wehrdienstes bei grundsätzlicher Ablehnung des Rechts auf Wehrdienstverweigerung; → **Bausoldaten**). Gleichzeitig ist für die SED jedoch der Pazifismus unverändert eine „bürgerliche politische Strömung", die alle Arten des Krieges, also auch den aus marxistisch-leninistischer Sicht „gerechten" Krieg, ablehnt und dadurch die Verwirklichung eines dauerhaften, wahren F. verhindert. Somit ist zwar das Interesse der SED an der Erhaltung eines zwischenstaatlichen F.-Zustandes ernst zu nehmen, jedoch können die ideologisch begründeten Doppeldeutigkeiten in der F.-Propaganda der DDR, wie sie sich u. a. im widersprüchlichen Begriff des F.-Kampfes spiegeln, nicht übersehen werden.

Friedensbewegung: Der Begriff F. wird in der DDR offiziell nur zur Kennzeichnung jener Bestrebungen, Organisationen und Gruppen gebraucht, die den → **Frieden** vornehmlich oder ausschließlich durch die Staaten des sog. → **Imperialismus** gefährdet sehen. Dazu gehören in der DDR (ebenso wie in den anderen Mitgliedsstaaten des → **Warschauer Paktes**) „ausnahmslos alle Klassen und Schichten, alle Generationen", die hierin vom → **Friedensrat der DDR** – der dem → **Weltfriedensrat** angehört – repräsentiert werden (ND 2. 9. 1982). Außerhalb des Warschauer-Pakt-Systems zählt die SED im Rahmen einer kritischen → **Bündnispolitik** alle pazifistischen, rüstungskritischen, antiimperialistischen und antikolonialistischen Gruppen und Kräfte zur weltweiten F., auch dann, wenn sie dem Weltfriedensrat nicht angehören und auch der sowjetischen Rüstung kritisch gegenüberstehen.

Die Propagierung einer allumfassenden „einheitlichen F. der DDR" wurde 1982 verstärkt, als sich – entsprechend der F. in der Bundesrepublik Deutschland und in anderen westlichen Staaten – auch in der DDR Einzelpersonen und Gruppen zunehmend kritisch mit der fortschreitenden Militarisierung in der DDR befaßten und in den sowjet. SS-20-Raketen eine qualitativ gleiche Gefährdung des Friedens sahen, wie in der Rüstung der USA.

Die evangelischen → **Kirchen** (V.) spielten hierbei eine besondere Rolle, hatten sie doch seit langem eine eigene Friedensarbeit betrieben. Nach Einführung der Wehrpflicht 1962 (→ **Wehrdienst**) setzte sich die ev. Kirche für das Recht auf **Wehrdienstverweigerung** ein. Es ist wesentlich ihren Vorstellungen zu danken, daß es zur „Anordnung . . . über die Aufstellung von Baueinheiten . . ." vom 7. 9. 1964 (GBl. I, S. 129) kam, die einen waffenlosen Dienst – allerdings im Rahmen der Nationalen Volksarmee – ermöglichte (→ **Bausoldaten**). Eine 1965 erarbeitete kirchliche Handreichung für die Seelsorge an Wehrpflichtigen „zum Friedensdienst der Kirche" rechtfertigt die Wehrdienstverweigerung nicht nur als individualethische christliche Entscheidung, sondern sieht in dem Dienst der Bausoldaten und der Bereitschaft der Totalverweigerer, für ihre Auffassung ins Gefängnis zu gehen, gegenüber einem als Friedensdienst verstandenen Wehrdienst im atomaren Zeitalter das „deutlichere Zeugnis" des gebotenen christlichen Friedensdienstes. Erst Ende der 70er Jahre allerdings griff der Kirchenbund diese These erneut offiziell auf, während sie von Bausoldaten, die den Kern von bis in die 60er Jahre zurückgehenden Basisgruppen für Friedensarbeit bildeten, ständig in Erinnerung gehalten wurde. Bekannt wurde insbesondere das seit 1972 regelmäßig zweimal jährlich abgehaltene Friedensseminar in Königswalde/Sachsen.

Der evangelische Kirchenbund setzte, als er 1978 mit seinem Protest gegen die Einführung der Wehrkunde als Pflichtfach in den Schulen erfolglos blieb, der staatlichen → **Wehrerziehung** im kirchlichen Bereich ein Programm der Erziehung zum Frieden entgegen. 1981 fand eine Initiative zur Einführung eines *Sozialen Friedensdienstes* mit insgesamt 5000 an die Synoden der Landeskirchen gerichteten Eingaben bzw. Unterschriften in der ev. Jugend und darüber hinaus breite Resonanz. Der Kirchenbund und die Synoden der 8 Landeskirchen machten sich zwar nicht den Vorschlag einer gesetzlich zu regelnden zivilen Alternative zur Wehrpflicht zu eigen, setzen sich aber seitdem – bisher erfolglos – bei der Regierung für Möglichkeiten eines „Friedensdienstes im sozialen Bereich" ein.

Nachdem 1979 EKD und Kirchenbund aus Anlaß des 40. Jahrestages des Kriegsausbruches am 1. September ein gemeinsames Friedenswort veröffentlicht hatten, das in den Sonntags-Gottesdiensten in beiden Staaten verlesen wurde, begann die ev. Jugend (→ **Junge Gemeinde**) im offiziellen Auftrag des Kirchenbundes damit, jeweils im November Friedensdekaden zu veranstalten. Zum Symbol wählte sie das alttestamentliche Prophetenwort (Micha 4) „Schwerter zu Pflugscharen" mit dem Abbild eines sowjetischen Denkmals gleichen Inhalts auf dem UNO-Gelände in New York. 1981 wurden in großer Auflage Aufnäher mit diesem Symbol hergestellt, die bald auch von sehr vielen nicht kirchlich engagierten, jungen DDR-Bürgern getragen wurden. Am 13. 2. 1982 veranstaltete die sächsische Landeskirche – aufgrund einer Basisinitiative – in der Dresdener Kreuzkirche ein Friedensforum, an dem sich 5000 vor allem Jugendliche beteiligten. Trotz des Schweigens der offiziellen DDR-Medien über diese kirchlichen Friedensaktivitäten wurden sie von großen Teilen der DDR-Gesellschaft wahrgenommen und führten dazu, daß seitdem von einer neuen oder alternativen F. in der DDR gesprochen wird. Der → **Staatssekretär für Kirchenfragen**, Klaus Gysi (SED), sprach daraufhin im März 1981 gegenüber dem sächsischen Landesbischof Hempel von einer „illegalen F.", die den kirchlichen Friedensaufnäher für oppositionelle Bestrebungen mißbrauche.

Verstärkt wurde die Resonanz dieser Aktivitäten in der DDR-Gesellschaft durch zeitlich parallel laufende Frie-

densinitiativen von deutschen, aber auch ausländischen Schriftstellern: „Appell der Schriftsteller Europas" vom August 1981; „Berliner Begegnung zur Friedensförderung", Berlin (Ost) vom 13./14. Dezember 1981; „Haager Treffen zur Weiterführung der Friedensinitiative europäischer Schriftsteller" in Den Haag (Niederlande) vom 24./26. Mai 1982; „Internationale Literaturtage. Interlit '82" in Köln vom 18./24. Juni 1982 usw.
Demgegenüber spielt der von Robert Havemann unterstützte „Berliner Appell. Frieden schaffen ohne Waffen" des Pfarrers Rainer Eppelmann vom Januar/Februar 1982 in den der neuen F. in der DDR zugerechneten Gruppen eine geringere Rolle. Die Ost-Berliner Kirchenleitung distanzierte sich wegen des in diesem Dokument enthaltenen politischen Konzepts (Abzug der Besatzungsmächte aus Deutschland und Austritt beider deutscher Staaten aus den Militärbündnissen) von diesem Appell und riet von Unterschriften ab.
Die Aufmerksamkeit, die diese Entwicklungen in den westdeutschen Medien fanden, die der DDR-Politik unerwünschten Solidarisierungen von Teilen der westlichen F. mit vergleichbaren Bestrebungen in der DDR, die von der „neuen F." befürchtete Schwächung der Wehrbereitschaft usw. veranlaßten die Parteiführung der SED zu Gegenmaßnahmen. Auf der einen Seite wurde im Frühjahr 1982 das Tragen des Aufnähers „Schwerter zu Pflugscharen" in der Öffentlichkeit, in Schulen und Betrieben – z. T. mit disziplinären Maßnahmen und Ordnungsstrafen – unterbunden. Die → **Freie Deutsche Jugend (FDJ)** leitete eine Kampagne „Der Frieden muß bewaffnet sein" ein und setzte bei zahlreichen Demonstrationen der Losung „Frieden schaffen ohne Waffen" die These „Frieden schaffen gegen NATO-Waffen" entgegen. Zum anderen verdeutlichte Kurt Hager, Mitglied des Politbüros der SED, das Interesse der SED an einer Integration der neuen F. In einer Rede vor dem → **Kulturbund der DDR (KB)** leugnete er die Existenz einer tiefen Kluft „zwischen uns und pazifistischen Friedensbestrebungen" und erklärte: „In der F. vereinen sich Marxisten, Christen und Pazifisten" (ND 21. 6. 1982).
Der Friedensrat der DDR verfügt jedoch nicht über ein entfaltetes Organisationssystem und kann schon aus organisatorischen Gründen kaum eine Einbindung der neuen F. leisten. Ferner gehören ihm zwar einige Theologen, nicht jedoch die Kirchen an. Bedeutsamer ist jedoch die entgegen den Aussagen von Kurt Hager unveränderte politische Position der SED. Danach bemüht sich der Friedensrat „zu Recht" darum, „die F. bei uns in unlösbarem Zusammenhang mit der allseitigen Stärkung der DDR" zu gestalten (Erich Honecker; ND 2. 9. 1982). Bereits der X. Parteitag der SED (1981) hatte von der Wesensgleichheit von Sozialismus und Frieden gesprochen und damit die eigene militärische Stärkung friedenspolitisch gerechtfertigt sowie dem → **Pazifismus** der neuen F. keinen Entfaltungsraum gelassen.
In dieser Lage haben sich Sprecher der evangelischen Kirchen in der DDR 1982 mehrfach von dem Begriff F. zur Bezeichnung der kirchlich oder von Basisgruppen in kirchlichem Zusammenhang betriebenen Friedensarbeit distanziert. Friedensarbeit soll sich zwar nicht verselbständigen und damit unter den Verdacht der systemwidrigen Selbstorganisation oder Opposition geraten, sie soll aber ebensowenig auf die bloß religiöse Motivation zur Eingliederung in die offizielle F. reduziert werden. Unter Berufung auf Zusagen Erich Honeckers vom 6. 3. 1978 und anderer Repräsentanten der SED und des Staates sieht die Kirche vielmehr in einer eigenständigen – und nicht nur eigenmotivierten – Friedensarbeit eine unverzichtbare Dimension ihrer gesamten Wirksamkeit, einen zentralen Bereich der freien Religionsausübung.
Die ev. Friedensarbeit in der DDR zeigt im übrigen eine deutliche Tendenz zum sog. Atompazifismus. 1982 formulierten die Vertreter des Kirchenbundes in der DDR und der EKD in einem gemeinsamen Arbeitsbericht über zuvor geführte Konsultationen: „Kein Ziel oder Wert kann heute die Auslösung eines Krieges rechtfertigen. Die Abwendung des Krieges ist Voraussetzung für die Verwirklichung von Menschenrechten, von Freiheit und Gerechtigkeit" (epd 18. 8. 1982). In den Zielen (→ **Friedliche Koexistenz**, europäische Friedensordnung auf der Grundlage der KSZE-Schlußakte von Helsinki, nukleare Abrüstung) stimmt die Kirche mit der DDR-Führung überein. Sie tritt jedoch für einen stärkeren Beitrag der DDR und der anderen sozialistischen Staaten zur Vertrauensbildung und zur Entwicklung der Friedensfähigkeit der eigenen Gesellschaft ein und wendet sich, wie die Bundessynode im September 1981 in Halle erklärte, gegen „Geist und Logik" des Abschreckungssystems, bei gleichzeitiger Absage an das Prinzip der „Gleichheit und gleichen Sicherheit" zugunsten des Gedankens der gemeinsamen Sicherheit. In diesem Zusammenhang kritisiert die kirchliche Friedensarbeit die zunehmende Militarisierung aller Lebensbereiche.

Friedensfahrt: Die „Internationale Radfernfahrt für den Frieden" wurde erstmals vom 1. bis 9. 5. 1948 auf der 1104 km langen Strecke Prag–Warschau und vom 1. bis 5. 5. 1948 auf einem 872 km langen Gegenkurs Warschau–Prag durchgeführt. Seit 1952 steht die mit großem propagandistischem Aufwand „im Sinne der Weltfriedensbewegung" (F.-Statut) veranstaltete Fernfahrt unter der Schirmherrschaft der 3 Parteizeitungen „Rudé Pravo" (ČSSR), „Trybuna Ludu" (Polen) und „Neues Deutschland" (DDR). Start und Ziel wechseln seither jeweils zwischen Warschau, Berlin (Ost) und Prag (Streckenführung 1952). Auf Protest des Tschechoslowakischen Radsportverbandes wegen der Okkupation der ČSSR durch Truppen des Warschauer Paktes fand die F. 1969 nur zwischen Warschau und Berlin (Ost) statt. Die für die Nichtbeteiligung der ČSSR verantwortlichen Funktionäre wurden nach dem Sturz Dubceks aus den Sportorganisationen der ČSSR ausgeschlossen.
Die jeweils über die Distanz von 1800 bis 1900 km führende Etappenfahrt gilt als das schwierigste Straßenrennen des Amateurradsports und wird trotz seiner

starken politischen Akzente auch von zahlreichen Radsportverbänden aus nichtsozialistischen Ländern beschickt. Die meisten Siege errangen seit 1948 in der Mannschaftswertung die UdSSR (17), die DDR (8) und Polen (7), in der Einzelwertung die UdSSR (9) und die DDR (8). 1984 belegte die erstmals wieder seit 1977 startende bundesdeutsche Mannschaft von 18 teilnehmenden Mannschaften Rang sieben.

Friedensgefährdung: Der Alliierte Kontrollrat hatte in Art. III A III der Direktive 38 vom 12. 10. 1946 einen Straftatbestand gegen denjenigen aufgestellt, der „nach dem 8. 5. 1945 durch Propaganda für den Nationalsozialismus oder Militarismus oder durch Erfindung oder Verbreitung tendenziöser Gerüchte den Frieden des deutschen Volkes oder den Frieden der Welt gefährdet hat oder möglicherweise noch gefährdet". In der strafrechtlichen Praxis der DDR-Justiz spielte diese Bestimmung bei der Verfolgung tatsächlicher oder angeblicher Gegner des politischen Systems eine große Rolle. Durch Beschluß des sowjetischen Ministerrates vom 19. 9. 1955 verlor die Direktive 38 neben allen anderen Gesetzen, Direktiven und Befehlen des Kontrollrates ihre Gültigkeit auf dem Territorium der DDR. Bis zum 1. 2. 1958 fand auf als strafwürdig empfundene Sachverhalte Art. 6 der Verfassung von 1949 Anwendung, der die sog. **Boykott-, Kriegs- und Mordhetze** unter Strafe stellte. Danach traten die Vorschriften des Strafrechtsergänzungsgesetzes in Kraft (→ **Strafrecht**). Seit dem 1. 8. 1968 fallen friedensgefährdende Handlungen unter die → **Aggressionsverbrechen** im 1. Kapitel des Besonderen Teils des Strafgesetzbuches.
Neben diesen Strafbestimmungen galt bis zu seiner Aufhebung durch das 2. Strafrechtsergänzungsgesetz am 5. 5. 1977 das Gesetz zum Schutze des Friedens (**Friedensschutzgesetz**) vom 15. 12. 1950 (GBl., S. 1199) formell weiter, das jedoch gegenüber dem neuen StGB keine zusätzlichen Straftatbestände normierte. Das Gesetz wurde in der strafrechtlichen Praxis nur sehr selten angewendet. Es behielt zunächst neben dem Strafgesetzbuch seine Geltung, weil es „von historischer Bedeutung ist und eine wesentliche Aussage über die Grundhaltung des ersten deutschen Friedensstaates in sich birgt" (Neue Justiz, H. 6, 1967, S. 172).

Friedensrat der DDR: Repräsentant und leitendes Organ der offiziellen, d. h. partei- und regierungsnahen → **Friedensbewegung** in der DDR. Der F. erhebt den Anspruch, die gesamte, die „einheitliche" Friedensbewegung in der DDR zu vertreten. Tatsächlich hat er aber mit der partei- und regierungsunabhängigen, insbesondere von den evangelischen → **Kirchen** getragenen, Friedensbewegung nichts gemein. Im Mai 1949 – nach der Bildung eines Ständigen Komitees des Weltfriedenskongresses im April 1949 in Paris und Prag – konstituierte sich in Berlin (Ost) ein Deutsches Komitee der Kämpfer für den Frieden. Dieses Organ der Friedensbewegung in der DDR wurde im folgenden mehrfach umbenannt: im Dezember 1950 in Deutsches Friedenskomitee, im Januar 1953 in Deutscher F., im Juni 1963 in F. der DDR. Die Mitglieder des F. sind Vertreter des öffentlichen Lebens sowie aller → **Parteien** und → **Massenorganisationen** in der DDR. Präsident ist Prof. Dr. Günther Drefahl, 1. Vizepräsident und Generalsekretär Werner Rümpel (1984). Proklamierte Ziele des F. sind u. a. die → **Friedliche Koexistenz** zwischen Staaten unterschiedlicher gesellschaftlicher und staatlicher Ordnung; der Verzicht auf Androhung und Anwendung von Gewalt zur Lösung von Konflikten; absolutes Verbot des Einsatzes von Massenvernichtungsmitteln; weltweite → **Abrüstung**. Der F. unterstützt die nationalen Befreiungskämpfe in der Dritten Welt. Er tritt ein für nationale Unabhängigkeit jener Staaten und für Solidarisierung mit allen Bewegungen und Aktionen, die dem Kampf gegen Kolonialismus und Rassismus gelten. Der F. ist Mitglied des → **Weltfriedensrates** und seiner ständigen Organe, er unterstützt dessen Programme und Aktivitäten.

Friedensvertrag: Da seit Beendigung des II. Weltkrieges das Deutsche Reich zwar als Völkerrechtssubjekt fortbesteht, aber mangels zentraler Organe, d. h. ohne eine effektive oberste Staatsgewalt, nicht handlungsfähig ist, konnte schon aus diesem Grunde ein F. bisher nicht verhandelt werden. Nach herrschender westlicher Völkerrechtslehre blieben und bleiben damit – auch nach Eintritt eines faktischen Friedenszustandes zwischen Deutschland und den Alliierten nach 1945 – die territorialen und politischen Fragen in bezug auf Deutschland als Ganzes, insbesondere seines Gebietes, ungeregelt, d. h. unter diesem Aspekt ist die deutsche Frage solange offen, wie kein F. zwischen Deutschland und seinen ehemaligen Kriegsgegnern abgeschlossen worden ist. Weder die Niederwerfung (debellatio) noch die bedingungslose Kapitulation und die kriegerische Besetzung (occupatio bellica) Deutschlands konnten zunächst im völkerrechtlichen Sinne, d. h. z. B. im Rahmen eines F., den Kriegszustand beenden; dies geschah erst am 9. 7. bzw. 19. 10. 1951, als die 3 Westmächte einseitig den Kriegszustand mit Deutschland für beendet erklärten. Eine ähnliche Erklärung erfolgte am 25. 1. 1955 durch den Obersten Sowjet der UdSSR. In diesen Erklärungen ist jedoch kein Ersatz für einen F. zu erblicken, da mit ihnen nur ein Teil der in einem F. zu regelnden Fragen gelöst wurde. Aufgrund der Spaltung Deutschlands kam es nicht mehr zur Rekonstituierung einer obersten Staatsgewalt in Deutschland, die nach westlicher Auffassung allein dazu berechtigt wäre, im Auftrag des ganzen deutschen Volkes einen F. mit den Alliierten auszuhandeln. Alle Regierungen der Bundesrepublik Deutschland haben daher aus Anlaß oder im Zusammenhang mit vertraglichen Regelungen, die Deutschland als Ganzes berühren, diesen Standpunkt in völkerrechtlich wirksamer Weise geltend gemacht.
Art. 7 Abs. 1 Satz 2 des Deutschlandvertrages vom 26. 5. 1952 i. d. F. vom 23. 10. 1954 bestimmt ausdrücklich, daß „die endgültige Festlegung der Grenzen Deutschlands" bis zu einer frei vereinbarten friedensvertraglichen Regelung für ganz Deutschland aufgeschoben werden muß. Art. 10 sieht die Überprüfung des Vertrages

u. a. „im Falle der Wiedervereinigung Deutschlands" vor. Beim Abschluß der Ostverträge ging die Bundesregierung in einer für die Vertragspartner erkennbaren Weise davon aus, daß sie nicht befugt sei, eine Verfügung über den rechtlichen Status Deutschlands im Sinne einer friedensvertraglichen Regelung zu treffen. Sie hat sich dabei auf die Gesamtverantwortung bezogen, welche die Vier Mächte für Deutschland als Ganzes tragen. Die 3 Westmächte haben auf diese gemeinsame Verantwortung auch in ihren Noten zum Moskauer (vom 12. 8. 1970) und zum Warschauer Vertrag (vom 7. 12. 1970) hingewiesen. Darüber hinaus hat anläßlich der Ratifizierung der Ostverträge die „Gemeinsame Entschließung von Bundestag und Bundesrat" (vom 10. 5. 1972) expressis verbis unterstrichen, daß „die Verträge eine friedensvertragliche Regelung nicht vorweg(nehmen) und keine Rechtsgrundlage für heute bestehende Grenzen (schaffen)".

Diese Entschließung ist der UdSSR und der VR Polen durch die Bundesregierung in völkerrechtserheblicher Weise notifiziert worden, ohne daß diese widersprochen hätten. Der Entschließungstext gehört damit zum Kontext der Verträge im Sinne von Art. 31 Abs. 2 der Wiener Vertragskonvention.

Die Haltung der DDR zur Frage des F. hat im Laufe der Zeit eine bestimmte Entwicklung erfahren. Die von der SED-Führung bis etwa 1963 erhobene Forderung nach Abschluß eines F. mit beiden deutschen Staaten traf auf den entschlossenen Widerstand aller Bundesregierungen und der Westmächte, nach deren Auffassung nur ein aus freien Wahlen hervorgegangener gesamtdeutscher Souverän zum Abschluß eines F. berechtigt gewesen wäre. Nach Chruschtschows Berlin-Ultimatum vom November 1958 (→ **Berlin**) drohte die Sowjetunion, von der DDR unterstützt, mit dem Abschluß eines Separat-F. allein mit der DDR, wenn der Westen seinen Standpunkt in der F.-Frage nicht ändere. Dies wurde von den Westmächten als ernste Drohung verstanden, da die Sowjets als Folge dieses Schrittes die Übergabe ihrer Kontrollbefugnisse auf den Zufahrtswegen nach Berlin (West) an die DDR ankündigten.

Seit 1965 ist die Forderung nach Abschluß eines F. aus dem politischen Sprachgebrauch der SED fast völlig verschwunden. Statt dessen wurde die Errichtung eines kollektiven Sicherheitssystems in Europa unter Beteiligung beider deutscher Staaten vorgeschlagen. Seit Unterzeichnung der Schlußakte der Konferenz über Sicherheit und Zusammenarbeit in Europa (KSZE) 1975 in Helsinki durch den Ersten Sekretär des ZK der SED, E. Honecker, bezeichnet die SED die Frage eines F. als „überholt" (→ **Außenpolitik; Deutschlandpolitik der SED; Frieden; Krieg**).

Friedliche Koexistenz: Auf Lenin zurückgeführter, erstmals von Stalin verwendeter und von dessen Nachfolgern in der UdSSR seit dem XX. Parteitag der → **Kommunistischen Partei der Sowjetunion (KPdSU)** 1956 zum „Grundprinzip sozialistischer → **Außenpolitik**" erhobener Grundsatz für „friedliches Nebeneinander und Zusammenarbeit von Staaten unterschiedlicher Gesellschaftsordnungen in der Epoche des Übergangs vom Kapitalismus zum Sozialismus".

FK. bedeutet sowohl Konfrontation als auch Kooperation. FK. als verbindliche außenpolitische Richtschnur aller sozialistischen Staaten sowjetischen Typs für deren Verhalten gegenüber den bürgerlichen Staaten gilt sowohl als „wichtige Form des Klassenkampfes" wie auch als „Prinzip der Zusammenarbeit auf zwischenstaatlicher Ebene". Insbesondere schließt FK. die ideologische Koexistenz aus: „Auf dem Gebiet der Ideologie jedoch kann es keine Kompromisse, keine Vermischung von sozialistischer und bürgerlicher Ideologie geben. Daher schließt die Politik der FK. die ideologische Auseinandersetzung ein." „Im Interesse der Bewahrung des Weltfriedens und der Gewährleistung der internationalen Sicherheit" sollen im übrigen „die Beziehungen der Staaten unterschiedlicher Gesellschaftsordnung auf der Grundlage der Anerkennung ihrer souveränen Gleichheit und territorialen Integrität, der Nichteinmischung in die inneren Angelegenheiten, der Unverletzlichkeit der Grenzen, der Entwicklung der Zusammenarbeit zum gegenseitigen Vorteil, der friedlichen Streitbeilegung und auf der Grundlage anderer demokratischer Prinzipien und Normen geregelt und gestaltet werden" (Wörterbuch der Außenpolitik und des Völkerrechts, Berlin [Ost] 1980, S. 201ff.).

Entsprechend der These des → **Marxismus-Leninismus**, nach der sich gegenwärtig weltweit der „Übergang vom Kapitalismus zum Sozialismus" vollziehe, ist mit der FK. auch keineswegs die Festschreibung der gegenwärtigen Machtverhältnisse im internationalen Feld verbunden. Erich Honecker sagte dazu auf dem IX. Parteitag der SED (1976): „Friedliche Koexistenz bedeutet . . . niemals Klassenfrieden zwischen Ausbeutern und Ausgebeuteten. Friedliche Koexistenz bedeutet weder die Aufrechterhaltung des sozialökonomischen Status quo noch eine ideologische Koexistenz." Der Politik der FK. liegt die Beurteilung zugrunde, „daß der Aufbau der sozialistischen Gesellschaftsordnung, die Entfaltung des revolutionären Weltprozesses in seiner Gesamtheit durch die Bewahrung des Friedens und die Gewährleistung der internationalen Sicherheit die günstigsten internationalen Bedingungen erhält" (a. a. O., S. 202). Die FK. soll demnach günstige Voraussetzungen für den Sieg der sozialistischen Revolution auch in den nichtsozialistischen Ländern schaffen.

Als Ausdruck einer auf FK. gerichteten Außenpolitik gelten u. a. die Verträge der Bundesrepublik Deutschland mit der UdSSR, mit Polen, mit der ČSSR und der DDR, das Viermächte-Abkommen über Berlin sowie die Konferenz über Sicherheit und Zusammenarbeit in Helsinki 1975.

Die Doppelgesichtigkeit des Begriffs FK., der sowohl Elemente der Konfrontation als auch der Kooperation enthält, macht es möglich, entsprechend der jeweiligen internationalen Situation und der für ihre Bewältigung notwendigen Strategie und Taktik den einen oder anderen Aspekt in der politischen Auseinandersetzung stärker zu betonen oder herunterzustufen. Die Vieldeutigkeit des Begriffs FK. eröffnet demnach die Möglichkeit, ihn jeweils neu auszudeuten; nicht zuletzt in diesem Umstand liegt sein Nutzen. In den 70er Jahren erfuhr der Kooperationsaspekt der FK. im sozialistischen Lager eine Aufwertung. Ob und inwieweit sich dieser für die internationale Entspannung bedeutsame Trend aufrechterhalten läßt, hängt nicht zuletzt von der Entwicklung der angesichts der Konflikte in Afghanistan, Polen, Nah- und Mittelost generell und der beiderseitigen Rüstungsanstrengungen schwierig gewordenen Beziehungen zwischen Ost und West ab. → **Abrüstung; Deutschlandpolitik der SED.**

Friedrich-Schiller-Universität Jena: Die U. wurde am 15. 8. 1557 gegründet. Ihren gegenwärtigen Namen erhielt sie am 10. 11. 1934. Sie wurde am 15. 10. 1945 wiedereröffnet. Die U. war von den 6 „klassischen" U. am stärksten von der 3. Hochschulreform betroffen. Nach 1967 sollte „das gesamte Wissenschaftspotential" auf die Bedürfnisse eines einzigen Industriezweiges, des als zukunftsträchtig angesehenen wissenschaftlichen Gerätebaus (vor allem des VEB Carl Zeiss Jena) konzentriert werden. Es wurden seinerzeit eigens Sektionen (Physik, Chemie, Technologie) für den wissenschaftlichen Gerätebau eingerichtet. Diese einseitige Ausrichtung, die die Strukturreform von 1968/69 bestimmt hatte, ist nach 1971 wieder zurückgenommen worden. Gegenwärtig bestehen 17 Sektionen (Altertumswissenschaft; Biologie; Chemie; Erziehungswissenschaft; Geschichte; Literatur- und Kunstwissenschaft; Marxismus-Leninismus; Mathematik; Marxistisch-leninistische Philosophie; Physik; Psychologie; Sportwissenschaft; Sprachwissenschaft; Staats- und Rechtswissenschaft; Technologie; Theologie; Wirtschaftswissenschaften) sowie der Bereich Medizin mit 30 Kliniken, Instituten, Abteilungen und einer angegliederten Fachschule.
Die etwa 5500 Studenten (darunter etwa 150 Ausländer) werden in 25 Fachrichtungen ausgebildet. Ihnen stehen 10 Wohnheime und eine Reihe kultureller und sozialer Einrichtungen der U. zur Verfügung. Eine eindeutige Schwerpunktsetzung in der Forschung ist nicht mehr erkennbar, es bestehen aber nach wie vor enge kooperative Beziehungen zum Industriezweig wissenschaftlicher Gerätebau. Mit 9 Universitäten im RGW und 12 wissenschaftlichen Einrichtungen in den sozialistischen Ländern und im westlichen Ausland bestehen Freundschafts- bzw. Kooperationsverträge. Lehr- und Forschungsergebnisse werden in einer „Wissenschaftlichen Zeitschrift" der U. publiziert, die seit 1951 erscheint. Ferner erscheinen: „Jenaer Reden und Schriften", „Wissenschaftliche Beiträge", „Jenaer Beiträge zur Parteiengeschichte" u. a. → **Universitäten und Hochschulen.**

Funktionalismus: Ein gegen den Historismus des späten 19. Jahrhunderts (Klassizismus, Neorenaissance, Neugotik u. a.) gerichtetes Gestaltungsprinzip der → **Architektur**, das vor allem die Berücksichtigung des Zwecks bei der Gestaltung von Gebäuden und den Verzicht auf zweckfremde Formung verlangt („form follows function", L. H. Sullivan). Die Schönheit eines Gegenstandes liegt danach in der Gestaltung seiner Zweckmäßigkeit.
In der DDR wird der F. einerseits als Fortschritt gegenüber der historisierenden Architektur angesehen, besonders was das Bemühen um die Anwendung neuer Bautechnologien, Baumaterialien und industriemäßiger Produktionsweisen anbetrifft. Kritisiert wird der F. wegen seiner Tendenz zum Technizismus und zur Reduzierung der gestalterischen Mittel auf bloße Nützlichkeit (Utilitarismus). Die Funktion eines Gebäudes werde überbetont, hierdurch die Form vom Gebrauchsprozeß getrennt bzw. der Gebrauchswert von der gesellschaftlichen Lebensweise der Menschen.
Die Architektur der DDR bemüht sich um einen F., der davon ausgeht, daß die Funktion der primäre Aspekt bei der Gestaltung sein muß, der neue Techniken und Materialien möglichst rationell einsetzt, der jedoch darüber hinaus die Funktion in einem umfassenderen (gesellschaftlichen) Sinn realisieren will: nicht mehr nur in der Organisation eines Bauwerkes auf seinen (Selbst-) Zweck hin, sondern in der Integration des Zwecks in das Leben der Gesellschaft.
Die Einschätzung des F. war in der DDR einem Wandel unterworfen und ist auch heute nicht einheitlich. Die anfangs nahezu ausschließlich negative Bewertung des F. (unhistorisch, kosmopolitisch, mechanistisch, inhuman) hat sich im Verlauf der Zeit modifiziert. Während Walter Ulbricht 1951 in seiner programmatischen Rede zur Eröffnung der → **Bauakademie der DDR** vom F. als der „Negierung der Kunst im Bauwesen überhaupt" sprach, ist heute der Bauhausstil rehabilitiert. Das Bauhaus in Dessau wurde 1976 rekonstruiert und ist seitdem der Öffentlichkeit anläßlich von Ausstellungen zugänglich. Die Neubesinnung der DDR-Architekten um die Mitte der 60er Jahre war vom F. geprägt, wenngleich ständig vor einer Verabsolutierung funktionellen Bauens gewarnt wird. Dies erweist sich nicht zuletzt deshalb als notwendig, weil durch die Typenprojektierung des industriellen Bauens in der DDR der F. der → **Architekten** nicht selten in Monotonie abgleitet. Als Gegenbewegung hierzu gibt es in der Architekturpraxis der DDR immer wieder Beispiele für nicht-funktionales Bauen vom Zuckerbäcker-Stil bis zur Zeichen-Architektur (→ **Städtebau**).
Die in den westlichen Ländern gegenwärtig unter dem Stichwort „Postmoderne" geführte Diskussion über die Abkehr vom anspruchslosen Zweckbau wird in der DDR nur zögernd aufgegriffen. Dabei wird der *Postmodernismus* zwar als eklektizistische Stilsuche und Generalangriff auf die Moderne (sprich F.) theoretisch abgelehnt. Gleichzeitig ist in der Praxis das Bemühen jedoch unverkennbar, gegen die Eintönigkeit des modernen Bauens „historische Werte" neu zu beleben. Dies hat z. B. im Zusammenhang mit den Rekonstruktionsvorhaben Platz der Akademie und Nicolai-Kirche in Berlin zu dem Vorwurf des Neo-Historismus in der DDR-Architektur geführt. Der Kern der Kritik besagt, durch das nichtfunktionale Anknüpfen an historische Formen werde ein memorialer Bezug zu einer vergangenen und überlebten Wertewelt hergestellt.

Funktionär: Bezeichnung für haupt- oder ehrenamtliche Mitarbeiter bzw. Beauftragte in → **Parteien,** → **Massenorganisationen** bzw. gesellschaftlichen Organisationen sowie im Staats- und Wirtschaftsapparat. F. erlangen ihre Positionen in der Regel durch Wahl bzw. Berufung. → **Kaderpolitik; Staatsfunktionär.**

Funkwesen: Forschung, Entwicklung und Leitung des Betriebes und der Technik des Rundfunk- und Fernsehwesens ist Angelegenheit der Deutschen Post. Für die Sende-, Übertragungs- und Studiotechnik ist der 1956 im Ministerium für Post- und Fernmeldewesen gebildete Bereich Rundfunk und Fernsehen verantwortlich. Es wurde ein leistungsstarkes Rundfunk-Sendernetz, insbesondere im UKW-Bereich, entwickelt.

Für das Errichten und Betreiben von Rundfunkempfangsanlagen, worunter Anlagen sowohl für den Hör-Rundfunk als auch für den Fernseh-Rundfunk zu verstehen sind, gilt die Rundfunkordnung vom 1. 1. 1977 (GBl. I, S. 14ff.). → **Post- und Fernmeldewesen.**

G

Gartenbau: *1. Überblick.* Der G. in der DDR ist ein Wirtschaftszweig der → **Land-** und → **Nahrungsgüterwirtschaft** mit den Produktionsrichtungen Gemüse- und Obstbau, Zierpflanzenbau, Anbau von Sonderkulturen, Gemüse- und Blumensamenbau, Baumschulen und Landschaftsgärtnerei. Die gegenwärtige Entwicklung des G. ist durch den weiteren Ausbau von Großproduktionsanlagen in sämtlichen Produktionsrichtungen gekennzeichnet. Z. Z. bestehen jedoch noch Betriebe bzw. Betriebsteile sehr unterschiedlicher Größe. Träger der Produktion sind die G.-Brigaden der LPG und VEG (→ **Landwirtschaftliche Betriebsformen**), die **Gärtnerischen Produktionsgenossenschaften (GPG)**, die Volkseigenen Gartenbaubetriebe und der → **Verband der Kleingärtner, Siedler und Kleintierzüchter (VKSK)**. Vorrangige Aufgabe des G. ist die Versorgung der Bevölkerung mit Gemüse und Obst.

Im Durchschnitt der Jahre 1979–1982 wurden nach Angaben der DDR pro Kopf und Jahr 68,2 kg Obst (einschl. 14,1 kg Südfrüchte) sowie 95,1 kg Gemüse verzehrt. Diese Angaben werden durch die Produktions- und Einfuhrstatistik nicht bestätigt. Das Marktaufkommen aus eigener Erzeugung betrug 1979–1983 durchschnittlich 600000 t Obst (35,6 kg pro Kopf) und 1,3 Mill. t Gemüse (78 kg pro Kopf). Das Marktaufkommen soll bis 1985 auf 0,61 Mill. t Obst und 1,34 Mill. t Gemüse angehoben werden. Gegenwärtig werden jährlich ca. 106000 t Obst, 212000 t Südfrüchte und ca. 90100 t Gemüse (ohne Konserven und Säfte) importiert. Die Obst- und Gemüseimporte stammen zu über 85 v. H. aus den RGW-Staaten. Auch in Zukunft wird die DDR auf umfangreiche Importe angewiesen sein.

Die zunehmende Übertragung der Produktion auf Großbetriebe hat zur Folge, daß der Anbau insbesondere der arbeitsaufwendigen Kulturen (Feingemüse, Beerenobst usw.) zurückgegangen ist. Seit 1970 werden infolgedessen die im VKSK zusammengeschlossenen Kleingärtner und Siedler (1983: 1,2 Mill. Mitglieder) zur Obst- und Gemüseerzeugung für den Markt herangezogen. Diese Marktbelieferung erreichte 1983 mit 191500 t Obst rd. 23,4 v. H. des gesamten Marktaufkommens. Am Gemüseaufkommen sind die Kleingärtner und Siedler mit durchschnittlich 9,6 v. H. (1983 mit 170670 t = 12,9 v. H.) beteiligt. Ihre Leistungen sollen künftig vor allem bei Obst und einigen Gemüsesorten erhöht werden.

2. Obstbau. Die Entwicklung der Obstproduktion verlief zeitweise wenig befriedigend. Die Einrichtung spezialisierter landwirtschaftlicher Großbetriebe führte zur Vernachlässigung der nicht veränderbaren, d. h. nicht konzentrierbaren Obstflächen. Die Obstanbaufläche ging bis 1975 zurück. Seit dieser Zeit wird angestrebt, die Anbaufläche um rd. 30000 ha zu erweitern, die in 5 geschlossenen Anbaugebieten eingerichtet werden sollen. Die jährlichen Zuwächse an Pflanzleistungen betragen z. Z. 3500–4300 ha. Durch die gleichzeitige Beseitigung überalterter Anlagen und durch Betriebszusammenlegungen wurde erreicht, daß 1981 bereits 65 v. H. der gewerblichen Obstanbaufläche in Betrieben mit mehr als 100 ha Obstanbau konzentiert waren. Die von den Landwirtschafts- und G.-Betrieben bewirtschaftete Fläche umfaßte 1981 rd. 59000 ha (Anteil der Erdbeeren rd. 5000 ha), von denen rd. 25 v. H. bewässert werden können. Trotz des Intensivierungsprogramms entsprechen die Ertragsleistungen nicht den Erwartungen. So wird bei Äpfeln (rd. 70 v. H. der Obstanbaufläche) eine durchschnittliche Marktleistung von nur 6 t/ha erreicht. Auch die Erträge der Spezialbetriebe bleiben mit 12 t/ha bei Äpfeln erheblich hinter dem Ziel (15–17 t/ha) zurück.

Neben der angestrebten Intensivierung hat die Einrichtung der Großanlagen arbeitswirtschaftliche und pflanzenpathologische Vorzüge. Zur Senkung des Arbeitsaufwandes werden Baumpflanzmaschinen, Pflück- bzw. Erntemaschinen sowie Baumschnittgeräte entwickelt und eingesetzt.

3. Gemüseanbau. Der Gemüsebau findet in Form der Freilandproduktion (ca. 62000 ha LN) und in den Haus- und Kleingärten statt (ca. 43000 ha LN), die jedoch auch dem Zierpflanzenbau und dem Obstbau usw. dienen. In gleicher Weise werden 700 ha Gewächshauswirtschaften nur zu ca. 45 v. H. für die Produktion von Treibgemüse herangezogen, während der größere Anteil zur Anzucht von Pflanzen bzw. zur Blumenerzeugung dient. Die Saat- und Pflanzguterzeugung umfaßt z. Z. ein Produktionsprogramm von 216 Gemüse- und 800 Blumensorten auf ca. 11500 ha und ist ein traditioneller Exportzweig der DDR.

Das Sortiment umfaßte 1983 etwa 50 Gemüsearten in rd. 180 verschiedenen Sorten. Erzeugt werden vor allem Weißkohl, Möhren, Rotkohl und Pflückerbsen. Wie im Obstbau soll der bisher auf Selbstversorgung innerhalb der Bezirke ausgerichtete Gemüsebau künftig auf die Versorgungszentren oder – sofern spezielle Standortansprüche bestehen – auf die günstigsten natürlichen Standorte konzentriert werden. Die Neuerrichtung von Unterglasflächen (Anlagen mit mehreren ha Größe, die von Traktoren und Lkw befahren werden können) orientiert sich ausschließlich auf die Siedlungszentren. Die günstigsten Gebiete für den Freilandbau liegen um Halle, Dresden und Magdeburg sowie bei Potsdam, im Oderbruch, um Erfurt und Quedlinburg. Im Gegensatz zum Obstbau konnte die Gemüseanbaufläche 1983 zu etwa 90 v. H. bewässert werden, so daß eine im Durchschnitt ausreichende Versorgung gewährleistet war.

Die Konzentration des Obst- und Gemüseanbaus in Großbetrieben erfordert die horizontale Zusammenarbeit mehrerer Betriebe (GPG, LPG oder VEG) in

kooperativen Abteilungen der Gemüse- und Obstproduktion, die in den ausgewiesenen Anbaugebieten gemeinsam mit den Kühl- und Lagereinrichtungen, den Verarbeitungs- und Handelsbetrieben zu vertikal organisierten → **Kooperationsverbänden (KOV)** zusammengeschlossen sind (→ **Kooperation in der Landwirtschaft**).
Die Vermarktung für Frischobst und Gemüse obliegt der Wirtschaftsvereinigung Obst, Gemüse und Speisekartoffeln, die seit dem 1. 4. 1973 nicht mehr dem Verband der → **Konsumgenossenschaften**, sondern dem → **Ministerium für Handel und Versorgung** (→ **Binnenhandel**) unterstellt ist. Die der Wirtschaftsvereinigung angeschlossenen Betriebe sind gehalten, mit den Erzeugerbetrieben feste Vertragsbeziehungen einzugehen, die im voraus das Sortiment, die Menge und den Zeitpunkt der Lieferungen festlegen. Die Handels- und Verarbeitungsbetriebe sind verpflichtet, Überproduktionen abzunehmen. Auf diese Weise soll versucht werden, die bisherigen Mängel der Vermarktung zu vermeiden.
4. Sonderkulturen. Sonderkulturen werden in der DDR in beträchtlichem Umfang angebaut. Unter ihnen nimmt der Anbau der *Gewürz- und Heilpflanzen* mit 5800 ha die erste Stelle ein. Der Anbau ist in 45 Landwirtschaftsbetrieben, von denen 10 auf rd. 300 ha LN Arznei- und Gewürzdrogen anbauen, in den Bezirken Halle, Magdeburg, Erfurt und Potsdam konzentriert. Insgesamt werden jährlich von ca. 100 verschiedenen Pflanzenarten rd. 10000 t Kräuter und Drogen erzeugt. Für die Anbauplanung ist das Staatliche Drogenkontor in Leipzig verantwortlich. Der Ankauf der angebauten und der von der Bevölkerung gesammelten Pflanzen erfolgt über den VEB Drogenhof Gera, der in anderen Bezirken über 200 Annahme- und Beratungsstellen unterhält (→ **Arzneimittelversorgung**).
Die *Tabakanbaufläche* der DDR stagniert seit Jahren bei etwa 3500 ha; 1984 soll sie auf 3700 ha erweitert werden. Die Produktion deckt den Bedarf zu etwa 30 v. H. Durch Technisierung sollen der hohe Handarbeitsaufwand gesenkt und der Tabakanbau erneut ausgedehnt werden.
In gleicher Weise soll der erst 1950 in die Produktion aufgenommene *Hopfenbau* von z. Z. 2200 ha geringfügig ausgedehnt werden. Am Anbau sind Betriebe in den Bezirken Erfurt, Magdeburg, Halle, Leipzig und Dresden beteiligt, die in Anbau, Forschung und Beratung durch den VEB Hopfen und Malz in Leipzig betreut werden. Mit Durchschnittserträgen von 14 dz/ha LN können z. Z. 60 v. H. des Bedarfs gedeckt werden. Durch die Anbauausdehnung soll die Selbstversorgung langfristig erhöht werden.
Flächenmäßig ist der *Weinbau* mit ca. 700 ha Rebfläche unerheblich. Bei einem durchschnittlichen Pro-Kopf-Verbrauch von ca. 10 l/Kopf und Jahr konnte mit einer Erzeugung von ca. 15000 hl der Bedarf zu ca. 1 v. H. gedeckt werden. Annähernd 1,8 Mill. hl werden jährlich aus Bulgarien, Rumänien, Ungarn und der Sowjetunion, in kleinen Partien auch aus Jugoslawien, Frankreich, Algerien, Österreich und der Bundesrepublik Deutschland eingeführt. Der Anbau erfolgt in GPG bzw. LPG, die in Winzergenossenschaften zusammengeschlossen sind bzw. in VEG. Er ist aufgrund der hohen Standortansprüche auf die Räume Freyburg/Unstrut (Winzergenossenschaft Freyburg, 400 Mitglieder, 410 ha Rebfläche) und Naumburg/Saale (VEB Bad Kösen, 90 ha) sowie auf das Elbtal (Winzergenossenschaft Meißen, rd. 120 ha und VEB Radebeul, rd. 80 ha) zwischen Meißen und Dresden beschränkt. Die Anbaufläche soll bis 1985 um rd. 200 ha ausgedehnt werden. Flächenmäßig ebenso unbedeutend ist der Anbau von Schnittblumen mit rd. 3000 ha Freiland (1983) sowie rd. 530 ha (1983) bzw. 560 ha (1983) unter Glas bzw. Folien.
5. G.-Forschung. An der G.-Forschung sind u. a. folgende Institute der Akademie der Landwirtschaftswissenschaften der DDR (AdL) (→ **Agrarwissenschaften**) beteiligt:
Institut für Gemüseproduktion in Großbeeren bei Berlin,
Institut für Obstforschung in Dresden-Pillnitz mit Außenstelle in Borthen,
Institut für Pflanzenschutzforschung in Kleinmachnow bei Berlin,
Institut für Züchtungsforschung in Quedlinburg (Abt. Naumburg).
Außerdem bestehen an der Humboldt-Universität Berlin (Ost) Forschungsbereiche für Zierpflanzenproduktion, Bodenfruchtbarkeit und Technik. An der Überführung der Ergebnisse in die Praxis wirken mit:
die Zentralstelle für Sortenwesen in Nossen (Sachsen) und in Marquardt/Potsdam, der VEB Saatzucht Zierpflanzen mit 4 Betriebsteilen (Barth bei Stralsund, Dresden, Quedlinburg und Weixdorf bei Dresden) und das VEG Saatzucht Baumschulen Dresden mit 11 Betriebsteilen (Dresden-Tolkewitz, Ketzin, Berlin-Baumschulenweg, Magdeburg, Weimar, Leipzig, Gotha, Frankfurt/Oder, Leutersdorf, Blankenburg und Klein-Zetelvitz). Als jährliche Lehr- und Leistungsschau veranstaltet das → **Ministerium für Land-, Forst- und Nahrungsgüterwirtschaft (MfLFN)** seit 1961 die → **Internationale Gartenbauausstellung der DDR (iga) in Erfurt**.
Die gärtnerische Berufsausbildung entspricht dem landwirtschaftlichen Ausbildungswesen. Lehr- und Versuchsgüter der AdL bestehen in Großbeeren und Tornau-Püsendorf, eine Ingenieurschule für G. besteht in Werder (G.-Ingenieur). Die Hochschulausbildung findet an der Sektion G. der Humboldt-Universität Berlin (Ost) statt (Hochschulgartenbauingenieur) (→ **Berufsausbildung, Landwirtschaftliche**).

Gaskombinat Schwarze Pumpe (VEB GSP): Der größte Braunkohlenveredelungsbetrieb der DDR. Zu den Hauptaufgaben des Kombinats zählen die Produktion von Braunkohlenbriketts, Braunkohlenhochtemperaturkoks (BHT) und Stadtgas. Der VEB GSP ist Vertragspartner für den Import von Erdgas aus der UdSSR (→ **Energiewirtschaft**, II. E.); als Generalauftragnehmer leitete er den Bau des DDR-Abschnitts an der Erdgasleitung „Sojus“ (Orenburg – sowjetische Westgrenze). Insgesamt sind im VEB GSP 38000 Men-

schen beschäftigt, davon allein im gleichnamigen Stammbetrieb 14000. Der Stammbetrieb befindet sich in der Nähe von Hoyerswerda (Kreis Spremberg); sein Name ist von einem früher auf dem Gelände befindlichen Gasthaus übernommen worden.
Dem VEB GSP gehören neben dem Stammbetrieb u. a. an:
- Zentralwerkstätten im GSP,
- VEB Braunkohlenveredelung Lauchhammer,
- VEB Steinkohlenkokerei „August Bebel" Zwickau mit der Großgaserei Magdeburg, dem zweitgrößten Stadtgasproduzenten der DDR,
- VEB Projektierungs-, Konstruktions- und Montagebüro (PKM) Kohleverarbeitung Leipzig,
- VEB Ferngasleitungsbau Engelsdorf,
- VEB Verbundnetz Gas Berlin,
- Brennstoffinstitut Freiberg.

Das Kombinat verarbeitet jährlich rd. 70 Mill. t Braunkohle. An der DDR-Produktion ist es mit folgenden Anteilen beteiligt (Angaben für 1981):
- Stadtgas 87 v. H.
- Briketts 45 v. H.
- BHT-Koks 100 v. H.

Rohstoffgrundlage für das GSP ist das Niederlausitzer Revier (→ **Bergbau**), insbesondere die Großtagebaue von Welzow-Süd, Burghammer und Spreetal.
Mit dem Bau des Werkes Schwarze Pumpe wurde 1956 begonnen. Die 1. Ausbaustufe war 1961 fertiggestellt; sie umfaßte eine Brikettfabrik (3 Mill. t Jahresproduktion) und ein Kraftwerk (Kapazität zunächst 250 MW, später auf 1050 MW erweitert). Mit der Inbetriebnahme der Druckgaserzeugungsanlage (2. Ausbaustufe) im Jahre 1964 wurde Schwarze Pumpe zum größten Stadtgasproduzenten der DDR.
Die 3. Ausbaustufe wurde 1964/65 in Angriff genommen. Nach dem Vorbild der bereits im VEB Braunkohlenkombinat Lauchhammer arbeitenden Großkokerei wurde u. a. eine BHT-Kokerei errichtet. Der BHT-Koks ist für den Einsatz in der Metallurgie und in einigen Bereichen der chemischen Industrie geeignet. Damit wird vor allem die Abhängigkeit von der Einfuhr von Hüttenkoks gemindert (Einfuhr von Steinkohlenkoks 1965: 3,2 Mill. t, 1982: 2,0 Mill. t). Da die Braunkohle, im Gegensatz zur Steinkohle, nicht die Eigenschaft hat, beim Entgasungsprozeß zusammenzubacken, muß die zur BHT-Verkokung verwendete Kohle zunächst brikettiert werden. Nebenprodukte des Verkokungsprozesses sind Teer, Öle und Gas. Eine Aufbereitung des Gases ist erforderlich, da sein Heizwert von ca. 2800 kcal/m^3 nicht der Stadtgasqualität entspricht (4300 kcal/m^3).
Bereits 1968/69 wurde ein Kohledruckvergaser auf den Einsatz von schwerem Heizöl umgestellt. Das erzeugte Spaltgas dient als Mischkomponente bei der Stadtgasherstellung. Nachdem die DDR Anfang der 70er Jahre ihr Erdgasaufkommen durch Inlandsförderung und Importe deutlich erhöht hatte, konnte sie dazu übergehen, Erdgas auch zur Stadtgaserzeugung einzusetzen. Das in Salzwedel geförderte Erdgas wird durch eine Pipeline in das GSP transportiert. Somit werden im GSP folgende Gase zur Stadtgasmischung verwendet: Kohledruckvergasungsgas, Öldruckvergasungsgas, Entgasungsgas aus der BHT-Verkokung, Erdgas, Stickstoff, Flüssiggas und Spaltgas aus Erdgas.
Insgesamt stammen zwei Drittel der Stadtgaserzeugung der DDR aus dem Stammbetrieb des GSP.

Geburtenbeihilfen: Frauen erhalten bei der Geburt jedes Kindes eine Beihilfe in Höhe von 1000 Mark. Sie wird in Teilbeträgen von 150 (nach der 28. Schwangerschaftswoche), 750 (nach der Geburt) und viermal je 25 Mark in den ersten vier Monaten nach der Geburt dann gezahlt, wenn die Schwangere vor der Geburt in bestimmten Abständen die Schwangerenberatungsstelle und später die Wöchnerin mit dem Säugling die Mütterberatungsstelle aufsucht.
Der Erfolg dieser Maßnahme ist unter gesundheitspolitischem Aspekt beachtlich: 1982 lag die Säuglingssterblichkeit (im ersten Lebensjahr Gestorbene je tausend Lebendgeborene) mit 11,4 nur geringfügig über der im internationalen Standard ebenfalls niedrigen Kennziffer der Bundesrepublik Deutschland (10,9). → **Kinderbeihilfen; Kredit; Mutterschutz/Fürsorge für Mutter und Kind.**

Geldtheorie und Geldpolitik

I. Geld – Grundlage einer zweckmäßigen Wirtschaftsorganisation

Wie in allen auf Arbeitsteilung, Spezialisierung und Tauschhandel aufbauenden Wirtschaftsordnungen ist auch in der DDR das Geld ein unverzichtbarer Bestandteil der dort praktizierten sowjet-sozialistischen Zentralplanwirtschaft. Als Bewertungsmittel und Maßstab der Preise (→ **Preissystem und Preispolitik**) ist das Geld die Grundlage einzelwirtschaftlicher und gesamtwirtschaftlicher Wirtschaftsrechnungen und Effizienzmessungen. Die meisten Leistungsanforderungen, die den Planträgern (Betriebe, Kombinate) von den Wirtschaftsführungen diktiert werden, werden in Geldeinheiten ausgedrückt (Planziele in Wertgrößen). Durch Geldversprechungen (Geldprämien; → **Lohnformen und Lohnsystem**) wird die Leistungsbereitschaft der einzelnen Erwerbstätigen und die der Betriebsbelegschaften stimuliert. Mit Hilfe des Geldes kontrollieren die Betriebsleitungen und die Wirtschaftsverwaltungen Produktionsleistungen, wird die Entlohnung der Produzenten vorgenommen und die Verteilung des Volkseinkommens gemäß den staatlich fixierten Prioritäten organisiert. Nahezu der gesamte Leistungsaustausch zwischen den Wirtschaftseinheiten (Produktionsbetrieben, privaten Haushalten, Staatsorganen) wird mit Unterstützung des Geldes abgewickelt. Sämtliche Wirtschaftseinheiten legen einen Teil ihres disponiblen Umlaufvermögens (kurzfristig transformierbares Wirtschaftskapital) in monetären Aktiva an (Bargeldhorte, Kassenmittel, Bankguthaben).

II. Die Marxsche Voraussage über den Untergang des Geldes im Sozialismus/Kommunismus

Im Gegensatz zu dieser vielfältigen Nutzung des Geldes in der DDR und in den anderen sowjetsozialistischen Staaten hatten Marx und Engels prophezeit, daß das Geld in einer sozialistischen/kommunistischen Wirtschaftsordnung (→ **Periodisierung**) keine Existenzberechtigung mehr besitzen würde und untergehen werde. Nach der Errichtung kommunistischer → **Produktionsverhältnisse** könnten die Menschen ohne die Dienste des Geldes auskommen, da unter den dann gegebenen Produktionsbedingungen an die Stelle der „Warenproduktion" für zumeist anonyme Verbraucher eine gezielte Produktion für im voraus bekannte Bedürfnisse und Abnehmer treten würde. Außerdem garantiere die kommunistische → **Produktionsweise**, weil sie die kapitalistische „Ausbeutung" überwunden habe (→ **Wert- und Mehrwerttheorie**), eine derart hohe Produktivität, daß eine volle Bedarfsdeckung sämtlicher Bedarfsträger gesichert werden könne. Da in der neuen Wirtschaftsordnung alle individuelle Arbeit stets zugleich auch gesellschaftlich nützliche Arbeit sei, müsse ihre gesellschaftliche Anerkennung nicht mehr – wie in der kapitalistischen Warenwirtschaft – erst über eine Bewertung in Geld und durch einen Tauschakt auf dem Markt gesucht werden. Marx schreibt hierzu: „Das Geldkapital fällt bei gesellschaftlicher Produktion fort. Die Gesellschaft verteilt Arbeitskraft und Produktionsmittel in die verschiedenen Geschäftszweige. Die Produzenten mögen meinetwegen papierne Anweisungen erhalten, wofür sie den gesellschaftlichen Konsumtionsvorräten ein ihrer Arbeitszeit entsprechendes Quantum entziehen. Diese Anweisungen sind kein Geld. Sie zirkulieren nicht." (K. Marx, „Das Kapital", Bd. II, Berlin [Ost] 1961, S. 359f.; ferner: K. Marx, „Kritik des Gothaer Programms", in: K. Marx u. F. Engels, Ausgewählte Schriften in 2 Bänden, 2. Bd., Berlin [Ost] 1958, S. 15ff.; F. Engels, in: „Herrn Eugen Dührings Umwälzungen der Wissenschaft", Berlin [Ost] 1971, S. 264, 288)
Erste notwendige, jedoch keineswegs hinreichende Voraussetzungen, um eine derartige unmittelbare Bedarfsdeckungswirtschaft zu errichten, sind: a) die restlose Beseitigung des Privateigentums an den → **Produktionsmitteln**, damit die Planungszentrale der Gesellschaft die totale Verfügungsgewalt über alle ökonomischen Ressourcen erhält (→ **Eigentum**); b) die lückenlose „gesellschaftliche → **Planung**" aller ökonomischen Aktivitäten in der Volkswirtschaft. Dazu gehört u. a., daß alle wirtschaftlichen Unternehmungen der arbeitsteilig produzierenden Wirtschaftseinheiten (Produktionsinitiativen, Investitionsvorhaben, Rationalisierungsmaßnahmen usw.) ohne das Dazwischentreten des Marktes *ex ante*, also vor Beginn der folgenden Wirtschaftsperioden (Realisierungsetappen) fugenlos miteinander koordiniert werden müssen.
Selbst unter diesen Voraussetzungen bleibt noch eine Reihe von ökonomischen Grundproblemen bestehen, ohne deren Lösung es nicht möglich ist, eine zentralistisch gelenkte naturale Bedarfsdeckungswirtschaft aufzubauen. Zu diesen zählen vor allem: a) eine ausreichende Information der Wirtschafts- und Planbehörden über die Bedürfnisse der Konsumenten und Investoren, die Beschaffenheit der Produktionsfunktionen und die Menge der einsetzbaren Produktionsfaktoren; b) die Bewertung aller angemeldeten Bedürfnisse nach ihrer Dringlichkeit und die Aufstellung eines dementsprechenden volkswirtschaftlichen Prioritätenprogramms; c) die Stimulierung einer hohen Leistungsbereitschaft aller Werktätigen und deren Erziehung zu Produzenten, deren Verhalten im planbestimmten Arbeitsprozeß durch das ökonomische Prinzip bestimmt wird; d) eine umfassende und sachgerechte Kontrolle über die Erfüllung der im vorhinein festgelegten Leistungsanforderungen und Planziele; e) die Verbindung der Planerfüllungskontrolle mit einem System von erzieherisch wirkenden Sanktionen, damit Versuche, vom vollzugsverbindlichen Wirtschaftsplan abzuweichen oder den Arbeitseinsatz zu verringern, rechtzeitig unterbunden werden.
Um das Geld überflüssig zu machen, müssen die Planbehörden ferner sämtliche Produktionsziele bei Endprodukten *natural* planen (in Gramm, Tonnen, Hektolitern, Quadratmetern, Stück usw.). Entsprechend den jeweils gewünschten Produktionsmengen an Fertigwaren ist jeweils anhand der Produktions-

funktionen dieser Erzeugnisse ebenfalls in Naturaleinheiten zu berechnen, welche Mengen an Einsatzfaktoren zu ihrer Herstellung benötigt werden. Abschließend sind die Faktorenzuteilung auf die Produktionsorganisationen sowie die Bereitstellung der benötigten Verkehrsleistungen unter Verwendung naturaler Maßeinheiten zu planen und zu organisieren. – Um eine bedarfsgerechte, effiziente und in sich konsistente Wirtschaftsplanung aufzubauen, reicht jedoch eine stets aktualisierte Kenntnis der Wirtschaftsverwaltung über die jeweils gegebenen Produktionsbedingungen nicht aus. Diese muß vielmehr, um die Wohlfahrtsgewinne für die Gesellschaft abschätzen zu können, auch die Möglichkeiten und Risiken des technischen Fortschritts zutreffend im voraus beurteilen können, damit sie diese bei der Planung berücksichtigen kann.

Marx, Engels, Lenin waren und die heutigen Vertreter ihrer Lehre sind immer noch davon überzeugt, daß eine vollkommene Information der Planer, Produzenten und Investoren in hochindustrialisierten, vollentfalteten kommunistischen Volkswirtschaften erreichbar ist, ohne daß für die notwendige *Informationsvermittlung* Bar- und Giralgeld, Güterpreise, Tarife, Gebühren, Kredite, Zinsen, Rabatte, Skonti, Löhne, Abschreibungen, Geldsteuern u. a. monetäre Größen als *Informationsträger* benötigt werden. Dementsprechend heißt es in dem für die → **Kommunistische Partei der Sowjetunion (KPdSU)** und die → **Sozialistische Einheitspartei Deutschlands (SED)** seinerzeit gleichermaßen verbindlichen Lehrbuch: „Warenproduktion, Wertgesetz und Geld werden erst in den höheren Phasen des Kommunismus absterben. Um jedoch die Voraussetzungen für das Absterben der Warenproduktion und Warenzirkulation in der höheren Phase des Kommunismus zu schaffen, müssen in der Periode des Aufbaus der kommunistischen Gesellschaft das Wertgesetz und die Ware-Geld-Beziehungen entwickelt und ausgenutzt werden." (Politische Ökonomie. Lehrbuch, Berlin [Ost] 1960, S. 605)

Wie jedoch in der kommunistischen Praxis ein Informationssystem konstruiert sein müßte, damit es ergiebig und reibungsfrei arbeitet, und wie eine bedarfsorientierte naturale Volkswirtschaftsplanung und -lenkung organisiert sein soll, die eine allen anderen Wirtschaftsordnungen überlegene Effizienz und Konsistenz gewährleistet, dafür finden sich bei den Vertretern des → **Marxismus-Leninismus** (→ **Politische Ökonomie**) nur wenige und zudem fragmentarische Hinweise.

Allerdings haben sich diese Voraussagen aufgrund der bisherigen, bitteren geschichtlichen Erfahrungen bereits weitgehend als unzutreffend erwiesen. Ihre Verwirklichung wird nunmehr auf eine ferne „kommunistische" Zukunft verschoben; als konkretes, zeitbezogenes Wirtschaftsprogramm gilt statt dessen, daß für den Aufbau einer leistungsstarken sozialistischen Industriewirtschaft (materiell-technische Basis des Kommunismus) zunächst einmal die vielfältigen instrumentellen Vorzüge der Warenproduktion, der Wertrechnung, des Tauschhandels und des Geldes für eine effiziente Wirtschaftslenkung entwickelt und ausgenutzt werden müssen. Der sowjetische Geldtheoretiker Kronrod gibt hierfür folgende Begründung: „Die Grundfrage der Geldtheorie im Sozialismus ist . . . die Frage, weshalb die sozialistischen Produktionsverhältnisse notwendig in der dinglichen Geldform erscheinen, oder . . . welche spezifische objektive Ursache in den ökonomischen Beziehungen des Sozialismus die Notwendigkeit der Geldform bedingt . . . Marx und Engels waren der Meinung, daß mit dem Sieg des Sozialismus die Warenproduktion beseitigt würde . . . Für jede Warenproduktion, [also] auch für die auf dem gesellschaftlichen Eigentum beruhende Warenproduktion besonderer Art [im Sozialismus], ist die Darstellung des Produktes als Ware, die eine Verdoppelung der Warenwelt in Waren und Geld erfordert, ein objektives Gesetz . . . Historische Verhältnisse, die Marx und Engels nicht voraussehen konnten, bedingten die Ausnutzung der Ware-Geld-Form im Sozialismus." (J. A. Kronrod, Das Geld in der sozialistischen Gesellschaft. Theoretischer Grundriß, Berlin [Ost] 1963, S. 163, 181)

Weder in der Sowjetunion nach Überwindung der Wirren des Kriegskommunismus (Oktober 1917 bis März 1921) noch in der DDR nach 1949 sind Wirtschaftsordnungen errichtet worden, in denen durch Wirtschaftsbehörden vor Beginn jeder Wirtschaftsperiode die gesamte Produktion, die Verteilung und die Verwendung von Gütern und Dienstleistungen ausschließlich natural geplant worden sind. Abgesehen von einem in der Spätphase des Kriegskommunismus unternommenen Versuch der Bolschewiki, das Geld zu liquidieren und eine Naturalwirtschaft aufzubauen, der nach kurzer Zeit infolge des entstandenen Wirtschaftschaos abgebrochen werden mußte, sind sowohl die Volkswirtschaft der Sowjetunion als auch die der DDR als Geldwirtschaften konstruiert. In allen Zentralplanwirtschaften sowjetischen Typs werden vielmehr die Produktion und Verteilung nur für eine ausgewählte, zahlenmäßig stark begrenzte Gruppe von volkswirtschaftlich wichtigsten Erzeugnissen *natural* geplant (Planung von Aufkommen und Verteilung der bilanzierungspflichtigen Produkte in Material-, Ausrüstungs- und Konsumgüterbilanzen; → **Planung**, VI. B.). Diese höchst unvollkommene und begrenzte naturale Planung der Volkswirtschaft ist – neben anderen Gründen – dafür verantwortlich, daß die Zentralplanwirtschaften zur Ergänzung und Verbesserung ihrer naturalen Prozeßsteuerung eine Vielzahl von monetären Lenkungsinstrumenten einsetzen müssen.

Auch die seit Beginn der 60er Jahre in den europäischen Mitgliedsländern des → **Rates für Gegensei-**

tige Wirtschaftshilfe (RGW) durchgeführten „Reformen zur Rationalisierung des Wirtschaftsmechanismus" waren ausdrücklich darauf ausgerichtet, die Effizienzverluste einzudämmen oder zu beseitigen, die durch die starre, administrative Befehlswirtschaft mit ihren naturalwirtschaftlichen Lenkungsformen verursacht wurden. So sollte das Lenkungs- und Planungsinstrumentarium der Wirtschaftsführungen durch *Remonetarisierung* antriebsstärker, zielkonformer und leistungsfähiger gemacht werden (Einführung von monetären Regulatoren bzw. „Hebeln") (→ **Neues Ökonomisches System [NÖS]**).

III. Der Einfluß der Marxschen Geldlehre auf die Geldpolitik der sowjet-sozialistischen Staaten und die partielle Abkehr von ihren geldtheoretischen Aussagen

Obwohl sich die Prophezeiungen der Begründer des Marxismus-Leninismus nicht erfüllt haben, nach denen mit dem „Sieg der sozialistischen Produktionsverhältnisse" das Geld arbeitslos werden würde und daher abgeschafft werden könne, ist in allen sowjet-sozialistischen Staaten die Marxsche Geldlehre noch immer die Grundlage der Geldtheorie (Gt.) und Geldpolitik (Gp.). Allerdings besteht dabei eine der Merkwürdigkeiten der marxistisch-leninistischen Gt. und Gp. darin, daß ihr konkreter Inhalt nicht durch Merkmale geprägt wird, die nach Marx für ein sozialistisches/kommunistisches Gesellschafts- und Wirtschaftssystem kennzeichnend sein sollen. Sieht man von den stark ideologisch geprägten Elementen der Wesenserklärung des Geldes ab, so besteht der sich an Marx anlehnende Inhalt dieser Gt. und Gp. zur Hauptsache aus Einsichten über die *Dienste* des Geldes und seine *Verwendbarkeit* als Instrument der Wirtschafts- und Zentralbankpolitik, die sich nicht auf ein alternatives sozialistisches Wirtschaftssystem, sondern auf eine privatwirtschaftlich organisierte (kapitalistische) Wirtschaft und eine marktwirtschaftliche Wirtschaftsordnung beziehen.

Da die Marxsche Geldlehre für die Lösung der praktischen Probleme der Geldpolitik in sozialistischen Wirtschaftssystemen keine oder unbrauchbare Antworten gibt, entbrannte unter den marxistischen Theoretikern bereits kurz nach der Oktoberrevolution in Sowjetrußland ein Streit um den Erkenntniswert dieser Theorie und um den Grad ihrer politischen Verwendbarkeit, der bis heute anhält und der auch die Politökonomen in der DDR immer aufs neue beschäftigt.

Regelmäßige Anlässe für diesen Streit sind vor allem zwei Fragen: a) In welcher Weise soll die Marxsche Geldlehre am besten uminterpretiert, umgeformt, ergänzt und den realen Verhältnissen in den sowjet-sozialistischen Staaten angepaßt werden, ohne zugleich das gesamte Lehrgebäude der marxistisch-leninistischen Politökonomie in Mißkredit oder gar zum Einsturz zu bringen? b) Auf welchem Wege können am besten die Schwierigkeiten überwunden und die Fehlentwicklungen beseitigt werden, die sich auch durch eine nur partielle Anwendung der Marxschen Geldlehre in der praktischen Wirtschafts- und Gp. ergeben haben?

Die besondere Brisanz dieser Debatte ergibt sich aus der Gefahr, daß in ihr ex cathedra eingestanden werden könnte, daß zentrale Aussagen der Marxschen Geldlehre falsch und damit aufzugeben sind. Diese Marxschen Theoreme stehen nämlich in einem engen Zusammenhang mit dessen Arbeitswert- und Mehrwertlehre (→ **Wert- und Mehrwerttheorie**), auf der seine Kapitalismuskritik, seine Krisen-, Verelendungs- und Revolutionstheorie beruht. Insofern stellt die Diskussion um die Rolle des Geldes zentrale Teile der marxistisch-leninistischen → **Politischen Ökonomie** und damit des → **Marxismus-Leninismus** überhaupt in Frage.

A. Geld als Abbild kapitalistischer Produktions- und Verteilungsverhältnisse

Von der Wirtschaftswissenschaft der westlichen Industriestaaten wird heute das *Wesen des Geldes* allein aus den Funktionen erklärt, die es in den Marktwirtschaften erfüllt. Im Gegensatz zu früher, als einzelne Lehrmeinungen einen der verschiedenen Dienste des Geldes herausgriffen und diesen dann zum wesensbestimmenden Grundzug erklärten, wird heute anerkannt, daß erst die Gesamtheit der spezifischen Funktionen des Geldes dessen Besonderheit und Wesen ausmacht.

Nach Marx haben jedoch nicht die funktionalen Probleme, vor denen jede Gesellschaft steht, die eine zweckrationale Organisation ihrer Volkswirtschaft anstrebt, dazu geführt, daß ein so unentbehrliches Instrument wie das Geld entwickelt wurde, um mit seiner Hilfe unzählige komplizierte Wirtschaftsaufgaben (Geld als Instrument zur Verminderung von Informations-, Transaktions- und Anpassungskosten) bewältigen zu können. Nach seiner Auffassung ist das Geld vielmehr eines der Symbole für die Produktionsverhältnisse auf der (historisch befristeten) Entwicklungsstufe der einfachen und der kapitalistischen Warenproduktion (→ **Produktionsweise**). Marx liefert daher auch keine funktional begründete Wesenserklärung des Geldes. Wie bei den meisten seiner Analysen, in denen er die Rolle bestimmter ökonomischer Instrumente untersucht, gibt er eine sozialhistorische bzw. sozialphilosophische Deutung dieser Kategorie. Entsprechend beschreibt er das Geld als ein (gegenständliches) Abbild der sich hinter diesem verbergenden gesellschaftlichen Produktionsverhältnisse: „Alle Illusionen des Monetarsystems stammen daher, daß dem Geld nicht angesehen wird, daß es ein gesellschaftliches Produktionsverhältnis darstellt . . . in der Form eines Naturdings" (K. Marx, Zur Kritik der Politischen Ökonomie, Berlin [Ost] 1972, S. 30;

ferner S. 65ff.; S. 172). „In Marxscher Sicht [ist somit das Geld grundsätzlich] der dinghafte Niederschlag des gesellschaftlichen Produktionsverhältnisses, der mit der Warenproduktion entstand und mit ihr verschwinden wird“ (B. Fritsch, Die Geld- und Kredittheorie von Karl Marx, Frankfurt a. M. 1968, S. 63).

B. Geld als Spezialform einer Ware (Die Entstehung des Geldes)

Nach Marx besteht die ursprüngliche und zugleich wichtigste Funktion des Geldes darin, Werte zu messen. Diese Aufgabe übernehmen in den frühen Kulturen bei allmählicher Entfaltung der Tauschwirtschaft *Waren*, die aufgrund ihrer stofflichen Beschaffenheit für die Rolle eines allgemeinen Wertäquivalents besonders geeignet sind. Solche Waren sind das Gold und das Silber. Diese beiden Edelmetalle besitzen als Geldmedien folgende Vorzüge: Sie sind leicht in proportionale Wertteile aufzuteilen und haben eine hohe Haltbarkeit. Infolge ihres großen spezifischen Gewichts beanspruchen ihr Transport und ihre Lagerung nur wenig Raum. Außerdem sind sie durch eine hohe Seltenheit ausgezeichnet. – Neben diesen überwiegend technischen Vorzügen muß die Geldware Gold oder Silber noch eine weitere Eigenschaft haben, damit sie ihre Rolle als Geld unangefochten ausüben kann. Geldqualität erreicht eine derartige Geldware nämlich erst dann, wenn sie von allen Wirtschaftseinheiten am Markt als universelles Zahlungsmittel anerkannt wird. Sobald diese Übereinkunft unter den Marktparteien eines Wirtschaftsgebietes hergestellt ist (Herausbildung einer spontanen Währungsordnung), erklärt in der Regel der Staat eine bevorzugt als Geld genutzte Geldware in bestimmter äußerer Erscheinungsform (Münz- und Prägefestlegungen) zum gesetzlichen Zahlungsmittel. Nach Marx ist somit Geld in erster Annäherung eine „Ware“. Ihr spezifischer einmaliger „Gebrauchswert“ besteht allein darin, daß sie „stofflicher Träger von Tauschwert“ ist und deshalb auch als Tauschmittel genutzt werden kann.

C. Geld als Überbrückungsmittel kapitalistischer Widersprüche und als Maßstab der Warenwerte

Nach Marx hat das Geld in einer (kapitalistischen) Warenwirtschaft die Aufgabe, den „inneren Widerspruch“, den jede produzierte Ware in sich trägt, zeitweilig aufzuheben bzw. zu überbrücken. Nach seiner Ansicht ist jede Wirtschaftsordnung, die auf Arbeitsteilung, Tauschhandel und Privateigentum an Produktionsmitteln beruht, dadurch gekennzeichnet, daß die menschliche Arbeit einen Doppelcharakter besitzt. Jede produktive Tätigkeit ist stets sowohl konkret „private“ (individuelle) als auch abstrakt „gesellschaftliche“ Arbeit. Hieraus folgt, daß sich auch die Wertsubstanz jeder Ware aus zwei verschiedenen Wertkategorien zusammensetzt (Doppelnatur der Ware). Jede Ware vereinigt nach Marx in sich einen Wertbestandteil, den er „Arbeitswert“ nennt, und einen Wertbestandteil, den er als „Gebrauchswert“ bezeichnet. Der Arbeitswert einer Ware entspricht der für ihre Herstellung benötigten Arbeitsmenge, gemessen in Zeiteinheiten. Der Gebrauchswert eines Produkts wird dagegen durch den individuellen Nutzen bestimmt, den seine Verwendung beim Käufer stiftet.

Beim Leistungs- und Warenaustausch auf dem Markt werden die inneren Gegensätze, die im Kapitalismus die menschliche Arbeit prägen und die Doppelnatur der Waren hervorbringen, aufgehoben. Denn nach der Marxschen Wertlehre ist im Kapitalismus nicht die bei der Herstellung der Waren aufgewendete individuelle Arbeit letztlich für den Wert der Erzeugnisse maßgebend, sondern der *Marktwert* der Produkte. Erst im Umsatzakt auf dem Markt verschmelzen die beiden Wertkategorien Arbeits- und Gebrauchswert miteinander, weil erst in den Marktvorgängen darüber entschieden wird, welche Menge der für die Herstellung einer Ware aufgewendeten individuellen Arbeitszeit als „gesellschaftlich nützlich und notwendig“ anerkannt wird. Nach Marx bestimmt somit der gesellschaftlich (auf dem Markt) bestätigte (Arbeits-)Wert den Tauschwert der Waren (Preis). Der Gebrauchswert (individueller Nutzwert einer Ware) ist Anlaß für den Tausch; das Geld vereinfacht den Tauschhandel, weil es den Marktparteien einen leichten Vergleich von Tauschalternativen ermöglicht.

Nach Marx ist somit das Geld der Ausdruck und das Maß für die in den Waren verkörperte *gesellschaftliche Arbeit.* Diese Meßfunktion kann Geld nach seiner Auffassung jedoch nur deshalb erfüllen, weil auch der Wert des Geldes selbst (ebenso wie der Wert jeder anderen Ware) durch das Quantum an Arbeitszeit bestimmt wird, das gesellschaftlich zur Herstellung des Geldes als Geldware erforderlich ist: „Die Waren werden nicht durch das Geld kommensurabel. Umgekehrt, weil alle Waren als Werte vergegenständlichte menschliche Arbeit, daher an und für sich kommensurabel sind, können sie ihre Werte gemeinschaftlich in derselben spezifischen Ware messen und diese dadurch in ihr gemeinschaftliches Wertmaß oder Geld verwandeln. Geld als Wertmaß ist notwendige Erscheinungsform des immanenten Wertmaßes der Waren, der Arbeitszeit.“ (K. Marx, Das Kapital, Bd. 1, Berlin [Ost] 1965, S. 109)

Obwohl also nach Marx auch das Geld eine Ware ist, unterscheidet es sich von den anderen Waren in einem wesentlichen Punkt. Beim Geld besitzt nur dessen Gebrauchswert gesellschaftliche und wirtschaftliche Bedeutung für die Wirtschaftseinheiten. Dieser einzigartige „Gebrauchswert des Geldes“ besteht darin, *Ausdruck des Tauschwertes* von Gütern zu sein. Das Geld ist Maßstab der Warenwerte und Ausdrucksmittel der Preise. Die „Ware Geld" hat somit keine Doppelnatur. Es fehlt ihr der allen anderen Waren innewohnende Widerspruch. Nach Marx verkörpert somit die Geldware als Äquivalentware unmittelbar gesellschaftliche Arbeit. Nur deshalb ist sie unmittelbar und jederzeit mit allen anderen Waren austauschbar.

D. Vollwertiges und nicht vollwertiges Geld

Nach Marx kann Geld nur dann als Wertmaßstab dienen, wenn es selbst einen eigenen (Stoff-)Wert besitzt (Warengeld). Vollwertiges Geld ist daher nach seiner Auffassung nur eine Gold- oder Silberwährung, weil allein in derartigen Währungseinheiten gesellschaftliche Arbeit unmittelbar verkörpert sei. Da bei jedem Tauschakt stets gleiche Warenwerte ausgetauscht werden, müsse auch das Geld vollwertig sein und daher ein bestimmtes Quantum gesellschaftlicher Arbeit enthalten.

Die Anhänger der Marxschen Geldlehre kommen allerdings dann in Schwierigkeiten, wenn sie den Nachweis für diese These auch dann erbringen wollen, wenn statt einer Edelmetallwährung eine Papierwährung die Rolle des Zirkulationsmittels übernommen hat. Weiter stellt sich die Frage, wo denn beim Giralgeld der innere Substanzwert in Form summierter Arbeitsquanten verborgen sei, der doch als Anknüpfungspunkt für die Bewertung von Waren in Geldeinheiten angesehen und als Maßstab für Wertvergleiche zwischen verschiedenen Erzeugnissen dienen soll.

Die Frage nach dem Substanzwert der Papiergeldzeichen hatte bereits Marx dadurch zu beantworten versucht, daß er erklärte, anstelle des weiterhin als Geldbasis dienenden Goldes hätten in einigen Volkswirtschaften unterwertige Papiergeldzeichen mittel- oder längerfristig die Rolle des Zirkulationsmittels übernommen (Staatspapiergeld mit Zwangskurs). Diese Entwicklung bedeute jedoch nicht, daß dadurch seine Lehre vom „Geld als Ware" überholt und entwertet sei, denn die Papiergeldzeichen würden nur deshalb als allgemeines Zahlungsmittel anerkannt, weil sie entweder in Goldmünzen umgetauscht werden könnten oder aber doch ein bestimmtes Quantum an Gold repräsentierten. (Vgl. K. Marx, Zur Kritik der Politischen Ökonomie, in: K. Marx u. F. Engels, Werke, Bd. 13, Berlin [Ost] 1961, S. 94f.)

Mit dem Eintritt in den I. Weltkrieg gaben alle kriegführenden Staaten ihre bis dahin bevorzugte Edelmetallwährung auf und ersetzten diese durch Papiergeldwährungen. Auch nach dem Ende des I. Weltkrieges blieben diese Währungen in nahezu allen Staaten der Welt der vorherrschende Währungstyp. Damit steigerte sich die Beweisnot für die Anhänger der Marxschen Geldlehre. Sie mußten glaubhaft machen, auf welche Weise die Entwicklung des Nominalwertes der emittierten Geldzeichen an die Produktionskostenentwicklung bei der Förderung von Gold/Silber und die jeweils gelagerte Menge dieses Edelmetalls gebunden sei. Zur Verteidigung der Marxschen Auffassungen wurde von ihnen in der Folgezeit vor allem vorgebracht, daß das Papiergeld der modernen Währungen lediglich eine „Stellvertreterfunktion" für die aus dem Umlauf genommenen Edelmetalle Gold und Silber übernommen habe. Jede Papiergeldwährung bezöge auch weiterhin ihre Denomination (Wertsubstanz; Nennwerthöhe) allein vom Gold (Produktionskosten der Goldförderung; Umfang der Schatzbildung beim Gold). Für diese behauptete Stellvertreterrolle des Papiergeldes haben die marxistischen Politökonomen vor allem folgende Argumente ins Feld zu führen versucht:

a) An erster Stelle wurde stets darauf hingewiesen, daß die in vielen kapitalistischen Währungsgesetzen verankerte Golddeckung doch den besten Beweis für die Marxschen Aussagen liefern würde, Grundlage aller Papiergeldwährungen sei das Gold. Tatsache ist jedoch, daß die bis zum II. Weltkrieg allgemein üblichen Golddeckungsvorschriften für das von den westlichen Zentralbanken in Umlauf gebrachte Papiergeld in der Nachkriegszeit nach und nach aufgehoben worden sind (zuletzt von den USA 1968).

b) Als Beleg für die Richtigkeit der Marxschen Geldlehre wurde ferner behauptet, die kapitalistischen Staaten hätten nur dadurch die Wertsubstanz ihrer Handelswährungen einigermaßen erhalten können, daß sie den Beschluß faßten, daß die wichtigste Handels-, Kredit- und Reservewährung des internationalen Währungssystems des Westens, der US-Dollar, in Gold eintauschbar sein müsse (vgl. Beschlußteil des internationalen Währungsabkommens von Bretton Woods, USA, vom 23. 7. 1944). Ausgehend von dieser Goldkonvertibilität des US-Dollars und einem von der US-Regierung garantierten festen Goldpreis von 35 Dollar je Feinunze seien dann auch alle anderen kapitalistischen Währungen mit einem stabilen Goldkern ausgestattet worden (Goldparität). Dieser sei zum Ausgangspunkt für die Ermittlung der international akzeptierten Goldparitätskurse geworden. 1971 hob aber die US-Regierung im Zahlungsverkehr zwischen den westlichen Zentralbanken die Goldeinlösungspflicht des US-Dollars endgültig auf, nachdem sie schon vorher mehrfach eingeschränkt worden war. Die Freigabe des Goldpreises durch die amerikanische Regierung, der Abbau der Goldvorräte der Zentralbanken und des Internationalen Währungsfonds (IWF) durch Goldversteigerungen, die Liquidierung der überflüssig gewordenen Goldparitäten der westlichen Währungen, die Abschaffung fester Wechselkurse gegenüber dem US-Dollar und der Übergang zum Blockfloaten vom 13. 3. 1973 an führten dann zu einer nahezu vollständigen Lösung der

Währungen der westlichen Marktwirtschaften vom Gold.

c) Da damit den unter a) und b) genannten Argumenten der Boden entzogen ist, können die marxistischen Politökonomen heute nur noch ihre These vom Warencharakter des Geldes mit dem Verweis darauf abzustützen versuchen, daß die Zentralbanken der westlichen Welt weiterhin in einem begrenzten Umfang Gold als Währungsreserve einlagern und dieses Edelmetall gelegentlich als internationales Zahlungsmittel annehmen oder einsetzen.

E. Das Dogma von der Golddeckung des Geldes in seiner Bedeutung für die Geldtheorie und Geldpolitik sowjet-sozialistischer Staaten

Die Rolle, die Marx dem Gold bei der Wesensbestimmung des Geldes zugesprochen hat, führte bei der Gestaltung der Geld- und Währungsordnung der sowjet-sozialistischen Staaten zu einer Reihe von absurd anmutenden Regelungen. Dazu gehört z. B. die Festlegung eines fiktiven „inneren Goldgehaltes" der in diesen Staaten umlaufenden Papiergeldzeichen (Goldparität). Noch in der 1. Aufl. des offiziösen „Ökonomischen Lexikons" der DDR hieß es im Sinne dieser orthodox-marxistischen Lehrmeinung: „Der Wert der Währungseinheit wird vom Wert der Geldware Gold und vom Goldgehalt der Geldeinheit bestimmt. Die Festlegung des Preismaßstabes schließt die juristische Fixierung des Goldgehaltes der Währungseinheit als offiziellen nominellen Goldgehalt (Goldparität) mit ein . . . Diese Goldparität als amtlicher Goldgehalt einer Währungseinheit stellt zugleich die ‚Valutaparität' (Währungsparität) dar, indem nämlich auf der Grundlage des Vergleichs der Goldparität zweier Länder das offizielle Wertverhältnis der beiden Währungen (Paritätskurs) ermittelt wird, um das die effektiven Valutakurse mehr oder weniger schwanken." (Ökonomisches Lexikon, Berlin [Ost] 1967, S. 1041)

Entsprechend dieser Auffassung wurde beim Aufbau des DDR-eigenen Geldwesens ebenfalls eine fiktive Goldparität der Mark festgelegt. Nach dem amtlichen Ausweis der Staatsbank der DDR soll der Feingoldgehalt einer Mark in den Jahren 1949/50 bis zum Jahre 1971 0,399902 Gramm betragen haben (Ökonomisches Lexikon, a. a. O., S. 1046). Im Ergebnis der Diskussionen, die während der 50er und der 60er Jahre um den Erkenntniswert der Marxschen Geldlehre geführt wurden, hat sich anscheinend zu Beginn der 70er Jahre auch bei der SED-Führung die Einsicht durchgesetzt, daß man der Mark durch die Dekretierung eines nur auf dem Papier vorhandenen Goldgehaltes keine wirkliche innere Wertsubstanz verleihen kann. Jedenfalls hat die Staatliche Zentralverwaltung für Statistik (→ **Rechnungsführung und Statistik**, I., IV.) vom Jahre 1972 an darauf verzichtet, im Statistischen Jahrbuch der DDR den fiktiven Feingoldgehalt der Mark auszuweisen.

Die in der marxistisch-leninistischen Gt. und Gp. feststellbare Abkehr von realitätsfernen Dogmen erfolgte jedoch nur stückweise und keineswegs geradlinig. Z. B. weist die sowjetische Regierung nach wie vor für den Rubel einen Feingoldgehalt von 0,987412 Gramm aus. Darüber hinaus enthält das sowjetische Währungsrecht die Bestimmung, daß 25 v. H. der emittierten und umlaufenden Banknoten durch Gold oder ausländische Devisen gedeckt sein müssen. – Selbst als im Jahre 1964 duch eine multilaterale Vereinbarung der Mitgliedstaaten des → **Rates für Gegenseitige Wirtschaftshilfe (RGW)** die Kunstwährung des → **Transfer-Rubels** geschaffen wurde, führte die seinerzeit sofort für notwendig angesehene ideologische Absicherung der neuen kollektiven Währung ebenfalls dazu, daß dem Transfer-Rubel ein Goldgehalt zudiktiert wurde. Die sowjetische Regierung entschied seinerzeit, daß der Transfer-Rubel den gleichen Goldgehalt haben solle wie die nationale Währungseinheit der UdSSR. Inzwischen erkennt sowohl in der UdSSR als auch in der DDR eine wachsende Zahl von Wirtschaftswissenschaftlern, daß die aus der Marxschen Geldlehre hergeleitete Wertanreicherungskonstruktion für die nationalen Papiergeldzeichen und für das internationale Buchungsgeld im RGW „praktisch bedeutungslos und theoretisch fragwürdig" ist. So schreibt z. B. Werner Thümmler (Sektion Wirtschaftswissenschaften der Humboldt-Universität Berlin [Ost]): „In der Literatur der sozialistischen Länder . . . wird in der Regel hervorgehoben, daß die kollektive Währung [d. i. der Transfer-Rubel] ihre Denomination vom Gold erhält und ein bestimmtes Quantum Gold repräsentiert. Dieser Sachverhalt fände im Goldgehalt des transferablen Rubels seinen sichtbarsten Ausdruck. Überprüft man diese Aussagen an der Praxis, also am tatsächlichen Fungieren des transferablen Rubels, so scheinen sie sich nicht zu bestätigen. Angesichts eines seit langem in Gang befindlichen Demonetisierungsprozesses des Goldes . . . dürfte die Beziehung des transferablen Rubels zum Gold praktisch bedeutungslos und theoretisch fragwürdig sein . . . Auch die in Form der Goldgehalte formal noch bestehenden Beziehungen der sozialistischen Währungen zum Gold sind faktisch bedeutungslos, da sie keinerlei praktischen Zweck erfüllen. Sie waren für die sozialistischen Volkswirtschaften schon immer entbehrlich, da der Goldgehalt nur dann eine Rolle spielt, wenn eine Konvertierung von Währungen in das Gold praktiziert wird oder vorgesehen ist." (W. Thümmler, Geldtheoretische Aspekte der kollektiven Währung der Mitgliedsländer des RGW, transferabler Rubel, in: Wissenschaftliche Zeitschrift der Humboldt-Universität zu Berlin [Ost], Gesellschaftswissenschaftliche Reihe, H. 4/1983, S. 441 f.)

Zu den Hauptvertretern dieser Ansichten unter den DDR-Ökonomen gehören neben Thümmler vor allem Ehlert, Hunstock, Kolloch und Tannert. Unter den sowjetischen Wirtschaftswissenschaftlern findet ihre Kritik u. a. bei Nikitin und Schenajew Unterstützung. Die Gegenposition zur Verteidigung der traditionellen marxistischen Lehre vom Geld als Goldware vertreten vor allem Lemmnitz, Richter, Schließer und Schmidt. (Vgl. z. B. A. Lemmnitz, Zum Charakter des Weltgeldes im heutigen Kapitalismus, in: IPW-Berichte, H. 2/1977, S. 20ff.)
Inzwischen läßt sich auch in der offiziellen Gt. und Gp. der DDR eine Annäherung an die Auffassungen der Reformergruppe unter den DDR-Ökonomen feststellen. So ist z. B. der Text des Stichwortes „Währung" in der 3. Aufl. des „Ökonomischen Lexikons" völlig neu gefaßt worden. Dort heißt es heute: „Jedes Währungssystem enthält eine Reihe notwendiger organisatorisch-juristischer Regelungen: die Festlegung der Währungseinheit . . .; die Bestimmung und Festlegung eines Währungskurses . . .; die Bestimmung der Währungsdeckung, die im Sozialismus eine Warendeckung ist." (Ökonomisches Lexikon, 3. Aufl., Bd. Q–Z, Berlin [Ost] 1980, S. 550)
Die von nicht mehr haltbaren marxistischen Aussagen gereinigte und der Realität in den sozialistischen Wirtschaftsordnungen angepaßte Wesensbeschreibung des Geldes formuliert Thümmler wie folgt: „Im Verlauf des . . . Demonetisierungsprozesses des Goldes macht das Kreditgeld einen Wandel vom ursprünglich bloßen Stellvertreter der Goldware zu einer selbständigen Geldform mit eigenen, unverwechselbaren Merkmalen durch . . . Es bestreitet nicht nur die Zirkulation, sondern verdrängt das Gold auch aus seinen Wertmaßfunktionen. Es kann aber die Funktion eines Maßes der Werte nicht wie das Gold . . . ausfüllen, da es selbst keinen eigenen (Stoff-)Wert besitzt. Das Kreditgeld ist vielmehr Repräsentant des Wertes der Gesamtheit der produzierten und auszutauschenden Waren. Seine wertmessende Funktion besteht darin, daß es den aliquoten Teil des Wertes der einzelnen Ware am Gesamtwert aller Waren zum Ausdruck bringt und damit die Relationen zwischen den in den einzelnen Waren enthaltenen Werten sichtbar macht . . . Die Zirkulationsfähigkeit, die Verwendung als Zahlungs- und Akkumulationsmittel, erlangt dieses Geld nicht mehr durch den Wert des Geldstoffes, . . . [sondern die] gesellschaftliche Anerkennung [wird ihm] durch die Autorität des Staates verliehen." (W. Thümmler, a. a. O., S. 442f.)

F. Der Streit um den Geldwert im Sozialismus

Die zitierte Thümmlersche Aussage ist Teil und Ergebnis der Auseinandersetzungen der letzten Jahre, in denen die Frage im Mittelpunkt stand, ob das Geld im Sozialismus eine eigene Wertsubstanz haben müsse oder ob der Wert des Geldes mit der → **Kaufkraft** der Währungseinheit identisch sei. Abweichend von der Marxschen Geldlehre vertritt in dieser Frage nunmehr ein Teil der DDR-Ökonomen die Auffassung, daß das Geld im Sozialismus keinen eigenen (Waren- oder Arbeits-)Wert besitze und besitzen müsse. Die erste Aufgabe des Geldes bestehe vielmehr darin, den Wert der gewöhnlichen Waren im Preis auszudrücken (Geld als Maß und Preisausdruck der Warenwerte). Der Wert des Geldes leite sich also aus der Wert- und Preisentwicklung der Waren ab. Ausgehend von der Abhängigkeit des Geldwertes von der Preisentwicklung kommen diese Ökonomen zu dem Ergebnis, daß der Geldwert mit der Kaufkraft der Währungseinheit identisch ist. In Übereinstimmung mit der westlichen Wirtschaftswissenschaft charakterisieren diese Vertreter der marxistisch-leninistischen Politischen Ökonomie daher das Geld als einen Anspruch auf den volkswirtschaftlichen Güterfonds. Diese Auffassung findet ihren Niederschlag in folgenden Formulierungen: „Da der Geldwert wie jede andere Wertbeziehung stets ein Austauschverhältnis zum Inhalt hat, widerspiegelt sich in ihm, wieviel Wertvolumen einer gegebenen Ware zu erbringen ist, um im äquivalenten Austausch den in einer Geldeinheit verkörperten allgemeingültigen Anspruch auf gesellschaftliches Gesamtprodukt bzw. Nationaleinkommen zu erlangen. Insofern ist der Geldwert mit der Kaufkraft der einzelnen Geldeinheit identisch . . . Im Inland stellt sich der Geldwert in 2 Erscheinungsformen dar: Er tritt 1. als Kaufkraft der Mark im Bevölkerungsbereich auf. Faktisch ist das der reziproke Wert des Indexes der Einzelhandelspreise, der Leistungspreise und der Tarife. Er tritt 2. als Index der Kaufkraft der Mark für Produktionsmittel auf." (W. Ehlert, D. Hunstock, K. Tannert [Hrsg.], Geldzirkulation und Kredit in der sozialistischen Planwirtschaft, Berlin [Ost] 1976, S. 41)
Derartigen Auffassungen wird von seiten der orthodoxen marxistisch-leninistischen Wirtschaftswissenschaftler in der DDR entgegengehalten, daß das Geld, wenn es nicht mehr Ware mit einem eigenen (inneren) Arbeitswert sei, auch kein „allgemeines Äquivalent" mehr sein könne. Es verliere also die Fähigkeit, als „objektives" Maß der Werte und als Maßstab der Preise aufzutreten. Sein sozialökonomischer Inhalt bestehe aber gerade darin, gesellschaftlich nützliche Arbeit in allgemeiner Form zu verkörpern. Sobald dem Geld die Eigenschaft abgesprochen werde, allgemeines Äquivalent zu sein, sei auch sein einmaliger Gebrauchswert aufgehoben, der darin besteht, ein allseitig nutzbares und allgemein akzeptiertes Tauschmittel zu sein. Außerdem könne es dann auch nicht mehr den in einer Warenwirtschaft notwendigen Umschlag der individuellen in gesellschaftlich nützliche Arbeit vermitteln. (Vgl. H. Schmidt, Zu einigen strittigen politökonomi-

schen Fragen der Geldtheorie im Sozialismus, in: Wirtschaftswissenschaft, H. 3/1980, S. 303ff.)
Unter Rückgriff auf Kernthesen der Marxschen Geldlehre werden die „Reformer" darauf hingewiesen, daß nach Marx unterwertige Banknoten und Münzen kein wirkliches Geld, sondern lediglich Geld-Zeichen seien. Da diesen Geld-Zeichen die erforderliche innere Wertsubstanz fehle, seien sie nicht in der Lage, das Geld in allen seinen Funktionen zu vertreten, sondern könnten nur dessen Rolle als Zirkulations- und Zahlungsmittel übernehmen. Für die orthodoxen marxistischen Wirtschaftswissenschaftler ist die Leugnung des Warencharakters des Geldes im Sozialismus und die Gleichsetzung des Geldwertes mit der Kaufkraft der Währungseinheit vor allem auch deshalb eine unannehmbare Wissenschaftsposition, weil damit die gesamte Marxsche Genesis des Geldes aus den Widersprüchen der kapitalistischen Warenproduktion und damit letztlich die Marxsche Kapitalismuskritik in Frage gestellt wird.
Unbeeindruckt von dem Vorwurf, sie verträten unmarxistische Auffassungen, charakterisieren aber andere DDR-Ökonomen das Geld und den Geldwert im Sozialismus wie folgt: „In der sozialistischen Warenproduktion . . . [muß das Geld] . . . die Aufgabe übernehmen, die Zirkulation der Gebrauchswerte zum Endzweck ihrer Verwendung zu bewerkstelligen. Dazu bedarf das Geld bestimmter Eigenschaften, über die es auch dann verfügen kann, wenn es kein Edelmetall ist . . . Das sozialistische Geld [ist] Papiergeld mit staatlich fixiertem ‚Kurs' [Kaufvermögen] . . . [Es] besitzt Gebrauchswert, weil es das ‚Äquivalent' ist, das die Zirkulation der Waren ermöglicht . . . Obwohl selbst ohne Wert . . . repräsentiert [es] Wert in dem Maße, indem es Anspruch auf Wert, verkörpert in Waren, ist." (D. Fuchs, H. J. Lotze, D. Schellbach, Zu Fragen der Geldtheorie im Sozialismus, in: Wirtschaftswissenschaft, H. 5/1981, S. 551f.)

IV. Die Diskussion um die „Ware-Geld-Beziehungen" im Sozialismus in ihrer Bedeutung für die Geldtheorie

Der Inhalt der Gt. war seit Beginn der 20er Jahre einem fortwährenden Wandel unterworfen. Im Mittelpunkt der heftigen ideologisch-theoretischen Auseinandersetzungen unter den Kommunisten der verschiedenen Richtungen stand und steht die Frage, ob es in einer sowjet-sozialistischen Wirtschaft notwendig und ideologisch zu rechtfertigen sei, Warenproduktion, Warenzirkulation, Geld- und Wertrechnung beizubehalten. Entsprechend den jeweiligen Ergebnissen der ideologischen Richtungskämpfe und der jeweiligen aktuellen ökonomisch-politischen Situation war seit der Oktoberrevolution 1917 die Gp. der UdSSR und seit 1945 auch die der anderen sowjet-sozialistischen Staaten von einem Zickzackkurs gekennzeichnet, der zwischen der Bejahung und Verneinung dieser Notwendigkeiten schwankte. Eine entscheidende Wende leitete Stalin nach 1945 ein. Sie bestand im wesentlichen darin, daß in ihr die bis dahin übliche defensive Argumentation in der marxistisch-leninistischen Wirtschafts- und Gt. gegenüber den „Vertretern der reinen marxistischen Lehre" und den Gegnern des Marxismus aufgegeben und offensiv eine neue Rechtfertigungstheorie vertreten wurde. Stalin stellte die These auf, daß die sozialistische Umgestaltung der sowjetischen Wirtschaft bereits solche Fortschritte gemacht habe, daß alle Produktionsmittel, die von Staatsbetrieben hergestellt und innerhalb der Staatswirtschaft ausgetauscht werden, ihren Warencharakter verloren hätten. Dies sei die Folge der von der Sowjetmacht durchgesetzten Sozialisierung, da nunmehr bei der Zirkulation von Produktionsmitteln innerhalb der staatseigenen Wirtschaft kein Eigentumswechsel mehr stattfände. Außerdem sei der Einfluß des Wertgesetzes, der im Kapitalismus die Warenproduktion steuern würde, in der Sowjetunion außer Kraft gesetzt worden. Denn hier werde die Erzeugung und Verteilung von Produktionsmitteln streng nach Maßgabe der zentral festgesetzten Prioritäten gelenkt. Aus diesen Gründen hätten die innerhalb der Staatswirtschaft ausgetauschten Materialien und Investitionsgüter eine Wesenswandlung durchgemacht und besäßen „nur noch die äußere Hülle von Waren". Demgegenüber hätten die Erzeugnisse der Produktionsgenossenschaft den Warencharakter noch beibehalten, da sie nicht unmittelbar als Güter der Gesamtgesellschaft geschaffen würden und beim Verkauf den Eigentümer wechselten. Während Marx eine „Ware" als ein Gut definiert, das nicht für den eigenen Verbrauch, sondern für den Verkauf an einen anonymen Abnehmer bestimmt ist, schiebt Stalin diese „Entstehungstheorie der Warenproduktion" beiseite. Nach seiner Auslegung der Marxschen Politischen Ökonomie haben im Sowjetsozialismus nur solche Produkte Warencharakter, die beim Verkauf den Eigentümer wechseln. Dazu zählt er vor allem die industriellen Konsumgüter und die Erzeugnisse der Kolchosen (J. W. Stalin, Die ökonomischen Probleme des Sozialismus in der UdSSR, Moskau 1952, S. 20ff.).
Die groteske Folge dieser Stalinschen Theorieschöpfung war, daß in den sozialistischen Wirtschaftssystemen ab 1952 für die Produktionsmittel zwar einerseits staatlich festgesetzte Preise galten und ihr Verkauf nur gegen Geld möglich war, daß sie aber andererseits im Sinne der Marxschen Wert- und Geldlehre keinerlei Wert mehr besaßen.
Bis in die zweite Hälfte der 50er Jahre beschränkte sich der Beitrag der Politökonomen in der DDR zur sozialistischen Gt. im wesentlichen auf eine Nacherzählung der Stalinschen Lehre. Diese Sterilität der

wirtschaftswissenschaftlichen Diskussion wurde wesentlich gefördert durch die 1955 veröffentlichte deutsche Ausgabe des parteioffiziellen, in der UdSSR erarbeiteten Lehrbuches „Politische Ökonomie“, das noch stark von den Doktrinen Stalins geprägt war. Über die Vereinbarkeit von **Warenproduktion**, Wertrechnung und Geld mit einer sowjetsozialistischen Gesellschafts- und Wirtschaftsordnung heißt es in diesem Buch: „Im Sozialismus ist die Warenproduktion keine gewöhnliche, sondern eine Warenproduktion besonderer Art . . . Die Produktionsmittel, die innerhalb des Landes auf die staatlichen Betriebe verteilt werden, sind ihrem Wesen nach keine Waren; aber sie behalten die Warenform bei, werden in Geld bewertet, was für die Rechnungslegung und die Kalkulation notwendig ist . . . Sofern im Sozialismus die Warenproduktion und die Warenzirkulation bestehen, ist auch das Wertgesetz weiter wirksam . . . Der Wirkungsbereich des Wertgesetzes erstreckt sich im Sozialismus vor allem auf die Warenzirkulation (zwischen verschiedenen Eigentumssektoren), auf den Austausch von Waren – vor allem von Gegenständen des persönlichen Bedarfs“ (Politische Ökonomie. Lehrbuch. Berlin [Ost] 1955, S. 502f., 506 u. 508).
Eine erste geringfügige Bewegung in die wissenschaftlichen Erörterungen brachte die Beteiligung einiger DDR-Ökonomen an der Kontroverse zwischen den beiden sowjetischen Geldtheoretikern S. Atlas und J. Kronrod. Diese stritten sich in den Jahren 1953/54 über die Funktionen, die das Sowjetgeld innerhalb und außerhalb der Staatswirtschaft erfüllt, und über die Frage, ob dem Geld im Nicht-Waren-Bereich (Staatswirtschaft, öffentliche Einrichtungen) die volle Geldqualität zuerkannt werden könne. Atlas vertrat hierzu die Auffassung, daß sich das Geld innerhalb der Staatswirtschaft in ein bloßes Verrechnungsmittel verwandelt habe (Geld minderer Güte aufgrund von Funktionsverlusten), dem für die Steuerung von Produktions- und Austauschprozessen der Staatsbetriebe keine aktive Rolle mehr zukomme. Kronrod widersprach diesen Thesen mit dem Hinweis auf die Einheit und Unteilbarkeit der Funktionen des Sowjetgeldes. Nach seiner Auffassung werde im Sozialismus sowohl im Waren- als auch im Nicht-Waren-Bereich vollwertiges Geld gebraucht und genutzt.
In der DDR beteiligten sich vor allem A. Lemmnitz und G. Kohlmey an dieser geldtheoretischen Kontroverse. Sie lehnten die geldtheoretischen Neuerungen von Atlas ab, ohne sich jedoch allen Gegenargumenten Kronrods anzuschließen. (Vgl. A. Lemmnitz, Das Geld und die Funktionen des Geldes im Sozialismus und in der Übergangsperiode vom Kapitalismus zum Sozialismus, Berlin [Ost] 1955, u. G. Kohlmey, Das Geldsystem der DDR, Berlin [Ost] 1956.)
Im Zuge der auch in der Politischen Ökonomie ab 1956 eingeleiteten Entstalinisierung wurde die „Zwei-Sphären-Theorie“ Stalins als künstlich und irreführend verurteilt. Statt dessen wurde nach und nach anerkannt, daß auch die von den Staatsbetrieben erzeugten Produktionsmittel Waren seien und als Waren gehandelt würden. Auch ihr Wert werde durch das Wertgesetz bestimmt. Mit dieser Feststellung wurde letztlich auch die These verworfen, daß das Geld in der Staatswirtschaft ein besonders geartetes Geld von minderer Funktionstüchtigkeit sei.
Seit Anfang der 60er Jahre werden in der Politökonomie der DDR Warenproduktion, Tauschhandel und Geld nicht mehr als „Muttermale des Kapitalismus“ bezeichnet, die dem Sozialismus wesensfremd seien: „Ware-Geld-Beziehungen sind im Sozialismus . . . wesentliche Elemente eines planmäßigen Mechanismus, der die Wirtschaft regelt. Durch die Ware-Geld-Beziehungen und den damit verbundenen Markt wird eine . . . gesellschaftliche Anerkennung der Arbeit als gesellschaftlich notwendige Arbeit ausgeführt.“ (Vgl. den instruktiven Überblicksartikel von M. Braun, in: Wirtschaftswissenschaft, H. 4/1982, S. 568ff., insbes. S. 583.) Für die Gt., die Gp. und Finanzpolitik der DDR gilt nunmehr seit Beginn der Wirtschaftsreformen in den 60er Jahren die bereits im Mai 1918 von Lenin ausgegebene Losung: Wir „dürfen . . . nicht vergessen, daß alle unsere radikalen Reformen zum Scheitern verurteilt sind, wenn wir in der Finanzpolitik keine Erfolge haben“ (W. I. Lenin, Werke, Bd. 27, Berlin [Ost] 1960, S. 377).

V. Die gegenwärtig geltende Wesensbestimmung des Geldes

Nach der heute herrschenden Auffassung in der marxistisch-leninistischen Gt. ist das Geld in den sowjet-sozialistischen Volkswirtschaften nur noch seiner „äußeren Hülle“ nach mit dem Geld in den vorsozialistischen Wirtschaftsordnungen (→ **Gesellschaftsordnung**) identisch. In der sozialistischen Wirtschaftsordnung seien seine Zweckbestimmung und die Nutzung seiner Funktionen „von Grund auf“ geändert worden. Dieser Wesenswandel wird mit den Unterschieden begründet, die zwischen einer marktgesteuerten und einer vom Staat zentral gelenkten Warenproduktion und zwischen dem Privateigentum und dem staatlich-sozialistischen → **Eigentum** an den → **Produktionsmitteln** bestehen. Anders als im Kapitalismus dienten die Ware-Geld-Beziehungen im Sozialismus nicht mehr der bestmöglichen Kapitalverwertung zum Vorteil der Kapitaleigentümer, sondern der Herstellung einer ausreichenden Zahl von Gebrauchswerten zum Nutzen aller Gesellschaftsmitglieder.
Während die östlichen Geldtheoretiker kritisieren, daß das Geld in den privatwirtschaftlich organisierten Marktwirtschaften des Westens „ein Instrument der Umverteilung und damit der Ausbeutung und

zugleich ein Instrument der staatsmonopolistischen Regulierung und Manipulierung zur einseitigen Durchsetzung der Interessen der Monopolbourgeoisie“ sei (→ **Imperialismus**), behaupten sie übereinstimmend vom Geld im Sozialismus, daß ihm in dieser Ordnung *im Grundsatz* jede schädliche Einflußnahme genommen sei und es nur noch gesellschaftlich nützliche Aufgaben erfüllen würde. In der sowjet-sozialistischen Volkswirtschaft sei das Geld ein „Instrument zur bewußten Ausnutzung des Wertgesetzes in der Planung der Volkswirtschaft, der Berechnung, Kontrolle und Verteilung des gesellschaftlichen Gesamtproduktes sowie Maß der Arbeit und des Verbrauches“.

Damit das Geld diese von ihm verlangten Dienste übernehmen könne, müsse die Wirtschafts- und Geldpolitik der sozialistischen Regierungen allerdings energisch die Verwirklichung folgender Ziele anstreben: a) die Herstellung der „Planmäßigkeit und Proportionalität“ der verschiedenen Teilströme des Bargeld- und des Giralgeldkreislaufs; b) die Sicherung der Übereinstimmung zwischen den geplanten und den tatsächlichen güterwirtschaftlichen (materiellen) und finanziellen Prozessen bei gegebenen staatlichen Festpreisen; c) die Entwicklung von Orientierungsmarken, anhand derer es möglich ist, eine ökonomisch begründete Geldemission und Geldmengenbestimmung vorzunehmen; d) die Verbesserung der Fähigkeit, den Geldumlauf gemäß den jeweiligen Stabilitätserfordernissen zu regulieren; e) die Gewährleistung eines stets ausgewogenen Verhältnisses von „Kauffonds“ und „Warenfonds“.

Über die künftige Rolle des Geldes heißt es in allgemeiner Form in dem auf dem IX. Parteitag angenommenen Parteiprogramm der SED: „Bei der weiteren Vervollkommnung der Leitung, Planung und ökonomischen Stimulierung spielt die bewußte Ausnutzung der Ware-Geld-Beziehungen eine große Rolle. Die Bedeutung des Staatshaushaltes, des Geld- und Kreditwesens sowie des Preissystems für die effektive Produktion und die rationelle Verteilung und Verwendung des gesellschaftlichen Produkts und Nationaleinkommens nimmt zu“ (Programm der Sozialistischen Einheitspartei Deutschlands, Berlin [Ost] 1976, S. 36).

VI. Die Funktionen des Geldes

Bei Marx lassen sich 5 Grundfunktionen des Geldes unterscheiden; es sind dies die „konkreten Formen“, in denen das Geld entsprechend seiner Zweckbestimmung das nationale und das internationale Wirtschaftsleben mitbestimmt. Nach Ansicht der sozialistischen Geldtheoretiker verwirklicht das Geld in diesen Formen seine Rolle als „allgemeines Äquivalent“ (Tauschwert) und umlaufendes Tauschmittel. Da die Warenproduktion, der Tauschhandel, die Entlohnung nach der Leistung und die Wertrechnung ebenfalls fundamentale Bestandteile der sowjet-sozialistischen Wirtschaftsordnungen sind, ist es nicht überraschend, daß sich die Grundfunktionen des Geldes in den zentral gelenkten Staatswirtschaften und in den marktwirtschaftlich organisierten Wirtschaftsordnungen *ähneln*. Diese Ähnlichkeit sei – so die Ansicht der östlichen Geldtheoretiker – jedoch nur oberflächlicher Natur; der soziale Inhalt der Geldfunktionen ist nach Auffassung der marxistisch-leninistischen Wirtschaftswissenschaft in den beiden alternativen Wirtschaftsordnungen grundverschieden.

A. Die Dienste des Geldes im Kapitalismus und im Sozialismus

Die Gegenüberstellung der Funktionen des Geldes im Kapitalismus und im Sozialismus, so wie sie von den Geldtheoretikern der sozialistischen Staaten vorgenommen wird, zeigt die formale Ähnlichkeit bei der Beschreibung der Dienste des Geldes. Danach dient das Geld im Kapitalismus 1. als *Maß der Werte* der Waren und als Maßstab der Preise; 2. als *Zirkulationsmittel* (Tauschmittel); 3. als *Zahlungsmittel*; 4. als *Mittel der Wertaufbewahrung* sowie zur Schatzbildung. Ferner wird es im zwischenstaatlichen Waren- und Kapitalaustausch 5. als *Weltgeld* genutzt.

Im Sozialismus hat das Geld die folgenden Aufgaben übernommen; es ist: 1. *Wertmaß* und Maßstab der Preise (Bewertungsgröße für Waren, Recheneinheit und Preisausdrucksmittel); 2. *Zirkulationsmittel* (Tauschmittel); 3. *Zahlungsmittel*. Weiter dient es im Inland 4. als *Mittel der Akkumulation* (Bildung von Finanzierungsreserven beim Staat und bei den staatlichen Wirtschaftsunternehmen) und als *Sparmittel* für die Bevölkerung.

Anders als bei den konvertiblen Währungen der marktwirtschaftlich organisierten (kapitalistischen) Staaten können die nationalen Währungseinheiten der sowjet-sozialistischen Volkswirtschaften nicht „Weltgeld“ sein, weil es sich bei diesem Währungstyp um ein allein binnenwirtschaftlich nutzbares Tauschmittel handelt. „Weltgeld“ produzieren die sozialistischen Staaten nur dann, wenn sie Gold fördern und dieses international akzeptierte Zahlungsmittel zur Begleichung von Importverbindlichkeiten oder zur Durchführung von internationalen Finanzoperationen einsetzen. In Form einer Kunstwährung (→ **Transfer-Rubel**) dient das Geld der Wirtschaftsallianz der sowjet-sozialistischen Staaten letztlich auch als Mittel zur Verrechnung des grenzüberschreitenden Leistungsaustausches zwischen den Mitgliedstaaten des RGW.

Wie die Gegenüberstellung der einzelnen Funktionen des Geldes im Kapitalismus und Sozialismus zeigt, ergeben sich hinsichtlich ihrer formalen Beschreibung bzw. ihrer Nutzbarkeit auf den ersten Blick nur bei den Funktionen 4 und 5 Unterschiede. Tatsächlich folgt jedoch aus der Indienstnahme des

Geldes als ein aktives und passives Hilfsinstrument der zentralen staatlichen Planung der Volkswirtschaft, daß in den sozialistischen Staaten alle Funktionen des Geldes weitgehend durch andere Zwecksetzungen als in den westlichen Marktwirtschaften bestimmt werden (→ **Finanzplanung und Finanzberichterstattung**).

Diese Gegenüberstellung zeigt aber auch, daß das Geld selbst dann unersetzbar ist, wenn in einer Volkswirtschaft das Privateigentum an den Produktionsmitteln aufgehoben ist und die Erweiterung der Kapazitäten sowie das Wachstumstempo der Produktion in erster Linie durch einen umfassenden Staatsplan gelenkt werden. Dementsprechend heißt es: „In der sozialistischen Gesellschaftsformation darf man das Geld nicht als etwas Notgedrungenes, als eine dem Sozialismus fremde Kategorie betrachten. Das Geld . . . ist eine historisch und logisch unabdingbare Kategorie des Sozialismus" (Wörterbuch der Ökonomie – Sozialismus, Berlin [Ost] 1969, S. 302).

B. Geld als Mittel zur Entlohnung und zur Leistungsstimulierung

Vor allem im Zeitraum von 1930 bis 1960 ist in der östlichen Gt. häufig darauf hingewiesen worden, daß das Geld neben den genannten 4 Funktionen in der Binnenwirtschaft auch noch die zusätzliche Aufgabe habe, der staatlichen Wirtschaftsführung als ein die Leistungsbereitschaft der Werktätigen weckendes „Entlohnungsmedium" zu dienen (→ **Materielle Interessiertheit**). In der Tat erlauben die Homogenität und die problemlose Teilbarkeit des Geldes den Betriebsleitungen und der staatlichen Wirtschaftsführung die Entwicklung vielfältiger, in der Vergütung abgestufter Formen der Leistungsentlohnung, die jeweils so konstruiert werden können, daß mit ihrer Hilfe quantitativ und qualitativ unterschiedliche Arbeiten angemessen bewertet und honoriert werden können (→ **Lohnformen und Lohnsystem**). Dadurch kann im Interesse der Produktivitätssteigerung ein enger Zusammenhang zwischen Leistung und Entlohnung hergestellt werden.

Ausgehend von der Einsicht, daß durch eine freie Konsumwahl im Rahmen des Plans, durch die Geldentlohnung und die Ausnutzung der Liquiditätsvorliebe der privaten Haushalte kräftige Anreize zur Steigerung der individuellen Leistungen geschaffen werden können (→ **Lebensstandard**), hat auch die Staatsführung der UdSSR die ursprünglich aus marxistischer Sicht bevorzugte Naturalentlohnung der Werktätigen in der Industrie und in der Landwirtschaft als ökonomisch unzweckmäßig aufgegeben.

C. Zur unterschiedlichen Bedeutung einzelner Geldfunktionen in den alternativen Wirtschaftsordnungen

In den Marktwirtschaften besitzt die Tauschmittelfunktion unter den Geldfunktionen die größte Bedeutung; für die sozialistischen Zentralplanwirtschaften bietet dagegen das Geld als Recheneinheit den meisten Nutzen. Es liefert einem derartigen Lenkungssystem den unentbehrlichen Wertmaßstab, mit dessen Hilfe wirtschaftlich kalkuliert und geplant werden kann und mit dessen Hilfe die Ergebnisse der ökonomischen Aktivitäten kontrolliert werden können. Geld ermöglicht die rechnerische Erfassung des bei der Erfüllung der Planaufgaben entstandenen Faktorverbrauches sowie die Ermittlung komplexer Wirtschaftserträge in Wertgrößen. Die überwiegend durch die staatlichen Wirtschaftsbehörden diktierten Preise sind dabei die Grundlage des Rechnungswesens und der Wirtschaftsplanung. Um die Wirtschaftsrechnungen aller Wirtschaftseinheiten innerhalb der Volkswirtschaft untereinander vergleichbar zu machen, müssen auch die Staatsführungen in den sozialistischen Systemen ein bestimmtes Quantum an Geldmenge als *Grundeinheit* fixieren. Dieses Grundmaß wird durch Gesetz zur nationalen Geld- oder Währungseinheit erklärt. Währungseinheit der DDR ist die „Mark" (→ **Währung/Währungspolitik**).

Im Gegensatz zu den (kapitalistischen) Marktwirtschaften, in denen das Privateigentum an Produktionsmitteln die Grundlage der Entscheidungsautonomie der Unternehmensleitungen bildet, haben die Wirtschaftsführungen der sozialistischen Zentralplanwirtschaften die Tauschmittelfunktion des Geldes auf mannigfache Weise eingeschränkt. Derartige Beschränkungen werden teils aus ordnungspolitischen (ideologischen) und teils aus wirtschaftspolitischen (lenkungssystembedingten) Zielsetzungen und Prinzipien verfügt. So dürfen z. B. die privaten Haushalte in der DDR mit ihren Ersparnissen keine Produktionsmittel erwerben, um etwa einen Industriebetrieb zu gründen. Ebensowenig ist es ihnen möglich, Inlandswährung gegen konvertierbare Währungen anderer Staaten frei einzutauschen. Den Staatsbetrieben (VEB, Kombinate) ist es verboten, die erzielten Geldeinnahmen oder angespartes Geldkapital für nicht plangemäße Zwecke auszugeben.

a) Geld als Maß der Werte und als Maßstab der Preise

Nach Auffassung der marxistisch-leninistischen Politökonomie soll in einer sozialistischen Wirtschaft der Austausch von Waren *im Prinzip* entsprechend dem zu ihrer Herstellung erforderlichen „gesellschaftlich notwendigen Arbeitsaufwand" erfolgen. In der Wirtschaftspraxis der modernen Industriestaaten ist es jedoch nicht möglich, den Wert oder Tauschwert von Waren in Arbeitszeiteinheiten auszudrücken. Die unterschiedliche Qualität der Arbeitsleistungen, die in die produzierten Nahrungsgüter und Industriewaren eingehen, können nicht in bestimmte Mengen eines einheitlichen Zeitmaßes

zerlegt werden. Daher kann die Messung des Wertes von Waren nur indirekt durch ein allgemeines Äquivalent, wie es das Geld ist, erfolgen.
Die Aufgabe des Geldes, Wertmaß zu sein, ist im Grundsatz identisch mit der, als Verrechnungseinheit zu dienen. Dieser Dienst des Geldes ermöglicht die Durchführung von einzelwirtschaftlichen und gesamtwirtschaftlichen Erfolgsrechnungen (→ **Wirtschaftliche Rechnungsführung**). Die „Warenwerte" spiegeln sich also in Geldpreisen wider. Die Ermittlung dieser Tauschwerte erfolgt in der Praxis gemäß den Preiskalkulationsverfahren, die den Betrieben vom Staat jeweils vorgeschrieben werden. Dabei richtet sich die Art der Bemessung von Warenwerten (anzuwendendes Kalkulationsverfahren) danach, welcher „Preistyp" der Preisermittlung bei den einzelnen Warengattungen zugrunde gelegt werden soll (→ **Preissystem und Preispolitik**).
Der entscheidende Unterschied zwischen dieser Form der Preisfestsetzung und der Preisbildung sowie dem Warenaustausch in Marktwirtschaften besteht nach der Auffassung der marxistisch-leninistischen Politökonomen darin, daß „im Kapitalismus das Geld die Funktion als Maß der Werte spontan ausübt". Demgegenüber werde das Geld von den Leitungsinstanzen in sozialistischen Volkswirtschaften dazu benutzt, die Tauschwerte der Waren (Festpreise) so festzusetzen, daß von ihnen Lenkungs- und Stimulierungsimpulse auf die Planträger ausgehen (VEB, Kombinate), um diese dazu anzuspornen, sich mit ganzer Kraft für die Planerfüllung einzusetzen.
In der Wirtschaftspraxis der sozialistischen Staaten erfüllt somit das Geld seine Meßfunktion nur entsprechend der gültigen Wertinterpretation und Anwendung der von der Partei sanktionierten Preistheorie. In der DDR-Wirtschaft sind demnach Wert- oder Preisangaben bei Gütern und Dienstleistungen meist nur annähernd ein Indikator sowohl für die betriebsindividuellen Herstellungskosten als auch für den „gesellschaftlich notwendigen Produktionsaufwand" bei der Erzeugung von Waren. Darüber hinaus spiegeln die behördlich diktierten Geldpreise ebenfalls nicht die Dringlichkeit der Nachfrage nach einzelnen Waren wider (Knappheit der Produktionsmittel und Konsumgüter).

b) Geld als Zirkulationsmittel
Ausgehend von der Marxschen Geldlehre zerlegt die politische Ökonomie der DDR die Tauschmittelfunktion des Geldes in zwei Dienste, und zwar in die Funktion des Zirkulations- und in die des Zahlungsmittels.
Als Zirkulationsmittel dient vollwertiges Geld (Goldgeld) oder Zeichengeld (Papiergeld) immer nur dann, wenn der Austausch von Ware gegen Geld Zug um Zug erfolgt und nicht durch die Gewährung eines Zahlungsziels unterbrochen wird (z. B. durch Einräumung eines Lieferantenkredits). Als Zirkulationsmittel kann daher nur Bargeld dienen. Giralgeld vermag selbst dann nicht die Rolle eines Zirkulationsmittels zu übernehmen, wenn eine Ware sofort z. B. durch einen Scheck bezahlt wird. In diesem Fall ist der unmittelbare Austausch von Ware gegen Geld solange unterbrochen, bis der Scheck eingelöst wird. Wird Bargeld lediglich zur Begleichung von Forderungen und nicht zum Kauf von Waren verwendet, so erfüllt in diesem Fall auch Bargeld keine Zirkulationsfunktion.
In seiner Rolle als Zirkulationsmittel übernimmt das Geld in der Zentralplanwirtschaft der DDR folgende (Informations-)Aufgaben:
a) Mit seiner Hilfe wird die Absatzleistung des Einzelhandels bei Nahrungs- und Genußmitteln sowie bei Industriewaren insgesamt und getrennt nach Warengruppen gemessen. Bezugsgrundlage dieser Ermittlungen sind einerseits die Umsatzstatistiken der Einzelhandelsbetriebe und andererseits die bei der Staatsbank abgelieferten Einnahmen des Handels, die zusammen mit den bargeldlos beglichenen Einkäufen von Verbrauchsgütern den gesamten Einzelhandelsumsatz ergeben. Die für einzelne Wirtschaftsperioden festgestellten Umsätze insgesamt und getrennt nach Warengruppen werden der geplanten Warenbereitstellung gegenübergestellt, um Anhaltspunkte für Verschiebungen in der Bedarfsstruktur der privaten Haushalte zu gewinnen und um Hinweise zu erhalten, ob Kapazitätserweiterungen bzw. -einschränkungen vorgenommen werden müssen.
b) Durch Beobachtung des → **Bargeldumlaufs** und durch die Erfassung der Bargeldverwendung (z. B. mit Hilfe der von der Staatsbank regelmäßig aufgestellten „Bilanz der Geldeinnahmen und Geldausgaben der Bevölkerung") bemüht sich die Wirtschaftsführung ferner darum, die Umlaufgeschwindigkeit des Bargeldes zu messen und das Sparverhalten der privaten Haushalte zu erkunden (Änderung der Sparquote, Vorlieben für bestimmte Sparformen, Entstehen von Bargeldstaus). Die gewonnenen Erkenntnisse werden bei der Ausgestaltung der Geld- und Finanzpolitik verwertet.

c) Geld als Zahlungsmittel
Als Zahlungsmittel dient Geld den Wirtschaftseinheiten sowohl in Form von Bargeld als auch in Form von Giralgeld. Nach der sozialistischen Gt. erhält das Geld seine Fähigkeit, Zahlungsmittel (also nicht: Zirkulationsmittel; s. o.) zu sein dadurch, daß es in der Volkswirtschaft Wirtschaftseinheiten gibt, die in der Lage sind, Kredite zu vergeben. Daher übernimmt das Geld immer dann die Rolle des Zahlungsmittels, wenn zum Zeitpunkt der Begleichung einer Rechnung (Fälligkeitstag) der Empfangstermin der Warenlieferung bereits längere Zeit

zurückliegt. In der DDR ist allerdings eine zeitliche Divergenz zwischen Warenempfang und Bezahlung nur innerhalb gesetzlich festgelegter Fälligkeitsfristen möglich (→ **Zahlungs- und Verrechnungsverfahren**); die Gewährung von Lieferantenkrediten ist verboten. Gäbe es für die Staatsbetriebe derartige Reglementierungen nicht, würde die gewünschte zentrale Erfolgskontrolle über den jeweils erreichten Grad der Planerfüllung und über die tatsächlich verwirklichte Effizienzsteigerung sehr erschwert. Daher dient das Geld in der DDR-Wirtschaft vornehmlich dann als Zahlungsmittel, wenn es sich um die bargeldlose Verrechnung von Leistungstransfers zwischen den Produktionsorganisationen handelt sowie bei der Vergabe von Krediten durch Banken und bei Zahlungen an und aus dem Staatshaushalt.

d) Geld als Kontrollinstrument
Für die Wirtschaftsführung der DDR sind die Dienste des Geldes als Kontrollinstrument unentbehrlich. Um die plangesteuerten Wirtschaftsaktivitäten der Betriebe einer lückenlosen Überwachung zu unterwerfen („Staatskontrolle durch die Mark"), wurden vor allem folgende Maßnahmen zur Erhöhung der Kontrolleffizienz des Geldes ergriffen:
a) Nahezu sämtliche Betriebe aller Eigentumsformen wurden verpflichtet, ihre Forderungen und Verbindlichkeiten aus dem zwischenbetrieblichen Leistungsaustausch nur über das Gironetz der Banken zu verrechnen und die hierfür gesetzlich vorgeschriebenen Verrechnungsverfahren zu benutzen (→ **Bankwesen; Zahlungs- und Verrechnungsverfahren**).
b) Alle VEB, Kombinate, Produktionsgenossenschaften und Kommissionshändler müssen bei den ihnen zugewiesenen Hausbanken ein nach Unternehmensaufgaben spezifiziertes System von Girokonten unterhalten (→ **Kontenführungspflicht**). Die von den Banken mitverwalteten Finanzfondskonten dienen den Produktionsorganisationen als Geldkapitalspeicher und als Finanzierungsquelle für die Erfüllung der verschiedenen Planaufgaben (vgl. AO über die Finanzierungsrichtlinie für die volkseigene Wirtschaft vom 14. 4. 1983, GBl. I, S. 110ff.).
c) Die Bargeldzahlungen zwischen den Betrieben wurden auf Bagatellfälle beschränkt.
d) Die gesamte Kreditgewährung an Produktions- und Dienstleistungsbetriebe wurde bei den Banken konzentriert (Kreditvergabemonopol der staatlichen Bankenorganisation; → **Kredite**).
e) Zu ihren Zentralbankaufgaben mußte die → **Staatsbank** der DDR auch noch sämtliche Geschäftsbankenaufgaben für die vier bedeutendsten Wirtschaftsbereiche (Industrie, Bauwirtschaft, Handel und Verkehr) übernehmen (ausgenommen blieb die Außenhandelsfinanzierung).
f) Alle Entscheidungen über die Höhe der Kredit-, der Verzugs- und Strafzinsen wurden beim → **Ministerrat** und der Staatsbank zentralisiert (→ **Zins und Zinspolitik**).

e) Geld als Akkumulations- und Sparmittel
Auch in den sowjet-sozialistischen Zentralplanwirtschaften wird das Geld in seiner Rolle als Recheneinheit und als Wertmaßstab dann entwertet oder sogar unbrauchbar, wenn seine Kaufkraft nicht stabil bleibt. Solche Kaufkraftverluste werden in der Regel durch ein schnelles Steigen des Preisniveaus verursacht. Seine faktische Tauschmittelkraft nimmt jedoch auch dann ab, wenn in einer sowjet-sozialistischen Volkswirtschaft bei nahezu konstantem Preisniveau immer mehr und immer größere Warenlükken entstehen (= Bildung eines Bar- und Giralgeldüberhangs). Durch eine solche Fehlentwicklung wird vor allem die Funktion des Geldes als Wertaufbewahrungsmittel und Liquiditätsreserve in Mitleidenschaft gezogen. Um das Vertrauen in den Wert der Währung zu erhalten und um sicherzustellen, daß das Geld seine Dienste in vollem Umfang erfüllen kann, müssen daher auch in der DDR Regierung und Staatsbank ihre Wirtschafts- und Gp. darauf ausrichten, die Kaufkraft des Geldes zu stabilisieren und seinen Tauschmittelnutzen zu stärken. Ebenso wie in der Bundesrepublik Deutschland hat auch in der DDR der Gesetzgeber die Zentralbank (Staatsbank) zur „Hüterin der Währung" bestimmt. Zu diesem Zweck hat die Staatsbank u. a. den Bargeldumlauf zu planen, zu regulieren und knapp zu halten, damit die Bildung eines Geldüberhangs vermieden und das Entstehen schwarzer Märkte verhindert wird (→ **Währung/Währungspolitik**).

1. Geld als Mittel zur Akkumulation und Umverteilung
Eine Akkumulation von staatlichem Geldkapital erfolgt in der DDR fast ausnahmslos in folgenden fünf Kapitalsammelbecken:
a) im Öffentlichen Gesamthaushalt (→ **Staatshaushalt**);
b) im Haushalt der Sozialversicherung (→ **Sozialversicherungs- und Versorgungswesen**);
c) in den Finanzfonds der Kombinate und Einzelbetriebe (→ **Fonds**);
d) in den Gewinn- und Reservefonds der Banken und Sparkassen (→ **Bankwesen**);
e) in den Geldkapitalfonds der staatlichen Versicherungsunternehmen (→ **Staatliche Versicherung der DDR**).
Die Akkumulation von Geldkapital in diesen Kapitalsammelstellen erfolgt entweder durch die Erhebung von Zwangsabgaben ohne direkte Gegenleistungen für den Zahlungspflichtigen (→ **Steuern**; Gewinnentnahmen) oder durch die Einziehung von Leistungsentgelten und die Entgegennahme von Sparbeträgen (Gebühren, Beiträge, Soll-Zinsen). Im Unterschied zu Privatpersonen, die über ihre Ersparnisse frei verfügen können, dürfen die soziali-

stischen Wirtschaftsbetriebe, die Banken und Versicherungen nur innerhalb eines staatlich vorgegebenen Handlungsspielraums eigenverantwortlich über die Verwendung des in ihren Finanzfonds angesammelten Geldkapitals entscheiden. Für welche Zwecke die Masse des angesparten Geldkapitals verwendet werden soll, wird sowohl durch Gesetze und behördliche Weisungen bestimmt, als auch durch Planvorgaben der Wirtschaftsverwaltung festgelegt (Umverteilung von Geldkapital zur Erreichung von bestimmten Allokations-, Stimulierungs- und Stabilisierungszielen).

2. Geld als Spar- und Wertaufbewahrungsmittel der Bevölkerung

Zum „Sparmittel" wird das Geld, wenn die privaten Haushalte einen Teil ihrer Bar- und Giralgeldeinnahmen nicht für Konsumzwecke einsetzen wollen oder infolge von Versorgungsschwierigkeiten nicht ihren Bedürfnissen entsprechend einsetzen können. Ist die Rücklagenbildung gewollt, so handelt es sich um freiwillige Ersparnisse. Findet die kaufwillige Bevölkerung für einen Teil ihrer Geldeinkommen keine sinnvolle Verwertung, da die Warenbereitstellung bei Konsumgütern unzureichend ist, entstehen Kaufkraftstaus in Form von Bargeldhorten und in Form von unfreiwilligen Sichtguthabendepots bei den Sparkassen und Banken (Kassenhaltungsinflation).

Auf welche Weise Privatpersonen Geldvermögen bilden und Geld- in Sachvermögen umwandeln können, wird in erster Linie durch den Typ der verwirklichten Wirtschaftsordnung bestimmt. In der DDR werden den Bürgern insgesamt nur zwei Sparformen zur Auswahl angeboten: Spargirosparen und Buchsparen (→ **Sparen**). Zinsanreize durch Staffelung der Haben-Zinsen nach der Festlegungsfrist der Einlagen, mit denen versucht werden könnte, Geldkapital anzulocken und auf Bankkonten längerfristig zu binden, gibt es in der DDR nicht (einheitlicher Zinssatz: 3,25 v.H. jährlich). Neben der Bildung von Sichtguthaben und Kontenersparnissen legen die Bürger der DDR ständig einen ansehnlichen Teil ihrer Ersparnisse in Form von Bargeldhorten an (Sparstrumpfsparen). 1982 verwahrte jeder 3-Personen-Haushalt im Durchschnitt mehr als zwei Monatsgehälter als Liquiditätsreserve zu Hause (2253 Mark; vgl. Tabelle 1).

Je nachdem, ob die Bevölkerung zeitweise das Kontensparen als Anlageform bevorzugt oder der Anhäufung von Bargeldhorten den Vorzug gibt, sinkt oder steigt die in der Volkswirtschaft umlaufende Menge an Bargeld.

VII. Geldemission, Geldschöpfung und -vernichtung

Entsprechend dem Grad der Zentralisierung der Entscheidungen über das Tempo der Kapazitätserweiterungen in den einzelnen Branchen und über die Grundstruktur des Güterangebots hat die Wirtschaftsführung der DDR auch die Entscheidungsgewalt über die Geldversorgung der Volkswirtschaft an sich gezogen. Im Unterschied zur Bundesrepublik Deutschland gibt es in der DDR keine Teilung der Vollmacht über die Gestaltung der Geld- und Währungspolitik zwischen der Regierung (→ **Ministerrat**) und der Zentralbank (→ **Staatsbank**). In der DDR ist die Entscheidungsgewalt über die Geld- und Währungspolitik insgesamt in einer Führungszentrale (→ **Politbüro des ZK der SED**, dem alle anderen staatlichen Organe nachgeordnet sind) zusammengefaßt. Sie erstreckt sich nicht nur auf die Festlegung der Emissionsbedingungen für Zentralbankgeld, sondern auch auf die Regulierung der gesamten Geldschöpfung durch die Geschäftsbanken einerseits sowie auf alle Maßnahmen zur zeitweisen Verringerung der Kaufkraftmasse der Nichtbanken andererseits.

Die Gp. der Staatsführung der DDR ist darauf ausgerichtet, das Geld in den Dienst der Wirtschaftspolitik und der Planerfüllung zu stellen. Aufgrund dieser Unterordnung der Gp. unter die gleichfalls

Tabelle 1
Zusammensetzung der Geldmenge bei den privaten Haushalten in der DDR nach Geldanlageformen
Stand: 31. Dezember (in Mrd. Mark)

Jahr	Geldmenge insgesamt	Bargeld (Bargeldhorte)	Ersparnisse auf Bankkonten	Anteil der Bargeldhorte an der gesamten Geldmenge (in v.H.)
1950	4,64	3,36	1,28	72
1960	22,04	4,54	17,50	21
1965	36,44	5,16	31,28	14
1970	59,56	7,41	52,15	12
1975	85,45	10,14	75,31	12
1980	111,98	12,25	99,73	11
1982	120,10	12,53	107,57	10

zentral entschiedenen gesamt- und einzelwirtschaftlichen Ziele hat die politische Führung der DDR ein System der Geldversorgung geschaffen, das ihr ständige diskretionäre Eingriffe in das Geldangebot der Geschäftsbanken und außerdem eine massive Regulierung der Geldnachfrage der Wirtschaftsbetriebe und privaten Haushalte (Nichtbanken) gestattet. Statt – wie noch in den 50er Jahren – die allokativen und distributiven Impulse des Geldes zu neutralisieren, bemüht sich die Wirtschaftsführung seit der ersten Hälfte der 60er Jahre darum, dessen Steuerwirkungen zu aktivieren und zu nutzen (→ **Neues Ökonomisches System [NÖS]**). (Vgl. H. J. Thieme, Geldpolitik im Wirtschaftssystem der DDR, in: G. Gutmann [Hrsg.], Basisbereiche in der Wirtschaftspolitik der DDR, Asperg b. Stuttgart 1983, S. 187ff.)

Um die Erfolgschancen einer aktiven staatlichen Gp. zu erhöhen, wurden folgende ordnungspolitische Maßnahmen durchgeführt:

a) Die Verstaatlichung aller Banken und der Aufbau einer hierarchischen Bankenorganisation unter Führung der Staatsbank (→ **Bankwesen**).

b) Die Staatsbank wurde der direkten Befehlsgewalt der Führung der → **Sozialistischen Einheitspartei Deutschlands (SED)** und der Regierung unterstellt. Das Gesetz über die Staatsbank von 1974 charakterisiert diese Institution demnach auch zutreffend als abhängiges „Organ des Ministerrates für die Verwirklichung der von Partei und Regierung beschlossenen Geld- und Kreditpolitik in ihrer Gesamtheit" (GBl. I, Nr. 62/1974, S. 580ff.). Ihre feste Einbindung in die Politik der Staatsführung kommt auch darin zum Ausdruck, daß der Präsident der Staatsbank Ministerrang hat und dem Ministerrat angehört.

c) Zur Verwirklichung einer plankonformen Geldversorgung wurden in der Staatsbank sowohl alle herkömmlichen Zentralbankfunktionen als auch sämtliche Geschäftsbankaufgaben gegenüber den Wirtschaftsbereichen Industrie, Bauwirtschaft, Handel und Verkehr vereinigt (Modell einer einstufigen Bankenorganisation). Diese Konzentration von Aufgaben soll die Voraussetzung dafür schaffen, daß die Kreditgewährung an die einzelnen Wirtschaftsbereiche (Geldschöpfung) dem Volumen nach festgelegt und Kredite gezielt nach Verwendungszwecken, Branchen und Einzelbetrieben bewilligt oder verweigert werden können. – Eine Trennung von Zentralbank- und Geschäftsbankaufgaben auf zwei Bankinstitute (Modell einer zweistufigen Bankenorganisation), wie sie in der DDR im Rahmen eines 1967 begonnenen Wirtschaftsreformexperiments (→ **Ökonomisches System des Sozialismus [ÖSS]**) eine Zeitlang erprobt worden war, wurde 1974 wieder aufgegeben (→ **Bankwesen**).

In der DDR ist nur die Staatsbank berechtigt, gesetzliche Zahlungsmittel (Banknoten, Münzen, Sonderprägungen) auszugeben (Emissionsmonopol). Allein sie ist für die Finanzierung der Staatswirtschaft zuständig. Darüber hinaus muß sie die Aufgaben eines Verrechnungszentrums für den bargeldlosen Zahlungsverkehr zwischen den Produktionsorganisationen erfüllen und für den Kassenvollzug bei der Mittelbeschaffung des Staates und bei der Finanzierung öffentlicher Aufgaben sorgen. Auf der Grundlage der Emissionsdirektiven der Regierung reguliert die Staatsbank das gesamtwirtschaftliche Geldangebot. Dabei erfolgt die Geldschöpfung fast ausschließlich durch die Gewährung von Krediten an die Nichtbanken. Unter Hinweis auf diese Hauptmethode der Geldschöpfung bezeichnet daher auch die sozialistische Gt. das Zentralbankgeld, welches den Nichtbanken zur Verfügung gestellt wird, als „Kreditgeld". In Hinblick auf *dieses* Wesensmerkmal ist die Geldordnung der DDR derjenigen der Bundesrepublik ähnlich. Auch die in der Bundesrepublik Deutschland errichtete Geldordnung ist ihrer Konstruktion nach ein Kreditgeldsystem. Ein wesentlicher Unterschied zwischen den Geldordnungen beider Staaten besteht jedoch darin, daß in der DDR die Geschäftsbanken keine eigenen Befugnisse zur Kredit- und Geldschöpfung besitzen, die sie zur Verwirklichung von betriebsindividuellen Gewinn- und Rentabilitätszielen nutzen könnten.

Die Steuerung des Geldangebots und der Geldnachfrage erfolgt in der DDR in der Hauptsache durch 3 Lenkungsmethoden:

1. Steuerung des Geldangebots. In allen Zentralplanwirtschaften sowjetischen Typs wird das Geldangebot in erster Linie durch eine zentral diktierte Erhöhung oder Verringerung der Kreditgewährung an die Nichtbanken verändert. Hierdurch soll eine stabilitätsgerechte Regulierung des Giral- und Bargeldumlaufs erreicht werden. Zu diesem Zweck erhält in jeder Wirtschaftsperiode sowohl der Geschäftsbankenbereich der Staatsbank als auch jede einzelne Geschäftsbank von der Zentrale der Staatsbank in Berlin (Ost) bestimmte Obergrenzen der Kreditgewährung vorgeschrieben (zentrale Zuteilung von Kreditkontingenten). Ohne Zustimmung der Staatsbankzentrale dürfen die Einzelbanken ihre Kreditplafonds nicht überschreiten.

2. Steuerung der Geldnachfrage. a) Um zu erreichen, daß durch die Geschäftsbanken nur solche Kreditanträge angenommen werden, die der Erfüllung und Übererfüllung der staatlichen Wirtschaftspläne dienen, legt die Wirtschaftsführung durch Gesetze oder durch operative Verfügungen im Detail fest, welche Kreditvoraussetzungen von den Geldnachfragern (Wirtschaftsbetriebe, private Haushalte) erfüllt werden müssen, um ein Darlehen zu erhalten (→ **Investitionen; Investitionsplanung; Investitionsrechnung; Kredite**).

b) Ein in der DDR ausgiebig und vielseitig eingesetztes Mittel der Geldnachfrageregulierung ist die

Instrumente der Geldpolitik in der DDR

Instrumente zur Regulierung der Geldversorgung der Geschäftsbanken

1. Zuteilung von nach einzelnen Geschäftsbanken differenzierten Kreditschöpfungsspielräumen durch die Zentrale der Staatsbank (Kreditplafonds)
2. Verpflichtung der Geschäftsbanken, alle Überschußreserven, welche nicht zur Finanzierung von Planaufgaben benötigt werden, an die Zentralbank abzuführen und diese dort zinslos auf Konten zu deponieren
3. Regulierung der Nachfrage der Geschäftsbanken bei der Zentralbank zwecks Aufnahme von „Refinanzierungskrediten" im Falle von Liquiditätsengpässen durch Vorgabe einschränkender Kreditaufnahmebedingungen

Instrumente zur Regulierung der Geldversorgung der privaten Haushalte

1. Betriebskontrollen der Banken mit dem Ziel zu verhindern, daß durch die Betriebe höhere Löhne gezahlt werden als sie von der Wirtschaftsführung diktiert worden sind (Betriebsexterne Lohnfondskontrollen)
2. Zentrale Vorgabe der Kreditbedingungen für die Aufnahme von Konsumentenkrediten und Begrenzung der insgesamt pro Jahr bewilligten Ausleihsumme (Kreditplafondierung)
3. Werbung für das Buchsparen

Instrumente zur Regulierung der Geldversorgung der Kombinate, Einzelbetriebe und Produktionsgenossenschaften

1. Zentrale Vorgabe von selektiven Kreditbedingungen zur Begrenzung des Kreditvolumens und zur Lenkung der bereitgestellten Kreditmittel in die vom Staat privilegierten Verwendungen
2. Regulierung der Kredit- und Geldnachfrage durch zentrale Festsetzung der Kreditkosten (Schuldzinsen)

zentrale Festsetzung der Kreditkosten. Ausgehend von einem Grundzinssatz von jährlich 5 v.H. wird dabei von den Banken die Höhe der Soll-Zinsen nach Kreditnehmern, Kreditanlässen und nach Finanzierungszwecken stark differenziert (→ **Zins und Zinspolitik**).

Zur Projektierung einer stabilitätsgerechten Kreditvergabe wird von der Staatsbankzentrale für jedes Wirtschaftsjahr ein *globaler Kreditplan* in Bilanzform aufgestellt. Von dieser gesamtwirtschaftlichen Kreditbilanz werden die für die einzelnen Bankbetriebe maßgebenden Kreditpläne abgeleitet. In der globalen Kreditbilanz werden die Quellen der Geldentstehung (das sind zeitweilig freie Geldkapitalfonds der Wirtschaftsbetriebe, der Gebietsverwaltungen und der privaten Haushalte) erfaßt und die Verwendung der bei den Geschäftsbanken anfallenden Überschußreserven ausgewiesen. Bei der Aufstellung der Bilanz wird zunächst der Anfangsbestand der Kreditquellen und der Kreditausreichungen in der Volkswirtschaft ermittelt und danach der angestrebte Endbestand der einzelnen Bilanzposten festgelegt. Während und nach Ablauf des Planjahres wird dann durch Soll-Ist-Vergleiche geprüft, ob die tatsächliche Geldschöpfung und -vernichtung plangemäß erfolgt ist. Die gesamtwirtschaftliche Kreditbilanz und die Kreditpläne der einzelnen Bankbetriebe bilden somit die für ein Planjahr maßgebende *Emissionsdirektive*. Aufgrund ihrer wirtschafts- und geldpolitischen Bedeutung wird die gesamtwirtschaftliche Kreditbilanz vom Ministerrat zusammen mit dem Jahresvolkswirtschaftsplan und dem Staatshaushaltsplan beraten und verabschiedet. Eine Veröffentlichung der Plan- und Ist-Bilanzen des Geld- und Kreditsystems erfolgt jedoch nicht.

Die Kreditbilanz ist somit das wichtigste geldpolitische Führungsinstrument des Staates zur „Sicherung der Einheit von materieller und finanzieller Planung" und zur Vermeidung eines Geldwertverfalls durch Entstehung unverwertbarer Kaufkraftmengen. Diese Bilanz weist die Gesamtheit der Geldentstehungsquellen und die Verwendung der ausgezahlten Leihsummen getrennt nach Kreditnehmergruppen, Wirtschaftsbereichen, Branchen und Kreditarten aus. (Vgl. das folgende Schema der gesamtwirtschaftlichen Kreditbilanz der DDR.)

Tabelle 2

Schema der gesamtwirtschaftlichen Kreditbilanz der DDR (Plan- und Ist-Bilanz für ein Wirtschaftsjahr)

Kreditquellen (Geldentstehungsquellen)	Anfangs-bestand (1. 1.)	End-bestand (31. 12.)	Verwendung der Kreditquellen	Anfangs-bestand (1. 1.)	End-bestand (31. 12.)
1. Reservefonds der Staatsbankzentrale und Eigenkapital der Staatsbank, der Geschäftsbanken und Sparkassen			1. Kredite an die sozialistische Wirtschaft untergliedert nach:		
2. Einlagen der sozialistischen Wirtschaft (Kombinate, VEB, LPG usw.) untergliedert nach:			a) Wirtschaftsbereichen und Wirtschaftszweigen		
a) Wirtschaftsbereichen und Wirtschaftszweigen			b) Eigentumsformen der Wirtschaftsbetriebe		
b) Eigentumsformen der Wirtschaftsbetriebe			c) Umlaufmittelkrediten und Investitionskrediten (Grundmittelkrediten)		
3. Einlagen der restlichen privaten Gewerbebetriebe			2. Kredite an die restlichen privaten Gewerbebetriebe		
4. Einlagen der Außenhandelsbetriebe			3. Kredite an Außenhandelsbetriebe		
5. Einlagen der Wohnungsbaubetriebe und Wohnungsverwaltungen			4. Kredite an die Wohnungsbaubetriebe und Wohnungsverwaltungen für Neubauten und für die Modernisierung und Werterhaltung des Althausbestandes		
6. Einlagen der Versicherungen					
7. Einlagen des Zentralstaates, der Gebietseinheiten und der staatlichen Einrichtungen auf dem Gebiete der Kultur, des Sozial-, Gesundheits- und Bildungswesens (Kassenbestand, Haushaltsreserven)			5. Kredite für den Bau staatlicher Einrichtungen auf dem Gebiete der Kultur, des Sozial-, Gesundheits- und Bildungswesens		
8. Einlagen der gesellschaftlichen Organisationen			6. Kredite an die Bevölkerung (Konsumentenkredite)		
9. Einlagen der privaten Haushalte					
Kreditquellen insgesamt			Insgesamt gewährte Kredite		

Quellen: H. Buck, „Technik der Wirtschaftslenkung in kommunistischen Staaten“, 2 Bände, Band 2, Coburg 1969, S. 642–663; Autorenkollektiv, „Das Finanzsystem der DDR“, Berlin (Ost) 1962, S. 531–539; H.-H. Kinze, H. Knop, E. Seifert (Hrsg.), „Volkswirtschaftsplanung“, Berlin 1975, S. 219/220; und K. H. Hartwig, „Aufbau und Funktionsweise des Währungssystems der DDR“, in: G. Gutmann (Hrsg.), Basisbereiche der Wirtschaftspolitik in der DDR, Asperg bei Stuttgart 1983, S. 167–185, hier S. 173 ff.

Der größte Teil des Kreditvolumens, das die Banken in der DDR insgesamt pro Jahr bereitstellen dürfen, besteht aus Umlaufmittelkrediten (→ **Umlaufmittel**). Umlaufmittelkredite werden in erster Linie als „Plankredite“ gewährt. Durch sie wird ein bestimmter Anteil der behördlich als betriebsnotwendig anerkannten Bestände der Wirtschaftsunternehmen an Vorprodukten und Fertigwaren mitfinanziert. Umlaufmittelkredite dienen ferner in Form von „Zusatzkrediten“ der Finanzierung einer erwünschten Planübererfüllung. Außerdem müssen sie dann als „Sonderkredite“ bereitgestellt werden, wenn bei Betrieben zeitweilige Liquiditätsengpässe infolge von Planwidrigkeiten auftreten.

Die geldpolitischen Gefahren, die mit jeder Kreditgewährung verbunden sind, werden in folgendem Beispiel deutlich: Bei jedem auf Antrag gewährten „Zusatzkredit im volkswirtschaftlichen Interesse“ wird zusätzliches Geld in Umlauf gebracht. Dient ein Teil des Kredites zur Lohnzahlung, erhöht dieser die kaufkräftige Nachfrage der Bevölkerung nach Verbrauchsgütern. Die zusätzlich in Umlauf gebrachte Tauschgeldmenge erhält jedoch erst dann die erforderliche Warendeckung, wenn auch die geplante Produktionsausweitung, für die der Zusatzkredit gebraucht wurde, tatsächlich stattgefunden hat. Ob allerdings die kreditfinanzierte Ausweitung erfolgreich war, läßt sich erst im nachhinein feststellen. Finden z. B. die zusätzlichen Erzeugnisse ganz oder teilweise keine Abnehmer (unverkäufliche Überplanbestände), so kann auch diese erweiterte Produktion zu einem Geldüberhang führen.

In der Gt. der DDR wurde lange Zeit die These vertreten, daß aus einer Geldmengenvermehrung, die an das Wachstum der Kreditquellen der Banken angepaßt ist, keine stabilitätspolitischen Probleme entstehen könnten. Hinter dieser Auffassung stand die Überlegung, daß die Banken doch immer nur so viele Ausleihungen vornehmen könnten, wie sich bei ihnen einsetzbare Überschußreserven an Sichtguthaben und Geldkapital angesammelt haben. Schließlich beruhe jede Bildung von Ersparnissen auf dem Verzicht der Inanspruchnahme von materiellen Ressourcen; deshalb könne das bei den Banken stillgelegte Geldkapital auf andere Geldnachfrager (Kreditnehmer) „umverteilt" und zur Finanzierung von wirtschaftlichen Aktivitäten eingesetzt werden. – Im Laufe der 60er Jahre wurden diese Begründungen jedoch nach und nach als unbrauchbar für die Geldangebotssteuerung verworfen. Nunmehr wurde festgestellt, daß innerhalb der Bankenorganisation „Kredite und Kreditquellen stets zeitgleich entstehen" und eine Ausweitung des Kreditvolumens zwangsläufig auch eine gleiche Expansion der Kreditquellen bewirkt. Eine sich derart selbst ernährende, multiple Kreditschöpfung führe innerhalb kurzer Zeit zu einer solchen Kaufkraftvermehrung, daß die kaufkräftige Nachfrage der Nichtbanken dann die realen Leistungsmöglichkeiten der Volkswirtschaft übersteigt. Ein solches schnelles Auseinanderdriften von Geldmengenwachstum und Zunahme der Güterbereitstellung ist vor allem dann

Zentrale Ziele der Geldpolitik in der DDR

Gesamtwirtschaftliche Orientierungsziele der Geldpolitik

1. Volle Ausnutzung des vorhandenen volkswirtschaftlichen Leistungsvermögens (Restloser Einsatz der Produktionskapazitäten)
2. Eingliederung der arbeitsfähigen Bevölkerung in den Arbeitsprozeß (Vollbeschäftigung)
3. Stimulierung der Effektivität der Wirtschaftsprozesse und Erweiterung zukunftsträchtiger Produktionskapazitäten (Erzielung von Wachstumsgewinnen durch geldpolitische Stimulierung von Intensivierungsmaßnahmen)
4. Verhinderung der Entstehung von Kaufkraftstaus (Geldüberhang) (Sicherung des Gebrauchswertes des Geldes als Recheneinheit, Tauschmittel und Wertaufbewahrungsmittel)

Zentralziele der Geldpolitik bei der Geldversorgung der Nichtbanken (Wirtschaftsbetriebe, private Haushalte)

(Abstützungsziele zur Erreichung der gesamtwirtschaftlichen Orientierungsziele)

1. Regulierung der Liquidität der Geschäftsbanken ausgehend von dem von den staatlichen Wirtschaftsplänen abgeleiteten Geldbedarf der einzelnen Kundenkreise der Banken
2. Bereitstellung des für die Planerfüllung der Wirtschaftsbetriebe erforderlichen Geldkapitals
3. Anpassung der Geldversorgung der Nichtbanken im Laufe des Wirtschaftsjahres an die tatsächlich erreichte Planerfüllung (Planuntererfüllung, Planübererfüllung)
4. Vermeidung von Finanzierungsengpässen, die zu einer Unterdrückung oder Abschwächung zusätzlicher Leistungsangebote der Wirtschaftsbetriebe über die Planziele hinaus führen
5. Anpassung der Geldmengenvermehrung an das Wachstum des realen volkswirtschaftlichen Leistungsvermögens
6. Erhöhung der Tauschgeldmenge der Bevölkerung durch Gewährung von Konsumentenkrediten nur entsprechend der Zunahme der Warenbereitstellung bei den langlebigen Verbrauchsgütern, bei denen Kreditkäufe erlaubt sind

unvermeidlich, wenn die auf den Bankkonten deponierten Guthaben die Folge von Warenlücken sind und nicht auf einen freiwilligen Verzicht auf den Erwerb von Investitions- und Konsumgütern zurückgehen. (Vgl. zum gegenwärtigen Diskussionsstand H.-H. Kinze, H. Knop, E. Seifert [Hrsg.], Volkswirtschaftsplanung. Lehrbuch. Berlin [Ost] 1975, S. 340.) In Übereinstimmung mit den Lehren für eine monetaristisch geprägte Wirtschaftspolitik, die heute in den meisten führenden Industriestaaten des Westens befolgt werden, soll sich somit auch in der Volkswirtschaft der DDR die zentral gelenkte Geldversorgung am Wachstum des realen Leistungsvermögens der Wirtschaft orientieren.

VIII. Die Zusammensetzung der gesamtwirtschaftlichen Geldmenge

Aus welchen Geldkomponenten sich die gesamtwirtschaftliche Geldmenge zusammensetzt, ist davon abhängig, wie diese Globalgröße inhaltlich bestimmt wird: „Die definitorische Bestimmung der Geldmenge richtet sich nach dem Untersuchungszweck", der mit der Ermittlung des Volumens einer bestimmten Geldmenge verfolgt wird (K.-H. Hartwig, Aufbau und Funktionsweise des Währungssystems der DDR, in: G. Gutmann [Hrsg.], Basisbereiche . . ., a. a. O., S. 170ff.). Generell werden zur Geldmenge die frei verfügbaren Tauschmittel der Nichtbanken (Bargeld) und die leicht in Geld umwandelbaren Finanzaktiva (z. B. Sichtguthaben auf den Girokonten) gezählt. Die gesamtwirtschaftliche Geldmenge umfaßt in der DDR bei weiter Abgrenzung folgende Geldkomponenten:

1. Die von den privaten Haushalten gehaltene Geldmenge.

a) Bargeldbestände der Privatpersonen (Rentner, Erwerbstätige), Vereine ohne Erwerbscharakter und kleine private Gewerbetreibende;
b) Sichtguthaben der Bevölkerung auf den Spargirokonten;
c) Spareinlagen auf den Buchsparkonten;
d) Horte an konvertierbaren Währungen westlicher Industriestaaten.

2. Die Geldmenge im Besitz der Produktions- und Handelsbetriebe, der öffentlichen Einrichtungen und gesellschaftlichen Organisationen.

a) Kassenmittel der VEB, Kombinate, Produktionsgenossenschaften und sonstigen Betriebe;
b) Sichtguthaben auf den Verrechnungs- und Finanzfondskonten der Wirtschaftsbetriebe, soweit sie im Planjahr nicht gesperrt, sondern zur Erfüllung der Planaufgaben freigegeben wurden;
c) Kassenmittel der öffentlichen Einrichtungen und der gesellschaftlichen Organisationen (→ **Massenorganisationen**);
d) Sichtguthaben der öffentlichen Einrichtungen und gesellschaftlichen Organisationen, deren Einsatz während des Haushaltsjahres geplant ist.

Von der gesamten Geldmenge, die sich im Besitz der Nichtbanken befindet, sind nur die Bargeldbestände, die Sichtguthaben und die Buchsparrücklagen der privaten Haushalte einigermaßen frei verfügbares Geld. Richten sich die Kaufwünsche der DDR-Bürger nicht auf verbotene Güter (Lkw, industrielle Investitionsgüter, Kopierautomaten und vergleichbare Produktionsmittel) sondern auf Konsumartikel, so dürfen sie ihr Geld aufgrund der ihnen gewährten **Konsumfreiheit** gemäß ihren individuellen Vorlieben ausgeben. Die kurzfristigen Einlagen der staatlichen und genossenschaftlichen Wirtschaftsbetriebe sind hingegen kein potentielles Geld, das von den Betriebsleitungen jederzeit aktiviert werden kann, um betriebsindividuelle Wirtschaftsinteressen zu verwirklichen. Ihr Einsatz als Tauschmittel ist beschränkt, da die maßgebenden Verfügungsrechte über dieses Geldkapital bei der zentralen staatlichen Wirtschaftsführung konzentriert sind. Die Verwendung dieser Einlagen wird zwar nicht vollständig durch betriebsexterne Leitungsinstanzen diktiert, doch besteht für ihren Einsatz eine weitgehende Plan- und Zweckbindung. Bei weitgefaßter Geldmengendefinition müssen auch die Depositen der sozialistischen Wirtschaftsbetriebe mit zur Tauschgeldmenge gerechnet werden. Allerdings dürfen die Betriebsleitungen über die Verwendung „ihrer" Geldkapitalfonds nur im Rahmen der ihnen übertragenen operativen Leitungsbefugnisse mitbestimmen.

Noch stärkeren Nutzungsbeschränkungen und Verwendungsgeboten, als sie für die Geldkapitalfonds der sozialistischen Betriebe bestehen, unterliegt das Geld, das die Gebietseinheiten (Volksvertretungen und ihre Räte [→ **Räte im Staatsapparat**]) und öffentlichen Einrichtungen den Banken für eine (zumeist nur kurze) Zeit in Verwahrung geben. Dessen Verwendung ist durch die jährlichen Haushaltspläne, die Haushaltsordnung und durch die operativen Verfügungen der SED-Führung, des Ministerrates und der Exekutivbehörden fast vollständig festgelegt. Den nachgeordneten Volksvertretungen und deren Verwaltungen sowie den Haushaltsorganisationen bleibt nur ein geringfügiger Spielraum, um eigene, der Lösung örtlicher Probleme dienende und noch nicht in den Plänen berücksichtigte Vorhaben zu finanzieren.

Die Statistik der DDR gibt allerdings nur über die Geldmenge Auskunft, die sich bei den privaten Haushalten in Form von Bargeld, Spargiroguthaben und Buchsparbeträgen angesammelt hat. Eine Aufteilung der Depositen bei den → **Sparkassen**, Genossenschaftskassen und sonstigen Bevölkerungsbanken nach Buchsparguthaben und Geldanlagen auf den Spargirokonten erfolgt seit 1974 nicht mehr (→ **Sparen**).

Während der letzten 15 Jahre haben die Banken in der DDR ihre Dienstleistungen für ihre privaten

Kunden laufend verbessert. Durch diese Maßnahmen sollten der Bevölkerung eine leichtere Erledigung ihrer Zahlungsverpflichtungen ermöglicht, der bare Zahlungsverkehr zurückgedrängt sowie die Auflösung von privaten Bargeldhorten gefördert werden. Die zuletzt genannte Zielsetzung wurde bisher jedoch nur zum Teil erreicht. In den letzten 15 Jahren nahm der Anteil der Bargeldhorte an der gesamten privaten Geldhaltung nur zögernd ab (von 13 v. H. 1967 auf 10 v. H. 1982). Die gesamte einsetzbare Kaufkraftmasse der privaten Haushalte bestand in dieser Zeit im Durchschnitt zu 12 v. H. aus Bargeld (vgl. Tab. 1). Die Liquiditätsvorliebe der DDR-Bürger verwundert, weil die auf den Spargirokonten deponierten Sichtguthaben im Unterschied zu den Sparstrumpfreserven mit 3,25 v. H. verzinst werden. Spargiroguthaben können außerdem jederzeit in voller Höhe abgehoben werden und sind deshalb ein ebenso liquides Tauschmittel wie Bargeld. Auch werden alle Spargiro- und Sparkonten von den Sparkassen und Banken gebührenfrei geführt. Trotzdem betrugen die zu Hause verwahrten Barreserven der DDR-Bürger Ende 1982 im Durchschnitt 751 Mark je Einwohner (vgl. Tab. 2). Um diese Bestände abzubauen und möglichst alle freien Barmittel bei den Banken zu konzentrieren, hat der Gesetzgeber auch die Sparkonten zum Überweisungsverkehr berechtigt. Ist auf Antrag des Sparers das Sparbuch bzw. das Sparkonto zum Freizügigkeitsverkehr zugelassen worden, so kann er bei allen 12000 Postämtern und bei sämtlichen Geld- und Kreditinstituten, die dem Sparverkehr angeschlossen sind, unter Vorlage seines Personalausweises Einzahlungen und Abhebungen vornehmen. Werden darüber hinaus zu Lasten eines Sparkontos Bar- oder Verrechnungsschecks sowie Überweisungsaufträge eingereicht, so muß lediglich das Sparbuch mit vorgelegt werden, damit der Betrag sofort vom vorhandenen Guthaben abgebucht werden kann. – Trotz dieser Maßnahmen war Ende 1982 bei den privaten Haushalten in der DDR eine Kaufkraftmasse vorhanden, die dem 1,2fachen Wert aller im gleichen Jahr an die Bevölkerung verkauften Verbrauchsgüter (Einzelhandelsumsatz und Umsatz in Gaststätten) entsprach.

IX. Westdevisen als Nebenwährung in der DDR

Bei der Ermittlung der Kaufkraftmasse im Besitz der Bevölkerung darf nicht übersehen werden, daß in der DDR die aktive Tauschgeldmenge nicht nur aus Beständen an Inlandswährung besteht. Seitdem für Privatpersonen die generelle Pflicht zur Ablieferung von Westvaluta bei der Staatsbank aufgehoben wurde und private Devisenhorte nicht mehr unter Strafe gestellt sind, hat in der DDR die DM die Rolle einer Nebenwährung übernommen. (Vgl. das Devisengesetz vom 19. 12. 1973, GBl. I, S. 574ff., und die 5 zu diesem Gesetz erlassenen DB in GBl. I, S. 579ff.) (→ **Devisen; Währung/Währungspolitik**.) Zwar verlangt das am 1. 2. 1974 in Kraft getretene Devisengesetz noch immer, daß Deviseninländer alle empfangenen Westvaluta innerhalb von 7 bis 14 Tagen der Staatsbank zum Ankauf anbieten müssen. Von dieser Anbietungspflicht sind jedoch die Bürger der DDR dann befreit, wenn sie die aus der Bundesrepublik mitgebrachten oder von dort erhaltenen DM oder andere Westdevisen-Beträge für den Kauf

Tabelle 3
Durchschnittliches Wachstum der Bargeldhorte bei einem 3-Personen-Haushalt in der DDR 1970–1982
(Stand: 31. Dezember)

Jahr	Durchschnittliche Bargeldreserve eines 3-Personen-Haushalts	Zunahme der Bargeldreserve im Verhältnis zum Vorjahr	Durchschnittliches monatliches Arbeitseinkommen je vollbeschäftigten Arbeiter und Angestellten in der staatlichen Wirtschaft
	in Mark	in v. H.	in Mark
1970	1 302		762
1971	1 353	+ 4	792
1972	1 548	+ 14	818
1973	1 626	+ 5	836
1974	1 701	+ 5	867
1975	1 809	+ 6	897
1976	1 878	+ 4	927
1977	2 025	+ 8	954
1978	2 133	+ 5	985
1979	2 217	+ 4	1 014
1980	2 196	− 1	1 030
1981	2 208	+ 1	1 055
1982	2 253	+ 2	1 075

Quellen: Statistische Jahrbücher der DDR; darunter Statistisches Jahrbuch 1983, S. 127 und S. 260.

von Waren in den eingerichteten Devisenläden verwenden (→ **Intershops**).
Für den Kurswechsel 1973/74 in der Devisen- und Gp. war ausschlaggebend, daß sich die Staatsführung der DDR von dieser Maßnahme eine Linderung des chronischen Devisenmangels versprach. Die Einrichtung der Intershops und die Möglichkeit zur genehmigungsfreien Verwendung von Westvaluta durch Inländer sollten bewirken, daß die geheimen privaten Devisenhorte zugunsten der staatlichen Devisenkasse aufgelöst werden. Weiter erhoffte sich die Wirtschaftsführung eine Verstärkung des ständigen Zustroms von Westvaluta in die DDR über private Kanäle. Diese Lockerungen haben weitgehend den erhofften Erfolg gehabt. Ende 1978 gab die SED-Führung den jährlichen Umsatzerlös der über 100 Devisenläden mit rd. 700 Mill. DM an. Danach dürfte Ende der 70er Jahre der Devisengewinn der DDR-Regierung aus den Intershops etwa 300–350 Mill. DM betragen haben (ND 14. 12. 1978) (→ **Westgeldeinnahmen; Zahlungsverkehr, Grenzüberschreitender**).
Auch die Einführung der Wertschecks im Jahre 1979 führte nicht zu einer Verdrängung der DM aus der Geldzirkulation. Dadurch, daß die DM nun nicht mehr von DDR-Bürgern direkt zur Bezahlung der Einkäufe in den Intershops genutzt werden kann, wurde lediglich erreicht, daß sie in der inländischen Geldzirkulation optisch etwas in den Hintergrund gedrängt worden ist. Daß die DM und andere Westvaluta neben der Mark der DDR Geldfunktionen übernommen haben, zeigt sich vor allem darin, daß westliche Währungen überall dort als Recheneinheit und Tauschmittel Verwendung finden, wo Nachfrager dringend gewünschte Güter und Dienstleistungen nur dann im Bereich der Schattenwirtschaft erwerben können, wenn sie diese ganz oder teilweise mit konvertierbarer Währung bezahlen. Die Westdevisen dienen darüber hinaus den Bürgern auch als ein geschätztes Wertaufbewahrungsmittel.
Die Übertragung westlicher Devisen an private Empfänger in der DDR bewirkt nur in Ausnahmefällen auch eine direkte Erhöhung der umlaufenden Geldmenge in Inlandswährung. Eine derartige Expansion erfolgt nur dann, wenn Deviseninländer der Staatsbank Westvaluta zum Ankauf anbieten und statt der Aushändigung von Intershop-Schecks die Auszahlung von Mark verlangen. Werden die auf diese Weise erworbenen gesetzlichen Zahlungsmittel nicht längerfristig auf Sparkonten deponiert und so dem Geldumlauf entzogen, vergrößert sich hierdurch die kaufkräftige Nachfrage im Inland.
Da DDR-Bürger mit einem solchen Umtausch jedoch ihre einzige Zugriffsmöglichkeit auf die Qualitätsprodukte westlicher Konsumwarenmärkte verlieren würden, ist es mehr als unwahrscheinlich, daß Bewohner der DDR Interesse daran haben, Valuta in einem nennenswerten Umfang in Mark umzutauschen. Deshalb wird selbst ein verstärkter Zustrom von Westdevisen in die DDR keinen spürbaren expansiven Effekt auf die private Tauschgeldmenge in Mark haben. (Vgl. E. Sell u. H. J. Thieme, Nebenwährungen bei zentraler Planung des Wirtschaftsprozesses, in: A. Schüller u. U. Wagner [Hrsg.], Außenwirtschaftspolitik und Stabilisierung von Wirtschaftssystemen, Stuttgart u. New York 1980, S. 127ff.)
→ **Bankwesen; Preissystem und Preispolitik; Währung/Währungspolitik; Zahlungs- und Verrechnungsverfahren; Zins und Zinspolitik.**

Hannsjörg F. Buck

Literaturangaben

Ergänzend zu der im Text angeführten Literatur wird auf folgende Fachveröffentlichungen verwiesen:

Autorenkollektiv: Geld und Geldzirkulation in den sozialistischen Ländern, in: Sozialistisches Weltwirtschaftssystem; Grundzüge und Gesetzmäßigkeiten des sozialistischen Weltwirtschaftssystems, Bd. 2. Berlin (Ost): Staatsverl. d. DDR 1968, S. 275–297.

Block, Herbert: Die Marxsche Geldtheorie, Jena: Fischer 1926.

Brück, Franz: Die Funktion der Geldpolitik in zentralgelenkten Wirtschaften, dargestellt am Beispiel der DDR. Dissertation. Gießen 1968.

Buck, Hannsjörg F.: Technik der Wirtschaftslenkung in kommunistischen Staaten. Coburg 1969, Bd. I, S. 34–97; Bd. II, S. 603–663.

Egerland, H.: Zur Marxschen Geldtheorie und ihrer Ausnutzung in der DDR, in: Finanzpolitische Information. Berlin (Ost), Nr. 9/1967, S. 28–45.

Elster, Karl: Vom Rubel zum Tscherwonjez. Zur Geschichte der Sowjet-Währung, Jena 1930.

Garvy, George: Money, Banking and Credit in Eastern Europe, hrsg. von der Federal Reserve Bank of New York. New York 1966.

Jansen, Paul: Das Inflationsproblem in der Zentralverwaltungswirtschaft. Eine Untersuchung unter besonderer Berücksichtigung der Sowjetunion und der DDR. Stuttgart, New York: Fischer 1982. (Schriften zum Vergleich von Wirtschaftsordnungen, Heft Nr. 31.)

Laski, K.: Inflationsprobleme in den sozialistischen Ländern, Forschungsbericht Nr. 38 des Wiener Instituts für Internationale Wirtschaftsvergleiche, Wien 1977.

Lemmnitz, Alfred: Das Geld in der DDR, in: Deutsche Finanzwirtschaft, Nr. 7/1956, S. 308/309; Nr. 8/1956, S. 360/361, und Nr. 9/1956, S. 412/413.

Pütsch, Manfred: Die Staatsbank der DDR. Frankfurt: Knapp 1978.

Schenk, Karl-Ernst (Hrsg.): Lenkungsprobleme und Inflation in Planwirtschaften. Berlin 1980. Schriften des Vereins für Socialpolitik, neue Folge, Band 106, S. 45–70.

Schroeter, Hans-Joachim: Die Deutsche Notenbank als Instrument sowjetzonaler Wirtschaftspolitik, Dissertation. Königstein (Taunus) 1966.

Schwarz, Bernhard: Geld und Kredit in den osteuropäischen RGW-Ländern, HWWA-Report Nr. 35, hrsg. vom HWWA-Institut für Wirtschaftsforschung. Hamburg 1976.

Thieme, H. Jörg, und Karl-Hans Hartwig: Schwankungen von Geldmenge, Umlaufgeschwindigkeit und Inflationsrate: Diagnose und Meßprobleme in unterschiedlichen Wirtschaftssystemen, in: Thieme, H. Jörg (Hrsg.): Gesamtwirtschaftliche Instabilitäten im Systemvergleich. Stuttgart, New York: Fischer 1979, S. 97–115.

Thieme, H. Jörg: Probleme der Definition und Messung von Inflationen in Systemen zentraler Planung, in: Schenk, Karl-Ernst (Hrsg.): Lenkungsprobleme und Inflation in Planwirtschaften, Schriften des Vereins für Socialpolitik, neue Folge, Bd. 106. Berlin 1980, S. 45–70.

Tiegel, Dieter: Zum Problem der Geldversorgung bei zentraler Lenkung des Wirtschaftsprozesses, Dissertation. Marburg 1968.

Tiegel, Dieter: Zu den Wandlungen der Marxschen Geldlehre in der sowjetischen Ökonomie, in: Kredit und Kapital, Nr. 1/1974, S. 23–47.

Gemeinde: Die G. sind als kreisangehörige Städte und Land-G. territoriale und politisch-administrative Grundeinheiten im Staatsaufbau der DDR.
Die Verfassung von 1949 gewährte den G. noch das Recht der → **Selbstverwaltung**. Mit dem Gesetz über die weitere Demokratisierung des Aufbaus und der Arbeitsweise der staatlichen Organe in den Ländern der DDR von 1952 und der damit eingeleiteten Verwaltungsreform wurde die kommunale Selbstverwaltung aufgegeben und die G. gemäß den Organisationsprinzipien des → **Demokratischen Zentralismus** zu Grundeinheiten der „einheitlichen Staatsmacht".
Die → **Verfassung** von 1968 bezeichnete die Städte und G. als eigenverantwortliche Gemeinschaften, in denen die Bürger arbeiten und ihre gesellschaftlichen Verhältnisse gestalten. Der Begriff der Bürgergemeinschaft wird mittlerweile (wie der der sozialistischen Menschengemeinschaft) als ein die Realität nicht angemessen erfassender Ausdruck gesellschaftspolitischer Harmonievorstellungen abgelehnt. Die Definition der G. als Bürgergemeinschaft wird vom Gesetz über die örtlichen Volksvertretungen und ihre Organe vom 12. 7. 1973 deshalb nicht mehr wiederholt.
Örtliche Volksvertretungen sind in der Land-G. die G.-Vertretung und in der kreisangehörigen Stadt die **Stadtverordnetenversammlung**. Im Rahmen der zentralen staatlichen Leitung und Planung entscheiden sie eigenverantwortlich über alle grundlegenden Angelegenheiten, die ihr Territorium und seine Bürger betreffen. Bei der Wahrnehmung ihrer Aufgaben haben sie von den gesamtstaatlichen Interessen auszugehen. Die Beschlüsse übergeordneter Volksvertretungen sind für sie verbindlich. Die Volksvertretungen der Städte und G. wählen als ihre Organe den Rat und die Kommissionen. Als arbeitende Körperschaften sollen die Stadtverordnetenversammlungen und G.-Vertretungen durch ihre Tagungen, ihren Rat, ihre Kommissionen und durch die Tätigkeit ihrer Abgeordneten in Betrieb und Wohngebiet die Einheit von Beschlußfassung, Durchführung und Kontrolle verwirklichen.
Die Räte der Städte und G. sind kollektiv arbeitende Organe; ihre Zusammensetzung richtet sich nach der Größe der Städte und G. Der Rat der Stadt mit einer Einwohnerzahl von über 20000 setzt sich zusammen aus: 1. **Bürgermeister** und Vorsitzender des Rates, 2. Stellvertreter des Bürgermeisters für Planung, 3. Stellvertreter des Bürgermeisters für Inneres, 4. Stellvertreter des Bürgermeisters für Handel und Versorgung, 5. Sekretär des Rates, 6. Stadtrat für Finanzen und Preise, 7. Stadtbaudirektor, 8. Stadtrat für Wohnungspolitik und Wohnungswirtschaft, 9. . . . für örtliche Versorgungswirtschaft, 10. . . . für Verkehrswesen, Energie, Umweltschutz und Wasserwirtschaft, 11. . . . für Kultur, 12. . . . für Jugendfragen, Körperkultur und Sport, 13. . . . für Gesundheits- und Sozialwesen.
In Städten mit unter 20000 Einwohnern und in G. setzen die Räte, ausgehend von den örtlichen Bedingungen, ihre Zusammensetzung selbst fest, bedürfen dazu aber der Bestätigung durch den Rat des Kreises. Den Räten können bis zu 13 Mitglieder angehören. Je nach den konkreten örtlichen Verhältnissen können Mitglieder der Räte der Städte und G. auch ehrenamtlich tätig sein. In kleinen G. bis ca. 300 Einwohner besteht die Möglichkeit, ehrenamtliche Bürgermeister zu wählen.
Im Auftrage ihrer Volksvertretung leiten die Räte den staatlichen, wirtschaftlichen und kulturellen Aufbau in ihrem Verantwortungsbereich. Sie sind ihrer Volksvertretung und dem übergeordneten Rat des → **Kreises** verantwortlich und rechenschaftspflichtig. Die Beschlüsse der Räte können durch ihre Volksvertretung, die übergeordneten Räte und den → **Ministerrat** aufgehoben werden. Zur Erfüllung ihrer Aufgaben bilden die Räte der Städte Fachorgane; diese werden nach dem Prinzip der → **Einzelleitung** bei kollektiver Beratung der Grundfragen des Aufgabengebietes geleitet. Die Fachorgane unterstehen dem Rat der Stadt und dem zuständigen Fachorgan des Rates des Kreises, sie sind „doppelt unterstellt" (→ **Anleitung und Kontrolle**). In kleineren G. bestehen keine Fachorgane der Räte; dort erfüllt der Bürgermeister mit dem Rat und wenigen Mitarbeitern die Aufgaben der staatlichen Leitung.
Zur Durchführung ihrer Aufgaben wählen die Volksvertretungen der Städte und G. für die Dauer der Wahlperiode ständige Kommissionen und für zeitlich begrenzte Aufgabenstellungen zeitweilige Kommissionen. In Städten und G. kann der Anteil der von der Volksvertretung in die Kommissionen berufenen Bürger größer sein als der der Abgeordneten und Nachfolgekandidaten. Die Kommissionen kontrollieren die Durchführung von Gesetzen und anderen Rechtsvorschriften sowie von Beschlüssen der Volksvertretung durch den Rat und seine Fachorgane. Sie haben das Recht, der Volksvertretung und dem Rat Vorlagen und Vorschläge zu unterbreiten. Eine wichtige Aufgabe der Kommissionen

ist es, die Mitwirkung der Bürger an der Vorbereitung, Durchführung und Kontrolle der Beschlüsse der Stadtverordnetenversammlung bzw. der G.-Vertretung zu organisieren. Zu diesem Zweck können Aktivs gebildet werden, die unter Leitung eines Kommissionsmitglieds arbeiten.
Folgende Aufgabenbereiche sind der Volksvertretung und ihren Organen in den Städten und G. zugeordnet: 1. Leitung und Planung des gesellschaftlichen Lebens in ihrem Territorium, 2. Haushalts- und Finanzwirtschaft, 3. Preisbildung und -kontrolle, 4. Bauwesen, Städtebau und Wohnungswesen, 5. Handel und Versorgung, 6. Dienstleistungen und Reparaturen, 7. Landwirtschaft, 8. Städtischer Verkehr und stadttechnische Versorgung, 9. Bildungswesen, 10. Jugendfragen, 11. Kultur, 12. Körperkultur, Sport und Erholungswesen, 13. Hygiene, medizinische und soziale Betreuung, 14. Sicherheit und Ordnung, Zivilverteidigung.
Zur gemeinsamen Lösung kommunaler Aufgaben können die Volksvertretungen der Städte und G. Zweckverbände und → **Gemeindeverbände** bilden.

Gemeindeverband: In G. arbeiten kreisangehörige Städte und Gemeinden zwecks gemeinsamer Lösung kommunaler Aufgaben zusammen. Kreisstädte und größere kreisangehörige Städte sollen dem G. nicht angehören. Nachdem bereits die → **Verfassung** von 1968 in Art. 84 den örtlichen Volksvertretungen die Möglichkeit zur Bildung von Verbänden gegeben hatte und im gleichen Jahr sich erste G. formierten, wurde eine gesetzliche Regelung der Bildung von G. erstmals durch das Gesetz über die örtlichen Volksvertretungen und ihre Organe vom 12. 7. 1973 vorgenommen. Um die Einheitlichkeit bei der Bildung und Entwicklung von G. zu gewährleisten, erließ der Ministerrat mit Beschluß vom 13. 6. 1974 entsprechende Richtlinien. Diese „Grundsätze über die Bildung und Entwicklung von Gemeindeverbänden" definieren die G. als „eine alle Gebiete des gesellschaftlichen Lebens umfassende Form sozialistischer Gemeinschaftsarbeit, in denen Städte und Gemeinden auf Beschluß ihrer Volksvertretungen zusammenarbeiten".
Der Bildung eines G. als der bislang am weitesten entwickelten Form gemeindlicher Kooperation geht in der Regel eine langjährige Zusammenarbeit der beteiligten Städte und Gemeinden voraus – zumeist in Form von Interessengemeinschaften, die sich die Lösung von Einzelaufgaben (Straßenbau o. ä.) zum Ziel gesetzt haben. Über die Gründung von G. sollen allein die Volksvertretungen der Städte und Gemeinden entscheiden können, wobei es jedoch der Bestätigung des Gründungsbeschlusses durch den Kreistag (→ **Kreis**) nach Zustimmung des Rates des → **Bezirkes** bedarf. Die Bildung von G. hat in Übereinstimmung mit der langfristigen staatlichen Siedlungspolitik und der Entwicklung von Industrie und Landwirtschaft zu erfolgen. Als weitere Voraussetzungen gelten die Bereitschaft der Bürger und Erfahrungen in der Gemeinschaftsarbeit.
In bewußter Absetzung von der Gebietsreform in der Bundesrepublik Deutschland, die der Schaffung größerer kommunaler Einheiten diente, legt die DDR Wert auf die Charakterisierung der G. als Zusammenarbeit, aber nicht als Zusammenschluß der beteiligten Städte und Gemeinden. Dem entspricht, daß die im G. zusammengefaßten Städte und Gemeinden politisch selbständig und die Stadtverordnetenversammlungen und Gemeindevertretungen der einzelnen Orte weiterhin – mit allen Rechten und Pflichten – die obersten staatlichen Organe in ihren jeweiligen Territorien bleiben sollen. Für die Planung im G. gilt z. B. der Grundsatz, daß jede Gemeinde ihren eigenen von ihrer Volksvertretung beschlossenen Jahres- und Haushaltsplan besitzt. Es gibt keinen einheitlichen Plan für alle Mitgliedsstädte und -gemeinden, sondern nur einen Plan für gemeinsam zu lösende Aufgaben. Allerdings sind die G. dazu übergegangen, im Interesse einer rationellen Haushaltsführung zentrale Haushaltsstellen einzurichten, die die Räte der Städte und Gemeinden von technisch-organisatorischen Aufgaben entlasten sollen.
Der G. arbeitet auf der Grundlage eines von den Volksvertretungen beschlossenen Statuts. Gemeinsames Leitungsorgan ist der von den Volksvertretungen gebildete Rat des G., in dem alle beteiligten Städte und Gemeinden gleichberechtigt vertreten sind. Seine Beschlüsse faßt er einstimmig, kein G.-Mitglied kann überstimmt werden. Abgesehen vom Sekretär des Rates des G., der haupt- oder ehrenamtlich tätig sein kann, sollen beim Rat des G. grundsätzlich keine hauptamtlichen Mitarbeiter beschäftigt werden. Denn die Arbeit des G. soll unkompliziert und mit dem geringsten Zeit- und Kostenaufwand erfolgen. Zudem will man verhindern, daß oberhalb der Städte und Gemeinden eine neue Leitungsebene entsteht.
Im Interesse der Sicherung des Einflusses der → **Sozialistischen Einheitspartei Deutschlands (SED)** bestehen seit 1975/76 in fast allen kleineren und mittleren G. Ortsleitungen der Partei am Sitz der G., die die Arbeit der Parteigruppen der dortigen Volksvertretungen, des Rates der G. sowie der Leitungen der → **Massenorganisationen** anleiten. In großen G. mit vielen Grundorganisationen und oft auch Ortsleitungen der SED sind die Ortsleitungen am Sitz der G. für die im Bereich der G. zu lösenden Aufgaben verantwortlich. Gegenüber den Ortsleitungen der SED in den Mitgliedsgemeinden des G. haben sie jedoch keinerlei Anleitungs- und Kontrollbefugnisse. Tendenzen des Entstehens einer neuen Ebene in der Parteihierarchie, wie sie in der DDR ganz offensichtlich bestehen, soll entgegengewirkt werden: es soll sich keine „Oberortsleitung" der SED im G. bilden.
Die Bildung von G. trägt dem aktuellen Bedürfnis nach Anpassung der staatlichen Organisationsstruktur an die Entwicklung kooperativer Wirtschaftsformen, vor allem auch in der Landwirtschaft, Rechnung. Sie soll eine als notwendig angesehene Rationalisierung der Verwaltung ermöglichen. Langfristiges Ziel sind leistungsfähige kommunale Einheiten, die zur allmählichen Annäherung der Lebensverhältnisse auf dem Lande an die der Stadt beitragen. Gewisse Unsicherheiten hinsichtlich der Perspektive der G. sind durch die Aufwertung der Rolle des einzelnen Dorfes entstanden, wie sie im

Rahmen der 1982 einsetzenden Rückführung der Agrarproduktion auf eine „territoriale“, räumlich überschaubarer abgegrenzte Produktions- und Arbeitsorganisation vorgenommen wurde (→ **Agrarpolitik**). Seitdem wird des öfteren vor Überspitzungen in der Förderung der G. gewarnt.
Gegenwärtig gibt es in der DDR 905 G., denen 85 v. H. der Städte und Gemeinden der Landkreise und 54 v. H. der Bevölkerung der Landkreise angehören (1982). Die G. umfassen jeweils ca. 5000–7000 Einwohner.

Gemeinschaft, Bürgerliche: Rechtsinstitut des Zivilgesetzbuches (ZGB) vom 19. 6. 1975 (GBl. I, S. 465), das von mehreren Bürgern als vertragliche Basis für gemeinsame Arbeitsleistungen, Einrichtungen, Anlagen und Mittel zum Zweck der Verbesserung ihrer Arbeits- und Lebensbedingungen gewählt werden kann (§§ 266–273 ZGB). Der Vertrag ist schriftlich abzuschließen und bedarf der staatlichen Registrierung (→ **Freiwillige Gerichtsbarkeit**). Die eingezahlten Beiträge und gemeinschaftlich geschaffenen Sachen werden gemeinschaftliches → **Eigentum** (Gesamteigentum). Die Vertragspartner haften Dritten gegenüber als Gesamtschuldner. Die G. wird von allen Vertragspartnern vertreten, es können aber auch einzelne Vertragspartner mit der Vertretung beauftragt werden. Das Ausscheiden der einzelnen Vertragspartner aus der G. erfolgt durch Kündigung. Der Ausscheidende hat Anspruch auf Auszahlung seines Anteils am gemeinschaftlichen Eigentum. Bei Beendigung der G. erfolgt eine Verteilung des gemeinschaftlichen Eigentums zu gleichen Teilen. Die G. des ZGB ähnelt der Gesellschaft der §§ 705 ff. BGB.

Genehmigungsgebühren: Seit dem 1. 1. 1969 bedarf das Verbringen von Gegenständen, für die kein Ein- oder Ausfuhrverbot besteht, im grenzüberschreitenden **Reiseverkehr** (mit westlichen und kommunistischen Ländern) einer Genehmigung, soweit bestimmte Freigrenzen überschritten werden. Für die Genehmigung wird eine G. erhoben, die einer Verzollung entspricht. Reisegebrauchsgegenstände (z. B. Fotoapparate) und Reiseverbrauchsgegenstände (z. B. Nahrungs- und Genußmittel) dürfen genehmigungsfrei aus- und eingeführt werden.
Reisende aus der DDR dürfen Geschenke im Gesamtwert bis zu 100 Mark der DDR genehmigungsfrei ausführen (bei Kurzreisen bis zu 5 Tagen im Gesamtwert bis zu 20 Mark je Reisetag). Sie dürfen Geschenke oder gekaufte Gegenstände im Gesamtwert bis zu 500 Mark der DDR genehmigungsfrei einführen (bei Kurzreisen bis zu 5 Tagen im Gesamtwert bis zu 100 Mark je Reisetag). Die Wertgrenzen dürften inzwischen denen gleichgestellt sein, die für Besucher aus den Westen gelten.
Reisende, die ihren Wohnsitz nicht in der DDR haben (Deutsche aus der Bundesrepublik Deutschland und Ausländer), dürfen Geschenke im Gesamtwert bis zu 1000 Mark der DDR genehmigungsfrei einführen (bei Kurzreisen bis zu 5 Tagen im Gesamtwert bis zu 200 Mark je Reisetag). Sie dürfen Geschenke oder gekaufte Gegenstände im Gesamtwert bis zu 200 Mark der DDR bei 4 Tagen genehmigungsfrei ausführen (bei Kurzreisen für einen Tagesaufenthalt für 100 Mark der DDR). Bei Überschreitung der genannten Genehmigungsfreigrenzen dürfen Gegenstände nur mit Genehmigung der Zolldienststellen der DDR aus- oder eingeführt werden. Die Wertgrenzen für die genehmigungsfreie Aus- und auch Einfuhr und die erhobenen G. richten sich nach den in der DDR gültigen Einzelhandelsverkaufspreisen der entsprechenden Gegenstände. Hierbei ist zu berücksichtigen, daß Waren des gehobenen Bedarfs, Luxusgegenstände und Genußmittel in der DDR in der Regel erheblich teurer sind als in der Bundesrepublik Deutschland. Die G.-Sätze bewegen sich zwischen 10 und 50 v. H. des Einzelhandelsverkaufspreises. Für gebrauchte Textilien und Schuhe (die Mitnahme sonstiger gebrauchter Gegenstände ist verboten) werden Gebühren wie für neue erhoben.
Für eine ganze Reihe von Gegenständen bestehen jedoch Ein- bzw. Ausfuhrverbote seitens der DDR (→ **Warenverkehr, Nichtkommerzieller**).
Die Höhe der Einnahmen aus den G. ist nicht bekannt und läßt sich auch nicht mit verläßlicher Genauigkeit schätzen. → **Devisen; Innerdeutsche Beziehungen.**

Generalauftragnehmer (GAN): GAN sind Betriebe – in der Regel Bau- und Montagebetriebe (→ **Industriebau**), Spezialkombinate bzw. Betriebe oder Kombinate des Maschinen- und Anlagenbaus sowie Projektierungsbetriebe –, denen die Durchführung eines gesamten Investitionsvorhabens vom Auftraggeber übertragen wurde. Voraussetzung sind bestätigte Vorbereitungsdokumente und die Aufnahme des Vorhabens im Plan. Ihre Aufgabe besteht darin, die Zulieferung aller beteiligten Betriebe zu organisieren und zu überwachen sowie alle Teilleistungen zeitlich aufeinander abzustimmen. Zu diesem Zweck schließt der GAN Verträge mit den beteiligten Liefer- und Leistungsbetrieben ab, um diese zu einer termin- und qualitätsgerechten Übergabe kompletter und funktionsgerechter Teilanlagen zu verpflichten. Zu seiner Unterstützung kann er für bestimmte Lieferungen und Leistungen sowie für ein Bündel von Leistungen einen oder mehrere → **Hauptauftragnehmer** bestellen.
Mit der Übernahme einer weitgehenden Gesamtverantwortung über das durchzuführende Investitionsprojekt – also über die selbst durchzuführenden Leistungen hinaus – erwachsen dem GAN zusätzlich Risiken, für die ihm allerdings eine genau festgelegte Vergütung (GAN-Vergütung) zukommt.

GENEX: Geschenkdienst-GmbH, früher „Geschenkdienst- und Kleinexport-GmbH“. Im Jahre 1957 von der DDR-Regierung gegründet. Hinter der offiziellen Aufgabe, die „Vermittlung von Aufträgen aus Staaten des westlichen Auslandes oder aus West-Berlin für zollfreie Geschenksendungen an Empfänger in der DDR“ vorzunehmen, steht der wesentliche Zweck des Unternehmens, dem Staat eine zusätzliche Deviseneinnahme-

quelle zu erschließen: Qualitätswaren aus volkseigener, RGW- und westlicher Produktion sowie Dienstleistungen (z. B. Fahrunterricht und Fahrerlaubnisprüfung, Urlaubsreisen) sind vom westlichen Auftraggeber in konvertiblen Westwährungen zu begleichen.
Dem Beschenkten entstehen keine Kosten. Aus verrechnungstechnischen Gründen werden die meist deutsch-deutschen Transaktionen über die Vertragsfirmen Jauerfood in Kopenhagen und Palatinus-GmbH in Zürich abgewickelt.
Ein Grund für die publizistische Zurückhaltung der GENEX dürfte in der Preispolitik des Unternehmens begründet sein. Während z. B. ein Pkw Typ „Wartburg" in der DDR rd. 20000 Mark kostet und lange Wartezeiten für dessen Erwerb in Kauf genommen werden müssen, ist der gleiche Wagen für DDR-Bürger bei Zahlung in Westgeld ohne Lieferfristen, einschließlich Betankung und einer Pauschale für Steuer und Haftpflicht für rd. 9000 DM zu erhalten.
Neben dem Bezug von Produkten aus volkseigener Produktion besteht in begrenztem Umfange auch die Möglichkeit, Industrieprodukte aus westlichen Ländern für Bewohner in der DDR zu beschaffen.

Genossenschaften: Formal sind G. unabhängig vom Wirtschaftssystem freiwillige Zusammenschlüsse zur Erreichung eines wirtschaftlichen Zweckes. Ihre ordnungsspezifische Funktion hat sich in der DDR jedoch völlig gewandelt. Bereits von Marx wurden die Möglichkeiten der traditionellen G. zur Überwindung des Kapitalismus angezweifelt und aufgrund ihrer privatwirtschaftlichen Eigentumsform – auch als Gruppeneigentum – abgelehnt. Im Rahmen des „Leninschen Genossenschaftsplans" wurde den G. unter bestimmten Voraussetzungen eine positive Rolle zugedacht: Die „Verfügungsgewalt des Staates über alle großen Produktionsmittel" in Verbindung mit einem „genügend tiefen und breiten genossenschaftlichen Zusammenschluß" wurde als notwendig und hinreichend zur Errichtung der sozialistischen Gesellschaft erachtet. Über „niedere" Formen der G. auf den Gebieten des Absatzes, des Einkaufs, des Kredites sollte allmählich die Bildung von Produktions-G. (PG) erreicht werden.
Die Lehre Lenins bildete die Basis für die G.-Politik in der DDR. In ihrer Durchführung orientierte sie sich dabei zunächst an der von Stalin auf dem XV. Parteitag der KPdSU 1927 proklamierten G.-Politik, in deren Verlauf das gesamte G.-Wesen umstrukturiert wurde und straff gelenkte Kollektivbetriebe in Landwirtschaft, Handel und Gewerbe entstanden, die sich nur noch durch den Grad der Vergesellschaftung von Staatsbetrieben unterschieden. Diese Kollektive sind Träger der zweiten Form des sozialistischen → **Eigentums**; in der DDR wird es lt. Art. 10 der Verfassung als „genossenschaftliches Gemeineigentum werktätiger Kollektive" definiert.
Mit dieser Formulierung kommt zum Ausdruck, daß das genossenschaftliche Eigentum kein isoliertes Gruppeneigentum mehr ist, sondern ebenfalls als eine Form des sozialistischen Eigentums angesehen wird.
1945/46 nahmen aufgrund von SMAD-Befehlen die Handels- und Kredit-G. ihre Tätigkeit wieder auf. Sie übernahmen teilweise Kreditfunktionen der geschlossenen Banken, Handelsfunktionen des privaten Großhandels und Zuteilungsfunktionen, wie die ländlichen Genossenschaften (→ **Vereinigung der gegenseitigen Bauernhilfe [VdgB]**) und die Einkaufs- und Liefer-G. (ELG) des → **Handwerks** (IV. 4.). Im Rahmen der 1948 einsetzenden zentralen Planung erfüllten sie organisatorische Aufgaben, wie Planaufschlüsselung, Produktionsmittelversorgung und zentrale Auftragserteilung, wodurch eine Mitgliedschaft bei den G. weitgehend obligatorisch wurde. Nach 1952 hatten sie die sozialistische Umgestaltung, insbesondere in Landwirtschaft und Handwerk, zu unterstützen, d. h. die Bildung von sozialistischen landwirtschaftlichen PG (LPG) und PG des Handwerks (PGH) als geeignetsten Weg zum Sozialismus für Bauern, Kleingewerbetreibende und Handwerker zu propagieren. Obwohl die sozialistischen PG auf der Basis freiwilliger Zusammenschlüsse entstehen sollten, mußten die erheblichen Widerstände vor allem von Bauern und Handwerkern in den 50er Jahren sowohl mittels wirtschaftlicher Anreize wie steuerlicher Vergünstigungen, bevorzugter Materialzuteilung und billiger Kredite beseitigt als auch durch politischen und psychologischen Druck (Zwangskollektivierung) gebrochen werden.
In den neuen sozialistischen PG gingen die Nachkriegs-G. weitgehend auf. Bedeutung haben bis in die Gegenwart nur noch die nichtsozialistischen ELG für das private Handwerk.
Im Unterschied zu den traditionellen Produktiv-G. dienen die sozialistischen PG der Beseitigung der Selbständigkeit des einzelnen. Die Dispositionsbefugnis bzw. das Eigentum an Produktionsmitteln gingen entsprechend dem Grad der Vergesellschaftung (3 Typen bei den LPG und 2 Stufen bei den PGH) auf das Kollektiv über. Durch die Einbeziehung in die Planung, die gemeinsame Arbeit und den Sozialstatus als gleichberechtigte Mitglieder (unabhängig von ihrer früheren Stellung) haben sich die kleinen Warenproduzenten von Privateigentümern zu sozialistischen Werktätigen zu entwickeln.
Im Gegensatz zu anderen europäischen kommunistischen Ländern, mit Ausnahme der UdSSR, gibt es in der DDR keine industriell produzierenden G. mehr. Sie wurden 1972 in VEB umgewandelt. Die anfänglichen Vergünstigungen zur Bildung von PG sind weitgehend beseitigt worden. Auch die Sonderstellung hinsichtlich der Vergütung, der kollektiven Leitung und der Fondswirtschaft wird zunehmend beseitigt. So dienen die neuen Musterstatuten der PGH von 1973, der LPG Pflanzenproduktion und der LPG Tierproduktion (beide von 1977) (→ **Agrarpolitik**, III., E.) vor allem dem Zweck, die Rechtsstellung der G.-Handwerker und G.-Bauern derjenigen der Industriearbeiter weitgehend anzugleichen. Neben den beiden wichtigsten sozialistischen PG in Landwirtschaft und Handwerk bestehen u. a. die Gärtnerischen PG (GPG), die PG werktätiger Fischer (PwF – Binnenfischerei) und die Fischereipro-

duktionsgenossenschaften (FPG – See- und Küstenfischerei).
Weitere sozialistische G. sind die → **Arbeiterwohnungsbau-G. (AWG)** und die Konsum-G. (KG) (→ **Binnenhandel,** II., B., 2), die aufgrund ihrer zusätzlichen Eigenschaft als politische Massenorganisationen eine Sonderstellung einnehmen. Weiterhin sind die seit 1953 bestehenden Kollegien der Rechtsanwälte (→ **Rechtsanwaltschaft**) als PG organisiert. Auf der Basis einer VO vom April 1982 (GBl I, S. 349) sollen sich nun auch in derartigen als PG konstruierten Kollegien bildende Künstler organisieren.

Genossenschaftsbauer: Bezeichnung für Mitglieder von Landwirtschaftlichen Produktionsgenossenschaften (LPG). 1982 waren in ca. 4000 LPG, 20 Kooperativen Abteilungen und zwischenbetrieblichen Einrichtungen der Pflanzenproduktion sowie in 247 zwischenbetrieblichen Einrichtungen der Tierproduktion (→ **Landwirtschaftliche Betriebsformen**) 815400 Mitglieder organisiert, unter ihnen etwa 596000 landwirtschaftlich Berufstätige. Die LPG und ihre kooperativen Einrichtungen bewirtschaften gegenwärtig knapp 90 v.H. der landwirtschaftlichen Nutzfläche. Sie produzieren etwa 95 v.H. des staatlichen Aufkommens an pflanzlichen und 77 v.H. an tierischen Erzeugnissen. 1982 bestanden neben den LPG 211 Gärtnerische Produktionsgenossenschaften (GPG) mit ca. 26700 Angehörigen und 49 weitere ländliche Genossenschaften (Produktionsgenossenschaften der Binnenfischer [PGB], Produktionsgenossenschaften werktätiger Zierfischzüchter [PwZ] und werktätiger Pelztierzüchter [PwP]) mit zusammen etwa 1100 Mitgliedern.
Gemäß den Musterstatuten der LPG von 1977 ist die Mitgliedschaft freiwillig. Die Aufnahme erfolgt durch die Vollversammlung. Die Genossenschaften stehen grundsätzlich allen Bürgern offen. Nach dem LPG-Gesetz von 1982, das auch die innere Ordnung und gesellschaftliche Funktion der anderen ländlichen Genossenschaften regelt, lösen die LPG ihre Aufgaben auf der Grundlage der Beschlüsse der SED und der Rechtsvorschriften eigenverantwortlich.
Obgleich sozial inhomogen, werden die genossenschaftlich organisierten landwirtschaftlichen Produzenten von der DDR-Soziologie als „Klasse der Genossenschaftsbauern" definiert. Sie gilt neben der → **Arbeiterklasse** (→ **Klasse/Klassen, Klassenkampf**) als „Grundklasse" der entwickelten sozialistischen Gesellschaft. Im Bündnis mit der Arbeiterklasse und unter Führung der Partei der Arbeiterklasse (→ **Sozialistische Einheitspartei Deutschlands [SED]**) soll sie sich der Arbeiterklasse sozial und kulturell annähern (→ **Soziologie und Empirische Sozialforschung**). Dieses Ziel wird langfristig durch die Anwendung industriemäßiger Produktionsverfahren, die Entwicklung städtischer Lebensbedingungen und die Angleichung von genossenschaftlichem und sozialistischem → **Eigentum** (→ **Agrarpolitik; Landwirtschaftliche Betriebsformen**) angestrebt. Gegenwärtig jedoch betont die SED-Führung die Kontinuität der Agrarverfassung stärker als deren Wandel. Zwar postuliert auch das neue LPG-Gesetz von 1982 die „schrittweise Überwindung der wesentlichen Unterschiede zwischen Stadt und Land", verweist aber zugleich auf die Festigung und den Schutz des genossenschaftlichen Eigentums durch den Staat.
Bereits nach Abschluß der Kollektivierung (1960) betrug der Anteil ehemaliger Einzelbauern an den LPG-Mitgliedern nur 69 v.H. Er sank bis 1970 auf 56 v.H. und liegt gegenwärtig unter 50 v.H. Die Mehrzahl der G. stammt heute aus der Land- und Industriearbeiterschaft, der Intelligenz oder aus dem Handwerk. In der ländlichen Bevölkerung (Gemeinden unter 2000 E.) bildet die Klasse der G. nach Berechnungen von Agrarsoziologen mit ca. 30 v.H. nur eine starke Minderheit. In ihrer Bewertung der einzelnen sozialen Gruppen dominiert auf dem Lande die „ländliche Abteilung der Arbeiterklasse", die sich aus den Arbeitern und Angestellten der LPG, der Volkseigenen Güter (VEG), der Forstwirtschaft, des Veterinärwesens, des Pflanzenschutzes, der Agrochemischen Zentren (ACZ) und der ländlichen Industrie- und Dienstleistungsbereiche zusammensetzt.
Das Qualifikationsniveau aller in der Landwirtschaft Tätigen (und damit auch der G.) hat sich seit dem Beginn der 60er Jahre erheblich verändert. Der Anteil der Berufstätigen mit abgeschlossener Berufsausbildung stieg von 18,1 v.H. im Jahre 1963 bis 1982 auf knapp 90 v.H. und lag damit über dem Durchschnitt der DDR-Volkswirtschaft (1982 = 77 v.H.). Die Mehrzahl der ausgebildeten Berufstätigen erwarb bis 1982 einen Facharbeiterabschluß (83,3 v.H.), 7,4 v.H. waren Meister, und 6,8 v.H. hatten eine Fachschule bzw. 2,5 v.H. eine Hochschule absolviert.
Unter den 2,2 Mill. SED-Mitgliedern und Kandidaten (Stand Anfang 1983) stellten die G. mit 103000 einen 4,7 v.H.-Anteil, d.h. ca. 13 v.H. der LPG-Mitglieder sind Angehörige der SED. In der → **Demokratischen Bauernpartei Deutschlands (DBD)**, die sich als Partei der Klasse der G. versteht und 1983 105000 Mitglieder organisierte, liegt der Anteil der G. gegenwärtig bei ca. 60 v.H. 1982 wurde die → **Vereinigung der gegenseitigen Bauernhilfe (VdgB)** als „sozialistische Massenorganisation der Genossenschaftsbauern und Genossenschaftsgärtner" reaktiviert. Die Vereinigung organisierte im Mai 1984 ca. 420000 Mitglieder; damit war nach VdgB-Angaben mehr als die Hälfte der Genossenschaftsbauern und -gärtner erfaßt.
Die Zahl der LPG-Mitglieder hatte 1965 mit knapp einer Million ihren Höchststand erreicht. Sie sank bis 1980 auf ca. 801000 und stieg seither wieder an (1982: 815000). Seitdem wuchs auch die Gruppe der tatsächlich in der landwirtschaftlichen Produktion mitarbeitenden G. Der Frauenanteil unter ihnen betrug ca. 40 v.H., der der unter 25jährigen (ohne Lehrlinge) knapp 14 v.H. gegenüber 10 v.H. im Jahre 1975.
Die Zahl der ständig Berufstätigen in der Landwirtschaft lag in den letzten Jahren um ca. 3 v.H. unter der Zahl der Berufstätigen (inkl. zeitweise Beschäftigte). Nahezu jeder zweite landwirtschaftliche Arbeiter und Angestellte war zu Beginn der 80er Jahre in den LPG

Berufstätige in der Landwirtschaft (Stand 30. September)

	1970	1975	1980	1981	1982
Mitarbeitende LPG-Mitglieder	755 650 (100)	639 498 (84,6)	587 271 (77,7)	591 596 (78,3)	595 974 (78,9)
Arbeiter und Angestellte	181 506 (100)	194 487 (107,2)	229 389 (126,4)	230 114 (126,8)	229 220 (126,3)
Selbständige und mithelfende Familienangehörige	9 311	7 233	6 207	6 093	6 120
Berufstätige insgesamt	946 467 (100)	841 218 (88,8)	822 867 (86,9)	827 803 (87,4)	831 314 (87,8)
Lehrlinge	25 122	26 756	30 975	28 249	29 625
Anteil der mitarbeitenden Genossenschaftsmitglieder an den landw. Berufstätigen in v. H.	79,8	76,0	71,4	71,5	71,7

Quellen: Statistische Jahrbücher der DDR.

bzw. ihren kooperativen Einrichtungen beschäftigt, etwas mehr als die Hälfte im staatlichen Agrarbereich. Nach einer Presseinformation des Ministerrates vom November 1983 arbeiteten etwa 95000 auf 457 volkseigenen Gütern (VEG) (das Statistische Jahrbuch der DDR 1983 weist für 1982 478 VEG aus) und ca. 26000 in etwa 260 Agrochemischen Zentren (ACZ), die für die Versorgung mit Düngemitteln zuständig sind. Darüber hinaus waren 1982 in der Forstwirtschaft etwa 46000 Arbeiter und Angestellte tätig, im Veterinärwesen ca. 11000 und im Pflanzenschutz ca. 900 Mitarbeiter.
Zwischen 1965 und 1978 war die Zahl der in der Landwirtschaft Beschäftigten im Jahresdurchschnitt um 1,75 v. H. gesunken. Ihr Anstieg seither geht offenbar auf den Beschluß der SED-Führung zurück, das Eigenaufkommen der DDR an Erzeugnissen der Landwirtschaft zu erhöhen und das Land u. a. von Getreideimporten unabhängig zu machen. Wenngleich am Konzept der Intensivierung der landwirtschaftlichen Produktion festgehalten wird, deutet die Aufforderung E. Honeckers auf dem X. SED-Parteitag (1981), die Zahl der Arbeitskräfte „nicht weiter zurückgehen zu lassen", auf Schwierigkeiten hin, finanzierbare, sozial tragfähige und zugleich produktivitätssteigernde Konzepte für die Intensivierung und Rationalisierung der Landwirtschaft zu entwickeln. Nach Berechnungen der Akademie der Landwirtschaftswissenschaften der DDR (→ **Agrarwissenschaften**) entsprechen die Kosten, die für Rationalisierungsinvestitionen (Substitution von Arbeitskraft durch Landtechnik usw.) aufgewendet wurden, seit Mitte der 70er Jahre nicht mehr dem durch sie erzielten Produktivitätszuwachs, „weshalb ein Rückgang an Arbeitskräften ökonomisch nicht mehr begründet war . . ." (wirtschaftswissenschaft 4/1983, S. 496ff.). Mittelfristig wird offenbar von einem konstanten bzw. leicht steigenden Arbeitskräfteeinsatz ausgegangen. Da die DDR nominal über Arbeitskraftreserven nicht verfügt, wirbt die SED-Führung für die Selbstrekrutierung der G.: „Heute brauchen wir die Initiative der FDJ mehr denn je. Unsere LPG tragen eine hohe Verantwortung dafür, daß sie immer jung bleiben, daß der Nachwuchs für die Klasse der Genossenschaftsbauern vorwiegend aus den Bauernfamilien selbst kommt." (E. Honecker 1982 auf dem XII. Bauernkongreß) Gegenwärtig stammt nahezu die Hälfte der landwirtschaftlichen Lehrlinge aus städtischen Familien (→ **Berufsausbildung, landwirtschaftliche**).
Die durchschnittlichen monatlichen Nettoeinkommen der LPG-Mitglieder sind im Laufe der 70er Jahre denen der Arbeiter und Angestellten der sozialistischen Wirtschaft angeglichen worden (1982 = 1066 Mark). Aufgrund der differierenden Ertragslagen bestehen zwischen den Genossenschaften aber Einkommensunterschiede. Neben Einnahmen aus individueller und genossenschaftlicher Tätigkeit (→ **Arbeitseinheit**) können LPG-Mitglieder Einkommen aus den von ihnen eingebrachten Bodenanteilen erhalten. Bis zur Durchschnittsgröße der in die LPG eingebrachten Wirtschaftsflächen aller G. können 50 Mark pro ha und Jahr vergütet werden, allerdings müssen diese G. dann für die gesamte von ihnen eingebrachte Fläche Grundsteuern (→ **Agrarsteuern**) entrichten. Zusätzliche Einnahmen werden durch Erlöse aus der **persönlichen → Hauswirtschaft** erzielt.
Im Jahre 1977 wurde erstmals ein „Tag der Genossenschaftsbauern und der Arbeiter der sozialistischen Land- und Forstwirtschaft" (18. 6.) begangen. Seitdem werden die Ehrentitel „Verdienter Genossenschaftsbauer der DDR" und „Verdienter Werktätiger der Land- und Forstwirtschaft der DDR" verliehen (→ **Auszeichnungen**). → **Agrarpolitik; Landwirtschaft; Landwirtschaftliche Betriebsformen; Sozialstruktur.**

Genossenschaftskassen für Handwerk und Gewerbe (GK): Zum → **Bankwesen** gehören auch die genossenschaftlichen Kreditinstitute, die als Nachfolger der ehemaligen Volksbanken (gewerbliche Kreditgenossenschaften) bis 1970 unter der Bezeichnung **Banken für Handwerk und Gewerbe** und bis 1973 als „Genossenschaftsbanken für Handwerk und Gewerbe" (GB) fir-

mierten. Allein die (Ost-)Berliner Volksbank wurde erst am 24. 11. 1971 zu einer GB umgewandelt. Sie unterstehen einem eigenen Prüfungsverband, dem „Verband der Genossenschaftskassen für Handwerk und Gewerbe der DDR". Dieser Verband wird von einem Direktor geleitet, seine weiteren Organe sind der Verbandstag und der Verbandsrat. Er untersteht der Dienstaufsicht des → **Ministeriums der Finanzen (MdF)**. Seine Delegierten beschlossen auf dem Verbandstag 1973 die Umbenennung, die der Präsident der → **Staatsbank** durch eine AO vom 16. 1. 1974 (GBl. I, S. 63) bestätigt hat. Während der Verbandsdirektor im Auftrag der Staatsbank für die Durchsetzung der staatlichen Geld- und Kreditpolitik verantwortlich ist, durch Richtlinien und Weisungen die Geschäftspolitik bestimmt sowie die Geschäftspläne bestätigt, unterliegen die örtlichen GK zugleich auch der Aufsicht des zuständigen Rates des → **Kreises** bzw. Kreistages. Das Musterstatut der GK vom 9. 2. 1970 (GBl. II, S. 144) bestimmt den Erwerb von Genossenschaftsanteilen, die Kompetenz der Organe (Mitgliederversammlung, Genossenschaftsrat, Revisionskommission) und Vertretung im Rechtsverkehr durch den Direktor der GK und den Vorsitzenden des Genossenschaftsrates.
Die Geschäftstätigkeit der nach dem Prinzip der → **Wirtschaftlichen Rechnungsführung** arbeitenden 151 GK konzentriert sich auf die Sammlung von Spareinlagen, Führung der Geschäftskonten, Abwicklung des Zahlungsverkehrs sowie Kreditierung und Kontrolle der Einrichtungen und Produktionsgenossenschaften des → **Handwerks** und der → **Fischwirtschaft**, privater Handwerker und Gewerbetreibender.

Geographie

I. Größe und Lage
II. Landeskunde
III. Wirtschaftsraum
IV. Siedlungsstruktur
V. Räumliche Gliederung der DDR

I. Größe und Lage

Nach dem II. Weltkrieg teilten die Alliierten das Deutsche Reich, in dem 1937 rd. 69 Mill. Menschen auf 471 000 km^2 lebten, in Besatzungszonen und Verwaltungsgebiete auf. 1949 entstand aus den drei westlichen Besatzungszonen die Bundesrepublik Deutschland, auf die unter Einbeziehung von Berlin (West) und des 1956 eingegliederten Saarlandes mehr als die Hälfte der Fläche und nahezu 65 v. H. der Bevölkerung des Deutschen Reiches von 1937 entfielen. Aus der sowjetisch besetzten Zone entstand 1949 die DDR, die unter Einbeziehung von Ost-Berlin fast ein Viertel der Fläche und 20 v. H. der Bevölkerung umfaßte. Die unter polnische und sowjetische Verwaltung gestellten deutschen Gebiete jenseits von Oder und Neiße hatten 1937 einen Anteil von 25 v. H. der Fläche und von fast 15 v. H. der Bevölkerung des Deutschen Reiches.
Die DDR nimmt mit 108 181 km^2 etwa 1 v. H. der Fläche Europas ein. Unter den Staaten der Erde steht die DDR der Fläche nach an 99., nach der Bevölkerungszahl mit 16,7 Mill. Einwohnern an 42. Stelle und gehört damit zu den mittelgroßen und volkreichen Staaten der Erde.
Das Gebiet der DDR erstreckt sich vom Kap Arkona in 54°41′ bis zum Elstergebirge südlich Plauen in 50°10′ N über 550 km und von 9°54′ bis 15°02′ O über 400 km. Im Norden bildet die Ostsee eine natürliche Grenze. Entlang der Lausitzer Neiße und der Oder bis westlich von Stettin und Swinemünde verläuft die Grenze zur Volksrepublik Polen. Das Lausitzer Gebirge, das Erzgebirge und das Elstergebirge trennen die DDR im Süden von der Tschechoslowakischen Sozialistischen Republik.
Auf die Grenze zu Polen entfallen 460 km und 430 km auf die Grenze zur Tschechoslowakei. Die **Innerdeutsche** → **Grenze** zwischen der Bundesrepublik Deutschland und der DDR hat eine Länge von 1381 km.
Das heutige Gebiet der DDR ist als Mitte Deutschlands und Europas immer natürliches Durchgangsland gewesen. Heute bildet es die Westflanke der sozialistischen Staaten. Die kürzesten Landverbindungen zwischen Nordeuropa und dem südlichen Mitteleuropa, zwischen West- und Osteuropa führen durch den mitteldeutschen Raum. Diese Mittellage begünstigte den kulturellen Austausch. Die Landschaften zwischen Ostsee, Thüringer Wald und Erzgebirge haben an den wichtigsten Entwicklungen der Kultur- und Kunstepochen des christlichen Abendlandes Anteil. Diese Lage hat auch heute Vorteile für die wirtschaftlichen Beziehungen, sofern sie durch einseitige Bindungen im → **Rat für gegenseitige Wirtschaftshilfe (RGW)** nicht eingeschränkt werden. Als Ostseeanlieger hat die DDR einerseits die Möglichkeit der Seeverbindung zu den übrigen Ostseeländern, andererseits Zugang zum Atlantischen Ozean.

II. Landeskunde

A. Oberflächengestaltung und Erdgeschichte

Eine Vielzahl von Oberflächenformen gestalten das verhältnismäßig kleine Gebiet der DDR sehr abwechslungsreich. Den Norden und die Mitte prägen die Landschaftsformen des Norddeutschen Tieflandes. In der Leipziger Tieflandbucht greift das Tiefland nach Süden in das Mittelgebirgsland ein. Sämtliche Landschaftsformen setzen sich nach Westen und Osten über die Grenzen der DDR fort.
Die Großformen der Oberflächengestalt im Norddeutschen Tiefland wurden durch die pleistozänen Vereisungen geprägt. In den zurückliegenden 600 000 Jahren gab es 4 Kaltzeiten. In diesen Eiszei-

Tabelle 1
Bodenerhebungen der DDR

Berg	Lage	Höhe in m
Fichtelberg	Erzgebirge	1 214
Brocken	Harz	1 142
Großer Beerberg	Thüringer Wald	982
Schildauer Berg	Dahlener Heide	215
Wurzelberg	Dübener Heide	191
Hagelberg	Fläming	201
Helpter Berge	Nördlicher Landrücken	179

Quellen: Statistische Jahrbücher der DDR.

ten lag die Jahresmitteltemperatur um 6–8 °C tiefer, und ein großer Teil des Niederschlags fiel als Schnee. So entstand über Nordeuropa eine bis zu 4000 m mächtige Eisdecke. Von Norden floß das Inlandeis südwärts und breitete sich in Norddeutschland aus. Auf seiner Unterseite nahm das fließende Eis lockeres Gestein auf und schürfte auch mit dem Gestein den felsigen Untergrund in Nordeuropa ab. Der Gesteinsschutt wurde zerstoßen, zerquetscht und zu Ton, Lehm, Kies oder Sand zerrieben. Am Rande des Eises wurden beim Abschmelzen des Eises die Gesteinstrümmer wieder frei. Diese Endmoränen ragen als Hügelzüge aus dem Tiefland heraus. Mit dem Rückschmelzen des Eises zu Beginn einer Warmzeit wurde die Grundmoräne freigelegt. Vor den Endmoränenzügen lagerten Schmelzwässer Kies oder Sand ab. Nach ihrer Bezeichnung auf Island nennt man diese Ablagerungen Sander. Das Schmelzwasser sammelte sich in den Urstromtälern und floß parallel zum Eisrand in westlicher und nordwestlicher Richtung zum Meer ab. Grundmoräne, Endmoräne, Sander und Urstromtal sind Landformen der glazialen Serie.

Der Nördliche und Südliche Landrücken bilden in Norddeutschland die beiden Hauptendmoränen. Sie durchziehen das Tiefland im Norden der DDR von Nordwesten nach Südosten und unterteilen es in Abschnitte. Ebene Landstriche werden von einzelnen Hügeln oder zusammenhängenden Höhenrükken unterbrochen. Teilweise erreichen sie bis zu 200 m Höhe.

Die Küstenregion besteht aus Buchten (Wismarer Bucht, Pommersche Bucht), Bodden (Greifswalder Bodden, Saaler Bodden, Großer Jasmunder Bodden), Halbinseln (Darß und Zingst, Mönchgut, Wustrow), Inseln (Poel, Rügen, Hiddensee, Usedom) und dem Oderhaff. Die Formen der Küste wechseln zwischen Flach- und Steilküste.

Von Rostock bis Stettin erstreckt sich das Gebiet der Mecklenburgischen Platten und Niederungen. Darauf folgt nach Süden der Nördliche Landrücken oder die Mecklenburgische Seenplatte (Schweriner See, Plauer See, Müritz, Tollensesee, Unterückersee) von Schwerin bis zum Oderknie südlich von Schwedt. Das Märkische Mittelland schließt sich an. Es reicht von der Elbe bei Wittenberge bis zur Oder und Neiße auf der Höhe zwischen Eberswalde und Forst und schließt den Oderbruch, das Gebiet von Spree und Havel mit Spreewald und Havelland sowie Prignitz ein. Der Südliche Landrücken reicht in der DDR von der Altmark zwischen Salzwedel und Stendal über den Fläming östlich und nördlich der Elbe zwischen Magdeburg und Wittenberg bis zur Niederlausitz (Lausitzer Höhen) südlich von Cottbus.

Südlich der Elbe zwischen Magdeburg und Riesa liegt das Sächsische Tiefland mit der Magdeburger Börde, der Leipziger Tieflandbucht und der Dübener und Dahlener Heide. Letztere bestehen aus den Landformen der glazialen Serie. Die Magdeburger Börde, das östliche Harzvorland, das Leipziger Land und das Nordsächsische Hügelland zwischen Grimma und Meißen sowie die Oberlausitz sind mit Löß und Lößlehm bedeckt.

Nach Süden schließen das Bergland und die Mittelgebirge an. Je nach ihrer Entstehungsgeschichte bestehen die Gebirge aus kristallinem Gestein des Paläozoikums oder aus Sand- und Kalkstein des Mesozoikums. Harz, Thüringer Wald, Thüringer Schiefergebirge, Vogtland, Elstergebirge, Erzgebirge, Nordsächsisches Bergland sowie die Oberlausitz bilden das kristalline Grundgebirge. Es entstand durch Faltung und Hebung im Paläozoikum. Als variscisches Faltengebirge durchzog es Deutschland von Südwest nach Nordost. Im Mesozoikum wurden absinkende Gebiete dieses Grundgebirges wiederholt von Meeren überflutet. Viele hundert Meter mächtige Sand- und Kalkablagerungen bildeten das Deckgebirge. Im Tertiär zerbrach das Grundgebirge infolge der Alpenfaltung in einzelne Schollen. Durch Hebung der Schollen entstanden der Harz als Horst, der Thüringer Wald mit dem Thüringer Schiefergebirge als Kammgebirge und durch Schrägstellung das Erzgebirge als Pultscholle. Die Schichtgesteine wurden abgetragen und die kristallinen Gesteine freigelegt. Im Thüringer Becken und sei-

Tabelle 2
Gewässer der DDR

Flüsse	km
Elbe (DDR-Anteil)	566
Saale	427
Spree	398
Havel	341
Mulde	252

Seen	km²
Müritz	117
Schweriner See	63
Plauer See	39

Quellen: Statistische Jahrbücher der DDR.

nen Randgebirgen, im Elbsandsteingebirge und im Zittauer Gebirge ist das Deckgebirge erhalten geblieben.
Ein großer Teil der DDR wird von der mittleren Elbe entwässert. Ihre Hauptzuflüsse sind Havel mit Spree, Saale mit Bode, Unstrut und Weiße Elster sowie die Mulde und die Schwarze Elster. Im Osten fließen Neiße und Oder zur Ostsee. Vom Nördlichen Landrücken entwässern kleinere Flüsse wie Warnow und Peene zur Ostsee. Südlich des Thüringer Waldes strebt die Werra der Weser zu.

B. Witterung und Klima
Die DDR liegt in der gemäßigten Klimazone im Übergangsbereich vom Seeklima Westeuropas zum Landklima Osteuropas. Während des ganzen Jahres können mit den vorherrschenden Westwinden Meeresluftmassen mit eingelagerten Tiefdruckgebieten eindringen. Sie verursachen die wechselhafte Witterung und bringen Niederschlag zu allen Jahreszeiten. Zugleich mindert die Meeresluft die Sommer- und erhöht die Wintertemperaturen. Der Nordwesten ist im Winter milder und im Sommer kühler als der Südosten der DDR. Im Winter können Einbrüche arktischer Luft Fröste bis zu − 15 °C und darunter auslösen. Kontinentale Polarluft aus Sibirien und Osteuropa bringt im Winter ebenfalls Kälte, sie führt im Sommer jedoch warme und trockene Luft heran. Maritime Tropikluft aus dem Gebiet der Azoren bringt im Sommer schwül-warme Tage und Gewitter und im Winter milde Witterung, bei der die Schneedecke bis in die Kammlagen der Mittelgebirge abtauen kann. Dagegen führt kontinentale Tropikluft aus Südosteuropa und der Sahara zu heiterem und heißem Sommerwetter.
Die vorherrschenden Westwinde sind die entscheidenden Regenspender. Gebiete hohen Niederschlags sind stets die Mittelgebirge. Selten kommt es im Tiefland zu sommerlichen Dürren. Gefährdet ist jedoch das im Regenschatten des Harzes gelegene mitteldeutsche Trockengebiet. Halle hat mit 480 mm im Jahr den geringsten Niederschlag in der DDR. Regelmäßig fallen im Winter die Niederschläge als Schnee. Die Zahl der Tage, an denen sich eine Schneedecke hält, nimmt mit zunehmender Höhenlage und wachsender Entfernung vom Atlantischen Ozean zu. Die Leipziger Bucht hat 20–40 und das Erzgebirge 175 Schneetage. Nur die Kammlagen der Mittelgebirge gehören dem kaltgemäßigten Nadelwaldklima Nordeuropas an.

III. Wirtschaftsraum

A. Naturräumliche Grundlagen der Land- und Forstwirtschaft
Die DDR verfügt über eine hochentwickelte → **Landwirtschaft** mit intensivem Feldbau und gut entwickelter Viehwirtschaft. Die natürlichen Produktionsgrundlagen sind aufgrund der klimatischen Differenzierung und der wechselnden Bodenverhältnisse unterschiedlich. Das Klima erlaubt den Anbau einer breiten Palette von Kulturpflanzen. Getreidearten (Weizen, Gerste, Hafer, Roggen) wachsen ebenso wie Hackfrüchte (Kartoffeln, Zuckerrüben, Futterrüben). Es gibt nur wenige Flächen, auf denen aus klimatischen Gründen zwar noch Futterpflanzen, aber keinerlei Getreide und Hackfrüchte mehr gedeihen können.
Die Vielfalt in der Oberflächengestaltung führt zu einem häufigen Wechsel der Bodenverhältnisse. Die Bandbreite der Bodentypen reicht von den Podsolen, Gleyböden, Braunerden und Moorböden auf eiszeitlichen Ablagerungen und den Aueböden der großen Talauen im Tiefland über Braunerden und Schwarzerden auf Löß im Hügelland und der Leipziger Tieflandbucht bis zu sauren Böden auf Verwitterungsschutt des Berglandes. Dazu gehören Braunerden und Gebirgspodsolböden im kristallinen Grundgebirge und über Sandstein des Deckgebirges sowie Rendzinen über Kalkstein im Deckgebirge.
Land- und Forstwirtschaft nutzen den vorgegebenen landschaftsökologischen Rahmen unterschiedlich. Aus der wirtschaftlich günstigsten Kombination von Betriebszweigen resultieren natürliche Standorteinheiten der → **Bodennutzung**. Das Acker- und Futterbaugebiet der Mecklenburgischen Platten und Niederungen ist gekennzeichnet durch Hackfruchtbau (Zuckerrüben oder Kartoffeln) als Leitbetriebszweig. Die Grundmoränenböden haben unterschiedliche Ertragskapazitäten. Dementsprechend

Tabelle 3
Klima der DDR

Station		J	F	M	A	M	J	J	A	S	O	N	D	Jahr
Greifswald,	T °C	–1	–0	3	6	12	15	17	16	13	8	4	1	7,9
2 m	N mm	43	34	33	44	44	57	75	71	53	54	44	48	600
Leipzig,	T °C	–0	1	3	8	14	16	18	18	14	9	4	1	8,9
146 m	N mm	35	33	33	41	50	60	73	59	40	44	40	37	545
Fichtelberg,	T °C	–5	–5	–2	1	7	9	11	11	8	4	–1	–4	2,8
1213 m	N mm	85	77	86	81	98	103	123	118	87	85	75	76	1 094

Quellen: Statistische Jahrbücher der DDR.

Karte 1: Naturräumliche Struktur der DDR (nach H. Richter, 1969)

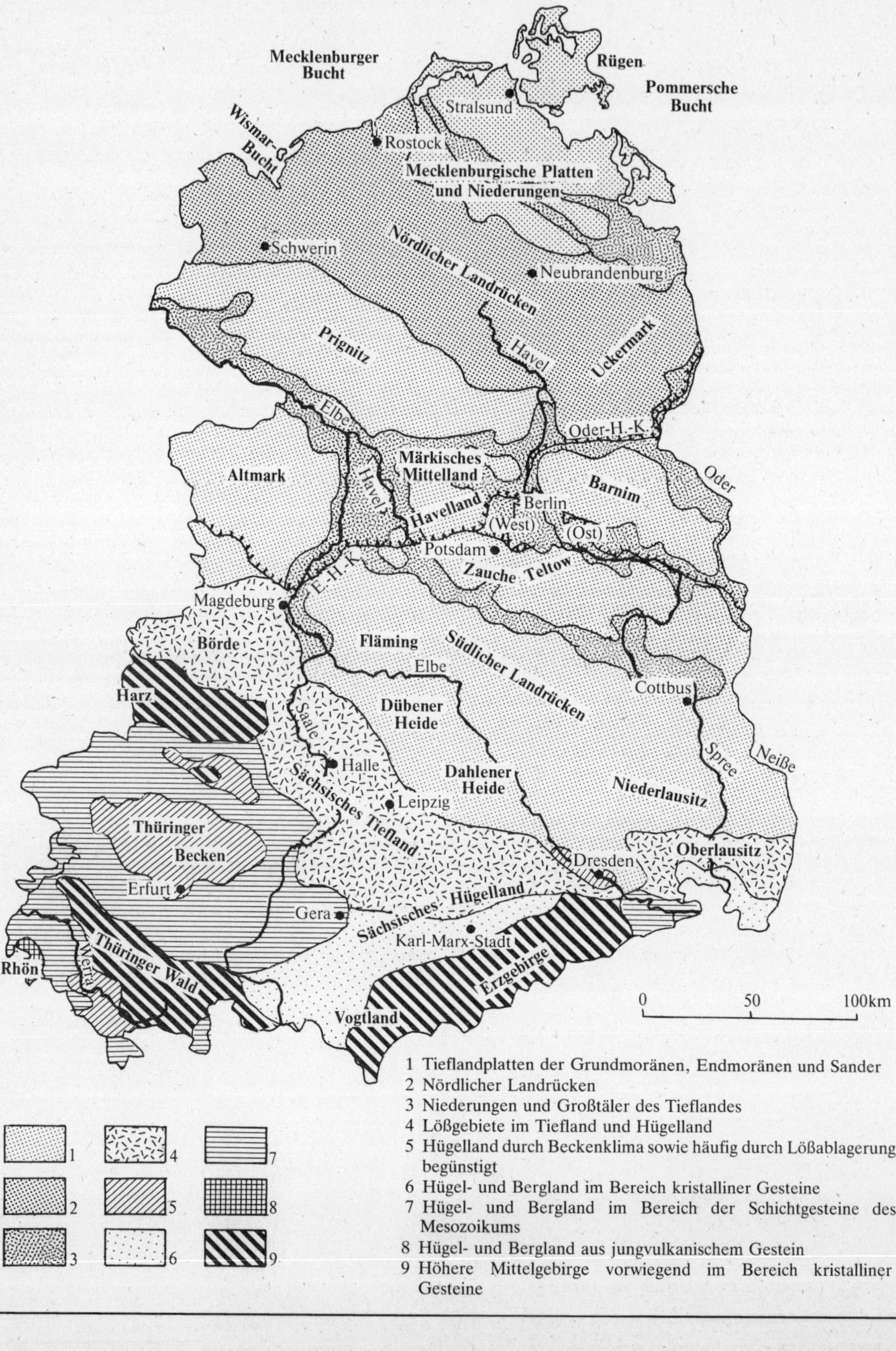

1 Tieflandplatten der Grundmoränen, Endmoränen und Sander
2 Nördlicher Landrücken
3 Niederungen und Großtäler des Tieflandes
4 Lößgebiete im Tiefland und Hügelland
5 Hügelland durch Beckenklima sowie häufig durch Lößablagerung begünstigt
6 Hügel- und Bergland im Bereich kristalliner Gesteine
7 Hügel- und Bergland im Bereich der Schichtgesteine des Mesozoikums
8 Hügel- und Bergland aus jungvulkanischem Gestein
9 Höhere Mittelgebirge vorwiegend im Bereich kristalliner Gesteine

Tabelle 4
Landnutzung der DDR (1982)

Nutzflächen	1000 ha	v.H.
Landw. Nutzfläche	6 259	57,8
Ackerland	4 731	43,7
Grünland	1 257	11,6
Wald, Forsten	2 959	27,3
Öd- und Unland	206	1,9
Wasserfläche	229	2,1
Abbauland	91	0,8
übrige Flächen	1 089	10,1
insgesamt	10 833	100

Quelle: Statistisches Jahrbuch der DDR 1983.

wechselt das Betriebssystem. Auf den guten Lehmböden nordwestlich Schwerin und zwischen Neubrandenburg und Schwedt in der Uckermark kommt zur Zuckerrübe Getreideanbau (Weizen und Gerste) hinzu, auf den sandigen Lehmböden mit mittlerer Produktionsleistung werden Kartoffeln und Roggen in die Fruchtfolge einbezogen. Schweinehaltung ist im gesamten Gebiet verbreitet. Die Milchviehhaltung zeigt entsprechend den nach Osten abnehmenden Niederschlägen ein Intensitätsgefälle.

Der gesamte Bereich des Nördlichen und Südlichen Landrückens mit dem dazwischen liegenden Märkischen Mittelland einschließlich der Dübener und Dahlener Heide gehört zum Kartoffel-Roggen-Gebiet. Hier überwiegen Sandböden mit einem wechselnden Lehmanteil von geringer Produktionsleistung. Leitbetriebszweig ist der Kartoffelanbau. Er wird mit Roggenbau und Schweinehaltung gekoppelt. Die Milchviehhaltung konzentriert sich auf die grundwassernahen Gley- und Moorböden der Urstromtäler, mit einem Grünlandanteil von über 40 v.H. Dagegen werden die Höhenrücken der Endmoränen und die Sanderflächen forstwirtschaftlich durch Kiefern-Eichen-Mischwald oder Kiefernmonokulturen genutzt.

Auf den tonig-lehmigen Böden der Elbaue steht im Gebiet des ehemaligen Landes Anhalt noch naturnaher artenreicher Auenwald. Überwiegend werden

Tabelle 5
Natürliche Standorteinheiten des Ackerlandes der DDR

Bodenart	v.H. der Ackerfläche
Böden eiszeitlicher Ablagerungen	60
Aueböden der großen Talauen	4
Lößböden der Bördenzone	20
Verwitterungsböden der kristallinen Gesteine und der Sedimentgesteine des Berglandes	16
Ackerland der DDR	100

Quelle: nach Kohl, H., u.a., S. 132.

die Talauen jedoch zum Weizen- und Zuckerrübenanbau oder als Dauergrünland genutzt.

Das Weizen-Zuckerrüben-Gerste-Gebiet der Börden am Nordrand des Berglandes sowie im Thüringer Becken weist mit seinen Schwarz- und Braunerden über Löß sehr gute bis ausgezeichnete Bodenqualitäten mit hoher Produktionsleistung auf. Leitbetriebszweige sind Zuckerrüben- und Weizenanbau mit Schweinehaltung, insbesondere Winterweizen und Gerste treten stark hervor.

Im Bergland sind die natürlichen Produktionsbedingungen aufgrund der Verwitterungsböden mit geringer bis mittlerer Produktionsleistung und der kälteren Winter sowie kühleren Sommer mit höheren Jahresniederschlägen ungünstiger. Die Hochflächen der Mittelgebirge haben über kristallinem Gestein oftmals noch Böden mit ausreichendem Nährstoffgehalt, auf denen bei geringen Hangneigungen Ackerbau möglich ist. Mit zunehmendem Niederschlag tritt jedoch Staunässe auf. Dementsprechend nimmt die Zahl der Betriebszweige zu. Mischbetriebe mit Futterbau (Luzerne, Klee und Silomais oder Dauergrünlandwirtschaft), Milchvieh- und Jungrinderhaltung sowie Getreide (Roggen, Hafer) und Hackfruchtbau (Kartoffeln) bestimmen das Betriebssystem.

Ähnlich sind die Produktionsbedingungen in den Hochlagen der Mittelgebirge. Die Sommer sind noch kühler und kürzer als in den mittleren Lagen des Berglandes, der Jahresniederschlag nimmt weiter zu, so daß ab 700 m Höhe der Ackerbau kaum noch Bedeutung hat. Leitbetriebszweig ist der Futterbau und mit wachsenden Anteilen von Milchviehhaltung Dauergrünland. Beim Getreideanbau wird Roggen zunehmend durch Hafer abgelöst. Im Erzgebirge war der Ackerbau aus gesamtwirtschaftlichen Gründen stärker verbreitet als in anderen Mittelgebirgen der DDR. Gegenwärtig werden die kleineren Ackerflächen der ehemaligen Arbeiterbauern zunehmend in Grünland umgewandelt oder aufgeforstet. Über 60 v.H. der Mittelgebirge werden durch Fichtenmonokulturen forstwirtschaftlich genutzt.

B. Regionale Struktur von Bergbau und Industrie

Die DDR gehört zu den 10 führenden Industrieländern der Erde. Mit 0,5 v.H. der Weltbevölkerung werden etwa 2 v.H. des → **Nationaleinkommens** aller Länder produziert.

Die DDR verfügt nur in geringem Umfang über → **Bodenschätze**. Ein großer, vielfach überwiegender Teil des Bedarfs an Rohstoffen und Energieträgern (→ **Energiewirtschaft**) muß eingeführt werden. Eine starke Rohstoffabhängigkeit besteht vor allem zur Sowjetunion.

Die wichtigsten Bodenschätze der DDR sind Braunkohle sowie Kali- und Steinsalz (→ **Bergbau**). Die Braunkohle wird in Großtagebauen unter schwieri-

Karte 2: Industrialisierung der DDR (Entwurf D. Richter, 1980)

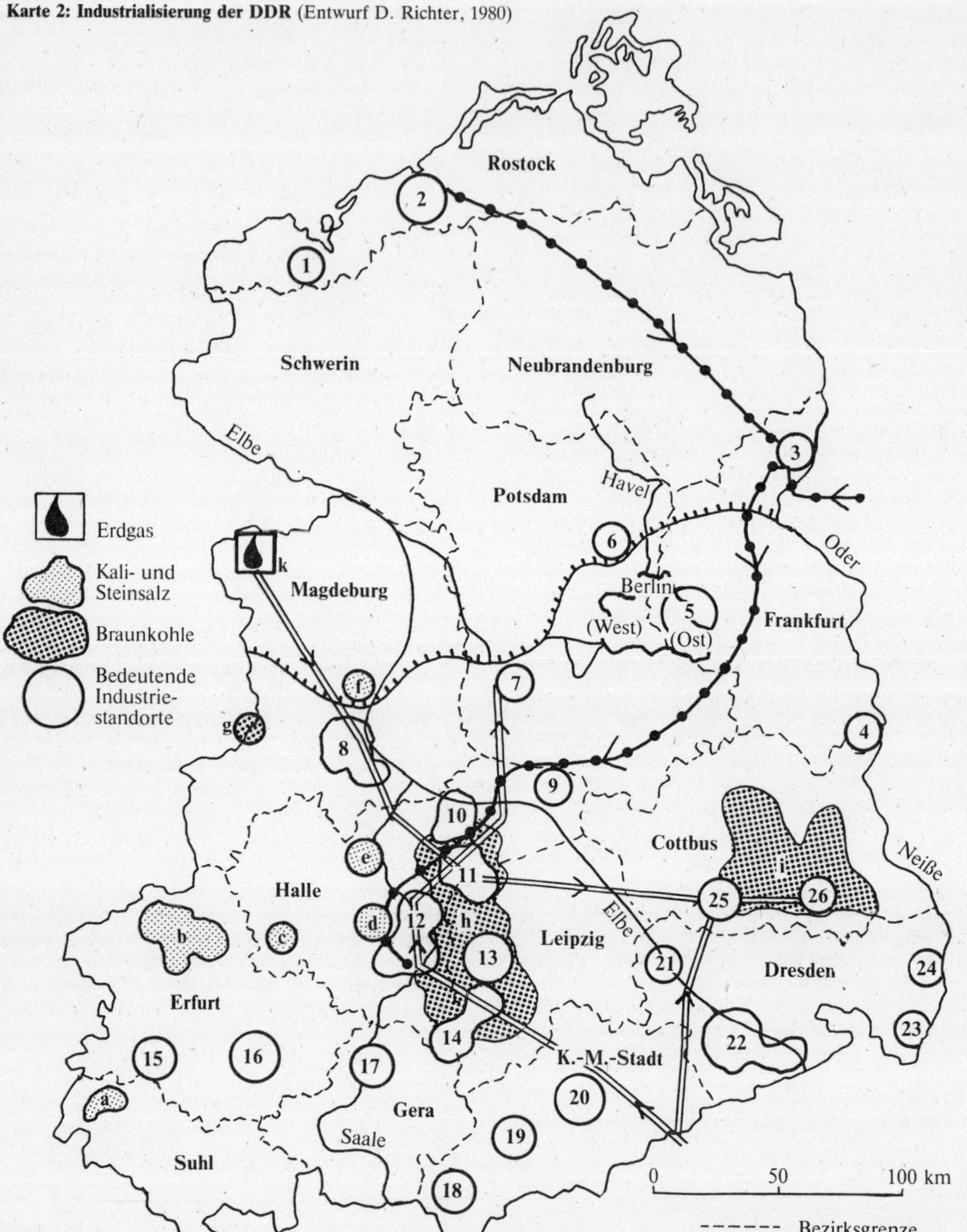

Bergbaugebiete
Kali- und Steinsalz: a) Werra-Revier, b) Bleicherode-Sondershausen, c) Roßleben, d) Teutschenthal, e) Bernburg, f) Zielitz; Braunkohle: g) Harbke, h) Mitteldeutsches Revier, i) Niederlausitzer Revier; Erdgas: k) Salzwedel-Peckensen.

Bezirksgrenze
Erdölleitung
Erdgasleitung
Wasserstraßen
Rostock Bezirke der DDR

Tabelle 6
Industriestandorte der DDR
(nach eigenen Zusammenstellungen, siehe Karte 2)

Industriestandorte	Wichtige Industrien	Standortfaktoren
1 Wismar	Maschinenbau, Schiffsbau	v
2 Rostock	Schiffsbau, Maschinenbau, Elektro,	v
	Fischverarbeitung	r, v
3 Schwedt	Erdölverarbeitung, Wärmekraft, Chemie	v
4 Eisenhüttenstadt	Eisen und Stahl	Politik
5 Berlin (Ost)	Wärmekraft, Metall, Maschinenbau, Chemie, Elektro, Feinmechanik-Optik, Bekleidung, Holzverarbeitung und Papier, Nahrungs- und Genußmittel	a, v
6 Hennigsdorf	Eisen und Stahl, Fahrzeugbau	v, a
7 Brandenburg	Eisen und Stahl, Fahrzeugbau	v
8 Magdeburg	Maschinenbau, Fahrzeugbau, Chemie, Elektro	v, a
	Feinmechanik-Optik, Nahrungs- und Genußmittel	r, a
9 Wittenberg	Chemie	v, e
10 Dessau	Fahrzeugbau, Maschinenbau, Elektro,	v, a
	Nahrungs- und Genußmittel	r, a
11 Bitterfeld	Wärmekraft, Aluminium, Chemie	r, e, v
12 Halle-Merseburg	Wärmekraft, Erdölverarbeitung, Chemie, Fahrzeugbau,	r, e, v
	Maschinenbau, Elektro, Holzverarbeitung und Papier, Nahrungs- und Genußmittel	a
13 Leipzig	Metall, Maschinenbau, Chemie, Elektro, Feinmechanik-Optik, Textil, Bekleidung, Holzverarbeitung und Papier, Nahrungs- und Genußmittel	v, a
14 Borna-Zeitz	Wärmekraft, Erdölverarbeitung, Chemie, Metall, Maschinenbau	r, v, a
15 Eisenach	Fahrzeugbau	a, v
16 Erfurt	Maschinenbau, Elektro, Feinmechanik-Optik, Bekleidung,	v, a
	Nahrungs- und Genußmittel	r, a
17 Jena	Feinmechanik-Optik	a, v
18 Plauen	Maschinenbau, Elektro, Textil, Bekleidung	a, v
19 Zwickau	Fahrzeugbau, Maschinenbau, Elektro, Textil	a, v
20 K.-M.-Stadt	Maschinenbau, Fahrzeugbau, Metall, Chemie, Kunststoff, Elektro, Feinmechanik-Optik, Bekleidung, Textil	a, v
21 Riesa	Eisen und Stahl, Chemie	v
22 Dresden	Eisen und Stahl, Maschinenbau, Chemie, Kunststoff, Elektro, Feinmechanik-Optik, Bekleidung, Textil, Holzverarbeitung und Papier, Nahrungs- und Genußmittel	a, v
23 Zittau	Fahrzeugbau, Textil	a
24 Görlitz	Fahrzeugbau, Maschinenbau, Bekleidung	a
25 Lauchhammer	Wärmekraft, Erdölverarbeitung, Chemie, Maschinenbau	r, e, v
26 Schwarze Pumpe	Wärmekraft, Aluminium, Chemie	r, e, v

r = rohstofforientiert
e = energieorientiert
v = verkehrsorientiert
a = arbeits- und absatzorientiert

ger werdenden Bedingungen gefördert. Im Mitteldeutschen Revier führt der Tagebau zur Vernichtung wertvoller Ackerböden der Bördenzone. Braunkohle lagert bei Harbke östlich von Helmstedt, im Mitteldeutschen und im Niederlausitzer Revier. Die wichtigsten Abbaufelder des Mitteldeutschen Reviers liegen im Geiseltal westlich von Merseburg-Leuna, südlich von Halle bei Ammendorf, südlich und nördlich von Bitterfeld in den Tagebauen Goitsche und Zschornewitz, südlich von Delitzsch, zwischen Zeitz, Borna, Böhlen und Leipzig. Das Niederlausitzer Revier erstreckt sich von Lauchhammer über Senftenberg und Spremberg bis Weißwasser. Seit einigen Jahrzehnten ist man um die Rekultivierung (→ **Landeskulturgesetz; Naturschutz**) der riesigen Tagebaurestlöcher bemüht. Sie werden für eine land- und forstwirtschaftliche Nutzung vorbereitet. Die Tagebaurestseen werden zumeist in Erholungsgebiete umgestaltet. Die Braunkohlenlager stammen aus dem Tertiär. Zu jener Zeit war das Gebiet der heutigen Leipziger Tieflandbucht und des übrigen Mittelgebirgsvorlandes ein flachwelliges Hügelland. In den flachen, versumpften Mulden bildeten sich in einem niederschlagsreichen tropischen Klima, die mittlere Jahrestemperatur lag bei 15–20°C (heute: 8°C), immergrüne Sumpfwälder. Zugleich befand sich die Mitteldeutsche Scholle des Grundgebirges in einer Kippbewegung, durch die der Norddeutsche Raum allmählich abgesenkt, der Erzgebirgskamm herausgehoben wurde. Infolge der Senkung gerieten die abgestorbenen Pflanzenmassen des Sumpfwaldes unter den steigenden Grundwasserspiegel. Es bildeten sich mächtige Torfschichten, die von eingeschwemmten Sanden und Tonen abgedeckt wurden. Dieser Vor-

gang wiederholte sich mehrmals, so daß unter dem Druck der Deckschichten in mehreren Jahrmillionen durch Inkohlung Braunkohlenflöze entstanden. Die Qualität der Kohle ist unterschiedlich. Sie hängt von ihrem jeweiligen Gehalt an Wasser, Mineralsalzen, Bitumen und Schwefel ab, der auch über ihre Verwendung bestimmt. Ganz allgemein gilt, daß der hohe Wassergehalt der Braunkohle den Transport sehr verteuert. Deshalb wird die Braunkohlenindustrie direkt an den Kohlevorkommen errichtet.
Im Halle-Leipziger und im Niederlausitzer Revier ist die Brikettierkohle weit verbreitet. Sie wird in Brikettfabriken zu Briketts gepreßt und im Haushalt, in der Industrie sowie im Wärmekraftwerk verfeuert. Briketts werden auch in der Kohlenchemie als Rohstoffe verwendet. Die Schwelkohle, die vor allem südlich von Leipzig vorkommt, hat einen hohen Bitumengehalt. Sie wird in den Großgaswerken Böhlen und Espenhain vergast oder im Chemiekombinat Böhlen bzw. im Hydrierwerk Zeitz zu Bitumen, Benzol, Schmierstoffen und Benzin verarbeitet. In der Großkokerei bei Lauchhammer und im Gaskombinat Schwarze Pumpe bei Hoyerswerda, die beide in den 50er Jahren errichtet wurden, werden die gleichen Halb- und Fertigprodukte hergestellt. Allein das Gaskombinat Schwarze Pumpe erzeugt fast die Hälfte der gesamten Gasproduktion der DDR. Weitere Standorte der Großchemie sind seit den 20er Jahren Bitterfeld, Wolfen, Wittenberg-Piesteritz, Schkopau und Leuna. Sie wurden auf der Basis der Braunkohlenveredelung errichtet.
Seit den 70er Jahren werden in zunehmendem Maße Erdöl und Erdgas als Rohstoff verwendet. Der Aufbau der Petrochemie begann in Schwedt, Leuna, Lützkendorf und Bitterfeld. In Wittenberg-Piesteritz wird Erdgas verarbeitet. Das Erdöl und die Erdölprodukte werden von Schwedt in Rohrleitungen zu den Chemiewerken gepumpt. Das Erdöl bezieht die DDR über die Leitung „Freundschaft" und vom Seehafen Rostock aus der UdSSR, das Erdgas kommt über die Leitung „Nordlicht" ebenfalls aus der UdSSR. Mit dem Bau des Gipsschwefelsäurewerkes Coswig an der Elbe konnte ein Engpaß in der Säureversorgung der Großchemie der DDR überwunden werden.
Wichtigster Energieträger (→ **Energiewirtschaft**) ist in der DDR die Braunkohle. Hauptstandorte der Energieerzeugung sind deshalb die Braunkohlenreviere mit den Wärmekraftwerken Harbke, Leuna, Schkopau, Lützkendorf, Großkayna, Wolfen, Bitterfeld, Zschornewitz, Vockerode, Thierbach, Böhlen, Espenhain, Lippendorf, Lübbenau, Vetschau, Jenschwalde, Spremberg, Schwarze Pumpe, Boxberg und Hirschfelde. Zu den bedeutendsten Investitionsvorhaben zählt der Auf- und Ausbau der Energiewirtschaft auf der Basis der Braunkohlenlagerstätten in der Niederlausitz. Hier wurden seit 1950 5 Großkraftwerke errichtet.

Als weiteren Rohstoff verarbeitet die chemische Industrie Kali- und Steinsalz, Kalk, Anhydrit und Wasser. Die Reviere des Kalibergbaus befinden sich am Nordrand des Thüringer Beckens im Südharzrevier und in der Werrasenke südlich des Thüringer Waldes im Werra-Revier sowie nördlich von Magdeburg bei Zielitz, ein Standort, der in den 60er Jahren erschlossen wurde.
Neben dem Auf- und Ausbau eines erdölverarbeitenden Zweiges der Chemieindustrie und der Energiebasis wurde seit 1949 die eisenschaffende Industrie (→ **Eisen- und Stahlindustrie**) entwickelt und um das 8fache erhöht. Das bedeutendste Investitionsvorhaben war der Aufbau des → **Eisenhüttenkombinat Ost (EKO)**. Die übrigen Standorte der eisenschaffenden Industrie (Hennigsdorf, Brandenburg, Thale, Unterwellenborn, Riesa, Gröditz, Freital, Olbernhau) sind über den mittleren und südlichen Teil der DDR verstreut.
Hinsichtlich des Wertes der industriellen Bruttoproduktion stehen der → **Maschinenbau** und der Fahrzeugbau an erster und → **Elektrotechnische** und → **Elektronische Industrie** sowie Gerätebau an zweiter Stelle. Weitere wichtige Industriezweige sind die → **Textilindustrie** und die → **Nahrungsgüterwirtschaft**.

IV. Siedlungsstruktur

A. Bevölkerungsverteilung

Die DDR zählt zu den Staaten mit hoher Bevölkerungsdichte (→ **Bevölkerung**), die Bevölkerungsverteilung ist jedoch sehr unterschiedlich. Es besteht ein ausgeprägtes Süd-Nord-Gefälle. Im industriellen Süden liegen südlich der Linie Magdeburg–Cottbus die dichtbesiedelten Gebiete mit einer durchschnittlichen Bevölkerungsdichte von 110 bis 330 E/km^2. Die höchsten Bevölkerungsballungen treten in den Verdichtungsräumen Magdeburg, Dessau–Bitterfeld, Halle–Leipzig, Erfurt, Zwickau–Karl-Marx-Stadt und Dresden auf. Hier lebt die Bevölkerung überwiegend in Städten.
Die dünnbesiedelten Gebiete liegen im landwirtschaftlichen Norden mit einer Bevölkerungsdichte unter 50 E/km^2 in der Endmoränen- und Sanderregion des Nördlichen Landrückens südlich Schwerin sowie südlich und östlich der Müritz, im Altmoränenland der Altmark (Letzlinger Heide) sowie im Fläming und im Spreewald. Wir finden sie auch im Oberharz und auf dem Erzgebirgskamm um den Fichtelberg. Verdichtungsinseln sind im Norden der DDR vor allem Berlin (Ost) mit den höchsten Werten, sowie Rostock, Schwerin, Neubrandenburg, Stralsund, Wismar, Brandenburg, Frankfurt/Oder und Eisenhüttenstadt.
In der DDR sind 77 v. H. der Bevölkerung in Städten konzentriert. Auf die 15 Großstädte und die 190 kleineren Mittelstädte mit zwischen 10000 und 50000 Einwohnern entfallen jeweils etwa 25 v. H.

Tabelle 7
Großstädte der DDR (E. in 1000)

Großstadt	1900	1939	1980
Berlin (Ost)	250,8	1589,5	1152,5
Cottbus	48,6	55,5	113,5
Dessau	50,8	119,1	102,5
Dresden	396,1	630,2	516,2
Erfurt	85,2	165,6	211,6
Gera	45,6	83,4	125,4
Halle/Saale	156,6	220,1	232,3
Jena	20,7	70,6	103,7
Karl-Marx-Stadt (Chemnitz)	206,9	337,7	317,6
Leipzig	456,1	707,4	562,5
Magdeburg	229,7	336,8	289,0
Potsdam	59,8	135,9	130,9
Rostock	54,7	121,2	232,5
Schwerin	38,7	64,6	121,2
Zwickau	55,8	85,2	122,1

Quellen: Statistische Jahrbücher der DDR.

der Gesamtbevölkerung. In → **Berlin** (Ost) leben allein 9 v. H. der gesamten Stadtbevölkerung. Die 17 großen Mittelstädte mit 50000–100000 Einwohnern umfassen dagegen nur ein Fünfzehntel der Bevölkerung.

Die Zunahme der städtischen Bevölkerung lag zwischen 1970 und 1980 bei 0,3 v. H. Gründe für die geringe Landflucht sind das ungenügende Wohnungsangebot und die vielfach unzureichende Wohnqualität in den Alt- und Neubauvierteln der Städte. Zu bedenken ist aber vor allem, daß Wohnortwechsel einer Zuzugsgenehmigung bedürfen.

B. Städtische und ländliche Siedlungen

Die große Mehrzahl der Klein-, Mittel- und Großstädte in der heutigen DDR entstand in der mittelalterlichen Stadtgründungsperiode. Sie sind im Altsiedelland westlich der Elbe-Saale-Linie in ihren Altstadtkernen durch ein unregelmäßiges Straßennetz gekennzeichnet (z. B. Halberstadt, Halle, Erfurt). Im Zuge der deutschen Ostkolonisation wurden geometrische Grundrißformen für die geplanten Neugründungen gewählt (z. B. Neubrandenburg, Leipzig, Torgau, Dresden). Mit der Industrialisierung wuchsen seit der zweiten Hälfte des 19. Jahrhunderts alle Städte mehr oder weniger stark. Zunächst ringförmig um die Altstadt, dann aber radial und parallel zu den Ausfallstraßen entstanden in geschlossener mehrgeschossiger Zeilenbauweise mit Hofbebauung und Hofindustrie die sogenannten Wilhelminischen Wohngürtel. Mit steigendem Flächenbedarf der Großindustrie wurden die Produktionsstätten in die Außenzone verlegt. Zugleich nahm mit zunehmender Konzentration des tertiären Bereichs in der Innenstadt die Wohnbevölkerung ab (Citybildung). Die mittelalterliche Bausubstanz wurde teilweise abgetragen und durch repräsentative Geschäftshausarchitektur ersetzt.

Starke Zerstörungen in vielen Groß- und Mittelstädten im II. Weltkrieg und der rapide Verfall der Bausubstanz aus der vorindustriellen Epoche wie aus der Gründerzeit des 19. Jahrhunderts machten den Wiederaufbau und die Sanierung notwendig. In der DDR werden → **Städtebau** (→ **Wirtschaft**) sowie → **Bau- und Wohnungswesen** zentralistisch von Partei- und Regierungsorganen gesteuert. Die → **Bauakademie der DDR** hat bereits 1950 durch „Sechzehn Grundsätze des Städtebaus" das Leitbild eines sozialistischen Städtebaus umrissen, dic allerdings in der Zwischenzeit mehrfach modifiziert wurden.

Leitlinien des Aus- und Umbaus der Innenstadtbereiche waren die Magistrale und der Zentrale Platz als wesentliche Gestaltungsmittel. In den Wohnquartieren sollen durch gebaute Umwelt sozialistische Lebensformen entwickelt werden. In der sozialistischen Wohnstadt sollen soziale Differenzierungen in schichtenspezifische Wohnviertel ausgeschlossen sein.

Nach diesen Grundsätzen wurden außerdem 3 neue sozialistische Städte gebaut: Eisenhüttenstadt als Wohnstadt des → **Eisenhüttenkombinates Ost (EKO)**, Hoyerswerda als Wohnstadt des → **Gaskombinat Schwarze Pumpe (VEB GSP)** und die Wohnstadt Schwedt für das Erdölverarbeitungskombinat. Neben diesen Neugründungen wurden den Großstädten sozialistische Wohnsiedlungen als Trabantenstädte zugeordnet (z. B. Halle-Neustadt, Rostock, Lütten-Klein).

Die mittelalterlichen Stadtbilder wurden vor allem in den weniger zerstörten Mittelstädten wie z. B. Weimar, Wittenberg, Meißen, die zugleich Zentren des Tourismus sind, restauriert und unter → **Denkmalschutz** gestellt. Kennzeichnend für viele Mittel- und Kleinstädte und für die Altbauviertel der Großstädte ist nicht nur der Verlust an zentralen Versorgungsfunktionen, noch gravierender ist der Verfall der baulichen Substanz in diesen Stadtvierteln.

Auch die Dörfer wurden verändert. Bis zum Ende der 60er Jahre blieb das traditionelle Dorfbild zunächst so erhalten, wie es sich seit der ostdeutschen Kolonisation herausgebildet hatte. Deshalb finden wir heute noch als vorherrschende Hausform in Mecklenburg und Brandenburg das niedersächsische Hallenhaus und seine ostelbischen Übergangsformen und im südlichen Brandenburg, in Anhalt, Thüringen und Sachsen fränkische und mitteldeutsche Hausformen. Zugleich wurden die neuen Dorfformen des Straßen- und Angerdorfes, das Hagenhufen- und das Waldhufendorf entwickelt. Erst seit dem 16. Jahrhundert kam es in Mecklenburg, Pommern und Brandenburg zur Gutsbildung.

Mit dem „Aufbau des Sozialismus auf dem Lande", d. h. mit der Durchsetzung einer industrialisierten Landwirtschaft in Großbetrieben, sollen die Unterschiede zwischen Stadt und Land allmählich aufgehoben werden. Diese Entwicklung betrifft die gesamte DDR gleichermaßen. Wohnhäuser und Wirtschaftsgebäude werden voneinander getrennt, dadurch büßen die Dörfer ihre Geschlossenheit ein. Am Rande der Altdörfer entstehen umfangreiche Gebäudeanlagen mit Ställen, Silos und mehrgeschossigen Wohnhäusern. Das Mehrfamilien-Mietshaus mit Zwei- bis Dreizimmerwohnungen, Küche und Bad prägt den Dorfrand. Die ursprünglichen Bauerngehöfte haben dagegen vielfach ihre Zweckbestimmung verloren. Scheunen und Ställe stehen häufig leer und verfallen allmählich, soweit sie nicht zu Wohnungen oder Garagen ausgebaut oder als Baumaterial für den Neubau eines Wohnhauses verwendet werden. Die Wohngebäude der Gehöfte werden von ihren Besitzern erhalten und modernisiert. Deshalb hinterlassen die Dörfer nicht selten einen gepflegteren Eindruck als die Altbausubstanz der Mietshäuser in den Städten, auch ist ihr Standard an sanitären Einrichtungen in aller Regel besser. Außerdem sind viele Dörfer durch den Ausbau tertiärer Funktionen (Landwarenhaus, Kulturhaus, Landambulatorium, Polytechnische Oberschule) attraktiver geworden.

V. Räumliche Gliederung der DDR

A. Politisch-administrative Gliederung

Die politisch-administrative Gliederung bildet die räumliche Grundlage der → **Planung** und Leitung. Sie ist nicht nur ein wichtiges Instrument zur Festigung und Sicherung der Staatsmacht (→ **Territorialprinzip**), sondern auch bei der Entwicklung und Gestaltung der Territorialstruktur von großer Bedeutung. Die Disproportionen zwischen den unterdurchschnittlich besiedelten Agrargebieten im Norden und den überdurchschnittlich besiedelten Industriegebieten im Süden werden als „kapitalistisches Erbe" aufgefaßt. Der Abbau dieses räumlichen Gegensatzes ist seit den 50er Jahren eine wichtige Aufgabe der Territorialplanung.

Das Gebiet der DDR gliedert sich in 14 Bezirke, 28 Stadt- und 191 Landkreise mit 7597 Gemeinden. Regierungssitz der DDR ist → **Berlin** (Ost), das von der DDR im Widerspruch zu den Festlegungen des → **Londoner Protokolls** als 15. Bezirk der DDR betrachtet wird. Die Gliederung der DDR in Bezirke (→ **Verwaltungsneugliederung**) erfolgte 1952, als die nach 1945 von der SMAD (→ **Besatzungspolitik**) gebildeten 5 Länder Mecklenburg, Brandenburg, Sachsen-Anhalt, Thüringen und Sachsen aufgelöst wurden.

Das Land Mecklenburg entstand aus den westlich der Oder-Neiße-Linie gelegenen Gebietsteilen der preußischen Provinz Pommern und dem Land Mecklenburg, das Land Brandenburg aus den westlich der Oder-Neiße-Linie gelegenen Gebietsteilen der preußischen Provinz Brandenburg (Altmark, Mittelmark). Die nördlichen und östlichen Gebiete der preußischen Provinz Sachsen wurden mit dem Land Anhalt zum Land Sachsen-Anhalt vereinigt. Das Land Thüringen umfaßte auch den Regierungsbezirk Erfurt der preußischen Provinz Sachsen. Das Land Sachsen umfaßte auch die westlich der Neiße gelegenen Kreise der preußischen Provinz Niederschlesien.

Diese traditionellen Gebietsbezeichnungen sind seit der Verwaltungs- und Gebietsreform von 1952 ohne politisch-geographische Bedeutung, werden jedoch im Sprachgebrauch noch häufig verwendet. Sie werden in amtlichen DDR-Karten und im DDR-Schulatlas indes vermieden.

Tabelle 8
Bezirke der DDR (1982)

Bezirk	Fläche km²	Einw. 1 000	Einw./ km²
Berlin (Ost)	403	1 173	2 911
Cottbus	8 262	885	107
Dresden	6 738	1 800	267
Erfurt	7 349	1 238	168
Frankfurt	7 186	707	98
Gera	4 004	742	185
Halle	8 771	1 816	207
Karl-Marx-Stadt	6 009	1 911	318
Leipzig	4 966	1 396	281
Magdeburg	11 526	1 260	109
Neubrandenburg	10 794	621	57
Potsdam	12 568	1 120	89
Rostock	7 074	894	126
Schwerin	8 672	591	68
Suhl	3 856	550	143
DDR	108 180	16 702	154

Quelle: Statistisches Jahrbuch der DDR 1983.

B. Gebietsstruktur der DDR

Die Agrargebiete liegen im Norden und in der Mitte der DDR. Sie umfassen die Landformen der glazialen Serie in Mecklenburg und Brandenburg. In den Agrargebieten überwiegt die landwirtschaftliche Produktion. Einzelne Industriestandorte sind an wenige Städte wie Neubrandenburg, Güstrow, Waren, Pritzwalk, Neustrelitz, Prenzlau, Luckenwalde und Herzberg gebunden.

In den Agrar-Industrie-Gebieten ist die Industrie ebenfalls auf wenige Städte wie z. B. Meiningen, Gotha, Weimar, Oschersleben, Torgau, Eilenburg, Oschatz und Görlitz beschränkt. Aber die Städte sind deutlich stärker industrialisiert als in den reinen Agrargebieten. Zu den Industrie-Agrar-Gebieten gehören das Werragebiet, größere Teile des Thüringer Beckens, das nördliche Harzvorland mit dem westlichen Gebiet der Magdeburger Börde, der östliche Teil der Dübener Heide, die Dahlener Heide, die Lommatzscher Pflege und der nördliche Streifen der Oberlausitz. Das Weizen-Zuckerrüben-Gerste-

Karte 3: Politisch-administrative Gliederung der DDR (nach amtlichen Karten)

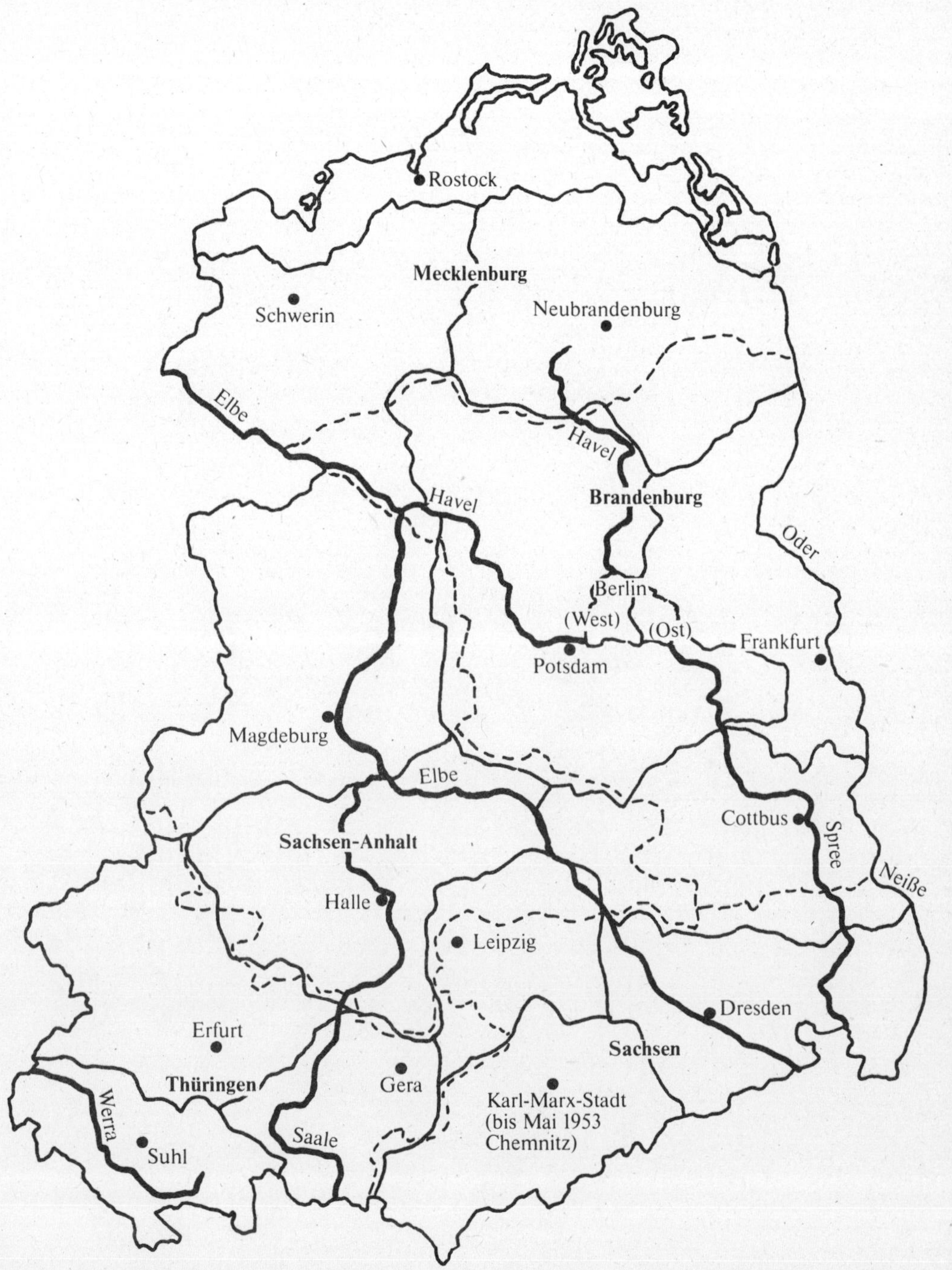

Karte 4: Gebietsstrukturen der DDR (nach D. Scholz, 1971)

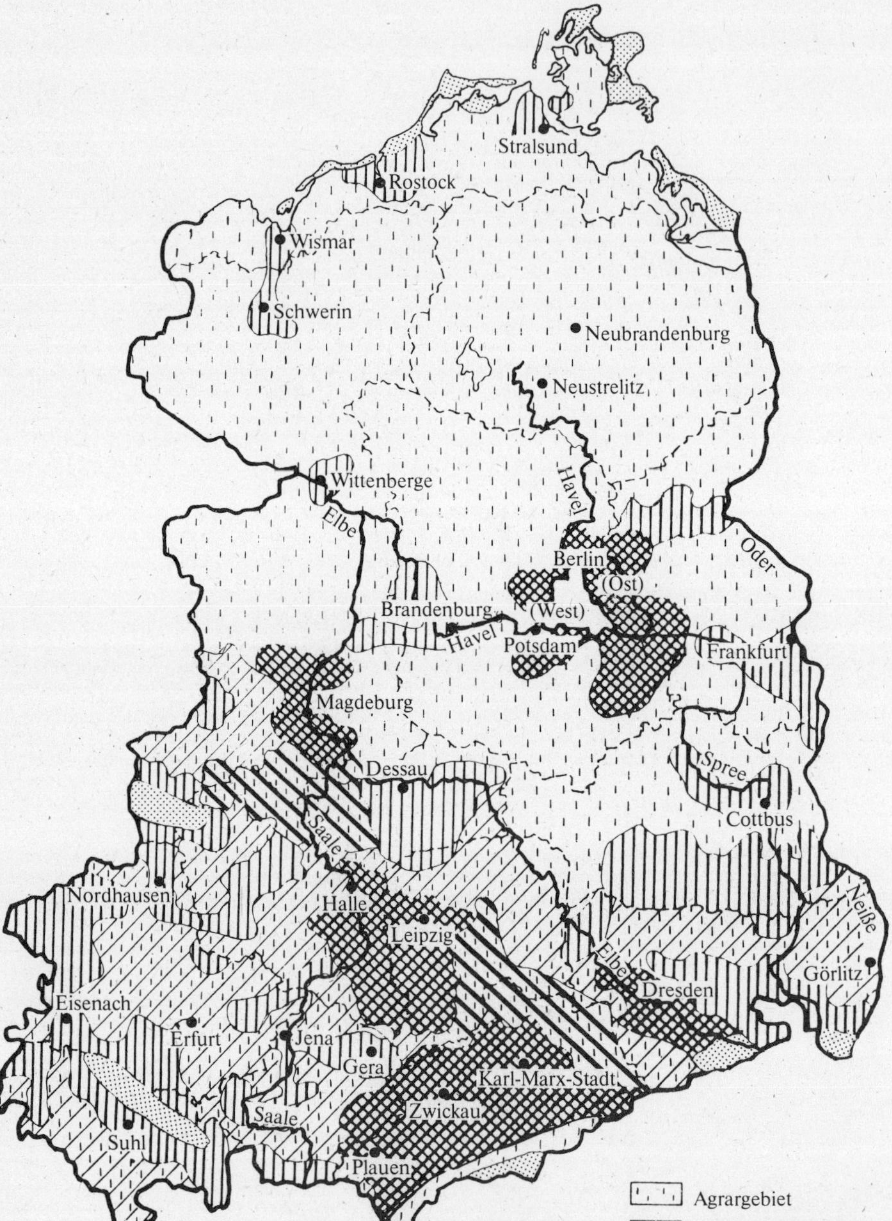

Gebiet im nördlichen Harzvorland und in einem relativ schmalen Band in Sachsen zwischen Grimma und Freiberg ist so stark von Industriestandorten durchsetzt, daß von einem Industrie-Agrar-Gebiet gesprochen werden kann. Neben Industriestädten wie Quedlinburg, Aschersleben, Staßfurt, Bernburg, Grimma, Döbeln, Roßwein und Freiberg treten nun die außerstädtischen Industriestandorte hervor.

In den Industriegebieten bestimmen größere Industriezonen die Flächennutzung. Diese Areale sind über das Gebiet der DDR gestreut. In Thüringen und Sachsen bilden sie in den Tälern der Mittelgebirge Industriegassen oder sie ziehen sich als Städtereihen am Gebirgsrand hin, so z. B. Wernigerode, Blankenburg, Thale und Nordhausen am Harz, oder Gera, Jena, Erfurt, Eisenach und Suhl am Thüringer Wald, sowie Bautzen, Löbau und Zittau in der Oberlausitz. Die Talhänge und Hochflächen der Gebirge sind entweder bewaldet oder sie werden landwirtschaftlich genutzt.

Im Tiefland liegen die Industriegebiete im Chemiedreieck Bitterfeld–Wittenberg–Dessau, im Niederlausitzer Braunkohlenrevier, am Oder-Spree-Kanal zwischen Fürstenwalde, Eisenhüttenstadt und Frankfurt/Oder, am Oder-Havel-Kanal mit Eberswalde-Finow nördlich von Berlin, an der Havel und am Elbe-Havel-Kanal zwischen Brandenburg–Rathenow sowie Brandenburg–Genthin–Burg, bei Wittenberge und in den küstennahen Räumen Schwerin–Wismar, Rostock und Stralsund.

Die verbleibenden Flächen entfallen auf die 5 Ballungsgebiete Berlin, Magdeburg, Halle–Leipzig, Plauen–Zwickau–Karl-Marx-Stadt und Dresden. In der Flächennutzung dominieren Siedlungs-, Industrie- und Verkehrsfunktionen.

Die Kammlagen der Mittelgebirge Harz, Thüringer Wald und Erzgebirge sowie die Sächsische Schweiz, das Zittauer Gebirge und das Gebiet der Ostseeküste können als Erholungsgebiete ausgewiesen werden (→ **Naturschutz**). *Dieter Richter*

Literaturangaben

Gellert, Johannes F.: DDR. Land, Volk, Wirtschaft in Stichworten. Wien: Hirt 1977. (Hirts Stichwörterbücher.)

Ökonomische **Geographie** der DDR. Hrsgg. v. H. Kohl, G. Jacob (u. a.). 3., überarb. u. erg. Aufl. Gotha, Leipzig: Haack 1976.

Gohl, Dietmar: Deutsche Demokratische Republik. Eine Wirtschaftsgeographie. München: List 1975. Aus: Harms Handbuch der Geographie Bd. Deutschland 1975.

Kohl, H., J. Marcinek u. B. Nitz: Geographie der DDR. 2. Aufl. Gotha, Leipzig: Haack 1979. (Studienbücher Geographie für Lehrer. Bd. 7.)

Richter, D.: Topographisches Grundwissen von der DDR, in: Praxis Geographie, H. 9/1980, S. 374ff. Braunschweig: Westermann 1980.

Richter, D.: Arbeitsblatt: Industrialisierung der DDR, in: Praxis Geographie, H. 9/1980, S. 405. Braunschweig: Westermann 1980.

Scholz, D.: Die wirtschaftsräumliche Struktur der DDR, in: Geographische Berichte, H. 2/1971. Gotha, Leipzig: Haack 1971.

Sperling, Walter: Landeskunde DDR. Eine annotierte Auswahlbibliographie. Bearb. u. komm. v. Walter Sperling. München: Verl. Dokumentation Saur KG 1978. (Bibliographien zur regionalen Geographie u. Landeskunde. Bd. 1.)

Tendenzen der perspektivischen Standortverteilung der Industrie in der Deutschen Demokratischen Republik. Hrsgg. v. Gerhard Schmidt-Renner. Gotha/Leipzig: Haack 1969. (Wissenschaftliche Abhandlungen der Geographischen Gesellschaft der Deutschen Demokratischen Republik, Bd. 7.)

Territorialplanung. Hrsgg. v. Rolf Bönisch, Gerhard Mohs, Werner Ostwald. 2., neu ausgearb. Aufl. Berlin (Ost): Die Wirtschaft 1980.

Gerichtsverfassung

I. Grundsätzliche Bestimmungen
II. Das Oberste Gericht
III. Die Bezirksgerichte
IV. Die Kreisgerichte
V. Gerichtsorganisation in Berlin (Ost)
VI. Die Militärgerichtsbarkeit

I. Grundsätzliche Bestimmungen

Nach Artikel 92 der Verfassung wird die Rechtsprechung in der DDR durch das Oberste Gericht, die Bezirksgerichte, die Kreisgerichte und die → **Gesellschaftlichen Gerichte** ausgeübt; in Militärstrafsachen besteht eine besondere Militärgerichtsbarkeit. Aufbau und Organisation der staatlichen Gerichte werden durch das Gerichtsverfassungsgesetz (GVG) vom 27. 9. 1974 (GBl. I, S. 457) geregelt, das mit Wirkung vom 1. 11. 1974 an die Stelle des GVG vom 17. 4. 1963 (GBl. I, S. 45) getreten ist, nachdem mit dem ersten GVG der DDR vom 2. 10. 1952 (GBl., S. 985) die alte, in Deutschland seit 1879 bestehende G. beseitigt worden war.

In den grundsätzlichen Bestimmungen betont das GVG die Unabhängigkeit der → **Richter**, hebt die der Rechtsprechung gestellten Aufgaben hervor (→ **Rechtswesen**, II.) und legt die Zulässigkeit des Rechtsweges für alle Straf-, Zivil-, Familien- und Arbeitsrechtssachen fest, soweit nicht die Zuständigkeit anderer Staatsorgane begründet ist. Die **Arbeitsgerichtsbarkeit** ist also Teil der ordentlichen Gerichtsbarkeit; selbständige Kreis- und Bezirksarbeitsgerichte bestanden nur bis zum 25. 4. 1963. Das GVG beinhaltet ferner den Grundsatz der Öffentlichkeit der Verhandlung (→ **Rechtswesen**, IV. D.), der Gleichheit der Bürger vor dem Gesetz, das Recht auf Verteidigung (→ **Verteidiger**), die Möglichkeit der → **Kassation** gerichtlicher Entscheidungen und die Zulässigkeit der Gerichtskritik (→ **Rechtswesen**, IV. E.). Ausnahmegerichte sind unstatthaft. Die Gerichtssprache ist deutsch (in der Lausitz kann in sorbischer Sprache verhandelt werden), und die Urteile werden „Im Namen des Volkes" verkündet.

II. Das Oberste Gericht (OG)

Das höchste Organ der Rechtsprechung ist das Oberste Gericht (§ 36 GVG) mit dem Sitz in Berlin (Ost), das von einem Präsidenten (Dr. Toeplitz, CDU) geleitet wird. Es leitet die Rechtsprechung aller Gerichte und hat die „einheitliche und richtige Gesetzesanwendung durch alle Gerichte" zu sichern. Mit der Bestimmung, daß das OG der Volkskammer und zwischen ihren Tagungen dem Staatsrat verantwortlich ist (§ 36 Abs. 2 GVG), wurde das Prinzip des → **Demokratischen Zentralismus** auch in der Rechtsprechung durchgesetzt. In Verwirklichung dieses Prinzips wurde ein umfassendes „System der wissenschaftlichen Leitung der Rechtsprechung" entwickelt, das insbesondere die Anleitung der unteren durch die oberen Gerichte und durch das OG sowie die mit dem neuen GVG vom 27. 9. 1974 erneut eingeführte Anleitung und Kontrolle der Bezirks- und Kreisgerichte durch das → **Ministerium der Justiz** regelt. In Art. 74 der Verfassung ist dem Staatsrat die ständige Aufsicht über die Verfassungsmäßigkeit und Gesetzlichkeit der Tätigkeit des OG übertragen. Diese Aufsichtsbefugnis erstreckt sich nach der Stellung des OG auf die gesamte Rechtsprechung der DDR, hat jedoch in der Praxis der letzten Jahre angesichts der geminderten Rolle des Staatsrats kaum Bedeutung erlangt.
Die Organe des OG sind das Plenum, das Präsidium, die Kollegien für Straf-, Militärstraf-, Zivil-, Familien- und Arbeitsrechtssachen und die bei den Kollegien gebildeten Senate. Dem Plenum gehören der Präsident, die Vizepräsidenten, die Oberrichter und die Richter des OG, die Direktoren der Bezirksgerichte und die Leiter der Militärobergerichte an. Mitglieder des Präsidiums sind der Präsident, die Vizepräsidenten und die Oberrichter des OG. Die Mitglieder des Präsidiums werden auf Vorschlag des Präsidenten vom Staatsrat berufen. Die Rechtsprechung liegt in Händen der Senate, die mit einem Oberrichter als Vorsitzendem und zwei beisitzenden Richtern besetzt sind. In Arbeitsrechtssachen entscheidet der zuständige Senat mit einem Oberrichter, einem weiteren Richter und drei Schöffen.
Seit 1967 sind bei den Senaten des OG, ohne daß es dafür eine gesetzliche Grundlage gibt, „Konsultativräte" gebildet worden, die mit beratender Funktion ausgestattet sind. Es bestehen – soweit erkennbar – Konsultativräte für Familienrecht und LPG-Recht (beide beim 1. Zivilsenat des OG), für Urheber- und Patentrecht sowie 2 Konsultativräte für Strafrecht beim 3. und 5. Strafsenat des OG. Betont wird, daß die Konsultationen vor Durchführung einer Verhandlung keine „vorweggenommene Beweisaufnahme" sein dürfen.
Plenum und Präsidium können zur Leitung der Rechtsprechung Richtlinien und Beschlüsse erlassen, die für alle Gerichte verbindlich sind. Seit 1953 hat das OG 32 Richtlinien beschlossen, von denen allerdings, bedingt durch die Verabschiedung neuer Gesetze, die Mehrzahl inzwischen wieder aufgehoben wurde. Anträge auf Erlaß solcher Richtlinien und Beschlüsse können der Präsident des OG, der Generalstaatsanwalt, der Minister der Justiz und der Bundesvorstand des FDGB stellen. Das Plenum, an dessen Tagungen der Generalstaatsanwalt, der Minister der Justiz und ein Vertreter des Bundesvorstandes des FDGB teilzunehmen berechtigt sind, tagt grundsätzlich einmal in 3 Monaten. Entgegen der bis zum 31. 10. 1974 geltenden Regelung ist der Staatsrat an Plenartagungen des OG nicht mehr beteiligt.
Das Präsidium bereitet die Tagungen des Plenums vor und beruft diese ein, ist zuständig für die Beschlußfassung, wenn ein Senat des OG in einer grundsätzlichen Rechtsfrage von der Entscheidung eines einem anderen Kollegium angehörenden Senats oder des Präsidiums abweichen will, wertet die Rechtsprechung der Gerichte und die Eingaben der Bürger aus, organisiert die Tätigkeit des OG und regelt die Geschäftsverteilung. Ferner ist das Präsidium Kassationsinstanz (s. u.). Es ist dem Plenum verantwortlich und rechenschaftspflichtig.
In der Rechtsprechung ist das OG zuständig:
1. in erster und letzter Instanz für Strafsachen, in denen der Generalstaatsanwalt wegen ihrer überragenden Bedeutung Anklage vor dem OG erhebt;
2. in zweiter Instanz für die mit einem Rechtsmittel angefochtenen erstinstanzlichen Entscheidungen der Bezirksgerichte und Militärobergerichte und für die Entscheidung über die Berufung in bestimmten Patentsachen;
3. als Kassationsgericht (→ **Kassation**) in Straf-, Militärstraf-, Zivil-, Familien- und Arbeitsrechtssachen.
Auf Anforderung des Ministerrates hat das OG **Rechtsgutachten** zu Fragen des Straf-, Zivil-, Familien-, Arbeits- und Prozeßrechts zu erstatten.

III. Die Bezirksgerichte (BG)

In jedem → **Bezirk** besteht ein BG, das von einem Direktor geleitet wird. Das BG leitet im Bezirk die Tätigkeit der Kreisgerichte und der gesellschaftlichen Gerichte. Nachdem mit dem neuen GVG das Plenum des BG weggefallen ist, fungiert als beratendes Kollegialorgan für den Direktor das Präsidium,

dem der Direktor des BG, seine Stellvertreter und die Oberrichter angehören. Das Präsidium ist Kassationsinstanz und entscheidet als solche in der Besetzung mit dem Direktor oder einem Stellvertreter als Vorsitzendem und vier vom Direktor zu bestimmenden Mitgliedern des Präsidiums.
Die Rechtsprechung des BG in Straf-, Zivil-, Familien- und Arbeitsrechtssachen liegt in den Händen der Senate, deren Zahl bei den einzelnen BG unterschiedlich ist. Diese sind in der ersten Instanz mit einem Oberrichter oder Richter als Vorsitzendem und zwei Schöffen, in der zweiten Instanz mit einem Oberrichter als Vorsitzendem und zwei weiteren Richtern besetzt. In Arbeitsrechtssachen entscheiden auch in zweiter Instanz ein Oberrichter und zwei Schöffen.
Das BG ist zuständig:
1. als Gericht erster Instanz a) in Strafsachen für die Entscheidung über Verbrechen gegen die Souveränität der DDR, den Frieden, die Menschlichkeit und die Menschenrechte, → **Staatsverbrechen**, über vorsätzliche Tötungsverbrechen, schwerere Verbrechen gegen die Volkswirtschaft und in allen anderen Strafsachen, in denen die Anklage durch den Staatsanwalt vor dem BG erhoben wird, b) in Zivil-, Familien- und Arbeitsrechtssachen für die Entscheidung über Streitigkeiten, in denen wegen der Bedeutung, Folgen oder Zusammenhänge der Sache der Staatsanwalt des Bezirks die Verhandlung vor dem BG beantragt oder der BG-Direktor die Sache an das BG heranzieht (durch diese Zuständigkeitsregelung wird die Verfassungsgarantic des Richters – Art. 101 der Verfassung – eingeschränkt);
2. in zweiter Instanz für die mit einem Rechtsmittel angefochtenen Entscheidungen der Kreisgerichte in Straf-, Zivil-, Familien- und Arbeitsrechtssachen;
3. als Kassationsgericht für die Kassation rechtskräftiger Entscheidungen der Kreisgerichte.

IV. Die Kreisgerichte (KrG)

In jedem Kreis besteht ein KrG, das von einem Direktor geleitet wird und in Kammern für Straf-, Zivil-, Familien- und Arbeitsrechtssachen gegliedert ist. Die Kammern sind mit einem Richter als Vorsitzendem und zwei Schöffen besetzt.
Das KrG ist zuständig:
1. für alle Straf-, Zivil-, Familien- und Arbeitsrechtssachen, soweit nicht die Zuständigkeit des BG oder des OG begründet ist. Es gehören also grundsätzlich alle Zivilsachen in erster Instanz vor das KrG;
2. für Entscheidungen über den Einspruch gegen eine Entscheidung der Konfliktkommission oder Schiedskommission (→ **Gesellschaftliche Gerichte**);
3. für die Entscheidung über die Beschwerde gegen eine Entscheidung des Staatlichen → **Notariats** oder eines Einzelnotars;
4. für die Verhandlung über den Antrag auf gerichtliche Entscheidung gegen eine polizeiliche Strafverfügung wegen einer Verfehlung;
5. für Vollstreckbarkeitserklärungen von Entscheidungen der Gesellschaftlichen Gerichte;
6. für Einsprüche gegen die Nichtaufnahme in die Wählerliste zur Wahl der Volksvertretungen.
Als Neuregelung im GVG ist vorgesehen, daß in bestimmten, vom Gesetz festgelegten Fällen ein Richter allein verhandeln und entscheiden kann. Insoweit ist auch in § 6 GVG der Grundsatz der „Kollektivität der Rechtsprechung" eingeschränkt.
Bei jedem KrG besteht eine **Rechtsauskunftsstelle** zur Beratung der Bevölkerung. An die Stelle des früheren Urkundsbeamten der Geschäftsstelle ist bei jedem Gericht der **Sekretär des Gerichts** getreten; bei Gerichten mit mehreren Sekretären gibt es einen „leitenden Sekretär". Die Bezeichnung **Rechtspfleger** gibt es nicht. Der Sekretär des Gerichts bzw. der leitende Sekretär ist für die Durchsetzung der ihm übertragenen materiellen, finanziellen und technisch-organisatorischen Aufgaben am KrG verantwortlich. Ihm obliegt daneben die Vollstrekkung aus gerichtlichen Entscheidungen (→ **Zivilprozeß**). Gerichtsvollzieher gibt es in der DDR nicht mehr.

V. Gerichtsorganisation in Berlin (Ost)

In Berlin (Ost) besteht eine eigene Gerichtsorganisation seit der Auflösung des Kammergerichts im Herbst 1961 nicht mehr. In jedem der 8 Stadtbezirke gibt es ein Stadtbezirksgericht (Zuständigkeit wie Kreisgericht).
Mit der Zuständigkeit eines Bezirksgerichts ausgestattet ist das Stadtgericht. Über Rechtsmittel und Kassationsanträge gegen dessen Entscheidungen entscheidet seit der Auflösung des Kammergerichts das Oberste Gericht.

VI. Die Militärgerichtsbarkeit

Die Militärgerichtsbarkeit war durch die Militärgerichtsordnung (Erlaß des Staatsrats) vom 4. 4. 1963 (GBl. I, S. 71) eingerichtet worden. Sie wurde durch die AO des Nationalen Verteidigungsrates (Militärgerichtsordnung [MilGO] vom 27. 9. 1974, GBl. I, S. 481) neu geregelt. Die Rechtsprechung in Militärstrafsachen wird von dem OG, bei dem ein Militärkollegium gebildet ist, von den Militärobergerichten und den Militärgerichten ausgeübt. Die Leitung der Rechtsprechung liegt beim OG. Die Militärgerichte sind nicht nur in Strafsachen gegen Militärpersonen zuständig, sondern für alle Personen, die Straftaten gegen die militärische Sicherheit begehen. Der Standort und die örtliche Zuständigkeit der Militärgerichte und Militärobergerichte werden vom Minister für Nationale Verteidigung unter Berücksichtigung ihrer militärischen Notwendigkeit festgelegt (MilOG in Leipzig, Neubrandenburg, Berlin [Ost]).

Als Grundlage für die Tätigkeit der Militärgerichte nennt die MilGO an erster Stelle die Beschlüsse der SED.
Die sachliche Zuständigkeit ist entsprechend der allgemeinen Zuständigkeit in Strafsachen geregelt. Darüber hinaus sind die Militärstrafsenate des OG zuständig für die Entscheidung über strafbare Handlungen, die von Militärpersonen ab Dienstgrad Generalmajor/Konteradmiral oder Dienststellung Divisionskommandeur begangen werden, die Militärobergerichte ab Dienstgrad Oberst/Kapitän zur See oder ab Dienststellung Regimentskommandeur. Für die Organisierung der Tätigkeit der Militärgerichte und Militärobergerichte sind deren Leiter allein verantwortlich. Das MilOG, das weder ein Plenum noch ein Präsidium hat, entscheidet über Kassationsanträge (→ **Kassation**) gegen Entscheidungen des MilG. Kassationsinstanz sind ebenfalls (bei Entscheidungen der MilOG ausschließlich) die Militärstrafsenate des Militärkollegiums.

Walther Rosenthal

Literaturangaben

Mampel, Siegfried: Die sozialistische Verfassung der Deutschen Demokratischen Republik. Kommentar. 2., völlig neubearb. u. erw. Aufl. Frankfurt a. M.: Metzner 1982.

Müller-Fritzsche: Gerichtsverfassungsrecht. Potsdam-Babelsberg 1981. (Staatsanwaltschaftsrecht, Akademie der Staats- und Rechtswissenschaft der DDR, H. 252.)

Roggemann, Herwig: Die Staatsordnung der DDR. Eingel. u. bearb. v. Herwig Roggemann. 2., erneuerte u. erw. Aufl. Berlin: Berlin-Verl. 1974. (Die Gesetzgebung der sozialist. Staaten. Einzelausg. 5.) (Quellen zur Rechtsvergleichung aus dem Osteuropa-Institut an der Freien Universität Berlin.)

Germanistik: *1. Gesellschaftswissenschaft und Germanistik.* In dem auf dem IX. Parteitag der → **Sozialistischen Einheitspartei Deutschlands (SED)** (1976) beschlossenen Parteiprogramm werden die → **Gesellschaftswissenschaften** aufgefordert, als das theoretische und politisch-ideologische Instrument der Arbeiterklasse und ihrer Partei „bei der weiteren Gestaltung der entwickelten sozialistischen Gesellschaft sowie in der Auseinandersetzung mit dem Imperialismus und der bürgerlichen Ideologie" tätig zu werden. Die Aufgabe der G. in der DDR als eines der wichtigsten Fachgebiete im Rahmen der Gesellschaftswissenschaften besteht darin, einen Beitrag „zur weiteren Erhöhung des Bildungs- und Kulturniveaus der Arbeiterklasse, aller Werktätigen und besonders der Jugend als Bedingung ihrer Persönlichkeitsentwicklung sowie zur Entwicklung der sozialistischen Nationalkultur zu erbringen".
Daraus leiten sich erhöhte Anforderungen an die Qualität der Ausbildung von zukünftigen Lehrern und Diplomgermanisten sowie an das Niveau der Forschung ab. In der Ausbildung der Studenten sind „die Einheit von klassenmäßiger Erziehung und fachlicher Bildung zu sichern und die Studenten zu befähigen, die Ergebnisse und Prozesse sozialistischer Kulturentwicklung aktiv mitzugestalten". Damit hat die Führung der SED den germanistischen Literatur- und Sprachwissenschaftlern eine wichtige Aufgabe bei der Erforschung der Entwicklung der deutschen Sprache und Literatur, des Verhältnisses von Sprache und Gesellschaft, der „Entwicklung der sozialistischen Nationalkultur" sowie der Beziehungen zu den Literaturen der Nachbarn, insbesondere „der sozialistischen Bruderländer", zugewiesen.
2. Germanistische Ausbildung (Grundstudienrichtung Germanistik). Germanistische Ausbildung und Forschung finden an den Universitäten Berlin (Ost), Leipzig, Halle-Wittenberg, Rostock, Greifswald, Jena sowie an der TU Dresden und einer Reihe von Pädagogischen Hochschulen (PH), darunter Potsdam und Erfurt-Mühlhausen, statt. Die Ausbildung der G.-Studenten erfolgt entsprechend der 1982 festgelegten Regelstudienzeit: sie beträgt 5 Jahre (→ **Universitäten und Hochschulen**). Für ausgewählte Studenten besteht danach die Möglichkeit, in einem 2–3jährigen Forschungsstudium zur Promotion zu gelangen. Während des Studiums werden, begleitet von einem obligatorischen marxistisch-leninistischen Grundlagenstudium, Kenntnisse in deutscher Literatur und Sprache vermittelt. Daneben wird besonderer Wert auf die Erziehung der Studenten zu selbständiger wissenschaftlicher Arbeit gelegt: zu diesem Zweck werden Studentenkollektive gebildet, die unter Anleitung von Betreuern wissenschaftliche Arbeiten anfertigen sollen. Zentrale Bereiche des Studiums sind (wobei von Universität zu Universität nur geringe Unterschiede bestehen):
Literaturwissenschaft: Literatur der Aufklärung, Literatur des Sturm und Drang und der Klassik als Grundlage der „Aneignung des klassischen Erbes" in der DDR, Literatur des Vormärz, Proletarische Literatur vor 1933, Literatur des Antifaschismus, Sozialistische Literatur in der DDR und ihre Verflechtungen mit den Literaturen der „sozialistischen Bruderländer", Literatur der „imperialistischen Staaten".
Sprachwissenschaft: Entwicklung der deutschen → **Sprache**, Grammatiktheorien, Verhältnis von Sprache und Gesellschaft sowie von Sprache und Denken. Einzelbereiche: fach- und gemeinsprachlicher Wortschatz, Neologismen, Komponenten des gesellschaftlichen Kommunikationsprozesses, Textlinguistik, Pragmatik.
Im weiteren Verlauf des Studiums, in dem ein mehrmonatiges Praktikum – nach Möglichkeit in der Institution, in der der zukünftige Lehrer oder Diplomgermanist tätig sein soll (Schule, Verlag, Rundfunk) – absolviert wird, sollen die Studenten ihre erworbenen theoretischen Kenntnisse in Einzelgebieten vertiefen, sich dabei die neuesten Erkenntnisse im Fach aneignen und neue Forschungsmethoden anwenden. Zu diesem Zweck vergeben die Sektionen (z. B. die Sektionen „G./Literaturwissenschaften" und „Kultur- und Kunstwissenschaf-

ten" der Karl-Marx-Universität Leipzig) Themen, die unmittelbar in die auftragsgebundene Forschung der Universität integriert sind. Derartige Themen befassen sich z. B. mit Fragen des Textbegriffs und der Textklassen, der Sprachästhetik, der Sprachnorm, der Sprachpflege unter sozialistischen Bedingungen und der „Entwicklung einer sozialistischen Sprachkultur", der Ideologie- und Gesellschaftsgebundenheit der Sprache und ihrer Rolle für die Klassenauseinandersetzung. Das Studium schließt mit dem Diplom als Voraussetzung der anschließenden Berufsausübung (Lehrer) ab; dafür muß eine wissenschaftliche Arbeit angefertigt werden, deren Ergebnisse öffentlich zu verteidigen sind. Nach dieser Prüfung darf der Absolvent den Titel „Diplomgermanist" führen.

3. Germanistisches Ausländerstudium. Ein wesentlicher Teil der germanistischen Hochschulausbildung ist die Einrichtung des → **Ausländerstudiums** an dem am 1. 9. 1956 gegründeten Herder-Institut der Karl-Marx-Universität Leipzig. Der Schwerpunkt ist die sprachliche Vorbereitung von Ausländern – vorwiegend aus der UdSSR, der Volksrepublik Polen, der ČSSR und jungen Nationalstaaten (Vietnam, Nigeria, Algerien) – auf das Fachstudium an einer der Universitäten oder Hochschulen der DDR. Seit Mai 1974 gibt es einen präzisen Studienplan für das germanistische Ausländerstudium als integrierter Bestandteil der Germanistik (Studienplan für die Grundstudienrichtung „Germanistik, Spezialisierung Fremdsprachenlehrer für ausländische Studierende"). Dieser sieht in den beiden ersten Studienjahren eine Konzentration von Lehrveranstaltungen zur deutschen Sprache und Literatur der Gegenwart zusammen mit einer verstärkten sprachpraktischen Ausbildung sowie Kursen zur Landeskunde vor; im 3. und 4. Studienjahr rücken zunehmend historische und theoretische Fragestellungen der G. in den Vordergrund; daneben gewinnen Vorlesungen zur Pädagogik sowie pädagogische Praktika einen erhöhten Stellenwert, um die Absolventen auf ihren zukünftigen Beruf als Lehrer des Fachs „Deutsch als Fremdsprache" optimal vorzubereiten. Teilweise werden diese Praktika im Heimatland des Studenten absolviert.

Seit 1970 gibt es im Rahmen des Germanistischen Ausländerstudiums (beginnend mit dem 3. Studienjahr) eine eigene Methodik-Ausbildung, um die Studenten besser auf ihren künftigen Beruf als Lehrer für Deutsch als Fremdsprache vorzubereiten. Sie umfaßt die folgenden Schwerpunkte:

– Vermittlung, Festigung und Aktivierung sprachlicher Kenntnisse (Phonetik, Lexik, Grammatik) auf den verschiedenen Stufen des Fremdsprachenunterrichts;
– Entwicklung sprachlicher Fertigkeiten in den vier kommunikativen Grundtätigkeiten Hören, Sprechen, Lesen, Schreiben;
– Ermittlung und Bewertung sprachlichen Wissens und Könnens im Fremdsprachenunterricht;
– Funktion und Inhalt der Landeskunde im Fremdsprachenunterricht;
– Art, Funktion und Einsatz von Unterrichtsmitteln.

Ab dem 3. Studienjahr wird auch eine 2. Fremdsprache (in der Regel Englisch) gelehrt; die Abschlußprüfung in diesem Fach liegt am Ende des 9. Semesters. Das Studium schließt nach 5 Jahren mit der Ausarbeitung der wissenschaftlichen Diplomarbeit und dem Examen ab.

Von 1951 (damals gab es Deutschkurse für Ausländer an der Arbeiter-und-Bauern-Fakultät der Karl-Marx-Universität, eine Art Vorläufer des Herder-Instituts) bis zum Studienjahr 1980/81 studierten am Herder-Institut 17500 Studenten.

Am 1. 1. 1968 wurde die im Juni 1962 gegründete Zentrale Schule für ausländische Bürger in Dresden-Radebeul als selbständige Abteilung zur Vorbereitung von Praktikanten auf eine berufspraktische Ausbildung dem Herder-Institut angegliedert. Von 1962 bis 1980 wurden dort 4600 Praktikanten – vor allem aus den „Entwicklungsländern" – sprachlich ausgebildet, um ihre berufliche Qualifikation zu gewährleisten.

Neben dem Herder-Institut bilden auch andere Universitäten, wie z. B. Greifswald, Jena und Halle, ausländische Germanisten aus. Der skizzierte Studienplan ist für alle Universitäten verbindlich.

Einige Universitäten und Hochschulen (z. B. Leipzig, Halle, Jena, Erfurt, Rostock) veranstalten in den Ferien regelmäßig Sommerkurse für ausländische Germanisten und Deutschlehrer (Schwerpunkte: Fragen der aktuellen Sprachentwicklung, Didaktik und Methodik des Fachs „Deutsch als Fremdsprache", Landeskunde DDR); darüber hinaus halten Dozenten des Herder-Instituts sowie anderer Universitäten und Hochschulen an den Kultur- und Informationszentren der DDR im Ausland (KIZ) und an zahlreichen ausländischen Universitäten Deutschkurse und Kurse zur Landeskunde DDR ab und sind damit um die Pflege und Verbreitung der deutschen Sprache im Ausland bemüht.

Das Herder-Institut gibt seit 1964 die Fachzeitschrift „Deutsch als Fremdsprache" – Zeitschrift zur Theorie und Praxis des Deutschunterrichts für Ausländer – heraus.

4. Germanistische Forschung. Die Forschung der germanistischen Sprach- und Literaturwissenschaft an den Universitäten, Hochschulen und Akademien der DDR wird zentral über das → **Ministerium für Hoch- und Fachschulwesen** geplant und koordiniert, um größtmögliche Effizienz zu erzielen und Doppelarbeit zu vermeiden. Forschungsschwerpunkte sind:

Humboldt-Universität Berlin: Klassische deutsche Literatur, Probleme der Übersetzung, Monologisches und Dialogisches Sprechen, Fremdsprachenausbildung und programmierter Unterricht.

Wilhelm-Pieck-Universität Rostock: Orthographiereform der deutschen Sprache, Lexik, Kommunikationsprozesse und ihre sprachlichen und nichtsprachlichen Konstituenten sowie die Literatur des Niederdeutschen.

Technische Universität Dresden: Naturwissenschaftliche, technische und medizinische Fachsprachen sowie Erarbeitung von fachsprachlichen Lehrprogrammen und kontrastiven fachsprachlichen Wörterbüchern Deutsch-Russisch, Deutsch-Englisch u. a.

Ernst-Moritz-Arndt-Universität Greifswald: Verhältnis von Sprache und Denken auf der Basis der Erkenntnisse der neueren sowjetischen neurophysiologischen Forschung, Universalienproblematik, sozialistische Nationalliteratur, Sprache der Massenmedien.
Martin-Luther-Universität Halle-Wittenberg: Entwicklung einer sozialistischen Sprachkultur, Sprachnormen, funktionale Stilistik, Sprachästhetik.
Friedrich-Schiller-Universität Jena: Literatur der Aufklärung und der Klassik, Literatur der DDR, Sprachliche Kommunikation, Probleme der Morphologie.
Karl-Marx-Universität Leipzig: Linguistisch-didaktische Grundlagen der fachbezogenen Fremdsprachenausbildung sowie Erarbeitung entsprechender Curricula und Lehrmaterialien, insbesondere für das Fach „Deutsch als Fremdsprache“, Valenztheorie und ihre praktische Anwendung, kontrastive Linguistik, Probleme der Wortbildung, Literatur des Vormärz, Lyrische Literatur in der DDR.
Pädagogische Hochschule Potsdam: Literatur des Widerstands gegen den Faschismus (unter Einbeziehung der sowjetischen Literatur).
Seit 1980 erscheint im VEB Verlag Enzyklopädie, Leipzig, die „Zeitschrift für Germanistik“, herausgegeben von einer Reihe von Wissenschaftlern unter Leitung von Prof. Claus Träger. Ihr Ziel ist, durch Beiträge aus der germanistischen Sprach- und Literaturwissenschaft (z. B. Textlinguistik) zur Integration beider Disziplinen beizutragen. Im Mittelpunkt der Beiträge stehen methodologische sowie literaturästhetische Fragen; daneben gibt es einen ausführlichen Rezensionsteil (auch westdeutscher und ausländischer Veröffentlichungen) sowie Inhaltsangaben neuerer germanistischer Dissertationen aus der DDR.

Gesamtprodukt, Gesellschaftliches

I. Definition
II. Vergleichbarkeit der Sozialproduktskennziffern

I. Definition

Wirtschaftliche Kennziffer zur Charakterisierung der Leistungsfähigkeit der Volkswirtschaft der DDR in einem bestimmten Zeitabschnitt (in der Regel ein Jahr).
In der DDR werden die gesamtwirtschaftlichen Leistungen in den Begriffen Bruttoprodukt (= GG.), Nettoprodukt, produziertes und im Inland verwendetes **Nationaleinkommen** zusammengefaßt. Diese Indikatoren werden in der volkswirtschaftlichen Gesamtrechnung ermittelt, die in der DDR nach Prinzipien erstellt wird, die auf die Arbeitswertlehre von Karl Marx zurückgehen. Sie unterscheidet sich damit von den westlichen volkswirtschaftlichen Gesamtrechnungen, da die Marxsche Theorie nur solche Leistungen als wertschöpfend ansieht, die sich in materiellen Produkten realisieren. So werden in der volkswirtschaftlichen Gesamtrechnung der DDR die Dienste – mit Ausnahme der als „produktiv“ angesehenen Dienstleistungen – als Leistungen der „nichtproduzierenden“ Bereiche nicht ausgewiesen. Dazu gehören die meisten Leistungen des staatlichen Bereichs (Verwaltung, Einrichtungen des → **Gesundheitswesens**), die Leistungen des Geld- und Versicherungswesens, des Dienstleistungshandwerks usw. Die „nichtproduzierenden“ Bereiche sind aber nicht identisch mit dem sog. tertiären Sektor in westlichen Ländern (es fehlen insbesondere der → **Binnenhandel** und das → **Verkehrs-**, → **Post- und Fernmeldewesen**), sondern umfassen lediglich einige seiner wesentlichen Teilstücke. Die DDR-Gesamtrechnung enthält vermutlich auch nicht die Produktion militärischer Ausrüstungen.
Die Abgrenzung des „produzierenden“ Bereichs vom „nichtproduzierenden“ Bereich ist problematisch. Sie erfolgt durch Zuordnung der ökonomischen Grundeinheiten (Betriebe, Kombinate, Einrichtungen der Kultur und Volksbildung, des Gesundheits- und Sozialwesens usw.) entsprechend dem überwiegenden Schwerpunkt ihrer Produktion in ihrer Gesamtheit auf den „produzierenden“ und den „nichtproduzierenden“ Bereich. Die „produzierenden“ Betriebseinheiten gehören folgenden Wirtschaftsbereichen an: Industrie und produzierendes Handwerk; Bauwirtschaft (einschließlich Bauhandwerk); Land- und Forstwirtschaft; Verkehrs-, Post- und Fernmeldewesen; Binnenhandel (einschließlich Gaststättenwesen); sonstige produzierende Zweige (Projektierungsbetriebe, Verlage, Textilreinigungsbetriebe, Reparaturkombinate, Rechenbetriebe).
Das GG. ist die Gesamtheit der von der Gesellschaft in einem bestimmten Zeitabschnitt, in der Regel in einem Jahr, erzeugten materiellen Güter und produktiven Leistungen. Es ist damit die Summe der Bruttoproduktionswerte aller Betriebe des „produzierenden“ Bereichs der Volkswirtschaft. Das produzierte Nationaleinkommen (bzw. **Volkseinkommen**) errechnet sich aus dem GG. abzüglich des Produktionsverbrauchs (Abschreibungen, Mieten,

Die Systematik der Produktbegriffe in der DDR

Bruttoprodukt (= GG.)
minus Produktionsverbrauch (= Abschreibungen, Mieten, Pachten, Nutzungsentgelte plus Verbrauch von Material und produktiven Leistungen)

Nettoprodukt
minus Verrechnungen (= spezielle Subventionsart der DDR)

produziertes Nationaleinkommen
plus/minus Außenhandelssaldo

im Inland verwendetes Nationaleinkommen

Pachten und Nutzungsentgelte; Verbrauch von Material und produktiven Leistungen) und abzüglich der Subventionen für Materialkäufe, sog. Verrechnungen. Es ist damit die Summe der Nettoproduktwerte der Wirtschaftsbereiche abzüglich der Verrechnungen.
Bei der Entstehungsrechnung ergibt sich das GG. als Summe der Bruttoprodukte aller „produktiven" ökonomischen Grundeinheiten bzw. Wirtschaftsbereiche. Nach den vorläufigen Ergebnissen der volkswirtschaftlichen Gesamtrechnung waren die einzelnen Wirtschaftsbereiche am Aufkommen des GG. 1981 (letzte verfügbare Angaben; in Klammern die Angaben für die Anteile am Nettoprodukt) mit folgenden Anteilen beteiligt: Industrie und produzierendes Handwerk (ohne Bauhandwerk) mit 71,5 v. H. (69,1 v. H.), Bauwirtschaft mit 7,4 v. H. (5,9 v. H.), Land- und Forstwirtschaft mit 8,8 v. H. (8,2 v. H.), Verkehrs-, Post- und Fernmeldewesen mit 5,4 v. H. (4,1 v. H.), der Binnenhandel mit 4,9 v. H. (9,6 v. H.) und die übrigen produzierenden Zweige mit 2,0 v. H. (3,1 v. H.).

II. Vergleichbarkeit der Sozialproduktskennziffern

Die Vergleichbarkeit östlicher und westlicher **Sozialprodukts**-Kennziffern ist nur bedingt möglich. Der wesentliche Unterschied zur volkswirtschaftlichen Gesamtrechnung der DDR besteht in der Bundesrepublik Deutschland darin (wo als Zusammenfassung volkswirtschaftlicher Leistungen der Bruttoproduktionswert, das Bruttoinlandsprodukt, das **Bruttosozialprodukt** und das Nettosozialprodukt zu Marktpreisen bzw. zu Faktorkosten [= Volkseinkommen] benutzt werden), daß das als Produktion anerkannt wird, was zur Bedarfsdekkung auf den Märkten einen Preis erzielt. Damit gehen prinzipiell alle Dienstleistungen in die gesamtwirtschaftlichen Leistungsindikatoren ein, also auch die, die zwar in der DDR gesellschaftlich nützlich sind, aber zum „unproduktiven" Bereich gezählt werden. Dieses unterschiedliche methodische Konzept der Sozialproduktberechnung ließe sich bei einem Vergleich zwischen der Bundesrepublik Deutschland und der DDR z. B. dadurch – zumindest theoretisch – lösen, daß entweder das gesellschaftliche Produkt der DDR um die Dienstleistungen, die es nicht enthält, erhöht oder aber das Brutto- bzw. Nettosozialprodukt der Bundesrepublik um diese vermindert wird.
Das Bruttosozialprodukt der Bundesrepublik Deutschland ist allerdings mit dem GG. (neben der schon erwähnten Nichteinbeziehung eines Teils der Dienstleistungen) vor allem auch deshalb nicht vergleichbar, weil in ihm keine Vorleistungen enthalten sind. Aufgrund der in den östlichen Zentralplanwirtschaften praktizierten Bruttorechnung bei der Ermittlung des GG., wobei die Vorleistungen anderer Betriebe und Wirtschaftszweige bei der Feststellung der Bruttoproduktion jedes einzelnen Betriebes stets mitgerechnet werden, enthält die in den statistischen Veröffentlichungen ausgewiesene Gesamtproduktgröße viele Doppel- und Mehrfachzählungen. Das Ausmaß dieser Doppel- und Mehrfachzählungen dürfte sich darüber hinaus im Zuge der sich wandelnden Verflechtungsbeziehungen ständig ändern. Auch das Nettosozialprodukt (Bundesrepublik Deutschland) ist nur bedingt mit dem Nettoprodukt (DDR) vergleichbar, selbst wenn es gelingt, dem Nettoprodukt sämtliche Dienstleistungen hinzuzuzählen. Die statistischen Definitionsprobleme können nur gelöst werden, wenn es gelingt, die Daten eines Landes gemäß den Konzeptionen des Vergleichslandes umzugruppieren. Das größte Hemmnis für den Vergleich besteht aber im Fehlen realistischer Umrechnungskurse der jeweiligen Währungen, so daß das Paritätsproblem jeden gesamtwirtschaftlichen Niveauvergleich beeinträchtigen muß.
Die Verwendungsseite volkswirtschaftlicher Leistungsgrößen wird in der DDR anders abgerechnet als in der Bundesrepublik Deutschland. In der Bundesrepublik wird z. B. die Abgrenzung zwischen privatem und öffentlichem Verbrauch danach vorgenommen, wer Käufer der Güter ist, während in der DDR der Endverwender ausschlaggebend für die jeweilige Zuordnung ist. In der Statistik des Nationaleinkommens wird die Verwendung im Inland auf die Verwendungszwecke „Akkumulation" (Nettoinvestitionen im „produzierenden" Bereich, Investitionen im „nichtproduzierenden" Bereich, Zuwachs an Beständen und Reserven) und „individuelle und gesellschaftliche Konsumtion" verteilt. Zur gesellschaftlichen Konsumtion rechnet man den Verbrauch von Erzeugnissen und Leistungen aus dem „produktiven" Bereich in Einrichtungen zur kulturellen, sozialen und gesundheitlichen Betreuung der Bevölkerung (lebensstandardwirksame gesellschaft-

Die Systematik der Produktbegriffe in der Bundesrepublik Deutschland

Bruttoproduktionswert minus Vorleistungen	
Bruttosozialprodukt minus	Saldo der Erwerbs- und Vermögenseinkommen zwischen Inländern und der übrigen Welt
	= Bruttoinlandsprodukt
minus Abschreibungen	
Nettosozialprodukt zu Marktpreisen minus indirekte Steuern plus Subventionen	
Nettosozialprodukt zu Faktorkosten (= Volkseinkommen)	

liche Konsumtion) sowie in Einrichtungen, die gesamtgesellschaftliche Bedürfnisse befriedigen. Angaben über die Höhe oder die Struktur des öffentlichen Verbrauchs in der DDR fehlen in den statistischen Unterlagen.
Nach vorläufigen Ergebnissen der volkswirtschaftlichen Gesamtrechnung in der DDR für 1982 verteilte sich das im Inland verwendete Nationaleinkommen zu 68,9 v.H. auf die individuelle Konsumtion, zu 13,1 v.H. auf die gesellschaftliche Konsumtion und zu 18,0 v.H. auf die Akkumulation.

Peter Plötz

Literaturangaben

Barthel, Wilfried, Werner Karbstein u. Wolfgang Schmidt: Statistik des Nationaleinkommens – Berechnungsmethoden, Bilanzierung und Analyse. Berlin (Ost): Die Wirtschaft 1971.

Haller, Frank: Die wirtschaftliche Entwicklung der BRD und der DDR 1950–1970. Hrsgg. v. Werner Gatz. Bremen 1974. (Schriften des Bremer Ausschusses für Wirtschaftsforschung.)

Klinkmüller, Machowski: Nationaleinkommen und Bruttosozialprodukt einiger RGW-Länder, der USA und der Bundesrepublik Deutschland, in: Osteuropa-Wirtschaft. Hrsgg. v. der Deutschen Gesellschaft für Osteuropakunde. H. 1/1966, S. 151ff. Stuttgart: Deutsche Verl.-Anstalt 1966.

Wilkens, Herbert: Das Sozialprodukt der Deutschen Demokratischen Republik im Vergleich mit dem der Bundesrepublik Deutschland. Berlin: Duncker & Humblot 1976. (Sonderheft des Deutschen Instituts für Wirtschaftsforschung. 115.)

Geschädigte: Personen, die seit Geburt physisch oder psychisch geschädigt sind oder durch Unfall oder andere Ursachen einen Dauerschaden erlitten haben bzw. an funktionellen Störungen leiden, entsprechend den „Behinderten“ im westdeutschen Sprachgebrauch. Grundsätzliches, Erfassung und Abgrenzung, Schulbildung, Berufsbildung, berufliche (Wieder-)Eingliederung sowie soziale Vergünstigungen sind in 71 „Rechtsvorschriften und anderen Bestimmungen“ geregelt (Schwerbeschädigtenbetreuung und Rehabilitation. Rechtl. Bestimmungen u. Arbeitsmaterialien, hrsgg. v. Min. f. Gesundheitswesen u. v. d. Akad. f. Ärztl. Fortbildg. d. DDR, Berlin [Ost], Staatsverlag, 1981).
1. Der ausgewiesene Umfang des Personenkreises der G. hängt ab von dem seit 100 Jahren zu beobachtenden Krankheitswandel, der Definition, der Erfassung und Betreuung. Unter medizinischem Aspekt gab es 1978 in der DDR 401619 als „körperbehindert“ erfaßte Kinder und Jugendliche im Alter von 0 bis unter 18 Jahren (9,44 v.H. der Gleichaltrigen), sowie 153911 (3,57 v.H.) „mit geistigen Störungen“, demnach einen G.-Anteil von 13 v.H. der Kinder- und Jugendbevölkerung. Im Sonderschulwesen (→ **Einheitliches sozialistisches Bildungssystem**, VII.) geht man von folgenden Kategorien und Anteilen aus (in v.H. der Schulpflichtigen): Blinde 0,01; Sehschwache 0,05; Gehörlose 0,06; Schwerhörige 0,14; Sprachgestörte 1,0; Körperbehinderte 0,5; schulbildungsfähige Schwachsinnige (Hilfsschulbedürftige) etwa 2,0; schulbildungsunfähige Schwachsinnige (Imbezille und Idioten) 0,5; Verhaltensgestörte etwa 1,0. Unter pädagogischem Aspekt gelten 7 v.H. der schulpflichtigen Bevölkerung als geschädigt, die Sonderschulen besuchen etwa 3 v.H.
Die Zahl der G. im Erwachsenenalter bzw. insgesamt betrug 1981 615000 Körper-G. im berufsfähigen Alter (d.h. ohne Kinder und Altersrentner; 5,8 v.H. dieser Altersgruppe), 340000 Hörgeschädigte aller Altersstufen (2,03 v.H. der Gesamtbevölkerung), 1982 33000 Blinde (0,20 v.H.), davon 24000 Altersrentner, und 60000 Sehschwache (0,36 v.H.). Einen Beschädigtenausweis (gem. AO Nr. 1 über die Anerkennung als Beschädigter vom 10. 6. 1971 [GBl. II, S. 493] i. d. F. der AO Nr. 2 vom 18. 7. 1979 [GBl. I, S. 315]) hatten 1980 1,3 Mill. Personen, darunter 1,1 Mill. Körper-G. Der Ausweis wird in den 4 Stufen „Beschädigter“, „Schwerbeschädigter“, „Schwerstbeschädigter“ und „Schwerstbeschädigter, der eines ständigen Begleiters bedarf“, an Personen von 14 Jahren und älter, in bestimmten Fällen auch an Kinder, ausgegeben. Da die Ausgabe des Ausweises von Art und Schwere der Schädigung abhängt, ist die Zahl der Ausweisinhaber kleiner als die der G. insgesamt. Bei den erwachsenen, berufstätigen Rehabilitanden, d.h. bei den durch Krankheit oder Unfall G., bei denen eine → **Rehabilitation** nötig und möglich ist, treten derzeit die chronischen Erkrankungen als Schadensursache an die 1. Stelle. Sie machen bei den Männern 50 v.H., bei den Frauen über 80 v.H. aus.
2. Zur Förderung und Betreuung der G. wurde in den 60er Jahren ein umfassendes System der Rehabilitation entworfen und in den 70er Jahren aufgebaut, an dem Medizin, Pädagogik, Sozialpolitik, Ökonomie und Gesellschaftliche Organisationen mitwirken. Aufgaben und Zuständigkeiten verteilen sich wie folgt:
Das → **Gesundheitswesen** ist zuständig für:
– die Früherfassung der G. Es besteht Meldepflicht (AO über die Meldung von Körperbehinderungen usw. vom 12. 5. 1954 [ZBl. S. 194] i. d. F. d. OWG vom 12. 1. 1968 [GBl. I, S. 101]);
– Sonderkrippen bzw. Krippengruppen für geschädigte Kleinkinder. Die Entscheidung über den Besuch dieser Einrichtungen liegt bei den Eltern;
– Tagesstätten, Wochenheime, Dauerheime und Plätze in Krankenhäusern für die etwa 20000 „schulbildungsunfähigen förderungsfähigen Schwachsinnigen“ (= „Geistig Behinderte“ nach westdeutschem Sprachgebrauch) im Alter von 3 bis unter 18 Jahren. Der Besuch dieser Einrichtungen ist freiwillig. 1969 standen 5019 Plätze zur Verfügung, der Versorgungsgrad lag bei 25 v.H. 1981 gab es 208 Tagesstätten, 56 Wochenheime, 48 Dauerheime und 32 stationäre Einrichtungen an Krankenhäusern mit 13000 Plätzen, der Versorgungsgrad lag bei 66,5 v.H.;

– Abteilungen und Beratungsstellen an Kliniken, Sanatorien und Fachkrankenhäusern zur ambulanten Betreuung vor allem von Sprachgestörten und Hör-G.;
– das Logopädische Kindersanatorium Thalheim für therapieresistente stotternde Schüler;
– Rehabilitationszentren zur Berufsausbildung für hochgradig geschädigte Jugendliche und Erwachsene (12 für Körperbehinderte, davon 3 der Inneren Mission [→ **Caritas; Diakonie**], 2 für Blinde, 1 für Sehschwache);
– die Einrichtungen der „geschützten Arbeit" für Rehabilitanden, die wegen ihrer Schädigung oder wegen Fehlens geeigneter Möglichkeiten nicht in den üblichen Arbeitsprozeß eingegliedert werden können (AO zur Sicherung des Rechts auf Arbeit für Rehabilitanden vom 26. 8. 1969 [GBl. II, S. 470] i. d. F. der VO vom 19. 7. 1976 [GBl. I, S. 411]). 1970 gab es 2200 geschützte Arbeitsplätze. Bis zum 31. 12. 1980 erhöhte sich die Zahl auf 35123. Nur ein Viertel der Plätze besteht in geschützten Betriebsabteilungen oder geschützten Werkstätten, die übrigen sind Einzel- oder Heimarbeitsplätze. Das wird als unzureichend kritisiert, ebenso das regional, betrieblich und nach Eignung sehr unterschiedliche Platzangebot. Um dem Bedarf zu entsprechen, ist die Zahl der geschützten Arbeitsplätze zu verdoppeln (Arbeit und Arbeitsrecht 1981, H. 6, S. 241–243).

Das Volksbildungswesen (→ **Einheitliches sozialistisches Bildungssystem**) ist zuständig für:
– Sonderkindergärten und Vorschulgruppen, deren Besuch freiwillig ist;
– die (1982) 489 Sonderschulen für die einzelnen Kategorien der G., an denen 59026 Kinder und Jugendliche ihrer Schulpflicht nachkamen;
– Sonderschulen und -klassen in Einrichtungen des Gesundheits- und Sozialwesens (für chronisch Kranke und Schwer-G., die Schülerzahl ist oben enthalten);
– Sonderberufsschulen (für Hilfsschüler und Hör-G.);
– Sonderpädagogische Beratungsstellen;
– Sonderklassen an Normalschulen, insbesondere für Verhaltensgestörte und Legastheniker.

Die Berufstätigkeit der G. (Einstellung, Arbeitsbedingungen, Entlohnung, Kündigungsschutz usw.) wird durch das → **Arbeitsgesetzbuch (AGB)** (→ **Arbeitsrecht**) und zusätzliche spezielle Regelungen abgesichert. Die Rehabilitationskommissionen der Bezirke, Kreise und Betriebe koordinieren die Arbeit der zuständigen Behörden und Einrichtungen, doch haben bei weitem noch nicht alle Betriebe eine solche Kommission. Auch dem → **Freien Deutschen Gewerkschaftsbund (FDGB)** sind Aufgaben zugewiesen (s. NJ 1981, H. 6, S. 258–260).

Die Förderung und Betreuung der G. wird unterstützt von der Gesellschaft für Rehabilitation in der DDR, gegründet 1957 als Forschungsgruppe R., seit 1967 Mitglied der Internationalen Gesellschaft für die Rehabilitation Geschädigter (ISRD), dem Blinden- und Sehschwachenverband der DDR (25000 Mitglieder, 15 Bezirks-, 218 Kreisorganisationen, 250 Zirkel und Interessengemeinschaften, 3000 ehrenamtliche Betreuer), dem Gehörlosen- und Schwerhörigenverband der DDR (16200 Mitglieder, 230 Gruppen) und dem Versehrtensportverband des → **Deutschen Turn- und Sportbundes (DTSB) der DDR** (8500 körperbehinderte, seh- und hörgeschädigte Mitglieder, 255 Sektionen. Bis 1983 sollte in jedem Kreis der DDR eine Sportgruppe gebildet werden). Auch das → **Deutsche Rote Kreuz (DRK) der DDR** und die → **Volkssolidarität** sind mit der Betreuung behinderter bzw. alter Menschen befaßt.

3. Grundprinzip der G.-Politik ist die Gewährleistung des Rechts auf Arbeit auch für diesen Personenkreis. Der Stellenwert der Früherkennung und -erfassung, der Betreuung bereits im Kleinkind- und Vorschulalter sowie der pädagogischen Rehabilitation ist hoch. Das Sonderschulwesen kann als beispielhaft gelten, Lücken bei bestimmten Behinderungsarten wurden in den 70er Jahren geschlossen, andererseits wurde der Anteil der als hilfsschulbedürftig (und damit als „schwachsinnig") einzustufenden Schüler von 3 auf angemessenere 2 v. H. reduziert. Die berufliche Ausbildung bzw. Rehabilitation wurde in leistungsfähigen Zentren zusammengefaßt. Ein Nachholbedarf besteht dort, wo die Arbeitsfähigkeit nicht, nur eingeschränkt oder nur mit großem Aufwand hergestellt werden kann. Das Programm der → **Sozialistischen Einheitspartei Deutschlands (SED)** vom 22. 5. 1976 stellt auch auf die verbesserte Versorgung, Betreuung und Rehabilitation der Kranken, Invaliden, Alten und G. ab. Seitdem wurde die Betreuung der geistig Behinderten erheblich ausgebaut, die Möglichkeit zu geschützter Arbeit vermehrt (häufig gegen den Widerstand der Betriebe gegen „halbe" Arbeitskräfte); die finanziellen Zuwendungen wurden erhöht, freilich nur im eher bescheidenen Rahmen des Gesamtsystems der sozialen Sicherung (→ **Sozialversicherung**).

Geschichte der DDR

I. 1945–1949
II. 1949–1955
III. 1956–1961
IV. 1961–1971
V. 1971–1984

Am 7. 10. 1949 konstituierte sich der Deutsche Volksrat (→ **Deutscher Volkskongreß**) in Berlin (Ost) als „Provisorische Volkskammer" und nahm die bereits vorher von ihm ausgearbeitete Verfassung an. Auf dem Gebiet der Sowjetischen Besatzungszone (SBZ) war damit die Deutsche Demokratische Republik, die DDR, gegründet. Bereits mit der Machtübernahme der UdSSR im Jahre 1945 beginnend, entstand auf dem Gebiet der SBZ/DDR auf Weisung und mit Unterstützung der Besatzungsmacht durch radikale Veränderung der ökonomischen, sozialen und politischen Strukturen ein neues System, das sich in seiner inneren Verfaßtheit an dem Vorbild der Sowjetunion orientierte. Im Zuge dieser Umstrukturierungen hat die SBZ/DDR dabei bis heute verschiedene Phasen der politisch-gesellschaftlichen Entwicklung durchlaufen (→ **Gesellschaftsordnung; Periodisierung**).

I. 1945–1949

Die Gründung der Bundesrepublik Deutschland und der DDR war Ergebnis des sich verschärfenden weltpolitischen Gegensatzes zwischen den beiden Hauptsiegermächten UdSSR und USA, der auch zu einer unterschiedlichen → **Besatzungspolitik** der Alliierten in Deutschland führte. Die vier Siegermächte USA, UdSSR, Großbritannien und Frankreich, die das Deutsche Reich 1945 gemäß den Vereinbarungen des → **Londoner Protokolls** vom 12. 9. 1944 in Besatzungszonen aufteilten und zunächst ausschließlich selbst regierten, erklärten den Aufbau eines demokratischen Deutschlands zu ihrem Ziel. Die unterschiedlichen Gesellschaftsstrukturen und Ideologien in den Staaten der Besatzungsmächte führten aber sehr bald zu gegensätzlichen Vorstellungen über das, was Demokratisierung Deutschlands heißen sollte, und verhinderte eine einheitliche politische und gesellschaftliche Entwicklung in den verschiedenen Besatzungszonen. Der Ost-West-Konflikt verschärfte diese Situation; die Besatzungsmächte übertrugen nun ihr System auf den jeweils von ihnen okkupierten Teil Deutschlands. Der kalte Krieg forcierte die Einbeziehung der Zonen in die gegeneinanderstehenden Machtblöcke und damit die Spaltung Deutschlands.
Bereits vor der Gründung der DDR waren wichtige Voraussetzungen für die neue Gesellschaftsordnung geschaffen worden. Die Grundlage hierfür bildeten verschiedene Reformen: 1945 die Bodenreform (Aufteilung des Grundbesitzes über 100 ha), 1946 die Schulreform (Einheitsschule), 1945/46 die Justizreform („Volksrichter", „parteiliche" Auslegung der fortgeltenden Gesetze) und vor allem ab 1946 die Industriereform (Schaffung eines Staatssektors in der Industrie). Auch das Parteien- und Verbändesystem sowie die frühen Formen öffentlicher Verwaltung änderten sich schrittweise: die SPD (→ **Sozialdemokratische Partei Deutschlands [SPD]**) wurde 1946 unter dem Druck der sowjetischen Besatzungsmacht mit der KPD (→ **Kommunistische Partei Deutschlands**) zur SED (→ **Sozialistische Einheitspartei Deutschlands**) verschmolzen, die bürgerlichen Parteien CDU (→ **Christlich-Demokratische Partei Deutschlands**) und LDPD (→ **Liberal-Demokratische Partei Deutschlands**) wurden nach und nach auf SED-Kurs gebracht und 1948 mit der NDPD (→ **Nationaldemokratische Partei Deutschlands**) und der DBD (→ **Demokratische Bauernpartei Deutschlands**) Satellitenparteien der SED geschaffen. Alle → **Massenorganisationen** (→ **Freier Deutscher Gewerkschaftsbund [FDGB]**, → **Freie Deutsche Jugend [FDJ]** usw.) gerieten in völlige Abhängigkeit von der SED. Die SED wurde – nach dem Bruch des → **Kominform** mit der jugoslawischen KP 1948 auch offiziell – in eine stalinistische „Partei neuen Typus" umgewandelt und damit auf die allmähliche Übernahme der Macht von der sowjetischen Besatzungsmacht vorbereitet.
Die Provisorische → **Volkskammer** wählte zusammen mit der neu geschaffenen Länderkammer (→ **Länder**) am 11. 10. 1949 Wilhelm Pieck (1876–1960) zum Präsidenten der DDR. Pieck gehörte zu den Mitbegründern der KPD und hatte nach Thälmanns Verhaftung 1933 die Leitung der KPD in der Emigration übernommen. Seit 1946 war er zusammen mit Otto Grotewohl Vorsitzender der SED. Der jovial wirkende und der Sowjetunion voll ergebene „Landesvater" hatte jedoch kaum einen seinen Funktionen entsprechenden Einfluß auf die politisch wichtigen Entscheidungen der folgenden Jahre.
Als Ministerpräsidenten bestätigte die Volkskammer am 12. 10. 1949 Otto Grotewohl (1894–1964). Er hatte sich 1912 der SPD angeschlossen und war für seine Partei in der Weimarer Republik u. a. mehrfach Minister in Braunschweig gewesen. 1945 Mitbegründer der SPD in Berlin, beugte er sich dem Druck der sowjetischen Besatzungsmacht und überführte die SPD in der SBZ in die SED. Mit der Umbildung der SED in eine „Partei neuen Typus" wurden die Sozialdemokraten insbesondere nach 1948 zurückgedrängt, und Grotewohl unterwarf sich immer mehr der kommunistischen Parteidisziplin. Obwohl er seine Funktion bis zu seinem Tod behielt, nahm sein Einfluß ständig ab.
Die wichtigsten Posten in der Regierung Grotewohl nahmen von 1949 an Mitglieder der SED-Führung ein. Als der eigentlich entscheidende Mann erwies sich rasch der damalige stellvertretende Ministerpräsident Walter Ulbricht (1893–1973). Er hatte sich in den 20er Jahren als guter Organisator im Apparat der KPD hochgearbeitet und bestimmte bereits in der Emigration weitgehend die Linie der KPD, da er sich stets besonders geschickt an der Haltung der Sowjetunion und vor allem Stalins orientierte. Durch die Wahl zum Generalsekretär der SED im Juli 1950 (später: Erster Sekretär) und seit 1960 zugleich als Vorsitzender des → **Staatsrates** wurde Ulbricht auch nach außen sichtbar die zentrale Figur. Er unterwarf sich zunächst uneingeschränkt den sowjetischen Weisungen, ging in den 60er Jahren jedoch auch eigene Schritte. Mit Ulbrichts Person ist die Entwicklung der DDR weitgehend verknüpft, er hat Partei und Staat bis zu seiner Ablösung 1971 nachhaltig mitgeprägt.

II. 1949–1955

Mit der Verschärfung des kalten Krieges und der wachsenden Konfrontation der beiden Blöcke bestimmten die Zentren – Washington und Moskau – die Weltpolitik. Im Osten wurden die Volksdemokratien zu Satelliten der UdSSR; die Abhängigkeit der aus einem Besatzungsgebiet entstandenen DDR zur Sowjetunion war besonders groß. Die politischen, wirtschaftlichen und kulturellen Bindungen zwischen der Bundesrepublik Deutschland und der DDR wurden schrittweise gelöst, die Konflikte nahmen auf allen Gebieten zu. Die damalige westliche Strategie, durch eine Politik der Stärke den Kommunismus zurückzudrängen, verhärtete die Konfrontation und band die kommunistischen Parteiführungen der Volksdemokratien, vor allem der DDR, fest an die UdSSR.

Unter der maßgeblichen Führung Ulbrichts wurde in der DDR in der Phase von 1949 bis 1955 das stalinistische System der Sowjetunion übernommen (abgesehen von einigen, politisch wenig bedeutsamen, Varianten, wie z. B. das formal weiterbestehende Mehrparteiensystem). Die gesamte Macht wurde nun – zunächst im Auftrag und unter Kontrolle der sowjetischen Besatzung – von der SED-Führung mit diktatorisch-bürokratischen Methoden ausgeübt.

Die weitgehend noch bürgerlich-demokratische Verfassung von 1949 wurde in der Praxis ausgehöhlt. Die Realität der DDR war in dieser Periode gekennzeichnet durch das Anwachsen des staatlichen und genossenschaftlichen → **Eigentums**, eine zentralgeleitete Planwirtschaft sowie durch die „führende Rolle" der SED, die nach dem Prinzip des → **Demokratischen Zentralismus** Staat, → **Wirtschaft,** Kultur und Massenorganisationen befehligte und ein Meinungsmonopol errichtete, wobei der → **Marxismus-Leninismus** Stalinscher Prägung zur herrschenden Ideologie wurde.

Nach Beschlüssen des III. Parteitages der SED (Juli 1950) versuchte die DDR, mit einem Fünfjahrplan (1951–1955) den Wiederaufbau der zerstörten Wirtschaft zu bewältigen, aber auch die gewachsenen wirtschaftlichen Bindungen an Westdeutschland zu lösen. Bei der Überwindung der großen ökonomischen Schwierigkeiten (die Ausgangssituation war durch Reparationen, das Fehlen der Schwerindustrie usw. weit schlechter als in der Bundesrepublik Deutschland) neigten einige Parteiführer zu einem flexibleren Kurs. Der damalige Planungschef Heinrich Rau (1899–1961) galt zeitweise als Gegenspieler zu Ulbricht; Fritz Selbmann (1899–1975), bis 1955 Minister für Industrie, wurde mehrmals wegen „Managertums" kritisiert. Mit der Aufnahme der DDR in den → **Rat für Gegenseitige Wirtschaftshilfe (RGW)** (September 1950) festigten sich die Bindungen an das Wirtschaftssystem des RGW-Bereichs, und bereits bis 1955 verdreifachte sich der Außenhandel mit den kommunistischen Ländern (→ **Außenwirtschaft und Außenhandel**).

Die ersten Volkskammerwahlen im Oktober 1950 waren ein Einschnitt in der Parteienentwicklung: Es gab nur noch Einheitslisten der → **Nationalen Front der DDR**. Die → **Wahlen**, die vielerorts nicht mehr geheim, sondern offen durchgeführt wurden, zeigten das bei sowjetischen Abstimmungen übliche Bild: 98 v. H. Wahlbeteiligung, 99,72 v. H. der gültigen Stimmen für die Einheitsliste. Die Flüchtlingszahlen der kommenden Jahre offenbarten das Trügerische solcher Wahlergebnisse. In der Volkskammer erhielten die SED 100 Sitze, CDU und LDPD je 60 Sitze, NDPD und DBD je 30, der FDGB 40 und die anderen Massenorganisationen zusammen 80 Sitze. Da fast alle Abgeordneten der Massenorganisationen auch der SED angehörten, besaß diese in der Volkskammer die absolute Mehrheit. Auch die neue Regierung unter Grotewohl spiegelte den verstärkten Einfluß der SED wider, von der sie abhängig war: SED-Führer dominierten im Kabinett, und die Beschlüsse des (1949 geschaffenen) → **Politbüros des ZK der SED** waren für die Regierung verbindlich.

Die DDR baute ihre militärische Streitmacht aus. Bereits 1948 war – im Rahmen der Spaltung Deutschlands und des beginnenden kalten Krieges – eine Bereitschaftspolizei geschaffen worden, aus der im Sommer 1952 die „Kasernierte Volkspolizei" hervorging, eine militärische Kadertruppe mit etwa 100000 Mann. Im Mai 1952 nahm die DDR die Unterzeichnung des EVG-Vertrags durch die Bundesrepublik Deutschland (Vertrag über die Gründung einer Europäischen Verteidigungsgemeinschaft unter Einbeziehung der Bundesrepublik Deutschland, der jedoch im französischen Parlament scheiterte) zum Anlaß, die **Innerdeutsche** → **Grenze** zwischen Ost- und Westdeutschland abzuriegeln. Am 26. 5. 1952 erließ die Grotewohl-Regierung eine Verordnung über eine 5 km breite Sperrzone entlang der → **Demarkationslinie**.

Eine Verwaltungsreform zentralisierte den Staatsaufbau. Durch Gesetz vom 23. 7. 1952 löste die Regierung die Länder (Sachsen, Thüringen, Sachsen-Anhalt, Brandenburg und Mecklenburg) auf und schuf an ihrer Stelle 14 Verwaltungsbezirke, womit die Anleitung des → **Staatsapparats** durch die SED vereinfacht wurde (→ **Verwaltungsneugliederung**).

Höhepunkt der Übertragung des sowjetischen Systems auf die DDR war die offizielle Verkündung des → **Aufbaus des Sozialismus** durch Ulbricht auf der II. Parteikonferenz der SED im Juli 1952. Ulbricht erklärte, die Volkswirtschaft sei für den „Übergang zum Sozialismus reif" (der „sozialistische Sektor" der Industrie erwirtschaftete fast 80 v. H. des Bruttoprodukts gegenüber 73 v. H. im Jahre 1950). Typisch für die Atmosphäre war der Stalin-Kult, der sich in Ulbrichts Schlußwort offenbarte: „Wir werden siegen, weil uns der große Stalin führt" (Protokoll II. Parteikonferenz, S. 464).

Im Rahmen ihrer ideologischen Offensive verhärtete sich 1952/53 die Haltung der SED gegenüber der Kirche (→ **Kirchen**) und damit auch der staatliche Kampf gegen die Kirche: Von Januar bis April 1953 wurden etwa 50 Geistliche und Laienhelfer verhaftet, 300 Oberschüler als Angehörige der → **Jungen Gemeinde** relegiert.
Der überstürzte Aufbau der Schwerindustrie ging zu Lasten der Lebenshaltung der Bevölkerung, deren materielle Lage sich verschlechterte. Die neuen sozialen und politischen Strukturen wurden überdies nicht selten mit Gewalt und Terror gegen den Widerstand der Bevölkerung durchgesetzt. Der im Februar 1950 gegründete Staatssicherheitsdienst (→ **Ministerium für Staatssicherheit**) spielte dabei eine verhängnisvolle Rolle (→ **Opposition und Widerstand**).
Nach dem Tod Stalins (5. 3. 1953) schwenkte die verunsicherte SED-Führung unter dem Druck der neuen Sowjetführung zwar zu einem → **Neuen Kurs** um, ohne aber die kurz vorher erhöhten Arbeitsnormen zu korrigieren. Daraufhin entlud sich der lang angestaute Unwille der Arbeiterschaft in Arbeitsniederlegungen, die im Aufstand vom 17. 6. 1953 gipfelten. Der Aufstand zeigte die Schwäche und Isolierung der DDR-Führung und des Gesamtsystems, das damals nur mit Hilfe der sowjetischen Besatzungstruppen überleben konnte (→ **Juni-Aufstand**). Nach Niederschlagung der Erhebung versuchte die SED, mit der Fortführung des Neuen Kurses eine flexiblere Haltung zu finden, wollte aber auch weiterhin das System durch Säuberungen festigen.
Ähnlich terroristische Exzesse, wie sie die KPdSU mit ihren Säuberungen während der Ära J. W. Stalins, aber auch die kommunistischen Parteien in den anderen Volksdemokratien erfahren hatten, erlebte die SED nicht. Seit ihrer Gründung ist sie dennoch von mehreren Säuberungen erfaßt worden. 1948/49 richtete sich eine erste Aktion dieser Art gegen ehemalige Sozialdemokraten sowie gegen Anhänger einer „nationalkommunistischen", am „titoistischen" Beispiel Jugoslawiens orientierten Politik.
In Auswirkung der Affäre Noel H. Field sowie im Zusammenhang mit den Schauprozessen gegen Lászlo Rajk u. a. in Ungarn und gegen Traitscho Kostoff u. a. in Bulgarien beschloß das ZK der SED am 24. 8. 1950 eine Säuberung, die sich gegen ehemalige Westemigranten unter führenden Parteifunktionären (Paul Merker, Bruno Goldhammer, Leo Bauer, Willi Kreikemeyer, Lex Ende und Maria Weiterer u. a.) richtete. Einige von ihnen (Merker, Goldhammer, Bauer) verbüßten mehrjährige Haftstrafen, andere starben in der Haft (Kreikemeyer) oder als Verbannte (Ende).
Gezielte Säuberungen richteten sich in den Folgejahren gegen führende deutsche Kommunisten, die zu Walter Ulbricht in Opposition getreten waren: 1953 wurde Franz Dahlem auf dem 13. Plenum des ZK (13.–14. Mai) aller Funktionen enthoben; auf dem 15. Plenum des ZK (Juli 1953) fielen Wilhelm Zaisser und Rudolf Herrnstadt der Säuberung zum Opfer; Anton Ackermann, Elli Schmidt und Hans Jendretzky, die mit ihnen sympathisiert hatten, verloren ebenfalls ihre Parteifunktionen. Sie wurden jedoch nicht wie Zaisser und Herrnstadt aus der SED ausgeschlossen.
Eine wichtige Rolle spielte dabei die Zentrale Kontrollkommission der SED. Sie wurde von Hermann Matern (1893–1971) geleitet, der in dieser Funktion eine der wichtigsten Stützen Ulbrichts war. Prominente Opfer von Säuberungen im Staatsapparat wurden 1952/53 der damalige Handels- und Versorgungsminister Dr. Karl Hamann (LDPD), der damalige Außenminister Georg Dertinger (CDU) und der damalige Justizminister Max Fechner (SED, vorher SPD).

III. 1956–1961

Auch in der Phase von 1956 bis 1961 versuchte die SED, die stalinistische Grundstruktur in der DDR zu konservieren. Zwar hatte die Sowjetunion der DDR in einer Note vom 25. 3. 1954 die Souveränität zuerkannt („Staatsvertrag" UdSSR/DDR vom 20. 9. 1955), doch blieb die Abhängigkeit weiterbestehen. Die offene Entstalinisierung, die vom XX. Parteitag der KPdSU 1956 eingeleitet wurde, mußte daher von der SED nachvollzogen werden; sie blieb allerdings in vielem begrenzt und wurde zudem nur zögernd und allmählich vorgenommen. Der Aufstand in Ungarn und der „polnische Oktober" 1956 boten der Parteiführung um W. Ulbricht einen zusätzlichen Vorwand, Reformschritte zu verzögern oder nicht in Angriff zu nehmen. So beschränkten sich die von der SED vorgenommenen Veränderungen im wesentlichen auf die Distanzierung vom Personenkult und den terroristischen Methoden der Stalin-Ära. Eine intellektuelle Opposition gegen die DDR-Praxis, die einen → **Dritten Weg**, einen „menschlichen Sozialismus", forderte (Harich), konnte keinen Einfluß gewinnen. Doch die Widersprüche der Entstalinisierung wirkten sich bis in die Parteispitze aus. Eine Oppositionsgruppe im Politbüro (Schirdewan, Wollweber, Ziller, Oelßner) setzte sich für Reformen ein. Ulbricht gelang es jedoch, sie auf dem 35. Plenum des ZK (Februar 1958) auszuschalten und zu entmachten.
Überhaupt bestätigte der V. Parteitag der SED (Juli 1958) erneut Ulbrichts dominierende Stellung in Partei und Staat: Seine Spitzenposition war nun für über ein Jahrzehnt gefestigt. Dieser Parteitag proklamierte die „Vollendung" des sozialistischen Aufbaus in der DDR. Nach Ulbrichts Forderung bestand die „ökonomische Hauptaufgabe" der DDR darin, die Volkswirtschaft so zu entwickeln, daß

„innerhalb weniger Jahre" der „Pro-Kopf-Verbrauch unserer werktätigen Bevölkerung mit allen wichtigen Lebensmitteln und Konsumgütern den Pro-Kopf-Verbrauch der Gesamtbevölkerung in Westdeutschland erreicht und übertrifft" (Protokoll V. Parteitag, Bd. 1, S. 68). Diese Zielsetzung war irreal und wurde trotz erster Schritte zu Reformen der Leitungs- und Planungsprozesse in der Wirtschaft nicht verwirklicht. Die SED-Führung hoffte darüber hinaus, die Bevölkerung durch ideologische Indoktrination mobilisieren zu können. Ulbricht verkündete dazu „10 Gebote der **Sozialistischen → Moral**". Der Erziehung der jungen Generation wurde große Aufmerksamkeit gewidmet, im September 1958 der „polytechnische Unterricht" eingeführt, Ende 1959 die „sozialistische Entwicklung des Schulwesens" (10jährige Schulpflicht) beschlossen, und Voraussetzungen für das spätere → **Einheitliche sozialistische Bildungssystem** wurden geschaffen.

Die DDR zeigte 1958/59 immerhin eine gewisse wirtschaftliche Stabilität, die Flüchtlingszahlen sanken auf den niedrigsten Stand seit 1950, viele Menschen schienen sich mit den Verhältnissen abzufinden, die Beziehungen zwischen Partei und Bevölkerung versachlichten sich allmählich. Doch 1960 verhärtete sich die SED-Politik erneut. Die Kollektivierung der → **Landwirtschaft**, die vor allem im März/April 1960 forciert wurde, führte zu neuer Massenflucht. Zudem zeigten sich zunehmend wirtschaftliche Schwierigkeiten durch zu hoch gesteckte Planziele (der 2. Fünfjahrplan wurde 1959 abgebrochen und durch den Siebenjahrplan 1959–1965 ersetzt). Dennoch konnte Ulbricht seine Position festigen: Anfang 1960 wurde er Vorsitzender des neugeschaffenen → **Nationalen Verteidigungsrates** und nach dem Tode Wilhelm Piecks (7. 9. 1960) auch Vorsitzender des anstelle des Präsidentenamtes eingerichteten, mit großer Machtfülle ausgestatteten → **Staatsrates**.

Der Massenflucht der Bevölkerung 1961 begegnete die DDR-Führung auf ihre Weise: Mit dem Bau der Mauer am 13. 8. 1961 riegelte sie die DDR ab, um so die Bevölkerung zu zwingen, sich mit dem System zu arrangieren.

IV. 1961–1971

Die Periode von 1961 bis 1971 brachte die wirtschaftliche Stabilisierung der DDR. Durch die allmähliche Entstalinisierung einerseits und stärkere Anpassung an die Anforderungen der modernen Industriegesellschaft andererseits wandelten sich die Herrschaftsmethoden in der DDR beträchtlich; sie verlagerten sich immer mehr vom Terror auf die Beeinflussung der verschiedenen sozialen Gruppen durch psychologische und materielle Anreizsysteme. Da die Wünsche und Forderungen der Bevölkerung stärker berücksichtigt werden mußten, rückte das neue Ziel der Modernisierung und Rationalisierung des ökonomischen Systems die Effizienz der Wirtschaft in den Mittelpunkt. Die DDR wurde zur „sozialistischen" Leistungs- und Konsumgesellschaft mit deutlich konservativen Zügen. Um ein effizienteres Wirtschaftssystem zu schaffen, versuchte die Führung unter Ulbricht, sich vorsichtig von der unkritischen Übernahme des sowjetischen Modells zu lösen.

Die Konturen dieser Kursänderung zeigten sich deutlich auf dem VI. Parteitag der SED im Januar 1963. Er gab das Signal für ein neues Wirtschaftssystem, das → **Neue Ökonomische System (NÖS)** der Planung und Leitung. Damit war der Weg frei für wirtschaftliche Reformexperimente mit dem Ziel einer Modernisierung der gesamten Volkswirtschaft durch Nutzung des beschleunigten wissenschaftlich-technischen Fortschritts (→ **Wissenschaftlich-technische Revolution [WTR]**) und in der Hoffnung, die Lebenslage der Bürger spürbar verbessern zu können. Schwerpunkte waren die „wissenschaftlich begründete Führung" der Volkswirtschaft und der verstärkte materielle Anreiz für die Werktätigen, die Ausnutzung des Gewinnstrebens. Zwar zeigten das vom VI. Parteitag angenommene Programm und das neue Statut, daß sich die SED weiterhin als kommunistische Partei im Sinne des Sowjetkommunismus verstand; jedoch leitete der Parteitag auf verschiedenen Gebieten Reformen ein (z. B. die Lockerung der Parteifesseln im kulturellen Bereich). Um das Verhältnis des Staates zur → **Jugend** zu verbessern, gestanden das „Jugendgesetz" (Mai 1964) und die „10 Grundsätze der sozialistischen Jugendpolitik" (März 1967) der Jugend mehr Selbständigkeit zu, nachdem ihr bereits günstige berufliche Aufstiegsmöglichkeiten in allen Bereichen gewährt worden waren.

Auch die Gleichberechtigung der Frau wurde vorangetrieben (→ **Frauen**). Ende 1961 war in einem Kommuniqué „Die Frau – der Frieden und der Sozialismus" die Forderung erhoben worden, die Frau müsse „beim Aufbau des Sozialismus mehr als bisher zur Geltung kommen". Da damals bereits 68 v. H. aller arbeitsfähigen Frauen im Berufsleben (1984: 89 v. H.) standen, galt die Hauptsorge der weiteren Qualifizierung der Frauen (von 1961 bis 1968 verdoppelte sich die Anzahl der Frauen mit Hoch- oder Fachschulabschluß). Allerdings zeigt sich, daß die Mitwirkung der Frauen von unten nach oben immer geringer wird; in der obersten politischen Führung waren und sind kaum Frauen vertreten.

Durch das Gesetz über das → **Einheitliche sozialistische Bildungssystem** vom Februar 1965 und die folgende III. Hochschulreform wurde das Bildungswesen weiter reformiert.

Der Reformprozeß verlief nicht ohne Widersprüche und Kurskorrekturen. So gab es 1965 (vor allem auf dem 11. ZK-Plenum im Dezember 1965) auf dem Gebiet der → **Kulturpolitik** Rückschläge. Liberale Ansätze wurden als „schädliche Tendenzen" kritisiert und abgelehnt. Andererseits wurden soziale Fortschritte erzielt, so durch die Einführung der 5-Tage-Arbeitswoche 1966 bzw. April 1967. Das „Neue Okonomische System" wurde mehrfach modifiziert und auf dem VII. Parteitag der SED (1967) als → **Ökonomisches System des Sozialismus (ÖSS)** bezeichnet. Der gleiche Parteitag sah die DDR-Gesellschaft als „entwickeltes und gesellschaftliches System des Sozialismus" (ESS), in dem die „Wissenschaft als Produktivkraft" eine entscheidende Rolle spielen sollte. Von ihren Ergebnissen versprach sich die Partei eine entscheidende Steigerung der wirtschaftlichen Leistungsfähigkeit der DDR.

Die Konsolidierung der DDR als Staat zeigte sich nicht zuletzt in wichtigen Gesetzgebungsakten. Hierzu gehörte u. a. die Neuordnung des → **Strafrechts**. Am 12. Januar 1968 beschloß die Volkskammer ein neues Strafgesetzbuch und eine neue Strafprozeßordnung. Allerdings wurde das politische Strafrecht verschärft und ausgeweitet.

Im Februar 1968 wurde der Entwurf einer neuen → **Verfassung** veröffentlicht und nach Diskussionen am 6. 4. 1968 der Bevölkerung zum Volksentscheid vorgelegt. Es war der erste Volksentscheid in der DDR, und die Zahl derjenigen, die sich nicht an der Abstimmung beteiligten oder gegen den Entwurf stimmten, war höher als bei den Volkskammerwahlen: 94,5 v. H. der Wahlberechtigten stimmten der Verfassung zu (in Berlin [Ost] 90,9 v. H.). Anders als die Verfassung von 1949 war die Verfassung von 1968 der Realität der DDR stärker angepaßt; dies zeigte sich nicht zuletzt in der verfassungsmäßigen Verankerung der Führungsrolle der SED. Im Gegensatz zur ersten Verfassung – die sich an der Weimarer Verfassung orientiert hatte – war nun die Stalinsche Verfassung der UdSSR von 1936 Vorbild, teilweise auch die Verfassung der ČSSR von 1960.

Als zweitstärkste Industriemacht des RGW war die DDR inzwischen zum „Juniorpartner" der Sowjetunion geworden. Damit wuchs das Selbstbewußtsein ihrer Führer, vor allem Ulbrichts, der den Anspruch erhob, dem DDR-Aufbau Modellcharakter für hochindustrialisierte sozialistische Staaten zuzuschreiben. Ebenso wurde erklärt, die SED habe den Marxismus-Leninismus selbständig weiterentwikkelt. Zu diesen besonderen ideologischen Entwicklungen gehörte die Aussage, daß die sozialistische Gesellschaft „eine relativ eigenständige Gesellschaftsformation" mit eigenen Gesetzmäßigkeiten sei. Damit wurde die Frage aufgeworfen, wie sich der Übergang vom Sozialismus zum Kommunismus vollziehen solle; in sowjetischer Interpretation galten diese beiden „Etappen" bis dahin als zeitlich aufeinanderfolgende Entwicklungsabschnitte der einheitlichen kommunistischen Gesellschaftsformation mit fließenden Übergängen. Damit im Zusammenhang stehend unternahm Ulbricht den Versuch, die soziale Struktur der DDR-Gesellschaft als weitgehend stabil und harmonisch zu beschreiben: Er sprach von der sich immer stärker herausbildenden **„sozialistischen Menschengemeinschaft"**. Mit solchen Thesen geriet Ulbricht in Gegensatz zur sowjetischen Führung.

Ulbricht unterstützte auch die sowjetische Entspannungspolitik in Mitteleuropa nur halbherzig. Die Gespräche zwischen dem damaligen Bundeskanzler Willy Brandt und dem damaligen Vorsitzenden des Ministerrates der DDR, Willi Stoph, in Erfurt und Kassel 1970 blieben zunächst ohne sichtbaren Erfolg. Schließlich gab es erneut wirtschaftliche Schwierigkeiten; zahlreiche Reformen des NÖS und ÖSS wurden 1970 zugunsten einer verstärkten zentralen Anleitung wieder rückgängig gemacht.

V. 1971–1984

Am 3. 5. 1971 wurde W. Ulbricht „aus Altersgründen" als Erster Sekretär der SED abgelöst und auf die – im Statut der SED nicht vorgesehene und politisch bedeutungslose – Position eines „Vorsitzenden der SED" abgeschoben. Dieses Amt sowie seinen Vorsitz im Staatsrat, der allerdings 1971 entscheidend an politischer Bedeutung verlor, behielt er bis zu seinem Tod am 1. 8. 1973.

Damit begann 1971 eine neue Phase der Entwicklung der DDR. Die SED unter ihrem neuen Ersten Sekretär (seit 1976 Generalsekretär) Erich Honekker erkannte die Führungsrolle der UdSSR und das sowjetische Vorbild wieder als absolut verbindlich an. Das bedeutete keine Wiederholung der Abhängigkeit der 50er Jahre, da die DDR ihre Eigeninteressen als Juniorpartner der Sowjetunion stärker ins Spiel bringen konnte. Honecker (geb. 1912), seit 1929 Mitglied der KPD, hat unter Hitler 10 Jahre im Zuchthaus verbringen müssen. Er war von 1946 bis 1955 Vorsitzender der FDJ; seit 1958 ist er Mitglied des Politbüros und galt seit längerem als designierter Nachfolger Ulbrichts. Der Arbeitsstil unter Honekker ist sachlicher geworden, und in der DDR wird seit 1971 versucht, Ansätze einer Mitwirkung von unten zu entwickeln. Doch baut die SED ihre Führungsposition in Politik und Gesellschaft weiter aus und verstärkt ihre Herrschaft, wobei flexibler und effektiver regiert wird als in den 50er Jahren. Eine gewisse Berücksichtigung sozialer Interessen der Arbeiter und der unteren Einkommensschichten (→ **Einkommen**) ist nicht zu übersehen: Die neuen Sozialmaßnahmen, die mit einem Beschluß des ZK der SED und des Bundesvorstandes des FDGB vom April 1972 eingeleitet wurden, verbesserten die materielle Lage der Bevölkerung.

Der VIII. Parteitag der SED (Juni 1971) hatte die Weichen für diese neue Politik gestellt. Verschiedene Thesen Ulbrichts („sozialistische Menschengemeinschaft", „Sozialismus als relativ eigenständige sozialökonomische Formation") wurden verworfen. Honecker stellte der SED die „Hauptaufgabe", „alles zu tun für das Wohl des Menschen, für das Glück des Volkes, für die Interessen der Arbeiterklasse und aller Werktätigen. Das ist der Sinn des Sozialismus. Dafür kämpfen und arbeiten wir" (Protokoll VIII. Parteitag, Bd. 1, S. 34).

Die starke Betonung des „Wohls der Menschen" in der DDR (und die seitherige konkrete Verbesserung der Lebenslage) bedeutet ein merkliches Abheben von der Ulbricht-Ära. Die nunmehr als „entwickelte sozialistische Gesellschaft" bezeichnete Entwicklungsphase der DDR (auch als „reifer Sozialismus" definiert) soll der Bevölkerung Erleichterungen bringen und die Staatsorgane flexibler auf Vorstellungen und Wünsche in der Gesellschaft reagieren lassen. Das Gesetz über die Unterbrechung der Schwangerschaft vom 9. 3. 1972 (GBl. I, S. 89: Fristenregelung) oder das vom 10. ZK-Plenum (Oktober 1973) beschlossene Wohnungsbauprogramm 1976–1990 sind Beispiele für diese Haltung.

Von Februar bis Mai 1972 erfolgten nochmals Eingriffe in die Eigentumsstruktur. Um „gewisse Erscheinungen der Rekapitalisierung" zu beseitigen (Beschluß des 4. ZK-Plenums, 16./17. 12. 1971), wurden ca. 11000 Betriebe mit staatlicher Beteiligung bzw. in ausschließlich privatem Besitz sowie die industriell produzierenden Produktionsgenossenschaften des Handwerks mit insgesamt 585000 Beschäftigten, die etwa 10 v. H. der industriellen Bruttoproduktion erzeugten, in VEB umgewandelt. Damit war die Eigentumsstruktur der DDR weiter an die der Sowjetunion angepaßt worden. Gleichzeitig verstärkte die politische Führung die zentrale Leitung der Volkswirtschaft. Die Formel „Leitung und Planung" ersetzte die in der Reformzeit der 60er Jahre gebräuchliche von der „Planung und Leitung" der Volkswirtschaft.

Die Machtverteilung blieb von diesen Kursänderungen unberührt. Die Wahlen zur Volkskammer (14. 11. 1971) brachten mit 99,85 v. H. Ja-Stimmen das gewohnte Ergebnis. Die Regierungsumbildung nach dem Tode Ulbrichts, bei der Horst Sindermann im Oktober 1973 den Vorsitz des Ministerrates übernahm und sein Vorgänger Willi Stoph Staatsratsvorsitzender wurde, verdeutlichte zwar die Absage an den Reformkurs der 60er Jahre, hatte aber kaum eine darüber hinausgehende politische Bedeutung.

Die „X. Weltfestspiele der Jugend und Studenten" (28. 7.–5. 8. 1973) in Berlin (Ost) hatten ein gestärktes Selbstbewußtsein der jungen Generation der DDR signalisiert. Die Jugend in der DDR ist offensichtlich zunehmend immer weniger bereit, sich wesentlich mit der Ausführung von „oben" getroffener Entscheidungen zu begnügen, sondern verlangt, zumindest zu Teilen, nach Freiräumen für die Gestaltung des eigenen Lebens und nach effektiveren Formen der Mitgestaltung. Auf diese Entwicklungen hat die SED-Führung bis heute keine, diese Probleme lösenden Antworten gefunden.

Die Absage an die „einheitliche deutsche Nation" bzw. die Proklamierung einer sich in der DDR herausbildenden „sozialistischen Nation" (→ **Nation und nationale Frage**) hat in der DDR-Gesellschaft kaum ein überzeugtes, positives Echo gefunden. Neben dem Versuch, mit diesen Thesen dem Staat der DDR eine eigene nationale Identität zu verschaffen, dienen diese Aussagen zur Begründung der Politik der → **Abgrenzung** gegenüber der Bundesrepublik Deutschland und der Unterstützung der weiteren Integration der DDR in das „sozialistische Lager" unter Führung der UdSSR.

Zum 25. Jahrestag der DDR-Gründung im Oktober 1974 versuchte die DDR-Führung nicht nur, ihren Staat als modernen, sozialen und demokratischen Industriestaat darzustellen, der sich auf dem richtigen Weg in eine glänzende Zukunft befinde, sondern sie änderte auch die Verfassung von 1968 in wesentlichen Punkten: Die Begriffe „Deutschland" und „Deutsche Nation" wurden eliminiert und die „für immer und unwiderrufliche" Bindung an die UdSSR in Art. 6 aufgenommen. Entsprechend war auch die große Kampagne zum „30. Jahrestag der Befreiung" im Mai 1975 darauf ausgerichtet, einerseits die DDR als selbständigen Staat mit großen historischen Erfolgen zu zeigen, andererseits aber die immer engeren Bindungen an die UdSSR zu demonstrieren.

Die Teilnahme Erich Honeckers an der KSZE-Gipfelkonferenz in Helsinki (30. 7.–1. 8. 1975) und die Unterzeichnung der Schlußakte waren für die DDR Bestätigung ihrer Souveränität im Rahmen des Warschauer Paktes und ein Höhepunkt ihrer außenpolitischen Aktivitäten, die zur Aufnahme diplomatischer Beziehungen mit fast allen Staaten und zum Beitritt in die Vereinten Nationen am 18. 9. 1973 (→ **Außenpolitik**, VI.) geführt hatten. Doch auch die innenpolitischen Auswirkungen der KSZE-Akte waren für die DDR beträchtlich. Unter Berufung auf dieses Dokument mehrten sich die Forderungen nach Gewährleistung der Menschenrechte, insbesondere des Rechtes auf Freizügigkeit. Die damit verbundenen Diskussionen verstärkten sich angesichts der Konflikte im Weltkommunismus, da Ideen des → **Eurokommunismus** auch in der DDR Eingang fanden. Die SED-Führung konnte die Konferenz von 29 kommunistischen und Arbeiterparteien Europas in Berlin (Ost) (29./30. 6. 1976) zwar als Erfolg buchen, doch wurden die in der DDR veröffentlichten Redebeiträge vor allem der westeuropäischen Kommunisten für die DDR zu einer Belastung. Ausdruck der sich daraus ergebenden Konflikte war der sprunghafte Anstieg von Ausreiseanträgen in die Bundesrepublik Deutschland in diesen Jahren. Zudem zeigten sich in der DDR erste Auswirkungen der sich abzeichnenden krisenhaften Entwicklung in der Weltwirtschaft, die es der politischen Führung erschwerten, die in der DDR-Bevölkerung geweckten Erwartungen auf vermehrte sozialpolitische Leistungen und eine ständige Hebung des Lebensstandards zu erfüllen. Auf diese angespannte innenpolitische Lage reagierte die SED mit repressiven Maßnahmen gegenüber Ausreisewilligen und Vertretern abweichender politischer Auffassungen. Im außenpolitischen Feld verstärkte die DDR-Führung die Bindungen an die Sowjetunion. Der Freundschafts- und Beistandspakt vom 7. 10. 1975 sieht eine verstärkte Zusammenarbeit zwischen der DDR und der UdSSR nicht nur im wirtschaftlichen Bereich, sondern auch auf allen anderen Gebieten vor. Der weiteren Integration in die „sozialistische Staatengemeinschaft" dienten ferner die Verträge mit Ungarn (März 1977), Polen und der Mongolei (Mai 1977), Bulgarien (September 1977) und der ČSSR (Oktober 1977).

Der IX. Parteitag der SED (18.–22. 5. 1976) verabschiedete ein neues Parteiprogramm, ein neues Parteistatut und Direktiven für den Fünfjahrplan 1976–1980. In diesem Dokument wurde die seit dem VIII. Parteitag der SED (1971) verfolgte Politik der Hauptaufgabe in ihrer „Einheit von Wirtschafts- und Sozialpolitik" (d. h. das Bemühen um eine ständige Steigerung des Lebensstandards auf der Grundlage wirtschaftlichen Wachstums) ebenso festgeschrieben wie die Abgrenzungspolitik gegenüber der Bundesrepublik Deutschland, die unverbrüchliche und immer enger werdende Bindung an die Sowjetunion usw. Die Position Erich Honeckers und der Führung der SED, wie sie sich seit 1971 herausgebildet hatte, blieb unumstritten.

Nach dem Parteitag beschlossen das ZK der SED, der Ministerrat und der Bundesvorstand des FDGB soziale Verbesserungen; so wurden ab Oktober 1976 die Mindestlöhne und ab Dezember 1976 die Renten erhöht, ab Mai 1977 für Schichtarbeiter die Arbeitszeit verkürzt, ab Januar 1979 der Mindesturlaub verlängert (→ **Sozialpolitik**).

Die Wahlen zur Volkskammer (17. 10. 1976) brachten – wie in der Vergangenheit – das erwartete Ergebnis: 99,86 v. H. der gültigen Stimmen wurden für den Wahlvorschlag der Nationalen Front abgegeben. Bei der konstituierenden Sitzung der Volkskammer (29. 10. 1976) kam es allerdings zu Veränderungen in der Führungsspitze: der bisherige Vorsitzende des Ministerrates, Horst Sindermann, wurde zum Präsidenten der Volkskammer gewählt. Zum Vorsitzenden des Staatsrates berief die Volkskammer Erich Honecker; da er zugleich als Vorsitzender des Nationalen Verteidigungsrates bestätigt wurde, vereinigt der Generalsekretär der SED (wie seinerzeit Ulbricht) damit die 3 bedeutendsten Partei- und Staatsfunktionen in seiner Hand. Zum Vorsitzenden des Ministerrates wurde der bisherige Staatsratsvorsitzende Willi Stoph, der diese Position bereits bis 1973 bekleidet hatte, berufen.

Die in der Aufgabenverteilung veränderte, aber im übrigen stabile Führungsmannschaft der DDR mußte nicht nur wachsende wirtschaftliche Schwierigkeiten bewältigen, sie hatte sich auch mit der Unruhe unter Künstlern und Intellektuellen auseinanderzusetzen. Ausgelöst wurde diese Unruhe durch die Ausbürgerung Wolf Biermanns nach seiner zunächst genehmigten Vortragsreise nach Köln (16. 11. 1976). Dieser Vorgang und die im Jahre 1977 erfolgte Ausbürgerung Reiner Kunzes bedeuteten eine Wende der Kulturpolitik. Zahlreiche prominente Künstler und Schriftsteller protestierten, der Druck gegen sie führte zu einem Exodus (→ **Kulturpolitik**).

Auch innerhalb der SED kam es offenbar (nicht zuletzt unter dem Eindruck der sozialen Spannungen sowie der Ideen des Eurokommunismus) zu ideologischen Auseinandersetzungen; Anzeichen dafür waren das in der Bundesrepublik Deutschland veröffentlichte Buch von Rudolf Bahro „Die Alternative" sowie das Echo, das Verlautbarungen von Robert Havemann (bereits 1964 aus der SED ausgeschlossen) über dessen Freundeskreis hinaus in der Partei fanden. Die SED reagierte hart, wie die Verhaftung Bahros (23. 8. 1977) und seine Verurteilung zu 8 Jahren Zuchthaus (3. 7. 1978; 1979 konnte er in die Bundesrepublik Deutschland ausreisen) zeigten. Die Staatspartei wollte und mußte ihre innere Geschlossenheit zu wahren suchen, um mit den krisenhaften Erscheinungen vor allem in der Wirtschaft der DDR fertig zu werden. Die Rede Erich Honeckers vor den Kreissekretären der SED (17. 2. 1978) und die anschließende Diskussion in den Medien waren Beispiele für dieses Bemühen. Die Stabilisierung des Systems sollte offenbar aber auch durch eine flexible Haltung erreicht werden, etwa gegenüber der Evangelischen Kirche (→ **Kirchen**).

Mit einer breit angelegten Kampagne zum 30. Jahrestag der DDR wollte die Parteiführung die historische Kontinuität der DDR und die „Erfolge beim Aufbau des Sozialismus" beweisen. Damit sollte nicht nur von Krisenerscheinungen abgelenkt werden: Die Führung versuchte, die Stärke des politischen Systems mit dem Hinweis zu untermauern, daß die DDR fest ins „sozialistische Lager" eingebettet und keine Alternative zu ihrer Herrschaftspraxis vorhanden sei. Der X. Parteitag der SED (11.–16. 4. 1981 in Ostberlin) sollte die Partei erneut als die „führende Kraft" der DDR zeigen. Der Parteitag bestätigte die Generallinie der Partei: „Einheit von Wirtschafts- und Sozialpolitik" im Innern, Friedenspolitik und das absolute Bekenntnis zur Sowjetunion nach außen sowie die weitere Stärkung der „führenden Rolle" der SED auf allen

Gebieten der Gesellschaft. Im Mittelpunkt des Parteitages standen der Rechenschaftsbericht Erich Honeckers und das Referat von Willi Stoph zum neuen Fünfjahrplan (1981–1985). Bildete der VIII. Parteitag (1971) mit der Ablösung Ulbrichts eine Zäsur und nahm der IX. Parteitag (1976) ein neues Parteiprogramm an, so spielten auf dem X. Parteitag ideologische und programmatische Probleme kaum eine Rolle; es war ein Parteitag der Kontinuität. Honecker behauptete in seinem Rechenschaftsbericht, die Bilanz der SED seit 1976 sei „positiv“. Er versuchte vor allem wirtschaftliche Erfolge nachzuweisen, machte aber gleichzeitig deutlich, daß es zu ihrer Wahrung außerordentlicher Anstrengungen bedürfe. Zugleich rief er die Partei zur Geschlossenheit auf.

Die Spitzen der SED, das Politbüro und das Sekretariat, blieben nach dem X. Parteitag fast unverändert. Zehn Jahre nach der Übernahme der Parteiführung versuchte Honecker – inzwischen durch → **Personenkult** aus der Parteiführung deutlich hervorgehoben – seine Politik der Herrschaft der Partei einerseits und des Ausbaus und der Sicherung der Modernisierung der Gesellschaft andererseits fortzusetzen. Beispielhaft für den Versuch, die Kontinuität der seit 1971 verfolgten Politik sichtbar zu machen, war die Regierungsbildung nach den Wahlen zur Volkskammer vom 14. 6. 1981, in denen genau wie 1976 99,86 v. H. der gültigen Stimmen für die Einheitsliste abgegeben wurden. In der neugebildeten Regierung gab es kaum Veränderungen. Die Staatsspitze blieb konstant: Generalsekretär Erich Honecker ist zugleich Vorsitzender des Staatsrates und des Nationalen Verteidigungsrates, Willi Stoph Vorsitzender des Ministerrates. Der Staatsrat wurde in seiner personellen Zusammensetzung aufgewertet, u. a. zog der „zweite Mann“ der SED, Paul Verner, in den Staatsrat ein.

Das Parteiensystem der DDR ist nach wie vor von der „führenden Rolle“ der SED geprägt, die Blockparteien und Massenorganisationen fungieren weiter als Transmissionsorgane der Führungspartei. Die Parteitage von LDPD (April 1982), NDPD (April 1982), DBD (Mai 1982) und CDU (Oktober 1982) machten sich wie schon in der Vergangenheit die Beschlüsse der SED zu eigen. Wie die Parteien wegen ihrer gleichförmigen Zustimmung zur SED-Politik in ein Spannungsverhältnis zwischen ihren Aufgaben als Transmissionsorganisation der SED und den Vorstellungen und Eigeninteressen ihrer Mitglieder geraten können, zeigte sich am Beispiel der CDU. Die Einführung des Faches Wehrunterricht für Schüler der 9. und 10. Klassen (1979) traf auf harte Kritik der Kirchen (→ **Kirchen**, IV.; **Wehrerziehung**). Die CDU, die sich als Partei oft an die Kirchen anzulehnen versucht (allerdings meist ohne Erfolg), geriet in Bedrängnis. Die CDU-Führung bekannte sich zum Wehrunterricht und damit zur Linie der SED, doch an der Basis der Partei wurde häufig die These der Kirchen vertreten, für Christen dürfe Erziehung zum Haß nicht in Frage kommen. Die Friedensfrage wurde für die DDR-Führung ohnehin zu einem erstrangigen innenpolitischen Problem. In der Jugend fand die neue → **Friedensbewegung** unter der Losung „Schwerter zu Pflugscharen“ eine recht breite Resonanz. Die Maßnahmen der Staatsorgane gegen die neue und unabhängige Bewegung blieben bisher weitgehend wirkungslos. Die Erfahrungen des II. Weltkrieges, die exponierte Lage Deutschlands (das bei einem Krieg keine Überlebenschancen hätte) sowie die seit Jahrzehnten betriebene, eigene Friedenspropaganda der SED zeitigten in der Friedensbewegung ein für die DDR-Führung unerwartetes Ergebnis, das Ansätze zur Veränderung des starren politischen Systems bringen könnte. Die Unsicherheit der DDR-Führung gegenüber der neuen Bewegung wird so verständlich.

Die Furcht vor einem Übergreifen der polnischen Demokratisierungsbestrebungen hatte 1980 und 1981 ohnehin alle Maßnahmen der DDR beeinflußt. Die Verhärtung der innerdeutschen Beziehungen (Erhöhung des Zwangsumtausches im Oktober 1980) wurde zwar durch den Besuch des Bundeskanzlers Helmut Schmidt im Dezember 1981 in der DDR wieder etwas abgeschwächt, doch war die Innenpolitik bis zur Verkündung des Kriegsrechtes in Polen und dem Verbot der Gewerkschaft „Solidarität“ im Dezember 1981 wesentlich von den polnischen Ereignissen mitbestimmt. Eine der Reaktionen auf die polnischen Ereignisse war die Stärkung des FDGB. Schon der 9. Kongreß des FDGB im Juli 1977 hatte diesen Trend gezeigt, als er den Entwurf des neuen Arbeitsgesetzbuches verabschiedete, der von der FDGB-Fraktion dann in der Volkskammer eingebracht und dort angenommen wurde. Nach der Entwicklung in Polen zeigte der 10. Kongreß des FDGB im April 1982 noch stärker das Bestreben der SED, einerseits die Bedeutung des FDGB zu unterstreichen, ohne aber andererseits an der „führenden Rolle“ der SED Abstriche zu machen.

Das 11. Parlament der FDJ (2.–5. Juni 1981) machte deutlich, daß die SED der Nachwuchsorganisation und „Kampfreserve“ der Partei ebenfalls verstärkte Aufmerksamkeit widmete. Die FDJ hat ihr Augenmerk nun noch stärker als zuvor auf den sozialen Bereich zu richten, in dem sie all ihren Bemühungen zum Trotz auf das größte Desinteresse stößt: auf die Arbeiterjugend.

Hauptprobleme der DDR bleiben indes – wie für fast alle Länder – die Auswirkungen der Weltwirtschaftskrise, wie auch die noch immer nicht behobenen Funktionsschwächen des eigenen ökonomischen Systems. Trotz mancher Erfolge signalisierte die 4. Tagung des ZK der SED im Juni 1982, wie schwer es der DDR fällt, ihre ehrgeizigen Wirtschaftspläne zu erfüllen. Wie schon öfter in der Geschichte der DDR könnten ökonomische Schwierigkeiten in eine Krise des Gesamtsystems umschlagen.

Mit einer ideologischen Offensive versuchte die Führung vor allem den Zusammenhalt der Kader zu bewahren. Die Deklarierung eines „Karl-Marx-Jahres" 1983 und die damit verbundene Kampagne sollten ebenso wie die Hinwendung zu einem Geschichtsbild, das die ganze deutsche Geschichte einschloß (→ **Nationale Geschichtsbetrachtung**), Spannungen im Innern abbauen helfen. Auch die Beziehungen zur Evangelischen Kirche konnten durch Beteiligung des Staates an den Feiern im Luther-Jahr und eine positive Neueinschätzung Luthers durch die SED erheblich verbessert werden.

In die gleiche Richtung liefen die Anstrengungen der Regierung, ihre Sozialpolitik trotz Wirtschaftskrise beizubehalten. Die Übergabe der zweimillionsten Wohnung seit dem Wohnungsbauprogramm von 1971 durch Erich Honecker im Februar 1984 wurde als Erfolg im Bemühen um stärkeren Konsens zwischen Bevölkerung und Führung gewertet.

In der → **Deutschlandpolitik der SED** schien die Entwicklung nach dem Regierungswechsel vom 1. 10. 1982 und den Wahlen vom 6. 3. 1983 zunächst unklar; auch wenn die Regierung Kohl versicherte, sie werde an die Verträge von 1972 anknüpfen und die Honecker-Führung trotz der Nachrüstung in der Bundesrepublik an keiner „neuen Eiszeit" in den innerdeutschen Beziehungen interessiert war. Akut schien diese Gefahr freilich nach der Absage des geplanten Honecker-Besuchs in der Bundesrepublik im April 1983 im Gefolge der erregten Diskussionen über den Tod des Transitreisenden Burkert. Erst nach dem Milliardenkredit an die DDR und nach dem Besuch des bayerischen Ministerpräsidenten Strauß (CSU) in der DDR im Juli 1983 wirkte die Situation entkrampft.

Nachdem die DDR die Ausreisemöglichkeiten Anfang 1984 großzügig handhabte, verbesserte sich das Klima zwischen beiden deutschen Staaten zunehmend. Symptomatisch dafür waren auch die zahlreichen Besuche Bonner Politiker in der DDR. So trafen im März 1984 die Vorsitzenden der Bundestagsfraktionen der FDP, Wolfgang Mischnick, und der SPD, Hans-Jochen Vogel, mit dem Generalsekretär und Staatsratsvorsitzenden Erich Honecker zusammen. Auf der Leipziger Messe im März 1984 schließlich konferierte Honecker mit Franz Joseph Strauß (CSU), Bundeswirtschaftsminister Graf Lambsdorff (FDP), dem saarländischen Ministerpräsidenten Werner Zeyer (CDU), dem Saarbrükkener Oberbürgermeister Oskar Lafontaine (SPD). Mit dem Berliner Regierenden Bürgermeister Eberhard Diepgen kam erstmals ein führender Repräsentant von Berlin (West) auf die Leipziger Messe und traf dort mit SED-Politbüromitglied Günter Mittag zusammen, der wiederum im April 1984 mit Bundeskanzler Kohl in Bonn sprach. Dieser vor Jahren noch fast undenkbare intensive innerdeutsche Dialog und der für 1984 geplante Besuch Honeckers in der Bundesrepublik lassen die Versachlichung der Beziehungen beider deutschen Staaten zueinander erkennen. Freilich hat sich dabei – abgesehen von der zeitweiligen Gewährung von Ausreisemöglichkeiten, die wohl auch auf einem Interesse an innerer Stabilität der DDR beruhen –, am System der DDR selbst kaum etwas geändert. Die Thesen zum 35. Jahrestag der Gründung der DDR am 7. 10. 1984, die das ZK der SED, der Staatsrat und Ministerrat sowie der Nationalrat der Nationalen Front gemeinsam im Januar 1984 veröffentlichten, zeigen auch den unveränderten Anspruch der SED, als Führungsorgan der DDR die Gesellschaft im „real existierenden Sozialismus" weiterhin zu lenken und die Parteiherrschaft zu befestigen.

Ein Blick auf die fast 40jährige Entwicklung des zweiten deutschen Staates seit 1945 läßt sowohl Ansätze für Stabilität als auch Schwächen der DDR erkennen: die Sowjetunion sichert die Existenz des Regimes, das im Innern vom Funktionieren der Apparate, vor allem der SED abhängt. Die Geschlossenheit der Führungselite, das Einordnen der Funktionäre in die hierarchischen Strukturen des politischen Systems einerseits, aber zugleich die Sicherung wirtschaftlichen Wachstums, der Ausbau sozialer Sicherheit, die Förderung von Aufstiegschancen für die Jugend usw. andererseits, sind Grundbedingungen für die Stabilität des Herrschaftssystems. Doch der Gegensatz zwischen Bevölkerung und herrschender Elite, hervorgerufen durch wirtschaftliche Schwächen, das Fehlen von politischer Demokratie, von legaler Opposition, von Rechtssicherheit, Meinungsfreiheit und den Freiheitsrechten des einzelnen, nicht zuletzt auch Auswirkungen von Ereignissen in anderen kommunistisch regierten Ländern, führten und führen immer wieder zu Verunsicherungen und Erschütterungen des Gesamtsystems sowie zu Schwankungen zwischen „weichem" und „hartem" Kurs der SED-Führung.

Hermann Weber

Literaturangaben

Fricke, Karl Wilhelm: Politik und Justiz in der DDR. Zur Geschichte der polit. Verfolgung 1945–1968. Bericht u. Dokumentation. Köln: Wissenschaft u. Politik 1979.

Geschichte der Deutschen Demokratischen Republik. Von einem Autorenkollektiv u. Leit. v. Rolf Badstübner. Berlin (Ost): Deutscher Verl. d. Wissenschaften 1981.

Geschichte der SED – Abriß. Berlin (Ost): Dietz 1978.

Heitzer, Heinz: DDR – Geschichtlicher Überblick. Berlin (Ost): Dietz 1979.

Kleßmann, Christoph: Die doppelte Staatsgründung. Deutsche Geschichte 1945–1955. Hrsg. Bundeszentrale f. pol.

Bildung. Bonn: Druck- u. Verlags-Gesellschaft mbH 1982. (Schriftenreihe der Bundeszentrale f. pol. Bildung. 193.)

Ludz, Peter Christian: Parteielite im Wandel. Funktionsaufbau, Sozialstruktur u. Ideologie der SED-Führung. Eine empirisch-systemat. Untersuchung. 3., durchges. Aufl. Köln, Opladen: Westdeutscher Verl. 1970. (Schriften des Instituts f. Polit. Wissenschaft. 21.)

Parteiensystem zwischen Demokratie und Volksdemokratie. Dokumente und Materialien zum Funktionswandel der Parteien in der SBZ/DDR 1945–1950. Hrsg. Hermann Weber. Köln: Wissenschaft u. Politik 1982. (Mannheimer Untersuchungen zu Politik und Geschichte der DDR.)

DDR. (Deutsche Demokratische **Republik**) Werden und Wachsen. Zur Geschichte der DDR. Berlin (Ost): Dietz 1974.

Staritz, Dietrich: Sozialismus in einem halben Land. Zur Programmatik u. Politik der KPD/SED in der Phase der antifaschistisch-demokratischen Umwälzung in der DDR. Berlin: Wagenbach 1976. (politik 69.)

Weber, Hermann: Kleine Geschichte der DDR. Köln: Wissenschaft u. Politik 1980. (Edition Deutschland Archiv.)

Weber, Hermann: DDR. Grundriß der Geschichte 1945–1981. 4., überarb. u. erg. Aufl. Hannover: Fackelträger-Verl. 1982. (Edition Zeitgeschehen.)

Geschlechtserziehung: Die menschlichen Beziehungen zwischen den Mitgliedern der sozialistischen Gesellschaft sollen nach den Prinzipien der **Sozialistischen → Moral** gestaltet werden. Diese Forderung gilt auch für die Beziehungen zwischen den Geschlechtern. Lange Zeit teils tabuisiert, teils auf sozialistisch-puritanische Verhaltensregeln und rein biologische „Aufklärung" reduziert, wird in jüngster Zeit der G. der Kinder und Jugendlichen größere Aufmerksamkeit geschenkt, wobei auch die anfänglich vermiedenen Begriffe **Sexualerziehung**, „Sexualpädagogik", „Sexualverhalten", „Sexualität" usw. verwendet werden. „Sozialistische" G. soll die Heranwachsenden befähigen, durch die Beziehungen und in den Beziehungen zum anderen Geschlecht eine „sinnvolle und glückhafte Steigerung ihres Daseins" zu finden, wozu es der Anerziehung von Einstellungen und Verhaltensweisen bedarf, die durch Verantwortung für die Entwicklung des Partners und für die eigene Entwicklung gekennzeichnet sind. Sie sollen damit in die Lage versetzt werden, die eigenen Kinder auf die Begegnung mit dem anderen Geschlecht sinnvoll vorzubereiten und sie dazu mit dem notwendigen Wissen um die eigene Geschlechtlichkeit und die Eigenarten des anderen Geschlechts vertraut zu machen. Sozialistische G. bezieht sich also auf alle Verhaltens- und Erlebnisweisen des Menschen, welche die Beziehungen zur eigenen Geschlechtlichkeit und zum anderen Geschlecht betreffen, d. h. auf die erotischen und die sexuellen ebenso wie auf die allgemein-sozialen.

G. ist zwar die gemeinsame Aufgabe von Familie, Schule, Jugendorganisationen und anderen gesellschaftlichen Erziehungskräften, erfolgt jedoch weitgehend im Rahmen der Schule; sie ist nicht nur die Aufgabe eines Unterrichtsfaches, besonders des Biologieunterrichts der Klasse 8, sondern soll auch die Möglichkeiten verschiedener anderer Fächer, und zwar von der Klasse 1 an, nutzen, besonders des Literatur- und des gesellschaftswissenschaftlichen Unterrichts. Eine wichtige Zielstellung der sozialistischen G. ist es ferner, die Heranwachsenden zu befähigen, sich „von überlebten spätbürgerlichen Moralauffassungen, schädlichen Umwelteinflüssen und unmoralischen Gewohnheiten und Verhaltensweisen abzugrenzen". Zwei besondere Schwerpunkte bilden die G. der älteren Schüler und Lehrlinge sowie die sexualpädagogische Befähigung der Eltern; zu letzterem werden die für Kinder altersdifferenzierten „Merkblätter für Eltern" (A: 4–10 J.; B: 10–14 J.; C: 14–18 J.) des Deutschen Hygiene-Museums Dresden verwendet.

Für die Vermittlung entsprechender Kenntnisse im Rahmen der G. der 3- bis 18jährigen besteht folgendes 23 Themen umfassendes und in 4 Themenkomplexe gegliedertes sexualpädagogisches (Maximal- bzw. Optimal-) Programm:

A. Gesellschaftlich-moralische Probleme: sozialistische Gesellschaft – Ehe und Familie, sozialistische Moral und Geschlechterbeziehungen;

B. Allgemeine Probleme der Geschlechterbeziehungen und des Geschlechtslebens: die Beziehungen zwischen Eltern und Kind in der Familie, Herkunft, Entstehung und Geburt des Kindes, die geschlechtliche Reifung im Kindes- und Jugendalter, die sexuelle Reifung, zur Frage der Enthaltsamkeit, die Beziehungen zwischen Jungen und Mädchen, Freundschaft und Liebe, die psychologische Einheit des Menschen im Geschlechtsbereich, männliche und weibliche Sexualität;

C. Anatomie und Physiologie des Geschlechtslebens: Bau und Funktion der Geschlechtsorgane, Menstruation und Menstruationshygiene (nur für Mädchen), Zeugung und Empfängnis, Empfängnisverhütung, Schwangerschaftsprobleme, Geburt und Fehlgeburt, Masturbationsprobleme (nur für Jungen);

D. Abwegigkeiten und Spezialprobleme: Sittlichkeitsvergehen an Kindern, Abwegigkeiten des Sexualverhaltens (Homosexualität, Päderastie, Sadismus, Masochismus), Geschlechtskrankheiten, Impotenz, Frigidität.

Bei der G. in der DDR ist man bemüht, sich von 2 extremen Auffassungen zu lösen, sowohl von der Auffassung, daß eine wirksame **Politisch-Ideologische bzw. Staatsbürgerliche → Erziehung** eine gezielte Vorbereitung der Kinder und Jugendlichen auf die Begegnung mit dem anderen Geschlecht und der eigenen Geschlechtlichkeit überflüssig mache, als auch von der Auffassung, daß eine spezifische Sexualaufklärung allein ausreiche, um auf diese Begegnungen vorzubereiten. Intention und Realisation klaffen auch auf diesem Erziehungsgebiet teilweise noch recht weit auseinander und sind in hohem Maße von den Eigenheiten der jeweils unterrichtenden Personen abhängig. Für DDR-Verhältnisse ausgesprochen offen und unvoreingenommen unterrichtet ein 1982 im Bibliographischen Institut Leipzig erschienenes Jugendlexikon über dieses Gebiet (Jugendlexikon. Jugend zu zweit. Leipzig 1982).

Gesellschaft für Deutsch-Sowjetische Freundschaft (DSF): Unter den → **Freundschaftsgesellschaften** der DDR die bedeutendste und nach dem → **Freien Deutschen Gewerkschaftsbund (FDGB)** die zweitgrößte → **Massenorganisation** (1982: 6 Mill. Mitglieder). Anknüpfend an die Traditionen der 1923 gegründeten „Gesellschaft der Freunde des neuen Rußland in Deutschland" und des „Bundes der Freunde der Sowjetunion" (1928) bildeten sich 1945 und 1946 innerhalb des Kulturbundes (→ **Kulturbund der DDR [KB]**) in der SBZ Zirkel, die sich mit dem Studium der sowjetischen Kultur befaßten. Aus ihnen gingen Ortsgruppen hervor, die zum Zeitpunkt der Gründung der zentralen „Gesellschaft zum Studium der Kultur der Sowjetunion" (30. 6. 1947) 2200 Mitglieder hatten. Die Losung des Gründungskongresses „Durch Studium zur Wahrheit – durch Wahrheit zur Freundschaft mit der Sowjetunion" spiegelte das Anliegen der Organisation in ihrer Anfangsphase wider, nämlich die in weiten Teilen der Bevölkerung verwurzelten, vor allem aus der Zeit des Nationalsozialismus stammenden antisowjetischen bzw. antirussischen Ressentiments zu überwinden. Der 2. Kongreß beschloß am 2. 7. 1949 die Umbenennung in „Gesellschaft für Deutsch-Sowjetische Freundschaft" und leitete den Übergang von einer Studiengesellschaft zu einer politischen Massenorganisation ein, die sich verstärkt an breitere Kreise der Bevölkerung wenden sollte. Der 3. Kongreß (1951) stand unter der auch später von der DSF immer wieder propagierten Losung „Von der Sowjetunion lernen, heißt siegen lernen". Auf ihm wurde festgestellt, daß der Prozeß der bewußtseinsmäßigen Umerziehung der Bevölkerung weitgehend erfolgreich abgeschlossen sei. Fortan erfolgte die ideologische Tätigkeit in 3 Hauptrichtungen: Nachweis des Aufstiegs der Sowjetunion zur führenden Weltmacht; Erläuterung der Bedeutung des engen Bündnisses zwischen der DDR und der UdSSR; Nutzbarmachung der Erfahrungen der Sowjetunion beim Aufbau des Sozialismus/Kommunismus.

Die seit dem VIII. Parteitag der SED (Juni 1971) weiter gewachsene enge Anlehnung der DDR an die Sowjetunion (z. B. neuerlicher Vertrag über „Freundschaft, Zusammenarbeit und gegenseitigen Beistand" vom 7. 10. 1975) und die durch das Komplexprogramm (Juli 1971) forcierte Integration im → **Rat für Gegenseitige Wirtschaftshilfe (RGW)** haben der Arbeit der DSF neue Impulse verliehen. Bei der Lösung der mit der ökonomischen Integration verbundenen Aufgaben kann Arbeitskollektiven durch die Kreisvorstände und den Zentralvorstand der Gesellschaft der Ehrenname „Brigade ‚Deutsch-Sowjetische Freundschaft'" verliehen werden. Sie sollen sich dadurch auszeichnen, daß ihre Mitglieder als Agitatoren der deutsch-sowjetischen Freundschaft auftreten, Initiatoren der Auswertung und Nutzung sowjetischer Erfahrungen, Vorbild im rationellen Einsatz sowjetischer Maschinen und Rohstoffe sowie in der Erfüllung der Planaufgaben, vor allem der Exportverpflichtungen gegenüber der Sowjetunion, sind. Inzwischen gibt es (Mai 1981) ca. 112000 derartige Arbeitskollektive. Neben diesen Brigaden sind die „Zirkel zur Auswertung sowjetischer Erfahrungen" (1981: 6900 Zirkel mit 63200 Mitgl.) und die „Zirkel zum Erlernen der russischen Sprache" aktive Träger der DSF-Arbeit. Der DSF gehört der Verlag „Kultur und Fortschritt"; sie gibt die Wochenillustrierte „Freie Welt" und die Monatsschriften „Sowjetwissenschaft, Gesellschaftswissenschaftliche Beiträge" sowie „Kunst und Literatur" heraus. Von besonderer Bedeutung für die propagandistische Arbeit ist die 14täglich erscheinende „Presse der Sowjetunion" mit der Beilage „Für den DSF-Funktionär", die vom Presseamt beim Vorsitzenden des Ministerrates in Zusammenarbeit mit dem DSF-Zentralvorstand herausgegeben wird. 25 Häuser der deutsch-sowjetischen Freundschaft sind wichtige Zentren der politisch-ideologischen und kulturellen Arbeit. Hinzu kommen noch 1600 sog. Kabinette der Freundschaft in Betrieben und sonstigen Einrichtungen. An verdienstvolle Russischlehrer und Schüler mit ausgezeichneten Leistungen im Fach Russisch wird jährlich die Johann-Gottfried-Herder-Medaille verliehen. In jedem Jahr organisiert die DSF sog. Freundschaftszüge und Studienreisen in die Sowjetunion.

Das vom 9. Kongreß (1970) beschlossene Statut bezeichnet die politisch-ideologische Tätigkeit als Hauptaufgabe der DSF. „Durch ihren Beitrag zur Vermittlung des Beispiels und der Erfahrungen des Sowjetvolkes ist die Gesellschaft für Deutsch-Sowjetische Freundschaft gemeinsam mit den anderen gesellschaftlichen Kräften unserer Republik vor allem bemüht, den Kampf der Werktätigen um wissenschaftlich-technische Pionier- und Spitzenleistungen zu fördern." Organisationsaufbau und Tätigkeit beruhen auf dem → **Demokratischen Zentralismus**. Die DSF ist nach dem → **Territorial-** und → **Produktionsprinzip** aufgebaut und gliedert sich in Grundeinheiten, Kreis- und Bezirksorganisationen. Die Wahl des Zentralvorstandes, der Vorstände der Bezirks- und Kreisorganisationen sowie der Grundeinheiten erfolgt in offener Abstimmung en bloc. Das höchste Organ ist der in der Regel alle 5 Jahre zusammentretende Kongreß; zwischen den Kongressen ist es der in der Regel jährlich mindestens 2mal zusammentretende Zentralvorstand. Dieser wählt zur Leitung der Gesellschaft zwischen seinen Tagungen das Präsidium und zur Leitung seiner laufenden Arbeit das Sekretariat des Zentralvorstandes. Das Fundament der Organisation bilden die Grundeinheiten (1981: 38500), die überall dort eingerichtet werden, wo mindestens 10 Mitglieder vorhanden sind. Die Grundeinheiten wiederum gliedern sich in Zehnergruppen. Mitglied kann jeder Einwohner der DDR vom 14. Lebensjahr an werden; die Mitgliedschaft in der DSF gilt als Mindestnachweis „gesellschaftlicher Aktivität". Die DSF ist Trägerin zahlreicher politischer und kultureller Veranstaltungen (Vorträge, Konzerte, Buch- und Kunstausstellungen usw.; 1981 waren es 996700 mit fast 25 Mill. Teilnehmern). Präsident der DSF wurde auf dem 11. Kongreß (19./20. 5.

1978) das Mitglied des Politbüros der SED Erich Mükkenberger, nachdem der ehemalige Außenminister der DDR, Dr. Lothar Bolz (NDPD), nicht mehr für dieses Amt kandidierte. Generalsekretär ist seit 1967 Kurt Thieme. Der 12. Kongreß fand am 12. und 13. 5. 1983 in Berlin statt.
Schwestergesellschaft in der UdSSR ist die am 7. 1. 1958 in Moskau gegründete „Gesellschaft für Sowjetisch-Deutsche Freundschaft und kulturelle Verbindungen", die auf dem II. Unionskongreß (1965) in „Sowjetische Gesellschaft für Freundschaft mit der DDR" umbenannt wurde. Ihr Vorsitzender ist S. G. Lapin, Vorsitzender des Staatlichen Komitees des Ministerrates der UdSSR für Fernsehen und Rundfunk.

Gesellschaft für kulturelle Verbindungen mit dem Ausland: Bis zur Gründung der Liga für Völkerfreundschaft (1961) war die 1952 entstandene G. Dachorganisation aller → **Freundschaftsgesellschaften** und damit wichtiges Instrument der → **Auslandspropaganda** der DDR. Ihr oblag insbesondere die Herausgabe kulturpolitischer Propagandaschriften. Die meisten ihrer Aufgaben sind inzwischen auf die Liga übergegangen. Mit der völkerrechtlichen Anerkennung der DDR durch nahezu alle Mitgliedstaaten der Vereinten Nationen seit 1972 hat die G. weiter an Bedeutung verloren, da seitdem vor allem die kulturpolitischen Abteilungen der diplomatischen Auslandsvertretungen der DDR zu wichtigen Mittlern der auswärtigen Kulturpolitik geworden sind (→ **Diplomatische Beziehungen**).

Gesellschaft für Sport und Technik (GST): Massenorganisation zur vormilitärischen und wehrsportlichen Erziehung und Ausbildung der Jugendlichen in der DDR. Die GST wurde 1952 gegründet; als Vorbild gilt die „Freiwillige Unionsgesellschaft zur Förderung der Land-, Luft- und Seestreitkräfte" (DOSAAF) in der UdSSR. Im Rahmen der sozialistischen → **Wehrerziehung** bereitet die GST die Jugendlichen im vorwehrpflichtigen Alter ab 14 Jahren, und zwar insbesondere die 16- bis 18jährigen, auf den Wehrdienst vor. Seit ihrem VII. Kongreß im Juni 1982 soll sich die GST verstärkt auch der vormilitärischen Ausbildung älterer Jugendlicher zuwenden. Dies steht im Zusammenhang mit der in den nächsten Jahren rückläufigen Zahl an Wehrpflichtigen, die die DDR zur zunehmenden Einberufung auch der älteren Jahrgänge zwingt. Die GST, die „sozialistische Wehrorganisation" der DDR, ist Hauptträger der vormilitärischen Ausbildung der Jugendlichen, zugleich bietet sie den Bürgern auch vielfältige Möglichkeiten zu wehrsportlicher Betätigung und damit zur Entwicklung und Erhaltung der Wehrfähigkeit. Ihre gesamte Tätigkeit soll sich auf die Anforderungen und Aufgaben konzentrieren, die der Landesverteidigung, insbesondere der → **Nationalen Volksarmee (NVA)**, im Interesse der militärischen Sicherung der sozialistischen Gesellschaftsordnung in der DDR gestellt werden. Die GST arbeitet unter Führung der → **SED** eng mit den bewaffneten und anderen staatlichen Organen sowie mit Parteien und → **Massenorganisationen** zusammen. Sie untersteht dem → **Ministerium für Nationale Verteidigung**. Die Zuweisung von Verantwortungs- und Aufgabenbereichen an die GST ist abgestimmt mit den wehrerzieherischen Aufgaben der → **Freien Deutschen Jugend (FDJ)**, der Schulen (→ **Einheitliches sozialistisches Bildungssystem**) und anderer Träger der Wehrerziehung.
Die GST ist nach den Prinzipien des → **Demokratischen Zentralismus** aufgebaut. Territorial gliedert sie sich unterhalb der zentralen Ebene in Bezirks- und Kreisorganisationen; im Organisationsbereich des Kreises werden in Betrieben, Verwaltungen, Schulen, Hochschulen und Wohngebieten Grundorganisationen gebildet. Höchstes Organ der GST ist der Kongreß. Er legt die grundsätzlichen Aufgaben fest, beschließt das Statut (das z. Z. gültige Statut wurde auf dem V. Kongreß der GST vom 14. bis 16. 9. 1972 in Dresden verabschiedet) und wählt den Zentralvorstand. Zwischen den Kongressen ist der Zentralvorstand das höchste Gremium; er wählt aus seiner Mitte zur Leitung der Arbeit zwischen den Tagungen des Vorstands das Sekretariat. Diese Organisationsstruktur der Zentrale gilt im wesentlichen entsprechend für die Bezirks- und Kreisorganisationen.
Die Ausbildungsarbeit findet in den Grundorganisationen statt, deren Umfang sich nach der jeweiligen Größe der Betriebe, Lehrstätten usw. richtet. Die Grundorganisationen gliedern sich wiederum in bestimmte Sektionen, die die Spezialausbildung auf die künftige Waffengattung hin durchführen. Bis zum Ende des Ausbildungsjahres 1981/82 gliederte sich die 2jährige vormilitärische Ausbildung der GST in die vormilitärische Grundausbildung (1. Jahr) und die **vormilitärische Ausbildung** für die Laufbahnen der Nationalen Volksarmee (2. Jahr). Seit dem Beginn des Ausbildungsjahres 1982/83 führt die GST die vormilitärische Grundausbildung als selbständigen Ausbildungsabschnitt nicht mehr durch, sondern konzentriert sich ausschließlich auf die vormilitärische Laufbahnausbildung. Diese erfolgt für die Laufbahnen Mot.-Schützen, Militärkraftfahrer, Tastfunker, Fernschreiber, Matrosenspezialisten, Militärflieger, Fallschirmjäger und Taucher. Die nunmehr 2jährige vormilitärische Laufbahnausbildung, in der die „politisch-moralische Erziehung", die Vermittlung vormilitärischer Kenntnisse und Fertigkeiten sowie die körperliche Ertüchtigung miteinander verbunden werden sollen, wird stärker noch als früher armeebezogen durchgeführt; dabei hat die praktische Ausbildung eindeutig an Bedeutung gewonnen.
Die vormilitärische Ausbildung der GST ist fester Bestandteil der Lehrpläne der Erweiterten Oberschulen und Hochschulen wie auch der Ausbildungspläne der Lehrlinge in Betrieben und Verwaltungen. Die Ausbildung erfolgt sowohl im Unterricht als auch in der Freizeit. Gute Erfahrungen hat die GST offensichtlich mit der seit einigen Jahren in vielen Kreisorganisationen praktizierten „monatlichen Ausbildung an einem Tag" gemacht: Diese Form bietet – zusammen mit längeren Lehrgängen an den zentralen und örtlichen Ausbildungslagern der GST – die Möglichkeit, insbesondere auch die Lehrlinge in Betrieben und Verwaltungen in

eine straff organisierte vormilitärische Ausbildung einzubinden. Da die Leistungen während der GST-Ausbildung in die Beurteilung der Schüler und Lehrlinge einfließen, wird eine sehr hohe Beteiligung der Jugendlichen an der vormilitärischen Ausbildung erreicht. Die Mädchen werden im Rahmen der GST auf die Zivilverteidigung (Sanitätsausbildung) vorbereitet, können auf Wunsch aber auch das Ausbildungsprogramm für Jungen absolvieren.
Attraktiv ist die GST für die Jugendlichen insbesondere dadurch, daß in ihren Lagern verschiedene Berechtigungsnachweise erworben werden können – vom Führerschein bis zum Flugschein, und zwar vor Vollendung des 18. Lebensjahres und ohne die sonst üblichen langen Wartefristen. Von 1979 bis 1981 erwarben z. B. ca. 175000 Mädchen und Jungen die Fahrerlaubnis für Kleinkrafträder und fast 200000 die Fahrerlaubnis für Krafträder.
Die GST bietet ihren Mitgliedern ein breit gefächertes Wehrsportprogramm. Gegenwärtig gibt es die Wehrsportarten: Modellsport (Auto-, Schiffs- und Flugmodellsport), Seesport, Tauchsport, Flug- und Fallschirmsprungausbildung, Sportschießen, Motorsport, Nachrichtensport und – als neueste Wehrsportart – Wehrkampfsport. Die GST widmet sich dabei der Pflege sowohl des Massen- als auch des Leistungssports. Ihre Wehrspartakiaden werden auf Kreisebene jährlich, auf der Bezirksebene alle 2 Jahre und auf der Ebene der Republik alle 5 Jahre durchgeführt.
Den Angehörigen der NVA und sonstiger bewaffneter Organe der DDR vergleichbar besitzen die Mitglieder der GST Dienstuniformen, Kampf- und Arbeitsanzüge. Ihre Bewaffnung beschränkt sich auf Kleinkaliberwaffen. Kombattantenstatus haben die GST-Mitglieder nicht.
Die GST zählt gegenwärtig (1982) ca. 600000 Mitglieder und ca. 19000 Organisationseinheiten. Vorsitzender ist Günter Kutzschebauch (SED). An Agitations- und Propagandamaterialien gibt die GST regelmäßig heraus: „S und T. Sport und Technik. Das wehrpolitische Jugendmagazin der GST", „Funkamateur", „Flieger-Revue", „modellbau heute", „Visier", „poseidon" (militärpolitische Zeitschriften mit Magazincharakter für die vormilitärische Laufbahnausbildung und für die Wehrsportarten), „konkret" und das Mitteilungsblatt „Motorsport" (Presseorgane für die Funktionäre und Ausbilder der GST). Als höchste Auszeichnung vergibt die GST die „Ernst-Schneller-Medaille" in Gold, Silber und Bronze.

Gesellschaft „Neue Heimat", „Vereinigung in der DDR für Verbindungen mit Bürgern deutscher Herkunft im Ausland": Die GNH. wurde im Dezember 1964 als Instrument der → **Auslandspropaganda** der → **Sozialistischen Einheitspartei Deutschlands (SED)** gegründet und ist organisatorisch der Liga für Völkerfreundschaft angegliedert (→ **Freundschaftsgesellschaften**). Ihr schloß sich der 1960 in Berlin (Ost) konstituierte „Arbeitskreis zur Pflege der deutschen Sprache und Kultur" an, der „allen Freunden deutscher Kultur und Sprache im Ausland helfen und ihnen das Kennenlernen der Schönheiten der deutschen Literatur und Kunst erleichtern" sollte. Beide Organisationen wandten sich in den 60er Jahren vor allem an deutsche Volksgruppen z. B. in Ungarn und Rumänien, aber auch an emigrierte Deutsche in Lateinamerika, Nordamerika und Australien. Um kulturellen Einflüssen aus der Bundesrepublik entgegenzuwirken, sind von der GNH. in dieser Zeit u. a. in großer Zahl Schulbücher aus der DDR an Auslandsdeutsche verteilt worden. Die GNH. und der Arbeitskreis bedienten sich darüber hinaus zahlreicher anderer Mittel der Öffentlichkeitsarbeit wie Veranstaltungen, Vorträge, Konzerte, Kurse, Bücher, Filme, Fotos und sonstige Anschauungs- und Lehrmaterialien. Die Zeitschrift der GNH. „Neue Heimat. Journal aus der Deutschen Demokratischen Republik" wurde kostenlos im Ausland verteilt.
Die Bedeutung der GNH. ist seit 1972/73 stark zurückgegangen. Ihre Aufgaben werden gegenwärtig vor allem von den Freundschaftsgesellschaften sowie den Botschaften der DDR (→ **Diplomatische Beziehungen**) wahrgenommen. Über die Arbeit der GNH. ist in den letzten Jahren in der DDR nicht mehr berichtet worden. Präsident der GNH. war bis 1975 der Schriftsteller Ludwig Renn (Pseudonym von Arnold Vieth von Golssenau); diese Funktion wurde anschließend von dem Schauspieler Hans-Peter Minetti (Kandidat des ZK der SED) übernommen.

Gesellschaftliche Gerichte: 1. *Gesetzliche Grundlagen.* Neben den staatlichen Gerichten (→ **Gerichtsverfassung**) üben nach Art. 92 der Verfassung im Rahmen der ihnen durch Gesetz übertragenen Aufgaben die GG. die Rechtsprechung in der DDR aus. Ihre Stellung und Tätigkeit sind durch das Gesetz über die GG. (GGG) vom 25. 3. 1982 (GBl. I, S. 269) geregelt, das am 1. 1. 1983 in Kraft getreten ist und damit das erste GGG vom 11. 6. 1968 (GBl. I, S. 229) abgelöst hat. Als GG. bestehen in volkseigenen und ihnen gleichgestellten Betrieben, in Einrichtungen des Gesundheitswesens, der Kultur und Volksbildung, in kommunalen Einrichtungen der Berufsbildung, in kooperativen Einrichtungen der Landwirtschaft, in staatlichen Organen und Einrichtungen sowie in gesellschaftlichen Organisationen die **Konfliktkommissionen** (§ 4 GGG), in Städten und Gemeinden, in landwirtschaftlichen und gärtnerischen Produktionsgenossenschaften und Produktionsgenossenschaften der Fischer und Handwerker die **Schiedskommissionen** (§ 5 GGG). Nach § 3 des Gesetzes soll die Tätigkeit der GG. gesellschaftliche Aktivitäten „zur Durchsetzung der → **Sozialistischen Gesetzlichkeit** und zur Gewährleistung von Ordnung, Disziplin und Sicherheit in den Kombinaten, Betrieben, Städten und Gemeinden" fördern. Die Aufgabenstellung entspricht nunmehr der der staatlichen Gerichte (→ **Gerichtsverfassung; Rechtswesen**, II.), wobei der Erziehungsgedanke im Vordergrund der gesellschaftlichen Gerichtsbarkeit steht. Neben dem GGG bestehen als gesetzliche Grundlagen die vom Staatsrat erlassene „Konfliktkommissionsordnung" (KKO) und „Schiedskommissionsordnung" (SchKO) vom 12. 3. 1982

(GBl. I, S. 274 u. 283). Das Strafgesetzbuch faßt die Konflikt- und Schiedskommissionen unter der Bezeichnung „gesellschaftliche Organe der Rechtspflege" zusammen und regelt in § 28 die Voraussetzungen für ihr Tätigwerden und in § 29 die Erziehungsmaßnahmen, die von ihnen im Einzelfall festgelegt werden können.

2. *Entstehung der GG.* Konfliktkommissionen waren 1953 in den volkseigenen Betrieben mit der Aufgabe gebildet worden, Arbeitsstreitigkeiten im Betrieb zu entscheiden. Auf dem 4. Plenum des ZK der SED (15.–17. 1. 1959) forderte Ulbricht, den Konfliktkommissionen größere Verantwortung und Befugnisse zu übertragen. Entsprechend diesem Vorschlag wurden strafwürdige Handlungen von geringer Gesellschaftsgefährlichkeit (→ **Strafrecht**, III.) nicht mehr durch die staatlichen Gerichte verhandelt und abgeurteilt, sondern in den VEB den Konfliktkommissionen zur Behandlung zugewiesen. Diese Praxis wurde 1961 durch das Gesetzbuch der Arbeit (§ 144e) legalisiert, und in § 10 des Gerichtsverfassungsgesetzes vom 17. 4. 1963 (GBl. I, S. 45) fanden neben den Konfliktkommissionen auch die Schiedskommissionen ihre gesetzliche Verankerung. Bildung und Tätigkeit der Schiedskommissionen wurden am 21. 8. 1964 durch den Staatsrat festgelegt (GBl. I, S. 115). Am 31. 3. 1967 stellte der Staatsrat fest, daß die Bildung der Schiedskommissionen per 31. 12. 1966 abgeschlossen war (GBl. I, S. 47). Im Jahr 1982 bestanden in der DDR 26744 Konfliktkommissionen mit 237821 Mitgliedern und 5237 Schiedskommissionen mit 54290 Mitgliedern. Der Anteil der Frauen wird mit ca. 44,5 v.H. angegeben (Statistisches Jahrbuch der DDR 1983, S. 395).

3. *Bildung der GG.* Nach den Bestimmungen des GGG werden in den in Ziff. 1 genannten Betrieben und Organen Konfliktkommissionen (KK) bei einer Belegschaftsstärke von über 50 Betriebsangehörigen gebildet, in kleineren Betrieben usw. ist ihre Bildung zulässig, jedoch nicht zwingend vorgeschrieben. Auf Vorschlag der Betriebsgewerkschaftsleitung (BGL) werden 8–15 Betriebsangehörige nach den Grundsätzen der Gewerkschaftswahlen (→ **Freier Deutscher Gewerkschaftsbund [FDGB]**) für die Dauer der Wahlperiode der gesellschaftlichen Vorstände und Leitungen gewählt. In Großbetrieben entstehen so viele KK, wie betriebliche Gewerkschaftsleitungen (BGL und AGL) bestehen. Der Tätigkeitsbereich einer KK soll in der Regel nicht mehr als 300 Betriebsangehörige umfassen. Das Gesetz legt fest, daß für eine Schiedskommission (SchK) 8–15 Bürger zu wählen sind. Die Zahl kann ausnahmsweise auf 6 verringert oder auf 20 erhöht werden. Die Kandidaten werden in den Wohngebieten der Städte und Gemeinden auf Vorschlag der Ausschüsse der → **Nationalen Front der DDR** von den zuständigen örtlichen Volksvertretungen, in den Produktionsgenossenschaften auf Vorschlag ihrer Vorstände von den Mitgliederversammlungen für die Dauer der Wahlperiode der örtlichen Volksvertretungen gewählt. Nach der Wahl werden die Mitglieder der KK und SchK in feierlicher Form verpflichtet, „gerecht und unvoreingenommen zu entscheiden, ihre ganze Kraft für die Verwirklichung der sozialistischen Gesetzlichkeit und die Festigung von Ordnung, Disziplin und Sicherheit einzusetzen" (§ 6, Abs. 3 GGG). Die Mitglieder der KK und SchK wählen aus ihrer Mitte den Vorsitzenden und einen oder mehrere Stellvertreter. Ebenso wie die Richter an den staatlichen Gerichten können die Mitglieder der GG. von den wählenden Gremien vor Ablauf ihrer Amtszeit abberufen werden, wenn sie gegen die Verfassung oder die Gesetze verstoßen oder sonst ihre Pflichten gröblich verletzen.

4. *Zuständigkeit.* Die GG. sind zuständig für die Behandlung von a) Arbeitsrechtssachen in erster Instanz (ausschließliche Zuständigkeit der KK); b) Vergehen, wenn die Tat im Hinblick auf die eingetretenen Folgen und die Schuld des Täters nicht erheblich gesellschaftswidrig ist und eine wirksame erzieherische Einwirkung durch das GG. zu erwarten ist. Voraussetzung ist weiter, daß die staatlichen Organe der Rechtspflege (Untersuchungsorgane, Staatsanwaltschaft, Gericht) die Sache an das GG. durch eine schriftlich begründete Entscheidung übergeben haben, weil der Sachverhalt vollständig aufgeklärt ist und der Täter seine Rechtsverletzung zugibt. Bei Fahrlässigkeitsdelikten darf Übergabe an die GG. auch bei Vorliegen eines erheblichen Schadens erfolgen, wenn die Schuld des Täters infolge außergewöhnlicher Umstände gering ist. Unter diesen Voraussetzungen entscheiden die GG. über alle Vergehen, insbesondere über Vergehen gegen das sozialistische und persönliche → **Eigentum**, Körperverletzungen, Verletzungen des Arbeits- und Gesundheitsschutzes (§ 25 KKO, § 23 SchKO); c) Verfehlungen, nämlich Eigentumsverfehlungen, Beleidigung, Verleumdung und Hausfriedensbruch; d) → **Ordnungswidrigkeiten**, wenn die Beratung durch das GG. eine bessere erzieherische und vorbeugende Einwirkung erwarten läßt; e) Verletzungen der Schulpflicht; f) einfachen zivilrechtlichen und anderen Rechtsstreitigkeiten, wobei die Zuständigkeit der GG. bei Streitigkeiten wegen Geldforderungen „bis zur Höhe von etwa 1000 Mark" begrenzt ist (§ 50 KKO, § 17 SchKO).

Im Vergleich zu dem früheren Rechtszustand (1963–1968) fehlen in dem für die GG. geschaffenen Katalog der Zuständigkeiten die Verstöße gegen die **sozialistische → Moral** und die Streitigkeiten über die Gewährung von Leistungen der Sozialversicherung. Letztere werden von den Beschwerdekommissionen der Sozialversicherung bei den Kreisvorständen des FDGB entschieden, während die Behandlung von Moralverstößen in Wegfall gekommen ist, weil es sich bei diesen nicht um Verletzungen von Rechtsnormen handelt, die Tätigkeit der GG. sich aber ausschließlich an Rechtsnormen orientieren soll. Das neue GGG von 1982 beseitigte die Zuständigkeit der GG. für „arbeitsscheues Verhalten", was aber keine inhaltliche Änderung bedeutet, da „arbeitsscheues Verhalten" nach § 249 StGB ein strafrechtliches Vergehen ist und als solches (s. o. lit. b) in die Zuständigkeit der GG. fällt.

5. *Verfahren.* Die GG. werden nicht von sich aus tätig, sondern es bedarf dazu eines Antrages des Geschädigten oder eines sonst zur Antragstellung Berechtigten in den

Fällen Ziff. 4a, e, f oder einer Übergabeentscheidung durch staatliche Organe (in den Fällen Ziff. 4b, c, d). Die Beratungen der GG. sind öffentlich, und die Beratungen der KK finden in der Regel außerhalb der Arbeitszeit statt (§ 7 KKO), damit möglichst alle Angehörigen des Betriebskollektivs daran teilnehmen können. Alle Anwesenden haben das Recht, ihre Auffassung zum Sachverhalt, zum Verhalten der Beteiligten und zur Überwindung des Konflikts darzulegen. Antragsteller, Antragsgegner oder der beschuldigte Bürger sind mindestens 1 Woche vor der Beratung einzuladen. Sie sind verpflichtet, zum festgesetzten Termin zu erscheinen; ihr Erscheinen kann jedoch nicht mit staatlichen Zwangsmitteln herbeigeführt werden. Bei Nichterscheinen der Genannten ist ein zweiter Beratungstermin festzusetzen. Mit Hilfe der Gewerkschaftsleitung und des Arbeitskollektivs bzw. gesellschaftlicher Kräfte soll darauf hingewirkt werden, daß der Beschuldigte, der Antragsteller oder Antragsgegner an dieser zweiten Beratung teilnimmt. Gegen einen vor der SchK ein zweites Mal ausbleibenden Beschuldigten kann Ordnungsstrafe bis zu 50 Mark verhängt werden. Im übrigen ist die (Straf-)Sache an das übergebende Staatsorgan zurückzugeben, wenn der Beschuldigte unbegründet auch der zweiten Beratung fernbleibt.

Eine förmliche Verfahrensordnung für die GG. besteht nicht. Gesetzlich festgelegt ist lediglich, daß die GG. in der Besetzung von mindestens 4 Mitgliedern beraten und entscheiden müssen (§ 5 KKO, § 5 SchKO). § 18 GGG bestimmt, daß der betroffene Bürger selbst vor den GG. auftreten muß. Er ist zwar berechtigt, sich u. a. auch durch Rechtsanwälte beraten zu lassen, von einer Prozeßvertretung vor den GG. durch einen Anwalt ist jedoch nicht die Rede. Großer Wert wird darauf gelegt, daß das Arbeits- oder Nachbarschaftskollektiv möglichst vollzählig in die Auseinandersetzung einbezogen wird, um vor allem in Beratungen wegen Vergehen eine „Atmosphäre der Unduldsamkeit" entstehen zu lassen. Die abschließende Beratung über den durch das GG. zu fassenden Beschluß ist ebenfalls öffentlich (§ 12 KKO, § 12 SchKO), und das Kollektiv wird auch in diese Beratung einbezogen. Der Beschluß wird dann von Mitgliedern des GG. gefaßt, wobei die Fassung eines einstimmigen Beschlusses als erstrebenswert gilt.

Neu in das Gesetz (§ 17) ist die Bestimmung aufgenommen worden, daß die Mitglieder der GG. ratsuchenden Bürgern Auskünfte zu erteilen, ihnen bei der Klärung rechtlicher Angelegenheiten zu helfen und bei der Erläuterung von Rechtsvorschriften mitzuarbeiten haben. Ferner haben sie das Recht, „zur Vermeidung und Beseitigung von Rechtsstreitigkeiten und Rechtsverletzungen Aussprachen durchzuführen".

6. *Erziehungsmaßnahmen.* Alle von den GG. zu verhängenden Erziehungsmaßnahmen für Vergehen, Verfehlungen, Ordnungswidrigkeiten, Verletzungen der Schulpflicht und Verletzungen der sozialistischen Arbeitsdisziplin sind nunmehr in § 20 GGG (vorher in KKO und SchKO) aufgezählt:

1. Entschuldigung des Bürgers beim Geschädigten oder vor dem Kollektiv.
2. Leistung von Schadenersatz in Geld oder durch eigene Arbeit.
3. „Die Verpflichtung des Bürgers, in seiner Freizeit bis zu 20 Stunden unbezahlte gemeinnützige Arbeit zu leisten, wird bestätigt" (neu ab 1. 1. 1983).
4. Bestätigung anderer (Selbst-)Verpflichtungen des Bürgers.
5. Erteilung einer Rüge.
6. Geldbuße von 10 bis 500 Mark (vor 1. 1. 1983: 5 bis 150 Mark).

Die GG. können darüber hinaus Verpflichtungen eines Arbeitskollektivs, einer → **Hausgemeinschaft**, eines anderen Kollektivs (→ **Kollektiv, sozialistisches**) oder einzelner Bürger zur Erziehung des Rechtsverletzers bestätigen. Zur Gewährleistung ihrer ordnungsgemäßen Tätigkeit können die SchK ab 1. 1. 1983 Ordnungsstrafen bis zu 50 Mark aussprechen. Von Erziehungsmaßnahmen kann abgesehen werden, „wenn es die Schwere der Handlung zuläßt und das Gesamtverhalten des Bürgers nach der Tat sowie seine Anstrengungen zur Wiedergutmachung erkennen lassen, daß er künftig die sozialistische Rechtsordnung achten wird" (§ 28 KKO, § 26 SchKO).

In arbeitsrechtlichen Streitigkeiten, zu denen nach dem neuen GGG seit 1. 1. 1983 auch Streitfälle aus dem Neuererrecht gehören, hat die KK eine den Grundsätzen des sozialistischen Rechts entsprechende Einigung der Parteien zu bestätigen. Wird keine Einigung erzielt oder deren Bestätigung abgelehnt, entscheidet die KK über den geltend gemachten Anspruch durch Beschluß. Bei erzieherischem Verfahren wegen Verletzung der Arbeitspflichten ist eine Einigung ausgeschlossen (§ 21 Abs. 4 KKO).

Ab 1. 1. 1983 haben die GG. eine gleichstarke Befugnis auch bei der Beratung wegen einfacher zivilrechtlicher Streitigkeiten. Während nach der früheren Regelung die GG. nur auf eine den Grundsätzen des sozialistischen Rechts entsprechende „Einigung" hinwirken konnten und dann diese Einigung durch Beschluß zu bestätigen hatten, haben sie nunmehr das Recht, sofern eine Einigung nicht zu erzielen ist oder deren Bestätigung, weil den Grundsätzen des sozialistischen Rechts widersprechend, abzulehnen ist, über die Rechtsstreitigkeit auch auf alleinigen Antrag des Antragstellers zu entscheiden. Voraussetzung ist lediglich, daß der Sachverhalt einfach, umfassend aufgeklärt und rechtlich nicht schwierig zu beurteilen ist (§ 51 KKO, § 18 SchKO). Damit haben die GG. auch in zivilrechtlichen Streitigkeiten eine echte Entscheidungskompetenz erhalten.

7. *Rechtsmittel.* Gegen die Entscheidungen der GG. ist innerhalb von 2 Wochen nach Erhalt des Beschlusses der Einspruch zulässig, über den die Kreisgerichte entscheiden. Der Staatsanwalt des Kreises, in dessen Bereich sich das GG. befindet, kann gegen jede Entscheidung des GG. innerhalb von 3 Monaten nach Beschlußfassung Einspruch beim zuständigen Kreisgericht einlegen, „wenn die Entscheidung oder einzelne Verpflichtungen nicht dem Gesetz entsprechen" (§ 53 KKO, § 48 SchKO). Das Kreisgericht entscheidet über den Einspruch durch Beschluß. Vor Beschlußfassung kann eine

mündliche Verhandlung durchgeführt werden, zu der Vorsitzende oder Mitglieder der GG. oder andere Bürger geladen werden können. Das Kreisgericht kann den Einspruch als unbegründet zurückweisen, die Entscheidung des GG. aufheben und die Sache mit entsprechenden Empfehlungen an die KK oder SchK zur erneuten Beratung und Entscheidung zurückgeben oder endgültig in der Sache selbst entscheiden. In Arbeitsstreitfällen und zivilrechtlichen Streitigkeiten kann die Entscheidung des Kreisgerichts durch Berufung an das Bezirksgericht angefochten werden. In Verfahren wegen Verletzung der Arbeitspflichten und gegen Entscheidungen der Strafkammer als Einspruchsinstanz ist die Entscheidung des Kreisgerichts mit einem Rechtsmittel nicht angreifbar, nur → **Kassation** ist immer möglich.

8. *Leitung der GG.* Die im Prinzip des → **Demokratischen Zentralismus** begründeten Grundsätze der Verantwortlichkeit und Rechenschaftspflicht sowie der Anleitung und Kontrolle gelten auch für die GG. und ihre Mitglieder. Das Oberste Gericht gewährleistet entsprechend seiner Verantwortung für die Leitung der Rechtsprechung der staatlichen Gerichte auch die einheitliche Rechtsanwendung durch die GG. Es stützt sich dabei auf die anleitende Tätigkeit der Bezirks- und Kreisgerichte und analysiert diese Tätigkeit in Plenartagungen. Für die Anleitung und Qualifizierung der SchK ist der Minister der Justiz, für die Anleitung und Qualifizierung der KK der Bundesvorstand des FDGB zuständig und verantwortlich (§ 22 GGG). Beide Organe haben wie der Präsident des OG und der Generalstaatsanwalt das Recht, beim OG Anträge auf den Erlaß von Richtlinien und Beschlüssen für die Tätigkeit der GG. zu stellen. Für die Anleitung und Schulung der Mitglieder der KK sind die BGL verantwortlich; ihnen ist aktive Unterstützung von den Betriebsleitern und den leitenden Mitarbeitern des Betriebes zu gewähren. Die BGL haben Berichte der KK über deren Tätigkeit entgegenzunehmen und zu analysieren (§ 28 GGG) und stehen in dieser Tätigkeit unter der Kontrolle der Kreis- und Bezirksvorstände des FDGB. Für die SchK erfolgen Anleitung und Kontrolle durch die Kreisgerichte, die mit der → **Staatsanwaltschaft**, den zuständigen Dienststellen der Deutschen Volkspolizei, den örtlichen Volksvertretungen, den Ausschüssen der Nationalen Front und den Kreisvorständen des FDGB zusammenarbeiten sollen. Bei den Direktoren der Kreis- und Bezirksgerichte werden Beiräte für SchK gebildet, die den Direktor u. a. bei der Gewährleistung der einheitlichen Rechtsanwendung und der Förderung der gesellschaftlichen Wirksamkeit der Tätigkeit der SchK zu beraten und zu unterstützen haben. Die Direktoren der Kreis- und Bezirksgerichte haben auf der Grundlage der Ergebnisse der Beiratssitzungen die erforderlichen Entscheidungen zur weiteren Qualifizierung der Leitung und Tätigkeit der SchK zu treffen.

9. *Praktische Bedeutung.* Obwohl zusammenfassende statistische Übersichten über die Tätigkeit der GG. und ihre Ergebnisse nicht veröffentlicht werden, kann doch aus dem verstreut zur Verfügung stehenden Zahlenmaterial festgestellt werden, daß den GG. eine erhebliche praktische Bedeutung zukommt. Von 8384 Beratungen im Jahre 1954 stieg die Anzahl der von den KK durchgeführten Beratungen auf 50000 im Jahre 1973 und auf 65282 im Jahre 1981 (Neue Justiz, 1982, S. 154). Annähernd 70 v. H. davon sind Arbeitsrechtssachen. Über 20 v. H. aller Strafsachen werden den GG. zur Bearbeitung und Entscheidung übergeben. Die SchK haben im Jahre 1981 19164 Beratungen durchgeführt. Davon entfielen auf Verfehlungen 45 v. H., auf einfache zivilrechtliche und andere Rechtsstreitigkeiten 27 v. H., auf nicht erheblich gesellschaftswidrige Strafsachen 23 v. H. und auf Schulpflichtverletzungen 5 v. H. Einsprüche bei den Kreisgerichten gegen Entscheidungen der KK und SchK werden als „selten" bezeichnet. Im Jahre 1981 hätten 84 v. H. der betroffenen Bürger, Betriebe und Organe die von den GG. getroffenen Entscheidungen akzeptiert. Die Staatsanwaltschaft hat 1266 Beschlüsse dieses Jahres angefochten, was „grundsätzlich zur Aufhebung der Beschlüsse" führte (Neue Justiz, 1982, S. 154).

Gesellschaftliche Tätigkeit: Die GT. gilt als Ausdruck des **Gesellschaftlichen** → **Bewußtseins**. In ihr soll sich das Interesse der Bürger zur Mitarbeit bei der Lösung gesellschaftlicher Probleme und Aufgaben zeigen. Überwiegend wird als GT. die aktive und ehrenamtliche Mitarbeit innerhalb der → **Parteien**, der gesellschaftlichen und → **Massenorganisationen**, die Übernahme von Aufgaben in den → **Volksvertretungen** usw. bezeichnet. Aber auch die engagierte Beteiligung am → **Sozialistischen Wettbewerb** gilt als GT. Die GT. findet ihre Möglichkeiten und Grenzen in den in der DDR angebotenen → **Mitbestimmungs-, Mitgestaltungs- und Mitwirkungsrechten**.

Da die GT. als „bewußte Identifikation mit den gesellschaftlichen Erfordernissen und Aufgaben" gilt, finden sich Angaben über derartige Aktivitäten in den Personalunterlagen (→ **Kaderpolitik**) jedes einzelnen Werktätigen. Aussagen über die GT. entscheiden letztlich über beruflichen Aufstieg, Delegation bzw. Zulassung zum Studium usw. Besondere Leistungen im Bereich der GT. – zu der im weiteren Sinne auch gute Leistungen im Beruf gehören – werden durch eine Vielzahl unterschiedlicher → **Auszeichnungen** gewürdigt, die häufig mit Geldprämien verbunden sind.

Gesellschaftsordnung: Unter G. wird die Gesamtheit der sozialen Beziehungen zwischen den Menschen und deren Organisationen verstanden. Nach marxistisch-leninistischer Auffassung bildet die jeweilige Produktionsweise die Grundlage des gesellschaftlichen Lebens. Die → **Produktionsweise** ist die dialektische Einheit von → **Produktivkräften** und → **Produktionsverhältnissen**. Die Produktivkräfte bestimmen das Verhältnis der Menschen zu Natur und Gesellschaft; zu ihnen werden einerseits die Arbeitsmittel, andererseits die Menschen mit ihren Arbeitsfertigkeiten und Produktionserfahrungen sowie neuerdings auch die Wissenschaft mit der auf ihren Erkenntnissen beruhenden Technologie und Organisation der Produktion gezählt. Als Produktionsverhältnisse werden die wirtschaftlichen Beziehungen zwischen den Menschen bezeichnet, die im Prozeß der Güterproduktion und -verteilung entstehen. Hierbei wird dem Verhältnis der Menschen zu den Produktionsmitteln, also den Eigentumsverhältnissen, besondere Bedeutung beigemessen, die für die Klassenstruktur der Gesellschaft entscheidend sein sollen. Die Gesamtheit der Produktionsverhältnisse bildet die ökonomische Basis, die den politisch-rechtlichen und ideologischen Überbau der jeweiligen G. bestimmt.

Der Historische Materialismus behauptet, daß es objektive Gesetze der gesellschaftlichen Entwicklung gebe, denen zufolge eine historische Abfolge von verschiedenen ökonomischen **Gesellschaftsformationen** die Menschheitsgeschichte charakterisiere. Die marxistisch-leninistische Formationslehre unterscheidet 5 Gesellschaftsformationen:

1. *Urgesellschaft.* Sie ist eine klassenlose Gesellschaft, für die die Primitivität der Produktivkräfte, die wenig entwickelte Arbeitsteilung und das gesellschaftliche Eigentum an den → **Produktionsmitteln** kennzeichnend sind.

2. *Sklavenhaltergesellschaft.* Für sie ist der antagonistische Gegensatz von 2 Hauptklassen, der Sklavenhalter und der Sklaven, charakteristisch, dessen ökonomische Grundlage das Privateigentum der Sklavenhalter an den Produktionsmitteln sowie an den unmittelbaren Produzenten, den Sklaven, ist.

3. *Feudalismus.* Der antagonistische Grundwiderspruch besteht hier zwischen den Feudalherren und den Leibeigenen. Die Produktionsverhältnisse beruhen auf dem Privateigentum der Feudalherren an den Produktionsmitteln, insbesondere am Grund und Boden, und auf der persönlichen Abhängigkeit der Leibeigenen von den Feudalherren, die einem beschränkten Eigentumsverhältnis gleicht.

4. *Kapitalismus.* Der grundlegende Klassengegensatz zwischen den Kapitalisten (Bourgeoisie) und der → **Arbeiterklasse** (→ **Proletariat**) beruht auf dem Privateigentum der Kapitalisten an den Produktionsmitteln und der wirtschaftlichen Abhängigkeit der Arbeiter. Die Arbeiter sind zwar im Rechtssinn unabhängig, sie müssen aber ihre Arbeitskraft an den Kapitalisten verkaufen und geraten so in ein wirtschaftliches Abhängigkeitsverhältnis. Seit Lenin wird die Endphase des Kapitalismus als Imperialismus bezeichnet, für den insbesondere die beherrschende Rolle der Monopole charakteristisch ist und der als „parasitärer, faulender und sterbender" Kapitalismus eine allgemeine Krise der kapitalistischen Produktionsweise offenbare.

5. *Sozialismus/Kommunismus.* Nach Marx folgt auf den Kapitalismus der Kommunismus, wobei er einmal beiläufig von 2 Entwicklungsphasen der kommunistischen G. sprach. Lenin bezeichnete später die erste Phase als „Sozialismus", die zweite als „Kommunismus". Der wichtigste Unterschied zwischen den beiden Phasen besteht darin, daß im Sozialismus das Leistungsprinzip gilt und miteinander befreundete Klassen (insbesondere Arbeiterklasse und Genossenschaftsbauern) existieren, zwischen denen nichtantagonistische Gegensätze bestehen können, während der Kommunismus eine klassenlose Gesellschaft auf der Basis des Bedürfnisprinzips darstellt.

Als treibende Kraft der gesellschaftlichen Entwicklung betrachtet der Historische Materialismus den Widerspruch zwischen den Produktivkräften und den Produktionsverhältnissen sowie die darauf beruhenden Klassengegensätze. Wenn diese Widersprüche innerhalb einer Gesellschaftsformation ein Höchstmaß erreichen, schlägt die Quantität in Qualität um, und es findet eine Revolution statt, die die nächste Gesellschaftsformation herbeiführt. So vollzieht sich der Übergang vom Kapitalismus zum Sozialismus auf dem Wege der sozialistischen Revolution. Fortan kann allerdings nicht mehr der Widerspruch die treibende Kraft der gesellschaftlichen Entwicklung sein, da antagonistische Klassengegensätze nicht mehr bestehen und die nichtantagonistischen Gegensätze immer geringer werden. Allerdings hat das verstärkte Auftreten realer Widersprüche in allen gesellschaftspolitischen Bereichen zu einer Neubelebung der Widerspruchsdiskussion auch in der DDR geführt. Als Haupttriebkraft wird nunmehr das Klassenbündnis bezeichnet.

Die Einordnung der DDR in das geschilderte Entwicklungsschema bereitet manche Schwierigkeiten. Die → **Periodisierung** der eigenen Geschichte ist durch Unklarheiten und rückwirkende Uminterpretationen gekennzeichnet. Bis 1951/52 bzw. nach neuerer Auffassung bis 1949 (Gründung der DDR) soll eine „antifaschistisch-demokratische Ordnung" bestanden haben, in der die „demokratisch-revolutionäre Umwälzung" der Gesellschaft erfolgt sei. Der nunmehr beginnende sozialistische Aufbau ist in der Folgezeit verschiedentlich unterteilt und benannt worden. Eine entscheidende Zäsur bilden die Jahre 1961/63. Bis zu diesem Zeitpunkt sollen die „sozialistischen Produktionsverhältnisse gesiegt" haben oder die „Grundlagen des Sozialismus geschaffen" worden sein. Ob es sich bei diesen Einteilungen um zwei „Hauptperioden" der DDR-Geschichte oder nur „Etappen" der einheitlichen „Übergangsperiode vom Kapitalismus zum Sozialismus" handelt, ist ungeklärt. Der nächste Abschnitt der Entwicklung wurde zunächst als „umfassender Aufbau des Sozialismus" (1963) und dann als „Gestaltung des entwickelten gesellschaftlichen Systems des Sozialismus" (1967) bezeichnet. Hinter der letzteren Bezeichnung verbarg sich eine vom VII. Parteitag der SED inaugurierte, vom kybernetischen Systemdenken geprägte Konzeption des Sozialismus als einer länger andauernden, „relativ selbständigen Gesellschaftsformation" mit ihr eigentümlichen Gesetzmäßigkeiten. Diese auf eine Aufwertung der DDR abzielende ideologische Neuerung des damaligen 1. Sekretärs des ZK der SED W. Ulbricht stellte eine Abweichung von der offiziellen Lehre der KPdSU dar und ist mit dem Sturz ihres Schöpfers in Mißkredit geraten. Sie wurde Anfang 1971 als fehlerhaft zurückgenommen, und der wenig später einberufene VIII. Parteitag der SED proklamierte die „entwickelte sozialistische Gesellschaft" als die auch heute noch richtige Zustandsbezeichnung der DDR. Wann dieser Zustand eingetreten sei, wird nicht allgemein verbindlich gesagt.

Es besteht aber die Neigung, die 60er Jahre als die „beginnende Errichtung“ und die 70er Jahre als die „Gestaltung“ der entwickelten sozialistischen Gesellschaft zu qualifizieren (Geschichte der Deutschen Demokratischen Republik, Berlin [Ost] 1981, S. 15). Jedenfalls wird seit 1971 im Gegensatz zur späten Ulbricht-Ära und in Übereinstimmung mit der sowjetischen Interpretation des Marxismus-Leninismus davon ausgegangen, daß Sozialismus und Kommunismus zwei Phasen einer einheitlichen Gesellschaftsformation bilden, die nicht durch starre Grenzen voneinander getrennt sind, sondern allmählich ineinander übergehen.

Gesellschaftswissenschaften: Bezeichnung für alle Wissenschaften, die sich auf der Grundlage des → **Marxismus-Leninismus** mit der Entwicklung und den Strukturen von Gesellschaften sowie dem Menschen als gesellschaftlichem Wesen befassen.
Unter Berufung auf die von Karl Marx und Friedrich Engels als „Gesetzeswissenschaft“ begründete „Gesellschaftswissenschaft“ streben die G. die Erkenntnis „sozialer Gesetzmäßigkeiten“ an, und zwar „vom Standpunkt der Arbeiterklasse“ aus. Entsprechend sollen die Erkenntnisse der G. „der marxistisch-leninistischen Partei als theoretische Grundlage für die Ausarbeitung ihrer Politik beim Kampf um die Eroberung der politischen Macht und beim Aufbau des Sozialismus und Kommunismus“ dienen (Stichwort „Wissenschaft“, in: Kleines politisches Wörterbuch, 3., überarb. Aufl., Berlin [Ost] 1978, S. 1025).
Zu den wichtigsten G. gehören die marxistisch-leninistische Philosophie (die allerdings eine die G. übergreifende Sonderrolle einnimmt; → **Marxismus-Leninismus**, II. A.), die → **Wirtschaftswissenschaften** (→ **Politische Ökonomie**), die marxistisch-leninistische → **Soziologie und Empirische Sozialforschung**, die Geschichtswissenschaft (→ **Nationale Geschichtsbetrachtung**), die Staats- und Rechtswissenschaft (→ **Rechtswesen**), die → **Pädagogische Wissenschaft und Forschung**, die → **Psychologie** sowie die Kultur- und Kunstwissenschaften (→ **Ästhetik; Kulturpolitik; Literatur und Literaturpolitik**).
Von den G. werden die Natur- und die Technikwissenschaften unterschieden. Diese Unterscheidung ist jedoch nicht prinzipieller Art. Gemäß der marxistisch-leninistischen Lehre vom „Gesamtsystem des Wissens“ (→ **Wissenschaft**) werden sowohl von den G. wie von den Natur- und Technikwissenschaften Gesetzmäßigkeiten untersucht und erklärt. Die marxistisch-leninistischen Philosophen sprechen in diesem Zusammenhang von der (wachsenden) „Einheit der Wissenschaft“. Nur unterhalb dieser prinzipiellen Ebene existieren Differenzierungen. Unterschiede ergeben sich zum einen daraus, daß die Gesetze in Natur und Gesellschaft sich zumindest in ihrer „Wirkungsweise“ verschieden darstellen. Zum anderen wurden hinsichtlich der Einwirkung der Ideologie bzw. Weltanschauung auf die verschiedenen Zweige von Wissenschaft Differenzen gesehen: „Während in den Gesellschafts-W. die Ideologie der Klassen bereits in der Sammlung und Erklärung der Tatsachen zum Ausdruck kommt, weil diese W. die Klasseninteressen unmittelbar berühren, sind die Natur-W. und die technischen W. vor allem durch ihre philosophischen Grundlagen und Schlußfolgerungen mit der Ideologie verbunden. Infolge ihrer engen Verbindung mit den Klasseninteressen haben die Gesellschafts-W. Klassencharakter, während der theoretische und empirische Inhalt der Natur-W. und der technischen W., mit Ausnahme der philosophischen Elemente, keinen Klassencharakter besitzt.“ (Ebd.)
Die gesellschaftswissenschaftliche Forschung in der DDR wird von der SED zentral gesteuert. „Die Leitung, Planung und Kontrolle“, heißt es offiziell (Einheit, H. 12/1980, S. 1228), „erfolgt durch die Partei auf der Grundlage der Beschlüsse des ZK.“ Instrument der Steuerung ist seit den siebziger Jahren ein parallel zu den Fünfjahrplänen terminierter „zentraler Forschungsplan“ mit untergeordneten Jahresplänen usw. Ähnlich wie in der Wirtschaft erfolgt auch in der gesellschaftswissenschaftlichen Forschung die Planung in einem komplizierten Prozeß, an dem alle zuständigen Institutionen beteiligt sind (→ **Forschung; Wissenschaftliche Räte**). Federführend sind der ZK-Sekretär für Kultur und Wissenschaft (seit 1955: Kurt Hager) und in seinem Bereich besonders die Abteilung Wissenschaften (→ **Sekretariat des Zentralkomitees [ZK] der SED**) sowie die → **Akademie für Gesellschaftswissenschaften beim ZK der SED**. Das Politbüro bestätigt den Plan; er wird veröffentlicht, und seine Erfüllung/Nichterfüllung wird bekanntgegeben. Z. Z. gilt der (3.) „Zentrale Forschungsplan der marxistisch-leninistischen Gesellschaftswissenschaften der DDR 1981–1985“ (Einheit, H. 12/1980).

Gesetzbuch der Arbeit (GBA): Das am 1. 7. 1961 in Kraft getretene GBA vom 12. 4. 1961 (GBl. I, S. 27) enthielt die Grundsätze der kommunistischen Arbeitspolitik und eine Zusammenfassung von Einzelregelungen (arbeitsrechtliche Mantelbestimmungen: Kündigungsrecht, Urlaub, Arbeitszeit, Lohnpolitik, Arbeitsschutz). Es wurde durch die Novellen vom 17. 4. 1963 (GBl. I, S. 63) und vom 23. 11. 1969 (GBl. I, S. 111) geändert und ergänzt. In Anpassung an das Strafgesetzbuch vom 12. 1. 1968 wurde das GBA durch § 17 des Einführungsgesetzes zum Strafgesetzbuch und zur Strafprozeßordnung der DDR vom 12. 1. 1968 (GBl. I, S. 97) abermals, wenn auch nur geringfügig geändert. Die §§ 143–146 über die Konfliktkommissionen wurden dem Gesetz über die Gesellschaftlichen Gerichte der DDR – GGG – vom 11. 6. 1968 (GBl. I, S. 229) durch dessen § 21 angepaßt. Die letzte Änderung (Lehrlingsurlaub) beruht auf dem Jugendgesetz der DDR vom 18. 1. 1974 (GBl. I, S. 43). Das GBA wurde mit Wirkung vom 1. 1. 1978 an durch das → **Arbeitsgesetzbuch (AGB)** abgelöst. → **Arbeitsrecht.**

Gesetzgebung: *1. Rechtsetzende Organe.* Die G. als das Setzen allgemeinverbindlicher Rechtsnormen obliegt in einem Staate mit Gewaltkonzentration wie der DDR (→ **Verfassung**, II. A.) nicht wie in einem gewaltenteiligen Staate ausschließlich einem Staatsorgan oder einer Gruppe von Staatsorganen, sondern ist staats- und rechtstheoretisch dem zentralen Organ vorbehalten, das als Träger der einheitlichen Staatsmacht bezeichnet wird. Weil dieses Organ aber in seiner Omnipotenz (absoluten Machtstellung) befugt ist, im Sinne einer Arbeitsteilung seine Kompetenzen auf andere Staatsorgane zu übertragen, ist es auch in der Lage, die Befugnis zur Rechtsetzung von sich auf andere Staatsorgane zu delegieren. So sind auch in der DDR zentrale Staatsorgane oder deren Leiter in großem Umfange sowie die örtlichen Volksvertretungen und sogar Wirtschaftseinheiten mit der Rechtsetzung betraut. In formaler Hinsicht besteht insofern eine Ordnung, als die Rechtsetzungsakte je nach dem Organ, von dem sie stammen, unterschiedliche Bezeichnungen tragen.

In Art. 48 Abs. 2 Satz 1 DDR-Verfassung von 1968/1974 wird die → **Volkskammer** als das einzige verfassung- und gesetzgebende Organ in der DDR bezeichnet. Durch die Verfassung, durch Gesetze und aufgrund von Gesetzen haben indessen auch andere Organe die Kompetenz zur Rechtsetzung erhalten. Nur die Rechtsetzungsakte der Volkskammer führen die Bezeichnung „Gesetze", so daß formal dieses Staatsorgan das einzige „gesetzgebende Organ" im engen Wortsinn ist.

Die Übertragung der Rechtsetzungsbefugnis gilt entweder generell oder speziell für bestimmte Tätigkeitsbereiche oder speziell zur Durchführung eines Gesetzes.

Der → **Staatsrat** faßt zur Durchführung der ihm übertragenen Aufgaben „Beschlüsse" (bis zur Verfassungsrevision von 1974: „Erlasse") (Beispiel: Zur Durchführung der Art. 71 Abs. 2 und 73 Abs. 1 der Verf. den Beschluß über die militärischen Dienstgrade vom 25. 3. 1982 – GBl. I, S. 230). Er kann aber auch zum Erlaß von Rechtsnormen eigens ermächtigt werden (Beispiel: Konfliktkommissionsordnung und Schiedskommissionsordnung, beide vom 12. 3. 1982 – GBl. I, S. 274 und 283 aufgrund des § 1 Abs. 3 Gesetz über die → **Gesellschaftlichen Gerichte** vom 25. 3. 1982 – GBl. I, S. 269).

Der → **Ministerrat** ist nach Art. 78 Abs. 2 und § 8 Abs. 2 Ministerratsgesetz vom 16. 10. 1972 (GBl. I, S. 223) befugt, Rechtsvorschriften in Form von „Verordnungen" und „Beschlüssen" zu erlassen. Da nach § 11 Abs. 2 Ministerratsgesetz das Präsidium des Ministerrates zwischen den Tagungen des Ministerrates dessen Funktion wahrnimmt, ist es ebenfalls befugt, wie der Ministerrat Rechtsvorschriften zu erlassen. Es nimmt jedoch in letzter Zeit diese Funktion nicht mehr wahr.

Der → **Nationale Verteidigungsrat (NVR)** ist befugt, zur zentralen Leitung der Verteidigungs- und Sicherheitsmaßnahmen Rechtsvorschriften in Form von „Anordnungen" und „Beschlüssen" zu erlassen (§ 2 Abs. 1 Satz 3 Verteidigungsgesetz vom 13. 10. 1978 – GBl. I, S. 377).

Die Mitglieder des Ministerrates sind durch § 8 Abs. 3 Satz 1 Ministerratsgesetz generell ermächtigt, Rechtsvorschriften in Form von „Anordnungen" zu erlassen. Die Leiter zentraler Staatsorgane, die nicht Mitglieder des Ministerrates sind, können durch Beschluß des Ministerrates, der auch im Statut eines solchen Organs enthalten sein kann, zur Rechtsetzung in Form von „Anordnungen" ermächtigt werden (Beispiele: Vorsitzender der Staatlichen Plankommission [→ **Planung**] durch § 7 Abs. 4 Statut vom 9. 8. 1973 – GBl. I, S. 417; Leiter der → **Zivilverteidigung** durch Beschluß vom 2. 8. 1979 – GBl. I, S. 272; Leiter des → **Amtes für Jugendfragen** durch § 2 Abs. 2 Statut vom 1. 12. 1980 – GBl. I, S. 369).

Der Ministerrat kann durch Gesetz, die Mitglieder des Ministerrates und die Leiter zentraler Staatsorgane, die nicht Mitglieder des Ministerrates sind, können durch Verordnung ermächtigt werden, Folgebestimmungen zu diesem Gesetz bzw. zu dieser Verordnung als „Durchführungsverordnung" bzw. „Durchführungsbestimmung" zu erlassen. Der Nationale Verteidigungsrat kann durch Gesetz ermächtigt werden, als Folgebestimmungen „Anordnungen", sowie selbst Mitglieder des Ministerrates, wie den Minister für Nationale Verteidigung, oder Leiter zentraler Staatsorgane, wie den Leiter der Zivilverteidigung, ermächtigen, Folgebestimmungen in Form von „Durchführungsbestimmungen" zu erlassen.

Nach Art. 82 Abs. 1 Verf. und § 1 Abs. 3 Satz 3 Gesetz über die örtlichen Volksvertretungen und ihre Organe in der DDR vom 12. 7. 1973 (GBl. I, S. 313) fassen die örtlichen Volksvertretungen „Beschlüsse", die für alle im Territorium gelegenen Betriebe, Kombinate, Genossenschaften und Einrichtungen sowie für die Bürger verbindlich, d. h. allgemeinverbindlich sind. Rechtsnormen enthalten vor allem die von den Stadtverordnetenversammlungen und Gemeindevertretungen (→ **Örtliche Organe der Staatsmacht**) nach § 55 Abs. 6 a. a. O. beschlossenen „Stadtordnungen" und „Ortssatzungen". Ob die „Satzungen" und „Ordnungen" der Kombinate und die „Betriebsordnungen" der volkseigenen Betriebe (→ **Betriebsformen und Kooperation**) Rechtsnormen enthalten oder lediglich „normative Leitungsentscheidungen" sind, ist in der DDR umstritten. Der Streit ist müßig, weil die von den Kombinaten oder Betrieben gesetzten Rechtsakte für einen unbestimmbaren Kreis von Adressaten verbindlich und insoweit allgemeinverbindlich sind.

Die Grenzen der Rechtsauslegung überschreitend, übt auch das Oberste Gericht (→ **Gerichtsverfassung**) zuweilen eine Quasi-G. in den zur Leitung der Rechtsprechung erlassenen Richtlinien und Beschlüssen seines Plenums und den Beschlüssen seines Präsidiums aus, die rechtlich für alle Gerichte und damit in der Praxis für jedermann verbindlich sind.

2. Rangordnung der Rechtsnormen und Bedeutung der Rechtsetzung. Unter den Rechtsnormen besteht eine Rangordnung entsprechend dem Rang des rechtsetzenden Organs im politischen System der DDR. So darf ein Gesetz nicht der Verfassung, eine Verordnung oder eine Anordnung nicht einem Gesetz widersprechen. Weil es aber eine Verfassungsgerichtsbarkeit in der DDR nicht gibt (→ **Verfassung**, I.), ist eine Kontrolle über die Einhaltung der Rangordnung auf juristischem Wege nicht möglich.

Die Rechtsetzung hat in der postrevolutionären Etappe

der DDR, also etwa seit 1968 (neue Verfassung), eine erhöhte Bedeutung erhalten, weil im wesentlichen über sie die Entwicklung zur Vollendung des Aufbaus des Sozialismus und zum Kommunismus (→ **Marxismus-Leninismus**) vorangetrieben werden soll.
Gesetze (im formalen Sinn) gehen in der Regel auf Beschlüsse der Führungsgremien der → **Sozialistischen Einheitspartei Deutschlands (SED)** zurück. Rechtsvorschriften unterhalb des Ranges von Gesetzen haben inhaltlich ebenfalls den Forderungen der Politik dieser Partei zu folgen.
Der Ministerrat hat mit Wirkung vom 1. 9. 1980 zur Vorbereitung und Gestaltung von Rechtsvorschriften in Form von Gesetzen, Verordnungen, Durchführungsverordnungen, Durchführungsbestimmungen und Anordnungen den Beschluß vom 25. 7. 1980 (SDr. des GBl. Nr. 1056) erlassen. Er gilt nicht für Rechtsvorschriften, die der Staatsrat, der Nationale Verteidigungsrat, die örtlichen Volksvertretungen und die Wirtschaftseinheiten setzen. Bezeichnend ist, daß der Beschluß auch für die Vorbereitung und Gestaltung der Rechtsetzungsakte der Volkskammer, also die Gesetze im formalen Sinne, gilt, obgleich der Ministerrat nur das Recht zur Einbringung von Gesetzesvorlagen hat, ein Recht, das den Abgeordneten der in der Volkskammer vertretenen Parteien und Massenorganisationen, den Ausschüssen der Volkskammer, dem Staatsrat und dem → **Freien Deutschen Gewerkschaftsbund (FDGB)** gleichermaßen zusteht. Der Ministerrat könnte – folgt man der Logik der formalen Verfassungskonstruktion – deshalb eigentlich nur die Vorbereitung und Gestaltung von Gesetzesvorlagen, die von ihm bei der Volkskammer eingebracht werden, regeln. Daß trotzdem der erwähnte Beschluß seinem Wortlaut nach auch die Vorbereitung und Gestaltung von Gesetzen ganz allgemein bestimmt, ist selbst, wenn dabei redaktionelle Ungeschicklichkeit in Rechnung gestellt wird, ein Zeichen, welch geringer Achtung sich das „oberste staatliche Machtorgan der DDR" in der Praxis des Ministerrates erfreut. Es wird offensichtlich davon ausgegangen, daß Gesetze auf Vorlagen des Ministerrates beruhen und diese, allenfalls unwesentlich verändert, von der Volkskammer angenommen werden.
Der Beschluß vom 25. 7. 1980 regelt nicht nur das Verfahren der Vorbereitung und die äußere Gestaltung der Rechtsvorschriften, sondern enthält auch Vorschriften darüber, wann Entscheidungen über die weitere Rechtsetzung zu treffen sind, wer darüber zu entscheiden hat und Grundsätze für den Inhalt der Rechtsvorschriften. Sie dürfen auch für jene Institutionen, die nicht unter den Beschluß fallen, gelten: den Staatsrat und den Nationalen Verteidigungsrat.
Verantwortlich für die ständige Übereinstimmung des sozialistischen Rechts mit den Erfordernissen der gesellschaftlichen Entwicklung sind die Minister und die Leiter der anderen zentralen Staatsorgane in ihrem jeweiligen Verantwortungsbereich. Diese Verantwortlichkeit besteht „entsprechend den Beschlüssen der Partei der Arbeiterklasse, den Gesetzen und anderen Rechtsvorschriften". Die Bedeutung der Beschlüsse der SED für die Rechtsetzung wird damit bestätigt. Die Bindung an die Verfassung wird nicht erwähnt.
Die Minister und Leiter der anderen zentralen Staatsorgane haben die notwendigen Entscheidungen über die weitere Rechtsetzung, einschließlich der Rechtsanpassung und Rechtsbereinigung, entweder für den Ministerrat vorzubereiten oder in eigener Zuständigkeit zu treffen. Sie haben dem Ministerrat auch vorzuschlagen, ob eine Rechtsvorschrift als Entwurf eines Gesetzes vorbereitet oder als Verordnung erlassen werden soll. Während die Entscheidung, ob eine Rechtsvorschrift in Form einer Anordnung (durch den Minister) oder durch eine Verordnung (durch den Ministerrat) ergehen soll, davon abhängt, ob die zu regelnde Materie in den Verantwortungsbereich eines Ministers oder Leiters eines zentralen Staatsorgans fällt, gibt es eine entsprechende Beschränkung für den Ministerrat nicht. Dieser ist – mit Ausnahme der ihm nicht übertragenen Verteilungsaufgaben – allzuständig wie die Volkskammer (→ **Ministerrat**). Der Beschluß vom 25. 7. 1980 bestätigt also die schon früher getroffene Feststellung, derzufolge die Entscheidung, ob eine Rechtsvorschrift in Form eines Gesetzes oder einer Verordnung ergeht, letztlich beim Ministerrat liegt – was wiederum die zweitrangige Bedeutung der Volkskammer in der Staatspraxis der DDR verdeutlicht.
Für die inhaltliche Gestaltung der Rechtsvorschriften schreibt der Beschluß vor, daß sie so vorzubereiten und zu gestalten sind, daß sie wirksam dazu beitragen, insbesondere
a) die staatliche Leitung und Planung entsprechend dem Prinzip des → **demokratischen Zentralismus** zu vervollkommnen und die sozialistische Demokratie weiterzuentwickeln,
b) die Einheit von Wirtschafts- und → **Sozialpolitik**, II. B., durchzusetzen, die Organisation der Volkswirtschaft (→ **Wirtschaft**, III.) sowie der anderen gesellschaftlichen Bereiche effektiv zu gestalten und die kooperative Zusammenarbeit der Kombinate, Betriebe, wirtschaftsleitenden Organe, Einrichtungen und Genossenschaften (→ **Betriebsformen und Kooperation**) bei der Ausarbeitung und Durchführung der Volkswirtschaftspläne (→ **Planung**) mit hohem Nutzen zu sichern,
c) die Initiative der Werktätigen, ihrer Kollektive und aller Bürger zu entwickeln und auf die Erfüllung der gesellschaftlichen Aufgaben zu lenken (→ **Grundrechte, Sozialistische; Verfassung**, III.),
d) die planmäßige Nutzung und Mehrung des sozialistischen Eigentums sowie seinen umfassenden Schutz zu sichern (→ **Eigentum**, II. A.),
e) den Schutz der sozialistischen Staats- und Rechtsordnung (→ **Verfassung**, I. und II.), die → **Sozialistische Gesetzlichkeit** und die Rechtssicherheit zu gewährleisten, Ordnung, Disziplin und Sicherheit zu erhöhen sowie die Rechte der Bürger zu sichern,
f) die allseitige Erfüllung der Aufgaben der Landesverteidigung (→ **Militärpolitik; Nationale Volksarmee [NVA]; Sicherheitspolitik; Wehrdienst**) zu gewährleisten,

g) die Zusammenarbeit der Länder der sozialistischen Staatengemeinschaft, insbesondere die sozialistische ökonomische Integration (→ **Rat für Gegenseitige Wirtschaftshilfe [RGW]**), immer enger zu gestalten.
Der Ministerrat hat jeweils für einen Fünfjahrplanzeitraum einen G.-Plan zu beschließen. Ob er diesem Auftrag nachgekommen ist, welchen Inhalt ein derartiger Plan hat und inwieweit er verwirklicht wird, ist nicht bekannt. In Anbetracht der Neuregelung aller wesentlichen Rechtsgebiete entsprechend den Vorgaben der SED in jüngster Zeit stehen allenfalls die Regelung von Randgebieten aus sowie die Neufassung bestehender Gesetze. Nur sie könnten Gegenstand der Planung sein.
Der wissenschaftlichen Literatur ist zu entnehmen, daß Erörterungen über eine „Präzisierung" des Gesetzes über die örtlichen Volksvertretungen und ihre Organe in der DDR vom 12. 7. 1973 (GBl. I, S. 313) (→ **Volksvertretungen**) im Gange sind (Staat und Recht, Berlin [Ost] 1982, S. 122).
Der Beschluß vom 25. 7. 1980 sieht ausdrücklich das enge Zusammenwirken mit den Gewerkschaften (→ **Freier Deutscher Gewerkschaftsbund [FDGB]**) und anderen gesellschaftlichen Organisationen bei der Vorbereitung von Rechtsvorschriften vor. Die Koordination zwischen den Ministern und den Leitern der anderen zentralen Staatsorgane und die Einbeziehung wissenschaftlicher Einrichtungen sind sicherzustellen.
Die Verantwortung für die Aufgaben sowie die Ausübung von Rechten und Pflichten sind jeweils auf das Ministerium oder das zentrale Staatsorgan zu beziehen. Die persönliche Verantwortung eines Ministers oder Leiters eines zentralen Staatsorgans ist dann festzulegen, wenn die Wahrnehmung von Aufgaben, Rechten und Pflichten nicht delegiert werden darf. Entsprechendes gilt für Kombinate, Betriebe, wirtschaftsleitende Organe, Einrichtungen und Genossenschaften und deren Leiter oder Vorstände. Bei der Festlegung der Verantwortung der örtlichen Räte soll im einzelnen bestimmt werden, wann der Rat eine kollektive Entscheidung zu treffen bzw. wann der Vorsitzende des Rates, einer seiner Stellvertreter oder ein anderes Ratsmitglied zu entscheiden hat. Das Bemühen um eine eindeutige Rangordnung der Rechtsvorschriften wird in der Bestimmung erkennbar, derzufolge eine Rechtsvorschrift nur durch eine Rechtsvorschrift gleichen oder höheren Ranges außer Kraft gesetzt oder geändert werden darf.
Zur formalen Gestaltung der Rechtsvorschriften schreibt der Beschluß vom 25. 7. 1980 u. a. vor, daß der räumliche, sachliche, persönliche und zeitliche Geltungsbereich zu bestimmen ist. Die Rechtsvorschriften sollen wie folgt gegliedert werden: Geltungsbereich; Grundsätze, Ziele und Aufgaben; allgemeine und besondere Verhaltensanforderungen, Festlegungen über Rechtsmittel und Rechtsfolgen; Schlußbestimmungen über das Inkrafttreten der Rechtsvorschriften sowie die Außerkraftsetzung oder Änderung anderer Rechtsvorschriften. Rechtsvorschriften sind kurz und präzise zu formulieren. Für gleiche Begriffsinhalte sind einheitliche Begriffe zu verwenden. Begriffe, deren Kenntnis bei den Adressaten nicht vorausgesetzt werden kann, sind in den Rechtsvorschriften zu definieren. In Gesetzen und Verordnungen definierte Begriffe sollen in anderen Rechtsvorschriften in gleicher Bedeutung verwendet werden.
Der Zeitpunkt des Inkrafttretens der jeweiligen Bestimmung soll ausdrücklich genannt werden.
In einer Anlage zum Beschluß sind weitere Regeln enthalten: u. a. sollen Rechtsvorschriften einen Titel tragen, dem eine Kurzform oder offizielle Abkürzung beigefügt werden kann, Rechtsvorschriften sind in Paragraphen zu gliedern, die in Abschnitte zusammengefaßt werden können. Bei umfangreichen Rechtsvorschriften werden mehrere Abschnitte in Kapitel und mehrere Kapitel in Teile zusammengefaßt.
Der Beschluß vom 25. 7. 1980 resultiert offensichtlich aus Schwächen der bisherigen formalen Gestaltung von Rechtsvorschriften und zeigt das Bemühen, diesen abzuhelfen.
3. Der Gesetzgebungsvorgang. Entscheidet sich der Ministerrat dafür, daß Rechtsvorschriften in Form des Gesetzes ergehen sollen, so leitet er den Entwurf der Volkskammer zu. Das Präsidium der Volkskammer übergibt die Entwürfe den Ausschüssen der Volkskammer, wo sie beraten werden. Nach Abschluß dieser Beratungen beschließt über sie das Plenum der Volkskammer. In der Regel findet nur eine Lesung statt. Grundlegende Gesetze sollen einer → **Volksaussprache** unterbreitet werden (z. B. Jugendgesetz 1974; Familiengesetz 1965; Verfassung 1968). Jedoch wurde das Gesetz zur Ergänzung und Änderung der Verfassung der DDR vom 7. 10. 1974 (GBl. I, S. 425) nicht dem Volk zur Aussprache vorgelegt. Ist eine Volksaussprache durchgeführt, so findet eine zweite Lesung durch das Plenum der Volkskammer statt.
Wenn nach Art. 53 Verfassung die Volkskammer die Durchführung einer → **Volksabstimmung** beschließen kann, so ist damit auch die Möglichkeit eröffnet, die Bevölkerung über die Annahme von Gesetzen entscheiden zu lassen (z. B. Verfassung 1968).
Nach Art. 65 werden die von der Volkskammer verabschiedeten Gesetze vom Vorsitzenden des Staatsrates innerhalb eines Monats im Gesetzblatt verkündet.
Nach Art. 89 sind Gesetze und andere allgemein verbindliche Rechtsvorschriften der DDR im Gesetzblatt und anderweitig zu veröffentlichen. Seit dem 1. 1. 1973 gilt die VO über das Gesetzblatt der DDR vom 16. 8. 1972 (GBl. II, S. 571). Danach erscheint das Gesetzblatt der DDR mit dem Teil I, Teil II und dem Sonderdruck. Im Teil I des Gesetzblattes werden Gesetze und andere allgemeinverbindliche Rechtsvorschriften mit Ausnahme von völkerrechtlichen Verträgen veröffentlicht. Im Teil II des Gesetzblattes werden völkerrechtliche Verträge veröffentlicht. Allgemeinverbindliche Rechtsvorschriften, die nur einen begrenzten Kreis von staatlichen und wirtschaftsleitenden Organen, Betrieben, Kombinaten, Einrichtungen oder Bürgern betreffen, können im Sonderdruck des Gesetzblattes veröffentlicht werden. Erfahrungsgemäß werden nicht alle Sonderdrucke in Gebiete außerhalb der DDR ausgeliefert. Das

Gesetzblatt der DDR wird vom Büro des Ministerrates herausgegeben.
Die Rechtsvorschriften der örtlichen Volksvertretungen und ihrer Organe werden in geeigneter Form veröffentlicht. Das geschieht in der Tagespresse oder in besonderen amtlichen Verkündungsblättern. Das „Verordnungsblatt für Groß-Berlin", in dem in Hinblick auf den besonderen politischen Status dieses Gebietes (→ **Berlin**, XV.) sowohl in globaler Form die Übernahme der gesetzlichen Bestimmungen der DDR für Berlin (Ost) verkündet wurde, als auch nur für Berlin (Ost) geltende Rechtsvorschriften des Magistrats von Berlin (Ost) veröffentlicht wurden, erscheint seit September 1976 nicht mehr.

Gesundheitswesen

I. Strukturprinzipien
II. Die Einrichtungen der Medizinischen Versorgung
III. Erhaltung der Gesundheit und Nutzung beeinträchtigter Arbeitskraft
IV. Forschung und Forschungsorganisation
V. Berufe im Gesundheitswesen
VI. Aufwand und Leistungen

I. Strukturprinzipien

A. Entwicklung seit 1945

Das G. gleicht in den Grundlinien seiner Struktur dem der UdSSR, aus dem wesentliche Bausteine schon in der ersten Nachkriegszeit durch Befehle der Sowjetischen Militäradministration in Deutschland (SMAD) übertragen worden sind, so insbesondere ein zentralistisch organisiertes „Betriebsgesundheitswesen" (Befehl Nr. 234), ein Netz kommunal orientierter Polikliniken und Ambulatorien (Befehl Nr. 272) und die „Hygiene-Inspektion" in jedem Kreis und Bezirk und im Ministerium für Gesundheitswesen mit bezirklichen Hygiene-Instituten. In der Folgezeit wurde die Niederlassung von Ärzten und Zahnärzten in eigener Praxis unmöglich gemacht und die „Staatliche Arzt-(Zahnarzt-)praxis" für die ärztliche Versorgung der Bevölkerung außerhalb der größeren Städte eingeführt. Die nichtakademischen Berufe des G. wurden in ein schematisches System der „Mittleren medizinischen Berufe" mit Ausbildung in Unter-, Mittel- und Oberstufe Medizinischer Schulen und der „Medizinischen Hilfsberufe" mit Lehrausbildung gebracht und der „Arzthelfer" nach dem Muster des sowjetrussischen Feldschers eingeführt. Die Einrichtungen wurden in den Kreisen als „Einheit Krankenhaus/Poliklinik" organisatorisch verbunden; diese und die nachgeordneten Einrichtungen erhielten fest abgegrenzte „Versorgungsbereiche". Ihre Arbeit wurde, sowjetrussischem Vorbild folgend, nach dem „Dispensaire-Prinzip" in Zusammenfassung von Prävention („Prophylaxe"), Diagnostik, Therapie und Nachsorge („Metaphylaxe") für wichtige Krankheitsgruppen aufgegliedert.
Fast alle diese Elemente bestehen noch jetzt. Aber von 1971 an (VIII. Parteitag der SED) ist die Bindung an das sowjetrussische Vorbild in vorsichtigen Schritten gelockert worden. Seit 1975 sind fast alle Rechtsvorschriften des G. in Gesetzen, Verordnungen, Durchführungs- und Ausführungsbestimmungen ersetzt oder neu gefaßt worden. Die offizielle Begründung, man habe aus den Erfahrungen der Anfangszeit Folgerungen gezogen, deutet die Gründe nur an: Aufgabe war, ohne Preisgabe von Grundpositionen den Erwartungen der Bevölkerung sehr viel stärker zu genügen als zuvor. Das betrifft besonders die persönliche Wahl des Arztes und die personale Kontinuität der Behandlung, aber auch scheinbare Äußerlichkeiten wie den Doktortitel der Ärzte, das Abgehen von dem starren Schematismus in der Organisation und in der beruflichen Gliederung der Beschäftigten der medizinischen Versorgung, die Arzneimittelversorgung u. v. a.

B. Die Ordnung der Aufgaben

Hauptaufgabe des G. ist, der Stellung der Arbeit im Historischen Materialismus entsprechend (→ **Marxismus-Leninismus**), die Erhaltung und Sicherung der menschlichen Arbeitskraft und ihre Wiederherstellung bei Beeinträchtigungen. Darauf sind die Funktionen aller Einrichtungen bezogen. Aus der Erfahrung früherer Jahrzehnte, daß Risiken für die Arbeitskraft vor allem aus der industriellen Produktionsweise erwachsen, folgt, daß „Prophylaxe", Behandlung und „Metaphylaxe" ihren wichtigsten Ort im Produktionsbetrieb haben müssen; dabei soll der „Werktätige" auch bei beeinträchtigter Arbeitskraft nicht länger und nicht weiter von der Arbeit ferngehalten werden, als bei Vermeidung von Nachteilen für die volle Wiederherstellung geboten ist. Erst und nur wenn diese Wiederherstellung selbst durch Rehabilitationsmaßnahmen nicht möglich ist, treten andere gesellschaftliche Einrichtungen in Funktion (→ **Sozialversicherungs- und Versorgungswesen**).
Der Schutz der Arbeitskraft wird auch denjenigen zuteil, die an der industriellen Produktion nur mittelbar (als Familienangehörige) oder nicht beteiligt sind, also den Mitgliedern der Produktionsgenossenschaften und Rechtsanwaltskollektive (→ **Rechtsanwaltschaft**), den Gewerbetreibenden, den Selbständigen und Angehörigen → **Freier Berufe**, diesen Gruppen allerdings in deutlich geringerem Ausmaß (→ **Staatliche Versicherung**).
Die gleichen Grundsätze gelten für die Entwicklung und Sicherung der künftigen Arbeitskraft in der vorgeburtlichen Lebensphase und im Kindes- und Jugendalter.
G. und Sozialwesen stehen in Staat, Bezirk und Kreis unter je der gleichen Leitung. Das ist ideolo-

gisch konsequent: Aufgabe ist zum einen die staatliche Sorge für diejenigen, deren Vermögen zur Erfüllung der Pflicht jedes Bürgers, nach seinen Kräften am „Aufbau des Sozialismus" mitzuwirken, durch Krankheit gefährdet oder vorübergehend aufgehoben ist. Hier geht es um die Erhaltung bzw. Wiederherstellung des Arbeitsvermögens. Zum anderen aber ist Aufgabe, für diejenigen zu sorgen, die noch nicht arbeiten können und noch nicht dafür erzogen werden, für diejenigen, die dauernd nicht arbeiten können und in der Vergangenheit nicht oder nicht genügend gearbeitet haben, und für diejenigen, die nicht durch Arbeit für sich selbst sorgen können und zudem auf Pflege o. ä. angewiesen sind. Einkommensleistungen aufgrund früherer Arbeit hingegen (Krankengeld und Renten) sind Solidarleistungen der Arbeitenden über den → **Freien Deutschen Gewerkschaftsbund (FDGB)** (→ **Sozialfürsorge**).

C. Gliederung, Leitung und Kontrolle

Das G. ist staatlich organisiert. Träger seiner Einrichtungen sind, eine Anzahl „zentral geleiteter" Einrichtungen und die Hochschulkliniken ausgenommen, die Staatsorgane auf Kreis- und Bezirksebene. Diese stellen auch das Personal.

Von der Spitze im → **Ministerium für Gesundheitswesen** (MinGes) über die Bezirke bis hinab in die Land- und Stadtkreise durchgängig ist das G. gegliedert in Medizinische Betreuung der Bevölkerung, Versorgung mit Arzneimitteln und medizintechnischen Erzeugnissen und schließlich Hygiene-Aufsicht. Als verbindende Elemente zwischen diesen Säulen wirken in den Leitungsebenen der Bezirke und Kreise die Planung, das Materialwesen und das Personalwesen („Kaderwesen") der Abteilung Gesundheits- und Sozialwesen (Abt.GSw) unter der Leitung des Bezirks- bzw. Kreisarztes.

Die Finanzierung des G. erfolgt über den → **Staatshaushalt**. Dabei werden materielle und finanzielle Leistungen gegenüber dem Bürger wie medizinische Betreuung, Arzneien, Heil- und Hilfsmittel, Krankengeld oder Schwangerschafts- und Wochengeld aus dem zweckgebundenen Sonderfonds „Sozialversicherung" beglichen (Gesamtausgaben dieses Fonds einschl. Renten 1982: 30,5 Mrd. Mark). Die Betriebskosten der verschiedenen Einrichtungen des G. werden unter dem Titel „Gesundheits- und Sozialwesen" geführt (Gesamtausgaben 1982: rd. 11 Mrd. Mark). Da die Einnahmen aus den Sozialversicherungsbeiträgen der Erwerbstätigen und der Betriebe über die Sozialversicherung des → **Freien Deutschen Gewerkschaftsbundes (FDGB)** bzw. die → **Staatliche Versicherung der DDR** nur einen Teil dieser Summen ausmachen (1982: rd. 16,2 Mrd. Mark), wird der größte Teil dieser Ausgaben durch Zuschüsse aus dem Staatshaushalt gedeckt (→ **Konsumtion, Gesellschaftliche; Sozialversicherungs- und Versorgungswesen**).

Die Medizinische Betreuung der Bevölkerung umfaßt den Sektor der ambulanten Betreuung mit den Einrichtungen des „Betriebsgesundheitsschutzes" und der „territorialen Organisation der ambulanten Betreuung" sowie den „Sektor der stationären Betreuung", das Krankenhauswesen. Auf der Kreisebene, also in jedem der 189 Land- und 27 Stadtkreise wie in den 9 Stadtbezirken von Berlin (Ost) sind diese Sektoren administrativ zusammengefaßt als „Medizinische Einrichtungen des Kreises (bzw. der Stadt)", wahlweise auch unter den älteren Bezeichnungen „Vereinigte Gesundheitseinrichtungen" oder „Medizinisches Zentrum des Kreises", geleitet von einem Ärztlichen Direktor.

Die Führung der Sektoren, die in sich hierarchisch gestuft sind, hat je eine „Leiteinrichtung", nämlich die Arbeitshygiene-Inspektion oder „Kreisinspektion Gesundheitsschutz in den Betrieben", die Kreispoliklinik und das Kreiskrankenhaus. Die früher als Fachaufsicht gemeinte Leitfunktion ist in allen Zweigen längst zurückgenommen auf eine meist vorsichtig gehandhabte „Anleitung". In die therapeutischen Entscheidungen mischen die übergeordneten Organe sich allenfalls beratend ein.

Die Hygiene-Aufsicht ist ebenso gestaffelt. Als Folge der Konzentration des mikrobiologischen Sachverstandes bei den Bezirks-Hygieneinstituten ist die Funktion der Hygiene-Inspektion der Kreise im wesentlichen beschränkt auf die Aufsicht in der Orts-, Lebensmittel- und Ernährungshygiene, das Impfwesen und die Mitwirkung in der Gesundheitserziehung.

Arzneimittelwesen und Versorgung mit medizintechnischen Erzeugnissen hat im Zuge der „sozialistischen Rationalisierung" eine sehr straffe Organisation erhalten und der Abt.GSw im Kreis mit dem „Kreisapotheker" (oder „Direktor für Pharmazie") nur geringe Einwirkungsmöglichkeiten belassen.

In den 14 Bezirken und in Berlin (Ost) ist die organisatorische Gliederung die gleiche. Die Funktionen aber sind in der Hauptsache auf „Anleitung" zur Umsetzung von Weisungen des MinGes beschränkt. Das Ministerium führt dieser Gliederung entsprechende Hauptabteilungen.

Neben diesem Staatlichen G. im engeren Sinne gibt es Medizinische Dienste (MD) bei anderen Zweigen der staatlichen Organisation, nämlich je einen MD der → **Nationalen Volksarmee (NVA)**, der → **Deutschen Volkspolizei (DVP)** und des Verkehrswesens (→ **Ministerium für Verkehrswesen**), und schließlich den Sportmedizinischen Dienst des → **Staatlichen Komitees für Körpererziehung und Sport** beim → **Ministerrat**. Mit dem Staatlichen G. sind diese MD nur lose koordiniert. Sie haben jedoch im wesentlichen gleiche Einrichtungen und die gleiche Arbeitsweise. Eine Sonderstellung hat der Industriezweig Wismut (→ **Uranbergbau**) mit einem eigenen „G. Wismut".

Die gesundheitspolitische Willensbildung und Steuerung liegt beim → **Politbüro des ZK der SED** und bei der Abteilung Gesundheitspolitik des → **Sekretariats** des → **Zentralkomitees (ZK) der SED** unter der Leitung des Mediziners Prof. Dr. Karl Seidel. Im Politbüro ist Prof. Kurt Hager zuständig. Der Minister für G., Prof. Ludwig Mecklinger, ist Kandidat des ZK.
Kontrollorgan für das gesamte G. ist die „Inspektion Gesundheits- und Sozialwesen beim Komitee der → **Arbeiter- und Bauerninspektion (ABI)**". Das Netz ihrer Überwachung im Auftrag sowohl des ZK der SED wie des Ministerrates erstreckt sich in alle Einrichtungen des G.

II. Die Einrichtungen der Medizinischen Versorgung

A. Das Betriebsgesundheitswesen
Die Aufgaben des „Betriebsgesundheitsschutzes" gehen über die der Betriebsärzte nach dem Betriebsärzte-Gesetz der Bundesrepublik Deutschland von 1973 weit hinaus. Die Rechtsvorschriften sind 1978 neu gefaßt worden (VO über das Betriebsgesundheitswesen und die Arbeitshygieneinspektion vom 11. 1. 1978 – GBl. I, S. 61 – mit mehreren DB). Danach obliegen dem Betriebsgesundheitswesen (B.) neben medizinischer Betreuung der Beschäftigten die arbeitsmedizinische Betreuung und die arbeitshygienische Beratung sowie die Mitwirkung bei der Hygiene der Betriebe und bei der Gesundheitserziehung (→ **Nationales Komitee für Gesundheitserziehung**).
Die medizinische Betreuung geht über die im territorialen System nicht hinaus. Als besonders wichtig angesehen wird von den staatlichen Organen die Mitwirkung der Ärzte in den Ärzteberatungskommissionen (→ **Arbeitsbefreiung**), wo ihre Kenntnis der Arbeitsplätze für die Beurteilung der Arbeitsfähigkeit naturgemäß besonders hilfreich ist.
Zur arbeitsmedizinischen Betreuung gehören neben den allgemeinen Vorsorge- und Überwachungsuntersuchungen einschl. Berufsberatung und Überwachung der Jugendlichen (→ **Arbeitshygiene**) die Dispensairebetreuung in den letzten 5 Jahren vor dem Rentenalter, bei besonderen Arbeitsbeanspruchungen und bei beeinträchtigtem Gesundheitszustand, die Einflußnahme auf einen gesundheits- und leistungsgerechten Einsatz der Werktätigen, zumal der Schwangeren und der stillenden Mütter, die Mitwirkung bei der → **Rehabilitation**, bei der Einrichtung geschützter Arbeitsplätze und bei der Vergabe von → **Kuren**.
Die arbeitshygienische Beratung gilt den Betriebsleitern in bezug auf die Arbeitsbedingungen, den Arbeitsschutz und die Gestaltung der Arbeitsmittel und -verfahren.
Welche Einrichtungen vorzuhalten sind, bestimmt sich nach der Zahl der Beschäftigten jedes Betriebes. Dabei werden 2 „Kategorien" unterschieden: Kategorie I umfaßt Betriebe der Industrie, des Bau- und Verkehrswesens sowie der Land-, Forst- und Nahrungsgüterwirtschaft mit industriemäßiger Produktionsform, Kategorie II alle anderen Betriebe sowie die Hoch- und Fachschulen mitsamt den Studierenden. Richtwerte sind (Kategorie II in Klammern) für Poliklinik: mehr als 4000 (10000) Beschäftigte, Betriebsambulatorium: über 2000 bis zu 4000 (3000 bis 10000), Arzt-Sanitätsstelle: 500 bis 2000 (1000 bis 3000), Schwestern-Sanitätsstelle: 200 bis 500 (500 bis 1000) Beschäftigte. Betriebe unterhalb der letztgenannten Mindestzahlen haben Sanitätsstuben für die Erste Hilfe zu unterhalten.
Betriebspolikliniken sollen Arbeitsbereiche führen für 1. Allgemeinmedizin und Innere Medizin; 2. Arbeitsmedizinische Leistungs- und Funktionsdiagnostik; 3. Arbeitshygiene, -physiologie und -psychologie; 4. Unfallchirurgie; 5. Labor- und Röntgendiagnostik; 6. Physio- und Arbeitstherapie sowie 7. Allgemeine Stomatologie (Zahnmedizin); weitere Fachbereiche sind nach den betriebsspezifischen und territorialen Erfordernissen einzurichten. Die Leitung hat ein Ärztl. Direktor, der als Facharzt für Arbeitshygiene qualifiziert sein oder die Staatl. Anerkennung als Betriebsarzt besitzen soll.
Betriebsambulatorien umfassen die gleichen Arbeitsbereiche ohne 2. und 4. und ohne Röntgendiagnostik bei gleichen Anforderungen an die Qualifikation des Leiters.
Arzt-Sanitätsstellen haben ein oder zwei „ärztliche Arbeitsplätze", die gewöhnlich in Teilzeit-Tätigkeit besetzt sind.
Für die arbeitsmedizinische und arbeitshygienische Betreuung sind „Betriebsbereichsärzte" (für je 2000/2500 Beschäftigte), Fachärzte für Arbeitshygiene (für je 8000 bis 12000) und Arbeitshygiene-Ingenieure oder -Inspektoren (für je 5000 bis 10000 Beschäftigte) vorgeschrieben.
Eine Einrichtung kann die Aufgaben des B. für mehrere Betriebe wahrnehmen. Damit soll bewirkt werden, daß die arbeitsmedizinische Betreuung auch kleinere Betriebe erreicht. Sie ist so über die „Stammbetriebe" der Einrichtungen mit 38,1 v. H. aller Beschäftigten (ohne Verkehrswesen) hinaus auf 21,1 v. H. in Klein- und Mittelbetrieben erstreckt worden. 8,5 v. H. aller Werktätigen (einschl. Mitgliedern von Produktionsgenossenschaften) werden von ambulanten Einrichtungen außerhalb des B. betreut, so daß insgesamt 70,4 v. H. aller Werktätigen als arbeitsmedizinisch betreut gelten. Jedoch ist die Versorgung der Landwirtschaftlichen Produktionsgenossenschaften (→ **Landwirtschaftliche Betriebsformen**) weit zurückgeblieben, obgleich die Arbeitsbedingungen sie dringend geboten erscheinen lassen. Sie wird, soweit überhaupt, von Ärzten der Staatlichen Arztpraxen, meist ohne zulängliche Qualifikation, in Nebentätigkeit besorgt.

Bestand (1982 – ohne Einrichtungen der besonderen Medizinischen Dienste): 130 Betriebspolikliniken (BPKl.), 319 Betriebsambulatorien (BAmb), 2011 Arzt-Sanitätsstellen (ASSt.) und 1371 Schwestern-Sanitätsstellen (SchwSSt.) mit insgesamt 20700 Mitarbeitern, darunter 2760 vollbeschäftigten Ärzten und 860 Zahnärzten.
Die Inanspruchnahme der Einrichtungen zur ambulanten medizinischen Versorgung ist vergleichsweise gering. Sie betrug 1979 13,4 v. H. aller Arztkontakte in staatlichen Einrichtungen und ist am höchsten je Arzt in den ASSt.; in diesen ist eine individuelle Beziehung am leichtesten zu erreichen. „Anleitung und Kontrolle" der Einrichtungen wird durchgängig vom MinGes bis zu den Kreisen für die medizinische Versorgung einerseits, die arbeitsmedizinische und arbeitshygienische Betreuung andererseits getrennt wahrgenommen. Nicht jeder Kreis hat eine Arbeitshygiene-Inspektion; ihre Aufgabe kann der eines benachbarten Kreises übertragen werden. Der Leiter einer BPKl. ist dem Kreisarzt direkt oder dem Leiter der größten BPKl. im Kreis unterstellt, die Leiter der übrigen Einrichtungen des B. jedenfalls dem der größten BPKl. Im Betrieb sind die Betriebsärzte bzw. die Leiter der Einrichtungen dem Betriebsleiter unmittelbar zugeordnet, also von der Kaderleitung formal unabhängig.
Einrichtung und Verbrauchsmaterial hat der Betrieb zu stellen. Das Personal stellt und bezahlt die Abt. GSw des Kreises.
Auf einheitliche Lenkung des B. kann in einem durchgängig zentral gesteuerten G. nicht verzichtet werden. Sie bereitet jedoch Schwierigkeiten: Die Aufgaben des B. in der medizinischen Betreuung verlangen nach Koordination mit dem territorialen System; die arbeitsmedizinischen und arbeitshygienischen Aufgaben dagegen sind weitgehend spezifisch für die verschiedenen Wirtschafts- bzw. Industriebereiche (Branchen). Sie verlangen nach zentraler Steuerung in jedem von diesen. Der Versuch des MinGes, branchenspezifische „Leiteinrichtungen" zu schaffen, ist unter dem Widerstand der Fachminister und der Kombinate reduziert worden auf Arbeitshygienische Zentren und Beratungsstellen, die – nach Vereinbarungen des MinGes mit den anderen zentralen staatlichen Organen – bei ausgewählten BPKl. arbeitsmedizinisch wichtiger Branchen eingerichtet worden sind. 1983 bestanden 8 Arbeitshygienische Zentren (für Bauwesen, Chemische Industrie, Energiewirtschaft, Erzbergbau, G., Landwirtschaft, Polygraphie und Verlagswesen sowie einige Dienstleistungsbereiche). Fachlich leitendes Institut ist das **Zentralinstitut für Arbeitsmedizin der DDR (ZAM)** in Berlin-Lichtenberg.

B. Das territoriale System der ambulanten Betreuung („Versorgung im Wohnbereich")
Die ambulante fachärztliche Versorgung ist frühzeitig in Polikliniken und Ambulatorien zentralisiert worden und ist das geblieben. Demgemäß ist deren Zahl im wesentlichen abhängig vom Bedarf an Fachärzten in geeigneter Verteilung. In **Polikliniken** (PKl.) sind die Fachärzte mindestens der Grunddisziplinen tätig (Innere Medizin, Chirurgie, Frauenheilkunde und Kinderheilkunde), dazu Zahnärzte und meist auch die Fachärzte der übrigen wichtigen Fachgebiete (Augen- und HNO-Heilkunde, Orthopädie, Psychiatrie, Urologie), wenn auch oft nur in Teilzeit neben stationärer Arbeit im Krankenhaus. Seit 1971 sind überall „Fachärzte für Allgemeinmedizin" hinzugetreten. In **Ambulatorien** (Amb.) sind oft nur die Grunddisziplinen und die Zahnheilkunde vertreten; viele der Fachärzte kommen stundenweise aus einer PKl. Allgemeinärzte (Fachärzte für Allgemeinmedizin) waren in den Amb. stets tätig. – PKl. haben ihren Standort regelmäßig in der Kreisstadt als „Kreispoliklinik", daneben auch in Stadtteilen der Großstädte und in den größeren Städten der Landkreise, Amb. in den übrigen Grundzentren. Viele PKl. und Amb. sind organisatorisch mit einem Krankenhaus verbunden, zumal mit dem Kreiskrankenhaus („Einheit PKl./Krankenhaus"). In den dünner besiedelten Gebieten liegt die allgemeinärztliche Versorgung bei **Staatlichen Arztpraxen** (StAPr.), die zahnärztliche bei **Staatlichen Zahnarztpraxen** (StZAPr.). Das waren anfangs verwaiste Praxen von Landärzten. Im Zuge starker Vermehrung seit 1970 und der Besetzung vieler StAPr. und StZAPr. mit mehreren Ärzten bzw. Zahnärzten sind die früheren Arzthäuser dafür voll in Anspruch genommen, einzelne auch neu gebaut worden. Oft haben StAPr. und StZAPr. ihren Sitz im gleichen Hause, zudem (oder nahe daran) auch Gemeindeschwester und Hebamme. So sind kleine „Gesundheitszentren" entstanden.
Die Realisierung des Beschlusses des VIII. Parteitages der SED (1971) über die Einführung der *Freien Arztwahl* für alle Bürger unter Auflösung der Arztbereiche hat zu tiefgreifenden strukturellen Änderungen in den PKl. und Amb. geführt. Zwar gilt die Freie Arztwahl im allgemeinen nur für die allgemeinärztliche und die zahnärztliche Versorgung (für die fachärztliche nur, wenn an einer Einrichtung das gleiche Fachgebiet mehrfach vertreten ist). Aber die Fachärzte für Allgemeinmedizin sind gehalten, Hausbesuche bei ihren Patienten selbst zu leisten und die etwa erforderliche fachärztliche Diagnostik und Behandlung zu koordinieren. So ist der Bedarf an Allgemeinärzten stark gestiegen. Die Weiterbildung der Ärzte wird entsprechend gesteuert.
Zudem gebietet das Streben nach erhöhter Effizienz in der Industrie, daß die Beschäftigten möglichst wenig Arbeitszeit durch Arztbesuche und medizinische Behandlung verlieren. Mehr und mehr werden deshalb ambulante Einrichtungen veranlaßt, ihre Öffnungszeiten weit über die gewöhnliche Tagesar-

beitszeit hinaus auf etwa 12 Stunden täglich und auch auf den Samstag zu erstrecken. Der demzufolge wechselnde Dienstplan der Ärzte macht freilich die Freie Arztwahl für Werktätige weitgehend illusorisch.
Bestand (1982): 336 PKl., davon 129 in organisatorischer Verbindung mit einem Krankenhaus, und daneben 111 PKl. der Hochschulen, 652 Amb., davon 24 bei Krankenhäusern, 1631 StAPr. und 932 StZAPr. Außerdem gibt es 5348 Gemeindeschwesternstationen und noch 114 kirchliche Gemeindepflegestationen (→ **Kirchen**).
Tätig sind in den ambulanten Einrichtungen (1982): 14711 Ärzte in Voll- und 2617 in Zusatz- oder Teilzeitbeschäftigung, gezählt in „Vollbeschäftigungseinheiten" = VbE), d. i. 1 Arzt (VbE) auf 930 Einwohner (Bundesrepublik: 1 Kassenarzt auf 963 Einw.). Behandelt wurden (einschl. Betriebseinrichtungen) 66458300 Neuzugänge (4 Fälle pro Einw. und Jahr – Bundesrepublik 3,7 pro Versicherten) mit 151540600 „Konsultationen" (Arztkontakten), d. s. 2,3 Kontakte je Fall (Bundesrepublik: rd. 2,5). Von den Arztkontakten lagen 49,2 v. H. in PKl., 19,2 v. H. in Amb. und 14,5 v. H. in StAPr. 46,7 v. H. aller Neuzugänge wurden von Fachärzten für Allgemeinmedizin versorgt.

C. Das Dispensaire-Prinzip

Alle Ärzte im territorialen wie im betrieblichen Zweig der ambulanten Versorgung sollen nach dem Dispensaire-Prinzip arbeiten. Dispensaires waren ursprünglich fachspezifische Untersuchungs- und Beratungsstellen mit gesundheitsfürsorgerischer Aufgabe. Semaško hatte sie 1918 bei seiner Rückkehr aus der französischen Emigration nach Moskau gebracht, die Sowjet. Militäradministration hat sie nach dem II. Weltkrieg als Untersuchungs-, Behandlungs- und Beratungsstellen in die damalige SBZ eingeführt. Das Prinzip planmäßiger Zusammenfassung von Prävention und Früherkennungsuntersuchungen mit Diagnostik, Behandlung und Nachsorge ist später auf viele chronische Krankheiten erstreckt worden (Krebs, Diabetes, Rheuma, Kreislauf, Niere u. a.). Heute besagt das Wort Dispensaire-Prinzip nicht mehr, als daß die Ärzte (in jüngerer Zeit auch Allgemeinärzte) für bestimmte Krankheiten eine Kartei der entsprechenden Kranken führen, in die auch die bekannt werdenden Risikoträger und die durch Früherkennung erfaßten Kranken eingefügt werden. Aufgabe ist die regelmäßige Untersuchung und Beratung nach Termin (zu dem säumige Kranke aufgefordert werden) zwecks kontinuierlicher Behandlung und Nachsorge. Ziel ist, die Kranken soweit wie möglich im Arbeitsprozeß zu halten bzw. dorthin (so früh wie möglich) zurückzuführen. Wenn auch die meisten dieser Kranken ohnehin auf Medikamentenverordnung angewiesen sind und dadurch zu regelmäßigem Arztbesuch veranlaßt werden, so läßt die systematische Arbeitsweise doch eine lückenlose Überwachung und Behandlung – auch in beschwerdefreien Zeiten – erreichen.

D. Freiberuflich tätige Ärzte

Mit der entschieden vorangetriebenen Errichtung und Förderung von staatlichen Behandlungseinrichtungen und mit der vollständigen Niederlassungssperre schien es um jedwede freiberufliche ärztliche und zahnärztliche Tätigkeit in der DDR geschehen. Die extrem hohe Zahl von Ärzten, die gegen 1961 hin Zuflucht in der Bundesrepublik suchten, zwang SED und MinGes zur Zurückhaltung, um Zeit für die vermehrte Ausbildung von Ärzten zu gewinnen. Nicht wenigen Ärzten wurde die freiberufliche Niederlassung bei Weiterführung der Tätigkeit in einer staatlichen Einrichtung gestattet, manchen sogar die „Hauptberufliche Tätigkeit in eigener Praxis". Mit jährlich zwischen 1300 und 1800 Absolventen des Medizinstudiums war um 1970 das Planziel von 1 Arzt auf 1000 Einwohner erreicht. Schon von 1965 an waren Zahl und Besetzung der Polikliniken und Ambulatorien, mehr noch die Zahl der Staatlichen Arztpraxen stark gesteigert worden.
Die Zahl der in eigener Praxis tätigen Ärzte war nach der Abriegelung gegen Westen Jahr für Jahr um etwa 5 v. H. und allmählich zunehmend zurückgegangen, teils durch vollen Übergang in staatliche Einrichtungen und durch Abwanderung, überwiegend aber durch Tod oder Übergang in den Ruhestand. Zwar wurden von der Statistik der DDR 1975 noch 1308 Ärzte und 1617 Zahnärzte „in eigener Niederlassung" gezählt. Aber darin waren auch die enthalten, die überwiegend in einer staatlichen Einrichtung tätig waren. Nach Bereinigung sind (1982) noch 635 Ärzte und 854 Zahnärzte überwiegend freiberuflich tätig, d. i. je rund ein Fünftel der Zahl von 1960. Zwei Drittel der Ärzte sind als Allgemeinärzte tätig, knapp 10 v. H. als Augenärzte.
Über die Einkommensverhältnisse dieser Ärzte und Zahnärzte ist Allgemeingültiges nicht bekannt. Sie leben im wesentlichen von den Pauschalsätzen pro Behandlungsfall, die die beiden Sozialversicherungen über gesonderte Abrechnungsstellen zahlen; von vielen wird eine Nebentätigkeit in einer staatlichen Einrichtung ausgeübt, zumeist als Betriebsarzt in einem Mittelbetrieb (ASSt). Doch mag, zumal bei Zahnärzten, die Eigentümlichkeit der Schattenwirtschaft im entwickelten Sozialismus auch manche Nebeneinnahme ermöglichen.

E. Die stationäre Versorgung

Krankenhäuser haben in der DDR (wie in allen hochindustrialisierten sozialistischen Ländern) eine breitere Funktion als in vielen westlichen Industrieländern – Folge der weitgehenden Einbeziehung der Frauen in die Erwerbstätigkeit, die häusliche Versorgung bettlägerig Kranker praktisch aus-

schließt. Eine „soziale Indikation" zur stationären Behandlung ist ausdrücklich anerkannt, wenn auch an strenge Kriterien gebunden. Das führt zu erhöhtem Bedarf an Kapazitäten und zu längerer stationärer Behandlungsdauer.
Im Sinne einer Funktionsdifferenzierung der Krankenhäuser wird unterschieden zwischen einer allgemeinen Versorgung in kleinen Krankenhäusern, die nur die Grunddisziplinen führen, einer spezialisierten Versorgung zumeist in Kreiskrankenhäusern, die höheren fachlichen Anforderungen in den Hauptfächern genügt und auch Nebenfächer umfassen kann, und einer hochspezialisierten Versorgung im Sinne der Hochleistungsmedizin aller Fachgebiete und Subspezialitäten, die einigen Bezirkskrankenhäusern und den Hochschulkliniken vorbehalten ist.
Innere Organisation, Aufgabenverteilung der Berufsgruppen und Zusammenarbeit zwischen den Einrichtungen der medizinischen Versorgung sind in der Rahmen-Krankenhausordnung (Neufassung vom 14. 11. 1979 – GBl. I 1980, S. 29ff.) allgemeinverbindlich und sehr detailliert festgelegt, und zwar auch für die ambulanten Einrichtungen, gleichviel ob sie mit einem Krankenhaus organisatorisch verbunden sind oder nicht: Ihre Abschnitte A bis C enthalten die Grundregeln der ambulanten und stationären Versorgung als Funktionseinheit. Tatsächlich werden Kooperation der Ärzte verschiedener Einrichtungen und Kontinuität der Behandlung dadurch erreicht, daß bei Einweisung in stationäre Behandlung die ambulante Einrichtung ihre bisherigen Behandlungsunterlagen „leihweise" zu übergeben hat und umgekehrt das Krankenhaus bei Entlassung „ein Exemplar der Epikrise (zusammenfassende Abschlußbeurteilung) mit Vorschlägen für die erforderliche Nach- oder Weiterbehandlung dem weiterbehandelnden Arzt mit den ausgeliehenen Unterlagen zu übergeben" hat.
Der Abschnitt D der Rahmen-Krankenhausordnung regelt in 12 Unterabschnitten Verantwortungsbereich, Aufgaben und Zusammenarbeit der Leitenden Kräfte im Krankenhaus selbst und ggf. in seiner Poliklinik (Ärztl. Direktor/Ökonomischer Direktor/Abteilungsleiter/Stationsärzte/Ltd. Schwester/Stationsschwestern / Ltd. Medizintechn. Assistenten / Leiter der Hauswirtschaft/Leiter einer Abteilung im Bereich Ökonomie).
Bestand (1982): 545 Krankenhäuser mit 171280 Betten (102,6 Betten auf 10000 Einw.), darunter für Akutkranke 123252, d. s. 73,8 auf 10000 Einw. (Bundesrepublik: 75,2), für Psychischkranke 33000, für Orthopädie 5683 und für Chronischkranke 4005 Betten. 78 Krankenhäuser mit 11615 Betten werden von kirchlichen Trägern geführt (1951 waren es 99 Häuser mit 13680 Betten), vorwiegend Anstalten für Psychischkranke und Behinderte sowie für Chronischkranke, für die Pflegekräfte außerhalb des kirchlichen Engagements vieler junger Menschen kaum zu finden sind.
Behandelt wurden 1982 2333487 Akutkranke, d. s. 139,7 Zugänge je 1000 Einw. (Bundesrepublik: 157,8), mit 15,0 Tagen durchschnittlicher Behandlungsdauer (Bundesrepublik: 14,7). Die Bettenauslastung ist mit 72,3 v. H. niedrig (Bundesrepublik: 84,2 v. H.).
In den Krankenhäusern für Akutkranke sind 10886 Ärzte tätig, d. s. 214,4 Zugänge pro Arzt und Jahr (Bundesrepublik: 147,0).

III. Erhaltung der Gesundheit und Nutzung beeinträchtigter Arbeitskraft

A. Gesundheitserziehung und Krankheitsabwehr

Die Bevölkerung zur Pflege der individuellen Gesundheit zu aktivieren, hat es im Lauf der Zeit vielerlei Ansätze gegeben. Sie haben wenig erbracht. Für eine gesundheitsförderliche Ernährung läßt die Versorgungslage keinen Raum. Für sportliche Aktivitäten (→ **Sport**) sind Bürger, die einen großen Teil der von Erwerbsarbeit freien Zeit den „gesellschaftlichen Organisationen", kollektiven „Sonderschichten" (→ **Gesellschaftliche Tätigkeit**) u. ä. unter strenger sozialer Kontrolle opfern müssen, kaum zu gewinnen, und Genußmittel – Tabakwaren und Alkoholika (→ **Alkoholmißbrauch**) – empfinden sie als Kompensation der Beanspruchungen, von der keine „Gesundheitserziehung" sie abhalten kann. Jedenfalls aber zählt, wo Partei und Staat nahezu alles vorschreiben wollen, die individuelle Lebensweise zu dem Raum des Privaten, der von Fremdeinwirkungen freigehalten wird. Staatliche Stellen und gesellschaftliche Organisationen (→ **Massenorganisationen**) sind in den 70er Jahren mit Versuchen zur Einflußnahme recht zurückhaltend geworden. Die verbliebenen Aktivitäten, die sich vorwiegend Kindern und Jugendlichen zuwenden, sind zusammengefaßt im → **Nationalen Komitee für Gesundheitserziehung**. Das Deutsche Hygienemuseum in Dresden liefert das belehrende Material und schult die Lehrkräfte.

B. Schutz gegen Gesundheitsgefahren

Weit stärker sind die Aktivitäten, die sich gegen bestimmte Gefahren für die Gesundheit und auf die Früherkennung von Krankheiten richten. Nach der Bedeutung des Arbeitsvermögens im marxistisch-leninistischen Verständnis sind hier an erster Stelle die → **Kuren** der Sozialversicherung zu nennen, die der Erhaltung der Arbeitskraft dienen sollen. Sie sind indessen, da sie von den Kurkommissionen der → **Betriebsgewerkschaftsorganisationen (BGO)** vergeben werden, dem fachlichen Urteil der Sachkundigen zu weiten Teilen entzogen. Bemühungen um Früherkennung und Frühbehandlung bestimmter Krankheiten erhalten um so größeres Gewicht: Periodische Untersuchungen reichen vom vorgeburtlichen Leben über die gesamte Kindheit und das Jugendalter bis ins Erwerbsleben (→ **Mutterschutz/Fürsorge für Mutter und Kind;** → **Arbeitshygiene**). Jugendgesundheitsschutz beginnt mit der Mütterberatung, deren Tätigkeit sich auf jedes Kind bis zum Ende des 3. Lebensjahres erstrecken soll, um die körperliche und geistige Entwicklung zu überwachen, Rachitisprophylaxe zu sichern und Infektionskrankheiten durch Impfungen zu verhüten. Bestand (1982): 9920 Beratungsstellen mit mehr als 3,4 Mill. Beratungen; erfaßt wurden 97,8 v.H. der Geborenen des laufenden Jahrgangs, öfter als achtmal vorgestellt 69,8 v.H.

Im Kindes- und Schulalter stützt sich der Jugendgesundheitsschutz auf die Krippen, Kindergärten und Schulen. In Krippen wurden 29,6 v.H. der Kinder nach Jahrgängen untersucht, im Vorschulalter 87,0 v.H., in den Reihenuntersuchungen der Schüler in Unter-, Mittel- und Oberstufe je rd. 98 v.H. Rd. 1,82 Mill. krankhafte Zustände wurden der Behandlung oder der Dispensaire-Überwachung zugeführt.

Den Kindern und Jugendlichen mit Körperbehinderung oder Beeinträchtigung des Seh- oder des Hörvermögens wird besondere Aufmerksamkeit zugewandt, damit auch sie – soweit möglich – dem Arbeitsleben zugeführt werden können. Sie werden (sofern nicht Brillenkorrektur genügt) registriert und in Dispensaire-Überwachung genommen.

Für geistige Störungen bei Kindern und Jugendlichen besteht Meldepflicht. Erfaßt sind (1982) 151485 Kinder und Jugendliche (3,75 v.H. dieser Altersgruppen).

Mit dem Beginn der Berufsausbildung bzw. -tätigkeit geht der Jugendgesundheitsschutz auf das Betriebsgesundheitswesen über (s. II. A.; → **Arbeitshygiene**).

Bei der erwachsenen Bevölkerung geht die Krankheitsabwehr aus von der Bemühung um Früherkennung ausgewählter Krankheiten. Frauen haben oberhalb des 20. Lebensjahres Anspruch auf eine alljährliche Untersuchung auf Krebs des Unterleibs und der Brustdrüse. Sie soll „in besonderer Organisation" durchgeführt werden, also nicht beiläufig. Durchführung und Beteiligung sind sehr unterschiedlich. Früherkennung des Darmkrebses wird in einigen Bezirken versucht.

Krebs ist meldepflichtig. Bei der Onkologischen Klinik der → **Akademie der Wissenschaften der DDR (AdW)** in Berlin-Buch wird ein „Nationales Krebsregister" geführt. In jedem Land- und Stadtkreis besteht eine „Betreuungsstelle für Geschwulstkranke", die die Behandlungsabfolge und die Nachsorgeuntersuchungen überwacht, aber nicht selbst behandelt.

Zur Früherkennung des Diabetes sind zahlreiche Aktionen unternommen worden. Auch er ist meldepflichtig, desgleichen Krankheiten des Rheumatischen Formenkreises. Für beides wird die Behandlung nach dem Dispensaire-Prinzip geführt.

Koronare Herzkrankheit und Herzinfarkt sind Gegenstand der Sekundär- und Tertiärprävention und der Nachsorge, gleichfalls nach dem Dispensaire-Prinzip, jedoch ohne Meldepflicht. Aufgebaut wird ein „Nationalprogramm gegen Herz- und Kreislaufkrankheiten" mit Schwerpunkt in der Früherkennung und Frühbehandlung des Bluthochdrucks.

C. Rehabilitation

Rehabilitation dient im Sozialismus der Wiedereingliederung derjenigen Kranken, deren Leistungsvermögen dauernd beeinträchtigt ist, in das Leben der Gesellschaft mit dem Ziel, die verbliebene Arbeitskraft für die sozialistische Gesellschaft einzusetzen. Die Zahl der Geschützten Werkstätten, Abteilungen und Einzelarbeitsplätze (1982: rd. 37000) ist demgemäß recht hoch, desgleichen die Zahl der den Geschädigten vorbehaltenen → **Kuren**. Tatsächlich allerdings kommen die Einrichtungen der R. auch denjenigen Schwerstgeschädigten zugute, die selbst in Geschützten Werkstätten keine Arbeit leisten können (→ **Rehabilitation**).

IV. Forschung und Forschungsorganisation

Medizinische Grundlagenforschung hat ihre wichtigsten Stätten im Forschungszentrum für Molekularbiologie und Medizin der → **Akademie der Wissenschaften der DDR (AdW)**: Institute für Krebsforschung, Herz- und Kreislaufregulation, Molekularbiologie, Mikrobiologie und Experimentelle Therapie, Ernährung u. a. Anwendungsorientierte Forschung liegt vorwiegend bei den Hochschulinstituten und -kliniken. Die 19 Wissenschaftlichen Einrichtungen des MinGes haben vorwiegend Aufgaben der Zweckforschung. Koordiniert und gelenkt wird medizinische Forschung von der Klasse Medizin der AdW. Beim MinGes ist die Koordination der Forschungsarbeit dem Rat für medizin. Wissenschaft (Präsident: Prof. Horst Klinkmann, Rostock) aufgetragen, desgleichen die Abstimmung mit der AdW, dem Forschungsrat beim → **Ministerium für Wissenschaft und Technik** und dem Wissenschaftlichen Beirat Medizin beim → **Ministerium für Hoch- und Fachschulwesen**.

Die Medizinisch-wissenschaftlichen Gesellschaften sollen den wissenschaftlichen Fortschritt in der Angewandten Medizin fördern und sichern, vor allem durch medizinisch-wissenschaftliche Veranstaltungen, Förderung des wissenschaftlichen Nachwuchses („Theoretisches Jahr" in der Facharzt-Weiterbildung, „Promotion B") und Profilierung der Fachzeitschriften.

V. Berufe im Gesundheitswesen

Seit 1975 sind für nahezu alle Berufe im G. die Rechtsvorschriften für Ausbildung und Ausübung neu gefaßt, z. T. tiefgreifend geändert worden. Viele starre Regelungen der ersten 3 Jahrzehnte sind wieder verschwunden. Einige neue Berufe haben dabei erstmals ihre allgemeingültige Ordnung erlangt. Bemerkenswert sind Art, Dauer und Breite, in der die fachliche Öffentlichkeit auf die geplanten Änderungen vorbereitet und über deren Gründe unterrichtet worden ist.

A. Berufe mit Hochschulausbildung

Die Zulassung zum Beruf des Arztes, des Zahnarztes und des Apothekers – die Approbation – ist 1977 neu geregelt und damit die Approbationsordnung von 1949 mitsamt ihren DB abgelöst worden (AO über die Approbation als Arzt – Approbationsordnung – vom 13. 1. 1977, GBl. I, S. 30; entsprechend für Zahnärzte und Apotheker unter dem gleichen Datum). Voraussetzungen der Berufszulassung als Arzt sind ein Hochschulstudium von 5 Studienjahren mit mündlicher Abschlußprüfung, ein 6. Studienjahr in der Stellung des Pflichtassistenten und der Erwerb des akademischen Grades des „Diplom-Mediziners". Für das Studium, das streng schulmäßig angelegt ist, gilt der Studienplan von 1975 unverändert. Zulassungsvoraussetzung ist ein einjähriges Krankenpflege-Praktikum. In den „vorlesungsfreien Zeiten" sind Praktika abzuleisten. Der Pflichtassistent übt „die ihm übertragene ärztliche Tätigkeit unter fachärztlicher Anleitung, Aufsicht und Kontrolle" aus, „in der Regel an der Einrichtung, in der der Student anschließend sich zum Facharzt weiterbilden wird". Für den Erwerb des Grades Diplom-Mediziner gilt die Diplom-Ordnung (AO über das Diplomverfahren – Diplom-Ordnung – vom 26. 1. 1976, GBl. I, S. 135). Der Kandidat muß „mit einer Diplomarbeit nachweisen, daß er eine bestimmte Aufgabe unter Anleitung selbständig und erfolgreich bearbeiten und wissenschaftlich begründet zur Lösung eines theoretischen und praktischen Problems beitragen kann". Sie darf „Kollektivarbeit" sein. Die Thesen der Diplomarbeit müssen mündlich im Kolloquium verteidigt werden.

Neben die übliche Approbation als Arzt ist eine solche für „ärztliche Tätigkeit in einem medizinisch-theoretischen Fachgebiet" getreten, die – bei entsprechendem „medizinisch-biologischem Ausbildungsprofil" – ohne Ableistung des Klinischen Praktikums erteilt wird.

Alle Ärzte (Ä.) und Zahnärzte (ZÄ.) unterliegen nach Erteilung der Approbation der Pflicht zur Weiterbildung zum Facharzt/Fachzahnarzt (FA./FZA.) § 1 der AO über die Weiterbildung der Ä. und ZÄ. – FA.-/FZA.-Ordnung – vom 11. 8. 1978, GBl. I, S. 285; sie hat die erst 1974 erlassene FA.-/FZA.-Ordnung abgelöst. Die Liste der Fachrichtungen umfaßt 32 Positionen für Ä. und 4 für ZÄ. (Bundesrepublik: 27 bzw. 2), darunter die des „FA. für Allgemeinmedizin" und des „FZA. für Allgemeine Stomatologie" (Allg. Mundheilkunde), des „FZA. für Kinderstomatologie", für Psychotherapie, für Sozialhygiene, für Sportmedizin und für die Fachrichtungen der experimentell-theoretischen Fachgebiete.

Eine „weiterführende Spezialisierung" ist erst nach Abschluß der Weiterbildung (Wb.) zulässig. Dafür sind bisher (1983) 11 Richtungen der Subspezialisierung anerkannt.

Die Wb. geschieht berufsbegleitend. Sie ist durchsetzt mit Lehrveranstaltungen der → **Akademie für Ärztliche Fortbildung** und ihrer Bezirksakademien sowie „Hospitationen" bei Spezialeinrichtungen. Die Wb. dauert mindestens 4, längstens 5 Jahre, abhängig vom „Stand der erworbenen Kenntnisse, Fähigkeiten und Fertigkeiten" (Bundesrepublik: 4–6 Jahre je nach Fachgebiet), und wird mit einem Kolloquium abgeschlossen; daraufhin wird die „Staatliche Anerkennung als FA./FZA." erteilt. Ä./ZÄ., die die Wb. nicht mit Erfolg beenden, dürfen nur unter Anleitung eines FA./FZA. tätig sein. Verantwortlich für die Wb. ist der Leiter einer dafür zugelassenen Einrichtung. Aber daneben steht „Eigenverantwortung". Für die „fachliche und methodische Koordinierung" bestehen Fachkommissionen bei der Akademie für Ärztliche Fortbildung. Während der Wb. soll der Erwerb des akademischen Grades des Dr. med. – Promotion A – angestrebt werden. Für die Fertigung der Dissertation wird eine Freistellung von der Diensttätigkeit bis zu 48 Arbeitstagen gewährt, um die sich die Zeit der Wb. verlängert. Stärker wissenschaftlich interessierten Ärzten wird die Einschaltung eines Theoretischen Jahres in die Wb.-Zeit empfohlen, in der die Tauglichkeit für den Erwerb des akademischen Grades des Dr. sc. med. (Dr. der medizin. Wissenschaft, die Promotion B, vergleichbar der Habilitation in der Bundesrepublik) erprobt werden soll.

Für die Apotheker sind Ausbildung, Approbation und Wb. entsprechend geregelt. Sie haben am Ende des Studiums eine „Pharmazeutische Tätigkeit unter Anleitung, Aufsicht und Kontrolle" abzuleisten. Ihre Wb. zum „Fachapotheker" (FAp.) hat die Fachrichtungen 1. Arzneimittelversorgung, 2. Arzneimittelkontrolle und 3. Arzneimitteltechnologie.

Fortbildung der Ä., ZÄ. und Ap. (Fb.) ist Pflicht. Sie ist Aufgabe der Akademie für Ärztliche Fortbildung mit ihren Bezirksakademien. Unter ihren (1982) 197 zentralen und 1405 bezirklichen Veranstaltungen galten 685 mit 30504 Teilnehmern der Fb. von Ä. und ZÄ., 40 mit 1889 Teilnehmern der der Ap.

53 medizinisch-wissenschaftliche Zeitschriften dienen – neben der Veröffentlichung von Forschungsergebnissen – der Fb.

Bestand an Hochschulkadern (1983 – in Klammern die Zahlen der Einwohner je A., ZA. und Ap. sowie die Zahlen der Bundesrepublik): 35377 Ä. (472;

431), darunter rd. 29000 FÄ. (576; 722); 10512 ZÄ. (1588; 1837), darunter 9900 FZÄ. (1687; 58667); 3564 Ap. (4685; 2090).
Für die nichtmedizinischen Hochschulkader im G. wird von der Akademie ein postgraduales Studium (Fernstudium mit Seminaren und Hospitationen) angeboten, um sie mit den Aufgabenstellungen und medizinischen Problemen besser vertraut zu machen.

B. Berufe mit Fachschulausbildung
Für die Mittleren medizinischen Berufe sind Ausbildung und Berufszulassung 1975 grundlegend neu geregelt worden (AO über die Medizin. Fachschulanerkennung für Krankenschwestern und andere mittlere medizinische Fachkräfte vom 21. 8. 1975, GBl. I, S. 642ff.). Dabei wurde die starre Berufsgliederung und -staffelung sowjetrussischer Herkunft beseitigt. Vorhergegangen war ein langer Streit zwischen dem → **Ministerium für Hoch- und Fachschulwesen** und dem MinGes um die Zuständigkeit und um den Rang der Ausbildungsstätten, die für medizinische Berufe zwecks realitätsgerechter Ausbildung eng mit medizinischen Einrichtungen kooperieren müssen. Die bestehenden „Medizinischen Schulen" (Betriebsschulen) bei Krankenhäusern, Vereinigten Gesundheitseinrichtungen u. dgl. wurden verselbständigt, in Medizinische Fachschulen umgewandelt und den entsprechenden Rechtsnormen des Schulressorts unterstellt, blieben aber im Zuständigkeitsbereich des MinGes. Die bereits berufstätigen Mittl. med. Fachkräfte erhielten ungeachtet der Art ihrer Ausbildung nachträglich die Fachschulanerkennung. Für neue Absolventen wird sie von der jeweiligen Fachschule ausgesprochen.
Die Ausbildung setzt den Abschluß der 10jährigen Polytechnischen Oberschule (→ **Einheitliches sozialistisches Bildungssystem**) voraus. Sie dauert 3 Jahre und kann im → **Fernstudium** mit eingeschobenen Lehrgängen und Hospitationen durchlaufen werden, sofern der Schüler von der Beschäftigungsstätte dafür freigestellt wird. Schüler im „Direktstudium" erhalten ein Stipendium von 200 bis 300 Mark (VO über die Gewährung von Stipendien ... – Stipendienverordnung – vom 11. 6. 1981, GBl. I, S. 219ff.). Die Ausbildung schließt mit einer Prüfung ab. Aufgrund der Fachschulanerkennung erhält der Absolvent die Berufserlaubnis (anstelle der früheren Staatlichen Anerkennung) vom zuständigen Kreisarzt (AO über die staatliche Erlaubnis zur Ausübung der medizinischen, pharmazeutischen und sozialen Fachschul- und Facharbeiterberufe vom 7. 8. 1980, GBl. I, S. 254ff.). Die Bezeichnung „Mittlerer medizin. Beruf" tritt in der AO nicht auf und wird seitdem amtlich nicht mehr verwendet.
Die Liste der medizinischen Fachschulberufe umfaßt 23 medizinische und 3 soziale Berufe: Krankenschwester (-pfleger) / Kinderkrankenschwester / Arbeitshygieneingenieur / Arbeitshygieneinspektor / Arbeitstherapeut / Audiologie-Phoniatrie-Assistent / Diätassistent / Hebamme / Hygieneingenieur / Hygieneinspektor/Ingenieur für biomedizinische Technik/Ing. f. medizin. Präparationstechnik/Medizinischer Assistent/Medizin.-techn. Assistent für Funktionsdiagnostik/Med.-t. Laborassist./Med.-t. Radiologieassist./Orthoptist/Pharmazieingenieur/Physiotherapeut / Sprechstundenschwester / Stomatolog. Schwester/Zahntechniker sowie Gesundheitsfürsorger/Krippenerzieherin/Sozialfürsorger. Nachgetragen worden sind Apothekenassistent und Ökonom im G. Der Medizin. Assistent (früher „Arzthelfer") wird nicht mehr ausgebildet.
Die Weiterbildung in den medizin. Fachschulberufen ist 1981 umfassend neu geregelt worden (AO über die Weiterbildung der medizin. Fachschulkader vom 8. 2. 1981, GBl. I, S. 92ff.). Unterschieden wird die funktionsbezogene Wb. für Leitungsfunktionen von der fachspezifischen Wb. zur fachlichen Qualifizierung (s. untenstehende Beispiele).
Voraussetzung der Zulassung zur Wb. ist zweijährige berufliche Tätigkeit und „Delegierung" durch die Einrichtung, „mit der der Arbeitsvertrag besteht", sie muß dessen „betrieblichen Kaderprogramm und Entwicklungsplan" entsprechen (Steuerung der Zahl der Wb.!). Mit der Wb. beauftragt ist das Institut für die Weiterbildung der mittleren

Beispiele für die Weiterbildung sind

Krankenschwester
- funktionsbezogen:
  Stationsschwester → Abteilungsschw. → Oberin
- fachspezifisch:
  Operationsschwester/Fachkrankenschw. f. Anästhesie und Intensivtherapie/Fachkrankenschw. f. Psychiatrie u. v. a.

Medizin.-techn. Laborassistent
- funktionsbezogen:
  Leitender Laborassistent
- fachspezifisch:
  Medizin.-techn. Fachassistent f. Klinische Chemie
  MtFA f. Hämatologie/f. Mikrobiologie u. v. a.

medizinischen Fachkräfte in Potsdam: Ihm obliegt die fachliche Anleitung, Koordinierung und Kontrolle, die Ausarbeitung der Studienpläne und Lehrprogramme und deren Veröffentlichung im Auftrag des MinGes. Die Durchführung liegt bei den Bezirksakademien und Betriebsakademien des GSw. Die Wb. verläuft in der Regel im Fernstudium mit Lehrgängen und Hospitationen, also berufsbegleitend; der praktische Teil wird „grundsätzlich in der Einrichtung absolviert, mit der der Arbeitsvertrag besteht". Die Wb. der Ökonomen im G. ist, wie deren Ausbildung, Aufgabe der Fachschule des GSw. „Karl Gelbke" in Potsdam.
Fortbildung (Fb.) ist auch für die Medizin. Fachschulberufe Pflicht. Sie findet in Lehrgängen der Bezirksakademien statt: 1982 1308 Veranstaltungen mit 44282 Teilnehmern.
Für die Lehrkräfte in der Aus- und Wb. sind die Berufsbilder des Medizinpädagogen und des Diplom-Medizinpädagogen entwickelt worden. Ausbildung der ersten Gruppe an der Fachschule „Karl Gelbke" (s. o.), für die zweite an der → **Humboldt-Universität Berlin** (Ost). Sie hat 145 Studienplätze für Direkt-, Fern- und Sonderstudium. Bisher (1983) 730 Absolventen. Für die Fachschul- wie für die Diplom-Medizinpädagogen gelten die Bestimmungen der Fachschullehrer-Verordnung (VO über die Aufgaben, Rechte und Pflichten der Fachschullehrer an den Ingenieur- und Fachschulen vom 26. 10. 1976, GBl. I, S. 434). Beide können nach 5jähriger Lehrtätigkeit als „Fachschuldozent" anerkannt werden.
Bestand (1982): Genaue und detaillierte Zahlen sind in der Amtlichen Statistik nicht zu finden. Fachschulkader insgesamt: 217600, d. s. 13,0 auf 1000 Einwohner (in der Bundesrepublik in vergleichbaren Berufen: 4,9), darunter Krankenschwestern/-pfleger, Sprechstunden- und Stomatologieschwestern: 118900, Mediz.-techn. Assistenten: 19900, Pharmazieingenieure und Apothekenassistenten: 7000, Zahntechniker: 7000.

C. Medizinische Facharbeiter

Medizin. Facharbeiter werden im Lehrverhältnis nach dem Staatlichen Lehrplan (→ **Einheitliches sozialistisches Bildungssystem**) ausgebildet, legen die Facharbeiterprüfung ab (AO über die Facharbeiterprüfung . . . – Facharbeiterprüfungsordnung – vom 24. 2. 1978, GBl. I, S. 117ff.) und erhalten daraufhin die Staatliche Berufserlaubnis von der Abt. GSw des zuständigen Kreises (AO über die Staatliche Erlaubnis . . . vom 7. 8. 1980 – siehe oben). Die Liste der Berufe hat 12 Positionen: Facharb. für Krankenpflege / Facharb. f. Kinderkrankenpfl. (diese beiden entsprechen etwa den Krankenpflegehelfern in der Bundesrepublik) / Apothekenfacharbeiter / Bandagist / Desinfektor / Diätkoch / Kosmetikerin / Masseur / Orthopädiemechaniker / Orthopädieschuhmacher / Röntgenschirmbildfacharbeiter / Facharbeiter für Sektionstechnik. Die Facharbeiter des Orthopädiebereiches können die Meisterprüfung ablegen, die übrigen sich im Fernstudium zu Fachschulkräften qualifizieren. Bestand (1982): 47000 ohne Aufgliederung in der Amtlichen Statistik.

VI. Aufwand und Leistungen

Im Staatshaushaltsplan 1983 waren für das G. Ausgaben in Höhe von 11130,7 Mrd. Mark und an Einnahmen 7511,2 Mrd. veranschlagt, davon 6115,7 Mrd. als „Bezahlung von Leistungen des G. durch die Sozialversicherung". In den Ausgaben sind die Aufwendungen für die 359400 Beschäftigten des staatlichen G. enthalten. Sie machen (ohne die im kirchlichen und privaten Bereich) 4,1 v. H. aller Berufstätigen aus.
Ein Vergleich mit der Bundesrepublik Deutschland ist bezüglich der finanziellen Aufwendungen nicht möglich: Die Abgrenzungen der Volkswirtschaftlichen Gesamtrechnung der DDR (wie aller Mitgliedsstaaten des → **Rates für Gegenseitige Wirtschaftshilfe [RGW]**) weichen stark ab von den Empfehlungen der UN, denen die Bundesrepublik Deutschland folgt. Der personelle Aufwand im G. der Bundesrepublik, erfaßt nur in der repräsentativ-statistischen Form des Mikrozensus, bemißt sich auf 5,6 v. H. der Erwerbstätigen, ist also um ein Drittel höher als in der DDR. Der Unterschied in der Arbeitszeit reduziert die Differenz auf knapp 20 v. H. Dabei haben die Daten der Einrichtungen und ihrer Leistungen eine bemerkenswerte Ähnlichkeit der Inanspruchnahme durch die Bevölkerung ergeben. Die Arbeitsproduktivität im G. der DDR erscheint in groben Zahlenmaßen größer. Indessen bringen die weitgehende Dezentralisierung der ambulanten Versorgung in der Bundesrepublik und die Ausrüstung mit Hochleistungsapparaturen selbst der ärztlichen Einzelpraxen und der kleinen Krankenhäuser einen sehr viel höheren Personalbedarf mit sich.
Eine vergleichende Bewertung der *Ergebnisse* von Aufwand und Leistungen muß bei der Hochleistungsmedizin und ihren Grundlagen in der medizinischen Forschung einsetzen. Der finanzielle und personelle Aufwand für sie ist in der DDR, gemessen an der Bevölkerungszahl, deutlich höher. Aber alle staatliche Förderung verhindert nicht, daß die medizinische Forschung in allen ihren Zweigen – Grundlagen-, Anwendungsorientierte und Zweckforschung – unter weit ungünstigeren Bedingungen arbeitet als in westlichen Industrieländern. Sie ist, wo immer sie auf deren Niveau stehen und bleiben will, auf westliche Geräte und Materialien angewiesen (der Nachbau von Geräten gelingt regelmäßig erst spät und kommt mehr der Routineanwendung zugute als der Forschung). Dafür werden nicht we-

nig Devisen bewilligt. Aber sie müssen bei den Koordinierungs- und Kontrollgremien erkämpft werden. Das gelingt meist erst, wenn ihre Unentbehrlichkeit unbestreitbar geworden ist. Und die Zahl gleichartiger Geräte wird stets niedrig gehalten. Genügend Ersatzteile werden selten bewilligt. Das führt oft zu langen Ausfallzeiten. Alles dies nimmt der Forschung viel von der erforderlichen Wendigkeit, zumal wenn zwischenzeitliche Ergebnisse aus anderen Ländern berücksichtigt werden müssen. So sind denn, trotz der Heranbildung einer großen Zahl befähigter Wissenschaftler und obwohl Reisen in das westliche Ausland jetzt relativ großzügig bewilligt werden, Spitzenleistungen der medizinischen Forschung und Entwicklung kaum aufzufinden. Bloßer Nachvollzug, die Übernahme und Anpassung von Ergebnissen sind die Regel.

Alle diese Schwächen und insbesondere der zeitliche Rückstand wirken sich zwangsläufig auf die allgemeine medizinische Versorgung aus. Zwar sind Bereitschaft und verfügbare Finanzmittel zur Ausstattung mit Geräten neuer Technologie wenigstens derjenigen Bezirkskrankenhäuser, denen „hochspezialisierte Versorgung" aufgetragen ist, deutlich gewachsen. Aber Behinderungen und Ausfallzeiten durch Ersatzteilmangel und verzögerten Wartungsdienst sind hier naturgemäß noch größer. Ungleichmäßige Versorgung mit neu entwickelten Medikamenten fällt stark ins Gewicht (→ **Arzneimittelversorgung**).

Die Verantwortlichen in SED und Regierung bemühen sich um Ausgleich durch höhere Effektivität und durch Steigerung der Qualität der Arbeit. Andere Arbeitsorganisation in den Einrichtungen (**Wissenschaftliche → Arbeitsorganisation**) soll bessere Nutzung der Arbeitsplatz-Ausrüstungen, zumal der medizintechnischen Geräte bewirken, besonders durch Erstreckung der Arbeit über mehr als die übliche Arbeitszeit durch ergänzende Teilschichten. Da in den Einrichtungen nicht die Leistung pro Zeiteinheit vergütet wird, sondern stets die Arbeitszeit, müssen Verfahren für die Erhöhung der *Arbeitsintensität* entwickelt und angewandt werden. Die Leitlinie gibt, wie in vielen Bereichen der Wirtschaft, das Prinzip des Leistungsvergleichs, mit dem „das Engagement" in der Arbeit gesteigert werden soll. Neben die Entwicklung von „Niveaukennzahlen" für Messung und (inner- und überbetrieblichen) Vergleich des „Niveaus der Nutzung der Arbeitstage" treten mannigfache Wettbewerbe mit dem Ziel, „ungerechtfertigte Niveauunterschiede abzubauen". Über die Ergebnisse dieser Bemühungen, das Verhältnis zwischen Aufwand und Ergebnis im G., die „Effizienz" zu verbessern, läßt ein Urteil von außen nicht zu. Detaillierte Informationen aus einzelnen Einrichtungen werden nirgends veröffentlicht.

Verbesserung der Qualität der Arbeit in den Einrichtungen wird auf drei Wegen angestrebt: durch unmittelbare Qualitätskontrolle in „Visiten", mittels „Pflegedokumentation" und durch Befragung von Patienten. In „Pflegevisiten" ohne Ankündigung suchen die Pflegeleiter im Krankenhaus Mängel in den Betriebsabläufen zu erfassen; auch in der ärztlichen Tätigkeit wird so vorgegangen. „Pflegedokumentation" erleichtert die Kontrolle; der Preis dafür ist vermehrter Zeitaufwand für schriftliche Arbeiten. Patienten werden mittels standardisierter Fragebögen befragt und die Antworten nach Anonymisierung zur Aufdeckung von Mängeln ausgewertet. Ein Urteil über die Ergebnisse der Bemühungen um Qualitätsverbesserung ist von außen gleichfalls nicht zu gewinnen.

Bei allen diesen Aktivitäten wird sorgsam vermieden, Zweifel daran zu säen, daß das G. der DDR auf hohem Niveau arbeitet und daß seine Arbeitsergebnisse den Maßstäben westlicher Industrieländer zumindest gleichkommen. Vergleiche mit solchen Ländern rechtfertigen diese Einschätzung nicht. Legt man die Gesundheitsindikatoren zugrunde, die die OECD als Maßstäbe für internationale Vergleiche vorschlagen hat, so steht die DDR ziemlich tief auf den Rangskalen. Der Vergleich mit der Bundesrepublik Deutschland ergibt:

Die Lebenserwartung der 50jährigen Männer beträgt (1981) in der DDR 23,39 Jahre, in der Bundesrepublik 24,19, die der Frauen 27,58 bzw. 29,36 Jahre. Sie ist also in der DDR um 0,8 Jahre oder 3,3 v.H. bzw. 1,8 Jahre oder 6,1 v.H. niedriger. Die Gesamtsterblichkeit der männlichen Bevölkerung beträgt (alle folgenden Zahlen für 1981 und auf 10000 der entsprechenden Bevölkerung) in der DDR 132,7, in der Bundesrepublik 118,33, die der weiblichen 144,8 gegen 115,94, ist also in der DDR um 12,1 bzw. 24,9 v.H. höher (die zweitgenannte Differenz resultiert im wesentlichen aus der hohen Sterblichkeit der Frauen zwischen 65 und 75 Jahren: Sie liegt um 32,3 v.H. über der der Bundesrepublik. Für alle aufgewiesenen Differenzen sind Bösartige Tumoren (Krebs) und Krankheiten der Herzkranzgefäße einschließlich Herzinfarkt die wichtigsten Faktoren.

Die Sterblichkeit der Männer im Alter zwischen 55 und 65 Jahren an Bösartigen Tumoren beträgt in der DDR 506,8, in der Bundesrepublik 487,2, die der Frauen 345,2 bzw. 330,7, ist also in der DDR um 4,0 bzw. 4,4 v.H. höher, die Sterblichkeit der Männer an Krankheiten der Herzkranzgefäße beträgt in der DDR 507,7, in der Bundesrepublik 448,0, ist also um 13,3 v.H. höher. Die Bundesrepublik Deutschland liegt keineswegs in der Spitzengruppe der westlichen Industrieländer; sie überschreitet kaum die Mittellage.

Die Perinatale Sterblichkeit (Sterblichkeit der Kinder kurz vor, unter und in den ersten 7 Tagen nach der Geburt) in der DDR ist gegenüber Schweden, Dänemark und der Schweiz (die Zahlen der Bundesrepublik sind hier infolge besonderer Gegebenheiten nicht vergleichbar) um 40,2 bzw. 38,1 und 26,1 v.H. höher.

Bei anderen, als Todesursache weniger gewichtigen Krankheiten indessen sind die Sterblichkeitsziffern der DDR günstiger als die der Bundesrepublik (doch bleibt sie auch da durchweg im Mittelfeld der Vergleichsreihe). Das fällt den kleinen Zahlen zufolge kaum ins Gewicht. Aber es läßt darauf schließen, daß der insgesamt ungünstige Stand der DDR nicht dem G. zur Last zu legen ist: Für die hohe Sterblichkeit der → **Frauen** und die hohe Perinatale Sterblichkeit gibt es keine andere Erklärung als die, daß hier die Folgen einer nahezu schonungslosen Beanspruchung der Arbeitskraft zutage treten, und daß die in der DDR bisher entwickelten Schutzmaßnahmen nicht ausreichen, diese Beanspruchung zu kompensieren. Die Männer leben in der DDR, im ganzen gesehen, nicht unter so ungünstigen Bedingungen. Aber die Auswirkungen der Belastung zeigen sich auch bei ihnen. Der hohe Verbrauch an Tabakwaren, die ungenügende Versorgung mit gesundheitlich zuträglichen Fetten, im Krankheitsfall auch die ungleichmäßige Versorgung mit vielen Medikamenten tragen sicherlich dazu bei. Aber auch dies sind Faktoren, die nicht dem G. zur Last gelegt werden können, die vielmehr aus den allgemeinen Lebensbedingungen folgen. *Erwin Jahn*

Literaturangaben

Büttner, L., B. Meyer u. E. Wetzstein: Gesundheitspolitik. Aufgaben und Traditionen. Jena: Fischer 1980. (Medizin und Gesellschaft. 9.)

Grundlagen der Rehabilitation in der Deutschen Demokratischen Republik. Hrsgg. v. K. Renker. 4., überarb. Aufl. Berlin (Ost): Volk und Gesundheit 1980.

Paul, E.: Gesundheitsschutz. Berlin (Ost): Volk und Gesundheit 1979.

Pritzel, K.: Gesundheitswesen und Gesundheitspolitik in der Deutschen Demokratischen Republik. Berlin: Osteuropa-Institut 1978. (Berichte des Osteuropa-Instituts an der Freien Universität Berlin. 119: Reihe Medizin. 46.)

Zur **Problematik** des sozialistischen Charakters des DDR-Gesundheitswesens. Zielsetzungen u. Entwicklungsprogramm 1981–1985. Hrsgg. v. H. Harmsen. Hamburg (Akademie für Staatsmedizin) 1980. (Zur Entwicklung und Organisation des Gesundheitswesens in der DDR unter Mitberücksichtigung der UdSSR u. osteuropäischer Volksdemokratien. 83.)

Gesundheitspolitisch relevante **Probleme** der neuen Gesetzgebung in der DDR wie auch in Ungarn und der UdSSR. Hrsgg. v. H. Harmsen. Hamburg (Akademie für Staatsmedizin) 1977. (Zur Entwicklung u. Organisation des Gesundheitswesens in der DDR unter Mitberücksichtigung der UdSSR u. osteuropäischer Volksdemokratien. 74.)

Rechtsprinzipien im Gesundheitswesen. Hrsgg. v. R. Gürtler, J. Mandel u. J. Rothe. Berlin (Ost): Volk und Gesundheit 1980.

Rolf, H.: Sozialversicherung oder staatlicher Gesundheitsdienst? Ökonomischer Effizienzvergleich der Gesundheitssicherungssysteme der Bundesrepublik Deutschland u. der Deutschen Demokratischen Republik. Berlin: Duncker u. Humblot 1975. (Sozialpolitische Schriften. 36.)

Ruban, M. E.: Gesundheitswesen in der DDR. System u. Basis. Gesundheitserziehung, Gesundheitsverhalten, Leistungen, Ökonomie des Gesundheitswesens. Berlin: Holzapfel 1981.

Stauder, H.-J.: Das Gesundheitswesen der DDR – eine ökonomische Analyse aus ordnungstheoretischer Sicht. Hrsg.: H. Harmsen. Bonn: Bundesanstalt für Gesamtdeutsche Aufgaben 1978. (Zur Entwicklung und Organisation des Gesundheitswesens in der DDR unter Mitberücksichtigung der UdSSR u. osteuropäischer Volksdemokratien. 79.)

Sterblichkeit und Lebenserwartung. Analyse zum Gesundheitszustand der Bevölkerung im europäischen Vergleich der Deutschen Demokratischen Republik. Hrsgg. v. G. Ewert u. H. Marcusson. Berlin (Ost): Volk und Gesundheit 1981.

Winter, K.: Das Gesundheitswesen in der Deutschen Demokratischen Republik. Bilanz nach 30 Jahren. 2., überarb. Aufl. Berlin (Ost): Volk und Gesundheit 1980.

Gewinn: Die betriebliche Erfolgsrechnung verwendet seit 1971 für alle Betriebe der Industrie und des Bauwesens das schon seit 1969 in der Metallverarbeitenden Industrie und bei der Chemieerzeugung erprobte **einheitliche Betriebsergebnis** (GBl. II, 1968, S. 507 ff.), das auch Aufwendungen und Erlöse der Exportbeziehungen in die G.-Ermittlung mit einbezieht (→ **Exportpreis**). Bis dahin erhielt der herstellende Betrieb für Exportgüter von den Außenhandelsorganen lediglich die geltenden Inlandspreise, die Effizienz seiner Exporte blieb ihm verborgen. Das „einheitliche Betriebsergebnis" wird gegenwärtig (1983) folgendermaßen ermittelt:

G. aus Inlandsumsätzen,
\+ G. oder Verlust aus Exportumsätzen
\+ erhaltene Exportstimulierungsmittel (= Exportstützungen, Exportrückvergütungen und Exportförderungsprämien)
⁒ produktgebundene Abgaben und Dienstleistungsabgaben (→ **Steuern**, IV.)
= einheitliches Betriebsergebnis
⁒ → **Produktionsfondsabgabe**
= Netto-G.
⁒ → **Nettogewinnabführung**
⁒ unzulässige, an den Staatshaushalt abzuführende G. (z. B. aus Überschreitung des Arbeitskräfteplanes, aus Verstößen gegen geplante Sortimente, gegen festgelegte Preise und gegen vorgegebene Qualitätsstandards)
= dem Betrieb verbleibender Netto-G.

Hierbei werden die Inlandsumsätze (= Preissumme der abgesetzten Erzeugnisse und Leistungen) zu → **Indu-**

strieabgabepreisen (IAP) bemessen. Die Umrechnung der Exporterlöse in Inlandswährung erfolgt über → **Richtungskoeffizienten** (= Valutaumrechnungskoeffizienten), die – den jeweiligen außenhandelspolitischen Intentionen folgend – regional differenziert und in ihrer Höhe veränderlich sind. Die produktgebundenen Abgaben und Dienstleistungsabgaben werden als Durchlaufposten behandelt.

Da in einer Zentralplanwirtschaft Löhne, → **Steuern**, Gebühren, Zinsen, Preise und ebenfalls die Kosten – durch Kostennormative und staatliche Kalkulationsrichtlinien – zentral festgelegt werden, bestimmen diese Daten und das im Gegensatz zur Marktwirtschaft gesetzlich verankerte Verfahren der G.-Verteilung in den VEB und Kombinaten maßgeblich die Höhe des dem Betrieb verbleibenden Netto-G. Die G.-Verteilung wird durch 2 Faktoren bestimmt, einerseits durch die der Preisbildung (→ **Preissystem und Preispolitik**) zugrunde liegenden Grundsätze und andererseits durch die über eine Differenzierung der Sätze der Nettogewinnabführung verfolgte staatliche G.-Verteilungspolitik. Der Betrieb kann allerdings im Rahmen der ihm auferlegten Planaufgaben bei den zentral vorgegebenen Preisen durch Steigerung seiner → **Rentabilität** (z. B. Überplanerfüllung, verbesserte Kapitalnutzung – d. h. Einsparung an Produktionsfondsabgabe –, verbesserte Betriebsorganisation, verminderte Ausschußproduktion, sinnvollere Materialnutzung, Entwicklung neuer bzw. verbesserter Erzeugnisse, Exportsteigerungen, Kostensenkungen und im Rahmen der Planvorgaben mögliche Sortimentsverschiebungen) den ihm nach Kürzung der Abzugsposten verbleibenden G. in bestimmten Grenzen erhöhen.

Mit der Wirtschaftsreform von 1963 (→ **Wirtschaft**) wurde dem G. eine zentrale Stellung im System eingeräumt, denn er wurde zum entscheidenden Maßstab der Leistung des Betriebes und zu einer wichtigen Antriebskraft für die betriebliche Produktion aufgewertet. Zwar war in der wissenschaftlichen Diskussion bereits Ende der 50er Jahre (Behrens-Benary-Affäre) die Forderung nach stärkerer Berücksichtigung kostendeckender Preise sowie der G.-Orientierung als entscheidender ökonomischer Kategorie erhoben worden; jedoch erst, nachdem der sowjetische Wirtschaftswissenschaftler E. Liberman mit seinem Artikel: „Plan, Gewinn, Prämie" in der „Prawda" eine grundlegende Reform des betrieblichen Planungssystems der Sowjetunion unter Nutzung des G. als ökonomischen Hebels im September 1962 vorgeschlagen hatte, setzte auch in der DDR eine hieran anknüpfende lebhafte Reformdiskussion ein. Die seit 1963 in der DDR und in der Folgezeit auch in osteuropäischen kommunistischen Ländern durchgeführten Wirtschaftsreformen führten dann schließlich in einem gewissen Grad zur Auswechslung der bis dahin im Mittelpunkt der Planerfüllung stehenden Ziele des Produktionsplanes durch die Richtgröße G. Die Bestimmung des G. zum Hauptkriterium der wirtschaftlichen Leistungen von VEB und VVB bzw. Kombinat verlangte damals in der DDR – genauso wie in anderen RGW-Ländern – die Beseitigung der gröbsten, diesen Leistungsmaßstab verfälschenden wirtschaftlichen Mißstände. Erst die Neubewertung des Brutto-Anlagevermögens (→ **Grundmittelumbewertung**), der Abschluß der Industriepreisreform (→ **Preissystem und Preispolitik**, II.; III.) Ende 1967 und die Neufestsetzung der Abschreibungssätze (→ **Abschreibungen**) und Zinsen schufen bessere Voraussetzungen für eine aussagekräftigere Kostenrechnung und G.-Ermittlung. Entscheidend war, daß dem Betrieb die relativ freie Verfügbarkeit über einen Teil des von ihm erwirtschafteten Netto-G. eingeräumt wurde, denn nur so war es überhaupt möglich, den Betrieb zur eigenen Ausgestaltung des ihm mit den Reformen geschaffenen Aktionsfeldes zu veranlassen.

In den Jahren 1969 und 1970 – als die mit dem → **Neuen Ökonomischen System (NÖS)** geschaffenen ökonomischen Hebel weitgehend wirksam waren – konnte der Betrieb dann auch tatsächlich den ihm nach Abzug von Produktionsfondsabgabe und Nettogewinnabführung sowie der damals vorgeschriebenen Fondsbildung (→ **Fonds**) verbleibenden Rest-G. als finanzielle Basis seiner eigenverantwortlichen Investitionsentscheidungen nutzen (→ **Investitionen**).

Dieser Aktionsradius ist ihm jedoch mit der Rezentralisierung wieder genommen worden: 1971 ist der vom Betrieb zu erwirtschaftende Netto-G. zur staatlichen Plankennziffer erhoben worden, und zwar in den Jahren 1971 und 1972 als feste Plankennziffer vorgegeben; seit 1973 war er „Berechnungskennziffer" der Planung, d. h., er wurde indirekt aus anderen verbindlichen Plankennziffern ermittelt. Des weiteren wurde mit der Rezentralisierung die Nettogewinnabführung von Prozentanteilen in absolute, branchenweise unterschiedliche G.-Abführungsbeträge umgewandelt und die Investitionstätigkeit durch staatliche Planauflagen verbindlich vorgeschrieben. Damit wurde die Rolle des G. durch bewußte Minderung seiner Stimulierungsfunktion wieder erheblich geschwächt: Dem Betrieb wurden vom Soll-G. gerade so viel Finanzierungsmittel belassen, wie er zur Durchführung der geplanten Aufgaben sowie zur Realisierung der geplanten Investitionen bei den von den Banken bewilligten planmäßigen Krediten benötigte.

Bei Übererfüllung des geplanten Netto-G. verblieb dem Betrieb die Hälfte des Mehr-G., die Verwendungsmöglichkeiten für diese Mittel wurden begrenzt auf: Verbesserungen der Arbeitsorganisation, Zuführungen zum Prämienfonds, Zuführungen zum → **Leistungsfonds**, Erhöhung der Eigenfinanzierung, vorfristige Kredittilgung, Kauf gebrauchter Anlagegüter, Finanzierung von Neuerervorschlägen bis zu je 10000 Mark sowie die Herstellung von Rationalisierungsmitteln aus eigenen Reserven. Unzulässige G. (z. B. aus Preismanipulationen, aus Verletzung der festgelegten Sortimente) mußten voll an den Staatshaushalt abgeführt werden (GBl. I, 1975, S. 408ff.). Angesichts dieses eingeengten Katalogs wurden beim Betrieb kaum nennenswerte Antriebskräfte zur Übererfüllung der realen Planziele und damit auch des durch sie bestimmten Soll-G. ausgelöst. Zwar war mit dem Gegenplan (→ **Sozialistischer Wettbe-**

werb) ein Anreiz zu – bereits im voraus angekündigten – Übererfüllungen geschaffen worden, da im Falle ihrer Realisierung zusätzliche Zuführungen zum Prämienfonds (→ **Lohnformen und Lohnsystem**, V.) sowie – bei Übererfüllung der geplanten → **Arbeitsproduktivität**, bei bestimmten Materialeinsparungen und Qualitätsverbesserungen – zum → **Leistungsfonds** erreicht werden konnten. Jedoch blieb dieser Anreiz zugunsten der Belegschaft begrenzt: Einerseits haben leistungsfähige Betriebe – in Übereinstimmung mit den Interessen ihrer Arbeiter und Angestellten – ihre Angebote so abgestimmt, daß sie gerade die Prämienhöchstgrenze erreichten und dennoch Leistungsreserven für den kommenden Gegenplan zurückhalten konnten. Andererseits haben die einseitigen Verwendungsmöglichkeiten der Mittel des Leistungsfonds vorwiegend zugunsten der Gesamtbelegschaft bei den einzelnen Arbeitskollektiven nur ein bedingtes Interesse an zusätzlichen Arbeitsbelastungen induziert. War damit der Anreiz für die Belegschaft schon gering, so war er für die Betriebsleitung noch unerheblicher, weil sie mit den ihrer Disposition unterliegenden zusätzlich erwirtschafteten G.-Teilen nur in beschränktem Umfang eigene Ziele verfolgen konnte.

Bei einer Untererfüllung des Soll-G. – Folge von Kostenüberschreitungen oder Mindererfüllungen materieller Planaufgaben – sah sich der Betrieb erheblichen Finanzierungsschwierigkeiten gegenüber: Er konnte die Fondsbildung nicht im geplanten Umfang realisieren. Insbesondere wurden dabei die vorgesehenen Investitionen betroffen, von denen wiederum der G. künftiger Jahre abhing. Auf Kredite konnte der Betrieb nur in dem durch die Kennziffer „Veränderung des Kreditvolumens für Grundmittelkredite" abgesteckten, recht beschränkten Rahmen ausweichen. Angesichts dieser Schwierigkeiten mußten in den 70er Jahren Erleichterungen bei der Nettogewinnabführung gewährt werden: Während diese bei Nichterreichen des Plan-G. 1971 noch voll zu zahlen war, durften 1972 30 v. H. und seit 1973 50 v. H. der Unterschreitung des geplanten G. gekürzt werden. Blieb der Ist-G. noch unter diesem geminderten Soll, so mußte er voll abgeführt werden; die Differenz war als Finanzschuld mit 5 v. H. zu verzinsen und im nächsten Jahr aus überplanmäßigen G.-Teilen zu tilgen. 1976 wurde in diesem Zusammenhang eine neue Vorschrift erlassen: durch Preissteigerungen für Energie und Rohstoffe bewirkte Kostenerhöhungen durften – solange die Abgabepreise der betroffenen Erzeugnisse noch nicht angepaßt waren – z. T. durch eine Minderung der Nettogewinnabführung aufgefangen werden.

Interessant ist, daß im Zeitraum von 1979 bis 1983 drei neue, den G. und die G.-Verwendung regelnde Finanzierungsrichtlinien erlassen worden sind.

Zweck der ersten (GBl. I, 1979, S. 253 ff.) war es, der Ablösung der bisherigen VVB durch Kombinate Rechnung zu tragen. Nunmehr erfolgte in bestimmtem Maße eine Zentralisierung von Netto-G. auf dem Abrechnungskonto „Zentralisierter Netto-G." des Kombinates sowie – neben der Bildung des Reservefonds, des Verfügungsfonds des Generaldirektors und des Werbefonds – eine gewisse Zentralisierung von Fondsmitteln überhaupt (z. B. Investitionsfonds, Fonds Wissenschaft und Technik). Aus dem genannten Abrechnungskonto wurden sowohl die Nettogewinnabführungen des Kombinates als auch eine Reihe von Umverteilungen zu bestimmten betrieblichen Fonds (z. B. Prämien- und Investitionsfonds) gespeist. Hinsichtlich der Verwendung der Mittel des Investitionsfonds schuf man strenge Vorschriften, um zu gewährleisten, daß die Mittel nur geplanten Investitionen zugute kamen. Bezüglich der Verwendung der Mittel aus den zentralisierten Fonds im Kombinat oder bei den Betrieben entschieden die Generaldirektoren in Übereinstimmung mit den geplanten Aufgaben. Bei der Abführungspflicht für unzulässige – nicht auf eigenen ökonomischen Leistungen beruhenden – G. an den Staatshaushalt kamen G. aus Überschreitungen des Arbeitskräfteplanes (bis zur Höhe von 5 000 Mark je Arbeitskraft) hinzu. Schließlich wurde den Generaldirektoren und den Direktoren auferlegt, sich verstärkt um eine Unterbietung der geplanten Kosten zu bemühen, und damit den G. zu erhöhen.

Die zweite, straffer gegliederte VO (GBl. I, 1982, S. 113 ff.) bezieht die den Kombinaten angeschlossenen → **Außenhandelsbetriebe (AHB)** mit ein, während alle anderen Außenhandelsbetriebe von ihr unberührt bleiben. Im Verhältnis zwischen Kombinatsspitze und den Betrieben wurde bestimmt, daß ein Teil des Exportergebnisses sowie Teile der Exportstimulierungsmittel bei der Spitze zentralisiert werden können. Dahinter steht die Absicht, der Kombinatszentrale stärkere Einflußnahme auf Exporterhöhungen zu ermöglichen. Des weiteren wurde der Nettogewinnabführungspflicht deutlicher Vorrang gegeben und festgelegt, daß die geplante G.-Abführung auch dann einzuhalten ist, wenn der realisierte G. unter dem Planansatz bleibt. Reichen zur Zahlung die gegebenen Mittel nicht aus, so sind Fonds anzugreifen und Kredite aufzunehmen. Vermehrten Intensivierungsanstrengungen dient z. B. einerseits, daß bei Auftreten von Qualitätsmängeln als Sanktionen G.-Abschläge in Kraft treten; andererseits wird die Sortimentsausweitung hinsichtlich modischer Produkte sowie generell die Steigerung der Qualität gefördert. Über den G. wird bei gegebenen Preisen aber auch die Materialeinsparung stimuliert; das gilt sowohl für materialsparende Konstruktionen und die Materialsubstitution als auch für die Senkung des spezifischen Energieverbrauchs. Hierbei ergaben sich bereits Erfolge, was an dem dramatischen Anstieg der G. im Jahre 1982 widergespiegelt wird (→ **Staatshaushalt**).

Mit der dritten VO (GBl. I, 1983, S. 110 ff.), die ab 1. 1. 1984 gilt, wird der leichten Aufwertung der Rolle des G. – nunmehr eine der Hauptkennziffern der Leistungsbewertung, Neuregelungen zur → **Wirtschaftlichen Rechnungsführung** – sowie den verstärkten Kontrollmechanismen durch präzisere Bestimmungen Rechnung getragen. Neu ist im Verhältnis zwischen Betrieben und Kombinatsspitze, daß die Betriebe bei Übererfüllung des G. daraus in höherem Maße Fondszuführungen betreiben dürfen als die Kombinatszentrale. Hierfür gelten bestimmte verbindliche Anteilsnormen. Als Nettogewinnabführung ist deshalb nicht mehr generell eine Höhe von mindestens 50 v.H. des überbotenen G. vorgesehen, vielmehr scheint es vorbestimmte Differenzierungen zu geben. Interessant ist eine Neuerung zur Exportstimulierung: Bei Verbesserung der Exportsituation dürfen über den festgelegten Anteil hinaus G.-Teile für zusätzliche Fondszuführungen verwendet werden, und zwar entsprechend vorgegebener normativer Anteile am überplanmäßig erwirtschafteten Exportergebnis. Ansonsten ist der verbleibende überplanmäßig erwirtschaftete G. der Betriebe und des Kombinates den Stimulierungsfonds und bestimmten Fonds des Generaldirektors zuzuführen. Zur Hebung der Zahlungsmoral bei der Nettogewinnabführung wurde verfügt, daß bei nicht termingerechter und nicht vollständiger Zahlung die zuständige Bank selbsttätig und zwangsweise die dem Staat vorenthaltenen Mittel den Konten des Kombinates und der Betriebe abzubuchen hat. Generell gilt nunmehr eine verschärfte Trennung zweckgebundener finanzieller Mittel, die zeitlich straffere Einzahlung auf Sonderbankkonten zu präzisen Terminen sowie eine noch durchgreifendere Effizienzkontrolle bei für Investitionen verwendeten Mitteln.

An diesen Maßnahmen wird deutlich, daß der G. in den 70er Jahren von einer vorher betriebliche Initiativen stimulierenden Antriebskraft zum Sicherungsmittel staatlichen und betrieblichen Finanzierungsbedarfs abgewertet worden war. Mit seiner Planung sowie mit anderen ökonomischen Hebeln wurde auch von seiten der Finanzplanung Druck auf die Betriebe zur plangerechten Aufgabendurchführung sowie zur Leistungsverbesserung ausgeübt. Diesem Druck konnte der Betrieb grundsätzlich nur mit Kostensenkungen entgegenwirken. Deshalb wurden von ihm seit 1974 auch neben einer detaillierten Planung der Kosten planmäßige Selbstkostensenkungen verlangt. Hierzu ist vom Betrieb bei exakter Einhaltung der Normen für den Einsatz von Materialien und Vorleistungen, der geplanten Lohnkosten sowie der geltenden Gemeinkostennormative eine genaue Vorausplanung der Kosten nach Kostenarten, -stellen und -trägern durchzuführen. Dabei sind auch die infolge vorgesehener Rationalisierungsprojekte zu erwartenden Kosteneinsparungen – untergliedert nach Kostenarten und Rationalisierungsmaßnahmen – auszuweisen. Nicht planbar sind solche Kosten, die aus vom Betrieb nicht verschuldeten Unregelmäßigkeiten resultieren. Mit dieser detaillierten Kostenplanung soll nicht nur über einen Vergleich von Betrieben einer Branche eine Aufdeckung betrieblicher Reserven erreicht, sondern den wirtschaftsleitenden Organen bereits zu einem Zeitpunkt Auskunft über von den Betrieben beabsichtigte oder mögliche – von zentralen Zielen abweichende – Eigenaktionen vermittelt werden, bevor diese überhaupt begonnen werden.

In den 80er Jahren mußte der G. vermehrt auf die Stimulierung von Intensivierungsaufgaben ausgerichtet werden, ohne allerdings seine Funktion der Sicherung des planmäßigen Finanzbedarfs aufzugeben. Die 1983 erfolgte weitere, vorsichtige Aufwertung des G. bezweckt keinesfalls, ihn zum betrieblichen Hauptziel werden zu lassen. Vielmehr wird versucht, den G. verstärkt dem Ziel bedarfsgerechter und exportträchtiger Produktionsausweitungen unterzuordnen. Er soll Ausdruck hoher Produktionsergebnisse bei gleichzeitig rationeller Nutzung der materiellen und finanziellen Ressourcen sein.

Die verstärkte Ausrichtung der gegenwärtigen monetären Steuerung auf Kosteneinsparungen ist als Versuch zu deuten, die betriebliche Effizienz mehr am Umfang der Selbstkostensenkung zu bemessen. Haupteinwand gegen die Aussagekraft des G. als Maßstab der betrieblichen Leistungsfähigkeit bleiben nach wie vor aber die erheblichen Preisverzerrungen im gegebenen Preissystem. Dieser Mangel wird durch die zusätzliche Verwendung sich ergänzender „Effizienzkennziffern“ nur unzureichend behoben. Als Beispiele für derartige Kennziffern seien genannt: Arbeitsproduktivität (auf Basis Eigenleistung), Freisetzung von → **Arbeitskräften**, Materialkostenintensität, Kapitalproduktivität, Kapitalrentabilität, Qualitätsstandard. – Die Leistungsmessung erfolgt gegenwärtig hauptsächlich gemeinsam über die den Leistungsbeitrag der Betriebe gut widerspiegelnde Kennziffer „Nettoproduktion“ sowie den Kosteneinsparungen signalisierenden G. Soweit er bei gegebenen verzerrten Preis- und Kostenstrukturen aber nicht Ausdruck erreichter Effizienz sein kann, vermag der erzielte fiktive und eben nicht leistungsgerechte G. auch keine ökonomisch sinnvolle Stimulierung zu bewirken.

Glas- und Keramikindustrie: Die GuK. umfaßt die dem → **Ministerium für Glas und Keramik** unterstellten Kombinate und Betriebe, ferner aus dem Bereich des → **Ministeriums für Bau- und Wohnungswesen** die Kombinate VEB Kombinat Fliesen- und Sanitärkeramik „Kurt Bürger“, Boizenburg, und VEB Kombinat Bau- und Grobkeramik (Ziegeleien), Halle. Dem → **Ministerium für Elektrotechnik und Elektronik** sind das Kombinat Keramische Werke, Hermsdorf, und die dem VEB Kombinat Carl Zeiss zugeordneten VEB Jenaer Glas (vormals Schott & Gen.) und VEB Optischen Werke, Rathenow, unterstellt. Entsprechend der Gliederung der DDR-Wirtschaft nach der Betriebssystematik gehört die Glas- und feinkeramische Industrie statistisch zur → **Leichtindustrie**.

Das Durchschnittsalter der Maschinen und Anlagen beträgt noch über 25 Jahre, obwohl in den 70er Jahren große und moderne Werke in Betrieb genommen wurden, so z. B. in Ilmenau der Neubau des VEB Henneberg Porzellan und der Stammbetrieb des VEB Kombinat Technisches Glas für zusammen knapp 7000 Beschäftigte. Die Schmelzwannen der Glasindustrie und die Brennöfen der Porzellan- und Keramikindustrie verbrauchen eine Energiemenge, die dem Wärmeinhalt von gut 6 Mill. t Braunkohle im Jahr entspricht. Allerdings ist dieser Bereich der importunabhängigste der DDR-Industrie, die Produktion basiert zu 96 v.H. auf heimischen Rohstoffen. Massenware kann ausschließlich aus inländischem Material erzeugt werden, Spitzenqualitäten der Porzellanindustrie erfordern allerdings

Importe, z. B. hochreines Kaolin, Gold und Silber und Porzellanfarben.
Die private Nachfrage übersteigt auch bei Massenware, trotz Verdopplung der Produktion in den 70er Jahren, deutlich das Angebot. Bau- und Verpackungsglas ist ebenfalls knapp. Zierporzellan aus Meißen, Ilmenau, Kahla und Lichte, Schmuckglas aus der Lausitz und Thüringen, Tannenbaumkugeln aus Lauscha und Bleikristall aus Meißen genießen international einen guten Ruf und sind daher exportfähig. Insgesamt wird das Wachstum des Industriebereichs also ausschließlich durch die Produktionsmöglichkeiten begrenzt.
Im Bereich der Manufakturen ist der Anteil der manuellen Arbeit mit deutlich über 50 v. H. sehr hoch. Dies ist das Spezifikum für die Porzellanmanufaktur in Meißen (ca. 1300 Beschäftigte, darunter über 500 Porzellanmaler), aber auch für 14 thüringische Manufakturen, die seit 1979 im VEB Porzellanmanufaktur Lichte zusammengefaßt wurden (insgesamt 1500 Beschäftigte). Die Erzeugnisse der Schmuckglashütten, farbige Gläser und Kelche, Römer, Vasen, Gläser und Schalen aus Bleikristall erfordern ebenfalls hohes handwerkliches und kunsthandwerkliches Geschick.
Im Bereich Technisches Glas nimmt die DDR eine internationale Spitzenstellung ein. Dies gilt für die Produkte aus dem Glaswerk in Ilmenau – knapp 5000 Beschäftigte, Markenzeichen Rasotherm – und traditionell für den VEB Jenaer Glas.
In den 80er Jahren will die DDR ihre Rohstoffabhängigkeit wo immer möglich mindern, Glaswerkstoffe sollen dazu in erheblichem Umfang beitragen. In der → **Chemischen Industrie** und im → **Bau- und Wohnungswesen** sollen Rohre, Reaktoren, Gefäße und komplette Anlagen aus Glas eingesetzt werden, um Edelstähle, Buntmetalle und Kunststoffe einzusparen. Die GuK. wird in den 80er Jahren, mit Wachstumsraten um jährlich 10 v. H., sicher Spitzenreiter der industriellen Entwicklung und wachstumsstärkster Bereich der DDR-Wirtschaft sein. Der Anteil handwerklich geprägter Spitzenqualität aus den Manufakturen wird dabei allerdings zurückgehen, denn dieser Zweig entzieht sich durch den hohen Anteil manueller Tätigkeiten und durch die Qualität spezieller Kunstfertigkeiten weitgehend der → **Intensivierung und Rationalisierung**.

Goethe-Gesellschaft: Die G. wurde am 20. 6. 1885 zur Pflege, Erforschung und Verbreitung der Werke und Gedanken Goethes gegründet. Sitz der G. ist Weimar. Seit 1954 finden dort wieder alle 2 Jahre Hauptversammlungen statt. Die G. hatte es in den 50er Jahren schwer, sich angesichts zahlreicher politisch-ideologischer Anfeindungen zu behaupten. Das Politbüromitglied K. Hager nannte sie auf dem 32. Plenum des ZK der SED im Juli 1957 „Agentur der westlichen Ideologie“. 1958 drängte der → **Kulturbund der DDR (KB)** auf eine „strengere Anwendung des Prinzips der Parität“ (Jahrbuch der G., 1958). In den letzten 10 Jahren ist durch Aufnahme auch nichtdeutscher Mitglieder eine Internationalisierung angestrebt worden; die Tendenz zur Gründung von Ortsvereinigungen im Ausland ist steigend. Man kann daher nicht mehr von einer gesamtdeutschen Gesellschaft im engeren Sinne sprechen.
Im Juni 1983 hatte die G. rd. 4700 Mitglieder in 36 Ländern. Präsident war von 1949 bis Juli 1971 der West-Berliner Prof. Dr. Andreas Wachsmuth, der aus Altersgründen zurücktrat. Sein Nachfolger wurde Helmut Holtzhauer (Direktor der Nationalen Forschungs- und Gedenkstätten in Weimar), der seit 1958 Vizepräsident der G. war. Holtzhauer verstarb Ende 1973. Präsident ist seit April 1974 Prof. Dr. Karl-Heinz Hahn, Weimar;

Grenzübergänge zur DDR

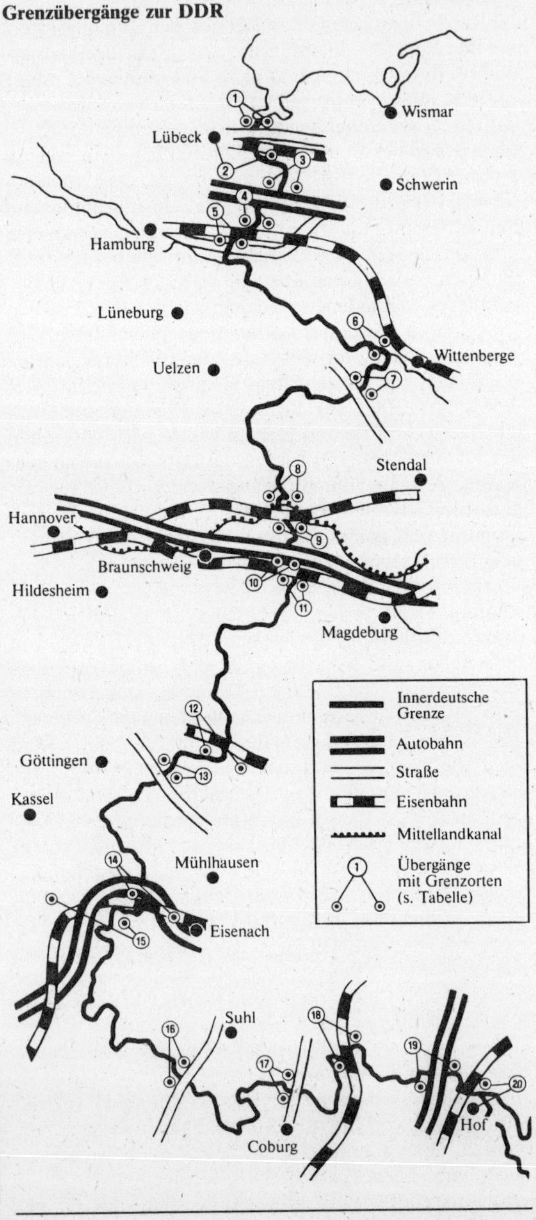

Vizepräsident ist seit 1975 der Direktor des Düsseldorfer Goethe-Museums, Jörn Göres.
Publikationen: Goethe-Jahrbuch, Schriften der G.
→ **Kulturelle Zusammenarbeit; Kulturelles Erbe.**

Grenze, Innerdeutsche: Der Verlauf der G. (Länge ca. 1393 km) zwischen der Bundesrepublik Deutschland und der DDR bestimmt sich nach den Festlegungen des → **Londoner Protokolls** (Protokoll über die Besatzungszonen in Deutschland und die Verwaltung von Groß-Berlin vom 12. 9. 1944), soweit nicht hiervon später von den damaligen Besatzungsmächten örtliche Abweichungen vereinbart wurden.
Die im Londoner Protokoll festgelegte G. verläuft weitgehend entlang den bis 1945 bestehenden Landes- und Provinz-G.: von der Lübecker Bucht nach Süden bis an die Elbe, entlang den West-G. Mecklenburgs, Sachsen-Anhalts, der West- und Süd-G. Thüringens sowie der Süd-G. Sachsens bis zur deutsch-tschechoslowakischen G. ostwärts von Hof.
Das Gesetz über die Staatsgrenze der DDR (Grenzgesetz) vom 25. 3. 1982 (GBl. I, S. 197) faßt die grundlegenden Bestimmungen über das Hoheitsgebiet und die G. der DDR zusammen. Es enthält allgemeine Vorschriften zum Passieren der G. einschließlich des Transitverkehrs, umreißt die Verantwortung für den Schutz der G. und die Befugnisse der DDR-Grenztruppen und regelt letztlich die Zusammenarbeit mit Nachbarstaaten in G.-Angelegenheiten. Ergänzt wird das G.-Gesetz durch die Durchführungs-VO (G.-Verordnung) vom 25. 3. 1982 (GBl. I, S. 203) und die AO über die Ordnung in den G.-Gebieten und den Seegewässern (G.-Ordnung) vom 25. 3. 1982 (GBl. I, S. 208).
Auf der Seite der DDR sind an der G. umfangreiche Sperranlagen errichtet, die aus mehrfachem Stacheldraht, Minen, Gräben, Stolperdrähten, optischen und elektrischen Warnanlagen, **Selbstschußanlagen**, Wachtürmen, Erdbunkern, Beobachtungsständen, Lichtsperren und Hunde-Laufanlagen bestehen. Zur Überwachung dieser Anlagen und zur Kontrolle der G. sind die G.-Truppen der DDR sowie andere Schutz- und Sicherheitsorgane eingesetzt. Sie werden dabei unterstützt durch freiwillige Helfer (→ **Grenztruppenhelfer**), die die gleichen Befugnisse wie Hilfspolizisten besitzen (VO über die Zulassung und Tätigkeit freiwilliger Helfer zur Unterstützung der → **Deutschen Volkspolizei [DVP]** und der → **Grenztruppen der DDR** vom 16. 3. 1964, GBl. II, S. 241).
Jenseits der G. erstrecken sich die G.-Gebiete. Die G.-Gebiete unterliegen einer besonderen Ordnung, die im einzelnen in der G.-Ordnung vom 25. 3. 1982 niedergelegt ist. Die G.-Gebiete bestehen gegenüber der Bundesrepublik Deutschland aus dem Schutzstreifen und der Sperrzone entlang eines Teiles der Küste aus einem Schutzstreifen und entlang der gesamten Küste aus der G.-Zone. Gegenüber Berlin (West) besteht das G.-Gebiet aus dem Schutzstreifen. Der Verlauf und die Tiefe der G.-Gebiete werden durch den Minister für Nationale Verteidigung im Einvernehmen mit dem Minister des Innern bestimmt.
Personen, die in den G.-Gebieten wohnen oder sich dort vorübergehend aufhalten, sind besonders einschränkenden Genehmigungs-, Einreise- und Aufenthaltsbestimmungen unterworfen. Angehörige der G.-Truppen und ihre freiwilligen Helfer sind befugt, unter bestimmten Voraussetzungen Personalien festzustellen, Personen und Sachen im G.-Gebiet zu durchsuchen, Grundstücke und Räume zu betreten, Personen in Gewahrsam zu nehmen, bei Widerstand „körperliche Einwirkungen" vorzunehmen und auf der Grundlage von § 27 G.-Gesetz die Schußwaffe anzuwenden. (Bis zum 31. 12. 1983 wurden im Bereich der G. zwischen beiden deutschen

	Auf der Seite der Bundesrepublik	Auf der Seite der DDR
1. (Straße)	Lübeck-Schlutup	Selmsdorf (Bez. Rostock)
2. (Bahn)	Lübeck	Herrnburg (Bez. Rostock)
3. (Autobahn)	Gudow	Zarrentin
4. (Bahn)	Büchen, südl. Lübeck	Schwanheide (Bez. Schwerin)
5. (Straße)	Lauenburg/Elbe i. Holst.	Horst b. Boizenburg/Elbe
6. (Elbe)	Schnackenburg/Elbe	Cumlosen/Elbe (Kr. Perleberg)
7. (Straße)	Bergen (Dumme), östl. Uelzen	Salzwedel (Bez. Magdeburg)
8. (Mittellandkanal)	Rühen, nordwestl. Wolfsburg	Buchhorst b. Oebisfelde (Bez. Magdeburg)
9. (Bahn)	Wolfsburg/Vorsfelde	Oebisfelde (Bez. Magdeburg)
10. (Autobahn)	Helmstedt	Marienborn (Bez. Magdeburg)
11. (Bahn)	Helmstedt	Marienborn (Bez. Magdeburg)
12. (Bahn)	Walkenried (nur Güterverkehr)	Ellrich (Bez. Erfurt)
13. (Straße)	Duderstadt	Worbis (Bez. Erfurt)
14. (Autobahn)	Herleshausen/Werra Die Verbindung zwischen den beiden Autobahnstrecken wird über eine Landstraße 1. Ordnung hergestellt	Wartha, westl. Eisenach
15. (Bahn)	Bebra	Gerstungen, westl. Eisenach
16. (Straße)	Eußenhausen, nördl. Mellrichstadt	Meiningen (Bez. Suhl)
17. (Straße)	Rottenbach, nördl. Coburg	Eisfeld (Bez. Suhl)
18. (Bahn)	Ludwigsstadt	Probstzella, südl. Saalfeld
19. (Autobahn)	Rudolphstein, nordwestl. Hof	Hirschberg/Saale (Bez. Gera)
20. (Bahn)	Hof	Gutenfürst/Vogtland, südwestl. Plauen

Staaten 119 Todesfälle im Zusammenhang mit Gewaltakten von DDR-Grenzorganen registriert.)
Das Zelten und Übernachten im Schutzstreifen und in der Sperrzone ist prinzipiell verboten, in der G.-Zone nur auf festgelegten Plätzen und mit einer gültigen Zelterlaubnis gestattet.
Der Verkehr zwischen der Bundesrepublik Deutschland und der DDR ist nur über die aus der vorstehenden Übersicht (siehe Seite 572f.) ersichtlichen Übergänge möglich (→ **Grenzübergangsstellen**).
An der Ostseeküste der DDR ist die G. die Linie, die die Territorialgewässer vom offenen Meer oder von den Territorialgewässern der benachbarten bzw. der gegenüberliegenden Staaten abgrenzt. § 2 Abs. 3 Ziff. 5 G.-Gesetz beschreibt diese Staats-G. auf See (See-G.) als eine Linie, die so verläuft, daß sie an jedem Punkt von dem nächstgelegenen Punkt der Grundlinie um die Breite der Territorialgewässer entfernt ist. Die Grundlinie wird durch die Küstenlinie oder durch eine in Übereinstimmung mit den Normen des Völkerrechts gebildete gerade Linie bestimmt. Die Küstenlinie ist die Berührungslinie zwischen Land und Meer bei mittlerem Wasserstand. Die Territorialgewässer haben eine Breite von 3 Seemeilen. Soweit sie an die Territorialgewässer benachbarter bzw. gegenüberliegender Staaten angrenzen, ist der Verlauf der See-G. in völkerrechtlichen Verträgen festzulegen. Bis zum Abschluß solcher Verträge bildet die Mittellinie die See-G. der DDR.
Die friedliche Durchfahrt durch die Territorialgewässer der DDR ist ausländischen Wasserfahrzeugen gestattet, wenn die Durchfahrt nicht „den Frieden, die Sicherheit und Ordnung gefährdet sowie die Rechtsvorschriften und die entsprechenden völkerrechtlichen Verträge eingehalten werden" (§ 14 G.-Gesetz). Das Stoppen, Ankern oder ein anderweitiger Aufenthalt ausländischer Wasserfahrzeuge in den Territorialgewässern ist im Rahmen des normalen Seeverkehrs gestattet (§ 13 Abs. 1 G.-Gesetz). Der Notaufenthalt in den Seegewässern der DDR wird ausländischen Wasserfahrzeugen bei Elementarereignissen, zur Ausführung unerläßlicher Reparaturen, zur Inanspruchnahme dringender medizinischer Hilfe und aus Gründen der Seenot oder eines Seeunfalles gewährt (§ 13 Abs. 2 G.-Gesetz). Beim Notaufenthalt sind die dafür festgelegten Seegebiete oder die für die zivile Schiffahrt freigegebenen Häfen anzulaufen. → **Deutschlandpolitik der SED; Innerdeutsche Beziehungen; Grenzkommission.**

Grenzkommission: Im Zusatzprotokoll zum Vertrag über die Grundlagen der Beziehungen zwischen der Bundesrepublik Deutschland und der DDR wurde festgelegt, eine Kommission aus Beauftragten der Regierungen zu bilden (→ **Grundlagenvertrag**).
Sie soll die Markierung der zwischen beiden Staaten bestehenden Grenze (→ **Londoner Protokoll**) überprüfen und, soweit erforderlich, erneuern oder ergänzen sowie die erforderlichen Dokumentationen über den Grenzverlauf erarbeiten. Ferner soll sie zur Regelung sonstiger mit dem Grenzverlauf im Zusammenhang stehender Probleme, z. B. der Wasserwirtschaft, der Energieversorgung und der Schadensbekämpfung, beitragen (→ **Grenze, Innerdeutsche**).
Kann die G. in einer von ihr behandelten Frage eine Übereinstimmung nicht erzielen, so wird diese Frage von beiden Seiten ihren Regierungen unterbreitet, die sie auf dem Verhandlungswege beilegen.
Die G. hat den Regierungen der Bundesrepublik Deutschland und der DDR einen Bericht über ihre Tätigkeit in der Zeit vom 31. 1. 1973 bis zum 26. 10. 1978 vorgelegt. Dieser Bericht wurde in dem Protokoll zwischen der Regierung der Bundesrepublik Deutschland und der Regierung der DDR über die Überprüfung, Erneuerung und Ergänzung der Markierung der zwischen der Bundesrepublik Deutschland und der DDR bestehenden Grenze, die Grenzdokumentation und die Regelung sonstiger mit dem Grenzverlauf im Zusammenhang stehender Probleme gebilligt, das am 29. 11. 1978 in Bonn unterzeichnet worden ist.
In Artikel 1 des Regierungsprotokolls zur Tätigkeit der G. wird bestätigt, daß die G. ihren Auftrag erfüllt hat. Gleichzeitig wird festgestellt, daß für die insgesamt rd. 95 km langen Grenzabschnitte 7–9 – Elbe – und einen Teil des Grenzabschnittes 24 (Warme Bode im Harz) die durchzuführenden Arbeiten noch nicht abgeschlossen worden sind. Sie werden fortgesetzt. Einzelheiten sind in einem zu dem Protokoll gehörigen Protokollvermerk wiedergegeben. Bis zur Herbeiführung der Übereinstimmung werden beide Seiten den Umstand, daß die Arbeiten zu den Grenzabschnitten 7–9 noch nicht abgeschlossen sind, zur Vermeidung von Schwierigkeiten bei allen Maßnahmen weiterhin berücksichtigen. Beide Seiten erklärten, daß die Auffassungen zur Rechtslage unberührt bleiben.
Die von der G. gefertigte Grenzdokumentation besteht aus umfangreichen Grenzvermessungsunterlagen, der Grenzbeschreibung über den Verlauf der Grenze zwischen der Bundesrepublik Deutschland und der DDR, einer Grenzkarte 1:25000 mit 73 Kartenblättern, einer Grenzkarte 1:5000 mit 516 Kartenblättern, einer Grenzkarte 1:2000 mit 5 Kartenblättern und den Katalogen der grenzbildenden Gewässer.
Durch Artikel 3 des Regierungsprotokolls zur Tätigkeit der G. werden folgende Vereinbarungen zur Regelung sonstiger mit dem Grenzverlauf im Zusammenhang stehender Probleme in Kraft gesetzt:
– Vereinbarung vom 20. 9. 1973 zwischen der Regierung der Bundesrepublik Deutschland und der Regierung der DDR über Grundsätze zur Schadensbekämpfung an der Grenze zwischen der Bundesrepublik Deutschland und der DDR, einschließlich der Protokollvermerke vom 11. 12. 1975 über Information bei Hochwassergefahren und vom 9. 3. 1978 über den Abbau grenzüberquerender Energiefreileitungen,
– Vereinbarung vom 20. 9. 1973 zwischen der Regierung der Bundesrepublik Deutschland und der Regierung der DDR über Grundsätze zur Instandhaltung und zum Ausbau der Grenzgewässer sowie der dazugehörigen wasserwirtschaftlichen Anlagen, einschließlich des Protokollvermerks vom 14. 9. 1978 über den Betrieb von wasserwirtschaftlichen Anlagen,

– Protokollvermerk vom 6. 12. 1973 über den Austausch von Liegenschafts-/Kataster- und Vermessungsunterlagen,
– Protokollvermerk vom 3. 2. 1976 über forstwirtschaftliche Arbeiten in unmittelbarer Grenznähe,
– Protokollvermerk vom 3. 2. 1978 über Grenzwege und Wege im Grenzbereich,
– Protokollvermerk vom 27. 10. 1977 über Wasserentnahme aus Grenzgewässern der DDR,
– Protokollvermerk vom 18. 5. 1978 über das Überfahren der Grenze durch Sportboote und andere Wasserfahrzeuge in Abschnitten der Grenzgewässer Werra und Saale.

Bereits früher sind folgende Vereinbarungen in Kraft getreten:
– Protokollvermerk vom 6. 12. 1973 über Betrieb, Wartung und Entstörung der Fernsprechleitungen zwischen den Grenzübergangsstellen (Grenzinformationspunkten) gemäß Artikel 3 Absatz 2 der Vereinbarung vom 20. 9. 1973 über Grundsätze zur Schadensbekämpfung an der Grenze zwischen der Bundesrepublik Deutschland und der DDR,
– Vereinbarung vom 29. 6. 1974 zwischen der Regierung der Bundesrepublik Deutschland und der Regierung der DDR über den Fischfang in einem Teil der Territorialgewässer der DDR in der Lübecker Bucht,
– Protokollvermerk vom 29. 6. 1974 über die Behandlung von Personen, die mit Sportbooten aus navigatorischen oder seemännischen Schwierigkeiten in die Territorialgewässer/das Küstenmeer des anderen Staates geraten,
– Protokollvermerk vom 3. 7. 1974 über das Umfahren der Hakendorfer Halbinsel im Niendorfer Binnensee durch Fischer aus der DDR und der Rethwiese im Schaalsee durch Fischer aus der Bundesrepublik Deutschland,
– Protokollvermerk vom 3. 7. 1974 über den Abbau des grenzüberschreitenden Braunkohlevorkommens im Raum Harbke (DDR)/Helmstedt (Bundesrepublik Deutschland),
– Protokollvermerk vom 26. 9. 1974 über Fragen des Eigentums und sonstiger Rechte an Grundstücken im Zusammenhang mit der Überprüfung, Erneuerung und Ergänzung der Markierung des Verlaufs der Grenze zwischen der Bundesrepublik Deutschland und der DDR,
– Vereinbarung vom 3. 2. 1976 zwischen der Regierung der Bundesrepublik Deutschland und der Regierung der DDR über den Betrieb, die Kontrolle und die Instandhaltung der auf dem Territorium der DDR gelegenen Teile der Trinkwasserversorgungsanlagen der Stadt Duderstadt (Bundesrepublik Deutschland),
– Protokollvermerk vom 3. 2. 1976 über den Betrieb, die Kontrolle und die Instandhaltung der auf dem Territorium der DDR gelegenen Teile der Trinkwasserversorgungsanlage der Gemeinde Heringen, Ortsteil Kleinensee (Bundesrepublik Deutschland),
– Protokollvermerk vom 18. 3. 1976 über Verfahrensregeln bei wasserwirtschaftlichen Maßnahmen,
– Protokollvermerk vom 15. 9. 1977 über die Beseitigung des im Bereich des Grundstückes „Zur Bergmühle“ (Bundesrepublik Deutschland) anfallenden Oberflächenwassers und gereinigten Abwassers,
– Vereinbarung vom 3. 5. 1978 zwischen der Regierung der Bundesrepublik Deutschland und der Regierung der DDR über die Regelung von Fragen betreffend die Eckertalsperre und die Eckerfernwasserleitung,
– Protokollvermerk vom 3. 5. 1978 über die Generalüberholung des auf dem Territorium der DDR gelegenen Abschnittes der Eckerfernwasserleitung,
– Vereinbarung vom 29. 11. 1978 zwischen der Regierung der Bundesrepublik Deutschland und der Regierung der DDR über die Regelung von Fragen, die mit der Errichtung und dem Betrieb eines Hochwasserrückhaltebeckens an der Itz zusammenhängen.

Gemäß Artikel 4 des Regierungsprotokolls zur Tätigkeit der G. hat die G. auf der Grundlage von Artikel 3 des Grundlagenvertrages, des Abschnittes I des Zusatzprotokolls zu diesem Vertrag und der Erklärung zu Protokoll über die Aufgaben der G. insbesondere die Markierung der Grenze instand zu halten und erforderlichenfalls zu erneuern und die in Artikel 3 des Protokolls genannten Vereinbarungen durchzuführen. Die G. arbeitet demgemäß nach Grundsätzen, die als Anhang IV dem Regierungsprotokoll beigefügt sind.

Die G. hat ihre Tätigkeit auf der Grundlage der im Regierungsprotokoll zusammengefaßten Vereinbarungen fortgesetzt. Das Schwergewicht liegt nunmehr in der Durchführung der getroffenen Vereinbarungen, Absprachen und der in der Tätigkeit der G. entwickelten Praxis. Ziel ist es dabei auf seiten der Bundesrepublik Deutschland, die darin liegenden Möglichkeiten voll auszuschöpfen. Die G. hat Verhandlungen aufgenommen, die zur Verbesserung des Hochwasserschutzes im Elbebereich (insbes. beim Schutz gegen Eisgefahren), zur Verbesserung der Hochwasserabführung über den grenzüberschreitenden Teil des Mittellandkanals und zur Besserung der Verhältnisse aus der Verschmutzung der Röden durch die mangelnde Abwasserreinigung in Sonneberg führen sollen. Weiterhin behandelt sie auf der Grundlage der abgeschlossenen Vereinbarungen geodätische, wasserwirtschaftliche und grenzpolizeiliche Angelegenheiten, sowie Maßnahmen zur Schadensverhütung und Schadensbekämpfung.

Am 12. 10. 1983 wurde die
– Vereinbarung über die Regelung von Fragen, die mit der Abwasserableitung und -behandlung für die Stadt Sonneberg (Deutsche Demokratische Republik) zur Verbesserung der Gewässergüte der Röden zusammenhängen, unterzeichnet.

Grenztruppen der DDR: Am 28. 11. 1946 durch die Sowjetische Militäradministration aufgestellte Truppen, die seit 1948 kaserniert und militärisch ausgebildet wurden. Bis zum 15. 5. 1952 unterstand die **Deutsche Grenzpolizei** (DG.) aus Tarnungsgründen der → **Deutschen Volkspolizei (DVP)** und somit dem → **Ministerium des Innern (MdI)**, dann bis zum 27. 6. 1953 dem → **Ministerium für Staatssicherheit**. Nach anschließender Unterstellung unter das MdI ging die DG. im Mai

1955 erneut an das Staatssekretariat für Staatssicherheit über, das im November 1955 wieder in ein Ministerium umgewandelt wurde. Als Folge der im „Vertrag über die Beziehungen zwischen der DDR und der UdSSR" vom 20. 9. 1955 bekräftigten → **Souveränität** der DDR übergab die sowjetische Hohe Kommission am 1. 12. 1955 der DG. die Sicherung und Kontrolle der Grenzen zur Bundesrepublik Deutschland und Berlin (West). Nachdem im November 1957 das Amt für Zoll und Kontrolle des Warenverkehrs die Kontrollfunktionen an den Kontrollpassierpunkten übernahm, widmete sich die DG. nur noch der militärischen Sicherung. Am 1. 3. 1957 erfolgte erneut eine Unterstellung unter das MdI. Im Frühjahr 1958 erhielt die DG. auch schwere Waffen (Sturmgeschütze und Schützenpanzerwagen). Seit Juni 1958 wurden zur Unterstützung der DG. „Freiwillige Helfer der DG." herangezogen (→ **Grenztruppenhelfer**).

Durch Befehl des Vors. des → **Nationalen Verteidigungsrates der DDR (NVR)** wurde die DG. in Stärke von 50000 Mann am 15. 9. 1961 als NVA-Kommando Grenze in die → **Nationale Volksarmee (NVA)** eingegliedert. Gleichzeitig wurden Formationen der damaligen Bereitschaftspolizei (→ **VP-Bereitschaften**), die in Berlin (Ost) und an der Grenze zur Bundesrepublik Deutschland eingesetzt waren, in das NVA-Kommando Grenze einbezogen. Im Juli 1962 wurde darüber hinaus die „Grenzbrigade Küste" (vor allem zum Schutz der Ostseeküste) aufgestellt. Um die Jahreswende 1973/74 wurden die Einheiten des NVA-Kommandos Grenze (ca. 46000 Mann) eigenständig organisiert und in G. umbenannt; sie unterstehen jedoch weiterhin dem → **Ministerium für Nationale Verteidigung**. Als Grund für die Ausgliederung aus der NVA könnte vermutet werden, daß die G. dadurch nicht zum Verhandlungsgegenstand der Wiener Verhandlungen über die gegenseitige Reduzierung der Streitkräfte und Rüstungen in Mitteleuropa (→ **Abrüstung**) gemacht werden sollten.
Nach der von 1961 bis 1971 bestehenden Gliederung der G. in Grenzbrigaden wurden sie in die Grenzkommandoabschnitte Nord (Stabsitz Calbe), Mitte (Stabsitz Berlin), Süd (Stabsitz Erfurt) und die der Volksmarine unterstehende Grenzbrigade Küste unterteilt. Den Grenzkommandos unterstehen jeweils 6 Grenzregimenter. Ein Grenzregiment gliedert sich in 3 Bataillone zu je 4 Kompanien, wobei die Kompanien an der Grenze zur Bundesrepublik Deutschland 3 Züge, die Kompanien in Berlin (Ost) 4 Züge haben sollen. Der Zug hat 3 Gruppen zu je 10 Mann. An den Grenzen zu Polen und zur Tschechoslowakei ist je ein Grenzregiment stationiert.

Das am 1. 5. 1982 in Kraft getretene Gesetz über die Staatsgrenze der Deutschen Demokratischen Republik (GBl. I, S. 197ff.) übernahm im Hinblick auf die Befugnisse der G. im wesentlichen die Bestimmungen der bis dahin gültigen Grenzordnung von 1972. § 27 des Gesetzes regelt die Anwendung von Schußwaffen (→ **Grenze, Innerdeutsche; Schießbefehl**). In den G. wird wie in der Nationalen Volksarmee → **Wehrdienst** geleistet, für den das Wehrdienstgesetz vom 25. 3. 1982 (GBl. I, S. 221ff.) gilt. Nachdem ursprünglich das Freiwilligenprinzip bestand, ging man später zu der gegenwärtig vorherrschenden Auswahl besonders überprüfter Wehrpflichtiger über. Die AO des Nationalen Verteidigungsrates der DDR über den Verlauf des Wehrdienstes in den G. der DDR – Dienstlaufbahnordnung – GT vom 25. 3. 1982 (GBl. I, S. 241) bestimmt, daß für die Angehörigen der G. die Dienstlaufbahnordnung der NVA vom 25. 3. 1982 (GBl. I, S. 237ff.) entsprechend gilt.

Chef der G. und gleichzeitig Stellvertreter des Ministers für Nationale Verteidigung ist Generalleutnant Klaus-Dieter Baumgarten (SED), dessen Kommandostab sich in Pätz bei Königs Wusterhausen befindet. Die Ausbildung der Offiziere erfolgt an der Offiziersschule „Rosa Luxemburg" in Plauen. Die G., in der Vergangenheit vom Minister für Nationale Verteidigung, Armeegeneral Heinz Hoffmann, mehrfach als „Garde der NVA" bezeichnet, können als eine Art militärische Elite betrachtet werden.

Grenztruppenhelfer: In der Sperrzone entlang der **Innerdeutschen → Grenze** und der Grenze zu Berlin (West) eingesetzte Helfer der → **Grenztruppen der DDR** (→ **Nationale Volksarmee [NVA]**). Die erste VO des Ministerrates über die Aufstellung der seinerzeit Grenzhelfer genannten G. wurde am 5. 6. 1958 erlassen. Die G. sind den örtlichen Kommandos der Grenztruppen der DDR unterstellt. Gemäß der VO vom 16. 3. 1964, die auch die freiwilligen Helfer der → **Deutschen Volkspolizei (DVP)** betrifft, ist das vollendete 18. Lebensjahr Voraussetzung für die Aufnahme in die G., die auch auf Vorschlag einer Partei oder einer → **Massenorganisation** erfolgen kann.

Die ca. 2000 G. (April 1977), zu denen u. a. ehemalige Angehörige der Grenztruppen der DDR und FDJ-Mitglieder gehören, sind den örtlichen Grenzkompanien unterstellt. Die zuständige Grenzkompanie ist auch mit der Ausbildung der G. befaßt. Die G. verrichten ihren Dienst – monatlich mindestens 12 Stunden – in Zivilkleidung; sie sind durch Armbinden mit der Aufschrift „Freiwilliger Helfer der Grenztruppen" gekennzeichnet. Zur Unterstützung der Grenztruppen der DDR obliegt ihnen
– die Überwachung des Grenzraumes,
– die Kontrolle des Verkehrs auf den Zufahrtstraßen zur Sperrzone,
– die Feststellung verdächtiger Personen im Grenzraum sowie
– die Suche und Festnahme von Grenzverletzern.

Grenzübergangsstellen: Diese Bezeichnung gilt aufgrund der AO über . . . Verkehrswege im Durchgangsverkehr vom 16. 12. 1966 (GBl. II Nr. 156), zuletzt geändert durch die AO Nr. 13 . . . vom 19. 11. 1982 (GBl. I Nr. 38), seit 19. 12. 1966. Vorher hießen sie Kontrollpassierpunkte.

Die gemäß § 10 des Gesetzes über die Staatsgrenze der Deutschen Demokratischen Republik (Grenzgesetz) vom 25. 3. 1982 (GBl. I Nr. 11) vom Ministerrat der

DDR eröffneten und für bestimmte Verkehrsarten zugelassenen G. sind in der Anlage zu § 18 der Durchführungs-VO zum Gesetz über die Staatsgrenze . . . (Grenzverordnung) vom 25. 3. 1982 veröffentlicht (GBl. I Nr. 11).
Allgemein benutzbare G. sind:
zur Bundesrepublik Deutschland: **Innerdeutsche → Grenze**, in Berlin: → **Berlin**, zur VR Polen (von Nord nach Süd):

Übergang	Bahn	Straße	Widmung
Pomellen (Autobahn)		x	P + G*
Tantow	x		P + G
Grambow	x		P + G
Frankfurt (Oder)	x		P + G
Frankfurt (Oder) (Autobahn)		x	P + G
Kietz	x		G
W.-P.-Stadt Guben	x		P + G
Forst	x		P + G
Forst (Autobahn)		x	P + G
Horka	x		G
Görlitz	x		P + Leer-güterzüge
Görlitz		x	P + G

* P = Personenverkehr, G = Güterverkehr

Dazu kommen die Straßen-G. Ahlbeck, Linken, Schwedt, Frankfurt (Oder) (Stadtbrücke), W.-P.-Stadt Guben, Bad Muskau und Zittau, die nur im Wechsel- und Transitverkehr von Bürgern der Ostblockstaaten und z. T. im Güterverkehr mit Gütern der DDR und der VR Polen benutzt werden dürfen.

Von den Wasser-G. können Mescherin, Gartz, Hohensaaten und Eisenhüttenstadt im Wechsel- und Transitbinnenschiffsverkehr mit Gütern der Bundesrepublik Deutschland und von Berlin (West) benutzt werden. Die übrigen Wasser-G. sind eingeschränkt benutzbar. Im wesentlichen sind sie für die Fahrgastschiffahrt mit Bürgern der Ostblockstaaten geöffnet.
G. zur ČSSR (von West nach Ost):

Übergang	Bahn	Straße	Widmung
Schönberg		x	P + G*
Bad Brambach	x		P + G
Zinnwald		x	P + G
Bad Schandau	x		P + G
Schmilka		x	P
Ebersbach	x		G
Neugersdorf		x	G
Seifhennersdorf		x	P
Zittau	x		P + G

* P = Personenverkehr, G = Güterverkehr

Dazu kommen die Straßen-G. Oberwiesenthal, Reitzenhain und Bahratal, die nur im Wechsel- und Transitverkehr von Bürgern der Ostblockstaaten benutzt werden dürfen.
Die Wasser-G. Schöna ist allgemein für den Wechsel- und Transitbinnenschiffsverkehr mit Gütern zugelassen, außerdem für den Fahrgastschiffsverkehr von Bürgern der Ostblockstaaten mit Schiffen der DDR und der ČSSR sowie für den Wechselverkehr mit Sportbooten.
Die Wasser-G. Cumlosen und Buchhorst sind für den Wechsel- und Transitverkehr von Gütern bestimmt.

Bundesland	Grenzkontrollstelle in der Bundesrepublik Deutschland	Grenzübergangsstelle in der DDR	Straßenübergang für den Verkehr mit	Eisenbahnübergang für den Verkehr mit
Schleswig-Holstein	Lübeck-Schlutup[1]	Selmsdorf	DDR (P + G)*	–
	Lübeck	Herrnburg	–	DDR (P + G)
	Büchen	Schwanheide	–	DDR (P + G) Berlin (West) (P + G)
	Gudow[1]	Zarrentin	DDR (P + G) Berlin (West) (P + G)	–
	Lauenburg[1]	Horst	DDR (P + G)	–
Niedersachsen	Bergen (Dumme)	Salzwedel	DDR (P)	–
	Wolfsburg/Vorsfelde	Oebisfelde	–	DDR (P + G) Berlin (West) (G)
	Helmstedt[1]	Marienborn	DDR (P + G) Berlin (West) (P + G)	–
	Helmstedt	Marienborn	–	DDR (P + G) Berlin (West) (P + G)
	Walkenried	Ellrich	–	DDR (G)
	Duderstadt	Worbis	DDR (P)	–
Hessen	Herleshausen[1]	Wartha	DDR (P + G) Berlin (West) (P + G)	–
	Bebra	Gerstungen	–	DDR (P + G) Berlin (West) (P + G)

Bundesland	Grenzkontrollstelle in der Bundesrepublik Deutschland	Grenzübergangsstelle in der DDR	Straßenübergang für den Verkehr mit	Eisenbahnübergang für den Verkehr mit
Bayern	Eußenhausen	Meiningen	DDR (P)	–
	Rottenbach	Eisfeld	DDR (P)	–
	Ludwigsstadt	Probstzella	–	DDR (P + G) Berlin (West) (P)
	Rudolphstein[1]	Hirschberg	DDR (P + G) Berlin (West) (P + G)	–
	Hof	Gutenfürst	–	DDR (P + G) Berlin (West) (P + G)

* P = Personenverkehr, G = Güterverkehr
1 Auch Transit durch die DDR in Richtung Skandinavien, Polen und ČSSR.

Der Seehafen Saßnitz ist allgemein für den Wechsel- und Transitverkehr von Personen und Gütern im Fährschiffsverkehr mit Schweden (Trelleborg) und Dänemark (Rönne), der Seehafen Rostock-Warnemünde für den Fährschiffsverkehr mit Dänemark (Gedser) geöffnet.
Die Seehäfen Wismar, Stralsund sowie Rostock-Überseehafen sind eingeschränkt für den Wechsel- und Transitverkehr mit Gütern sowie für den Grenzübertritt der Besatzungsmitglieder und Passagiere von Seehandelsschiffen zugelassen. Die Fahrgastschiffahrt für Bewohner der DDR und der Ostblockstaaten auf Fahrgastschiffen der DDR und der VR Polen darf nur über Stralsund und Saßnitz erfolgen.
Über die DDR-Flughäfen Berlin-Schönefeld, Dresden-Klotzsche, Erfurt und Leipzig-Schkeuditz wird ständig internationaler Flug- und Transitverkehr für Personen und Luftfracht abgewickelt, über Heringsdorf nur zeitweilig mit Luftfahrzeugen der Interflug.

Großhandelspreis: Die Preise für Großhandelswaren werden in der DDR auch mit dem Begriff Großhandelsabgabepreis bezeichnet. Der G. setzt sich zusammen aus dem → **Industrieabgabepreis (IAP)** (Betriebspreis + Produktgebundene Abgabe) zuzüglich der Großhandelsspanne.

Grundeigentum: Grundstücke, die der Befriedigung der Wohn- und Erholungsbedürfnisse der Bürger und ihrer Familie dienen, können persönliches → **Eigentum** sein. Auch über dieses Kriterium hinaus gibt es in der DDR noch verbreitet individuelles G., das rechtlich als Privateigentum eingestuft werden müßte, für das es in der DDR allerdings keine Rechtsgrundlage mehr gibt. Die Verfassung verbietet privates G. jedoch nicht ausdrücklich. In Art. 15 heißt es lediglich, daß „der Boden der DDR zu ihren kostbarsten Naturreichtümern gehört. Er muß geschützt und rationell genutzt werden. Land- und forstwirtschaftlich genutzter Boden darf nur mit Zustimmung der verantwortlichen staatlichen Organe seiner Zweckbestimmung entzogen werden." Nach § 3 EGZGB vom 19. 6. 1975 (GBl. I, S. 517) sind die Bestimmungen des Zivilgesetzbuches auch auf andere Eigentumsformen anzuwenden, soweit dafür besondere Rechtsvorschriften nicht bestehen. Das private G. ist allerdings schon seit 1945 durch → **Enteignung** stark dezimiert worden (→ **Aufbaugesetz**). Der staatlichen Kontrolle des privaten Grundstücksverkehrs und der Sozialisierung unerwünschten privaten G. dient die **Grundstücksverkehrsordnung** vom 15. 12. 1977 (GBl. I, 1978, S. 73). Nach § 2 ist jede Übertragung des Eigentums an einem Grundstück oder Gebäude oder dessen Belastung oder Übertragung dieser Belastung durch Rechtsgeschäft, aber auch der Verzicht auf das Eigentum genehmigungspflichtig. Dasselbe gilt für den Grunderwerb im Wege der Erbfolge, wenn eine juristische Person, also z. B. die Kirche, erben soll. Die Genehmigung erteilt der Rat des Kreises. Wenn „spekulative Gründe" vorliegen oder wenn „durch den Erwerb eine Konzentration von Grundbesitz entsteht" oder „in anderer Weise gesellschaftliche Interessen verletzt werden", ist die Genehmigung zu versagen. Das geschieht vor allem dann, wenn der Erwerber im Westen lebt oder er selbst oder ein naher Angehöriger bereits Eigentümer eines Hausgrundstückes ist. „Um den Grundstücksverkehr entsprechend den Erfordernissen des sozialistischen Aufbaus zu lenken und die staatlichen Interessen durch den Erwerb von Grundstücken wahrzunehmen", ist den Räten des Kreises durch die VO vom 15. 12. 1977 ein sogenanntes Vorerwerbsrecht eingeräumt, das allen sonstigen Vorkaufsrechten vorgeht. Mit der Ausübung dieses Vorerwerbsrechts und der Eintragung der Rechtsänderung in das Grundbuch (→ **Freiwillige Gerichtsbarkeit**) entsteht Volkseigentum oder sonstiges sozialistisches Eigentum. Alle auf dem Grundstück ruhenden Belastungen erlöschen. Für die Gläubiger, deren dingliche Rechte erloschen sind, tritt der Erlös an die Stelle des Grundstücks. Gegen Entscheidungen nach der Grundstücksverkehrsordnung ist das Rechtsmittel der Beschwerde beim entscheidenden Organ und, soweit der Beschwerde nicht stattgegeben wird, beim übergeordneten Organ eingeräumt.
Das persönliche Eigentum an Grundstücken und Gebäuden sowie die zivilrechtlichen Modalitäten des Rechtsverkehrs mit Grundstücken regeln die §§ 295–311 ZGB. Auch hier wird nochmals bestimmt, daß die Eigentumsübertragung von Grundstücken und der Verzicht auf das Eigentum einer staatlichen Genehmigung

bedürfen. Das G. von Flüchtlingen wird unter staatliche Treuhandverwaltung gestellt (→ **Flüchtlingsvermögen**). Die Behandlung sonstigen westlichen G. richtet sich danach, ob der Eigentümer in der Bundesrepublik Deutschland oder in Berlin (West) lebt. In der Bundesrepublik wohnende Eigentümer können für ihre Grundstücke einen Verwalter einsetzen. Nur wenn das nicht geschieht, wird das Grundstück in staatliche Treuhandverwaltung genommen (→ **Treuhandvermögen**). Demgegenüber werden Grundstücke, die West-Berlinern gehören, seit Errichtung der Mauer generell in staatliche Treuhandverwaltung genommen. Die Verwaltungsvollmachten der Grundstückseigentümer gelten als erloschen (→ **Bodenrecht**).

Grundlagenvertrag: Im politischen Sprachgebrauch der Bundesrepublik Deutschland auch als Grundvertrag bezeichnet, ist der verkürzte Name des am 8. 11. 1972 in Bonn paraphierten, am 21. 12. 1972 in Berlin (Ost) unterzeichneten und am 21. 6. 1973 in Kraft getretenen „Vertrages über die Grundlagen der Beziehungen zwischen der Bundesrepublik Deutschland und der Deutschen Demokratischen Republik".

1. Vorgeschichte. Den Anstoß zu den Verhandlungen über den G. gab Bundeskanzler Brandt in seiner Regierungserklärung am 28. 10. 1969. Darin bot er „dem Ministerrat der DDR erneut Verhandlungen beiderseits ohne Diskriminierung auf der Ebene der Regierungen an, die zu vertraglich vereinbarter Zusammenarbeit führen" sollten, wobei die Bundesregierung sich von der Annahme leiten ließ, daß die beiden in Deutschland existierenden Staaten „füreinander nicht Ausland" seien und Beziehungen „nur von besonderer Art" aufnehmen könnten.

Am 17. 12. 1969 übermittelte der Vorsitzende des Staatsrates der DDR, Ulbricht, Bundespräsident Heinemann einen Vertragsentwurf, in dem u. a. die Aufnahme diplomatischer Beziehungen und die Anerkennung einer „selbständigen politischen Einheit Westberlin" vorgeschlagen wurden.

Nachdem beide Seiten – beim ersten Treffen der beiden Regierungschefs seit den Staatsgründungen – am 19. 3. 1970 in Erfurt ihre grundsätzlichen Positionen beschrieben hatten, legte der damalige Bundeskanzler Brandt am 21. 5. 1970 bei der zweiten Begegnung in Gestalt der „20 Kasseler Punkte" einen Umriß des anzustrebenden G. vor. Der Vertrag sollte nach Brandts Worten die Beziehungen zwischen den beiden Staaten in Deutschland regeln, die Verbindung zwischen der Bevölkerung der beiden Staaten verbessern und dazu beitragen, bestehende Benachteiligungen zu beseitigen.

Nach einer von der DDR geforderten „Denkpause" kamen beide Seiten am 29. 10. 1970 – 11 Wochen nach der Unterzeichnung des Moskauer Vertrages zwischen der Bundesrepublik und der UdSSR über einen Gewaltverzicht – überein, einen Meinungsaustausch über die wechselseitigen Beziehungen zu führen. Am 27. 11. 1970 trafen die von den Staatssekretären Egon Bahr (Bundesrepublik Deutschland) und Michael Kohl (DDR) geleiteten Delegationen zum ersten Mal zusammen. Ihr Meinungsaustausch führte im September 1971 zu formellen Verhandlungen über einen das Viermächte-Abkommen über → **Berlin** ergänzenden Transitvertrag und über einen Verkehrsvertrag zwischen beiden Staaten. Nach dem Inkrafttreten des Viermächte-Abkommens über Berlin begannen am 15. 6. 1972 Gespräche über einen G., die Anfang November zu einem von beiden gebilligten Ergebnis führten.

2. Inhalt des G. Das Vertragswerk besteht aus dem in Präambel und 10 Artikel gegliederten G., einem Zusatzprotokoll zu Art. 3 (Gründung und Zielsetzung einer gemeinsamen → **Grenzkommission**) und zu Art. 7 (Inhalt einzelner Folgeverträge) sowie mehreren Briefwechseln, Protokollvermerken, Erklärungen und Erläuterungen.

In der Präambel des G. bekunden beide Seiten ihre Bereitschaft zur Friedenssicherung und Entspannung (Art. 5 präzisiert diese Verpflichtung durch den Hinweis auf gemeinsame „Bemühungen um eine Verminderung der Streitkräfte und Rüstungen in Europa" eingedenk des Ziels einer „allgemeinen und vollständigen Abrüstung unter wirksamer internationaler Kontrolle"). Die Präambel des G. bekräftigt die „Unverletzlichkeit der Grenzen" und die „Achtung der territorialen Integrität und der Souveränität" sowie das – in Art. 3 noch einmal erläuterte – Prinzip des Gewaltverzichts. Sie erwähnt weiter „unterschiedliche Auffassungen . . . zu grundsätzlichen Fragen, darunter zur nationalen Frage", und betont schließlich den Wunsch, „zum Wohle der Menschen in den beiden deutschen Staaten die Voraussetzungen für die Zusammenarbeit" zwischen den Staaten zu schaffen.

In Art. 1 ist von „normalen gutnachbarlichen Beziehungen zueinander auf der Grundlage der Gleichberechtigung" die Rede. Art. 2 nimmt Bezug auf die UN-Charta und bekräftigt ihre Ziele und Prinzipien (insbesondere das der souveränen Gleichheit aller Staaten, der Achtung der Unabhängigkeit, Selbständigkeit und territorialen Integrität, des Selbstbestimmungsrechts, der Wahrung der Menschenrechte und Nichtdiskriminierung).

Die in Art. 4 getroffene Feststellung, daß „keiner der beiden Staaten den anderen international vertreten oder in seinem Namen handeln kann" (Verzicht auf den Alleinvertretungsanspruch und die Anwendung der Hallstein-Doktrin), wird im Art. 6 durch den Grundsatz ergänzt, daß „die Hoheitsgewalt jedes der beiden Staaten sich auf sein Staatsgebiet beschränkt" und daß beide Seiten „die Unabhängigkeit und Selbständigkeit jedes der beiden Staaten in seinen inneren und äußeren Angelegenheiten" respektieren. Art. 7 kündigt weitere Folgeverträge, Art. 8 den Austausch von Ständigen Vertretungen an, die „am Sitz der jeweiligen Regierung" zu errichten sind. Art. 9 stellt fest, daß der G. früher abgeschlossene oder die beiden deutschen Staaten betreffende zwei- und mehrseitige internationale Verträge und Vereinbarungen unberührt läßt. Art. 10 schreibt eine Ratifikation des G. vor.

3. Ergänzende Dokumente zum G. Die den G. ergänzenden Dokumente regeln wichtige Einzelfragen.

a) Deutsche Einheit: In einem der Regierung der DDR am 21. 12. 1972 zugeleiteten Brief stellte die Bundesregierung fest, daß der G. „nicht im Widerspruch zu dem politischen Ziel der Bundesrepublik Deutschland steht, auf einen Zustand des Friedens in Europa hinzuwirken, in dem das deutsche Volk in freier Selbstbestimmung seine Einheit wiedererlangt".
b) Vier-Mächte-Verantwortung: Beide Seiten haben in einem Briefwechsel vom 21. 12. 1972 betont, daß „die Rechte und Verantwortlichkeiten der Vier Mächte" von dem Vertrag nicht berührt werden.
c) Berlin (West): In Übereinstimmung mit dem Viermächte-Abkommen über Berlin vom 3. 9. 1971 „kann" die Ausdehnung der Folgeverträge auf Berlin (West) „im jeweiligen Fall vereinbart" werden: „Die Ständige Vertretung der Bundesrepublik Deutschland . . . wird . . . die Interessen von Berlin (West) vertreten."
d) UN-Mitgliedschaft: Beide Seiten teilten in einem Briefwechsel vom 8. 11. 1972 mit, daß sie sich um die Mitgliedschaft in der Organisation der Vereinten Nationen bemühen und sich gegenseitig über den Zeitpunkt der Antragstellung informieren würden.
e) Staatsangehörigkeitsfragen wurden durch den G. nicht geregelt. Die Regierung der DDR sprach die Erwartung aus, daß der G. die Regelung dieses Problems „erleichtern" werde.
f) Menschliche Erleichterungen: Die Regierung der DDR erklärte in einem Briefwechsel vom 21. 12. 1972, sie sei zur Förderung der → **Familienzusammenführung**, zu Verbesserungen im grenzüberschreitenden Reise- und Besuchsverkehr (grenznaher Verkehr, → **Grenze, Innerdeutsche**) und zu Verbesserungen des **Nichtkommerziellen → Warenverkehrs** bereit. Sie erklärte zu Protokoll, daß der Verwaltungsverkehr zwischen Organen und Behörden beider Staaten nicht geändert, sondern beibehalten und „im Rahmen der Möglichkeiten" beschleunigt werden sollte.
g) Presse: Schließlich regelte ein Briefwechsel vom 8. 11. 1972 Arbeitsmöglichkeiten für Journalisten der Bundesrepublik Deutschland in der DDR, eine Vereinbarung, die auf Berlin (West) ausgedehnt wurde.
Ergänzend zum G. vereinbarten beide Seiten ständige Konsultationen über Fragen von beiderseitigem Interesse.
Auf der Grundlage des G. gelang es, mit der DDR eine Reihe von Folgeverträgen zu schließen, die – nicht ohne Rückschläge – zu rechtlichen Regelungen in einzelnen Bereichen der → **Innerdeutschen Beziehungen** führten.
→ **Abgrenzung; Deutschlandpolitik der SED; Friedliche Koexistenz.**

Grundmittel: In der DDR gebräuchlicher Ausdruck für **Anlagemittel** (Mindesthöhe bis 1976 500 Mark, seitdem 1 000 Mark). Zu den G. zählen nicht unbebaute Grundstücke und der Grund und Boden bebauter Grundstücke sowie Grünanlagen, Rasenflächen und Zug-, Zucht- und Nutzvieh.
Die Erstausstattung eines Betriebes mit Betriebsmitteln, die zur Inbetriebnahme neuer Kapazitäten erforderlich sind (z. B. Werkzeuge, Kleingeräte, Modelle, Mobiliar), erfolgt ohne Beachtung der Wertgrenze von 500 Mark bzw. 1 000 Mark. Die Wiederbeschaffung dieser Güter wird mit Teilen des → **Gewinns**, aus → **Amortisationen** bzw. durch G.-Kredite finanziert und unter Berücksichtigung der Wertgrenze als Ersatzinvestition gebucht.
Voraussetzung sinnvollen Wirtschaftens sind ein rationeller Einsatz und eine möglichst gute Auslastung der G. Durch die Anwendung uneinheitlicher Bewertungsmaßstäbe für G. war jedoch bis Anfang der 60er Jahre eine objektive Messung der Effizienz des Kapitaleinsatzes nahezu unmöglich, denn 1948 waren alle vorhandenen Maschinen und sonstigen Ausrüstungen zu Festpreisen des Jahres 1944 sowie alle Gebäude zu den um 60 v. H. erhöhten Preisen des Jahres 1913 bewertet worden. Alle im Zeitraum von 1948 bis 1953 erworbenen G. sind mit den zum Anschaffungszeitpunkt geltenden Preisen verbucht sowie alle von den Betrieben selbst erstellten Investitionsgüter auf Basis der tatsächlichen Kosten verrechnet worden. Nach 1953 wurden die damals neugebildeten Festpreise zugrunde gelegt.
Angesichts dieser verzerrten Bewertung konnte trotz gestaffelter Sätze der → **Abschreibungen** der tatsächliche Anlagenverschleiß nicht voll gedeckt werden, zumal auch die Anschaffungskosten für G. gestiegen waren. Deshalb erschienen z. B. alte Anlagen rentabler als neue, weil die für sie anzusetzenden Abschreibungen erheblich niedriger waren als die für neue Anlagen. Gesamtwirtschaftlich waren die Folgen der Unterbewertung des Anlagevermögens noch schwerwiegender: Die Planungsinstanzen konnten kein brauchbares Bild über die Produktivität des Kapitaleinsatzes in den verschiedenen Zweigen und Branchen erlangen; sie blieben somit bei ihren Investitionsentscheidungen auf unzulängliche Kennziffern angewiesen.
Zur Behebung dieser Schwierigkeiten erfolgte 1963 eine weitreichende → **Grundmittelumbewertung**. Die damit zur Preisbasis von 1962 bewerteten Daten des → **Anlagevermögens** galten auch noch im Jahr 1983; sie werden jährlich unter Berücksichtigung der Nettoinvestitionen sowie der Aussonderungen zu Preisen von 1962 fortgeschrieben. Inzwischen sind jedoch wieder erhebliche Preisveränderungen bei den Investitionsgütern eingetreten, offen z. B. durch die Industriepreisreform von 1967 sowie durch seitdem erfolgte weitere Preiskorrekturen – z. B. durch die seit 1976 vollzogenen stufenweisen Preisrevisionen –, aber auch versteckt in der Weise, daß völlig neuartige Ausrüstungen, weil sie gar nicht auf die Preisbasis von 1962 zurückgerechnet werden können, zu unrichtigen (wahrscheinlich überhöhten) Werten in die Anlagenrechnung eingehen. Damit ergibt sich ein doppeltes Dilemma: Der Bewertung der offiziellen Anlagevermögensdaten liegt weder ein wirklich einheitlicher Maßstab (echte Preisbasis 1962) zugrunde, noch entsprechen die verwendeten Werte den heutigen Preisrelationen der Kapitalgüter. Aus diesem Grunde sind gegenwärtig wieder die gleichen Vorbehalte gegen die offiziellen Anlagevermögensdaten zu machen wie schon Anfang der 60er Jahre. Auch ist die Basis für die Ermittlung der → **Produktionsfondsabgabe** verzerrt.

Deshalb wurde in der DDR verschiedentlich eine erneute G.-Umbewertung gefordert; Anzeichen für die Durchführung einer derartigen Neubewertung in absehbarer Zukunft sind bisher jedoch nicht zu erkennen. → **Preissystem und Preispolitik.**

Grundmittelumbewertung: Angesichts der uneinheitlichen Bewertung der → **Grundmittel** und deren Folgen wurde 1963 – noch vor der Industriepreisreform (→ **Preissystem und Preispolitik**, II., III.) – eine Neubewertung der Grundmittel zu Wiederbeschaffungspreisen von 1962 zunächst für die volkseigene Industrie, später für die halbstaatlichen und privaten Betriebe durchgeführt. In den folgenden Jahren wurde auch die Neubewertung des Vermögens der anderen Wirtschaftsbereiche realisiert.
Ziel dieser Maßnahme war sowohl eine Berichtigung der zu niedrigen → **Abschreibungen** als auch die Erfassung des Brutto-Anlagevermögens zu vergleichbaren Preisen. Nur auf der Basis einheitlich bewerteter → **Anlagemittel** waren ökonomisch sinnvolle Vergleiche der Vermögensstruktur und der Kapitalproduktivitäten zwischen Betrieben, Branchen und Zweigen möglich – Voraussetzung vernünftiger gesamtwirtschaftlicher Investitionsentscheidungen.
Nach umfangreichen und detaillierten Vorarbeiten erfolgte mit dem Stichtag des 30. 6. 1963 eine Generalinventur der Grundmittel; praktisch war dies eine Totalerhebung des industriellen Anlagevermögens. Gleichzeitig mit dieser Erfassung der Grundmittel wurden sie neu bewertet. Zu Preisen von 1962 ergab sich für die gesamte Industrie ein Brutto-Anlagevermögen von 105 Mrd. Mark, das entspricht einer durchschnittlichen Erhöhung der Neuwerte um 52 v. H. Da die Wertansätze der Bauten durchschnittlich um 74 v. H. und die der Ausrüstungen nur um 37 v. H. erhöht worden waren, vergrößerte sich der Bauanteil des Anlagevermögens durch die Umbewertung von 39 auf 45 v. H. Damit setzte sich das gesamte Industrievermögen von 105 Mrd. Mark zur Jahresmitte 1963 aus etwa 47 Mrd. Mark Bauten und 58 Mrd. Mark Ausrüstungen zusammen.
Die mit der G. geschaffenen Daten galten auch noch im Jahr 1983; sie werden jährlich zur Preisbasis von 1962 amtlich fortgeschrieben. Bei neuentwickelten Ausrüstungen dürfte die Bewertung zu einer derartig weit zurückliegenden Preisbasis allerdings kaum fehlerfrei gelingen.
Zu Höhe und Entwicklung des Grundmittelbestandes nach Wirtschaftsbereichen vgl. → **Anlagevermögen**, zu den fortbestehenden und neuentstandenen Problemen der Grundmittelbewertungen → **Grundmittel**.

Grundorganisationen der SED: Die G. gelten als das „Fundament der Partei"; sie sind die untersten Organisationseinheiten der → **Sozialistischen Einheitspartei Deutschlands (SED)**. G. werden – wenn wenigstens 3 Parteimitglieder vorhanden sind – in allen Betrieben der Industrie, des Bauwesens, des Transport- und Nachrichtenwesens, der Land-, Forst- und Nahrungsgüterwirtschaft, des Handels, in staatlichen und wissenschaftlichen Einrichtungen und Institutionen (hier Betriebsparteiorganisationen [BPO] genannt), in städtischen Wohngebieten (hier Wohnparteiorganisationen [WPO] genannt) und ländlichen Gemeinden (hier Ortsparteiorganisationen [OPO] genannt) und in den bewaffneten Organen gebildet.
1. Zur Organisationsgeschichte der KPD/SED. Bereits auf ihrem Gründungsparteitag (30. 12. 1918/1. 1. 1919) versuchte die → **Kommunistische Partei Deutschlands (KPD)**, sich in ihrem Organisationsaufbau von der bisher dominierenden Organisationstradition der → **Sozialdemokratischen Partei Deutschlands (SPD)** zu lösen. Entsprechend der Orientierung der SPD auf Parlamentswahlen und angesichts einer die parteipolitischen Aktivitäten in den Betrieben ablehnenden Gesetzgebung hatte diese sich vor allem in den Wohngebieten organisiert. Die KPD setzte bewußt neben die organisatorische Zusammenfassung in den Wohngebieten den Zusammenschluß der Parteimitglieder in den Betrieben. Die Gründe für diese organisationspolitische Entscheidung lagen zum einen in den Erfahrungen aus der Vorbereitung und dem Verlauf der Novemberrevolution (Bewegung der revolutionären Betriebsobleute; Arbeiterräte), zum anderen aber auch in dem Willen zur fundamentalen gesellschaftlichen und politischen Umwälzung, die von den „arbeitenden Massen" ausgehen sollte. Hierbei wurde den Wahlen zu den Parlamenten – wenn überhaupt – allenfalls eine aufklärende und mobilisierende, jedenfalls zweitrangige Funktion zugedacht. Den Bemühungen der KPD, sich organisatorisch in den Betrieben zu verankern, war – trotz entsprechender Beschlüsse – bis 1925 wenig Erfolg beschieden. Arbeitslosigkeit, die Abspaltung der Kommunistischen Arbeiterpartei Deutschlands (KAPD), der gescheiterte Aufstandsversuch in Mitteldeutschland, der verlorene Ruhrkampf, die Niederlage im Hamburger Aufstand, innerparteiliche Auseinandersetzungen verbunden mit mehrfachen Wechseln der KPD-Führung usw. trugen gleichermaßen dazu bei, daß die KPD bis 1925 nicht zu einer kontinuierlichen Organisationspolitik fand. 1925 setzte der umfassende Versuch ein, die KPD nach dem Vorbild der sowjetischen Partei umzuformen, was offiziell als „Bolschewisierung" der Partei bezeichnet wurde. Die zahlenmäßige Zunahme der „Betriebszellen" der KPD galt als ein wichtiges Kriterium für den leninistischen Charakter der Organisation. Nach anfänglichen Erfolgen – begünstigt durch die relativ gute Wirtschaftskonjunktur bis 1928 – scheiterte letztlich auch dieser Versuch, die Betriebsgruppen zu der die Gesamtpartei prägenden Form der G. zu machen. Der „Linksschwenk" der → **Komintern** 1928/29, der zur Bildung eigener kommunistischer, allerdings zahlenmäßig unbedeutender Gewerkschaften führte und die damit zusammenhängende Abspaltung der Kommunistischen Partei (Opposition) (KPO), schwächten insbesondere die Betriebszellen der KPD. Die Weltwirtschaftskrise (ab 1929) führte darüber hinaus zu einem rapiden Anstieg der Zahl der Arbeitslosen, aus denen die KPD vor allem ihre Mitglieder und Wähler rekrutierte. Diese Entwicklungen verhinderten letztlich eine dauerhafte

Verankerung der KPD in den Betrieben. So waren z. B. 1930 weniger als 15 v. H. der KPD-Mitglieder in Betriebszellen organisiert.
Demgegenüber hatte die SPD in der Weimarer Republik zwar – z. T. im Gegenzug zu den kommunistischen Organisationsversuchen – selbst mit der Bildung von Betriebsgruppen begonnen; für sie blieben aber unbestritten die Parteiorganisationen in den Wohngebieten und die darauf aufbauende territoriale Gliederung der Partei prägend.
In den Diskussionen um die Vorbereitung der Vereinigung von KPD und SPD zur SED 1945/46 in der SBZ und → **Berlin** hat die Frage der Betriebs- bzw. Wohnparteiorganisationen eine erhebliche Rolle gespielt. Das auf dem Vereinigungsparteitag (21./22. 4. 1946) verabschiedete 1. Statut der SED enthielt einen Kompromiß in dieser Frage, der seinerzeit von seiten ehemaliger Sozialdemokraten als eine weitgehende Durchsetzung der eigenen Vorstellungen verstanden wurde. Danach gehörten SED-Mitglieder, die in einem Betrieb usw. beschäftigt waren, sowohl der Betriebsgruppe als auch der Wohnbezirks- bzw. Ortsgruppe an. Wohn- und Betriebsgruppenarbeit sollten gleichberechtigt sein, wobei der Ortsgruppe lt. Statut sogar dadurch ein Übergewicht zugesprochen schien, als bei ihr das Recht zur Aufnahme neuer Mitglieder lag. Zum Zeitpunkt der Parteigründung waren die ca. 1,3 Mill. Parteimitglieder in 17000 Grundeinheiten beider Formen organisiert. In der Folge wurde jedoch die Neugründung von Betriebsgruppen forciert. Von April bis Dezember 1946 stieg die Zahl der Betriebsgruppen von 6316 auf 9829. Im Mai 1947 war bereits ein Drittel aller Parteimitglieder in 12631 Betriebsgruppen zusammengeschlossen. Das Gründungsstatut wurde auf der 5. (September 1946) und der 8. Tagung (Januar 1947) des Parteivorstandes dahingehend verändert, daß die Betriebsgruppe zur entscheidenden Organisationseinheit wurde. Hinzu kam, daß die Betriebsgruppen in Großbetrieben durch Beschluß des jeweiligen Landesvorstandes dem zuständigen SED-Kreisvorstand direkt unterstellt und ferner in Großbetrieben eigene Parteisekretariate geschaffen werden konnten. Dieser organisatorische Umstellungsprozeß fand seinen deutlichen Ausdruck auf der Zentralen Organisations-Schulungskonferenz (27. 1.–6. 2. 1948), für die von der Organisationsabteilung des PV besondere Richtlinien herausgegeben wurden, die die zukünftige Parteiarbeit bestimmen sollten. In diesen hieß es: „Der wirtschaftliche Neuaufbau in der sowjetischen Besatzungszone hängt weitgehend von der Aktivität der Betriebsgruppen . . . ab.“ Zugleich wurde die den Betriebsgruppen nunmehr zugedachte politische Führungsfunktion deutlich ausgesprochen: die Betriebsgruppen müssen „die führende Kraft innerhalb des Betriebes in allen politischen, wirtschaftlichen, sozialen und kulturellen Fragen sein“. Damit war sowohl ein Resümee der bis dahin geleisteten Umorganisation der SED auf die BPO gezogen, als auch die strategische Linie für die Zukunft festgelegt; sie hat bis heute – über alle Veränderungen im Detail hinweg – ihre Gültigkeit behalten. Den Organisationskern bilden die BPO; ihnen gegenüber spielen die WPO und OPO nur eine nachgeordnete Rolle (→ **Produktionsprinzip; Territorialprinzip**).

2. Die Organisationsstruktur der G. Bildung, Struktur und Aufgaben der G. sind in dem Abschnitt VI. des 5. Parteistatuts von 1976 in den Punkten 56–63 geregelt. Danach gehören jedes SED-Mitglied und jeder → **Kandidat**, sofern sie in einem Betrieb usw. beschäftigt sind, der G. dieses Betriebes bzw. der jeweiligen Institution an (**Betriebsparteiorganisation [BPO]**). Hier entrichten sie nicht nur ihre Mitgliedsbeiträge, sondern leisten auch ihre Parteiarbeit. Die nichtberufstätigen Parteimitglieder und diejenigen, die in Betrieben usw. beschäftigt sind, in denen es weniger als 3 Parteimitglieder gibt, sind in einer WPO bzw. OPO organisiert.
G., die mehr als 150 Parteimitglieder und Kandidaten umfassen, können in **Abteilungsparteiorganisationen (APO)** untergliedert werden. Die APO haben die gleichen Rechte und Pflichten wie eine G.; sie sind aber fester Organisationsteil der BPO. Die G. werden ebenso wie größere APO in **Parteigruppen** unterteilt. Diese umfassen die Mitglieder eines Arbeitsabschnittes, folgen also der Organisationsstruktur des jeweiligen Betriebes. Die Parteigruppen werden von dem jährlich zu wählenden Parteigruppenorganisator sowie dessen Stellvertreter geleitet. Die Parteigruppenorganisatoren und ihre Stellvertreter werden regelmäßig, mindestens einmal monatlich, durch den Sekretär der G. bzw. der APO gesondert zusammengerufen und mit den jeweils aktuellen Schwerpunktaufgaben der Parteiarbeit in ihrem Organisationsbereich vertraut gemacht.
Das Statut benennt als höchstes Organ der G. die Mitgliederversammlung. Diese muß regelmäßig mindestens einmal im Monat einberufen werden. Sie ist beschlußfähig, wenn mehr als die Hälfte der in der jeweiligen G. organisierten Mitglieder anwesend ist. Die Mitgliederversammlungen sind in der Regel nicht öffentlich. Die Tagesordnung der Mitgliederversammlung wird von der Parteileitung bestimmt. Hierbei werden auch Schwerpunkte der Parteiarbeit berücksichtigt, die aufgrund zentraler Festlegungen in allen Mitgliederversammlungen zur gleichen Zeit behandelt werden müssen. Ferner berichten die Leitungen der G. auf den Mitgliederversammlungen über ihre Tätigkeit, über die jeweils aktuellen Parteibeschlüsse und deren Bedeutung für die Parteiarbeit im eigenen Organisationsbereich, über Erfolge und Schwierigkeiten der Arbeit sowie die daraus zu ziehenden Schlußfolgerungen usw. Die Diskussion in den Mitgliederversammlungen dient nicht nur der Optimierung der Parteiarbeit, sondern zugleich der Erziehung aller Parteimitglieder, nicht zuletzt durch → **Kritik und Selbstkritik**.
Die G. bilden daneben ein wichtiges Glied in der Kette, über die der für die Leitung und Planung der Gesellschaft unverzichtbare Informationsfluß von unten nach oben bis zu den Führungsorganen von Partei und Staat gewährleistet werden soll. D. h., ihre Funktion liegt auch darin, ein Forum für die Feststellung von Stimmungen, besonderen Interessen, von Zufriedenheit oder Unzufriedenheit der Bevölkerung zu bilden, wie sie sich

in der Wahrnehmung der einzelnen Mitglieder oder ihrer eigenen Bedürfnislage widerspiegeln.
Die Leitungen der G. werden jeweils auf den Mitgliederversammlungen für ein Jahr gewählt (→ **Parteiwahlen der SED**).
Große G., die in APO untergliedert sind, wählen ihre Betriebsparteileitungen (BPL) zweimal in 5 Jahren; das gleiche gilt für die Wahl der Wohnparteileitungen (WPL). Die Ortsparteileitungen (OPL) werden im selben Zeitabstand auf einer Mitgliederversammlung oder – in größeren Orten – von einer Delegiertenkonferenz gewählt. Die Anzahl der Leitungsmitglieder richtet sich nach der Größe der G. Bei G. mit mehr als 150 Mitgliedern beträgt sie 15–20. An der Spitze der BPL usw. steht jeweils ein Sekretär. Die Leitungsmitglieder und in kleineren Betrieben auch der Sekretär arbeiten ehrenamtlich. Während der Sekretär für die einheitliche Arbeit der Partei insgesamt verantwortlich ist, gibt es unter den Leitungsmitgliedern eine Aufteilung nach Aufgabenbereichen. Den BPL gehören auch der Vorsitzende der Betriebsgewerkschaftsleitung (→ **Freier Deutscher Gewerkschaftsbund [FDGB]**) und der Sekretär der Grundorganisation der → **Freien Deutschen Jugend (FDJ)** an. In sehr großen und weitverzweigten G. (z. B. im Falle ausgelagerter Teile des Betriebes oder der Institution) sind seit 1980 Zentrale Parteileitungen (ZPL) gebildet worden. Sie finden sich auch in der Parteiorganisation der NVA und an kleinen Universitäten und Hochschulen. Die ZPL ähneln in Aufbau und Funktion den Kreisleitungen der SED (→ **Kreisparteiorganisationen der SED**). Um die Parteiarbeit in den Kombinaten zu koordinieren und einheitlich zu gestalten, bestehen in diesen **Räte der Parteisekretäre**. Den Vorsitz im Rat der Parteisekretäre hat der Sekretär der BPO des Stammbetriebes. Dieser ist vielfach zugleich Parteiorganisator des Zentralkomitees und hat damit eine zusätzliche Leitungsaufgabe gegenüber den BPO in den Kombinatsbetrieben.
Anfang 1984 waren die über 2,2 Mill. Mitglieder und Kandidaten der SED in 57782 G. organisiert. Als Untergliederungen der G. bestanden zum gleichen Zeitpunkt 26386 APO und 93824 Parteigruppen. Die G. werden von der jeweiligen territorialen bzw. funktionalen Kreisleitung angeleitet.
3. Aufgaben der G. und ihrer Mitglieder. a) Aufgaben der G. Nach Punkt 57 des Statuts der SED besteht die Hauptaufgabe der G. in der „Sicherung des politisch-ideologischen und organisatorischen Einflusses der Partei zur Verwirklichung ihrer führenden Rolle in allen gesellschaftlichen Bereichen". Die Tätigkeit der G. richtet sich dementsprechend nicht nur auf die eigenen Mitglieder, sondern wesentlich auch auf die „Mobilisierung und Organisierung der Massen zur Erfüllung der staatlichen, wirtschaftlichen und kulturellen Aufgaben", z. B. im → **Sozialistischen Wettbewerb**, aber auch auf den „Kampf gegen Bürokratismus, Schlamperei und Mißwirtschaft".
In der Wahrnehmung ihrer Aufgaben sind die G. gemäß den Prinzipien des → **Demokratischen Zentralismus** zu sorgfältiger und termingerechter Erfüllung der von den Parteileitungen beschlossenen Aufträge verpflichtet. Sie leiten die propagandistische Tätigkeit und die politische Massenarbeit „im Sinne der Beschlüsse und Losungen der Partei". Hierzu unterstehen ihnen die betriebliche Presse und der Betriebsfunk. Ferner tragen die G. der Partei für die in ihrem Organisationsbereich tätigen → **Massenorganisationen** die politische Verantwortung; ihnen obliegt die Anleitung und Kontrolle der in den gesellschaftlichen Organisationen tätigen Parteimitglieder. Sie haben ebenso ein Kontrollrecht gegenüber den Leitern der Betriebe, Institutionen oder staatlichen Organe, zu deren Bereich sie gehören. Dieses Kontrollrecht schließt die Teilnahme des Parteisekretärs an den Leitungssitzungen sowie dessen Recht auf Einsichtnahme in alle betrieblichen bzw. internen Unterlagen des Betriebes bzw. der Institution oder Organisation, in der die G. tätig ist, ein.
Innerparteilich sind die G. für den Beitragseinzug, die Auswahl der Kandidaten zur Neuaufnahme in die Partei und die „ideologische Stählung der Mitglieder und Kandidaten zuständig". Hierzu gehören u. a. die Erziehung zur „Unversöhnlichkeit und revolutionären Wachsamkeit gegenüber Partei- und Volksfeinden" und die Organisation der Teilnahme am Parteilehrjahr (→ **Parteischulung der SED**).
b) Pflichten der Mitglieder. In diesen Gesamtrahmen ordnen sich die in den Punkten 2 und 3 des Statuts der SED behandelten Rechte und Pflichten der einzelnen Parteimitglieder ein. Das Parteimitglied ist verpflichtet, „aktiv die Parteibeschlüsse zu verwirklichen", „vorbildlich die gesellschaftlichen Pflichten zu erfüllen" und „die gesellschaftlichen Interessen über die persönlichen zu stellen". In diesem Zusammenhang können an die einzelnen Mitglieder persönlich zu erfüllende → **Parteiaufträge** erteilt werden. Zu den Pflichten des Parteimitgliedes gehört ferner, „an der Aneignung des Marxismus-Leninismus zu arbeiten und die marxistisch-leninistische Weltanschauung zu verbreiten" sowie „furchtlos Mängel in der Arbeit aufzudecken und sich für ihre Beseitigung einzusetzen". Auch die aktive Teilnahme an den Mitgliederversammlungen und am „Leben der Partei" ist für das Parteimitglied Verpflichtung.
c) Parteistrafen. Eine Verletzung dieser oder einer der anderen im Statut genannten Pflichten des Parteimitgliedes kann eine der in Punkt 8 des Statuts genannten Parteistrafen nach sich ziehen. Hierbei handelt es sich um die „Rüge", die „strenge Rüge" oder den „Ausschluß" aus der Partei. Bei geringfügigen Verstößen nennt das Statut als „Mittel der Parteierziehung" die Kritik, die Mißbilligung oder die Verwarnung vor der Mitgliederversammlung; diese Maßnahmen gelten noch nicht als „Parteistrafen" im engeren Sinne.
Die Parteistrafen sind durch die für die G. zuständige Kreisleitung zu bestätigen. Der Betroffene hat das Recht, gegen die ausgesprochene und bestätigte Parteistrafe bei der SED-Bezirksleitung und danach bei dem ZK der SED Einspruch zu erheben. Der Einspruch wird von der zuständigen → **Parteikontrollkommission der SED** behandelt, deren Beschlüsse der Bestätigung durch die entsprechende Parteileitung bedürfen. Bei

Bewährung kann eine Parteistrafe nach einiger Zeit wieder gelöscht werden, im Falle des Ausschlusses kann der Ausgeschlossene „nach einem längeren Zeitraum der Bewährung um seine Neuaufnahme in die Partei ersuchen".

d) Rechte der Mitglieder. Zu den besonderen Rechten des Parteimitgliedes gehört neben dem aktiven und dem nach der Dauer der Parteimitgliedschaft abgestuften passiven Wahlrecht das Recht, innerhalb der Parteiorganisation und der Parteipresse zu allen Fragen der Politik Vorschläge zu unterbreiten und „seine Meinung frei zu äußern, bis die Organisation ihren Beschluß gefaßt hat". Dies schließt das Recht ein, „an der Tätigkeit der Mitglieder und Funktionäre der Partei, unabhängig von ihrer Stellung, Kritik zu üben" sowie „sich mit jeder Frage an jedes höhere Organ der Partei bis zum Zentralkomitee zu wenden und eine auf das Wesen der Sache eingehende Antwort auf seine Eingabe zu verlangen".

Dieses Recht zur Kritik ist jedoch gebunden an die Prinzipien des Demokratischen Zentralismus, insbesondere an das Verbot zur Bildung von Fraktionen und Gruppen (→ **Fraktion, Fraktionsbildung**). Außerdem verstehen sich das jeweilige Programm bzw. die aktuelle → **Linie** der Partei als alle politischen und gesellschaftlichen Bereiche umfassender Aufgabenkatalog. Kritik kann insoweit immer nur Kritik von einzelnen an Einzelpersonen bzw. Detailentscheidungen sein.

4. Besondere Probleme der WPO und der OPO. In den WPO sind fast ausschließlich Rentner und Hausfrauen organisiert; das Durchschnittsalter der Mitglieder liegt daher vielfach bei 65 Jahren. Richtlinie für die Tätigkeit der WPO ist der Beschluß des Sekretariats des ZK der SED „zur weiteren Erhöhung des Niveaus der politischen Massenarbeit in den städtischen Wohngebieten" vom 17. 10. 1979 (Neuer Weg 1979, H. 22, S. 895f.). Um eine effektive „politisch-ideologische Arbeit in den Wohngebieten" zu ermöglichen, werden die Angehörigen von BPO, die in der Nähe oder im → **Wohnbezirk** liegen, angehalten, sich in örtlichen Parteiaktivs zu engagieren und die WPO kadermäßig sowie politisch zu unterstützen. Darüber hinaus sollen die WPO mit den in den Wohngebieten tätigen → **Massenorganisationen** wie dem → **Demokratischen Frauenbund Deutschlands (DFD)** oder der → **Volkssolidarität**, vor allem aber mit den Wohnbezirksausschüssen (WBA) und den Hausgemeinschaftsleitungen (HGL) der → **Nationalen Front der DDR** zusammenarbeiten und diese bei ihren Aktivitäten politisch anleiten.

Als Folge des Wohnungsbauprogramms bildet die politische Massenarbeit (→ **Agitation und Propaganda**) in den städtischen Neubaugebieten einen Schwerpunkt der WPO-Tätigkeit. In diesen Neubauvierteln muß die SED sich erst organisatorisch verankern, um „jederzeit ein exaktes Bild der politischen Lage in den Wohnbezirken" erhalten und ihre „Politik in jede Familie" tragen zu können. Daneben konzentrieren sich die Aktivitäten der WPO auf die Unterstützung des „Mach-mit" Wettbewerbs der Nationalen Front, auf Fragen der Sicherheit und Ordnung im Wohngebiet, auf Probleme der Substanzerhaltung und der Reparatur von Altbauten sowie auf das Organisieren sportlicher und kultureller Veranstaltungen sowie sozialpflegerischer Nachbarschaftshilfe.

Die OPO umfassen BPO und WPO in Kleinstädten bzw. Gemeinden, für die – auf der Grundlage der Instruktionen des Sekretariats des ZK der SED – eine gemeinsame Ortsleitung gebildet werden „kann" (Art. 64 des Parteistatuts). In kleinen Gemeinden, in denen keine WPO gebildet werden, unterstehen die Einzelmitglieder unmittelbar der OPL. Zu den Aufgaben der OPL gehören u. a. die Anleitung der SED-Parteigruppen in den örtlichen Staatsorganen und der Ortsleitungen der Massenorganisationen bei der Lösung von kommunalpolitischen und ökonomischen Aufgaben. Ein weiterer Schwerpunkt der Tätigkeit der OPL ist die gemeinsam mit den örtlichen Gliederungen der Blockparteien im Rahmen der Nationalen Front betriebene politische Massenarbeit. Die im Rahmen ihrer Zuständigkeit gefaßten Beschlüsse der OPL sind für alle G. und Einzelmitglieder des Organisationsbereichs verbindlich.

Grundrechte, Sozialistische: Die SG. werden aus den ideologischen Prämissen des → **Marxismus-Leninismus** abgeleitet. Nach ihnen stimmen die gesellschaftlichen und die persönlichen Interessen im Sozialismus grundsätzlich überein. Diese Interessenharmonie wird gegenwärtig allerdings nicht mehr als eine absolute in dem Sinn angesehen, daß gelegentliche Interessenkonflikte persönlicher Art völlig ausgeschlossen wären. Die SG. werden als weitgehend verwirklichte Aufgabe betrachtet; an ihrer Vervollkommnung werde unablässig gearbeitet. Der einzelne soll sich freiwillig in die sozialistische Gesellschaft einordnen; dabei soll die Freiwilligkeit durch erzieherische Einwirkung gefördert werden. Letztlich muß aber jeder Interessenkonflikt zugunsten der gesellschaftlichen Interessen gelöst werden, deren jeweiliger Inhalt von der SED-Führung kraft ihres Erkenntnismonopols verbindlich interpretiert wird. Vor diesem ideologischen Hintergrund wird die soziale Funktion der SG. sichtbar. Sie sollen der Vergesellschaftung des Menschen dienen, die Integration des Individuums in das Kollektiv bewirken und den einzelnen zum Einsatz für die von der SED festgelegten Aufgaben des sozialistischen Aufbaus mobilisieren.

Die Grundrechtsdogmatik hat die allgemeinen ideologischen Aussagen in bezug auf die Integrations- und Mobilisierungsfunktion der SG. präzisiert. Im einzelnen hat sie folgende Thesen entwickelt:

1. Die Grundrechte (G.) sind zwar subjektive Rechte, aber keine Rechte gegen den Staat. Sie sollen keine „Freiheit vom Staat", sondern eine „Freiheit zum Staat" gewähren, die auf der „Einsicht in die Notwendigkeiten der gesellschaftlichen Entwicklung" beruht.

2. G. und Grundpflichten bilden eine untrennbare Einheit. Dies bedeutet, daß eine allgemeine Verpflichtung besteht, von den SG. zum Wohle der sozialistischen Gesellschaft aktiv Gebrauch zu machen. Auf diese Weise werden die G. von Betätigungsmöglichkeiten in Betätigungszwänge umgedeutet.

3. Die SG. gewinnen ihren Inhalt aus ihrer gesellschaftlichen Zweckbestimmung. Somit bilden die von der SED verbindlich festgelegten gesellschaftlichen Interessen die immanente Schranke aller G. Dies bedeutet für die Freiheit der Meinungsäußerung etwa folgendes: „Für antisozialistische Hetze und Propaganda, im besonderen für ideologische Diversion des imperialistischen Gegners, kann es in der sozialistischen Gesellschaft keine Freiheit geben, weil diese gegen die Freiheit gerichtet sind, die sich die Werktätigen im Sozialismus errungen haben" (Staatsrecht der DDR. Lehrbuch, Berlin [Ost] 1977, S. 203).

Diese SG.-Konzeption ist mit der im Völkerrecht vorherrschenden Idee angeborener und unveräußerlicher, sich allein aus der Würde des Menschen herleitender **Menschenrechte** schon deshalb nicht vereinbar, weil sie die G. als Bürgerrechte betrachtet, deren Geltungsgrundlage das staatlich gesetzte Recht ist. Trotzdem hat die DDR, wie die anderen Staaten des sowjetischen Hegemonialbereichs, die beiden UN-Menschenrechtskonventionen vom 19. 12. 1966 – den Internationalen Pakt über bürgerliche und politische Rechte (in Kraft seit 23. 3. 1976) und den Internationalen Pakt über wirtschaftliche, soziale und kulturelle Rechte (in Kraft seit 3. 1. 1976) –, denen die klassische Menschenrechtsauffassung zugrunde liegt, am 14. 1. 1974 ratifiziert (GBl. II, S. 58 bzw. 106). Hiernach ist die DDR völkerrechtlich verpflichtet, die im erstgenannten Pakt aufgeführten Menschenrechte und Grundfreiheiten zu achten und allen Menschen in ihrem Herrschaftsbereich zu gewährleisten sowie schrittweise alle geeigneten Maßnahmen zu ergreifen, um die volle Verwirklichung der im zweiten Pakt genannten Rechte zu erreichen. Die DDR behauptet, diese Verpflichtungen bereits erfüllt zu haben. Die Bezeichnung der SG. als Menschenrechte hält sie mit der Begründung für möglich, daß die SG. „in besonderer Weise zum Ausdruck bringen, daß der Mensch im Mittelpunkt aller gesellschaftlichen und staatlichen Bemühungen steht" (Staatsrecht der DDR, a. a. O., S. 184).

Die einzelnen SG. sind in der → **Verfassung** von 1968 niedergelegt, die anläßlich der Verfassungsrevision von 1974 insofern keine Änderungen erfahren hat. An ihrer Spitze steht ein allgemeines Mitbestimmungs- und Mitgestaltungsrecht, zu dessen Gewährleistung in Art. 21 Abs. 2 verschiedene Formen der politischen Partizipation aufgeführt werden (→ **Wahlen**, Mitwirkung am staatlichen und gesellschaftlichen Leben, Rechenschaftspflicht der staatlichen und wirtschaftlichen Organe, Willensäußerung mittels der gesellschaftlichen Organisationen, → **Eingaben**, Volksabstimmungen). Alle übrigen G. können aus diesem grundlegenden Teilhaberecht abgeleitet werden und besitzen im Verhältnis zu ihm geringere Bedeutung.

Den zweiten Komplex bilden die sozialen G., zu denen die Rechte auf Arbeit (Art. 24), auf Bildung und Teilnahme am kulturellen Leben (Art. 25, 26), auf Freizeit und Erholung (Art. 34), auf Schutz der Gesundheit und Arbeitskraft (Art. 35), auf Fürsorge (Art. 36) und auf Wohnraum (Art. 37) gehören. An die Verkündung dieser G. schließt sich jeweils eine Aufzählung von materiellen Garantien an, deren Realitätsgehalt von der Leistungsfähigkeit und Leistungswilligkeit des Staates abhängt. Der rechtliche Gehalt dieser G. ergibt sich aus den Einzelregelungen des Arbeits-, Sozial-, Kultur- und Wohnungsrechts. Ein Streikrecht existiert nicht.

Von den Freiheitsrechten stehen die politischen Rechte an erster Stelle: die Freiheit der Meinungsäußerung, der Presse, des Rundfunks und des Fernsehens (Art. 27), die Versammlungsfreiheit (Art. 28) und die Vereinigungsfreiheit (Art. 29). Alle diese Rechte stehen unter einem Verfassungsvorbehalt, der sich praktisch in den allgemein gehaltenen Bestimmungen des politischen Strafrechts und in den durch Sondergesetze festgelegten Einschränkungen auswirkt.

Die persönlichen Freiheitsrechte umfassen die Freiheit der Persönlichkeit (Art. 30), das Post- und Fernmeldegeheimnis (Art. 31), die → **Freizügigkeit** innerhalb des Staatsgebiets der DDR (Art. 32), die Unverletzlichkeit der Wohnung (Art. 37 Abs. 3), die Gewissens- und Glaubensfreiheit (Art. 20 Abs. 1 Satz 2) sowie das Recht, sich zu einem religiösen Glauben zu bekennen und religiöse Handlungen auszuüben (Art. 39 Abs. 1). Eine Auswanderungsfreiheit ist nicht vorgesehen. Die meisten dieser G. stehen unter einem Gesetzesvorbehalt, so daß ihr Umfang hauptsächlich den einschlägigen Vorschriften des Straf-, Strafprozeß-, Polizei-, Unterbringungs- und Sicherheitsrechts zu entnehmen ist.

Die justiziellen G. sind außerhalb des G.-Katalogs geregelt. In diesen Zusammenhang gehören das Prinzip „nulla poena sine lege", das Schuldprinzip und das Verbot rückwirkender Strafgesetze (Art. 99), das „Habeas-corpus-Prinzip" (Art. 100), der Grundsatz des gesetzlichen Richters und das Verbot von Ausnahmegerichten (Art. 101), der Anspruch auf rechtliches Gehör und das Recht auf Verteidigung (Art. 102). Die Einzelheiten ergeben sich aus dem Strafprozeß- und Gerichtsverfassungsrecht (→ **Gerichtsverfassung; Strafrecht**).

Schutzrechte persönlicher Natur sind der Anspruch der DDR-Bürger auf Rechtsschutz bei Aufenthalt außerhalb der DDR und das Auslieferungsverbot (Art. 33). Ausländern kann aus politischen Gründen Asyl gewährt werden (Art. 23 Abs. 3). Zu erwähnen sind auch das Eingaberecht (Art. 103) und die → **Staatshaftung** (Art. 104). Schutzcharakter haben auch verschiedene Einrichtungsgarantien. Zu ihnen zählen die Institute von Ehe, Familie und Mutterschaft, die zusammen mit dem Mutter- und Kinderschutz sowie dem Erziehungsrecht der Eltern gewährleistet werden (Art. 38). Außerhalb des G.-Teils werden das persönliche → **Eigentum**, das → **Erbrecht**, das Urheber- und Erfinderrecht garantiert (Art. 11). Freilich unterliegen diese Vermögensrechte starken Einschränkungen.

Der Gleichheitsgrundsatz ist für alle G. maßgebend. Als besondere Ausprägungen der allgemeinen Rechtsgleichheit werden ein Differenzierungsverbot hinsichtlich bestimmter Merkmale (Nationalität, Rasse, weltanschauliches und religiöses Bekenntnis, soziale Herkunft und Stellung) ausgesprochen und die Gleichberechtigung von Mann und Frau festgelegt (Art. 20).

Neben den G. statuiert die Verfassung Grundpflichten. Diese werden in der Regel als Korrelat zu bestimmten G. formuliert. Dies ist der Fall bei der Verwirklichung des allgemeinen Mitbestimmungs- und Mitgestaltungsrechts (Art. 21 Abs. 3), der Pflicht zum Dienst und zu Leistungen für die Verteidigung der DDR (Art. 23 Abs. 1), der Pflicht zur Arbeit (Art. 24 Abs. 2), der Schulpflicht und der Pflicht zum Erlernen eines Berufs (Art. 25 Abs. 4) sowie bei der Erziehungspflicht der Eltern (Art. 38 Abs. 4). Gelegentlich werden auch außerhalb des G.-Katalogs selbständige Grundpflichten festgelegt, wie z. B. die Pflicht, das sozialistische Eigentum zu schützen und zu mehren (Art. 10 Abs. 2).
Im Schrifttum der DDR wird zwischen politischen, ideologischen, ökonomischen und juristischen Garantien der G. unterschieden. Unter politischen Garantien versteht man das bestehende politische System, namentlich die führende Rolle der SED. Mit ideologischen Garantien bezeichnet man die Verbindlichkeit der marxistisch-leninistischen Weltanschauung. Die ökonomischen Garantien werden in der vorhandenen Wirtschaftsordnung erblickt, wobei das sozialistische Eigentum an den Produktionsmitteln und das System der Leitung und Planung der Volkswirtschaft besonders hervorgehoben werden. Den juristischen Garantien wird die geringste Aufmerksamkeit gewidmet. Ein spezifischer G.-Schutz ist nicht vorgesehen. Eine Verfassungs- und Verwaltungsgerichtsbarkeit besteht nicht. Die Möglichkeiten des Rechtsschutzes sind im wesentlichen auf Eingaben und Beschwerden innerhalb der aktiven Verwaltung beschränkt.
In Ermangelung eines effektiven Rechtsschutzes spielen die SG. in der Rechtspraxis kaum eine Rolle. Ihre Bedeutung liegt vornehmlich auf propagandistischem Gebiet. In der Rechtsprechung werden die G.-Artikel der Verfassung selten herangezogen und dann auch nur beiläufig erwähnt.

Grundstoffindustrie: Nach der bis 1967 gültigen Industriezweigsystematik wurden unter der G. die Zweige Energiebetriebe, Bergbau, Metallurgie, → **Chemische Industrie** und Baumaterialienindustrie zusammengefaßt. 1967 waren in der G. 745 000 Arbeiter und Angestellte tätig (→ **Industrie** insges. 2,7 Mill.); der Anteil an der industriellen Bruttoproduktion betrug knapp 30 v. H. Seit 1968 wird der Begriff G. nicht mehr zur Bezeichnung eines Industriebereichs verwendet. Die Zweige wurden z. T. eigenständige Bereiche (Chemische Industrie, Metallurgie, Baumaterialienindustrie) bzw. sind teilweise neuen Bereichen eingegliedert worden. → **Energiewirtschaft.**

Gruppe: Der Begriff G. findet – mit unterschiedlichen Bedeutungen – in der marxistisch-leninistischen → **Psychologie** sowie in der → **Soziologie und Empirischen Sozialforschung** der DDR zunehmend Verwendung.
1. G. als Begriff der Psychologie. Bezeichnung für eine „Anzahl von Menschen, die miteinander in Interaktion und Kommunikation stehen; von beiden ist ein Mindestmaß an Intensität, Extensität und Intimität zu fordern, um die notwendige G.-Integration zu sichern" (Wörterbuch der Psychologie, 3., neubearb. Aufl., Leipzig 1981, S. 243). Diese Definition läßt erkennen, daß der G.-Begriff der Psychologie vor allem auf überschaubare, kleine G. gerichtet ist, da nur von diesen die geforderte Unmittelbarkeit und Intensität des wechselseitigen Aufeinandereinwirkens (Interaktion) gegeben ist. – G. bilden sich zur Verwirklichung gemeinsamer Ziele. Aus der zur Zielverwirklichung von den G.-Mitgliedern zu entfaltenden Tätigkeit ergeben sich Rollenverteilungen, Prestige-, Rang- und Leitungsstrukturen. Je nachdem, ob diese innere Struktur von außen vorgegeben wird oder aus der G. selbst entsteht, wird zwischen formellen bzw. informellen G. unterschieden.
Die Bedeutung der G. liegt nach marxistisch-leninistischer Auffassung darin, daß die konkrete Vermittlung zwischen den politisch gewollten Wertvorstellungen und Normen und den bei den G.-Mitgliedern vorhandenen sich innerhalb von G. vollzieht: „Die G. übernimmt gesamtgesellschaftliche Zielstellungen, Normen, Werte u. a., transformiert sie, d. h., bringt sie mit gruppenspezifischen Zielen, die natürlich letztlich auch aus gesamtgesellschaftlichen resultieren, in Einklang und entwickelt so ein gruppeninternes Normensystem mit Geboten und Verboten u. a. Diesem haben sich die Gruppenmitglieder unterzuordnen; seine Einhaltung unterliegt der Kontrolle. In diesem Feld vollzieht sich die gesellschaftliche Determination des Menschen." (Wörterbuch der Psychologie, a. a. O., S. 244) Demnach finden in den G. die eigentlichen Sozialisationsprozesse statt. Die Analyse von G. ist somit Voraussetzung, den realen Bewußtseinsbildungsprozessen, den Motivationen für tatsächliches Sozialverhalten usw. nachzugehen. Derartige Untersuchungen dienen ferner dazu, das Fortwirken traditioneller Einstellungen, von überkommenen Sitten und Bräuchen ebenso zu analysieren wie regionale und schichtspezifische Entwicklungen. Aus marxistisch-leninistischer Sicht besteht bei derartigen Untersuchungen jedoch die Gefahr, daß das postulierte „Klasseninteresse", das „gesellschaftliche Bewußtsein" und andere zentrale ideologisch gesetzte Bewußtseinsphänomene, in denen sich die angenommene neue Qualität der eigenen Ordnung als bestimmender Faktor manifestieren soll, hinter den Besonderheiten der jeweiligen G.-Interessen verschwinden, bzw. sich in den Untersuchungsergebnissen nicht mehr nachweisen lassen. Deswegen hat es verschiedentlich politisch-ideologische Kritik an der gruppenanalytischen Forschung gegeben; trotzdem hat sich die Analyse von G. in der Sozialpsychologie, in der → **Jugendforschung** usw. wegen ihrer Realitätshaltigkeit durchgesetzt. Die Kenntnis der Differenziertheit der eigenen Gesellschaft und der in ihr ablaufenden Prozesse gilt als Voraussetzung für gesellschaftspolitische Eingriffe (→ **Sozialindikatoren; Sozialplanung**).
2. G.-Begriffe in der Soziologie. Der G.-Begriff in der Soziologie ist, soweit er sich auf Klein.-G. erstreckt, im wesentlichen mit dem der Psychologie identisch. Da die Soziologie sich allerdings stärker der Untersuchung formaler G. zuwendet, werden von ihr auch große

strukturierte soziale Einheiten „in der nicht mehr jeder jeden kennt, aber in der dennoch ein bewußtes Verhältnis zur Gruppe selbst besteht und auf der Grundlage der Teilnahme an der für die jeweilige soziale Einheit wesentlichen gesellschaftlichen Tätigkeit sich eine Vielzahl von sozialen Beziehungen zwischen den Gruppenmitgliedern entwickelt, als soziale G. bezeichnet" (z. B. Belegschaft des Betriebes, eine LPG, ein Forschungsinstitut u. a.) (Wörterbuch der marxistisch-leninistischen Soziologie, 2., überarb. Aufl. 1977, S. 231). – Als soziale Groß-G. gelten soziale Klassen (→ **Klasse/Klassen, Klassenkampf**) und Schichten sowie Merkmalseinheiten innerhalb dieser G. (z. B. Facharbeiter als G. in der Arbeiterklasse, Werktätige, die in Großbetrieben beschäftigt sind, Unterscheidungen nach dem Geschlecht usw.). – Davon zu unterscheiden sind statistische G., die sich aufgrund der in der Statistik verwendeten Kriterien ergeben und als solche in soziologische Untersuchungen eingehen (→ **Sozialstruktur; Soziologie und Empirische Sozialforschung**, IV. A.).

3. Das sozialistische Kollektiv als G. In der Soziologie und in der Psychologie wird gleichermaßen das **Sozialistische** → **Kollektiv** als qualitativ neue und höchste Form der G. angesehen. In ihm sollen die gesellschaftlich geforderten und die tatsächlich in der G. vorhandenen Normen und Verhaltensweisen in ein optimales Verhältnis gebracht worden sein. Während die Psychologie ihren Kollektiv-Begriff auf Klein-G. begrenzt, umfaßt der soziologische Begriff auch die genannten größeren G. wie Betriebe usw. Aus der inzwischen nicht mehr bestrittenen Bedeutung der G. für den Sozialisationsprozeß der einzelnen stellt sich zugleich aus der Sicht der Partei die Aufgabe, vor allem die G., die dort vorhandenen Einstellungen, das G.-Klima usw. zu beeinflussen, um die der Partei eigenen Wertvorstellungen und Ziele durchzusetzen. Die → **Kollektiv- und Arbeitserziehung** auch außerhalb der Schule steht daher nicht zufällig im Mittelpunkt der Parteiarbeit, der → **Agitation und Propaganda**, der Tätigkeit von Betriebsleitern usw.

Gruppe Sowjetischer Streitkräfte in Deutschland (GSSD): Offizielle Bezeichnung für die in der DDR stationierten Truppenteile der Armee der UdSSR. Es handelt sich bei der GSSD um jene Einheiten, die nach dem Ende des II. Weltkrieges nicht aus der SBZ abgezogen wurden und denen im Rahmen der sowjetischen → **Besatzungspolitik** die Aufgabe zufiel, die systematische Umgestaltung des politischen, wirtschaftlichen und gesellschaftlichen Lebens in der SBZ mit dem Ziel des Aufbaus einer sozialistischen Staats- und Gesellschaftsordnung zu sichern. Die genaue Stärke der GSSD ist nicht bekannt, westliche Schätzungen nennen rd. 380000 Mann – gegliedert in 20 Divisionen und 1 Luftarmee. Sie ist damit ungefähr doppelt so stark wie die → **Nationale Volksarmee (NVA)** (einschl. → **Grenztruppen der DDR**). Es handelt sich um eine vollmotorisierte, mit taktischen **Atomwaffen** ausgerüstete Truppe von hoher operativer Beweglichkeit. Sie gilt als einer der schlagkräftigsten Verbände der Sowjetarmee. Ihre zahlenmäßige Stärke ist in den 50er und Anfang der 80er Jahre im Zuge sowjetischer Truppenreduzierungen geringfügig zurückgegangen, ohne daß dadurch ihre Kampfkraft verringert worden ist.

Die GSSD gliedert sich in:

Landstreitkräfte: 9 Panzer-, 10 motorisierte Schützen- und eine Artilleriedivision (mit rd. 380000 Mann und etwa 5000–6000 Kampfpanzern, zum großen Teil des neuesten Typs T 72), einschließlich logistischer Verbände, mit je einem Raketenbataillon, ausgerüstet mit Kurzstrecken-Raketen von bis zu 300 km Reichweite.

Luftstreitkräfte: Zusammengefaßt in der 24. Taktischen Luftarmee, die als die am besten ausgerüstete Teilstreitkraft der sowjetischen Luftstreitkräfte gilt und zu der rd. 1000 bis 1200 fliegende Einheiten sowie Flugabwehr- und Raketenverbände gehören. Etwa 80 v. H. der fliegenden Einheiten sind potentielle Kernwaffenträger.

Sitz des Kommandostabes ist Wünsdorf bei Berlin (Ost), Oberbefehlshaber ist gegenwärtig (seit 1980) Armeegeneral Saizew, Chef des Stabes ist Generalleutnant Swiridow, Chef der Politverwaltung ist Generaloberst Lisitschew. Der Posten des Oberbefehlshabers gilt als einer der wichtigsten in der sowjetischen Militärhierarchie.

Die GSSD bildet zusammen mit der Nationalen Volksarmee, polnischen und tschechoslowakischen Verbänden den Hauptteil der sog. „1. Strategischen Staffel" der Vereinten Streitkräfte des → **Warschauer Paktes**, die Anfang der 60er Jahre als voll mobiler, vollständig aufgefüllter und ständig einsatzbereiter Verband aufgestellt wurde und der auch für Angriffszwecke ausgerüstet ist.

Seit 1957 wird die Anwesenheit der GSSD in einem Truppenstationierungsvertrag zwischen DDR und UdSSR geregelt (GBl. I, S. 237–285). Im Gegensatz zu anderen von der UdSSR abgeschlossenen Stationierungsverträgen sieht dieser Vertrag lediglich „Konsultationen" mit der Regierung der DDR über Manöverbewegungen, Standortveränderungen und Stärke der GSSD vor. „Im Fall der Bedrohung der Sicherheit" der GSSD kann ihr Oberkommando alle geeigneten Maßnahmen ergreifen, die es für erforderlich hält. Diese Generalklausel stellt eine Notstandsregelung ohne Mitspracherecht der DDR dar und muß als wesentliche Einschränkung ihrer → **Souveränität** angesehen werden.

In der Ausbildung, beim Gefechtstraining und bei der Durchführung militärischer Wettbewerbe ist in den letzten Jahren die Zusammenarbeit zwischen Einheiten der NVA und Truppenteilen der GSSD erheblich verstärkt worden (Motto: „Waffenbrüderschaft mit dem ‚Regiment nebenan'"). Die weitgehende Isolation der streng kasernierten sowjetischen Verbände von der deutschen Bevölkerung ist dadurch bisher jedoch nicht wesentlich durchbrochen worden.

Einheiten der GSSD waren maßgeblich an der Niederschlagung des Volksaufstandes vom 17. 6. 1953 in der DDR, beim Bau der Mauer in Berlin am 13. 8. 1961 und am Einmarsch von Truppen des Warschauer Paktes am 21. 8. 1968 in die ČSSR beteiligt. → **Außenpolitik.**

Gruppe Ulbricht: Am 30. 4. 1945 kehrte die erste Gruppe deutscher kommunistischer Emigranten unter der Führung Walter Ulbrichts von Moskau nach Berlin zurück. Ihr gehörten an: Gustav Gundelach (später führender KPD-Funktionär in Hamburg), Richard Gyptner, Fritz Erpenbeck, Walter Köppe, Wolfgang Leonhard (flüchtete 1949 nach Jugoslawien, danach Wohnsitz in der Bundesrepublik Deutschland, seitdem wird er in offiziellen Berichten über die GU. nicht mehr erwähnt), Hans Mahle, Karl Maron, Otto Winzer sowie ein namentlich nicht bekannter junger Sekretär.

Die GU. unterstand der Sowjetischen Militäradministration in Deutschland (SMAD) (→ **Besatzungspolitik**) und arbeitete eng mit ihr zusammen. Hauptaufgabe: Wiederaufbau der deutschen Verwaltung, insbes. Einsetzung eines Magistrats in Berlin sowie der Berliner Bezirksverwaltungen. Als Grundsatz habe zu gelten, so erklärte Ulbricht seinen Mitarbeitern: „Es muß demokratisch aussehen, aber wir (die Kommunisten) müssen alles in der Hand haben." Die GU. löste sich mit Neugründung der KPD am 11. 6. 1945 auf.

→ **Berlin; Geschichte der DDR; Kommunistische Partei Deutschlands (KPD)/Deutsche Kommunistische Partei (DKP); Sozialistische Einheitspartei Deutschlands (SED).**

H

Häftlinge, Politische: Die SED hat bislang stets geleugnet, daß es in der DDR PH. gibt. Bisher ist nur im Amnestiebeschluß des Staatsrats vom 6. 10. 1972 der Begriff „politische Straftäter" offiziell verwendet worden.
Tatsächlich sind in der SBZ/DDR seit 1945 immer wieder Menschen aus politischen Gründen inhaftiert worden. Es lassen sich folgende Gruppen unterscheiden:
1. *Internierte:* Nach dem Einmarsch der sowjetischen Truppen sind ca. 150000 Deutsche mehr oder weniger willkürlich als „aktive Faschisten" oder „Kriegsverbrecher" in den früheren NS-Konzentrationslagern interniert worden. Etwa 70000 dieser Häftlinge sind in diesen Lagern ums Leben gekommen. Bei der Auflösung der **Konzentrationslager** Anfang 1950 wurden die Überlebenden bis auf 3432, die der DDR-Justiz zur Aburteilung wegen Verbrechens gegen die Menschlichkeit übergeben wurden, aus der Haft entlassen.
2. *SMT-Verurteilte:* → **Sowjetische Militärtribunale (SMT)** haben in den Jahren 1945–1955 eine nicht bekannte Zahl Deutscher wegen wirklicher oder angeblicher NS- oder Kriegsverbrechen oder als politische Gegner der KPD/SED verurteilt. Die Strafe betrug in der Regel 25 Jahre Zwangsarbeit. 1950 wurden 10513 SMT-Verurteilte den Strafvollzugsorganen der DDR übergeben. 6143 dieser Häftlinge wurden Anfang 1954 (ND 17. 1. 1954), die übrigen – bis auf wenige Ausnahmen – 1955/56 aus den Strafanstalten der DDR entlassen.
3. *In die Sowjetunion Deportierte:* Von 1945 bis 1950 sind ca. 40000 Internierte und SMT-Verurteilte in die Sowjetunion deportiert worden, wo sie zusammen mit den Tausenden als „Kriegsverbrecher" verurteilten deutschen Kriegsgefangenen in sowjetischen Strafarbeitslagern untergebracht wurden. Mindestens 7000 bis 10000 Deportierte sind in der SU umgekommen. Bis auf 271 Häftlinge, die im Dezember 1955 den Strafvollzugsorganen der DDR übergeben wurden, sind die überlebenden Verurteilten, deren Zahl von der UdSSR im September 1955 mit 9626 angegeben wurde, bis 1956 nach Deutschland entlassen worden.
4. *Verurteilte Kriegsverbrecher:* Von 1945 bis 31. 12. 1978 sind nach Angaben des Generalstaatsanwalts der DDR 12861 Personen wegen „Kriegsverbrechen" und „Verbrechen gegen die Menschlichkeit" verurteilt worden, die meisten von ihnen – 12147 – bis 1950 (Neue Justiz 1979, H. 4, S. 165). Zu diesen Verurteilten gehören auch die 3432 Internierten, die Anfang 1950 bei der Auflösung der Konzentrationslager der DDR-Justiz übergeben und in den Waldheim-Prozessen im Frühjahr 1950 durch eigens zu diesem Zweck beim Landgericht Chemnitz gebildete Sonder-Strafkammern abgeurteilt wurden (→ **Kriegsverbrecherprozesse**). Die meisten Waldheim-Verurteilten wurden aufgrund eines Ministerrats-Beschlusses vom 22. 12. 1955 aus der Haft entlassen.
5. Wegen → **Staatsverbrechen** und → **Republikflucht** verurteilte Häftlinge bilden seit 1956 den Hauptteil der PH. Ihre genaue Zahl ist nicht bekannt. In den Kriminalstatistiken der DDR fehlt darüber jeder Hinweis. Es kann jedoch aufgrund der von westlichen Stellen getroffenen Feststellungen angenommen werden, daß seit 1950 mehr als 140000 Personen wegen dieser politischen Delikte verurteilt worden sind. Besonders hoch war der Anteil der wegen Republikflucht Verurteilten, der seit 1961 ständig zugenommen hatte und seit 1969 bis 1976 bei etwa 75 v. H. aller aus politischen Gründen Verurteilten lag. Seitdem hat die Zahl der im Zusammenhang mit Bemühungen um → **Übersiedlung in die Bundesrepublik Deutschland** zu Freiheitsstrafen Verurteilten ständig bis 1983 auf etwa 40 v. H. zugenommen. Entsprechend verringerte sich der Anteil der wegen eines Fluchtversuchs ergangenen Urteile auf etwa 50 v. H. der politischen Verurteilungen.
6. *Wirtschaftsverbrecher:* Auch ein großer Teil der wegen Wirtschaftsverbrechen verurteilten Häftlinge muß zu den PH. gerechnet werden. Ihre Zahl ist ebenfalls nicht bekannt. Seit 1962 haben Wirtschaftsstrafsachen erheblich abgenommen.
Die Gesamtzahl der aus politischen Gründen inhaftierten Personen ist unbekannt. Nach Auflösung der Konzentrationslager stieg die Zahl der PH. Anfang der 50er Jahre bald wieder auf 20000. 1962/63 gab es nach westlichen Schätzungen ca. 12000 PH. Seit 1964 sind etwa 20000 PH. für materielle Gegenleistungen der Bundesregierung vorzeitig aus der Strafhaft in die Bundesrepublik Deutschland entlassen worden. Dadurch hat sich die Zahl der PH. auf durchschnittlich ca. 3000 vermindert. Auch aufgrund der → **Amnestien** von 1972 und 1979 verringerte sich jeweils vorübergehend die Zahl der PH.
Im Strafvollzug werden die PH. wie die aus kriminellen Gründen verurteilten Gefangenen behandelt. Kriminelle und PH. sind gemeinsam in den Strafanstalten untergebracht; nur in der StVA Cottbus befinden sich seit einigen Jahren fast ausschließlich wegen politischer Straftaten verurteilte Häftlinge. Die Mehrzahl der meist wegen Fluchthilfe verurteilten westdeutschen und West-Berliner Häftlinge sind streng getrennt von den Strafgefangenen aus der DDR in der Strafvollzugsanstalt Berlin-Rummelsburg untergebracht.

Handelsabgabe: Die HA. wurde 1957 (GBl. I, Nr. 10) als Bestandteil der differenzierten Umsatzsteuer im Bereich des volkseigenen Handels und der volkseigenen Apotheken und Gaststätten eingeführt. Mit ihrer Erhebung entfielen die Körperschafts-, Umsatz-, Gewerbe-

und Beförderungssteuern. Bemessungsgrundlage war der Umsatz. Durch die Einführung der → **Handelsfondsabgabe** wurde die HA. 1968 (GBl. II, 1967, Nr. 93) aufgehoben. → **Steuern.**

Handelsfondsabgabe: Analog zur → **Produktionsfondsabgabe** in volkseigener Industrie und Bauwirtschaft wurde seit 1968 (GBl. II, 1967, Nr. 93) die H. im Bereich des volkseigenen Groß- und Einzelhandels eingeführt. Sie wird als Prozentsatz vom Bestand an Grund- und Umlaufmitteln erhoben. Die Rate der H. wird als staatliche Plankennziffer herausgegeben und beträgt gegenwärtig für den Konsumgüterhandel einheitlich 6 v. H. auf gemietete → **Grundmittel** und 3 v. H. auf die Bestände im Umlaufmittelbereich. Für das → **Hotel- und Gaststättenwesen** beträgt die H. einheitlich 1 v. H. und für den Produktionsmittelhandel einheitlich 3 v. H. auf Grund- und Umlaufmittel (GBl. II, 1971, Nr. 31). Mit der Einführung der H. wurde die → **Handelsabgabe** aufgehoben.
Die H. verbindet fiskalische Funktionen (sie ist eine Form der Gewinnabführung) mit solchen der ökonomischen Stimulierung. Sie soll die Handelsbetriebe dazu veranlassen, ihre Grund- und Umlaufmittel möglichst rationell einzusetzen (z. B. Grundmittel voll auszulasten und überplanmäßige Warenbestände beschleunigt abzubauen), um sowohl die eigenen Gewinne wie den volkswirtschaftlichen Nutzen zu maximieren. Diese Aufgabe kann die H. allerdings nur begrenzt erfüllen, weil die Handelsspannen „bestimmter Sortimente ökonomisch nicht begründet sind" (Ökonomisches Lexikon, Berlin [Ost] 1978, 3. Aufl. Bd. H–P, S. 18).

Handelsorganisation (HO): Die volkseigene HO ist die führende Organisation des Einzelhandels der DDR. Als staatliches Unternehmen repräsentiert sie die gesellschaftlich höchste Eigentumsform vor der genossenschaftlichen (→ **Konsumgenossenschaften**) und vor dem privaten und Kommissionshandel (→ **Binnenhandel**, III.). Von Anfang an hatte die HO nicht nur Verteilungsfunktionen, sondern auch weitergehende ökonomische und politische Aufgaben zu erfüllen. Gegründet wurde sie am 20. 10. 1948, zu einem Zeitpunkt, als in dem volkseigenen Sektor der Industrie schon fast die Hälfte der Produktion erzeugt wurde. Im Binnenhandel überwog dagegen noch der private Betrieb – neben dem damals noch recht kleinen genossenschaftlichen Sektor. Mit der Schaffung der staatlichen HO-Betriebe sollte der volkseigene Charakter des Binnenhandels gestärkt und der Widerspruch in den Eigentumsformen zwischen Produktion und Handel beseitigt oder wenigstens gemildert werden.
Die HO-Läden waren anfangs die einzigen Verkaufsstellen, die knappe Waren zu stark überhöhten Preisen frei verkaufen durften, während die übrigen Handelseinrichtungen nur rationierte Waren zu verbilligten Preisen abgaben. Die Politik der gespaltenen Preise wurde 1958 aufgegeben und ein einheitliches Preisniveau eingeführt, wodurch die HO die Sonderfunktion der zusätzlichen Kaufkraftabschöpfung einbüßte.
Planungstechnisch war der Zeitpunkt für die Schaffung der HO günstig gewählt. Mit dem Beginn des ersten Zweijahrplanes am 1. 1. 1949 war die DDR endgültig zum zentralen planwirtschaftlichen System übergegangen. Den staatlichen Planungsorganen standen mit der Existenz der HO-Betriebe nunmehr auch im Verteilungsbereich staatliche Betriebe zur Verfügung, was die Planung und den Planvollzug zweifellos erleichterte.
Während in der frühen Nachkriegszeit der konsumgenossenschaftliche Handel deutlich gegenüber dem privaten Handel bevorzugt worden war, wurde nach 1949 die volkseigene HO die am stärksten geförderte und staatlich begünstigte Einzelhandelseinrichtung. Dementsprechend konnte sie ihren Umsatz sowohl absolut als auch im Vergleich zu den anderen Handelsorganisationen laufend erhöhen (vgl. → **Binnenhandel**, Tabelle 1).
Die neueste Entwicklung ist allerdings eher durch eine gewisse Annäherung der beiden Vertriebsformen HO und KG gekennzeichnet. Abgesehen von der regionalen Arbeitsteilung, die – seit 1953 – den Konsumgenossenschaften überwiegend die Versorgung der Landbevölkerung, der HO diejenige der Städte zuweist, werden heute die Gemeinsamkeiten der beiden Vertreter des „sozialistischen Einzelhandels" stärker betont als die noch bestehenden Unterschiede. Die Einzelhandelsverkaufsstellen der HO sind den Bezirksdirektionen des volkseigenen Einzelhandels unterstellt, die vom Rat des Bezirkes, Abt. Handel und Versorgung, angeleitet werden. Über den Bezirksdirektionen wirkt zentral koordinierend die Hauptdirektion des volkseigenen Einzelhandels, die dem → **Ministerium für Handel und Versorgung** unterstellt ist.

Handelsrecht: Als Sonderrecht für die verbliebenen Reste der Privatwirtschaft findet das H. auf der Grundlage des **Handelsgesetzbuches (HGB)** von 1897 noch Anwendung. Es soll auch in Zukunft erhalten bleiben, solange noch Reste privater Wirtschaftsformen oder nach Modellen des Privatrechts organisierte Betriebsformen in der DDR bestehen. Die Rechtsbeziehungen der sozialistischen Betriebe sind grundsätzlich in anderen Rechtsnormen geregelt (→ **Wirtschaftsrecht**).

Handelsregister: Durch die VO über die Übertragung der Angelegenheiten der → **Freiwilligen Gerichtsbarkeit** vom 15. 10. 1952 (GBl., S. 1057) wurde bestimmt, daß das H. (Abt. A und B) nicht mehr bei den Gerichten, sondern bei den Räten der Kreise zu führen ist. Zuständig ist jetzt die Abt. Örtliche Wirtschaft beim Rat des Kreises, die an die Stelle des Registergerichts getreten ist. Über Beschwerden gegen Maßnahmen der mit der Registerführung beauftragten Angestellten entscheidet der Rat des Bezirks endgültig. Einsichtnahme in das H. kann von der Glaubhaftmachung eines rechtlichen Interesses abhängig gemacht werden. Bekanntmachungen aus dem H. in öffentlichen Blättern finden nicht mehr statt. Das Register für die volkseigene Wirtschaft wird beim Bezirksvertragsgericht geführt (VO vom 10. 4. 1980, GBl. I, S. 115).

Handwerk

I. *Betriebsformen*
II. *Leitung und Planung*
III. *Entwicklung der Beschäftigten und Umsätze*
IV. *Handwerkspolitik*

I. Betriebsformen

Handwerkliche Leistungen werden in der DDR zu 59 v. H. (Ende 1981) von privaten Betrieben und zu 41 v. H. von Produktionsgenossenschaften des H. (PGH) erbracht. Damit ist das H. der einzige Wirtschaftsbereich in der DDR, in dem sich Eigentum an Produktionsmitteln und Verfügungsgewalt überwiegend in privater Hand befinden.
Der Inhaber eines privaten H.-Betriebes darf grundsätzlich nicht mehr als 10 Personen beschäftigen; er muß die Meisterprüfung abgelegt haben und Mitglied der Handwerkskammer (→ **Handwerkskammern der Bezirke**) sein. Die 157 Tätigkeiten, die handwerksmäßig betrieben werden können, enthält das Verzeichnis der H.-Berufe (Positivliste) von 1957 (GBl. I, S. 651). Nach der ab 1. 1. 1975 geltenden Ausbildungsordnung für Meister des H. (GBl. I, S. 173) wurden die Fachrichtungen zunächst auf 62 verringert und 1979 wieder auf rd. 150 (GBl. I, S. 273) erweitert, die auch in der Systematik der Ausbildungsberufe vom 7. 9. 1970 aufgeführt werden (GBl. II, S. 348) (in der Bundesrepublik Deutschland gibt es gegenwärtig 125).
Neben den privaten H.-Betrieben werden seit 1950 auch die sog. Kleinindustriebetriebe zum H. gerechnet; ihre Beschäftigtenzahl ist ebenfalls auf 10 begrenzt; sie sind in die Gewerberolle der H.-Kammern eingetragen.
Die PGH sind sozialistische → **Genossenschaften**. Ihre rechtliche Grundlage bildet das Musterstatut vom Februar 1973 (GBl. I, S. 121), welches das alte Musterstatut von 1955 abgelöst hat.
Die PGH entstehen durch Zusammenschluß ehemals Selbständiger aus H. und Kleinindustrie und deren Beschäftigten. Unabhängig von ihrer ehemaligen Stellung haben sie als Mitglieder der PGH den gleichen sozialen Status.
Ähnlich den Typen der Landwirtschaftlichen Produktionsgenossenschaften (LPG) werden die PGH entsprechend ihrem Vergesellschaftungsgrad nach Stufen unterschieden. In der Stufe I wird noch mit den eigenen, der Genossenschaft zur Verfügung gestellten, Produktionsmitteln in privaten Werkstätten produziert, genossenschaftliches Eigentum entsteht erst durch Investitionen, die aus dem genossenschaftlichen Fonds finanziert werden. In Stufe II geht das Eigentum an Maschinen, Werkzeugen, Produktions- und Lagerraum durch Verkauf an die PGH über. 1982 gehörten 97 v. H. aller PGH der Stufe II an.
Das neue Musterstatut dient dazu, die „Arbeits- und Lebensbedingungen“ in den PGH denjenigen in den VEB anzugleichen. Das betrifft sowohl die Planung, das Fondssystem (→ **Fonds**), die Vergütung als auch die Ausarbeitungen von Betriebsordnungen entsprechend den Arbeitsordnungen in den VEB. Mitglieder dürfen nur noch aus dem H. und Kleingewerbe aufgenommen werden, Lohnarbeiter dürfen, abgesehen von Einzelfällen (Rentner, Schwerbeschädigte usw.), überhaupt nicht mehr beschäftigt werden.

II. Leitung und Planung

Seit 1972 sind die PGH und privaten Handwerker unmittelbar in die Leitung und Planung der örtlichen Organe einbezogen. Die gesetzliche Handhabe dazu bilden das Gesetz über die örtlichen Volksvertretungen von 1973 (GBl. I, S. 313) im Zusammenhang mit der VO über die Förderung des H. von 1972 (GBl. II, S. 541) und das neue Musterstatut der PGH. Mit Ausnahme des Kfz- und des Bau-H. ist das H. Bestandteil der sog. örtlichen Versorgungswirtschaft ÖVW. Das Kfz-H. wird zum Verkehrswesen und das Bau-H. zur Bauwirtschaft gerechnet.
Die örtlichen Staatsorgane, d. h. die Abteilung ÖVW der Kreise und Gemeinden, planen und bilanzieren die Arbeitskräfte und die Lehrlinge für das H. Seit 1972/73 ist das wichtigste Planungsinstrument die staatliche Planauflage für die PGH und – in erheblichem Umfang – auch für die privaten Handwerker und Gewerbetreibenden. Die PGH mußten bereits seit 1966 ihren Betriebsplan der Volkswirtschafts- und Perspektivplanung anpassen.
Die staatlichen Planauflagen enthalten Vorgaben über die Leistung bzw. die Leistungsarten, den Anteil der Leistung für die Bevölkerung, bestimmte Sortimente in Menge und Umfang, Lieferfristen, Öffnungszeiten und Kundendienste. Privaten Handwerkern, die gegen die Planauflagen verstoßen, kann die Gewerbegenehmigung entzogen werden.

III. Entwicklung der Beschäftigten und Umsätze

Die Zahl der Beschäftigten im gesamten H. ging von 1950 bis 1982 von 858300 auf 413900 zurück. Der Anteil an der Gesamtzahl der Beschäftigten in der DDR beträgt weniger als 5 v. H. Die privaten Betriebe verringerten sich im gleichen Zeitraum von 303821 auf 82709. Seit 1976 verlangsamte sich der jährliche Rückgang der Betriebe erheblich. Bei den PGH zeichnet sich in den letzten Jahren ein Konzentrationsprozeß ab. Bei wachsender Beschäftigtenzahl nimmt die Zahl der PGH ab.
Reichlich 41 v. H. der gesamten handwerklichen Umsätze entfielen Ende 1982 auf die Produktion ohne Bau, knapp 24 v. H. auf die Bauproduktion und knapp 35 v. H. auf Reparatur- und Dienstleistungen. Der Anteil der direkten Reparatur- und Dienstleistungen für die Bevölkerung wurde seit den

1973 eingeleiteten Maßnahmen von etwas mehr als 15 v.H. auf knapp 23 v.H. der Gesamtleistung gesteigert.

Betriebe, Beschäftigte und Leistungen (Umsätze) des privaten Handwerks – einschließlich Bauhandwerk

Stand Jahresende	Betriebe	Beschäftigte ohne Lehrlinge	Leistungen in Mrd. Mark
1950	303 821	858 300	4,42
1955	248 212	851 800	7,56
1960	173 000	434 100	6,84
1965	146 764	368 500	7,33
1970	116 478	347 500	8,90
1971	111 723	340 600	8,97
1972	105 728	322 400	8,91
1973	99 418	303 000	8,67
1974	93 639	287 100	8,57
1975	88 635	272 300	8,42
1976	85 336	260 100	8,43
1977	85 111	251 400	8,68
1978	85 218	247 900	8,92
1979	84 685	246 900	9,18
1980	83 821	246 300	9,64
1981	83 157	251 100	9,97
1982	82 709	253 800	10,11

Produktionsgenossenschaften des Handwerks, Mitglieder, Leistungen (Umsätze) – einschließlich Bauhandwerk

Stand Jahresende	Anzahl	Mitglieder u. Kandidaten	Leistungen in Mrd. Mark	Anteil an der Gesamtleistung i. v.H.
1955	85	2 300	0,02	0,3
1960	3 878	144 000	2,73	29,4
1965	4 198	190 700	4,76	40,2
1970	4 458	245 400	8,86	49,9
1971	4 480	245 000	9,46	51,3
1972	2 779	131 000	4,62	34,2
1973	2 782	134 900	4,79	35,6
1974	2 791	138 300	5,02	36,9
1975	2 793	140 300	5,22	38,3
1976	2 786	143 100	5,54	39,6
1977	2 771	145 400	5,79	40,0
1978	2 767	147 200	6,00	40,2
1979	2 757	149 700	6,20	40,3
1980	2 751	152 800	6,73	41,1
1981	2 743	154 600	6,97	41,1
1982	2 736	156 500	7,07	41,2

Quellen: Statistische Jahrbücher der DDR 1955–1982.

IV. Handwerkspolitik

Die H.-Politik der SED-Führung ist in den vergangenen Jahren durch häufigen Wechsel sowohl restriktiver wie fördernder Maßnahmen gekennzeichnet: Einerseits sollte eine möglichst rasche und weitgehende Anpassung eines noch immer überwiegend privat produzierenden Wirtschaftsbereiches an das sozialistische Wirtschaftssystem erfolgen, andererseits mußten dadurch entstehende Reibungsschwierigkeiten bei der Versorgung der Bevölkerung mit durch Importe nicht zu ersetzenden Leistungen wie z. B. Reparaturen, Dienstleistungen und individuelle Produktion soweit wie möglich vermieden werden.

Je nachdem, wie die Parteiführung diesen beiden volkswirtschaftlichen Zielen Priorität verlieh, lassen sich 4 Phasen der H.-Politik unterscheiden.

A. Die Gleichschaltung 1946–1960

In der Zeit von 1950 bis 1960 ist versucht worden, das H. vollständig in die Planwirtschaft der DDR einzubeziehen. Bereits 1946 waren die fachlichen Selbstverwaltungsorgane (Innungen) durch den SMAD-Befehl Nr. 161 beseitigt worden. Die regionalen Selbstverwaltungsorgane (Handwerkskammern) wurden umgestaltet. Auf der Grundlage des heute noch geltenden Gesetzes zur Förderung des Handwerks von 1950 (GBl. S. 827) erfolgte eine neue Abgrenzung und Verkleinerung des H.-Sektors. Zum H. rechnen seitdem auch Kleinindustriebetriebe, die ebenfalls höchstens 10 Beschäftigte haben dürfen. Die ausgegliederten Betriebe mit höherer Beschäftigtenzahl wurden den Industrie- und Handelskammern zugeordnet und unterlagen damit den Steuersätzen der privaten Industrie.

Weitere Ausgliederungen erfolgten 1957 durch eine Verkürzung der Positivliste auf 157 Berufe und 1958 durch Überführung aller Betriebe an die IHK, deren Handelsumsätze mehr als 50 v.H. der Gesamtumsätze betrugen. Im Gegensatz zur privaten Industrie wurde der noch verbleibende H.-Sektor seit 1950 steuerlich erheblich begünstigt (→ **Handwerkssteuer**).

Nahezu sämtliche privaten Betriebe mußten sich in den gegenwärtig rd. 1100 Einkaufs- und Liefergenossenschaften (ELG) organisieren, die bis heute als Auftrags- und Materialverteiler fungieren. Die ELG galten als Wegbereiter der Sozialisierung des H. Den Auftakt dazu bildete die 2. Parteikonferenz der SED (1952), auf der Ulbricht die Bildung der sozialistischen PGH ankündigte. Als auf dem V. Parteitag der SED (1958), analog zur Landwirtschaft, der Startschuß zur Vollkollektivierung des H. gegeben wurde, war die volkswirtschaftliche Bedeutung der PGH mit einem Anteil von nur 3 v.H. am H.-Umsatz immer noch extrem niedrig. Mit direktem und indirektem Zwang wurde nunmehr versucht, den Anschluß der privaten Handwerker an die PGH, die ebenso wie ihre Mitglieder bis 1967 fast völlige Steuerfreiheit genossen und bei Materialverteilungen bevorzugt wurden, zu erreichen. Versorgungsschwierigkeiten zwangen jedoch im Frühsommer 1960 zum Abbruch der Kollektivierungskampagne und zur Maßregelung örtlicher „übereifriger“

Organe durch W. Ulbricht, seinerzeit 1. Sekretär des ZK der SED.

B. Die Stabilisierung 1961–1970

In der Zeit von 1961 bis 1970 setzte sich zwar der Schrumpfungsprozeß im privaten H., wenn auch wesentlich verlangsamt, fort, die Leistungen konnten jedoch gesteigert werden. Durch die Ausbreitung der PGH nahm auch das Gesamt-H. einen erheblichen Aufschwung. Trotz gesamtwirtschaftlichem Arbeitskräftemangel hatte das H. durch Abwerbung aus der volkseigenen Wirtschaft mit Hilfe von höheren Vergütungen seine Beschäftigtenzahl schneller steigern können als die Industrie.

Im Zuge der seit 1965 in verstärktem Maß propagierten sozialistischen Kooperation wurden im Rahmen der Erzeugnis- und Versorgungsgruppenarbeit die Zulieferbeziehungen zur Industrie ausgebaut.

C. Die Umstrukturierung 1971–1975

Von Ende 1970 an sind die Umstrukturierung bzw. Rückführung des H. auf seine „ursprünglichen Aufgaben" sowie die nahezu völlige Einbeziehung in die staatliche Planung eingeleitet worden. Sowohl die günstige Arbeitsmarktlage im H., bedingt durch die bessere Einkommenssituation vor allem der PGH, als auch die Bevorzugung der Produktion gegenüber Reparaturen und Dienstleistungen waren wirtschaftlich und gesellschaftspolitisch unerwünschte Erscheinungen.

Mit massiven steuerlichen Maßnahmen für beide Eigentumsformen und mit einem Einstellungsstopp für die PGH wurde 1971 dieser Situation begegnet. Besonders die gegen die industriell produzierenden PGH gerichteten Maßnahmen ließen bereits eine Verstaatlichung entsprechend der 1956 eingeleiteten Verstaatlichung der sowjetischen produzierenden Gewerbegenossenschaften vermuten. Sie wurde im Frühjahr 1972 im Zuge der Umwandlung von privaten und halbstaatlichen Industriebetrieben in VEB (unveröffentlichter Politbüro- und Ministerratsbeschluß vom 8./9. 2. 1972) für ca. 1600 industriell produzierende PGH überwiegend der Stufe II durchgeführt.

Die VO über die Förderung des H. bei Dienst- und Reparaturleistungen und die Regelung der privaten Gewerbetätigkeit vom Juli 1972 bilden nunmehr die rechtliche Grundlage für die Herauslösung der noch verbliebenen PGH und der privaten Betriebe aus der Produktion. Danach werden Dienst- und Reparaturleistungen steuerlich begünstigt. PGH und private Betriebe hatten die Auflage, ihre Mitarbeit in Erzeugnisgruppen bis Ende 1973 einzustellen und sich grundsätzlich auf die Mitarbeit in Versorgungsgruppen zu konzentrieren. Die Herauslösung aus den Erzeugnisgruppenbeziehungen führte zu einer Reihe von Schwierigkeiten mit Partnern in der Industrie, die von den Vertragsgerichten entschieden werden mußten. Weiterhin hatten die PGH bis Ende 1973 alle Lohnarbeiter zu entlassen oder in Ausnahmefällen als Mitglieder aufzunehmen. (Nach dem alten Statut durften sie noch mit behördlicher Genehmigung 10 v.H. der Mitglieder als Lohnarbeiter einstellen.) Heute beträgt der Anteil der Lohnarbeiter weniger als 3 v.H. der Mitglieder.

Starke Überalterung und damit verbundene zunehmende Betriebsschließungen, fast völlig fehlende Nachwuchsförderung – Gewerbegenehmigungen wurden nur noch in Ausnahmefällen erteilt, z.B. an Bäcker – sowie eine verstärkte Kollektivierungskampagne bis Mitte 1975 führten zu einer Stagnation der Gesamthandwerksleistung in einem Zeitraum, in dem im Rahmen der Erfüllung der ökonomischen Hauptaufgabe seit dem VIII. Parteitag der SED (1971) Verbesserungen, insbesondere auf dem Dienstleistungssektor, eintreten sollten.

D. Die Förderungspolitik seit 1976

Der unveröffentlichte Politbüro- und Ministerratsbeschluß vom 12. 2. 1976 „Zur Förderung privater Einzelhandelsgeschäfte, Gaststätten und Handwerksbetriebe für Dienstleistungen im Interesse der weiteren Verbesserung der Versorgung der Bevölkerung" war das Eingeständnis einer verfehlten Politik und führte zu einer erheblichen Kurskorrektur in der H.-Politik. Finanzielle Starthilfen, steuerliche Erleichterungen und vor allem Nachwuchsförderung, verbunden mit der Erteilung von Gewerbegenehmigungen, kennzeichneten diese neue Politik ebenso wie eine bis dahin ungewohnt positive Berichterstattung in den Medien. Daß der neuen Einstellung zum H., insbesondere zum privaten, gegenwärtig nicht nur taktische, sondern auch „strategische" Bedeutung zukommen soll, begründen die Propagandisten der SED damit, daß die Förderung des privaten H. ausdrücklich in das auf dem IX. Parteitag (1976) verabschiedete neue Parteiprogramm der SED aufgenommen wurde.

Im Rahmen der Förderungspolitik wurden von 1976 bis 1980 etwa 30000 Gewerbegenehmigungen erteilt. Damit verringerte sich die Zahl der privaten Betriebe durch Abmeldungen nur noch um reichlich 5 v.H. gegenüber 24 v.H. in der vorangegangenen Fünfjahrplanperiode. Der zahlenmäßige Rückgang der Beschäftigten verlangsamte sich ebenfalls und konnte 1981 gestoppt werden.

Die Ausbildungsverhältnisse im privaten H. stiegen im genannten Zeitraum um 4700, während sie in den 5 Jahren davor um 11200 zurückgegangen waren, seit 1981 sind sie wieder rückläufig.

Besondere Aufmerksamkeit gilt seit 1979 über 30 „seltenen", vom Aussterben bedrohten H.-Berufen.

E. Die Entwicklung seit dem X. Parteitag

Bereits vor dem X. Parteitag der SED (1981) deuteten sich erhebliche Schwerpunktverschiebungen der H.-Politik in Richtung auf Beseitigung der letzten noch vorhandenen Freiräume im privaten und im

genossenschaftlichen H. an. Insbesondere seit dem X. Parteitag laufen Kampagnen zur Verstärkung der Sozialistischen Gemeinschaftsarbeit. Bis 1985 soll auch die Mehrzahl der privaten H.-Betriebe in sogenannten Versorgungsgruppen unter Leitung eines VEB mitarbeiten. Bis Ende 1981 waren 45 v. H. des privaten und genossenschaftlichen Handwerks in die sozialistische Gemeinschaftsarbeit einbezogen.
Für das genossenschaftliche H. wurde im Oktober 1981 eine AO zur Bildung kooperativer Einrichtungen (GBl. I, 1980, S. 316) erlassen. Danach können sich volkseigene Betriebe, Kombinatsbetriebe und PGH oder PGH untereinander zu kooperativen Einrichtungen (KE) zusammenschließen. Analog zu den kooperativen Einrichtungen (KOE) in der Landwirtschaft (→ **Agrarpolitik**, III. E.; **Landwirtschaftliche Betriebsformen**, IV. B.) ist mit den KE eine Organisationsform der Konzentration und Fusion geschaffen worden, deren Auswirkungen auf das H. noch nicht abzusehen sind.
Die erste KE wurde im Mai 1981 im Bezirk Potsdam gebildet. Ihr gehören alle 16 PGH des Friseur-H. an.

Maria Haendcke-Hoppe

Literaturangaben

Falconere, Irene: Zur Rolle der Handwerker und Gewerbetreibenden im gesellschaftlichen Reproduktionsprozeß der DDR unter den veränderten Reproduktionsbedingungen der 80er Jahre, in: Wirtschaftswissenschaft, Berlin (Ost) H. 9/1982, S. 1337–1352.

Haendcke-Hoppe, Maria: Kurskorrekturen in der Handwerkspolitik der DDR, in: Deutschland Archiv, H. 12/1981, S. 1276–1284.

Haschker, Janine: Zur Bündnispolitik der SED gegenüber den Handwerkern und Gewerbetreibenden nach dem VIII. Parteitag der SED, in: Zeitschrift für Geschichtswissenschaft (ZfG), Berlin (Ost) H. 11/1981, S. 987–995.

Thalheim, Karl C., Maria Haendcke-Hoppe: Das Handwerk in der DDR und Ost-Berlin. Beilagen zu den Jahresberichten der Handwerkskammer Berlin (West), seit 1963.

Handwerkskammern der Bezirke: Bis 1946 bestanden die H. in der SBZ in ihrem traditionellen Aufbau weiter. Nach befohlener Auflösung bzw. Reorganisation der Innungen und H. auf der Basis des SMAD-Befehls 161 vom 27. 5. 1946 durften die H. bis zur Neuschaffung der 5 Landes-H. weiterarbeiten. An die Stelle der Innungen traten unselbständige Fachabteilungen und Berufsgruppen bei den H. Die Organe der H. wurden mit SED-Mitgliedern besetzt. Im Zuge der Verwaltungsreform von 1952 wurden durch VO (GBl., 1953, S. 942) die 5 Landes-H. in 14 Bezirks-H. sowie die H. „Groß-Berlin" umgewandelt. Ein verbindliches Musterstatut löste das dem SMAD-Befehl 161 beigefügte Statut ab. Die Aufsicht über die H. führen die Räte der Bezirke. Ausführende Organe der H. in den Kreisen sind die Kreisgeschäftsstellen.
Neben der politischen Aufgabe, den Staat bei der Einbeziehung des → **Handwerks** in den sozialistischen Aufbau zu unterstützen, oblag den H. die wichtige Funktion der Auftrags- und Materialplanung, die ihnen jedoch 1958 durch VO (GBl. I, S. 143) entzogen wurde. Mit der gleichen VO wurden die bis dahin nur den H. rechenschaftspflichtigen Kreisgeschäftsstellen auch den Räten der Kreise unterstellt. Die Lehrlingsausbildung und die Facharbeiterprüfung (Gesellenprüfung) liegen bereits seit Anfang der 50er Jahre in den Händen des → **Ministeriums für Volksbildung**. Die H. wirken lediglich bei der Ausarbeitung von Berufsbildern und Ausbildungsunterlagen mit. Auf das Meisterstudium und die Meisterprüfung hatten die H. noch weitgehend Einfluß. Ab 1. 9. 1975 gilt eine neue Ausbildungs-AO für „Meister des Handwerks" (GBl. I, 1975, S. 173), nach der den H. nur noch beratende Funktionen zukommen. Durch die Novellierung des Musterstatuts von 1953 im Februar 1973 (GBl. I, S. 126) sind die H. nun auch de jure den Räten der Bezirke unterstellt.
Von den 3 Organen der H. und Kreisgeschäftsstellen, Vorstand, Präsidium und Bezirksdelegiertenkonferenz, blieb nur noch der Vorstand als Leitungsorgan bestehen. Alle seine Mitglieder und der Vorsitzende werden nunmehr vom Rat des Bezirkes bzw. des Kreises berufen. Bis zur Novellierung wählte die Bezirksdelegiertenkonferenz die Mitglieder des Vorstandes nach einem festen Schlüssel. Neben der Hauptaufgabe, die Erfüllung der Pläne sowie die Einhaltung der Qualität und Preise zu kontrollieren, sind die H. nach dem neuen Statut verpflichtet, private Handwerker und Gewerbetreibende für die genossenschaftliche Arbeit zu gewinnen.
Durch die Förderungspolitik im Handwerk seit 1976 kommt den H. wieder verstärkte Bedeutung zu. Neben den selbständigen Handwerkern und Gewerbetreibenden, die in der Handwerks- und Gewerberolle eingetragen werden, sind die PGH und deren Mitglieder sowie die Einkaufs- und Liefergenossenschaften (ELG) Mitglieder der H. Entsprechend führen die H. das Verzeichnis der PGH und ELG, die Kartei der PGH-Mitglieder sowie die Handwerks- und Gewerberolle. Die H. sind Tarifpartner der Gewerkschaften des → **Freien Deutschen Gewerkschaftsbundes (FDGB)** für die Beschäftigten im privaten Handwerk.

Handwerkssteuer: Spezielle Steuerform zur Besteuerung des privaten Handwerks. Die H. begünstigte seit ihrer Einführung 1950 das private → **Handwerk** gegenüber den privaten Industriebetrieben. Ab 1958 wurde sie als Instrument zur beschleunigten Bildung von PGH eingesetzt. Seit 1966 und verstärkt seit 1970 dient die H. der „Rückführung des privaten Handwerks" auf Reparatur- und Dienstleistung.
Im September 1950 wurden durch das Gesetz über die Steuer des Handwerks (GBl., Nr. 104) die für die Privatwirtschaft üblichen Umsatz-, Einkommen-, Gewerbe- und Betriebsvermögenssteuern für das private

Handwerk abgeschafft und durch eine Normativsteuer ersetzt, die eine durchschnittliche Leistungsnorm zur Besteuerungsgrundlage machte. Da der normative Charakter der H. die kleineren Betriebe gegenüber den größeren benachteiligte, wurde 1958 die H. geteilt (GBl. I, Nr. 20). Die alte Normativsteuer, H. A genannt, entrichteten nur noch Betriebe mit 1–3 Beschäftigten, für Betriebe mit 4–10 Beschäftigten galt die H. B, die neben einer Umsatzsteuer von 3 v. H. eine progressive Gewinnsteuer vorsah. Die ungünstige H. B sollte die Bildung von PGH fördern, die einschließlich ihrer Mitglieder bis 1963 fast steuerfrei waren. 1966 wurde die H. A abgeschafft (GBl. II, Nr. 8). Alle Handwerksbetriebe zahlten seitdem Umsatzsteuer und die progressiv gestaffelten Tarife der Gewinn- und Lohnsummensteuer. Als Folge davon verringerte sich 1966 die Anzahl der privaten Handwerksbetriebe überdurchschnittlich um ca. 7700. Für besonders wichtige Versorgungsleistungen konnten seitens der Räte der Kreise steuerliche Vergünstigungen gewährt werden. Aufgrund zu günstiger Einkommensentwicklung in privaten Handwerksbetrieben, die sogar Abwerbungen von Beschäftigten aus der volkseigenen Wirtschaft ermöglichten, wurde 1970 (GBl. II, S. 680) eine Gewinnzuschlagsteuer bei einem steuerpflichtigen Jahresgewinn von über 20000 Mark als neuer Bestandteil der H. eingeführt. Außerdem wurde analog zur → **Produktionsfondsabgabe** der VEB eine Produktionsfondssteuer für industriell produzierende Handwerksbetriebe eingeführt. Reine Reparatur- und Dienstleistungsbetriebe sowie die Reparatur- und Dienstleistungsanteile produzierender Betriebe sind von dieser neuen → **Steuer** befreit.

Im Zuge der Förderungsmaßnahmen gegenüber dem privaten Handwerk und Gewerbe seit 1976 (GBl. I, S. 193) kann für private Handwerker mit einem Beschäftigten die H. pauschaliert werden. Voraussetzung ist, daß 70 v. H. des Umsatzes Dienst-, Reparatur- und individuelle Versorgungsleistungen sind.

Hauptauftragnehmer (HAN): Ein Betrieb, der für die Bauleistungen oder die Ausrüstungslieferungen bzw. für komplette Anlagen oder Teilaggregate eines Investitionsprojektes verantwortlich ist. Bezüglich der von ihm zu vertretenden Leistungen hat er für eine projektgetreue, termingerechte und qualitativ einwandfreie Arbeitsausführung Sorge zu tragen. Diese Verantwortung übernimmt er aufgrund von Verträgen, die er mit dem → **Generalauftragnehmer (GAN)** oder, wenn ein solcher nicht bestellt wurde, direkt mit dem Auftraggeber abgeschlossen hat. Dem HAN steht das Recht zu, eigenverantwortlich Teile seines Auftrages an Nachauftragnehmer weiterzugeben. Für seine Koordinierungsfunktion steht ihm eine besondere Vergütung zu.

Hauptbuchhalter: Der H. ist dem Direktor des Betriebes direkt unterstellt, steht auf der gleichen Rangstufe wie die Fachdirektoren (z. B. Produktionsdirektor, ökonomischer Direktor, Direktor für Beschaffung und Absatz) und wird durch den Leiter des übergeordneten Organs (z. B. Minister, Generaldirektor des Kombinates) eingesetzt bzw. abberufen. Kraft Gesetzes (vgl. GBl. II, 1971, S. 137ff.) hat der H. die Aufgabe, die zentralen Anordnungen im Betrieb durchzusetzen und „die staatlichen Interessen ohne Rücksicht auf Personen oder Funktionen zu wahren". Weiterhin ist er verpflichtet, den Betriebsleiter „rechtzeitig über Planabweichungen und deren Ursachen in Kenntnis zu setzen" sowie Maßnahmen zur Überwindung der Mängel zu fordern.

Der H. ist im allgemeinen der verantwortliche Leiter für die Durchsetzung des Einheitlichen Systems von → **Rechnungsführung und Statistik** im Betrieb, wobei die Schwerpunkte seiner Tätigkeit auf dem Gebiet des Finanz- und Kreditwesens, der Kostenrechnung, der Information der Planbehörden und der Planabrechnung liegen. Er ist für die Aufstellung der Jahresabschlußbilanz und die der Gewinn-und-Verlust-Rechnung verantwortlich. Der H. hat den gesamten betrieblichen Reproduktionsprozeß (bzw. den der Kombinate) rechnerisch und statistisch zu erfassen und aufzubereiten, um sowohl für operative als auch für prognostische Leitungsentscheidungen die erforderlichen Informationen zu liefern. Darüber hinaus hat der H. dafür Sorge zu tragen, daß die betrieblichen Mittel mit größter Sparsamkeit und möglichst hohem Nutzen eingesetzt werden.

Dem H. obliegt es nicht nur, bei der Feststellung von Ordnungswidrigkeiten den Direktor des Betriebes bzw. den Generaldirektor des Kombinates zu informieren, sondern bei schwerwiegenden Verstößen auch den Minister der Finanzen und den seinem Betrieb übergeordneten Minister unverzüglich in Kenntnis zu setzen. Der Minister der Finanzen hat zudem das Recht, ihm direkte Anweisungen über Kontrollaufgaben zu erteilen sowie über deren Durchführung Berichte zu verlangen.

Mit der neuen H.-VO (GBl. I, 1979, S. 156ff.) wurden die Kontrollpflichten des H. verschärft, insbesondere hinsichtlich verstärkter Energie-, Material- und Importeinsparungen, Kostensenkungen sowie erhöhter Plandisziplin und sparsameren Einsatzes der finanziellen Mittel. Er ist besonders verantwortlich für eine hohe Effizienz geplanter Investitionen, ihre schnelle Fertigstellung, einen steigenden Anteil der Rationalisierungen sowie die Durchsetzung des Verbots von Investitionen außerhalb des Planes, sofern es sich nicht um den Eigenbau von Rationalisierungsmitteln aus Reserven handelt.

Mit dem direkten Anordnungsrecht des Ministers der Finanzen sowie dem Einfluß anderer, zentraler Organe (z. B. hinsichtlich der anzuwendenden betriebswirtschaftlichen Methoden) ist der H. in eine doppelseitige Rolle gezwängt, einmal die Interessen des Betriebes bzw. des Kombinates vertreten zu wollen und zum anderen als verlängerter Arm zentraler Organe eine umfangreiche Kontrolle realisieren zu müssen. Mit dieser seit Beginn der 70er Jahre mehrfach aufgewerteten Stellung als staatlicher Kontrolleur im Betrieb sind Konflikte zwischen betrieblichen und staatlichen Interessen z. T. auf die Person des H. konzentriert.

Hausbuch: Innerhalb des **Polizeilichen → Meldewesens** ist das Führen von H. für jedes Wohngebäude sowie für Gemeinschaftsunterkünfte durch die Eigentümer, Besitzer oder Verwalter bzw. Leiter von Gemeinschaftsunterkünften zwingend vorgeschrieben. In die H. haben sich alle Dauerbewohner, Besucher aus der DDR, die über 30 Tage bleiben, sowie Besucher, die in die DDR eingereist sind, innerhalb von 24 Stunden eintragen zu lassen. Die H. sind den Sicherheitsorganen (→ **Deutsche Volkspolizei [DVP]; Ministerium für Staatssicherheit**) auf Verlangen vorzulegen.

Hausgeld: Kranke Arbeiter, Angestellte und Mitglieder von Produktionsgenossenschaften erhielten bis Ende 1977 bei Krankenhausaufenthalt ein H. in Höhe von 80 v.H. des → **Krankengeldes**; bei stationärem Aufenthalt infolge Arbeitsunfalls, Tbc, → **Berufskrankheiten** usw. sowie an Empfänger von Ehrenpensionen (→ **Wiedergutmachung**) wurde, soweit kein Anspruch auf → **Lohnausgleich** bestand, stets Krankengeld gezahlt.
Seit dem 1. 1. 1978 gelten die (neuen) Regelungen über die Zahlung von Krankengeld auch für die Dauer des Krankenhausaufenthalts. Das H. wurde abgeschafft.

Hausgemeinschaften: Gelten als wichtige Form des Gemeinschaftslebens der Bürger im Wohngebiet (auch → **Wohnbezirk**). Mit ihrer Hilfe soll auch im Freizeitbereich jener Prozeß der Herausbildung sozialistischer Denk- und Verhaltensweisen gefördert werden, den die Partei sonst vor allem im Arbeitsleben ständig zu initiieren sucht. Seit Mai 1953 erfolgte die Bildung von H. als Stützpunkte der → **Nationalen Front der DDR** für die politisch-ideologische Arbeit mit den Bürgern. Sie sind heute die untersten Gremien der Nationalen Front, in denen staatliche und gesellschaftliche Aktivitäten unter Führung der → **Sozialistischen Einheitspartei Deutschlands (SED)** zusammenfließen. Ihre Bildung erfolgt auf dem Wege einer Entscheidung der Hausversammlung mit Unterstützung des Wohngebietsausschusses der Nationalen Front. Sie wählen eine H.-Leitung und beschließen in der Regel ein Arbeitsprogramm.
Ihre allgemeine Funktion besteht in der Gestaltung „sozialistischer" Beziehungen zwischen den Hausbewohnern, im gemeinsamen Lösen von Aufgaben im Hause, in der Vertretung der Interessen der H. gegenüber staatlichen Organen und Institutionen.
Zu den Aufgaben einer H. gehören im einzelnen: das regelmäßige persönliche politische Gespräch mit allen Hausbewohnern; die Anregung von Initiativen der Bürger zur Erhaltung der Bausubstanz, zur Verbesserung der Wohnverhältnisse und zur Verschönerung der Grundstücke im Rahmen des Wettbewerbs „Schöner unsere Städte und Gemeinden – Mach mit!"; die Beteiligung an Aufbaueinsätzen (→ **Nationales Aufbauwerk [NAW]**) im Wohngebiet und in der Gemeinde; die Entwicklung der staatsbürgerlichen Aktivität aller Hausbewohner, insbesondere bei der Plandiskussion, der freiwilligen ehrenamtlichen Arbeit, der gesellschaftlichen Kontrolle z. B. durch die Überwachung der ordnungsgemäßen Führung des → **Hausbuches**; die Durchführung von Solidaritätsaktionen; die gemeinschaftliche Gestaltung des geistig-kulturellen und sportlichen Lebens; die Organisierung der Nachbarschaftshilfe bis hin zur Einzelfallhilfe in persönlichen Schwierigkeiten, z. B. bei wirtschaftlichen Problemen oder im Zusammenhang mit der Resozialisierung Straffälliger (→ **Strafvollzug**); die Betreuung älterer Bürger; die gegenseitige Unterstützung bei Qualifizierung und Bildung; die Überwindung kleinerer Differenzen im Zusammenleben der Hausbewohner und die Durchsetzung der Hausordnung; die „Erschließung materieller Reserven" (Altstoffe, Abfälle); die rationelle Verwendung der Energie; enge Zusammenarbeit über die Ausschüsse der Nationalen Front mit der kommunalen Wohnungsverwaltung (→ **Bau- und Wohnungswesen**, VI.), dem VEB Gebäudewirtschaft bzw. den Leitungen der → **Arbeiterwohnungsbaugenossenschaften (AWG)** oder der Genossenschaftlichen Wohnungsbaugesellschaften.
Da in vielen Fällen die H.-Leitung nicht genügend aktiv ist, lastet die meiste Arbeit auf ihrem Vorsitzenden, dem Hausvertrauensmann (pl.: **Hausvertrauensleute**). Der Hausvertrauensmann ist als der politische Funktionär der Nationalen Front im jeweiligen Wohnhaus zu betrachten.
Da es keine andere Form gibt, über die die Bürger derart umfassend zum gemeinsamen Handeln mobilisiert werden können, wird der Bildung von H. wachsende Bedeutung beigemessen. Sie existieren jedoch noch keineswegs überall, und besonders in kleineren Gemeinden sowie in privaten Häusern begegnet ihre Einrichtung immer wieder Schwierigkeiten.
Um die Arbeit von H. zu stimulieren, organisieren Ausschüsse der Nationalen Front Wettbewerbe um den Titel „Vorbildliche Hausgemeinschaft". Seit einigen Jahren empfiehlt man den H., Chroniken anzufertigen (Hauschroniken), die als Nachweis über die Entwicklung einer H. dienen und zugleich eine gemeinschaftsbildende Funktion ausüben sollen.

Haushaltsausgleich: Der Begriff H. entspricht dem in der Bundesrepublik Deutschland gebräuchlichen **Finanzausgleich**. Er bezeichnet die Gesamtheit aller finanziellen Maßnahmen, mit denen die Gebietskörperschaften verschiedener Ebenen in den Stand gesetzt werden, die Aufgaben zu erfüllen, die ihnen vorgegeben sind. In der DDR vollzieht sich der planmäßige H. in 3 Formen:
1. Übertragung unmittelbar eigener Einnahmequellen, z. B. auf dem Gebiet der Gemeindesteuern, die von den Räten der Städte und Gemeinden zu erheben sind und dem Gemeindehaushalt zufließen. Typische, den Gemeinden zustehende Einnahmen sind in der DDR z. B. Grundsteuern, Vergnügungssteuer, Hundesteuer, auch Kurtaxen und Kulturabgaben. Ebenfalls fließen den örtlichen Organen die Einnahmen aus den ihnen unterstellten Betrieben und Einrichtungen zu.
2. Beteiligung an bestimmten Steuereinnahmen übergeordneter Haushalte in absoluten Größen.
3. Zuführung eines Anteils an den Gesamteinnahmen des Staatshaushalts, der als absoluter Betrag im voraus für ein Jahr festgelegt wird (bei Städten und Gemeinden für mehrere Jahre). Dieser Anteil am Gesamthaushalt

hat den Charakter einer eigenen Einnahme, über deren Verwendung die örtlichen Organe in eigener Verantwortung bestimmen können. Im Bedarfsfalle erhalten Städte und Gemeinden „außerplanmäßige Einnahmen", wenn ihnen durch Beschlüsse übergeordneter Organe zusätzliche, vorher nicht geplante Aufgaben übertragen werden.

Haushaltsorganisationen: Sammelbegriff für staatliche Behörden, Organisationen (z. B. Ministerien, Wirtschaftsräte der Bezirke) und öffentliche Einrichtungen (z. B. Schulen, Theater, Museen, Kindergärten, Krankenhäuser, Forschungsinstitute), die institutionell verselbständigt sind und aus dem Staatshaushalt nach dem Bruttoprinzip finanziert werden. Soweit sie eigene Einnahmen haben, liegen diese in der Regel weit unter ihren Ausgaben. Die H. arbeiten deshalb nicht nach dem Prinzip der → **Wirtschaftlichen Rechnungsführung**.

Hauswirtschaft, Persönliche: Das Recht zur Führung einer H. war während der Kollektivierungsphase ein Zugeständnis der SED an die in die LPG Typ III (→ **Agrarpolitik**, III. C.; **Landwirtschaftliche Betriebsformen**, III. A.) eintretenden Bauern. Bei der H., deren Umfang in den bis 1977 geltenden Musterstatuten sowohl flächenmäßig als auch in bezug auf die zu haltenden Tierbestände begrenzt war (GBl. I, 1952, S. 1392, u. GBl. I, 1959, S. 333), handelte es sich im Unterschied zu den privaten Wirtschaften in den LPG I und II lediglich um ein an die Person und die Mitgliedschaft in der LPG gebundenes persönliches Nutzungsrecht und nicht um privates Eigentum. Die Einnahmen aus der H. waren und sind steuerfrei.
Mit den neuen Musterstatuten für die LPG der Pflanzen- und Tierproduktion (GBl. SDr. Nr. 937, 1977) wurde das Recht zur Führung einer H. auch in den LPG beschäftigten Arbeitern zugestanden und die zahlenmäßige Begrenzung der privat gehaltenen Tierbestände aufgehoben. (Obergrenzen bis dahin: 2 Milchkühe mit Kälbern, 2 Mutterschweine mit Nachwuchs, 5 Schafe mit gleicher Anzahl von Lämmern bis zu 11 Monaten und 10 Bienenstöcke. Ziegen, Geflügel, Kaninchen und anderes Kleinvieh konnten dagegen in unbegrenzter Anzahl gehalten werden.) Zudem können die Inhaber einer H. wie alle anderen Bürger mit zusätzlichen Futterbereitstellungen verbundene Mastverträge mit staatlichen Stellen abschließen. Auch dürfen bzw. sollen sie über die weiterhin auf 0,5 ha pro Familie (bzw. 0,25 ha pro Beschäftigten) begrenzte Fläche hinaus Futter auf Rest- und Splitterflächen, an Straßengräben, Wegerändern usw. für ihre persönliche Tierhaltung gewinnen. 1976 wurden mit knapp 240000 ha rd. 3,8 v. H. der LN der DDR von den H. genutzt (Hoell, G.: Die Agrarverhältnisse im Sozialismus, Berlin [Ost], 1980).
Die H. sind zusammen mit den Mitgliedern des → **Verbandes der Kleingärtner, Siedler und Kleintierzüchter (VKSK)** die wichtigsten Produzenten von Agrarprodukten außerhalb der sozialistischen Landwirtschaftsbetriebe, während die noch verbliebenen rd. 3500 (nach anderen Schätzungen ca. 5000) privaten Kleinstbetriebe lediglich noch eine marginale Bedeutung haben.
Statistisch werden seit 1973 nur noch die von LPG-Mitgliedern in den H. gehaltenen Tierbestände ausgewiesen. Zuvor gab es darüber hinaus auch Angaben über ihren Beitrag zum staatlichen Aufkommen bei tierischen Produkten und vor 1968 sogar über die von ihnen bewirtschaftete Fläche.
Den jahrelang lediglich als Relikt privatbäuerlicher Produktion angesehenen H. wird in den letzten Jahren in allen Mitgliedsländern des → **Rates für Gegenseitige Wirtschaftshilfe (RGW)** zunehmende Aufmerksamkeit und Förderung zuteil, weil Versorgungslücken besonders bei arbeitsintensiven landwirtschaftlichen Erzeugnissen (Obst und Gemüse) zu der Einsicht geführt haben, daß diese Produktionseinrichtungen derzeit – auch in der DDR – von den sozialistischen Betrieben nicht in ausreichendem Umfang gepflegt werden können. – In der DDR wurden bereits 1978, um die Produktionsanreize für die H. zu verstärken, den „individuellen Produzenten" bei Obst und Gemüse höhere Erzeugerpreise (→ **Agrarpreissystem**), als sie für sozialistische Betriebe gelten, zugestanden. Ferner entfiel die Begrenzung der „individuellen Tierhaltung". Die persönliche Tierhaltung erfuhr durch Futterbereitstellungen, Prämien und günstige Kredite sogar eine Förderung.
Die Bedeutung der H. und anderer Kleinproduzenten für die Versorgung der Bevölkerung mit einzelnen (hauptsächlich gärtnerischen) Erzeugnissen verdeutlicht die Tabelle über deren Anteil am staatlichen Aufkommen bei einzelnen Produkten.

Anteil der Kleinproduzenten und der individuellen Hauswirtschaften am staatlichen Aufkommen (in v. H.)

Produkt	1981	1982
Schlachtvieh insgesamt	11,2	11,9
davon: Schwein	12,1	13,1
Rind- u. sonstiges Fleisch	9,4	9,9
Geflügel u. Kaninchen	9,6	10,3
darunter: Kaninchen	99,5	99,4
Gänse	39,9	47,5
Puten	2,0	3,1
Milch	1,0	0,9
Eier	38,3	40,1
Wolle	27,2	29,5
Honig	97,4	97,2
Obst	24,8	29,4
Gemüse	10,0	11,2

Quelle: Zeitschrift für den Erdkundeunterricht, Berlin (Ost), Heft 8/9 1983, S. 301.

Bei der Interpretation dieser Tabelle ist zu beachten, daß ein großer, u. U. sogar der überwiegende Teil der Erzeugnisse der H. und Kleinproduzenten der eigenen Versorgung dienen, und deshalb im staatlichen Aufkommen nicht erfaßt wird, ihre Produktion also mehr oder weniger deutlich höher liegt, als es ihr Anteil am staatlichen Aufkommen erkennen läßt. So sollen 1981 rd. 50 v. H. der Obst- und fast 30 v. H. der Gemüseproduktion auf den Parzellen der H., VKSK-Mitglieder und anderen Kleinproduzenten geerntet worden sein (Tribüne, Berlin [Ost], Nr. 109/1983, S. 11).

Heimatgeschichte: H. ist Teil der Regionalgeschichte; beide Begriffe werden aber in der DDR häufig synonym verwendet. Ausgehend von lokalen und regionalen Traditionen, Bräuchen, geschichtlichen Ereignissen (mit den Schwerpunkten: Traditionen und Geschichte der örtlichen Arbeiterbewegung sowie Geschichte seit 1945), hat die H. zur Herausbildung und Pflege eines sozialistischen Heimatgefühls beizutragen. Dieses soll sich vom „bürgerlichen" vor allem dadurch unterscheiden, daß „Heimat" und „H." in das Gesamt der jeweiligen DDR-Situation (→ **Patriotismus**) und das offizielle Verständnis deutscher Geschichte (→ **Nationale Geschichtsbetrachtung**) eingebunden werden. – Im Rahmen der Aufgabe der Geschichtswissenschaft, die „Gesetzmäßigkeiten des historischen Entwicklungsprozesses zu erforschen", hat die H. „das Wirksamwerden dieser Gesetzmäßigkeiten im regionalen Bereich sowie diejenigen regionalgeschichtlichen Entwicklungen oder Ereignisse, welche die nationale oder internationale Entwicklung stimuliert, modifiziert oder gehemmt haben", zu untersuchen (Karl Czok, Forschungen zur Regionalgeschichte, in: Zeitschrift für Geschichtswissenschaft, Sonderband 1980, S. 720).
Träger der örtlichen, ehrenamtlichen H.-Forschung waren bis 1979 vor allem die Arbeitsgemeinschaften Natur und Heimat des → **Kulturbundes der DDR (KB)**, insbesondere deren Fachrichtung H. und Ortschronik. Die Fachrichtungen H./Ortschronik, Kulturgeschichte/Volkskunde, Ur- und Frühgeschichte, Numismatik und kulturhistorische Zinnfiguren wurden am 17. 1. 1979 in Berlin zu einer eigenen Gesellschaft für H. im Rahmen des KB zusammengefaßt. Sie hat nach ihrer Satzung die Aufgabe, „heimatgeschichtliche Erscheinungen und Prozesse, insbesondere die revolutionären und anderen progressiven Traditionen zu erforschen und zu propagieren, das historische Selbstverständnis der Bevölkerung unseres Landes erweitern und ihr Geschichtsbewußtsein allseitig ausprägen zu helfen" (Magdeburger Blätter 1982, Magdeburg 1982, S. 83). Auf ihrer 1. Zentralen Delegiertenkonferenz am 23./24. 11. 1981 in Neubrandenburg wählte die Gesellschaft für H. einen 44 Mitglieder zählenden Zentralvorstand und bestätigte Prof. Dr. Willibald Gutsche (SED) als Vorsitzenden; die Mitgliederzahl wurde mit etwa 22000 angegeben. Bei der → **Historikergesellschaft der DDR** besteht seit 1966 eine Fachkommission Regionalgeschichte (Vors.: Prof. Dr. Karl Czok, Leipzig). 1981 wurde im Zentralinstitut für Geschichte der → **Akademie der Wissenschaften der DDR (AdW)** eine von Prof. Dr. Gutsche geleitete Forschungsstelle für Regionalgeschichte eingerichtet. Politische Anleitungsfunktionen hat ferner die Abteilung Geschichte der örtlichen Arbeiterbewegung und Betriebsgeschichte des → **Instituts für Marxismus-Leninismus beim ZK der SED (IML)**.
In den regionalen Untergliederungen der Gesellschaft für H. sind neben interessierten Bürgern vor allem Lehrer, aber auch Fachhistoriker an der H.-Forschung beteiligt. Eine besonders enge Zusammenarbeit besteht mit den Kommissionen zur Erforschung der Geschichte der örtlichen Arbeiterbewegung der SED, den Kommissionen für → **Betriebsgeschichte**, den Schulen und den Heimatmuseen. Ein Arbeitsschwerpunkt der Mitglieder der Gesellschaft für H. auf örtlicher Ebene ist deren Beteiligung an den von den Gemeinden zu führenden **Ortschroniken**. Die Ortschroniken umfassen eine zeitlich und systematisch geordnete Sammlung von Dokumenten und Materialien zur politischen, ökonomischen, sozialen und kulturellen Entwicklung, über Veränderungen in Natur und Umwelt des jeweiligen Dorfes bzw. der Stadt. (1982 hatte jede 3. Gemeinde in der DDR eine solche Chronik.)
Studien zur H. werden von Archiven, Heimatmuseen, Räten der Kreise und Gemeinden, den Bezirksverbänden der Gesellschaft für H. usw. teils in regelmäßig erscheinenden Reihen oder Zeitschriften, teils als einzeln veröffentlichte Monographie herausgegeben. In diesen Veröffentlichungen leben auch die Bezeichnungen und landsmannschaftlichen Traditionen der alten → **Länder** Thüringen, Brandenburg, Mecklenburg, Sachsen usw. fort, wobei die aus ihnen entstandenen jetzigen (Verwaltungs-)Bezirke zusammenarbeiten (z. B. die seit 1954 erscheinenden „Sächsischen Heimatblätter", Dresden, für die Bezirke Dresden, Karl-Marx-Stadt und Leipzig).

Herabwürdigung, Öffentliche: Nach § 220 StGB besteht die ÖH. – früher **Staatsverleumdung** – darin, daß in der Öffentlichkeit die staatliche Ordnung oder staatliche Organe, Einrichtungen oder gesellschaftliche Organisationen (z. B. SED und FDGB) oder deren Tätigkeit oder Maßnahmen herabgewürdigt werden. Auch Äußerungen „faschistischen, rassistischen, militaristischen oder revanchistischen Charakters" in der Öffentlichkeit sind ebenso ÖH. wie das Verwenden, Verbreiten oder Anbringen von Symbolen dieses Charakters. Die Strafandrohung ist Freiheitsstrafe bis zu 3 Jahren; falls ein Bürger der DDR die Tat im Ausland begeht, bis zu 5 Jahren. Die Abgrenzung zur staatsfeindlichen Hetze (→ **Staatsverbrechen**, 7.) soll in der Zielvorstellung des Täters liegen. Zu dieser Frage sind mehrere richtungweisende Urteile des Obersten Gerichts ergangen. Nicht als ÖH., sondern als Beleidigung oder Verleumdung nach § 139 StGB wird die Tat angesehen (Freiheitsstrafe bis zu 2 Jahren ist möglich), wenn sie sich gegen einen Bürger wegen seiner staatlichen oder gesellschaftlichen Tätigkeit oder wegen seiner Zugehörigkeit zu einem staatlichen oder gesellschaftlichen Organ oder einer gesellschaftlichen Organisation (Partei, FDGB pp.) richtet.

Historikergesellschaft der DDR: Als **Deutsche Historikergesellschaft** am 18. 3. 1958 in Leipzig gegründet. Die H. ist die wissenschaftliche Vereinigung der in Forschung, Lehre, Unterricht, Archiven und Museen der DDR tätigen Historiker. Ihr Ziel ist die Förderung der Geschichtswissenschaft „auf der Grundlage der schöpferischen Anwendung des dialektischen und histo-

rischen Materialismus" (→ **Nationale Geschichtsbetrachtung**), insbesondere soll die „Entwicklung der sozialistischen Gemeinschaftsarbeit unter den Historikern" unterstützt werden. Die H. ist in wissenschaftliche Fachgruppen und Kommissionen und in territoriale Bezirksverbände und Stützpunkte gegliedert.
Geleitet wird die H. von einem Präsidium mit einem Präsidenten an der Spitze. Der Gründungskongreß wählte Prof. Ernst Engelberg zum Präsidenten, der III. Kongreß (19.–22. 3. 1965 in Berlin) als Nachfolger Prof. Gerhard Schilfert. Der IV. Historikerkongreß (9.–11. 10. 1968 in Leipzig) bestimmte Prof. Joachim Streisand zum Präsidenten; er wurde auf dem V. Kongreß (12.–15. 12. 1972 in Dresden) und im Anschluß an den VI. Kongreß (6.–9. 12. 1977 in Berlin [Ost]) wiedergewählt. Nach dem Tod von J. Streisand (1980) übernahm Prof. Heinrich Scheel (SED) dessen Funktion; er wurde auf dem VII. Historikerkongreß (6.–9. 12. 1982) als Präsident bestätigt. Geschäftsführender Vizepräsident ist Dr. Hans-Dieter Lahne (SED).

Hochschule für Ökonomie „Bruno Leuschner" (HfÖ): Die 1956 gegründete HfÖ Berlin-Karlshorst ist die einzige wirtschaftswissenschaftliche Hochschule der DDR. Sie ist Rechtsnachfolgerin der 1950 gegründeten Hochschule für Planökonomie, die mit der Hochschule für Finanzwirtschaft Potsdam zur HfÖ vereinigt wurde. 1958 wurde die Hochschule für Außenhandel Berlin-Staaken in die HfÖ eingegliedert.
Ihre besondere Bedeutung erlangte die HfÖ im → **Neuen Ökonomischen System (NÖS)**. Sie sollte zur zentralen Institution für die Qualifizierung leitender Kader aus dem Partei-, Staats- und Wirtschaftsapparat auf wirtschaftswissenschaftlichem und -politischem Gebiet werden. Dafür wurden 4 Schwerpunktprogramme entwickelt:
Postgraduales Studium für Diplomwirtschaftler;
ökonomisches Zusatzstudium für technisch-naturwissenschaftlich ausgebildete Kader;
Sonderlehrgänge zu Fragen der Wirtschaftsleitung;
Übernahme von Leitfunktionen für die wirtschaftswissenschaftliche Qualifizierung durch andere Institutionen.
Im Zusammenhang mit der Einführung des → **Einheitlichen sozialistischen Bildungssystems** und der Errichtung eines differenzierten Qualifizierungssystems gingen die Qualifizierungs-Funktionen der HfÖ im wesentlichen auf entsprechende Institutionen der Wirtschaft, vor allem auf das → **Zentralinstitut für Sozialistische Wirtschaftsführung beim ZK der SED (ZSW)** über.
Im Rahmen der 3. Hochschulreform 1967 hat die HfÖ Leitfunktionen im Bereich der wirtschaftswissenschaftlichen Forschung übernommen. Ein Beschluß des Ministerrates aus dem Jahre 1968 weist ihr die Funktion eines „ökonomischen Forschungszentrums" für die gesamte DDR zu.
Im Ergebnis der Umstrukturierung der Wissenschaftsorganisation der DDR nach dem VIII. Parteitag der SED (1971) verlor die HfÖ auch auf dem Gebiet der Forschung ihre herausgehobene Bedeutung. Die Leitfunktionen gingen weitgehend an den der → **Akademie der Wissenschaften der DDR (AdW)** zugeordneten Wissenschaftlichen Rat für die wirtschaftswissenschaftliche Forschung (→ **Wissenschaftliche Räte**) über. Rektor der HfÖ ist seit Anfang 1979 Prof. Dr. R. Sieber, bis dahin Botschafter der DDR in den USA und Kanada.
Die HfÖ gliedert sich in 5 Sektionen (Marxismus-Leninismus; Außenwirtschaft; sozialistische Volkswirtschaft; Leitung/Informationsverarbeitung/Statistik; sozialistische Betriebswirtschaft) und mehrere Institute (Institut für Wirtschaftsrecht, das einer Sektion gleichgestellt ist; Institut für sozialistische Wirtschaftsführung/Außenhandel; Außenhandelsinstitut; Institut für sozialistische Wirtschaftsführung/Leichtindustrie; Institut für Fremdsprachen).
An der HfÖ werden ca. 4500 Studenten in 7 Fachrichtungen ausgebildet (politische Ökonomie; Außenwirtschaft; sozialistische Volkswirtschaft; Arbeitsökonomie; mathematische Methoden und Datenverarbeitung in der Wirtschaft; Rechnungsführung und Statistik; Finanzen der Betriebe und Kombinate der Industrie).
Forschungsschwerpunkte sind u. a. Leitungsprobleme der DDR-Volkswirtschaft, Planungsfragen, Probleme der Außenwirtschaft, Wirtschaftsrecht, Wirtschaftsgeschichte. Zu Universitäten und wissenschaftlichen Einrichtungen des Auslandes, u. a. der UdSSR, bestehen 20 Freundschaftsverträge und Arbeitsvereinbarungen. Ergebnisse der Lehre und Forschung werden in der seit 1956 erscheinenden „Wissenschaftlichen Zeitschrift" veröffentlicht. → **Universitäten und Hochschulen; Wissenschaft.**

Holzindustrie: Entsprechend der Industriezweigsystematik der DDR ab 1968 ein Teil des Zweiges Holzbearbeitende Industrie, die zum Bereich der → **Leichtindustrie** zählt. Folgende Wirtschaftsgruppen zählen zur H.: Schnittholzindustrie; Herstellung von Holzwaren und Verpackungsmitteln aus Holz; Furnier- und Plattenindustrie; Herstellung von Bauelementen und montagefähigen Bauelementen für Holzbauten einschließlich imprägnierter Erzeugnisse; Möbel- und Polsterwarenindustrie; Reparaturwerkstätten und sonstige Betriebe der H. Die H. gehört zu den exportwichtigen Industriezweigen, vor allem die → **Möbelindustrie**. Bis etwa 1960 war die Entwicklung wegen zu geringer Zuteilung von Investitionsmitteln erheblich gehemmt. Seitdem hat sich die Situation verbessert. Jedoch fehlen die Voraussetzungen für eine rationelle Produktion auch heute noch. Die Betriebe der Bauteilefertigung (besonders Türen und Fenster) arbeiten noch weitgehend nach handwerklichen Methoden. 40 v. H. des Holzbedarfs der DDR

Produktion ausgewählter Erzeugnisse der Holzindustrie

Erzeugnisse	Einheit	1960	1970	1980	1982
Zellstoff	1000 t atro	337	407	514	512
Spanplatten	1000 m³	44	451	735	812
Faserplatten	m³	46 823	93 736	281 441	264 184

Quelle: Statistisches Jahrbuch der DDR 1983, S. 146.

werden aus Importen gedeckt, die überwiegend aus der Sowjetunion kommen. → **Forst- und Holzwirtschaft.**

Hotel- und Gaststättenwesen: Das HuG. ist dem Wirtschaftsbereich → **Binnenhandel** zugeordnet und gehört überwiegend in den Zuständigkeitsbereich des → **Ministeriums für Handel und Versorgung.**

1. Gaststätten. Die Zahl der Gaststätten (ohne Einrichtungen der betrieblichen Gemeinschaftsverpflegung) lag 1982 bei 25000, darunter 18000 Kleingaststätten. Fast 200000 Mitarbeiter sind im Gaststättenwesen beschäftigt, dessen Umsatz von 2,2 Mrd. Mark 1950 auf 9,6 Mrd. Mark 1982 stieg. Am Gesamtumsatz sind die (auf bestimmte Speisen oder Getränke) spezialisierten Betriebe mit 22 v.H., die Schnellgaststätten mit 8 v.H. beteiligt. Diese Formen (z.B. Bierstuben, buffets) sollen bevorzugt entwickelt werden, da sie die Intensivierung im Gastgewerbe fördern. Die Schnellgaststätten haben eine um 2–3mal höhere Leistung je Gastplatz und Jahr als der Durchschnitt der übrigen Gaststätten. Ihre Zahl soll bis 1985 um weitere 500 Einheiten zunehmen.

2. Hotels. Die Hotels werden – seit 1975 – einheitlich nach bestimmten Leistungskriterien mit 1–5 Sternen bewertet, wobei das 5-Sterne-Hotel die höchste Leistungsstufe darstellt (Beispiel: Palast-Hotel Berlin [Ost]). Beherbergungseinrichtungen, die auch die Anforderungen des 1-Stern-Hotels nicht erfüllen, werden als „nicht eingestufte Hotels" geführt. Jeder Hotelkategorie entspricht eine eigene Preisklasse, wobei für Besucher aus dem westlichen und aus dem sozialistischen Ausland gesonderte Übernachtungspreise gelten.

Der Bettenbestand des Hotelgewerbes, der zwischen 1973 und 1976 um 4000 zurückgegangen war, ist seitdem absolut und relativ zur Bevölkerungszahl gestiegen.

Hotelbetten in der DDR

	1977	1981
Bettenbestand	57 000	68 000
Betten je 1 000 Einw.	3,4	4,1

Quelle: Statistik der World-Tourism-Organization, Bd. 35, 1981.

Etwa ein Fünftel der Bettenzahl entfällt auf die – in Größe, Ausstattung und Service – führenden **Interhotels**, von denen es gegenwärtig 30 gibt (1982). Unter diesen nehmen das Palast Hotel und das Hotel Metropol in Berlin (Ost) sowie das Hotel Merker in Leipzig eine Sonderstellung ein, da sie nur für Devisengäste zugänglich sind.

Trotz der gestiegenen Bettenzahl ist die Kapazität des Hotelgewerbes, vor allem angesichts des wachsenden Umfangs des → **Tourismus**, noch immer sehr unbefriedigend. Im internationalen Vergleich ist die Betten-„dichte" der DDR mit 4 Betten je 1 000 Einwohnern gering (zum Vergleich: ČSSR = 6; Bulgarien = 12; Italien = 27).

3. Eigentumsformen. Der Beschluß des → **Ministerrates** vom 12. 2. 1976, der privatwirtschaftliche Aktivitäten in begrenztem Rahmen förderte und ermutigte, hat auch den privaten Sektor im HuG. wenigstens insoweit belebt, als der Umsatzanteil der privaten und Kommissionsgastwirte am gesamten Gaststättenumsatz, der bis 1975 ständig abgenommen hatte, seitdem konstant geblieben ist. 1982 waren, ebenso wie 1976, die privaten Gastwirte mit 3 v.H., die Kommissionsgastwirte mit 14 v.H. am Umsatz beteiligt. Der Hauptanteil (83 v.H.) entfällt auf den Gaststättenumsatz des sozialistischen HuG. (HO- und konsumgenossenschaftliche Gaststätten). Da es sich bei den Gaststätten im privaten Sektor um kleine und kleinste Betriebe handelt, liegt ihr Anteil an der Zahl der Gaststätten mit 22,6 v.H. (Kommissionsgaststätten) und 6,2 v.H. (private Gaststätten) deutlich höher als ihr Umsatzanteil.

Eigentumsstruktur der Gaststätten 1978

Gaststätten insges.	33 916	
davon		
soz. Einzelhandel	24 132	
darunter		
HO-Gaststätten		17 970
KG-Gaststätten		6 162
Kommissionsgaststätten	7 672	
private Gaststätten	2 112	

1976 wurde ein neuer Ausbildungsberuf, der Facharbeiter für Gaststätten und Hotelwesen geschaffen, dessen Berufsbild zwischen Koch und Kellner liegt und den Absolventen nach 2jähriger Lehrzeit befähigen soll, eine Gaststätte mit höchstens 4 Beschäftigten zu führen. Für den Umfang des privaten Beherbergungswesens fehlen zwar exakte Daten, doch läßt sich aus den Angaben des amtlichen Hotelführers DDR (Ausgabe 1980) ein Anteil von mindestens 25 v.H. an der gesamten Bettenkapazität errechnen, was bei dem niedrigen Gesamtbestand an Hotelbetten die Bedeutung der privaten und auf Kommissionsbasis betriebenen Hotels und Gasthöfe unterstreicht. Sowohl das halbstaatliche und Kommissions-HuG. als auch das private HuG. gehören den → **Industrie- und Handelskammern** an und werden von den örtlichen Organen der Bezirke und Kreise angeleitet.

4. Sonderformen. Eine Sonderstellung nimmt die **Mitropa** (Mitteleuropäische Schlafwagen- und Speisewagen-AG) im HuG. als zentralgeleitete Einrichtung des → **Ministeriums für Verkehrswesen** ein. Ihre Aufgabe erstreckt sich auf die Bewirtschaftung von gastronomischen Einrichtungen der → **Deutschen Reichsbahn (DR)**, der Schiffahrt, des Flugverkehrs sowie des Straßenverkehrs.

Weitere Träger im HuG. sind das Reisebüro der DDR, die Wismut AG, der → **Freie Deutsche Gewerkschaftsbund (FDGB)** (ohne Ferienheime) sowie vereinzelt Industriebetriebe, Landwirtschaftliche Produktionsgenossenschaften (LPG) und die → **Kirchen**.

Humboldt-Universität zu Berlin: Nachfolgerin der am 16. 8. 1809 gegründeten und im Oktober 1810 eröffneten Friedrich-Wilhelms-U. Nach dem II. Weltkrieg am

29. 1. 1946 wiedereröffnet, erhielt sie 1949 ihren jetzigen Namen.
An der größten U. der DDR bestehen 29 Sektionen, davon 18 im gesellschaftswissenschaftlichen Bereich (Ästhetik/Kunstwissenschaften; Anglistik/Amerikanistik; Asienwissenschaften; Fremdsprachen; Germanistik; Geschichte; Kriminalistik; Marxismus-Leninismus; Marxistisch-leninistische Philosophie; Pädagogik; Rechtswissenschaft; Rehabilitationspädagogik/Kommunikationswissenschaft; Romanistik; Slawistik; Sportwissenschaft; Theologie; Wirtschaftswissenschaften; Wissenschaftstheorie und -organisation) sowie Institute für Bibliothekswissenschaft und wissenschaftliche Information und marxistisch-leninistische Soziologie. Im mathematisch-naturwissenschaftlichen Bereich bestehen 8 Sektionen (Biologie; Chemie; Elektronik; Geographie; Mathematik; Nahrungsgüterwirtschaft/Lebensmitteltechnologie; Physik und Psychologie). Im agrarwissenschaftlichen Bereich gibt es 3 Sektionen (Gartenbau; Pflanzenproduktion; Tierproduktion/Veterinärmedizin). Ferner existiert ein Bereich Medizin mit mehreren Kliniken (vor allem der Charité) und Instituten.
Den Studenten stehen 8 Studentenheime mit insges. 7500 Plätzen zur Verfügung. Die Ausbildung der fast 20000 Studenten (darunter ca. 650 Ausländer) erfolgt in mehr als 70 Fachrichtungen. Entsprechend breit ist auch die Forschungstätigkeit der U., wobei einige Schwerpunktsetzungen sich aus der Struktur der Sektionen ergeben (z.B. Gartenbau).
Die U. pflegt ihre internationalen Beziehungen auf der Grundlage von 45 Verträgen mit ausländischen U. und Hochschulen, darunter 26 aus Ländern des RGW.
Die Ergebnisse von Lehre und Forschung werden in einer „Wissenschaftlichen Zeitschrift“, die seit 1951 in einer mathematisch-naturwissenschaftlichen und einer gesellschafts- und sprachwissenschaftlichen Reihe erscheint, veröffentlicht. → **Universitäten und Hochschulen.**

Hygiene-Inspektion: Einheitliche Bezeichnung für die Dienststellen auf allen Ebenen der staatlichen Gesundheits-Fachverwaltung, denen die Aufsicht über die Lebensmittel- und die Ortshygiene, die Abwehr der Erreger von Infektionskrankheiten beim Menschen und die Überwachung der Schadstoff-Konzentrationen im → **Umweltschutz** obliegt: Im → **Ministerium für Gesundheitswesen** als zentrale Leitstelle eine Hauptabteilung, untergliedert in mehrere „Hauptinspektionen“ (für Gesundheitsschutz, Seuchenschutz usf.), bei den Räten der Bezirke ein besonderes Referat der Abt. Gesundheits- und Sozialwesen, ebenso bei der entsprechenden Abt. jedes Kreises als Kreis-HI. Jede HI. hat gegenüber den nachgeordneten Instanzen der Hygiene-Aufsicht praktisch uneingeschränktes Weisungsrecht und in allen Instanzen Exekutiv- und Strafvollmacht (→ **Ordnungswidrigkeiten**).
Den Bezirks-HI. zugeordnet sind (insgesamt 22) Bezirks-Hygiene-Institute, die die technischen Untersuchungsaufgaben wahrnehmen.
Für den Bereich des Ministeriums für Verkehrswesen hat dessen Medizinischer Dienst (MDV) die Funktion der HI. für Eisenbahn, Luftverkehr und Schiffahrt unter Einschluß auch des hafenärztlichen Dienstes nach den Internationalen Gesundheitsvorschriften.
Die HI. in Bezirken und Kreisen werden von „Hygiene-Ärzten“ – einer besonderen Gruppe unter den Fachärzten – geleitet. Die Fachkräfte der Hygiene-Aufsicht im Mittleren medizinischen Personal sind die Hygiene-Inspektoren (→ **Medizinischer Assistent**); sie werden auf einer Medizinischen Fachschule in Berlin (Ost) ausgebildet. Als örtliche Einsatzgruppen werden „Hygiene-Aktivs“ aus ehrenamtlichen Helfern gebildet; sie sollen nicht nur Mängel in der Hygiene aufdecken und ausräumen, sondern zugleich auch an der Erziehung zu Sauberkeit und Schadstoffabwehr mitwirken. → **Gesundheitswesen.**

Hypothek: Das ZGB vom 19. 6. 1975 (GBl. I, S. 465) kennt die H. als einziges Grundpfandrecht zur Sicherung einer Geldforderung (§§ 452–458 ZGB). Zulässig ist allein die brieflose Sicherungs-H., nicht dagegen die Verkehrs-H. Bei Grundstücken in persönlichem Eigentum muß die gesicherte Forderung im wirtschaftlichen Zusammenhang mit dem Grundstück stehen und sich gegen den Grundstückseigentümer richten, sofern der Gläubiger nicht Träger von Volkseigentum ist. Die H. entsteht mit der Eintragung ins Grundbuch (→ **Freiwillige Gerichtsbarkeit**) und bedarf, sofern sie nicht zugunsten eines Kreditinstituts bestellt wird, der staatlichen Genehmigung. Die H. ist untrennbar mit der Forderung verbunden und ist in ihrem Bestand und ihrer Höhe von der Forderung abhängig. Zur Sicherung von Krediten für Baumaßnahmen kann ein Grundstück mit einer **Aufbau-H.** belastet werden. Diese kann dem Eigentümer durch staatliche Anordnung auch aufgezwungen werden.
Die Aufbau-H. hat Vorrang vor anderen H.; Zinszahlung und Tilgung für andere H. können während des Bestehens einer Aufbau-H. gestundet werden.
Für die Grundpfandrechte, die nach altem Recht bestellt worden sind, gilt dieses fort. Die Ausübung und rechtsgeschäftliche Verfügung richten sich jedoch nach geltendem Zivilrecht (§ 6 Einführungsgesetz zum ZGB vom 19. 6. 1975, GBl. I, S. 517).

I

Imperialismus: I. ist ein zentraler Begriff des → **Marxismus-Leninismus**, insbesondere von zwei seiner Teilbereiche, der → **Politischen Ökonomie** und des wissenschaftlichen Kommunismus.

1. Vorgeschichte des Leninschen I.-Begriffs. Der Begriff I. – in Anlehnung an das lateinische Wort „Imperium" = Weltreich gebildet – kam zur Kennzeichnung des napoleonischen Herrschaftsstrebens über Europa in Gebrauch, wobei die persönliche Herrschaftsausübung (Cäsarismus, Bonapartismus) als wichtiges Kennzeichen galt. Als um die Wende vom 19. zum 20. Jahrhundert die Verteilung der Erde vor allem unter die großen Kolonialmächte abgeschlossen schien, erfuhr der Begriff des I. einen Bedeutungswandel. Zunehmend wurde I. nicht mehr nur oder vorwiegend als besondere Form politischer Herrschaft gedeutet, vielmehr begann die Erforschung seiner ökonomischen Gründe, Ziele und Folgen. Dabei waren es vor allem das Entstehen von Großunternehmen, die die Staatsgrenzen überschritten, das Entstehen von Großbanken sowie eines internationalen Kapitalmarktes und die mit diesen ökonomischen Institutionen gegebenen Möglichkeiten zur Kapital- und damit Machtkonzentration sowie zum Kapitalexport im Rahmen eines zunehmend dichter und konfliktreicher werdenden Netzes des Welthandels, die zum Gegenstand von I.-Analysen wurden.

2. Lenins I.-Begriff. Unter dem Eindruck des I. Weltkrieges und der sich dabei aus seiner Sicht eröffnenden Chance zur revolutionären Ablösung des Kapitalismus (→ **Gesellschaftsordnung**), wandte sich auch W. I. Lenin der Untersuchung des I. zu. Er stützte sich in seinen eigenen Arbeiten dabei wesentlich auf die Studien des liberalen Ökonomen J. A. Hobsen (Imperialismus, London u. New York 1902) und des österreichischen sozialdemokratischen Marxisten R. Hilferding (Das Finanzkapital, Wien 1910). In der bis heute für den Marxismus-Leninismus als wichtige theoretische Untersuchung geltenden Arbeit Lenins „Der Imperialismus als höchstes Stadium des Kapitalismus" (geschrieben 1916, veröffentlicht 1917 in Petrograd [jetzt: Leningrad]; hier zitiert nach: W. I. Lenin, Werke, Bd. 22, Berlin [Ost], 1966, S. 189ff.) fragt dieser nach dem „ökonomischen Wesen" des I., das diesen von voraufgegangenen Erscheinungsformen des Kapitalismus (K.) unterscheide. Die wesentliche Differenz sieht Lenin in der Ablösung des K. der freien Konkurrenz durch den K. der Monopole. Mit dieser Entwicklung sei der Konkurrenzkampf (relativ) kleiner privater Eigentümer abgelöst worden durch die Auseinandersetzungen marktbeherrschender, die nationalen Grenzen überschreitender Großunternehmen, der „Monopole". Die Monopolstellung mache es diesen möglich, über den normalen Gewinn/Profit (→ **Wert- und Mehrwerttheorie**) Extraprofite/Monopolprofite einzustreichen, d. h. die Ausbeutung verschärfe sich. Neben der sich in dem Entstehen der Monopole manifestierenden Konzentration der → **Produktionsmittel** und damit der Gütererzeugung in Großbetrieben, Kartellen, Trusts usw. nennt Lenin u. a. folgende Kennzeichen des I.:

a) Zusammenwachsen von Industrie- und Bankkapital, wobei letzteres als „monopolistisches Finanzkapital" die eigentliche Herrschaft ausübt;

b) der Warenexport verliert gegenüber dem Kapitalexport an Bedeutung;

c) die Erde ist unter den Monopolverbänden ökonomisch aufgeteilt, wobei zwischen ihnen die erbitterte Auseinandersetzung um Behauptung bzw. Erweiterung der Einflußsphären weitergeht;

d) auch territorial ist die Erde unter den imperialistischen Großmächten verteilt, wobei diese untereinander im Streit liegen sowie die ausgebeuteten und unterdrückten Völker in den Kolonien bzw. abhängigen Territorien sich gegen die ausländische Dominanz zu wehren beginnen.

Lenin sieht in dieser Entwicklungsetappe des K. dessen „höchstes" und „letztes" Stadium. Für ihn ist der I. „der Vorabend der sozialistischen Revolution". Zwar gäben die von den Monopolen im Ausland bzw. in den Kolonien erzielten Extraprofite diesen die Möglichkeit, Teilen („den oberen Schichten") der Arbeiterklasse höhere Löhne zu zahlen, sie also zu korrumpieren und damit eine den Monopolinteressen folgende „Arbeiteraristokratie" herauszubilden. (Lenin sieht hierin die Wurzeln des → **Opportunismus**, des → **Reformismus**, des → **Sozialdemokratismus**.) Trotzdem könne auch in den hochentwickelten kapitalistischen Staaten auf diese Weise eine dauerhafte innenpolitische, soziale Stabilisierung nicht erreicht werden. Letztlich stünde einer zahlenmäßig kleinen Gruppe der „Monopolbourgeoisie" und den von diesen unmittelbar abhängigen Schichten die Masse der sozialen Klassen (einschl. der Bauern, der Handwerker, des kleinen und mittleren Bürgertums) unversöhnlich gegenüber. Der Kampf um Marktanteile und Einflußsphären mache → **Kriege** zwischen imperialistischen Staaten unvermeidlich. Die inneren sozialen Gegensätze würden zusätzlich dadurch verschärft, daß der I. kein wachsender, die → **Produktivkräfte** weiterentwickelnder K. – wie noch der Konkurrenz-K. – sei. „In dem Maße, wie Monopolpreise, sei es auch nur vorübergehend, eingeführt werden, verschwindet bis zu einem gewissen Grade der Antrieb zum technischen und folglich auch zu jedem anderen Fortschritt, zur Vorwärtsbewegung; und insofern entsteht die *ökonomische* Möglichkeit, den technischen Fortschritt künstlich aufzuhalten" (Lenin, a. a. O., S. 281). Der I. führe somit zur Herausbildung eines „Rentnerstaates", in dem nur noch die profitable, an Zinseinkünften orientierte Kapitalanlage interessiere. Lenin spricht daher mit diesen Begründungen auch vom „verfaulenden" und vom „parasitären" K.

3. Etappen der allgemeinen Krise des K. Unter dem Eindruck des I. Weltkrieges sowie dessen sozialen und politischen Auswirkungen rechnete Lenin offensichtlich mit dem Beginn einer über Rußland hinausgreifenden, zumindest die europäischen Staaten erfassenden weltrevolutionären Entwicklung. Für ihn hatte die letzte, die allgemeine **Krise** des K. begonnen, wenn er sich auch hütete, präzise Voraussagungen über den Verlauf des „Sterbens des K." zu machen. Die folgenden 60 Jahre zeigten zwar mannigfache weltwirtschaftliche, weltpolitische und innenpolitische Veränderungen des K. (nicht zuletzt die Auflösung der Kolonialreiche, mehrfache wissenschaftlich-technische Innovationsschübe [→ **Wissenschaftlich-technische Revolution (WTR)**], weltweite ökonomische Krisen und Kriege usw.), ohne daß es jedoch dabei zur Weltrevolution bzw. zur Endkrise des K. gekommen wäre. Die kommunistische Weltbewegung und der Marxismus-Leninismus standen und stehen daher vor der Aufgabe – ohne die grundsätzlichen Leninschen Positionen aufzugeben – immer erneut die I.-Theorie als strategische Leitlinie für die konkrete Politik neu zu fassen.

Heute werden 3 Etappen der allgemeinen Krise des K. unterschieden, ohne daß dabei die einzelnen Phasen des I. als dem „letzten Stadium des K." durch eindeutige Kriterien voneinander abgegrenzt worden wären:

a) der Beginn der allgemeinen Krise wird im Ausbruch des I. Weltkrieges gesehen, in dem sich die auftretenden → **Widersprüche** des I. erstmals entladen hätten. Dabei sei es mit der Oktoberrevolution 1917 erstmals einem Land – Rußland – gelungen, aus dem kapitalistischen Weltsystem auszubrechen und mit dem Aufbau des Sozialismus zu beginnen. Nach einer kurzen Phase der Stabilisierung habe die 1929 einsetzende Weltwirtschaftskrise zu einer Erschütterung des K. und als deren Folge zur Errichtung faschistischer Diktaturen vor allem in Italien, Deutschland und Japan geführt. Damit seien zugleich die Wurzeln für den II. Weltkrieg gelegt worden, mit dessen Ausgang der Marxismus-Leninismus eine neue Etappe beginnen sieht.

b) Im Ergebnis der Zerschlagung der faschistischen Staaten sei es gelungen, dem Sozialismus außerhalb der Sowjetunion in einer Reihe europäischer und asiatischer Staaten zum Siege zu verhelfen und damit dem K. ein → **Sozialistisches Weltsystem** entgegenzusetzen. Dieses habe die nationalen Befreiungsbewegungen unterstützt und dadurch die weitgehende Ablösung der imperialistischen Kolonialherrschaft durch neue Nationalstaaten beschleunigt (→ **Entwicklungshilfe; Nationale Demokratie [National-demokratische Staaten]**). Damit in Verbindung stehend haben sich gleichzeitig die Gegensätze zwischen dem sozialistischen Weltsystem und den kapitalistischen Ländern in Form des „Kalten Krieges" zugespitzt. Die Brechung des Atomwaffenmonopols, die Entwicklung der Weltraumfahrt durch die UdSSR als Ausdruck der technischen Möglichkeiten des Sozialismus usw. haben jedoch die Existenz des sozialistischen Lagers gesichert und zugleich den Ausbruch offener Konflikte verhindert. In der zunehmenden Machtposition der sozialistischen Staaten im weltpolitischen Maßstab werden die Voraussetzung und die Chance für die gegenwärtig als Leitlinie für die Beziehungen zu den westlichen Industriestaaten geltende Politik der → **Friedlichen Koexistenz** gesehen. Unter Ausnutzung der Nachkriegskonjunktur und in Weiterentwicklung bereits vorhandener Verbindungen zwischen Staatsapparat und Monopolen habe sich der staatsmonopolistische K. als Ausformung des K. der Gegenwart deutlicher ausgeprägt (vgl. dazu weiter unten). Die USA wurden in dieser Zeit zur imperialistischen Führungsmacht.

c) Der Ausgang der 50er Jahre markiert nach marxistisch-leninistischer Auffassung den Beginn einer dritten, noch andauernden Etappe der allgemeinen Krise des K. In ihr sei mit dem Zerfall des portugiesischen Kolonialreiches das alte Kolonialsystem endgültig abgelöst worden. Im gleichen Zeitraum sei es gelungen, in Kuba, in Vietnam usw. weitere sozialistische Systeme zu etablieren. Der staatsmonopolistische K. habe in der Ende der 60er Jahre einsetzenden, seit 1974/75 manifest gewordenen zyklischen Krise die Grenzen seiner Regulierungsmöglichkeiten offenbart. Die Ungleichmäßigkeiten der ökonomischen und politischen Entwicklungen hätten zudem zu einer Zuspitzung in den „zwischenimperialistischen Beziehungen" und zur Herausbildung dreier, international rivalisierender Zentren des I.: USA, Westeuropa, Japan geführt.

Da die Voraussagen über eine Endkrise des K. vielfach von der historischen Entwicklung widerlegt worden sind, wird heute vor derartigen Prognosen gewarnt: „Auch im Stadium ihrer gegenwärtigen Vertiefung bedeutet die allgemeine Krise keine absolute Ausweglosigkeit des Kapitalismus, führt sie nicht zu seinem automatischen Zusammenbruch. Der Zwang zur Anpassung an neue Existenzbedingungen veranlaßt den I. zugleich, bestimmte ‚Reserven' zur Festigung seiner Positionen zu mobilisieren" (Ökonomisches Lexikon, Bd. H–P, Berlin [Ost] 1979, S. 329). Diese Vorsicht bei Voraussagen impliziert aber gleichzeitig das Hervorheben der Rolle der marxistisch-leninistischen Partei: Die soziale Revolution ist aus dieser Sicht nicht spontanes Ergebnis eines historischen Prozesses, sondern muß „bewußt" gemacht werden, was letztlich nur unter Führung der kommunistischen Partei als der Verkörperung des „richtigen, wissenschaftlichen Bewußtseins" möglich ist.

4. Staatsmonopolistischer K. Dieser Ausdruck findet sich bereits bei Lenin, ohne daß dieser daraus eine Theorie entwickelt hätte. Er verwendet staatsmonopolistischer K. und monopolistischer K. jeweils synonym. Allenfalls hat der sowjetische Ökonom und Analytiker des K. Eugen Varga (1879–1964) angesichts der zunehmenden staatlichen Eingriffe in den Wirtschaftsablauf während und nach der Weltwirtschaftskrise am Ausgang der 20er Jahre den Begriff staatsmonopolistischer K. in vergleichbarer Weise wie die heutige marxistisch-leninistische Politische Ökonomie gebraucht. Staatsmonopolistischer K. als ein besonderer Abschnitt des I. wird erst Ende der 50er, Anfang der 60er Jahre Gegenstand der wirtschaftswissenschaftlichen Diskussion auch und vor allem in der DDR (vgl. Margaret Wirth, Kapitalismustheorie in der DDR, Frankfurt a. M. 1972, S. 21 ff.). Die anhaltende Nachkriegskonjunktur hat ebenso wie die sich u. a. in der Nachfolge des liberalen englischen Ökonomen J. M. Keynes (1883–1946) ergebenden Veränderungen in den westlichen Wirtschaftswissenschaften zugunsten einer aktiven Rolle des Staates im wirtschaftlichen Geschehen und das Entstehen sowie die Anwendung entsprechender wirtschaftspolitischer Instrumentarien dazu beigetragen, daß es zu einer erneuten Diskussion um den K. im Stadium des I. kam.

Heute wird im staatsmonopolistischen K. kein neues Entwicklungsstadium des K. jenseits des I. gesehen, vielmehr verkörpere er lediglich „die höchste Stufe der Monopolisierung". Im Mittelpunkt aller Aussagen über ihn stehen die „personelle sowie die institutionell-organisatorische Verflechtung zwischen der Monopolbourgeoisie und dem Staatsapparat" (Politische Ökonomie des Kapitalismus und des Sozialismus. Lehrbuch für das marxistisch-leninistische Grundlagenstudium, 9., überarb. Aufl., Berlin [Ost] 1983, S. 336) und die sich aus dieser Verbindung ergebenden Möglichkeiten sowie Notwendigkeiten für den Staat, mit seinen Mitteln regulierend in den Wirtschaftsprozeß einzugreifen.

Im einzelnen werden in der marxistisch-leninistischen politischen Ökonomie folgende Aspekte des staatsmonopolistischen K. besonders hervorgehoben:

a) Staatliches Eigentum an Teilen des Produktionskapitals;

b) Aneignung und Umverteilung zunehmend größerer Anteile des Nationaleinkommens durch den Staat;

c) Eingriffe in die Konkurrenzbeziehungen (z. B. Festlegen von Preisen und Handelsspannen, Verbot oder Zulassung von Kartellen) und in die Beziehungen zwischen Kapital und Arbeit (z. B. Schlichtungen bei Tarifkonflikten, Ausgestaltung des Arbeitsrechts);

d) Ausgestaltung einer aktiven staatlichen Wirtschaftspolitik (z. B. Entwicklung und Einsatz eines den Wirtschaftsablauf regulierenden Instrumentariums entsprechend mittel- und langfristiger Wirtschaftsprogramme).

Alle derartigen Eingriffe erfolgen jedoch nicht – so der Marxismus-Leninismus – im Interesse der Gesamtgesellschaft, sondern dienen der Aufrechterhaltung des kapitalistischen Systems vor allem zum Nutzen und zur Sicherung der Monopole. Zwar zeige sich in den Regulierungsfunktionen des Staates die Notwendigkeit – angesichts der zunehmenden Wirtschaftsverflechtung, d. h. der zunehmenden Vergesellschaftung des Produktionsprozesses – zu einer gesamtgesellschaftlichen Planung überzugehen. Insoweit bereite der staatsmonopolistische K. den Sozialismus materiell vor. Unter Berufung auf Lenin heißt es, daß der staatsmonopolistische K. „die vollständige *materielle* Vorbereitung des Sozialismus, seine unmittelbare *Vorstufe* ist, denn auf der historischen Stufenleiter *gibt es* zwischen dieser Stufe und derjenigen, die Sozialismus heißt, keinerlei Zwischenstufen mehr" (Politische Ökonomie . . ., a. a. O., S. 360; Hervorhebungen im Original). Dem staatsmonopolistischen K. könne jedoch eine wirkliche, krisenfreie Planung nicht gelingen. Auch die Monopole blieben an die Existenz des Privateigentums, an die profitable Verwertung von Einzelkapitalen gebunden. Die Monopole beherrschten letztlich den Staat und könnten ihre partikularen Interessen im Gegensatz zu denen der Masse der Gesellschaftsmitglieder nicht zuletzt mit seiner Hilfe durchsetzen. Daraus folge, daß sich Krisen nicht vermeiden lassen und sich die binnengesellschaftlichen und internationalen Konflikte weiter zuspitzen müßten. Die zunehmende Militarisierung und das Anwachsen der innenpolitischen Repression seien notwendige Existenzbedingungen des staatsmonopolistischen K., damit dieser sich außen- und innenpolitisch behaupten könne.

5. Funktionen der I.-Theorie in der Politik. Der Begriff I. und die mit ihm verbundenen Sichtweisen des als feindlich verstandenen kapitalistischen Systems spielen eine bedeutende Rolle in der Ausgestaltung der Politik kommunistischer Staaten und Parteien:

a) Die Ergebnisse der I.-Forschung, d. h. die Analyse bürgerlich-kapitalistischer Systeme sind Grundlage für die Konzipierung der → **Außenpolitik** wie umgekehrt die jeweilige außenpolitische → **Linie** ihren Niederschlag in den Veröffentlichungen aus dem Bereich der I.-Forschung findet.

b) Über die I.-Konzeption versuchen die Sowjetunion und die mit ihr verbündeten Staaten auf die Entwicklungsländer Einfluß zu nehmen, um diese zu einer „antiimperialistischen Orientierung" zu veranlassen.

c) Die Auffassung vom I. bzw. staatsmonopolistischen K. liegt der → **Bündnispolitik** der nichtregierenden kommunistischen Parteien zugrunde. Die Aussage, daß es vor allem die „Monopole" seien, die den Staat in ihren Dienst genommen hätten, ermöglicht die Propagierung eines „antimonopolistischen Bündnisses" und führt von kommunistischer Seite zu dem Versuch, *alle* gesellschaftlichen Klassen und Schichten und nicht nur die → **Arbeiterklasse** (→ **Klasse/Klassen, Klassenkampf**) politisch zu beeinflussen und – wenn möglich – in einen Kampf gegen die Monopole zu führen.

d) Unter Berufung auf die imperialistische Bedrohung bzw. die imperialistischen Einflüsse werden die einzelnen sozialistischen Staaten sowie die nichtregierenden kommunistischen Parteien zur Treue und Gefolgschaft gegenüber der UdSSR bzw. der → **Kommunistischen Partei der Sowjetunion (KPdSU)** verpflichtet.

e) Die marxistisch-leninistische I.-Theorie erklärt die Ursachen der internationalen ökonomischen und politischen Abhängigkeiten, die Aufteilung der Erde in Einflußsphären, das Entstehen von Kriegen usw. in der Gegenwart ausschließlich aus der monopolistischen Struktur des Privateigentums an Produktionsmitteln; damit wird der K. zum alleinigen Verursacher innen- und außenpolitischer Konflikte. Die Sicherung und Ausweitung des sowjetischen Machtbereiches (z. B. Afghanistan, die Nahost-, Afrika- und Lateinamerikapolitik, ČSSR, Polen), (militärische) Konflikte zwischen sozialistischen Staaten (z. B. Sowjetunion – China, China – Vietnam) werden auf diese Weise der Kritik, es

handele sich auch hier um imperialistische Politik („Sowjetimperialismus") entzogen bzw. als Abwehr imperialistischer Einmischungen und Einflüsse oder aber als Unterstützung „antiimperialistischer Befreiungsbewegungen" gerechtfertigt.
6. I.-Forschung. Zwischen den einzelnen Staaten des sowjetischen Machtbereiches ist die I.-Forschung arbeitsteilig aufgeteilt. Während in der Sowjetunion z. B. die USA im Mittelpunkt der I.-Forschung stehen, ist es in der DDR wesentlich die Bundesrepublik Deutschland. An allen → **Universitäten und Hochschulen** finden Forschung und Lehre zum I. statt. Das → **Institut für internationale Politik und Wirtschaft (IPW)** widmet sich ausschließlich der I.-Forschung mit dem Schwerpunkt Bundesrepublik Deutschland; bei ihm besteht als Leitungs- und Koordinierungseinrichtung der → **Wissenschaftliche Rat** für I.-Forschung. Der Auseinandersetzung mit dem I. dienen ferner der Wissenschaftliche Rat für Grundfragen der ideologischen Auseinandersetzung zwischen Sozialismus und I. bei der → **Akademie der Wissenschaften der DDR (AdW)**, der Wissenschaftliche Rat für außenpolitische Fragen beim Institut für internationale Beziehungen bei der → **Akademie für Staats- und Rechtswissenschaften der DDR**.
Die allgemeine ideologisch-politische Leitfunktion auf dem Gebiet der I.-Forschung kommt – wie in anderen gesellschaftswissenschaftlichen Bereichen auch – der → **Akademie für Gesellschaftswissenschaften beim ZK der SED (AfG)** zu; bei ihr bestehen mit entsprechenden Aufgabenstellungen u. a. der Rat für wissenschaftlichen Kommunismus und der Wissenschaftliche Rat für internationale Arbeiterbewegung.

Individualversicherung: Neben der Sozialversicherung (→ **Sozialversicherungs- und Versorgungswesen**) und der Versicherung im Bereich der Wirtschaft und des Staates spielen in der DDR Versicherungen auch im individuellen Bereich eine beachtliche Rolle. Dieser Bereich wird als zivilrechtliche (→ **Zivilrecht**) Materie behandelt und ist in seinen grundlegenden Bestimmungen in den §§ 246–265 des Zivilgesetzbuches (ZGB) vom 19. 6. 1975 (GBl. I, S. 465) geregelt. Dabei werden Sach-, Haftpflicht- und Personenversicherungen unterschieden. In formaler Hinsicht unterscheidet man zwischen vertraglicher und gesetzlicher Begründung von Versicherungsverhältnissen. Pflichtversicherungen entstehen kraft Gesetzes (z. B. die Kraftfahrzeughaftpflichtversicherung mit der polizeilichen Zulassung), nicht mehr, wie in der Bundesrepublik Deutschland, aufgrund eines Vertrages. Nur freiwillige Versicherungen werden durch Vertrag begründet. Hierbei handelt es sich um Sach- und Personenversicherungen (z. B. Haushalts-, Kasko-, Lebensversicherungen). Die Gesamtzahl der Versicherungsverträge macht gegenwärtig ca. 25 Mill. aus. Versicherungsträger ist die → **Staatliche Versicherung der DDR**.

Industrie

I. Ausgangssituation

A. Branchenstruktur und Produktionsanteile vor dem II. Weltkrieg

Das Gebiet der DDR war bereits vor der Spaltung Deutschlands in etwa gleichem Umfang industrialisiert wie das jetzige Bundesgebiet. Im letzten Jahr mit normaler Friedensproduktion vor dem II. Weltkrieg, d. h. 1936, entfielen ca. 30 v. H. der I.-Produktion der heutigen Gebiete von Bundesrepublik Deutschland und DDR auf den DDR-Raum. (Zum Vergleich: Das Gebiet der heutigen DDR ist um weniger als halb so groß wie das der Bundesrepublik Deutschland – 108 000 zu 248 000 qkm –; 1939 lebten auf dem Territorium der heutigen DDR 16,7 Mill. Einwohner, auf dem der Bundesrepublik 43,0 Mill.) Während jedoch in der Bundesrepublik Deutschland die → **Grundstoffindustrie** und der Schwermaschinenbau konzentriert waren, hatten in Mitteldeutschland vor allem der Textilmaschinenbau, das Druckgewerbe, die → **Feinmechanische und Optische Industrie**, die → **Leichtindustrie** und die Lebensmittel-I. ihre Hauptstandorte. Diese Industrien konzentrierten sich überwiegend im südlichen Drittel des Gebietes der SBZ, während der Norden fast rein agrarisch strukturiert war (Nord-Süd-Gefälle) (→ **Geographie**). Die Grundstoff-I. und der materialintensive Schwermaschinenbau waren gering entwickelt, weil hier die erforderlichen Bodenschätze fehlten. Der Anteil des heutigen DDR-Gebietes an der Förderung des Reichsgebietes betrug 1936 bei Eisenerz 5,0 v. H. und bei Steinkohle 2,3 v. H., so daß die Ausgangsstoffe zur Herstellung schwerer I.-Ausrüstungen fehlten. Dementsprechend war die Produktion von Kokereikoks, Roheisen, Rohstahl und Walzwerkerzeugnissen auf die Westgebiete konzentriert. Allein die Kali- und Braunkohlenförderung war auf dem heutigen Ge-

Anteile der jetzigen DDR an der Industrieproduktion im Reichsgebiet 1936 (Anteile in v. H.)

Eisenschaffende Industrie	7
Werkzeugmaschinenbau	50
Textilmaschinenbau	68
Büromaschinenbau	82
Feinmechanische und optische Industrie	33
Textilindustrie	37
Bekleidungsindustrie	45

Vgl. u. a. Werner Bröll, Die Wirtschaft der DDR, Lage und Aussichten, München 1970, S. 11.

biet der DDR sehr stark entwickelt. Der sehr schmalen metallurgischen Basis stand eine stark spezialisierte arbeitsintensive metallverarbeitende I. gegenüber. Mit einem Bevölkerungsanteil von ca. 25 v. H. hatte das Gebiet der heutigen DDR innerhalb des Reichsgebietes z. B. vorstehende Anteile an der I.-Produktion (vgl. S. 605 unten).

B. Kapazitätsverluste durch Kriegs- und Demontageschäden

Die I. auf dem Gebiet, das heute die DDR umfaßt, war 1936 mit ca. 27 v. H. am Bruttosozialprodukt des Reichsgebietes beteiligt. Durch Kriegs- und Kriegsfolgeschäden verlor sie mehr als die Hälfte ihrer Produktionskapazitäten von 1936, wobei die Kriegsfolgebilanz nur geschätzt werden kann.

Demontageschäden der DDR-Industrie
(in v. H. der Kapazitäten von 1936)

Eisenschaffende Industrie	80
Kautschuk-Industrie	80
Feinmechanische und optische Industrie	60
Maschinenbau	55
Fahrzeugbau	55
Zellstoff- und Papierindustrie	45
Energieerzeugung	35
Braunkohlenbergbau	20
Brikettfabriken	20

Vgl. u. a. Werner Bröll, Die Wirtschaft der DDR, Lage und Aussichten, München 1970, S. 13f.; Karl C. Thalheim, Probleme des Wirtschaftswachstums in Mitteldeutschland, in: Wachstumsprobleme in den osteuropäischen Volkswirtschaften, Bd. 2, Berlin 1970, S. 3.

Wegen des Fehlens von Nachkriegsstatistiken kann die genaue Höhe der durch → **Reparationen** verursachten Schäden nicht exakt ermittelt werden. Verschiedene Schätzungen beziffern die Kapazitätsverluste der I. der SBZ/DDR allein durch Demontagen bis zum Doppelten der entsprechenden Kapazitätsverluste der westdeutschen Industrie.

II. Schwerpunkte des Wiederaufbaus nach 1945

Der Auf- und Ausbau der I. nach 1945 geschah nach dem von der Sowjetunion bestimmten und von der SED-Führung durchgeführten Programm, in dem politische Gesichtspunkte den Vorrang hatten. Die Spaltung Deutschlands schnitt die Verarbeitungs-I. Mitteldeutschlands von ihren traditionellen Bezugsquellen für Rohstoffe und Halbfabrikate und einem Großteil ihrer Absatzmärkte in Westdeutschland ab. Die dadurch verursachten Schwierigkeiten waren um so größer, als die einzelnen I.-Zweige durch den Krieg und die sowjetische Reparationspolitik unterschiedliche Kapazitätsverluste erlitten hatten. Die I. bedurfte daher – wie die I. der Bundesrepublik Deutschland unter anderen Bedingungen – der Hilfe von außen. Die SED-Führung stützte sich dabei auf die Sowjetunion und übernahm weitgehend das sowjetische Wirtschaftssystem. Zu den wichtigsten Maßnahmen gehörten die Verstärkung der Grundstoffindustriebereiche (Braunkohlen-I., → **Energiewirtschaft**, eisenschaffende I., chemische Grundstoff-I. [→ **Chemische Industrie; Eisen- und Stahlindustrie**]) und die Inangriffnahme des Aufbaus einer bis dahin in Mitteldeutschland nicht beheimateten Schwermaschinenbau-I. (→ **Schwermaschinen- und Anlagenbau**). Die Komplettierung der mitteldeutschen I.-Struktur verschlang erhebliche Investitionsmittel, die die Bevölkerung teilweise durch Konsumverzicht aufzubringen hatte.

III. Stellenwert der Industrie in der Volkswirtschaft der DDR

Die I. ist der weitaus bedeutendste Wirtschaftsbereich der DDR. Ihr Anteil an der Bildung des Sozialprodukts (→ **Gesamtprodukt, Gesellschaftliches**) betrug 1982 über 70 v. H. (einschl. produzierendes Handwerk ohne Bauhandwerk); der Beschäftigtenanteil der I. lag 1982 mit 38,0 v. H. weit über dem aller anderen Wirtschaftsbereiche. Die Bedeutung der I. wird auch dadurch unterstrichen, daß sie 56,7 v. H. der Bruttoanlageinvestitionen der gesamten Wirtschaft auf sich vereinigt (1982). Dieser Anteil lag im Zeitraum 1970–1980 mit Ausnahme der Jahre 1975–1977 stets über 50 v. H.

IV. Strukturdaten

A. Branchenstruktur

Die Tabelle auf der folgenden Seite oben zeigt die Entwicklung der Branchenstruktur der DDR-I. Während 1950 die → **Leichtindustrie** einschließlich der → **Textilindustrie** mit knapp 25 v. H. an der

Anteil der Betriebe mit über 1000 Beschäftigten an der Gesamtzahl der Betriebe des Industriebereichs insgesamt
(in v. H.)

Industriebereich	1953	1960	1972	1975	1981
Energie- u. Brennstoffindustrie	22	44	65	74	·
Chemische Industrie	3	4	6	10	·
Metallurgie	36	43	42	48	·
Baumaterialienindustrie	1	1	5	8	·
Maschinen- u. Fahrzeugbau	5	7	8	10	·
Elektrotechnik/ Elektronik/Gerätebau	7	8	14	17	·
Leichtindustrie (ohne Textilindustrie)	1	1	2	4	·
Textilindustrie	4	5	4	7	·
Lebensmittelindustrie	0,4	1	3	7	·
Industrie insgesamt	3	4	5	8	19

Quellen: Statistische Praxis, H. 2, 1974, S. 2; Statistische Jahrbücher der DDR 1977, S. 120 u. 122, und 1983, S. 141.

Branchenstruktur der Industrie[1] der DDR 1936, 1950–1980 (in v. H.)

Bereiche	1936[2]	1950	1955	1960	1965	1970	1975	1982
Energie- und Brennstoffindustrie	9,0	11,7	8,3	6,8	6,4	5,6	5,1	9,9
Chemische Industrie	6,4	11,2	12,0	12,1	13,5	14,5	15,1	20,5
Metallurgie	10,5	6,2	8,8	8,4	7,8	7,8	7,9	7,9
Baumaterialienindustrie	2,6	2,3	1,7	2,0	2,1	2,1	2,0	1,5
Maschinen- und Fahrzeugbau[3]	16,1	17,4	19,1	22,1	24,1	24,9	24,2	20,8
Elektrotechnik/Elektronik/Gerätebau[4]	2,7	4,4	5,1	6,8	8,2	9,5	11,2	8,9
Leichtindustrie[5]	13,6	14,7	12,4	12,0	11,3	11,2	11,3	9,7
Textilindustrie	10,6	10,2	9,6	8,8	7,6	7,0	6,6	6,1
Lebensmittelindustrie	28,5	21,9	23,0	21,0	19,0	17,4	16,6	14,1
Gesamte Industrie	100	100	100	100	100	100	100	100

1 Ohne Wasserwirtschaft. Berechnungsbasis sind bis 1975 die Bruttoproduktionswerte auf der Preisbasis von 1967, für 1982 industrielle Warenproduktion auf Basis effektiver Preise (mit Vorjahresangaben nicht vergleichbar).
2 Die auf das heutige Gebiet der DDR entfallende Bruttoproduktion von 1936, auf Preisbasis von 1967 umgerechnet.
3 Einschließlich Gießereien und Schmieden, Schiffbau sowie Metallwarenindustrie.
4 Einschließlich Feinmechanische und Optische Industrie sowie Datenverarbeitung und Büromaschinenbau.
5 Ohne Textilindustrie.
Quellen: Statistische Jahrbücher der DDR; Berechnungen des DIW. Zitiert nach: DIW (Hrsg.), Handbuch DDR-Wirtschaft, Reinbek bei Hamburg, 1977, S. 313. Statistisches Jahrbuch der DDR 1983, S. 137.

Produktion der gesamten I. sehr stark vertreten war, zeigen die Metallurgie mit 6 v. H. sowie der Maschinen- und Fahrzeugbau mit 17 v. H. relativ geringe Anteile. Die Branchenstruktur der I. hat sich aber im Zuge des Aufbaus eines eigenen Schwermaschinenbaus, der Ausweitung der Metallurgie und der Chemie verbessert.

B. Konzentrationsgrad

Parallel mit der Veränderung der Produktionsstruktur vollzog sich ein bedeutender Prozeß der Konzentration der Produktion. In den vergangenen 25 Jahren verringerte sich die Anzahl der I.-Betriebe von etwa 20000 auf 4029 (1982). Vor allem in der Grundstoff-I. ist – wie in anderen I.-Ländern auch – die Produktion in wenigen Großbetrieben konzentriert. 1982 waren 98 v. H. aller Beschäftigten der → **Zentralgeleiteten Industrie** (kleinere und vor allem kommunale I.-Betriebe gehören überwiegend zur → **Bezirksgeleiteten Industrie**) in 133 Kombinaten tätig. 1970 war in den 35 den → **Industrieministerien** direkt unterstellten Kombinaten ein Drittel aller in der I. Tätigen beschäftigt.

Der Konzentrationsgrad der Produktion zeigt sich im Anteil der Produktion der Betriebe mit mehr als 1000 Beschäftigten an der industriellen Produktion der jeweiligen Branche. Auf Betriebe mit mehr als 1000 Beschäftigten entfielen 1975 (neuere Angaben liegen nicht vor) bei der Energie- und Brennstoff-I. 99 v. H. der Produktion, bei der chemischen I. 81,

Anteil der Industriebetriebe an der Gesamtzahl der Betriebe und an der Produktion der Industrie (in v. H.)

Industriebereich	1977 Betriebe	1977 Industrieproduktion[1]	1982 Betriebe	1982 Industrieproduktion[2]
Energie- und Brennstoffindustrie	0,7	8,4	1,2	9,9
Chemische Industrie	7,7	14,2	7,7	20,5
Metallurgie	0,6	6,9	1,1	7,9
Baumaterialienindustrie	4,5	2,1	4,2	1,5
Wasserwirtschaft	0,2	0,8	0,4	0,6
Maschinen- und Fahrzeugbau	29,7	23,1	33,5	20,8
Elektrotechnik/Elektronik/Gerätebau	7,5	10,1	8,9	8,9
Leichtindustrie (ohne Textilindustrie)	29,9	10,6	23,2	9,7
Textilindustrie	7,6	5,7	5,1	6,1
Lebensmittelindustrie	11,6	18,2	14,8	14,1
Industrie insgesamt	100	100	100	100

1 Berechnungsbasis industrielle Bruttoproduktion auf der Preisbasis von 1975 (kPP_{75}).
2 Berechnungsbasis industrielle Warenproduktion in effektiven Industrieabgabepreisen (mit 1977 nicht vergleichbar).
Quellen: Statistische Jahrbücher der DDR 1978, S. 111, und 1983, S. 137.

der Metallurgie 95, dem Maschinen- und Fahrzeugbau 64, dem Bereich Elektrotechnik, Elektronik und Gerätebau 79 und bei der Textil-I. 76 v. H. Im Rahmen der Kombinatsbildung und der damit einhergegangenen Betriebszusammenschlüsse dürfte sich der Konzentrationsgrad in den letzten Jahren weiter erhöht haben.

Ein Vergleich der Struktur der I. nach der Zahl der

Regionale Produktionsschwerpunkte[1] der Industriebranchen nach Bezirken im Jahre 1982

Industriebereiche	Berlin (Ost)	Cottbus	Dresden	Erfurt	Frankfurt/O.	Halle	Karl-Marx-Stadt	Leipzig	Magdeburg	Potsdam	Gera
Energie- und Brennstoffindustrie		x				x		x			
Chemische Industrie					x	x					
Metallurgie			x		x	x	x			x	
Baumaterialienindustrie			x			x		x	x		
Maschinen- u. Fahrzeugbau			x			x	x	x	x		
Elektrotechnik/Elektronik/Gerätebau	x		x	x			x				x
Leichtindustrie (ohne Textilindustrie)			x				x				
Textilindustrie			x	x			x				
Lebensmittelindustrie						x			x		

1 Mindestanteil an der industriellen Bruttoproduktion des Industriebereichs 10 v. H. In den übrigen 4 Bezirken der DDR wird in keinem der hier genannten Industriebereiche ein Anteil von 10 v. H. an der jeweiligen industriellen Bruttoproduktion erreicht.

Quelle: Statistisches Jahrbuch der DDR 1983, S. 63.

Pro-Kopf-Produktion wichtiger Industrieerzeugnisse je Einwohner in der DDR und in der Bundesrepublik Deutschland in den Jahren 1970 und 1980

	1970		1980	
	DDR einschl. Berlin (Ost)	Bundesrepublik einschl. Berlin (West)	DDR einschl. Berlin (Ost)	Bundesrepublik einschl. Berlin (West)
Rohbraunkohle	15 276,2 kg	1 776,8 kg	15 420,7 kg	2 108,8 kg
Roheisen	116,9 kg	554,4 kg	146,9 kg	550,2 kg
Rohstahl	296,2 kg	742,6 kg	436,7 kg	712,0 kg
Schwefelsäure	64,4 kg	59,7 kg	57,2 kg	63,3 kg
kalzinierte Soda (Natriumkarbonat)	39,6 kg	22,0 kg	51,8 kg	22,9 kg
Kalziumkarbid	73,2 kg	14,5 kg	71,6 kg	7,4 kg
Stickstoffdünger	23,2 kg	25,9 kg	56,4 kg	24,0 kg
Phosphordünger	25,2 kg	15,0 kg	22,1 kg	11,8 kg
Synthetischer Kautschuk	6,9 kg	5,3 kg	–	6,6 kg
Kunststoffe	21,7 kg	71,9 kg	51,5 kg	110,2 kg
Synth. Fasern u. Fäden	2,8 kg	8,2 kg	8,3 kg	12,0 kg
Zement	468,2 kg	631,9 kg	743,3 kg	561,2 kg
Zellstoff	23,8 kg	9,2 kg	30,7 kg	11,1 kg
Papier u. Pappe (einschl. Zeitungspapier)	63,5 kg	93,7 kg	74,2 kg	129,3 kg
Benzin	131,1 kg	232,5 kg	199,2 kg	348,4 kg
Lkw	1,4 a. T.	4,9 a. T.	2,2 a. T.	5,1 a. T.
Pkw	7,4 a. T.	51,6 a. T.	10,6 a. T.	52,8 a. T.
Haushaltswaschmaschinen	14,9 a. T.	26,9 a. T.	28,0 a. T.	29,3 a. T.
Haushaltsnähmaschinen	11,1 a. T.	8,7 a. T.	14,4 a. T.	6,3 a. T.
Rundfunkempfänger	47,3 a. T.	110,9 a. T.	54,7 a. T.	60,2 a. T.
Fernsehempfänger	22,3 a. T.	48,4 a. T.	34,6 a. T.	71,9 a. T.
Haushaltskühlschränke	22,3 a. T.	37,3 a. T.	38,0 a. T.	48,9 a. T.
Schreibmaschinen	20,5 a. T.	24,4 a. T.	–	15,2 a. T.
Staubsauger	27,6 a. T.	39,0 a. T.	62,6 a. T.	51,1 a. T.

a. T. = auf 1000 Einwohner bezogen.

Quellen: Statistische Jahrbücher für die Bundesrepublik Deutschland 1972, S. 221ff., und 1982, S. 190ff. Statistische Jahrbücher der DDR 1971, S. 114ff., und 1981, S. 126ff.

Betriebe und dem Anteil an der I.-Produktion zeigt, daß gegenwärtig – wie in allen industrialisierten Ländern – zwischen den I.-Bereichen große Unterschiede im Konzentrationsgrad der Produktion bestehen.

C. Hauptstandorte

Die Hauptstandorte der I. liegen nach wie vor in den südlichen Bezirken der DDR und im Berliner Raum, vor allem bedingt durch die Konzentration der Bodenschätze im Süden und die traditionell im Norden vorherrschende → **Landwirtschaft**. Durch Ausbau der Fischerei- und Werft-I. im Bezirk Rostock und die Ansiedlung von Produktionsstätten der Nahrungsgüter-I. sowie des Maschinen- und Fahrzeugbaus in allen 3 nördlichen Bezirken erhöhte sich ihre industrielle Bedeutung bei weiterhin dominierender Stellung des traditionellen I.-Zentrums Berlin (Ost) und der Bezirke Dresden, Halle, Karl-Marx-Stadt und Leipzig. In den 4 Ballungszentren der I., Karl-Marx-Stadt, Dresden, Halle/Leipzig und Berlin (Ost), ist auf ein Viertel der Fläche der DDR 53,4 v.H. der I.-Produktion konzentriert (1982).

Anteil der Bezirke an der Industrieproduktion der DDR
(in v.H.)

Bezirk	1955	1980	1982
Halle	17,8	14,2	15,6
Karl-Marx-Stadt	14,7	13,2	13,1
Dresden	13,6	11,9	11,4
Leipzig	10,6	8,1	8,0
Berlin (Ost)	7,1	5,5	5,3
Magdeburg	7,0	7,1	6,7
Erfurt	5,8	7,4	6,8
Gera	5,6	5,0	4,9
Potsdam	4,0	5,7	5,5
Cottbus	4,0	5,8	6,8
Suhl	3,3	3,2	3,2
Rostock	2,4	3,3	3,0
Frankfurt/O.	1,9	4,8	5,8
Schwerin	1,5	2,6	2,3
Neubrandenburg	0,9	2,1	1,8
DDR insgesamt	100	100	100

Quellen: Statistische Jahrbücher der DDR von 1956, 1981 und 1983.

D. Industrieproduktion

Die I.-Produktion wurde im Zeitraum 1960–1980 bei einer Erhöhung der Beschäftigtenzahl um 13,0 v.H. um das 3,14fache gesteigert. In den 50er Jahren betrug das Wachstum der I.-Produktion jährlich ca. 14 v.H.; nach der Phase der extensiven Erweiterung der Produktionsquellen und dem Übergang zum intensiven Wachstum Mitte der 60er Jahre hat sich die durchschnittliche jährliche Zuwachsrate der I.-Produktion 1966–1970 auf 6,4 v.H., 1971–1975 auf 6,3 v.H. und 1976–1980 auf 4,9 v.H. verringert.

Produktion der Industriebereiche
(jahresdurchschn. Zuwachs in v.H.)

Industriebereich	1960/65	1965/70	1970/75	1975/80
Energie- und Brennstoffindustrie	4,4	3,3	2,7	4,7
Chemische Industrie	7,9	7,7	8,3	4,8
Metallurgie	4,1	6,2	6,9	3,9
Baumaterialienindustrie	6,8	6,0	6,9	2,3
Maschinen- und Fahrzeugbau	7,4	7,0	5,8	6,1
Elektrotechnik/Elektronik/Gerätebau	9,4	9,3	9,2	8,7
Leichtindustrie (ohne Textilindustrie)	4,2	6,1	5,8	4,2
Textilindustrie	2,5	4,3	5,3	3,8
Lebensmittelindustrie	3,4	4,5	5,5	2,8
Industrie insgesamt	5,9	6,4	6,3	4,9

Quelle: Statistisches Jahrbuch der DDR 1981, S. 120f.; Zuwächse errechnet.

Der Rückstand der industriellen Arbeitsproduktivität in der DDR gegenüber der Bundesrepublik Deutschland beträgt nach Berechnungen westdeutscher Sachverständiger auch gegenwärtig immer noch ca. ein Drittel. Entsprechend besteht im mengenmäßigen Produktionsniveau je Kopf der Bevölkerung ein beträchtlicher Abstand zur I. der Bundesrepublik.

E. Eigentumsform

Durch die Überführung halbstaatlicher und privater Betriebe in Volkseigentum im Jahre 1972 (auch Produktionsgenossenschaften des Handwerks mit industrieller Produktion wurden in volkseigene I.-Betriebe umgewandelt) änderte sich die „sozialökonomische" Struktur der I. Basis für die 1972 erfolgte Umwandlung der letzten noch bestehenden Privatbetriebe oder der privaten Anteile an Betrieben in Volkseigentum waren die auf der 4. Tagung des ZK der SED (16./17. 12. 1971) beschlossenen Aufgaben

Anteil der Eigentumsformen der Industriebetriebe an der industriellen Warenproduktion und an der Zahl der Arbeiter und Angestellten

Eigentumsform der Betriebe	Anteil der Eigentumsformen der Industriebetriebe			
	an der industriellen Warenproduktion (in v.H.)		an der Zahl der Arbeiter und Angestellten (in v.H.)	
	1971	1974	1971	1974
sozialistisch	88,8	100,0	85,7	99,9
darunter:				
volkseigen	83,1	95,0	82,4	98,7
genossenschaftlich	5,5	4,8	3,3	1,2
staatliche Beteiligung	9,9	0	12,0	0
privat	1,3	0	2,3	0,1

Quelle: Statistisches Jahrbuch der DDR 1975, S. 107.

zur „Weiterentwicklung der sozialistischen Produktionsverhältnisse und zur Beseitigung von gewissen Erscheinungen der Rekapitalisierung".

V. Herausforderung in den 80er Jahren

Da seit Mitte der 70er Jahre zum einen die Weltmarktpreise für Importprodukte stärker zunahmen als die im Export erzielbaren Preise – die terms of trade sich also nachhaltig für die DDR verschlechterten –, zum anderen ausreichende Exportsteigerungen der DDR unterblieben, mußte die DDR ihr anhaltendes Außenhandelsdefizit durch Kreditaufnahme im Westen und in der Sowjetunion finanzieren.

Bis Ende 1981 konnten die Finanzierungsprobleme durch die Kreditbereitschaft sowohl der westlichen Kreditgeber als auch der Sowjetunion in Grenzen gehalten werden. Aufgrund der veränderten Haltung westlicher Kreditinstitute gegenüber allen osteuropäischen Ländern als Folge der prekären Situation in Polen und Rumänien gab es Anfang 1982 faktisch auch einen Kreditstopp gegenüber der DDR. Vor dem Hintergrund des anhaltend hohen internationalen Zinsniveaus sowie der Reduzierung sowjetischer Öllieferungen (statt der ursprünglich vereinbarten 19 Mill. t p. a. in der Fünfjahrperiode 1981–1985 liefert die Sowjetunion ab 1982 noch rd. 17 Mill. t; 1982: 17,7 Mill. t) war die DDR gezwungen, sofort Schritte zur Konsolidierung ihrer Außenhandelsbilanz gegenüber den westlichen Industrieländern einzuleiten. Eine vehemente Drosselung der Importe aus westlichen I.-Ländern (ohne → **Innerdeutschen Handel [IDH]**) mit gleichzeitiger Exportausweitung im Jahr 1982 war die Folge. Dies hatte Konsequenzen für die inländische Produktion, da die vom Außenhandel ausgehenden Effekte zu einem Rückgang der im Inland bereitgestellten Investitionsmittel und Materialien führten.

Die skizzierte Konstellation wird sich in der ersten Hälfte der 80er Jahre nicht grundlegend wandeln, so daß sich die Wachstumskurve der DDR-I. insgesamt aufgrund der Verknappung der Ressourcen abflachen wird. Voraussichtlich wird sich das Wachstum in sämtlichen I.-Zweigen verlangsamen. Dies dürfte auch für die stark geförderte Energie- und Brennstoffindustrie, die für den Export so bedeutenden Bereiche Elektrotechnik/Elektronik/Gerätebau und den Maschinenbau gelten.

Die DDR-I. wird in den kommenden Jahren ihre Produktionsstruktur auf die veränderten Inputbedingungen umstellen müssen. Dabei verspricht sich die zentrale Partei- und Wirtschaftsführung von der Um- und Neubildung der Kombinate (Ende 1982 bestanden 133 zentralgeleitete Kombinate im Bereich der I.-Ministerien und 93 bezirksgeleitete Kombinate im Bereich der Wirtschaftsräte der Bezirke) eine Erhöhung der Leistungskraft der in den Kombinaten zusammengeschlossenen Betriebe. Das industrielle Beschäftigungsvolumen wird sich bis zum Ende dieses Jahrzehnts nur geringfügig erhöhen (durchschnittlicher jährlicher Zuwachs 0,5 v. H.). Da die Investitionsquote in den kommenden Jahren sinken dürfte, ist vor allem beabsichtigt, eine Verbesserung des Verhältnisses von langfristigen zugunsten kurzfristiger Investitionseffekte zu erzielen. Eine Leistungsmobilisierung soll vor allem durch folgende Maßnahmen erfolgen:

– Der Umfang des Ausrüstungsanteils soll im Verhältnis zum Bauanteil erhöht werden.

– Durch Rationalisierung und Modernisierung vorhandener Anlagen und durch den verstärkten Ausbau des Rationalisierungsmitteleigenbaus (Rationalisierungsschub auch durch → **Mikroelektronik** und → **Industrierobotertechnik**) sollen produktionsausweitende Effekte bewirkt werden.

– Außerplanmäßige Stillstandszeiten sollen abgebaut, die durchschnittlichen Nutzungszeiten der Maschinen und Anlagen (Schichtauslastung) ausgeweitet werden.

– Investitionen außerhalb des Planes (sog. „Initiativ-" bzw. „Schwarzbauten") sollen durch straffe Kontrollen völlig unterbunden werden.

– Der Abbau unvollendeter Investitionen soll durch Konzentration auf wenige Projekte erfolgen.

– Der spezifische Energieverbrauch ist drastisch zu senken.

– Die Substitution von hochwertigen importierten Energieträgern wird in den 80er Jahren vor allem durch den erhöhten Einsatz von einheimischem Erdgas und von Rohbraunkohle erfolgen.

Peter Plötz

Literaturangaben

Barthel, Horst: Die wirtschaftlichen Ausgangsbedingungen der DDR. Die Wirtschaftsentwicklung auf dem Gebiet der DDR 1945–1949/50. Berlin (Ost): Akademie Verl. 1979.

Cornelsen, Doris: Die Industriepolitik der DDR. Veränderungen von 1945 bis 1980, in: Der X. Parteitag der SED. 35 Jahre SED-Politik. Versuch einer Bilanz. Vierzehnte Tagung zum Stand der DDR-Forschung in der Bundesrepublik Deutschland 9. bis 12. Juni 1981. Köln: Wissenschaft u. Politik 1981. (Edition Deutschland-Archiv.)

DDR und Osteuropa. Wirtschaftssystem, Wirtschaftspolitik, Lebensstandard. Ein Handbuch. Opladen: Leske + Budrich 1981.

Ökonomische **Geographie** der Deutschen Demokratischen Republik, Bd. 1. 3., überarb. u. erg. Aufl. Leipzig: Haack 1976.

Gleitze, Bruno: Die Produktionswirtschaft der DDR im Wettbewerb mit der westlichen Industriewelt, in: Die DDR nach 25 Jahren, Wirtschaft und Gesellschaft Mitteldeutschland. Hrsgg. v. Forschungsbeirat für Fragen der Wiedervereinigung Deutschlands beim Bundesminister für innerdeutsche Beziehungen, Bd. 10. Berlin: Duncker & Humblot 1975.

Gleitze, Bruno: Ostdeutsche Wirtschaft. Industrielle Standorte und volkswirtschaftliche Kapazitäten des ungeteilten Deutschland. Berlin: Duncker & Humblot 1956.

Leptin, Gert: Veränderungen in der Branchen- und Regionalstruktur der deutschen Industrie zwischen 1936 und 1962. Berlin 1965. (Berichte des Osteuropa-Instituts an der Freien Universität Berlin. Reihe Wirtschaft und Recht. 68.)

Melzer, Manfred: Anlagevermögen, Produktion und Beschäftigung der Industrie im Gebiet der DDR von 1936 bis 1978 sowie Schätzung des künftigen Angebotspotentials. Berlin: Duncker & Humblot 1980. (DIW. Beiträge zur Strukturforschung. 59.)

Melzer, Manfred: Probleme und voraussichtliche Entwicklung der Industrie in der DDR. Prognose des Wachstums, in: Vierteljahrshefte zur Wirtschaftsforschung des DIW. H. 3/4 1980. Berlin: Duncker & Humblot 1980.

Industrieabgabepreis (IAP): Bis 1955 galt die Bezeichnung: Herstellerabgabepreis. Der IAP ist der Preis für Waren der Industriebetriebe bei Abgabe an die abnehmenden Betriebe der Industrie, des Bauwesens, der volkseigenen und genossenschaftlichen Landwirtschaft, der Forstwirtschaft, des Verkehrs und des Handels. Die bei weitem größte Zahl der IAP wird durch die Dienststellen des → **Amtes für Preise** als Festpreise festgelegt. Die Kalkulation der Preisvorschläge durch die Betriebe und die Berechnung der für das Wirtschaftsgebiet der DDR gültigen einheitlichen Festpreise durch die Preisbehörden erfolgen nach zentral festgelegten Kalkulationsschemata und Berechnungsverfahren.

Bei der Ermittlung der **Herstellerabgabepreise** ist aber nicht nur das Kalkulationsverfahren verbindlich vorgeschrieben, sondern auch in mehr oder minder detaillierter Weise die als solche behördlich anerkannten, zum Zwecke der Preisbildung kalkulationsfähigen Kostenelemente. Daher geht bei dem prinzipiell normativen Verfahren der Kostenrechnung und Preiskalkulation auch nicht der gesamte tatsächliche wertmäßige Güter- und Diensteverzehr zur Erstellung von Leistungen in die Planpreise ein.

Um sowohl für die Betriebe einen stärkeren Anreiz zur Entwicklung neuer Erzeugnisse zu schaffen als auch um die langwierige Überprüfung der Kosten neuer Erzeugnisse für die staatlichen Instanzen zu erleichtern, wurden seit Juli 1976 für neue bzw. weiterentwickelte Güter Preise nach dem sog. Preis-Leistungs-Verhältnis gebildet, d. h. in Relation zur Verbesserung der Gebrauchseigenschaften gegenüber Vergleichserzeugnissen. Dabei wurden dem Hersteller 70 v. H. des Nutzenvorteils des neuen Erzeugnisses im Preis vergütet (= Gewinnvorteil), 30 v. H. gingen an den Verwender (= Verbilligung, bezogen auf den Gesamtnutzen des Erzeugnisses).

Mit einem derart strukturierten Preisbildungsverfahren erhofften die Betriebsleitungen in der DDR die bessere Einordnung der neuen Güter in die bestehenden Sortimente zu erreichen sowie den neuen Preis seitens der staatlichen Preisorgane schneller und einfacher aus dem bisher bereits anerkannten Aufwand je Leistungseinheit von Vergleichserzeugnissen ableiten zu können.

Dieses Verfahren erforderte entsprechende Kalkulationsmethoden (GBl. I, 1976, S. 333). In der Anwendung des Systems zeigten sich jedoch erhebliche Schwierigkeiten bei einer angemessenen Festsetzung des Gebrauchswertes, die man mit einer Reihe von „Nachbesserungen" zumindest abzuschwächen versuchte (→ **Preissystem und Preispolitik**, VI.).

Die Probleme der objektiven Messung der Gebrauchseigenschaften der neuen Erzeugnisse führten dazu, daß man das Konzept des Preis-Leistungs-Verhältnisses schließlich Ende 1983 aufgab. Statt dessen gelten folgende Veränderungen: Bei neuen Produkten wird in den Kosten der → **Beitrag für gesellschaftliche Fonds** kalkuliert; zusätzlich zum normalen Gewinn werden bei Erzeugnissen mit niedrigen Kosten, hohem Nutzen, hoher Exportrentabilität und geringem Materialaufwand für eine gewisse Zeit Extragewinne sowie bei bestimmten Gütern (Exquisit-, Delikaterzeugnisse und Ersatzteile) Gewinnzuschläge wirksam. Nunmehr gilt folgendes Grundschema der Kalkulation (GBl. I, 1983, S. 341 ff.):

1	Direkte technologische Kosten
2 +	Indirekte technologische Kosten
3 =	Technologische Kosten
4 +	Abteilungsleitungskosten (soweit nicht in anderen Positionen enthalten)
5 =	Abteilungskosten
6 +	Beschaffungskosten (soweit nicht in anderen Positionen enthalten)
7 +	Betriebsleitungskosten
8 =	Produktionsselbstkosten
9 +	Absatzkosten (soweit nicht in anderen Positionen enthalten)
10 =	Gesamtselbstkosten
11 +	Gewinn in Prozent, bezogen auf Verarbeitungskosten (Ziff. 10 ⁒ Material, auftrags- oder typengebundene Spezialwerkzeuge, Spezialvorrichtungen, Werkzeuge und Lehren sowie verbrauchte produktive Leistungen aus Ziff. 1) – soweit nicht eine andere Bemessungsgrundlage festgelegt ist
12 +	Extragewinn
13 +	Gewinnzuschlag
14 =	Betriebspreis
15 +	produktgebundene Abgaben
16 ⁒	produktgebundene Subventionen
17 =	Industrieabgabepreis

In dieser Rechnung bedeuten „direkte technologische Kosten" solche, die im Zusammenhang mit dem unmittelbaren Produktionsprozeß entstehen (z. B. Material- und Lohnkosten einschl. des Beitrags für gesellschaftliche Fonds). Außerdem gehören dazu die Aufwendungen für die betriebliche Forschungs-, Entwicklungs- und

Projektierungstätigkeit. Zu den technologischen Kosten rechnen auch jene, die unmittelbare Voraussetzung für die Aufnahme des Produktionsprozesses sind (z. B. bei den Baubetrieben die Kosten für die Baustelleneinrichtung). „Indirekte technologische Kosten" sind z. B. der Energieverbrauch für Beleuchtungs- und Heizzwecke im Werk, also Gemeinkosten, die durch den technologischen Arbeitsablauf bedingt sind. „Beschaffungskosten" sind Kosten für die Organisation der Belieferung des Betriebes mit Material und Leistungen. Extragewinne, differenziert nach der erreichten volkswirtschaftlichen Effizienz der neuen Produkte, sind grundsätzlich auf drei Jahre befristet. Damit soll die Entwicklung verbesserter und neuer Produkte stimuliert werden. Die Gewinnzuschläge betragen bei Ersatzteilen 50 v. H. des normativen Gewinns. Bei Exquisit- und Delikaterzeugnissen werden differenzierte Zuschläge vom Amt für Preise festgesetzt.
Für → **Produktionsmittel** fallen im Prinzip **Betriebspreis** und IAP zusammen, da in der Regel keine produktgebundenen Abgaben (→ **Steuern**) oder produktgebundenen Preisstützungen zur Anwendung kommen. Bei Konsumgütern weisen dagegen IAP und Betriebspreis erhebliche Unterschiede auf, denn mit ihrer Preisgestaltung sollen produktions- und verbrauchslenkende Wirkungen, eine Angleichung der Nachfrage an begrenzte Angebotssituationen bzw. eine Berücksichtigung unterschiedlicher Gebrauchswerte bei substituierbaren Erzeugnissen erreicht werden.
Die Industriepreise für Konsumgüter waren in den vergangenen 2 Jahrzehnten in der Regel keine originäre, vom Betriebspreis her entwickelte Größe; sie wurden vielmehr vom festgelegten → **Einzelhandels-Verkaufspreis (EVP)** durch Abzug des Gesamthandelsrabatts gebildet. Nur so konnte bei der Industriepreisreform und der seitdem bis 1979 durchgeführten Preisbildung ein grundsätzlich konstantes Konsumgüterpreisniveau aufrechterhalten werden. Seitdem gilt dieses Prinzip nur noch bei den Erzeugnissen des Grundbedarfs und einigen Gütergruppen des mittleren Bedarfs, bei höherwertigen Konsumgütern wird der Industriepreis nunmehr zunehmend vom Betriebspreis – unter Hinzurechnung produktgebundener Abgaben – abgeleitet. → **Preissystem und Preispolitik.**

Industriebau: Erzeugnisgruppe der Bauwirtschaft, die den Bau von Gebäuden für die Industrie erfaßt. Im allgemeinen Sprachgebrauch werden mit I. auch die Bauwirtschaftsbetriebe bzw. Baukombinate bezeichnet, die Industriegebäude und Industrieanlagen – in der Regel als → **General- (GAN)** bzw. → **Hauptauftragnehmer (HAN)** – errichten.
Statistisch werden nur die von der Bauindustrie durchgeführten I.-Leistungen ausgewiesen. Dies ist zwar der bedeutendste Teil; es sollte aber nicht übersehen werden, daß auch vom Bauhandwerk eine Reihe – insbesondere spezieller – Bauleistungen für Industriebauten durchgeführt wird.
Auffällig ist, daß der Anteil der in Montagebauweise errichteten Bauwerke, der bei Wohnbauten mit gegenwärtig über 80 v. H. besonders hoch ist, bei Industriebauten nur 20 v. H. bis 25 v. H. erreicht. → **Bau- und Montagekombinate; Bau- und Wohnungswesen.**

Von der Bauindustrie errichtete Bauwerke für Industrie und Lagerwirtschaft (in Mill. Mark)[1]

Jahr	Insgesamt	Universell zu nutzende Gebäude	Gebäude u. bauliche Anlagen für die Produktion	Lagergebäude
1970	3 387,2	1 365,9	1 768,8	252,5
1975	4 597,5	1 336,2	2 865,4	395,9
1976	4 815,9	1 540,4	2 867,2	408,3
1977	4 930,2	1 570,6	2 946,4	413,2
1978	5 165,3	1 583,4	3 147,0	434,9
1979	5 244,3	1 590,1	3 229,1	425,1
1980[2]	5 919,4	2 017,2	3 465,9	436,3

1 Ohne Projektierungsleistungen.
2 Durch Kombinatsbildung und veränderte Preisbasis nicht voll mit den Angaben der Vorjahre vergleichbar.
Quellen: Statistische Jahrbücher der DDR.

Industrieinstitute: Institute an Universitäten und Hochschulen, in denen seit 1954 Wirtschafts-, Staats- und Parteifunktionäre sowie „bewährte Brigadiere und Facharbeiter, die Fähigkeiten zu einer leitenden Tätigkeit besitzen" (GBl. II, 1961, S. 383), fachlich herangebildet werden. Inhalt dieser Ausbildung ist ein ingenieur-ökonomisches Studium, das aus einer Kombination von naturwissenschaftlichen, technischen und wirtschaftswissenschaftlichen Fächern besteht und mit dem akademischen Grad eines „Diplom-Ingenieurökonomen des I." abgeschlossen wird.
Nach Beschlüssen des → **Sekretariats des Zentralkomitees (ZK) der SED** und des → **Ministerrats** im November 1969 bzw. Mai 1970 zur Veränderung des Studiums an den I. wurden ab 1972 vor allem befähigte Produktionsarbeiter zum Studium zugelassen.
Die Ausrichtung der I. auf diesen Personenkreis begann im Jahr 1970 an zunächst 2 Instituten. Studienvoraussetzungen sind der Abschluß der 10. Klasse der polytechnischen Oberschule, möglichst eine Berufsausbildung, eine mindestens 10jährige Beschäftigung in der Industrie und die besondere Bereitschaft zu gesellschaftspolitischen Aktivitäten. Seit dem Jahr 1976 werden neben Arbeitern, Meistern, Erfindern, Neuerern auch politisch und fachlich bewährte SED-Funktionäre ausgebildet. Die I. nehmen lediglich Personen auf, die durch staatliche Leitungsinstanzen bzw. SED-Gremien zum Studium delegiert werden. Die Ausbildung soll zur unmittelbaren Übernahme von Leitungspositionen befähigen und ist entsprechend stark anwendungsorientiert.
Das Studium besteht aus einem sechsmonatigen, vorbereitenden Selbststudium und einem Direktstudium von 2 Jahren mit einer abschließenden, halbjährigen Diplomphase am I.
Unter die Regelung der I. fallen auch das Handels-

Institut an der Handelshochschule Leipzig und das Außenhandels-Institut an der → **Hochschule für Ökonomie „Bruno Leuschner" (HfÖ)**, Berlin (Ost).

Industrieministerien: Ein I. ist das staatliche Organ für die zentrale Leitung und Planung eines, meist mehrerer Industriezweige. Es arbeitet nicht nach dem Prinzip der → **Wirtschaftlichen Rechnungsführung** und verfügt über kein eigenes Grund- und Umlaufkapital. Einem I. sind in der Regel mehrere Kombinate und Einrichtungen direkt unterstellt (dem → **Ministerium für Bezirksgeleitete Industrie und Lebensmittelindustrie** zusätzlich die → **Bezirkswirtschaftsräte [BWR]**). Die I. unterstehen auf dem Planungssektor der Staatlichen Plankommission (SPK) (→ **Planung**, IV. A.).
Die I. wurden mit Gründung der DDR gebildet, wechselten jedoch im Lauf der weiteren Entwicklung ihre Bezeichnung oder ihren Namen. Die Leitung der → **Industrie** war seit 1958 Aufgabe der SPK, von 1961 bis 1965 des → **Volkswirtschaftsrats (VWR)**. Ende 1965 wurde der Volkswirtschaftsrat mit dem Abschluß der ersten Etappe des → **Neuen Ökonomischen Systems (NÖS)** aufgelöst, die Leitung der Industrie wieder der SPK übertragen; aus seinen Industrieabteilungen entstanden im Januar 1966 acht I. Gegenwärtig (Februar 1984) bestehen folgende I.: Ministerium für Bezirksgeleitete Industrie und Lebensmittelindustrie (Minister: Udo-Dieter Wange), → **M. f. Chemische Industrie** (Minister: Günther Wyschofsky), → **M. f. Elektrotechnik und Elektronik** (Minister: Felix Meier), → **M. f. Erzbergbau, Metallurgie und Kali** (Minister: Kurt Singhuber), → **M. f. Kohle und Energie** (Minister: Wolfgang Mitzinger; Bezeichnung vor dem 1. 1. 1972: M. f. Grundstoffindustrie), → **M. f. Leichtindustrie** (Minister: Werner Buschmann), → **M. f. Schwermaschinen- und Anlagenbau** (Minister: Rolf Kersten), → **M. f. Werkzeug- und Verarbeitungsmaschinen** (Minister: Rudi Georgi), → **M. f. Allgemeinen Maschinen-, Landmaschinen- und Fahrzeugbau** (Minister: Günther Kleiber), → **M. f. Glas- und Keramikindustrie** (Minister: Karl Grünheid). Hinzu kommt das → **M. f. Materialwirtschaft** (Minister: Wolfgang Rauchfuß) mit Querschnittsaufgaben, die die Materialversorgung der Industrie und der anderen Bereiche der Volkswirtschaft betreffen. Alle Minister gehören der SED an.
Die I. sind Organe des → **Ministerrates**, ihre Leiter, die Industrieminister, Mitglieder des Ministerrates. Zu ihren Aufgaben zählen:
1. Präzisierung der von der SPK erhaltenen „staatlichen Aufgaben" für die einzelnen Industriezweige und Übergabe an die Kombinate zur Ausarbeitung eigener Planentwürfe.
2. Anleitung und Kontrolle der Kombinate bei der Ausarbeitung ihrer Perspektiv- und Jahrespläne.
3. „Verteidigung" der zusammengefaßten Planvorschläge ihrer Bereiche vor dem Leiter der SPK.
4. Anleitung der Kombinate bei der Ausarbeitung langfristiger Prognosen der wissenschaftlich-technischen und wirtschaftlichen Entwicklung der Industriezweige und Haupterzeugnisse. Gleichzeitig arbeitet das I. eigene Prognosen für den gesamten unterstellten Wirtschaftsbereich aus.
5. Koordinierung der Pläne der wissenschaftlichen Vorbereitung, der Produktions- und Absatzpläne sowie des Investitionsplanes mit anderen Ministerien, besonders mit dem → **Ministerium für Außenhandel (MAH)** und dem → **Ministerium für Bauwesen**.
Die I. werden von den jeweiligen Ministern nach dem Prinzip der → **Einzelleitung** und kollektiven Beratung der Grundfragen geleitet. Der Minister trägt für die gesamte Tätigkeit des Ministeriums die persönliche Verantwortung gegenüber der Volkskammer und dem Ministerrat der DDR. Der Industrieminister ist der unmittelbare Vorgesetzte der Generaldirektoren der den I. unterstellten Kombinate. Er hat diese direkt anzuleiten. Zwischen seinem Ressort und den Kombinaten bestehen Beziehungen sehr unterschiedlicher Art. Es sind nicht nur die in den planmethodischen Bestimmungen geregelten Formen der Planausarbeitung und -bestätigung als wichtigster Leitungsform; es bestehen auch speziell geregelte Weisungsrechte in einer Vielzahl von Normativakten, z. B. der Investitionsordnung, der Bilanzordnung, die für den Minister Genehmigungsvorbehalte aufweisen, daneben das Recht zum Erlaß von Normativakten bis hin zur Disziplinarbefugnis gegenüber den Generaldirektoren der unterstellten Kombinate. Der umfangreiche Aufgabenkatalog der Industrieminister bzw. der einzelnen I. wird detailliert beschrieben in dem „Rahmenstatut für die Industrieministerien. Beschluß des Ministerrates" vom 9. 1. 1975 (GBl. I, 1975, S. 133 ff.), aber auch in den Statuten der einzelnen I.

Industriepreise: Im Gegensatz zu den bei Konsumgütern wirksamen → **Großhandelspreisen** oder → **Einzelhandels-Verkaufspreisen (EVP)** gelten für Investitionsgüter, Rohstoffe, Materialien, Halbprodukte und Vorleistungen in den zwischenbetrieblichen Wirtschaftsbeziehungen sowie zwischen den Betrieben und dem Produktionsmittelhandel (**Binnenhandel**, II.) die sog. I. Hierzu zählt einmal der Betriebspreis, der sich aus den kalkulierbaren Kosten zuzüglich des gemäß den Kalkulationsvorschriften (GBl. I, 1976, S. 321 ff., GBl. I, 1978, S. 336 ff., GBl. I, 1979, S. 119 f., sowie GBl. I, 1983, S. 341 ff.) zulässigen Gewinns zusammensetzt, und zum anderen der → **Industrieabgabepreis (IAP)** (= Betriebspreis + produktgebundene Abgabe ⁒ Subventionen).

Industrierobotertechnik: *1. Industrieroboter im Konzept der Wirtschaftsentwicklung der DDR.* Schon immer waren die Aktivitäten von Partei- und Regierungsführung der DDR darauf gerichtet, mit Hilfe geeigneter Technologien die Produktionsprozesse effektiver zu gestalten. Bisherige Rationalisierungsbemühungen scheiterten jedoch oftmals daran, daß entsprechende Produktionsverfahren nicht in dem erforderlichen Umfang rechtzeitig zur Anwendung kamen und somit die erwarteten kostensenkenden Effekte ausblieben bzw. sich – entgegen der Planung – erst verspätet einstellten. Mit der → **Mikroelektronik** bot sich erneut die Möglichkeit, Produktionsprozesse zu automatisieren. Entsprechend gewann daher ab 1979 relativ plötzlich neben der **Elektronischen → Datenverarbeitung (EDV)** die I. als eine Anwendungsform der Mikroelektronik zunehmend an Bedeutung. 1979 wurden vom Politbüro der SED Grundlagen einer „umfassenden Strategie" für die weitere Wirtschaftsentwicklung ausgearbeitet. Im Mittelpunkt der sich daraus ergebenden Ziele stand u. a. die „Erhöhung der Effektivität auf allen Gebieten der Volkswirtschaft" durch den Einsatz neuester Technologien. Nach den Worten Honeckers auf der 11. ZK-Tagung im Dezember 1979 ging es vor allem darum, „in kurzer Frist einen volkswirtschaftlich spürbaren ‚Rationalisierungsschub' zu verwirklichen" (ND 14. 12. 1979, S. 4). Um diesen zu erreichen, wurden u. a. Maßnahmen zur Entwicklung, Produktion und zum Einsatz von Industrierobotern (IR.) beschlossen. Diese sollten den Aufbau und die Anwendung dieser neuen Technologie beschleunigt in Gang setzen. Die zunächst aufgestellten Planungen wurden auf dem X. Parteitag der SED (1981) nicht nur konkretisiert, sondern die in ihm enthaltenen Ziele höhergesteckt. In der auf diesem Parteitag beschlossenen „ökonomischen Strategie der achtziger Jahre" wurde hervorgehoben, daß man sowohl von der Mikroelektronik als auch von der I. einen wesentlichen Beitrag bei der Lösung der gestellten Aufgaben erwartet: beide sollen die gesamte produktive Basis der gesamten Volkswirtschaft umgestalten. Um vor allem den geplanten Anstieg der Arbeitsproduktivität zu sichern, wurde es für notwendig erachtet, die ursprünglich vorgesehene Anzahl der bis Ende 1985 zu installierenden Roboter von 9000 auf nunmehr 40000 bis 45000 zu erhöhen. Dieses Fünfjahrplanziel wurde schließlich im Gesetz über den Fünfjahrplan 1981–1985 auf 45000 festgelegt.

2. Zum Industrieroboter-Begriff. In der DDR neigte man zunächst einer relativ enggefaßten Begriffsdefinition zu. Ausdruck hierfür war das ursprünglich festgelegte Fünfjahrplanziel von 9000 IR. bis 1985 sowie die Angaben über die im Jahre 1980 installierten Roboter. Seit Anfang 1981 vollzog sich jedoch eine Neuorientierung. Als IR. bezeichnet man seitdem „die Gesamtheit von Grundmitteln, die der selbständigen Handhabung von Werkstücken, Werkzeugen und Materialien zur Automatisierung von Haupt- und Hilfsprozessen dienen" (Die Wirtschaft Nr. 6/1981, S. 21; ähnlich auch die AO über den Aufbau und die Gestaltung einer Datenbank für I., GBl. I, 1981, S. 334). Ein so gefaßter IR.-Begriff macht es möglich, als Roboter nunmehr auch einfache Handhabungsgeräte zu bezeichnen. Er erlaubte jedoch vor allem, das ursprünglich gefaßte Fünfjahrplanziel von 9000 auf schließlich 45000 heraufzusetzen, und erklärt zudem den relativ sprunghaften Anstieg des IR.-Bestandes ab 1981.

Eine vom Ministerrat der DDR verabschiedete, unveröffentlichte Studie über den erweiterten Roboterbegriff beschreibt 3 Generationen von Robotern:

1. Generation: Einrichtungen zur selbständigen Handhabung von Werkstücken oder Werkzeugen, die in ihren Bewegungsachsen programmierbar sind. Sie werden für getaktete, sich wiederholende Handhabungsaufgaben eingesetzt. Die meisten der gegenwärtig eingesetzten Roboter gehören dieser Generation an.

2. Generation: Handhabungsgeräte mit ausgeprägter Sensortechnik und vereinfachten Programmierungsmöglichkeiten, die einen programmierten Arbeitsablauf innerhalb bestimmter Grenzen an die gegebenen Tatbestände anpassen können (Einsatzbereiche z. B.: Schweißen, Montage).

3. Generation: Roboter dieser Generation sollen die menschlichen Bewegungen von Armen und Beinen reproduzieren können. Ein Lernsystem soll sie in die Lage versetzen, möglichst viele Operationen zu speichern sowie Entscheidungen ohne direkte Programmaufgabe zu treffen. Als Einsatzbereiche gelten solche, in denen der Mensch nicht ohne Gefahr arbeiten kann: z. B. bei Havarien in Kernkraftwerken und bei Bränden.

Industrieroboterbestand

Berichtszeitpunkt	Gesamtzahl der IR.
Anfang 1980	160
Ende 1980	220–320
Anfang 1981	4 500
November 1981	9 260
Ende 1981	13 000
Juni 1982	15 000
Juli 1982	16 500
November 1982	17 862
Januar 1983	21 900
Juli 1983	26 000
Dezember 1983	32 000

3. Steuerungen für IR. Die Steuerung kann als der Sitz der künstlichen Intelligenz des IR. bezeichnet werden. Sie bestimmt die Bewegungen der vom IR. geführten Werkzeuge oder Werkstücke. Nach international üblichem Brauch werden auch in der DDR die IR.-Steuerungen in Punkt-, Vielpunkt- und Bahnsteuerungen unterteilt. Wichtigster Hersteller von IR.-Steuerungen in der DDR ist der VEB Numerik „Karl Marx" in Karl-Marx-Stadt des VEB Kombinats Automatisierungsanlagenbau in Berlin (Ost). Aus seiner Produktion stammen u. a. die programmierbare Steuerung „PS 2000", die freiprogrammierbare Steuerung „IRS 600" sowie die freiprogrammierbare Bahnsteuerung „IRS 650". Die „IRS 650" ist für den Betrieb von maximal 6 Achsen konzipiert. Den eigentlichen Kern der Steuerungen bilden Mikroprozessorsysteme aus dem Kombinat Mikroelektronik Erfurt (→ **Mikroelektronik**) bzw. Robotron-Mikrorechnersysteme.

4. IR.-Typen und deren Hersteller. Erste, vor allem mit mikroelektronischen Komponenten ausgerüstete IR. und Handhabungsgeräte wurden u. a. im VEB Sachsenring Automobilwerk Zwickau, im Kombinat Robotron sowie in den Werkzeugmaschinenkombinaten „7. Oktober" Berlin-Weißensee und „Fritz Heckert" Karl-Marx-

Stadt eingesetzt. Ab etwa 1979 wurden auf regionaler Ebene z. B. in Berlin (Ost) und in Karl-Marx-Stadt spezielle Forschungsinstitute und Betriebe zusammengeschlossen, um gemeinsam an der Entwicklung, der Produktion und dem Einsatz von IR. zu arbeiten. Ferner wurde auf der Grundlage des bereits im Mai 1979 vom → **Sekretariat des Zentralkomitees (ZK) der SED** gefaßten Beschlusses über Maßnahmen zur Entwicklung, Produktion und den Einsatz von IR. Anfang 1980 eine „Entwicklungs- und Anwendergemeinschaft Industrieroboter (EPAG)" unter der Leitung des Werkzeugmaschinenkombinates „7. Oktober" gegründet. Weiter richtete man technologische Zentren zur Koordinierung bestimmter Aufgaben sowie zur Beratung von Produktion und Einsatz von Robotern ein (→ **Kammer der Technik [KDT]**).

Gegenwärtig reicht die Spanne der in der DDR als IR. bezeichneten Geräte vom einfachsten Handhabungsgerät über ein modular aufgebautes IR.-Baukastensystem bis hin zum freiprogrammierbaren IR. in Gelenkbauweise mit 6 Freiheitsgraden. Es gilt der Grundsatz, IR. in den Anwenderbereichen selbst zu entwickeln und zu produzieren. Als IR.-Produzenten sind u. a. folgende Kombinate bzw. VEB bekannt geworden:

- VEB Robotron-Rationalisierung Weimar mit dem IR. „PHM 3" (PHM = Programmierbares Handhabungsmittel), einem hydraulisch angetriebenen Einlegeautomaten;
- VEB Berliner Werkzeugmaschinenfabrik (Betrieb im VEB Werkzeugmaschinenkombinat „7. Oktober" in Berlin-Weißensee) mit dem Roboter „IR 2/S II";
- VEB Automobilwerke Sachsenring Zwickau (Betrieb im VEB IFA-Kombinat Personenkraftwagen Eisenach) mit dem Beschickungsmanipulator „IR 3 P";
- VEB Elektromotorenwerke Thurm (Betrieb im VEB Kombinat Elektromaschinenbau Dresden) mit dem Beschickungsroboter „IR 20 NC" (5 gesteuerte Achsen, davon 3 numerisch);
- Zentralinstitut für Schweißtechnik der DDR Halle mit dem IR.-Baukastensystem „ZIS 995", das speziell für Schweißarbeiten einsetzbar ist;
- VEB Werkzeugmaschinenfabrik VOGTLAND Plauen (Betrieb im VEB Werkzeugmaschinenkombinat „Fritz Heckert" Karl-Marx-Stadt) mit dem Manipulator „MP 01" (speziell für die Werkstückhandhabung an Werkzeugmaschinen) sowie dem Beschickungsroboter „WMR 01";
- VEB Landmaschinenbau Impulsa Elsterwerda (Betrieb im VEB Kombinat FORTSCHRITT Landmaschinen Neustadt/Sachsen) mit den prozeßflexiblen, freiprogrammierbaren IR. in Gelenkbauweise „IR 10 E" und „IR 60 E" (je 5 Freiheitsgrade) sowie
- Wissenschaftlich-Technisches Zentrum des Kombinates Haushaltsgeräte Karl-Marx-Stadt mit dem elektrisch angetriebenen Beschickungsroboter „IR 5" (6 Freiheitsgrade).

5. *Tatbestände des Industrieroboter-Einsatzes.* 1979 waren in der DDR noch rd. 40 v. H. aller Produktionsarbeiter manuell tätig. In den Montageprozessen mußten sogar fast 70 v. H. aller Arbeiten manuell ausgeführt werden. Es lag daher nahe, mit Hilfe des Einsatzes von IR. und Handhabungsgeräten derartige Arbeitsvorgänge zu verändern. Die mit dem Einsatz solcher Technologien verbundenen Erwartungen sind hoch gesteckt: Beschleunigung des Rationalisierungsprozesses, höhere Effektivität der technologischen Prozesse, Arbeitserleichterung durch den Abbau schwerer und monotoner Arbeiten, Freisetzung von durchschnittlich 2,5 bis 3 Arbeitskräften je Roboter sowie Begrenzung der Amortisation der Kosten je Roboter auf rd. 3 Jahre.

Der Aufruf von Partei- und Regierungsführung, IR. vor allem in den Anwenderbereichen selbst zu entwickeln und einzusetzen, sowie die Forderungen und Verpflichtungen anläßlich des X. Parteitages der SED (1981) führten zu vielfältigen Aktivitäten in den Rationalisierungs- und Produktionsbetrieben der Industriekombinate. Viele Beispiele zeigen, daß gegenwärtig der Eigenbau von Robotern in Betrieben und Kombinaten dominiert. Das Bestreben, durch Entwicklung, Produktion und Einsatz eines oder mehrerer IR. einen Rationalisierungsbeitrag nachzuweisen, führte jedoch auch dazu, daß in vielen Fällen deren vorschneller Einsatz nicht die erwarteten Effekte brachte. In einer Mitte 1982 von der Kammer der Technik (KDT) erarbeiteten Studie wurde deutlich, daß erst in 25 v. H. der untersuchten Fälle ein wirtschaftlicher Robotereinsatz realisiert werden konnte. Als Hauptursachen für die unzureichende Effizienz wurden genannt:

- Schaffung von „Automatisierungsinseln", weil die dem IR.-Arbeitsplatz vor- und nachgelagerten Prozesse nicht in das Rationalisierungskonzept mit einbezogen wurden;
- das „Aufpfropfen" von IR. auf veraltete Technologien sowie
- das Warten der Eigenhersteller von Robotern auf die Zulieferung einer maßgeschneiderten Steuerungselektronik.

Über die genannten Fehlentwicklungen hinaus ergaben sich weitere Probleme, weil Betriebe bzw. Kombinate nicht termingerecht und in dem geplanten Umfang ihre Lieferverpflichtungen erfüllt hatten. So war es offenbar dem Kombinat Robotron nicht möglich gewesen, die für die Herstellung von Werkzeugmaschinen- und Robotersteuerungen notwendigen Mikrorechner an den VEB Numerik „Karl-Marx" in der benötigten Zahl zu liefern. Um einen unwirtschaftlichen Einsatz von IR. so weit als möglich zu unterbinden, wurde von den zentralen wirtschaftsleitenden Organen die Entwicklung aussagekräftiger Unterlagen für eine einheitliche volkswirtschaftliche Erfassung, Beurteilung und Abrechnung der Effektivität der I. gefordert. Bereits 1981 hatte das Ökonomische Forschungsinstitut der Staatlichen Plankommission (→ **Planung**) zu diesem Zweck eine Methodik für die ökonomische Bewertung des Einsatzes der I. erarbeitet und als erste verbindliche „einheitliche methodische Arbeitsgrundlage" für die Praxis herausgegeben. Nach deren einjähriger Erprobung wurden sie dann von der Staatlichen Plankommission im Juli 1982 zur Anwendung bei der Vorbereitung und der Bewertung des IR.-Einsatzes zur endgültigen Arbeitsgrundlage der Be-

triebe und Kombinate erklärt. Als Kennziffern für den Effektivitätsnachweis gelten u. a.:
- Leistungszuwachs und Selbstkostensenkung,
- Arbeitszeiteinsparung,
- Einsparung von Arbeitskräften,
- Rückflußdauer der einmaligen Aufwendungen,
- Auslastung der technologischen Einheiten mit Robotereinsatz,
- Produktionswirksamkeit,
- einmalige Aufwendungen je eingesparter Arbeitskraft sowie
- Investitionen für den Robotereinsatz.

Der Effektivierung des IR.-Einsatzes sollen auch der Aufbau und die Gestaltung einer Datenbank für I. dienen (AO vom 25. 8. 1981, GBl. I, 1981, S. 324ff.), die inzwischen im Forschungszentrum des Werkzeugmaschinenbaus Karl-Marx-Stadt (FZW) des VEB Werkzeugmaschinenkombinat „Fritz Heckert" eingerichtet worden ist. Nach § 2 der AO dient die Datenbank „der Sammlung, Speicherung und Vermittlung von Wissen und Erfahrungen des nationalen und internationalen Standes der Industrierobotertechnik". Nach § 5 der AO sind Kombinate, Betriebe und Einrichtungen verpflichtet, „sich vor Beginn der Entwicklung bzw. vor der Produktion bzw. vor dem Einsatz von Industrierobotertechnik unter Nutzung der Datenbank über analoge Entwicklung bzw. Produktion bzw. Anwendungsfälle zu informieren und das Ergebnis mit dem Pflichtenheft nachzuweisen".

Industrierohstoffe: Nach eigenen Angaben kann die → **Industrie** der DDR ihren Rohstoffverbrauch nur zu 40 v. H. aus einheimischen Quellen decken. Der Importanteil ausgewählter Rohstoffe beträgt bei: Erdöl knapp 100 v. H., Steinkohle 100 v. H., Eisenerz 90 v. H., Zink 90 v. H., Primäraluminium 60 v. H., Kupfer 50 v. H., Schnittholz 50 v. H., Walzstahl 45 v. H.

Lediglich die Braunkohlen- sowie die Kali- und Steinsalzvorkommen reichen aus, um den inländischen Bedarf zu befriedigen (→ **Bergbau**).

Wichtigster Rohstofflieferant ist die Sowjetunion. Sie deckt rd. die Hälfte des Importbedarfs an Rohstoffen. 1982 stellte sie vom DDR-Bedarf 100 v. H. bei Erdgas und rd. 80 v. H. bei Erdöl und Baumwolle.

Aufgrund der relativ schmalen Rohstoffbasis und des überdurchschnittlichen Anstiegs der Rohstoffpreise auf den Weltmärkten werden erhebliche Anstrengungen unternommen, sog. Sekundärrohstoffe (Abfälle und Altmaterial) wieder dem Produktionsprozeß zuzuführen. Etwa 10 v. H. des Rohstoffbedarfs werden z. Z. durch Sekundärrohstoffe gedeckt (Ziel für 1985: 12 v. H.). Sie bilden für einige Bereiche bereits eine beachtliche Rohstoffquelle: So deckt z. B. Stahlschrott zu 75 v. H. den Rohstoffbedarf in der Stahlindustrie, Altpapier zu mehr als 45 v. H. den der Papier- und Pappenindustrie; 60 v. H. des Glasbedarfs der Spirituosen- und Lebensmittelindustrie werden durch wiederverwendbare Flaschen und Gläser gedeckt. Dennoch stecken im Recyclingausbau noch beträchtliche Reserven; 1980 blieben 71 v. H. aller Sekundärrohstoffe und Abprodukte ungenutzt; um diesen Anteil zu verringern, wurde die Zahl der Aufkaufstellen gesteigert und eine Erhöhung der Aufkaufpreise vorgenommen. Seit Januar 1981 besteht ein Kombinat Sekundärrohstofferfassung (8500 Beschäftigte) mit 15 gleichnamigen Betrieben in allen Bezirken und Berlin (Ost).

Da der spezifische Verbrauch von Rohstoffen bei einer Reihe von Erzeugnissen noch etwa 15–30 v. H. über dem internationalen Niveau liegt, soll im Zeitraum 1981–1985 der Aufwand an volkswirtschaftlich wichtigen Roh- und Werkstoffen jährlich um durchschnittlich 5 v. H. gesenkt werden. Angesichts der starken Verteuerung der Rohstoffe sind diese Ziele erheblich höher als die, die in den siebziger Jahren realisiert werden konnten; hier wurden Raten von 2,8 v. H. (1971–1975) und 3,9 v. H. (1976–1980) erreicht. Zur Durchsetzung dieser Ziele werden sog. Materialverbrauchsnormen festgesetzt. Da gegenwärtig über 50 Mill. Materialverbrauchsnormen existieren, ist eine kontinuierliche Anpassung an die technische Entwicklung jedoch nicht gewährleistet.

Industrie- und Handelsbank (IHB): Mit Wirkung vom 1. 1. 1968 (GBl. II, S. 9) als Rechtsnachfolgerin der **Deutschen Investitionsbank (DIB)** unter Einbeziehung von Aufgaben der früheren Deutschen Notenbank gebildete Geschäftsbank für Industrie, Bauwesen, Handel und Verkehr. Für diese Wirtschaftsbereiche nahm dieses Spezialinstitut des → **Bankwesens** folgende Funktionen wahr: Kontoführung sowie Abwicklung des Zahlungs- und Verrechnungsverkehrs; Finanzierung des Wohnungsbaus; Durchführung der Bankkontrolle; Gewährung der Kredite sowie Mitarbeit bei der Vorbereitung und Durchführung der Investitionen; Ausreichung von Mitteln zur Finanzierung der Einlagen des Staates sowie Wahrnehmung der Funktion des staatlichen Gesellschafters in den Betrieben mit staatlicher Beteiligung (BSB); Durchführung des → **Staatshaushaltes**, Führung des Schuldbuchs der DDR, des **Grenzüberschreitenden** → **Zahlungsverkehrs** für den Reiseverkehr sowie die Führung der Devisenausländerkonten (→ **Sperrkonten**).

Zum 1. 7. 1974 wurde die IHB in die → **Staatsbank** eingegliedert (GBl. I, S. 305).

Industrie- und Handelskammern der Bezirke (IHK): Die IHK wurden unmittelbar nach Kriegsende als berufsständische Organisation aufgelöst, aber im Herbst 1945 von den Länderverwaltungen als Interessenvertretung der privaten Wirtschaft wieder zugelassen. Zum 31. 3. 1953 wurden sie erneut aufgelöst (GBl., Nr. 32) und am 6. 8. 1953 als eine einheitliche IHK der DDR (GBl., Nr. 91) im Zuge des → **Neuen Kurses** wiedererrichtet. Mit der VO über die IHK der Bezirke erfolgte 1958 (GBl. I, Nr. 61) eine erneute Umgestaltung. Das Präsidium und sein Apparat wurden aufgelöst. Die bisherigen Bezirksdirektionen wurden selbständige juristische Personen und den Räten der Bezirke, die Kreisgeschäftsstellen der IHK der Bezirke den Räten der Kreise unterstellt.

Der IHK gehörten alle selbständig gewerblich tätigen Bürger, juristischen Personen und Personenvereinigungen an. Ausgenommen waren die halbstaatlichen Betriebe und Treuhandbetriebe, soweit sie staatliche Produktionsaufgaben durchführten, sowie Betriebe der pflanzlichen und tierischen Produktion, Handwerksbetriebe, Kleinindustriebetriebe und Einkaufs- und Liefergenossenschaften (→ **Handwerk**, IV.; **Handwerkskammern der Bezirke**).
Die IHK, zur Teilnahme am Aufbau des Sozialismus verpflichtet, sollten private Händler zur Einbeziehung in den Kommissionshandel und bis 1972 private Betriebe zur Aufnahme staatlicher Beteiligungen gewinnen (→ **Betriebe mit staatlicher Beteiligung**). Sie unterstützten die örtlichen Staatsorgane beim Organisieren von Kooperationsbeziehungen zwischen sozialistischen und privaten Betrieben und mobilisierten ihre Mitglieder zur Erfüllung der Aufgaben des Volkswirtschaftsplanes. Sie schlossen ferner für die in den Mitgliedsbetrieben Beschäftigten → **Tarifverträge** ab. Das Betätigungsfeld der IHK beschränkte sich seit der Verstaatlichung fast aller noch verbliebener halbstaatlicher und privater Betriebe in Industrie und Bau im Frühjahr 1972 vornehmlich auf die rd. 12000 privaten Einzelhändler und Großhändler und die 26000 Kommissionshändler (1980). – Die im Zuge der Gewerbeförderungspolitik seit 1976 zu verzeichnende Zunahme privater Einzelhandelsgeschäfte und Gaststätten brachte den IHK erstmals wieder einen Mitgliederzuwachs.
Durch den Beschluß des Ministerrates vom 2. 2. 1983 (GBl. I, Nr. 6) wurden die IHK von den **Handels- und Gewerbekammern der Bezirke** (HGK.) abgelöst, die ihre Arbeit am 1. 7. 1983 aufnahmen. Sie unterscheiden sich nach dem Kreis ihrer Mitglieder und den von ihnen wahrgenommenen Funktionen kaum von den IHK. Die HGK. haben ihre Mitglieder bei der Erfüllung der diesen im Rahmen der Volkswirtschaftspläne übertragenen Aufgaben anzuleiten und zu kontrollieren, sind für deren fachliche und politische Qualifizierung verantwortlich und sollen für die Anwendung „bester technologischer und organisatorischer Lösungen" in deren Betrieben Sorge tragen. Als Mitgliedsbetriebe werden genannt: private Einzelhandelsverkaufseinrichtungen einschl. Gaststätten mit und ohne Kommissionshandelsvertrag, Transport-, Verkehrs- und Dienstleistungsbetriebe sowie weitere Kleinbetriebe einschl. Gartenbaubetriebe und Kohlehandelsbetriebe. Entsprechend der Zusammensetzung ihrer Mitgliedschaft wirken die HGK. an den territorialen Planungen insbesondere der Planung des Handels- und Gaststättennetzes im regionalen Bereich mit.
HGK. bestehen auf Bezirksebene und in Berlin (Ost). Sie werden von einem Direktor nach dem Prinzip der → **Einzelleitung** bei kollektiver Beratung geleitet. Der Direktor wird (ebenso wie sein Stellvertreter) von dem Vorsitzenden des Rates des Bezirkes berufen und abberufen; er untersteht diesem direkt. Zur Unterstützung ihrer Leitungstätigkeit berufen die Direktoren zeitweilige und ständige Kommissionen sowie Beratungsaktive. Für Kreise können eine oder mehrere Kreisgeschäftsstellen eingerichtet werden, die sowohl von dem Direktor der HGK. als auch von dem jeweiligen Rat des Kreises angeleitet werden. Die Tätigkeit der HGK. wird durch Umlagen von den Mitgliedern finanziert; diese Umlagen sind Pflichtbeiträge und Geldforderungen der Staatsorgane gleichgestellt.

Industrievertrieb: Der I. erfüllt Einzel- und Großhandelsaufgaben für spezifische technische Erzeugnisse. Er ist eine Vertriebsform für Fachsortimente geringer Breite bei den VEB und Kombinaten. Im I. werden Waren, die spezieller Fachberatung, guter Ersatzteilversorgung und eines organisierten Kundendienstes bedürfen, verkauft. So etwa der IFA-Vertrieb für Kraftfahrzeuge oder der RFT-Vertrieb für Rundfunk und Fernsehen.
Eine dem I. ähnliche Handelsform sind die **Industrieläden**. Sie werden von den Kombinaten und größeren VEB unterhalten, um Industriewaren sowie Nahrungsgüter im direkten Erfahrungsaustausch mit den Konsumenten zu testen.

Infiltration: *1. Entwicklung bis zu den 70er Jahren.* Seit dem VII. Weltkongreß der → **Komintern** (1935) in Moskau ist es Bestandteil kommunistischer → **Bündnispolitik**, durch I. Einfluß auf nichtkommunistische Organisationen und Parteien zu nehmen. I. meint hier sowohl massive Werbungs- und Überzeugungsarbeit für die eigenen politischen Vorstellungen als auch Auslösung und (versuchte) Steuerung politischer Aktionen der infiltrierten Organisationen.
Der SED-Führung kam es nach 1946 – und später unter den Bedingungen der Hallstein-Doktrin – darauf an, auch mit den Mitteln der I. ihre außenpolitische Isolierung zu durchbrechen und möglichst viele nichtkommunistische Gruppen im Ausland und in der Bundesrepublik Deutschland zu Aktionen für die diplomatische Anerkennung der DDR zu gewinnen. Die → **Sozialistische Einheitspartei Deutschlands (SED)**, die → **Kommunistische Partei Deutschlands (KPD)/Deutsche Kommunistische Partei (DKP)** und deren → **Massenorganisationen** (→ **Freie Deutsche Jugend [FDJ]; Freier Deutscher Gewerkschaftsbund [FDGB]; Demokratischer Frauenbund Deutschlands [DFD]** u. a. m.) bedienten sich zu diesem Zweck unterschiedlicher Methoden; sie reichten von mannigfaltigen Komiteegründungen als propagandistisch-politische Organisationskerne größerer Bewegungen (→ **Freundschaftsgesellschaften** und Friedenskomitees) über die Bildung von Arbeitsgemeinschaften für verschiedene berufliche oder soziale Gruppen (z. B. → **Arbeitsgemeinschaften ehemaliger Offiziere**), Studiengesellschaften bzw. Vereinigungen für Intellektuelle (z. B. Komitee zum Studium der gesellschaftlichen Verhältnisse und ihrer Veränderung in Westdeutschland), der Durchführung von periodischen Konferenzen und Aktionen (z. B. Aktion gegen Remilitarisierung, → **Deutsche Arbeiterkonferenzen**) bis zur Gründung sog. Sammlungsbewegungen (z. B. ADF, DFU), in denen Kommunisten nach ihrem Verständnis von → **Volksfront** eine entscheidende

Rolle spielten und erhebliche materielle, vor allem organisatorische Hilfe leisteten.
Die SED-Führung bediente sich zu diesen Zwecken eines umfangreichen Apparates, der unter Leitung der Westabteilung beim → **Zentralkomitee (ZK) der SED** die gesamte kommunistische I. in der Bundesrepublik Deutschland kontrollierte. Diese Abteilung lenkte zahlreiche Instrukteure in die Bundesrepublik Deutschland, die in allen Fragen der I. gegenüber der KPD Weisungs- und Kontrollfunktionen ausübten.
Die Einrichtung des Freiheitssenders 904 – Standort bei Magdeburg/DDR – diente der I.-Propaganda und der Anleitung der KPD-Kader in der Bundesrepublik Deutschland. Der Soldatensender 935 war auf die I. der Bundeswehr spezialisiert.
Der KPD/DKP fiel die Aufgabe der Koordinierung, Durchführung und Umsetzung der gesamten I. in der Bundesrepublik zu, die von der SED weitgehend auch finanziert worden ist.
Im Mittelpunkt der I.-Bemühungen stand der Versuch, durch aktive Arbeit in den Gewerkschaften sowie durch Aktionsangebote an den Arbeitnehmerflügeln der → **Sozialdemokratischen Partei Deutschlands (SPD)** die → **Aktionseinheit der Arbeiterklasse** zu schaffen, die Voraussetzung für gesellschaftspolitische Veränderungen in der Bundesrepublik Deutschland sein sollte. Die halbjährlich durchgeführten Arbeiterkonferenzen in der DDR, die Herausgabe von zahlreichen Betriebszeitungen für Großbetriebe in der Bundesrepublik Deutschland, Begegnungen von Gewerkschaftern aus beiden Teilen Deutschlands und vor allem die aktive Mitarbeit in gewerkschaftlichen Organisationen und Betriebsräten sollten diesem Ziel dienen. Aber auch die Jugendverbände, insbes. die Arbeiterjugend und kooperationsbereite Gruppen des Bürgertums waren Ziel der I.
2. I. in der Gegenwart. Nach Abschluß der Verträge mit der UdSSR und Polen im Jahr 1970, des Viermächte-Abkommens über Berlin vom September 1971 und des → **Grundlagenvertrages** vom Dezember 1972, der damit in Zusammenhang stehenden ideologischen → **Abgrenzung** der SED gegenüber Einflüssen aus der Bundesrepublik, mit der Verkündung der These von zwei deutschen Nationen (→ **Nation und nationale Frage**) sowie der internationalen Anerkennung der DDR (→ **Diplomatische Beziehungen**) und ihrer Aufnahme in die UNO, hat die SED ihr I.-Konzept geändert:
a) Die Gründung einer legalen kommunistischen Partei, der DKP im Jahre 1968, ihrer Jugendorganisation, der SDAJ, und ihres Studentenverbandes, des MSB „Spartakus", ermöglichte politische Kontakte in aller Öffentlichkeit. Der Freiheitssender 904 und der Soldatensender 935 wurden stillgelegt; die Abhängigkeit der DKP von der SED blieb in finanzieller Hinsicht zwar bestehen, das Instrukteurwesen jedoch wurde durch offizielle Konsultationen zwischen beiden Parteispitzen ersetzt.
b) Die Komiteebewegungen, Vereinigungen und die periodischen Konferenzen, vor allem auf gewerkschaftlichem Sektor, konnten zugunsten einer Verstärkung der Öffentlichkeitsarbeit der DKP aufgelöst bzw. umfunktioniert werden. Die auf internationaler Ebene arbeitenden Freundschaftsgesellschaften, Friedenskomitees usw. blieben zwar bestehen, jedoch änderte sich ihr Aufgabenbereich: Die in ihnen tätigen Kräfte brauchten sich nicht mehr für die internationale Anerkennung der DDR einzusetzen; jetzt hatten und haben sie vor allem – meist im Rahmen offizieller Institutionen – das Herrschafts- und Gesellschaftssystem der DDR als „fortschrittlich", „friedliebend", „antiimperialistisch" zu propagieren.
c) Zahlreiche regionale DKP-Zeitungen (Blinkfüer, Hamburg; Tatsachen, Ruhrgebiet; offen und frei, Baden-Württemberg; Die andere Zeitung, Frankfurt/Main u. a.) wurden zugunsten der aufwendigen UZ („Unsere Zeitung"), die ab 1. 10. 1973 als Tageszeitung der DKP erscheint, eingestellt. Der Druck von DKP-Materialien in der DDR wurde aufgegeben; statt dessen wurden zahlreiche Verlage in der Bundesrepublik Deutschland gegründet, die zwar von der DDR finanzielle Zuschüsse (u. a. durch Anzeigen) erhalten, sich aber auch um Rentabilität bemühen müssen (Röderberg Verlag, Frankfurt/Main, Verlag Marxistische Blätter GmbH, Frankfurt/Main, Pahl-Rugenstein-Verlag, Düsseldorf, u. a.).
Gegenwärtig kann davon ausgegangen werden, daß der Tatbestand der I. auf folgende Tätigkeitsbereiche anzuwenden ist:
a) Die Anleitung, Kontrolle und Teilfinanzierung der DKP durch die Westabteilung beim ZK der SED als Garantie für die Sicherung des Einflusses der SED auf die DKP.
b) Durchführung von Einzelberatungen und -besprechungen in der DDR anstelle der bis dahin üblichen Großveranstaltungen: SED, FDGB und FDJ sowie andere Massenorganisationen laden mit den Kommunisten sympathisierende Gewerkschaftler und Angehörige sozialistisch orientierter nichtkommunistischer Jugend- und Studentengruppen zu Gesprächen in die DDR ein. Die Teilnehmer aus dem Bundesgebiet werden dabei nicht nur politisch umworben, sondern auch angehalten, Stimmungsberichte aus Gewerkschaften und Jugendorganisationen zu geben. Zwischen der zentralen FDJ-Leitung und einigen Jugendorganisationen in der Bundesrepublik sind inzwischen auch Vereinbarungen über den Austausch von Delegationen und die „Zusammenarbeit" auf verschiedenen Gebieten unterzeichnet worden.
c) Die Unterstützung der DKP und ihrer Hilfsorganisationen durch die SED vollzieht sich u. a. im Rahmen des Patenschaftssystems der SED, wonach jeweils SED-Bezirksleitungen DKP-Bezirke betreuen. Die DKP ist dafür verantwortlich, nach sorgfältig zwischen den Parteileitungen abgestimmten Programmen zahlreiche Delegationen in die DDR zu entsenden: Neben reinen Parteigruppen der DKP reisen Studentendelegationen, denen DKP-Sympathisanten angehören, und Arbeiterdelegationen in die DDR.
d) Zahlreiche aus der DDR in die Bundesrepublik einreisende Funktionäre („Reisekader") nennen als Auftraggeber Kultur- und Bildungseinrichtungen oder

gewerkschaftliche Organisationen in der DDR. Insgesamt treten in jedem Jahr rd. 1000 Funktionäre aus der DDR auf einigen hundert Veranstaltungen in der Bundesrepublik Deutschland auf.
e) Auch die Anwerbung sog. Einflußagenten geht weiter. Hier handelt es sich um den Versuch, bekannte Personen des öffentlichen Lebens für die Propagierung des Herrschafts- und Gesellschaftssystems der DDR und ihrer „Friedenspolitik" zu gewinnen.
f) Es gibt Versuche der SED, über die DKP und ihre Unter- bzw. Tarnorganisationen im Sinne von I. auch auf die Friedensbewegung in der Bundesrepublik Deutschland Einfluß zu gewinnen. Die Heterogenität dieser Bewegung, aber auch die trotz Massenarbeitslosigkeit unverändert geringe Glaubwürdigkeit der westdeutschen orthodoxen Kommunisten setzen diesem Unterfangen objektive Grenzen. Stichhaltige Anzeichen dafür, daß – abgesehen von Randgruppen – die Friedensbewegung in der Bundesrepublik effektiv aus der DDR gesteuert oder auch nur in erheblichem Maße finanziert wird, gibt es nicht (→ **Ministerium für Staatssicherheit**).
Nach der Unterzeichnung des Grundlagenvertrages werden die offiziellen Kontakte zur DKP und die Verbreitung von propagandistischer und wissenschaftlicher Literatur aus der DDR (entweder durch Direktbezug oder den Lizenzbuchhandel) immer wichtigere Formen der I. In einigen erziehungswissenschaftlichen Bereichen und auf dem Gebiet preiswerter Wörterbücher und Lexika (der Philosophie, der Soziologie, der Psychologie) sind marxistisch-leninistisch orientierte Autoren aus der DDR an Universitäten und Schulen der Bundesrepublik Deutschland bereits stark vertreten. Die Wirkungen dieser I.-Formen sind nicht abzuschätzen.

Information

I. Informationsproblem

Wissenschaft und Technik, Forschung und Entwicklung, die praktische Umsetzung der Forschungsergebnisse sowie rationelle Entscheidungen in Politik, Wirtschaft und Verwaltung auf verschiedenen Ebenen sind jeweils von spezifischen, aktuellen, exakten, möglichst vollständigen und gleichzeitig überschaubaren I. abhängig, die zusätzlich zur rechten Zeit vorliegen müssen.
Wissenschaft, Forschung, aber z. B. auch Leitungsprozesse in Wirtschaft und Verwaltung gelten zunehmend selbst als I.-Prozesse, deren Bewältigung entscheidend Produktivität und Effizienz bestimmen.
Das I.-Problem – insbesondere die Sammlung, Verarbeitung, Speicherung und Nutzung von Literatur und Daten – ist seit längerer Zeit in allen Industrieländern, gleich welcher Gesellschafts- und Wirtschaftsordnung, Gegenstand vielfältiger Untersuchungen, Diskussionen und experimenteller Lösungsversuche.
Die Lösung des I.-Problems wird durch einige systemübergreifende Tatbestände erschwert. So wächst z. B. die I.-Menge ständig (Produkt-I., Zeitschriftenaufsätze usw.), die Verdopplung der I.-Menge (je nach Fachgebiet) zwischen 3 und 12 Jahren korrespondiert mit einem immer schneller werdenden „Alterungsprozeß" der I. Die immer schwieriger zu durchschauenden, komplizierter werdenden Zusammenhänge aller gesellschaftlichen, ökonomischen und politischen Bereiche führen zu einem zunehmenden spezifischen I.-Bedarf der Wissenschaftler und Entscheidungsträger.
Der systemspezifische Aspekt für die DDR ergibt sich aus deren ordnungspolitischer Verfaßtheit. Das zentralistisch konzipierte, hierarchisch aufgebaute Gesellschafts- und Wirtschaftssystem erfordert zur Planung, Leitung und Kontrolle der vielfältigen Prozesse in der Gesellschaft insgesamt wie auch in ihren Teilsystemen (zentrale Wissenschafts- und Forschungsplanung, „sozialistische Planwirtschaft" u. a.) eine zentralisierte Datenbeschaffung, -speicherung und -bereitstellung.
Die zentrale Leitung und Kontrolle des politischen Systems und der Gesamtgesellschaft durch die SED bzw. genauer die Parteiführung – „führende Rolle der Partei" – erhöht die Bedeutung der I.-Gewinnung und -Verarbeitung in der DDR. Das betrifft in erster Linie die I.-Politik der SED und der Massenorganisationen (FDGB, FDJ u. a.) sowie des Staatsapparates gegenüber der Bevölkerung im Sinne von Übermittlungsfunktion und Bewußtseinsbildung durch → **Agitation und Propaganda** vermittels der Massenmedien (Presse, Rundfunk, Fernsehen) sowie verschiedene Schulungsprogramme. Die Partei- und Staatsführung benötigt aber auch I. über Stimmungen und Meinungen der Bevölkerung bzw. bestimmter Gruppen (z. B. Jugend, Werktätige).
Nicht nur für diese politischen I., sondern auch für die nachfolgend behandelten wissenschaftlichen I.-Systeme gibt es zahlreiche von der Partei- bzw. Staatsführung erlassene Richtlinien.
I. werden dezentral nach einheitlichen Regeln gesammelt und aufbereitet, zentral gespeichert und zur Wahrung des I.-Monopols nur jeweils gezielt zur Verfügung gestellt (Geheimnisschutz, begrenzter I.-Zugang). Das Macht-, Ideologie- und Sprachmonopol der SED ist dabei weitgehend gesichert durch die Anordnungs- und Weisungskompetenz des Parteiapparates, z. B. über „die Anwendung des Prinzips

der marxistisch-leninistischen Parteilichkeit in der Information und Dokumentation" (Handbuch der Information und Dokumentation, Leipzig 1977, S. 18f.) bei der Auswertung und Speicherung von I. und deren ständige Kontrolle, aber auch durch gezielte Kaderpolitik im Bereich I. und Dokumentation (IuD).

II. Informationsbegriff

In der Umgangssprache gilt I. als Auskunft, Mitteilung, Belehrung, Nachricht oder Unterrichtung über vergangene, gegenwärtige oder zukünftige Erscheinungen.
Seit den Arbeiten von N. Wiener und C. E. Shannon über Kybernetik und mathematische I.-Theorie (1948) wurden viele Versuche zu einer allgemeinen wissenschaftlichen Definition des I.-Begriffs unternommen. Über das Wesen und den Gegenstandsbereich der ID gibt es aber noch immer national und international unterschiedliche Auffassungen, was sich auch in verschiedenen Bezeichnungen niederschlägt („Terminologie-Wirrwarr"). Lösungsansätze wurden in der Regel für bestimmte Sachbereiche aus der Sicht spezieller Disziplinen entwickelt, insbesondere der Mathematik (Nachrichtentheorie), der Ökonomie (ökonomische I.) und neuerdings der Wissenschaftstheorie/Wissenschaftswissenschaft (wissenschaftliche I.).

A. Nachrichtentheorie

Die mathematische I.-Theorie (Nachrichtentheorie) befaßt sich mit den Gesetzen und Regelmäßigkeiten der Übermittlung und Verarbeitung von I. unter syntaktischen, quantitativen Aspekten (Sender – Kommunikationskanal – Empfänger; „bit" als Maßeinheit für den I.-Gehalt). Wenig oder nicht berücksichtigt werden dabei der semantische Aspekt (Inhalt, Bedeutung der Nachrichten bzw. Zeichen), der pragmatische Aspekt (Zielsetzung, Beziehungen zwischen den Nachrichten bzw. Zeichen und den Sendern bzw. Empfängern) sowie der sigmatische Aspekt (Relationen zwischen Zeichen und dem, was diese bezeichnen).
In der DDR hat die Nachrichtentheorie seit Ende der 50er Jahre für zahlreiche Wissenschaftsdisziplinen Bedeutung erlangt (→ **Kybernetik**).

B. Ökonomische Information

Auf allen Ebenen des zentralistisch verfaßten Wirtschaftssystems der DDR („sozialistische Planwirtschaft") werden zur Planung und Leitung der zahlreichen Wirtschaftsprozesse vielfältige, möglichst exakte, spezifische und wahrheitsgetreue I. benötigt. Entsprechend ihrem Inhalt und ihrer Funktion im Leitungsprozeß werden verschiedene Typen von I. unterschieden, für die allerdings keine klar definierten und allgemein akzeptierten Bezeichnungen vorliegen.
Allgemein können zwei Arten von ökonomischer I. unterschieden werden: a) Planaufgaben, Befehle, Weisungen, Direktiven, Kennziffern usw. und b) Berichterstattungen über die Durchführung der Weisungen und Direktiven, Unterrichtungen über Prozesse, Situationen und Ereignisse sowie die Abrechnung der Planerfüllung. Diese I. werden – soweit sie Zahlenangaben enthalten – auch als statistische I. bezeichnet. Sie sind leichter zu verarbeiten als nicht-numerische (verbale) I. Dennoch ist die Ermittlung der jeweils für bestimmte Ebenen und Entscheidungsprozesse notwendigen „optimalen I.-Menge" schwierig (Bedarfsforschung): zu viele I. verstopfen die I.-Kanäle, verzögern und verteuern die Entscheidungsfindung; unzureichende I. (quantitativ und qualitativ) bewirken Fehlentscheidungen. Ein gut funktionierendes I.-System ist eine grundlegende Voraussetzung für die Wirksamkeit der zentralen staatlichen Volkswirtschaftsplanung (→ **Rechnungsführung und Statistik**).
Unter funktional-zeitlichen Aspekten sind besonders hervorzuheben: Plan.-I. (zur Leitung und Planung zukünftiger Prozesse, z. B. in Form der Jahresvolkswirtschaftspläne) und Berichts.-I. (sie beziehen sich auf vergangene bzw. sich gegenwärtig vollziehende Prozesse). Bei den Berichts.-I. sind von besonderer Bedeutung die Grund-I., die in einer bestimmten Periodizität relativ konstant benötigt werden, und die Ausnahme-I., die keiner festen Periodizität unterliegen und die Abweichungen von eindeutig definierten Toleranzen signalisieren.

C. Wissenschaftliche Information

Für den Begriff wissenschaftliche I. (WI.) bzw. wissenschaftlich-technische I. (WtI.) liegen zahlreiche Definitionen vor, auch beeinflußt davon, ob WI. als Tätigkeit oder im Sinne einer Nachricht verstanden wird. In der DDR wird weitgehend die von führenden sowjetischen I.-Wissenschaftlern erarbeitete Definition anerkannt: „Die WI. ist eine im Prozeß der Erkenntnis erhaltene logische I., die Erscheinungen und Gesetze der Natur, der Gesellschaft und des Denkens adäquat widerspiegelt und in der gesellschaftlich-historischen Praxis genutzt wird." (A. I. Michajlov/A. I. Cernyi/R. S. Giljarevskij, Wissenschaftliche Kommunikation und Informatik, Leipzig 1980, S. 69)
Allgemein gilt eine WI. als Nachricht über Faktoren und Zusammenhänge aus Natur und Gesellschaft, die mit dem Ziel gesammelt, verarbeitet, gespeichert und vermittelt wird, diese sowohl für die Gewinnung von neuen wissenschaftlichen Erkenntnissen als auch zur unmittelbaren Anwendung zu nutzen.

III. Informations- und Dokumentationswissenschaft (IDW)

Die I.-Praxis machte deutlich, daß die I.-Probleme mit den herkömmlichen traditionellen bibliotheka-

risch-bibliographischen Methoden nicht zureichend lösbar waren und sind. Die wissenschaftliche Untersuchung von IuD führte zur Herausbildung einer eigenständigen Disziplin, die sich bislang noch nicht endgültig formieren konnte. Das zeigt sich bei der Abgrenzung gegenüber bzw. Zuordnung zu anderen Disziplinen, die sich mit I.-Prozessen befassen (Bibliothekswissenschaft, Journalistik, Kommunikationswissenschaft u. a.), vor allem aber in den nach wie vor uneinheitlichen und unklaren Bezeichnungen dieser Disziplin (z. B. IuD, Dokumentalistik, Theorie der wissenschaftlichen I., Informatik, Informologie, Wissenschaftsinformatik).
Mitte der 60er Jahre wurde in der DDR begonnen, IuD als Wissenschaftsdisziplin zu etablieren; 1968 prägte der DDR-I.-Wissenschaftler Koblitz in der terminologischen Auseinandersetzung, die noch nicht abgeschlossen ist, den Begriff „I.- und Dokumentationswissenschaft“ (IDW), der auch in der Bundesrepublik Deutschland unabhängig von der Diskussion in der DDR als offizielle Bezeichnung vorgeschlagen wurde. Er stellte ihn neben den von sowjetischen I.-Wissenschaftlern vorgeschlagenen, in den meisten RGW-Ländern favorisierten und auch in der DDR benutzten Begriff „Informatik“ (die DDR-Zeitschrift für „Theorie und Praxis der wissenschaftlich-technischen I.“ trägt seit 1969 den Titel „Informatik“). Im deutschen Sprachraum hat Informatik damit zwei völlig unterschiedliche Bedeutungsinhalte: in der DDR steht dieser Begriff für „information science“ (I.-Wissenschaft), in der Bundesrepublik Deutschland hingegen seit 1968 für „computer science“ (Rechentechnik/Datenverarbeitung).
Neuerdings wird in der DDR – ähnlich wie in der Bundesrepublik Deutschland – diskutiert, „I.-Wissenschaft“ als Bezeichnung zu wählen. Am häufigsten werden derzeit für die gesellschaftswissenschaftliche Disziplin, die sich mit IuD-Prozessen befaßt, in der DDR die Termini IDW und/oder Informatik benutzt.
Die von Koblitz 1968 erstmals veröffentlichte Definition der IDW prägte auch ihre aktuelle Gegenstandsbestimmung:
„Der Gegenstand der IDW umfaßt:
– alle spezifischen Bereiche der ID-Arbeit, und zwar: das Wesen, die Struktur- und Bewegungsgesetze des I.-Bedarfs der Nutzer und die spezifischen Methoden seiner Ermittlung, Klassifizierung und Planung; die Methodik, Technik und Organisation (einschl. der internationalen Zusammenarbeit) der Erzeugung, Speicherung, Recherche und Verbreitung dokumentalistischer I.; Effektivitäts-, Wirtschaftlichkeits-, Standardisierungs- und Rechtsfragen der ID; die Methodik und Organisation der Bildung und Erziehung der Nutzer sowie der I.-Propaganda (= I. des Nutzers über die gesellschaftliche Bedeutung der I., die Struktur des Systems und die angebotenen Leistungen); die Geschichte der IuD einschl. der IDW;
– die Beziehungen der IuD zu anderen Arbeitsgebieten der Fachinformation (= disziplinorientierte bzw. problembezogene wissenschaftliche I.), insbesondere dem Bibliothekswesen;
– die Beziehungen zu den anderen Wissenschaftsdisziplinen der Fach-I., insbesondere der Bibliothekswissenschaft, und die Beziehungen zur marxistisch-leninistischen Philosophie und zu anderen Wissenschaften, die für die IDW in erkenntnistheoretischer, methodologischer und technischer Hinsicht von Bedeutung sind, z. B. der Mathematik, Soziologie und der Rechentechnik.“ (Handbuch der IuD, Leipzig 1977, S. 19)
Die IDW hat als relativ junge Wissenschaft noch keine eigenen Forschungsmethoden entwickelt, sie bedient sich der Methoden anderer Wissenschaften, insbesondere der sozialistischen Leitungswissenschaft, der Wissenschaftstheorie und -organisation, der Mathematik, der Kommunikationswissenschaft, der Logik, der Linguistik, der Kybernetik, der Ökonomie.
Die Forschungsaufgaben der IDW sind in dem für den jeweiligen Fünfjahrplan-Zeitraum ausgearbeiteten Zentralen Forschungsplan der marxistisch-leninistischen Gesellschaftswissenschaften niedergelegt. Ferner gibt es Hinweise auf eine „Grundorientierung zur Forschungsstruktur und Forschungskooperation auf dem Gebiet der wiss. IuD in der DDR“, einen „Gesamtforschungsplan der wiss. IuD 1981–1985“ sowie ein „Programm der Informatikforschung der DDR bis 1990“ (Informatik 6/1982, S. 2ff.). Aktuelle Aufgaben werden in den Plänen Wissenschaft und Technik der Perspektiv- und Jahrespläne (→ **Planung**) fixiert.
Zu den wichtigsten Aufgaben der IDW und I.-Praxis gehört die Effektivierung und Optimierung der I.-Prozesse, insbesondere der Auf- und Ausbau nationaler I.-Systeme für verschiedene Bereiche sowie deren Einbettung in die I.-Systeme für den Bereich des RGW, aber auch die Weiterentwicklung von I.-Technologien.
Innerhalb des RGW hat die DDR eine führende Position in der Mikrofilmtechnik inne, einschließlich der kombinierten Nutzung mit elektronischen Datenverarbeitungsanlagen (EDVA); am Aufbau eines RGW-Einheitlichen Mikrofilm-Systems (EMS) ist die DDR maßgeblich beteiligt.
Auch hinsichtlich der Nutzung von EDVA für IuD haben I.-Fachkräfte aus der DDR wesentliche theoretische und praktische Beiträge geleistet. Zu erwähnen ist insbesondere die Entwicklung des SOPS AIDOS (Sachgebietsorientiertes Programmiersystem/Automatisiertes IuD-System) für die EDVA Robotron 21 (R 21) als Teil des ESER (Einheitliches System elektronischer Rechentechnik) im RGW sowie die verstärkte Nutzung von Kleinrechnern.

Damit wurden wichtige Voraussetzungen für den Auf- und Ausbau nationaler und RGW-Internationaler I.-Systeme geschaffen.
Auch die Entwicklung paßfähiger Thesauri (Th.) und anderer Klassifikationssysteme ist hierbei von großer Bedeutung. „Ein Thesaurus ist ein alphabetisch und systematisch geordnetes, thematisch begrenztes Verzeichnis von Sachwörtern oder Sachwortgruppen" (Handbuch der IuD, Leipzig 1977, S. 121), von denen ein Teil als Deskriptoren (gebundene, genormte Sachwörter) festgelegt ist; geregelt sind auch verschiedene begriffliche Beziehungen innerhalb des Th.
Ein Th. dient der Erschließung, Speicherung und Recherche von I. Das Zentralinstitut für IuD (ZIID) hat dazu einige Methodische Rahmenregelungen erlassen, z. B. die . . . zur Erarbeitung von Thesauren (Berlin-Ost 1973), . . . zur Erarbeitung von einsprachigen I.-Recherchethesauren (Berlin-Ost 1977), Regeln für die Erarbeitung mehrsprachiger Thesauren (Berlin-Ost 1974); die meisten der zahlreichen Spezial-Richtlinien und Regelungen für die Th.-Arbeit sind nicht veröffentlicht. Das gilt auch für einige der inzwischen erarbeiteten Th.
Entsprechend einem (nicht veröffentlichten) Beschluß des Ministerrates vom 18. 11. 1971 ist zur Herbeiführung der Paßfähigkeit bei der Erarbeitung von Fach-Th. von dem Th. des Ministerrates und dem Th. für die örtlichen Staatsorgane der DDR (beide nicht veröffentlicht), vom Th. Ökonomie und dem Th. Naturwissenschaft und Technik als Dach-Th. auszugehen. Die in der DDR erarbeiteten Th. sind in einigen Fällen die Ausgangsbasis für zwei- und mehrsprachige Th. im RGW.
Schließlich hat die DDR über die Aktivitäten hinaus zur Standardisierung auf dem Gebiet IuD im Rahmen des RGW beigetragen, aber auch weitere internationale Aktivitäten entwickelt (z. B. Mitarbeit in der FID, der Internationalen Föderation für IuD).

IV. Informationssysteme in der DDR

In der DDR wurde das I.-Problem sehr früh erkannt und seine Lösung angegangen. Parallel zur zügigen Etablierung der zentralen staatlichen Planung und Leitung der Volkswirtschaft und weiterer gesellschaftlicher Teilsysteme wurden der schrittweise Auf- und Ausbau zentralistisch konzipierter und organisierter I.-Systeme und deren Verbund eingeleitet und durchgeführt.
Bereits im März 1950 wurde in einer VO (GBl., S. 188) festgelegt, „eine zentrale Stelle zur Beschaffung von Literatur . . ., die für die wissenschaftliche und technische Forschung und Lehre benötigt wird", einzurichten. Neben der daraufhin Ende 1950 gegründeten Zentralstelle für wissenschaftliche Literatur gab es in den Großbetrieben, aber auch in wissenschaftlichen Einrichtungen I.-Stellen, die noch unkoordiniert nebeneinander arbeiteten.
Im Herbst 1952 wurde begonnen, ein Netz von I.-Stellen zu errichten. Das im Mai 1955 gegründete Institut für Dokumentation (IfD) bei der damaligen Deutschen Akademie der Wissenschaften erhielt die Funktion, die Dokumentation des naturwissenschaftlichen, technischen und ökonomischen Schrifttums zentral zu lenken. Nach einem Ministerratsbeschluß von 1957 (GBl. I, S. 469) wurden weitere Dokumentationsstellen in Organen und Einrichtungen des Staates, der Volkswirtschaft und der Wissenschaft eingerichtet. Vor allem mit der 1963 eingeleiteten Wirtschaftsreform wurde die I.-Tätigkeit intensiviert.
Am 8. 8. 1963 wurde vom Ministerrat der DDR der Beschluß über den weiteren Ausbau des in der Deutschen Demokratischen Republik bestehenden Systems der IuD auf dem Gebiet der Wissenschaft, Technik und Ökonomie (GBl. II, S. 623ff.) gefaßt. Am 30. 9. 1963 folgte durch den Vorsitzenden der Staatlichen Plankommission die AO über die Errichtung des Zentralinstituts für IuD (ZIID) (GBl. II, S. 737ff.). Mit diesen rechtlichen Regelungen wurden die Grundzüge für die noch heute bestehende Struktur des I.-Systems in Wissenschaft, Technik und Ökonomie festgelegt, wenn auch der eigentliche Ausbau erst in den folgenden Jahren erfolgte.
Für alle I.-Systeme ist eine nach einheitlichen Methodiken und Arbeitstechnologien einmalige Erfassung und Aufbereitung von I., die Herausgabe von I.-Mitteln, die Durchführung von Recherchen und die Bereitstellung entsprechender Dokumente angestrebt. Zur Effektivierung dieser Prozesse ist der Einsatz elektronischer Datenverarbeitung (→ **Datenverarbeitung, Elektronische [EDV]**) auch im Rahmen des RGW-Einheitlichen Systems elektronischer Rechentechnik (ESER) unter anderem für die automatische Indexierung, für Datenfernübertragung und einen unmittelbaren Zugriff einzelner Institutionen zu einem umfassenden zentralen Speicher vorgesehen. Von der Kombination von Kleinrechnern (dezentrale Datenerfassung) mit Großrechnern (zentrale Speicherung und Verarbeitung von I.) werden weitere Rationalisierungseffekte erwartet.

A. Informationssystem Wissenschaft und Technik

Das seit 1963 aufgebaute Informationssystem Wissenschaft und Technik (IWT) ist das am weitesten entwickelte und durchorganisierte I.-System in der DDR. Es ist Bestandteil des Volkswirtschaftlichen I.-Systems (VIS) der DDR, zu dem auch das I.-System der Planung (Leitung und Koordination: Staatliche Plankommission) und das System von Rechnungsführung und Statistik (Leitung und Koordination: Staatliche Zentralverwaltung für Statistik) zählen.
Die Aufgaben für das IWT werden aus den ökonomischen Plänen abgeleitet und seit 1974 unmittelbar

im Staatsplan „Wissenschaft und Technik“ verbindlich festgelegt.
Das IWT der DDR ist streng hierarchisch aufgebaut. Es hat folgende Organisationsstruktur (vgl. Abb. 1):
a) An der Spitze steht das **Zentralinstitut für IuD (ZIID)**.
Das ZIID war zunächst der Staatlichen Plankommission, ab 1. 4. 1964 dem Staatssekretär für Forschung und Technik unterstellt; seit Bildung des Ministeriums (1967) untersteht es dem Minister für Wissenschaft und Technik. Stellung und Aufgaben, Leitung, Arbeitsweise und Struktur sind im Statut vom 25. 7. 1972 geregelt (GBl. II, S. 565f.).
Die Hauptaufgaben des ZIID sind:
– Weiterentwicklung des IWT der DDR;
– Einordnung des IWT der DDR in das RGW-System der WtI.; Koordination der Zusammenarbeit mit der Sowjetunion;
– Ausarbeitung einheitlicher methodischer Regelungen und Koordinierung des rationellen Einsatzes der technischen Ausrüstungen;
– Organisation der inhaltlichen Erschließung wiss.-techn. Dokumente und Erbringung von I.-Leistungen;
– Koordination der Arbeiten im Bereich Forschung und Entwicklung (F/E);
– Unterstützung der staatlichen Organe und gesellschaftlichen Organisationen bei der Aus- und Weiterbildung und bei der Schulung von I.-Nutzern;
– Kontrolle über die Einhaltung der Gesetze und anderer Rechtsvorschriften.
Das ZIID führt das Register der WtI.-Einrichtungen der DDR, den zentralen Übersetzungsnachweis und das zentrale Thesaurus-Register. Bei ihm werden alle F/E-Berichte sowie Dissertationen zu Problemen der Naturwissenschaft und Technik zentral

Abb. 1: IWT der DDR – Grundschema

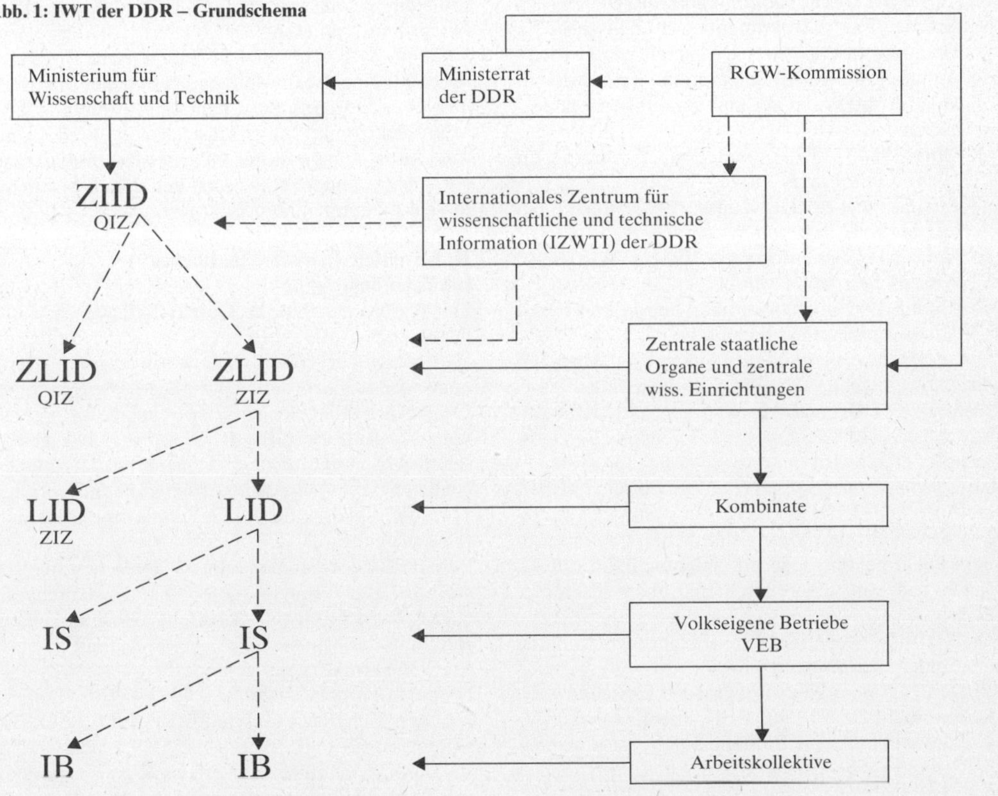

——— Weisungsbefugnis
– – – – – – Anleitung und Koordinierung

ZIID	Zentralinstitut für Information und Dokumentation der DDR
ZLID	Zentrale Leitstelle für IuD
LID	Leitstelle für IuD
IS	Informationsstelle
IB	Informationsbeauftragter
ZIZ	Zweigorientiertes Informationszentrum
QIZ	Quellenorientiertes Info-Zentrum

erfaßt und gespeichert (GBl. I, 1979, S. 164f.). Die F/E-Berichte sind von Institutionen, Betrieben und anderen Einrichtungen nach einer spezifizierten Richtlinie in deutscher sowie in Kurzfassung auch in russischer Sprache für die Nutzung im RGW-Bereich anzufertigen.
Gespeichert werden auch wissenschaftlich-technische und wirtschaftliche Daten aus dem westlichen Ausland, insbesondere aus dem deutschen Sprachraum. Eine große Rolle spielen dabei Patent-I. zur Ermittlung des Weltstandes für F/E-Vorbereitungen.
Das ZIID vertritt den Bereich IuD der DDR auf internationaler Ebene. Es gibt die Zeitschrift „Informatik", die ZIID-Schriftenreihe, weitere Einzel-Publikationen sowie I.-Dienste heraus. Im Titel bzw. Untertitel der Fachzeitschrift spiegelt sich auch die Entwicklung der IuD in der DDR wider:
Heft 1/2 Oktober 1953 = Dokumentation. Zeitschrift für praktische Dokumentationsarbeit
ab Anfang 1955 = Dokumentation. Zeitschrift für Theorie und Praxis der Dokumentationsarbeit
ab Anfang 1961 = Dokumentation. Zeitschrift für Theorie und Praxis der Dokumentations- und I.-Arbeit
ab Mitte 1964 = Dokumentation. Zeitschrift für Theorie und Praxis der IuD-Arbeit
ab Anfang 1965 = ZIID-Zeitschrift. Probleme der IuD in Wirtschaft und Wissenschaft
ab Anfang 1969 = Informatik. IuD in Wirtschaft, Wissenschaft und Technik
ab Anfang 1972 = Informatik. Theorie und Praxis der wissenschaftlich-technischen I.
Das ZIID mit seinen über 300 ständigen Mitarbeitern ist in folgende Abteilungen gegliedert:
Planung und Grundsatzfragen, Internationale Zusammenarbeit, I.-Quellen, I.-Dienste, Betriebstechnik, Datenverarbeitung.
b) Dem ZIID unterstehen etwa 30 Zentrale Leitstellen für IuD (ZLID) bei zentralen staatlichen Organen bzw. zentralen wissenschaftlichen Organisationen. Diese haben wiederum anleitende, koordinierende und kontrollierende Funktionen gegenüber den
c) ca. 180 Leitstellen für IuD (LID) in Kombinaten und anderen Einrichtungen.
d) Den LID unterstehen etwa 1300 I.-Stellen (IS), welche in Instituten der VEB, Einrichtungen der Außenwirtschaft, des Binnenhandels, des Gesundheitswesens u. ä. bestehen. In den I.-Einrichtungen der Volkswirtschaft sind allein über 10000 Fachkräfte tätig.
e) In Betrieben und anderen Einrichtungen ohne hauptamtliche Dokumentare sind rund 2200 I.-Beauftragte (IB) eingesetzt.
1974 wurde eine vom ZIID ausgearbeitete neue Grundlinie (Informatik 3/1975, S. 2) beschlossen. Danach soll das IWT der DDR inhaltlich und organisatorisch so ausgebaut werden, daß es sich „nahtlos in das Internationale System für Wissenschaftliche und Technische I. (ISWTI) des RGW einfügen kann"; besonders hervorgehoben wird die weitere Anpassung an das IWT der Sowjetunion.
Veränderungen brachte auch die Kombinatsbildung in der Industrie und im Bauwesen der DDR.
In der DDR bestehen IWT für Wirtschaftsbereiche und Wirtschaftszweige (z. B. Reifenindustrie, Verkehrswesen, Land-, Forst- und Nahrungsgüterwirtschaft, Binnenhandel), für zentrale Kombinate (z. B. Kombinate Schiffbau, Robotron) und für ausgewählte Wissenschaftsgebiete (z. B. Chemie, Medizin). Es wird unterschieden zwischen Zweigorientierten I.-Systemen (ZIS) z. B. für Elektrotechnik, für Maschinenbau und Quellenorientierten I.-Systemen (QIS) für F/E-Berichte, für Patente, Metrologie usw. Nach einem Beschluß von Partei und Regierung (Informatik 2/1981, S. 9) sind in der DDR „zu einigen volkswirtschaftlich besonders wichtigen Querschnittsgebieten" staatliche I.-Dienste zu schaffen; dazu gehören u. a. Energetische Basis und rationelle Energieanwendung, Rationeller Material- und Werkstoffeinsatz, Chemie, Anwendung von Mikroelektronik, Biowissenschaften, Physik, Umweltschutz. Einige dieser Dienste sind in Ansätzen vorhanden, andere sollen erst bei jeweils bestimmten Einrichtungen aufgebaut werden.

B. Gesellschaftswissenschaftliches Informationssystem

Der Aufbau des Systems Gesellschaftswissenschaftlicher IuD (GID) begann – trotz der zentralen Bedeutung der Gesellschaftswissenschaften – erst einige Jahre nach dem IWT. Die entsprechenden Grundsätze erließ der Ministerrat in einem Beschluß vom 22. 4. 1965 (GBl. II, S. 343ff.). Die gesellschaftswissenschaftliche I. ist nach Fachdisziplinen gegliedert; die Aufgaben werden aus den Zentralen Forschungsplänen für die Gesellschaftswissenschaften abgeleitet.
Seit 1965 wurde analog zum IWT ein hierarchisch strukturiertes System gesellschaftswissenschaftlicher I.-Einrichtungen geschaffen, jedoch mit einem Beschluß des Ministerrates vom 6. 8. 1980 (GBl. I, S. 251ff.) grundlegend verändert (vgl. Abb. 2). Die bis dahin an der Spitze stehende Zentrale Leitung für gesellschaftswissenschaftliche IuD (ZLGID) (Statut in: GBl. II, 1966, S. 155ff.) – analog dem ZIID – wurde aufgelöst und in ein Wissenschaftlich-methodisches Zentrum mit bedeutend weniger Vollmachten umgebildet. Das Zentrum ist eine Einrichtung der AdW der DDR und untersteht deren Vizepräsidenten für Gesellschaftswissenschaften. Es soll vor allem wissenschaftliche und methodische Grundlagen auf dem Gebiet GID erarbeiten; es hat keine Leitungs- und Anleitungsfunktionen. Die Hauptverantwortung tragen nunmehr die Leiter der

Abb. 2: GID der DDR – vereinfachte Struktur

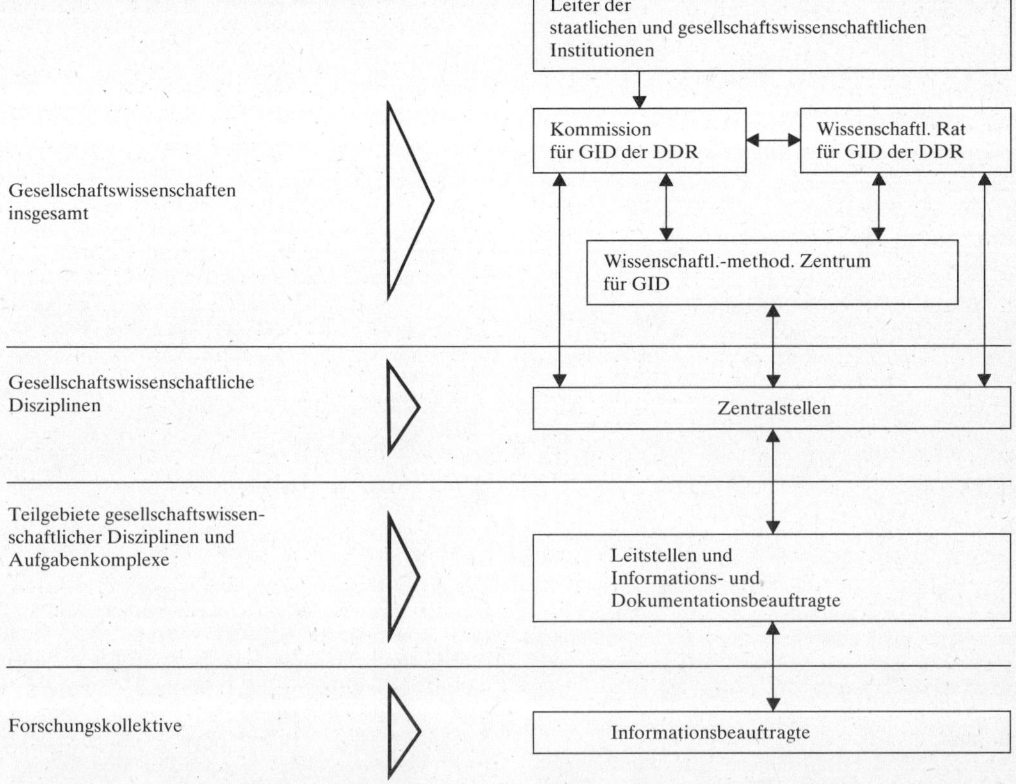

staatlichen und gesellschaftlichen Organisationen, unterstützt durch die neugeschaffene Kommission für GID der DDR und dem ebenfalls neuen Wissenschaftlichen Rat für GID der DDR, beide bei der AdW der DDR. Der Wissenschaftliche Rat, dem weitere Problemräte zugeordnet sind, fungiert als Beratungsgremium über inhaltliche und organisatorische Fragen und koordiniert die Arbeit entsprechend dem Zentralen Forschungsplan der marxistisch-leninistischen Gesellschaftswissenschaften. Seine Mitglieder sind Leiter von Zentralstellen der einzelnen gesellschaftswissenschaftlichen Disziplinen, Bibliothekare und Wissenschaftler.

Die Kommission für gesellschaftswissenschaftliche IuD bei der AdW der DDR – ihr gehören die verantwortlichen staatlichen Leiter und die Leiter der zentralen gesellschaftswissenschaftlichen Einrichtungen für GID an – erarbeitet Vorschläge, die erst durch die Entscheidung der jeweils zuständigen Leiter für bestimmte Verantwortungsbereiche verbindlich werden. Auffallend sind der Wegfall einer zentralen Leiteinrichtung und die stärker dezentrale Orientierung an Disziplinen. Die Daten über Zahl und Struktur der Zentralstellen und Leitstellen sind ebenso widersprüchlich wie über die Funktionsfähigkeit.

An diesen Umstrukturierungsprozessen der GID wird deutlich, wie schwierig auch in zentralistisch verfaßten Gesellschaftsordnungen die Organisation von I.-Prozessen und deren Optimierung ist.

V. Informationssysteme im RGW

Das 1971 von der XXV. Ratstagung verabschiedete Komplexprogramm für die weitere Vertiefung und Vervollkommnung der Zusammenarbeit und Entwicklung der sozialistischen ökonomischen Integration der Mitgliedsländer des RGW sieht vor, etappenweise ein Internationales System für wissenschaftliche und technische I. (ISWTI) zu schaffen. Damit wurde innerhalb des → **Rates für Gegenseitige Wirtschaftshilfe (RGW)** nach vielen Jahren des kostenlosen Austausches von I. und Patenten eine arbeitsteilige Kooperation konzipiert und kodifiziert (→ **Patentwesen**).

A. ISWTI des RGW

Das 1969 gegründete Internationale Zentrum für wissenschaftliche und technische I. (IZWTI) in Moskau soll den schrittweisen Aufbau des ISWTI und seiner Teilsysteme (seit 1971) koordinieren und leiten. Es wird vom Komitee der Bevollmächtigten Vertreter (KBV) der beteiligten RGW-Länder geleitet, gibt eine Reihe von I.-Materialien (auch Magnetbanddienste) heraus, organisiert den I.-Austausch zwischen den RGW-Ländern und koordiniert deren theoretische und praktische I.-Arbeiten (vor allem Thesaurus-Entwicklungen).

Innerhalb des ISWTI gibt es 17 im Aufbau befindliche oder schon tätige Internationale zweigorientierte I.-Systeme (IZIS) – z. B. für Bauwesen, Elektrotechnik, Elektroenergie, Maschinenbau- und 7 Internationale quellenorientierte I.-Systeme (IQIS) – z. B. für F/E-Berichte, Patente, Firmenkataloge. Genutzt wird dabei das in der DDR vom VEB Kombinat Robotron entwickelte Programmsystem AIDOS (automatisiertes IuD-System).

Die IZIS sollen insbesondere die I.-Versorgung der gegenwärtig 5 Zielprogramme des RGW sichern (Energie, Brennstoffe, Rohstoffe; Maschinenbau; Landwirtschaft und Lebensmittelindustrie; Transport; Produktion von Industriewaren für den Bevölkerungsbedarf).

Die Effektivität des ISWTI wird bestimmt von der Funktionsfähigkeit der Untersysteme, vor allem aber der nationalen IWT (hier gibt es erhebliche Niveauunterschiede; die DDR ist neben der UdSSR führend). Das Kernproblem ist die inhaltliche, methodische und technische Kompatibilität, die durch zahlreiche normativ-technische Dokumente und RGW-Standards gesichert werden soll.

B. ISGI

Am 8. 7. 1976 unterzeichneten die Bevollmächtigten Vertreter der AdW von 7 RGW-Ländern (Bulgarien, Ungarn, DDR, Mongolei, Polen, UdSSR, ČSSR) einen Vertrag, um – analog zum ISWTI – ein RGW-Internationales System für gesellschaftswissenschaftliche I. (ISGI) aufzubauen (Informatik 4/1977, S. 7). Folgende gesellschaftswissenschaftliche Disziplinen sollen einbezogen werden: Marxismus-Leninismus; Ökonomie, Ökonomische Wissenschaften; Soziologie; Staat und Recht, Rechtswissenschaften; Geschichte, Geschichtswissenschaften; Literatur, Sprachwissenschaften; Wissenschaftswissenschaft. Die spärliche Berichterstattung über die bisherigen Ergebnisse deutet auf eine gewisse Stagnation in den meisten Bereichen hin; sie dürfte ihre Ursache nicht zuletzt in der unzureichenden Effizienz entsprechender nationaler I.-Systeme haben.

Die Konzeption für den Aufbau eines automatisierten I.-Systems (AIS-ISGI) sieht eine nach Ländern dezentrale Aufbereitung und Eingabe von I. und Daten sowie die Zentralisierte Zusammenstellung und Verteilung von zusammengefaßten I.-Blöcken vor. Inzwischen wurden verschiedene thematische Referatebände und Bibliographien sowie einige themenbezogene synoptische Sammelbände veröffentlicht.

Als Leitorgan des ISGI fungiert das Institut für Gesellschaftswissenschaftliche I. der AdW der UdSSR (INION); die I.-Einrichtungen der teilnehmenden Akademien sind die verantwortlichen nationalen Organe (in der DDR bis 1980 die ZLGID); dem Rat des ISGI gehören die Leiter der verantwortlichen nationalen Organe an.

VI. Forschung, Lehre, Ausbildung

1. Das 1955 gebildete Institut für Informationswissenschaft, Erfindungswesen und Recht an der Technischen Hochschule Ilmenau – INER (bis 1969 unter dem Namen Institut für Dokumentation und Patentwesen) ist das einzige Institut an einer TH der DDR mit IDW als besonderem und eigenständigem Fachgebiet hinsichtlich Forschung und Lehre. Etwa 30 Mitarbeiter sind mit folgenden Wissenschaftsbereichen befaßt: a) I.-Systeme, Erforschung des I.-Bedarfs sowie Fragen der I.-Versorgung in der technischen Vorbereitung der Produktion; b) Methodische Fragen der I.-Gewinnung, -Verarbeitung und -Verbreitung; c) Maschinelle Verfahren bei der Verarbeitung und Verbreitung von I. (nicht-numerische Datenverarbeitung); d) Patent-I., Erfindungswesen und Recht.

Die Arbeitsergebnisse werden insbesondere in der Schriftenreihe des INER „Dokumentation/Information“ veröffentlicht (bis 1983 58 Hefte). Seit 1962 finden Kolloquien für IuD statt, inzwischen mit internationaler Beteiligung (1983 das 13. Internationale Kolloquium in Oberhof).

Seit 1957 werden zu IuD und Patentwesen obligatorische Vorlesungen für alle in Ilmenau Studierenden durchgeführt. 1968 wurde ein 2jähriges postgraduales Fernstudium für Absolventen eines technischen Hoch- oder Fachschulstudiums mit praktischer Erfahrung eingeführt. Bis 1982 haben am INER über 700 Absolventen ihre Prüfung als „Fachinformator“ abgelegt.

Seit September 1981 gibt es als neue Ausbildungsrichtung im Ingenieurstudium an der TH Ilmenau ein 4½jähriges Direktstudium „Wissenschaftlich-technische I.“ im Rahmen der Fachrichtung I.-Technik (Informatik 3/1981, S. 16f.). Die Absolventen werden vorrangig als Diplomingenieure für die WtI. in Kombinaten, Betrieben und Institutionen des Ministeriumbereichs Elektrotechnik/Elektronik, aber auch in ähnlichen Einrichtungen eingesetzt.

2. Am 1955 gegründeten Institut für Bibliothekswissenschaft und wissenschaftliche I. der Humboldt-Universität Berlin (IBI) werden seit 1966 Vorlesungen über IDW gehalten. Das ursprünglich durchgeführte Simultanstudium hat sich nicht bewährt. Seit 1968 gibt es ein postgraduales Studium IDW für Bio-, Gesellschafts- und Landwirtschaftswissenschaftler.

Der seit 1975 verbindliche Studienplan (er gilt auch für das INER) weist insgesamt 8 Lehrgebiete aus, für die insgesamt 500 Stunden Lehrveranstaltungen

(1983 reduziert auf 430 Stunden) und 930 Stunden Selbststudium, aufgeteilt auf 2 Studienjahre, zur Verfügung stehen. Von 1968 bis 1982 haben etwa 400 Teilnehmer die Ausbildung als Fachinformator abgeschlossen.
Weitere Schwerpunkte des IBI sind eigene Forschungsarbeit und die Herausgabe von Lehrmaterialien und Monographien.
3. An der Fachschule für wissenschaftliche I. und wissenschaftliches Bibliothekswesen in Berlin werden seit 1963/64 mittlere Fachkräfte für die ID-Praxis ausgebildet (früher mit der Berufsbezeichnung Dokumentalist). Nach verschiedenen Experimenten kann nunmehr nach einem 3jährigen Direktstudium oder nach 4½ Jahren Fernstudium die Berufsbezeichnung Informator erworben werden.
4. Dem Besuch einer der o. g. Bildungseinrichtungen vorgeschaltet sind Fernkurse der Kammer der Technik (KdT): Fernkurs A für Teilnehmer mit, Fernkurs B für Teilnehmer ohne Hoch- oder Fachschulabschluß, jeweils mit 6 Lehrabschnitten. Die Kurse mit maximal 25 Teilnehmern dauern 7 Monate (je eine Lehrveranstaltung/Monat). Von 1969 bis 1982 haben mehr als 8000 wissenschaftliche und technisch-organisatorische Kader aus I.-Einrichtungen teilgenommen.
5. Neben der beruflichen Spezialausbildung wird insbesondere auf die Nutzerschulung großer Wert gelegt. Entsprechende Experimente wurden bereits in den Erweiterten Oberschulen (EOS) durchgeführt, jedoch ohne den gewünschten Erfolg. Gleiches gilt für die Realisierung der Richtlinie für die Durchführung der Nutzerschulung an den Universitäten, Hochschulen und medizinischen Akademien im Bereich des Ministeriums für Hoch- und Fachschulwesen vom 22. Dezember 1977 (Das Hochschulwesen 3/1979, S. 84).
6. Eine besondere Weiterbildungsmöglichkeit für I.-Fachkräfte auch aus der DDR bietet das IPKIR (Institut zur Weiterbildung von Informationsfachkräften) beim Staatlichen Komitee für Wissenschaft und Technik beim Ministerrat der UdSSR in Moskau (seit 1972).
7. Darüber hinaus gibt es in der DDR noch eine ganze Reihe weiterer Spezialkurse und Weiterbildungsmaßnahmen.
Über die neuesten Möglichkeiten der Aus- und Weiterbildung gibt das Schaubild Auskunft (Informatik 5/1983, S. 20).

Achim Beyer

Literaturangaben

Beyer, Achim: Wissenschaftliche Informationssysteme in der DDR; in: Das Wissenschaftssystem in der DDR. Hrsg.: Institut f. Gesellschaft u. Wissenschaft Erlangen. Frankfurt a. M., New York: Campus 1979.

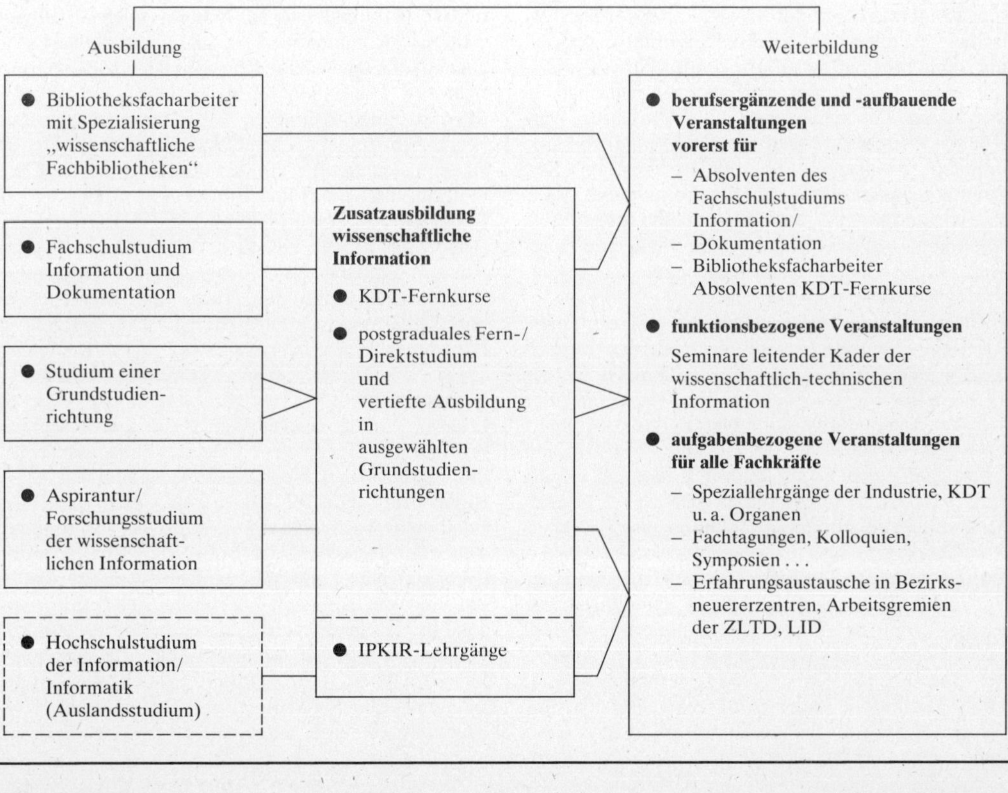

Beyer, Achim: Informations- und Dokumentationswissenschaft. „Wissenschaften in der DDR“ Hrsg.: Institut f. Gesellschaft u. Wissenschaft Erlangen. Erlangen: Deutsche Gesellschaft f. zeitgeschichtl. Fragen e. V. 1973ff. (Analysen und Berichte aus Gesellschaft und Wissenschaft.)

Bonitz, Manfred: Wissenschaftliche Forschung und wissenschaftliche Information. 2. Aufl. Berlin (Ost): Akademie-Verl. 1981.

Engelbert, Heinz: Der Informationsbedarf in der Wissenschaft. Leipzig: Bibliographisches Institut 1976.

Haake, Rolf: Informationstechnik. Leipzig: Bibliographisches Institut 1975.

Handbuch der Information und Dokumentation. Hrsg. von Rolf Haake u. a. Leipzig: Bibliographisches Institut 1977.

Herrmann, Peter: Informationsrecherchesysteme. Leipzig: Bibliographisches Institut 1973.

Koblitz, Josef: Bearbeitung und Verarbeitung von Fachinformationen. Leipzig: Bibliographisches Institut 1982.

Laisiepen, Klaus, Ernst Lutterbeck u. Karl-Heinrich Meyer-Uhlenried: Grundlagen der praktischen Information und Dokumentation. Eine Einführung. 2., völlig neubearb. Aufl. München, New York, London, Paris: Saur 1980.

Michajlow, A. I., A. I. Cernyj u. R. S. Giljarevskij: Informatik. Grundlagen. 2 Bände. Berlin (Ost): Staatsverl. d. DDR 1970.

–: Wissenschaftliche Kommunikation und Informatik. Leipzig: Bibliographisches Institut 1980.

Winde, Bertram: Information – Schlüssel zum Wissen. Leipzig, Jena, Berlin (Ost): Urania 1972.

Ingenieurbüros: Wissenschaftlich-technische Einrichtungen bei Kombinaten, Bezirkswirtschaftsräten oder Ministerien, deren Aufgabe es ist, Betriebe bei der Vorbereitung und Durchführung von Rationalisierungsmaßnahmen zu unterstützen. Daneben bestehen auch private I. Als juristisch selbständige, mit eigener Rechnungsführung arbeitende Einrichtungen verkaufen I. auf der Grundlage von Wirtschaftsverträgen Projekte, technische Dokumentationen sowie Rationalisierungsmittel an Betriebe. Die Aufgaben werden auf deren Anforderung hin oder im Auftrag der Generaldirektoren der Kombinate bzw. der Vorsitzenden der Bezirkswirtschaftsräte übernommen; ihre Durchführung erfolgt häufig unmittelbar in den Betrieben und in enger Zusammenarbeit mit den dort vorhandenen Rationalisierungsgruppen. Die I. bestehen aus Mitarbeitern verschiedener Berufsrichtungen (Ingenieure, Techniker, Ökonomen, Arbeitswissenschaftler, Psychologen). Seit Anfang des Jahres 1967 wurden I. bei allen VVB gegründet. Im Jahr 1973 bestanden rd. 400 I. mit 33000 Beschäftigten. Mit der Neu- und Umbildung von Kombinaten seit 1978 sind I. auch in „technologische Zentren“ der Kombinate (→ **Forschung**, II. C. 6.) umgewandelt worden. Andere I. wurden als kombinatsübergreifende zentrale Einrichtungen für den Bereich eines Ministeriums vorgesehen. Ein Beispiel ist der VEB Zentraler Ingenieurbetrieb der Metallurgie, der den Roboterbau für die gesamte Metallurgie koordiniert und bei dem vor allem die Entwicklung, Konstruktion und Fertigung solcher und anderer Rationalisierungsmittel des Industriezweiges konzentriert ist. → **Intensivierung und Rationalisierung; Technologie.**

Ingenieurhochschulen (IHS): Die 1969 im Verlauf der 3. Hochschulreform durch die Umwandlung bisheriger Ingenieurschulen mit Fachschulcharakter neugebildeten IHS bilden Diplomingenieure bzw. Diplomingenieurökonomen aus. Die Studenten erhalten sowohl durch ihre Facharbeiterausbildung, die neben dem Abitur Voraussetzung für die Aufnahme des Studiums ist, als auch durch das Studienprogramm eine produktionsbezogene 4jährige Ausbildung. Das Abitur kann auch in Sonderlehrgängen an der IHS nachgeholt werden. Die Absolventen der IHS unterscheiden sich von den Diplom-Ingenieuren und Diplom-Ingenieurökonomen, die an den Universitäten und Hochschulen in den gleichen Studienrichtungen ausgebildet werden, durch eine stärkere Praxisnähe des Studiums und ihre praktische Berufserfahrung. Von der ursprünglichen Konzeption eines 3½jährigen Kurzstudiums ist man abgegangen.
Die Ausbildung an einer IHS zielt vor allem auf einen Einsatz im Bereich von Technologie und der produktionsvorbereitenden und -durchführenden Abteilungen, während die universitäre Ausbildung in diesen Fächern eher auf den Bereich Forschung und Entwicklung ausgerichtet ist. Die IHS bilden aus in den Grundrichtungen: Maschineningenieurwesen / Elektroingenieurwesen / Werkstoffingenieurwesen / Verfahrensingenieurwesen / Bauingenieurwesen / Verkehrsingenieurwesen / Chemie (Verfahrenschemie) und Betriebswirtschaft.
In der DDR bestehen gegenwärtig 9 IHS (Berlin-Wartenberg; Cottbus; Dresden; Warnemünde-Wüstrow; Köthen; Mittenweida; Wismar; Zittau; Zwickau), die dem → **Ministerium für Hoch- und Fachschulwesen** unterstellt sind. → **Fachschulen; Universitäten und Hochschulen.**

Inhabersparen: 1954 eingeführtes anonymes → **Sparen**, bei dem der Sparer nicht verpflichtet war, sich zu legitimieren. Gegen die Vorlage des Inhabersparbuches und einer Sicherungskarte bzw. eines vereinbarten Kennwortes kann der Sparer von seinem numerierten Inhabersparbuch Geld abheben. Da diese Sparguthaben weder der Vermögens- noch der Erbschaftssteuer unterliegen und auch keine Abgabenverwaltung zu Auskünften über die Herkunft des Guthabens berechtigt ist, sollten die Sparer durch diese besondere Sparform veranlaßt werden, ihr Geld zur Bank zu bringen. Seit der VO vom 19. 4. 1962 (GBl. II, S. 279) werden keine Inhabersparbücher mehr ausgegeben und Einzahlungen angenommen. Über die bestehenden Guthaben können jedoch die Inhaber weiterhin verfügen.

Innerdeutsche Beziehungen

I. Geschichtliche Entwicklung
II. Ebenen und Instrumentarien der innerdeutschen Beziehungen
III. Stand und Entwicklung der innerdeutschen Beziehungen in den einzelnen Bereichen
IV. Probleme und Perspektiven
V. Verträge und Abmachungen

IB. sind die Gesamtheit aller Beziehungen zwischen beiden Staaten in Deutschland; als Terminus ab der Mitte der 60er Jahre gebräuchlich (überwiegend für den staatlichen Bereich). Aus der Sicht der Bundesrepublik Deutschland bilden die staatlichen Beziehungen ein Verhältnis besonderer Art, wobei die DDR von der Bundesrepublik Deutschland nicht als Ausland angesehen wird. Basis und Rahmen der heutigen IB. sind im → **Grundlagenvertrag** festgelegt worden, der im Juni 1973 in Kraft getreten ist. Unter Ausklammerung unvereinbarer Standpunkte wurden die Voraussetzungen für Vereinbarungen auf Gebieten gemeinsamer Interessen bei unterschiedlichen Zielvorstellungen (→ **Deutschlandpolitik der SED**) geschaffen. Zusammen mit dem vorangegangenen Verkehrsvertrag und den dann folgenden weiteren Verträgen und Abkommen bildet der Grundlagenvertrag die Basis für die Zusammenarbeit auf den verschiedensten staatlichen Ebenen, die die bestehenden historisch gewachsenen Bindungen außerhalb des staatlichen Bereichs fördert und sichert und abgerissene Beziehungen neu aufzubauen versucht.
Die Bundesregierung versteht die IB. als Teil der Deutschlandpolitik, deren Ziel es ist, „auf einen Zustand des Friedens in Europa hinzuwirken, in dem das deutsche Volk in freier Selbstbestimmung seine Einheit wiedererlangt" (Brief zur deutschen Einheit; → **Grundlagenvertrag**).

I. Geschichtliche Entwicklung

Vielfältige Kontakte, Verbindungen und Bindungen bestanden auch nach dem Kriegsende und der Aufteilung Deutschlands in Besatzungszonen sowohl im historisch gewachsenen kommunalpolitischen Raum als auch im privaten Bereich weiter. Die Grenzziehung zwischen den Besatzungszonen in Form von Demarkationslinien war zunächst kein Hindernis, die bestehenden Verbindungen aufrechtzuerhalten, zumal nach den Erklärungen der alliierten Besatzungsmächte Deutschland als wirtschaftliche Einheit erhalten werden sollte, und eine trennende Grenzziehung und völlige Umorientierung der kulturellen und wirtschaftlichen Beziehungen jeweils nach Ost bzw. West unvorstellbar schien. Die durch den Krieg in Mitleidenschaft gezogenen oder zerstörten Verkehrsverbindungen ließen zunächst nur lokale Verbindungen über die Grenze zu wie etwa beim Schulbesuch, beim Weg zur Arbeitsstelle, bei Versorgungslösungen und anderen lebensnotwendigen Absprachen zwischen den neuen Bürgermeistern und zeitweilig auch zwischen den Landräten der benachbarten, aber jeweils anderen Besatzungszonen zugehörigen Gemeinden und Kreisen. Die Regelungen an der Zonengrenze und im geteilten → **Berlin** zu Fragen der Wasserversorgung, Abwässerableitung, Strombelieferung, Verkehrsbedienung u. ä. blieben meist unterhalb der politischen Schwelle. Mit der politischen Entwicklung, der sich daraus ergebenden Grenzsperrung durch die DDR und der gegenseitigen Abgrenzung wurden diese Kontakte immer schwieriger und mit dem Bau der Mauer zum Teil schließlich ganz eingestellt. Die politischen Beziehungen waren von seiten der sowjetischen Besatzungszone und später der DDR weitgehend vom Wunsch nach Anerkennung und Gleichberechtigung bestimmt, während die Politik der Westzonen und der späteren Bundesrepublik Deutschland staatliche Kontakte mit den Vertretern der DDR wegen mangelnder Legitimation durch freie Wahlen nach Möglichkeit vermied. Die Bundesregierung – legitimiert durch freie Wahlen – sah die Durchsetzung ihrer Vorstellungen der Verwirklichung des Selbstbestimmungsrechtes in der Westintegration. Die DDR-Regierung – ohne Legitimation durch die Bevölkerung – versuchte die Einbeziehung der Bundesrepublik Deutschland in das westliche Verteidigungssystem zu verhindern. Aus dieser Überlegung wurden auch von 1950 bis zum Mauerbau von DDR-Präsident, Volkskammer und Regierungsmitgliedern 50 Noten, Schreiben und Telegramme an den Bundespräsidenten, den Bundestag und die Bundesminister gesandt, von denen nur zwei beantwortet wurden. (1951: Schreiben von Bundestagspräsident Ehlers an Volkskammerpräsident Dieckmann, Schreiben von Bundespräsident Heuss an DDR-Präsident Pieck.) Die nicht erwiderten Gesprächs- und Verhandlungsversuche der DDR auf hoher politischer Ebene wurden ergänzt durch gesamtdeutsche Aktionen und Konferenzen („Deutsche an einen Tisch"), um von unten her die Verfassungsorgane und Parteien der Bundesrepublik Deutschland zu beeinflussen. Die DDR betrieb eine Politik, die von der Offenheit der deutschen Frage ausging und den Eindruck erweckte, als sperre sich lediglich der Westen gegen die Einheit (→ **Deutschlandpolitik der SED**).
Sichtbarster Ausdruck für die Spaltung Deutschlands wurde die Errichtung der Berliner Mauer durch die DDR-Behörden am 13. 8. 1961. Schon seit 1948 war der private Reiseverkehr durch die DDR erheblich behindert worden. Seit 1952 waren von der DDR an der Grenze zum Bundesgebiet immer undurchdringlichere Sperranlagen errichtet worden. Noch in den 50er Jahren war aber West-Berlin für DDR-Bewohner ohne größere Schwierigkeiten er-

reichbar. Das führte aufgrund der politischen und wirtschaftlichen Verhältnisse in der DDR zu einem Flüchtlingsstrom (→ **Flüchtlinge**) von jährlich 140000 bis 330000 Menschen in den Westen, der mit dem Bau der Mauer schlagartig unterbunden wurde. Als Reaktion auf den Mauerbau wurden auch von seiten der Bundesrepublik zunächst viele Kontakte, insbesondere in den Bereichen Sport und Kultur, unterbrochen. Man sah sich außerstande, zur Tagesordnung überzugehen. Die DDR forderte bei allen Gesprächsangeboten die staatliche Anerkennung und propagierte die Drei-Staaten-Theorie (→ **Berlin**). Es wurde deutlich, daß die Spaltung Deutschlands auf längere Zeit unabänderlich sein würde. Dies führte zu einem Wandel der offiziellen Politik der Bundesrepublik Deutschland gegenüber der DDR mit dem Ziel, für die Menschen die Härten der Teilung auch durch staatliche Kontakte zu mildern. Das erste → **Passierscheinabkommen** über Besuche von Einwohnern von Berlin (West) in Berlin (Ost) wurde im Dezember 1963 abgeschlossen. Ein → **Zeitungsaustausch** (1964) und der zwischen SED und SPD vereinbarte Redneraustausch (1966) scheiterten.
Die Große Koalition aus CDU/CSU und SPD faßte den Entschluß, Verhandlungen und Verträge mit der DDR anzustreben. Daraufhin nahmen die ideologischen Abgrenzungsmaßnahmen der DDR zu. Erstmals kam es 1967 zu einem Briefwechsel zwischen den Regierungschefs der beiden deutschen Staaten. Diese Bemühungen brachten allerdings keine konkreten Ergebnisse, da die DDR Verhandlungen ohne ihre vorherige völkerrechtliche Anerkennung ablehnte. Die Deutschlandpolitik seit 1969 ordnete sich in die Entspannungsbemühungen ein, die das Verhältnis zwischen den USA und der UdSSR maßgeblich bestimmten. Die Bundesregierung erklärte, in ihrer Politik von der Existenz der DDR als eines zweiten Staates in Deutschland auszugehen und der Regierung der DDR auf der Basis der Gleichberechtigung zu begegnen. Die angestrebten Regelungen sollten aber mit dem Ziel vereinbar sein, die deutsche Frage auf der Grundlage der Selbstbestimmung im Rahmen einer europäischen Friedensordnung zu lösen, und die Veränderungen sollten sich in den Beziehungen zwischen den beiden deutschen Staaten zum Nutzen der Menschen auswirken. Im März 1970 kamen in Erfurt die Regierungschefs der beiden deutschen Staaten zum ersten Mal zusammen. Die Reaktion der Öffentlichkeit war groß. Beide Staaten legten ihre grundsätzlichen Positionen dar. Die Gespräche wurden am 21. 5. 1970 in Kassel fortgesetzt. Hier nannte die Bundesregierung in 20 Punkten Grundsätze und inhaltliche Elemente für einen Vertrag, der nach ihren Vorstellungen die Grundlage für die Regelung der beiderseitigen Beziehungen sein sollte. Die DDR beharrte jedoch auf ihren Grundpositionen und schlug eine Denkpause vor. Nach Abschluß des Moskauer Vertrages am 12. 8. 1970 und der Paraphierung des Viermächte-Abkommens über Berlin am 3. 9. 1971 traten die zuständigen deutschen Behörden in Verhandlungen zur Ausführung des Viermächte-Abkommens. Die Regierungen der Bundesrepublik Deutschland und der DDR verhandelten über die Regelung des Transitverkehrs zwischen der Bundesrepublik Deutschland und Berlin (West), der Senat von Berlin und die DDR-Regierung über die Regelung der Besuche von Bewohnern von Berlin (West) in der DDR und Berlin (Ost). Es folgten Verhandlungen über den Verkehrsvertrag, der als erster Staatsvertrag zwischen beiden Staaten in Deutschland am 17. 10. 1972 in Kraft trat. Offizielle Verhandlungen mit dem Ziel einer Regelung der Beziehungen zwischen den beiden deutschen Staaten und des Abschlusses des → **Grundlagenvertrages** begannen im August 1972. Im Juni 1973 trat er in Kraft.

II. Ebenen und Instrumentarien der innerdeutschen Beziehungen

Mit der Formalisierung der IB. durch den Grundlagenvertrag wurden neue Kontaktebenen eröffnet. Während bis 1970 die Kontakte insbesondere über private Beziehungen und Organisationen aufrechterhalten wurden, entstanden durch den Grundlagenvertrag und seine Folgeverträge Kommissionen, Expertengespräche und Konsultationen (→ **Abrüstung**). Ziel blieb es, durch die Formalisierung die gewachsenen Bindungen nicht einzuschränken, sondern zu fördern und zu sichern.
Am 2. 5. 1974 trat das Protokoll über die Einrichtung der Ständigen Vertretungen in Kraft. Es regelt deren Aufgaben, Zuständigkeiten und Status. Der Sitz der Ständigen Vertretung der Bundesrepublik Deutschland bei der DDR ist in Berlin (Ost). Die Ständige Vertretung der DDR hat ihren Sitz in Bonn und unterhält eine Zweigstelle ihrer handelspolitischen Abteilung in Düsseldorf. Der Grundlagenvertrag und das Protokoll haben keine diplomatischen Beziehungen zwischen beiden Staaten begründet; das Wiener Übereinkommen über diplomatische Beziehungen gilt nur entsprechend. Während auf seiten der DDR für die Angelegenheiten der Ständigen Vertretung der Bundesrepublik das → **Ministerium für Auswärtige Angelegenheiten** zuständig ist, liegt die Zuständigkeit für die Angelegenheiten der Ständigen Vertretung in Bonn beim Bundeskanzleramt, dem auch die Ständige Vertretung in Berlin (Ost) unterstellt ist. Diese voneinander abweichenden Zuständigkeitsregelungen ermöglichen es beiden Teilen, ihren unterschiedlichen Rechtsauffassungen entsprechend zu verfahren. Die Bundesregierung hat dadurch klargestellt, daß die DDR von ihr auch weiterhin nicht als Ausland betrachtet wird.
Die Ständigen Vertretungen in beiden Staaten ha-

ben u. a. die Aufgabe, die Interessen im jeweils anderen Staat zu vertreten sowie normale gutnachbarliche Beziehungen zwischen den beiden Staaten auf den verschiedensten Gebieten, so z. B. auf politischem und kulturellem Gebiet, zu fördern und zu unterstützen. Das schließt die Leistung von Hilfe und Beistand für Personen des Entsendestaates ein. Die Ständige Vertretung der Bundesrepublik Deutschland bei der DDR vertritt in Übereinstimmung mit dem Viermächte-Abkommen auch die Interessen von Berlin (West).
Obwohl es seit dem Inkrafttreten des Grundlagenvertrages eine Vielzahl von Begegnungen auf politischer Ebene gab (z. B. auf der → **Leipziger Messe**), kam es auf deutschem Boden nur einmal zu einer Spitzenbegegnung. Bundeskanzler Schmidt traf den SED-Generalsekretär und DDR-Staatsratsvorsitzenden Honecker im Dezember 1981 am Werbellinsee, nachdem ein für 1980 vorgesehenes Treffen nicht zustande gekommen war. Zu einem Gegenbesuch ist es bisher nicht gekommen. Ein für Ende September 1984 in Aussicht genommener Besuch von Generalsekretär Honecker ist von diesem kurzfristig abgesagt worden.

III. Stand und Entwicklung der innerdeutschen Beziehungen in den einzelnen Bereichen

In allen Bereichen stehen für die Bundesrepublik Deutschland neben der Einbeziehung von Berlin (West) und der Stärkung seiner Lebensfähigkeit menschliche Erleichterungen im Vordergrund.

A. Handel, Nichtkommerzieller Waren- und Zahlungsverkehr, Post- und Fernmeldewesen
1. Innerdeutscher Handel
Die beständigsten Beziehungen gibt es im Bereich der Wirtschaft. Bereits am 8. 1. 1946 erließ die sowjetische Militäradministration den Befehl Nr. 05, der den Handel mit den Westzonen gestattete. Es folgten mehrere Abkommen zwischen den einzelnen Zonen, am 8. 10. 1949 ein in Frankfurt/Main für neun Monate abgeschlossenes Interzonenhandelsabkommen. Das „Berliner Abkommen“ vom September 1951 über den Handel bildet bis heute in seiner Neufassung vom 16. 8. 1960 die Rechtsgrundlage des → **Innerdeutschen Handels**. Dieser Handel entwickelte sich aus teils wirtschaftlichen, teils politischen Gründen ungleichmäßig. Die Jahre 1951 bis 1953, 1960 bis 1964 und 1967/68 brachten größere Rückschläge. So wirkten sich Anfang der sechziger Jahre die Behinderungen des freien Zugangs nach → **Berlin** und die daraufhin am 30. 9. 1960 vorsorglich ausgesprochene Kündigung des Berliner Vertrages hemmend aus. Dazwischen lagen Phasen relativ stabilen Wachstums. Im Zusatzprotokoll zu Artikel 7 des → **Grundlagenvertrages** vereinbarten beide Seiten, den Handel auf der Grundlage bestehender Abkommen zu entwickeln.
Die Vertreter der Treuhandstelle für den Interzonenhandel, im Dezember 1981 in Treuhandstelle für Industrie und Handel (TSI) umbenannt, treffen sich regelmäßig in vierzehntägigen Abständen mit Vertretern des → **Ministeriums für Außenhandel (MAH)** der DDR, um alle laufenden Fragen des Handels zu erörtern und ggf. Zusatzvereinbarungen zu schließen.
1969 wurde damit begonnen, Lieferungen und Bezüge von der Einzelgenehmigungspflicht zu befreien. Heute ist der Handel – mit wenigen Ausnahmen – weitgehend liberalisiert. Im Juni 1982 wurde vereinbart, den Swing (gegenseitiger Überziehungskredit, der bisher nur von der DDR in Anspruch genommen worden ist) von 1983 bis 1985 schrittweise von 850 bis auf 600 Mill. VE zu reduzieren. Im Juni 1983 wurde zwischen einem Bankenkonsortium der Bundesrepublik Deutschland und der → **Deutschen Außenhandelsbank Aktiengesellschaft (DABA)** Berlin (Ost) die Gewährung eines ungebundenen **Finanzkredits** in Höhe von 1 Mrd. DM zu marktüblichen Konditionen vereinbart. Die Bundesregierung hat dem Kredit zugestimmt und eine Bundesgarantie über die Kreditsumme übernommen, aus der – da die Bundesregierung Zahlungsverpflichtungen gegenüber der DDR hat (Transitpauschale usw.; → **Westgeldeinnahmen**) – keine Belastungen für den Bundeshaushalt zu erwarten sind. Ein weiterer Finanzkredit über 950 Mill. DM wurde im Juli 1984 gegeben.
Der Umsatz des innerdeutschen Handels lag 1983 bei über 15 Mrd. VE.

2. Nichtkommerzieller Zahlungs- und Verrechnungsverkehr
Nachdem in Deutschland nach den Währungsreformen 1948 zwei Währungsgebiete entstanden waren, konnten Geldzahlungen nur dann transferiert oder verrechnet werden, wenn dies besonders – z. B. im Handelsbereich – vereinbart war. Sonst entstanden Sperrkonten, d. h. Konten im fremden Bereich, über die nur – beschränkt – innerhalb dieses Bereiches verfügt werden kann. Im April 1974 wurden zwischen der Bundesregierung und der Regierung der DDR zwei Teilvereinbarungen über den nichtkommerziellen **Grenzüberschreitenden** → **Zahlungsverkehr** unterzeichnet. Sie ermöglichen regelmäßige Überweisungen von Unterhaltszahlungen an minder- und volljährige Berechtigte sowie Schadensersatzzahlungen, ferner in bestimmten Fällen (für Empfänger einer Alters- oder Invalidenversorgung, der Sozialhilfe, minderjährige Vollwaisen) den Transfer von Teilbeträgen aus Sperrguthaben. Die Transfervereinbarung beruht auf dem Prinzip, daß Anträge und Zahlungen in beiden Richtungen sich im Wertumfang ausgleichen. Dieser Ausgleich kann nur durch eine Devisenleistung der DDR erreicht werden. Dieser Einschuß wurde für die

Jahre 1983 bis 1985 auf jährlich 60 Mill. DM festgelegt. Bis Ende 1983 sind in Ost-West-Richtung 317 Mill. DM transferiert worden, in West-Ost-Richtung 58 Mill. DM.

3. Post- und Fernmeldewesen

Die Postverbindungen zwischen den Besatzungszonen bzw. der Bundesrepublik Deutschland und der DDR wurden sowohl auf der Ebene der Hauptverwaltungen als auch auf der Ebene der Bezirksdirektionen und der Ämter ohne Verträge und Abkommen abgewickelt. In Berlin bestand ab 1947 eine Kontrollratseinrichtung, die „Allied Working Party" (AWP), der die Abrechnung der im internationalen Verkehr anfallenden Post- und Fernmeldegebühren für Gesamtdeutschland und die Aufteilung für die Bundespost und die Post der DDR oblag. Am 5. 8. 1954 erließ die DDR die „Verordnung über den Geschenk- und Päckchenverkehr auf dem Postwege mit Westdeutschland, Westberlin und dem Ausland". Bei Verstößen gegen diese Verordnung wurde die Rückleitung an den Absender oder die entschädigungslose Einziehung angedroht. Die Kontrollmaßnahmen führten in den Folgejahren zu unüblich langen Laufzeiten und umfangreichen Beschlagnahmen von Postsendungen durch DDR-Behörden (→ **Post- und Fernmeldewesen; Warenverkehr, Nichtkommerzieller**).

Im Telefonverkehr gab es insbesondere in Berlin Schwierigkeiten, nachdem die DDR am 27. 5. 1952 ohne vorherige Ankündigung 3910 Telefonleitungen gekappt hatte. Telefongespräche mit dem anderen Teil der Stadt oder mit Orten in der DDR waren von Berlin (West) aus nur noch über die Fernmeldeämter Frankfurt am Main und Potsdam bzw. Leipzig möglich, zumal die DDR bereits 1949 die direkten Telefonleitungen von Berlin (West) in die DDR unterbrochen und mit der Trennung des Berliner Telefonnetzes nun auch die Leitungen von Berlin (West) in das Bundesgebiet abgeschaltet hatte. Ab 1966 begann die DDR gegenüber der Deutschen Bundespost und dem Senat von Berlin die Abrechnungen des gegenseitigen Post- und Fernmeldeverkehrs nach internationalen Abrechnungsgrundsätzen zu verlangen, obwohl es hierfür keine Rechtsgrundlage gab. Sie bezifferte ihre Forderungen rückwirkend ab 1948 für die Zeit bis 1968 auf insgesamt 1,8 Mrd. DM. Zuvor hatte die Sowjetunion in Noten an die USA, Großbritannien und Frankreich die Auflösung der Berliner AWP vorgeschlagen, in der die Bundespost und die DDR zur Aufteilung der internationalen Post- und Fernmeldegebühren vertreten waren. Am 31. 3. 1967 zog die DDR (nach Abschluß der Jahresrechnung 1966) ihre Mitarbeiter zurück und forderte die ausländischen Abrechnungspartner auf, direkt mit ihr abzurechnen. Der Bundespostminister erklärte sich zu einem Ausgleich der Mehrleistungen der Deutschen Post der DDR für die Zeit ab 1967 bereit. Er bot der DDR wiederholt Gespräche über die Höhe des Ausgleichs an und schlug zugleich Verhandlungen über dringend notwendige Verbesserungen des Post- und Fernmeldeverkehrs vor. Nach Zahlungen von insgesamt 22 Mill. DM im Oktober 1968 und im Februar 1969 als Kostenausgleich für das Jahr 1967 und das erste Halbjahr 1968 an die Deutsche Post der DDR fand sich die DDR schließlich zu den ersten Verhandlungen im September 1969 bereit. In den Gesprächen, die von der Weigerung der DDR belastet wurden, die West-Berliner Postverwaltung einzubeziehen, wurde schließlich eine Einigung darüber erzielt, daß die Bundespost der DDR-Post für die Jahre 1967 bis 1973 eine jährliche Pauschale von 30 Mill. DM zahlte. An wichtigen Verbesserungen wurden die Wiederaufnahme des Telefonverkehrs zwischen beiden Teilen Berlins, die Schaltung zahlreicher Leitungen und in den übrigen Verkehrsrelationen zahlreiche posttechnische Verbesserungen erreicht. Nach langwierigen Verhandlungen trat im Juli 1976 das im Artikel 7 des Grundlagenvertrages vorgesehene Abkommen über die Zusammenarbeit auf dem Gebiet des Post- und Fernmeldewesens in Kraft. Es wurde festgestellt, daß der Post- und Fernmeldeverkehr mit der DDR und Berlin (Ost) kein Auslandsverkehr wird, keine Auslandsgebühren, keine Zollinhaltserklärungen, kein Austausch von internationalen Formalitäten erforderlich sind. Die Möglichkeiten im Geschenkpaket- und -päckchenverkehr wurden ausgeweitet. Aufgrund weiterer Vereinbarungen von 1977 und 1983 wurde festgelegt, daß die Laufzeiten für Briefe, Päckchen und Pakete in beiden Verkehrsrichtungen erheblich ver-

Übersicht über die Entwicklung des Fernsprechverkehrs mit der DDR (Zahl der Leitungen in beiden Richtungen)

	Bundesgebiet	Berlin (West)		Bundesgebiet	Berlin (West)
1969	34		1978	440	501
1970	74		1979	524	537
1971	134	150	1980	608	573
1972	182	201	1981	692	609
1974	278	201	1982	764	657
1975	278	441	1984	860	657
1977	368	453			

Telefongespräche in West-Ost-Richtung in Mill.

1969	0,5	1977	12,8
1970	0,7	1978	16,7
1971	1,8	1979	20,6
1972	5,1	1980	23,0
1973	5,8	1981	23,4
1974	6,1	1982	23,1
1975	9,7	1983	23,2
1976	11,3		

kürzt und durchgreifende Maßnahmen zur Eindämmung der Verluste von Paketsendungen getroffen werden sollen. Ende Februar 1984 gab es 1515 Fernsprechleitungen. Der Selbstwählferndienst in die DDR wurde ausgeweitet. Die Postpauschale beträgt jährlich 200 Mill. DM für den Zeitraum 1983 bis 1990.

B. Verkehrswesen

1. Verkehr (allgemein)

Die von den vier Siegermächten im Londoner Protokoll vom 12. 9. 1944 vorgesehene gemeinsame Politik für das Transport- und Nachrichtenwesen führte zur Bildung entsprechender alliierter Einrichtungen (Transport- und Luftdirektorat des Kontrollrates) sowie zu den ersten Regelungen, bei denen insbesondere Berlin im Vordergrund stand. Schon bald wurde jedoch die Schaffung eines für alle Besatzungsgebiete geltenden alliierten Verkehrsrechtes wegen gegensätzlicher Zielsetzungen für die Zukunft Deutschlands unmöglich. Die Westzonen und die sowjetische Besatzungszone wurden zu zwei getrennten Verkehrsgebieten. Trotz der auf der Pariser Außenministerkonferenz 1949 getroffenen Vereinbarung, wonach nicht nur das New Yorker Abkommen und damit die Aufhebung der Blockade bestätigt, sondern auch Beratungen über „Erleichterungen des Personen- und Güterverkehrs und des Austausches von Nachrichten zwischen den Westzonen und der Ostzone sowie zwischen Berlin und den Zonen“ beschlossen wurden, kam es zu weiteren Einschränkungen. Im Mai 1952 wurden von der DDR acht von den insgesamt noch vorhandenen zwölf Straßenübergängen geschlossen. Durch die Sperrmaßnahmen der SBZ bzw. DDR wurden insgesamt 31 Haupt- und 140 Landstraßen unterbrochen.

Nach Kriegsende waren vor allem die Wiederaufnahme und der Ausbau der Eisenbahnverbindungen zwischen den Besatzungszonen notwendig. Der Alliierte Kontrollrat in Berlin beschloß am 14. 8. 1946, daß die Einnahmen der jeweiligen Eisenbahnverwaltungen in denjenigen Besatzungszonen verbleiben sollten, die sie erhoben hatten. Es kam zu einer Reihe von Abkommen und Vereinbarungen zwischen der Hauptverwaltung der Deutschen Bundesbahn und der Generaldirektion der → **Deutschen Reichsbahn (DR)** in der DDR über technische Probleme, Verbesserung und Erweiterung des **Interzonenverkehrs**, den Verkauf von Fahrkarten der Reichsbahn in Berlin (West) gegen DM-West und vor allem über die Abstimmung der Fahrpläne.

Der Eisenbahngüterverkehr über die Zonengrenze war zunächst durch einen Kontrollratsbeschluß vom 10. 9. 1945 geregelt worden, der pro Tag 3 Militärgüterzüge und 13 Güterzüge für den zivilen Bedarf aus den Westzonen nach Berlin festlegte. Er verlief unter der Aufsicht des Transport- und Luftdirektorats des Alliierten Kontrollrates, bis er mit dem Beginn der Berliner Blockade am 18. 7. 1948 völlig eingestellt wurde. Im Helmstedter Abkommen vom 11. 5. 1949 vereinbarten dann die Generaldirektion der Deutschen Reichsbahn und die Hauptverwaltungen der späteren Deutschen Bundesbahn im vereinigten Wirtschaftsgebiet die Wiederaufnahme des Interzonenverkehrs. Trotzdem sind bis heute rd. 25 Eisenbahnlinien zwischen dem Bundesgebiet und der DDR nicht mehr in Betrieb. Mit dem Offenbacher Abkommen vom 3. 9. 1949 wurde der Interzonen-Reisezugverkehr erweitert. Der auf dieser Grundlage vereinbarte gemeinsame Tarif wurde von der Deutschen Reichsbahn zum 30. 6. 1965 gekündigt. Damit entfielen insbesondere die im Tarif enthaltenen einheitlichen Beförderungsbedingungen.

Seit 1950 finden – getrennt für den Reise- und Güterverkehr – regelmäßige Fahrplanbesprechungen statt. Erweiterungen des Verkehrs wurden am 12. 7. 1954 und am 17. 8. 1964 – Öffnung zusätzlicher Übergänge über Büchen, Bebra und Hof für den Güterverkehr mit Berlin (West) – vereinbart. Im November 1970 wurden zwischen den Regierungen Gespräche über Verkehrsfragen aufgenommen, die im September 1971 in offizielle Verhandlungen mündeten und 1972 zum Verkehrsvertrag führten. Am 17. 10. 1972 trat der „Vertrag über Fragen des Verkehrs zwischen der Bundesrepublik Deutschland und der Deutschen Demokratischen Republik“ in Kraft. Der Vertrag umfaßt den Wechselverkehr, d. h. den Verkehr zwischen beiden Verkehrsgebieten und den Transitverkehr in dritte Staaten auf Straßen, Schienen und Wasserwegen; ausgenommen sind der Personenverkehr mit Seepassagier- und Binnenschiffen und der Luftverkehr.

Grundsätzlich soll der Verkehr in und durch die Hoheitsgebiete der Vertragsstaaten entsprechend der üblichen internationalen Praxis auf der Grundlage der Gegenseitigkeit und Nichtdiskriminierung im größtmöglichen Umfange gewährt, erleichtert und möglichst zweckmäßig gestaltet werden. Artikel 32 sieht zur Klärung auftretender Meinungsverschiedenheiten eine gemischte Kommission („Verkehrskommission“) vor. Der Verkehrsvertrag gilt für unbestimmte Zeit und kann fünf Jahre nach Inkrafttreten mit einer Frist von drei Monaten zum Ende des jeweiligen Kalenderjahrs gekündigt werden. Der Verkehrsvertrag enthält in sieben Artikeln die erforderlichen Grundbestimmungen, die überwiegend an die Praxis im grenzüberschreitenden Eisenbahnverkehr anknüpfen. Seit dem 1. 4. 1973 sind beide deutsche Staaten Vollmitglieder der Berner Union. Gemäß Artikel 11 gilt das Internationale Personenbeförderungs- und Frachtrecht der Internationalen Übereinkommen CIV und CIM auch für das Verhältnis zwischen der Bundesrepublik Deutschland und der DDR.

Berlin (West) wird in der Berner Union von der Bundesrepublik Deutschland vertreten. Die Hauptverwaltung der Deutschen Bundesbahn und das Ministerium für Verkehrswesen der DDR haben in Ausführung des Verkehrsvertrages am 25. 9. 1972 ein Eisenbahngrenzübereinkommen abgeschlossen, das technische und Haftungsfragen regelt (→ **Grenzübergangsstellen; Verkehrswesen**).

2. Reiseverkehr

a) Reiseverkehr in die DDR

Besuchsreisen in die DDR waren für Deutsche aus den Westzonen bzw. dem Bundesgebiet – wenn auch unter z. T. schwierigen Bedingungen – immer möglich, zeitweise jedoch nur, wenn man Verwandte in der DDR hatte (einmal jährlich bis zur Dauer von 4 Wochen). Die Mitnahme von Geschenken im Reiseverkehr wurde durch niedrig gehaltene Höchstmengen und einschränkende Freigrenzen sowie seit 1968 durch hohe → **Genehmigungsgebühren** belastet (→ **Warenverkehr, Nichtkommerzieller**).

1957 reisten 1,6 Mill. Besucher aus dem Bundesgebiet in die DDR, 1959 nur noch rd. 900000, 1962 rd. 600000. Danach stiegen die Zahlen wieder an.

Mit der Änderung des Paßgesetzes im Dezember 1966 wurden vom an sich schon eingeschränkten Reiseverkehr Westdeutsche ausgenommen, die „als Hauptverantwortliche die völkerrechtswidrige annexionistische Politik der Alleinvertretungsanmaßung verfechten oder maßgeblich fördern" oder „durch ihre Handlungen westdeutsche gesetzliche Bestimmungen völkerrechtswidrig gegen Bürger der DDR anwenden" oder Mitglied der Nationaldemokratischen Partei (NPD) waren oder sich „im neonazistischen Sinne" betätigten. Im Juni 1968 wurde für die Ein- und Durchreise von der DDR der Paßzwang eingeführt, Ein- und Ausreisevisa und für den Tagesbesuch in Berlin (Ost) Tagesaufenthaltsgenehmigungen. Verbunden mit diesen Maßnahmen war die Erhebung von Visagebühren. Ab November 1964 wurde ein verbindlicher **Mindestumtausch** vorgeschrieben, der 1968 von fünf auf zehn DM, 1973 auf 20 DM, 1974 auf 13 DM und 1980 auf 25 DM pro Tag festgelegt wurde (→ **Währung/Währungspolitik**, II. E.). Die Bundesregierung hat sich um eine Rücknahme der Erhöhung bemüht. Der Mindestumtausch für Rentner wurde ab August 1984 auf 15 DM pro Tag gesenkt.

West-Berlinern war es seit 1952 praktisch unmöglich, in die DDR zu reisen; mit Wirkung vom 23. 8. 1961 konnten sie auch nicht mehr den anderen Teil der Stadt besuchen. Mit den → **Passierscheinabkommen** vom 17. 12. 1963, 24. 9. 1964, 25. 11. 1965, 7. 3. 1966 und 6. 10. 1966 konnten tageweise Besuche zu Feiertagen sowie eine Passierscheinstelle für dringende Familienangelegenheiten (Härtestelle) vereinbart werden.

Unabhängig von diesen Beschränkungen waren Geschäftsreisen, Reisen zur → **Leipziger Messe** sowie Reisen auf Einladung amtlicher Stellen zulässig. Mit dem Inkrafttreten des Verkehrsvertrages vom 17. 10. 1972 wurden wesentliche Reiseerleichterungen und Verbesserungen wirksam. Einwohner des Bundesgebietes können jetzt nicht nur zum Besuch von Verwandten, sondern auch von Bekannten, und zwar einmal oder mehrmals im Jahr bis zu einer Dauer von insgesamt 45 Tagen im Jahr nach der Neuregelung vom August 1984 einreisen. Die Aufenthaltsgenehmigung gilt in der Regel für das gesamte Gebiet der DDR. Außerdem können Einwohner des Bundesgebietes die Einreisegenehmigung auch auf Einladung der zuständigen Organe der DDR aus kommerziellen, kulturellen, sportlichen und religiösen Gründen erhalten. Anfang der 60er Jahre wurden einige Touristenreisen mit festgelegter Route angeboten, 1967 unter Hinweis auf technische Gründe aber wieder abgesagt. Erst nach dem Verkehrsvertrag können aufgrund von Vereinbarungen zwischen Reisebüros der Bundesrepublik Deutschland und der Generaldirektion des Reisebüros der DDR wieder touristische Reisen in die DDR durchgeführt werden. Die Aufenthaltsgenehmigung ist in der Regel auf die Bezirke beschränkt, die im Reiseprogramm vorgesehen sind (→ **Tourismus**).

1983 haben rd. 165000 Reisende aus der Bundesrepublik Deutschland und Berlin (West) durch Vermittlung eines Reisebüros oder eines anderen Reiseveranstalters an einer Gruppenreise in die DDR teilgenommen oder eine private Einzelreise mit Hotelübernachtung gebucht. Zu der positiven Entwicklung (Steigerung gegenüber 1982 10 v. H.) haben die Verdoppelung der Teilnehmerzahlen an Klassenfahrten und Jugendreisen und die steigende Teilnehmerzahl bei Gruppenreisen von Erwachsenen, insbesondere bei Studienreisen beigetragen (→ **Jugendaustausch, Innerdeutscher**).

Reisen aus der Bundesrepublik Deutschland in die DDR
(ohne West-Berliner)

1967	1 123 738	1976	3 120 962
1968	1 261 441	1977	2 987 754
1969	1 107 077	1978	3 177 273
1970	1 254 084	1979	2 923 212
1971	1 267 355	1980	2 746 273
1972	1 540 381	1981	2 088 213
1973	2 278 891	1982	2 218 486
1974	1 919 141	1983	2 219 868
1975	3 123 941		

Die besonderen Möglichkeiten für Westdeutsche, zu Tagesbesuchen nach Berlin (Ost) oder zum Besuch der Leipziger Messe in die DDR einzureisen, blieben bestehen.

Seit dem Inkrafttreten des Grundlagenvertrages im Juni 1973 haben Bewohner von 56 grenznahen Stadt-

und Landkreisen der Bundesrepublik Deutschland die Möglichkeit, zu Tagesaufenthalten in den grenznahen Bereich der DDR (54 Kreise) einzureisen („Grenznaher Verkehr"). Dazu wurden vier neue Straßenübergänge (Uelzen/Salzwedel, Duderstadt/Worbis, Bad Neustadt/Meiningen, Coburg/Eisfeld) eingerichtet, die auch für den allgemeinen Reiseverkehr mit der DDR zur Verfügung stehen. Die Tagesaufenthalte sind sowohl zum Besuch von Verwandten und Bekannten als auch aus touristischen Gründen möglich. Nach Gesprächen zwischen Bundesregierung und DDR-Regierung im Zusammenhang mit der Gewährung von Finanzkrediten wurden die Reisemöglichkeiten ab August 1984 erweitert und auf 2 Tage ausgedehnt.

Reisende im grenznahen Verkehr

1973*	193 000	1979	416 000
1974	331 000	1980	392 000
1975	463 000	1981	280 000
1976	445 000	1982	299 000
1977	443 000	1983	310 000
1978	480 000		

* ab Juli

Nach der in Übereinstimmung mit den Regelungen des Viermächte-Abkommens getroffenen Vereinbarung zwischen dem Senat und der Regierung der DDR über Erleichterungen und Verbesserungen des Reise- und Besucherverkehrs, die zusammen mit dem Viermächte-Abkommen am 3. 6. 1972 in Kraft getreten ist, können Personen mit ständigem Wohnsitz in Berlin (West) einmal oder mehrmals zu Besuchen von insgesamt 45 Tagen im Jahr – nach der Neuregelung vom August 1984 – in die DDR und nach Berlin (Ost) einreisen. Die Einreise wird aus humanitären, familiären, religiösen, kulturellen oder touristischen Gründen genehmigt. In dringenden Familienangelegenheiten können Reisen auch dann gewährt werden, wenn die allgemeine Besuchsdauer von insgesamt 45 Tagen im Jahr bereits erschöpft ist. Der Senat von Berlin und die Regierung der DDR haben Beauftragte ernannt, die Meinungsverschiedenheiten und Schwierigkeiten klären sollen, die sich im einzelnen aus der Anwendung und Durchführung der Vereinbarung ergeben → **Berlin.**

b) Reiseverkehr aus der DDR

Seit Herbst 1946 mußten alle Reisenden, die in eine andere Besatzungszone fahren wollten, einen Interzonenpaß besitzen, der in der sowjetischen Besatzungszone und späteren DDR nur in beschränkter Zahl ausgestellt wurde. Bis Juni 1953 erhielten – abgesehen von Dienstreisenden – nur wenige die Möglichkeit, einen Besuch bei Freunden und Verwandten im Westen zu machen. Nur der Besuch West-Berlins war fast ungehindert möglich. Danach wurden Reisen in größerem Umfange zugelassen (zwischen 1954 und 1957 jährlich etwa 2,5 Mill. Reisende aus der DDR, davon blieben jeweils mehr als 4 v.H. im Bundesgebiet). Im Sommer 1957 wurden erstmals bestimmten Personengruppen (Oberschülern, Studenten, FDJ-Angehörigen) Westreisen verboten; wenige Monate später wurde durch eine Änderung des Paßgesetzes und administrative Maßnahmen die Zahl der Besuchsreisen in das Bundesgebiet rapide gedrosselt. 1958 kamen nur noch 627356 Personen besuchsweise ins Bundesgebiet. Nur in Berlin waren über die Sektorengrenzen hinweg Besuche im Westteil der Stadt noch in größerem Umfang möglich. Nach dem Mauerbau am 13. 8. 1961 durften zunächst nur Dienstreisende ausreisen. Ende 1964 erhielten Rentner die Möglichkeit, Verwandte im Bundesgebiet zu besuchen. Im Jahresdurchschnitt kamen danach etwa 1 Mill. Rentner zu Besuch. Nach Inkrafttreten des Verkehrsvertrages 1972 erhielten die Rentner die Möglichkeit, mehrmals im Jahr (für insgesamt 30 Tage) zu Besuchen in das Bundesgebiet oder nach Berlin (West) zu fahren; seit August 1984 können sie auch Bekannte besuchen (für insgesamt 60 Tage). 1983 betrug die Zahl der Besuche rd. 1,5 Mill.

In dringenden Familienangelegenheiten können seit 1972 auch jüngere Bewohner der DDR von den DDR-Behörden die Genehmigung zum Besuch von Verwandten in der Bundesrepublik Deutschland und in Berlin (West) erhalten. Als dringende Familienangelegenheiten sind folgende Anlässe, die mehrfach erweitert worden sind, anerkannt: Geburten, Taufen, Konfirmationen, Kommunionen, Jugendweihen, kirchliche und standesamtliche Eheschließungen, Ehejubiläen, der 60., 65., 70., 75. und jeder weitere Geburtstag, lebensgefährliche Erkrankungen und Sterbefälle. Antragsberechtigte Verwandte in der DDR sind: Großeltern, Eltern, Kinder, Geschwister und Halbgeschwister (mütterlicherseits).

Nach einer Erweiterung des Katalogs der Reiseanlässe im Februar 1982 stieg die Zahl der Besuche in dringenden Familienangelegenheiten 1982 um 25 v. H., 1983 um weitere 40 v. H. 1983 reisten somit rd. 64000 DDR-Bewohner, die nicht Rentner waren, in die Bundesrepublik Deutschland.

Reisen von DDR-Bewohnern, die nicht Rentner waren, in die Bundesrepublik Deutschland – ohne Berlin (West)

1972*	11 421	1978	48 659
1973	41 498	1979	41 474
1974	38 298	1980	40 455
1975	40 442	1981	36 767
1976	42 751	1982	45 709
1977	41 462	1983	64 025

* Nov./Dez.

3. Verkehr nach und von Berlin (West)

Während der Luftverkehr nach Berlin (West) störungsfrei verlief, war der Landverkehr durch die

DDR nach Berlin (West) politischen Störungen und Behinderungen ausgesetzt. Auch nach Ende der Blockade 1949 übte die DDR durch verschärfte Kontrollen der Reisenden, schleppende Abfertigung bei den Kontrollen und stundenweise Sperrung des Verkehrs Druck aus.
Der fast völlige Mangel an schriftlich fixierten Regelungen für den Straßenverkehr machte diese Verkehrsart besonders im Berlin-Verkehr anfällig für Beeinträchtigungen aller Art. Ab 1. 9. 1951 wurde eine → **Straßenbenutzungsgebühr** für Kraftfahrzeuge erhoben, die ab 1. 4. 1955 mehr als verdoppelt wurde. Nach Verhandlungen wurde diese Erhöhung teilweise wieder rückgängig gemacht.
1968 führte die DDR auch im Berlin-Verkehr den Paß- und gebührenpflichtigen Visazwang ein und erhob im Güterverkehr zusätzlich zur Straßenbenutzungsgebühr eine Steuerausgleichsabgabe. 1964 wurde eine Vereinbarung mit der DDR über den Wiederaufbau der → **Saalebrücke** bei Hirschberg getroffen, an dem sich die Bundesrepublik Deutschland mit einer Kostenpauschale von 5,5 Mill. VE beteiligte, um damit den über diese Strecke laufenden Landverkehr von und nach Berlin zu erleichtern.
Durch das Viermächte-Abkommen vom 3. 9. 1971 und das Transitabkommen zwischen den Regierungen beider deutscher Staaten vom 21. 12. 1971 wurden verbindliche Regelungen für den Zugang nach Berlin (West) vereinbart, die eine schnelle Abfertigung am Auto, im Bus oder im Zug ermöglichen. Eine Durchsuchung von Personen, Reisegepäck und Fahrzeugen oder eine Festnahme bzw. Zurückweisung ist seitdem nur noch ausnahmsweise unter bestimmten engen Voraussetzungen zulässig. Auch Personen, welche die DDR ohne Erlaubnis der dortigen Behörden verlassen oder früher in der DDR strafbare Handlungen begangen haben, können die Transitwege ungehindert benutzen. Reisenden, die in der Vergangenheit in der DDR und nach dem Recht der DDR Straftaten gegen das Leben, vorsätzliche Straftaten gegen die körperliche Unversehrtheit des Menschen oder schwere Straftaten gegen das Eigentum begangen haben, kann die Durchreise verweigert werden. Ein Mißbrauch der Transitwege liegt gemäß Artikel 16 des Abkommens dann vor, wenn ein Reisender während der Benutzung der Transitwege rechtswidrig und schuldhaft gegen die allgemein üblichen Vorschriften der DDR bezüglich der öffentlichen Ordnung verstößt, indem er
a) Material verbreitet oder aufnimmt;
b) Personen aufnimmt;
c) die vorgesehenen Transitwege verläßt, ohne durch besondere Umstände, wie Unfall oder Krankheit, oder durch Erlaubnis der zuständigen DDR-Organe dazu veranlaßt zu sein;
d) andere Straftaten (→ **Strafrecht**) begeht oder
e) durch Verletzung von Straßenverkehrsvorschriften Ordnungswidrigkeiten begeht (→ **Straßenverkehrsrecht**).
Im Falle des hinreichenden Verdachts, daß ein Mißbrauch beabsichtigt ist, begangen wird oder begangen worden ist, können die Organe der DDR den Reisenden sowie sein Transportmittel und sein Gepäck durchsuchen oder ihn zurückweisen.
Die Zahlung individueller Visa- und Straßenbenutzungsgebühren ist entfallen. Statt dessen zahlt die Bundesregierung eine Pauschalsumme, die für die Zeit von 1980 bis 1989 auf jährlich 525 Mill. DM festgelegt worden ist.
Das Transitabkommen hat Voraussetzungen dafür geschaffen, daß die Mehrzahl der Gütertransporte in verplombten Transportmitteln und damit ohne zeitaufwendige Sichtkontrolle der Ladung durch die Zollorgane der DDR durchgeführt werden kann (→ **Zollwesen**).
Nach Artikel 19 des Transitabkommens ist eine Kommission zur Klärung von Schwierigkeiten und Meinungsverschiedenheiten bei der Anwendung oder Auslegung dieses Abkommens gebildet worden („Transitkommission"). Die Kommission, die abwechselnd in Bonn und Berlin (Ost) tagt, behandelt in ihren regelmäßig stattfindenden Sitzungen alle Probleme des Transitverkehrs von und nach Berlin (West), z. B. Festnahmen und Zurückweisungen von Personen sowie Fragen des Güterverkehrs auf Schiene, Straße und Wasserstraße.

Personenverkehr aus dem Bundesgebiet von und nach Berlin (West) auf dem Landweg (bis 1976 nur Westdeutsche und West-Berliner, ab 1977 einschließlich Ausländer)

1967	7 995 000	1976	14 852 000
1968	7 337 000	1977	18 084 000
1969	7 249 000	1978	18 560 000
1970	7 103 000	1979	18 577 000
1971	7 633 000	1980	19 410 000
1972	10 478 000	1981	19 562 000
1973	13 667 000	1982	19 523 000
1974	13 554 000	1983	20 130 830
1975	14 794 000		

Weitere Verhandlungen brachten Verbesserungen im Berlin-Verkehr. So wurde bis Anfang 1980 die Autobahn Marienborn–Berlin von Grund auf erneuert und ein Teilstück des Berliner Rings auf sechs Spuren verbreitert. Im Schienenverkehr wurde ein neuer Übergang (Staaken) für den Reisezugverkehr nach Hamburg geschaffen, was eine Fahrzeitverkürzung von 45 Minuten bedeutet. In Berlin (West) wurden drei zusätzliche Verkehrshalte eingerichtet (Wannsee, Charlottenburg und Spandau). Eine Autobahnverbindung von Berlin nach Hamburg mit dem neuen Übergang Gudow-Zarrentin wurde fertiggestellt. Notwendige Reparaturarbeiten an den Transitwasserstraßen nach Berlin und am Schiffshebewerk Rothensee wurden durchgeführt. Der Teltow-Kanal wurde für den Durchgangsverkehr geöffnet. Der Neu- bzw. Ausbau der Autobahn bei Herleshausen/Wartha, die Verbreiterung des Mittellandkanals und der Ausbau von zwei Eisenbahn-Streckenabschnitten zwischen Berlin und Helmstedt wurden vereinbart. Zu den Kosten hat die Bundesrepublik Deutschland jeweils beigetragen (→ **Berlin**).

C. Grenzfeststellung, Recht, Verwaltung, humanitäre Fragen

1. Grenzfeststellung

Die gemäß Zusatzprotokoll I zum Grundlagenvertrag aus Beauftragten der Regierungen beider deutschen Staaten gebildete → **Grenzkommission** legte im November 1978 das „Protokoll zwischen der Regierung der Bundesrepublik Deutschland und der Deutschen Demokratischen Republik über die Überprüfung, Erneuerung und Ergänzung der Markierung der zwischen der Bundesrepublik Deutschland und der Deutschen Demokratischen Republik bestehenden Grenze, die Grenzdokumentation und die Regelung sonstiger mit dem Grenzverlauf in Zusammenhang stehenden Probleme" vor. Damit wurde die Feststellung und Markierung des Grenzverlaufs (mit Ausnahme des Elbeabschnitts) abgeschlossen. Neben dieser Grenzfeststellung, die Unsicherheiten und Zweifel über den Grenzverlauf ausräumen soll, trägt sie zur Regelung sonstiger mit dem Grenzverlauf im Zusammenhang stehenden Probleme bei, z. B. der → **Wasserwirtschaft**, der Energieversorgung und der Schadensbekämpfung (→ **Grenze, Innerdeutsche**).

2. Rechtshilfe

Nach 1945 leisteten sich die Gerichte in beiden Teilen Deutschlands zunächst weiter unmittelbare Rechts- und Amtshilfe. Mit der Entstehung der DDR nahmen die praktischen Schwierigkeiten zu; es entwickelten sich schrittweise unterschiedliche Rechtsordnungen. Besondere Schwierigkeiten entstanden bei der Rechtshilfe in Strafsachen (→ **Rechtshilfe, Innerdeutsche**). Für sie gilt in der Bundesrepublik Deutschland das Gesetz über die innerdeutsche Rechts- und Amtshilfe in Strafsachen vom 2. 5. 1953 i. d. F. vom 18. 10. 1964. Im Rechtshilfeverkehr in Zivil- und Strafsachen wurden ab Januar 1967 Ersuchen aus der DDR nur noch von den Bezirksgerichten an die Oberlandesgerichtspräsidenten im Bundesgebiet gesandt; unmittelbar an die Kreisgerichte in der DDR gerichtete Ersuchen aus der Bundesrepublik wurden nicht erledigt. Ähnlich versuchte der Generalstaatsanwalt der DDR (→ **Staatsanwaltschaft**), der Bundesrepublik Deutschland die Zuständigkeiten vorzuschreiben, indem Ersuchen aus dem Bundesgebiet nur noch auf Anträge der Generalstaatsanwälte der Bundesländer bearbeitet wurden. Der Rechts- und Amtshilfeverkehr zwischen den Staatsanwaltschaften kam dadurch 1968 zum Erliegen. 1969 legte das Justizministerium der DDR in einer Rundverfügung fest, daß der Rechtshilfeverkehr der Gerichte und staatlichen → **Notariate** der DDR mit Gerichten der Bundesrepublik Deutschland und Berlin (West) ausschließlich über das Justizministerium zu laufen habe. Rechtshilfeersuchen aus der Bundesrepublik wurden nur dann weitergeleitet, wenn diese Ersuchen über das Bundesjustizministerium oder ein Landesjustizministerium geleitet wurden. Im Gegensatz zu dieser Verfügung wurden Rechtshilfeersuchen, die auf dem verlangten Weg an die DDR gerichtet waren, nicht beantwortet.

Die DDR hat im Grundlagenvertrag dem Prinzip zugestimmt, die Fragen des Rechtsverkehrs, also den Rechts- und Amtshilfeverkehr zwischen den Gerichten und den Verkehr zwischen den Staatsanwaltschaften, so einfach und zweckmäßig wie möglich zu regeln. Dementsprechende Vereinbarungen sind das Ziel von Verhandlungen, die im August 1973 zwischen der Bundesrepublik Deutschland und der DDR unter der Leitung der Staatssekretäre der Justizministerien beider Staaten aufgenommen wurden. Diese Verhandlungen haben wegen der unterschiedlichen Auffassungen in der Staatsangehörigkeitsfrage noch nicht zum Abschluß geführt werden können (→ **Rechtshilfeabkommen; Staatsbürgerschaft**).

3. Amtshilfe, Verwaltungskontakte

Kommunale Kontakte zwischen den Verwaltungen unmittelbar an der innerdeutschen Grenze verliefen in den ersten Nachkriegsjahren zwar nicht reibungslos, waren aber teilweise aufgrund persönlicher Beziehungen und auf fachlicher Ebene noch möglich und hatten für die lokale Situation auch großen Wert (Brandbekämpfung, Abwasserbeseitigung, Hochwasserprobleme).

Die Verwaltungskontakte in Berlin waren naturgemäß besonders intensiv, da die Wasser-, Abwasser-, Gas- und Stromversorgung derartig verbunden war, daß Kontakte und Absprachen zwischen den Verwaltungen aus beiden Teilen der Stadt unumgänglich waren. Diese Kontakte wurden von der DDR zunehmend erschwert. Ab Anfang der 50er Jahre wurden von den DDR-Behörden keine Auskünfte mehr erteilt, wenn es sich um Angelegenheiten des Lastenausgleichs oder der Wiedergutmachung nationalsozialistischen Unrechts handelte. In Staatsangehörigkeits- und Meldesachen wurden personenstandsrechtliche Auskünfte nur gegeben, wenn sie nicht „Republikflüchtige" betrafen.

Im Sozialversicherungswesen bis 1967 und in Personenstandssachen bis 1968 vollzog sich der Amtshilfeverkehr zwischen den Behörden der beiden deutschen Staaten unmittelbar auf der unteren Verwaltungsebene. In der Folgezeit hat die DDR versucht, den Verwaltungsverkehr auf die Mittelinstanz zu heben, und die Antworten auf entsprechende Ersuchen den Innenministern des jeweiligen Bundeslandes zugeleitet. Nach Hinweisen westdeutscher Behörden über die Unzweckmäßigkeit eines solchen Verfahrens ist man 1969 zum alten Verfahren zurückgekehrt, nachdem zuvor einige DDR-Bezirke überhaupt nicht auf Anfragen antworteten. Derzeit verkehren die Sozialversicherungsträger und Standesämter direkt miteinander und stellen gegenseitig Belege und Urkunden aus. Dasselbe gilt für die Jugendämter der Bundesrepublik und die Referate Jugendhilfe bei den Kreisverwaltungen der DDR, die bis 1974 sog. Jugendamtsverrechnungen vornahmen.

Fast reibungslos verlaufen – wie bereits früher – auch die Kontakte in Jugendfürsorgeangelegenheiten. Die Ersuchen der Jugendämter nach Ermittlung des Aufenthaltes und der Zahlungsfähigkeit von Erzeugern nichtehelicher Kinder, Zahlungsaufforderungen, Zwangsvollstreckungen und die Übernahme von Vertretungen bei Gericht für nichteheliche Kinder und unterhaltsberechtigte Minderjährige werden in der Regel gegenseitig erledigt.

Nach Inkrafttreten des Grundlagenvertrages konnten zahlreiche kommunale Probleme an der Grenze (→ **Grenzkommission**) und in → **Berlin** geregelt werden.

Entsprechend der Protokoll-Erklärung der DDR zum Grundlagenvertrag über den Verwaltungsverkehr, wonach die DDR den bestehenden Verkehr zwischen den Verwaltungsbehörden in Unterhalts-, Vormundschafts-, Personenstands- und Sozialversicherungsangelegenheiten nicht ändert, sondern beibehält und im Rahmen der Möglichkeiten beschleunigt, werden Amtshilfeersuchen hiesiger Behörden von den zuständigen Stellen der DDR bearbeitet und beantwortet. Angesichts der Vielzahl von Ersuchen, z. B. zur Beschaffung von Rentenunterlagen, treten in Einzelfällen Schwierigkeiten auf, die die Ständige Vertretung der Bundesrepublik Deutschland in Berlin (Ost) gegenüber der DDR anspricht.

4. Private Vermögensangelegenheiten

Die tiefen Gegensätze zwischen den Gesellschafts- und Rechtsordnungen der Bundesrepublik Deutschland und der DDR werden besonders in Eigentums- und Vermögensfragen deutlich (→ **Eigentum; Zivilrecht**). Die Schwierigkeit, auf diesem Gebiet Lösungen zu finden, wird auch im Protokollvermerk zum Grundlagenvertrag in der Feststellung deutlich, daß Vermögensfragen wegen der unterschiedlichen Rechtspositionen durch den Grundlagenvertrag nicht geregelt werden konnten.

Es konnte jedoch erreicht werden, daß die DDR seit Ende 1976 an sie gerichtete Fragen von Betroffenen aus der Bundesrepublik Deutschland beantwortet. Bei Vermögenswerten unter staatlicher Verwaltung beschränken sich die Antworten allerdings auf den Hinweis, es handele sich um offene Vermögensfragen (→ **Flüchtlingsvermögen; Treuhandvermögen**).

5. Humanitäre Fragen

Vom Bau der Mauer in Berlin am 13. 8. 1961 waren mehrere tausend DDR-Bewohner, die zu Besuch in der Bundesrepublik oder in Berlin (West) weilten, sowie in Berlin (West) arbeitende Ost-Berliner überrascht worden. Außerdem waren in vielen Familien zunächst nur die Eltern in den Westen gekommen, um sich eine Existenz aufzubauen, und um dann die Kinder nachzuholen. Die Absperrungen zerstörten ihre Hoffnungen, daß die zurückgebliebenen Angehörigen nach einiger Zeit nachreisen könnten. Im Zusammenhang mit den von der Bundesregierung geführten Verhandlungen über die Entlassung politischer Häftlinge aus der DDR gegen materielle Gegenleistungen kam es 1965 zunächst zu Absprachen über die Nachreise der Angehörigen dieser Häftlinge. Hieraus ergaben sich Verhandlungen über die Ausreise getrennter Eheleute, langjähriger Verlobter und von allein oder mit einem Elternteil zurückgebliebenen Kindern. Von 1965 bis 1970 konnte 2700 Personen, davon 300 Kindern, die Ausreise ermöglicht werden. Die Regelung des endgültigen Verbleibs von 800 bis 1000 Kindern entweder bei einem Elternteil in der DDR oder beim in der Bundesrepublik Deutschland lebenden Elternteil machte die DDR von der globalen Verrechnung von Unterhaltsguthaben Minderjähriger abhängig, die bei den Banken hüben und drüben aufgelaufen waren, aber wegen fehlender Transfermöglichkeiten zwischen den beiden Staaten nicht den Kindern zugute kommen konnten. Anfang 1969 kam es zu einer Berliner Sondervereinbarung: nach der Überweisung von 5 Mill. DM Unterhaltsgeldern an die DDR konnten 250 Kinder zu ihren Eltern ausreisen.

Im Artikel 7 des Grundlagenvertrages haben die Bundesrepublik Deutschland und die DDR ihre Bereitschaft zur Regelung humanitärer Fragen vereinbart. Einzelheiten sind im Briefwechsel zur Familienzusammenführung, der mit Inkrafttreten des Vertrages wirksam wurde, enthalten. Mit der Veröffentlichung der Schlußakte der Konferenz über Sicherheit und Zusammenarbeit in Europa 1975 stellte eine große Zahl von DDR-Bewohnern Anträge auf Familienzusammenführung oder Ausreise in die Bundesrepublik Deutschland. Die Bundesregierung hat sich hierbei im Rahmen ihrer Kontakte zur DDR-Regierung um die Lösung dieser Probleme bemüht. Im September 1983 erließ die DDR eine Verordnung, in der die Familienzusammenführung und Eheschließung „mit Ausländern" formell geregelt wird (→ **Übersiedlung in die Bundesrepublik Deutschland**).

D. Kultur, Wissenschaft, Kirche, Jugend, Sport

1. Kultur

In den 50er Jahren betonte die DDR die Einheit der deutschen Kultur und Nation und war insbesondere auf staatlicher Ebene um kulturelle Kontakte bemüht. Zu den Aufgaben des 1954 in der DDR gebildeten → **Ministeriums für Kultur** gehörte auch, „Beziehungen zu Künstlern und Kunsteinrichtungen Westdeutschlands anzuregen und durch praktische Maßnahmen zu erleichtern". Die DDR veranstaltete und initiierte zahlreiche gesamtdeutsche Kulturveranstaltungen, beispielsweise „gesamtdeutsche Kulturgespräche" zur Leipziger Messe, deutsche Kulturtage in Dresden und 1955 Gespräche mit Kulturminister J. R. Becher in Berlin (West). Von seiten der Bundesregierung und der Bundesländer war man nicht bereit, Angebote für solche staatlich getragenen Veranstaltungen aufzunehmen, weil man darin in erster Linie Versuche zur ideologischen Unterwanderung und Hebel zur politischen Anerkennung sah, unterstützte aber die zahlreichen kulturellen Kontakte außerhalb der staatlichen Ebenen. Die DDR trat mehrmals an staatliche Institutionen der Bundesrepublik Deutschland heran, so im März 1955 mit Vorschlägen an die Ständige Konferenz der Kultusminister, in denen Freizügigkeit im wissenschaftlich-akademischen und künstlerisch-kulturellen Leben, gemeinsamer Sprach-, Literatur- und Wissenschaftspflege sowie gegenseitige Anerkennung von Zeugnissen und Prüfungen angeboten wurden. Auf der Kulturkonferenz des Zentralkomitees der SED im April 1960 wurde noch einmal die Einheit der deutschen Kultur betont. In einem offenen Brief des Deutschen Kulturbundes (→ **Kulturbund der DDR [KB]**) an die westdeutsche Bevölkerung forderte man auch den Abschluß eines Kulturabkommens. 1961, nach dem Bau der Mauer in Berlin, wurden als Reaktion darauf die innerdeutschen Kulturbeziehungen zeitweise von westlicher Seite eingeschränkt; dennoch nahm die Zahl der kulturellen Kontakte bis 1966/67 zu. Im April 1964 schrieb der Kulturminister der DDR, H. Bentzin, erneut an den Vorsitzenden der Kultusministerkonferenz; Walter Ulbricht bot mehrere Male den Abschluß eines Kulturabkommens an. Ab 1965 begann dann die DDR im Zuge ihrer Abgrenzungspolitik systematisch gesamtdeutsche Vereinigungen zu behindern. Die → **Goethe-Gesellschaft** beispielsweise wurde in großem Umfang durch die Aufnahme nicht-deutscher Mitglieder internationalisiert. Eine weiter verstärkte → **Abgrenzung** setzte 1966 nach dem nicht zustande gekommenen Rednerаustausch zwischen SED und SPD ein. Die gegenseitigen kulturellen Veranstaltungen beschränkten sich auf kommunistische Parteiveranstaltungen (SED – SEW – DKP). Diese Beschränkung dauerte bis etwa 1973 an.

Im Artikel 7 des Grundlagenvertrages ist die Entwicklung und Förderung der Zusammenarbeit auf dem Gebiet der Kultur vereinbart worden. Im Zusatzprotokoll zu diesem Artikel wird die Absicht bestätigt, Verhandlungen über den Abschluß von Regierungsabkommen aufzunehmen. Diese Verhandlungen haben im November 1973 begonnen. Zur Delegation der Bundesrepublik Deutschland gehören – neben den Vertretern von Bundesministerien –, dem Kulturföderalismus entsprechend auch zwei Vertreter der Bundesländer. Nach fünf Runden kamen die Verhandlungen im Herbst 1975 zum Stillstand, nachdem die DDR weitere Verhandlungen von der Herausgabe großer Teile der früheren preußischen Sammlungen, die jetzt zur Stiftung preußischer Kulturbesitz gehören, abhängig gemacht hatte. Erst im Herbst 1982 einigten sich die Regierungen auf die Fortsetzung der Verhandlungen, die 1984 intensiv fortgeführt wurden.

Obwohl die DDR zahlreiche Angebote auf Austausch mit dem Hinweis auf das fehlende Kulturabkommen zurückwies, kam es zu Absprachen auf der staatlichen Ebene über kulturelle Präsentation auf der Grundlage von Gegenseitigkeit. So wurde Anfang 1977 im Ausstellungsgelände am Alexanderplatz in Berlin (Ost) die erste offizielle Ausstellung aus der Bundesrepublik Deutschland zu dem Thema „Fotographie in Wissenschaft und Technik" gezeigt. Im Gegenzug veranstaltete der Kulturbund der DDR im Herbst 1979 eine Foto-Ausstellung in Köln. Dieser Austausch wurde 1980 mit Filmwochen und 1982/83 mit dem Austausch von Ausstellungen fortgesetzt (→ **Kulturelle Zusammenarbeit**). Der größte Teil der bestehenden kulturellen Verbindungen beruht auf Aktivitäten von Privatpersonen, Verbänden, Kulturinstitutionen und Gebietskörperschaften. Die meisten Veranstaltungen werden über kommerzielle Agenturen abgewickelt. Eine Monopolstellung hat dabei auf seiten der DDR die → **Künstler-Agentur der DDR**.

In den beiden deutschen Staaten hat die Bühnen- und Konzertkultur einen hohen und weltweit anerkannten Rang. Die Zahl der gegenseitigen Gastspiele ist trotzdem nicht sehr groß. Jährlich gibt es fünf bis sechs Gastspieltourneen von Orchestern der DDR durch das Bundesgebiet. Die Zahl der Theaterstücke, die in den Spielplänen des jeweils anderen Staates verzeichnet sind, ist gering. Verstärkt hat sich in den letzten Jahren der Austausch auf den Gebieten der Jazz- und Popmusik. Die Beziehungen auf dem Gebiet der Literatur sind relativ konstant. Jedes Buch aus der DDR ist im Bundesgebiet erhältlich, Probleme bestehen allerdings durch Lieferschwierigkeiten bei geringen Auflagen, Absprachen bei Lizenzausgaben und einstweiligen Verfügungen bei gleichnamigen Verlagen. Die DDR erwirbt im begrenzten Umfange naturwissenschaftliche Werke und Übersetzungen, die auch den größten Teil der Lizenzen ausmachen. Im Bundesgebiet dagegen ist die zeitgenössische Belletristik der DDR stark verbreitet. Die Kontakte zwischen den beiden Börsenvereinen des Buchhandels sind nicht sehr intensiv, aber beide Staaten sind jeweils stark auf den Buchmessen in Leipzig und Frankfurt/Main vertreten (→ **Bücheraustausch**). Ein Zentrum des Internationalen Schriftstellerverbandes PEN wurde 1947 gemeinsam gegründet, spaltete sich aber 1951 (→ **P.E.N.-Zentrum DDR**). Der letzte gemeinsame Schriftstellerkongreß fand im Oktober 1947 in Berlin statt. Vor dem Bau der Mauer kam es 1961 noch einmal zu einem gesamtdeutschen Schriftstellertreffen in Hamburg. Seit der „Begegnung zur Friedensförderung" im Dezember 1981 in Berlin (Ost), zu der zahlreiche Schriftsteller und Wissenschaftler aus Ost und West erschienen, folgten mehrere solcher Begegnungen mit unterschiedlichen Veranstaltern in Ost und West.

Nachdem Künstler aus dem Bundesgebiet 1962 zuletzt auf der Deutschen Kunstausstellung in Dresden vertreten waren, haben sich in den 70er Jahren die Kontakte auf dem Gebiet der bildenden Kunst intensiviert.

Im Jahre 1977 beteiligten sich zum ersten Mal Künstler aus der DDR an der documenta in Kassel. Seitdem wurde auf mehreren Ausstellungen im Bundesgebiet, die nicht zuletzt dem Verkauf dienten, moderne Kunst aus der DDR gezeigt. Die Leihbeziehungen zwischen Museen, die neben der Staufferausstellung von 1977 eine Vielzahl von positiven Beispielen bieten, haben sich durch die Haltung der DDR gegenüber der Stiftung preußischer Kulturbesitz erheblich erschwert.

Auf dem Gebiet des → **Filmwesens** und des → **Fernsehens** werden Produktionen im beschränkten Maße ausgetauscht oder gekauft. Im Zusatzprotokoll zum Grundlagenvertrag sind in Ziffer 10 Verhandlungen zur Erweiterung des gegenseitigen Bezugs von Büchern, Zeitschriften, Rundfunk- und Fernsehproduktionen vorgesehen. Diese Verhandlungen sind mit den Kulturverhandlungen gekoppelt.

Bezüge und Lieferungen der Bundesrepublik Deutschland einschl. Berlin (West) im Innerdeutschen Handel mit Gegenständen des Buchhandels 1961 bis 1982 (in 1000 VE)[1]

	Bücher		Zeitungen u. Zeitschr.	
Jahr	Lieferungen	Bezüge	Lieferungen	Bezüge
1961	3 685	5 593	5 448	2 153
1965	6 710	10 156	4 766	3 200
1970	5 686	12 285	5 956	1 725
1975	6 533	15 383	11 540	1 204
1980	7 263	17 252	13 437	1 189
1982	9 393	22 398	14 058	1 279

1 Ausschließlich der im Bereich „Sonstige Druckereierzeugnisse" registrierten Gegenstände des Buchhandels.
Quelle: Buch und Buchhandel in Zahlen 1983.

2. Wissenschaft

Die Intensität der wissenschaftlichen Zusammenarbeit hängt nicht zuletzt von den Reisemöglichkeiten ab. So nahmen z. B. an den zwischen dem 1. 4. und 30. 9. 1956 im Bundesgebiet veranstalteten 38 wissenschaftlichen Kongressen 1467 Wissenschaftler aus der DDR teil. Die Zahl der gemeinsam herausgegebenen wissenschaftlichen Zeitschriften, Forschungs- und Sammlungsergebnisse und der Edition wissenschaftlicher Reihen ist zurückgegangen. Entscheidend für die Möglichkeiten solcher Zusammenarbeit sind nicht selten private Verbindungen und zurückhaltende Publizität. Das Interesse der DDR konzentriert sich auf für sie relevante Forschungsbereiche und Zusammenarbeit auf internationaler Ebene. Wissenschaftlicher Austausch erfolgt auch zwischen den Universitäten und insbesondere Akademien (→ **Deutsche Akademie der Naturforscher Leopoldina zu Halle/Saale**). Obwohl es noch nicht zum Abschluß des im Grundlagenvertrag vorgesehenen Abkommens über die Zusammenarbeit in Wissenschaft und Technik kam, haben die Wissenschaftsbeziehungen erheblich zugenommen.

3. Kirche

Die engen und weitgefächerten Kontakte im kirchlichen Bereich bildeten stets einen stabilisierenden Faktor in den menschlichen Beziehungen (→ **Kirchen**), die sich weitgehend außerhalb des staatlichen Einflusses entwickelten. Die Bemühungen der DDR-Regierung, diese Kontakte durch die Trennung der Kirchenorganisationen einzuschränken, blieben erfolglos.

4. Jugend

Zunächst standen die von der SBZ/DDR initiierten Jugendbegegnungen unter gesamtdeutschem Motto. So richtete das „II. FDJ-Parlament" (23. bis 26. 5. 1947 in Meißen) eine „Botschaft an die deutsche Jugend" und schlug die Bildung eines gesamtdeutschen Jugendringes vor. Das FDJ-Deutschland-Treffen im Mai 1950 wurde als gesamtdeutsches Treffen deklariert. Mit zunehmenden Reisebeschränkungen (z. B. wurden im Sommer 1957 Oberschülern, Studenten und FDJ-Angehörigen Westreisen verboten) reduzierte sich die Zahl der Begegnungen drastisch. Danach waren Reisen meist nur noch einseitig in die DDR möglich und umfaßten vor allem regelmäßige Kontakte, die sich über lange Jahre hinweg entwickelt und vertieft hatten. Seit den X. Weltfestspielen der Jugend und Studenten 1973 in Berlin (Ost) nahmen einige Mitgliedsverbände des Deutschen Bundesjugendringes offizielle Kontakte zur → **Freien Deutschen Jugend (FDJ)** bzw. zum → **Freien Deutschen Gewerkschaftsbund (FDGB)** auf. Das führte zu gegenseitigen Delegationsbesuchen. Nach einer Absprache zwischen dem Deutschen Bundesjugendring und der FDJ von Ende 1982 wurde das touristische Angebot an Jugendreisen in die DDR erheblich erweitert, auch Informationsbesuche von DDR-Jugendlichen in die Bundesrepublik wurden vereinbart (→ **Jugendaustausch, Innerdeutscher**).

5. Sport

1952 brach der Deutsche Sportbund (DSB) wegen zunehmender Politisierungsversuche seitens der DDR die Verbindungen zum Deutschen Sportausschuß der DDR (DSA) vorübergehend ab. Sie wurden Ende 1952, nachdem man übereingekommen war, jeden Mißbrauch der olympischen Idee und des Sports zu politischen Zwecken zu vermeiden und insbesondere jede Diskriminierung West-Berliner Sportler durch die DDR auszuschließen, wieder aufgenommen. Der Sportverkehr erreichte 1957 mit 1530 sportlichen Begegnungen, an denen 35480 Sportler aus den beiden deutschen Staaten teilnahmen, seinen Höhepunkt. Da von den Treffen in der Bundesrepublik immer mehr Sportler nicht in die DDR zurückkehrten, wurde der Sportverkehr von den DDR-Behörden unter der Beschuldigung der „Abwerbung" und des „Menschenhandels" zunehmend gedrosselt. Bei den Olympischen Spielen 1956, 1960 und 1964 konnte man sich noch auf eine gesamtdeutsche Mannschaft einigen (→ **Nationales Olympisches Komitee [NOK] der DDR**). Nach dem Bau der Mauer beschlossen der Geschäftsführende Vorstand des DSB und das Präsidium des NOK für Deutschland in einer gemeinsamen Sitzung am 16. 8. 1961 in Düsseldorf die Einstellung der innerdeutschen Sportbeziehungen. Dieser Beschluß wurde durch den DSB-Hauptausschuß erst am 30. 10. 1965 revidiert. Trotzdem kam es nur zu wenigen Begegnungen; von 1966 bis 1970 gab es nur insgesamt 292 gesamtdeutsche Sportbegegnungen mit 5045 Teilnehmern. 1970 trafen sich in Halle nach 11jähriger Pause zum erstenmal die Spitzenvertreter beider Sportorganisationen. Doch erst nach Abschluß des Grundlagenvertrages vereinbarten im Mai 1974 die beiderseitigen Sportverbände jährliche Festlegungen von Sportbegegnungen und die Einbeziehung der Sportler von Berlin (West) in den Sportverkehr zwischen dem DSB und dem → **Deutschen Turn- und Sportbund (DTSB) der DDR**. Gemessen an der Größe der beiden Sportorganisationen und an den Wünschen der Sportler in der DDR und der Sportvereine in der Bundesrepublik Deutschland ist der Stand der Sportbeziehungen aufgrund der Haltung der DDR nach wie vor gering. 1983 fanden 37 Begegnungen in der Bundesrepublik Deutschland und Berlin (West) und 38 Begegnungen in der DDR und Berlin (Ost) statt (→ **Sport**).

E. Gesundheitswesen und Umweltschutz

1. Gesundheitswesen

Als erstes Folgeabkommen zum Grundlagenvertrag wurde am 25. 4. 1974 das „Abkommen zwischen der Regierung der Bundesrepublik Deutschland und der Regierung der Deutschen Demokratischen Republik auf dem Gebiet des Gesundheitswesens" abgeschlossen, in das Berlin (West) durch einen besonderen Artikel ausdrücklich einbezogen ist. Dieses mit Gesetz vom 22. 11. 1975 ratifizierte und am 1. 1. 1976 in Kraft getretene Abkommen gibt Einreisenden aus dem jeweils anderen deutschen Staat einen Rechtsanspruch auf kostenfreie ambulante und stationäre medizinische Hilfe bei akuten Erkrankungen. Die Rückführung in den Herkunftsstaat mit dem Krankenwagen bei schweren Erkrankungen ist insbesondere durch die zentrale Vermittlung dieser Transporte durch die Präsidien der beiden deutschen Rotkreuzgesellschaften (→ **Deutsches Rotes Kreuz [DRK] der DDR**) wesentlich verbessert worden. Das Abkommen räumt auch die Möglichkeit von Spezialbehandlungen und -kuren ein und regelt den Informationsaustausch zu Fragen der Verhütung und Bekämpfung übertragbarer Krankheiten und zu Arzneimittelnebenwirkungen. .Die Zusammenarbeit auf dem Gebiet der medizinischen Forschung und Praxis, z. B. Teilnahme an Kongressen und Symposien, Hospitationen, Studienreisen und Fachgesprächen wurde erweitert. Seit Januar 1984 ist der Versand bestimmter Arzneimittel im Geschenkpostverkehr zugelassen. Eine ähnlich eingeschränkte Versandmöglichkeit bestand seit 1955, bis 1961 der Versand ganz verboten wurde. Zur Abstimmung von Fragen des Gesundheitsabkommens haben die Gesundheitsminister beider Staaten Beauftragte benannt, die bisher 15mal (Stand: April 1984) zusammengetroffen sind (→ **Gesundheitswesen**).

2. Veterinärabkommen

Im Dezember 1979 wurde ein Veterinärabkommen unterzeichnet. Das Abkommen, in das Berlin (West) einbezogen ist, schafft den Rahmen für die fachlich-administrative Zusammenarbeit beider deutscher Staaten auf dem Gebiet des staatlichen Veterinärwesens und bildet die Grundlage, um durch Erfahrungsaustausch, fachliche Informationen und direkte Kontakte bei der Verhütung und Bekämpfung verlustreicher Tierkrankheiten zusammenzuwirken und einen optimalen Hygienestandard für von Tieren stammende Lebensmittel zu gewährleisten.

3. Umweltschutz

Gemäß Zusatzprotokoll zum Grundlagenvertrag Abschnitt II Ziffer 9 wurden im November 1973 Verhandlungen zu einem Umweltschutzabkommen aufgenommen. Nach Errichtung des Umweltbundesamtes in Berlin (West) im Sommer 1974 sind diese Verhandlungen jedoch von der DDR nicht weitergeführt worden. Einige Umweltschutzprobleme im Grenzbereich konnten im Rahmen der → **Grenzkommission** geregelt werden. Seit 1980 kam es dann auch in den einzelnen Umweltschutzbereichen zu Vereinbarungen bzw. nennenswerten Fortschritten in den Expertengesprächen. Zum Schutz der Berliner Gewässer wurde am 28. 9. 1982 eine Regelung mit der DDR über den Bau dritter Reinigungsstufen in drei Großklärwerken in Berlin (Ost) getroffen. Die Bundesregierung beteiligte sich daran mit einem Betrag von 68 Mill. DM. Im Oktober 1983 wurde eine Vereinbarung zur Regelung der Abwasserprobleme des Flusses Röden (im Raum Sonneberg/Coburg) unterzeichnet. Expertengespräche mit dem Ziel weiterer Regelungen über eine Reduzierung der Salzbelastung der Werra und Weser, über die Schadstoffbelastung der Elbe, über grenzübergreifende Problematik der Luftverunreinigung, über Fragen der Reaktorsicherheit und Notfallschutzplanung und über Umweltrisiken durch grenznahe Mülldeponien wurden 1983 aufgenommen. Expertengespräche über Waldschäden und Verhandlungen über ein Naturschutzabkommen werden angestrebt (→ **Naturschutz; Umweltschutz**).

F. Presse und Information

Während DDR-Journalisten seit den 50er Jahren aus der Bundesrepublik Deutschland unter denselben Bedingungen berichten können, wie andere Journalisten auch, waren die Arbeitsmöglichkeiten für Journalisten aus der Bundesrepublik Deutschland und Berlin (West) in der DDR bis 1972 ungeklärt. Die Medien der Bundesrepublik waren deshalb auf Berichte von Mitarbeitern, die privat die DDR besuchten, oder auf in der DDR zugelassene ausländische Korrespondenten angewiesen. Ausnahmen bildeten nur besondere wirtschaftliche, politische und sportliche Ereignisse, zu deren internationalen Pressekonferenzen vor allem die in Berlin (West) tätigen westdeutschen und ausländischen Journalisten eingeladen wurden.

Im Rahmen des Grundlagenvertrages haben die beiden deutschen Staaten sich in einem Briefwechsel gegenseitig verpflichtet, im Rahmen ihrer geltenden Rechtsordnungen Journalisten aus dem jeweils anderen Staat und deren Hilfspersonen das Recht zur Ausübung der beruflichen Tätigkeit und der freien Information und Berichterstattung zu gewähren, sowie bei rechtmäßiger Ausübung des Berufs die Tätigkeit als Reisekorrespondent und unter Beachtung der Gegenseitigkeit die berufliche Niederlassung als ständiger Korrespondent zu ermöglichen. Damit waren westdeutsche Medien erstmals imstande, Berichte eigener → **Korrespondenten** aus der DDR zu veröffentlichen. Anfang 1984 waren 18 Korrespondenten aus der Bundesrepublik Deutschland und Berlin (West) in Berlin (Ost) ständig akkreditiert, die für eine Nachrichtenagentur, Tageszeitungen, Wochenzeitungen, Rundfunk und Fernsehen arbeiten.

In Bonn sind 6 DDR-Korrespondenten tätig, die eine Tageszeitung, Hörfunk, Fernsehen und die Nachrichtenagentur der DDR, → **Allgemeiner Deutscher Nachrichtendienst (ADN)**, vertreten. Seit 1975 kam es immer wieder zu Behinderungen und sogar Ausweisungen von Journalisten aus der DDR.

Das Büro des SPIEGEL in Berlin (Ost) wurde 1978 geschlossen. Obwohl die Arbeitsbedingungen im o. g. Schriftwechsel festgelegt worden sind und die KSZE-Schlußakte die Verbesserung der Arbeitsmöglichkeiten für Journalisten vorsieht, hat die DDR im April 1979 die Arbeitsbedingungen für Korrespondenten nachhaltig verschlechtert. U. a. müssen im Gegensatz zu der bis dahin geübten Praxis bei Reisen außerhalb von Berlin (Ost) die Behörden der DDR 24 Stunden vor Beginn der Reise informiert sowie für Interviews und Befragungen „jeder Art" Genehmigungen eingeholt werden. Dennoch hat sich die Berichterstattung aus der DDR durch die Tätigkeit der ständigen Korrespondenten in der DDR gegenüber den 50er und 60er Jahren erheblich verbessert. Allerdings ist die Tätigkeit der Journalisten aus der Bundesrepublik Deutschland aufgrund der restriktiven Pressepolitik in kommunistisch regierten Staaten nicht mit den Arbeitsmöglichkeiten in der Bundesrepublik Deutschland vergleichbar (→ **Neue Medien; Zeitungsaustausch**).

IV. Probleme und Perspektiven

Obwohl die IB. nach wie vor vom allgemeinen Ost-West-Verhältnis stark beeinflußt werden, haben sie sich durch die Interessenlage beider deutscher Staaten zunehmend stabilisiert. Über den Minimalkonsens hinsichtlich der Wahrung des Friedens in Europa und des Abbaus von Spannungen hinaus sind beide Staaten in Deutschland an der Regelung gemeinsam berührender Probleme interessiert. Vorwiegendes DDR-Interesse liegt in der politischen und wirtschaftlichen Stabilität des eigenen Systems nach innen und außen (Kompensation der mangelnden Legitimation, internationales Ansehen, Kredite) und in der Beseitigung des besonderen innerdeutschen Verhältnisses (Geraer Forderungen, Staatsangehörigkeit, Umwandlung der Ständigen Vertretungen in Botschaften, → **Deutschlandpolitik der SED**).

Die Interessen der Bundesrepublik Deutschland liegen im Zuge der Anwendung des modus vivendi und der Verwirklichung gutnachbarlicher Beziehungen in der Einbeziehung und Stärkung der Lebensfähigkeit von Berlin (West), in der Ausweitung der Reisemöglichkeiten (z. B. Senkung des **Mindestumtauschs**) in beiden Richtungen (z. B. Senkung des Reisealters, Ausreisen), Verbesserung der Lebensbedingungen in der DDR und im Abbau von Grenzschikanen (z. B. Abbau SM 70; → **Grenze, Innerdeutsche**; Kontrollen). Das Ziel der Bundesrepublik Deutschland, auf einen Zustand des Friedens in

Europa hinzuwirken, in dem das deutsche Volk in freier Selbstbestimmung seine Einheit wiedererlangt, bleibt hiervon unberührt.
Ohne die unterschiedlichen Standpunkte und Zielvorstellungen beider Seiten aus den Augen zu verlieren, ist eine Verbesserung und Intensivierung der IB. auf dem Wege des Interessenausgleichs möglich.

V. Verträge und Abmachungen

Bisher wurden zwischen der Bundesrepublik Deutschland und der DDR u. a. folgende Verträge und Vereinbarungen geschlossen:
– Vereinbarung über die Verrechnung der im Post- und Fernmeldeverkehr erbrachten Leistungen (29. 4. 1970; Neufestsetzung der Postpauschale 19. 10. 1977, 15. 11. 1983),
– Protokoll über Verhandlungen zum Post- und Fernmeldeverkehr (30. 9. 1971),
– Vertrag über Fragen des Verkehrs (26. 5. 1972),
– Vertrag über die Grundlagen der Beziehungen (21. 12. 1972),
– Vereinbarungen über die Grundsätze zur Schadensbekämpfung und über die Instandhaltung der Grenzgewässer (20. 9. 1973, 29. 11. 1978),
– Protokoll über die Errichtung der Ständigen Vertretungen (14. 3. 1974),
– Vereinbarungen über den Transfer von Unterhaltszahlungen und aus Guthaben in bestimmten Fällen (25. 4. 1974, 16. 11. 1978, 18. 6. 1982),
– Abkommen auf dem Gebiet des Gesundheitswesens (25. 4. 1974),
– Vereinbarung über den Fischfang in einem Teil der Lübecker Bucht (29. 6. 1974),
– Protokollvermerk über den Verlauf der Grenze zwischen dem Küstenmeer der Bundesrepublik Deutschland und dem Küstenmeer der DDR (29. 6. 1974),
– Abkommen auf dem Gebiet des Post- und Fernmeldewesens (30. 3. 1976),
– Vereinbarung über den grenzüberschreitenden Braunkohleabbau im Raum Helmstedt/Harbke (19. 5. 1976),
– Abkommen über die Befreiung von Straßenfahrzeugen von Steuern und Gebühren sowie Vereinbarung einer Pauschalabgeltung von Straßenbenutzungsgebühren für Personenkraftfahrzeuge (31. 10. 1979),
– Abkommen auf dem Gebiet des Veterinärwesens (21. 12. 1979),
– Vereinbarung über die Sanierung des bayerisch-thüringischen Grenzgewässers Röden (12. 10. 1983),
– Vereinbarung über den Postverkehr (15. 11. 1983).

Zwischen Verbänden gab es folgende Vereinbarungen:
– Protokoll über die Regelung der Sportbeziehungen zwischen dem DSB und dem DTSB (8. 5. 1974),
– Vereinbarung zwischen dem Deutschen Bundesjugendring und der FDJ über einen gegenseitigen Jugendaustausch (20. 9. 1982).

Verträge und Vereinbarungen, Berlin und den Berlin-Verkehr betreffend:
– Viermächte-Abkommen über Berlin (3. 9. 1971),
– Abkommen über den Transitverkehr von und nach Berlin (West) (17. 12. 1971),
– Vereinbarung zwischen dem Senat und der Regierung der DDR zum Reise- und Besucherverkehr und über die Regelung der Frage von Enklaven (20. 12. 1971),
– Vereinbarung zur Verbesserung der Verkehrswege nach und von Berlin (West) (19. 12. 1975, 22. 12. 1977, 16. 11. 1978, 30. 4. 1980),
– Vereinbarung über den Neubau einer zweiten Kammer der Spandauer Schleuse (1. 12. 1974),
– Vereinbarung über die Neuordnung des Eisenbahn-Südgeländes (24. 1. 1980),
– Vereinbarung zu Fragen des Berliner Gewässerschutzes (28. 9. 1982),
– Abkommen über die Übernahme der S-Bahn (30. 12. 1983).

Literaturangaben zu diesem Hauptartikel findet der Leser in den Literaturhinweisen am Ende des Handbuches, vor allem in den Sachgruppen 12 und 13.

Innerdeutscher Handel (IDH)

I. Ausgangslage

Nach der bedingungslosen Kapitulation des Deutschen Reiches am 8. 5. 1945 verwirklichten die Siegermächte ihre im II. Weltkrieg entwickelten Vorstellungen über die Zukunft Deutschlands. Das Deutsche Reich wurde entmilitarisiert und seiner zentralen Staatsmacht beraubt, die Ostgebiete wurden abgetrennt und Restdeutschland in Besatzungszonen aufgeteilt. Zwischen den 4 Besatzungszonen entwickelte sich nach dem Wiedererwachen des Wirtschaftslebens, nach der Beseitigung der Verkehrsschwierigkeiten und administrativen Hemmnisse seit Frühjahr 1946 langsam ein Güteraustausch. Als dann die 3 Westzonen politisch und wirtschaftlich zu einer Einheit zusammenwuchsen und sich die Ost-West-Spaltung im Zeichen des kalten Krieges vertiefte, wurde unter „Interzonenhandel" nicht mehr der Warenaustausch zwischen allen 4 Besatzungszonen verstanden. Als Interzonenhandel (I.) – seit Ende der 60er Jahre Innerdeutscher Handel (IDH) – wird seitdem der Güter- und Dienstleistungsverkehr zwischen der SBZ/DDR, einschließlich → **Berlin** (Ost), und der heutigen Bundesrepublik Deutschland, einschließlich Berlin (West), bezeichnet.

Der Güteraustausch zwischen dem östlichen und westlichen Teil Deutschlands wurde von Anfang an durch zweiseitige Abkommen geregelt. In der Zusammenstellung (s. unten) sind die wichtigsten IDH-Abkommen aufgeführt.

II. Institutionelle und rechtliche Grundlagen

Zur Organisation des IDH ließ die Bundesregierung durch AO des Bundesministeriums für Wirtschaft beim Deutschen Industrie- und Handelstag bereits Anfang November 1949 in Frankfurt/Main die Treuhandstelle für den Interzonenhandel gründen, die seit April/Mai 1950 ihren Sitz in Berlin (West) hat. 1963 wurde die Treuhandstelle der Aufsicht des Bundesministeriums für Wirtschaft unterstellt. Die Treuhandstelle handelte stets auf Weisung der Bundesregierung. Sie wurde ermächtigt, mit den obersten Wirtschaftsorganen der Währungsgebiete der DM-Ost in allen Fragen, die die geschäftlichen Beziehungen zwischen der Bundesrepublik Deutschland einschließlich Berlin (West) und den Währungsgebieten der DM-Ost betreffen, Verbindung zu halten, Verhandlungen zu führen und Vereinbarungen zu treffen. Das Bundesministerium für Wirtschaft übertrug der Treuhandstelle wiederholt die Wahrnehmung von Aufgaben, die nicht direkt mit der Abwicklung des IDH zusammenhingen. Während des Treffens am Werbellinsee (11.–13. 12. 1981) zwischen Bundeskanzler Schmidt und dem Vorsitzenden des Staatsrates der DDR, Honecker, vereinbarten der Bundesminister für Wirtschaft, Graf Lambsdorff, und das für Wirtschaftsfragen zuständige Politbüromitglied, Mittag, die Umbenennung der Treuhandstelle für den Interzonenhandel in **Treuhandstelle für Industrie und Handel (TSI)**, weil die alte Bezeichnung „eigentlich keine sehr aktuelle Beschreibung des Zustandes unserer Handels- und unserer politischen Beziehungen ist" (Lambsdorff am 13. 12. 1981).

Das „Berliner Abkommen" („Abkommen über den Handel zwischen den Währungsgebieten der Deutschen Mark [DM-West] und den Währungsgebieten der Deutschen Mark der Deutschen Notenbank [DM-Ost]") bildet in der Fassung vom 16. 8. 1960 bis heute mit seinen Anlagen, Verordnungen, Durchführungsverordnungen, allgemeinen Ausnahmegenehmigungen zur Interzonenhandelsverordnung, Interzonenrunderlassen, Bekanntmachungen (Ausschreibungen) und anderen Bestimmungen die Rechtsgrundlage des IDH. Nach den Bestimmungen des Berliner Abkommens wird der Warenaustausch auf der Grundlage der vereinbarten Warenlisten abgewickelt, die seit 1961 unbefristet gültig sind und den Bezugs- und Liefermöglichkeiten angepaßt werden. Grundsätzlich dürfen nur in der Bundesrepublik Deutschland oder in der DDR produzierte Waren ausgetauscht werden; der Handel mit ausländischen Produkten bedarf besonderer Vereinbarungen. Das Berliner Abkommen verbietet die Kompensation von Zahlungen aus verschiedenen Geschäften.

Da die alliierten Devisenbewirtschaftungsgesetze aus dem Jahre 1949 für den IDH weiterhin gelten und zwischen den Währungen der beiden deutschen Staaten keine offizielle Kursrelation besteht, sind direkte Überweisungen von einem Währungsgebiet in das andere im Rahmen des IDH nicht möglich. Der **Grenzüberschreitende → Zahlungsverkehr** erfolgt ausschließlich im Verrechnungswege über die Staatsbank der DDR und die Deutsche Bundesbank. Beide Notenbanken führen ein Verrechnungskonto der Zentralbank der anderen Seite. Die Zahlungen von Beziehern aus der DDR, die auf Leistungen aus der Bundesrepublik Deutschland oder Berlin (West) beruhen, sind bei der Staatsbank der DDR in Mark der DDR zu leisten, worauf dann ein von den Vertragspartnern vereinbarter entsprechender Betrag von der Staatsbank der DDR dem Konto der Deutschen Bundesbank in **Verrechnungs-**

Vereinbarungen	Laufzeit	Vertragspartner
Dyson-Geschäft	1. 1. 1946–31. 8. 1946	Britische Zone/SBZ
Britengeschäft	1. 9. 1946–31. 3. 1947	Britische Zone/SBZ
Länderratsgeschäfte	1. 10. 1946–31. 3. 1947	US-Zone/SBZ
Sofra-Geschäfte	1946 und 1947	Französische Zone/SBZ
Mindener Abkommen	1. 1. 1947–31. 3. 1948	Vereinigtes Wirtschaftsgebiet/SBZ
Warenabkommen 48	1. 4. 1948–30. 9. 1948 (nicht verwirklicht)	Vereinigtes Wirtschaftsgebiet/SBZ
Frankfurter Abkommen	8. 10. 1949–31. 3. 1951	Währungsgebiete DM-West/DM-Ost
Kohleabkommen I u. II	1. 9. 1950–31. 12. 1951	Währungsgebiete DM-West/DM-Ost
Vorgriffsabkommen	3. 2. 1951– 4. 5. 1952	Währungsgebiete DM-West/DM-Ost
Berliner Abkommen	ab 20. 9. 1951, Neufassung: 16. 8. 1960	Währungsgebiete DM-West/DM-Ost

einheiten (VE) gutgeschrieben wird. Befindet sich der Bezieher in der Bundesrepublik, gilt sinngemäß das gleiche. Durch den Verrechnungsverkehr verwandelt sich eine bei der Deutschen Bundesbank eingezahlte DM über eine Verrechnungseinheit in eine Mark der DDR für den östlichen Zahlungsempfänger und umgekehrt. Im Verrechnungswege wird eine DM einer Mark der DDR gleichgesetzt; das Verrechnungsverhältnis 1:1 ist nur ein Clearingwert, der nicht die DM der Mark der DDR währungsmäßig gleichsetzt. Die IDH-Geschäfte werden in der Regel auf der Basis der westdeutschen Marktpreise abgeschlossen.

Die Notenbanken der DDR und der Bundesrepublik richteten für die finanzielle Abwicklung des IDH auf jeder Seite 3 Unterkonten ein. Über das Unterkonto 1 wurden alle Zahlungen verrechnet, die sich aus Lieferungen und Bezügen nach der Warenliste zum Unterkonto 1 ergaben. Diese Warenliste enthielt die vereinbarten Kontingente für die „harten" Waren (Bergbau- und Mineralölerzeugnisse, forstwirtschaftliche Erzeugnisse, Maschinen und Rohstoffe bei Lieferungen der DDR; Eisen- und Stahlerzeugnisse, Nicht-Eisenmetalle, Bergbauerzeugnisse, elektrotechnische Erzeugnisse und Maschinen bei Lieferungen der Bundesrepublik Deutschland). Über das Unterkonto 2 wurden alle Zahlungen nach der Warenliste, auf der die „weichen" Waren (die übrigen Waren im IDH) verzeichnet sind, abgewickelt. Die Unterkonten 1 und 2 sind 1975 zu einem Unterkonto 1/2 zusammengelegt worden. Über das Unterkonto 3 werden bis heute alle Zahlungen abgewickelt, die für Dienstleistungen erfolgen.

Die Konten können bis zu einem vereinbarten Betrag **(Swing)** überzogen werden. Wenn eine Seite diesen Überziehungskredit ausgeschöpft hat, kann die Notenbank der anderen Seite ihre Zahlung einstellen. In diesem Falle können weitere Lieferungen nur noch gegen Barzahlung über das Sonderkonto S erfolgen.

Der Swing wurde in den 50er Jahren wiederholt an die Umsatzentwicklung angepaßt. Nach der Neufassung des Berliner Abkommens belief er sich von 1960 bis 1968 auf 200 Mill. VE. Durch eine ergänzende Vereinbarung vom 6. 12. 1968, die bis zum 31. 12. 1975 befristet war, entsprach er jeweils 25 v. H. der DDR-Lieferungen des vorausgegangenen Jahres. Im Mai 1970 wurde für den Swing ein erhöhter Mittelbetrag für 1970 und 1971 festgelegt, um der DDR mehr Liquidität zu verschaffen. Durch die im Dezember 1974 abgeschlossene Swing-Vereinbarung, die bis 31. 12. 1981 galt, wurde die Vereinbarung von 1968 weitergeführt, gleichzeitig aber der Swing-Höchstbetrag auf 850 Mill. VE begrenzt. In der Hoffnung, die DDR würde Zugeständnisse im innerdeutschen Besuchsverkehr machen, wurde beim Treffen am Werbellinsee (11.–13. 12. 1981) diese Abmachung um ein halbes Jahr verlängert. Am 18. 6. 1982 vereinbarte die TSI mit dem Ministerium für Außenhandel die schrittweise Rückführung des Swing. Die Beträge werden bis 31. 12. 1985 neu festgesetzt, und zwar vom 1. 7. 1982 bis 31. 12. 1982 auf 850 Mill. VE, vom 1. 1. 1983 bis 31. 12. 1983 auf 770 Mill. VE, vom 1. 1. 1984 bis 31. 12. 1984 auf 690 Mill. VE und vom 1. 1. 1985 bis 31. 12. 1985 auf 600 Mill. VE. 1985 soll über die weitere Regelung des Swing verhandelt werden. Der Swing wurde bisher nur von der DDR in Anspruch genommen. Er wurde also zu einem zinslosen Dauerkredit für die DDR.

Swing-Entwicklung und Ost/West-Zahlungen über das Sonderkonto S 1968–1982 (in Mill. VE)

Jahr	Vereinbarter Swing	Durchschnitt der Inanspruchnahme durch die DDR	Ost/West-Zahlung über das Sonderkonto S für Lieferungen in die DDR
1968	200	135	46
1969	360	270	77
1970, bis 9. 5.	380	} 387	} 46
1970, ab 10. 5.	440		
1971	440	413	110
1972	585	539	24
1973	620	592	317
1974	660	559	251
1975	790	711	161
1976	850	786	370
1977	850	748	187
1978	850	677	71
1979	850	748	34
1980	850	741	12
1981	850	676	19
1982	850	582	66

Quelle: Bundesministerium für Wirtschaft.

III. Entwicklung von Volumen und Struktur

Die Umsatzentwicklung des statistisch ausgewiesenen IDH zeigt, daß der Warenverkehr von 1950 bis 1982 um das 17½fache gestiegen ist. Allerdings war der Warenaustausch der ersten Nachkriegsjahre höher als in den veröffentlichten Zahlen angegeben. In den Statistiken ist nur der legale, vertragsmäßige IDH erfaßt. In den Anfangsjahren wurde jedoch ein großer Teil des Warenverkehrs außerhalb der Verträge als private Kompensationsgeschäfte, durch Dreiecksgeschäfte unter Einschaltung von ausländischen Zwischenhändlern und in Form des Schwarzhandels abgewickelt. Überdies sind in den Zahlen für die Jahre bis 1952 nicht die Angaben für Berlin enthalten. Der illegale IDH wurde 1953 auf 40 bis 200 v. H. des legalen Handels geschätzt.
Der IDH entwickelte sich ungleichmäßig. Die Jahre 1951–1953, 1960–1963 und 1967/68 brachten größere Rückschläge; dazwischen lagen Phasen relativ stabilen Wachstums. In den ersten beiden Zeitabschnitten ging der Warenaustausch aus politischen Gründen zurück, während 1967/68 die bestehenden Regelungen im IDH-Verfahren die Entwicklung hemmten. Zu Beginn der 50er Jahre behinderte die westliche Embargo-Politik die Entwicklung. Anfang der 60er Jahre wirkten sich die Behinderungen des freien Zugangs nach Berlin und die daraufhin von der Bundesregierung ausgesprochene vorsorgliche Kündigung des Berliner Vertrags (30. 9. 1960), das Bestreben der DDR, von westdeutschen Lieferungen unabhängig zu werden („Störfreimachung“), die Vollkollektivierung der Landwirtschaft und der Mauerbau in Berlin handelshemmend aus. Die Entspannung des innerdeutschen Verhältnisses und die kooperationsbereitere Handelspolitik der Bundesregierung der Großen Koalition führten dann Ende der 60er Jahre zu einer Intensivierung des IDH. 1969 stiegen die Umsätze um 36,8 v.H., 1970 um 12,3 v.H., 1971 um 10,4 v.H., 1972 um 10,2 v.H. Nach Berechnungen des Deutschen Instituts für Wirtschaftsforschung (DIW) gab es seit 1972 nur 1976, 1980 und 1982 ein nennenswertes reales Wachstum im IDH (DIW-Wochenberichte 22/1982 u. 10/1983). In den übrigen Jahren beruhte die nominale Expansion auf Preissteigerungen. 1973/74 und 1979/80 waren die Preisschübe am stärksten. Die Lieferungen und Bezüge nahmen von 1972 bis 1981 real insgesamt nur um 6 v.H. zu. Die verlangsamte Wirtschaftsentwicklung in der Bundesrepublik Deutschland schränkte die Liefermöglichkeiten der DDR ein; die hohen Defizite gegenüber den anderen westlichen Ländern und der Sowjetunion zwangen die DDR, ihre Waren verstärkt in diese Länder zu exportieren. Die hohe Verschuldung gegenüber den OECD-Ländern (ohne Bundesrepublik) führte dann jedoch 1982 zu einem überraschenden Aufschwung. Die DDR mußte ihre Importe aus den westlichen Industriestaaten um rd. ein Drittel drosseln und bezog dringend benötigte Waren verstärkt aus der Bundesrepublik Deutschland; denn gegenüber der Bundesrepublik war die Verschuldungssituation günstiger als gegenüber anderen OECD-Ländern. Da es 1982 – wiederum nach Berechnungen des DIW – Preissteigerungen in geringem Umfang lediglich bei den Lieferungen der Bun-

Entwicklung des Warenverkehrs 1950–1982

Jahr	Bezüge des Bundesgebietes[1]	Lieferungen des Bundesgebietes[1]	Umsätze	Veränderungen gegenüber dem Vorjahr: Bezüge	Lieferungen	Umsätze
	Mill. VE			in v.H.		
1950	414,6	330,0	744,6	–	–	–
1951	145,3	141,4	286,7	– 65,0	– 57,2	– 61,5
1952	220,3	178,4	398,8	+ 18,4	+ 12,0	+ 36,9
1953	306,9	271,3	578,1	+ 39,3	+ 52,1	+ 45,0
1954	449,7	454,4	904,2	+ 46,5	+ 67,4	+ 56,4
1955	587,9	562,6	1 150,5	+ 30,7	+ 23,8	+ 27,2
1956	653,4	699,2	1 352,7	+ 11,1	+ 24,3	+ 17,6
1957	817,3	845,9	1 663,3	+ 25,1	+ 21,0	+ 23,0
1958	858,2	800,4	1 658,6	+ 7,2	– 5,4	– 0,3
1959	891,7	1 078,6	1 970,3	+ 3,9	+ 34,8	+ 18,8
1960	1 122,4	959,5	2 082,0	+ 25,9	– 11,0	+ 5,5
1961	940,9	872,9	1 813,8	– 16,2	– 9,0	– 12,9
1962	914,4	852,7	1 767,1	– 2,8	– 2,3	– 2,6
1963	1 022,3	859,6	1 881,9	+ 11,8	+ 0,8	+ 6,5
1964	1 027,4	1 151,0	2 178,4	+ 0,5	+ 33,9	+ 15,8
1965	1 260,4	1 206,1	2 466,5	+ 22,7	+ 4,8	+ 13,2
1966	1 345,4	1 625,3	2 970,7	+ 6,7	+ 34,8	+ 20,4
1967	1 263,9	1 483,0	2 746,9	– 6,1	– 8,8	– 7,5
1968	1 439,5	1 422,2	2 861,7	+ 13,9	– 4,1	+ 4,5
1969	1 656,3	2 271,8	3 928,1	+ 15,1	+ 59,7	+ 36,8
1970	1 996,0	2 415,5	4 411,5	+ 20,5	+ 6,3	+ 12,3
1971	2 318,7	2 498,6	4 817,3	+ 16,2	+ 3,4	+ 10,4
1972	2 380,9	2 927,4	5 303,3	+ 2,7	+ 17,2	+ 10,2
1973	2 659,5	2 998,4	5 657,9	+ 11,7	+ 2,4	+ 6,6
1974	3 252,4	3 670,8	6 923,3	+ 22,3	+ 22,4	+ 22,4
1975	3 342,3	3 921,5	7 263,9	+ 2,8	+ 6,8	+ 4,9
1976	3 876,7	4 268,7	8 145,4	+ 16,0	+ 8,9	+ 12,1
1977	3 961,0	4 409,4	8 370,4	+ 2,2	+ 3,3	+ 2,8
1978	3 899,9	4 574,9	8 474,8	– 1,5	+ 3,8	+ 1,2
1979	4 588,9	4 719,6	9 308,5	+ 17,7	+ 3,2	+ 9,8
1980	5 579,0	5 293,2	10 872,2	+ 21,6	+ 12,2	+ 16,8
1981	6 050,6	5 575,1	11 625,7	+ 8,5	+ 5,3	+ 6,9
1982	6 639,3	6 382,3	13 021,6	+ 9,7	+ 14,5	+ 12,0

1 Ab 1953 einschließlich Berlin (West); ab 1955 einschließlich Lohnveredelung; ab 1956 einschließlich Warenverkehr auf ausländische Rechnung.

Quellen: Statistisches Bundesamt: Der Interzonenhandel des Bundesgebietes und West-Berlins mit dem Währungsgebiet der DM-Ost; ab 1957: Warenverkehr (bzw. Warenverkehr im Interzonenhandel) zwischen den Währungsgebieten der DM-West und der DM-Ost; und ab 1969: Warenverkehr mit der Deutschen Demokratischen Republik und Berlin (Ost), Fachserie F, Reihe 6.

desrepublik gab, konnte mit einer preisbereinigten Zuwachsrate von 11 v. H. der größte reale Zuwachs seit 1970 erzielt werden.
1983 nahm der IDH mit einem Umsatzwachstum von 6,2 v. H. stärker zu als der Handel der Bundesrepublik mit anderen Staaten (+2,3 v.H.). Die Lieferungen stiegen um 8,8 v. H., die Bezüge um 3,6 v.H. 1983 ergab sich also wieder ein Lieferüberschuß für die Bundesrepublik Deutschland, nachdem die DDR von 1980 bis 1982 die Warenbilanz positiv gestaltet hatte.
Da die DDR bei den Dienstleistungen (vor allem durch die Inanspruchnahme der Leistungen des Hamburger Hafens) weiterhin ein Defizit erzielte, veränderten sich ihre gesamten Verbindlichkeiten im IDH 1982 nicht. Der kumulierte Passivsaldo betrug zum Jahresende 1982 rd. 3,8 Mrd. VE; er entstand aus der Inanspruchnahme von Lieferantenkrediten in der Bundesrepublik (4,1 Mrd. VE) und der Swing-Beanspruchung (0,5 Mrd. VE) abzüglich der Lieferantenkredite der DDR (0,8 Mrd. VE). Setzt man den kumulierten Passivsaldo zu den jeweiligen jährlichen Lieferungen der DDR ins Verhältnis, wird deutlich, daß sich die Schuldensituation der DDR in den letzten Jahren relativ verbessert hat. 1978 betrug der kumulierte Passivsaldo noch 95 v. H. der Jahreslieferungen, bis 1982 sank dieser Anteil auf 58 v.H. Ende 1983 belief sich der kumulierte Passivsaldo auf ca. 4,0 Mrd. VE, das waren wiederum 58 v. H. der Jahreslieferungen der DDR.
Der Dienstleistungsverkehr hat sich seit 1970 nach Angaben des Bundesministeriums für Wirtschaft wie folgt entwickelt (Dienstleistungen in Mill. VE):

Jahr	Lieferungen[1]	Bezüge[1]	Umsatz
1970	266	148	414
1975	526	169	695
1976	594	191	785
1977	575	256	831
1978	558	350	908
1979	712	395	1 107
1980	932	438	1 370
1981	1 038	486	1 524
1982	1 138	536	1 674

1 des Bundesgebietes einschl. Berlin (West).

Dienstleistungen in diesem Sinne sind Kosten und Vergütungen, die im Zusammenhang mit der Beförderung und dem Verkauf von Gütern stehen, also vor allem Fracht-, Hafen-, Lager-, Montage-, Gerichts- und Messekosten sowie Provisionen, Lizenzgebühren, Bankspesen, Bankzinsen, Schadensersatzzahlungen sowie die Postausgleichszahlungen. Transportkosten und Nebenleistungen des Warenverkehrs, die über die einzelnen Warengruppen direkt abgerechnet werden, sind in den Umsätzen des Unterkontos 3 nicht enthalten.

Die Warenstruktur des IDH entspricht weder der Außenhandelsstruktur der beiden hochindustrialisierten Länder Bundesrepublik Deutschland und DDR, noch ist sie dem Entwicklungsstand beider Volkswirtschaften angemessen. Der Anteil von Fertigerzeugnissen am Warenaustausch zwischen beiden deutschen Staaten ist relativ gering. Der Warenstruktur nach ähnelt der IDH dem Außenhandel weniger entwickelter Länder. Bei den Bezügen und bei den Lieferungen beträgt der Anteil von Erzeugnissen der Grundstoff- und Produktionsgüterindustrien (chemische Erzeugnisse, Eisen und Stahl, Metalle, Mineralölerzeugnisse u. a.) über 50 v.H.
Während der Anteil der verschiedenen Wirtschaftsgruppen bei den Lieferungen in den vergangenen Jahren bemerkenswert konstant blieb, änderte sich die Struktur der Bezüge erheblich.
Am stärksten schwankten die Bezüge von Erzeugnissen der Grundstoff- und Produktionsgüterindustrien, deren Anteil sich in der ersten Hälfte der 70er Jahre gegenüber der zweiten Hälfte der 50er Jahre um die Hälfte verringerte und deren Anteil an den gesamten Bezügen 1982 mit 54 v. H. wieder fast die frühere Größenordnung erreichte. Der Anteil von Verbrauchsgütern (u. a. Textilien, Bekleidung, Holzwaren) an den Gesamtbezügen stieg von knapp 20 v. H. in der zweiten Hälfte der 50er Jahre auf knapp ein Drittel in den 70er Jahren und lag 1982 bei 24 v. H. Wie in den vergangenen Jahren hatten 1982 die Erzeugnisse der Verbrauchsgüterindustrien nach denen der Grundstoff- und Produktionsgüterindustrien den zweitgrößten Anteil an den Gesamtbezügen. Der Anteil der land- und ernährungswirtschaftlichen Produkte war mit knapp 11 v. H. noch nicht einmal halb so groß wie in der zweiten Hälfte der 60er Jahre (Fünfjahresdurchschnitt 1966–1970: 25,6 v. H.). Wie in den vergangenen Jahren bestand 1982 lediglich ein Zehntel der bezogenen Waren aus Erzeugnissen der Investitionsgüterindustrien (vor allem Maschinenbauerzeugnisse, elektrotechnische Erzeugnisse, Eisen-, Blech- u. Metallwaren).
Bei den Lieferungen der Bundesrepublik hatten die Erzeugnisse der Grundstoff- und Produktionsgüterindustrien 1982 einen Anteil von 56 v. H., als zweitgrößte Warengruppe folgten die Produkte der Investitionsgüterindustrien mit 20,1 v. H. Diesen Warengruppen folgen die bergbaulichen Erzeugnisse, die Produkte der Landwirtschaft und der Ernährungsindustrie sowie der industriellen Verbrauchsgüter. Wenn auch innerhalb dieser Warengruppen erhebliche Veränderungen zu beobachten waren, so besteht doch diese Struktur fast unverändert seit den 50er Jahren.
Die DDR bezieht im IDH nach wie vor in großem Umfang Waren, um akute Engpässe zu beseitigen, d. h. die Lieferungen in die DDR dienen der Sicherung der laufenden Produktion und (zumindest

Struktur des Warenverkehrs – Bezüge des Bundesgebietes[1]

Warenbereich	1981	1982	1981	1982
	Mill. VE		Anteile in v. H.	
Erzeugnisse der Land-, Forst-, Jagdwirtschaft, Fischerei und des Nahrungs- und Genußmittelgewerbes	679,1	705,6	11,2	10,6
Erzeugnisse der Grundstoff- und Produktionsgüterindustrien[2]	3 384,3	3 607,5	55,9	54,3
Erzeugnisse der Investitionsgüterindustrien	607,8	694,4	10,0	10,5
Erzeugnisse der Verbrauchsgüterindustrien	1 343,2	1 589,8	22,2	23,9
Sonstige Waren (z. B. Waren, die nicht zugeordnet werden konnten)	36,2	41,9	0,6	0,6
Insgesamt	6 050,6	6 639,3	100	100

1 Einschließlich Berlin (West).
2 Einschließlich Bergbauerzeugnisse.
Quelle: Statistisches Bundesamt, Warenverkehr mit der Deutschen Demokratischen Republik und Berlin (Ost), Fachserie F, Reihe 6.

1982) auch der Beseitigung von Versorgungsengpässen.
Belebend wirkte aufgrund der Preis- und Mengenerhöhungen in den letzten Jahren vor allem das „Mineralölgeschäft". Nachdem die Bezüge von Braunkohlebriketts stark zurückgegangen waren, bezog die Bundesrepublik in zunehmendem Umfang Mineralölerzeugnisse aus der DDR. Diese Bezüge wurden mit Lieferungen von Erdöl gekoppelt. Eine Rahmenvereinbarung zwischen dem Bundeswirtschaftsministerium und dem Ministerium für Außenhandel regelt die Lieferungen und Bezüge bis 1985. 1982 machten die Bezüge von Dieselkraftstoff, Motorenbenzin und Heizöl 23,5 v. H. des gesamten Warenwertes aus, der Anteil des Rohöls an den Gesamtlieferungen betrug 10,9 v. H. Die Preisentwicklung auf dem Mineralölsektor hat es der DDR ermöglicht, ihre Warenverkehrsbilanz seit 1980 positiv zu gestalten.
Der Anteil des IDH machte 1982 lediglich 1,6 v. H. des Außenhandelsumsatzes der Bundesrepublik Deutschland aus – 1950 hatte dieser Anteil immerhin noch bei 3,8 v. H. gelegen. Für die DDR und den gesamten **Ost-West-Handel** hatte der IDH ein ungleich größeres Gewicht: Der Anteil am Außenhandel der DDR betrug 1982 8,6 v. H. (1950 waren es noch 16 v. H.). Die Bundesrepublik Deutschland ist der zweitgrößte Handelspartner der DDR, die ihrerseits mit der Bundesrepublik nach der OECD-Statistik 1982 wieder einen größeren Warenaustausch als mit allen übrigen westlichen Industrieländern zusammen hatte.

IV. Politische Bedeutung

Wenn die Bundesregierung den IDH selbst während des kalten Krieges und oftmals gegen den Widerstand ihrer Verbündeten, die in ihm eine Gefährdung der Embargo-Politik sahen, förderte, dann geschah das fast ausschließlich aus politischen Gründen. Die Interzonenhandelspolitik der Bundesregie-

Struktur des Warenverkehrs – Lieferungen des Bundesgebietes[1]

Warenbereich	1981	1982	1981	1982
	Mill. VE		Anteile in v. H.	
Erzeugnisse der Land-, Forst-, Jagdwirtschaft, Fischerei und des Nahrungs- und Genußmittelgewerbes	560,2	927,3	10,1	14,5
Erzeugnisse der Grundstoff- und Produktionsgüterindustrien[2]	3 048,9	3 574,1	54,7	56,0
Erzeugnisse der Investitionsgüterindustrien	1 426,3	1 282,8	25,6	20,1
Erzeugnisse der Verbrauchsgüterindustrien	471,3	523,0	8,5	8,2
Sonstige Waren (z. B. Waren, die nicht zugeordnet werden konnten)	68,2	75,1	1,2	1,2
Insgesamt	5 575,1	6 382,3	100	100

1 Einschließlich Berlin (West).
2 Einschließlich Bergbauerzeugnisse.
Quelle: Statistisches Bundesamt, Warenverkehr mit der Deutschen Demokratischen Republik und Berlin (Ost), Fachserie F, Reihe 6.

Warenverkehr nach Bundesländern im Jahr 1982

	Bezüge des Bundesgebietes Mill. VE	Veränderung gegenüber 1981 in v. H.	Lieferungen des Bundesgebietes Mill. VE	Veränderung gegenüber 1981 in v. H.
Schleswig-Holstein	126,3	+ 1,9	95,6	− 4,7
Hamburg	350,9	+ 8,3	785,0	+ 61,9
Niedersachsen	491,3	+ 15,7	475,9	+ 38,7
Bremen	35,7	− 13,4	136,0	+ 139,9
Nordrhein-Westfalen	1 718,6	+ 13,2	1 972,2	+ 6,1
Hessen	443,7	+ 10,6	707,8	+ 33,7
Rheinland-Pfalz	62,5	− 5,2	228,7	+ 32,4
Baden-Württemberg	277,8	+ 8,4	380,6	+ 11,9
Bayern	1 039,5	+ 3,4	466,7	− 2,2
Saarland	38,8	+ 12,6	107,5	− 24,4
Berlin (West)	2 054,4	+ 10,7	333,7	− 12,5
Nicht ermittelte Länder	–	–	692,6	+ 0,5
Insgesamt	6 639,5	+ 9,7	6 382,3	+ 14,5

Quelle: Statistisches Bundesamt, Warenverkehr mit der Deutschen Demokratischen Republik und Berlin (Ost), Fachserie F, Reihe 6.

rung war immer ein Teil ihrer Deutschlandpolitik. Die wirtschaftliche Bedeutung dieses Handels wurde gering eingeschätzt.

In den 50er Jahren sollte der IDH eine doppelte Funktion erfüllen: Einerseits sollte er als eine der letzten Klammern zwischen beiden Teilen Deutschlands die Versorgung der mitteldeutschen Bevölkerung verbessern helfen, zur Erhaltung der Kontakte zwischen den Menschen beitragen und die Reste der Verflechtung beider Volkswirtschaften bewahren; andererseits sollte der IDH als ökonomischer Hebel die eigenen politischen Ziele durchsetzen helfen,

Ausgewählte Bezüge und Lieferungen 1980–1982

Bezüge des Bundesgebietes, einschl. Berlin (West)

Erzeugnisse	in Mill. VE 1980	1981	1982	Anteil an den Gesamtbezügen 1982 in v. H.
Dieselkraftstoff	978,4	942,4	1 023,8	15,4
Motorenbenzin	203,3	326,1	308,9	4,7
Heizöl, mittelschwer u. schwer	218,9	269,3	223,4	3,4
Hausrinder, -schweine, -schafe[1]	197,8	232,9	245,9	3,7
Möbel u. Matratzen	190,4	223,3	248,4	3,7
Erzeugnisse der Hochofenwerke	203,6	235,6	199,9	3,0
Kunststoffe[2]	190,0	247,5	228,9	3,5
Organische Grundstoffe	153,2	210,0	229,3	3,5
Elektrotechnische Erzeugnisse	183,6	192,6	228,2	3,4
Oberbekleidung, Rauch- u. Pelzwaren	203,4	196,6	261,3	3,9
Wirk- u. Strickwaren	186,4	184,7	218,2	3,3

Lieferungen des Bundesgebietes, einschl. Berlin (West)

Erzeugnisse	in Mill. VE 1980	1981	1982	Anteil an den Gesamtlieferungen 1982 in v. H.
Erdöl, roh	588,1	689,0	692,6	10,9
Steinkohle[4]	266,3	333,5	105,8	1,7
Organische Grundstoffe[3]	346,2	387,7	555,6	8,7
Anorganische Grundstoffe[3]	158,8	168,2	177,4	2,8
Kunststoffe[2]	187,5	170,4	178,9	2,8
Metallbearbeitende u. Prüfmaschinen	334,2	337,9	308,9	4,8
Pumpen, Bau- u. Baustoffmaschinen	223,1	183,0	101,6	1,6
Anlagen f. d. chem. Industrie u. d. Bergbau	96,8	153,3	234,0	3,7
Elektrotechnische Erzeugnisse	193,6	214,4	176,6	2,8
Ölkuchen u. Schrote	187,7	199,3	310,5	4,9
Textilien	170,4	186,6	235,7	3,7

1 Lebende Tiere. 2 Einschließlich synthetischer Kautschuk. 3 Einschließlich Chemikalien. 4 Einschließlich Steinkohlenkoks.
Quelle: Statistisches Bundesamt. Warenverkehr mit der Deutschen Demokratischen Republik und Berlin (Ost), Fachserie F, Reihe 6.

d. h. in erster Linie den freien Zugang nach und in Berlin sichern. In den 50er Jahren schuf die Bundesregierung die institutionellen und rechtlichen Grundlagen, die dem IDH bis in die Gegenwart den Charakter einer von allen Seiten anerkannten Sonderbeziehung geben. Die wichtigsten Merkmale dieser Sonderbeziehung sind: Bilateralität, Einschaltung der TSI, Zoll- und Abschöpfungsfreiheit.
1951 konnte die Bundesregierung in der Ergänzung zum Torquay-Protokoll zum Allgemeinen Zoll- und Handelsabkommen (GATT) durchsetzen, daß „der Beitritt der Bundesrepublik Deutschland keine Änderung der gegenwärtigen Regelungen oder des gegenwärtigen Zustandes für den innerdeutschen Handel mit Gütern deutschen Ursprungs erfordert".
Im Protokoll über den IDH und die damit zusammenhängenden Fragen vom März 1957 ließ sich die Bundesregierung von ihren EWG-Partnerländern bestätigen, daß die DDR von der Errichtung einer Zollgrenze zur Bundesrepublik Deutschland verschont bleibt. Die DDR gehört bezüglich des IDH seitdem praktisch zum EWG-Innenmarkt. Auf Lieferungen von gewerblichen Gütern aus der DDR in die Bundesrepublik werden deswegen keine Zollabgaben erhoben und bei Agrarerzeugnissen keine Abschöpfungen vorgenommen.
Die Bundesregierung betonte in den 50er Jahren wiederholt, der IDH sei ein wichtiges Instrument zur Sicherung Berlins. Bereits vor der Gründung der Bundesrepublik Deutschland und der DDR sind Berlin (West) und Berlin (Ost) in die Vereinbarungen über den Interzonenhandel einbezogen worden.
Der bestehende Zustand wurde dann zuerst im Frankfurter und später im Berliner Abkommen vertraglich geregelt. Beide Abkommen sind zwischen den Währungsgebieten geschlossen worden, diese Kompromißformel umging die staatliche Anerkennung der DDR, bestätigte aber die faktische Zugehörigkeit von Berlin (West) zur Bundesrepublik Deutschland und von Berlin (Ost) zur DDR. Zwei Anlagen zum Frankfurter Abkommen bestimmten, der Anteil von Berlin (West) an den Umsätzen des IDH solle ein Drittel betragen, während das Berliner Abkommen in Artikel I, Ziffer 3 von einem „angemessenen Teil" spricht, der auf die Lieferungen und Bezüge der Berliner Wirtschaft entfallen soll. Aufgrund der so bestätigten Zugehörigkeit Berlins zum Bund konnten die Unterhändler der Bundesrepublik behaupten, es bestehe ein Junktim zwischen dem Handel und dem freien Zugang nach Berlin.
Mit der Kündigung des Berliner Abkommens zum Jahresende 1960 wollte die Bundesregierung die DDR dazu zu bewegen, die Kontrolle des Besucherverkehrs an der Sektorengrenze, die Nichtanerkennung der Bundespässe von West-Berlinern und die Behinderungen des Lastwagenverkehrs zwischen Berlin und dem Bundesgebiet aufzuheben und formell zu widerrufen. Die DDR beugte sich jedoch diesem Druck nicht. Nach vierwöchigen Verhandlungen mußte die westliche Seite einem für sie ungünstigen Kompromiß zustimmen. Daraufhin vereinbarten die Unterhändler am 29. 12. 1960, das Berliner Abkommen mit allen Zusatzvereinbarungen in seiner Neufassung vom 16. 8. 1960 am 1. 1. 1961 in Kraft treten zu lassen.
Die Kündigung des Abkommens hatte in der DDR die Aktion **Störfreimachung** ausgelöst, durch die die Abhängigkeit von Bezügen aus „kapitalistischen Ländern", vor allem aber von Lieferungen aus der Bundesrepublik Deutschland, verringert werden sollte. Während die Verhandlungen über die Fortsetzung des IDH noch liefen, erklärte Bruno Leuschner als Vorsitzender der Staatlichen Plankommission im Dezember 1960 vor dem → **Zentralkomitee (ZK) der SED**, es sei die vordringlichste Aufgabe, alles so zu organisieren und umzustellen, daß es für die Betriebe von der Bundesrepublik

Warenverkehr nach Verkehrszweigen im Jahre 1982

Verkehrszweig	Bezüge des Bundesgebietes[1] 1982 100 kg	Bezüge des Bundesgebietes[1] Zu- bzw. Abnahme 1982 gegenüber 1981 in v. H.	Lieferungen des Bundesgebietes[1] 1982 100 kg	Lieferungen des Bundesgebietes[1] Zu- bzw. Abnahme 1982 gegenüber 1981 in v. H.
Straßenverkehr	29 720 251	+ 18,5	4 780 489	+ 17,9
Eisenbahnverkehr	62 241 625	+ 3,6	18 893 884	− 11,7
Binnenschiffahrt	23 744 765	+ 4,3	6 435 806	+ 36,5
Seeschiffahrt	33 870	− 74,0	471 757	×
Postverkehr	2 475	+ 9,8	1 633	+ 29,2
Sonstige	0	+ 30,0	10 813 188	+ 1,0

1 Einschließlich Berlin (West).
Quelle: Statistisches Bundesamt, Warenverkehr mit der Deutschen Demokratischen Republik und Berlin (Ost), Fachserie F, Reihe 6.

Deutschland her keine Störungen mehr geben könne. Die DDR-Wirtschaft werde sich auf Lieferungen aus den sozialistischen Ländern orientieren und die Produktion umstellen. Die „Störfreimachung" wurde 1962 aufgegeben, denn die sowjetischen Lieferungen konnten die Bedürfnisse der DDR-Industrie nur unvollkommen befriedigen, und es war zudem für die DDR ökonomisch günstiger, dringend benötigte hochwertige Industrieprodukte aus der Bundesrepublik zu beziehen, als sie in kleinen Serien und dementsprechend teuer selbst herzustellen. Die Versuche der Bundesregierung, die DDR durch Kündigung des Berliner Abkommens unter Druck zu setzen, um sie zur Änderung ihrer Berlin-Politik zu veranlassen, trugen zum Rückgang des IDH bei und führten zu einer intensiveren Integration der DDR in den RGW sowie zur engeren Kooperation mit der UdSSR. Die IDH-Umsätze sanken 1961 gegenüber dem Vorjahr um 12,9 v. H. Der Anteil der RGW-Länder am gesamten Außenhandelsumsatz der DDR stieg von 74,9 v. H. im Jahre 1960 (UdSSR: 42,8 v. H.) auf 79,0 v. H. im Jahre 1962 (UdSSR: 48,9 v. H.), umgekehrt sank der Anteil des IDH am Außenhandel der DDR von 10,3 v. H. im Jahre 1960 auf 8,3 v. H. 1962. Die Kündigung des Berliner Abkommens zeigte, daß der IDH nur in eng begrenztem Maße als Druckmittel taugt, obwohl die DDR in Schwierigkeiten gerät, wenn sie sich wirtschaftlich von der Bundesrepublik abgrenzt.

Das Junktim zwischen ungehindertem Berlin-Verkehr und IDH ist im Januar 1961 durch die sog. Widerrufsklausel zum letzten Mal hergestellt worden. Sie besagte, daß Warenbegleitscheine für Lieferungen von Waren des Unterkontos 1 nur noch unter dem Vorbehalt des jederzeitigen Widerrufes im Falle einer schweren politischen Störung des Berlin-Verkehrs genehmigt werden. Tatsächlich ist diese Klausel niemals angewandt worden. Trotz mehrfacher Behinderungen des freien Zugangs nach Berlin verzichtete die Bundesregierung in den folgenden Jahren darauf, den IDH als politisches Druckmittel anzuwenden.

Für die DDR war und ist der IDH in weit größerem Maße als für die Bundesrepublik Deutschland eine ökonomische Notwendigkeit. Deshalb sprachen sich die Politiker der SBZ bzw. der DDR bis in die 60er Jahre immer wieder dafür aus, den IDH zu erleichtern und zu erweitern. Auf jede westdeutsche Maßnahme, die die wirtschaftliche Teilung Deutschlands vertiefte, reagierte die DDR-Führung mit propagandistischen Angriffen und ernstgemeinten Vorschlägen, die der Erschwerung des Handels entgegenwirken sollten. Sie kritisierte vor allem die westliche Embargo-Politik und die Einführung von Sperrlisten, die Kontingentierung von Einfuhr und Ausfuhr sowie das zentrale Ausschreibungs- und Genehmigungsverfahren. Die Ost-Berliner Regierung forderte mehrjährige Abkommen, die Erhöhung des Swings und das Zusammenlegen der Unterkonten. Diesen Forderungen ist die westdeutsche Seite bereits in den 50er Jahren weitgehend entgegengekommen.

Mit der grundlegenden Veränderung der deutschlandpolitischen Konzeption der SED-Führung wandelte sich 1967/68 auch die Einstellung gegenüber dem IDH. Im August 1967 wurde das für die innerdeutschen Wirtschaftsbeziehungen zuständige Ministerium für Außenhandel und innerdeutschen Handel in Ministerium für Außenwirtschaft umbenannt (seit 1. 1. 1974 → **Ministerium für Außenhandel [MAH]**). Die DDR leugnete nun immer häufiger den Sondercharakter der innerdeutschen Wirtschaftsbeziehungen.

Die Interzonenhandelspolitik der Bundesrepublik hatte sich bereits zu Beginn der 60er Jahre geändert. Im IDH wurde nunmehr zunehmend ein Instrument zum Abbau der politischen Gegensätze zwischen beiden deutschen Staaten gesehen. Das Freund-Feind-Denken aus der Zeit des kalten Krieges wich langsam dem Willen, im Verhältnis zur DDR über ein „geregeltes Nebeneinander" zum „Miteinander" zu kommen. Im IDH sah man immer weniger ein Druckmittel und immer mehr eine Leistung, für die man etwas einhandeln kann. Statt von „Interzonenhandel" wurde nun auch von Regierungsseite immer häufiger vom „Innerdeutschen Handel" gesprochen. Dadurch fand der Funktionswandel seinen sprachlichen Ausdruck.

Die Bundesregierung der Großen Koalition gab den Forderungen der Wirtschaft und der DDR nach und befreite den IDH weitgehend von den aus politischem Kalkül entstandenen Hemmnissen. Im März 1967 wurde die Bundesgarantie für langfristige Investitionsgüterlieferungen auf den IDH ausgedehnt. Im Mai 1967 entstand die Gesellschaft zur Finanzierung von Industrieanlagen (GEFI), durch die Lieferungen und Leistungen in die DDR durch mittelfristige Kredite finanziert werden können. Im August desselben Jahres wurde die Widerrufsklausel aufgehoben, die Swing-Beträge für die einzelnen Unterkonten wurden zu einem Gesamtswing zusammengefaßt; seitdem kann die DDR den Swing für die Waren beanspruchen, für die er benötigt wird; die Unterkonten 1 und 2 wurden „bis auf weiteres" zusammengelegt (die endgültige Zusammenlegung erfolgte am 9. 7. 1975 mit Wirkung zum 1. 1. 1976). Die Maschinenkontingente wurden im August 1967 aufgestockt. Im September 1967 ist eine Sonderregelung zum neuen Mehrwertsteuergesetz erlassen worden. Im Dezember 1967 wurde dann durch Briefaustausch eine neue Grundlage bis 1975 geschaffen: Die Bundesregierung erklärte sich dazu bereit, die seit Jahren anhängende Mineralölfrage durch Ausgleichszahlungen zu bereinigen; beide Seiten verpflichteten sich zur kontinuierlichen Erhöhung ihrer

Lieferkontingente für Maschinen, Fahrzeuge und elektrotechnische Erzeugnisse; zur Erleichterung des Warenverkehrs sollte der Swing von bisher 200 Mill. DM in Zukunft elastisch sein, er sollte jeweils 25 v. H. der Lieferungen der DDR des vergangenen Jahres entsprechen und jeweils im Januar für das laufende Jahr neu festgesetzt werden. Am 1. 1. 1968 trat eine neue Umsatzsteuerregelung im IDH in Kraft (nach dem heutigen Stand werden die Lieferungen im Regelfall mit 6 v. H. belastet, während die Bezieher von Waren aus der DDR einen Kürzungsanspruch ihrer Umsatzsteuerschuld von 11 v. H. des Warenwertes haben). Im Mai 1969 wurde die Einrichtung von Kommissions- und Konsignationslagern vereinbart. Im April 1969 erfolgte die Erweiterung der Bezugsmöglichkeiten durch eine Erhöhung der wertbegrenzten Abschreibungen bzw. Überführung wertbegrenzter Bezugspositionen in die offene Ausschreibung. Für einen großen Teil der Lieferungen wurde im Januar 1969 die Einzelgenehmigungspflicht durch die allgemeine Genehmigung ersetzt. Warenbegleitscheine für Lieferungen in die DDR mußten nicht mehr beantragt und genehmigt werden – für diese Waren brauchte statt der bisherigen Anträge auf Einzelgenehmigung künftig nur noch eine Bezugserklärung gegenüber dem Bundesamt für gewerbliche Wirtschaft für statistische Zwecke abgegeben zu werden. Durch die Allgemeine Genehmigung Nr. 3 (B) wurde im Dezember 1969 auch der Bezug von Waren von der Einzelgenehmigungspflicht freigestellt. Voraussetzungen für den Geschäftsabschluß sind danach vor allem ein schriftlicher Kaufvertrag, die Zahlung des Kaufpreises über die Unterkonten und die Meldung der Verträge an das Bundesamt für gewerbliche Wirtschaft. Im gewerblichen Sektor waren 1970 von den rund 5200 Warenpositionen 191 für den Bezug kontingentiert, 1971 waren nur noch 79, Ende 1972 103 und Ende 1977 87 Positionen kontingentiert. Diese Handelserleichterungen bewirkten nach 1968 die schnellste Umsatzausweitung in der Geschichte des IDH.

Im landwirtschaftlichen Sektor ist der Kontingentierungsstand nach wie vor höher als im gewerblichen. Sowohl bei den Lieferungen wie auch bei den Bezügen ist zwischen den allgemein genehmigten und den einzelgenehmigungspflichtigen Waren zu unterscheiden. Wenn keine Einzelgenehmigungspflicht mehr nötig ist, gelten die Geschäftsabschlüsse mit ihrer Meldung bei den Behörden als genehmigt. Anfang 1983 waren von den Bezügen im gewerblichen Sektor 4997 Positionen (95,4 v. H.) allgemein genehmigt, lediglich 168 Positionen (3,2 v. H.) waren offen ausgeschrieben und einzelgenehmigungspflichtig. Kontingentiert waren nur noch 72 Positionen (1,4 v. H.). Im Sektor Landwirtschaft und Ernährung waren 218 Positionen (36,1 v. H.) allgemein genehmigt, 203 Positionen (33,6 v. H.) offen ausgeschrieben, 183 Positionen (30,3 v. H.) noch kontingentiert. Dem Wert nach waren Anfang 1983 im gewerblichen Bereich 66 v. H., im landwirtschaftlichen und ernährungswirtschaftlichen Bereich jedoch nur 12 v. H. der Bezüge liberalisiert.

V. Ausblick

Trotz → **Abgrenzungs**-Politik und Polemik gegen die neue Ostpolitik und deren Anspruch, die bestehenden Sonderbeziehungen auszubauen, stimmte die DDR im → **Grundlagenvertrag** der Erhaltung dieser Sonderbeziehungen zu. Nach Artikel 7 des Grundlagenvertrages sollen Abkommen geschlossen werden, „um auf der Grundlage dieses Vertrages und zum beiderseitigen Vorteil die Zusammenarbeit auf dem Gebiet der Wirtschaft . . . zu entwickeln und zu fördern". Im Zusatzprotokoll zu Artikel 7 heißt es in Ziffer 1: „Der Handel zwischen der Bundesrepublik Deutschland und der Deutschen Demokratischen Republik wird auf der Grundlage der bestehenden Abkommen abgewickelt."

Die Haltung der DDR bleibt jedoch auch nach dem Abschluß des Grundlagenvertrages ambivalent. Einerseits verleugnet sie weiterhin die Existenz von Sonderbeziehungen zur Bundesrepublik, andererseits gab Honecker im November 1972 zu, daß es nach dem Grundlagenvertrag „keinen Grund zu Veränderungen" gebe und im Handel „eine der wenigen Besonderheiten . . . in den Beziehungen weiterbestehen" (ND 25. 11. 1972, S. 4).

Am 29. 3. 1978 verteidigte das „Neue Deutschland" in einem redaktionellen Artikel den IDH gegen Kritiker in der Bundesrepublik Deutschland und im eigenen Lager. Die SED-Führung warnte in dieser Erklärung vor Versuchen, „den Handel mit der DDR und speziell die Swing-Regelung als Mittel des politischen Drucks zu benutzen", und brachte ihren Willen zum Ausdruck, „den Handel mit der BRD zum gegenseitigen Vorteil weiter zu entwickeln".

Im „Gemeinsamen Kommuniqué über das Treffen von Bundeskanzler Helmut Schmidt mit dem Generalsekretär des ZK der SED und Vorsitzenden des Staatsrates der DDR, Erich Honecker, vom 11. bis 13. Dezember 1981" bekannte sich die DDR-Regierung noch einmal zu den vertraglichen Grundlagen und damit zum Sonderstatus des IDH und bekräftigte die Absicht, die innerdeutschen Wirtschaftsbeziehungen auszubauen. In dem Kommuniqué heißt es: „Beide Seiden sind bestrebt, die im gegenseitigen Interesse liegende wirtschaftliche und industrielle Zusammenarbeit langfristig zu entwickeln, zu erleichtern und zu vertiefen. Es bestand Übereinstimmung, den Warenaustausch auf der Grundlage der bestehenden Abkommen und nach Maßgabe der Möglichkeiten beider Seiten auszubauen und seine Struktur zu verbessern. Sie unterstrichen die Bedeutung der Zusammenarbeit bei Projekten und der Unternehmenskooperation einschließlich der Zusammenarbeit auf dritten Märkten."

Die aus der Koalition von CDU/CSU und FDP entstandene Bundesregierung will im Bereich des IDH die Politik früherer Bundesregierungen fortsetzen. Bundeskanzler Kohl sagte in seiner Regierungserklärung vor dem Deutschen Bundestag am 13. 10. 1982: „Der innerdeutsche Handel bleibt ein wichtiges Element der Zusammenarbeit. Auf der Grundlage des Berliner Abkommens von 1951 und seiner Zusatzvereinbarungen ist die Bundesrepublik Deutschland – auch zum Wohl Berlins – zur Ausweitung dieses Handels bereit." Der IDH soll als Sonderbeziehung ausgebaut werden; er soll weiterhin dazu beitragen, die Möglichkeit einer deutschen Wiedervereinigung offenzuhalten.

Gegenüber den Regierungen ihrer Partnerländer in der Europäischen Gemeinschaft vertritt Bonn die Ansicht, daß der in den Beitrittsverträgen zum GATT, zur Montanunion und zum EWG-Vertrag vereinbarte Sonderstatus für den IDH weiter gilt. Dieser Standpunkt wurde im März und September 1973 dem Ministerrat der Europäischen Gemeinschaft vorgetragen und von den Partnern erneut anerkannt. Der Sonderstatus wird von den Regierungen in der EG nicht in Frage gestellt. Allerdings müssen Rat und Kommission der Gemeinschaft immer wieder Anfragen zu den innerdeutschen Wirtschaftsbeziehungen beantworten.

Eine weitere Steigerung des Handelsvolumens kann auf lange Sicht nur erreicht werden, wenn sich beide Vertragspartner verstärkt auf Absatz 2 der Nr. 1 des Zusatzprotokolls zu Artikel 7 des Grundlagenvertrages besinnen, in dem „langfristige Vereinbarungen mit dem Ziel, . . . eine kontinuierliche Entwicklung der wirtschaftlichen Beziehungen zu fördern, überholte Regelungen anzupassen und die Struktur des Handels zu verbessern", in Aussicht gestellt worden sind. Der IDH wird nur dann kontinuierlich wachsen können, wenn zwischen der Bundesrepublik Deutschland und der DDR in größerem Umfang als bisher qualitativ höherwertige Formen der Kooperation möglich werden, wenn die Exportkraft der DDR-Wirtschaft erhalten bleibt, und wenn die beiden deutschen Staaten eine Ausweitung des IDH nicht aus politischen Gründen gefährden.

Siegfried Kupper

Literaturangaben

Bethkenhagen, Jochen: Die Außenwirtschaftsbeziehungen der DDR vor dem Hintergrund von Kaltem Krieg und Entspannung, in: Beiträge zur Konfliktforschung, H. 4/1980, S. 39ff. Köln: Markus 1980.

Biskup, Reinhold: Deutschlands offene Handelsgrenze. Die DDR als Nutznießer des EWG-Protokolls über den innerdeutschen Handel. Frankfurt a. M.: Ullstein 1976.

Ehlermann, Claus-Dieter: Handelspartner DDR – Innerdeutsche Wirtschaftsbeziehungen. Baden-Baden: Nomos 1975.

Federau, Fritz: Der Interzonenhandel Deutschlands von 1946 bis 1953, in: Vierteljahreshefte zur Wirtschaftsforschung. Hrsg.: Deutsches Institut für Wirtschaftsforschung Berlin. H. 4/1953, S. 385ff. Berlin: Duncker & Humblot 1953.

Kupper, Siegfried: Der innerdeutsche Handel. Rechtliche Grundlagen, politische und wirtschaftliche Bedeutung. Köln: Markus 1972.

Lambrecht, Horst: Die Entwicklung des Interzonenhandels von seinen Anfängen bis zur Gegenwart. Hrsg.: Deutsches Institut für Wirtschaftsforschung. Berlin: Duncker & Humblot 1965. (Sonderhefte, NF. 72.)

Lambrecht, Horst: Der innerdeutsche Handel – Ein Güteraustausch im Spannungsfeld von Politik und Wirtschaft, in: Aus Politik und Zeitgeschichte. Beilage zur Wochenzeitung Das Parlament 40/1982. Hrsg.: Bundeszentrale für politische Bildung, Bonn.

Morawitz, Rudolf: Der innerdeutsche Handel und die EWG nach dem Grundvertrag, in: Europa-Archiv, H. 10/1973, S. 353ff. Bonn: Europa Union 1973.

Rösch, Franz: Thirty Years of the Berlin Agreement – Thirty Years of Inner-German Trade: Economic and Political Dimensions, in: Zeitschrift für die gesamte Staatswissenschaft, Nr. 137/1981, S. 525ff. Tübingen: Mohr 1981.

Schlemper, Annemarie: Die Bedeutung des innerdeutschen Handels. Eine empirische Analyse unter besonderer Berücksichtigung sektoraler und betriebsgrößenspezifischer Aspekte. Göttingen: Schwartz 1978.

Institut für Internationale Politik und Wirtschaft (IPW): Gegr.: Juli 1971 durch Zusammenlegung des → **Staatssekretariats für westdeutsche Fragen**, des → **Deutschen Instituts für Zeitgeschichte (DIZ)** und des Deutschen Wirtschaftsinstituts (DWI); Sitz: Berlin (Ost). Direktor: Prof. Dr. Max Schmidt (SED); Stellv.: Lutz Maier (SED).

1. Ziele der Gründung des IPW. Mit der Gründung des IPW sollte eine Konzentration der marxistisch-leninistischen Imperialismusforschung, insbesondere der Analyse der Entwicklungen in der Bundesrepublik Deutschland, erreicht werden. In diesem Bereich ist das IPW Leitinstitut. Es arbeitet eng mit der Abteilung für Westarbeit (Abt. 70) des → **Zentralkomitees (ZK) der SED** zusammen und beeinflußt mit seinen Analysen und Berichten auch die Westarbeit anderer Institutionen und → **Massenorganisationen**, die der → **Nationalen Front der DDR**, der Liga für Völkerfreundschaft (→ **Freundschaftsgesellschaften**), des → **Ministeriums für Auswärtige Angelegenheiten**, des → **Freien Deutschen Gewerkschaftsbundes (FDGB)**. Das IPW arbeitet im übrigen auch dem → **Ministerium für Staatssicherheit** zu.

Das IPW war nicht lediglich eine Zusammenfassung bereits bestehender Einrichtungen, vielmehr sollte es die gesamte „Westpropaganda" verbessern und vereinheitlichen. Diese Aufgabenstellung steht in einem engen Zusammenhang mit der Anfang der 70er Jahre einsetzenden Politik der → **Abgrenzung** der DDR. Das IPW hat demnach einen Doppelcharakter, der seine Tätigkeit prägt: es ist einerseits zeitgeschichtliches, wirtschaftswissenschaftliches und gesellschaftspolitisches Forschungsinstitut und gleichzeitig ein Instrument der Westpropaganda. Die starke Einbeziehung des IPW in die deutschlandpolitischen Auseinandersetzungen hat zu einer Überlagerung seiner wissenschaftlichen Tätigkeit durch die propagandistisch-ideologischen Aufgaben geführt und damit seinen Ruf als wissenschaftliche Forschungsstätte beeinträchtigt. Da neben dem IPW an der → **Akademie für Gesellschaftswissenschaften beim ZK der SED (AfG)** ein Institut für Imperialismusforschung innerhalb der Partei besteht, hat das IPW auf seinem Tätigkeitsfeld keine Monopolstellung.

2. Aufgaben. a) Spezielle analytische Arbeit über den „Niedergang des Kapitalismus“ und den → **„Imperialismus** der BRD“ auf der Grundlage des → **Marxismus-Leninismus**. Ferner werden Probleme des Ost-West-Handels, von Konzentrationsprozessen der Industrie in der Bundesrepublik Deutschland und in Westeuropa sowie die Entwicklung der multinationalen Konzerne vorwiegend in Westeuropa untersucht. Ein weiteres Arbeitsgebiet sind der wissenschaftlich-technische Fortschritt und seine ökonomisch-sozialen Folgen in den westlichen Industriestaaten.

b) Laufende umfassende Beobachtung der gesellschaftlichen Entwicklungen in der Bundesrepublik Deutschland, einschl. der Analyse aller politischen Strömungen und Veränderungen sowie der Reaktionen der westdeutschen Bevölkerung auf die politischen Aktivitäten und Beeinflussungsversuche von seiten der DDR.

c) Beratung der Parteiführung in deutschlandpolitischen Fragen.

d) Erarbeitung von Informationsmaterialien für die Partei- und Staatsführung (Westabteilung des ZK der SED, → **Ministerrat** der DDR, Ministerium für Auswärtige Angelegenheiten, → **Ministerium für Außenhandel [MAH]** usw.). Derartige Informations- und Dokumentationsmaterialien werden auch wichtigen Institutionen in der UdSSR und in anderen sozialistischen Staaten zur Verfügung gestellt. Eine besonders enge Zusammenarbeit und gegenseitige Abstimmung findet mit dem IMEMO, Moskau, statt. Diese Kooperationen sind Ausdruck der Aufgaben- und Arbeitsteilung in den sozialistischen Ländern (z. B. liegt der Schwerpunkt der Analyse der USA bei der Sowjetunion, die Analyse der Bundesrepublik Deutschland bei der DDR).

e) Das IPW versucht, auf die linken Bewegungen in der Bundesrepublik Deutschland unmittelbar einzuwirken. Es bedient sich dabei nicht zuletzt der DKP (→ **Kommunistische Partei Deutschlands [KPD]/Deutsche Kommunistische Partei [DKP]**).

f) Publikationstätigkeit: Monatlich erscheint die Zeitschrift „IPW-Berichte“, seit 1973 vierteljährlich die „IPW-Forschungshefte“. Als interne Veröffentlichung erarbeitet das IPW den Wochendienst „Aktuelle Information aus Politik und Wirtschaft“.

Forschung und Publikationstätigkeit werden über den bei dem IPW bestehenden → **Wissenschaftlichen Rat** für Imperialismusforschung (Vors.: Max Schmidt) koordiniert.

3. Organisation. Das IPW untersteht dem Präsidium des Ministerrates der DDR; innerhalb der Parteiführung ist es dem Mitgl. des → **Politbüros des ZK der SED** und Sekretär des ZK der SED, Joachim Herrmann, zugeordnet. Die Grundlinien seiner Forschungstätigkeit sind dem IPW durch den zentralen Forschungsplan der → **Gesellschaftswissenschaften** vorgegeben. Weitere Anforderungen ergeben sich aus den aktuellen politischen Bedürfnissen der Partei- und Staatsführung. Das IPW ist in 3 Hauptabteilungen gegliedert: „Ökonomie“; „Politik“ und „Ideologie“. Jede dieser Hauptabteilungen besteht aus mehreren Abteilungen. Die Hauptabteilung mit den meisten Mitarbeitern ist die Hauptabteilung „Ökonomie“. Sie umfaßt u. a. folgende Abteilungen: Weltwirtschaft (einschl. der Arbeitsgruppen für Asien, besonders Japan und die USA); Westeuropa; Reproduktion (d. h. Analyse der Probleme der → **Wissenschaftlich-technischen Revolution (WTR)** in den westlichen Industrieländern); Konjunktur und Krise; Monopolisierung (in der Bundesrepublik Deutschland und in Westeuropa); Agrarfragen (einschl. der Probleme der Welternährung); Lage und Probleme der Arbeiterklasse; ökonomische Fragen der Rüstung; ökonomische Rolle der Entwicklungsländer. Zur Hauptabteilung „Politik“ gehören u. a. die Abteilungen: Sicherheit und Entspannung; Rüstung, Rüstungspolitik und Abrüstung; innenpolitische und gesellschaftliche Entwicklung in Westeuropa (insbesondere Analyse des politischen Systems einschl. der Parteien- und der Organisationsstrukturen des Staates). In der Hauptabteilung „Ideologie“ sind die bedeutendsten Abteilungen: Konzeptionelle Grundfragen der friedlichen Koexistenz; Beobachtung ideologischer Entwicklungen in der Bundesrepublik Deutschland und in Westeuropa. Die Abteilung „Feindbeobachtung“ verfolgt die Berichterstattung der Massenmedien in der Bundesrepublik.

Die Hauptabteilung „Ideologie“ hat verschiedentlich propagandistische Spezialaufträge durchgeführt: z. B. Herausgabe des „Chile-Schwarzbuches“. Zur gleichen Hauptabteilung gehört eine etwa 10 Mitarbeiter umfassende Arbeitsgruppe unter Leitung von Prof. Dr. H. Bertsch (SED), die direkten Kontakt zum → **Ministerrat** der DDR sowie zur Hauptverwaltung „Aufklärung“ des → **Ministeriums für Staatssicherheit** hat.

Das IPW hat seit 1975 Promotionsrecht, ist aber keine Ausbildungsstätte.

4. Internationale Kontakte. Das IPW arbeitet auf vertraglicher Grundlage eng mit vergleichbaren Einrichtungen in den anderen sozialistischen Ländern, insbesondere in der Sowjetunion, zusammen. Über die Abteilung Internationale Verbindungen des ZK der SED ist es auch mit den kommunistischen und Arbeiterparteien in westlichen Staaten verbunden. Das IPW unterhält darüber hinaus Kontakte zu wissenschaftlichen Einrichtungen in der Bundesrepublik Deutschland. Das IPW ist Mitglied einer Kommission der Vereinten Nationen für „Imperialismus und Kolonialismus“.

Institut für Literatur „J. R. Becher“: Die Verordnung über die Bildung des IfL. vom 3. 2. 1955 erklärt: „Um

die zeitgenössische deutsche Literatur im Geiste der progressiven Traditionen und Errungenschaften der deutschen und Weltliteratur zu entwickeln und die ideologische und künstlerische Ausbildung der Schriftsteller zu fördern, ist die Schaffung eines Instituts für Literatur notwendig."
Das IfL. mit Hochschulcharakter wurde am 18. 9. 1955 in Leipzig eröffnet und untersteht dem → **Ministerium für Kultur**. Es arbeitet eng mit dem → **Schriftstellerverband der DDR** zusammen. Erster Direktor wurde Alfred Kurella (bis 1957, Nachfolger Max Zimmering). Kurella – der eigentliche Spiritus rector des Instituts – hatte die Gründung des IfL. gegen den Widerstand einflußreicher Persönlichkeiten, insbesondere J. R. Bechers, durchgesetzt.
Nach dem Tode von Johannes R. Becher wurde das Institut 1959 nach ihm benannt.
In mehrjährigen Lehrgängen sollen Schriftsteller eine Grundausbildung erhalten. 1969 wurde nach dem VI. Schriftstellerkongreß ein neues Ausbildungsprogramm am IfL. eingeführt: Ab 15. 9. 1969 ist ein 3jähriges → **Fernstudium** möglich „im Interesse einer Verstärkung und qualitativen Verbesserung der Bewegung Schreibender Arbeiter, im Interesse vor allem der Herausbildung einer Literaturgesellschaft und der ästhetischen Erziehung der Werktätigen" (Anweisung des Ministeriums für Kultur vom 2. 3. 1970). Gleichzeitig wurden eine „künstlerische Aspirantur" (jährlich sollen 5–6 junge Schriftsteller für 2 Jahre am Institut tätig sein) und Sonderkurse für junge Schriftsteller (9 Monate) eingeführt. Das 3jährige Studium wurde in ein 2jähriges Aufbaustudium umgewandelt.
Direktor war von 1964 bis 1983 Max Walter Schulz, der von 1957 bis 1959 am IfL. studiert hat. Seit Herbst 1983 ist Dr. Rudolf Gehrke kommissarisch mit der Leitung beauftragt. → **Literatur und Literaturpolitik.**

Institut für Marxismus-Leninismus beim ZK der SED (IML): Gegr. 1947 (Arbeitsaufnahme: 1949). Sitz: Berlin (Ost). Direktor (seit 1969) Prof. Dr. Günter Heyden (Mitgl. der Zentralen Revisionskommission der SED); seine Stellv. sind Ernst Diehl (Mitgl. des ZK der SED; Vors. des Wissenschaftlichen Rates für Geschichtswissenschaft) und Heinrich Gemkow. Von besonderer Bedeutung für die Entwicklung des IML war der Beschluß des → **Zentralkomitees (ZK) der SED** vom 20. 10. 1951 über „die wichtigsten ideologischen Aufgaben der Partei", durch den die Aufgabenstellung des Instituts erheblich erweitert wurde, so daß es entscheidend dazu beitragen konnte, den → **Marxismus-Leninismus** Schritt für Schritt als herrschende Ideologie in der DDR durchzusetzen.
Bis 1953 hieß das IML Marx-Engels-Lenin-Institut (MEL); zu Ehren Stalins wurde es dann im April 1953 in Marx-Engels-Lenin-Stalin-Institut (MELS) umbenannt. Seit dem XX. Parteitag der → **Kommunistischen Partei der Sowjetunion (KPdSU)** (1956) trägt es seine heutige Bezeichnung. Arbeiteten in den Jahren von 1949 bis 1958 in dem Institut vor allem „erfahrene, im Klassenkampf erprobte, marxistisch-leninistisch geschulte Kader", sind in ihm gegenwärtig Hunderte gut ausgebildete wissenschaftliche Mitarbeiter tätig.
Als wissenschaftliche Einrichtung der → **Sozialistischen Einheitspartei Deutschlands (SED)** ist das IML hauptverantwortlich für die Marx-Engels-Forschung, die Edition der Klassiker des Marxismus-Leninismus, die Verwaltung der Nachlässe führender KPD- und SED-Funktionäre, die Herausgabe von Biographien und Memoiren von Funktionären der Arbeiterbewegung, die Erforschung und Darstellung der Geschichte der deutschen und internationalen Arbeiterbewegung einschl. der Geschichte der örtlichen Arbeiterbewegung (→ **Arbeiterbewegung, Geschichte der deutschen; Betriebsgeschichte; Heimatgeschichte**).
1. Aufgaben. a) Anleitung und Koordination der Marx-Engels-Forschung entsprechend den Festlegungen im Zentralen Plan für die gesellschaftswissenschaftliche Forschung. Beim IML besteht der → **Wissenschaftliche Rat** für Marx-Engels-Forschung.
b) Die Werke der Klassiker des Marxismus-Leninismus werden vom IML herausgegeben. Die 1953 begonnene, auf 40 Bände angelegte Marx-Engels-Werkausgabe (MEA) wurde 1968 abgeschlossen. Die Werke Lenins (aufgrund der 4. russischen Ausgabe) liegen in 40 Bänden vor; sie werden durch die Reihe „W. I. Lenin, Briefe" nach der 5. russischen Ausgabe ergänzt (10 Bände; 1969–1976). Die Edition der Werke J. W. Stalins wurde 1956 mit dem 13. Band der auf 16 Bände angelegten Gesamtausgabe abgebrochen.
Aufgrund eines gemeinsamen Beschlusses des ZK der SED und des ZK der KPdSU begann das IML Anfang der 70er Jahre gemeinsam mit dem IML beim ZK der KPdSU mit der Arbeit an einer kritisch-historischen Marx-Engels-Gesamtausgabe (MEGA). Der Umfang dieser MEGA wird mit 100 Bänden angenommen; die Herausgabe soll in der 2. Hälfte der 90er Jahre abgeschlossen sein. Bis Anfang 1984 lagen 23 Bände vor. Die MEGA soll alle Manuskripte, Entwürfe, Varianten, Konzepte, Exzerpte, Randbemerkungen, Briefe von und an Marx und Engels usw. in der Originalsprache und vollständig enthalten. Die MEGA wird durch ein ebenfalls vom IML herausgegebenes Marx-Engels-Jahrbuch begleitet, Umfang und Bedeutung dieses Editionsvorhabens haben zu einer personellen Erweiterung des IML geführt.
c) Erforschung der Geschichte der deutschen und der internationalen Arbeiterbewegung aus der Sicht des Marxismus-Leninismus. U. a. erschienen über 20 vom IML herausgegebene Dokumentationsbände, darunter 8 Bände „Dokumente und Materialien zur Geschichte der deutschen Arbeiterbewegung" sowie die dreibändige Chronik zur Geschichte der deutschen Arbeiterbewegung (1965/67). In den gleichen Zusammenhang gehört die achtbändige „Geschichte der deutschen Arbeiterbewegung", deren Herausgabe 1962 beschlossen wurde und die 1966 vorlag. Sie wurde teilweise revidiert bzw. ergänzt durch die einbändige „Geschichte der Sozialistischen Einheitspartei Deutschlands. Abriß", die 1978 erschien.

Bei der Erforschung der Geschichte der internationalen Arbeiterbewegung gibt es in jüngerer Zeit verstärkte Bemühungen um die Aufarbeitung der Geschichte der Kommunistischen Internationale (→ **Komintern**). Für die Koordinierung dieses Forschungsgebietes besteht bei der → **Akademie für Gesellschaftswissenschaften beim ZK der SED (AfG)** der WR für Internationale Arbeiterbewegung, in dem das IML maßgeblich mitwirkt.

Da der Geschichte der Arbeiterbewegung in der Geschichtsschreibung in der DDR ein besonderes Gewicht zukommt, beeinflußt das IML wesentlich die Entwicklung und die Inhalte der Geschichtswissenschaft. Nicht zufällig ist der stellv. Direktor des IML zugleich Vors. des WR für Geschichtswissenschaft.

d) Die Arbeiten über die Geschichte der örtlichen Arbeiterbewegung werden vom IML geleitet und koordiniert. Das Institut veranstaltet entsprechende regionale und zentrale Konferenzen; es ist weiterhin für die Weiterbildung der Mitglieder der Bezirks-, Kreis- und Betriebskommissionen der SED zur Erforschung der Geschichte der örtlichen Arbeiterbewegung bzw. für Betriebsgeschichte verantwortlich.

e) Entsprechend den jeweiligen thematischen Schwerpunktsetzungen bei der Bearbeitung der Geschichte der deutschen und internationalen Arbeiterbewegung und auf der Grundlage der im IML verwalteten Nachlässe hat das Institut in jüngerer Zeit eine größere Zahl von Biographien und Lebenserinnerungen herausgebracht, u. a. Biographien von Marx, Engels, Lenin, Thälmann, Pieck sowie Erinnerungen von Franz Dahlem und Erich Honecker („Aus meinem Leben", Berlin [Ost] 1980). 1983 erschien eine Biographie Walter Ulbrichts. – In den gleichen Zusammenhang gehören die Werkausgaben u. a. von August Bebel, Karl Liebknecht, Rosa Luxemburg, Franz Mehring.

Diese Schwerpunktverlagerungen erfolgten im Anschluß an den VIII. Parteitag der SED (1971). In seinem Ergebnis sollte sich die historische Forschung in erster Linie auf die Entwicklung der deutschen Arbeiterbewegung und die „Politik der revolutionären Partei der deutschen Arbeiterklasse" als Teil der internationalen Arbeiterbewegung konzentrieren. Dabei sollten wissenschaftliche Arbeiten über die Beziehungen zwischen der KPD (→ **Kommunistische Partei Deutschlands [KPD]/Deutsche Kommunistische Partei [DKP]**) und SED zur → **Kommunistischen Partei der Sowjetunion (KPdSU)** einen zentralen Platz einnehmen.

f) Das IML organisiert wissenschaftliche Konferenzen, Kolloquien und Arbeitstagungen in Verbindung vor allem mit der AfG, der → **Akademie der Wissenschaften der DDR (AdW)** sowie den verschiedenen Universitäten und Hochschulen. Viele dieser Veranstaltungen finden mit internationaler Beteiligung statt. Im übrigen arbeitet das IML eng mit dem IML beim ZK der KPdSU sowie gleichartigen Einrichtungen bei den ZK der anderen kommunistischen Parteien des Ostblocks zusammen. Daneben bestehen auch enge Arbeitskontakte zu vergleichbaren Institutionen der kommunistischen und Arbeiterparteien des Westens.

g) Die Ausbildung von wissenschaftlichen Nachwuchskadern erfolgt in direkter Zusammenarbeit mit der AfG beim ZK der SED. Seit 1970 besitzt das IML das Recht zur Verleihung akademischer Grade (→ **Universitäten und Hochschulen**, V. G.).

2. Zur Organisationsstruktur. Am IML bestehen u. a. folgende Abteilungen: Marx-Engels-Abteilung; Lenin-Abteilung; Abteilung Geschichte der Arbeiterbewegung (einschl. der örtlichen Arbeiterbewegung); Zentrales Parteiarchiv der SED (seit April 1963); Bibliothek (über 350000 Bände); Informations- und Dokumentationsstelle; Publikationsabteilung; Abteilung für Auslandsarbeit. Das Zentrale Parteiarchiv enthält die bedeutendste Quellensammlung zur Geschichte der deutschen Arbeiterbewegung von den Anfängen bis zur Gegenwart in der DDR. Die Informations- und Dokumentationsstelle veröffentlicht seit 1950 (z. T. internationale) Spezialbibliographien, seit 1963 den „Dokumentationsdienst zur Geschichte der Arbeiterbewegung und der Marx-Engels-Forschung". Seit 1959 erscheinen, gegenwärtig sechsmal jährlich, als eigene Zeitschrift die „Beiträge zur Geschichte der Arbeiterbewegung (BZG)"; sie hießen bis 1969 „Beiträge zur Geschichte der deutschen Arbeiterbewegung".

Die einzelnen Abteilungen des IML sind in Sektoren unterteilt. Ähnlich wie an einem Hochschulinstitut sind auch im IML Professoren, Dozenten, wissenschaftliche Oberassistenten und wissenschaftliche Mitarbeiter beschäftigt. Sie nehmen nicht nur Aufgaben in der Forschung und Lehre wahr, sondern sind zugleich mit umfangreichen Aufgaben in der Propagandaarbeit der SED betraut.

Institut für Meinungsforschung beim ZK der SED:

Gegr. 1965, Sitz Berlin (Ost), letzter Direktor: Prof. Dr. Helene Berg (Mitgl. des → **Zentralkomitees [ZK] der SED**). Die Gründung des IfM. erfolgte im Zusammenhang mit der Entwicklung einer empirisch orientierten Soziologie in der DDR; sie sollte dazu dienen, das Monopol der SED-Führung im Bereich der Meinungsforschung konsequent durchzusetzen (→ **Soziologie und Empirische Sozialforschung**).

Das IfM. sollte folgende Aufgaben erfüllen: a) Veranstaltung von regelmäßigen Umfragen im Auftrage des → **Politbüros des ZK der SED** über die Stimmung der Bevölkerung und das Ansehen einzelner Spitzenfunktionäre; b) Beteiligung an Untersuchungen vor allem im Bereich der Industrie-, Betriebs- und Jugendsoziologie. Die Struktur- und Leitungsänderungen in der soziologischen Forschung der DDR führten Ende der 70er Jahre zur Auflösung des IfM. als einer selbständigen wissenschaftlichen Einrichtung. Es ging in dem 1978 gegründeten Institut für Soziologie und Sozialpolitik an der → **Akademie der Wissenschaften der DDR (AdW)**, dem Institut für Soziologie der → **Akademie für Gesellschaftswissenschaften beim ZK der SED (AfG)** sowie dem → **Wissenschaftlichen Rat** für Fragen der Sozialpolitik und Demographie an der AdW und dem Wissenschaftlichen Rat für soziologische Forschung an der AfG auf.

Institut für Sozialhygiene und Organisation des Gesundheitsschutzes: Das I. (Kurzbezeichnung ISOG) war ursprünglich Teil der 1948 gegründeten Akademie für Sozialhygiene, Arbeitshygiene und Ärztliche Fortbildung. Nach deren Auflösung war es zeitweilig selbständig, dann Teil der → **Akademie für Ärztliche Fortbildung**. 1976 wurde es aus dieser ausgegliedert und erneut selbständiges Institut. Dabei wurde ihm der Name „Maxim Zetkin" verliehen.
Seine Hauptaufgaben sind lt. Gründungsstatut vom 1. 1. 1976:
- Erarbeitung der wissenschaftlichen Grundlagen zur Entwicklung der Berufs- und Organisationsstruktur im Gesundheitswesen;
- Entwicklung wissenschaftlicher Grundlagen der Leitung und Planung des Gesundheits- und Sozialwesens, insbesondere der Organisation der medizinischen und sozialen Betreuung (Analysen des Gesundheitszustandes der Bevölkerung; Ermittlung des Bedarfs an medizinischer und sozialer Betreuung; Schaffung von Prinziplösungen und Verbesserung der normativen Grundlagen der Organisation der medizinischen Betreuung);
- wissenschaftliche Vorarbeiten für die Gestaltung des Informationswesens im Gesundheits- und Sozialwesen.

Zentrale Forschungsprojekte sind die Vertiefung der Grundlagen von Leitung, Planung und Organisation der medizinischen Betreuung der Bevölkerung und Erforschung und Beurteilung des Gesundheitszustandes der Bevölkerung.
Das I. berät auf seinem Arbeitsgebiet das → **Ministerium für Gesundheitswesen** und ist ihm direkt unterstellt. – Leiter: Prof. Dr. sc. med. Günter Ewert. Sitz: Berlin-Lichtenberg.

Integration: Der völkerrechtliche Begriff der I. wird in der DDR für die Beschreibung des Verhältnisses zu den sozialistischen Bruderländern ausschließlich im Sinne der **sozialistischen ökonomischen Integration** im → **Rat für Gegenseitige Wirtschaftshilfe (RGW)** verwandt. Während die I. in der Europäischen Gemeinschaft für die westeuropäischen Staaten z. T. schon zu Souveränitätsverzichten, d. h. zur freiwilligen Übertragung von Hoheitsrechten auf Organe der Gemeinschaft geführt hat, beharrt die DDR-Führung bei der Gestaltung der Beziehungen in ihren Bündnissen auf uneingeschränkter „Achtung ihrer staatlichen Souveränität, ihrer Unabhängigkeit und nationalen Interessen". Eine politische I. im westlichen Sinne wird strikt abgelehnt. Die Übernahme bzw. Beibehaltung des Begriffs der I. führt jedoch nicht nur zu Widersprüchen, wenn damit ausschließlich das „Zusammenwachsen verschiedener Volkswirtschaften zu einem einheitlichen Wirtschaftsorganismus" gemeint ist, denn diese geforderte „Einheitlichkeit" ist ohne integrative Entwicklungen – etwa bei der inzwischen erfolgten, mehr oder weniger freiwilligen Aufgabe bestimmter Produktionsstrukturen zugunsten der RGW-Partner – nicht denkbar. Auch die gegenwärtig zu beobachtende, sonstige Praxis in den Bündnisbeziehungen der DDR steht in einem gewissen Widerspruch zu ihrer immer wieder betonten und beanspruchten vollen außen- und innenpolitischen Souveränität, die – theoretisch – keine irgendwie geartete Beschränkung hoheitlicher Rechte zuläßt.
Dieser Widerspruch besteht darin, daß im Beziehungsgeflecht zwischen den sozialistischen Staaten insbesondere in den 70er Jahren Formen der Zusammenarbeit entstanden sind, die durchaus politisch integrative Tendenzen aufweisen. Dazu gehören u. a. regelmäßige „Beratungen", „Treffen" und „Konsultationen" auf hoher und höchster Funktionärsebene. So sind z. B. seit Anfang der 70er Jahre aus den früher gelegentlichen Zusammenkünften der für ideologische und internationale Fragen zuständigen ZK-Sekretäre der kommunistischen Parteien regelmäßige, zumeist jährlich ein- bis zweimal stattfindende Treffen geworden. Aber auch auf der Ebene der Leiter staatlicher Organe und gesellschaftlicher Organisationen gibt es inzwischen quasi-institutionalisierte Kontakte, die nach offizieller Lesart Ausdruck der wachsenden Kooperation zwischen den sozialistischen Ländern vor allem des → **Warschauer Paktes** und des RGW sind (in jüngster Zeit gelegentlich unter Teilnahme von Vertretern z. B. Vietnams und Kubas). So konferieren die Präsidenten und Rektoren von Akademien und Hochschulen, die Generaldirektoren der Nachrichtenagenturen, die Leiter von Rundfunk- und Fernsehanstalten, von Verlagen und Parteizeitungen, von Theatern und Opernbühnen sowie die Vorsitzenden von Sportorganisationen. Wenn auch über Ergebnisse dieser Zusammenkünfte nur äußerst selten Konkretes berichtet wird, sieht man von gelegentlichen Mitteilungen über mehrseitige gemeinsame Verlagsprojekte oder multilaterale Forschungsvorhaben ab, so ist hier doch ein (schwacher) Trend zur Multilateralität im Bündnissystem der DDR nicht zu übersehen. Selbst wenn es in den meisten Fällen nicht zu konkreten Absprachen oder auch nur zur Definition von Gemeinschaftsaufgaben kommen sollte, und es bei Absichtserklärungen zur verstärkten Kooperation bleibt, so dürften doch mit diesen Konsultationsmechanismen langfristig zumindest politisch-psychologische Abhängigkeiten entstehen, die es den einzelnen Staaten im sowjetischen Hegemonialbereich in Zukunft schwieriger machen werden, einen autonomen gesellschaftspolitischen Kurs zu steuern. Diese Entwicklung mag gerade von der Sowjetunion gewollt sein. Auch wenn sie von Ereignissen wie in Polen seit 1980 zeitweilig unterbrochen oder verlangsamt wird, läuft sie doch auf eine wachsende, über den ökonomischen und militärischen Bereich hinausgehende Annäherung der Herrschaftssysteme, aber auch der gesellschaftspolitischen Praxis, in den Staaten des Warschauer Paktes, als dem Kern der sozialistischen Staatengemeinschaft, hinaus. Damit sind zwar (noch) keine formellen Souveränitätsverzichte verbunden, doch ist die DDR hier in einen politischen Prozeß eingebunden, der die Identitätsprobleme der DDR als nationaler Teilstaat nicht unberührt läßt. Die feststellbaren Bemühungen um Verbreiterung der politisch-ideologischen Legitimationsbasis z. B. in der Geschichtswissenschaft mögen hier eine ihrer Wurzeln haben (→ **Kulturelles Erbe; Nationale Geschichtsbetrachtung**).

Intelligenz: Die I. wird als „Schicht" oder auch als „Zwischenschicht" bezeichnet. Sie steht neben den beiden Grundklassen: den Arbeitern und Angestellten einerseits, den Genossenschaftsbauern andererseits. Die Zahl der zur Schicht der I. Gehörenden ist ebensowenig fest umrissen wie ihre – in der einschlägigen Fachliteratur aus der DDR immer wieder geforderte – präzise sozialstrukturelle Definition. So ist es z. B. strittig, ob höhere Funktionäre der SED zur I. oder zu den „Arbeitern und Angestellten" zu zählen sind. Auch weist das „Statistische Jahrbuch der DDR" keine Bevölkerungsgruppe als I. aus. Kategoriale Unsicherheit war einer der Gründe dafür, daß bisher weder eine differenziertere I.-Statistik aufgebaut noch einfache umfassendere Erhebungen durchgeführt wurden.

In neueren soziologischen Arbeiten aus der DDR wird die „besondere Rolle" der I. in der „gesellschaftlichen Organisation der Arbeit" als konstitutives Merkmal angegeben. Allerdings hat die Soziologie in der DDR bisher die „objektive Dialektik" der Stellung der I. in der DDR-Gesellschaft nicht empirisch entschlüsseln können. Mehr als der Hinweis, daß die I. einerseits durch die gleichen Eigentumsverhältnisse wie andere soziale Klassen und Schichten gekennzeichnet sei, andererseits sich durch eine „Vielzahl von Eigenschaften von der Arbeiterklasse" unterscheide, ist auch in soziologischen Standardwerken nicht zu finden (vgl. „Grundlagen der marxistisch-leninistischen Soziologie", Hrsg. G. Aßmann und R. Stollberg, Berlin [Ost] 1977, S. 182 ff.).

Generell werden zur I. Personen gerechnet, die beruflich vorwiegend geistige Arbeit leisten und meistens eine Fach- bzw. Hochschulausbildung besitzen: Wissenschaftler, Ärzte, Lehrer, Ingenieure, Techniker, Künstler und Schriftsteller. Entsprechend werden je nach den Tätigkeitsbereichen unterschieden: „wissenschaftliche I.", „medizinische I.", „pädagogische I.", „technische I." und „künstlerische I.". Alle Personen mit Universitäts- bzw. Hochschulabschluß und mit Fachschulabschluß zählen zur I. In diesen Gruppen sind laut „Statistisches Jahrbuch" diejenigen Fachkräfte eingeschlossen, denen – ohne Absolvierung eines Studiums oder einer Fachschule aufgrund gesetzlicher Bestimmungen oder besonderer Leistungen – ein wissenschaftlicher Grad bzw. Titel oder der Qualifikationsgrad „Ingenieur" bzw. „Techniker" zuerkannt wurde.

Die Zahl der Ende 1982 in der Wirtschaft Tätigen mit Hochschul- bzw. mit Fachschulabschluß betrug 534 700 bzw. 967 400. Im gleichen Jahr studierten 130 442 Studenten an den → **Universitäten und Hochschulen** (ohne Forschungsstudium) sowie 172 058 an den → **Fachschulen**. Während die Zahl der Studierenden an den Universitäten und Hochschulen seit 1973 gefallen ist, stieg die Zahl der Studierenden an den Fachschulen zwischen 1974 und 1981 ständig an. Der Anteil der Berufstätigen mit einem Hoch- oder Fachschulabschluß je 1 000 Berufstätiger stieg zwischen 1961 und 1982 beim Hochschulabschluß von 22 auf 70 und beim Fachschulabschluß von 39 auf 127. Die wichtigsten → **Massenorganisationen** der I., der → **Kulturbund der DDR (KB)** sowie die → **Kammer der Technik (KdT)**, hatten Ende 1982 244 706 bzw. 250 255 Mitglieder, darunter 79 521 bzw. 66 556 Angehörige der I. im engeren Sinne, d. h. mit Hochschulabschluß.

Der überwiegende Teil der gegenwärtig tätigen I. hat seine Ausbildung bereits nach 1945 in der DDR erhalten. Die in der Nachkriegszeit in der SBZ bzw. DDR verbliebene „bürgerliche" I. wurde materiell bevorzugt und berufspolitisch gefördert, wenn deren Mitglieder zur Mitarbeit in der Wirtschaft und in anderen Gesellschaftsbereichen und zu einer gewissen sozialen Integration bereit waren. Erheblich bevorzugt wurden besonders naturwissenschaftlich-technische Spezialisten und Berufsgruppen, z. B. bei der Festlegung des Arbeitseinkommens und des Urlaubsanspruchs (über Einzelverträge), der Wohnungszuweisung und Versorgung. Die in der Zwischenzeit ausgebildete „sozialistische" I. hat auf materielle Vergünstigungen nicht verzichten müssen und stellt dementsprechend heute – allerdings ohne Lehrer, Ingenieure und Techniker – eine Sozialgruppe mit überdurchschnittlichem → **Lebensstandard** dar, wenn auch die Einkommensdifferenz zwischen I.-Einkommen und durchschnittlichem Facharbeiterlohn in der Regel nicht so groß wie in der Bundesrepublik Deutschland ist. Wiederholt hat die I.-Politik der SED der Annäherung der I. und der Arbeiterklasse das Wort geredet. Als Teil einer Gesamtpolitik, die die gesellschaftliche Entwicklung in allererster Linie auf die Entwicklung der → **Produktivkräfte** zurückführt, verfolgte sie dabei vor allem das Ziel, Wissenschaft zur Wirkung zu bringen. Besonders prägnant zeigte sich dies Ende der 60er Jahre, als eine naturwissenschaftlich-technische „sozialistische Großforschung" aus dem organisatorischen, planerischen und finanziellen Zusammenschluß von universitärer und betrieblicher I. gebildet werden sollte. Über erste Gründungen von Großforschungszentren kamen diese Bemühungen schon aufgrund finanzieller Schwierigkeiten nicht hinaus. Im Rahmen der Kombinatsbildungen und der Förderung der Kombinatsforschung seit Beginn der 80er Jahre wurde diese Linie wieder aufgenommen, ohne allerdings auch die gesellschaftspolitische Erwartung zu erneuern, aus den engen Arbeitszusammenhängen von produktionsnaher Forschung und forschungsbezogenem Ingenieurwesen mit dem jüngeren „Arbeiter-Wissenschaftler" den Prototyp des zukünftigen Gesellschaftsmitgliedes zu gewinnen.

Gegenwärtig verfährt die I.-Politik traditionalistisch und sucht individuelle Leistungsmotivation über Konkurrenzverhalten und die Aussicht auf individuelle Karrieren zu fördern. Seit dem X. Parteitag der SED werden von der I. mehr Meinungsstreit und die Herausbildung miteinander konkurrierender wissenschaftlicher Schulen erwartet. Ferner soll die Talentförderung zukünftig individualisierter, die Ausbildung wie die Entlohnung der I.-Gruppen weniger starr und vermehrt leistungsbezogen erfolgen. In der Vergangenheit haben die starke Verschulung der Ausbildung – die individuellen Befähigungen wenig Beachtung schenkte – sowie mangelnde fachwissenschaftliche Information und Kommunikation, die starre Entlohnung, die Dominanz politisch engagierter I. in Wissenschaftsfragen sowie schließlich die begrenzten Lebensverhältnisse dahin geführt, daß trotz der starken quantitativen Ausweitung der I. die DDR im internationalen Vergleich relativ wenige hervorragende wissenschaftliche Leistungen verzeichnen und kommerziell verwerten konnte. → **Sozialstruktur; Wissenschaftlich-technische Revolution (WTR).**

Intensivierung und Rationalisierung

I. Begriffe und Konzept
II. Aufgaben
III. Maßnahmen und Methoden der Intensivierung und Rationalisierung
IV. Hauptmaßnahmen der Rationalisierung

I. Begriffe und Konzept

1. I. bezeichnet das wirtschaftspolitische Konzept – sowie gelegentlich auch die Maßnahmen –, wirtschaftliches Wachstum durch die intensive Nutzung der vorhandenen Produktionsanlagen (→ **Grundmittel**) und des vorhandenen Arbeitskräftepotentials zu erzielen. Gemäß dieser engen Definition sollen Produktionsanlagen nicht mehr extensiv erweitert, sondern nur erneuert und modernisiert, vor allem aber rationeller genutzt und die Arbeitsproduktivität erhöht werden.

Während der Begriff I. die längerfristige Wachstumsstrategie kennzeichnet, umfaßt der Terminus R. alle Maßnahmen zur Umsetzung dieser Strategie. Im Sprachgebrauch der DDR werden häufig beide Begriffe synonym verwendet, insofern beide zur Kennzeichnung von Maßnahmen benutzt werden, mit denen ein höherer Nutzeffekt erreicht werden kann. Zum bestimmenden wirtschaftspolitischen Konzept wurde I. durch Beschluß des VIII. Parteitages der SED (1971), Mitte der 70er Jahre wurde das Konzept unter dem Eindruck gestiegener Rohstoff- und Energiekosten erweitert und wird seitdem als sehr breit angelegter „Hauptweg" des Wirtschaftens verstanden. In weiter Definition meint I., Wirtschaftswachstum durch ständige R., die Verbesserung der Produktionsstrukturen und die mit Hilfe des wissenschaftlich-technischen Fortschritts erhöhte Nutzung und Weiterentwicklung der Ressourcen zu erzielen. Als Hauptfaktoren der I. gelten: a) die Beschleunigung des wissenschaftlich-technischen Fortschritts (→ **Wissenschaftlich-technische Revolution [WTR]**), b) die Steigerung der → **Arbeitsproduktivität**, c) erhöhte Effizienzen der → **Investitionen** und der Nutzung der Produktionsanlagen, d) die längerfristige Sicherung der Versorgung mit Rohstoffen und Materialien sowie deren bessere Nutzung (→ **Materialwirtschaft**), e) die volks- und betriebswirtschaftlich günstige Ausweitung der wirtschaftlichen und → **Wissenschaftlich-technischen Zusammenarbeit (WTZ)** im RGW.

2. R. bezeichnet Maßnahmen in den Wirtschaftsbetrieben, in der Verwaltung und in Bildungs- und Forschungsstätten zur Erzielung eines höheren Nutzeffektes. Im engeren Sinne wird unter R. die Verbesserung der vorhandenen Fertigungseinrichtungen und -organisation verstanden. Mit relativ geringem finanziellem Aufwand (R.-Investition) soll ein möglichst hoher wirtschaftlicher Nutzen erreicht werden. Der Begriff R. wurde in der DDR zunächst gemieden; ab 1963 setzte sich dann die Bezeichnung „sozialistische R." durch. Auf der gemeinsamen Konferenz des → **Zentralkomitees (ZK) der SED** und des → **Ministerrates** unter dem Thema „Sozialistische Rationalisierung und Standardisierung" im Juni 1966 wurde die R. erstmals als wichtiges Instrument zur I. der Wirtschaftsabläufe herausgestellt. Ausgehend von den vorhandenen Arbeitskräften, den Fertigungseinrichtungen und Rohstoffen sowie den Aufgaben des Volkswirtschaftsplanes soll R. bewirken, „den Reproduktionsprozeß als Ganzes intensiver zu gestalten und dadurch den ökonomischen Nutzeffekt zu erhöhen" (Thesen, in: Konferenzprotokoll, Berlin [Ost] 1966, S. 155).

Gegenstand der R. sind die Arbeitsabläufe in der Industrie und Verwaltung, ferner im Dienstleistungsbereich und in der Landwirtschaft. In der Vergangenheit bezog sich die R. vornehmlich auf isolierte Arbeitsprozesse. Daneben wurden Betriebsteile und vereinzelt auch Gesamtbetriebe als Ganzes modernisiert. Für die Reorganisation und technische Erneuerung ganzer Produktions- und Verwaltungskomplexe werden auch die Bezeichnungen **Rekonstruktion** und „komplexe sozialistische R." verwendet. Aufgrund der eingetretenen Differenzierung der Sortimente und Fertigungsverfahren, der Transport- und Organisationsmittel ist die übergreifende, ganze Produktions- und Distributionslinien erfassende R. von besonderer Bedeutung.

Anstelle breit durchgeführter R.-Investitionen und „massenhafter" kleinerer Einsparungen in den Betrieben dominierten jedoch in den Jahren 1967–1971, zwischen dem VII. und VIII. Parteitag der SED, im Rahmen einer forcierten Struktur- und Wachstumspolitik erneut extensive, auf die Schaffung neuer Arbeitsplätze gerichtete Investitionen.

Die gegenwärtige wirtschaftspolitische Linie bezeichnet die I. als den Hauptweg zur quantitativen und qualitativen Leistungssteigerung der Wirtschaft. Bereits der VIII. Parteitag der SED (1971) bestimmte sie zur erstrangigen politischen Aufgabe von „gesamtgesellschaftlicher Bedeutung". I. bedeutete danach, „die Erzeugung zu steigern, indem wir die vorhandenen Produktionsanlagen und Gebäude besser nutzen und modernisieren, indem wir mit der gleichen Zahl von Arbeitskräften mehr produzieren“ (Protokoll des VIII. Parteitages der SED, Berlin [Ost] 1971, Bd. 1, S. 68). Der IX. Parteitag der SED (1976) hat die I. noch stärker auf die Erschließung „aller vorhandenen Reserven“ bei den Fertigungsausrüstungen und der -organisation, dem Einsatz von Roh-, Hilfs- und Betriebsstoffen, der Energieanwendung und der Nutzung des Arbeitskräftepotentials gerichtet. R.-Maßnahmen werden damit auch als wirtschaftspolitisches Instrument zur Einsparung von Arbeitsplätzen angesehen. Praktische Erfolge sind jedoch stark davon abhängig, inwieweit es gelingt, die mit der I. und R. verbundenen Faktoren wie Ausbildung, Arbeitszufriedenheit, Preise, wissenschaftlich-technische und organisatorische Innovationen, Rentabilität, empirisch und rechnungsmäßig zukünftig exakter als in der Vergangenheit zu ermitteln. Entsprechend stufte der X. Parteitag der SED (1981) die I. als wirtschaftsstrategische Konzeption noch höher ein, deren Bedeutung nur mit „der Schaffung der sozialistischen Planwirtschaft selbst“ verglichen werden könne (Protokoll des X. Parteitages der SED, Berlin [Ost] 1981, Bd. 2, S. 244).

Die auf dem VIII. Parteitag der SED angekündigte Verbesserung des individuellen Lebensstandards läßt sich bei unveränderter Ausgabenstruktur der staatlichen Haushalte nur durch Wirtschaftswachstum finanzieren. Andererseits erwartet die politische Führung der DDR, daß von der Anhebung des Lebensstandards durch Lohnerhöhungen, Prämien und sozialpolitische Umverteilungsmaßnahmen (→ **Lohnformen und Lohnsystem**) starke mobilisierende Impulse auf die Leistungsbereitschaft und -intensität der Beschäftigten ausgehen – ein wechselseitiger Zusammenhang, der in der Formel von der „Hauptaufgabe in ihrer Einheit von Wirtschafts- und → **Sozialpolitik**“ zusammengefaßt wurde. Wirtschaftswachstum und Lebensstandarderhöhung „fördern wesentlich die Stabilität unserer Ordnung und den gesellschaftspolitischen Vormarsch“ (Direktive des IX. Parteitages der SED zum Fünfjahrplan für die Entwicklung der Volkswirtschaft der DDR in den Jahren 1976–1980). Der Weg des Wirtschaftswachstums wird in der I. und R. gesehen, der effizienteren Nutzung des Wirtschaftspotentials, der Modernisierung und technischen Erneuerung des Produktionsapparates durch R.-Maßnahmen. Das Kriterium der I. besteht folglich in der Entwicklung der Arbeitsproduktivität, d. h. auf der volkswirtschaftlichen Ebene der Senkung des Aufwandes an Arbeit und Kapital pro Einheit des produzierten Nationaleinkommens.

Aufgrund der in den Wirtschaftsbereichen und -zweigen unterschiedlichen Produktionsbedingungen ergeben sich unterschiedliche R.-Maßnahmen. Kapitalintensive R.-Maßnahmen werden dort durchgeführt, wo durch den Einsatz von Maschinen und Anlagen Arbeitsplätze eingespart und die Arbeitsproduktivität gesteigert werden können. Derartige R. sind bisher vor allem in der → **Landwirtschaft** und in der Bauindustrie durchgeführt worden. Zukünftig sollen Produktivitätsreserven durch die Mechanisierung des innerbetrieblichen Transports und des Reparatur- und Dienstleistungswesens genutzt werden. In den Zweigen, in denen jedoch bereits moderne Maschinen und Anlagen eingesetzt werden, richten sich arbeitsintensive R.-Maßnahmen auf deren umfassendere und effizientere Nutzung, vor allem durch die Auslastung im Mehrschichtsystem und die Senkung technisch bedingter Stillstandszeiten. Von der arbeitsintensiven R. sind die meisten Industriezweige, die Landwirtschaft, die Bauindustrie sowie das → **Verkehrs-** und → **Gesundheitswesen** betroffen. Drittens lassen sich davon R.-Maßnahmen in Industriezweigen mit kontinuierlicher Fertigung – wie in der → **Chemischen Industrie**, der Metallurgie und der Energieerzeugung – unterscheiden, die weder primär kapitalnoch arbeitsintensiv sind, sondern die die I. der Produktion durch die Anwendung von weiterentwickelten und neuen Verfahren und Technologien erreichen.

II. Aufgaben

Die längerfristigen Aufgaben der I. und R. sind von dem Generalsekretär der SED, Erich Honecker, im Jahr 1975 in 10 Punkten konkretisiert worden (Reden und Aufsätze, Bd. 4, Berlin [Ost] 1977, S. 115ff.). Diese auf dem X. Parteitag der SED aktualisierte Zusammenstellung läßt zugleich Rückschlüsse auf die Engpässe der gegenwärtigen Wirtschaftsentwicklung der DDR zu.

1. Wissenschaftlich-technische Entwicklungen sollen schneller und wirtschaftlicher genutzt werden, was in erster Linie die Lösung von Überführungsproblemen voraussetzt. Auf diesem Wege werden zwischen 1981 und 1985 jährliche Einsparungen von 490 bis über 600 Mill. Arbeitsstunden bzw. von 300000 Arbeitskräften sowie die jährliche Senkung des Energie- und Materialverbrauches um 5–5,5 v.H. erwartet.

2. Die Produktionsanlagen und Maschinen sind längere Zeit auszulasten. Bei wichtigen Anlagen ist die Auslastung bis 1985 auf 16–17 Stunden pro Kalendertag zu steigern. Die Schichtauslastung ist in der Wirtschaft generell zu erhöhen.

3. Die reguläre Arbeitszeit ist besser auszunutzen. Die Ausfallzeiten – z. B. für Versammlungen und Besprechungen – sind ebenso zu senken wie die Warte- und Stillstandszeiten.

4. Die technische Basis der Industrie ist insbesondere in den strukturbestimmenden Zweigen durch ausreichende Zulieferungen durch den Maschinenbau und die → **Elektrotechnische und elektronische Industrie** der DDR zu erneuern und zu modernisieren. Da der Bedarf an R.-Mitteln auch bei raschem

Ausbau des Maschinenbaus nicht gedeckt werden kann, sind R.-Mittel durch Eigenproduktion der Betriebe und Kombinate bereitzustellen. Die Produktion von R.-Mitteln in Industriebetrieben soll sich zwischen 1981 und 1985 verdoppeln.

5. Investitionsvorhaben sind gründlicher vorzubereiten und termingerechter durchzuführen. Die Durchführungszeiten sind gegenüber den 70er Jahren um 33–50 v.H. zu verkürzen. Dies gilt besonders für Modernisierungsprojekte.

6. Die Konsumgüterproduktion ist bedarfsgerechter auszubauen. Das Sortiment für den Binnenmarkt soll zunehmend die Qualitäten des Exportsortiments aufweisen.

7. Die laufenden Veränderungen auf den Exportmärkten verlangen flexiblere Reaktionen des Außenhandels.

8. Für die weitere wirtschaftliche Entwicklung sind die Sicherung der Rohstoff- und Energiebasis sowie eine wirtschaftlichen Kriterien genügende Material- und → **Energiewirtschaft** von entscheidender Bedeutung. Rohstoffe sind möglichst vielseitig zu verwerten.

9. Die Senkung der Produktionskosten, aber auch die Senkung der Gemeinkosten für Leitungs- und Planungsaufgaben sind ein Gebot der wirtschaftlichen Vernunft aller Beschäftigten. Die Selbstkosten in der Industrie sollen bis 1985 jährlich um 3 v.H. sinken.

10. Das fachliche Wissen und die Initiative der Beschäftigten sind für die Fertigung wie für ein gutes Arbeitsklima zu nutzen, die Erfahrungen der „Besten" schnell und wirksam zu verallgemeinern.

III. Maßnahmen und Methoden der Intensivierung und Rationalisierung

A. Allgemeine Merkmale

Entsprechend dem weiten Verständnis von I. zählen zu den I.-Maßnahmen alle praktischen Schritte, die zu einer Effizienzsteigerung des Wirtschaftens führen. Sie beziehen sich auf Erzeugnisse, Fertigungsverfahren, Arbeitsplätze, Fertigungsabteilungen oder ganze Betriebe und sprechen entweder mehr die wissenschaftlich-technische, die kostenmäßig-wirtschaftliche, die organisatorische oder die soziale Seite der Wirtschaftsabläufe an. Im Mittelpunkt stehen die Maßnahmen der → **Forschung** und Entwicklung und der Investitionen (vgl. Schema „Maßnahmen der I. und R."). Maßnahmen der R. werden häufig nicht näher von Maßnahmen der I. unterschieden. Als R.-Maßnahmen werden ebenfalls all jene Möglichkeiten gerechnet, die zu einer effizienteren Gestaltung der betrieblichen und gesamtwirtschaftlichen Abläufe führen. Zu ihnen zählen sowohl einzelne Verbesserungsvorschläge von Beschäftigten, die ohne größere Investitionen verwirklicht werden können, sowie beispielsweise auch Investitionsvorhaben zur Umstrukturierung des Sortiments eines Betriebes oder Industriezweiges. Jedoch sollen R.-Maßnahmen Vorrang haben, bei deren Verwirklichung Arbeitsplätze eingespart und Produktivitätssteigerungen erzielt werden, ohne die Fertigungskapazität zu erweitern. Entsprechend stehen diejenigen Schritte im Vordergrund, die als Technisch-Organisatorische Maßnahmen (TOM) auf die Weiterentwicklung der Erzeugnisse, Verfahren und Technologien, die Verbesserung der Arbeitsorganisation, den effizienteren Materialeinsatz, modernisierte Leitungs- und Planungsformen sowie die Fortentwicklung von Normen und Kennziffern gerichtet sind. Die Maßnahmen der I. und R. erscheinen in den Kombinaten und Betrieben vor

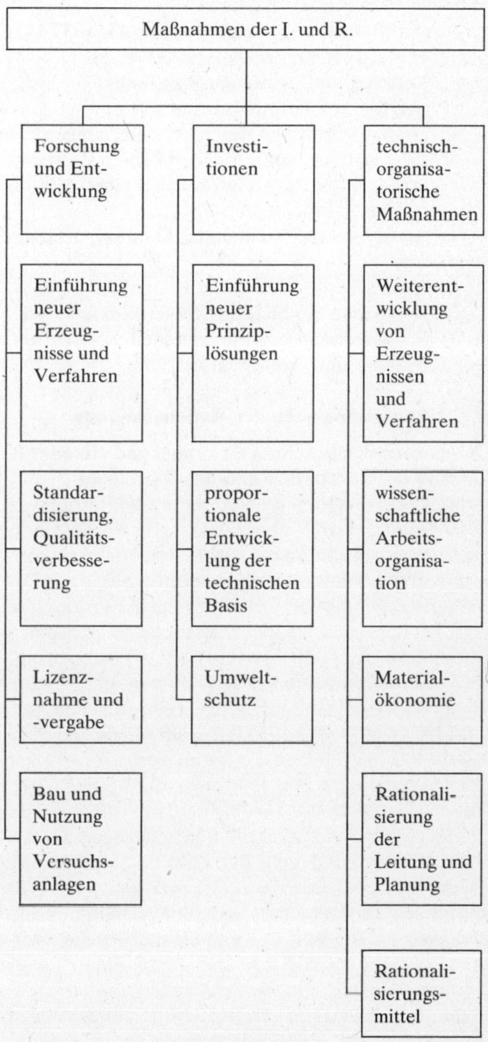

Quelle: Nach: H.-D. Haustein, W.-D. Hartmann, Komplex intensivieren, Berlin (Ost) 1978, S. 25.

allem in den Einzelplänen „Wissenschaft und Technik“ und „Grundfondsreproduktion“.

B. Methoden der Intensivierung
Der Kreis der Methoden ist weit gespannt; sie sollen die Arbeit und Initiativen der Beschäftigten auf die Schwerpunkte der I. lenken. Unterscheiden lassen sich hinsichtlich
a) des Aspekts der Arbeitsorganisation und -weise:
- → **Sozialistischer Wettbewerb**
- Neuererbewegung
- Sozialistische Arbeitsgemeinschaften
- Arbeit in → **Erzeugnisgruppen**
- Initiativen von „Schrittmachern“,

b) des planungstechnischen und arbeits- und betriebswirtschaftlichen Aspekts:
- **Wissenschaftliche → Arbeitsorganisation (WAO)**
- Gebrauchswert-Kosten-Analyse (GKA)
- → **Normung** und → **Standardisierung**
- Vergleich und Erfahrungsaustausch
- System- und Prozeßanalysen, Optimierungen
- Arbeit nach personenbezogenen Plänen („persönliche“ und „kollektiv-schöpferische Pläne“, „Notizen zum Plan“, Pflichtenhefte)
- Garantieerklärungen für hohe Qualität, Erzeugnispässe,

c) des politischen Aspekts:
- Kommissionen der SED zu Schwerpunkten der I., z. B. des wissenschaftlich-technischen Fortschritts, der Qualitäts- und Kostenentwicklung.

IV. Hauptmaßnahmen der Rationalisierung

A. Konzentration, Spezialisierung und Standardisierung der Produktion und der Verteilung
Durch den Zusammenschluß mehrerer Betriebe zu Kombinaten, durch überbetriebliche Produktionsverlagerungen innerhalb von Kooperationsverbänden und Erzeugnisgruppen konnten die für die DDR ursprünglich typische Zersplitterung der Produktion auf mittlere und kleinere Betriebe in einzelnen Produktionsgebieten verringert und kostengünstigere Serienfertigungen ermöglicht werden. So sank in der Industrie die Zahl der Betriebe zwischen 1963 und 1973 von 14861 auf 10200, während die Beschäftigtenzahl im gleichen Zeitraum von 2752000 auf 3005000 stieg. Im Jahr 1976 lagen die Betriebs- und Beschäftigtenzahlen bei 7254 bzw. 3092125, im Jahre 1982 bei 4029 und 3190361. Bezogen auf das Jahr 1960 (= 100) sank die Zahl der Industriebetriebe bis zum Jahr 1976 auf 41 und 1982 auf 23. In denselben Zeiträumen stiegen die Beschäftigtenzahl lediglich auf 107 bzw. 111 und die industrielle Bruttoproduktion auf 262 bzw. 340. Auch in der Landwirtschaft wurde eine Konzentration von Beschäftigten und Betrieben erreicht. In der industriellen Forschung und Entwicklung entstanden größere Forschungszentren mit rationelleren Formen der Arbeitsorganisation. Eine besondere Rolle spielte und spielt der inner- und überbetriebliche Aufbau zentraler Fertigungen, in denen die spezialisierte Produktion von gleichartigen Einzelteilen und Baugruppen konzentriert wird. So hatten die in der metallverarbeitenden Industrie seit 1960 eingerichteten 185 zentralen Fertigungen im Jahr 1974 ein jährliches Produktionsvolumen von ca. 1,2 Mrd. Mark (→ **Standardisierung**).

B. Anwendung moderner Fertigungsarten und -prinzipien
Die Effizienz und Rentabilität der Fertigung wird maßgeblich durch das Niveau der Fertigungsorganisation, d. h. der Kombination von Fertigungsarten und Fertigungsprinzipien bestimmt. Von den 3 herkömmlichen Fertigungsarten, der Einzel-, Serien- und Massenfertigung, sind in der DDR nach wie vor die Einzel- und die Serienfertigung stark vertreten (s. Tabelle Fertigungsarten und -prinzipien in der metallverarbeitenden Industrie [1972, 1977, 1980]). Es dominieren Klein- und Mittelserien, deren Fertigung aus Kostengründen bisher kaum automatisiert werden konnte. In der metallverarbeitenden Industrie liegt ihr – in den 70er Jahren nicht veränderter – Anteil bei gut 50 v. H. Nur 40 v. H. der Betriebe der DDR fertigen Stückzahlen von 1000 bis 100000.
Bei den Fertigungsprinzipien wird die auf bestimmte Verfahren spezialisierte Fertigung von der erzeugnisspezialisierten Fertigung unterschieden. Während die betrieblichen Arbeitsbereiche bei der ersteren auf Verfahren spezialisiert sind (→ **Werkstattprinzip**), sind sie bei der letzteren auf die Herstellung bestimmter Teile gerichtet (→ **Erzeugnisprinzip** bzw. Gegenstandsprinzip). Das Niveau der Fertigungsorganisation in der DDR nach Fertigungsprinzipien wird durch die weite Verbreitung des Werkstattprinzips, vor allem in den Betrieben mit Serien- und Einzelfertigung, gekennzeichnet.
In Betrieben mit Großserien- und Massenfertigung ist dagegen auch die moderne Reihen- und Fließfertigung zu finden. Der Anteil der erzeugnisspezialisierten Fließfertigung an der Gesamtfertigungszeit in der metallverarbeitenden Industrie betrug 1980 erst 6,4 v. H. Die Verbreitung fortschrittlicher Fertigungsarten und -prinzipien schwankt zudem erheblich zwischen den einzelnen Bereichen der metallverarbeitenden Industrie. Während in der wichtigen Investitionsgüterindustrie bei einem hohen Anteil an Einzel- und Kleinserienfertigung die verfahrensspezialisierte Fertigung vorherrscht, ist die Zulieferindustrie durch Serien- und Massenproduktion in erzeugnisspezialisierter Fertigung gekennzeichnet. Die Massenfließfertigung dominiert bisher lediglich in der Konsumgüterindustrie.
Die kontinuierliche Anhebung des wirtschaftlichen Leistungsniveaus der Betriebe und Industriezweige, insbesondere die Steigerung der Arbeitsproduktivität, durch den verstärkten Übergang zur Serien- und

Massenproduktion mit kontinuierlichem Fertigungsfluß gehört seit 1971 zu den vorrangigen wirtschaftspolitischen Zielen. Ihre Verwirklichung setzt eine im Vergleich zur bisherigen Praxis erheblich stärkere Spezialisierung der Produktion, ihre Standardisierung sowie die Anwendung moderner Fertigungsverfahren (→ **Technologie**) voraus. Für eine rein binnenwirtschaftlich ausgerichtete Spezialisierung ist der Wirtschaftsraum der DDR zu klein, so daß die Produktionsabsprache und Arbeitsteilung innerhalb des → **Rats für Gegenseitige Wirtschaftshilfe (RGW)** starke Impulse erhalten.
Zu den Methoden, die zu einer Erhöhung der Arbeitsproduktivität führen, ist das Verfahren der Mehrmaschinenbedienung zu zählen. Nach dieser Methode bedient ein Beschäftigter mehrere Maschinen, indem die während des selbständigen Laufs einer Maschine auftretenden Wartezeiten zur Bedienung weiterer Maschinen genutzt werden.

C. Mechanisierung und Automatisierung

Da knapp die Hälfte der Produktionsarbeiter der Industrie der DDR nicht an Maschinen arbeitet, können durch die Mechanisierung dieser Arbeiten Produktivitätsreserven erschlossen werden.
Von diesen Arbeitern verrichten 0,75 Mill. schwere und mittelschwere körperliche Arbeit. Einen weiteren Schritt stellt der Übergang von der Mechanisierung zur → **Automatisierung** der Maschinen und Anlagen sowie der Produktionsvorbereitung (Entwicklung und Konstruktion) dar. Problematisch sind auch der im internationalen Vergleich hohe Anteil an Transportarbeitern (1965: 6,6 v. H., 1982: 5,7 v. H.) sowie der bis in jüngste Zeit sehr hohe und zudem stark steigende Anteil an Reparaturarbeitern (1965: 14,8 v. H., 1980: 17,1 v. H., 1982: 17,4 v. H.).

D. Technische Erneuerung

Sie umfaßt die rationellere Gestaltung der Arbeitsabläufe und/oder die technische Neuausstattung der Betriebe und Einrichtungen. Auf die Vervollkommnung und Leistungssteigerung der vorhandenen Fertigungsverfahren und der Fertigungsorganisation richtet sich vor allem das stark ausgebaute innerbe-

Fertigungsarten und -prinzipien in der metallverarbeitenden Industrie (1972, 1977, 1980)
Anteil am gesamten Fertigungszeitaufwand (in v. H.)

Fertigungsart	Fertigungsprinzipien						
	Insgesamt	Mechanische Fertigung					Montage
		Insgesamt	davon				
			Werkstattfertigung	Erzeugnisspezialisierte Fertigung			
				Insgesamt	davon		
					Reihenfertigung	Maschinenfließfertigung	
1972							
Einzelfertigung	14,7	8,3	5,6	2,7	0,6	0,1	6,4
Serienfertigung	68,6	43,0	19,7	23,3	11,3	2,6	25,6
Massenfertigung	16,7	11,5	2,0	9,5	4,1	3,1	5,2
Zusammen	100	62,8	27,3	35,5	16,0	5,8	37,2
1977							
Einzelfertigung	14,5	8,3	5,9	2,4	0,9	0,1	6,2
Serienfertigung	67,2	41,9	19,3	22,6	9,7	2,7	25,3
Massenfertigung	18,3	13,0	2,1	10,9	5,0	3,4	5,3
Zusammen	100	63,2	27,3	35,9	15,7	6,2	36,8
1980							
Einzelfertigung	15,0	8,7	6,2	2,6	1,0	0,1	6,3
Serienfertigung	64,6	41,0	18,1	23,0	9,5	2,7	23,6
Massenfertigung	20,4	13,8	2,3	11,5	5,2	3,6	6,6
Zusammen	100	63,5	26,5	37,0	15,8	6,4	36,5

Quelle: Statistische Jahrbücher der DDR 1973. S. 138; 1978, S. 125; 1981, S. 132.

triebliche Vorschlagswesen. Einen Neuerungsschub erwartet man in den 80er Jahren von der intensivierten Anwendung von → **Mikroelektronik** und → **Industrierobotertechnik**.

E. Schichtarbeit

Um die häufig nicht voll ausgelasteten Produktionsanlagen länger zu nutzen, wird seit 1967 (Einführung der 5-Tage-Arbeitswoche) die Umstellung der betrieblichen Arbeitszeitregelungen auf das Zweischicht- und Dreischichtsystem propagiert (s. Tabelle).

Schichtarbeit in der Industrie[1] der DDR (in v.H.)

Jahr	Anteil der Produktionsarbeiter in der 1., 2. und 3. Schicht an den Produktionsarbeitern insgesamt		
	1. Schicht	2. Schicht	3. Schicht
1967	67,6	15,8	7,6
1969	76,7	15,5	7,8
1971	75,6	15,7	8,7
1973	75,5	15,8	8,6
1975	74,1	16,4	9,5
1977	74,0	16,3	9,6
1982	74,2	15,9	9,9

1 Mit Ausnahme der halbstaatlichen und privaten Betriebe.
Quellen: Statistische Jahrbücher der DDR 1968, S. 194; 1972, S. 140; 1974, S. 137; 1978, S. 124; 1983, S. 150.

Im Jahr 1972 arbeiteten 59 v.H. der Produktionsarbeiter 1schichtig, 15 v.H. 2schichtig und 26 v.H. 3schichtig. Bis zum Jahr 1982 hat sich die Beteiligung an der Schichtarbeit nur wenig verändert: 58,1 v.H. – 12,8 v.H. – 29,1 v.H.
Durch die mehrschichtige Nutzung der Anlagen erhöht sich der Produktionsausstoß, ohne daß die Beschäftigtenzahl proportional ansteigt. Vor allem hochproduktive Anlagen, wie z.B. automatisierte und mittels der **Elektronischen → Datenverarbeitung (EDV)** gesteuerte Maschinen und Fertigungsanlagen, sollen grundsätzlich im Dreischichtsystem betrieben werden.

F. Anwendung moderner Planungs- und Leitungsmethoden

Mathematische Verfahren der → **Netzplantechnik** dienen der R. der Planung, Leitung und Verwaltung (→ **Mathematik**); erreicht werden sollen damit Kostenminimierung, höhere Kapazitätsauslastung und bessere Abstimmung von Terminen und Kooperationen. Auf die rationellere Gestaltung der Entscheidungssysteme in den Ministerien, Großbetrieben und territorialen wirtschaftsleitenden Organen richtet sich vor allem der seit 1962 betriebene Aufbau von Informations- und Dokumentationssystemen.
Vorgesehen ist die Verknüpfung der Informations- und Dokumentationssysteme der Wirtschaftsbereiche mit den entsprechenden Einrichtungen der Planungsinstitutionen, dem System von → **Rechnungsführung und Statistik** sowie dem naturwissenschaftlichen und gesellschaftswissenschaftlichen sowie technischen Informations- und Dokumentationssystem (→ **Information**). Auch hier werden durchschlagende R.-Erfolge jedoch erst von automatisierten Geräten, die auf der kostengünstigen Grundlage der Mikroelektronik arbeiten, erwartet.

G. Territoriale Rationalisierung

Da der Übergang zur vollen Mehrschichtarbeit bei ausbleibender Automatisierung zusätzliche Arbeitskräfte erfordern würde – die Einführung der zweiten Schicht bei hochproduktiven Anlagen in den industriellen Ballungsgebieten würde allein mehrere hunderttausend Arbeitskräfte fordern –, wird der koordinierten R. der Hilfs- und Nebenprozesse innerhalb territorialer Einheiten (Städte, Gemeinden, Bezirke) besonderes Gewicht zugemessen. Darunter fallen u.a. die Konzentration der Fuhrparks, Lager- und Reparaturwerkstätten mehrerer Betriebe, die gemeinsame Nutzung sozialer, technischer und administrativer Einrichtungen sowie die Abstimmung der Investitionen.

H. Rationalisierungsmittel

Sie umfassen materielle und finanzielle Mittel zur Analyse und rationelleren Gestaltung der Fertigungs- und Arbeitsabläufe. In erster Linie fallen darunter die zur Mechanisierung und Automatisierung notwendigen Maschinen, Datenverarbeitungsanlagen, automatischen Regler, Meß- und Kontrollgeräte. Die unzureichende Bereitstellung eines vielfältigen Sortiments an R.-Mitteln gehörte bisher zu den hemmenden Faktoren der Wirtschaftsentwicklung in der DDR. Seit Mitte der 70er Jahre wird mit Erfolg versucht, diesen Engpaß durch Eigenproduktion in den Betrieben und Kombinaten sowie durch den Aufbau spezialisierter Betriebe für R.-Mittel zu überwinden. Der Wert der im Bereich der zentral geleiteten Industrie durch Eigenproduktion hergestellten R.-Mittel stieg zwischen 1975 und 1982 von 732 auf 3429 Mill. Mark. *Ralf Rytlewski*

Literaturangaben

Arbeitsökonomie. Lehrbuch. Autorenkoll. u. Ltg. v. H. Bley. Berlin (Ost): Die Wirtschaft 1982.

Arnold, H.: Sozialistische Betriebswirtschaft. Lehrbuch. 4., wesentl. überarb. Aufl. Berlin (Ost): Die Wirtschaft 1980.

Die **Beschleunigung** des wissenschaftlich-technischen Fortschritts. Aufgaben und Probleme der Leitung. Autorenkoll. u. Ltg. v. R. Gericke u. W. Sominski. Berlin (Ost): Dietz 1975.

Friedrich, G.: Grundfragen der sozialistischen Wirtschaftsführung. Berlin (Ost): Dietz 1979.

Gallenmüller, O., u. F. Hülsenberg: Intensivierung. Kapazität und Kosten. Berlin (Ost): Die Wirtschaft 1976.

Garbe, E., u. D. Graichen: Ökonomische Materialverwendung. Berlin (Ost): Die Wirtschaft 1976.

Haustein, H.-D., u. W.-D. Hartmann: Komplex intensivieren. Berlin (Ost): Die Wirtschaft 1978.

Heinrichs, W., u. H. Maier: Die sozialistische Intensivierung – Hauptweg des ökonomischen Fortschritts bei der weiteren Gestaltung der entwickelten sozialistischen Gesellschaft. Berlin (Ost): Dietz 1981.

Kießig, T., u. W. Otto: Nutzensrechnung in Industriebetrieben und Kombinaten. Berlin (Ost): Die Wirtschaft 1977.

Krömke, C.: Wirtschaftsorganisation und komplexe sozialistische Rationalisierung. Berlin (Ost): Dietz 1967.

Leistungsbewertung – Leistungsvergleich – Leistungssteigerung. Autorenkoll. u. Ltg. v. G. Schilling. Berlin (Ost): Dietz 1982.

Matterne, K., u. S. Tannhäuser: Die Grundmittelwirtschaft in der sozialistischen Industrie der DDR. 2., neuverf. Aufl. Berlin (Ost): Die Wirtschaft 1978.

Möbis, H.: Zur sozialistischen Betriebswirtschaft und Rationalisierung. Berlin (Ost): Dietz 1968.

Neuererbewegung – Arbeiterinitiative zur sozialistischen Rationalisierung. Autorenkoll. u. Ltg. v. J. Hemmerling. Berlin (Ost): Staatsverl. der DDR 1973.

Nick, H.: Rationalisierung in neuer Dimension. Berlin (Ost): Die Wirtschaft 1981.

Ökonomik der Arbeit. Autorenkoll. u. Ltg. v. H. Wagener. 6. überarb. Aufl. Berlin (Ost): Die Wirtschaft 1974.

Wissenschaft und Produktion im Sozialismus. Autorenkoll. u. Ltg. v. H. Nick. Berlin (Ost): Dietz 1976.

Interesse/Interessenübereinstimmung: Der → **Marxismus-Leninismus** unterscheidet zwischen einem psychologischen und einem philosophischen bzw. soziologischen I.-Begriff.

1. I. im psychologischen Sinn. In der marxistisch-leninistischen → **Psychologie** werden I. als „spezifische erkenntnismäßige Einstellungen zu den Gegenständen und Erscheinungen der Wirklichkeit" definiert. Die I. veranlassen den einzelnen, sich „bewußt mit den Sachverhalten auseinanderzusetzen, auf die sie gerichtet sind . . . Sie sind deshalb von besonderer Bedeutung für die Entwicklung der Persönlichkeit." (Wörterbuch der Psychologie, 3., neubearb. Aufl., Leipzig 1981, S. 293) Die Differenziertheit und Mannigfaltigkeit von I. gelten als Kennzeichen für den Grad der Entwicklung einer Persönlichkeit (→ **Persönlichkeitstheorie, sozialistische**). Inhalte und Gerichtetheit von I. werden nicht nur als psychisch, sondern wesentlich als gesellschaftlich bedingt begriffen: „Die I.-Richtungen entstehen in Abhängigkeit von verschiedenen gesellschaftlichen, ideologischen, pädagogischen, sozialen Bedingungen und den Bedingungen von Alters- und Geschlechtsgruppen sowie psychischen Bedingungen." Erziehung, → **Agitation und Propaganda**, Schulung usw. haben u. a. zur Aufgabe, aktiv auf die Herausbildung der parteilich gewünschten I. Einfluß zu nehmen.

2. Philosophischer bzw. soziologischer I.-Begriff. Dem Begriff der gesellschaftlichen I. (ges. I.) kommt innerhalb des Marxismus-Leninismus besondere Bedeutung zu. Die ges. I. werden definiert als „Gesamtheit der durch die materiellen gesellschaftlichen Existenzbedingungen, besonders die → **Produktionsverhältnisse**, bestimmten und geprägten Erfordernisse und Bestrebungen der Menschen (→ **Klasse/Klassen, Klassenkampf,** → **Gruppen**, Individuen) einer ökonomischen Gesellschaftsformation, welche die Richtung ihrer gesamten gesellschaftlichen Tätigkeit und ihre Zielsetzungen bestimmen, indem sie zu Triebkräften und Motiven ihres Handelns werden" (M. Buhr u. A. Kosing, Kleines Wörterbuch der marxistisch-leninistischen Philosophie, 2., überarb. u. erw. Aufl., Berlin [Ost], 1974, S. 116). Entsprechend der marxistisch-leninistischen Geschichtsphilosophie gelten die ges. I. einerseits als „objektiv" bestimmt, d. h. sie gehen „mit Notwendigkeit aus den jeweiligen materiellen Lebensbedingungen" hervor und sind letztlich auf die Überwindung oder – im Falle des Sozialismus/Kommunismus – auf die Weiterentwicklung der jeweils gegebenen Gesellschaftsformation gerichtet. Andererseits haben I. aber auch eine „subjektive" Seite, d. h. die I. müssen den einzelnen „als Bedürfnisse, Absichten, Wünsche, Zielvorstellungen bewußt werden". Aus dieser widerspruchsvollen „Einheit von Objektivem und Subjektivem" (→ **Widerspruch**) erklärt der Marxismus-Leninismus, daß Klassen, Schichten, Gruppen usw. ein „unzureichendes" oder gar „falsches" Bewußtsein von ihrer „objektiven Lage" und damit ihren „objektiven I." haben können. Für die bürgerliche Gesellschaft – so behauptet der Marxismus-Leninismus – gelte z. B., daß die Bourgeoisie alles unternehme (insbes. durch ideologische Beeinflussung), um die → **Arbeiterklasse** daran zu hindern, ein revolutionäres, auf Überwindung dieser Gesellschaftsformation gerichtetes „Klasseninteresse" zu entwickeln. Aus dieser These rechtfertigen die marxistisch-leninistischen Parteien ihren Führungs- und Erziehungsanspruch gegenüber der Arbeiterklasse. Es sei Aufgabe der Partei, „der Arbeiterklasse ein richtiges, wissenschaftlich begründetes Bewußtsein von ihren grundlegenden I. zu vermitteln und sie zu befähigen, diese I. erfolgreich durchzusetzen" (Kleines Wörterbuch der marxistisch-leninistischen Philosophie, a. a. O.).

3. I.-Antagonismus und I.-Übereinstimmung. Alle dem Sozialismus/Kommunismus voraufgegangenen Gesellschaftsformationen (→ **Gesellschaftsordnung; Periodisierung**) seien von antagonistischen, d. h. unversöhnlichen Interessengegensätzen zwischen „Herrschenden" und „Beherrschten", zwischen „Ausbeutern" und „Ausgebeuteten" bestimmt gewesen. Derartige I.-Gegensätze können innerhalb der gegebenen Gesellschaftsformation nicht gelöst werden, sondern müssen „objektiv" zu revolutionären Umwälzungen führen.

Für die neue politisch-soziale Ordnung des Sozialismus/

Kommunismus nimmt der Marxismus-Leninismus in Anspruch, daß durch die Beseitigung des Privateigentums an → **Produktionsmitteln** (→ **Eigentum**) die antagonistischen I.-Gegensätze verschwunden sind. Da alle sozialen Klassen und Schichten eine im wesentlichen gleiche Stellung zu den Produktionsmitteln hätten, gebe es über alle I.-Unterschiede hinweg allen gemeinsame I., eine grundsätzliche *I.-Übereinstimmung* (IÜ.) oder sogar eine I.-Identität. Dabei wird die tatsächliche Machtverteilung mit ihren durchaus ungleichen Konsequenzen für die Verfügungsgewalt über die Produktionsmittel, die Machtkonzentration an der Spitze des politischen Systems jedoch nicht thematisiert. Galt die grundsätzliche IÜ. bis in die 60er Jahre hinein in der DDR „als objektiv gegeben", so daß nur „Uneinsichtige" oder gar „Feinde" demgegenüber Sonder.-I. formulieren konnten, wird die Situation nunmehr um einiges realistischer beurteilt: „Dabei ist die Übereinstimmung zwischen den gesellschaftlichen, kollektiven und persönlichen Interessen keine statische Erscheinung, sondern ein ständig zu vollziehender konfliktreicher Prozeß . . ." (Wörterbuch der marxistisch-leninistischen Soziologie, 2., überarb. Aufl., Berlin [Ost] 1977, S. 672). Mit dieser Aussage wird zugleich das Fortbestehen besonderer I. anerkannt: „In ihnen finden sowohl die noch existierenden objektiv bedingten sozialen Unterschiede zwischen den Klassen, Schichten und sozialen Gruppen als auch die unterschiedlichen konkreten Existenzbedingungen der Betriebe, Kollektive, Organisationen, Vereinigungen und Institutionen ihren Ausdruck. Solche I. ergeben sich z. B. aus dem unterschiedlichen Reifegrad der beiden Formen des sozialistischen Eigentums, aus Unterschieden, die mit der aus dem Kapitalismus überkommenen Arbeitsteilung und Organisation der Arbeit zusammenhängen (Industrie – Landwirtschaft, Stadt – Land, körperliche – geistige Arbeit), aus dem unterschiedlichen Entwicklungsstand der → **Produktivkräfte** in den verschiedenen Bereichen der Volkswirtschaft u. ä. Bedingungen. Wie die allgemeinen, so stehen auch die besonderen I. der Klassen, Schichten, sozialen Gruppen, Institutionen usw. nicht neben oder außerhalb der persönlichen I. der diesen Gruppierungen zugehörenden Individuen. Modifiziert durch die jeweils individuell-besonderen Lebensumstände und -bedingungen der Individuen, erscheinen sie vielmehr in deren persönlichen I. und machen deren wesentlichen sozialen Inhalt aus" (Wörterbuch der marxistisch-leninistischen Soziologie, a. a. O., S. 316).
Daraus folgt für den Marxismus-Leninismus jedoch nicht, daß unter den gewandelten Eigentumsverhältnissen sich nunmehr das gesamtgesellschaftliche I. in einem Willensbildungsprozeß von unten nach oben herausbildet: „Aber auch nach der Beseitigung der Ausbeuterklassen, im Prozeß der Gestaltung der entwickelten sozialistischen Gesellschaft, vertritt und verwirklicht der sozialistische Staat kein Konglomerat von Einzel- und Gruppeninteressen und auch keinen sich aus den unterschiedlichen Interessen der werktätigen Klassen oder verschiedener sozialen Gruppen der Werktätigen ergebenden Mittelwert" (Wolfgang Weichelt, Zur Realisierung der gesamtgesellschaftlichen Interessen durch die politische Organisation des Sozialismus, in: Staat und Recht, H. 4/1981, S. 290ff.). Die Festlegung dessen, was jeweils gesamtgesellschaftliches I. sein soll, bleibt vielmehr unverändert Vorrecht der Partei bzw. der Parteiführung (→ **Demokratischer Zentralismus**), da nur ihr die Fähigkeit zugesprochen wird, über die wissenschaftlichen Einsichten zu verfügen, deren es nach marxistisch-leninistischer Ansicht bedarf, um die „Erfordernisse der gesetzmäßigen Entwicklung der Gesellschaft" zu erkennen und in politische Strategien umzusetzen (→ **Linie; Sozialistische Einheitspartei Deutschlands [SED]**). Die von der Parteiführung festgelegten Ziele bestimmen damit aber zugleich, welche besonderen I. in welchem Maße berücksichtigt, welche Möglichkeiten der I.-Artikulation zulässig sind usw. → **Demokratie, Sozialistische; Massenorganisationen; Mitbestimmungs-, Mitgestaltungs-, Mitwirkungsrechte.**

International – Informations- und Bildungszentrum e. V.: In den 70er Jahren geschaffene Einrichtung für die Betreuung von Gruppen aus Ländern des kapitalistischen Auslands (zu denen auch die Bundesrepublik Deutschland gerechnet wird). I. vermittelt – vor allem für Jugendgruppen, Arbeiter, Angestellte und Gewerkschafter – Studien- und Informationsreisen, Gespräche mit Vertretern von Parteien und Massenorganisationen usw. Das I. hat die Aufgabe, Besuchern der DDR, besonders Werktätigen aus den kapitalistischen Ländern, Informationen über die Grundlagen der Gesellschafts- und Staatsordnung der DDR und ihre Politik zu vermitteln. Neben der Zentrale von I. in Berlin (Ost), Dimitroffstraße 163, existieren Geschäftsstellen in allen Bezirkshauptstädten.

Internationale: Zusammenschlüsse der sozialistischen Parteien und Gewerkschaften auf zwischenstaatlicher Grundlage. Die unter entscheidendem Einfluß von Marx und Engels gegründete 1. I. (1864–1872) vereinigte kleine sozialistische Gruppen, die 2. I. (1889–1914) war ein loser Zusammenschluß sozialistischer Parteien; sie zählte vor 1914 3,3 Mill. Mitglieder und 12 Mill. Wähler, brach aber bei Kriegsausbruch auseinander. Die unterschiedlichen Haltungen zum Krieg und zur Frage der Revolution führten während des I. Weltkrieges und insbesondere nach der Oktoberrevolution 1917 in Rußland zur Herausbildung linksradikaler kommunistischer Parteien, die sich 1919 zur 3. I., der kommunistischen I. (→ **Komintern**) zusammenschlossen. Die Mehrzahl der sozialdemokratischen und sozialistischen Parteien gründeten 1919 die 2. I. neu, während einige linkssozialistische Parteien u. a. mit dem Ziel eines Brückenschlages zwischen der 2. I. und der 3. I. in einer internationalen Arbeitsgemeinschaft (auch 2½. I. genannt) zusammenarbeiteten. Nach dem Scheitern dieses Versuches vereinigten sich die 2. I. und die 2½. I. zur sozialistischen Arbeiter.-I. (SAI). Nach dem II. Weltkrieg fanden sich 1951 die sozialistischen und sozialdemokratischen Parteien erneut zu einer sozialistischen I. zusammen.

Internationale Bank für Wirtschaftliche Zusammenarbeit (IBWZ): Verrechnungsbank für den Intrablockhandel im → **Rat für Gegenseitige Wirtschaftshilfe (RGW)** sowie Emissionsbank des → **Transfer-Rubels** (TR) mit Geschäftssitz in Moskau.

Nach der am 20. 6. 1957 beschlossenen Einführung des multilateralen Clearings über eine Verrechnungskammer der sowjetischen Staatsbank unternahmen die damals 8 Mitgliedsstaaten des RGW am 22. 10. 1963 durch Unterzeichnung des Abkommens über mehrseitige Verrechnungen in TR und Gründung der IBWZ einen erneuten Versuch, das handelshemmende Prinzip der Bilateralität in der Außenwirtschaft zu überwinden. Diese Vereinbarung trat gemeinsam mit dem Bankstatut provisorisch am 1. 1. 1964, offiziell jedoch erst nach Hinterlegung der Ratifikationsurkunden am 18. 5. 1964 in Kraft. Am 23. 1. 1974 erwarb Kuba und am 27. 5. 1977 Vietnam die Mitgliedschaft in der IBWZ. Jugoslawien, Afghanistan, Jemen, Laos, Moçambique, Finnland und Äthiopien entsandten Vertreter ihrer Zentralbanken als Beobachter zu der 57. Tagung des Rates der IBWZ im April 1983.

1983 verfügte die IBWZ über 370 Mill. TR an eigenen Mitteln. Davon entfielen 190,3 Mill. TR auf den in TR sowie Gold und → **Devisen** eingezahlten Teil des Grundkapitals (305 Mill. TR), den die Mitgliedsstaaten entsprechend ihrem Exportanteil am RGW-Handel aufzubringen haben.

Da die Sowjetunion eine deutlich niedrigere Quote, die DDR und die Tschechoslowakei – vor allem im Vergleich zu ihrem Exportanteil 1982 – hingegen höhere Einzahlungen zu leisten haben, dürfte das Entwicklungsniveau bzw. die Exportkraft bei der Quotierung der ursprünglich 300 Mill. TR von Bedeutung gewesen sein:

	Grundkapital		Exportanteil	
	Mill. TR	v.H.	1960	1982
Sowjetunion	116	38,0	42,2	45,6
DDR	55	18,0	16,7	11,6
Tschechoslowakei	45	14,8	14,6	8,6
Polen	27	8,8	10,1	10,0
Ungarn	21	6,9	6,6	9,0
Bulgarien	17	5,6	4,3	6,0
Rumänien	16	5,2	5,5	5,7
Kuba	4,41	1,4	–	3,2
Mongolei	3	1,0	–	0,3
Vietnam	0,852	0,3	–	–
Insgesamt:	305,262	100	100	100

Quellen: Abkommen über die mehrseitigen Verrechnungen in transferablen Rubeln und die Gründung der Internationalen Bank für Wirtschaftliche Zusammenarbeit vom 22. 10. 1963 (unter Berücksichtigung der Änderungsprotokolle vom 18. 12. 1970 und 23. 11. 1977), in: GBl. II, 1981, S. 94. Statistisches Jahrbuch der Mitgliedsländer des Rates für Gegenseitige Wirtschaftshilfe 1983, Moskau 1983, S. 316 (russ.).

Das aus den jährlichen Bankgewinnen gespeiste Reservekapital beträgt mehr als 179 Mill. TR. 1982 wurde es um 15 Mill. TR aufgestockt, während die andere Hälfte des Jahresgewinns (30,7 Mill.) an die Mitgliedsstaaten ausgeschüttet bzw. zum Bau des Bankgebäudes verwendet wurde.

Als Verrechnungszentrum im **Grenzüberschreitenden** → **Zahlungsverkehr** wickelt die IBWZ alle RGW-Geschäfte der Mitgliedsstaaten ab, die täglich von den bevollmächtigten Banken – für die DDR: → **Deutsche Außenhandelsbank Aktiengesellschaft (DABA)** – gemeldet werden. 1982 erreichte der Warenverkehr einschl. der damit verbundenen Dienstleistungen (z. B. Transporte) 149,8 Mrd. TR (1964: 21,6 Mrd. TR) und somit 92,5 v.H. (1964: 94,9 v.H.) der gegenseitigen Verrechnungen in Höhe von 161,8 Mrd. TR (1964: 22,9 Mrd. TR). Die restlichen Zahlungen in TR resultieren aus zwischenstaatlichen Krediten (5 v.H.) und nichtkommerziellen Verrechnungen (2 v.H.).

Im Unterschied zur → **Internationalen Investitionsbank (IIB)** emittiert die IBWZ den – allein als Buchgeld fungierenden – TR in Form von → **Krediten**, die 1982 12,4 Mrd. TR (1964: 1,5 Mrd. TR) betrugen. Davon entfallen etwa 80 v.H. auf den Verrechnungskredit, der somit der wichtigere von den nur noch zwei seit 1971 ausgereichten Kreditarten ist. Dieser Überziehungskredit wird ohne Antrag mit einem Limit von 2 v.H. des Intrablockhandels der jeweiligen Verrechnungsbank gewährt und hatte 1982 eine durchschnittliche Laufzeit von 24 Tagen. Daneben können die Mitgliedsländer bei der IBWZ einen auf maximal 3 Jahre befristeten Kredit zum Ausgleich ihrer Zahlungsbilanz beantragen, den sie auf der Grundlage eines Kreditplans vor allen Dingen zur Finanzierung von Exportgütern mit langem Produktionszyklus (z. B. Schiffbau) oder mit saisonalem Charakter (z. B. tierische Erzeugnisse), für die Spezialisierung und Kooperation, Erfüllung der RGW-Zielprogramme und die Erweiterung des Handelsvolumens über den durch die Jahresabkommen festgelegten Umfang hinaus verwenden. Bei Nichterfüllung der eingegangenen Zahlungsverpflichtungen hat die IBWZ das Recht, die anderen Mitgliedsländer zu informieren und darüber hinaus die Kreditgewährung einzuschränken oder völlig einzustellen.

Die Zinsen werden gleichfalls seit Beginn der 70er Jahre als Instrument der Bankpolitik genutzt. Beim Verrechnungskredit sind sie nach der Höhe der Inanspruchnahme gestaffelt und betragen für die erste Hälfte des Limits 2 v.H., für darüber hinausgehende Kredite 3 v.H. jährlich. Die jährlichen Zinsen für den befristeten Kredit sind nach der Laufzeit wie folgt gestaffelt:

bis zu 6 Monaten	3,25 v.H.
1 Jahr	3,5 v.H.
2 Jahre	4,0 v.H.
3 Jahre	5,0 v.H.

Die Mongolei, Kuba und Vietnam werden durch die Gewährung von Vorzugszinssätzen (0,5–2 v.H.) vor allem wegen ihrer saisonabhängigen Exportwaren besonders begünstigt. Die durchschnittlichen Zinskosten beliefen sich im Fünfjahreszeitraum 1977–1982 auf 3,41 v.H. und lagen damit spürbar höher als die eher symbolischen Kosten der 60er Jahre (0,6–1,5 v.H.). Um die beteiligten Banken anzuregen, bei der IWBZ

Depositen anzulegen, werden folgende nach der Laufzeit gestaffelt differenzierte Guthabenzinsen gewährt:

1 Monat	1,5 v.H.
2 Monate	1,75 v.H.
3 Monate	2,25 v.H.
4 Monate	2,75 v.H.
5 Monate	3,0 v.H.
6–9 Monate	3,5 v.H.
9–12 Monate	3,75 v.H.
über 12 Monate	4,0 v.H.

Während einzelne Banken nur Verrechnungskredite, andere nur den befristeten Kredit für höchstens 1 Jahr in Anspruch nehmen, deckt der IBWZ-Kredit z. B. für die Mongolei zeitweilig bis zu 45 v. H. der Verrechnungen ab. Insgesamt aber ist das internationale Kreditsystem im RGW noch wenig entwickelt. Nur ca. 8 v.H. der Verrechnungen werden durchschnittlich kreditiert. Eine wesentliche Ursache für diesen geringen Anteil kreditierter Verrechnungen liegt darin, daß die einzelnen Staaten jeweils zum Jahresende einen bilateralen Zahlungsausgleich herstellen. Es dominiert somit nach wie vor das Prinzip der Bilateralität, während nur ca. 4 v.H. der Verrechnungen multilateral ausgeglichen werden. Insofern kann es nicht überraschen, daß immer wieder neue Vorschläge zur Transferierbarkeit des TR wie aber auch zu seiner Konvertibilität in freie Devisen diskutiert werden.

Die IBWZ unterhält zu 350 internationalen Banken Geschäftsbeziehungen und tätigt auch Finanztransaktionen auf den westlichen Kreditmärkten. Der Umsatz in konvertiblen Währungen stieg von einem Gegenwert in Höhe von 0,9 Mrd. TR im Jahre 1964 auf 82,4 Mrd. TR im Jahre 1978; er hat sich aber in den 80er Jahren wieder deutlich reduziert. So standen zum Jahresende 1982 der Bank nur noch Devisengegenwerte in Höhe von 1,7 Mrd. TR (1980: 2,7 Mrd. TR) zur Verfügung.

Jedes Mitgliedsland hat im Bankrat eine Stimme. Dieses wichtigste Leitungsorgan der IBWZ beschließt einstimmig die Geschäftspolitik, bestätigt den Kreditplan, den Jahresbericht, die Bilanz sowie die Gewinnverwendung und ernennt die Mitglieder der Revisionskommission. Die operative Kreditpolitik obliegt dem Bankdirektorium, das von einem Vorsitzenden geleitet wird.

Internationale Demokratische Frauenföderation (IDFF): Internationale Organisation nationaler Frauenverbände, der überwiegend die Frauenorganisationen sozialistischer und kommunistischer Staaten und Parteien angehören. Gegr. am 1. 12. 1945 in Paris. Die statistischen Angaben für Ende 1983 lauten: 135 Mitgliedsorganisationen in 117 Ländern; sie vertreten mehr als 200 Mill. Frauen über 15 Jahren (entspricht ungefähr einem Sechstel der weiblichen Weltbevölkerung).

Organisation: Der Kongreß (höchstes Organ) tagt in der Regel alle 5 Jahre. Zugleich wird er in organisatorischer Verbindung mit einem „Weltkongreß der Frauen“ durchgeführt, an dem auch der IDFF nicht angehörende Organisationen und nichtorganisierte Frauen teilnehmen können.

Bisher fanden folgende Kongresse und „Weltkongresse der Frauen“ statt: I. (Gründungs-)Kongreß vom 26. 11. bis 1. 12. 1945 in Paris; jeweils „Weltkongreß der Frauen“ und II. Kongreß vom 1. bis 6. 12. 1948 in Budapest; III. Kongreß vom 5. bis 10. 6. 1953 in Kopenhagen; IV. Kongreß vom 1. bis 5. 6. 1958 in Wien; V. Kongreß vom 24. bis 29. 6. 1963 in Moskau; VI. Kongreß vom 14. bis 18. 6. 1969 in Helsinki; VII. Kongreß vom 20. bis 26. 10. 1975 in Berlin (Ost); VIII. Kongreß vom 8. bis 15. 10. 1981 in Prag.

Der Kongreß wählt den Rat der IDFF, die Präsidentin und die Vizepräsidentinnen. Der Rat (höchstes leitendes Organ zwischen den Kongressen), in dem alle Mitgliedsorganisationen vertreten sind, tagt jährlich; er wählt das mindestens 2mal jährlich tagende Büro der IDFF (verantwortliches Organ zwischen den Tagungen des Rats), das sich aus der Präsidentin, den Vizepräsidentinnen (1982: 11), der Generalsekretärin und weiteren Mitgliedern aus den nationalen Frauenorganisationen (1982: 16) zusammensetzt, sowie das Sekretariat (operatives Organ des Rats; Ende 1979: 13 Sekretärinnen), das seinen Sitz seit 1951 in Berlin (Ost) hat. Präsidentinnen waren vom 1. 12. 1945 bis 16. 6. 1967 Eugenie Cotton (Frankreich), vom 18. 6. 1969 bis 18. 3. 1974 Hertta Kuusinen (Finnland); seit dem 26. 10. 1975 ist es Freda Brown (Australien). Generalsekretärin ist gegenwärtig Mirjam Vire-Tuominen (Finnland). Die IDFF verfügt über das Publikationsorgan „Frauen der ganzen Welt“ (erscheint vierteljährlich in deutscher, englischer, französischer, russischer und spanischer Sprache).

Zu den allgemeinen Aufgaben der IDFF gehören: weltweite Durchsetzung der bürgerlichen, politischen, wirtschaftlichen und sozialen Rechte der Frauen; Schutz der Kinder; Kampf für Frieden, Abrüstung, nationale Unabhängigkeit und demokratische Freiheiten; Herstellung von Freundschaft und Solidarität zwischen den Frauen aller Länder; Organisierung entsprechender internationaler Veranstaltungen (Kongresse, Treffen, Foren, Seminare), Publikation von Stellungnahmen, Aufrufen, Protesten. In der Praxis bedeutet dies im wesentlichen entsprechende Aufbauhilfe für junge progressive Nationalstaaten der Dritten Welt und agitatorische Kampagnen gegen die sozialen und wirtschaftlichen Gegebenheiten in den westlichen Ländern.

Eine erhebliche Intensivierung haben die Aktivitäten der IDFF seit der Proklamierung der „UN-Dekade der Frau 1976–1985“ durch die XXVII. UN-Vollversammlung erfahren, die sie zur Verbreiterung ihrer (frauen-)politischen Aktionsbasis zu nutzen versucht. Bereits im Zusammenhang mit dem „Internationalen Jahr der Frau 1975“ wurde die Rolle der IDFF unter den internationalen kommunistischen Organisationen merklich aufgewertet. Zugleich paßte sie ihre Organisations- und Arbeitsweise dem → **Weltfriedensrat**, dem sie als Kollektivmitglied angehört, stärker an und intensivierte die Zusammenarbeit mit ihm wie auch mit dem → **Weltgewerkschaftsbund (WGB)**. So konstituierte sich – analog der Praxis nach dem Weltkongreß der Friedenskräfte – der zur Fortsetzung der Arbeit des Ost-Berliner Weltfrauenkongresses auf der Basis seines Internationa-

len Vorbereitungskomitees gebildete Nachfolgeausschuß im Februar 1977 in Berlin (Ost) als „Internationales Komitee für die UN-Dekade der Frau 1976–1985". Dieses will vor allem als Sammelbecken für jene Frauenorganisationen dienen, die sich noch nicht zu einem Anschluß an die IDFF bereit gefunden haben. Derzeit konzentrieren sich Augenmerk und Aktivitäten der IDFF auf die III. UN-Frauenkonferenz, die vom 15. bis 26. 7. 1985 in Nairobi stattfinden und die Ergebnisse der UN-Dekade der Frau auswerten soll.
Weitere aktuelle Schwerpunkte der Tätigkeit der IDFF sind auf politisch-propagandistischem Gebiet die Unterstützung der sowjetischen Abrüstungskampagne und auf organisatorischem Gebiet die Kontakterweiterung zu nichtkommunistischen Frauenorganisationen wie auch der eigene infrastrukturelle Ausbau durch Schaffung von Regionalorganisationen in Asien, Afrika und Lateinamerika. In diesem Zusammenhang wurde im Januar 1978 in Havanna die erste Internationale Schule der IDFF eröffnet, die weibliche Leitungskader aus dem karibischen Raum und Lateinamerika in Dreimonatslehrgängen auf ihre politische Tätigkeit vorbereitet. Ein entsprechendes Schulungszentrum der IDFF für die Funktionärinnen der Frauenorganisationen in Afrika und Asien arbeitet seit 1980 in Sofia.
In den Sonderorganisationen der Vereinten Nationen besitzt die IDFF Konsultativstatus (Mitglied mit beratender Stimme) bei der UNESCO, beim Wirtschafts- und Sozialrat (ECOSOC) und bei UNICEF; darüber hinaus ist sie nunmehr um Kooperation mit der Internationalen Arbeitsorganisation (ILO) und der Ernährungs- und Landwirtschaftsorganisation (FAO) bemüht.
Der → **Demokratische Frauenbund Deutschlands (DFD)** gehört der IDFF seit dem 18. 5. 1948 an; DFD-Vors. Ilse Thiele ist seit Oktober 1964 Vizepräsidentin der IDFF.

Internationale Gartenbauausstellung der DDR (iga): Die iga war bis 1957 Teil der in Leipzig-Markkleeberg durchgeführten → **Landwirtschafts- und Gartenbauausstellung der DDR (LuG; agra)**. Seit 1958 wird sie mit fast halbjähriger Dauer als Gartenbauausstellung in Erfurt veranstaltet, seit 1961 erhielt sie den Zusatz „Internationale" und führt als Kurznamen die Abkürzung „iga".
Die iga findet jährlich von Anfang Mai bis Anfang Oktober statt und dient im wesentlichen der Information und Beratung von Genossenschaftsbauern, -gärtnern, Arbeitern sowie Mitgliedern des → **Verbandes der Kleingärtner, Siedler und Kleintierzüchter (VKSK)** sowie anderen Kleinproduzenten. Fest in das Ausstellungsprogramm integriert sind zahlreiche Sonderschauen wie z. B. Rassehunde-, Rassekatzen- oder auch Junggeflügel-Ausstellungen.
Während der Ausstellungszeit finden zahlreiche Tagungen und Weiterbildungsveranstaltungen zu Fragen des Obst-, Gemüse- oder Zierpflanzenbaus statt. Die Ausstellungsfläche umfaßt rd. 100 ha mit 18 Hallen. Knapp 19000 qm sind Gewächshausanlagen (unter Glas).

Internationale Investitionsbank (IIB): In Moskau ansässiges Geldinstitut der Mitgliedsländer des → **Rates für Gegenseitige Wirtschaftshilfe (RGW)** zur Gewährung mittel- und langfristiger Kredite in → **Transfer-Rubeln** (TR) und → **Devisen**.
Gemeinsam mit der Ausarbeitung des Komplexprogramms zur Vervollkommnung der RGW-Integration vereinbarten die RGW-Staaten auf der XXIII. Sondertagung im April 1969 die Gründung der IIB. Das von der Ständigen Kommission für Währungs- und Finanzfragen ausgearbeitete Bankstatut wurde auf der XXIV. Ratstagung im Mai 1970 gebilligt und gemeinsam mit dem Abkommen über die Bildung der IIB am 10. 7. 1970 unterzeichnet. Dieses Abkommen ist am 1. 1. 1971 provisorisch und am 5. 2. 1971 nach Hinterlegung der Ratifikationsurkunden endgültig in Kraft getreten (GBl. I, 1971, S. 13ff.). Neben den 7 Gründungsstaaten sind Rumänien seit dem 12. 1. 1971, Kuba seit dem 22. 1. 1974 und Vietnam seit dem 20. 5. 1977 Mitglieder der IIB. Mit Jugoslawien wurden 1974 Grundprinzipien der Zusammenarbeit vereinbart.
Das Grundkapital, von dem Anfang 1983 erst 35 v. H. und damit nur 25 Mill. TR mehr als zum Jahresende 1972 eingezahlt waren, soll zu 70 v. H. aus TR und zu 30 v. H. aus freien Devisen gebildet werden und sich auf über 1 Mrd. TR belaufen. Wie auch bei der → **Internationalen Bank für Wirtschaftliche Zusammenarbeit (IBWZ)** bestimmt der Anteil am Exportvolumen im Intrablockhandel die einzelnen Länderquoten, wobei vor allem wiederum die Sowjetunion und das zunächst zögernde Rumänien – sowie 1982 auch noch Ungarn – einen relativ günstigeren Anteil aufweisen:

	Grundkapital			Exportanteil	
	Mill.	TR	v.H.	1970	1982
Sowjetunion	399,3	(119,8)	37,3	41,3	45,6
DDR	176,1	(52,8)	16,5	14,8	11,6
Tschechoslowakei	129,9	(39,0)	12,1	12,2	8,6
Polen	121,4	(36,4)	11,3	11,4	10,0
Bulgarien	85,1	(25,5)	7,9	6,5	6,0
Ungarn	83,7	(25,1)	7,8	7,5	9,0
Rumänien	52,6	(15,8)	4,9	6,0	5,7
Kuba	15,7	(4,7)	1,5	–	3,2
Mongolei	4,5	(1,3)	0,4	0,3	0,3
Vietnam	3,0	(0,9)	0,3	–	–
Insgesamt:	1 071,3	(321,3)	100	100	100

( ): Gegenwert in TR an konvertiblen Devisen.
Quellen: Dubrowski, Hans-Joachim: Zehn Jahre Internationale Investitionsbank der RGW-Länder, in: Wirtschaftswissenschaft, 29. Jg., 1981, H. 1, S. 90. Statistisches Jahrbuch der Mitgliedsländer des Rates für Gegenseitige Wirtschaftshilfe 1983, Moskau 1983, S. 316 (russ.).

Über zwei Drittel der Gewinne (1982: 21,1 Mill. TR) wurden jeweils dem Reservekapital zugeschlagen (99,9 Mill. TR). Daneben verfügt die IIB über Sonderfinanzierungsfonds, so z. B. den 1973 in der geplanten Höhe von 1 Mrd. TR gebildeten, aber erst mit 100 Mill. TR angezahlten Fonds für Entwicklungsländer (→ **Ent-**

wicklungshilfe). Die Hauptkreditquelle bilden jedoch die bei der IBWZ aufgenommenen Kredite sowie Einlagen in Höhe von 1,6 Mrd. TR. Im Unterschied zu den IBWZ-Krediten führt die Kreditausleihung der IIB also nicht zu einer Erhöhung der im Umlauf befindlichen Geldmenge bzw. bei Kredittilgung zu ihrer Verminderung. Somit verfügen die RGW-Staaten über einen gemeinsamen Geldfonds für Investitionen, der sich ständig reproduziert und immer wieder als Kredit verwendet werden kann.

Die IIB gewährt Kredite mit einer Laufzeit von bis zu 5 bzw. 15 Jahren vor allem an Banken, Betriebe und Wirtschaftsorganisationen der Mitgliedsländer zur Finanzierung von Objekten von gemeinsamem Interesse und technologischem Höchststand. Bis zum Jahre 1983 hatte die IIB 84 Projekte, von denen 56 bereits abgeschlossen waren, mit einem geplanten Gesamtvolumen von 10 Mrd. TR mitfinanziert, wobei der Kreditanteil in Höhe von 3,5 Mrd. TR dem eingezahlten Grundkapitalanteil der Mitgliedsstaaten entsprach. Vor allem kamen diese Mittel der Brennstoff- und Energiewirtschaft (70 v. H.) sowie dem Maschinenbau und der Elektrotechnik/Elektronik (19 v. H.) zugute. Daneben erhielten aber auch Projekte der Metallurgie und Chemie (9 v. H.), des Verkehrs- und Nachrichtenwesens (2 v. H.) Kredite.

Das bisher größte Objekt dieser multilateralen Kreditgewährung war der Bau der Erdgasleitung Orenburg – Westgrenze der Sowjetunion (1975–1979). Mit der „Interatominstrument" wurde 1980 erstmals eine internationale Wirtschaftsvereinigung kreditiert. 1983 gewährte die IIB zum ersten Mal einen Kredit für die Durchführung von Erkundungs- und Explorationsarbeiten bei der Suche nach Erdöl und Erdgas (Ungarn).

In der DDR nahmen bisher vor allen Dingen Kombinate des → **Maschinenbaus** IIB-Gelder in Anspruch. So z. B. die Kombinate Umformtechnik Erfurt (Schmiede- und Preßanlagen; 1971/76/80), Plast- und Elastverarbeitung Karl-Marx-Stadt, Werk Schwerin (1973), „Fortschritt" Neustadt (Landmaschinen; 1976/80), „7. Oktober" Berlin (Ost) (Werkzeugmaschinen; 1981), „Werner Lambertz" Leipzig (Offsetdruckmaschinen; 1981), „Ernst Thälmann" (Schwermaschinen) sowie der Betrieb Scharfenstein (Kälte, Verdichter und Haushaltskühlschränke).

Während die Zinsen für Devisenkredite – die Bank unterhält Beziehungen zu 300 internationalen Geschäftsbanken – dem Niveau der westlichen Kapitalmärkte entsprechen, sind die Zinssätze für Kredite in TR 1974 von 4–6 v. H. auf 3–5 v. H. gesenkt worden. Letztere liegen noch niedriger, wenn es sich um Objekte in Vietnam, Kuba oder der Mongolei – diese erhielt 1973 einen Kredit für eine Wollwäscherei mit einem Zinssatz von 0,5 v. H. – oder aber von besonders großem Interesse für die Mitgliedsländer handelt. So belief sich der Zinssatz für das Orenburger Objekt nur auf 2 v. H.

Die quantitative Bedeutung der IIB-Kredite, zu denen nicht die zwischenstaatlichen Regierungskredite für Investitionsbeteiligungen zählen, ist gemessen am RGW-Investitionsvolumen oder aber am Intrablockhandel überaus gering. Die Überwindung des dominierenden Prinzips der Bilateralität gelingt nur zum Teil. So wird beispielsweise kritisiert, daß Kredite nicht voll in Anspruch genommen werden konnten, weil entweder die benötigten Waren nicht auf dem RGW-Markt zur Verfügung standen bzw. bereits in bilateralen Handelsverträgen gebunden waren. Zur Erhöhung der Kreditquellen wird gegenwärtig vor allem gefordert, die Einzahlungen in das Grundkapital zu beschleunigen, weitere Sonderfonds zu bilden, kürzere Laufzeiten zu gewähren und die Zinseinnahmen vor allen Dingen dem Reservekapital zuzuführen.

Die IIB ist eine juristische Person, haftet für ihre Verbindlichkeiten mit ihrem Vermögen und arbeitet nach dem Prinzip der → **Wirtschaftlichen Rechnungsführung**. Jedes Mitglied verfügt im höchsten Leitungsorgan, dem Bankrat, über eine Stimme. Dieser faßt seine Beschlüsse zu den im Statut aufgeführten Fragen – wie z. B. die Bestätigung des Geschäftsberichtes, der Bilanz und der Gewinnverteilung sowie zur Erhöhung des Grundkapitals oder Ausgabe von Obligationen – einstimmig. In den übrigen, nicht aufgeführten Fällen, wie z. B. den Grundfragen der Geschäftspolitik, der Auswahl der Kreditobjekte und der Aufstellung der Kreditpläne, genügt – erstmals in einem RGW-Organ – die qualifizierte Mehrheit der Stimmen (75 v. H.). Der Vorstand und die Revisionskommission bestehen jeweils aus einem Vorsitzenden und 3 Stellvertretern und werden vom Bankrat durch einen einstimmigen Beschluß auf 5 Jahre ernannt. → **Rat für Gegenseitige Wirtschaftshilfe (RGW)**, V. C. 2.

Internationaler Fernmeldeverein: Die DDR wurde mit Wirkung vom 3. 4. 1973 Ordentliches Mitglied des IF. (Internationale Fernmeldeunion, UIT), nachdem mehr als zwei Drittel aller Mitgliedstaaten dem Beitritt zugestimmt hatten (GBl. II, 1973, S. 144). Die Mitglieder des IF. sind verpflichtet, die internationalen Fernmeldedienste auf der Grundlage des Internationalen Fernmeldevertrages und der dazugehörigen Vollzugsordnungen abzuwickeln und abzurechnen.

Internationalismus, Proletarischer: Der PI. ist „organischer Bestandteil" des → **Marxismus-Leninismus**, insbesondere der Lehre des wissenschaftlichen Kommunismus. Er ist ein zentraler, wenngleich in seinem Bedeutungsgehalt schillernder und nicht genau festgelegter Begriff und hat 1. ideologische, 2. moralische und 3. außenpolitisch-pragmatische Aspekte, die in unterschiedlicher Weise je nach politischer Situation und Adressat in den Vordergrund treten.

1. Ideologische Aspekte des PI. Der PI. sei „wissenschaftlicher und politischer Ausdruck des objektiven Prozesses der Internationalisierung des ökonomischen, politischen und kulturellen Lebens der Gesellschaft vom Standpunkt der Gemeinsamkeit und Einheit der grundlegenden Interessen und Ziele der → **Arbeiterklasse** aller Nationen und Länder". Er wird als „Grundprinzip der Ideologie", als „wichtigstes Prinzip des Aufbaus aller marxistisch-leninistischer Organisationen der Arbeiterklasse" bezeichnet. Er macht die Verteidigung (im weitesten Sinne) der UdSSR zur „nationalen Pflicht der Kommunisten" (bis 1945: „Hände weg von der Sowjetunion") und bezieht nach 1945 die sozialistischen Staaten insofern ein, als „feindselige" Kritik am „realen Sozialismus" als Verletzung des PI. gilt. Mit der Propagierung des PI., als „Leitprinzip" der Kommunistischen Internationale (→ **Komintern**) 1919 entstanden, wird versucht, den traditionellen, auch in der deutschen Arbeiterbewegung verwurzelten Gedanken des I. zu konkretisieren und ihn als Bestandteil der marxistisch-leninistischen Lehre zu integrieren. Er wird als „strikter Gegensatz" zu „bürgerlichem Nationalismus, Chauvinismus und Kosmopolitismus" verstanden.

2. Moralische Aspekte des PI. Die Verwirklichung des PI. setze die Herstellung „des vollen Vertrauens zwischen den Werktätigen unterschiedlicher Nationen und Länder" voraus; aus ihr ergebe sich eine Forderung nach „Solidarität", „gegenseitiger Hilfe und Unterstützung im Kampf". Insoweit gilt der PI. als ein „moralisches Prinzip" und als mit „sozialistischem Patriotismus und dem Nationalbewußtsein untrennbar verbunden" (Kleines Politisches Wörterbuch, Berlin [Ost], 4. Aufl., 1983, S. 724).

Der darin zum Ausdruck kommende Appell an das „richtige", internationalistische Bewußtsein der Kommunisten, an ein Meinungsunterschiede und Interessen überbrückendes Einverständnis, soll gemeinsames Verantwortungsbewußtsein und eine Glaubenshaltung erzeugen, die nationale Grenzen überwindet, und die Bereitschaft zu gemeinsamem Handeln im Interesse einer vermeintlich gemeinsamen Sache auslösen.

3. Außenpolitisch-pragmatische Aspekte des PI. Mit der Errichtung eines → **Sozialistischen Weltsystems**, d. h. mit dem Entstehen sozialistisch bzw. kommunistisch regierter Staaten nach dem II. Weltkrieg habe der PI. eine neue, höhere Entwicklungsstufe erreicht und sich zum **sozialistischen Internationalismus** gewandelt. Seitdem sei er gleichermaßen Bestandteil sozialistischer Völkerrechtslehre und prägendes Merkmal der außenpolitischen Beziehungen zwischen den sozialistischen Ländern („internationale Beziehungen neuen Typs") geworden.

Für die DDR wird postuliert, daß die „sozialistische Umgestaltung der eigenen Nation" nur auf der Grundlage der uneingeschränkten Geltung des sozialistischen I. gelingen kann.

Neben den auch im Verhältnis der sozialistischen Staaten untereinander gültigen „Prinzipien der vollen Gleichberechtigung, der Respektierung der territorialen Integrität, der staatlichen Unabhängigkeit und → **Souveränität** und der Nichteinmischung in die inneren Angelegenheiten des anderen" tritt nun als neues Wesensmerkmal die „brüderliche gegenseitige Hilfe und Unterstützung", die die „gewaltige Effektivität" des PI. voll wirksam werden lasse. Ferner zeige sich in der Zusammenarbeit mit den nationalen Befreiungsbewegungen die Wirksamkeit des PI. In der „brüderlichen Hilfe" der sozialistischen Staaten werde besonders deutlich, daß nationale Interessen nur verwirklicht werden können, wenn der PI. als Voraussetzung akzeptiert wird.

In dieser Sichtweise stellt das Verhalten einer sozialistischen oder kommunistischen Partei oder eines von ihr regierten Landes, das seine nationalen Interessen nicht den postulierten gemeinsamen der sozialistischen Staatengemeinschaft unterordnet, einen schweren Verstoß gegen jene Grundprinzipien des gegenseitigen Verhältnisses dar, die letztlich von der KPdSU-Führung autoritativ interpretiert werden (→ **Nationalkommunismus**). Beispielsweise wird von orthodoxen Kräften in der „sozialistischen Staatengemeinschaft" die Entwicklung der ČSSR im Frühjahr 1968 als → **Abweichung** von den internationalistischen Pflichten eines Mitgliedstaates der Gemeinschaft dargestellt, das daher die volle Anwendung der Prinzipien des PI. erforderlich gemacht habe. Die „Hilfeleistung" an die ČSSR durch Truppen des → **Warschauer Paktes** war damit eine zwangsläufige Folge dieser im PI. angelegten und ideologisch verfestigten Vorstellung vom Charakter der Beziehungen zwischen sozialistischen Staaten. Sie war keineswegs Ausdruck einer von der UdSSR ad hoc geschaffenen, der Sicherung ihres Machtbereiches dienenden, neuen außenpolitischen Doktrin („Breschnjew-Doktrin").

In der Auseinandersetzung zwischen den regierenden kommunistischen Parteien im Hegemonialbereich der UdSSR (Ausnahme: Rumänien) und den eurokommunistischen Parteien (→ **Eurokommunismus**) kommt dem Geltungsanspruch des PI. unverändert große Bedeutung zu. Während die Vertreter der kommunistischen Parteien Italiens und Spaniens (bis 1979 auch Frankreichs), unterstützt vom Bund der Kommunisten Jugoslawiens, die Prinzipien des PI. für die Gestaltung der Beziehungen innerhalb der kommunistischen Weltbewegung vor allem angesichts der Erfahrungen mit der Aggression gegen die ČSSR im Jahre 1968 entschieden als imperiale Doktrin ablehnen, besteht die KPdSU – und mit ihr vor allem die SED – auf ihrer Beachtung und fortdauernden Geltung als Orientierungs- und Handlungsmaxime. So ist der PI. in nahezu allen von der DDR bisher abgeschlossenen → **Freundschaftsverträgen**, auch in der Mehrzahl der mit Staaten der Dritten Welt (Ausnahme z. B. VDR Jemen) unterzeichneten, als Grundlage der bilateralen Beziehungen aufgenommen worden.

Inzwischen hat die Diskussion um den PI. mehrfach ihre politische Sprengkraft bewiesen. Auf der Konferenz der 29 kommunistischen und Arbeiterparteien Europas am 29. und 30. 6. 1976 in Berlin (Ost) hat die sowjetische Delegation wegen der Gefahr des Scheiterns der Konferenz die Erwähnung des PI. im Schlußdokument nicht durchsetzen können. Allerdings haben der sowjetische Generalsekretär L. Breschnjew und andere Sprecher der KPdSU wie der SED anschließend öffentlich zu verstehen gegeben, daß der PI. nach wie vor als ideologisches Prinzip und Staatsdoktrin für die Gestaltung der Beziehungen unter kommunistischen Parteien und – als sozialistischer I. – zwischen kommunistisch regierten Staaten Gültigkeit besitze. Auch die gewaltsame Intervention und Okkupation der UdSSR in Afghanistan im

Dezember 1979, von den sozialistischen „Bruderländern" nur halbherzig gebilligt, ist von der sowjetischen Führung mit der Anwendung des PI. gerechtfertigt worden. Die daraus entstandene und andauernde politisch-ideologische Belastung für die Außenbeziehungen aller sozialistisch-kommunistisch regierten Staaten besteht vor allem in dem Vorwurf, die von der Sowjetunion geführte und dominierte Staatengruppe verfolge unverändert weltrevolutionäre Ziele mit militärischen Mitteln, treibe also eine expansive, den Weltfrieden gefährdende Machtpolitik.
Aus westlicher Sicht wird dem PI. vor allem Instrumentalfunktion zur Verschleierung bzw. Verdeckung außenpolitischer Aggressionen der UdSSR unterstellt. Der PI. habe aus Mangel an tatsächlicher internationaler proletarischer Solidarität bisher keine neue „höhere" Einheit im Sozialismus/Kommunismus schaffen und als politisches Integrations- bzw. neues völkerrechtliches Ordnungsprinzip keine über die traditionellen zwischenstaatlichen Beziehungen hinausgreifende Bedeutung erlangen können. Er habe bis in die Gegenwart territoriale Streitigkeiten einschließlich blutiger Grenzverletzungen, Vertragsbrüche und diplomatische Verwicklungen, auch zwischen sozialistischen Ländern, nicht verhindern können (→ **Krieg**). Angesichts derartiger Vorwürfe, aber auch als Reaktion auf neue internationale Entwicklungen und auf Auflösungsprozesse innerhalb des Weltkommunismus, beharrt die leninistische Dogmatik auf dem „unveränderten Wesen des PI.". Strikt abgelehnt wird von den Parteiideologen der SED (und natürlich denen der KPdSU, auch wenn diese gelegentlich taktisch bedingte Zugeständnisse machen müssen) jeder „Vorrang" des Nationalen vor dem Internationalen, jeder Vorrang von Selbständigkeit und Unabhängigkeit der Bruderparteien vor der „internationalistischen Solidarität". Stets müsse die Einheit von nationaler und internationaler Verantwortung in einem dialektischen Prozeß „bewußt" hergestellt werden. Zugleich wird die – vor allem von der italienischen KP vertretene – Auffassung, daß diese Einheit gegenwärtig allein oder in erster Linie in der „Vielfalt der Wege, Inhalte und Formen" der nationalen Kämpfe der Arbeiterklasse zum Ausdruck komme, energisch zurückgewiesen, weil dadurch die „riesige Gefahr" entstünde, das Hauptziel – Sieg der internationalen Arbeiterklasse über die Monopolbourgeoisie – in „Vergessenheit" geraten zu lassen. Gerade auch der „Zustrom von Hunderten Millionen nichtproletarischer Kräfte" zum „antiimperialistischen, demokratischen Kampf" erfordere das Festhalten am „proletarischen Inhalt des I.". Dieser Inhalt besteht im unveränderten Führungsanspruch kommunistischer Parteien in ihren Ländern und ihrer Unterordnung unter die von der KPdSU definierten Erfordernisse ihres internationalen Zusammenwirkens. Wenn auch eine „Bereicherung des Inhalts und der Formen des PI." von der SED zugestanden wird, so lehnt sie doch in völliger Übereinstimmung mit sowjetischen Auffassungen alle Versuche der Propagierung eines „neuen" I. und damit auch die Konzeption vom „Pluralismus der Kräfte" als unvereinbar mit dem Marxismus-Leninismus ab (Der Internationalismus der Arbeiterklasse, Berlin [Ost] 1981). → **Außenpolitik**.

Intershop: Die Handelsorganisation I. ist 1962 gegründet worden, um ausländische, meist westliche Produkte, seltener solche aus der DDR oder aus anderen sozialistischen Staaten, gegen Barzahlung in frei konvertierbarer Währung an westliche Reisende zu verkaufen. Anfangs befanden sich die wenigen I.-Läden häufig nur in Interhotels und an großen Bahnhöfen.
Seit dem Inkrafttreten des Devisengesetzes der DDR vom 19. 12. 1973 am 1. 2. 1974 (→ **Devisen**) ist den Bewohnern der DDR der Besitz von Zahlungsmitteln westlicher Währungen gestattet, um damit in I. einzukaufen. Dies und das kräftige Anwachsen des Reiseverkehrs aus der Bundesrepublik Deutschland in die DDR hat gleichzeitig dazu geführt, daß die Zahl der I.-Verkaufsstellen stark gestiegen ist. Ca. 250 I. werden in den Interhotels, auf den Bahnhöfen und in allen größeren Städten, aber z. T. auch in Kleinstädten unterhalten. Dort werden Nahrungsmittel, Genußmittel, Kosmetika, Bekleidung, Fernsehgeräte usw. angeboten. Die Preise, zu denen die Waren verkauft werden, sind an die Preise in der Bundesrepublik Deutschland angelehnt, teilweise liegen sie darunter. Dies ist insbesondere bei Genußmitteln (z. B. Zigaretten und Spirituosen) der Fall, die in der Bundesrepublik Deutschland mit relativ hohen Zoll- und Verbrauchsteuerabgaben belastet sind.
Mit Wirkung vom 16. 4. 1979 ist für Bewohner der DDR eine Neuregelung ergangen. Seither können Bewohner der DDR nicht mehr unmittelbar mit westlichen Devisen in I. bezahlen, sondern müssen diese vorher in „Mark-Wertschecks" der Forum-Außenhandels-GmbH eintauschen. Devisenausländer können bei Vorlage ihrer Personaldokumente weiterhin gegen Bargeld frei konvertierbarer Währungen einkaufen. Nach offiziellen Angaben (ND 14. 12. 1978) betrug der I.-Umsatz für 1978 rd. 700 Mill. DM. An den Transitstrecken nach Berlin (West), aber auch an Transitstraßen in dritte Staaten unterhält die DDR Transitverkaufsstellen, bei denen Reisende gegen westliche Währung ihren Bedarf decken können.

Investitionen: I. sind Aufwendungen, die dem Ersatz bzw. der Erweiterung des → **Anlagevermögens** (→ **Grundmittel**) in allen Bereichen der Wirtschaft dienen. Sie umfassen vor allem Bauten und Ausrüstungen (z. B. Maschinen, Fahrzeuge, Hebezeuge, Betriebs- und Büroausstattungen) sowie auch Projektierungsleistungen und Erschließungskosten.
Die I.-Tätigkeit wird grundsätzlich staatlich geplant und z. T. aus Mitteln des Staatshaushaltes, aber auch aus betrieblichen Mitteln sowie aus → **Krediten** finanziert (→ **Investitionsplanung; Investitionsrechnung**). In den vergangenen drei Jahrzehnten haben die I. (einschließlich Generalreparaturen) erheblich zugenommen; sie stiegen im Zeitraum von 1950 bis 1982 von 3,9 Mrd. auf 52,4 Mrd. Mark. Diese Entwicklung verlief allerdings nicht gleichmäßig: Sowohl 1961/62 als auch 1971/72 war eine Stagnation zu beobachten: im ersten Fall als Folge

der fehlerhaften Ansätze des Siebenjahrplanes, im zweiten durch die Kürzung der I.-Tätigkeit zu Beginn der 70er Jahre als Reaktion auf die Unausgewogenheiten der 1968 entwickelten einseitigen strukturpolitischen Konzeption. Bis zur Mitte der 70er Jahre blieb es – mit Ausnahme von 1973 (+ 8,5 v. H.) – bei einem mittleren I.-Wachstumstempo (1974: + 5,5 v. H.; 1975: + 4,5 v. H.), da die mittelfristigen Zielvorstellungen des Fünfjahrplanes 1971–1975 die Priorität der I.-Tätigkeit zugunsten der zur Hauptaufgabe erklärten „Erhöhung des materiellen und kulturellen Lebensniveaus der Bevölkerung" etwas zurückgestuft hatten. Diese Politik ist im Fünfjahrplanzeitraum 1976–1980 erneut differenziert worden, da die Exporterhöhung, die Erschließung eigener Energiequellen sowie die I.-Beteiligung im RGW-Raum besonders dringlich geworden waren. Im Jahr 1976 stiegen die I. um 7,4 v. H. und 1977 um 5,6 v. H.; 1978 waren es jedoch angesichts des Vorrangs des Exportes nur 2,8 v. H. und 1979 lediglich 1,4 v. H. Die zunehmenden Probleme der außenwirtschaftlichen Belastung ließen 1980 sogar nur eine Zunahme von 0,3 v. H. zu.

Insgesamt ist für den Zeitraum 1981–1985 ein kumuliertes I.-Volumen von 256 Mrd. Mark – zu Preisen von 1980 – (ohne Generalreparaturen) geplant; bezieht man diesen Planwert für die I. auf die im Jahre 1980 realisierten I. von 54,51 Mrd. Mark, so entspricht das einer durchschnittlichen jährlichen Abnahme von 2,1 v. H. Im Jahre 1981 stieg das Investitionsvolumen planwidrig um gut 2,7 v. H., 1982 nahm es hingegen gegenüber dem Vorjahr um 6,4 v. H. ab. Angesichts der Notwendigkeit hoher Exportanstrengungen kann die DDR auch in den kommenden Jahren nur in begrenztem Umfang investieren, hiervon muß zudem noch ein erheblicher Teil für den Ausbau der heimischen Rohstoffbasis (→ **Energiewirtschaft**), die Weiterführung des langfristigen Wohnungsbauprogrammes (→ **Bau- und Wohnungswesen**, VII.) sowie die Modernisierung des Verkehrsnetzes (Elektrifizierung von Eisenbahnstrecken; → **Deutsche Reichsbahn [DR]**) bereitgestellt werden. Deshalb gibt man schon seit einigen Jahren der Intensivierung absolu-

Entwicklung der Brutto-Anlageinvestitionen

Jahr	Brutto-Anlage-investitionen[1]	davon Bau-Investitionen	Ausrüstungs-investitionen	Sonstige Investitionen[2]
	Mrd. Mark zu Preisen von 1980			
1950	3,94	2,19	1,47	0,28
1955	8,95	4,51	3,06	1,38
1960	17,91	8,45	8,32	1,14
1965	22,62	9,95	11,40	1,27
1970	36,43	15,58	18,33	2,52
1975	46,03	20,47	22,14	3,42
1976	49,41	22,15	23,59	3,67
1977	52,19	23,92	24,35	3,92
1978	53,64	24,45	25,09	4,10
1979	54,37	24,54	25,48	4,35
1980	54,51	24,22	25,64	4,65
1981	56,01	23,84	27,44	4,73
1982[3]	52,40	23,10	24,72	6,38

1 Einschließlich Generalreparaturen.
2 Projektierungsleistungen, geologische Arbeiten, Ausgaben für Grundstückserwerb, Aufwendungen für Gutachten. Aufschließungsarbeiten sowie Bodennutzungsgebühren.
3 Vorläufig.

Die Brutto-Anlageinvestitionen nach Wirtschaftsbereichen

Wirtschaftsbereich	1960	1965	1970	1975	1980	1982	1960	1965	1970	1975	1980	1982
	in Mill. Mark zu Preisen von 1980						Anteile an den gesamten Investitionen in v. H.					
Industrie[1]	8 535	12 045	18 243	22 331	29 338	29 700	47,7	53.2	50,1	48,5	53,8	56,7
Bauwirtschaft	468	453	1 189	1 602	1 388	900	2,6	2,0	3,3	3,5	2,5	1,7
Land- u. Forstwirtschaft	2 125	3 026	4 721	5 414	5 313	5 000	11,9	13,4	12,9	11,8	9,8	9,6
Verkehr, Post- und Fernmeldewesen	1 883	2 127	3 174	4 796	4 606	3 950	10,5	9,4	8,7	10,4	8,5	7,5
Handel	509	978	1 690	1 681	1 647	1 250	2,8	4,3	4,6	3,6	3,0	2,4
Sonstige produzierende Zweige[2]	81	106	542	449	331	300	0,4	0,5	1,5	1,0	0,6	0,6
Erweiterung des Wohnungsbestandes	2 435	2 077	2 472	4 159	5 785	5 780	13,6	9,2	6,8	9,0	10,6	11,0
Übrige nicht produz. Bereiche[3]	1 874	1 812	4 396	5 598	6 104	5 520	10,5	8,0	12,1	12,2	11,2	10,5
Ingesamt	17 910	22 624	36 427	46 030	54 512	52 400	100,0	100,0	100,0	100,0	100,0	100,0
Generalreparaturen[4]	2 100	2 370	2 550	2 570	2 600	2 600						
Gesamte Brutto-Anlageinvestitionen	20 010	24 994	38 977	48 600	57 112	55 000						

1 Einschließlich produzierendes Handwerk (ohne Bauhandwerk).
2 Wirtschaftsleitende Organe und Institute aller produzierenden Bereiche; Projektierungs- und Rechenbetriebe, Verlage, Reparaturkombinate und textiles Reinigungswesen.
3 Dienstleistende Wirtschaft, staatliche Verwaltung und staatliche Organisationen sowie kulturelle und soziale Einrichtungen.
4 Schätzung des DIW.

ten Vorrang, d. h. bei wenig Neubauten und relativ mehr – z. T. selbst gefertigter – Rationalisierungsmittel sollen die vorhandenen Anlagen und ganze Betriebsteile umfassend modernisiert werden (→ **Intensivierung und Rationalisierung**).
Charakteristisch für die DDR ist eine I.-Politik, die der Industrie seit Jahren mit über 50 v. H. der gesamten I. deutlichen Vorrang einräumt. Der I.-Anteil der Industrie ist fast doppelt so hoch wie in der Bundesrepublik Deutschland, dafür erreichen wesentliche Infrastrukturbereiche, wie die Wohnungswirtschaft, nur knapp die Hälfte des westdeutschen Anteils, auf die sonstigen Bereiche (Dienstleistungen, Staat, private Haushalte und Organisationen ohne Erwerbscharakter) entfällt lediglich ein Drittel bis ein Viertel des I.-Anteils in der Bundesrepublik Deutschland. Dies ist deutlich Ausdruck einer auch weiterhin zu beobachtenden Vernachlässigung der Infrastruktur-I. in der DDR.
Demgegenüber zeigen der Bereich Verkehr, Post- und Fernmeldewesen einen etwas und die Land- und Forstwirtschaft einen erheblich höheren Anteil als in der Bundesrepublik Deutschland. Bei der → **Landwirtschaft** waren für diese herausragende Stellung der hohe Selbstversorgungsgrad und der Übergang zu landwirtschaftlichen Großbetrieben mit „industriemäßigen Produktionsmethoden" verantwortlich.
Eine Betrachtung der Verteilung der I. innerhalb der → **Industrie** läßt erhebliche Veränderungen erkennbar werden.
Während bis 1965 zwei Drittel aller Industrie-I. auf die Grundstoffindustrie konzentriert waren, ging ihr Anteil bis zur Mitte der 70er Jahre auf 50–55 v. H. zurück. Hier wirkte sich vor allem der I.-Rückgang bei der Energie- und Brennstoffindustrie in der zweiten Hälfte der 60er Jahre aus. Dies war die Folge sowohl einer Überschätzung des Strukturwandels zugunsten von Erdöl und Erdgas als auch einer Unterschätzung des Elektroenergiebedarfs. Neben Engpässen bei der Elektrizitätserzeugung traten Störungen auch bei „nichtstrukturbestimmenden" Produktionskapazitäten auf. Deshalb wird der Grundstoffsektor seit Mitte der 70er Jahre wieder stärker gefördert, mit den Schwerpunkten: Energiewirtschaft, Roh- und Grundstoffindustrie, Baumaterialerzeugung sowie sonstige Zulieferindustrien.
Über die Aufteilung der Industrie-I. nach Industriezweigen werden seit 1977 von der I.-Berichterstattung der DDR keine Angaben mehr gemacht. Der westliche Beobachter ist daher auf Schätzungen angewiesen; sie werden zusätzlich dadurch erschwert, daß die Wirtschaftspolitik der DDR sowohl Änderungen der Produktionsstruktur – insbesondere in Richtung materialsparender Erzeugnisse – als auch eine Erhöhung der Ausrüstungsquote als Folge der Intensivierung anstrebt. Für den Zeitraum 1981–1985 kann bei grober Schätzung erwartet werden, daß auf die Grundstofferzeugung 59 v. H., auf die Wasserwirtschaft 3 v. H. sowie auf die I.-Güterindustrie etwa 24 v. H. der Industrie-I. entfallen werden. Das bedeutet eine deutliche Anteilsminderung bei den verbrauchsnahen Bereichen.
Entscheidendes Problem der I.-Tätigkeit der DDR ist schon seit einer Reihe von Jahren die Notwendigkeit, extensive durch intensive Vermögenserweiterungen abzulösen. Bei nur begrenztem Wachstum des Arbeitskräftevolumens (→ **Arbeitskräfte**), von dem jährlich zudem ein steigender Teil von der Anlageninstandhaltung absorbiert wird, können Leistungserhöhungen kaum noch mit der Schaffung zusätzlicher Arbeitsplätze, sondern fast nur über eine bessere Ausstattung bereits gegebener Arbeitsplätze mit moderneren Ausrüstungen erreicht werden. Zur Lösung dieser Probleme wird der Intensivierung – wie bereits erwähnt – Vorrang gegeben. Zur Weiterführung der dringend erforderlichen Erneuerung des Anlagevermögens soll bis 1985 weit über die Hälfte der für dieses Jahrfünft geplanten I. der Industrie für Intensivierung und Rationalisierung sowie Modernisierung eingesetzt werden. Erweiterungen dürfen nur vorgenommen werden, wenn die bestehenden Kapazitäten bereits mehrschichtig genutzt werden und Rationalisierungen kaum noch möglich sind. Weiteres Erfordernis für die Genehmigung von I.-Projekten ist eine mindestens zweischichtige Nutzung der geplanten neuen Anlagen. Darüber hinaus versucht man mit einer strafferen I.-Planung und der Konzentration auf wenige wichtige Projekte Effizienzerhöhungen bei den I. durchzusetzen. Diese Bemühungen sowie Versuche, die betriebliche Eigenerzeugung von Rationalisierungsmitteln auszubauen, stoßen jedoch auf beträchtliche Schwierigkeiten: Effizienzsteigernde Innovationen lassen sich nicht von oben verordnen; damit sie erreicht werden können, ist einerseits die schnelle Entwicklung verbesserter Technologien, andererseits aber die Schaffung wirksamer Stimuli zur Leistungsverbesserung für die Betriebe erforderlich.
Darüber hinaus ist auch der betriebliche Anreiz für Neuentwicklungen bei den geltenden Preisvorschriften (→ **Preissystem und Preispolitik**) noch zu gering.
→ **Planung.**

Verteilung der industriellen Investitionen (in v. H.)

	Ist			
	1960–1965	1966–1970	1971–1975	1976–1980[1]
Grundstofferzeugung	66	52,9	55,0	56
Wasserwirtschaft	6	5,9	4,8	4
Investitionsgüterindustrien	16	24,8	22,3	21
Verbrauchsnahe Bereiche	12	16,4	17,9	19

1 Offizielle Angaben sowie Schätzungen des DIW.

Investitionsplanung: Richtung, Proportionen und Umfang der → **Investitionen** werden entweder von den staatlichen Zentralplaninstanzen selbst festgelegt (wichtige Investitionen) oder unter deren Anweisung und Kontrolle von Planungsstellen der mittleren Leitungsebene ausgearbeitet. Ausgangspunkt der I., die in den staatlichen Planungs-Prozeß der Gesamtwirtschaft integriert ist (→ **Planung**), sind (sachlich) politisch bestimmte Entscheidungen über den Anteil der (Netto-) Investitionen am Nationaleinkommen (→ **Gesamtpro-**

dukt, Gesellschaftliches), über deren Grobverteilung nach Wirtschaftsbereichen und Schwerpunkten sowie (zeitlich) detaillierte – Ziele und Möglichkeiten in Einklang bringende – Plankonzepte, die schließlich ihren Niederschlag in den Fünfjahrplänen und Jahresplänen finden.

1. Die I. 1963–1970. In der Phase des → **Neuen Ökonomischen Systems (NÖS)** (begonnen 1963) wurde die bis dahin verbindliche zentrale I. von einem Konzept abgelöst, das auch dezentrale I.-Entscheidungen zuließ. Lediglich solche Investitionen, die als bedeutsam für die Gesamtwirtschaft bzw. für die Entwicklung ganzer Wirtschaftszweige angesehen wurden, blieben Entscheidungen zentraler Planungsorgane vorbehalten. Alle anderen fielen in die Kompetenz der VVB und der Betriebe bzw. Kombinate. Auf diese Weise versuchten die Wirtschaftsfachleute der → **Sozialistischen Einheitspartei Deutschlands (SED)**, die Effizienz des Kapitaleinsatzes wesentlich zu verbessern. An die Stelle direkter Anweisungen traten indirekte Steuerungsinstrumente (z. B. → **Produktionsfondsabgabe**). Die Betriebe erhielten nun ihre Investitionen nicht mehr wie zuvor zinslos aus dem → **Staatshaushalt**, sondern mußten diese aus → **Gewinnen**, → **Abschreibungen** und → **Krediten** finanzieren. Auf diese Weise veränderte sich die Finanzierungsstruktur erheblich: Während 1962/63 noch zwei Drittel der Mittel für Investitionen aus dem Staatshaushalt kamen – ein Viertel waren Eigenmittel und 10 v. H. Bankkredite –, ergab sich 1969 folgende Verteilung: die Hälfte entfiel auf Eigenmittel, die Zuschüsse aus dem Staatshaushalt gingen auf 27 v. H. zurück, 23 v. H. waren Bankkredite. Die Banken waren im Zuge der Wirtschaftsreformen wirtschaftspolitisch aufgewertet worden; sie erhielten erheblich mehr Kontrollrechte über die Investitionsmöglichkeit.

Die Wirtschaftsführung mußte jedoch bald erkennen, daß sich bei Beschränkung der zentralen Entscheidungen auf nur wenige bedeutsame Investitionsprojekte mit monetären Maßnahmen (z. B. branchenmäßige Differenzierung der → **Nettogewinnabführung**, unterschiedliche Bestimmung des Gewinnanteils im Preis, → **Einzelhandels-Verkaufspreis [EVP]**) die staatlichen Strukturvorstellungen nicht durchsetzen ließen. Deshalb wurden seit 1969 wieder verbindliche Planungen für den Bereich aller strukturbestimmenden Investitionen eingeführt. – Dieses Konzept eines Nebeneinanders von Schwerpunktplanung und monetärer Steuerung konnte jedoch allein schon wegen des hohen Investitionsanteils der strukturbestimmenden Aufgaben in den entscheidenden Wirtschaftsbereichen kaum funktionieren: einerseits forcierten die Betriebe – die über entsprechende Verträge verfügten – eigene Projekte; andererseits führte der staatlich festgelegte Vorrang bestimmter Produktionen wegen der Zurückstufung anderer letztlich auch zu Beeinträchtigungen bei den bevorzugten Investitionen.

2. Die I. in den 70er Jahren. Mit der Rezentralisierung vom Dezember 1970 (→ **Wirtschaft**) wurde auch die I. wieder bei den zentralen staatlichen Instanzen konzentriert. Die I. ging von der volkswirtschaftlichen Gesamtrechnung aus, in der Höhe und Aufteilung der Investitionen nach Arten und Zweigen festgelegt und in sog. Staatsplanbilanzen (z. B. Nationaleinkommensbilanz, Rohstoff-, Material-, Energie-, Arbeitskräfte- und Baubilanz) abgestimmt werden. Auf dieser Basis sowie unter Berücksichtigung der in den Betrieben und VVB genehmigten bzw. der von ihnen bereits begonnenen Investitionsvorhaben wurde der zentrale – nach Bereichen, Zweigen und Bezirken gegliederte – Investitionsplan aufgestellt. Bei seiner Ausarbeitung kamen den einzelnen Instanzen folgende Aufgaben zu:

Der → **Ministerrat** hatte im Rahmen der „Prognose der volkswirtschaftlichen Wachstumsfaktoren“ die Entwicklung des Brutto- → **Anlagevermögens**, der Investitionen und der Aussonderungen einzuschätzen. Er hatte ferner die strukturpolitischen Grundproportionen (einschl. der Integrationsbemühungen im → **Rat für Gegenseitige Wirtschaftshilfe [RGW]**) zu bestätigen, Vorentscheidungen für wichtige Investitionsvorhaben zu treffen, sowie deren Vorbereitung und Durchführung zu kontrollieren. Über 40 v. H. des Investitionsvolumens der Industrie wurde auf dieser Ebene unmittelbar entschieden.

Der *Staatlichen Plankommission* (→ **Planung**, IV. A.) fiel die Aufgabe zu, die zentrale staatliche Investitionsbilanz auszuarbeiten sowie Entwürfe der Pläne (einschl. Finanzpläne) und Vorschläge für Plankennziffern vorzulegen. Die Investitionsdaten sollten nach Bereichen und Zweigen gegliedert, die Relationen für Instandhaltung, Aussonderung und Erweiterung festgelegt und nach Bauten sowie Ausrüstungen unter Berücksichtigung der Zulieferungen aufgeschlüsselt werden.

Die *Ministerien* hatten detailliert für ihren jeweiligen Bereich auf der Grundlage der vom Ministerrat festgelegten Ziele langfristige Konzepte und Planentwürfe zu erstellen, Vor- und Grundsatzentscheidungen für wichtige Investitionen zu treffen, zweigspezifische I. auszuarbeiten sowie die Investitionsdurchführung zu kontrollieren.

Den *Räten der* → **Bezirke** war die Mitarbeit an langfristigen Konzepten unter Berücksichtigung der regionalen Aspekte vorbehalten. Sie sollten deshalb für ihren örtlichen Verantwortungsbereich ähnliche Aufgaben übernehmen wie die Ministerien. Darüber hinaus erteilten sie die Standortbestätigungen.

Die *Banken* (→ **Bankwesen**) überwachten sowohl die Einhaltung der materiellen Pläne als auch die des staatlichen Kreditplanes. Sie legten Kennziffern für den Krediteinsatz (Eigenmittelbeteiligung, Zins, Kreditlaufzeit, Rentabilitätsanforderungen) fest und kontrollierten die Durchführung der Investitionsvorhaben insbesondere in bezug auf Aufwand, Nutzen sowie Übereinstimmung mit den staatlichen Grundsatzentscheidungen.

Von den Betrieben, Kombinaten und VVB (→ **Betriebsformen und Kooperation**) wurden die Einzelprojekte detailliert ausgearbeitet. Sie reichten entsprechende Studien (einschl. Varianten) für die Investitionsvorhaben mit Angaben über die zu erreichenden Leistungen bei den übergeordneten Organen ein. Je nach Umfang und Bedeutung der Projekte trafen unterschiedliche Instanzen (z. B. Ministerien, Staatliche Plankommission, Ministerrat) gleichzeitig mit der Festlegung wichtiger technischer und ökonomischer Zielwerte Investitionsvorentscheidungen. Hierauf aufbauend erarbeiteten die Betriebe dann umfangreiche „Dokumentationen“, in denen nachzuweisen war, daß die vorgegebenen Zielgrößen eingehalten werden konnten. Erst danach erfolgten die endgültige Entscheidung und die Aufnahme der Projekte in sog. „Titellisten“ und damit in die I.

Die dargestellte Form der I. gilt in ihren Grundzügen bis in die Gegenwart. Allerdings kam es bereits für den Fünfjahrplanzeitraum 1976–1980 zu einer Reihe von Veränderungen. Mit der „Ordnung der Planung“ (GBl. 1974, SDr. 775 a) wurden folgende Verbesserungen angestrebt:

a) Vereinheitlichung der Verfahrensweisen und Klarheit in den Kompetenzen sollten die betriebliche und gesamtwirtschaftliche I. überschaubarer machen.

b) Es wurde erstmals versucht, eine den Planerfordernissen entsprechende, komplexe Vermögensplanung aufzubauen (d. h. eine zukunftsbezogene gesamtwirtschaftliche Kapazitäts- und Bestandsrechnung des Vermögens nach Bereichen und Zweigen unter Einbeziehung von Investitionen, Instandhaltung und Aussonderung).

c) Das Investitionsvolumen der Fünfjahrplanperiode wurde in exakte Jahresplanabschnitte nach Bereichen, Zweigen, Betrieben und Regionen aufgeschlüsselt. Diese sollten zugleich mit der Arbeitskräfteplanung, mit der Planung der wissenschaftlich-technischen Entwicklungen und deren Überleitung in die Produktion sowie mit der Bauplanung koordiniert werden.

d) Dem Vorrang der Intensivierung (→ **Intensivierung und Rationalisierung**) wurde durch eine von der Staatlichen Plankommission erstellte mittelfristige „Direktive zur sozialistischen Rationalisierung“ Rechnung getragen; diese wurde ab 1979 zu einem „Staatsplan sozialistische Rationalisierung“ weiterentwickelt.

e) Die Betriebe hatten aufgrund zentraler Planauflagen, bestätigter Rationalisierungskonzepte sowie eigener betriebswirtschaftlicher Berechnungen jährlich die folgenden Teilpläne aufzustellen:

– *Grundfondsplan*, der die zur Erfüllung der Produktionsaufgaben erforderliche Vermögensentwicklung (einschl. Aussonderung, Umsetzung und Instandhaltung) bei hoher Kapazitätsauslastung und vorgegebener Effizienz festlegte (→ **Grundmittel**);

– *Instandhaltungsplan*, in dem alle Instandhaltungsmaßnahmen nach Gewerken und Leistungsarten zu untergliedern sowie die voraussichtlichen Stillstandszeiten anzugeben waren;

– *Aussonderungsplan*, der Umfang und Termin von Abbruch und Verschrottung veralteter Anlagen unter Angabe von Abbruchkosten sowie Einsparung an Arbeitskräften und Instandhaltungsaufwand erfaßte;

– *Plan der Vorbereitung der Investitionen*, mit dem die Vorbereitungsphasen wichtiger Mechanisierungs- und Automatisierungsvorhaben sowie technologieverbessernder Projekte terminiert, deren Nutzen ermittelt, deren Aufwand festgelegt sowie zur besseren künftigen Bilanzabstimmung Aufwandsgrößen, Standort, Mehr- bzw. Minderbedarf an Arbeitskräften bestimmt wurden;

– *Investitionsplan*, der die Finanzierung sowie die technischen und ökonomischen Leistungskennziffern der zu realisierenden Projekte erfaßte, den Nachweis ihrer voraussichtlichen Einhaltung erbrachte und die Voraussetzungen enthielt, die eine Realisierung sicherstellten.

f) Zur Synchronisierung von wissenschaftlich-technischer Entwicklung und Investitionstätigkeit wurden unter Leitung des jeweils betroffenen Ministeriums *Koordinierungspläne* aufgestellt, die die Pläne Wissenschaft und Technik mit anderen Planteilen verbanden.

g) Mangelnder Effizienz der Investitionen versuchte die Wirtschaftsführung mit einer *Effizienzplanung* in Form der Festlegung einer Reihe sich ergänzender Kennziffern zu begegnen (z. B. → **Selbstkosten** und Selbstkostensenkung, Gewinn je Erzeugniseinheit, Freisetzung von Arbeitskräften, Kapitalproduktivität, Kapitalrentabilität, Schichtkoeffizient, spezifischer Investitionsaufwand, Materialintensität, Qualitätsstandard).

Diese Regelungen führten zwar durchaus zu einzelnen Verbesserungen, insgesamt nahm jedoch durch sie die Überbürokratisierung, die Schwerfälligkeit der Entscheidungsprozesse usw. weiter zu. Ferner gelang es nicht – trotz vielfältiger Versuche, entsprechende Modelle zu bilden – den Planungsprozessen ein in sich geschlossenes Konzept der komplexen Vermögensplanung zugrunde zu legen.

3. Die I. für die Fünfjahrplanperiode 1981–1985. Die außenwirtschaftlichen Belastungen zwingen die DDR in den Jahren 1981–1985 zu erhöhten Exportanstrengungen. Aus diesem Grund kann das im Inland verfügbare Nationaleinkommen nur langsamer wachsen als das produzierte. Selbst bei wenig expandierendem Verbrauch werden nur leicht im Umfang abnehmende Investitionen möglich sein. Diese Situation fordert einen weitaus effizienteren und auf Ressourceneinsparungen ausgerichteten Einsatz neuer und die weitgehende Modernisierung vorhandener Anlagen. Entsprechend mußte die Investitionspolitik geändert werden: neben dem Ausbau der heimischen Rohstoffbasis (→ **Energiewirtschaft**), der Weiterführung des Wohnungsbauprogrammes (→ **Bau- und Wohnungswesen**) und der Elektrifizierung wichtiger Eisenbahnstrecken (→ **Deutsche Reichsbahn [DR]**) kommt es darauf an, daß nur hoch effiziente Vorhaben ausgewählt, die Zahl der Projekte vermindert, vorhandene Industriebauten besser genutzt und die Bau- und Ausrüstungsprozesse besser miteinander verbunden werden. Auf diese Weise könnten u. a. der Bauaufwand gesenkt und die Fertigstellungszeiten verringert werden. Die Kombinate und Betriebe sind darüber hinaus verpflichtet worden, bei der Modernisierung ihres Anlagenparks eigene Rationalisierungslösungen zu versuchen; der Eigenbau von Rationalisierungsmitteln soll verstärkt werden.

Die Konturen dieser neuen wirtschaftspolitischen Orientierung zeigten sich bereits in dem Beschluß (ND 10./11. 11. 1979) und der Direktive (ND 8. 7. 1980), die vom

ZK der SED, dem Ministerrat und dem Bundesvorstand des FDGB verabschiedet wurden. Gleichzeitig wurden die Vorschriften für die Baubilanzierung verschärft (GBl. I, 1980, S. 127ff.) und eine neue, auf stärkere Kontrollen ausgerichtete Investitions-VO in Kraft gesetzt (GBl. I, 1980, S. 107ff.). Vor allem sollen aber die für die gegenwärtige Fünfjahrplanperiode gültige Ordnung der Planung (GBl. 1980, SDr. 1020) sowie die neue Rahmenrichtlinie (GBl. 1980, SDr. 1021) dieser veränderten Investitionspolitik gerecht werden. Diese Regelungen sehen sowohl schärfere Kontrollen als auch eine stärkere Beteiligung der Kombinate an der I. vor. Folgende Neuerungen sind besonders hervorzuheben:
a) eine stärkere Verbindung der Teilpläne untereinander;
b) eine verstärkte längerfristige Orientierung bei den Planungsprozessen von Anlagen;
c) vermehrte Abstimmungsprozesse zwischen den verschiedenen an den Planungen beteiligten Instanzen;
d) ein präziserer Nachweis von Rationalisierungserfolgen und Kapazitätserweiterungen in den Produktionsdaten bei gleichzeitig erhöhtem Stellenwert der Rationalisierung;
e) das Verbot, Verwaltungsbauten zu errichten.
Die I. läuft heute wie folgt ab: Als Vorbereitung für fundierte Investitionsentscheidungen dienen die langfristig von den verschiedenen Planungsinstanzen ausgearbeiteten Entwicklungsprogramme und -konzepte. Darauf aufbauend werden auf den verschiedenen Leitungsebenen detaillierte Pläne Wissenschaft und Technik ausgearbeitet. Sie sollen vor allem dem Ziel dienen, die Rohstoff- und Energiebasis zu stärken, ressourcensparende Produkte höherer Qualität zu entwickeln sowie die Exportkraft zu steigern.
Bei staatlich bestätigten Aufgabenstellungen beginnt die I. mit dem Plan zur Vorbereitung der Investitionen. In diesem sind die gründliche Vorbereitung sowie die mögliche Einhaltung der sachlichen und zeitlichen Zielvorstellungen nachzuweisen. Zu diesem Zweck werden vielfältige Dokumente ausgearbeitet, um den staatlichen Stellen eine detaillierte Information zu geben. Wird die Einhaltung der vorgegebenen Effizienz- und Leistungskennziffern bestätigt, erfolgt die Grundsatzentscheidung.
Für Investitionsprozesse kommt der Bilanzierung besondere Bedeutung zu, denn die jeweils benötigten materiellen und finanziellen Mittel müssen rechtzeitig zur Verfügung gestellt werden. Diesem Zweck dienen vielfältige Bilanzierungsprozesse. Die Ausrüstungsbilanzen und die Baubilanzen müssen aufeinander abgestimmt werden. Sind Bedarf und Anforderungen nicht in Übereinstimmung zu bringen, werden mit den Beteiligten entsprechende Lösungsvarianten erarbeitet.
Voraussetzung für die Aufnahme von Projekten in den Investitionsplan ist neben der Bilanzierung die bestätigte Grundsatzentscheidung. Der Investitionsplan selbst ist mit anderen Plänen (z. B. Plan Wissenschaft und Technik, Rationalisierungsplan, Kapazitätsplan, Bauplan) abzustimmen und zu koordinieren. Im Ergebnis dieser Koordination müssen z. B. Effekte wie etwa die Einsparung von Arbeitskräften im Arbeitskräfteplan und im Plan zur Steigerung der Arbeitsproduktivität wiederzufinden sein. Über die Rang- und Reihenfolge der Projekte untereinander entscheiden je nach Größe des Vorhabens unterschiedliche Instanzen (ab 5 Mill. Mark der zuständige Minister bzw. die Staatliche Plankommission). Für die besonders schwierigen Aufgaben der Rationalisierung erstellt die Staatliche Plankommission eine langfristige strategische volkswirtschaftliche Rationalisierungskonzeption, in der sie die gewünschten Schwerpunkte bei dem Rationalisierungsvorhaben für den Planungszeitraum von 5 Jahren festlegt. In dieser Konzeption sind ebenfalls Maßnahmen der territorialen Entwicklung, wie sie von den örtlichen und regionalen Staatsorganen vorgesehen sind, einzubeziehen. Ferner erstellen auch die Kombinate aufgrund der gesamtwirtschaftlichen Konzeptionen und entsprechend ihren eigenen Erfordernissen eigene Rationalisierungskonzeptionen. Für deren Realisierung sind ihnen für den Eigenbau von Rationalisierungsmitteln – sofern diese über staatliche Planvorstellungen hinausgehen – gewisse Freiräume gewährt worden, wenn sie dafür eigene Reserven einsetzen können.
Die gegenwärtige Finanzierungsstruktur der Investitionen sieht folgendermaßen aus: auf zinslose Staatshaushaltsmittel entfällt etwa ein Viertel, Eigenmittel und Kredite machen je etwa 37–38 v. H. der Investitionssumme aus.
Es kann vermutet werden, daß nach Überwindung der außenwirtschaftlichen Belastungen die gegenwärtig geltenden, sehr strengen Maßstäbe der I. (insbesondere die Begrenzung der Investitionen auf wichtigste Projekte) wieder gelockert werden. Die zur Leistungs- und Effizienzmessung ungeeigneten – häufig stark verzerrten – Preise (→ **Preissystem und Preispolitik**) lassen allerdings auch künftig erneute Veränderungen der I. und der Vermögensplanung erwarten. Immerhin ist der Kapitaleinsatz in der DDR nach wie vor durch Mängel gekennzeichnet wie: unzureichende Aussonderung veralteter Anlagen, teilweise unbefriedigende Anlagenauslastung, Konzentration der Investitionen auf besonders kapitalintensive Zweige (z. B. Energie, Bergbau), Vernachlässigung von Infrastrukturinvestitionen (Ausnahme: Wohnungsbau) sowie die ungenügende Durchsetzung des technischen Fortschritts. Allerdings bedarf gerade die Beschleunigung des wissenschaftlich-technischen Fortschritts – als Voraussetzung für die Erreichung einer höheren Produktqualität bei gleichzeitiger Senkung der Produktionskosten – der Erweiterungsinvestitionen.

Investitionsrechnung: In der DDR kann man von einer I. im westlichen Verständnis nicht sprechen. „Nutzeffektsberechnungen“ unter den Bedingungen politisch vorgeprägter und planwirtschaftlich durchgeführter Investitionsentscheidungen haben eine viel geringere Bedeutung als Rentabilitätskalküle unter marktwirtschaftlichen Bedingungen; denn in der DDR-Wirtschaft werden Knappheiten nicht durch Marktpreise, sondern durch Ungleichgewichte in Mengenbilanzen ausgewie-

sen, stehen nicht einzelwirtschaftliche, sondern volkswirtschaftliche Wirtschaftlichkeitsüberlegungen im Vordergrund und entscheiden nicht gewinnorientierte Betriebe, sondern in erster Linie politisch motivierte Zentralinstanzen.
Häufig wird bei Investitionsüberlegungen versucht, Kennziffern wie → **Arbeitsproduktivität** und Grundfondsquote (Kapitalproduktivität) heranzuziehen. Solche Verfahren können jedoch nicht als I. bezeichnet werden, denn die Veränderung dieser gesamtwirtschaftlich durchaus sinnvollen Kennziffern läßt sich nur in den wenigsten Fällen einzelnen Investitionen zurechnen. Tatsächlich werden investitionsrechnerische Methoden in der DDR-Wirtschaft praktisch nur bei der Entscheidung zwischen mehreren Investitionsvarianten angewendet.
Die Grundformel der sogenannten Rückflußfristenrechnung lautet:

$$R_N = \frac{I_1 - I_2}{S_2 - S_1}$$

I = Investitionsaufwendungen der Varianten 1 und 2; S = die (laufenden) Selbstkosten der Produktion nach Variante 1 und 2 und R_N = die normative Rückflußdauer, die in der DDR für alle Wirtschaftszweige 5 Jahre beträgt. Diese Formel besagt folglich, daß – gleiche Erträge vorausgesetzt – die höheren Investitionskosten einer Variante durch die niedrigeren laufenden Kosten dieser Variante innerhalb von 5 Jahren amortisiert sein müßten, wenn diese Variante mit den höheren Investitionskosten als vorteilhaft gelten soll. Anderenfalls ist die Variante mit den geringeren Investitionskosten vorzuziehen. Diese Grundformel läßt sich so abwandeln, daß mit unterschiedlichen Erträgen gerechnet wird und daß der Nutzkoeffizient aus dem Kehrwert von R_N

$$N_K = \frac{1}{R_N} = 0{,}2 = 20 \text{ v.H. pro Jahr}$$

gebildet und zur Gewichtung der Investitionskosten benutzt wird. Diese formalen Umwandlungen und anderen Anwendungen der Formel verändern die genannte Frage nach der Einhaltung einer zentral gesetzten Amortisationsdauer oder Rückflußfrist nicht.
Solche „Amortisationsrechnungen" („Pay off"-Methoden), die auch in der I.-Praxis von marktwirtschaftlichen Betrieben angewendet werden, können bei der Abschätzung des Investitionsrisikos Hilfsdienste leisten. Zur Messung der Rentabilität (Wirtschaftlichkeit) einer Investition sind sie nach einhelliger wirtschaftswissenschaftlicher Meinung in der freien Wirtschaft nicht geeignet. Nach dieser Methode wird nämlich nicht über die gesamte Lebensdauer einer Investition gerechnet. Außer der Mißachtung dieser grundlegenden Anforderung an jedes Investitionskalkül sind jedoch bei der normativen Rückflußrechnung in der DDR noch andere wesentliche methodische Mängel nachzuweisen (z. B. Zinssatz von 20 v. H. zu hoch; Restbuchwerte fälschlich eingerechnet; Abschreibung nicht verzinst). Dennoch sind die Hauptmängel der Investitionspolitik der DDR kaum auf diese unzureichende I.-Methode zurückzuführen; denn die grundlegenden Investitionsentscheidungen sind politisch, strukturell und mengenwirtschaftlich bestimmt. Hinzu kommt als weiterer bedeutsamer Mangel die im gegenwärtigen Preissystem bestehenden Preisverzerrungen (→ **Preissystem und Preispolitik**), die Investitionsprojekte beispielsweise rentabel erscheinen lassen, die bei echter Kostenerfassung sowohl der zu erzeugenden Endprodukte als auch des Investitionsaufwands verlustreich sind. → **Investitionen; Investitionsplanung; Planung.**

J

Jagd: Das J.-Wesen der DDR wurde durch das J.-Gesetz vom 25. 11. 1953 völlig umgestaltet, wesentlich ergänzt und modifiziert durch die 8. DVO vom 14. 4. 1962. Im September 1983 wurden die Entwürfe für ein neues J.-Gesetz und für ein Musterstatut der J.-Gesellschaften veröffentlicht und zur Diskussion gestellt. Sie sind am 1. 9. 1984 in Kraft getreten.

1. Jagdgebietsfläche und Wildbestand. Die J.-Gebietsfläche der DDR umfaßt 8,7 Mill. ha land- und forstwirtschaftliche Flächen (Bundesrepublik Deutschland 23,6 Mill. ha), die nach § 4 des J.-Gesetzes in J.-Gebiete zwischen 1000 ha und max. 4000 ha gegliedert sind. Unabhängig davon sind J.-Gebiete mit spezieller Widmung ausgewiesen für Zwecke der Staats-J., der Diplomaten-J., als Wildschon- und -schutzgebiete, Wildreservate und Wildforschungsgebiete. Die Abgrenzung der J.-Gebiete (vgl. Verfügung über die Bewirtschaftung der J.-Gebiete vom 19. 10. 1962) orientiert sich an den Wildeinstandsgebieten. Der Wildbestand und damit das Aufkommen an Wildbret wurden und werden kontinuierlich erweitert.

Wildart	Bestand in 1000 Stück					
	1960	1965	1970	1975	1980	1982
Rotwild	12,4	9,2	12,9	22,2	28,0	27,0
Damwild	3,5	3,3	5,8	11,6	20,0	21,0
Rehwild	141	146	235	303	251	300
Muffelwild			1,7	2,8	4,9	6,0
Schwarzwild	18,9	7,1	23,7	37,4	63,1	45,0
Hasen	378	745	409	278	205	130
	Abschuß in 1000 Stück					
	1960	1965	1970	1975	1980	1982
Rotwild	7,6	3,4	9,4	15,1	20,1	24,7
Damwild	1,7	0,8	2,5	3,5	7,7	10,0
Rehwild	147	95	109	162	88	133
Muffelwild			0,1	0,4	0,9	1,1
Schwarzwild	27,2	20,1	33,2	74,6	102,7	102,1
Hasen	380	261	119	88	22	20
Wildbret-aufkommen in t	–	–	4 000	6 300	8 000	7 000

Quelle: Statistisches Jahrbuch der DDR 1983, S. 208.

Darüber hinaus erlangt der Export von Wildtieren immer größere Bedeutung. Z. B. wurde Damwild in die UdSSR und andere RGW-Staaten zur Auffrischung der dortigen Bestände exportiert.

Mit der Erweiterung des Wildbestandes ist zugleich seine Qualität gestiegen. Die Spitzenwerte der Trophäenträger in der DDR erreichen seit Jahren auf internationalen Ausstellungen Goldmedaillen. Die Bewirtschaftung des Dam- und Muffelwildes ist z. Z. noch auf die Bestandserweiterung gerichtet, der Abschuß dient vorwiegend der Selektion. Das Muffelwild (1935 in der Rhön eingebürgert) ist bereits in 30 geschlossenen Einstandgebieten heimisch. Dagegen sind Gemsen (Elbsandsteingebirge) vom Aussterben bedroht; sie werden deshalb nicht bejagt. Auch der Luchs ist nach mehr als 200 Jahren im Elbsandsteingebirge wieder heimisch geworden. Zuchterfolge sind bei Wisenten (2 Freigehege im Naturschutzgebiet der Halbinsel Damerow-Müritz), bei Bibern, Fasanen und Trappen zu verzeichnen, während das Birkhuhn gegenwärtig vom Aussterben bedroht ist. Der Rückgang des Hasenbestandes wird auf die hohe Sterblichkeit der Junghasen (zunehmende Verkehrsdichte, Raubwild, Schäden durch Wanderratten usw.) und auf die Intensivierung der Pflanzenproduktion (Mechanisierung) zurückgeführt.

2. Anleitung des J.-Wesens und Wildforschung. Zur weiteren Entwicklung der Bestände und zur Verbesserung der Hege wird in der DDR intensive Wildforschung betrieben. Hieran beteiligen sich insbesondere: die Arbeitsgruppe Wildforschung beim Institut für Forstwissenschaften der Akademie der Landwirtschaftswissenschaften der DDR (AdL) (→ **Agrarwissenschaften**) in Eberswalde; die Vogelschutzwarte Neschwitz, Eberswalde; der Forschungsbereich Rohholzforschung, Eberswalde; der Fachbereich Waldbau und Forstschutz an der Sektion Forstwissenschaft der TU Dresden in Tharandt (Sachsen); der Fachbereich Zoologie der Sektion Biowissenschaften der Martin-Luther-Universität, Halle-Wittenberg mit der Biologischen Station Steckby Kr. Zerbst, die Arbeitsgruppe Wildforschung der Landwirtschafts- und J.-Schule in Zollgrün (Thüringen).

Die verschiedenen Forschungsarbeiten werden durch die AdL koordiniert, die der Obersten J.-Behörde (Hauptabteilung → **Forstwirtschaft** beim → **Ministerium für Land-, Forst- und Nahrungsgüterwirtschaft [MfLFN]**) jährlich einen entsprechenden Forschungsplan vorlegt und über dessen Realisierung einen jährlichen Forschungsbericht erstattet. Außerdem sind der Obersten J.-Behörde insgesamt 12 Wildforschungsgebiete unterstellt (vgl. Verfügung über die Ordnung der Wildforschungsgebiete vom 20. 12. 1962).

Gegenstand der J.-Wissenschaft ist insbesondere auch die Erreichung der Wirtschaftlichkeit des J.-Wesens (vgl. Direktive über die Verbesserung der Qualität der Wildbestände, die weitere Erhöhung des Wildbretaufkommens und die Verarbeitung von Wildbret vom 1. 6. 1970).

Die J.-Bewirtschaftung wird durch die Staatlichen Forstwirtschaftsbetriebe geleitet und kontrolliert. Zu diesem Zweck werden jährliche J.-Bewirtschaftungspläne erstellt, die sich in Abschuß-, Ablieferungs-, Finanz- und Materialpläne gliedern. Die Abschuß- und Ablieferungspläne bedürfen der Bestätigung durch die Oberste J.-Behörde und gelten danach als staatliche Planauflage.

3. J.-Gesellschaften. Zur J.-Ausübung werden von den Räten der Kreise J.-Gesellschaften gebildet, die nach einem Musterstatut arbeiten und überwacht werden (§ 11 der 8. DVO zum Jagdgesetz vom 14. 4. 1962). Zur Zeit bestehen in der DDR 920 J.-Gesellschaften mit ca. 41 000 Mitgliedern. Zu den Mitgliedern zählen neben den Jägern auch J.-Hundeführer und -züchter (z. Z. 13 000 Hunde), Falkner und Frettierer. Die Beiz-J. (ca. 250 Falkner) und die ständig abnehmende Frettchen-J. gelangen insbesondere in Gebieten, die mit dem Schießverbot belegt sind, zur Anwendung (Park- und Gartenbzw. Siedlungsanlagen). Die Auswahl und die Zulassung der Mitglieder erfolgen nach besonderen Gesichtspunkten. Voraussetzung ist eine mit Erfolg abgelegte J.-Prüfung. Die Zulassung zur Prüfung erfolgt, sofern der Bewerber 18 Jahre alt ist und praktische Tätigkeit in einer J.-Gesellschaft nachweisen kann. Weitere Voraussetzung für die Erteilung einer J.-Erlaubnis ist eine „vorbildliche Teilnahme am Aufbau des Sozialismus in der DDR". Die J.-Erlaubnis wird jeweils für ein J.-Jahr erteilt. Als Strafmaßnahmen bei evtl. Verstößen und Vergehen sind ein zeitweiliges Verbot der J.-Ausübung oder der Ausschluß des Mitgliedes möglich.

Vor allem sind die J.-Gesellschaften Träger der Wildabschuß- und Ablieferungspläne, über die sie mit den Staatlichen Forstwirtschaftsbetrieben Verträge abzuschließen haben. Durch kontinuierliche Bejagung (J.-Einsatzpläne) sollen nicht nur die Ablieferungspläne erfüllt werden, sondern Raubwild und Raubzeug bekämpft und Wildschäden aller Art verhindert werden. Während die Wildschäden in den Jahren 1960–1968 gesenkt werden konnten, sind sie als Folge der höheren Wilddichte und insbesondere durch das Rotwild seither wieder im Ansteigen begriffen. Der Gesamtschaden wird auf rd. 30 Mill. Mark im Jahr geschätzt, von denen etwa 25 v. H. auf die Landwirtschaft und den Garten entfallen, während 75 v. H. des Schadens in der Forstwirtschaft entsteht.

Die Verhütung und der Ersatz von Wildschäden im Rahmen einer Versicherung wurde ab 1. 7. 1977 neu geregelt (VO über die Verhütung von und den Ersatz für Wildschaden – Wildschaden-VO vom 28. 4. 1977, GBl. S. 172; 1. DB zur Wildschaden-VO vom 24. 4. 1977, GBl. I, S. 177). Versichert sind Gesundheit und Leben der Bürger, die von ihnen mitgeführten Gegenstände, landwirtschaftliche und gärtnerische Kulturen sowie geschlossene Obstanlagen der soz. Betriebe.

Zur Verminderung von Schäden an landwirtschaftlichen und gärtnerischen Kulturen sollen auf Öd- und Umland Wildäcker angelegt bzw. Ablenkfutterstellen, technische Schutzmaßnahmen und ggf. Schußschneisen in den Beständen eingerichtet werden. Verantwortlich für den Schutz vor Wildschäden sind neben den Landwirtschaftsbetrieben und den Staatlichen Forstwirtschaftsbetrieben vor allem die J.-Gesellschaften, denen die Landwirtschaftsbetriebe rechtzeitig ihre Anbaupläne zu übergeben haben und die – sofern sie ihre Abschußpläne nicht erfüllen – mit 10 v. H. zur Deckung der von den Wildschadenskommissionen festgestellten Schäden herangezogen werden können. – Weitere Aufgaben der J.-Gesellschaften sind die Wildfütterung und die Errichtung von J.-Hütten, Ansitzen, Futterraufen usw. in freiwilligen Arbeitseinsätzen.

Die J. sollte nach dem J.-Gesetz grundsätzlich im Kollektiv ausgeübt werden. Nur in Ausnahmefällen kann der Minister des Inneren bzw. der Chef der Deutschen Volkspolizei die Einzel-J. gestatten.

Für jedes J.-Gebiet sind ein J.-Leiter und ein ständiger Stellvertreter eingesetzt. Da die J.-Gesellschaften 3–5 J.-Gebiete bejagen, sind bei jeder J.-Gesellschaft 6–10 J.-Leiter und Stellvertreter tätig, deren Ernennung durch die J.-Behörden der Kreise und Bezirke unter Beteiligung der Staatlichen Forstwirtschaftsbetriebe, des Volkspolizeikreisamtes und der Bezirksbehörden der Volkspolizei erfolgt.

Die Waffenbestimmungen der DDR sind von offensichtlichem Mißtrauen gegenüber den sorgfältig geprüften J.-Berechtigten geprägt. Kugelwaffen mit gezogenem Lauf dürfen nur ausnahmsweise von Jägern mit spezieller Genehmigung geführt werden, so daß selbst Hochwild grundsätzlich mit Schrotflinten erlegt wird. J.-Waffen sind Volkseigentum und werden von den J.-Leitern verwaltet. Persönliches Eigentum an J.-Waffen bleibt den J.-Leitern und „Inhabern einer Jagderlaubnis vorbehalten, die sich durch aktive gesellschaftliche Arbeit sowie durch hervorragende Leistungen in der Produktion, in wissenschaftlichen Institutionen oder in den Verwaltungen beim Aufbau des Sozialismus in der DDR ausgezeichnet haben". Die Genehmigung zum Waffenerwerb wird durch die Hauptverwaltung der Volkspolizei beim Innenministerium bzw. die Bezirksbehörden der VP erteilt. Umfassende Bestimmungen gelten für die Beschaffung und Aufbewahrung von J.-Waffen.

Jazz: In der DDR unterscheidet man in der Entwicklung des J. 3 wesentliche Strömungen: eine „volkstümlich-demokratische", die die Anfangsphase der J.-Entwicklung kennzeichnet, die Strömungen des „kommerzialisierten J." und diejenigen des „snobistischen J.", dessen Aufkommen vor allem nach dem II. Weltkrieg angesetzt wird (Definitionen aus: Kulturpolitisches Wörterbuch, 2. Aufl., Berlin [Ost] 1978, S. 321).

Nach anfänglicher Ablehnung des J. und zwischenzeitlichen Verboten (u. a. Verbot von J.-Sendungen im Rundfunk) hat der J. im „breiten kulturellen Spektrum der DDR seinen Platz gefunden und ist organisatorischer Bestandteil der sozialistischen Musikkultur" (B. Reichelt, Jazz in der DDR, in: Bulletin H. 2/1979, hrsg. v. Musikrat der DDR).

Die Abwehr von Einflüssen der „bürgerlichen Dekadenz" auf die Kunst und Lebensauffassung der SED führte schon 1958 mit der AO über die Programmgestaltung bei Unterhaltungs- und Tanzmusik zu weitgehendem Verbot westlicher Tanzmusik. Diese Maßnahmen wirkten sich auch auf den J. aus, mit dem man die Gefahr der Übertragung „amerikanischer Lebensweise" aufkommen sah, und dessen Einflüsse deshalb im Hinblick auf die Entwicklung einer eigenen kulturellen Massenarbeit, besonders der Volksmusik, als negativ angesehen wurden.

Nach 1961 traten Lockerungen ein. 1965 wurde die heute noch bestehende Konzertreihe „Jazz in der Kammer“ begonnen. Diese vom Deutschen Theater Berlin getragene Veranstaltungsreihe wurde zum wichtigsten Artikulationszentrum zeitgenössischer moderner Strömungen des J. – auch des Auslandes. In Anlehnung an diese Reihe und in Zusammenarbeit mit den Veranstaltern der Berliner J.-Abende wurde 1973 vom Volkstheater Rostock die Reihe „Jazz-Szene“ begonnen. Auch hier werden in- und ausländische Gruppen vorgestellt. Seit 1977 ist eine starke Intensivierung der J.-Szene zu beobachten. Die vier DDR-Sender präsentieren regelmäßige J.-Sendungen. Bei der Generaldirektion des Komitees für → **Unterhaltungskunst** besteht seit Januar 1978 ein „Arbeitskreis Jazz“. In Berlin wurden weitere Veranstaltungsreihen initiiert: J. im Theater im Palast mit einem jährlich veranstalteten internationalen Workshop, der auf DDR-Tournee geht; J.-Bühne Berlin: 2tägige, repräsentative internationale J.-Veranstaltung mit Festivalcharakter, organisiert vom Rundfunk der DDR; J. innerhalb von Musikfestivals. Einen ständig geöffneten J.-Klub gibt es z. Z. noch nicht, doch ist es inzwischen möglich, fast an jedem Abend Live-J. zu hören. Auch in den Bezirken werden J.-Veranstaltungen organisiert. Der aktivste Klub der DDR ist der Freundeskreis J. Leipzig.
Die zunehmende Professionalisierung des DDR-J. brachte eine Qualifikationssteigerung mit sich. Kennzeichnend für professionellen DDR-J. sind zeitgenössische Spielweisen, die stilistisch aus dem Modern J. und Free J. hervorgehen, während traditioneller J. von der Amateurszene gepflegt wird. Der internationale Vergleich findet nicht nur innerhalb der DDR, sondern auch auf den Konzertpodien westlicher Länder statt.
Seit 1975 liegt bei AMIGA (→ **Musik**) eine Edition nahezu aller bedeutenden J.-Musiker der Vergangenheit nach Originalaufnahmen von RCA-Schallplatten aus den 30er und 40er Jahren (Goodman, Gillespie, Count Baisie, D. Ellington u. a.) vor. In der gleichen Reihe erschienen Aufnahmen, die der Entwicklung des J. in der DDR gewidmet sind. Auch in einigen osteuropäischen sozialistischen Staaten (vor allem in Polen, der ČSSR und der DDR) sind in der Entwicklung des J. ähnliche Erscheinungen erkennbar wie in den nichtsozialistischen Ländern. Auch dort wird teilweise eine Synthese zwischen J. und zeitgenössischer europäischer Avantgarde angestrebt, wobei es sich bei den Komponisten und Interpreten sowohl um J.-Musiker als auch um Komponisten und Kompositionsstudenten der sog. ernsten Musik handelt.
Osteuropäisches Forum für den zeitgenössischen J. (Free Jazz) sind in erster Linie das J.-Festival in Warschau („Jazz Jamboree“) sowie das Prager J.-Festival. Seit 1971 findet in Dresden jährlich das internationale Dixieland-Festival statt, an dem Gruppen aus verschiedenen Ländern teilnehmen.
Zu den führenden J.-Gruppen der DDR gehören: SYNOPSIS; Ernst-Ludwig-Petrowsky-Trio, -Quartett, -Sextett; OSIRIS; Ulrich-Gumpert-Workshop-Band; Duo Ulrich Gumpert/Günter Sommer; Conrad-Bauer-Quintett; Berliner Improvisations-Quartett; Friedhelm-Schönfeld-Trio/Quartett; Studio IV; Hubert-Katzenbeier-Quartett; Rundfunk-Bigband Berlin; Hans-Rempel-Oktett; Andreas-Altenfelder-Quintett; Günther-Fischer-Quintett; FUSION; Jazz Collegium; „Doppelmoppel“. Aus den genannten Gruppen gehen Werkstatt-Besetzungen hervor.

Journalismus: *1. Begriff und Funktion des J.* Berufliche Tätigkeit für Presse, Nachrichtenagentur, Rundfunk, Fernsehen; ursprünglich nur für den Pressebereich gebraucht. Der Begriff J. ist vom Begriff Publizistik nicht scharf zu trennen. Dieser gilt im weiteren Sinne für alle gesellschaftspolitischen Veröffentlichungen, auch in Büchern, Broschüren, Flugblättern usw. Er wird in der DDR vor allem verwandt für die „gesellschaftspolitische Kampfliteratur“ (literarische Publizistik), ebenso spricht man von Dokumentarfilm- und Bildpublizistik. Von den Medienpolitikern der SED wird J. definiert als Institution des politischen Überbaus. Unterschieden wird zwischen bürgerlichem und sozialistischem J. Der sozialistische J. wird verstanden als „massenwirksamstes Instrument“ der → **Sozialistischen Einheitspartei Deutschlands (SED)**, der anderen Parteien und gesellschaftlichen Organisationen sowie des sozialistischen Staates zur Entwicklung des **gesellschaftlichen → Bewußtseins**, als ein „entscheidendes politisches Machtinstrument“. Er sammelt und verbreitet gesellschaftliche Informationen, die „erforderlich und geeignet“ sind, das bewußte, klassenmäßige Verhalten des Volkes, seiner Klassen (→ **Klasse/Klassen, Klassenkampf**) und Schichten zu entwickeln, und vermittelt die „dafür notwendigen Argumentationen“ (→ **Agitation und Propaganda; Medienpolitik**).
Der Journalist ist in diesem Verständnis Partei- oder Staatsfunktionär, der mit jornalistischen Mitteln an der Leitung ideologischer Prozesse teilnimmt. „Ein sozialistischer Journalist ist ein Funktionär der Partei und unserer Gesellschaft, der mit seinen spezifischen Waffen . . . seine Funktion als kollektiver Organisator wahrnimmt“ (W. Lamberz, VDJ-Vorstandstagung, Juni 1976).
2. Verband der Journalisten der DDR (VDJ). Der VDJ ist die zuständige Berufsorganisation der Journalisten. Er wurde 1946 als Verband der deutschen Presse (VDP) gegründet (I. Delegierten-Konferenz 1947). Bis Juli 1953 (IV. Delegierten-Konferenz des VDP) gehörte der Verband dem → **Freien Deutschen Gewerkschaftsbund (FDGB)** an. Auf der VI. Delegierten-Konferenz wurde der VDP in Verband der Deutschen Journalisten (VDJ) umbenannt und erhielt auf dem IX. Kongreß des VDJ (1972) seinen jetzigen Namen. Vorsitzender des Verbandes ist seit Januar 1981 Eberhard Heinrich (Kandidat des → **Zentralkomitees [ZK] der SED**). 1982 zählte der VDJ rd. 8400 Mitgl. (von diesen arbeiteten u. a. 50 v. H. bei Tages-, Wochen- oder Monatszeitungen sowie Fachzeitschriften; knapp 18 v. H. beim ADN, im Rundfunk und beim Fernsehen; 8 v. H. waren Betriebszeitungs- und Betriebsfunkredakteure; 8 v. H. freischaffende Journalisten).

Der VDJ ist nach dem Prinzip des → **Demokratischen Zentralismus** organisiert. Seine leitenden Organe sind der – jetzt alle 5 Jahre stattfindende – Kongreß, der Zentralvorstand, das Präsidium und das Sekretariat. Bezirksverbände des VDJ als Untergliederung bestehen in allen Bezirken der DDR. Die untersten Verbandseinheiten sind die territorialen Gebietsgruppen sowie betriebliche Redaktions- bzw. Verlagsgruppen. Entsprechend den fachlichen Aufgaben bestehen auf allen Ebenen des Organisationsaufbaus Sektionen, z. B. 20 Sekt. im Ostberliner BV. (1984). Nach dem XI. Kongreß des VDJ (10./11. 6. 1982) berief das Präsidium eine Reihe von Kommissionen (K.), die von Präsidiumsmitgliedern geleitet werden. Sie sollen durch Analysetätigkeit, Problemdiskussionen, den Austausch von Erfahrungen usw. die Arbeit des Zentralvorstandes sowie der Bezirksverbände verbessern helfen. Es bestehen folgende K.: K. journalistische Schaffensfragen; K. Aus- und Weiterbildung; K. internationale Beziehungen; K. Wirtschaftsjournalisten; K. Bildjournalismus; K. Betriebszeitungsredakteure; K. Staat und Recht/Kommunalpolitik; K. Öffentlichkeitsarbeit; K. Veteranenarbeit; K. Organisationspolitik. – Der Zentralvorstand gibt als Monatszeitschrift die „Neue Deutsche Presse" (NDP) heraus.

Hauptaufgaben des VDJ sind die politisch-ideologische Erziehung und die fachliche Qualifizierung (Weiterbildung) der Journalisten. Besondere Aufgaben nimmt der VDJ in Hinblick auf die Rekrutierung des journalistischen Nachwuchses wahr. Im Ergebnis des XI. Kongresses verabschiedete das Präsidium des VDJ am 27. 9. 1982 eine neue „Ordnung für das Volontariat". Das Volontariat hat das Ziel, den journalistischen Nachwuchs in den Redaktionen zu erproben und auf das Hochschulstudium vorzubereiten. – Der VDJ versteht sich als eine „Kampfabteilung an der ideologischen Front des Sozialismus", als „ein zuverlässiger Mitstreiter der Partei der Arbeiterklasse unseres sozialistischen Staates" (Entschließung des IX. Kongresses, Juni 1972, Neue Deutsche Presse, Nr. 14/1972). Der VDJ ist seit September 1949 Mitglied der (kommunistischen) Internationalen Organisation der Journalisten (IOJ) mit Sitz in Prag.

Als → **Auszeichnungen** werden an Journalisten u. a. die „Franz-Mehring-Ehrennadel" und seit 1973 der „Journalistenpreis des FDGB" verliehen.

Dem VDJ ist die 1956 gegründete Fachschule für Journalistik in Leipzig unterstellt; die Absolventen führen nach 3jährigem Studium (in Internatskursen kombiniert mit → **Fernstudium**) die staatlich anerkannte Berufsbezeichnung „Journalist". Ebenso unterhält der VDJ seit 1963 die „Schule der Solidarität" im Internationalen Institut für Journalistik „Werner Lamberz" in Berlin (Ost). An ihr werden „fortschrittliche" Journalisten vor allem aus Staaten der Dritten Welt ausgebildet (1963–1984 über 700 Journalisten aus mehr als 40 Ländern, darunter vielfach Mitglieder von „Befreiungsbewegungen", z. B. der PLO, der SWAPO und der ANC). Der Diplomabschluß dieses Instituts wird von den Mitgliedsverbänden der IOJ anerkannt.

3. Wissenschaftliche Journalistenausbildung. Die einzige wissenschaftliche Ausbildungsstätte für Journalisten („journalistische Kader") in der DDR ist die Sektion Journalistik an der → **Karl-Marx-Universität Leipzig**, die im Januar 1951 als Institut für Publizistik und Zeitungswissenschaft an der Universität Leipzig gegründet wurde, ab September 1954 Fakultät für Journalistik der Karl-Marx-Universität hieß und im Verlauf der 3. Hochschulreform in Sektion umbenannt wurde. Sie ist seit 1973 in Wissenschaftsbereiche (z. B. journalistischer Arbeitsprozeß) und in Fachgebiete (z. B. Leitung und Planung sozialistischer Tageszeitungen) untergliedert. Als Zweig der marxistisch-leninistischen → **Gesellschaftswissenschaften** ist die „sozialistische Journalistik" eine gesellschaftswissenschaftliche Disziplin. Gegenstand von Lehre und Forschung sind Geschichte sowie Theorie und Praxis der Massenmedien. Untersucht werden u. a. aus marxistisch-leninistischer Sicht die „Gesetzmäßigkeiten innerhalb der Medien", „der Beitrag der Journalistik zur Veränderung der gesellschaftlichen Wirklichkeit" und „die Methoden der Menschenführung und der Leitungstätigkeit der Partei der Arbeiterklasse mittels der journalistischen Massenmedien". Als Begründer der sozialistischen Journalistik gelten Marx, Engels und Lenin.

Das 4jährige Studium wird mit einer Abschluß-Diplomarbeit und der Verleihung des Titels „Diplom-Journalist" abgeschlossen. Die Sektion verfügt ferner über das Promotionsrecht A und B. Voraussetzung für die Zulassung zum Studium ist u. a. ein 1jähriges Volontariat bei einer Zeitung, einer Pressestelle, bei → **Rundfunk** oder → **Fernsehen**. Ein Studium in anderen Fachrichtungen (Sektionen) kann bis zur Hälfte der vorgeschriebenen Studienzeit angerechnet werden. In jedem Studienjahr müssen Praktika sowie das Lehrfach „Mündliche Argumentation" absolviert werden. Die Sektion gibt die wissenschaftlichen Hefte „Theorie und Praxis des sozialistischen Journalismus" heraus.

Jüdische Gemeinden: Die Zahl der Mitglieder der JG. hat kontinuierlich abgenommen. 1946 wurden in der SBZ und in Berlin (Ost) 3100 Mitglieder der JG. gezählt, 1952 waren es noch 2600, 1975 728. Bis zum 30. 9. 1982 war die Zahl auf 475 zurückgegangen. Ursachen für diesen Schrumpfungsprozeß sind sowohl Abwanderung als auch die Überalterung der Gemeinden. – Die größte JG. besteht in Berlin (Ost) mit (1982) 229 Mitgliedern, davon 5 Kinder. Nur in dieser Gemeinde finden noch regelmäßig freitags und samstags Gottesdienste statt. Zum Verband der JG. gehören ferner die Gemeinden in Dresden (76 Mitgl., davon 3 Kinder); Erfurt (34); Halle (27, davon 1 Kind); Karl-Marx-Stadt (10); Leipzig (51, davon 4 Kinder); Magdeburg (34) und Schwerin (14). Außerdem leben nach offiziellen Angaben in der DDR noch mehrere tausend Bürger jüdischer Herkunft, die nicht mehr religiös gebunden sind (Neue Zeit, 7. 3. 1984). Präsident des Verbandes der JG. ist der Vorsitzende der Dresdner Gemeinde, Helmut Aris. Seit 1969 sind die JG. in der DDR ohne eigenen Rabbiner. Die Synagogen in Berlin (Ost) sowie in Magdeburg und

Leipzig sind mit staatlicher Hilfe wiederaufgebaut worden. Neue jüdische Gotteshäuser entstanden in Dresden und Erfurt. Die Berliner Gemeinde unterhält ein Altenheim und eine koschere Schlächterei. Mit staatlicher Unterstützung pflegen die Gemeinden im Gesamtgebiet der DDR 130 jüdische Friedhöfe. Der größte jüdische Friedhof Europas liegt im Bezirk Weißensee von Berlin (Ost) mit mehr als 114000 Grabstätten.
Der Verband der JG. in der DDR unterhält den 1962 von Oberkantor Werner Sander gegründeten „Leipziger Synagogalchor", der seit dessen Tod (1972) von dem Leipziger Opernsänger Helmut Klotz geleitet wird. Dieser aus 26 Mitgliedern bestehende, durch Schallplattenaufnahmen international bekannte Kammerchor, der sich der Förderung des → **Ministeriums für Kultur** und des → **Staatssekretärs für Kirchenfragen** der DDR erfreut, ist das einzige Ensemble nichtjüdischer Bürger Europas, das die hebräische Gebetsmusik und jiddische Folklore pflegt. Der Chor wirkt in jüdischen Gottesdiensten sowie in Sabbatfeiern im Rundfunk der DDR mit und gibt Konzerte im In- und Ausland. → **Antisemitismus; Kirchen.**

Jugend

I. Begriff, Umfang, Zusammensetzung
II. Jugendpolitik, Ziele, Grundlagen
III. Beteiligung der Jugend am öffentlichen Leben
IV. Bildungspolitik
V. Jugend in Ausbildung und Beruf
VI. Jugendförderung
VII. Berufswettbewerb und Masseninitiativen
VIII. Sozialpolitische Maßnahmen
IX. Jugendweihe und Arbeiterweihe

I. Begriff, Umfang, Zusammensetzung

Die Begriffe J. und Jugendlicher werden mit unterschiedlicher Bedeutung verwendet. Sprachgebrauch und → **Strafrecht** unterscheiden zwischen den bis zu 13jährigen Kindern, den 14- bis unter 18jährigen Jugendlichen und den Erwachsenen von 18 Jahren und älter (den Status des Heranwachsenden von 18 bis unter 21 Jahren gibt es im Strafrecht der DDR nicht). → **Arbeitsrecht** und → **Zivilrecht** treffen eine weitere Unterteilung bei der Vollendung der Schulpflicht und des 16. Lebensjahres. Das Volljährigkeitsalter liegt seit 1950, das aktive Wahlrecht seit 1949 bei 18 Jahren. Die Altersgrenze für das passive Wahlrecht wurde 1968 für die Wahlen zu den örtlichen Volksvertretungen, 1974 generell von 21 auf 18 Jahre herabgesetzt (→ **Verfassung; Wahlen**). Demgegenüber gilt das J.-Gesetz der DDR für die Gesamtheit der 14- bis unter 25jährigen. Die gesetzliche Ausweitung der Kategorie J. auf volljährige, großenteils berufstätige und verheiratete Bürger wird damit gerechtfertigt, „daß mit dem vollendeten 25. Lebensjahr wesentliche Prozesse der Herausbildung von Persönlichkeitsmerkmalen eines jungen Staatsbürgers abgeschlossen" seien. Bis zu diesem Zeitpunkt seien „wesentliche weltanschauliche Positionen geformt, sozialistische Einstellungen zur Arbeit ausgebildet, grundlegende persönliche, das weitere Leben tief beeinflussende Entscheidungen von gesellschaftlicher Bedeutung gefallen (Bildung, Beruf, politische Organisierung, Armeedienst, Familiengründung u. a.)" (W. Ternick: Jung sein bei uns. Berlin [Ost] 1981, S. 29). Beim J.-Verband der DDR, der → **Freien Deutschen Jugend (FDJ)**, waren und sind stets etwa 5 v. H. der Mitglieder sogar älter als 24. Bei den → **Jugendbrigaden** und anderen J.-Kollektiven ist der Anteil der über 24jährigen teilweise noch höher und kann bis zu 50 v. H. ausmachen.
Die Zahl der Kinder, Jugendlichen und Jungerwachsenen entwickelte sich wie folgt:

DDR-Kinder- und Jugendbevölkerung im Alter von . . . bis unter . . . Jahren

	0–u. 14	14–u. 18	18–u. 25
1950	3 875 800	1 180 100	1 661 700
1955	3 398 900	1 318 400	1 917 800
1960	3 534 807	779 892	1 937 503
1965	3 805 608	915 929	1 422 653
1970	3 708 592	1 048 515	1 497 997
1975	3 301 448	1 101 177	1 838 132
1980	3 010 648	1 105 385	1 909 112
1982	2 993 289	1 018 303	1 959 041

Stand jeweils vom 31. 12., 1950 und 1955 vom 31. 8.

Die Zahl der Kinder nimmt seit 1967 ab. Der Anstieg der Geburtenzahl seit 1975 konnte diese Entwicklung vorerst nicht aufhalten. Die Zahl der Jugendlichen hatte 1962 mit 0,67 Mill. ihr Minimum erreicht, stieg anschließend mit Unterbrechungen bis 1978 (1,149 Mill.) und ist seitdem rückläufig. Die Zahl der Jungerwachsenen fiel bis 1967 auf 1,32 Mill. und steigt seitdem. Insgesamt geht die Zahl der unter 25jährigen seit 1950 zurück. Nur in den Jahren 1967 bis 1972 gab es einen leichten Wiederanstieg. Der Anteil dieser Altersgruppe an der Gesamtbevölkerung (→ **Bevölkerung**) betrug am 31. 12. 1980 36 v. H.
Zu diesem Zeitpunkt setzte sich die Kinderbevölkerung etwa je zur Hälfte aus den noch nicht Schulpflichtigen (48 v. H.) und den Schülern der Klassen 1 bis 7 (52 v. H.) zusammen. Von den 3,01 Mill. Jugendlichen und Jungerwachsenen waren 0,76 Mill. (25,3 v. H.) Schüler der Klassen 8 bis 12; 0,49 Mill. (16,3 v. H.) Lehrlinge (einschl. Teilausbildung); 0,22 Mill. (7,2 v. H.) Studenten. Die übrigen 1,54 Mill. (51,2 v. H.) waren fast ausnahmslos berufstätig oder leisteten ihren Wehrdienst.
Der weibliche Anteil an der Kinder- und Jugendbevölkerung betrug 48,7 v. H. (gegenüber 53,1 v. H. an

der Gesamtbevölkerung). Die Heirat ist gem. § 5 Familiengesetzbuch (→ **Familienrecht**) von 18 Jahren an möglich. Am 31. 12. 1980 waren von den Männern von 18 bis unter 25 Jahren ledig 76,8 v. H., verheiratet 22,0 v. H., geschieden 1,2 v. H. Von den Frauen dieser Altersgruppe waren ledig 54,0 v. H., verheiratet 43,5 v. H., geschieden 2,5 v. H.

II. Jugendpolitik, Ziele, Grundlagen

Die J. auf die künftigen Aufgaben vorzubereiten und sie in die Gesellschaft zu integrieren, ist das Ziel der weite Bereiche der Bildungs-, Wirtschafts-, Sozial-, Kultur-, Gesundheits-, Wehr-, Kriminal- u. a. Politik umfassenden J.-Politik. Nach in der DDR vorherrschendem Verständnis ist sie „die Politik, die den Platz und die Aufgaben der Jugend und des sozialistischen Jugendverbandes bei der weiteren Gestaltung der entwickelten sozialistischen Gesellschaft sowie die Verantwortung der Gesellschaft für die kommunistische Erziehung der Jugend analysiert und bestimmt“ und hieraus Einzelmaßnahmen ableitet (Kleines Politisches Wörterbuch, Berlin [Ost], 3. Aufl. 1978, S. 414f.). Die Ansprüche der J.-Politik der DDR beruhen auf der marxistisch-leninistischen Theorie einerseits und der von ihr geleiteten Analyse der konkreten gesellschaftlichen Situation andererseits. Danach wird die erzieherische Funktion des sozialistischen Staates als eine seiner wichtigsten bezeichnet; die Interessen der J. gelten als in denen von Staat und Gesellschaft aufgehoben bzw. als mit ihnen identisch. Jeglicher Generationenkonflikt sei „aufgrund der Übereinstimmung in den grundlegenden Lebensinteressen und der gemeinsamen sozialistischen Ideale“ ausgeschlossen (Siegfried Lorenz in der Volkskammer anl. der Beratung des 3. J.-Gesetzes. Junge Welt 18. Jg. 1974, Nr. 26 B, S. 4). Damit ist J. (in erster Linie) „allseitig zu beeinflussender“ Erziehungsgegenstand, wobei sich die ihr gestellten Aufgaben aus den gesamtgesellschaftlichen Zielen ergeben, der Beitrag der J. zur Lösung ihrer Aufgaben jedoch in jugendspezifischer Weise, in eigenen Formen und mit eigenen Methoden geleistet werden kann und soll.

Die Grundsätze der J.-Politik der SED sind im **Jugendgesetz** zusammengefaßt. Das Gesetz über die Teilnahme der J. an der Gestaltung der entwickelten sozialistischen Gesellschaft und über ihre allseitige Förderung in der DDR (J.-Gesetz) vom 28. 1. 1974 (GBl. I, S. 45) löste das am 8. 5. 1964 in Kraft getretene Gesetz über die Teilnahme der J. der DDR am Kampf um den umfassenden Aufbau des Sozialismus und die allseitige Förderung ihrer Initiative bei der Leitung der Volkswirtschaft und des Staates, in Beruf und Schule, bei Kultur und Sport ab, dessen Vorgänger das Gesetz über die Teilnahme der J. am Aufbau der DDR und die Förderung der J. in Schule und Beruf, bei Sport und Erholung vom 8. 2. 1950 war.

Ziel des (3.) J.-Gesetzes ist die „Förderung der Jugend“ und die „Gewährleistung ihrer Teilnahme an der Gestaltung der entwickelten sozialistischen Gesellschaft“. Es weist in seinen 10 Abschnitten den Hauptgruppen der J.-Bevölkerung, den Berufstätigen, den Schülern, den Lehrlingen, den Studenten und den Soldaten, Reservisten und in der vormilitärischen Ausbildung Befindlichen sowie den verantwortlichen Leitern der Staats- und Wirtschaftsorgane und der FDJ Rechte und Pflichten zu. Schwerpunkte des Gesetzes sind:

1. Die Erziehung der J. zu „sozialistischen Persönlichkeiten“ (→ **Persönlichkeitstheorie, sozialistische**), gekennzeichnet durch Wissen und Können sowie durch eine Reihe näher angegebener staatsbürgerlicher, sozialer und Arbeitstugenden,
2. der Beitrag der J. zur Steigerung der Arbeitsproduktivität in speziellen „jugendgemäßen“ Kooperationsformen. Diese Zielsetzungen sind gekoppelt
3. mit einer Reihe sozial-, gesundheits- und bildungspolitischer Maßnahmen, die der J. zugute kommen sollen, und
4. einer Erweiterung der Zuständigkeiten der FDJ als Vertretung der J. in Schule, Hochschule, Betrieb und Staat. Das Gesetz weist der J.-Organisation der SED eine zentrale Rolle in der J.-Politik zu.

Es spiegelt die Schwerpunkte der Politik der DDR seit dem VIII. Parteitag der SED wider (verstärkte Zusammenarbeit mit der UdSSR, verbesserte Versorgung der Bevölkerung, Verstärkung der politisch-ideologischen Erziehung) und setzt den Staatsratsbeschluß vom 31. 3. 1967 „Jugend und Sozialismus“ sowie eine Reihe von Einzelregelungen außer Kraft, wahrt jedoch den Rahmen des Kommuniqués des Politbüros des ZK der SED zu Problemen der J. in der DDR: „Der Jugend Vertrauen und Verantwortung“ (J.-Kommuniqué vom 21. 3. 1963). Die darin enthaltenen Vorstellungen zur Förderung des Leistungsstrebens, zur politisch-ideologischen Erziehung, zur Erhöhung der schulischen und beruflichen Anforderungen, zu den Aufgaben der staatlichen und Wirtschaftsleiter gegenüber der J., zu den Problemen der in der Landwirtschaft Tätigen, zur Freizeitgestaltung sowie zur J.-Forschung und zur wissenschaftlichen Begründung der jugendpolitischen Maßnahmen bilden Grundlage und Richtschnur auch des 3. J.-Gesetzes der DDR.

Die Leitung der staatlichen Aufgaben der J.-Politik liegt „in Durchführung der Beschlüsse der Partei der Arbeiterklasse im Auftrag der Volkskammer“ beim Ministerrat und dessen → **Amt für Jugendfragen beim Ministerrat**.

Auf örtlicher und regionaler Ebene sind die Volksvertretungen bzw. die staatlichen und Wirtschaftsleitungen in Abstimmung mit den vorschlags- und kontrollberechtigten FDJ-Leitungen für die Planung, Durchführung und Kontrolle der jugendpolitischen Maßnahmen verantwortlich.

III. Beteiligung der Jugend am öffentlichen Leben

Als Erfolg der J.-Politik gilt die Teilnahme der J. am öffentlichen Leben auf der Grundlage des auf 18 Jahre festgelegten Mündigkeits- und Wahlberechtigungsalters und des vorwiegend über die Mitarbeit in der FDJ angebotenen Kontroll-, Mitsprache- und Vertretungsrechts im politisch-staatlichen und wirtschaftlichen Bereich, dessen formale Voraussetzung die Bestimmung des Art. 20,3 der Verfassung ist. Dort heißt es: „Die Jugend wird in ihrer gesellschaftlichen und beruflichen Entwicklung besonders gefördert. Sie hat alle Möglichkeiten, an der Entwicklung der sozialistischen Ordnung verantwortungsbewußt teilzunehmen."
So waren 1981 (8. Wahlperiode) jünger als 25 Jahre: 46 (9,2 v.H.) der Abgeordneten der → **Volkskammer** und 550 (17,3 v.H.) der Abgeordneten der Bezirkstage und der Stadtverordnetenversammlung von Berlin (Ost). Jünger als 25 Jahre waren 1979: 5534 (21,8 v.H.) der Abgeordneten der Kreistage und Stadtverordnetenversammlungen der Stadtkreise, 1195 (20,7 v.H.) der Abgeordneten der Stadtbezirksversammlungen, 22863 (13,4 v.H.) der Abgeordneten der Gemeindevertretungen und der Stadtverordnetenversammlungen der kreisangehörigen Städte. 48703 (12,7 v.H.) der Mitglieder der 51304 Kommissionen der örtlichen → **Volksvertretungen** waren jünger als 25. 1982 waren 8,6 v.H. aller Bürgermeister unter 30 Jahre alt, 3000 der insgesamt 51700 Schöffen Jugendliche.
Daneben gilt die Mitwirkung der J. in den Gremien des → **Freien Deutschen Gewerkschaftsbundes (FDGB)** (1982: 5390 J.-Kommissionen mit 30754 – nur z.T. jugendlichen – Mitgliedern), in den Ausschüssen der → **Nationalen Front der DDR** (1982: 17800 Ausschüsse mit 350000 Mitgliedern, davon 40000 unter 26 Jahren), in den → **FDJ-Kontrollposten** und insbesondere in Produktion und Wettbewerb (s.u.) als Einlösung des Verfassungsgebots verantwortlicher Mitgestaltung beim Aufbau einer sozialistischen Gesellschaft. Auch die Zugehörigkeit von (1982) 20000 jungen DDR-Bürgern im Alter von 18 bis 25 Jahren zu den Reihen der 158000 Freiwilligen Helfer der → **Deutschen Volkspolizei (DVP)** wird als „Ausdruck der sozialistischen Demokratie" (JW 25./26. 9. 1982, S. 3) begriffen.

IV. Bildungspolitik

Als Erfolge der J.-Politik gelten ferner:
1. Beseitigung von Bildungsbarrieren durch die Schaffung der Einheitsschulen und von Zentralschulen auf dem Lande und die Einführung der obligatorischen 10klassigen allgemeinbildenden polytechnischen Oberschule (→ **Einheitliches sozialistisches Bildungssystem**).
2. Abbau der beruflichen Benachteiligung der Mädchen und → **Frauen**.

V. Jugend in Ausbildung und Beruf

Zu den Gebieten der J.-Politik zählen auch: J.-Arbeitsschutz, J.-Förderungsplan und der Beitrag der J. zur Steigerung der → **Arbeitsproduktivität**. Auf arbeitsrechtlichem Gebiet konkretisierte sich die J.-Politik der SED zunächst in dem bereits im Arbeitsgesetz vom 19. 4. 1950 niedergelegten und in Art. 24 der Verfassung von 1968 i. d. F. vom 7. 10. 1974 ebenfalls enthaltenen Prinzip, daß Jugendliche das Recht auf gleichen Lohn für gleiche Arbeitsleistung haben. Ferner gelten für Jugendliche besondere Arbeitsschutzanordnungen und Arbeitszeitregelungen (→ **Arbeitsrecht**). Bedeutsamer sind die über diese Maßnahmen hinausgehenden Bestimmungen zur beruflichen Ausbildung und vor allem die spezifischen Förderungsmaßnahmen, die im J.-Gesetz und im → **Arbeitsgesetzbuch (AGB)** angeordnet werden. In jährlich zwischen Betriebsgewerkschaftsleitung (BGL) und Betriebsleiter unter aktiver Beteiligung der FDJ im Rahmen des → **Betriebskollektivvertrages (BKV)** abzuschließenden J.-Förderungsplänen, die zugleich eine Reihe betrieblicher und staatlicher Maßnahmen zugunsten der J. enthalten (Weiterqualifizierung, J.- und Sporteinrichtungen usw.), soll die J. angehalten werden, ihren Beitrag zur Steigerung der Arbeitsproduktivität zu leisten.

VI. Jugendförderung

Die J.-Förderungspläne wurden am 4. 2. 1954 durch die 5. AO zum (1.) J.-Gesetz von 1950 eingeführt. Sollten sie anfänglich der beruflichen und kulturellen Förderung der J. dienen, so bestimmte die AO des 1. Stellv. des Ministerrates für den J.-Förderungsplan im Jahre 1963, es sei die Arbeit in → **Jugendbrigaden**, J.-Abteilungen, J.-Schichten und anderen ständigen und zeitweiligen J.-Kollektiven die „beste, tausendfach bewährte Form für die Förderung der Initiative und für die sozialistische Entwicklung unserer Jugend".
Der J.-Förderungsplan beruht seit seiner Verkündung auf § 55 des J.-Gesetzes. Alljährlich wird die Rahmen-VO der Regierung, die auch die Finanzierung des J.-Förderungsplans ordnet, ergänzt durch örtliche J.-Förderungspläne in den Betrieben, LPG, Städten und Gemeinden. Daran wirken neben der FDJ die Volksvertretungen, Betriebsleitungen, die Leitungen des FDGB, des DTSB und der GST mit. Die J.-Förderungspläne sind Teil der Gesamtplanung der Betriebe, Kreise und Gemeinden. Allerdings werden sie z.T. immer noch als bloßes „Anhängsel" der Planung betrachtet. In seinem kleineren Teil dient der J.-Förderungsplan der beruflichen und kulturellen Förderung der J., in der Hauptsache jedoch ist er ein Finanzierungsinstrument wirtschaftlicher Erfordernisse innerhalb des sozialistischen Wettbewerbs in den Betrieben. Als Teil der Wirt-

schaftspläne der Betriebe sowie überregionaler Produktionsobjekte (z. B. „Erdgastrasse" oder 1974 „FDJ-Aufgebot DDR 30") besitzen die J.-Förderungspläne rein ökonomischen Charakter. Der J.-Förderungsplan regelt insbesondere die Teilnahme der J. am → **Sozialistischen Wettbewerb** in speziellen, „jugendgemäßen" Formen. Das „Konto junger Sozialisten" gehört zu den J.-Förderungsplänen.

VII. Berufswettbewerb und Masseninitiativen

Bestandteil des sozialistischen Wettbewerbs ist der von der Betriebsleitung und der Berufsschule in Zusammenarbeit mit FDJ und FDGB organisierte Berufswettbewerb der Lehrlinge. Seine Ziele sind der nachweisbare Erwerb guter beruflicher Kenntnisse und Fertigkeiten, die abrechenbare Mitarbeit an der Erreichung der betrieblichen Planziele und „gesellschaftliches Verhalten und gesellschaftliche Tätigkeit" auf der Basis der schulischen Lehrpläne, der betrieblichen Planung und der Zielsetzungen und Vorgaben der FDJ. Hervorragende Leistungen werden durch staatliche → **Auszeichnungen** anerkannt.

Die Gesamtheit der Lehrlinge nimmt am Berufswettbewerb teil. Bestandteil des sozialistischen Wettbewerbs sind die von der FDJ ausgelösten ökonomischen Masseninitiativen. So war es das Ziel der FDJ, im Planjahr 1984 99,5 Mill. Arbeitsstunden einzusparen, 1,97 Mrd. Mark Nutzen in der FDJ-Aktion „Materialökonomie" zu erwirtschaften, 484000 Tonnen Schrott und 99000 Tonnen Altpapier der Wiederverarbeitung zuzuführen, 15600 Wohnungen zu modernisieren und in der Landwirtschaft die Futterkosten um 63 Mill. Mark zu senken. Der nach Umfang und Bedeutung wichtigste Bestandteil des Beitrags der J. zur Lösung der betrieblichen und der gesamtgesellschaftlichen Aufgaben ist die Arbeit in den J.-Kollektiven, die als → **Jugendbrigaden** (→ **Jugendobjekte**) bezeichnet werden, sowie die Beteiligung an der Neuererbewegung (→ **Sozialistischer Wettbewerb**) in jugendspezifischen Formen (→ **Messe der Meister von Morgen [MMM]**).

VIII. Sozialpolitische Maßnahmen

Als Erfolge der sozialistischen J.-Politik gelten ferner die sozialpolitischen Maßnahmen zur Förderung junger Ehen, für Studenten und Lehrlinge sowie für junge Mütter wie: → **Geburtenbeihilfe**, Arbeitszeit- und Urlaubsregelung, Gewährung von Krediten und der mit der Geburt von Kindern verbundene Kreditellaß, Schulspeisung, Stipendien für 90 v. H. der Studenten, Internatsplätze und finanzielle Förderung für Studentinnen mit Kind. Ferner die Maßnahmen und Erfolge auf dem Gebiete des → **Sports**, der → **Wehrerziehung** und der → **Kulturpolitik** (→ **Ausbildungsförderung**).

IX. Jugendweihe und Arbeiterweihe

Alle Maßnahmen der J.-Politik im Bildungs- und Ausbildungssektor, in der Arbeitswelt, auf dem Gebiet der Sozial-, Sport-, Wehr- und Kulturpolitik sind eng verknüpft mit dem Grundziel der „Entwicklung und Festigung des sozialistischen Bewußtseins". Dieser Zielsetzung dienen auch 2 spezielle Formen politisch-moralischer Erziehung: die → **Jugendweihe** und die sog. Arbeiterweihe.

Markiert die J.-Weihe die „Aufnahme in das aktive gesellschaftliche Leben", so wird z. B. seit dem Jahr 1973 in zunächst einzelnen Betrieben der Deutschen Post im Bezirk Neubrandenburg auch die Aufnahme der Lehrlinge in das Betriebskollektiv in „würdiger Form gestaltet". Seit dem gemeinsamen Beschluß des Zentralkomitees der SED, des Ministerrats der DDR, des Bundesvorstandes des FDGB und des Zentralrats der FDJ vom 7. 12. 1976 über Fragen der Berufsbildung, der auch „von neuen Traditionen bei der Aufnahme der jungen Facharbeiter in die Arbeitskollektive" spricht, hat sich die Zahl der Arbeiterweihen stark erhöht. Das Facharbeiterzeugnis, der erste Arbeitslohn, der Betriebsausweis, gelegentlich auch ein Satz Werkzeuge und eine Urkunde über die Zugehörigkeit zur Arbeiterklasse werden in einer Feierstunde, die teilweise nach sowjetischem Vorbild als Arbeiterweihe bezeichnet wird, von Aktivisten oder Arbeiterveteranen überreicht. Die jungen Facharbeiter geloben, „durch ihre Arbeitstaten den revolutionären Arbeitsruhm des Betriebes (Kombinates, der Brigade usw.) zu mehren". So meldet der Bezirk Neubrandenburg, daß im Jahr 1976 44 v. H. und 1977 bereits 85 v. H. aller auslernenden Lehrlinge an Arbeiterweihen teilgenommen hätten. Mit Hilfe dieser Weihen sucht die SED die Herausbildung sozialistischen Bewußtseins bei den Jugendlichen zu fördern und damit das Hauptziel ihrer politisch-ideologischen Erziehung in den Schulen und Universitäten sowie den Schulungsveranstaltungen von FDJ und JP zu unterstützen.

Die hohe Zahl der → **Ehescheidungen**, zunehmender → **Alkoholmißbrauch** Jugendlicher, die → **Jugendhilfe** und die → **Kriminalität** der J. sowie der hohe Stellenwert, der der → **Erziehung zu bewußter Disziplin** beigemessen wird, deuten auf ungelöste Probleme in der J.-Politik der SED-Führung hin.

Arnold Freiburg

Literaturangaben

Freiburg, Arnold, u. Christa Mahrad: FDJ. Der soz. Jugendverband der DDR. Opladen: Westdeutscher Verl. 1982.

Friedrich, Walter: Jugend und Jugendforschung. Berlin (Ost): Deutscher Verl. d. Wissenschaften 1976.

Gert, Werner: Jugend im Großbetrieb. Berlin (Ost): Deutscher Verl. d. Wissenschaften 1979.

Grandke, Anita: Junge Leute in der Ehe. Berlin (Ost): Staatsverl. d. DDR 1977. (Recht in unserer Zeit. 6.)

Jugend im doppelten Deutschland. Hrsg. Walter Jaide und Barbara Hille. Opladen: Westdeutscher Verl. 1977.

Mehlhorn, Gerlinde, u. Hans-Georg Mehlhorn: Junge Neuerer im Prisma der Forschung. Berlin (Ost): Dietz 1982.

Starke, Kurt: Jugend im Studium. Berlin (Ost): Deutscher Verl. d. Wissenschaften 1979.

Ternick, Wolfgang: Jung sein bei uns. Berlin (Ost): Staatsverl. d. DDR 1981. (Recht in unserer Zeit. 36.)

Wörterbuch zur sozialistischen Jugendpolitik. Berlin (Ost): Dietz 1975.

Jugendaustausch, Innerdeutscher: Am 20. 9. 1982 wurden zwischen dem Vorstand des Deutschen Bundesjugendringes und dem Zentralrat der → **Freien Deutschen Jugend (FDJ)** Abmachungen getroffen, um einen IJ. im Bereich des → **Tourismus** zu ermöglichen. Beide Jugendverbände haben ihre Vereinbarungen hierzu in einer „Gemeinsamen Presseerklärung" in Publikationsorganen beider Staaten veröffentlicht. Der touristische J. in Reisegruppen mit je ca. 30 Teilnehmern in beiden Richtungen wird gegenseitig devisenlos verrechnet. Er wird auf beiden Seiten von Jugendreisebüros organisiert und abgewickelt. In der DDR fungiert hierfür das FJD-eigene Jugendreisebüro Jugendtourist; in der Bundesrepublik Deutschland stehen folgende Reise-Service-Einrichtungen mit Angeboten bereit: Hansa-Tourist, Intercontact, CVJM Hamburg, Deutsches Jugendherbergswerk und Reisedienst Deutscher Studentenschaften.
Dieser IJ. bietet zum erstenmal die Möglichkeit, daß auch DDR-Jugendgruppen im Austauschverfahren touristische Reisen in die Bundesrepublik Deutschland unternehmen können. Dies ist eine – auch von der Bundesregierung begrüßte – Ergänzung der bisher schon möglichen Jugendreisekontakte – insbesondere Schulklassenfahrten –, die bis jetzt leider überwiegend nur in West-Ost-Richtung verliefen, jedoch von Jahr zu Jahr zugenommen haben. 1981 haben etwa 170 Klassen (zumeist Abschlußklassen bzw. Oberstufenklassen) mit ca. 2500 Schülern die DDR besucht. 1982 wurden weitere Steigerungen registriert. 1983 schließlich fuhren rd. 16000 Schüler im Klassenverband in die DDR, zuzüglich ca. 6000 andere Jugendliche im Rahmen des IJ. In umgekehrter Richtung besuchten 1220 DDR-Jugendliche die Bundesrepublik Deutschland. Solche Fahrten werden auf Antrag vom Bund bzw. einzelnen Bundesländern bezuschußt. In der DDR werden die Fahrten vom Reisebüro „Jugendtourist" organisatorisch betreut. Die Unterbringung erfolgt in Jugendherbergen oder in preiswerten Jugendhotels. Dort ergeben sich ebenso wie in Jugendklubs oder Diskotheken häufig Möglichkeiten zu Gesprächen mit jungen Menschen aus der DDR.

Jugendbrigade: „Die Jugendbrigade ist ein selbständiges sozialistisches Arbeitskollektiv junger Werktätiger in Betrieben, Kombinaten, Genossenschaften und Einrichtungen, das konkret-abrechenbare Aufgaben bei der Erfüllung der Pläne löst" (Junge Generation [JG] 1980, H. 9, nach S. 80). Die Zahl der Brigademitglieder beträgt in der Regel und im Durchschnitt 10–15, deren Mehrzahl nicht älter als 25 Jahre sein soll. Die Altersabgrenzung des Jugendgesetzes der DDR vom 28. 1. 1974 (GBl. I, S. 45) gab einige Probleme auf, die der Zentralrat der FDJ mit dem Hinweis auf die Förderungsabsichten des Gesetzes (Unterstützung und Anleitung der jungen Werktätigen durch die älteren, erfahrenen) beantwortete. Gründung und Aufgabenstellung der J. werden von der Betriebsleitung in den Jahres- und Fünfjahresplänen festgelegt, in Absprache mit bzw. auf Vorschlag von FDJ-Leitung und BGL. Es besteht ein Brigadevertrag, der zwischen dem staatlichen Leiter, der FDJ- und Gewerkschaftsleitung und der J. abgeschlossen wird. Die J. arbeiten über längere Zeit an einer festumrissenen betrieblichen Aufgabe, übernehmen Schwerpunktaufgaben als → **Jugendobjekte**; daneben haben sie eine (selbst-)erzieherische Funktion bis in die Freizeit ihrer Mitglieder hinein. Die berufspraktische Ausbildung der Lehrlinge findet zunehmend in J. statt. Man verspricht sich davon die Vermittlung eines hohen beruflich-fachlichen Wissens und Könnens, von Leistungsbereitschaft, von „schöpferischer Haltung zur Arbeit und kommunistischen Verhaltensweisen". Durch die regelmäßige Abrechnung der Arbeitsergebnisse vor dem Kollektiv werden die Lehrlinge zum Erreichen der Facharbeiterleistung angehalten (JW 17. 6. 1982, S. 5). Jugendschichten, Jugendbesatzungen und Jugendmeisterbereiche gelten, wenn nicht weiter untergliedert, in der Regel als J.
Die Zahl der J. stieg von 1971 bis 1981 von 15685 auf 40249, die der Mitglieder von 199725 auf 465493. In der zentralgeleiteten Industrie sind (1982) durchschnittlich 25,3 v. H. der jungen Werktätigen in J. organisiert. Der Anteil variiert in den Kombinaten zwischen 8 und 52 v. H., ein Drittel der Lehrlinge erhält die Ausbildung in J. Anfang 1984 bestanden 42544 J. sowie 1957 „Jugendforscherkollektive".
„Kern" der J. ist die FDJ-Gruppe, welche die „politischen, geistig-kulturellen und ökonomischen Initiativen" der J. und ihrer Mitglieder organisieren und unter anderem die älteren Kollektivangehörigen im Jugendverband halten bzw. zum Wiedereintritt bewegen soll. Nach DDR-Auffassung trug vor allem die zunehmende Einrichtung von J. dazu bei, daß sich die Zahl der in der FDJ organisierten Arbeiter wesentlich erhöhte (→ **Freie Deutsche Jugend [FDJ]**, II.). In 90 v. H. aller J. arbeiten SED-Mitglieder mit, doch sei „die Sicherung des Parteieinflusses auch in jenen 4017 J. unerläßlich, in denen es bisher noch keine Genossen gibt" (Einheit 1982, H. 10, S. 988).
Seit 1977 wird der Wettbewerb der J.-Kollektive von den Räten der Jugendbrigadiere angeleitet. Die Räte gelten als „ein wichtiges Arbeitsinstrument der FDJ-Grundorganisationsleitung und der BGL zur Führung

des → **sozialistischen Wettbewerbs** zwischen den J. eines Betriebes bzw. Kombinates" (JG 1982, H. 2, nach S. 80). Die Räte setzen sich zusammen aus je einem Vertreter aller J., einem Mitglied der Betriebsparteileitung, einem Mitglied der BGL, einem Vertreter der Betriebsleitung, einem Vertreter der Abteilung Wettbewerb und Neuererwesen sowie FDJ-Gruppensekretären der führenden J. Aufgabe der Räte ist die Organisierung und Führung des Wettbewerbs von Brigade zu Brigade, der Erfahrungsaustausch und die Anleitung. Quartalsweise oder zu besonderen gesellschaftlichen Ereignissen wird die jeweils beste J. ermittelt.

Seit 1978 wird auf Vorschlag der FDJ für jede J. ein erfahrener Funktionär des Betriebes als Pate eingesetzt (→ **Patenschaften**). Erstmals am 21. 5. 1977 ist der Tag der J. begangen worden, an dem die Leistungen abgerechnet und ausgezeichnet, neuen Brigaden feierlich ihre Berufungsurkunden verliehen und Feiern veranstaltet werden. 1982 wurden 200 Kollektive mit dem Titel „Hervorragendes Jugendkollektiv der DDR" ausgezeichnet.

Insgesamt dienen die J. und die übrigen Jugendkollektive vornehmlich der individuellen und vor allem gesellschaftlichen Leistungs- und Effektivitätssteigerung. Sie wurden daher vom → **Amt für Jugendfragen beim Ministerrat** als eine „durch die FDJ organisierte Aktivität junger Menschen", von der FDJ selbst als „neue Führungsmethode" bezeichnet. Andererseits bestätigen empirische Untersuchungen des Zentralinstituts für Jugendforschung und andere Erhebungen den tendenziell positiven Einfluß der Jugendkollektive auf Kenntnisse, Arbeitshaltung, Selbstvertrauen und Selbständigkeit der Mitglieder.

Jugendforschung: Die J. in der DDR dient der Erarbeitung wissenschaftlicher Grundlagen für die Jugendpolitik der → **Sozialistischen Einheitspartei Deutschlands (SED)**. Ihre Aufgaben sind: 1. die Untersuchung von Bedingungen und Gesetzmäßigkeiten der persönlichen und sozialen Entwicklung der 14–25jährigen, 2. die Erarbeitung geeigneter Erziehungsmethoden und 3. die Beratung der mit der Leitung der Jugendpolitik befaßten Instanzen, speziell der → **Freien Deutschen Jugend (FDJ)**.

J. vollzieht sich im Rahmen der in der DDR propagierten marxistisch-leninistischen Theorie. Enger Praxisbezug, Auftragscharakter und eine zentralistische Organisationsform zählen zu ihren wesentlichen Merkmalen. Aufgaben und Organisation der J. wurden erstmals im Ministerratsbeschluß vom 26. 2. 1968 (GBl. II, S. 97) zusammenfassend festgelegt und in der AO über das Statut des Zentralinstituts für J. vom 4. 7. 1973 (GBl. I, S. 372) weiter präzisiert.

Wissenschaftliches Zentrum der J. ist das 1966 in Leipzig gegründete **Zentralinstitut für J. (ZIJ)**, sein Direktor seit Gründung der Psychologe Prof. Dr. Walter Friedrich (SED). Das ZIJ ist eine staatliche wissenschaftliche Einrichtung und dem Leiter des → **Amtes für Jugendfragen beim Ministerrat** unterstellt; es arbeitet nach dessen Weisungen sowie nach den Beschlüssen der SED und des Zentralrates der FDJ. Der Ministerratsbeschluß vom 26. 2. 1968, das ZIJ-Statut und das 3. Jugendgesetz der DDR von 1974 sichern den Einfluß von Staat, Partei und vor allem der FDJ auf Entwicklung und Schwerpunktbildung der J. Nach deren thematischen Vorgaben entwickelt das ZIJ die Forschungspläne, stellt die Verbindung zwischen Auftraggebern, Forschern und Institutionen her und soll zugleich die J. anderer wissenschaftlicher Einrichtungen und die Zusammenarbeit mit der J. der anderen sozialistischen Staaten koordinieren und inhaltlich wie methodologisch beeinflussen.

Beratende und kontrollierende Funktion hat der „Wissenschaftliche Rat für J." im ZIJ (→ **Wissenschaftliche Räte**). Seine Mitglieder sind Wissenschaftler, erfahrene Praktiker, Vertreter der SED, der FDJ und anderer → **Massenorganisationen**, die vom Leiter des Amtes für Jugendfragen in Absprache mit dem Zentralrat der FDJ berufen und abberufen werden. Damit soll eine enge Verbindung zwischen Theorie und Praxis hergestellt und gesichert werden.

J. wird interdisziplinär betrieben, in Zusammenarbeit von Psychologen, Soziologen, Pädagogen, Kriminologen, Medizinern und Vertretern anderer Fachrichtungen. Der Schwerpunkt liegt auf jugendpsychologischen (→ **Psychologie**, IV. E.), seit Ende der 70er Jahre aber zunehmend auch auf jugendsoziologischen Themenstellungen (→ **Soziologie und Empirische Sozialforschung**).

Die personelle und technische Ausstattung des ZIJ entspricht den Anforderungen moderner Sozialforschung. Insgesamt gliedert sich das ZIJ in 4 Hauptabteilungen mit weiteren Unterabteilungen:

1. Jugendforschung: Arbeiter-J., Studentenforschung, Theorie und Methodik;
2. Organisation: Vorbereitung der empirischen Erhebungen, Bereitstellung des Arbeitsmaterials, Einsatz der Interviewer, Übermittlung der Daten an die
3. Datenverarbeitung: Aufbereitung und statistische Auswertung, danach Rückmeldung an die Abt. Forschung, ferner theoretische Arbeit auf dem Gebiet der Datenverarbeitung und Statistik;
4. Koordination/Information: Verbreitung der Forschungsergebnisse (Publikationen, Referentenmaterial, interne Berichte), Arbeitstagungen, Archiv.

Thematische Arbeitsschwerpunkte sind die Untersuchung 1. der politischen und moralischen Einstellungen und Verhaltensweisen, 2. des Verhaltens in der Gruppe (FDJ-Gruppe, Freizeitgruppe, Arbeits- und Lernkollektiv), 3. des Leistungsverhaltens und der Einstellung zu Schule, Studium, Beruf und Qualifizierung, 4. des Freizeitverhaltens und der Freizeiterziehung, 5. der Probleme der Leitung der Jugendpolitik und der Jugendgruppen, 6. Massenkommunikation und Massenmedien.

Die Projekte werden langfristig, meist im Rahmen von Intervallstudien bearbeitet. Seit Ende der 70er Jahre liegen die Akzente auf: Leistungsverhalten und -motivation von Studenten; Einfluß der Herkunftfamilie auf die Heranwachsenden; Entwicklung junger Ehen (u. a. Sexualverhalten, Partnerwahl, Vorbereitung auf Ehe und Familie).

Die Arbeitsergebnisse des ZIJ wurden bis Ende 1970 u. a. in der hauseigenen Zeitschrift „Jugendforschung" publiziert, die ihr Erscheinen bald nach der Kontroverse zwischen Ernst-Heinrich Berwig und Walter Friedrich (Pädagogik 1970, Nr. 2; Jugendforschung 1970, Nr. 13) über die Tragfähigkeit des Friedrichschen Forschungsansatzes ohne Vorankündigung einstellte (letzte Ausgabe: Nr. 16/1970). In den folgenden Jahren erschienen kaum beachtenswerte Publikationen aus dem ZIJ. Teils war diese Pause bedingt durch den für empirische Forschung typischen Arbeitsrhythmus, der in der Phase der Feldarbeit bzw. Datenerhebung wenig Möglichkeiten für Veröffentlichungen bietet.
Erst seit etwa 1976 erscheinen wieder fortlaufend Publikationen aus dem ZIJ, die teils Lehrbuchcharakter haben, teils über die empirischen Ergebnisse der umfangreichen Intervallstudien berichten und teils kritische Auseinandersetzungen mit der westlichen „bürgerlichen" Jugendforschung bzw. Sozialforschung zum Inhalt haben.
Unter den Funktionen des ZIJ ist die Organisation von Kolloquien und Fachtagungen mit Beteiligung von Fachvertretern der anderen sozialistischen Staaten besonders bedeutsam. Auf diesen werden auch aktuelle Forschungsergebnisse zur Diskussion gestellt, die nur begrenzt publiziert werden. Denn einschränkend ist die durch den Auftragscharakter der J. bedingte Publikationsstrategie des ZIJ in Rechnung zu stellen. Empirische Forschungsergebnisse unterliegen weitgehend den Geheimhaltungsvorschriften.
Trotz der zentralistischen Organisationsform der J. ist das ZIJ nicht die einzige Institution, die sich mit J. befaßt. Vielmehr hat eine zunehmende Intensivierung und zugleich Spezialisierung seit 1970 dazu geführt, daß nebeneinander verschiedene Institutionen z. T. sogar analoge Fragestellungen untersuchen. Diese Entwicklung entspricht nicht den Intentionen des Statuts von 1973. Beachtlich ist u. a. die Schwerpunktverlagerung psychologisch-pädagogischer Forschungsaspekte im Schulalter an die Akademie der Pädagogischen Wissenschaften (APW), dort speziell an die Abt. Pädagogische Psychologie (Leiter: Adolf Kossakowski) (→ **Pädagogische Wissenschaft und Forschung**).
Außerdem werden Fragen der Berufswahl und -vorbereitung im Jugendalter von dem dem Staatssekretariat für Berufsbildung nachgeordneten Zentralinstitut für Berufsbildung bearbeitet. Diesen Forschungseinrichtungen ist das Bemühen gemeinsam, die Vielfalt jugendlichen Verhaltens zu beobachten und neben soziologischen Kriterien auch die Entwicklung des einzelnen Jugendlichen und seine individuellen Merkmale und Lebensbedingungen zu erfassen.
Vor allem seit Ende der 70er Jahre ist im Bereich der J. eine Zunahme soziologischer Forschung zu verzeichnen. Hierzu zählt u. a. die bildungssoziologische Forschung, die sich mit den Wechselwirkungen von Lebensbedingungen (z. B. soziale Herkunft), Lebensweise und Erziehung der Schuljugend befaßt (vor allem Arbeiten von bzw. unter Leitung von Prof. Dr. Artur Meier, Abt. Soziologie des Bildungswesens der APW). Am Institut für Soziologie und Sozialpolitik an der → **Akademie der Wissenschaften der DDR (AdW)** (gegründet 1978) werden ferner soziologische Aspekte der sozio-ökonomischen Integration behandelt. Hinzu kommen Forschungsgruppen an Hochschulen (so z. B. an der Universität Jena), in Betrieben, die ebenfalls spezielle Aspekte des Kindes- und Jugendalters erforschen. Hierzu zählen auch Untersuchungen zur → **Kriminalität** der Jugend. Insgesamt entsprechen die Arbeitsschwerpunkte der J. den Brennpunkten der Jugendpolitik.

Jugendherbergen: Zu den Jugenderholungseinrichtungen der DDR gehörten 1983 247 J., 15 Jugendtourist(en)hotels und 2 Jugenderholungszentren. Diese Einrichtungen hatten insgesamt 24000 Übernachtungsplätze, die Zahl der Übernachtungen betrug etwa 5 Mill. J. sind staatliche Einrichtungen, geleitet vom Komitee für Touristik und Wandern (→ **Tourismus**). Rechtsträger sind die Räte der Gemeinden und Städte. FDJ- und Pioniergruppen, Schüler- und Lehrlingskollektive werden (für maximal 5 Tage) vorrangig aufgenommen. Die Anmeldung hat bei der J.-Vermittlungsstelle des Heimatbezirks der Wandergruppe zu erfolgen. Den J. sind freizeitpädagogische Aufgaben zugewiesen, die Herbergsleiter pädagogisch ausgebildet. Seit 1972 absolvieren sie ein 4jähriges Fachschulfernstudium beim Institut für Heimerzieherausbildung Hohenprießnitz (→ **Lehrer und Erzieher**).
Jugendtourist(en)hotels sind nachgeordnete Einrichtungen der Räte der Bezirke und deren Abteilungen für Jugendfragen, Körperkultur und Sport unterstellt. Sie werden überwiegend vom FDJ-Reisebüro „Jugendtourist" belegt. Ausstattung und Service sollen dem internationalen Niveau des Jugendtourismus entsprechen. Die Hotels dienen der FDJ zur Unterbringung ausländischer Jugendgruppen sowie Jugendreisegruppen aus der Bundesrepublik Deutschland (**Innerdeutscher → Jugendaustausch**) und zur Begegnung mit diesen.
Jugenderholungszentren sind staatliche Einrichtungen, die insbesondere jungen Werktätigen und den Familien junger Arbeiter zur Verfügung stehen sollen. Sie stellen einen Komplex von Bungalows und Anlagen zur Unterbringung, Versorgung und Betreuung dar. Die Vermittlung erfolgt durch das FDJ-Reisebüro „Jugendtourist".

Jugendhilfe: *1. Begriff und Aufgaben.* Der Begriff der Jugendwohlfahrt ist durch den Begriff der J. ersetzt. Rechtsgrundlagen sind der § 20 des Gesetzes über das einheitliche sozialistische Bildungswesen vom 25. 2. 1965 (GBl. I, S. 83) und die VO über die Aufgaben und die Arbeitsweise der Organe der J. vom 3. 3. 1966 (GBl. II, S. 215). Die J. untersteht dem → **Ministerium für Volksbildung** und soll den elternlosen, gefährdeten und familiengelösten Kindern und Jugendlichen eine positive Entwicklung im Sinne des sozialistischen Erziehungsziels (→ **Einheitliches sozialistisches Bildungssystem**) sichern. → **Jugend.**
„Jugendhilfe umfaßt die rechtzeitige korrigierende Einflußnahme bei Anzeichen der sozialen Fehlentwicklung und die Verhütung und Beseitigung der Vernachlässi-

gung von Kindern und Jugendlichen, die vorbeugende Bekämpfung der Jugendkriminalität, die Umerziehung von schwererziehbaren und straffälligen Minderjährigen sowie die Sorge für elternlose und familiengelöste Kinder und Jugendliche" (Jugendhilfe-VO vom 3. 3. 1966, § 1, GBl. II, S. 215). Damit umfaßt die J. der DDR die nach westdeutschem Sprachgebrauch unter dem Begriff **Jugendfürsorge** zusammengefaßten Aufgaben, nicht aber die Jugendpflege und die Jugendsozialarbeit. Die Organe der J. werden tätig, „wenn trotz gesellschaftlicher Unterstützung der Erziehungsberechtigten die Gesundheit oder die Erziehung und Entwicklung Minderjähriger gefährdet sind, wenn für Minderjährige niemand die elterliche Sorge ausübt oder wenn sie in gesetzlich besonders bestimmten Fällen die Interessen Minderjähriger vertreten müssen".

2. Organisation. Organe der J. sind a) die Abt. J. und Heimerziehung im Ministerium für Volksbildung (1975 Aufteilung der vormaligen Abt. J. und Sonderschulwesen), die Referate J. in den Abt. Volksbildung der Bezirke, Kreise, Stadtkreise und Stadtbezirke, die Jugendkommissionen bei den Räten der Städte, Stadtbezirke und Gemeinden, b) der Zentrale Jugendausschuß beim Ministerium für Volksbildung, die Jugendausschüsse bei den Räten der Bezirke, Kreise, Stadtkreise und Stadtbezirke, c) die Vormundschaftsräte bei den Räten der Kreise, Stadtkreise und Stadtbezirke. Die ehrenamtliche Arbeit hat auf dem Gebiet der J. große Bedeutung. Die Jugendhelfer sowie die Mitglieder der Jugend-Ausschüsse und der Vormundschaftsräte werden durch die Organe der Verwaltung berufen. Die J.-Kommissionen setzen sich aus den ehrenamtlich tätigen Jugendhelfern zusammen. Jugendhelfer und J.-Kommissionen werden betreuend, helfend, kontrollierend, gutachtlich und sichernd tätig. Außerdem wirken sie mit bei der Auswahl von Vormündern und Pflegern, bei der Vorbereitung der Annahme an Kindes Statt, bei den Vorbereitungen zur Regelung der Unterhaltsansprüche Minderjähriger und ähnlichem. Die Vormundschaftsräte haben die Organe, Einrichtungen und Bürger, die für die Sicherung der sozialistischen Erziehung von elternlosen oder familiengelösten Minderjährigen verantwortlich sind, zu beraten, anzuleiten und zu kontrollieren. Die Organe der J. bei den Räten der Kreise (Stadtkreise, Stadtbezirke) entscheiden durch Beschluß über Maßnahmen zur Erziehungshilfe (z. B. Klage auf Entzug des Erziehungsrechts nach § 51 Abs. 1 des Familiengesetzbuches, Zuführung des Kindes zum Erziehungsberechtigten), des Vormundschaftswesens (z. B. Anordnung der **Vormundschaft** und Pflegschaft) (→ **Freiwillige Gerichtsbarkeit**) und über den Rechtsschutz für Minderjährige (z. B. für die Beurkundung der Anerkennung der Vaterschaft). Die Zuständigkeit ist zwischen dem J.-Ausschuß und dem Referat J. geteilt.

3. Personal. 1982 hatte die J. 13900 Mitarbeiter, darunter 10600 weibliche. Davon war der überwiegende Teil als erzieherisches oder technisches Personal in den Heimen der J. tätig. Die Mitarbeiter der Referate J. (Jugendfürsorger) machten etwa 10 v. H. aller hauptamtlich Tätigen aus. Die Aus- und Weiterbildung dieses Personenkreises liegt beim Institut für J., Falkensee, Kr. Nauen. Die leitenden Funktionäre der J. werden seit 1966 zum sozialpädagogischen Studium im „Wissenschaftsbereich Pädagogik der Jugendhilfe und Heimerziehung" der Sektion Pädagogik der Humboldt-Universität Berlin (Ost) delegiert. Bis Ende 1976 hatten hier 118 Personen die Diplomprüfung abgelegt und 8 promoviert.

Ferner hatte 1984 die J. 32000 ehrenamtliche Mitarbeiter, darunter 3480 Mitglieder der J.-Ausschüsse und Vormundschaftsräte, rd. 25000 Mitglieder der über 3900 J.-Kommissionen, weitere 3440 Jugendhelfer in kleinen Gemeinden ohne solche Kommissionen. 11700 Personen waren als Vormund, Pfleger oder Erziehungshelfer ehrenamtlich auf dem Gebiet der J. tätig.

Die Alters- und Sozialstruktur der ehrenamtlichen Mitarbeiterschaft ist nach in der DDR geäußerten Auffassungen nicht zufriedenstellend. Rentner, Angestellte und insbesondere Pädagogen sind überrepräsentiert, die FDJ, die bis zu 40jährigen und vor allem die Arbeiterschaft in nur geringem Maße vertreten.

4. Umfang der J.-Tätigkeit. Angaben zum Etat der J. werden seit 1970 nicht mehr veröffentlicht. Von 1960 bis 1970 stieg er von 127,7 auf 171,7 Mill. Mark. Auch Angaben zum Umfang der J.-Tätigkeit sind selten. 1977 wurde angegeben, die J. leiste jährlich für rd. 25000 Minderjährige Erziehungshilfe gem. § 50 Familiengesetzbuch. Hinzu kämen die Entscheidungen auf dem Gebiete des Vormundschaftswesens und des Rechtsschutzes. 1978 verfügte die J. über rd. 500 Heime. Darin lebten rd. 29000 Kinder und Jugendliche. Etwa 100 der Heime waren Spezialheime (Aufnahmeheime, Spezialkinderheime, → **Jugendwerkhöfe**, Sonderheime für stark verhaltensgestörte Kinder und Jugendliche). Bis 1980 sollten 6150 Heimplätze geschaffen werden.

Jugendobjekte: J. sind „exakt meß- und abrechenbare, zeitlich begrenzte Aufgabe(n), die einem Jugendkollektiv zur eigenverantwortlichen Lösung übertragen" werden (Wörterbuch zur sozialistischen Jugendpolitik, Berlin [Ost] 1975, S. 123). Sie unterscheiden sich von anderen Arbeitsvorhaben vor allem dadurch, daß sie als Schwerpunkte der FDJ-Arbeit gelten und „daß mehr als die Hälfte aller Kollektivmitglieder nicht älter als 25 Jahre ist". J. werden durch einen staatlichen Leiter geführt (Junge Generation [JG] 1980, H. 9, nach S. 80). Hinsichtlich Arbeitsorganisation und Stellung zu den wirtschaftsleitenden Organen gibt es keine Unterschiede zu anderen industriellen oder sonstigen Vorhaben. Die Zahl der J. stieg von 1970 bis 1984 von 24954 auf 103987, die der Teilnehmer von 313954 auf 1177057. Vorwiegend handelt es sich bei diesen Objekten um Produktionsaufgaben (im weitesten Sinne), doch werden auch J. in der NVA genannt. Mitarbeiterzahl, Anspruchsniveau, wirtschaftliche Bedeutung und organisatorische Einordnung der J. sind recht unterschiedlich, doch zielen sie insgesamt auf die Bewältigung betrieblicher und volkswirtschaftlicher Aufgaben ab. J. sollen dazu beitragen, „eine kontinuierliche sowie termin- und qualitätsgerechte Produktion zu sichern, die

Materialökonomie zu verbessern, neue Technologien und Erzeugnisse einzuführen, Arbeitszeit und Arbeitsplätze einzusparen, die Pläne zu erfüllen und zu überbieten und die Arbeits- und Lebensbedingungen zu verbessern" (JG 1980, H. 9, nach S. 80).

J. werden auf betrieblicher, regionaler und zentraler Ebene eingerichtet. Die Zentralen J. der FJD waren in ihrer zeitlichen Reihenfolge:

- Talsperre des Friedens, Sosa (1949–1951);
- Eisenhüttenkombinat Ost (1951–1954);
- Kraftwerk Trattendorf (1954–1958);
- Überseehafen Rostock (1957–1960);
- Altmärkische Wische (Meliorationsvorhaben) (1958–1960);
- Friedländer Große Wiese (Melioration) (1958–1962);
- Flughafen Berlin-Schönefeld (1959–1962);
- Erdölverarbeitungswerk Schwedt (1959–1965);
- Kernkraftwerk Nord (1967–1975);
- Drushba-Trasse (1974–1978). 6000 FDJ-Delegierte verlegten 268 km Erdgasleitung in der UdSSR;
- Zentrale Erntetechnik (1966–1979). Jährlich mehr als 2500 FDJler aus landwirtschaftlichen Betrieben und Fachschulen waren auf mehreren 100 Mähdreschern und Lkw an Schwerpunkten der Getreideernte eingesetzt;
- Industriemäßige Fleischproduktion Eberswalde (1975–1980). Über 1800 FDJler (1979) waren bei Projektierung, Bau und Betrieb der größten Anlagen dieser Art in der DDR tätig;
- DDR-Gasleitungsbau (1982). Bau von 351 km Erdgasleitungen von Salzwedel nach Premnitz (Kr. Rathenow), Rostock und Schwerin, an dem 804 FDJler in 33 → **Jugendbrigaden** mitwirkten.

1984 bestanden folgende Zentrale J.:

- FDJ-Initiative Berlin (seit 1976). 14500 FDJ-Delegierte aus allen Bezirken, in den Sommerferien jeweils durch 20000 FDJ-Studenten verstärkt, arbeiten in der (Ost-)Berliner Bauwirtschaft;
- Havelobst (seit 1975). 2500 FDJler arbeiten im größten Obstanbaugebiet der DDR und den dazu gehörenden Verarbeitungsanlagen;
- Zentrale J. aus dem Staatsplan Wissenschaft und Technik. Seit 1976 werden jährlich vom Ministerium für Wissenschaft und Technik und vom Zentralrat der FDJ Aufgaben aus dem Staatsplan Wissenschaft und Technik als J. übergeben, seit 1981 insbesondere zur Robotertechnik und zur Mikroelektronik;
- Zentrale Investitions-J. Seit 1981 übergeben der Zentralrat der FDJ und die Staatliche Plankommission bedeutende Investitionsobjekte an FDJ-Kollektive, etwa die Zentralen J. „Elektrifizierung von Eisenbahnstrecken", „Chemiefaserstoffe" und „Pkw-Produktion". Dabei werden FDJler zusätzlich zu den dort Tätigen an diese Schwerpunkte delegiert;
- Erdgastrasse Sowjetunion. Am 15. 2. 1982 übergab E. Honecker die von der DDR zu bauenden beiden Abschnitte einer Erdgasleitung in der UdSSR (in Länge von 126 bzw. 420 km, dazu den Bau von 7 Verdichterkomplexen, von Wohnungen und Sozialeinrichtungen) der FDJ als Zentrales J. Im Mai 1982 fuhren die ersten 160 Monteure und Ingenieure in die UdSSR. Anfang 1984 arbeiteten 8713 DDR-Bürger an der Erdgastrasse, darunter 4928 Mitglieder der FDJ. Die Delegierung wird durch die jeweilige FDJ-Bezirksleitung ausgesprochen, die Einsatzzeit beträgt mindestens 2 Jahre.

Den Zentralen J. gleich oder ähnlich sind die FDJ-Initiativen. 1984 gab es neben der FDJ-Initiative Berlin (s. o.) die

- FDJ-Initiative Mikroelektronik. 480 FDJ-Mitglieder wurden 1982 in das Halbleiterwerk Frankfurt/Oder, das Funkwerk Erfurt und das Zentrum für Forschung und Technologie der Mikroelektronik Dresden delegiert, um die Produktion von mikroelektronischen Bauelementen zu erhöhen;
- FDJ-Initiative Tierproduktion (seit 1983). 191 FDJ-Kreisorganisationen übernahmen die Patenschaft über 218 leistungsschwache LPG, 2551 FDJler haben dort die Arbeit aufgenommen.

Unter den Objekten auf Bezirksebene sind derzeit die Bezirks-J. Mikroelektronik und Robotertechnik in Erfurt die bemerkenswertesten. An ihnen sind 185 Jugendbrigaden mit über 2300 jungen Arbeitern und Ingenieuren sowie 22 Jugendforscherkollektive mit über 300 Absolventen von Hoch- und Fachschulen beteiligt. Die überwiegende Mehrheit der J. ist auf der betrieblichen Ebene bzw. bei den FDJ-Kreis- und Grundorganisationen eingerichtet. So gab es Anfang 1984 636 J. „Bewässerung" auf dem Lande, um 48000 ha landwirtschaftliche Nutzfläche zu bewässern. Eine Vorstufe der J. sind die Pionierobjekte der → **Pionierorganisation „Ernst Thälmann"**. Als Pionierobjekt Nr. 1 gilt die Schule, die von den Schülern gepflegt werden soll.

Jugendpresse: → **Freie Deutsche Jugend (FDJ)** und → **Pionierorganisation „Ernst Thälmann"** verfügen über 3 Verlage: Verlag Junge Welt (gegr. 29. 12. 1951), Kinderbuchverlag (1. 6. 1947) und Verlag Neues Leben (17. 6. 1946). Im Verlag Junge Welt erscheinen 15 Zeitungen und Zeitschriften mit einer Gesamtauflage von (1981) 7534000 pro Ausgabe. Für Vorschulkinder wird (seit 15. 2. 1957, Aufl. 1979: 736300) „Bummi", für Jungpioniere und Schüler der Klassen 1–3 (seit 1. 7. 1946, Aufl. 1979: 885000) die „ABC-Zeitung" herausgegeben. Für die Thälmann-Pioniere und Schüler der Klassen 4–7 erscheint (seit 1. 5. 1948, Aufl. 1979: 703300) die „Trommel". An die älteren Schüler und Lehrlinge wendet sich (seit 12. 2. 1947) die Tageszeitung „Junge Welt", Organ des Zentralrates der FDJ. Mit einer Auflage von (1982) 1,1 Mill. Exemplaren ist sie die auflagenstärkste Zeitung der DDR. Für die Studenten bestimmt war (seit 16. 2. 1947 bis Mai 1983) die 14tägig erscheinende Zeitschrift des Zentralrates der FDJ „Forum". „Junge Generation" (seit 5. 10. 1947, Aufl. 1979: 71300) und „Pionierleiter" (seit 1. 7. 1950, Aufl. 1979: 44300) wenden sich an die Funktionäre der FDJ bzw. der Pionierorganisation. Ferner erscheinen die Zeitschriften „practic" (seit 2. 5. 1956), „technikus" (seit 19. 1. 1963) und „Jugend und Technik" (seit 11. 7. 1953) für Kinder und Jugendliche mit Bastel- und technischen Interessen (Aufl. 1979: 343100, 122100 bzw. 200700).

Außerdem erscheinen die Kindermagazine „Atze“ (seit 4. 1. 1955), „Mosaik“ (seit 1. 12. 1955) und „Frösi“ (seit 1. 6. 1953) sowie das Jugendmagazin „Neues Leben“ (seit 10. 12. 1953) (Aufl. 1979: 544600, 891000, 516700 bzw. 538800). Schließlich wird 2monatlich das Auslandsmagazin „kontakt“ (seit 19. 9. 1967) in englischer, französischer und spanischer Sprache herausgegeben (Aufl. 1979: 3588).
Das Programm des Kinderbuchverlages wendet sich an die Kinder bis zum 14. Lebensjahr. Es reicht von der Belletristik über populärwissenschaftliche Ausgaben bis zu Bilderbüchern.
Für Jugendliche bestimmt ist das Programm des Verlags Neues Leben. Es umfaßt zeitgenössische und klassische Literatur, Abenteuerliteratur, Sachbücher und anderes. Ferner erscheint Literatur für Kinder und Jugendliche auch in anderen Verlagen der DDR (→ **Kinder- und Jugendliteratur; Verlagswesen**).

Jugendstrafrecht: Bis 1952 galt das Reichsjugendgerichtsgesetz von 1943. Ab 1. 6. 1952 trat an seine Stelle das Jugendgerichtsgesetz (JGG) vom 23. 5. 1952 (GBl., S. 411). Es sah Erziehungsmaßnahmen und Strafen, im Höchstfalle Freiheitsentziehung bis zu 10 Jahren, vor. Bei Mord, Vergewaltigung, Sabotage, Boykotthetze (→ **Strafrecht**, VII.) oder Verbrechen gegen das Friedensschutzgesetz (→ **Friedensgefährdung**) war jedoch gemäß § 24 JGG das allgemeine Strafrecht anzuwenden. In diesen Fällen konnten selbst lebenslängliche Zuchthausstrafen gegen Jugendliche verhängt werden. Nur die Todesstrafe war ausgeschlossen. Das gleiche galt nach dem Erlaß des StEG vom 11. 12. 1957 bei → **Staatsverbrechen**. Gemäß § 33 Abs. 2 JGG war in diesen Fällen nicht das **Jugendgericht**, sondern das Erwachsenengericht zuständig.
Durch das StGB vom 12. 1. 1968 ist das JGG von 1952 aufgehoben und das J. in das allgemeine Strafrecht einbezogen worden. Ein besonderes J. und ein besonderes Jugendstrafverfahrensrecht gibt es seitdem nicht mehr. Jedoch enthalten StGB und StPO jeweils Bestimmungen, in denen die Besonderheiten der strafrechtlichen Verantwortlichkeit Jugendlicher und des Strafverfahrens gegen Jugendliche behandelt werden (§§ 65ff. StGB., §§ 69ff. StPO).
Jugendlicher im strafrechtlichen Sinne ist, wer über 14, aber noch nicht 18 Jahre alt ist. Den Begriff des Heranwachsenden (18–21 Jahre) kannte schon das JGG nicht. Die persönliche Voraussetzung für die strafrechtliche Verantwortlichkeit ist in jedem Fall ausdrücklich festzustellen. Diese Schuldfähigkeit liegt vor, wenn „der Jugendliche aufgrund des Entwicklungsstandes seiner Persönlichkeit fähig war, sich bei seiner Entscheidung zur Tat von den hierfür geltenden Regeln des gesellschaftlichen Zusammenlebens leiten zu lassen“ (§ 66 StGB). Von der Einleitung eines Strafverfahrens gegen den Jugendlichen kann abgesehen werden, wenn das Vergehen nicht erheblich gesellschaftswidrig ist und von den Organen der Jugendhilfe Erziehungsmaßnahmen eingeleitet werden.
Als Strafmaßnahmen gegen Jugendliche sieht das Gesetz vor: Beratung und Entscheidung durch ein gesellschaftliches Organ der Rechtspflege (→ **Gesellschaftliche Gerichte**), Auferlegung besonderere Pflichten (Wiedergutmachung des Schadens durch eigene Leistung, → **Freizeitarbeit**, Arbeitsplatzbindung für die Dauer bis zu 2 Jahren, Aufnahme eines Lehr- oder Ausbildungsverhältnisses), Strafen ohne Freiheitsentzug (Verurteilung auf → **Bewährung**, öffentlicher Tadel, Geldstrafe bis zu 500 Mark), Jugendhaft (§ 74) von 1 Woche bis zu 3 Monaten oder Freiheitsstrafe. Eine Verbindung der verschiedenen Strafmaßnahmen ist nicht zulässig.
Jugendhaft kann angeordnet werden, wenn sich die Straftat gegen die staatliche und öffentliche Ordnung richtet und ein solches soziales Fehlverhalten des Jugendlichen offenbart, daß eine kurzfristige disziplinierende Maßnahme erforderlich ist, um einer weiteren negativen Entwicklung nachhaltig entgegenzuwirken.
Für die Freiheitsstrafen gelten die Bestimmungen des allgemeinen Strafrechts. Ihre Dauer beträgt also 6 Monate bis 15 Jahre. Der Vollzug erfolgt in **Jugendhäusern** (→ **Strafvollzug**). Die lebenslängliche Freiheitsstrafe gegen Jugendliche ist erst durch das 2. Strafrechtsänderungsgesetz vom 7. 4. 1977 (GBl. I, S. 100) abgeschafft worden. Nicht zulässig war von jeher die → **Todesstrafe** für Jugendliche. Von den für Erwachsene vorgesehenen Nebenstrafen dürfen gegen Jugendliche das Verbot bestimmter Tätigkeiten, die Vermögenseinziehung und die Aberkennung staatsbürgerlicher Rechte nicht verhängt werden (→ **Strafensystem**).
Im Strafverfahren gegen Jugendliche sind die Eltern und sonstigen Erziehungsberechtigten sowie die Organe der Jugendhilfe zu beteiligen. Die Erziehungsberechtigten haben grundsätzlich an der Hauptverhandlung teilzunehmen. Sie haben das Recht, gehört zu werden sowie Fragen und Anträge zu stellen.

Jugendweihe: Sozialistische Feier am Ende des 8. Schuljahres, in der die Schüler in die „Reihe der Erwachsenen aufgenommen“ werden und sich in einem Gelöbnis zum Sozialismus und zur DDR als ihrem Staat bekennen. Die J. ist heute fester Bestandteil des sozialistischen Erziehungssystems.
Der Zentrale Ausschuß für J. wurde im November 1954 gegründet, J. wurden erstmals im Frühjahr 1955 durchgeführt. Damals nahmen 52322 Mädchen und Jungen, 17,7 v. H. aller 14jährigen, an der J. teil. Seit 1956 wird die J. in das Familienstammbuch eingetragen.
Träger der J. sind die Ausschüsse für J., denen und deren Kommissionen 1982 75000 ehrenamtliche Mitarbeiter angehörten. SED-Funktionäre und Veteranen, Künstler, Arbeiter aus den Patenbetrieben (→ **Patenschaften**), „jährlich rund 80000 Persönlichkeiten aus Partei, Staat und Wirtschaft“, tragen den Unterricht, der gewöhnlich mit einer Klassenfahrt zu den → **Nationalen Mahn- und Gedenkstätten** (z. B. Besuch der Gedenkstätte Buchenwald) verbunden wird. Grundlage ist das (im Buchhandel nicht erhältliche) Lehrbuch „Vom Sinn unseres Lebens“, das die Teilnehmer bei der J. als Geschenk erhalten (früher: „Weltall – Erde – Mensch“,

dann: „Der Sozialismus – Deine Welt“). Der Band stellt, wie es heißt, „auf altersgemäße Weise die Weltanschauung der Arbeiterklasse in der Einheit ihrer Bestandteile dar“ (JW 11. 11. 1982, S. 2). Der Zentrale Ausschuß für J. gibt für die Mitarbeiter und Helfer das Monatsblatt „Jugendweihe“ heraus.
Die Teilnahme gilt offiziell als freiwillig und soll mit den Kirchenpflichten (Konfirmation, Kommunion) vereinbar sein. Tatsächlich bestimmt die atheistische Weltanschauung des → **Marxismus-Leninismus** die J. Dementsprechend gilt die Teilnahme an den Jugendstunden zur J. für die FDJ-Mitglieder der 8. Klassen als „Hauptform der Aneignung marxistisch-leninistischen Wissens außerhalb des Unterrichts“ und „zugleich als ihr FDJ-Studienjahr“ (Junge Generation 1977, H. 9, S. 39) (→ **Freie Deutsche Jugend [FDJ]**, V.).
Die J. „leistet, abgestimmt mit allen Erziehungsträgern, einen spezifischen Beitrag zur Erziehung junger Revolutionäre: Die 14jährigen Jungen und Mädchen bereiten sich bewußt auf den neuen Lebensabschnitt vor, ihre Aufnahme in die Reihen der Erwachsenen. Dabei haben sie zahlreiche Probleme und Fragen wie die nach dem Sinn des Lebens, nach ihrer eigenen Verantwortung, ihren Rechten und Pflichten als sozialistische Staatsbürger. In den Jugendstunden erhalten sie hierauf schlüssige Antworten“ (Pionierleiter 1982, H. 21, S. 15).
Zur Vorbereitung auf die J. dienen die 10 **Jugendstunden**. Am 11. 11. 1981 beschloß der Zentrale Ausschuß für J. in der DDR ein neues Jugendstundenprogramm, das mit dem Jugendstundenjahr 1982/83 in Kraft getreten ist. Die danach vorgesehenen Themen sind: 1. „Unser sozialistisches Vaterland“, 2. „Freundschaft zum Lande Lenins – Herzenssache unseres Volkes“, 3. „Die Welt verändert sich“, 4. „Deine Arbeit wird gebraucht“, 5. „Kultur und Kunst machen unser Leben reicher und schöner“, 6. „Der andere neben Dir“. Neu aufgenommen, „um aktuelle Bedürfnisse zu berücksichtigen“, wurden die Themen 7. „Wir erfüllen das revolutionäre Vermächtnis“, 8. „Der Friede ist kein Geschenk“, 9. „Wissenschaftlich-technischer Fortschritt – Herausforderung an Dich“, 10. „Dein Recht und Deine Pflicht im Sozialismus“. Im Mittelpunkt der J. steht das Gelöbnis, das die Jugendlichen in einer J.-Feier öffentlich ablegen. Es hat folgenden Wortlaut:
„Liebe junge Freunde!
Seid ihr bereit, als junge Bürger unserer Deutschen Demokratischen Republik mit uns gemeinsam, getreu der Verfassung, für die große und edle Sache des Sozialismus zu arbeiten und zu kämpfen und das revolutionäre Erbe des Volkes in Ehren zu halten, so antwortet:
Ja, das geloben wir!
Seid ihr bereit, als treue Söhne und Töchter unseres Arbeiter-und-Bauern-Staates nach hoher Bildung und Kultur zu streben, Meister eures Faches zu werden, unentwegt zu lernen und all euer Wissen und Können für die Verwirklichung unserer großen humanistischen Ideale einzusetzen, so antwortet:
Ja, das geloben wir!
Seid ihr bereit, als würdige Mitglieder der sozialistischen Gemeinschaft stets in kameradschaftlicher Zusammenarbeit, gegenseitiger Achtung und Hilfe zu handeln und euren Weg zum persönlichen Glück immer mit dem Kampf für das Glück des Volkes zu vereinen, so antwortet:
Ja, das geloben wir!
Seid ihr bereit, als wahre Patrioten die feste Freundschaft mit der Sowjetunion weiter zu vertiefen, den Bruderbund mit den sozialistischen Ländern zu stärken, im Geiste des proletarischen Internationalismus zu kämpfen, den Frieden zu schützen und den Sozialismus gegen jeden imperialistischen Angriff zu verteidigen, so antwortet:
Ja, das geloben wir!
Wir haben euer Gelöbnis vernommen. Ihr habt euch ein hohes und edles Ziel gesetzt. Feierlich nehmen wir euch auf in die große Gemeinschaft des werktätigen Volkes, das unter Führung der Arbeiterklasse und ihrer revolutionären Partei, einig im Willen und im Handeln, die entwickelte sozialistische Gesellschaft in der Deutschen Demokratischen Republik errichtet.
Wir übertragen euch eine hohe Verantwortung. Jederzeit werden wir euch mit Rat und Tat helfen, die sozialistische Zukunft schöpferisch zu gestalten.“
Wegen der atheistischen Grundlage haben die Kirchen die Unvereinbarkeit von J. und **Konfirmation** bzw. Kommunion erklärt. An dieser Auffassung halten sie prinzipiell weiter fest, insbesondere wegen des Inhalts der vorangehenden Jugendstunden und wegen des pseudo-religiösen Charakters der Zeremonie. Nachdem die J. Ende der 50er, Anfang der 60er Jahre mit Hilfe gesellschaftlichen Drucks fast allgemein durchgesetzt wurde, haben die ev. Kirchen aus seelsorgerischen Gründen auch Jugendgeweihten die Möglichkeit der Konfirmation eingeräumt, z. T. nach einem Jahr Wartezeit. Die Beteiligung an den kirchlichen Feiern ist dennoch kontinuierlich zurückgegangen.
Die Abwehr der Kirchen und des christlichen Bevölkerungsteils gegen die J. war vergeblich. 1960 nahmen bereits 87,8 v. H. der Schüler der 8. Klassen an der J. teil. 1983 waren es 230000 Jugendliche, über 98 v. H. aller 14jährigen, die anläßlich von 6600 J.-Feiern das Gelöbnis ablegten. Man schätzt, daß nur noch um 10 v. H. der 14jährigen konfirmiert werden.

Jugendwerkhöfe: Spezialheime der → **Jugendhilfe** zur Umerziehung schwererziehbarer sowie straffällig gewordener Jugendlicher (AO über die Spezialheime der Jugendhilfe vom 22. 4. 1965 [GBl. II, S. 368] i. d. F. der AO über die Berufsausbildung Jugendlicher in J. vom 5. 5. 1980 [GBl. I, S. 167]). Die Jugendlichen erhalten eine Berufsausbildung bzw. Teilausbildung. Der theoretische Unterricht findet in den J., die praktische Ausbildung, außer in besonderen Fällen, in Betrieben statt.
Als Disziplinareinrichtung für Jugendliche von 14 bis 20 Jahren, die die Heimordnung „vorsätzlich schwerwiegend und wiederholt“ verletzt haben, gibt es den „geschlossenen J.“. Der Aufenthalt darf „in der Regel“ 6 Monate nicht übersteigen. Häufigste Gründe für die

Einweisung in J. sind Schulbummelei, vorsätzliche Körperverletzung, Eigentumsdelikte und unbefugte Benutzung von Kraftfahrzeugen. Die Zahl der Insassen der J. wird auf 3000–5000 geschätzt.

Junge Gemeinde: Übergreifende Bezeichnung für die unterschiedlichen Formen der evangelischen Jugendarbeit (Gruppen, Arbeitsgemeinschaften, Arbeitskreise usw.) unter Jugendlichen innerhalb der Kirchengemeinden, Kirchenkreise und Landeskirchen.

Da neben der → **Freien Deutschen Jugend (FDJ)**, die sich anfänglich zu weltanschaulicher Toleranz und Überparteilichkeit bekannte, andere Jugendorganisationen nicht zugelassen wurden, sind seit 1945/46 die Kirchen selber (und nicht besondere Verbände oder Werke) Träger ihrer Jugendarbeit. Die anfänglich zwischen Kirchen und FDJ bestehenden Kontakte und Verbindungsstellen wurden nach dem 3. FDJ-Parlament (1949; Verpflichtung der FDJ auf die Ziele der SED) aufgelöst. Der Beschluß der 2. Parteikonferenz der SED (1952) zum „Aufbau des Sozialismus" führte allgemein zu einer Verschärfung des innenpolitischen Klimas in der DDR. Den JG. und den Evangelischen Studentengemeinden (ESG) wurde staatsfeindliche Tätigkeit vorgeworfen; es kam zu Verhaftungen und anderen Maßnahmen, die jedoch – im Zuge des beginnenden → **Neuen Kurses** – aufgrund von Verhandlungen zwischen Regierung und Kirchen am 10. 6. 1953 weitgehend rückgängig gemacht wurden.

Die kirchliche Jugendarbeit blieb jedoch – in einem angespannten kirchenpolitischen Klima (→ **Jugendweihe; Kirchen**, V. B.) – in den 50er Jahren zahlenmäßig rückläufig; überörtliche Zusammenkünfte, Fahrten, Bibelrüstzeiten usw. unterlagen restriktiven Vorschriften. Die JG. konsolidierten sich in den 60er Jahren und gewannen in den 70er Jahren zunehmend an Anziehungskraft auch auf nichtkirchlich erzogene Jugendliche wegen des in ihnen gegebenen Diskussionsraumes, den jugendgemäßen Umgangsformen usw.

Heute gibt es JG. faktisch wieder in fast allen Kirchengemeinden. Sommerliche ev. Jugendtage werden von vielen Tausenden besucht (1982 z. B. in Eisenach: 10000, in Potsdam: 3500, in Burg: 2500). Einer der als „Blues-Messe" bezeichneten Jugendgottesdienste in Berlin (Ost) wurde im Sommer 1982 4mal wiederholt, es beteiligten sich 7000 Jugendliche. Seit 1979 veranstaltet die evangelische Jugendarbeit in der DDR jährlich jeweils im November Friedensdekaden (→ **Friedensbewegung**) mit vielfältigen kirchlichen Veranstaltungen zur Friedensthematik.

In den Landeskirchen wird die Jugendarbeit durch Landesjugendpfarrer koordiniert. Die Jugendpfarrer in den Kirchenkreisen sind in der Regel Gemeindepfarrer mit diesem Sonderauftrag. Daneben gibt es auf den verschiedenen Ebenen hauptamtliche Jugendwarte und Jugenddiakone mit spezieller Ausbildung.

Evangelische Studentengemeinden gibt es in 32 Universitäts- und Hochschulstädten der DDR. Größere ESG haben hauptamtliche, kleinere nebenamtliche Pfarrer, die sich mehrfach im Jahr zu Konferenzen treffen. Die Arbeit der ESG wird durch eine Geschäftsstelle in Berlin (Ost) koordiniert. Die ESG sind Mitglied im Christlichen Studenten-Weltbund und unterhalten Beziehungen zu ESG in der Bundesrepublik Deutschland, Berlin (West) und im Ausland.

Juni-Aufstand: Die vor allem von Industriearbeitern in Großstädten und industriellen Zentren getragene Erhebung vom 16. und 17. 6. 1953 wurde durch einen lohnpolitischen Konflikt ausgelöst und steigerte sich zu einem Massenprotest gegen die Politik der → **Sozialistischen Einheitspartei Deutschlands (SED)** und der DDR-Regierung.

1. Vorgeschichte. Der im Sommer 1952 auf der II. Parteikonferenz der SED unter der Parole → **Aufbau des Sozialismus** proklamierte verschärfte Kurs zur sozialistischen Umgestaltung der Gesellschaft mündete in eine schwere wirtschaftliche und gesellschaftliche Krise, die ihren Ausdruck in steigenden Fluchtziffern fand. Nach dem Tode Stalins am 5. 3. 1953 leitete die Sowjetregierung im eigenen Land einen Kurswechsel ein, dem die SED-Führung jedoch erst verspätet und auf dringliche Weisung aus Moskau folgte. Im Anschluß an eine Plenarsitzung des → **Zentralkomitees (ZK) der SED** beschloß der → **Ministerrat** der DDR am 28. 5. 1953, daß die Arbeitsnormen in den volkseigenen Industriebetrieben bis Ende Juni generell um 10 v. H. zu erhöhen seien. Im Ergebnis bedeutete diese Regelung eine Lohnminderung bei verschärften Arbeitsanforderungen. Der Beschluß löste alsbald unter Ost-Berliner Bauarbeitern Widerspruch und Unruhe aus.

Am 9. Juni faßte das → **Politbüro des ZK der SED** Beschlüsse über den → **Neuen Kurs**, die 2 Tage später veröffentlicht wurden. Darin war von einer „Reihe von Fehlern" die Rede, die in der Vergangenheit begangen worden seien. An die Adresse mittelständischer Bevölkerungsgruppen gewandt, erklärte die Parteiführung, die „Interessen . . . der Einzelbauern, der Einzelhändler, der Handwerker, der Intelligenz" seien „vernachlässigt" worden. Sie versprach Abhilfe und einen grundlegenden Kurswechsel. Auf die von der Industriearbeiterschaft als besonders bedrückend empfundene Normenfrage ging sie jedoch nicht ein.

2. Die Ereignisse in Berlin (Ost). Am Morgen des 16. 6. 1953 erschien die Tageszeitung des → **Freien Deutschen Gewerkschaftsbundes (FDGB)** „Tribüne" mit einem Artikel, dessen Kernsatz („Die Beschlüsse über die Erhöhung der Normen sind in vollem Umfang richtig") die Arbeiter auf der Baustelle Block 40 der Stalinallee veranlaßte, ihre Tätigkeit einzustellen und einen Demonstrationszug zu formieren, der zuerst zum FDGB-Haus in der Wallstraße (es war verschlossen) und weiter zum „Haus der Ministerien" (ehemaliges Reichsluftfahrtministerium) in der Leipziger Straße zog. Unterwegs wurde das Verlangen nach Herabsetzung der Normen durch weiterreichende politische Forderungen ergänzt. Der Zug wuchs zuletzt auf etwa 10000 Menschen an, die den Rücktritt der Regierung verlangten. Minister Selbmann und Prof. Havemann – seinerzeit Abgeordneter der → **Volkskammer** der DDR –, die sich an die Streikenden und Demonstrierenden wandten, fanden kein Gehör – die Menge forderte vergeblich, daß Ulbricht oder der damalige Ministerpräsident Grotewohl zu den vor dem „Haus der Ministerien" Versammelten sprechen sollten. Zu spät entschloß sich das Politbüro der SED, den Beschluß über die Normenerhöhung rückgängig zu machen – längst waren andere, politische Ziele proklamiert und mit der Aufforderung zu einem Generalstreik verbunden worden. Demonstranten bemächtigten sich der von der Parteiführung ausgesandten Lautsprecherwagen und riefen dazu auf, am folgenden Morgen auf dem Strausberger Platz eine Massenkundgebung abzuhalten.

Die 12000 Beschäftigte zählende Belegschaft des Stahl- und Walzwerkes Hennigsdorf machte sich in den frühen Morgenstunden des 17. 6. 1953 auf den Weg – die Streikenden wollten vom Norden durch den französischen Sektor von Berlin ins Stadtzentrum gelangen. Die Ausweitung der Demonstrationen veranlaßte den Militärkommandanten des sowjetischen Sektors, Generalmajor Dibrowa, in den Mittagsstunden den Ausnahmezustand zu verhängen. In der Leipziger Straße, am Potsdamer Platz, am Brandenburger Tor, von dem Demonstranten die rote Fahne herunterholten, und an anderen Stellen kam es zu Zusammenstößen zwischen der Volkspolizei und den protestierenden Ost-Berlinern. Einige Gebäude, Aufklärungslokale, Zeitungskioske und Parteibüros wurden in Brand gesteckt oder demoliert.

3. Die Ereignisse in den DDR-Bezirken. Von Ost-Berlin griff der J. auf andere Großstädte und industrielle Zentren über (vor allem Bitterfeld, Halle, Leipzig, Merseburg, Magdeburg, Jena, Gera, Brandenburg und Görlitz). Die Kunde von den Ereignissen in Ost-Berlin wurde durch westliche Rundfunksender, aber auch durch Reisende und auf telefonischem Wege verbreitet. Die Streikenden stammten in erster Linie aus Betrieben des Bauwesens, des Bergbaus, der chemischen und eisenschaffenden Grundstoffindustrien und des Maschinenbaus. An verschiedenen Orten bildeten sich Streikleitungen, die jedoch untereinander keine Verbindung herzustellen vermochten. Die Demonstranten beseitigten Agitationsmittel der SED, besetzten an verschiedenen Orten Rathäuser und öffentliche Dienststellen und stürmten Gefängnisse, um Gefangene zu befreien. Im Mittelpunkt ihrer Forderungen standen neben dem Verlangen nach Herabsetzung der Normen und Senkung der allgemeinen Lebenshaltungskosten der Ruf nach Rücktritt der Regierung und Abhaltung freier und geheimer → **Wahlen**. Außerdem bestanden sie auf der Zusicherung, daß die Streikenden und ihre Sprecher keinen Sanktionen unterworfen würden. Zu Arbeitsniederlegungen und Demonstrationen kam es an mehr als 272 Orten der DDR. Überall führte schließlich das Eingreifen sowjetischer Truppen zur Niederlage der Streikenden, mit denen sich teilweise auch Volkspolizisten solidarisiert hatten. Über die Zahl der während des J. getöteten und verletzten Zivilpersonen liegen gesicherte Angaben nicht vor. Die DDR-Regierung bezifferte sie offiziell mit 21 Toten und 187 Verletzten. Die Identität dieser Toten mit 18 nachweislich festgestellten standrechtlichen Erschießungen durch die Rote Armee und 3 von Gerichten der DDR verfügten und vollstreckten Hinrichtungen ist nicht zweifelsfrei festzustellen. Ferner sind in der Bundesrepublik Deutschland bis Ende der 60er Jahre 1386 zu langjährigen Freiheitsstrafen verurteilte Demonstranten registriert worden.

4. Charakter und Folgen des Juni-Aufstandes. Im Verständnis der DDR-Geschichtsschreibung gilt der J. als „konterrevolutionärer Putsch", in dessen Verlauf es „Agenten der westlichen Geheimdienste und anderen gekauften Subjekten" gelungen sei, „Teile der Werktätigen zur Arbeitsniederlegung und zu Demonstrationen zu verleiten" (Geschichte der deutschen Arbeiterbewegung, Band 7, Berlin [Ost] 1966, S. 232f.).

Die 1978 veröffentlichte, von einer Kommission des Politbüros bestätigte „Geschichte der SED" verweist zwar auf „Unzufriedenheit und Mißstimmung von Werktätigen", welche die „Feinde des Sozialismus im Innern der DDR" für ihren „konterrevolutionären Putschversuch" ausgenutzt hätten. Doch auch diese Darstellung behauptet erneut, am 17. 6. 1953 habe es eine „operative Anleitung durch in Westberlin und der BRD stationierte imperialistische Geheimdienste und Agentenzentralen sowie Sender der USA" gegeben (Geschichte der Sozialistischen Einheitspartei Deutschlands. Abriß, Berlin [Ost] 1978, S. 294; ferner: Geschichte der Deutschen Demokratischen Republik, Berlin [Ost] 1981, S. 156ff.). Der den tatsächlichen Ablauf des J. relativ realistisch beschreibende, auf dokumentarisches Material zurückgreifende Roman des DDR-Schriftstellers Stefan Heym „5 Tage im Juni" konnte in der DDR bisher nicht veröffentlicht werden.

Die nach wie vor in der DDR vorherrschende – durch Tatsachen nicht zu belegende – Version des J. als eines vom Westen planmäßig vorbereiteten und ausgelösten „Tages X" steht aber auch im Widerspruch zu der Argumentation O. Grotewohls vor Parteiaktivisten am Abend des 16. 6. 1953. Der Ministerpräsident der DDR gab darin ernste Fehler zu, die durch „die Methode des Administrierens, der polizeilichen Eingriffe und der Schärfe der Justiz" entstanden und nicht zu korrigieren gewesen seien: „Wenn sich Menschen von uns abwenden, . . . dann ist diese Politik falsch."

Die von Grotewohl bei dieser Gelegenheit versprochenen – „unerschrocken und entschieden" zu ziehenden – Schlußfolgerungen blieben weitgehend aus: Unter dem Eindruck des J. setzte die sowjetische Führung erneut auf die Gruppe um W. Ulbricht, dessen Kritiker (Herrnstadt, Zaisser; → **Opposition und Widerstand**) aus der Parteiführung ausgeschlossen wurden. Die von der SED behauptete Einwirkung des Westens auf den J. bestand im wesentlichen darin, daß westliche Rundfunksender – vor allem der Berliner RIAS – Nachrichten über die Ereignisse des 16. und 17. Juni Hörern in den Bezirken der DDR vermittelten, die sonst nur verspätet über das Geschehen informiert worden wären. Der Westen reagierte im übrigen zunächst verwirrt und zurückhaltend. Die Westalliierten hielten eine behutsame Berichterstattung für geboten – so wurde auf ihre Weisung das

Stichwort „Generalstreik“ in den RIAS-Nachrichten vermieden. Der Bundesminister für gesamtdeutsche Fragen, Jakob Kaiser, rief am Abend des 16. Juni über den Rundfunk dazu auf, „sich weder durch Not noch durch Provokationen zu unbedachten Handlungen hinreißen zu lassen“. Kaiser empfahl, „im Vertrauen auf unsere Solidarität Besonnenheit zu wahren“. Eine eher aktivierende Tendenz deutete sich in der Rundfunkrede des West-Berliner DGB-Vorsitzenden Scharnowski am frühen Morgen des 17. Juni an, der dazu aufrief, der „Bewegung der Ost-Berliner Bauarbeiter, BVGer und Eisenbahner“ beizutreten und die „Strausberger Plätze überall“ aufzusuchen.

Aus der von Arnulf Baring verfaßten, bisher gründlichsten Analyse des J. ist zu entnehmen, daß es sich um keinen „Aufstand des gesamten Volkes“ gehandelt hat: „In seinen wesentlichen Abschnitten hat allein die Industriearbeiterschaft den Aufstand getragen.“ Die bäuerliche und mittelständische Bevölkerung und die Intelligenz waren kaum beteiligt (A. Baring, Der 17. Juni 1953, Köln und Berlin [West] 1965, S. 66f.). Doch gerade angesichts der Verwurzelung des J. in der Arbeiterschaft, für die die SED stets zu sprechen behauptet, wurden die Ereignisse des 16. und 17. 6. 1953 als schwere politisch-moralische Niederlage der DDR und der mit ihr verbündeten Sowjetunion empfunden.

Justitiar: J. sind Juristen mit abgeschlossenem Hochschulstudium. Sie sind in Volkseigenen Betrieben, vor allem in Kombinaten und VVB sowie in staatlichen Organen und anderen Einrichtungen dem Betriebsleiter (bzw. staatlichen Leiter) direkt unterstellt und als deren Beauftragte mit der „Einhaltung und Festigung der sozialistischen Gesetzlichkeit“ betraut (Ökonomisches Lexikon, Band H–P, Berlin [Ost], 1979, S. 165).

Der J. wirkt mit beim Abschluß von Absatz-, Liefer- und Lizenzverträgen, bei der Klärung von arbeitsrechtlichen Streitfragen sowie in Disziplinarverfahren, bei Verträgen über wissenschaftlich-technische Leistungen, bei der Durchsetzung sonstiger vertragsrechtlicher Ansprüche des von ihm vertretenen Betriebes oder staatlichen Organs, bei Patent- und Warenzeichenstreitfällen usw. Der J. ist berechtigt, seinen Betrieb vor dem Staatlichen Vertragsgericht zu vertreten (vgl. die VO über die Aufgaben und die Arbeitsweise des Staatlichen Vertragsgerichtes, GBl. II, 1963, Nr. 44, i. d. F. der Änderungs-VO vom 9. 9. 1965, GBl. II, Nr. 1, und der 2. Änderungs-VO vom 12. 5. 1970, GBl. II, Nr. 29).

K

Kabarett: Als politisches K. erfährt diese Kunstgattung, in der Formen der Literatur, der Musik und des Theaters vereint sind, in der DDR starke Aufmerksamkeit. Dies gilt in besonderer Weise für das Laien-K. Hauptmerkmale des K. sind die Satire, aber auch der Zynismus, die Ironie und die verschiedensten Ausdrucksmittel des Humors.

Aufgrund der Bedingungen der sozialistischen Produktionsverhältnisse wird dem K. eine neue Qualität zugesprochen. „Die gleichen Ziele wie die sozialistische Gesellschaft verfolgend, weiß es im Gegensatz zum westdeutschen Kabarett und zum bürgerlichen Kabarett der Vergangenheit nicht nur, wogegen, sondern auch wofür es auftritt." So werde es „zu einem wichtigen Instrument sozialistischer Bewußtseinsbildung" (Kulturpolitisches Wörterbuch, 2. Aufl., Berlin [Ost] 1978, S. 326).

In den „Hauptaufgaben für das Laienkabarett in den Jahren 1971–1975", erarbeitet vom wissenschaftlich-künstlerischen Beirat für Volkskunst beim Ministerium für Kultur, wird als das Hauptziel des K. die Mithilfe bei der Gestaltung des sozialistischen Menschenbildes angeführt. Der Beitrag des K. „. . . besteht hauptsächlich in der satirischen bzw. humoristischen Beleuchtung von subjektiver Nichterfüllung gesellschaftlicher Erfordernisse, beabsichtigt als produktive Kritik, die Denkanstöße und Handlungsimpulse zur weiteren Vervollkommnung des Menschen gibt". Zu diesem Zweck wird auf das notwendige Einverständnis zwischen Publikum und K. hingewiesen. „Bei beiden ist das Vergnügen an den Meisterungsmöglichkeiten des menschlichen Schicksals durch die Gesellschaft (Brecht) entwickelt, der Zuschauer findet seine Sache auf der Bühne behandelt, und beide genießen den Spaß an der Veränderung." Demgegenüber ist die Auseinandersetzung mit dem „Klassenfeind" so scharf wie möglich zu führen. Einige Themenbereiche dürfen von den K. nicht behandelt werden. Verboten sind z. B. Witze über die oberste Partei- und Staatsführung, die Freundschaft zur UdSSR, die Nationale Volksarmee und die „Staatsgrenze West" der DDR. Zu den bekanntesten der Berufs-K. gehören in Berlin (Ost) „Die Distel", in Leipzig die „Pfeffermühle", in Dresden die „Herkuleskeule", in Halle die „Kiebitzensteiner" und in Gera das „Fettnäpfchen". Die Zahl der Laien-K. ist seit 1970 sprunghaft gestiegen (1981: geschätzt rd. 600, ohne die Pionier-K.-Gruppen). Zu den führenden Laienensembles zählen: die „academixer" der Karl-Marx-Universität Leipzig, „die taktlosen" am Haus der Gewerkschaften in Halle und die „Hinterwäldler", das K. am Haus des Lehrers in Suhl. Die Zentrale Arbeitsgemeinschaft (ZAG) K. beim Zentralhaus für Kulturarbeit setzt sich mit den Entwicklungsproblemen im Bereich des K. auseinander und wirkt über die Bezirkskabinette für Kulturarbeit und die Bezirksarbeitsgemeinschaften auf die Arbeit der Laien-K. ein. Seine Hauptaufgaben sieht die ZAG in der Durchsetzung eines neuen Ensembletyps, in dem die K.-Mitglieder von der gleichen politisch-ideologischen Programmkonzeption ausgehen. Wichtige Einrichtungen der Qualifizierung sind: die Spezialschule (für K.-Leiter, einschl. der Leiter von Pionier-K.), Weiterbildungsseminare, Meisterkurse (für besonders befähigte Absolventen bzw. Leiter von Spitzengruppen) sowie die Arbeit in Beispiel- und Förderergruppen. Der Information und dem Leistungsanreiz dienen weiterhin auf Kreis-, Bezirks- und zentraler Ebene durchgeführte Werkstatt-Tage und Leistungsvergleiche.

Fachorgan für das Laientheater und K. ist die Zeitschrift „szene" des Zentralhauses für Kulturarbeit (zweimonatlich bis Mitte 1973, seither vierteljährlich).

Kaderpolitik

I. Entwicklung des Kaderbegriffs

„Kader in der sozialistischen Gesellschaft sind Persönlichkeiten, insbesondere aus der Arbeiterklasse, die als Leiter, Funktionäre und Spezialisten in allen Bereichen der Gesellschaft aufgrund ihrer politischen, fachlichen u. a. Fähigkeiten und Eigenschaften tätig sind bzw. als Nachwuchskräfte dafür vorbereitet werden." (Wörterbuch der marxistisch-leninistischen Soziologie, 2., überarb. Aufl., Berlin [Ost] 1977, S. 325)

Zu den Kadern werden dementsprechend Leitungskräfte („Leitungskader") aus den verschiedenen Bereichen der Gesellschaft (Partei-, Staats- und Wirtschaftsapparat, Massenorganisationen, Massenmedien, Wissenschaft, Kultur, Bildung u. a.) und wissenschaftlich ausgebildete Spezialisten ohne Leitungsbefugnisse gezählt. Es wird jedoch darauf hingewiesen, daß die Tätigkeit von Leitern nicht mit der von Spezialisten gleichgesetzt werden könne, weil letztere mit der Entscheidungsvorbereitung, nicht aber, wie die Leiter, mit der Durchführung von Entscheidungen betraut seien.

Ziel der K. der SED ist es aber, auch den Leitern eine möglichst qualifizierte wissenschaftliche Aus-

bildung zu vermitteln. Von daher werden die Spezialisten zum „natürlichen" Rekrutierungsreservoir für leitende Positionen und Funktionen.
Mit dieser Definition des Begriffs Kader – sie wurde in der DDR in dieser Form erstmals 1964 gebraucht – vollzog sich eine Abkehr vom stalinistischen Kaderbegriff, wie ihn Georgi Dimitroff 1935 auf dem VII. Weltkongreß der → **Komintern** bestimmt hatte und wie er später von Stalin übernommen worden war. Nach diesem Verständnis waren die Kader politische Beauftragte der kommunistischen Partei und prinzipiell deren Weisungen unterworfen. „Nicht beliebige Leiter, Ingenieure und Techniker", so formulierte Stalin, seien erwünscht, sondern solche, „die fähig sind, die Politik der Arbeiterklasse unseres Landes zu begreifen, die fähig sind, sich diese Politik zu eigen zu machen, und die bereit sind, sie gewissenhaft zu verwirklichen" (Stalin, Werke, Bd. 13, S. 60). Erst in zweiter Linie wurden von ihnen auch das Fachwissen und der Sachverstand gefordert, die nötig sind, um große Organisationen und Verwaltungsapparate zu lenken und zu leiten.
Nach anfänglicher Rücksichtnahme auf die ehemaligen SPD-Mitglieder in der neu gegründeten → **Sozialistischen Einheitspartei Deutschlands (SED)** wurde mit ihrer Umwandlung zur „Partei neuen Typus" (seit 1949) nach dem Vorbild der → **Kommunistischen Partei der Sowjetunion (KPdSU)** auch deren Vorstellung von den Kadern übernommen. Sie blieb bis zur Einführung des → **Neuen Ökonomischen Systems (NÖS)** 1963 im wesentlichen gültig. Bereits Ende der 50er Jahre begann sich jedoch in der SED-Führung die Einsicht durchzusetzen, daß die Kader neben ihrer politischen Zuverlässigkeit auch über eine hohe fachliche Qualifikation, technische und ökonomische Kenntnisse, Verantwortungsfreude, Risikobereitschaft und psychologisches Einfühlungsvermögen verfügen müßten. (Diese Kriterien nannte Walter Ulbricht 1964.) Die vom VIII. Parteitag der SED (1971) vorgenommene Korrektur der politischen Linie der Partei hat zwar erneut zu einer verstärkten Betonung der politischen Eignung der Kader, jedoch zu keiner grundsätzlichen Neuorientierung der K. geführt.
Dies belegt der „Beschluß des Sekretariats des Zentralkomitees über die Arbeit mit den Kadern" vom 7. 6. 1977 (Neuer Weg, Nr. 13, 1977, Beilage), der einen ähnlichen Beschluß aus dem Jahr 1965 ablöste.

II. Aufgaben der Kaderpolitik

Der Beschluß des ZK-Sekretariats bezeichnet die K. als eine „erstrangige politische Aufgabe"; ihr wichtigstes Ziel sei es, die „marxistisch-leninistische und fachliche Bildung" der Kader zu erhöhen und dafür zu sorgen, daß die zukünftigen Inhaber leitender Positionen und Funktionen im Partei-, Staats- und Wirtschaftsapparat, in den Massenorganisationen sowie im wissenschaftlichen und kulturellen Bereich langfristig auf ihre Aufgaben vorbereitet und planmäßig ausgewählt werden.
In der Regel wird in der DDR zwischen K. und Kaderarbeit unterschieden. Während unter K. die Festlegung der grundsätzlichen Konzeption der Auswahl und des Einsatzes von Kadern auf der Grundlage der Partei- und Regierungsbeschlüsse verstanden wird, wird als Kaderarbeit die konkrete, personenbezogene Auswahl, der Einsatz und die Weiterbildung der Kader bezeichnet. Eine solche Unterscheidung erscheint insofern problematisch, als Kaderarbeit mehr ist als die Anwendung organisatorisch-technischer Mittel; sie ist immer auch, durch die kaderpolitischen Grundsätze der SED bedingt, politisch-organisatorisches Mittel zur Sicherung des Herrschaftsanspruchs der Partei.

III. Geschichte der Kaderpolitik

Bereits unmittelbar nach ihrer Wiederzulassung 1945 hatte die KPD in der SBZ „Personalpolitische Abteilungen" eingerichtet, deren Aufgaben die Auswahl neuer Parteimitglieder, die Förderung neuer Funktionäre und vor allem die Kontrolle bei der Besetzung von Verwaltungspositionen waren. Mit ihrer Hilfe gelang es den „alten" kommunistischen Kadern nicht nur, nach der Vereinigung von KPD und SPD zur SED ein deutliches Übergewicht im Parteiapparat zu erlangen, diese Abteilungen hatten auch die faktische Entscheidungsgewalt bei der Besetzung leitender Positionen im Staats- und Wirtschaftsapparat sowie den Massenorganisationen. Nach Gründung der DDR 1949 wurden verstärkte Versuche unternommen, die Personalpolitik aller Bereiche der alleinigen Kompetenz des zentralen Parteiapparates zu unterstellen. In den folgenden Jahren wurden die verschiedensten organisatorischen Konzepte erprobt, die jedoch immer an dem offensichtlich nicht lösbaren Grundkonflikt von Zentralisierungsbestrebungen seitens des Parteiapparates und Verselbständigungstendenzen der einzelnen → **Apparate** (Staat, Wirtschaft usw.) scheiterten. Diesen Umständen wurde erst seit 1957 verstärkt Rechnung getragen: die SED entschloß sich, durch eine Unterteilung ihrer umfangreichen Personalkarteien in eine „Hauptnomenklatur" für leitende Kader und eine „Kontroll- oder Registraturnomenklatur" für „Reservekader" nur noch die Positionen und Funktionen in eigener Verantwortung zu besetzen, die sie als politische Führungspositionen ansah („Hauptnomenklatur"), sich im übrigen aber auf eine Kontrolle der Personalpolitik der einzelnen Apparate zu beschränken („Kontroll- oder Registraturnomenklatur").

IV. Methoden der Kaderpolitik

1. Die Nomenklatur. Eines der wesentlichen Instrumente der K. ist die Nomenklatur. Sie ist ein Verzeichnis von Positionen und Funktionen auf allen gesellschaftlichen Gebieten, über deren Besetzung die SED entweder direkt entscheidet oder für die sie verbindliche Modalitäten festlegt und sich eine Kontrolle vorbehält. Die erfaßten Positionen und Funktionen sind, differenziert nach der ihnen zugemessenen politischen Bedeutung, Nomenklaturstufen (I, II und III) zugeordnet.

Die in den Nomenklaturen erfaßten Personen werden als Nomenklaturkader bezeichnet. Nomenklaturen existieren auf den verschiedenen Ebenen der einzelnen Apparate. Sie sind den Prinzipien des → **Demokratischen Zentralismus** entsprechend hierarchisch geordnet und weisen die Entscheidungsbefugnis über den Einsatz, die Versetzung oder Ablösung von Kadern der jeweils übergeordneten Leitungsebene bzw. Kaderabteilung zu.

In den Nomenklaturen sind sowohl Kader aufgenommen, die von den jeweiligen Kaderabteilungen berufen, als auch solche, die formal durch Wahl bestimmt werden. Daß den durch Wahl in ihr Amt gekommenen Kadern, die zumeist an den Spitzen der jeweiligen Apparate stehen, eine besondere Bedeutung zugemessen wird, zeigt ihre hervorragende Plazierung in der Nomenklatur (z. B. Vorsitzender des Rates des Kreises in der Nomenklatur I). Schwer zu erfassen ist dieses System besonders dadurch, daß die Kader des Wirtschafts- und Staatsapparates oder der Massenorganisationen nicht nur in der Nomenklatur dieser Apparate, sondern zugleich auch in der der Partei – und somit doppelt – geführt werden. Es besteht für nomenklaturmäßig erfaßte Positionen und Funktionen daher eine doppelte personalpolitische Zuständigkeit, wobei der Entscheidung des Parteiapparates ein bestimmendes Gewicht zukommt. Das heißt jedoch nicht, daß die Partei in jedem Fall und auf allen Ebenen die Initiative ergreift; die Parallelführung der Nomenklatur erlaubt es ihr, jede personalpolitische Entscheidung wirkungsvoll zu kontrollieren und im Konfliktfall an sich zu ziehen. Von dieser doppelten Erfassung sind die Positionen ausgenommen, über deren Besetzung das → **Politbüro des ZK der SED** entscheidet. Darüber hinaus dürften die Sicherheitsabteilung des ZK-Apparates der SED und das → **Ministerium für Staatssicherheit** über eigene Personalinformationssysteme zur „Sicherheitsüberprüfung" von Kadern verfügen.

2. Kaderbedarfsplanung. Die Nomenklatur selbst sagt nur etwas über die formale Zuordnung zu personalpolitischen Entscheidungsebenen aus; sie sichert allein noch keine kontinuierliche Planung des Kaderbedarfs. Dieses Problem versucht die SED durch die Unterscheidung von 3 quantitativ und qualitativ unterschiedlich gewichteten Rekrutierungsfeldern in den Griff zu bekommen: durch das Kaderreservoir, den Kadernachwuchs und die Kaderreserve.

Zum *Kaderreservoir* werden alle Hoch- und Fachschulabsolventen und Leitungsmitglieder der unteren Ebenen des Parteiapparates und der Massenorganisationen gezählt. Um diesen Personenkreis, aus dem die zukünftigen Leitungskader hervorgehen, sollen sich die Kaderabteilungen in besonderer Weise kümmern. Ihnen sollen vor allem Aufgaben übertragen werden, die sie in die Lage versetzen, Erfahrungen für die spätere Übernahme von Leitungspositionen zu sammeln. Diejenigen, die sich dabei bewähren, können nach einem Kadergespräch, an dem der unmittelbare Vorgesetzte, aber auch Partei-, Gewerkschafts- und gegebenenfalls FDJ-Vertreter teilnehmen und das dazu dient, herauszufinden, welche konkreten Vorbereitungen zur Übernahme einer leitenden Funktion oder Position zu treffen sind, in den *Kadernachwuchs* aufgenommen werden. Dies bedeutet zugleich die Aufnahme in die Nomenklatur, entsprechend der Nomenklaturstufe der in Betracht gezogenen Leitungsposition. Mit der Aufnahme in den Kadernachwuchs beginnt die Ausarbeitung individueller Entwicklungs- und Qualifizierungsprogramme, die Festlegung zukünftiger Tätigkeitsfelder und das Ingangsetzen eines erneuten Erprobungsprozesses, an dessen Ende – nach 2, 3 oder auch 5 Jahren – ein weiterer Auswahlprozeß steht. Hat sich der Nachwuchskader bei der Erfüllung der ihm übertragenen Aufgaben bewährt, wird er in die *Kaderreserve* aufgenommen. Hat er sich jedoch nicht bewährt, erfolgt in der Regel eine Rückstufung in den Stand des Kaderreservoirs. Die Aufnahme in die Kaderreserve bedeutet gezielte Vorbereitung und Ausbildung eines relativ engen Kreises von Kadern für festgelegte Funktionen und Positionen. Es beginnt ein erneuter Prozeß der Erprobung und Weiterbildung, der mit der Entscheidung darüber endet, ob der Reservekader die vorgesehene Aufgabe übernimmt, ob es dazu weiterer Vorbereitung bedarf oder ob er in den Status des Kadernachwuchses zurückversetzt wird.

Neben diesen individuellen Maßnahmen entwickeln die einzelnen Leitungsapparate auf den jeweiligen Ebenen jährliche „Kaderpläne" und langfristige „Kader- und Bildungsprogramme", die an die Laufzeit der Fünfjahrpläne in der Volkswirtschaft der DDR angeglichen werden sollen. Beide dienen der quantitativen Erfassung und Planung des zukünftigen Kaderbedarfs.

3. Weiterbildung der Kader. Die Weiterbildung der Kader dient vor allem dazu, ihnen die Kenntnisse und Fertigkeiten zu vermitteln, die für ihre spezifische Funktion oder Position erforderlich sind und die sie in ihrer bisherigen Ausbildung nicht erhalten haben. Dabei ist zwischen verschiedenen Wissensbereichen zu unterscheiden. Kader, vor allem die Spezialisten, benötigen Fachwissen. Soweit diese Kenntnisse nicht bereits in der Ausbildung an einer

Fach- oder Hochschule erworben wurden, sollen sie im Rahmen der Weiterbildung vermittelt werden, und zwar vorrangig in den Einrichtungen des → **Einheitlichen sozialistischen Bildungssystems**. Demgegenüber vermitteln eigens für die Weiterbildung der Kader eingerichtete und vom einheitlichen Bildungssystem getrennte Bildungseinrichtungen und das System der → **Parteischulung** das Sachwissen und die politisch-organisatorischen Fähigkeiten, die zur Lenkung und Leitung großer Apparate für erforderlich erachtet werden. Es handelt sich hier insbesondere um Kenntnisse aus den leitungswissenschaftlichen Disziplinen, der Soziologie, Psychologie usw., vor allem aber um die Verarbeitung im Leitungsprozeß selbst gewonnener Erfahrungen. Um eine enge Verbindung von K. und Weiterbildung der Kader zu gewährleisten, sind die Weiterbildungseinrichtungen den einzelnen Nomenklaturstufen zugeordnet. Ihr Besuch ist den Kadern der jeweiligen Stufe (I, II oder III) vorbehalten.

Nomenklatur des Partei-, Staats- und Wirtschaftsapparats

Nomenklatur	Parteiapparat	Staatsapparat	Wirtschaftsapparat
Politbüro	ZK-Mitglieder* Sekretäre des ZK 1. Sekretäre der Bezirksleitungen Leiter zentraler Parteiinstitutionen*	Staatsrat Ministerrat Vorsitzender der SPK u. a.	
I	Abteilungsleiter (und Stellvertreter) des ZK-Apparates Leitende Mitarbeiter zentraler Parteiinstitutionen Sekretäre der Bezirksleitung Parteiorganisatoren der VVB 1. Sekretär der Kreisleitung* Leiter der Bezirksparteischule Parteiorganisatoren in VVB, Kombinaten und Großbetrieben*	Minister Stellvertretender Minister Stellvertr. Vorsitzender d. SPK Leiter und Stellvertreter zentraler Staatsorgane Vorsitzender des Rates des Bezirks 1. Stellvertreter d. Vors. d. Rates des Bezirks Mitglieder der Räte der Bezirke Leiter der Bezirksinspektion der ABI Vorsitzender des Rates des Kreises	Generaldirektoren der VVB Direktoren wichtiger Großbetriebe u. Kombinate Leiter von Großbaustellen Vorsitzende der Bezirkswirtschaftsräte
II	Sekretäre der Kreisleitung Sekretäre von Grundorganisationen aus wichtigen Bereichen* Leiter von Kreis- und Betriebsschulen des Marxismus-Leninismus	Abteilungsleiter, Sektorenleiter, Leiter von Fachabteilungen, Leiter von Stabsorganen zentraler Staatsorgane Leiter von ökonomisch selbständigen Einrichtungen (z. B. Reisebüros, Banken) Abteilungsleiter der Räte der Bezirke 1. Stellvertreter d. Vors. d. Rates des Kreises Mitglieder der Räte der Kreise	Fachdirektoren u. Abteilungsleiter von VVB Fachdirektoren wichtiger Großbetriebe und Kombinate Werkdirektoren u. stellv. Direktoren mittelgroßer Betriebe und Kombinate (1000–5000 Beschäftigte) Leiter von Zweigbetrieben Hauptbuchhalter Stellv. Vors. und Abteilungsleiter des Bezirkswirtschaftsrates
III	hauptamtliche Mitarbeiter der Kreisleitungen* Sekretäre der Grundorganisationen*	Kreisbaudirektoren Stadtbaudirektoren Abteilungsleiter der Räte der Kreise	Werkdirektoren kleiner Betriebe Fachdirektoren und Abteilungsleiter mittelgroßer Betriebe Fachdirektoren, Meister

Quelle: Gert-Joachim Glaeßner: Herrschaft durch Kader. Opladen 1977, S. 240. Die Zuordnung der mit * gekennzeichneten Positionen beruht auf Einschätzungen des Autors.

V. Ergebnisse der Kaderpolitik

Die Verfeinerung des kaderpolitischen Instrumentariums und die umfangreichen Aus- und Weiterbildungsmaßnahmen haben das Qualifikationsniveau der Kader merklich erhöht. So ergab sich z. B. Mitte der 70er Jahre in den örtlichen Räten folgendes Bild:

	Hochschulabschluß	Fachschulabschluß
	in v. H.	
Räte der Bezirke	71	20
Räte der Kreise	35	32
Bürgermeister	3	12

Quelle: Nach Unterlagen des Autors.

Nach neueren Angaben verfügen 96 v. H. der Mitarbeiter des zentralen Staatsapparates, 99 v. H. der Mitglieder der Räte der Bezirke, 94 v. H. der Mitglieder der Räte der Kreise und 36,1 v. H. der Mitarbeiter der Räte der Kreise über einen Hoch- oder Fachschulabschluß (Verwaltungsrecht. Lehrbuch, Berlin [Ost] 1979, S. 162).

Von nicht minder großer Bedeutung sind die Auswirkungen der organisationseigenen Bildungsmaßnahmen, über die aber keine zuverlässigen Angaben vorliegen. (Die Tatsache, daß hier nur in Ausnahmefällen formale Abschlüsse erworben werden, erklärt dies nur zum Teil.) Wiederholte Äußerungen in den letzten Jahren deuten darauf hin, daß, gemessen an den Erwartungen, die mit der Einrichtung einer Vielzahl von Bildungsinstitutionen verbunden worden waren, der Effekt eher bescheiden ist. Daher wird in letzter Zeit betont, daß „die Hauptform der Qualifizierung stets der Arbeitsprozeß" und damit die „unmittelbare Leitungstätigkeit" sei, daß die Bildungsmaßnahmen der apparateigenen Bildungseinrichtungen „nur Impulse" geben könnten. Dagegen scheinen sich die Prinzipien der K. im Hinblick auf die Auswahl eines zuverlässigen Leitungspersonals weitgehend bewährt zu haben. Der K. der SED ist es seit Anfang der 60er Jahre gelungen, politische Zuverlässigkeit und fachliche Qualifikation des Leitungspersonals, die in den 50er Jahren meist auseinanderfielen, zu vereinen.

Gert-Joachim Glaeßner

Aufgabenverteilung im Weiterbildungssystem

Weiterbildungsmaßnahmen	Weiterbildungseinrichtungen			
	SED	Staat	Wirtschaft	Sonstige (Beispiele)
1. positionsbezogene Weiterbildung leitender Kader (vor allem Nomenklatur I)	Akademie für Gesellschaftswissenschaften Parteihochschule Sonderschulen des ZK	Akademie für Staats- und Rechtswissenschaft	Zentralinstitut für sozialistische Wirtschaftsführung Akademie für marxistisch-leninistische Organisationswissenschaft (1969–1971)	Hochschule des FDGB
2. positionsbezogene Weiterbildung von Kadern der mittleren Leitungsebene (vor allem Nomenklatur II, z. T. noch Nomenklatur III)	Bezirksparteischulen Sonderschulen der Bezirksleitungen	Fachschule für Staatswissenschaft	Institute für sozialistische Wirtschaftsführung Zentralschulen Industriezweigakademien	Jugendhochschule der FDJ/Bezirksschulen des FDGB/Schulen der Industriegewerkschaften/Jahresschulen des FDGB
3. allgemeine Kaderweiterbildung	Kreis- und Betriebsschulen des Marxismus-Leninismus	Betriebsakademien der Räte der Kreise, der Räte der Bezirke und zentrale Betriebsakademie des Ministerrats	Industriezweigakademien Betriebsakademien der VEB und Kombinate	Bezirksjugendschulen der FDJ Kreisbildungsstätten des FDGB
4. funktionsbezogene Spezialisierung		Sonderlehrgänge an der Akademie für Staats- und Rechtswissenschaft	Institute für sozialistische Wirtschaftsführung an den Hochschulen Zentralschulen	Fach- und Hochschulen KDT, Forschungszentren usw. Spezialschulen des FDGB/Sonderschulen des FDJ-Zentralrates

Quelle: Gert-Joachim Glaeßner/Irmhild Rudolph: Macht durch Wissen. Opladen 1978, S. 171.

Literaturangaben

Glaeßner, Gert-Joachim: Herrschaft durch Kader. Leitung d. Gesellschaft u. Kaderpolitik in der DDR am Beispiel des Staatsapparates. Opladen: Westdeutscher Verl. 1977.

Herber, Richard, u. Herbert Jung: Kaderarbeit im System sozialistischer Führungstätigkeit. Berlin (Ost): Staatsverl. d. DDR 1968.

Leiter Kollektiv Persönlichkeit. Handbuch f. d. soz. Leiter. 3. Aufl. Berlin (Ost): Die Wirtschaft 1976.

Schwarzenbach, Rudolf: Die Kaderpolitik der SED in der Staatsverwaltung. Ein Beitrag zur Entwicklung des Verhältnisses von Partei und Staat in der DDR (1945–1975). Köln: Wissenschaft u. Politik 1976.

Voslensky, Michael S.: Nomenklatura. Die herrschende Klasse der Sowjetunion. München: Molden 1980.

Kaliindustrie: Entsprechend der Industriezweigsystematik der DDR ab 1968 ein Industriezweig der → **Chemischen Industrie**. Anleitendes Organ ist das → **Ministerium für Erzbergbau, Metallurgie und Kali**, dem der VEB Kombinat Kali, Sondershausen, mit 31000 Beschäftigten unterstellt ist.

Kali gehört zu den wenigen → **Industrierohstoffen**, die in der DDR in ausreichenden Mengen vorkommen. Die noch abbaufähigen Kalisalze werden auf 13 Mrd. t geschätzt. Damit liegen etwa zwei Drittel der deutschen Kalivorkommen in der DDR. In der Weltproduktion von Kali steht die DDR hinter der UdSSR und Kanada noch vor der Bundesrepublik Deutschland an dritter Stelle (Anteil an der Weltproduktion 1981 12,6 v. H.). Die Jahresförderung von Kalisalzen, bezogen auf ihren wirksamen Gehalt an Kaliumoxyd (K_2O), betrug 1982 3,434 Mill. t gegenüber 1960 1,666 Mill. t. In dieser Wachstumsrate kommt die durch mehrere Regierungsbeschlüsse betonte Aufgabe zum Ausdruck, die Produktion maximal zu erhöhen.

1982 wurden 82,5 v. H. der Kalidüngemittelproduktion exportiert. Damit nimmt die DDR nach Kanada den zweiten Platz in der Welt ein. Vom Inlandsverbrauch gehen nahezu 90 v. H. als Düngemittel in die Landwirtschaft, der Rest wird in der → **Industrie** verbraucht. Anfang 1973 hat die DDR mit der UdSSR ein Abkommen über die Intensivierung der Zusammenarbeit in der K. geschlossen. Es sieht vor, daß sich die beiden Länder bei der Rationalisierung und Erweiterung der Kaliproduktion unterstützen.

Produktion von Kalidüngemitteln (1000 t K_2O)

Land	1960	1970	1981
UdSSR	1 084	4 087	8 449
Kanada	·	3 566	7 337
DDR	1 666	2 420	3 460
Bundesrepublik Deutschland	1 978	2 293	2 592
USA	2 303	2 205	2 052
Frankreich	1 522	1 775	1 933
Weltproduktion	8 600	16 884	27 433

Quelle: Statistisches Jahrbuch der DDR 1983, II. Internationale Übersichten, S. 52.

Wenn sich auch die Kaliproduktion gegenwärtig noch auf das Werra- und Südharz-Revier konzentriert, so bildet die Scholle von Calvörde am südwestlichen Rand der Altmark zur Magdeburger Börde den Schwerpunkt des augenblicklichen Kaliprogramms. Zur Nutzung der reichen Rohsalzvorkommen der Calvörder Scholle wurde 1963 nördlich von Magdeburg in Zielitz mit dem Bau des modernsten Kaliwerkes begonnen, das nach Fertigstellung des vierten Bauabschnittes 1976 über eine Kapazität von 700000 Jahrestonnen K_2O verfügt. In Zielitz werden die Kali-Rohsalze durch Großbohrloch- und Sprenglochbohrwagen gewonnen. Dadurch erhöht sich die Arbeitsproduktivität gegenüber den älteren Betrieben auf mehr als das Doppelte. Kennzeichnend für die Schachtteufen in den einzelnen Revieren sind folgende Faustzahlen: Werra 550 m; Südharz und Magdeburg 650 m (zum Vergleich: Hannover 750 m; Baden 850 m).

Der Abtransport der Kalisalze ist, bedingt durch die Nähe der Elbe-Wasserstraße und des Mittellandkanals mit dem Kaliumschlaghafen Haldersleben, außerordentlich günstig (→ **Bergbau**).

Kalilagerstätten und Kaliwerke in der DDR

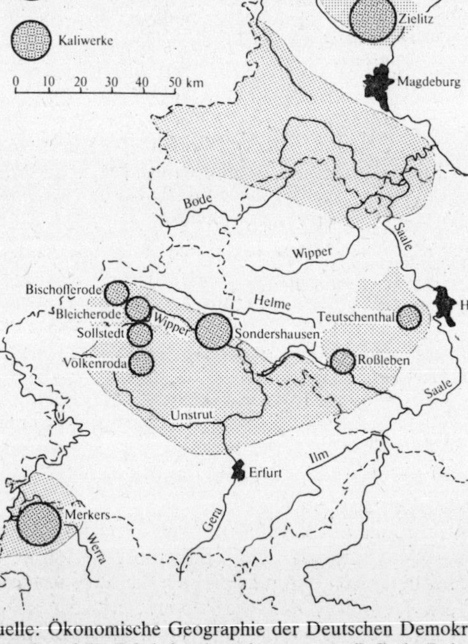

Quelle: Ökonomische Geographie der Deutschen Demokratischen Republik, Bd. 1, 3., überarb. u. erg. Aufl. Gotha/Leipzig: Hermann Haack, Geographisch-Kartographische Anstalt o. Jg., S. 229.

Kammer der Technik (KDT): Gesellschaftliche Organisation der Ingenieure, Techniker und Ökonomen in der DDR, mit deren Hilfe diese Gruppen der → **Intelligenz** in die politische, soziale und ökonomische Entwicklung einbezogen und ihr Fach- und Sachverstand für den wissenschaftlich-technischen Fortschritt organisiert genutzt werden soll. Mitglied in der KDT können auch technisch-ökonomisch erfahrene Praktiker ohne Hoch- bzw. Fachschulabschluß sein.

Unter bewußtem Bruch mit der Tradition des Vereins Deutscher Ingenieure und anderer traditioneller wissenschaftlich-technischer Vereinigungen wurde die KDT im Juli 1946 im Rahmen des → **Freien Deutschen Gewerkschaftsbundes (FDGB)** gegründet. Sie ist zu einer eigenständigen Massenorganisation der technischen und teilweise auch der ökonomischen Intelligenz geworden (1. Kongreß der KDT: 3. 12. 1955). Aufgabenstellung, Organisationsstruktur und personelle Verzahnungen in den Leitungen verbinden die KDT fest mit der → **Sozialistischen Einheitspartei Deutschlands (SED)** und den anderen → **Massenorganisationen** sowie den staatlichen, wissenschaftlichen und ökonomischen Institutionen und betten ihre Tätigkeit in die jeweiligen gesellschafts- und wirtschaftspolitischen sowie vor allem wissenschaftlich-technischen Zielsetzungen ein.

1. Organisationsstruktur und internationale Zusammenarbeit. Die KDT ist sowohl nach dem → **Produktions-** als auch nach dem → **Territorialprinzip** gegliedert. Die zentralen Leitungsorgane sind der (ab 1978) alle 5 Jahre tagende Kongreß, das von diesem gewählte Präsidium (1983: 91 Mitglieder), das Büro des Präsidiums (eigentliches politisches Führungsorgan, 1983: 20 Mitglieder) und das Sekretariat (1983: 6 Mitglieder). Ferner besteht auf jeder Ebene des Organisationsaufbaus eine Revisionskommission, die über die Durchführung der zentralen Beschlüsse und eine korrekte Kassenführung sowie Organisationsarbeit wacht. Die größten fachgebundenen Organisationseinheiten bilden 12 Fachverbände (FV): Bauwesen; Chemische Technik; Elektrotechnik; Fahrzeugbau und Verkehr; Holz, Papier, Polygraphie; Land-, Forst- und Nahrungsgütertechnik; Lebensmittelindustrie; Maschinenbau; Nachrichtentechnik; Silikattechnik; Textil, Bekleidung, Leder; Wasser und 6 Wissenschaftlich-technische Gesellschaften (WTG): Gesellschaft für Standardisierung (GfS); Wissenschaftlich-technische Gesellschaft für Geodäsie (WTG G.); Wissenschaftlich-technische Gesellschaft für Photogrammetrie und Kartographie (WTG Pk.); Montanwissenschaftliche Gesellschaft (MWG); Wissenschaftliche Gesellschaft für Meßtechnik und Automatisierung (WGMA); Wissenschaftlich-technische Gesellschaft Energiewirtschaft (WTG EW).

In Anlehnung an die Industriezweig- und Kombinatsgliederung, aber auch nach technisch-organisatorischen Themenbereichen differenziert sich die Organisationsstruktur der FV und WTG in Wissenschaftliche Sektionen (WS), Fachausschüsse (FA), Fachunterausschüsse (FUA), Arbeitsgruppen und Aktivs der Kombinate. 1975 hatte z. B. der FV Elektrotechnik auf zentraler Ebene 9 WS, 34 FA und 13 Aktivs.

Auf gleicher Organisationsstufe wie die FV und WTG bestehen beim Präsidium der KDT für Querschnittsaufgaben Kommissionen (u. a. Auszeichnungsfragen; Neuerer; Arbeit mit der jungen Intelligenz; **Wissenschaftliche** → **Arbeitsorganisation [WAO]**; → **Umweltschutz**; Weiterbildung) und zentrale Arbeitsgemeinschaften (AG [Z]: u. a. Materialökonomie; Reinhaltung der Luft; Lärmschutz; Vorbereitung und Durchführung von Investitionen; Grundfondswirtschaft; Marktforschung; Technische Formgestaltung; Arbeitsschutz, Transportrationalisierung; Korrosionsschutz; Augenoptik; Betriebsorganisation und Rechentechnik; Information und Dokumentation). Auch die Kommissionen weisen eine Feingliederung in Arbeitsgruppen usw. auf; sie finden ihre Entsprechung teilweise auf der Kreis-, vor allem aber auf der Bezirks- und Kombinatsebene (vgl. Strukturschema der KDT).

Dieses stark ausdifferenzierte, flexible und der Konzeption nach aufeinander bezogene, hierarchisierte Organisationssystem eröffnet zum einen die Möglichkeit, spezielle Probleme im wissenschaftlichen, technischen und organisatorischen Bereich von kleinen Spezialistengruppen bearbeiten zu lassen. Die differenzierte Organisationsstruktur ist aber auch die Voraussetzung für die Beratung staatlicher Stellen in Fragen des wissenschaftlich-technischen Fortschritts (Plan Wissenschaft und Technik), der → **Intensivierung und Rationalisierung**, der → **Standardisierung**, für die Erarbeitung von Materialverbrauchsnormen (→ **Materialwirtschaft**) usw. Die verschiedenen zentralen Gremien der KDT erarbeiten ferner wissenschaftlich-technische Informationen und Dokumentationen als Arbeitsgrundlagen für die Kombinate, VEB sowie die eigenen Mitglieder. Zum anderen wird versucht, durch eindeutige Zuordnungen und Unterstellung die einzelnen Beratungsgremien in ein kontrolliertes Organisationsgeflecht einzubinden. Bereits in der zweiten Hälfte der 70er Jahre bestanden innerhalb der KDT 2500 überbetriebliche Arbeitsgremien. Angesichts dieser Organisationsvielfalt nimmt es nicht wunder, daß immer erneut von seiten des Präsidiums eine bessere Koordination und Kooperation gefordert und über Isolierungstendenzen bei einzelnen Gremien und Verbänden geklagt wird.

Unterste Organisationseinheiten der KDT sind die Betriebs- und Institutssektionen (BS bzw. IS) in den Betrieben, Verwaltungen und Forschungsinstitutionen. Ferner bestehen KDT-Organisationen an den Akademien, Universitäten, Hoch- und Fachschulen. Die Grundeinheiten sind auf mittlerer Ebene in Bezirksverbänden der KDT zusammengefaßt und werden von den Bezirksvorständen (BV) angeleitet. Die BV der KDT sind in den seit Herbst 1976 bei den Bezirksleitungen der SED gebildeten Kommissionen Wissenschaft und Technik vertreten und arbeiten eng mit diesen zusammen. Ebenso haben die SED-Kreisleitungen in den letzten Jahren verstärkt Mitglieder der KDT zur Beratung in Fragen der territorialen Rationalisierung und Modernisierung der örtlichen Industrie herangezogen. Die direkte Leitungslinie Präsidium – Bezirksverbände – Betriebssektionen wurde im Ergebnis des 5. Kongresses der KDT (1970) gestärkt, um den mit der Organisationsstruktur der KDT verbundenen Gefahren der Verselbständigung einzelner Organisationseinheiten entgegenzuwirken. Im übrigen gilt auch für die KDT der → **Demokratische Zentralismus** als verbindliches Organisationsprinzip.

Präsident der KDT ist seit dem 6. Kongreß der KDT (1974) Prof. Dr.-Ing. Manfred Schubert (SED); Prof. Dr. Horst Peschel, sein Vorgänger, wurde zum Ehrenpräsidenten gewählt. Dipl.-Ing. Ök. Rolf Werner (SED) ist 1. Sekretär und Vizepräsident der KDT. Für die Mitglieder gibt das Präsidium die Monatszeitschrift „Technische Gemeinschaft" (TG), für Funktionäre die „Umschau" heraus. Von den FV und den WTG werden ca. 30 Fachzeitschriften veröffentlicht. Daneben erscheinen verbandsinterne Informationsdienste, Dokumentationen, Lehrmaterialien usw. vorwiegend mit fachspezifischen, wissenschaftlich-technischen Inhalten; diese Materialien werden von der zentralen Bibliothek der KDT gesammelt, die darüber hinaus über einen großen Bestand an Fachzeitschriften, Fachbüchern usw. verfügt.

Strukturschema der Kammer der Technik (KDT)

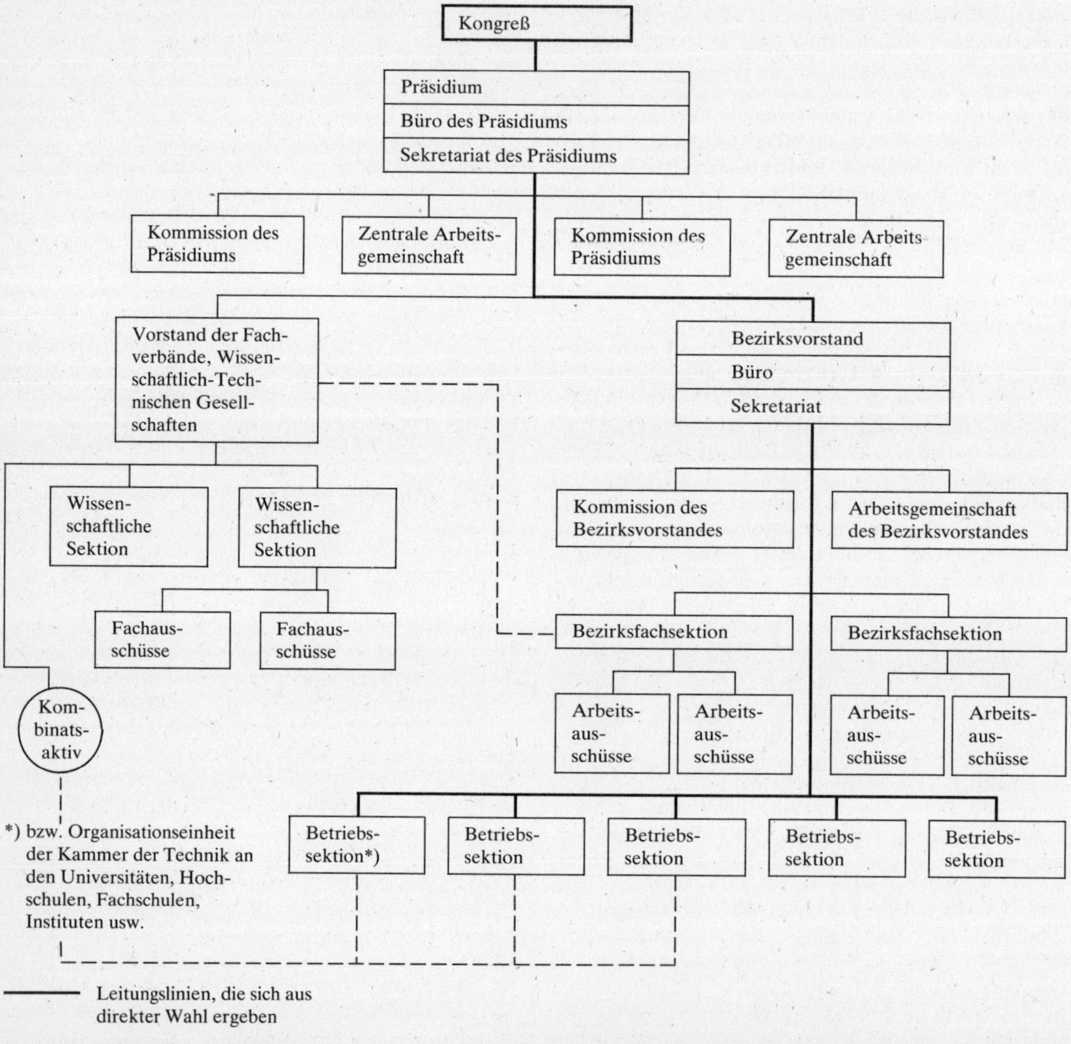

*) bzw. Organisationseinheit der Kammer der Technik an den Universitäten, Hochschulen, Fachschulen, Instituten usw.

——— Leitungslinien, die sich aus direkter Wahl ergeben

——— Leitungslinien, die sich aus Berufung und Delegierung ergeben

– – – – Arbeitsbeziehungen zwischen den Aktiven und den Betriebssektionen bzw. FV/WTG und BFS

Quelle: Lexikon der Wirtschaft. Arbeit – Bildung – Soziales. Berlin (Ost), Die Wirtschaft 1982, S. 507.

Die KDT verleiht als höchste Auszeichnung die „Ernst-Abbé-Medaille", ferner an Einzelpersonen die Ehrenspange bzw. an Kollektive die Ehrenplakette (jeweils in 3 Stufen). Für besondere, langjährige Verdienste vergibt die KDT – neben Ehrenmitgliedschaften – den Titel: Oberingenieur.
Die Zusammenarbeit der KDT mit den „sozialistischen Ingenieurorganisationen" der RGW-Staaten hat zunehmend an Gewicht gewonnen. Die Präsidenten und Generalsekretäre dieser Verbände treffen regelmäßig alle 2 Jahre in der „Ständigen Beratung der wissenschaftlich-technischen Organisationen sozialistischer Länder" zum Erfahrungsaustausch und zur Abstimmung der Verbandspolitik zusammen (beteiligte Länder: UdSSR, ČSSR, DDR, Polen, Rumänien, Ungarn; als Beobachter: Vietnam, Vertreter des RGW-Sekretariats; 1978 Tagung in der DDR). Dieses Gremium verfügt über eine Reihe „Ständiger Kommissionen", von denen die für „Aus- und Weiterbildung" von der KDT geleitet wird. Neben gemeinsamen internationalen Tagungen der Gesamtverbände werden Konferenzen einzelner FV, WTG, AG (Z) veranstaltet. Multilaterale Arbeitsvereinbarungen werden durch bilaterale Absprachen, regelmäßigen Erfahrungsaustausch usw. auf allen Ebenen der Organisationsstruktur ergänzt.
Die KDT ist seit Gründung Mitglied der auf Empfehlung der UNESCO gebildeten Weltföderation der Ingenieurorganisationen (WFEO); sie bzw. ihre FV bzw. WTG gehören darüber hinaus weiteren 15 internationalen, nichtstaatlichen wissenschaftlich-technischen Fachorganisationen an. Mit der kommunistisch geleiteten französischen CGT-Gewerkschaft: Union Générale des Ingenieurs Cadres et Techniciens besteht seit 1966 eine vertraglich vereinbarte Zusammenarbeit. Die WTG, FV, AG (Z) sind (Mit-)Veranstalter internationaler Fachtagungen und -konferenzen in der DDR, an der vielfach Spezialisten bzw. Organisationen aus westlichen Staaten teilnehmen. Sie entsenden aber auch Delegationen zu vergleichbaren Veranstaltungen im westlichen Ausland.
2. Schwerpunkte der KDT-Arbeit. Neben der gesellschaftspolitischen Integration der technisch-ökonomischen Intelligenz besteht die Hauptaufgabe der KDT in der Förderung des wissenschaftlich-technischen Fortschritts: beschleunigte Überleitung von Forschungsergebnissen in die Produktion; Entwicklung und Unterstützung von Rationalisierungsvorhaben; Mitarbeit in der Neuererbewegung, insbesondere in den sozialistischen Arbeitsgemeinschaften; Entwicklung und Einführung neuer Methoden der Betriebs- und Arbeitsorganisation; Ausarbeitung technischer Standards; Beratung staatlicher Institutionen auf allen Ebenen in wissenschaftlich-technischen Fragen. Beklagt wird in diesem Zusammenhang die organisatorische Schwäche der KDT in den Forschungsinstituten der → **Akademie der Wissenschaften der DDR (AdW)**, aber auch an den Universitäten, Hoch- und Fachschulen. Ferner sei es der KDT bisher nicht gelungen, die Ökonomen in zureichender Zahl in die Organisation einzubinden, obwohl technologische, betriebs- und arbeitsorganisatorische Fragen ohne Berücksichtigung betriebs- und volkswirtschaftlicher Kenntnisse bzw. Erfordernisse nicht zu lösen seien. Eine eigenständige gesellschaftliche Organisation für die ökonomische Intelligenz, wie sie z. B. in Ungarn besteht, wird jedoch bisher ausdrücklich abgelehnt.
Die seit 1970 zu beobachtende Konzentration der Arbeit der KDT auf die BS zielt auf die stärkere Einbeziehung der Intelligenz in den → **Sozialistischen Wettbewerb**. Entsprechend der allgemeinen Aufgabenstellung der KDT richten sich die Wettbewerbsaktivitäten vor allem auf den Plan Wissenschaft und Technik (→ **Planung**, II. 5.). Zu ihm sollen die BS in der Plandiskussion einen eigenen „gesellschaftlichen Standpunkt" erarbeiten, der vor den Wirtschaftsleitungen „verteidigt" wird und dessen konkrete, zusätzliche Leistungsangebote in die Wettbewerbskonzeption des Betriebes bzw. Kombinates oder der wissenschaftlichen Einrichtung Eingang finden.
Die einzelnen Mitglieder der KDT werden angehalten, individuelle Wettbewerbsverpflichtungen in Form der persönlichen und „kollektiv-schöpferischen" Pläne einzugehen. Als spezielle Wettbewerbsform der ingenieurtechnischen Intelligenz wird seit 1974 der „schöpferische Paß des Ingenieurs" (**Ingenieurpaß**) propagiert. Der Ingenieurpaß – ein schriftliches, von der Betriebsgewerkschaftsleitung, der KDT- und der Werkleitung bestätigtes Dokument – enthält Verpflichtungen zur Übernahme zusätzlicher Aufgaben im Bereich Forschung und Entwicklung, zur vorfristigen Einführung neuer Techniken, zur konkreten Förderung und eigenen Teilnahme an der betrieblichen Neuererbewegung, zur eigenen Weiterbildung und zur Unterstützung der Qualifizierung anderer Betriebsangehöriger, zur Beteiligung an der → **Gesellschaftlichen Tätigkeit** und zur sozialistischen Erziehung des eigenen Arbeitskollektivs. – Seit einigen Jahren (jüngste VO in: GBl. I, 1982, Nr. 1) ist das **Pflichtenheft** in den Mittelpunkt der Aktivitäten der KDT gerückt. In ihm werden rechtsverbindlich die wissenschaftlich-technischen Aufgaben nach Inhalt und Terminstellung für einzelne oder Gruppen festgelegt. Das Pflichtenheft ist verbindliche Grundlage für die Finanzierung und materielle Stimulierung der wissenschaftlich-technischen Arbeiten sowie die Leistungsbewertung der Forschungs- und Entwicklungskollektive. Es gilt als „wichtiges Führungsdokument zur Sicherung hoher schöpferischer Leistungen in Forschung und Technik auf der Grundlage der zentralen volkswirtschaftlichen Vorgaben" (Lexikon der Wirtschaft. Arbeit – Bildung – Soziales, Berlin [Ost] 1982, S. 712). – Vielfach werden in dem Bereich Forschung und Entwicklung – analog zu den → **Jugendobjekten** der FDJ – bestimmte Vorhaben als KDT-Objekte ausgewählt und damit in die besondere Verantwortung der BS gestellt. Die 1980 einsetzende Organisationsarbeit mit den KDT-Objekten wurde Anfang 1983 kritisiert: nur 18 v. H. der Objekte seien wirklich auf Spitzenleistungen und lediglich 5 v. H. auf die Steigerung des Exports gerichtet. Insgesamt gab es bis Ende 1982 8000 derartige Objekte (davon waren 4050 mit „hohen volkswirtschaftlichen

Ergebnissen“ abgeschlossen; 300 Objekte wurden von überbetrieblichen Arbeitsgruppen durchgeführt). Auf dem 8. Kongreß der KDT (18./19. 11. 1983) sollten dann allerdings bereits 10000 KDT-Objekte „realisiert“ worden sein (darunter 4800 Vorhaben zum Einsatz von Mikroelektronik und → **Industrierobotertechnik**). – Die verschiedenen Wettbewerbsverpflichtungen werden in den Arbeitsplan der BS aufgenommen und sind Gegenstand eines Leistungsvergleiches der verschiedenen BS auf Bezirksebene. Die abrechenbaren Leistungen werden als „Arbeitsergebnisse“ (einschl. der bereits an anderer Stelle erfaßten Zahlen innerhalb der Neuererbewegung) nach Anzahl und Beteiligten ausgewiesen.

Ein weiterer wichtiger Aufgabenbereich der KDT ist Aufbau, Organisaton und Unterhalt eines ständig an die Plan- und Technikentwicklung anzupassenden, umfassenden Weiterbildungssystems für die technische Intelligenz. Drei Aufgabenstellungen sollen dabei mit unterschiedlichen Methoden gelöst werden: 1. Weiterbildung mit praxisorientiertem, informativem Charakter (Einzelvorträge, Vortragsreihen, Erfahrungsaustausch, Seminare usw.); 2. Wissenschaftliche Veranstaltungen über Grundsatzprobleme (Kongresse, Fachtagungen, Symposien usw.); 3. Weiterbildungsmaßnahmen mit dem Charakter eines kurzfristigen Spezialstudiums (Lehrgänge, Fernkurse, standardisiertes Selbststudium mit Konsultationen). Zunehmend werden die letztgenannten Weiterbildungskurse mit einem formalen Abschluß beendet (1982: 30000). Inhaltliche Schwerpunkte der Weiterbildungsarbeit sind gegenwärtig die → **Mikroelektronik**, die → **Industrierobotertechnik**, die **Wissenschaftliche → Arbeitsorganisation (WAO)**, die Energieökonomie einschl. der Heizölsubstitution, aber auch Fragen der Formgestaltung.

Die Mitglieder der KDT sind darüber hinaus mit Unterstützung ihrer Organisation zu einem wesentlichen Teil an den Qualifizierungsvorhaben der Betriebe in den Betriebsakademien, aber auch an der Lehrlingsausbildung beteiligt. Über diese Aufgaben wurde am 31. 3. 1982 eine „Vereinbarung zwischen dem Staatssekretariat für Berufsbildung und dem Präsidium der KDT über Maßnahmen auf dem Gebiet der Berufsbildung in den Kombinaten, Betrieben und Einrichtungen“ abgeschlossen (Technische Gemeinschaft, H. 6/1982, S. 5f.). Im übrigen arbeiten KDT, FDGB und → **Urania** auf dem Gebiet der Weiterbildung eng zusammen.

Entsprechend der wirtschaftspolitischen Schwerpunktsetzung hat die KDT bis 1983 in allen Bezirken einen oder mehrere Konsultationspunkte Mikroelektronik (KPM) bzw. Beratungs- und Informationsstellen (BIS) eingerichtet (insgesamt 80). In ihnen beraten zum größten Teil ehrenamtlich tätige Fachleute die Betriebe durch Prozeß- und Problemanalysen beim Einsatz von Mikrorechnern. Ähnliche Einrichtungen sind für Beratungen in Fragen der Energieeinsparung vorgesehen.

3. Zahlen zur KDT-Arbeit. Ende 1982 hatte die KDT 250255 Mitgl., darunter 32627 Frauen. 66556 (davon 7383 Frauen) hatten einen Hochschul-, 136273 (darunter 17827 Frauen) einen Fachschulabschluß. Von der Gesamtmitgliedschaft der KDT waren 208522 (darunter 25845 Frauen) unmittelbar in VEB tätig. Zum gleichen Zeitpunkt bestanden 3372 BS in den Betrieben und wissenschaftlichen Einrichtungen mit 221790 Mitgliedern. 1982 hielten die Bezirksverbände 61092 (Teilnehmer 1002503), die FV und die WTG 10040 (Teilnehmer 188973) Weiterbildungsveranstaltungen ab. Danach sind die Zahlen der Weiterbildungsveranstaltungen und der Teilnehmer leicht rückläufig. (Vergleichszahlen: 1977 insges. 68100 Veranstaltungen mit 1,2 Mill. Teilnehmern.) Diese Veränderungen erklären sich wesentlich aus der Konzentration der Weiterbildungsbemühungen der KDT auf inhaltliche Schwerpunkte anstelle eines zuvor üblich gewesenen, sehr breiten und verhältnismäßig undifferenzierten Vortragsangebotes. Auf dem 8. KDT-Kongreß (18./19. 11. 1983) wurde die Gesamtmitgliedschaft mit 263000 angegeben. Von den 500 Delegierten waren 60 v. H. Mitglieder der SED, 5 v. H. gehörten anderen → **Parteien** an.

Bei den in der Industrie tätigen Angehörigen der technischen Intelligenz soll der Organisationsgrad bei rd. 60 v. H. liegen; rd. 80 v. H. der Mitglieder der KDT arbeiten im produktionsvorbereitenden Bereich; über 30000 Mitgl. üben ehren- bzw. hauptamtliche Funktionen innerhalb der KDT aus.

Kammer für Außenhandel (KfA): Die KfA ist eine „gesellschaftliche Organisation des Außenhandels“ und somit keine dem staatlichen Außenwirtschaftsmonopol direkt zurechenbare Einrichtung. Sie wurde 1952 gegründet. Mitglieder der KfA sind die → **Außenhandelsbetriebe**, Kombinate, Exportbetriebe und andere am Außenhandel beteiligte Organe. Dem → **Ministerium für Außenhandel (MAH)** obliegt die allgemeine Dienstaufsicht über die KfA. Organe der KfA sind die Mitgliederversammlung, das Präsidium und die Revisionskommission.

Ursprünglich war die Hauptaufgabe der KfA in der Herstellung von Kontakten zu den Wirtschaftspartnern westlicher Länder und dem Abschluß von Handelsabkommen unterhalb der Regierungsebene (→ **Kammerabkommen**) mit diesen Ländern zu sehen: Für die Gestaltung der Beziehungen zu sozialistischen Ländern kam dagegen der KfA wenig Bedeutung zu. Mit Einsetzen der „Anerkennungswelle“, die die Handelsvertretungen der KfA im Westen als quasi-diplomatische Vertretungen überflüssig machte, und dem Bestreben der DDR, sich intensiver in den → **Rat für Gegenseitige Wirtschaftshilfe (RGW)** zu integrieren, fand jedoch ein tendenzieller Wandel statt.

So ist in dem 1974 neugefaßten Statut der KfA ausdrücklich festgehalten, daß die Kammer selbst keine Handelstätigkeit ausübt, sondern ihre Hauptaufgabe vielmehr in der Förderung und Unterstützung des Außenhandels zu sehen ist.

Eine der wesentlichen Aufgaben der KfA wird gegenwärtig darin gesehen, einen Beitrag zur „sozialistischen ökonomischen Integration“ zu leisten. Dabei arbeitet sie bi- und multilateral mit den Handelskammern der

anderen RGW-Länder zusammen. Auf bilateraler Ebene vollzieht sich die Arbeit in sog. Länder-Sektionen (bisher gebildet mit Polen, Ungarn, ČSSR und auch Jugoslawien) oder auf der Grundlage von „Vereinbarungen über die Zusammenarbeit zwischen den Präsidenten" der Kammern. Gewisse Bedeutung haben auch die „Technischen Tage der DDR" – eine Methode der Marktbearbeitung – erlangt, die auch in kapitalistischen Staaten veranstaltet werden. Zur Förderung der Wirtschaftsbeziehungen mit diesen Ländern werden darüber hinaus gemischte Institutionen, wie z. B. das „Komitee zur Förderung des Handels zwischen der DDR und Schweden" gebildet und KfA-Delegationen zwecks Markterschließung in ausgewählte Länder entsandt.
Die Öffentlichkeitsarbeit der KfA besteht vor allem in der Publikation zahlreicher Schriften, wie „DDR-Wirtschaftsumschau", „DDR-Export", „Handbuch der Außenwirtschaft" und „Handelspartner DDR" und der Einladung und Betreuung von Journalisten vor allem auf den → **Leipziger Messen**.
Weitere Aufgaben: handelspraktische, handelstechnische und außenwirtschaftliche Beratung der Exportbetriebe, Vorbereitung von Handelsabkommen, Vortrags-, Schulungs- und Beratungstätigkeit, Gewährung von Dienstleistungen gegenüber der Seeschiffahrt durch das Dispatcherbüro bei der KfA.
Die KfA unterhält ein Handelsschiedsgericht zur Beilegung von Rechtsstreitigkeiten in der Außenhandelsabwicklung. In den Bezirken der DDR unterhält die KfA Bezirksdirektionen.
Präsident der KfA ist Otto Weitkus (SED).

Kammerabkommen: Die K. bildeten wie die → **Bankenabkommen** eine Art Zwischenlösung im Außenhandel (→ **Außenwirtschaft und Außenhandel**) mit solchen Ländern, die keine Abkommen auf Regierungsebene schließen wollten, weil sie der DDR die damit verbundene Anerkennung versagten. Ab 1970 traten anstelle der K. entsprechende Vereinbarungen mit dem → **Amt für Außenwirtschaftsbeziehungen**.
Vertragspartner sind die → **Kammer für Außenhandel (KfA)** und eine Industrie- und Handelskammer des jeweiligen Partnerlandes. K. bestanden im wesentlichen mit den europäischen Staaten außerhalb des RGW, wie Belgien, Dänemark, Frankreich, Großbritannien, Island, Italien, den Niederlanden, Norwegen, Österreich und Schweden. In den K. wurde wertmäßig das Gesamtvolumen des Warenaustausches festgelegt und in Warenlisten auf die einzelnen Warenpositionen aufgeteilt. Die vereinbarten Lieferungen und Bezüge aus den K. können von westlicher Seite nicht garantiert werden, obwohl die DDR an solchen Garantien stark interessiert ist.
Sowohl aus politischen Gründen – Anerkennung der DDR – als auch wegen der langfristigen Wirtschaftsplanung strebte die DDR, wann immer möglich, die Umwandlung der K. in Regierungsabkommen an. Dieser Umwandlungsprozeß ist mit den meisten westlichen Industrienationen abgeschlossen. → **Außenpolitik; Wirtschaftsverträge, Internationale.**

Kampfgruppen: Die K. der → **Arbeiterklasse** – so die offizielle Bezeichnung seit 1959 – gelten im Selbstverständnis der → **Sozialistischen Einheitspartei Deutschlands (SED)** als das „unmittelbare bewaffnete Organ der Arbeiterklasse" in den Betrieben, LPG, staatlichen Verwaltungen und Institutionen, das für die Gewährleistung der inneren Sicherheit und Verteidigung der DDR eine wichtige Rolle spielt.
Die K. sind als die typische organisatorische Erscheinungsform der marxistisch-leninistischen Vorstellung von „Volksbewaffnung" und der „bewaffneten Arbeiterklasse" zu betrachten. In der Traditionspflege werden als unmittelbare Vorbilder die proletarischen Hundertschaften aus den ersten Jahren der Weimarer Republik (1918–1923) und die im Juni 1924 gegründete Wehrorganisation der KPD, der Rote Frontkämpferbund (RFB), angesehen, außerdem die im Spanischen Bürgerkrieg eingesetzten Internationalen Brigaden (1936–1938) sowie die tschechoslowakischen Arbeitermilizen, die im Februar 1948 wesentlich an der kommunistischen Machtübernahme beteiligt waren.
Die Vorläufer der K. bildeten die im zweiten Halbjahr 1952 aufgestellten Betriebs-K. Konsequent und in großem Maßstab wurde die Aufstellung weiterer Verbände „in einer Periode verschärften Klassenkampfes" (→ **Juni-Aufstand**) seit September 1953 betrieben. Während der Maiparade 1954 traten die „Kämpfer" – wie die K.-Angehörigen genannt werden – mit blauem Overall und roter Armbinde uniformiert zum ersten Mal in der Öffentlichkeit auf. Bis dahin nur aus SED-Mitgliedern und -Kandidaten bestehend, nahmen die K. ab April 1954 auch zuverlässig erscheinende Parteilose in ihre Reihen auf. Der Beschluß des → **Politbüros des ZK der SED** „Über die Organisierung und Ausbildung der K." (31. 5. 1955) leitete die Entwicklung der K., die zunächst nur zum Schutz der Betriebe dienen sollten, „zu einem wirksamen Instrument der Heimatverteidigung" ein. Aus den Ereignissen in Ungarn folgerte das → **Zentralkomitee (ZK) der SED** (14. 11. 1956), daß die K. ihre Aufgaben „gemeinsam mit der → **Deutschen Volkspolizei (DVP)** und erforderlichenfalls mit den Einheiten der → **Nationalen Volksarmee" (NVA)** lösen sollten. Ihre Bewährungsprobe hatten die K. bei der Durchführung der Sperrmaßnahmen am 13. 8. 1961; anläßlich der 10. Wiederkehr dieses Datums fand in Berlin eine Parade der K. statt. An dem Manöver „Waffenbrüderschaft" im Herbst 1970 nahmen erstmals auch Einheiten der K. teil.
Im Herbst 1959 hatten die K. die heute noch gültige Organisationsstruktur erreicht. Alle grundsätzlichen Entscheidungen und Anweisungen werden im ZK der SED getroffen. Die Kommission für Nationale Sicherheit des Politbüros und des ZK und die Abteilung Sicherheit beim ZK wirken auf 2 Wegen auf die K. ein: 1. über die Abteilung K. im → **Ministerium des Innern (MdI)** und die dem Ministerium nachgeordneten Volkspolizeibehörden – vorwiegend auf den Gebieten Ausbildung, Ausrüstung und Einsatz; 2. über die SED-Bezirks- und SED-Kreisleitungen – vorwiegend in personeller und politischer Hinsicht.

Die 1. Sekretäre der SED-Bezirks- bzw. Kreisleitungen sind Vorsitzende der Einsatzleitungen der K. auf Bezirks- bzw. Kreisebene.
Die personelle Basis der K. ist der Betrieb. Grundeinheit ist die Hundertschaft, gegliedert in 3 Züge von je 3 Gruppen. 3 Hundertschaften bilden ein allgemeines (leichtes) Bataillon. Daneben bestehen schwere K.-Bataillone der Bezirksreserve, die in je 2 motorisierte Hundertschaften und 1 schwere Hundertschaft (Pak-Geschütze, mittlere und schwere Granatwerfer, schwere Maschinengewehre, leichte Flak) gegliedert sind.
Den K. gehören ca. 400000 Kämpfer an. Zum Dienst in den K. werden Männer zwischen 25 und 60 Jahren (nach dem vollendeten 55. Lebensjahr als Reserve) von den örtlichen SED-Leitungen dienstverpflichtet. Frauen dürfen nur als Sanitäter und Funker eingegliedert werden. Die Uniform ist steingrau; auf dem linken Arm wird das Emblem der K. gezeigt: ein hochgehaltener Karabiner mit daran befestigter roter Fahne. Für Beschaffung und Lagerung der Waffen ist die Deutsche Volkspolizei (DVP) zuständig. Die Grundausbildung (132 Stunden) erfolgt in 33 Wochen an 16 Wochenenden außerhalb der Arbeitszeit durch die DVP, die Ausbildung der Hundertschafts- und Zugführer an der Zentralschule für Kampfgruppen „Ernst Thälmann" in Schmerwitz, die Ausbildung der Offiziere an der Lehranstalt „Hans Baimler" in Watrin. Zu Einsatzaufgaben der K. zählen Unterdrückung von Aufständen; Erschließung von Hilfsgütern; Schutz der Bevölkerung; Schutz wichtiger Gebäude; Sicherung der Operationsfreiheit der Streitkräfte; Übernahme von logistischen Aufgaben; Bekämpfung von aus der Luft abgesetzten feindlichen Einheiten; direkte taktische Unterstützung der Streitkräfte.
Großer Wert wurde während der letzten Ausbildungsperioden auf Vereinheitlichung der Ausbildung, Ausrüstung und Bewaffnung gelegt, um die Einheiten der K. wie die einer aktiven militärischen Truppe untereinander austauschbar zu machen und ihren Einsatz über die jeweilige Kreis- oder Bezirksebene hinaus zu ermöglichen. Nach Einschätzung des Londoner Institute for Strategic Studies bilden die K. ein Instrument, dem auch die anderen → **Warschauer-Pakt**-Staaten mit ihren Milizen nichts Vergleichbares an die Seite stellen können. Der Wert der K. besteht für die Militärpolitik der DDR u. a. auch darin, daß die K. als Miliztruppe im Falle einer west-östlichen Vereinbarung über die Reduzierung der Stärke der regulären Streitkräfte nicht betroffen wären. Organ der K. ist die Zeitschrift „Der Kämpfer". → **Bewaffnete Kräfte.**

Kampflied: Das Lied, die einfachste, breitesten Bevölkerungsschichten zugängliche, Gemeinschaft erzeugende Form künstlerisch-reproduktiver Betätigung, hat als K. in den verschiedensten revolutionären Bewegungen in der Geschichte eine Rolle gespielt.
Das politische Lied der Arbeiterbewegung, entstanden mit Aufkommen des Proletariats, wird im Selbstverständnis der DDR als neue Stufe des Volksliedes verstanden. Als das Gemeinsame zwischen Volks- und Arbeiterlied wird dabei gesehen, daß beide – in einer antagonistischen Klassengesellschaft entstanden – Ausdruck des Lebens der werktätigen Klassen und Schichten sind. Das Arbeiterlied bildet jedoch eine neue Stufe des Volksliedes, da es in stärkerem Maße als das Volkslied früherer Epochen als politisches K. konzipiert und häufig – als Massenlied – für den Gesang großer Gruppen bestimmt ist.
Die Förderung des politischen Liedschaffens und Singens durch die Parteiführung der SED hat zum Ziel, die Solidarität mit anderen, in der politischen Auseinandersetzung stehenden Gruppen anderer Völker zu stärken, im eigenen Staatsbereich aber durch das Lied Prinzipien einer sozialistischen Ethik zu vermitteln und damit Wirkungen im Sinn der Politik von Partei und Regierung zu erzielen.
Während der Erfolg des Massenliedes relativ gering ist, hat die Singebewegung der FDJ (→ **Laienkunst**) in wenigen Jahren starke Verbreitung gefunden. So ist die Zahl der Singeklubs innerhalb von 2 Jahren bis zu den X. Weltfestspielen der Jugend und Studenten (1973) von 2500 auf über 4500 angestiegen und hatte 1977 rd. 5000 erreicht. Seitdem hat es keine statistische Erhebung mehr gegeben. Singeklubs formieren sich vor allem in Betrieben, Schulen und in den Streitkräften. Treffen auf nationaler und internationaler Ebene wie z. B. das seit 1970 stattfindende „Festival des politischen Liedes" in Berlin (Ost), Liedkompositionswettbewerbe von FDJ und dem Staatlichen Komitee für Rundfunk, die vom Zentralrat der FDJ jedes Jahr durchgeführten Werkstattwochen der Singeklubs tragen zur allgemeinen Popularisierung des politischen Liedes bei und bilden Anreiz für die Gruppen, sich zu qualifizieren. Neben dem Rundfunk tragen Schallplatte und Verlage (Herausgabe von Liederbüchern der politischen Festivals) zur Verbreitung eines ausgewählten Liedgutes bei.

Kandidat: Neben den in der deutschen Sprache üblichen Bedeutungen des Wortes (K. in einer Wahl, Prüfungs-K., Heirats-K. usw.) gibt es in der DDR 2 spezifische:
1. In der → **Sozialistischen Einheitspartei Deutschlands** (**SED**, Kap. XX.) ist K. derjenige, der sich auf seine Mitgliedschaft in der Partei vorbereitet und in der → **Grundorganisation der SED** nur über begrenzte Rechte verfügt (z. B. kein Stimmrecht). Gemäß dem (5.) Statut der SED von 1976 (§ 19) braucht derjenige, der K. der Partei werden will, 2 Bürgen, die ihn wenigstens 1 Jahr kennen und selbst mindestens 2 Jahre Mitglied der Partei sind. Die K.-Zeit beträgt in der Regel 1 Jahr. Über die endgültige Aufnahme entscheidet die Grundorganisation. In Betrieben, Verwaltungseinrichtungen, wissenschaftlichen Institutionen usw., in denen weniger als 3 Parteimitglieder, aber mehrere K. vorhanden sind, werden mit Zustimmung der übergeordneten Parteileitung K.-Gruppen gebildet, deren Arbeit 1 Vollmitglied anleitet.
In ähnlicher Bedeutung wird das Wort K. für nicht stimmberechtigte Angehörige der → **Kreisparteiorganisationen der SED**, der → **Bezirksparteiorganisationen**

der SED, des → **Zentralkomitees (ZK) der SED** und des → **Politbüros des ZK der SED** gebraucht.
2. K. der (medizinischen, technischen usw.) Wissenschaften ist ein akademischer Grad, der in der UdSSR verliehen wird und in etwa dem Doktorgrad in der DDR entspricht.

Karikatur: Die Aufgabe der K. wird in der DDR völlig anders gesehen als in der Bundesrepublik Deutschland oder anderen westlichen Staaten. Es gehört zum Wesen jeder K., das Charakteristische einer Erscheinung besonders hervorzuheben, die Zeichnung mit dem, was verdeutlich werden soll, besonders zu überladen. Während die Karikaturisten in der westlichen Presse das hervorheben und verdeutlichen, was sich ihnen individuell nach Lage der Dinge als charakteristisch oder besonders bemerkenswert darbietet, ist jeder Karikaturist, der für die Presse der DDR arbeitet, verpflichtet, in seinen Darstellungen die Positionen der marxistisch-leninistischen Ideologie zu berücksichtigen. Er soll vor allem diese Denkpositionen mit seinen Mitteln verdeutlichen und Darstellungen vermeiden, die ihnen widersprechen könnten. Dadurch sind den Karikaturisten in der DDR wie in den übrigen osteuropäischen Staaten Ziele und Grenzen der K. weitgehend vorgegeben. Kurt Hager, Mitglied des Politbüros der SED, maßgebend für ideologische Grundsatzfragen und Probleme der Kulturpolitik in der DDR, sagte dazu am 6. 7. 1972: „Durch Lachen, Humor, Heiterkeit sollten die Künstler stärker sozialistisches Selbstbewußtsein, Überlegenheitsgefühl fördern helfen. Manchmal bedarf es nicht nur gutmütigen Humors, sondern auch spitzer Ironie und bissiger Satire, die vor allem den Gegner entlarvt, seine Hohlheit und Aufgeblasenheit, die sich aber auch gegen alles richten kann, was sich bei uns an unsozialistischen Verhaltensweisen breitmacht und nicht gutmütig geduldet werden kann. Wie wir niemandem erlauben, unsere sozialistischen Gesellschaftsgrundlagen anzutasten, werden wir auch zu wachen wissen, daß niemand unsere Bereitschaft zur Selbstkritik für das schmutzige Geschäft unserer Feinde ausnutzen kann."
In der DDR veröffentlichte K. lassen sich in nachstehende Themenbereiche ordnen:
1. Darstellung von Mißständen, deren Beseitigung sowohl von der Bevölkerung wie von der politischen Führung gewünscht wird. Beispiele: Versorgungsmängel, Versagen von Dienstleistungsbetrieben, Planungsfehler im Bereich der Wirtschaft u. ä.
2. Erzieherische K.: Die Darstellung soll dem Betrachter eigenes Fehlverhalten oder das Fehlverhalten anderer in seinem unmittelbaren Einflußbereich bewußtmachen und zur Änderung des kritisierten Verhaltens anregen. Beispiele: Unrat aus dem eigenen Garten wird auf öffentliche Wege geschüttet; knappe Materialien werden sinnlos vergeudet; öffentliches Eigentum verkommt oder wird beschädigt; Kritik an schlechtem Benehmen oder Umgangsformen im zwischenmenschlichen Bereich.
3. „Antiimperialistische" K.: Zeichnungen, in denen die Zustände in den nichtkommunistischen Ländern oder die Verhaltensweisen nichtkommunistischer Politiker aus der ideologisch fixierten Sicht des → **Marxismus-Leninismus** dargestellt werden. Diese K. wirken auf den Betrachter meist unglaubwürdig, weil hier in der Regel nicht ein vorhandener Wahrheitsgehalt übertrieben wird, sondern eine kommunistische Propagandabehauptung als wahr unterstellt wird. Beispiele: Bettelarme Arbeiter in den westlichen Ländern hausen in verfallenen Elendsquartieren, an denen „Kapitalisten" in Luxusautos vorbeifahren und hämische Bemerkungen machen; Darstellung von unbelasteten westlichen Politikern in Form eines Hakenkreuzes oder in Verbindung mit anderen nazistischen Symbolen; Bundesverteidigungsminister werden als raubgierige Landsknechte oder Schlächter gezeichnet.
Die K. dieser Art diffamieren ihren jeweiligen Gegenstand bewußt. Sie sind im Wesen und in der Funktion mit den mittelalterlichen Schandbildern vergleichbar. In der Presse des Westens gibt es kaum K. dieser Art.
4. „Positive" K.: Darunter fallen K., die durch Übertreibung positiver Eigenschaften oder Verhaltensweisen zu Tätigkeiten anregen sollen, die im Sinne des SED-Regimes liegen. Beispiele: Ein junger Mann zeigt stolz seine Muskeln, die beim freiwilligen Einsatz im Produktionsbetrieb gewachsen sind. Ein junges Mädchen drückt ihrem Verehrer eine Schaufel in die Hand. Sie arbeiten gemeinsam für die Allgemeinheit und gehen nicht spazieren. Ein klug aussehender junger Mann trägt einen großen Bücherpacken und ermuntert den Betrachter zum Lernen.
K. dieser Art sollen den Betrachter zu eifriger Arbeit und zum Lernen anregen. Sie sind kennzeichnend für das Gesellschaftssystem in den kommunistisch regierten Staaten Osteuropas, weil sie vor allem die Erfüllung und Übererfüllung der Produktionspläne stimulieren sollen.
Neben K. aus den genannten 4 Kategorien gibt es auch in der Presse der DDR den an der Grenze zur K. stehenden „Schwarzen Humor" sowie Witzzeichnungen ohne satirische oder politische Absicht. K. von amtierenden kommunistischen Politikern oder von führenden Kommunisten aus der übrigen Welt gibt es in der Presse der DDR nicht. Außerdem erscheinen keine K., die die marxistisch-leninistische Ideologie in Frage stellen.
Die „antiimperialistische" K. sowie die „positive" K. enthalten fast alle Presseorgane der DDR. Die meisten K. aus allen bisher erwähnten Kategorien enthält die wöchentlich erscheinende Zeitschrift „Eulenspiegel". Sie beschäftigt die namhaftesten Karikaturisten der DDR, u. a. Heinz Behling, Harri Parschau, Harald Kretschmar, Oliver Harrington, Louis Rauwolf. Angesichts seiner politisch-ideologischen Aufgaben ist der „Eulenspiegel" mit westlichen satirischen Zeitschriften wie z. B. dem früheren „Pardon" und „Simplicissimus" oder dem englischen „Punch" nicht zu vergleichen. Die Zeitschrift hat Pendants in allen osteuropäischen Staaten. Weitgehendes Vorbild in Inhalt und Aufmachung ist die sowjetische Zeitschrift „Krokodil". → **Kabarett.**

Karl-Marx-Universität Leipzig: Die U. wurde am 2. 12. 1409 gegründet und nach dem II. Weltkrieg am 5. 2.

1946 wiedereröffnet. Sie wurde am 5. 5. 1953 in KMU. umbenannt. – An der U. bestehen 20 Sektionen (Afrika- und Nahostwissenschaften; Biowissenschaften, Chemie; Geschichte; Journalistik; Kultur- und Kunstwissenschaften; Germanistik und Literaturwissenschaften; Marxistisch-leninistische Philosophie/Wissenschaftlicher Kommunismus; Mathematik; Physik; Psychologie; Rechtswissenschaften; Tierproduktion/Veterinärmedizin; theoretische und angewandte Sprachwissenschaften; Theologie; Wirtschaftswissenschaften; Wissenschaftlicher Kommunismus; Marxismus-Leninismus; Pädagogik; Fremdsprachen; die letzten 3 Sektionen bilden keine Studenten aus). Der Bereich Medizin umfaßt 17 Kliniken und 15 Institute. Ferner bestehen 8 Institute, u. a. das Institut für tropische Landwirtschaft und Veterinärmedizin, das schwerpunktmäßig Studenten aus Entwicklungsländern ausbildet, und das Herder-Institut, das jährlich mehr als 500 Ausländer auf ein Studium an einer Hoch- oder Fachschule der DDR vorbereitet. Die etwa 15000 Studenten (darunter ca. 1000 Ausländer) werden in 31 Fachrichtungen ausgebildet. Besondere Schwerpunkte sind im gesellschaftswissenschaftlichen Bereich die Philosophie, die Wirtschaftswissenschaften, Pädagogik und die Journalistenausbildung.
Ähnlich breit wie die Ausbildung ist auch die Forschungstätigkeit. Schwerpunkte sind hier u. a. die Revolutionsforschung und Fragen der Entwicklungsländer. Mit über 100 Universitäten und wissenschaftlichen Einrichtungen in 4 Kontinenten bestehen vertraglich geregelte Kooperationsbeziehungen. Die Ergebnisse von Lehre und Forschung werden in einer „Wissenschaftlichen Zeitschrift" der U. veröffentlicht, die seit 1951 in einer mathematisch-naturwissenschaftlichen und einer gesellschaftswissenschaftlichen Reihe erscheint. → **Universitäten und Hochschulen.**

Kasernierte Volkspolizei: Von Oktober 1952 bis Januar 1956 Tarnbezeichnung für die im Aufbau befindlichen Streitkräfte der DDR, die am 18. 1. 1956 in → **Nationale Volksarmee (NVA)** umbenannt wurden.

Kassation: Nach § 16 GVG können rechtskräftige gerichtliche Entscheidungen durch K. aufgehoben werden. Aus den das Nähere regelnden Bestimmungen der Strafprozeßordnung (§§ 311 ff.) geht deutlich hervor, daß es sich bei der K. um ein außerordentliches Rechtsmittel handelt, mit dem jede rechtskräftige gerichtliche Entscheidung binnen Jahresfrist nach Eintritt der Rechtskraft angefochten werden kann. Die K. kann erfolgen, wenn die Entscheidung auf einer Verletzung des Gesetzes beruht, im Strafausspruch gröblich unrichtig ist oder – dieser K.-Grund ist erst 1968 neu in die StPO aufgenommen worden – wenn die Begründung der Entscheidung unrichtig ist. In letzterem Fall würde ein bestehenbleibender Urteilstenor nachträglich im Wege der K. neue, diesen Tenor besser tragende Gründe erhalten.
Zur Stellung von K.-Anträgen berechtigt sind der Präsident des Obersten Gerichts und der Generalstaatsanwalt, bei Entscheidungen von Kreisgerichten auch die Direktoren der Bezirksgerichte und die Bezirksstaatsanwälte. Über die K.-Anträge entscheiden die Senate des OG oder (K. gegen Entscheidungen der Kreisgerichte) das Präsidium des Bezirksgerichts. Entscheidungen der Senate des OG und der Präsidien der Bezirksgerichte können durch das Präsidium des OG erneut binnen Jahresfrist im K.-Wege aufgehoben oder abgeändert werden. In Strafsachen kann das Präsidium des OG eine K. zugunsten des Verurteilten ausnahmsweise auch dann zulassen, wenn mehr als ein Jahr seit Rechtskraft des Urteils vergangen ist. Nach Eingang des K.-Antrages kann das für die K. zuständige Gericht Haftbefehl erlassen (§ 316 StPO).
In jedem Heft der amtlichen Zeitschrift „Neue Justiz" sind K.-Urteile des OG abgedruckt. Mit diesen Entscheidungen soll nicht nur eine „richtigere" Lösung im Einzelfall erreicht, sondern es soll die Rechtsprechung gelenkt werden. Die K. muß also auch als ein Instrument verstanden werden, mit dessen Hilfe das Oberste Gericht die ihm zukommende Leitung der Rechtsprechung vornimmt. „Die Kassation hat im Laufe der Jahre als Anleitungsinstrument des Obersten Gerichts und der Bezirksgerichte große Bedeutung gewonnen. Sie ist kein weiteres Rechtsmittel des Angeklagten oder der Prozeßparteien." (Neue Justiz 1979, H. 9, S. 393) → **Gerichtsverfassung.**

Kasse der gegenseitigen Hilfe (KdgH): Gewerkschaftliche Einrichtung (seit dem 14. 8. 1951), die in allen Orts- und → **Betriebsgewerkschaftsorganisationen (BGO)** des FDGB gegründet werden kann und deren Mitgliedern zum Beitritt offensteht. Finanziert aus den Eintrittsgeldern (1 Mark), den Mitgliedsbeiträgen (bis 0,5 v. H. des Nettoeinkommens, feste Beitragssätze sind zulässig) und den Zinsen ihrer Bankkonten, gewähren die KdgH zinslose Darlehen an ihre Mitglieder (nach Befürwortung durch deren zuständigen Vertrauensmann) bei Notfällen, Familienfeiern, größeren Reparaturen (über 50 Mark), größeren Anschaffungen, für die keine Teilzahlungskredite von Sparkassen gegeben werden, sowie bei Urlaubsreisen. Darlehen dürfen nur in einer solchen Höhe gewährt werden, daß sie in 12 Monaten zurückgezahlt werden können. In Ausnahmefällen kann auf Rückzahlung verzichtet werden, wenn dafür Mittel aus der betrieblichen Gewerkschaftskasse bzw. dem → **Kultur- und Sozialfonds** der Betriebe zur Verfügung stehen. Ausscheidende Mitglieder erhalten ihre Beiträge zurück.
Die KdgH sind nicht rechtsfähig, sondern werden vom BGL- bzw. OGL-Vorsitzenden rechtlich vertreten. Die Mitglieder der Kassenleitung einer KdgH werden von der OGL bzw. BGL vorgeschlagen und von der Mitglieder- oder Vertrauensleutevollversammlung bestätigt. Der Vorsitzende der Kassenleitung ist Mitglied der Finanzkommission der OGL bzw. BGL. Das Statut der KdgH, das den allgemeinen Bestimmungen über diese Einrichtungen entsprechen muß, wird nach Prüfung bei der Finanzkommission des zuständigen Kreisvorstandes des FDGB registriert. Die OGL bzw. BGL entscheidet

in internen Streitfällen der KdgH (Nichtgewährung von Darlehen, Höhe der Ratenzahlungen) endgültig; die Konfliktkommission (→ **Gesellschaftliche Gerichte**) behandelt Streitfälle zwischen KdgH und Mitgliedern, die aus Darlehensrückzahlungen entstehen.

Katastrophenschutz: Im Interesse der einheitlichen Vorbereitung und Durchführung wirkungsvoller Maßnahmen zur Verhütung und Bekämpfung von Katastrophen gilt die VO vom 15. 5. 1981 (GBl. I, S. 257), zuvor die VO vom 13. 1. 1971 (GBl. II, S. 117). Als Katastrophen im Sinn dieser VO sind folgenschwere Naturereignisse einschließlich extremer Wettererscheinungen und andere Schadens- oder Unglücksfälle großen und in der Regel überörtlichen Ausmaßes zu verstehen, deren Bekämpfung den koordinierten Einsatz von Kräften, materiellen und technischen Mitteln sowie eine einheitliche, komplexe territoriale Führung erforderlich machen. Havarien sind keine Katastrophen im Sinne der VO. Die Hauptanstrengungen sollen auf die Verhütung von Katastrophen und auf die Vorbereitung wirksamer Bekämpfungsmaßnahmen gerichtet werden. Die zentrale staatliche Leitung der Maßnahmen des K. obliegt dem → **Ministerrat**. Zur Leitung der Bekämpfung von Katastrophen können auf Beschluß des Ministerrates bzw. auf Weisung des Vorsitzenden des Ministerrates Regierungskommissionen eingesetzt werden. Die zentrale Anleitung und Kontrolle des vorbeugenden K. obliegt dem zentralen Leiter der → **Zivilverteidigung**, die Leitung des K. den Vorsitzenden der örtlichen Räte als Leiter der Zivilverteidigung (→ **Notstandsgesetzgebung**). Sie sind für die komplex-territoriale Planung, Koordinierung und Durchsetzung der zur Verhütung und Bekämpfung von Katastrophen notwendigen Maßnahmen verantwortlich und haben im Rahmen der ihnen übertragenen Aufgaben und Befugnisse auf dem Gebiet des K. Weisungs- und Kontrollrecht. Sie planen, koordinieren und kontrollieren die Maßnahmen des vorbeugenden K. und gewährleisten die Leitung der Bekämpfung von Katastrophen mit Hilfe der Stäbe bzw. Komitees der Zivilverteidigung. Sie sind auch für die Führung der zur Bekämpfung von Katastrophen, zur Beseitigung der unmittelbaren Folgen von Katastrophen sowie zur schnellen Normalisierung des gesellschaftlichen Lebens eingesetzten Kräfte verantwortlich. Die Leiter der Staatsorgane und der Wirtschaftseinheiten sind verpflichtet, auf Anordnung des zuständigen Leiters der Zivilverteidigung Kräfte und Mittel zur Katastrophenbekämpfung zum Einsatz zu bringen bzw. erforderliche zweigspezifische Bekämpfungsmaßnahmen zu veranlassen. Die Leiter der Staatsorgane und die Wirtschaftseinheiten sind für die Maßnahmen des K. in ihrem Bereich verantwortlich.

Zur Leitung und Koordinierung aller Maßnahmen zur Bekämpfung von Katastrophen besteht beim Ministerrat eine Zentrale Katastrophenkommission. Als beratende – nicht mehr leitende und koordinierende Organe, wie bis zum 15. 7. 1981 – bestehen bei den Vorsitzenden der Räte der → **Bezirke** Bezirkskatastrophenkommissionen, bei den Vorsitzenden der Räte der → **Kreise** Kreiskatastrophenkommissionen. In besonders gefährdeten Städten und → **Gemeinden** sowie in den Stadtbezirken der Bezirksstädte können die Vorsitzenden der übergeordneten Räte die Bildung von Katastrophenkommissionen anordnen.

Alle Bürger sind verpflichtet, Wahrnehmungen und Feststellungen über vorhandene Gefahrenquellen und eingetretene Katastrophen den Staatsorganen zu melden und aktiv an der Abwehr und Bekämpfung von Katastrophen teilzunehmen. Die Staatsorgane sind verpflichtet, Mitteilungen der Bevölkerung sowie eigene Wahrnehmungen über Gefahrenquellen oder eingetretene Katastrophen dem zuständigen Leiter der Zivilverteidigung unverzüglich mitzuteilen. Zur Abwehr und Bekämpfung drohender oder eingetretener Katastrophen können die Leiter der Zivilverteidigung der Städte, Stadtbezirke und Gemeinden von den Leitern der Zivilverteidigung der Kreise bzw. Bezirke ermächtigt werden, arbeitsfähige Bürger zur Arbeitsleistung zu verpflichten und den Einsatz von technischen und materiellen Mitteln anzuordnen.

Kauffonds der Bevölkerung: Teil der Geldeinnahmen der Bevölkerung, der von ihr innerhalb eines bestimmten Zeitabschnitts für den Kauf von Waren und die Bezahlung von Leistungen verwendet wird. Die Bildung des K. erfolgt über Lohn- und Gehaltszahlungen, Prämien, Einkommensübertragungen (z. B. Renten) u. ä. Der K. tritt auf dem Konsumgütermarkt als kaufkräftige Nachfrage in Erscheinung. Der K. und die Ausgaben der Betriebe, Institutionen und Organisationen im Einzelhandel ergeben zusammen die Wertgrößen des Warenumsatzes im Einzelhandel. Der K. wird als Teil der Bilanz der Geldeinnahmen und -ausgaben der Bevölkerung ermittelt und geplant sowie mit dem Warenfonds zur Versorgung der Bevölkerung bilanziert. → **Binnenhandel; Lohnfonds; Lohnformen und Lohnsystem; Planung.**

Kaufkraft: Mit Hilfe von Warenkorbvergleichen läßt sich die Relation der K. der Mark der DDR zur K. der DM für einen bestimmten Haushaltsverbrauch ermitteln. Unterschiede im Sortiment, in der Qualität und Verfügbarkeit der Waren können dabei allerdings nur unzureichend berücksichtigt werden.

Vom Deutschen Institut für Wirtschaftsforschung, Berlin (West), wurden wiederholt K.-Vergleiche für einen Arbeitnehmerhaushalt (4 Personen) mit durchschnittlicher Verbrauchsstruktur und einen Rentnerhaushalt (2 Personen) mit einem stärker auf den lebensnotwendigen Bedarf abgestellten Verbrauch vorgenommen. Infolge von Einkommenserhöhungen und qualitativen sowie quantitativen Verbesserungen der Güterversorgung – sowohl in der DDR als auch in der Bundesrepublik Deutschland – hat sich im Laufe der Zeit die Zusammensetzung der Warenkörbe deutlich verändert.

Die nach den jeweiligen Verbrauchsverhältnissen in der DDR für 1960, 1969, 1977 und 1983 zusammengestellten Warenkörbe der Arbeitnehmerhaushalte erforderten – bewertet zu laufenden Preisen – für den gleichen Verbrauch 1960 und 1969 um 30 v. H. bzw. 13 v. H. höhere Beträge in Mark der DDR, als dafür in der Bundesrepublik Deutschland (in DM) zu zahlen waren; 1977 und 1983 waren dagegen 11 v. H. bzw. 19 v. H. weniger Mark als DM aufzuwenden. Die K. der Mark betrug somit für den „DDR-Warenkorb“ 1960: 77 v. H., 1969: 89 v. H., 1977: 112 v. H. und 1983: 124 v. H. der K. der DM in der Bundesrepublik. Dabei differierte die relative K. bei den Ausgaben für die einzelnen Waren und Leistungsgruppen stark.

Wird ein „Bundesrepublik-Warenkorb“ zugrunde gelegt, der dem in Warenauswahl und z. T. auch in Mengen sehr viel reichhaltigeren westdeutschen Verbrauch entspricht, errechnen sich als durchschnittliche K. der Mark in der DDR für 1960: 75 v. H., 1969: 83 v. H., 1977: 88 v. H. und für 1983: 87 v. H. der K. der DM. Die relative K. der Mark ist also erheblich niedriger, wenn sie nach einem westdeutschen Warenkorb ermittelt wird, d. h. sie sinkt mit wachsenden Verbrauchsansprüchen. Dieser grundsätzlichen K.-Tendenz entsprechend ist die relative K. der Mark der DDR bei dem in stärkerem Maße auf den lebensnotwendigen Bedarf begrenzten Verbrauch der 2-Personen-Rentnerhaushalte höher. Für sie betrug die K. der Mark in der DDR nach der Verbrauchsstruktur

	in der Bundesrepublik	in der DDR
1966	88 v. H.	97 v. H.
1969	99 v. H.	111 v. H.
1977	104 v. H.	126 v. H.
1983	110 v. H.	143 v. H.

der K. der DM im Bundesgebiet. Zu beachten bleibt allerdings, daß für diesen Vergleich für die Bundesrepublik Deutschland nur ein Rentnerhaushalt herangezogen werden konnte, dessen Einkommen weit unter dem Durchschnitt liegt.

Im Mittel der nach Verbrauchsstrukturen der Bundesrepublik und der DDR berechneten Paritäten (gekreuzter Warenkorb) stieg die relative K. der Mark in Arbeitnehmerhaushalten erheblich und erreichte 1960: 76 v. H., 1969: 86 v. H., 1977: 100 v. H. und 1983: 106 v. H. Eine ähnliche Entwicklung vollzog sich bei den Rentnern. Hier betrug die K. der Mark – gemessen an der K. der DM – 1966: 93 v. H., 1969: 105 v. H., 1977: 115 v. H. und 1983: 127 v. H.

Die Daten zeigen, daß sich die K. der Mark gemessen an der DM beständig erhöht hat; dies war zum größten Teil die Folge des verhältnismäßig stabilen Preisniveaus in der DDR auf der einen Seite und der nicht unbeträchtlichen Steigerungen der DM-Preise auf der anderen. Im Spätherbst 1979 hat die DDR ihre bisherige Verbraucherpreispolitik aufgegeben; insbesondere der gehobene Bedarf hat sich erheblich verteuert. Deshalb war danach vorübergehend eine relative Verschlechterung der K. der Mark eingetreten (→ **Preissystem und Preispolitik**).

Von der Höhe der K.-Paritäten der Währungseinheiten darf nicht auf ein entsprechendes Niveau der Lebenshaltung geschlossen werden. Entscheidend für den → **Lebensstandard** – soweit er vom privaten Verbrauch abhängt – sind neben den Preisen die → **Einkommen**. Die K.-Verbesserungen der Mark gegenüber der DM reichten wegen der stärker gestiegenen nominalen Einkommen in der Bundesrepublik Deutschland jedoch nicht aus, um den Abstand der Realeinkommen (um K.-

Relative Kaufkraft der Mark[1] berechnet für einen 4-Personen-Arbeitnehmerhaushalt (in v. H.; Stand: Jahresmitte)

Bedarfsgruppe	nach Verbrauchsstruktur in der . . . . . . Bundesrepublik[2]				. . . DDR[2]				
	1960	1969	1977	1983	1960	1969	Bedarfsgruppe	1977[3]	1983
Ernährung	75	82	100	112	76	89	Nahrungsmittel	126	136
Genußmittel	47	49	56	57	49	50	Genußmittel	54	60
Wohnung	133	227	370	484	133	227			
Heizung und Beleuchtung	135	189	278	330	137	189	Textilien und Schuhe	57	48
Hausrat	66	61	60	56	67	55	sonstige Waren	73	91
Bekleidung	51	65	57	43	52	67	Leistungen und Reparaturen	250	282
Reinigung und Körperpflege	101	83	105	94	100	100	dar.: Mieten	385	495
Bildung und Unterhaltung	96	79	83	55	105	115			
Verkehr	103	66	66	84	105	95			
Verbrauchsausgaben, gesamt	75	83	88	87	77	89		112	124

1 Die K. der Mark in der DDR im Verhältnis zur K. der DM in der Bundesrepublik Deutschland.
2 Die in diesen Berechnungen verwendeten Warenkörbe wurden auf der Grundlage der Ergebnisse der laufenden Wirtschaftsrechnungen in beiden Vergleichsgebieten, der den amtlichen Preisindices zugrunde liegenden Warenkörbe und Verbrauchsstrukturen sowie der aus der Verbrauchsstatistik verfügbaren Informationen über die Versorgung in der DDR mit Gütern und Diensten aufgestellt.
3 Alle Arbeitnehmerhaushalte.
Quelle: Berechnungen des Deutschen Instituts für Wirtschaftsforschung, Berlin (DIW).

Unterschiede bereinigte Nettoeinkommen) in der DDR zu denen der Bundesrepublik zu verringern; der Rückstand ist sogar größer geworden.

Relative Kaufkraft der Mark[1] berechnet für einen 2-Personen-Rentnerhaushalt (in v. H.)

Bedarfsgruppe	Anfang		Mitte	
	1966	1969	1977	1983
nach Verbrauchsstruktur in der Bundesrepublik[2]				
Ernährung	89	92	101	112
Genußmittel	44	44	49	48
Wohnung	208	333	392	482
Heizung und Beleuchtung	159	204	313	353
Hausrat	57	61	73	68
Bekleidung	58	61	54	42
Reinigung und Körperpflege	104	106	125	123
Bildung und Unterhaltung	139	152	97	64
Verkehr	135	154	175	145
Verbrauchsausgaben, gesamt	88	99	104	110
nach Verbrauchsstruktur in der DDR[2]				
Nahrungsmittel	92	94	124	133
Genußmittel	65	63	49	59
Textilien und Schuhe	56	62	53	45
sonstige Waren	91	98	104	121
Leistungen und Reparaturen	167	227	256	303
dar.: Mieten	208	333	417	515
Verbrauchsausgaben, gesamt	97	111	126	143

1 Die K. der Mark in der DDR im Verhältnis zur K. der DM in der Bundesrepublik Deutschland.

2 Die in diesen Berechnungen verwendeten Warenkörbe wurden auf der Grundlage der Ergebnisse der laufenden Wirtschaftsrechnungen in beiden Vergleichsgebieten, der den amtlichen Preisindices zugrunde liegenden Warenkörbe und Verbrauchsstrukturen sowie der aus der Verbrauchsstatistik verfügbaren Informationen über die Versorgung in der DDR mit Gütern und Diensten aufgestellt.

Quelle: Berechnungen des Deutschen Instituts für Wirtschaftsforschung, Berlin (DIW).

Kinderbeihilfen: Aus Mitteln des Staatshaushaltes an Familien mit Kindern gezahlte Unterstützungen in verschiedener Form:

1. Einmalige finanzielle Unterstützung bei der Geburt eines Kindes von 1000 Mark (→ **Geburtenbeihilfen**).
2. **Staatliches Kindergeld**. Mit der VO vom 4. 12. 1975 (GBl. I, 1976, S. 52ff.) wurden bestehende Leistungen mit ähnlichen Regelungen zum staatlichen Kindergeld zusammengefaßt. Anspruch darauf haben alle Bürger der DDR mit Kindern. Es wird bis zur Beendigung der zehnklassigen Schulen gezahlt oder bis zum vollendeten 18. Lebensjahr, wenn die Kinder aus gesundheitlichen Gründen keine Schulen besuchen und nicht erwerbstätig sein können. Für Lehrlinge, Schüler der Klassen 11 und 12 sowie für Studenten entfällt das Kindergeld. Sie oder ihre Eltern erhalten Lehrlingsentgelte, Ausbildungsbeihilfen und Stipendien (→ **Ausbildungsförderung**).

Das Kindergeld beträgt monatlich für das 1. und 2. Kind 20 Mark und für das 3. und jedes weitere Kind 100 Mark (VO vom 29. 10. 1981, GBl. I, S. 381). Steuerliche Abgaben werden darauf nicht erhoben.

Kinderzuschläge werden auch von der Sozialversicherung zu den Renten gezahlt (→ **Renten**). Anspruch auf Kinderzuschlag von 45 Mark monatlich zu den Alters-, Invaliden- und Kriegsbeschädigtenrenten (→ **Kriegsopferversorgung**) besteht grundsätzlich bis zum vollendeten 16. Lebensjahr, bei weiterführender (Hoch-) Schulausbildung bis zum 18. Lebensjahr und wird in bestimmten Fällen bis zum Abschluß einer Lehrausbildung auch länger anerkannt.

Zu den Unfallrenten wird bei einem Körperschaden von mindestens 50 v. H. ein Kinderzuschlag in Höhe von 10 v. H. der Versichertenrente für jedes Kind, das im Falle des Todes des Versicherten einen Anspruch auf Waisenrente hätte, gezahlt; bei Körperschäden von 66⅔ v. H. und mehr erhöht sich dieser Zuschlag um 20 Mark und beträgt mindestens 45 Mark.

Die Sozialunterstützung (→ **Sozialfürsorge**) für minderjährige Kinder und Kinder, die noch die erweiterte allgemeinbildende polytechnische Oberschule besuchen, beträgt monatlich 45 Mark.

Kinderkrippe, Kindergarten: Der Bereich der Vorschulerziehung in Form der Kk. und Kg. ist in der DDR sehr stark ausgebaut. Für die besondere Förderung und die hohen Versorgungsraten in diesem Bereich sind im wesentlichen 3 Gründe zu erkennen: die gesellschaftliche Betreuung von Kindern im Vorschulalter erfüllt erstens eine sozioökonomische Funktion, indem sie beide Elternteile für den Arbeitsprozeß freistellt. (In der DDR sind 87 v. H. der Frauen im berufsfähigen Alter berufstätig oder in der Ausbildung. → **Frauen**.) Neben dem Gewinn zusätzlicher Arbeitskräfte wird dabei in der Berufstätigkeit der Frau gemäß der Rolle, die der Begriff „Arbeit" in der marxistisch-leninistischen Weltanschauung einnimmt, eine wichtige Funktion für die Gleichberechtigung und die Selbstverwirklichung der Frauen gesehen.

Zweitens soll die Vorschulerziehung in Kk. und Kg. dazu beitragen, das oberste Ziel des Einheitlichen sozialistischen Bildungssystems – die Herausbildung „der sozialistischen Persönlichkeit" – so früh und so umfassend wie möglich zu verwirklichen. Schließlich soll drittens durch die starke Betonung des Vorschulcharakters inbesondere im Kg. erreicht werden, daß zum Zeitpunkt der Einschulung unabhängig vom Elternhaus möglichst gleiche Bildungsvoraussetzungen bei allen Kindern vorhanden sind. (→ **Einheitliches sozialistisches Bildungssystem**, IV.)

Es gibt kommunale, betriebliche, genossenschaftliche, aber auch kirchliche Kk. und Kg. Normal ist die Tagesbetreuung, es gibt aber auch Wochen-Kk. und -Kg. sowie – überwiegend für Beschäftigte in der Landwirtschaft – Saisoneinrichtungen. Daneben gibt es Kinderheime für Kinder, die eine dauerhafte Betreuung benötigen.

Der Besuch der Vorschuleinrichtungen ist freiwillig und

wird vom Staat hoch subventioniert. In vielen Fällen reicht das Angebot jedoch nicht aus, um die Nachfrage nach Plätzen zu befriedigen. Bei der Aufnahme werden Kinder von alleinstehenden Müttern oder Vätern bzw. von Eltern, die beide berufstätig oder in der Ausbildung sind, bevorzugt behandelt.

1. Kinderkrippe. Kinder bis zu 3 Jahren werden in der DDR nach Möglichkeit in Kk. untergebracht. Nach dem Gesetz über das Einheitliche sozialistische Bildungssystem werden in den Kk. „vorwiegend Kinder, deren Mütter berufstätig sind oder studieren, von den ersten Lebenswochen bis zur Vollendung des 3. Lebensjahres in engem Zusammenwirken mit der Familie gepflegt und erzogen. In den Kk. ist zu gewährleisten, daß sich die Kinder gesund und, vor allem durch das Spiel, körperlich und geistig harmonisch entwickeln." In den Kk., die der Aufsicht des → **Ministeriums für Gesundheitswesen** (MfG) unterstehen, wurden 1982 rd. 64 v. H. der Kinder bis zu 3 Jahren betreut. Das MfG hat für die Arbeit in den Kk. einheitliche Grundsätze herausgegeben. Danach wird das Kind in der Kk. mit der „unmittelbaren Umwelt" bekannt gemacht, hier lernt es seinen Lebenskreis kennen und wird in der Gruppe an Ordnung und Regelmäßigkeit gewöhnt. Breiter Raum wird der Körperertüchtigung gewidmet. Empfindungs- und Erlebnisfähigkeit sowie Sprechen und Denken werden systematisch gefördert. Eine umfassende Gesundheitsfürsorge ist sichergestellt. Besondere Aufmerksamkeit gilt der Früherfassung von geschädigten Kindern.

2. Kindergarten. Der Kg. ist nach Zielstellung und Bildungs- und Erziehungsinhalt grundlegender Bestandteil des „einheitlichen sozialistischen Bildungssystems". Anleitung und Aufsicht unterstehen deshalb dem → **Ministerium für Volksbildung**, unter dessen Anleitung ein einheitlicher „Bildungs- und Erziehungsplan" für die Erziehung im Kg. entwickelt wurde. In den Kg. wurden 1982 rd. 91 v. H. der 3- bis 6jährigen – überwiegend in Jahrgangsgruppen – betreut. Die Eltern zahlen einen Unkostenbeitrag zum Essen in Höhe von ca. 55 Pfennig pro Tag.

Gemäß dem Bildungsgesetz von 1965 soll der Kg. „Stätte frohen Kinderlebens" sein. Begabungen werden systematisch gefördert; so werden z. B. musikbegabte Kinder vom 5. Lebensjahr an zum Besuch einer → **Musikschule** angehalten. 1981 betrug die Zahl der ausgebildeten Erzieherinnen in den Kg. 59165. Danach hat jede Kindergärtnerin im Durchschnitt 12 Kinder zu betreuen.

Als Erziehungsschwerpunkte im Kg. gelten die Vorbereitung der Kinder auf das „Leben in der sozialistischen Gesellschaft der DDR" sowie die Heranbildung zu „harmonisch entwickelten sozialistischen Persönlichkeiten". Dazu gehört, daß sich die Kinder in die Gemeinschaft – das Kollektiv – einfügen lernen, um in ihr später „gesellschaftlich nützlich" tätig zu werden. Sie sollen Verhaltensweisen erlernen, die den „sozialistischen Normen" entsprechen. Systematisch sollen die Kinder auf den Schulbesuch vorbereitet, aber ihnen noch keine von der Schule vermittelte Fähigkeiten, wie zum Beispiel Lesen und Schreiben, beigebracht werden. Alle Erziehungs- und Lerninhalte sollen aber bereits von den Vorstellungen und Normen des Marxismus-Leninismus durchdrungen sein.

Für Kinder, die nur im Elternhaus aufwachsen, weil für sie noch kein Kg.-Platz bereitsteht, werden im letzten Jahr vor der Einschulung alle 14 Tage **Spiel-Lernnachmittage** veranstaltet. Sie finden unter der Leitung von Kindergärtnerinnen und Lehrern oder Lehrerinnen statt und sollen jeweils 90 Minuten dauern. Betreut werden die Kinder in den Kk. und Kg. von Kindergärtnerinnen mit abgeschlossener Fachschulausbildung, Erziehungshelferinnen mit pädagogischer Kurz- oder Teilausbildung, Helferinnen ohne pädagogische Ausbildung.

Kindergärtnerin kann jede Frau werden, die den Abschluß der 10. Klasse hat (oder entsprechenden Bildungsstand). Nach einer Eignungsprüfung studiert sie im Direkt- oder Fernstudium 3 Jahre lang an einer Pädagogischen → **Fachschule**.

Kinder- und Jugendliteratur: Auf dem Gebiet der KuJ. sind in den vergangenen Jahren jeweils zwischen 600 und 700 Titel mit einer Gesamtauflage zwischen 15 und 17 Mill. Exemplaren erschienen. Es gibt in der DDR 13 Verlage, die KuJ.-Literatur herausgeben. Eine Spitzenposition nimmt der Kinderbuchverlag der DDR in Berlin (Ost) ein. In ihm erscheinen jährlich rd. 450 Titel mit insgesamt etwa 11 Mill. Exemplaren.

Für die Herstellung sozialistischer Kinderliteratur werden 4 Quellen genannt: „das klassische deutsche Erbe und die humanistische Weltliteratur, die deutsche proletarische und die sowjetische Kinderliteratur". Für den Kinderbuchverlag arbeiten etwa 140 belletristische Autoren und Übersetzer, 80 populärwissenschaftliche Autoren und 100 Grafiker. Seit 1958 untersteht der Kinderbuchverlag der → **Pionierorganisation „Ernst Thälmann"**, der Kinderorganisation der → **Freien Deutschen Jugend (FDJ)**.

Erstes Buch des Verlages war 1949 „Der verwundete Sokrates" von Bertolt Brecht. Spitzenreiter im Verlagsprogramm sind die Märchen der Gebrüder Grimm, die in verschiedenen Ausgaben in über 1 Mill. Exemplaren erschienen sind, und der sowjetische Bestseller „Timur und sein Trupp" (bisherige Auflage: fast 70000 Exemplare). Auflagen von mehreren hunderttausend Exemplaren erzielten ferner: „Tinko" von Erwin Strittmatter, „Trini" von Ludwig Renn, „Mohr und die Raben von London" von Ilse und Vilmos Korn, „Den Wolken ein Stück näher" von Günter Görlich. Der Kinderbuchverlag stellt jährlich jedem Mitglied des Buchklubs der Schüler – insgesamt mehr als 180000 Mitglieder – fünf Bücher zu ermäßigten Preisen zur Verfügung, die nur in den Schulen vertrieben werden.

Den Auftrag des Kinderbuchverlages sieht ein Verlagssprecher darin, „den weltanschaulichen Standpunkt der Leser mitzuformen. Wir wollen nicht junge Mathematiker, Physiker und Chemiker mit indifferenter Weltanschauung erziehen, sondern – mit den Mitteln der Literatur – junge charakterstarke Revolutionäre mit einem festen marxistisch-leninistischen Standpunkt, die eben deshalb zugleich gute Mathematiker, Physiker und

Chemiker werden. Der ideelle Gehalt der Kinderliteratur muß sich über die Darstellung ethischer Verhaltensweisen in der sozialistischen Menschengemeinschaft mehr und mehr zu politisch-weltanschaulichen Fragestellungen ausweiten. Mit den sich in diesen Kämpfen und Auseinandersetzungen und bewährenden jungen und erwachsenen Menschengestalten unserer Zeit erfassen wir unser Ideal vom Menschen als Beherrscher und Veränderer unserer Welt."

In der DDR erscheinen gegenwärtig 14 KuJ.- → **Zeitschriften** mit einer jährlichen Gesamtdruckauflage von rd. 56 Mill. Exemplaren. → **Verlagswesen.**

Kirchen

I. Überblick
II. Bund der Evangelischen Kirchen in der DDR
III. Römisch-katholische Kirche
IV. Freikirchen und andere Gemeinschaften. Arbeitsgemeinschaft christlicher Kirchen in der DDR
V. Staat und Kirchen
VI. Kirchliche Tätigkeit in der DDR-Gesellschaft
VII. Finanzierung der Kirchen

I. Überblick

Die K. sind in der DDR die einzigen nicht sozialistischen und staatsfreien Großorganisationen. Sie haben ihre innere Autonomie bewahrt und entscheiden unabhängig über den Inhalt ihrer Tätigkeit, ihre inneren Rechtsverhältnisse, ihre Organisation und über die für sie tätigen, d. h. sie nach innen leitenden und nach außen repräsentierenden Personen. Sie unterhalten – neben den Theologie-Sektionen an den Universitäten – eigene Ausbildungsstätten ohne Staatsaufsicht für kirchliche Berufe (→ **Theologenausbildung**). Staatsrechtliche Grundlage für die Autonomie der K. im Rahmen der für alle geltenden Gesetze ist Art. 39 der Verfassung der DDR von 1968, i. d. F. von 1974.

Die K., ihre Gemeinden und sonstigen Körperschaften sind juristische Personen eigenen Rechts. Ihre Relevanz und ihre, im einzelnen nicht beschriebenen, Mitwirkungsrechte in der sozialistischen Gesellschaft hat Erich Honecker am 6. 3. 1978 in einem Gespräch mit dem Vorstand des evangelischen K.-Bundes bestätigt. Trotz weiter rückläufiger Mitgliederzahlen gelten sie der SED unter Honecker nach zahlreichen politischen Restriktionsmaßnahmen vor allem in den 50er und 60er Jahren (s. u. IV.) heute ideologisch nicht mehr als zu überwindende Restbestände der bürgerlichen Gesellschaft. Die K.-Politik der DDR ist deshalb bestrebt, trotz des von beiden Seiten für unüberbrückbar erklärten weltanschaulich-ideologischen Gegensatzes die K. so weit in die sozialistische Gesellschaft zu integrieren, daß ihre sittlichen und sozialen Potenzen für die Gesellschaft nutzbar werden. Gleichzeitig wird versucht, das kritische Potential der K. nicht über die Grenzen der K.-Gemeinden hinaus in die Gesellschaft dringen zu lassen. So wurde etwa 1982 das öffentliche Tragen des evangelischen Friedensaufnähers „Schwerter zu Pflugscharen" verhindert, ohne daß den K. die weitere Verwendung dieser Losung für ihre kirchen-interne Friedensarbeit verboten wurde (→ **Friedensbewegung**). Der → **Staatssekretär für Kirchenfragen**, Klaus Gysi (SED), erläuterte am 25. 5. 1981 in Genf in einer (in der DDR nicht veröffentlichten) Rede das Staat-Kirche-Verhältnis: „Wir wünschen ein Verhältnis, das kooperativ-konstruktiv ist dort, wo wir übereinstimmen, und das dort, wo wir nicht übereinstimmen, sozusagen Tolerierung der staatlichen Entscheidungen ist, wo es solche gibt. Im übrigen Respektierung der Eigenständigkeit beider Seiten." (epd-Dokumentation 28/81)

Der Staat hat seit der Volkszählung 1964 die Religionsstatistik nicht mehr fortgeführt, die K. haben kein eigenes Meldewesen. Zuverlässige Mitgliederzahlen liegen deshalb nicht vor, die letzten offiziellen Gesamtschätzungen stammen aus dem Jahre 1977: 7,9 Mill. Mitglieder evangelischer Landeskirchen, 1,2 Mill. Katholiken, 0,1 Mill. Angehörige von Freikirchen, 0,15 Mill. Mitglieder anderer **Religionsgemeinschaften** (Sekten). Die tatsächliche Mitgliederzahl dürfte inzwischen erheblich unter 50 v. H. der DDR-Bevölkerung liegen.

Einschließlich → **Diakonie** und → **Caritas** beschäftigen die K. in der DDR zwischen 40000 und 50000 Personen haupt- und nebenberuflich, darunter etwa 6000 Pfarrer und Priester.

II. Bund der Evangelischen Kirchen in der DDR

A. Die Landeskirchen – Die Kirchenvereinigungen EKU und VELK

Die 8 selbständigen evangelischen Landes-K. sind seit 1969 im „Bund der Evangelischen Kirchen in der Deutschen Demokratischen Republik" zusammengeschlossen. Organe des K.-Bundes sind die aus den Mitglieds-K. beschickte Synode und die zu einem Drittel von der Synode gewählte, zu zwei Dritteln von den Landeskirchenleitungen beschickte 24köpfige Konferenz der K.-Leitungen. Vorsitzender war seit Gründung bis 1981 der Ost-Berliner Bischof Albrecht Schönherr, bis Ende 1982 Bischof Werner Krusche (Magdeburg), seitdem Bischof Johannes Hempel (Dresden). Jede Landes-K. gehört neben dem K.-Bund einer weiteren K.-Vereinigung an, dem DDR-Bereich der Evangelischen K. der Union (EKU) oder der Vereinigten Evangelisch-Lutherischen K. (VELK) in der DDR (s. u.).

Mitglieds-K., die gleichzeitig zur EKU gehören (Mitgliederzahlen von 1977):

Evangelische Kirche in Berlin-Brandenburg (ohne West-Berliner Region, s. u.) (1,5 Mill.), Bischof: Gottfried Forck (1981);

Evangelische K. der K.-Provinz Sachsen (1,5 Mill.), Bischof: Christoph Demke (1983);
Evangelische Landes-K. Greifswald (0,45 Mill.), Bischof: Horst Gienke (1972);
Evangelische Landes-K. Anhalts (0,22 Mill.), K.-Präsident: Eberhard Natho (1970);
Evangelische K. des Görlitzer K.-Gebietes (0,125 Mill.), Bischof: Hanns-Joachim Wollstadt (1979).
Mitglieds-K., die gleichzeitig zur VELK gehören:
Evangelisch-Lutherische Landes-K. Sachsens (2,35 Mill.), Landesbischof: Johannes Hempel (1972);
Evangelisch-Lutherische Landes-K. in Thüringen (1 Mill.), Landesbischof: Werner Leich (1978);
Evangelisch-Lutherische Landes-K. Mecklenburgs (0,75 Mill.), Landesbischof: Christoph Stier (1984).
Mit Sonderstatus dem K.-Bund assoziiert:
Evangelische Brüder-Unität (Distrikt Herrnhut), Unitätsdirektor: Christian Müller (1981).

B. Aufgaben, innere Gliederung, Reform des Kirchenbundes

Der K.-Bund versteht sich als Zusammenschluß von bekenntnisbestimmten und rechtlich selbständigen Glied-K., die anstreben, stärker zusammenzuwachsen. Seine gegenwärtigen Zuständigkeiten sind begrenzt. Er vertritt seine Mitglieds-K. im Ökumenischen Rat der K. und in der Konferenz Europäischer K. und nimmt die sich daraus ergebenden ökumenischen Aufgaben und Kontakte wahr. Der K.-Bund vertritt seine Mitglieds-K. gegenüber Staat und Gesellschaft. Er will sie zu „Zeugnis und Dienst in der sozialistischen Gesellschaft der DDR" zusammenführen. Auf zahlreichen Sachgebieten ist der K.-Bund durch Kommissions- und Ausschußarbeit bemüht, die kirchliche Arbeit zu koordinieren und auf gemeinsame Grundlagen zu stellen; z. B. Ausbildungswesen, Pfarrerdienstrecht, liturgische Angelegenheiten, Konfirmation und Christenlehre.

Die Mitglieds-K. des K.-Bundes gehörten bis 1969 zusammen mit den Landes-K. in der Bundesrepublik Deutschland und Berlin (West) zur Evangelischen K. in Deutschland (EKD). Sie lösten ihre Mitgliedschaft zugunsten des eigenen neuen Zusammenschlusses (s. u.), legten jedoch gleichzeitig in Artikel 4 (4) der Bundesordnung fest: „Der Bund bekennt sich zu der besonderen Gemeinschaft der ganzen evangelischen Christenheit in Deutschland. In der Mitverantwortung für diese Gemeinschaft nimmt der Bund Aufgaben, die alle evangelischen Kirchen in der Deutschen Demokratischen Republik und in der Bundesrepublik Deutschland gemeinsam betreffen, in partnerschaftlicher Freiheit durch seine Organe wahr."

Die beiden innerhalb der EKD bestehenden Kirchenvereinigungen vollzogen den Weg der Verselbständigung dabei in unterschiedlicher Weise: Ende 1968 bildete sich die VELK in der DDR durch Abtrennung von der bis dahin Ost und West umfassenden Vereinigten Evangelisch-Lutherischen K. Deutschlands (VELKD), indem auf der Basis der bestehenden Verfassung der VELKD eigene DDR-Leitungsorgane gebildet wurden. Demgegenüber zögerte die Evangelische K. der Union (EKU), zu der im Westen neben Berlin (West) die rheinische und die westfälische Landes-K. gehören, ihre Aufgliederung bis 1972 hinaus. Sie besteht auf der Basis der Ordnung der EKU als eine K. weiter, die jedoch in Leitung und Verwaltung in 2 vollkommen selbständig handlungsfähige Bereiche aufgegliedert wurde. Dabei wurde festgelegt, daß die EKU-Räte (Leitungen) für die Bereiche DDR einerseits und Bundesrepublik Deutschland und Berlin (West) andererseits regelmäßig zu gemeinsamen Beratungen zusammentreten, was auch geschieht.

Ebenfalls in Leitung, Verwaltung und Rechtsetzung in 2 Regionen geteilt, ohne daß das Prinzip der Einheit der Landes-K. aufgegeben wurde, ist auch die Evangelische K. in Berlin-Brandenburg. Ihre Ostregion gehört zum DDR-K.-Bund, ihre Westregion (Berlin [West]) zur EKD. Die Präambel der Grundordnung (Verfassung) gilt in beiden Regionen unverändert weiter. Der materielle Teil der Grundordnung ist inzwischen in beiden Regionen nach den jeweiligen Bedürfnissen umgestaltet worden. Nachdem ursprünglich (1966) beide K.-Regionen mit Kurt Scharf noch einen gemeinsamen Bischof gewählt hatten, der sein Amt jedoch in der DDR niemals ausüben konnte, wurde 1973 für das Gebiet der DDR ein eigenes Bischofsamt geschaffen und mit Albrecht Schönherr besetzt (seit 1981 Gottfried Forck). Die K.-Verfassung weist ihn und den Bischof von Berlin (West) (seit 1977 Martin Kruse) an, „brüderliche Verbindung" miteinander zu halten.

1979 wurde mit den „Eisenacher Empfehlungen" eine Strukturreform der Gemeinschaftsorganisation des Protestantismus in der DDR eingeleitet, an deren Ende eine „Vereinigte Evangelische K. in der DDR" (VEK) als Föderation der 8 Landes-K. stehen sollte. In der VEK sollten sowohl der jetzige K.-Bund wie auch EKU und VELK aufgehen. Als Gemeinschaftsorganisation der Landes-K. sollte sie selber auch im theologischen Sinne K. sein und mehr Kompetenzen als der jetzige K.-Bund erhalten. Der Reformprozeß blieb Ende 1981 zunächst stecken, als die Berlin-brandenburgische als einzige Landes-K. einer „Gemeinsamen Entschließung", mit der die erste Stufe der Neuordnung in Gang kommen sollte, die Zustimmung versagte. Zu den Gründen für das Nein einer Sperrminorität in der Landessynode gehörte die Besorgnis, daß mit einer Auflösung des DDR-Bereichs der EKU ein weiteres Stück rechtlich geordneter K.-Gemeinschaft zwischen Ost und West in Deutschland verschwinden würde. Auch beim 2. Anlauf 1984 gelang es in der Berlin-brandenburgischen Synode nicht, die nötige Zweidrittel-Mehrheit zu erreichen. Damit ist das

Projekt VEK in der bisher geplanten Form gescheitert. Die Landes-K. sind sich jedoch darüber einig, daß sie theologisch und praktisch erhebliche Fortschritte in der Festigung ihrer Gemeinschaft gemacht haben. Die Reformbestrebungen sollen nun darauf konzentriert werden, die Verfassung des K.-Bundes entsprechend umzugestalten und ihm auch einige noch bei der VELK und der EKU liegende Kompetenzen zu übertragen, ohne daß jedoch diese beiden Zusammenschlüsse aufgelöst werden. (Weiteres zur evangelischen K. unter V., Staat und K., und VI., Kirchliche Tätigkeit in der DDR-Gesellschaft.)

III. Römisch-katholische Kirche

A. Berliner Bischofskonferenz und kirchenrechtliche Gliederung

Die römisch-katholische K. in der DDR ist eine Diaspora-K. Die rd. 1,2 Mill. Katholiken stellen eine Minderheit in der Bevölkerung von knapp 7 v. H. dar. An der Spitze der 6 Jurisdiktionsbezirke, von denen 2 Bistümer sind, stehen Bischöfe. Zusammen mit 4 Weihbischöfen bilden sie die **Berliner Bischofskonferenz** (BBK), das Leitungsgremium für die Katholische K. in der DDR.

Die BBK, die in ihren Anfängen auf das Jahr 1950 zurückgeht, hieß bis 1976 „Berliner Ordinarienkonferenz“. Sie entspricht hinsichtlich ihres Aufgabenbereichs und ihrer Kompetenzen in etwa den nationalen Bischofskonferenzen. Errichtet wurde sie 1976 durch vatikanisches Dekret, das zugleich ihre Selbständigkeit und Unabhängigkeit von der Deutschen Bischofskonferenz festlegte. Die BBK hat danach z. B. nicht das Recht, für den Westteil des Bistums Berlin zu beschließen. Der Bischof von Berlin, der ihr angehört, ist aufgrund seiner Jurisdiktionsrechte in Berlin (West) weiterhin auch Mitglied der Deutschen Bischofskonferenz unter Vorsitz des Erzbischofs von Köln, derzeit (1982) Josef Kardinal Höffner.

Das einzige Bistum, das geschlossen innerhalb des Territoriums der DDR liegt, ist das Bistum Dresden/Meißen mit rd. 270000 Katholiken (Bischof Gerhard Schaffran). Das Bistum Berlin (Bischof Dr. Joachim Meisner) zählt in seinen 3 Teilen – West- und Ost-Berlin sowie die DDR – rd. 435000 Katholiken, davon rd. 270000 in West-Berlin. Es erstreckt sich etwa von Rügen bis Jüterbog und von Brandenburg bis Frankfurt/O. Der West-Berliner Teil und der Ostteil werden je selbständig verwaltet. Die kirchenrechtliche Einheit ist in der Person des Bischofs garantiert, dem von den DDR-Behörden zugestanden wird, den West-Berliner Teil des Bistums an 30 Tagen im Vierteljahr zu besuchen.

Die Jurisdiktionsbezirke Schwerin, Magdeburg und Erfurt/Meiningen gehören kirchenrechtlich zu Diözesen in der Bundesrepublik Deutschland, und zwar Schwerin (rd. 90000 Katholiken) zu Osnabrück, Magdeburg (rd. 240000) zur Erzdiözese Paderborn, Erfurt/Meiningen (rd. 250000) zu den Diözesen Fulda bzw. Würzburg. 6 zum Bistum Hildesheim gehörende, aber auf DDR-Gebiet liegende Gemeinden sind Schwerin, Erfurt und Magdeburg zugeordnet. Die Leiter der Bischöflichen Ämter Erfurt und Schwerin, die Bischöfe Dr. Joachim Wanke und Heinrich Theissing, sowie der Leiter des Erzbischöflichen Amtes Magdeburg, Johannes Braun, wurden im Juli 1973 von Papst Paul VI. zu Apostolischen Administratoren ernannt und damit unabhängig von den bis dahin für sie zuständigen Ordinarien der westdeutschen Diözesen. Sie sind Rom unmittelbar unterstellt. Das ehemalige Erzbischöfliche Amt Görlitz (rd. 70000 Katholiken), ein Restteil der durch die Festlegung der Oder-Neiße-Grenze an Polen gefallenen Erzdiözese Breslau (Wrocław), war bereits 1972 Apostolische Administratur unter Leitung von Bischof Bernhard Huhn geworden. Die Bischöfe von Berlin und Meißen sowie die Administratoren in Magdeburg und Schwerin haben je einen Weihbischof zur Seite.

Auf über 1000 Seelsorgestellen sind rd. 1300 Welt- und Ordensgeistliche tätig. In ca. 300 Klöstern und klösterlichen Niederlassungen (Stand 1980) leben etwa 2500 Ordensschwestern, die vorwiegend in den von der katholischen Kirche unterhaltenen Einrichtungen der → **Caritas** tätig sind. In 18 weiteren Ordensniederlassungen leben noch rd. 120 männliche Ordensangehörige.

Zur Ausbildung des Priesternachwuchses unterhält die katholische Kirche eigene Ausbildungsstätten (→ **Theologenausbildung**), ferner Fürsorgerinnen-, Katecheten- und Kindergärtnerinnenseminare sowie ein Seminar für die Ausbildung von K.-Musikern. (An dem Erfurter Priesterseminar studieren z. Z. ca. 100 Studenten [Stand Juni 1982].)

B. Kirchenpolitik der SED gegenüber der römisch-katholischen Kirche

Die Politik der SED-Führung gegenüber der katholischen K. hat sich in Ausdruck und Intensität stets von der gegenüber der evangelischen K. unterschieden. Dafür mögen folgende Gründe maßgebend sein: Die Katholiken in der DDR bilden eine Minderheit; sie sind eng mit der Welt-K., besonders mit dem Heiligen Stuhl, verbunden; sie haben sich von Anfang an unter Verzicht auf gesellschaftliche Aktivität auf Kultus und Caritas sowie Aufbau und Stärkung der Gemeinden beschränkt. Diese politische Abstinenz ist im wesentlichen bis heute durchgehalten worden. Seit Anfang der 60er Jahre durften die Bischöfe in der DDR nicht mehr an kirchlichen Veranstaltungen in der Bundesrepublik Deutschland teilnehmen, während es ihren westdeutschen Kollegen versagt war, die zu ihren Diözesen gehörenden, in der DDR liegenden Jurisdiktionsbezirke zu besuchen. Eine gewisse Auflockerung des strik-

ten Ausreiseverbots ergab sich nach der Annäherung zwischen dem Vatikan und der UdSSR unter dem Pontifikat Johannes' XXIII. († 1963). Zum Beginn des II. Vatikanischen Konzils im Oktober 1963 erhielten 7 Bischöfe eine Ausreisegenehmigung. Zu einer heftigen Kontroverse mit der SED-Führung kam es, nachdem die Bischöfe der DDR zusammen mit den westdeutschen Bischöfen im Dezember 1965 eine Antwort auf die Versöhnungsbotschaft des polnischen Episkopats unterzeichnet hatten. Mit ihrem Schritt hätten sie „gegen die Friedenspolitik unserer Regierung verstoßen", schrieb „Neues Deutschland".
Die katholische Kirche – ähnlich wie die protestantische – war in den 50er und 60er Jahren einem beträchtlichen politischen Druck seitens der kommunistischen Regierung und der SED ausgesetzt. In der zweiten Hälfte der 60er Jahre zeichnete sich zwischen Partei und Staat einerseits und katholischer K. andererseits eine leichte Entspannung ab. Zwar verurteilten die Bischöfe im November 1965 in einem Hirtenwort die weitgehende Freigabe des Schwangerschaftsabbruchs durch den Gesetzgeber und im September 1967 in einem weiteren von den Kanzeln verlesenen Schreiben den Zwang zur Jugendweihe, aber beide Äußerungen blieben ohne staatliche Reaktion. Im Gegenteil ließ W. Ulbricht in einer Rede am 15. 2. 1968 – allerdings eher beiläufig – seine Bereitschaft erkennen, zu Vereinbarungen mit dem Vatikan zu kommen. Es folgte jedoch kein entsprechender Schritt der SED-Führung.
Zugleich wuchs das Selbstvertrauen der in der DDR lebenden Katholiken, wie besonders deutlich auf dem ersten Erfurter Laienkongreß im Juni 1970 zu erkennen war. Zum ersten Mal hörte man auf einem von der K. offiziell genehmigten Kongreß positive Bewertungen des zweiten deutschen Staates und vereinzelt auch Bekenntnisse zu ihm. Anläßlich des 20. Jahrestages der Gründung der DDR im Oktober 1969 erklärte Kardinal Bengsch vor Teilnehmern an der traditionellen Wallfahrt nach Bernau, die katholische K. erkenne an, was in diesem Staat „zum wirklichen Wohl des Menschen" getan werde. Sie habe in den vergangenen Jahren seelsorgerlich arbeiten können und „mehr Chancen (gehabt), als sie ausgenutzt hat". Bengsch und andere Bischöfe und Prälaten zeigten sich zum DDR-Jubiläum nun erstmals bei den aus diesem Anlaß veranstalteten offiziellen Empfängen.
Schon am 25. 9. 1969 hatte SED-Politbüro-Mitglied Hermann Matern in einer Rede in Berlin (Ost) vor führenden Funktionären der Ost-CDU das Interesse der SED an einer Annäherung an den Vatikan signalisiert. Die von Papst Paul VI. weiterentwikkelte katholische Soziallehre, die Haltung des Vatikans im Vietnam-Konflikt und die vermeintliche langsame Überwindung des traditionellen kirchlichen Antikommunismus wurden bei dieser Gelegenheit ebenfalls positiv bewertet.
Mit der Diskussion der Ostverträge, und erst recht nach ihrer Unterzeichnung, verstärkte sich jedoch der politische Druck auf die Bischöfe, die Lösung der Jurisdiktionsbezirke von den westdeutschen Diözesen zu betreiben und die K. damit an den sozialistischen Staat heranzuführen.
Am 24. 8. 1972 drängte Ministerpräsident Stoph Kardinal Bengsch, in Rom darauf hinzuwirken, daß es zur Errichtung selbständiger Bistümer in der DDR komme. Ende September 1972 verfügte dann Rom in einem Dekret die jurisdiktionelle Ausgliederung des Bistums Berlin aus dem Metropolitanverband Breslau, nachdem Schlesien schon vorher auch kirchenrechtlich als Teil Polens anerkannt worden war. Die Berliner Diözese wurde dem Heiligen Stuhl unmittelbar unterstellt. Bereits mit Dekret vom 28. 6. 1972 war die Apostolische Administratur Görlitz errichtet worden. Am 24. 1. 1973 fand schließlich in Rom eine Begegnung zwischen dem 1978 tödlich verunglückten SED-Politbüro-Mitglied W. Lamberz und dem „Außenminister" des Vatikans, Erzbischof Casaroli, statt. Vorausgegangen waren Ende 1972 Gerüchte über Kontakte zwischen Vatikan-Vertretern und DDR-Abgesandten in Belgrad. Anfang März 1973 warnten die westdeutschen Bischöfe den Vatikan vor einer Neuordnung der kirchlichen Verwaltung in der DDR, die das Reichskonkordat tangieren würde. Im Juni 1975 kam Casaroli zu einem 6tägigen Besuch in die DDR, wo er 2 Tage als offizieller Staatsgast Gespräche mit Vertretern der Regierung der DDR, u. a. mit Außenminister Fischer, Ministerpräsident Sindermann und dem damaligen → **Staatssekretär für K.-Fragen**, Seigewasser, führte. In einer Predigt in Berlin (Ost) kündigte Casaroli an, daß eine Pilgergruppe von 150 Katholiken aus der DDR anläßlich des Heiligen Jahres im Sommer Rom besuchen dürfe. Darüber hinaus brachten jedoch die Gespräche Casarolis mit den Regierungsvertretern kein konkretes Ergebnis. Am Rande der Schlußsitzung der Konferenz über Sicherheit und Zusammenarbeit in Europa (KSZE) ist es am 1. 8. in Helsinki auch zu einem Gespräch zwischen dem Generalsekretär des ZK der SED, Honecker, und Casaroli gekommen, das ADN als „freundschaftlich" bezeichnet hat. Im Oktober 1975 besuchte Casaroli Bonn, wo er mit Bundeskanzler Schmidt und Außenminister Genscher u. a. das Verhältnis des Vatikans zur DDR erörterte.
Während das Problem der Änderung der Bistumsgrenzen von seiten der K. offenbar auf Eis gelegt worden ist, kam der Vatikan der DDR-Regierung mit der Errichtung der bereits oben erwähnten selbständigen Bischofskonferenz für das Gebiet der DDR im Oktober 1976 entgegen.
Die spektakuläre Begegnung zwischen dem Partei- und Staatsratsvorsitzenden Honecker und einer

Spitzendelegation des Bundes der evangelischen Kirchen in der DDR vom 6. 3. 1978, bei der Honekker die positive Regelung einer Reihe von bislang zwischen Staat und K. in der DDR strittigen Sachfragen zusagte, fand auf katholischer Seite auf eigenen Wunsch keine Entsprechung.

In einem Schreiben an die Regierung der DDR protestierten die Bischöfe vielmehr energisch gegen die geplante Einführung des Faches Wehrkunde in den Schulunterricht (→ **Wehrerziehung**). Das am 12. 6. 1978 übergebene Schreiben wies vor allem auf das Vorrecht der Eltern auf Erziehung ihrer Kinder und die Verpflichtung zur Erhaltung des Friedens hin. Der Brief der „Berliner Bischofskonferenz" blieb jedoch ohne Antwort. Schon im November 1974 hatten sich die katholischen Bischöfe in einem von allen Kanzeln verlesenen Hirtenwort gegen den „Monopolanspruch" der SED im Erziehungsbereich gewandt. Auch dieser kirchliche Schritt war ohne jedes Echo von seiten des Staates und der staatlich gelenkten Publizistik geblieben.

Von 1973 bis 1975 hielt die katholische K. eine Pastoralsynode aller Jurisdiktionsbezirke in der DDR in Dresden ab. An der zweimal jährlich in der Hof-K. tagenden Versammlung haben neben den Bischöfen und zahlreichen in- und ausländischen Gästen rd. 150 Priester und Laien teilgenommen. Als Ergebnis sind 9 Dokumente vorgelegt worden, die sich mit Fragen des Glaubens, der christlichen Moral, Problemen von Ehe und Familie, der Rolle des Christen in der Arbeitswelt, der Diakonie, der Aufgaben der Priester sowie der Ökumene befassen.

Der Tod des langjährigen Vorsitzenden der Bischofskonferenz, Kardinal Bengsch, im Dezember 1979 und die Wahl seines Nachfolgers, Bischof Schaffran (Dresden/Meißen) haben keine prinzipielle Veränderung des von der K. eingehaltenen Kurses der politischen Abstinenz zur Folge gehabt. Auch die SED signalisierte ihr Interesse am Status quo. Allerdings ließ die rd. ein Jahr später, am 15. 1. 1981, zustande gekommene Begegnung zwischen Honecker und Schaffran vorübergehend Zweifel aufkommen, ob die bis dahin verfolgte „Bengsch-Linie" der Zurückhaltung gegenüber dem Staat tatsächlich fortgesetzt werde. Wenn die katholische Kirche sich auch bemühte, diese Linie zu bekräftigen, so konnte sie nicht verhindern, daß die DDR-Propaganda den Besuch des Vorsitzenden der Bischofskonferenz beim Staatsratsvorsitzenden als Pendant zu der Begegnung der evangelischen Kirchenspitze mit Honecker im März 1978 wertete.

Trotz des freundlichen Empfangs, den der Generalsekretär des ZK der SED dem Bischof dabei bereitete, übte der Episkopat in der DDR bereits im März 1981 in einem Hirtenbrief deutliche Kritik an der herrschenden atheistischen Ideologie, an der kommunistischen Jugenderziehung und an der Vorenthaltung der Menschenrechte in der DDR.

Im September 1982 wählten die Bischöfe, nachdem der 70jährige Schaffran von seinem Amt als Vorsitzender der Bischofskonferenz aus Altersgründen zurückgetreten war, den Bischof von Berlin, Meisner, zu seinem Nachfolger. Er wurde am 2. 2. 1983 zum Kardinal ernannt.

Die Bischöfe, unter dem Eindruck der allgemeinen Friedensdiskussion in der DDR aus den Reihen der Gläubigen gedrängt, sich ihrerseits offiziell zu diesem Thema zu äußern, ließen im Januar 1983 einen Hirtenbrief verlesen, in dem sie u. a. die Benutzung atomarer Waffen in einem Krieg als unmoralisch verwarfen, gleichzeitig aber gegen die wachsende Militarisierung in der DDR Front machten. Zwar verschwiegen die DDR-Medien die bischöfliche Äußerung, sie wandten sich aber zugleich in einem ADN-Kommentar gegen die darin geäußerte Kritik am Wehrkundeunterricht. Auch in späteren Gesprächen mit dem Staatssekretär für Kirchenfragen, Gysi, wies Kardinal Meisner wiederholt auf die Problematik der Militarisierung der Gesellschaft hin und bedauerte, daß die DDR-Regierung über eine Verbesserung auf dem Gebiet der kirchlichen Jugenderziehung nicht mit sich reden lasse. Trotzdem ging der Staat im Frühjahr 1984 auf den Wunsch der Kirche ein, zum Abschluß des Heiligen Jahres 150 Katholiken aus der DDR im März eine Pilgerreise nach Rom zu gestatten.

Herausragende Ereignisse im Leben der Kirche der DDR waren die Fertigstellung und Wiederindienstnahme der im Krieg zerstörten St. Hedwigs-Kathedrale in Berlin (Ost) im November 1963 sowie das 200jährige Jubiläum der Kathedrale im November 1973, an dem zahlreiche Bischöfe aus dem Ausland teilnahmen. Im Jahre 1972 wurde außerdem das der Kathedrale benachbarte Bernhard-Lichtenberg-Haus, in dem der Bischof residiert und die kirchliche Verwaltung ihren Sitz hat, seiner Bestimmung übergeben. Das ehemalige Bistum Meißen verlegte nach entsprechenden Verhandlungen mit den staatlichen Organen im März 1980 seinen Sitz offiziell nach Dresden und heißt seither „Bistum Dresden-Meißen". Am Käthe-Kollwitz-Ufer in Dresden wurde inzwischen ein kirchliches Verwaltungsgebäude errichtet, in dem auch der Bischof residiert.

Während die Bischöfe in der DDR lange Zeit kein westliches Land außer Italien zum Zweck von Kontakten mit dem Vatikan besuchen durften, sind die Grenzen für sie in den letzten Jahren durchlässiger geworden. So konnten einzelne Würdenträger an internationalen kirchlichen Veranstaltungen auch im Westen, ja sogar in der Bundesrepublik Deutschland, teilnehmen. Kardinal Meisner reiste, wie schon sein Vorgänger Kardinal Bengsch, in mehrere Ostblockländer, um die dortigen Kirchen zu besuchen. Selbst in Litauen und Lettland konnten durch solche Besuche in den letzten Jahren neue kirchliche Kontakte geknüpft werden. Die Reisen in die heutigen Sowjetrepubliken im Baltikum führten allerdings regelmäßig über Moskau, wo die Bischöfe mit dem Patriarchen der Russisch-orthodoxen Kirche, Pimen, mehrmals zusammentrafen.

IV. Freikirchen und andere Gemeinschaften. Arbeitsgemeinschaft christlicher Kirchen in der DDR

Die beiden größten sog. Frei-K. sind die Evangelisch-Methodistische K. (28000 Mitglieder, Bischof: Armin Härtel, Dresden) und der Bund Evangelisch-Freikirchlicher Gemeinden (Baptisten, 23000, Präsident: Manfred Sult, Berlin [Ost]). Der Größe nach folgen: Altlutherische K. (15000), Bund Evangelisch-reformierter Gemeinden (4000), Evangelische Brüder-Unität (3000), Bund Freier Evangelischer Gemeinden (1350), Gemeindeverband der Altkatholischen K. (1200), Mennonitengemeinde (350). Diese Frei-K. wirken in der „Arbeitsgemeinschaft Christlicher K. in der DDR" (AgCK) mit den evangelischen Landes-K. zusammen. Die römisch-katholische K. ist in der AgCK mit Beobachterstatus vertreten, ebenso die Gemeinschaft der Siebenten-Tags-Adventisten (25000), das Apostelamt Jesu Christi (14000), die Quäker (50) und das Mitteleuropäische Exarchat der Russischen Orthodoxen K. Die AgCK dient vor allem dem Informationsaustausch unter den beteiligten K. und der Regelung ihrer Verhältnisse untereinander.

Alle diese K. und Religionsgemeinschaften sind staatlich anerkannt. Sie haben sämtlich ihre früher zum Teil gesamtdeutsche Organisation aufgegeben. Anders ist das bei der Russischen Orthodoxen K. Sie zählt relativ wenige Mitglieder in der DDR, spielt öffentlich jedoch eine größere Rolle, 1960 errichtete das Moskauer Patriarchat der Russischen Orthodoxen Kirche in Berlin (Ost) ein Exarchat für „Berlin und Mitteleuropa". Der jeweilige Exarch ist Erzbischof der entsprechenden Diözese, die auch Berlin (West) und die Bundesrepublik Deutschland umfaßt. Seit 1978 amtiert Erzbischof Melchisedek.

Staatlich anerkannt sind weiter die → **Jüdischen Gemeinden** sowie mehr als 10 von den K. als **Sekten** angesehene Gemeinschaften, von denen mit ca. 100000 Mitgliedern die größte und allein wachsende die Neuapostolische ist. Über religiöse Betätigung von Moslems und Angehörigen anderer Weltreligionen in der DDR wird öffentlich nichts bekannt.

Staatlich nicht anerkannte religiöse Sekten spielen mit Ausnahme der → **Zeugen Jehovas** keine Rolle, wenn auch in letzter Zeit im Westen aktive sog. Jugendreligionen begonnen haben, sich auch um Anhänger in der DDR zu bemühen.

V. Staat und Kirchen

A. Überblick und Hauptphasen der Kirchenpolitik

Die staatliche K.-Politik der DDR ist vornehmlich an der evangelischen K. ausgerichtet. Zum Protestantismus zählten sich noch 1950 laut Volkszählung 14,8 Mill. DDR-Bürger. Das gesamte Gebiet der DDR war ursprünglich fast durchweg evangelisch. Die SED hat es stets vermieden, eine auf Abschaffung oder vollständige Privatisierung der K. gerichtete Politik zu betreiben. Statt dessen bemühte sie sich, ohne die K. grundsätzlich in Frage zu stellen, deren öffentlichen Einfluß zurückzudrängen bzw. auf den Status quo zu beschränken, das gesellschaftliche Leben vollständig zu säkularisieren sowie christliche Sitte durch Lebensäußerungen der sozialistischen Gesellschaft zu ersetzen (→ **Feiern, Sozialistische**). Das führte, zumal in den 50er Jahren, zu zahlreichen Konflikten, die den Beteiligten zuweilen als „Kirchenkampf" erschienen, ohne daß jedoch wirksame Versuche unternommen wurden, die K. von innen her, entsprechend dem nationalsozialistischen Versuch mit den „Deutschen Christen", aufzurollen und gleichzuschalten. Wenn man von der katholischen K. Polens absieht, genießen innerhalb des kommunistischen Machtbereichs die großen K. in der DDR vergleichsweise die größte Freiheit und innere Autonomie. Die K. sind die einzigen großen Organisationen in der DDR, die Personal- und Organisationsentscheidungen unabhängig von staatlichen oder gesellschaftlichen Organen treffen können, de jure wie de facto. Nach langen Kämpfen setzte die SED-Führung jedoch eine Einschränkung dieses Prinzips für die kirchlichen Außenbeziehungen durch: Der 1968 von Bischof Mitzenheim gesprochene Satz: „Die Grenzen der DDR bilden auch die Grenzen der kirchlichen Organisationsmöglichkeiten" wurde Bestandteil des offiziellen Kommentars der DDR-Verfassung. Die DDR läßt zwar die Mitgliedschaft der K. in ökumenischen Organisationen, insbesondere im Ökumenischen Rat der K. (ÖRK), der Konferenz Europäischer K., dem Lutherischen und dem Reformierten Weltbund sowie die Beziehung der römisch-katholischen K. zum Vatikan zu und fördert sie teilweise aus außenpolitischen Gründen. 1981 tagte in Dresden der Zentralausschuß des ÖRK, zum erstenmal seit 25 Jahren in einem osteuropäischen Land. Die DDR hat jedoch erreicht, daß die besonderen kirchlichen Bindungen innerhalb ganz Deutschlands aufgegeben oder eingefroren werden mußten.

Seit Gründung der DDR lassen sich 3 Hauptphasen der staatlichen K.-Politik unterscheiden:

1. Von 1949 bis 1958 stand im Vordergrund das Ziel, die Position der K. in der Gesellschaft, wo immer möglich, zu beschneiden;
2. daran schloß sich bis 1969/71 ein politischer Kampf gegen die gesamtdeutsche K.-Organisation, insbesondere der evangelischen K., an;
3. seitdem berücksichtigt die SED das Bemühen insbesondere der evangelischen K. um eine eigenständige Positionsbestimmung in der sozialistischen Gesellschaft und begann ihrerseits Mitte der 70er

Jahre damit, die von Honecker am 6. 3. 1978 öffentlich bekräftigte Politik einer begrenzten Partnerschaft zwischen Staat und K. bei fortbestehendem ideologischem Antagonismus vorzubereiten.

B. Kirchenpolitik 1949–1958

Tendenzen der 1. Phase sind, z. T. in abgemilderter Form, auch in den folgenden Phasen wirksam geblieben. In der 1. Phase vor allem dominierte die atheistische und antiklerikale Propaganda. Die K.-Austrittsbewegung wurde massiv gefördert, insbesondere die gesellschaftlichen Führungs- und Schlüsselberufe wurden, mit wenigen Ausnahmen, nur Nichtchristen zugänglich gemacht. Mit der → **Jugendweihe** begann man, die **Konfirmation** zu verdrängen (→ **Feiern, Sozialistische**). Der kirchlich erteilte **Religionsunterricht (Christenlehre)** wurde entgegen der Verfassung der DDR von 1949 aus den Schulräumen und aus dem zeitlichen Zusammenhang mit dem Schulunterricht verbannt. Die K.-Steuer wurde zu einem privaten, rechtlich nicht einklagbaren freiwilligen K.-Beitrag (vgl. VII., Finanzierung der K.). Alle kirchlichen Aktivitäten außerhalb kircheneigener Räume wurden erschwert und z. T. unmöglich gemacht. Die → **Junge Gemeinde**, die nach dem Krieg gefundene Form evangelischer Jugendarbeit, und Studentengemeinden wurden bekämpft.

Gleichzeitig jedoch behielten die K. in vieler Hinsicht ihren aus der Vergangenheit überkommenen Sonderstatus. Ihr Grund- und Waldbesitz wurde z. B. nicht der Bodenreform unterworfen und blieb z. T. später auch von der Kollektivierung ausgenommen. Das eigene kirchliche Arbeitsrecht (Beamte!) blieb bestehen; auch in ihrem → **Arbeitsgesetzbuch (AGB)** berücksichtigte die DDR die besonderen Bedingungen kirchlicher Arbeit. Es wird weiterhin an den 6 alten staatlichen Universitäten ein Teil des Pfarrernachwuchses der evangelischen K. wissenschaftlich-theologisch ausgebildet (→ **Theologenausbildung**).

C. Kirchenpolitik 1958–1968/69

In der 2. Phase wurde der Zusammenhang der staatlichen K.-Politik mit der → **Deutschlandpolitik der SED** besonders deutlich. Die Regierung der DDR nahm den Abschluß des Militärseelsorgevertrages der EKD mit der Bundesregierung zum Anlaß, ihre Beziehungen zur EKD abzubrechen und propagandistisch sowie durch administrative Maßnahmen (jedoch nicht durch gesetzliche oder sonst rechtswirksame Maßnahmen) auf die Verselbständigung der K. in der DDR hinzuwirken. Die DDR-Regierung lehnte es 1957/58 ab, über verschiedene Konflikte, insbesondere im Erziehungsbereich, mit der EKD zu verhandeln. Statt dessen kam es zu Verhandlungen mit „Vertretern der evangelischen K. in der DDR", an deren Ende ein Kommuniqué vom 21. 7. 1958 stand, demzufolge die K.-Vertreter u. a. erklärten: „Ihrem Glauben entsprechend erfüllen die Christen ihre staatsbürgerlichen Pflichten auf der Grundlage der Gesetzlichkeit. Sie respektieren die Entwicklung zum Sozialismus und tragen zum friedlichen Aufbau des Volkslebens bei."

Zur gleichen Zeit förderte die SED die Gründung eines **Bundes evangelischer Pfarrer in der DDR** (der sich Ende 1974 überraschend selbst auflöste), der sich programmatisch verpflichtete, an der „inneren und äußeren Stärkung der sozialistischen Gesellschaft der DDR" mitzuwirken (Satzung von 1967). Dieser Pfarrerbund, dessen Mitgliederzahl stets unbedeutend blieb (Schätzung einschließlich Pensionäre und Pfarrfrauen 250), wurde, ähnlich wie die Arbeitsgruppen „Christliche Kreise" der → **Nationalen Front der DDR**, die DDR-Regionalkonferenz der → **Christlichen Friedenskonferenz (CFK)** und die → **Christlich-Demokratische Union Deutschlands (CDU)**, in der Presse zum eigentlichen Repräsentanten des politischen und kirchlichen Willens der evangelischen Christen in der DDR gemacht; er blieb jedoch innerkirchlich ohne Bedeutung.

Am 4. 10. 1960 griff W. Ulbricht in einer Erklärung vor der Volkskammer das Kommuniqué von 1958 auf und beendete die Phase der atheistischen und antiklerikalen Propaganda in der DDR mit der Feststellung: „Das Christentum und die humanistischen Ziele des Sozialismus sind keine Gegensätze." Ulbricht warb damit um kirchliche Zustimmung (nicht nur Respektierung) zur sozialistischen Entwicklung in der DDR, die mit einer Absage an die „westdeutschen NATO-Kirchen" verbunden sein sollte. Die evangelischen Landes-K., die – nun ohne zentralen Kontakt zu staatlichen Stellen – eine lose, offiziell nicht anerkannte „Konferenz der evangelischen Kirchenleitungen in der DDR" unter Vorsitz von Bischof Friedrich-Wilhelm Krummacher (Greifswald) gebildet hatten, stellten sich dagegen auf den Rechtsstandpunkt, daß der Staat nicht über kirchliche Organisationsformen zu entscheiden habe, und hielten an der EKD-Zugehörigkeit fest. Dennoch wurde die antikirchliche Polemik in der Presse fast vollständig auf westdeutsche Adressaten umgestellt. Nur im Ausnahmefall kam es noch zu öffentlichen Angriffen auf die K. oder einzelne prominente K.-Vertreter in der DDR.

Ein Ende 1963 unternommener Versuch, die eingeschlafene atheistische Agitation auf wissenschaftlichem **Atheismus** an der Universität Jena zu begründen (Lehrstuhl: Prof. Olof Klohr), führte zwar zur zeitweisen Belebung der marxistischen Religionssoziologie, wurde einige Jahre später jedoch wieder aufgegeben. Erst nach dem VIII. Parteitag der SED 1971 wurde erneut ein Programm zur atheistischen Schulung von Kadern vorbereitet. Der wiederum unter der Führung von Klohr betriebene wissenschaftliche Atheismus wirkt sich jedoch nicht kirchenpolitisch und nicht in der öffentlichen Propa-

ganda aus. Er dient, jedenfalls teilweise, der ideologischen Klärung und Schulung der Führungskader der SED in einer Situation, in der die Zusammenarbeit von Staat und K. propagiert und die positive gesellschaftliche Rolle der K. bei der Verwirklichung der „zutiefst humanistischen Ziele" der sozialistischen Gesellschaft offiziell hervorgehoben wird.
Im Zuge der erwähnten K.-Politik mit nicht kirchlich legitimierten Partnern führte Ulbricht am 9. 2. 1961 ein in der gesamten Presse der DDR abgedrucktes Gespräch mit einer „Delegation christlicher Persönlichkeiten" unter Leitung des Leipziger Theologieprofessors Emil Fuchs, in dessen Verlauf Ulbricht für Zusammenarbeit von Marxisten und Christen warb. Er erklärte, die humanistischen und sozialen Ziele des ursprünglichen Christentums und die humanistischen und sozialen Ziele des Sozialismus stimmten so weitgehend überein, „daß sich ein Zusammengehen geradezu aufdrängt". Im sog. Wartburg-Gespräch vom 18. 8. 1964 mit dem thüringischen Landesbischof Moritz Mitzenheim, der als einziger der evangelischen K.-Führer auf diese Linie eingeschwenkt war, ergänzte Ulbricht seine kirchenpolitischen Ausführungen mit der Feststellung einer „gemeinsamen humanistischen Verantwortung", die Marxisten und Christen verbinde. Er räumte dem Verhältnis von Marxisten und Christen, immer unter der Voraussetzung der selbstverständlichen Anerkennung der Führungsrolle der marxistisch-leninistischen Partei, einen wichtigen Platz in seiner Konzeption einer „sozialistischen Menschengemeinschaft" (→ **Geschichte der DDR**, IV.) ein.
Vor allem wegen der EKD-Frage gingen die K. jedoch praktisch nicht auf das kirchenpolitische Werben Ulbrichts ein. Obgleich die EKD-Mitgliedschaft der DDR-K. fast nur noch formal praktiziert werden konnte, erklärten die EKD-Synodalen in der sog. Fürstenwalder Erklärung vom 5. 4. 1967, sie wollten an der Gemeinschaft in der EKD festhalten. Erst als die neue → **Verfassung** der DDR im April 1968 in Kraft trat, änderten die evangelischen Landes-K. ihre Haltung in dieser Frage. Bisher sahen sie die gesamtdeutsche K.-Gemeinschaft nur politisch in Frage gestellt. Mit der neuen Verfassung war zu befürchten, daß sie auch staatsrechtlich unmöglich gemacht würde. Die gesellschaftlichen Verhältnisse in der DDR machten in dieser neuen Situation nach kirchlicher Auffassung ein gemeinsames Handeln aus seelsorgerlichen Gründen immer zwingender notwendig; die EKD-Struktur konnte, wenn sie offiziell für illegal erklärt wurde, die Voraussetzungen dafür nicht mehr bieten. Daraufhin leitete man die Gründung des K.-Bundes ein, dessen Ordnung am 10. 6. 1969 in Kraft trat.

D. Kirchenpolitik 1969–1978

Mit der Gründung des K.-Bundes hatte die 3. Phase der staatlichen K.-Politik begonnen. An ihrem Anfang stand der Art. 39 der Verfassung der DDR von 1968: „(1) Jeder Bürger der DDR hat das Recht, sich zu einem religiösen Glauben zu bekennen und religiöse Handlungen auszuüben. (2) Die Kirchen und anderen Religionsgemeinschaften ordnen ihre Angelegenheiten und üben ihre Tätigkeit aus in Übereinstimmung mit der Verfassung und den gesetzlichen Bestimmungen der DDR. Näheres kann durch Vereinbarungen geregelt werden." In Art. 20, 1. wird außerdem Gewissens- und Glaubensfreiheit zugesichert.
Ziel der DDR-K.-Politik war es, den Protestantismus als gesamtdeutschen Faktor auszuschalten, was, jedenfalls formal, gelungen war. Gleichzeitig aber wirkte sich die Gründung des K.-Bundes als organisatorische und sachliche Stärkung aus, obwohl die SED keine Stärkung des evangelischen Kirchentums in der DDR herbeiführen wollte. Die SED reagierte erst nach 20 Monaten positiv auf diese neue Situation. Am 24. 2. 1971 kam es zu einem offiziellen Besuch des K.-Bundesvorstandes bei dem damaligen Staatssekretär für Kirchenfragen Seigewasser (SED) mit Austausch von Erklärungen und damit zur staatlichen Anerkennung des K.-Bundes als Repräsentation der 8 evangelischen Landes-K. in der DDR. Voraufgegangen war eine kirchenpolitische Grundsatzrede des Politbüro-Mitgliedes Paul Verner vom 11. 2. Damit waren die K. wieder selbst zu Partnern der K.-Politik geworden. Konsequenterweise verlor die CDU für diesen Politikbereich an Bedeutung, ebenso Pfarrerbund, CFK usw.
Die Rede Verners enthielt bereits grundlegende Elemente der kirchenpolitischen Linie, die E. Honecker 7 Jahre später demonstrativ sanktionierte. Die SED-Führung stellte sich auf die real existierende evangelische K. und die von ihr herausgestellten und legitimierten Repräsentanten ein. Sie verpflichtete sich, auf Versuche zu verzichten, die K. und die christliche Lehre zu „sozialisieren". Gleichzeitig wurde jedoch nun an den K.-Bund die Erwartung gerichtet, ein „eigenständiges Profil" in der sozialistischen Gesellschaft der DDR zu entwickeln. Verner legte die Zielsetzung des K.-Bundes, sich als Zeugnis- und Dienstgemeinschaft von K. in der sozialistischen Gesellschaft der DDR zu bewähren, so aus: „Wir verstehen das so, daß kirchliche Amtsträger und Laien aufgerufen sind, in Dienst und Zeugnis die Deutsche Demokratische Republik allseitig weiter zu stärken, den Frieden zu erhalten und zum Nutzen aller und jedes einzelnen Menschen zu wirken." Es gehe damit um eine Neuorientierung in inhaltlichen Fragen der gesellschaftlichen Existenz der K., um eine „positive Standortbestimmung der Kirche in unserer sozialistischen Gesellschaftsordnung" (epd Dokumentation, 15/1978).
Der K.-Bund sah in dieser Feststellung eine Bestätigung der evangelischen Auffassung, daß die K. sich nicht auf religiöse Angelegenheiten im engeren Sinn

beschränken und sich nicht privatisieren oder in ein kultisches Getto drängen lassen darf. Bischof Schönherr formulierte das in seiner im Namen des K.-Bundes gegenüber Seigewasser abgegebenen Erklärung: „Der einzelne Christ und die christliche Gemeinde können ihren Gottesdienst nur als Gottesdienst des ganzen Lebens . . . verstehen" (Kirche als Lerngemeinschaft, Berlin [Ost] 1981, S. 168).

Eine der grundlegenden, oft wiederholten Feststellungen des K.-Bundes bei dem in der Folgezeit unternommenen Versuch, die gesellschaftliche Standort- und Aufgabenbestimmung der evangelischen K. in der sozialistischen Gesellschaft der DDR vorzunehmen, umreißt der Satz: „Wir wollen nicht Kirche gegen, nicht Kirche neben, sondern Kirche im Sozialismus sein." (Synode des K.-Bundes 1971 in Eisenach) Das führte zunächst zu der Konsequenz, daß die in der EKD-Periode, vor allem seit dem Mauerbau von 1961, von der offiziellen K. gewahrte politische Abstinenz aufgegeben wurde. Man bekannte sich zur politischen und gesellschaftlichen Mitarbeit auf der Grundlage der sozialistischen Gegebenheit in der DDR, jedoch, wie z. B. Bischof Krusche es formulierte, in „kritischer Solidarität". Diese Haltung führte bald zu neuen Konflikten. Der VIII. Parteitag der SED (15.–19. 6. 1971) brachte zwar keine Rücknahme der Verner-Rede vom Februar 1971, jedoch mit der erneuten Aufwertung der Rolle der Arbeiterklasse eine veränderte Einschätzung der Bedeutung der eigenen K.-Politik, deren politischer Stellenwert nun geringer geworden war. Zu beobachten war zunächst die Tendenz, die K. inhaltlich auf den engeren religiösen Bereich zu beschränken und die gesellschaftliche Positionsbestimmung vor allem in nicht weiter reflektierter Hinnahme der sozialistischen Entwicklung und in kirchlichen Zustimmungen zur Außen- und Friedenspolitik der DDR zu sehen.

Sichtbar wurde das in der Anwendung der Veranstaltungsverordnung, die 1971 in Kraft getreten war. Sie sah Anmeldefreiheit kirchlicher Veranstaltungen nur für kultische Zusammenkünfte vor, während die evangelische K. auch z. B. Konfirmandenfreizeiten und sog. Bibelrüstzeiten mit Jugendlichen, Gemeindeseminare, K.-Tage und verschiedenste Veranstaltungen gesellschaftlicher Thematik zur freien Religionsausübung rechnet, die polizeilicher Kontrolle oder Genehmigung nicht unterliegen dürfe. Erst im Sommer 1973 führten interne Verhandlungen zu einer liberalisierten Anwendung dieser VO. (Die seitdem eingespielte Praxis wurde maßgebend für die Neufassung der Veranstaltungs-VO vom 30. 6. 1980, die die Zustimmung der K. fand; GBl. I, S. 235.) Voraufgegangen war eine Synode des K.-Bundes im Sommer 1972, in der die politische Mitarbeit der Christen in der Form kritischer Solidarität bejaht worden und der Wille zum Ausdruck gekommen war, den Sozialismus an seinen eigenen Maßstäben, insbesondere der Humanisierung, zu messen und zu diesem Ziel beizutragen. In diesem Zusammenhang benutzte der Hauptreferent der Synodaltagung, Heino Falcke, die Formulierung von einem „verbesserlichen Sozialismus".

Diese kirchlichen Tendenzen haben dazu beigetragen, daß die SED vorübergehend der CDU und den ihr verbundenen Gruppen (Pfarrerbund, CFK) wieder ein stärkeres kirchenpolitisches Gewicht gab. Albert Norden bezeichnete in einem Grußwort vor dem Erfurter CDU-Parteitag die Versammelten als „sozialistische Staatsbürger christlichen Glaubens". Diese Formel, deren Inhalt nie scharf definiert wurde, spielte 1973/74 eine große Rolle. Sie wurde, vor allem von CDU-Sprechern, so ausgelegt, daß sich die gesellschaftliche Aufgabe der K. darauf zu beschränken habe, für die Christen die Motivation zum gesellschaftlichen Handeln als sozialistische Staatsbürger zu liefern, inhaltlich jedoch hätten sie keine eigenständige Funktion. Im Sommer 1974 wurde die Formel ersatzlos aufgegeben.

Damit deutete die SED ihre Bereitschaft an, trotz der laufenden Auseinandersetzungen im Bildungsbereich und öffentlicher Kritik kirchlicher Sprecher an bestimmten politischen Entscheidungen (z. B. Widerspruch der evangelischen Bischöfe gegen die Klassifizierung des Zionismus als Rassismus im November 1975) und bestehenden Verhältnissen in der DDR, den K. die Definition ihres politischen und gesellschaftlichen Auftrages im Rahmen der sozialistischen Gesellschaft selbst zu überlassen. Eine Voraussetzung dafür war die Bereitschaft des K.-Bundes, im Rahmen der in der DDR bestehenden politischen Strukturen sich trotz der Gefahr propagandistischen Mißbrauchs an der Erörterung von Grundfragen der gesellschaftspolitischen Zielsetzung zu beteiligen.

Bischof Schönherr hatte 1973 auf der Bundessynode in Schwerin grundsätzlich erklärt, die K. sei bereit, an dem Gespräch teilzunehmen, „das der Staat mit seinen Bürgern führt", und meine, im Blick auf die Formung eines Menschenbildes einen eigenen Beitrag leisten zu können. Im Herbst des gleichen Jahres beteiligten sich erstmals offizielle K.-Delegierte an der DDR-Delegation zum Moskauer „Weltkongreß der Friedenskräfte". Honecker billigte auch den Vertretern der K. dabei ein Mandat der gesamten Gesellschaft der DDR zu.

Seit dieser Zeit änderte sich der Stil der kontinuierlichen Verhandlungen zwischen K. und Staat, die seit 1958 ausschließlich vom Staatssekretär für K.-Fragen geführt und thematisch auf unmittelbar kirchliche Angelegenheiten eingeengt worden waren. Es kam nunmehr, vermittelt durch den Staatssekretär, auch zu Kontakten mit Politikern anderer Ressorts. Die Gespräche verloren den Charakter von einseitigen staatlichen Anordnungen oder Absichtserklärungen. Insbesondere im Zusammenhang mit der KSZE und der Schlußakte von Helsinki zeigte sich die SED-Führung bemüht, den evangelischen K.-Bund über Motive und Zielsetzungen ihrer Politik zu unterrichten und einzelne Entscheidungen – vor allem im Bereich der Außenpolitik – zu erläutern, ohne damit gleichzeitig propagandistische Ziele zu verbinden und kirchliche Zustimmungserklärungen zu verlangen.

Zur gleichen Zeit setzte die SED-Führung im Inneren vor allem mit der Förderung des K.-Baus und der demonstrativen Anerkennung der kirchlichen → **Diakonie** ein Signal. Mit der evangelischen wie mit der katholischen K. wurden Vereinbarungen nach Art. 39 der Verfassung der DDR über die Ausbildung mittleren medizinischen Fachpersonals in kirchlicher Verantwortung bei staatlicher Anerkennung des Fachschulabschlusses getroffen. Sonderbauprogramme zum Auf- und Umbau kirchlicher Gebäude wurden in Gang gesetzt, die in die staatliche Bauplanung aufgenommen wurden – bei überwiegender Finanzierung durch Spendenmittel von K. aus der Bundesrepublik. Auf Wunsch Honeckers erklärte sich der K.-Bund bereit, auch den in der kirchlichen Bedarfsliste ursprünglich nicht aufgeführten Berliner Dom wiederaufzubauen, dessen ausschließlich kirchliche Nutzung daraufhin vom Staat garantiert wurde.

Als Ereignis von grundsätzlicher Bedeutung für das zukünftige Verhältnis von Staat und K. werteten SED-Führung wie K. die im Sommer 1976 getroffene Entscheidung, den Bau von K. und Gemeindezentren in sozialistischen Neubausiedlungen und Vorstädten zuzulassen. Darum hatten sich die K. 20 Jahre lang vergeblich bemüht. Die K. erhalten für diese Bauten Grundeigentum im Austausch gegen an anderer Stelle gelegenes K.-Land.

Der sichtbaren Besserung der Staat-K.-Beziehungen auf oberer Ebene entsprach jedoch nicht die Erfahrung zahlreicher Christen, die vor allem über Diskriminierungen im Bildungsbereich und mangelnde berufliche Chancengleichheit klagten. Es kam zu wachsender Kritik an einer nicht immer eindeutigen Haltung der K.-Leitungen. Die Selbstverbrennung des Pfarrers Oskar Brüsewitz am 18. 8. 1976 vor einer Kirche in Zeitz entfachte eine stürmische Diskussion in den Gemeinden, vor allem unter Pfarrern und kirchlichen Mitarbeitern. Dies führte zu einer stärkeren Informationstätigkeit des K.-Bundes und der Leitungen der Landes-K. Gleichzeitig verstärkte sich die Tendenz, die politischen Verhältnisse in der DDR wieder stärker auch öffentlich zu kritisieren und auf die in der offiziellen Publizistik geleugneten Spannungen zwischen K. und Staat hinzuweisen.

Ferner setzte der K.-Bund seine jahrelang erfolglosen Bemühungen um ein Grundsatzgespräch mit Regierungsvertretern über das Problem der Chancengleichheit im Bildungswesen fort. Es wurde bei zahlreichen öffentlichen Gelegenheiten darauf hingewiesen, daß das Erziehungsziel der SED (Formung sozialistisch/kommunistischer Persönlichkeiten) in Spannung zum Verfassungsprinzip der Gleichberechtigung sowie der Glaubens- und Gewissensfreiheit stehe und daß, da sich dieser Widerspruch nicht beseitigen lasse, die SED-Führung Formen der Toleranz entwickeln müsse. Das Drängen der K. auf ein Gespräch mit dem → **Ministerium für Volksbildung** blieb erfolglos, jedoch trug es mit dazu bei, daß die Begegnung mit dem Staatsratsvorsitzenden Honecker am 6. 3. 1978 zustande kam.

Besondere Besorgnis löste 1977 bei den K. die Veröffentlichung des Entwurfs eines neuen SED-Parteiprogramms aus, in dem alle Grundrechte der Verfassung mit Ausnahme der Glaubens- und Gewissensfreiheit aufgeführt waren. Der K.-Bund forderte in einer öffentlichen Erklärung erfolgreich eine Korrektur des Entwurfs.

Nach längerer vertraulicher Vorbereitung kam es daraufhin zu der ersten offiziellen Begegnung zwischen dem Staatsratsvorsitzenden und Generalsekretär des ZK der SED, Erich Honecker, und dem gesamten Vorstand des evangelischen K.-Bundes. Die Ergebnisse dieses Gesprächs wurden in einer offiziellen Veröffentlichung des Staatsrates festgehalten (ND 7. 3. 1978). Grundsätzlich erkannte Honecker die positive Rolle der K. im Sozialismus und ihr Recht auf eigenständige Mitwirkung bei der Erreichung „zutiefst humanistischer" Ziele an. Er unterstrich das Prinzip der Chancengleichheit für alle Bürger, unabhängig von Weltanschauung und religiösem Bekenntnis, und erklärte, die sozialistische Gesellschaft der DDR wolle auch den christlichen Bürgern Geborgenheit und Perspektive vermitteln. Den K. solle „viel Verständnis" entgegengebracht werden. Honecker akzeptierte den von Bischof Schönherr genannten Maßstab für die Bewertung des Staat-K.-Verhältnisses, das so gut oder schlecht sei, wie es der einzelne Christ in seiner gesellschaftlichen Situation „vor Ort" erfahre.

Bei dem gleichen Gespräch wurde Einigung über eine Reihe seit Jahren bestehender Sachprobleme erzielt, von der Pachtzahlung für von LPG genutztes K.-Land bis zur Verbesserung der Seelsorge für Strafgefangene. Bedeutsamstes Zugeständnis der Parteiführung war, daß der K. fortan das Recht auf von ihr selbst gestaltete Informationssendungen in Hörfunk und Fernsehen zusätzlich zu der traditionellen sonntäglichen Gottesdienstsendung eingeräumt wurde (vgl. VI.).

E. Kirchenpolitik seit 1978

Schon bald nach der Begegnung mit Honecker kam es zu der ersten Belastungsprobe der Zusage des Staatsratsvorsitzenden, die K. im Sozialismus könnten an der Erreichung der „zutiefst humanistischen

Ziele“ der sozialistischen DDR-Gesellschaft mitwirken. Zum 1. 9. 1978 wurde in den DDR-Schulen für die 9. und 10. Klassen das Pflichtfach sozialistische → **Wehrerziehung** eingeführt. Der K.-Bund widersprach dem mit pädagogischen, friedensethischen und politischen Argumenten. Es kam zu mehreren Staat-K.-Gesprächen, in denen die Regierung ihre Entscheidung begründete, die kirchliche Kritik zurückwies, jedoch zusicherte, daß Schüler, die aus Glaubensgründen dem Wehrunterricht fernbleiben, nicht diskriminiert werden sollten. Der K.-Bund reagierte mit einer betonten Verstärkung kirchlicher Friedensarbeit durch ein eigenes Programm der „Erziehung zum Frieden“. In Kanzelabkündigungen wurden die Gemeinden informiert. Die ablehnende Haltung der SED gegenüber den kirchlichen Vorstellungen ist zuweilen als „Ende des 6. März“ interpretiert worden. Der K.-Bund hat im Verhalten der Regierung hingegen eine Bestätigung gesehen: Sie akzeptiere, anders als früher, das Recht der K., in politischen Fragen vorstellig zu werden und trotz gegenteiliger Staatsentscheidung für ihre Auffassungen weiter einzutreten.

Tatsächlich fand die eigenständige Friedensarbeit der K. in der Folgezeit deutliches staatliches Interesse. Das ND berichtete positiv über ein gemeinsames Friedenswort von K.-Bund und EKD zum 40. Jahrestag des Kriegsausbruchs am 1. 9. 1979, das in den evangelischen Gottesdiensten in der DDR und in der Bundesrepublik Deutschland verlesen wurde. Auch regelmäßige Konsultationen zur Friedensverantwortung zwischen beiden K. sowie eine Erklärung des K.-Bundes „zur weltpolitischen Situation“ vom Januar 1980 (nach dem NATO-Doppelbeschluß und dem sowjetischen Einmarsch in Afghanistan) lösten keinen Konflikt aus. Zur Zuspitzung des Staat-K.-Verhältnisses kam es erst im Gefolge der Veränderungen in Polen seit August 1980, die die SED veranlaßten, klarzustellen, daß in der DDR selbstorganisierte Basis-Bewegungen nicht geduldet werden.

Eine solche Basis-Initiative war die Eingabe zahlreicher junger Christen an die evangelischen Synoden, die einen „Sozialen Friedensdienst“ als zivile Alternative zum Militärdienst forderten. Die Partei sah die Gefahr einer oppositionellen Friedensbewegung noch mehr in der starken Verbreitung, die seit Herbst 1981 das als Aufnäher von der K. hergestellte evangelische Friedenssymbol „Schwerter zu Pflugscharen“ fand (→ **Friedensbewegung**). Insbesondere auch der Widerhall der kirchlichen Friedensaktivitäten in den westlichen Medien, der Teilen der DDR-Bevölkerung den Eindruck eines neu eröffneten politischen Bewegungsspielraumes im Lande vermittelte, veranlaßte die Partei zu Restriktionsmaßnahmen. Die bis dahin für akkreditierte → **Korrespondenten** freie Teilnahme an Tagungen der evangelischen Synoden wurde von vorheriger Genehmigung des Außenministeriums abhängig gemacht, die eine Zeitlang meist nicht erteilt wurde. Kritische Hinweise der K.-Leitungen auf die zunehmende Militarisierung der DDR-Gesellschaft (→ **Zivilverteidigung**) und auf den Anteil der Afghanistan-Intervention an der Destabilisierung der internationalen Sicherheit führten im Herbst 1980 erstmals seit langem wieder zur Weigerung des → **Postzeitungsvertriebs**, K.-Zeitungen, die darüber berichteten, an die Abonnenten zu liefern. Gegen Ende des Jahres hatten die Staat-K.-Beziehungen einen Tiefpunkt erreicht, mit dem die Grundlagen des 6. März in Frage gestellt schienen. Es zeigte sich jedoch in der Folgezeit, daß Honecker ebenso wie die Leitung des K.-Bundes bemüht waren, eine Aufkündigung der Prinzipien des 6. 3. 1978 zu vermeiden. Beide Seiten brachten das Gespräch mehrfach öffentlich in Erinnerung. Die staatlichen Restriktionsmaßnahmen blieben im wesentlichen darauf konzentriert, die kritischen Elemente der kirchlichen Friedensaktivitäten auf den kirchlichen Raum zu begrenzen und die Zusammenarbeit auf anderen Gebieten von Belastungen durch den Konflikt möglichst frei zu halten, insbesondere auch die Vorbereitung des Lutherjahres 1983, für das 1980 unter Vorsitz Honeckers ein Lutherkomitee der DDR gebildet worden war, das mit dem selbständigen kirchlichen Lutherkomitee zusammenarbeitete.

Im Verlauf des Jahres 1982 verstärkten sich die Spannungen in der evangelischen K. Die im Herbst öffentlich von der Konferenz der K.-Leitungen erklärte Bereitschaft, um des Friedens in der DDR willen auf Neudruck des Friedensaufnähers zu verzichten, obgleich „Schwerter zu Pflugscharen“ weiterhin Leitwort kirchlicher Friedensarbeit bleiben sollte, wurde auf der Synode des K.-Bundes in Halle kritisch diskutiert. Sich häufende Fälle von Diskriminierung pazifistisch eingestellter christlicher Jugendlicher, auch wenn sie den Aufnäher nicht trugen, führten zur Erinnerung daran, daß Bischof Schönherr gegenüber Honecker die Erfahrungen des einzelnen „vor Ort“ zum Maßstab für die Beurteilung des Staat-K.-Verhältnisses erklärt hatte. Die gleichzeitige staatliche Tolerierung kirchenleitender Grundsatzäußerungen mit deutlichem Trend zum Pazifismus unter den Bedingungen der atomaren Abschreckung, deren „Geist und Logik“ der K.-Bund auf der Synode in Halle eine einmütige Absage erteilte, erschien vielen als eine nicht zureichende Bestätigung der Zusagen vom 6. 3. 1978 (→ **Frieden; Friedensbewegung**).

Zu einem Höhepunkt konstruktiver Zusammenarbeit zwischen Staat und K. wurde 1983 das Jubiläumsjahr zum 500. Geburtstag Martin Luthers. Das von E. Honecker geleitete Lutherkomitee der DDR und das kirchliche Lutherkomitee (Vorsitz Landesbischof W. Leich, Eisenach) blieben organisatorisch und personell getrennt, arbeiteten aber kontinuierlich zusammen in, wie es hieß, gegenseitiger Respektierung der Identität des Partners. Kirchlich positiv bewertet wurde insbesondere der nun auch öffentlich in Erscheinung tretende Dialog zwischen marxistischen und theologischen Reformationshistorikern. Die K. erhielt Möglichkeiten öffentlicher Wirksamkeit und Selbstdarstellung, wie sie vorher nicht gegeben waren. Von beiden Seiten wurde dies als Modellfall mit Zukunftsperspektive gewertet. Der Staatssekretär für Kirchenfragen, K. Gysi, sprach am 25. 4. 1984 in Neubrandenburg bilanzierend davon, die Chancen insbesondere der protestantischen K. seien im sozialistischen Staat „groß und ausbaufähig". Trotz fortdauernder Konflikte – Gysi räumte z. B. ein, daß die Ministerien für Verteidigung und Volksbildung nicht zu Regelungsgesprächen mit der K. bereit sind – appellierte er an die kirchliche Seite, die Chancen zum Gespräch zwischen Marxisten und Christen zu nutzen und auch den „kultivierten Gesprächskontakt" zwischen Staat und K. zum „Dauerzustand" zu machen (Mecklenburgische Kirchenzeitung 6. 5. 1984).

VI. Kirchliche Tätigkeit in der DDR-Gesellschaft

A. Rechtliche Stellung

Der durch Honecker bestätigten Anerkennung einer eigenständigen gesellschaftlichen Funktion der K. im Sozialismus, die im einzelnen allerdings nicht genau definiert ist, entspricht ihre rechtliche Stellung. Sie sind nicht mehr Körperschaften öffentlichen Rechts, aber auch nicht sozialistische Organisationen oder Privatvereine, sondern Rechtsgemeinschaften eigener Art. Entsprechend wird in der DDR jetzt zwischen staatlichem, gesellschaftlichem, privatem und kirchlichem Eigentum unterschieden. Weder die Rechtsform der K. noch das kirchliche Eigentum sind formal eindeutig beschrieben bzw. festgelegt worden. Der überkommene Zustand, wie er sich bis in die 70er Jahre erhalten bzw. verändert hat, gilt als Norm. Das von beiden Seiten grundsätzlich befürwortete Prinzip einer Trennung von Staat und K. ist nicht vollständig durchgeführt; einige frühere Privilegien blieben erhalten, so die staatliche Theologenausbildung an den → **Universitäten** und das kirchliche Mitgliedschaftsrecht. K.-Mitglied auch im Rechtssinn wird man durch Taufe; der K.-Austritt wird nicht gegenüber der K., sondern gegenüber dem staatlichen → **Notariat** erklärt.
Hauptfeld staatlich anerkannter und eingeplanter gesellschaftlicher Arbeit der K. sind die evangelische → **Diakonie** und die katholische → **Caritas**, die eine innerhalb des sowjetischen Einflußbereiches einzigartige, von christlichen Prinzipien getragene soziale Tätigkeit entfalten können.

B. Religiöse Erziehung – kirchliche Jugend- und Erwachsenenarbeit

Eine wirkungsvolle Tätigkeit der K. in der Öffentlichkeit begegnet noch immer erheblichen Einschränkungen. Besonders betroffen ist davon der kirchliche Unterricht, die **Christenlehre**. Die Politik der SED-Führung verfolgt das Ziel, neben der sozialistischen Schule und anderen Bildungseinrichtungen möglichst wenig erzieherische Beeinflussung von Kindern und Jugendlichen durch die K. zu ermöglichen. Kirchlich erteilter **Religionsunterricht** ist gestattet, jedoch sind die Beteiligungszahlen stark zurückgegangen. Eine Ursache dafür ist, offiziellen Darstellungen von K.-Leitungen zufolge, eine Atmosphäre in den Schulen, die es den Eltern nicht opportun erscheinen läßt, die Kinder zur Christenlehre zu schicken. Konkreten Beschwerden wegen Diskriminierung aus religiösen Gründen wird zwar meist nachgegeben. Ein Nachweis, daß alle Kinder mit christlicher Bindung nicht zu Abitur und Studium zugelassen werden, ist bisher nicht erbracht worden. Andererseits beschwerte sich der evangelische K.-Bund 1977 öffentlich, daß Christen der jüngeren Generation keine Chance für die Übernahme selbst kleinerer leitender Positionen hätten. Das Gespräch mit Honecker am 6. 3. 1978 verfolgte auch das Ziel, diese Mißstände abzustellen; jedoch haben kirchliche Sprecher deutlich gemacht, daß sie dafür nur eine Chance sehen, wenn die betroffenen Christen ihre Rechte konkret einfordern. Mit einer „freiwilligen Toleranz" seitens der zuständigen Staatsorgane sei nicht zu rechnen.
Für Erwachsene und Jugendliche spielen u. a. die **Kirchentage** in der DDR eine Rolle, die in jedem Sommer für bestimmte Regionen veranstaltet werden und Fragen des christlichen Lebens in der sozialistischen Gesellschaft behandeln. 1978 kamen bei den K.-Tagen in Leipzig, Erfurt und Stralsund fast 100000 Christen zusammen – mit organisatorischer Unterstützung staatlicher Organe. In Koordination mit dem staatlichen Lutherkomitee der DDR bereitete das kirchliche Lutherkomitee für das Lutherjahr 1983 (500. Geburtstag des Reformators) 7 evangelische K.-Tage vor.
Seit den 70er Jahren sind auch Ansätze zu einer offenen Jugendarbeit der K. mit „problematischen Jugendlichen" zu beobachten, die von den örtlichen Behörden toleriert wird.
Aufgaben kirchlicher Erwachsenenbildung übernehmen weiter die Evangelischen Akademien z. B. in Berlin (Ost) und Meißen und die vom K.-Bund zentral vorbereiteten Gemeindeseminare.

C. Kirchen und Medien

Eine begrenzte Öffentlichkeit wird durch die konfessionelle Presse hergestellt. Es gibt neben einem Evangelischen Nachrichtendienst (ena) in der DDR 5 evangelische Wochenblätter. Im Bereich der katholischen K. erscheinen 2 solcher Blätter, mehrere Frei-K. haben Monatsblätter. Wichtigste evangelische Monatsschrift ist „Die Zeichen der Zeit". Die der CDU nahestehende evangelische Monatsschrift „Standpunkt" erscheint mit deutlich politischer Ausrichtung. Katholisches Pendant zum „Standpunkt" ist die „Begegnung". Die konfessionellen Buchverlage (vor allem die Evangelische Verlagsanstalt Berlin [Ost] und der katholische St.-Benno-Verlag Leipzig) legen jährlich ein umfangreiches Titelangebot vor (→ **Verlagswesen**).

Der staatliche → **Rundfunk** sendet seit je sonntäglich eine kirchliche Morgenfeier. Zusätzlich zu der in kirchlicher Verantwortung laufenden Gottesdienstsendung wurden dem evangelischen K.-Bund durch Honecker ab Frühjahr 1978 monatlich eine 15-Minuten-Sendung mit kirchlichen Informationen über den Sender „Stimme der DDR" (jeden letzten Samstag im Monat um 7.45 Uhr) sowie 6 Sendetermine im Zweiten Fernsehprogramm eingeräumt, für deren inhaltliche Ausgestaltung ebenfalls kirchliche Beauftragte verantwortlich sind. Im Lutherjahr 1983 kam es erstmals zu Live-Übertragungen kirchlicher Veranstaltungen in Fernsehen und Hörfunk der DDR.

Eigene, von denen der Politik der SED-Führung deutlich abweichende oder sie kritisierende Standpunkte können die K. in der DDR in diesen Sendungen jedoch nicht und in der kircheneigenen Presse nicht immer vortragen. Dies ist sonst nur auf kircheninternen Informationswegen sowie durch Dokumentationen von öffentlichen Synoden und in Mitteilungen in den Gottesdiensten möglich.

Das Publikationsinstrument der Kanzelabkündigung ist zumal in den Auseinandersetzungen um die Friedensarbeit seit dem Kirchenprotest gegen die obligatorische → **Wehrerziehung** 1978 wieder stärker genutzt worden.

D. Mitarbeit in der Ökumene – Verbindung zu den Kirchen in der Bundesrepublik

Von bewußtseinsbildender Bedeutung ist auch die ökumenische Wirksamkeit der K. in der DDR. Es bestehen zahlreiche evangelisch-katholische Arbeitskreise bis hin zu gemeinsamen Pfarrkonferenzen. Mit staatlicher Förderung konnte der evangelische K.-Bund seine internationalen Beziehungen ausweiten. Er nimmt die Mitgliedschaftsrechte der Landes-K. u. a. im Ökumenischen Rat der K. wahr und ist bemüht, die Themen der Weltchristenheit in das Bewußtsein der Gemeinden in der DDR zu tragen und umgekehrt. Gleichzeitig konnten die bilateralen Beziehungen zu K. im östlichen wie im westlichen Europa ausgebaut werden. Die ökumenische Beteiligung ermöglicht es den K. in der DDR, sich z. B. mit Fragen der Menschenrechte auf breiterer Grundlage zu beschäftigen, als es allein innerstaatlich möglich wäre. Weil er das Anti-Rassismus-Programm des Weltkirchenrats als beispielhaftes Eintreten für Menschenrechte ansieht, hat sich der K.-Bund der DDR hinter diese Aktivität gestellt. Freiwillige Spenden von mehr als 1,5 Mill. Mark wurden dafür aufgebracht. Große Summen werden außerdem über die Sammlung „Brot für die Welt" und die entsprechende katholische Sammlungsaktion „Not in der Welt" für Hilfsmaßnahmen in der Dritten Welt aufgebracht. Großen Widerhall fand 1976 auch ein kirchlicher Aufruf zu Spenden für das Gesundheitszentrum des Kindes in Warschau (1,4 Mill. Mark Spenden). Solche Sammlungen werden, wo es irgend möglich ist, mit Informationsprogrammen und Gemeindeseminaren gekoppelt.

Zu einer Normalisierung ist es auch im Verhältnis zu den in der EKD zusammengeschlossenen K. in der Bundesrepublik Deutschland gekommen. Anläßlich von Synoden finden wechselseitig offizielle Besuche statt. Seit einem gemeinsamen Friedenswort von EKD und K.-Bund 1979 finden jährlich im November gemeinsam vorbereitete Friedensgottesdienste in den Gemeinden beider K. statt. Im August 1982 wurde ein erster Arbeitsbericht über gemeinsame Konsultationen zur Friedensverantwortung veröffentlicht.

VII. Finanzierung der Kirchen

Die evangelischen Landes-K. und die katholische K. in der DDR erheben von ihren Mitgliedern K.-Steuern. Staatliche Unterlagen für die Besteuerung stehen nicht zur Verfügung, die Zahlung ist freiwillig. Die → **Steuern** werden nach dem Einkommen berechnet. Veröffentlichte Statistiken über das Gesamtaufkommen gibt es nicht. Das K.-Steueraufkommen dürfte, bezogen auf die Mitgliederzahl, weniger als 5 v. H. des Aufkommens in der Bundesrepublik Deutschland erreichen. Weitere Einnahmequellen sind gottesdienstliche Kollekten sowie zweimal jährlich stattfindende Straßensammlungen, eine für den kirchlichen Wiederaufbau, die andere für die Diakonie. Die Leistungen der Krankenhäuser und Heime werden großenteils über die staatlich allgemein festgesetzten Pflegesätze finanziert. Die Investitionen müssen jedoch von den K. aufgebracht werden. Die K. in der DDR erhalten dafür und für andere Aufgaben beträchtliche Hilfe von den K. in der Bundesrepublik, deren Gesamthöhe jedoch niemals öffentlich beziffert worden ist. Die DDR zahlt den K. in Fortsetzung früherer Staatsleistungen jährlich 12 Mill. Mark als Zuschuß zur Pfarrerbesoldung, jedoch ohne Anerkennung eines Rechtsanspruchs. Die Gehälter der Pfarrer, Katecheten und anderen kirchlichen Mitarbeiter in der DDR liegen erheblich unter denen in der Bundesrepublik Deutschland und auch unter denen vergleichbarer Berufe in der DDR.

Reinhard Henkys (I., II., IV.–VII.)
Ernst-Alfred Jauch (III.)

Literaturangaben

Zwischen **Anpassung** und Widerstand. Interviews mit Bischöfen und Kommentare zur Situation der evangelischen

Kirchen in der DDR. Hrsg. v. Helmut Matthies. Wiesbaden: Coprint 1980. (idea-buch. 1.)

Dähn, Horst: Konfrontation oder Kooperation? Das Verhältnis von Staat und Kirche in der SBZ/DDR 1945–1980. Opladen: Westdeutscher Verl. 1982.

Friedensbewegung in der DDR. Texte 1978–1982. Hrsg. Wolfgang Büscher, Peter Wensierski u. Klaus Wolschner unter Mitarb. v. Reinhard Henkys. Hattingen: Scandica 1982. (edition transit 2.)

Henkys, Reinhard: Bund der evangelischen Kirchen in der DDR. Dokumente zu seiner Entstehung. Ausgew. u. komment. v. Reinhard Henkys. Witten, Frankfurt a. M., Berlin: Eckart 1970.

Henkys, Reinhard: Gottes Volk im Sozialismus. Wie Christen in der DDR leben. Berlin: Wichern 1983.

Kirchliches **Jahrbuch** für die Evangelische Kirche in Deutschland. Hrsg. bis Bd. 1973 v. Joachim Beckmann, ab Bd. 1974 v. W. D. Hauschild u. Erwin Wilkens. Gütersloh: Mohn.

Kirche als Lerngemeinschaft. Dokumente aus der Arbeit des Bundes der Evangelischen Kirchen in der DDR. Hrsg. v. Sekretariat d. Bundes d. Ev. Kirchen i. d. DDR. Berlin (Ost): Ev. Verlagsanstalt 1981.

Die evangelischen **Kirchen** in der DDR. Beiträge zu einer Bestandsaufnahme. Hrsg. v. Reinhard Henkys. München: Kaiser 1982.

Knauft, Wolfgang: Katholische Kirche in der DDR. Gemeinden in der Bewährung 1945–1980. Mainz: Grünewald 1980.

Religion und Atheismus heute. Ergebnisse und Aufgaben marxistischer Religionssoziologie. Hrsg. Olof Klohr. Berlin (Ost): Dt. Verlag d. Wissenschaften 1966.

Schönherr, Albrecht: Horizont und Mitte. Aufsätze, Vorträge, Reden 1953–1977. München: Kaiser 1979.

Klasse/Klassen, Klassenkampf: Grundbegriffe des historischen Materialismus (→ **Marxismus-Leninismus**, II. C.). Zwei Aspekte können bei diesen unterschieden werden: ein geschichtsphilosophisch-ideologischer (1.) und ein soziologisch-theoretischer (2.).

1. Geschichtsphilosophisch-ideologischer Aspekt. K. sind historische Erscheinungen. Sie entstanden auf einem bestimmten Entwicklungsstand der → **Produktivkräfte**, als nämlich mit zunehmender Arbeitsteilung Privateigentum (→ **Eigentum**) an → **Produktionsmitteln** aufkam. Auf dieser Grundlage sei es der Gruppe (K.) von Produktionsmittelbesitzern möglich geworden, die Gruppe (K.) der Nicht-Besitzer von Produktionsmitteln auszubeuten. Die K. werden wieder verschwinden, wenn ihre Existenzbedingungen beseitigt sind.

Mit den K. ist zugleich der K.-Antagonismus entstanden als Gegensatz zwischen der ausgebeuteten Mehrheit und der ausbeutenden Minderheit einer Gesellschaft (→ **Widerspruch**). Diesem Antagonismus, der sich in den unterschiedlichen K.-Interessen ausdrückt und die Gegensätze des Bewußtseins (→ **Klassenbewußtsein**) einschließt bzw. sich in gegensätzlichen Ideologien manifestiert, folgt notwendig der K.-Kampf, d. h. der Kampf der jeweils unterdrückten K. gegen die unterdrückende K. In ihm wird die oder, wie heute in der DDR, eine (neben der „Wechselwirkung zwischen Produktivkräften und Produktionsverhältnissen“ und der „sozialen Revolution“) entscheidende Triebkraft des Geschichtsprozesses und der gesellschaftlichen Entwicklung gesehen.

Die Lehre von den K. und vom K.-Kampf ist ihrerseits einem Wandlungsprozeß unterworfen. Die gegenwärtig in der DDR gültige Fassung kann im einzelnen den einschlägigen Wörterbüchern und Lehrbüchern (s. die Literaturhinweise zum Hauptartikel „Marxismus-Leninismus“) entnommen werden; im folgenden werden lediglich die wichtigsten Konturen dieser Begriffe für die marxistisch-leninistische Interpretation der DDR-Gesellschaft und für die Analyse und Wertung des internationalen Umfeldes referiert:

a) In der historischen Epoche des Kapitalismus stehen sich die **Bourgeoisie** und das → **Proletariat** als unversöhnliche, antagonistische K. gegenüber.

b) In der DDR wurde mit der Abschaffung des Privateigentums an Produktionsmitteln und dem Sieg der sozialistischen → **Produktionsverhältnisse** die K. der Bourgeoisie beseitigt. Das Proletariat stieg von der ausgebeuteten zur machtausübenden K. auf.

c) Heute wird in der DDR die Herrschaft von der → **Arbeiterklasse** ausgeübt, die dabei von der K. der → **Genossenschaftsbauern** unterstützt wird (→ **Bündnispolitik**). Neben diesen beiden „Grund-K.“ der sozialistischen Gesellschaft gelten auch die „Schicht“ der → **Intelligenz** und „andere soziale Schichten“ (→ **Sozialstruktur**, II., III.) als „befreundete“ bzw. „verbündete“ soziale Großgruppen, die an der Weiterentwicklung der Gesellschaft beteiligt sind.

d) Die DDR-Gesellschaft befindet sich, historisch gesehen, auf einer höheren Entwicklungsstufe als die kapitalistische bzw. bürgerliche Gesellschaft. Die in ihr noch weiter existierenden K. und Schichten unterscheiden sich zwar in ihrem Verhältnis zu den Produktionsmitteln, in ihren spezifischen Interessen, Bedürfnissen und in ihrem Bewußtsein voneinander; doch sind sie infolge der durch die sozialistische Gesellschaftsordnung ermöglichten grundsätzlichen Interessenübereinstimmung aller Gesellschaftsmitglieder (→ **Interessen/Interessenübereinstimmung**) „freundschaftlich“ miteinander verbunden und befinden sich zudem in einem „Prozeß der sozialen Annäherung“.

e) Wenngleich die Beziehungen der K. und Schichten in der DDR somit nicht-„antagonistisch“ sind, ist doch auch dort der K.-Kampf nach wie vor eine Triebkraft der gesellschaftlichen Entwicklung. Allerdings nimmt er „neue Formen“ an, d. h. das geschichtlich „wahre“ und fortschrittliche Interesse der Arbeiterklasse (in marxistisch-leninistischer Sichtweise: die herrschende Mehrheit) muß gegen historisch noch nicht überwundene Widerstände und Interessen der anderen gesellschaftlichen Gruppierungen (der zur Annäherung an die herrschende K. bestimmten Minderheit) durchgesetzt werden. Mit dieser Begründung sieht sich die DDR auch heute noch in der Phase der „Diktatur des Proletariats".

f) In den gegenwärtigen kapitalistischen Gesellschaftssystemen führt das Proletariat weiterhin den K.-Kampf um seine Befreiung von Ausbeutung und Unterdrükkung (→ **Imperialismus**). Dabei werden üblicherweise drei „Grundformen" dieses Kampfes unterschieden: der ökonomische, der politische und der ideologische Kampf. Die Lehre vom K.-Kampf fordert jedoch, daß alle drei Formen einander ergänzen, wobei dem politischen Kampf unter Führung einer marxistisch-leninistischen Partei die entscheidende Bedeutung beigemessen wird. Eine Beschränkung auf den ökonomischen (z. B. gewerkschaftlichen) Kampf wird als charakteristisch für den → **Reformismus** und → **Opportunismus** und als von den eigentlichen Kampfzielen ablenkend verworfen.

g) Auch nationale Befreiungskämpfe in den Ländern der Dritten Welt sind K.-Kämpfe (→ **Nationale Demokratie**).

h) Das Verhältnis zwischen den beiden „Weltsystemen", zwischen sozialistischen und kapitalistischen Staaten, wird als vom internationalen K.-Kampf geprägt, gedeutet. (→ **Außenpolitik; Friedliche Koexistenz; Sozialistisches Weltsystem.**)

2. Soziologisch-theoretischer Aspekt. Die Beschreibung und Analyse von K. und Schichten in der eigenen Gesellschaft, wie sie von der Soziologie und insbesondere der Sozialstrukturforschung in der DDR verlangt werden, sind durch die geschichtsphilosophisch-ideologischen Festlegungen nur bis zu einem gewissen Grade determiniert. Mehr und mehr wird versucht, auch empirisch-statistisch einlösbare Merkmale für den K.-Begriff zu erarbeiten.

Ausgangsbasis ist allerdings nach wie vor die Definition der K., die Lenin 1919 (in: „Die große Initiative", Werke Bd. 29, S. 410) formuliert hat: „Als Klassen bezeichnet man große Menschengruppen, die sich voneinander unterscheiden nach ihrem Platz in einem geschichtlich bestimmten System der gesellschaftlichen Produktion, nach ihrem (größtenteils in Gesetzen fixierten und formulierten) Verhältnis zu den Produktionsmitteln, nach ihrer Rolle in der gesellschaftlichen Organisation der Arbeit und folglich nach der Art der Erlangung und der Größe des Anteils am gesellschaftlichen Reichtum, über den sie verfügen. Klassen sind Gruppen von Menschen, von denen die eine sich die Arbeit einer andern aneignen kann infolge der Verschiedenheit ihres Platzes in einem bestimmten System der gesellschaftlichen Wirtschaft."

Diese Definition hat eine Diskussion darüber ausgelöst, ob sie für die Charakterisierung der Sozialstruktur der sozialistischen Gesellschaft Gültigkeit besitze; denn in dieser Gesellschaft eigne sich keine „große Menschengruppe" die „Arbeit einer andern" an. Folgt man dem von G. Aßmann und R. Stollberg herausgegebenen Lehrbuch „Grundlagen der marxistisch-leninistischen Soziologie" (Berlin [Ost] 1977), dann muß man diese Diskussion als abgeschlossen ansehen. Hans Röder argumentiert in Anlehnung an Lenin in dem entsprechenden Abschnitt (S. 141 ff.), daß die K.-Struktur „dynamisch", „vom Standpunkt der Vergangenheit" und „vom Standpunkt der Zukunft", zu interpretieren sei. Das heißt: Die Leninsche Definition soll als eine Art Maßstab fungieren, an dem der Fortschritt gemessen wird, der in der sozialistischen Gesellschaft gegenüber der kapitalistischen erzielt wurde, und der gleichermaßen die Richtung anzeigt, in der das noch nicht erreichte Ziel der klassenlosen Gesellschaft liegt.

Unterhalb dieser Diskussionsebene ergeben sich jedoch mannigfache Probleme der statistisch-empirischen Erfassung von K. in den (entwickelten) sozialistischen Gesellschaften. Die Sozialstrukturforschung hat sich „theoretisch" z. T. von Lenins Definition ebenso entfernt, wie sie empirische Daten zusammengetragen hat, deren Zuordnung zu den von Lenin herausgearbeiteten K.-Merkmalen Schwierigkeiten bereitet (→ **Sozialstruktur**, II., III.).

Klassenbewußtsein: Ein im Rahmen der Lehre von den Klassen und vom Klassenkampf stehender Begriff des → **Marxismus-Leninismus** (→ **Klasse/Klassen, Klassenkampf**). Das K. wird definiert als „der Teil des gesellschaftlichen Bewußtseins, in dem sich eine Klasse ihrer materiellen Existenzbedingungen, ihrer grundlegenden Interessen, ihrer Beziehungen zu den anderen Klassen und Schichten der Gesellschaft sowie ihrer Rolle in der historischen Entwicklung mehr oder weniger deutlich bewußt wird" (M. Buhr u. A. Kosing, Kleines Wörterbuch der marxistisch-leninistischen Philosophie, 4., überarb. Aufl., Berlin [Ost] 1979, S. 176). Das K. bildet sich aus Elementen verschiedener Bewußtseinsformen (politischen, philosophischen, künstlerischen usw.), doch stehen die politischen Anschauungen im Mittelpunkt. Jede Klasse entwickelt, gemäß ihrer Stellung im → **Produktionsprozeß**, ein eigenes K. Zwischen dem K. der → **Arbeiterklasse** und dem der anderen Klassen sieht der Marxismus-Leninismus allerdings einen qualitativen Unterschied: Der Arbeiterklasse ist die Einsicht in die Bewegungsgesetze der menschlichen Gesellschaft gegeben. Während alle anderen Klassen nur partikulare Interessen und ein dementsprechend begrenztes Bewußtsein aufzuweisen hätten, ziele das K. der Arbeiterklasse auf die revolutionäre Umwälzung der kapitalistischen Gesellschaft in Richtung der klassenlosen kommunistischen Gesellschaft und enthalte somit die Perspektive für die gesamte Menschheitsentwicklung.

Wie die Arbeiterklasse durchläuft auch ihr K. verschiedene Entwicklungsstufen: „Klasseninstinkt", „spontanes" K., „wissenschaftlich begründetes" K. „In seiner wissenschaftlich begründeten Form entsteht es mit der Entwicklung des Marxismus-Leninismus, der durch die revolutionären marxistisch-leninistischen Parteien in die Arbeiterklasse hineingetragen wird." (Ebd.) Wissenschaftlichkeit und → **Parteilichkeit** fallen in dieser Sichtweise zusammen.

Wenn das K. der Arbeiterklasse in der Form des Marxismus-Leninismus, wie u. a. in der DDR, „herrschendes

Bewußtsein" wird, geht seine Entwicklung quantitativ und qualitativ weiter. D. h.: einerseits muß das K. der Arbeiterklasse nicht nur diese Klasse selbst, sondern mehr und mehr auch die anderen Schichten des Volkes „ergreifen"; andererseits muß es zu einer immer vollkommeneren, wissenschaftlich immer besser begründeten Aneignung von Wirklichkeit (und darauf aufbauendem Handeln) vorstoßen. Denn die Menschen sollen die „Gesetze ihres eignen gesellschaftlichen Tuns, die ihnen bisher als fremde, sie beherrschende Naturgesetze gegenüberstanden . . . mit voller Sachkenntnis" anwenden und beherrschen, um „ihre Geschichte mit vollem Bewußtsein selbst [zu] machen" (F. Engels, Anti-Dühring, 1894, in: Marx-Engels-Werke, Bd. 20, S. 264).
Die → **Sozialistische Einheitspartei Deutschlands (SED)** als „höchste" politische Organisationsform der Arbeiterklasse in der DDR leitet die Prozesse der Bildung und Erziehung, die in der entwickelten sozialistischen Gesellschaft zur Herausbildung des „sozialistischen Bewußtseins" führen sollen.
(**Gesellschaftliches** → **Bewußtsein;** → **Staatsbewußtsein, Sozialistisches.**)

Kleinbürgertum: Im → **Marxismus-Leninismus** jene soziale Klasse oder Schicht, die zwischen den Grundklassen der kapitalistischen Gesellschaft, Bourgeoisie und Proletariat, eine Zwischenstellung einnimmt (→ **Klasse/Klassen, Klassenkampf**). Mit dem Begriff K. werden dementsprechend Bauern, Handwerker, Einzelhändler, Gewerbetreibende, die zwar wie die Kapitalisten über eigene Produktionsmittel verfügen, im Gegensatz zu ihnen aber gewöhnlich keine fremden Arbeitskräfte beschäftigen (also keine „Ausbeutung" betreiben), bezeichnet. Die Ablösung des → **Feudalismus** durch den Kapitalismus machte das K. vorübergehend zur zahlenmäßig stärksten Gesellschaftsschicht, das der bürgerlichen Ordnung zum Durchbruch verhalf, im Zug der für die kapitalistische Entwicklung charakteristischen Konzentration und Zentralisation von Kapital und Produktion jedoch zu einer Minderheit wird. Seine Vertreter sollen „ins Proletariat hinabgeschleudert" werden (Marx/Engels: Kommunistisches Manifest).
Der sozialen Stellung des K. entspricht seine politische Zwischenstellung. Der Marxismus-Leninismus hält das K. für unfähig, einen selbständigen politischen Kampf gegen das Monopolkapital zu führen, und verweist es daher auf das Bündnis mit der → **Arbeiterklasse**.
Wird einerseits das durch krasse Verschlechterung der wirtschaftlichen Lage hervorgerufene Bestreben des K., sich der Arbeiterklasse anzuschließen, positiv bewertet, so wird andererseits auf die damit verbundene Gefahr hingewiesen, daß in die Arbeiterbewegung Elemente opportunistischer, kleinbürgerlicher Ideologie eindringen (→ **Opportunismus**).
Die SED erhebt den Anspruch, durch ihre → **Bündnispolitik** dem K. eine „positive Perspektive" eröffnet zu haben. Durch deren Verwirklichung hätten sich die Gruppen des K. im Verlauf der sozialistischen Umgestaltung in sozialistische Klassen und Schichten verwandelt; sie würden in der neuen Ordnung ihren gleichberechtigten Platz haben. Als Beispiel werden in diesem Zusammenhang u. a. die werktätigen Bauern angeführt, die sich durch Zusammenschluß in den auf genossenschaftlichem Eigentum und kollektiver Arbeit beruhenden LPG in die neue sozialistische Klasse der → **Genossenschaftsbauern** umgewandelt haben. → **Genossenschaften; Handwerk.**

Klub der Intelligenz: Die K. sind Einrichtungen des → **Kulturbundes der DDR (KB)**, von dem sie seit 1957 angeleitet werden. Die K. bestehen heute vor allem in den Kreis- und Bezirksstädten als Treffpunkte der technischen, wissenschaftlichen und künstlerischen Intelligenz und dienen beruflichem Erfahrungsaustausch, fachlich-wissenschaftlicher Qualifizierung sowie als Ort künstlerischer und geselliger Veranstaltungen. Die Veranstaltungen in den K. sind grundsätzlich jedermann zugänglich. Es ist jedoch fraglich, ob die K. der ihnen zugedachten Funktion, zu einer Begegnungsstätte für Angehörige der Intelligenz mit Arbeitern und Genossenschaftsbauern zu werden, bisher tatsächlich gerecht geworden sind. – 1981 gab es 146 K.

Kollegien Bildender Künstler: „Zur Förderung des künstlerischen Schaffens in sozialistischen Kollektiven" trat am 1. 4. 1982 eine VO über die Bildung von Kollegien Bildender Künstler (Künstlerkollegien) (GBl. I, S. 349) in Kraft. Gleichzeitig wurde ein Musterstatut erlassen, das die rechtliche Grundlage für die Ausarbeitung der speziellen Statuten der einzelnen K. bildet. Die speziellen Statuten bedürfen der Registrierung durch den Rat des Bezirkes, der zu prüfen hat, „ob die Gründung des Künstlerkollegiums den gesellschaftlichen Bedürfnissen entspricht und das Statut alle Grundsätze des Musterstatutes beinhaltet". Die mit der Registrierung verbundene staatliche Anerkennung des K. kann durch den Rat des Bezirkes widerrufen werden. Die Räte der Bezirke „nehmen Einfluß auf die politisch-ideologische und fachliche Qualifizierung der Mitglieder, auf die Auftragsvergabe und die Verwirklichung hoher künstlerischer Maßstäbe bei der Erfüllung der Aufträge". Sie „fördern in Zusammenarbeit mit dem → **Verband Bildender Künstler (VBK) der DDR** die Einbeziehung der Künstlerkollegien in das Auftragswesen".
Die Gründung (Mindestmitgliederzahl: 3) bzw. der Beitritt zu den K. ist freiwillig. Die Mitgliederversammlung der K. wählt den Vorstand, die Revisionskommission und einen Vorsitzenden, beschließt über das Statut und – gegebenenfalls – die Atelierordnung, die Aufnahme von Mitgliedern und die Auswahl der von ihnen einzubringenden Grundmittel, die Bildung von Fonds und deren Verwendung sowie über die Vergütungs- und Prämierungsgrundsätze. Die von den Mitgliedern in den Anteilsfonds des K. eingebrachten Grundmittel (Werkstätten, Atelierräume, Arbeitsmittel und Fachliteratur) werden entsprechend ihrem Zeitwert in nicht verzinsbaren Raten innerhalb von 10 Jahren an das Mitglied bezahlt. Außerdem hat jedes Mitglied bei Eintritt in das K. einen Anteil von 1000 Mark in den Anteilsfonds

einzubringen. Bei Austritt oder Ausschluß aus dem K. ist dieser Betrag rückzahlbar. Neben dem Anteilsfonds bilden die K. Fonds für Qualifizierung und Bildung, für kulturelle und soziale Betreuung, einen Prämienfonds, einen Investitionsfonds und einen Reservefonds, die insgesamt mindestens 12 v. H. der jährlichen Erlöse des K. umfassen. Die K. sind berechtigt, für nicht-künstlerische Tätigkeiten Hilfskräfte einzustellen. Rechtlich wird das K. durch seinen Vorsitzenden vertreten.
„Die Tätigkeit als Mitglied des K. ist hauptberuflich. Die Annahme und Ausführung von Aufträgen in nebenberuflicher Tätigkeit sowie der Verkauf von Kunstwerken bzw. Gestaltungsleistungen durch Mitglieder, die diese außerhalb ihrer Arbeitsverpflichtungen geschaffen haben und die dem hauptberuflichen Arbeitsgebiet entsprechen, ist nicht statthaft." Bei ihrer Arbeit haben die K. eng mit den Leitungen des Verbandes Bildender Künstler der DDR zusammenzuarbeiten und ihre Arbeit entsprechend den Perspektivplänen der Kunstentwicklung der DDR und des jeweiligen Bezirkes zu organisieren. Dabei orientiert sich die Tätigkeit des K. an „den Kriterien des sozialistischen Kunstschaffens wie Volksverbundenheit und Parteilichkeit". Daneben gehören zu den Aufgaben des K. die „ständige ideologische und künstlerische Weiterbildung der Mitglieder und die Förderung des künstlerischen Nachwuchses".
Zum Berichtszeitpunkt (Mai 1984) fehlen noch Angaben über Verbreitung und Resonanz der K. bei den Kunstschaffenden der DDR, so daß eine Bewertung dieser neuen Organisationsform schwerfällt. Es ist jedoch zu vermuten, daß neben dem künstlerischen Gewinn, den man sich von der Einführung kollektiver Arbeitsformen im Bereich der bildenden Kunst verspricht, bei der Einführung der K. auch das Interesse von Partei und Staat an einer festeren Einbindung und umfassenderen Kontrolle der zunehmend selbstbewußter auftretenden Künstlerschaft eine nicht unerhebliche Rolle gespielt hat. Ob die K. diese Funktion erfüllen können, d. h., ob die Kunstschaffenden der DDR tatsächlich in großer Zahl bereit sind, K. zu bilden bzw. sich ihnen einzugliedern, bleibt abzuwarten. → **Bildende Kunst; Kulturpolitik.**

Kollegien der Ministerien: In einer VO vom 17. 7. 1952 wurde erstmals die Bildung von K. in den Ministerien und Staatssekretariaten festgelegt (→ **Staatsapparat**). Die K. waren beratende Organe beim Minister oder Staatssekretär. Mit Beschluß des Ministerrates vom 30. 6. 1966 wurde die VO zur Bildung von K. aufgehoben und diese mit Wirkung vom 31. 12. 1966 abgeschafft. Das Gesetz über den Ministerrat vom 16. 10. 1972 (§ 14, 2) hat die K. mit gleicher Aufgabenstellung wieder eingeführt.
Das K. besteht aus 10–15 Mitgliedern; ihm gehören der Minister, der Staatssekretär und die Stellv. des Ministers, Leiter von Abteilungen und andere leitende Mitarbeiter des Ministeriums sowie Leiter von unterstellten Organen, Betrieben, Kombinaten und wissenschaftlichen Einrichtungen an. Die Mitglieder der K. können die Bezeichnung „Mitglied des Kollegiums des Ministeriums" führen. An seinen Sitzungen nehmen der Sekretär der Parteiorganisation des Ministeriums und zu bestimmten Tagesordnungspunkten gesondert geladene Mitarbeiter oder externe Experten teil.
Die Beratungstätigkeit der K. umfaßt grundlegende Probleme der langfristigen Planung, der Durchführung der Volkswirtschaftspläne, der Organisierung des wissenschaftlich-technischen Vorlaufs, der Verbesserung der Arbeits- und Lebensbedingungen usw. Sie beraten die Entwürfe wichtiger Anordnungen, Verordnungen und sonstiger Normativakte, nehmen zu Vorlagen des Ministers an den Ministerrat Stellung. Die Beratungsergebnisse werden dem Minister als Empfehlung unterbreitet. Bei grundsätzlichen Meinungsverschiedenheiten im K. wird der Vorsitzende des Ministerrats verständigt.

Kollektiv, Sozialistisches: Als SK. gelten in der DDR „stabile Vereinigungen von Menschen", die in den „verschiedenen gesellschaftlichen Bereichen (Produktion, Schulen, Organisationen, Kultur usw.)" insbesondere als Arbeitskollektive bestehen. Die Angehörigen eines SK. wirken vor allem „im Arbeitsprozeß zur zielstrebigen Erfüllung gemeinsamer Aufgaben und zur Verwirklichung materieller und ideeller Interessen und Ziele" zusammen. Dem SK. wird eine „höhere soziale Qualität" als anderen sozialen Gruppen zugesprochen. Die Beziehungen der Mitglieder eines SK. seien von den „sozialistischen → **Produktionsverhältnissen**", einem dementsprechenden **gesellschaftlichen → Bewußtsein** und den Grundsätzen **sozialistischer → Moral** geprägt (Lexikon der Wirtschaft. Arbeit – Bildung – Soziales, Berlin [Ost] 1982, S. 521 ff.).
SK. sind entsprechend den ihnen übertragenen Aufgaben arbeitsteilig und hierarchisch organisiert; sie sind also keineswegs eine „Gemeinschaft von Gleichen". Als „gleich" gelten die Angehörigen eines K. lediglich in Hinblick auf das Eigentum an Produktionsmitteln, nicht aber in bezug auf Arbeitsaufgaben, Qualifikation und Entscheidungs- bzw. Leitungskompetenzen. Darüber hinaus geht die Soziologie der DDR davon aus, daß auch die Bereitschaft, sich in ein SK. zu integrieren und sich innerhalb und für das SK. einzusetzen, ungleich verteilt ist. Die Gruppe der besonders aktiven K.-Mitglieder, die die „gesellschaftlichen Forderungen" als erste erkennen und gegenüber den anderen Mitgliedern vertreten, wird als K.-Kern bezeichnet. Dieser Kerngruppe wird nicht nur eine besondere „Autorität" zugesprochen, vielmehr präge sie maßgeblich Ziele, Normen und Verhalten im SK. und damit das K.-Klima.
Das SK. soll sowohl ökonomisch meßbare Leistungen entsprechend den jeweiligen Planvorgaben erbringen – insofern ist es ein „Zweckverband" – als auch eine neue Form des Zusammenlebens („sozialistische Gemeinschaft") ermöglichen. Als Erwartungen an „Stil und Ton des K." werden genannt: „optimistische, freudbetonte Grundstimmung, Würde, Höflichkeit, Offenheit, Wachsamkeit, Kritik und Selbstkritik, Disziplin und Selbstbeherrschung, Kameradschaft und Hilfsbereitschaft, hohes Anspruchsniveau und hohe Leistungsbe-

reitschaft, Bescheidenheit und schöpferische Unzufriedenheit mit dem Erreichten, Neuerertum, Wissensdrang, Solidarität u. a. edle Eigenschaften sozialistischer Persönlichkeiten" (a. a. O., S. 522).
Dieser umfassende Anspruch an das SK. soll seinen Ausdruck im → **Sozialistischen Wettbewerb** mit dem Motto „Sozialistisch arbeiten, lernen und leben" um den Titel „K. der sozialistischen Arbeit" finden. Der Herausbildung von Traditionen im SK. dient u. a. das → **Brigadetagebuch**, die Einbeziehung der Familie in kulturelle und soziale Veranstaltungen des SK. usw.
Die → **Kollektiv- und Arbeitserziehung** steht im Mittelpunkt der pädagogischen Bemühungen in Schule, Hoch- und Fachschule sowie in der Lehrlingsausbildung. Umgekehrt hat auch das SK. einen permanenten Erziehungsauftrag gegenüber seinen Mitgliedern. Hervorgehoben wird die Bedeutung des Leiters eines SK. als Erzieher. Ohne die sich aus den Prinzipien der → **Einzelleitung** und des → **Demokratischen Zentralismus** ergebenden, eigenen Verantwortlichkeiten zu verwischen, hat der „sozialistische Leiter" die kompetenten K.-Mitglieder an der Entscheidungsfindung zu beteiligen, das SK. über die getroffenen Entscheidungen, den Stand der Planerfüllung usw. laufend zu unterrichten sowie das Verhalten und die Bewußtseinsentwicklung der K.-Mitglieder ständig in Richtung einer sozialistischen Persönlichkeitsentwicklung (→ **Persönlichkeitstheorie, Sozialistische**) zu beeinflussen.
Soziologische Untersuchungen und Erfahrungsberichte aus der DDR belegen einerseits, daß es sehr enge und dauerhafte Beziehungen in den Arbeits-K., vor allem der Industriebetriebe gibt. Andererseits ist es aber bisher kaum gelungen, die K.-Mitglieder dazu zu bewegen, ihre Gruppeninteressen den jeweils geforderten „gesellschaftlichen Aufgaben" nachzuordnen.

Kollektive Führung: Unter KF. wird in der DDR unter Berufung auf W. I. Lenin (der sich verschiedentlich für das „Kollegialitätsprinzip" ausgesprochen hat) das Führungsprinzip verstanden, das insbesondere die Tätigkeit der Parteileitungen kennzeichnen soll. Vor allem Grundsatzentscheidungen sollen in den Leitungsgremien kollektiv beraten werden. Dabei dürfe jedoch die Einzelverantwortlichkeit der Leitungsmitglieder entsprechend den Prinzipien des → **Demokratischen Zentralismus** und der → **Einzelleitung** nicht verwischt werden; Leitungskollektive sind ebenso wie andere **sozialistische** → **Kollektive** arbeitsteilig und hierarchisch organisiert.
Die Verwendung des Begriffs KF. beschränkt sich wesentlich auf die SED; KF. ist jedoch lediglich ein Sonderfall der „Kollektivität der Leitung", die das Funktionieren aller gewählten Leitungen in den → **Parteien** und den → **Massenorganisationen** sowie im → **Staatsapparat** kennzeichnen soll. Das geltende (5.) Parteistatut der SED (1976) besagt dazu in Ziffer 24: „Das höchste Prinzip der Arbeit der leitenden Parteiorgane ist die Kollektivität. Alle Leitungen haben die vor der Partei stehenden Probleme, die Aufgaben und die Planung der Arbeit im Kollektiv zu beraten und zu entscheiden. – Der Grundsatz der Kollektivität schließt die persönliche Verantwortung des einzelnen ein. Personenkult und die damit verbundene Verletzung der innerparteilichen Demokratie sind unvereinbar mit den leninschen Normen des Parteilebens und können in der Partei nicht geduldet werden."
Der Begriff KF. wurde vor allem nach dem XX. Parteitag der → **Kommunistischen Partei der Sowjetunion (KPdSU)** (1956) verwendet. In ihm sollte die Abwendung vom → **Personenkult** und damit die Wiederherstellung der „innerparteilichen Demokratie" gemäß den „leninschen Parteinormen" zum Ausdruck gebracht werden. Der zwischen der Forderung nach „Kollektivität der Leitung" und den anderen Prinzipien des Demokratischen Zentralismus bestehende, konfliktreiche Spannungszustand ist bisher immer – am sichtbarsten innerhalb des → **Politbüros des ZK der SED** – zugunsten einer deutlich herausgehobenen Stellung des 1. Sekretärs (seit 1976 in Anlehnung an die KPdSU: Generalsekretär) der Partei entschieden worden. Erscheinungen des Personenkults hat es besonders um den Vorgänger Erich Honeckers in diesem Amt, Walter Ulbricht, auch nach 1956 gegeben; aber spätestens seit dem IX. Parteitag der SED (1976), besonders auffällig auf dem X. Parteitag der SED (1981), ist auch eine verstärkte Hervorhebung der Aktivitäten und der Person Erich Honeckers zu beobachten. Derartige Erscheinungen lassen den Schluß zu, daß eine Reihe von Entscheidungen der Parteiführung zwar gemeinsam getroffen und nach außen kollektiv verantwortet werden, der Person des 1. Sekretärs/Generalsekretärs jedoch nach wie vor eine überragende Bedeutung zukommt.

Kollektiv- und Arbeitserziehung: Wesentlicher intentionaler und instrumentaler Bestandteil der „sozialistischen" Erziehung ist die KAE., die mit anderen Teilbereichen der „sozialistischen" Erziehung, so mit der **Politisch-Ideologischen bzw. Staatsbürgerlichen** → **Erziehung**, der → **Polytechnischen Bildung und polytechnischem Unterricht**, der → **Wehrerziehung** und der → **Erziehung zu bewußter Disziplin**, vor allem aber miteinander in enger Beziehung steht.
1. Die *Kollektiverziehung,* d. h. die Erziehung „im Kollektiv durch das Kollektiv zum Kollektiv", ist eine wesentliche Zielstellung und Methode der gesamten sozialistischen Erziehung und zielt auf die „sozialistische" Gestaltung der zwischenmenschlichen Beziehungen und ihre Nutzung für die Erziehung **sozialistischer Persönlichkeiten**. Als **Sozialistisches** → **Kollektiv** wird eine für den Menschen überschaubare und in ihren Wirkungen bedeutsame Lebensgruppe bezeichnet, „die in ihrem Beziehungsgefüge die Prinzipien des sozialistischen Zusammenlebens widerspiegelt". Als „Grundzelle der sozialistischen Gesellschaft" ist das so verstandene Kollektiv ein sozialer Organismus, ein System sozialer Beziehungen, die in gemeinsamer Tätigkeit und gemeinsamem Erfahrungs- und Erlebnisschatz der Mitglieder bestehen und deren Gemeinsamkeit eine elementare Voraussetzung für das Kollektiv darstellt. Vor allem aber muß eine gemeinsame Aufgabe, speziell für

die gesellschaftlich nützliche, produktive Arbeit, vorhanden sein, an deren Lösung alle Mitglieder des Kollektivs zielstrebig und organisiert mitwirken. Ferner muß das Kollektiv eine innere Gliederung besitzen, eine bestimmte Konstellation von sozialen Rollen, die sich aus den Erfordernissen der gemeinsamen Aufgabenlösung ergibt. Es wird seine Aufgaben nur lösen können, wenn jedes Mitglied eine bestimmte Rolle übernimmt und diese Rolle voll ausfüllt. Schließlich ist das Kollektiv durch eine bestimmte Lebensordnung, durch Regeln für das Zusammenarbeiten und Zusammenleben gekennzeichnet, die zweckmäßig gestaltet sein und den jeweiligen Anforderungen entsprechen müssen. Das wichtigste Element des Kollektivgeschehens aber ist der gemeinsame Ideengehalt (ideologische Inhalt), der das inhaltliche Bindeglied zwischen Lebensgruppe und Gesellschaft bilden und die Gesamtheit der Elemente des Kollektivs und ihr Zusammenspiel beeinflussen soll.
Das Kollektiv kann seine erzieherische Funktion jedoch nur erfüllen, „wenn es zur Arena der Selbstbehauptung und -bestätigung der Persönlichkeit für jedes seiner Mitglieder wird, wenn jeder einzelne in ihm eine Bestätigung seiner individuellen Position findet“. Die K. wird so als eine Methode anzuwenden versucht, die geeignet ist, nicht nur Kollektivität, sondern auch Individualität bei den Kollektivmitgliedern auszuprägen.
„Sozialistische Persönlichkeit“ und „sozialistisches Kollektiv“ in ihrem jeweiligen erzieherischen Wirkungszusammenhang gründen indes auf Vorstellungen, deren Wirklichkeitsbezug zur in der DDR vorfindlichen Lebensrealität nur gering ist, so daß die Erfüllung der damit verbundenen Erwartungen in bezug auf ihre Erziehungswirksamkeit sich in der gleichen Weise in die Zukunft verschiebt wie die im Rahmen der K. als Erziehungsmittel angewandten „pädagogischen Perspektiven“. Daran hat bisher auch die zunehmende soziologische Fundierung der Auffassung vom Kollektiv nichts zu ändern vermocht.
2. *Arbeitserziehung* in genereller, hauptsächlich gebrauchter pädagogischer Bedeutung ist ein wesentlicher Bestandteil der gesamten Bildung und Erziehung der Kinder, Jugendlichen und Erwachsenen. Im pädagogischen Bereich wird der Begriff A. mehrdeutig gebraucht, einmal als Erziehung durch Arbeit, womit die A. auf eine Mittelfunktion eingeengt wird, und zum anderen in ihrer Zielfunktion, als Erziehung zur Arbeit. „Sozialistische“ A. zielt darauf, daß die heranwachsenden Staatsbürger eine „sozialistische“ Arbeitshaltung erwerben, körperliche und geistige Arbeit lieben, hohe individuelle und kollektive Arbeitsergebnisse erzielen sowie ihre erworbenen Kenntnisse, Fähigkeiten und Fertigkeiten praktisch anwenden, so daß ihnen die berufliche und außerberufliche gesellschaftlich nützliche Arbeit zur Gewohnheit und schließlich zum ersten Lebensbedürfnis wird; daß sie ferner die Arbeiterklasse und alle werktätigen Menschen achten, in ihnen die Träger des gesellschaftlichen Fortschritts und die Schöpfer der materiellen und geistigen Werte sehen sowie das gesellschaftliche Eigentum als Grundlage der sozialistischen Produktionsverhältnisse pflegen und schützen.
Daraus resultiert als wichtigste Aufgabe für die A., den Schülern ihre Stellung als künftige Staatsbürger zur zentralen Sphäre des gesellschaftlichen Lebens, zur Arbeit und Produktion, bewußtzumachen sowie ihre Fähigkeiten, Fertigkeiten und Gewohnheiten, sich gemäß ihrer verfassungsrechtlich fixierten Rechte und Pflichten als „Miteigentümer der vergesellschafteten Produktionsmittel“ in Arbeit und Produktion zu verhalten, planmäßig herauszubilden und in ständiger Übung und Bewährung zu festigen.
Die Schüler und Lehrlinge sollen vor allem zur Bereitschaft erzogen werden, „auf sozialistische Weise“ zu arbeiten und ihre Arbeitsleistungen und Arbeitsproduktivität ständig zu steigern, wobei die Erfolge der A. an der Quantität und Qualität der Ergebnisse der gesellschaftlich nützlichen, produktiven Arbeit der Schüler und Lehrlinge gemessen werden. Die Diskrepanz zwischen der Zielstellung und den tatsächlichen Ergebnissen der A. wie auch der politisch-ideologischen bzw. staatsbürgerlichen Erziehung beruht nicht allein auf dem Widerspruch zwischen dem im Erziehungsprozeß vermittelten Bild vom → **Werktätigen** als „sozialistischem Eigentümer“ und den Alltagserfahrungen tatsächlicher, weitgehender Ohnmacht am Arbeitsplatz. Die gleichfalls behauptete Identität zwischen den Interessen und Bedürfnissen des einzelnen mit dem parteilich definierten Gesamtinteresse bestätigt sich darüber hinaus in der gesellschaftlichen Wirklichkeit nur in Ausnahmefällen.

Kombinat Kraftverkehr, VEB: Die K. entwickelten sich in den Jahren 1969/70 aus den früheren Bezirksdirektionen für den Kraftverkehr (BDK). Ihre Hauptaufgabe besteht in der Befriedigung des Beförderungsbedarfes im Straßengüter- und Personenverkehr des jeweiligen Bezirks und in der Sicherung der notwendigen Instandsetzungsleistungen an den Kraftfahrzeugen. Durch Einbeziehung in die Transportplanung und -bilanzierung sowie durch sonstige Koordinierungsverfahren werden auch der Werkverkehr und die nichtsozialistischen Transportbetriebe an dieser Hauptaufgabe beteiligt. Für jeden Bezirk und die Hauptstadt der DDR, Berlin, ist ein K. tätig. Ihm unterstehen die Kraftverkehrs- und Kraftfahrzeuginstandsetzungsbetriebe des jeweiligen Bezirks, deren Tätigkeit und Zusammenarbeit durch das K. koordiniert werden. Mit der K.-Bildung sollte erreicht werden: innerbetriebliche Spezialisierung, einheitliche Leitung und Planung der Transportabläufe, bessere Ausnutzung der Transportmittel. → **Verkehrswesen.**
Die K. sind zusammen mit den bis dahin örtlich geleiteten volkseigenen Nahverkehrsbetrieben in die am 1. 1. 1982 auf Bezirksebene gebildeten Verkehrskombinate eingegliedert worden. Ziel dieser Maßnahme war es, die Transport-, Beförderungs- und Instandhaltungsprozesse der Bezirke zu vereinheitlichen und zu rationalisieren, die vorhandenen materiellen und finanziellen Fonds besser auszunutzen, um letztlich den Transportaufwand zu senken und Energie einzusparen.
Um die Lkw besser auszulasten und um Leerlauf zu

vermeiden, wurde in Dresden für alle Lkw (öffentlicher Kraftverkehr und Werkverkehr) ab 0,6 t Nutzmasse, die im Fernverkehr oder im überbezirklichen Nahverkehr auf Strecken von mehr als 30 km eingesetzt sind (ca. 10000 Einheiten), eine EDV-Zentrale eingerichtet. Diese Zentrale steuert und koordiniert täglich alle Fahrten des gesamten Güterkraftverkehrs in der DDR.

Kombinat Seeverkehr und Hafenwirtschaft – Deutfracht/Seereederei: Die staatliche Leitung des DDR-Seeverkehrs obliegt dem → **Ministerium für Verkehrswesen** mit der Hauptverwaltung Seeverkehr. Diesem Organ sind der VEB-KSuH., das → **Seefahrtsamt der DDR** und die → **DDR-Schiffs-Revision und -Klassifikation (DSRK)** unmittelbar unterstellt. Die Haupttätigkeit des KSuH. besteht im Transport von Außenhandelstransportgütern über See, in der Befrachtung von Seeschiffen (d. h. dem Abschluß von Seefrachtverträgen einschließlich der Werbung der Ladungen von ausländischen Versendern) sowie im Umschlag und der Lagerung der Güter. In seinen Zuständigkeitsbereich fallen auch die Abfertigung der Schiffe während des Ein- und Auslaufens sowie die Betreuung von Schiff und Besatzung während der Hafenliegezeit. Das K. erbringt auch Lotsen-, Schlepp-, Bugsier- und Baggerleistungen, es ist für die Versorgung und Ausrüstung eigener und ausländischer Schiffe verantwortlich. Es arbeitet nach dem Prinzip der → **Wirtschaftlichen Rechnungsführung**.
Stammbetrieb ist der VEB Deutfracht/Seereederei Rostock, der die 3 Flottenbereiche Mittelmeer/Afrika, Asien/Amerika sowie Spezial- und Küstenschiffahrt betreut. Weiterhin gehören zum K. der VEB-Seehäfen mit den Häfen Rostock, Wismar und Stralsund. Die Häfen erfüllen Umschlag- und Lagerfunktionen für den Seeverkehr. Ein weiterer K.-Betrieb ist der VEB-Schiffsmaklerei. Zu seinen Hauptaufgaben zählen die Klarierung aller die Seehäfen anlaufenden Schiffe sowie die Buchung von Linienladungen für alle Schiffahrtslinien, die DDR-Seehäfen anlaufen.
Außerdem gehört zum K. der VEB Bagger-, Bugsier- und Bergungsreederei. Er führt See- und Hafenbaggerungen in der DDR und im Ausland, Bugsierleistungen in den Häfen und auf den Wasserstraßen der DDR sowie Bergungs- und Eisbrecherleistungen durch.
Der VEB-Schiffsversorgung nimmt die Belieferung der in- und ausländischen Schiffe vor. Sie beginnt mit der Versorgung mit Lebensmitteln und endet mit der Bereitstellung von technischen Gütern. → **Verkehrswesen**, IV. E.; V. A.

Kominform: Abk. für Informationsbüro der kommunistischen und Arbeiterparteien. Gegründet im September 1947 in Szlarska Porçeba (Schreiberhau). Mitglieder waren die KPdSU und die kommunistischen Parteien Bulgariens, Polens, Rumäniens, Ungarns, der Tschechoslowakei, Frankreichs und Italiens sowie Jugoslawiens. Die KP Albaniens und die SED waren durch Beobachter vertreten. Das K. war keine Fortsetzung der → **Komintern**, es sollte lediglich gegenseitige Information und Koordination ermöglichen, diente aber hauptsächlich der Kontrolle der übrigen Parteien durch die KPdSU. Der Ende 1947/Anfang 1948 sich zuspitzende Konflikt zwischen der KPdSU und der KP Jugoslawiens, der sich an dem aus dem erfolgreichen Widerstand gegen die deutsche Besatzung entstandenen Selbstbewußtsein der jugoslawischen Parteiführung und an deren Plänen zu einer Balkanföderation entzündete, führte am 28. 6. 1948 zum Ausschluß der KPJ aus dem K. Der Vorwurf des → **Nationalkommunismus** – in jenen Jahren nach dem Generalsekretär der KP Jugoslawiens Tito „Titoismus" benannt – spielte in den Schauprozessen gegen Mitglieder der Parteiführungen in den Volksdemokratien (1949–1952) eine zentrale Rolle. Das K. unterstützte diese Prozesse propagandistisch. Offizieller Sitz des K. war von November 1947 bis Juni 1948 Belgrad, danach bis zu seiner Auflösung am 17. 4. 1956 Bukarest. Zeitschrift des K.: „Für dauerhaften Frieden, für Volksdemokratie".

Komintern: Abk. für Kommunistische (III.) Internationale. Durch Lenins Initiative erfolgte im März 1919 der Zusammenschluß der neugegründeten kommunistischen Parteien (I. Weltkongreß der K. in Moskau). Die K. sollte im Gegensatz zur II. → **Internationale** eine straff organisierte „Weltpartei" mit zentralistischer Struktur und dem Exekutivkomitee (EKKI) an der Spitze sein. Ziel war die Weltrevolution zur Errichtung der Diktatur des Proletariats und der Sowjetmacht. Unter Stalin wurde die K. weitgehend den Interessen der sowjetischen Außenpolitik untergeordnet; sie unterwarf sich dem Führungsanspruch der KPdSU, systematisch wurden alle Stalingegner ausgeschaltet. Der letzte (VII.) Weltkongreß der K. fand 1935 statt. 1943 wurde die K. im Interesse des Kriegsbündnisses der Sowjetunion mit den Westmächten aufgelöst. → **Kominform.**

Komitee der Antifaschistischen Widerstandskämpfer: Nachfolgeorganisation der am 21. 2. 1953 aufgelösten **Vereinigung der Verfolgten des Naziregimes (VVN)**, die am 23. 2. 1947 zur Vertretung der Interessen aller Verfolgten des Naziregimes, zur Durchsetzung einer gerechten Wiedergutmachung und zur Verhinderung neuer nationalsozialistischer bzw. faschistischer Herrschaft gegründet worden war. Ab Sommer 1950 sind die meisten der nichtkommunistischen Widerstandskämpfer und überlebenden Opfer des Naziregimes aus der VVN ausgeschieden.
Das KdAW. gilt als von der → **Sozialistischen Einheitspartei Deutschlands (SED)** gelenkte, kommunistische gesellschaftliche Organisation (→ **Massenorganisationen**), „deren Existenz und Wirken sich aus den besonderen historischen und nationalen Bedingungen" (in der DDR) ergibt. Ohne Teil der → **Nationalen Front der DDR** zu sein, arbeitet sie eng mit dieser zusammen. Bereits im März 1958 erklärte der Vorstand des KdAW.: „Den Ehrentitel ‚Widerstandskämpfer' verdient nur, wer auch heute die Führung der Partei der Arbeiterklasse anerkennt, die Einheit der Partei schützt und leidenschaftlich verteidigt und alles tut für den Aufbau des Sozialismus."

Im Zuge einer seit 1974 zu beobachtenden starken Betonung des antifaschistischen Widerstandes und des damit verbundenen Versuches, diesen Widerstand als eine besondere Form des Klassenkampfes (→ **Klasse/ Klassen, Klassenkampf**) zu verstehen, wuchsen auch dem KdAW. neue Aufgaben zu. Leitungsorgane des KdAW. sind die Zentralleitung und das aus deren Mitgliedern gewählte Präsidium und Sekretariat. Als regionale Untergliederungen bestehen 15 Bezirks- und 111 Kreiskomitees. Das KdAW. hatte 1983 ca. 2500 Mitglieder. Als weitere Untergliederungen bestehen die Sektion ehemaliger Spanienkämpfer, die Arbeitsgemeinschaft ehemaliger Häftlinge des Zuchthauses Brandenburg (zu denen E. Honecker gehört) sowie Arbeitsgemeinschaften für verschiedene Konzentrationslager, z. B. die „Lagergemeinschaft" Buchenwald-Dora, und eine Reihe anderer sog. Aktivs. Dem KdAW. obliegt vor allem die Vermittlung des „Erfahrungsschatzes des nationalen und internationalen Kampfes gegen den Faschismus"; es hat also im Rahmen der in der DDR betriebenen „historisch-revolutionären Traditionspflege" eine wichtige propagandistische und erzieherische Funktion (→ **Nationale Geschichtsbetrachtung**). In den 80er Jahren ist es verstärkt in die allgemeine Auseinandersetzung zwischen Ost und West einbezogen worden (z. B. in der Rüstungsfrage).

Für Mitglieder des KdAW. (sog. „Kämpfer gegen den Faschismus") bestehen Sonderregelungen in der Altersversorgung (→ **Renten**) bzw. werden Ehrenpensionen (→ **Wiedergutmachung**) gezahlt.

Das KdAW. ist Mitglied der kommunistisch dominierten „Internationalen Föderation der Widerstandskämpfer" (FIR). Die FIR tagte im September 1982 erstmalig in Berlin (Ost). Bei dieser Gelegenheit unterstützten die Delegierten aus 24 Ländern uneingeschränkt die Positionen des → **Warschauer Paktes** in der Abrüstungsfrage. – Das KdAW. unterhält ferner Beziehungen zu „Kameraden"-Organisationen in den sozialistischen Ländern, z. B. zum Verband der polnischen Widerstandskämpfer, aber auch zu vergleichbaren Verbänden in westlichen Staaten, z. B. dem Nationalen Verband ehemaliger Widerstandskämpfer Frankreichs und zur VVN – Bund der Antifaschisten in der Bundesrepublik Deutschland.

Vorsitzender der Zentralleitung des KdAW. ist seit 1974 Otto Funke (Mitglied des ZK der SED); er ist zugleich seit 1972 einer der 16 Vizepräsidenten des FIR. Als Monatszeitschrift erscheint als Organ des KdAW. „Der antifaschistische Widerstandskämpfer".

Kommissionen der örtlichen Volksvertretungen: Die örtlichen → **Volksvertretungen** (beispielsweise → **Bezirk; Kreis; Gemeinde**) bilden zur Durchführung ihrer Aufgaben ständige und zeitweilige K., die die Mitwirkung der Bürger und von Vertretern gesellschaftlicher Organisationen bei der Vorbereitung, Durchführung und Kontrolle der Beschlüsse der Volksvertretung zu organisieren und die Durchführung der Gesetze, Verordnungen und Beschlüsse der Volksvertretung durch den Rat und seine Fachorgane sowie durch die Betriebe, Kombinate, Genossenschaften und Einrichtungen im Verantwortungsbereich der Volksvertretung zu kontrollieren haben. Die K. sind berechtigt, der Volksvertretung und dem Rat Vorlagen und Vorschläge zu unterbreiten.

Neben den von der Volksvertretung gewählten Abgeordneten und Nachfolgekandidaten können auch Bürger außerhalb der Volksvertretung in die K. berufen werden. Jedoch müssen in den K. der Bezirkstage mindestens zwei Drittel, in denen der Kreistage mindestens die Hälfte der Mitglieder Abgeordnete und Nachfolgekandidaten sein; geringer kann dieser Anteil in den K. der Städte und Gemeinden sein. – Die K. können, unter Einbeziehung von Bürgern, für einzelne Gebiete ihres Verantwortungsbereichs → **Aktive** bilden.

Insgesamt bestanden bei den örtlichen Volksvertretungen 51304 K. mit 383754 Mitgliedern; davon waren 164709 Abgeordnete, 57758 Nachfolgekandidaten, 161287 andere Bürger. (Stat. Jahrbuch der DDR 1981, Berlin [Ost], S. 344.) Demnach gehörten von den insges. 204910 Abgeordneten der örtlichen Volksvertretungen rd. 80,4 v. H. zugleich einer K. an.

Kommissionsvertrag: Vertragliche Regelung zwischen privaten Einzelhändlern (einschließlich Buchhändlern und Gastwirten) und Betrieben des sozialistischen Einzel- und Großhandels über den Handel von Waren für Rechnung der sozialistischen Handelsbetriebe. Der K. wird auch als Kommissionshandelsvertrag bezeichnet. Der Vorläufer des K. war der Agenturvertrag, mit dem schon 1949 einzelnen privaten Einzelhändlern und Gastwirten der Verkauf von HO-Waren gestattet wurde. K. wurden erstmals 1956 – im Anschluß an einen Beschluß der 3. Parteikonferenz der SED 1956 – abgeschlossen.

Durch den K. werden die rechtliche Selbständigkeit und das Eigentum des Privathändlers an der Geschäftseinrichtung nicht verändert, jedoch verpflichtet er sich, keine Geschäfte mehr auf eigene Rechnung durchzuführen. Der K. bestimmt ferner, daß die Kommissionswaren sachgerecht zu lagern, zu pflegen und zu verkaufen und eine Kaution in Höhe von 50 v. H. (bzw. 33⅓ v. H. bei Sperrguthaben) des Warenwertes vom Einzelhändler zu stellen ist. Der sozialistische Handelsbetrieb vergütet die Handelstätigkeit des Einzelhändlers mit einer Provision und trägt einen Teil der Betriebskosten. Nach Abschluß eines K. wird der private Einzelhändler zum Kommissionshändler; arbeitsrechtlich ähnelt seine Stellung der eines Angestellten eines sozialistischen Handelsbetriebes. Generell gesehen wird durch den Abschluß von K. eine stärkere Integration von typischen Berufsgruppen der Mittelschicht in die sozialistische Umgestaltung der Wirtschaft bewirkt. → **Binnenhandel; Wirtschaft**, V.

Kommunistische Partei der Sowjetunion (KPdSU): Entstand 1903 aus der Spaltung der Sozialdemokratischen Arbeiterpartei Rußlands (SDAPR), als sich unter Lenins Führung die radikalen Bolschewiki (= Mehrheitler) von den Menschewiki (= Minderheitler) ab-

spalteten. Der organisatorische Bruch erfolgte 1912. Bis zur Februarrevolution 1917 arbeitete die Partei illegal. Unter Führung Lenins und Trotzkis übernahmen die Bolschewiki durch die Oktoberrevolution 1917 die Macht in Rußland. Die KP Rußland (Bolschewiki), wie sie seit dem VII. Parteitag 1918 hieß, wurde nach einem verlustreichen, teilweise unter ausländischer Beteiligung geführten Bürgerkrieg zur führenden und alleinbestimmenden Macht im Sowjetstaat. Nach Lenins Tod (1924) gelangte Stalin an die Spitze der bolschewistischen Partei, die sich seit dem XIV. Parteitag 1925 KPdSU (B) nannte (seit dem XIX. Parteitag 1952: KPdSU).
Unter Stalins Führung beherrschte die KPdSU auch die → **Komintern** und damit die kommunistischen Parteien aller Länder. Die KPdSU vollzog unter Stalins Regime (durch die Kollektivierung der Landwirtschaft und die Fünfjahrpläne der Industrie unter sich wiederholenden, schweren wirtschaftlichen Krisen und Hungerkatastrophen) in den 30er Jahren die Industrialisierung Rußlands, die die Sowjetunion zur Weltmacht werden ließ. Zugleich praktizierte der Stalinismus eine uneingeschränkte politische Diktatur. Während der Stalinschen Säuberungen 1936–1938 wurden die führenden Kommunisten der Lenin-Ära und ein Großteil des Funktionärskorps der KPdSU, aber auch in die SU emigrierte Mitglieder ausländischer kommunistischer Parteien einschließlich solcher der KPD liquidiert.
Nach dem II. Weltkrieg bestimmte die KPdSU auch über die kommunistischen Parteien der Ostblockstaaten, darunter die → **Sozialistische Einheitspartei Deutschlands (SED)**. Der XX. Parteitag 1956 und der XXII. Parteitag 1961 verurteilten unter der Führung N. S. Chruschtschows die drastischen Auswirkungen der Stalin-Herrschaft. Die regierenden kommunistischen Parteien erhielten, im einzelnen niemals definierte, begrenzte eigene Entscheidungsspielräume; aus ihrer völligen Abhängigkeit von der KPdSU wurde in Ansätzen so etwas wie eine „Juniorpartnerschaft". Im Oktober 1964 wurde Chruschtschow durch L. I. Breschnew als 1. Sekretär (später Generalsekretär) des ZK der KPdSU abgelöst. Nach dessen Tod (10. 11. 1982) wählte das ZK der KPdSU am 12. 11. 1982 J. Andropow zu seinem Generalsekretär und nach dessen Tod (9. 2. 1984) am 13. 2. 1984 K. Tschernenko.
Die KPdSU hat sich aus einer Kaderpartei zu einer staatstragenden Massenpartei entwickelt (Mitglieder 1918: 300000; 1939: 2,4 Mill.; 1952: 6,8 Mill.; 1976: 15,7 Mill.; 1981: 17,5 Mill.). Formal ist die Partei nach dem sich an dem Staatsaufbau der SU orientierenden → **Territorialprinzip** gegliedert, der → **Demokratische Zentralismus** ist Organisationsprinzip. Danach ist der Parteitag oberstes Organ, er tagt alle 5 Jahre (XXVI. Parteitag 1981). Er ist ebenso wie das ZK (319 Mitglieder und 115 Kandidaten) mehr ein Akklamations- als ein Entscheidungsorgan. Die politisch entscheidenden Führungsgremien sind das Politbüro (12 Mitglieder, 7 Kandidaten) und das Sekretariat (9 Mitglieder), in denen die politischen Grundsatzentscheidungen getroffen werden und deren Durchführung sowie Konkretisierung mit Hilfe des in alle staatlichen Institutionen, Wirtschaftseinheiten, Bildungseinrichtungen usw. hineinreichenden Parteiapparates (etwa 250000 hauptamtliche Funktionäre) kontrolliert wird. Die KPdSU hat auf allen Gebieten der Gesellschaft das Führungsmonopol.
In der kommunistischen Weltbewegung wird die „führende Rolle" der KPdSU nach wie vor von zahlreichen Parteien (auch der SED), mit Ausnahme der „eurokommunistischen" (→ **Eurokommunismus**), anerkannt.

Kommunistische Partei Deutschlands (KPD)/Deutsche Kommunistische Partei (DKP): Unter Führung von Rosa Luxemburg und Karl Liebknecht auf dem Gründungsparteitag (30. 12. 1918–1. 1. 1919 in Berlin) entstanden, erstrebte die KPD das Rätesystem und die Diktatur des Proletariats. Sie wurde 1919 Mitglied der → **Komintern**, doch blieb sie anfangs in Programm und Politik unabhängig von Moskau. Nach mehreren Führungskrisen kam es unter Leitung Ernst Thälmanns (1925–1933) zur Stalinisierung der KPD; trotz Widerstand und Abspaltungen geriet die Partei in immer größere Abhängigkeit von der → **Kommunistischen Partei der Sowjetunion (KPdSU)**. In der NS-Zeit arbeitete die KPD illegal weiter; sie hatte im Widerstand große Blutopfer zu tragen.
Am 11. 6. 1945 trat die KPD mit einer neuen Programmatik an die Öffentlichkeit. Darin setzte sie sich für die parlamentarisch-demokratische Republik ein und erklärte, „daß der Weg, Deutschland das Sowjetsystem aufzuzwingen, falsch wäre". Am 19./20. 4. 1946 erfolgte in der sowjetisch besetzten Zone (nicht zuletzt unter dem Druck der sowjetischen Besatzungsmacht) die Vereinigung von SPD und KPD zur → **Sozialistischen Einheitspartei Deutschlands (SED)**. In Westdeutschland scheiterten die Vereinigungsbestrebungen, die westdeutsche KPD blieb organisatorisch selbständig, wurde jedoch vom ZK der SED angeleitet. Im 1. Bundestag war sie durch 13 Abgeordnete vertreten, bei den Wahlen 1953 erhielt sie nur noch 2,2 v. H. der Stimmen. Nach dem Verbot der KPD durch das Bundesverfassungsgericht (17. 8. 1956) verstärkte sich die Abhängigkeit der in der Illegalität weiter existierenden KPD von der SED. Die KPD vertrat nicht nur bedingungslos die politische Linie der SED, verschiedene führende SED-Mitglieder (z. B. Erich Glückauf) wurden direkt in das KPD-Politbüro aufgenommen. Die KPD-Führung unter Max Reimann residierte in Berlin (Ost), sie lenkte die illegale Parteiorganisation einerseits durch in die Bundesrepublik Deutschland reisende Instrukteure des ZK, andererseits durch westdeutsche Funktionäre, die ihre Direktiven in Berlin (Ost) oder im benachbarten Ausland erhielten. Die Mitgliederzahl der KPD ging von ca. 70000 beim Verbot auf 7000 (1968) zurück. Die Finanzierung der illegalen Arbeit erfolgte daher weitgehend durch die SED. Zur Schulung ihrer Mitglieder unterhielt die KPD in der DDR 4 Parteischulen; ihre Agitation wurde durch den „Freiheitssender 904" aus der DDR unterstützt.
Die Führung der illegalen KPD verstärkte ab 1965 die Bemühungen um Aufhebung des Parteiverbots, sie ging

zur „offenen Arbeit" über, brachte kommunistische Wochenschriften heraus usw. Eine Neugründung wurde jedoch kategorisch abgelehnt, statt dessen beharrte die KPD auf ihrer Wiederzulassung (→ **Infiltration**).
Diese Taktik wurde 1968 geändert und am 26. 9. 1968 auf einer Pressekonferenz die Gründung der Deutschen Kommunistischen Partei, der DKP, bekanntgegeben. Die DKP unterbreitete am 23. 1. 1969 eine „Grundsatzerklärung", in der sie eine „reale politische Demokratie für das Volk" forderte. Eine „schematische Nachahmung des in der DDR beschrittenen Weges" erklärte die DKP für nicht möglich. Der 1. Parteitag (12./13. 4. 1969 in Essen) bestätigte diese Linie, bekräftigte aber die politische Bindung an die SED und den Weltkommunismus Moskauer Prägung. Die Partei zählte 22000 Mitglieder; es gelang ihr, über die Kader der alten KPD hinaus in neue Schichten, vor allem der Jugend, vorzustoßen. Unter Führung von Kurt Bachmann konnte die DKP zwar in Hochschulen und Betrieben einen gewissen Einfluß gewinnen, der Massendurchbruch gelang ihr jedoch nicht. Bei der Bundestagswahl 1972 erhielt die DKP nur 0,3 v.H. der Stimmen.
Auf ihrem III. Parteitag (2.–4. 11. 1973) besaß die DKP fast 40000 Mitglieder. Parteivorsitzender wurde Herbert Mies, der auch vom IV. Parteitag (19.–31. 3. 1976) sowie vom V. und VI. Parteitag (20.–22. 10. 1978 bzw. 29.–31. 5. 1981) und vom VII. Parteitag (6.–8. 1. 1984) bestätigt wurde. Zentralorgan ist „Unsere Zeit" (UZ), seit Oktober 1973 Tageszeitung (Chefredakteur: Georg Polikeit). Die Mitgliederzahl stagniert. Auch die Nebenorganisationen (die Jugendorganisation „Sozialistische Deutsche Arbeiterjugend", die Kinderorganisation „Junge Pioniere", die Studentenorganisation „MSB Spartakus") verzeichnen nur an einigen Orten einen Mitgliederzuwachs.
Bei der Bundestagswahl 1976 erreichte die DKP mit 118000 Stimmen einen Anteil von 0,3 v. H. aller abgegebenen gültigen Stimmen, 1980 mit 72230 Stimmen nur noch 0,2 v. H. und ebenfalls 1983 mit 64986 Stimmen 0,2 v.H. Zunehmend hat sich die DKP auch offen zur Politik der SED bekannt; sie hält Distanz zum → **Eurokommunismus** und beruft sich auf die Tradition der KPD. Allerdings wird diese Traditionslinie auch von den links von der DKP stehenden kleineren kommunistischen („maoistischen") Gruppen beansprucht, so von der KPD (die sich inzwischen auflöste), dem KBW, der KPD-ML, der MLPD, dem Kommunistischen Bund u. a.

Konföderation: Die Bildung einer K. aus Bundesrepublik Deutschland und DDR wurde von der SED in den Jahren 1956–1965 zunächst als beste, später als einzige Methode zur Wiedervereinigung Deutschlands vorgeschlagen. Da in einer K. das Herrschafts- und Gesellschaftssystem in der DDR unverändert erhalten geblieben und völkerrechtlich anerkannt worden wäre, haben alle bis 1966 amtierenden Bundesregierungen eine K. aus beiden deutschen Staaten abgelehnt und an ihrer Stelle auf der Abhaltung freier Wahlen als erstem Schritt zur Wiedervereinigung bestanden. Im deutschlandpolitischen Sprachgebrauch der SED ist der Begriff K. nach 1966 in den Hintergrund getreten; nach Abschluß des Grundlagenvertrages 1972 ist er völlig aus der Diskussion um die Entwicklung der Beziehungen zwischen beiden deutschen Staaten verschwunden. → **Deutschlandpolitik der SED.**

Konkurs: Durch § 205 der Zivilprozeßordnung (ZPO) vom 19. 6. 1975 (GBl. I, S. 533) ist die K.-Ordnung von 1877 aufgehoben worden. Eine Übernahme der rechtlichen Konstruktion des K. erfolgt in der Rechtsfigur der Gesamtvollstreckung (VO vom 18. 12. 1975, GBl. I, 1976, S. 5). Da diese jedoch gegen volkseigene Betriebe ausgeschlossen und gegen Genossenschaften und gesellschaftliche Organisationen nur hinsichtlich solcher Mittel und Sachen möglich ist, die nicht Grundlage ihrer wirtschaftlichen Tätigkeit sind bzw. der Erfüllung ihrer Aufgaben dienen (§ 87 ZPO), kann die Gesamtvollstreckung praktisch nur gegen Bürger (Privatbetriebe) zur Anwendung kommen. Selbst in diesem Fall kann eine Gesamtvollstreckung abgelehnt werden, wenn die Fortführung eines Betriebes im gesellschaftlichen Interesse liegt (§ 4 Abs. 2 VO über die Gesamtvollstreckung). Im Hinblick auf ihre wirtschaftliche Bedeutung lassen sich K. und Gesamtvollstreckung trotz ähnlicher Gestaltung nicht miteinander vergleichen.

Konsumgenossenschaften: Die K. sind eine der beiden entscheidenden Organisationsformen des → **Binnenhandels** der DDR. Zusammen mit der volkseigenen → **Handelsorganisation (HO)** sowie einigen Sonderformen repräsentieren sie den „sozialistischen Einzelhandel", auf den gegenwärtig 88 v. H. des gesamten Umsatzes entfallen.
Ihre Neu-Zulassung in der damaligen SBZ erfolgte (nach vorübergehender Auflösung in der Zeit des Nationalsozialismus) durch den Erlaß Nr. 176 der SMAD vom 18. 12. 1945. Gleichzeitig wurde den K. ihr früheres Vermögen zurückerstattet und die Rechtsgrundlage für den organisatorischen Wiederaufbau geschaffen. Am 27. 8. 1949 schlossen sich die K. zum „Verband Deutscher Konsumgenossenschaften" (VDK) zusammen, der noch heute als Verband der K. der DDR Dachverband der K. ist und unmittelbar dem → **Ministerium für Handel und Versorgung** untersteht. Der VDK ist zentrales, wirtschaftsleitendes Organ, dem die Bezirksverbände der K. (mit allen nachgeordneten örtlichen K.) unterstehen, ebenso das Zentrale Unternehmen „konsument" mit seinen Warenhäusern.
Jeder Bürger der DDR kann (gegen Entrichtung einer einmaligen Aufnahmegebühr) Mitglied der K. werden. Der Mitgliederbestand, der 1932 (im Gebiet der heutigen DDR) bei 0,9 Mill. lag, überschritt bereits 1946 mit 1,3 Mill. den Vorkriegsstand und erweiterte sich seitdem ständig: K.-Mitglieder in Mill.: 1950 = 2,5; 1960 = 3,7; 1967 = 4,0; 1982 = 4,5.
Damit ist die K. zu einer → **Massenorganisation** geworden, der drittgrößten in der DDR, nach dem → **Freien Deutschen Gewerkschaftsbund (FDGB)** und der → **Gesellschaft für Deutsch-Sowjetische Freundschaft (DSF)**.

An den Gewinnen, die die K. aus dem Warenverkauf zieht, sind die Mitglieder beteiligt. Sie erhalten eine Rückvergütung entsprechend dem Umfang der Einkäufe, deren Höhe jedes Jahr von den dafür zuständigen K.-Organen festgelegt wird. Die Organe der K. auf Kreis- und Bezirksebene werden alle 2–3 Jahre, der Genossenschaftstag als zentrale Delegiertenkonferenz alle 5 Jahre gewählt. Der Genossenschaftstag wählt neben der Revisionskommission den Genossenschaftsrat und dieser den Vorstand des VDK. Präsident des VDK ist (1983): Heinz Fahrenkrog (SED).
1982 beschäftigten die K. insgesamt 250000 Arbeiter und Angestellte (neben dem Verkaufspersonal auch Buchhalter, Lagerverwalter, Einkäufer, Dispatcher u. a.). Der genossenschaftliche Charakter dieser Einrichtung kommt u. a. darin zum Ausdruck, daß eine große Zahl von Mitgliedern (derzeit 187000) als Interessenvertreter der Kunden ehrenamtliche Funktionen der Organisation und Kontrolle in Verkaufsstellenausschüssen und Beiräten einnimmt. Die K. verfügen über rd. 37000 Handelseinrichtungen, darunter 31000 Verkaufsstellen und 6250 Gaststätten (Stand 1980). Damit sind etwa jede dritte Verkaufsstelle und jede fünfte Gaststätte ein Unternehmen der K. Am gesamten Umsatz (Handel und Gaststätten) sind die K. mit rd. einem Drittel beteiligt. Neben ihrer Tätigkeit in Handel und Gastgewerbe führen die K. 85 eigene Betriebe und Kombinate mit einer jährlichen Leistung von 5 Mrd. Mark, unter denen die Produktionsbetriebe von Back- und Fleischwaren – auf sie entfällt ein Produktionswert von 3,5 Mrd. Mark im Jahr – an erster Stelle zu nennen sind.
Wesen und Inhalte der konsumgenossenschaftlichen Idee haben seit der Errichtung der ersten K. in Deutschland 1845 einen erheblichen Bedeutungswandel erfahren. Der ursprüngliche Gedanke, die Arbeiter durch Schaffung einer Selbsthilfe-Organisation vor Wucher, Preistreiberei und Ausbeutung zu schützen und sie mit einwandfreien Waren zu angemessenen Preisen zu versorgen, ist heute weitgehend überholt. K.- und HO-Läden bieten ihre Waren zu den gleichen festen Preisen an. Dagegen hat sich eine gewisse territoriale Arbeitsteilung zwischen den beiden Formen des sozialistischen Handels herausgebildet. Seit dem Beginn der „Sozialisierung der Landwirtschaft" im Jahre 1953 wurde den K. die Versorgung der Landbevölkerung als bevorzugtes Arbeitsgebiet zugewiesen. Auf dem IX. Genossenschaftstag des Verbandes der K. im November 1982 erinnerte Werner Jarowinsky (Sekretär für Handel und Versorgung im → **Sekretariat des ZK der SED**, Kandidat des → **Politbüros des ZK der SED**) die anwesenden 1000 Delegierten ausdrücklich daran, ihre „traditionellen Aufgaben in der Landversorgung noch effektiver zu gestalten". Allerdings nannte der Redner als Ziel für die Arbeit der K. in den 80er Jahren auch eine verstärkte Wirksamkeit „in den Zentren unseres Wohnungsbaus, in den Arbeiterwohngebieten".

Konsumgütermessen: Die K. sind die wichtigste zentrale Einkaufsform für Wiederverkäufer im Handel. Unter der Bezeichnung **Binnenhandelsmessen** fanden sie erstmals 1973 für die Sortimente Bekleidung, Schuhe und Lederwaren sowie einige technische Konsumgüter (Möbel, Kulturwaren, Sportartikel) statt. Seitdem werden sie zweimal jährlich, im Frühjahr und im Herbst, abgehalten. In dieser Zeit finden ebenfalls die K. „Waren des täglichen Bedarfs" statt. Einmal jährlich im Oktober gibt es K. für die übrigen Industriewaren und für Erzeugnisse der obst- und gemüseverarbeitenden Industrie.
Die K. haben die bisherige Einkaufsform des Großhandels und des direktbeziehenden Einzelhandels auf Musterausstellungen der Industrie (Kaufhandlungen oder Submissionen) abgelöst. Sie stehen unter der Leitung der zuständigen Ministerien und werden auf der Grundlage einer zwischen Industrie und Großhandel ausgearbeiteten Sortimentskonzeption von den wirtschaftsleitenden Organen des Großhandels organisiert. Als Einkäufer bzw. deren Berater treten die seit 1960 bestehenden **Einkaufskollektive** von Groß- und Einzelhandel auf den K. auf. Sie werten die Bedarfsforschungsunterlagen aus, wirken bei der Ausarbeitung der Einkaufspläne, beim Einkauf und der Auswertung der Einkaufsergebnisse mit. Neben den K. bestehen als ergänzende Einkaufsformen der zentrale Einkauf für Nahrungs- und Genußmittel, haushaltschemische Erzeugnisse und technische Konsumgüter, der Einkauf nach Katalog sowie der Direkteinkauf im Herstellungsbetrieb (→ **Industrievertrieb**).

Konsumtion, Gesellschaftliche: 1. In der volkswirtschaftlichen Gesamtrechnung sozialistischer Staaten (**Gesellschaftliches → Gesamtprodukt**) wird der Teil des im Inland verwendeten Nationaleinkommens als GK. bezeichnet, der nicht in die → **Akkumulation** und den privaten Verbrauch eingeht. Im Vergleich zum Staatsverbrauch in westlichen Sozialproduktberechnungen ist dieser Begriff zugleich enger und weiter abgegrenzt: enger, weil die GK. allein die Sachausgaben, den Verbrauch von Material und produktiven Leistungen beinhaltet – umfangreicher, da über die staatlichen Verwaltungen hinaus der gesamte Dienstleistungssektor erfaßt wird. Diesen untergliedert die Statistik nach seiner Zielrichtung in (a) GK. zur kulturellen und sozialen Betreuung der Bevölkerung und (b) GK. zur Befriedigung gesamtgesellschaftlicher Bedürfnisse.
Zu (a) – bis 1971 als lebensstandardwirksame GK. bezeichnet – zählen die → **Dienstleistungsbetriebe** (z. B. Friseure, Kosmetik, Hotels, Bäder, Wohnungs-, Stadt- und Gemeindewirtschaft) und die staatlichen Einrichtungen von Kultur (→ **Kulturstätten**), Kunst (→ **Bildende Kunst**), Körperkultur, → **Sport** und → **Tourismus** sowie des Erholungs-, Bildungs-, Gesundheits- und Sozialwesens (→ **Einheitliches sozialistisches Bildungssystem; Freizeit; Gesundheitswesen; Sozialversicherungs- und Versorgungswesen**).
Unter (b) – bis 1971: nicht lebensstandardwirksame GK. – werden die materiellen Ausgaben der staatlichen Verwaltungen, Parteien, gesellschaftlichen Organisationen, Wissenschaft und Forschung, des Geld- und Kre-

ditwesens verbucht. Die DDR-Statistik weist für die Nationaleinkommensverwendung allein die Struktur (GK.: 13,1 v.H.; darunter GK. [a]: 6,0 v.H. und demnach GK. [b]: 7,1 v.H.) (1982) sowie die Entwicklungstendenz aus. Letztere deutet darauf hin, daß bis 1974 die als GK. (a) verrechneten Sachausgaben rascher gestiegen sind als GK. (b). Um eine Größenordnung zu vermitteln, läßt sich das Volumen der GK. als Verwendungsposition des Nationaleinkommens für 1982 auf ca. 25 Mrd. Mark schätzen, von denen ca. 14 Mrd. Mark (54 v.H.) als GK. (b) und ca. 11 Mrd. Mark als GK. (a) verbraucht wurden.

2. In der Verteilungspolitik kommt der GK. seit den 70er Jahren eine zentrale Bedeutung als Instrument der → **Sozialpolitik** und Kennziffer zur Planung des Lebensniveaus bzw. → **Lebensstandards** zu. Über die Sachaufwendungen hinaus werden in dieser Abgrenzung dem Fonds der GK. – auch als „Gesellschaftlicher Konsumtionsfonds" (GKF.) oder „gesellschaftlicher Fonds" bezeichnet – gleichfalls die Personalausgaben und Transferzahlungen für die unter (1) angedeuteten sozialen und kulturellen Zwecke der Betriebe, gesellschaftlichen Organisationen und des Staates zugerechnet. Über diesen Gesamtfonds der GK., der zumindest in Teilbereichen dem Sozialbudget westlicher Industrieländer ähnelt, liegen keine statistischen Angaben hinsichtlich Volumen und Struktur vor. Offensichtlich aber ist der GKF. des Staates am wichtigsten, aus dem neben den erwähnten Leistungen auch die **Öffentlichen → Sozialleistungen** gezahlt werden.

Über den GKF. sind bisher nur fragmentarische Angaben veröffentlicht worden, so über die → **Kultur- und Sozialfonds** der Betriebe (1982: 4,2 Mrd. Mark), vergleichbare Ausgaben des → **Freien Deutschen Gewerkschaftsbundes (FDGB)** und seit 1971 die Leistungen für die Bevölkerung aus den **gesellschaftlichen Fonds**. Letztere enthalten neben den Nettoausgaben des Sozial- und Bildungsbereiches auch Subventionen des → **Staatshaushalts** zur Stützung der Konsumgüterpreise und Leistungstarife, die jedoch theoretisch anderen Finanzhilfen für die Betriebe entsprechen und somit der Wirtschaftsförderung zuzurechnen sind. Ihre Entwicklung verdeutlicht die bau- und preispolitischen Schwerpunkte der sozialpolitischen Programme:

	1971 Mill. Mark	1971 v.H.	1982 Mill. Mark	1982 v.H.	1982 1971 = 100
GFK. Staat	26 253	100	61 120	100	233
Nettoausgaben für:	17 726	67,5	39 668	64,9	224
– Sozialvers.	6 191	23,6	14 356	23,5	232
– Bildung	5 836	22,2	10 245	16,8	176
– Wohnung	2 127	8,1	9 011	14,7	424
– Gesundheit	2 518	9,6	3 563	5,8	142
– Sport, Kultur, Erholung, Touristik	1 054	4,0	2 492	4,1	236
Preissubventionen	8 527	32,5	21 452	35,1	252

Quelle: Statistisches Jahrbuch der DDR 1983, S. 258.

3. Die hier aufgeführten Leistungen aus dem GKF. des Staates sind wesentliche Bestandteile der → **Planung** und sollen im Fünfjahrplan 1981–1985 insgesamt 295 Mrd. Mark erreichen (1976–1980: 234 Mrd. Mark). Aufgrund dieses Volumens wie aber auch der stets betonten praktischen Bedeutung des GKF. überrascht, daß die DDR-Statistik zumindest in dreifacher Hinsicht viele Fragen der GK. offenläßt. Einmal fehlt eine Untergliederung nach Sach- und Personalaufwendungen, Sozialtransfers und Subventionen, zu denen auch Steuervergünstigungen zu rechnen wären. Zum zweiten werden zwar die Zuwendungen aus dem GKF. für eine 4köpfige Familie ausgewiesen (1971: 399 Mark, 1980: 760 Mark; 1982: 938 Mark) und als „zweite Lohntüte" der Arbeitnehmer bezeichnet; unklar ist jedoch, welche Zahlungen in dieser Berechnung berücksichtigt werden. Für 1982 läßt sich aus dem mit 61 Mrd. Mark ausgewiesenen Volumen des staatlichen GKF. ein monatlicher Betrag von 305 Mark pro Kopf der → **Bevölkerung** errechnen. Die als „monatlich durchschnittliche Zuwendungen aus den gesellschaftlichen Fonds aus Mitteln des Staates – berechnet auf eine 4köpfige Familie –" für 1982 genannten 938 Mark sind somit entweder den Einkommenserhebungen des privaten Haushaltsbudgets entnommen oder aber als Durchschnittswert eines um 25 v.H. niedrigeren Gesamtvolumens ermittelt. Insofern ist es auch völlig unklar, welche Staatsausgaben durch den für 1984 vorgesehenen → **Beitrag für gesellschaftliche Fonds** (VO über den Beitrag für gesellschaftliche Fonds vom 14. 4. 1983, GBl. I, 1983, S. 105f.) finanziert werden sollen. Diese Zweckbindung ist jedoch unerheblich, wenn dieser Aufschlag, wie in der VO vorgesehen, in Höhe von 70 v.H. auf die Lohnfonds als eine → **Steuer** auf die Lohnsumme der zentralgeleiteten Industrie betrachtet wird, durch die nicht zusätzliche Einnahmen, sondern eine bessere Nutzung des Arbeitsvermögens erreicht werden soll.

Drittens wäre eine exakte Ausweisung der GK. Voraussetzung für eine zutreffende Ermittlung des Realeinkommens. Diese „zusammenfassende Kennziffer des Lebensniveaus" erarbeitet die Staatliche Plankommission nach den Vorschriften der Planungsordnung (GBl., SDr. 1020 q, S. 21ff.) für den Fünfjahrplan und die Jahresvolkswirtschaftspläne. Sie beinhaltet die als Nettogeldeinnahmen ausgewiesenen direkten → **Einkommen**, die indirekten Einkommen aus dem GKF., Naturaleinkommen sowie Subventionen für die Verbraucherpreise und Tarife. Dieser Einkommensrechnung liegt offensichtlich wiederum eine andere Abgrenzung des GKF. zugrunde: So zählen zu den Geldeinnahmen nicht die Löhne und Gehälter der im sozial-kulturellen Sektor Beschäftigten, sondern lediglich die staatlichen Sozialtransferzahlungen wie z. B. → **Renten,** → **Krankengeld,** → **Kinderbeihilfen** und die Finanzmittel für die → **Ausbildungsförderung** und den Mutterschutz (→ **Mutterschutz/Fürsorge für Mutter und Kind**). Dazu kommen die Geldzuwendungen der Parteien, des FDGB und der Betriebe (z. B. Renten für langjährige Betriebszugehörigkeit, Lohnnebenkosten, Zahlungen außerhalb zweckgebundener Fonds sowie Rückvergü-

tungen der → **Konsumgenossenschaften**). Als indirekte Einkommen aus dem GKF. bzw. unentgeltlicher Verbrauch wird der Geldausdruck für die Realtransfers verbucht. Darunter fallen die Sachaufwendungen des Staates – abzüglich der von der Bevölkerung geleisteten Beiträge sowie wiederum ohne Personalkosten – für den sozial-kulturellen Bereich. Darüber hinaus werden die von den staatlichen Organen, gesellschaftlichen Organisationen und den Betrieben zur Verfügung gestellten Mittel für die Arbeiterversorgung, die sportliche und kulturelle Betätigung, gemeinschaftliche Betreuung, Ferien-, Erholungs-, Wohnungs-, Aus- und Weiterbildungskosten der Beschäftigten angerechnet.
Für die hier genannten Einkommenskategorien lassen sich auf Grundlage der auf der 5. Tagung des Zentralkomitees der → **Sozialistischen Einheitspartei Deutschlands (SED)** publizierten Angaben (ND 27./28. 11. 1982, S. 3f.) folgende Größenordnungen schätzen: Das Realeinkommen pro Kopf der Bevölkerung wurde für 1982 mit monatlich 855 Mark (1970: 486 Mark) angegeben, woraus sich ein Realeinkommen der Bevölkerung von 172 Mrd. Mark (1970: 100 Mrd. Mark; Zuwachs: 72 v. H.) ermitteln läßt. Davon entfielen 128 Mrd. Mark (1970: 79 Mrd. Mark; Zuwachs: 62 v. H.) auf die Nettogeldeinnahmen der Bevölkerung. Unter Vernachlässigung des Naturalverbrauchs belief sich der unentgeltliche Verbrauch auf 44 Mrd. Mark (1970: 21 Mrd. Mark; Zuwachs: 110 v. H.). Die Realeinkommensentwicklung wurde somit wesentlich von den Sachausgaben beeinflußt, in denen sich aber auch die Kostensteigerungen widerspiegeln. Während es unklar bleibt, ob die Preissubventionen in diesen Angaben enthalten sind, werden sie in der Bilanz des Realeinkommens der Arbeiter- und Angestelltenhaushalte eindeutig ausgeklammert. Aber auch hier schlägt sich die gleiche Tendenz eines überproportionalen Anstiegs der Einkommen aus dem GKF. von 1970 (389 Mark; Anteil: 26,2 v. H.) bis 1982 (789 Mark; Anteil: 30,7 v. H.) nieder. Wegen der angedeuteten Probleme sollte die komparative Analyse Sozialindikatoren stärker berücksichtigen als die Zuwendungen aus der GK.

Kontenführungspflicht: Seit 1950 besteht für alle juristischen Personen die Pflicht zur Haltung von Bank- und Postscheckkonten, über die alle Zahlungen, mit Ausnahme von Löhnen, Gehältern, Prämien, Stipendien, Renten usw., bargeldlos abzuwickeln sind. Entsprechend der Zahlungsverkehrs-VO vom 12. 5. 1969 (GBl. II, S. 261) sind alle Haushaltsorganisationen, wirtschaftsleitenden Organe, Betriebe und Handwerker, nicht aber Privatpersonen, zum Abschluß von Kontoverträgen verpflichtet. Die K. wird als eine der Voraussetzungen für die Planung der → **Kredite** und des → **Bargeldumlaufs** angesehen; Einzelheiten regelt die Kontoführungs-AO vom 21. 11. 1979 (GBl., SDr. Nr. 1027).

Kontrollrat: Am 14. 11. 1944 beschlossen die UdSSR, Großbritannien und die USA in ihrem Londoner Abkommen über die Kontrolleinrichtungen in Deutschland die Einrichtung eines Alliierten K. als oberste gemeinsame Besatzungsbehörde nach der militärischen Niederwerfung Deutschlands. Am 5. 6. 1945 wurde der K. unter Beteiligung Frankreichs mit Sitz in Berlin eingerichtet. Er bestand aus den Oberbefehlshabern der vier Besatzungsarmeen und übte zu dieser Zeit die höchste Regierungsgewalt in Deutschland aus. Zu seinen Aufgaben gehörten im einzelnen:
– die Gewährleistung einer angemessenen Gleichheit der in den einzelnen Besatzungszonen von den jeweiligen Oberbefehlshabern getroffenen Maßnahmen;
– Pläne und gemeinsame Entscheidungen in den wichtigsten militärischen, politischen, wirtschaftlichen und anderen Fragen zu entwickeln, die Deutschland als Ganzes betrafen;
– die zentralen deutschen Verwaltungseinrichtungen zu kontrollieren, die unter Leitung des K. arbeiten sollten;
– die Verwaltung von „Groß-Berlin“ durch gemeinsame Organe zu leiten.
Alle Beschlüsse mußten einstimmig gefaßt werden, wenn sie in allen Besatzungszonen Gültigkeit erlangen sollten. Der Vorsitzende, der auch die Einberufung des K. veranlaßte, wechselte von Monat zu Monat. Wegen der immer offenkundiger werdenden politischen Meinungsunterschiede zwischen dem sowjetischen Vertreter und den Vertretern der drei Westalliierten in der → **Besatzungspolitik**, war die notwendige Einstimmigkeit in vielen wichtigen Fragen nicht zu erzielen und dadurch die Tätigkeit des K. von Anfang an stark behindert. Am 20. 3. 1948 – rund drei Monate vor Beginn der Blockade → **Berlins** durch die Sowjetunion – verließ der zu dieser Zeit den Vorsitz führende sowjetische Vertreter, Marschall Sokolowski, die Sitzung des K., weil die westlichen Alliierten nicht bereit waren, vor dem K. über ihre auf der Londoner Sechs-Mächte-Konferenz im März 1948 diskutierten Pläne über eine separate Weststaatgründung zu berichten. („Da die britischen und amerikanischen Mitglieder sich weigerten, über diese Dinge zu berichten, die auf der Londoner Konferenz erörtert wurden, sehe ich keine Veranlassung, die heutige Sitzung weiter zu führen, und vertage sie hiermit.“ [Diesbezügliche sowjetische Erklärung in der Übersetzung des Senats der Stadt Berlin, Dokumente des geteilten Deutschlands, Stuttgart 1968, S. 56].) Damit wurde der K. beschlußunfähig, so daß er ohne formelle Auflösung seine Arbeit praktisch einstellte. Dieser Zustand dauert im Prinzip bis heute an. Die Blockierung der Arbeit des K. führte dazu, daß alle weiteren Maßnahmen der Besatzungspolitik nur noch einseitig vorgenommen werden konnten (Währungsreform, Einrichtung zentraler deutscher Verwaltungen, Schaffung von Bi- und Trizone), wodurch die Entwicklung zu einer Teilung Deutschland wesentlich gefördert wurde.
Eine dem K. entsprechende Behörde für Berlin wurde in Gestalt der Alliierten Kommandantur geschaffen. → **Geschichte der DDR.**

Konvergenztheorie: Die in den 50er und 60er Jahren vor allem in den USA entwickelte K. behauptet eine

Annäherung (Konvergenz) der Industriegesellschaften in West und Ost. Die K. ist eine spezifische Ausformung der allgemeinen Theorien über Industriegesellschaften und betont wie diese die determinierende Kraft der industriellen Produktionsweise und des technischen Fortschritts für den Wandel der Sozialstruktur, des Verhaltens von einzelnen und sozialen Gruppen bis hin zum Wandel der politischen Systeme.
Im Verständnis des → **Marxismus-Leninismus** handelt es sich bei der K. um eine Gesellschaftstheorie, die „ideologischer Ausdruck" und zugleich „Mittel der aktiven imperialistischen Strategie zur Untergrabung des Sozialismus" ist (→ **Antikommunismus**).
Darüber hinaus wird die K. als „wissenschaftlich unhaltbar" bezeichnet, vor allem weil sie die „soziale und politische Qualität der Gesellschaftssysteme" ausklammere. Dabei bekämpft die SED vor allem die Fassungen der K., die eine Erosion der Ideologie in den sozialistisch-kommunistischen Systemen behaupten (Brzezinski/Huntington, A. G. Meyer). Der K. wird eine **Divergenztheorie** gegenübergestellt: „. . . je mehr die Verbindung der wissenschaftlich-technischen Revolution mit den Vorzügen des Sozialismus dazu beiträgt, den qualitativ neuen Inhalt der sozialistischen Gesellschaft zu entwickeln, um so größer wird die Divergenz, der Unterschied zwischen den beiden Gesellschaftssystemen". (Alle Zitate aus: M. Buhr u. A. Kosing, Kleines Wörterbuch der marxistisch-leninistischen Philosophie, 4., überarb. Aufl., Berlin [Ost] 1979, S. 183).

Kooperation in der Landwirtschaft: *1. Grundsätze.* Als K. gilt allgemein das planmäßige, aufeinander abgestimmte Neben- und Miteinander der im Produktionsprozeß agierenden Wirtschaftssubjekte. Die K. ist also gleichzeitig Bedingung und Resultat gesellschaftlicher und betrieblicher Arbeitsteilung und Spezialisierung. Je nachdem, ob Wirtschaftssubjekte der gleichen Produktionsstufe oder Produzenten aufeinander folgender Be- und Verarbeitungsstufen kooperieren, wird von horizontaler K. oder vertikaler K. gesprochen. Allen Formen der K. ist gemeinsam, daß sie (nach Marx) eine → **Produktivkraft** darstellen, weil die im spezialisierten Zusammenwirken vieler arbeitsteilig erzielte Leistung größer ist, als die Summe der möglichen unspezialisierten Einzelleistungen aller Beteiligten wäre. Durch die K. sei es deshalb möglich, vorausgesetzt, daß es den Planungs- und Leitungsinstanzen gelingt, die Handlungen der Beteiligten harmonisch aufeinander abzustimmen, bei gleichem Einsatz von Arbeitszeit größere Mengen an Gebrauchswert herzustellen bzw. die zur Produktion eines bestimmten Nutzeffektes nötige Arbeitszeit zu verringern.
2. Horizontale Kooperation. Diese grundsätzlichen Überlegungen, unterstützt durch die in der gewerblichen Wirtschaft mit arbeitsteiligen Prozessen gemachten positiven Erfahrungen, fanden nach Abschluß der Kollektivierung Eingang in die → **Agrarpolitik** der DDR. Zu Beginn der 60er Jahre war es die (nach Marx) für die Anfänge der kapitalistischen Produktion typische horizontale K., die von der → **Sozialistischen Einheitspartei Deutschlands (SED)** zur Rechtfertigung der Vergrößerung der bestehenden Betriebe und zur Vereinheitlichung der unterschiedlichen Vergesellschaftungsgrade der verschiedenen LPG-Typen herangezogen wurde. Die K. führte in der Regel zur Fusion der kooperierenden Betriebe und zur Umwandlung von LPG der Typen I und II in LPG des Typs III (→ **Landwirtschaftliche Betriebsformen**, III. A.). Diese Tendenzen wurden zusätzlich dadurch verstärkt, daß Maschinensysteme entwickelt wurden (→ **Landtechnik**), die in Komplexen zu jeweils 4–10 Stück ausgeliefert und eingesetzt werden sollten, was nur in entsprechend groß dimensionierten Betriebseinheiten möglich war. In der Folgezeit erstreckte sich die K. vorrangig auf gemeinsame Investitionen zur Errichtung Kooperativer Einrichtungen (Meliorations- und Baubetriebe, Stallanlagen u. a.) (→ **Landwirtschaftliche Betriebsformen**, IV. B.), die später juristische Selbständigkeit erlangten und nach eigenen Plänen und mit eigenen → **Fonds** arbeiteten.
Ende der 60er Jahre erfaßte die K. sämtliche Landwirtschaftsbetriebe und alle Betriebszweige. Die Betriebe wurden – unter Beibehaltung ihrer juristischen Selbständigkeit – veranlaßt, **Kooperationsgemeinschaften (KOG)** zu bilden, d. h. den Einsatz ihrer Technik gemeinsam zu planen und zu organisieren, die Betriebspläne miteinander abzustimmen, bestimmte Hauptproduktionszweige zu entwickeln und u. U. einzelne Produktionszweige untereinander auszutauschen. Die diesen Ansätzen innewohnende Tendenz, in noch größerem Rahmen als bisher zu fusionieren und Groß-LPG mit weiterhin abgerundetem Produktionsprogramm zu bilden, wurde jedoch bereits Ende der 60er Jahre unterbunden und statt dessen die begonnene zwischenbetriebliche Spezialisierung forciert.
Im Zuge der Industrialisierung der Landwirtschaft (→ **Agrarpolitik**, III. E.) wurden aus den ursprünglich vielseitig organisierten Betrieben einzelne Produktionszweige oder -verfahren herausgelöst und Spezialbetrieben übertragen. Um die bei gemeinsamen Investitionen kooperierenden Betriebe sowie um die mit staatlichen Zuschüssen errichteten ökonomisch, juristisch und organisatorisch zunehmend eigenständigen Produktions- und Dienstleistungsbetriebe in ihren Wirtschaftstätigkeiten aufeinander abzustimmen, mußten zusätzliche Koordinations-, Leitungs- und Kontrollorgane geschaffen werden (→ **Kooperationsrat**).
3. Vertikale Kooperation. Inhalt der vertikalen K., d. h. der K. von Landwirtschaftsbetrieben mit Betrieben der Produktionsmittelversorgung und/oder der → **Nahrungsgüterwirtschaft** und des → **Binnenhandels**, ist (nach Marx) die Vereinigung von Industrie und Landwirtschaft auf der Grundlage der bewußten Anwendung der Wissenschaft und der Kombinierung kollektiver Arbeit. Sie erfolgt auf vertraglicher Grundlage unter Aufrechterhaltung der juristischen Selbständigkeit der beteiligten Betriebe in Form von → **Kooperationsverbänden**, → **Wirtschaftsverbänden** oder → **Agrar-Industrie-Vereinigungen (AIV)**. Ziel dieser Formen der vertikalen K. ist die Errichtung geschlossener technolo-

gischer und organisatorischer Ketten von der Produktion bis zur Verarbeitung bzw. dem Verkauf von Agrarprodukten, um auf diesem Wege Produktions- und Produktivitätsreserven maximal auszuschöpfen und innerhalb dieser Kooperationsketten ein einheitliches Produktionsniveau zu erreichen.

Kooperationsakademien: Zwischenbetriebliche Bildungseinrichtungen in der Landwirtschaft. Sie können als Nachfolger der **Dorfakademien** angesehen werden, die seit 1958 zur Aus- und Weiterbildung der Genossenschaftsbauern gegründet worden waren.
An den K. werden die Mitarbeiter in landwirtschaftlichen Betrieben, Kooperationsgemeinschaften und -verbänden und Kombinaten aus- und weitergebildet. Ferner führen sie allgemeine Maßnahmen der Erwachsenenqualifizierung durch. Ihnen obliegt auch die Aus- und Weiterbildung der Facharbeiter und Meister, die sie im Auftrag der Kooperationsräte wahrnehmen. Sie sind mitverantwortlich für die fachliche und inhaltliche Ausgestaltung der Berufsausbildung und des polytechnischen Unterrichts in ihrem Bereich. Die K. sind in ihrer Aufgabenstellung den → **Betriebsschulen** in der Industrie vergleichbar. → **Einheitliches sozialistisches Bildungssystem**, XII.

Kooperationsrat: Die mit der Industrialisierung der Landwirtschaft verbundene Auflösung der bis dahin gegebenen organisatorischen, technischen und ökonomischen Einheit von Pflanzen- und Tierproduktion in einem Betrieb sowie die Ausrichtung der jeweiligen Betriebe auf bestimmte Hauptproduktionsrichtungen (→ **Agrarpolitik**, III. E.) machten es erforderlich, als Koordinierungsorgan den KOR ins Leben zu rufen, der die horizontale Kooperation zwischen den Landwirtschaftsbetrieben planen und leiten soll.
Entsprechend der Spezialisierung in Tier- und Pflanzenproduktionsbetriebe wurde die Zusammenarbeit zwischen den Tierproduktionsbetrieben durch KOR „Tierproduktion" (T), zwischen den Pflanzenproduktionsbetrieben durch KOR „Pflanzenproduktion" (P) und zwischen den Pflanzen- und Tierproduktionsbetrieben durch KOR „Pflanzen- und Tierproduktion" (P u. T) geregelt. Während die beiden ersten Formen zu keiner Zeit große Bedeutung erlangten (1978 gab es 224 KOR [T] und 240 KOR [P]), sind die KOR (P u. T) zu einem wichtigen Instrument geworden, um auf einer höheren Ebene der naturgegebenen Verflechtung dieser voneinander abhängigen Produktionsrichtungen wieder besser Rechnung tragen zu können.
Aufgabe der KOR, die sich aus Vertretern der beteiligten Betriebe und Kooperativen Einrichtungen, sowie aus leitenden Kadern des Rates des Kreises und der örtlichen Staatsorgane zusammensetzen, war anfangs lediglich die Ausarbeitung von Vorschlägen zur Gestaltung der vertraglichen Liefer- und Leistungsbeziehungen zwischen den Betrieben. Da durch die Spezialisierung, insbesondere durch die Trennung von Tier- und Pflanzenproduktion die zuvor innerbetrieblichen Stoffkreisläufe zu zwischenbetrieblichen Ware-Geld-Beziehungen wurden, oblag es den KOR (P u. T), für die mengen-, termin- und qualitätsgerechte Lieferung von Stroh- und Futtermitteln an die Tierproduktionsbetriebe bzw. den Einsatz von Stallmist, Gülle und Jauche in der Pflanzenproduktion vertragliche Regelungen herbeizuführen, qualitätsbezogene Preise (Vereinbarungspreise) vorzuschlagen und die Erfüllung der abgeschlossenen Liefer- und Leistungsverträge zu kontrollieren.
In den letzten Jahren sind diesen KOR – Ende 1983 gab es rd. 1200 – weitere Aufgaben und Befugnisse übertragen und ihre Beschlüsse zur verbindlichen Arbeitsgrundlage für die beteiligten Betriebe erklärt worden. So organisieren die KOR, die nach dem Willen der 7. Tagung des ZK der SED (1983) immer stärker die Funktion wirtschaftsleitender Organe wahrnehmen sollen, den → **Sozialistischen Wettbewerb** in und zwischen den Betrieben, nehmen mehr und mehr Planungs- und Bilanzierungsfunktionen für die Betriebe wahr und entscheiden zunehmend über die Bildung und Verwendung der bei ihnen akkumulierten gemeinsamen → **Fonds** der beteiligten Betriebe. – Zur Unterstützung und Kontrolle der KOR, die unverändert gegenüber den weiterhin rechtlich selbständigen LPG und VEG rechenschaftspflichtig sind, sollen bei ihnen ab 1984 Räte der Parteisekretäre gebildet werden (→ **Grundorganisationen der SED**). → **Kooperation in der Landwirtschaft.**

Kooperationsverband (KOV): Der KOV ist die in der DDR am stärksten verbreitete Form der vertikalen → **Kooperation in der Landwirtschaft** und wird als derzeit geeignetste erzeugnisorientierte Organisationsform der Erzeugung, Lagerung, Verarbeitung und des Absatzes von Agrarprodukten angesehen. Die ersten KOV entstanden Ende der 60er Jahre. Grundlage der Zusammenarbeit der auch im KOV juristisch selbständig bleibenden Betriebe sind das Vertragsgesetz (GBl. I, 1982, Nr. 14) (→ **Wirtschaftsrecht**, V. B.) und das Musterstatut für Kooperative Einrichtungen der LPG, VEG, GPG sowie der sozialistischen Betriebe der → **Nahrungsgüterwirtschaft** und des Handels (GBl. II, 1972, Nr. 27) (→ **Landwirtschaftliche Betriebsformen**, IV. B.).
Der KOV wird unter Verantwortung des für das betreffende Produkt zuständigen volkseigenen Verarbeitungs- bzw. Handelsbetriebes gebildet und hat bei diesem seinen Sitz. Die Zusammenarbeit innerhalb des KOV, der keine juristische Person ist, wird vertraglich durch eine Kooperationsvereinbarung geregelt. Vorsitzender des KOV ist in der Regel der Direktor des jeweiligen volkseigenen Verarbeitungsbetriebes. Höchstes Organ ist offiziell die meist zweimal jährlich tagende Bevollmächtigtenversammlung. Der mindestens sechsmal jährlich tagende Kooperationsverbandsrat ist jedoch das eigentliche operative Leitungsorgan des KOV, bei dem verschiedene Kommissionen und Arbeitsgruppen bestehen.
Durch gemeinsame Investitionen können die im KOV zusammenarbeitenden Betriebe sich eigene rechtsfähige Produktions-, Lager- und Absatzeinrichtungen schaffen. So gab es 1977 z. B. 684 Kooperationsverkaufsstel-

len und 114 Kooperationsgaststätten, die in den KOV erzeugte Produkte vertrieben. Eine besondere Form des KOV ist der 1973 gegründete, im Gegensatz zu den KOV rechtsfähige, Geflügel- → **Wirtschaftsverband** (GWV), in dem neben den Produktions- und Verarbeitungsbetrieben inzwischen auch 4 Forschungsinstitute, die VVB Tierzucht und das VE Kombinat industrielle Tierproduktion unter Leitung des → **Ministeriums für Land-, Forst- und Nahrungsgüterwirtschaft (MfLFN)** kooperativ miteinander verflochten sind.
Die Zahl der KOV und der von ihnen erfaßte Anteil am staatlichen Aufkommen der sozialistischen Betriebe haben seit 1967 anfänglich rasch zugenommen. Ihr Wirken hat wesentlich zu dem erreichten Konzentrations- und Spezialisierungsgrad der Landwirtschaft beigetragen. Die sinkende Zahl der Landwirtschaftsbetriebe führte jedoch nach 1975 teilweise zur Zusammenfassung von KOV, so daß ihre Zahl rückläufig ist; allerdings steigt der von ihnen erfaßte Anteil am staatlichen Aufkommen weiter. 1980 sollen bereits 80 v.H. des staatlichen Aufkommens der sozialistischen Landwirtschaft bei Schlachtschweinen, Milch und Eiern durch KOV erfaßt worden sein (Wirtschaftswissenschaft, H. 4/1983, Berlin [Ost], S. 502).

Kooperationsverbände (KOV) von 1967 bis 1977 und ihr Anteil am staatlichen Aufkommen 1974 und 1977

Erzeugnis	Anzahl der KOV				Anteil der KOV am staatlichen Aufkommen	
	1967	1971	1974	1977	1974	1977
Fleisch	19	94	111	100	–	–
davon:						
Schlachtschwein	–	74	86	70	54	66
Schlachtrind	–	20	25	30	15	28
Milch	4	83	90	79	52	67
Schlachtgeflügel, Eier	–	17	14	13	–	35
Qualitätsfisch	–	–	–	1	–	–
Speisekartoffeln	6	62	70	43	60	65
Mähdruschfrüchte	–	41	37	34	43	66
Zucker, Stärke	2	30	33	27	51	66
Trockengrüngut	–	–	2	2	–	–
Gemüse	5	22	23	15	50	60
Obst	–	12	12	12	30	63
Zierpflanzen	–	17	17	8	–	–
KOV insgesamt:	36	378	409	334	–	–

Quellen: Die Landwirtschaft der DDR. Autorenkollektiv unter Leitung von Kurt Groschoff, Dietz Verlag, Berlin (Ost) 1980, sowie: Zur Agrar- und Bündnispolitik der SED . . ., Autorenkollektiv unter Leitung von Dieter Sachse, Dietz Verlag, Berlin (Ost) 1977, S. 138.

Körpererziehung / Kinder- und Jugendsport: K. oder – im weiteren Sinne – *„Körperkultur und Sport"* umfassen als „Elemente der sozialistischen Kultur" alle Maßnahmen und Veranstaltungen, die auf die Entwicklung, Vervollkommnung und Erhaltung der physischen Leistungsfähigkeit der Menschen während des ganzen Lebens gerichtet sind und die durch das → **Staatssekretariat für Körperkultur und Sport** (Statut 1970) gefördert und gesteuert werden. Als Hauptweg der körperlichen Vervollkommnung wird die umfassende sportliche Betätigung betrachtet, durch die nach dem Staatsratsbeschluß über die „Aufgaben der Körperkultur und des Sports bei der Gestaltung des entwickelten Systems des Sozialismus in der DDR" (1968) Lebensfreude und Erholung, Gesundheit und Bildung, Wettbewerb und Leistungsstreben, Freundschaft und Charakterstärke, Liebe und Treue zur sozialistischen Heimat sowie Verteidigungsbereitschaft und Wehrbefähigung gefördert werden sollen, insbesondere im schulischen und außerschulischen KuJ. Daher sind obligatorischer Sportunterricht und freiwilliger Sport auch von der Vorschulerziehung bis hin zur Hochschule feste Bestandteile des → **Einheitlichen sozialistischen Bildungssystems**. Die K. erfolgt in enger Wechselwirkung sowohl mit der **Politisch-Ideologischen bzw. Staatsbürgerlichen → Erziehung** als auch vor allem mit der → **Kollektiv- und Arbeitserziehung**, der → **Wehrerziehung** und der → **Erziehung zu bewußter Disziplin**.
Hauptaufgabe des obligatorischen schulischen Sportunterrichts, der seit 1953/54 als schulisches Hauptfach gilt, das im Rahmen der Abschlußprüfung (10. Klasse), der Reifeprüfung und auch der Facharbeiterprüfung mit einer besonderen Sportprüfung abgeschlossen wird, ist die systematische Vermittlung der körperlichen Grundausbildung, die Vermittlung sportpolitischer, -theoretischer und -hygienischer Kenntnisse sowie die damit verbundene Anerziehung den sozialistischen Normen entsprechender sittlich-charakterlicher Verhaltensweisen. Der Sportunterricht soll entscheidend dazu beitragen, daß das Streben nach körperlicher Vervollkommnung und die regelmäßige sportliche Betätigung zum Lebensprinzip aller Kinder und Jugendlichen werden sowie deren Willensqualitäten, Mut, kollektives Handeln und bewußte Disziplin zu entwickeln und zu festigen.
Für den Sportunterricht stehen in den Klassen 1–10 insgesamt 23 Wochenstunden sowie in den Klassen 11 und 12 und in der Berufsausbildung pro Schul- bzw. Lehrjahr je 2 Wochenstunden zur Verfügung; die neugestalteten Lehrpläne sehen als Sportarten „Grundübungen", „Leichtathletik", „Geräteturnen", „Gymnastik", „Sportspiele", „Wintersport" und „Schwimmen" vor. Trotz häufig mangelnder Schwimmgelegenheiten muß jede Schule dafür sorgen, daß mit Beendigung der Klasse 5 der I. Abschnitt der Schwimmausbildung abgeschlossen ist; dazu werden im Sommer auch Schwimmlager durchgeführt. In einem speziellen Ausstattungsplan für Schulen ist das Minimum der an jeder Schule obligatorisch verfügbaren Sportgeräte und -materialien für den Sportunterricht und für den Sport außerhalb des Unterrichts festgelegt. Eine besonders intensive, auf Spitzenleistungen ausgerichtete Förderung der sportlichen Leistungsfähigkeit ausgewählter „besonders begabter" Kinder und Jugendlicher erfolgt in den Kinder- und Jugendsportschulen (→ **Einheitliches sozialistisches Bildungssystem**, IX.; **Sport**, VIII.).

Der außerunterrichtliche Sport wird vor allem in den Schulsportgemeinschaften (SSG) betrieben; sie bestehen an der Mehrzahl der Oberschulen, werden in der Regel von den Sportlehrern der betreffenden Schulen geleitet und ermöglichen das Betreiben einzelner Sportarten in entsprechenden Leistungsgruppen.
Der außerschulische Sport wird vor allem in den KuJ.-Abteilungen der Sportgemeinschaften, den Sportklubs und den Trainingsgruppen der Grundorganisationen des → **Deutschen Turn- und Sportbundes (DTSB) der DDR**, aber auch in den Sektionen der → **Gesellschaft für Sport und Technik (GST)** betrieben; die GST ermöglicht den Schülern und Lehrlingen die Teilnahme am Segel- und Motorflugsport, Flugmodell- und Fallschirmsport, Motor- und Wassersport sowie Schieß- und Geländesport, sieht ihre Hauptaufgabe jedoch in der Wehrerziehung, vor allem in der Vorbereitung der Kinder und Jugendlichen auf den Dienst in der → **Nationalen Volksarmee (NVA)**.
Im Rahmen des schulischen und außerschulischen KuJ. werden jährlich zahlreiche Sportwettkämpfe durchgeführt, so die Kinder- und Jugendspartakiaden (→ **Spartakiaden**) auf Kreis-, Bezirks- und DDR-Ebene, die den Olympischen Spielen nachgestaltet werden; ferner im Rahmen von Schulsportfesten die „Wettkämpfe um die Urkunde des Vorsitzenden des Staatsrates im leichtathletischen Dreikampf", bei denen die 10 besten Schüler und Lehrlinge sowie die beste Schule jedes Kreises ausgezeichnet werden; schließlich der „Schwimmwettbewerb der polytechnischen Oberschulen der DDR" des Deutschen Schwimmsport-Verbandes, bei dem die Schule mit dem jeweils höchsten Prozentsatz an Schwimmern (entsprechend den Bedingungen des Schwimmabzeichens der DDR) ermittelt und mit dem Wanderpokal ausgezeichnet wird. Beim „Internationalen Leichtathletik-Vierkampf der Freundschaft" messen sich die besten Schülermannschaften der sozialistischen Länder miteinander. Auch die jährlich in den Betrieben, Genossenschaften, Bildungseinrichtungen, Einheiten der NVA sowie Gemeinden und Städten begangene „Woche der Jugend und Sportler" dient der Förderung der K. und des Sports.
Im Rahmen des KuJ. können zahlreiche Sport-Auszeichnungen und -Abzeichen erworben werden, so das „Olympia-Leistungsabzeichen der DDR" und das „Schwimmabzeichen des Deutschen Schwimmsport-Verbandes". Mit dem „Abzeichen der Sportklassifizierung" wird die Erfüllung der Normen in 3 Leistungsklassen und 3 Altersstufen differenziert verdeutlicht. Die Leistungen der Kinder und Jugendlichen im Sportunterricht und im außerunterrichtlichen Sport der Schulen und Berufsschulen werden nach der „Leichtathletik-Punktetabelle" bewertet (→ **Sport**, V.).
Der schulische und außerschulische Sport der Kinder und Jugendlichen ist nicht nur auf die körperliche Ertüchtigung im Hinblick auf möglichst hohe Arbeits- und Wehrdienstleistungen, sondern auch darauf gerichtet, einen Breitensport auf möglichst hohem Niveau zu ermöglichen; aus diesem kann dann auch ein Spitzensport entwickelt werden, der solche sportlichen Weltspitzenleistungen erbringt, die die angebliche Überlegenheit des sozialistischen Systems dokumentieren und das internationale Prestigebedürfnis der DDR-Führung befriedigen sollen.

Korrespondenten: Der → **Allgemeine Deutsche Nachrichtendienst (ADN)**, die zentrale → **Presse** der SED, → **Rundfunk** und → **Fernsehen** der DDR beschäftigen eigene Auslands-, Bezirks- und Sonder-K. Für die Lokal- und Betriebsberichterstattung der regionalen Presse, vor allem der SED-Bezirksorgane mit ihren Kreisausgaben, aber auch für den Rundfunk sind **Volkskorrespondenten** tätig. Die Volks-K.-Bewegung entstand 1948 nach sowjetischem Vorbild (den Arbeiter- und Bauern-K. der „Iskra") und genießt gesetzlichen Schutz. Arbeiter- und Bauern-K. sind in VK-Kollektiven zusammengefaßt und werden regelmäßig angeleitet und ideologisch geschult. Es sind: „Werktätige aus Industrie und Landwirtschaft, Institutionen und Organisationen, die von einer Redaktion zu regelmäßiger, organisierter ehrenamtlicher Mitarbeit ausgewählt wurden und diese Tätigkeit als gesellschaftlichen Auftrag betrachten." Sie gelten als „Agitatoren der Partei": „Es geht darum, in der Parteipresse zu zeigen, wie aus Bekenntnissen zur Politik der Partei Taten der Werktätigen zur allseitigen Stärkung unserer Republik werden" (Sekretär der SED-Bezirksleitung Rostock, Timm, auf der Volkskorrespondentenkonferenz des Bezirks, Februar 1976). Volks-K. berichten als Informanten ihren Redaktionen hauptsächlich aus dem eigenen Berufs- und Lebensbereich, wo sie zugleich als „Vertrauensleute der sozialistischen Presse" gelten. Sie sollen darüber hinaus „Schrittmacher und Organisatoren" bei der Lösung ökonomischer Probleme sein (→ **Sozialistischer Wettbewerb**).
Die Tätigkeit von *K. anderer Staaten* in der DDR ist genehmigungspflichtig. Die VO über die Tätigkeit von Publikationsorganen anderer Staaten und deren K. in der DDR vom 21. 2. 1973 (GBl. I, 1973, Nr. 10) und die Durchführungsbestimmung vom 11. 4. 1979 (ND 14. 4. 1979), die die Erste Durchführungsbestimmung vom 21. 2. 1973 ersetzte und teilweise verschärfte, regeln sowohl die Akkreditierung als auch die den K. auferlegten Beschränkungen. Die Akkreditierung von Publikationsorganen, Presse-, Nachrichten- und Bildagenturen, Rundfunk- und Fernsehstationen und Wochenschauen anderer Staaten und deren ständigen K. erfolgt durch das → **Ministerium für Auswärtige Angelegenheiten** der DDR „in der Regel auf der Grundlage der Reziprozität". Anträge auf Eröffnung eines Büros und die Akkreditierung ständiger K. sind schriftlich an den „Leiter des Bereichs Presse und Information" des DDR-Außenministeriums zu richten. Auch die journalistische Tätigkeit von Reise-K. ist genehmigungspflichtig. Die „Arbeitsgenehmigung" wird erteilt von der „Abteilung Journalistische Beziehungen" des DDR-Außenministeriums (siehe auch VO über Lizenz- und Zulassungspflicht im Filmwesen vom 15. 1. 1976, GBl. I, Nr. 6). Alle K. haben sich bei der Ausübung ihrer journalistischen Tätigkeit in der DDR an festgelegte „Grundsätze"

zu halten, die im jeweiligen Interesse der DDR ausgelegt werden können: Sie haben „Verleumdungen oder Diffamierungen der DDR, ihrer staatlichen Organe und ihrer führenden Persönlichkeiten sowie der mit der DDR verbündeten Staaten zu unterlassen". Die K. sind verpflichtet, die Abteilung Journalistische Beziehungen des Außenministeriums über Reisen außerhalb von Berlin (Ost) „nicht später als 24 Stunden vor Antritt der Reise unter genauer Angabe des Reiseziels und des Reisegrundes zu informieren". Journalistische Vorhaben in staatlichen und wirtschaftsleitenden Organen, Einrichtungen, volkseigenen Kombinaten und Betrieben, Genossenschaften und gesellschaftlichen Einrichtungen und Institutionen „sowie Interviews und Befragungen jeder Art" sind genehmigungspflichtig. Diese Vorhaben können nur nach amtlicher Genehmigung verwirklicht werden. Bei Verletzung der Grundsätze und der Akkreditierungsbestimmungen kann dem Publikationsorgan oder dem K. die Akkreditierung oder Arbeitsgenehmigung jederzeit entzogen werden.

An (stufenweisen) Strafmaßnahmen sind vorgesehen: die Verwarnung des K.; der Entzug der Akkreditierung oder Arbeitsgenehmigung und die Ausweisung des K.; die Schließung des Büros des Publikationsorgans.

Die Dienstfahrzeuge und die privaten Personenkraftwagen der in der DDR akkreditierten K. erhalten ein besonderes Kennzeichen (weiß auf blauem Grund, Buchstaben QA; → **Kraftfahrzeugkennzeichen, Polizeiliche**).

In den Vereinbarungen zum → **Grundlagenvertrag** zwischen der Bundesrepublik Deutschland und der DDR hat diese sich verpflichtet, auch Journalisten aus der Bundesrepublik und Berlin (West) zu akkreditieren: 1983 arbeiteten 19 ständig akkreditierte K. für Tages- und Wochenzeitungen, ZDF und ARD (Hörfunk und Fernsehen) in Berlin (Ost). Ein „Spiegel"- und ein ARD-Fernseh-K. wurden im Dez. 1975 bzw. Dez. 1976 wegen angeblich grober Verleumdung der DDR ausgewiesen. Das „Spiegel"-Büro wurde im Januar 1978 geschlossen, weil das Hamburger Nachrichtenmagazin ein oppositionelles „Manifest" aus der DDR veröffentlicht hatte. Im Mai 1978 wurden gleich mehrere westliche K. verwarnt, weil sie über z. T. tätliche Auseinandersetzungen zwischen Bürgern und Volkspolizei am 1. Mai in Wittenberge berichtet hatten. Verweigert wurde zu Beginn der 80er Jahre in vielen Fällen sowohl ständig akkreditierten als auch Reise-K. die Berichterstattung von kirchlichen Synoden (→ **Friedensbewegung; Kirchen**). Ein weiteres Beispiel für restriktive Maßnahmen gegenüber westlichen K. war die Ausweisung des „Stern"-K. wegen eines Berichts über einen angeblichen Attentatsversuch gegen E. Honecker im Januar 1983, zum Jahresende wurde ein neuer „Stern"-K. akkreditiert.

In der Bundesrepublik Deutschland sind 6 DDR-K. (für ADN, ND, Tribüne, Rundfunk und Fernsehen) tätig. Reise-K. und westdeutsche Mitarbeiter von DDR-Medien haben schon immer in der Bundesrepublik Deutschland gearbeitet. In der Folge der internationalen Anerkennung der DDR durch die meisten Staaten der Welt seit 1970, unterhält die DDR auch eine Vielzahl von K. in anderen Ländern, vorwiegend in solchen mit sozialistischer Orientierung.

Die Informationsmöglichkeiten für K. anderer Staaten in der DDR (1979 insgesamt 149 ständig akkreditierte K., einschließlich kommunistischer Parteien und Staaten) sind, neben den Vorschriften der zitierten VO und Durchführungsbestimmung, zusätzlich beschränkt durch die parteiliche Informations- und → **Medienpolitik** und die strengen Geheimhaltungsvorschriften (Auskunftsverbote). Die Informationspolitik der SED wird als gezielte Informationszuteilung gehandhabt: Pressekonferenzen, „Pressebesprechungen", Partei-Informationen, ADN-Hintergrundmaterial und Interview-Partner sind nicht allen K. in gleichem Umfang zugänglich, auch den K. aus kommunistisch-sozialistischen Ländern nicht. Es wird unterschieden nach K. regierender und nichtregierender kommunistischer Parteien und nach politischer Zuverlässigkeit („Linientreue"). Ebenso unterschiedlich, und den aktuellen Interessen der DDR untergeordnet, ist die Informationspolitik gegenüber allen anderen K.

Kraftfahrzeug-Haftpflichtversicherung: Wie in den meisten europäischen Ländern sind auch in der DDR alle Besitzer von Kraftfahrzeugen einschließlich Mopeds zum Abschluß einer KH. gesetzlich verpflichtet. Träger der KH. ist die → **Staatliche Versicherung der DDR**. Gesetzliche Grundlage dieser Versicherung sind die VO über die KH. vom 16. 11. 1961 (GBl. II, S. 503) sowie die AO über die Allgemeinen Bedingungen für die KH. (AKHB) vom 12. 1. 1971 (GBl. II, S. 93). Der Beitrag ist jährlich, zusammen mit der Kfz-Steuer, vom Kfz-Halter zu entrichten. Die Höhe der Versicherungsprämie ist bei Pkw und Traktoren von der PS-Zahl, bei Krafträdern vom Hubraum, bei Omnibussen von der Zahl der Plätze und bei Lkw von der Ladekapazität abhängig.

Versichert sind Personen-, Sach- oder reine Vermögensschäden. Die von der Staatlichen Versicherung geleistete Entschädigungssumme ist in bestimmten Fällen vom Versicherten voll zurückzuzahlen, z. B. dann, wenn er den Schaden vorsätzlich oder unter starkem Alkoholeinfluß verursacht hat. Bei anderen groben Verletzungen von Rechtsvorschriften kann eine teilweise Rückerstattung der Entschädigungsleistung vom Versicherten verlangt werden.

Der Versicherungsschutz erstreckt sich auf alle europäischen Länder, jedoch müssen die in der DDR zugelassenen Pkw für Fahrten außerhalb der DDR einen Beitragszuschlag zur KH. entrichten.

Für Schadensansprüche, die Bürgern der Bundesrepublik Deutschland einschließlich Berlin (West) durch Kfz-Unfälle im Gebiet der DDR entstehen, gelten die Vereinbarungen des am 10. 5. 1973 unterzeichneten Abkommens zwischen dem HUK-Verband (Hamburg) und der Staatlichen Versicherung der DDR. Sie regeln den Ausgleich von Schäden aus Kraftfahrzeugunfällen und die Finanzierung von Leistungen der Ersten Hilfe. Auch finanzielle Folgen, die sich aus Unfällen zwischen

Deutschen aus der DDR und der Bundesrepublik Deutschland im Straßenverkehr europäischer Dritt-Länder ergeben, werden vom HUK-Verband bzw. von der Staatlichen Versicherung der DDR reguliert.

Kraftfahrzeugindustrie: Entsprechend der Industriezweigsystematik der DDR der Industriezweig des Straßenfahrzeug- und Traktorenbaus. Kraftfahrzeuge sind nichtgleisgebundene maschinenbetriebene Landfahrzeuge, nicht jedoch Fahrräder mit Hilfsmotor und Mopeds. Zur K. zählen im einzelnen der Lkw-, der Pkw-, der Traktoren- und Anhängerbau. Ferner gehören zu dieser Wirtschaftsgruppe die Betriebe zum Bau von Krafträdern. Insgesamt sind in der K. etwa 95000 Arbeiter und Angestellte tätig.

Die Bedeutung der K. der DDR im Verhältnis zum entsprechenden Sektor der Bundesrepublik Deutschland ist nach dem Kriege u. a. durch Demontagen stark gesunken. Die Bevorzugung der Produktionsgütererzeugung verhinderte einen umfassenden Neuaufbau. Die Betriebe wurden und werden bis heute nur unzulänglich mit Investitionsmitteln ausgestattet. Allerdings ist die DDR in den letzten Jahren zunehmend am Ausbau der Automobilproduktion interessiert, um dem ständig steigenden Bedarf der Bevölkerung, der nur zum Teil gedeckt werden kann, zu entsprechen. Mehrjährige Wartezeiten beim Kauf von Pkw aus eigener Produktion sind aber immer noch die Regel. Auf den „Wartburg", das beliebteste in der DDR produzierte Auto, muß man oft bis zu 10 Jahren warten; geringer sind die Wartezeiten bei ausländischen Modellen aus Osteuropa. Diese Pkw gelten allerdings als störanfälliger als die DDR-Erzeugnisse.

Zunehmend wird in der DDR wie in westlichen Ländern das Auto zum Statussymbol, obgleich die Anschaffungs- und Unterhaltskosten relativ hoch sind. Vergaserkraftstoffe für die in der DDR produzierten Pkw kosten pro Liter 1,50 Mark, der sog. Sonder-Kraftstoff (94 Oktan) 1,65 Mark.

Vor dem Kriege entfiel auf das Gebiet der heutigen DDR ein Anteil von ca. 25 v. H., 1975 nur noch von ca. 6 v. H. der deutschen K. Die SED-Führung erklärte die schwache Entwicklung der K. lange Zeit damit, daß der Motorisierungsgrad der Bevölkerung in einem „sozialistischen Land" kein Indikator für ihren Lebensstandard sei. So räumte die DDR dem öffentlichen Personenverkehr zu Lasten des Individualverkehrs uneingeschränkte Priorität in allen Verkehrsplanungen ein. Angesichts der energiewirtschaftlichen Schwierigkeiten seit Mitte der 70er Jahre und der sich daraus ergebenden deutlichen Verminderung des Verbrauchs von Mineralölprodukten wurde die Produktion von Personenkraftwagen trotz immens hoher Nachfrage nur langsam erhöht.

Die bis heute kleinen Produktionsserien liegen weit unter der Rentabilitätsgrenze jeder K., so daß dieser Industriezweig hoch subventioniert werden muß. Ein Teil der Subventionen wird durch die privaten Käufer aufgebracht, die für Pkw im Vergleich zur Bundesrepublik Deutschland deutlich höhere Preise zahlen müssen. Der aus der DDR-eigenen Produktion beliebteste Pkw wird im VEB Automobilwerk Eisenach (annähernd 9000 Beschäftigte; Hauptproduktion: Personenkraftwagen Typ „Wartburg-353", Dreizylinder-Zweitaktmotor, 992 ccm, 50 PS, Spitzengeschwindigkeit 130 km/h [Kombi 125 km/h], Verbrauch 7,4–10,9 Liter pro 100 km, Tankinhalt 44 Liter, Frontantrieb, Einzelradaufhängung, Scheibenbremsen vorn, Preis: etwa 20000 Mark; Jahresproduktion 1980: ca. 60000) hergestellt.

Der seit 1958 (seit 1962 mit einer neuen, der heutigen Karosserieform) gebaute Kleinwagen „Trabant" wird im VEB Sachsenring Zwickau (10000 Beschäftigte; Hauptproduktion: „Trabant", querstehender Zweizylinder-Zweitakt-Motor, 600 ccm, 26 PS, Spitzengeschwindigkeit 100 km/h, Verbrauch 7–9 Liter pro 100 km, Tankinhalt 26 Liter, Länge 3,50 m, Duroplast-Karosserieschale, Preis: je nach Ausstattung 8000–10000 Mark; Jahresproduktion 1980: ca. 115000) hergestellt.

Motorräder werden in verschiedenen Größen und Ausführungen von den beiden Werken VEB Motorradwerk Zschopau in Zschopau/Sachsen („MZ") und VEB Fahrzeug- und Gerätewerk Simson in Suhl/Thüringen („Simson") produziert.

Eine geplante Kooperation zwischen den Skoda-Werken in der ČSSR und dem VEB Automobilwerk Eisenach kam nicht zustande. Beabsichtigt war, auf der Grundlage des Skoda-Motors und eines DDR-Getriebes ein Gemeinschaftsprodukt zu entwickeln und zu bauen, das nur noch in der Gestaltung der Karosserie nationale Eigenheiten bewahren sollte. 1975 ist dieser Plan aber aufgegeben worden, weil die DDR erklärte, bis 1980 seien ihre Investitionsmittel durch Großprojekte derart in Anspruch genommen, daß an Modernisierung und Ausbau der Automobilfertigung nicht zu denken sei. Die Spezialisierung und Produktionsaufteilung, die im → **Rat für Gegenseitige Wirtschaftshilfe (RGW)** bei vielen Produktgruppen geplant oder schon verwirklicht ist, hat die Pkw-Produktion bisher kaum berührt. Nahezu jeder RGW-Staat stellt eigene Pkw her. Die DDR hat in den letzten 15 Jahren weniger Pkw ein- als ausgeführt. Im Fünfjahrplan-Zeitraum 1966–1970 betrug der Exportüberschuß rd. 43000 Stück. Im Fünfjahrplan-Zeitraum 1971–1975 waren es noch 15000, 1976–1980 rd. 32000. (1981–1982 betrug der Exportüberschuß aufgrund drastisch gesunkener Einfuhren über 86000 Pkw.) Die DDR lieferte bisher einen großen Teil ihrer Eigenproduktion in das östliche Ausland. Die Exportquote betrug in den 5 Jahren 1966–1970 fast 40 v. H. der Produktion (gemessen an der Stückzahl), im folgenden Jahrzehnt gut 50 v. H. (Exportquote 1982: 46,4 v. H.).

1982 waren in der DDR 2,922 Mill. Pkw zugelassen, d. h. auf 5,7 Einwohner ein Fahrzeug (BRD 2,5 Einwohner). Gegenüber 1970 beträgt die Zunahme 152 v. H. Auf 100 Haushalte entfielen 1982 40 Pkw (1970 erst 15,6). Damit hat die DDR innerhalb des RGW den mit Abstand höchsten Motorisierungsgrad erreicht. Beträchtliche Nachteile bestehen nach wie vor in der sortiments- und termingerechten Bereitstellung mit Kraftfahrzeug-Ersatzteilen, wenn auch in den letzten

Jahren die Produktion von Ersatzteilen – allerdings zum Teil zu Lasten der Finalproduktion – stark erhöht werden konnte.
Aufgrund einer Absprache mit den übrigen Ländern des RGW werden in der DDR im Lastkraftwagenbau nur Wagen mit einer Nutzlast von maximal 5 t hergestellt. Die Lastwagenfertigung beginnt mit dem 1-Tonner-Frontlenker B-1000 (Zweitaktmotor, 42 PS) des VEB Barkas-Werke in Karl-Marx-Stadt. Den nächstgrößeren Lkw stellt der VEB Robur-Werke in Zittau/Sachsen her. Seit Anfang 1960 wird dieser 3-Tonner (gegenwärtig in 11 Grundvarianten mit 30 länderspezifischen Modifikationen) gebaut. Im VEB Kraftfahrzeugwerk Ernst Grube in Werdau/Sachsen wird ein größerer 4-Tonner gebaut. Im Juli 1965 wurde im VEB IFA-Automobilwerk Ludwigsfelde in Ludwigsfelde (Kreis Zossen) mit der Produktion des 5-Tonners W 50 L begonnen (Frontlenker, Vier-Zylinder-Diesel-Motor, 125 PS). Der W 50 wird gegenwärtig (1982) in 53 Grundvarianten und über 200 länderspezifischen Modifikationen gebaut. Im April 1984 wurde der 400000. Lkw W 50 seit der Produktionsaufnahme fertiggestellt. Die Jahresproduktion beträgt knapp 30000. Daneben ist noch ein Sonderfahrzeug aus dem VEB Fahrzeugwerk Waltershausen in Waltershausen/Thüringen zu erwähnen. Der Kleintransporter (2-t-Nutzmasse) „Multicar 25" ist mit einem wassergekühlten 45-PS-Dieselmotor (Höchstgeschwindigkeit 45 km/h) ausgestattet, wird in 15 Varianten gebaut und kann z. B. als Leiterfahrzeug, Muldenkipper und zur Straßenreinigung eingesetzt werden. Dieser Kleintransporter wurde 1979 neu entwickelt und löste den Transporter der Typenreihe „Multicar 24" ab.
In der DDR gibt es zwar nur wenige Lkw-Haupttypen, von denen jedoch zahlreiche Nebentypen (Fahrzeuge für die verschiedenen Verwendungszwecke mit unterschiedlichen Motoren, Radständen und Aufbauten) geliefert werden können. Schwere Zugmaschinen, Kipper und Lkw müssen importiert werden.
Der Omnibusbau konzentriert sich unter Verwendung von Bauteilen der Lkw-Typen auf kleine Modelle (Robur-Omnibusse). Schwere Omnibusse werden nach einer Absprache der Länder des RGW in der DDR nicht entwickelt und auch nicht gefertigt.
Der Traktorenbau ist ebenfalls schwach entwickelt. Bis September 1967 wurden nur Radschlepper mit etwa 20 PS gefertigt, die zum größten Teil exportiert wurden, da sie für die Großflächenbearbeitung in der DDR nicht geeignet waren. Seitdem werden auch Radtraktoren des Typs ZT 300 (90 PS) sowie ab 1982 des Typs ZT 303 im Schönebecker Traktorenwerk (4000 Beschäftigte) hergestellt.
Seit dem 1. 1. 1978 wurde die Produktion von Kraftfahrzeugen in 4 neuen Kombinaten organisiert, die dem Bereich der Industrieverwaltung Fahrzeug- und Automobilbau (IFA) zugeordnet sind.
– Das IFA-Kombinat Personenkraftwagen, dem 13 Industriebetriebe angehören, darunter der VEB Automobilwerke Eisenach und der VEB Sachsenring, die Automobilwerke Zwickau, der VEB WTZ-Automobilbau (→ **Wissenschaftlich-technische Zusammenarbeit [WTZ]**) und 10 Handelsbetriebe. Dem Kombinat gehören annähernd 50000 Beschäftigte an.
– Das IFA-Kombinat Nutzkraftwagen (insgesamt 40000 Beschäftigte) mit den Herstellerbetrieben Ludwigsfelde, Robur in Zittau, VEB Fahrzeugwerk Waltershausen und weiteren 14 Motoren-, Fahrzeugzubehör- und Handelsbetrieben.
– Das IFA-Kombinat „Ernst Grube" Spezialaufbauten und Anhänger mit dem Stammbetrieb VEB Kraftfahrzeugwerk „Ernst Grube", Werdau, und 9 weiteren Werken.
– Das IFA-Kombinat Zweiradfahrzeuge mit dem Stammbetrieb VEB Fahrzeug- und Jagdwaffenwerk „Ernst Thälmann", Suhl, und dem VEB Motorradwerk Zschopau, dem VEB Mifa-Werk Sangerhausen und VEB Blechformwerke Erzgebirge.
Die 4 neuen Kombinate sind dem → **Ministerium für Allgemeinen Maschinen-, Landmaschinen- und Fahrzeugbau** direkt unterstellt. Mit der Neugründung der Kombinate wurden aufgelöst: die VVB Automobilbau, die Hauptdirektion IFA-Vertrieb und das Kombinat VEB Barkas-Werke. Die bisherigen Betriebsteile des VEB IFA-Karosserie Dresden in Halle, Aschersleben, Meerane und Erfurt wurden selbständige Betriebe. Der VEB Dieselmotorenwerk Schönebeck wurde in den VEB Kombinat Forst- und Landmaschinen Neustadt/Saale eingegliedert.

Produktion ausgewählter Erzeugnisse der Kraftfahrzeugindustrie

Erzeugnisse	Einheit	1960	1970	1980	1982
Personenkraftwagen	Stück	64 071	126 611	176 761	182 930
Lastkraftwagen	Stück	12 864	24 180	36 954	38 763
Omnibusse	Stück	415	2 587	2 870	2 469
Motorräder	Stück	90 319	71 100	80 500	81 000

Quelle: Statistisches Jahrbuch der DDR 1983, S. 145.

Kraftfahrzeugkennzeichen, Polizeiliche: Die PK. der DDR bestehen aus 2–3 Buchstaben und einer 4ziffrigen Nummer in schwarzer Schrift auf weißem Schild. Der erste Buchstabe ist der Kennbuchstabe für den → **Bezirk**, nach folgender Einteilung:

A	=	Rostock
B	=	Schwerin
C	=	Neubrandenburg
D, P	=	Potsdam
E	=	Frankfurt/Oder
H, M	=	Magdeburg
I	=	Berlin (Ost)
K, V	=	Halle
L, F	=	Erfurt
N	=	Gera
O	=	Suhl
R, Y	=	Dresden
S, U	=	Leipzig
T, X	=	Karl-Marx-Stadt (Chemnitz)
Z	=	Cottbus

Der zweite Buchstabe bezeichnet – mit Ausnahme in Berlin (Ost) – die Nummernserie, da mit den 4ziffrigen Nummern nur jeweils 9999 Fahrzeuge gekennzeichnet werden können. Die Nummern sind zur besseren Lesbarkeit durch einen Bindestrich in 2stellige Ziffergruppen getrennt, z. B. EF 59–69.
Auf den Kennzeichentafeln der Pkw und auf denen, die an der Vorderseite der Lkw angebracht sind, stehen Buchstaben und Nummern nebeneinander. Auf den Schildern an der Rückseite der Lkw ist die Nummer unter die Buchstaben gesetzt. Bei Lkw, die weniger als 30 km/h fahren dürfen, ist diese Einschränkung durch eine kreisförmige Ausbuchtung in der Mitte der rückwärtigen Kennzeichentafel ersichtlich. Bei Lkw ist das PK. auf der Rückwand neben der Kennzeichentafel zusätzlich in einer Zeile aufzumalen.
PK. von Pkw, die mit Devisen (über die staatliche Handelsorganisation GENEX) erworben wurden, haben noch besondere Kennbuchstaben, z. B. für Berlin JAG.
Die polizeiliche Zulassung wird durch eine Prägemarke mit dem DDR-Emblem und Rundumbeschriftung „Deutsche Demokratische Republik" kenntlich gemacht.
In der DDR zugelassene Kraftfahrzeuge müssen bei Fahrten außerhalb der DDR das Unterscheidungszeichen „DDR" (in schwarzen Buchstaben auf weißem Grund) führen; andere Unterscheidungszeichen sind verboten. Mit dieser Anordnung vom 1. 1. 1974 hat die DDR ein Zeichen deutlicher Abgrenzung gegenüber der Bundesrepublik Deutschland gesetzt, da sie das zuvor gemeinsame Unterscheidungszeichen „D" für Kraftfahrzeuge in der DDR nicht mehr erlaubt.
Die Kennzeichnung von Kraftfahrzeugen ausländischer Vertretungen und von Kraftfahrzeugen des Personals ausländischer Vertretungen ist vom 1. 1. 1974 neu geregelt. Kraftfahrzeuge diplomatischer und konsularischer Vertretungen, die in der DDR zugelassen sind, erhalten Kennzeichen in weißer Schrift auf rotem Grund mit den Kennbuchstaben:

- CD für Kraftfahrzeuge der Vertretungen anderer Staaten und deren diplomatischen Personals;
- CY für Dienst- und Privatfahrzeuge des technischen und administrativen Personals;
- CC für Dienstfahrzeuge konsularischer Vertretungen und Kraftfahrzeuge konsularischer Amtspersonen.

Kennzeichen in weißer Schrift auf blauem Grund gelten für folgende ausländische Kraftfahrzeuge:

- QA Dienstfahrzeuge und persönliche Fahrzeuge in der DDR akkreditierter ausländischer Korrespondenten;
- QB Dienstfahrzeuge und persönliche Fahrzeuge der ausländischen Mitarbeiter von Außenhandelsniederlassungen, Industrievertretungen, kommerziellen Büros;
- QC Dienstfahrzeuge und persönliche Fahrzeuge von ausländischen Mitarbeitern der Reisebüros, Fluggesellschaften, Kultur- und Informationszentren;
- QD Dienstfahrzeuge und persönliche Fahrzeuge von ausländischen Mitarbeitern anderer Einrichtungen und Betriebe.

Kraftstoffversorgung: Bis Mitte der 60er Jahre erfolgte die K. noch überwiegend durch aus Braunkohle gewonnene Vergaser- und Dieselkraftstoffe. Seitdem ist eine ständige Substitution von carbochemischen Rohstoffen durch Erdöl erfolgt. Diese Entwicklung wird künftig wieder umgekehrt. 1980 lieferte die Kohlechemie 5 v. H. des Treibstoffes. Zwischen 1960 und 1982 hat sich die Kraftstoffproduktion vervierfacht. Erstmals ging allerdings 1981 die Produktion von Dieselkraftstoff um 0,5 Mill. t zurück (Mengen in 1 000 t):

	1960	1965	1970	1982
Benzin	1 080	1 604	2 236	3 891
Dieselkraftstoff	1 289	2 258	3 619	6 142

Über den Produktionsumfang von Düsentreibstoff (Kerosin) werden entsprechende Zahlenangaben nicht veröffentlicht; er kann auf ca. 800 000 t (1980) geschätzt werden.
Ihren Kraftstoffbedarf kann die DDR aus der inländischen Produktion voll decken. Darüber hinaus wurden 1982 noch 0,7 Mill. t Benzin und 0,8 Mill. t Dieselkraftstoff exportiert. Verglichen mit der Bundesrepublik Deutschland ist jedoch das Verbrauchsniveau bei Benzin noch relativ niedrig, bei Diesel ist es dagegen höher. Einem Pro-Kopf-Verbrauch von 0,19 t (Benzin) und 0,32 t (Diesel) in der DDR stehen entsprechende Werte für die Bundesrepublik von 0,37 t (Benzin) und 0,22 t (Diesel) gegenüber (Angaben für 1982).
Die DDR ist das einzige RGW-Land, das nach den drastischen Rohölverteuerungen in den 70er Jahren die Benzinpreise nicht verändert hat. Die Preise (pro Liter) für Benzin betragen 1,65 Mark (96 Oktan; Superbenzin) bzw. 1,50 Mark (88 Oktan; Normalbenzin). Der Preis für Dieselkraftstoff beträgt 1,40 Mark. Darüber hinaus verkauft die DDR an ca. 125 **Inter-Tankstellen** Benzin und Dieselkraftstoff gegen frei konvertible Währung. Die Preise sind abhängig von den in der Bundesrepublik Deutschland herrschenden Kraftstoffpreisen; sie liegen stets rd. 0,15 DM darunter.

Krankengeld: Anspruch auf Geldleistungen der Sozialversicherung (→ **Sozialversicherungs- und Versorgungswesen**) wegen Arbeitsunfähigkeit (AU) infolge von Krankheit, Arbeitsunfall oder → **Berufskrankheit** besteht vom 1. Tag der AU an, grundsätzlich bis zur Wiederherstellung der Arbeitsfähigkeit bzw. bis zum Eintritt der Invalidität oder bis zur Festsetzung der Unfallrente, längstens jedoch für 78 Wochen (vgl. GBl. I, 1977, S. 373 ff. und S. 395 ff.).
Die Höhe des K. der Sozialversicherung für Arbeiter und Angestellte und Genossenschaftsmitglieder beträgt bei AU wegen Krankheit seit dem 1. 1. 1978 für insgesamt 6 Wochen im Kalenderjahr 90 v. H. des Nettodurchschnittsverdienstes. Bis Ende 1977 lag das K.

während dieser Zeit bei 50 v. H. des beitragspflichtigen Durchschnittsverdienstes und erreichte somit höchstens 300 Mark monatlich. Es wurde für insgesamt 6 Wochen im Kalenderjahr ergänzt durch den → **Lohnausgleich** der Betriebe, der als Differenz zwischen dem K. und 90 v. H. des Nettoverdienstes gezahlt wurde. Ein K. von 50 v. H. bei AU wegen Krankheit bis zu 6 Wochen (höchstens also 300 Mark) bekommen weiterhin Selbständige sowie ständig mitarbeitende Ehegatten.
Im Falle einer 6 Wochen im Kalenderjahr übersteigenden AU wegen Krankheit richtet sich die Höhe des K. nach der Zahl der Kinder und/oder der Mitgliedschaft in der Freiwilligen Zusatzversicherung (FZR) (→ **Sozialversicherungs- und Versorgungswesen**, VII.). Alle Versicherten (einschließlich der Selbständigen) mit einem Monatseinkommen bis zu 600 Mark (Pflichtversicherte) sowie Erwerbstätige, die mehr als 600 Mark verdienen und neben den Pflichtbeiträgen Sozialabgaben an die FZR abführen, erhalten von der 7. Woche an ein K. in Höhe von 70 v. H. des Nettodurchschnittsverdienstes, falls kein oder 1 Kind zu versorgen ist, 75 v. H. bei 2 Kindern, 80 v. H. bei 3 Kindern, 85 v. H. bei 4 Kindern und 90 v. H. bei 5 und mehr Kindern.
Für Versicherte mit einem lohnsteuerpflichtigen Arbeitsverdienst von mehr als 600 Mark monatlich, die nicht Mitglied der FZR sind, beträgt von der 7. Woche der AU wegen Krankheit das K. 50 v. H. des beitragspflichtigen Bruttodurchschnittsverdienstes (höchstens 300 Mark), wenn kein oder 1 Kind vorhanden ist – hingegen 65 v. H. des (gesamten) Nettoverdienstes bei 2 Kindern, 75 v. H. bei 3 Kindern, 80 v. H. bei 4 Kindern und 90 v. H. bei 5 und mehr Kindern.
Bei AU wegen Arbeitsunfalls oder Berufskrankheit wird Arbeitern und Angestellten sowie Genossenschaftsmitgliedern für die gesamte Dauer K. in voller Höhe des durchschnittlichen Nettoverdienstes gewährt. Die Selbständigen erhalten bei AU wegen Arbeitsunfalls bzw. Berufskrankheit K. wie im Falle der AU wegen Krankheit.

Krankenstand: K. ist der mit Arbeitsunfähigkeit durch Krankheit oder Unfall begründete Ausfall an Arbeitszeit, ausgedrückt als Vomhundertanteil an den planmäßig zu leistenden Arbeitszeiten in der → **Wirtschaft**; er wird also anders berechnet als in der gesetzlichen Krankenversicherung der Bundesrepublik Deutschland, die als K. den Anteil der Arbeitsunfähigen an den versicherungspflichtig Beschäftigten an Stichtagen mißt. Der vorausgeschätzte K. ist Grundlage der Planung von Ausgaben für → **Krankengeld** und geht über den Arbeitskräfteplan in Betriebsplan und → **Volkswirtschaftsplan** ein. Der tatsächliche K. hat den geplanten K. stets erheblich überschritten. Alle Bemühungen, ihn mittels Überwachung der → **Arbeitsbefreiung** unter Kontrolle zu bringen, haben weder eine Senkung auf den der Planung zugrunde gelegten Standard von 5 v. H. zu bewirken, noch vor allem die sehr starken Schwankungen und die regionalen und betrieblichen Unterschiede zu überwinden vermocht. Im Durchschnitt betrug der K. 1965: 5,37; 1970: 5,63; 1973: 6,29; 1975: 6,21; 1978: 6,34; 1980: 6,28; 1982: 6,14 mit regionalen Maxima über 8,3 und betrieblichen über 10 v. H. Der K. bei der Staatlichen Versicherung der DDR (Krankenversicherung der Landwirtschaftlichen und Handwerklichen Produktionsgenossenschaften und der Selbständig Erwerbstätigen) verläuft stets etwa parallel, lag aber 1973 um 17 und noch 1975 um 12 v. H. niedriger. Seitdem hat er sich dem K. der Sozialversicherung des FDGB angeglichen.
Die Höhe des K. wird von einer Vielzahl von Faktoren bestimmt. Zu den objektiven Faktoren zählen vor allem die ungünstige Altersstruktur der Berufstätigen und die Doppelbelastung der nahezu vollständig in den Produktionsprozeß einbezogenen → **Frauen**. Die regionalen Unterschiede lassen erkennen, daß – wie in allen hochindustrialisierten Ländern – die Gebiete mit der stärksten Anspannung des Arbeitskräftepotentials auch den höchsten K. aufweisen. Stärkster subjektiver Faktor ist das Fehlen eines Arbeitsplatzrisikos, da Entlassungen wegen der Garantie des allgemeinen Rechts auf Arbeit nur in Ausnahmefällen möglich sind (→ **Arbeitsrecht**, III. 3.–6.). Die Fakten werden in der DDR – im Gegensatz zu früheren Zeiten – offen diskutiert, nicht aber die Hintergründe, die nicht allein in der hohen Beanspruchung aller Ressourcen, sondern auch im psychischen und sozialpsychologischen Bereich gesucht werden dürfen (→ **Soziologie und Empirische Sozialforschung**, IV.). Kaum zur Diskussion steht die Einsicht der Sachkundigen westlicher Industrieländer, daß ungünstiges „Betriebsklima“ und schlechte Arbeitsplatzbedingungen überaus wichtige Faktoren bilden. Durch Mehrfacherkrankungen in kurzen Zeitabständen ohne objektive Krankheitsbefunde stellt ein kleiner Teil der Arbeitnehmer einen hohen Anteil an den Ausfallzeiten. Statt auf die genannten Faktoren einzuwirken, konzentrieren sich die Bemühungen der verantwortlichen Organe auf die Beeinflussung der Ärzte: hoher K. wird als Zeichen geringer Qualität der ärztlichen Diagnostik und Behandlung gewertet. Dem soll durch statistische Vergleiche der Ärzte untereinander und die Messung ihrer K.-Werte am Optimum des jeweiligen Kreises abgeholfen werden. Tatsächlich werden schon die strengen Überwachungsvorschriften nur lückenhaft eingehalten: selbst bei langfristig Kranken, die spätestens nach 35 Tagen Arbeitsunfähigkeit der Ärzteberatungskommission (ÄBK) vorgestellt werden sollen, wird dies in einem hohen Anteil der Fälle von den Betriebsleitern nicht veranlaßt. → **Ausfallzeiten; Gesundheitswesen.**

Krankenversicherung, Freiwillige: In der DDR hat die private Krankenversicherung, die allein von der → **Staatlichen Versicherung der DDR** durchgeführt wird, infolge der umfassenden Sozialversicherungspflicht nur geringe Bedeutung, vor allem die Krankheitskostenversicherung. Für die Krankentagegeldversicherung sind dagegen mehrere Formen bekannt, die z. T. mit einer Unfallversicherung kombiniert sind. Sie hat die Funktion, die Leistungen der SV bei vorübergehender Arbeitsunfähigkeit wegen Krankheit zu ergänzen. Das Tagegeld aus der K. darf mit dem Krankengeld aus der SV nicht mehr als 90 v. H. des Nettoeinkommens des Versicherten betragen. Die Leistungen können zu unterschiedlichen Zeitpunkten einsetzen, bei Arbeitnehmern im allgemeinen von der 7. Woche der Arbeitsunfähigkeit an, da sich dann in der Regel das → **Krankengeld** der SV vermindert. → **Sozialversicherungs- und Versorgungswesen.**

Kredit: Grundsätzlich wird auch im sozialistischen Wirtschaftssystem die befristete und in der Regel mit dem → **Zins** verbundene Überlassung von Kaufkraft als K. bezeichnet. Allerdings tritt er legal nur in Form des Bank-K. auf und erfüllt auf der Grundlage der materiellen → **Planung** – wie auch die übrigen Instrumente des → **Finanzsystems** – subsidiäre Funktionen der Verteilung und Umverteilung von Geldmitteln, Stimulierung von ökonomischen Verhaltensweisen der Wirtschaftssubjekte und Kontrolle des Ablaufs der Wirtschaftsprozesse. „Aktive K.-Politik" und die im Programm der → **Sozialistischen Einheitspartei Deutschlands (SED)** (1976) hervorgehobene wachsende Rolle der Geld- und K.-Politik sind somit keine Alternative, sondern integrale Bestandteile der staatlichen Wirtschaftslenkung und zielen auf eine Steigerung der gesamtwirtschaftlichen Effizienz ab. Im Mittelpunkt der K.-Planung steht die von der → **Staatsbank** erarbeitete und vom → **Ministerrat** zu bestätigende Bilanz des K.-Systems. Sie erfaßt neben den K.-Quellen die Bestände, Veränderungen und Struktur der K. nach folgenden Hauptpositionen:
1. K. an die Wirtschaft zur Investitions- und Umlaufmittelfinanzierung;
2. K. an das Wohnungswesen und den Bau staatlicher Einrichtungen;
3. K. an die Bevölkerung;
4. K. für Auslandsbeziehungen, z. B. Investitionsbeteiligungen und zur Finanzierung von Exportgeschäften der Außenhandelsbetriebe (in Mark);
5. Refinanzierungskredite der Staatsbank (GBl., SDr., Nr. 1020 n, S. 68).
Die K.-VO vom 28. 1. 1982 (GBl. I, S. 126) regelt die Grundsätze, Zwecke und Vertragsgestaltung der K.-Beziehungen. Dem Prinzip der Planmäßigkeit entsprechend basiert die K.-Gewährung auf den beschlossenen → **Volkswirtschaftsplänen** einschließlich der Teilpläne für → **Investitionen,** → **Grund-** und → **Umlaufmittel** sowie der K.-Bilanzen. Darüber hinaus gilt als allgemeine Voraussetzung, daß die Betriebe ihre Pläne und Wirtschaftsverträge erfüllen, eine bedarfsgerechte Produktion und ständige Zahlungsfähigkeit garantieren und die aufgenommenen K. mit höchstem Nutzeffekt einsetzen. Die Vorbereitung, Durchsetzung und Kontrolle dieser optimalen K.-Politik obliegt den Instituten des → **Bankwesens**.
Nach dem Einsatzbereich lassen sich folgende K.-Arten unterscheiden:
1. Investitions-K. mit einer Laufzeit von in der Regel bis zu 5 Jahren;
2. Umlaufmittel-K. zur Finanzierung der Materialvorräte, Bestände an unfertigen Erzeugnissen und der → **Forschung**;
3. Zusatz-K. zur Vorfinanzierung zusätzlicher Projekte und Überwindung von Liquiditätsschwierigkeiten;
4. Konsumtions-K. für die Bevölkerung;
5. Devisen-K. für planmäßige Importe und Zusatzimporte.
Investitionskredite, Umlaufmittelkredite, Zusatzkredite: Die Einzelheiten regeln K.-Verträge zwischen den Betrieben und den zuständigen Geschäftsbanken, die über die allgemeinen K.-Voraussetzungen hinaus Zweck, Höhe, Termine der Inanspruchnahme, Laufzeit und Tilgungsfristen sowie den Zinssatz enthalten. Letzterer beträgt als Grundzinssatz 5 v. H. p. a. Zur Stimulierung ökonomischer Verhaltensweisen kann er durch differenzierte Zu- und Abschläge als Vorzugszinssatz (1,8 v. H.), Zinssatz für Zusatz-K. (8 v. H.) oder Sanktionszinssatz (12 v. H.) bei Verstößen gegen die Bestimmungen des K.-Vertrages festgelegt sein. Die besondere Rolle der Banken tritt nicht nur in der von der gewählten Finanzierungsform unabhängigen Bankkontrolle als Teil der → **Finanzkontrolle und Finanzrevision** hervor, wo sie u. a. die Sperrung von Importen veranlassen können. Darüber hinaus haben sie das Recht, in die betriebliche Finanzplanung einzugreifen, K.-Anträge abzulehnen und K.-Zusagen zurückzuziehen sowie vom Generaldirektor des zuständigen Kombinats eine Garantieerklärung zu verlangen. Schließlich können sie bei Vorliegen einer K.-Vertragsverletzung die Betriebe von der K.-Gewährung ausschließen und ausgereichte K. ganz oder teilweise zurückfordern.
Die gesamtwirtschaftliche Bedeutung des K. war in den einzelnen Phasen der Wirtschaftspolitik unterschiedlich. Gegenwärtig beläuft sich der K.-Anteil an der Umlaufmittelfinanzierung auf über 50 v. H. und schwankt in der Industrie (Durchschnitt 51 v. H.) zwischen 55 v. H. (Leichtindustrie) und 49 v. H. (Erzbergbau, Metallurgie und Kali). Von den → **Investitionen** werden in der Industrie 40 v. H. und in der Landwirtschaft 25 v. H. kreditiert. Wesentlich höher liegt der K.-Anteil mit 90 v. H. der staatlichen und 85 v. H. (→ **Arbeiterwohnungsbaugenossenschaften [AWG]**) bzw. 75 v. H. (Gemeinnützige Wohnungsbaugenossenschaften) der genossenschaftlichen Baukosten. Dieser K. (Zins: 4 v. H.; Tilgung: 1 v. H.) wird nach dem Annuitätenprinzip in 41 gleichbleibenden Jahresraten an die → **Staatsbank** zurückgezahlt.
Konsumtionskredite: Die Bevölkerung kann unter bestimmten Voraussetzungen folgende wohnungs-, verbrauchs- und bevölkerungspolitisch motivierte K.-Arten in Anspruch nehmen:
a) Die → **Sparkassen** und Filialen der → **Bank für Landwirtschaft und Nahrungsgüterwirtschaft (BLN)** kreditieren den **Eigenheimbau** oder den Kauf sowie die Modernisierung oder Instandsetzung privater Häuser nach der Eigenheim-VO vom 31. 8. 1978 (GBl. I, S. 425). K.-Höhe und K.-Verzinsung richten sich nach den zurechnungsfähigen Kosten (sog. Aufwandsnormativ) und der sozialen Stellung des K.-Nehmers. So erhalten Arbeiter, Angestellte, Angehörige der bewaffneten Organe, Genossenschaftsmitglieder und kinderreiche Familien finanzielle Vergünstigungen. Im Neu-

bau beträgt das nach der Anzahl der Familienmitglieder gestaffelte Aufwandsnormativ zwischen 65000 Mark (bis zu 4 Personen) und 80000 Mark (über 6 Personen). Davon können 60 v.H. bzw. bei Fertigteilhäusern 70 v.H. durch einen zinslosen K. und der restliche Finanzbedarf abzüglich der eingebrachten Eigenleistungen durch einen verzinslichen (4 v.H.) K. finanziert werden. Um die Bürger zu einer möglichst hohen Eigenleistung anzuregen, erhalten sie nach Fertigstellung des Eigenheimes 10 v.H. dieses Betrages als staatlichen Tilgungszuschuß zur Rückzahlung des verzinslichen K. Des weiteren braucht dieser Personenkreis kein Nutzungsentgelt für die zur Verfügung gestellten Baugrundstücke, keine Grundsteuer und keine Baugebühren zu zahlen. Arbeitnehmer, die sich verpflichten, noch für mindestens 15 Jahre in ihrem Betrieb tätig zu sein, erhalten einen einmaligen Zuschuß in Höhe von 10000 Mark. Errichten junge Eheleute ein Eigenheim, so werden ihnen 5000 Mark des verzinslichen K. zinslos gewährt. – Erhalten andere als die oben genannten Personen eine Baugenehmigung, z.B. wenn sie für kinderreiche Familien eine größere Wohnung freimachen, so können diese bis zu 75 v.H. der Baukosten sowie die Baulandkosten durch einen verzinslichen K. finanzieren. Diese Regelung gilt allgemein auch für den Kauf von Eigenheimen. Bei Modernisierung und Instandsetzung können bis zu 90 v.H. der normierten Kosten kreditiert werden, wobei sich der Tilgungs- und Zinssatz (nicht-bevorzugte Bürger: 4,5 v.H.) auf jeweils 1 v.H. beläuft.

b) → **Teilzahlungskredite** zum Kauf bestimmter Güter, die in einem vom → **Ministerium für Handel und Versorgung** herausgegebenen Warenverzeichnis enthalten sind. Sie dienen vornehmlich zur Belebung der Nachfrage für Erzeugnisse, bei denen Marktsättigungstendenzen erkennbar sind (z.B. Fernsehgeräte). In der Regel sind K.-Laufzeit mit 2 Jahren, K.-Höhe mit 2000 Mark und die K.-Zinsen mit 6 v.H. fixiert. Die Eigenmittelbeteiligung liegt differenziert nach Warenart und K.-Nehmern (Erleichterungen für kinderreiche Familien, Rentner und Fürsorgeempfänger) zwischen 0 und 25 v.H. des Einzelhandelsverkaufspreises (GBl. II, 1964, S. 610).

Für Familien mit 4 und 5 Kindern ermäßigt sich der Zinssatz auf 3 v.H., Familien mit 6 und mehr Kindern erhalten zinslose Teilzahlungs-K., die für diese Personenkreise eine Laufzeit von bis zu 5 Jahren haben.

c) Zinsermäßigte Darlehen bis zu 4000 Mark für in die DDR zuziehende Personen (GBl. II, 1966, S. 676).

d) **Familiengründungskredit** an Arbeiter, Angestellte und Genossenschaftsmitglieder, die sich im Alter bis zu 26 Jahren verheiraten. Diesen jungen Ehepaaren, auf die 1980 fast zwei Drittel aller Eheschließungen entfielen, erhalten einen zweckgebundenen und bis zur Höhe von 5000 Mark zinslosen K. für den Erwerb von Anteilen der Wohnungsbaugenossenschaften oder den Kauf, Bau oder Umbau eines Eigenheimes mit einer Laufzeit von 8 Jahren, wobei die Tilgung spätestens nach 3 Jahren einsetzt. Die bisher geltende Einkommensbegrenzung (1400 Mark monatlich) und die Bedingung einer Erst-Ehe sind seit dem 1. 9. 1981 weggefallen. Zur Beschaffung von Einrichtungsgegenständen auf der Grundlage einer Liste „kreditwürdiger" Erzeugnisse kann ein gleich hoher K. aufgenommen werden, der ebenfalls innerhalb von 8 Jahren zu tilgen ist. Während dieses Zeitraumes werden bei der Geburt des ersten Kindes 1000 Mark, des zweiten Kindes 1500 Mark und des dritten Kindes weitere 2500 Mark erlassen bzw. zurückerstattet. Dieser K.-Erlaß gilt nunmehr auch für vor der Ehe geborene und an Kindes Statt angenommene Kinder. Ist bei der Geburt die noch vorhandene Restschuld geringer als der entsprechende Nachlaß, erhalten die Ehepaare eine Rückzahlung in Höhe des Differenzbetrages. Seit Einführung dieser Familiengründungs-K. im Mai 1972 wurden bis zum Dezember 1982 856288 K.-Verträge mit einem Volumen von 5 Mrd. Mark abgeschlossen. Für ca. 1 Mill. bzw. 45 v.H. der in dieser Zeit geborenen Kinder traten K.-Erlasse in Höhe von 1,2 Mrd. Mark in Kraft. 30000 Ehepaaren bzw. weniger als 4 v.H. der K.-Nehmer wurde die K.-Summe von 5000 Mark erlassen, weil sie 3 oder mehr Kinder haben.

Devisenkredite: Im Rahmen der internationalen Finanzbeziehung gewährt und empfängt die DDR K. Hervorgehoben seien die Waren-K. im Rahmen des → **Rates für Gegenseitige Wirtschaftshilfe (RGW)** (→ **Internationale Investitionsbank [IIB]**). So wurden als Investitionsbeteiligungen in den Jahren 1966–1980 über 12 Mrd. Mark zur Sicherung vorrangig der Rohstoffversorgung aus der Sowjetunion bereitgestellt. Im Rahmen von → **Außenwirtschaft und Außenhandel** mit den westlichen Industrieländern tritt die DDR vor allem als K.-Schuldner auf. Über diese bei westlichen Banken, Lieferanten und Regierungen aufgenommenen K. in konvertiblen Währungen publiziert die DDR keine Angaben (→ **Rechnungsführung und Statistik**). Die vorliegenden Schätzungen kommen aufgrund unterschiedlicher Abgrenzungen, Methoden, Quellen sowie auch Zielen zu stark voneinander abweichenden Ergebnissen. So beziffert das 1983 von 200 Internationalen Banken in 39 Ländern zur Analyse der Weltverschuldung gegründete Institute of International Finance (Washington) die Bruttoschulden der DDR auf 14 Mrd. US-Dollar (Handelsblatt, Nr. 82 vom 26. 4. 1984, S. B 21). Regelmäßig berichtet die Bank für Internationalen Zahlungsausgleich (BIZ) in Basel über die Entwicklung der internationalen Bank-K. Danach beliefen sich zum Jahresende 1983 die Verbindlichkeiten – allerdings ohne die innerdeutschen K.-Beziehungen auf 7,8 Mrd. US-Dollar (1981: 10,1 Mrd. US-Dollar), denen Forderungen der DDR an die der BIZ berichtenden Banken in Höhe von 3,2 Mrd. US-Dollar (1981: 2,1 Mrd. US-Dollar) gegenüberstanden (Bank für Internationalen Zahlungsausgleich [BIZ]: Das Internationale Bankgeschäft. Viertes Quartal 1983, Basel [19. 4.] 1984, Table 5).

Unabhängige davon lassen sich für die West-K. der DDR folgende Entwicklungstendenzen verallgemeinern: Einmal wird sich die in den 70er Jahren erfolgte drastische K.-Aufnahme auf absehbare Zeit nicht wiederholen. So hat die internationale K.-Würdigkeit der DDR unter den Zahlungsproblemen Polens und Rumäniens gelitten, was sich in höheren Zinssätzen sowie sinkendem Bonitätsindex des Banken-Magazins „Institutional Investor" (New York) niedergeschlagen hat. Zum zweiten weist das Jahr 1981 in allen Analysen das bisher höchste K.-Volumen aus, wobei eine K.-Obergrenze von ca. 15 Mrd. US-Dollar – was bei dem damaligen Wechselkurs ca. 33 Mrd. DM entsprach – an Brutto- und ca. 12,5 Mrd. US-Dollar (ca. 28 Mrd. DM) an Nettoverbindlichkeiten nicht überschritten wurde. Drittens schließlich hat die DDR – auch unter dem Anpassungsdruck der westlichen Banken – seither ihre Westverschuldung durch eine wohl einmalige Exportoffensive zu Lasten des privaten Verbrauchs abgebaut. Mit Ausnahme des K. in Höhe von 1 Mrd. DM von westdeutschen Banken im Jahre 1983 hat die DDR nach Angaben der Europäischen Wirtschaftskommission für Europa der Vereinten Nationen seit dem zweiten Halbjahr 1982 (1979: 0,7 Mrd. US-Dollar; 1980: 0,4 Mrd. US-Dollar; 1981: 0,5 Mrd. US-Dollar; 1982: 0,1 Mrd. US-Dollar) keine neuen mittel- und langfristigen Bank-K. mehr aufgenommen (United Nations [ed]: Trade. Economic Bulletin for Europe. Vol. 35, Geneva 1983, p. 2.31).

Kreis: Die K. sind territoriale und politisch-administrative Einheiten im Staatsaufbau der DDR. Die Neugliederung der K. erfolgte 1952 mit dem Gesetz über die weitere Demokratisierung des Aufbaus und der Arbeitsweise der staatlichen Organe in den Ländern der DDR. Bestimmend für die Festlegung der neuen K.-Grenzen waren politische, wirtschaftliche und administrative Gesichtspunkte. Die traditionelle Gliederung wurde als den Erfordernissen einer zu errichtenden sozialistischen Gesellschaftsordnung nicht entsprechend angesehen.

Seitdem wurden 194 Land-K. gebildet, von denen gegenwärtig noch 191 bestehen, und 28 **Stadtkreise** (sog. kreisfreie Städte).

Die Struktur, die Aufgaben und Arbeitsweise der staatlichen Organe im K. finden ihre Regelung vor allem in der Verfassung von 1968, i. d. F. von 1974 (Art. 81 ff.), im Gesetz über die örtlichen Volksvertretungen (GÖV) und ihre Organe vom Juli 1973 (GBl. I, 1973, S. 313) und im Beschluß über die Zusammensetzung der Räte der örtlichen Volksvertretungen vom Februar 1974 (GBl. I, S. 102).

Örtliche Volksvertretungen sind im Land-K. der Kreistag, im Stadt-K. die **Stadtverordnetenversammlung**. Große Stadt-K. wie Leipzig, Dresden, Magdeburg, Karl-Marx-Stadt, Erfurt, Halle untergliedern sich in **Stadtbezirke**, ihre Volksvertretungen heißen Stadtbezirksversammlungen.

Laut Verfassung der DDR und dem GÖV entscheidet die Volksvertretung des K. eigenverantwortlich über alle grundlegenden Angelegenheiten, die ihr Territorium und seine Bürger betreffen. In Wahrnehmung ihrer Aufgaben hat sie von den gesamtstaatlichen Interessen auszugehen. Ihre Beschlüsse sind für nachgeordnete Volksvertretungen (in der kreisangehörigen Stadt und der → **Gemeinde**) verbindlich; in gleicher Weise gelten für den Kreistag (bzw. die Stadtverordnetenversammlung) die Beschlüsse des Bezirkstags als bindend.

Die Volksvertretung des K. wählt als ihre Organe den Rat und die Kommissionen. Der Rat ist ein kollektiv arbeitendes Organ; er leitet im Auftrag des Kreistags bzw. der Stadtverordnetenversammlung den staatlichen, wirtschaftlichen, sozialen und kulturellen Aufbau im K. auf der Grundlage der Beschlüsse seiner Volksvertretung und der übergeordneten Staatsorgane. Er ist der Volksvertretung des K. und dem ihm übergeordneten Rat des → **Bezirkes** verantwortlich und rechenschaftspflichtig. Der Rat des K. wird durch den Vorsitzenden geleitet. Er ist dafür verantwortlich, daß die Beschlüsse der SED, die Gesetze der → **Volkskammer**, die Verordnungen und Beschlüsse des → **Ministerrates** sowie die Beschlüsse des Bezirkstages und des Rates des Bezirkes der Arbeit des Rates des K. zugrunde gelegt werden. Der Vorsitzende ist gegenüber den Mitgliedern des Rates, den Leitern der Fachorgane des Rates und den Leitern der dem Rat unterstellten Betriebe und Einrichtungen weisungsberechtigt. Die Mitglieder des Rates üben die → **Anleitung und Kontrolle** gegenüber den zu ihrem Aufgabengebiet gehörenden Fachorganen, Betrieben und Einrichtungen aus. Im Rahmen ihrer Kompetenz sind sie weisungsberechtigt. Der Rat des K. hat die nachgeordneten Räte der kreisangehörigen Stadt und der Gemeinde anzuleiten, zu unterstützen und zu kontrollieren. Er muß die nachgeordneten Räte in die Vorbereitung von Entscheidungen, die Auswirkungen auf deren Verantwortungsbereiche haben, einbeziehen. Der Vorsitzende des Rates des K. übt die Anleitung und Kontrolle der Vorsitzenden der nachgeordneten Räte aus und ist ihnen gegenüber weisungsberechtigt.

Zur Erfüllung seiner Aufgaben bildet der Rat des K. Fachorgane; diese werden nach dem Prinzip der Einzelleitung bei kollektiver Beratung von Grundfragen des Tätigkeitsbereiches geleitet. Die Fachorgane unterstehen ihrem Rat und dem zuständigen Fachorgan des Rates des Bezirkes, sie sind „doppelt unterstellt".

Die Räte der Land-K. sind wie folgt zusammengesetzt: 1. Vors. des Rates, 2. Erster Stellv. des Vors. des Rates, 3. Stellv. des Vors. des Rates und Vors. der Kreisplankommission, 4. Stellvertreter des Vors. des Rates und Vors. des Rates für Landwirtschaft und Nahrungsgüterwirtschaft, 5. Stellv. des Vors. des Rates für Inneres, 6. Stellv. des Vors. des Rates für Handel und Versorgung, 7. Sekretär des Rates, 8. Mitglied des Rates für Finanzen und Preise, 9. Mitglied des Rates K.-Baudirektor, 10. Mitglied des Rates für Wohnungspolitik, 11. Mitglied des Rates und Direktor Amt für Arbeit, 12. Mitglied des Rates für örtliche Versorgungswirtschaft, 13. Mitglied des Rates für Verkehrs-, Energie- und Nachrichtenwesen, 14. Mitglied des Rates für Umweltschutz und Wasserwirtschaft, 15. Mitglied des Rates für Kultur, 16. Mitglied des Rates für Jugendfragen, Körperkultur und Sport, 17. Mitglied des Rates K.-Schulrat, 18. Mitglied des Rates K.-Arzt.

Die Räte der Stadt-K. und der Stadt-K. mit Stadtbezirken (in Städten über 200000 Einwohner) sind, unter Berücksichtigung der Spezifik ihrer Aufgaben, vergleichbar zusammengesetzt, wobei z. B. der Bereich Landwirtschaft naturgemäß entfällt. Der Vorsitzende des Rates des Stadt-K. trägt zugleich den Titel Oberbürgermeister, der des Rates des Stadtbezirkes den Titel Stadtbezirksbürgermeister.
Abweichungen von der Zusammensetzung der Räte in Land-K., Stadt-K. und Stadtbezirken und der Zahl ihrer Mitglieder bedürfen der Zustimmung des Rates des Bezirkes.
Die Volksvertretung des K. bildet zur Durchführung ihrer Aufgaben für die Dauer der Wahlperiode ständige Kommissionen und für zeitlich begrenzte Aufgabenstellungen zeitweilige Kommissionen (→ **Kommissionen der örtlichen Volksvertretungen**). Mitglieder der Kommissionen sind Abgeordnete und Nachfolgekandidaten sowie von der Volksvertretung des K. berufene Bürger; mindestens die Hälfte der Kommissionsmitglieder müssen Abgeordnete oder Nachfolgekandidaten sein. Zur Durchführung bestimmter Aufgaben können → **Aktive** gebildet werden.
Die Kommissionen kontrollieren die Durchführung von Gesetzen und anderen Rechtsvorschriften sowie von Beschlüssen der Volksvertretung durch den Rat und seine Fachorgane. Sie haben das Recht, der Volksvertretung und dem Rat Vorlagen und Vorschläge zu unterbreiten. Eine wichtige Aufgabe der Kommissionen ist, die Mitwirkung der Bürger an der Vorbereitung, Durchführung und Kontrolle der Beschlüsse der Volksvertretung zu organisieren.
Die Volksvertretung des K. und ihre Organe sollen als arbeitende Körperschaften die Einheit von Beschlußfassung, Durchführung und Kontrolle verwirklichen. Folgende Kompetenzbereiche sind ihnen im K. zugeordnet: 1. Leitung und Planung des gesellschaftlichen Lebens, 2. Arbeitskräftelenkung und -planung, 3. Haushalts- und Finanzwirtschaft, 4. Preisbildung und -kontrolle, 5. örtlich geleitete Industrie, Handel, Versorgung und Dienstleistungen, 6. Bauwesen, Städtebau und Wohnungswesen, 7. Landwirtschaft und Nahrungsgüterwirtschaft, 8. Verkehr, Energie, Umweltschutz und Wasserwirtschaft, 9. Bildungswesen, 10. Jugendfragen, 11. Kultur, 12. Körperkultur, Sport und Erholungswesen, 13. Hygiene, medizinische und soziale Betreuung, 14. Sicherheit, Ordnung, Zivilverteidigung.
Von besonderer Bedeutung für den K. ist die Leitung der Entwicklung der Landwirtschaft. Die Volksvertretung und der Rat des K. sind für die staatliche Leitung und Planung der Landwirtschaft und Nahrungsgüterwirtschaft im K. verantwortlich. Bei der Vorbereitung und Durchführung diesbezüglicher Entscheidungen wirkt der → **Rat für Landwirtschaft und Nahrungsgüterwirtschaft (RLN)** des K. als kollektives Beratungsorgan des Rates des K. unterstützend mit.
Die spezifische Rolle des K. im Staatsaufbau der DDR ergibt sich aus seiner Stellung zwischen den Bezirken einerseits und Städten und Gemeinden andererseits (→ **Staatsapparat**). Für den Bezirk ist der K. das Verbindungsglied, über das gesellschaftliche Prozesse in den Kommunen gesteuert werden können; Städte und Gemeinden wiederum können über den K. jene Interessen durchsetzen, die aus eigenen Mitteln nicht realisierbar sind, so z. B. Theater, Naherholungszentren usw.

Kreisparteiorganisationen der SED: Entsprechend dem Statut der SED von 1976 (Punkt 49) tragen die K. für die Durchführung der Beschlüsse und Direktiven der zentralen Parteiorgane in ihrem Organisationsbereich die Verantwortung. Sie organisieren u. a. die „ideologische Arbeit, die Propaganda des Marxismus-Leninismus in der Partei und unter den Massen", sie leiten die „staatlichen Organe" an, ebenso die Tätigkeit der → **Massenorganisationen**.
1984 gab es 261 K. Dabei ist zwischen territorialen (in Kreisen, Städten, Stadtbezirken) und funktionalen (in Großbetrieben, großen Universitäten, verschiedenen Ministerien usw.) K. zu unterscheiden. 1984 existierten 241 territoriale K., zu denen sowohl die K. in Landkreisen als auch in Städten und Stadtbezirken gerechnet werden. Die Stadtbezirksleitungen haben erst seit 1971 die gleichen Rechte und Pflichten wie die SED-Leitungen in Landkreisen und kreisfreien Städten. Stadtbezirksleitungen gibt es in Leipzig, Karl-Marx-Stadt, Dresden, Halle und Magdeburg. Trotz ihrer Aufwertung in der Organisationshierarchie bleiben sie aber den jeweiligen Stadtleitungen untergeordnet. → **Berlin** (Ost) nimmt eine Sonderstellung ein, da in den Verwaltungsbezirken immer K. bestanden haben (8 K. in den traditionellen Verwaltungsbezirken und eine neue im 1979 gebildeten Stadtbezirk Marzahn).
20 nach dem → **Produktionsprinzip** gebildete K. bestehen in wichtigen Großbetrieben (z. B. VEB Leuna-Werke „Walter Ulbricht", VEB Kombinat Carl Zeiss Jena, VEB Mansfeld-Kombinat „Wilhelm Pieck"), an deren Spitze Industrie-Kreisleitungen stehen. Ferner gibt es K. an einigen Akademien und Universitäten (→ **Akademie der Wissenschaften der DDR [AdW]; Humboldt-Universität zu Berlin** [Ost]; **Technische Universität Dresden**), bei einigen zentralen Einrichtungen des Staatsapparates (→ **Ministerium für Auswärtige Angelegenheiten; Ministerium für Staatssicherheit**) sowie im → **Zentralkomitee (ZK) der SED**, beim Zentralrat der → **Freien Deutschen Jugend (FDJ)** und beim Bundesvorstand des → **Freien Deutschen Gewerkschaftsbundes (FDGB)**.
In der Zahl der 261 K. sind die Parteiorganisationen in der → **Nationalen Volksarmee (NVA)** (ca. 3000 Grundorganisationen), die von der politischen Hauptverwaltung der NVA angeleitet werden, nicht enthalten. Die K. werden grundsätzlich von den Bezirksleitungen bzw. der Gebietsleitung Wismut angeleitet.
Die Zentralen Parteileitungen (ZPL), die seit längerer Zeit in der NVA und seit ca. 1980 in mindestens 44 Großbetrieben der Industrie und des Bauwesens sowie an 8 Universitäten und Hochschulen gebildet wurden, haben einen Sonderstatus. Sie nehmen zwar Aufgaben von Kreisleitungen wahr, sind aber eigentlich Leitungsorgane von sehr großen und weitverzweigten → **Grund-**

organisationen der SED; sie werden von der jeweiligen SED-Bezirksleitung angeleitet.
Wahl, Struktur und Aufgaben der K. sind im Parteistatut der SED von 1976 in den Punkten 49–55 geregelt. Wahlen zur Delegiertenkonferenz der K. finden zweimal in 5 Jahren auf den Mitgliederversammlungen bzw. Delegiertenkonferenzen der Grundorganisationen statt. Die Zahl der zu wählenden Delegierten wird durch die Wahldirektive des ZK festgelegt (→ **Parteiwahlen der SED**). Eine außerordentliche Delegiertenkonferenz wird „durch Beschluß des jeweiligen Parteiorgans oder des Zentralkomitees oder auf Verlangen eines Drittels der Gesamtzahl der Mitglieder der jeweiligen Parteiorganisationen" einberufen. Ein solcher Fall ist jedoch bisher nicht bekanntgeworden.
Die Delegiertenkonferenz nimmt die Rechenschaftsberichte für die vergangene Wahlperiode entgegen und diskutiert auf der Grundlage der Erfahrungen der Delegierten über die bisherige Arbeit der Partei, der Staats- und Wirtschaftsorgane und der Massenorganisationen sowie über die zukünftigen Aufgaben. Der Delegiertenkonferenz obliegt die Wahl der Kreisleitung, der Revisionskommission (→ **Revisionskommissionen der SED**) sowie der Delegierten für die Bezirksdelegiertenkonferenz. Der zahlenmäßige Umfang und die soziale Zusammensetzung der Kreisleitungen werden in der Wahldirektive des → **Zentralkomitees (ZK) der SED** in den Grundzügen geregelt. Nach den Parteiwahlen 1981 hatten die Kreisleitungen im Durchschnitt 61 Mitglieder und 14 nicht stimmberechtigte Kandidaten. Der Anteil der Arbeiter (nach erster Ausbildung) an den Leitungen betrug 61,7 v.H., der der Frauen 35,7 v.H. 14,6 v.H. waren jünger als 25 Jahre. 65,4 v.H. hatten eine Hoch- bzw. Fachschule besucht, 86,9 v.H. eine Parteischule (Dokumente der SED, Bd. XVIII., Berlin [Ost] 1982, S. 287). Während als Mitglieder und Kandidaten der Bezirksleitungen nur Mitglieder gewählt werden können, die der SED mindestens 3 Jahre angehören, ist für die Wahl in die Stadt- und Kreisleitungen nur eine 2jährige Parteimitgliedschaft Voraussetzung.
Auf der 1. (konstituierenden) Sitzung der Kreisleitung wählt diese die Sekretäre und bildet damit das Sekretariat der Kreisleitung. Sie bestätigt ferner die Leiter der Abteilungen des Apparates des Sekretariats und die Redakteure der örtlichen Presseorgane der Partei. Die in den Parteiwahlen 1981 gewählten Mitglieder der Sekretariate verfügten alle über einen Hoch- bzw. Fachschulabschluß, 83,4 v.H. absolvierten eine Parteischule; der Frauenanteil lag bei 11,5 v.H. Von den 1. Sekretären waren 66,7 v.H. länger als 15 Jahre Mitglied der Partei (a.a.O.).
Die Sekretariate der Kreisleitungen setzen sich in der Regel wie folgt zusammen: 1. Sekretär, 2. Sekretär, Sekretär für Wirtschaft, Sekretär für Landwirtschaft, Sekretär für Agitation und Propaganda, Sekretär für Volksbildung und Kultur. Zu diesen 6 hauptamtlichen Sekretären kommen hinzu: der Vors. der Kreisparteikontrollkommission, der Vors. des Rates des Stadt- oder Landkreises, der Vors. der Kreisplankommission, der Stellv. des Vors. des Rates des Kreises und Produktionsleiter für Landwirtschaft und Nahrungsgüterwirtschaft, der Vors. des FDGB-Kreisvorstandes, der 1. Sekretär der FDJ-Kreisleitung. Je nach Struktur der K. gibt es Abweichungen in der Zusammensetzung der Kreisleitungen; so wählen z.B. Stadtleitungen oder Industrie-Kreisleitungen keinen Sekretär für Landwirtschaft.
Die Universitäts-Kreisleitungen umfassen nur ca. 40 Mitglieder und ca. 15 Kandidaten. Ihre Sekretariate bestehen aus: 1. Sekretär, 2. Sekretär, Sekretär für Wissenschaft, Sekretär für Propaganda (zuständig für die Universitätszeitung und das Parteilehrjahr), Rektor, Vors. der Universitätsgewerkschaftsleitung, 1. FDJ-Sekretär der Kreisleitung der Universität.
Die Kreisleitungen sollen gem. Punkt 53 des Statutes von 1976 mindestens einmal in 3 Monaten zusammentreten. Dabei nehmen sie die Berichte des Sekretariates entgegen. Vielfach werden auf Kreisebene Kommissionen und Arbeitsgruppen gebildet, die in der Regel von einem Sekretär, seltener von einem Mitglied der Kreisleitung geleitet werden. Vielfach werden auch einzelne Kreisleitungsmitglieder regelmäßig oder zu bestimmten Aufgaben aufgrund ihrer politischen und fachlichen Qualifikation zu Entscheidungsprozessen innerhalb der Kreisleitung hinzugezogen. Das politisch entscheidende Gremium ist das Sekretariat. Die Wahl zum Sekretär der Kreisleitung setzt eine 3jährige Mitgliedschaft in der SED voraus; hierbei wird die Kandidatenzeit nicht mitgerechnet. Die Sekretäre, bereits zuvor von der jeweils zuständigen Kaderabteilung auf höherer Ebene ausgewählt, bedürfen nach ihrer Wahl nochmals der Bestätigung durch das übergeordnete Parteiorgan, die Bezirksleitung. Die 1. Sekretäre werden durch das ZK der SED bestätigt.
Die Sekretariate der Kreisleitungen werden von der jeweiligen SED-Bezirksleitung (→ **Bezirksparteiorganisationen der SED**) angeleitet und erstatten ihr regelmäßig Bericht. Sie berichten darüber hinaus regelmäßig im Rahmen der → **Parteiinformation** über die Entwicklungen in ihrem Organisationsbereich an das ZK der SED. Die Sekretariate der Kreisleitungen stützen sich in ihrer Arbeit auf einen hauptamtlichen Apparat, der ca. 30–50 Mitarbeiter umfaßt. Ferner bestehen eine Reihe ständiger Kommissionen (u.a. für Frauenfragen und für Jugend und Sport). Außerdem gibt es eine Reihe von ad-hoc-Kommissionen und Arbeitsgruppen, z.B. für Wirtschaft, territoriale Rationalisierung, Versorgung, Verkehr usw. Ihre Aufgaben ergeben sich aus den jeweiligen örtlichen, politischen Schwerpunktaufgaben. Sie werden nicht nur von hauptamtlichen, sondern auch von ehrenamtlichen Funktionären geleitet. Ihre Beschlüsse, Vorschläge usw. bedürfen jeweils der Zustimmung des Sekretariats, um verbindlich zu werden.
Ein Hauptaufgabenbereich der Kreisleitungen liegt in der Anleitung der Grundorganisationen in ihrem Bereich. Die Bedeutung, die den K. hierbei zukommt, zeigt sich u.a. darin, daß der Generalsekretär der SED, Erich Honecker, mindestens einmal im Jahr zu Beratungen mit den 1. Sekretären der Kreisleitungen zusammenkommt, in deren Verlauf er ein grundlegendes

Referat über die Politik der Partei hält. An diesen Beratungen nehmen auch Sekretäre von Grundorganisationen aus Großbetrieben und Kombinaten sowie Vertreter der Bezirksleitungen teil. Nicht selten werden einzelne Kreisleitungen vom Politbüro bzw. vom Sekretariat des ZK mit besonderen Aufgaben, Experimenten für Neuorganisationen im staatlichen und im Parteibereich beauftragt. Über derartige Vorhaben erstatten die Kreisleitungen vor dem Sekretariat des ZK Bericht. Die daraus abgeleiteten allgemeinen Schlußfolgerungen werden häufig im Funktionärsorgan der SED „Neuer Weg“ veröffentlicht.

Krieg: Die in der DDR propagierte Militärtheorie des → **Marxismus-Leninismus**, die im wesentlichen auf Äußerungen Lenins über den K. fußt, behandelt Ursachen, Charakter, Art, Umfang, überwiegend eingesetzte Technik und die Folgen von K. Alle vorherrschenden westlichen Theorien über K.-Ursachen (z. B. individuelle und/oder kollektive Aggressionssucht, Neid, Frustration, Gegensatz von Ideologien, Kampf der Kulturkreise) werden entschieden abgelehnt. Als entscheidende Wurzel von K. gelten allein sozialökonomische Ursachen, die in der speziellen Beschaffenheit der Produktionsverhältnisse in den „Ausbeuterordnungen“ antagonistischer Klassengesellschaften liegen. Mit der Entstehung von Privateigentum entwickele sich K. als gesellschaftliche und historische Erscheinung und bedeute auch in der Gegenwart die Fortsetzung der Politik von Klassen und Staaten bzw. Staatenkoalitionen zur Durchsetzung politischer und ökonomischer Interessen mittels bewaffneter Gewalt. Dieses ausdrückliche Bekenntnis zur Fortgeltung einer Aussage von Karl v. Clausewitz über den Charakter von K. wird jedoch durch eine an Lenin orientierte, aus dem historischen Materialismus fließende Interpretation ergänzt. Danach wird zwischen gerechtem und ungerechtem K. unterschieden. Ihrem Charakter nach gehören zur ersten Kategorie folgende K.-Typen: 1. K. zur Verteidigung des sozialistischen Vaterlandes; 2. nationale Befreiungs-K. (gegen „imperialistische Mutterländer“); 3. revolutionäre Bürger-K. gegen Reaktion und Konterrevolution innerhalb eines Landes. Zur zweiten Kategorie gehören entsprechend: 1. K. imperialistischer gegen sozialistische Staaten; 2. Kolonial-K. imperialistischer Staaten gegen Befreiungsbewegungen; 3. Bürger-K. der Konterrevolution gegen fortschrittliche Bewegungen; 4. K. zwischen imperialistischen Staaten. Abgesehen von dieser ideologisch definierten Unterscheidung folgt die Differenzierung nach Art, Umfang und vorwiegend eingesetzter K.-Technik weitgehend traditionellen Vorstellungen: es gibt kernwaffenlose K.; Kernwaffen-K. sowie chemische und biologische K., ferner begrenzte und unbegrenzte sowie lokale und globale K.; reguläre, irreguläre und Guerilla-K.; je nach Art der K.-Führung Land-, Luft-, See- und kosmische K. In diesem Zusammenhang spielt die im Westen gebräuchliche Unterscheidung zwischen Angriffs- und Verteidigungs-K. nur insofern eine Rolle, als z. B. der Bundeswehr im besonderen und der NATO im allgemeinen ständig die Vorbereitung eines Angriffs-K. gegen die sozialistischen Staaten unterstellt wird.

Diese relativ grobe Typologie, insbesondere die Unterscheidung in gerechte und ungerechte K., ist die Ursache zahlreicher Widersprüche und Ungereimtheiten in der K.-Theorie der DDR. Zwar ist die Rechtfertigung eines Angriffs-K. mit diesen Formeln nicht so leicht möglich, wie dies gelegentlich westliche Beobachter behaupten, jedoch ermöglichen sie der SED dennoch in vielen Fällen die rechtfertigende Interpretation von K. entsprechend den aktuellen außenpolitischen Zielen der Staatsführung. So kann z. B. für die zwischen sozialistischen Staaten bisher ausgebrochenen K. bzw. kriegsähnlichen Auseinandersetzungen oder andere militärische Aktionen sozialistischer Länder – wie die bewaffnete Intervention des Warschauer Paktes in der ČSSR 1968 oder die gewaltsame Teilbesetzung Afghanistans durch sowjetische Truppen 1979 – jederzeit die lapidare Formel von der „brüderlichen Hilfe“ in Anspruch genommen werden. Nicht zu erklären sind mit dieser K.-Theorie hingegen die Grenz-K. zwischen der VR China und der UdSSR bzw. der SR Vietnam sowie die Unterstützung vor allem der Sowjetunion, Kubas und der DDR für die gewaltsame Unterdrückung der Eritreischen Befreiungsfront durch die äthiopische Zentralregierung, zumal es sich anfangs dabei keineswegs um eine Sezessionsbewegung handelte, wie behauptet wird. Auch die Bevorzugung eindeutig marxistisch orientierter Befreiungsbewegungen, wie der A. Netos in Angola, ist zwar machtpolitisch zu erklären, aber kaum mit dieser K.-Theorie zu legitimieren. Weitere Aussagen zum K. rechtfertigen den Vorwurf, die K.-Theorie der SED sei lediglich Instrument in der außenpolitischen Auseinandersetzung, aber nicht – wie dem eigenen Anspruch nach eigentlich entsprechend – ein politisch-moralischer Prinzipienkatalog.

Daß bei der Klassifikation von K. ein Bewertungsmaßstab mit ethischen Kategorien („gerecht/ungerecht“) statt mit den einfacheren, weil leichter identifizierbaren von „Angriff“ und „Verteidigung“ angelegt wird, setzt die K.-Theorie der DDR darüber hinaus dem Verdacht aus, im Bedarfsfall auch Angriffs-K. als gerechte K. rechtfertigen zu wollen. Zwar lehnt die SED ausdrücklich den gewaltsamen Export von Revolutionen, also die Führung von K. zur Ausweitung von Einflußgebieten ab. Zugleich aber heißt es, daß der Charakter eines K. nicht davon abhängt, wer ihn beginnt (Verteidigungsminister Hoffmann 1975). Ferner bestreitet die SED, daß ein Kernwaffen-K. im Atomzeitalter zwangsläufig ein ungerechter K. sein müsse. Zumindest atomare Verteidigung gegen einen Angriff (ob mit oder ohne Kernwaffen) wäre damit voll gerechtfertigt, sie wäre gerechte „Fortsetzung der Politik der kämpfenden Klassen“. Auch der Einsatz von K.-Mitteln, z. B. von Streitkräften, lediglich zur Bedrohung des Gegners wird ausdrücklich mit dem gleichen Argument gerechtfertigt. Außerdem lehnt die Militärführung der DDR die bloße Unterhaltung eines „Minimums an militärischem Defensivpotential“ und ein „Gleichgewicht des Schreckens“ ab; vielmehr erklärt sie die Abwesenheit von K. in

Europa nach 1945 mit der „hart erkämpften militärischen Überlegenheit der Sowjetunion und ihrer Verbündeten", auch wenn sie dies vor allem qualitativ verstanden wissen will. Die Aussagen von Militärtheorie und -propaganda der SED zum K. sind daher geeignet, entsprechende Erklärungen über → **Frieden**, Friedenskampf, Friedensliebe, über Aufgaben und Anliegen des → **Warschauer Paktes** sowie über die Rolle der DDR in der Dritten Welt zumindest in einem zweifelhaften Licht erscheinen zu lassen. Seit dem XX. Parteitag der KPdSU (1956) gelten K. zwischen Sozialismus und → **Imperialismus**, insbesondere globale K., zwar als vermeidbar, aber nicht als unwahrscheinlich.

Kriegsopferversorgung: Die K. obliegt nach der VO vom 21. 7. 1948 (Zentral-VOBl., S. 363) der Sozialversicherung nach deren Grundsätzen, d. h. Beschädigtenrente wird nur dem gezahlt, der einen Körperschaden von mindestens 66⅔ v. H. erlitten hat, und wenn dieser auf eine während der Zugehörigkeit zur ehemaligen deutschen Wehrmacht oder einer ihr gleichgestellten Organisation bzw. während der Kriegsgefangenschaft eingetretene Krankheit oder äußere Einwirkung zurückzuführen ist. (Vgl. auch [1.] Renten-VO vom 23. 11. 1979, GBl. I, S. 403f. und 2. Renten-VO vom 26. 7. 1984, GBl. I, S. 282.) Die monatliche Kriegsbeschädigtenrente beträgt 340 Mark (ab 1. 12. 1984 370 Mark); sie wird ggf. durch einen **Ehegattenzuschlag** und Kinderzuschlag erhöht (→ **Kinderbeihilfen**). Wird neben der Kriegsbeschädigtenrente ein Einkommen aus Arbeit, Vermögen oder sonstigen Einkommensquellen erzielt, und übersteigen Einkommen und Rente ohne Zuschläge zusammen 400 Mark (ab 1. 12. 1984 430 Mark) monatlich, wird die Rente einschließlich Zuschläge um die Hälfte des 400 Mark (ab 1. 12. 1984 430 Mark) übersteigenden Betrages gekürzt, doch beträgt sie mindestens drei Zehntel der Kriegsbeschädigtenrente einschließlich der Zuschläge (ab 1. 12. 1984 beträgt die Kriegsbeschädigtenrente in diesem Falle mindestens 102 Mark zuzüglich drei Zehntel der Zuschläge). Die Kürzung entfällt bei Bezug von Blinden- bzw. Sonderpflegegeld sowie mit Vollendung des 60. Lebensjahres bei Frauen bzw. des 65. Lebensjahres bei Männern, soweit kein Anspruch auf eine höhere gleichartige Rente besteht.

Für die Berechnung der Hinterbliebenenrente (einschließlich Übergangs-Hinterbliebenenrente) und Unterhaltsrente an geschiedene Ehegatten gelten die gleichen Bestimmungen wie für Hinterbliebene von Verstorbenen, die zum Zeitpunkt ihres Todes die Voraussetzungen zum Bezug einer Alters- oder Invalidenrente erfüllt hatten (→ **Renten/Altersversorgung**).

Grundsätzlich bleibt in der DDR somit eine Erwerbsminderung zwischen 25 und 66⅔ v. H., die in der Bundesrepublik Deutschland wenigstens zur Zahlung einer Kriegsbeschädigtengrundrente führt, als Leistungsgrund unberücksichtigt.

Kriegsverbrecherprozesse: Schon vor der Beendigung des in Nürnberg gegen die Hauptkriegsverbrecher durchgeführten großen Prozesses 1946 waren in der sowjetischen Besatzungszone vor deutschen Gerichten und → **Sowjetischen Militärtribunalen (SMT)** Verfahren wegen Kriegsverbrechen und Verbrechen gegen die Menschlichkeit durchgeführt worden, die mit Todesurteilen oder Verurteilungen zu langjährigen Freiheitsstrafen endeten. Dies setzte sich nach dem Nürnberger Urteil in vermehrtem Umfang fort (**Politische → Häftlinge**). Einen besonderen Komplex bildeten die **Waldheimer Prozesse**:

Im Jahr 1950 wurden mit der Auflösung der sowjetischen Konzentrationslager etwa 3500 von den Sowjets inhaftierte Deutsche, denen von den sowjetischen Untersuchungsbehörden die Begehung von oder Teilnahme an Kriegs- oder Naziverbrechen vorgeworfen wurde, an die DDR-Justiz zur Aburteilung übergeben. Die Prozesse fanden in den Monaten April bis Juli 1950 in Waldheim/Sachsen vor 12 Großen und 8 Kleinen Strafkammern statt. Richter, Staatsanwälte und sonstiges Personal waren für diese Aktion besonders ausgesucht worden. Grundlage des Verfahrens bildete in der Regel die deutsche Übersetzung eines in russischer Sprache abgefaßten Protokolls, das die vom Beschuldigten angeblich begangenen Straftaten schilderte. Im Ermittlungsverfahren in Waldheim wurden die Beschuldigten noch einmal vernommen und mußten einen Lebenslauf und eine Vermögenserklärung abgeben. Diese Unterlagen bildeten die Grundlage für die Anklage der Staatsanwaltschaft. Zeugen wurden nicht gehört. Verteidiger waren nicht zugelassen. Am Schluß der Aktion, die unter Leitung von Dr. Hildegard Heinze (SED-Volkskammermitglied), Hauptabteilungsleiterin im DDR-Justizministerium, stand, wurden etwa 10 öffentliche Prozesse gegen Angeklagte durchgeführt, denen berechtigt Straftaten vorgeworfen werden konnten. In allen anderen K. in Waldheim war die Öffentlichkeit ausgeschlossen. Es ergingen 36 Todesurteile, von denen 24 in der Nacht zum 4. 11. 1950 vollstreckt wurden. Im übrigen wurden Strafen zwischen 6 Jahren Gefängnis und lebenslänglichem Zuchthaus verhängt. Im Herbst 1952 wurde ein Teil der Verurteilten vor Ablauf der Strafzeit entlassen. Weitere Haftentlassungen erfolgten 1954, 1956 und in den folgenden Jahren. Heute befindet sich kein Waldheim-Verurteilter mehr in Strafhaft. Das Kammergericht in Berlin (West) hat in einem Überprüfungsverfahren am 15. 3. 1954 entschieden, daß die in den Waldheimer K. gefällten Urteile wegen der im Verfahren und bei der Urteilsfindung festzustellenden Rechtsverletzungen schlechthin als nichtig, also als Nicht-Urteile angesehen werden müssen (NJW, 1954, H. 50, S. 1901).

Der Generalstaatsanwalt der DDR, Josef Streit (SED), hat der Bundesrepublik Deutschland vorgeworfen, bei der Verfolgung und Bestrafung deutscher Kriegsverbrecher die „Nürnberger Prinzipien" und das Völkerrecht zu mißachten. Sie habe nur halb so viele Kriegsverbrecher wie die DDR verurteilt. Von Gerichten der DDR seien bis zum 31. 12. 1978 12861 Personen wegen Kriegsverbrechen und Verbrechen gegen die Menschlichkeit abgeurteilt worden (Neue Justiz, 1979, H. 4, S. 165).

Kriminalität

I. Kriminalstatistik
II. Schwerpunkte
III. Ursachen
IV. Jugendkriminalität
V. Vorbeugung

I. Kriminalstatistik

Nach marxistisch-leninistischer Auffassung geht die K. nicht aus der Natur des Menschen, sondern aus den gesellschaftlichen Verhältnissen hervor. Die K. ist somit keine unausweichliche Gesetzmäßigkeit der menschlichen Existenz, sondern der gesellschaftlichen Entwicklung unterworfen; in der kommunistischen Gesellschaft werde sie überwunden sein. Eine günstige, d. h. rückläufige Entwicklung der K. kann somit als Beweis für den gesellschaftlichen Fortschritt gewertet werden. Das mag der Grund dafür sein, daß in Veröffentlichungen aus der DDR stets der Eindruck eines ständigen Rückgangs der K. auf dem Gebiet der DDR seit 1946 vermittelt wird. Die in den Statistischen Jahrbüchern der DDR bis 1971 veröffentlichte K.-Statistik weist zwar für 1970 eine um nahezu 80 v. H. geringere K. gegenüber 1946 aus, jedoch ist diese Entwicklung nicht so kontinuierlich verlaufen, wie andere Veröffentlichungen glauben machen wollen.

Jahr	Festgestellte Straftaten insgesamt	Straftaten je 100000 der Bevölkerung (Kriminalitätsziffer)
1946	500 446	2 771
1950	230 263	1 252
1957	169 557	968
1958	186 138	1 073
1959	156 970	907
1960	139 021	806
1961	148 502	867
1962	162 280	949
1963	163 999	956
1964	138 350	814
1965	128 661	756
1966	124 524	730
1967	116 080	680
1968	100 126	586
1969	105 869	620
1970	109 101	640

Quelle: Statistisches Jahrbuch der DDR 1971, S. 480.

Die in dieser Statistik fehlenden Straftatenzahlen der Jahre 1949 und 1951–1956 sind niemals veröffentlicht worden. Das gleiche gilt für die K.-Ziffern mit Ausnahme von 1951 (K.-Ziffer 1027).
Eine über 1970 hinausgehende K.-Statistik wurde mehrere Jahre nicht mehr veröffentlicht. Nachdem das Statistische Jahrbuch 1972 unter dem Vorwand, die Ergebnisse des Jahres 1971 hätten bei Redaktionsschluß noch nicht vorgelegen, nur die bereits 1971 veröffentlichten Zahlen wiederholte, fehlte in den Ausgaben 1973–1977 jede Information über die K. und die Tätigkeit der Strafjustiz. Die darauf gestützte Vermutung, daß die K. – wie schon durch die veröffentlichten Zahlen für 1968–1970 belegt – seit 1971 weiter gestiegen ist, wird durch seit 1978 veröffentlichte Statistiken bestätigt. Durchschnittszahlen für Zeiträume statt Jahresziffern sollten dies zwar zunächst verschleiern, die K.-Statistiken der folgenden Jahre weisen jedoch einen deutlichen Anstieg der K. um etwa 29 v. H. gegenüber dem niedrigsten Stand von 1968 aus. Die K.-Ziffer für 1980 ist mit 772 höher als die des Jahres 1965 und entspricht in etwa dem für den Zeitraum 1960–1969 angegebenen Durchschnitt.

Zeitraum	Straftaten	je 100000 der Bevölkerung
1946–1948	472 295	2 536
1950–1959	157 466	878
1960–1969	132 741	776
1970–1974	126 961	745
1975	117 994	677
1976	124 678	743
1977	116 170	693
1978	129 270	772
1979	129 099	771
1980	129 270	772
1981	122 231	730
1982	120 275	720

Quelle: Statistisches Jahrbuch der DDR 1980 und 1983.

Der Anteil der durch die staatlichen Gerichte verurteilten Täter ist von knapp 67 v. H. im Jahre 1977 bis 1982 auf über 76 v. H. gestiegen. Dem entspricht eine rückläufige Entwicklung der Übergaben an → **Gesellschaftliche Gerichte:**

	Täter	Verurteilte	v. H.	Übergaben an gesellsch. Gerichte	v. H.
1977	85 005	56 804	66,82	22 859	26,89
1978	93 016	66 305	71,28	21 755	23,38
1979	97 836	73 183	74,80	19 986	20,42
1980	99 881	75 876	75,96	19 442	19,46
1981	95 929	71 288	74,31	20 719	21,59
1982	92 447	70 365	76,11	18 292	19,78

Die Informationen über den Stand der K. gaben schon in der Vergangenheit zu Zweifeln Anlaß. Auch gibt es einige Anzeichen dafür, daß die veröffentlichten Statistiken manipuliert worden sind:
1. Die K.-Ziffern der Bezirke zeigen erhebliche Unterschiede und z. T. mit der allgemeinen Entwicklung der K. im Widerspruch stehende Schwankungen auf (vgl. Tabelle).

Im Gegensatz zur Zunahme der K. in der gesamten DDR weist diese Statistik für Berlin (Ost) für 1969 einen erheblichen Rückgang und für 1970 einen weit über dem DDR-Durchschnitt liegenden Anstieg auf. Die Ziffern für den Bezirk Frankfurt/Oder übertreffen im Jahr 1969 die K.-Ziffern von Berlin (Ost) und weisen damit für diesen Bezirk 1969 die höchste K. in der DDR auf. 1970 liegt Berlin (Ost) erneut an der Spitze. Bei Gera und Rostock fällt der der allgemeinen Tendenz widersprechende Rückgang der K.-Ziffern für 1970 auf, nachdem 1969 die K. im Bezirk Rostock höher gewesen war als in Berlin (Ost). Bemerkenswert ist schließlich der Vergleich der K.-Ziffern der Bezirke Karl-Marx-Stadt und Neubrandenburg. Während diese in dem Industriebezirk Karl-Marx-Stadt fast unverändert gering blieben und damit weit unter dem DDR-Durchschnitt lagen, hatte die ohnehin höhere K. in dem eher ländlichen Bezirk Neubrandenburg überdurchschnittlich zugenommen und 1970 einen mit fast 40 v. H. höheren Stand als im Bezirk Karl-Marx-Stadt erreicht.

Straftaten je 100000 der Bevölkerung (Kriminalitätsziffer)

	1968	1969	1970
DDR	586	620	640
Berlin (Ost)	871	802	964
Frankfurt/Oder	742	834	851
Gera	514	570	529
Karl-Marx-Stadt	493	509	510
Neubrandenburg	596	639	704
Rostock	695	809	778

Quelle: Statistisches Jahrbuch der DDR 1971, S. 482.

Die z. T. der allgemeinen Tendenz widersprechende merkwürdig unterschiedliche Entwicklung der K. in den einzelnen Bezirken läßt sich auch aus den für die folgenden Jahre veröffentlichten K.-Ziffern dieser – und der anderen – Bezirke ablesen:

	∅ 1970–74	1976	1978	1980	1981	1982
DDR	745	743	756	772	730	720
Berlin (Ost)	1 203	1 201	1 158	1 157	1 131	997
Frankfurt/Oder	1 034	999	961	998	1 022	912
Gera	609	589	613	566	549	522
Karl-Marx-Stadt	556	540	565	555	523	512
Neubrandenburg	801	901	832	980	807	851
Rostock	931	856	904	893	831	844

Quelle: Statistisches Jahrbuch der DDR 1978 und 1983.

Auffällig bleibt der unvermindert niedrige Stand der K. im Industriebezirk Karl-Marx-Stadt.
Eine Erklärung für diese – mit den Erfahrungen der Kriminologie nicht zu vereinbarenden – starken örtlichen Unterschiede der K.-Entwicklung ist wohl darin zu sehen, daß auch die → **Örtlichen Organe der Staatsmacht** miteinander im → **Sozialistischen Wettbewerb** stehen und um Anerkennung als „Bereich der vorbildlichen Ordnung, Sicherheit und Disziplin" ringen. Dafür ist eine günstige K.-Statistik von großer Bedeutung. Kleine Manipulationen bei der Zählung der Straftaten dürften vielfach nicht auszuschließen sein.

2. Eigenartig sind ferner die starken Schwankungen bei einzelnen Deliktgruppen. So soll die Zahl der Straftaten gegen das persönliche Eigentum von 68869 im Jahr 1957 zunächst bis 1960 um etwa 37 v. H. auf 43436 zurückgegangen, dann bis 1963 um mehr als 45 v. H. auf 63163 gestiegen sein und seitdem erneut um mehr als 50 v. H. auf 30747 im Jahr 1967 abgenommen haben. Der angegebene starke Rückgang in dieser zahlenmäßig größten Deliktgruppe seit 1963 ist besonders hervorzuheben, weil zu jener Zeit die Behandlung geringfügiger Delikte, insbesondere kleinerer Vergehen gegen das persönliche Eigentum, den gesellschaftlichen Gerichten übertragen worden war und diese Delikte so entgegen den geltenden Bestimmungen möglicherweise in einigen Fällen nicht mehr statistisch erfaßt wurden. Seit 1977 wurden jährlich mehr als 31000 gegen das persönliche oder private Eigentum gerichtete Straftaten gezählt (Neue Justiz, 1969, H. 13, S. 390, und Statistisches Jahrbuch der DDR 1981).

3. Mit dem Inkrafttreten des neuen StGB am 1. 7. 1968 werden Bagatelldiebstähle sowie einige andere Verstöße gegen Strafbestimmungen, wie Hausfriedensbruch, Beleidigung und Verleumdung, nicht mehr als Straftaten, sondern als Verfehlungen (→ **Strafrecht**, III.) gewertet und damit nicht mehr von der K.-Statistik erfaßt. Der durch die K.-Statistik ausgewiesene Rückgang der Zahl dieser Straftaten beruht seit 1968 zum großen Teil nicht auf einer tatsächlichen Abnahme dieser Delikte, sondern nur auf einer anderen Wertung derartiger Gesetzesverletzungen.

4. In der DDR-Statistik der einzelnen Delikte sind nicht alle, sondern nur die 26 wichtigsten Straftatengruppen aufgeführt. Zu den nicht genannten Tatbeständen gehören vor allem die aus dem politischen Bereich wie ungesetzlicher Grenzübertritt (versuchte Republikflucht), alle → **Staatsverbrechen**, die Straftaten gegen die staatliche und öffentliche Ordnung und → **Asoziales Verhalten**. Es fällt auf, daß die Zahl der nicht den im Statistischen Jahrbuch aufgeführten Straftatengruppen zuzuordnenden Straftaten noch stärker zugenommen hat als die Gesamtzahl aller Straftaten: 18221 (= 15,7 v. H. aller Straftaten) im Jahre 1977, 23412 (18,5 v. H.) in 1978, 28374 (22 v. H.) in 1979, 30795 (23 v. H.) in 1980 und 37599 im Jahre 1981 (Statistisches Jahrbuch der DDR 1982). Bei fast ¼ aller Straftaten sagt die Statistik also nichts über die Art der Delikte.
Obwohl ein echter Vergleich der K. in beiden Teilen Deutschlands wegen der unterschiedlichen Rechts-

ordnungen und wegen der geschilderten Bedenken gegen die Zuverlässigkeit der K.-Statistik der DDR nur teilweise möglich ist, kann dennoch davon ausgegangen werden, daß die K. in der DDR geringer ist als in der Bundesrepublik Deutschland. Es besteht allerdings kaum Anlaß, dies auf ein verändertes „sozialistisches Bewußtsein" der Bevölkerung der DDR zurückzuführen. Eher bieten sich folgende Gründe an:

1. Stärkere Kontrolle des Bürgers durch staatliche und gesellschaftliche Organe und durch Nachbarn und Arbeitskollegen (vgl. V.). Dazu gehört auch die Pflicht zur gesellschaftlich nützlichen Arbeit. Das verhindert weitgehend den im Westen bekannten Typ des „reisenden Verbrechers" und „Berufsverbrechers".
2. Abschiebung nicht erziehbarer Asozialer und Krimineller in die Bundesrepublik Deutschland.
3. Geringere Diebstahls- und Betrugs-K. infolge geringeren Warenangebotes und des Fehlens einer zum übersteigerten Konsum anreizenden Werbung.

Auf Versorgungslücken im wirtschaftlichen Bereich sind andererseits zahlreiche DDR-typische Straftaten zurückzuführen, wie z. B. Diebstähle von Baumaterial, der illegale Handel mit Kraftfahrzeugen und anderen hochwertigen Gebrauchsgütern sowie Fälle der Korruption.

II. Schwerpunkte

Schwerpunkte der K. sind Diebstahl, Verkehrsdelikte, Rowdytum und Körperverletzung sowie Gefährdung der öffentlichen Ordnung durch asoziales Verhalten.

Obwohl seit dem 1. 7. 1968 Bagatellsachen nicht mehr als Straftaten gezählt werden (s. I., 3), bildet Diebstahl auch 1982 mit 50531 Straftaten die weitaus größte Deliktgruppe. 28902 gegen das persönliche Eigentum gerichtete Diebstähle stehen 21629 Diebstählen zum Nachteil sozialistischen Eigentums gegenüber. Damit überwiegt jetzt wieder – wie früher – die Zahl der gegen das persönliche Eigentum gerichteten Straftaten. Im Jahr 1957 war die Zahl der gegen das persönliche Eigentum gerichteten Delikte mit 68869 noch etwa doppelt so hoch wie die Straftaten gegen das sozialistische Eigentum (Neue Justiz, 1969, H. 13, S. 390).

Die Diebstähle persönlichen Eigentums sind dann zurückgegangen und waren 1970 mit 22158 geringer als die Straftaten zum Nachteil sozialistischen Eigentums (23240). Die Zahl dieser Straftaten ist seitdem etwa konstant geblieben im Gegensatz zu den auf etwa 30000 angestiegenen Diebstählen persönlichen Eigentums (Statistische Jahrbücher der DDR 1971 und 1983).

Bei den Straftaten gegen die Verkehrssicherheit hat mit dem Rückgang der Zahl der Unfälle im Straßenverkehr auch die Zahl der als Herbeiführung eines schweren Verkehrsunfalls nach § 196 StGB strafbaren Delikte abgenommen. Nachdem die Zahl dieser Straftaten von 2526 im Jahre 1969 auf 4006 bis 1978 gestiegen war, werden für 1982 nur noch 3637 derartige Taten angegeben. Demgegenüber hat sich die bis 1977 festgestellte rückläufige Tendenz der Verkehrsgefährdungen durch Trunkenheit in den letzten Jahren nicht fortgesetzt. Die Zahl dieser Straftaten blieb seitdem mit jeweils über 3000 im Jahr konstant. Den weitaus größten Anteil dieser Deliktgruppe bildet weiterhin das unbefugte Benutzen von Fahrzeugen. Nach einer ständigen Zunahme der Zahl dieser Straftaten bis 1978 auf 6917 wurde allerdings seitdem bis 1982 eine Abnahme auf 5349 in der Statistik ausgewiesen. Der unverhältnismäßig große Anteil dieser Straftaten an der Gesamtzahl der Straftaten gegen die Verkehrssicherheit dürfte im wesentlichen auf die Schwierigkeit des Erwerbs eines Kraftfahrzeuges zurückzuführen sein (Statistische Jahrbücher der DDR 1971 und 1981).

Bei → **Rowdytum** (§§ 215, 216 StGB) und Körperverletzung ist der Anteil der Jugendlichen und der unter Alkoholeinfluß stehenden Straftäter besonders hoch. Die vorsätzlichen Körperverletzungen haben bis 1977 um fast 15 v. H. gegenüber 1969 von 9817 auf 11151 derartiger Delikte zugenommen. Für 1982 weist die Statistik mit 10840 eine ähnliche Zahl aus (Statistische Jahrbücher der DDR 1971 und 1983). Zahlen der als Rowdytum bezeichneten Straftaten werden erstmals wieder im Statistischen Jahrbuch 1978 genannt. Im Jahresdurchschnitt 1970–1974 soll es 1882 und 1975 2092 dieser Delikte gegeben haben. Für 1977 sind nur noch 1550 Straftaten nach §§ 215, 216 StGB gezählt worden. Dieser in der Statistik 1977 ausgewiesene erhebliche Rückgang steht im Widerspruch zu den zahlreichen Zeitungsberichten über Rowdytumdelikte und Veröffentlichungen, in denen Rowdytum immer wieder als ein Schwerpunkt der K. genannt ist. Die für die folgenden Jahre angegebenen höheren Zahlen (1978: 2190, 1979: 2418, 1980: 2205, 1982: 2026) dürften daher eher der Wirklichkeit entsprechen (Statistisches Jahrbuch der DDR 1983).

Ein weiterer Schwerpunkt der K. ist das Delikt „Gefährdung der öffentlichen Ordnung durch asoziales Verhalten" (§ 249 StGB). Zahlen hierüber werden zwar in den Statistiken nicht genannt. Die Bedeutung dieses strafrechtlichen Komplexes hat in den letzten Jahren jedoch anscheinend ständig zugenommen, wie Veröffentlichungen und Berichte ehemaliger Häftlinge erkennen lassen.

Über die Zahl der politischen Straftaten (**Politische → Häftlinge**) gibt die K.-Statistik nach wie vor keine Auskunft.

III. Ursachen

Als Ursache der noch vorhandenen K. werden vor allem schädliche Einflüsse aus dem Westen, insbesondere durch Fernsehen und Rundfunk, Besuche und Briefe aus der Bundesrepublik Deutschland sowie Überreste noch vorhandener, aus dem Kapitalismus überkommener Bewußtseinselemente, so z. B. Reste „spießbürgerlicher Lebensgewohnheiten und bürgerlicher Eigentumsideologie und Egoismus", die vor allem als Ursache der auf kleinbürgerliches Besitzstreben gerichteten Eigentumsdelikte gelten, angesehen. Das über Jahrtausende die Menschheit formende, ihre sozialen Verhältnisse und Verhaltensweisen, ihre Denkweisen bestimmende Privateigentum an den Produktionsmitteln besitze eine solche Kraft, „daß die von ihr produzierten Denk- und Verhaltensmuster noch sehr lange über Generationen und ganze historische Prozesse fortwirkten", zumal „beim heutigen internationalen Stand der Kommunikationstechnik mehr oder weniger das ganze Sein und Bewußtsein der Welt" auf die Bürger der DDR eindringe und dadurch das Nachwirken alter „Denk- und Verhaltensweisen massiv unterstützt" werde (Buchholz in Neue Justiz 1983, S. 199ff.).

Zu diesen früher stets als alleinige Ursachen für die in der DDR vorhandene K. genannten Gründen wird seit einiger Zeit noch eine „Reihe innerer Erscheinungsformen" in der sozialistischen Gesellschaft angeführt, die „auf Widersprüchen und Konflikten beruhen, die mit der komplizierten Entwicklung und Herausbildung der sozialistischen Gesellschaft zusammenhängen". Der Prozeß des Abbaues dieser Konflikte vollziehe sich nicht im Selbstlauf. Man habe es gegenwärtig mit einer „ungleichmäßigen und widerspruchsvollen Entwicklung" zu tun.

IV. Jugendkriminalität

Die Jugend-K. ist relativ hoch. Informationen aus der DDR darüber sind allerdings besonders spärlich. Die Straftatenbelastung bei verschiedenen Altersgruppen läßt folgende Durchschnittswerte der Jahre bis 1969 erkennen:

Alter	Täter auf 100000 Einwohner dieser Altersgruppe
14–16 Jahre	800
16–18 Jahre	1 900
18–21 Jahre	1 800
21–25 Jahre	1 500
25–35 Jahre	1 000
35–45 Jahre	500
45–60 Jahre	200
über 60 Jahre	50

Quelle: Neue Justiz 1970, S. 412.

Die K.-Ziffer erreicht also bereits bei den 16–18jährigen ihr Maximum und fällt bei den Erwachsenen schnell ab. Demgegenüber verläuft in der Bundesrepublik Deutschland die Kurve der Verurteiltenziffer erheblich flacher.

Der verhältnismäßig hohe Anteil der Jugend an der Gesamt-K. hat, wie Veröffentlichungen aus der DDR erkennen lassen, weiterhin eine steigende Tendenz. Für diese Entwicklung werden folgende Ursachen genannt:

1. Einflüsse der ideologischen Diversion aus dem Westen (s. o.).
2. Mängel in den Beziehungen der Erwachsenen zu den Jugendlichen, die den Prozeß der Entwicklung des gesellschaftlichen Bewußtseins junger Menschen hemmen.
3. Vorhandensein spontaner Elemente unter der Jugend, die durch Kontakte der verschiedenen Altersgruppen „immer weitervererbt werden" und zum Entstehen eines fehlerhaften Weltbildes und spontan-anarchistischen Ausbrüchen aus den Regeln gesellschaftlichen Zusammenlebens führen.
4. Mangelhafte Entwicklung eines freien sozialistischen Jugendlebens mit der Folge spontaner Gruppenbildung und der Gefahr der Entwicklung gesellschaftswidriger Tendenzen (→ **Rowdytum**).
5. Gestörte Bildung und Erziehung sowie mangelhafte Einstellung zur Arbeit. Ca. 50 v.H. der jugendlichen Straftäter haben die Schule ohne abgeschlossenen Ausbildung verlassen.
6. → **Alkoholmißbrauch**.

Tatsächlich dürften jedoch besonders das zunehmende Rowdytum und der häufig Straftaten auslösende Alkoholmißbrauch vor allem auch auf die dauernden Reglementierungen und Kontrollen bei der Einhaltung gesellschaftlicher Normen zurückzuführen sein.

Angaben über die Jugend-K. enthalten die K.-Statistiken der DDR nicht.

85 v.H. der Straftaten Jugendlicher entfallen seit Jahren fast gleichbleibend auf Straftaten gegen das sozialistische und persönliche Eigentum, die Verkehrssicherheit, die staatliche und öffentliche Ordnung sowie auf vorsätzliche Körperverletzung.

V. Vorbeugung

Nach der VO über die Aufgaben der örtlichen Räte und der Betriebe bei der Erziehung kriminell gefährdeter Bürger vom 19. 12. 1974 (GBl. I, S. 130) i. d. F. der 2. VO vom 6. 7. 1979 (GBl. I, S. 195) sind die Räte der Kreise, Städte und Gemeinden für die Erfassung, Erziehung und Kontrolle kriminell gefährdeter Bürger verantwortlich. Als kriminell gefährdet gelten Bürger, die ernsthafte Anzeichen von arbeitsscheuem Verhalten oder in anderer Weise die Entwicklung einer asozialen Lebensweise erkennen lassen, infolge Alkoholmißbrauchs fortgesetzt die Arbeitsdisziplin verletzen oder die Regeln des gesellschaftlichen Zusammenlebens mißachten, sowie Jugendliche, bei denen wegen ihres sozialen Fehlverhaltens auch nach Vollendung des 18. Lebensjahres die Weiterführung der Erziehung (→ **Jugendwerkhöfe**) nötig ist.

Ihre Erziehung erfolgt insbesondere durch Arbeit, Berufsausbildung und Einflußnahme auf eine sinnvolle Freizeitgestaltung. Ihnen kann aufgegeben werden, einen Arbeitsplatz und die ihnen zugewiesene Wohnung nicht zu wechseln, eine Ausbildung fortzusetzen und abzuschließen, den Umgang mit Personen, die einen ungünstigen Einfluß ausüben, zu unterlassen, bestimmte Gebäude, Gaststätten oder sonstige Örtlichkeiten zu meiden, einer Meldepflicht nachzukommen, finanzielle Verpflichtungen zu erfüllen, für die Familie zu sorgen, sich fachärztlicher Untersuchung oder Heilbehandlung bei Alkoholmißbrauch zu unterziehen.
Die kriminell Gefährdeten haben dem Leiter ihres Betriebs oder dem Arbeitskollektiv über die gewissenhafte Einhaltung der ihnen erteilten Auflagen zu berichten.
Der Vorbeugung durch Abschreckung und Erziehung dienen auch die zahlreichen Strafverfahren vor erweiterter Öffentlichkeit (→ **Schauprozesse**), deren Zahl in den letzten Jahren erheblich zugenommen hat, Verfahren vor Gesellschaftlichen Gerichten sowie die verstärkten Bemühungen um die Wiedereingliederung Straffälliger (→ **Strafvollzug**).
Der K. vorbeugenden Charakter wird der Entwicklung des wissenschaftlich-technischen Fortschritts zugeschrieben, weil dadurch ein höheres Niveau an Bildung, Disziplin, Bewußtheit und Sicherheit erreicht wird und neue Formen und Methoden der Leitung und Organisation der Arbeits- und Produktionsprozesse erzeugt werden, die die Vorbeugung begünstigen.
Eine hervorragende Rolle sollen auch die objektiven kollektiven Lebensformen der Menschen spielen. So hänge die Wirksamkeit der K.-Vorbeugung wesentlich vom Niveau der sozialistischen Lebensweise in den Arbeitskollektiven, Lernkollektiven, Familien, Wohngemeinschaften und Freizeitgruppen ab.

Horst Hildebrand

Literaturangaben

Am, Herbert: Die Jugendkriminalität in der DDR. Berlin (West): Berlin Verl. 1976.

Freiburg, Arnold: Kriminalität in der DDR. Zur Phänomenologie des abweichenden Verhaltens im soz. deutschen Staat. Opladen: Westdeutscher Verl. 1981.

Sozialistische **Kriminologie.** Ihre theoretische und methodische Grundlegung. 2., erw. Aufl. Berlin (Ost): Staatsverl. d. DDR 1971.

Szewczyk, Hans: Der fehlentwickelte Jugendliche und seine Kriminalität. Jena: Fischer 1982. (Medizinisch-juristische Grenzfragen. 15.)

Kritik und Selbstkritik: Auf dem sog. Gesetz von den Widersprüchen als der Triebkraft der Bewegung beruhende Methode zur Aufdeckung und Lösung „nichtantagonistischer" gesellschaftlicher Widersprüche (→ **Marxismus-Leninismus**). Das Prinzip der KuS. wurde zunächst innerhalb der kommunistischen Partei entwickelt und angewendet. KuS. sollen hier als Mittel der Parteierziehung und der Stärkung der Kampfkraft der Partei (Erhöhung der „revolutionären Wachsamkeit") dienen; sie gelten als Grundlage und wesentlicher Bestandteil der innerparteilichen Demokratie. Das Statut der → **Sozialistischen Einheitspartei Deutschlands (SED)** verpflichtet die Parteimitglieder zum Kampf gegen jede Unterdrückung von K. und zur Förderung der KuS. von unten. Die Entfaltung der KuS. und die Erziehung der Mitglieder zur „Unversöhnlichkeit" gegenüber Mängeln werden sogar ausdrücklich zur Pflicht der Parteimitglieder erklärt. Im Verlaufe der fortschreitenden sozialistischen Entwicklung soll das Prinzip der KuS. dann in der gesamten Gesellschaft durchgesetzt werden.
Feste Regeln über Formen der KuS. sowie Abgrenzungen kritikfähiger Gegenstände von solchen, die der K. entzogen sind, existieren nicht; die bisherige Praxis gibt jedoch eindeutige Hinweise auf die Existenz tabuisierter Bereiche ideologischer, institutioneller und personeller Art, zumindest soweit es sich um veröffentlichte K. handelt. Danach können Grundfragen der Lehre des Marxismus-Leninismus und der Staats- und Gesellschaftsordnung der DDR, das Bündnis mit den sozialistischen Staaten, insbesondere mit der UdSSR, die jeweils amtierende Partei- und Staatsführung nicht Gegenstand der K. sein. Zudem wurde immer wieder deutlich gemacht, daß K. im Sozialismus nicht eine von Positionen des „Nihilismus", des „Skeptizismus" usw. betriebene „destruktive" K. sein dürfe, sondern ausschließlich jene, die sich die Beseitigung von den gesellschaftlichen Fortschritt beeinträchtigenden Faktoren (in Form von Ideen, Verhaltensweisen, Organisationsformen) zum Ziel setzt. Die Legitimität von K. bemißt sich also an deren positiven Beitrag zur Entwicklung der sozialistischen Gesellschaftsordnung.
Die S. erfolgt zumeist in der Weise, daß der Beschuldigte öffentlich die Berechtigung der K. an seiner Person anerkennt und mit der Analyse der sein Fehlverhalten begünstigenden Umstände bereits den ersten Schritt zur Beseitigung jener Mängel leistet, die als Hemmnisse der gesellschaftlichen Entwicklung als kritikbedürftig erachtet werden.
Die Formen, in denen seit Anfang der 60er Jahre KuS. geübt werden, haben sich entkrampft und den Charakter von Verurteilungen bzw. Selbstanklagen – zur Vermeidung von beruflichen oder gesellschaftlichen Nachteilen – teilweise verloren. War früher oft das Ausmaß der existentiellen Bedrohung zu kritisieren, dem der von KuS. Betroffene häufig ungerechtfertigt ausgesetzt war, muß heute eher beklagt werden, daß die im Prinzip der KuS. liegenden Potenzen zur Aufdeckung von Mißständen und zur Weiterentwicklung der Gesellschaft aus Gründen der Bequemlichkeit, der Resignation oder des → **Bürokratismus** nicht in dem wünschenswerten – und dafür auch eingeräumten – Umfang genutzt werden.

Letzteres gilt ähnlich auch für die → **Rechenschaftslegung** leitender Organe gegenüber den unteren Ebenen oder der Öffentlichkeit.

Kulturarbeit des FDGB: *1. Aufgaben der K.* Die K. gilt als wichtiger Teilbereich der Gewerkschaftsarbeit. Mit Hilfe der K. sollen sich die Gewerkschaftsmitglieder die nationalen und internationalen kulturellen Traditionen aneignen, ihre Fähigkeiten zu eigenem künstlerischem Ausdruck entwickeln, Elemente sozialistischer Allgemeinbildung und spezielle, im Berufsleben anwendbare Kenntnisse erwerben sowie in der Gestaltung ihrer Arbeits- und Lebensbedingungen Ansätze zu einer **Sozialistischen** → **Lebensweise** herausbilden. Die Inhalte der K. orientieren sich an den jeweiligen kulturpolitischen Zielsetzungen der SED (→ **Kulturpolitik**).

Der → **Freie Deutsche Gewerkschaftsbund (FDGB)** will mit seiner K. an den Traditionen der deutschen Arbeiterbewegung, deren eine Wurzel in den bürgerlich-demokratischen Bildungsvereinen des 19. Jahrhunderts zu suchen ist und die sich immer auch als Kultur- und Bildungsbewegung begriffen hat, anknüpfen. Unter Kultur wurden die historischen Hervorbringungen in Wissenschaft und Kunst in ihrer ganzen Breite verstanden, soweit sie dauerhaft und zukunftsweisend schienen. Zugleich gab es Ansätze zu einem eigenen kulturellen Beitrag als „sozialistische" bzw. „proletarische Kultur". Sich-Bilden, Lernen wurden als eine Voraussetzung und als ein Ausdruck des Abbaus von bürgerlicher Herrschaft sowie erfolgreicher gesellschaftlicher Emanzipation gesehen. Allgemeinbildung, kulturelle Eigenbetätigung und Erwerb beruflich verwertbarer Kenntnisse standen in engem Zusammenhang; sie waren gleichermaßen Mittel für individuellen Aufstieg und gesamtgesellschaftliche Emanzipationsbestrebungen. Wenn diese Traditionslinie auch durch die marxistisch-leninistische → **Parteilichkeit** und die aktuellen kulturpolitischen Beschlüsse von SED und Staat umgeformt worden ist, wirkt sie in Form und Inhalt der K. z. T. immer noch nach.

Der FDGB versteht seine K. als einen Beitrag zur „allseitigen Entwicklung sozialistischer Persönlichkeiten" (→ **Persönlichkeitstheorie, Sozialistische**). Produktionsarbeit, politisch-soziale Aktivität, ständige fachliche und allgemeine Weiterbildung werden als einander bedingende Elemente eines einheitlichen Prozesses gedeutet. Entsprechend wollen die verschiedenen Bereiche der K. als Einheit im gesamtgesellschaftlichen Zusammenhang, in dessen Zentrum der Produktionsprozeß steht, gesehen werden.

Aufgaben der K. sind:

a) Förderung der „Arbeitskultur" (A.), d. h. das Herstellen optimaler Bedingungen für Wohlbefinden und Arbeitsfreude am Arbeitsplatz. A. umschließt Arbeits- und Gesundheitsschutz, arbeitsphysiologisch und arbeitspsychologisch richtige Gestaltung von Arbeitsmitteln, -räumen und -prozessen (→ **Arbeitsgestaltung**), kameradschaftliche Zusammenarbeit (gegenseitige Hilfe), gesellschaftlich nützliche und ästhetisch gestaltete Arbeitsprodukte;

b) Vermittlung fachlicher Kenntnisse als ein das gesamte Berufsleben begleitender Prozeß (→ **Einheitliches sozialistisches Bildungssystem**, XII.);

c) Erziehung im Rahmen der Weltanschauung des → **Marxismus-Leninismus** (→ **Schulen der sozialistischen Arbeit**);

d) Entwicklung und Organisation der kulturellen und künstlerischen Eigentätigkeit (→ **Laienkunst**);

e) Vermittlung des → **Kulturellen Erbes** und Werbung für die Teilnahme am gegenwärtigen Kulturleben;

f) Förderung der Beziehungen zwischen Kunstinstitutionen und Berufskünstlern und den Werktätigen im Betrieb als eines gegenseitigen Lern- und Erziehungsprozesses;

g) Einwirken auf die Gestaltung der → **Freizeit** und die kulturelle Entwicklung in den Wohngebieten (→ **Wohnbezirk**).

2. Organisation und Formen der K. Die K. vollzieht sich wesentlich im Betrieb; die Betriebsgewerkschaftsleitung (BGL) trägt für sie die Verantwortung und stützt sich dafür auf die bei ihr und z. T. bei den Abteilungsgewerkschaftsleitungen (AGL) bestehenden Kommissionen Kultur und Bildung sowie auf die **Kulturobmänner** (1983: 301231) in den Gewerkschaftsgruppen. Die Kommissionen stellen die Kontakte zu den örtlichen → **Kulturstätten** her, beeinflussen und koordinieren die Jahrespläne der betrieblichen Kultureinrichtungen (z. B. Kultur- bzw. Klubhäuser und Gewerkschaftsbibliotheken), erarbeiten in größeren Betrieben Jahrespläne zur Entwicklung des geistig-kulturellen Lebens und beeinflussen die Kultur- und Bildungspläne der Gewerkschaftsgruppen (1982 sollen 290000 Gewerkschaftsgruppen einen derartigen Plan beschlossen haben).

Das weite Verständnis von K. berührt jedoch faktisch alle Bereiche gewerkschaftlicher Arbeit (→ **Betriebsgewerkschaftsorganisation [BGO]**).

Die Vorhaben der K. sind Bestandteil des → **Betriebskollektivvertrages (BKV)**; sie werden aus dem → **Kultur- und Sozialfonds** des Betriebes und der Gewerkschaftskasse finanziert. Das → **Arbeitsgesetzbuch (AGB)** (→ **Arbeitsrecht**) verpflichtet die Betriebe zur Unterstützung des geistig-kulturellen und sportlichen Lebens, zum Unterhalt, Ausbau sowie zur effektiven Nutzung der entsprechenden Einrichtungen. Entscheidungen des Betriebsleiters in diesem Bereich bedürfen der Zustimmung der BGL. Großbetriebe werden angehalten, mit den schlechter gestellten Klein- und Mittelbetrieben Vereinbarungen zu treffen, damit die dort Beschäftigten die vorhandenen Kultureinrichtungen mitbenutzen, sich an der Zirkelarbeit beteiligen, an Exkursionen teilnehmen können usw. Diese Einrichtungen übernehmen darüber hinaus Aufgaben bei der kulturellen Versorgung der Städte und Gemeinden. Im Zusammenhang mit der Ausdehnung der Schichtarbeit werden gegenwärtig für diese Beschäftigtengruppe besondere Öffnungszeiten in den Kultureinrichtungen angestrebt und in der K. Sonderveranstaltungen angeboten. Ein weiterer Schwerpunkt ist die Suche nach Formen der K., die geeignet sind, Jugendliche kontinuierli-

cher einzubeziehen (z. B. Jugendtanzveranstaltungen, spezielle Vortragsthemen, Diskotheken und Jugendklubs in den Kulturhäusern) (→ **Unterhaltungskunst**).
Die betriebliche K. wird von den Abteilungen Kultur der übergeordneten Gewerkschafts- und FDGB-Leitungen angeleitet (Leiter der Abteilung Kultur d. BV des FDGB: Sekretär und Mitglied des Präsidiums des BV des FDGB, Dr. Harald Bühl). Die Funktionäre der K. werden in 3-Monats-Lehrgängen in den Bezirksschulen des FDGB, in einem 1jährigen Studium der Zentralen Kulturschule des FDGB in Leipzig und im Direkt- bzw. Fernstudium (3 bzw. 5 Jahre) an der Hochschule des FDGB in Bernau ausgebildet. Zur Unterstützung der K. erscheinen Informationsmaterial und Buchpublikationen im Verlag des FDGB „Tribüne" sowie Aufsätze in der Monatszeitschrift „Gewerkschaftsleben". Ferner werden die Veröffentlichungen der → **Zentralhäuser für Kulturarbeit**, mit denen der FDGB eng zusammenarbeitet, für die K. genutzt.
Um zu einer möglichst wirkungsvollen K. zu kommen, arbeitet der FDGB eng mit den anderen im Betrieb vertretenen Massenorganisationen (besonders mit der → **Freien Deutschen Jugend [FDJ]**, der → **Kammer der Technik [KdT]**, dem → **Kulturbund der DDR [KB]**, der → **Gesellschaft für Deutsch-Sowjetische Freundschaft [DSF]**, dem → **Deutschen Turn- und Sportbund [DTSB] der DDR**, der → **Urania [Gesellschaft zur Verbreitung wissenschaftlicher Kenntnisse]**), im Wohngebiet mit den örtlichen Staatsorganen und der → **Nationalen Front der DDR** und den Künstlerverbänden zusammen. Über Form und Inhalt der Zusammenarbeit sind mit allen Organisationen schriftliche Vereinbarungen getroffen worden. Ein nicht unwesentlicher Teil der K. ist die Volkskunstbewegung, deren Einrichtungen und staatliche Unterstützungen auch für die K. genutzt werden.
Die Teilnahme am kulturellen Leben (z. B. Theateranrechtsscheine, gemeinsamer Ausstellungsbesuch usw.) und die fachliche Weiterbildung sind Bestandteile des sozialistischen Wettbewerbs unter dem Motto: „Sozialistisch arbeiten, lernen und leben" um den Titel „Kollektiv der sozialistischen Arbeit" (→ **Sozialistischer Wettbewerb**). Für kulturelle Selbstverpflichtungen und Leistungen ist daneben als eigene Wettbewerbsform der ökonomisch-kulturelle Leistungsvergleich eingeführt worden. Ergebnisse dieser Bemühungen spiegeln sich sowohl in der hohen Beteiligung an den Maßnahmen zur beruflichen Aus- und Weiterbildung (→ **Einheitliches sozialistisches Bildungssystem**, XII.) als auch in den großen Besucherzahlen von Museen, Theatern, Kunstausstellungen usw. wider. Nach Befragungsergebnissen sollen 30 v. H. der Arbeiter 4–12mal jährlich, 25 v. H. selten ein Theater besuchen. Die Verbreitung des Fernsehens läßt diese Zahlen zurückgehen.
Ein dichtes Netz von Gewerkschaftsbibliotheken in Ergänzung der staatlichen Allgemeinbibliotheken dient sowohl der fachlichen wie der allgemeinen Bildung; im Buchbestand sollen beide Bereiche mit gleichem Anteil vertreten sein. 1982 gab es 3169 hauptberuflich, 1174 ehrenamtlich geleitete Gewerkschaftsbibliotheken mit einem Buchbestand von 9,28 Mill. Büchern. Es wurden 0,970 Mill. Benutzer und 13,9 Mill. Entleihungen gezählt. Die Entleihungen verteilten sich 1980 auf die verschiedenen Literaturgruppen wie folgt: 52 v. H. Belletristik; 34 v. H. wissenschaftliche und Fachliteratur; 10 v. H. Kinderliteratur, 4 v. H. audiovisuelle Materialien (→ **Bibliotheken**).
Der Selbstbetätigung dienen vor allem die verschiedenen Zirkel und Interessengemeinschaften, die für alle denkbaren künstlerischen Interessen und Freizeitbeschäftigungen bestehen. Etwa 7 v. H. der Werktätigen sollen sich an dieser Form der K. regelmäßig beteiligen. Ansätze, durch eine forcierte Entwicklung der künstlerischen Selbsttätigkeit in absehbarer Zeit den Unterschied zwischen Laien- und Berufskunst zum Verschwinden zu bringen (Bitterfelder Weg: Greif zur Feder, Kumpel), sind inzwischen abgeklungen. Beide Bereiche werden in ihrer Eigenart anerkannt, sollen aber sehr eng verzahnt werden. Besondere Beachtung haben die Zirkel schreibender Arbeiter, die in der Regel von einem Berufsschriftsteller geleitet werden, gefunden (1972: 250 Zirkel mit ca. 4000 Mitgliedern; 1976 gab es noch 130); Ergebnisse ihrer Arbeit erscheinen außer in Betriebszeitungen, der Tagespresse usw. im Mitteldeutschen Verlag und im Verlag Tribüne.
Für die Zusammenarbeit mit den Berufskünstlern wurden mit deren gesellschaftlichen Organisationen Verträge abgeschlossen. Auch mit Theatern, Museen usw. bestehen Vereinbarungen. Berufskünstler sind als Zirkelleiter tätig, übernehmen Patenschaften, sind Ehrenmitglieder von Arbeitsbrigaden. Dichterlesungen und Ausstellungen finden in den Betrieben statt. Die Betriebe vergeben Aufträge an bildende Künstler; Vorhaben und Ausführung werden mit der Belegschaft diskutiert. Der Verleihung der Kunstpreise des FDGB (erstrecken sich auf alle Bereiche der Kunst einschließlich Fernsehen und Rundfunk) geht eine breitgefächerte Diskussion in den Betrieben, insbesondere in den Interessengemeinschaften, voraus, in der die besonders beachteten Werke sowohl popularisiert als auch zugleich einer kritischen Prüfung unterzogen werden. Aus den Betrieben werden Vorschläge und Stellungnahmen schriftlich an die Jury beim BV des FDGB eingereicht.
Mittelpunkt für die K. im Betrieb und auch für das Wohngebiet sind die **Kultur- und Klubhäuser**, auf deren materielle und personelle Ausstattung und Tätigkeit der FDGB auch dann entscheidend Einfluß ausübt, wenn sie ihm nicht unmittelbar zugeordnet sind. Die Kultur- und Klubhäuser dienen sowohl dem kulturellen als auch dem geselligen Leben. In kleineren Betrieben und Gemeinden existieren mit gleichen Aufgaben Kultur- und Zirkelräume, Musik- und Spielzimmer (1982: 4529) sowie Säle mit und ohne Bühne bzw. Kinosäle, die ebenfalls für die K. genutzt werden (1982: 1457). 1982 gab es 1109 Kultur- und Klubhäuser (darunter über 350 gewerkschaftseigene, vor allem in Großbetrieben) mit 9079 Interessengemeinschaften (Ig.) und rd. 181300 Teilnehmern (darunter 6204 Ig. des künstlerischen Volksschaffens bzw. Freundeskreise der Kunst mit 116300 Mitgl. sowie 903 naturwissenschaftliche, techni-

sche und fachliche Ig. mit 15200 Mitgl.). Die Zahl der Ig. und ihrer Mitglieder ist seit Mitte der 70er Jahre leicht rückläufig. Insgesamt verzeichneten die Kultur- und Klubhäuser 1982 58,5 Mill. Besucher bei den 590673 Veranstaltungen (darunter 9,12 Mill. zu Vorträgen; 16,5 Mill. zu künstlerischen Veranstaltungen; 6,5 Mill. zu Ausstellungen; 13,1 Mill. zu Tanzveranstaltungen; 13,3 Mill. bei Ehrungen, bei der → **Jugendweihe** und sonstigen Veranstaltungen). Das Zentrale Klubhaus der Gewerkschaften „Hermann Duncker" in Halle übt eine Leitfunktion für die Klubhausarbeit aus, entwickelt Musterprogramme und organisiert den Erfahrungsaustausch.

Höhepunkt der K. sind die von den Großbetrieben seit 1970 in wachsender Zahl jährlich veranstalteten Betriebsfestspiele, an denen sich auch die kleineren Industrie- und landwirtschaftlichen Betriebe beteiligen und in die die Wohngebiete einbezogen sind (1981: 3657 Betriebsfestspiele mit 9,7 Mill. Besuchern und Mitwirkenden). Die besten Darbietungen werden ausgewählt und – ergänzt um Ausstellungen und Veranstaltungen mit Berufskünstlern (ausgewählt von der Gew. Kunst) sowie ausländischen Gruppen – zu den zunächst jährlich, seit 1972 alle 2 Jahre stattfindenden **Arbeiterfestspielen** zusammengefaßt. Die Arbeiterfestspiele dauern 3 Tage und werden jeweils in einer anderen Bezirkshauptstadt und in den größeren Städten des Bezirks abgehalten. (Die 19. Arbeiterfestspiele fanden 1982 in Neubrandenburg statt; geplant 1984: Gera, 1986: Magdeburg.)

Zwischen seinem 9. und 10. Kongreß in den Jahren 1977–1981 (in Klammern die Zahlen für die Jahre 1972–1976) hat der FDGB für die K. 470,5 (374) Mill. Mark aufgewendet. 1980 entfielen von den 3,5 Mrd. Mark der Kultur- und Sozialfonds 175 Mill. Mark auf kulturelle Aufgaben (5 v. H.); allerdings schwanken die Ausgaben stark von Betrieb zu Betrieb und von Industriezweig zu Industriezweig. Die sich seit Jahren wiederholenden Klagen über die ungleiche Ausgestaltung der K. sind ein Hinweis darauf, wie stark die K. von dem persönlichen Engagement der Funktionäre und Werkleiter abhängig ist und wie leicht sie immer noch von ökonomischen und sozialen Aufgaben in den Hintergrund gedrängt werden kann. Soweit die K. auch Aufgaben in den Gemeinden, Städten und Wohngebieten erfüllt, erhält sie auch Finanzmittel von den örtlichen Räten.

Kulturbund der DDR (KB): Auf allen Gebieten der → **Kulturpolitik** arbeitende Organisation, die in ihren Reihen kulturell interessierte Bürger aller Berufe und Schichten vereint, besonders aber die kulturell tätige Intelligenz. Im Juli 1945 auf Initiative der SMAD unter dem Namen „Kulturbund zur demokratischen Erneuerung Deutschlands" gegründet, war der KB anfangs interzonal und überparteilich tätig. Die Tatsache, daß sich die sozialistische Umorientierung der ursprünglich allgemein humanistisch ausgerichteten Organisation nur unter Widerständen vollzog und daß der KB jenen Schichten ein Betätigungsfeld bot, die parteipolitisches Engagement vermeiden wollten, rief häufige Kritik der SED hervor. Die Auseinandersetzungen über die kulturpolitische Linie wurden durch den V. Bundeskongreß des KB 1958 abgeschlossen, der die Annahme eines Programms, größere Veränderungen in den Führungsgremien und die Umbenennung in **Deutscher Kulturbund** beschloß. Seitdem bemüht sich die Organisation – der VIII. Bundeskongreß 1974 gab ihr den neuen Namen „Kulturbund der DDR" –, als gesellschaftlicher Partner die staatliche sozialistische Kulturpolitik zu unterstützen sowie als → **Massenorganisation** im Rahmen der → **Bündnispolitik** zur Annäherung der Intelligenz an die → **Arbeiterklasse** beizutragen. Der KB ist regional nach Bezirken und Kreisen gegliedert. Oberstes Organ ist der Bundeskongreß, der Präsidialrat und Präsidium wählt. Zentrale Kommissionen, z. B. für Wissenschaft, Kunst und Literatur oder Philatelie, sowie besondere Gesellschaften leiten die Arbeit der rd. 243000 Mitgl. (1982) in ca. 1200 Freundeskreisen, Interessen- und Arbeitsgemeinschaften, den regionalen Untergliederungen der Gesellschaften sowie in rd. 1800 Ortsgruppen an. 1980 wurde innerhalb des KB die Gesellschaft für Natur und Umwelt gegründet, die 40000 KB-Mitgl. aus bislang 1600 Interessen- und Arbeitsgruppen zusammenfaßt, 1982 die Gesellschaft für → **Fotografie**. Außerdem sind Bestandteile des KB die zentralen Arbeitskreise „J. R. Becher", „Friedrich Schiller" und „Ernst Barlach" sowie die Pirckheimer-Gesellschaft, der Philatelistenverband, die Gesellschaft für Denkmalpflege (→ **Denkmalschutz**), die Gesellschaft für → **Heimatgeschichte** und der Arbeitskreis Esperanto.

Die → **Klubs der Intelligenz**, in denen vor allem Kulturschaffende organisiert sind, wurden 1957 dem KB eingegliedert, nachdem sie wegen politischer Unabhängigkeitstendenzen kritisiert worden waren. Bei der Lösung der sich aus dem VIII. Parteitag der SED (1971) ergebenden Aufgabe, zur Hebung des kulturellen Lebensniveaus der Werktätigen beizutragen, steht der KB vor der Schwierigkeit, den weitgehenden, oft durch soziale Exklusivität bedingten Zirkelcharakter seiner Grundeinheiten zugunsten einer verstärkten Öffentlichkeitsarbeit aufgeben zu müssen; in diesem Zusammenhang wird an den KB immer wieder die Forderung der „Öffnung" herangetragen. Als weitere Probleme stellen sich der Organisation geringe Popularität unter der Jugend und zu schwache Verankerung auf dem Lande.

Der KB ist durch eine eigene Fraktion mit 22 Abgeordneten in der → **Volkskammer** und 2760 Abgeordneten in den örtlichen → **Volksvertretungen** vertreten. Er gibt die kulturpolitische Wochenzeitschrift „Sonntag" heraus sowie Monatszeitschriften verschiedener Fachgebiete. Präsident des KB ist seit 1978 Hans Pischner (SED). 1. Bundessekretär ist Dr. Karl-Heinz Schulmeister.

Kulturelle Zusammenarbeit: Die KZus., die im Sprachgebrauch der DDR meist als „kultureller Austausch", als „Kulturaustausch" oder auch als „kulturelle Auslandsbeziehungen" (Kleines Politisches Wörterbuch, 2. Aufl., Berlin [Ost] 1973) bezeichnet wird, hat im gegenwärtigen Stadium der internationalen Politik der Entspannung und der → **Friedlichen Koexistenz** einen besonderen Stellenwert.

In den 1973 in Helsinki verabschiedeten Schlußempfehlungen der Konferenz über Sicherheit und Zusammenarbeit in Europa (KSZE) haben die Teilnehmerstaaten, darunter auch die DDR, vereinbart, u. a. auch Vorschläge zur Erweiterung und Verbesserung der Zusammenarbeit und des Austausches auf den verschiedenen Gebieten der Kultur zu erarbeiten. Die im „3. Korb" angenommenen Empfehlungen haben freilich für die sozialistischen Staaten mehr deklamatorischen als verbindlichen Charakter. Dies hat sich auch bei der Bestandsaufnahme auf der Belgrader KSZE-Folgekonferenz (Oktober 1977–März 1978) bestätigt.

Die DDR steht – wegen der besonderen innerdeutschen Gegebenheiten – mehr noch als andere Länder des sozialistischen Lagers vor der Notwendigkeit, die in langfristiger Entwicklung unvermeidliche KZus. mit der bisher praktizierten Politik der kulturellen → **Abgrenzung** in Einklang zu bringen. Hierzu dienen „Prinzipien", die nach Auffassung der DDR für den Kulturaustausch gelten müssen. In erster Linie wird hier der Grundsatz der „Nichteinmischung in die inneren Angelegenheiten" beansprucht; dieser Grundsatz ist im Schlußbericht der UNESCO-Konferenz von Helsinki vom 20. 6. 1972, nicht jedoch im → **Grundlagenvertrag** vom 21. 12. 1972 enthalten. Ein weiteres Prinzip ist die Forderung nach „Achtung der Gesetze und Sitten eines jeden Landes" im Zusammenhang mit dem Kulturaustausch. Diese Forderung ist, schon im Vorzeichen der gesamteuropäischen Konferenz von Helsinki, von Leonid I. Breschnew anläßlich des 50. Jahrestages der Gründung der UdSSR am 21. 12. 1972 besonders hervorgehoben worden. Im Hinblick auf die künftige Entwicklung der KZus. hat das ideologische Prinzip, daß auch in der Politik der friedlichen Koexistenz der Grundwiderspruch zwischen Sozialismus und Kapitalismus nicht aufgehoben ist, besondere Bedeutung: „Die Politik der friedlichen Koexistenz ist ökonomischer, politischer und ideologischer Klassenkampf." (Kleines Politisches Wörterbuch, a. a. O., S. 243)

Aus dieser Grundeinstellung ergibt sich eine Differenzierung in der auswärtigen → **Kulturpolitik** der DDR. Die KZus. mit der UdSSR und den anderen Ländern der sozialistischen Staatengemeinschaft besitzt qualitativ und quantitativ den Vorrang. Diese Beziehungen werden als ein bewußter und planmäßig gesteuerter Prozeß der Kooperation und Annäherung der verschiedenen nationalen Kulturen verstanden. Die KZus. mit den „progressiven Ländern" Asiens, Afrikas und Lateinamerikas verfolgt das Ziel, die politische Entwicklung dieser Länder zu beeinflussen und zugleich das politische und kulturelle Ansehen der DDR dort zu steigern. Die kulturellen Beziehungen mit den Ländern der „Dritten Welt" und mit den „kapitalistischen Ländern" waren bis zur allgemeinen internationalen Anerkennung der DDR (1973) vor allem auf das Ziel der vollen Anerkennung ausgerichtet. Die KZus. mit „demokratischen und antiimperialistischen Kräften" in diesen Ländern wird besonders gepflegt. Häufig tritt die Kulturpolitik der DDR mit dem Anspruch auf, „Hüter des deutschen Kulturerbes" (→ **Kulturelles Erbe**) zu sein; sie vermeidet dabei jede Zusammenarbeit mit der Auswärtigen Kulturpolitik der Bundesrepublik Deutschland.

In der KZus. mit der Bundesrepublik Deutschland bestreitet die DDR strikt den „innerdeutschen Charakter" dieser Beziehungen. Der Hinweis auf die Gemeinsamkeiten von Geschichte, Kultur und Sprache ist verpönt. Auch im Luther-Jahr 1983 hat die SED-Führung „gemeinsame Traditionslinien" kategorisch geleugnet. Das Ausmaß der kulturellen Beziehungen ist insgesamt – im Vergleich zu dem Verkehr über „offene Grenzen" – unbeträchtlich. Es gibt gewerblich vermittelte Gastspiele in beiden Richtungen. Auf dem Gebiet der → **Jazz**- und Popmusik haben sich die Gastspielbeziehungen in den letzten Jahren merklich belebt.

Aufmerksamkeit haben die offiziellen Präsentationen auf der Grundlage von Gegenseitigkeit gefunden. Im Herbst 1982 kam die Ausstellung „Stadt Park – Park Stadt" zustande. In ihr zeigte die Bundesrepublik Deutschland Modelle der Stadterneuerung (Ausstellungsorte: Berlin [Ost], Karl-Marx-Stadt und Magdeburg). Im Gegenzug zeigte die DDR in Hamburg eine Schinkel-Ausstellung.

Gelegentlich stellen Museen und Sammlungen Leihgaben für Ausstellungen im anderen deutschen Staat zur Verfügung. Die gewerblichen Buchhandelsbeziehungen beruhen auf Vereinbarungen des → **Innerdeutschen Handels (IDH)** (→ **Bücher-Austausch; Buchexport**). Die Teilnahme von Wissenschaftlern und Künstlern aus der DDR an Veranstaltungen im Bundesgebiet (und in umgekehrter Richtung) ist zwar kein Ausnahmefall; diese Beziehungen sind jedoch noch recht spärlich und zweifellos – wie die KZus. zwischen der Bundesrepublik Deutschland und der DDR überhaupt – besonders entwicklungsbedürftig und entwicklungsfähig.

Die Entwicklung der KZus. ist im Art. 7 des Grundlagenvertrags vom 21. 12. 1972 vereinbart worden; die nach dem Zusatzprotokoll (Ziffer 7) vorgesehenen Verhandlungen über den Abschluß von Regierungsabkommen sind am 27. 11. 1973 aufgenommen worden. Nach 5 Verhandlungsrunden wurde im Oktober 1975 kein neuer Verhandlungstermin vereinbart. Die DDR hatte als Voraussetzung für die Fortführung der Verhandlungen die Bereitschaft zur Herausgabe wichtiger Bestände der Stiftung Preußischer Kulturbesitz gefordert. Die Bundesregierung ist dagegen der Auffassung, daß über diese Bestände rechtlich entschieden ist und dies damit kein Thema für Verhandlungen mit der DDR sein kann. Im Herbst 1982 hat der Staatsratsvorsitzende Honecker die Bereitschaft auf seiner Seite zur Fortsetzung der Verhandlungen über ein Kulturabkommen unter Ausklammerung der Problematik um den früheren preußischen Kulturbesitz bekanntgegeben. Im September 1983 sind die Verhandlungen wieder aufgenommen worden.

Im Art. 7 des Grundlagenvertrags haben die Vertragsparteien auch die Entwicklung der Zusammenarbeit auf den Gebieten der Wissenschaft und Technik vereinbart; die für den Abschluß von Regierungsabkommen erforderlichen Verhandlungen (nach Ziffer 2 des Zusatzprotokolls) haben am 30. 11. 1973 begonnen. Nach vielen Verhandlungsrunden ist bei der Regelung von Sachfragen weitgehend Einvernehmen erzielt worden. Doch sind nach wie vor (Mai 1984) wichtige Fragen, zu denen auch die Einbeziehung von Berlin (West) gehört, noch offen.

Die kulturellen Austauschbeziehungen der DDR beruhen weitgehend auf Kulturabkommen, die in der Regel mit Arbeitsplänen und Arbeitsprogrammen ausgefüllt werden. Seit November 1972 gehört die DDR der Organisation der Vereinten Nationen für Erziehung, Wissenschaft und Kultur (UNESCO) an. Die Mitgliedschaft zu Organisationen und Institutionen der UNESCO (z. B. zum Internationalen Musikrat, zum Internationalen Theater-Institut, zum Internationalen Rat der Museen usw.) hatte die DDR schon früher erworben.

Für die Praxis des kulturellen Austausches steht der DDR ein seit Jahren entwickeltes Instrumentarium zur Verfügung, das auch die Ausschaltung störender und unerwünschter Einflüsse garantiert. Die → **Künstler-Agentur der DDR** besitzt eine Monopolstellung bei der Vermittlung von Ensembles und Solisten, die außerhalb der DDR gastieren sollen; auch Gastspiele aus dem Bundesgebiet in der DDR und aus dem Ausland können nur von der genannten Künstler-Agentur vermittelt werden. Die in der Liga für Völkerfreundschaft zusammengeschlossenen → **Freundschaftsgesellschaften** und Freundschaftskomitees sind insbesondere in den Gastländern weitgehend die Träger und Gestalter der kulturpolitischen Veranstaltungen der DDR.

Seit der internationalen Anerkennung der DDR sind auch die diplomatischen Vertretungen am Kulturaustausch beteiligt (→ **Diplomatische Beziehungen**). In verschiedenen Ländern gibt es Kulturzentren bzw. Kultur- und Informationszentren (KIZ) der DDR (in Europa in den Städten Rom, Helsinki, Stockholm, Kopenhagen und auch in Paris). Als zentrale Vorstudienanstalt für ausländische Studierende und als Stätte zur Förderung deutscher Sprachkenntnisse dient das Herder-Institut in Leipzig (→ **Ausländerstudium**). Ein Auslandsschulwesen, das den von der Bundesrepublik Deutschland geförderten deutschen Auslandsschulen vergleichbar ist, unterhält die DDR dagegen nicht.

Neben der intensiven Förderung des deutschen Sprachunterrichts, vor allem in Ländern der „Dritten Welt", befaßt sich die auswärtige Kulturarbeit der DDR auch mit der Präsentation von Filmen; Sprachunterricht und Filmvorführung bieten besonders gute Möglichkeiten, ein vorteilhaftes „Image" des anderen deutschen Staates zu erzeugen (→ **Auslandspropaganda**). Auch die Entsendung künstlerischer Ensembles nimmt einen breiten Raum ein. Die DDR hat es dabei verstanden, das hohe Niveau ihrer Musik- und Bühnenkunst als kontinuierliche Weiterentwicklung des traditionell im Ausland geschätzten deutschen Kulturerbes zu präsentieren.

Aus den Beständen der → **Museen** – es sind in erster Linie die Staatlichen Museen in Dresden und Berlin (Ost) zu nennen – veranstaltet die DDR vor allem im westlichen Ausland Ausstellungen alter Meister und Maler des 19. Jahrhunderts. Hervorzuheben ist die große, fünf Jahrhunderte umfassende Ausstellung „The Splendor of Dresden", die 1978 in Washington, New York und San Francisco gezeigt wurde.

Mit zahlreichen Buchausstellungen im Ausland will sich die DDR ferner „als ein Land des Buches" darstellen.

Kulturelles Erbe: Unter KE., jetzt als „Kulturerbe" bezeichnet, versteht die SED „die Gesamtheit von Bindungen, Beziehungen und Ergebnissen der geistigen Produktion vergangener geschichtlicher Epochen" (Kulturpolitisches Wörterbuch, Berlin [Ost] 1978, S. 386). Seine Bewertung „erfolgt vom Standpunkt seiner praktischen Anwendung durch soziale Gruppen (Klassen, Nationen usw.), durch ganze Generationen und durch neue sozialökonomische Formationen". Aus dieser Doktrin ergeben sich für die kulturpolitische Praxis sowohl Schwerpunkte als auch Widersprüche.

Symptomatisch für diesen konfliktreichen Prozeß ist die Rezeption des KE. der deutschen Vergangenheit. In den ersten Jahren nach Gründung der DDR hielt die SED-Führung den Anspruch einer einheitlichen deutschen Kulturnation aufrecht, beanspruchte jedoch schon damals das „fortschrittliche Erbe" für sich und grenzte es von der „imperialistischen Unkultur" im Westen Deutschlands ab. Zeitlich parallel zur Entwicklung der Formel vom „sozialistischen deutschen Nationalstaat" verlief die Absage an das gesamtdeutsche KE. Die Propagandisten und Kulturtheoretiker der SED versuchten, spezifische Traditionslinien einer „sozialistischen deutschen Nationalkultur" herauszuarbeiten. Einzelne Ereignisse der deutschen Geschichte, etwa die Bauernkriege oder progressiv-realistische und sozialistisch-revolutionäre Inhalte der deutschen Literaturgeschichte, sind dabei in direkten Zusammenhang mit der gesellschaftspolitischen Entwicklung der DDR gestellt worden. Dies geschah mit dem Anspruch, „die besten Traditionen der Geschichte und Kultur wieder zum Leben zu erwecken und im Sozialismus zu ihrer eigentlichen Blüte zu führen". Der Bundesrepublik Deutschland wurde das Recht auf Aneignung und Verwaltung des KE. abgesprochen, die These von der Einheit der deutschen Kultur als „ideologische Konterrevolution" bezeichnet.

In dem Bemühen, ein eigenes DDR-Nationalgefühl zu entwickeln, und weil sich viele kulturelle Werte der Vergangenheit nicht nahtlos in dieses Konzept einfügen ließen, plädierte die SED-Führung für eine „kritische Aneignung" des KE. Das bedeutete seine „Überprüfung, Entwicklung und Anwendung je nach den konkreten geschichtlichen Aufgaben der Gegenwart, je nach den objektiven Kriterien des gesellschaftlichen Fortschritts" (Kulturpolitisches Wörterbuch, Berlin [Ost] 1978, S. 386). Das führte in der Praxis zunächst zu einer verstärkten Pflege kultureller Werte und Traditionen auch aus den osteuropäischen sozialistischen Ländern und der Sowjetunion; es hat aber auch die Auseinandersetzung mit früher verpönten oder ignorierten deutschen und ausländischen Kulturgütern (z. B. dem Surrealismus, den Werken Robert Musils) ermöglicht. Besonders auffallend und in der DDR selbst nicht unumstritten waren zu Beginn der 80er Jahre zwei prinzipielle Wendungen in der Erbe-Rezeption: Der 200. Geburtstag Karl Friedrich Schinkels im Jahr 1981 und die Ankündigung einer großen Preußen-Ausstellung in West-Berlin führten zu einer Änderung des offiziellen, bisher weitgehend negativen Preußenbildes. Sie wurde eingeleitet mit einer Biographie Friedrichs II. der Historikerin Ingrid Mittenzwei. Danach verfügte SED-Generalsekretär Honecker persönlich die Wiederaufstellung des Reiterstandbilds Friedrich des Großen von Christian Daniel Rauch in der Ost-Berliner Straße Unter den Linden. Die Vorbereitung des Luther-Jahres 1983 bot der DDR Anlaß, auch ihr bisheriges Bild vom „Fürstenknecht" Martin Luther zu reformieren. Honekker war hierbei ebenfalls Vorreiter, indem er sich an die Spitze des staatlichen ‚Luther-Komitees der DDR stellte. Kurze Zeit später wurde auch der früher wegen der von ihm erlassenen „Sozialistengesetze" heftig geschmähte Reichskanzler Otto von Bismarck einer differenzierteren Wertung unterzogen. – Im Zusammenhang mit diesen Vorbereitungen bei der Auseinandersetzung mit der deutschen Vergangenheit gibt es Versuche, die Begriffe „Erbe" und „Tradition" voneinander abzugrenzen (→ **Nationale Geschichtsbetrachtung**). Das Bemühen um Traditionslinien zur Schaffung einer eigenen nationalen Identität der DDR führte schließlich auch zur Aneignung des KE. über eine verstärkte Förderung des Heimatgefühls. Auf alten Traditionen beruhende Volksfeste, Umzüge, Kirmessen wurden zunehmend wiederentdeckt bzw. unter sozialistischen Vorzeichen wiederbelebt (→ **Heimatgeschichte**).

Seit Anfang/Mitte der 70er Jahre galt im Rahmen der Pflege des KE. der Denkmalpflege besondere Aufmerksamkeit. An einem Drittel der rd. 30000 Bau- und Kunstdenkmäler in der DDR wurden Erhaltungs- und Restaurierungsarbeiten vorgenommen. Mit Blick auf die 750-Jahr-Feier Berlins 1987 wurde die Rekonstruktion des historischen Stadtzentrums zum politischen Schwerpunkt erklärt, der gegenüber allen anderen Vorhaben in der übrigen DDR Vorrang haben sollte. Als weitgehend durchgeführte beziehungsweise geplante Projekte sind der Dom, die Charité, der ehemalige Gendarmen-Markt mit dem Schauspielhaus, die Friedrich-Werdersche Kirche, das Ephraim-Palais sowie der Wiederaufbau der Friedrichstraße samt Friedrichstadt-Palast zu nennen. Zu den Projekten in der DDR zählen die Semper-Oper in Dresden sowie die Rekonstruktion verschiedener historischer Stadtzentren. Für den Wiederaufbau bzw. für die Rekonstruktion von solchen „Objekten mit nationaler Repräsentanz" wurde im Zeitraum von 1976 bis 1980 gegenüber dem Zeitraum von 1971 bis 1975 die doppelte Summe ausgegeben. Konkrete Zahlen werden allerdings nicht genannt. → **Denkmalschutz.**

Kulturfonds: 1949 aufgrund der ersten Kulturverordnung geschaffener Finanzstock, der aus Eintrittskartenzuschlägen bei unterhaltenden und kulturellen Veranstaltungen sowie Ausstellungen, Museen und Filmvorführungen (je 5 Pf), bei Tanzvergnügen, musikalischen und anderen künstlerischen Darbietungen in Gaststätten und Tanzlokalen (je 10 Pf), Preisaufschlägen beim Verkauf von Schallplatten (10 Pf je Platte) und einer monatlichen Abgabe von 5 Pf für jeden benutzten Rundfunk- und Fernsehempfänger gebildet wird. Nach einer AO vom April 1960 dienen die Mittel des K. der „Entwicklung und vollen Entfaltung des sozialistischen Kulturlebens". Eingesetzt werden sie nach langfristigen Programmen aufgrund von Vorschlägen der Leitungen der Künstlerverbände, der Akademie der Künste, des Kulturbundes, der Gewerkschaft sowie staatlicher Organe und Institutionen vorrangig zur Schaffung neuer Werke der Literatur, der bildenden und darstellenden Kunst, der Musik, der Unterhaltungskunst sowie des künstlerischen Volksschaffens und zur Unterstützung der kulturellen Massenarbeit. Mittel des K. werden auch zur Unterhaltung von Arbeits- und Erholungsstätten für Schriftsteller und Künstler verwendet sowie zur Finanzierung von Stipendien, Förderungsverträgen und Studienreisen. Der K. wird von einem Kuratorium, dem Staats- und Parteifunktionäre und Vertreter der → **Massenorganisationen** angehören, verwaltet. Die Mitglieder des Kuratoriums werden vom Minister für Kultur ernannt und abberufen. Seit 1964 verbleiben die örtlich aufkommenden Mittel den örtlichen „Staatsorganen". Dabei werden die landwirtschaftlichen Bezirke bewußt bevorzugt.

Kulturpolitik

I. Ideologische Voraussetzungen und allgemeine Tendenz

Auch in der K. gilt das Dogma von der „führenden Rolle der Partei". Folgerichtig fordert daher die → **Sozialistische Einheitspartei Deutschlands (SED)** „die Verwirklichung der sozialistischen Revolution auf dem Gebiet der Ideologie und Kultur und die Herausbildung einer der Arbeiterklasse, dem schaffenden Volk und der Sache des Sozialismus ergebenen zahlreichen Intelligenz".

Diese Definition der K. findet sich bereits in der „Erklärung der Kommunistischen und Arbeiterparteien" von 1957 und wird gegenwärtig als „allgemeine Gesetzmäßigkeit des sozialistischen Aufbaus in allen Ländern" verstanden (Kleines Politisches Wörterbuch, Berlin [Ost], 3. Aufl., 1978, S. 511).
Die K. soll der Durchführung einer „sozialistischen Kulturrevolution" dienen. Sie soll sich in Etappen vollziehen und hat „alle Bereiche des gesellschaftlichen Lebens zu durchdringen". Eine derart umfangreiche Aufgabenstellung ordnet die K. in den Prozeß der allgemeinen sozialistischen Umgestaltung der Gesellschaft ein. Objektive Grundlage der K. soll die Beachtung der Einheit von Politik, Ökonomie und Kultur bilden. Wie in den Bereichen Politik und Ökonomie beansprucht die SED auch in der Kultur die Planung und Leitung der allgemeinen Entwicklung. „Inhalt und Aufgaben der Kulturpolitik der SED sind bestimmt vom strategischen Ziel, das mit dem Programm der SED vom IX. Parteitag beschlossen wurde, in der DDR weiterhin die entwickelte sozialistische Gesellschaft zu gestalten und so grundlegende Voraussetzungen für den allmählichen Übergang zum Kommunismus zu schaffen; von der weiteren Vertiefung der Freundschaft und Zusammenarbeit mit der Sowjetunion und den anderen Ländern der sozialistischen Staatengemeinschaft; von den Erfordernissen der verschärften Klassenauseinandersetzung zwischen Sozialismus und Imperialismus." (Kulturpolitisches Wörterbuch, Berlin [Ost], 2. Aufl., 1978, S. 403)
Die Durchsetzung der K. erfolgt über die Parteiorganisationen auf den verschiedenen Ebenen, die staatlichen Organe, kulturelle Institutionen und gesellschaftliche Organisationen sowie die einzelnen Künstlerverbände.
Die einzelnen Bereiche der K. werden im „Programm der SED" von 1976 umschrieben. Die Partei, so heißt es darin, „setzt sich dafür ein, den Reichtum materieller und geistiger Werte der sozialistischen Kultur umfassend zu mehren und ein vielseitiges anregendes kulturelles Leben zu entfalten. Ein wichtiges Anliegen ist die systematische Erhöhung der sozialistischen Arbeitskultur in allen Stätten der Arbeit und des Lernens. Die Partei tritt dafür ein, alle Möglichkeiten und vielfältigen Formen für die Entwicklung eines kulturvollen sozialistischen Gemeinschaftslebens in den Städten, Dörfern und Erholungsgebieten zu nutzen. Es gilt, mehr Voraussetzungen für kulturelle Gemeinschaftserlebnisse, für niveauvolle Geselligkeit, Unterhaltung und Tanz sowie für sportliches Wetteifern zu schaffen."
Als „die verschiedenen Elemente der sozialistischen Kultur" nannte der zuständige Sekretär im ZK der SED, Kurt Hager, auf der 6. Tagung des ZK der SED am 6./7. 7. 1972 „die sozialistische Arbeitskultur, den Schutz und die Gestaltung der Umwelt, die Kultur in den menschlichen Beziehungen und im persönlichen Lebensstil, die Weiterentwicklung der wissenschaftlichen Weltanschauung und ihre Verbreitung im Volk, die Förderung von Wissenschaft und Bildung, die Pflege des humanistischen Kulturerbes (→ **Kulturelles Erbe**) und seine Aneignung durch die Werktätigen, den Aufschwung der Kunst und ihre gesellschaftliche Wirksamkeit, die Entwicklung aller schöpferischen Begabungen und Talente des Volkes".
Die sozialistische Kulturrevolution versteht sich nach Lenin als „Entwicklung der besten Vorbilder, Traditionen und Ergebnisse der bestehenden Kultur vom Standpunkt der marxistischen Weltanschauung"; sie zielt in der DDR auf die Herausbildung einer sozialistischen Nationalkultur, die sich als legitimer Erbe aller demokratischen und humanistischen Traditionen der deutschen Geschichte betrachtet (→ **Nationale Geschichtsbetrachtung**). Seit 1961 wird der These von einer fortbestehenden „Einheit der deutschen Kultur" entgegengetreten und die Abgrenzung von der in der Bundesrepublik Deutschland herrschenden „imperialistischen Kultur" auch historisch mit dem Hinweis begründet, daß es eine „außerhalb der Bestrebungen der Klassen stehende einheitliche deutsche Kultur nie gegeben" habe (Hager). Im Verhältnis zu den kulturellen Erscheinungen in der Bundesrepublik Deutschland soll genau unterschieden werden „zwischen den Produkten kapitalistischer Kulturindustrie, die dem Imperialismus unmittelbar dienen, und jenen künstlerischen Anstrengungen, die humanistische und demokratische Positionen, aber auch noch verschwommene Wünsche, Gedanken, Forderungen nach Frieden, Entspannung, sozialer Sicherheit zum Ausdruck bringen". Das gleiche gilt auch für den kulturellen Kontakt und Austausch mit anderen kapitalistischen Staaten; so wird z. B. von entsprechenden Kriterien die Auswahl von dort übernommener literarischer, filmischer und anderer künstlerischer Werke bestimmt.
Unter den geschilderten Aspekten hat seit jeher ein Spannungsverhältnis zwischen der staatlichen K. auf der einen und den Künstlern und Schriftstellern auf der anderen Seite bestanden. Die Durchsetzung der K. der Partei bleibt ein widerspruchsvoller Prozeß, der sich sowohl in verordneten Maßnahmen, als auch im nachträglichen Reagieren auf künstlerische Entwicklungen vollzieht. Die innere und die äußere Situation der DDR bleiben maßgebend für die Art und Weise, in der die Konflikte zwischen den Künstlern und der Obrigkeit ausgetragen werden.
Die angestrebte verstärkte Integration der sozialistischen Staaten auf politischem und wirtschaftlichem Gebiet führte auch zu einer Intensivierung der kulturellen Beziehungen der DDR zu diesen Staaten, wie dies vor allem mit der Sowjetunion seit langem praktiziert wird. Ihren Ausdruck findet diese Entwicklung in regelmäßigen Beratungen der Kultur-,

Hochschul- und Volksbildungsminister und zwischen den entsprechenden Künstlerverbänden sowie in zwischenstaatlichen Arbeitsvereinbarungen und Abkommen auf allen Gebieten der K. In Berlin (Ost) bestehen Kulturhäuser der Sowjetunion, der ČSSR, Polens, Ungarns und Bulgariens, die durch Ausstellungen, Film-, Musik- und Vortragsveranstaltungen, Sprachkurse sowie den Verkauf einheimischer Kulturwaren Informationen über die Kultur ihrer Länder liefern und z. T. auch entsprechende Veranstaltungen in den Bezirken der DDR durchführen. Kulturellem Austausch dienen auch meist auf dem Prinzip der Gegenseitigkeit durchgeführte Kulturtage der einzelnen sozialistischen Länder.

II. Etappen der Kulturpolitik

Wie die politische → **Geschichte der DDR** vollzog sich auch die K. in verschiedenen Etappen (→ **Periodisierung**). Dabei ergaben sich durchaus zeitliche und inhaltliche Abweichungen in der Durchsetzung der K. in den unterschiedlichen Kulturbereichen. Die „antifaschistisch-demokratische" Phase der K. von 1945 bis 1951 war vor allem gekennzeichnet durch 1. die Aufklärung über die NS-Vergangenheit, 2. die Anknüpfung an die humanistischen Traditionen des Bürgertums in der Kunst, 3. die durch soziale und materielle Vergünstigungen unterstützte Einbeziehung der bürgerlichen Intelligenz in den Aufbauprozeß bei gleichzeitiger Besetzung der Schlüsselpositionen des Kulturapparats mit Kommunisten und 4. die Anfänge einer Schul- und Hochschulreform, die einmal der Entnazifizierung des Bildungswesens und zum anderen seiner Öffnung für Arbeiter- und Bauernkinder diente. Zur schnellen Heranbildung einer neuen Intelligenz aus der Arbeiterklasse wurden insbesondere 1946 die später in → **Arbeiter-und-Bauern-Fakultäten (ABF)** umbenannten Vorstudienanstalten eingerichtet, die jungen Arbeitern und Bauern den Zugang zum Universitäts- und Hochschulstudium ermöglichten.

Die eigentliche „sozialistische Kulturrevolution" wurde 1951 durch eine Zentralisierung der Lenkung der gesamten K. eingeleitet. So wurden in diesem Jahr das „Amt für Literatur und Verlagswesen" und die „Staatliche Kommission für Kunstangelegenheiten" eingerichtet; 1952 folgte die Gründung des „Staatlichen Komitees für Filmwesen" und des „Staatlichen Rundfunkkomitees". Die von diesen Institutionen betriebene Ausrichtung der K. auf die Aufgaben des Fünfjahrplanes und die durch den kalten Krieg verschärfte Auseinandersetzung mit dem Westen erfolgten vorwiegend durch administrative Maßnahmen und wurden bestimmt durch den auf der 5. Tagung des ZK der SED vom 17. 3. 1951 gefaßten Beschluß „Der Kampf gegen den → **Formalismus** in Kunst und Literatur, für eine fortschrittliche deutsche Kultur" und die Orientierung auf den „Sozialistischen Realismus" (→ **Ästhetik; Bildende Kunst; Literatur und Literaturpolitik**). Die davon ausgehende, sich vor allem an politischen, nicht aber an künstlerischen Maßstäben orientierende Kritik traf selbst prominente Vertreter des Kulturlebens in der DDR und allgemein anerkannte Kunstwerke. Beispiele dafür sind: Die Oper „Das Verhör des Lukullus" von B. Brecht und P. Dessau, die nach ihrer Uraufführung 1951 von den Autoren umgearbeitet und in „Die Verurteilung des Lukullus" umbenannt werden mußte; der nach dem gleichnamigen Roman von A. Zweig gedrehte DEFA-Film „Das Beil von Wandsbek", der nach der Premiere zurückgezogen wurde; eine Barlach-Ausstellung, die 1952 nach vorausgegangener Kritik an dem „düsteren, bedrückenden, pessimistischen Charakter" der Kunst des Bildhauers vorzeitig geschlossen wurde. Die dogmatische Auslegung der Begriffe „Formalismus" und „Sozialistischer Realismus" war beeinflußt durch die damalige stalinistische K. der Sowjetunion und stieß ebenso wie die zur Durchsetzung entsprechender kulturpolitischer Richtlinien angewandten Praktiken der staatlichen Organe nach Proklamierung des „Neuen Kurses" am 9. 6. 1953 auf die offene Kritik der betroffenen Künstler, insbesondere der Deutschen → **Akademie der Künste der DDR (AdK)** in Berlin (Ost). Die Folgen waren eine Auflösung der 1951/52 etablierten Institutionen (mit Ausnahme des „Staatlichen Rundfunkkomitees") und die Übernahme ihrer Funktionen durch ein am 7. 1. 1954 gebildetes → **Ministerium für Kultur**. In der dazu erlassenen VO hieß es u. a.: „Verständnisloses Administrieren darf nicht an Stelle des Überzeugens und der Selbstverständigung der Künstler treten", die DDR „wird alle Möglichkeiten einer gesamtdeutschen Zusammenarbeit zur Pflege und Erhaltung einer humanistischen deutschen Kultur wahrnehmen".

Nachdem die auf dem XX. Parteitag der KPdSU geübte Stalin-Kritik kulturpolitischen Liberalisierungstendenzen in der DDR und Kritik der Künstler an bürokratischen und schematischen Leitungsmethoden neuen Auftrieb gegeben hatte, wies eine vom ZK der SED zum 23./24. 10. 1957 einberufene Kulturkonferenz solche Erscheinungen auch unter dem Eindruck der Ereignisse in Ungarn zurück. Schon vorher hatten kulturpolitische Repressionen gegen antistalinistische Kräfte eingesetzt, wobei insbesondere die Inhaftierung und Verurteilung der Gruppe um den Ost-Berliner Philosophie-Dozenten W. Harich und Auseinandersetzungen um die revisionistischer Ideologie beschuldigte Philosophie des von 1948 bis zur Zwangsemeritierung 1957 in Leipzig lehrenden E. Bloch eine Rolle spielten. Die SED orientierte sich jetzt wieder verstärkt auf die Erfordernisse der sozialistischen Kulturrevolution im Zusammenhang mit den politischen und ökonomischen Aufgaben des zweiten Fünfjahrplanes. In der Bil-

dungspolitik bedeutete dies die Einführung der polytechnischen Bildung in den Unterricht, die 1959 mit der Errichtung der 10klassigen allgemeinbildenden polytechnischen Oberschule für alle Schüler Gesetz wurde. In der Kunstpolitik hieß das die Herstellung engerer Verbindungen zwischen Kunstproduzenten und -konsumenten, die Schriftsteller und Künstler dadurch realisieren sollten, daß sie sich mit Leben und Arbeit an den Schwerpunkten industriellen und landwirtschaftlichen Aufbaus vertraut machen.
Besonders forciert wurde diese K. mit der Zielvorstellung einer Überwindung der „noch vorhandenen Trennung von Kunst und Leben, der → **Entfremdung** zwischen Künstler und Volk" durch die als 1. Bitterfelder Konferenz bekanntgewordene Autorenkonferenz des Mitteldeutschen Verlages Halle vom 24. 4. 1959 im Kulturpalast des VEB Elektrochemisches Kombinat Bitterfeld. Die hier von W. Ulbricht ausgegebenen kulturpolitischen Direktiven wurden in der Folgezeit als **Bitterfelder Weg** popularisiert. Sie beinhalteten u. a. Bestrebungen zur Erhöhung des Kulturniveaus der Arbeiter, wie die Einbeziehung von „Kultur- und Bildungsplänen" der Arbeitskollektive in den sozialistischen Wettbewerb und eine starke Förderung des künstlerischen Volksschaffens, z. B. durch die „Bewegung Schreibender Arbeiter" und „Junger Talente" sowie die Bildung von Arbeiter- und Bauerntheatern aus Laien.
Auf der 2. Bitterfelder Konferenz am 24./25. 4. 1964 wurde u. a. auf den Zusammenhang der Kulturrevolution mit der wissenschaftlich-technischen Revolution hingewiesen; die durch diese aufgeworfenen Probleme standen besonders Ende der 60er, Anfang der 70er Jahre auch im Mittelpunkt verschiedener literarischer Werke, Theaterstücke, Filme und Fernsehspiele. 1965 wurde mit dem Gesetz über das → **Einheitliche sozialistische Bildungssystem** in Fortführung der Schulreform von 1959 nunmehr der gesamte Bildungs- und Ausbildungsbereich neu geregelt. Zu seinen Bestandteilen gehören die Einrichtungen der Vorschulerziehung (Kinderkrippen und Kindergärten), die 10klassige allgemeinbildende polytechnische Oberschule, die Einrichtungen der Berufsausbildung, die zur Hochschulreife führenden Bildungseinrichtungen, die Ingenieur- und → **Fachschulen**, die → **Universitäten und Hochschulen**, die Einrichtungen der Aus- und Weiterbildung der Berufstätigen sowie die Sonderschuleinrichtungen. In allen Bildungseinrichtungen wird auf der Grundlage staatlicher Lehrpläne gearbeitet, für die das → **Ministerium für Volksbildung** bzw. **für Hoch- und Fachschulwesen** verantwortlich ist. Die 3. Hochschulreform, deren Inhalte und Ziele vom VII. Parteitag der SED 1967 präzisiert wurden, koordinierte Lehre und Forschung mit den Bedürfnissen und den planmäßigen Veränderungen in den Betrieben.

Der „Bitterfelder Weg" führte in der Praxis zeitweise zu einer Nivellierung kunstästhetischer Maßstäbe. Kontroversen zwischen Vertretern der SED-K. und verschiedenen Künstlern entstanden auch aus unterschiedlichen Meinungen über die kritische Funktion der Kunst. Die nach der äußeren Abgrenzung durch die Maßnahmen des 13. 8. 1961 in Berlin erreichte innere Konsolidierung der DDR erlaubte nach Meinung dieser Künstler und einiger Kulturpolitiker eine offenere Auseinandersetzung mit Mängeln der eigenen Gesellschaft. Verschiedene Werke der Literatur, des Theaters und des Films, in denen diese Einstellung zum Ausdruck kam, wurden Mitte der 60er Jahre offizieller Kritik unterzogen, teilweise vom Spielplan abgesetzt bzw. durften nicht erscheinen. Davon betroffen waren u. a. Schriftsteller wie V. Braun, P. Hacks, St. Heym und Ch. Wolf. Waren die entsprechenden Differenzen vor allem durch das 11. Plenum des ZK der SED im Dezember 1965 offenkundig und beeinflußt worden, so markierte der VIII. Parteitag der SED im Juni 1971 den Beginn eines positiveren Verhältnisses zwischen Künstlern und Partei, das seitdem mehrfach durch Begriffe wie „gegenseitiges Vertrauen" und „schöpferische Atmosphäre" gekennzeichnet wurde.
Auf dem VIII. Parteitag der SED (1971) wurden Schriftsteller und Künstler zum „offenen, sachlichen, schöpferischen Meinungsstreit" ermuntert und ihrer „schöpferischen Suche nach neuen Formen volles Verständnis" zugesichert. E. Honecker ergänzte bald darauf diese Ankündigungen einer „offeneren" K. durch die Feststellung, daß, „wenn man von festen Positionen des Sozialismus ausgeht, . . . es . . . auf dem Gebiet von Kunst und Literatur keine Tabus geben" könne. Die für die durch den VIII. Parteitag der SED eingeleitete neue Phase der K. gültigen Richtlinien wurden auf der 6. Tagung des ZK der SED am 6./7. 7. 1972 präzisiert. K. Hager erklärte im Grundsatzreferat, daß es in der K. „um die Befriedigung sehr differenzierter kultureller und künstlerischer Bedürfnisse" gehe und „in der Kunst des sozialistischen Realismus . . . eine reiche Vielfalt der Themen, Inhalte, Stile, Formen und Gestaltungsweisen zu erschließen" sei.
Die in den letzten Jahren bei der Auslegung des Begriffs „Sozialistischer Realismus" gewonnene zunehmende Variationsbreite wurde noch einmal durch den ausdrücklichen Hinweis auf „Weite und Vielfalt aller Möglichkeiten des sozialistischen Realismus" unterstrichen, gleichzeitig aber betont, daß dies „jede Konzession an bürgerliche Ideologien und imperialistische Kunstauffassungen" ausschließe.
Die Gestaltung von Widersprüchen und Konflikten in Kunstwerken sollte zukünftig auch dann legitim sein, wenn dabei keine fertigen Lösungen angeboten würden. „Das ‚Kritische Element'" erweise sich aber „nur produktiv in seinem dialektischen Verhältnis zur konstruktiven Funktion der Kunst in der

sozialistischen Gesellschaft". Besonders hervorgehoben wurde ferner die künstlerische und gesellschaftliche Bedeutung des Heiteren. Schließlich hieß es: „Der Arbeitsstil aller leitenden Organe der Partei, des Staates und der gesellschaftlichen Organisationen muß durch Sachlichkeit und Sachkenntnis, durch das verständnisvolle Verhalten zu den Künstlern und Künsten, durch das umsichtige Fördern aller Talente geprägt sein. In ihm verbinden sich Prinzipienfestigkeit mit Feinfühligkeit für die vielschichtigen und komplizierten kulturell-künstlerischen Prozesse, die das für das weitere Erblühen der Kunst und Kultur gedeihliche Klima gewährleisten." Daß sich der so umrissene neue „verwissenschaftlichte" und von den administrativ-dogmatischen Methoden der 50er und 60er Jahre unterscheidende Führungsstil der Partei auf dem Gebiet der K. allmählich durchsetzte, ist auch eine Folge der in den 60er Jahren begonnenen Ausbildung von „Kulturkadern" in speziell konzipierten Hochschulstudiengängen und Sonderlehrgängen.

Die sich in diesen theoretischen Äußerungen dokumentierenden Modifikationen in der K. seit dem VIII. Parteitag blieben auf dem Gebiet der Kunst nicht ohne Konsequenzen. Einige bislang unterdrückte Werke durften erscheinen; zeitweise repressiv behandelte Künstler erfuhren eine Aufwertung; bessere Möglichkeiten zur Entfaltung formaler und inhaltlicher Eigenarten führten zu höherer Qualität künstlerischer Produkte; die Rolle des Individuums in der sozialistischen Gesellschaft rückte stärker in den Mittelpunkt künstlerischer Gestaltung; bisher durch ideologische Bedenken eingeschränkte Möglichkeiten zum Kennenlernen und zur Auseinandersetzung mit künstlerischen Werken der Vergangenheit und Gegenwart aus dem sozialistischen und kapitalistischen Ausland wurden erweitert.

Unter Spezialisten wurden in Fachzeitschriften mit geringer Auflage („Sinn und Form", „Weimarer Beiträge") kontroverse Diskussionen über die Funktion der Literatur geführt; gegen den Widerstand führender Funktionäre wurden der Druck und die Aufführung des Theaterstückes über den jugendlichen Außenseiter Edgar Wibeau „Die neuen Leiden des jungen W." von Ulrich Plenzdorf ermöglicht. Zunächst schien die SED-Führung diesen Kurs weiter steuern zu wollen. Sie verband Mitte der 70er Jahre mit der vorläufigen Absage an die Einheit der deutschen Nation eine stärkere Betonung der „sozialistischen Nationalkultur" und bemühte sich um eine Erweiterung des Begriffs → **Kulturelles Erbe**. Das „Programm der SED", vom IX. Parteitag (1976) verabschiedet, forderte für die künstlerische Entwicklung „eine Atmosphäre, die durch hohe ideelle, moralische und ästhetische Ansprüche an die Kunstschaffenden, durch verständnisvolles Verhalten gegenüber den Künstlern sowie durch die Förderung aller Talente charakterisiert wird". Diese Politik lief parallel zu den politischen Auswirkungen, die die DDR-Führung nach der Sicherheitskonferenz von Helsinki (1975) (→ **Außenpolitik**, IV.) und der Berliner Konferenz kommunistischer und Arbeiterparteien vom Juni 1976 (→ **Eurokommunismus**) zu bewältigen hatte. Künstler und Schriftsteller diskutierten und gestalteten immer stärker nicht nur die Vorzüge, sondern auch die Nachteile des „realen Sozialismus". Ein Eklat bahnte sich am 29. 10. 1976 an. An diesem Tag schloß der Bezirksverband Erfurt des DDR-Schriftstellerverbandes den Autor des Buches „Die wunderbaren Jahre", Reiner Kunze, aus seinen Reihen aus. Am 3. 11. bestätigte das Verbandspräsidium diesen Beschluß. 13 Tage später, am 16. 11. 1976, wurde der „Liedermacher" Wolf Biermann nach einem Konzert-Auftritt in Köln, der ihm von den Behörden in Berlin (Ost) zuvor genehmigt worden war, von der DDR durch Aberkennung der Staatsbürgerschaft in Abwesenheit ausgebürgert. Unmittelbar darauf begann eine bis dahin einmalige Solidaritäts-Aktion führender Schriftsteller und Künstler aus der DDR, der sich über hundert Künstler aller Kunstrichtungen anschlossen. Sie wandten sich in einem westlichen Presse-Agenturen übergebenen Protest gegen die Biermann-Ausbürgerung und baten die Parteiführung, „die beschlossenen Maßnahmen zu überdenken". Eine von der SED-Führung in den Medien im Gegenzug inszenierte Zustimmungskampagne zu ihrem Beschluß vertiefte allerdings nur die Kluft zwischen parteikonformen Künstlern und denen, die gleichzeitig Solidarität mit Biermann üben und die seit Anfang der 70er Jahre errungenen künstlerischen Freiräume verteidigen wollten. Das Mitglied des Politbüros der SED Kurt Hager beschuldigte Ende November 1976 die „gegnerische Propaganda", den Eindruck zu erwecken, „daß die Intelligenz der DDR mit dem Kurs des VIII. und IX. Parteitags unzufrieden sei und einen anderen, einen → **Dritten Weg** suche". Gleichzeitig kündigte er an, daß mit denjenigen Genossen, die gegen die Ausbürgerung protestiert hatten, „die Auseinandersetzung in ihrer Parteiorganisation" erfolgen werde.

Am 25. 1. 1977 faßte das SED-Politbüro einen Beschluß „über die politisch-ideologische Führung des geistig-kulturellen Lebens". Sein Wortlaut wurde bisher nicht veröffentlicht. Lediglich Kernsätze daraus wurden von Generalsekretär Honecker auf dem 5. ZK-Plenum zitiert. Sie finden sich auch im „Kulturpolitischen Wörterbuch", Berlin (Ost), 1978, 2., überarb. Aufl., S. 404: „Jeder Künstler, dessen Werke dem Frieden, dem Humanismus, der Demokratie, der antiimperialistischen Solidarität und dem realen Sozialismus verpflichtet sind, hat reiche Wirkungsmöglichkeiten. Die Grundfrage ist und bleibt die künstlerische Verantwortung im und für den Sozialismus. Durch ihre Kulturpolitik fördert die SED die Entwicklung einer schöpferischen

Atmosphäre, die durch hohe ideelle, moralische und ästhetische Ansprüche und durch prinzipienfestes und zugleich vertrauensvolles Verhalten gegenüber den Schriftstellern und Künstlern gekennzeichnet ist."

Die praktische Umsetzung dieser widersprüchlichen Politik hinterließ tiefe Spuren in der Kulturlandschaft der DDR. Die angekündigte „Auseinandersetzung" mit den Biermann-Sympathisanten hatte weitreichende psychologische Folgen. Enge Freunde des „Liedermachers" sowie Organisatoren von Protest-Resolutionen in der Provinz wurden wenige Tage nach dem Ausbürgerungs-Beschluß verhaftet und Monate später in die Bundesrepublik Deutschland abgeschoben. Einigen Schriftstellern und Schauspielern erfüllte man den Ausreisewunsch sofort. Für die Mehrzahl jedoch begannen langwierige und vielfach unerträgliche Diskussionen mit der Parteiführung und den Funktionären in den Künstlerverbänden. In ihrem Verlauf zog eine Reihe der prominentesten Künstler der DDR ein ungewisses Schicksal im Westen der ständigen Bevormundung durch die Kulturfunktionäre der SED vor. Schriftsteller (Manfred Jentzsch, Reiner Kunze, Sarah Kirsch, Jurek Becker, Hans-Joachim Schädlich), Schauspieler (Manfred Krug), Regisseure (Adolf Dresen), Komponisten (Thilo Medek), um nur die wichtigsten zu nennen, wurden im Lauf des Jahres 1977 aus der DDR-Staatsbürgerschaft entlassen oder erhielten für einen längeren „Urlaub" die Ausreisegenehmigung aus der DDR. Unter dem Eindruck ihres Weggangs begannen zahlreiche der Biermann-Sympathisanten, die aus Überzeugung entschlossen waren in der DDR zu bleiben, mit Hilfe westlicher Medien, vor allem des Fernsehens, eine Diskussion über die Rolle des Künstlers und das Wesen der sozialistischen Gesellschaft zu führen. Die bei diesen Gelegenheiten geäußerten Zweifel fielen zeitlich und inhaltlich mit der Veröffentlichung des Buches „Die Alternative" des DDR-Ingenieurökonomen Rudolf Bahro in der Bundesrepublik Deutschland zusammen, in dem ebenfalls von einer sozialistischen Position aus Möglichkeiten zur Überwindung des Widerspruchs zwischen Ideal und Wirklichkeit im „real existierenden Sozialismus" gesucht wurden.

Selbst führende SED-Politiker warnten in dieser Zeit vor dem behaupteten „Austrocknen der DDR-Kulturlandschaft". Die VIII. Kunstausstellung der DDR in Dresden im Herbst 1977 ließ wenigstens in der → **Bildenden Kunst** noch Raum für Kritik erkennen. Auf dem Theater bedienten sich einige Regisseure des Umwegs über die Inszenierung ausländischer, zumeist sowjetischer Stücke, um einer Erstarrung künstlerischer Ausdrucksformen zu entgehen und neue stilistische und inhaltliche Darstellungsmittel auszuprobieren zu können. Die nach dem VIII. Parteitag der SED (1971) eingeleitete vorsichtige Erweiterung des Buch- und Filmangebots aus dem westlichen Ausland wurde weitgehend aufrechterhalten.

Die meisten veröffentlichten Werke von schreibenden Biermann-Sympathisanten blieben, unabhängig davon, ob diese die DDR verlassen hatten oder nicht, auch weiterhin im Angebot der Buchhandlungen in der DDR. Einige neue Werke dieser Schriftsteller erschienen allerdings nur noch im Westen.

Diese widersprüchlichen Tendenzen waren auch auf dem IX. Kongreß des → **Kulturbundes der DDR (KB)** im September 1977 zu erkennen. Während sein neugewählter Präsident Hans Pischner einräumte, „auf unserem Weg auch Fehler gemacht" zu haben, vermochte Kurt Hager „nicht, irgendwelche Schwankungen" der Kulturpolitik der SED zu erkennen. Geradezu beschwörend meinte er, daß es „niemandem und niemals gelingen (werde), das Vertrauensverhältnis zwischen unserer Partei und den Kulturkunstschaffenden zu zerstören".

Der veröffentlichte Politbüro-Beschluß über die „Aufgaben der Literatur- und Kunstkritik" vom November 1977 versuchte, zerstörtes Vertrauen wiederherzustellen. Danach sollen „Probleme nicht verwischt oder verschwiegen werden, Fehler oder Schwächen einzelner Kunstwerke sollten mit Verständnis für die Kompliziertheit künstlerischer Schaffensprobleme offen besprochen werden". Der kulturpolitische Alltag allerdings sah, besonders bei der Vorbereitung des VIII. Schriftstellerkongresses der DDR im Mai 1978, anders aus. Durch Manipulationen bei der Nominierung wurden einige der bedeutendsten Schriftsteller der DDR nicht zum Kongreß delegiert. Andere verzichteten aus Solidarität mit gemaßregelten Kollegen von sich aus auf eine Teilnahme.

Die Kluft zwischen den Biermann-Sympathisanten und der Parteiführung konnte auf diese Weise nicht geschlossen werden. Sie wurde weiter aufgerissen, als Politbüro-Mitglied Konrad Naumann wenige Tage vor Beginn des Schriftstellerkongresses auf dem 8. ZK-Plenum im Mai 1978 Erinnerungen an das berüchtigte 11. Plenum des ZK der SED im Jahr 1965 weckte. Er hielt „einigen wenigen" Schriftstellern, die im westlichen Ausland publiziert hatten, ihre Deviseneinnahmen vor und diffamierte sie als „bürgerliche Künstler". Daraufhin sprach Stephan Hermlin, einer der Initiatoren der Protesterklärung für Biermann, auf dem Kongreß von „Demagogie" und bezeichnete sich selbst als einen „spätbürgerlichen Schriftsteller". Nach dieser öffentlichen Kontroverse schienen sich beide Seiten intern zunächst um einen Ausgleich zu bemühen. Das kulturpolitische Klima blieb jedoch von schwer überbrückbaren Gegensätzen zwischen der Mehrzahl der Künstler und den Kultur-„Apparatschiks" der Partei bestimmt.

Ende 1978 wurden Theaterstücke vor der Uraufführrung abgesetzt („Die Flüsterparty“ von Rudi Strahl), die Ausstrahlung von Fernsehspielen aus politischen Gründen verschoben („Geschlossene Gesellschaft“ von Klaus Poche). Anfang 1979 erschienen 2 Romane von DDR-Autoren, die sich kritisch mit den herrschenden Zuständen in ihrem Land auseinandersetzten, nur im Westen: Stefan Heyms „Collin“ über die stalinistische Vergangenheit der DDR, Rolf Schneiders „November“ über die Biermann-Ausbürgerung. Erich Honecker, der sich bis dahin mit richtungweisenden Erklärungen zur K. eher zurückgehalten hatte, stellte sich zur selben Zeit hinter den scharfen kulturpolitischen Kurs Konrad Naumanns.

Die unmittelbaren Folgen ließen nicht lange auf sich warten. Zunächst erließ die DDR-Führung eine neue „Durchführungsbestimmung über die Tätigkeit auswärtiger Korrespondenten in der DDR“, die „Interviews und Befragungen jeder Art“ genehmigungspflichtig machte. Damit wurde für kritische Künstler die direkte Äußerung über westliche Medien unmöglich gemacht. Als Stefan Heym gegen diese Vorschrift verstieß, wurde der ZDF-Korrespondent Peter van Loyen umgehend ausgewiesen. Wegen der Veröffentlichung von „Collin“ im Westen wurde Heym kurz darauf unter dem Vorwand des Verstoßes gegen die Devisengesetze der DDR zu 9000 Mark Geldstrafe verurteilt. Gegen diese Art der Maßregelung wandten sich am 16. 5. 1979 acht DDR-Autoren in einem Brief an Honecker, dessen Wortlaut im Westen allerdings nie bekannt wurde. Im Gegenzug bezeichnete der Schriftsteller Dieter Noll („Kippenberg“) in einem Schreiben an das „Neue Deutschland“ seine Kollegen Heym, Seyppel und Schneider als „kaputte Typen“. Die Auseinandersetzung erreichte einen neuen Höhepunkt, als der Bezirksverband Berlin des DDR-Schriftstellerverbandes am 7. 6. 1979 beschloß, Kurt Bartzsch, Adolf Endler, Stefan Heym, Karl-Heinz Jakob, Klaus Poche, Klaus Schlesinger, Rolf Schneider, Dieter Schubart und Joachim Seyppel „aus seinen Reihen auszuschließen“. Die am 1. 8. 1979 in Kraft getretene 3. Strafrechts-Änderung stellt in § 21 die Weitergabe von „Nachrichten, Schrift-Manuskripten und anderen Materialien, die geeignet sind, den Interessen der DDR zu schaden“, unter Strafe (→ **Staatsverbrechen**), um vor allem die unerwünschten Westverbindungen der Künstler zu unterbinden.

Die Folgezeit war von dem Bemühen der Parteiführung gekennzeichnet, innerhalb der nunmehr eng gezogenen Grenzen erneut um Ausgleich und Verständigung zu werben. Einige der gemaßregelten Autoren wie Poche, Schlesinger, Jakobs und Seyppel erhielten mehrjährige Ausreisevisa zum Verbleib im Westen. Andere, obwohl nicht direkt attakkiert, gingen den gleichen Weg, unter ihnen der Schauspieler Armin Müller-Stahl und der Schriftsteller Günter Kunert. Eine gewisse Lockerung zeigte sich in der Theater- und Verlagspolitik. Im Jahre 1980 wurde Heiner Müllers Stück „Der Bau“ 15 Jahre nach seiner Fertigstellung uraufgeführt. Von Stefan Heym erschien eine Neuauflage seines Romans „Goldsborough“. Ende des Jahres wurden 3 junge DDR-Schriftsteller, Thomas Erwin, Lutz Rathenow und Frank-Wolf Matthies wegen der Veröffentlichung von kritischen Werken im Westen zwar verhaftet, jedoch nach kurzer Zeit wieder freigelassen. Erwin und Matthies übersiedelten kurz darauf in die Bundesrepublik. Der X. Parteitag der SED blieb mit seinen kulturpolitischen Aussagen eher unverbindlich. Zwar gab es unterschiedliche Meinungen, gemäßigt wie die des Akademie-Präsidenten Konrad Wolf und dogmatisch wie die des Vorsitzenden des Bezirksverbandes Berlin (Ost) des DDR-Schriftstellerverbandes Günter Görlich; Konsequenzen wurden aus ihnen jedoch nicht gezogen. Einen neuen Akzent erhielt die K. der DDR Mitte Dezember 1981 durch die „Berliner Begegnung zur Friedensförderung“. Unmittelbar im Anschluß an das Schmidt/Honecker-Treffen vom Werbellinsee (Dez. 1981), führte der Schriftsteller Stephan Hermlin auf private Initiative, aber mit allerhöchster Genehmigung, Autoren aus Ost und West, vor allem aber aus beiden deutschen Staaten, zusammen, um über den Frieden zu diskutieren. Unter den Teilnehmern fanden sich auch Autoren, die die DDR vor nicht allzu langer Zeit in der Folge der Auseinandersetzungen im Schriftstellerverband verlassen hatten (→ **Friedensbewegung**). Die Diskussionen auf dieser Veranstaltung vor Kameras und Mikrofonen offenbarte Gegnerschaft zwischen den nicht immer nach Ost- bzw. Westherkunft politisch einander gegenüberstehenden Künstlern und Wissenschaftlern, aber nicht Feindschaft. Im Ergebnis leistete sie u. a. einen Beitrag zur teilweisen Wiederherstellung des nach der Biermann-Ausbürgerung so schwer ramponierten kulturellen Rufs der DDR. Die Fortsetzung des Treffens im Mai 1982 in Den Haag ging über das in Ost-Berlin bereits Gesagte kaum hinaus; es fehlte ihr nicht zuletzt die Brisanz, die der „Berliner Bewegung“ aus der Wahl des Tagungsortes erwuchs. War es in Berlin (Ost) noch möglich gewesen, Teilnehmer und Beobachter der Tagung gegenseitig von dem ehrlichen Friedenswillen zu überzeugen, taten sich im Laufe des Jahres 1982 tiefe Konflikte zwischen Initiatoren und Teilnehmern auf den Konferenzen der einen und Skeptikern bzw. Nicht-Eingeladenen auf der anderen Seite auf. Der hoffnungsvoll begonnene Dialog versandete in gegenseitigen Vorwürfen. Etwa zur gleichen Zeit schien sich der offizielle kulturpolitische Kurs Ost-Berlins wieder zu verschärfen. Auf einer „Kulturkonferenz der FDJ“ im Oktober 1982 wurde heftige Kritik geübt an der Tatsache, daß mit einem DDR-Paß ausgereiste Autoren sich im Westen nach wie

vor kritisch über ihren Staat äußerten. Ihnen wurde „fortgesetzter Verrat an unserer Heimat und unseren Idealen" vorgeworfen, namentlich genannt wurden Rolf Schneider, Klaus Poche und Karl-Heinz Jakobs.
Befürchtungen, daß solche Schelte auch interne Auswirkungen haben würde, bewahrheiteten sich indessen nicht. Der IX. Schriftstellerkongreß der DDR Ende Mai 1983 verlief, anders als der fünf Jahre zuvor, sowohl in der Vorbereitung als auch bei der Durchführung in geregelten Bahnen. Der wiedergewählte Verbandspräsident Hermann Kant gab die Losung aus, daß „über manche Angelegenheit, die uns zu ihrer Zeit sehr in Rage gebracht hat, inzwischen Gras gewachsen" sei.
Man bemühte sich um Konsolidierung, es fehlten die namentlichen Attacken. Es fehlten unter den Rednern mit Ausnahme Stephan Hermlins aber auch die großen Namen der DDR-Literatur: Christa Wolf, Franz Fühmann, Günter de Bruyn.
Die auch nach Beginn der Raketenstationierung Ende 1983 von Honecker betriebene Politik der „Schadensbegrenzung", die verbunden war mit mehr Flexibilität gegenüber der Bundesrepublik, blieb auch auf die Kulturpolitik nicht ohne Auswirkungen. Am Ostberliner Maxim Gorki-Theater wurde das Stück „Der Georgsberg" von Rainer Kerndl nach drei Aufführungen abgesetzt, vermutlich deshalb, weil sich der Autor allzu kritisch mit dem Ausverkauf sozialistischer Ideale durch westliche Valuta – Stichwort: Milliardenkredit – auseinandergesetzt hatte. Im Frühjahr 1984, auf dem Höhepunkt der Ausreisewelle, erschienen in der Zeitschrift „Sinn und Form" zwei „Tonbandprotokolle aus dem Havelgrund", in denen offen die mangelnden Reisemöglichkeiten beklagt wurden.

III. Kulturapparat, Institutionen und Organisationen

Die Anleitung und Kontrolle der K. erfolgt zentral über entsprechende Abteilungen im → **Zentralkomitee (ZK) der SED** und die Ministerien für Kultur, für Volksbildung und für Hoch- und Fachschulwesen, das Staatssekretariat für Körperkultur und Sport, das → **Staatssekretariat für Berufsbildung**, das → **Amt für Jugendfragen beim Ministerrat** und die mit diesen Fragen befaßten Ausschüsse der → **Volkskammer**. Bei den Räten der → **Bezirke**, → **Kreise**, Städte, Stadtbezirke und → **Gemeinden** bestehen Abteilungen für Kultur, für Volksbildung, für Arbeit und Berufsausbildung und für Jugendfragen sowie ständige Kommissionen für Kultur, denen Abgeordnete der Volksvertretungen und kulturell interessierte Mitglieder gesellschaftlicher Organisationen angehören. Eine wichtige Rolle bei der Kulturvermittlung – entweder durch die Organisierung von Veranstaltungen in Klub- und Kulturhäusern oder als Anreger kultureller Bildung – spielen Kulturbund, → **Freier Deutscher Gewerkschaftsbund (FDGB)** (mit rd. 250000 Kulturobleuten in den Betriebsgewerkschaftsgruppen; → **Kulturarbeit des FDGB**), → **Freie Deutsche Jugend (FDJ)**, → **Gesellschaft für Deutsch-Sowjetische Freundschaft (DSF)** und → **Urania (Gesellschaft zur Verbreitung wissenschaftlicher Kenntnisse)**. Für die Durchführung der den Kulturschaffenden gestellten kulturpolitischen Aufgaben mitverantwortlich sind die → **Akademie der Künste der DDR (AdK)**, die Gewerkschaft Kunst im FDGB (mit rd. 70000 Mitgliedern = etwa 94 v. H. aller im kulturellen Bereich Tätigen) und die verschiedenen Künstlerverbände: → **Schriftstellerverband der DDR**, → **Verband der Komponisten und Musikwissenschaftler der DDR (VKM)**, → **Verband Bildender Künstler (VBK) der DDR**, → **Verband der Theaterschaffenden der DDR**, → **Verband der Film- und Fernsehschaffenden der DDR** und Bund der Architekten der DDR (→ **Architekten; Architektur**). Diese Institutionen und Organisationen üben auch beratende Funktionen bei der Konzipierung der K. aus.
Die überwiegend volks- bzw. organisationseigenen Verlage sowie die wenigen kleinen privaten Verlage unterstehen mit ihrer Buch- und Zeitschriftenproduktion genauso wie das gesamte Filmwesen und die Staatstheater dem Ministerium für Kultur (→ **Filmwesen; Theater; Verlagswesen**); städtische Bühnen und → **Kabaretts** unterstehen den örtlichen Staatsorganen, ebenso die in jedem Bezirk bestehenden Konzert- und Gastspieldirektionen, denen Organisierung und Durchführung aller übrigen künstlerischen Veranstaltungen ernster und unterhaltender Art obliegen. Das alleinige Recht zur Vermittlung von Künstlern und künstlerischen Ensembles aus der DDR ins Ausland und umgekehrt besitzt die → **Künstler-Agentur der DDR**.
Zu Beginn der 80er Jahre machte die DDR verstärkt den Kulturaustausch mit westlichen Ländern zum Mittel der Politik (→ **Kulturelle Zusammenarbeit**). In Vorbereitung und in der Folge von Reisen des Staatsratsvorsitzenden Honecker nach Österreich, Japan und Mexiko nahmen die gegenseitigen Gastspiele von Künstlergruppen, Theatern und Orchestern beträchtlich zu. Auffallend war das Bemühen der DDR, sich im Sinne ihrer Definition des → **Kulturellen Erbes** als Bewahrerin der „besten Traditionen deutscher Geschichte und Kultur" darzustellen. Trotz Fehlens eines Kulturabkommens kam Ende der 70er, Anfang der 80er Jahre auch der offizielle Kulturaustausch zwischen beiden deutschen Staaten in Gang. Er begann mit Foto-Ausstellungen und Film-Wochen und fand Ende 1982 seinen bisherigen Höhepunkt in einer westdeutschen Architekturausstellung, die in Ost-Berlin, Karl-Marx-Stadt und Magdeburg gezeigt wurde, sowie im Gegenzug in einer großen Schinkel-Ausstellung der DDR in Hamburg, die beim Schmidt/Honecker-Treffen am

Werbellinsee im Dezember 1981 vereinbart worden war. Unmittelbar vor dem Regierungswechsel in Bonn im Herbst 1982 bot die DDR die Wiederaufnahme der Verhandlungen über ein Kulturabkommen zwischen beiden deutschen Staaten an und schlug vor, die strittige Frage der von ihr geforderten Herausgabe von Kunstwerken aus der Stiftung Preußischer Kulturbesitz auszuklammern.

IV. Finanzierung kultureller Aufgaben und materielle Lage der Kulturschaffenden

Zum Teil durch Subventionierung aus dem Staatshaushalt sind die Kosten für Kulturgüter für den Konsumenten relativ niedrig; z. B. betragen die Preise für Bücher oft nur etwa ein Drittel vergleichbarer Ausgaben in der Bundesrepublik, Schallplatten kosten zwischen 4,10 Mark (Singles) und 16,10 Mark (LP), die Eintrittspreise der Kinos bewegen sich zwischen 0,50 und 3 Mark. Durch einen Aufschlag von 0,05 bzw. 0,10 Mark auf Eintrittspreise bei Kulturveranstaltungen, Rundfunkgebühren und Schallplattenpreise wird der 1949 gegründete → **Kulturfonds** der DDR finanziert. Er untersteht dem Ministerium für Kultur und wird durch ein Kuratorium verwaltet, dem u. a. die Präsidenten der Künstlerverbände, der Akademie der Künste, der Vorsitzende der Gewerkschaft Kunst und der 1. Bundessekretär des Kulturbundes der DDR angehören. Es entscheidet aufgrund staatlicher Richtlinien über die Verwendung der Mittel zur Förderung sozialistischer Kunst, z. B. für die Finanzierung bestimmter in Auftrag gegebener Kunstwerke und für die „Verbesserung der Lebens- und Schaffensbedingungen der Schriftsteller und Künstler".

Auftraggeber für Künstler, vor allem in den Bereichen der bildenden Kunst, der Dramatik, der Musik, des Films, aber auch in der Literatur, sind neben entsprechenden Kultureinrichtungen, wie Theater, Orchester, DEFA u. a., staatliche Institutionen, Betriebe und gesellschaftliche Organisationen. Zum Teil bestimmen die Aufträge als unmittelbare Partner der Künstler Arbeitskollektive aus den Betrieben, um auf diese Weise engere Beziehungen zwischen Kunstproduzenten und -konsumenten zu fördern. Die aus unterschiedlichen Auffassungen von Künstlern und Auftraggebern resultierenden Konflikte führten immer wieder zu Aufforderungen seitens kulturpolitischer Leitungsorgane, den individuellen künstlerischen Schaffensprozessen größeres Verständnis entgegenzubringen. Kulturminister Hans-Joachim Hoffmann und der Sekretär des Rates für Kultur beim Minister für Kultur, Dr. Werner Kühn, betonten im theoretischen Organ des ZK der SED „Einheit" (Nr. 6/1974), daß es bei der Auftragserteilung „nicht allein um Pläne und Beschlüsse" gehe. Der „gesellschaftliche Auftrag" sei nicht nur als „das Bestellen von Kunstwerken", sondern „als eine produktiv-geistige Anregung, als Formulierung gesellschaftlicher Erwartung, als Ausdruck von Bedürfnis nach Kunsterlebnis" zu verstehen. Man dürfe „unter keinen Umständen jenen Auftrag zurückstellen oder vergessen, den sich der Künstler selbst erteilt". Vier Jahre später („Einheit", Nr. 7/8, 1978) schrieben dieselben Autoren, „die Freiheit des künstlerischen Schaffens" erweise sich „als eine spezifische Verflechtung der Absichten und des Schaffens der Künstler und der sozialen Bedürfnisse und Erfordernisse der Gesellschaft, von Kunst und Volk".

Ein umfangreiches System in der Regel mit steuerfreien Geldzuwendungen verbundener Preise und → **Auszeichnungen** auf dem Gebiete der Kultur, Wissenschaft und Pädagogik sowie Stipendien, bevorzugte Wohnraumbeschaffung und Reisemöglichkeiten bieten zusätzliche materielle Anreize für Leistungen im Sinne der K. → **Bildende Kunst; Laienkunst; Literatur und Literaturpolitik; Musik; Unterhaltungskunst.**

(Heinz Kersten)/Harald Kleinschmid

Kulturpolitik im Staatshaushalt 1982 (in Mill. Mark)

Kultur insgesamt	1759,9
darunter:	
Theater, Kino, Orchester	636,4
Kulturhäuser, Klubs, Volkskunst	328,2
Museen, Bildende Kunst	214,1
Bibliotheken	148,4
Musikschulen	41,1
Denkmalpflege	55,0
Rundfunk	219,6
Fernsehen	504,2

Quelle: Statistisches Jahrbuch der DDR 1983, S. 257.

Literaturangaben

Dokumente zur Kunst-, Literatur- und Kulturpolitik der SED. Hrsgg. v. Elimar Schubbe. Stuttgart: Seewald 1972.

Dokumente zur Kunst-, Literatur- und Kulturpolitik der SED 1971–1974. Hrsgg. v. Gisela Rüß. Stuttgart: Seewald 1976.

Hager, Kurt: Beiträge zur Kulturpolitik. Reden und Aufsätze 1972–1981. Berlin (Ost): Dietz 1981. (Studienbibliothek der marxistisch-leninistischen Kultur- und Kunstwissenschaften.)

Jäger, Manfred: Kultur und Politik in der DDR. Köln: Wissenschaft u. Politik 1982.

Die geistige **Kultur** der sozialistischen Gesellschaft. Berlin (Ost): Dietz 1976.

Kultur in den Kämpfen unserer Zeit. Zur ideologischen Klassenauseinandersetzung zwischen Sozialismus und Imperialismus auf dem Gebiet von Kultur und Kunst. Leiter d. Autorenkoll. Dieter Ulle. Berlin (Ost): Dietz 1981.

Literaturpolitik und Literaturkritik in der DDR. Eine Dokumentation. Hrsgg. von Helmut Fischbeck. 2., durchges. u. erw. Aufl. Frankfurt a. M., Berlin, München: Diesterweg 1979. (Texte und Materialien zum Literaturunterricht.)

Raddatz, Fritz Joachim: Traditionen und Tendenzen. Materialien zur Literatur der DDR. Frankfurt a. M.: Suhrkamp 1972.

Schriftsteller der DDR. Ltg. d. Autorenkoll. u. Gesamtredaktion Kurt Böttcher, in Zusammenarbeit mit Herbert Greiner-Mai. Leipzig: Bibliographisches Institut 1974. (Meyers Taschenlexikon.)

Streisand, Joachim: Kultur in der DDR. Studien zu ihren hist. Grundlagen und ihren Entwicklungsetappen. Berlin (Ost): Deutscher Verl. d. Wissenschaften 1981.

Kulturstätten: 1982 bestanden 1109 hauptamtlich geleitete Kultur- und Klubhäuser, die in 590673 Veranstaltungen 58,54 Mill. Besucher zählten. Dabei dominierten gesellige und Tanzveranstaltungen sowie propagandistische Vorträge und Diskussionen. Darüber hinaus gibt es rd. 10000 ehrenamtlich geleitete Klubs, unter ihnen rd. 6600 FDJ-Jugendklubs. Die Klub- und Kulturhäuser der Betriebe, der landwirtschaftlichen Produktionsgenossenschaften sowie der gesellschaftlichen Organisationen zählten 1981 annähernd 22 Mill. Besucher.

In den K. sind etwa 6204 Volkskunstkollektive (→ **Laienkunst**) tätig, in der Mehrzahl Chöre, Zirkel des Bildnerischen Volksschaffens und Musikgruppen, sowie 903 naturwissenschaftliche, technische oder fachliche Interessengemeinschaften, Zirkel und Freundeskreise der Kunst.

Die **Kulturhäuser** sollen für die gesamte Bevölkerung Zentren kultureller Freizeitgestaltung und künstlerischer Selbstbetätigung sein. Sie wurden von staatlichen Organen oder Betrieben durch Neubauten oder Umbau vorhandener Gebäude geschaffen und verfügen in der Regel über einen Saal mit Bühne, Musik- und Spielzimmer, Zirkelräume mit Einrichtungen für die künstlerische Selbstbetätigung und technisch-wissenschaftliches Basteln, Klubräume, Bibliothek, Einrichtungen für die pädagogische Arbeit mit Kindern, technisches Gerät für Filmvorführungen usw. Meist sind den K. Gaststätten angegliedert.

Kultur- und Sozialfonds: Fonds der volkseigenen Betriebe und Einrichtungen für betriebliche Sozialleistungen, deren Höhe vom jeweils übergeordneten Organ in absoluter Höhe zu Lasten der → **Selbstkosten** festgelegt werden. KuS. stehen nicht in direkter Beziehung zur Entwicklung der wirtschaftlichen Leistung der Betriebe; bei der Planung und Bildung der KuS. ist das jeweils erreichte Niveau der kulturellen und sozialen Betreuung zu berücksichtigen.

Laut VO vom Juni 1982 (GBl. I, 1982, S. 427) sind die Fondsmittel im wesentlichen einzusetzen für 1. Verbesserungen der Arbeitsbedingungen, 2. Arbeiterversorgung (insbesondere Werkküchenessen), 3. kulturelle Veranstaltungen und Bildungsmaßnahmen, 4. Sport und gesundheitliche Betreuung, 5. Erleichterungen der Arbeit berufstätiger Frauen und Mütter (insbesondere Unterhaltung von Kinderkrippen und -gärten u. ä.), 6. Jugendbetreuung, 7. das betriebliche Erholungswesen, 8. das betriebliche Wohnungswesen, 9. Betreuung ehemaliger Kollegen, 10. Zuwendungen bei besonderen Anlässen (Arbeitsjubiläen, Eheschließung, Namengebungen, sonstige Feierlichkeiten), 11. Unterstützungen der Wehrdienst ableistenden Mitarbeiter, der Kampfgruppen u. ä. Bei der Aufteilung der Gelder soll vorrangig den Belangen der Schichtarbeiter, der Frauen bzw. Mütter und der Jugendlichen Rechnung getragen werden. Der Plan über die Verwendung des KuS. bedarf der Zustimmung der Betriebsgewerkschaftsleitung (→ **Betriebsgewerkschaftsorganisation [BGO]**). Bei der Festlegung der Verwendungszwecke sind die aus dem → **Leistungsfonds** für gleiche oder ähnliche Aufgaben bereitgestellten Mittel zu berücksichtigen.

Die gesamtwirtschaftliche Höhe der KuS. in den volkseigenen Betrieben und Einrichtungen betrug Mitte der 70er Jahre ca. 3 Mrd. Mark und 1980 3,5 Mrd. Mark (Plan 1983: 3,6 Mrd. Mark). Im Jahr 1980 wurden von den 3,5 Mrd. Mark 2,45 Mrd. Mark für soziale und gesundheitliche Betreuung (davon allein 1,9 Mrd. Mark für Werkküchenessen), 0,35 Mrd. für Ferienbetreuung, 0,18 Mrd. für kulturelle Betreuung, 0,25 Mrd. für Sport und Jugendbetreuung und 0,28 Mrd. für sonstige Zwecke ausgegeben.

Neben den volkseigenen Betrieben und Einrichtungen bildet auch die genossenschaftliche Landwirtschaft KuS.

→ **Feriendienst des FDGB; Kulturarbeit des FDGB.**

Kunsthandel: Im K. der DDR dominieren neben dem Direktverkauf des einzelnen Künstlers an private Käufer 2 staatlich organisierte Hauptformen: 1. der Staatliche K. des VEH Bildende Kunst und Antiquitäten, dessen Generaldirektor seinen Sitz in Berlin (Ost) hat, und 2. der Genossenschaftliche K. in Gestalt von Verkaufsgenossenschaften des → **Verbandes Bildender Künstler (VBK) der DDR**. Darüber hinaus erfolgt ein Teil des Umsatzes – vor allem auf dem Sektor Kunsthandwerk – über Buchhandlungen, Einrichtungshäuser und Spezialgalerien (z. B. „Wort und Werk" in Leipzig) des Staatlichen Handels.

Der Staatliche und der Genossenschaftliche K. stehen im Dienst der sozialistischen → **Kulturpolitik** und sollen dazu beitragen, die Werktätigen zu „sozialistischen Persönlichkeiten" mit „kulturvoller Lebensweise" (Lexikon der Kunst, Bd. II, Seemann Verlag, Leipzig 1971, S. 793) heranzubilden. Um den seit den ausgehenden 60er Jahren anwachsenden Bedarf an künstlerischen und kunsthandwerklichen Produktionen für eine anspruchsvolle Wohnkultur zu befriedigen, richtete der Staatliche K. vor allem in den größeren Städten der DDR Verkaufsgalerien (seit 1975 bisher 25 Galerien) ein, die neben einem ständigen Verkaufsangebot (vor allem originale Grafik, Poster und Kunsthandwerk) auch thematisch fixierte Verkaufsausstellungen organisieren. Diese Galerien des Staatlichen K. dürfen sowohl an inländische wie auch an ausländische Kunden Ware verkaufen, wobei die devisentechnische Abwicklung großer Käufe von der Zentrale des VEH Bildende Kunst und Antiquitäten in Berlin (Ost) vorgenommen wird. Der → **Kulturfonds** der DDR hat bei allen Verkaufsausstellungen und Auktionen des Staatlichen K. ebenso wie die DDR-Museen ein grundsätzliches Vorkaufsrecht. Kunstwerke, deren Entstehungsdatum vor 1945 liegt, sind als bedeutendes Kulturgut vom Export ausgeschlossen; Ausnahmegenehmigungen kann nur das → **Ministerium für Kultur** erteilen.

Das kommerzielle Exportmonopol des Staatlichen K. schließt die Organisation von Ausstellungen zur zeitgenössischen DDR-Kunst im westlichen Ausland ein. Die Ausstellungspräsenz der DDR auf der westlichen Kunstszene hat seit der Teilnahme an der Kasseler documenta 6/1977 ständig zugenommen (1981: Musée Nationale de la Ville de Paris; 1982: Kunstmarkt Basel, Biennale Venedig; daneben seit 1976 eine Reihe von Einzel- und Gruppenausstellungen in Galerien und Museen der Bundesrepublik einschließlich Berlin [West]). Viel diskutiert wurde vor allem die von der bundesrepublikanischen Kunstzeitschrift „Art" mit dem Staatlichen K. organisierte Tourneeausstellung „Zeitvergleich – Malerei und Grafik aus der DDR", die durch mehrere Museen der Bundesrepublik 1983/84 wanderte. Für derartige Veranstaltungen übernimmt der Staatliche K. zumeist auch die bildliche und textliche Kataloggestaltung. Ebenso übernimmt der Staatliche K. die Honorarverteilung aus den Kunstverkäufen, wobei die Künstler den aus den Westexporten auf sie entfallenden Honoraranteil nur teilweise in Devisen erhalten.

Die 25 Verkaufsgalerien des Staatlichen K. haben sich z. T. ein durchaus eigenes Leistungsprofil über ihre fachberatende Verkaufstätigkeit hinaus geschaffen. So konnte die Leipziger Galerie am Sachsenplatz (seit Frühjahr 1984 geschlossen, das künstlerische Inventar wurde ins Museum überführt) durch ihre gezielte Ausstellungspraxis und Ankaufspolitik wesentliche Anstöße zur Rezeption und Wiederentdeckung der Bauhaus-Kunst der 20er Jahre in der DDR geben. Andere Galerien (wie z. B. die wegen ihres zu liberalen Programms 1981/82 geschlossene Ostberliner Galerie „Arkade") zeichnen sich durch sorgfältige Katalogpublikationen (auch Œuvreverzeichnisse) aus, wobei editorisch wichtige Einzelleistungen in Ergänzung zur Tätigkeit der Museen im Bereich der nicht-gegenständlichen Kunstproduktion der DDR und in der Aufarbeitung von Künstlern aus den 20er Jahren erbracht worden sind.

Zu den bekanntesten Galerien des Staatlichen K. gehören neben den bereits genannten: Studio Galerie, Galerie Unter den Linden und Galerie im Alten Museum, Berlin (Ost); Kunstgalerie Budyšin, Cottbus; Galerie Carl Blechen und Neue Dresdner Galerie, Dresden; Galerie erph, Erfurt; Galerie Gallus, Frankfurt/Oder; Galerie am Markt, Gera; Galerie am Schönhof, Görlitz; Galerie am Hansaring, Halle; Greifen-Galerie, Greifswald; Galerie im Stadthaus, Jena; Galerie Schmidt-Rottluff, Karl-Marx-Stadt; Kleine Galerie, Magdeburg; Galerie am Boulevard, Rostock; Galerie am Dom, Schwerin; Galerie im Steinweg, Suhl. Diese Galerien organisieren öffentliche Gespräche mit Künstlern und Kunstwissenschaftlern; sie übernehmen ferner die künstlerische Ausstattung von Gesellschaftsbauten.

Der Genossenschaftliche K. des VBK unterhält ungefähr 200 Galerien, die z. T. unter der Leitung von Kunstwissenschaftlern stehen. Ähnlich wie die Galerien des Staatlichen K. erarbeitet der Genossenschaftliche K. Kataloge, veranstaltet Galeriegespräche usw.

Alle Galerien (die des Staatlichen und des Genossenschaftlichen K.) leisten in Ergänzung zu den Museen eine breite Öffentlichkeitsarbeit und sind daher auch an Wochenenden und Feiertagen geöffnet. Viele dieser Galerien organisieren Führungen für Arbeitsbrigaden aus Betrieben und Schülergruppen.

Das Preissystem für Ölgemälde und Plastiken ist durch den verstärkten K. mit dem Westen in jüngster Zeit dem stark gestaffelten westlichen Preisniveau angepaßt worden, während die Preisskala für originale Grafik so gestaltet ist, daß sich breite Bevölkerungskreise grafische Blätter leisten können.

Seit der Errichtung der Galerien des Staatlichen K. hat sich das stilistische Erscheinungsbild der → **Bildenden Kunst** in der DDR auch im Hinblick auf eine nicht-gegenständliche Kunstproduktion (gefördert durch wohnkulturelle Bedürfnisse) merklich ausgeweitet.

Künstler-Agentur der DDR: (Bis August 1968 **Deutsche Künstler-Agentur.**) Kulturell-künstlerischer Betrieb in der Rechtsform einer Gesellschaft mit beschränkter Haftung. Die KA. wurde am 1. 5. 1960 gegründet (von 1952 bis 1968 wurden die Aufgaben der KA. vom VEB Deutsche Konzert- und Gastspieldirektion wahrgenommen, vorher von deren Vorläufer, dem Deutschen Veranstaltungsdienst). Sie allein besitzt das Recht, Künstler und künstlerische Ensembles aus der DDR in das Ausland sowie von dort Künstler oder künstlerische Ensembles in die DDR zu vermitteln.

Nach Angaben der KA. gastierten 1983 68 Opern-, Theater-, Ballett- und Tanzensembles, Orchester und Chöre aus 28 Ländern in der DDR. Hinzu kamen 1270 Auftritte von Solisten in Opernhäusern und Konzertsälen. Ensembles aus der DDR spielten 1983 in 21 Ländern. 2753 Konzertsolisten sowie Gruppen der Unterhaltungskunst traten außerhalb der DDR auf.

Zwischen den KA. der europäischen sozialistischen Staaten werden jährlich Protokollvereinbarungen über die Zusammenarbeit abgeschlossen. In der DDR bestehen zwischen der KA. und bestimmten Organisationen langfristige Rahmenverträge, so z. B. mit den Staatlichen Komitees für Radio und Fernsehen, dem VEB Deutsche Schallplatte, mit den großen Theatern und Orchestern sowie den **Konzert- und Gastspieldirektionen (KGD)** (bis November 1973 VEB Konzert- und Gastspieldirektionen). Die KGD sind für die Vermittlung von Künstlern im Inland zuständig. Sie bestehen in jedem Bezirk und sind dem Rat des Bezirks unterstellt. Generaldirektor der KA. ist gegenwärtig (1984) Hermann Falk (SED).

Kupfererzbergbau: In der DDR gehören die in Abbau stehenden Kupfererzvorräte dem Kupferschiefer des

unteren Zechsteins an. Weitere kupferführende Erze befinden sich in einigen Gangsystemen der Mittelgebirge; ihre gegenwärtige wirtschaftliche Bedeutung ist gering. Das Verbreitungsgebiet des Kupferschiefers umfaßt große Teile der DDR. Seine bekanntesten Vorkommen liegen in den südwestlichen Bezirken der DDR, wo der Kupferschiefer den Harz und den nordwestlichen Thüringer Wald säumt und in den benachbarten Becken und Mulden untertaucht. Innerhalb dieses Verbreitungsgebietes weist der Kupferschiefer jedoch nur an wenigen Stellen abbauwürdige Metallanreicherungen auf. Am umfangreichsten ist die Metallführung des Kupferschiefers in den am Südostrand des Harzes liegenden geologischen Mulden von Mansfeld und Sangerhausen (→ **Bergbau**). In diesen Mulden enthalten die erzreicheren Teile des Kupferschiefers im allgemeinen Kupfer mit 1,5–4,0 v. H., Blei mit 0,1–0,8 v. H. und Zink mit 0,1–2,0 v. H.
Beide Teile des K. in der DDR, das Sangerhäuser und Mansfelder Revier, können auf eine jahrhundertealte Bergbautradition zurückblicken. Man spricht von Vorräten, die einen Abbau mindestens bis zum Jahre 2000 sicherstellen. Die Vorräte des Mansfelder Reviers scheinen jedoch zur Neige zu gehen. Es kam bereits zu Hütten- und Zechenschließungen. So wurden z. B. die Krughütte zwischen Eisleben und Wimmelburg, der in der Nähe gelegene Max-Lademann-Schacht und der Ernst-Seidel-Schacht mit seiner Sonderförderung an Blei- und Zinkerzen geschlossen. An Hauptförderungsschächten existieren nur noch der Fortschritt-Schacht, der Ernst-Thälmann-Schacht sowie der Otto-Brosowski-Schacht. Ihre gegenwärtige Abbautiefe liegt stellenweise zwischen 1300 m und 1400 m Tiefe. Der als bauwürdig bezeichnete Abbaubetrieb bewegt sich mittlerweile in Richtung Wolferstedter Wüste (Flurbezeichnung). Im Raum Spremberg wird gegenwärtig eine neue Kupferlagerstätte erschlossen. Mittelpunkt des Wirtschaftszweiges K. ist der VEB Mansfeld Kombinat „Wilhelm Pieck". Mit über 20000 Beschäftigten zählt der Betrieb zu den größten Volkseigenen Betrieben der DDR.
Von den deutschen Kupfervorkommen liegen etwa vier Fünftel in der DDR. Hinsichtlich des Gesamtverbrauchs an Kupfer, des Eigenaufkommens sowie der Importe sind nur Schätzungen möglich. Bei einem angenommenen Kupferverbrauch von 115000 t im Jahre 1980 dürfte das Eigenaufkommen etwa 34500 t (30 v. H.) betragen haben. Die UdSSR dürfte etwa die Hälfte des Verbrauchs bereitgestellt haben, der verbleibende Rest mußte auf dem Weltmarkt gegen Devisen gekauft werden. Da mit steigender Industrieproduktion auch der Kupferbedarf wächst, bleibt auch in Zukunft eine sehr erhebliche Importabhängigkeit bestehen. Das → **Ministerium für Erzbergbau, Metallurgie und Kali** hat 1976 die Verwendung von Kupfer für dekorative und architektonische Zwecke, für Behälter und Rohrleitungen verboten. Wegen der Knappheit an Kupfer sollen in diesen Bereichen billigere Ersatzstoffe, so Aluminium und Zink, eingesetzt werden.
In der DDR werden die NE-Erzbergbaubetriebe entsprechend der ab 1968 gültigen Industriezweigsystematik zur Wirtschaftsgruppe NE-Metall-Erzbergbaubetriebe und NE-Metall-Gewinnungsbetriebe des Industriezweiges NE-Metallurgie gezählt.

Kuren der Sozialversicherung: Die Sozialversicherung der DDR gewährt Heil-K., Genesungs-K. und prophylaktische K. (für Erwachsene und Kinder). Nach dem gemeinsamen Beschluß des → **Politbüros des ZK der SED**, des → **Ministerrates** und des Bundesvorstandes des → **Freien Deutschen Gewerkschaftsbundes (FDGB)** vom 7. 3. 1972 zur weiteren Entwicklung des → **Feriendienstes des FDGB** und zu Fragen der K. und nach den Festlegungen des 8. FDGB-Kongresses werden seit 1972 die K. vorrangig an Schichtarbeiter, werktätige Frauen mit Kindern sowie Werktätige, die unter schweren oder gesundheitsschädigenden Bedingungen arbeiten, vergeben, in steigendem Maße auch an Patienten „im Vorrentenalter" (Frauen zwischen 55 und 60, Männer zwischen 60 und 65 Jahren). Die K.-Vorschläge für Versicherte bei der Sozialversicherung des FDGB werden von den Ärzten gemeinsam mit der Betriebsgewerkschaftsleitung (→ **Betriebsgewerkschaftsorganisation [BGO]**) erarbeitet und von den betrieblichen Kurkommissionen entschieden. Diese bestehen aus Angehörigen des jeweiligen Betriebes, Gewerkschaftsfunktionären (Bevollmächtigte für Sozialversicherung, Mitglieder des Rates für Sozialversicherung) sowie Ärzten und sind Organ der jeweiligen Betriebsgewerkschaftsorganisation, sie arbeiten eigenverantwortlich; die Kreiskurkommission des FDGB hat nicht das Recht, Entscheidungen der betrieblichen Kurkommission zu ändern. In sehr großen Betrieben verfügen die Betriebskurkommissionen über ein nach verschiedenen Indikatoren aufgeschlüsseltes Kontingent an K., die innerhalb eines Jahres zu vergeben sind. In kleineren Betrieben richten sich die Betriebskurkommissionen nach Orientierungsziffern, das zur Verfügung gestellte Kontingent ist zwar zahlenmäßig insgesamt festgelegt, aber nicht nach Indikatoren aufgeschlüsselt und wird nach dem jeweils anfallenden Bedarf vergeben.
Über die Vergabe von K. an Werktätige, in deren Betrieb keine Kurkommission besteht, sowie über die ärztlichen Kurvorschläge für nichtberufstätige Rentner und Familienangehörige entscheiden die Kreiskurkommissionen bei den Kreisvorständen des FDGB, über die Vergabe von Auslands-K. die Bezirkskurkommissionen bei den Bezirksvorständen des FDGB.
Kurvorschläge für Versicherte bei der → **Staatlichen Versicherung** macht der behandelnde Arzt. Entschieden wird darüber durch eine bei den Kurleitstellen der Sozialversicherung der Staatlichen Versicherung bestehende eigene Kurkommission. Die Kurleitstellen sind für einen oder mehrere Bezirke zuständig.
„Bei der Kurauswahl muß stets der Mensch, sein Gesundheitszustand, seine persönliche Leistung bei der Erfüllung der Aufgaben, sein Verhalten im Kollektiv, also die ganze Persönlichkeit berücksichtigt werden" (Richtlinie über die Aufgaben, Rechte, Pflichten und Arbeitsweise der gewerkschaftlichen Kurkommissionen

bei den Betriebsgewerkschaftsleitungen und Vorständen des FDGB – Beschluß des Präsidiums des Bundesvorstandes des FDGB vom 11. 10. 1972).
1982 wurden insgesamt 354437 K. durchgeführt, darunter für Erwachsene 199642 (167148 Heil-K., 11078 Prophylaktische K., 21416 Genesungs-K. und 76196 K. in Einrichtungen des Feriendienstes), für Kinder 59831 K. (17946 Heilkuren und 41885 Prophylaktische K.), außerdem 18768 K. im (sozialistischen) Ausland. Heil-K. dauern in der Regel 28 Tage, Genesungs- und prophylaktische K. 21 Tage.
Unter den Indikationen für Heil-K. bei Erwachsenen stellen Krankheiten des Kreislaufsystems, der Stütz- und Bewegungsorgane und der Atmungsorgane mehr als 79 v. H. bei den Männern und mehr als 75 v. H. bei den Frauen, bei Kindern die beiden letztgenannten Indikationen zusammen mit Hautkrankheiten mehr als 82 v. H. 7,6 v. H. aller Männer im Vorrentenalter erhielten 1982 eine Kur. Für die Vergabe der K. sind, wie die Zusammensetzung der Entscheidungsgremien erkennen läßt, nicht allein die medizinischen Gesichtspunkte maßgebend. → **Kurorte.**

Kurorte: Rechtliche Regelungen für die Ordnung der örtlichen und technischen Voraussetzungen des Kur- und Erholungswesens sind in der K.-VO (3. 8. 1967; GBl. II, S. 653) getroffen worden. Darin sind systematisch die Abgrenzungen zwischen „Kuren“ und „Erholungsaufenthalten“ und zwischen den dafür geforderten Einrichtungen festgelegt. K. sind danach gekennzeichnet durch staatlich anerkannte natürliche Heilmittel und durch Kureinrichtungen sowie günstige bioklimatische Bedingungen. Ihre Zweckbestimmung ist medizinischer Art. Zu ihnen zählen auch „Seeheilbäder“ im Gegensatz zu den Seebädern. Erholungsorte dienen der „zweckmäßigen Durchführung des Erholungsurlaubs aller Bürger“. Sie sind gekennzeichnet durch günstige landschaftliche Lage und förderliche bioklimatische Bedingungen und müssen über die erforderlichen hygienischen und sonstigen Einrichtungen verfügen. Zwischen den beiden Gruppen stehen die Luft-K. Jeder K. und jeder Erholungsort muß ein Statut haben. Die grundsätzlichen Regelungen dafür und für die staatliche Anerkennung erläßt das → **Ministerium für Gesundheitswesen**. Dessen wissenschaftliche Beratung ist Aufgabe des Forschungsinstituts für Balneologie und K.-Wissenschaft (amtl. Kurzbezeichnung: FBK) in Bad Elster (Leiter: Prof. Dr. med. habil. Herbert Jordan), das u. a. ein „Rahmenkurortstatut für alle Kureinrichtungen der Republik“, einen „Heilquellenkataster der DDR“ und „Grundsätzliche Anforderungen an Beschaffenheit und Technologie der zur Anwendung natürlicher Heilmittel erforderlichen balneotechnischen Anlagen sowie die hygienischen Bedingungen ihrer Nutzung“ ausgearbeitet hat. Das Institut untersteht dem Ministerium für Gesundheitswesen unmittelbar. Eine wesentliche Absicherung der Umweltbedingungen für K. und Erholungsorte geben das → **Landeskulturgesetz** (§ 15) und die 2. Durchführungs-VO (beides 14. 5. 1970).
Die Nutzung der Plätze in K. ist im wesentlichen der Sozialversicherung und der → **Staatlichen Versicherung der DDR** (für Mitglieder der Landwirtschaftlichen und Handwerklichen Produktionsgenossenschaften) vorbehalten. Voraussetzung ist in jedem Einzelfall ein ärztliches Attest. Für die „ärztliche Indikationsstellung“ sind Rahmenrichtlinien (1971) vom Ministerium für Gesundheitswesen und dem → **Freien Deutschen Gewerkschaftsbund (FDGB)** gemeinsam erlassen worden (→ **Kuren der Sozialversicherung**).
Bäder, Sanatorien und Kurheime haben eine Kapazität von 17387 Betten für Erwachsene und 6410 Betten für Kinder, davon 15563 bzw. 2423 für Heilkuren. Die Qualität der Unterbringung ist systematisch verbessert worden. 1982 erreichten 72 v. H. der Plätze in Sanatorien die zweithöchste und 17,9 v. H. die dritthöchste von 5 Bewertungsstufen. Die Sanatorien werden zu zwei Dritteln von der Sozialversicherung selbst geführt, der Rest wird vertragsweise belegt. Für prophylaktische und Genesungskuren werden überwiegend Erholungsheime des FDGB und anderer Träger benutzt. Jedoch stehen sie dafür nur von Oktober bis April zur Verfügung; sie werden in den 5 Monaten der günstigen Jahreszeit für Erholungszwecke beansprucht und dann nicht unter medizinischen Gesichtspunkten vergeben. → **Feriendienst des FDGB; Gesundheitswesen; Tourismus.**

Kybernetik: Der K. standen die Parteiideologen der → **Sozialistischen Einheitspartei Deutschlands (SED)** lange Zeit ablehnend gegenüber. Diese Ablehnung hatte ihren Grund in dem vermeintlichen Anspruch der K., allgemeine Gesetzmäßigkeiten in Natur, Technik und Gesellschaft entdecken und erklären zu können. Eine Wissenschaft mit einem derartig universellen Gültigkeitsanspruch, die ähnliche Aufgaben wie der → **Marxismus-Leninismus** als „wissenschaftliche Weltanschauung“ zu lösen vorgab, konnte nur als eine Konkurrenzwissenschaft eingestuft werden. Da sie ferner nicht ohne weiteres mit der orthodoxen Lehre vereinbar schien, mußte sie als schlechthin falsch gelten. So wurde noch 1952 die K. als eine „kapitalistische Pseudowissenschaft“, als eine „Wissenschaft der Obskuranten“ abgestempelt. Erst nach dem Tode Stalins, etwa seit 1954, vollzog sich auch in der DDR mit der Aufgabe der starren dogmatischen Haltung gegenüber der K. ein Wandel. Die Diskussionen wandten sich Mitte der 50er Jahre Versuchen zu, die K. selbst und die in ihr verwendeten Begriffe neu zu bestimmen und dem Marxismus-Leninismus anzupassen. Trotzdem scheiterten in dieser Anfangsphase erste Versuche, die K. insbesondere für die Volkswirtschaft nutzbar zu machen. Die ideologischen Bedenken gegen die K. als Wissenschaft wurden vollends erst 1960/61 zurückgestellt, wesentlich deshalb, weil man aufgrund der angespannten wirtschaftlichen Lage hoffte, mit Hilfe der K. das wirtschaftliche Planungssystem zu verbessern.
In der DDR wandte sich vor allem der Technikphilosoph und Systemtheoretiker G. Klaus der K. und ihren Anwendungsproblemen zu. Er versuchte u. a. die Aussagen der K. mit zentralen Axiomen und Postulaten des Dialektischen Materialismus zu vereinen, um sie so in

das marxistische Weltbild integrieren zu können. Klaus arbeitete zwischen dem von Marx, Engels und Lenin entwickelten Kategoriengebäude der Dialektik und der K. Gemeinsamkeiten heraus und interpretierte Teile der marxistischen Lehre neu. Der theoretische Durchbruch der K. als eines neuen Forschungsgebiets kündigte sich auf der im April 1961 veranstalteten Gründung der „Kybernetik-Philosophie-Gesellschaft" an.
Für die weitere Durchsetzung kybernetischer Vorstellungen in der DDR lieferte dann u. a. das 1961 von Klaus verfaßte Buch „Kybernetik in philosophischer Sicht" die notwendige ideologische Absicherung. Im Jahr 1961 wurde schließlich eine Kommission für K. bei der → **Akademie der Wissenschaften der DDR (AdW)** gegründet. In den Jahren 1962–1968 kam es zu einer Reihe von Aktivitäten, die die K. „aufwerten" und popularisieren sollten. Hervorzuheben ist vor allem die K.-Konferenz im Oktober 1962 zum Thema „Die Bedeutung der K. für Wissenschaft, Technik und Wirtschaft in der DDR" mit Beteiligung von Wissenschaftlern aus anderen RGW-Ländern. Zur Rationalisierung der Wirtschaft kündigte der Erste Sekretär der SED, Ulbricht, den Einsatz der K. und der **Elektronischen → Datenverarbeitung** auf der 2. ZK-Tagung im November 1962 an.
Auf dem VI. Parteitag der SED (1963) erfuhr die K. im Zuge umfangreicher Reformvorschläge zur Wirtschaftsplanung und -verwaltung besondere Beachtung. So enthielt das auf diesem Parteitag verabschiedete Parteiprogramm mehrere grundsätzliche Aussagen über die Rolle und Bedeutung von K. und elektronischer Datenverarbeitung für die Durchführung der neuen Wirtschaftspolitik. Dieser politisch-ideologischen Leitlinie folgend, zeigte sich auch auf dem VII. Parteitag der SED im April 1967 das Bestreben von Partei- und Wirtschaftsführung, die K. auch weiterhin als Instrument des Planungssystems einzusetzen. Die zunehmende Bedeutung der K. machte jedoch um 1968 aufgrund enttäuschter Erwartungen bei der Verwirklichung des → **Neuen Ökonomischen Systems (NÖS)** einer distanzierteren Betrachtungsweise Platz. Gleichwohl entwickelte sich die K. für andere sozialwissenschaftliche Disziplinen zu einem unentbehrlichen Instrument. Ihre Anwendungsmöglichkeiten in der marxistisch-leninistischen → **Organisationswissenschaft** wurden ebenso wie ihre Bedeutung im Rahmen der → **Sozialistischen Betriebswirtschaftslehre** herausgestellt.
Im Zuge der auf dem VIII. Parteitag der SED im Juni 1971 beschlossenen stark modifizierten polit-ökonomischen „Generallinie" wurden auch neue ordnungspolitische Prioritäten gesetzt. Die SED-Führung glaubte, einen Trend zur Entideologisierung, ja Entdogmatisierung wichtiger Wissenschaftsbereiche festzustellen. Das Politbüromitglied K. Hager machte auf diesbezügliche Gefahren aufmerksam: „So wichtig Kybernetik und Systemtheorie sind und bleiben, so können wir natürlich nicht zulassen, daß sie an die Stelle des Dialektischen und Historischen Materialismus, der politischen Ökonomie des Sozialismus, des wissenschaftlichen Kommunismus oder auch der sozialistischen Leitungswissenschaft treten." Seine Kritik an der Systemtheorie gipfelte in der Warnung vor der Gefahr, daß „die Sprache einer Spezialwissenschaft die politische Sprache einer Partei wird" und daß die Partei damit aufhöre, „eine marxistisch-leninistische Partei zu sein" (K. Hager, Einheit Nr. 11/1971, S. 1215). Diese Kritik machte den Bruch mit den bisher auch von der Parteiführung vertretenen Positionen besonders deutlich. K., Informationswissenschaft und → **Operationsforschung** wurden in ihrer politisch-ideologischen Bedeutung stark reduziert und auf den Status von instrumentellen Hilfswissenschaften zurückgestuft. Aufgrund dieser neuen Einschätzung spielte seitdem in der Gesellschaftspolitik der SED die K. nur noch eine relativ untergeordnete Rolle.
Gelegentliche offiziöse Aussagen zeigen jedoch, daß die neue Parteiführung unter Honecker auf eine kontrollierte Anwendung der K. nicht zu verzichten gedenkt. So soll nach den von der SED auf dem IX. Parteitag (1976) festgelegten Beschlüssen u. a. die mathematisch-kybernetische Grundlagenforschung der Akademie der Wissenschaften der DDR weiterhin eine beachtliche Rolle spielen (→ **Mathematik**). → **Information.**

L

Laienkunst: Die L. wird in der DDR als künstlerisches Volksschaffen bezeichnet und als wesentlicher Bestandteil der „sozialistischen Nationalkultur" betrachtet. Von den staatlichen Organen, Betrieben und gesellschaftlichen Organisationen gefördert, bestehen zahlreiche Kollektive auf den Gebieten Literatur, Laientheater, Puppentheater, Kabarett, Amateurfilm, Bühnen- und Gesellschaftstanz, bildnerisches Volksschaffen (Malerei, Grafik, Plastik, Keramik, Holz-, Metall- und Textilgestaltung), Fotografie, Musik (Chor- und Sologesang, Orchestermusik), Artistik und Magie. Die als Autorenkonferenz des Mitteldeutschen Verlages Halle am 24. 4. 1959 im Kulturpalast des Elektrochemischen Kombinats Bitterfeld veranstaltete 1. Bitterfelder Konferenz rief unter der Losung „Greif zur Feder, Kumpel, die sozialistische deutsche Nationalkultur braucht dich!" die „Bewegung schreibender Arbeiter" ins Leben und stimulierte u. a. die Bildung von Arbeiter-Theatern.

1980 bestanden 100 Arbeiter- und Bauerntheater (Höchststand 1963: 135) mit rd. 3000 Ensemblemitgliedern, die über 2500 Vorstellungen gaben.

Die L. wird durch Berufskünstler unterstützt, wozu u. a. Patenschaftsverträge zwischen künstlerischen Institutionen und Einzelkünstlern und L.-Kollektiven bestehen. Individuelle künstlerische Betätigung von Laien kann auch in Klubs und Kulturhäusern erfolgen, wo ausgebildete Leiter entsprechende Beratung und Anleitung geben. Die Ausbildung von Zirkel- und Gruppenleitern für L. erfolgt in einem 3jährigen → **Fernstudium**, an dessen Ende ein staatlicher Befähigungsnachweis steht, durch Kreis- und Bezirkskabinette für Kulturarbeit sowie das → **Zentralhaus für Kulturarbeit** in enger Verbindung mit den künstlerischen Lehranstalten und (seit 1974) in einer Zentralen Volkskunstschule.

Diese staatlichen Einrichtungen geben auch Material für die L. heraus, organisieren den Erfahrungsaustausch und führen Leistungsvergleiche durch. Seit 1956 werden die besten Kollektive und Einzelleistungen der L. durch einen Preis für künstlerisches Volksschaffen ausgezeichnet.

Seit 1965 besteht beim → **Ministerium für Kultur** ein wissenschaftlich-künstlerischer Beirat für Volkskunst, dem die Vorsitzenden der Zentralen Arbeitsgemeinschaften des Künstlerischen Volksschaffens, Vertreter des → **Freien Deutschen Gewerkschaftsbundes (FDGB)**, der → **Freien Deutschen Jugend (FDJ)**, des → **Kulturbundes der DDR (KB)**, des → **Demokratischen Frauenbundes Deutschlands (DFD)** und der → **Gesellschaft für Deutsch-Sowjetische Freundschaft (DSF)** sowie Wissenschaftler, Berufs- und Volkskünstler angehören. Er berät grundsätzliche Entwicklungsprobleme der L., fördert die Zusammenarbeit zwischen Berufs- und L. und fungiert als Auftraggeber für neue Kunstwerke. Für die unmittelbare Anleitung der L. sind die verschiedenen gesellschaftlichen und Massenorganisationen verantwortlich, insbesondere bildet die Förderung der L. einen wichtigen Teil der → **Kulturarbeit des FDGB**. Zur Förderung der L. unter der Jugend dienen besondere Jugend-Literatur-Wettbewerbe, die Bewegung zur Förderung „Junger Talente" und die Einrichtung von Singeklubs der FDJ, deren Mitglieder neue Lieder vielfach selbst dichten und komponieren. Die Singeklubs entstanden seit Mitte der 60er Jahre im Rahmen der **Singebewegung**, die mit jugendgemäßen Liedern ein „sozialistisches Lebensgefühl" und eine positive Einstellung zu Staat und Gesellschaft fördern sollen.

1976 bestanden 3600 derartige Klubs.

Seit 1967 werden alljährlich Werkstattwochen der Singeklubs, seit 1970 unter internationaler Beteiligung Festivals des politischen Liedes in Berlin (Ost) durchgeführt. Wesentlich beteiligt ist die L. auch an den von 1959 bis 1972 jährlich, seitdem alle 2 Jahre in einem anderen Bezirk veranstalteten **Arbeiterfestspielen**. Ihr Träger und Organisator ist der FDGB in Zusammenarbeit mit dem Ministerium für Kultur und dem Nationalrat der Nationalen Front. Bei diesem Anlaß werden auch die Kunstpreise des FDGB und die Preise für künstlerisches Volksschaffen verliehen. 1978 fand in diesem Zusammenhang erstmals ein Folklore-Festival statt. Seit Ende der 70er Jahre werden Folklore-Traditionen zunehmend gepflegt. Für verschiedene Landschaften der DDR wurden eigene Folklore-Zentren gegründet (insgesamt 5). So existiert z. B. seit Frühjahr 1978 beim Bezirkskabinett für Kulturarbeit in Karl-Marx-Stadt ein „Zentrum zur Pflege erzgebirgischer und vogtländischer Folklore", das seinen Sitz in Schneeberg hat, mit einem wissenschaftlichen Beirat, dem 21 Fachleute aus den Bezirken Dresden, Karl-Marx-Stadt und Gera angehören. 1977 und 1981 fanden in Karl-Marx-Stadt „Internationale Folklore-Festivals in der DDR" statt. In der Wochenzeitung des Kulturbundes, Sonntag, Nr. 5/1980 wird die Pflege von Folklore definiert: „Alle kulturpolitisch orientierte Pflege folkloristischer Traditionen setzt bewußte Auswahl und Aneignung dessen voraus, was den Ansprüchen an demokratisches, progressives Erbe standhält. Das trifft insbesondere auf die Arbeiterkulturbewegung im Kapitalismus, aber auch auf die antifeudal und antikapitalistisch geprägte Kultur anderer Klassen und Schichten zu. Hinzu kommen all jene folkloristischen Überlieferungen im Bereich der materiellen und geistigen Kultur, die in überzeugender Weise die Lebenskraft, den Lebenswillen und das schöpferische Vermögen des werktätigen Volkes zum Ausdruck bringen. Ein Teil der Folklore, wie abergläubische Vorstellungen und Praktiken, aber auch Erzählungen, Lieder, Sprichwörter, die mehr oder minder deutlich den ideologischen Einfluß der herrschenden

Klassen ausdrücken oder Folge von Analphabetismus und Unbildung sind, können nicht Gegenstand unserer Rezeption sein."

Seit 1972 werden ferner alle 2 Jahre Betriebsfestspiele veranstaltet. 1982 waren es über 3400 mit rd. 9 Mill. Teilnehmern. Insgesamt gibt es als Träger der L. rd. 50000 **Volkskunst**-Kollektive mit etwa 850000 Mitgliedern. An Volkskunst-Kollektiven von Betrieben und Institutionen bestanden 1976: 410 Laienspielgruppen, 210 Zirkel schreibender Arbeiter, 425 Kabarettgruppen, 1260 Zirkel des bildnerischen Volksschaffens, 1895 Chöre und Singegruppen, 290 Volkskunstensembles, 218 Arbeitersinfonieorchester, 530 Blasorchester, 680 Tanz- und Ballettgruppen, 670 Amateurtanzorchester, 420 Betriebsfilmstudios, 1500 Fotozirkel.

Länder: Die L. Mecklenburg, Sachsen, Thüringen und die durch SMAD-Befehl Nr. 180 vom 21. 7. 1947 in L. umgewandelten früheren Provinzen Brandenburg und Sachsen-Anhalt sind durch das die damalige Verfassung brechende Gesetz über die weitere Demokratisierung des Aufbaus und der Arbeitsweise der staatlichen Organe in den Ländern der DDR vom 23. 7. 1952 (GBl., S. 613) aufgelöst worden, weil – wie es in der Präambel heißt – dieses „alte noch vom kaiserlichen Deutschland stammende System der administrativen Gliederung zu einer Fessel der neuen Entwicklung geworden" sei. Das Gebiet → **Mitteldeutschlands** wurde neu in → **Kreise** und → **Bezirke** gegliedert (→ **Verwaltungsneugliederung**). Mit den L. entfielen auch die bis dahin bestehenden Landtage und Landesregierungen. Die Länderkammer, die Vertretung der L. im Gesetzgebungsverfahren, blieb noch einige Jahre als staatsrechtliche Besonderheit bestehen. Ihre Abgeordneten wurden nach Wegfall der Landtage ohne verfassungsrechtliche Grundlage noch zweimal – 1954 und 1958 – durch die Bezirkstage gewählt. Den 1958 gewählten Abgeordneten blieb aber nur noch die Aufgabe, ein einziges Mal zusammenzutreten und dem von der Volkskammer beschlossenen Gesetz vom 8. 12. 1958 über die Auflösung der Länderkammer (GBl. I, S. 867) zuzustimmen.

Landeskulturgesetz: Als Staat mit hochentwickelter Industrie und intensiver Landwirtschaft, engmaschigem Siedlungsnetz – ca. drei Viertel der Bevölkerung leben in Städten und Gemeinden mit mehr als 2000 Einwohnern – sowie hoher Bevölkerungsdichte (1981: 154 Einwohner je qkm) ist die DDR genötigt, der Landeskultur und dem → **Umweltschutz** erhöhte Aufmerksamkeit zu schenken. Obwohl rd. 60 v.H. des Bodens von der Landwirtschaft und 27 v.H. von der Forstwirtschaft beansprucht werden, beträgt die für landwirtschaftliche Produktionen zur Verfügung stehende Fläche nur 0,37 ha pro Einwohner. Hinzu kommt, daß durch den Braunkohlentagebau zwangsläufig weite Gebiete der landwirtschaftlichen Nutzung – zumindest für einen längeren Zeitraum – entzogen werden müssen; in den vergangenen 20 Jahren waren es mehr als 250000 ha. Weiterhin ist die ökologische Lage in der DDR durch einen angespannten Wasserhaushalt (→ **Wasserwirtschaft**) sowie in weiten Bereichen auch durch eine nachhaltige Wasser- und Luftverschmutzung gekennzeichnet.

Diese Situation zwingt zum Schutz der Natur – vor dem Menschen –, um die natürlichen Ressourcen für die Bevölkerung erhalten zu können. Aufgabe der Landeskultur ist es, für eine rationellere Nutzung und Erhaltung der Naturreichtümer, für die Reinhaltung von Wasser und Luft, für einen besseren Einsatz des Bodens, für die Verschönerung der Landschaft, für die Gestaltung von Erholungsgebieten sowie die Schaffung und Sicherung von Naturschutzgebieten und Landschaftsschutzgebieten (→ **Naturschutz**) Sorge zu tragen. Im Rahmen der „sozialistischen Landeskultur" ist jeder Bürger aufgerufen, sich für den Schutz und die Pflege der Natur einzusetzen. Dazu gehören auch die Beseitigung und Verwertung des Siedlungsmülls sowie der industriellen Abfallprodukte.

Zu den wesentlichen gesetzlichen Regelungen über den → **Umweltschutz** gehörten das L. vom Mai 1970 (Gesetz über die planmäßige Gestaltung der sozialistischen Landeskultur in der DDR, GBl. I, S. 67ff.) sowie dazu erlassene Durchführungsbestimmungen (GBl. II, 1970, S. 595ff. und S. 604f.; I, 1973, S. 162ff.; I, 1974, S. 353ff.; I, 1976, S. 465ff.; I, 1977, S. 161ff. sowie 1978, SDr. Nr. 945; I, 1979, S. 283ff. sowie I, 1980, S. 227) und Durchführungsverordnungen (GBl. II, 1970, S. 331ff. und I, 1973, S. 157 ff. sowie I, 1975, S. 662 ff.; I, 1977, S. 161ff.; I, 1979, S. 283ff.; I, 1980, S. 127ff.). Daneben gibt es eine Fülle spezieller Verordnungen. In den letzten Jahren wurden beispielsweise mehrere Gesetze allein bezüglich der Reinhaltung des Wassers erlassen (GBl. II, 1970, S. 659ff.; II, 1971, S. 25ff.; I, 1974, S. 349ff.; I, 1978, S. 50ff.). Hinzukommen auch international wirkende Bestimmungen hinsichtlich der Verhütung und Haftung für Umweltschädigungen (GBl. II, 1978, S. 74f.; II, 1978, S. 395f.; II, 1979, S. 29ff. und S. 33ff., SDr. Nr. 1023; II, 1980, S. 31ff. und S. 92ff.). Dem L., das das Naturschutzgesetz von 1954 ablöste, kommt besondere Bedeutung zu, da es die bis Ende der 60er Jahre erlassenen Einzelbestimmungen zusammenzufassen suchte. In seinen Abschnitten II–IV wird insbesondere der Landschaftsschutz geregelt; dabei geht es neben dem Naturschutz, der Einrichtung und Erhaltung von Erholungsgebieten sowie dem Schutz der Küsten darum, neu zu errichtende Gebäude oder Verkehrsanlagen der Landschaft anzupassen sowie Eingriffe in die Natur abzuwenden oder daraus entstandene Schäden wieder zu beseitigen. Darüber hinaus wird in diesen Abschnitten die Nutzung von Boden und Wäldern angesprochen: Entsprechend den gegebenen Standortbedingungen sollen alle Bodenflächen optimal genutzt werden, vor allem die land- und forstwirtschaftlichen Nutzflächen sowie die dafür geeigneten, aber anderweitig genutzten Bodenflächen. Dabei soll die Bodenfruchtbarkeit durch entsprechende Maßnahmen (z.B. durch → **Meliorationen**) verbessert sowie der Boden vor Schadwirkungen (z.B. Austrocknung, Wind- und Wassererosionen) geschützt werden. Die Wälder sollen bei Einsatz von Forstschutzmaßnahmen so entwickelt wer-

den, daß ein möglichst großer Holzvorrat erreicht wird. Der sowohl die Nutzung als auch den Schutz der Gewässer regelnde Abschnitt V beschäftigt sich vor allem mit Maßnahmen zur Gewährleistung der Wasserversorgung für Bevölkerung, Industrie, Landwirtschaft, Binnenschiffahrt und Fischerei. Zur Deckung des Bedarfs der Bevölkerung wurden Wasserschutzgebiete eingerichtet; Abwässer dürfen in die natürlichen Gewässer nur bei Einhaltung bestimmter Grenzwerte der Gewässerbelastung geleitet werden. Gefahren sind unverzüglich zu melden; unzulässige Schadstoffzuführungen werden bestraft. Die Industrie ist zu sparsamer Wasserverwendung verpflichtet; sie hat bei neuen Betriebserrichtungen dem gesamten Wasserhaushalt des Gebietes Rechnung zu tragen und muß vorgeschriebene Abwasserbehandlungsanlagen betreiben bzw. neu errichten. Für die Entnahme von Oberflächen- bzw. von Grundwasser ist ein in bestimmter Höhe festgelegtes Wassernutzungsentgelt zu entrichten. Bei Wasserverschmutzungen wird ein Abwassergeld erhoben.
Der Abschnitt VI soll für die Reinhaltung der Luft Sorge tragen, indem die Betriebe zur Einhaltung der ihnen von den entsprechenden Staatsorganen vorgegebenen Grenzwerte für luftverunreinigende Stoffe verpflichtet wurden. Halten sie die Immissionsgrenzwerte (MIK-Werte) nicht ein, so wird seitens staatlicher Stellen ein differenziertes Staub- und Abgasgeld erhoben. Bei außergewöhnlichen Immissionssituationen können für Anlagen, die erhebliche Luftverunreinigungen verursachen, Beschränkungen des Betriebes bzw. zeitweilige Stillegungen verfügt und bei Nichteinhaltung von staatlichen Auflagen Ordnungsstrafen erhoben werden.
Im Abschnitt VII wird die Nutzbarmachung von Abfallprodukten oder Schadstoffen zu verwertbaren Stoffen bzw. die schadlose Beseitigung nicht zu nutzender Abfallprodukte geregelt. Dazu dienen die genaue Erfassung sowie ein umfassendes Informationssystem darüber, Abprodukte in gegebener Form bzw. nach entsprechender Umwandlung als Sekundärrohstoffe einzusetzen.
Der Abschnitt VII behandelt den Schutz vor Lärm. Dabei gilt für neue Produktionsverfahren, Verkehrsbauten und bei der Errichtung neuer Wohngebiete die Pflicht zur Einhaltung vorgegebener Lärmgrenzwerte. Weiterhin ist für bestimmte Gebiete (z.B. Kurorte, Erholungsgebiete) vorgesehen, diese durch Erklärung zu Lärmschutzgebieten besonders zu schützen.
Da das L. nur allgemeinen Charakter trägt, ist ein Teil der Verantwortung hinsichtlich des Umweltschutzes auf die Bezirksleitungen und die örtlichen Organe übertragen. Diese stehen dem Problem gegenüber, inwieweit sie jeweils der absoluten Planerfüllung vor dem Umweltschutz Vorrang geben sollen. Allerdings gibt es auch einige generelle Sanktionen, um insbesondere die Betriebe zur Einhaltung der gesetzlich festgelegten Umweltschutzmaßnahmen zu zwingen: So z.B. Ordnungsstrafen, das Abwassergeld sowie das Staub- und Abgasgeld. Sie reichen jedoch keinesfalls aus, um genügend wirksame Umweltschutzmaßnahmen durchzusetzen.
Seit einigen Jahren wird die landeskulturelle Entwicklung langfristig geplant, wobei Schwerpunkte (z.B. der industrielle Ballungsraum um Halle/Leipzig bzw. die Ostseeküste) konzentriert mit Kräften und Mitteln zur Umweltverbesserung bedacht werden.

Landfunkordnung: Die L. vom 12. 2. 1974 (GBl. I, S. 107ff.) regelt die Beziehungen zwischen der Deutschen Post der DDR und den Benutzern von ortsfesten und beweglichen Funkanlagen. Sie enthält u.a. Bestimmungen über Genehmigungspflicht, Antrags- und Genehmigungsverfahren sowie Pflichten der Genehmigungsinhaber.

Landtechnik: Die L. beruht auf dem Einsatz von Fahrzeugen, Förderanlagen, Maschinen und Geräten zur Mechanisierung und (Teil-)Automatisierung landwirtschaftlicher Produktionsverfahren. Sie dient der Entlastung der Arbeitskräfte von körperlich schwerer Arbeit und ermöglicht eine intensivere Nutzung der natürlichen bzw. biologischen Ressourcen. Beide Wirkungsrichtungen führen zur Erhöhung der → **Arbeitsproduktivität**.
Unter Berufung auf K. Marx wird davon ausgegangen, daß der Einsatz der Technik in der Landwirtschaft zu vergleichbaren Rationalisierungserscheinungen wie in anderen Volkswirtschaftszweigen führt. Um die Kollektivierungsbemühungen zu unterstützen, wurde bis 1960 der Einsatz der L. in den privaten bäuerlichen Betrieben weitgehend verhindert, jedoch nach Abschluß der Kollektivierung die Betriebsstruktur auf das technisch maximal Mögliche ausgerichtet (→ **Agrarpolitik**). Die Entwicklung und der Einsatz der L. zeichnen sich durch folgende Merkmale aus:
1. Es wird für jede Maschine unter Beachtung der vom Produkt gesetzten Grenzen die maximale technische Leistungsfähigkeit angestrebt (PS- bzw. kW-Leistung, Arbeitsbreite, Geschwindigkeit, Förderleistung usw.).
2. Arbeitsteiligen Konstruktionen wird der Vorzug vor Funktionskombinationen gegeben.
3. Auf absetzige Verfahren wird zugunsten von Fließverfahren (Parallelverfahren) verzichtet.
4. Daraus folgt, daß die Maschinen grundsätzlich nicht einzeln eingesetzt werden können, sondern daß in der Regel mehrere Spezialmaschinen, Fahrzeuge usw. zusammenwirken, die gemeinsam ein Maschinensystem ergeben.
5. Da die Leistungsfähigkeit der verschiedenen zu einem Maschinensystem gehörenden Spezialmaschinen häufig nicht übereinstimmt, wird die Anzahl der Maschinen und der Fahrzeuge ihrer Kapazität entsprechend aufeinander abgestimmt. Auf diese Weise entstehen Maschinenkomplexe.
6. Um die optimale Zuordnung zu ermöglichen, wird die leistungsfähigste Maschine des Systems zur „Schlüsselmaschine" bestimmt, deren technische Daten bestimmend für die Entwicklung und den Einsatz aller anderen Maschinen des Systems sind.
7. Für jedes Produktionsverfahren wird nach dem unter 1–6 geschilderten System nur eine technische Lösung entwickelt.

8. Die Entwicklung und Produktion der L. verlaufen in „technischen Generationen", die durchschnittlich in 10jährigen Intervallen einander folgen.

9. Im Bestreben, große einheitlich planbare Serien zu entwickeln, wird eine arbeitsteilige Produktion innerhalb der RGW-Staaten angestrebt. Gleichzeitig ist man um die weitgehende Standardisierung der Bauteile bemüht.

Die Versorgung der Landwirtschaft mit landtechnischem Gerät erfolgt aufgrund der Bedarfsmeldung der Betriebe. Die Bedarfsmeldung muß mit der Entwicklungskonzeption, d. h. mit dem geplanten Produktionsprogramm des Betriebes, übereinstimmen und ist mit dem Rat des Kreises abzustimmen. Die Aufgaben des Maschinenhandels obliegen dem VEB agrotechnik (Leipzig), der nach Auflösung des Staatlichen Komitees für Landtechnik und materiell-technische Versorgung (SKL) im Januar 1975 in das mit Wirkung vom 1. 7. 1978 neugegründete VEB Kombinat Fortschritt Landmaschinen Neustadt in Sachsen eingegliedert wurde. Er fungiert gleichzeitig als Leitbetrieb für die in 14 Bezirken bestehenden Handelsbetriebe agrotechnik, denen 1975 insgesamt 37 Handelszentren zugeordnet waren. Gleichzeitig wurde für den Import bzw. Export von Landmaschinen, von Anlagen des Land- und Nahrungsgütermaschinenbaus und von Ersatzteilen der Außenhandelsbetrieb „AHB Fortschritt Landmaschinen Export/Import Volkseigener Außenhandelsbetrieb der DDR" (Berlin [Ost]) gegründet. Mit der Gründung des VEB Kombinats Fortschritt am 1. 7. 1978 wurden alle bisher selbständigen Betriebe und Kombinate der L. (VEB Kombinat Nagema, VEB Weimar Kombinat, VEB Kombinat Impulsa Elsterwerda usw. einschließlich der wichtigsten Zulieferbetriebe) mit insgesamt 79 Betrieben und rd. 60000 Beschäftigten organisatorisch unter einem Dach zusammengefaßt. Das Kombinat soll die Funktionen eines → **General- (GAN)** bzw. → **Hauptauftragnehmers (HAN)** übernehmen und umfaßt die wichtigsten Kapazitäten der Forschung, Entwicklung, der Technologie und Produktion sowie des Absatzes (s. o.) und des Kundendienstes. Für die Koordination der verschiedenen Produktions- und Funktionsaufgaben wurden 8 Betriebe innerhalb des Kombinates zu Leitbetrieben bestimmt. Das Kombinat untersteht dem → **Ministerium für allgemeinen Maschinen-, Landmaschinen- und Fahrzeugbau** und hat alle wesentlichen Funktionen des SKL (s. o.) übernommen.

Die landtechnische Versorgung der Landwirtschaft ist nichtsdestotrotz häufig unzureichend; es fehlt vor allem an Ersatzteilen. Hierzu tragen die steigenden Exportverpflichtungen der Landmaschinenindustrie sowie die zunehmende Importabhängigkeit bei. Andererseits wurden bei der Planung des Maschinenbedarfs zu hohe Erwartungen in die Vorteile der industriemäßig organisierten Agrarproduktion gesetzt, die nicht zu einer Einsparung, sondern zu einem erheblichen Mehrbedarf an Maschinen geführt hat. Als typische Indikatoren für die Mechanisierung der Pflanzenproduktion dürfen die Lkw- und Motorausstattung angesehen werden.

	1960	1975	1982
Lkw (insgesamt)	9 312	42 518	53 495
Traktoren-PS/100 ha LN	38,7	128,0	201
Motor-PS gesamt/100 ha LN	47,8	213,3	310*

* Schätzung

Quellen: Statistische Jahrbücher der DDR 1976, 1978, 1983. RGW-Statistik.

Die zunehmende Differenz zwischen Traktoren-PS und Motor-PS je 100 ha LN ergibt sich aus dem zunehmenden Lkw-Einsatz und aus der Verwendung selbstfahrender Erntemaschinen. Die Mechanisierung der tierischen Produktion verlief bisher bedeutend langsamer. Der Wert der Maschinen, Ausrüstungen, Anlagen und Fahrzeuge stieg von 9,4 Mrd. Mark (1967) auf 37,0 Mrd. Mark bzw. um 394 v. H. im Jahr 1981 (= 6260 Mark/ha LN). Als Ergebnis der großbetrieblichen Organisation der Landwirtschaft und der Einsatzformen der Technik kann der Investitionsaufwand relativ gering gehalten werden. (Die Maschinenpreise liegen seit der Agrarpreisreform 1984 [→ **Agrarpreissystem**] durchschnittlich um 15 bis 30 v. H. über den Preisen, die 1984 in der Bundesrepublik Deutschland gezahlt wurden.)

Die Ausdehnung der Betriebsgrößen hat aber zu steigenden Transportleistungen und in Verbindung mit der Spezialisierung zu erhöhten Bereitstellungskosten geführt. Die knappe Ausstattung hat zwar Maschinenleistungen zur Folge, die weit über der Abschreibungsschwelle liegen, sie verursacht jedoch zugleich hohe Instandhaltungs- und Reparaturleistungen (jährlich rd. 555 Mark/ha LN). Zur Wahrnehmung der Reparaturleistungen wurden die 20 Landtechnischen Instandsetzungswerke (LTI) 1977 zu 15 Kombinaten der Landtechnischen Instandhaltung und materiell-technischen Versorgung (KLI) umgebildet, die gemeinsam mit den 156 Kreisbetrieben für L. (KfL) 1983 rd. 72000 Mitarbeiter beschäftigten.

Landwirtschaft

I. Agrarsystem
II. Volkswirtschaftliche Bedeutung der Landwirtschaft
III. Grundlagen der pflanzlichen und tierischen Produktion
IV. Faktorausstattung der Landwirtschaft
V. Produktionsleistungen der Landwirtschaft

I. Agrarsystem

Das Agrarsystem eines Landes, begriffen als Teil des übergeordneten Wirtschafts- und Gesellschaftssystems, wird allgemein durch die Ideen und Prinzipien bestimmt, nach denen die sozialen und ökonomischen Beziehungen der mit der L. befaßten Menschen zueinander und zu den → **Produktionsmitteln** gestaltet sind. Konkret drücken sich diese Gestaltungsprinzipien aus im gegebenen Sozialgefüge in der L. und im ländlichen Raum sowie in den rechtlichen Beziehungen des Wirtschaftslebens im Agrarsektor, besonders in den realisierten Formen des → **Eigentums**, der landwirtschaftlichen Unternehmungen bzw. Betriebe und der Agrarmärkte. Demzufolge handelt es sich bei der Festlegung auf ein bestimmtes Agrarsystem um eine weitreichende politische Entscheidung (→ **Agrarpolitik**) und nicht etwa nur um die Fixierung auf bestimmte → **Landwirtschaftliche Betriebsformen**.

A. Entwicklungsphasen

Die ordnungspolitische Weichenstellung, die zur Ausprägung des gegenwärtigen Agrarsystems in der DDR geführt hat, erfolgte am Ende des II. Weltkrieges mit dem Zerfall der Staatsordnung in Deutschland, dem Einzug der sowjetischen Armee in ihr deutsches Besatzungsgebiet und der Übernahme der Herrschaftsgewalt in diesem Teil Deutschlands durch die sowjetische Militäradministration (SMAD).

Das in Mitteldeutschland historisch überkommene Ordnungssystem der L., das vom Vorherrschen der bäuerlichen Familienwirtschaft geprägt war, wurde im Zeitverlauf, über verschiedene Entwicklungsabschnitte, in das heutige sozialistisch-kollektivistische Agrarsystem transformiert (→ **Agrarpolitik**).

Der etappenweise durchgeführte Sozialisierungsprozeß der L. ist gekennzeichnet durch zwei radikale Eingriffe: Am Beginn eine Bodenbesitzreform zugunsten der Kleinbauern unter Beibehaltung eines Teils der verstaatlichten Privatbetriebe des Großgrundbesitzes sowie der Domänen und sonstigen Betriebe der öffentlichen Hand in Form Volkseigener Güter (1945/46); danach Durchsetzung der Kollektivierung (1952–1960) unter Anwendung von drei, nach dem Grad der Vergesellschaftung unterschiedlichen Typen von landwirtschaftlichen Produktionsgenossenschaften. Typ III als höchste Form, in die allmählich die anderen überführt wurden, entsprach weitgehend der im sowjetischen Kolchos realisierten Form der Produktionsgenossenschaft. Der daran anschließende dritte Entwicklungsabschnitt ist durch die zentralgesteuerte kooperative Herausbildung sozialistischer landwirtschaftlicher Großbetriebe charakterisiert, die seit 1967 zum industriemäßig produzierenden Spezialbetrieb der L. führte.

In ökonomischer Sicht bedeutet das Übergehen zu industriemäßigen Produktionsmethoden ein schrittweises Abgehen von der traditionellen Produktionsweise der L., die charakterisiert ist durch den in Kombination pflanzlicher und tierischer Betriebszweige produzierenden, in sich abgerundeten landwirtschaftlichen Betrieb, wie ihn in den 60er Jahren noch die herkömmliche LPG und das herkömmliche VEG verkörpert haben. Die mit dem Industrialisierungsprozeß der L. verbundene Spezialisierung der Agrarproduktion bedeutet grundsätzliche Arbeitsteilung zwischen Pflanzen- und Tierproduktion, d. h. die planmäßig durchgesetzte Auflösung des betrieblichen Verbundes pflanzlicher und tierischer Produktionszweige und die Errichtung selbständiger spezialisierter Betriebe der Pflanzenproduktion einerseits und der Tierproduktion andererseits. Die Ausgliederung der einzelnen landwirtschaftlichen Produktionszweige, und innerhalb dieser sogar die von einzelnen Produktionsabschnitten, aus Betrieben mit bisher kombinierter Produktion und ihr jeweils zweigspezifischer Zusammenschluß zu eigenständigen Produktionseinheiten erfordert jedoch, daß zwischen dieser hochgradig spezialisierten und arbeitsteiligen Agrarerzeugung wiederum ein Verbund hergestellt wird. Er erfolgt über die Institutionalisierung der → **Kooperation in der Landwirtschaft**, d. h. über den zwischenbetrieblichen (statt bisher innerbetrieblichen) Leistungsaustausch aufgrund vertraglicher Vereinbarungen sowohl zwischen den spezialisierten Landwirtschaftsbetrieben untereinander als auch zwischen diesen und den Dienstleistungsbetrieben. Letztere sind im Zuge der arbeitsteiligen Industrialisierung der L. ebenfalls als eigenständige Spezialbetriebe zur Unterstützung der spezialisierten pflanzlichen und tierischen Produktionsbetriebe errichtet worden. Z. B. die Agrochemischen Zentren (ACZ), welche die Düngung, den Pflanzenschutz und die dazu notwendigen Transportarbeiten durchführen, und die Kreisbetriebe für Landtechnik (KfL) zur Instandhaltung und Instandsetzung der Agrartechnik (→ **Landtechnik; Landwirtschaftliche Betriebsformen**, IV. F.).

Aus diesen, im gesellschaftspolitischen Interesse der Industrialisierung und Spezialisierung der L. erfolgten Eingriffen in das betriebsorganisatorische Verbundsystem pflanzlicher Primär- und tierischer Sekundärproduktion sind der DDR allerdings eine Reihe gravierender Probleme für die ökonomische Effizienz und Rentabilität ihrer Agrarproduktion erwachsen, die zu Beginn der 1980er Jahre, unter dem Problemdruck der weltweit veränderten gesamtwirtschaftlichen Rahmenbedingungen offenkundig geworden sind. Zur Sicherung einer ökonomisch rationellen Agrarerzeugung wird es deshalb gewichtiger Korrekturen an der Produktionsorganisation der L. bedürfen.

B. Betriebsstruktur

Die Konzentration und Spezialisierung der Agrarproduktion drückt sich in einer laufend verringerten Zahl der Landwirtschaftsbetriebe bei gleichzeitiger Vergrößerung ihres durchschnittlichen Flächenumfanges aus (siehe Übersichten: Sozialistische Landwirtschaftsbetriebe und Durchschnittsgröße soz. Landwirtschaftsbetriebe).

Im Jahre 1982, nach der weitgehenden organisatorischen Trennung von pflanzlicher und tierischer Erzeugung, statuierten insgesamt nur noch 4905 Produktionsbetriebe die sozialistische L. der DDR. Diese setzen sich zusammen aus 1423 Betrieben der Pflanzenproduktion, mit einem durchschnittlichen Flächenumfang von 4057 ha LN pro Betrieb, 3396 Betrieben der Tierproduktion, mit einem durchschnittlichen Viehbestand von 1576 GV (GV = Großvieheinheit; 1 GV entspricht 500 kg Lebendgewicht) pro Betrieb, sowie aus weiteren 86 Betrieben mit spezialisierter Pflanzenproduktion (Zierpflanzen, Baumschulen usw.), die den VVB Saat- und Pflanzgut, Tierzucht, dem VE Kombinat Industrielle Tierproduktion sowie den Instituten der Akademie der Landwirtschaftswissenschaften (→ **Agrarwissenschaften**) oder auch den Räten der Bezirke unterstellt sind.

Daneben bestanden zur Unterstützung der Produktionsbetriebe 263 Agrochemische Zentren, die von den Betrieben der Pflanzenproduktion im Territorium als Zwischenbetriebliche Einrichtungen (ZBE) gemeinsam gebildet wurden, 158 Kreisbetriebe für Landtechnik, die dem VE Kombinat landtechnische Instandhaltung unterstehen, verschiedene spezielle Zwischengenossenschaftliche Einrichtungen (ZGE), wie solche der L., Waldwirtschaft (→ **Forst- und Holzwirtschaft**), Bauorganisation, außerdem Meliorationsgenossenschaften (→ **Meliorationen**), ferner VEB zur Aufbereitung organischer Düngestoffe, zur Trocknung und Pelletierung, sowie Mischfutterwerke (→ **Landwirtschaftliche Betriebsformen**, IV.).

II. Volkswirtschaftliche Bedeutung der Landwirtschaft

A. Ökonomische Gesichtspunkte

Die versorgungspolitische Rolle der L. wird in der DDR hoch eingeschätzt. Nach wie vor gilt, was Honecker in seinem Bericht an den VIII. → **Parteitag** der SED zum Ausdruck brachte, daß es für die

Durchschnittsgröße der sozialistischen Landwirtschaftsbetriebe in der DDR in ha landwirtschaftlicher Nutzfläche

Betriebskategorie	Durchschnittsgröße je Betrieb in ha LN		
	1960	1970	1982
VEG insgesamt	591	866	910
VEG Pflanzenproduktion	–	–	5 276
LPG insgesamt	280	599	1 354
LPG Pflanzenproduktion	–	–	4 722
KAP und ZBE Pflanzenproduktion	–	–	412
GPG	46	60	71

Quelle: Statistisches Jahrbuch der DDR 1983, S. 179.

Sozialistische Landwirtschaftsbetriebe in der DDR

Betriebskategorie	Zahl der Betriebe			Anteil der Betriebe an der LN der sozialistischen Landwirtschaft in v. H.		
	1960	1970	1982	1960	1970	1982
VEG insgesamt	669	511	478	6,7	7,5	7,4
darunter						
Pflanzenproduktion	–	–	73	–	–	6,5
Tierproduktion	–	–	319	–	–	–
Spezialisierte Pflanzenproduktion	–	–	86	–	–	–
LPG insgesamt	19 313	9 009	3 949	91,7	91,7	90,5
darunter						
Pflanzenproduktion	–	–	1 119	–	–	89,4
Tierproduktion	–	–	2 830	–	–	–
KAP und ZBE Pflanzenproduktion	–	–	20	–	–	1,5
GPG	298	346	211	0,2	0,4	0,3
ZBE Tierproduktion	–	–	247	–	–	–
Sonstige[1]	·	·	·	1,4	0,4	0,3
Soz. Betriebe zusammen	20 280	9 866	4 905	100,0	100,0	100,0

1 Statistische Restgröße nicht näher bezeichneter Betriebszuordnung.
Quelle: Statistisches Jahrbuch der DDR 1983, S. 179.

DDR vorteilhafter sei, die sozialistische L. mit mehr und besseren Produktionsmitteln zu versorgen, als Nahrungsmittel, die man selbst erzeugen könne, zu importieren. In bezug auf die Versorgung der Bevölkerung mit Nahrungsmitteln ist die Agrarpolitik der DDR, ebenso wie diejenige der anderen Mitgliedsländer im → **Rat für Gegenseitige Wirtschaftshilfe (RGW)**, weitgehend auf Autarkie abgestellt. Die der L. gestellte Aufgabe, die Bevölkerung immer besser mit Nahrungsmitteln und die Industrie mit Rohstoffen aus der eigenen Produktion zu versorgen, begründet auch, weshalb die Ausweitung des agrarischen Produktionsvolumens neben der Produktivitätssteigerung immer noch eine der wichtigsten wirtschaftlichen Zielsetzungen für die L. ist. Das gilt auch unter dem akuten Problemdruck, die Produktionskosten der L. erheblich zu senken und ihre Rentabilitätsverhältnisse umfassend zu verbessern.

Gegenwärtig (1982) sind von der Gesamtzahl der volkswirtschaftlich in der DDR beschäftigten Personen noch reichlich 10 v. H. in der Land- und Forstwirtschaft tätig, in der Bundesrepublik Deutschland vergleichsweise nur 5 v. H. Vor Beginn des II. Weltkrieges (1935/38) lag die Agrarquote im Gebiet der heutigen DDR bei 22 v. H., im Gebiet der heutigen Bundesrepublik sogar noch bei 27 v. H. Somit verringerte sich seither der Anteil der in der L. Tätigen in der Bundesrepublik annähernd um das Doppelte stärker als in der DDR. Dieser höhere Arbeitskräftebesatz hängt u. a. auch mit den speziellen Formen der Arbeitsorganisation in der L. der DDR zusammen (z. B. geregelte Arbeitszeit im 2-Schichtensystem, regelmäßiger Jahresurlaub) wie auch mit anderen statistischen Abgrenzungskriterien (z. B. gelten Erzieherinnen in LPG- oder VEG-eigenen Kindergärten oder Mechaniker in den Betrieben für landtechnische Instandsetzung ebenfalls als Beschäftigte in der L.).

Die Stellung der L. in der Volkswirtschaft der DDR wird auch aus ihrem Anteil an den volkswirtschaftlichen Gesamtaufwendungen und ihrem Beitrag zum Sozialprodukt deutlich. Im Jahre 1982 entfielen auf die L. 12,8 v. H. der gesamten → **Grundmittel** (= Produktionskapital ohne Boden- und Viehkapital) und 9,5 v. H. der gesamten Brutto-Investitionen der DDR-Wirtschaft (→ **Investitionen**). Diese Anteile lagen: 1960 bei 12,7 und 11,9 v. H., im Fünfjahresdurchschnitt 1967/71 beide übereinstimmend bei 13,6 v. H.; 1972/76 bei 13,2 bzw. 11,8 v. H. und 1977/81 bei 12,9 bzw. 10,1 v. H. Demgegenüber trug die L. 1982 mit 7,8 v. H. zum Nettoprodukt aller Volkswirtschaftszweige bei (→ **Gesamtprodukt, Gesellschaftliches**). In den entsprechenden Vorjahren lag dieser Anteil: 1960 bei 16,9 v. H.; 1967/71 bei 12,6 v. H.; 1972/76 bei 10,4 v. H. und 1977/81 bei 8,7 v. H. (siehe Übersichten: Indikatoren für die Stellung der L. in der Volkswirtschaft der DDR sowie Ausstattung der L. mit Grundmitteln und Investitionen je Berufstätigen und je Flächeneinheit).

Sinkende Anzahl landwirtschaftlicher Arbeitskräfte, die durch Kapitalgüter substituiert werden, und rückläufige Beiträge der L. zum Sozialprodukt, wie sie für hochindustrialisierte Volkswirtschaften typisch sind, kennzeichnen somit auch die Verhältnisse in der DDR. Dort ist allerdings, entgegen dieser Tendenz, in bezug auf den Arbeitskräftebestand festzustellen, daß dieser sich nur bis zum Jahr 1977 vermindert, danach aber sukzessive wieder vergrößert hat. 1982 waren in der sozialistischen L. (ohne agrochemische Zentren) schon rd. 22000 Personen mehr ständig beschäftigt als 1977. Diese von der Wirtschaftsführung der DDR gesteuerte Entwicklung wird damit begründet, daß in einigen Be-

Indikatoren für die Stellung der Landwirtschaft in der Volkswirtschaft der DDR

Gegenstand	Einheit	1960	1970	1980	1982
Berufstätige im Agrarsektor[1]	in 1000	1 304	997	878	889
Grundmittelbestand[2] der L.	in Mill. Mark	20 486	37 500	61 662	68 750[5]
Investitionen[3] in der L.	in Mill. Mark	2 125	4 721	5 313	5 000[5]
Beitrag der L. zum Nettoprodukt[4]	in Mill. Mark	13 510	14 954	16 619	16 680[5]
in v. H. Volkswirtschaft insgesamt					
Berufstätige im Agrarsektor[1]		17,0	12,8	10,7	10,6
Grundmittelbestand[2] der L.		12,7	13,6	12,8	12,8[5]
Investitionen[3] in der L.		11,9	13,0	9,7	9,5[5]
Beitrag der L. zum Nettoprodukt[4]		16,9	12,0	8,4	7,8[5]

1 Land- und Forstwirtschaft, Berufstätige ohne Lehrlinge, jeweils Stand 30. September.
2 Preisbasis 1966.
3 Ohne Investitionsbeteiligung, Preisbasis 1980.
4 Preisbasis 1980.
5 Vorläufig.
Quelle: Statistisches Jahrbuch der DDR 1983.

Ausstattung der Landwirtschaft in der DDR mit Grundmitteln und Investitionen je Berufstätigen und je Flächeneinheit

Jahr	Grundmittelbestand[1]	Investitionen[2]	Grundmittelbestand[1]	Investitionen[2]
	je Berufstätigen[3]		je ha LN	
	in Mark			
1960	15 714	1 630	3 190	331
1970	37 609	4 735	5 963	751
1980	70 190	6 048	9 833	847
1982	77 343	5 625	10 982	799
	1960 = 100			
1970	239	290	187	227
1980	447	371	308	256
1982	492	345	344	241

1 Preisbasis 1966.
2 Preisbasis 1980.
3 In der Land- und Forstwirtschaft, ohne Lehrlinge.
Quelle: Statistisches Jahrbuch der DDR 1983.

reichen der Agrarproduktion der Rückgang von Arbeitskräften schneller verlaufen ist als die Mechanisierung bestimmter Arbeitsprozesse, wodurch ein Arbeitskräftedefizit entstanden sei. Dies mache es zur Sicherung des volkswirtschaftlich erforderlichen Produktionsvolumens an landwirtschaftlichen Nahrungsgütern und Rohstoffen „notwendig, den Arbeitskräftebestand nicht weiter zurückgehen zu lassen" (Erich Honecker: Bericht des ZK der SED an den X. Parteitag. Berlin [Ost] 1981, S. 76). Das sei vor allem im Interesse des Abbaus von Überstunden geboten, die in der Pflanzenproduktion während der Kampagnezeiten und in der Tierproduktion meist über das gesamte Jahr hinweg zu großen Belastungen, insbesondere in den LPG mit niedrigem Arbeitskräftebesatz, führten. Die vielerorts noch bestehenden Disproportionen zwischen Bestand und Bedarf an Arbeitskräften würden sich äußerst negativ auf die Einhaltung der agrotechnisch günstigsten Termine und auf die Sicherung der Betreuungsintensität der Tiere auswirken. Darum gelte es, der insbesondere aus der Altersstruktur resultierenden Verringerung des Arbeitskräftepotentials in der L. entgegenzuwirken und nicht mehr, wie das in den 60er und 70er Jahren der Fall war, auf Arbeitskräfte zugunsten anderer Bereiche der Volkswirtschaft zu verzichten.

Weil einheitliche Berechnungen zum Sozialprodukt beider deutscher Volkswirtschaften seit Mitte der 70er Jahre nicht mehr vorliegen, ist auch eine vergleichende Gegenüberstellung des Beitrages, den die beiden deutschen L. zum jeweiligen Sozialprodukt leisten, neuerdings nicht mehr exakt möglich. Einem gegenwärtigen Anteil der L. am Sozialprodukt in der Bundesrepublik von zwischen 2 und 3 v. H. dürfte – grob geschätzt – ein vergleichbarer Anteil von etwa 4 bis 5 v. H. in der DDR gegenüberstehen.

Demnach hat die L. gemessen an ihrem relativen Produktionsbeitrag zur gesamtwirtschaftlichen Leistung sowie auch an ihrem Anteil an der Gesamtzahl der Beschäftigten in der DDR eine größere Bedeutung als in der Bundesrepublik. Hieraus folgt, daß zwar der Beitrag, den die L. durch die Produktion von Agrargütern zum Sozialprodukt leistet, in der DDR verhältnismäßig größer ist als in der Bundesrepublik und in anderen westlichen Ländern, daß aber der Beitrag, den der Agrarsektor zum gesamtwirtschaftlichen Wachstum durch die Abgabe von Arbeitskräften an die übrigen Wirtschaftssektoren bisher geleistet hat, in der DDR geringer gewesen ist als in den meisten Industriestaaten Westeuropas. In diesem Zusammenhang sind die relativ hohen Kapitalinvestitionen zu sehen, die dem Wirtschaftsbereich Land- und Forstwirtschaft in der DDR zufließen.

Diese forcierte Lenkung des Investitionskapitals in den Agrarsektor verzögerte zwangsläufig sowohl den Ausbau der typischen Wachstumsindustrien (→ **Industrie; Wirtschaft**) als auch die Verbesserung der Infrastruktur zur Schaffung außerlandwirtschaftlicher Arbeitsplätze und geht damit auf Kosten höherer Zuwachsraten des Sozialprodukts. In gesamtwirtschaftlicher Sicht läßt es vor allem der relativ große Anteil der L. an den Gesamtinvestitionen zweifelhaft erscheinen, ob in der DDR, bei ihrem Rang als Industriestaat, von einem Primat der Industrieproduktivität gegenüber der Produktivität im Agrarsektor gesprochen werden kann und ob nicht vielmehr gerade durch das gleichrangige Anvisieren

beider Ziele eine Beeinträchtigung und eine Überbeanspruchung des volkswirtschaftlichen Produktionspotentials erfolgt.
Um die volkswirtschaftliche Verflechtung der L. mit den ihr vor- und nachgelagerten Wirtschaftszweigen und mit dem Handel nicht nur administrativ, sondern auch organisatorisch auszubauen und zum Bestandteil eines übergeordneten Systems zu machen, wurde zunächst das Teilsystem L. und → **Nahrungsgüterwirtschaft** gebildet mit dem Ziel, es zum → **Agrar-Industrie-Komplex (AIK)** weiterzuentwickeln.

B. Ökologische Gesichtspunkte

Neben der gesamtwirtschaftlichen Beurteilung der L. gewinnt ihre ökologische Bewertung auch in der DDR allmählich an Bedeutung (→ **Umweltschutz**). Als Folge des hohen großbetrieblichen Spezialisierungs- und Konzentrationsgrades der L., vor allem durch die Massentierhaltung in industriemäßigen Tierproduktionsanlagen, sind eine ganze Reihe schwerwiegender Umweltbelastungen entstanden. Sie betreffen vor allem die Verwertung der anfallenden tierischen Exkremente. Als Hauptbelastungsfaktoren haben sich vornehmlich die Gülle, die Produktionsabwässer und der Silosickersaft industrialisierter Tierproduktionsbetriebe erwiesen. Geringe Lagerkapazitäten für Gülle, fehlende Sickersaftgruben und große Transportentfernungen zwingen zu ganzjährig kontinuierlicher Ausbringung der Gülle und verhindern es, diese gezielt zu den pflanzenbaulich günstigsten Terminen auf jeweils geeigneten Kulturen einzusetzen. Je nach Witterungsbedingung führt das zu mehr oder weniger starken Strukturschäden der Böden und damit zu empfindlichen Minderungen der Bodenfruchtbarkeit. Darüber hinaus aber sind hohe Ausbringungsmengen von Gülle in der Umgebung industriemäßig betriebener Tierproduktionsanlagen, insbesondere solche der Schweine- und Geflügelhaltung, und die teilweise praktizierte Einleitung der stickstoff- und phosphathaltigen Abgänge in Bäche und andere Oberflächengewässer für die relativ starke Eutrophierung eines Teils der DDR-Gewässer verantwortlich (→ **Wasserwirtschaft**).
Neben dem Boden sowie dem Grund- und dem Oberflächenwasser wird auch die Luft durch die industriemäßige Tierproduktion erheblich stärker belastet – zumindest in unmittelbarer Anlagennähe – als durch die traditionelle Viehhaltung in Ställen geringerer Kapazität. Daß die Abluft von Massentierhaltungen nicht nur geruchsintensiv, sondern durch hohe Gehalte an Keimen und Stäuben für Tier und Betreuer gesundheitsgefährdend und darüber hinaus auch umweltgefährdend ist, geht daraus hervor, daß es in der Nähe solcher Anlagen zu Absterbeerscheinungen im Waldbestand kommt (→ **Forst- und Holzwirtschaft**).

III. Grundlagen der pflanzlichen und tierischen Produktion

A. Bodennutzung

Die landwirtschaftliche Nutzfläche (LN) der DDR umfaßte im Jahre 1982 mit 6,26 Mill. ha knapp 58 v. H. der gesamten Wirtschaftsfläche. Wie für Industriestaaten charakteristisch, ist auch in der DDR durch die Inanspruchnahme von landwirtschaftlich nutzbaren Bodenflächen für außerlandwirtschaftliche Zwecke der Umfang des für die landwirtschaftliche Nutzung verfügbaren Areals rückläufig. Zwischen 1960 und 1982 betrug die Nutzflächeneinbuße insgesamt 162091 ha, die durchschnittliche jährliche Abnahmerate 6512 ha oder 0,10 v. H. Bezogen auf die Wohnbevölkerung entfielen 1982 auf je 100 ha LN 267 Menschen oder je Einwohner rd. 0,38 ha LN. Demgegenüber verfügte die Bundesrepublik Deutschland mit einer landwirtschaftlich genutzten Fläche (LF) von 12,14 Mill. ha (rd. 50 v. H. der Gesamtfläche) je Einwohner nur über 0,20 ha LF bzw. es entfielen auf 100 ha LF 507 Menschen. Demnach ist die je Kopf der Bevölkerung zur Verfügung stehende landwirtschaftliche Produktionsfläche in der DDR fast doppelt so groß wie die der Bundesrepublik. Im Vergleich zu sozialistischen Ländern ist sie jedoch relativ klein: ČSSR 0,45; Polen 0,53; Ungarn 0,62; Rumänien 0,67; Bulgarien 0,70 und UdSSR 2,15 ha LN.
Wie aus der folgenden Zahlenübersicht hervorgeht, entfallen von der LN in der DDR rd. drei Viertel auf Ackerland und ein Fünftel auf Grünland (siehe Übersicht: Landwirtschaftliche Bodennutzung in der DDR).
Zwar ist das Acker-Grünland-Verhältnis im Jahrzehnt zwischen 1960 und 1970 von 1:0,28 zugunsten des Grünlandanteils auf 1:0,32 verengt worden. Dieser Entwicklung wurde jedoch seit dem VIII. Parteitag der SED (1971) entgegengesteuert. 1982 lag dieses Verhältnis bei 1:0,27 und erreichte damit den Vorkriegsstand der Jahre 1935/38, worin das natürlich bedingte Beharrungsvermögen der Hauptarten der landwirtschaftlichen Bodennutzung deutlich wird. Das gleiche trifft auch für die Bundesrepublik zu, wo das Acker-Grünland-Verhältnis 1982 gegenüber 1935/38 mit 1:0,65 zu 1:0,64 praktisch unverändert ist. Demnach tritt nach wie vor die Ackernutzung im mitteldeutschen Raum bedeutend stärker hervor als im Bundesgebiet, was bei innerdeutschen Vergleichen der pflanzlichen und tierischen Produktionsstruktur der L. beachtet werden muß.
In viel größerem Maße als das Acker-Grünland-Verhältnis ist das Anbauverhältnis (Ackerflächenverhältnis), d. h. der Anteil, mit dem die einzelnen Fruchtarten bzw. Gruppen von Fruchtarten in einem Jahr an der Ackerfläche beteiligt sind, Veränderungen zugänglich. Dieses Fruchtartenverhältnis weist

Landwirtschaftliche Bodennutzung in der DDR

Kultur- bzw. Fruchtart	1960		1970		1980		1982	
	1 000 ha	v.H.	1 000 ha	v.H.	1 000 ha	v.H.	1 000 ha	v.H.
Landwirtschaftliche Nutzfläche nach Kulturarten								
Ackerland	4 848	75,5	4 618	73,4	4 760	75,9	4 731	75,6
Grünland	1 362	21,2	1 469	23,4	1 235	19,7	1 257	20,1
dar. Wiesen[1]	(823)	(12,8)	(725)	(11,5)	(608)	(9,7)	(583)	(9,3)
Viehweiden[2]	(440)	(6,9)	(662)	(10,5)	(532)	(8,5)	(569)	(9,1)
Sonstige Flächen[3]	212	3,3	202	3,2	276	4,4	272	4,3
Landwirtschaftliche Nutzfläche	6 422	100,0	6 289	100,0	6 271	100,0	6 260	100,0
Ackerland nach Hauptgruppen des Anbaus[5]								
Getreide	2 319	47,8	2 287	49,5	2 526	53,1	2 515	53,2
dar. Brotgetreide	(1 364)	(28,1)	(1 279)	(27,7)	(1 385)	(29,1)	(1 244)	(26,3)
Futter- u. Industriegetreide	(955)	(19,7)	(1 008)	(21,8)	(1 141)	(24,0)	(1 271)	(26,9)
Hackfrüchte	1 201	24,8	1 017	22,0	797	16,8	804	17,0
dar. Kartoffeln	(770)	(15,9)	(667)	(14,4)	(513)	(10,8)	(504)	(10,7)
Zuckerrüben	(240)	(5,0)	(192)	(4,2)	(250)	(5,3)	(257)	(5,4)
Futterhackfrüchte	(191)	(3,9)	(158)	(3,4)	(34)	(0,7)	(43)	(0,9)
Feldfutterpflanzen	852	17,6	923	20,0	968	20,3	972	20,5
dar. Klee u. Luzerne	(175)	(3,6)	(356)	(7,7)	(277)	(5,8)	(279)	(5,9)
Grün- u. Silomais	(439)	(9,1)	(337)	(7,3)	(365)	(7,7)	(374)	(7,9)
Hülsenfrüchte	91	1,9	53	1,2	49	1,0	53	1,1
Öl- und Faserpflanzen	170	3,5	116	2,5	134	2,8	131	2,8
Restliche Anbauflächen[4]	215	4,4	222	4,8	286	6,0	256	5,4
Ackerland	4 848	100,0	4 618	100,0	4 760	100,0	4 731	100,0

1 Ohne Streuwiesen.
2 Ohne Hutungen.
3 Gartenland, Obstanlagen, Rebland, Baumschulen und Korbweidenanlagen.
4 Freilandgemüse, Flächen zur Saatgutgewinnung, Hauptfrüchte zum Unterpflügen, sonstige Kulturen und Brache.
5 Ernteflächen.
Quelle: Statistisches Jahrbuch der DDR 1983, S. 178, 190 und 191.

in der DDR insofern eine gewisse Stetigkeit auf, als den Hauptfrüchtegruppen Getreide, Hackfrüchte und Ackerfutter zusammen regelmäßig rd. 90 v.H. des Ackerareals eingeräumt werden, während lediglich rd. 10 v.H. dem Anbau aller sonstigen Ackerfrüchte (Hülsenfrüchte, Gemüse und Gartengewächse, Ölfrüchte, Tabak u.a. Handelsgewächse) dienen. Anbauverschiebungen im Zeitverlauf blieben bisher auf den Flächenaustausch zwischen den drei genannten Hauptfrüchtegruppen sowie innerhalb dieser auf den Flächenaustausch zwischen den jeweiligen Kulturpflanzen einer jeden Gruppe beschränkt. Die Anbauentwicklung in der Zeitperiode von 1960 bis 1982 weist als charakteristische Merkmale eine tendenzielle Ausdehnung der Flächenanteile von Getreide- und Feldfutterbau bei gleichzeitiger Einschränkung des Hackfruchtanteils auf. Während der Getreideanteil an der Ackerfläche 1960 mit rd. 48 v.H. die zur menschlichen Ernährung sowie zur Futter- und Strohversorgung des Viehbestandes wohl unerläßliche untere Grenze erreicht hatte, stieg er in den Folgejahren laufend an und blieb seit 1975 bei rd. 53 v.H. stehen. Der Flächenanteil des Ackerfutteranbaus, der im Fünfjahresdurchschnitt 1957/61 bei rd. 16 v.H. lag, vergrößerte sich inzwischen auf Werte um rd. 20 v.H. Demgegenüber verringerte sich der Anteil der Hackfruchtgruppe am Ackerareal von rd. 25 v.H. im Mittel der Jahre 1957 bis 1961 auf rd. 17 v.H. in den Jahren 1980 bis 1982.

Die Getreidefläche teilten sich 1982 die Brotgetreidearten und die Futter- und Industriegetreidearten je zur Hälfte. Im Getreideflächenverhältnis nahm Gerste mit einem Anteil an der Getreideerntefläche von 39,0 v.H. die erste Stelle ein, gefolgt von Roggen (26,0 v.H.), Weizen (23,5 v.H.), Hafer (8,7 v.H.) und Sommermenggetreide (2,8 v.H.), während Körnermais (0,01 v.H.) in der DDR, trotz großer Bemühungen im Fünfjahrplan 1971 bis 1975, seine Anbaufläche bis 1975 auf 150000 ha zu vergrößern, bisher praktisch keine wirtschaftliche Bedeutung erlangt hat. Noch im Fünfjahresdurchschnitt 1967/71 stand nach dem Umfang der Erntefläche Roggen an der Spitze aller Getreidekulturen mit rd. 42 v.H. der gesamten Getreidefläche. Es bestand damals eine Flächenrelation Roggen zu Weizen von rd. 55:45. Durch fortschreitende Substitution des Roggens durch Weizen in den 1970er Jahren, die hauptsächlich aus der besseren Ertragsfähigkeit des Weizens gegenüber Roggen und auch aus Änderungen im Brotkonsum erwachsen war, erfolgte eine Umschichtung dieser Relation zugunsten des Weizens, die 1976 bei 44:56 lag. In den Folgejahren hat sich dieses Verhältnis jedoch laufend verändert und erreichte 1982 mit 52:48 wieder ein Übergewicht des Roggens. Das läßt erkennen, daß innerhalb des Brotgetreidebaus der Ausweitung der Weizenfläche bzw. der Einschränkung der Roggenfläche gewisse Grenzen gezogen sind, was verschiedene natürliche sowie futterwirtschaftliche, ackerbauliche und außenhandelspolitische Gründe hat.

Vom Ackerareal der DDR entfallen etwa die Hälfte auf reine sowie anlehmige und lehmige Sandböden, so daß der Roggenbau hier seine zwingenden natürlichen Standorte findet. Andere Bestimmungsgründe seiner Förderung sind: Die besondere Eignung des Roggens für Untersaaten der Futterzwischenfrüchte, sein gegenüber Weizen größerer Strohmengenertrag, seine Eigenschaft als Feindpflanze zur Nematodenbekämpfung im Zuckerrübenbau, sein höherer Vorfruchtwert sowie der Gesichtspunkt, daß für Weizen guter Backfähigkeit relativ günstigere Einfuhrmöglichkeiten bestehen als für Roggen.

Der Flächenrückgang der Hackfrüchte ist durch die starke Einschränkung des Futterhackfruchtbaus und des Kartoffelbaus verursacht, während der Zuckerrübenbau über die Jahre hinweg ziemlich konstant 5 v.H. des Ackerareals einnimmt.

Infolge des geringen Grünlandanteils an der LN ist die Grundfutterproduktion in der DDR zur Versorgung eines planmäßig hohen Rinderbestandes in relativ starkem Maße auf den Ackerfutterbau angewiesen und greift dabei noch in beträchtlichem Umfange (1982 = 14 v.H. des Ackerareals) auf den weniger produktiven, ertragsunsicheren Zwischenfruchtbau zurück. Von der 1982 den Feldfutterpflanzen im Hauptbau eingeräumten Ackerfläche entfielen 38,5 v.H. auf Grün- und Silomais, 28,7 v.H. auf Klee, Kleegras und Luzerne und 32,8 v.H. auf den

Viehbestand in der DDR

Tierart	1960	1970	1980	1982
Viehbestand in 1000 Stück (Stand: Jahresende)				
Pferde	447	127	70	81
Rinder	4 675	5 190	5 723	5 690
dar. Kühe	2 175	2 163	2 138	2 124
Schafe	2 015	1 598	2 038	2 198
Ziegen	439	135	24	22
Schweine	8 316	9 684	12 871	12 107
Geflügel	36 910	43 034	51 611	51 356
dar. Legehennen[2]	28 121	25 470	26 844	25 419
Viehbestand in 1000 Großvieheinheiten[1]				
Pferde	470	132	71	82
Rinder	3 454	3 603	3 937	3 957
Schafe	178	146	185	196
Ziegen	35	11	2	2
Rauhfutterfresser (RGV)	4 137	3 892	4 195	4 237
Schweine	839	970	1 316	1 168
Geflügel	148	172	206	205
Gesamtviehbestand	5 124	5 034	5 717	5 610

1 Nach dem in der Bundesrepublik Deutschland benutzten GV-Schlüssel berechnet; siehe Stat. Jahrbuch über Ernährung, Landwirtschaft und Forsten 1983, S. 118.
2 Über 6 Monate alt.
Quelle: Statistisches Jahrbuch der DDR 1983, S. 200.

gemischten Anbau sonstiger ein- und mehrjähriger Futterkulturen.

B. Viehhaltung

Die Realisierung der Planziele, die der tierischen Agrarproduktion gesetzt sind, ist sowohl an den Umfang der Viehbestände als auch an die Leistung der einzelnen Tiere gebunden, wofür wiederum eine quantitativ wie qualitativ wohl abgestimmte kontinuierliche Futterversorgung die Voraussetzung bildet.

Über die Bestandsentwicklung bei den einzelnen Tierarten orientiert die folgende Übersicht (Übersicht: Viehbestand in der DDR).

Sieht man von Schwankungen in einzelnen Jahren ab, ist im Zeitverlauf der Gesamtviehbestand in der DDR laufend vergrößert worden. Im Zeitraum der letzten 12 Jahre (1970–1982) betrug die durchschnittliche jährliche Zuwachsrate 53335 Großvieheinheiten bzw. 0,98 v. H. Im Jahre 1981 verzeichnete die DDR mit 5,817 Mill. Großvieheinheiten ihren bisher höchsten Viehbestand, der sich im Folgejahr um rd. 4 v. H. verringerte.

Der Viehbesatz (Viehbestand je Flächeneinheit) hatte ebenfalls 1981 das bisherige Spitzenergebnis mit 93 GV/ha LN; er lag 1982 bei 87 GV/ha LN.

Während der Viehbestand 1982 gegenüber 1970 insgesamt um 11 v. H. größer war, hat, nach den einzelnen Tierarten betrachtet, der Bestand von Rindern um 10 v. H., der von Schweinen um 25 v. H., der von Geflügel um 19 v. H. und der von Schafen sogar um 37 v. H. zugenommen. Gleichzeitig sind die Bestände von Pferden und Ziegen rapide abgebaut worden. Der Schafbestand, der bis zum Jahre 1970 rückläufig gewesen ist, vergrößerte sich seither laufend und erreichte 1982 mit 2,20 Mill. Tieren seinen Höchststand. Der Pferdebestand war 1977 mit 66000 Tieren am niedrigsten. Seither stieg er jedoch kontinuierlich an und erreichte 1982 wieder 81000 Tiere.

Innerhalb des Rinder- und Geflügelbestandes, die beide im Jahre 1981 ihren Höchststand mit 5,75 Mill. bzw. 54,39 Mill. Tieren hatten, zeigen die Kühe bzw. die Legehennen eine über die Jahre gehende gewisse Stetigkeit in der Bestandsgröße.

IV. Faktorausstattung der Landwirtschaft

Das Produktionspotential der L. steht in direktem Zusammenhang mit ihrer Faktorausstattung, d. h. der Ausrüstung mit den produktiven Faktoren Arbeit und Kapital einschließlich Boden. Nachdem die Anteile der L. an den volkswirtschaftlich verfügbaren Produktionsfaktoren Arbeit und Kapital bereits im Abschnitt II und die landwirtschaftliche Nutzung des Produktionsfaktors Boden im Abschnitt III A aufgezeigt worden sind, bedarf es hier noch einer differenzierteren Darlegung der landwirtschaftlichen Arbeitskräfte und ihrer Ausstattung mit ertragssteigernden und mechanisch-technischen Produktions- und Arbeitshilfsmitteln.

A. Arbeitskräfte

1. Anzahl nach Betriebsgröße

Die sozialistische Umgestaltung der landwirtschaftlichen Betriebsstruktur bedingte einen grundlegenden Wandel der ländlichen Sozialstruktur. Charakteristisch für den großdimensionierten kollektiven Spezialbetrieb, der in der L. der DDR zum beherrschenden Betriebstyp wurde, ist seine Ausstattung mit einer großen Zahl von Arbeitskräften. So waren Ende 1981 in der Pflanzenproduktion im Durchschnitt je Betrieb 254 Genossenschaftsbauern und Arbeiter auf 4741 ha LN mit einem Bestand an produktiven Grundmitteln von 19,6 Mill. Mark tätig. Sie erzielten damit ein jährliches Bruttoprodukt von 11,5 Mill. Mark. In der Tierproduktion arbeiteten durchschnittlich je Betrieb 112 Genossenschaftsbauern und Arbeiter, die mit einem Viehbestand von 1576 futterbedarfsorientierten Großvieheinheiten (fGV) und 9,4 Mill. Mark Grundfonds eine jährliche Produktion von 6,6 Mill. Mark erzeugten. Im Durchschnitt entfielen also in der Pflanzenproduktion 5,4 Beschäftigte auf 100 ha LN und in der Tierproduktion 7,1 Beschäftigte auf 100 fGV. Verglichen mit anderen hochindustrialisierten Ländern erscheint der landwirtschaftliche Arbeitskräftebesatz in der DDR, umgerechnet auf Vollarbeitskräfte (AK), mit durchschnittlich rd. 12 AK je 100 ha LN unangemessen hoch. In der vom bäuerlichen Familienbetrieb geprägten L. in der Bundesrepublik beträgt der AK-Besatz je 100 ha LF im Durchschnitt aller Betriebsgrößen rd. 8 AK, in der Betriebsgröße von 50 und mehr ha sogar nur 3 AK. Darin drückt sich nicht nur der unterschiedliche volkswirtschaftliche Entwicklungsstand der beiden Staaten in Deutschland aus, sondern diese Situation ist zugleich ein Indiz für Unterschiede in der landwirtschaftlichen Arbeitsproduktivität, begründet Zweifel an der ökonomischen Zweckmäßigkeit der in der DDR getroffenen landwirtschaftlichen Betriebsorganisation und zeigt, daß die großbetrieblich-arbeitskräftereiche Organisationsform der L. nicht wirtschaftlichen, sondern politischen Zielsetzungen entsprach. Auch in anderen hochentwickelten Industrieländern wie in den USA, Großbritannien, Schweden, Belgien, Frankreich oder Japan ist der landwirtschaftliche Großbetrieb mit hohem Arbeitskräftebesatz zu keiner Zeit dominierender Betriebstyp gewesen.

2. Anzahl nach Eigentumsformen

1982 gab es in der DDR 843271 Mitglieder landwirtschaftlicher und 26751 Mitglieder gärtnerischer Produktionsgenossenschaften. Von den ständig Berufstätigen in der L. (ohne Forstwirtschaft, Veterinärwesen und Pflanzenschutz sowie ohne agrochemische Zentren) entfielen rd. drei Viertel auf ständig

mitarbeitende LPG-Mitglieder (Übersicht: Landwirtschaftliche Arbeitskräfte in der DDR).
Die überragende Stellung der → **Genossenschaftsbauern** in der L. geht nicht nur aus ihrem hohen Anteil an den landwirtschaftlich Beschäftigten hervor, sondern auch aus der Tatsache, daß sie rd. 87 v.H. der LN der DDR bewirtschaften, rd. 89 v.H. der Viehbestände besitzen und über 80 v.H. der Grundfonds in der L. verfügen. Im gesellschaftspolitischen Selbstverständnis der SED ergibt sich die besondere Klassenrolle der Genossenschaftsbauern in der sozialistischen Gesellschaft aus der Stellung der Genossenschaftsbauern als sozialistische Eigentümer von Produktionsmitteln sowie aus der ihnen zugeschriebenen Fähigkeit, die moderne landwirtschaftliche Großproduktion mit bewährten bäuerlichen Traditionen und Erfahrungen zu verbinden, die genossenschaftliche Demokratie zu entfalten und das Leistungsprinzip wie auch die materielle Interessiertheit entsprechend den Erfordernissen der genossenschaftlichen Arbeit anzuwenden.

3. Qualifizierung und Sozialstruktur

Die **Landwirtschaftliche → Berufsausbildung** hat in der DDR hohen Rang. Von den 1982 ständig Berufstätigen in der sozialistischen L. insgesamt hatten 89,7 v.H. eine Fachausbildung, darunter 2,2 v.H. Hochschul- und 6,1 v.H. Fachschulabsolventen, 6,6 v.H. Meister und 74,8 v.H. Facharbeiter.
Nach der Stellung im Betrieb entfielen von den 1982 in der Land- und Forstwirtschaft insgesamt vorhandenen 888862 Berufstätigen und 31484 Lehrlingen: 31,2 v.H. auf Arbeiter und Angestellte, 64,7 v.H. auf mitarbeitende Mitglieder von Produktionsgenossenschaften, 0,7 v.H. auf selbständige Erwerbstätige und mithelfende Familienangehörige sowie 3,4 v.H. auf Lehrlinge.
Der Anteil der Frauen an den in der L. ständig Berufstätigen insgesamt verringerte sich von 45,1 v.H. im Jahre 1970 auf 41,8 v.H. im Jahre 1982, während der Anteil der Jugendlichen (unter 25 Jahren) zwischen 1970 und 1980 von 7,2 v.H. auf 13,5 v.H. stieg.

4. Arbeitseinkommen

Über Arbeitseinkommen der in der L. Tätigen finden sich in der → **Agrarstatistik** der DDR Zahlenangaben nur für die durchschnittlichen monatlichen Arbeitseinkommen der in den VEG vollbeschäftigten Arbeiter und Angestellten sowie der dort vollbeschäftigten Produktionsarbeiter. Diese lagen 1982 bei 1014 bzw. 998 Mark. Die durchschnittlichen Einkommen der Genossenschaftsbauern, die neben den aus dem Lohnfonds gezahlten Beträgen für geleistete → **Arbeitseinheiten**, Prämien, Ehegattenzuschläge, staatliches Kindergeld und soziale Zuwendungen zusätzlich auch noch die Einkünfte aus der **Persönlichen → Hauswirtschaft** sowie gegebenenfalls die Vergütung für Bodenanteile umfassen, lassen sich hier zahlenmäßig nicht darlegen. Literaturbeiträgen aus der DDR zufolge, soll die Anfang der 60er Jahre noch sehr deutlich ausgeprägte soziale Differenziertheit in der Höhe des Arbeitseinkommens zwischen Genossenschaftsbauern und landwirtschaftlichen Arbeitern sowie zwischen ihnen und den Industriearbeitern inzwischen weitgehend überwunden sein (vgl. K. Groschoff: Zur weiteren Verringerung der wesentlichen Unterschiede zwischen Stadt und Land in der DDR, in: Intensivierung der landwirtschaftlichen Produktion, Berlin [Ost] 1979, S. 55). Wenn zwischen L. und Industrie Einkommensparität hergestellt worden ist, darf indes nicht verkannt werden, daß diese mit einer vergleichsweise höheren arbeitszeitlichen Belastung der in der L. Beschäftigten erkauft wird.
Die soziale Sicherung der in der L. Beschäftigten ist ähnlich geregelt wie die der Beschäftigten in der volkseigenen Wirtschaft (→ **Renten; Sozialversicherungs- und Versorgungswesen; Staatliche Versicherung der DDR**).

Landwirtschaftliche Arbeitskräfte in der DDR

Arbeitskraftkategorie		1965	1970	1975	1980	1981	1982
Berufstätige (ohne Lehrlinge) in der Land- und Forstwirtschaft	in 1000	1 179	997	895	878	884	889
Berufstätige (ohne Lehrlinge) in der Landwirtschaft (einschl. agrochemische Zentren)	in 1000	1 122	946	841	823	828	831
Ständig Berufstätige (ohne Lehrlinge) in der Landwirtschaft (ohne agrochemische Zentren)	in 1000	1 042	908	808	794	799	806
Vollarbeitskräfte (AK)[1]	in 1000 AK	938	817	728	715	720	725
	je 100 ha LN	14,7	13,0	11,6	11,4	11,5	11,6
Mitglieder landw. Produktionsgenossenschaften insgesamt	in 1000	1 004	938	877	827	834	843
darunter ständig mitarbeitend	in 1000	874	755	637	591	598	603

1 Vollarbeitskräfte (AK) = Ständig Berufstätige in der Landwirtschaft multipliziert mit dem Konstantenfaktor 0,9.
Quellen: Statistische Jahrbücher der DDR 1982 und 1983.

B. Produktionsmittel

1. Mineralische Düngung und Pflanzenschutz

In der DDR werden große Anstrengungen darauf verwandt, der L. technische Fortschritte in Gestalt von ertragssteigernden, verlustmindernden, qualitätsverbessernden, arbeitssparenden und arbeitserleichternden Produktionsmitteln nutzbar zu machen.

Von den Produktionsmitteln, die der gewerblichen Wirtschaft entstammen, sind der Einsatz von Mineraldüngern und Pflanzenschutzmitteln in der Pflanzenproduktion und der von konzentrierten Handelsfuttermitteln in der Tierproduktion wesentliche Bestimmungsfaktoren für die Steigerung der Produktionserträge. Bei mineralischen Düngemitteln weist die DDR schon seit zwei Jahrzehnten ein Mengenniveau an verfügbaren Kernnährstoffen auf, das ihr im internationalen Vergleich einen Platz in der Gruppe der düngerintensiven Länder der Welt einräumt (siehe Übersicht: Auslieferung von mineralischen Düngemitteln . . .).

Während die mineralische Düngung direkt der Ertragssteigerung dient, tragen die im Interesse der Ertragssicherung ergriffenen Pflanzenschutzmaßnahmen indirekt dazu bei. Der Einsatz von Pflanzenbehandlungsmitteln hat bis zum Jahre 1980 stetig zugenommen und behauptet seither den bis dahin erreichten Stand. Etwa zwei Drittel der Auslieferungsmengen entfallen auf Herbizide, das restliche Drittel auf Fungizide und Insektizide (siehe Übersicht: Auslieferung von Pflanzenschutzmitteln . . .).

2. Futtermittel

Anders als bei der Ausstattung mit ertragssteigernden Produktionsmitteln in der Pflanzenproduktion ist die Versorgung der L. mit den zur vollen Entfaltung tierischer Leistungen notwendigen konzentrierten Futtermitteln relativ rückständig geblieben. Dieses Zurückbleiben ist hauptsächlich dadurch verursacht, daß Kraftfutterimporte einen hohen Devisenaufwand erfordern, da insbesondere hochwertige Eiweißfuttermittel größtenteils nur auf dem westlichen Weltmarkt zu beschaffen sind. Darauf gründet sich auch die in jüngster Zeit verstärkt erhobene politische Forderung, den Futterbedarf der Viehbestände zunehmend aus der Eigenproduktion durch Erschließung aller Futterreserven zu decken und die Importe von Futtergetreide und sonstigen Futtermitteln drastisch zu reduzieren. Diese Orientierung auf die Eigenversorgung mit Futtermitteln, die sich vorrangig auf die Ertragssteigerung bei Getreide, Kartoffeln, Zuckerrüben und Grünland richtet, stellt die Futterwirtschaft vor ein äußerst schwieriges Problem, dessen Lösung für den Gesamtertrag der L. von zentraler Bedeutung ist. So versucht man dem Mangel an Kraftfutter vor allem durch die vermehrte Bereitstellung von industriell aufbereitetem Mischfutter abzuhelfen (siehe Übersicht: Herstellung von Mischfutter . . .).

Zwischen 1970 und 1982 hat sich die je Großvieheinheit verfügbare Herstellungsmenge von Mischfutter fast verdoppelt. An den entsprechenden Verhältnissen in der Bundesrepublik gemessen, wo im Wirt-

Auslieferung von mineralischen Düngemitteln an die Landwirtschaft der DDR in kg Reinnährstoff je ha LN

Wirtschaftsjahr	Stickstoff (N)	Phosphat (P_2O_5)	Kali (K_2O)	Kalk (CaO)
	kg Reinnährstoff je ha LN			
1960/61	38,5	35,1	82,3	117,1
1970/71	83,7	64,3	99,1	197,7
1975/76	115,3	63,8	108,6	206,5
1980/81	119,3	64,4	86,7	189,6
1981/82	111,7	53,5	87,2	193,4

Quelle: Statistisches Jahrbuch der DDR 1983 und vorhergehende Jahrgänge.

Auslieferung von Pflanzenschutzmitteln an die Landwirtschaft der DDR

Gegenstand	1965	1970	1975	1980	1982
Pflanzenschutzmittel					
insgesamt in t Wirkstoff	8 219	18 567	22 480	27 009	26 744
in kg je ha LN	1,3	3,0	3,6	4,3	4,3
darunter					
Herbizide in t Wirkstoff	6 197	13 758	15 004	18 067	19 432
in kg je ha LN	1,0	2,2	2,4	2,9	3,1

Quelle: Statistisches Jahrbuch der DDR 1983

Herstellung von Mischfutter in der DDR

Jahr	Produktion insgesamt	Anteil Pellets	Anteil der Tierarten an der Gesamtproduktion: Rinder Schafe, Pferde	Schweine	Geflügel	Sonstige	Produktion je Großvieheinheit[1]
	in 1000 t	in v. H.					in kg
1955	127	–	–	–	–	–	25,4
1960	704	–	–	–	–	–	136,4
1965	1 665	4,0	17,3	55,1	24,0	3,6	347,5
1970	2 909	20,0	21,5	48,6	26,8	3,1	582,4
1975	4 439	30,0	25,0	49,6	23,4	2,0	812,3
1980	5 811	31,6	25,1	52,9	20,7	1,3	1 042,7
1982	6 075	27,8	23,2	57,3	18,7	0,8	1 063,2

1 Berechnet nach dem GV-Schlüssel der Bundesrepublik Deutschland.
Quellen: H. Lüdtke, Wachsende Aufgaben erfordern Leistungszuwachs in der Mischfuttermittelindustrie, in: Getreidewirtschaft 8/1983, S. 186; Statistisches Jahrbuch der DDR 1983.

schaftsjahr 1981/82 pro GV rd. 1267 kg Mischfutter hergestellt wurden, erreichte die DDR mit 1053 kg rd. 83 v. H. des westdeutschen Mengenniveaus. Ließen sich jedoch nicht nur allein das Mischfutter, sondern die in der DDR verfügbaren konzentrierten Futtermittel insgesamt statistisch erfassen und mit denen in der Bundesrepublik vergleichen, würden die vorhandenen quantitativen und auch qualitativen Unterschiede im Versorgungsniveau und damit der Rückstand deutlicher hervortreten.

3. Technische Ausstattung

Die Faktorausstattung der L. wird nicht zuletzt durch Zahl, Größe und Art der vorhandenen Landmaschinen gekennzeichnet (→ **Landtechnik**). In der DDR ist die Mechanisierung der L. stark forciert worden (siehe Übersicht: Bestand ausgewählter Maschinen . . .).

Die Erhöhung des technischen Niveaus zeigt sich u. a. darin, daß trotz z. T. sinkender Anzahl von Landmaschinen die verfügbare Maschinenleistung je Flächeneinheit gesteigert wurde. So erhöhte sich zwischen 1970 und 1982 allein bei Schleppern die durchschnittliche Leistungsstärke von 43,3 PS auf 67,1 PS bzw. um rd. 55 v. H. und die durchschnittliche Motorleistung je 100 ha LN von 102,4 PS auf 160,2 PS bzw. um rd. 57 v. H. Ähnliches gilt für die Ausstattung mit anderen wichtigen Schlüsselmaschinen (d. h. Hauptmaschinen einer technologischen Verfahrenskette) z. B. mit selbstfahrenden Erntemaschinen und Transportfahrzeugen (Lkw), mit denen die Schlagkraft der „mobilen energetischen Basis“ erhöht wurde.

Die Bestandszahlen der Maschinen allein lassen allerdings noch keine Aussagen über deren tatsächliche Einsatzfähigkeit zu. Diese wird vielfach durch Mängel in der Ersatzteilversorgung und durch Engpässe bei den Reparaturen eingeschränkt. Wenn das Ausmaß dieser Beeinträchtigungen auch nicht im einzelnen bekannt ist, lassen doch die Hinweise auf mangelnde Sorgfalt beim Einsatz und bei der Konservierung der Aggregate sowie auf das Fehlen von

Bestand ausgewählter Maschinen der sozialistischen Landwirtschaft in der DDR

Gegenstand	Einheit	1960	1970	1975	1980	1981	1982
Schlepper-Zahl	1000 St	70,6	148,9	140,0	144,5	147,4	149,5
Schlepper – PS	1000 PS	2 283	6 440	7 585	9 288	9 802	10 030
Leistung in PS je Schlepper	PS	32,4	43,3	54,2	64,3	66,5	67,1
Schlepper – PS je 100 ha LN	PS	35,5	102,4	120,4	148,1	156,4	160,2
Lastkraftwagen	1000 St	9,3	27,2	42,5	51,6	53,5	53,5
Anhänger	1000 St	80,0	232,6	233,5	257,5	262,9	266,4
Mähdrescher	1000 St	6,4	17,9	11,2	13,6	14,1	14,5
Kartoffelsammelroder	1000 St	6,4	12,0	9,2	7,9	8,0	8,0
Rübenköpflader	1000 St	–	5,9	6,3	4,2	3,9	3,4
Rübenrodelader	1000 St	3,7	5,3	4,9	2,9	2,7	2,6

Quellen: Statistisches Jahrbuch der DDR 1983; Statistisches Jahrbuch des RGW 1983.

witterungsgeschützten Abstellplätzen den Schluß auf eine relativ hohe Reparaturanfälligkeit und damit auf eine erheblich verminderte Einsatzfähigkeit der vorhandenen Technik zu.
Während in der Pflanzenproduktion die Maschinenkapazität eine vollmechanische Ernte bei Getreide, Kartoffeln und Zuckerrüben ermöglicht, sind die in der Tierproduktion anfallenden Arbeiten weit weniger mechanisiert, allerdings auch weniger mechanisierbar. Das derzeitige technologische und technische Niveau der tierischen Produktion ist sehr unterschiedlich und sowohl durch komplexmechanisierte moderne Anlagen als auch durch halbstationäre-mobile Verfahren sowie durch Handarbeitsverfahren gekennzeichnet.
Im Jahre 1981 betrugen die Anteile der Handarbeit bei der Futterverteilung und bei der Entmistung in Tieranlagen: bei Milchkühen 26 und 15 v.H., bei Mastrindern 44 und 30 v.H. und bei Mastschweinen 45 und 40 v.H.
Da Maschinen und Geräte den Zweck haben, durch Arbeitsersparnis, Arbeitserleichterung und Verbesserung der Qualität die Produktivität der menschlichen Arbeit zu erhöhen, lassen die hohen Investitionen, die zur vorhandenen technischen Ausstattung geführt haben, in Verbindung mit der hohen landwirtschaftlichen Beschäftigtenquote erkennen, daß die zur Verbesserung der Arbeitsproduktivität notwendige Substitution von Arbeit durch Kapital in der L. der DDR offenbar nur in vergleichsweise geringem Maße ausgeschöpft werden konnte.

V. Produktionsleistungen der Landwirtschaft

A. Produktionsmengen

In den statistischen Publikationen der DDR finden sich regelmäßig Zahlenangaben über naturale Mengenerträge wichtiger pflanzlicher und tierischer Einzelerzeugnisse bzw. Erzeugnisgruppen sowie über Viehbestände. Aggregierte Produktionsdaten, die ein Bild für die Beurteilung der gesamten Produktionsleistung der L. geben, werden indes nicht mitgeteilt (→ **Agrarstatistik**). Eine lediglich auf ausgewählte Einzelerzeugnisse abgestellte Orientierung, z. B. die Hektarerträge bei Getreide oder der Milchertrag je Kuh, und deren Verallgemeinerung für das Ganze des Produktionsertrages der L., kann leicht zu einer unzutreffenden Beurteilung führen, zumal das Mengenergebnis der Agrarproduktion vom Wit-

Volumen, Flächenproduktivität und Arbeitsproduktivität der Agrarproduktion in der DDR

Gegenstand	1957/61	1962/66	1967/71	1972/76	1977/81	1982[3]
Brutto-Bodenproduktion						
in Mill. t GE	18,23	18,74	20,79	22,30	23,76	23,77
je ha LN in dt GE	28,3	29,4	33,0	35,4	37,8	38,0
dgl. Bundesrepublik Deutschland[1]	32,2	34,0	39,7	42,8	48,8	54,7
DDR in v.H. BRD (= 100)	87,9	86,5	83,1	82,7	77,5	69,5
Nahrungsmittelproduktion						
in Mill. t GE	16,37	16,53	19,02	22,05	23,44	22,62
davon pflanzlich	4,03	4,07	4,23	4,73	4,82	4,76
tierisch	12,34	12,46	14,79	17,32	18,62	17,86
je AK[2] in dt GE	·	·	224,4	298,1	329,0	311,8
dgl. Bundesrepublik Deutschland	·	·	368,5	509,8	670,5	774,1
DDR in v.H. BRD (= 100)	·	·	60,9	58,5	49,1	40,3
Tierische Produktion aus Importfutter						
in Mill. t GE	2,09	1,97	2,52	4,06	3,83	3,29
in v.H. Nahrungsmittelproduktion insgesamt	13	12	13	18	16	15
in v.H. tierische Nahrungsmittelproduktion	17	16	17	23	21	18
Netto-Nahrungsmittelproduktion						
in Mill. t GE	14,28	14,56	16,50	17,99	19,61	19,33
je ha LN in dt GE	22,2	22,8	26,2	28,6	31,2	30,9
dgl. Bundesrepublik Deutschland	29,7	31,4	35,0	38,1	43,7	50,5
DDR in v.H. BRD (= 100)	74,7	72,6	74,9	75,1	71,4	61,2

1 Infolge geänderter Erfassungsgrenzen der Bodennutzungshaupterhebung in der Bundesrepublik Deutschland sind die Hektarerträge ab 1979 mit den Werten bis 1978 nicht voll vergleichbar.
2 Ständig Berufstätige (ohne Lehrlinge) in der Landwirtschaft (ohne Forstwirtschaft, Veterinärwesen und Pflanzenschutz sowie ohne agrochemische Zentren) umgerechnet mit dem Faktor 0,9; Angaben liegen erst ab 1964 vor.
3 Vorläufig.
Quelle: Eigenberechnung nach den Angaben des Statistischen Jahrbuchs der DDR 1983 und vorhergehender Jahrgänge unter Verwendung des in der Bundesrepublik Deutschland gebräuchlichen GE-Schlüssels gem. Statistisches Jahrbuch über Ernährung, Landwirtschaft und Forsten, Münster-Hiltrup 1983, S. 124.

Struktur der Nahrungsmittelproduktion in der DDR

Produkt	1967/71			1977/81		
	1000 t GE	v. H.	dgl. Bundesrepublik v. H.	1000 t GE	v. H.	dgl. Bundesrepublik v. H.
Pflanzliche Erzeugnisse	4 234	22,3	19,6	4 823	20,6	20,1
Getreide	2 103	11,1	9,3	2 479	10,6	10,0
Speisehülsenfrüchte	15	0,1	(·)	15	0,1	(·)
Ölsaaten	238	1,3	0,3	314	1,3	0,6
Kartoffeln	539	2,8	2,1	337	1,4	1,5
Zuckerrüben	970	5,1	4,5	1 302	5,6	5,3
Gemüse	137	0,7	0,4	174	0,7	0,3
Obst	157	0,8	1,5	168	0,7	0,9
Sonstige	75	0,4	1,5	34	0,2	1,5
Tierische Erzeugnisse	14 792	77,7	80,4	18 614	79,4	79,9
Schlachtvieh – Rinder	2 862	15,0	19,7	3 467	14,8	20,0
Kälber	111	0,6	1,3	58	0,3	0,9
Schafe	155	0,8	0,2	158	0,7	0,3
Schweine	4 511	23,7	23,6	6 302	26,9	23,7
Geflügel	416	2,3	2,0	645	2,8	2,5
Ziegen	15	0,1	(·)	2	(·)	(·)
Kaninchen	(64)	0,3	(·)	194	0,8	0,1
Kuhmilch	5 163	27,1	27,1	5 929	25,3	27,1
Ziegenmilch	62	0,3	(·)	9	(·)	(·)
Eier	963	5,1	6,0	1 223	5,2	4,8
Wolle	307	1,6	0,2	456	1,9	0,2
Viehbestandsänderung	163	0,8	0,3	171	0,7	0,3
Nahrungsmittelproduktion insgesamt	19 026	100,0	100,0	23 437	100,0	100,0

Quelle: Wie vorherstehende Übersicht.

terungsverlauf abhängt, der sich von Jahr zu Jahr sehr verschieden auf die einzelnen Produktionszweige auswirken kann. Da somit nur die Erfassung des Gesamtertrages der agrarischen Erzeugung ein sicheres Orientierungsmittel liefert, werden im folgenden, neben den Produktionsangaben der DDR für die einzelnen Erzeugnisse auch Ergebnisse der auf diesen Bezugsdaten mit Hilfe des Getreideeinheitenschlüssels angestellten Gesamtrechnungen der sektoralen Agrarproduktion mitgeteilt. Solche wohlabgestimmten, in jahrzehntelanger Erfahrung gesicherten Berechnungen gehören in der Bundesrepublik Deutschland zur Selbstverständlichkeit agrarstatistischer Berichterstattung. Methodisch übereinstimmende Berechnungsverfahren ermöglichen zudem Produktions- und Produktivitätsvergleiche der beiden deutschen L., was u. a. deshalb hilfreich ist, weil es für die Leistungsbeurteilung der Agrarproduktion keine absoluten Maßstäbe gibt.

Die mengenmäßige Ertragsentwicklung der L. in der DDR ist, von Rückschlägen in einzelnen Jahren abgesehen, sowohl hinsichtlich der Erweiterung des Produktionsvolumens als auch im Hinblick auf die Steigerung der Hektarerträge und der Leistungen je Tier des Durchschnittsbestandes, positiv verlaufen. Das Mengenvolumen der Nahrungsmittelproduktion, die alle aus der landwirtschaftlichen Pflanzen- und Tierproduktion verfügbar gewordenen Mengen an Nahrungsmitteln und an Rohstoffen für gewerbliche Zwecke umfaßt, ist im Verlauf der 12 Jahre zwischen 1970 und 1982 von rd. 18,85 auf 22,62 Mill. tGE, also um rd. 3,82 Mill. tGE oder 20 v. H. gesteigert worden. Die durchschnittliche jährliche Steigerungsrate in dieser Zeit belief sich auf 1,64 v. H. (siehe Übersicht: Volumen, Flächenproduktivität . . .).

Der weitaus überwiegende Teil der Steigerung des Produktionsvolumens der landwirtschaftlichen Nahrungsmittelproduktion entfiel auf tierische Erzeugnisse mit durchschnittlichen jährlichen Zuwachsraten von 1,80 v. H., während bei pflanzlichen Produkten nur solche von 0,91 v. H. erreicht wurden.

Die Struktur der Nahrungsmittelproduktion (d. h. ihre Zusammensetzung nach pflanzlichen und tierischen Erzeugnissen und die weitere Untergliederung dieser Hauptkategorien) wird durch das Vorherrschen der tierischen Produktion bestimmt (siehe Übersicht: Struktur der Nahrungsmittelproduktion . . .).

Im Fünfjahresdurchschnitt 1977/81 und im Jahre 1982 entfielen schon annähernd – wie im Bundesgebiet – 80 v. H. der Nahrungsmittelproduktion (ge-

messen in GE) auf tierische und 20 v. H. auf pflanzliche Erzeugnisse. Dabei verdient hervorgehoben zu werden, daß – trotz gegensätzlicher Agrarsysteme – die Struktur der Nahrungsmittelproduktion beider deutscher L. in den wesentlichen Merkmalen große Übereinstimmungen zeigt.
Von der gesamten pflanzlichen Urproduktion, die in der Brutto-Bodenproduktion zum Ausdruck kommt, werden in der DDR etwa zwei Drittel verfüttert. Hinzu kommen importierte Futtermittel, die an der Steigerung der tierischen Nahrungsmittelproduktion wesentlich beteiligt sind. Verstärkt wurden erst ab 1970 nach zum Teil witterungsbedingten Rückschlägen in der Agrarproduktion größere Mengen importierter sowie im → **Innerdeutschen Handel (IDH)** bezogener Futtermittel eingesetzt. Nach den Beschlüssen des X. Parteitages der SED sind diese Einfuhren jedoch durch Steigerung der Getreide- und Futterproduktion in der eigenen L., vor allem mittels höherer Hektarerträge schrittweise abzubauen und schließlich abzulösen. Im Durchschnitt der Jahre 1972/76 und 1977/81 wurden 23 bzw. 21 v. H. der tierischen Nahrungsmittelproduktion mit Hilfe von Auslandsfutter erzeugt, im Jahre 1982 noch immer 18 v. H. Das Gebot zur Ablösung der Futterimporte stellt die L. vor große Produktionsprobleme, die einer weiteren Aufwärtsentwicklung der naturalen Mengenerträge der L. pro Flächen- bzw. Tiereinheit hemmend entgegenstehen (siehe Übersicht: Naturalerträge pflanzlicher und tierischer Erzeugnisse . . .).
Daß in der DDR gerade Kartoffeln und Zuckerrüben, die als intensivste Ackerfrüchte hohe Ansprüche an Kulturzustand, Struktur und Humusgehalt der Böden, an Fruchtfolge und an organisatorische Sorgfalt der Abwicklung aller Anbau-Pflege- und Erntearbeiten stellen, in der Ertragsleistung auf einem relativ niedrigen Niveau verharren (Kartof-

Naturalerträge pflanzlicher und tierischer Erzeugnisse in der DDR je Flächeneinheit bzw. Tiereinheit

Erzeugnis	1957/61	1962/66	1967/71	1972/76	1977/81	1982
	Erträge pflanzlicher Erzeugnisse in dt/ha					
Getreide insgesamt	24,4	26,7	31,3	35,9	36,5	39,8
dar. Weizen	31,0	32,2	38,0	39,9	43,3	46,4
Roggen	20,7	21,8	24,7	27,5	27,7	32,5
Gerste	27,9	30,8	33,5	40,2	37,9	41,3
Hafer	25,0	27,2	31,6	34,2	35,4	38,9
Körnermais	21,6	20,3[1]	26,3	32,4	43,9	32,2
Kartoffeln	161,2	177,2	176,4	165,6	193,7	176,3
Zuckerrüben	261,6	262,6	298,6	265,9	292,6	279,6
Runkelrüben	469,7	522,2	605,1	615,7	597,0	533,8
Klee und Luzerne (Heuwert)	58,9	61,3	68,5[2]	78,2[3]	97,9	88,5
Wiesen (Heuwert)	43,7	40,3	46,9	56,8	69,7	66,0
	Tierische Leistungen je Tier des Durchschnittsbestandes					
Rinder:						
Milchertrag[4] je Kuh in kg	2 627	2 778	3 304	3 701	3 847	3 626
Fleischleistung je Tier[5] in kg LG	80	92	112	125	121	118
Lebendgewicht je geschlachtetes Rind (ohne Kälber) in kg	332	337	384	417	408	385
je geschlachtetes Kalb in kg	62	68	97	100	91	77
Schweine:						
Fleischleistung je Tier[5] in kg LG	104	101	113	121	124	119
Lebendgewicht je geschlachtetes Schwein in kg	121	118	116	121	119	110
Umtrieb des Bestandes[6] in v. H.	85	86	98	100	104	108
Hühner:						
Legeleistung je Henne[5] in Stück	132	137	164	189	202	214

1 Durchschnitt der Jahre 1962, 1963 und 1966, da für 1964 und 1965 Angaben fehlen.
2 Ab 1969 einschl. Kleegras.
3 Ab 1976 einschl. gemischter Anbau von Luzerne und Gras.
4 Auf der Basis von 3,5 v. H. Fettgehalt.
5 Bezogen auf den Durchschnittsbestand.
6 Schlachtungen in v. H. des durchschnittlichen Schweinebestandes.
Quelle: Statistisches Jahrbuch der DDR 1983 und vorhergehende Jahrgänge.

feln) oder sogar zwischen 1967 und 1982 durchschnittliche jährliche Abnahmeraten von rd. 1 v. H. (Zuckerrüben) aufweisen, spricht deutlich dafür, daß es für eine Steigerung des Gesamtertrages der Pflanzenproduktion gewichtige Hemmungsfaktoren gibt, die primär als Folge geminderter Bodenfruchtbarkeit anzusehen sind. Geht man deren komplexen Ursachen nach, so liegen sie zum wesentlichen Teil in der systembedingten Produktions- und Arbeitsorganisation sowie in der Produktions- und Arbeitstechnik begründet. Das heißt mit anderen Worten: Die auch in der DDR als unbefriedigend angesehene Ertragsentwicklung der Bodenproduktion ist, was z. B. die mechanische Großtechnik der Bodenbearbeitungs-, Bestell-, Düngungs-, Pflege- und Erntearbeiten anbelangt, hauptsächlich darauf zurückzuführen, daß es – zur Gewährleistung eines vollen Nutzungseffektes – nach wie vor an einer exakten organisatorischen Anpassung des Einsatzes dieser Techniken an dem von der Jahres- und Tageswitterung abhängigen günstigsten Zeitpunkt fehlt. Die Ursachen für derartige Mängel liegen im Agrarsystem der DDR mit seiner kollektiven Arbeitsverfassung und seinen großdimensionierten, hochspezialisierten Produktionseinheiten. Nicht zeitgerechte Arbeitserledigung in der Pflanzenproduktion hat aber zwangsläufig nachteilige Auswirkungen auf die Bodenstruktur. Außerdem führten die Spezialisierung auf bestimmte Hauptfrüchte zunehmend zu Fruchtfolgeproblemen und die Vergrößerung der Schläge auf teilweise mehr als 100 ha zu Erosionserscheinungen. Beides hat – neben der Verwendung von schweren Großmaschinen in Verbindung mit der (infolge unzureichender Lagerkapazität) nahezu kontinuierlichen Ausbringung der Gülle – zur Strukturschädigung der Böden und damit zu den Ertragseinbußen beigetragen.

Die Schwierigkeiten, die einer weiteren Steigerung des Gesamtertrages der Pflanzenproduktion entgegenstehen, werden durch Angaben in der Fachliteratur der DDR erhellt, wonach 30 bis 40 v. H. der 4,73 Mill. ha umfassenden Ackerfläche unzureichende Humusgehalte und 3,5 Mill. ha Schadverdichtungen der Böden aufweisen (davon sind 50 v. H. durch schwere Maschinen verursachte Krumenbasisverdichtungen).

Wenn die bis jetzt erreichte Ertragssteigerung in der Pflanzenproduktion besonders dem gestiegenen Futterbedarf der Tierproduktion zur Ausschöpfung des tierischen Leistungspotentials bereits bisher nicht entsprechen konnte, wird der planmäßige Abbau der Futterimporte, die auch zum Ausgleich witterungsbedingter Ertragsschwankungen beitrugen, die Probleme der Steigerung von Produktion und Produktivitäten in der L. künftig noch weiter vergrößern.

Mißt man den erreichten Stand (Durchschnitt 1977–1982) der mengenmäßigen Produktionsleistungen der L. in der DDR an dem in der Bundesrepublik Deutschland, läßt sich feststellen:

In der Flächenproduktivität der gesamten Pflanzenproduktion (Brutto-Bodenproduktion je Flächeneinheit) erreichte die DDR rd. 75 v. H., in der Produktivität der landwirtschaftlichen Viehhaltung (tierische Gesamtleistungen je Großvieheinheit) rd. 85 v. H. und in der Flächenproduktivität der gesamten pflanzlichen und tierischen Erzeugungsleistung der L. auf eigener Bodengrundlage, d. h. ohne Futtermittelimporte (Netto-Nahrungsmittelproduktion je Flächeneinheit), rd. 72 v. H. der jeweils entsprechenden Niveauhöhe in der Bundesrepublik.

Die größten Unterschiede treten bei der Arbeitsproduktivität hervor. Zwischen 1967 und 1981 hat sich die landwirtschaftliche Arbeitsproduktivität (Nahrungsmittelproduktion je AK) in der DDR nur um 62 v. H. erhöht, in der Bundesrepublik dagegen um rd. 122 v. H. Ihre durchschnittliche jährliche Steigerungsrate in diesen 15 Jahren lag in der DDR bei 3,57 v. H., in der Bundesrepublik bei 5,77 v. H. Damit erreicht die DDR nur etwa die Hälfte der Niveauhöhe der landwirtschaftlichen Arbeitsproduktivität im Bundesgebiet. Im Ergebnis steht die L. der DDR, trotz laufend gewachsener Leistungskraft, in ihrer Arbeitsproduktivität derzeit (1982) auf dem Niveau, das in der Bundesrepublik Deutschland bereits im Jahre 1968 erreicht war. Diese Leistungsunterschiede in der Agrarproduktion begründen zugleich, weshalb trotz der in der DDR je Einwohner verfügbaren größeren landwirtschaftlichen Produktionsfläche und trotz des in der Bundesrepublik verhältnismäßig höheren Ernährungsstandards, der Selbstversorgungsgrad (d. h. der prozentuale Anteil der Inlandserzeugung am Gesamtverbrauch von Nahrungs- und Futtermitteln) in beiden Staaten in Deutschland nahezu identisch ist. In der DDR wird der Grad der Eigenversorgung mit landwirtschaftlichen Primärerzeugnissen mit gegenwärtig etwa 85 v. H. angegeben, aus den verfügbaren statistischen Daten geht allerdings nicht hervor, ob die auf Importfutter basierende tierische Produktion in diese Berechnung einbezogen wurde oder nicht. In der Bundesrepublik betrug der Selbstversorgungsgrad der L. im Wirtschaftsjahr 1982/83 mit Erzeugung aus Auslandsfutter 97 v. H., ohne Erzeugung aus Auslandsfutter 81 v. H.

B. Ökonomische Effizienz

Die mit der Industrialisierung der L. verknüpfte wirtschaftliche Fehlentwicklung dokumentiert sich nicht nur in der – auch in der DDR so eingeschätzten – unbefriedigenden Entwicklung und teilweisen Stagnation der naturalen Erträge je Hektar bzw. je Tier des Durchschnittsbestands, sondern vor allem auch in einem steilen Anstieg der Produktionskosten und einem zunehmend ineffektiven Einsatz der verfügbaren Ressourcen. Über Ertrags-Aufwand-Relationen im Agrarsektor gibt es zwar keine den Grünen Berichten in der Bundesrepublik Deutschland auch nur in etwa vergleichbare regelmäßige Berichterstattung, es lassen sich aber aus den verfügbaren Daten ausreichend gesicherte Anhaltspunkte zur Einschätzung der ökonomischen Effizienz der Agrarproduktion in der DDR gewinnen.

Wenn für den Übergang zu industriemäßigen Produktionsmethoden in der Agrarproduktion vornehmlich die wirtschaftliche Überlegung bestimmend gewesen sein sollte, daß die Auswirkungen der Konzentration und Spezialisierung im Hinblick auf die Steigerung der Produktivität und Rentabilität in der L. die gleiche sei wie in der Industrie, dann hat sich diese Annahme als Fehlschluß erwiesen. In der bodengebundenen Agrarproduktion verursachten die Vergrößerung der Anbauflächen und die Trennung von Pflanzen- und Tierproduktion vielmehr eine starke Steigerung der innerbetrieblichen und zwischenbetrieblichen Entfernungen und dementsprechend des arbeitswirtschaftlichen Leerlaufs. So ist es z. B. im wesentlichen auf die Bildung von spezialisierten Großbetrieben der Pflanzenproduktion zurückzuführen, daß infolge der auf das Doppelte gestiegenen Transportentfernungen für Futter, Gülle und Stalldung allein in den LPG und VEG der Pflanzenproduktion mit einem Aufwand von Dieselkraftstoff von 160 bis 170 l je ha LN annähernd 40 v. H. mehr verbraucht werden als im Durchschnitt der L. in der Bundesrepublik, die zudem auch noch die tierische Produktion einschließt und überdies ein weit höheres Ertragsniveau hat. Im übrigen behindert die Spezialisierung den Arbeitsausgleich im Laufe des Wirtschaftsjahres und senkt somit die produktive Nutzung der Arbeitskräfte zu Lasten der erzielbaren Arbeitsproduktivität.

Die Anfang der 1980er Jahre weltweit erfolgte Kostenexplosion für Erdöl – und damit für Treibstoffe, Dünge- und Pflanzenschutzmittel – führte zu der wirtschaftspolitischen Forderung an die L., Einsparungseffekte je Produktionseinheit bei allen eingesetzten Ressourcen zu erzielen. Wie zwingend derlei Einsparungen sind, geht daraus hervor, daß – trotz administrativ gesetzter Preise für landwirtschaftliche Erzeugnisse und Produktionsmittel (→ **Agrarpreissystem**) –, bei einem weitgehend stagnierenden Nettoprodukt des Agrarsektors, der zu seiner Erstellung benötigte Produktionsverbrauch deutlich vergrößert worden ist. Ungeachtet der Subventionen für Dünge- und Pflanzenschutzmittel, Kraftstoffe, Maschinen, Ersatzteile und andere Produktionsmittel, die von 1975 zu 1982 auf mehr als das 7fache angestiegen sind, hat sich die Agrarproduktion laufend verteuert. Indikator dafür ist, daß im Agrarsektor das je 1000 Mark durchschnittlicher Grundmittelbestand erstellte Nettoprodukt rückläufig gewesen ist. Es verminderte sich von 345 Mark im Jahre 1975 auf 243 Mark im Jahr 1982. Dementsprechend ist eine Einheit Nahrungsmittelproduktion (dt GE) 1975 mit rd. 116 Mark und 1980 mit rd. 132 Mark erstellt worden (siehe Übersicht: Indikatoren für die Entwicklung der ökonomischen Effizienz ...).

Auch Fachautoren in der DDR räumen ein, daß die in der Agrarproduktion eingetretene Kostensteigerung zu einer „sinkenden Tendenz wesentlicher Effektivitätskennzahlen" geführt hat (P. Tillack: Einfluß wissenschaftlich-technischer Maßnahmen auf Organisation und Effektivität von Tierproduktionsprozessen und -betrieben, in: Internationale Zeitschrift der Landwirtschaft, H. 1/1983, S. 13–16, Moskau/Berlin [Ost] 1983). So wird im Vergleich der Ergebnisse des Jahres 1980 mit denen der Jahre

Indikatoren für die Entwicklung der ökonomischen Effizienz im Agrarsektor der DDR 1975 bis 1982

Jahr	Nettoprodukt d. Land- u. Forstwirtschaft[1]			Produktionsverbrauch[2]	
	insgesamt	je 1000 Mark Grundmittel	je Berufstätiger	je Einheit Nettoprodukt	je dt GE Nahrungsmittelproduktion
	Mill. Mark	Mark			
1975	16 522	345	18 470	1,61	115,7
1976	14 669	292	16 704	1,87	123,0
1977	16 378	311	18 750	1,76	126,5
1978	15 856	286	18 081	1,92	130,8
1979	16 673	285	19 028	1,86	134,9
1980	16 619	270	18 918	1,90	131,8
1981	17 083	263	19 314	.	.
1982	16 680	243	18 766	.	.

1 Preisbasis 1980.

2 Verbrauch von Material und Vorleistungen, Abschreibungen und Mieten, Pachten bzw. Nutzungsentgeltungen (ohne Subventionen), Preisbasis 1975. Die Preisbasis des Produktionsverbrauchs wurde 1981 geändert (Basis 1980), für 1982 liegen keinerlei Angaben vor.

Quelle: Statistisches Jahrbuch der DDR 1983 und vorhergehende Jahrgänge sowie eigene Berechnungen.

1973–1975 aufgeführt, daß in der Pflanzenproduktion der Grundmittelbestand um 42 v. H. zugenommen hat und daß die Selbstkosten je Flächeneinheit (+ 21 v. H.) stärker als das Bruttoprodukt (+ 14 v. H.) zugenommen haben, während sich das Bruttoeinkommen (– 1 v. H.), der Bruttogewinn (– 24 v. H.) und die Akkumulation (– 47 v. H.) verringerten. Bei einer Grundfondsvermehrung von 15,4 v. H. in der Tierproduktion stiegen dort die Selbstkosten (+ 12,9 v. H.) und das Bruttoprodukt (+ 10,2 v. H.), es sanken das Bruttoeinkommen (– 0,3 v. H.), die Akkumulation und der Bruttogewinn (beide je – 14,6 v. H.). Die persönlichen Einkünfte je Vollbeschäftigteneinheit (VBE) in der Pflanzen- und Tierproduktion haben mit + 17 bzw. + 6,3 v. H. stärker zugenommen als das je Einheit erwirtschaftete Nettoprodukt mit + 13 bzw. + 3,1 v. H. Diese Angaben lassen erkennen, daß der wirtschaftspolitisch-propagandistisch immer wieder verkündete Grundsatz, wonach „nur verbraucht werden kann, was vorher erwirtschaftet wurde“, zumindest temporär und sektoral aus gesellschaftspolitischen Gründen durchbrochen worden ist. Berücksichtigt man außerdem die zunehmenden Belastungen des öffentlichen Haushalts durch Subventionen (1982 wurden gegenüber 1975 für Preisstützungen landwirtschaftlicher Produktionsmittel 6,91 bzw. 0,95 Mrd. Mark, für die Stützung stabiler Lebensmittelpreise 11,67 bzw. 7,18 Mrd. Mark aufgewendet), dann wird deutlich, daß der mit der Industrialisierung der L. beabsichtigte Effekt zwar im Sinne der gesetzten gesellschaftspolitischen Ziele erreicht worden ist, daß aber das Ausbleiben der erwarteten ökonomischen Erfolge die Agrarwirtschaft der DDR vor schwierige Zukunftsprobleme stellt.

Konrad Merkel

Literaturangaben

Arbeiter und Bauern im Bündnis. Autorenkoll. der Parteihochschule „Karl Marx“ u. Ltg. v. D. Sachse. Berlin (Ost): Dietz 1981.

Forschungsergebnisse zur Züchtung und Produktion von Getreide unter Berücksichtigung spezifischer Gebrauchswerte. Berlin (Ost): 1981. (Tagungsbericht der Akademie der Landwirtschaftswissenschaften der DDR. 195.)

Intensivierung der Landwirtschaft der DDR. Autorenkoll. u. Ltg. v. H. Schieck und K. Schmidt. Berlin (Ost): Dietz 1984.

Intensivierung der landwirtschaftlichen Produktion. Grundprobleme der weiteren Intensivierung der landwirtschaftlichen Produktion und des schrittweisen Übergangs zu industriemäßigen Produktionsmethoden. Berlin (Ost): Akademie-Verl. 1979. (Abhandlungen der AdW. W 2.)

Die sozialistische **Intensivierung** und der Übergang zu industriemäßigen Produktionsmethoden in der Landwirtschaft. Berlin (Ost): Deutscher Landwirtschaftsverl. 1978.

Agrar-industrielle **Kooperation** in der Tierproduktion. Autorenkoll. u. Ltg. v. C. Howitz u. J. Ilgner. Berlin (Ost): Deutscher Landwirtschaftsverl. 1981.

Industriemäßige **Produktionsmethoden** in der sozialistischen Landwirtschaft der DDR. Entwicklung und gesellschaftl. Organisation der Arbeitsteilung. Autorenkoll. u. Ltg. v. K. Groschoff u. R. Heinrich. Berlin (Ost): Dietz 1976.

Industriemäßige **Rinderproduktion**. Autorenkoll. u. Ltg. v. H.-G. Schmidt. Berlin (Ost): Deutscher Landwirtschaftsverl. 1977.

Industriemäßige **Schweineproduktion**. Berlin (Ost): Deutscher Landwirtschaftsverl. 1975.

Industriemäßige **Tierproduktion**. – Grundlagen – Lehrbuch. Autorenkoll. u. Ltg. v. K. Pilz. Berlin (Ost): Deutscher Landwirtschaftsverl. 1978.

Landwirtschaftliche Betriebsformen

I. Grundlagen/Leninscher Genossenschaftsplan
II. LB. von der Bodenreform bis zur Kollektivierung (1945–1951)
III. Kollektivierungsphase (1952–1960)
IV. Konzentration, Kooperation und Spezialisierung (1960 bis heute)

I. Grundlagen/Leninscher Genossenschaftsplan

Die → **Agrarpolitik** der → **Sozialistischen Einheitspartei Deutschlands (SED)** hat den Leninschen Genossenschaftsplan stets als theoretisches Grundprinzip zur Begründung ihrer Ziele und Maßnahmen bei der Umgestaltung der Landwirtschaft verwendet. Diese Argumentation wurde auch dann aufrechterhalten, wenn es – unter Berufung auf die jeweilige konkrete politische, ökonomische und soziale Situation – zu Wendungen und widersprüchlichen Regelungen in der Agrarpolitik kam.

Der Leninsche Genossenschaftsplan zielt auf die Vergesellschaftung der wesentlichen Produktionsmittel in der Landwirtschaft und das Bündnis der Bauern mit der → **Arbeiterklasse** sowie auf die Aufhebung der zwischen diesen beiden Klassen (→ **Klasse/Klassen, Klassenkampf**) bestehenden Unterschiede (→ **Bündnispolitik; Genossenschaftsbauer**). Auf dem Wege zu diesem Fernziel gilt die Schaffung von Landwirtschaftlichen Produktionsgenossenschaften (LPG) als unumgänglich und notwendig. Diese Genossenschaften fungieren jedoch nur als eine Übergangsstufe zur sozialistischen und schließlich kommunistischen Gesellschaft, in der die Unterschiede in den Lebensbedingungen zwischen Stadt und Land beseitigt sein sollen.
Die konkrete Umsetzung der Agrarpolitik der SED auf dem Gebiet der SBZ/DDR hat im Zuge der Entwicklungsetappen zu einer Vielfalt von LB. geführt, die – gemessen an dem bisher vergangenen

relativ kurzen historischen Zeitraum – ohne Beispiel ist. In diesem Sachverhalt spiegelt sich nicht nur die schwierige Nachkriegssituation mit Hunderttausenden von Flüchtlingen, zerstörten Gehöften und großen Hungersnöten, sondern vor allem das beharrliche Drängen der SED (vormals KPD) wider, ihre gesellschaftspolitischen Zielsetzungen auf dem Lande zu verwirklichen und der Vervollkommnung des von ihr letztlich angestrebten durchorganisierten → **Agrar-Industrie-Komplexes (AIK)** etappenweise näher zu kommen.
Eine Reihe der nachfolgend erwähnten LB. sind seit 1945 wieder verschwunden und nur noch historisch bedeutsam. Dennoch werden sie hier genannt, weil sie sowohl Vorstufen für spätere LB. waren als auch mit ihnen z.T. für die gegenwärtige Entwicklung bedeutsame agrarpolitische, ökonomische, soziologische und technische Erfahrungen gemacht wurden. Die Darstellung der LB. folgt daher im wesentlichen der agrarhistorischen Entwicklung der SBZ/DDR und umfaßt ferner eine Reihe von Betrieben und Einrichtungen, die herkömmlich nicht der → **Landwirtschaft** zugeordnet werden, die aber aufgrund der Ausgestaltung des DDR-Planungssystems diesem Wirtschaftsbereich zuzuordnen sind.

II. LB. von der Bodenreform bis zur Kollektivierung (1945–1951)

A. Private Landwirtschaftsbetriebe

Im Zuge der Bodenreform (→ **Agrarpolitik**, III. A.) wurden Großgrundbesitzer mit Betrieben über 100 ha Betriebsfläche und Nazi-Aktivisten entschädigungslos enteignet. Dieses Land wurde mit dem Land sog. herrenloser Betriebe (z.B. von Kriegstoten oder Geflüchteten) in einen staatlichen Bodenfonds eingebracht (rd. 3,3 Mill. ha von 14000 Besitzungen). Die kleinen und mittleren Familienbetriebe blieben von diesen ersten agrarpolitischen Maßnahmen zunächst weitgehend unberührt.
Neben den privaten Landwirtschaftsbetrieben bestand eine Reihe von Domänen, Universitäts-, Kirchen- und Industriegütern. Die Kirchengüter verblieben in Kircheneigentum. Die anderen landwirtschaftlichen Großbetriebe wurden zum größten Teil in Volkseigene Güter (VEG) umgewandelt.

B. Neubauernbetriebe

Aus dem Bodenfonds erhielten mehr als 210000 Neubauern – zum großen Teil Flüchtlinge aus den deutschen Ostgebieten und ehemalige Fabrikarbeiter – Landzuteilungen von durchschnittlich 8,1 ha LN. Die Neubauern mußten für das erhaltene Land einen Übernahmebeitrag zahlen, der weit unter dem Bodenwert lag und etwa dem Wert einer Jahresernte entsprach. Dieser Übernahmebeitrag konnte auch gestundet werden. Weitere 120000 bereits bestehende Betriebe bekamen zu Vorzugsbedingungen Land- und Waldzulagen und wurden um durchschnittlich 2,8 ha aufgestockt. Außerdem wurden rd. 180000 Personen mit durchschnittlich 0,6 ha Gartenland versehen und mehr als 43000 Bewerber erhielten bisheriges Pachtland (durchschnittlich 1,0 ha) zu eigen.
Das Land der Neubauernbetriebe durfte weder ganz noch teilweise geteilt, verpachtet, verkauft oder verpfändet werden. Land geflüchteter Neubauern fiel an den Bodenfonds zurück oder wurde den VEG zugeteilt. Die Neubauernbetriebe hatten also nicht den gleichen Rechtsstatus wie die der Altbauern. Auch war ihre technische Ausstattung, der Viehbesatz usw. z. T. sehr viel schlechter. Die Inhaber der Neubauernstellen bildeten – nicht zuletzt wegen ihrer ökonomischen Schwäche – das wesentliche Rekrutierungsfeld der Genossenschaften in den ersten Jahren der Kollektivierungsphase.

C. Volkseigene Güter (VEG)

Nach den Bodenreform-Verordnungen vom September 1945 sollte aus dem Bodenfonds „ein Teil des Bodens zur Organisierung von Mustergütern . . . bereitgestellt werden"; diese erhielten die Rechtsform von VEG. Die VEG unterstanden zunächst der Verwaltung der → **Länder**, ab 1949 wurden sie in der Vereinigung Volkseigener Güter (VVG) als einer Anstalt öffentlichen Rechts zentral zuammengefaßt. Ab 1952 erhielt jedes einzelne VEG (ähnlich wie die VEB in Handel und Industrie) den rechtlichen Status einer juristischen Person und damit die eigene Rechtsfähigkeit.
Hauptaufgabe der VEG war die Versorgung der Landwirtschaft mit Saat- und Pflanzengut sowie mit Zuchtvieh. In VEG wurden ferner wissenschaftlich-technische Neuerungen erprobt. Daneben haben ihre in → **Grundorganisationen der SED** zusammengefaßten bzw. in den → **Betriebsgewerkschaftsorganisationen (BGO)** des → **Freien Deutschen Gewerkschaftsbundes (FDGB)** organisierten Betriebsleitungen und Belegschaften (sie galten als „Arbeiterklasse auf dem Lande") in verschiedenen agrarpolitisch wesentlichen Kampagnen eine anleitende und führende Rolle gespielt.
Zwischen 1949 und 1960 schwankte die Zahl der VEG zwischen 450 und 750, da in diesem Zeitraum die Zuordnung anderer staatlicher Landwirtschaftsbetriebe (z.B. Versuchsgüter, landwirtschaftliche Einrichtungen von → **Universitäten und Hochschulen** u.a.) zu dieser LB. in sehr wechselvoller Weise erfolgte. Seit Mitte der 60er Jahre sinkt die Zahl der VEG wegen des fortschreitenden Konzentrations- und Kooperationsprozesses beständig ab. 1982 lag die Anzahl der VEG bei 478. Der Flächenanteil der VEG stieg seit 1949 allerdings kontinuierlich, wenn auch insgesamt nur geringfügig. Der Anteil der VEG an der LN der DDR betrug 1984 nur 8 v.H.

D. Raiffeisengenossenschaften (R.)

Die R., die als traditionelle Selbsthilfeorganisationen der Landwirtschaft bereits vor 1933 bestanden und während des Dritten Reiches als Zentralorganisationen mit Pflichtmitgliedschaft geführt wurden, wurden in den Ländern der SBZ bereits im November 1945 erneut zugelassen. Schon 1946 gab es wieder 6325 Einzelgenossenschaften mit 792988 Mitgliedern. Mit dem Vorwurf, sie wirtschafteten mit „kapitalistischen Methoden" und dienten „einseitig den Großbauern" wurde die Arbeit der R. allerdings bald stark eingeschränkt und schrittweise anderen Einrichtungen übertragen. So übernahmen z. B. die Vereinigung Volkseigener Erfassungs- und Aufkaufbetriebe (VVEAB) den Aufkauf landwirtschaftlicher Produkte, die → **Vereinigung der gegenseitigen Bauernhilfe (VdgB)** sowie die Staatlichen Kreiskontore für landwirtschaftlichen Bedarf die Versorgung der Landwirtschaft mit Produktionsmitteln und die 1950 eingerichtete Deutsche Bauernbank (ab 1963 Landwirtschaftsbank; seit 1968 → **Bank für Landwirtschaft und Nahrungsgüterwirtschaft [BLN]**) das Finanz- und Kreditwesen. 1950 wurden die R. in Bäuerliche Handelsgenossenschaften (BHG) umbenannt und organisatorisch in die VdgB eingegliedert.

III. Kollektivierungsphase (1952–1960)

Auf der II. Parteikonferenz der SED im Juli 1952 wurde der „planmäßige Aufbau des Sozialismus in der DDR" beschlossen. Für die Landwirtschaft wurde daraus die Forderung hergeleitet, „die Vorbereitungen dafür durch die Gründung von LPG zu schaffen".

A. Landwirtschaftliche Produktionsgenossenschaften (LPG)

Schon vor dieser Parteikonferenz, aber vor allem danach, wurden erste LPG in einer Reihe von Kreisen der DDR gegründet. Wegen der oben beschriebenen wirtschaftlich schwierigen Existenzbedingungen der im Zuge der Bodenreform geschaffenen Neubauerngehöfte setzten sich diese ersten LPG fast ausschließlich aus ehemaligen Neubauern zusammen. Im August 1952 wurden eine VO über die Bestätigung und Registrierung von LPG und im Dezember Musterstatuten sowie eine Musterbetriebsordnung erlassen. Danach waren 3 Typen von LPG möglich:
Typ I umfaßte die gemeinsame Nutzung des eigenen und des gepachteten Ackerlandes durch die LPG. Bei den erforderlichen Feldarbeiten war ein festgelegter Arbeitsumfang für die Genossenschaft zu erbringen. Die Bewertung der Arbeit erfolgte in → **Arbeitseinheiten**. Die individuelle Bezahlung erfolgte zu 80 v.H. nach Fläche und Wert des vom einzelnen → **Genossenschaftsbauern** in die LPG eingebrachten Bodens und zu 20 v.H. nach den geleisteten Arbeitseinheiten.
Im *Typ II* brachten die Mitglieder außer dem Ackerland auch die motorischen und tierischen Zugkräfte sowie Maschinen und Geräte zur gemeinsamen Nutzung in die LPG ein. Der Typ II erlangte während der gesamten Kollektivierungsphase keine besondere Bedeutung.
Im *Typ III* wurde der gesamte Grund und Boden, also einschließlich des Grünlandes, des Waldes, der Fischteiche und aller sonstigen Flächen sowie das gesamte Besatzkapital (Maschinen und Geräte, Vieh, Wirtschaftsgebäude) zur gemeinsamen Bewirtschaftung eingebracht. Formell blieben die Eigentumsrechte an den eingebrachten Bodenanteilen bestehen, ebenso blieben das Erb- und Verkaufsrecht – allerdings bei einem Vorkaufsrecht der LPG – für den einzelnen Genossenschaftsbauern gewährleistet. In diesem LPG-Typ erfolgte die Verteilung der Einkünfte zu 20 v.H. nach den eingebrachten Bodenanteilen und zu 80 v.H. nach Arbeitseinheiten.
Für die private Nutzung durfte im Typ III und darf heute jedes Genossenschaftsmitglied 0,5 ha LN als **Persönliche → Hauswirtschaft** bewirtschaften, wobei die Bearbeitung außerhalb der genossenschaftlichen Arbeitszeit erfolgen muß. Das Land der persönlichen Hauswirtschaft ist meistens privates Gartenland am eigenen Wohnhaus bzw. ehemaligen Bauernhof. Dieses Land ist verkäuflich und vererbbar. Hauswirtschaften, die von den Genossenschaften Nichtmitgliedern zur persönlichen Nutzung übergeben werden, verbleiben im Verfügungsrecht der Genossenschaften.
Grundsätzlich galt für alle LPG-Typen, daß die Haupteinnahmequelle der LPG-Mitglieder die genossenschaftliche Arbeit sein sollte. Aus den ehemals einzeln produzierenden Bauern sollten gemeinschaftlich und zugleich spezialisiert arbeitende Arbeitskollegen werden.
Höchstes Organ der LPG ist die Mitgliederversammlung, die auch die Wahl und/oder Abberufung des Vorstandes und des Vorsitzenden vornimmt. Für spezielle Aufgaben können je nach Situation und Erfordernis besondere Kommissionen beim Vorstand gebildet werden. Die verbindlich vorgesehene Revisionskommission zur Finanzkontrolle des Vorstandes und des Vorsitzenden wird von der Mitgliederversammlung gewählt.
Das Prinzip der freiwilligen Mitgliedschaft war in den Musterstatuten ausdrücklich festgelegt und bis Ende 1959 auch weitgehend eingehalten worden. In jenem Jahr wurden nach der VI. LPG-Konferenz durch den → **Ministerrat** der DDR jedoch neue Musterstatuten für die LPG erlassen, in denen besondere Maßnahmen zum Übergang der LPG-Typ I und II zum Typ III, neue Bestimmungen über die Betriebs- und Arbeitsorganisation sowie die Vergütung der Arbeit und das Prämienwesen enthalten waren. Gleichzeitig wurde der Druck auf die noch privat wirtschaftenden Bauern zum Eintritt in die

LPG derart verstärkt, daß von einer Phase der Zwangskollektivierung gesprochen werden muß (→ **Agrarpolitik**, III. C.). Am Ende der Kollektivierungskampagne im Jahr 1960 waren rd. 85 v. H. der LN der DDR in über 19000 Genossenschaften mit knapp 1 Mill. Mitgliedern zusammengefaßt. Rd. zwei Drittel der Fläche waren bereits in den LPG Typ III konzentriert.

B. Gärtnerische Produktionsgenossenschaften (GPG)
Die GPG wurden in ähnlicher Zeitabfolge wie die LPG aufgebaut, jedoch gab es bei ihnen von vorneherein nur einen einheitlichen Organisationstyp. Das GPG-Statut regelt die Mitgliedschaft, die Leitung, die Bodennutzung, die Rechte und Pflichten der Mitglieder, die Verwendung der Produktionsmittel und die Verteilung der Einkünfte. Die GPG produzieren vornehmlich Obst und Gemüse sowie Zierpflanzen. Über Zahl und Umfang der GPG siehe → **Gartenbau**.

C. Örtliche Landwirtschaftsbetriebe (ÖLB)
Die Auswirkungen der Zwangswirtschaft und der Kollektivierung, Maßregelungen bei der Eintreibung des Ablieferungssolls und anderes führten vor allem in den Jahren 1951–1953 zu einer Massenflucht von Bauern aus der DDR. Die verlassenen Höfe wurden gemäß einer VO vom September 1953 zu ÖLB zusammengefaßt. Je nach Situation wurden die von den ÖLB bewirtschafteten Flächen nach und nach den VEG bzw. LPG zur Nutzung übergeben.

D. Sonstige Produktionsgenossenschaften
Neben den genannten bestehen eine Reihe weiterer spezialisierter Produktionsgenossenschaften: Produktionsgenossenschaft werktätiger Fischer (PwF), jetzt Produktionsgenossenschaft der Binnenfischerei (PGB); Produktionsgenossenschaft werktätiger Zierfischzüchter (PwZ) (→ **Fischwirtschaft**); Produktionsgenossenschaft werktätiger Pelztierzüchter (PwP) (→ **Forst- und Holzwirtschaft**); **Winzergenossenschaften**.

E. Private Landwirtschaftsbetriebe
Nach Abschluß der Kollektivierungsphase Ende 1960 befanden sich noch 28238 „übrige Betriebe" mit zusammen 471801 ha LN oder 7,3 v.H. der gesamten LN der DDR in Privatbesitz. Neben den Betrieben von Einzelbauern in Splitterlage waren dies vor allem Betriebe des privaten Erwerbsgartenbaus, Haus- und Kleingärten, Baumschulen, Weingärten und private Obstanlagen. Ferner sind kircheneigene Betriebe in diesen Zahlen enthalten. Ende 1960 arbeiteten in diesen Betrieben 55053 Personen, von denen 20750 Arbeiter und Angestellte waren. (Die Zahl der Beschäftigten ging bis 1982 auf 14000 bzw. 7900 zurück. Die Zahl der Betriebe dürfte in vergleichbarer Weise abgenommen haben: geschätzt rd. 5000.)

IV. Konzentration, Kooperation und Spezialisierung (1960 bis heute)

Die Maßnahmen nach Beendigung der Kollektivierung beschränkten sich zunächst auf die Konzentration der vielen, noch verhältnismäßig kleinen LPG. Die durchschnittliche Betriebsgröße der LPG Typ I bis III stieg von ca. 300 ha im Jahr 1961 auf ca. 600 ha LN im Jahr 1970.

	LPG Typen I und II		LPG Typ III	
	Anzahl	LN in 1000 ha	Anzahl	LN in 1000 ha
1954	2 060	188	3 060	743
1959	3 018	285	6 548	2 301
1960	13 022	2 006	6 323	3 379
1964	9 566	1 789	6 295	3 670
1969	4 186	995	5 650	4 415
1974	698	217	5 066	5 171

Quelle: Statistisches Jahrbuch der DDR 1979, S. 156f.

Nach Meinung der SED wurde durch die Zusammenlegung von Genossenschaften jedoch noch kein „höheres Niveau der Produktion und der Vergesellschaftung von Produktionsmitteln" erreicht. Die Konzentration sei lediglich eine Vergrößerung des Umfanges der Zahl der Arbeitskräfte und der Produktionsmittel, bedeute aber nicht deren qualitative Steigerung innerhalb des theoretisch als Entwicklungsziel vorgegebenen Vergesellschaftungsprozesses. Neben Konzentrationsprozessen und Kooperationen zwischen mehreren Genossenschaften waren darüber hinaus zwischenbetriebliche Formen der Zusammenarbeit gefordert, um dadurch zu einer besseren Ausnutzung der Produktionsmittel entsprechend den neuen Betriebsgrößen zu kommen. Die zunächst vornehmlich zwischengenossenschaftliche Zusammenarbeit wurde zunehmend durch Kooperationsmodelle von Betrieben mit unterschiedlichen Eigentumsformen ergänzt bzw. verdrängt (LPG/VEG u. a.), wodurch Mischformen des „sozialistisch-genossenschaftlichen Eigentums" entstanden.

Auf diese Etappe der Konzentration und Kooperation folgte ab 1968 eine Periode der Spezialisierung, in der sich die LB. noch heute befinden. Auf diesem Wege glaubt die DDR, das Endziel einer industriemäßig produzierenden, spezialisierten Pflanzen- und Tierproduktion in einigen Jahrzehnten erreichen zu können. Dieser Prozeß der Konzentration, Kooperation und Spezialisierung ist eine äußerst dynamische Entwicklung mit vielfältigen über- und innerbetrieblichen Organisationsveränderungen bei Ausgliederung oder auch Einverleibung von Aufgabenstellungen, in deren Verlauf die folgenden LB. entstanden, die bis in die Gegenwart das Bild in der Landwirtschaft der DDR prägen:

A. Zwischengenossenschaftliche Einrichtungen (ZGE)

Die ZGE arbeiten in der Regel nicht nach eigenen Musterstatuten, sondern auf der Grundlage von Kooperationsvereinbarungen zwischen mehreren LPG, und haben deshalb keinen eigenen Rechtsstatus. Die ZGE haben eine eigene Leitung, die teils von den beteiligten Genossenschaften berufen wird, teils vom Rat des Kreises eingesetzt wird und diesem gegenüber rechenschaftspflichtig ist. Die Startfinanzierung der ZGE wird von den kooperierenden LPG geleistet, die auch die Beschäftigten der ZGE stellen. Die Entlohnung erfolgt durch die delegierende LPG entsprechend den in den ZGE geleisteten Arbeitseinheiten. Über eigene Angestellte verfügt die ZGE nur auf der Leitungsebene. Ihre Bezahlung erfolgt nach dem für die Landwirtschaft gültigen → **Rahmenkollektivvertrag (RKV)**.

ZGE gilt als Oberbegriff für folgende 4 LB.:

1. ZGE der Landwirtschaft. Die ersten ZGE der Landwirtschaft wurden 1964 gegründet. Sie waren zunächst kleine Spezialabteilungen von LPG mit durchschnittlich 5 Arbeitskräften. Solche Sondereinheiten bestanden sowohl in der Tier- wie auch in der Pflanzenproduktion. Hierzu zählten und zählen z. B. zwischengenossenschaftlich bewirtschaftete Obstanlagen, Rieselfelder u. a., aber auch gemeinsam betreute Schafherden. ZGE wurden auch in vor- bzw. nachgelagerten Bereichen der landwirtschaftlichen Produktion wie z. B. in Form der agrochemischen Zentren (ACZ) gegründet (vgl. dazu weiter unten). Bis 1975 nahmen sowohl die Zahl der ZGE als auch die der in ihnen Beschäftigten zu. Seitdem sind beide Größen rückläufig. 1982 bestanden 552 ZGE der Landwirtschaft mit 38375 Berufstätigen. Die ZGE der Landwirtschaft sind eine typische Übergangsform in der agrarstrukturellen Entwicklung der DDR. Ihre Zahl wird weiterhin zurückgehen und ihre Aufgaben weitgehend von spezialisierten Genossenschaften übernommen werden.

2. Zwischengenossenschaftliche Einrichtungen der Waldwirtschaft (ZEW). Die ZEW waren eine sehr frühe Form der zwischengenossenschaftlichen Kooperation, die durch die Kollektivierung des ehemaligen Privatwaldes erforderlich wurde. Ein Teil der LPG-Wälder wurde durch diese ZEW gemeinsam bewirtschaftet. Auf dem Höhepunkt ihrer Entwicklung im Jahre 1973 bestanden 494 ZEW mit 4267 Berufstätigen. Infolge von Umorganisationen in der → **Forst- und Holzwirtschaft** ist die Bewirtschaftung weiterer genossenschaftlicher Forstflächen zunehmend durch staatliche Forstwirtschaftsbetriebe übernommen worden, so daß die Zahl der ZEW rasch abnahm. 1983 existierten nur noch 16 ZEW mit 156 Beschäftigten.

3. Zwischengenossenschaftliche Einrichtungen der Bauorganisation (ZBO). Die ZBO wurden in den ersten Jahren nach der Kollektivierung als ZGE zur gemeinsamen Durchführung von umfangreicheren Bauvorhaben in der Landwirtschaft errichtet. Die ZBO entstanden häufig durch Kooperation mehrerer LPG-Baubrigaden, die zuvor nur in der jeweiligen eigenen LPG tätig waren. Nachdem 1972 die ZBO ihre Höchstzahl von 461 mit 32455 Berufstätigen erreicht hatten, sank die Zahl der Betriebe aufgrund zunehmender Konzentration, wohingegen die Beschäftigtenzahl weiterhin anstieg. 1982 gab es 216 ZBO mit 42013 Beschäftigten. Die Haupttätigkeit der ZBO liegt derzeit auf den Gebieten der Rekonstruktion bzw. Renovierung von Stallbauten sowie deren Neuerrichtung. Die ZBO dürften in ihrer Bedeutung weiterhin zunehmen.

4. Meliorationsgenossenschaften (M.). Die ab 1963 gegründeten M. sind Einrichtungen der → **Wasserwirtschaft** (Be- und Entwässerung). Die Aufgaben der M. liegen in der Planung, im Bau und in der Unterhaltung wasserwirtschaftlicher und meliorativer Anlagen. Die M. wurden unter Berücksichtigung der Wassereinzugsgebiete gegründet. Sie führen Meliorations-Kataster, in deren Register- und Kartenwerk Angaben über Ort, Lage, Art, Leistungsfähigkeit u. a. der meliorativen und wasserwirtschaftlichen Anlagen enthalten sind (→ **Meliorationen**). Seit 1968 nimmt die Zahl der M. ab, während ihre Beschäftigtenzahl stetig steigt. 1982 bestanden 161 M. mit 15382 ständig Berufstätigen. Ebenso wie die ZBO werden auch die M. in Zukunft weiterhin ihre Bedeutung behalten.

Zwischengenossenschaftliche Bauorganisationen (ZBO) und Meliorationsgenossenschaften

	Zahl der Betriebe	Berufstätige	Bauproduktion Mill. Mark	je Betrieb Mill. Mark
ZBO				
1965	340	10 859	266,2	0,78
1970	463	18 398	1 018,7	2,20
1975	274	40 689	1 355,6	4,95
1982	216	42 013	1 670,0	7,73
Meliorationsgenossenschaften				
1965	207	5 415	82,7	0,40
1970	198	12 403	427,1	2,16
1975	171	14 400	540,9	3,16
1982	161	15 382	599,3	3,72

Quellen: Statistische Jahrbücher der DDR 1979, S. 134, u. 1983, S. 161.

B. Kooperative Einrichtungen (KOE)

Die KOE gehen über die Form der zwischengenossenschaftlichen Zusammenarbeit hinaus. An den KOE sind Betriebe unterschiedlicher Eigentumsformen (also LPG, VEG und Mischformen) beteiligt, wodurch nicht zuletzt deren organisatorische und rechtliche Angleichung angestrebt wird. Die KOE arbeiten auf der Grundlage eines speziellen Musterstatutes, das nach dem XI. → **Bauernkongreß der DDR** (1972) erlassen wurde. Die KOE sind selbständige Unternehmenseinheiten mit eigenem Rechtsstatus, die ihr Startkapital und eine vorübergehende Anfangsfinanzierung von den beteiligten Betrieben erhalten. Aufbauend auf Erfahrungen, die in Kooperationsgemeinschaften Ende der 60er Jahre gesammelt worden sind, enthalten die Musterstatuten für KOE folgende wesentliche Regelungen:

- Der Leiter der KOE wird vom zuständigen Rat des Kreises be- und abberufen; er ist den Staatsorganen gegenüber rechenschaftspflichtig.
- Das höchste Gremium der KOE, der Rat, wird aus bevollmächtigten Vertretern der beteiligten Betriebe gebildet. Es gibt in den KOE also keine Mitgliedervollversammlungen wie in den LPG.
- Betriebe unterschiedlicher Eigentumsformen können und sollen in den KOE zusammenarbeiten, um einen höheren Vergesellschaftungsgrad der Produktion zu erreichen.
- Aus den beteiligten Genossenschaften werden Genossenschaftsmitglieder als Arbeitskräfte aufgrund von Delegierungsvereinbarungen in die KOE entsandt; sie haben damit einen gesonderten arbeitsrechtlichen Status gegenüber den anderen Genossenschaftsmitgliedern. Die delegierten Arbeitskräfte bleiben weiterhin Mitglieder ihrer LPG. Entsprechendes gilt für Arbeiter und Angestellte von VEG. Die Bezahlung der in den KOE Beschäftigten erfolgt in der Regel durch die KOE selbst, wobei im Falle von delegierten Arbeitskräften der gezahlte Lohn den delegierenden Betrieben in Rechnung gestellt wird. Alle anderen in der KOE Beschäftigten werden nach dem für die Landwirtschaft gültigen → **Rahmenkollektivvertrag (RKV)** entlohnt.

Auf der Grundlage der KOE-Musterstatuten entstanden im Verlauf der weiteren Spezialisierung folgende LB.:

1. Zwischenbetriebliche Einrichtungen (ZBE). Die einfachste Form der zwischenbetrieblichen Kooperation war die ZBE, die sowohl auf dem Gebiet der Pflanzen- (ZBE [P]) als auch der Tierproduktion (ZBE [T]) zwischen Betrieben unterschiedlicher Eigentumsformen vereinbart werden konnte. Bestimmte Betriebsteile wurden aus mehreren landwirtschaftlichen Unternehmen herausgelöst und zu einer ZBE als spezialisierte Einrichtung der Pflanzen- bzw. der Tierproduktion vereint. Statistisch werden die ZBE Pflanzenproduktion mit den kooperativen Abteilungen Pflanzenproduktion (KAP) gemeinsam erfaßt.

2. Kooperative Abteilung Pflanzenproduktion (KAP). Die KAP entstanden durch Ausgliederung der Pflanzenproduktion aus mehreren LPG oder VEG und deren organisatorische Zusammenführung. Während die ZBE (P) gemäß dem Musterstatut für KOE eine feste rechtliche Einheit bildete, waren die KAP zunächst mehr ein eher loser organisatorischer Verbund, ohne daß die im Musterstatut für KOE enthaltenen Vorgaben immer voll erfüllt wurden, innerhalb dessen die beteiligten Betriebe ihre Pflanzenproduktion gemeinsam planten.

Mit Hilfe der KAP wurde die Spezialisierung der landwirtschaftlichen Produktion weiter vorangetrieben. Während die durchschnittliche Betriebsgröße der KAP bei 4100 ha (1975) lag, stieg der Konzentrationsgrad bei Getreide auf fast 2000 ha, bei Kartoffeln auf etwa 400 ha und bei Zuckerrüben auf nahezu 250 ha. Mit den KAP und ZBE (P) wurde eine völlig neue Phase der spezialisierten Pflanzenproduktion begonnen. In den Jahren 1977 und 1978 wurden die KAP (und die ZBE [P]) in spezialisierte LPG (P) umgewandelt, mit denen ein noch höherer Spezialisierungsgrad und eine neue eigenständige Rechtsform erreicht wurden. Aus diesem Grund gibt es einen deutlichen Zusammenhang zwischen der Zahl der KAP und ZBE (P) sowie der LPG (P). Existierten 1975 erst 47 LPG (P), dagegen noch 1210 KAP und ZBE (P), hatten sich diese Zahlenverhältnisse 1982 mit 1192 LPG (P) und 20 KAP umgekehrt.

3. KOE Tierproduktion. Die KOE (T) entstanden entweder aus den ZBE (T) oder unmittelbar aus der Herauslösung bestimmter Teile der Tierproduktion aus LPG der Typen I bis III und deren organisatorischer Zusammenfassung. Ihre organisatorische und funktionale Abgrenzung gegenüber den ZBE (T) ist nicht eindeutig; im wesentlichen sind die KOE (T) dadurch gekennzeichnet, daß es sich um Betriebe mit überdurchschnittlicher Größenordnung und um echte Neugründungen bzw. Neuerrichtungen von Anlagen handelt. Ihre rechtliche Grundlage bildet das Musterstatut für KOE aus dem Jahre 1972. Statistisch wird zwischen beiden Betriebsformen nicht unterschieden, sondern sie werden heute gemeinsam als ZBE (T) erfaßt. Gemäß dieser Zählweise gab es 1975 367 ZBE (T), 1982 nur noch 247.

LPG-, VEG- und KOE-Anteile am jeweiligen Gesamtviehbestand der DDR (in v. H.)

	Rinder	Schweine	Schafe	Geflügel
LPG				
1970	88,7	80,5	77,7	48,9
1975	83,4	72,1	68,2	37,6
1982	80,9	70,9	73,3	40,9
VEG				
1970	8,6	12,5	14,6	20,9
1975	9,7	14,9	13,6	34,9
1982	12,8	17,2	13,6	34,4
KOE und ZBE (T)				
1970	1,3	2,0	1,2	5,0
1975	5,8	9,5	10,1	9,8
1982	5,4	7,7	0,8	7,5

Quelle: Statistisches Jahrbuch der DDR 1983, S. 200 (berechnet).

Die Bedeutung der KOE (T) bzw. ZBE (T) geht – vergleichbar der Entwicklung der KAP – zugunsten des Auf- und Ausbaus der spezialisierten LPG (T) zurück. Die Entwicklung der Anteile der KOE (T) am gesamten Viehbestand zeigt die vorstehende Tabelle.

C. LPG Pflanzen- und Tierproduktion; LPG (P) und LPG (T)

Die Errichtung von KAP und KOE markierte in der ersten Hälfte der 70er Jahre eine bedeutende Entwicklungsetappe in der Umsetzung der Agrartheorie in die Praxis der DDR-Landwirtschaft. Ausgehend von den Erfahrungen mit diesen verschiedenen Kooperationsformen sowie der Trennung der Pflanzen- von der Tierproduktion in selbständige KAP bzw. KOE (T) wurden auf dem IX. Parteitag der SED (1976) weiterführende Beschlüsse über die Aufgaben der Landwirtschaft und → **Nahrungsgüterwirtschaft** gefaßt. In deren Ausführung wurden neue Musterstatuten für LPG (P) sowie LPG (T) vorgelegt und diskutiert. Nach zwei zentralen, zu diesem besonderen Zweck einberufenen Konferenzen von Vertretern bereits in dieser Weise spezialisierten Pflanzen- und Tierproduktionsbetrieben, wurden die Musterstatuten im Juni 1977 verabschiedet und am 28. 7. 1977 durch Beschluß des → **Ministerrates** in Kraft gesetzt. Außerdem wurden neue Musterbetriebsordnungen erlassen. Über die Regelungen der alten LPG-Statuten hinausgehend, bestimmen die neuen Musterstatuten, daß

- die Mitgliederversammlungen nunmehr Vollversammlungen sind, in denen auch Arbeiter und Angestellte der LPG gleiche Rechte und Pflichten haben wie die Genossenschaftsmitglieder;
- anstelle von Vollversammlungen auch Delegiertenversammlungen durchgeführt werden können;
- Brigadeversammlungen zur Vor- und Nachbereitung der Vollversammlung durchgeführt werden sollen;
- auch Nichtmitglieder in den Vorstand bzw. sogar als Vorsitzende der LPG gewählt werden dürfen;
- auch Arbeiter und Angestellte das Recht erhalten, eine **persönliche → Hauswirtschaft** zu führen.

Hinsichtlich der Leitung bestimmen die Musterstatuten, daß die LPG ihre wirtschaftliche Tätigkeit auf der Grundlage staatlich bestätigter Pläne und mit Hilfe des Abschlusses der für Produktion und Absatz erforderlichen Wirtschaftsverträge gestalten. Die LPG erhalten die staatlichen Pläne von den Abteilungen Landwirtschaft der Räte der Kreise. In Zukunft sollen allerdings die → **Kooperationsräte** wirtschaftsleitende Funktionen erhalten, so daß die wirtschaftliche Rahmenplanung auf diese Gremien übergeht. Die LPG sind in den Kooperationsräten vertreten. Insofern dürfte diese Kompetenzverlagerung den LPG ein größeres Mitspracherecht bei der Erarbeitung der staatlichen Wirtschaftspläne ermöglichen. Die völlige rechtliche Selbständigkeit der LPG soll dabei erhalten bleiben.

Die Wirtschaftsverträge im Zuliefer- und Abnahmebereich auf der horizontalen Ebene sind der zweite wesentliche Pfeiler der Wirtschaftstätigkeit der LPG. Diese Wirtschaftsverträge unterliegen den allgemeinen Bestimmungen des Vertragsgesetzes (→ **Wirtschaftsrecht**, V. B.). Zwischen den spezialisierten LPG (P) bzw. (T) sind also vertragliche Grundlagen das Gerüst der beiderseitigen Beziehungen. So schließt z. B. die LPG (T) Wirtschaftsverträge mit genauen Daten über Futterlieferungen, -qualitäten, -preise und -mengen mit der LPG (P). Diese wiederum kauft per Wirtschaftsvertrag z. B. Gülle und Mist von der LPG (T).

Mit den neuen Musterstatuten wurde schrittweise die Annäherung des Rechtsstatus von → **Genossenschaftsbauern** und Arbeitern eingeleitet. Eine wesentliche Änderung gegenüber dem alten LPG-Statut ist in der allmählichen Angleichung der Arbeitsbedingungen, der Vergütung und der sozialen Sicherung beider Gruppen zu sehen. Genossenschaftsbauern sollen nicht mehr vorwiegend auf der Grundlage von → **Arbeitseinheiten** entlohnt werden, sondern ihr Arbeitseinkommen soll sich in Form und Höhe an dem der LPG-Arbeiter orientieren. Damit sollen auch allmählich die sehr komplizierten und umfangreichen Umrechnungsarbeiten zur Bewertung der Arbeitseinheiten beseitigt werden. Arbeiter und Angestellte in VEG verdienten 1982 monatlich im Durchschnitt 1030 Mark (in der Industrie: 1087 Mark; Genossenschaftsbauern etwa 1000 Mark). Auf der Grundlage der neuen LPG-Statuten lassen sich die LPG heute in folgende LB. einteilen:

1. LPG (P). Die mit den KAP begonnene Konzentration wurde mit den LPG (P) fortgesetzt und vertieft. 1982 wurden über 5,28 Mill. ha LN (oder 85 v. H. der LN) von nur 1119 LPG (P) bewirtschaftet; eine LPG (P) bearbeitete demnach im Durchschnitt rd. 4700 ha LN. Die Zahl der Beschäftigten belief sich im Durchschnitt je LPG (P) auf etwa 320 Arbeitskräfte. Der Wert der materiellen → **Fonds** betrug je LPG (P) durchschnittlich 19 Mill. Mark. Die einzelnen LPG (P) unterhalten über den Kooperationsrat, in dem neben Vertretern von LPG (T) auch vor- und/oder nachgelagerte Betriebe vertreten sind, vielfältige wirtschaftliche, rechtliche und organisatorische Außenbeziehungen (→ **Kooperation in der Landwirtschaft**). Die zukünftige Entwicklung der LPG (P) wird in Richtung einer weiteren Vertiefung dieser Kooperationsbeziehungen gehen. Weiter wird die planmäßige Zusammenarbeit mit z. B. ACZ, KfL und anderen Betrieben sowie die weitere Sammlung von Erfahrungen in der spezialisierten Pflanzenproduktion, insbesondere hinsichtlich der Berücksichtigung biologischer Erfordernisse des Bodens, der Berücksichtigung von Fruchtfolgen und der Diskontinuität des Arbeitsprozesses im Pflanzenbau im Zentrum der Aktivitäten der LPG (P) stehen. Der dadurch erforderliche Austausch von Arbeitskräften bildet einen Schwerpunkt der Arbeit des Kooperationsrates, der u. a. auch als Koordinierungsausschuß der LPG (P) und LPG (T) fungiert. Da eine ganze Reihe von LPG auch Verarbeitungsbetriebe für landwirtschaftliche Erzeugnisse unterhalten, kann mit diesen Abteilungen z. T. ebenfalls ein Ausgleich der Arbeitsspitzen erreicht werden.

2. LPG (T). Die LPG (T) entstanden nach der Bildung der KAP als gesonderte Betriebseinheit. Mit der Ausgliederung der Pflanzenproduktion aus der ehemals alle Betriebszweige umfassenden LPG verblieben die Viehbestände mit Stallbauten und Viehpflegern als „Restbetriebe". Diese wurden – z. T. tierartenspezifisch, z. T. nach der Zwischenstufe der ZBE (T) bzw. KOE (T) – als neue LPG (T) mit eigenen Statuten errichtet. Bis in die zweite Hälfte der 70er Jahre setzte sich auch im Bereich der Tierproduktion der Konzentrationsprozeß fort; er hat sich jedoch in jüngster Zeit verlangsamt. Bestanden 1975 noch 4574 LPG (T), so waren es 1982 nur noch 2830 Betriebe. Sie verfügen kaum noch über eigene LN. 1982 bewirtschafteten alle LPG (T) insgesamt lediglich 64108 ha Wiesen und Weiden, das sind rd. 23 ha je Betrieb.

Die LPG (T) werden als Grundeinheiten einer sich in Entwicklung befindenden industriemäßigen Tierproduktion angesehen. Zwar ist der organisatorische Konzentrationsgrad mit durchschnittlich rd. 1500 Großvieheinheiten je Betrieb beträchtlich, doch haben diese Betriebe in ihrer großen Mehrzahl weder hinsichtlich der Spezialisierung, der Konzentration noch der technischen Ausstattung bisher die Merkmale einer industriemäßigen Tierproduktion. Zukünftiger Schwerpunkt für die LPG (T) wird deren jeweilige Spezialisierung auf bestimmte Tierarten oder Nutzungsrichtungen (z. B. Milch-, Jungtier- oder Mastviehhaltung) sein. Ein großes Problem aller spezialisierten LPG (T) ist die Futterversorgung. Sie bereitet vor allem deswegen erhebliche Schwierigkeiten, weil die Abstimmung mit den Kooperationspartnern in der Praxis häufig erhebliche Mängel aufweist.

D. Volkseigene Güter (VEG)

Die VEG haben gegenüber den LPG eine völlig andere Leitungsstruktur. Es gibt sowohl VEG, die direkt dem → **Ministerium für Land-, Forst- und Nahrungsgüterwirtschaft (MfLFN)** unterstehen, als auch Betriebe, die von den Räten der Bezirke angeleitet werden. Die VEG spielen für die landwirtschaftliche Gesamtproduktion keine ausschlaggebende Rolle. Die VEG sind – wie die LPG – spezialisiert in VEG (P) und (T).

Unter ihnen waren auch schon in der Vergangenheit eine ganze Reihe hochspezialisierter Betriebe. Diese Feststellung trifft vor allem auf nahezu alle Zuchtbetriebe für Saat- und Pflanzgut sowie die Tierzuchtbetriebe zu. Mitte der 70er Jahre wurden die etwa 400 noch gemischt produzierenden VEG im Zuge der Trennung der Pflanzen- von der Tierproduktion ebenfalls spezialisiert. 1982 waren unter den 478 VEG 73 VEG (P) und 319 VEG (T) sowie 86 Betriebe, die den VVB Saat- und Pflanzgut, Tierzucht, industrielle Tierproduktion (ab 1. 1. 1984 VE Kombinat industrielle Tierproduktion), den Instituten der Akademie der Landwirtschaftswissenschaften (→ **Agrarwissenschaft**), oder auch den Räten der Bezirke unterstellt sind. Alle VEG zusammen bewirtschafteten 435104 ha LN, davon die VEG (P) 385102 ha LN. Die VEG (P) verfügen demnach durchschnittlich über 5200 ha LN. In den VEG sind rd. 80000 Arbeiter und Angestellte beschäftigt, die nach dem → **Rahmenkollektivvertrag (RKV)** entlohnt werden.

E. Kombinat Industrielle Mast (KIM)

Die KIM sind volkseigene, industriemäßig produzierende, spezialisierte staatliche Betriebe der Tierproduktion, deren Aufgaben, Rechte und Pflichten in einer VO aus dem Jahre 1973 festgelegt sind. Diese völlig neuartige LB. entstand aus dem Zusammenschluß von einigen VEG gleicher Produktionsrichtung. In den KIM sollten und sollen Erkenntnisse für die industriemäßig betriebene spezialisierte Tierproduktion gesammelt werden. Die ersten KIM wurden auf Beschluß des → **Zentralkomitees (ZK) der SED** vom Februar 1968 gegründet: VEB KIM Königs Wusterhausen, VEB Rindermast Ferdinandshof, VEB KIM Schweinezucht- und Mastkombinat Eberswalde und VEG Färsenproduktion Lewitz. Inzwischen bestehen 33 KIM, die leitungsmäßig der VVB Industrielle Tierproduktion (ab 1984: VE Kombinat Industrielle Tierproduktion) unterstehen.

Die KIM-Betriebe dienen insbesondere der Versorgung von Ballungszentren mit Hühnereiern, Geflügel-, Rind- und Schweinefleisch. Entsprechend sind sie auf die Geflügelwirtschaft und Rindermast sowie die Schweineproduktion konzentriert, also auf Betriebszweige, die relativ flächenunabhängig produzieren. Die wissenschaftlichen Erkenntnisse und die wirtschaftlichen Ergebnisse der VEB Geflügelwirtschaft haben zwischenzeitlich zu einer besonderen Form der vertikalen Kooperation, dem Geflügel- → **Wirtschaftsverband**, geführt. (Über Richtgrößen für den Besatz von KIM-Betrieben: → **Agrarpolitik**, III. E. 2.)

Die Unterschiede zwischen der Leitungsstruktur einer LPG (T) und der eines VEB Tierproduktion (VEG und KIM folgen diesen Strukturen) zeigen die nachstehenden Organisationsschemata. Je nach den Gegebenheiten des jeweiligen Betriebes werden diese Grundstrukturen den speziellen Bedingungen angepaßt.

Modell des Leitungsstrukturplanes (VEB) Tierproduktion

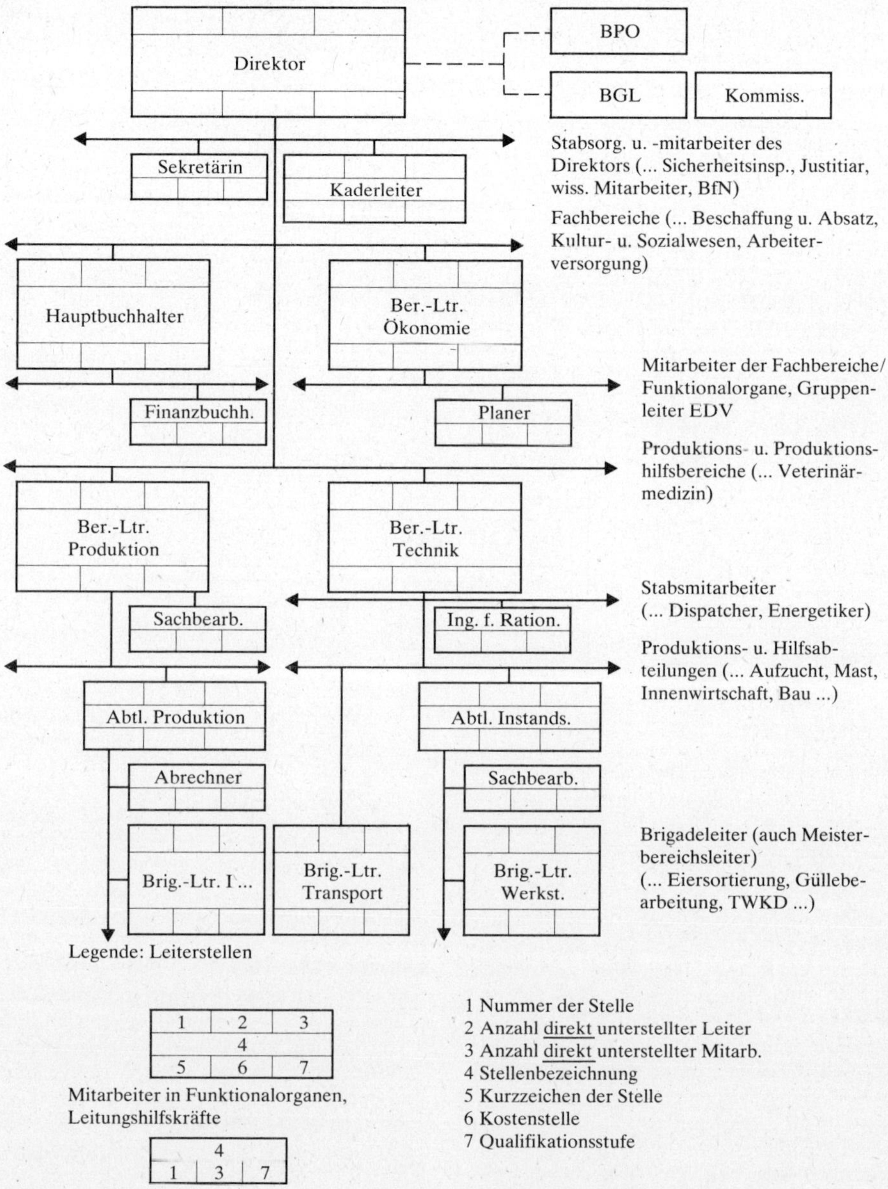

F. Eigenständige vor- bzw. nachgelagerte Betriebe der Landwirtschaft

Die Verstaatlichung aller wesentlichen Bereiche der Volkswirtschaft und die dargestellten Etappen der Konzentration, Kooperation und Spezialisierung in der Landwirtschaft der DDR haben zu einer raschen, teils gewollten, teils unumgänglichen Herausbildung neuer Betriebe und Einrichtungen geführt. Eine Reihe der Aufgaben wird dabei direkt von staatlichen Institutionen wahrgenommen (z. B. das Veterinärwesen [→ **Tierärzte**] und der Pflanzenschutz). Die nachstehend aufgeführten Betriebe sind größtenteils durch horizontale Kooperation mehrerer, ursprünglich eigenständiger, landwirtschaftlicher Betriebe, durch Zusammenschluß mehrerer spezialisierter LPG-Brigaden oder durch verti-

Grafischer Strukturplan einer LPG Tierproduktion (Modell, dreistufig)

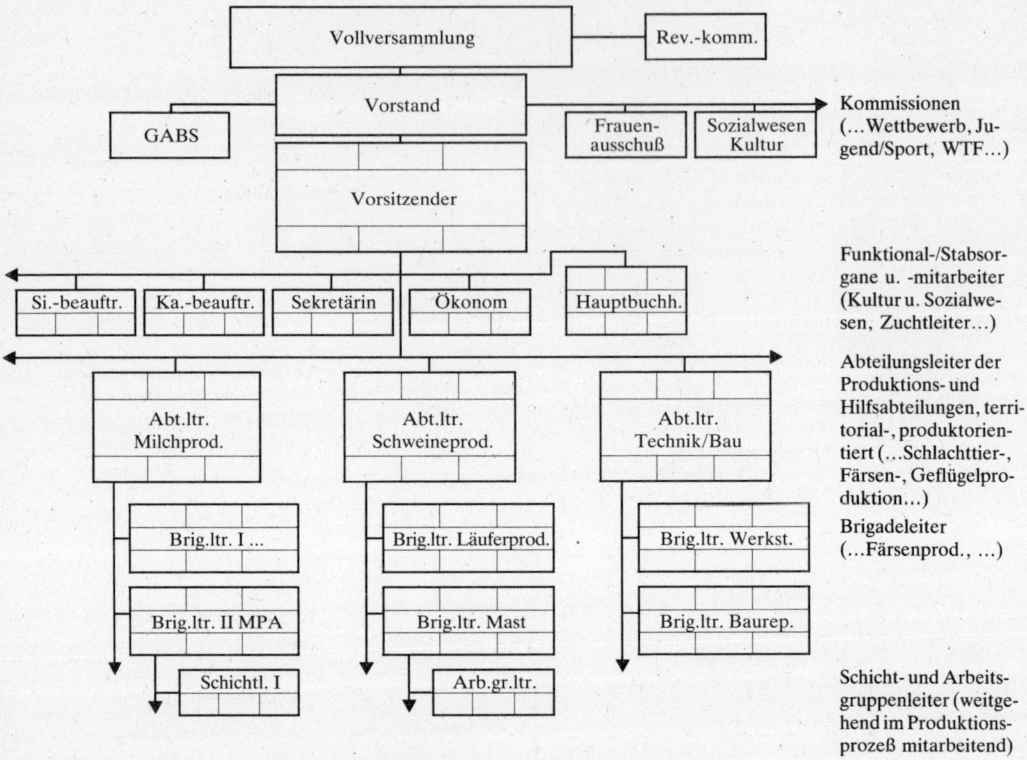

Quelle: Leitungsorganisation in Tierproduktionsbetrieben, Berlin (Ost): Deutscher Landwirtschaftsverlag 1978, S. 21 f.

kale Kooperation entstanden. Alle diese Betriebe sind dem MfLFN oder einer seiner Einrichtungen unterstellt bzw. unterstehen den Räten der Bezirke. Der Ausbau dieser vor- bzw. nachgelagerten Betriebe, deren vertiefte vertikale und horizontale Kooperation, ihre Einbeziehung in das staatliche Planungs- und Leitungssystem werden letztendlich auch die noch relativ selbständig produzierenden LPG (P) und (T) immer stärker in den direkten staatlichen Planungsmechanismus einbeziehen.

1. Kreisbetrieb für Landtechnik (KfL). Die KfL sind Nachfolgeeinrichtungen der MAS/MTS bzw. der landtechnischen Stationen der → **Vereinigung der gegenseitigen Bauernhilfe (VdgB)**. Sie unterstehen der VVB Landtechnische Instandhaltung. Diese hat die gesamte Leitung über Planung, Durchführung, Abrechnung und Kontrolle der Instandhaltung von Maschinen und Geräten der Land-, Forst- und Nahrungsgüterwirtschaft. Die KfL haben im Verlauf der 70er Jahre die wesentlichen technischen Gerätschaften der KAP, LPG und VEG übernommen. In den Kooperationsräten sind die KfL beratend, aber nicht als Mitglieder vertreten.

1982 bestanden 156 KfL mit über 50000 Arbeitern und Angestellten, unter ihnen etwa 16000 ständig delegierte Genossenschaftsbauern. Alle Beschäftigten werden nach dem jeweils gültigen → **Rahmenkollektivvertrag (RKV)** entlohnt, wobei die Bezahlung der delegierten Beschäftigten durch den KfL erfolgt und häufig mit den delegierenden Betrieben verrechnet wird. Die KfL werden allmählich ähnlich den anderen LB. spezialisiert. Sie werden insgesamt ihre Bedeutung behalten, vermutlich wird sie sogar zunehmen (→ **Landtechnik**).

2. Agrochemische Zentren (ACZ). Mit Beginn der Kollektivierung entstanden in den LPG Typ III Agrochemische Brigaden, die sich auf die Ausbringung von Dünge- und Pflanzenschutzmitteln spezialisierten. Diese Brigaden wurden im weiteren Verlauf zu zwischenbetrieblichen kooperativen Einrichtungen der LPG und VEG zusammengefaßt. Nach dem VIII. Parteitag der SED und dem XI. Bauernkongreß der DDR wurden die ersten ACZ als selbständige Einheiten geschaffen, die nach dem Musterstatut für KOE arbeiteten. Die Hauptaufgaben der ACZ bestehen in der Lagerung und Aus-

bringung fester und flüssiger Düngemittel sowie in der Durchführung von Pflanzenschutzmaßnahmen. Ein Teil der Arbeiten der ACZ führt der → **Agrarflug** aus.
Nachdem 1973 bereits 332 ACZ bestanden, führte die Entwicklung in den darauffolgenden Jahren zu einer Konzentration. 1982 existierten 263 ACZ mit rd. 25000 Berufstätigen. Jährlich werden rd. 8 Mill. t Düngemittel und über 26000 t (Wirkstoff) Pflanzenschutzmittel umgeschlagen (→ **Landwirtschaft**). Da die ACZ über einen großen Bestand an Fahrzeugen verfügen, übernehmen sie auch einen Teil von Bezugs- und Absatztransporten zwischen den spezialisierten Betrieben. Sie stellen Transportbrigaden oder Brigaden der Bodenbearbeitung für den überbetrieblichen Einsatz samt Technik zur Verfügung. Schließlich führen sie auch Desinfektionsarbeiten in Stall- und Speicheranlagen durch. In jüngster Zeit wurden den ACZ ferner Aufgaben in dem Bereich der Aufbereitung organischer Düngestoffe übertragen. Dabei sollen alle Arten organischer Abfallprodukte (Stroheinstreu, Gülle, Laub, Baumrinde, Torf, Seeschlamm, Erde aus Wurzeln der in den Zuckerfabriken verarbeiteten Zuckerrüben u. ä.) verwertet bzw. aufbereitet werden. 1982 existierten 130 Kompostierungsbetriebe unterschiedlicher Eigentums- und Rechtsform. Sie stellten rd. 4,9 Mill. m^3 organischer Düngestoffe her.
3. KOE Trocknung und Pelletierung. 1960 entstanden die ersten Trocknungsbetriebe – zunächst ausschließlich in der Rechtsform eines VEB. Ab 1973 wurden weitere Pelletierungsanlagen als ZBE bzw. KOE in Betrieb genommen. Für die zweite Hälfte der 70er Jahre war eine starke Ausweitung der Trockenfutterproduktion vorgesehen. Die Preisexplosion auf dem Energiemarkt beeinträchtigte die Verwirklichung dieses Programmes jedoch erheblich. Um das knappe und teure Erdöl zu sparen, wurden die Anlagen zu Beginn der 80er Jahre größtenteils auf Braunkohlefeuerung umgebaut. 1980 bestanden 228 Trocknungs- und 131 Pelletierungsanlagen. Sie sind häufig an Mischfutterwerke angeschlossen.
4. Mischfutterbetriebe (M.). Die M. bestehen sowohl als KOE wie auch als VEB. Rd. 100 Mischfutterwerke mit etwa 4200 Beschäftigten stellten 1982 über 4 Mill. t Mischfutter her. Durch den Einsatz von Mischfutter werden die Futterverwertung wesentlich verbessert und die Futterwirtschaft vereinfacht. Seit 1966 besteht in der DDR eine staatliche Qualitätskontrolle für Mischfutter, für das einzelne Normen mit festgelegten Anteilen verschiedener wertbestimmender Bestandteile (z. B. Eiweiß, Wirkstoffe, Mineralstoffe, Energie) existieren. Folgende Grundarten von Mischfutter werden unterschieden: Fertig-, Allein- und Ergänzungsfuttermittel, Vor- und Wirkstoffmischungen. Trotz gestiegener Mischfutterproduktion hat die DDR immer noch einen bedeutenden Bedarf an Importfuttermitteln, der 1982 bei 3,29 Mill. t Getreideeinheiten lag (→ **Außenwirtschaft und Außenhandel**).
5. Veterinärmedizinische Einrichtungen. Die Bezirksinstitute für Veterinärmedizin (BIV) – früher Veterinäruntersuchungsanstalten und Tiergesundheitsämter – befassen sich mit vorbeugenden Maßnahmen gegen Seuchen und deren Bekämpfung. Die BIV unterstehen dem MfLFN. Im Veterinärwesen waren 1982 rd. 10000 Personen beschäftigt. Veterinärhygienischen Kontrollmaßnahmen kommt in der DDR – nicht zuletzt wegen der hohen Konzentration von Viehbeständen – große Bedeutung zu, und sie werden daher in sehr strenger Form durchgeführt (→ **Tierärzte**).

G. Wirtschaftsleitende spezialisierte Betriebsformen mit überregionaler Bedeutung

Der Abteilung Landwirtschaft des MfLFN unterstehen direkt die:
1. VVB Saat- und Pflanzgut. Sie ist das Bindeglied zwischen den saat- und pflanzgutproduzierenden Betrieben und den Einheiten der Landwirtschaft, die diese Produkte benötigen. Jeder Bezirk hat eine neben dem Ministerium auch dem Rat des Kreises, d. h. doppelt unterstellte VVB, denen die VEG (P) oder VEG Saatzucht direkt nachgestellt sind.
2. VVB Tierzucht. Sie ist das wirtschaftsleitende Organ des MfLFN für die Rinder-, Schweine- und Schafzucht. Sie plant und leitet die Verwirklichung der Zuchtprogramme für eine industriemäßige Produktion, führt die Leistungs- und Zuchtwertschätzungen sowie -prüfungen durch und regelt den Im- und Export von Zuchtvieh. Der VVB unterstehen: je Bezirk ein VEB Tierzucht, ferner die zentral geleiteten VEG Tierzucht, das Institut für künstliche Besamung Schönow sowie weitere Forschungsstellen und Spezialschulen.
3. VE Kombinat Industrielle Tierproduktion (bis Ende 1983: VVB Industrielle Tierproduktion). Das VE Kombinat ist wirtschaftsleitendes Organ des MfLFN für die Kombinate und Betriebe der industriellen Tierproduktion. Die wesentlichen Aufgaben des VE Kombinats sind der Aufbau und die Weiterentwicklung industriemäßiger Tierproduktionsanlagen und die Vermittlung von Forschungsergebnissen an LPG (T), VEG (T) sowie deren noch bestehende KOE bzw. ZBE. Dem VE Kombinat sind neben den KIM der VEB Eierverpackungsmittel Beeskow und das Institut für Geflügelzucht Merbitz unterstellt.
4. Sonstige Einrichtungen. Die Verwirklichung der vertikalen und horizontalen Kooperation in der Landwirtschaft der DDR hat zu einer Reihe staatlicher Einrichtungen geführt, die unterschiedlichen Abteilungen des MfLFN unterstehen. Seit Januar 1984 haben einige dieser Kombinate, Betriebe und VVB neue Bezeichnungen. In der Abteilung Land-

wirtschaft bestehen neben den vorgenannten VVB bzw. VE Kombinat weiterhin die Zentralstelle für Pferdezucht und die VEB Datenverarbeitung, Interagrarkooperation und Projektierung und Bauleitung der Akademie der Landwirtschaftswissenschaften.
In der → **Nahrungsgüterwirtschaft** unterstehen dem MfLFN die VE Kombinate Zucker, Stärke und Kartoffelveredlung, Kühl- und Lagerwirtschaft sowie Aufbereitung tierischer Rohstoffe und Pelztierproduktion. Außerdem sind der Abteilung Nahrungsgüterwirtschaft die VEB Schlacht- und Verarbeitungskombinat Eberswalde, Materiell-technische Versorgung und der VEB Zentrales Projektierungsbüro der Nahrungsgüterwirtschaft zugeordnet.
Die nachfolgenden VEB unterstehen der Abteilung → **Landtechnik** im MfLFN: Kombinat Landtechnische Instandsetzung, Ausrüstungskombinat für Rinder- und Schweineanlagen, Kombinat für Gartenbautechnik, Meliorationsmechanisierung und Kombinat Rationalisierungsmittel Pflanzenproduktion. Betriebe des Land- und Meliorationsbaues sind der VEB Landbauprojekt, der VEB Spezialbaubetrieb sowie der VEB Ingenieurbüro für Meliorationen.
Auf Bezirksebene bestehen die Betriebe und Organe zumeist in der Rechtsform von VEB. Die bezirksgeleiteten Betriebe der Landwirtschaft sind die Volkseigenen Güter sowie die VEB Binnenfischerei, Organische Düngestoffe und Trockenfutterproduktion. Die Kombinate und Betriebe der Nahrungsgüterwirtschaft umfassen die VEB Kombinate Fleisch- sowie Getreidewirtschaft, die VEB Geflügelwirtschaft und die Vereinigungen zur Lenkung der milchverarbeitenden Industrie und den VEB Kombinat Milchwirtschaft. In der Landtechnik sind bezirksgeleitet der VEB Kombinat für landtechnische Instandhaltung, für materiell-technische Versorgung und der VEB Landtechnischer Anlagenbau.
Der VEB Landbaukombinat, der VEB Meliorationskombinat und der VEB Meliorationsbau sind ebenfalls bezirksgeleitet.
Im Bereich der Nahrungsgüterwirtschaft ist die Arbeitsweise in → **Kooperationsverbänden (KOV)** sehr verbreitet. In der Fleischindustrie erzeugen, verarbeiten und vermarkten 74 KOV Schweinefleisch und 9 KOV Rindfleisch (insgesamt rd. 60 v.H. des staatlichen Aufkommens). Zur Verarbeitung und Vermarktung von Obst und Gemüse bestehen im Bereich der Pflanzenproduktion KOV mit vergleichbaren Aufgabenstellungen.

Andreas Kurjo

Literaturangaben

Bajaja, V.: Organisation und Führung landwirtschaftlicher Großunternehmen in der DDR. Berlin: in Komm. b. Duncker & Humblot 1978. (Gießener Abhandlungen zur Agrar- und Wirtschaftsforschung des europäischen Ostens. 92.)

Bichler, H.: Landwirtschaft in der DDR. Berlin: Holzapfel 1981.

Früchte des Bündnisses. Autorenkoll. u. Ltg. v. R. Sachse. Berlin (Ost): Dietz 1980.

Hoell, G.: Die Agrarverhältnisse im Sozialismus. Berlin (Ost): Dietz 1980.

Agrar-industrielle **Kooperation** in der Tierproduktion. Autorenkoll. u. Ltg. v. C. Howitz u. J. Ilgner. Berlin (Ost): Deutscher Landwirtschaftsverl. 1981.

Die **Landwirtschaft** der DDR. Autorenkoll. u. Ltg. v. K. Groschoff u. R. Heinrich. Berlin (Ost): Dietz 1980.

Leitungsorganisation in Tierproduktionsbetrieben. Autorenkoll. u. Ltg. v. W. Heyne. Berlin (Ost): Deutscher Landwirtschaftsverl. 1978.

Industriemäßige **Tierproduktion** – Grundlagen. Lehrbuch der Agraringenieurschulen. Autorenkoll. u. Ltg. v. K. Pilz. Berlin (Ost): Deutscher Landwirtschaftsverl. 1978.

Landwirtschafts- und Gartenbauausstellung der DDR (LuG; agra): Die LuG war seit 1950 zunächst eine jährlich in Leipzig-Markkleeberg stattfindende, vierwöchige Lehr- und Leistungsschau der → **Land-**, → **Forst-**, Holz- und → **Nahrungsgüterwirtschaft** sowie des → **Gartenbaus**. Daneben war und ist die LuG auch immer eine Einrichtung der Agrarpropaganda.
Seit 1958 wird für den gartenbaulichen und gärtnerischen Bereich die → **Internationale Gartenbauausstellung der DDR (iga)** in Erfurt durchgeführt.
Die Landwirtschaftsausstellung in Leipzig-Markkleeberg trägt seit 1967 den Namen agra. Auf ihr werden beispielhafte Einrichtungen und Betriebe der Land-, Forst- und Nahrungsgüterwirtschaft sowie des → **Verbandes der Kleingärtner, Siedler und Kleintierzüchter (VKSK)** vorgestellt. Die agra ist eine Einrichtung des → **Ministeriums für Land-, Forst- und Nahrungsgüterwirtschaft (MfLFN)** und verfügt ganzjährig über das rd. 100 ha große Gelände mit 90 Hallen. Außerhalb der Ausstellungszeit dient ein Teil des Geländes als Erholungspark. Außerdem werden auf dem Gelände regelmäßig Beratungen und Fortbildungsveranstaltungen durchgeführt. Eine Ständige Ausstellung über die Agrarpolitik der SED ist ganzjährig für jedermann geöffnet.
Die agra verfügt über einen eigenen Verlag, der zahlreiches Schulungsmaterial für unterschiedliche Medien (Fernsehen, Zeitungen, Vorträge) erarbeitet. Seit 1979 findet die agra nur noch im 2jährigen Turnus statt. Sie behandelt meist im Wechsel schwerpunktmäßig die Pflanzen- oder Tierproduktion. Beim Schwerpunktthema Tierproduktion sind seit 1976 auch einige Mitgliedsländer des RGW als ausstellende Länder beteiligt; diese internationale Beteiligung soll in Zukunft fortgeführt werden.

Lastschriftverfahren: Während bis 1964 das L. in Form des Rechnungs- bzw. Forderungseinzugsverfahrens die Regel war, ist es seit 1965 auf bestimmte Zahlungen beschränkt. So schreibt die Lastschrift-AO vom 8. 8. 1978 (GBl. I, S. 314) die Anwendung dieses Verrechnungsverfahrens für die Begleichung von Geldforderungen aus der Lieferung von Elektroenergie, Gas, Wärme und Wasser vor und empfiehlt das L. bei festen Gebühren und Entgelten, Leistungen des Transport- und Nachrichtenverkehrs sowie Lieferungen im Exportstreckengeschäft und von Edelmetallen. Beim L. erfolgt die Begleichung einer Rechnung durch die Bank des Käufers aufgrund eines Lastschriftauftrages des Verkäufers bzw. dessen Bank. → **Zahlungs- und Verrechnungsverfahren.**

Lebensmittelindustrie: Die L. erwirtschaftete 1981 zu konstanten Planpreisen von 1980 einen Betrag von 49,5 Mrd. Mark (= 14,4 v.H. der industriellen Bruttoproduktion) und steht damit nach dem Maschinen- und Fahrzeugbau (22,8 v.H.) und der → **Chemischen Industrie** (19,9 v.H.) an dritter Stelle in der Rangfolge der Industriebereiche. Sie umfaßt entsprechend der Gliederung der DDR-Industrie nach Zweigen und Bereichen (Betriebssystematik): Fischindustrie (→ **Fischwirtschaft**); Fleischindustrie; Milch- und eiverarbeitende Industrie; Mühlen-, Nährmittel- und Backwarenindustrie; Pflanzenöl- und -fettindustrie; Zucker- und Stärkeindustrie, Süßwaren-, Kaffee-, Tee- und Kakaowarenindustrie; Obst- und gemüseverarbeitende Industrie; Gärungs- und Getränkeindustrie; Tabakwarenindustrie; Gewürz- und übrige L. und die Futtermittelindustrie.

Durch Kombinatsbildungen und Betriebszusammenlegungen sank die Zahl der staatlichen Produktionsbetriebe von 1976 bis 1982 um knapp 30 v.H. auf 595, die Zahl der dort beschäftigten Arbeiter und Angestellten stieg um gut 10 v.H. auf fast 276000 Beschäftigte (ohne Lehrlinge) (8,7 v.H. aller in der Industrie Beschäftigten).

Die Kombinate sind überwiegend dem → **Ministerium für Bezirksgeleitete Industrie und Lebensmittelindustrie** unterstellt. Bis 1982 gehörten hierzu die Kombinate: Öl und Margarine, Magdeburg; Nahrungsmittel und Kaffee, Halle; Tabak, Berlin; Spirituosen, Wein, Sekt, Berlin; und das Fischkombinat Rostock; außerdem die 27 Getränke- und Backwarenkombinate, die jedoch gleichzeitig den → **Bezirkswirtschaftsräten (BWR)** zugeordnet und somit doppelt unterstellt sind. Dies gilt seit dem 1. 1. 1983 auch für die Kombinate für Obst, Gemüse und Speisekartoffeln, die Großhandelsfunktionen wahrnehmen und denen die Betriebe der Obst- und Gemüseverarbeitung (Konservenindustrie) mit 16000 Beschäftigten angegliedert wurden.

Den Wirtschaftsräten der Bezirke unterstehen auch die Schlacht- und Verarbeitungskombinate mit 79 Schlachthöfen und über 200 Verarbeitungsbetrieben, die Kombinate der Getreidewirtschaft (Mühlen, Mischfutterwerke und Lagerhäuser) und die Betriebe der Milchwirtschaft. Zum → **Ministerium für Land-, Forst- und Nahrungsgüterwirtschaft (MfLFN)** gehören die Betriebe der VVB Zucker- und Stärkeindustrie, Halle, mit über 18000 Beschäftigten und das modernste Werk der Lebensmittelindustrie, der VEB Schlacht- und Verarbeitungskombinat in Eberswalde.

Neben den Kombinaten gibt es viele nichtstaatliche Betriebe mit genossenschaftlicher oder privater Eigentumsform. Diese Betriebe, die nicht unerheblich zum → **Lebensstandard** der DDR beitragen, überwiegen an Zahl und Gewicht in einigen Bereichen der Lebensmittelindustrie: Etwa 50 v.H. der Backwaren und in vergleichbarem Umfang auch der Fleisch- und Wurstwaren werden in den Betrieben privater Handwerksmeister (→ **Handwerk**) hergestellt. Ihre Bedeutung für die Versorgung der Bevölkerung ist größer, als diese quantitativen Angaben vermuten lassen. Sie ist qualitativer Natur; diese Betriebe sind unverzichtbar, da die Kombinate vergleichbare Leistungen offenbar nicht in notwendigem Umfang bereitstellen können. Auch von den rd. 200 Brauereien sind einige noch in privatem bzw. kirchlichem Besitz, allerdings gehören die Großbetriebe regelmäßig zu den Getränkekombinaten. Private Müller sind, wenn auch oft nur nebenberuflich, noch tätig.

In der milchverarbeitenden Industrie (25000 Beschäftigte), überwiegend Molkereien und Käsereien, herrscht die genossenschaftliche Eigentumsform vor. Bedeutenden Anteil an der Gesamtproduktion haben die 200 Produktions- und Verarbeitungsbetriebe der → **Konsumgenossenschaften** (→ **Binnenhandel**). Dazu gehören Großbäckereien, Nudelfabriken und Fleischverarbeitungsbetriebe.

Alle nicht einem Ministerium direkt unterstellten Betriebe, Genossenschaften und Kombinate sind horizontal an → **Erzeugnisgruppen** gebunden. Die Anleitung ist in der Regel einem Kombinat vorbehalten. Das zentralgeleitete Kombinat Nahrungsmittel und Kaffee in Halle ist z.B. für die Erzeugnisgruppenarbeit in der Backwarenindustrie verantwortlich und beeinflußt somit auch die Entwicklung in den übrigen Betrieben dieses Bereiches, unabhängig von ihrer Eigentumsform.

Die L. der DDR ist durch abnehmende Wachstumsraten gekennzeichnet. Im Durchschnitt der Jahre 1971–1975 wies die L. noch jährlich 5,9 v.H. aus, in der zweiten Hälfte der 70er Jahre wurden jedoch nur noch 2,6 v.H. erreicht, der neue Fünfjahrplan gibt diesen Wert auch für die Jahre bis 1985 vor. 1981 wurden jedoch nur 1,9 v.H. erreicht, 1982 ging die Produktion trotz relativ guter Ernte um 0,8 v.H. zurück.

Lebensstandard: *1. Zum Begriff L.* Eine allgemein anerkannte Definition des Begriffs L. gibt es nicht. In der wissenschaftlichen Literatur finden sich vielmehr zahlreiche Lesarten, die sich nach der Weite der Begriffsfassung grob in drei Gruppen einteilen lassen. Die Übergänge zwischen den einzelnen L.-Kategorien sind dabei häufig fließend.

– L. im engeren Sinne: Bezieht sich auf die Versorgung der privaten Haushalte mit Waren und Leistungen.

– L. im erweiterten Sinne: Erstreckt sich zusätzlich auf Bereiche wie Arbeitsbedingungen, Bildung, soziale Sicherung und Freizeit.

– L. im weitesten Sinne: Umfaßt die Gesamtheit der

Lebensbedingungen, d. h. es werden auch solche immateriellen Güter wie Umwelt, Kultur, menschliche Freiheit und öffentliche Sicherheit mit einbezogen.
In der engeren Abgrenzung sind die Indikatoren des L. relativ genau quantifizierbar; der Präzisionsgrad nimmt aber in dem Maße ab, je weiter der L.-Begriff gefaßt wird.
Die folgenden Ausführungen zum L. beschränken sich auf den privaten Konsum, ohne damit die Relevanz der umfassenderen L.-Konzepte in Zweifel ziehen zu wollen. (Informationen über L. im weitesten Sinne finden sich unter den Stichworten: → **Arbeitslosigkeit; Arbeitsrecht; Bau- und Wohnungswesen; Einheitliches sozialistisches Bildungssystem; Einkommen; Einzelhandels-Verkaufspreis [EVP]; Feriendienst des FDGB; Freizeit; Kaufkraft; Konsumtion, Gesellschaftliche; Kulturpolitik; Lebensweise, Sozialistische; Renten; Sozialleistungen, Öffentliche; Tourismus; Umweltschutz**.)
2. *Wirtschaftspolitik und L.* In der Wirtschaftspolitik der SBZ/DDR hatten zunächst der Auf- und Ausbau einer eigenen Grundstoffindustrie und die Erweiterung der Produktion von Investitionsgütern absoluten Vorrang. Dies ging zu Lasten der Konsumgüterproduktion und des privaten Verbrauchs. Die Folge war ein Zurückbleiben des L. in der DDR gegenüber dem in der Bundesrepublik Deutschland. Wohl als Reaktion auf die Fluchtbewegung sollte ab 1959 mit einem Siebenjahrplan der Rückstand wettgemacht und die Bundesrepublik im Konsumbereich sogar überholt werden. Das Vorhaben mißlang. Erst nach Überwindung einer Wachstumskrise zu Beginn der 60er Jahre, die u. a. zur Stagnation im privaten Verbrauch führte, konnten gewisse Fortschritte bei der Versorgung der Bevölkerung erzielt werden; die Investitionstätigkeit (→ **Investitionen**) hatte aber wiederum Priorität. Eine echte Kurskorrektur erfolgte jedoch nach dem Wechsel in der Parteiführung von Ulbricht zu Honecker. Auf dem VIII. Parteitag der SED (1971) wurde die „Erhöhung des materiellen und kulturellen Lebensniveaus" zur ökonomischen „Hauptaufgabe" erklärt. In der Folgezeit verbesserte sich die Konsumgüterversorgung – der private Verbrauch erhöhte sich beachtlich, und mit einem umfassenden Wohnungsbauprogramm wurde auch die „Lösung der Wohnungsfrage" in Angriff genommen. Diese Phase der Konsumförderung war indes nicht von Dauer. Im Zusammenhang mit den in der zweiten Hälfte der 70er Jahre aufgetretenen (und noch anhaltenden) Außenwirtschaftsproblemen (→ **Außenwirtschaft und Außenhandel**) kam es zu Abstrichen bei der inländischen Verwendung. Der private Verbrauch steigt (real) schon seit einigen Jahren nicht mehr; das Wohnungsbauprogramm wird allerdings ohne Einschränkungen fortgesetzt.
3. Die *Entwicklung der Konsumgüterversorgung* im einzelnen läßt sich anhand ausgewählter monetärer (privater Verbrauch, Einzelhandelsumsatz) und naturaler Indikatoren (Pro-Kopf-Verbrauch, Bestand an langlebigen Konsumgütern) nachzeichnen.
a) Privater Verbrauch. Die verschiedenen Phasen der Konsumpolitik spiegeln sich deutlich in den Zuwachsraten des privaten Verbrauchs wider (durchschnittliche jährliche Zunahme in v. H.):

1961 bis 1965	2,4	1976 bis 1980	4,0
1966 bis 1970	3,7	1981/1982	2,0
1971 bis 1975	4,8		

Da es bis Ende 1979 keine größeren Erhöhungen der → **Einzelhandels-Verkaufspreise (EVP)** gegeben hat, war die Steigerung des **privaten Verbrauchs** im wesentlichen real. Für die Jahre danach trifft dies allerdings nicht mehr zu. Insbesondere für Waren des gehobenen Bedarfs sind die Preise heraufgesetzt worden; real stagniert der private Verbrauch seit 1980. Über den gesamten Zeitraum gesehen hat sich der L. – gemessen an der Versorgung mit Konsumgütern – jedoch erheblich verbessert. Der private Verbrauch ist zwischen 1960 und 1982 von 55 Mrd. Mark auf 117 Mrd. Mark gestiegen und hat sich damit mehr als verdoppelt.

Privater Verbrauch

	in Mrd. Mark			in v. H.	
	1960	1970	1982	1960	1982
Warenkäufe	45,4	62,6	100,8	83	86
Naturalverbrauch	2,5	2,3	1,7	4	1
Leistungen	6,9	9,2	14,7	13	13
Privater Verbrauch	54,8	74,1	117,2	100	100

Quelle: Berechnungen und Schätzungen des Deutschen Instituts für Wirtschaftsforschung. Berlin (West).

Zu etwa 85 v. H. besteht der private Verbrauch aus Warenkäufen (nahezu ausschließlich im Einzelhandel). Der Anteil des Naturalverbrauchs – vom Gewicht her ohnehin nie sehr bedeutend – ist zurückgegangen, hauptsächlich, weil die Eigenversorgung in der Landwirtschaft abgenommen hat. Auf Leistungen – Sammelbegriff für Mieten, Energieversorgung, Verkehrsleistungen, Reparaturen und Dienstleistungen im engeren Sinne – entfallen nur 13 v. H. Dieser im Vergleich zu westlichen Ländern geringe Verbrauchsanteil resultiert aus der starken Subventionierung vieler Leistungen (z. B. Mieten, Strom, Gas, Post- und Verkehrstarife, Wäschereileistungen) und aus Beschränkungen im Angebot. Eine weitere Erklärung bildet das allgemein niedrige Lohnniveau, da der Dienstleistungsbereich besonders arbeits- bzw. lohnintensiv ist. Auch nicht subventionierte Leistungen sind deshalb bemerkenswert billig. Zwar werden ebenso zahlreiche Waren (z. B. Grundnahrungsmittel, Brennstoffe, Kinderkleidung, Druckerzeugnisse) durch Subventionen verbilligt, doch gleichzeitig für andere Waren (für die meisten Genußmittel und einen Großteil der Industrieerzeugnisse) – gemessen an den Produktionskosten – weit überhöhte Preise verlangt.
Abgesehen vom Naturalverbrauch hielten sich im Rahmen dieser groben Untergliederung die Strukturveränderungen in relativ engen Grenzen. Eine differenzierte Betrachtung innerhalb der Warenkäufe zeigt die Entwicklungstendenzen deutlicher.

b) Einzelhandelsumsatz. Beim Einzelhandelsumsatz dominieren nach wie vor die Nahrungsmittel. Auf sie entfällt etwa ein Drittel aller Warenkäufe. Im Vergleich zu westlichen Ländern ist der Anteil unverhältnismäßig hoch. Das überrascht, weil der Verbrauchsanteil von Lebensmitteln in der DDR wegen der hohen Subventionierung sogar noch gedrückt wird; immerhin hat dieser Anteil auch in der DDR abgenommen. Diese Entwicklung folgt damit dem Engels'schen Gesetz: Mit steigendem Wohlstand wird ein geringerer Prozentsatz des Einkommens für derartige Ausgaben verwendet. Mengenmäßige Sättigungstendenzen sind erkennbar. Der wertmäßige Zuwachs dieser Aufwendungen dürfte zum größten Teil auf den Übergang zu höherwertigen (teureren) Erzeugnissen zurückzuführen sein, aber auch auf die stärkere Inanspruchnahme gastronomischer Leistungen.

Einzelhandelsumsatz

	in Mrd. Mark			in v. H.		1960=100
	1960[1]	1970	1982	1960	1982	
Nahrungsmittel	17,2	24,1	33,5	38	32	195
Genußmittel	7,7	11,7	19,2	17	19	249
Textilien, Bekleidung und Schuhe	8,3	10,6	15,7	19	15	189
Sonstige Industriewaren	11,8	17,7	35,1	26	34	297
Einzelhandelsumsatz insgesamt	45,0	64,1	103,5	100	100	230

1 Im Jahre 1964 wurde die Zuordnung für einige Erzeugnisse zu den Warenhauptgruppen verändert.
Quelle: Statistisches Jahrbuch der DDR 1983, S. 230.

Der Umsatz von Genußmitteln hat sich mit wachsendem Wohlstand (absolut und relativ) erhöht; doch liegt der mengenmäßige Konsum noch unter dem westdeutschen Niveau. In erster Linie dürfte dies auf die hohen Preise zurückzuführen sein.

Bei den Industriewaren hatten ursprünglich Schuhe, Textilien und Bekleidung Vorrang. Später rückten langlebige Gebrauchsgüter sowie Erzeugnisse, die den Wohn-, Kommunikations- und Freizeitbedarf befriedigen (Möbel, Haushaltsgeräte, Phono- und Fernsehgeräte, Kraftfahrzeuge), in den Vordergrund. Ihr Umsatz stieg überdurchschnittlich. Gerade in den Strukturveränderungen zugunsten dieser Gruppen kommt das mit höherem L. sich verändernde Konsumverhalten zum Ausdruck. Ein stetig wachsender Anteil des Einzelhandelsumsatzes besteht aus nichtlebensnotwendigen Gütern. Allerdings haben die Industriewaren insgesamt (Textilien, Bekleidung, Schuhe, sonstige Industriewaren) mit knapp 50 v. H. für eine industrialisierte Volkswirtschaft noch immer ein erstaunlich geringes Gewicht, das überdies wegen der starken indirekten Besteuerung überhöht ausgewiesen wird (→ **Steuern**).

c) Pro-Kopf-Verbrauch. Die Fortschritte bei der Versorgung spiegeln sich auch in der Entwicklung des Pro-Kopf-Verbrauchs von Nahrungs- und Genußmitteln wider. Bei vielen Waren entspricht das erreichte Niveau dem der Bundesrepublik. Im Lebensmittelverbrauch spielen Kohlehydrate und Fette aber noch immer eine vergleichsweise große Rolle. Trotz der in der gesundheitspolitischen Aufklärung geforderten Veränderungen ernährt sich die Bevölkerung noch bei weitem zu kalorienreich. Der Pro-Kopf-Verbrauch an Obst und Gemüse schwankt von Jahr zu Jahr stark in Abhängigkeit von der jeweiligen Inlandsernte. Der Import konzentriert sich auf Südfrüchte, deren Angebot nach wie vor nicht ausreicht.

Pro-Kopf-Verbrauch ausgewählter Nahrungs- und Genußmittel

Waren	Einheit	DDR			Bundesrepublik[1]
		1960	1970	1982	1982
Nahrungsgüter					
Schweinefleisch	kg	33,3	38,7	55,8	49,7
Geflügel	kg	3,7	5,1	10,3	9,9
Übriges Fleisch	kg	18,0	22,3	24,9	28,8
Eier und Eiererzeugnisse	Stück	197	239	301	283
Trinkmilch	l	94,5	98,5	100,9	85,9
Nahrungsfette, Fettwert	kg	27,4	27,7	25,7	26,3
Butter, Produktgewicht	kg	13,5	14,6	15,7	7,0
Margarine, Produktgew.	kg	10,3	11,0	10,8	8,4
Brotgetreidemehl	kg	96,2	92,2	91,2	63,0
Speisekartoffeln[2]	kg	173,9	153,5	144,9	74,1
Gemüse[3]	kg	60,7	84,8	95,6	69,3
Obst[3] (einschl. Südfrüchte)	kg	.	55,5	70,2	127,1
Zucker und Zuckererzeugnisse[4]	kg	29,3	34,4	44,0	36,1
Genußmittel					
Bohnenkaffee, geröstet	kg	1,1	2,2	3,2	5,9
Zigaretten	Stück	1069	1257	1788	1829
Wein und Sekt	l	3,2	5,0	9,7	24,8
Bier	l	79,5	95,7	147,0	148,1
Spirituosen	l	3,5	6,6	12,7	6,8

1 Vereinzelt Wirtschaftsjahr 1981/1982.
2 Ohne weiterverarbeitete Kartoffeln für Stärkeerzeugnisse.
3 In Frischgewicht; einschl. Weiterverarbeitung.
4 Umgerechnet auf Weißzucker.
Quellen: Statistische Jahrbücher der DDR und der Bundesrepublik Deutschland.

Bei den Genußmitteln ist der Zigaretten- und Bierkonsum pro Kopf in der DDR und in der Bundesrepublik etwa gleich groß. Wein und Sekt werden in der DDR aufgrund der hohen Preise weniger getrunken, dafür jedoch mehr Spirituosen. Kaffee – ein Importgut – ist in der DDR extrem teuer (1 kg mittlerer Qualität kostet 80 bis 90 Mark), der durchschnittliche Verbrauch ist wohl in erster Linie aus diesem Grund dort niedriger.

d) Bestand an langlebigen Konsumgütern. Die Ausstattung der Haushalte mit langlebigen technischen Konsumgütern hat inzwischen einen relativ hohen Stand erreicht. Bei einigen Produkten (Rundfunk- und Fernsehempfängern) werden Sättigungstendenzen erkennbar. An anderen Haushaltsgeräten hat sich – trotz sehr hoher Anschaffungspreise (z. B. kostet ein Kühl-

schrank, 130 l, ohne Tiefkühlfach, 1100 Mark) – der Bestand beträchtlich erhöht. Neuartige Produkte wie Hifi-Anlagen und Farbfernsehgeräte gewinnen erst allmählich an Bedeutung bzw. sind überhaupt (noch) nicht im Angebot, z. B. Geschirrspülmaschinen und Videogeräte.
Ein großer Unterschied besteht in der Ausstattung mit Kraftfahrzeugen. In der DDR herrscht noch immer das Kraftrad vor, doch wächst die Zahl der Pkw rasch – seit 1970 hat sie sich nahezu verdreifacht. Die DDR war lange Zeit bemüht, aus produktions- und verkehrstechnischen Gründen den Pkw-Bestand gering zu halten; inzwischen hat sie diese Politik de facto aufgegeben. Hohe Preise und lange Lieferfristen stehen allerdings einer schnelleren Verbreitung von Personenwagen entgegen.

Bestand an ausgewählten langlebigen Konsumgütern (Anzahl je 100 Haushalte)

	DDR[1]				Bundesrepublik[2]
	1960	1970	1980	1982	1982
Personenkraftwagen[3]	3	16	38	42	78
Krafträder[3, 4]	25[7]	42	45	42	11
Rundfunkempfänger[5]	.	137	159	.	153
Fernsehempfänger	19	74	105	111	121
Elektrische Haushaltskälteschränke[6]	6	56	109	119	158
Haushaltswaschmaschinen	6	54	84	91	83[8]

1 Stand Jahresende.
2 Januar 1983.
3 Ohne die überwiegend gewerblich bzw. von den Verwaltungen genutzten Fahrzeuge.
4 Einschl. Motorroller, Kleinkrafträder, Mopeds usw.
5 Einschl. Geräte in Kombinationen.
6 Einschl. Kühl-Gefrier-Kombinationen und Gefrierschränke, -truhen.
7 1961.
8 Nur Waschvoll- und -halbautomaten.
Quellen: Statistisches Jahrbuch der DDR 1983; Statistisches Bundesamt: Ergebnis der Einkommens- und Verbrauchsstichprobe im Januar 1983; Berechnungen des DIW nach Pressemeldungen.

e) Qualitative Aspekte. Für die Lebenshaltung ebenfalls wichtige Merkmale, wie die gleichmäßige, in Umfang, Sortiment und Qualität befriedigende Bereitstellung der nachgefragten Güter, sind nicht quantifizierbar. Eine Wertung auch dieser Elemente läßt die Versorgungslage in einem ungünstigeren Licht erscheinen, denn noch immer bestehen besonders bei solchen Faktoren deutliche Mängel. Sortimentslücken und Lieferstörungen gehören nach wie vor zum Alltag in der DDR. So entspricht z. B. das Sortiment an Textilien, Bekleidung und Schuhen – auch in seiner qualitativen Ausstattung – häufig nicht der Nachfrage. Das Angebot bei vielen alltäglich benötigten Dingen ist ebenfalls unbefriedigend. Für Güter des gehobenen Bedarfs müssen vielfach größere, z. T. mehrjährige Wartezeiten (bei Personenkraftwagen bis zu zehn Jahren und länger) hingenommen werden. Viele Erzeugnisse sind mit Qualitätsmängeln behaftet, die den Wert mindern oder gar den Gebrauch nach kurzer Zeit völlig unmöglich machen. Die Reparaturanfälligkeit zahlreicher Produkte wiegt besonders schwer, weil es seit Jahren an Ersatzteilen und Kapazitäten des Reparaturhandwerks fehlt. Die Bereitstellung von Dienstleistungen reicht bei weitem nicht aus und beeinträchtigt so die Entlastung der Bevölkerung. Da die verbesserte Ausstattung der Haushalte zu einem steigenden Bedarf an Reparaturen führt, entstehen ständig neue Engpässe. Diese Mängel sind angesichts des hohen Industrialisierungsgrades der DDR-Wirtschaft nur mit systemimmanenten Schwächen zu erklären. → **Dienstleistungsbetriebe; Handwerk.**

Lebensversicherung: L.-Verträge können bei der → **Staatlichen Versicherung der DDR** abgeschlossen werden als Ergänzung des durch die Sozialversicherung gewährten gesetzlichen Versicherungsschutzes. Rechte und Pflichten der Versicherungsnehmer und der Versicherungseinrichtung sind in § 265 (Personenversicherung) des Zivilgesetzbuches der DDR vom 19. 6. 1975 geregelt (→ **Zivilrecht**). Der Versicherungsnehmer kann, je nach seinen Bedürfnissen, unter verschiedenen Formen der L. wählen. Die vereinbarte L.-Summe kann fällig werden: beim Tode des Versicherten, bei Erreichen eines bestimmten Alters, bei Beitragszahlung entweder für eine bestimmte Zahl von Jahren (mindestens 10 bzw. bis zum 85. Lebensjahr) oder an einem festen Auszahlungstag.
Diese Grundformen lassen sich zu weiteren Formen der L. ausbauen. So kann z. B. das Risiko der Invalidität in der Weise mit einbezogen werden, daß die Beitragszahlungspflicht bei Eintritt der Invalidität des Versicherungsnehmers ganz oder teilweise erlischt. Die L. mit festem Auszahlungstermin kann unter Berücksichtigung des voraussichtlichen Heirats- oder Berufsausbildungsalters der Kinder zu einer Aussteuer- oder Kinderversorgungs-Versicherung weiterentwickelt werden.
Die reine Erlebensfallversicherung wird in der Regel als Leibrentenversicherung abgeschlossen, wobei in der DDR zeitweilig die Form der Sparrentenversicherung eine gewisse Bedeutung erlangt hatte. Gegenwärtig ist die L. die wichtigste, weil am stärksten verbreitete Form der Personenversicherung. Die Zahl der abgeschlossenen L.-Verträge vergrößerte sich seit 1950 wie folgt:
1950 = 3,6 Mill. Verträge
1960 = 7,9 Mill. Verträge
1970 = 9,7 Mill. Verträge
1980 = 10,6 Mill. Verträge
1982 = 10,7 Mill. Verträge
Am Jahresende 1982 hatten 644 von 1000 Einwohnern der DDR eine L. abgeschlossen. Entsprechend dem Wachstum des → **Lebensstandards** und des Geldvermögens der privaten Haushalte ist nicht nur die Zahl der Verträge, sondern weit stärker noch die Höhe der Abschlüsse gestiegen. Dadurch vergrößerten sich die Sparguthaben der L. überdurchschnittlich von 0,5 Mrd. Mark 1950 auf 2,2 Mrd. Mark 1960, 6,0 Mrd. Mark 1970 und 11,4 Mrd. Mark 1982.

Lebensweise, Sozialistische: L. bezeichnet im Historischen Materialismus (→ **Marxismus-Leninismus**) die „Gesamtheit der für die jeweilige Gesellschaft charakteristischen Art und Weise der materiellen und geistigen Lebenstätigkeit auf der Grundlage der materiellen und geistigen Lebensbedingungen der Menschen. Die L. ist geprägt durch die konkreten historischen Verhältnisse, durch die → **Produktionsweise** und davon ausgehend, von der sozialen Stellung der Menschen bzw. der Klassen u. a. sozialer Gruppen in der Gesellschaft." (Kleines Politisches Wörterbuch, 3., überarb. Aufl., Berlin [Ost] 1978, S. 529) Nach dieser Definition hat jede Gesellschaftsformation (→ **Gesellschaftsordnung**) entsprechend der ihr zugrundeliegenden Eigentumsordnung und der daraus folgenden Klassenstruktur eine eigene L. Grundlegend für die Definition der L. in einer sozialistischen Gesellschaft ist aus der Sicht des Marxismus-Leninismus die Abschaffung des Privateigentums an Produktionsmitteln. Damit seien die antagonistischen Klassengegensätze verschwunden, eine grundsätzliche Interessenübereinstimmung aller Klassen und Gruppen gegeben und ein neues Verhältnis der Menschen zueinander möglich und notwendig geworden. Vor dem Hintergrund dieser ideologischen Aussagen werden folgende Merkmale der SL. genannt:

1. „Die gewissenhafte, ehrliche, gesellschaftlich nützliche Arbeit ist das Hauptstück" der SL. (Kleines Politisches Wörterbuch, a. a. O., S. 530). Arbeit gilt sowohl als gesellschaftliche Pflicht wie zugleich als „entscheidende Quelle der Entwicklung und Betätigung der schöpferischen Kräfte der Menschen". Dementsprechend wird den Arbeitskollektiven (→ **Kollektiv, Sozialistisches**) entscheidende Bedeutung bei der „weiteren Ausprägung" der SL. zugesprochen.

2. Die Beziehungen zwischen den Menschen seien von Gleichheit, gegenseitiger Achtung und Hilfe (Solidarität) gekennzeichnet. Die Menschen strebten bewußt danach, in der Gemeinschaft tätig zu sein und dort ihre Individualität weiter zu entfalten. Sie übernehmen bewußt „Verantwortung für das Kollektiv, den Betrieb und für die Gesellschaft als Ganzes. Die Bewertung der Persönlichkeit nach ihren Leistungen für die Gemeinschaft ist unabdingbares Attribut sozialistischer Lebensweise." (Wörterbuch der marxistisch-leninistischen Soziologie, 2., überarb. Aufl., Berlin [Ost] 1977, S. 396) (→ **Demokratie, Sozialistische; Mitbestimmungs-, Mitgestaltungs-, Mitwirkungsrechte**)

3. „Hohe Allgemeinbildung und hohe Fachkenntnisse kennzeichnen den sozialistischen Menschen." (Wörterbuch der marxistisch-leninistischen Soziologie, a. a. O.)

4. Soziale Sicherheit und Geborgenheit charakterisierten die Beziehungen zwischen den Menschen.

5. Auf der Basis des wissenschaftlich-technischen Fortschritts und einer hohen Arbeitsmoral erhöhe sich das materielle und kulturelle Lebensniveau ständig; es entstünden neue Bedürfnisse und Fähigkeiten.

6. „Ehe und Familienbeziehungen, die sich auf Liebe und gegenseitige Achtung, auf Verständnis und gegenseitige Hilfe sowie auf die gemeinsame Verantwortung für die Entwicklung der Kinder stützen" haben in der SL. einen festen Platz (Wörterbuch der marxistisch-leninistischen Soziologie, a. a. O., S. 396f.) (→ **Familie**).

7. Zur SL. gehören eine gesunde Lebensführung sowie die aktive Teilnahme an Körperkultur und → **Sport**.

8. „Die sozialistische Ideologie, die Weltanschauung und Moral der Arbeiterklasse, der sozialistische → **Patriotismus** und **Proletarische** → **Internationalismus** bilden den ideologischen Grundgehalt der sozialistischen Lebensweise." (Wörterbuch der marxistisch-leninistischen Soziologie, a. a. O., S. 396)

Die SL. sei darüber hinaus – dialektisch – von Einheitlichkeit und Differenziertheit gleichermaßen gekennzeichnet. Die sozialistische Gesellschaft kenne zwar keine antagonistischen Klassen mehr, sei aber trotzdem „noch Klassengesellschaft", d. h. es gibt in ihr neben der → **Arbeiterklasse** noch die Klasse der → **Genossenschaftsbauern**, kleinbürgerliche Gruppen (→ **Handwerk; Freie Berufe; Kleinbürgertum**) und die Schicht der → **Intelligenz**. Auch bestünden Unterschiede zwischen Stadt und Land, zwischen körperlicher und geistiger Arbeit usw. fort. Die aus diesen Gegebenheiten resultierenden sozialen Unterschiede – in denen nicht zuletzt Gewohnheiten und Traditionen aus vergangenen Gesellschaftsformationen fortwirkten – führten zu Differenzierungen in der SL. Auch das Konzept der SL. selbst verfolgt gleichzeitig 2 Ziele, die sich keineswegs widerspruchsfrei vereinbaren lassen. Einerseits wird die Herausbildung sozialistischer Persönlichkeiten mit einheitlichen Merkmalen angestrebt, andererseits sollen sich die Menschen als eigenständige Individuen herausbilden.

Die SL. ist bisher auch nach Aussagen der DDR-Wissenschaftler allenfalls in Ansätzen erkennbar, sie soll sich erst in der Zukunft „immer stärker ausprägen". Dieser Prozeß wird im übrigen keineswegs dem Selbstlauf überlassen: „Die Arbeiterklasse ist unter Führung der SED die entscheidende gesellschaftliche Kraft, die den sozialen, politischen und ideologischen Inhalt der sozialistischen Lebensweise entsprechend ihren Klasseninteressen bestimmt, im Maßstab der ganzen sozialistischen Gesellschaft durchsetzt und ständig vertieft." (Programm der SED von 1976, Abschnitt E.: Die sozialistische Lebensweise)

Die Diskussion um die SL. hat in der DDR erst in den 60er Jahren eingesetzt. Mit diesem Begriff verbindet sich die Erwartung, die relativ abstrakten Normen der **Sozialistischen** → **Moral** durch die Einbeziehung der tatsächlichen Gesellschaftsprozesse in ihrer gesamten Komplexität handlungsrelevant zu machen. Nicht zufällig verlaufen die Auseinandersetzungen um die Inhalte der SL. parallel mit den Diskussionen um Inhalte und Ziele marxistisch-leninistischer → **Sozialpolitik**. In der → **Soziologie und Empirischen Sozialforschung**, in der → **Kulturpolitik** (→ **Ästhetik**), in den → **Wirtschaftswissenschaften** usw. werden Fragestellungen aus der komplexen Begrifflichkeit der SL. abgeleitet und dienen sowohl für empirische Untersuchungen als auch für die Ausgestaltung und Rechtfertigung der jeweiligen Gesellschaftspolitik der SED.

Neben innenpolitischen Gründen waren es nicht zuletzt die Diskussionen um „Lebensqualität“ in der Bundesrepublik Deutschland, die zur Entwicklung des Konzepts der SL. beigetragen haben. SL. dient in diesem Zusammenhang vor allem der → **Abgrenzung**. Im Gegensatz zur SL. sei die bürgerliche Lebensweise „charakterisiert durch die Ausbeutung des Menschen durch den Menschen, durch das Streben nach Maximalprofit, durch die Reduzierung der menschlichen Beziehungen auf Ware-Geld-Beziehungen, durch Egoismus sowie nationalistische Überheblichkeit“ (Kleines Politisches Wörterbuch, a.a.O., S. 530).

Leder-, Schuh- und Rauchwarenindustrie: Zweig der → **Leichtindustrie** (ohne → **Textilindustrie**), der nach der ab 1967 in der DDR gültigen Betriebssystematik alle selbständigen Industriebetriebe zur Herstellung von Leder und Kunstleder, Leder-, Täschner- und Sattlerwaren, Schuhen (außer Gummischuhen), Pelz- und Lederkleidung umfaßt. Anleitendes Organ der zentralgeleiteten LSRI. ist das → **Ministerium für Leichtindustrie**. Mit Auflösung der VVB Schuhe, der VVB Leder und Kunstleder und der VVB Lederwaren ging die zentralgeleitete LSRI. ab 1. 1. 1979 in drei Kombinate über, und zwar in das VEB Kombinat Schuhe, Weißenfels (42000 Beschäftigte in 90 juristisch selbständigen Betrieben), in das VEB Kombinat Kunstleder und Pelzverarbeitung, Leipzig (8700 Beschäftigte in 33 Betrieben) sowie in das VEB Kombinat Lederwaren, Schwerin (11000 Beschäftigte in 22 Betrieben). In den Betrieben der → **Bezirksgeleiteten Industrie** dürften im Leder-, Schuh- und Rauchwarengewerbe ca. 5000 Beschäftigte und in den Produktionsgenossenschaften des Handwerks (→ **Handwerk**) sowie privaten Handwerksunternehmen ca. 14000 Beschäftigte tätig sein, die ca. 25 bis 30 v.H. der Lederwaren in der DDR erzeugen.

Da die DDR einen Großteil der Häute und Felle als Vorprodukte der LSRI. aus dem Westen einführen muß, ist man um Importsubstitution bemüht. 30 v.H. des Bedarfs an Rindhäuten muß gegenwärtig importiert werden. Die Schweinslederproduktion wird entsprechend gefördert. Allerdings sind die Häute zu 95 v.H. narbengeschädigt, so daß die Einsatzmöglichkeiten des Schweinsleders in der Schuhindustrie beschränkt sind. Die Schuhindustrie produziert vor allem für den inländischen Bedarf. Die Importquote bei Straßenschuhen liegt, gemessen an der inländischen Produktion, bei nur 5,7 v.H. (1982). Da die Schuhproduktion von 1970 bis 1982 jahresdurchschnittlich nur um 0,4 v.H. gestiegen ist, bleibt die Versorgung mit bestimmten Schuhsortimenten nach wie vor unbefriedigend. Vollnarbenleder wird verstärkt durch veredelte Spaltleder, Textil-Spaltverbunde sowie synthetische und textile Materialien ersetzt. Für offene Schuhmodelle sind vor allem synthetische und textile Stoffe einzusetzen.

Produktion ausgewählter Erzeugnisse der Leder-, Schuh- und Rauchwarenindustrie

Erzeugnisse	Einheit[1]	1960	1970	1980	1982
Weiches Leder	1000 m^2	10221	13383	17120	16880
Kunstleder[2]	1000 m^2	17710	36417	80617	76422
Schuhe	1000 Paar	57405	78226	78817	82112
– Straßenschuhe	1000 Paar	26218	38091	40308	42627
Erzeugnisse d. Lederwaren-industrie	Mill. Mark	254,8	518,3	1019,1	1213,3

1 Wertangaben in konstanten Preisen (kPP_{80}).
2 1960 und 1970 nur Kunstleder auf Basis textiler Flächengebilde.
Quelle: Statistisches Jahrbuch der DDR 1983, S. 147.

Die traditionsreiche Internationale Rauchwarenauktion in Leipzig zählt neben Leningrad, London und Montreal zu den bedeutendsten Auktionsplätzen für Pelze und Pelzwaren. Bei den jährlich 4 Versteigerungen in Leipzig werden gegenwärtig rd. 4 Mill. Felle gehandelt. Bis April 1983 haben 573 Rauchwarenauktionen in Leipzig stattgefunden.

Lehrer und Erzieher: *1. Pädagogische Kräfte und das Leitbild des sozialistischen Lehrers.* Die im Volksbildungswesen tätigen pädagogischen Kräfte untergliedern sich bezüglich ihrer Tätigkeit in Lehrer (L.), Erzieher (E.) und „leitende Kader“ (→ **Kaderpolitik**) der Volksbildung sowie hinsichtlich ihrer Ausbildung in Fachschul- und in Hochschulabsolventen eines entsprechenden (vollen oder teilweisen bzw. zusätzlichen) Direkt- und/oder → **Fernstudiums**. Auf Fachschulebene voll ausgebildete pädagogische Kräfte sind die Kindergärtnerinnen in kommunalen, betrieblichen und speziellen Kindergärten, die E.(innen) in Kinderwochenheimen, Kinderkureinrichtungen, Tagesschulen, Kinder- und Schulhorten (Tagesklassen, Tagesgruppen), Schulinternaten, Kinder- und Jugendsportschulen und Sonderschulen sowie in Jugendheimen (Lehrlingswohnheimen, → **Jugendherbergen**) und Heimen der → **Jugendhilfe**, die hauptamtlichen Freundschaftspionierleiter an schulischen Einrichtungen in den Klassenstufen 1–7 bzw. 8 (→ **Pionierorganisation „Ernst-Thälmann“**), die L. für die unteren Klassen der Oberschule (Unterstufen-L.), die in den Klassen 1–3 bzw. 4 unterrichten, sowie die Ingenieurpädagogen, Ökonompädagogen und Medizinpädagogen im berufspraktischen Unterricht der Einrichtungen der Berufsausbildung; auf Hochschulebene voll ausgebildete pädagogische Kräfte sind die Diplom-Fach-L. in der Mittel- und Oberstufe der 10klassigen Oberschule, den Einrichtungen der Abiturstufe (Erweiterte Oberschule, Volkshochschule, Abiturklassen der Berufsausbildung) und den Sonderschulen sowie im allgemeinbildenden und berufstheoretischen Unterricht der Berufsschulen, die Diplom-Agrarpädagogen, Diplom-Ingenieurpädagogen, Diplom-Ökonompädagogen und die Diplom-Medizinpädagogen im berufstheoretischen Unterricht der Berufsschulen sowie die Diplom-Pädagogen, die als leitende Kader der Volksbildung, der Berufsbildung sowie der Jugendhilfe und Heimerziehung als Direktoren von allgemeinbildenden Schulen, als Lehrkräfte an Pädagogischen Schulen und Instituten für L.-Bildung sowie als leitende Mitarbeiter der Vorschulerziehung und der FDJ (für die Arbeit mit der Schuljugend) tätig sind.

Ausbildung und Tätigkeit der pädagogischen Kräfte, insbesondere der L., sollen sich an dem normativen „Leitbild des sozialistischen L." orientieren, das durch „Zehn Gebote" umrissen wird (Hübner, Peter: Vom Ethos des sozialistischen Lehrers und Erziehers, in: Pädagogik 9/1970, S. 817–827); danach soll der „sozialistische L.":
1. sich das von der Partei der Arbeiterklasse in „prognostischer Sicht erarbeitete Menschenbild" aneignen, um es in seiner täglichen Arbeit zu verwirklichen,
2. seinen Beruf in erster Linie als politisch-ideologischen Beruf und wichtigsten persönlichen Beitrag zur Vollendung des Sozialismus in der DDR ausüben,
3. sich jene wissenschaftlichen Kenntnisse und marxistisch-leninistischen Überzeugungen aneignen, die für die Heranbildung allseitig entwickelter sozialistischer Persönlichkeiten erforderlich sind,
4. nach „pädagogischer Meisterschaft" streben, um alle Kinder zur „bewußten und selbständigen Aneignung der Grundlagen von Wissenschaft und Kultur" zu befähigen,
5. den Schülern helfen, die „sozialistische Lebenspraxis" in ihren Kollektiven und bei der bewußten Gestaltung ihrer gesellschaftlichen Beziehungen selbständig zu entwickeln,
6. danach streben, seinen pädagogischen Führungsstil als Ausdruck der sozialistischen Beziehungen zwischen L. und Schüler ständig zu vervollkommnen,
7. an der Schaffung des „einheitlich handelnden Pädagogenkollektivs" mitwirken und sich für die Arbeit der gesamten Schule verantwortlich fühlen,
8. danach streben, das Ansehen und die Wirksamkeit der Schule als eines staatlichen Instrumentes der sozialistischen Bildung und Erziehung ständig zu erhöhen,
9. danach streben, bei sich selbst und den mit ihm im Pädagogenkollektiv vereinten L. die Züge des sozialistischen Volks-L. zu verwirklichen sowie
10. bestrebt sein, die Grundsätze der **Sozialistischen → Moral** in seinem gesamten beruflichen und persönlichen Leben vorbildlich zu erfüllen.

Die LuE. haben ihre Bildungs- und Erziehungsarbeit bei den Kindern und Jugendlichen ausschließlich nach den Vorschriften der staatlichen Lehrpläne und anderen edukativ-präskriptiven Dokumenten zu leisten, deren besonders vorbildliche Erfüllung mit zahlreichen → **Auszeichnungen** ideeller und materieller Art belohnt wird. Um einer Fluktuation bei den L. vorzubeugen, bestehen strenge Bestimmungen bezüglich der Möglichkeit eines Arbeitsplatz- bzw. Berufswechsels.

2. Arbeitsbedingungen, Vergütungen und Auszeichnungen. Die wöchentlichen Pflichtstunden (Gesamtpflichtstunden) für L. an allgemeinbildenden und berufsbildenden Schulen umfassen das Pflichtstundenminimum und den variablen Teil der Pflichtstunden, d. h. zwei weitere Unterrichtsstunden, für deren Erteilung der L. variabel eingesetzt werden kann; die Gesamtpflichtstundenzahl beträgt für L. der Klassen 1–8 der Oberschule 25, für L. der Klassen 9–12, des berufstheoretischen und allgemeinbildenden Unterrichts der Berufsschulen sowie der Spezial- und der Sonderschulen 24 und für L. an den Volkshochschulen 23 Unterrichtsstunden pro Woche, von denen jeweils 2 Unterrichtsstunden den variablen Teil der Gesamtpflichtstunden darstellen (Rahmen-Kollektivvertrag über die Arbeits- und Lohnbedingungen für die Mitarbeiter in Einrichtungen der Volksbildung und kommunalen Einrichtungen der Berufsbildung vom 15. 9. 1978 i. d. F. vom 20. 10. 1980, SDr. 1980); von den Gesamtpflichtstunden werden für leitende und besondere Tätigkeiten, aber auch aus anderen Gründen Abminderungsstunden gewährt; so erhalten vollbeschäftigte Lehrerinnen mit drei oder mehr zu ihrem Haushalt gehörenden Kindern 2 Abminderungsstunden wöchentlich; die Abminderungsstunden für die Leitungstätigkeit der Direktoren, stellvertretenden Direktoren usw. werden im Rahmen sog. Gesamtzeitfonds und einer Mindestunterrichtsstundenzahl vom Direktor der Schule selbst geregelt; die Mindestpflichtstunden für Direktoren usw. sind je nach der Größe der Schule gestaffelt und betragen zwischen 3 und 10 und für stellvertretende Direktoren zwischen 12 und 16 Unterrichtsstunden. Den L. stehen nur 24 Arbeitstage Jahresurlaub in den Sommerferien zu. Den Rest der unterrichtsfreien Zeit müssen die L. für Weiterbildungsmaßnahmen, Schulverwaltungsarbeiten, Beteiligung an der Feriengestaltung u. ä. zur Verfügung stehen.

Die Vergütung der LuE. erfolgt auf der Grundlage des oben angegebenen Rahmen-Kollektivvertrages sowohl ihrer Qualifikation als auch der Bewertung ihrer jeweils ausgeübten Tätigkeit entsprechend; sie liegt gegenwärtig (1982) zwischen 460 Mark (Gehaltsgruppe 1: Helferin ohne pädagogische Ausbildung) und 1295 Mark (Gehaltsgruppe 4: Lehrer, Erzieher und Freundschaftspionierleiter mit abgeschlossener päd. Hochschulausbildung nach 25 und mehr Dienstjahren). Dazu werden gegebenenfalls noch besondere Zulagen gezahlt, so Zulagen für leitende Tätigkeit, z. B. für Bezirksschulräte 300 Mark monatlich, für Kreisschulräte 250 Mark, für Direktoren 100, 150 oder 200 Mark, für Leiter Polytechnischer Zentren 60–100 Mark, Zulagen für besondere Anforderungen, z. B. L. an Erweiterten Oberschulen (Abiturstufe) 50 Mark, Zulagen für eine Tätigkeit unter erschwerten Bedingungen, z. B. für Wander-L. 10–40 Mark, sowie die Beförderungszulagen; auch erhalten LuE. mit abgeschlossener pädagogischer Ausbildung und mindestens 2jähriger Tätigkeit im Bildungswesen eine von der Normalregelung abweichende Aufstockung der Altersversorgung bis zur Höhe von 60 v. H., bei besonders anerkannten Leistungen bis 80 v. H. des im letzten Jahre vor Eintritt des Versorgungsfalles bezogenen durchschnittlichen monatlichen Bruttogehaltes, jedoch nur bis zu höchstens 800 Mark einschließlich der Rente.

Da an die berufliche Tätigkeit der LuE. einschließlich der Schulfunktionäre in der DDR hohe Ansprüche gestellt werden, soll auch mit der Auszeichnung besonderer Leistungen ein zusätzlicher Anreiz geschaffen werden. Eine generelle Würdigung der Tätigkeit der LuE. erfolgt durch den „Tag des Lehrers", der jährlich am 12. Juni, dem Jahrestag der Schulreform von 1946, in feierlicher Form an allen Schulen usw. begangen wird.

An diesem Tag werden auch die speziellen Auszeichnungen für LuE. verliehen; außer den staatlichen Auszeichnungen gibt es Anerkennungsschreiben, Geldprämien und Sachgeschenke. Die beiden Hauptgruppen der Auszeichnungen bilden die Ehren- und die Beförderungstitel sowie die Medaillen. Staatliche Ehrentitel sind „Verdienter Lehrer des Volkes" mit Medaille und Geldprämie bis zu 5000 Mark, „Aktivist der sozialistischen Arbeit" mit Medaille und Geldprämie sowie „Kollektiv der sozialistischen Arbeit" mit Medaille und Geldprämie; Beförderungstitel sind „Oberlehrer", „Studienrat" und „Oberstudienrat" mit Beförderungszulage zum Grundgehalt (50, 100 und 150 Mark) sowie – bei hohen wissenschaftlichen Leistungen – auch der Titel „Professor" mit Abschluß von Einzelverträgen, in denen Zulagen vorgesehen werden, die über den Zulagen für Oberstudienräte liegen. Als staatliche Auszeichnungs-Medaillen werden verliehen „Verdienstmedaille der Deutschen Demokratischen Republik" (Verleihung am Tag der Republik), „Dr.-Theodor-Neubauer-Medaille" in Bronze, Silber und Gold mit Prämie (500, 750 und 1000 Mark), „Medaille für ausgezeichnete Leistungen" (für Schulfunktionäre), „Pestalozzi-Medaille für treue Dienste" (Treue-Medaille) in Bronze, Silber und Gold für 10-, 20- und 30jährige Dienstzeit. Ferner werden verliehen eine Urkunde an Betreuer für vorbildliche Leistungen bei der sozialistischen Bildung und Erziehung der Schüler am Unterrichtstag in der Produktion, der Diesterweg-Preis für hervorragende Absolventen des LuE.-Studiums mit Prämie (500 Mark) sowie die „Ehrennadel des Ministeriums für Volksbildung" für ehrenamtliche Helfer; außer den staatlichen Auszeichnungen verleiht die Pionierorganisation die „Medaille für hervorragende Leistungen bei der sozialistischen Erziehung in der Pionierorganisation Ernst Thälmann" an L., E. sowie an Freundschafts- und Gruppenpionierleiter in Bronze, Silber und Gold (→ **Auszeichnungen**).

3. Die Ausbildung auf Fachschulebene. Die Ausbildung der Kindergärtnerinnen erfolgt an den 17 Pädagogischen Schulen für Kindergärtnerinnen in einem 3jährigen Direktstudium oder einem 3½jährigen Fernstudium. An den 30 Instituten für L.-Bildung (z.B. in Puttbus (Insel Rügen), Schwerin, Templin, Potsdam, Neuzelle, Cottbus, Staßfurt, Halle, Eisenach, Krossen, Meiningen, Großenhain, Leipzig, Rochlitz, Berlin-Köpenick) werden sowohl L. für die unteren Klassen (Unterstufenlehrer) als auch E. ausgebildet, und zwar in einem 4jährigen Direktstudium; die Ausbildung erfolgt für 3 Unterrichtsfächer, und zwar für Mathematik und Deutsch als die tragenden Fächer der Unterstufe sowie für eines des Fächer Werkunterricht, Körpererziehung, Kunsterziehung, Musik oder Schulgartenunterricht; sie umfaßt die Bereiche Ausbildung in Marxismus-Leninismus, Erweiterung der Allgemeinbildung, pädagogisch-psychologische Grundausbildung, fachwissenschaftliche und methodische sowie Ausbildung in der Schulpraxis. Auch die E. erwerben in ihrer 3jährigen Ausbildung zusätzlich zu ihrer Befähigung für die Erziehungs- und Betreuungsarbeit in den Schulhorten, Kinderheimen usw. die Lehrbefähigung für die Unterstufe in 2 Fächern, die für den außerunterrichtlichen Bereich von Bedeutung sind, nämlich in den Fächer-Kombinationen Kunsterziehung und Musik, Werkunterricht und Körpererziehung sowie Schulgartenunterricht und Naturwissenschaften. Das Fernstudium für E. dauert 3 Jahre. Ingenieurpädagogen, Ökonompädagogen und Medizinpädagogen werden in einem 3jährigen Direktstudium oder einem 4jährigen Fernstudium an den 4 Instituten zur Ausbildung von Ingenieurpädagogen, an dem Institut zur Ausbildung von Ökonompädagogen und an der Fachschule für Ökonomie des Gesundheits- und Sozialwesens für ihren Einsatz als Lehrkräfte in der berufspraktischen Ausbildung für sehr verschiedene Fachrichtungen ausgebildet.

4. Die Ausbildung der Lehrer auf Hochschulebene. Die Ausbildung der L. gilt als eine strukturbestimmende Aufgabe der Universitäten und Hochschulen. Die Diplom-Fach-L. für den allgemeinbildenden Unterricht ab Klasse 5 werden an den 11 **Pädagogischen Hochschulen**, aber auch an den Universitäten, an den Technischen Hochschulen und an einigen Hochschulen anderer Fachrichtungen in einem 4jährigen Direktstudium in 2 Fächern ausgebildet, deren Kombination zwar vielfältig, aber festgelegt ist; es umfaßt die Grundlagen des Marxismus-Leninismus, Fachwissenschaften, Erziehungswissenschaften (Pädagogik, Psychologie und Methodik), Einführung in die Logik und Wissenschaftstheorie oder Einführung in die Kybernetik und Datenverarbeitung, Erweiterung der Allgemeinbildung (Mathematik, Naturwissenschaften, Technik, Fremdsprachen), Sport und militärische Ausbildung bzw. Ausbildung in Zivilverteidigung. Für die Fach-L. an den Erweiterten Oberschulen und an den Spezialschulen erfolgt keine besondere Ausbildung; über den Einsatz der L. an diesen Schulen entscheidet vielmehr „aufgrund der politischen Haltung und der fachlichen Leistungen des Lehrers" der Kreisschulrat, wobei der Einsatz in der Regel erst nach Bewährung in den Klassen 5–10 der Normal-Oberschule erfolgt.

Diplom-Fach-L. werden auch im Fernstudium, und zwar ausschließlich an den Pädagogischen Hochschulen, ausgebildet; zum Fernstudium werden nur L. zugelassen, die in einem Fach eine Hochschulausbildung erworben haben und in einem weiteren Fach, für das sie nicht ausgebildet sind, unterrichten (sollen).

Die Diplom-Agrarpädagogen, Diplom-Ingenieurpädagogen, Diplom-Ökonompädagogen und Diplom-Medizinpädagogen, die im berufstheoretischen Unterricht der Berufsschulen bzw. der Medizinischen Berufsschulen tätig sind, werden an bestimmten Universitäten und Hochschulen in einem 3jährigen Fernstudium ausgebildet. Dieses können vor allem solche Lehrkräfte aufnehmen, die hauptamtlich an einer Einrichtung der Berufsausbildung oder Aus- und Weiterbildung der Werktätigen tätig sind und den Nachweis einer der Studienrichtung entsprechenden abgeschlossenen Fachschulausbildung erbringen sowie über eine abgeschlossene pädagogische Ausbildung verfügen. Die Ausbildung von Diplom-Pädagogen, die als Lehrkräfte an Pädagogischen Schulen für Kindergärtnerinnen sowie als Direktoren von allgemeinbildenden Schulen und als leitende Kader der Volksbildung tätig sind, erfolgt als Direkt-, als Fern- und als kombiniertes Direkt- und Fernstudium an der Sektion Pädagogik der Humboldt-Universität Berlin, an der Pädagogischen Hochschule Erfurt/Mühlhausen und am Institut für Leitung und Organisation des Volksbildungswesens der Akademie der Pädagogischen Wissenschaften.

Die L. für die Sonderschulen werden in einem 2jährigen Zusatzstudium an der Sektion „Rehabilitationspädagogik" der Humboldt-Universität Berlin und der Sektion „Erziehungswissenschaft" der Martin-Luther-Universität Halle-Wittenberg (vormals Institut für Sonderschulwesen) ausgebildet; Voraussetzung für die Aufnahme des Sonderschul-Zusatzstudiums ist die mit Erfolg abgelegte Prüfung als L. (für die unteren Klassen) oder als Fach-L. der allgemeinbildenden oder berufsbildenden Schulen sowie eine erfolgreiche Vorbereitungszeit als L. an einer Sonderschule der gewählten Art von wenigstens einem Jahr; das Zusatzstudium der L. für Sonderschulen wird mit dem Staatsexamen als Sonderschul-L. abgeschlossen. Die Zusatzausbildung der E. für Internate oder Horte an Sonderschulen oder für Kinderheime und Jugendwerkhöfe für Hilfsschüler sowie die zusätzliche Ausbildung der Kindergärtnerinnen für die Vorschulteile an Sonderschulen erfolgt in 2jährigen Ausbildungsgängen an der Sektion „Rehabilitationspädagogik" der Humboldt-Universität Berlin; Voraussetzungen für die Zulassung zu der Zusatzausbildung sind die abgeschlossene pädagogische Grundausbildung als E. in Heimen oder Horten bzw. die staatliche Abschlußprüfung als Kindergärtnerin sowie eine erfolgreiche Vorbereitungszeit als E. im Internat oder Hort einer Sonderschule der gewählten Art oder als E. in einem Kinderheim oder in einem Jugendwerkhof für Hilfsschüler bzw. in einem Vorschulteil einer Sonderschule von wenigstens einem Jahr.

Die Ausbildung der Freundschaftspionierleiter schließlich, also der an den Schulen hauptamtlich tätigen Funktionäre des Jugendverbandes, erfolgt fachschulmäßig im Direktstudium an einigen Instituten für Lehrerbildung sowie im Fernstudium an der Zentralschule der Pionierorganisation in Droyßig bei Zeitz (mit dem Erwerb der Lehrbefähigung für die Unterstufe in einem Hauptfach und einem wahlweise-obligatorischen Fach); die Weiterbildung erfolgt entweder in der Weiterbildung der L. in Kursen oder an den Außenstellen der Zentralschule der Pionierorganisation.

Zur Verwirklichung des Grundsatzes der Einheit von Theorie und Praxis bzw. einer praxisbezogenen L.-Ausbildung ist auch die unterrichtspraktische Ausbildung in die Gesamtausbildung an den Einrichtungen für die Ausbildung der LuE. integriert; so werden während des gesamten Studiums zusammenhängende **Berufspraktika** durchgeführt, die mit der theoretischen Ausbildung eine Einheit bilden sollen und zusammen mit den Übergangsschulen als wichtige Mittel gelten, die Studenten auf ihre künftige praktische Tätigkeit als LuE. im Bildungssystem vorzubereiten. Die Ausbildung in der pädagogischen Praxis wird durchgeführt:

für Studentinnen der Pädagogischen Schulen für Kindergärtnerinnen als praktische pädagogische Tätigkeit in Verbindung mit den theoretischen Lehrveranstaltungen, Hospitationen in der ersten Klasse der Unterstufe, Hospitationen in einer Kinderkrippe, erstes Praktikum im Kindergarten mit hauswirtschaftlichem Praktikum, Praktikum in der Sommerferiengestaltung und zweites Praktikum im Kindergarten,

für Studenten an Instituten für L.-Bildung als praktische pädagogische Tätigkeit in Verbindung mit den theoretischen Lehrveranstaltungen, Einführungspraktikum, erstes Schulpraktikum, Praktikum in der Sommerferiengestaltung, Hospitationspraktikum im Kindergarten und schulpraktisches Semester in der Unterstufe der Oberschule sowie

für Studenten an Universitäten und Hochschulen als praktische pädagogische Tätigkeit in Verbindung mit den theoretischen Lehrveranstaltungen, Einführungspraktikum, Praktikum in der Sommerferiengestaltung und schulpraktisches Semester in der Oberstufe der Oberschule bzw. in Berufsschulen.

5. Die obligatorische Weiterbildung. Nach der Arbeitsordnung für pädagogische Kräfte der Volksbildung (GBl. I, 1979, S. 444) haben die LuE. insbesondere die Pflicht, „sich im Prozeß der Arbeit, durch Selbststudium und in Kursen systematisch und zielstrebig weiterzubilden". Besonders im Zusammenhang mit der Erarbeitung und Einführung der neuen Lehrpläne (→ **Lehrplanreform**) und der neuen Aufgabenstellung für die staatsbürgerliche Erziehung (**Politisch-Ideologische bzw. Staatsbürgerliche → Erziehung**) sowie den damit verbundenen Aufgaben und Problemen erwies es sich als notwendig, die Weiterbildung der LuE. sowohl in Übereinstimmung mit der Neuorientierung ihrer Ausbildung zu bringen als auch sie zu intensivieren und zu systematisieren.

Hauptmethode der Weiterbildung ist das Selbststudium auf der Grundlage der Weiterbildungsprogramme und der darin enthaltenen thematischen Orientierungen und Literaturangaben, das durch Studienhinweise, Beiträge in den Fachzeitschriften, Rundfunk- und Fernsehsendungen sowie Konsultationen unterstützt wird.

Die Weiterbildung der L. in Kursen erfolgt in Grund-, Fach- und Spezialkursen ebenfalls auf der Grundlage verbindlicher Programme. Im Grundkurs werden ausgewählte Themen des Marxismus-Leninismus, der Pädagogik und der Psychologie behandelt. Der Fachkurs für die L. der unteren Klassen umfaßt fachwissenschaftliche und methodische Probleme aus 2 Unterrichtsfächern bzw. den Disziplinen des Deutschunterrichts.

Die Fachkurse für L. der Klassen 5–12 enthalten ausgewählte fachwissenschaftliche und didaktisch-methodische Themen eines Unterrichtsfaches. In den für einzelne Fächer und Disziplinen durchgeführten Spezialkursen werden ausgewählte Probleme aus einem eingegrenzten Wissenschaftsgebiet behandelt. Hierher gehören auch die Kurse zur Weiterbildung der Fremdsprachen- und der Sonderschul-L. Jeder L. muß im Verlauf von 4 Jahren am Grundkurs und an einem oder 2 Fachkursen teilnehmen. Die Grund-, Fach- und Spezialkurse finden in den Winter- und Sommerferien statt. Die L. der Berufsschulen, die allgemeinbildenden Unterricht erteilen, absolvieren anstelle des Grundkurses die Lehrgänge Marxismus-Leninismus und Pädagogik-Psychologie im Rahmen der „zyklischen Weiterbildung der Kader der Berufsbildung", nehmen aber auch an den Fach- und Spezialkursen der Weiterbildung für L. der Oberschulen teil. Die L. der Berufsschulen, die berufstheoretischen Unterricht erteilen, nehmen ausschließlich an der zyklischen Weiterbildung der Kader der Berufsbildung in Form von Lehrgängen nach einheitlichen Programmen teil, die in der Regel innerhalb von 12 Monaten absolviert werden, so daß in einem maximal 4jährlichen Turnus alle Kader der Berufsbildung weitergebildet werden. Diese zyklische Weiterbildung wird von den 15 Bezirkskabinetten für Weiterbildung der Kader der Berufsbildung angeleitet und unterstützt. Für die Gruppe der E., d. h. der Kindergärtnerinnen, der Horterzieher usw., gelten die gleichen Grundsätze und Formen sinngemäß; auch hier ist die Weiterbildung Pflicht und die Teilnahme an bestimmten Kursen im Verlaufe von 4 Jahren obligatorisch.

Alle LuE. sollen sich aber auch ständig „im Prozeß der Arbeit" weiterbilden und zu diesem Zweck an verschiedenen Fachzirkeln und Veranstaltungen zum Erfahrungsaustausch teilnehmen; dabei werden die besten Erfahrungen verallgemeinert und in der Form von „Pädagogischen Lesungen" verbreitet und prämiiert. Das Zentralinstitut für Weiterbildung der LuE. in Ludwigsfelde bei Berlin (Dir. Dr. R. Slomma) ist für die Ausarbeitung und Herausgabe von Programmen und Studienmaterialien verantwortlich und bestätigt die Programme für die Spezialkurse; außerdem führt es für ausgewählte Kader spezielle Schulungen und Qualifizierungsmaßnahmen durch. An der Weiterbildung der LuE. sind auch die Institute für L.-Bildung sowie die Universitäten, die Hochschulen, die Fachschulen, die wissenschaftlichen Institutionen und Gesellschaften sowie betriebliche und gesellschaftliche Einrichtungen beteiligt, deren Maßnahmen zur Weiterbildung der LuE. im jeweiligen Volkswirtschafts- und Haushaltsplan der betreffenden Einrichtung festgelegt bzw. in die Arbeitsplanung der Sektionen oder anderen Leitungsbereiche der Universitäten, Hoch- und Fachschulen aufgenommen werden. Eine besondere Stätte der L.-Weiterbildung ist das **Haus des Lehrers** in Berlin (Ost); es führt nicht nur die systematische Weiterbildung der L., E. und Schulfunktionäre sowie die schulpolitische und pädagogisch-methodische Qualifizierung der Lehrkräfte durch, sondern hat auch die Aufgabe, als „Zentrum des geistig-kulturellen Lebens der pädagogischen Intelligenz und aller an der Erziehung und Bildung der jungen Generation beteiligten Bürger einschließlich der Lehrer-Studenten" (AO über das Statut des Hauses des Lehrers der Hauptstadt der Deutschen Demokratischen Republik, Berlin, vom 5. 12. 1966 [VOBl. I, S. 853]; diese AO ist auch 1982 noch gültig) sowie als bildungspolitisches Propaganda-Zentrum für West-Besucher zu wirken, und arbeitet eng mit der Pädagogischen Zentralbibliothek zusammen; ihm sind das pädagogische Neuererzentrum, das pädagogische Besucherzentrum und der Kuppelsaal der unmittelbar angrenzenden Kongreßhalle zugeordnet.

Lehrplanreform: Kernstück jeder Bildungs- bzw. Schulreform ist nicht nur die strukturelle, sondern vor allem die intentional-inhaltliche Reform, also die L.; dies gilt besonders für das gesamte Bildungssystem der DDR. 1970 hatte in der DDR mit dem VII. Pädagogischen Kongreß ein bestimmter, für das Bildungswesen wichtiger Entwicklungsabschnitt im wesentlichen seinen Abschluß gefunden. Mit dem neuesten, umfangreichen Lehrplanwerk für die Vorschulerziehung, für die allgemeinbildenden Schulen, für die Berufsausbildung und für die Aus- und Weiterbildung der Lehrer und Erzieher sowie mit der neuen Aufgabenstellung für die staatsbürgerliche Erziehung (**Politisch-Ideologische bzw. Staatsbürgerliche → Erziehung**) waren die Ziele und Inhalte einer DDR-spezifischen, sozialistischen Bildungs- und Erziehungspolitik einschließlich der Grundlinien ihrer unterrichtlichen Verwirklichung für die nächste Zukunft festgelegt worden.

Nach Abschluß einiger Ergänzungen und Korrekturen der Lehrplanneugestaltung in den Jahren 1971–1975 sehen die Bildungspolitiker und Pädagogen der DDR ihre vordringliche Aufgabe gegenwärtig vor allem darin, diese Ziele und Inhalte nach Möglichkeit in die Praxis umzusetzen. In den ersten Jahren der Entwicklung der allgemeinbildenden Schule in der SBZ bzw. DDR wurden nur wenig miteinander verbundene Lehrpläne erstellt, die von Jahr zu Jahr revidiert werden mußten, auch wenn bei den im Jahre 1951 veröffentlichten Lehrplänen rückblickend zuweilen von einem „Lehrplanwerk" gesprochen wird. Tatsächlich wurde jedoch erst 1959 das erste geschlossene Lehrplanwerk für die allgemeinbildende Schule vorgelegt, das dazu beitragen sollte, entsprechend dem Gesetz über die sozialistische Entwicklung des Schulwesens in der DDR vom 2. 12. 1959, die „sozialistische" Schule in der DDR endgültig zu etablieren.

Im Zusammenhang mit der Ausarbeitung und Verkündigung des Gesetzes über das einheitliche sozialistische Bildungssystem vom 25. 2. 1965 erfolgten dann auf der Grundlage des Lehrplanwerkes von 1959 in den folgenden Jahren die Erarbeitung und Einführung eines neuen Lehrplanwerkes, von dem die Schulpolitiker und Pädagogen erwarten, daß es die Schule in den Stand setzt, die ihr übertragene gesellschaftliche „Schrittmacherfunktion" durch die Schaffung des erforderlichen Bildungsvorlaufes zu erfüllen. Die neuen Lehrpläne legen demnach sowohl ein neues, mit den prognostisch ermittelten Anforderungen von Gesellschaft und Volkswirtschaft übereinstimmendes Persönlichkeitsziel als auch den Inhalt einer dementsprechenden schulischen Allgemeinbildung fest; dies wird jedoch als eine wesentliche Umgestaltung angesehen. Was die Umsetzung der neuen Lehrpläne in die Unterrichtswirklichkeit als die wichtigste schulpolitische und schulpädagogische Aufgabe der 70er Jahre anging, so wurde gefordert, Stabilität und Flexibilität in der Arbeit mit den neuen Lehrplä-

nen miteinander zu verbinden. Dabei wurden gewisse Unterschiede in der Auffassung der Schulpädagogen und der Bildungspolitiker deutlich. Während die Pädagogen das Schwergewicht auf die Flexibilität, und zwar als permanente Lehrplanrevision legen, zumindest aber für ein Gleichgewicht von Flexibilität und Stabilität eintreten, betonen die Bildungspolitiker die Stabilität, d. h. die langfristige Gültigkeit der Lehrpläne.
Die Erarbeitung und Einführung der neugestalteten Lehrpläne für die allgemeinbildenden Schulen erfolgte von wenigen Ausnahmen abgesehen 1. schulstufenweise, d. h. getrennt für die Klassen 1–4, für die Klassen 5–10 sowie für die Vorbereitungsklassen 9 und 10 und die Klassen 11 und 12,
2. in 2 Etappen, d. h. zunächst als präzisierte Lehrpläne, dann als neue Lehrpläne,
3. jahrgangsweise, d. h. die Lehrpläne wurden jeweils für eine Klasse in einem Jahr, für die nächstfolgende Klasse im nächstfolgenden Jahr usw. erarbeitet und eingeführt und
4. blockweise, d. h. so, daß die präzisierten bzw. die neuen Lehrpläne eines Faches für mehrere Klassen oder für mehrere Fächer einer Klasse erarbeitet und eingeführt wurden.
Als besonderes Charakteristikum der neugestalteten Lehrpläne wird hervorgehoben, daß mit der Strukturierung der Inhalte der Fachlehrpläne nicht nur nach fachlichen, sondern auch nach den politisch-ideologischen Leitlinien „die Potenzen des Unterrichtsstoffes für die politisch-ideologische Erziehung deutlicher herausgearbeitet“ wurden. Damit genüge das neue Lehrplanwerk besser den gesellschaftlichen Anforderungen und Möglichkeiten der Zeit. Auf dem VIII. Parteitag der SED (1971) wies E. Honecker jedoch darauf hin, daß die volle inhaltliche Ausgestaltung der Oberschule eine Aufgabe ist, deren Lösung mit der vollen Einführung der neuen Lehrpläne im Grunde erst in Angriff genommen worden sei. Diese grundsätzliche Auffassung wurde auch auf dem IX. (1976) und dem X. (1981) Parteitag der SED bestätigt und dadurch unterstrichen, daß seit 1981 einige Lehrpläne, z. B. für den polytechnischen Unterricht der Oberschule und für die Abiturstufe, erneut überarbeitet wurden.
Unbeschadet einer Reihe von Schwächen der inhaltlichen und strukturellen Gestaltung der neuen Lehrpläne muß jedoch festgestellt werden, daß mit der Erarbeitung und Einführung des neuen Lehrplanwerks für die allgemeinbildenden Schulen in der DDR eine umfangreiche lehrplanreformerische Arbeit geleistet wurde, die beachtenswert ist; denn mit den neuen Lehrplänen – allein für die allgemeinbildenden Schulen handelt es sich um rund 150 neu geschaffene Einzellehrpläne – wurden jeweils auch die entsprechenden curricularen Nachfolgematerialien wie Schul- und Lehrbücher, Unterrichtshilfen für die Lehrer (→ **Unterrichtsmittel und programmierter Unterricht**) erarbeitet. Die damit erbrachte Leistung wird noch größer, wenn man berücksichtigt, daß in der gleichen Zeit für die Vorschulerziehung der „Bildungs- und Erziehungsplan für den Kindergarten“, für den Schulhort der „Plan für die Bildung und Erziehung im Schulhort“, vor allem aber für 315 Ausbildungsberufe, darunter 28 Grundberufe, die entsprechenden Rahmenausbildungsunterlagen (zum Teil zweimal: 1969–1977 und 1977/78), für die Aus- und Weiterbildung der Lehrer die mit den neu gestalteten Lehrplänen entsprechend abgestimmten Studien- und Weiterbildungsprogramme sowie jeweils dazu die entsprechenden Nachfolgematerialien vorgelegt wurden.
Diese Leistung war nur durch eine große, konzentrierte kooperative Anstrengung aller beteiligten Kräfte möglich. Ob die Ergebnisse der Arbeit nach den neuen Lehrplänen avch den unternommenen Anstrengungen entsprechen werden, ist noch nicht abzusehen. Zumindest für die besonders ideologieintensiven Lehrpläne, so insbesondere für den Staatsbürgerkunde- und den Geschichtsunterricht, ist bis 1984 festzustellen, daß sie wesentlich häufiger überarbeitet werden mußten als die Lehrpläne für andere Fächer. → **Einheitliches sozialistisches Bildungssystem.**

Leichtindustrie: Entsprechend der Industriezweigsystematik der DDR ab 1968 ein eigenständiger Industriebereich, der folgende Industriezweige umfaßt: Holzbearbeitende Industrie (→ **Holzindustrie**), Zellstoff- und → **Papierindustrie**, Polygraphische Industrie, Kulturwarenindustrie, Konfektionsindustrie (→ **Bekleidungsindustrie**), → **Leder-, Schuh- und Rauchwarenindustrie**, Glas- und feinkeramische Industrie. Die → **Textilindustrie** bildet ab 1968 einen eigenständigen Industriebereich und fällt nach der Betriebssystematik der DDR nicht mehr unter die L. Das → **Ministerium für Leichtindustrie** ist als zentrales Anleitungs- und Kontrollorgan seit Ende der 70er Jahre allein für die Textil- und Bekleidungsindustrie sowie die Leder-, Schuh- und Rauchwarenindustrie zuständig. Zahlreiche Industriezweige wurden in den 70er Jahren aus dem Verantwortungsbereich des Ministeriums für Leichtindustrie ausgegliedert, so die Glas- und feinkeramische Industrie (→ **Ministerium für Glas- und Keramikindustrie**), die holzbearbeitende Industrie (→ **Ministerium für bezirksgeleitete Industrie und Lebensmittelindustrie**) und die Zellstoff- und Papierindustrie (→ **Ministerium für Glas- und Keramikindustrie**).
Im Vergleich zu den anderen Industriebereichen werden in der L. die meisten industriellen Konsumgüter erzeugt. Neben vielfältigen Konsumgütern werden in der L. auch Fensterglas, Sanitärkeramik, Span- und Faserplatten sowie Verpackungsmaterial hergestellt. Zur L. gehörten 1982 933 Betriebe (23,2 v. H. aller Industriebetriebe) mit insgesamt 491825 Arbeitern und Angestellten (15,4 v. H. aller Arbeiter und Angestellten in der Industrie). Die L. ist mit 9,7 v. H. an der industriellen Warenproduktion beteiligt. Hieran gemessen ist die L. gegenwärtig (1982) nach dem Maschinen- und Fahrzeugbau, der → **Chemischen Industrie**, der → **Lebensmittelindustrie** und der Energie- und Brennstoffindustrie der fünftwichtigste Industriebereich der DDR. Erhebliche Bedeutung hat die L. aufgrund ihrer hohen Exportquote (über 40 v. H.), die in den 80er Jahren weiter steigen soll. Die in erster Linie zu erwähnenden

Standorte der L. liegen in den Bezirken Karl-Marx-Stadt (Anteil 1982 an der Bruttoproduktion der L. 19,1 v.H.), Dresden (13,2 v.H.) und Berlin (8,8 v.H.). Kleinere und mittlere Betriebe dominierten Mitte der 70er Jahre in der L. 20 v.H. aller Betriebe der L. hatten nur maximal 25 Arbeiter und Angestellte, 48 v.H. 26–100. Im Rahmen der Kombinatsbildung sowie Reduzierung der Anzahl der Betriebe sind zwar Ende der 70er Jahre organisatorisch größere Betriebseinheiten entstanden, ohne aber die Probleme zu beseitigen, die durch die örtlich weit voneinander entfernt liegenden Produktionsstätten der L. entstehen. Die effiziente Arbeitsteilung wird behindert; Vorteile aus der Großserienfertigung können nur bedingt genutzt werden. Von 1970 bis 1982 hat die L. ihre Bruttoproduktion um das 1,72fache steigern können (zum Vergleich: Steigerung der gesamten industriellen Bruttoproduktion im gleichen Zeitraum um das 1,86fache).

Direkt unterstellte Kombinate des Ministeriums für Leichtindustrie (Stand 1982)

Kombinat	Gründungsdatum	Beschäftigte	VEB im Kombinat[1]	Produktionsprogramm
BAUMWOLLE, Karl-Marx-Stadt	1. 1. 1980	70 000[2]	25	Garne und Fäden aus Baumwolle und Chemiefasern, Effektgarne, Texturseiden, Fadenlagen- und Vliesfadennähgewirke, Bett- und Tischwäsche, Frottierwaren, Herrenhemden
DEKO, Plauen	1. 1. 1979	40 000	76	Gardinen, Dekorationsstoffe, Teppichläufer, Teppichauslegware, Möbelbezugstoffe, Spitzen, Stickereien, Posamenten
KUNSTLEDER UND PELZVERARBEITUNG, Leipzig	1. 1. 1979	8 700	33	Kunstleder, Leder aus Schweinshäuten und Kleintierfellen, PVC-Weichfolie, veredelte Pelzfelle, Bekleidung
LEDERWAREN, Schwerin	1. 1. 1979	11 000	22	Täschnerwaren, Koffer, Kleinlederwaren, Lederbekleidung, Lederhandschuhe, Sattlerwaren, Leder für technische Zwecke
OBERBEKLEIDUNG, Berlin	1. 1. 1979	14 000	17	Herrenoberbekleidung, Damenoberbekleidung, Jugendmode, Haushaltswäsche, Schlafdecken
OBERBEKLEIDUNG, Erfurt	1975	20 000	25	Kinderbekleidung, Damen- und Herrenoberbekleidung, Bettwäsche
OBERBEKLEIDUNG, Lößnitz	1. 1. 1980	18 000	61	Damenoberbekleidung, Mädchenbekleidung, Herrenoberbekleidung, Dienstkleidung
SCHUHE, Weißenfels	1. 1. 1979	42 000	90	Schuhe aller Art, Sandalen und Sandaletten, Stiefel
SOLIDOR, Heiligenstadt	1. 1. 1979	5 000	7	Reißverschlüsse, Beschläge für Lederwaren und Schuhe, Nadeln, Schnallen, Schlösser und Griffe für Täschnerwaren
STRUMPFKOMBINAT ESDA, Thalheim	1. 1. 1970	17 000[2]	12	Strümpfe, Socken, Strumpfhosen, Damen- und Kinderslips
TECHNISCHE TEXTILIEN, Karl-Marx-Stadt	1. 1. 1979	28 000	27	Treibriemen, Förderbänder, textile Filter aus synthetischen Faserstoffen, technische Filze, PVC-Planenschichtstoffe, Traglufthallen, Fischereinetze, Zelte, flexible Behälter, Planen
TEXTILKOMBINAT, Cottbus	1969	25 000	32	Damen-, Herren- und Kinderoberbekleidung, Dienstkleidung, Kopfbedeckungen
TRIKOTAGEN, Karl-Marx-Stadt	1. 1. 1979	58 000	158	Obertrikotagen, Handschuhe, Mützen, Schals, Bade- und Trainingsbekleidung, Untertrikotagen, Miederwaren
WOLLE UND SEIDE, Meerane	nach 1975	42 000[2]	22	Garne, Zwirne, Gewebe, Gewirke, Gestricke, Schals, Tücher, Krawatten und andere Konfektionserzeugnisse

1 Juristisch selbständige Betriebe.
2 1981.
Quellen: Alle Angaben nach Pressemitteilungen der DDR. Zitiert nach Andreas Koch: Die Leichtindustrie der DDR, in: Vierteljahrshefte zur Wirtschaftsforschung, H. 4, 1983, S. 358.

Produktion ausgewählter Erzeugnisse der Leichtindustrie

Erzeugnisse	Einheit[1]	1960	1970	1980	1982
Möbel und Polstermöbel	Mill. Mark	1 125	2 299	4 620	4 849
Papier	1000 t	542	720	842	857
Tapeten	t	10 213	15 607	49 101	54 907
Musikinstrumente	Mill. Mark	118	198	221	245
Turn- und Sportgeräte	Mill. Mark	48	116	196	232
Spielwaren	Mill. Mark	205	587	977	1 018
Arbeitsschutz-, Arbeits-, Hygiene-, Dienstkleidung	Mill. Mark	434	555	629	622
Oberbekleidung für					
Herren	Mill. Mark	638	926	1 332	1 319
Damen	Mill. Mark	626	765	1 116	1 051
Kinder	Mill. Mark	318	502	520	569
Haushaltswäsche	Mill. Mark	471	647	1 153	1 236
Schuhe	1000 Paar	57 405	78 226	78 817	82 112
Erzeugnisse der Lederwarenindustrie	Mill. Mark	255	518	1 019	1 213
Fensterglas, Einheitsdicke	1000 qm	16 090	20 978	23 296	24 399
Haushalt-, Hotelporzellan	1000 t	22,2	28,2	39,2	39,9
Sanitäre Keramik	t	13 313	13 057	21 161	22 156

1 Wertangaben in konstanten Preisen (kPP_{80}).
Quelle: Statistisches Jahrbuch der DDR 1983, S. 146f.

Leipziger Messe: Die LM. ist mit ihrer über 800jährigen Tradition (Gründung um 1165) die älteste Messe der Welt. Sie gehört heute nach der Zahl der Aussteller und Größe der Ausstellungsfläche zu den bedeutendsten internationalen Messen. Sie findet jährlich zweimal, im Frühjahr und im Herbst, statt. Schwerpunkte sind dabei zur Frühjahrsmesse: die Branchen Werkzeugmaschinen, Elektrotechnik, Elektronik, Informationstechnik und wissenschaftlicher Gerätebau, Metallurgie, Schwermaschinen- und Anlagenbau sowie Land- und Nahrungsgütertechnik. Zur Herbstmesse stehen im Vordergrund: Chemie und Chemieanlagen, Textilmaschinen, Straßenfahrzeuge, Freizeitgestaltung und Sportartikel sowie Unterrichtsmittel, Ausstattungen und Möbel für Bildungseinrichtungen. Auf beiden LM. werden in den Konsumgüterbranchen Textilien und Bekleidung, Nahrungs- und Genußmittel, Glas und Keramik sowie Leichtchemie und – zur Frühjahrsmesse – Bücher besonders gefördert. An der Veränderung der Ausstellungsfläche und der wachsenden Zahl der Aussteller läßt sich die Entwicklung der LM. erkennen.
Die 1970 zu beobachtende Verringerung der Ausstellungsfläche und die Abnahme der Ausstellerzahlen ab 1969/70 haben ihren Grund vor allem in der seit 1969 vorgenommenen schwerpunktmäßigen Aufteilung der Hauptbranchen auf Frühjahrs- und Herbstmessen mit einer Verschiebung zugunsten der Herbstmesse.
Von östlicher Seite wird die Bedeutung der LM. für die „Förderung des wissenschaftlich-technischen Leistungsvergleiches" sowie für den „völkerverbindenden Handel", insbesondere den Ost-West-Handel (→ **Außenwirtschaft und Außenhandel**), hervorgehoben. Seit 1963 werden die besten technischen Erzeugnisse und Konsumgüter mit Goldmedaillen und Diplomen ausgezeichnet. Andererseits ist nicht zu verkennen, daß die tatsächliche wirtschaftliche Bedeutung der LM. kaum an den gemeldeten Abschlußzahlen abgelesen werden kann, da es sich vielfach nicht um echte Messeabschlüsse handelt. Bereits ausgehandelte Verträge werden oft nur im Rahmen der Messe unterzeichnet. Die mit den sozialistischen Ländern getätigten Umsätze sind in der Regel ohnehin planmäßig gebunden. Zusätzliche echte Abschlüsse außerhalb der Planung lassen sich nicht abgrenzen, da nicht zu überprüfen ist, inwieweit die DDR die erforderlichen Reserven für zusätzliche Leistungen freimachen kann.
In der Zeit unmittelbar nach dem II. Weltkrieg lag die Bedeutung der LM. nicht allein auf wirtschaftlichem, sondern eher auf politischem Gebiet. Der Partei- und Staatsführung der DDR ging es darum, ihrer Bevölkerung und den Besuchern die Erfolge sozialistischen Wirtschaftens vor Augen zu führen. Vor allem aber sah die SED-Führung die LM. ähnlich wie die regelmäßig von der DDR besuchten westlichen Messen und Ausstellungen (s. u.) als geeignete Plattform zur Propagierung ihrer außen- und deutschlandpolitischen Zielvorstellungen an.
Mit Beginn der vor allem von der Bundesrepublik Deutschland betriebenen Entspannungspolitik Anfang der 70er Jahre, besonders jedoch nach Abschluß des Grundlagenvertrages und dem Einsetzen der „Anerkennungswelle", nahm der politische Charakter der LM. ab. An seine Stelle trat eine eher von wirtschaftlich-pragmatischen Gesichtspunkten geprägte Atmosphäre. So wurde z. B. die Leipziger Herbstmesse 1973 als unpolitische Veranstaltung bezeichnet, nicht zuletzt, weil auf ihrer Eröffnungsfeier erstmals Parteiprominenz fehlte. Die Messediskussion steht mit zunehmendem Westhandel der DDR im Zeichen der damit verbundenen wirtschaftlichen Probleme, so vor allem der Finanzierung des Handelsbilanzdefizits über Kompensationen, der Kreditierung und Intensivierung der noch ungenügend entwickelten Kooperationsaktivitäten der DDR.

Andererseits ist die weitgehende Ignorierung der Bundesrepublik Deutschland, die der größte westliche Aussteller ist, in der Messeberichterstattung beibehalten worden, obwohl auch hier Auflockerungstendenzen spürbar sind. Trotz der tendenziell abnehmenden Beteiligung von Ausstellern aus der Bundesrepublik – zur Frühjahrsmesse 1982 kamen rd. 780 Aussteller gegenüber nahezu 1000 Ausstellern im Jahre 1970 – wird regelmäßig die starke Beteiligung von Firmen aus der Bundesrepublik Deutschland unter Nennung einiger repräsentativer Firmennamen angesprochen.
Einer Versachlichung der Messeatmosphäre dient die Maßnahme der Messeleitung, bestimmte Angebotsbereiche aus den Nationenständen herauszunehmen und sie Fachgruppen, für die eigene Serviceeinrichtungen geschaffen wurden, zuzuordnen.
Die folgenden Fachgruppen wurden bisher gebildet: Glasmaschinen, textile Flächenbildung, konfektionierte Oberkleidung, Sondermaschinen (innerhalb des Werkzeugmaschinenbaues), Verpackungsmaschinen.
Jedoch nicht nur im organisatorischen, sondern auch im Bereich des Handels sind Wandlungen eingetreten. Waren ursprünglich die Aussteller vor allem aus kapitalistischen Ländern auf den Markt der DDR orientiert, ist seit 1973 zu beobachten, daß die Messen zunehmend als Drehscheibe des Ost-West-Handels fungieren.
Die organisatorische Leitung liegt in den Händen des LM.-Amtes. Es hat für die Konzipierung, Vorbereitung und Durchführung der LM. zu sorgen. Leitungsmäßig ist es an die Weisungen der → **Kammer für Außenhandel (KfA)** bzw. des → **Ministeriums für Außenhandel (MAH)** gebunden. Hauptaufgaben des Amtes: Gesamtgestaltung der LM.; Anwerbung und Auswahl der Aussteller; → **Werbung** von Einkäufern; Organisation der Dienstleistungen für Aussteller und Besucher; Organisation des wissenschaftlich-technischen Programms; Herausgabe von Publikationen („Leipziger Messe-Journal", „Wer liefert was?", „MM-Informationen") und Presseinformationen. Das Amt mit Sitz in Leipzig unterhält Zweigstellen in Berlin (Ost) und im Ausland.
Die Messeaktivitäten der DDR beschränken sich nicht nur auf die LM. Eine weitere wichtige internationale Messe ist z.B. die „Internationale Leipziger Rauchwarenauktion".
Besonders seit Mitte der 60er Jahre zeigt die DDR im Zuge ihrer verstärkten Westhandelsorientierung auch ein wachsendes Interesse an Messe- und Ausstellungsbeteiligungen in westlichen Industrieländern. Wurden 1963 lediglich 24 Messen und Fachausstellungen – davon 8 Kollektivbeteiligungen von Außenhandelsbetrieben und 16 Einzelbeteiligungen – in westlichen Industriestaaten besucht, waren es 1964 schon 56 Beteiligungen (11 Kollektiv-, 45 Einzelbeteiligungen der AHB). Im Jahr 1980 wurden 111 Gesamtbeteiligungen gezählt. Im Jahr 1963 wurden noch 7170 qm, 1980 22100 qm Fläche in Anspruch genommen. Regionale Schwerpunkte der Messe- und Ausstellungsaktivitäten der DDR in den westlichen Industrieländern sind die Bundesrepublik Deutschland, Frankreich, Italien, die Niederlande und Österreich. Diese Länder zählen gleichzeitig zu den größten westlichen Handelspartnern der DDR.

Leistungsfonds: Seit Juli 1972 bildete die Mehrzahl der Volkseigenen Betriebe (VEB) einen zusätzlichen, zweckgebundenen finanziellen → **Fonds**. Dieser L. (GBl. II, 1972, S. 467 u. GBl. I, S. 66) war und ist vor allem ein Ersparnisfonds. Er wird aus dem Nettogewinn des Betriebes finanziert. Abgesehen von seiner „kollektiven Stimulierungsfunktion" diente er anfangs, insbesondere vor der Einführung eines Effektivitätsnachweises in der Planungsordnung, im System der → **Wirtschaftlichen Rechnungsführung** als zusätzlicher Bewertungsmaßstab für die Betriebsleistung.
1. Entwicklung der Regelungen für den L. Ein wichtiger Grund für seine Einführung waren die volks- und betriebswirtschaftlichen Unzulänglichkeiten der Hauptkennziffer → **Gewinn**: Der seit 1983/84 wieder stärker betonte Stellenwert des betrieblichen Gewinns auch als Leistungsmaßstab und Bezugsbasis für die Bildung des Prämienfonds und damit als materieller Anreiz zur Leistungsstimulierung war ein wesentliches Element der Wirtschaftsreform von 1963. Da die betriebswirtschaftlichen Anreize des Gewinns keineswegs immer mit den gesamtwirtschaftlichen Zielen der Parteiführung harmonierten, wurden zusätzliche Kriterien der Leistungsbeurteilung und -kontrolle eingeführt. Nach dem VIII. Parteitag der SED (1971) sollte die bis dahin unbefriedigende Leistungsmobilisierung der Beschäftigten neue Impulse erhalten, insbesondere durch die in der Planung zu berücksichtigende, vordringliche Verbesserung der Arbeits- und Lebensbedingungen. In diesem Zusammenhang war dem neu eingeführten L. eine kollektive ökonomische Hebelfunktion zugedacht. Die im Rahmen umgestalteter planmethodischer Regelungen (→ **Planung**) für den Fünfjahrplan 1976–1980 erlassene neue Planungsordnung führte erneut zu veränderten Bestimmungen für den L. ab Planjahr 1976 (GBl. I, 1975, S. 416ff.), verbunden mit gewissen Zuführungsbeschränkungen.
Im Zuge umfassender betriebswirtschaftlicher Reorganisationsmaßnahmen im Jahre 1982 (VO über die weitere Vervollkommnung der wirtschaftlichen Rechnungsführung . . ., GBl. I, 1982, S. 85ff.) wurde zuerst mit Wirkung vom 1. 1. 1983 eine aktualisierte, den kritischen Einwänden und den Wirtschaftsproblemen der 80er Jahre angepaßte Fassung von Bestimmungen zum L. erlassen (GBl. I, 1982, S. 427ff.). Mit diesen Regelungen entfiel ein zuvor differenzierterer Geltungsbereich zugunsten einer stärkeren Vereinheitlichung. Durch einen gewissen Spielraum zur Festlegung zusätzlicher Zuführungskriterien (§ 7) sollte der bislang kritisierten mangelhaften Flexibilität in der Auswahl branchenspezifischer Leistungskriterien begegnet werden, um bessere Ergebnisse im → **Sozialistischen Wettbewerb** materiell stimulieren zu können. Mit Wirkung vom 1. 1. 1984 trat eine weitere Korrektur in Form einer drastischen Vereinfachung der Zuführungskriterien in Kraft (GBl. I, 1983, S. 121ff.). Wesentliche Ursache war ein veränderter Stellenwert der Hauptkennziffer „Net-

togewinn“ als betrieblicher Leistungsmaßstab. Durch den L. werden Regelungen über Bildung und Verwendung des Prämienfonds (→ **Lohnformen und Lohnsystem**, V.) oder des → **Kultur- und Sozialfonds** nicht berührt, obwohl alle Stimulierungsfonds auf die Erschließung volkswirtschaftlich wichtiger Intensivierungsfaktoren ausgerichtet sind und vielfach die Verwendung von Mitteln aus mehreren Fonds für gleiche Aufgaben möglich ist.
Ein ausdrückliches Verbot untersagt u. a. „persönliche Zuwendungen, Prämien oder Lohnzahlungen“ (§ 5, 2) aus Mitteln des L. zu finanzieren, eine Regelung, die auf voraufgegangenen Mißbrauch schließen läßt. Die Mittel des L. sind auf das Folgejahr übertragbar. – Die Bildung der L. ist nicht auf die Kombinatsbetriebe beschränkt, vielmehr können ausdrücklich Mittel des L. auch beim Kombinat zentralisiert werden (§ 5, 3).
2. Kriterien für die Zuführungen zum L. Für die Finanzierung der Zuführungen zum L. galten und gelten in wechselnder Reihenfolge wichtige, z. T. bereits seit den 20er Jahren in der UdSSR ständig hervorgehobene, prinzipielle Leistungs- bzw. Sparsamkeitskriterien, mit deren Hilfe die → **Selbstkosten** gesenkt werden sollen, so beispielsweise für die Einsparung von Energie, Rohstoffen oder Importmaterial, die Steigerung der → **Arbeitsproduktivität** sowie die Verbesserung der → **Qualität der Erzeugnisse**. Die Steigerung der Arbeitsproduktivität hatte zumeist den ersten Rang in der Skala.
In der Regel handelte es sich bei den Zuführungen entweder um einen (zentral geregelten) prozentual festgelegten, finanziellen Anteil, der aus der Addition von Überschreitungen oder Unterbietungen bestimmter Kriterien in einem Betrieb resultierte oder aber um einen absoluten Markbetrag pro festgesetzter prozentualer Einsparungsrate aus dem betrieblichen Nettogewinn. Durch eine knappe Rahmenregelung ist seit dem 1. 1. 1984 die Festsetzung einer umfangreichen Liste differenzierter Zuführungsbedingungen entfallen. Möglicherweise können Ministerien und andere zentrale Instanzen bereichsspezifische Zuführungskriterien erlassen, laut gesetzlicher Regelung ist allein der überplanmäßige Nettogewinn maßgebend für die Höhe der Zuführung. Zuführungen zum L. sind nur aus dem Teil des Nettogewinns zulässig, der sich als zusätzlicher Gewinn aus der Überbietung oder Übererfüllung der Staatlichen Planaufgaben und Planauflagen ergibt. Der für das Jahr 1983 limitierte Höchstbetrag von 300,– Mark je betrieblicher „Vollbeschäftigteneinheit“ (VbE) ist ab 1. 1. 1984 entfallen. Jegliche Beeinträchtigung der Gewinnabführung an den Staat zugunsten des L. ist ausdrücklich ausgeschlossen. Als generelles Prinzip galt bisher: Freiwillige Überbietung der staatlichen Planaufgaben durch den Betrieb (also bereits in der Phase der Planausarbeitung) wird höher belohnt als nachträgliche Planerfüllung oder zusätzliche Einsparung beim Planvollzug.
3. Verwendung der Mittel aus dem L. Die Verwendung der Mittel des L. bedarf der Zustimmung der Betriebsgewerkschaftsleitung (§ 4, 2). Charakteristisch für die weiter geltenden Vorschriften des Jahres 1982 sind zusätzliche Möglichkeiten für Rationalisierung und Investitionen. Insbesondere die Finanzierung der betrieblichen Rationalisierung erhält eindeutig einen höheren Stellenwert als die von Maßnahmen zur Verbesserung der Arbeits- und Lebensbedingungen der Beschäftigten generell oder z. B. die Zuführung von Mitteln zum Fonds „Konto junger Sozialisten“ (→ **Freie Deutsche Jugend [FDJ]**) (§ 4, 4).
Die seit 1978 bestehende Auflage, mindestens 25 v. H. der Mittel des L. für planmäßige Rationalisierungsinvestitionen zu verwenden, gilt ebenfalls unverändert (§ 4, 3), jedoch der Eigenbau von Rationalisierungsmitteln, 1983 praktisch nicht erwähnt, rückt 1984 mit an vorderste Stelle (§ 4, 4). Neu aufgenommen wurden zusätzliche Leistungen für Generalreparaturen und laufende Instandhaltung.
Die Verbesserung von Arbeits- und Lebensbedingungen der Werktätigen (§ 4, 5) umfaßt ohne prinzipielle Änderungen den bisherigen Katalog (u. a. Versorgung und Betreuung von Schichtarbeitern, soziale und kulturelle Betreuung, Erholung, Freizeitgestaltung, betriebliches Wohnungswesen, kommunale Investitionen, Zuschüsse zum Eigenheimbau, Wohnungsausbau und zur → **Arbeiterwohnungsbaugenossenschaft [AWG]**).
Ein 1982 neueingeführter Abschnitt (§ 6) über die Kontrolle für eine den Bestimmungen entsprechende Mittelverwendung, über die Verantwortung des Kombinatsleiters, der Leiter anderer Instanzen und des → **Hauptbuchhalters** entspricht dem allgemeinen Trend zu einer strafferen Disziplin und schärferen Kontrolle.
4. Funktionen des L. Die L. dienen zum einen als ökonomischer Hebel unter Ausnutzung des Prinzips der → **Materiellen Interessiertheit**, um dem einseitigen Interesse mancher Betriebe an einer ausschließlich mengenmäßigen Planerfüllung und -übererfüllung entgegenzuwirken. Zum anderen verbindet der L. Ziele der Intensivierung und die qualitative Planerfüllung (Material- und Energieeinsparung; Senkung der Ausschußquote usw.) am Arbeitsplatz, wie sie im Rahmen des Sozialistischen Wettbewerbs im sog. Haushaltsbuch ausgewiesen werden sollen, mit bestimmten betrieblichen sozialen Vorhaben zugunsten der Belegschaft, wozu die DDR in zunehmendem Umfang auch Rationalisierungsmaßnahmen rechnet. Neu seit Jahresbeginn 1984 ist eine Begrenzung des Betrages zur Finanzierung von Maßnahmen zur „Verbesserung der Arbeits- und Lebensbedingungen“ je Beschäftigten (VbE) auf 150 Mark im Jahr (§ 4, 4d).
Mit der Einführung der L. wurden und werden darüber hinaus weitere Nebenziele verfolgt, die mit anderen Maßnahmen nur unzureichend oder gar nicht erreicht werden konnten. Zu denken ist z. B. an die seit langem geforderte, aber noch immer vielfach vernachlässigte Kostenrechnung der Betriebe sowie an den verstärkten Druck auf die Betriebsleitungen zur Ausarbeitung und Anwendung von Kostennormativen. Weiter wird dem Kontrollaspekt besondere Bedeutung beigemessen.
Die Analyse der vielfältigen dem L. zugewiesenen Funktionen zeigt ein breites Spektrum der von ihm ausgehenden Impulse. Viele der mit dem L. angestreb-

ten Ziele sollten in der Vergangenheit bereits mit der Hauptkennziffer „Gewinn" erreicht werden. Bisher entsprachen die Wirkungen des L. auf die Beschleunigung der → **Intensivierung und Rationalisierung** jedoch nicht den Erwartungen. Die neuen Bestimmungen über den L. in der ab 1. 1. 1984 geltenden Fassung sind mit veränderten Rahmenbedingungen der Gewinnerwirtschaftung, der Preisbildung und der Kostenstruktur kombiniert. Es fehlen noch Kommentare und Erfahrungen. Eine Wertung wäre deshalb verfrüht. Bis 1983 ließen sich allerdings auf diesem Gebiet keine grundlegenden Verbesserungen erkennen.

Leistungsprinzip: Das L. „Jeder nach seinen Fähigkeiten, jedem nach seiner Leistung" gilt im Historischen Materialismus als eines der spezifischen Merkmale der sozialistischen Gesellschaftsformation. Es entspricht den Vorstellungen, die Karl Marx in der „Kritik des Gothaer Programms" zum Fortbestehen des Prinzips der äquivalenten Verteilung des Arbeitsertrags in der ersten, noch mit den „Muttermalen der alten Gesellschaft" behafteten Phase des Kommunismus entwickelt hat (Marx/Engels, Werke, Bd. 19, S. 18ff.).
Das L. besagt, daß auf der Grundlage sozial gleicher Stellung der Gesellschaftsmitglieder zu den Produktionsmitteln ein differenzierter Anteil der einzelnen an der Einkommensbildung gewährleistet werden muß. In dem Maße, in dem in der DDR gegenwärtig das L. zur Begründung sozialer Differenzierungen herangezogen wird, wird die Erreichung sozialer Gleichheit in Produktion, Distribution und Konsumtion auf eine spätere, kommunistische Phase verschoben.
Das L. ist in der Verfassung der DDR von 1968 – ebenso i. d. F. von 1974 – an prominenter Stelle (Art. 2 Abs. 3) als eine der gesellschaftspolitischen Leitvorstellungen normiert und in nachfolgenden Artikeln spezifiziert worden (Art. 24, 26). Besondere Bedeutung kommt dem L. für die Gestaltung der Lohnpolitik zu. Wie ähnlich bereits im Gesetzbuch der Arbeit aus dem Jahr 1961 (GBl. I, S. 27) bestimmt das → **Arbeitsgesetzbuch (AGB)** der DDR aus dem Jahr 1977 (GBl. I, S. 185) als Grundsatz: „Das Arbeitsrecht trägt zur konsequenten Verwirklichung des Prinzips ‚Jeder nach seinen Fähigkeiten, jedem nach seiner Leistung' bei. Es sichert, daß den Werktätigen Lohn nach Qualität und Quantität der Arbeit gezahlt wird und daß Mann und Frau, Erwachsene und Jugendliche bei gleicher Arbeitsleistung gleichen Lohn erhalten." (Art. 2 Abs. 3) Auch das → **Zivilrecht** hat gemäß dem neuen Zivilgesetzbuch vom 19. 6. 1975 das L. zu gewährleisten. Es ist so anzuwenden, daß die „Leistung des Bürgers für die sozialistische Gesellschaft Grundlage ist für seinen Anteil am gesellschaftlichen Reichtum" (§ 3) (GBl. I, S. 465).
In der Praxis ergeben sich Probleme der Leistungsbewertung nicht nur bei der qualitativen Messung von Arbeit, sondern in der Planwirtschaft der DDR auch daraus, daß neben der Sachkompetenz auch Loyalität und parteiliches Verhalten der Beschäftigten bewertet werden sollen. Die solcher Art nach Leistung differenzierte Entlohnung und Prämierung dient als wichtigstes Instrument zur Steigerung der → **Arbeitsproduktivität**. Allerdings erstreckt sich die → **Materielle Interessiertheit** der Beschäftigten neben dem Einkommen auch auf die Arbeits- und Lebensbedingungen, so daß kaum zu ermitteln ist, welche Anreizwirkungen tatsächlich auf die Steigerung der Arbeitsproduktivität ausgehen. Unterschiede im Inhalt und in der Intensität der Arbeit beeinflussen über unterschiedliche Einkommensbildung das Konsumverhalten und darüber hinaus die → **Sozialstruktur**. → **Lohnformen und Lohnsystem.**

Leistungsverordnung: Die VO über die Inanspruchnahme von Leistungen, Grundstücken und Gebäuden für die Landesverteidigung der DDR – L. – vom 26. 7. 1979 (GBl. I, S. 265), zuvor: L. vom 16. 8. 1963 (GBl. II, S. 667) führt die Bestimmungen des → **Verteidigungsgesetzes** vom 13. 10. 1978 (GBl. I, S. 377) weiter aus. Danach sind im Verteidigungsfalle (→ **Notstandsgesetzgebung**), bei Übungen zum Zwecke der Überprüfung der Verteidigungsbereitschaft und bei der → **Mobilmachung** von staatlichen, wirtschaftsleitenden Organen, Kombinaten, Betrieben, Einrichtungen und Genossenschaften, im Verteidigungsfalle auch von gesellschaftlichen Organisationen, Vereinigungen und Bürgern Sachleistungen, Unterbringungsleistungen sowie Versorgungsleistungen auf Anforderung der Wehrkreis- und → **Wehrbezirkskommandos** und weiterer vom → **Ministerium für Nationale Verteidigung** festgelegten Dienststellen, auch zugunsten der Streitkräfte der verbündeten Staaten, zu erbringen. Zur Vorbereitung der Leistungsbereitschaft dürfen Sachen und Leistungsmöglichkeiten jederzeit erfaßt sowie Auflagen erteilt werden. Im Interesse der Landesverteidigung können Grundstücke und Gebäude jederzeit in Anspruch genommen werden, nichtvolkseigene Grundstücke vorrangig durch Kauf, im übrigen durch Inanspruchnahmebescheid. Entschädigungen werden nach dem Zeitwert und unter Beachtung der Preisvorschriften nach der VO über die Finanzierung und Entschädigung von Leistungen für die Landesverteidigung der DDR – Finanzierungs- und Entschädigungs-VO – vom 26. 7. 1979 (GBl. I, S. 272), zuvor: Entschädigungs-VO vom 16. 8. 1963 (GBl. II, S. 674), festgesetzt.

Leitungswissenschaft, Sozialistische: Die SL. versteht „Leitung" als ein gesellschaftliches Verhältnis, das notwendig für die Verwirklichung von zweckbestimmtem Verhalten von Menschen ist. SL. heißt in der DDR: Führung von **Sozialistischen** → **Kollektiven** und Erziehung von Menschen mit dem Ziel, die aus den „objektiven Gesetzmäßigkeiten" der gesellschaftlichen Entwicklung abgeleiteten Erfordernisse in bewußtes Handeln der Menschen in den einzelnen Bereichen der gesamtgesellschaftlichen Reproduktionen umzusetzen. Dieser Vorgang wird sowohl als Erziehungsprozeß zur Heranbildung sozialistischer Persönlichkeiten als auch als umfassender Prozeß aller gesellschaftlichen Aktivitäten auf ein bestimmtes jeweils zu erreichendes Ziel begriffen.
SL. wird, da sie keine eigenständige Wissenschaft ist,

häufig mit Leitungstätigkeit gleichgesetzt. Sie fundiert auf entsprechenden Grundsätzen des → **Marxismus-Leninismus** und soll Erkenntnisse aus den Bereichen der → **Soziologie und Empirischen Sozialforschung**, der → **Sozialpsychologie**, der Pädagogik, der Arbeitswissenschaft sowie der Staats- und Rechtswissenschaft nutzen und die elektronische Datenverarbeitung anwenden. Sie soll – auf der Grundlage des → **Demokratischen Zentralismus** – die Formen der Leitungsorganisation, der Informations- und Entscheidungsprozesse, den Arbeitsstil und die Einbeziehung der Bürger in die Leitungstätigkeit entwickeln und verbessern. Ihre wissenschaftliche Grundlage, die Unterschiedlichkeit der Ziele ihrer Anwendung und die politische Bestimmung werden als Maßstäbe der Abgrenzung zur Managementtheorie z. B. im Bereich der Wirtschaftsleitung verstanden, auch wenn Ähnlichkeiten oder Gleichheiten organisatorischer und formaler Art bestehen. Der politisch definierte Charakter der Leitungstätigkeit wird durch die Grundsätze sozialistischen Leitens betont. Die sozialistischen Leitungsprinzipien sind neben dem demokratischen Zentralismus die Einheit von Politik, Ökonomie, Ideologie und Technik, die → **Einzelleitung** und die persönliche Verantwortung bei kollektiver Beratung der Probleme, die Kontrolle der Durchführung der Entscheidungen sowie das → **Produktionsprinzip** in Verbindung mit dem → **Territorialprinzip**. → **Organisationswissenschaft; Sozialistische Wirtschaftsführung.**

Liberal-Demokratische Partei Deutschlands (LDPD): Gründungsaufruf am 5. 7. 1945: Bekenntnis zur „liberalen Weltanschauung" und „demokratischen Staatsgesinnung", zu Freiheitsrechten, Privateigentum, freier Wirtschaft und Berufsbeamtentum. Wie die anderen Parteien mußte sich die LDPD am 14. 7. 1945 in eine „feste Einheitsfront der antifaschistisch-demokratischen Parteien" einreihen. Ihr Vorsitzender, Dr. Wilhelm Külz, versuchte bis zu seinem Tode (10. 4. 1948) liberale und demokratische Politik beim Wiederaufbau in der sowjetischen Besatzungszone trotz aller Behinderungen seitens der SED und der Besatzungsmacht zur Geltung zu bringen. Im Frühjahr 1946 zählte die LDPD bereits 113000 Mitglieder, im Dezember 1950 waren es sogar 198920. Obwohl die Partei wie auch die CDU im Wahlkampf zu den einzigen annähernd demokratischen Wahlen in der SBZ im Herbst 1946 in vieler Hinsicht benachteiligt oder unterdrückt wurde, erreichte sie bei den Gemeindewahlen (September 1946) 21,1 v.H., bei den Landtagswahlen (20. 10. 1946) 24,6 v.H. und war nach der SED die zweitstärkste Partei geworden. Auf ihrem III. Parteitag (27. 2. 1949 in Eisenach) beschloß sie ein liberales Grundsatzpgrogramm, in dem sie ihre wesentlichen Forderungen aufrechterhielt und sich zu einer einzigen deutschen parlamentarisch-demokratischen Republik bekannte. Ein halbes Jahr später war der Widerstand der LDPD gegen ihre Gleichschaltung und die Gründung der DDR ohne vorher abgehaltene Wahlen zusammengebrochen. Ihre Führer Prof. Kastner, Dr. Hamann und Dr. Loch wurden Regierungsmitglieder der DDR, zahlreiche Liberaldemokraten wurden verhaftet und verurteilt, viele flüchteten und spielten später im politischen Leben der Bundesrepublik Deutschland eine wichtige Rolle. 1952 bekannte sich die LDPD-Führung vorbehaltlos zum „planmäßigen Aufbau des Sozialismus". Seitdem band sie sich schrittweise immer stärker im Zuge der → **Bündnispolitik** an die → **Sozialistische Einheitspartei Deutschlands (SED)**.

Die LDPD verfügt heute über kein Parteiprogramm mehr; vielmehr faßt sie auf ihren Parteitagen Beschlüsse, in denen sie die jeweilige Linie der SED übernimmt und für ihre besonderen Aufgaben (insbesondere Beeinflussung der Reste des städtischen Kleinbürgertums) spezifiziert. Der Begriff „liberal-demokratisch" spielt lediglich insoweit eine Rolle, als die LDPD damit „die geistigen Überlieferungen fortschrittlicher Vertreter des Bürgertums" als Tradition – bei scharfer Abgrenzung gegenüber allen Formen des gegenwärtigen Liberalismus – für sich selbst reklamiert. In ihrer auf dem 13. Parteitag (5.–7. 4. 1982 in Weimar) angenommenen neuen Satzung ist das Wort „liberal" nicht mehr enthalten. In ihr bezeichnet sie sich als „eine im und für den Sozialismus wirkende demokratische Partei. Sie sieht ihre geschichtliche Aufgabe darin, unter Führung der Partei der Arbeiterklasse und gemeinsam mit den in der → **Nationalen Front der DDR** vereinten Parteien und Massenorganisationen die entwickelte sozialistische Gesellschaft in der DDR zu gestalten".

Die LDPD hat 82000 Mitglieder (1982; 1977: 75000), von denen (1981) 32,0 v.H. Angestellte, 23,8 v.H. Handwerker und Gewerbetreibende, 18,0 v.H. Angehörige der → **Intelligenz** und 10,0 v.H. in der Landwirtschaft tätig waren. Den Rest bildeten Nichtberufstätige und Rentner. Der relativ starke Anteil „bürgerlicher" Restgruppen in der Mitgliedschaft verweist auf die spezielle Aufgabenstellung der LDPD. Sie richtet ihre politisch-ideologische Arbeit darauf aus, daß vor allem die Handwerker und Gewerbetreibenden im Bereich der Dienst-, Reparatur- und Versorgungsleistungen ihren „Bündnisbeitrag" zur Erfüllung der von der SED festgelegten wirtschaftlichen Leistungsziele erbringen: hohe Effektivität, kürzere Liefer- und Wartezeiten, steigende Qualität der Dienst- und Versorgungsleistungen.

Die LDPD wird nach dem Prinzip des → **Demokratischen Zentralismus** geleitet und gliedert sich nach dem Territorialprinzip in Grundeinheiten (Wohngebiets- und Ortsgruppen), Stadt-, Stadtbezirks-, Kreis- und Bezirksverbände. An der Spitze steht der Zentralvorstand, der einen Politischen Ausschuß und das Sekretariat des Zentralvorstandes einsetzt. Vorsitzender der Partei ist seit 1967 Dr. Manfred Gerlach (Jahrgang 1928). Seine Stellvertreter sind Hans-Joachim Heusinger, Willi-Peter Konzok und Gerhard Lindner. Höchstes Organ ist der Parteitag, der alle 5 Jahre stattfinden soll und die Berichte der Organe entgegennimmt, über die grundsätzlichen Aufgaben der Partei beschließt und den Zentralvorstand wählt. Im Staatsrat der DDR ist die LDPD durch Gerlach als einer der stellvertretenden Vorsitzenden und Kurt Anclam als Mitglied vertreten, im Ministerrat durch Heusinger als Justizminister, Klaus

Lohsse als einer der stellv. Minister für Bezirksgeleitete Industrie und Lebensmittelindustrie sowie Martin Maaßen als einer der stellv. Finanzminister. Die LDPD stellt in der Volkskammer wie die übrigen Blockparteien 52 Abgeordnete (10,4 v. H.) (Bezirksebene 10,0 v. H.; Kreisebene 6,9 v. H.; Gemeindeebene 3,3 v. H.). Zentralorgan ist die Tageszeitung „Der Morgen" (Berlin-Ost), ferner gibt es im Parteibesitz die „Norddeutsche Zeitung" (Schwerin), die „Liberal-Demokratische Zeitung" (Halle), das „Sächsische Tageblatt" (Dresden) und die „Thüringische Landeszeitung" (Weimar) (Gesamtauflage: 442 300 Exemplare). Seit 1958 besteht auch der Buchverlag „Der Morgen". Funktionärsorgan sind die „LDPD-Informationen". Zentrale Schulungsstätte ist die Parteischule „Dr. Wilhelm Külz" in Bantikow (Kreis Kyritz). Verdiente Mitglieder oder Ortsgruppen erhalten die „Wilhelm-Külz-Ehrennadel".

Liberman-Diskussion: Bezeichnung für die durch einen Aufsatz des sowjetischen Wirtschaftswissenschaftlers Liberman im September 1962 ausgelöste Diskussion über eine Reform des betrieblichen Planungssystems. Die Diskussion wurde bald darauf auch in der DDR aufgenommen. Liberman argumentierte, daß zur Steigerung der Produktivität der Wirtschaft eine größere Freiheit der Betriebe notwendig sei. Die zentrale → **Planung** solle sich auf die Festsetzung weniger Daten beschränken, um die Dispositionsfähigkeit der Betriebe zu erhöhen. Als Maßstab für die Beurteilung der betrieblichen Leistung schlug er eine Gewinn- bzw. Rentabilitätskennziffer vor, deren Erfüllung als Grundlage für die Gewährung von Prämien an die Belegschaft dienen sollte. Diese Konzeption, die Liberman in den Schlagworten „Schluß mit der kleinlichen Bevormundung der Betriebe durch administrative Maßnahmen!" und „Was der Gesellschaft nützt, muß auch jedem Betrieb nützlich sein!" zusammenfaßte, berührt den Bereich der volkswirtschaftlichen Gesamtplanung nur indirekt. Sie konzentriert sich vielmehr auf die Beseitigung der Schwierigkeiten, die zwischen den Betrieben und den ihnen direkt übergeordneten wirtschaftsleitenden Organen existierten.

Die Reaktion in der DDR beschränkte sich zunächst auf die kommentarlose Wiedergabe der sowjetischen Diskussion. Nach dem 17. Plenum des → **Zentralkomitees (ZK) der SED** im Oktober 1962, auf dem Ulbricht auf die Notwendigkeit einer Reform des Wirtschaftssystems hingewiesen hatte, erschienen in der Wirtschaftspresse der DDR die ersten relativ zurückhaltenden Stellungnahmen, in denen die Vorschläge Libermans im Prinzip anerkannt, der „Gewinn" als Hauptkennziffer aber abgelehnt wurde. Auf dem VI. Parteitag der SED (15.–21. 1. 1963) unterbreitete Ulbricht Vorschläge für eine Reform des Wirtschaftssystems, die u. a. Einflüsse des von Liberman entwickelten Konzeptes erkennen ließen. Nach ersten Reformexperimenten in 10 VEB und in 4 VVB wurde Ende Juni 1963 auf einer gemeinsamen Wirtschaftskonferenz des ZK der SED und des → **Ministerrates** deutlich, daß die DDR über die in der UdSSR durchgeführten Reformen hinauszugehen bereit war. Am 11. 7. 1963 ist das Reformkonzept durch den Beschluß des Ministerrats über die Richtlinie für das → **Neue Ökonomische System (NÖS)** der Planung und Leitung der Volkswirtschaft gesetzlich verankert worden. → **Wirtschaft.**

Linie: Bezeichnung für die von der SED-Führung festgelegte Politik und die diese rechtfertigende ideologisch-theoretische Begründung. Die L. (auch als **Generallinie** bezeichnet) verpflichtet alle Parteimitglieder; → **Abweichungen** werden als Verstöße gegen die → **Parteidisziplin** mit Parteistrafen belegt. Jedoch auch die übrigen Bürger der DDR haben sich an der L. zu orientieren. Die L. wird strategisch (z. B. im Programm der SED) und taktisch (etwa in ZK-Beschlüssen, Volkswirtschaftsplänen) kodifiziert. Dies geschieht in einer Weise, die einen gewissen Interpretations- und Handlungsspielraum beläßt, um kurzfristige, begrenzte Anpassungen an sich wandelnde Gegebenheiten zu ermöglichen. Der einzelne ist aufgefordert, die jeweilige L. zu erkennen und sich „linientreu" zu verhalten. Seit dem IX. Parteitag (1976) gilt für die L. in der DDR als Leitkonzept „die Gestaltung der entwickelten sozialistischen Gesellschaft" (→ **Sozialistische Einheitspartei Deutschlands [SED]**, XIV.). – Eine General-L., die von der KPdSU vorgegeben wird, ist für alle kommunistischen Parteien des sowjetischen Einflußbereiches verbindlich (→ **Internationalismus, Proletarischer**).

Literatur und Literaturpolitik

I. Die gesellschaftliche Funktion der Schönen Literatur in der ideologischen Diskussion von Marx/Engels bis Stalin
II. Der sozialistische Realismus als Konzept der führenden Rolle der Partei in der Literatur
III. Zur Organisierung der Schönen Literatur in der DDR
IV. Die Phasen der Literaturpolitik
V. Wandel des Verhältnisses von Partei und Schöner Literatur
VI. Die Hauptrichtungen der Schönen Literatur in der DDR

I. Die gesellschaftliche Funktion der Schönen Literatur in der ideologischen Diskussion von Marx/Engels bis Stalin

Nach Marx und Engels sollte im Kommunismus zwar der gesamte ökonomische Produktions- und Distributionsprozeß gesellschaftlich geregelt werden, dem einzelnen aber überlassen bleiben, „heute dies, morgen jenes zu tun" („Deutsche Ideologie"). Die Künste wurden „nicht zur allgemeinen Produktion" gezählt. Marx schlug sie zur „freien geistigen Produktion" („Theorien über den Mehrwert"), für die in der Gesellschaft die „Freiheit der Sphäre" erforderlich sei („Debatten über die Pressefreiheit"). Er

nannte die Künste „ontologische Wesensbejahungen" („Ökonomisch-Philosophische Manuskripte"). Eine Indienstnahme der Künste für bestimmte gesellschaftliche Interessen war für Marx und Engels nicht vorstellbar, weil sie die L. nicht den Klassen, sondern den Nationen zuordneten („Kommunistisches Manifest"). Eine solche Funktionszuweisung strebten sie auch in der Praxis nicht an. Ihr Umgang mit zeitgenössischen Belletristen zeigt: Im Fall Heine – Dichter müsse man ihre eigenen Wege gehen lassen; im Fall Freiligrath – Parteinahme solle allenfalls in großem historischem Sinn erfolgen; im Fall Lassalle – der Dramatiker habe Individuen, nicht Sprachröhren des Zeitgeistes zu schaffen; im Fall Harkness – lieber typische Charaktere unter typischen Umständen bilden, als sich von sozialen und politischen Anschauungen treiben zu lassen.
Wie Marx und Engels bei der Kunstproduktion strenge Maßstäbe anlegten (Engels an Lassalle), so forderten sie beim Kunstgenuß höchste Anstrengung (K. Marx, „Ökonomisch-Philosophische Manuskripte", 1843/44). Daß geistige Produktion als Teil des Überbaus der Basis folge (Vorwort „Zur Kritik der politischen Ökonomie", 1859), wurde in der Diskussion in der DDR zunehmend bezweifelt. Marx und Engels haben die Vermittlung selbst nicht nachgewiesen; außerdem ist es zweifelhaft, ob die Metapher von ihnen selbst heuristisch als fruchtbar angesehen wurde. Unbestreitbar ist, daß sie für Marx und Engels ein Erklärungsversuch vielschichtiger Erscheinungen ex post war, daß L., ist sie als Überbauelement auf eine Basis reduzierbar, auch bereits bei ihrer Entstehung den Prozessen der ökonomischen Basis folgen müsse. Entstünde L. auf diese Weise, könnte sie nur „Massenvorurteile der Zeit" ausdrücken, die Engels (zu Schlüter) der Revolutionspoesie anlastete. Dichter sollten sehen – wie Balzac: über die Zeit hinaus, ohne Rücksicht auf politisches Engagement (Engels an Harkness).
Nach dem Tod von Marx (1883) und Engels (1895) galt es, im marxistischen Spektrum 2 wesentliche Probleme zwischen Kunst und Gesellschaft nach einer sozialistischen Revolution zu lösen: die Massen an die L. (wie an andere Künste) heranzuführen und Künstler und Schriftsteller materiell abzusichern. Das erste war eine pädagogische, das zweite eine distributive Frage. So wurden diese Probleme noch in der Sowjetunion zwischen 1917 und 1927 gesehen, obgleich der Begriff der gesellschaftlich zu regelnden Produktion weiter gefaßt wurde, als Marx und Engels es auch unter der Diktatur des → **Proletariats** recht gewesen wäre. Lenin fügte den pädagogischen und distributiven Aspekten noch einen etatistischen Aspekt bei, indem er (zu Zetkin) sagte, der Sowjetstaat müsse, im Gegensatz zum Zarismus, die Künstler auch schützen. Die Sowjet-L. konnte sich in dieser Periode in verschiedene ästhetisch und politisch-inhaltliche Richtungen entfalten.

Die gesellschaftliche Funktionsbestimmung der L. wurde erst bedeutsam, als, seit 1927 in der Periode der totalitären Diktatur, die gesamte Produktion gesellschaftlich geregelt werden sollte.
Stalin nannte dies den großen „Umschwung"; dieser Begriff meinte von 1932 an, die führende Rolle der Partei, wie in allen anderen Bereichen, so auch in der L. uneingeschränkt durchzusetzen. 1934 gingen die bis zu dieser Zeit bestehenden verschiedenen literarischen Richtungen in einem einheitlichen Schriftstellerverband auf, der als Transmissionsriemen zwischen der Parteiführung und den Schriftstellern diente. Die Schriftsteller wurden angewiesen, für die politische Erziehung der Massen und für den Aufbau des Sozialismus zu wirken. Sie sollten Partei ergreifen, nicht, wie bei Marx, nur in großem historischem Sinn, sondern bei der Erfüllung einzelner konkreter Planziele und der Durchsetzung von Arbeitsdisziplin in einzelnen Betrieben. Die L. hatte jeder von der Partei als wesentlich erklärten Bewegung der Basis zu folgen. Schriftsteller, die sich widersetzten, wurden nicht mehr gedruckt, mehrere verschwanden in Arbeitslagern, wo sie umkamen oder erschossen wurden. Schriftsteller, die die Aufträge ausführten, wurden großzügig gefördert.
Dieser Einbau der L. in die gesamtgesellschaftliche Planung versagte im II. Weltkrieg. Die Schaffensbedingungen wurden gelockert, und es erschienen wieder Werke, die als schädlich gegolten hatten. 1946 wurde jedoch der alte Zustand („Verplanung" der L.-Produktion) wiederhergestellt. Er ist in dieser Form auf die DDR übertragen worden. Die Rekonstruktion verfiel seit 1950, als Stalin mit seiner Abhandlung über die Sprachwissenschaft eine neue Basis-Überbau-Diskussion eröffnete. Später festigten nationale Emanzipationstendenzen den wiedergewonnenen Spielraum.
Die Literaturen gewannen wieder neue Vielfalt. Sie wurden aber offiziell aus ihrer gesellschaftlichen Funktion nicht entlassen. Es wurde ihnen jedoch das Recht zugestanden, daneben auch neue ästhetische Bedürfnisse zu befriedigen.

II. Der sozialistische Realismus als Konzept der führenden Rolle der Partei in der Literatur

Der sozialistische Realismus ist administrativen Ursprungs. Er ist im Frühjahr 1932 von I. Gronskij, dem stellv. Chefredakteur der „Iwestija", als Begriff eingeführt, im Sommer 1932 von Stalin als Methode definiert und 1934 auf dem Gründungskongreß des Sowjetischen Schriftstellerverbandes von dem Leningrader Parteisekretär A. Shdanow kodifiziert worden. Seine Lehre bestand aus 5 Hauptaspekten. Der sozialistische Realismus:
1. trennt die Wahrheit von der objektiven Wirklichkeit und bindet sie zwecks politisch-pädagogischer Einwirkung an deren – jeweils von der Partei bestimmte – revolutionäre Veränderung;

2. reduziert die Sujetbreite vorwiegend auf die Arbeitswelt, um soziale, psychologische, erotische und mythologische Beziehungselemente auszuschalten, die das gewünschte Bild von der Wirklichkeit abweichend einfärben könnten;
3. verfügt über eine revolutionäre Romantik mit einem positiven Helden, um das kalkulierte Werk zu emotionalisieren;
4. separiert die sozialistische L. von der bürgerlichen „Verfallsliteratur";
5. läßt durch kritische Aneignung des klassischen Erbes von der Welt-L. nur ein Kompendium des Realismus gelten, in dem ausschließlich Werke zugelassen werden, die zugleich auch im Sinne der Partei als fortschrittlich gelten.

Diese zuletzt genannten beiden Abgrenzungen dienten dazu, politisch unerwünschte literarische Einflüsse abzuschirmen, deren geschichtsphilosophische Etikette „Dekadenz", „Reaktion" und „Kosmopolitismus", deren literaturwissenschaftliche „Naturalismus" und „Formalismus" lauten.

So entstand eine L., die sich realistischen Kategorien entzog. Seit 1950 wurden ihr in der Sowjetunion auch offiziell Schematismus, Schwarzweißmalerei, Schönfärberei, Konfliktlosigkeit vorgeworfen. Stalins Nachfolger als Vorsitzender des Ministerrats (1953–1955), G. Malenkow, brachte schon auf dem XIX. Parteitag der KPdSU (1952) die Engelssche Rede vom Typischen wieder zu Ansehen. Er forderte die Schriftsteller zur Kritik auf und versprach ihnen den Schutz des Sowjetstaats. Der Begriff des sozialistischen Realismus fand bei ihm keine Erwähnung mehr. Die gesellschaftliche Funktion der L. sollte nun eher in Gesellschaftskritik bestehen. Das Tauwetter begann.

Unter Chruschtschow (1. Sekretär des ZK d. KPdSU, 1953–1964), der eine Erneuerung der Führungsrolle der Partei in Staat und Gesellschaft und damit auch im literarischen Bereich durchzusetzen suchte, wurde verbal wieder auf den sozialistischen Realismus zurückgegriffen. Seine Wiederbelebung mißlang diesmal, weil zu viele Konzessionen gemacht werden mußten, um die L.-Doktrin der Partei zu retten. Die Annäherung an die Wirklichkeit, die Reproduktion des Privaten, und die weniger gefilterten Inspirationen aus der modernen und klassischen Welt-L. ließen in der Sowjet-L. wieder verschiedene Richtungen entstehen. Das Auf und Ab der Kulturpolitik Chruschtschows – von der Fortsetzung des Tauwetters durch Ermunterung zur Kritik bis zu seinem Ende – hatte seine Ursache in den Einbußen der Partei im Bereich der L.

Auch Breschnews (1. Sekretär bzw. Generalsekretär des ZK der KPdSU, 1964–1982) Rückgriffe auf konsequente Administration konnten Parteiraison nicht mehr erzwingen. Sie bewirkten im Gegenteil, daß sowjetische Schriftsteller begannen, vom Kommunismus abzufallen. Die kurze Ära Andropow (1983) brachte keinen Wandel hervor; sein Nachfolger Tschernenko übernahm die gleichgebliebene Konstellation.

Das Schicksal des sozialistischen Realismus in der DDR verlief, mit Verzögerungen, ähnlich. Der Funktionswandel der L., den Malenkow inaugurierte, wurde integriert. B. Brecht versuchte seit 1954, in der Adjektivkombination „sozialistisch-realistisch" der realistischen Komponente den Vorrang zu geben, indem er als Kriterium für sozialistischen Realismus die Frage vorschlug, ob ein Werk sozialistisch und realistisch sei („10 Thesen über sozialistischen Realismus").

Schließlich war die Doktrin des sozialistischen Realismus nur noch mit Eklektizismus zu retten („Zur Theorie des sozialistischen Realismus", hrsg. vom Institut für Gesellschaftswissenschaften beim ZK der SED, Berlin [Ost] 1974). Es wurde alles subsumiert, wenn es nur „sozialistisch" war. Bei zu krassen Gegensätzen zwischen Sozialismus und Realismus sind Werke „widersprüchlich", oder sie stehen – wie die Stücke von Peter Hacks – „der einheitlichen sozialistischen Kunstentwicklung in der DDR nicht entgegen" (ebd., S. 750). Im Fall Bobrowski zeigte sich, daß Werke, die realistisch sind, nicht einmal unbedingt sozialistisch zu sein brauchen, um „vollends zu den Positionen des sozialistischen Realismus" vorzustoßen (ebd., S. 360). Vom sozialistischen Realismus als einer faßbaren L.-Theorie blieb die führende Rolle der Partei übrig (→ **Ästhetik**).

III. Zur Organisierung der Schönen Literatur in der DDR

Zur Organisierung und Kontrolle der L. bedient sich die SED des → **Schriftstellerverbandes der DDR** als „Transmissionsriemens". Die literaturpolitischen Ziele der jeweiligen Etappen werden von den Schriftstellerkongressen in großen Zügen entworfen. Die Kongresse folgten damit aber den entsprechenden Weichenstellungen, die an anderen Orten vorgenommen wurden: anfangs auf Konferenzen des → **Kulturbundes der DDR (KB)**, später zumeist auf Tagungen des → **Zentralkomitees (ZK) der SED**. So wurden

der I. Schriftstellerkongreß vom 4. bis 8. 10. 1947 auf dem 1. Bundeskongreß des Kulturbundes vorbereitet,

der II. Schriftstellerkongreß vom 4. bis 6. 7. 1950 auf dem 2. Kongreß des Kulturbundes vom 25. bis 26. 11. 1949,

der III. Schriftstellerkongreß vom 22. bis 25. 5. 1952 auf dem 5. Plenum des ZK (nach dem III. Parteitag der SED) vom 15. bis 17. 3. 1951,

der IV. Schriftstellerkongreß vom 14. bis 18. 1. 1956 auf dem 24. Plenum des ZK am 1. 6. 1955,

der V. Schriftstellerkongreß vom 25. bis 27. 5. 1961 auf der durch ZK-Mitglieder erweiterten Sitzung des Schriftstellerverbandsvorstandes am 25. 1. 1961, der VI. Schriftstellerkongreß vom 28. bis 30. 5. 1969 auf dem 9. Plenum des ZK (nach dem VI. Parteitag der SED 1963) vom 22. bis 25. 10. 1968, der VII. Schriftstellerkongreß vom 14. bis 16. 11. 1973 auf dem 9. Plenum des ZK (nach dem VIII. Parteitag der SED 1971) vom 28. bis 29. 5. 1973, der VIII. Schriftstellerkongreß vom 29. bis 31. 5. 1978 auf der Sitzung des Politbüros am 7. 11. 1977 und der IX. Schriftstellerkongreß vom 31. 5. bis 2. 6. 1983 auf der FDJ-Kulturkonferenz vom 21. bis 22. 10. 1982 vorbereitet.

Die Zeit zwischen den bestimmenden Konferenzen und den Schriftstellerkongressen, die durchschnittlich ein halbes Jahr betrug, diente der Einstimmung auf die neuen literaturpolitischen Ziele durch Diskussionen in der Presse und auf Sitzungen der Bezirksverbände. Aus den Debatten schälten sich die geeigneten Kandidaten für die Kongreßdebatten heraus. Die Vorbereitungen wurden so sorgfältig getroffen, daß sich auf den Kongressen bisher keine Überraschungen für die Partei ereigneten. Die Wirkungen der Kongresse waren begrenzt; es bedurfte oft flankierender Tagungen, um die führende Rolle der Partei zur Geltung zu bringen und durchzusetzen: 1957 der Kulturkonferenz des ZK der SED; 1959 der Bitterfelder Konferenz des Mitteldeutschen Verlages mit W. Ulbricht und Mitgliedern des ZK der SED; 1965 des 11. Plenums des ZK (nach dem V. Parteitag).

Die exekutiven Organe waren anfangs das Amt für L. und Verlagswesen, das vom 16. 8. 1951 bis zum 28. 6. 1956, und die Staatliche Kommission für Kunstangelegenheiten, die vom 31. 8. 1951 bis zum 7. 1. 1954 bestanden. Ihnen oblagen Zensur, Kontrolle und Korrektur der Entwicklung. Ihre Befugnisse wurden auf das → **Ministerium für Kultur** übertragen (gegründet am 7. 1. 1954), das sukzessiv Entscheidungen in die Eigenverantwortlichkeit der Verlage delegierte. Dieser Prozeß bedeutete aber noch keine „Liberalisierung“ der Kulturpolitik, weil die Verlagsleiter im Sinne der Selbstzensur der SED unerwünschte Veröffentlichungen verhindern sollten.

Allein die Verlagssäuberungen zeigten aber, daß sowohl das Ermessen wie die Zuverlässigkeit der Lektorate Grenzen haben. Von einer Aufhebung der Zensur kann nur in formalem Sinn gesprochen werden. Die Verlage ziehen in exponierten Fällen die Kulturabteilung des ZK der SED zu Rate.

Die Zielvorstellungen der marxistisch-leninistischen Lp. werden durch ein „Auftragswesen“ realisiert, das offiziell als „eine wichtige Methode der Leitung künstlerischer Prozesse“ gilt („Kulturpolitisches Wörterbuch“, 1970).

Als Auftraggeber fungieren Kultureinrichtungen (→ **Theater**, DEFA [→ **Filmwesen**] u. a.), gesellschaftliche Organisationen (→ **Freier Deutscher Gewerkschaftsbund [FDGB]; Freie Deutsche Jugend [FDJ]; Demokratischer Frauenbund Deutschlands (DFD); Gesellschaft für Deutsch-Sowjetische Freundschaft (DSF); Deutscher Turn- und Sportbund (DTSB) der DDR** u. a.), Investträger (Betriebe u. a.) und staatliche Organe (→ **Ministerium für Kultur; Ministerium für Nationale Verteidigung**, Räte der Bezirke u. a.). Ein Werkvertrag schließt oft Beratungen durch Kollektive von Werktätigen, Aktivs der Volksvertretungen sowie den Schriftstellerverband ein. Die Auftraggeber vertreten die gesellschaftlichen Interessen einer sozialistisch-realistischen L., die für die DDR repräsentativ sein soll; es wird dabei vorausgesetzt, daß sie mit den persönlichen Interessen der Schriftsteller übereinstimmen.

Das Kulturpolitische Wörterbuch nennt als Beispiele für geförderte Vorhaben 3 Theaterstücke: C. Hammel – „Um neun an der Achterbahn“, R. Kerndl – „Seine Kinder“ und H. Salomon – „Katzengold“. Sie stehen nicht nur für zahlreiche erfolgreiche Vorhaben, sondern auch für gescheiterte Projekte, deren tatsächliche Zahl nicht bestimmbar ist. Nur einige sind bekanntgeworden, z. B. H. Pfeiffers Stück „Die Dritte Schicht“, das während der Bitterfelder Phase in Zusammenarbeit mit der Jugendbrigade einer Mansfelder Kupferhütte entstand und nach der 2. Aufführung abgesetzt wurde.

Die materiellen Anreize für Schriftsteller in der DDR können als beträchtlich gelten. Sie werden bewußt als Steuerungsinstrumente eingesetzt, entwickeln jedoch oft eine Eigengesetzlichkeit, die den literaturpolitischen Zielsetzungen der SED-Führung oftmals entgegenwirkt. Heute kann sich ein Publikumsbedürfnis durchsetzen oder sich immerhin gegen lediglich von der Partei propagierte Werke ohne literarischen Wert artikulieren. Die hohen Einnahmen können Schriftstellern eine Selbständigkeit verschaffen, die ihnen einen eigenen Spielraum gegenüber den Aufträgen der Partei ermöglicht. So brauchte Stefan Heym auf der Grundlage der früheren und laufenden Einkünfte aus seinen bis 1965 erschienenen Publikationen keine Rücksichten zu nehmen, es sei denn, selbst auferlegte. Er konnte nach seinen Vorstellungen den „Lassalle“-Roman, die „Schmähschrift“ und den „König David Bericht“ schreiben, in westlichen Verlagen veröffentlichen und abwarten, bis diese Werke als mit den literaturpolitischen Zielsetzungen der Partei vereinbar angesehen wurden.

Die wichtigsten Anreize für die Schriftsteller sind die hohen Auflagen, die bei der 1. Auflage durchschnittlich zwischen 10000 und 25000 Exemplare erreichen. Die Kalkulation beruht auf gesichertem Absatz bei den zahlreichen Büchereien der Betriebe und gesellschaftlichen Organisationen, dem stark ausgebauten öffentlichen Bibliothekswesen (→ **Bibliotheken**) und der vielfach geübten Praxis, Bücher als Prämien zu verschenken. Der bisher unerreichte

Bestseller ist der KZ-Roman „Nackt unter Wölfen" von Bruno Apitz, der allein in den Jahren von 1958 bis 1969 in der DDR in 32 Auflagen von insges. 860000 Exemplaren erschien und bis 1969 in 26 Sprachen übersetzt worden ist.

Die Auflagenhöhe ist im allgemeinen noch kein Hinweis auf den literarischen Rang eines Werkes oder die Publikumsreaktion. In der Spitzengruppe befinden sich Bücher mit 10–15 Auflagen, auf die die aufgeführten Maßstäbe in durchaus unterschiedlicher Weise zutreffen: „Der geteilte Himmel" von Christa Wolf oder „Spur der Steine" von Erik Neutsch gehören zu den Romanen der Periode des NÖS (1963–1967) – der einzigen, in der es bisher gelang, literaturpolitische Bedeutung und Publikumsinteresse in etwa miteinander in Deckung zu bringen. Die Bücher von Wolfgang Schreyer, Werner Steinberg oder Karl Zuchardt sind ausschließlich Publikumsreißer. Entsprechende Titel von Otto Gotsche, Bernhard Seeger oder Max Walter Schulz beschränken sich auf die kulturpolitische Bedeutung, die ihnen zugeschrieben wird; sie leitet sich von den Positionen der Verfasser, Gotsche als langjähriger Sekretär Ulbrichts, Seeger als langjähriges ZK-Mitglied und Schulz als Direktor des L.-Instituts, ab. Bei „Buridans Esel" von Günter de Bruyn wurde der literarische Rang von der Zustimmung eines breiten Publikums honoriert; das konnte bei dem „Nachdenken über Christa T." von Christa Wolf nicht erfolgen, weil die Auflagen lange Zeit künstlich niedrig gehalten wurden.

Den aus hohen Auflagen resultierenden Honoraren entsprechen die hohen Tantiemen von Stücken, die im günstigsten Fall über 20–50 Bühnen gehen können. Für umstrittene Dramatiker bietet sich als Ausweichmöglichkeit die Bearbeitung alter Stücke an. Auf diese Weise haben in Zeiten des Verrufs z. B. Peter Hacks und Heiner Müller ihren Lebensunterhalt bestritten. Zu den materiellen Anreizen gehören ferner hohe Entgelte für Fernsehspiele, Hörspiele, Filmszenarien, für die vielfach auch dann gezahlt wird, wenn die Arbeit an ihnen abgebrochen wird. Manche Schriftsteller wie Rolf Schneider fertigen sie „mit linker Hand" an, um sich für ihre eigentlichen Arbeiten Spielraum zu verschaffen. Ferner sind Anstellungen als Lektor oder als Dramaturg attraktiv, bei denen der größte Teil der Arbeitszeit für die eigenen Produktionen verwendet werden kann. Zu den Privilegien gehören vergütete Mitgliedschaften (z. B. in der Akademie der Künste) und Beiratsfunktionen, die, wie bei Stephan Hermlin, Unabhängigkeit von den Einkünften aus literarischen Arbeiten garantieren.

Diese materiellen Anreize werden durch ein ausgedehntes System von Preisen ergänzt. Die Regierung der DDR verleiht den Nationalpreis für Kunst, dessen 3 Klassen jeweils mit 100000, 50000 und 25000 Mark dotiert sind. Die Akademie der Künste vergibt den Heinrich-Mann-Preis, den F.-C.-Weiskopf-Preis, den Alex-Wedding-Preis und den Hans-Marchwitza-Preis, das Ministerium für Kultur den Heinrich-Heine-Preis, den Lessing-Preis und den Johannes-R.-Becher-Preis. Es gibt einen L.-Preis des DFD, Kunstpreise des FDGB und der FDJ, die regelmäßig auch für L. vergeben werden. Die „Hauptstadt der DDR", Berlin (Ost), hat den Goethe-Preis ausgeschrieben, Potsdam den Theodor-Fontane-Preis, Dresden den Martin-Andersen-Nexö-Preis, Magdeburg den Erich-Weinert-Preis, Neubrandenburg den Fritz-Reuter-Preis, Rostock den John-Brinckmann-Preis, Cottbus den Carl-Blechen-Preis. Dazu kommen nicht an Namen gebundene Kunst- und Kulturpreise für L. von den Bezirken bzw. den Städten: Weimar, Leipzig, Karl-Marx-Stadt, Gera, Erfurt, Meißen, Frankfurt/Oder, Schwedt, Rostock. Für sorbische L. stehen der Čisinski-Preis, den die Akademie der Künste, und der Kunst- und L.-Preis der Domowina bereit, den der Bund Lausitzer Sorben in 3 Klassen verleiht.

Die Gesichtspunkte für die Verleihung entspringen vorwiegend der literaturpolitischen Opportunität, die selbst gegen Brecht ins Spiel gebracht wurde; dieser weigerte sich allerdings mit Erfolg, den Nationalpreis II. Klasse anzunehmen (1951 erhielt er dann doch noch den Nationalpreis I. Klasse) (→ **Auszeichnungen**).

Als Ausbildungsstätte des schriftstellerischen Nachwuchses ist gegen den Widerstand des Kulturministers J. R. Becher 1955 das Institut für Literatur in Leipzig gegründet worden. Es erhielt nach Bechers Tod 1959 seinen Namen (→ **Institut für Literatur „J. R. Becher"**). Alfred Kurella leitete es bis 1957, Max Zimmering bis 1964, seitdem Max Walter Schulz (alle SED). Die Ausbildung erfolgt in den verschiedenen literarischen Gattungen, in L.-Geschichte und umfaßt die Vermittlung des sozialistischen Realismus und des Marxismus-Leninismus. Die Lehrgänge schließen nach 3 (anfangs 2) Jahren mit einem Abschlußexamen, das mit einem Diplom verbunden ist. Daneben gab es kurzfristigere Sonderlehrgänge. Nach der Absolventen-Bibliographie zum 15. Jahrestag des Instituts („Neue Deutsche Literatur" 6/70) waren aus den regulären Lehrgängen bereits bis 1969 113 Schriftsteller hervorgegangen, von denen allerdings ein Teil schon vorher mit literarischen Arbeiten an die Öffentlichkeit getreten war (Erich Loest, Rudolf Bartsch, Gotthold Gloger, Joachim Kupsch u. a.). Von den 113 Absolventen konnten sich in der L. jedoch nur 26 einigermaßen profilieren: und von diesen 26 können wohl nur 4 (Joachim Kupsch, Karl-Heinz Jakobs, Rainer Kirsch, Axel Schulze) beanspruchen, Werke von künstlerischer Bedeutung geschaffen zu haben. Die Bilanz der Sonderlehrgänge ist im Verhältnis günstiger. Sie weist bisher an hervorstechenden Talenten jedoch auch nur 2 (Volker Braun und Wulf Kirsten) auf. Die Wege, die z. B. Kirsch und Kirsten einschlugen, unterschieden sich jedoch bald recht beträchtlich von den Erwartungen, die ihre Ausbilder daran geknüpft hatten.

IV. Die Phasen der Literaturpolitik

Die Phasen der Lp. verliefen, entsprechend ihren theoretischen und organisatorischen Voraussetzungen und Folgen, in wechselhafter Dramatik. Wesentliche literaturpolitisch bestimmende Entscheidungen fielen schon vor der Gründung der DDR: als auf dem I. Schriftstellerkongreß (1947) die Sowjet-L. zum Vorbild erhoben wurde, als 1948 der Kulturoffizier der SMA, Major A. Dymschiz, (am Beispiel der Malerei) den Formalismus in den deutschen Künsten angriff und als Alexander Abusch in seiner Rede „Der Schriftsteller und der Plan" 1948 der L. die Aufgabe zuwies, den Zweijahrplan zu propagieren, und die Schriftsteller aufforderte, in die Betriebe und auf die Dörfer zu gehen.

Die *erste Phase* der literaturpolitischen Entwicklung ging mit dem 17. 6. 1953 zu Ende. Sie wurde von der Erklärung Ministerpräsident Grotewohls 1950 bestimmt, der die Schriftsteller zu „Kampfgenossen der Regierung" (II. Schriftstellerkongreß) erklärt und die Kunst dem politischen Kampf untergeordnet hatte (Berufung der Kunstkommission). Auf dem II. Schriftstellerkongreß (1950) wurde der Schriftstellerverband als Teil des → **Kulturbundes der DDR (KB)** gegründet. Bodo Uhse als Sekretär des neuen Verbandes forderte seine Kollegen auf, sich das „Rüstzeug" aus der Sowjet-L. anzueignen, das in der deutschen L. mit ihrem Mangel an gesellschaftsorientierten Werken traditionsgemäß fehlt. Die Ergebnisse des Kongresses wurden von der SED als unzureichend eingeschätzt. Auf dem III. Schriftstellerkongreß (1952) wurde Uhse durch den für seine orthodoxen Ansichten bekannten Kuba abgelöst; der Schriftstellerverband wurde zur eigenständigen Organisation. Ähnlich steigerte sich der Kampf gegen den → **Formalismus**, der von 1951 an zu Veröffentlichungsverboten, Einstampfen von Büchern, Absetzung von Aufführungen und Übermalen von Wandbildern führte. Nach dem Ende der ersten Phase schrieb Wolfgang Harich 1953 in der „Berliner Zeitung" von „Schaffenskrisen psychotischen Charakters selbst bei Menschen, die als hervorragende Künstler politisch ohne Schwankung auf dem Boden unserer Republik stehen".

Die *zweite Phase* der Entwicklung wurde vom → **Neuen Kurs** geprägt. Sie ging mit der Verhaftung der Harich-Gruppe im November 1956 zu Ende. Die Formalismus-Kampagnen wurden in dieser Zeit zurückgenommen. Das Administrieren in der L. war von nun an verpönt; an seine Stelle sollte eine stärkere Eigenverantwortlichkeit der Schriftsteller treten. Die Kurskorrektur blieb indessen ambivalent. Das zeigte sich in der Tabuisierung des 17. Juni und in der Verschiebung des IV. Schriftstellerkongresses, auf dem der Neue Kurs auch literarisch institutionalisiert werden sollte. Er fand erst im Januar 1956 statt, nachdem der Neue Kurs selbst schon längst korrigiert worden war, und brachte einen Kompromiß zwischen ideologischer Klarheit, die bisher dominierte, und künstlerischer Meisterschaft, die bisher von doktrinärer Schulmeisterei verhindert worden war. Der Kompromiß hielt nicht einmal ein Jahr. Er ermunterte – vor dem Hintergrund des XX. Parteitags der KPdSU (1956) und der Bewegungen in Polen und Ungarn – zu einer antistalinistischen Kritik, die die Parteidisziplin zu sprengen begann; ihr Höhepunkt war der 2. Kongreß junger Künstler in Karl-Marx-Stadt im Juni 1956.

Die *dritte Entwicklungsphase* erstreckte sich bis Ende 1960. Sie ist mit dem Konzept des **Bitterfelder Weges** verbunden. Auf der Kulturkonferenz Ende 1957 übten Schriftsteller, die der politischen Abweichung beschuldigt waren, Selbstkritik (Becher, Uhse, Hermlin u. a.). Es häuften sich Selbstverpflichtungen, wieder aufs Land und in die Betriebe zu gehen. In der Kulturkommission des Politbüros der SED wurde unter Leitung Kurellas das Programm einer „Einschmelzung" der Künstler in den gesellschaftlichen Produktionsprozeß entworfen, das auf der Bitterfelder Konferenz im April 1959 von Ulbricht selbst verkündet worden war. Das Programm verfolgte ein literaturpolitisches Doppelziel, das auf der einen Seite die Schriftsteller stärker als bisher in die Planwirtschaft einbauen und andererseits mit der Bewegung der **schreibenden Arbeiter** („Greif zur Feder, Kumpel") die „zurückbleibenden" Schriftsteller anspornen sollte.

Die Ergebnisse der Konferenz waren jedoch zu dürftig, um sie auf dem nächsten Schriftstellerkongreß als Errungenschaften zu feiern.

Die *vierte Phase* reichte bis Ende 1965. Sie begann mit dem V. Schriftstellerkongreß 1961, auf dem die professionelle L. einer ähnlichen Kritik wie auf dem letzten Kongreß unterzogen wurde. Über die L. der schreibenden Arbeiter bemerkte Erwin Strittmatter, daß man sie den lesenden Arbeitern nicht zumuten könne. Der Kongreß endete mit der Formel: „Ideologische Klarheit und künstlerische Meisterschaft". Die SED ließ nun eine Reihe von dogmatischen und administrativen Fehlern offen kritisieren. Es bildete sich schnell ein literarisches Spektrum heraus, das zum ersten Mal die Interessen von Partei, Schriftstellern und Lesern zu befriedigen schien. Doch schon im Dezember 1962 zeigte sich auf dem Lyrikabend der Akademie der Künste, wo unter Hermlins Leitung u. a. Wolf Biermann debütierte, daß das lange aufgestaute Kritikbedürfnis selbst vor den von der SED jetzt weiter gezogenen kulturpolitischen Schranken nicht haltmachen würde. 1965 sah sich die Partei daher gezwungen, die Entwicklung zu stoppen.

In der *fünften Phase*, von 1966 bis 1971, wurde das Schicksal der führenden Rolle der Partei in der L. besiegelt. Die Auseinandersetzung wurde von der SED offensiv geführt, aber ohne sichtbaren Erfolg. Der Auftakt des 11. Plenums, Ende 1965, blieb so wirkungslos wie der VI. Schriftstellerkongreß (1969). Die Kampagnen gegen Formalismus und Dekadenz, die wieder aufflammten, konnten weder einschüchtern noch beeindrucken. Die L. begann sich zu emanzipieren. Sie machte sich die relative Selbständigkeit einzelner gesellschaftlicher Bereiche zunutze, die das „entwickelte gesellschaftliche System des Sozialismus" vorsah, das 1967 zum Programm erhoben worden war (→ **Geschichte der DDR**).

Die *sechste Phase* der Lp. in der DDR reichte bis zum VII. Schriftstellerkongreß im Dezember 1973. Sie begann mit erneuten Versuchen der SED, die politisch-literarische Emanzipation zurückzudrängen, und endete nach einigen kulturpolitischen Kursschwankungen mit ihrer Anerkennung. Nach dem VIII. Parteitag der SED (1971) schien sich zunächst eine neue „Bitterfelder Bewegung" anzukündigen. Kurt Hager klagte im Oktober 1971 auf der Tagung der Gesellschaftswissenschaftler darüber, daß die Formel vom sozialistischen Realismus in den letzten Jahren beinahe verschwunden sei. Honecker ließ sie dann schon im Dezember 1971 auf dem 4. Plenum wieder fallen und erklärte, von einer festen Position des Sozialismus aus dürfe es keine Tabus mehr geben. Er sprach fortan nur noch von „sozialistischer Literatur und Kunst".

Auf dem 6. Plenum des ZK der SED im Juli 1972 führte Hager einen – indessen freilich weniger engen – Begriff des „sozialistischen Realismus" wieder ein, da sich in der SED-Führung offenbar eine Fronde gegen die Öffnung der Schleusen gebildet hatte. Honecker stellte sich auf dem 9. Plenum im Mai 1973 an ihre Spitze und verurteilte jene literarischen Tendenzen, die er selbst zunächst begünstigt hatte. Dieses Plenum sollte die Weichen für den VII. Schriftstellerkongreß stellen, der im Dezember 1973 stattfand, jedoch einen anderen Verlauf nahm. Noch während der Vorbereitungsdebatten wurde die offizielle Kritik zurückgenommen und die führende Rolle der Partei in der L. durch „Teilnahme" der Schriftsteller „an der Gestaltung der sozialistischen Gesellschaft" ersetzt. Hermann Kant hob in seinem Referat den Wandel von der Unterordnung der L. unter die Politik zu einem Partnerschaftsverhältnis hervor, als er feststellte, daß sich die Beziehungen Arbeiterklasse und Schriftsteller nicht mehr wie früher „in Äußerungen von Wohlwollen hin und Ergebenheit her" artikulieren könnten. Kant verband damit einen „Abschied vom Bitterfelder Weg", der einst von Kurella als die Einheit von Politik, Wirtschaft und Kultur propagiert worden war.

In der *siebten Phase*, die bis zum VIII. Schriftstellerkongreß im Mai 1978 reichte, folgte dem „Partnerschaftsverhältnis", ohne daß es sich für beide Seiten vorteilhaft ausgewirkt hätte, der offene Bruch. Es waren mit ihm zu verschiedene Erwartungen verknüpft worden. Die SED-Führung erhoffte sich mehr Loyalität von den Schriftstellern, die ihr die Literaten wohl auch gezollt hätten, wäre die Partei nur bereit gewesen, ihnen etwas mehr künstlerische Freiheit zu gewähren. Die SED-Führung wehrte sich indessen gegen die fortgesetzte Kritik durch verstärkte Anwendung administrativer Kontrollen, z. B. über die Verlage. So wuchs die Zahl der Unzufriedenen durch Kollegen, die bis dahin wenig Grund zur Beschwerde gehabt hatten. Die Verhaftung jüngerer Schriftsteller, wohl auch als Warnung an die prominenteren gedacht, löste eine überraschend große Solidaritätswelle aus. Als im November 1976 Wolf Biermann aus der DDR ausgewiesen wurde, verfaßten Sarah Kirsch, Christa Wolf, Volker Braun (der seine Unterschrift später teilweise), Fritz Cremer (der sie ganz zurückzog), Franz Fühmann, Stefan Hermlin, Stefan Heym, Günter Kunert, Heiner Müller, Rolf Schneider, Gerhard Wolf und Jurek Becker eine Petition an die Parteiführung, der sich noch über 70 andere Schriftsteller anschlossen, um eine Korrektur der Maßnahme zu bewirken. Die SED reagierte mit Parteiausschlüssen gegen Gerhard Wolf, Becker und Kirsch, mit Parteiverfahren gegen Christa Wolf und Kunert, mit Rügen gegen Hermlin und Braun und mit Ausschlüssen aus dem Vorstand des Berliner Schriftstellerverbandes gegen Christa Wolf, Becker, Braun, Fühmann, Kirsch, de Bruyn und Plenzdorf.

Der VIII. Schriftstellerkongreß (1978) zementierte den Bruch, indem er auf eine erzwungene Einheit verzichtete; die Frondeure blieben „vor der Tür": sie wurden nicht geladen oder boykottierten den Kongreß – mit zwei Ausnahmen: V. Braun schwieg, und St. Hermlin verdeutlichte sogar seine „Anti-Position" mit der Bemerkung, er sei ein spätbürgerlicher Schriftsteller. Hermann Kant, der erst auf dem VII. Schriftstellerkongreß das Partnerschaftsverhältnis begründet hatte, löste es auf diesem Kongreß wieder auf. Er sprach nun von „gegenseitigen Beratungen unter Führung der Partei" – von denen bereits feststand, daß ein beträchtlicher und prominenter Teil der Literaten sie nicht akzeptieren würde.

In der damit einsetzenden *achten Phase* der Lp. der SED endete alles, was sich sinnvoll noch mit Lp. bezeichnen ließ. Die Partei verteidigte den Restbestand ihrer Positionen mit reinen Repressalien. Sie verprellte mit dem Aufführungsverbot der Stücke „Die Flüsterparty" von Rudi Strahl im Herbst 1978 in Berlin und „Kirschenpflücker" von Helmut Baierl im Herbst 1979 in Dresden zwei weitere Vertreter der Parteiliteratur und ging mit eigens verschärften Strafgesetzen unbotmäßig vor. Den Auftakt bildete die Geldstrafe wegen Devisenvergehens gegen Stefan Heym, dessen Roman „Collin“ sich an den höheren Rängen der SED vergriffen hatte. Der Effekt war eine zweite Solidarisierungswelle gegen die Partei, die in einem Brief an Erich Honecker vom 16. 5. 1979 kulminierte, den Jurek Becker, Klaus Poche, Klaus Schlesinger, Erich Loest, Kurt Bartsch, Adolf Endler, Dieter Schubert und Martin Stade unterzeichneten. Als Gegenmaßnahme wurden am 7. 6. 1979 Heym, Poche, Schlesinger, Bartsch, Endler, Schubert, sowie Rolf Schneider, Karl Heinz Jakobs und Joachim Seyppel aus dem Schriftstellerverband ausgeschlossen; Becker und Stade traten selbst aus. Politisch ästhetische Konzeptionen lagen diesen Repressalien nicht mehr zugrunde. Die Folge dieser Situation war, daß bei den meisten Literaten eine Wiederannäherung an die Positionen der Parteiführung trotz versöhnlicher Gesten unterblieb oder sogar die Neigung, die DDR zu verlassen, wuchs.

V. Wandel des Verhältnisses von Partei und Schöner Literatur

A. Der Funktionswandel der Schönen Literatur

Dieser Wandel im Verhältnis von Partei und Literatur hatte sich seit langem angekündigt. Die SED trennte sich damit von einem Konzept, das bereits mehrfach gescheitert war. Kuba, der nach dem III. Kongreß die Linie der SED besser als Uhse nach dem II. Kongreß durchsetzen sollte, stürzte beim IV. Kongreß; Kurella wurde aus der Kulturkommission des Politbüros in die Akademie der Künste abgeschoben, weil es ihm nicht gelungen war, die Auseinandersetzungen mit den Künstlern für die Partei erfolgreich zu beenden. Die Partei hat mehrfach versucht, ihre literaturpolitischen Mißerfolge zu vertuschen: Zunächst wurde von neuen Etappen des Bitterfelder Weges gesprochen; danach wurde die L. der „NÖS-Periode“ als Triumph des Bitterfelder Konzeptes ausgegeben.

Aber das Konzept selbst war fehlerhaft und hat der Entwicklung der L. in der DDR beträchtlichen Schaden zugefügt. Indem die L. der Politik folgen mußte, konnten die Schriftsteller nur schlechte Kampfgenossen sein. Sie waren es auch, mindestens Anfang und Ende der 50er Jahre, als ihre Werke, wären sie weniger vordergründig den politischen Richtlinien gefolgt, die Partei hätten warnen und veranlassen können, den Neuen Kurs oder das Ökonomische System so rechtzeitig zu starten, daß es nicht zum 17. Juni 1953 oder zu der Massenflucht 1960/61 gekommen wäre.

Becher hat die herrschende Kunstauffassung schon 1955 („Macht der Poesie“, S. 262) und Eisler 1962 (H. Bunge „Gespräche mit Hanns Eisler“, S. 319) als „sektiererisch“ bezeichnet (→ **Sektierertum**).

Georg Lukács hat 1951 auf die Balzac-Interpretation von Engels zurückgegriffen, um die Mesalliance zwischen politischer Taktik und künstlerischer Sicht aufzulösen (Vorwort zu „Balzac und der französische Realismus“), und daraus 1956 den Begriff der Perspektive entwickelt, der eine gesellschaftliche Tendenz umschreibt, die unter Umständen andere Ergebnisse hervorbringt, als es sich Zeitgenossen vorzustellen vermögen (IV. Schriftstellerkongreß). Mit dem „Bitterfelder Weg“ hat die Parteiführung vergeblich gegen diese Konzeption gekämpft. Gegen Ende der Ära Ulbricht griff Jürgen Kuczynski in seinem Aufsatz „Der Wissenschaftler und die Schöne Literatur“ erneut auf die Balzac-Interpretation zurück („Neue deutsche Literatur“, 2/71). War Lukács 1951 und 1956 der literarischen Entwicklung voraus gewesen, so beschrieb Kuczynski 1971 nur, was von den Literaten bereits praktiziert wurde.

B. Die literarische Emanzipation

Die literarische Emanzipation setzte ziemlich früh, wenn auch zögernd ein. Becher erkannte schon 1950: „Eine Literatur kann sich nur entwickeln aufgrund einer Literaturbewegung. Solch eine Bewegung müssen wir schaffen“ (II. Schriftstellerkongreß). Das Dilemma der L.-Bewegung bestand aber darin, daß sie mit der These von der führenden Rolle der Partei nicht vereinbar war und daß die Erkenntnis dieser Situation sich nur langsam durchsetzte. Becher selbst hat die sich ankündigenden Differenzen bereits 1951 mit der Notiz ausgedrückt: „‚Du liegst schief‘ kann mich nicht schrecken, denn ich bin ein Segler (Und liebe jede Schräglage).“ („Tagebuch“, 9. 7. 1951); und Stefan Heym hat 1955 in der Nachterstedter Diskussion gesagt: „Der Schriftsteller kann sich nicht die Augen vor dem verschließen, was ist.“ Aber solange der „Zensor im Herzen des Schriftstellers“, von dem Heym auf dem IV. Schriftstellerkongreß sprach, das Geschehene nach Schaden und Nutzen für die Partei sonderte, nützte es wenig, wenn man sich die Augen nicht verschloß.

Praktisch-politische Konsequenzen kündigten sich jedoch erst an, als Paul Wiens erklärte, die künstlerische Auseinandersetzung mit der Wirklichkeit müsse nicht immer zum sozialistischen Realismus führen (V. Schriftstellerkongreß). Den nächsten Schritt ging Stefan Heym, als er auf dem Höhepunkt der NÖS-Belletristik die trügerische Einheit zwischen Schriftsteller, Partei und Leser zerstörte, indem er dieser L. vorwarf, nur Scheindebatten über Scheinkonflikte zu führen (Dezembercolloquium 1964). Der „Zensor im Herzen“ wurde endgültig erst überwunden, als Heym 1965 in seinem Manifest „Die Langeweile von Minsk“ für den Schriftsteller – gegenüber der SED – eine Rolle proklamierte, wie sie im Alten Testament die Propheten gegenüber der Priesterschaft ausübten. Ebenfalls 1965 rief Biermann aus: „Das Kollektiv liegt schief!“ („Die Drahtharfe“), und Hasso Grabner stellte fest: „Die Literatur hat immer die Mächtigen angegriffen. Jetzt hat die Partei die Macht. Die Partei muß sich also gefallen lassen, daß sie in der Literatur angegriffen wird." (Auf dem 11. ZK-Plenum von Paul Fröhlich abwehrend zitiert.)

Als Christa Wolf auf dem 11. Plenum des ZK der SED (Ende 1965) die Aufgabe der Kunst, neue Fragen aufzuwerfen, für ein typisches literarisches Problem erklärte, zeichnete sich bereits ab, daß die Versuche der Partei zur Eindämmung der literarischen Emanzipation scheitern würden. Für die Eigengesetzlichkeit der L. sprachen z. B. der Dramatiker Pfeiffer, der die Kunst als eine „zweite Wirklichkeit" umschrieb („Neue Deutsche Literatur", 10/66) und der Lyriker Heinz Czechowski: „Das dichtende Subjekt sieht die Welt mit anderen Augen" („Forum", 8/66). 1969 beanspruchte gar Wiens im literarischen Bereich die „Machtbefugnis" des Autors als ein „Naturrecht" („Weimarer Beiträge" 3/69). 1971 erklärten Manfred Streubel und Wulf Kirsten ihre Gleichgültigkeit gegenüber ihren Zeitgenossen („Sonntag", 32/71). Zehn Jahre später bauten Rainer Kirsch in dem Essay-Band „Das Amt des Dichters" (1980) und Franz Fühmann in seinen Erfahrungen mit Georg Trakls Gedichten „Von Feuerschlünden" (1981) das gewonnene Terrain konzeptionell aus.

VI. Die Hauptrichtungen der Schönen Literatur in der DDR

Die Entwicklung der Schönen L. in der DDR fächerte sich zwischen den Polen von gesellschaftlicher Funktionszuweisung und Selbstbestimmung im Lauf ihrer Geschichte in 3 Hauptrichtungen auf:

1. in eine L., die die führende Rolle der Partei akzeptierte und von dieser entsprechend herausgestellt wurde (man kann sie als „Partei-L." bezeichnen);
2. in eine L., die, wenn auch parteinehmend, in „schiefer Lage" entstand und anfangs kritisiert, später gesellschaftspolitisch integriert wurde (man kann sie „Partisanen-L." nennen);
3. in eine L., die in traditionellem Sinn L. ist, bei der Unterscheidungen wie „l'art pour l'art" oder „Littérature engagée" nur situationsbedingt gültig sind.

A. Die „Partei-Literatur"

Die Partei-L. entsprach mit ihren Gewinnen und Verlusten an Wirklichkeit dem Auf und Ab der literaturpolitischen Zielsetzungen. Sie konnte von sich selbst aus keine literarische Bewegung einleiten.

1. Epik

In den ersten beiden Phasen stand im Mittelpunkt der Epik das Bemühen um den Betriebsroman. Die wichtigsten Titel im industriellen Bereich waren „Menschen an unserer Seite" (1951) von Eduard Claudius und „Helle Nächte" (1953) von Karl Mundstock – im landwirtschaftlichen Bereich „Tiefe Furchen" von Otto Gotsche (1949) und „Herren des Landes" von Walter Pollatschek (1951). Während die Landwirtschaftsromane pauschal und schematisch blieben, gingen die Industrieromane, allerdings nur im Milieu und im Detail, nuancierter vor. Die Folge war, daß die Landwirtschaftsromane von der gesamten Kritik als „unzureichend" bezeichnet wurden, gegen die Industrieromane sich jedoch Bedenken der Parteikritik richteten. Nach dem 17. 6. 1953 wurde das Bemühen um den Betriebsroman fortgesetzt, als habe es keine aufrührerischen Ereignisse gegeben. Da die Unruhen mehr in den Städten als auf dem Lande ausgebrochen waren, kehrte sich das Verhältnis um. Die Landwirtschaftsromane – „Tinko" von Erwin Strittmatter (1954), „Der Weg über den Acker" von Margarete Neumann (1955) – fielen in einzelnen Zügen wesentlich interessanter aus als die Industrieromane „Roheisen" von Hans Marchwitza oder „Martin Hoop IV" von Rudolf Fischer (1955).

Auf dem IV. Schriftstellerkongreß wurde der Bankrott des Betriebsromans öffentlich zugegeben. Das Interesse wandte sich daraufhin privaten Konflikten vor betrieblichem Hintergrund zu. Die ersten Versuche („Von der Liebe soll man nicht nur sprechen" von Claudius in landwirtschaftlichem oder „Die Ehe des Assistenten" von August Hild in industriellem Milieu [1957]), die wegen ihrer attraktiven Titel viel gekauft worden sind, blieben psychologisch unbeholfen. In der dritten Phase ist mit Hilfe des Bitterfelder Konzeptes versucht worden, den Betriebsroman zu rekonstruieren. Von diesen Projekten konnte nur „Die Entscheidung" von Anna Seghers (1959) groß herausgestellt werden – ein Buch, das lange vorher begonnen worden war und in dem die Verfasserin einer Schwarzweißmalerei verfiel, die sie selbst auf dem IV. Schriftstellerkongreß den bisherigen Betriebsromanen vorgeworfen hatte.

Die eigentliche Bitterfelder L. waren Erzählungen, z. B. „In diesem Sommer" von Werner Bräunig (1960) oder „Bitterfelder Geschichten" von Erik Neutsch (1961) und Reportagen wie „Die Tage mit Sepp Zach" von Regina Hastedt (1959); die „Kumpel"-Literatur wurde in den „Deubener Blättern" gesammelt. Der Industrieroman „Ankunft im Alltag" von Brigitte Reimann (1961) war mehr ein Jugendbuch, und der Landwirtschaftsroman „Herbstrauch" von Seeger (1961) die Geschichte einer melodramatischen Freundschaft.

Die vierte Phase mit der NÖS-L. brachte den größten Wirklichkeitsgewinn für die Partei-L.: Karl-Heinz Jakobs „Beschreibung eines Sommers" (1961), Brigitte Reimann „Die Geschwister" (1962), Christa Wolf „Der geteilte Himmel" und Erwin Strittmatter „Ole Bienkopp" (1963), „Spur der Steine" von Neutsch (1964), „Haus unterm Regen" von Herbert Nachbar und „Die Aula" von Hermann Kant (1965). Die Versuche mit dem Betriebsroman waren in diesen Büchern aufgegeben worden. Die

Verfasser knüpften bezeichnenderweise da an, wo die L. schon 1957 bei Claudius und Hild gestanden hatte, nur infolge der gesellschaftspolitischen Offenheit des NÖS gesellschaftlich und psychologisch differenzierter, weil das Individuum stärker in den Mittelpunkt des Interesses gerückt war. Dieser Standard ist von der Partei-L. seitdem nicht wieder erreicht worden. Anna Seghers wiederholte mit dem „Vertrauen" (1968) das Fiasko der „Entscheidung". Ende der 60er Jahre ist versucht worden, diesen erneuten Wirklichkeitsverlust durch eine lyrisch-kunstgewerbliche Ausdrucksweise zu überspielen: Beispiele dafür sind Alfred Wellms „Pause für Wanzka", Werner Heiduczeks „Abschied von den Engeln" und Martin Viertels „Sankt Urban" (1968), Joachim Wohlgemuths „Verlobung in Hullerbusch" (1969) und Joachim Knappes „Die Birke da oben" (1970). Anfang der 70er Jahre versuchte man es mit einem fast forschen Ton: Herbert Otto „Zum Beispiel Josef" (1970), Jakobs „Eine Pyramide für mich" und Jochen Laabs „Das Grashaus oder Die Aufteilung von 35000 Frauen auf zwei Mann" (1971). Aber diese Versuche konnten nicht darüber hinwegtäuschen, daß die wesentlichen literarischen Ereignisse in der Partisanen-L. und der emanzipierten L. stattfanden. Wer diese literarischen „Lockerungsübungen" fortsetzte, mündete mit seinem Schaffen unversehens in diese Strömungen ein. Was Partei-L. blieb, wie die letzten Werke von Neutsch und Seeger, verfiel der Kritik wegen bedenklicher künstlerischer Mängel.

2. Lyrik

Wegen der individuellen Struktur der Lyrik hat die Gedichteproduktion der Partei-L. in allen literaturpolitischen Phasen selten die Grenzen der Agitationslyrik überschritten. Die Hauptvertreter dieser Richtung waren Kuba, Zimmering, Uwe Berger, Günther Deicke, Helmut Preißler und Jupp Müller. In ihren Anfängen zählten dazu auch Günter Kunert, Paul Wiens und Reiner Kunze. Eine moderne Variante schufen Volker Braun und Peter Gosse.

3. Dramatik

Die Dramatik der Partei-L. blieb – aus anderen Gründen – ebenfalls innerhalb der Grenzen der Agitation. Vorgänge, wie sie in den Romanen dieser Richtung geschildert werden konnten, erhielten durch ihre Darstellung auf der Bühne eine radikalere Form. Deshalb sind solche Versuche alsbald in die Partisanen-L. hinübergeglitten. Die Hauptvertreter der dramatischen Partei-L. waren Gustav von Wangenheim, Harald Hauser, Paul Herbert Freyer, Helmut Baierl, Helmut Sakowski, Claus Hammel, Horst Salomon, Rainer Kerndl und Armin Stolper. Formal hat sich diese Gattung nicht entwickelt – im Gegensatz zu den Romanen, die mit der „Aula" und dem „Haus unterm Regen" immerhin Elemente moderner Erzähltechnik aufnahmen.

B. Die „Partisanen-Literatur"

1. Epik

Die Entwicklung der Partisanen-L. wurde durch die Tabuisierung der Behandlung der Gründe und des Verlaufes des 17. Juni lange verzögert. Nachdem Heyms Roman „Der Tag X", der die Ereignisse des Jahres 1953 behandelte, nicht veröffentlicht werden konnte, vergleichbare Vorhaben unterbunden wurden, konnte diese Richtung erst 1960 in der Epik hervortreten: mit den Erzählungsbänden „Schatten und Licht" von Heym sowie „Und sie liebten sich doch" von Boris Djacenko.

In der NÖS-Periode schien es zunächst nicht notwendig, solche Versuche fortzusetzen, weil ein gewisses Entgegenkommen der SED bei zahlreichen Schriftstellern auf Bereitschaft zur Mitarbeit traf. Sie wurden jedoch wiederaufgenommen, als durch die Eigengesetzlichkeit der Stoffe veranlaßt einige Schriftsteller den als zu eng empfundenen Rahmen der Kritik durchbrachen: Manfred Bieler mit dem Roman „Das Kaninchen bin ich" und Werner Bräunig mit dem Roman „Rummelplatz" – beide Manuskripte konnten nicht mehr veröffentlicht werden, sie wurden Gegenstand der Kritik des 11. Plenums. Kant wurde mit seinem nächsten Roman „Das Impressum" unfreiwillig in eine Partisanenposition abgedrängt; der Roman erschien erst nach dem Ende der Ära Ulbricht, allerdings politisch überarbeitet. Stefan Heym ließ seinen Lassalle-Roman, die „Schmähschrift" und den „König David Bericht", die nach dem VII. Schriftstellerkongreß in der DDR herauskamen, vorher in westlichen Verlagen erscheinen. Jurek Beckers „Irreführung der Behörden" (1973) und „Die Interviewer" von Karl-Heinz Jakobs (1974) ließen bereits spätere Entwicklungen ahnen.

Mit der Veröffentlichung des „Tages X" in der Bundesrepublik unter dem Titel „5 Tage im Juni" (1974) war der Damm für die Partisanen-L. gebrochen. Eine steigende und reißende Flut kritischer Darstellungen überschwemmte die L.-Szene: 1975 – Volker Braun „Unvollendete Geschichte"; 1976 – Reiner Kunze „Wunderbare Jahre", Christa Wolf „Kindheitsmuster", Jurek Becker „Der Boxer", Karl-Heinz Jakobs „Wüste kehr wieder"; 1977 – Hans-Joachim Schädlich „Versuchte Nähe", Thomas Brasch „Vor den Vätern sterben die Söhne", Jürgen Fuchs „Gedächtnisprotokolle", Werner Heiduczek „Tod am Meer"; 1978 – Jurek Becker „Schlaflose Tage", Erich Loest „Es geht seinen Gang", Klaus Poche „Atemnot"; 1979 – Stefan Heym „Collin", Rolf Schneider „November"; 1984 – Stefan Heym „Schwarzenberg". Es half nichts, wenn die Partei den radikalsten Teil dieser L. in den Westen abdrängte. Sie kehrten in Exemplaren zurück, beherrschten die Diskussionen und wirkten ansteckend: auf Joachim Laabs „Der Ausbruch" (1980), Monika Maron „Flugasche" (1981) und

Helga Schütz „Julia oder Erziehung zum Chorgesang“ (1982).

2. Lyrik

Die Partisanenlyrik begann 1956 nach den Erschütterungen des XX. Parteitages der KPdSU, als Kunert, Wiens und Streubel aus der Parteiraison ausbrachen. Später, nach 1962, folgten Lyriker, die sozusagen als „Partisanen“ in die L. eintraten: Wolf Biermann, Reiner Kirsch, Sarah Kirsch, Karl Mikkel, Heinz Czechowski und Volker Braun.

3. Dramatik

Wegen der radikalisierenden Wirkung der Bühne war die Partisanendramatik am meisten behindert. Für Heinar Kipphardts „Shakespeare dringend gesucht“ (1953) war es von Vorteil, daß das Stück schon zu Beginn des Neuen Kurses vorlag – dessen frühes Ende (1954) sich dann allerdings so hemmend auswirkte, daß ein ähnliches Vorhaben, „Glatteis“ von Hans Lucke, als es 1957 aufgeführt wurde, nach zahlreichen Bearbeitungen von einem Agitationsstück kaum noch zu unterscheiden war. Joachim Knauths „Kampagne“ (1961) lag zu Beginn des NÖS vor, konnte aber, wie Kipphardts Stück, nicht Schule machen. Auch Bielers Satire „Zaza“ ist schon vor dem 11. Plenum nicht mehr aufgeführt worden. Pfeiffers „Begegnung mit Herkules“ wurde zwar 1966 noch inszeniert, aber vor der Premiere abgesetzt. Danach hatten Versuche in historischem Gewand ein unterschiedliches Schicksal. Mickels „Nausikaa“ wurde 1968 nur einmal gespielt, Pfeiffers „Leben und Tod Thomas Müntzers“ 1970 nur im Fernsehen gezeigt, Knauths „Aretino oder Ein Abend in Mantua“ blieb in der Schublade. Eine Übertragung des „Werther“-Themas in die Gegenwart durch Ulrich Plenzdorfs „Die neuen Leiden des jungen W.“ stieß lange auf Ablehnung, bis sie 1972 aufgeführt wurde und eine neue Theaterära einzuleiten schien. Sie fand jedoch ein rasches Ende, als ein Jahr später das Stück „Heinrich Schlaghands Höllenfahrt“ verboten und sein Autor Rainer Kirsch aus der Partei ausgeschlossen wurde.

Ein in sich geschlossener, wiewohl in den Einzelstücken zu differenzierender Komplex der Partisanendramatik sind, in der Nachfolge Brechts, die Werke Heiner Müllers („Der Lohndrücker“, 1957; „Die Korrektur“, 1958; „Die Umsiedlerin“, 1959; „Der Bau“, 1965), Peter Hacks' („Die Sorgen und die Macht“, 1959/1962; „Moritz Tassow“, 1965), Hartmut Langes („Senftenberger Erzählungen“, 1961; „Marski“, 1965) und Volker Brauns („Kipper Paul Bauch“, 1965; „Die Freunde“, 1965; „Hans Faust“, 1968). Langes Stücke sind nicht, Müllers „Bau“ erst spät aufgeführt worden. „Die Umsiedlerin“, „Die Sorgen und die Macht“ und „Moritz Tassow“ wurden Gegenstand herber Kritik auf dem 11. Plenum des ZK der SED. Brauns „Kipper“-Stück wurde wie Plenzdorfs „Werther“-Paraphrase 1972 aufgeführt, doch mit geringerem Effekt. Dies lag nicht allein an der angepaßten Neufassung; das schöpferische Potential dieser Brecht-Nachfolge hatte sich selbst erschöpft. Sie bestand aus einer Mischung pittoresker Elemente der frühen Stücke Brechts und doktrinärer Elemente seiner Lehrstücke. Das hätte in der Aufbauphase mit den verschiedenen Roheiten der ursprünglichen sozialistischen Akkumulation seinen Platz gehabt, mußte aber bei der zunehmenden Differenzierung der sozialistischen Gesellschaft funktionslos werden.

C. „Traditionelle“ Literatur

1. Epik

Die Schöne L., die in der DDR nach traditionellen Anstößen geschrieben wird, gilt heute als die eigentlich repräsentative Literatur. Ihre ersten Anfänge in den 50er Jahren galten damals als letzte Ausläufer historisch „überholter“ Positionen. Es begann in der Epik auf dem imponderablen Gebiet der Kriegs-L., deren archetypische Situationen schwerlich zwischen Basis und Überbau im Sinne des → **Marxismus-Leninismus** angesiedelt werden können. Hans Pfeiffers Erzählungsmanuskript „Die Höhle von Babie Doly“ wurde 1953 noch als verschroben und unveröffentlichbar angesehen. Als die Zeitschrift „Neue deutsche Literatur“ es in Heft 12/57 abdruckte, präsentierte es sich bereits als Teil einer breiten literarischen Strömung nach, neben und vor: Franz Fühmanns „Kameraden“ (1955), Egon Günthers „Dem Erdboden gleich“, Joachim Kupschs „Die Bäume zeigen ihre Rinden“, Karl Mundstocks „Bis zum letzten Mann“ (1957) und „Die Stunde des Dietrich Conrady“ (1958), Fühmanns „Das Gottesgericht“ und Mundstocks „Sonne in der Mitternacht“ (1959). Die Kriegsromane „Der kretische Krieg“ von Günther, „Im Garten der Königin“ von Horst Beseler, „Die Stunde der toten Augen“ von Harry Thürk (1957) und „Geliebt bis zum bitteren Ende“ von Rudolf Bartsch (1958) blieben formal unterhalb des Niveaus der Kriegserzählungen. Ihr Effekt war der gleiche. Die Kriegs-L. durchbrach den Kanon des sozialistischen Realismus. Ihre mehr an westlichen Vorbildern orientierte „harte Schreibweise“ offenbarte einen Zugriff auf die Realität, dessen Konsequenzen für Gegenwartsstoffe die Kritik der Partei zu einer Kampagne veranlaßten, die bis zur Aufstellung eines detaillierten stilistischen Negativkatalogs ging. Die Kriegs-L. in der DDR erreichte danach, vielleicht mit der Ausnahme der Erzählung „König Oedipus“ von Fühmann (1966), niemals wieder die Qualität ihres anfänglichen produktiven Ansatzes. Indessen entfaltete sich, angeregt von Ehm Welks „Mutafo“ (1955), ein Nebenzweig der Kriegs-L. in Form von Schelmenromanen, der von Strittmatters „Wundertäter“ (1957) über Bielers „Bonifaz oder der Matrose in der Flasche“ (1963) bis zu Kunerts „Im Namen der Hüte“ (1967)

viel zur Wiedererweckung der vom sozialistischen Realismus gehemmten Fabulierfreude beigetragen hat. Im 3. Band des „Wundertäters“ (1980) setzte sich Strittmatter sogar von der Konzessionsbereitschaft ab, die ihm einst Brecht empfahl.
Der zweite Ausgangspunkt der emanzipierten Epik war die Aneignung fremder Welten außerhalb der sozialistischen Thematik. Ein früher Vorläufer, Christa Reinigs Erzählung „Das Fischerdorf“ (1951) aus dem Mittelmeerraum, hatte noch keine Folgen. Diese Strömung formierte sich erst 1957 mit Uhses „Mexikanischen Erzählungen“. Es folgten Zug um Zug Hanns Cibulkas „Sizilianisches Tagebuch“ (1960), die lettischen und französischen Erzählungen des Bandes „Und sie liebten sich doch“ von Djacenko (1961), die vietnamesischen Erzählungen „Das Mädchen ‚Sanfte Wolke‘“ von Claudius (1962), die gelegentlichen mittelamerikanischen Abstecher von Anna Seghers sowie als bisherige Höhepunkte Johannes Bobrowskis Romane „Levins Mühle“ (1964), „Litauische Claviere“ (1966) und die Erzählungen „Boehlendorff und Mäusefest“ (1965) aus dem litauischen Raum wie ebenso Djacenkos Kriegsroman „Nacht über Paris“ (1965).
Ein dritter Ansatz bot sich in der Darstellung historischer Sujets, abseits der revolutionären Pathetik. Diese Richtung begann sich mit Joachim Kupschs „Sommerabenddreistigkeit“ (1959) zu artikulieren. Es folgte von Kupsch „Die Winternachtsabenteuer“ (1965). Stefan Heym entdeckte die historische Dimension mit den „Papieren des Andreas Lenz“ (1963), ging aber, je mehr er sich ihre Vieldeutigkeit politisch zunutze machte, mit seinen nächsten Vorhaben auf die Partisanenposition über. Während die geschichtlichen Miniaturen unter den Erzählungen von Hans Joachim Schädlich diesem Zuge folgten, setzten die anspielungsreiche, doch nicht unmittelbar politisch deutbare Einbeziehung und Verarbeitung historischer Stoffe Martin Stade mit „Der König und sein Narr“ (1977) und Christa Wolf mit „Kein Ort. Nirgends“ (1979) fort.
Ein vierter Ansatz war die Anwendung moderner Stilmittel auf phantastische Sujets. Er begann nahezu unvermittelt in der NÖS-Periode, um sich unbeirrt durch Kritik kontinuierlich zu entwickeln: Kunert „Tagträume“ (1964) und „Die Beerdigung findet in aller Stille statt“ (1968), Rolf Schneider „Brücken und Gitter“ (1965), Bieler „Märchen und Zeitungen“ (1966), Fritz Rudolf Fries „Der Weg nach Oobliadooh“ (1966), „Fernsehkrieg“ (1969), „Seestücke“ (1973) und „Das Luft-Schiff“ (1975), Irmtraud Morgner „Hochzeit in Konstantinopel“ (1968), „Die wunderbare Reise Gustavs des Seefahrers“ (1972) und „Leben und Abenteuer der Trobadora Beatriz nach Zeugnissen ihrer Spielfrau Laura“ (1974), Bernd Jentzsch „Jungfer im Grünen“ (1973) und „Ratsch und ade!“ (1975).
Der fünfte Ansatz schließlich zeigte sich in der Wiederentdeckung der Provinzen, bei der sich sukzessiv mit dem Urwüchsigen eine differenziertere Betrachtung der sozialistischen Gesellschaft verband. Der frühe Vorläufer, Ludwig Tureks Roman einer Berliner Trümmerfrau, „Anna Lubitzke“ (1952), fand zunächst keine Nachahmung. Dieser Ansatz entfaltete sich erst, als der NÖS-Literatur ein Ende gesetzt wurde. Der literarische Gewinn war beträchtlich. Mit dieser Richtung hat die erzählerische L. in der DDR ihre eigentliche Basis gefunden. Es erschienen bisher: Strittmatter „Schulzenhofer Kramkalender“ (1966), „Ein Dienstag im September“ (1969), „3/4 Hundert Kleingeschichten“ (1971), Christa Wolf „Nachdenken über Christa T.“ (1968), Günter de Bruyn „Buridans Esel“ (1969), „Die Preisverleihung“ (1972) und „Märkische Forschungen“ (1979), Klaus Schlesinger „Alte Filme“ (1975) und „Berliner Traum“ (1978).

2. Lyrik

Die Lyrik emanzipierte sich an landschaftlichen und mythologischen Sujets. Wie an der Entwicklung der Partisanenlyrik abzulesen ist, die über epigonale Anknüpfungen bei Brecht, Majakowskij, Neruda nicht hinauskam, bot die kritische Position hier keinen literarisch originellen Ansatz. Durch die Resistenz Peter Huchels entfaltete sich die emanzipierte Lyrik, wenn anfangs auch langsam, vom Beginn der L. in der DDR an kontinuierlich. Ihm folgten bald Erich Arendt und Hanns Cibulka. Mit Johannes Bobrowski, Peter Jokostra und Wolfgang Hädecke traten von 1955 an neue Talente ausschließlich als Lyriker hervor. Ein nächster Schub erfolgte nach dem Ende der Bitterfelder Periode, als Reiner Kunze und Paul Wiens ihre Partei- und Partisanenpositionen verließen und mit Bernd Jentzsch wieder ein Debütant als Lyriker auftrat.
Auch andere Autoren profitierten vom Zerfall der NÖS-Belletristik: Namen wie Wulf Kirsten, Axel Schulze tauchten auf; Mickel, Czechowski und Gressmann legten ihre partisanenhaften Attitüden allmählich ab. Demgegenüber wirkte Ende der 70er Jahre die aggressive Existenzlyrik von Wolfgang Hilbig bis Thomas Erwin und Uwe Kolbe wie eine Serie erratischer Einschläge.

3. Dramatik

Die Dramatik emanzipierte sich am historischen Sujet und in einer schöpferischen Erneuerung des Naturalismus. Eine doppelbödige historische Dramatik begann ziemlich früh mit Pfeiffers „Nachtlogis“, Kupschs „König für einen Tag“ (1954), und Knauths „Heinrich der VIII. oder Der Ketzerkönig“ (1955) und „Der Tambour und sein Herr König“ (1956). Die folgenden Restriktionen und die politischen Implikationen drängten diese Richtung bald auf die Partisanenstellung ab. Sie erneuerte sich, als die Dramatiker der Brecht-Nachfolge ihre aktuellen Möglichkeiten erschöpft sahen und sich vorwiegend

der Rezeption mythischer Stoffe zuwandten, wie Heiner Müller und Peter Hacks.
Die zweite Richtung, die naturalistische Elemente mit der szenischen Lakonik Brechts verband, entwickelte sich kontinuierlicher. Ihre Hauptvertreter sind Alfred Matusche und Boris Djacenko. Matusche schrieb „Die Dorfstraße" (1955), „Nacktes Gras" (1958), „Van Gogh" (1966), „Das Lied meines Weges" (1967), „Der Regenwettermann" (1968), „Kap der Unruhe" (1970), „An beiden Ufern" (1971). Von Djacenko ist 1967 „Doch unterm Rock der Teufel" bekanntgeworden. Das frühere Stück „Bockums Pilgerfahrt zur Hölle" und das spätere „Lern Lachen, Lazarus" sind bisher weder gedruckt noch gespielt worden. Seit dem Tod der beiden Autoren scheint dieses literarische Kapitel abgeschlossen zu sein.
Die Auffächerung der Schönen L. in der DDR wäre wohl, im ganzen gesehen, noch früher, gründlicher und vielfältiger vonstatten gegangen, wenn die verschiedenen literaturpolitischen Phasen nicht eine Reihe von Schriftstellern vertrieben hätten. Es verließen die DDR u. a. Theodor Plivier, Günter Bruno Fuchs, Carl Guesmer, Horst Bienek, Gerhard Zwerenz, Peter Jokostra, Wolfgang Hädecke, Martin Gregor-Dellin, Ulf Miehe, Jochen Ziem, Uwe Johnson, Heinar Kipphardt, Werner Kilz, Christa Reinig, Helga M. Novak, Hartmut Lange, Manfred Bieler, Peter Huchel, Wolf Biermann, Reiner Kunze, Bernd Jentzsch, Sarah Kirsch, Thomas Brasch, Siegmar Faust, Gerald Zschorork, Siegfried Heinrichs, Jürgen Fuchs, Ulrich Schacht, Hans Joachim Schädlich und zuletzt, zumeist mit Visen (an die die SED schwache Hoffnung band, einige doch noch zu halten), Jurek Becker, Joachim Seyppel, Günter Kunert, Klaus Poche, Klaus Schlesinger, Karl-Heinz Jakobs, Erich Loest, Frank-Wolf Matthies und Thomas Erwin.

Hans-Dietrich Sander

Literaturangaben

Brettschneider, Werner: Zwischen literarischer Autonomie und Staatsdienst – Die Literatur in der DDR. Berlin (Ost): Schmidt 1972.

Demetz, Peter: Die süße Anarchie – Skizzen zur deutschen Literatur seit 1945. Frankfurt a. M.: Ullstein 1970.

Jäger, Manfred: Kultur und Politik in der DDR. Ein histor. Abriß. Köln: Wissenschaft u. Politik 1982. (Edition Deutschland Archiv.)

Jäger, Manfred: Sozialliteraten – Funktion und Selbstverständnis der Schriftsteller in der DDR. Düsseldorf: Bertelsmann Universitätsverl. 1973. (Literatur in der Gesellschaft. 14.)

Kluncker, Heinz: Zeitstücke, Zeitgenossen – Gegenwartstheater in der DDR. Hannover: Fackelträger 1972.

Literatur der DDR in Einzeldarstellungen. Hrsg.: Hans Jürgen. Stuttgart: Kröner 1972.

Literatur in der Deutschen Demokratischen Republik. Autorenkollektiv u. Leitung v. Haase, Horst, u. Hans Jürgen Geerdts, Erich Kühne, Walter Pallus. Berlin (Ost): Volk u. Wissen 1976. (Geschichte der deutschen Literatur von den Anfängen bis zur Gegenwart. 11.)

Raddatz, Fritz J.: Traditionen und Tendenzen – Materialien zur Literatur in der DDR. Frankfurt a. M.: Suhrkamp 1972.

Sander, Hans-Dietrich: Geschichte der Schönen Literatur in der DDR – Ein Grundriß. Freiburg i. Brsg.: Rombach 1972.

Lizenzen: Generell wird in der DDR als L. eine im internationalen Handel vertraglich vereinbarte Erlaubnis zur Nutzung patentierter oder auch nicht geschützter Erfindungen und anderer wissenschaftlich-technischer Ergebnisse gegen Bezahlung oder Sachleistung angesehen. Durch den L.-Vertrag verpflichten sich der L.-Geber, wissenschaftliche oder wissenschaftlich-technische Ergebnisse, industrielle Muster oder Warenzeichen zur Nutzung zu überlassen, und der L.-Nehmer, die L.-Vergütung zu zahlen (GBl. I, 1976, Nr. 6).
In der Außenwirtschaftspraxis der DDR wird der L.-Handel auch als Handel mit wissenschaftlich-technischen Ergebnissen bezeichnet, wobei Warenzeichen und industrielle Muster in diesen Begriff miteinbezogen werden (GBl. I, 1977, Nr. 38). Für den Handel mit L. sind die jeweiligen AHB zuständig, in deren Sachgebiet die L. liegt. Eine gewisse Zentralisierung des L.-Handels kommt darin zum Ausdruck, daß der Handel mit L. der Anleitung und Kontrolle des Zentralen Büros für Internationalen L.-Handel der DDR unterliegt.
Dieses Büro hat darüber hinaus die Aufgabe, den L.-Handel zu fördern und weiterzuentwickeln. Die Betriebe haben die Pflicht, bei Abschluß von Verträgen die Beratung des Büros in Anspruch zu nehmen. Für seine Tätigkeit erhebt das Büro Gebühren. Das Recht zum Abschluß von L.-Verträgen liegt grundsätzlich bei den AHB (GBl. I, 1976, Nr. 35). Gestaltungsmöglichkeiten bei L.-Verträgen, verbunden mit Valutaanrechten aus L.-Verkäufen, wie sie für die Produktionsbetriebe im Zuge der Reformen des ÖSS noch möglich waren, sieht das seit den 70er Jahren geltende System der Leitung und Planung nicht vor.
Der Handel mit L. war – vor allen Dingen aus ideologischen und juristischen Gründen – in der DDR lange Zeit unterentwickelt und bis Ende der 60er Jahre nur mit Nicht-RGW-Ländern möglich, da mit den RGW-Mitgliedern (→ **Rat für Gegenseitige Wirtschaftshilfe [RGW]**) seit der II. RGW-Tagung im August 1949 in Sofia das Prinzip der „gegenseitigen sozialistischen Hilfe" galt, das einen kostenlosen Austausch wissenschaftlicher, technischer und technologischer Dokumentationen zwischen den RGW-Partnern vorsah. Diese Regelung stieß jedoch gerade in der DDR als dem Land mit dem am höchsten entwickelten wissenschaftlich-technischen Niveau im RGW auf Kritik. Auf der 30. Tagung des Exekutiv-Komitees (EKO) des RGW

im Juli 1967 wurde dann den RGW-Mitgliedern der entgeltliche Austausch von wissenschaftlich-technischen Ergebnissen, der auf bilateralem Wege vorgenommen werden sollte, vorgeschlagen. Die DDR schloß aufgrund dieser Empfehlung eine entsprechende Vereinbarung zuerst mit der UdSSR, dann mit den anderen RGW-Ländern ab. Jedoch ist in dem seit 1971 geltenden Komplexprogramm und in dem auf der 60. EKO-Tagung (1972) beschlossenen Dokument über „organisatorische, methodische, ökonomische und rechtliche Grundlagen der wissenschaftlich-technischen Zusammenarbeit der Mitgliedsländer des RGW und der Tätigkeit der RGW-Organe auf diesem Gebiet" neben der entgeltlichen Übergabe ausdrücklich auch die unentgeltliche Übergabe vorgesehen.

Lohnausgleich: Bei Arbeitsunfähigkeit wurde bis Ende 1977 neben dem → **Krankengeld** durch die Betriebe für insgesamt 6 Wochen im Kalenderjahr L. als Differenz zwischen dem Krankengeld und 90 v. H. des Nettoverdienstes gezahlt. Zeitlich unbegrenzter L. wurde bis zur Wiederaufnahme der Arbeit oder Berentung bei Arbeitsunfähigkeit wegen Unfalls bzw. → **Berufskrankheit** oder Quarantäne gewährt.
Vollen L. (bis zu 100 v. H. des Nettodurchschnittsverdienstes) erhielten Lehrlinge (bis zu 12 Wochen im Kalenderjahr), Kämpfer gegen den Faschismus oder Verfolgte d. F. (für die gesamte Dauer des Krankengeldbezuges, → **Wiedergutmachung**) sowie Mitglieder von → **Kampfgruppen** bei Dienstunfall.
Seit dem 1. 1. 1978 zahlt die Sozialversicherung auch diese Leistungen. Dafür wurde der Beitragsanteil der Betriebe von 10 auf 12,5 v. H. des beitragspflichtigen Bruttoarbeitsverdienstes der Arbeiter und Angestellten bzw. der Genossenschaftsmitglieder erhöht. → **Sozialversicherungs- und Versorgungswesen.**

Lohnfonds: Begriff in der Planung: die für einen bestimmten Zeitraum geplante Bruttolohn- und Gehältersumme (Summe der → **Arbeitseinkommen** ohne Prämien und Sozialeinkommen) der Arbeiter und Angestellten.
Der L. wird in den Plänen aller Ebenen, also auch für jedes Wirtschaftsunternehmen im einzelnen, festgelegt, seine planmäßige Inanspruchnahme und Verwendung werden kontrolliert. Die → **Planung** des L. ist eine wichtige Seite der zentralen staatlichen Einkommenspolitik. Etwa 60 v. H. der → **Einkommen** der Bevölkerung werden über die L. verteilt. → **Kauffonds der Bevölkerung; Lohnformen und Lohnsystem.**

Lohnformen und Lohnsystem

I. *Realeinkommen und Arbeitseinkommen*
II. *Arbeitseinkommen und Arbeitslohn*
III. *Tariflohn und Mehrleistungslohn*
IV. *Lohnformen*
V. *Prämie*
VI. *Lohnpolitik und Lohnreform*

I. Realeinkommen und Arbeitseinkommen

Jegliches Einkommen, das die Werktätigen in der DDR erhalten, wird statistisch unter dem Begriff *Realeinkommen* gefaßt.
Teile dieses Realeinkommens sind unabhängig von den individuellen Leistungen der Werktätigen und werden entsprechend den Bedürfnissen über den gesellschaftlichen Konsumtionsfonds verteilt. Hierzu gehören u. a. die Aufwendungen für Bildung, Kultur, Verwaltung, Sicherheit, Gesundheitswesen usw. In der kommunistischen Gesellschaftsformation soll die „Verteilung nach den Bedürfnissen" alleinige Einkommensform werden.
Entsprechend dem Entwicklungsstand der Produktivkräfte könne jedoch im ‚realen' Sozialismus die Verteilung nach den Bedürfnissen noch nicht die umfassende gesellschaftliche Verteilungsform sein: Der weitaus größte Teil des Realeinkommens ist in dieser Phase noch von der Arbeitsleistung abhängig. Dieses Einkommen wird als → **Arbeitseinkommen** bezeichnet, als dasjenige Einkommen, „welches entsprechend der Quantität und Qualität der geleisteten Arbeit vom sozialistischen Staat in Übereinstimmung mit den Erfordernissen der gesellschaftlichen Entwicklung planmäßig zur Verfügung gestellt wird".
Das Niveau des Arbeitseinkommens in der DDR wird demnach von drei Faktoren bestimmt: von der Effektivität der gesellschaftlichen Gesamtarbeit, der Leistung des Betriebes und der Leistung des einzelnen. Das Arbeitseinkommen soll so gestaltet sein, daß jedem einzelnen Berufstätigen der Zusammenhang dieser drei Ebenen sichtbar wird.

II. Arbeitseinkommen und Arbeitslohn

Das Arbeitseinkommen, als Einkommen aus eigener Arbeit, setzt sich zusammen aus dem Arbeitslohn und anderen Beträgen, die mit der Arbeitsleistung der Werktätigen unmittelbar zusammenhängen, aber nicht aus dem Lohnfonds finanziert werden, wie die Prämien und die Zuschläge zur Entlohnung. Als Zuschläge zur Entlohnung werden gefaßt:
Zuschläge für Arbeitserschwernisse wie Schmutz, Gefahr, Hitze. Zuschläge für planmäßige Schichtarbeit, Nacht-, Sonn- und Feiertagsarbeit. Zuschläge für Überstunden (→ **Lohnzuschläge**);
Zusatzlöhne als Entgelt für Zeiträume, in denen keine Arbeitsleistung für den Betrieb erfolgt, so beispielsweise für Erholungsurlaub, Haushaltstag und für die Wahrnehmung staatsbürgerlicher Rechte und Pflichten;
Zuschläge, Zusatzlohn und Lohnausgleich sind Bestandteile des Arbeitslohnes.
Zuwendungen, wie Kinder- und Ehegattenzuschläge sowie Weihnachtszuwendungen, die dem Arbeits-

einkommen, nicht aber dem Arbeitslohn zugerechnet werden.
Bei qualitätsgeminderter Produktion und bei Ausschuß besteht die Möglichkeit von Lohnabzug.
Der Arbeitslohn als wichtigster Bestandteil des Arbeitseinkommens bildet die Hauptform der Verteilung nach der Arbeitsleistung. In der materiellen Produktion beträgt der Anteil des Arbeitslohnes am Arbeitseinkommen durchschnittlich 95 v.H. Dem Arbeitslohn werden im wesentlichen zwei sich wechselseitig bedingende Funktionen übertragen:
1. als Reproduktionsfaktor der Arbeitskraft,
2. als ökonomischer Hebel (→ **Materielle Interessiertheit**).
Zugleich ist der Arbeitslohn Kostenfaktor der sozialistischen Produktion.
Der *Mindestlohn* soll gewährleisten, daß die Werktätigen als Träger der Arbeitskraft sich selbst reproduzieren können, die Ernährung einer Familie und Bildung und Erziehung des Werktätigen gesichert sind.
Diese Bedingungen gelten als objektive Faktoren zur Bestimmung des Mindestlohnniveaus. Sie sichern, daß die Werktätigen in dem Umfang mit materiellen Lebensgütern versorgt werden, die die einfache → **Reproduktion** – das Existenzminimum – gewährleistet. Dieses Existenzminimum verändert sich mit dem Wandel in den Lebensbedingungen der werktätigen Bevölkerung.
In der DDR herrscht die Meinung, daß unter sozialistischen → **Produktionsverhältnissen** nicht von der einfachen Reproduktion auszugehen ist, sondern von dem „sozialistischen Reproduktionsminimum". Hierunter wird die „unumgängliche erweiterte Reproduktion" der Arbeitskraft verstanden, die allein die Herausbildung „allseitig entwickelter sozialistischer Persönlichkeiten" gewährleistet.
Damit sind die objektiven Faktoren der Reproduktionskosten nicht mehr allein ausschlaggebendes Moment für die Festsetzung des Mindestlohns. Dieser wird vielmehr von dem Niveau der → **Produktivkräfte** und der daraus resultierenden Größe des Konsumtionsfonds bestimmt. Hieraus wird gefolgert, daß mit der Entwicklung der Produktivkräfte der Mindestlohn, ausgehend vom Reproduktionsminimum, kontinuierlich steigt, bis die Verteilung nach den Bedürfnissen möglich sein wird.
Seit dem 1. Oktober 1976 beträgt der monatliche Mindestbruttolohn 400 Mark (vorher 350 Mark).
Der Lohn als ökonomischer Hebel zur Stimulierung der sozialistischen Produktion soll auf eine optimale Übereinstimmung zwischen den „gesellschaftlichen Erfordernissen" und den „persönlichen materiellen Interessen" hinwirken. In diesem Zusammenhang soll der Lohn die Werktätigen vor allem zur Steigerung der Arbeitsproduktivität, zur Senkung der Selbstkosten der Betriebe, zu einer optimalen Kapazitätsausnutzung und einer hohen Qualität der Arbeitsausführung stimulieren. Daneben spielt der Lohn als Qualifizierungsanreiz eine wesentliche Rolle, da der Grad der Qualifikation die Lohnhöhe beeinflußt. Von einem gegebenen Gesamtvolumen des Lohnes innerhalb eines bestimmten Zeitraumes ausgehend, ergibt sich allerdings ein gewisser Widerspruch zwischen der Forderung nach Erhöhung des Mindestlohnes und der Forderung nach Stimulierung durch den Lohn. Denn je höher der Mindestlohn ist, desto weniger Lohnmasse kann der Staat als Anreiz für die „materielle Interessiertheit" einsetzen. Das Verhältnis zwischen dem gesamten Lohnvolumen und dem Teil, der für die Mindestlöhne benötigt wird, ist also nicht beliebig variierbar, wenn die Rolle des Arbeitslohnes als ökonomischer Hebel aufrechterhalten werden soll.

III. Tariflohn und Mehrleistungslohn

Der Arbeitslohn setzt sich zusammen aus dem Tariflohn und dem Mehrleistungslohn. Im Mehrleistungslohn finden die Qualität der Arbeitsausführung und Quantität der Arbeitsleistung Berücksichtigung und werden durch ihn stimuliert. Die Höhe des Tariflohnes wird durch die Qualität der Arbeitsleistung bestimmt. Der Tariflohn ist jener Anteil am Arbeitslohn, der die Reproduktion der Arbeitskraft sichert und zugleich das Interesse an weiterer Qualifizierung anregen soll.
Ausgangspunkt des Tariflohnsystems ist der Mindesttariflohn, der für einfache Arbeit gezahlt wird. Dies ergibt sich aus der bereits entwickelten Argumentation, daß bei jeder Entlohnung die Reproduktion und ein dem Entwicklungsstand der Produktivkräfte entsprechender Lebensstandard gesichert sein soll und der Mindestlohn diese Bedingungen gerade erfüllt. Daß der Mindesttariflohn also gleich dem Mindestlohn sei, ist zumindest theoretisch zutreffend, da nur der Tariflohn gesichertes Einkommen ist und der Mehrleistungslohn von der Arbeitsausführung abhängig, also unbestimmt ist.
Aus dem Prinzip der Verteilung nach der Arbeitsleistung folgt, daß der Tariflohn – aufbauend auf dem Mindesttariflohn – entsprechend den Anforderungen der verschiedenen Tätigkeiten, insbesondere an die Qualifikation und die Verantwortung der Werktätigen, differenziert wird.
Die qualitativ unterschiedlichen Arbeitsanforderungen werden durch die → **Arbeitsklassifizierung** berücksichtigt. Mit ihrer Hilfe wird die Anforderung an das Arbeitsvermögen ermittelt und jeweils einer Lohn- bzw. Gehaltsgruppe zugeordnet, denen wiederum unterschiedliche Tariflöhne entsprechen.
Die Tarifsätze der einzelnen Beschäftigtengruppen (= Produktionsarbeiter, Meister und Lehrmeister, technische und kaufmännische Angestellte, Wirtschaftler, ingenieur-technisches Personal, nicht in der Produktion Beschäftigte) sind in Tariftabellen zusammengefaßt. Die Tarifsätze aller Tariftabellen

sollen entsprechend dem Grad der Arbeitsanforderung in richtigen Proportionen zueinander stehen, damit das Leistungsprinzip nicht verletzt wird. Gegenwärtig ist die Schaffung eines für alle Werktätigen einheitlichen Tarifsystems noch nicht erreicht. Es gibt in der DDR noch Lohndifferenzen, die nicht auf unterschiedlichen Arbeitsanforderungen beruhen:
die noch bestehende Differenzierung des Arbeitslohnes nach der volkswirtschaftlichen Bedeutung der Wirtschaftszweige;
die noch bestehende Differenzierung innerhalb der Zweige durch die Anwendung von Betriebsklassen, d. h. Differenzierung in Abhängigkeit von der volkswirtschaftlichen Bedeutung des Betriebes;
Differenzierung der Tarifsätze nach Ortsklassen. Gegenwärtig gibt es noch 2 Ortsklassen, neben Sonderklassen für Schwerpunktobjekte und Großstädte.
Ein besonderes Problem sozialistischer Lohnpolitik in der DDR (vgl. Abschn. VI.: Lohnpolitik und Lohnreform) besteht in der Bestimmung eines wirtschaftlich sinnvollen Verhältnisses zwischen Tariflohn und Mehrleistungslohn.
In der DDR besteht Einigkeit darüber, daß der Tariflohn den Hauptanteil des Lohnes ausmachen sollte, weil über ihn die Qualität der Arbeitsleistung abgegolten und somit die Werktätigen an der Qualifizierung auch materiell interessiert werden.
Grundsätzlich reicht jedoch der Tariflohn zur Bewertung der Arbeitsleistung nicht aus, denn mit ihm können quantitative Leistungsunterschiede – bei gleicher Arbeitsanforderung, d. h. bei qualitativ gleichartiger Arbeit – nicht erfaßt und somit auch nicht materiell ausreichend anerkannt werden.
Der Mehrleistungslohn soll den Tariflohn somit dort ergänzen, wo mit diesem die Arbeitsleistung nicht genügend bewertet werden kann. Damit stellt der Mehrleistungslohn das Äquivalent für meßbar unterschiedliche Leistungen dar.
Dadurch fungiert der Mehrleistungslohn zugleich als ökonomischer Hebel, der die persönliche materielle Interessiertheit der Werktätigen auf die „Durchsetzung der gesellschaftlichen Erfordernisse zur Erhöhung des Nutzeffekts der Arbeit" orientieren soll.
Von daher ergibt sich die Notwendigkeit, die unterschiedlichen konkreten Produktions- und Arbeitsleistungen im Lohn zu berücksichtigen. Dies geschieht durch den Einsatz verschiedener Lohnformen (Lf.), durch die festgelegt wird, „in welchem Maße die auf der Grundlage von Arbeitsnormen und anderen Leistungskennziffern gemessene Arbeitsleistung im Einzelfall lohnmäßig berücksichtigt wird . . . Je nach den gegebenen Produktionsbedingungen sowie der aus ihnen resultierenden konkreten Art der Arbeitsleistung ergibt sich die entsprechende ökonomisch zweckmäßige Form der Entlohnung." Zur Bestimmung des Mehrleistungslohnes sind daher Arbeitsnormen (→ **Arbeitsnormung**) und andere Leistungskennziffern erforderlich, welche die Maßstäbe für eine differenzierte Entlohnung nach der Quantität der Arbeitsleistung und der Qualität der Arbeitsergebnisse setzen.

IV. Lohnformen

Durch die Lf. wird festgelegt, wie die auf der Grundlage von Arbeitsnormen und Leistungskennziffern gemessene Arbeitsleistung im Lohn berücksichtigt und hierdurch der Mehrleistungslohn realisiert wird. Mit Hilfe von Arbeitsnormen und Kennziffern ist es möglich, auf dem Tariflohn aufbauend diejenige Lf. zu finden, die den jeweiligen speziellen Betriebsbedingungen, am besten angepaßt ist. Infolgedessen können die Betriebe selbst über die Ausarbeitung und Festlegung ökonomisch zweckmäßiger Lf. entscheiden (→ **Arbeitsgesetzbuch [AGB]** der DDR vom 16. 6. 1977, § 103,17). Die möglichen Varianten der Entlohnung lassen sich auf 2 Grund-Lf. zurückführen: den Zeitlohn und den Stücklohn.
Beim **Stücklohn** ist die Lohnhöhe abhängig vom Tarifsatz und vom Arbeitszeitaufwand für die Produktion eines bestimmten Erzeugnisses. Die Arbeitsleistung wird also direkt anhand der erzielten Arbeitsergebnisse gemessen. Der Mehrleistungslohn, der sich in diesem Falle prozentual im selben Verhältnis entwickelt wie die Normübererfüllung, ist einseitig an mengenmäßigen Arbeitsergebnissen orientiert. Seine Anwendung ist daher wirtschaftlich nur vertretbar, wenn der Zeitaufwand exakt meßbar und entscheidendes Kriterium ist, wenn für die Qualität des Erzeugnisses keine weitere Kennziffer benötigt wird und die Senkung des Arbeitszeitaufwandes pro Erzeugnis der wichtigste variable Faktor ist. Um bei dieser Form der Entlohnung ungerechtfertigte Lohnsteigerungen zu unterbinden, wird hierbei besonders auf die Einhaltung des Grundsatzes „Neue Technik – Neue Normen" geachtet.
Eine Weiterentwicklung des einfachen Stücklohnes ist der *Prämienstücklohn*. Da in diesem Fall der aufgrund des mengenmäßigen Arbeitsergebnisses erarbeitete Mehrleistungslohn durch den Erfüllungsgrad qualitativer Kennziffern ergänzt wird, ist eine rein mengenmäßige Leistungsorientierung nicht mehr möglich. Die bei dieser Lf. angewendeten qualitativen Kennziffern können u. a. die Qualität des Erzeugnisses, den Materialverbrauch oder die Kapazitätsausnutzung berücksichtigen.
Um jedoch diese Lf. nicht zu kompliziert zu gestalten und den Zusammenhang zwischen Lohn und Leistung für die Werktätigen transparent zu halten, sollten nur 2, höchstens 3 Kennziffern Anwendung finden (vgl.: Arbeitsgesetzbuch der DDR vom 16. 6. 1977, § 103,2).
Beim **Zeitlohn** ist die Lohnhöhe abhängig vom Tarifsatz und der geleisteten Arbeitszeit. Die Arbeitsergebnisse werden nicht direkt berücksichtigt, wobei

allerdings vorausgesetzt wird, daß die mit der Arbeitsaufgabe verbundene Leistung quantitativ und qualitativ ständig erbracht wird. Dafür stellt der Tariflohn als Ausdruck der Arbeitsanforderung das entsprechende Äquivalent dar. Zwar sind auch hier Leistungsunterschiede möglich, die im Rahmen der „Von-Bis-Spannen" der Tarifsätze/Gehälter abgegolten werden können, aber grundsätzlich gilt der materielle Anreiz zur Verbesserung der Arbeitsergebnisse als unzureichend. Daher wird der Zeitlohn nur dort angewendet, wo keine meßbaren Leistungskennziffern eingesetzt werden können bzw. ihre Anwendung zu aufwendig ist.

Der *Prämienzeitlohn*, bei dem der einfache Zeitlohn durch ein Prämiensystem ergänzt wird, findet dort seine zweckmäßige Anwendung, wo mengenmäßige Ergebnisse nicht unmittelbar beeinflußt werden können bzw. nicht exakt meßbar sind, aber andere, das materielle Interesse stimulierende Bedingungen gegeben sind, d. h. wo der Arbeiter kaum Einfluß auf den Arbeitszeitaufwand, wohl aber auf die Qualität seiner Produkte und den Materialverbrauch nehmen kann. Mit fortschreitender Mechanisierung und Automatisierung gewinnt diese Lf. wachsende Bedeutung. Grundsätzlich gibt es in der Praxis keine starre Abgrenzung zwischen den einzelnen Lf.; besonders zwischen dem Prämienzeitlohn und dem Prämienstücklohn sind die Grenzen fließend.

Eine Unterscheidung der Lf. auf einer ganz anderen Ebene ergibt sich aus ihrer individuellen bzw. kollektiven Anwendung. Bei der individuellen Entlohnung ist die Arbeitsaufgabe eine individuell erfaßbare und abrechenbare Größe. Kollektive Entlohnung bedeutet, daß der Lohn für eine Gruppe von Arbeitskräften in Abhängigkeit von der kollektiven Leistung berechnet wird und die Lohnhöhe des einzelnen sich aus dem Tarifsatz entsprechend seiner Lohngruppe, aus seiner geleisteten Arbeitszeit und aus der Erfüllung der Normen und Kennziffern durch das Kollektiv ergibt. Seine Anwendung kann aus technologischen (Zusammenarbeit an einer Maschine) oder wirtschaftlichen Gründen (Schnellreparatur) notwendig sein. Der Anwendungsbereich dieser kollektiven Lf. wird sich mit der technischen Entwicklung vergrößern.

Ein Mangel dieser Lf. war, daß individuelle Leistungsunterschiede innerhalb des Kollektivs kaum Berücksichtigung finden konnten und so die Möglichkeit ungerechtfertigter Gleichbezahlung bestand. Um dem vorzubeugen, hat das neue Arbeitsgesetzbuch (AGB) der DDR festgelegt, daß, wenn einzelne Kollektivmitglieder durch herausragende Leistungen einen besonders hohen Anteil an der Leistung des Kollektivs erringen, der Betriebsleiter nach Beratung im Kollektiv die Lohnhöhe der Mitglieder des Kollektivs nach ihrem persönlichen Anteil an der kollektiven Leistung festlegen kann (AGB § 108).

Eine kollektive Lf., die zunehmend an Bedeutung gewinnt, ist der *Prämienlohn nach Plannormen*. Er verbindet unmittelbar die persönliche materielle Interessiertheit mit der Erfüllung der Planaufgaben. Seine Anwendung setzt die Aufschlüsselung des betrieblichen Produktionsplanes voraus.

Wichtigste Grundlage sind die TAN (Technischen Arbeitsnormen, → **Arbeitsnormung**), die für jeden Arbeitsgang unter Einbeziehung von gegebenen Leistungskennziffern (u. a. Kapazitätsausnutzung, Qualität) ermittelt werden müssen. Aus der Zusammenfassung der Einzelnormen aller Arbeitsgänge, die in einem Arbeitsbereich vorkommen, werden sogenannte Komplexnormen je Erzeugnis festgelegt, die sodann, multipliziert mit der nach Plan anzufertigenden Menge (Erzeugnismenge), die Plannorm ergeben. Diese Plannorm ist somit die in Arbeitsstunden und in Naturaleinheiten ausgedrückte Planaufgabe für ein → **Kollektiv**. Die Höhe des Mehrleistungslohnes des Kollektivs mißt sich an der Erfüllung der Plannormen und der anderen (qualitativen) Kennziffern. Ausgehend von diesem kollektiv erarbeiteten Mehrleistungslohn wird der individuelle Anteil jedes Werktätigen entsprechend seiner Leistung festgelegt.

Das AGB hat ferner gesetzlich geregelt, daß die Ausarbeitung der anzuwendenden Lf. mit den Werktätigen gemeinsam erfolgt. Lf. und Termin ihrer Einführung werden allerdings zwischen dem Betriebsleiter und der zuständigen Betrieblichen Gewerkschaftsleitung (→ **Betriebsgewerkschaftsorganisation [BGO]**) vereinbart (AGB § 104,1).

Der Termin der Einführung einer neuen Lf. oder einer Lf.-Veränderung ist den Werktätigen mindestens 2 Wochen vorher bekanntzugeben. Gleichzeitig ist der Betrieb verpflichtet, den Werktätigen Inhalt und Auswirkung der Lf. zu erläutern und die Voraussetzungen dafür zu schaffen, daß sie unter den neuen Bedingungen bei gleicher Leistung nicht weniger als bisher verdienen (AGB § 105,1). Dieser Passus steht zumindest insofern im Konflikt mit § 104,1, als er es möglich erscheinen läßt, daß die Ausarbeitung einer neuen Lf. unabhängig von den Wünschen und Bedürfnissen der Belegschaften, „von oben" durchgesetzt werden kann. Diese Vermutung wird noch dadurch erhärtet, daß bei Lf.-Veränderungen ein Anspruch auf den Durchschnittslohn lediglich bei Fristverletzung gemäß § 105 Abs. 1 besteht (AGB § 105,2).

V. Prämie

Neben dem Arbeitslohn bilden die Prämien den zweiten wichtigen Teil des Arbeitseinkommens. Die Prämie ist ein Geldbetrag oder Sachwert, der in Anerkennung hervorragender individueller oder kollektiver Leistungen beim → **Sozialistischen Wettbewerb**, bei der sozialistischen Gemeinschaftsarbeit, in der Neuererbewegung und der Durchsetzung des wissenschaftlich-technischen Fortschritts an Werktätige gezahlt wird. Ebenfalls fällig wird eine Prämie als leistungsgerechter Anteil bei der Erfüllung, Übererfüllung und Überbietung der staatlichen Planaufgaben. Die Prämie soll die Funktion des Arbeitslohns ergänzen und das persönliche materielle Interesse an der Durchsetzung der ökonomischen Gesetze und der Erfüllung wichtiger gesellschaftlicher Aufgaben verstärken. Dies soll geschehen, indem die Prämie – beweglicher und variabler als der Lohn – nicht nur auf die individuelle Leistung der Werktätigen bezogen ist, sondern wesentlich von dem Arbeitsergebnis des gesamten Betriebskollektivs abhängt. Damit sind die unterschiedlichen Funktionen von Lohn und Prämie ein Ausdruck der individuellen und der kollektiven Verantwortung, die die Werktätigen im Betrieb tragen.

A. Prämienfonds

Der Prämienfonds (P.) ist ein zweckgebundener Fonds zur Prämierung von Kollektiv- und Einzelleistungen der Werktätigen. Er ist zu bilden von volkseigenen Betrieben, Kombinaten und Einrichtungen, die nach der → **Wirtschaftlichen Rechnungsführung** arbeiten. Quelle für die Bildung des P. der Betriebe ist der Nettogewinn. Die gesetzlichen Grundlagen für die Planung, Bildung und Verwendung des P. werden durch den Ministerrat der DDR im Einvernehmen mit dem Bundesvorstand des → **Freien Deutschen Gewerkschaftsbundes (FDGB)** festgelegt. Diese Festlegungen sind für die Bereiche der Volkswirtschaft unterschiedlich, dienen jedoch von ihrer Bestimmung her der ökonomischen Stimulierung der Betriebskollektive sowie einzelner Beschäftigter. Damit knüpfen sie an die → **Materielle Interessiertheit** der Werktätigen an.

In der Periode des → **Neuen Ökonomischen Systems (NÖS)** war der P. nur an Höhe und Entwicklung des tatsächlichen Nettogewinns des Betriebes gekoppelt. Und zwar schrieben die Regelungen der Jahre 1969 und 1970 (GBl. II, S. 490ff.) vor, daß er aus einem bestimmten Anteil am P. des Vorjahres (Basisnormativ = Grundzuführung + 15 v.H. des P.-Zuwachses des Vorjahres) sowie aus einem Prozentsatz des Nettogewinnzuwachses des betrachteten Jahres (Zuwachsnormativ) zu bilden war. Der VVB fiel dabei die Aufgabe zu, die Basis- und Zuwachsnormative nach strukturpolitischen Gesichtspunkten zu differenzieren. Weiterhin war festgelegt, daß bei unzureichender Erfüllung bestimmter Aufgaben (z.B. wissenschaftlich-technische Aufgaben oder vorrangige Investitionsprojekte) Minderungen sowie bei unzulässigen Überschreitungen des → **Lohnfonds** Abzüge beim P. wirksam wurden.

1971 ist der P. neben der Abhängigkeit vom Nettogewinn auch an die volle Erfüllung zweier vom Betrieb im voraus auszuwählender Aufgaben (z.B. geplanter Export, vorgesehene Kapitalproduktivität) gekoppelt worden. Beginnend mit dem Jahr 1972 trat neben die Bindung an den Nettogewinn auch der Grad der Erfüllung der staatlichen Kennziffer Warenproduktion; nur im Falle von Erhöhungen des P. über das geplante Niveau hinaus war nunmehr zusätzlich die Durchführung zweier – von folgenden Planaufgaben ausgewählter – Aufgaben Voraussetzung: Export nach Wirtschaftsgebieten, an die Bevölkerung abzusetzende Warenproduktion, Arbeitsproduktivität sowie die Produktion wichtiger Erzeugnisse (z.B. Ersatzteile, bestimmte Konsumgüter). (Vgl. GBl. II, 1972, S. 49ff. u. S. 379ff.; I, 1973, S. 293 u. S. 485f. sowie I, 1979, S. 197.)

Bei Nichterreichen der geplanten Höhe der Kennziffern Warenproduktion und Nettogewinn erfolgten in jeweils unterschiedlicher Höhe Kürzungen (maximal bis zu 20 v.H. des Prämienfonds) und bei Übererfüllungen Erhöhungen des Fonds. Wurden die Übererfüllungen bereits im voraus in Gegenplänen vom Betrieb übernommen (GBl. I, 1977, S. 4ff. sowie 1978, S. 37ff.), so waren verstärkte Erhöhungen des P. vorgesehen. Als zusätzliche P.-Zuführungen in v.H. galten je 1 v.H. Übererfüllung der Plankennziffer

	Warenproduktion	Nettogewinn
allgemein	1,5 v.H.	0,5 v.H.
bei Festlegung im Gegenplan	2,5 v.H.	0,8 v.H.

Mit diesen höheren Zuführungen sollte der Betrieb freiwillig und im voraus zur Übernahme von Verpflichtungen zur Planüberbietung veranlaßt werden. Deshalb wurde auch bestimmt, daß der Betrieb im Falle von höheren als in seinem Gegenplan festgelegten Überbietungen lediglich die normalen zusätzlichen P.-Zuführungen für die über den Gegenplan hinausgehenden Planüberschreitungen durchführen durfte. Nach dem Wegfall des Gegenplans im Jahre 1981 wurden die gleichen Regelungen – für bereits bei der Planausarbeitung übernommene bzw. für normale Übererfüllungen – beibehalten (vgl. GBl. I, 1981, S. 311). Wurde die geplante Höhe des Nettogewinns oder der Warenproduktion nicht erreicht, so waren die Prämienzuführungen um 0,5 bzw. 1,5 v.H. je 1 v.H. Unterschreitung zu mindern, für Unter- bzw. Überschreitung eines geplanten Verlustes galt je Prozent eine Erhöhung bzw. Minderung des P. um 0,5 v.H.

Der geplante P. sollte jeweils mindestens so hoch sein wie der geplante Fonds des Vorjahres; als Höchstzuführungen galten je vollbeschäftigten Arbeiter und Angestellten (3 Lehrlinge rechnen dabei als 1 Arbeiter) 900 Mark; dieser Betrag durfte allerdings um die aus der Überbietung von Planauflagen resultierenden P.-Zuführungen überschritten werden, jedoch nur um maximal 200 Mark je Beschäftigten.

Nach den neuen, seit Anfang Januar 1983 in Kraft getretenen Regelungen (GBl. I, 1982, S. 595ff. und S. 598ff.) setzen sich die Zuführungen zum P. nunmehr zusammen aus: (a) einem – mindestens der Vorjahreshöhe entsprechenden – Grundbetrag je Beschäftigten (x Anzahl der geplanten Vollbeschäftigten [VbE]) plus (b) zusätzliche Zuführungen aus Planüberbietungen sowie für hohe Leistungen bei Exporten und bei der Konsumgüterbereitstellung. Die unter (b) zunächst genannten Zuführungen sind an 2 Faktoren gebunden:
1. Die Übererfüllung zweier Kennziffern, die zunächst aus den folgenden vier auszuwählen waren: Warenproduktion, Nettoproduktion, Nettogewinn, Export zu Valutagegenwert. Die für das jeweilige Kombinat bzw. den jeweiligen VEB anzuwendenden zwei Kennziffern wurden von der Staatlichen Plankommission auf Vorschlag des zuständigen Ministers ausgewählt. Seit Einführung der vier Hauptkennziffern der Leistungsbewertung zum Jahresanfang 1984 (Nettoproduktion, Nettogewinn, Erzeugnisse und Leistungen für die Bevölkerung, Export), gilt nunmehr, daß stets der Nettogewinn und eine der anderen Hauptkennziffern Basis für die Zuführungen sind. In der Regel ist es die Materialeinsparungen stimulierende Nettoproduktion, bei Exportbetrieben der Valutagegenwert und unter bestimmten Voraussetzungen auch die Kennziffer Erzeugnisse und Leistungen für die Bevölkerung. In Sonderfällen kann das zuständige Ministerium auch andere Kennziffern vorschlagen, wenn daran die Leistungsfortschritte besser widerzuspiegeln sind.
Die Höhe der Zuführungen beträgt jährlich beispielsweise je 1 v.H. Übererfüllung, egal, ob dafür bereits bei der Planausarbeitung eine Verpflichtung übernommen wurde oder nicht:
beim Nettogewinn (bzw. bei der Unterbietung eines geplanten Verlustes) 5 Mark je VbE, bei der Nettoproduktion 10 Mark je VbE, beim Export zu Valutagegenwert 20 Mark je VbE.
Als maximale zusätzliche Zuführung zum P. ist je VbE – wie bisher – ein Betrag von 200 Mark vorgesehen. Bei Nichterfüllung der relevanten Leistungskennziffern mindern sich die Zuführungen zum P. nach den gleichen – oben genannten – Normativen; der Grundbetrag muß allerdings erhalten bleiben.
2. Die zusätzliche Erfüllung zweier weiterer Kennziffern, die der Generaldirektor des Kombinates mit Zustimmung der zuständigen Gewerkschaftsleitung jährlich aus folgenden acht Kennziffern auswählt: Nettoproduktion, Grundmaterialkosten je 100 Mark Warenproduktion, Export nach Wirtschaftsgebieten zu Valutagegenwert, Warenproduktion (bei Baukombinaten und -betrieben Bauproduktion), Steigerung der Arbeitsproduktivität, Senkung der Selbstkosten, Fertigerzeugnisse für die Bevölkerung, Warenproduktion mit Gütezeichen Q. Seit Einführung der vier Hauptkennziffern scheint nunmehr in der Regel die Bedingung zu gelten, daß sie alle vier mindestens erfüllt sein müssen.
Generell ist ausgeschlossen, daß unter (1) festgelegte Kennziffern unter (2) nochmals ausgewählt werden dürfen. Für jede, entsprechend Bedingung (2) ausgewählte, aber nicht erfüllte Kennziffer werden die P.-Zuführungen um 25 v.H. gekürzt.
Unabhängig von und über (1) und (2) hinaus, können die Betriebe für die Erfüllung hoher Leistungen beim Export sowie für die Erfüllung von Aufgaben der Konsumgüterproduktion mit zusätzlichen P.-Zuführungen belohnt werden.
Die Finanzierung des P. erfolgt aus dem Nettogewinn des Betriebes, wobei zusätzliche Zuführungen aus Zusatzgewinnen zu bestreiten sind. Können einzelne Betriebe die notwendigen Mittel planmäßig nicht aus eigenem Gewinn bereitstellen, so erfolgt die Finanzierung aus dem zentralisierten Nettogewinn des Kombinates. Ist einzelnen Betrieben infolge von Mindergewinnen – nach geleisteter → **Nettogewinnabführung** – nicht einmal die Bildung des P. in Höhe des Grundbetrages möglich, so sind Mittel aus dem Reservefonds des Kombinates (→ **Fonds**) heranzuziehen.

B. Ziel- und Initiativprämien

Stärker als bisher dienen die Mittel des Prämienfonds – als Ziel- und Initiativprämien – zur Stimulierung von Schwerpunktaufgaben der Leistungsentwicklung (z.B. Produktivitäts-, Effizienzerhöhungen, wissenschaftlich-technische Neuerungen, Materialeinsparungen, Exportsteigerungen, Qualitätsverbesserungen, Kostensenkungen, Einsparung von Arbeitsplätzen). Die dafür anzuwendenden – aus dem Plan abgeleiteten – Leistungskriterien sowie der Anteil der einzelnen Werksbereiche und Produktionsabschnitte am betrieblichen Prämienfonds – entsprechend ihrem Beitrag zur Produktivitäts- und Effizienzsteigerung – werden im → **Betriebskollektivvertrag (BKV)** vereinbart. Für diese Ziel- und Initiativprämien finden grundsätzlich die zusätzlichen, über den Grundbetrag bereitgestellten Prämienmittel Verwendung; sie dürfen zur Finanzierung der Jahresendprämie nur dann herangezogen werden, wenn sonst das Vorjahresniveau der Jahresendprämie nicht zu erreichen wäre.

C. Die Jahresendprämie

Die J. dient dazu, die Planerfüllung des ganzen Jahres anzuerkennen. Der Durchschnittsbetrag je VbE soll in der Regel in der gleichen Höhe festgelegt werden wie im Vorjahr und – im Gegensatz zu früher – auf dieser Höhe längere Zeit verbleiben, sofern sich nicht aus Veränderungen der Beschäftigten- und Qualifikationsstruktur (z.B. Zunahme der Schichtarbeit, vermehrter Einsatz von Facharbeitern und Fachschulabsolventen) zulässige Änderungen ergeben. Haben Betriebe allerdings einen

Durchschnittsbetrag von weniger als 800 Mark je VbE, so kann er auf 800 Mark mit Zustimmung des Generaldirektors des Kombinates sowie der zuständigen Gewerkschaftsleitung erhöht werden, wenn überdurchschnittliche Leistungssteigerungen erreicht worden sind. Für die einzelnen Arbeitskollektive sowie einzelne Mitarbeiter erfolgt eine Differenzierung der J. nach Leistung und Beitrag zur Planerfüllung, unter besonderer Berücksichtigung der übernommenen Schichtarbeit. Bei Fehlschichten und Verstößen kann die J. der betreffenden Werktätigen gemindert werden. Die J. wird auch an die leitenden Mitarbeiter von Betrieb und Kombinat gewährt; für sie sind die Hauptkriterien der Leistung: Erfüllung der Exportaufgaben und Verbesserung der Exportrentabilität sowie auch wissenschaftlich-technische Leistungsziele, die Einhaltung bzw. Unterschreitung der beauflagten materiellen und finanziellen Fonds und die vertragsgerechte Erfüllung der Lieferverpflichtungen nach Sortiment und Qualität. Voraussetzung ist allerdings die Bestätigung der Jahresabschlußdokumente durch die Staatliche Finanzrevision.

Die Prämierung erfolgt am Schluß jeden Jahres für alle Beschäftigten, die mindestens ein Jahr im Betrieb tätig waren. Im Jahr 1972 erhielten 3,7 Mill. Beschäftigte der zentralgeleiteten Betriebe im Bereich der Industrieministerien eine J. von durchschnittlich 650 Mark, 1975 wurden 764 Mark erreicht. Für das Jahr 1981 wurden je Beschäftigten durchschnittlich 832 Mark gezahlt.

Insgesamt zeigt sich eine Tendenz, die J. künftig auf dem 1983 erreichten Niveau einzufrieren, bei allerdings gewisser leistungsbedingter Differenzierung für bestimmte Arbeitskollektive (oder sogar Mitarbeiter). Deutlich verstärkt wurde die Stimulierungsfunktion von Ziel- und Initiativprämien, um Arbeitskollektiven und einzelnen Mitarbeitern besondere Anreize zur Erreichung höherer Exporte, verstärkter Materialeinsparungen und Kostensenkungen sowie zur vermehrten Durchsetzung von Qualitätsverbesserungen zu gewähren.

VI. Lohnpolitik und Lohnreform

Die in den Betrieben der DDR praktizierte Lohnpolitik unterschied sich jahrelang beträchtlich von dem von der SED-Führung angestrebten Zustand.

Grundsätzliche Fragen der Entwicklung und Gestaltung des Lohn- und Tarifvertragssystems werden vom → **Ministerrat** (→ **Staatssekretariat für Arbeit und Löhne**) in Übereinstimmung mit dem Bundesvorstand des → **Freien Deutschen Gewerkschaftsbundes (FDGB)** beschlossen. Auf dieser Grundlage wird die Gestaltung der Tariflöhne von den wirtschaftsleitenden Organen unter Mitwirkung der zuständigen Gewerkschaftsorgane in → **Rahmenkollektivverträgen (RKV)** geregelt.

Aufgabe der Lohnpolitik ist es, den → **Lohnfonds**, der in den Plänen für die gesamte Volkswirtschaft bis hin zu den einzelnen Betrieben und Institutionen festgelegt ist, so einzusetzen, daß er den wachstumspolitischen Zielen entspricht.

Im einzelnen sollen eine Erhöhung der Arbeitsleistung, die Hebung des Qualifikationsniveaus und die Lenkung der Arbeitskräfte mit Hilfe der Lohnpolitik erreicht werden. Dazu bedient man sich der → **Materiellen Interessiertheit** der Arbeitnehmer. Das Streben nach einem höheren Lebensstandard soll durch die Differenzierung der Löhne und Gehälter nach Leistung, Anforderung und volkswirtschaftlicher Bedeutung der Wirtschaftszweige in die gewünschten Bahnen gelenkt werden.

Das z. T. noch praktizierte, konzeptionell aber bereits überwundene Ls. konnte diese Aufgaben nur unvollkommen erfüllen: In zahlreichen Betrieben hatten sich nicht leistungsbedingte Unterschiede im Lohn herausgebildet; zudem wurde qualifizierte Arbeit oft schlechter als nichtqualifizierte entlohnt.

Lohnerhöhungen hatten sich vor allem bei den Produktionsarbeitern über den Mehrleistungslohn vollzogen. Der Anteil des Tariflohns am Arbeitseinkommen betrug durchschnittlich nur noch ca. 50 v.H., in einigen Betrieben noch weniger. Dadurch waren die Wirkungsmöglichkeiten des Tarifsystems als Steuerungsinstrument weitgehend eingeschränkt. Weil der Mehrleistungslohn kaum noch in Abhängigkeit von der Erfüllung der Norm als quasi fester Lohnbestandteil ausgezahlt wurde, verhinderte er eine leistungsgerechte Entlohnung, wenn – wie vielfach beobachtet – Arbeitsproduktivitätssteigerungen nicht durch Normkorrekturen berücksichtigt werden. Außerdem wurden die vorwiegend an den Tarifen ausgerichteten Löhne in Bereichen, in denen eine Leistungsmessung schwer möglich ist, benachteiligt. Häufig wurden davon höher Qualifizierte (z. B. Meister, Techniker) betroffen. Diese Ausweitung des Mehrlohnanteils stand somit der Bereitschaft zu höherer Qualifizierung entgegen. Eine weitere unerwünschte Folge dieser Entwicklung war die → **Fluktuation** aus Bereichen mit geringerem Mehrlohnanteil (z. B. Handel, Dienstleistungen) in solche mit hohem Mehrleistungsanteil. Der Ministerrat der DDR sah sich deshalb veranlaßt, seine Lohnpolitik zu überprüfen. Auf dem 8. Bundeskongreß des FDGB 1972 wurden Änderungen angekündigt, die entsprechend dem „Gemeinsamen Beschluß des Zentralkomitees der SED, des Bundesvorstandes des FDGB und des Ministerrates der DDR über die weitere planmäßige Verbesserung der Arbeits- und Lebensbedingungen der Werktätigen im Zeitraum 1976–1980 vom 27. 5. 1976" für 1,5 Mill. Produktionsarbeiter der Industrie, des Bauwesens und anderer Bereiche der Volkswirtschaft im Verlauf des Planjahrfünfts Wirklichkeit werden sollten. Für diese Arbeiter wurden in Verbindung mit der **Wissenschaftlichen → Ar-**

beitsorganisation (WAO) neue Grundlöhne eingeführt.
Diese lohnpolitischen Veränderungen sahen im Kern eine Anhebung des Tariflohnanteils am Bruttolohn auf 70 bis 80 v. H. vor. Wesentliche Teile des bisherigen Mehrleistungslohnes sollten also in den Tariflohn eingehen. Die Neufestsetzung des Tariflohnes (jetzt Grundlohn genannt) erfolgte auf der Grundlage einer Klassifizierung der formalen Qualifikation sowie der Bewertung der Anforderungen einschließlich der Verantwortung am zu bewertenden Arbeitsplatz.
Der gegenwärtig ca. 80 v. H. an der gesamten Bruttolohnsumme betragende Grundlohn wird bei einer Normerfüllung von 100 v. H. voll bezahlt. Wird die Norm von 100 v. H. nicht erfüllt, erfolgen Abzüge vom Grundlohn in Relation zur tatsächlich erbrachten Leistung. Die stärkere Anbindung des neuen Grundlohnes an individuell oder kollektiv beeinflußbare Kennziffern ist ein wesentliches Element dieser Lohngestaltung.
Diese unmittelbare Koppelung des Grundlohnes an die Erfüllung technisch begründeter, zumeist quantitativer Arbeitsnormen hat vor allem deswegen gewisse Erfolge gehabt, weil sich die Über- bzw. Untererfüllung der vorgegebenen Normen im Lohn sehr viel drastischer auswirkte als zuvor, da der erhöhte Grundlohnanteil die Bezugsbasis seiner Berechnung darstellt. Erst bei der Normübererfüllung entsteht für den Arbeiter ein Anspruch auf Mehrleistungslohn. Das Kennziffernsystem für den Mehrleistungslohn wurde zugleich über die bloß quantitative Normerfüllung hinaus erweitert. So gibt es Mehrlohnanteile für Qualitätsarbeit und für die produktive Nutzung der Arbeitszeit. Die Mehrlohnanteile für Qualitätsarbeit und produktive Nutzung der Arbeitszeit kommen zur Auszahlung, wenn die Vorgaben mit 100 v. H. erfüllt werden. Bei Übererfüllung erhöhen, bei Untererfüllung reduzieren sich diese Beträge im Verhältnis zur erbrachten Leistung. Sie entfallen, wenn die festgelegten Mindestanforderungen nicht erfüllt werden.
Trotz der – zumindest nach offiziellen Bekundungen – insgesamt positiven Bilanz der Grundlohnreform gilt diese, obwohl nur ein Teil der Beschäftigten von ihr erfaßt wurde, nach Aussagen des Staatssekretärs für Arbeit und Löhne, Wolfgang Beyreuther, mit dem Jahr 1982 als „im wesentlichen abgeschlossen". Bis zu diesem Zeitpunkt waren für 1,8 Mill. Produktionsarbeiter Grundlöhne und für 600000 Meister, Hoch- und Fachschulkader den Prinzipien der Grundlöhne entsprechende leistungsabhängige Gehälter eingeführt worden. Der Grund für den Abbruch dieser Reform scheint darin zu liegen, daß auch die Grundlöhne noch nicht die arbeitsplatzbezogene Flexibilität aufweisen, die aus der Sicht der Wirtschaftsführung angesichts beschleunigter Rationalisierung und Modernisierung notwendig ist, um zu der angestrebten Leistungsstimulierung zu kommen. Beyreuther nannte bei gleicher Gelegenheit folgende „neue Elemente", die zukünftig in der Lohnpolitik berücksichtigt werden sollen:
„1. . . . in den meisten Betrieben (kommen) gleichzeitig mehrere Kennziffern der Leistungsstimulierung zur Anwendung . . . Meist wird eine Kennziffer an Mengenleistungen und eine andere an Qualitätsleistungen gebunden. In zunehmendem Maße werden diese Kennziffern differenzierter. Sie werden immer mehr aus den beeinflußbaren Leistungsfaktoren abgeleitet, die in einem konkreten Arbeitsprozeß gegeben sind. Es ist also ein deutlicher Trend zu einer komplexeren Leistungsstimulierung ablesbar.
2. Für Tätigkeiten, für die in der Vergangenheit zumeist ein reiner Zeitlohn zur Anwendung kam, werden in zunehmendem Maße Leistungskennziffern ausgearbeitet und angewendet. Das gilt z. B. für die Arbeitsaufgaben in den sogenannten Hilfsprozessen. Aber auch für Meister sowie Hoch- und Fachschulkader . . . Damit werden im Grunde genommen alle Werktätigen über Kennziffern der Arbeitsleistung . . . materiell interessiert.
3. In den Betrieben wird eine flexible Arbeit mit Leistungskennziffern angestrebt . . . Was gemeinsam zu verantworten ist und was gemeinsam zu erarbeiten ist, wird kollektiv stimuliert, und was individuell abrechenbar an Leistungen vollbracht wird, wird auch über individuelle Kennziffern . . . anerkannt."
Obwohl diese Ausführungen nur wenig „neues" erkennen lassen, weisen sie darauf hin, daß in den nächsten Jahren eine Vielzahl neuer, rasch wechselnder und kombinierter angewendeter Leistungskennziffern zur Grundlage der Lohnbemessung gemacht werden soll. (Vgl. zu den Einzelheiten: Sozialistische Arbeitswissenschaft, H. 1/1984, S. 8f.)

Jürgen Straßburger (I.–IV., VI.)
Manfred Melzer (V.)

Literaturangaben

Arbeitsökonomie. Lehrbuch. Berlin (Ost): Die Wirtschaft 1982.

Napierkowski, Erich, Werner Rogge u. Annemarie Süßmilch: Lohn und Prämie. Erläuterungen zum 5. Kapitel des Arbeitsgesetzbuches der DDR. 3., überarb. Aufl. Berlin (Ost): Tribüne 1981. (Schriftenreihe zum Arbeitsgesetzbuch der DDR.)

Lohnzuschläge: L. sind zusätzliche Zahlungen – über den Tariflohn hinaus – für Abweichungen von den normalen Arbeitsbedingungen und Arbeitsanforderungen. Folgende Formen der L. werden unterschieden: a) L. für ständige oder zeitweilige Abweichungen von der üblichen Arbeitszeit (Schichtprämie, Zuschläge für

Überstunden und für Nacht-, Sonn- und Feiertagsarbeit); b) L. für Arbeitserschwernisse, die über „dem gesellschaftlichen Durchschnitt liegende Anforderungen an den Organismus des Werktätigen" stellen (z. B. schwere körperliche Arbeit, Arbeit unter abnormen klimatischen oder akustischen Bedingungen, Arbeiten, die mit belastenden Körperhaltungen verbunden sind). Diese L. werden **Erschwerniszuschläge** genannt; c) L. für „außergewöhnliche Anforderungen bei bestimmten Tätigkeiten". Derartige L. werden z. B. für das Flugpersonal, für Taucher, für seefahrendes Personal gezahlt, aber auch als Stellen- bzw. Schwerpunktzulagen im Transportbereich der Deutschen Reichsbahn, als Brigadierzuschläge in verschiedenen Zweigen der Volkswirtschaft gewährt. – Ferner gibt es in einzelnen Wirtschaftsbereichen L. – in Abhängigkeit von der Beschäftigungszeit – für langjährige Berufserfahrung.
Einzelne L. unterliegen nicht (z. B. Erschwerniszuschläge) oder nur teilweise (z. B. Überstundenzuschläge) der Besteuerung und der Abgabepflicht zur Sozialversicherung. Die Gewährung von L. ist in Gesetzen, Tarifverträgen (→ **Arbeitsrecht; Rahmenkollektivvertrag [RKV]**) sowie in speziellen Verordnungen geregelt. Die konkrete Anwendung dieser Normen erfolgt im Einvernehmen von Betriebsleitung und BGL (→ **Betriebsgewerkschaftsorganisation [BGO]; Betriebskollektivvertrag [BKV]**).

Londoner Protokoll: Unter der Sammelbezeichnung LP. ist zu verstehen:
1. Das Protokoll über die Besatzungszonen in Deutschland und die Verwaltung von Groß-Berlin vom 12. 9. 1944,
2. das Abkommen über Ergänzungen zum Protokoll vom 12. 9. 1944 über die Besatzungszonen in Deutschland und die Verwaltung von Groß-Berlin vom 14. 11. 1944,
3. das Abkommen über Ergänzungen zum Protokoll vom 12. 9. 1944 über die Besatzungszonen in Deutschland und die Verwaltung von Groß-Berlin vom 26. 7. 1945 und
4. die Feststellung über die Besatzungszonen in Deutschland vom 5. 6. 1945.
Frankreich, Großbritannien, die UdSSR und die Vereinigten Staaten einigten sich über die Aufteilung von „Deutschland . . . innerhalb seiner Grenzen, wie sie am 31. 12. 1937 bestanden, für Besatzungszwecke in vier Zonen . . ." Die Besatzungstruppen jeder Zone unterstanden einem von der verantwortlichen Macht bestimmten Oberbefehlshaber. Das Gebiet von Groß-Berlin wurde von Truppen einer jeden der Vier Mächte besetzt. „Zwecks gemeinsamer Leitung der Verwaltung dieses Gebietes" wurde eine interalliierte Behörde (russisch: Komendatura) errichtet, die aus vier von den entsprechenden Oberbefehlshabern ernannten Kommandanten bestand.
Die Demarkationslinien zwischen den Besatzungszonen verlaufen nach dem LP. weitgehend entlang den 1945 bestehenden Landes- bzw. Provinzgrenzen. Örtliche Abweichungen dieser Grenze erfolgten aufgrund späterer Vereinbarungen der damaligen Besatzungsmächte. Die Bundesrepublik Deutschland entstand in den Grenzen der ehemaligen amerikanischen, britischen und französischen Besatzungszone, die DDR innerhalb der Grenzen der sowjetisch besetzten Zone. Berlin war nicht Bestandteil einer der vier Besatzungszonen, insbesondere nicht der es umgebenden sowjetischen Besatzungszone; Deutschland wurde in die Zonen und das Sondergebiet → **Berlin** geteilt.
In einer Erklärung zu Protokoll beim Abschluß des Vertrages über die Grundlagen der Beziehungen zwischen der Bundesrepublik Deutschland und der Deutschen Demokratischen Republik (→ **Grundlagenvertrag**) über die Aufgaben der → **Grenzkommission** durch die beiden Delegationsleiter wurde Einvernehmen darüber erklärt, daß der Verlauf der Grenze zwischen der Bundesrepublik Deutschland und der Deutschen Demokratischen Republik sich nach den diesbezüglichen Festlegungen des LP. vom 12. 9. 1944 bestimmt. Soweit örtlich die Grenze von diesen Festlegungen aufgrund späterer Vereinbarungen der damaligen Besatzungsmächte abweicht, sollte ihr genauer Verlauf durch die Grenzkommission an Ort und Stelle unter Beiziehung aller Unterlagen festgelegt und markiert werden.
Diese Kommission hat ihre Arbeit mit der Unterzeichnung eines Protokolls am 29. 11. 1978 vorläufig abgeschlossen.

Lotterie: Schon 1945 ist die Sächsische Landes-L. gegründet worden. 1953 und 1954 wurden **Toto** und Lotto eingeführt, obwohl gleichartige Spielbetriebe in der Bundesrepublik Deutschland angegriffen worden waren.
Durch AO vom 20. 4. 1968 (GBl. II, S. 253) wurde der VEB Vereinigte L.-Betriebe in Leipzig, in dem 1963 der VEB Zahlen-L., die Berliner Bären-L. und die Sächsische Landes-L. aufgegangen waren, und der VEB Sport-Toto Berlin zum VEB Vereinigte Wettspielbetriebe mit Sitz in Berlin (Ost) zusammengeschlossen. Dieser einheitliche Wettspielbetrieb führt neben der Sächsischen Landes-L. gegenwärtig folgende Wettspiele durch: Zahlenlotto „5 aus 90" (wird 1985 eingestellt), Lotto-Toto „5 aus 45", das Sportfest-Toto „6 aus 49" (mit zwei Ziehungen), das Fußball-Toto, die Losbrief-L. „Fortuna Expreß" sowie das besonders beliebte Tele-L. „5 aus 35" (seit Januar 1972), auf das gegenwärtig rd. drei Viertel aller Einsätze entfallen. Die Spieleinsätze belaufen sich auf insgeamt rd. 22 Mill. Mark pro Woche. In zunehmendem Maße führt der VEB Vereinigte Wettspielbetriebe Sonder-L., insbesondere Sach-L. mit Sonderauslosungen, zu bestimmten Anlässen, z. B. im Rahmen der „Mach-mit"-Wettbewerbe und der Spendenaktionen für ausgewählte Länder oder Befreiungsorganisationen der Dritten Welt, mit der Ausgabe einer großen Zahl kostenloser Lose durch. So wurden z. B. 1980 in Berlin (Ost) an Teilnehmer der „volkswirtschaftlichen Masseninitiative", die 75 unbezahlte Arbeitsstunden geleistet hatten, mehr als 170000 derartige Lose verteilt. In Sonderausschüttungen sind darüber hinaus Urlaubsreisen, Farbfernsehgeräte, Autos („Trabant") und Geldprämien zu gewinnen.

Der Umsatz aus diesen Wettspielbetrieben betrug in den 30 Jahren seit November 1953 rd. 25 Mrd. Mark, davon wurden 60 v. H. als Gewinn ausgeschüttet. Der Mindesteinsatz für alle Spiele beträgt eine Mark, der erreichbare Höchstgewinn 500000 Mark. Er wurde bisher erst zweimal (im Tele-Lotto) erzielt. Teilnahme an Dauerspielen mit Abbuchung über ein Spargirokonto ist möglich. Der Reinertrag von 10 Mrd. Mark ist für den Bau von Sportstätten, Naherholungszentren sowie Kultur- und Sozialeinrichtungen verwendet worden.